Норман Дэвис

Норман Дэвис

ИСТОРИЯ ЕВРОПЫ

ИЗДАТЕЛЬСТВО

ТРАНЗИТКНИГА

Москва
2004

УДК 63.3(4)
ББК 94(4)
Д94

Norman Davies
EUROPE
A History

Перевод с английского Т.Б. Менской

Печатается с разрешения автора и литературных агентств
David Goodwin Associates u Synopsis

Норман Дэвис — заслуженный профессор в отставке Лондонского университета,
почетный член Совета Wolfson College (Оксфорд), автор ряда книг по истории Европы,
среди которых Gods Playground and Heart of Europe.

Данное издание выпущено в рамках проекта «Translation Projekt» при поддержке
Института «Открытое общество» (Фонд Сороса), Россия
и Института «Открытое общество», Будапешт

Книга подготовлена издательством
«Сибирский хронограф» (Новосибирск)

Административная группа подготовки русского издания —
Высочина Е.И., Янович Л.С.

Подписано в печать с готовых диапозитивов 26.08.04.
Формат 70 × 90^1/$_{16}$. Усл. печ. л. 69,03.
Тираж 5 000 экз. Заказ № 220.

Дэвис Н.

Д94   История Европы / Н. Дэвис; Пер. с англ. Т.Б. Менской. — М.: ООО «Издательство АСТ»,:
ООО «Транзиткнига», 2004. — 943, [1] с.: ил., 32 л. ил.

ISBN 5-17-024749-4 (ООО «Издательство АСТ»)
ISBN 5-9578-1011-8 (ООО «Транзиткнига»)

Книга английского ученого Нормана Дэвиса «История Европы» охватывает всю историю жизни народов, заселивших огромную территорию от Исландии до Волги. Автор не упустил ни одного из значительных событий от палеолита до распада СССР в 1991 г. Строгое изложение колоссального фактологического материала сопровождается включением в текст неожиданных мнений, забавных и трагических эпизодов, рельефных портретов, оживляющих широкую панораму развития европейского континента. Книга написана живым и доступным языком и будет интересна всем любителям истории.

УДК 63.3(4)
ББК 94(4)

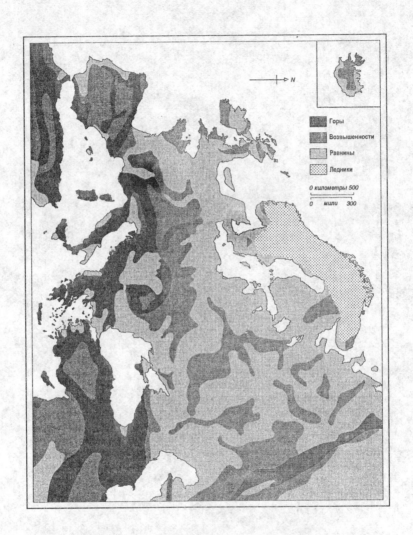

Карта 1
Полуостров около 10000 лет до РХ

СОДЕРЖАНИЕ

ОТ АВТОРА

Не ждите от этой книги открытий и откровений. Почти все охваченные ею проблемы уже были обстоятельно исследованы историками и мне очень редко приходилось заниматься собственно научными изысканиями. Отличие от других обобщающих трудов состоит исключительно в отборе, расположении и способе представления исторического материала. Я ставил своей целью воссоздать историю Европы в виде пространственно-временной сетки, а затем, накладывая на нее достаточно широкий спектр конкретных тем — передать читателю ощущение трудно достижимого целого.

Академический инструментарий был сведен к минимуму. Я избегал ссылок на суждения и факты, которые можно обнаружить во всех общеизвестных источниках. И раз уж речь зашла об источниках, то особо упомяну верно послужившую мне *Энциклопедию Британика* в двадцати девяти томах (11 издание 1910—1911 гг.), которая решительно превосходит качеством своих младших сестер. Сноски я привожу исключительно для того, чтобы указать читателю источники менее известных цитат или сведения, выходящие за границы стандартных учебников. Не следует думать, что содержание этой книги всегда находится в согласии с интерпретацией, которую можно обнаружить в цитируемых мной работах: «*On ne s'étonnera pas que la doctrine exposée dans le texte ne soit toujours d'accord avec les travaux auxquels il est renvoye en note*»[1].

Научные представления, лежащие в основе этого тома, изложены во *Введении*. И все же структура книги требует некоторых разъяснений.

Текст был составлен с учетом нескольких различных смысловых уровней. Двенадцать повествовательных разделов излагают последовательно историю Европы — от доисторических времен по сегодняшний день. Характер изложения меняется, как в объективе со сменным фокусом: от очень далекой перспективы *Первой главы*, которая охватывает пять миллионов лет, до недавних событий, рассмотренных в главах XI и XII, посвященных XX веку в масштабе по одной странице на год. В каждой главе есть набор более конкретных *капсул* — картинок, как бы выхваченных при помощи телеобъектива и воссоздающих более мелкие темы, своеобразные островки на пути хронологического потока событий. Каждая глава завершается панорамным «снимком» всего Континента с той или иной конкретной точки. Я хотел сделать книгу подобной альбому исторических фотографий, в котором панорамные *tableaux* соседствуют с увеличенными снимками отдельных людей и мелких деталей. Само собой разумеется, каждому из трех ракурсов свойственна своя степень точности. Не следует ожидать, чтобы труд, сводящий вместе то, что наработано на отдельных исследовательских делянках, походил на привычные узко-тематические монографии.

Двенадцать глав соответствуют общепринятым канонам изложения европейской истории. Эта структура адекватна базовой хронологической и географической системе, в которую удачно вписываются важнейшие темы и проблемы. Они дифференцированы вокруг «истории фактов», среди которых: важнейшие политические силы, культурные течения, социально-экономические тенденции, позволяющие историкам дифференцировать огромный свод фактов на отдельные, доступные для охвата (хотя порой и искусственно вычлененные) единицы. Хронологический акцент приходится на Средневековый период и Новое время, когда впервые удается распознать то, что мы определяем как европейское сообщество. Географически книгой в одинаковой степени охвачены все части Европейского Полуострова: от Атлантики до Урала: север, восток, запад, юг и центр.

При создании своего труда я старался противостоять распространенным идеям *Европоцентризма* и превалирования *Западной цивилизации* (см. *Введение*). Но в труде задуманного масштаба сложно было вводить дополнительный материал, касающийся событий и фактов за пределами границ самой Европы. Однако я в необходимых случаях обращался к таким важным проблемам, как ис-

---

[1] «Не следует удивляться, представленная в тексте доктрина не всегда соответствует той, которую разделяют приводимые в сносках работы»; Ferdinand Lot, *La fin du monde antique et le début du Moyen Âge*, P., 1927, s. 3.

лам, колониализм, влияние Европы на жизнь за океаном. Было уделено надлежащее внимание и проблемам Восточной Европы. Они были включены в контекст основных тем, существенных для всего Континента. Вкрапления из истории Восточной Европы связаны с такими событиями, как нашествия варваров, Ренессанс или Французская революция, которые слишком часто воспринимаются как сугубо западные. Много места посвящено славянам, поскольку они являют собой самую большую этническую группу в Европе. Я много внимания уделяю национальным историям в концентрированном их изложении; при этом речь идет не только о национальных государствах, но и о народах, не имеющих государственности. Не обойдены вниманием и меньшинства разного рода — от еретиков и прокаженных до евреев, цыган и мусульман.

В заключительных разделах я без полемики отвергаю принципы *Атлантической схемы истории* (см. Введение). Две мировые войны были представлены как «два последовательных акта одной драмы»; на первый план я выдвинул принципиальное для европейского континента соперничество между Германией и Россией. Завершающий книгу раздел, посвященный послевоенной Европе, доведен до событий 1989—1991 годов и распада Советского Союза. В нем рассматриваются доводы, аргументирующие, что 1991 год положил конец существованию такого геополитического образования, как Большой Треугольник, истоки которого в начале XX века. Наступающий XXI век предлагает новые перспективы для построения новой Европы.

Капсулы, которых в книге 301, призваны решить ряд задач. Они обращают внимание читателей на разнородность деталей, которым в ином случае не нашлось бы места среди обобщений и упрощений историографии, ориентированной на синтез в описании событий и явлений. Иногда ими вводятся темы, выходящие за границы основных разделов. Наконец, в них приводятся примеры разного рода курьезов, казусов и боковых течений, которые историк может легко упустить, если слишком серьезен в описании своего предмета. Но помимо этого я просто хотел дать читателям возможность ознакомиться с богатейшим собранием новых методов, подходов и сфер современных исследований. В них примеры из почти 60 отраслей науки, которые распределены по главам и разделам с широчайшим разбросом тем, времен и предметов. Если б не ограниченность страниц в книге и не терпение издателей, то число капсул оказалось бы много большим. Остается надеяться, что примененная мною в капсулах техника пуантилизма произведет ожидаемое впечатление даже при условии столь небольшого их числа.

Каждая капсула занимает свое место — в определенном временном контексте и отмечена заглавным словом, которым определяется ее содержание. Любую из капсул можно рассматривать как отдельную, самодостаточную часть или читать вместе с общим повествованием, в которое она вставлена.

Двенадцать моментальных снимков (находящихся в конце глав) должны представить серию панорамных видов в меняющейся карте Европы. Ими итожатся сюжеты, вставленные в хронологические рамки повествования, а местом действия становятся особенно важные и символичные места. Эти снимки заставляют на минуту замереть и пристально всмотреться в безудержное движение эпох. Они позволяют читателю перевести дыхание и критически оценить многочисленные изменения, которые случились в тот или иной отрезок времени. Автор направляет и акцентирует внимание читателя, будучи сам пристрастным наблюдателем масштабного процесса, не забывая и о том, что бытуют многочисленные иные мнения, подходы и взгляды. Я предлагаю снимки, которые заведомо субъективны. По сути они ближе не исследовательской аналитике, а сфере художественного вымысла, раздвигающего рамки академического анализа.

Эта книга почти целиком написана в Оксфорде и я многим обязан богатым книжным запасам Бодлейской библиотеки, а также вниманию и обходительности местных библиотекарей. Большую помощь оказали стипендии, которые выплачивал Institut für die Wissenschaften vom Menschen в Вене и Институт украинских исследований Гарвардского университета. Благодаря нескольким путешествиям по Европе повествование мое стало более красочным, включая живые впечатления, собранные в Белоруссии и на Украине, по дороге из Баварии в Болонью, во Французских и Швейцарских Альпах, в Нидерландах, в Венгрии и Вандее.

Я хочу выразить признательность за годовой отпуск, предоставленный Школой Славянских и Восточно-европейских исследований Лондонского университета, и за то, что частные фонды оплатили преподавание приглашенным лекторам на время моего отсутствия. Но книга вызревала и в те времена, когда отпуск был невозможен — она писалась в поездах, самолетах, столовых, больничных комнатах ожидания, на пляжах Гавайских островов, на семинарах других профессоров, даже в крематории автопарка. Я также благодарен издательству Хайнеманн и Мандарин, которые сделали возможным сбор и подготовку вспомогательных материалов.

Я хочу выразить мою благодарность коллегам и друзьям, которые прочитали отдельные главы или разделы книги, а именно: Барри Канлиффу, Стефани Уэст, Рит ван Бремен, Дэвиду Моргану, Дэвиду Элтису, Фани Оз-Зальцбургер, Марку Алмонду и Тимоти Гартону Эшу. Признателен также армии помощников и консультантов: Тони Армстронгу, Сильвии Астл, Алексу Бойду, Майклу Бранчу, Лоренсу Броклиссу, Каролине Браунстоун, Гордону Крэгу, Ричарду Крэмптону, Джиму Катсаллу, Рису Дэйвису, Регине Дэйви, Деннису Дилэтэнту, Джоффри Эллису, Роджеру Гриину, Хьюго Грину, Майклу Херсту, Джерейнту Дженкинсу, Махмуду Хану, Марии Корзеневич, Гжегожу Крулю, Яну МакКеллену, Дмитрию Оболенскому, Ласло Петеру, Роберту Пайнсенту, Мартину Рэйди, Мэри Сетон-Уотсон, Хидран Спиди, Кристин Стоун, Афине Сириату, Еве Траверс, Луке Тридвеллу, Питеру Вейри, Марии Видоусон и Сергею Яковенко, а также целой команде секретарей под руководством «Кингсли»: Саре Барретт, издателю, Салли Кендэлл, дизайнеру, Джилл Меткаф, которая подбирала рисунки, Роджеру Мурхаузу, составителю указателей, Кену Вассу и Тиму Аспену, картографам, Эндрю Боагу, художнику; моим редакторам в издательствах OUP и Мандарин, директору проекта Патрику Даффи, и прежде всего - моей жене, без её поддержки и терпения эта книга никогда бы не была завершена. Премии тому, кто найдет черную кошку, не будет!

Мы привыкли к убеждению, что европейская история — солидная научная дисциплина, опирающаяся на знания и суждения о событиях прошлого, которые действительно имели место. И все же прошлое Европы можно лишь воссоздать в памяти, ухватить воображением, оживить мелькнувшими перед взором картинами, внезапно расслышанными тобой голосами. Но по сути прошлое вернуть нельзя. Поэтому эта книга лишь одна из бесчисленных историй Европы, которая могла быть написана. Она — плод того, что было увидено одной парой глаз, пропущено сквозь одно сознание и передано бумаге в соответствии с духом и характером одного человека.

Оксфорд, 16 июня 1993 г.
Норман Дэвис

При подготовке исправленного издания «Истории Европы» поправки касались лишь фактических ошибок, терминологии и орфографии. В отношении интерпретации исторических фактов таких попыток не предпринималось. В дополнение к прежней группе консультантов (большинство из них вновь помогли своими советами), я хочу выразить мою особую благодарность:

Дж. С. Адамс, Энн Армстронг, Нилу Асчерсон, Тимоти Бэйнбриджу, Тиму Бланнингу, Тиму Бойлу, сэру Раймонду Карру, Джеймсу Корнишу, Дж. Кремоне, М. Ф. Куллису, И. Д. Давидсону, Его Превосходительству Послу Финляндии, Его Превосходительству Послу Италии Фелипе Фернандес-Арместо, Дж. М. Форрестер, Роберту Фросту, Майклу Фатреллу, Грэму Гладвеллу, Ричарду Хофтону, Хью Кирни, Ноэлю Малколму, Велибору Миловановичу, Б. С. Моберли, Яну Моррису, У. Шульте Нордолту, Робину Осборну, Стивену Палффи, Рою Портеру, Полю Престону, Джиму Риду, Доналду Расселлу, Дэвиду Селбурну, Эндрю Л. Саймону, Н. С. У. Спенс, Норману Стоуну, Алану Х. Стрэтфорду, Ричарду Тиндорфу, Джону Вагару, Майклу Уэсту, Б. К. Уэркману, Филипу Винну и Базилу Йами.

Норман Дэвис
17 марта 1997 г.

ОТ ИЗДАТЕЛЕЙ РУССКОЙ ВЕРСИИ

Труд английского историка Норманна Дэвиса *Европа* – явление для отечественного читателя уникальное. Впервые в одной книге на русском языке представлена историческая панорама жизни густо населенного, разноликого континента с доисторической эпохи до последней декады XX века.

Многое необычно в этой книге: широта охвата явлений, процессов, событий, сами концепции формирования, развития европейских наций и государств Полуострова (как именует Европу автор), обилие и разнообразие связанных воедино фактов и способы их изложения.

В книге Дэвиса размышления о прошлом внутренне связаны с поисками ответов на вопросы о будущей судьбе этой части планеты. Чтобы определить логику и направления сложнейших и неоднозначных процессов на огромном пространстве, автор не обходит ни одного узлового, значимого события, ни единой мало-мальски важной географической территории. Все предстает живо и ярко: мир и война, расколы и объединения, союзы, взаимовлияния и отторжения народов, племен и стран. Кроме привычных нам деятелей (знати, власть придержащих, политиков, творцов науки и искусства, простого люда разных мастей и сословий) не обойдены вниманием и маргиналы – еретики, сумасшедшие, цыгане, – не частые персонажи исторических штудий.

Автор – человек редкой эрудиции. Не может не удивить глубина его суждений о музыке, живописи, театре, литературе, поэзии разных эпох и стран. Н. Дэвис знаток древних и современных языков, полиглот, тонкий переводчик и вместе с тем – азартный спортивный болельщик.

Все его таланты и пристрастия нашли отражение в широкомасштабном повествовании, воссоздающем жизнь, обычаи и нравы давно ушедших и близких нам племен, народов, наций. В общей канве текста немало вставок – литературных картинок, зарисовок, анекдотов, миниатюр. Удивительно интересные, смешные, парадоксальные сюжетно, они конкретизируют и дополняют общее повествование, акцентируя внимание на том, что сохранила историческая память народов, не избегая эпизодов смешных и ужасных, анекдотичных, парадоксальных и страшных, шокирующих и ободряющих дух потомков.

Норманн Дэвис отличается от других авторов обобщающих трудов по истории Европы и тем, что немалое место в книге уделяет славянскому миру — России, Украине и Польше. И не потому, что он еще и славист, специалист по истории этих стран, но в попытке оценить реальное влияние восточно-европейского региона на судьбу Полуострова в целом.

Автор масштабной панорамы стремится быть объективным при изложении сложных и противоречивых событий славянского мира. Не всегда удается. Это более всего заметно, когда речь заходит о российско-польских отношениях или истории Украины. Формулировки его и определения событий порой более эмоциональные, нежели аналитически и исторически выверенные. Внимательный русскоязычный читатель заметит ряд шероховатостей подобного рода. Но об одном следует предупредить особо: Дэвис по-своему интерпретирует термин рутены (латинизированное немецкое название западных украинцев или русин). Автор придерживается возникшей в XIX веке концепции существования особой народности, явившейся при разделении восточных славян на рутенов и русских. Соответственно, там, где мы обычно говорим о Белой и Красной Руси, у Дэвиса встречаем — Белая и Красная Рутения. Как синоним рутенам он употребляет термин русины. «Рутенские наречия восточных славян Великого княжества Литовского легли в основу современных белорусского и украинского языков». С другой стороны, рутены у Дэвиса могут существовать и в современном мире: «рутены Прикарпатья решили искать унии с Римом примерно так же, как на соседней Украине». (Это их решение еще и в 1920-е годы было причиной трений между рутенами-католиками и рутенами-униатами в США). Вывод автора: «Фактически *украинец* – это политически сознательный *рутен*». Оперирование этим понятием необходимо автору, чтобы многократно подчеркнуть отсутствие общего корня и совместной древней истории у жителей современной Украины и Белоруссии, с одной стороны, и России, с другой.

В книге огромное количество терминов, названий, которые автором приводятся на языке оригинала. Мы решили по-русски воспроизводить только то, что перевел на английский сам автор или то, что существует в русском как устойчивая традиция перевода термина, понятия. При издании русской версии книги был сохранен авторский вариант географических названий даже в тех случаях, когда у нас принято другое наименование: вслед за Дэвисом мы говорим о Богемии, а не о Чехии, пишем — Данциг, а не Гданьск. Также было принято решение не исправлять (кроме ошибок в датах) редкие авторские неточности в фактах, именах, событиях, а также не комментировать их в дополнительных сносках. Эти ошибки наиболее очевидны в разделе, относящемся к советской истории.

ЛЕГЕНДА О ЕВРОПЕ

Вначале Европы не было. Пять миллионов лет существовал лишь безымянный изрезанный полуостров, завершавший, словно фигура на носу корабля, величайший в мире массив суши. К западу от него простирался неосвоенный океан. На юге располагались два соединенных друг с другом внутренних моря, с множеством островов, заливов и своих собственных полуостровов. На севере эпоха за эпохой, растягиваясь и вновь сжимаясь, пульсировала громадная шапка полярного льда, похожая на гигантскую замерзшую медузу. На востоке лежала земля, связавшая полуостров с остальным миром. Оттуда и предстояло прийти всем народам и цивилизациям.

Люди впервые появились на полуострове вместе с отступлением ледников. Гуманоиды-неандертальцы и пещерные люди Кроманьона, вероятно, имели имена и вполне осмысленные лица. Но что они собой представляли, нам уже никогда не узнать. Лишь смутно проступают они из оставленных ими рисунков, поделок, костей.

Когда льды отступили в последний раз — всего 12 000 лет назад — появились новые пришельцы. Невоспетые разведчики и первопроходцы медленно двигались на запад, шли вдоль изгибов побережий, пересекали сушу и моря и в конце концов добрались до самых дальних островов. Величайшее оставшееся от них творение, созданное на рубеже каменного и бронзового веков, было возведено на дальнем острове, на самом краю обжитого мира. Но никакие догадки и рассуждения не позволят нам с уверенностью сказать, что воодушевляло этих искусных строителей и как называли они этот великий хоровод камней.

Тогда же, на заре бронзового века, на другом конце полуострова другой отдаленный от нас временем народ создавал общество и цивилизацию, чье влияние мы ощущаем и поныне. Принято считать, что эллины двигались из глубины континента тремя волнами и к концу 2-го тысячелетия до н. э. постепенно захватили берега Эгейского моря и расселились по тысяче островов, рассеянных между Пелопоннесом и Малой Азией. Они покорили местных жителей и смешались с ними, впитывая господствовавшую на материке культуру и

еще более древнюю культуру Крита. Но язык пришельцев отличал их от «варваров» — «издающих непонятные звуки». [ВАРВАРЫ] Этот народ создал античную Грецию.

Позднее, в классическую эпоху, детям на вопрос, откуда взялись люди, отвечали, что мир был создан неким *opifex rerum* — «божественным создателем». А еще им рассказывали о потопе и о Европе.

Европа была персонажем одной из самых почитаемых легенд классического мира, матерью критского царя Миноса и, следовательно, прародительницей древнейшей ветви Средиземноморской цивилизации. Гомер упоминает о ней лишь мимоходом. Но в поэме *Европа и бык*, приписываемой Мосху из Сиракуз, а главное, в *Метаморфозах* римского поэта Овидия она выступает в своем ставшем бессмертным образе невинной принцессы, которую соблазнил «Отец богов». Зевс в образе белоснежного быка обольстил ее, когда она прогуливалась с подругами по берегу в родной Финикии:

Страх понемногу прошел, — уже он и грудь подставляет
Ласкам девичьей руки; рога убирать дозволяет
В свежие вязи цветов. И дева-царевна решилась:
На спину села быка, не зная, кого попирает.
Бог же помалу с земли и с песчаного берега сходит
И уж лукавой ногой наступает на ближние волны.
Дальше идет — и уже добычу несет по пучине
Морем открытым; она вся в страхе; глядит, уносима,
На покидаемый берег. Рог правою держит, о спину
Левой рукой оперлась. Трепещут от ветра одежды.

Такова хорошо знакомая нам легенда о Европе, как она изображалась на древних греческих вазах, на виллах Помпеи, а в новые времена — на полотнах Тициана, Рембрандта, Рубенса, Веронезе и Клода Лоррена.

Историк Геродот в V веке до н. э. этой легенде не верил. По его мнению, соблазнение Европы было лишь одним эпизодом бесконечных стародавних войн, связанных с похищением женщин. Отряд финикийцев из Тира умыкнул Ио, дочь аргосского царя; в ответ отряд греков с Крита приплыл в Финикию и увез оттуда дочь тирского царя. Классический случай «око за око».

У мифа о Европе много подтекстов. Но нет сомнений, что, унося критскую принцессу с берегов Финикии (современного южного Ливана), Зевс переносил достижения древней *азиатской* цивилизации в молодые островные колонии Эгейского моря. Финикия находилась в орбите власти фараонов. Путешествие Европы, таким образом, устанавливало мифическую связь древнего Египта с древней Грецией. Брату Европы Кадму, странствовавшему по свету — *orbe pererrato* — в поисках сестры, приписывают заслугу принесения в Грецию искусства письма. [КАДМ]

Легенда о путешествии Европы уловила также особый беспокойный дух тех, кто шел по ее следам. Великие речные цивилизации Нила, Инда, Месопотамии и Китая отличались не только долговечностью, но и застойностью: у них не было интереса к географической экспансии или интеллектуальным новшествам. Средиземноморская цивилизация, напротив, пребывала в постоянном движении. Движение порождало непредсказуемость будущего, лишало чувства надежности и безопасности. Непредсказуемость постоянно вырабатывала ферменты новых идей, а угрозы по-

буждали к энергичным действиям. Минос славился своими кораблями. Крит был первой морской державой. Корабли разносили людей, товары и достижения культуры, побуждая к самым разным обменам с теми землями, куда они заплывали. Умы этих древних мореходов постоянно «трепетали на ветру» — *tremulae sinuantur flamine vestes — как одежды плывущей Европы.*

Европа прошла дорогой солнца: с востока на запад. По другой легенде, Солнце было огненной колесницей, которую невидимые кони влекли из какой-то прятавшейся за восходом конюшни к месту отдыха за закатом. И в самом деле, одна из возможных этимологий противопоставляет Азию, «землю Восхода», *Европе*, «земле Заката». Греки называли *Европой* свои земли к западу от Эгейского моря в отличие от более древних земель в Малой Азии. На заре европейской истории известный мир располагался ближе к востоку, неизвестный — поджидал на западе, в тех местах, которые еще предстояло открыть. Любопытство Европы стало, возможно, причиной ее беды. Но оно привело к созданию новой цивилизации, которая будет со временем носить ее имя и распространится на весь полуостров.

Карта 2
Королева Европа (Regina Europa)

ВСТУПЛЕНИЕ

Историография сегодня

События прошлого можно изображать в любом масштабе, с любой степенью приближения. Можно написать историю Вселенной на одной странице, а можно описать жизненный цикл мухи-однодневки в сорока томах. Очень известный историк, специализирующийся на дипломатии 1930-х годов, написал книгу о Мюнхенском кризисе и его последствиях (1938–1939); вторая книга называлась «Последняя неделя мира», а третью он назвал «31 августа 1939 года». Его коллеги понапрасну ждали, когда же он напишет завершающую книгу — «Минута до полуночи»[1]. Это пример новейшего стремления знать все больше и больше... о все меньшем и меньшем.

При написании истории Европы тоже можно выбрать любой масштаб изображения. Французскую серию *L'Évolution de l'humanité*, содержание которой на 90% было посвящено Европе, планировалось после Первой мировой войны выпустить в 11-ти основных томах и нескольких дополнительных.[2] Настоящая же работа, напротив, была предпринята в надежде по возможности сжать тот же (и даже несколько больший) материал, чтобы он поместился под одним переплетом.

Но ни один историк не сравнится с поэтом в экономичности средств выражения мысли:

Если Европа являет собою

Нимфу, Неаполь есть глаз бирюзовый;

Сердце — Варшава, Париж с головою

Я бы сравнил; в теле острый, терновый

Шип — Петербург; Лондон — тесный крахмальный

Воротничок; Рим же — крест погребальный[3].

Не известно почему, но если исторические монографии все больше и больше ограничивают угол зрения, то общие обзоры давно уже установили стабильный масштаб изображения: несколько сот страниц на век. *The Cambridge Mediaeval History* (1936–1939), например, на период от Константина Великого до Томаса Мора отводит 8 томов[4]. Немецкий *Handbuch der europäischen Geschichte* (1968–1979) посвящен двенадцати векам — от Карла Великого до греческих полковников и зани-

мает 7 увесистых томов[5]. Обычно степень приближения увеличивается при переходе к Новому времени, а античности или Средневековью уделяют сравнительно меньше места. Например, такой новаторский труд, как *Periods of European History* в восьми томах в издании Ривингтона, вел английских читателей от далеких к недавним временам со все увеличивающейся кратностью изображения: 442 года со скоростью 1,16 лет на страницу в *Dark Ages*, 476–918 гг. (1919); 104 года со скоростью 4,57 страницы на год в *Europe in the Sixteenth Century* (1897) А. Х. Джонсона; 84 года со скоростью 6,59 страниц на год в *Modern Europe*, 1815–1899 гг. (1905) У. А. Филиппса.[6] Более поздние серии следовали тому же принципу[7].

Читатели обычно больше интересуются историей своего собственного времени, но не все историки хотят им потворствовать. Есть мнение, что «события не могут стать Историей раньше, чем пройдет полвека», «пока не будут доступны документы и временная перспектива не прояснит зрение людей»[8]. Это здравое суждение. Но оно означает, что обзор должен обрываться как раз там, где он становится наиболее интересным читателю. Кроме того, современная история слишком подвержена влиянию политических соображений, пристрастий, интересов. Но ни один образованный человек не может обойтись без маломальского знания об истоках современных проблем[9]. 400 лет назад это хорошо понимал сэр Уолтер Рэлей: «Если в написании современной истории станешь наступать Истине на пятки, она может выбить зубы»[10]. Заметим, что сэр Уолтер писал это, ожидая исполнения смертного приговора.

При подобных сложностях не удивляешься, что содержание предмета *Европа* или *Европейская цивилизация* может меняться сколь угодно широко. Мало было удачных попыток рассмотреть историю Европы целиком, не множа томы и авторов. *A History of Europe* (1936) Х. А. Л. Фишера[11] и *A Modern History of Europe* (1971) Ю. Вебера[12] — это редкие исключения. Оба исследования представляют собой обширные очерки, исходящие из сомнительного понятия *западная цивилизация* (см. ниже). Из больших обзоров, может быть, самыми удачными были те, что концентрировались на какой-то одной теме, такие, как *Civilisation* Кеннета Кларка[13], где прошлое Европы рассматривается через призму искусства и живописи, или *The Ascent of Man* Якоб Броновски (1973),[14] где автор подходит к предмету исследования с точки зрения развития науки и техники. Оба возникли как своего рода побочный продукт масштабных телевизионных программ. Один более поздний обзор подходит к предмету исследования с материалистической позиции, исходя из геологии и экономических ресурсов[15].

Ценность многотомных исторических обзоров не подвергается сомнению, но они обречены оставаться справочниками: их не читают, а просматривают в поиске сведений. Ни студент-историк, ни простой читатель не станут пробиваться через десять, двадцать или сто десять томов с изложением истории Европы вообще, прежде чем дойдут до вопроса, который их особенно интересует. Об этом можно только пожалеть: ведь рамки целого задают те параметры и посылки, которые затем без всякого обсуждения воспроизводятся в детализированных исследованиях в каждой отдельной части.

В последние годы необходимость пересмотра концептуальных рамок европейской истории растет пропорционально распространению моды на высокоспециализированные исследования с большой «кратностью приближения». Немногие замечательные исключения, такие, как работа Фернана Броделя[16], лишь подтверждают общее правило. Впрочем, некоторые историки и исследователи в стремлении «писать больше и больше о меньшем и меньшем» доходили до полной утраты общей перспективы. А между тем в гуманитарных науках необходимы все кратности приближения. История нуждается во взгляде, который можно сравнить со взглядом на вращающиеся в пространстве планеты; но ей необходимо также, постепенно увеличивая масштаб приближения, наблюдать и людей на Земле, влезать в их шкуру, и видеть, что у них под ногами. Историк должен попеременно прибегать то к телескопу, то к микроскопу, то делать снимок мозга, то бурить землю, чтобы взять геологические образцы.

Не стоит и говорить, что изучение истории очень обогатилось за последнее время новыми методами, дисциплинами, областями. Появление

компьютеров открыло целый спектр количественных исследований, какие до сих пор были недоступны историку. [RENTES] Историческая наука много приобрела, применяя методы и понятия других общественных и вообще гуманитарных наук. [ARICIA] [CEDROS] [CHASSE] [CONDOM] [EPIC] [FIESTA] [GENES] [GOTTHARD] [LEONARDO] [LIETUVA] [НОВГОРОД] [PLOVUM] [ПРОПАГАНДА] [SAMPHIRE] [VENDANGE.] Направление, предложенное французской *школой Анналов* и развивающееся с 1929 г., теперь завоевало уже почти всеобщее признание. [АННАЛЫ] Прочно утвердились такие новые академические области истории, как устная история, историческая психиатрия (или психоистория), семейная история или история нравов. [BOGEY] [НРАВЫ] [ЗВУК] [ЗАДРУГА] Одновременно ряд вопросов, особенно интересных и важных для наших современников, получил новое историческое измерение. Значительная часть современных исследований и дискуссий приходится на такие темы, как антирасизм, окружающая среда, гендер, семитизм, класс и мир. И, несмотря на перегибы политкорректности, все они обогащают целое. [ЧЕРНАЯ АФИНА] [КАВКАЗСКАЯ РАСА] [ECO] [ГОЛОД] [НОБЕЛЬ] [ПОГРОМ] [СПАРТАК]

Тем не менее приумножение областей исследования и соответствующий рост научных публикаций, естественно, рождают новые трудности. Профессиональные историки уже отчаялись в возможности держаться в курсе всех новых публикаций. Они испытывают искушение идти все дальше по узким коридорам сверхспециализации, рискуя окончательно потерять способность общаться с рядовым читателем. Развитие специализации идет в ущерб истории как повествованию. Некоторые специалисты полагают, что общие положения не требуют пересмотра, а путь к новым открытиям лежит лишь через углубленную разработку узких вопросов. Другие, сосредоточившись на «глубинных структурах», совсем отвернулись от «поверхности» истории. Вместо этого они занимаются «долговременными направляющими подспудными тенденциями». И подобно тому, как их собратья, подвизающиеся в литературоведении, считают, что буквальный смысл текста не имеет значения, так и некоторые историки считают, что можно вовсе не заниматься собственно «фактами». Они плодят студентов, которые не считают нужным изучать, что случилось, где и когда.

Этот упадок истории фактов сопровождался, особенно в классных комнатах, всплеском *эмпатии*[17], то есть упражнениями в историческом воображении. Воображение, конечно, — необходимейший элемент исторического исследования. Но упражнения в *эмпатии* оправданы только тогда, когда прикладываются хотя бы к минимуму знания. Теперь, когда и художественную литературу ставят под сомнение как подходящий источник исторической информации, студенты скоро смогут основывать свои знания о прошлом лишь на предрассудках и предубеждениях своих преподавателей[18].

Разрыв между историей и литературой представляется особенно огорчительным. Когда во многих областях гуманитарных наук на смену *структуралистам* пришли *деконструктивисты*, — казалось, что историки и литературоведы стремятся отказаться не только от всякого традиционно общепринятого знания, но и друг от друга. К счастью, после того, как наиболее нелепые аспекты деконструктивизма сами подверглись деконструкции, появилась надежда, что этот эзотерический разлом можно преодолеть[19]. Нет абсолютно никаких причин, почему бы думающему историку не использовать литературные тексты, подходя к ним критически, или литературоведу не вооружиться знанием истории.

[GATTOPARDO] [КОНАРМИЯ]

Таким образом представляется, что специалисты замахнулись на большее, чем были способны, или, если пользоваться терминами карточных игр, «обремизились», не сумев взять заказанных взяток. В истории всегда существовало справедливое разделение труда между трудолюбивыми рабочими пчелами и матками, *grands simplificateurs*,[20] которые упорядочивают труды улья. Ведь, если всю власть захватят рабочие пчелы, меда не будет. Нельзя согласиться и с тем, что контуры «общей истории» установились раз и навсегда. Они тоже подвержены влиянию моды, и те, что были установлены пятьдесят или сто лет назад, уже созрели для пересмотра (см. ниже). Точно так же изучение геологических пластов истории никогда не должно отделяться от исследований «на поверхности». В поисках направлений, обществ, хозяйственных укладов или культур не следует терять из вида реальных мужчин, женщин и детей.

Специализация открыла дверь беззастенчивому политиканству, проникновению в исторические исследования политических интересов. Поскольку считается, что каждый компетентен высказывать мнение только в рамках собственной «штольни», то хищники получили свободу разгуливать по прериям без всяких помех и ограничений. Особенно вредно, когда основательные документальные исследования пристегивают к откровенно искусственно подобранным темам, что *a priori* исключает полный обзор всех значимых факторов. Говорят, что А. Тэйлор отозвался об одной такой работе: «она верна на 90% и на 100% бесполезна»[21].

Разумной реакцией на такое развитие событий было бы стремление разнообразить интерпретации, находя гарантии в «законе больших чисел», то есть поощрение широкого разнообразия специальных взглядов с тем, чтобы уравновесить ограниченность каждого из них. Рискованно ограничиваться одной точкой зрения. Но 50 или 60 точек зрения — или три сотни — вместе могут быть достаточным основанием, чтобы строить на нем приемлемое сложное целое. «Нет одной Правды, но есть столько же правд, сколько сознаний»[22].

Ниже, в главе II, упоминается о знаменитом решении Архимедом проблемы числа ρ, то есть о том, как он вычислил отношение длины окружности к ее диаметру. Архимед знал, что длина окружности должна лежать где-то между суммой сторон квадрата, в который эта окружность вписана, и суммой сторон квадрата, вписанного в эту же окружность (см. диаграмму). Не будучи в состоянии вычислить это прямо, он пришел к мысли подойти как можно ближе к значению этого числа, установив длину вписанного в окружность 99-стороннего многоугольника. Чем больше сторон было у многоугольника, тем больше он приближался по форме к кругу. Так же историк испытывает искушение полагать, что, чем больше он использует источников, тем меньше будет разрыв между исторической действительностью и попыткой ее реконструировать.

Нерешаемую задачу историка сравнивали как-то с задачей фотографа, который в статической двумерной картинке тщится передать постоянно движущийся трехмерный мир. «Историк, как фотоаппарат, всегда врет»[23]. Если развивать это сравнение, то можно сказать, что фотограф может гораздо ближе подойти к правдоподобию — если правдоподобие является его целью, — многократно увеличивая количество снимков одного объекта. Большое количество фотографий, сделанных с разных позиций, с разными линзами, светофильтрами и на разных пленках, значительно снизит избирательность одного только снимка. Как обнаружили мастера кино, множество кадров, снятых последовательно, создает вполне достоверную имитацию времени и движения. Больше того, *объемная история* может быть восстановлена только тогда, когда историк сопоставит результаты как можно большего количества источников. Безупречным результат не будет никогда, но каждый отдельный угол зрения, каждый отдельный исследовательский прием и метод помогают лучше высветить части, которые все вместе составляют целое.

Для каждого источника информации характерно искажение. Абсолютная объективность совершенно недостижима. Каждый прием или метод имеет свои сильные и слабые стороны. Важно понять, в чем слабые и сильные стороны каждого, и достичь наибольшего приближения. Те, кто возражают против обращения историков к поэзии, социологии или астрологии (или к чему-нибудь еще) на том основании, что подобные источники «субъективны», «частичны» или не научны, — утверждают очевидное. С тем же успехом мы могли бы возражать против рентгена или ультразвукового просвечивания на том основании, что эти методы дают плохое изображение лица. Доктора прибегают к любому возможному ухищрению, чтобы открыть тайны мозга и тела. Такое же оснащение нужно историкам, чтобы проникнуть в тайны прошлого.

Документальная история, которой так долго везло, является одновременно и самым ценным, и самым рискованным способом подхода. Если прибегать к ней без осторожности, она может привести к самым неверным интерпретациям; а есть еще и громадные области прожитого, которые вообще не могли оставить свидетельств. И все-таки никто не станет отрицать, что документы — это самые богатые жилы для добычи знания. [ХОСБАХ] [МЕТРИКА] [СМОЛЕНСК]

Лорд Актон, основатель Кембриджской исторической школы, некогда предсказывал, что документальная история может оказаться особенно вредоносной. Это направление склонно накапливать массу свидетельств в ущерб интерпретации. Мы живем «в документальное время, — писал Актон примерно 90 лет назад, — теперь постараются отделить историю от историков, развивать знание за счет изложения»[24].

Обобщая, можно сказать, что историки больше беспокоились о своих спорах, чем о проблемах своих долготерпеливых читателей. В стремлении к научной объективности они пожертвовали прежними полетами фантазии, отделили факты от качества создаваемых ими текстов. В то же время сократился набор средств, с помощью которых историки могут передавать свои открытия всем остальным. Ведь историку недостаточно только лишь установить факты и привести свидетельства. Вторая половина задачи состоит в том, чтобы овладеть умом читателя, сразиться со всеми теми искажающими каналами восприятия, которые имеются у каждого потребителя исторических знаний. Эти каналы восприятия включают не только пять органов чувств, но и набор заранее заданных представлений: от лингвистической терминологии, географических названий и символов до политических взглядов, социальных условностей, эмоциональных наклонностей, религиозных верований, привычных зрительных образов и традиционных исторических представлений. Каждый потребитель исторических знаний имеет определенный опыт, через который и должна профильтроваться вся поступающая к нему информация о прошлом.

Вот почему хороший историк должен равно заботиться не только о сборе информации и ее оформлении, но и о передаче этой информации. И в этой части своей работы он во многом занимается тем же, чем занимаются поэты, писатели и художники. Он должен зорко следить за работой всех, кто помогает моделировать и передавать наши представления о прошлом: историков искусства, музыковедов, музееведов, архивистов, иллюстраторов, картографов, тех, кто оставил свои дневники, биографов, собирателей фонотек, кинематографистов, сочинителей исторических романов, даже поставщиков «воздуха Средневековья в бутылках». И на каждом этапе главное качество, как его впервые определил Вико, — это «творческое историческое воображение». Без него труд историка останется мертвой буквой, сообщением, которое не смогли донести до адресата. [ПРАДО] [СОНАТА] [СОВКИНО]

В наш, по общему мнению, научный век образная, художественная сторона профессии историка, без сомнения, принижена. Напротив, значение трудных для прочтения академических исследований и сложных изысканий — преувеличено. Историки с воображением, такие, как Томас Карлейль, не только осуждаются за их поэтическое дарование. Они просто забыты. А между тем убеждение Карлейля в том, что история состоит в родстве с поэзией, заслуживает хотя бы внимания[25]. Важно проверять и выверять, что Карлейль иногда забывает делать. Но «выразить как следует» тоже важно. Все историки должны повествовать убедительно, иначе их не заметят.

В последние годы все те, кто изучению прошлого предпочитал изучение историков, предавались *постмодернизму*. Этим термином обозначается мода, введенная двумя французскими «гуру»: Фуко и Деррида, — мода, которая нанесла ущерб не только принятому канону исторического знания, но и общепринятой методологии. С одной стороны, последователи модернизма стремились ниспровергнуть значение документальных материалов, источников так же, как деконструктивисты в литературе пытались разрушить *смысл* литературных текстов. С другой стороны, они низлагали «тиранию фактов» и «авторитарные идеологии», которые, как представлялось, стояли за всяким сводом информации. В своем крайнем проявлении постмодернизм объявлял все утверждения о прошлом «инструментами принуждения». А пользуются этими инструментами все те историки, которые ратуют за «приверженность общечеловеческим ценностям». По утверждению критиков этого направления, оно свело историю до уровня «развлечения для историков»; постмодернизм взяли на вооружение политизированные радикалы, преследующие собственные цели. В своем презрении к установленным фактам постмодернизм намекал, что знать что-нибудь опаснее, чем не знать *ничего*[26].

Однако этот подход поставил больше вопросов, чем разрешил. Самые рьяные его последователи были похожи на тех мрачных ученых, которые вместо того, чтобы пошутить, пишут научные исследования о юморе. Не вполне очевидно также, что традиционно либеральную историографию можно целиком определить как *модернистскую* и что понятие *постмодернизм* не следует приберечь лишь для тех, кто пытается нарушить равновесие старого и нового. Нехорошо, конечно, высмеивать всех и каждого; но кончится тем, что высмеют Дерриду[27]. Ведь деконструкция деконструктивистов при помощи их же методов и приемов — это только вопрос времени. «Мы пережили «Смерть Бога» и «смерть Человека». Мы, конечно, переживем и «Смерть Истории»… и смерть постмодернизма»[28].

Но вернемся к вопросу о масштабе увеличения. Всякое повествование, которое последовательно отображает ход истории за долгий период, по необходимости устроено иначе, чем обзор, который увязывает друг с другом все важные особенности какого-то определенного этапа или момента. Первый — хронологический — подход призван подчеркнуть случаи и события необычные, которые, хотя и были нетипичными в момент своего появления, но затем приобрели большое значение. Второй подход — синхронный — должен отмечать *инновационное* и *традиционное* и их взаимодействие. При первом подходе рискуешь впасть в анахронизм, при втором — утратить движение.

История Европы начала Нового времени послужила лабораторией, где исследовались эти проблемы. Поначалу в ней преобладали историки, исследовавшие истоки гуманизма, протестантизма, капитализма, науки и национального государства; затем она привлекла внимание специалистов, которые совершенно верно показали, как в ней сохранялись и процветали элементы средневековья и варварства. Историк, стремящийся к полноте картины, должен как-то уравновесить эти два подхода. Описывая, например, XVI век, было бы неверно писать только о ведьмах, алхимиках и феях, как было неверно писать только о Лютере, Копернике и развитии английского парламента, как это делалось прежде. История, нацеленная на полноту, должна считаться со спорами специалистов, но она должна также подняться над их преходящими заботами.

Концепции Европы

Европа — понятие сравнительно новое. Оно постепенно, в ходе сложного процесса развития идей с XIV по XIX вв., вытеснило более старое понятие *Христианский мир*. Решающими стали десятилетия на рубеже 1700 года, последовавшие за бушевавшими на протяжении жизни нескольких поколений религиозными войнами. На этом раннем этапе Просвещения (см. глава VIII) расколотому сообществу наций стало неудобно вспоминать о христианстве как источнике их общей идентичности, и *Европа* удовлетворила потребность этого сообщества в более нейтральном обозначении. На Западе войны против Людовика XIV подвигли некоторых публицистов и общественных деятелей на призывы к совместным действиям с целью покончить с существующими расколами. Квакеру Уильяму Пенну (1644—1718), основателю Пенсильвании, происходившему от смешанного англо-голландского брака, который долгое время провел в заключении, принадлежит заслуга призыва ко всеобщей терпимости и к созданию Европейского парламента. Французский аббат-диссидент Шарль Кастел де Сен-Пьер (1658—1743), автор *Projet d'une paix perpétuelle* (1713) [Проект всеобщего мира], призывал создать конфедерацию европейских держав для обеспечения устойчивого мира. На Востоке появившаяся при Петре Великом Российская империя требовала радикального пересмотра сложившегося миропорядка. Утрехтский мир 1713-го г. был последним крупным событием, в связи с которым публично ссылались на *respublica christiana* — «христианское содружество».

После этого уже преобладает самосознание не христианского, а европейского сообщества. В 1751 г. Вольтер описывал Европу как: «своего рода большую республику, разделенную на несколько государств, одни из которых монархические, другие смешанные... но все друг с другом сообщаются. Все они имеют одно и то же религиозное основание, хотя и разделенные на несколько конфессий. У всех один и тот же принцип общественного закона и политики, не известный другим странам света»[29].

Двадцать лет спустя Руссо провозгласил: «Больше нет французов, немцев и испанцев, нет даже англичан, но только европейцы». Согласно одному утверждению, окончательное осознание понятия *Европа* произошло в 1796 г., когда Эдмунд Бёрк написал: «Всякий европеец у себя дома в любой части Европы»[30]. Но и при этом географические, культурные и политические параметры европейского сообщества всегда оставались спорными. В 1794 г., когда Уильям Блейк опубликовал свою самую непонятную из поэм «Европа. Пророчество», он взял в качестве иллюстрации

изображение Всемогущего, склоняющегося с небес с циркулем в руках.[31]

По большей части физические границы Европы определяются ее морским побережьем. Различные же попытки определения ее границ по суше имеют давнюю историю. Древние установили раздел между Европой и Азией по линии Геллеспонт — Дон; таким он оставался и в Средние века. Энциклопедист XIV века дает довольно точное определение: «Европа, говорят, есть треть всего мира и берет свое имя от имени Европы, дочери Агенора, ливийского царя. Юпитер похитил эту Европу и поместил ее на Крит, а большую часть земли назвал ее именем: Европа... Европа начинается на реке Танаис [Дон] и простирается вдоль Северного океана до конца Испании. Восточная и южная ее части поднимаются из моря, которое называется Понт [Черное море], и соединяются с Великим морем [Средиземным] и оканчиваются у островов Кадиш [Гибралтар] ...»[32]

Папа Пий II (Энеа Пикколомини) начинает свой ранний трактат о государстве *Европа* (1458) с описания Венгрии, Трансильвании и Фракии, которым в то время угрожали турки.

Ни древние, ни их потомки в Средние века не имели достоверных знаний о восточных оконечностях Европейской равнины, часть которой до XVIII века не имела постоянного оседлого населения. И только в 1730 г. Штраленберг, шведский офицер на русской службе, высказал предположение, что граница Европы должна быть отодвинута с Дона до Уральских гор и реки Урал. Где-то в конце XVIII века российское правительство воздвигло пограничный столб на тракте между Екатеринбургом и Тюменью, которым обозначили границу Европы и Азии. С тех пор ссыльные, отправлявшиеся в Сибирь в кандалах, завели обычай преклонять колена перед этим столбом и сгребать горсточку европейской земли на прощанье. «Ни один пограничный столб во всем мире, — писал путешественник, — не видел такого количества разбитых сердец»[33]. К 1833 г., когда был опубликован *Handbuch der Geographic* Фольгера, представление, что Европа простирается от Атлантики до Урала, было уже общепринятым[34].

Тем не менее в установившейся традиции нет ничего священного и непреложного. Граница Европы была помещена на Урал в результате подъема Российской империи, хотя многие, в особенности географы-аналитики, критиковали этот факт. Граница по Уралу не имела особого значения для Маккиндера и для Тойнби, для которого первейшее значение имели факторы окружающей среды, или для швейцарского географа Рейнольда, который писал: «Россия — это географический антитезис Европы». Упадок могущества России вполне мог бы вызвать новый пересмотр — и тогда подтвердились бы взгляды родившегося в России оксфордского профессора о «приливно-отливной Европе», границы которой то накатывают с приливом, то отходят[35].

Представление о Европе как географической единице всегда конкурировало с понятием *Европы* как культурного сообщества; а в отсутствие общих политических структур европейская цивилизация только и могла определяться критериями культуры. Особое значение обычно придают основополагающей роли христианства, которая не исчезла даже после того, как перестали пользоваться обозначением *Христианский мир*.

В радиопередачах для побежденной Германии в 1945 г. поэт Т. С. Элиот развивал мысль, что европейская цивилизация находится в смертельной опасности из-за постоянного ослабления христианского ядра. Он описывал «закрытие ментальных границ Европы», происходившее в те годы, когда вовсю утверждались национальные государства. «За политической и экономической автаркией обычно следует своего рода культурная автаркия» — говорил он. Элиот подчеркивал, что культура — это организм: «Культура — это что-то, что должно расти. Вы не можете возвести дерево, вы можете его только посадить, заботиться о нем и ждать, пока оно вырастет...» Он подчеркивал взаимозависимость многочисленных субкультур внутри европейской семьи. Кровообращением этого организма было то, что он называл культурным «обменом». Он особенно подчеркивал обязанность писателей. Но прежде всего он обращал внимание на центральную позицию христианской традиции, вобравшей в себя «наследие Греции, Рима и Израиля»: «Основным в создании общей культуры народов, каждый из которых имеет свою культуру, является религия... Я говорю об общей христианской традиции, которая сделала Европу тем, что она есть, и об общих элементах культуры, которые это общее христианство с собой принесло... Именно в христиан-стве развилось наше искусство; в христианстве — до недавнего времени — коренились правовые системы Европы. Именно на фоне христианства приобретает значение наша философия. Отдельный европеец может не верить в истинность христианской веры; и все же то, что он говорит, производит, делает — все обретает смысл в христианском наследии. Только христианская культура могла породить Вольтера и Ницше. Я не верю, что европейская культура переживет утрату христианской веры»[36].

Это представление во всех смыслах традиционно. Это мерило всех других вариантов, ответвлений и блестящих идей по данному вопросу. Это основной посыл того, что мадам де Сталь однажды назвала *penser á l'européenne* [мыслить по-европейски].

Самая фундаментальная задача всех историков культуры Европы состоит в том, чтобы обнаружить разнообразные соперничающие направления в рамках христианской традиции и оценить их значение относительно различных не-христианских и антихристианских элементов. Плюрализм здесь *de rigueur* [обязателен]. Несмотря на очевидное господство христианской веры вплоть до середины XX века, нельзя отрицать, что многие из самых плодотворных художественных идей Нового времени — от страсти Возрождения к античности до одержимости романтиков Природой — были, по сути, языческими. Точно так же нельзя не признать, что современные культы новизны, эротизма, экономики, спорта или поп-культуры тесно связаны с христианским наследием. Теперь проблема состоит в том, чтобы решить, свели ли центробежные силы XX века это наследие к бессмысленной сумятице. Мало кто станет сегодня утверждать, что некогда существовал какой-то монолит европейской культуры. Одно интересное решение — рассматривать европейское культурное наследие как состоящее из четырех или пяти перекрывающих друг друга и взаимосвязанных кругов[37] в поисках своей идентичности. Писатель Альберто Моравиа сказал об уникальной культурной идентичности Европы, что она — двусторонняя ткань, «с одной стороны, очень пестрая..., а с другой — одного насыщенного и глубокого цвета»[38].

Было бы неверно думать, что понятие *Европа* лишено политического смысла. Напротив, часто им пользовались как синонимом гармонии и един-

ства, каковых как раз и недоставало. *Европа* —
это недостижимый идеал, цель, к которой должны стремиться все добрые европейцы.

Этот мессианский или утопический взгляд на Европу можно обнаружить уже в дискуссиях перед подписанием Вестфальского мира. Эти идеи громко звучали в пропаганде Вильгельма Оранского и его союзников, собиравших коалиции против Людовика XIV, а также у тех, кто противостоял Наполеону. «Европа, — сказал Александр I, — это мы». Они присутствовали и в риторике по поводу равновесия сил в XVIII веке и по поводу европейского согласия (*концерта*) в XIX веке. Ими отмечена и политика поддержания мира в эпоху империализма (пока его не поколебала великая война 1914-го года), когда в Европе видели своего рода центр, из которого осуществлялось управление миром.

В XX веке европейский идеал возродили политики, стремившиеся залечить раны двух мировых войн. В 1920-е годы, после первой мировой войны, когда эту идею можно было продвигать повсюду на Континенте (кроме Советского Союза), она нашла свое выражение в Лиге Наций и, особенно, в деятельности Аристида Бриана (см. с. 705–706). Эта идея была особенно привлекательна для новых государств Восточной Европы, которые не были отягощены заморскими имперскими владениями и искали союзников для защиты от великих держав. В конце 1940-х годов, после появления «железного занавеса», идею взяли на вооружение люди, стремившиеся построить на Западе Малую Европу, причем эту конструкцию хотели возводить постепенно, концентрическими кругами с центрами во Франции и Германии. Но эта идея была также маяком надежды для тех людей на Востоке, кто оказался отрезан жестоким коммунистическим правлением.

С падением Советской империи в 1989–1991 гг. появились первые проблески надежды на паневропейское сообщество, которое охватило бы весь континент.

Впрочем хрупкость европейского идеала признавалась и его противниками и его сторонниками. В 1876 г. Бисмарк отмахнулся от понятия *Европа*, как когда-то Меттерних отмахнулся от Италии как «географического понятия». Основательность высказанного Бисмарком презрения признавал 70 лет спустя Монне, «отец Европы»:

«Европа никогда не существовала, — заявил он. — На самом деле Европу надо создавать»[39].

Больше 500 лет кардинальной проблемой в определении границ Европы было включать или не включать в нее Россию. На протяжении всей Новой истории православная, автократичная, экономически отсталая, но географически расширяющаяся Россия плохо подходила Европе. Западные соседи России чаще находили причины, чтобы не относить ее к Европе. Сами русские никогда не были вполне уверены, хотят ли они принадлежать Европе.

В 1517 г., например, ректор Ягеллонского университета в Кракове Мачей Меховита опубликовал трактат по географии, где он проводил традиционное Птолемеево разграничение между *Sarmatia europaea* (Европейская Сарматия) и *Sarmatia asiatica* (Азиатская Сарматия) с границей по Дону. Таким образом Польша и Литва оказывались в центре Европы, а Московия — вне ее[40]. Три века спустя проблема стала еще сложней. Польшу и Литву разделили, и российская граница существенно отодвинулась на Запад. Когда здесь как раз накануне Французской революции проезжал француз Луи-Филипп де Сегюр (1753–1830), у него не возникло сомнений: Польша — это уже не Европа. «Кажется, что здесь совершенно покидаешь Европу, — писал он, въехав в Польшу. — Все выглядит так, как будто ты отброшен на 10 столетий назад». Мы видим, что де Сегюр для определения принадлежности Европе применяет критерий экономического преуспеяния, и в этом он был человеком своего времени[41].

А между тем в это время российское правительство настаивало на том, что оно является европейским. Невзирая на тот факт, что территория Империи простиралась через всю Азию вплоть до Северной Америки, императрица Екатерина категорически заявила в 1767 г., что «Россия — европейское государство». Это должны были учитывать все, кто хотел иметь дело с Санкт-Петербургом. В конце концов, Московия была неотъемлемой частью Христианского мира уже с X века, а Российская империя — непременным участником дипломатических союзов. Страх перед «русским медведем» не помешал тому, что со все возрастающим согласием Россию признают частью Европы. В XIX веке этому процессу очень способствовала выдающаяся роль России в разгроме Наполеона, а также расцвет русской культуры в век Толстого, Чайковского и Чехова.

Русская интеллигенция, которая делилась на западников и славянофилов, сомневалась относительно степени европеизации России (см. Глава X, сс. 589, 599, 607). Славянофил Николай Данилевский (1822–1885) в своем труде «Россия и Европа» (1871) заявляет, что Россия — особенная славянская цивилизация, стоящая между Европой и Азией. Достоевский же, напротив, в речи при открытии памятника Пушкину превозносит Европу: «Народы Европы не знают, как они нам дороги». И только небольшая группа «восточников» считала, что Россия — целиком азиатская страна, имеющая много общего с Китаем[42].

После 1917 г. при большевиках оживают прежние сомнения и неясности. Большевиков все считали варварами baboonery[43], — как выразился Черчилль, толпой диких азиатов, сеющих смерть и разрушение, подобно Аттиле или Чингисхану. В самой же Советской России революционеров-марксистов часто называли насаждением Запада, находящимся под контролем евреев, поддерживаемым западным капиталом и направляемым германской разведкой. В то же время достаточно сильное течение в официальном общественном мнении утверждало, что революция порвала все связи с «декадентской» Европой. Многие русские считали себя униженными наступившей изоляцией и похвалялись, что возрожденная Россия скоро обгонит Запад. В начале 1918 г. ведущий поэт революционных лет написал в бунтарских «Скифах»:

Мильоны — вас. Нас — тьмы, и тьмы, и тьмы.
  Попробуйте, сразитесь с нами!
Да, скифы — мы! Да, азиаты — мы,
  С раскосыми и жадными очами!
Россия — Сфинкс! Ликуя, и скорбя,
  И обливаясь черной кровью,
Она глядит, глядит, глядит в тебя,
  И с ненавистью и с любовью!..
В последний раз — опомнись — старый мир!
  На братский пир труда и мира,
В последний раз на светлый братский пир
  Сзывает варварская лира![43]

Не впервые русские разрывались между двумя устремлениями.

Что же касается руководства большевиков, то Ленин и его круг идентифицировали себя с Европой. Они считали себя прямыми наследниками Французской революции; непосредственно же они возводили себя к социалистическому движению Германии, а принятой стратегией было соединение в будущем с революциями в развитых капиталистических странах Запада. В начале 1920-х годов в Коминтерне обсуждалась идея Соединенных Штатов Европы (во главе с коммунистами). И только при Сталине, который расправился со старыми большевиками, Советский Союз идейно дистанцируется от европейских проблем. Но в эти же десятилетия группа выдающихся русских мыслителей-эмигрантов, включая князя Н. С. Трубецкого, П. Н. Савицкого и Г. В. Вернадского, вновь начинает подчеркивать азиатский фактор в неоднородной русской культуре. Известные как «евразийцы», они принципиально противопоставляли себя большевикам, но при этом последовательно скептически относились к мнимым достоинствам Западной Европы.

Конечно, за 70 лет тоталитарного советского правления был возведен основательный психологический и физический барьер, рассекавший Европу. Общественное лицо советского режима становится откровенно ксенофобным, чему очень способствовало все пережитое за время Второй мировой войны и что старательно культивировали сталинисты. В душе, впрочем, многие русские, как и громадное большинство нерусских жителей Советского Союза, почитали себя европейцами. Это был способ духовного выживания при коммунизме. Когда же оковы коммунизма пали, это чувство способствовало их, как выразился Вацлав Гавел, «возвращению в Европу».

Скепсис относительно принадлежности России Европе продолжал существовать и в России, и за ее пределами. Русские националисты, которые всем сердцем ненавидят Запад и завидуют ему, поставлявшие когда-то лозунги сталинской пропаганде, теперь чувствовали унижение в связи с падением советской власти и хотели только одного: возвращения Советской империи. Представляя собой ядро оппозиции посткоммунистическим демократам, «нечестивый союз» русских националистов и никак не реформировавшихся коммунистов очень косо смотрел на *rapprochement* (сближение) Москвы с Вашингтоном и Западной Европой.

Западные лидеры стремились прежде всего и больше всего к стабильности. Не сумев наладить прочного партнерства с гуманизированной горбачевской версией СССР, они теперь бросились поддерживать Российскую Федерацию. Они сочувственно восприняли просьбы Москвы об экономической помощи и членстве в НАТО и в Европейском сообществе. Но затем стали замечать и темные стороны. В конце концов, Российская Федерация не была сплоченным национальным государством, готовым к либеральной демократии. Она оставалась многонациональным образованием, протянувшимся по Евразии, все еще очень милитаризованным и все еще проявляющим имперские замашки в обеспечении своей безопасности. Она не была готова позволить своим соседям идти собственным путем. И если она не покончит со своим имперским наследием, как это сделали другие бывшие империалистические государства Европы, она не сможет считаться подходящим кандидатом ни в одно европейское сообщество. Таково было мнение дуайена Европейского парламента, высказанное им в сентябре 1993 г. [EESTI]

Некоторые высказывались в том смысле, что и претензии Великобритании на принадлежность к Европе столь же сомнительны, как претензии России. Со времен Норманнского завоевания и до Столетней войны королевство Англия было прочно втянуто в дела континента. Но в Новое время Англия искала своего счастья в других местах. Подчинив и присоединив соседей по Британским островам, англичане отправились создавать империю не в Европу. Как и русские, они были определенно европейцами, но с преимущественно внеевропейскими интересами. На деле они принадлежали Европе лишь наполовину. И привычка смотреть на *Континент* как бы издалека стала исчезать только после распада их империи. Больше того, по своей империалистической привычке они рассматривали Европу в терминах «великих держав» (преимущественно западных) и «малых народов» (преимущественно на Востоке), которые на самом деле не имеют значения. Среди других скульптур вокруг мемориала Альберта (1876) в Лондоне есть группа фигур, символизирующая «Европу». Группа состоит всего из четырех фигур: Великобритании, Германии, Франции и Италии. Вот почему историки часто рассматривают Великобританию как «особый случай»[45]. Зачинатели

первого паневропейского движения в 1920-е годы. (см. сс. 694, 715) полагали, что ни Великобритания, ни Россия не будут в нем участвовать.

Тем временем предпринималось много попыток определить внутреннее культурное деление Европы. В конце XIX века было запущено понятие *Mitteleuropa* [Центральная Европа] с доминирующей в ней Германией, причем ее границы совпадали с границами политического влияния государств Центральной оси. В межвоенное время появляется понятие *Восточно-Центральная Европа*, территория которой состояла из вновь обретших независимость «государств-правопреемников» от Финляндии и Польши до Югославии. Это территориальное обозначение оживает вновь после 1945 г. как удобное обозначение похожего набора независимых стран, теперь вошедших в советский блок. К тому времени главное деление на *Западную Европу* (с НАТО и ЕЭС) и *Восточную Европу* (под властью советского коммунизма) казалось навсегда застывшим. В 1980-е годы группа писателей во главе с чешским романистом Миланом Кундерой вводят в обращение новую версию *Центральной Европы* в стремлении разрушить тогдашние барьеры. Это еще одна конфигурация, еще одно подлинное «царство духа»[46].

Сердце Европы было прекрасной идеей и у нее были не только географические, но и эмоциональные коннотации. Но оно совершенно неуловимо. Один автор помещал это *сердце* в Бельгии, другой в Польше, третий в Чехии, четвертый в Венгрии, а пятый в царстве немецкой литературы[47]. Как заявил английский премьер-министр в 1991 г., где бы оно не располагалось, он предпочитает, чтобы оно было. Для тех, кто думает, что это *сердце* находится в самом центре, оно помещается или в общине Св. Климента (Allier), где расположен центр Европейского сообщества, или в географическом центре Европы, который помещают то в пригородах Варшавы, то в глубине Литвы.

В течение 75 лет, когда Европа была расколота длиннейшей из гражданских войн, идея Европейского единства была жива только у людей обширнейшей культуры и широчайших исторических горизонтов. В особенности в продолжение 40 лет холодной войны требовались величайшее интеллектуальное мужество и стойкость, чтобы противостоять не только неистребимому национализму, но и ограниченному взгляду на Европу исключительно как на преуспевающий Запад. К счастью, было несколько человек такого масштаба и оставшиеся после них труды скоро зазвучали как пророчества.

Таким человеком был Хью Сетон-Ватсон (1916–1984), старший сын пионера восточноевропейских исследований в Великобритании Р. У. Сетона-Ватсона (1879–1951). Мальчиком он играл у ног Томаша Масарика, свободно говорил на сербохорватском, венгерском и румынском, а также на французском, немецком и итальянском языках. Он родился в Лондоне, где и стал профессором русской истории на Кафедре славянских и восточноевропейских исследований, и обычно называл себя скоттом (шотландцем). Он никогда не поддавался расхожим убеждениям своего времени. Мысли о Европе он изложил в работе, которая была опубликована посмертно, особенно подчеркивая три момента: необходимость европейского идеала, взаимодополняемость восточных и западных наций Европы и плюрализм европейской культурной традиции. Каждый тезис заслуживает более пространного цитирования.

Первый мощный удар Сетон-Ватсон адресовал тем, чей узкий умственный горизонт позволял верить, что единство Европы должно строиться не на чем ином, как на интересах безопасности НАТО и экономических интересах ЕЭС: «Не нужно недооценивать потребности в позитивной общей цели — чем-то более волнующем, чем цена на масло, более конструктивном, чем заключение оборонительных союзов — а именно в особой европейской *mystique*»[48].

Второй залп был направлен против тех, кто во имя Западной цивилизации хотел исключить восточных европейцев: «В культурное сообщество Европы входят и другие народы, живущие за границами Германии и Италии... которыми нельзя пренебречь только потому, что сегодня они не принадлежат всеевропейскому экономическому и политическому сообществу.... Нигде в мире так не верят в реальность и важность европейской культурной общности, как в странах, расположенных между ЕЭС и Советским Союзом... Для живущих здесь народов Европа означает сообщество культур, к которому принадлежит и их культура или субкультура. Ни один из этих народов без Европы не выживет, как и Европа без них. Конечно, Евро-

пейская культурная общность — миф... - некий сплав истины и фантазии. Но абсурдности фантазий не должны закрывать от нас истину»[49].

Третий залп был направлен против тех, кто представлял европейскую культуру упрощенно или монолитно: «Тесное сплетение понятий *Европа* и *Христианский мир* есть исторический факт, который не упразднит и самая изощренная софистика... Но также верно, что в европейской культуре есть такие составляющие, которые не являются христианскими: римская, эллинистическая, возможно, персидская, а в новейшие времена — еврейская. Труднее сказать, присутствует ли среди них также мусульманская составляющая»[50].

В Заключении он определяет цель и значение европейской культуры: «(Европейская культура) не является инструментом капитализма или социализма; она не находится в монопольном владении у еврократов ЕЭС или у кого-нибудь еще. Клясться ей в верности — не значит претендовать на превосходство над другими культурами... единство европейской культуры есть попросту продукт трехтысячелетних трудов наших не похожих друг на друга предков. Это наследие, отказ от которого означал бы нашу гибель, и было бы преступлением лишить этой культуры молодежь и будущие поколения. Напротив, перед нами стоит задача сохранить и обновить ее»[51].

Сетон-Ватсон был из тех редких бегунов-одиночек, которые несли факел европейского единства в долгой ночи Европы. Он принадлежал к немногим западным ученым, кто перешагнул барьеры, разделявшие Запад и Восток, кто понял, что такое советский коммунизм. Он умер накануне событий, которые должны были подтвердить правильность многих его умозаключений. Именно его интеллектуальному наследию я имею честь следовать в настоящей книге[52].

Нельзя было писать историю Европы пока не устоялось понятие *Европа*, а искусство историка не приобрело нечто от ремесла аналитика. Но эта работа уже шла в первые десятилетия XIX века. Самые первые удачные попытки синтеза принадлежат французскому литератору и государственному деятелю Франсуа Гизо (1787–1874). Его *Histoire de la civilisation en Europe* (1828–1830) сложилась на базе лекций, прочитанных в Сорбонне.

Как следует из определения, большинство историков согласятся, что европейская история должна заниматься в первую очередь тем, что было пережито всеми в каждую из великих эпох прошлого Европы. В основном все также согласятся, что в позднюю античность европейская история перестает быть набором разрозненных событий на территории Полуострова и начинает приобретать черты более последовательного цивилизационного процесса. Главным в этом процессе было взаимопроникновение классического и варварского миров и в результате рождение христианской общности — другими словами, основание Христианского мира. Позднее происходят разного рода схизмы (расколы), бунты, экспансии, трансформации и дробления, в результате чего сложилось то исключительное разнообразие и плюрализм, которые нам являет Европа сегодня. Никогда главные элементы этих двух составляющих Европейской цивилизации не совпадают. Но многие события были для обоих важнейшими: начиная с корней христианского мира в Греции, Риме и иудаизме до таких позднейших явлений, как Просвещение, романтизм, национализм, либерализм, модернизм, империализм, тоталитаризм. Не следует забывать и скорбный каталог войн, конфликтов и преследований, которых было множество на каждом этапе истории. Здесь можно провести аналогию с музыкой. Историки Европы имеют дело с непростым либретто. Они взялись исполнить сложную партитуру со всей присущей ей какофонией и ее собственным неподражаемым языком: «Европу… сравнивали с оркестром. Бывает, что некоторые инструменты исполняют небольшие партии или вовсе замолкают. Но ансамбль всегда сохраняется»[53]. Многое можно сказать и в подтверждение того, что язык европейской музыки всегда был одной из важнейших универсалий европейской традиции. [MOUSIKE]

Тем не менее, поскольку Европа никогда политически не объединялась, разнообразие, очевидно, было самой постоянной ее особенностью. Разнообразие можно обнаружить в самых разных реакциях на каждое затронувшее всех событие. Неиссякаемо также разнообразие национальных государств и культур в рамках Европейской цивилизации. Есть разнообразие и в ритме взлетов и кризисов. Гизо был далеко не единственным, кто считал разнообразие главной чертой Европы, но он провозгласил это первым.

Европоцентризм

Тех, кто пишет историю Европы, нельзя обвинять в европоцентризме просто потому, что они фокусируют внимание на европейских делах, то есть придерживаются избранной темы. Европоцентризм определяется не темой, а отношением. Европоцентризм — это традиционная для европейских авторов склонность считать их цивилизацию высшей и самодостаточной, это пренебрежение необходимостью принимать во внимание и другие, неевропейские точки зрения. Не удивительно (и очень хорошо), что история Европы писалась, в основном, европейцами и для европейцев. Но прискорбно, что европейские историки часто подходили к своему предмету как Нарцисс к пруду: искали в нем только отражение своей красоты. Многие вслед за Гизо заявляли, что Европейская цивилизация отвечала желанию Всевышнего. «Европейская цивилизация принадлежит … Вечной Истине, входит в план Провидения, — размышлял он. — Она развивается в согласии с Божьим замыслом»[54]. Для него и для многих таких, как он, Европа — это земля обетованная, а европейцы — народ избранный.

Многие историки продолжали писать в том же стиле самовосхваления, они полагали (и часто этого не скрывали), что написанная история Европы — это образец для подражания другим народам. До недавнего времени они почти не замечали взаимодействия европейской культуры с культурами соседей в Африке, Индии или в исламском мире. Выдающийся американский ученый, возводивший Европейскую цивилизацию, в первую очередь, к тевтонским племенам, считал аксиомой, что Европа — это универсальная модель: «Наследниками Древнего мира были тевтонские племена, которые… постепенно создали новую единую цивилизацию на основе классической; а в наше время эта цивилизация стала всемирной и своим воздействием породнила всех обитателей земли», — писал он в 1898 г.[55]. Когда издательство «Оксфорд Юниверсити Пресс» последний раз осмелилось опубликовать однотомную *Историю Европы*, авторы начали предисловие подобной изысканной сентенцией: «Хотя были и иные великие цивилизации в разные эпохи, но только цивилизация Европы произвела глубочайшее и широчайшее воздействие, и сейчас она (в двух ее вариантах, существующих по обе стороны

Атлантики) устанавливает стандарты для всех народов земли»[56].

Такой образ мышления и такой способ изложения постепенно теряют свою привлекательность, особенно для неевропейцев.

Редьярда Киплинга (1865–1936) иногда считают главной фигурой традиции евроцентризма, даже «апологетом цивилизаторской миссии британской колониальной экспансии». В знаменитой *Балладе о Востоке и Западе* он писал, имея в виду Индию:

О, Запад есть Запад, Восток есть Восток и с мест они не сойдут,
Пока не предстанет Небо с Землёй на Страшный Господень суд.
Но нет Востока, и Запада нет, что племя, родина, род,
Если сильный с сильным лицом к лицу у края земли встаёт?[57]

Но у Киплинга не было высокомерия, обычного для его современников-европейцев. Правда, его не коробило от бытовавших в его время выражений: *dominion over palm and pine* [нашего (английского) «владычества над пальмой и сосной»] или *the lesser breeds without the Law* [меньших братьев, живущих без Закона]. Однако он был захвачен индийской культурой — в результате чего и появилась изумительная *Книга джунглей*. И он был глубоко религиозный и смиренный человек:

Вражде и смуте есть конец,
Вожди уходят и князья:
Лишь сокрушение сердец –
Вот жертва вечная твоя!
Бог Сил! Нас не покинь! — внемли,
Дабы забыть мы не смогли![57]

(Киплинг Р. Отпустительная молитва. Пер. О. Юрьева)

Эти слова станут укором всякому, кто захочет всех «западных империалистов» причислить к надменных гордецам.

В наше время имеется четыре главных источника оппозиции евроцентризму. В Северной Америке она зародилась в той части черного сообщества (и сочувствующих), кто взбунтовался против системы образования, основанной на «расистских ценностях», другими словами, превозносившей европейскую культуру. Она нашла свое выражение в движении черных мусульман и (в гуманитарных науках) в разного рода исследованиях чер-нокожих народов (африканистике), направленных против основных подходов традиционного американского обществоведения[59]. В своей самой воинствующей форме это направление хочет заменить европоцентризм афроцентризмом — то есть убеждением, что «в Новейшей истории африканцы занимают центральное место»[60]. Оно исходит из убеждения, что европейская цивилизация «украла» право первородства у человечества, и в особенности у африканцев[61]. В исламском мире, в особенности в Иране, подобную же оппозицию провозглашают религиозные фундаменталисты, рассматривающие *Запад* как владение Сатаны. Столь же оппозиционны в Третьем мире интеллектуалы, часто марксистского склада, рассматривающие европоцентризм как неотъемлемую часть капиталистической идеологии[62]. В Европе антиевропоцентризм широко распространился (хотя и не всегда бывает явно выражен) в том поколении, которое, если только дает себе труд задуматься, очень стыдится взглядов своих родителей.

Для историков было бы перспективным уделять больше внимания взаимодействию европейских и неевропейских народов. **[GONCALVEZ]**. Перспективно также использовать неевропейские источники в разрешении европейских проблем. **[РУСЬ]**. Трстье — честно сравнивать Европу с ее соседями, — причем сравнения во многих аспектах и случаях будут не в пользу Европы. Но, главное, необходимо снизить тон: за последние сто лет деятельность «тевтонских племен» или других европейцев дает не много поводов для похвальбы.

В конце концов, как и всякое человеческое дело, европейское прошлое до́лжно судить по его собственным достоинствам и недостаткам. Его нельзя представить в виде списка «Великих книг», в котором было бы представлено все самое доброе и гениальное, не замечая всего остального (см. ниже). На него можно смотреть с восхищением или с отвращением, или с тем и с другим вместе. Один француз сказал с большим оптимизмом: «В конце концов, преступление и западная история — это еще не одно и то же. Что бы [Запад] ни дал миру, это намного больше того, что он сделал дурного отдельным разным обществам и личностям»[63]. Ну, с этим не каждый согласится.

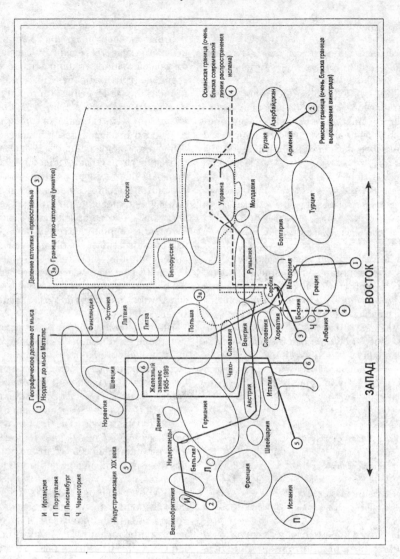

Карта 3
ВОСТОК – ЗАПАД: линия деления Европы

...риант западной цивилизации ис-
...нечной уверенности в своих силах
...иалистических держав во время дол-
...периода истории Европы до 1914 г.
...из уверенности в Богом данном праве
...тических наций» править другими, из
...превосходства в культуре, экономике и
...ионном развитии. Германия, Англия и
...были несомненными лидерами, а их пред-
...распространялись на другие страны. Та-
...ные империалистические страны, как
...алия или Нидерланды, играли внутри Ев-
...есьма скромную роль. Россия и Австрия были
...большими империями, но в других отноше-
...им многого недоставало: клуб богатых им-
...их государств на Западе отличался развитой
...номикой и сложной и эффективной админист-
...ивной системой, а на Востоке преобладали кре-
...тьянское общество, нации, не имеющие
...осударственности, и неприкрытая автократия.

Марксистский вариант был зеркальным отражением империалистического. Маркс и Энгельс
признавали, что империалистические государства
Западной Европы достигли высокого уровня развития, но полагали, что преждевременная зрелость Запада приведет к раннему же его
разложению и революции. Их взгляды мало кого
интересовали при их жизни, но на некоторый
период эти воззрения приобрели невероятную важность благодаря тому, что марксизм-ленинизм стал
официальной идеологией Советской империи.

Первый германский вариант Западной цивилизации стал развиваться с началом Первой мировой войны. Он складывался из контроля
Германии над *Mitteleuropa* (Центральной Европой), в особенности над Австрией, из надежды на
военную победу над Францией и Россией, из будущего величия, которое Германия разделит с ан-
гло-саксонскими государствами. Проповедники
этих идей не сомневались в цивилизаторской миссии Германии в Восточной Европе; однако соперничество с Францией и отрицание немцами
либерализма и «идей 1789-го г.» привели к раз-
личию между *abendlich* («оксидентальной», «западной» в цивилизационном смысле) и *westlich*
(географически западной) цивилизациями. Политическая формулировка этой схемы связана с
Фридрихом Науманном. Ее крах — с поражением Германии в 1918 г.; по ней скорбел Шпенглер

в *Der Untergang des Abendlandes* [«Закат Запада», в русском переводе известна как «Закат Европы»] (1918–1922). В области светской культуры
этос и дух *Mitteleuropa* многим обязаны влиянию
сильного еврейского элемента, который повернулся
спиной к Востоку и чья ассимиляция в немецкий
язык и в немецкую жизнь совпала с пиком империалистических амбиций Германии[71]. [WIENER WELT]

Вариант WASP [Белые англо-саксы–протестанты — доминирующая общественная и культурная
группа в первые годы американской истории] —
это вариант западной цивилизации, который оформился как результат общности интересов США и
Британской империи во время Первой мировой
войны. Он утвердился благодаря англофильским
настроениям тогдашней элиты Америки, а также
благодаря общности традиций протестантизма,
парламентарного правления и общего права. Он
утвердился в противовес гегемонии Германии в
Европе, в предвидении стратегического партнерства, а также благодаря английскому языку, которому предстояло стать главным орудием
международного общения. Несмотря на презрение
Америки к традиционным формам империализма,
эта идеологическая установка предполагала равенство США и европейских империалистических
государства. Самыми величественными памятниками этой идеологии стали «Список великих книг»
(1921) и покупка американцами издательства
Encyclopaedia Britannica. Стратегическое применение этой идеологии было сформулировано отцом геополитики сэром Гарольдом Маккиндером[72]
и нашло свое выражение уже во время Вашингтонской конференции (1922). Эта идеология возродилась с новой силой, когда в 1941 г. США
обращаются вновь к Европе, вступив в Большой
альянс. Она была глобальной по своим установ-
кам и имела центр в Атлантике. Она с неизбежностью поблекла с распадом Британской империи и
усилением интересов Америки на Тихом океане;
но все-таки Британия сохранила особые отношения с США, что способствовало созданию НАТО
и препятствовало объединению Европы; кроме
того, эта идеология легла в основу особой Союзной схемы истории, которая остается господствующей до конца XX века (см. ниже).

Второй германский вариант, как его задума-
ли нацисты, взял на вооружение многое из первого, но дополнил его кое-чем своим. К исходным

Западная цивилизация

Последние 200 лет историю Европы часто пута-
ют с наследием *западной цивилизации*. В самом
деле, сложилось впечатление, что все *западное* —
цивилизованно, что все цивилизованное — на Западе. В продолжение этой логики (или просто по
умолчанию) все сколько-нибудь восточное, или
Oriental — начинают считать отсталым или низшим, а следовательно, недостойным внимания.
Последствия этого синдрома обнаружились в полной мере в том, что касается отношения европейцев к Исламу и арабскому миру, то есть в традиции
так называемого *ориентализма*[64]. Но нетрудно продемонстрировать, что это отношение проявляется в
той же мере и применительно к некоторым регионам самой Европы, в особенности на Востоке. В
общем считается, что понятие *западная цивилизация* не распространяется на всю Европу, хотя может распространяться на самые отдаленные части
планеты за пределами Европы.

Историки, в особенности те, которые думают
о себе как о «людях Запада», — тем более если
они из Англии, Франции, Германии или Северной Америки, — не видят особой необходимости
описывать прошлое Европы во всей его полноте.
Они не видят особых причин уделять внимание
странам Восточной Европы или самым западным
частям Западной Европы. Можно привести сколько угодно названий, которые маскируются под истории «Европы» или «Христианского мира», но
не являются ни тем, ни другим. Множество обзоров *Западной цивилизации* ограничиваются темами, связанными только с их излюбленными
частями Полуострова. Во многих таких работах
нет Португалии, Ирландии, Шотландии, Уэльса,
нет Скандинавии, как там нет Польши, Венгрии,
Чехии, Византии, балканских государств, стран
Прибалтики, Белоруссии, Украины, Крыма или
Кавказа. Иногда там есть Россия, а иногда нет и
ее. Так что, чем бы ни была *западная цивилизация*, она точно не является честной попыткой подытожить историю Европы. При таком подходе
Запад — это уже не синоним Западной Европы, а
нечто загадочное. Это позволяет заключить, что
историки Европы ведут себя как сыроделы
Gruyére, у которых в конечном продукте сыра
столько же, сколько дырок.

Примеров тому множество, но хватит и трех-
четырех. История средневековой Европы, напи-

санная выдающимся преподавателем Оксфорда,
долго воспринималась как стандартное введение
в предмет. Вполне допустимо предположить, что
у многих читателей Предисловия вызвало удивление то, что содержание книги не соответствует ее названию: «Я, возможно, виноват в том,
что … стараясь сохранить тематическую непрерывность изложения… слишком упростил кое-
что… История средневековой Византии по всему
своему характеру и содержанию так отличается
от истории Западной Европы, что мне показалось
разумнее даже и не пытаться ее систематически
изложить; во всяком случае я не компетентен писать такой обзор. Я ничего не сказал об истории
средневековой Руси, которая слишком далека от
избранной мною темы; и сказал, возможно, меньше, чем должен был, об Испании»[65].

Предмет изложения на самом деле определяется как «*Западная Европа, или латинский христианский мир* — термины более или менее сходны»[66].
Можно подумать, что книге тогда лучше бы называться «История средневековой Западной Европы»,
или «История латинского христианского мира в
Средние века». Но затем обнаруживаешь, что автор не пытается обозреть даже все части *латинского христианского мира* — он не упоминает ни
Ирландии, ни Уэльса. Королевство Ягеллонов —
Польша и Литва, которое в конце рассматриваемого периода было, безусловно, самым большим государством латинского христианского мира, лишь
удостоилось двух незначительных упоминаний.
Одно связано с политикой германского императора Оттона III, другое — с вассальной присягой тевтонских рыцарей. Громадное, многонациональное
королевство Венгрии, простершееся от Адриатики
до Трансильвании, заслужило еще меньше внимания, чем Византия и греки, которых автор заранее
вынес за скобки. Книга имеет много достоинств,
но, как и многие другие, она — всего лишь обзор
избранных тем из любимых разделов одной лишь
части Европы.

Исключительно авторитетная книга *Handbook
to the History of Western Civilization* имеет в основе ту же странную схему. Самая большая
из трех ее частей «Европейская цивилизация»
(ок. 900 г. н.э. — настоящее время) открывается
разделом «Географическое положение европейской цивилизации», где объясняется, как «перехо-
ды от восточной к классической и от классической

к европейской цивилизации каждый раз изменяли границы существовавшего общества». «Первоначальная родина европейской цивилизации» описывается как равнина, «протянувшаяся от Пиренеев... в глубины России» и отделенная от «средиземноморских стран» «неровной цепью гор». Но в последующем изложении не делается даже попыток выявить историю этой родины. Земли бывшей Римской империи «отошли к трем разным цивилизациям: исламу, православию и латинскому христианству». Но никакого систематического исследования этого трехчастного разделения Европы далее не следует. Одна фраза посвящена языческой Скандинавии и ни одной — другим языческим странам, которые затем были крещены. В книге есть небольшой подраздел «Народы Западной Европы» (с. 129), включая «индоевропейские племена» (которые, однако, не определяются), но ничего о народах Восточной Европы ни в один исторический период. Тут и там разбросаны упоминания о «славянах» или «славяноязычных народах», но нигде не говорится, что эти народы были самой большой в Европе индоевропейской группой. Объемные главы посвящены «Западному христианству 900–1500 гг.», но ни одной главы не посвящено «Восточному христианству». Разделы об «экспансии Европы» посвящены, в основном, германской колонизации и морским путешествиям за пределы Европы. Две фразы неожиданно сообщают читателям, что к Западному христианству в XIV век принадлежали «Скандинавия, Балтийские страны, Польша, Литва и Венгрия» (с. 345), но никаких деталей в связи с этим не приводится. Самая большая глава «Современный мир, 1500 г. — настоящее время» посвящена разным вопросам, но все они не затрагивают восточного компонента Европы, пока, наконец, не появляется (уже готовая) при Петре I Россия (и только одна Россия). По-видимому, начиная с этого времени, для автора Россия была уже частью Запада. Во Вступлении автор извиняется за «произвольные принципы отбора и расположения» (с. xviii). К сожалению, он не открывает нам, в чем же состояли эти принципы[67].

«Список Великих книг» — еще один продукт той же Чикагской школы — претендует на роль списка ключевых авторов и трудов, необходимых для понимания термина *западная цивилизация*.

Идея родилась в Колумбийском университете в 1921 г., после 1930 г. её подхватили в Чикаго, а затем она стала образцом для университетских курсов по всей Америке. Никто и не ждет, что такой список мог бы отдать должное всем регионам и всем культурам Европы. Но предпочтения и предрассудки здесь уж слишком очевидны. В уточненном списке из 151 автора 49 англо-американцев, 27 французов, 20 немцев, 15 древних греков, 9 римлян, 6 русских, 4 скандинава, 3 испанца, 3 итальянца (эпохи Возрождения), 3 ирландца, 3 шотландца и 3 автора из Восточной Европы[68].

Такой же перекос у политологов. Слишком часто, например, европейский национализм описывают как два противоположных типа национализма: *восточный и западный*. Выдающийся ученый из Оксфорда, подчеркивающий культурные корни национализма, так разъясняет свою схему: «То, что я называю восточным национализмом, расцвело среди славян, а также в Африке и Азии и...Латинской Америке. Я не могу называть его неевропейским и подумал, что было бы лучше назвать его восточным, поскольку он впервые появился на востоке Западной Европы»[69].

Затем он разъясняет свое понимание западного национализма ссылками на немцев и итальянцев, которые, по его мнению, ко времени появления национализма в конце XVIII века были «достаточно культурными»: «У них были языки, соответствующие... той сознательно стремящейся к прогрессу цивилизации, к которой они принадлежали. У них были университеты и школы, где преподавались те знания и навыки, которые ценились данной цивилизацией. У них были... философы, ученые, художники и поэты... с «мировой» славой. У них были юристы и медики и другие профессионалы, отвечавшие высоким профессиональным стандартам... Чтобы встать на один уровень с англичанами и французами, им не надо было ничего перенимать из чужих культур... Первейшей задачей им казалось обретение собственного национального государства... В случае со славянами, а позднее с африканцами и азиатами все было совершенно иначе»[70].

Трудно было бы придумать более искаженное представление о географии и хронологии культурной истории Европы. Исследование «славян», как оказалось, ограничилось исключительно несколь-

кими замечаниям касательно чехов, словаков, словенов, сербов и хорватов. Ничего не говорится о трех самых крупных славянских нациях: русских, украинцах и поляках, чья история прямо противоречит высказанной точке зрения. Остается только задаться вопросом о границах того, что оксфордский профессор Пламенац считает «славянством»? Да разве Восточная Европа заселена одними славянами? Разве у поляков или чехов, или сербов не было громадной потребности в национальном государстве? Разве польский язык не превратился в язык государственного управления и высокой культуры еще раньше немецкого? Разве университеты Праги (1348) и Кракова (1364) принадлежат «Востоку»? Разве Коперник получил образование в Оксфорде?

На самом деле, можно многое сказать в защиту типологии национализмов, основанных на различиях в темпах культурного развития и в соотношении между национальностью и государственностью. Но совершенно ничего не указывает на возможность навешивать национализму такие ярлыки, как *восточный и западный*. Не то лучшим кандидатом на звание «национализма восточного типа» окажется самый западный в Европе национализм — ирландский. Как всякий знает, ирландцы — типичное порождение Восточной Европы, о чем свидетельствуют немало фактов.

Сомнение в правомерности общих концептуальных рамок, в которые зачастую втискивают изложение европейской истории и культуры, не предполагает непременного сомнения в качестве самого излагаемого материала. Мы хотим лишь понять, почему эти рамки строятся столь странным образом. Если бы учебники по анатомии человека писались с таким же вольным отношением к структуре изложения, мы изучали бы человеческое тело с одним полушарием мозга, с одним глазом, одной рукой, одним легким или одной ногой.

Показательна также хронология предмета. Идея «Запада» появилась еще в античной Греции, где считали свободную Элладу антиподом восточного деспотизма, воплощенного в персидском правлении. В Новое время эту идею последовательно брали на вооружение многие, желавшие повысить самооценку и отличить себя от соседей. В результате понятие *западная цивилизация* на протяже-

нии веко[...]
значени[...]
примерно[...]

Римска[...] ко за пределы[...] менее наложил[...] тие Европы. И в[...] Он развил[...] заметные различи[...] «империали[...] их якобы[...] Франция или Испа[...] конституц[...] состав Римской импе[...] Франция[...] Польша или Швеция, к[...] рассудки[...] ли. В этом контексте *За[...]* кие кр[...] ся с теми частями Европы[...] Порту[...] «наследниками» Рима, в отли[...] ропы[...] рые таковыми не являются. (С[...] очень[...]

Христианская цивилизация [...] в Европе) уже с VII века определя[...] озной границе с исламом (см. Глава[...] анство было Западом, ислам был Вос[...]

Католический мир определялся на о[...] личения традиций Римской и Греческой[...] (в особенности после схизмы 1054 г.) и уп[...] лении латыни как универсального языка. В т[...] значении *Запад* эквивалентен католицизму, где[...] мере расхождения церковных и светских властей[...] возникали последовательно одно за другим инно[...] вационные движения, в особенности Ренессанс, Ре[...] формация, научная революция и Просвещение (см. Глава VII). Ни одно из этих движений не оказало[...] влияния на православие.

Протестантизм дал западной цивилизации новый центр культуры в виде группы стран Северо-Западной Европы, вырвавшихся в XVI веке из-под контроля католицизма. Глубокий упадок крупнейших католических стран таких, как Испания и Польша, сопровождался подъемом Соединенных провинций [Нидерландов], Англии, Швеции и позднее Пруссии — стран, чье морское и военное превосходство подкреплялось экономическим и техническим могуществом.

Французский вариант западной цивилизации выступает на первое место в XVII–XVIII вв. Он находит свое выражение в светской философии Просвещения и в идеях революции 1789 г. — и та и другая имели огромное влияние. Французский язык распространился среди образованной элиты Германии и Восточной Европы и стал даже более универсальным средством общения, чем ранее латынь.

милитаристским и стратегическим соображениям прибавились «арийский» расизм, в еще большем масштабе германский национализм, языческая мифология и антибольшевизм. Эта идеология стала обоснованием второй попытки Германии установить свою гегемонию в Европе — попытки, начавшейся в 1933 г. и закончившейся на руинах в 1945 г. Одновременно эта система идей «исключала» евреев.

Американский вариант западной цивилизации сформировался после Второй мировой войны вокруг нескольких стран, принимавших лидерство США и высказывавших восхищение американским идеалом демократии и капитализма. Эта идеология выросла из прежнего англосаксонского варианта, но затем переросла свои европейские истоки. Она больше не зависит ни от засилья WASP-варианта в американском обществе, ни от ведущей роли Великобритании как агента США в Европе. И в самом деле, ее центр тяжести вскоре переместился с Атлантики на Тихий океан. Помимо членов НАТО, эту идеологию исповедуют такие «западные страны», как Япония, Южная Корея, Филиппины, Австралия, ЮАР и Израиль, и даже Египет, Сирия и Саудовская Аравия. В течение сорока лет холодной войны она поддерживалась представлением о всемирной угрозе коммунизма. Остается вопрос, долго ли еще те, кто придерживается этих взглядов, будут называть себя Западом.

Евровариант западной цивилизации появился в конце 1940-х гг. в связи с попытками изобрести новое западноевропейское сообщество. Его появление было предопределено несколькими факторами: существованием железного занавеса, франко-германским примирением, отказом от колониальных империй, материальным благополучием ЕЭС, а также стремлением ограничить влияние *англосаксов*. Эта система взглядов апеллировала к прошлому, воплощенному в империи Карла Великого и была устремлена к будущему в виде федеративной Европы, объединенной под руководством государств-основателей союза. Если бы основная деятельность содружества ограничивалась экономической сферой, этот вариант удалось бы согласовать с американским представлением о Западе или с руководимым США и обеспечивающим его защиту пактом НАТО. Но вступление в сообщество Соединенного королевства, падение железно-

го занавеса, планы создания тесного политического и валютного союзов, а также перспектива расширения сообщества на Восток вызвали глубокий кризис как в самоидентификации содружества, так и в определении его намерений.

Из всех приведенных примеров явствует, что *западная цивилизация* есть в основном сплав интеллектуальных конструктов, созданных чтобы служить интересам их авторов. Это продукт сложнейшей игры ума, бесчисленных экскурсов в поисках самоопределения, изощренной культурной пропаганды. Сторонники идеи *западной цивилизации* могут давать ей практически любое определение, которое только сочтут подходящим. Ее эластичная география может основываться на распространении религий, на потребностях как либерализма, так и империализма, на неравномерности модернизации, на определяющем значении мировых войн и русской революции, на эгоцентрических представлениях французских *philosophes*, прусских историков, английских и американских государственных деятелей и публицистов, которые все имели свои собственные причины пренебрегать *Востоком* или презирать его. На позднейшем этапе это представление подпитывалось физическим разделением Европы, которое длилось с 1947–1948 гг. по 1991 г. И на пороге XXI века следует задаться вопросом, в чьих интересах оно будет использоваться в будущем.

Набор тезисов то и дело повторятся. Первый заключается в том, что Запад и Восток, как бы их ни определяли, имеют между собой мало общего или вовсе ничего общего. Второй — в том, что в основе разделения Европы лежат естественные, непреодолимые различия; третий — что Запад стоит выше, превосходит Восток, и четвертый — что только Запад заслуживает право называться Европой. Географические посылки подкрепляются весьма избирательными построениями более явного политического свойства. В каждой версии *западной цивилизации* устанавливается ее ядро и менее важная периферия. Великие державы всегда привлекают внимание. Государства же слабеющие, исчезающие, не столь крупные, нации, не имеющие государственности, экономически слабые страны не стоит принимать во внимание, даже если они и составляют значительную часть общей картины.

Для достижения необходимого эффекта в ходу были четыре механизма. Посредством *редукции* можно спрессовать историю Европы в такое повествование, которое продемонстрирует, как зародились важные на сегодня проблемы. Посредством *элиминации* можно убрать весь противоречащий основной мысли материал. Путем *анахронизации*, т.е. выводя те или иные события за рамки их времени, можно представлять факты прошлого в новейших категориях так, как будто нынешние классификации были обязательны для других эпох. Прибегая к эмоционально окрашенному языку, можно выделять одни события как заслуживающие одобрения, другие — как заслуживающие порицания. Все это обычные средства пропаганды. Они не позволяют почувствовать разнообразие европейской истории, изменчивость составных элементов; а тогда уже нет полноты исторических сведений — тогда аудитория, сама того не сознавая, превращается в общество взаимного восхваления.

Особенно коварны анахронизмы. Принимая непрочные современные границы — такие, как железный занавес, — за постоянные для определения *Востока* и *Запада*, обязательно придешь к искаженному описанию всякого более раннего периода. Тогда Польшу отрезают от Ренессанса, Венгрию от Реформации, Богемию от индустриализации, Грецию от отношений с османской Турцией. Но еще хуже то, что большую часть Европы лишают ее исторической индивидуальности в угоду ошибочным расчетам политиков, бизнесменов и ученых.

Что же касается достижений европейской истории, которые подчеркивают сторонники идеи *западной цивилизации*, то здесь у каждого собственный список. В конце XX века многие указывают на религиозную терпимость, права человека, демократическое правление, власть закона, научную традицию, социальную модернизацию, культурный плюрализм, рыночную экономику и высшие христианские ценности, такие, как сострадание, благотворительность и уважение личности. Давно ли все это стало особенностью Европы — спорный вопрос. Не трудно предъявить и другой список, который начинался бы с религиозных преследований, а кончался презрением тоталитарных режимов к человеческой жизни.

Хотя в основном претензии на европейское превосходство исходят от Запада, не следует забывать, что нет недостатка и в аналогичных претензиях с Востока. Как Германия когда-то отреагировала на французское Просвещение, так и Православная церковь, Российская империя, панславянское движение и Советский Союз реагировали на более сильный Запад, утверждая только за собой правоту и будущее. Все они без конца повторяли, что если Запад богат и силен, то Восток свободен от морального и идеологического разложения.

В последние годы коммунистического правления в Восточной Европе интеллектуалы-диссиденты выступили со своей вариацией на эту тему. Они предложили не смешивать политические режимы Советского блока с убеждениями людей. Они считали себя в меньшей степени затронутыми бездуховным материализмом Запада и полагали, что коммунистический гнет лишь усилил их приверженность традиционной культуре Европы. Они мечтали о том времени, когда смогут в объединенной вновь Европе обменять свою «европейскость» на продовольствие и технологии Запада. Вот еще один пример того, как желаемое принимают за действительное.

Проводя различие между западной цивилизацией и европейской историей, нелегко отделить реальности от иллюзий. Установив, откуда проистекают искажения теории *западной цивилизации*, историк должен предложить что-то взамен. Мы предлагаем полноту охвата: писать о Северной, Восточной, Западной и Южной Европе, не упускать ничего из человеческой жизни, останавливаться не только на восхитительном, но и на презренном и банальном.

Тем не менее ни один историк не станет отрицать, что на карте много подлинных и важных границ, которые делят Европу на *Запад* и *Восток*. Из них самая древняя — граница между католическим (латинским) и православным (греческим) христианством. Она появилась уже в первые века нашей эры. И, как показали события в Югославии, она остается действенным фактором и в 1990-е гг. Но есть и другие. Так, есть на карте граница римских *limes* [пределов], которая делит Европу на ареал, имеющий римское прошлое, и ареал, его не имеющий. Есть граница между Западной Римской империей и Восточной Римской империей. Позднее появился Оттоманский рубеж, отделивший Балканские страны, столетиями жившие под мусульманским правлением. Еще позже (и до 1989 г.) был «железный занавес» (см. Карта 3).

Обществоведы предложили собственные деления, основанные на критериях социальных дисциплин. Многие историки экономики предлагают деление на индустриальные страны Запада и крестьянские общества Востока. [CAP-AG] Историки-антропологи устанавливают границу по линии Петербург — Триест, которая должна отделить зону нуклеарных семей от зоны расширенных семей. [ЗАДРУГА] Историки права предлагают отделять земли, где было принято римское право, от тех, которые его не приняли. Историки-конституционалисты подчеркивают деление на страны с либеральными, демократическими традициями и страны, не имеющие таковых. Как уже упоминалось, политологи обнаружили деление на «западные» и «незападные» формы национализма[73].

Все эти границы, мнимые и реальные, оказали большое влияние на общую структуру, в рамках которой осмыслялась и излагалась история Европы. Влияние их было столь велико, что некоторые историки прямо заговорили о «белой Европе» на Западе и — пренебрежительно — о «черной Европе» на Востоке. Так что деление Европы на две противоположные половины не было лишь плодом чьего-то воображения. Все же этот раскол никогда не был постоянным и неизменным. Больше того, это деление грубо пренебрегает многими другими столь же важными различиями. Оно пренебрегает существенными различиями внутри Запада и таковыми же внутри Востока; пренебрегает оно и важным историческим делением на Север и Юг. Основательный историк (или географ), приняв во внимание весь набор фактов, придет к выводу, что Европу следует делить не на два региона, а на пять — шесть.

Но такой историк не станет отрицать и того, что во всех своих разных обличиях Европа всегда имела центральное ядро и расходящиеся периферии. Европейские народы мигрировали на громадные расстояния и в самые разные стороны, и можно с полным основанием утверждать, что границы периферии Европы обозначаются линией Сан-Франциско — Буэнос-Айрес — Кейптаун — Сидней — Владивосток. Ядро, впрочем, опять-таки трудно четко определить. Различные дисциплины предлагают различные варианты: они

исходят из географического понятия *полуостров Европа*, из этнического наследия европейской ветви индоевропейских народов, из культурного наследия Христианского мира, из политического единства, сложившегося на основе «европейского согласия», или (в случае экономистов) из развития мировой экономики.

Для всестороннего подхода важно, что все эти определения (и каждое) содержат набор региональных признаков. Чем бы ни было ядро Европы и куда бы его ни относили, оно связано с Эбро, Дунаем и Волгой, а также с Роной и Рейном, с Балтикой и Черным морем, а также с Атлантикой и Средиземным морем, с балтами и славянами, а также с германцами и кельтами, с греками и латинянами, с крестьянством и пролетариатом. Несмотря на все различия, между регионами Европы есть много общего. Они населены родственными народами преимущественно индоевропейской культуры. Они все — наследники Христианского мира. Они связаны самыми разными политическими, экономическими и культурными связями и взаимодействиями. Несмотря на их взаимный антагонизм, они испытывают общие страхи и опасения относительно внешних влияний — будь то из Америки, Африки или Азии. Их фундаментальная общность так же очевидна, как их различия.

Превосходство Запада — это догма, которая в некоторые моменты европейской истории оказывается верной, а в другие — нет. Например, она не применима к ранним векам, когда Византия стояла на гораздо более высоком уровне развития, чем империя Карла Великого (наверное, поэтому Византию часто пропускают). В наше время она применима во многих областях, поскольку Запад очевидным образом богаче и сильнее, чем Восток. Однако всякий согласится, что преступления Запада в XX веке подорвали моральное основание его претензий, включая и прошлые его претензии.

Так что едва ли какой-то один из регионов Европы может претендовать на титул «Европа», как раньше на титул «Христианский мир». Восточная Европа не менее «европейская», пусть она и бедна, неразвита и правят там тираны. Во многих отношениях именно благодаря лишениям она даже более *Европа*, поскольку более привержена тем ценностям, которые благополучные жители Запада принимают за должное. Нельзя отбрасывать Восточную Европу и потому, что она «другая». Все европейские страны — разные. Все западноевропейские страны — разные. Но есть важные сходства, которые перевешивают все разделения. Такая страна, как Польша, может совсем не походить на Германию или Великобританию, но польский опыт так близок Ирландии или Испании, как не бывают близки между собой западноевропейские страны. Такая страна, как Греция, которую из-за Гомера и Аристотеля многие считают западной, была принята в ЕС; однако ее история в Новое время принадлежит Православному миру (под властью Оттоманской империи). Эта ее история так сильно отделяет Грецию от Западной Европы, как не отделены друг от друга даже страны по разные стороны железного занавеса.

По-настоящему большой порок почти всех вариантов *западной цивилизации* состоит в том, что они излагают идеализированную и, следовательно, ложную версию прошлого. Они извлекают из этого прошлого все, что представляется приятным или величественным, и отфильтровывают то, что кажется приземленным или отталкивающим. Достаточно плохо уже то, что они приписывают все хорошее *Западу*, принижая *Восток*, но они к тому же и Запад представляют не полностью. Судя по некоторым учебникам, на *Западе* всякий был гением, философом, первооткрывателем, демократом или святым, это был мир, где жили только Платоны и Марии Кюри. Таким агиографиям больше не верят. Назрела насущная потребность в пересмотре традиционного канона европейской культуры. Чрезмерные рассуждения о западной цивилизации угрожают репутации европейского наследия, в защиту которого можно многое сказать.

В США споры о западной цивилизации связаны с изменением требований к образованию; в последние годы эти споры подстегиваются потребностями полиэтнического и мультикультурного общества, чувствами тех, чьи этнические корни не в Европе и не в европейской христианской культуре. Вообще говоря, эта дискуссия не изменила общего представления о европейском наследии, как оно складывается на основе «Списка великих книг»: американцы европейского происхождения не требуют пересмотреть это представление на основе более справедливого подхода к Европе. Там, где отменяют курсы по истории западной цивили-

зации, их отменяют не потому, что они дают неполное представление о Европе, а из-за приписываемого им европоцентризма. Часто их заменяют курсами по Всемирной истории, что представляется более подходящим для нынешнего понимания Америкой «Запада».

Один широко разрекламированный способ справиться с недостатками теории *западной цивилизации* состоял в том, чтобы ее вообще отменить. Здесь первым был Стэнфордский университет в Калифорнии, где в 1989 г. вместо прежнего основного курса *Западная культура*, который до того был обязательным для первокурсников, ввели курс *Культура, идеи и ценности*. Говорят, что университетское начальство уступило громким требованиям, которые скандировали студенты: «Hey-ho, Hey-ho, *западная культура* должна уйти!» И теперь вместо Вергилия, Цицерона, Тацита, Данте, Лютера, Фомы Аквинского, Томаса Мора, Галилея, Локка и Милля в университете изучают Ригоберту Манчу[74], Франца Фанона[75], Хуана Руфо[76], Сандру Сиснерос[77] и Зору Нил Херстон[78] (благо никого из них нельзя заклеймить как «умершего белого европеоида мужского пола»)[79]. Это событие многие высмеяли. Но Стэнфорд может гордиться тем, что увидел проблему и попытался ее разрешить. Беда в том, что лекарство оказалось страшнее болезни. Теоретически многое можно сказать в пользу *мультикультурности* и *этнического разнообразия* академических планов в Америке. Но, к несчастью, у человечества не было тибетского Тацита, африканского Фомы Аквинского, мексиканского Милля. На самом деле, в известных нам неевропейских культурах вообще мало что может считаться подходящим для подтверждения американских либеральных взглядов[80].

Пока все следили за изменением стэндфорской программы по Западной культуре, параллельные курсы по истории Европы избежали столь пристального внимания. А они отлиты в тех же формах. Список из 39-ти обязательных текстов по программе «Европа I, II и III» являет нам отбор, который позволяет сделать далекоидущие выводы. Помимо Джозефа Конрада (Коженевского), не упоминается ни один восточноевропейский автор. (Да и Конрада включили за его произведения об Африке, такие, как «Сердце тьмы», а не о Восточной Европе.) Помимо М. Арнольда нет ни одного автора, связанного с кельтами. (Да и Арнольд включен как английский критик и поэт, а не как профессор кельтской литературы.) Нет ни одного итальянского автора позднее Бальтазара Кастильоне, который умер в 1528 г. Есть один писатель из Южной Африки, но ни одного из Ирландии, Скандинавии, никого, кроме немцев из Центральной Европы, ни одного с Балкан, из России. Самое забавное (для исторического факультета) — нет ни одного текста по истории позднее Геродота[81].

Нельзя не признать, что отбор всегда необходим, всегда труден и никогда не бывает удовлетворительным: в затруднительном положении оказался не только Стэнфорд. Но та конкретная форма, в которой производится отбор в одном из самых дорогих в мире образовательных учреждений, очень показательна. Здесь заявляют, что знакомят с «Европой», а знакомят только с малым кусочком европейского континента. Здесь претендуют на преподавание «Западного наследия» — так называется учебник, — но большая часть наследия Запада остается нетронутой. Здесь заявляют, что особое внимание будет уделено «литературе и философии» Европы, но дают лишь небольшой срез европейской культуры, даже не упоминая Джойса и Йитса, Андерсена, Ибсена, Кьеркегора, Кафку, Кестлера, Кундеру, Солженицына или Достоевского. Закон об описании товаров не допустил бы поступления в продажу товара, в описании которого недоставало бы стольких составляющих.

Ни в каком зоопарке нельзя собрать всех зверей, но ведь и уважающая себя коллекция не может ограничиться обезьянами, хищными птицами или змеями. Беспристрастный зоолог при этом не может одобрить террариум, который маскируется под сафари-парки, а содержит только 12 крокодилов (обоего пола), 11 ящериц, одного дронта и 15 ленивцев. И Стэнфорд — не исключение.

В 1991 г. сообщалось со ссылкой на Национальный фонд гуманитарных исследований и образования, что в 78 % американских колледжей и университетов студенты могли получать диплом без зачета по какому-либо из курсов по *западной цивилизации*[82]. Начинаешь думать, что проблема не в содержании предмета «европеистики», а в воззрениях тех, кто их представляет. Многие американские курсы, такие как «Список великих книг», ориентированы на определенное поколение юных американцев, которым очень хотелось в

очень упрощенном виде познакомиться с забытым наследием их предков, когда-то эмигрировавших в Америку. Теперь эти курсы следует модифицировать для нового поколения с иным восприятием. Лекции о Европе, может быть, вызывали бы меньше сопротивления, если бы не были приправлены столь пряно. Умные студенты всегда чувствуют, когда от них что-то скрывают, когда от них добиваются не понимания, а восхищения.

У некоторых американских меньшинств и в самом деле есть причины оспаривать установки евроцентризма. При этом и американское большинство, имеющее преимущественно европейские корни, могло бы оспорить *западную цивилизацию* с иных позиций. Многие большие американские общины — ирландская, испанская, польская, украинская, итальянская, греческая, еврейская — происходят их тех уголков Европы, которым обычно уделяют мало внимания в существующих доселе работах по истории *западной цивилизации*; у них есть все основания ждать соответствующих изменений.

Величайший парадокс интеллектуальной жизни современной Америки состоит в том, что качества, которые особенно ценятся американским вариантом западной цивилизации, — терпимость, свобода мысли, культурный плюрализм — подвергаются атаке со стороны тех, кто от них особенно выиграл. Уже отмечено явление «закрывания американского сознания»[83]. Уже доморощенные «либералы» пойманы на том, что выступают за «нетерпимость в образовании»[84]. Шестьдесят лет спустя автор *Списка великих книг*, по-прежнему гордящийся «открытием американского сознания», предпочитает злословить на коллег в университете Чикаго, но не изменять своих предписаний[85]. И хотя спорам уделяют, может быть, излишнее внимание, но исторически сложившееся движение Америки к единому языку и культуре сегодня проигрывает при столкновении с теми подавляющими других группами, которые громче кричат.

Сказать, что история развивается не так, как того хотели бы те, кто предан идее *западной цивилизации*, — значило бы выразиться слишком мягко. Ее приверженцы верили в идею превосходства Европы в той или иной форме. Шпенглер был столь же прав, подметив закат Запада, сколь не прав, полагая будущее за Россией. Но эти идеи продолжают жить, и их окончательное поражение еще не наступило. Для большинства европейцев они теперь не так жизненно важны, как прежде: их слишком сильно поколебали две мировые войны и потеря колоний. Очевидно, что в США они удерживают последний рубеж. Потому что только в США все еще бьют полноводные ключи Западной цивилизации. После падения в 1991 г. Советской империи США остаются единственным наследником европейского империализма и империалистических взглядов. Может быть, это уже не империя старого образца, но она продолжает нести «бремя белых». Как прежде Европа, теперь США стремятся играть роль мирового жандарма, в то же время стремясь покончить с этническими и расовыми конфликтами внутри страны. Как у нынешней Европы, у США вызрела потребность в новой, объединяющей духовности, новом очаровании, которое бы пришло на смену пошатнувшейся привлекательности демократии и идеалов общества потребления. В отличие от Европы, в США давно уже не помнят, что это значит: ощутить бич войны на собственной шкуре.

Абсолютное большинство американцев имеют европейские корни. Они восприняли и сделали своими английский язык и европейскую культуру отцов-основателей; то и другое — часто творчески. И эти евро-американцы никогда не будут черпать вдохновение в Азии или Африке, никогда не будут учиться у мира в целом. Чтобы жить в гармонии с собой, им абсолютно необходимо прийти в согласие со своим европейским наследием. Это возможно, если освободиться от былой ограниченности во взглядах на прошлое Европы. Если пример Европы вообще чему-то учит, так это тому, что провоцирующие рознь установки западной цивилизации — верный путь к катастрофе.

Величайшие умы Европы не поддерживали искусственного разделения на Восток и Запад:

> Богом создан был Восток,
> Запад тоже создал Бог.
> Север, Юг и все широты
> Славят рук Его щедроты[86].

Национальные истории

В новейшие времена каждая европейская страна прилагает больше энергии и ресурсов к изучению собственной национальной истории, чем

к изучению истории Европы в целом. По вполне понятным причинам части представляются более важными, чем целое. Языковые барьеры, политические интересы и стремление идти по линии наименьшего сопротивления — все это помогает держаться крепостям национальной историографии и связанных с нею взглядов.

Эта проблема особенно остро выступает в Великобритании, где привычные шаблоны ни разу не ставились под сомнение из-за политического коллапса или национального поражения. До недавнего времени считалось, что история Великобритании — отдельный от истории Европы предмет, требующий отдельных специальных знаний, отдельных курсов, отдельных преподавателей и отдельных учебников. Традиционная изолированность очень подходила другому распространенному убеждению: будто история Великобритании — это история Англии. (Только самый ядовитый из историков мог дать себе труд специально указать, что его *история Англии* — это история исключительно Англии[87].) Политики не раздумывая принимали это ложное равенство. В 1962 г., протестуя против вступления Великобритании в ЕЭС, лидер оппозиции Её величества, совершая очевидную ошибку, заявил, что такой шаг «положит конец тысячелетней истории Великобритании»[88]. Но англичане отличаются не только островной изолированностью: им в основном никогда не преподавали даже истории их собственных островов.

Такие же взгляды царят и в университетах. Без сомнения, есть достойные исключения, но крупнейший в стране факультет истории начал преподавать «Историю Великобритании» только в 1974 г.; впрочем, и тогда содержание курса ограничивалось почти исключительно «Англией». Студентам редко рассказывают об Ирландии, Шотландии или Уэльсе. Когда же они сдают экзамены по «Истории Европы», им предлагают на выбор несколько вопросов о Восточной Европе и ни одного о Великобритании. Результатом такого подхода может быть только представление, будто все не английское — чужое[89]. Основное и ложное положение состоит в том, писал один автор-диссидент, что «причины и источники всего важного в истории Великобритании можно найти внутри самой Великобритании». Или: «Глубоко укоренившееся и неубывающее отделение "Британской" — в действительности, английской — истории от Европейской... порождает узость воззрений, и это стало уже мощным сдерживающим культурным фактором»[90]. Другой автор пишет, что сочетание традиционных схем, не проясняющих существа дела исследований и чрезмерной специализации, свело *историю Великобритании* к чему-то «бессвязному». «Из университетов и школ, — писал он перед тем, как благоразумно эмигрировать, — почти полностью исчезло представление, что история дает образование»[91].

История культуры, как ее преподают в британских университетах, часто сводится к узконациональному. Повсюду широким международным сопоставлениям предпочитают старомодное изучение национальных корней. В Оксфорде, например, единственным обязательным предметом для всех студентов факультета английской филологии остается англосаксонский текст Беовульфа[92]. До самого недавнего времени на факультете Новой (sic!) истории в Оксфорде единственным и обязательным текстом для чтения был текст VII века «История английской церкви и народа» Бе́ды Достопочтенного, написанный по-латыни[93].

Такие чудачества можно встретить, конечно, и в других странах. В Германии, например, университеты страдают от последствий принципа «академической свободы» Гумбольдта. Говорят, что профессора истории в Германии могут преподавать, что пожелают. Их студенты могут выбирать что угодно из списка, предложенного профессорами. В большинстве университетов соблюдается только одно правило: каждый студент должен выбрать, по крайней мере, один курс из Древней истории, Средневековой и Новейшей. Во времена, когда государство оказывало мощное давление, профессора, откликаясь на требования официальной идеологии, перегружали свои списки национальной историей Германии. (Опять-таки от тевтонских племен.) Теперь же, когда вмешательство государства порицается, они могут составлять свои списки так, что любой студент может, если хочет, вообще не изучать национальной истории Германии.

Вопрос о национальном уклоне, может быть, лучше рассмотреть в связи со школьными учебниками и популярными книгами по истории, поскольку, чем больше историки сжимают и упрощают материал, тем ярче выступают их заблуждения. Поясним.

Во-первых, несомненно, что историческое образование в большинстве европейских стран традиционно имеет сильный националистический привкус. Преподавание истории еще при своем зарождении в XIX веке было поставлено на службу патриотизму. В своей простейшей форме оно было представлено всего лишь одной ротой имен, дат и титулов правящих династий. Затем перешли к восхвалению национальных героев, побед и достижений. **[БУБУЛИНА]** В своей самой продвинутой форме такое образование сознательно готовило школьников к будущей роли убийц или жертв в войнах, которые ведет их народ[94]. С другой стороны, неправильно думать, будто такое националистическое преподавание истории никогда не подвергалось сомнению. Было множество попыток открыть более широкие горизонты истории; и практически все переменилось после 1945 г., по крайней мере в Западной Европе[95].

Замечательный учебник «Современной истории» вышел в австрийской Галиции в 1889 г. — он прямо бросал вызов веку национализма. Учебник предназначался для польскоязычных средних школ. Автор, историк из Варшавы, который не мог публиковаться в своем родном городе (находившемся под властью Российского государства) так пишет о своих приоритетах: «В Новое время нации, борясь друг с другом или стремясь к каким-то успехам, действуют не сами по себе, а совместно. Они соединяются в разнообразные группировки и союзы. Вот почему мы должны пользоваться «синхронным методом», то есть говорить обо всех нациях, которые участвовали в определенных событиях определенного времени. Такая общая история не может представить целостной истории каждой отдельной, вовлеченной в исторический процесс нации, и эти отдельные истории следует отнести к категории специальных, национальных историй»[96].

В результате появилась книга, где в т. I, охватывающем период от Ренессанса до 1648 г., Габсбургам посвящены 71 страница, а полякам — 519. Автор четко разграничивает Польшу и Польско-литовско-рутенско-прусское государство. Ученик может узнать о католической и лютеранской Реформации, а также об исламе и Оттоманской империи. Географический размах — от сделанных португальцами открытий до завоевания Иваном Грозным Казанского ханства, от свержения Марии Стюарт в Эдинбурге до экспедиций Карла V в Тунис[97]. Этот труд свободнее от государственного национализма, чем многие из тех, которые издаются сегодня в странах ЕС[98].

В последние годы предпринимаются решительные усилия, чтобы очистить учебные материалы от самых вопиющих форм дезинформации. Двусторонние комиссии давно уже изо всех сил трудятся над такими темами, как милитаризм, топонимы и исторические атласы, а также над односторонними интерпретациями исторических событий. Теперь, наверное, ученые и преподаватели чувствуют эти проблемы острее, чем раньше[99]. В последнее время замечены две крайности. Одна состоит в *космическом* подходе, когда историки должны были описывать, а студенты изучать события, происходившие во всех уголках земли во все времена. Другая характеризуется узостью подхода, когда все внимание уделяется одной стране в один короткий отрезок времени. При *космическом* подходе налицо широта, но отсутствует глубина. При узком подходе сохраняется возможность глубины, но недостает широты. В идеале следовало бы достичь равновесия между широтой и глубиной.

В целом надо заметить, что централизованные учебные планы и учебники в странах советского блока были иногда удачнее своих западных аналогов. Эти учебники и планы при общем устрашающем шовинизме и сверхидеологизированности содержания часто предлагали замечательное хронологическое и географическое структурирование материала. Советские школьники пробивались в изучении истории через пять стадий исторического развития и получали знания о первобытном обществе, классической древности, феодализме, капитализме и о так называемом социализме после 1917 г. В Истории СССР всегда настаивали на ведущей исторической роли России и русских. В то же время даже в страшнейшие годы сталинизма в учебниках истории всегда находилось место древней Греции, скифам и римлянам, истории Кавказа, империям Чингис-хана и Тамерлана, мусульманским Казанскому и Крымскому ханствам. Всего этого не найдешь в большинстве *Общих историй* Европы.

В Англии, где учебные программы разрабатываются самими школами и педагогами, эти программы хронологически и географически очень узки. Даже на продвинутых уровнях обучения предлагаются часто лишь стандартные курсы, вроде «Тюдоры и Стюарты» или «Великобритания в XIX веке»[100].

Изучение местной истории может открыть путь к разрешению некоторых дилемм и противоречий. Местная история оперирует знакомым и простым, побуждает к собственным изысканиям и сравнительно устойчива к националистическому и идеологическому давлению. Она очень удобна для изучения таких предметов, как семья, которые, с одной стороны, понятны школьникам, с другой, — используются специалистами как основа для широкого теоретизирования[101]. На другом полюсе находится Всемирная история, которую преподают в школах и университетах. Можно многое сказать о ее необходимости в образовании поколения, которому предстоит найти свое место в мировом сообществе[102]. Противники же возразят (что говорят обычно и об Истории Европы), что только самые дельные специалисты смогут избежать в преподавании такого предмета ничего не стоящих общих мест.

Естественно, некоторая узость в одном предоставляет возможность в другом проявить широту. Сужение хронологических и географических параметров позволяет преподавателю разнообразить методы преподавания или углубленно рассмотреть перспективы, которые можно вскрыть в этом отдельном фрагменте. Вообще-то говоря, английские студенты сравнительно неплохо разбираются в изучении источников, в установлении причинно-следственных связей, во взаимосвязанности политических, социально-экономических и культурных факторов, они умеют думать самостоятельно. Это положительные стороны их исторического образования. Но, с другой стороны, что-то должно быть не в порядке, если они изучают только 5–10% одной трети истории только одного из 38 суверенных государств самого маленького в мире континента.

Проблема уклона в национализм исчезнет только тогда, когда историки и преподаватели перестанут считать историю орудием государственной политики. Более 1800 лет назад греческий писатель Лукиан (120–180 гг. н э.) советовал, чтобы «историк среди своих книг забывал, из какого он происходит народа». Это был здравый совет. В будущем, возможно, окончательную историю Европы напишет китаец, перс или африканец. Есть хорошие примеры: один француз написал лучшее *Введение в Историю викторианской Англии*; один англичанин стал признанным специалистом по *Истории Италии*, и единственный обзор британской Истории, где пропорционально определен вклад каждой из её четырех наций, написан эмигрантом в США[103].

До сих пор не увенчалась успехом ни одна из попыток написать историю «с европейской точки зрения». Некоторые историки, как Кристофер Даусон, пытались обратиться к христианским основаниям Европы[104]. Но католические посылки Даусона не отражают плюрализма последних столетий и не убеждают тех его читателей, которые относятся к белым протестантам-англосаксам. Другие взяли на себя труд проследить истоки движения за европейское единство[105]. Беда только, что таких ученых очень мало. На всем протяжении той эпохи, когда к истории стали подходить как к систематической науке, преобладали национальные государства и национальное сознание. Национальные истории преобладали во многом просто за неимением других. Об этом можно только пожалеть, но этот факт отражает реальное положение дел в Европе, которая провела последние столетия в глубочайшем расколе. С тех пор как в эпоху Ренессанса и Реформации начался распад Христианского мира, в Европе жил и идеал объединения, — историки не могут отрицать этого факта. Однако мозаичность Европы так же важна, как и плавильный тигель, — это уже поняли те, кто занимается Историей Соединенных Штатов.

Так что, по всей вероятности, еще рано ждать удовлетворительного европейского синтеза. Национальные чувства все еще преобладают. Нельзя просто отбросить национальные истории и было бы ужасным искажением пренебречь различиями между европейскими нациями и написать какую-то приторную евроисторию: «Европейская история — это не просто сумма историй ее частей; но европейскую историю нельзя написать иначе, как изучая эти ее части во всех их особенностях... Кажется... нас уже не удовлетворяет национальная история; но не легко написать паневропейскую историю»[106].

Совет мудрый. А применять его надо вот как: переформулировать Историю Европы надо постепенно, дюйм за дюймом, по мере того, как будет создаваться и шириться европейское единство. Ни то, ни другое не может произойти одновременно.

К сожалению, национальные пристрастия умирают медленно. В апреле 1605 г., вскоре после того, как Англия и Шотландия объединились в личной унии, сэр Фрэнсис Бэкон в письме лорд-канцлеру рекомендовал составить «справедливую и полную Историю обеих наций». Его пожелание не исполнено до сих пор. Как сказала одна из немногих британских историков, обращающихся к проблеме британской идентичности, «невозможно преодолеть глубоко заложенное сопротивление самой возможности задаваться фундаментальными вопросами о природе Великобритании»[107].

Две несостоятельные концепции

Торжество национализма в XX веке не способствовало написанию истории, ориентированной на международный уровень. Но были предприняты две попытки преодолеть национальные разделения и создать идеологическую схему для нового, универсального представления прошлого Европы. Обе попытки провалились и ничего лучшего не заслуживали.

Из этих двух марксистско-ленинское, или коммунистическое представление истории Европы возникло раньше и просуществовало дольше. Оно выросло из марксизма, но пренебрегло духом марксизма и его целями; в руках большевиков оно стало одним из инструментов государственной политики принуждения. На начальном этапе 1917–1934 гг. у таких энтузиастов, как М.Н. Покровский (1868–1932), это представление было интернационалистическим. Покровский полностью был согласен с тем, что «история — это политика, обращенная в прошлое», и рьяно бросился бороться с шовинизмом. «Великая Россия была построена на костях нерусских народов, — писал он. — В прошлом мы, русские, были самыми большими грабителями на земле». Но для Сталина отрицание русских имперских традиций было неприемлемо и с 1934 г., когда вступает в действие сталинское постановление об учебниках истории, направление вдруг решительно меняется. Покровский умер, а его несговорчивых последователей расстреляли. Их учебники были запрещены. То, что появилось вместо них, представляло ядовитую смесь из вульгарного марксизма и экстремистского русского империализма, став на 50 лет предметом обсуждений всех идеологических учреждений СССР[108].

Указанные два элемента коммунистической истории противоречили друг другу по самой сути. Но они были скреплены мессианскими притязаниями и догматизмом новой идеологии, которую никто не мог открыто подвергать сомнению. Псевдомарксистский элемент содержался в знаменитой схеме *Пяти стадий*, распространявшейся на весь исторический период от праистории до революции 1917 г. Русский элемент выражался в особой роли, которую отводили русской нации как «старшему брату» советских людей и «авангарду» мирового пролетариата. По признанию самого Ленина, Россия отставала от Германии и от других индустриальных держав. Но «первое в мире социалистическое государство» было создано, чтобы посеять семена мировой революции, оставаться крепостью социализма до окончательного падения капитализма и в конце концов наследовать землю. Тогда более прогрессивные советские методы социалистической организации и экономического планирования, конечно, обеспечат быструю победу над капитализмом. В последней главе этих учебников подчеркивалось, что Советский Союз идет впереди во всем: от военной мощи до уровня жизни населения, технологий и защиты окружающей среды. Окончательная победа социализма (как всегда назывался коммунизм) научно обоснована и неизбежна.

Несмотря на все славословия «социалистическому интернационализму», советское историческое мышление отдавало должное и *европоцентризму* и менее явно западной цивилизации. Европоцентризм выражался в подборе тех примеров, на которых базировался марксизм-ленинизм, а также в маниакальном стремлении к индустриализации по европейскому образцу. Он был особенно очевиден в акценте на исторической роли русских. Эти советские взгляды наносили оскорбление европейским членам советской империи, вызывали беспокойство у товарищей по коммунистическому движению в странах Третьего мира, были главной причиной разрыва с Китаем. На взгляд китайцев, стада советских советников и специалистов, появившихся в Китае в 1950-е годы, были наихудшим проявлением европейского высокомерия (и отвратительных манер), с какими только сталкивался Китай за время наплыва «заморских дьяволов». Китайцам, как и прибалтам, полякам или грузинам, вера русских в свое превосходство казалась по меньшей мере странной. И если русские привыкли считать себя «западными людьми» по отношению к Китаю, то по отношению почти ко всем европейцам они, конечно, были «восточными людьми».

Нет никакого сомнения в том, что советский коммунизм считал Запад своим идеологическим врагом. Но в то же время коммунисты не отрицали, что их корни были в Европе и что величайшим желанием Ленина было связать революцию в России с будущей революцией в Германии. Так что Западная цивилизация была не так уж плоха. Вполне можно было восторгаться ведущими деятелями Запада, если они уже умерли. Идея состояла в том, что Запад прогнил, а Восток в руках героического пролетариата — полон здоровья и сил. Рано или поздно капиталистические режимы ослабеют, и тогда родина социализма подтолкнет их к окончательной гибели, границы откроются и Восток сольется с Западом в новое революционное братство под руководством Советской России. Вот о чем мечтал Ленин, вот что имел в виду Брежнев, когда говорил об «общем европейском доме»[109]. Эта мессианская идея коммунистов — с некоторыми местными поправками — была экспортирована во все страны, контролируемые Советским Союзом. Что касается собственно истории, насаждались две кардинальные догмы: о ведущем значении «социально-экономических факторов» и о мягкой природе советской экспансии. Проповеди этих идей многим способствовала победа Советского Союза над Германией, и еще в 1980-е годы они преподавались как своего рода евангелие десяткам миллионов студентов и школьников в Европе. Перед самым концом коммунизма Генеральный секретарь КПСС Михаил Горбачев снова выдвигает лозунг «нашего общего Европейского дома»[110]. Его широко подхватили и приветствовали иностранные комментаторы, но Горбачев так и не успел объяснить, что он имеет в виду. Он был диктатором империи, раскинувшейся от Калининграда до Камчатки — полуострова, который был европейским не больше, чем Аляска. Возможно ли, чтобы Горбачев мечтал о «Великой Европе», протянувшейся через весь земной шар?

Вторая конкурирующая концепция истории — фашистская — появилась позднее и продержалась не так долго. В известной степени она возникла как ответ коммунизму и стала в руках нацистов орудием насаждения их «Нового Порядка». На начальной стадии, в 1922—1934 гг., у нее был социалистический привкус как в Германии, так и в Италии; но в это время ведущим был итальянский вариант с мечтой Муссолини о возрождении Римской империи. С 1934 г., когда Гитлер начинает преобразовывать Германию, направление резко меняется. Из национал-социализма вычистили социалистический элемент. Руководящую роль перенял германский вариант фашизма и на первый план выступают откровенно расистские теории. В результате появилась ядовитая смесь из расизма и германского империализма, которую затем обслуживали все идеологические учреждения нацистского рейха столько времени, сколько он просуществовал[111].

Несмотря на взаимную враждебность нацистов и Советов, нацистская идеология не очень отличалась от сталинизма. Расистский элемент выражался в особой роли, которую отводили германской нации как самой жизнеспособной и здоровой ветви белой арийской расы. Элемент германского империализма выразился в отношении к Версальскому миру как к «диктату» и в постулируемом праве Германии на возвращение себе ведущей роли. Вместе они стали основой той программы, согласно которой власть нацистов должна была распространиться на всю Европу, а со временем и дальше. Имелись серьезные разногласия с другими европейскими фашистскими идеологиями, в особенности с итальянской, где национализм всегда имел антигерманский привкус. Впрочем, все это не имело времени вызреть.

Историческое мышление нацистов содержало идеи европоцентризма и западной цивилизации в их самых крайних формах. «Господствующей расой» считались арийцы-европейцы, где бы они ни жили. Только они считались настоящими людьми и только им приписывались все великие свершения прошлого. Все неарийцы, небелые и неевропейцы считались генетически неполноценными и располагались на соответствующих ступенях нисходящей лестницы недочеловеков (*Untermenschen*). Параллельно была выстроена иерархия европейцев по биологическим признакам, так что высокие, худые блондины нордического типа — такие высокие, как Геббельс, и

такие худые, как Геринг[112], — считались высшими по отношению ко всем другим. Восточные славяне (поляки, русские, сербы и т.д.), которых ошибочно относили к особой расовой подгруппе, провозглашались низшими по сравнению с германскими народами Запада, с ними следовало обходиться так же, как с разными неарийцами-недочеловеками. Последними в этом ряду среди жителей Европы считались те, кто имел неевропейские корни, — в основном, цыгане и евреи, — на них возлагалась ответственность за всё зло в истории Европы, они лишались права на жизнь.

Стратегия нацистов в основном сложилась из этих абсурдных конструктов с их главным различением: «Запад» и «Восток». Помимо устранения непокорных правительств у Гитлера не было особых планов в отношении Западной Европы, завоевателем которой он себя считал. Он, правда, презирал Францию: ее «французскость» планировалось разбавить, а ее историческую ненависть к Германии — вылечить. Он не любил итальянцев и их связи с Римом и считал их ненадежными партнерами. Он уважал испанцев, которые однажды уже спасли Европу от черных, и удивлялся, что Франко не стремился с ним сотрудничать. Англосаксы в целом — за исключением некоторых дегенеративных личностей — вызывали у него восхищение, и он обижался на их решительную враждебность. По его словам, их поведение можно было объяснить только тем, что они, как и германцы, готовились вступить в борьбу за то, чтобы быть господами в господствующей расе. Единственное, чего он от них хотел, — чтобы его оставили в покое.

Все самые радикальные устремления нацистов были направлены против Востока. В *Mein Kampf* Восточная Европа уже давно была названа *Lebensraum* [жизненным пространством] Германии. Восточная Европа была населена разными низшими славянами и евреями и ее генофонд следовало улучшить массовой немецкой колонизацией. «Пораженные болезнью элементы» следовало удалить хирургическим путем, то есть убить. Восточная Европа рассматривалась также как сфера Советской власти, «гнездо еврейского большевизма», которое подлежало уничтожению. Когда нацисты вторглись в Восточную Европу (сначала в Польшу, а затем в Советский Союз), они считали, что начали «крестовый поход». Они так прямо и заявляли. Их учебники истории внушали им, что они идут славным путем Генриха Птицелова, Тевтонских рыцарей и Фридриха Великого. Свою деятельность они рассматривали как венец «тысячелетней истории».

В отличие от коммунизма, у нацизма не было 75 лет, чтобы оттачивать теорию и практику. С ним было покончено соединенными усилиями соседей еще до создания Великого Рейха. К счастью, Германии периода нацистского засилья не удалось навязать свой тоталитарный диктат другим странам Европы и другим континентам. Если бы, однако, Советы не устояли, как это едва не случилось в 1941–1942 гг., нацизм стал бы движущей силой невероятного размера евразийской державы; тогда бы ему пришлось вступить во всемирную конфронтацию с соперниками: США и Японией. Без сомнения, началась бы новая война. Но нацизм не вышел за пределы Европы. Гитлеру не представилась возможность действовать в мире неарийцев. И как теоретик, и как политический лидер он оставался до конца европейцем.

И хотя нацизм в какой-то период распространился от Атлантики до Волги, нацистская версия истории была в обращении очень недолго. В самой Германии она продержалась всего 12 лет — время, недостаточное даже для того, чтобы человек получил образование. В других же местах нацизм разбрасывал свои ядовитые семена лишь недели или месяцы. Его воздействие было колоссальным, но исключительно недолгим. Когда он позорно пал в 1944–1945 гг., он оставил после себя вакуум, который могли заполнить лишь исторические представления победивших государств. В Восточной Европе, оккупированной советскими войсками, без всяких церемоний насадили советские представления об истории. Западная Европа, освобожденная англо-американцами, стала полем действия *Союзнической схемы истории*.

Союзническая схема истории

Современные воззрения на Европу испытали сильнейшее влияние опыта двух мировых войн и, в особенности, победы Большой коалиции. Благодаря своим победам в 1918 г., в 1945 г. и в конце холодной войны в 1989 г., западные державы смогли экспортировать свои представления об истори-

ческих событиях по всему миру. Особого успеха они добились в Германии, где восприимчивость к новым представлениям увеличивалась благодаря сознанию национальной вины и проводимой под надзором союзных держав политике перевоспитания.

Приоритеты и представления, проистекающие из позиции союзников во время войны, очень распространены в изложениях событий XX века вообще, а иногда проецируются и в более отдаленные эпохи. Приблизительно они могут быть суммированы следующим образом:

— Вера в некую уникальную, светскую разновидность Западной цивилизации, где «Атлантическое сообщество» рассматривается как кульминация прогресса человечества. Англосаксонская демократия, торжество права в традициях Великой хартии вольностей (*Magna Carta*) и капиталистическая экономика со свободным рынком — высшие проявления Добра. Краеугольные камни этой схемы: Принцип национального самоопределения Вильсона (1917) и Атлантическая хартия (1941).

— Идеология антифашизма, в которой Вторая мировая война 1939–1945 гг. рассматривается как «война с фашизмом» и как определяющий момент победы Добра над Злом. Высшей заслугой считается бороться с фашизмом или пострадать от него. Величайшей симпатии и восхищения заслуживают противники фашизма или его жертвы.

— Демонологизация Германии — этого дважды побежденного врага. Германию считают главным источником и злокозненного империализма, породившего Первую мировую войну, и смертельного извода фашизма, спровоцировавшего Вторую. Люди и нации, сражавшиеся на стороне Германии (особенно в 1939–1945 гг.), клеймятся как «коллаборационисты». (NB. Не путать немецкую культуру с немецкой политикой.)

— Снисходительные, романтические представления о Российской (царской) империи и Советском Союзе, стратегическом союзнике на Востоке, обычно называемом «Россия». Очевидные недостатки России никогда не сравнивают с недостатками врага. Потому что Россия непрерывно сближается с Западом. Величайшие заслуги России как партнера по «антифашистскому союзу», ее громадные жертвы, которые поставили фашизм на колени, перевешивают все негативные аспекты ее прошлого.

— Молчаливое приятие деления Европы на Западную и Восточную сферы. Причем предполагается, что «Атлантические добродетели» связаны преимущественно с более продвинутым Западом, а понятное желание России обеспечить свою безопасность оправдывает ее господство на отсталом Востоке. Для Западных держав естественно защищать себя от угрозы дальнейшей экспансии России, но они не должны вмешиваться в законную сферу влияния России.

— Сознательное пренебрежение всеми другими фактами, которые противоречат перечисленному выше.

Союзническая схема истории стихийно выросла из политики и симпатий периода двух мировых войн, она никогда не формулировалась открыто. В сумятице свободных обществ она никогда не была единственной или монопольной, как ее никогда и не отстаивали сколько-нибудь последовательно. И тем не менее в течение 50 лет после Второй мировой войны она очевидным образом присутствовала в академических дискуссиях и, возможно, неосознанно, — в системе понятий, на основе которых принимаются правительственные политические решения. При таком положении дел естественно, что солдата союзников можно было арестовать, если он скажет, что Гитлер и Сталин «одинаково плохи»[113].

В академической сфере союзническая схема проглядывает в приоритетах и структурах институтов, а также в дискуссиях по некоторым вопросам. Ею объясняется решительное предпочтение, которое отдается в исторических и политологических работах темам, связанным с нацизмом, а также преобладание исследований по Германии, особенно в США. Вот почему исследования по Восточной Европе продолжают выделяться в отдельные институты «советских» или «славянских» исследований; вот почему советологи совсем не торопились разоблачать реалии советской жизни[114]. Этими представлениями объяснялся тот особенный упор, который исследователи-советологи и слависты делали на русских — часто до полного пренебрежения нерусскими культурами. Особенно же эти представления отразились во взглядах на Вторую мировую войну. Полстолетия спустя после войны большинство эпизодов, которые не согласуются с союзническим мифом, замалчиваются или умаляются. **[СТАРАЯ ПЛОЩАДЬ]** [КАТЫНЬ] [KEELHAUL]

Многие стереотипы военного времени, в особенности в том, что касается Восточной Европы, оказались увековечены. Легко заметить отчетливую иерархию образов народов в зависимости от приверженности разных наций «делу союзников». Например, чехи и сербы, имеющие долгую традицию враждебности к Германии и сотрудничества с Россией, хорошо вписываются в союзническую схему. Поэтому их называют *храбрыми, дружественными* и *демократическими* — по крайней мере до войны в Боснии. Таких комплиментов не заслужили словаки, хорваты или народы Прибалтики — о них бытует представление, что они отвергали дружбу с Западом и сотрудничали с врагом. Поляки, как всегда, никуда не вписываются. Сопротивляясь немецкой агрессии, они очевидным образом упорно боролись за демократию. Но, сопротивляясь советской агрессии, они столь же очевидно проявили себя как предатели, фашисты, безответственные и антидемократические силы. Не поддаются классификации и украинцы. Хотя они понесли, по-видимому, самые большие потери в гражданском населении из всех стран Европы, тем не менее их главная политическая задача состояла в том, чтобы избавиться от советского и русского засилья. Лучший способ обойтись с такой неудобной нацией — сделать вид, что ее вовсе нет, в лучшем случае признать ее Малороссией. На самом же деле они и не *малые* и не *россы*. [УКРАИНА]

В сфере политики союзническая схема стала основой «особых отношений» США с Великобританией и одной из причин, почему демократическая Германия и Япония не были допущены в Совет безопасности ООН. Она проявилась, когда один британский премьер-министр выговаривал французскому президенту по поводу сравнительных достоинств Великой хартии вольностей и Прав человека или когда перспективу создания европейской сверхдержавы разносили в тонах, напоминавших о Питте и Черчилле. Эта схема была подоплекой голосования в британской Палате общин в поддержку Билля о военных преступлениях, где таковыми считались только преступления, совершенные «в Германии или на территориях, оккупированных Германией», — как будто все другие преступления не имеют значения. Возможно, она присутствовала и при открытии мемориального музея Холокоста в Вашингтоне[115].

Влияние Союзнической схемы особенно сильно проявилось, однако, в реакциях на падение коммунизма после 1989 г. Взрыв *горбимании*, усилия, с которыми подчеркивалось единство союзников во время войны (сначала СССР, потом Югославии), и намеренное смешение патриотизма и национализма в Восточной Европе — все это можно объяснить только в терминах устоявшихся ранее исторических представлений. И только в результате неспешного процесса переосмысления общественное мнение Запада усвоило, что Россия и Советский Союз — не одно и то же, что Горбачев возглавлял режим, который все ненавидели, что Югославская федерация была коммунистическим фасадом, что коммунистическое руководство Сербии является источником самого крайнего национализма или что Литва, Словения, Украина или Хорватия — все это отдельные нации Европы, имеющие право на собственную государственность. Осознание того факта, что Запад заблуждался по множеству основных вопросов, привело к росту требований пересмотреть историю Европы.

Евроистория

Движение за европейское единство, начавшееся в Западной Европе после 1945 г., вдохновлялось идеализмом, у которого было важное историческое измерение: он стремился покончить с сумбуром ультранационалистических установок, разжигавших конфликты прошлого. Всякому сообществу необходима общая самоидентификация в настоящем и сознание общего прошлого. Так что пересмотр истории был естественным требованием. На первой стадии надо было покончить с неверным изложением и толкованием событий прошлого, очень распространенным во всех странах Европы. На втором этапе надо было достичь согласия относительно позитивного содержания новой Евроистории.

Самые первые дискуссии развернулись в Совете Европы. Поскольку Совет поддерживали 24 правительства Западной Европы, его политический горизонт никогда не был так узок, как у ЕЭС или НАТО, а в культурной области с Советом сотрудничали и 4 не входившие в него страны из Советского блока: Польша, Чехословакия, Венгрия и СССР. Вклад Совета Европы ощущался от Ватикана до Кремля. Начиная с первого коллоквиума, собравшегося в немецком городке Кальв

в 1953 г. для обсуждения темы «Европейская идея в преподавании истории», Совет организовывал по крайней мере по одной большой международной встрече по вопросам истории каждый год в течение 40 лет. Симпозиум в 1965 г. о «Преподавании истории» в Эльсиноре и семинар в 1986 г. об «Эпохе викингов» демонстрировали не только разнообразие затрагиваемых тем, но и географическую и хронологическую широту.

Помимо вопросов дидактики и проблем, связанных с введением в школах «новой истории», предполагающей выработку у учащихся определенных навыков, главные усилия прилагались к избавлению европейских учебных программ от националистических предубеждений и религиозных предрассудков. Особое внимание уделялось недостаткам учебников, написанных в духе национальной историографии. Создавались бесчисленные двуязычные комиссии, чтобы выявить упущения и грехи, в каковых были повинны все европейские авторы, когда они обращались к своему прошлому или прошлому своих соседей. Пионером в этом деле был Институт международных исследований учебников (Георга Экерта), открытый в Брауншвейге в Западной Германии[116].

Впрочем, оставалось несметное количество препятствий к достижению всеобщего согласия по поводу истории Европы. Одно направление, которое следовало голлистской идее *Europe des patries* [Европа отечеств], могло удовлетвориться амальгамой национальных историй, из которых исключили бы оскорбительный материал. Другие стремились соединить национальные элементы в более однородное и последовательное целое. Главное препятствие было в меняющихся политических реалиях и расширении членства в ЕС. Одно дело представить такую Историю, которая бы примирила исторические представления первоначальной «Шестерки», гораздо труднее было обойти чувствительные места Двенадцати, Девятнадцати, а то и Тридцати восьми. К 1990-м годам понятие европейского единства уже не ограничивалось Западной Европой. «Учебные программы по современной истории должны отказаться от бифокального взгляда на Европу и перейти к всеобъемлющей концепции»[117]. Тем временем некоторые смельчаки сделали попытку нового синтеза.

Один проект по истории, который финансировала, хотя и не инициировала Европейская комиссия в Брюсселе, был задуман до политического наводнения 1989–1991 гг. Названный «В поисках понимания», он должен был осуществляться в три этапа: обзор истории Европы до 500 страниц, сопутствующий десятисерийный телефильм и школьный учебник, который планировалось издать одновременно на всех восьми языках стран ЕС. Авторы не скрывали, что в основе лежат политические мотивы: дать что-то взамен Истории, написанной согласно идеалам суверенных национальных государств: «Национализм и разделение Европы на национальные государства — сравнительно новые явления; возможно, это явления временные и уж, конечно, обратимые. Распад империй и разрушения, производимые национализмом, сопровождались поражением тоталитаризма и триумфом либеральной демократии в Западной Европе, завершившимися в 1974–1975 гг. Все это позволяет людям начать подниматься над их националистическими инстинктами»[118].

«Националистические инстинкты» — неудачное выражение. Но основной автор проекта, которому принадлежат работы и о раннем христианстве, и о *L'idée de l'Europe dans l'histoire* [Идея Европы в истории] (1965), убежден в том, что Европа «едина в разнообразии»: «Имеются основательные исторические причины считать Европу не только мозаикой культур, но и органическим целым».

Время для этого предприятия было выбрано неудачно; продукт вышел на рынок как раз тогда, когда его географическая структура развалилась. В работе *Европа* определялась как территория стран-членов ЕС, к которым добавили Скандинавию, Австрию и Швейцарию. Автор указал на неясность статуса Финляндии, Польши, Венгрии и Чехии. Так что это была еще одна работа по *западной цивилизации*. Несколько критиков этой работы были безжалостны. Один даже сравнил ее по тону с «историографией советского блока». В другом месте данный подход к проблеме суммарно изложен уже в заглавии: «Полуправда о полу-Европе».[118]

В особенности были задеты греки. Хотя Греция была членом ЕС с 1981 г., автор (Дюроселл) по большей части упустил вклад и Древней Греции, и Византии в историю Европы. Письма протеста в Европейскую Комиссию направили несколько членов парламента Греции, архиепископ Афинский и другие. Эту работу сравнивали с *Сатанинскими стихами*. Вспоминали мнение французского историка Эрнеста Ренана: «Европа является греческой по мышлению и искусству, римской по ее праву и иудео-христианской по религии». Один английский журналист обращал внимание на то, что слова *Европа* и *история* — греческие по происхождению, и задавался вопросом: если отрицать вклад греков, то как же назвать эту книгу? В конце концов Европейской комиссии пришлось откреститься от этого проекта[120].

Знаменательный комментарий дали члены Афинской академии. Он касался концепции М. Дюроселла «Европейской истории Европы». Если исследование, посвященное почти исключительно Западной Европе, рассматривается как «европейское», из этого следует, что вся остальная Европа вроде как «неевропейская». «Согласно этой сомнительной географии «незападное» стало означать «неевропейское»; Европа означает Запад»[121]. Восточная Европа — будь то византийская Европа, православная Европа, славянская Европа, оттоманская Европа, балканская Европа или советская Европа, — все оказалось за чертой оседлости. Из-за этой фундаментальной ошибки М. Дюроселл говорит о древних народах Европы, не упоминая ни греков, ни славян. И попытки автора защитить свою позицию не всегда удачны. Когда его упрекнули, что в книге не упоминается Марафонская битва, он, говорят, парировал замечание словами: в ней не упоминается и битва при Вердене. Но в таком случае ее надо считать слабой в отношении не только истории Европы в целом, но и западноевропейской истории[122].

В 1992 г. появился учебник, написанный двенадцатью историками из 12-ти разных стран. Текст его обсуждался коллективно. Французский вариант «вторжения варваров» назвали «вторжениями германских племен». Испанцы назвали сэра Френсиса Дрейка пиратом, эту характеристику убрали. Из помещенных на обложке портретов убрали генерала де Голля, заменив его портретом королевы Виктории. По какой-то причине для The European History Book не нашлось британского издателя, а потом посчитали, что книга не пройдет строгой проверки и не получит одобрения 16-ти немецких земель[123].

Евроистория, однако, в принципе не легкомысленное предприятие. Ее сильной стороной было стремление дать динамичное представление о ЕС, которое способно породить собственную духовность. В своей первоначальной форме это представление поневоле было недостаточным. Ведь оно начало складываться посередине холодной войны. Но оно ухватило, может быть, главную истину: национальные государства не являются единственной формой здорового политического сообщества. Национальные государства сами — «воображаемые сообщества»: в их основаниях лежат мифы и политически ангажированная история: «Все сообщества, размерами превышающие доисторические поселения, где все знали друг друга в лицо (а возможно, и они), — сообщества воображаемые... члены даже самой маленькой нации никогда не знают друг друга... а между тем у каждого из них есть образ их сообщества»[124].

Такое же воображение необходимо европейцам. Рано или поздно придется создавать убедительную новую картину прошлого Европы, которая отвечала бы новым надеждам на ее будущее.

Европейское движение 1990-х гг. может добиться успеха, а может и не добиться. Но если оно добьется успеха, то во многом благодаря историкам, которые дадут европейцам чувство общности. Такие историки помогли бы обрести духовный дом тем миллионам европейцев, чья множественная самоидентификация и множественная лояльность уже и так пересекает существующие национальные границы.

Европейская история

Если попросить профессиональных историков дать определение европейской истории, многие не смогут дать ясного ответа. Обычно они такими вопросами не занимаются. Если же настаивать, то большинство из них станут противопоставлять определенность прежних положений неясности настоящего времени. Опрос, организованный историческим журналом в 1986 г., принес несколько замечательных ответов. Один видный ученый сказал: «Когда я подростком жил во Франции в 1930-е годы, ответ на вопрос *Что такое европейская история?* казался простым и очевидным...: всякое место, событие, личность, которые связаны с Францией, принадлежат европейской истории (нет, Истории tout court [просто Истории].) ... [Но теперь] нет единой европейской истории, теперь их много»[125].

Второй отвечавший долго рассуждал о европейском традиционном провинциализме и необходимости расширять горизонты, включать в них весь мир: «Понятие европейской истории, то есть Истории Европы, есть не что иное, как история, увиденная глазами Европы и с европейским представлением об Истории... Такое представление в наши дни трудно отстаивать»[126].

Из сказанного следует, что европоцентричный подход его ошибавшихся предшественников как-то обесценил самый предмет.

Представительница Венгрии указала на эксцентрическую привычку британцев отличать Европейскую историю от Британской.[126] При этом европейская означает «континентальная», а британская означает «нечто совершенно уникальное».

Еще один участник обсуждения предложил три отдельных определения европейской истории. Сюда относятся географическая история, культурная или цивилизационная история и категория *Европа*, которую он представляет как «удобное сокращение для определения центральной зоны мировой капиталистической экономики, как она развивалась с XVI века»[128].

В оксфордском Колледже Св. Магдалины были в ходу более резкие мнения; так, господин А. П. Тейлор дал журналу неподражаемый ответ: «История Европы такова, какой ее хотят видеть историки. Это изложение событий и идей — политических, религиозных, милитаристских, пацифистских, серьезных, романтических, тех, которые под рукой, или тех, что очень далеко, — и всего остального, чему вы захотите отдать предпочтение. Есть только одно ограничение: события должны совершаться на территории той области, которую мы называем Европой. Поскольку же я не вполне точно знаю, что это за территория, то я очень смутно представляю и остальное»[129].

Как всегда, мой старый учитель был прав больше, чем наполовину, и при этом остроумен на все сто. Но он примкнул к тем, кто полагает, что история Европы, даже если она существует, не стоит трудов, которые нужно потратить на ее исследование.

Так что умозрительные определения ставят больше вопросов, чем разрешают. С европейской историей так же, как с верблюдом: подойти к ней практически — значит, попытаться ее описать, а не дать ей определение.

PENINSULA

Среда обитания и доисторическая эпоха

Заметен ряд повторяющихся деталей во многих описаниях истории природной среды Европы. Многие европейцы полагают, что их *континент* так восхитительно наделен дарами, что он самой природой был предназначен к мировому господству. И многие воображали, что счастье и удача Европы не кончатся никогда. «Империя климата — это первейшая из империй», — писал Монтескье в 1748 г. — и пытался показать, что не было равных европейскому климату. Для Монтескье, как и для многих после него, понятие «Европа» означало «прогресс»[1].

Было и много национальной ограниченности. Даже основатель гуманитарной географии великий Поль Видаль де ла Блаш (1845–1918), один из научных предшественников Школы Анналов, был не лишен некоторого налета галльского шовинизма. В географии Франции, подчеркивает он, нельзя не заметить лейтмотив разнообразия. «И в борьбе с этими факторами разнообразности, — пишет он, — Франция выставляет свой *force d'assimilation,* то есть способность ассимилировать. Она преобразует все, что получает». Об Англии же, напротив, он говорит скверными стишками: *this paltry little isle, / with acres few and weather vile* [это жалкий островок, где мало акров и жуткая погода]. Столетие спустя то же делает Фернан Бродель[2]. Превосходный ландшафт Франции и в самом деле очень разнообразен; но разнообразие не является монополией Франции — это отличительная черта Европы в целом.

На самом деле Полуостров Европа — вовсе и не *континент*: это не отдельный самостоятельный массив суши. При площади примерно в 10 млн. км² она составляет менее четверти Азии, треть Африки, половину каждой из Америк. Современные географы считают Европу, как Индию, *субконтинентом* Евразии: «капюшон старого континента, западный отросток Азии». И все-таки нельзя отрицать, что Европа была наделена множеством разнообразных физических характеристик. Европейский рельеф, климат, геология и фауна — все соединилось в благословенную среду, и это исключительно важно для понимания истории Европы.

Рельеф Европы не похож на рельеф какого-нибудь другого континента или субконтинента. Низины на севере и на юге омываются океаном, который двумя параллельными цепями морей проникает глубоко внутрь. На севере морская лента Северного и Балтийского морей протянулась на 1500 миль (2500 км) от Атлантики до России. На юге водная система Средиземного и Черного морей растянулась на 2400 миль (4000 км) от Гибралтара до Кавказа. В этих внутренних морях — громадное множество заливов и гигантская вязь островов. Так что отношение длины береговой линии к площади исключительно высоко: примерно 37000 км (или более 23000 миль) европейской береговой линии составляют почти что длину экватора. Это, возможно, и определяло в первую очередь доступность той или иной земли для людей древности.

Более того, берега полуострова, расположенные в умеренных широтах западной оконечности Евразии, отличаются исключительно благоприятным климатом. С Запада дуют преобладающие океанские ветры, и именно западные побережья великих континентов больше всего открыты смягчающему влиянию морского воздуха. Однако лишь немногие из обращенных к западу континентальных побережий действительно пользуются этим преимуществом. На других континентах побережья если не отгорожены громадами горных вершин или холодными течениями, то окаймлены пустынями, такими, как Сахара, Калахари или Атакама.

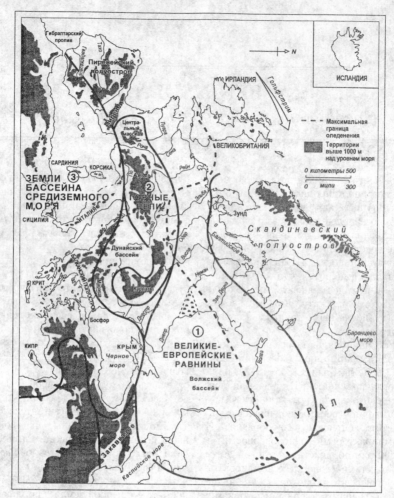

Карта 4
Европа: физические регионы

Потому климат Европы исключительно умеренный для этих широт. Вообще вся Северная Европа под влиянием Гольфстрима отличается влажным и мягким климатом, Южная — сравнительно теплым, сухим и солнечным. В Центральной и Восточной Европе отмечаются элементы по-настоящему континентального климата с ясной и холодной зимой и обжигающе горячим летом. И повсюду погода переменчива, хотя и нет чего-то чрезвычайного. Даже в европейской России, где разница средних температур января и июля может достигать 45°C, эта разница все-таки составляет лишь половину от соответствующего показателя для Сибири. Самый влажный район Европы — запад Норвегии, где выпадает в среднем 3500 мм (138 дюймов) осадков в год. Самый сухой район — вокруг Каспийского моря, где осадков меньше 250 мм (9 дюймов) в год. Самое холодное место — Воркута, где средняя январская температура — 20°C; за право называться самым жарким местом спорят Севилья и Астрахань с их июльской жарой в среднем до + 29°С. Но даже эти крайности не сравнятся с соответствующими значениями для Азии, Африки или обеих Америк.

По своим температурам климат Европы был благоприятен для примитивного земледелия. В основном Полуостров расположен в естественной зоне возделывания злаков. Здесь было множество лесов, чтобы построить жилище и обогреть его. Нагорные пастбища здесь часто соседствуют с плодородными долинами. На западе и на юге скот может зимовать без укрытия. Местные условия зачастую открывают и дополнительные возможности для приспособления человека к природным условиям. Так, протяженная береговая линия в сочетании с широким континентальным шельфом доставляли богатый улов рыбакам. Открытые долины, в особенности в бассейне Дуная, способствовали сохранению здесь кочевого скотоводства евразийских степей. В *Альпах* — которые так называются по высокогорным пастбищам[3], — издавна практиковали сезонные перегоны скота.

Климат Европы, возможно, определил также преобладающий цвет кожи ее двуногих обитателей. Умеренное количество солнечного тепла и, следовательно, ультрафиолетового излучения, предопределило умеренный уровень пигментации, как он был закодирован в генофонде жителей полуострова. Конечно, в историческую эпоху бледные лица, светлые и золотистые волосы и голубые глаза встречались, в основном, в северных районах. Но мы узнаем громадное большинство европейцев и их потомков именно по их внешнему виду.

До недавнего времени учитывались только внешние расовые показатели. Лишь в конце двадцатого века применили, например, анализ групп крови, тканей тела и ДНК; так что раньше не понимали, как много генетически общего у людей вообще. Соответственно и расовые теории склонялись к тому, чтобы делать выводы на основании таких внешних признаков, как цвет кожи, телосложение или форма черепа. На самом же деле расовый разброс европейцев всегда был очень разнообразен. Высокие, голубоглазые, светлокожие блондины так называемой «нордической расы», обосновавшиеся в Скандинавии, составляют только одну группу в той общности, которую нечетко определяют как *белых*. Они вовсе не похожи на приземистых, кареглазых, смуглых и черноволо-

сых *средиземноморцев* или представителей *индо-средиземноморской расы*, которые преобладают повсюду на юге. Между этими двумя крайностями — множество переходных типов. Население полуострова по большей части легко отличить от монголоидов, индоидов и негроидов, но не от других групп Ближнего Востока и Северной Африки.

С помощью современных генетических исследований сейчас делаются весьма обнадеживающие выводы в области праистории. Оформление в науку серологии, открытие ДНК (1953) и последующее картографирование 3000 млн. «букв» человеческих генов позволяют произвести очень тонкие исследования. Сопоставление генетических и языковых данных сейчас позволяет предположить, что модели биологической и культурной эволюций ближе друг к другу, чем мы воображали. Современные исследования показывают, что изменения гомо на генетическом уровне в доисторической Европе соотносимы с параллельными культурными движениями. «Расхождение генов, народов и языков следовало друг за другом», — пишет один известный ученый[4]. Полевые исследования показывают, что изолированные культурные сообщества, такие как неиндоевропейцы-баски, обладают и особыми различимыми генетическими отличиями. Общих выводов нет, но изучение генетического наследия Европы (некогда псевдо-наука) — теперь важное направление. Наконец «мы начинаем читать послания, оставленные нам нашими отдаленными предками»[5]. [КАВКАЗ] [ТАММУЗ]

С психологической точки зрения на полуострове древний человек встретился одновременно с побуждающими к действию возможностями и вызовом природы. Возник определенный стресс, требовавший предприимчивости, и одновременно, вполне преодолимый. Жизнь здесь была трудна, но приносила достойные плоды. Ритм сменяющих друг друга сезонов выработал привычку к размеренной деятельности и предусмотрительности. Переменчивость погоды воспитывала приспособляемость. Человеку приходилось преодолевать многие неблагоприятные явления природы — океанские бури, зимние снега, летнюю засуху и болезни; и все-таки у него были хорошие перспективы выжить и быть здоровым. Можно предположить, что первые поселенцы в доисторической Европе рисковали меньше, чем их далекие потомки на восточном побережье Северной Америки несколько тысячелетий спустя.

Было бы дерзостью утверждать, что Европейский полуостров был единственным местом, где могла развиться человеческая цивилизация в ее известном нам виде, и тем не менее альтернативные местоположения имели свои недостатки. По сравнению с субтропическими долинами рек, где впервые расцвело человечество, сезонный ритм и мягкий, умеренный климат полуострова гораздо больше подходили для постоянного развития. Здесь было богатство и разнообразие геологической и биологической среды. Здесь были «молодые» альпийские горы, древние первобытные холмы, действующие вулканы, глубокие ущелья и широкие долины, стремительные горные потоки, полноводные реки, тысячи озер, субарктическая тундра, вечная мерзлота, ледники, береговые скалы, песчаное побережье и огромные дельты. Здесь были открытые луга, великолепные лиственные и мрачные еловые леса, а также субтропические пальмы, выщелоченные полупустынные почвы, громадные болота, а также лёсс и чернозем. Великое разнообразие растительности и фауны. И до сих пор уцелело достаточно диких видов, чтобы показать нам, какова была первобытная среда обитания.

Важно и то, что перепады высот и расстояния не были такими грозными, как на других континентах. Европейские поселения связаны между собой сетью естественных путей, которые были для первобытного человека скорее приглашением в путь, чем препятствием. Так, почти вдоль всего побережья можно проплыть в челноке, и по рекам можно плыть почти в любом направлении. Сена, Рейн, Эльба, Одер, Висла, Неман и Двина текут на север; Эбро, Рона, Марица, Днепр и Волга — на юг. Тахо, Луара и Северн текут на запад; Темза, Дунай, По и Днестр — на восток. Между ними бесконечно много коротких переходов и легких транспортных путей. В районе Оксуа в верхней Бургундии, например, всего нескольких часов пешего хода отделяют друг от друга потоки, по которым можно приплыть к Средиземному морю, Атлантике или Ла-Маншу. В центральных Альпах истоки Рейна и Роны текут некоторое время рядом возле Андерматта, прежде чем продолжить свой путь соответственно на север и юг. На волоке Двина — Днепр

около Витебска несложно перетащить по суше судно, которое прибыло из Швеции, чтобы оно могло доплыть даже до Египта.

Не следует, впрочем, недооценивать тот долгий процесс, в результате которого пути и тропинки Европы открылись для движения и расселения людей. С другой стороны, нельзя даже сравнить, насколько легче путешествовать по Европе, чем по другим континентам. Караванам древнего шелкового пути из Китая нужен был год, чтобы пересечь центр Азии. А Европу с незапамятных времен здоровый и в меру предприимчивый путешественник мог пересечь если не за дни, то за недели.

Деление Европы на *естественные* и *исторические* регионы издавна было столь же привлекательным для ума, сколь и неубедительным. В бесчисленных попытках обозначить *Западную Европу* в противоположность *Восточной Европе* выдвигались бесчисленные же критерии. (См. карта 3, и Введение сс. 27-9). Разграничение *Северной* и *Южной* Европы может быть проведено определенно и последовательно в центральном альпийском секторе Европы. Но оно теряет силу на крайнем западе Европы, в Иберии или на крайнем востоке, в Причерноморье. Чтобы установить происхождение таких регионов как *Центральная Европа*, или *Восточно-центральная Европа* приводились столь же изобретательные, сколь и неверные аргументы[6]. Больше оснований делить Европу на регионы по их физическим и географическим особенностям.

Европейский Полуостров состоит из пяти естественных частей. В исторические времена эти географические единицы оставались, в основном, неизменными, а надстроенные над ними политические структуры, создавались и распадались. «Земные гордые империи» проходят быстро. Но равнины и горы, моря, полуострова и острова, повидимому, пребудут всегда.

Великая Европейская равнина простирается на 2400 миль (4000 км) от Атлантики до Урала. Это главная примета территории Европы. Если же принять Урал всего лишь за пологий мост, то равнина представится еще большего размера низменностью, достигающей даже до Верхоянского хребта в восточной Сибири. На долготе Урала она раскинулась на 1200 миль (2000 км) от Баренцева моря до Каспийского. В Нидерландах же ее ширина (от побережья до гор) составляет меньше 200 км. Почти все великие реки этой равнины текут вдоль оси север-юг, представляя собой, таким образом, естественные преграды для движения в направлении восток-запад и рассекая всю равнину на шесть или семь легких переходов. На восток от Вислы непроходимые Припятские болота пролегли на равнине между двумя естественными путями: северным, который огибает страну озер Прибалтики, и южным, издавна служившим главным путем в степи и обратно. [УКРАИНА]

Между Рейном и Одером равнина отступает. Здесь ее одолевают гряды непроходимых лесистых гор. Арденны, Тевтобургский лес и Гарц остаются грозной преградой и сегодня. Они мешают движению и вбок по Равнине и вверх к Альпам. На карте современной Германии можно увидеть, как почти все движение по этой стране направляется или на Равнину или в четыре бассейна рек: Рейна, Майна, Неккара и Дуная.

Народы, осевшие на Равнине, постоянно страдали от одного обстоятельства: они не могли найти естественных границ занимаемым ими территориям. За них приходилось сражаться. Жители равнины были склонны считать себя мирными земледельцами в противоположность свирепым грабителям с гор. На самом же деле, именно жители равнин принуждены были обучаться искусству систематической военной организации и захватам. На равнине или ты нападаешь первым, или тебя сразят. Так что не случайно, наверное, именно Равнина долго сопротивлялась натиску заселения, а затем выпестовала самые устрашающие военные силы в европейской истории. Франция, Пруссия и Россия — все они возмужали в бесконечных войнах на равнинах и все развили такую военную традицию, которая соответствовала трудности их географического положения. Равнинные земли стали полями боев в самых грозных сражениях: при Кюнерсдорфе и Курске, при Лейпциге и Танненберге, при Ватерлоо и Сталинграде.

Физические перепады Европейской равнины снижаются в двух разных направлениях: с одной стороны, от альпийских хребтов до побережья северных морей, а с другой стороны, с востока на

запад, от пика Урала (1894 м) до Атлантического побережья Франции. В среднем главный перепад восток — запад составляет 6000 футов на почти 3000 миль или 26 дюймов на милю — то есть всего лишь 0,04%.

Идея «культурных градиентов», фиксируемых на Европейской равнине в противоположном (физически) направлении, оформилась в связи с особыми европейскими моделями поселений и политической эволюции. Так случилось, что постоянные поселения появляются сначала на юге и западе, затем на севере и в центре и, наконец, на востоке. Так что последние 4000 лет, которые ушли на то, чтобы, двигаясь с Равнины, перейти горы и спуститься к Средиземному морю, были в действительности «культурным восхождением». Соответственно, в новейшие времена движение по Европейской равнине с запада на восток признается «культурным спуском».

Понятие *Kulturgefälle*, или «культурный градиент» содержалось имплицитно в идеологии германского национализма, бывшего реакцией на культурное превосходство Запада, а также притязанием на земли Востока. Оно прослеживается и в некоторых аспектах отношения Франции к Бельгии и Германии, в отношении немцев к славянам, в отношении Польши к России и Украине, в отношении русских к народам Средней Азии. По слабости человеческой природы люди склонны воображать, что сами они обитают на культурном высокогорье, а их соседи — на берегах Стикса. На Британских островах, например, английское большинство склонно считать, что культурные градиенты спускаются уступами от «Гималайских пиков» Оксфорда и Гайд Парка к «Кельтской окраине», *шотландскому туману*[7], «ирландским болотам» и «туманам Ла-Манша». Английская поговорка, что «темнокожие начинаются в Кале», по духу очень близка к французскому *histoires belges* и самому венскому замечанию Миттерниха, что «Азия начинается на Ландштрассе». Прибавим к этому и польскую поговорку: «*Надо* — это в России». Эти предрассудки, так свойственные гибкой культурной географии, еще усиливались особыми страхами вызванными нестабильностью жизни на равнине.

Благодаря особенностям подходов к ней, одно маленькое ответвление Европейской равнины при-

УКРАИНА

На пути к своему будущему дому европейские народы в великом множестве проходили по земле Украины. В древности Украина была известна как Скифия или Сарматия, по имени тех народов, которые обитали в Понтийских степях задолго до славян. [ХЕРСОНЕС] Украина занимает самую большую часть юга Европейской равнины между переправой через Волгу и Карпатами. Здесь проходит главный сухопутный путь между Европой и Азией. Современное славянское имя Украины означает «на краю», что близко по смыслу к американскому понятию *Фронтир*. На ее земли у порогов Днепра, там, где путь из степей пересекается с речным торговым путем, издревле претендовали все пришельцы, потому что здесь осуществлялась связь оседлых земель на Западе с открытыми степями на Востоке. Украина богата полезными ископаемыми, как уголь Донбасса и железо Кривого Рога. Лёсс ее знаменитого «чернозема» — богатейшие сельскохозяйственные земли Европы, и они были до 1914 года ведущим экспортером зерна на Континенте.

Однако за исключением Крымского полуострова и долин главнейших рек — Днепра, Днестра и Дона, которые были важнейшими и для государства хазар [ХАЗАРИЯ] и для первого Восточнославянского государства, которое расположилось здесь, большая часть Украины получила постоянное население лишь в новейшие времена. До тех пор на громадных пространствах этих «вольных степей» хозяйничали варвары и кочевники и шли войны между казаками и татарами. Оттоманское правление в XV–XVIII веках приблизило ее

к Черному морю и мусульманскому миру. Во времена Речи Посполитой после 1569 года сюда во множестве переселились польские помещики и польские евреи. Русское правление, которое укреплялось и распространялось поэтапно с 1654 года до 1945, принесло с собой русских и русификацию. *Сечь* запорожских казаков на одном из островов на Днепре была уничтожена русской армией в 1775 году; татарское ханство Крыма — в 1783 г. При русских царях вся эта страна официально называлась *Малороссией*, то есть «Малой Россией». Южные провинции, предназначенные для новой колонизации, назывались *Новороссией,* то есть «Новой Россией».

Не удивительно, что после всех исторических поворотов и перемен судьбы население современной Украины испытывает горячую привязанность к своей земле. Это слышим мы в их печальных песнях:

ЗАВЕЩАНИЕ

Как умру, похороните
На Украйне милой,
Посреди широкой степи
Выройте могилу,
Чтоб лежать мне на кургане,
Над рекой могучей,
Чтобы слышать, как бушует
Старый Днепр под кручей.
И когда с полей Украйны
Кровь врагов постылых
Понесет он… вот тогда я
Встану из могилы —
Подымусь я и достигну
Божьего порога,
Помолюся… А покуда
Я не знаю бога.
Схороните и вставайте,
Цепи разорвите,
Злою вражескою кровью
Волю окропите.

И меня в семье великой,
В семье вольной, новой,
Не забудьте — помяните
Добрым, тихим словом.

Как бы то ни было, поскольку Украина всегда была ареной борьбы политических сил, украинцам редко приходилось распоряжаться своей судьбой. В XX в. их постоянно подавляли. Их недолго просуществовавшая Республика, где в 1918–1920 гг. развернулись главные сражения между Красной и Белой армиями, была разгромлена победоносной Красной Армией (см. сс 688–693). Украинцы становились жертвами самых ужасных, спровоцированных людьми бедствий на Континенте и полномасштабного геноцида. Их потери в войнах 1918–1920 гг., коллективизации, страшного голода и террора 1932–1933 гг. и опустошения Второй мировой войны приближаются к 20 млн. [ЧЕРНОБЫЛЬ] [ЖАТВА] Некоторые украинцы, подавленные своим бессилием перед русскими, поляками, немцами и не будучи в состоянии добраться до ненавистных угнетателей, в отчаянной ярости бросались на своих ближних. [БУЧАЧ] [ПОГРОМ] По количеству населения Украину можно сравнить с Англией или Францией, здесь проживают также разные меньшинства; но роль самих украинцев в исторических компендиумах очень невелика. В течение многих лет они представали перед миром просто как *русские*, как *советские*, когда речь шла об успехах и как *украинцы,* в случае провала. [ЛАТВИЯ] Только в девяностых годах они обрели голос. В декабре 1991 года Украинская республика, наконец, получила независимость и перед ней открылось новое неясное будущее.

обрело особое значение. Равнина Паннонии, теперь в составе Венгрии, представляет собой единственную внушительных размеров луговину на юг от горной цепи. На севере она защищена главным Карпатским хребтом, а на юге ограничивается средним течением Дуная. У нее три естественных выхода — один с запада на Вену, другой через Железные ворота с востока и третий через Моравский проход с севера. Эти хорошо орошаемые пастбища, естественно, оказывались конечной целью кочевников в их движении с востока на запад, а также и удобным трамплином для множества варваров при нападении на Римскую империю. Здесь был в разное время дом Гепидов, гуннов (давших имя Венгрии), аваров, куманов, славян и, наконец, мадьяр. Мадьяры называли это место Альфёльд — «низина», а иногда *пуща* — слово славянского происхождения означающее дикое, пустынное место.

2. Горы. Особенность полуострова в двух величественных цепях гор, которые изгибаются двумя элегантными дугами от Приморских Альп в Провансе до Карпатских Альп (гор) в Трансильвании. Этот внушительный барьер составляет хребет Полуострова, являясь водоразделом между северной Равниной и средиземноморскими землями. Высочайшие пики на западе — Монблан (4807 м), Маттерхорн (4478 м) и Гран Парадизо (4061 м), — гораздо выше, чем вершины на востоке — Триглав (2863 м) в Юлианских Альпах (горах), Герлах (2655 м) в Татрах или Молодовяну (2863 м) в Румынии. Но с вечными снегами выше отметки 3200 м на повернутой на юг Зоннензайте — «солнечной стороне» — и выше 2500 м на повернутых на север склонах самые высокие хребты неприступны почти повсюду. Самый большой ледник Европейского Континента Алечский, который спускается с Юнгфрау в Бернских Альпах, не имеет себе равных на востоке. Но все высокогорные перевалы закрыты зимой. На протяжении более чем 1200 миль в горной цепи есть только три значительных прохода: Дунайский проход в Баварии — *Железные ворота*, Эльбский проход в Богемии и Моравский проход — *Моравские ворота*, соединяющий Силезию с Венгрией.

Народы, поселявшиеся в высокогорных долинах, чурались суматохи равнин и рассматривали свой дом в горах как убежище и защиту от всяких вторжений. Швейцария, появившаяся в XIII веке как конфедерация горных кантонов, до сих пор хранит нечто от такого отношения. [АЛЬПЫ]

Горы, впрочем, не только разъединяли, но и объединяли. Расстояния между ними не очень велики. Бург Сант-Морис на Изере и Мартини на Роне находятся, соответственно, всего лишь в 62 и 88 км (39 и 55 миль) от итальянской Аосты. Австрийский Инсбрук в 68 км от Брессаноне (Бриксен) в Южном Тироле; Самбор на Днестре в 105 км от Ужгорода на притоке Дуная. Как только высокогорные проходы были покорены, земли по обе стороны от хребта оказались связанными и определили общие интересы и до некоторой степени общую культуру. Турин, например, гораздо ближе к Лиону и Женеве, чем к Риму. Милан или Венеция имеют гораздо более прочные связи с Цюрихом и Мюнхеном или Веной, чем с отдаленной Сицилией. Бавария, которая долгое время была отрезана от севера громадными лесами и горами центральной Германии, имеет много общего с ближайшей к ней Ломбардией. Древняя провинция Галиция на северных склонах Карпатских гор крепко связана с Венгрией, которая находится от нее на юге за хребтом. И всякий турист заметит, что есть особый *альпийский мир* или *мир Карпат*, невзирая на те барьеры, которые ставят ему современные национальные государства. [СЕН-ГОТАРД]

Наличие гор придает особое значение трем главнейшим проходам между ними. Баварский проход (ущелье) в среднем течении Дуная от Пассау до Кремса, стал главным путем, связывающим север с югом. Эльбский проход открыл Богемию немецкому влиянию, которое иначе могло быть затруднено Богемским лесом. Так же важен был (особенно, в древнейшие времена) Моравский проход — расширяющаяся к югу воронка, через которую приходили из степей многие народы. В раннем Средневековье здесь появилось славянское государство империя Великая Моравия (см. глава IV). В исторические времена здесь прошли бесчисленные армии: армия Яна Собеского, направлявшегося на войну с турками, или Наполеона, шедшего к Аустерлицу. В конечном счете, этот путь, как и пути через Баварский и Эльбский проходы, выводил к Дунаю около Вены, то есть в «самое сердце Европы». [СЛАВКОВ]

АЛЬПЫ

Вопреки первому непосредственному впечатлению высокогорные альпийские долины были прекрасной средой для первоначальной колонизации и первобытного сельского хозяйства. Здесь много солнца, свежей воды, топлива, строительного материала, пастбищ и, главное, большая безопасность. Отдаленность этих мест была одним из их преимуществ. Они были заселены уже в глубокой древности и, как обнаружил Ганнибал в IV веке до н.э., яростно оборонялись. Следы очага, найденные в Драхенлохской пещере на высоте 2445 м в швейцарской Таминской долине датируются рисс-вурмским межледниковым периодом. Следам *отгонного* скотоводства около 12000 лет. Надежно засвидетельствованы римские постройки и поселения, особенно в Валь д'Аоста и в горном районе Норик. Поселения на недоступных скалах, как, например, в Приморских Альпах или Верхнем Провансе, были хорошо защищены от бандитов, захватчиков и сборщиков налогов.

В средние века многие альпийские поселения обретают отчетливую политическую независимость. Швейцарские кантоны — не единственный этому

пример. 52 коммуны Бриансона получили хартию вольностей в 1343 году, за шесть лет до того, как дофин Вены продал остатки своего наследства и титул королю Франции. Эти коммуны оставались независимыми до Революции.

Другие районы благодаря их труднодоступности избежали строгого контроля. Барселоннетта, основанная графами Прованса и Барселоны, была передана Франции вместе с Пе д'Юбе по Утрехтскому миру. Но добраться туда было можно только в результате пятнадцатичасового путешествия на мулах по горной тропе, пока в 1883 году не построили дорогу. Селения Горж дю Вердон вообще не имели связи с миром до 1947 года. Перевал Коль де л'Еше в западных Альпах, расположенный ниже всех других, и до сих пор не имеет надежной дороги в обе стороны.

Многие дороги были построены для военных нужд. Обелиск на вершине Монтженевр (1054 м) имеет надпись по-французски, латински и испански, что этот путь был открыт для экипажей в 1807 году, «когда Наполеон одерживал триумфальные победы над своими врагами на Одере и Висле».

Самая высокая в Европе дорога через Коль дю Галибер (3242 м) была построена в тридцатые годы нашего века как часть пограничных укреплений Франции.

Alpenraum эксплуатировался особенно интенсивно во второй половине XIX века, когда смешанное сельское хозяйство продвигалось все выше, а сельское население очень выросло. И все же с развитием современных средств коммуникации начался массовый исход, что отразилось в жалобе савойяра: «Моя коза все время лезет вверх, а моя жена — вниз». Эта тенденция достигала критического предела во многих местах, пока после 1945 года не началась выработка электроэнергии на гидроэлектростанциях и не развился массовый туризм и особенно горнолыжный спорт.

Древности и этнографические объекты альпийской жизни породили множество специализированных музеев. Самый старый из них Музео делла Монтана был основан в 1874 году в Турине. Этнографический музей в Женеве, как и другие музеи поменьше, специализируется на орудиях труда, постройках, гончарных плитах и народном искусстве альпийских поселений.

Помимо этого центрального хребта в Европе есть другие величественные горные цепи. Муласен (3 487 м) в Сьерра-Невада, *Le Pie de Nethou* или Ането (3 404 м) в Пиренеях, Этна (3 323 м) на Сицилии, Монте Корно (2 912 м) в Аппенинах, Мусала (2 925 м) в Болгарии, Кораби (2 764 м) в Албании и сам Олимп (2 917 м) — все это вершины альпийских масштабов. Но не все европейцы сознают, что высочайшая вершина Полуострова — это не Монблан, а Эльбрус (5 642 м) Большого Кавказа.

3. Средиземное море, это изумительное внутреннее море, которое омывает южные берега Европы, — основа самостоятельного географического региона. Морские пути по Средиземному морю, естественно, стали каналами культурных, экономических и политических связей. Средиземное море стало колыбелью классического мира. При цезарях же оно было, можно сказать, римским озером. В эпоху Возрождения (и позже) оно было центром смешанной цивилизации, весьма значительной по своим географическим и культурным

СЕН-ГОТАРД

Перевал Сен-Готард обеспечивает кратчайший путь через Центральные Альпы. С полным основанием его можно назвать жизненно важной артерией Европы. Соединяя долину Ройса, текущего на север в Рейн, и долину Тичино текущей на юг в По, он самым коротким образом связывает южную Германию и северную Италию. Расположенный на высоте всего лишь 2 108 м, он находится существенно ниже, чем другие проходы, которые поэтому дольше остаются закрытыми зимой или в плохую погоду в метели и снегопад.

Интересно, что Сен-Готард стал важной транспортной артерией сравнительно недавно. Римляне им не пользовались, предпочитая более западные проходы, такие, как Большой Сен-Бернар или Mons Jovis. Им не пользовались и после падения Римской империи на Западе, несмотря на оживленную миграцию с севера на юг. Трудность представлял короткий участок верховьев Ройса, где на протяжении примерно трех километров на север от современного Андерматта, расположено ущелье с крутыми скалами. Это Шоллененское ущелье, верхний вход в которое — просто утесы, делал совершенно невозможным движение по Сен-Готарду, пока, наконец, не были проведены масштабные инженерные работы. Работы начались где-то после 1200 г. н.э. Над входом в ущелье взметнулась изумительная арка Чертова моста, высокая конструкция которого была, должно быть, не менее сложна, чем своды готического собора. Самый крутой участок ущелья, каменные глыбы, известные как *scaliones* или *Schollen* были стесаны, чтобы поставить опоры для деревянных платформ над выступами. Так что к 1300 году, когда приют в верхней части прохода был посвящен Св. Готарду, епископу далекого Хильдесхейма, люди потекли через проход размеренно и непрерывно.

Затем в течение примерно 600 теплых сезонов дорога Сен-Готарда служила (с июня по ноябрь) главным путем Европы с севера на юг. Пилигримы, купцы или солдаты преодолевали 60 миль нелегкого пути в гору (от Альтдорфа в верховьях озера Люцерн до Биаски в верховьях Левантины) в четыре — пять переходов. Его южный отрезок через мрачную Валль Тремола, или «Долину дрожи» (где добывают прозрачный камень тремолит) был едва ли легче Чертова моста. По извилистой тропе могли пройти только мулы с грузом, пешеходы и носильщики. До того, как этот путь был расширен в 1830 году, только англичанин Чарльз Гренвиль преодолел его, так сказать, на колесах: он на пари (в 1775 году) нанял швейцарских солдат и те пронесли его фаэтон на своих плечах.

Открытие Сен-Готарда имело важные стратегические последствия. Оно в особенности оживило швейцарский кантон Ури, охраняющий проход, а через него и Швейцарскую Конфедерацию в целом. Теперь армии могли быстро пройти из Германии в Ломбардию, чем воспользовались многие императоры, но с особым блеском — солдаты Суворова в 1799 году.

Не меньшее значение имело и строительство Сен-Готардской железной дороги в 1882 году. Тогда в верхней части прохода построили пятнадцатикилометровый главный туннель и 80 меньших туннелей. В знаменитом *Pffafensprung* «Прыжке пастора» над Гошенен начинается спиральный железнодорожный путь, где поезда сначала мчатся вправо, а в конце его несколькими сотнями футов выше, уже влево. Строительство унесло жизни многих рабочих, в том числе и самого конструктора. В 1980 году рядом с железнодорожным туннелем появился автомобильный, по которому не прекращается шестирядное движение в любую погоду, летом и зимой. Мотоциклисты, которых с задних сидений подгоняют одетые в кожу и любящие скорость львицы, с визгом проносятся по нему за считанные минуты.

масштабам[8]. Тем более важно отметить, что с падением Римской империи Средиземноморье навсегда перестает быть политически единым. Морской мощи становится недостаточно, чтобы одолеть империи суши, утвердившиеся по его периметру. И как только в Леванте и в Африке утверждаются мусульманские государства, Средиземноморье становится предметом постоянного политического передела. Морские и торговые государства, такие, как Венеция, не были в состоянии объединить его в одно целое. Европейские государства XIX века основали здесь колонии от Сирии до Марокко; однако из-за соперничества друг с другом они не смогли разрушить главный бастион мусульманства в Турции и обеспечить свою гегемонию.

Отсутствие политического единства может служить объяснением, почему в Средиземноморье появились и существуют культурные объединения, не зависимые от государственных границ. Глубокие корни имеет и такая черта, как наличие «параллельной власти», вроде мафии в южной Италии, которую пока не удается победить никакими усилиями[9]. На протяжении почти всей документально засвидетельствованной истории народы, населяющие северные берега Средиземноморья, численно превосходили своих южных соседей в соотношении, по крайней мере, два к одному; они, соответственно, играли ведущую роль. Демографический взрыв в Северной Африки может нарушить этот баланс. Впрочем, понятие *средиземноморские земли* никогда не ограничивалось странами, расположенными непосредственно на побережье. В Европе к Средиземноморскому бассейну относятся земли и далеко на север от моря, включая Баварию, Трансильванию и Украину. Но ни одна культура, ни одна власть, включая Рим, никогда не смогли объединить их все.

Похожее развитие мы обнаружим и в истории других внутренних морей Европы: Балтийского и Черного. Балтика выдвинулась вперед сравнительно недавно. В Ганзейскую эпоху она была центром немецкой торговой экспансии, а в XVII веке – стремления к славе шведов. И тем не менее ни одно балтийское государство не стало, как мечтало, *dominium maris* [владыкой моря]. Соперничество Германии, Швеции, Дании, Польши и России до сих пор раздирает Балтику.[10] [ГАНЗА]

Черное море сначала было известно у древних как «Неприветливое» (*Axenos*), затем стало «Приветливым» (*Euxine*), а потом просто Понтом (то есть *Морем*). Это попросту сиамский близнец Средиземного. Оно знало греческое, римское, византийское и Оттоманское владычество. И здесь также появление сильного государства на суше (России) привело к продолжительным распрям. До девяностых годов XX века Советский Союз (с союзниками), отделенный враждебными водами, противостоял здесь южному флангу НАТО в Турции. Но воды Черного моря и в самом деле неприветливы — ведь море здесь чрезвычайно насыщено сероводородом (H_2S), так что в своих глу-

бинах оно таит «самую большую массу безжизненной воды в мире». И если бы когда-нибудь пласты воды в нем переместились, это стало бы «величайшей природной катастрофой со времени последнего Ледникового периода».[11]

Поскольку безраздельная власть над европейскими морями оказалась невозможной, особое внимание с неизбежностью уделялось трем стратегическим проливам. Гибралтарский пролив, Дарданеллы и Эресунн, или Зунд, давали исключительную власть и влияние тем государствам, которые ими владели. [ЗУНД]

4. Материк Полуострова ветвится несколькими субполуостровами, выступающими в моря. Один такой гористый выступ — Скандинавия, прилегает к Балтике. Три других — Иберийский, Итальянский и Балканский массивы — к Средиземному морю. Еще два — Крым и Кавказ — прилегают к Черному морю. И к каждому, хотя он и был частью Континента, гораздо легче было подходить морем.

Скандинавия, где некогда дала усадку ледяная шапка Европы, никогда не могла обеспечить жизнь большому населению. Но ее дикие западные фьорды смягчает Гольфстрим, горы богаты полезными ископаемыми, а мореные озера полны рыбы. И если Скандинавия не добрала чего-то в отношении климата, то она много приобрела в смысле безопасности.

Пиренейский полуостров — это в основном высокогорное плато, отделенное от остального Континента высокими Пиренеями. Его восточное побережье относится к Средиземноморью и в древности входило последовательно в сферы карфагенского, римского и мусульманского влияния. А его в основном засушливая внутренняя часть простирается через долины Дуэро, Тахо и Гвадалквивира к Атлантике. Поэтому в новые времена, хотя Арагон и расширялся на восток, к Средиземноморью, но Португалия и Кастилия уверено двигались к океану на западе. Некогда они были первыми колониальными державами Европы и делили мир между собой.

Апеннинский полуостров — самый совершенный. Непрерывная цепь гор на севере. Богатый «продовольственный склад» в долине По. Вытянутый корявый сапог со своим каблучком таит множество плодородных долин с выходом

ЗУНД

Как и его южный брат — Гибралтар, датский Зунд назывался яремной веной Европы. Контролируя единственный выход к морю, он имел исключительное стратегическое и торговое значение. Этот потенциал впервые осознал датский король Кнут VI, который заточил любекских купцов, добиваясь от них платы за право проезда в богатые сельдью земли Балтики. С того времени южные сборы взимались датчанами, пока

только они были в силах их навязывать. Эти сборы признавались другими средневековыми государствами Балтики, как Польша, Тевтонский орден и Ганза, они устояли перед шведскими притязаниями в XVII веке. В 1732 году они несколько уменьшились, но продолжали существовать вплоть до Соглашения о выкупе в 1857 году, когда Великобритания убедила датчан отказаться от этого их древнего интереса. Но даже и

тогда Зунд сохранял свое значение, пока, наконец, Пруссия не взяла в 1866 году Киль и не построила в обход Зунда Канал кайзера Вильгельма (1895). Когда же появились самолеты, способные без труда пересекать любые водные преграды, проливы, включая Ла-Манш, потеряли свое стратегическое значение. Все, что осталось в память о былом величии, — это паром и тень Тени отца Гамлета на укреплениях Эльсинора.

к морю. Некоторые из этих уголков были особенно богаты и обращены к миру; один из них породил Рим, величайшую империю древнего мира. А после падения Рима они так успешно защищали свою независимость, что Италия не могла вновь объединиться в течение еще 2000 лет.

Балканский полуостров далеко не так приветлив, как Апеннинский. Во внутренних районах климат засушливее; горы — от Динарского нагорья до Родоп — более скалисты; долины — отдаленнее, а выход к морю более труден. Его историческая роль состояла в том, чтобы сберечь цепкие сообщества, вросшие его почву и ставшие препятствием на прямом пути между Средиземноморьем и бассейном Дуная.

Полуостровной характер Крыма (прежде известного под именем Тавра) еще усиливается тем обстоятельством, что его «материком» являются украинские степи, которые до самого недавнего времени не имели оседлого населения. Крым обращен к морю, к солнцу, к югу и оставался восточной оконечностью Средиземноморской цивилизации, пока не был завоеван в 1783 году Российской империей. [ХЕРСОНЕС]

Много черт Полуострова и у Кавказа. И хотя физически с обеих сторон Кавказ соединен с материком (с Европой — на севере и с Азией — на юге), но горы, окаймляющие его со стороны суши, так высоки, что человеческая деятельность естественно направлялась к морю. Хребет Большого Кавказа (5486 м) существенно выше, чем Альпы или Карпаты. Также и Малый Кавказ на юге до-

стигает сравнимой высоты (г. Арарат 18786 футов или 5165 м). Обитатели Кавказа — во многих отношениях евразийцы. [КАВКАЗ]

5. Природа дала Европе 10000 островов. Самые большие — Исландия, Ирландия, Великобритания, Корсика, Сардиния, Сицилия и Крит — сумели в разное время развить собственную самобытную культуру и создать собственные политические образования. Один же царственный остров в исключительных обстоятельствах и на очень короткое время смог даже сплотить вокруг себя величайшую в мировой истории империю. Все острова принадлежат Европе, хотя и существуют физически и психологически отдельно. Как правильно показывают двойные ячейки в почтовых ящиках Мессины и Сиракуз[12], перед нами два совершенно разных мира — Сицилия и Континент.

Многие острова поменьше (от Шпицбергена до Мальты) стоят как одинокие часовые в пустынном море. Другие же сбились в уютные архипелаги, в пределах которых у населения много общих интересов. Южные Шетландские острова, Южные Оркнейские острова и Гебридские острова возле берегов Великобритании; Балеарские острова возле Каталонии, а главное, Ионические острова, Спорады, Киклады и Додеканес около Греции — все они имеют как общие, так и особенные черты. [ФАРЕРСКИЕ ОСТРОВА]

В наши дни, однако, изолированное положение островов исчезает. Великобритания, например, создала свою разбросанную по миру империю в ту эпоху, когда морская мощь эффективно отгораживала (и защищала) от дел на Континенте. Но сейчас невозможно обеспечить такую изоляцию. Сначала аэропланы одолели морскую мощь, их превзошли межконтинентальные ракеты, для которых такие детали земной поверхности, как Ла Манш, ничего не значат. Британская империя исчезла, а зависимость Британии от континентальных соседей, соответственно, возросла. Открытие туннеля под Ла Маншем в 1994 году стало ярким символом: оно знаменовало конец островной истории Британии.

В рамках принципиального деления Полуострова исключительное значение получили три субрегиона: юг Франции (Миди), бассейн Дуная и Волжский коридор.

Миди, или юг современной Франции, выходит на побережье Средиземного моря между Пиренеями и Альпами. Для путешественника здесь единственный легкий проход от Средиземного моря на север равнины. У высадившихся здесь открывается возможность неутомительного путешествия в центр Континента. Из древнего Марселя или Арля в устье Роны можно двигаться без помех или к Атлантике через долину Лангедока или к верховьям Луары и Сены вокруг отрога Центрального массива. Главный приток Роны Сона приведет вас прямо к Бельфорскому проходу и

мягкому спуску к Рейну. Во всяком другом месте между Гибралтаром и Дарданеллами путешествующие на север сталкивались с горными проходами, тупиками или утомительными обходами.

Счастливое положение Миди, этого моста между Средиземноморьем и Равниной, имело важные последствия. Здесь сложились самые благоприятные условия для слияния древней цивилизации юга с «варварскими» культурами севера. У римлян здесь была Цизальпинская[13] Галлия, первая большая провинция за пределами Италии. Франки, которые первыми из варваров создали собственную могучую империю, стремились сюда за солнцем и высокой культурой. Они закрепились здесь в 537 г. н.э. (через сто лет после падения Римской империи) и больше отсюда не уходили. Возникшее королевство франков, отчасти северное, отчасти средиземноморское, породило самую влиятельную и самую универсальную культуру на Континенте.

Бассейн Дуная, как и Миди, соединяет Равнину со Средиземноморьем; но в этом случае по линии запад — восток. Дунай берет начало в Шварцвальде, пересекает линию гор в Баварском проходе у Пассау и течет дальше на восток, где через 1500 миль впадает в Черное море. Для племен, направлявшихся в Европу с востока, это был самый простой путь внутрь Континента; для пу-

ФАРЕРСКИЕ ОСТРОВА

Из многочисленных островов Европы ни один не может сравниться с гордым величием Фарерских островов, чьи черные базальтовые утесы высоко вознеслись над бурной Северной Атлантикой как раз между Исландией, Норвегией и Шотландией. На семнадцати островах, с главным островом Стремою и портом Торсхавн, проживает сейчас 45464 (на 1984 год) человек, которые заняты в основном рыболовством. Потомки древних скандинавов, осевших здесь в VIII веке, фарерцы ответственны перед Gulating'ом, ассамблеей западной Норвегии, и местным Loegting'ом. [тинг] Они

говорят на диалекте норвежского; но у них свои саги, свои поэты и художники, своя культура. И все-таки с 1814 года, когда Дания аннексировала Норвегию, эта «самая маленькая европейская демократия» попала в подчинение датского правителя и датских интересов.

В результате национальное движение фарерцев стало выступать против Дании, «той скандинавской страны, которая меньше всего имеет с ними общего». Как и исландцы, фарерцы стремились в первую очередь сохранить свою самобытность. Наконец в июне 1940 года (при оккупированном нацистами Копенга-

гене) британский военный корабль приказал торсхавнскому шкиперу спустить датский флаг и поднять фарерский. За референдумом 1946 года, провозгласившим полный суверенитет, последовало, однако, компромиссное установление от 1 апреля 1948 года. Фареры приняли автономию в составе Датского королевства. В 1970 Фареры были приняты в Северный совет на правах независимого члена. *Nordurlandahusid* (Скандинавский дом) в Торсхавне построен из шведской древесины, норвежского шифера, датского стекла и исландской кровли, внутри — финская мебель.

тешественников же с Европейской равнины — самый привлекательный путь в южные моря. Почти на протяжении всей длины Дунай служил границей Римской империи и, следовательно, «цивилизации». В новые времена бассейн Дуная был основной территорией великой многонациональной империи Габсбургов и местом главных столкновений в Европе христианства и ислама. [DANUVIUS]

Однако самый важный из всех «сухопутных мостов» на Континенте — долина Волги. Сейчас принято считать, что деление Континента проходит по линии Уральских гор и реке Урал. На запад от Урала, в бассейне Волги — Европа. На восток от Урала, в Сибири и Казахстане — Азия. И тот, кто стоит на берегах Волги в Саратове или Царицыне, стоит буквально в воротах, потому что Волга всегда была первой остановкой европейцев на пути из степей; она же заполняет тот коридор, который соединяет Балтику с Каспием. До XVII века Волга также обозначала границы христианских поселений и служила важной культурной границей. Волга — величайшая река Европы, она честно охраняет полуостров, протянувшийся «от Атлантики до Урала».

Все аспекты физической географии учитывают как нечто само собой разумеющееся изменение окружающей среды. Однако традиционные дисциплины, как геология, формируют впечатление, что это изменение происходит медленно, что не имеет значения в рамках жизни человека. И только недавно начали понимать, что окружающая среда в новейшее время вовсе не так устойчива, как некогда полагали.

Климат, например, постоянно изменяется. В книге «Цивилизация и климат» (1915) американский ученый Элсворт Хантингтон опубликовал результаты своих оригинальных исследований над калифорнийским мамонтовым деревом (Sequoia sempervirens) и тем положил начало исторической климатологии. Поскольку эти секвойи живут более 3000 лет, а их годовые древесные кольца различаются размером в зависимости от количества полученного деревом тепла и влаги, то поперечный срез ствола секвойи оказывается систематическим свидетельством изменений климата за три тысячелетия. Методика Хантингто-

на, которую теперь называют дендрохронологией, вдохновила *Теорию циклических пульсаций климата* сменяющих друг друга климатических фаз, и эта теория может быть распространена на все континенты. Она, в свою очередь, породила новый вид «экологического детерминизма». Развитие классической цивилизации в Средиземноморье стали приписывать наступлению влажной фазы, позволившей выращивать пшеницу в Северной Африке в то время, когда северную Европу заливали потоки проливных дождей, окутывали туманы и холод. Падение античного мира, соответственно, связывалось с переменой климата в обратном направлении, когда солнечная погода Средиземноморья шагнула на север от Альп. Миграцию монголов, повлиявшую как на Азию, так и на Европу ученые долго объясняли продолжительной засухой в оазисах Средней Азии. В своей более поздней работе «Родники цивилизации» (1945) Хантингтон занялся другими факторами окружающей среды, такими как питание и болезни и их влиянием на наследственность[14]. Поспешные выводы и грубость методов автора создали плохую репутацию самому предмету исследования, но с тех пор предпринимались попытки улучшить предложенный анализ.

Теории периодов, циклов и сегодня имеют своих сторонников. «Цикломания» не умерла: возникновение и падение цивилизаций приписывалось чему угодно — от пятен на солнце до нападения саранчи. При всем разнообразии своих предпочтений ученые обязательно обращаются к феномену изменения окружающей среды и его влиянию на дела людей. В конце концов, то, что климат изменяется, — это действительно непреложный факт. Некоторые части Римской империи, которые когда-то процветали, теперь оказались пустынями. Могилы викингов были когда-то выкопаны в земле Исландии и Гренландии, где теперь вечная мерзлота не позволяет вонзить в землю лопату. В XVII веке проводились ежегодные зимние ярмарки на льду Темзы в Лондоне; армии проходили по замерзшей Балтике в таких местах, где теперь это было бы самоубийственно. Окружающая среда Европы не есть что-то постоянное, пусть даже мы не можем всегда оценить ее тончайшие ритмы. [СБОР ВИНОГРАДА]

DANUVIUS (ДУНАЙ)

В древности река Дунай была одной из главных линий раздела европейского полуострова. Ставший границей Римской империи в I веке н.э., латинский *Danuvius*, греческий Истр отделял цивилизованный мир от варваров.

В позднейшие времена Дунай превратился в один из главных европейский водных путей, в широкий бульвар между Западом и Востоком. В знаменитой композиции Бернини на Пьяцца Навона в Риме *Фонтан четырех рек* именно Дунай символизирует Европу вместе с африканским Нилом, азиатским Гангом и американской Ла-Платой.

В своем верхнем течении (под именем «Донау») река пересекает самое сердце германского мира. Памятной доской в Фюрстенберг парке в Донауешенген в Шварцвальде отмечен исток Дуная: *Hier entspringt die Donau*. Затем река минует Зигмаринген — родовое поместье Гогенцоллернов, — Ульм и Регенсбрук — главные города Священной Римской империи и после Пассау достигает «восточного королевства» —

Oesterreich. Через Австрию она провела нибелунгов [нибелунги]. Она минует Линц, где был похоронен император Фридрих III с его девизом на могиле A–E–I–O–U [*Austria erit in orbe ultima*]; Амштеттен, где покоится Франц Фердинанд; затем Кирлинг, где умер Кафка; и Айзенштадт, последнее прибежище Гайдна:

(Благодаренье небесам,

Моя жизнь –

Была благозвучным гимном);

и Вену, где, по замечанию Миттерниха, «Европа встречается с Азией».

В своем среднем течении, теперь под именем «Дуна», Дунай вступает широким потоком в Венгрию, землю мадьяр, которые клином врезались в славянские земли. В Братиславе /Пошони/ Пресбурге Дунай плещется у бывшей столицы «Верхней Венгрии», а теперь столицы Словацкой республики. Фертоёд был «вторым Версалем» Эстергази, Эстергом, местопребыванием венгерских примасов. Сентэндре (Св. Андрей), пристанище беглецов из Сербии, теперь стал меккой свободных художников. В Буде и Пеште турецкий замок с одной стороны смотрит на парламент в английском стиле — с другой стороны. [буда]

В нижнем течении, после Железных ворот, река покидает земли католицизма и вступает в мир православия. В Никополе [никополь] Ульфилла (Вульфилла) перевел Библию на готский язык, «положив начало германизму». [библия] Румыния, лежащая на левом берегу, претендует на то, что ведет свое происхождение от Дакии Траяна. Сербия и Болгария на правом берегу, долго находившиеся под властью оттоманов (которые называли реку «Туна»), сложились некогда на месте византийских провинций. Хилевече был когда-то форпостом Генуи. И последняя пристань — у Сулины в Дельте, в самом большом птичьем заповеднике Европы, в этом царстве не цивилизации, но вечной Природы.

Для географов реки — носители осадочных пород и пути торговли. Для историка они — носители культуры, идей, а иногда и конфликтов. Они вообще, как сама жизнь: 2888 км. непрерывного течения от Донауешинген до Дельты.

A Study of History (1933–1939) Арнольда Тойнби с его всеобъемлющей теорией развития, падения и распада цивилизаций — не что иное, как самая выдающаяся экологическая история. Рассмотрев генезис цивилизаций в терминах ответа человечества на «вызов экосистемы», он предлагает свой закон «преимуществ неблагоприятных факторов». Римская Кампанья, полупустыня Иудеи, песчаные пустоши Бранденбурга и неприветливые берега Новой Англии, — все эти суровые экосистемы стимулировали в людях энергичную деятельность. Можно к этому прибавить лесную глушь Московии. Обрисовавши этот постоянный гнет неблагоприятных природных факторов, взимавших с людей свои «штрафы», он приходит к понятию «золотой середины». Если славянам в Восточной Европе недоставало первоначальных стимулов, то кельты и скандинавы страдали от чрезмерно неблагоприятных факторов. Тойнби считает, что близкими к идеальным были условия эллинской цивилизации древней Греции — «этого прекраснейшего из цветов»[15].

В наши дни хотя, конечно, и принимается во внимание воздействие окружающей среды на человека, но особое внимание уделяется воздействию человека на окружающую среду. [экология] Историческая экология стала академическим предметом задолго до того, как «парниковый эффект» всем продемонстрировал ее важность. В ее распоряжении широкий набор технологических новшеств.

Применение воздушной съемки в археологии совершенно революционизировало наши представления о доисторическом ландшафте. Седиментология, изучающая узоры неорганических отложений в реках, гляциология, которая изучает напластования льда в ледниках, — все было привлечено, чтобы с большей точностью описать изменения окружающей среды за столетия и тысячелетия. Геохимический анализ, измеряющий количество фосфатов в почве древних поселений, дал в руки археологов еще одно эффективное орудие. Палинология, или анализ пыльцы, занимающаяся исследованием семян, сохранившихся в земле, позволяет восстановить жизнь древнего земледельца. Специалисты высказывают мнения по самым различным вопросам — от «большого вымирания вязов» до урожайности доисторического земледелия или о хронологии вырубки лесов. Анализ торфяников, базирующийся на составе и скорости формирования торфяников, позволил установить пять главных климатических «катаклизмов (ухудшений) в период с 3000 г. до н.э. до 1000 г. н.э. Наука о доисторических эпохах теперь далеко ушла от того времени, когда археологи могли лишь выкапывать предметы из земли и пытаться сопоставлять свои находки с отрывочными упоминаниями в писаниях древних авторов. [c$_{14}$]

Сегодня историки древних обществ имеют возможность изучать процесс общественных перемен в доисторические эпохи. Было время, когда все новые культурные явления объяснялись исключительно миграциями. Открытие новой формы захоронений, новых ритуалов и артефактов или новой языковой группы, — все автоматически связывалось с постулируемым появлением новых народов. Доисторические миграции не обходят вниманием и теперь, но сегодня считают, что материальные или культурные изменения можно объяснить и внутренней эволюцией существовавших популяций. Принимаются во внимание и совершенствование технологий, религиозные перемены и языковое развитие.

Европейскую предысторию следует соотносить с двумя хронологиями, причем порядок величин у них несопоставим. Геологическое время — примерно 4550 млн. лет со времени формирования Земли, — делится на эры, периоды и эпохи от азойской эпохи до голоцена. Жизнь человечества же ограничивается последним отрезком геологического времени. Самые ранние ее проявления встречаются в Африке в середине плиоцена. Человек пришел в Европу в середине плейстоцена. А в этап, называемый «цивилизация», он вступает лишь с концом четвертичного периода. Европа в ее современном виде не старше 5 млн. лет, а человек присутствует в Европе не более одного миллиона лет.

По шкале геологического времени формирование Европейского континента — недавнее событие. 80 млн. лет назад то, что должно было стать Европой, лежало полускрытое водой среди других островов в океане. Затем, когда Атлантический океан полностью раскрылся в Мировой океан, дрейфующая плита Африки закрыла выход к океану с юга. Пять миллионов лет назад Африка еще соединялась с Евразией, а Альпы и Атласские горы громоздились по краям сухой впадины Средиземноморья. Однако затем «прорвалась природная плотина у Гибралтара». Гигантский водопад морской воды, в сотню раз больше водопада Виктория, устремился в низину, и знакомый нам абрис Полуострова окончательно оформился[16]. К этому прибавились еще два последних штриха (меньше десяти тысяч лет назад): образовались Ла-Манш и датский Зунд (Эресунн), произведя на свет Британские острова и Балтийское море.

За последний миллион лет молодой Полуостров пережил семнадцать ледниковых периодов. Ледяное покрытие доходило даже до линии Северный Девон — Ганновер — Краков — Киев. Гуманоиды появлялись здесь в более теплые межледниковые периоды. Самые ранние следы человека в Европе обнаружены около Вертешсёлёш в Венгрии и в Изернии в Италии, и те и другие относятся к 850 000 — 700 000 лет до н.э. В Изернии *Homo erectus* питался разнообразно, употребляя в пищу животных саваннообразной местности. В Террамаре на побережье около Ниццы были найдены отпечатки ног человека, которым 400 000 лет, сохранившиеся в обожженной огнем глине. В 1987 году были найдены окаменевшие человеческие останки в пещере у Атапуерко около Бургоса в Испании.

За время ледниковых периодов эволюция человека прошла несколько стадий: *homo erectus*, *homo sapiens* и *homo sapiens sapiens* (современные люди). Останки существ переходного типа были обнаружены в карьере в долине Неандерталь око-

СБОР ВИНОГРАДА

Историческая климатология основывается на фактах, сохранившихся в записях, и на фактах, сохраненных самой природой. К первым относятся дневники, рассказы путешественников, наблюдения над погодой, которые вели землевладельцы, торговцы зерном или виноградари. К последним относятся древесные кольца, ископаемые, неорганические отложения, сталактиты и ледники.

Удивительна точность самой природы даже в том, что относится к историческому времени. Годовые отложения Соленого озера (Сиваш) в Крыму прослеживаются до 2294 г. до н.э. Некоторые из величайших сталагмитов, как, например, в пещере Авен д'Орньяк юрского периода, имеют возраст свыше 7000 лет. Изменяющаяся плотность известковых отложений в них достоверно отражает количество выпавших осадков.

Фенология, наука о созревании фруктов, широко применялась для изучения истории сбора винограда. Каждый год теперь уже в течение нескольких столетий многие французские виноградари официально сообщали о дате начала сбора винограда. Ранняя дата свидетельствовала о солнечной погоде в сезон созревания, по-

здняя дата — о холодной погоде. Собрави даты premiere cuvée в определенном месте, историки получают полную «фенологическую серию» за очень длинный отрезок времени. Сравнивая эти фенологические серии для различных мест, они устанавливают среднюю дату для региона. Эти «кривые сбора винограда» являются достоверным свидетельством о переменах климата в разные периоды истории.

Другой источник информации — движение ледников (глетчеров). Ледники наступают в холодные периоды и отступают в теплые. Мы можем также определить длину альпийских (горных) ледников в Европе в определенный год по записям непосредственных свидетелей, из старых газет или официальных отчетов. Такие архивы, как хранящиеся в Шамбр де Конт де Савой, содержат инспекторские отчеты о продвижении ледников, разрушивших деревни или помешавших их обитателям в уплате пошлин и налогов. В 1600 году, например, в год трагедии в Шамони, люди по обе стороны Монблана (в Италии и Франции) жили в страхе за свое будущее. Подробное изучение ледников Mer de Glace, Rhonegletscher в Вале или

Vernagt — в Тироле, данные о которых, восходя даже к концу XVI века, согласно указывают границу ледника несколькими километрами ниже их нынешнего положения, наглядно нам демонстрирует реальность *Малого ледникового периода* в Европе. Ледниковые максимумы приходятся на 1599–1600 гг., 1640–1650, 1680, 1716–1720 и 1770-е годы. Непокорные жители установили в 1653 году у основания Алечского глетчера статую св. Игнатия, и глетчер остановился. Современное отступление ледника продолжается непрерывно с 1850 года.

Свидетельства о климате особенно убедительны в тех случаях, когда данные нескольких источников сходятся. Исключительно непостоянная погода 1530-х годов регистрируется и по древесным кольцам из Германии и по франко-швейцарским веданжам позднего времени. Самый холодный для виноградников год случился в Европе в 1816 году. Удаление погибшей лозы началось в восточной Франции в День всех святых (1 ноября). Мэри Шелли, которая в это время жила на отдыхе в Швейцарии, даже не могла выходить на прогулки. Сидя в четырех стена, она выдумала Франкенштейна.

ло Дюссельдорфа в 1856 году и вызвали жаркие споры о происхождении человека, которые с тех пор не прекращаются. [ОБЕЗЬЯНА] Ширококостные неандертальцы с короткими конечностями считаются специфически европейским вариантом приспособления к условиям обледенения. Они пользовались орудиями из кремня, знали секрет огня, хоронили своих покойников и заботились о живых, не способных позаботиться о себе. Особый вид каменной технологии неандертальцев — мустьерская культура — назван так по местечку

(Ле Мустье) в Дордони[17]. Они охотились организованно, как об этом свидетельствуют стоянки первобытных людей в Ла Кот де Сан Бреляд на о-ве Джерси и в Звулене в Польше, где несколько тысячелетий занимались отловом бегущих в панике лошадей и мамонтов. Они исчезли 40 000 — 35 000 лет назад в очередной межледниковый период. Новейшие находки в Сен Сезар позволяют предположить, что в течение некоторого времени они жили бок о бок с новыми иммигрантами из Африки и Средней Азии[18].

C$_{14}$

Изотопы *углерода-14* сохраняют доступный измерению уровень радиоактивности в течение 40 000 лет. Поэтому методы радиоуглеродного датирования приложимы к органическим материалам от позднего палеолита до самого недавнего прошлого. 35 000 до н.э. — это время, когда неандертальцы уже вымерли и в Кроманьоне не жили люди.

Ценность C$_{14}$, за использование которого была присуждена Нобелевская премия по химии в 1960 году, основывается на том, что радиоактивный изотоп углерода (или радиоуглерод) распадается спонтанно и равномерно. Это единственный из трех изотопов углерода, который радиоактивен, и благодаря воздействию космических лучей на атмосферу он накапливается во всех живых существах. Он присутствует в костях, тканях тела, раковинах, мясе, волосах, веревках, одежде, древесине и множестве других материалов, которыми изобилуют археологические раскопки. Он начинает разлагаться, как только живое существо умирает, и это разложение продолжается в течение периода его полураспада, который составляет 5730 лет, и средней продолжительности его жизни примерно в 8033 года. Содержание его уменьшается примерно на 1% за 80 лет.

Калибровка результатов затрудняется воздействием многих переменных. Но в последние годы здесь произошли значительные сдвиги в связи с применением новых дополнительных методов, позволяющих делать сопоставления.

Термолюминесценция (ТЛ) и электронный парамагнитный резонанс (ЭПР), например, устанавливают малейшие изменения под воздействием естественной радиоактивности в кристаллической решетке минералов, они особенно эффективны при датировке керамики. Исследование углеродных изотопов при помощи ускорительной масс-спектрометрии (УМС) расширило хронологические рамки до 100000 лет, так что существовавшие на то время датировки древнейших останков гуманоидов были подвергнуты сомнению.

За три десятилетия развития радиоуглеродный метод датировки был использован для накопления внушительного массива данных. Археологи мезолита, например, теперь имеют целый каталог датировок находок по всей Европе. Кусок посуды с линейными украшениями из бусин из Эйцума в Нижней Саксонии датируется 6480–6200 гг. до н.э.; древесный уголь из Власача в Сербии — 7930–6120 гг. до н.э. Всякий новый замер способствует созданию все более полной картины.

Но самое сенсационное открытие при помощи C$_{14}$ было сделано при датировке Туринской плащаницы. Предположительно принесенная со Святой Земли в XIV веке, плащаница имеет слабое изображение лица и тела умершего мужчины и почитается как реликвия Распятия. Тесты 1988–1989 гг. показали, что ткань плащаницы была выработана между 1260 и 1390 гг. н.э., но даже эти тесты не могут объяснить происхождение изображения на плащанице.

Что касается новоприбывших, то они были более субтильного телосложения, более умелые, чем аборигены, и кости пальцев у них были вдвое тоньше. Как свидетельствуют раскопки Сунгирьской стоянки на севере России, они умели вдевать нитку в прекрасные костяные иглы и шить одежду. Они широко известны как *пещерные люди*, но они жили не только в пещерах. Они бродили по равнине, охотясь на бизонов и мамонтов и собирая дикие растения. У с. Мезин (Украина) хорошо сохранилась стоянка человека ледникового периода. Просторные хижины здесь построены из костей мамонта и покрыты шкурами. [СОБИРАТЕЛЬ-ОХОТНИК]

Концу ледниковой эпохи предшествовало извержение множества вулканов. Под давлением африканской плиты по ложу Средиземного моря прошел разлом; в результате появилась цепь вулканов, существующих до сегодняшнего дня. Почти 36000 лет назад взорвалась вершина крупнейшего из этих вулканов. Лента вулканического пепла протянулась до самой Волги. Тогда взрыв оставил у Поццуоли около Неаполя кальдеру, или кратер, в семь миль шириной. Это был предшественник всех великих извержений исторического времени — Феры (Тиры) в 1628 г. до н.э. (см. сс 68–9), Везувия в 79 г. н.э. [ПАНТА], Этны в 1669 г. Это печальное напоминание о том, что человечество всегда с риском для себя скользит по хрупкой поверхности геологического наследия.

«Человеческий» отрезок европейской предыстории принято представлять в виде *Системы трех веков*: каменного, бронзового и железного. Эта система была впервые предложена в 1836 году датским антикваром Кристианом Ю. Томсеном; она основана на изменении орудий труда первобытного человека. Таким образом, палеолит (древний каменный век) соответствует громадному временному отрезку перед завершением ледниковых периодов, когда человек употреблял заостренные каменные орудия труда. Мезолит (Средний каменный век) — это гораздо более близкий к нам период, идущий за последним оледенением — около 8000 — 3000 лет до н.э. На два тысячелетия, предшествовавшие Христианской или Новой эре (то есть уже собственно человеческой, довольно произвольной хронологической схеме [**ANNO DOMINI**]) приходятся последовательно неолит (новый каменный век), бронзовый век и железный век. Каждая из этих технологических эпох может быть разделена на раннюю, среднюю и позднюю фазы. Важно помнить, что Система трех веков не основана на какой-нибудь абсолютной шкале времени. В каждый отдельный момент времени один регион мог пребывать еще в неолите, в то время как другие уже перешли в железный век. Во всяком отдельном регионе могут сосуществовать народы, находящиеся на разных ступенях развития или использующие различные формы технологии.

Древний каменный век уходит вглубь времен на миллион лет. Он приходится на предпоследнюю эру четвертичного геологического периода — плейстоцен с его ледниковыми эпохами (гляциалами), известными, соответственно как Миндель (или Миндельское оледенение), Рисс (или Рисское оледенение) и Вюрм (или Вюрмское оледенение). Помимо Неандерталя и Ле Мустье, бесценные находки были сделаны в Кроманьоне (1868), Гримальди (1874), Комб-Капеле (1909), Чанселаде (1888) и во всех пунктах между Аббевилем и Ойцувумом, причем каждая находка связывается с определенным типом человека, периодом или культурой. В Ориньяке, Солютре и Абри ля Маделен впервые появляются человеческие изображения в виде таких фигурок, как «Венера Виллендорфа» или «Венера Лосселя». В Магдаленский период в конце палеолита, в тени последней ледяной шапки, когда в ходу были орудия из кости, пещерное искусство достигает своей наивысшей точки. Изу-

мительные подземные галереи сохранились в Альтамире в Испании (1879) и Ласко в Дордони (1940), так что некоторые ученые поговаривают даже о «франкокантабрийской школе». В пещере около Ментоны (Ривьера) был обнаружен большой склад раковин *Cassis rufa* с Индийского океана. Считалось, что раковины имеют оживляющую силу, так что наличие раковин свидетельствует и о непростой системе верований, и об обширности торговых связей[19]. [**ЛОССЕЛЬ**]

Средний каменный век, или мезолит, представляет собой переходную эпоху, когда человек приспосабливался к быстро менявшимся климатическим условиям. Последняя морена последнего фино-скандинавского ледника датируется 7300 г. до н.э. Технологический прогресс выразился в появлении микролитов — очень маленьких заостренных или заточенных кремней. Поскольку существенно выросли запасы рыбы и моллюсков, то люди стали селиться по берегам озер, рек и морей. К более ранним южным культурам, как культура Мас д'Азиль в Пиренеях, прибавились более северные культуры, как Маглемоз на о-ве Зеландия, Шеллан или Эртебёлле в Ютландии, где появилось глубоководное рыболовство. В мезолите впервые каменными топорами удалось валить большие деревья.

Новый каменный век был отмечен переходом от сбора съестного — к производству еды. Окультуривание диких растений и постепенное приручение различных видов животных, сопровождалось дальнейшим совершенствованием технологии обработки камня, когда шлифовка, полировка и сверление позволили значительно усовершенствовать и разнообразить орудия труда. Эта *неолитическая революция* началась на Ближнем и Среднем Востоке в восьмом тысячелетии до н.э., а в северных районах Европы — только во втором. Появились начатки разведения крупного рогатого скота, овец и свиней, коневодства и выведения мулов, систематическое производство зерновых, пахоты плугом, прядения, гончарного дела, разработки ископаемых. Началась принципиально иная, сознательная колонизация континента, где до того времени были только рассеянные поселения.

Определяются два основных направления неолитического продвижения. Одно, связанное с

СОБИРАТЕЛЬ-ОХОТНИК

Истоки политически организованных сообществ, или *государств,* обычно относятся учеными ко времени не раньше неолита. Некоторые теоретики (включая марксистов) в поисках таких истоков обращались к племенной организации народов бронзового и железного веков. Другие — к неолитической революции в земледелии и последующему росту постоянных поселений. Так, Вир Гордон Чайльд считает необходимыми предварительными условиями государственной организации по территориальному, а не по родовому принципу следующие: территориальная власть, излишки капитала, памятники символического значения, развитая торговля на далекие расстояния, трудовая специализация, стратифицированное общество, научное знание и искусство письма. Впервые такие условия сложились в Египте и Месопотамии, в Европе же мы находим их в городах-государствах древней Греции (см. Глава II).

Между тем исследование сложного общества охотников-собирателей относит предмет обсуждения к гораздо более древним временам. Появление земледелия было для охотников-собирателей (или собирателей-охотников) долгожданным спасением от извечно преследовавшей их угрозы гибели. Совсем напротив, в течение многих тысяч лет они наслаждались «бесконечным досугом и изобилием». Земледелие к моменту его торжества было им уже давно известно, но они им не занимались, разве только в качестве случайного или дополнительного занятия.

На поздних стадиях предыстории они создали такие общественные структуры, которые обеспечивали дифференцированную специализацию. В дополнение к покрывавшим большие расстояния охотникам-собирателям и собирателям, ограниченным территориями своих мест проживания, появились группы, специализировавшиеся на таких трудоемких процессах, как рыболовство, сбор съедобных морских продуктов, диких злаков и орехов или ловля птиц. Другие же имели возможность специализироваться как организаторы или посредники при создании федераций или региональных союзов. Так что в группах охотников-собирателей уже имелась в зачаточном виде первичная классовая иерархия и структура. Эту проблему можно рассматривать, основываясь на аналогиях с образом жизни туземцев Северной Америки, Австралии и Новой Гвинеи.

И вопрос не в том, «как они сумели подняться на более высокую ступень земледельческого и политизированного общества», но в том, «что же заставило их отказаться от преимуществ их первоначального образа жизни, безопасного, приносящего достаток и психологически свободного?»

Linearbandkeramik [керамикой с линейно-прорезным орнаментом], быстро распространялось вверх по долине Дуная в Центральную Европу. Быстрым скачком, занявшим, может быть, 700 лет в пятом тысячелетии, эта культура одолела 1500 миль от нынешней Румынии до Нидерландов. Первые поселения состояли из тесно поставленных общих домов, возведенных из самых больших стволов только что сведенного леса. Из-за оскудения почвы или по недостатку рабочей силы происходили временные отступления, которые затем сменялись характерным повторным заселением ранее покинутых мест. Вторая линия продвижения, которую связывают с *керамикой с штампованным орнаментом*, распространялась на запад по средиземноморскому побережью. В четвертом тысячелетии происходило дальнейшее распространение земледельческих поселений на полуострове до его западных и северных окраин — в Иберию, Францию и Швейцарию, на Британские острова, Скандинавию и в восточные районы Великой равнины. К 3200 до н.э. весь Полуостров ниже 62° северной широты был представлен разными вариантами производства[20]. [СОБИРАТЕЛЬ-ОХОТНИК] [ТАММУЗ] [ВИНО]

В это время строятся приозерные деревушки, такие, как деревушки в Шаравинь у Гренобля, в Шален на о-ве Джура, на Федерзее в Вюртемберге или на Цюрихском озере. Они представляют особую ценность для археологов, поскольку в озерном иле исключительно хорошо сохраняются всякие предметы: от кухонной посуды до полуобгрызанного яблока. [ТОЛЛУНД]

В целом определяется шесть главных неолитических зон: восточно-средиземноморская и балканская зона, находившиеся под сильным влиянием

ЛОССЕЛЬ

Венера Лосселя датируется примерно 19000 лет до н.э. Это барельеф, высеченный на внутренней стене пещеры в Дордони и раскрашенный красной охрой. Изображение представляет собой фигуру сидящей женщины; черты лица ее не уцелели, но сохранилась пышная прическа, вытянутые висящие груди и широко расставленные колени, открывающие вульву. Левая ее рука покоится на огромном животе, предполагающем беременность. В согнутой правой руке рог бизона в форме полумесяца.

Как и у большинства других изображений человека в раннем европейском искусстве (хронологические рамки которого охватывают 90% всей истории человечества, откровенный акцент на половой акцентации этого памятника искусства поразителен и красноречив. Принято считать, что здесь перед нами божество палеолита, вариант *Великой праматери*, культ которой превалировал в ритуалах матриархального общества. По одной интерпретации, такая фигурка ставилась на своего рода «председательское место», во время ритуальных танцев в масках, когда женщины, мужчины и дети стремились заклинаниями установить общение с духами животных. Менее достоверно, что фигурка венчала скульптурные изображения пещерной жизни, где пещера мыслилась как «Чрево-могила-лабиринт Великой Матери-Земли» и где «кровь — женщина — луна — рог бизона — рождение — магия — цикл жизни изобразительно уподоблялись в непрерывном резонансе или гармонии священных энергий».

Матриархальный, или ориентированный на женщину, характер доисторического общества принимается большинством ученых начиная с Маркса и Энгельса. Однако теперь уже не считается, что матриархат относится к самому «примитивному уровню развития». Поэт Роберт Грейвс в своих работах о мифах исследовал происхождение и судьбу матриархальной культуры в Европе и проследил, как статус женщины снижался от древнего божества до теперешнего рабства.

Другие рассматривали роль женщин в формировании речи и зачатков культуры. За долгое время «младенчества человечества» женщины и дети, возможно, научились говорить, пока мужчины охотились. Если так, то половое различие было всего лишь различием уровня, поскольку дети-мальчики, конечно, должны были учиться облекать мысль в слова вместе с девочками.

Более убедительна та точка зрения, что матриархальное и патриархальное общества не имели четких границ и породили множество гибридных форм. Если верна теория Гимбутаса (см. с. 61), то с продвижением в Понтийские степи позднего неолита *курганных народов* сюда пришли не только индоевропейцы, но и патриархальные традиции воинов. С другой стороны, с последующим приходом савроматов — первой волны ирано-сарматской конфедерации — около 3000 г. до н.э. начался процесс метисации матриархальных новоприбывших племен (народов) со своими патриархальными предшественниками. В этой связи Геродот рассказывает

забавную историю о том, как амазонки бежали с южных берегов Черного моря и затем, соединившись с отважными скифами, основали новую родину в «трех днях пути от озера Меотида». История считалась чистейшей выдумкой, пока археологи не начали открывать скелеты женщин-воинов в савроматских захоронениях. Сарматская принцесса еще более позднего времени, захоронение которой было найдено у дер. Колбяково на Дону, была погребена со своим боевым топором.

Как всякая идеологизированная теория, феминистский подход к «предыстории» выглядит иногда экстравагантным. Но его и не следует исключать:

«Из-за того, что мы отделили человечество от природы, субъект от объекта... и университеты от универсума, всякому, кроме поэта или мистика, чрезвычайно трудно понять... холистическое и мифопоэтическое мышление человечества Ледникового периода. Самый наш язык... говорит об орудиях, об охотниках, о мужчинах, а всякая статуэтка или рисунок, который мы обнаруживаем, кричит, что человечество Ледникового периода было культурой искусства, любви к животным, женщинам; собирательство было так же важно, как охота, но обсуждается только охота. Обсуждается сочинительство, но сочинителем выступает охотник, а не старая жрица луны. Описывается предполагаемая инициация, но инициируемым была не юная дева в менархии, готовая к браку с луной, а юноша, готовящийся стать великим охотником».

Считается, что западная цивилизация, как бы мы ее не определяли, восходит к иудео-христианству и классическому миру. В обеих этих культурах царило мужское божество, в лице ли Иеговы или в лице Зевса-Юпитера. Но не следует забывать, что до этого бесконечно долго божество было женского пола. Из этого можно сделать только тот вывод, что человечество, пока оно оставалось крошечным, уязвимым видом, больше вдохновлялось женской ролью воспроизведения рода и рождения, чем мужской ролью убийцы и носителя смерти.

Всякие люди мечтали о давно утраченном рае отдаленного прошлого. Романтики, националисты, марксисты — у всех был свой идеализированный Эдемский сад, полу-мифический Золотой век. Теперь то же делают феминистки. Впрочем, одно очевидно: Венера Лосселя, как и другие, ей подобные, не была сексуальным объектом мужской похоти. На самом деле она вообще не Венера.

Леванта; Трипольско-Кукутенская зона в украинских степях; зона Балтийского — Черного морей с керамикой с веревочным орнаментом, зона «культуры боевых топоров»; центральная зона керамики с линейно-прорезным орнаментом с центром в Богемии, но имевшая свои форпосты и на запад от Рейна и на восток от Вислы; северная зона Великой равнины, где преобладали кувшины с воронкообразным горлышком; и западная зона «культуры колоколообразных кувшинов», простиравшаяся от южной Испании до Британских островов и Скандинавии. Поздненеолитические культуры были часто связаны с гигантскими мегалитическими сооружениями от простых дольменов (кромлехов) до гигантских камерных захоронений, каменных дорог и каменных кругов. Мы найдем их в Нью Гране (Ирландия) и в Мае Хоуе на Оркнейских островах, в Карнаке в Бретани, и в Авебери, и Стоунхендже в Уилтшире. Делались смелые предположения, будто они возникли в результате, так сказать, интернациональных усилий, контактов, например, с египтянами или, возможно, минойцами, искателями металлов. [DASA] [ГЖАНТИЯ]

Энеолит (медно-каменный) век — термин, к которому прибегают некоторые историки, описывая длительный переходный период, когда сосуществовала техника каменного и бронзового веков.

Бронзовый век отмечен производством нового сплава, получаемого посредством добавления олова к меди. Он начинается на Ближнем и Среднем Востоке ок. 3000 лет до н.э., а в Европе, возможно, на тысячу лет позже. В это время, в особенности, в Средиземноморье, быстро развивается городская культура: письменные документы, специализация в ремеслах, развитая торговля. Величайшие достижения такой культуры были обнаружены в Микенах, которые раскапывал Генрих Шлиман с 1876 года, и в Кноссе на Крите, где проводил раскопки сэр Артур Эванс в 1899—1930 гг. Обнаруженные здесь культуры хронологически (грубо) сопоставимы со Стоунхенджем, возведение которого происходило в три фазы и началось примерно в 2600 г. до н.э. Древесный уголь из «Ям Обри» фазы I Стоунхенджа датируется (посредством радиоуглеродного анализа) 1848 г. до н.э. ± 275 лет. Роговое кайло из каменной впадины фазы III относят к 1710 г. до н.э. ± 150 лет. Так что в то время, как в районе Эгейского моря развивалась очень продвинутая цивилизация, родственная цивилизации Ближнего Востока, народы северо-запада Европы еще находились в переходном периоде от неолита к Бронзе. [SAMPHIRE]

Впрочем, разговоры о «продвинутой» и «отсталой» культурах неправомерны перед лицом инженерного искусства создателей Стоунхенджа, которые сумели доставить 80 глыб хальконтита, весом 50 тонн каждая, из отдаленных Присцилловых гор Южного Уэльса и установить их с такой точностью, что теперь некоторые в благоговейном ужасе считают все сооружение рабочей частью солнечного компьютера[21]. С другой стороны, изображения топоров и кинжалов, вырезанные на камнях Стоунхенджа, напоминают находки из шахтовых захоронений Микен и наводят на мысль о прямых контактах с Средиземноморьем.

Одна из важных черт бронзового века в Европе — торговые связи между регионами, особенно торговля минералами. На полуострове имелись богатые и разнообразные запасы полезных ископаемых, но распределены они были неравномер-

ТАММУЗ

Таммуз, сын Иштар, или Астарты, Матери Вселенной, был богом зерна в древнем Вавилоне. В конце сбора урожая стебельки последних снопов заплетались в соломенные веера или клетки, куда бог мог удалиться до следующего сезона.

Такие соломенные идолы, или «куклы», продолжали делать повсюду, где культивировалась пшеница. На Балканах кукла, известная как Черногорский веер, имеет ту же форму, что и ее предшественницы с Нила. В Германии и Скандинавии и сегодня соломенные звезды и соломенные ангелы украшают елку на Рождество.

В Англии большое разнообразие злаковых кукол сохранялось деревенскими любителями старины вплоть до пятидесятых годов, когда искусство их изготовления стало умирать. Простые формы, такие, как Ворот, Подкова, Узел или Кошачья лапа, Колокол и Фонарь, обнаруживаются во всех странах, где выращивают пшеницу. Местные варианты включают Шропширскую кобылу, Дербширскую корону и Кембриджский зонтик. Зерновой малыш из Нортумберленда и Девушка Айви из Кента — не что иное, как современные варианты Матери Земли, дочери египетской Иштар*, греческой Деметры и римской Цереры.

Мир знает три главных злака: рис, маис и пшеницу. Из этих трех Европа избрала пшеницу. Пшеница пришла в Европу из Месопотамии, и, где бы европейцы не оседали, мигрируя, они приносили с собой пшеницу — сначала на пустынные земли неолитического северо-запада, позже — в девственные прерии Америки, Австралии и Южной Сибири. Сам тот процесс, посредством которого был сделан выбор, состоял из бесконечной череды экспериментов на протяжении нескольких тысячелетий. И хотя в Европе сохранялись и такие соперники пшеницы, как рожь, ячмень, овес, гречиха и просо, триумфальное шествие королевы Пшеницы было непобедимо.

Пшеница — Triticum spp. семейства зерновых — известна более чем в 1000 разновидностей. Ее зерно исключительно питательно. На 70% оно состоит из углеводов, на 12% из протеина, на 2% — жира, 1,8% минералов. Протеина в ней содержится существенно больше, чем в рисе, 1 фунт соответствует 1500 калориям. Пшеница как основа рациона — это тот фактор, который обеспечил европейцам несомненное преимущество в телосложении перед большинством народов, питающихся рисом и кукурузой. Пшеница — сезонное растение, требующее напряженного труда при весеннем посеве и осеннем сборе урожая. Если рисоводам приходится обрабатывать плантации непрестанно в течение всего года, то возделывание пшеницы оставляло сельскому труженику свободное время для других занятий: для выращивания второго урожая, восстановления пахотной земли, строительства, войны, политики. Возможно, в этом следует искать истоки многих особенностей социальной и политической истории Европы: от феодализма и индивидуализма до милитаризма и империализма. Пшеница, однако, быстро истощала почву. В древности можно было сохранить плодородие почвы, только если оставлять пшеничные поля под паром и удобрять навозом домашних животных. Отсюда, возможно, традиционно европейская модель хозяйствования: соединение земледелия и скотоводства и употребление в пищу не только зерна, но также овощей и мяса.

При изготовлении хлеба пшеница имела ту уникальную особенность, что протеин в смеси с водой образовывал клейковину, то есть тесто. В свою очередь, клейковина удерживала углекислый газ, выделяющийся при брожении дрожжей. В конечном результате получался пшеничный хлеб, который легче, лучше и удобоваримее, чем любой из его соперников. «Хлеб наш насущный даждь нам днесь» — в этом европейцы заодно со своими ближневосточными соседями, но не с индейцами, китайцами, ацтеками или инками.

---

* Ошибка автора: Иштар — богиня не египетская, а шумеро-аккадская, как сам Дэвис отмечает в начале данного текста (правда, почему-то называя ее «вавилонской») — **перев**.

ВИНО

Вино — не простой напиток. Оно всегда связывалось с любовью и религией. Его название, как и имя Венеры *Venus*, восходит к санскритскому *vena* «возлюбленный». Придя с Кавказа, вино употреблялось и за ежедневной трапезой, и в религиозных церемониях Древнего мира. Впервые произведенное Ноем (Быт 9:20), оно не только одушевляло вакханалии язычников, но и наполняло потиры христиан.

Св. Мартин Турский, родившийся в Сабарии (современный Самбатхей) у Дуная, был первым святым патроном любителей вина. Св. Урбан и св. Винсент (в имени которого обыграны слова «попахивать вином») стали главными патронами виноградарей и виноделов.

Коммерческое виноградарство в средневековой Европе было заведено бенедиктинцами в Шато Пьер в районе Бордо и в таких местностях, как Клос Вужо на Кот де Бонь в Бургундии. Традицию продолжили клюнийцы на Кот д'Ор около Маркона и цистерцианцы в Нюи Сен-Жорж. Фруассар пишет,

что когда англичане владели Бордо, им нужен был флот в 300 судов для того, чтобы перевезти домой вино каждого года. *Бенедектин* (1534) из аббатства Фекамп и *Шартрез* (1604) из картезианского монастыря в Дофине положили начало крепленому вину.

Винодельческая зона делит полуостров пополам. Северные ее окраины проходят от Луары через Шампань в Мозель и рейнские земли, а оттуда на восток к склонам Дуная и дальше в Молдавию и Крым. Мало найдется винодельческих районов, которые бы не принадлежали некогда Римской империи. Балканские вина в Сербии, румынские, болгарские и греческие, подвергавшиеся запрету не признававших алкоголь османов, — такие же древние, как и вина Испании, Италии или Франции.

Потребление вина приводит к далекоидущим общественным, психологическим и медицинским последствиям. На него ссылались как на важный фактор при создании религиозных и политических группировок

(таких, как разделение Германии на протестантов и католиков), ему приписывали даже исход битв. «При Ватерлоо столкнулись вино и пиво. Пурпурный гнев вина то и дело разбивался в бессилии о несокрушимость сынов пива...»

И родина св. Мартина не перестала быть районом процветающего виноградарства. Здесь сложилась уникальная комбинация нескольких факторов: почва вулканического происхождения на склонах у Токая, горячий летний воздух Венгерской равнины, влага реки Бодрог и в особенности исключительные качества брожения сорта Ашу. Пикантная, бархатистая, похожая на персик *essencia* золотистого Токая нравится не всем, так что в последние десятилетия Токай не производится в былых количествах. Но когда-то его хранили в лучших подвалах Польши, чтобы через 200 лет его можно было подать монарху перед смертью. Бутылка «Императорского Токая» времен Франца-Иосифа остается заветной мечтой знатоков.

но; как реакция на этот дисбаланс возникает разветвленная сеть торговых путей. Соль добывали с самых ранних времен: это была или разработка каменной соли, или выпаривание рассола из соляных озер морского побережья. Гигантские соляные скалы встречаются в природе в разных местах: от Кардоны в Каталонии до Зальцкаммергут в Австрии и Велички в Польше. Первобытные соляные озера или *salinae* встречаются вдоль жаркого южного побережья от Роны до Днепра. Начинают функционировать постоянные *соляные пути*. Из них самым известным был Виа Салярия, связывавший Рим с соляными озерами Адриатического побережья. Янтарь, который находили и на западных берегах Ютландии, и на

балтийском побережье восточнее Вислы, высоко ценился как украшение. Древняя *янтарная дорога* шла вниз по долине Одера, через Моравский проход к Дунаю, и далее через Бреннерский проход к Адриатике. Также пользовались спросом обсидиан (вулканическое стекло) и ляпис-лазурь (лазурит). Главными предметами торговли были медь и олово. Медь сначала привозили с Кипра — откуда остров и получил свое имя, — а позднее из Доломитов, и конечно, с Карпат. Карпатская медь уже в ранние времена проложила путь на север в Скандинавию, а позднее и на юг к Эгейскому морю. Олово, которое древние плохо отличали от свинца, привозили из далекого Корнуолла. Поиск меди и олова, кажется, стимулировал трансконтинентальные связи гораздо больше, чем в дальнейшем поиск железа, которое к тому же встречалось чаще.

Особенно выделялись те районы, где несколько подобных необходимых ископаемых оказывались вблизи друг от друга. Одним таким районом стал Зальцкаммергут (Норик), где соляные копи Ишля и Хальштадта располагались рядом с копями металлов Нории. Еще один такой район находится вблизи Кракова, где совсем близко от Вислы добывают серебро, свинец, железо и соль. Но особенно богатыми были острова Эгейского моря. На Мелосе добывали обсидиан; на Паросе — чистейший белый мрамор; на Кифносе — медь; в Сифносе и Лаурине на Аттическом побережье — серебро и свинец. Так что богатство и власть Крита, а позднее Микен непосредственно зависели от того, что они владели этими ресурсами Эгейи, а также от их географического положения в конечной точке трансконтинентальных торговых путей. Крит и Микены оказались фокусом того, что называли «международным духом» бронзового века.

Но ни Крит, ни Микены не были известны ранним исследователям классического мира, которые сформировали наше представление об античности. Теперь же все согласны с тем, что минойская культура Крита и микенская культура материковой Греции были двойной вершиной *первой европейской цивилизации*. С того дня, когда Шлиман нашел золотую погребальную маску в

одной из шахтовых могил царей в Микенах и передал по телеграфу неверное сообщение «Сегодня я взглянул в лицо Агамемнона», — уже с того дня стало ясно, что он открыл нечто большее, чем еще одно богатое доисторическое погребение. [ДОБЫЧА] И дворцовые постройки на Крите около Кносса, Феста и Малии, и раскопки на материке в Микенах, Тиринфе и Пилосе — все доставляло богатые свидетельства такого высокого искусства, религии, технологии и общественной организации, каких до тех пор не знали. Золотой век минойской эры, так называемый «дворцовый период», начался ок. 1900 г. до н.э. А в более воинственных Микенах, чьи укрепления господствовали над долиной Аргоса и Коринфским заливом, расцвет наступил на три — четыре столетия позднее. Вместе с троянцами, контролировавшими Дарданеллы, минойцы и микенцы вывели европейскую историю из царства безликой археологии. [ТРОН]

В позднем бронзовом веке в центральной Европе была широко представлена группа *культуры полей погребальных урн*, для которой были характерны захоронения с погребением кремированных останков умерших в урнах, а также сложный набор захороненных (вместе с умершим) предметов. В этом отношении важны раскопки в Террамаре (Италия), Эль Аргаре (Испания), Лейнбенген, Бухау, Адлерберг (Германия), Унетиче около Праги в Чехословакии и Оттомани в Румынии.

ГЖАНТИЯ (GGANTIJA)

Острова мальтийского архипелага ставят нас перед двумя загадками: их язык и их мегалиты (циклопические каменные сооружения). Язык здесь — семитский, восходящий к средневековому арабскому. Это единственный семитский язык с латинским алфавитом. (Филологи-романтики некогда возводили его к древнему финикийскому.) Но циклопические сооружения здесь гораздо древнее. Главными являются каменные храмы Гжантии на острове Гозо, а также уникальный подземный Гиппогей или

«коллективная погребальная камера» в Хал-Сафлиени, датируемый ок. 2400 г. до н.э. Древнейшие, вырезанные в камне, монументы старше на тысячелетие.

Шествие цивилизаций по Мальте можно рассматривать как краткий курс истории Европы. За пещерными жителями неолита, которые и построили циклопические сооружения, и носителями культуры кубков бронзового века, приходят карфагеняне (с VII века до н.э.), а потом римляне (с 218 г. до н.э.). Гозо часто

считают тем «островом Калипсо», где некогда был выброшен на мель Одиссей. Апостол Павел потерпел здесь кораблекрушение в бухте, которая позже была названа его именем, к северу от Ла-Валлетты в 60 г. н.э. Отошедший к Восточной (Византийской) империи в 395 г., о-в Мальта затем управлялся последовательно арабами (с 870 г.), норманнами (с 1091), рыцарями-госпитальерами (с 1530), французами (с 1798), британцами (с 1802) — а с 1964 года, наконец, самими мальтийцами.

DASA

Согласно популярной истории математики продвижение носителей *культуры кубков* по неолитической Европе сопровождалось распространением индоевропейских языков и десятичной системы исчисления. Данное утверждение подкрепляется перечнем слов некоторых индоевропейских языков, где употребляется счет по основанию 10, или десятичная нумерация. Предполагается, что доисторической Европе счет по основанию-10 был известен за 3 тысячелетия до его введения в письменной форме.

Конечно, заманчиво думать, что можно реконструировать способ счета для весьма древнего и неграмотного общества в отсутствие прямых свидетельств. К тому же нет уверенности, что сегодняшний счет остается неизменным с доисторических времен: следует тщательно проверить данную гипотезу по всем основным языкам:

литература. Расцвет санскрита приходится на время вскоре после падения цивилизации Инда, где и была изобретена десятичная система.

Числительные в санскрите определенно основаны на десятичном счете. Причем санскритские единицы счета от 1 до 10 имеют соответствия в других индоевропейских языках. От 11 до 20 мы находим простые комбинации единиц со словом, обозначающим «десять»; отсюда *ekadasa* (1+10=11) или *navadasa* (9+10=19). Десятки представляют собой комбинации единиц с собирательным числительным для «десяток» *dasat*(i); отсюда *vimsati* или *dvimdesati* (2´10=20) или *trimsati* (3´10=30). Санскритское слово для 1000 *dasasata* означает «десять сотен» и употребляется наряду с *sa-hasra*, вариантом, при помощи которого образуются еще большие числа. В санскрите есть слово для обозначения 10 млн — *crore* и слово

кий), некогда были широко распространены в Европе. Они принадлежат самому древнему слою индоевропейских языков на Западе. Но кельтские числительные сохраняют элементы счета и по основанию 5, и по основанию 10, и в особенности по основанию 20. Современный уэльский, как и санскрит, имеет десятичные единицы для 1–10, но от 11 до 20 его числительные напоминают структурой римские. 16 — это un ar bymtheg или «один над пятью и десятью». После 19 начинается счет по основанию 20. Ugain — основание, а deugain (40), trigain (60) и pedwar gain (80) — кратные двадцати. 30, 70 и 90 выражаются как «десять сверх» кратному двадцати. 50 (hanner cant) значит «половина ста».

Счет по основанию 20, при котором наряду с пальцами рук, употреблялись пальцы ног, сохранился в английском слове *score*, первоначально значив-

	Кельт	нем		лат	греч	рус	снскр
1	Un	eins	I	unus	heis	odin	eka
2	Dau	zwei	II	duo	duo	dwa	dvi
3	Tri	drei	III	tres	treis	tri	tri
4	pedwar	vier	IV	quattuor	tessares	czetyie	Katur
5	pump	fünf	V	quinque	pente	piat'	panka
6	chwech	sechs	VI	sex	hex	shesl'	shash
7	saith	sieben	VII	septem	hepta	syem'	sapta
8	wyth	acht	VIII	octo	okto	vosyem'	ashta
9	naw	neun	IX	novem	ennea	devyat'	nava
10	deg	zehn	X	decem	deka	decyat'	dasa

Санскрит, то есть «совершенный язык» — второй из древнейших дошедших до нас исконных индоевропейских языков. Это был язык древней Индии и, согласно традиционным индусским верованиям, язык богов. Около 1500 г. до н.э. на этом языке создавалась ведическая

satam («процент»). Латинские числа также в основном десятичные. Но структура их не имеет отношения к римским цифрам, основанным на соединении единиц, пятерок и десяток.

Кельтские языки, из которых в наше время особенно употребителен уэльский (валлийс-

шем «зарубка на счетных палочках». Такой счет отражен и во французском. *Quatre-vignt* то есть «четырежды двадцать», по-видимому, реликт кельтского гальского.

Так что, по всей вероятности, древние европейцы считали двойками, пятерками, десятками, дюжинами или двадцатками, когда находили это нужным. На каком-то этапе они встретились также с вавилонской системой по основанию 60, которую приняли для счета минут и секунд. У нас нет особых причин думать, что европейцы вообще и носители культуры кубков, в частности, с самого начала были ограничены десятичной системой.

На самом деле, европейцам пришлось ждать до XIII века н.э., прежде чем получили широкое распространение числа с основанием 10. Важнейший шаг — употребление 0 для «ноль» — был сделан в Индии. Оттуда десятичная система распространилась на мусульманский мир и через арабскую Испанию — на христианский мир. В течение нескольких столетий эта система была в употреблении наряду с более громоздкими римскими числительными, не подходившими даже для сложения и умножения. Когда же, наконец, десятичная система восторжествовала, европейцы не поняли, что их числительные — вовсе не европейские.

	Welsh		Latin	Sanskrit
11	un ar ddeg	XI	undecim	ekadasa
20	ugain	XX	viginti	vimsati
30	deg ar hugain	XXX	triginta	trimsati
40	deugain	XL	quadraginta	katvarimsati
50	hanner cant	L	quinquaginta	pankasati
60	trigain	LX	sexaginta	shashti
70	deg á thrigain	LXX	septuaginta	septati
80	pedwar ugain	LXXX	octoginta	ashiti
90	deg á phedwar hugain	XC	nonaginta	navati
100	cant	C	centum	sata
1,000	mil	M	mille	dasasata/sa-hasra

В последней четверти второго тысячелетия, ок. 1200 г. до н.э., бронзовый век в Европе переживает необъяснимый упадок, от которого он так никогда и не оправился. Археологи пишут об «общем коллапсе системы». Торговля была разорена, города заброшены, политические структуры уничтожены. Захватчики волнами приходили на руины. Крит, который едва оправился от серии природных катаклизмов, пал под натиском микенской Греции еще до того, как были уничтожены сами Микены. В течение одного столетия многие признанные центры ремесла и торговли пришли в полный упадок. Эгейское побережье захватили материковые племена. Империя хеттов в Малой Азии перестала существовать. Даже Египет был осажден неустановленными *народами моря*. Народ культуры погребальных урн, хотя и уцелел, но вступил в долгую эпоху застоя, которая завершилась с появлением кельтов. Греция вступила в архаические «темные века», отделившие эпоху легендарных Троянских войн от засвидетельствованной истории поздних городов-государств.

С началом железного века история начинает опираться на свод исторических источников. Принято думать, что выплавка и обработка железа пришли от хеттов из Малой Азии. Кинжал с золотой рукоятью и железным клинком из царского захоронения в Аладжа Гуюк относится, возможно, к третьему тысячелетию до н.э. Оттуда употребление железа распространилось сначала в Египет ок. 1200 г. до н.э., в Эгейю ок. 1000 до н.э. и в бассейн Дуная ок 750 г. до н.э. [толлунд]

На материке Полуострова доисторический железный век обычно делится на два последовательных периода — Хальштатт (ок. 750 — 400 до н.э.) и Ла Тэн (ок. 400 — 50 до н.э.)

Гальштатт, место раскопок, начатых в 1846 году в Зальцкаммергут, дал название тому периоду и культуре, которые обнаруживают и традиции предшествующего периода культуры погребальных урн и свежие влияния с Востока. Ла Тэн, местечко на озере Невшатель в Швейцарии, открытое в 1858, дало название второму периоду, когда обработка железа достигла уже очень высокого уровня. Длинные мечи, искусно изготовленные из куска твердого железа с режущей кромкой из более мягкого железа, которое затачивалось на страх врагу, свидетельствуют о появлении общества воинов, живших в грозных укреплениях на холмах. Этим людям уже был известен гончарный круг, повозки с впряженными в них лошадьми, чеканка монет и высокая стилистика художественных форм, где смешивались местные, средиземноморские и даже кочевнические элементы. В местечке Рудки в Свенткокшиских горах около Кракова в южной Польше они оставили следы самого большого в доисторической Европе производства (и обработки) железа. Они активно торговали, и в погребениях их князей находят кельтские украшения, этрусские вазы, греческие амфоры, римские предметы. Хотя некоторые и не соглашаются с этим, но их часто идентифицируют с кельтами, «первой великой нацией к северу от Альп, чье имя нам известно». Помимо самого Ла Тэна, важные для этой культуры места раскопок находятся в Энтремоне в Провансе, в Алесии в Бургундии и в Виланова в Эмилии.

С появлением кельтов в праистории Европы возникает самая запутанная проблема — привязка предметов материальной культуры, добытых археологами, к этническим и языковым сообществам, известным нам из других источников. Большинство ученых, занимающихся праисторией, соглашаются, что железоделатели Латенского периода — кельты, что они происходят от формирования или наплыва кельтских племен в первом тысячелетии до н.э. и что они были именно той группой, которую греческие и римские источники называют *Keltoi* или *Celtae*. Но новейшие исследования показывают, что формирование кельтских языков следует отнести к гораздо более древним временам, к эпохе неолита[22]. Одно несомненно: современные лингвистические исследования бесспорно доказали, что кельтские языки родственны и латинскому и греческому и большинству языков современной Европы. Кельты были авангардом языкового сообщества, которое определяется точнее, чем праисторические археологические сообщества. Кельты стоят в самом центре всего феномена *индоевропейства*.

Уже в 1786 году сэр Уильм Джоунз, британский судья в Калькутте, сделал эпохальное открытие, что главные европейские языки близкородственны основным языкам Индии. Джоунз увидел связь между классическим латинским и греческим языками и древним санскритом. Впоследствии выяснилось, что многие современные индийские языки относятся к той же семье языков, что и их европейские сородичи, а именно романские, кельтские,

германские, балтийские и славянские группы языков, сохранившихся до сих пор.

Но в то время никто не понимал, как эта семья индоевропейских языков могла пройти через Евразию, хотя все и понимали, что на Запад языки могли принести только мигрировавшие народы. В 1902 году, однако, немецкий археолог Густав Коссинна связал индоевропейцев с определенным специфическим типом керамики — с веревочным орнаментом — которая, как показывали раскопки, была широко распространена по всей Германии. Коссинна сделал вывод, что на севере Европы в железном веке могла располагаться «родина индоевропейцев». Эту идею затем развил выдающийся австрийский археолог Вир Гордон Чайлд (1892–1957), чей обобщающий труд «Рассвет европейской цивилизации» (1925) был влиятельнейшей книгой своего времени. В недавнее время литовско-американский археолог Мария Гимбутас подтвердила его вывод о расселении индоевропейцев в степях Украины, идентифицировав их с широкораспространенной здесь культурой курганных захоронений: «Неуклонно накапливающиеся данные археологических открытий начисто уничтожили прежние теории о местах первоначального расселения индоевропейцев... Представители курганной культуры... остались единственными кандидатами в протоиндоевропейцы. В периоды неолита и энеолита не было другой культуры, которая бы так же соответствовала гипотетической пракультуре индоевропейцев, как она восстанавливается по общим (для индоевропейских языков) словам. Как не было и других великих экспансий и завоеваний, охвативших целые территории, для которых самые ранние исторические источники и культурные континуумы определяют присутствие носителей индоевропейских языков»[23].

Очень важно то, что Гордон Чайльд и его последователи употребляли термин *культура* в отношении групп людей, выделяемых как по материальным, так и по языковым критериям. Однако по размышлении кажется, что нет причины, почему бы археологические культуры должны таким образом коррелировать с языковыми группами. Индоевропейская загадка на деле не разрешена. Поистине восторг вызывает тот факт, что языки развиваются через бесконечные мутации, как и живые организмы. В таком случае,

SAMPHIRE (МОРСКОЙ УКРОП)

Вареная Samphire... (Рецепт). Соберите болотную Samphire в июле—августе во время отлива. Затем ее следует сразу тщательно промыть и лучше всего есть свежей. Свяжите Samphire корнями в пучки и варите в небольшом количестве несоленой воды в течение 8–10 минут. Разрежьте нитку и полейте растопленным маслом. Ешьте Samphire, вытаскивая каждый стебелек за корень, легко надкусив и высасывая аппетитное содержимое из жесткой оболочки.

Доисторическая еда давно исчезла и не может быть изучена. Современные попытки реконструировать меню и кулинарную технику неолита основаны на следующих шести основных источниках информации. Доисторический мусор доставляет археологам разнообразные косточки, яичную скорлупу и раковины моллюсков. Возле очага в жилищах часто обнаруживают зерна и пыльцу, которые поддаются определению и систематизации. В больших количествах дошли до нас приспособления для рыболовства, охоты, кухонные принадлежности для обработки, приготовления и потребления еды (котлы для варки встречаются часто; плиты для жарки — нет). Реестр пищевых ресурсов прошлого можно установить, если вычесть новейшие виды продуктов, как дрожжи, вино или лук, из громадного набора съедобных диких растений и животных. Известно множество тогдашних деликатесов, которых не найдешь в сегодняшних поваренных книгах: кайра, морская капуста, ежи, буковые орешки, тёрн. Многое также можно установить по аналогии с приемами приготовления пищи в первобытных или доиндустриальных обществах, которые по необходимости сохраняют разнообразную технику заготовок, например, собирание диких трав, сушку, засолку и иное консервирование. Наконец, современная техника позволила проанализировать содержимое желудка доисторического человека, по его останкам. Толундский человек, например, ел льняное семя, ячмень и дикие растения. [tollund] [vino]

Сможем ли мы в конце концов достоверно воссоздать пищу неолита — спорный вопрос, обсуждаемый в особенности тогда, когда Samphire подается с мозговыми косточками и virpa:

Мозговые косточки: (8 унций/225 г мозговых косточек, мука, соль, сухой тост). Очистите и помойте косточки, и распилите вдоль... Приготовьте крутое тесто, как на макароны, из муки и воды. Залепите концы косточек этим тестом, чтобы мозг не вытек, а косточки обвяжите обсыпанной мукой тряпкой. Поставьте стоймя в кастрюлю с кипящей подсоленной водой и варите на медленном огне примерно в течение 2 часов... Снимите тряпку и удалите тесто с каждой косточки. Оберните сухой салфеткой каждую и подайте с сухим тостом.

Sowans или virpa. (1 фунт — 450 г хорошей овсянки, 3 фунта пшеничной крупы, 16 пинт — 9 л воды). Положите обе крупы в каменный горшок. Размешайте в 14 пинтах с 8 литрами теплой воды и дайте настояться в течение 5–8 дней, пока не закиснет. Слейте жидкость... Это — прекрасно освежающий напиток. Оставшееся в горшке напоминает густой крахмал. Прибавьте 2 пинты или 1 литр воды и размешайте до консистенции сметаны. Процедите через дуршлаг и суровую марлю. Полученная жидкость... по калорийности напоминает овсянку... Слегка надавливая деревянной ложкой и, наконец, отжав тряпку... вы ускорите процесс.

Восстанавливать прошлое — это все равно что переводить стихи. Это выполнимо, но никогда не будет точности. Что бы вас ни заинтересовало: доисторические рецепты приготовления пищи, колонизация или средневековая музыка — понадобится большое воображение и сдержанность, чтобы избежать и все уничтожающей безыскусной точности, и бессмысленной эмпатии. Действительно ли поварихи неолита сервировали мозговые косточки в бумажных салфетках или процеживали virpa через плотную марлю? И когда начинался доисторический август для сбора Samphire?

ТРОН

Трон в Кносском дворце описывали как «древнейшее в Европе кресло». Это не очень-то верно. Хотя действительно стулья с высокой спинкой и подлокотниками служили в древности церемониальным нуждам. Они позволяли правителям и верховным жрецам без больших усилий занять величественное и возвышенное положение, в то время как все остальные стояли. Представление об авторитетности в его связи с креслом распространилось затем с трона на *кафедру*, в том числе епископскую и академическую.

Мебель же для повседневного сидения сравнительно нова и является европейским изобретением. Первобытные люди, если не стояли, то сидели на корточках или лежали на полу. Многие азиаты, включая японцев, до сих пор предпочитают так делать. Древние греки и римляне полулежали, опершись, на ложах. Средневековые люди пользовались грубо отесанными скамьями. Индивидуальные стулья впервые появились в монашеских кельях, возможно, для облегчения чтения. Предметом домашнего обихода они стали только в XVI веке, а предметом искусства — только в XVIII. В школе, конторах и на рабочих местах они стали употребляться только в XIX веке.

К сожалению, стулья с плоским сидением не отвечают потребностям анатомии человека. В отличие от седла, которое переносит основной вес седока на стремена, но не затрагивает естественный изгиб позвоночника, стулья приподымают бедра под прямым углом относительно торса и нарушают равновесие скелета. Таким образом, неестественно увеличивается нагрузка на таз, тазобедренные суставы и поясничный отдел. Хроническую боль в спине современный прогресс причиняет себе сам.

может быть, станет возможным соотнести хронологию языковых изменений в Европе с генетическими изменениями. Сравнив временные отпечатки «языковых часов» с таковыми же наших «молекулярных часов», мы однажды, возможно, раскроем историю происхождения европейских народов[24].

Европейские топонимы — продукт тысячелетий, неиссякаемый источник наших знаний о прошлом. Названия рек, гор, городов, провинций и стран часто являются реликтами давно прошедших веков. Ономастика проникает глубже исторических свидетельств[25]. При этом все согласны с тем, что названия рек — самые древние и устойчивые. Часто они оказываются единственными связующими звеньями современных народов с прежде живившим здесь населением. Обнаружение приращения в сложных топонимах рек часто складывается в картину последовательно сменявшихся волн поселений на берегах рек. Например «Река Авон» соединяет два синонима: один английский, второй же — более древний уэльский (валлийский). Пять кельтских слов, обозначающих воду, — *afon*, *dwr*, *uisge*, *rhe* и, возможно, *don* — являются самыми распространенными элементами в названиях рек по всей Европе. Ученые, конечно, ведут бесконеч-

ные споры, но в качестве самых известных здесь можно упомянуть *Inn* и *Yonne*, *Avignon* на *Rhodanus* («Водный город» на «Быстрой реке»), *Esk*, *Etsch* (или *Adige*), *Usk* и *Danube*.

Кельтские имена во множестве встречаются от Португалии до Польши. Современное уэльское *dwr* «вода», например, имеет такие родственные названия, как *Dee*, *Douro*, *Dordogne*, *Derwent* «Чистая вода», *Durance* и *Oder/Odra*. *Pen* «голова» и, следовательно, «гора», появляется в *Pennine*, *Apennine*, *Pieniny* и *Pindus*; *ard* «высокий» в *Arden*, *Ardennes*, *Lizard* «Высокая вершина», *Auvergne* (*Ar Fearann* «Высокая страна»); *dun* «форт» в *Dunkeld* «Форт кельтов», *Dungannon*, *London*, *Verdun*, *Augustodunum* «Форт аугустус», *Autun*, *Lugdunum* (Лион), *Lugodinum* (Лейден), *Thun* в Швейцарии и *Tyniec* возле Кракова. Обширны свидетельства присутствия здесь кельтов. [ЛЛАНФЕА] [LUGDUNUM]

То же можно проделать и со скандинавскими, германскими корнями, славянскими, даже финикийскими и арабскими. *Etna* — подходящее финикийское название, означающее «печь». В другом месте, на Сицилии *Marsala* — просто арабское название, означающее «Порт Бога». Мост Траяна через верхний Тахо в Испании известен как *La puente de Alcantara*, где *al cantara* — точный арабский эквивалент латинского *pons*.

ТОЛЛУНД

Толлунд — так называется болото возле Орхуса в Дании, где в 1950 году было найдено целое сравнительно хорошо сохранившееся тело доисторического человека. Оно находится теперь в экспозиции музея в Силкеборге. Дубильная кислота торфа так его мумифицировала, что хорошо сохранились и черты его лица, и содержимое желудка. На нем не было одежды, кроме заостренной шапочки и пояса, когда его задушили плетеной веревкой, очевидно, во время ритуального убийства несколько тысяч лет назад. Странная его судьбы преследует всякого, кто узнает о ней и пробуждает сочувствие:

Что-то в его печальной свободе,
Когда его, осужденного, везли на повозке,
Достигнет и меня в моей машине,
Повторяющего имена

Толлунд, Грауболл, Небельгард.
Вокруг меня, указывая мне путь,
Местные жители.
Но я не знаю их языка.

Там, в Ютландии,
В старинном округе, где убивали людей,

Я почувствую себя потерянным,
Несчастным и вернувшимся домой.

Однако Толлундский человек не единственный. Такие же находки были обнаружены тридцатью годами позже у Линдау Мосс в Чешире (Англия); к наиболее интересным можно отнести человеческие останки, обнаруженные в сентябре 1991 в кармане глетчера около гребня Симилаун в Эцтальских Альпах в Южном Тироле. По-видимому, они принадлежали охотнику до-бронзовой эпохи, он был полностью одет и вооружен. Рост его 5 футов (152 см), вес 120 фунтов (54,4 кг). По-видимому, ему было двадцать лет, у него были голубые глаза и бритое лицо, его мозг полностью сохранился. Он был основательно одет: на нем была коричневатая кожаная туника и гетры, шапочка из меха серны, рукавицы из березовой коры и выстланная сеном обувь на толстых подошвах. В четырех местах на нем обнаружена татуировка (племенные клейма), на шее у него было ожерелье из 20 светлых ремешков и одной каменной бусины. Он нес пустой заплечный мешок с деревянным каркасом, сломанный лук в 32 дюйма (97,5 см), колчан с 14 стрелами (с костяными наконечниками), топор с каменным лезвием, обрамленным чистой медью, короткий нож из кремня и нательный пояс с кремнями и трутом. Очевидно, он замерз во время перехода в метель. Трупное окоченение наступило, когда он пытался прикрыть рукой глаза. Погибший в 2731 г. до н.э. (± 125 лет), он, наконец, (после 5000 лет забвения), оказался у неожиданной цели — в университете Инсбрука в камере глубокой заморозки.

Доисторические останки людей представляют собой, конечно, ценный источник информации. Новейшие разработки в области «доисторической патологии» способствовали детальному анализу тканей человеческого тела, болезней, бактерий и питания. Но никто не сможет забыть случай с Питлдаунским человеком, кости которого нашли в карьере в 1908 г. Обнаруженный в том же году, что и Толлундский человек, Питлдаунский человек оказался величайшей подделкой.

Славянские топонимы встречаются гораздо западнее нынешнего расселения славян. В северной Германии, например, они обычны в районе Ганновера. В Австрии такие названия, как *Zwettl* (*Světlý*, «Светлое место»), *Doebling* (*Dub*, Маленький дуб»), или *Feistritz* (*Bystřice*, «Быстрый поток») можно встретить от Вены до Тироля. В Италии, в провинции Фриули, славянские топонимы встречаются вперемежку с итальянскими.

В названиях городов и селений часто заключены свидетельства об их происхождении. Эдинбург был некогда «фортом Эдвина», Париж «город племени паризиев», Турин (*Torino*) «город Таурини», Гёттинген, «родовое поместье Годингов», Краков (*Cracow*), «местопребывание доброго короля Кра-

ка». В других случаях топонимы воспроизводят атрибут или функцию данного места. Лиссабон *Lisboa/Lisbon* значит «доброе место»; Трондхейм *Trondheim* означает «земли трона (государевы земли)»; Мюнхен *Munich/Munchen* «поселение монахов»; *Redruth* — «место друидов»; Новгород — «Новый город». Иногда в топонимах сохранилось воспоминание о былых катастрофах. *Ossaia* в Тоскане, что значит «место костей», расположена на месте битвы, в которой одержал победу Ганнибал в 217 г. до н.э. у Тразименского озера. *Pourrieres* в Провансе, первоначально «Вонючие поля», — место, где Марий в 102 г. до н.э. перебил тевтонов, *Lechfeld* в Баварии, «Поле трупов», — место, где мадьяры потерпели поражение в 955 г. н.э.

Имена народов часто отражают, как они сами видят себя или как их видят другие. Западные соседи англосаксов кельты называли себя *Cymry*, или «соотечественники», но германские захватчики стали им тыкать в лицо «иностранцы, чужаки» — *Welsh*. Под тем же именем *Waalsch* фламандцам известны франкоговорящие валлоны. Германские народы часто называют себя *Deutsch* или *Dutch* (со значением «подходящий» или «похожий»), но славянские соседи их зовут *немцы* — «немые». Славяне друг друга называют «народом Слова»: *Slovo*, или *Serb* «родственник». Романские народы славяне часто называют *влахами, волохами* — в чем мы находим вариацию на *валлийскую, уэльскую* тему. *Влахи* или *валахи* Балкан склонны называть себя *романцами*: *Romani, Rumeni*, или *Aromani*.

В названиях стран и провинций часто отражаются сведения о тех, кто здесь господствовал. Кельтский корень *Gal-*, указывающий на «землю галлов: *Gaels* или *Gauls*, встречается в названиях Португалии, Галисии в Испании, Галлии (*Gallia/Gaul*), *Pays des Galles*, что значит «страна галлов» (Уэльс), Корнуолл, Донегол (графство Ирландии), Каледония (Шотландия), *Galloway* (Кале), Галиция в южной Польше, и даже очень далекая Галатия в Малой Азии.

Топонимы, однако, очень подвижны. Они меняются с ходом времени, и они приспосабливаются к языку и кругозору тех людей, которые ими пользуются. Они являются интеллектуальной собственностью этих людей и как таковые порождают бесконечные конфликты. Они могут быть предметами пропаганды, тенденциозного использования или суровой цензуры, даже поводом к войне. В действительности, когда мы встречаем несколько вариантов, невозможно говорить о правильной или неправильной форме. Можно только выделить вариант, наиболее соответствующий определенному времени, месту или узусу. Соответственно, при обозрении событий на обширных территориях и за долгий отрезок времени историк вынужден делать выбор между одинаково неподходящими альтернативами.

Все же историки должны быть очень чувствительны к скрытому смыслу слов. Легко забывается, что *Испания, Франция, Англия, Германия, Польша* или *Россия* — сравнительно недавние обозначения и таковые часто употребляются анахронически. Конечно, неверно говорить о *Франции* (вместо *Галлии*) применительно к римскому периоду, сомнительно упоминание *России* в период до образования Московского царства. Историк, пишущий по-английски, без всяких сомнений употребляет название *English Channel*, игнорируя тот факт, что Ла Манш по крайней мере наполовину французский. Пишущий же по-польски, автоматически называет Лейпциг Липском, даже без всяких связей с польскими претензиями на Саксонию, совершенно так же, как немцы называют Гданьск Данцигом и Вроцлав Бреслау, вовсе не имея в виду, что Померания и Силезия принадлежат исключительно немцам. Можно также упустить из виду, что официальные названия, которые предпочитает бюрократия правящего государства, не всегда совпадают с теми, которыми пользуются жители. И, наконец, разные люди имеют собственные причины называть одно и то же место по-разному, причем никто не имеет права диктовать употребление только определенных форм. То, что один называет *Derry* (Дерри), — для другого *Londonderry* (Лондондерри). То, что для одного Антверпен, — для другого Анверс. Если для одних — Восточная Галиция, или Восточная Малая Польша, то для других — это Западная Украина. Если для древних *Borysthenes*, то для нас — Днепр, Днипро, или Днипр. Для одних Оксфорд или даже *Niu-Jin*, а для других навсегда *Rhydychen*.

Европейская история всегда была понятием нечетким. На самом деле, невнятны и понятие «Европа», и понятие «история». Европа может означать Полуостров, сухопутная граница которого долгое время оставалась неопределенной — и в таком случае историки сами должны проводить произвольную границу своих исследований. Но «европейский» также может означать народы и культуры, зародившиеся на Континенте, — и тогда историку придется сражаться с проблемами «европейской цивилизации» по всему миру. История может говорить о прошлом вообще или, в отличие от праистории, предыстории, она может заниматься только той частью прошлого, для которой находится достаточное количество источников. В изучении предыстории приходится иметь дело с мифами, языком и в первую очередь археологией. Занимаясь же историей в узком смысле, мы обращаемся также к литературным свидетельствам, документам и в первую очередь к работам древних историков. Но чем бы мы ни занялись: концом предыстории или началом собственно истории, — мы неизбежно попадаем в важнейший пункт Европы — на остров Крит.

1628 г. до н.э. Кносс. Крит.

Стоя на высокой террасе с северной стороны дворца за блестящими на солнце молодыми оливковыми и цитрусовыми рощами, придворные Миноса видели перед собой только далеко расстилавшееся море. Все они были слугами великого царя-жреца и принадлежали аристократическому классу критской талассократии (*thalassokratia*) — первой в мире «морской империи». Жили они на то, что доставляла им торговля товарами, которые привозили их суда, плававшие повсюду; они вели жизнь полную удобств, ритм которой определялся ритуалом, в свою очередь подчиненным правилам управления. В жилищах у них была проточная вода и канализация, а стены были покрыты фресками с изображениями грифонов, дельфинов и цветов на ярком голубом или золотистом фоне. Просторные дворы их дворцов регулярно превращались в арены для ритуальных упражнений акробатов на спинах бегущих быков. В подземных складах стояли огромные каменные цистерны с зерном, вином и оливковым маслом на 4000 человек. Домашние расходы записывались с безукоризненной тщательностью на мягких глиняных табличках письмом, которое на протяжении веков прошло длинный путь развития — от иероглифов через скоропись до линейного письма. Ремесленники здесь были искусны в изготовлении украшений, в обработке металла, керамики и фаянса. Они были так уверены в своем могуществе и богатстве, что ни один из их дворцов не был укреплен.

Религия играла ключевую роль в жизни минойцев. Главным предметом культа была великая богиня Земли, известная позднее как Рея, мать Зевса. Она являлась в разном обличии, в окружении целого роя младших божеств. Ее святилища находились на вершинах гор, в пещерах или в храмах внутри дворцов. В раскопках мы находим каменные печати с изображением нагих женщин, в экстазе обнимающих святые камни. Здесь практиковались жертвоприношения в сопровождении церемоний, связанных с культом быка, оргий и множества атрибутов ритуала — алтарных столов, вотивной посуды, мисок для бычьей крови, статуэток богинь плодородия с осиными талиями. В ритуальных процессиях на длинных древках несли присутствующие повсюду символы — бычьи рога и лабрисы (*labrys*) или двусторонние топоры. В период опасности или после поражений кроме животных приносили в жертву детей и даже устраивались каннибальские пиры (не зря же муж Реи Кронос прославился как пожиратель детей и, если бы не маленькая, но своевременная хитрость, сожрал бы и малютку Зевса). Итак, минойская культура имела разработанный культ. Но ритуал был существенной составной частью социальной лепки, которая на протяжении столетий спаяла миролюбивое общество в гармоничное целое. Обращают внимание на то, что сохранившиеся изображения минойцев-мужчин лишены привычной нам мужественности[26]. Это, разумеется, ставит вопрос о роли острова в переходе от «примитивного матриархата» к «патриархальному военному обществу» (см. илл. 3 и 4).

Минойская цивилизация процветала на Крите почти тысячу лет. По мнению сэра Артура Эванса, бывшего инициатором раскопок в Кноссе, в своем развитии она прошла девять этапов. Каждый из них имел собственный стиль керамики — от первого раннеминойского по третий позднеминойский период. Своего наибольшего расцвета минойская цивилизация достигла где-то во второй четверти второго тысячелетия до н.э. (то есть во второй минойский период). Хотя стоящие на террасе придворные не осознавали этого, уже тогда надвигалась на них первая из «великих катастроф».

Этническая принадлежность жителей Крита минойского периода — предмет неутихающих споров. Принятая раньше точка зрения, что это были эллины, сегодня подвергается сомнению. Линейное письмо А, которое могло бы стать ключом к языку ранних периодов, не удалось прочесть. Линейное письмо Б, которое в конце концов удалось идентифицировать как греческое в 1952 г., по всей вероятности, относится к завершающей фазе. Сэр Артур Эванс был убежден в существовании на Крите сильного египетского влияния и даже рассматривал возможность египетской колонизации. «Мы вполне можем задаться вопросом, не могла ли во времена… триумфа династического элемента в долине Нила какая-то часть населения этих территорий… осесть на критской земле»[27].

Впрочем, кажется, что на протяжении второго тысячелетия через Крит прошло несколько волн миграции. Есть достаточные основания полагать, что с одной из последних волн наступила эллинизация острова, где-то после «великих катастроф».

Возможно также, что минойцы среднеминойского периода были хеттами из Малой Азии. Хетты были индоевропейцами и говорили на языке, получившем наименование ханесийского. Великая конфедерация хеттов имела своим центром город Хаттусса (в современной Анатолии), и со временем они стали серьезной угрозой как для Месопотамии, так и для Египта. В XIV в. до н.э. их верховный правитель Суппилулиума I (ок. 1380–1347 г. до н.э.), распространил сферу своего влияния до самого Иерусалима. В 1296 г. до н.э. хетты заключили союз с Египтом (двуязычный текст в честь этого события — самый старый дипломатический документ, его можно увидеть сегодня в фойе здания ООН в Нью-Йорке). В 1256 г. до н.э. царь хеттов Хаттусили III предпринял путешествие в Египет для участия в церемонии бракосочетания своей дочери с фараоном Рамзесом III. Вскоре влияние хеттов охватило также огромные территории Ближнего Востока, и возможно, что в этой сфере оказался остров Крит. На близкие связи особенно указывает открытие, что жители хеттского поселения, раскопанного близ сегодняшнего Чатал-Гуюка в Анатолии, исповедовали культ быка. Но все это только гипотезы.

Согласно позднейшей греческой легенде, на Крите родился не только Зевс, но и страшный Минотавр. Похитив Европу, Зевс попросту привез ее в свой дом на острове. На склоне горы Иды до сих пор показывают туристам Пещеру (Грот), где родился Зевс. Что же касается Минотавра, то он был плодом удивительной страсти. Как гласит легенда, жена Миноса Пасифая воспылала страстью к жертвенному быку, которого прислал на Крит бог моря Посейдон, и при помощи архитектора Кносса Дедала смогла с ним совокупиться: Дедал смастерил пустую изнутри корову и бесстрашная царица расположилась в ней, приняв соответствующую позу. В результате этого свидания родилось чудовище Минотавр — полубык, получеловек, *l'infamia di Creti* [позор Крита]. Тому же Дедалу поручили построить лабиринт для содержания Минотавра.

Здесь напряжение действия растет: на Крит прибывает Тесей, герой Афин. Его навязчивую мечту — убить Минотавра, объясняет, по всей вероятности, тот факт, что его мать тоже «флиртовала» с быком. Так или иначе, присоединившись к группе из семи юношей и семи молодых девушек, которых Афины посылали на Крит как дань, Тесей сумел добраться до Кносса. Он изучил лабиринт при помощи клубка ниток, который ему подарила дочь Пасифаи Ариадна, убил Минотавра и убежал. Далее он бежит с Ариадной на остров Наксос, но там ее бросает. В результате другой достойной сожаления оплошности, приближаясь к Афинам, он забыл дать сигнал победы, то есть сменить цвет парусов с черного на белый. Его безутешный отец Эгей бросился со скалы в море, которое стало с тех пор называться Эгейским. Все эти рассказы явно восходят ко времени, когда Крит был великой державой, а греческие общины полуострова — только зависимыми данниками.

Дедал является также героем легенды о первом в истории человечества полете. Когда Минос запретил ему покидать Крит, он сделал из перьев и воска две пары крыльев и вместе со своим сыном Икаром устремился в полет со склона Иды. Икар слишком приблизился к солнцу, крылья расплавились и он упал вниз, найдя смерть в морских волнах. Дедал же полетел дальше и благополучно достиг материка. *Omnia possideat, non possidet aera Minos* написал Овидий: «Хотя бы всем завладел Минос, воздуха он не добудет».

Гора Ида возносится на 2500 м над уровнем моря; нам легко вообразить, как теплые потоки уносят двух крылатых людей на огромную высоту, откуда вся эгейская цивилизация видна, как на ладони. Сам Крит — это скалистый пояс длиной 200 км; с южной стороны у него побережье Африки, с севера — воды Эгейского моря. Сфера его влияния охватывала громадный регион от Сицилии на западе до Кипра на востоке. На северо-западе лежит Пелопоннес, где господствовали Микены с их царскими «сотовыми» усыпальницами и знаменитыми Львиными воротами. На юго-востоке, в излучине Малой Азии, был расположен древний город Троя. В центре же лежат рассеянные в море Киклады — первые колонии Крита. И на ближайшей из Киклад, как иссиня-черный бриллиант в глубокой синеве моря, высился прекрасный и грозный, идеально правильный конус Тира.

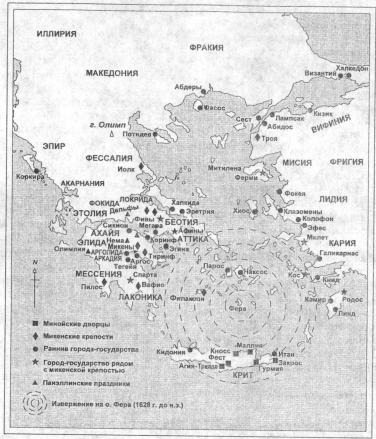

Карта 5

Древнейшие эгейские цивилизации: второе тысячелетие до н.э.

Сомнительно, чтобы минойцам многое было известно о жизни тех земель и народов, куда не доходили их корабли. Разумеется, они знали о северной Африке, особенно о Египте, с которыми вели торговлю: на стенах храма в Фивах можно увидеть изображения купцов с Крита. Вершина развития минойской культуры в Кноссе во второй позднеминойский период приходится на то самое время, когда в Египте в конце XVIII династии после фараона Аменхотепа IV на трон взошел Тутанхамон. Знали жители Крита также города Леванта — Сидон, Тир и Иерихон, которые уже тогда были очень древними, а через них минойцы знали также страны Ближнего Востока. В XVII в. до н.э. евреи еще находились в египетском плену. Арии тогда пришли из Персии в Индию. В Междуречье господствовали объединенные под властью Хаммурапи вавилоняне. Основанный на принципе «око за око, зуб за зуб», знаменитый Кодекс Хаммурапи был квинтэссенцией цивилизации этого периода. Незадолго до того вавилонскими вассалами стали ассирийцы. Хетты, которые к этому времени сумели создать могущественнейшее государство западной Азии, начали просачиваться в Палестину

Вполне вероятно, что Крит поддерживал отношения с автохтонными племенами Апеннинского полуострова. Их суда беспрепятственно достигали западных районов Средиземного моря. Они легко могли повстречаться с носителями культуры колоколообразных кувшинов и с создателями мегалитических сооружений Мальты и южной Испании; возможно, они добирались до Черного моря и там сталкивались с трипольской культурой. Та, в свою очередь, могла с успехом исполнить роль посредника на последнем, южном этапе торговых путей, ведущих с территорий, расположенных в глубине материка, где жили племена Унетицкой и курганной культур. Основным товаром была медь, главным образом, из шахт в Доломитах и из Карпат.

Но все, что располагалось дальше, для жителей Крита, видимо, заслоняла массивная стена незнания. В то время, как они приобщились к блестящим достижениям эпохи бронзы, северные земли все еще находились на позднейших стадиях неолита. Нашествие индоевропейских народов на запад, несомненно, уже началось. Иногда его связывают с наступлением культуры мужчин-воинов, которая подчинила и их миролюбивых предшественников, и собственных женщин. Кельтский авангард уже захватил все уголки центральной Европы. Германские, балтийские и славянские племена остались где-то в тылу. Возможно, что первые северные трапперы и купцы из земель «за фронтиром» добрались до Эгейского моря: на Крит попали янтарь и жадеит или нефрит.

Извержение Тира (Санторина) было одним из величайших событий праистории Европы. Когда в новейшие времена такой же трубный глас раздался в районе Кракатау, то 30 км^3 камня, огня и серы было выброшено на 20 миль в стратосферу. Даже на расстоянии ста миль наблюдатели в Кносском дворце не могли не заметить столб дыма и вспышки, а затем тучу огненного пепла. Через девять минут они услышали гул, грохот и стук. Затем они, должно быть, увидели, что море отступает, заполняя трещину в морском ложе, для того только, чтобы породить гигантскую волну, которая накрыла берег Крита сотней футов морской воды.

Высоко над Кноссом, на северных склонах горы Юкта, жрецы готовились к человеческим жертвоприношениям, которых требовала катастрофа.

В этом случае было недостаточно предложенных богам фруктов, семян или вина и даже лучшего из быков. В темной комнате в центре храма один человек приготовил ритуальный сосуд для крови, украшенный фигуркой быка. У внутреннего конца западного помещения молодая женщина лежала лицом вниз раскинув ноги. На низком жертвенном столе лежал юноша со связанными ногами — к его груди был приставлен нож с выгравированной на нем кабаньей головой. Возле него стоял мощного сложения жрец, с драгоценным железным перстнем на пальце и агатовой печатью, на которой виднелось изображение бога на плоскодонной лодке. Но землетрясение, вызванное извержением Тира, опередило удар. Обрушилась крыша храма. Жертвоприношение так и не было совершено. Тела его участников так и остались лежать на месте и были найдены три с половиной тысячелетия спустя[28].

Разумеется, остается много серьезных сомнений, но 1628 год до н.э. является «самой лучшей из существующих рабочих гипотез»[29].

Из исследований археологических слоев в восточной части Крита следует, что некий период четко отделяет извержение Тира от очередной, все еще не определенной катастрофы, которая превратила дворец в Кноссе в развалины и так хорошо обожгла глиняные таблички с записями, что их легко прочесть и сегодня. Кносс был уничтожен не Тирой, как думали раньше. Но определенно, именно Тира нанесла первый удар, возвестивший начало конца минойской цивилизации. Материальные и людские потери должны были быть огромными, а потери торговые — парализующими. Ослабленный Крит стал беззащитным перед дорийским нашествием и впоследствии подвергся полной эллинизации.

Неожиданный и полный крах первой европейской цивилизации заставляет задуматься о взлетах и падениях цивилизации вообще. Возникает вопрос, были ли пережившие эту катастрофу минойцы склонны приписывать свои несчастья собственным недостаткам. Ученый невольно задается вопросом, а приложима ли теория катастроф (так широко применяемая в других областях) к событиям истории людей, как они развертываются на длительных отрезках времени. Задумываешься, не может ли математическая теория хаоса каким-либо образом объяснить, почему долгие и спокойные периоды развития и роста сменяются затем волнениями и хаосом. И не было ли извержение вулкана на Тире спровоцировано маханием крылышек какого-либо доисторического мотылька?

Археологи и историки мыслят категориями больших временных отрезков. В такой перспективе доисторическая цивилизация эпохи бронзы, которая завершилась гибелью Кносса и Микен, является только первым из трех циклов европейской истории. Второй цикл приходится на период классического мира Греции и Рима. Третий, начавшийся «падением систем» в конце существования Римской империи, совпадает с началом современной истории. Этот цикл еще не закончился.

Со времени гибели Кносса прошло почти 3500 лет. С тех пор Европа много раз меняла свое обличье. По окончании славы Крита наступило время славы Древней Греции, на фундаменте Греции вырос Рим, на том, что осталось от Рима, — Европа. Бодрая молодость, исполненный уверенности в своих силах зрелый возраст и бессильная старость — вот этапы, которые, видимо, закодированы в истории политических и культурных сообществ так же, как и в судьбах отдельных людей. В Европе многие государства и многие люди разделили судьбу Крита: некогда они были могущественными, а ныне — ослабли. Так и сама Европа, которая некогда была сильна, сегодня слабее, чем прежде. Взрыв на атомной электростанции в Чернобыле в апреле 1986 г. поставил людей перед лицом континентальной катастрофы, сравнимой с извержением Тиры; но с подъемом освободительных движений в Восточной Европе в 1989 году окрепла надежда на мир и большее единство. Живые свидетели и участники Третьего позднеевропейского периода задумываются: не готовит ли им судьба нашествия новых варваров или иной катастрофы. А может быть, им удастся увидеть последнюю золотую осень Четвертого позднеевропейского периода.

II

HELLAS
Древняя Греция

Качества превосходства во всем, что касается Древней Греции, отмечаются всеми историками. Греция не только научила художников с исключительной точностью и напряжением воспринимать форму и цвет, но сами условия жизни в Греции, сложившаяся здесь среда обитания, кажется, особенно благоприятствовали человеку и способствовали богатству его внутренней жизни. Яркий солнечный свет, возможно, был одним из факторов, принесших известные нам поразительные результаты. Если это верно, то Гомер, Платон и Архимед явились человечеству не только как продукт природного гения, но и вследствие некоторых простейших химических реакций.

Конечно, в попытке прояснить феномен Греции придется брать во внимание очень необычную комбинацию факторов. Один из них — теплый, но подверженный сезонным колебаниям климат, крайне благоприятствующий активному образу жизни на открытом воздухе. Второй фактор — Эгейское море, острова и проливы которого были идеальной *детской* для будущих мореплавателей, торговцев и колонистов. Третьим фактором была близость древних, устоявшихся цивилизаций, достижения которых только и ждали, чтобы их перенесли на новую почву и развили. Однако в мире есть и другие места со столь же благоприятным климатом — современная Калифорния или южная Австралия. Есть в мире и другие внутренние моря, такие, как Балтика или Великие озера Северной Америки, столь же удобные для навигации. Множество регионов вблизи от великих цивилизаций речных долин были также вполне обитаемы. Но нигде — за исключением, может быть, Японского моря — не совпали все три фактора, как это случилось в Средиземноморье. Появление и расцвет Древней Греции часто представляется каким-то чудом тем, кто,

пораженный, с трепетом взирает на него, но это не простая случайность.

Без сомнения, к преобладающим утверждениям о Греции как о «самом поразительном периоде человеческой истории» следует отнестись с некоторой осторожностью. Современные представления о Греции настолько пропитаны восторгами идеологов Просвещения и романтизма, что часто бывает трудно разглядеть Древнюю Грецию, как она есть (или какой она была). Эстетическую схему, которая сильно повлияла на отношение европейцев к Греции, придумал Иоганн Иоахим Винкельман (1717–1768), прозванный *Открывателем*, бывший префект *Древностей* в Риме. В своих *Мыслях по поводу подражания греческим произведениям в живописи и скульптуре* (1755) и в *Истории искусства древности* (1764) он писал о «благородной простоте и спокойном величии» и о «совершенном законе искусства», который якобы пронизывал все греческое[1]. Суть этого закона он формулировал как «Ничего сверх меры» или «Умеренность во всем». Многие ученые, изучавшие классический мир, подпали под влияние этих интерпретаций, навязанных рационализмом и ограниченностью эпохи Винкельмана. Тогда не стремились проникнуть ни в иррациональную сферу греческой жизни, ни в простые радости древних. Эллинофильский романтизм XIX века имел свои предпочтения. Сначала Джон Китс с его *Одой к греческой вазе*:

> Недвижный мрамор, где в узор сплелись
> И люд иной, и культ иного бога,
> Ты упраздняешь нашу мысль, как мысль
> О вечности, холодная эклога!
> Когда других страданий полоса
> Придет терзать другие поколенья,
> Ты род людской не бросишь утешать,

Неся ему высокое ученье:
Краса — где правда, правда — где краса! —
Вот знанье все и все, что надо знать.

Затем Шелли, восторгающийся в *Эллинах*:

Счастливый век нам снова дан,
Счастливый и великий!
Уже расходится туман
Империй и религий,
И мира дружная семья
Меняет кожу, как змея!

И, наконец, молодой лорд Байрон восклицал:[2]

Пусть доблестные тени героев и вождей
Увидят возрожденье Эллады прежних дней.

Романтики писали о Греции, хотя и гениально, но в обольщении; и не удивительно, что они смогли, «дразня, лишить нас ума». Даже выдающиеся умы лишались способностей к критике. Один из них, например, высказывался о греческой литературе в том смысле, что «она достигла высочайших результатов в форме и была абсолютно неотразима по существу, так что произведения греков следует считать совершенством». Другой распространяется о радостях раскапывать любое классическое или полуклассическое место в греческом мире, «...где практически всякий найденный вами объект будет прекрасен». Еще один заявляет, что «дух античной Греции... настолько одушевляет здесь и самую природу, что даже скалы и леса, самые потоки и чащи взрываются этим духом». Вполне возможно, что современные люди одержимы ностальгией по тому времени, когда мир был молод, или движимы неуместным желанием доказать уникальность древней Греции. Или же, восхищаясь уцелевшими шедеврами, они забывают обо всем том мусоре, который не уцелел. «Только пройтись по улицам этого удивительного города, — писал популярный историк Афин, — помолиться в его святилищах, проплыть по Средиземноморью на его замечательных кораблях — значило получить гуманитарное образование»[3].

Если же поискать, то, без сомнения, обнаружатся и негативные аспекты. Ведь благородные греки, которыми так восхищаются, были, тем не менее, окружены «унизительными предрассудками, исключительными пороками, занимались человеческими жертвоприношениями и культивировали рабство»[4].

Многие ученые противопоставляют благородную мощь раннего периода насилию и упадку позднейших столетий. Но важно подчеркнуть тот непреложный факт, что, когда цивилизация Древней Греции впервые явилась на свет, она была слабо связана с древнейшими цивилизациями Египта и Месопотамии. [ЧЕРНАЯ АФИНА] [КАДМ] [ЭПОС] И все же за какие-нибудь три—четыре века она достигает захватывающих дух высот почти во всех областях человеческой деятельности. Европейская история не знает другого такого проявления жизненной силы вплоть до эпохи Ренессанса. Причем развитие античной Греции не было медленным и постепенным — Греция буквально вскипела творческой силой.

Политическая история Греции насчитывает более тысячи лет и прошла несколько отчетливо определяемых этапов. Первоначальная доисторическая эпоха с ее двойным центром — микенской и критской цивилизациями — закончилась в конце XII века до н.э. На своих позднейших стадиях она совпадала в значительной степени с так называемым *Героическим веком*, который достиг кульминации в Троянских войнах и который позднее греческая литература заселила легендарными героями, такими как Геракл, Аякс, Ахилл и Агамемнон. Троя стояла на азиатском побережье Эгейского моря, где (особенно в Ионии) сохранились главные центры греческих поселений на протяжении веков. Традиционно годом падения Трои считают 1184 г. до н.э., и раскопки показали, что в легендах было больше исторических оснований, чем некогда полагали.

Затем последовал продолжительный *Темный век*, от которого остались скудные исторические и даже археологические свидетельства.

Золотой век греческих городов-государств (полисов) приходится на VIII–IV вв. до н.э., причем внутри него также можно выделить несколько отчетливых периодов. В архаический период появляются исторические свидетельства, а традиционная дата первой Олимпиады (776 г. до н.э.) становится произвольно принятым началом греческой хронологии. Центральный период величайшей славы Греции начинается в V веке и заканчивается в 338 г. до н.э., когда греки вы-

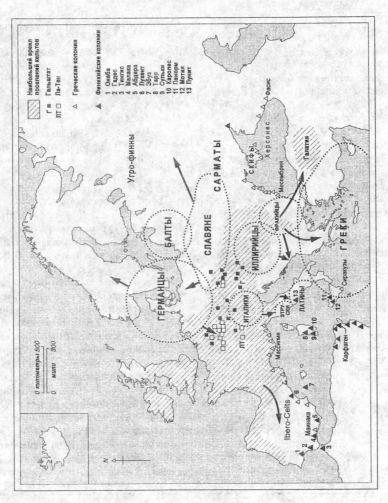

Карта 6
Европа праисторическая

нуждены были сдаться македонцам. С этого времени греческие города подпадают под чужеземное правление, сначала македонское, а затем римское.

[ЭКОЛОГИЯ] [NOMISMA]

Главными конфликтами *Золотого века* были войны с Персидской империей, которая при Кире Великом (558—529 гг. до н. э.) поглотила восточную часть греческого мира, и затем Пелопонесские войны (431—404 гг. до н. э.), когда греческие города вступили в братоубийственную борьбу. Битвы, во время которых вторгшиеся персы были остановлены и отброшены назад — в долине Марафон (490 г. до н.э.), при Фермопилах и в заливе Саламин (480 г. до н.э.), — вдохновили бесчисленные панегирики. Напротив, бесславная победа Спарты над Афинами в 404 г. до н.э., одержанная с помощью персов, или безжалостный разгром Спарты Фивами — были оставлены литературой без внимания. **[NOMISMA]**

Персидские войны доставили грекам, избежавшим персидского господства, стойкое чувство национального самосознания, национальной своей особенности. Свободная Эллада представлялась теперь «Славным Западом», «Страной свободы», родиной Красоты и Мудрости. Восток же был областью рабства, жестокости, невежества. Такие выводы Эсхил вложил в уста персидской царицы. Действие происходит в царском дворце в Сузах, после получения известий о поражении ее сына при Саламине:

Атосса	Друзья, где находятся Афины, далеко ли этот край?
Хор	Далеко в стране заката, там, где меркнет Солнца бог.
Атосса	Почему же сын мой жаждет этот город захватить?
Хор	Потому что вся Эллада подчинилась бы царю.
Атосса	Неужели так огромно войско города Афин?
Хор	Это войско войску мидян причинило много бед.
Атосса	Кто же вождь у них и пастырь, кто над войском господин?
Хор	Никому они не служат, не подвластны никому[5].

И хотя представление, будто в Греции царила только свобода, а Персия была страной тирании, было крайне субъективным, оно положило основание традиции, связывающей с тех пор *цивилизацию* с Европой и *Западом* (см. Вступление, с. 33).

[ВАРВАРЫ]

Возвышение Македонии, эллинизованной страны на север от Греции, достигло своего пика в правление Филиппа Македонского (около 359—336 гг. до н.э.) и сына Филиппа Александра Великого (ок. 336—323 гг. до н.э.). За несколько кампаний, проведенных с беспримерным блеском (и окончившихся только со смертью Александра в Вавилоне от лихорадки), были завоеваны громадные владения персов и греческий мир простерся до берегов Инда. По выражению одного восторженного поклонника, Александр был первым, кто весь известный мир (ойкумену) рассматривал как одну страну. Но старый английский историк Греции в конце 96-й главы двенадцатого тома своего труда, пишет,

---

ЭКОЛОГИЯ

Экологические проблемы привлекали внимание греческих правителей уже в начале VI века до н.э. Законодатель Солон предложил запретить обрабатывать крутые склоны во избежание эрозии почвы; а Писистрат ввел поощрение тем крестьянам, которые сажали оливковые деревья, сопротивляясь обезлесению и истощению пастбищ. Двести лет спустя Платон так писал о разрушении, нанесенном аттической земле: «И вот остался, как бывает с малыми островами, сравнительно с прежним состоянием лишь скелет истощенного недугом тела, когда вся мягкая и тучная земля оказалась смытой и только один остов еще перед нами... Среди наших гор есть такие, которые ныне взращивают разве только пчел... Много было и высоких деревьев из числа тех, что выращены рукой человека, ... а для скота были готовы необъятные пажити, ибо воды, каждый год изливаемые от Зевса, не погибали, как теперь, стекая с оголенной земли в море, но в изобилии впитывались в почву, просачивались сверху в пустоты земли и сберегались в глиняных ложах, а потому повсюду не было недостатка в источниках ручьев и рек. Доселе существующие священные остатки прежних родников свидетельствуют о том, что наш теперешний рассказ об этой стране правдив». (Платон. Критий 111 c,d).

С точки зрения экологии, «переход к земледелию был самой важной вехой в истории человечества». Он известен как *Первый переход*, поскольку в результате сложилась первая форма искусственной среды — возделанная сельская местность. В этом процессе Европа дополняла главнейшие достижения Юго-Западной Азии и развивалась параллельно с Китаем и Центральной Америкой (Мезоамерикой). Но она также разделила и все последствия: постоянный избыток пищи и, следовательно, потенциал для демографического роста; организованное, иерархическое общество; усиление принуждения в труде и в делах войны; появление городов, организованной торговли и письменной культуры — и экологические бедствия.

Но, главное, сложились особые представления об отношении человечества к природе. Иудео-христианская традиция, которая затем восторжествовала в Европе, восходит именно ко времени Первого перехода. Она подчеркивала превосходство Человека над всем остальным Творением:

«Плодитесь и размножайтесь, и наполняйте землю [и обладайте ею]; да страшатся и да трепещут пред вами все звери земные, [и весь скот земной,] и все птицы небесные, все, что движется на земле, и все рыбы морские: в ваши руки отданы они; все движущееся, что живет, будет вам в пищу; как зелень травную даю вам все» (Быт, 9:1-3).

«Поставил его владыкою над делами рук Твоих;

Все положил под ноги его...» (Пс 8).

«Небо — небо Господу, а землю Он дал сынам человеческим» (Пс 113).

Несогласные — Маймонид или св. Франциск, отвергавшие эти принципы безжалостной эксплуатации природы, определенно составляли меньшинство.

Отношение к данному вопросу не изменилось и с появлением светской философии в эпоху Ренессанса и Научной революции (см. главу VII). «Человек, если мы обратимся к последним причинам, — писал Фрэнсис Бэкон, — должен рассматриваться как центр мира», прогресс, включая материальный прогресс с неизвестным результатом, был одним из идеалов Просвещения. Человечество представлялось способным к совершенствованию, включая сюда и прикладное использование новой науки — *экономики*. А между тем, на взгляд настоящего эколога, «экономика утвердила наши самые непривлекательные предрасположения: стяжательство в материальном плане, состязательность, обжорство, гордость, эгоизм, близорукость и просто жадность». [рынок]

Конечно, в эпоху Просвещения мир вступал уже в эру *Второго перехода*. Логика эксплуатации предопределила переход от «насилия над природой», то есть возобновляемыми ботаническими и зоологическими ресурсами, к безудержному потреблению невозобновляемых ресурсов, в особенности, полезных ископаемых, которые могут служить топливом, такие, как уголь и нефть. На этом эта-

пе Европа определенно была впереди. С началом промышленной революции небывало увеличивается нагрузка на природу: прежде всего, в связи с простым ростом численности людей, а также в связи с развитием городов, установкой на рост благосостояния и уровня потребления, загрязнением окружающей среды и угрозой истощения природных ресурсов. И сверх всего многократно увеличилась способность людей вызывать экологические катастрофы, причем в таком масштабе, которого не могли даже вообразить Солон и Платон.

Прошло очень много времени, прежде чем люди начали относиться серьезно к разрушению окружающей среды. Когда сосланный Наполеон умирал в Лонгвуд Хаузе на Св. Елене в 1821 году, его смертельный недуг возбудил множество подозрений. Вскрытие позднее показало, что причиной смерти стал рак брюшины. Однако анализы 1840 года, когда тело было привезено во Францию для перезахоронения, обнаружили следы мышьяка в корнях волос. Подтвердились прежние подозрения: разных людей из окружения Наполеона стали называть отравителями. Но сто лет спустя появились новые версии: в начале XIX века мышьяковые соединения применялись для закрепления краски при окрашивании тканей. Тщательный осмотр Лонгвуд Хауза показал, что в обоях комнат экс-императора (специально для него отделанных) содержалось значительное количество мышьяка. Так что нельзя исключить, что Наполеон умер не от убийцы, но от загрязнения окружающей среды.

что следует больше сожалеть об уходе «Свободной Эллады», чем восхищаться Александром. «Историк чувствует, что из предмета ушла жизнь, — писал он, — и с печалью и унижением заканчивает свое повествование»[6]. В политическом смысле эпоха эллинизма, начавшаяся победами Александра, продлилась до того времени, пока все больше крепчавший Рим не удалил с исторической сцены всех наследников Александра. [МАКЕДОНИЯ]

Внушительной была географическая экспансия Греции. Миниатюрные островные государства и города-государства, которые расположились на каменистом побережье Эгеи, часто не имели достаточных ресурсов для поддержания растущего населения. Пригодные для обработки земли были в большой цене. Росли рынки сбыта, хотя предпринимательство в современном смысле отсутствовало. Для успешных торговых контактов с внутренними районами континента нужны были дружественные фактории. Для этих целей очень подходила колонизация и, начиная с VIII века, несколько древнейших городов материковой Греции и Малой Азии — Халкида, Эретрия, Коринф, Мегара, Фокея и, в первую очередь, Милет, осуществляют активную колонизацию. Чаще всего подходящие места находились в Сицилии и южной Италии, во Фракии и на побережье Черного моря — Понта Евксинского [Гостеприимного моря] — моря, которое, как и Тихий океан, было названо в надежде, что оно оправдает свое имя. [ХЕРСОНЕС]

NOMISMA

Монеты (Nomisma) употреблялись и греками, и римлянами. Английское слово *money* восходит (через франц. *monnaie*) к лат. *moneta* и означает монетный двор, где чеканят деньги. (В древнем Риме монетный двор был расположен на Капитолийском холме в храме Юноны Монеты.)

Металлические монеты начали обращаться в Эгейе в начале VII века до н.э. Геродот сообщает, что первые монеты были отчеканены в Лидийском царстве. Как на самую старую монету в мире часто указывают на статир, или двудрахмовую монету из электра, то есть сплава золота и серебра, вычеканенную в Лидии или в Ионии. Из того что мы знаем о фригийских царях — от легендарного Мидаса, чье прикосновение все обращало в золото, до Креза (ок. 561—546), чье имя стало означать просто «баснословное богатство», — легко понять, что они были тесно связаны с происхождением денег. Они владели *золотыми песками* реки Пактол около Сард, столицы Лидии.

В самом начале монеты чеканились и на острове Эгина. Серебряные эгинские монеты, введенные в обращение в 670 г. до н.э., были, несомненно, первыми монетами в Европе. Эти монеты с изображением морской черепахи положили начало и широко распространенной «эгинической» системе мер и весов и искусству нумизматики. Впоследствии другие монетные дворы также брали себе эмблему: сова или оливковая ветвь для Афин, Пегас — для Коринфа, нимфа Аретуза — для Сиракуз. И уже с ранних времен на монетах изображали головы божеств и делали надписи, указывающие на монетный двор или правителя. Впрочем, монеты с изображением правителя вошли в моду только в эллинистическое время, а нормой стали во времена Римской империи.

Нумизматика, наука о монетах — вспомогательная ветвь истории. Она имеет дело с самыми стойкими свидетельствами древности и особенно важна для датировки археологических слоев. Монеты, отчеканенные в металле, говорят с большой точностью о времени и месте их производства. Они свидетельствуют не только о материальных условиях, но также о распространении международной торговли и культурных контактов.

Начиная с VII века эгейские монеты разошлись по всему миру. Они легли в основание большинства монетарных систем и основного коммерческого обмена. Право чеканить монеты стало одним из признаков политического суверенитета. Только в одной древней Греции известно 1500 монетных дворов. У лидийского статира появились потомки среди монет Рима, потом в христианской Европе и теперь во всех странах. Подобно серебряной драхме Эгины, некоторые монеты получили хождение далеко за пределами своего времени и территории. Притягательная сила денег так выросла, что многие стали их бояться. «Ибо корень всех зол, — писал из Македонии св. ап. Павел в 65 г., — есть сребролюбие» (1 Тим 6:10). [ДОЛЛАР]

Со временем ранние колонии сами стали исходными пунктами дальнейшей колонизации, и появились цепочки, или семьи городов, из которых каждый хранил верность своим, так сказать, «родителям». Милет породил самую большую из подобных семей, в которой насчитывалось до восьмидесяти членов, принадлежащих к разным поколениям. На Западе, на Сицилии, первые халкидийские колонии Наксос и Мессана (Мессина) были основаны в 735 г. до н.э. Столь же древними были и Эмпорий (Ампурия) в Иберии, Массалия (Марсель), Неаполь, Сиракузы, Византий на Босфоре, Кирена в Северной Африке и Синоп на южном берегу Понта Евксинского. Позднее, вследствие завоеваний Александра Великого, появились греческие колонии в глубине Азии. Имя македонского завоевателя было увековечено в таких топонимах, как «Александрия-на-краю-мира» (Ходжент в Туркестане), Александрия в Арейе (Герат), Александрия в Арахозии (Кандагар), Александрия Сирийская и, главное, Александрия Египетская (332 г. до н.э.). От Сагунта (Сагунто около Валенсии) на крайнем западе до Буцефала (Джалалапур) в Пенджабе на востоке (названного в честь верного боевого коня Александра) непрерывная цепь греческих городов протянулась на 4500 миль, то есть на расстояние, вдвое больше ширины Северной Америки. [МАССАЛИЯ]

ВАРВАРЫ

В каждом учебнике истории подчеркивается, что персидские войны способствовали объединению людей «Свободной Эллады», формированию у них национального самосознания греков. Реже отмечают тот факт, что эти же войны начали процесс, в результате которого у греков сформировался взгляд на внешний мир, на «варваров». А между тем «эллинов придумывали» одновременно с тем, как «придумывали варваров», и греческая драма V века послужила средством достижения этой цели.

До Марафона и Саламина у греков, кажется, не было стойкого отношения к соседям как к врагам. В архаической поэзии героями часто становились наделенные сверхъестественными силами чужаки, включая титанов и амазонок. Для Гомера ахейцы и троянцы равны. Греческие колонии на побережье Черного моря поддерживали плодотворное сотрудничество и взаимообмен со степными скифами. [ХЕРСОНЕС]

В V веке, однако, греки становятся самодовольными ксенофобами. Этнический фактор можно найти у Геродота (род. 484 г. до н. э.), который, хотя и ценит древнейшие цивилизации, в особенности, египетскую, но большое значение придает «единству по крови» и общему языку эллинов.

Однако в наибольшей степени способствовали этим переменам в самосознании греков трагики, особенно Эсхил (род. 525), который сам участвовал в битве при Марафоне. В Персах Эсхил создал надолго утвердившийся стереотип: представление о персах (весьма, между прочим, цивилизованных) как о раболепствующих, хвастливых, высокомерных, жестоких, женоподобных и беззаконных чужаках.

С этого времени все посторонние, чужие рассматриваются как варвары. Никто не может сравниться с мудрыми, мужественными, благоразумными и свободолюбивыми греками. Фракийцы — лживые мужланы. Македонцы не echte hellenisch [не настоящие греки]. Ко времени Платона между греками и всеми остальными чужеземцами возводится уже непреодолимая преграда. Утверждается мнение, что только греки имеют право и способность править. В Афинах не допускали и мысли, что можно сравнивать иностранных деспотов с афинскими правителями.

Этот комплекс превосходства древних греков ставит вопрос о похожих этноцентричных и ксенофобных воззрениях, возникших в Европе позднее. Несомненно, что ксенофобию и этноцентризм греков переняли римляне, а также и другие адепты западной цивилизации, которые, как и римляне, ощущали свое родство с Древней Грецией. Эти взгляды разделяют некоторые противники западной цивилизации, одновременно пересматривая классическую древность. [ЧЕРНАЯ АФИНА] Некоторые считают, что выводы, сделанные греками при контактах с непохожими чужаками, вошли в самую плоть европейской традиции: «Именно в результате этих контактов возникло само понятие Европа, со всем ее высокомерием, со всем присущим ей чувством превосходства, с ее претензиями на древность и приоритет, на естественное право господствовать».

ХЕРСОНЕС

Херсонес [Город полуострова], был основан в 422–421 гг. до н.э. дорийскими колонистами из Гераклеи Понтийской. Он стоит на мысе на западном берегу п-ва Таврия [современное название Таврии *Крым* восходит к турецкому слову *kerim* «крепость» и отмечается не раньше XV века], в 3 км от современного Севастополя, и был одной из двух десятков колоний греческих городов на северном побережье Понта Евксинского. В основном это были колонии Милета — Ольвия [Счастливая], Пантикапей на Боспоре Киммерийском (Керченский пролив), Танаис на Дону, Фанагория и другие. Основание Херсонеса почти совпадает со временем посещения Геродотом соседней Ольвии, причем Геродот первым из историков оставил описания скифских и таврских народов, населявших Понтийские степи. Подобно соседям, Херсонес жил торговлей с континентальными племенами, а также морской торговлей пшеницей, вином, кожами и соленой рыбой. Население Херсонеса примерно в 20000 человек обитало в городе с типичной сеткой прямых каменных улиц, которые дополнялись, как обычно, агорой, акрополем, театром и портом.

Только Херсонес смог пережить все перипетии последующих 1700 лет, когда здесь последовательно сменяли друг друга греки, сарматы, римляне и византийцы. После первоначального периода, в течение которого Херсонес был одиночным форпостом греков, во II веке до н.э. он был поглощен растущим Боспорским царством с центром в близлежащем Пантикапее. Царство, ко-

лоссальное богатство которого произросло из торговли зерном, в особенности с Афинами, затем было захвачено нахлынувшими из степей ираноязычными сарматами, чья способность ассимилироваться во встреченную ими греческую цивилизацию дала толчок блестящему синтезу. Так, местные ювелиры, работавшие по заказу скифских вождей, создали самые изумительные украшения античного мира. Правившая здесь Спартокидская (не греческая) династия со временем прибегла к протекторату Митридата VI Евпатора, царя Понта, — сюжет ранней оперы Моцарта *Митридат, царь Понтийский;* Митридат умер в Пантикапее в 63 г. до н.э. (акрополь в Керчи до сих пор называется *горой Митридат*). В это время здесь размещается римский гарнизон, но он еще два столетия не осуществлял императорской власти в полной мере.

Несмотря на последующие вторжения готов, гуннов и хазар, в позднеримский/ранневизантийский период здесь было построено около пятидесяти христианских церквей. В одной из них в 988 или 991 году последний пришелец из варваров князь Володимир (или Владимир) Киевский вступил в мраморный бассейн баптистерия, чтобы перед женитьбой на сестре византийского императора принять крещение. К этому времени власть хазар ослабла и византийцы смогли восстановить положение Херсонеса как столицы климатской фемы.

Окончательно *Город полуострова* был разрушен в 1299 г. под натиском монголо-татар, которые спешили сделать Крым

своей страной. Херсонес уже не увидел ни Оттоманского нашествия в XV веке, ни завоевания Крыма русскими в 1783 г.

В 1829 г. в Херсонесе начались раскопки. Они были особенно активными перед Первой мировой войной и были возобновлены Советской археологической комиссией в двадцатых годах. При царе русские искали в основном свидетельства крещения Святого Владимира. В 1891 г. была воздвигнута громадная купольная церковь в византийском стиле, теперь покосившаяся, но место для нее было определено ошибочно. Советские археологи искали предметы материальной культуры рабовладельческого общества.

Владение классическими местами Причерноморья — предмет огромной исторической гордости для их нынешних обладателей. Морской порт Севастополь был заложен рядом с развалинами Херсонеса и получил подходящее имя: *Город славы*. Таврический дворец в Санкт-Петербурге, построенный для покорителя Крыма князя Потемкина, положил начало русскому классическому стилю. Пережив и нападения англичан и французов в 1854–1856 гг., и героическую защиту русскими, Крымское побережье стало излюбленным курортом, местом летних дворцов как царских сановников, так и советских боссов. Все они оправдывали свое присутствие в Крыму весьма сомнительной русской версией истории, начинающейся со Св. Владимира. В 1941–1942 гг., после второй героической обороны Севастополя, Крым был ненадолго оккупирован нацистами, которые по проекту «Готланд» планировали передачу Крыма немецким колонистам. В 1954 году в связи с трехсот-летием другого сомнительного события советское правитель-ство в Москве подарило Крым Украине. Этот дар, задуманный как символический, должен был продемонстрировать нерушимую связь Крыма и Украины с Россией. Однако после распада СССР он произвел прямо противоположный эффект. В августе 1991 года последний Генеральный секретарь был задержан в Форосе, где он отдыхал на вилле неподалеку от Севастополя, когда неудачный государственный переворот положил конец Советской эпохе.

В настоящее время огромное национальное разнообразие, которым когда-то отличался Крым, практически исчезло. Древние тавры и тавро-скифы давно сметены. Крымские готы удерживали свою крепость Мангуп до 1475 года. Татары были депортированы Сталиным в 1942 г. Понтийские греки дожили до депортации 1949-го года. Немногочисленные евреи, спасшиеся от нацистов, уехали в Израиль в восьмидесятых годах. Русские и украинцы остались в абсолютном большинстве.

В 1992 году семьи бывших советских военных из Севастополя, загоравшие вместе с туристами на каменистом пляже и спасавшиеся от солнца в тени колонн разрушенного Херсонеса, могли с тревогой следить за возвращением татар, за претензиями украинцев на черноморский флот и за требованиями русских предоставить Крымской республике автономию. Никакое другое место не могло бы сильнее напоминать им о том, какая это преходящая вещь — слава.

Особую роль сыграли Сицилия и южная Италия (известные позднее как *Magna Graecia* или *Великая Греция*). У них с материковой Грецией сложились такие же отношения, какие позднее сложились у обеих Америк с Европой. До персидского завоевания Малой Азии в VI веке центром греческого мира оставалась Эгея, а Милет был даже больше и богаче Афин. Но как только *Европе* стали угрожать сначала персы, а потом Македония и Рим, города Великой Греции приобрели новое значение. Сицилия, полная роскоши и тиранов, процветала благодаря сложившемуся здесь особому симбиозу с окружающим финикийским миром. Сиракузы же были для Афин тем же, чем Нью-Йорк был для Лондона.

О греческой Сицилии и ее междоусобных войнах Мишле писал особенно красноречиво: «Она росла в гигантских пропорциях. Ее вулкан Этна заставлял устыдиться Везувий… а окружающие его города были достойны его величия. Исполинская рука дорийцев видна и в развалинах Акрагаса (Агригента), и в колоннах Посейдония (Пест), и в белом призраке Селинунте… и все же ни их колоссальная мощь этих городов, ни их немыслимое богатство, ни их великолепный флот… не смогли уберечь их от разрушения. В истории Великой Греции на смену поражению приходила катастрофа. Так, покинули мир Сибарис и Агригент, эти Тир и Вавилон Запада…»[7].

Великая Греция контролировала очень важный в стратегическом отношении регион, где греческий мир вступал в непосредственный контакт со своими соперниками: сначала финикийцами, а потом Римом.

Финикия, родина царевны Европы, расцвела параллельно Греции и в похожем стиле. Впрочем, финикийские города-государства, как и финикийские колонии, были значительно старше своих греческих собратьев. Сидон и Тир возвысились в то время, когда Крит окончательно приходил в упадок. *Kart-hadshat* [Новый город] (Карфаген, Картаго, Картаг) был основан в Северной Африке в 810 г. до н.э., как говорят, финикийскими колонистами под водительством Пигмалиона и его сестры Дидо. Лежавший же по соседству *Atiq* (Утика) был еще старше. Когда «старую» Финикию, как и Малую Азию, захватили персы, Карфаген и Утик(а) сохранились, подобно городам материковой Греции, и продолжали процветать сами по себе.

Благодаря своей морской мощи, торговле и колонизации Карфаген создал громадную империю. Колонии Карфагена простирались за Геркулесовы столпы от Гадеса (Кадис) и Тингиса (Танжер) до Панор(м)а (Палермо) на Сицилии. В период своего расцвета это был, наверное, самый процветающий из городов-государств, господствовавший над всеми островами и берегами западного Средиземноморья. Начиная с V века, он вступает в борьбу со многими греческими городами на Сицилии и разрушает их, и его притязания на Сицилии были остановлены только достигшей сюда силой Рима.

Финикийцы и карфагеняне, подобно евреям и арабам, были семитами. Как главные проигравшие в борьбе за господство в Средиземноморье, они не пользовались симпатией ни греков, ни римлян. Как идолопоклонники, поклонявшиеся Ваалу — воплощению идолопоклонства — они всегда подвергались насмешкам последователей иудео-христианской традиции, которую со временем перенял греко-римский мир. И хотя финикийские родичи европейцев господствовали более тысячи лет, их цивилизация малоизвестна и мало изучена. Можно сказать, что они тоже жертвы антисемитизма.

МАССАЛИЯ

Город Массалия (Марсель) был основан ок. 600 г. до н.э. греками из Фокеи (Малая Азия). По легенде, их предводитель Фотий вошел на галере в гавань как раз тогда, когда вождь местного племени лигуров совершал обряд обручения своей любимой дочери. Когда девушке предложили протянуть обручальную чашу одному из собравшихся там воинов, она вместо того протянула ее прекрасному греку. Так было положено начало одной из богатейших и быстро развивавшихся греческих колоний.

Окруженная высокими утесами белого камня и охраняемая расположенным недалеко от берега островом, изумительная гавань древней Массалии уже более 2500 лет служит крупным торговым и культурным центром. Правила здесь торговая олигархия. Великий совет из пожизненно избиравшихся 600 граждан, назначал Малый совет пятнадцати, а тот в свою очередь формировал исполнительную власть. Торговые и исследовательские экспедиции массалиотов распространялись вдаль и вширь. Массилиоты господствовали на море от Луны в Тоскане до юга Иберии и основали торговые поселения в Никее (Ницце), Антиполиче (Антибе), Роде (Арле) и далеком Эмпории — и все они посвящены их богине-хранительнице Артемиде Эфесской. Поклонявшиеся ей моряки не страшились океана даже за Геркулесовыми столпами и, говорят, они доплывали до Исландии на севере и до современного Сенегала на юге. Один отважный массалиот Пифей проплыл в IV в. вдоль северных берегов Европы, включая *Железные острова*, как Геродот называл Британию. Его утраченное *Обозрение земли* было известно Страбону и Полибию.

Перед лицом ревнивого соперничества со стороны финикийцев и карфагенян Массалия часто обращалась за помощью к Риму. Но однажды они с этим переборщили. В 125 г. до н.э., когда они попросили военной помощи против галлов, римские легионы захватили всю страну и учредили здесь провинцию *Трансальпийская Галлия (Прованс)*. Возникло триязычное сообщество, где говорили по-гречески, по-латински и по-кельтски. В дальнейшем жизнь города была зеркальным отражением политических перемен в Средиземноморье — власть арабов, византийцев, генуэзцев и с 1481 года французов. Особое процветание Марселя началось в XIX веке с возникновением французских интересов в Леванте. Экспедиция Наполеона в Египет и строительство Суэцкого канала де Лессепсом — ключевые эпизоды этого процесса.

Современный Марсель, как и древняя Массалия, зависит от моря. На смену Старому порту, который обрел бессмертие в драматической трилогии Марселя Паньолы, пришел громадный Порт Отоном. Но смятение чувств Фанни, Мариуса и Цезаря, которых терзает печаль приплывающих и отплывающих кораблей, будет повторяться вечно:

Фанни. А ты, Мариус, ты не любишь меня? (Мариус молчит)

Мариус. Я уже говорил тебе, Фанни, я не могу жениться на тебе.

Фанни. О, я понимаю, это одна из тех ужасных женщин из старого города... скажи же мне, Мариус ...

Мариус. Нет, я не доверяю никому, кроме тебя. Я как раз хотел сказать тебе, Фанни, я хочу уехать.

С высокой террасы Нотр Дам де ла Гард (на месте греческого храма) можно смотреть, как внизу входят в гавань корабли, подобно галере Фотия. Или, вообразив себя графом Монте-Кристо из замка Иф или Мариусом, помечтать о том, чтобы бежать за море.

Греческая религия развивалась от раннего анимизма и фетишизма до воззрения на мир как на «один большой Город богов и людей». Олимпийский пантеон сложился уже к концу доисторической эпохи. Зевс, отец богов, и Гера, его супруга, правили семьей своевольных олимпийцев — Аполлоном, Артемидой, Афиной Палладой, Аресом, Посейдоном, Гермесом, Дионисом, Деметрой, Плутоном и Персефоной. Считалось, что их дом на вершине горы Олимп стоит на северной границе греческой земли. Семью олимпийцев дополняли во множестве местные божества, сатиры, духи, нимфы, фурии, сивиллы и музы — греки совершали жертвоприношения им всем. Нормальной практикой было принесение в жертву животных.

И хотя боги сохраняли за собой прерогативы на каприз, а некоторые из них, такие, как Арес — бог войны, или Посейдон — бог моря, могли быть мстительными, но не было ни дьяволов, ни другой силы тьмы и греха, которые взращены глубинными страхами людей. Главным недостатком Человека считалась *hybris,* или «самодовольная гордость», которая обычно наказывалась гневом богов — *nemesis.* [ПРЯНОСТИ И БЫК]

В Греции процветали тысячи мифов и обескураживающий набор культов и оракулов. Они воспитывали взгляд на вещи, в соответствии с которым мужество и предприимчивость, умеряемые уважительностью, вознаграждались здоровьем и богатством. Повсеместно был распространен культ

ПРЯНОСТИ И БЫК

Пифагор (ок. 530 г. до н.э.) изрек две широкоизвестные максимы: «Все в мире — числа» и «Есть бобы так же преступно, как есть головы родителей». Те, кто интересуется истоками современного научного знания, занимаются его математикой. Но те, кто занят особенностями греческого мышления, изучают его гастрономические идеи вкусы, привычки и пристрастия.

Пифагор, подобно отцам-пилигримам[1] позднейших времен, был религиозным диссидентом и покинул свой родной остров Самос, чтобы основать со своими последователями колонию в Великой Греции. Там он обрел свободу прилагать свои религиозные теории, среди прочего — идеи о еде и питаний. Главная его посылка проистекала из понятия метампсихоза, переселения душ после смерти от человека к человеку или от людей к животным. Вот почему он был принципиально против обычая приносить животных в жертву, и утверждал, что аромат нагретых трав и пряностей больше подо-

бает богам, чем смрад сжигаемого жира.

Но если пряности связывали с Небом, то бобы связывали с Адом. Кормовые бобы, безузлые побеги которых упорно пробивались к свету, считались «лестницей человеческих душ» на их пути из загробного мира. Разросшиеся в закрытом горшке, бобы представляли собой отвратительное зрелище — безобразную смесь непристойных форм, напоминающих половые органы и человеческих зародышей. Сходные табу распространялись и на потребление благородного мяса, в особенности говядины. А такие животные, как свиньи и козы, которые паслись вокруг и наносили ущерб природе, считались вредными и потому пригодными в пищу. Другие, такие как овцы, давашие шерсть, или работающие волы — самые верные помощники человека, почитались полезными и потому в пищу не годились. Мышцы неблагородного мяса можно было есть при необходимости, но не жизненно важные органы, как сердце

или мозги. По мнению Аристоксена из Тарента, питание должно состоять из ячменя, вина, фруктов, дикого просвирника и асфоделя, *artos'a* (пшеничного хлеба), сырых и вареных овощей, опсониновой приправы и в отдельных случаях молочного поросенка или барашка. Однажды вол, спасенный Пифагором с бобового поля, получил пожизненную пенсию ячменем в местном храме Геры.

Когда ученик Пифагора Эмпедокл из Агригента победил в состязании на колесницах в Олимпии в 496 г. до н.э., он отказался совершить обычное в таких случаях жертвоприношение быка. Вместо того он сжег изображение быка из масла и пряностей, приветствуя богов в облаке фимиама и мирра. Пифагорейцы считали питание важнейшим среди вопросов этики. «Пока люди убивают животных, — говорил их учитель, — они не перестанут убивать друг друга». [КОНОПИСТЕ]

---

[1] Первые английские колонисты, поселившиеся в Северной Америке в 1620 г.

Зевса (с центром в Олимпии, где проходили Олимпийские игры), повсюду было распространено благочестие в сочетании с состязательностью и усердием. Широко распространенный культ Аполлона, бога света, имел своим центром место рождения Аполлона — остров Делос и Дельфы. Мистерии Деметры, богини земли, в Элевсине, и еще более экстатические мистерии Диониса, бога вина, восходят к древним обрядам плодородия. Из культа певца Орфея, последовавшего за своей умершей возлюбленной Эвридикой в загробный мир, развилось верование в существование и очищение душ. Орфизм, просуществовавший с VII в. до н. э. до конца римских времен, вдохновил бесчисленные поэтические произведения от Платона и Вергилия до нашего времени:

С лирою звучной во мглу
шедший, спокоен,
вечности светлой хвалу
воздать достоин.

С мертвыми ведавший вкус
летейского мака,
шепот постигнувший муз,
тайну их знака...
Пусть отраженье мелькнет
и зыблется в призме.
Образ храни и воспрянь.

Там, где кончается грань
смерти и жизни,
голос блаженный поет[8].

Все эти культы, а также эллинистические культы Митры и Изиды, оставались еще живыми культами, когда после 200-й олимпиады сюда пришло христианство. (См. Глава III). [OMPHALOS ИЛИ ПУП ЗЕМЛИ]

Греческая философия, или «любомудрие», выросла как оппозиция традиционным религиозным воззрениям. Сократ (469–399 гг. до н.э.), сын каменотеса, должен был по приговору в Афинах выпить чашу ядовитого зелья из цикуты (болиголова) за то, что он «вводил чуждых богов» и «развращал молодежь». Но метод Сократа — ставить глубокие вопросы с тем, чтобы проверить утверждения, лежащие в основе нашего знания, — стал в последующем основой всей рациональной мысли. Сократ прибег к этому методу с целью опровергнуть ложные, по его мнению, аргументы софистов, или «мудрецов». Его девизом были слова «Неисследованная жизнь не стоит того, чтобы ее прожить». Как утверждает ученик Сократа Платон, он говорил: «Я знаю только то, что я ничего не знаю». Это было идеальное начало для эпистемологии (гносеологии).

Платон (ок. 429–347 гг. до н.э.) и ученик Платона Аристотель (384–322 гг. до н.э.) заложили основы большинства отраслей спекулятивной и естественной философии. Платоновская Академия, или «Роща» и Аристотелевский Лицей, известный также как Школа перипатетиков, были Оксфордом и Кембриджем (или Гарвардом и Йельским университетом) античного мира. Именно о них было сказано: «Греки в наследство западной философии оставили западную философию»[9]. Из этих двух Платон был идеалистом, создателем первых утопий, фундаментальных теорий далекоидущей критики знания и знаменитого анализа любви. В интеллектуальной истории нет более сильного образа, чем платоновская метафора пещеры, которая предполагает, что мы в состоянии воспринимать мир только опосредованно, что мы видим реальность как пляшущие на стенах тени от огня. Аристотель же, напротив, был «практик вдохновенного здравого смысла», систематизатор. Его энциклопедические труды охватывают области от метафизики и этики до политики, литературной критики, логики, физики, биологии и астрономии.

Греческая литература, первоначально существовавшая в форме эпоса, была одним из тех чудес, которые, кажется, являются на свет уже зрелыми. Гомер, который жил и творил, по-видимому, в середине VIII-го века до н.э., опирался на гораздо более древнюю устную традицию. Он мог быть или не быть единоличным автором тех произведений, которые ему приписывают, но все признают, что этот первый поэт европейской литературы был и наиболее влиятельным. Мало что сравнится с *Илиадой* и *Одиссеей*, и ничто их не превосходит. Язык Гомера, который филологи-классики называют «возвышенным», оказался также бесконечно гибким и выразительным. [ЭПОС]

OMPHALOS (ПУП ЗЕМЛИ)

По мнению греков, Дельфы находились в самом центре мира. Расположенный здесь *omphalos* [камень-пуповина] обозначал место, где встретились два орла Зевса, один, посланный с востока, и один — с запада. Здесь, в глубокой долине, окруженной темными соснами и розовыми утесами горы Парнас, Аполлон некогда убил змееподобного бога Пифона и над заполненной газами расселиной основал свой самый авторитетный оракул. В историческое время здесь были построены храм Аполлона, театр, стадион для Пифийских игр и бесконечные сокровищницы городов-патронов. В 331 г. до н.э. Аристотель вместе со своим племянником составили список всех побед на Пифийских играх. Их разыскания были увековечены на четырех каменных досках, которые впоследствии были обнаружены археологами.

Получение оракула совершалось по установленному с незапамятных времен ритуалу. На седьмой день каждого месяца верховная жрица Пифия, после омовения в Кастальском источнике, по обычаю восседала на священном треножнике над расселиной и, погрузившись в экстатический транс среди газов, ожидала обращенных к ней вопросов. Вопрошавшего (после обычного принесения в жертву козы) ждали исключительно неопределенные ответы, преподносившиеся ему гекзаметрами.

Так, Тесею, знаменитому победителю Минотавра и основателю Афин, было дано следующее ободрение: «Тесей, сын Эгея... не печалься. Потому что, как кожаная бутыль, ты поплывешь по волнам даже в бурю».

Гражданам Феры, обеспокоенным печальной судьбой своей колонии на африканском побережье, оракул повелел пересмотреть ее расположение: «Если вы знаете Ливию, питательницу стад, лучше меня, не побывавши даже там...то я восторгаюсь вашей мудростью.» И перенесенные с острова вглубь материка, Кирены процвели.

Царь Лидии Крез хотел знать, начинать ли ему войну или хранить мир. Оракул ответил: «Крез, перейдя через Галис, разрушит великое царство». Он пошел на войну, и его империя была разрушена.

Перед Саламинским боем в 480 г. до н.э. делегация афинян просила у Аполлона помощи против персидских завоевателей: «Паллада не может утолить Зевса... но когда все остальное будет захвачено... все же Зевс широких небес дает рожденному тритоном деревянные стены... благословить тебя и твоих детей». Фемистокл, командующий флотом афинян, правильно понял, что ключ к победе был в его деревянных кораблях.

Лисандр, спартанский военачальник, с триумфом вошедший в Афины в конце Пелопонесской войны, был предупрежден: «Я умоляю тебя беречься шумного гоплита и змея, хитроумного сына земли, который нападает сзади». Он был убит солдатом, на щите которого была выбита змея.

Филиппу Македонскому, известному своим обычаем действовать подкупом, как говорят, было сказано «сражаться серебряными стрелами». Более достоверно, что во время приготовлений к войне с персами он получил следующее предсказание: «Бык украшен венком. Конец пришел. Жертвоприношение близко». Вскоре он был убит.

Римлянин Луций Юний Брут с двумя своими спутниками обратились к оракулу и вопрошали его о будущем: «Молодые люди, тот из вас, кто первым поцелует свою мать, получит высшую власть в Риме». Спутники Брута восприняли намек прямолинейно, а Брут, склонившись, поцеловал землю. В 509 г. до н.э. Брут стал первым консулом в Риме.

Четыре столетия спустя, Цицерон спросил оракула, как добиться высшей славы. Ему было сказано: «Пусть твоя собственная природа, а не мнение большинства, руководят твоею жизнью».

Императору Нерону, который боялся смерти, было сказано: «Ожидай плохого от 73». Ободренный император решил, что доживет до 73 лет. На деле же он был свергнут и принужден совершить самоубийство в возрасте 31 года. 73 года было преемнику Нерона Гальбе.

Особенно знаменит факт молчания оракула, когда его вопрошал Александр Великий. Вера во всеведение Дельфийского оракула так же велика сейчас, как и во времена суеверных греков древности. Ученым же важно отделить действительные пророчества Оракула от его поистине беспредельной славы. Скептики указывают, что ни одно из предсказаний не было зафиксировано до совершения тех событий, на которые оракул указывал. Удивительная сила Оракула никогда не могла быть проверена, так что вся процедура складывалась из таких важных элементов, как могучий культ, эффективный механизм саморекламы и легковерная публика.

Многие из самых известных истин были высечены на стенах храма Аполлона. Среди них: «Ничего сверх меры» и «Познай самого себя». Они и стали девизом греческой цивилизации.

ЭПОС

Илиада и *Одиссея* Гомера традиционно считались в Европе не только самыми древними произведениями европейской литературы, но самыми древними формами высокой литературы вообще. В 1872 году, однако, после обнаружения при раскопках глиняных табличек из царской библиотеки Ашшурбанипала в Ниневии, столице древней Ассирии, миру предстал *Эпос о Гильгамеше*.

К тому времени, когда были сложены поэмы Гомера, *Гильгамеш* был уже известным и великим произведением. И в самом деле, этот эпос прослеживается в литературной традиции Месопотамии до третьего тысячелетия до н.э. Он начинается так:

О том, кто все видел до края Вселенной,
Кто скрытое ведал, кто все постиг,
Испытывая судьбы земли и неба
Глубины познанья всех мудрецов.
Неизвестное знал он, разгадывая тайны,
О днях до потопа принес нам весть,
Ходил он далеко, и устал, и вернулся,
И выбил на камне свои труды

Гильгамеш. [Перевод Н. Гумилева.]

Первоначально интерес к вавилонскому эпосу ограничивался установлением его связей с *Библией*, и в особенности с библейским повествованием о Потопе и Ковчеге и историей Творения. Но вскоре ученые заметили в вавилонском эпосе и гомеровские темы, в конце концов, хронологически эти эпосы были довольно близки. Ашшурбанипал строил свою библиотеку в Ниневии в последней четверти VII века до н.э.; Ниневия была разрушена в 612 г., то есть очень близко к тому времени, когда окончательно сложились гомеровские поэмы, сочиненные слепым рапсодом

Многие текстуальные совпадения объясняются условностями практики устного творчества эпических поэтов долитературной эпохи. Но есть многое, чего нельзя объяснить с той же легкостью. Начальные строки *Гильгамеша* очень напоминают начало *Одиссеи* и по тону и по чувству:

Муза, скажи мне о том многоопытном муже, который,
Странствуя долго со дня, как святой Илион им разрушен,
Многих людей города посетил и обычаи видел,

Много и сердцем скорбел на морях, о спасенье заботясь... .
Скажи же об этом
Что-нибудь нам, о Зевесова дочь, благосклонная Муза.
[Гомер. Одиссея, I., пер. В.А. Жуковского)

У нас гораздо больше оснований усматривать в *Илиаде* влияние *Гильгамеша*. Обе поэмы строятся на драматическом повороте сюжета, связанном со смертью одного из двух неразлучных друзей. Гильгамеш оплакивает Энкиду, как Ахилл оплакивает Патрокла. И другие эпизоды, такие как вытягивание богами жребия о разделе земли, моря и неба, весьма схожи. И если раньше только предполагали, что «возможно, греки в долгу перед Ассирией», то теперь это представляется весьма вероятным. В таком случае гомеровские поэмы являются не только связующим звеном между классической литературой и бесчисленными аэдами, не владевшими письменностью бардами бесконечно древней традиции. Они также заполняют пробел между условным литературным каноном Запада и гораздо более древними творениями неевропейской литературы.

Письменная литература требует грамотности, истоки которой восходят к VIII веку, когда был заимствован алфавит. Искусству письма весьма способствовал сам городской характер греческой жизни, однако насколько это искусство проникало в различные слои общества — вопрос спорный. [КАДМ]

Последователи Гомера — авторы других эпических произведений от Гесиода (ок. 700 г. до н. э.) до неизвестного автора/авторов т. н. гомеровских гимнов; элегисты от Калина из Эфеса (род. около 690 г. до н. э.) до Ксенофана из Колофона (ок. 570–480 гг. до н. э.); лирики от Сапфо (род. в 612 г. до н. э.) до Пиндара (518–438), от Анакреона (расц. ок. 530 г. до н. э.) до Симонида из Кеоса (556–468 гг. до н. э.) — постоянно привлекали и подражателей, и переводчиков. Феокрит Сиракузский (ок. 300–260 гг. до н. э.) писал идиллии о нимфах и козопасах, которые стали образцом для всех пасторальных произведений от эклог Вергилия до шекспировской *Как вам это понравится*. Но никто не превзошел сладкоголосием «десятую музу» с Лесбоса:

Конница — одним, а другим — пехота,
Стройных кораблей вереницы — третьим...

А по мне, — на черной земле всех краше
Только любимый[10].

Чтение стихов было тесно связано с музыкой; и мелодии семиструнной лиры обычно сопровождали декламацию гекзаметров. Греческое слово *musike* означало всякие мелодические звуки: слова или ноты. Поэзию можно обнаружить в простейших надписях, в широкораспространенном искусстве эпиграммы: «Все есть смех. Все — прах, все — ничто. Из безумия произошло все сущее»[11].

πάντα γέλως καὶ πάντα κόντα τὸ μηδέν·
πάντα γὰρ ἐξ ἀλόγων ἐστὶ τὰ γιγνόμενα.

Или эпитафии: «Путник, весть отнеси всем гражданам воинской Спарты:

Их исполняя приказ, здесь мы в могилу легли»[12].

ὦ ξεῖν', ἄγγειλον Λακεδαιμονίοις ὅτι τῇδε
κείμεθα τοῖς κείνων ῥήμασι πειθόμενοι.

Греческая драма выросла из ритуальных действий религиозных празднеств. Понятие *tragodia* (буквально «козлиная песня») было первоначально связано с ритуальным жертвоприношением. Первые афинские драмы исполнялись на празднестве Диониса. Подобно играм, они проходили в духе состязательности. Стилизованный диалог актеров с хором был тем средством, которое позволяло разрабатывать сложнейшие психологические и духовные конфликты. Триада трагиков Эсхилл (525–456 гг. до н. э.), Софокл (ок. 496–406 гг. до н. э.) и Еврипид (ок. 480–406 гг. до н. э.) превратили родовой миф и легенду в закладные камни мировой литературы. *Семеро против Фив, Орестея, Прометей прикованный; Царь Эдип, Электра и Антигона; Ифигения в Авлиде, Медея и Ипполит* — это только немногое из когда-то громадного репертуара. [ЭДИП]

До нас дошло только тридцать две трагедии; но их по-прежнему ставят во всем мире. Особую потребность ощущает в них пораженный страхом XX век. «Трагедия позволяет нам пережить невыносимое». «Величайшие греческие трагедии постоянно учат нас возможности кошмара... тому, что все мы кончим тьмой, отчаянием и самоубий-

ством». «Храбро заглянувши в ужасную разрушительность так называемой Мировой истории, а также в жестокость природы, грек успокаивается... Искусство спасает его, а через искусство — жизнь»[13].

Комедиографы под водительством Аристофана (ок. 450–385 гг. до н. э.) чувствовали себя в праве высмеивать всех, от философов до политиков. *Всадники, Птицы, Облака, Осы, Лягушки,* фантастические сюжеты которых полны грубого и скабрезного юмора, до сих пор способны вызывать неудержимый смех публики повсюду в мире. У Аристофана был исключительный талант выковывать незабываемые фразы. Он, например, придумал выражение *Nephelokokkugia* [Облакокукушкия] — «мир грёз; несбыточные мечтания». [SCHOLASTIKOS]

Не будет преувеличением сказать, что греческая литература стала стартовой площадкой гуманистической традиции. «Много есть чудес, — писал Софокл; — но нет ничего более удивительного, чем человек»:

Хор: Он зимою через море
  Правит путь под бурным ветром...
  Землю, древнюю богиню,
  Что в веках неутомима,
  Год за годом мучит он
  И с конем своим на поле
  Всюду борозды ведет.
  Муж, на выдумки богатый,
  Из веревок вьет он сети
  И, сплетя, добычу ловит:
  Птиц он ловит неразумных,
  Мысли его — они ветра быстрее;
  Речи своей научился он сам;
  Грады он строит и стрел избегает,
  Острых морозов и шумных дождей;
  Все он умеет; от всякой напасти
  Верное средство себе он нашел[14].

Ораторское искусство Греции развивалось и под влиянием театра, и благодаря традиции судопроизводства и политических собраний под открытым небом. Риторика, впервые подробно изложенная в *Искусстве слова* Корака Сиракузского (ок. 465 г. до н. э.), затем изучалась как искусство формы. Из «Десяти ораторов Аттики» от Антифонта до Динарха из Коринфа, ни один

КАДМ

Кадм, сын финикийского царя Агенора и брат Европы, фигурирует во многих греческих мифах. Его почитали как основателя Фив в Беотии, как того, кто принес алфавит. Обходя землю в поисках своей соблазненной сестры, Кадм обратился к дельфийскому оракулу. Ему было сказано построить город там, «где ляжет отдохнуть корова». Тогда он последовал за судьбоносной коровой из Фокеи в Беотию. Там он заметил место, где она, наконец, улеглась возле холма, и начал строить Кадмею, овальный акрополь Фив. Жители города произошли из зубов дракона, которого Кадм убил по совету Афины. Афина поставила его здесь правителем, а Зевс дал ему в жены Гармонию.

Фивы были не только местом рождения Диониса и Геракла, пророка Тиресия и волшебного музыканта Амфиона, но также и местом действия величайших трагедий: *Царь Эдип* и *Семеро против Фив*. Сосед и вечный соперник Афин, город Фивы был союзником Спарты, а потом все же разрушенный; впоследствии сам разрушенный Александром. [ЭДИП]

Финикийский алфавит, принесенный, как говорили, Кадмом, был фонетическим и состоял из одних согласных. В его основной форме он известен с 1200 до н.э. и, подобно своему древнееврейскому собрату, пришел на место иероглифов. Простая система, которую было легко усвоить даже детям, он покончил с монополией на тайнопись, которую на протяжении тысячелетий держали касты жрецов ранних цивилизаций Малой Азии. Названия букв перешли в греческий практически без изменений: алеф (Альфа) = «бык», бет (бета) = «дом», гимель (гамма) = «верблюд», далет (дельта) = «дверь палатки». Греческий алфавит сложился, когда к шестнадцати финикийским согласным добавили пять гласных. Финикийский алфавит употреблялся также для обозначения числительных. В свое время от него произошли основные виды письменности европейцев — современный греческий, этрусский, латинский, глаголица и кириллица.

Самое раннее употребление латинского алфавита относится к VI в. до н.э. Латинский алфавит был основан на письме, которое обнаруживается в Халкидонских колониях, таких как Кумы в Великой Греции. Впоследствии латиницу переняли и адаптировали все языки западного христианства: от ирландского до финского, а в новейшие времена и многие неевропейские языки, включая турецкий.

Алфавиты глаголицы и кириллицы восходят к греческому языку византийского периода и были приспособлены для письменности некоторых славянских языков. В православной Сербии сербохорватский язык имеет кириллическую письменность, в Хорватии — тот же язык имеет латинский алфавит. [ИЛЛИРИЯ]

Финикийский, греческий и романский шрифты с острыми углами предопределялись искусством каменного резца. Постепенная эволюция рукописных стилей стала возможна с употреблением палочки (*стило*) по воску, а также гусиного пера на пергаменте.

Латинские минускулы, основа современных *малых букв*, появились около 600 г. н.э., хотя римские майускулы [прописные буквы] все еще оставались в употреблении. [ПАЛЕОГРАФИЯ]

Письменность и литература составляют истинную славу европейской цивилизации, но в истории Кадма содержится намек, что корнями они уходят в Азию.

не мог сравниться в искусстве с Демосфеном (384–322 гг. до н. э.). В молодости заика-сирота, он смог преодолеть все трудности и, вынудив своего главного соперника Эсхина (389–314) покинуть Грецию, стал признанным мастером публичных выступлений и прозы. В своих *Филиппиках* он страстно и красноречиво призывал сопротивляться Филиппу Македонскому. Его речь *О венке*, произнесенную в защиту самого себя на процессе в 330 г. до н. э., Маколей скромно назвал «верхом совершенства в человеческих искусствах».

Греческое искусство также пережило свое великое пробуждение — то, что один выдающийся ученый посмел назвать «величайшей и самой удивительной революцией за всю историю Искусства»[15]. Наша нынешняя оценка, без сомнения, сформировалась под влиянием тех форм, которые уцелели, в основном скульптуры, архитек-

MOUSIKE

Греческий термин *mousike* включает и поэзию, и искусство звука — музыку. Оба вида искусства имеют долгую историю.

Древнегреческая музыка строилась на ладах. Музыкальный лад, как и гамма, представляет собой фиксированную последовательность нот, а интервалы между ними составляют основу мелодических построений. Греки знали шесть ладов; и математики-пифагорейцы точно подсчитали частоты, лежащие в основе сложных тонов, полутонов и четвертьтонов. Система ладов, впрочем, оперирует не так, как позднейшие системы тональностей и гамм. Перемена лада меняет конфигурацию интервалов в мелодической последовательности, а перемена тональности меняет только высоту звука.

В IV веке св. Амвросий выбрал четыре так называемых подлинных лада для употребления в церкви; Григорий Великий дополнил их еще четырьмя так называемыми *плагальными ладами* (кадансами), так что в целом получилось восемь *церковных ладов*. Так сформировалась основа григорианского хорала или григорианского напева в унисон [КАНТ]. В XVI веке шведский монах Генрих из Глауруса (Глареанус) разработал полный состав из двенадцати ладов, дав им довольно непоследовательные названия, которые (за одним исключением) не совпадают с древними оригинальными названиями.

С развитием современной гармонии большинство древних ладов было упразднено. Но два лада, (XI и IX) Лидийский и Эолийский, остались. Известные с XVII века как мажорный и минорный варианты гамм из двенадцати нот, они представляют собой близкородственные аспекты («радостный» и «скорбный») той мелодической системы, на которой основана европейская *классическая музыка*. Вместе с темпом и гармонией они представляют собой три главных элемента, так сказать грамматики музыкального языка, который отличает Европу от ее азиатских и африканских соседей.

И хотя Европа так никогда и не приобрела общего разговорного языка (то есть общего вербального *mousike*), но ее общий музыкальный язык, (невербальное *mousike*) давно и крепко связывает общеевропейскую культуру. И в самом деле, поскольку этот язык распространен от Испании до России (но не до Индии или исламского мира), есть искушение предположить, что это единственное универсальное средство паневропейского общения.

N	Глареанус	Греческое	Диапазон	Разрешение	Доминанта
I	Дорийский	Фригийский	D-D	D	A
II	Гиподорийский	------	A-A	D	F
III	Фригийский	Дорийский	E-E	E	C
IV	Гипофригийский	------	B-B	E	A
V	Лидийский	Синтонолидийский	F-F	F	C
VI	Гиполидийский	------	C-C	F	A
VII	Миксолидийский	Ионийский	G-G	G	D
VIII	Гипомиксолидийский	------	D-D	G	C
IX	Эолийский	Эолийский	A-A	A	E
X	Гипоэолийский	------	E-E	A	G
XI	Ионийский	Лидийский	C-C	C	G
XII	Гипоионийский	------	G-G	C	E

туры и росписей на керамических вазах. Но даже и так удивительным представляется неожиданный скачок от застывших и унылых форм древнейшего периода к бурному расцвету VI и V веков. Вдохновляясь духовными и религиозными мотивами, греческие художники уделяли особое внимание человеческому телу, пытаясь, как призывал Сократ, «представить деятельность души» через то воздействие, которое внутренние чувства оказывают на тело в движении. Две самые прославленные статуи Фидия (ок. 490–415 гг. до н. э.) известны нам только по их позднейшим копиям; но фризы Парфенона говорят сами за себя (даже после сомнительного спасения их лордом Элгином). **[ДОБЫЧА]** Живывшему столетием позже Праксителю (ок. 350 г. до н. э.), скульптору почти неземной легкости и грации, повезло не больше, чем Фидию, в смысле того, что осталось от его произведений; теперь только Гермес Олимпийский и Афродита Арльская свидетельствуют о величии его таланта. Эти скульптуры да еще бронзовый Аполлон Бельведерский или Афродита Милосская (больше известная как Венера Милосская) многими почитаются как совершенные образцы мужской и женской красоты. Ко времени Александра Великого у греков уже сложился «изобразительный язык для полумира»[16].

Греческая архитектура сумела подчинить высокое техническое мастерство изысканности чувств. Искусство строительства зданий, которое в Месопотамии и Египте поражало в основном грандиозностью размеров, теперь больше стремилось выразить духовные ценности. Замечательно гармоничные пропорции дорических храмов с их чуть сужающимися кверху колоннами и украшенными скульптурой величественными цоколями и фронтонами равно передают и внушительную мускульную силу (как храм Посейдона в Посейдонии [Пестум]), и элегантность и легкость (как белый пентелийский мрамор Парфенона в Афинах). Стиль и настроение храма соответствовали особенностям характера того божества, которое обитало в закрытой целле, или *святилище*, за стройными колоннами. Из *Семи чудес света*, которые указал во II веке до н. э. Антипатр Сидонский первому поколению туристов классического мира, пять были шедеврами греческой архитектуры. После пирамид Египта и Висячих садов Семирамиды в Вавилоне он называет статую Зевса в Олимпии, (третий) храм Артемиды в Эфесе, Галикарнасский мавзолей, колосс Родосский и Фарос, или Александрийский маяк. **[ЗЕВС]**

Греческая наука была просто отраслью общей философии. Большинство философов занимались и физическими, и абстрактными науками. Фалес Милетский (ок. 636–546), считавший, что все произошло из воды, умер вполне в духе своего учения: он упал в колодец. Он измерял уровни разлива Нила, расстояния между кораблями и высоту гор; говорят, что он также предсказал

солнечные затмения. Гераклит Эфесский (ок. 500 г. до н. э.), напротив, все возводил к огню, считая его первичной формой материи, которая постоянно изменяется. Анаксагор из Клазомены (ок. 500–428), учитель Перикла, постулировал наличие высшего Разума, или *нуса*, одушевляющего все живое, который, наделяя силой бесконечное множество делимых «семян», позволяет им соединяться для образования всех форм материи. Он считал, что планеты — это камни, оторвавшиеся от Земли, а солнце раскалилось докрасна из-за того, что находится в движении.

Эмпедокл из Агригента (ок. 493–433 гг. до н. э.) полагал, что земля состоит из четырех *элементов*: огня, земли, воздуха и воды, причем эти элементы постоянно соединяются или распадаются под действием любви или ненависти. Говорят, что он спустился в кратер Этны для проверки возможности реинкарнации, но вулкан вернул лишь один сандалий. Демокрит из Абдер (ок. 460–361 гг. до н. э.) разработал дальше атомную теорию Левкиппа, полагая, что всякая физическая материя может быть представлена как случайное столкновение крошечных частиц, которые он называл атомами [неделимыми]. Он был широко известен как смеющийся ученый, поскольку без устали потешался над человеческой глупостью.

Гиппократ Косский (ок. 460-357 гг. до н. э.) изъял медицину из ведения религии и магии. Ему приписывают многочисленные труды по общественному здравоохранению, гигиене, уходу за больными и хирургии. Клятва Гиппократа, произнося которую врачи посвящают свою жизнь благу пациентов, до недавнего времени оставалась краеугольным камнем медицины. Книга его афоризмов начинается словами: *Vita brevis, ars longa* «жизнь коротка, искусство вечно». **[ИСТЕРИЯ]**

Евдокс из Книда (пр. ок. 350) изучил движение планет вокруг Солнца и изобрел солнечные часы. Аристотель оставил после себя систематические труды по физике и биологии. Его классификация видов животных стала затем основой всей зоологии. Его *Политика* начинается следующим замечанием: «Человек, — прежде всего, общественное животное». Ученик Аристотеля Теофраст из Лесбоса (ок. 370–288), применил тот же метод классификации к растительному миру. Его труд о *Характерах* можно считать основополагающим в аналитической психологии.

ЭДИП

Эдип [распухшая нога], царь Фив, — самая распространенная фигура древнегреческих мифов и литературы. Он также яркий представитель классической традиции, которая восходит к этим мифам и литературе.

История Эдипа — это история фиванского отверженного, от которого отказались его родители и который был обречен совершить самое ужасное, хотя и невольное, возмездие. Эдип должен был умереть ребенком, поскольку его отец царь Лай устрашился дурных предзнаменований о нем, но был спасен пастухом и воспитан в соседнем Коринфе людьми, ничего не знавшими о его происхождении. Дельфийский оракул предсказал ему, что он убьет отца и женится на матери. В страхе Эдип бежал из Коринфа назад в Фивы. При встрече он случайно убивает своего отца Лая; затем разгадывает загадки Сфинкса, избавляя город Фивы от гнета этого чудовища, и в награду получает в жены вдову царя Иокасту — собственную мать. В этом поневоле кровосмесительном браке родилось уже четверо детей, когда Эдип узнал правду. Иокаста в отчаянии повесилась, а Эдип ослепил себя и ушел в изгнание, ведомый своей дочерью Антигоной. Несчастный скиталец находит свой конец в Колоне в Аттике, где он исчезает в священном гроте.

Гомер упоминает Эдипа и в *Илиаде*, и в *Одиссее*. Но главным источником всей истории была, по-видимому, утраченная эпическая поэмы *Фивы*. Позднее сказание о Эдипе становится основой фиванской трилогии Софокла, а также сюжетным фоном трагедии *Семеро против Фив* Эсхила и *Просительниц* и *Финикиянок* Еврипида.

Эдип вновь и вновь появляется и в позднейшей европейской литературе. Римский поэт Стаций написал эпическую поэму *Фиваида*, которая послужила позднее образцом для первой пьесы Расина *Фиваида* (1665). Римский трагик Сенека создал вариацию на софоклова *Эдипа*, вдохновив позднее Корнеля (1659) и Андре Жида (1950), а также и довольно свободное переложение современного поэта Теда Хью. Софоклов *Эдип в Колоне* стал основой стихотворной драмы Т.С. Элиота *Старейшина* (1952) и *Инфернальной машины* Жана Кокто (1934). Энтони Бёрджес написал эдипов роман под названием *MF* (1947), Энгр дважды обращался к сюжету *Эдип разгадывает загадки Сфинкса*. Стравинский написал оперу-ораторию *Царь Эдип* на латинское либретто Кокто, а Пазолини снял фильм *Царь Эдип*.

Однако больше всего известно использование мифа об Эдипе Зигмундом Фрейдом, который назвал подавляемую враждебность мальчиков к отцу *эдиповым комплексом*. Проистекая из соперничества отца и сына за любовь матери, данный синдром может породить впоследствии патологическую фиксацию на матери.

Классическая традиция, которую можно описать как творческую переработку античных тем для нужд современности, дает тысячи подобных примеров. Она возникла во времена Ренессанса и в течение пяти веков подпитывалась постоянным изучением греческого и латинского, так что сформировался общий для всех образованных европейцев корпус знаний. Вместе с христианством эти знания составляли часть «кровеносной системы европейской культуры» и являлись как бы ее «опознавательным знаком». В XX веке это явление угасает, поскольку сменились социальные и образовательные приоритеты. Однако некоторые считают, что для европейской цивилизации, если она не хочет погибнуть, сохранение данной традиции исключительно важно.

SCHOLASTIKOS

Филогелос, или *Любовь к смеху*, которую некогда приписывали Филагрию Александрийскому и относили к V веку н.э., — на самом деле собрание гораздо более древних греческих анекдотов, в которых фигурирует некий *схоластик* [рассеянный профессор], а также жители Абдер и Кум — излюбленные мишени тогдашних аналогов нынешних анекдотов про ирландцев или поляков.

● Схоластик, желавший посмотреть, как он выглядит во сне, лег перед зеркалом с закрытыми глазами.

- Схоластик встретил друга и сказал: «Я слышал, ты умер». «Но ты видишь же, что я жив». «Да. Но тот, кто сказал мне это, заслуживает доверия больше, чем ты».
- Кумаинец отправился к бальзамировщику забрать тело своего отца. Бальзамировщик, ища нужный труп, спросил, нет ли у него чего-то особенного. «Он сильно кашляет» — ответил кумаинец.

- Кумаинец продавал мед. Прохожий попробовал и нашел его превосходным. «Да, сказал кумаинец, — я бы ни за что не стал его продавать, если бы в него не упала мышь».
- Один схоластик решил сэкономить, приучив своего осла не есть, и перестал его кормить. Когда животное умерло с голоду, хозяин жаловался: «И это тогда, когда он совсем, было, научился жить без еды».

Собиратели фольклора регистрируют варианты последнего анекдота в эстонском, латинском, литовском, шведском, английском, испанском, каталонском, валлонском, немецком, итальянском, словенском, сербохорватском, русском и греческом языках. Малькольм Бредбери упоминает его в *Ставке обмена* как часть наследия воображаемой восточноевропейской страны *Слаки*.

Но, с точки зрения историка, самыми важными были, наверное, труды Гераклита. Гераклит заявил, что все в мире подвержено непрерывной перемене и угасанию; что эта перемена вызывается неизбежным столкновением противоположностей — другими словами, диалектикой. Таким образом, он установил две главнейшие для ремесла историка идеи: изменение во времени и обусловленность. «Нельзя войти в одну реку дважды», — было его излюбленным изречением. [ЭЛЕКТРОН]

Греческая математика развивалась под воздействием и спекулятивного мышления, и религиозного мистицизма. Полагают, что Фалес обучился основам математики и геометрии в Египте. Но только Пифагор из Самоса (ок. 572–497 гг. до н. э.), обобщив результаты предшественников, сделал целый ряд важных открытий. Он обосновал *Теорию чисел*, сформулировал теорему о гипотенузе прямоугольного треугольника, и, самое интересное, разработал математические основания музыкальной гармонии. Возможно, именно он был автором прекрасной (хотя и неверной) теории *музыки сфер*. Евдокс открыл теорию пропорций и метод разрежения при измерении криволинейных поверхностей. Его ученик Менехм открыл конические сечения.

Все эти исследования проложили путь Евклиду из Александрии (пр. ок. 300 г. до н. э.), о труде которого *Начала* говорят, что он оставался непревзойденным дольше, чем какая-нибудь другая книга (за исключением Библии). Евклид был великим систематизатором в математике, он предложил самые надежные доказательства всех положительных знаний. Когда правитель Египта спросил его, нельзя ли сделать геометрию проще, он ответил, что к ней нет «царских путей». В следующем поколении царили Архимед и Эратосфен из Кирен (276–196 гг. до н. э.), который в своем вычислении диаметра земли (252 000 стадий или 7850 миль) ошибся всего на 1%. Наконец, был еще Аполлоний Пергский (ок. 220 г. до н. э.), который написал громадный восьмитомный труд о коническом сечении и установил значение числа π даже точнее Архимеда. [АРХИМЕД]

Греческая моральная философия, разделившаяся позднее на несколько соперничающих школ, очень отличалась от учений традиционной религии. Скептики, школе которых положил основание Пиррон из Элиды (даты его жизни не известны), утверждали, что невозможно достоверно что-нибудь знать, и потому единственной целью человека должна быть добродетель. Пиррон был умозрительный философ, настроенный против философских умозрений, и оказал большое влияние на Афинскую Академию после смерти Платона.

Киники, школу которых основал Диоген Синопский (ок. 412–323 гг. до н. э.), верили в добродетель освобождения от желаний, что несколько сродни толстовству. Их наименование означало буквально «собаки». Диоген, этот выдающийся эксцентрик, жил в бочке в знак отказа от удобств и ходил по улицам Афин днем с фонарем в «поисках порядочного человека». Говорят, что, повстречавшись в Коринфе с Александром Великим, он попросил царя «не закрывать ему солнце».

Эпикурейцы, получившие такое наименование в честь Эпикура из Самоса (342–270 гг. до н. э.), считали, что люди должны искать счастья, не стра-

ИСТЕРИЯ

Гиппократ в своих трудах по медицине пишет, что истерия — в основном, женская болезнь и связана с маточными нарушениями. *Hystera* значит по-гречески «матка»: и характерное состояние нервного возбуждения провоцировалось невозможностью избавиться от менструальной крови: «Всякий раз, когда встречаются препятствия для менструации, возникает болезнь. Это случается, когда закрыта шейка матки или выпадает какая-нибудь часть вагины... Всякий раз, когда двухмесячная менструация аккумулируется в матке, она переходит в легкие, откуда уже не может выйти».

В другом месте он пишет, что сама матка перемещается и блуждает по полости тела. Надавливая на сердце или мозг, она вызывает беспокойство и затем неконтролируемую панику. Религиозные табу запрещали диссекцию (вскрытие) тела,

так что работа внутренних органов женщин (и мужчин) оставалась непонятой до самых последних времен. Но, по мнению одного психоаналитика, отношение древних к женщине остается без изменений даже теперь, когда их анатомические воззрения опровергнуты. «До сих пор существует мнение, что на состояние ума женщины можно воздействовать через ее репродуктивные (половые) органы».

История женского тела — сложный предмет. На протяжении веков размер женских тел, вес, форма, мускульное развитие, менструация, способность к деторождению, зрелость, старение и болезни менялись, так же, как и их символика, религиозное значение, эстетическая их оценка, украшение, одежда и степень допустимого обнажения. В особенности же сдерживалось осознание

женщинами их физических возможностей. Так, в одном стандартном учебнике по данному предмету мы можем встретить вопрос: «Могла ли женщина получать сексуальное удовольствие до 1900 года?» Историки мужского тела не задаются такими вопросами.

Что же касается удивительных проявлений матки, то современные исследования установили исключительно сложные взаимоотношения женской нервной системы и репродуктивной. Например, исследование здоровья женщин, проведенное во время долгой осады Будапешта в 1944–1945 гг., вскрыло необычно высокий уровень аменореи. Однако отсутствие менструации объяснялось обоснованным беспокойством, а не истерикой. Женские органы без подсказки понимают, что шансы на деторождение тем меньше, чем больше внешняя опасность.

ЭЛЕКТРОН

Электроном [ярким камнем] греки называли янтарь. Они знали, что, если его потереть, он производит силу, притягивающую другие предметы, например, перья. Фалес из Милета говорил, что у него есть душа (*психе*). *Электрами* [яркими] звались две женщины, игравшие выдающуюся роль в греческих мифах. Одна, дочь Атласа, была возлюбленной Зевса. Другая, дочь Агамемнона и Клитемнестры, сестра Ореста, героиня трагедий Эсхила, Софокла и Еврипида.

Невидимая физическая сила, отталкивающая и притя-

гивающая предметы, не имела названия, пока Уильям Гильберт, «отец магнетизма», не назвал ее *электричеством* в своем трактате *De Magnete* (1600). «Земля, — писал он, — есть не что иное, как большой магнит».

Дальнейшие открытия в области электричества и магнетизма были сделаны А.М. Ампером, Х.К. Эрстедом и Майклом Фарадеем, и, наконец, Дж. С. Максвелл (1831–1879) соединил оба направления в одну теорию электромагнетизма. Х.Р. Герц (1857–1894) обнаружил существование

электромагнитных волн различных частот. Применение электричества пошло дальше от динамо- и электрического мотора к радио и рентгеновским лучам. Наконец в 1891 году перед английским физиком Дж. Д. Стони встала задача дать название отрицательно заряженным частицам, составляющим мельчайшую часть материи, которые вращаются вокруг ядер атома, и по своим размерам относятся к ним так, как булавочная головка относится к куполу Собора св. Петра. Он назвал их *электронами*.

АРХИМЕД

Архимед из Сиракуз был математиком из математиков. Само по себе решение некоторой проблемы вызывало у него детский восторг, хотя он и не был чужд практических вопросов. После обучения в Александрии он вернулся на Сицилию в качестве советника царя Гиерона II. Здесь он изобрел ворот для подъема воды; построил планетарий, позднее перенесенный в Рим; сконструировал катапульты и кошки, которые позднее помогли при осаде Сиракуз римлянами. Он основал науку гидростатику, но больше всего он известен тем, что выбежал голым на улицу с криком «Эврика, эврика» (Я нашел, нашел), после того, как говорят, открыл, сидя в ванне, *Закон Архимеда*. Согласно этому закону, тело, погруженное в воду, теряет вес, равный весу вытесненной им воды. Так что объем (этого погруженного тела) легко вычислить. «Дай мне точку опоры, и я тебе сдвину Землю,» — говорил он касательно возможностей рычага.

Однако самый большой энтузиазм пробуждали в нем чисто умозрительные проблемы:

1. Исчисление песчинок. Архимед поставил перед собой задачу вычислить, сколько песчинок понадобится, чтобы заполнить Вселенную. Для того чтобы производить действия с громадными потребными в этом случае числами и поскольку десятичных дробей еще не придумали, он выдвинул оригинальное понятие *мириада мириад*, то есть 10000 х 10000 или 10000^2. Если принять, что он полагал вселенную равной солнечной галактике, то полученный им результат 10000^{37} следует признать вполне заслуживающим признания.

2. Измерение круга. Архимед установил отношение длины окружности к диаметру, последовательно вычисляя периметры правильных вписанных в окружность и описанных многоугольников с 6, 12, 24, 48 и 96 сторонами. Он использовал определенные известные аппроксимации и затем нашел аппроксимации для квадратных корней из необходимых семизначных чисел. Ему, разумеется, приходилось при этом пользоваться неуклюжей алфавитной нумерацией. Но определенное им значение того, что сегодня известно как число π («пи») лежит в интервале между 3 1/7 (= 3, 1428571)и 3 10/71 (= 3, 140845). Современное значение — 3, 14159265.

3. Проблема Быка. Архимед придумал по-видимости простую головоломку о боге Аполлоне с его стадом быков и коров, из которых некоторые черные, некоторые коричневые, некоторые белые и некоторые пестрые. Среди быков количество белых составляет половину плюс одна треть от черных, больше, чем коричневых... и т.д. Среди коров количество белых одна треть плюс одна четверть общего количества черного скота... и т.д. и т.д. Сколько же всего в стаде? Ответ составляет более 79 миллиардов, что значительно больше того количества животных, которые могли бы уместиться на Сицилии. (Сицилия имеет площадь 25000 км², и на ней могут встать только 12,75 миллиардов животных, если размещать 1 голову скота на 2 м², включая и тех, которым придется стоять в кипящем кратере Этны.)

шась ни смерти, ни богов. (Мысль, проникшая в конституцию США.) О них напрасно думают, что они искали наслаждений; на самом же деле, они считали, что дорога к счастью проходит через самоконтроль, спокойствие и самоотвержение.

Стоики, школа которых была основана Зеноном из Китиона (о. Кипр) (335–263 гг. до н. э.), назывались так по имени *Stoa poikile* «раскрашенный портик» — месту, где они впервые собрались. Они придерживались убеждения, что человеческие страсти следует подчинять рассудку и (подобно скептикам) что превыше всего следует искать добродетели. Их представление о всемирном братстве человечества, их понятие долга и их дисциплинированность вооружали их против боли и страдания, что было особенно привлекательно для римлян. [АТЛЕТЫ]

Исследование сексуальности греков потребовало бы от современной модной науки не параграфов, а монографий. Что для ученых старой школы было «противоестественным пороком», теперь получило статус личной «ориентации» или «предпочтения»; и теперь признают, что гомосексуальность занимала центральное положение в античном кодексе манер поведения, который теперь снова звучит современно. «Греческий порок» не вызывал чувства вины: для мужчины искать располо-

АТЛЕТЫ

Игры атлетов были важной частью жизни греков. Каждый уважающий себя город имел стадион. Панэллинские игры в Олимпии были всего лишь самыми престижными из сотни других подобных им празднеств. Всеобщая любовь к атлетике и к богам-патронам этих игр доставляли чувство большой культурной общности гражданам этой политически раздробленной страны. Атлеты (все мужчины) состязались в десяти определенных видах спорта. С VII века, когда один из участников состязаний случайно потерял набедренную повязку, соревнующиеся выступали обычно обнаженными. Они не были любителями, были привычны к тяжелым тренировкам и ждали за свои выступления хорошего вознаграждения. Подобный тариф (в динариях) вознаграждений на празднестве в Афродисиаде в I веке дает нам представление о статусе каждого вида соревнований:

бег на длинные дистанции 750
пятиборье 500;
бег в доспехах 500;
спринт (1 стадий) 1250;
панкратий (всеборье, где допускались все приемы, кроме выдавливания глаз) 3000;
борьба 2000;
ходьба (2 стадия) 1000;
кулачный бой 2000.

Стандартный стадий (или длина стадиона) составлял около 212 метров. Бегуны огибали шест на другом (от старта) конце. Пятиборье состояло из пяти видов соревнований: прыжки в длину, метание диска, мета-

ние копья, ходьба, борьба. В панкратии соревнующиеся стремились, как в дзюдо, любыми средствами подавить противника. Также были важны метание в цель и состязания на колесницах.

Атлеты и их родные города получали большую славу за победу на Олимпиаде. Особенно выделялась Спарта. Афины за всю их «золотую» эпоху выиграли Олимпиаду только четыре раза из 183 возможных. Самыми выдающимися были успехи жителей Элиды на Пелопоннесе, родины первого победителя (о котором у нас имеются сведения) Коробуса в 776 г. до н.э., места, где располагалась сама Олимпия.

Непревзойденным чемпионом был Милон Кротонский, который одерживал победу в соревнованьях по борьбе на пяти подряд Олимпиадах с 536 по 520 гг. до н.э. В последний раз победителем он пронес на плечах жертвенного быка по всему стадиону, а потом уселся, чтобы съесть его. [ПРЯНОСТИ И БЫК]

Все дошедшие до нас оды Пиндара посвящены играм:

Есть племя людей,
Есть племя богов,
Дыхание в нас — от единой матери,
Но сила нам отпущена разная;
Человек — ничто,
А медное небо — незыблемая обитель
Во веки веков.
Но нечто есть
Возносящее и нас до небожителей, –
Будь то мощный дух,
Будь то сила естества, –
Хоть и неведомо нам, до какой межи
Начертан путь наш дневной
                    и ночной Роком.

Дух этих спортивных игр сохранился и в христианские времена. Апостол Павел, без сомнения, был горячим болельщиком, если не участником их: «Я бился в хорошей схватке, — писал он. — Я пробежал дистанцию. Я сохранил веру» (2 Тим 4:7).

Последние Олимпийские игры были проведены в 389 и 393 гг. н.э., последним известным *victor ludorum* в 385 году был армянин. Нет свидетельств, что император Феодосий I запретил эти игры. Скорее, поскольку христианское общественное мнение обратилось против всяческих языческих культов, то стало невозможным восстановить игры после вторжения в Грецию вестготов в 395 г. Игры в Антиохии в Азии, не прекращавшиеся до 530 года, были некоторой заменой Олимпийским.

Олимпийские игры были возобновлены в Афинах 6–12 апреля 1896 года после перерыва более чем в 1500 лет. Инициатором и председателем-основателем Международного Олимпийского комитета был французский спортсмен барон Пьер де Кубертен (1863–1937). В XX веке игры проводились регулярно каждые четыре года в разных местах за исключением времени войн. С 1912 года к играм допускаются женщины. В 1924 году в Шамони были организованы Зимние Олимпийские игры. Замечательно, что первым победителем в марафоне уже в новейшие времена (в 1896 г.) был грек Луис Спиридон.

жения мальчиков было не более предосудительно, чем ухаживать за девушками. Молодые греки, как и ученики закрытых английских школ, по-видимому, легко обращались к содомии, и родителям приходилось беречь мальчиков так же, как они берегли девочек. Существовала, по-видимому, и женская гомосексуальность, хотя само явление не связывалось в древности с островом Лесбос, где обитала поэтесса Сапфо со своим окружением. Проблемой был также инцест. Трагическая судьба легендарного Эдипа, который убил отца и по ошибке женился на матери, свидетельствовала о том, что боги гневались на него. Короче говоря, греки, кажется, не были ни особенно распущенными, ни пуритански строгими, но практичными и без предубеждений. В их мире было определенно много эротики, и они этим нисколько не смущались[17].

Не следует, впрочем, воображать, что представления греков о чувственности были похожи на те, которые царят сейчас, например, в Калифорнии. В рабовладельческом обществе полагали, что тела рабов доступны для использования (и злоупотребления) свободными, так что сексуальная активность зависела от социального статуса. В такого рода отношениях вовсе не принималась в расчет взаимность, тем более наличие чувства (у обоих). Несмотря на правовые запреты, мужчины более высокого положения часто считали для себя возможным по собственной прихоти пользоваться телом тех, кто стоял ниже. К этим последним относились женщины, мальчики, слуги и иностранцы. При таком допущении оказывается бессмысленным распространять современное противопоставление гомо- и гетеросексуальности на жизнь древних греков. Так же и отличие pederast'a от philerast'a зависело не столько от личных наклонностей, сколько от момента в жизни созревающего мальчика, когда он мог уже самоутвердиться как мужчина[18].

В классическом тексте, по которому изучают эти проблемы, — мифе Аристофана в *Пире* Платона — упоминаются определенные типы сексуального поведения, которые, кажется, предвосхищают известные современные категории. Однако, присмотревшись, мы поймем, что у греков была совершенно иная система ценностей, чуждая нашей. Согласно мифу, человеческие существа имели сначала восемь конечностей, два лица и двойные гениталии,

спереди и сзади. Таковые существа были трех типов: мужского рода, женского и андрогины. Зевс затем разрезал их пополам и для разлученных половин придумал половые сношения. Люди оказались с различными сексуальными предпочтениями в зависимости от типа их предка. Поэтому бинарная оппозиция мужского и женского отсутствовала; и плюралистская сексуальность, присутствующая до некоторой степени в каждом, возможно, считалась основным состоянием человека. К большому сожалению, и современные ученые демонстрируют в своих оценках не меньший плюрализм, чем тот, которым отличались предметы их исследований[19].

Не просты были и общественные структуры греков. Общество города-государства решительно отличалось от общества какого-нибудь отдаленного горного района, например, Аркадии на Пелопоннесе, где даже до римских времен уцелели пастушеские (догреческие) племена. Общей, всегреческой чертой было рабство, хотя оно и не являлось основой всех социальных и экономических институтов, как хотели бы верить некоторые историки. (Марксизм-ленинизм, который придерживается *пятиэтапной схемы*, считает рабовладение необходимой исходной точкой всей социальной истории.) В Афинах население состояло из рабов, метеков [проживавших иностранцев] и граждан. С рабами, которых называли *andrapoda* «людские ноги», обращались как с имуществом, и их можно было безнаказанно убивать. Рабам не позволялось служить в армии. Освобожденные рабы автоматически получали статус метеков, с них брали налоги и призывали на военную службу. Граждане (единственные, кто мог называться *афинянами*) имели право владеть землей и обязаны были служить в армии. Граждане делились на десять фил, или родов, роды дальше делились на меньшие группы, которые назывались *триттии* и *демы* [округа]. Каждое такое подразделение имело собственную корпоративную жизнь и играло определенную роль в гражданской и военной организациях общества.

Политическая организация греков отличалась не только разнообразием, но и новаторством. Поскольку каждый *полис* (или город-государство) имел по крайней мере теоретически самоуправление, то складывались самые разнообразные по-

литические традиции, каждая со своими вариантами, заимствованиями или подражаниями. Были
монархии, как, например, на Самосе, где правил
царь-пират Поликрат. Были деспотии, в особенности, в Малой Азии, где было сильно влияние
Персии. Были разного типа олигархии, как Коринф, Спарта или Массалия. Были демократии,
как Афины в их лучшую пору. Но из-за бесконечных войн, складывавшихся союзов и конфедераций все эти образования постоянно
взаимодействовали, так что каждое подвергалось
решительным преобразованиям.

Сама афинская система много раз изменялась
начиная с первых известных ее проявлений в VII
веке при Драконе, авторе первого «драконовско-
го» свода законов, реформ VI века Солона и умеренного деспотизма Писистрата. Два столетия
спустя после Дракона поражение Афин в Пелопоннесской войне привело к историческому эпи-
зоду *Тридцати тиранов* и правлению
радикального Клеона, главного критика Перикла. Однако современные ученые не имеют согласного мнения о степени участия граждан
в демократических учреждениях даже в период
расцвета афинской демократии в середине V века.
Существуют самые разные мнения относительно
численности рабов среди населения, роли городской толпы, размеров землевладения граждан, месте гражданина-крестьянина и, главное,
относительно деятельности различных городских
собраний — *буле*, или *Совета 500*, экклесии —
народного собрания, бывшей главным законода-
тельным органом, и судов присяжных. Оказывается, что *демос*, или «народ» (который, как
считают, состоял из 50000 свободных мужчин)
определить не легче, чем демократию. Не легче
примириться и с фактом, что Перикл или Демосф-
ен, эти великие демократы Афин, были одновременно (как Вашингтон и Джефферсон) и
рабовладельцами. Или с тем, что демократичные
Афины осуществляли тираническое правление в
зависимых полисах. [ДЕМОС]

Не удивительно, что исключительно сложная
политическая жизнь греков стала благодатной
почвой для развития теории политики. Два различных подхода к политике обозначились в *Государстве* Платона, где автор предусматривает
правление Стражей, этих тоталитарных правителей из числа так называемых царей-философов, и

в *Политике* Аристотеля, где категорически утверждается, что человек — это *общественное животное*. Сама политическая терминология
современного мира — от *анархии* до *политики* —
есть в значительной мере изобретение греков.

Греческая историография, подобно греческому
театру, произвела триаду гигантов. Геродот из Га-
ликарнаса (484–420 гг. до н. э.) повсеместно известен, как «отец истории», но за живой интерес
к другим странам земляки-шовинисты наградили
его менее приятным прозвищем «отец вранья». Геродот писал на основе сообщений очевидцев и собственных наблюдений, вынесенных им из дальних
странствий. Прошлое он рассматривал в категориях титанического противоборства Европы и Азии,
а кульминационным пунктом девяти написанных
им томов стали греко-персидские войны. Афиня-
нин Фукидид (455–ок. 401 г. до н. э.) был, по
мнению Томаса Гоббса (и многих других), попросту «самым политизированным историком из тех,
кто когда-нибудь брал в руки перо». Он ввел
в историю принцип систематического анализа причин и следствий, обширно цитировал договоры и
другие документы, а отступления (в виде речей
своих главных героев) прекрасно использовал для
оживления своих строго объективных рассказов
субъективными дополнениями. В восьми книгах о
Пелопоннесской войне он не старался «угодить вку-
су современных ему читателей», но создал «вечно
живой» труд. Другой гражданин Афин Ксенофонт
(ок. 428-354 г. до н. э.) был автором *Греческой
истории* и *Анабасиса*. Первая из книг продолжает
труд Фукидида (с 411 г. до н. э.) — и так же, как
история Фукидида, является в известной степени
продолжением труда Геродота. *Анабасис* описывает длительный поход десятитысячной армии греческих наемников, состоявшей на службе
персидского узурпатора, среди которых был и сам
Ксенофонт, в Месопотамию и их возвращение.
Возглас *Thalassa! Thalassa!* [Море! Море!], которым после долгого похода спутники Ксенофонта
приветствовали вид морского побережья, открыв-
шегося за холмами Трапезунда, — принадлежит
к наиболее эмоциональным эпизодам, когда-либо
отмеченным в военных хрониках.

Расцветом греческой цивилизации принято считать время правления Перикла в Афинах. Промежуток между избавлением города от персов в 480 г.
до н. э. до начала разрушительной войны со Спар-

DEMOS

Некоторые считают, что начало долгой традиции демократии и самоуправления положил в 507 г. до н.э. Клисфен из рода Алкмеонидов. В 1993 г. н.э. было решено отпраздновать «2500 лет демократии». В лондонской ратуше по этому случаю был дан помпезный банкет, а к гостям обратился председатель Общества любителей классической культуры. Однако, по сути дела, зерна афинской демократии были посеяны несколько ранее Клисфена. Еще Солон положил начало *экклессии*, или народному собранию на месте встреч, которое называлось *Рпух* около Акрополя. Впрочем, вождям из аристократических родов без труда удавалось манипулировать действиями собрания. В собственных целях использовали его в течение 50 лет своего тиранического правления (560-510 гг. до н.э.) Писистрат с сыновьями.

Клисфен принадлежал к богатому роду, члены которого пытались разделить власть с Писистратом; позднее он предпочел изгнание. Вполне возможно, что именно по его инициативе был изменен внешний вид святыни Зевса в Дельфах, которую украсили паросским мрамором. Клисфен, видимо, хотел тем самым разрядить атмосферу после бойни, устроенной его родственниками. Он возглавил неудачный поход на Аттику (513 г. до н.э.) и, по всей вероятности, обратился за помощью к Персии. Но последних Писистратидов прогнали только три года спустя спартанцы, а не Клисфен.

Считается, что Клисфен прибег к идее народовластия затем, чтобы ослабить традиционную родовую организацию, на которую опирались его предшественники. Выдвигая предложение, чтобы суверенная власть перешла в руки экклесии, он приобрел авторитет, который позволил ему начать широкие реформы. Вместо старых четырех фил, или родов, он вводит десять новых, каждая из которых имела собственный храм и почитала собственного героя. Он серьезно укрепил позицию *демов*, или округов, на которые делились роды, и распространил гражданские права на всех свободных жителей территории Афин. И что самое главное, он основал *буле* — что-то вроде комитета по определению регламента собрания. Был он и инициатором идеи *остракизма*. Его называли «творцом искусства управления общественным мнением». Афинская демократия, которая просуществовала 185 лет, была далеко не совершенной. Народное самоуправление было ограничено махинациями со стороны *буле*, самоволием *демов* и все еще сохраняющими свое влияние богатыми патронами и демагогами. Чтобы обеспечить кворум в 6000 человек на собраниях (экклесиях), граждан в прямом смысле хватали на улицах и волокли на выкрашенных красной краской веревках в амфитеатр. Система гражданского представительства — как в центральных, так и в местных органах — все еще предмет серьезных споров между историками. Однако граждане действительно управляли. Они были равны перед законом. Они избирали высших чиновников, в том числе и *стратега*, или высшего военачальника. Они по жребию занимали администра-

тивные должности, которые каждый год обновлялись. Бесчестных или неспособных администраторов лишали должности и даже наказывали.

Не все были в восторге от такой системы. Платон считал, что демократия есть власть некомпетентных людей. Аристофан высмеивал «злобного, обидчивого, строптивого старца по имени Демос с Пникса». В какой-то момент он задался вопросом: «А есть ли из этого всего выход?» — и сам ответил: «Женщины».

К сожалению, современная демократия очень мало похожа на демократию древних Афин. Демократия не удержалась в стране, которая была ее колыбелью. Римские философы не испытывали по отношению к ней чрезмерного восторга, и свыше тысячи лет почти никто о ней не вспоминал. Современная европейская демократия в такой же степени восходит к общим собраниям викингов, [тинг], советам и парламентам, которые созывались феодальными монархами, и средневековым республикам-городам. Афинская концепция самоуправляемого собрания, состоящего из всех полноправных граждан, получила отражение в средневековом Новгороде, в Венгрии и Польше — в политических системах, которые не имеют наследников. Теоретики эпохи Просвещения соединяли знания о древности с интересом к конституционной реформе; романтически окрашенный образ древних Афин сыграл также свою роль в формировании взглядов либералов, которые воспитывались на классиках. Но и либералы бывали критичными. Токвиль проклинал «тиранию большинства», Эдмунд Бёрк назвал французскую модель демократии «самой постыдной вещью в мире». Демократия редко бывала нормой.

Сегодня нет единства мнений о том, каковы основные черты демократии. Теоретически демократия содействует процветанию всех добродетелей: от свободы, справедливости и равенства до правопорядка, уважения прав человека, принципа политического плюрализма и гражданского общества. На практике «власть народа» невозможна.

Так, действующая на европейском континенте модель народного суверенитета решительно отличается от британского варианта парламентаризма (см. с. 631), при том что ни один из вариантов не лишен недостатков. Уинстон Черчилль сказал как-то, что «демократия является самым плохим политическим строем, если не считать всех остальных». В демократии, несомненно, всегда присутствует всеобщее отвращение к тирании. Вот почему все вновь освободившиеся народы устремляются к демократии, без учета

исторических реалий. «Вся наша история склоняет нас на сторону великих демократий», — заявил в 1918 году президент только что образованной Чехословакии. В 1989–1991 гг. такие же чувства демонстрировали руководители всех стран бывшей социалистической системы.

Но демократии, как и любому другому движению, требуется миф, миф происхождения, достаточно древний и со своими героями. А кто же может выполнить эту роль лучше, чем Клисфен из рода Алкмеонидов?

той в 431 г. до н. э., был периодом наивысшего политического, интеллектуального и культурного расцвета Афин. Перикл (ок. 495–429 гг. до н. э.) — военачальник и государственный деятель, был вождем умеренного крыла сторонников демократии. По его инициативе началась реконструкция разрушенного захватчиками Акрополя; он был другом художников и философов. Его речь в честь павших воинов, которой он почтил погибших в первый год Пелопоннесской войны, дышит гордостью за свободу и прекрасную культуру родного города. «Мы развиваем нашу склонность к прекрасному без расточительности и предаемся наукам не в ущерб силе духа. Богатство мы ценим лишь потому, что употребляем его с пользой, а не ради пустой похвальбы…Одни и те же люди у нас одновременно бывают заняты делами и частными, и общественными…Ведь только мы одни признаем человека, не занимающегося общественной деятельностью, не благонамеренным гражданином, а бесполезным обывателем.

В отличие от других, мы, обладая отвагой, предпочитаем вместе с тем сначала основательно обдумывать наши планы, а потом уже рисковать, тогда как у других невежественная ограниченность порождает дерзкую отвагу, а трезвый расчет — нерешительность. Истинно доблестными с полным правом следует признать лишь тех, кто имеет полное представление как о горестном, так и о радостном и именно в силу этого то и не избегает опасностей»[20].

Афиняне времен Перикла действительно давали своему правителю много поводов для гордости. Теми же самыми улицами, что и он, ходили Анаксагор и Сократ, Еврипид и Эсхил, Пиндар и Фидий, Антифон и Аристофан, Демокрит и Гиппократ, Геродот и Фукидид, и все они были очевидцами того, как строится Парфенон, который открылся в 438 г. до н. э. В Афинах — «этой зенице Греции, родине искусств и красноречия» — исполнилось пророчество оракула: «Ты станешь навечно орлом, парящим в небесах». Лучше всего об этом говорит Пиндар:

Αἴ τε λιπαραὶ καὶ ἰοστέφανοι καὶ ἀοίδιμοι,
Ἑλλάδος ἔρεισμα, κλειναὶ Ἀθᾶναι, δαιμόνιον προλίεθρον.

Державные Афины –
Лучший зачин
Воздвигаемый песнопениями
Какое отечество, который дом
Назову я виднее в эллинской молве?[21]

Спарта, называемая также Лакедемоном, была соперницей Афин и одновременно оттеняла их блеск. Современному восприятию Спарта кажется столь же уродливой, сколь прекрасны Афины. В отличие от иных городов, Спарта лежала в глубине материка, на равнине Лаконики, в самом центре Пелопоннеса. У нее не было флота и она настолько была одержима идеями милитаризма, что смогла выстоять против всех ближайших соседей: жителей Мессины, Аргоса и Аркадии. Система правления в Спарте, установленная в незапамятные времена божественным Ликургом, иногда описывается как деспотическая форма олигархии, а иногда как олигархическая форма деспотии. Совет важных служащих-эфоров осуществлял деспотичное правление. Они повелевали двумя наследственными «царями» Спарты, которые исполняли функции высших жрецов и военачальников. У Спарты было немного колоний, и проблема перенаселения разрешалась выбраковкой новорожденных мужского пола. Слабых и больных новорожденных (при соблюдении определенного ритуала) оставляли умирать. Те мальчики, которые избежали смерти, с семи лет переходили под опеку государства. Они получали затем исключительную физическую подготовку и обучались военному искусству. В 20 лет они поступали на четырехлетнюю службу как граждане-воины. Они не имели права заниматься ни торговлей, ни ремеслом, а средства на жизнь им доставляли тяжким трудом *илоты* — вид рабов. В результате сложилась культура, где мало тратили времени на искусства и добродетель и не придавали большого значения единению с остальной Элладой. По Аристотелю, в этом обществе драматически сокращалась мужская часть населения, а большая часть земли оказалась в руках женщин. Быть *лаконичным* означало не что иное, как презрительный отказ от красивых слов. Когда Филипп Македонский отправил в Спарту послание, в котором грозил, что «если он вступит в Лакедемон, то сравняет его с землей», то совет судей ответил ему одним словом — *если*.

[МАКЕДОНИЯ]

Эпоха эллинизма — это время, когда в результате завоеваний Александра и его преемников мир греческих городов-государств слился с куда большим, в основном негреческим окружающим миром. Ее часто считают эпохой упадка. Действительно, что касается политики, то распад империи Александра сопровождался жестокой династической борьбой, так что история этого времени не очень поучительна. Но, с другой стороны, греческая культура с ее великой жизненной силой в течение столетий оказывала громадное положительное влияние, как общая для всех традиция, на множество разнообразных территорий.

Греческие правители в долине Инда, где культурный след эллинизма был самым тонким, продержались до середины I века до н. э. В Македонии династия Антигонидов, основателем которой был одноглазый полководец Александра Антигон (382—301 гг. до н. э.), правила вплоть до 168 года до н. э., когда она была сметена римлянами. В Сирии, некоторое время в Персии и в Малой Азии династия селевкидов, основанная Селевком I Никатором (правил 280—261 гг. до н. э.) контролировала громадные (хотя и постоянно сокращавшиеся) территории. Некоторые селевкиды были *деятельными эллинизаторами*, они сознательно претворяли в жизнь план Александра создать сеть новых греческих колоний в Азии и сдались Риму в 69 г. до н. э.. Восточная часть империи селевкидов была захвачена в 250 г. до н. э. парфянином Аршаком, († 248 г.) из династии аршакидов, правившей в Персии почти 500 лет вплоть до возрождения собственно Персидской империи в 226 г. н. э. В Египте до 31 г. н. э. правила династия Птолемеев, основателем которой был сводный брат Александра Птолемей Сотер [Избавитель] (ум. в 285 г.).

Птолемеи известны своим покровительством искусствам и наукам, хотя некоторые, такие, как Птолемей VII Фискон [Напыщенный], прославились исключительными пороками. В ходе длинной серии матримониальных союзов Фискон умудрился жениться на собственной сестре, которая была также и вдовой его брата (так что она становилась одновременно его сестрой, женой и невесткой); затем он разводится с ней и женится на ее дочери от первого брака (которая была, таким образом, его второй женой, племянницей и приемной дочерью), затем убивает ее сына (который был ему и племянником). Инцест ради сохранения чистоты царственной крови был, правда, в обычае у фараонов, но в других традициях считался невозможным.

Ферм (Фессалоники), Антиохия, Пергам, Пальмира и, главное, Александрия Египетская становятся в эпоху эллинизма крупнейшими центрами культуры, экономической и политической жизни. В результате синтеза греческого влияния с восточным, бурлившего «под боком» у приходящих в упадок династий, и родилась та неповторимая эллинистическая культура, которая впоследствии покорила своих западных, римских хозяев.

МАКЕДОНИЯ

Спрашивать, греческая ли Македония, все равно что спрашивать, «была ли Пруссия немецкой». Если речь идет об отдаленных временах, то ответ будет звучать в том и другом случае — «нет». Древняя Македония принадлежала иллирийской, или фракийской, цивилизации. Но раскопки царских усыпальниц указывают на то, что она в значительной степени была эллинизирована еще до того, как Филипп Македонский захватил Грецию. [ПАПИРУС]

Римская провинция Македония достигала Адриатики, [EGNATIA], а начиная с VI века густо заселялась кочевыми славянскими племенами. Согласно одной из теорий, славяне перемешались с местным догреческим населением, создавая новый, негреческий македонский народ. Византийскую империю иногда за ее греческие связи называли *Македония*. В то же время старая провинция Македония вместе с большей частью Пелопоннеса стала «землей славян». В средние века Македония была на некоторое время включена в состав Болгарской империи и до сего времени остается частью экзархата Болгарской православной церкви. Это укрепило Болгарию в ее позднейших претензиях. В XIV веке Македония перешла под власть Сербии. В 1346 г. Стефан Душан был коронован в Скопле «царем сербов, греков, болгар и албанцев», что в свою очередь должно укреплять претензии сербов.

Потом пришли турки-османы. В конце XIX века османская Македония была типичной балканской провинцией, неоднородной как в этническом, так и в религиозном отношении. Православные христиане жили рядом с мусульманами, а греки и славяне — рядом с албанцами и турками. Традиционно всех православных считали *греками*, поскольку они подчинялись Константинопольскому патриарху.

Во время балканских войн за Македонию непрерывно боролись Греция, Болгария и Сербия. Затем Македония была разделена на три части и на разные сферы влияния. Южную Македонию с центром в Фессалониках получила Греция. После обмена греко-турецкого населения в 1922 г., а также в результате исхода славян после гражданской войны в 1949 г., в этой части стало господствовать сильное большинство крайне патриотически ориентированных греков — «потомков Александра», многие из которых были иммигрантами из Турции. Восточная Македония оказалась в границах Болгарии, которая рассматривала ее как «западную Болгарию». Северная Македония — территории, лежащие вокруг Скопле и в верхнем течении Вардара, — имеет смешанное албанское и славянское население и входит в Сербию. Когда в 1945 г. эта северная часть вновь конституировалась как входящая в состав Югославии союзная ре-

спублика Македония, началась кампания по пересмотру истории и изменению самосознания македонского населения. Руководство Югославии стремилось не только аннулировать последствия болгарской оккупации времен войны, но и противостоять очарованию культурой древней Греции. Славянскому диалекту политической элиты был придан статус отдельного языка; «старославянский» язык превратился в «древнемакедонский»; и целое поколение было воспитано в духе идеи «великой Македонии» — имеющей многовековую историю славянской Македонии.

Не удивительно, что, когда в 1992 г. правительство в Скопле провозгласило независимость, трудно было достичь согласия относительно названия новой республики. Говорят, что одному греческому ученому грозили смертью за публикацию сведений о наличии говорящего на славянском языке меньшинства на греческой стороне закрытой северной границы Греции. Нейтральные иностранные комментаторы на Западе приняли акроним FYROM: *Former Yugoslav Republic of Macedonia* [Бывшая югославская Республика Македония]. С таким же успехом они могли бы пользоваться такими мнемоническими словосочетаниями, как «Бывшая провинция Иллирии, Фракии, Греции, Рима, Византии, Болгарии, Сербии, Высокой Порты, Сербии и Югославии».

В конце концов, *ромеи* из Византии, сохранявшие Римскую империю еще 1000 лет после падения собственно Рима, были потомками эллинистических греков и в самом прямом смысле преемниками Александра. По словам Горация, *Graecia capta ferum victorem cepit* (Греция, взятая в плен, победителей диких пленила).

Таким образом, база эллинистической культуры оказалась значительно шире базы ее эллинской прародительницы. Как говорил Исократ

(436–338 гг. до н. э.), последний из ораторов Аттики, «Благодаря Афинам слово *эллин* сегодня означает уже не род и происхождение, а ум и образованность». В результате значительно выросло число греческих писателей. Появилась целая плеяда географов от Страбона (ок. 63 г. до н. э. — 21 г. н. э.) до Павсания (ок. 150 г. н. э.). Множество поэтов: Аполлоний, Арат и Бион, автор *Плача об Адонисе*, Гермесианакт; Мосх, Мелеагр и Музеус, Оппиан, Тимон и Феокрит. Историки, такие, как Манефон Египетский, создатель хронологии царств и династий, и Берос (Бер-Осеа) из Вавилона; греческий апологет Рима Полибий из Мегаполиса (204–122 гг. до н. э.) и автор *Иудейской войны* Иосиф Флавий (род. 36 г. н. э.), Аппиан, Арриан, Геродиан, Евсевий. Гален (129–99 гг. до н. э.) написал множество учебников по медицине, Гермоген (ок. 170 г. н. э.) создал трактат, установивший новые нормы риторики. Среди философов неостоики, такие, как Эпиктет из Иераполя (55–135), соперничали с неоплатониками: Плотином (205–270), Порфирием (232–305), Проклом (412–488). *Рассуждения* [Руководство] стоиков, написанное Эпиктетом, называют этическим руководством поздней античности. Плутарх (ок. 46–126), биограф и эссеист, сатирик Лукиан из Самосаты (ок. 120–180) и романисты Лонг (конец II века) и Гелиодор (III век) — все они по-разному продолжали традиции греческой прозы при римском правлении. [ПАПИРУС]

Для многих писателей эллинистического периода греческий был вторым языком, на котором они писали. К таким писателям принадлежат Иосиф Флавий, Лукиан и Марк Аврелий, как и христианские евангелисты: Матфей, Марк, Лука, Иоанн и в первую очередь апостол Павел.

В эллинистическом мире Александрия Египетская скоро заняла такое же положение, какое Афины занимали в Древней Греции. В правление Птолемеев она превратилась в самый большой и самый культурный город Востока, который богатством и роскошью уступал только Риму. Многонациональное и многоязыкое его население составляли «македонцы», евреи и египтяне. На знаменитом Розеттском камне (теперь находится в Британском музее) декрет был записан на трех языках, что позволило Шампольону расшифровать иероглифы. Легендарный александрийский

Музейон [Коллегия муз], с его библиотекой в 700000 томов собирал, хранил и изучал творения Древней Греции. Этот маяк учености так же освещал интеллектуальную жизнь поздней античности, как великий Фаросский маяк освещал входы в его гавань. Аристофану из Византия (ок. 257–180 гг. до н. э.), одному из первых известных нам хранителей библиотеки в Александрии, принадлежат такие труды, как первые аннотированные издания произведений греческой литературы и первый систематический анализ греческой грамматики и орфографии. Аристарх Самофракийский (пр. ок. 150 г. до н. э.) установил канонические тексты *Илиады* и *Одиссеи*. Филон, или Филон Иудейский (30 г. до н. э. — 45 г. н. э.), глава процветавшей еврейской общины в Александрии, пытался соединить греческую философию и традиционное иудейское богословие. Герон, инженер из Александрии (время жизни его неизвестно), как говорят, изобрел, среди прочего, паровой двигатель, сифон и автомат, работавший при опускании в него драхмы.

В истории культурной трансляции особое значение имел *Corpus Hermiticus*, или корпус герметических трудов. Авторство их давно уже приписывают более ни по каким источникам не известному автору Гермесу Трисмегисту [Гермесу трижды величайшему, писцу богов]. Это громадное собрание греческих текстов из Александрии фактически претендовало на роль «энциклопедии древнего Египта». Сорок две сакральные книги, в которых были собраны законы фараоновского Египта, его божества, описания ритуалов, верований, космографии, астрологии, медицины. Другие книги, относящиеся к III веку, представляют собой странную смесь неоплатонизма и каббалы, направленную, по всей видимости, против возвышения христианства. [ЧЕРНАЯ АФИНА]

Неудивительно, что с течением времени греческая *прибрежная цивилизация* оказалась слабее соседних материковых государств с их громадными армиями. Аристотель сравнивает человечество с «муравьями, которые копошатся на берегу», подчеркивая, таким образом, стратегические проблемы концентрации человеческих и естественных ресурсов Греции. Слабые и протяженные линии коммуникаций были хороши для экономической и культурной экспансии, но они

ПАПИРУС

В 1963 году у Дервени около Фессалоник из земли извлекли обуглившийся папирус IV-го века до н.э. Его сожгли, по-видимому, или при совершении погребального обряда, или используя его для разведения огня. Однако его еще можно было прочесть. Когда текст был расшифрован д-ром Фекельманном из Вены, который разделил еще раз нагретые слои свитка при помощи статического электричества, обнаружилось, что это комментарий к орфическим поэмам. Новооткрытый папирус оказался древнее списка *Персов* Тимофея из Милета (номер каталога P.Berol.9875), найденного у Абусира в Египте.

В 1964 году такой же папирус был найден в руке мужчины, погребенного в IV веке до н.э. вблизи Каллатиса на румынском побережье Черного моря. Однако тогда папирус рассыпался в прах сразу при его обнаружении.

Растение папирус (*Cyperus papyrus*) использовалось для письма в Египте с 3000 до н.э. Его раскладывали волокнами вдоль и поперек, а затем прессовали, получая *volumen* или свиток. Писали густыми чернилами из сажи при помощи заостренного тростника или пера. Папирусы оставались в употреблении и во времена Древней Греции, и во времена Рима, в особенности в тех землях, которые были поблизости от места его произрастания, то есть от дельты Нила. Множество классических папирусов (числом около 800) было найдено на развалинах засыпанного лавой Геркуланума.

Папирология — наука о папирусах — много дала для изучения античности, поскольку мало других письменных документов пережило два тысячелетия. Папирология весьма способствовала изучению древней палеографии; она также помогла перебросить мост между древним и средневековым греческим языком, заполнив пробел в филологии. На папирусах было найдено множество утраченных текстов классической литературы, включая *Афинскую политию* Аристотеля, *Охотников* Софокла и *Мизантропа* Менандра. Папирология сыграла также важнейшую роль в библеистике. До нас дошло около 7000 раннегреческих манускриптов Библии. *Свитки Мертвого моря* содержат некоторые христианские тексты, наряду с иудаистскими. Имеются также два дохристианских папирусных свитка с фрагментами *Второзакония*. Папирус 125-го года н.э. с Евангелием от Иоанна существенно старше других списков на пергаменте. На папирусе сохранились и древнейшие папские буллы.

Со временем, поскольку папирус уступает место пергаменту, *vellum*'у (особенно тонкий пергамент) и, наконец, бумаге, свитки уступают место сложенным страницам кодексов (рукописей старинных текстов). А исчезновение свитков и приход кодексов предвещают рождение книги. [BIBLIA] [XATIVAH]

оказывались очень уязвимыми в военных условиях. В V веке натиск Персии удалось отразить с большим трудом. В IV веке Македония в течение всего тридцати лет завоевала не только Грецию, но и Персию. В III веке начинается неудержимый ход римских легионов. Греция никогда не могла выставить более 50000 гоплитов; а Римская республика, как только она смогла мобилизовывать жителей густонаселенного Апеннинского полуострова, получила в свое распоряжение более полумиллиона солдат. Военное противостояние между Грецией и Римом с самого начала было неравным. Покорение Римом Великой Греции завершилось к концу Пирровых войн в 266 г. до н. э. Сицилия была присоединена после мужественной и энергичной защиты Сиракуз в 212 г. В 168 г. Македония потерпела поражение в битве при Пидне.

Материковая Греция, восстановившая свою независимость от Македонии в составе Ахейского союза, была покорена консулом Луцием Муммием в 146 г. и превратилась в римскую провинцию Ахайю.

Затем Рим покорил и все другие греческие государства, когда-то входившие в состав бывшей Македонской империи. Драматический конец наступил в 30 г. н. э., когда Клеопатра, дочь Птолемея XII Авлета и последняя царица Египта, покончила с собой и с древней политической традицией, «прижав змею (аспида) к своей белоснежной груди». В качестве любовницы и Цезаря, и Антония она приложила все силы, чтобы остановить безудержное продвижение римлян. Но едкое замечание Паскаля, что «лицо земли было бы иным, будь нос Клеопатры чуть-чуть покороче», в общем, неверно. Политическая и военная сила

ЧЕРНАЯ АФИНА

В том что касается классического мира, нет другого вопроса, который бы вызывал столь же взаимоисключающие мнения, как все, что связано с *Черной Афиной*, тезисом, вынесенным в заголовок книги М. Бернала. Традиционалисты считают выдвинутый тезис нелепостью, но некоторые думают, что этому вопросу следует уделить пристальное внимание. Предложенная теория имеет два аспекта — критический и гипотетический. В критической части автор убедительно показывает, что изучение античности оформилось под влиянием занятых только собой европейцев (XVIII–XIX веков), так что культурный вклад Ближнего Востока в цивилизации Греции и Рима систематически игнорируется. Задача, которую ставит перед собой критик, — «ослабить культурное высокомерие европейцев», представляется плодотворной, но разговоры об «арийской модели греческой цивилизации» звучат провокационно.

Апологеты альтернативного подхода предлагают возводить греческую цивилизацию к египетской, а древнюю египетскую цивилизацию — к «африканской по преимуществу» цивилизации и считать, что она была создана «черными». Это построение покоится на шатком основании. Вклад коптского языка в словарь греческого в лучшем случае маргинальный. Цвет кожи фараонов на фресках в царских усыпальницах гораздо светлее, чем цвет кожи их преимущественно негроидных слуг. Мужчины в Египте были загорелыми, но женщины — бледными. И из 31 династии только Нубийская династия VII до н.э. может быть названа «черной». Скептик легко заподозрит, что в науку проникли требования политкорректности из современной Америки.

В таком случае, возможно, необходимо еще раз сказать об очевидном: если достаточно углубиться во времени, то оказывается, что корни европейцев и европейской цивилизации лежат, конечно, далеко за пределами Европы. Вопрос в том, как далеко, до какой исходной точки должны идти те, кто занимается праисторией? [КАДМ] [КАВКАЗ] [DASA] [ЭПОС]

Греции истощилась, абсолютное превосходство Рима было уже непреложным фактом.

В результате слияния эллинистического и римского миров возникла смешанная греко-римская цивилизация, и уже невозможно установить точную дату гибели античной Греции. Впрочем, эллинская и эллинистическая традиции продолжали существовать гораздо дольше, чем обычно полагают. По-прежнему действовал Дельфийский оракул, пока в 267 г. н. э. его не разрушили мародеры-варвары. По-прежнему проводились каждые четыре года Олимпийские игры вплоть до 292-й Олимпиады в 392 г. н. э. В Афинской академии по-прежнему училось молодое поколение, и только в 529 году она была закрыта христианским императором Юстинианом. Александрийская библиотека, хотя и сильно пострадала при пожаре во время осады города Цезарем, но закрыта была только в 641 г. н. э. с установлением здесь мусульманского халифата. (К тому времени прошло уже 20 веков, или 2 тысячелетия со времени заката Крита и подъема Микен.)

Многое в греческой цивилизации было утрачено навсегда. Многое переняли римляне, а затем — христианская и византийская традиции. Многое оставалось в неизвестности, пока не было открыто вновь в эпоху Ренессанса и позднее. Но так или иначе уцелело достаточно, чтобы называть эту маленькую страну на востоке Европы *матерью Европы*, *колыбелью Запада*, важной частью, если не единственным истоком Европы.

Сиракузы, Сицилия, 1-й год 141-й Олимпиады.

На склоне лета шестого года Второй Пунической войны решалась судьба эпической схватки между итальянским Римом и африканским Карфагеном. Карфагенский полководец Ганнибал, уничтожив несколько римских армий, посланных, чтобы остановить его, прошел насквозь всю Италию и теперь вел активные военные действия на юге. Он только что захватил порт и крепость Тарент (см. *Глава III*, с.155). Римляне, не в силах сдержать Ганнибала, пытались сдерживать его союзников — кельтов на севере Италии, Филиппа V Македонского, вторгшегося в Иллирию, и греков в Сиракузах. Особенно им хотелось подчинить Сиракузы, поскольку этот город был ключевым как для снабжения Ганнибала из Африки, так и для их собственных планов вернуть себе Сицилию. Вот почему Сиракузы выдерживали уже второй сезон решительной осады его римлянами под водительством Марка Клавдия Марцелла.

Сиракузы, жемчужина Великой Греции, были самой большой и процветающей, а также, как говорили, и самой прекрасной из греческих колоний на Западе. Гордые и независимые уже в эллинскую эпоху, они были свидетелями покорения большинства городов-государств, они давно уже утвердились в своем превосходстве над Афинами и избежали внимания Александра Македонского. Сиракузы догнали и вытеснили некогда соперничавший с ними Акрагант, теперь уже разрушенный до основания карфагенянами и так никогда и не восстановленный. В то время, о котором идет речь (III в. до н. э.), Сиракузы пользовались преимуществами своего положения, находясь в стороне от частично перекрывавших друг друга сфер влияния Рима и Карфагена. Это был последний представитель непокоренной греческой цивилизации.

Расположенные на восточном побережье Сицилии, на полпути между заснеженными склонами Этны и самой южной точкой острова — мысом Пахин, Сиракузы господствовали над удивительно красивой, безопасной и удобной местностью. Самой природой это место было предназначено быть торговым путем между восточной и западной частями Средиземноморья, это был и удобный промежуточный пункт в путешествиях между Италией и Африкой. Первоначально заложенный на скалистом островке у берега Ортигии, он затем разросся вверх на соседнее приморское плато, защищенное почти непрерывной цепью скал и утесов. Большая гавань, изгибом шедшая на юг почти на 5 миль, была окружена неприступными горами. С другой стороны Ортигии находилась гавань поменьше, которая, впрочем, также могла укрыть самый большой флот кораблей. [См. Карта 7]

Остров Ортигия, служивший городу акрополем, еще в VI веке был соединен с главным островом укрепленной дамбой. Чистейшую воду Сиракузам давал удивительный источник в Аретузе, над которым высился громадный храм Аполлона, а с другой стороны гавани на него смотрел стоящий на мысе в Олимпии храм Зевса. В V веке все плато окружили могучей каменной сте-

ной, возведенной на верху окружающих плато утесов. Эти стены, протянувшись на 15 миль, затем сходились к охранявшей их крепости Евриал у подножия гор. Внутри стен жили полмиллиона граждан в пяти пригородах. В Ахрадине [Верхнем городе], у которого были собственные внутренние стены, находилась главная агора, или форум. За ним протянулись жилые кварталы Тихе и Эпипола, а над ними всеми — величественные постройки Неаполя (Нового города), где располагался театр на холмах, комплекс храмов и алтарь Гиерона — самый большой жертвенник античного мира. У этого великолепного места был только один изъян: болотистая местность возле реки Анапус, впадавшей в Большую гавань, летом была источником болезней. В остальном Сиракузы пользовались беспримерными преимуществами. Как говорил Цицерон, которому здесь предстояло править позднее, здесь не бывало и дня, когда бы не светило солнце. А возвышенное плато было открыто любому легкому ветерку, пролетавшему над темными волнами моря. На утесах цвели цветы; они цветут и поныне, даже зимой.

К приходу сюда римской армии Сиракузы насчитывали уже более чем 500 лет истории. Этот город, основанный колонистами из Коринфа, был моложе Рима всего на 20 лет и сумел далеко распространить свое влияние через сеть дочерних колоний. В 474 г. до н. э., всего лишь через 6 лет после Саламина, Сиракузы разгромили флот этрусков, таким образом уничтожив одну из ранних помех будущему величию Рима. Подобно другим городам-государствам, Сиракузы прошли стадии олигархического, демократического и монархического правления. Особые испытания выпали на долю этого города во время осады 415–413 гг., когда город осадили афиняне, и осады 405–404 гг., когда осаждавшими были карфагеняне.

За отсутствием другой информации политическую историю всей античной Сицилии приходится писать как историю сменявших друг друга сиракузских тиранов, которые правили, несмотря на кровавые восстания и мятежи[22]. О Дионисии Старшем (пр. 405–367) Аристотель говорит, что тот был тираном, «который правил посредством демагогических обращений к беднейшим классам». Его родственник Дион (правил 357–354), воспитанный как царь-философ самим Платоном и Ака-

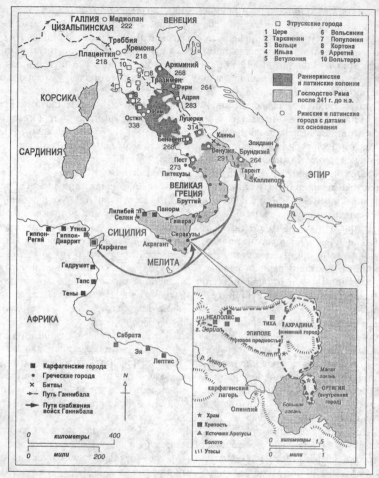

Карта 7
Рим — Сицилия— Карфаген

демией, захватил власть над Сиракузами, приплыв из Греции в качестве своего рода авангарда *гарибальдийской тысячи*. Тимолеонт (правил 344–336), «сын свободы» из Коринфа, одержал победу с помощью наемников; но он, кажется, ввел демократические конституции во многих городах, а также сумел укрепить границу между греческой и карфагенской зонами влияния по реке Галикус. Жестокий Агафокл (правил 317–289) был плебеем-горшечником, который возвысился женившись на богатой вдове. В 310 г. до н. э. он

освободил Сиракузы от второй осады карфагенянами, перенеся войну в Африку. Говорят, что этот самозваный *царь Сицилии* был отравлен зубочисткой, вызвавшей паралич, после чего его живым возложили на погребальный костер. В следующем поколении Сиракузы были спасены от распространявшейся власти Рима Пирром, царем-искателем приключений из Эпира, который расчистил поле для продолжительного правления своего сторонника в Сиракузах царя Гиерона II (правил 269–215). Гиерон II, покровитель Архимеда, сохранял мир, заключив соглашение с Римом; при нем Сиракузы в последний раз наслаждались независимостью и процветанием. Смерть Гиерона в самый критический момент Пунических войн вызвала борьбу между проримской и прокарфагенской партиями. Его внук и преемник Иероним разорвал соглашение с Римом и был свергнут народным восстанием, которое расправилось сначала с царской семьей, а потом со всей римской партией.

В 215 г. до н. э. правящими магистратами были избраны двое карфагенян, что чрезвычайно обеспокоило Рим. Вскоре четыре римских легиона были перевезены на Сицилию, а *casus belli* был найден в мелкой пограничной стычке. В конце 214 г. до н. э. или, может быть, в начале 213 г. Марцелл осадил Сиракузы с моря и с суши (для осаждавших шел 538 год *ab urbe condita*). Соперничество Рима с Карфагеном было главным политическим элементом того времени, что было вполне естественным продолжением предшествующих завоеваний Рима в южной Италии. Карфаген представлял собой устоявшуюся власть, Рим бросал ей вызов. Первая Пуническая война была спровоцирована римским вмешательством в местные распри Гиерона Сиракузского с городом Мессана; она закончилась тем, что Рим аннексировал все владения Карфагена на Сицилии. Карфаген возместил эту потерю захватом новой колонии в восточной Иберии, где и была основана в 227 г. до н. э. Картаганова (Картагена). Рим наблюдал за этим с настороженностью. Вторая Пуническая война была спровоцирована интервенцией Рима в Сагунте в Иберии, чем Рим нарушил соглашение, признававшее власть Карфагена вплоть до реки Эбро. Тогда Ганнибал перенес войну к воротам Рима, и разгорелась большая война, где ставкой был стратегический контроль над центральным Средиземноморьем. Сиракузы же были осью конфликта.

Марк Клавдий Марцелл (ум. 208 г. до н. э.), бывший пять раз консулом, являл собой пример благочестивого воина-героя старой римской школы. В первое свое консульство в 222 г. он убил царя инсубрийских галлов в поединке на равнине около Милана и пожертвовал все свои добытые у галлов трофеи храму Юпитера Феретрия. Погиб он в бою, попав в засаду, устроенную Ганнибалом. Своей жизнью он заслужил жизнеописание Плутарха. По всем свидетельствам (то есть Ливия, Полибия и Плутарха), осада римлянами Сиракуз была предпринята в надежде на быстрый успех. Марцелл встретил здесь неприступные стены и упорных защитников. Но в дополнение к трем легионам, насчитывающим 25000 воинов, у него были 100 военных кораблей, громадный обоз осадных орудий и сведения, что в руководстве Сиракузами нет согласия. Он принял в расчет все, пишет Ливий, кроме одного человека.

Этим человеком был Архимед, «непревзойденный наблюдатель неба и звезд и еще более замечательный изобретатель и строитель артиллерии и военных орудий»[23]. В течение всего времени правления Гиерона II Архимед строил хитроумные противоосадные машины всех размеров и калибров.

Очень выразительно у Ливия это место, где описывается, как римские войска подошли к стенам со стороны моря: «Стену Ахрадины, которую ... омывает море, Марцелл осаждал с шестьюдесятью квинкверемами. Лучники, пращники и копейщики... с остальных кораблей ранили без промаха стоящих на стене ... прочие квинкверемы ставили по две вплотную, борт к борту (весла с этой стороны убирали), и они шли как один корабль, на веслах, оставленных с другого борта; на этом двойном корабле ставили башни в несколько этажей и стенобитные машины.

Чтобы бороться с такими кораблями, Архимед разместил по стенам машины, которые метали в суда, стоящие поодаль, камни огромной тяжести; стоящие поближе он осыпал дождем более мелких, чтобы поражать врага, не подвергая себя опасности, он пробил всю стену сверху донизу множеством отверстий шириною в локоть; через эти отверстия сиракузяне, оставаясь невидимыми неприятелю, стреляли из луков и небольших *скорпионов...*»[24]

Полибий рассказывает, что плавающие осадные башни назывались *самбуки*, поскольку напоминали формой музыкальные инструменты самбуки, бывшие, без сомнения, предками современных греческих *бузук*.

Но особое замешательство вызвали устройства Архимеда для поднятия атакующих из воды: «На вражеские суда вдруг стали опускаться укрепленные на стенах брусья и либо топили их силою толчка, либо, схватив железными руками или клювами вроде журавлиных, вытаскивали носом вверх из воды, а потом кормою вперед пускали ко дну, либо, наконец, приведенные в круговое движение скрытыми внутри оттяжными канатами, увлекали за собою корабль и, раскрутив его, швыряли на скалы и утесы у подножия стены, а моряки погибали мучительной смертью... Нередко взору открывалось ужасное зрелище: поднятый высоко над морем корабль раскачивался в разные стороны до тех пор, пока все до последнего воины не оказывались сброшенными за борт или разнесенными в клочья, а опустевшее судно разбивалось о стену или снова падало на воду, когда железные челюсти разжимались...»25

Марцелл понял, что встретился с более сильным, чем он, противником. «Не довольно ли нам воевать с этим Бриареем от геометрии, — воскликнул он, — который вычерпывает море нашими судами». И дальше: «Наш оркестр самбук выгнали с пира». Плутарх замечает: «Казалось, римляне боролись с богами».

Натиск был остановлен, и осада превратилась в блокаду, продлившуюся два года. Защитники Сиракуз сохраняли бодрость духа многие месяцы. Подошедшие на помощь карфагеняне встали лагерем в долине Анапоса, вынуждая Марцелла перевести сюда четвертый легион из Панорма. Морские силы смогли покинуть гавань и вернулись с подкреплением. А в глубине острова устроенная римлянами резня среди жителей Хенны (города, посвященного Прозерпине) настроила против них сицилийцев. Весной 212 года Марцелл предпринял ночной рейд на башню Галеагра во время празднеств в честь Артемиды и через ворота Гексапилы вошел в пригород Эпипол. Впрочем, главные крепости оставались неприступными. Летом карфагенский адмирал Бомилькар собрал громадный флот из 700 транспортных кораблей под охраной 130 военных кораблей. Обладая таким несомненным преимуществом, он расположился у мыса Пахин в ожидании римских кораблей. Но в последний момент по неизвестным причинам он не принял вызова к бою Марцелла, вышел в море и поплыл дальше в Тарент.

В конце концов исход продолжительной осады был определен вспыхнувшей чумой и предательством. Карфагеняне, которых за двести лет

до того поразила чума во время их атаки на Сиракузы, теперь стали жертвой той же напасти, защищая Сиракузы. Тогда (при начавшихся уже переговорах) иберийский капитан по имени Мерик, один из трех префектов Ахрадины, решил спасти свою шкуру, впустив римлян в город неподалеку от источника Аретузы. По условленному заранее знаку (во время отвлекающей атаки) он открыл ворота. Вошедший в город Марцелл поставил стражу у домов настроенных проримски граждан и отдал остальной город на разграбление. Считают, что Архимед стал при этом одной из жертв римлян. Согласно позднейшей традиции, он был убит римлянином, когда решал какую-то математическую задачу, чертя на песке. Плутарх приводит несколько бытовавших тогда версий: «В тот час Архимед внимательно разглядывал какой-то чертеж и, душою и взором погруженный в созерцание, не заметил ни вторжения римлян, ни захвата города; когда вдруг перед ним вырос какой-то воин и объявил ему, что его зовет Марцелл, Архимед отказался следовать за ним до тех пор, пока не доведет до конца задачу... Воин рассердился и, выхватив меч, убил его. Другие рассказывают, что на него сразу бросился римлянин с мечом. Архимед же, видя, что тот хочет лишить его жизни, молил немного подождать, чтобы не пришлось оставить неразрешенным и неисследованным поставленный вопрос; но римлянин убил его, не обратив ни малейшего внимания на эти просьбы. Есть еще третий рассказ о смерти Архимеда: будто он нес к Марцеллу свои математические приборы — солнечные часы, шары, угольники — с помощью которых измерял величину солнца, а встретившиеся ему солдаты решили, что в ларце у него золото, и умертвили его. Как бы это ни произошло на самом деле, все согласны в том, что Марцелл был очень опечален, от убийцы с омерзением отвернулся как от преступника, а родственников Архимеда разыскал и окружил почетом»26.

Так греческая цивилизация встретилась с властью Рима. Во исполнение его воли Архимед был погребен в усыпальнице, которая представляла собой сферу, вписанную в цилиндр. Он однажды сказал, что отношение 2:3, как оно выражается в отношении сферы и цилиндра, длина которого равна диаметру сферы, — это самая совершенная пропорция.

Падение Сиракуз вызвало немедленные последствия. Римляне проявили исключительную любовь ко всему греческому: было захвачено столько художественных ценностей, как если бы разграбили сам Карфаген, писал Ливий. Появилась мода на греческие предметы искусства, а греческие представления (о прекрасном) стали с тех пор нормой для всех образованных римлян. Возможно, это был самый мощный отдельный импульс к созданию греко-римской культуры. В стратегическом же отношении взятием Сиракуз завершилось покорение римлянами Сицилии. Карфаген оказался отрезанным от главного источника торговли и продовольствия, и Ганнибал лишился своей основной поддержки с тыла. До событий в Сиракузах Рим был всего лишь одним из трех участников в треугольнике греки — Карфаген — Рим. После Сиракуз Рим захватил инициативу по всем направлениям.

Успех римлян в Сиракузах воодушевил их на вмешательства в греческие дела. Во время осады Сиракуз Рим заключил союз с Этолийским союзом в центральной Греции, чтобы выйти в тыл другому союзнику Карфагена — Македонии. С тех пор Рим постоянно имел греческих клиентов, удовлетворяя и защищая их интересы. Три Македонские войны (215–205, 200–197, 171–168 гг. до н. э.) и борьба с главным союзником Македонии — Антиохом III Сирийским, очень сильно втянули римлян в греческие дела. В конечном счете, как и в Сицилии, Рим решил покончить со всякими сложностями, превратив Македонию и весь Пелопоннес в римские провинции.

Но к тому времени падение Сиракуз, должно быть, уже забыли даже сами сиракузцы. Они по счастью избежали судьбы других покоренных городов, где все население обычно продавалось в рабство. В конце концов, это было всего лишь одно событие в длинной цепи кампаний и сражений, сопровождавших возвышение Рима и падение Греции. В конце концов, не только государства центрального Средиземноморья, но все в мире подвержено такой смене возвышений и падений, все подвержено переменам.

Историки, задним числом рассматривающие триумфальную экспансию Рима, находятся в плену знаний о последующих событиях. Они не могут отвлечься от того, что сложившаяся греко-рим-

ская культура затем стала господствующей во всем классическом мире и оказала исключительное влияние, став одним из оснований *западной цивилизации*. Вот почему историки не склонны замечать другие имевшиеся тогда направления возможного развития и перспективы. В равной мере, вооруженные знанием греческого и латинского языков, этих инструментов высшего образования в Европе, историки иногда не торопятся связать греко-римскую сферу со всей панорамой современных событий того времени. Никто не может отрицать, что слияние греческого и римского миров (в котором падение Сиракуз явилось ключевым моментом) оказалось важнейшим процессом. Трудность состоит в том, чтобы рассмотреть, какие тогда имелись иные перспективы.

Не сохранилось никаких воспоминаний от времени осады Сиракуз. Между тем мы знаем, что многие жители торгового города совершали далекие путешествия. Они жили на острове, за который долго боролись греки и карфагеняне и который только недавно увидел римлян. Так что, какую бы они не занимали позицию в Пунических войнах, без сомнения, они считали себя и карфагенян представителями древнего порядка, которому бросали вызов римские выскочки. Как люди моря и торговли они, возможно, чувствовали большую близость к Карфагену, чем к Риму. Прошло уже сто лет как Александр способствовал встрече греков с Персией и Индией, и карфагеняне, должно быть, чувствовали, что принадлежат греко-восточному миру, а не греко-римскому, которому еще только предстояло сформироваться. Для них, конечно, центром мира был не Рим и не Карфаген, а Александрия.

Глядя на Сиракузы из современного мира, их воспринимают как греческий и потому европейский город, для которого новые связи с европейским Римом были естественны, если не неизбежны. И, как правило, инстинктивно избегают мысли, что в этом союзе греки были, скорее, азиатами, чем европейцами, что они могли и дальше поддерживать свои связи с Востоком. Воздавая должное Архимеду, редко вспоминают, что великий гений математики отдал свою жизнь в борьбе против союза греческого города с Римом.

Спустя четыре года после битвы при Каннах положение Рима было по-прежнему исключительно ненадежным. Так что у нас есть все основания полагать, что прокарфагенская партия считала силы Марцелла недостаточными для взятия Сиракуз; что поражение Рима воодушевило бы других союзников Карфагена; что утверждение Карфагена на Сицилии доставило бы надежное тыловое обеспечение Ганнибалу; что при надежной поддержке Ганнибал сдвинулся бы с мертвой точки в Италии; другими словами, что Рим вполне мог потерпеть поражение. У Сиракуз не было своего Катона; но разрушение беспокойных городов было установившейся практикой. И, стоя в ночном дозоре на городских стенах Сиракуз, кто-нибудь из людей Архимеда или даже сам Архимед вполне могли подумать: *Roma delenda est* — но это до того, как вспыхнула моровая язва и Мерик открыл ворота.

Знания сиракузцев о мире, наверное, в основном ограничивались Великим морем и странами Востока. Сама наука география далеко шагнула вперед в классической Греции, но границы мира, непосредственно известного древним, мало изменились. Современник Архимеда Эратосфен Киренейский (276–196 гг. до н. э.), библиотекарь в Александрии, пришел к выводу, что мир представляет собой сферу. Его работы были известны Птолемею и Страбону. Однако за исключением того, что финикийцы дошли до Оловянных островов, никаких иных географических открытий не произошло. Ничего не известно о каких бы то ни было контактах с Западной Африкой, Америками или далекой северной Европой. По-прежнему сохранялось строгое деление на *цивилизованный* мир побережья Средиземноморья и *варварскую* пустыню того, что простиралось дальше.

В конце III в. до н. э. цивилизация Средиземноморья делилась на три главные сферы влияния: карфагенская на западе, римо-итальянская в центре и греко-эллинская на востоке. Благодаря завоеваниям Александра она была теперь теснее, чем раньше, связана с восточными империями от Египта до Индии. Ненадежными путями в Центральной Азии она была слабо связана с Китайской империей, где именно в это время началось строительство Великой стены для защиты от вторжения кочевников.

В предыдущие столетия варварская пустыня северной и центральной Европы начала медленно переходить от Бронзового века к Железному. Это время отмечено преобладающим влиянием кельтов, культура которых утвердилась (посредством миграции или постепенного проникновения — *осмоса*) во множестве районов от средней Вислы до Иберии, Галлии и Британии. В 387 г. кельты приступом взяли Рим и хлынули в северную Италию. Кельтские укрепления образовали сеть городских поселений, а их торговая деятельность стала важным посредником между германскими, славянскими и балтийскими племенами. В конце III века часть кельтов — галаты, жившие своим царством Тиле во Фракии (на территории современной Болгарии) столкнулись с восстанием своих фракийских подданных, в то время как они готовились отправиться в соседнюю Малую Азию, где и оставались до времен Средневековья. Их временное пребывание во Фракии подтверждается недавно открытыми надписями в Сеутополисе и Мессембрии (Незебар)[27].

Многие историки сочли бы, что в III веке до н. э. полуостров Европы отстоит еще лет на 1000 от того, что можно бы было назвать европейской цивилизацией. В особенности же подвергается сомнению *европейство* Древней Греции как вневременное отвлеченное построение позднейших европейцев. Это совершенно верно.

Но два самых потрясающих процесса того времени — формирование греко-римской цивилизации в Средиземноморье и господство кельтов на большой территории на континенте — определили будущее развитие. Хотя и греки, и римляне, и кельты были индоевропейцами, у них не было ни общей культуры, ни общей идеологии (см. глава IV). Как не было и намека на понимание своей общности вообще. Тем не менее следует учитывать, что потомки и традиции именно этих народов оказались в сердце позднейшей истории Европы. Одно дело — вносить поправки в европоцентричную интерпретацию античного мира, которая так долго была господствующей. И совсем иное дело — бросаться в другую крайность и считать, что греки и римляне имели маленькое (или даже исключительно маленькое) влияние на позднейшую историю Европы.

Некоторые события имеют такие последствия, которые до сих пор сохраняют для нас свою важность, и надо постараться это увидеть. Если бы Мерик не открыл ворота; если бы Сиракузы отра-

зили атаки римлян, как когда-то они отразили афинян; если бы Ганнибал разрушил Рим, как Рим
позднее разрушит Карфаген; если бы в результате

греческий мир слился постепенно с семитским миром Карфагена, то история была бы совершенно
иной. Но дело в том, что Мерик открыл ворота.

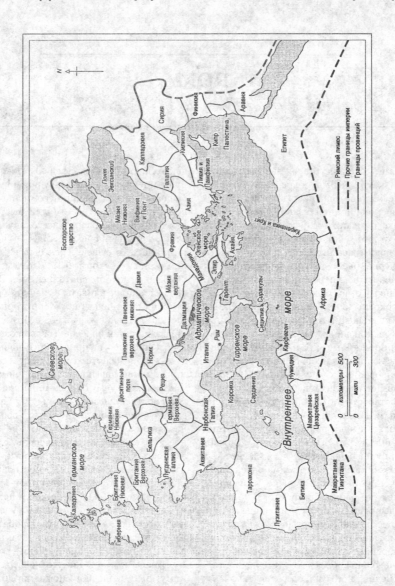

Карта 9

III

ROMA

Древний Рим, 753 г. до н. э. — 337 г. н. э.

Римский мир отличает такая целостность и сплоченность, каких не было в Греции и, возможно, вообще не было больше никогда — ни у древних, ни в современной цивилизации. Подобно каменной кладке римских стен, где камни прочно пригнаны по строгому плану и скреплены особой крепости римским цементом, различные части Римской империи были связаны в громадное и монолитное единство посредством физического, организационного и психологического контроля. Физические скрепы обеспечивала сеть военных укреплений, размещенных в каждой провинции, и густая сеть вымощенных камнем дорог, связывавших провинции с Римом. В основании организационных связей лежали общие принципы права и администрирования, а также единая для всех провинций армия чиновников, которые принуждали всех действовать соответственно универсальным стандартам. Психологический контроль держался на страхе и наказании — на абсолютной уверенности в том, что все и всё, что угрожает власти Рима, будет решительно уничтожено.

Источник этой одержимости Рима идеей единства и сплоченности вполне можно разглядеть в особенностях его раннего развития. В то время как Греция выросла из массы рассеянных городов, Рим вырос из единого организма. Если греческий мир постепенно расширялся по средиземноморским морским путям, Римский мир собирался вокруг одного ядра через захват все новых территорий. Конечно, контраст здесь не такой уж разительный: в Александре Великом греки имели величайшего завоевателя земель, какого когда-нибудь знал мир; и римляне, со своей стороны,

как только вышли за пределы Италии, не преминули научиться господству на море. И все-таки существенное различие несомненно. Для греческого мира важнее всего были быстрые корабли; для власти Рима важнее всего были его марширующие легионы. Греки были обручены с морем, римляне — с сушей. Грек был в душе моряком, римлянин — сухопутным жителем.

В попытке объяснить феномен Рима придется всячески подчеркивать присущий римлянам почти животный инстинкт «территориального императива». Для Рима важнее всего были организация, эксплуатация и защита своих территорий. По всей вероятности, привычки и навыки обустройства земли воспитала у римлян плодородная долина Лация: навыки привязанной к территориям и земельным участкам системы поселений, системы собственности, системы управления и всей организации общества. Из этого выросла гениальная военная организация римлян и упорядоченное управление. В свою очередь, сильная привязанность к земле и к стабильности, которую рождает жизнь на земле, способствовали развитию римских добродетелей: *gravitas* — чувство ответственности, *pietas* — чувство привязанности к семье и своей стране, и *iustitia* — чувство естественного порядка. «Из тех, кто обрабатывает землю, выходят самые сильные люди и самые смелые солдаты», – писал Катон Старший[1].

В наше время к Риму относятся очень по-разному: от бесконечного почтения до глубокого отвращения. Есть, как всегда, те, кто преклоняются перед властью (особенно среди историков), кто восхищается всяким проявлением силы, кого римская мощь привлекает больше, чем греческая изысканность. Они восхищаются размерами и мощью Колизея, не задаваясь вопросом, для чего он был возведен. Колизей и в самом деле стал символом цивилизации Рима, так что было общим местом считать: «Пока стоит Колизей, будет стоять Рим; когда падет Колизей, падет Рим; когда падет Рим, падет весь мир»[2]. Но есть много и таких, кто не любит Рима. Для многих Рим — это в лучшем случае подражатель и продолжатель Греции, только в большем масштабе. У греческой цивилизации было качество, у римской — только количество; Греция — оригинальна, Рим – насквозь производен. У Греции был стиль, у Рима — только деньги; Греция — изобрела, Рим — только изучил и применил. Такого же мнения придерживались и римляне-интеллектуалы. «Если бы греки так же презирали новшества, как мы, — писал Гораций в *Письмах*, — то какие бы произведения древности сейчас существовали?» Больше того, римляне вульгаризировали многое из того, что копировали. Так, в архитектуре они переняли тяжелый и роскошный поздний коринфский ордер, а не дорический или ионический. «Самая ткань греческого искусства распадается, — пишет один критик, — когда оно приходит в соприкосновение с таким исключительно практическим народом, как римляне»[3].

Рим в непомерном долгу перед Грецией. В религии римляне переняли весь пантеон олимпийцев, превратив Зевса в Юпитера, Геру в Юнону, Ареса в Марса, Афродиту в Венеру. Они переняли их философию настолько, что стоицизм стал более типичен для Рима, чем для Афин. В литературе латинские последователи сознательно брали за образец греческих писателей. Не подлежало обсуждению, что образованный римлянин должен в совершенстве владеть греческим языком. В теоретической философии и науках римляне практически нисколько не продвинулись по сравнению с более ранними достижениями греков.

Однако было бы ошибкой полагать, что Рим был чем-то вроде младшего партнера в греко-римской цивилизации. Римский гений был устремлен в новые сферы — особенно в сферу права, военной организации, администрации и инженерного искусства. Больше того, конфликты и психологическое напряжение в римском государстве были источником литературной и художественной чут-

кости самого высокого порядка. Не случайно многие выдающиеся римские воины и государственные мужи были также и превосходными писателями. Не следует также забывать и длинный список римских пороков. Критики указывают на особенно отвратительное рабство, на превосходящую всякую меру жестокость, а с течением времени — и на такой социальный и нравственный упадок, по сравнению с которым эллинизм выглядит пуританством.

Политическая история древнего Рима в ее самом широком толковании — от основания «Вечного города» в 753 г. до н. э. до окончательного падения Римской империи в 1453 г. н. э. — насчитывает 2206 лет. В более принятом смысле — от основания Рима до падения западной части Римской империи, столицей которой был Рим, — она продолжалась вдвое меньше. Обычно историю Рима делят на три периода: царский, республиканский и императорский. [**годы от основания рима**]

Полулегендарное Римское царство сопоставимо во многих отношениях с ранним «Героическим веком» Греции. О начале Римского царства повествует рассказ о Ромуле и Реме, сиротах-близнецах, потомках Энея, которые были вскормлены волчицей, а завершается этот период изгнанием последнего из семи царей — Тарквиния Гордого, в 510 г. до н. э. Эти два с половиной столетия принадлежат доисторическому (то есть до начала письменной истории) времени. Ромул, основатель Рима, затем организовал похищение сабинянок, а те способствовали заселению нового города. Нума Помпилий, сабинянин, ввел календарь и официальные религиозные культы. Им основан храм Януса на Форуме, двери которого были открыты в военное время и закрыты в мирное время. Тулл Гостилий, третий царь, латинянин, разрушил до основания соседний город Альба Лонга и депортировал его население. Анк Марций создал социальную группу *плебс*, или «простой народ», из привозимых в Рим пленников. Сервий Туллий, шестой царь, даровал Риму его первую конституцию, предоставив плебсу независимость от *патрициев*, или *старейших*, и основал Латинский союз. Пятый и седьмой цари, Тарквиний Древний и Тарквиний Гордый были этрусками. Первый организовал общественные работы в Риме, в том числе построил громадную сточную канаву, на-

AUC

Римское летоисчисление исходило из условной даты основания Рима. За точку отсчета принимался 750 г. до н. э. Все остальные даты устанавливались относительно AUC — *ab urbe condita* [от основания города Рима]. Схема была изменена в I веке н. э., когда М. Теренций Варрон (636–725 auc/ от основания Рима), «ученейший из римлян», вычислил, что Рим был основан в 753 г. до н. э. Но к тому времени римляне уже привыкли и к альтернативной системе: обозначать год не числом, а по имени правившего в тот год консула. И в официальных свидетельствах, и в обыденных разговорах они говорили о «годе [консульства] Г. Теренция Варрона и Л. Эмилия Павла» (216 г. до н. э.) или о «семи консульствах Г. Мария» (107, 104, 103, 102, 101, 100 и 86 гг. до н. э.). Для такой системы следовало основательно знать римскую историю. Но мало кто из образованных римлян не знал, что старший Варрон и Эмилий Павел командовали римской армией во время бедствия при Каннах.

К счастью, эти две системы были сопоставимы, и каждая из них могла быть привлечена для поддержки другой. Например, возвышения и падения Гая Юлия Цезаря можно было проследить по следующим отсылкам:

AUC	консульство	до н. э.
695	М. Кальпурний Бибул и Г. Юлий Цезарь (I)	59
705	Г. Клавдий Марцелл и Л. Корнелий Лентул Крус	49
706	Г. Юлий Цезарь (II) и П. Сервилий Ватия Исаврик	48
707	Г. Руф Каленус и П. Ватиний	47
708	Г. Юлий Цезарь (III) и М. Эмилий Лепид	46
709	Г. Юлий Цезарь (IV) единственный консул	45
710	Г. Юлий Цезарь (V) и Марк Антоний	44
711	Г. Вибий Панса и А. Гирций, оба убиты; заменены триумвиратом М. Антония. Г. Октавиана и М. Эмилия Лепида	43

Именно Цезарь понял, что календарь становится неэффективным. Старый римский год, в котором было только 304 дня, делился на 10 месяцев начиная с XI Kal. Maius [майских календ], или 21 апреля. Дополнительные месяцы *Ianuarius* и *Februarius* были придуманы для заполнения пробелов. Таким образом, в 708 г. от основания Рима в третье консульство Цезаря, были проведены решительные реформы. Текущий год был продлен на 151 день, чтобы Новый год мог начаться 1 января 704 г. от основания Рима (45 г. до н. э.) и продолжался бы 365 дней до 31 декабря. Дальнейшие поправки были сделаны при Августе в 737 г. от основания Рима (4 г. н. э.), когда прежние пятый и шестой месяцы *Quintilis* и *Sextilis* были названы *Julius* (в честь Цезаря) и *Augustus*, а раз в четыре года вводился bissextile «лишний день високосного года». Получившийся в результате юлианский год длиной в 365¼ дней не совпадал со временем вращения Земли только на 11 минут и 12 секунд и оставался в общем употреблении до 1582 г. н. э. Тем не менее консулы назначались и во время принципата, а с ними сохранялся и обычай считать годы по консулату. На годы же правления императоров не ссылались. Позднее во времена Империи, когда консулат был отменен, система летоисчисления по году от основания Рима дополнялась и поддерживалась отсылками к пятнадцатилетним циклам *индикта*. И когда в середине VI века возобладало, наконец, христианское летоисчисление, римское летоисчисление оставалось в употреблении еще в течение тринадцати веков. [ANNO DOMINI]

званную его именем. Последний был изгнан после того, как его сын обесчестил Лукрецию. [**ЭТРУС-КОСТЕРИЯ**]

Рим с его семью холмами, занимавший стратегически важное господствующее положение на р. Тибр, был одним из нескольких городов Лация, где говорили на *латинском* языке. В то далекое время над ним господствовали его более сильные соседи и в особенности этруски на севе-

ре, чей укрепленный город Вейи лежал всего в 16 км от Форума. Руины «этрусских поселений» в Вульчи, Тарквинии и Перузии свидетельствует, что это была передовая, хоть и загадочная цивилизация. Рим у них многое заимствовал. Ливий пишет, что Рим уцелел при попытке этрусков атаковать его и снова посадить на престол Тарквиния после того, как одноглазый Гораций Коклес удержал Свайный мост (Pons Sublicius).

ЭТРУСКОСТЕРИЯ[1]

В Санте Севере (древней Пирги) около Рима археологи обнаружили два этрусских храма над морем. Эта исключительная по ценности находка была сделана в 1957–1964 гг.: до тех пор от этрусков находили только гробницы. Находка датировалась примерно 500 г. до н. э., и здесь нашли три тончайшие золотые пластинки с надписями на финикийском и этрусском языках:

«Этот вотив и эти храмовые дары Госпоже Юноне-Астарте сооружены. Правящий государством Тефарий Велиана во время обряда вбивания гвоздя подарил их для этого святилища и храмовой пристройки по божественному определению. И вот три года как в октябре при погребении ... божества... Что касается статуй в этом храме, то их годы, как звезды».

Пирги служил портом для близлежащего города Кишра (современный Керветери), и царь Тефарий, или Тиберий, решил почтить карфагенскую богиню. [таммуз] Посвящение храмов состоялось где-то вскоре после неудачного набега этрусков на Кумы в Неаполитанском заливе, возможно,

вскоре после восстания Рима против власти этрусков.

Этруски процветали в Тоскане и Умбрии с 700 по 100 гг. до н. э. Они утверждали, что пришли из Малой Азии. Их алфавит, заимствованный у греков, читается легко, но их язык до сих пор полностью не дешифрован. Первоначальный период князей сменился у них в VI веке эрой торговых городов-государств по модели греческих. Погребальные камеры этого времени обычно украшены превосходными, стилизованными яркими фресками, на которых часто изображается пир мертвых (см. Илл. 5). То немногое, что нам известно об этрусках, почерпнуто либо из выводов археологов, либо из позднейших (и очень недружественных) рассказов о них римлян, которые любили изображать их обжорами, развратниками и религиозными фанатиками. Начиная с первой выставки этрусского искусства в Лондоне в 1837 г. и вплоть до такой выставки в Париже в 1992 г. делались многочисленные попытки заинтересовать европейскую публику этрускологией. Особенный стимул к этому

появился в 1828–1836 гг., когда были открыты погребения в Вульчи, Цере и Тарквинии, которые в то время находились в Папской области.

Отношение к этрускам было и остается романтической фантазией. Медичи, организовавший первые исследования в этой области, возводил свой род к этрускам. Джошуиа Веджвуд назвал свою керамику *Этрурия*, не зная, что модный в то время этрусский стиль был греческого, а не этрусского происхождения. Тайной этрусков был заворожен Проспер Мериме, а также викторианский пионер этрускологии Джордж Деннис. Д. Х. Лоуренс писал: «То, что [этруски] делали было так же естественно, как дыхание. Этрускам в высшей степени свойственны легкость, естественность и жизнелюбие... а смерть была лишь естественным продолжением полноты жизни.»

Это не этрускология, это этрускостерия, или, как говорят французы, этрускомания.

[1] Итальянское слово *etruscheria* имеет легкий оттенок насмешки

Под патронатом Республики Рим из ничтожного провинциального города превратился в хозяина всего Средиземноморья. Это превращение, которое началось в 509 г. до н. э. с выбором первых правящих консулов и закончилось 478 лет спустя, когда Октавиан основал первую династию императоров, проходило в непрерывной борьбе. В V в. Рим захватил своих непосредственных соседей и территорию в 822 км² (314 миль²). В одном знаменитом эпизоде в 491 г. до н. э. изгнанный из Рима Гай Марций Кориолан, доведший победоносную армию вольсков до ворот Рима, был остановлен слезными мольбами своей матери.В IV в. Рим оп-

равился наконец после опустошения, произведенного в нем галлами в 390 г. до н. э., и за три свирепые Самнитские войны установил свое господство над всей центральной Италией. В III в. Рим покорил юг Греции сначала в войнах против Пирра, царя Эпира (282–272 гг. до н. э.), пришедшего на помощь своим соотечественникам, а позднее в серии военных кампаний, закончившихся аннексией Сицилии (см. сс. 138–147 выше). Эти кампании Рима породили длительный конфликт с Карфагеном и три Пунические войны.

Из тех войн, которые вел Рим, столетняя борьба с Карфагеном особенно ярко продемонстрировала знаменитые римские качества: соединение стойкости и безжалостности к противнику. Африканский Карфаген, который был старше Рима, некогда основали переселенцы из Финикии (по-латински Punica см. сс.104–108). Между ними традиционно сохранялись мирные отношения, оговоренные соглашением, которое представляет собой древнейший из известных нам документов римской истории. Датированное первым годом Республики, это соглашение устанавливало сферы влияния каждой из сторон и обязывало обе стороны не нарушать их. Мир сохранялся почти три столетия до тех пор, пока римские войска не пересекли Мессинский пролив.

В Первую Пуническую войну (264–241) Карфаген сравнительно мало пострадал от сухопутных сил Рима, хотя и потерял Сицилию. Рим же овладел искусством войны на море. Во Вторую Пуническую войну (218–201), которая последовала за беспримерной экспедицией Ганнибала через Альпы (из Испании в Италию) Рим едва избежал полного уничтожения исключительно за счет своей выдержки. В это время восстали кельты на севере Италии и население большинства городов Сицилии. Два сражения: на Тразименском озере (217) и при Каннах (216) — это величайшие поражения Рима. И только тактика К. Фабия Максима «Кунктатора», то есть «Медлителя», упорная забота о резервах и взятие Сиракуз (см. сс. 105–108) позволили Риму уцелеть. Брат Ганнибала Гасдрубал был остановлен в его второй попытке вторгнуться в Италию из Испании,а в 203 г. и сам Ганнибал был вынужден вывести свои войска. За ним в Африку последовал молодой Публий Корнелий Сципион «Африканский», оставшийся в живых участник битвы при Каннах, будущий покоритель Карфагена. При Заме в 202г. Ганнибал встретился с достойным противником. После поражения он нашел приют у врагов Рима в Греции, где стыд и страдания, в конце концов, привели его к самоубийству. Карфаген, лишившийся своего флота и принужденный к выплате громадной дани, продержался еще 60 лет. Но в Третью Пуническую войну (149–146) Катон Старший призвал полностью уничтожить врага. *Carthago delenda est* («Карфаген должен быть разрушен»). Это было исполнено в 146 г. Город был снесен с лица земли, население продано в рабство, все перепахано и посыпано солью. Как

сказал Тацит по другому поводу, «римляне создали пустыню и назвали это миром». Сципион Эмилиан Младший, наблюдавший эту сцену вместе с историком Полибием, вспомнил слова Гектора в *Илиаде*: «Будет некогда день, и погибнет священная Троя; С нею погибнет Приам и народ копьеносца Приама». «Что ты хочешь этим сказать?», — спросил Полибий. «Это славный момент, Полибий, — ответил Эмилиан, — но меня мучает предчувствие, что когда-нибудь такую же весть принесут и о Риме»[4].

Когда Карфаген был нейтрализован, а потом и совсем устранен, легионы Республики в триумфальном шествии начали захватывать остальные страны Средиземноморья. Цизальпинская Галлия была покорена между 241 и 190 гг. до н. э. Иберия и большая часть северной Африки стали добычей римлян в 201 г. Иллирия была покорена между 229 и 168 гг. до н. э. Македония вместе с материковой Грецией были захвачены к 146 г. В Трансальпийскую Галлию римляне вторглись в 125 г. до н. э., а завоевана она была окончательно Цезарем в 58–50 гг. до н. э. Независимые государства Малой Азии были аннексированы в 67–61 гг. до н., Сирия и Палестина к 64 г. до н. э. [EGNATIA]

В последние сто лет существования Республики иностранные военные кампании осложнялись гражданскими войнами. Победоносные военачальники стремились также контролировать центральную власть в Риме, а реформаторы пытались удовлетворить потребности низших слоев. В результате периоды хаоса перемежались периодами диктаторского правления. В 133–121 гг. до н. э. народные трибуны Тиберий Семпроний Гракх и его брат Гай Семпроний Гракх предприняли попытку раздачи общественных земель лишенным земли крестьянам, которые с оружием в руках служили в завоевательных войнах Республики. Но оба встретили сопротивление правящей олигархии и оба были убиты. В 82–79 гг. до н. э. Луций Корнелий Сулла («Счастливый») провозгласил себя диктатором после того, как разгромил сторонников Г. Мария (157–86 гг. до н. э.), величайшего воина своего времени. В 60 г. до н. э. три соперничавших между собой воина-политика Марк Лициний Красс, Помпей Великий и Гай Юлий Цезарь образовали первый правящий триумвират. Но в 48 г. до н. э., по смерти Красса, сломив

ВИА ЭГНАЦИЯ

Из всех дорог Рима самой важной оказалась *Виа Эгнация* (Игнатиева дорога). Построенная во II веке до н. э., она связала Рим и Византий, а позднее Западную и Восточную Империи. Она была названа по имени города Эгнация в Апулии, где находился удивительный огненный алтарь, а сам городок был главной станцией между Римом и портом на Адриатике Брундизием. В Италии эта дорога вела туда же, что и более старая Аппиева дорога, проходившая через Беневент и Тарент. На восточном побережье Адриатики она начиналась в Диррахии (Дуррес) со вспомогательной дорогой из Аполлонии. Она пересекала провинцию Македония, проходила через Лихнидес (Охрид) и Пеллу и дальше в Фессалонику; огибала полуостров Халкида у Амфиполиса и Филиппы и, наконец, заканчивалась в Дипселе на Хебросе (Марица) во Фракии. Конечный участок этого пути до Византия, который первоначально не назывался Эгнация, здесь кружит обходным путем в глубине, огибая прибрежные лагуны. Прямой путь от Региона до Хебдомона был замощен только Юстинианом I, этим путем путешественник прибывал к Золотым воротам Константинополя через двадцать дней от начала путешествия, проделав путь в 500 миль. Мы знаем из поговорки, что «Все дороги ведут в Рим», но все дороги вели также из Рима.

сопротивление последнего оставшегося триумвира, – Помпея, Цезарь потребовал себе титул *императора*. Наконец, в 31. г. до н. э., после падения второго триумвирата Октавиан положил конец гражданским войнам. Его победа при Акции предопределила падение Египта, смерть Антония и Клеопатры, конец оппозиции и принятие им титула «Августа». Таким образом, последним завоеванием Римской республики стал последний кусочек средиземноморского побережья, который хотя бы номинально еще оставался независимым. В течение почти 500 лет ворота храма Януса были закрыты только в трех случаях. [AQUILA]

Гражданские войны были выражением прежде всего перемены политических предпочтений, как это хорошо видно по карьере двух Катонов, которые оба были на стороне проигрывавших. Марк Порций Катон «Цензор» (234–149 гг. до н. э.) стал воплощением добродетелей древнего Рима — пуританского аскетизма. После 27 лет военной службы он удалился в свое поместье, где писал книги по истории и сельскому хозяйству. Он резко выступал против эллинистической роскоши и премудрости, но в особенности против того, что он считал честолюбием и карьеризмом Сципионов. В конце жизни он неутомимо призывал к разрушению Карфагена. Его правнук Марк Порций Катон Утический (95–46 гг. до н. э.) также отличался высокой моралью и бескомпромиссностью. Стоик по образованию, он присоединился к Помпею в его попытках противостоять диктаторским амбициям Цезаря. Когда Помпей проиграл, то Катон после героического перехода через Ливийскую пустыню, который привел только к его окружению в городе Утика, предпочел убить себя, но не подчиниться. Последнюю ночь он провел за чтением платоновского *Федона* о бессмертии души. Он стал своего рода символом республиканской оппозиции тирании, принципиальной оппозиции. Цицерон восхищался им. Цезарь в своей речи *Против Катона* пытается его мелочно дискредитировать. Поэт Лукан, который также покончил жизнь самоубийством, не желая подчиниться деспоту, изобразил Катона как борца за политическую свободу. Данте (вслед за Луканом) поставил его стражем горы чистилища, то есть на тропинке, ведущей к духовной свободе.

Гай Юлий Цезарь (100–44 гг. до н. э.) провел решительное наступление на республиканские устои. Удачливый военачальник и администратор, он участвовал в первом триумвирате 60 г. до н. э. вместе с Помпеем и Крассом, был консулом и с 59 г. до н. э. проконсулом обеих Галлий. Противники Цезаря испытывали отвращение к его методам политической борьбы: прямому подкупу населения Рима, манипуляциям политиками, грабительским приемам в военных кампаниях. Нам все еще слышится возглас Цицерона: *«O tempora! O mores!»* (О времена! О нравы!). 10 января 49 г. до н. э., перейдя границу провинции Италии по речке Рубикон, Цезарь объявил войну Риму. Не прибегая прямо к атрибутам монархии, он в

AQUILA

С древности повелось считать орла «царем птиц», как льва считали «царем зверей». Римляне считали орла «грозовой птицей» Юпитера, приносившей молнию. Орлы были эмблемой власти и величия в Вавилоне и Персии, и это представление принес в Рим, римский полководец Марий из своих восточных походов. Легионы Римской империи шли под знаменами с эмблемой орла, а римские консулы носили увенчанные орлом скипетры.

В славянском фольклоре есть рассказ о том, как три брата Лех, Чех и Рус отправились искать счастья. Рус пошел на восток, Чех на юг, в Богемию, а Лех через долину на запад. Лех остановился возле озера под большим деревом, где белый орел свил себе гнездо, и стал прародителем поляков, Гнезно же — «гнездо орла» — стало первой столицей поляков.

Так же и в Уэльсе вершина горы Сноудон (самого сердца Уэльса) называется *Eryri* [орлиное место].

В христианской символике орел ассоциируется с апостолом и евангелистом Иоанном (с Матфеем — ангел, с Лукой — телец и с Марком — лев). Мы видим орла на церковных аналоях, держащим на распростертых крыльях Библию во устрашение змея лжи. Бл. Иероним объясняет, что орел символизирует Вознесение.

На протяжении всей европейской истории к изображению имперского орла обращались те правители, которые желали заявить о своем превосходстве над другими владетельными князьями. Карл Великий носил плащ с изображением орла; Кнут Великий был в таком плаще погребен; и Наполеон I, и Наполеон III — оба с удовольствием прибегали к изображениям орла. Наследник Наполеона, Римский король получил прозвище *aiglon* [орленок]. И только британцы, в отличие от всех, не проявляли никакого интереса к орлам.

Орлы часто появляются в европейских гербах и уже очень рано присутствовали как элемент на исламских регалиях власти. Белым орлом похваляются и Польша, и Сербия (у поляков он с короной, которая ненадолго исчезла при коммунистах). В Тиролеи Брандербурге–Пруссии — красный орел, а в шведской провинции Вармланд — синий. Федеративная Республика Германия взяла стилизованного черного орла с герба города Аахен. При Палеологах Византийская империя берет эмблему черного двуглавого орла с развернутыми крыльями, символ преемственности власти от Рима на Востоке и Западе. В свое время этот символ перешел к московским царям, *Третьему Риму*, к императорам Священной Римской империи в Германии и к Габсбургам в Австрии.

Немецкая пословица гласит: *Ein Adler fangt keine Mucken* — «Орлы не ловят мошек».

действительности был диктатором; его имя впоследствии стало синонимом абсолютной власти. Ему удалось даже изменить календарь. В мартовские иды 44 г. до н. э. он был убит заговорщиками-республиканцами во главе с М. Брутом и Г. Кассием Лонгином, которого называли «Освободитель», Брут был потомком первого консула Рима, свергнувшего Тарквиния. Шекспир назвал его «благороднейшим из римлян», но Данте помещает его в нижний круг Ада за предательство друга — Цезаря.

После смерти Цезаря во главе партии цезаристов стал его племянник Октавиан. Гай Октавий (род. в 63 г. до н. э.), чье имя было изменено на Гай Юлий Цезарь Октавиан (после того как он был усыновлен Цезарем и признан его официальным наследником), еще раз поменял имя, когда выиграл все свои битвы. В течение двенадцати лет он входил во второй, неустойчивый, триумвират с М. Эмилием Лепидом и М. Антонием (ок. 82–30 гг. до н. э.); вместе в битве при Филиппах они разгромили республиканскую партию Брута и Кассия. Но затем он начинает борьбу со своими партнерами и нападает прежде всего на сильнейшего из них — Марка Антония. Октавиан был хозяином Запада, Антоний — Востока. Однако морское сражение при Акции было довольно скромным завершением борьбы, в которую были втянуты силы почти всего Римского мира. Впрочем, Акций все решил: было покончено с гражданскими войнами, с Республикой и Октавиан получил титул августа.

Империя, первые годы которой обычно называют Принципатом, началась триумфом Августа в 31 г. до н. э. В Империи воцарился знаменитый Pax Romana [«замирённая» римскими завоеваниями территория, то есть Римская империя] от Атлантики до Персидского залива. И хотя жестокая политическая борьба и смертоносные интриги продолжались по-прежнему (особенно в самом Риме), но в провинциях установился строгий контроль, а войны шли только на отдаленных границах. Было завоевано некоторое количество новых территорий — Британия в 43 г. н. э., Армения в 63, Дакия в 105. Но в целом Империя стремилась только защитить себя в своих *limes* («*пределах*») от Адрианова вала до дельты Дуная, а также продолжать в Азии борьбу со своими самыми сильными врагами — парфянами и персами. [AQUINCUM]

Постепенно Империя начала сдавать свои позиции: она крошилась по краям и деморализовалась в центре. Множество коротких правлений уже в III в. н. э. — свидетельство тому, что единство слабеет. Частичного выздоровления удалось добиться разделением Империи на Восточную и Западную. Но в IV в. заметное преобладание ресурсов Востока сопровождалось и переносом столицы из Рима в Византий, что произошло в 330 г. н. э. Рим перестал быть политическим центром. «Вечность» его правления (включая царский, республиканский и имперский периоды) составила 1083 года.

Впрочем, двигатель римской экспансии оказался гораздо сильнее того, что питал развитие греческих городов-государств или Македонии. И хотя Империя Александра Македонского на короткое время превзошла размерами Римский мир позднего периода, но в целом Рим систематически населил и мобилизовал гораздо больше земель. С самого начала Рим прибегал к различным юридическим, демографическим и аграрным средствам с целью добиться, чтобы включаемые в его состав территории вносили свой вклад в общие ресурсы военной машины Рима. По обстоятельствам жители покоренных территорий получали статус или полноценных граждан Рима или полуграждан (*civitas sine suffragio*), или союзников Рима. Но в каждом случае точно определялось, сколько они должны отдавать Риму денежных средств или воинов. Преданные воины щедро награждались земельными наделами, которые межевались и делились на равные участки. В результате еще вырастала территория, для защиты которой нужно было еще больше солдат, а с ростом армии еще увеличивалась потребность в новых землях для содержания этой армии. Милитаризованное общество, где гражданство автоматически означало военную повинность, развило неутолимый «аграрный» аппетит — аппетит на землю. Фонд государственных земель *ager publicus* предназначался для вознаграждения самых преданных государственных служащих, в особенности сенаторов.

В рамках этой общей стратегии реальное политическое устройство могло быть очень разнообразным. Введение единообразной администрации не было насущной необходимости. Италия, которая объединилась под властью Рима в конце III века до н. э., была поделена на регулярные провинции только через 200 лет. Местных правителей обычно оставляли, но те, кто бунтовал, рисковали быть уничтоженными. Например, в Греции было предотвращено восстание, когда в 146 г. до н. э. на Истмийских играх появился римский полководец и объявил, что полисам будет позволено сохранить свою автономию. Коринф, отклонивший это предложение, разделил участь Карфагена (и в одном с ним году).

АКВИНК

Подобно расположенному поблизости Карнунту, Аквинк зародился как лагерь легионеров на Дунае в правление Тиберия. Вскоре около него образовались *canabae* — обычные поселения, и во II веке н. э. он получил формальный статус *муниципии* [города с определенными правами самоуправления — **перев.**] Будучи воротами в Империю со стороны равнин Паннонии, он процветал и как база легионеров, и как торговый центр. Об этом его процветании свидетельствовали и два амфитеатра — гражданский и военный и росписи стен богатых домов. Развалины Аквинка расположены вблизи нынешнего Будапешта [**Буда**]. Венгры, как и англичане, не пережили прямого владычества римлян, поскольку поселились в пределах своей нынешней родины уже после падения Империи. Тем более они почитают свое «Римское наследие». [BARBAROS]

Религиозная жизнь римлян была очень эклектична. В течение веков римляне соприкасались практически со всеми богами Средиземноморья, и их культы они прибавляли к своим. В древности римская семья почитала прежде всего домашние божества очага и амбара — лары и пенаты. Гражданская жизнь строилась на охранительных культах, таких, как культ весталок, хранивших вечный огонь, и на сложной системе календарных празднеств, которые возглавлял Pontifex Maximus (Верховный жрец). Затем тесные контакты с Великой Грецией привели к заимствованию (и адаптации) всего пантеона олимпийцев. Первый храм был посвящен Аполлону в 431 г. до н. э. Множество последователей появилось в Риме у эпикурейцев, и особенно у стоиков. В последние десятилетия Республики были популярны восточные культы — в частности сирийской Астарты, Кибелы — Великой матери Малой Азии и египетской Изиды. Во времена Империи официальная религия обратилась к обязательным культам недавно умерших или правящих императоров. Христианство появилось в Риме в то время, когда (особенно в армии) распространялся и укреплялся культ персидского бога солнца Митры. Евангелие любви вступило в борьбу с дуалистическим учением о свете и тьме, а посвященные в это учение купались в бычьей крови и праздновали рождение своего бога 25 декабря. О совершавшихся в таких случаях возлияниях говорится у Киплинга в «Гимне XXX легиона»[5]:

Митра, владыка рассвета, мы трубим твое торжество!
Рим — превыше народов, но ты — превыше всего!
Кончена перекличка, мы на страже затянуть ремень;
Митра, ты тоже солдат, — дай нам сил на грядущий день!

Митра, владыка полдня, зной плывет, и в глазах огни;
Шлемы гнетут нам головы, и подошвы нам жгут ступни;
Время привалу и отдыху — тело вяло и дух иссяк.
Митра, ты тоже солдат, — дай нам сил не нарушить присяг!

Митра, владыка заката, твой багрянец красен как кровь.
Бессмертен ты сходишь с неба, бессмертен взойдешь ты вновь.
Кончена наша стража, в винной пене кипят пузыри,
Митра, ты тоже солдат, — дай пребыть в чистоте до зари!
Митра, владыка полночи, для тебя умирает бык.

Мы сыны твои, мы во мраке.
Это жертва владыке владык.

Ты много дорог назначил — все к свету выводят нас.
Митра, ты тоже солдат, — дай не дрогнуть в последний час![5]

[АРИЦИЯ]

В экономике Рима сочетались большая степень самодостаточности внутренних районов с широкой торговлей в Средиземноморье. Несмотря на дороги, перевозки по суше были очень дороги, поэтому провинциальные города при покупке большинства товаров ограничивались близлежащими районами. Но движение по морю, родоначальниками которого были греки и финикийцы, расширялось. Вино, масло, меха, посуда, металлы, рабы и зерно — таковы были обычные грузы. **[CEDROS]**

Все возраставшее население Рима питалось зерном, которое поставляло государство (frumentum publicum), привозимым сначала из Лация, а позднее с Сицилии и из Северной Африки. Но римляне привыкли также и к роскоши и были готовы платить за нее. Поэтому открылся «шелковый путь» в Китай и «дорога пряностей» в Индию. Римские купцы, знаменитые negotiatores, свободно передвигались по всей Империи, двигаясь вслед за армиями. С собой они везли ценности, привычку к роскоши, моду и ожидание новой будущности. **[САМОС]**

Единообразие в деньгах было введено в Италии в 269 г. до н. э., а на всех римских территориях — в 49 г. до н. э. В имперский период хождение имели золото, серебро, желтая и красная медь. Sestertius (сестерций) из желтой меди стал основной единицей. Золотой aureus стоил 100 сестерциев, серебряный denarius — 4, медный as — четверть. В провинциях имели хождение и местные денежные единицы, а право чеканить свою монету свидетельствовало о статусе провинции. **[NOMISMA]**

В основе римского общества лежало принципиальное юридическое разделение людей на граждан и неграждан, свободных и несвободных. Это была жестко иерархическая система наследственных социальных групп, или сословий. Практика, введенная еще в древнем Лации, со временем модифицировалась, так что наконец распространилась уже на всю громадную территорию Римской империи с ее исключительно разнообразным населением. На заре республиканского Рима patres — «отцы города» сидели отдельно от плебеев — «простых лю-

АРИЦИЯ

В нескольких милях южнее Рима посреди Альбанских гор лежит озеро Неми, то есть «озеро в роще». Во времена Империи близлежащая деревенька называлась Ариция; и на протяжении всей истории Рима в леске у озера таилась священная Арицийская чаща, жилище Дианы *Nemorensis* — Дианы Чащи.

Арицийский культ известен нам из описаний Страбона и по открытиям современной археологии. Во многих отношениях он был довольно неприметным. Он заключался в почитании священного дуба, ветви которого нельзя было ломать, и ему было посвящено святилище, где поддерживался вечный огонь. Помимо Дианы, в этом культе почитались два меньших божества — Эгерия, пророчица-нимфа ручья, и Вирбий, бежавший от гнева Зевса. Как свидетельствуют археологические находки, главными почитательницами здесь были женщины, желающие зачать дитя. В день ежегодного летнего праздника роща озарялась тысячами светильников, и женщины по всей Италии зажигали огни в знак благодарности.

Но в одном отношении этот культ не был похож ни на какой другой. Верховный жрец Ариции, носивший титул *Rex Nemorensis*, то есть *Царь чащи*, занимал это положение, убивая своего предшественника. Он оказывался, таким образом, жрецом, убийцей и будущей жертвой одновременно. И крадучись по роще, держа в руках обнаженный меч глубокой ночью, он ждал часа, когда появится новый претендент, отломит веточку священного дуба и вызовет его на смертельную схватку.

В новейшие времена Арицийская чаща прославилась тем, что отсюда пошла *Золотая ветвь* Джеймса Фрэзера (1890 г.), один из основополагающих трудов современной антропологии. Фрэзера, наряду с Марксом, Фрейдом и Эйнштейном, причисляют к тем, кто в корне изменил наши представления о мире. Фрэзер в свое время задался двумя простыми вопросами: «Почему жрец должен был убивать своего предшественника?» и «Почему, прежде чем его убить, он сначала отламывал Золотую ветвь?» В поисках ответа Фрэзер занялся исследованием всех верований в сверхъестественное во всех мыслимых культурах, прошлых и современных. Он изучал, как вызывают дождь в Китае; всех жрецов-царей от фараонов до далай-ламы; духов деревьев от Новой Гвинеи до Кедра с Гилгита, духов зерна от о-ва Скай до садов Адониса; майские праздники, летние праздники огня и праздники урожая. Он описал верования в душу, живущую в теле, среди тавайцев и в душу, живущую вне тела, у самоедов Сибири, в передачу зла и изгнание духов. Он описал множество жертвоприношений: от жертвоприношений хондов Бенгалии до *поедания Бога* в Литве и подбрасывания соседу последнего снопа снятого хлеба у жнецов Девона.

Фрэзер пришел к двум выводам, которые в его время были революционными. С одной стороны, он настаивал, что так называемые *примитивные*, или *дикие*, культы, основывались на серьезных идеях и потому, несмотря на их гротескные проявления, заслуживают уважения. В то же время, счи-

тал он, видимо, что развитые религии цивилизованного мира, включая христианство, многим обязаны своим языческим предшественникам. «Жизнь царей и жрецов в древности была строго регламентирована, — писал он, — в этих предписаниях суммировалось все, что слыло мудростью в те дни, когда мир был молод». И дальше: «Мы гораздо больше похожи на дикарей, чем отличаемся от них... Мы похожи на наследников, получивших слишком давно собранное наследство, так что мы уже не помним тех, кто его собирал... Их ошибки не были ни преднамеренным чудачеством, ни приступами безумия... Нам следует взглянуть на их ошибки терпимо, как на неизбежные погрешности, допущенные в поисках истины и... *cum exclusione itaque veteres audiendi sunt.*»

Проповедовавшаяся Фрэзером терпимость стала тем принципом, который позволил европейскому гуманитарному знанию выйти из стеснявших его рамок христианства и открыться другим народам и эпохам. Особенно большое впечатление произвели выводы Фрейзера о том, что многие обычаи христианских народов восходят к практике язычества: с приближением Пасхи сицилийские женщины высевают в тарелки семена пшеницы, чечевицы и канареечное семя и держат их в темноте и поливают... вскоре пробиваются ростки: их стебельки связывают красными лентами и ставят тарелки на могилах, которые в католических и православных церквах вместе с изображением почившего Христа, освящаются в Великую Пятницу... Все эти обычаи — могилы и блюда с проросшим зерном, — возможно, не что иное, как трансформация культа Адониса, но под другим именем.

Возвращаясь к Арицийской роще, Фрезер делает вывод, что царь рощи олицетворяет дерево с Золотой ветвью, а ритуал его смерти имеет параллели у многих европейских народов от Галлии до Норвегии. Золотая

ветвь — это не что иное, как *омела*, название которого, по его мнению, восходит к валлийскому слову, означающему «дерево из чистого золота». «Царь леса жил и умирал как воплощение высшего Бога арийцев, жизнь которого была в омеле, или Золотой ветви».

Подстраховываясь, он добавляет в заключение, что в наши дни посетитель в Немийском

лесу может слышать колокола римских церквей, «звуки, доносящиеся из отдаленного города и, замирая, разносящиеся над болотами Кампаньи... «Король умер, да здравствует король!» Другими словами, языческий бог рощи умер, и теперь здесь царит *Царь Небесный*. Фрезер только не упомянул, что христианский Царь тоже родился, чтобы быть убитым.

CEDROS

Тот факт, что у греков и римлян для обозначения двух разных видов — можжевельника и кедра было только одно слово — *kedros*, или *cedros*, заслуживает пространного толкования по крайней мере страниц на восемь-девять. А в масштабах, характерных для истинного специалиста, вопрос о *Деревьях и древесине древнего Средиземноморья* занял тот, столь же объемный, как тот, что вы держите в руках.

Этот труд, в котором нет ни единой лишней страницы, показывает, что может сделать увлеченный своим предметом ученый, применяя весьма ограниченный аппарат к широчайшему полю исследования. Другими словами, если нам будет позволено обратиться к единственной подходящей метафоре, автор сделал поперечный распил на стволе классического мира. Как это обычно для такого рода работ, автор начинает с тщательного исследования различных источников: археологии, литературных упоминаний, надписей, отчетов и счетов храмовых служителей, дендрохронологии. Затем он делает обзор самого предмета исследования — от кедровых колонн на Кноссе до ясеневого копья Ахилла, от 200 римских кораблей, построенных за 45 дней для Первой Пунической войны, до моста через Рейн, который был построен за 10 дней для Юлия Цезаря.

Цивилизации Греции и Рима не зависели от древесины так же сильно, как более северные

цивилизации [новгород] но, тем не менее, в Греции и Риме прекрасно знали древесину и широко ею торговали. Когда прочтешь эту книгу, то уже не сможешь смотреть на ель без того, чтобы не вспоминать афинский флот при Саламине, и не пройдешь мимо лиственницы, не вообразив стофутовые мачты римских трирем. А каждый безлесный холм напомнит нам, что римляне вырубили леса в южной Италии и северной Африке. [экология]

Историческая наука ищет неравнодушных историков. И никогда не было более тесной связи, чем та, которая связала деревья и древесину классического мира с сыном торговца древесиной из штата Нью-Йорк.

дей», и браки между теми и другими были запрещены. Патриции играли главную роль в политической жизни города через присутствие в Сенате, а также и в экономической жизни — как имевшие право контролировать распределение земли. Но им приходилось постоянно вести оборонительные сражения с бросавшим им вызов плебсом. Постепенно, однако, они начали терять свои привилегии. В 296 г. до н. э. принятием *Lex Ogulnia* плебеи были допущены в священные коллегии понтификов и авгуров. В 287 г. до н. э., согласно *Lex*

Hortensia, законы, принятые в собрании плебеев, стали обязательными для всех граждан, а сами плебеи стали частью, так сказать, истеблишмента. Во время так называемых *Союзнических войн* 90 – 89 г. до н. э. итальянские союзники Рима завоевали право на полное римское гражданство. Но только в 212 г. н. э. все свободнорожденные мужчины Империи, согласно *Constitutio Antoniniana*, получили право на римское гражданство.

Важные различия внутри патрицианской олигархии были установлены в позднейшие годы Рес-

САМОС

Самосская глиняная посуда, бытовая красная *глазированная* посуда Римской империи, возможно, появилась впервые на острове Самос, но по большей части она производилась в других местах. Из важного центра по производству такой посуды — Арреции (Ареццо), пик активности которого приходится на 30–40 гг. н. э., готовую продукцию развозили по разным гончарным мастерским в Галлии. Нам известно 45 главных центров; однако самые большие (начиная с I века) располагались в Ля Грофесенк (Аверон) и Банассак (Лозер), а, начиная со II века, в Ле Мартр де Вейр и Лезо (Пе дю Дом) и с III века в Трире и Tabernae Rhenanae (Райнзаберн) в Германии. В целом же, гончарные центры располагались на громадной территории от Испании и Северной Африки до Колхестера и Апчерч в Англии и до Вестерндорфа на реке Инн в Австрии.

Изобретательностью и кропотливым трудом специалисты по керамике восторжествовали над миллионами горшков или их осколков, обнаруженных археологами, а самосская посуда бросала ученым особый вызов. С тех пор, как в 1879 г. началось ее изучение, было идентифицировано 169 печей для обжига (то есть мест массового производства посуды), а также 3000 личных клейм. Ханс Драгендорф (1895) установил классификацию из 55 стандартных форм сосудов (D1–D55). Другие исследователи каталогизируют декоративные мотивы, технику (как глазировка), состав глины и текстуру *terra sigillata*, определяют цветовой спектр от характерного оранжево-розового цвета Банассака до темнооранжево-коричневой посуды из Ле Мартр де Вейр. За первыми коллекциями, собранными Британским музеем и Музеем Карнавалле, последовали бесчисленные собрания от Торонто до Любляны.

Особенно много говорят нам клейма на посуде. Часто в начале встречается буква *f* (=*fecit* сделано), *m* (=*manu* рукой) или *of* (-*officina* фабрикой), и для нас оживают мастера, которые производили предметы самого широкого потребления. На сегодня мы много знаем о жизни 51 гончара из центральной Галлии. Кокат Иденал и Ранто трудились в правление Траяна (98–117 гг.); Цинамм из Лезу — ок. 159–190; Банн, Кассурий и Дивикст захватили пять правлений от Антонина Пия (138–161 гг.) до Альбина (193–197 гг.).

В результате у нас теперь имеется такой корпус знаний, и они так детальны, что даже самый малый фрагмент самосской посуды может быть датирован и привязан к определенному месту производства. Такие знания весьма полезны для археологов. Кратер, принадлежащий к самосской посуде из Галлии, был найден нераспечатанным в Помпеях. Такие грузы рассылались во все города и поселения Империи.

публики. Несколько самых старых и высших кланов – Валерии, Фабии, Корнелии, Клавдии и другие *gentes maiores* составили среди патрициев аристократию. Более широкую группу составляли *nobiles*, куда вошли все, имеющие среди своих предков консула. Они так же, как и *gentes maiores*, заседали в Сенате. Они были наделены и другим, весьма почетным правом — выставлять на публичное обозрение портреты своих предков (исполненные в технике энкаустики). Представители сословия *equites* [всадников] не могли заседать в Сенате, но всадники были владетельным классом, стоявшим на социальной лестнице сразу после сенаторов. Это были состоятельные люди, обладавшие достаточными средствами, чтобы служить в кавалерии. Они имели право носить *angusticlavia* — тогу с двумя тонкими пурпурными полосами по·нижнему краю, в то время как сенаторы носи-

ли *laticlavio* — тогу с широкой пурпурной полосой. В театре они занимали первые четырнадцать рядов, сразу же за *orchestra*, где сидели сенаторы. При Августе они особенно выиграли от представившихся новых возможностей продвижения и, вытесняя аристократов, постепенно превратились в основу правящего класса.

Сохранялась, однако, большая разница между городом и сельской местностью. Провинциальные города, как и Рим, вырастали в большие центры с громадными общественными сооружениями — мощеными улицами, аквед уками, банями, театрами, храмами, памятниками, в которых быстро росли классы торговцев, ремесленников и пролетариев. Городская беднота, которую часто успокаивали, как говорил Ювенал, «хлебом и зрелищами» (*panem et circenses*), превращалась в важнейший социальный фактор. В сельской мест-

ности жили на своих прекрасных виллах знатные
римляне и трудившиеся на больших латифунди-
ях рабы. Постепенно приобретал все большее значение средний, предпринимательский класс *lib-
ertini* — отпущенников, освобожденных рабов; в
особенности этот процесс ускорился, когда с концом завоеваний Республики прекратился приток
новых рабов. [СПАРТАК]

Несмотря на разительные контрасты римского
общества — между беспредельной властью и богатством патрициев и ничтожным существованием множества их рабов; между безбедной жизнью
многих горожан и отсталостью племен в малона-
селенных районах и варваров, на окраинах Империи, — благодаря гибкости римской социальной
традиции с ее патернализмом, вспышки классовых конфликтов были редки и немногочисленны.
В Риме большое значение имели кровнородствен-
ные связи и процветали самые сложные семейные
союзы. Наверху, у власти, находились патриции,
совершенно так же, как во главе больших семей
были *pater familias* [отцы семей]. Первоначально
патриции делились на три трибы; трибы — на
тридцать *curine*, или курий; они в свою очередь
— на *gentes* — кланы, или фамилии. В позднейшие времена *gens* состоял из людей, претендую-
щих на происхождение от одного общего отдаленного предка мужского пола, а *familia* означала
группу домочадцев. Краеугольным камнем семейного права была абсолютная власть отцов над членами семьи, *patria potestas*. [NOMEN]

В Риме было множество общественных собраний, которые выполняли как социальную, так и
политическую функции. Патриции встречались
сами по себе в *comitia curiata* — куриатных комициях, собраниях курий. На таких собраниях,
среди прочего, утверждали назначение консулов.
Плебеи также регулярно собирались в *comitia
tributa* — трибутных комициях, или собраниях
членов трибы, где обсуждались их дела, выбира-
лись от них должностные лица — трибуны, то
есть представители трибы, а также *quaestores (кве-
сторы),* и *aediles (эдилы)* — плебейские мировые судьи. После 449 г. до н. э. собрания плебеев
могли созывать и консулы, и трибуны. Собрания
проходили на Форуме, и в ходе *plebiscita* — плебисцитов, голосования плебса, высказывались
мнения по любым предложенным вопросам.

По военным вопросам патриции и плебеи собирались вместе в *comitia centuriata* — центуриат-
ных комициях, или собраниях центурий [сотен —
основных подразделений римского легиона, которые на ранних этапах комплектовались по территориальному признаку и вместе с тем были еди-
ницами территориальной организации военнообя-
занных граждан. Эти собрания проходили вне
города на громадном *Campus Martius* — Марсовом поле, где выстраивались тридцать пять триб.
Каждая триба делилась на пять классов по иму-
щественному положению ее представителей. Выше
всех стояли *equites*, всадники, в самом низу находилась *pedites*, пехота. Со временем появился также класс людей, не имевших собственности, —
proletarii, или пролетарии. Каждый класс
в свою очередь был организован в *centuriae* —
центурии, сотни, а каждая сотня состояла из *старших* (мужчин в возрасте 45—60 лет, резерва)
и младших (мужчин в возрасте 17-45, пригодных
для активной военной службы). Перепись 241 г.
до н. э. показала, что в 373-х центуриях было
всего 260000 мужчин, то есть примерно по 700
человек в центурии. Это было все мужское население Рима. Эти центуриатные комиции постепенно переняли функции, которыми до того были наделены только патриции, включая избрание главных чиновников, утверждение за военачальниками *imperium* — особых (близких к диктаторским)
полномочий, связанных с «правом командовать»,
ратификацию законов и решений о войне и мире.
Голосуя, собравшиеся опускали глиняные таблички
в две корзины по мере того, как они покидали
место сбора своей центурии. Процедура должна
была совершаться в течение одного дня.

Внутри этих собраний решающую роль играли
группы патроната. В исключительно иерархичес-
ком, весьма градуированном обществе было естественно и даже необходимо, чтобы богатые патриции манипулировали стоявшими ниже их на общественной лестнице и таким образом влияли на
решения народных собраний. Для достижения этой
цели у каждого *патрона* была группа зависящих
от него *клиентов*. Патрон считал себя в праве
ждать от своих клиентов поддержки своей политики и предпочтительных для него кандидатов.
Клиенты ждали денежного вознаграждения, должностей или недвижимости. Послужить богатому
патрону было лучшим способом продвинуться в

СПАРТАК

Гладиатор Спартак (ум. 71 г. до н. э.) был вождем самого большого в древнем мире восстания рабов. Фракиец по рождению, он служил в римской армии, затем дезертировал и был продан в рабство в гладиаторскую школу в Капуе. В 73 г. до н. э. он бежал оттуда и с группой других беглых рабов встал лагерем на горе Везувий, откуда в течение следующих двух лет успешно отражал атаки противника. Его армия выросла до 100000 человек, готовых на все; эта армия прошла всю Италию вдоль и поперек вплоть до Альп и Мессинского пролива. В 72 г. до н. э. он по очереди разбил всех правивших консулов. Наконец его загнали в угол в окрестностях Петелии в Лукании, где он оказался отрезанным от своих галльских и германских союзников и был уничтожен армией претора М. Лициния Красса. Спартак умер с мечом в руках, предварительно убив своего коня, чтобы отступление было невозможно.

Очень характерно, что Красс был одним из самых богатых рабовладельцев в Риме. Он много приобрел, когда секвестрировали поместья сторонников Мария, а затем исключительно разбогател, научив своих рабов прибыльным ремеслам и организовав разработку залежей серебра. Прозванный *Божественным*, он был консулом в 70 г. до н. э. с Помпеем и триумвиром с Помпеем и Цезарем в 60 г. до н. э. Победив Спартака, торжествующий Красс украсил крестами с распятыми на них рабами 120 миль дороги от Капуи до Рима, затем предложил населению

Рима пиршество на 10000 столов. Впоследствии он еще больше обогатился как правитель Сирии, но в 53 г. до н. э. был убит парфянами, которые отрезали ему голову и залили рот расплавленным золотом, а царь парфян присовокупил записку: «Жри теперь металл, которого ты так желал при жизни».

Рабство пронизывало насквозь все римское общество и, по некоторым оценкам, было основой его экономики. Рабы были рабочей силой в сельском хозяйстве и экономике в целом, они обеспечивали роскошь городов. Рабовладение предполагало физическую, экономическую и сексуальную эксплуатацию рабов и детей без всяких ограничений. Рабовладение подпитывалось войнами, которые вела Республика, что доставляло миллионы новых пленников, а позднее — военными набегами с целью захвата рабов и работорговлей. Только после одной битвы за Адуатуки (Намюр) Юлий Цезарь продал 53000 галльских пленников. Для варваров, которых везли с Востока и из-за Дуная, главным транзитным пунктом служил остров Делос.

И после Рима рабство было характерно для европейской жизни — как и для многих других культур. Оно продержалось на протяжении всего христианского средневековья, хотя рабы и вытеснялись постепенно крепостными. Христианам разрешалось иметь рабов, если только рабы не были христианами. Рабство было достаточно обычным и в Италии Возрождения, где с рабами-мусульманами

обращались так же, как и у них на родине. В новейшие же времена европейцы допускали рабство только в своих заморских колониях, где рабов со временем стали обращать в христианство.

Отмена рабства стала главным социальным достижением Просвещения в Европе. Это осуществилось в три этапа: сначала запрет на владение рабами в Европе, затем прекращение международной работорговли и, наконец, запрет на владение рабами в заморских колониях. Для Британии эти три последовательных этапа проходили соответственно в 1772, 1807 и 1833 гг. Отмена рабства в Европе совершилась не через восстание, подобное восстанию Спартака, но, по замечанию Эмерсона, «через раскаяние тирана».

В новейшие времена коммунистические режимы сделали Спартака своим историческим героем. Именем Спартака называлась предшественница компартии Германии — *Спартакусбунд* в 1916–1919 гг. Это имя выбрал Артур Кестлер для главного героя своего романа *Гладиаторы* (1939). Марксисты считали, что восстания рабов были обязательной чертой античного общества, и им уделялось очень большое внимание в учебниках. В Савмаке нашли такого же, как Спартак, вождя восстания среди скифских рабов в Крыму, то есть на *советской территории*. Но советские историки просмотрели наличие большого сходства между миром Спартака и Красса и Гулагом, насильственной коллективизацией и обществом номенклатуры. [ХЕРСОНЕС]

NOMEN

Римская система личных имён опиралась на систему кланов и фамилий. Все мужчины-патриции имели три имени. *Praenomen,* или личное имя, обычно выбирали из небольшого списка в двенадцать имён, которые, как правило, писались сокращённой форме:

C(G) = Gaius, Гай, Gn = Gnaeus, Гней, D = Decimus, Децим, F = Flavius, Флавий, L = Lucius, Луций, M = Marcus, Марк, N = Numejus, Нумерий, P = Publius, Публий, Q = Quintus, Квинт, R = Rufus, Руф, S = Sextus, Секст, T = Titus, Тит.

Nomen указывал на клан, род человека, *cognomen* [патроним], — на фамилию, большую семью. Итак, Г. Юлий Цезарь прочитывается так: Гай из *gens,* или клана, Юлиев и *domus,* или фамилии Цезаря.

Все мужчины из одного клана патрициев имели общий номен, а все мужчины-родственники по отцу — и общий *nomen* и *cognomen.* Так что в одно время было несколько Юлиев Цезарей, отличавшихся друг от друга именем (*praenomen*). Отца знаменитого полководца звали Л. Юлий Цезарь. Когда у нескольких членов одной семьи совпадали три имени, то их различали дополнительными определениями:

П. Корнелий Сципион, трибун 396-395 гг. до н. э.

П. Корнелий Сципион Барбатус (Борода), диктатор 306 г. до н. э.

П. Корнелий Сципион Асина (Ослица), консул 221 г. до н. э.

П. Корнелий Сципион, консул 218 г. до н. э.; отец Сципиона Африканского

П. Корнелий Сципион Африканский Старший 236—184 гг. до н. э., полководец, консул 205, 194, победитель Ганнибала

Л. Корнелий Сципион Азиатик, брат Сципиона Африканского

П. Корнелий Сципион Африканский Младший, сын Сципиона Африканского Старшего

П. Корнелий Сципион Эмилиан Африканский Младший Нумантийский, приемный сын Сципиона Африканского Младшего, разрушителя Карфагена

П. Корнелий Сципион Насика (Нос), консул 191

П. Корнелий Сципион Коркул (Маленькое сердце), понтифик максимс 150 г. до н. э.

У плебеев, как у Г. Мария или М. Антония, номена не было.

Женщинам давали одно имя: патрицианкам — женский номен клана, плебейкам — женский патроним [*cognomen*], фамилии. Поэтому все дочери Юлия звались Юлии, все дочери Ливия — Ливии, сестер нельзя было различить. Две дочери Марка Антония обе звались Антония. Одна из них стала матерью Германика, другая — бабушкой Нерона. Все дочери Мария звались Мария. Это отсутствие права на полную узнаваемость как личности было проявлением низкого положения женщины в Риме.

Как показывает римская практика, несколько имён были нужны только тем, у кого было юридически независимое положение. Так что на протяжении истории Европы люди обходились меньшим количеством имён. Все имели имя, или «христианское имя» и, кроме того, патроним, или описательное определение. Во всех европейских языках можно найти вариант конструкции «Маленький Джон сын Большого Тома». Кроме личного имени, женщины обычно обозначались термином, указывающим, чья она жена или дочь. В славянских языках такое обозначение принимает форму на -*ova* или -*ovna.* «Мария Стефанова»(в польском) означает «жена Стефана Мария»; «Елена Борисовна» (в русском) означает «Елена дочь Бориса». К имени знаменитых людей или иностранцев часто прибавляют обозначение места его происхождения.

В Средние века феодальная знать стремилась связать своё имя с принадлежащим им феодом или иной земельной собственностью, чтобы определить своё положение. С этой целью они прибавляли производное имя с префиксом *von* или *di,* или с суффиксом -*ski.* Поэтому французский принц Шарль де Лоррен в Германии был бы известен как Карл фон Лотаринген, а в Польше как Кароль Лотарински. Члены гильдий принимали имена, обозначающие или ремесло, или занятие. Отсюда многочисленные Бейкеры [Булочники], Картеры [Возчики], Миллеры [Мельники] и Смиты [Кузнецы]. В этой группе имён особенно многочисленны Миллеры и Смиты. Позднее правительства обращали этот обычай в требование закона, собирая граждан в сеть различных переписей, сбора налогов и призыва на военную службу.

Гэлы (кельты) в Шотландии и евреи в Польше долго обходились без фамилий. И те и другие были автономиями как общины и веками пользовались традиционными формами имени: или патронимами (как у евреев «Авраам бен Исаак», то есть Авраам сын Исаака), или личными эпитетами. Знаменитый изгой шотландского высокогорья, которого англоговорящие жители южной (низменной) Шотландии называли Роб Рой Мак-Грегор (ок. 1660–1732 гг.) своим был известен как Роб Руадх (Рыжий Роберт) из Инверснейда. И гэльская, и еврейская системы имен пали жертвами государственной бюрократии в конце XVIII века. После поражения яковитов жители горной (северной) Шотландии были зарегистрированы под своими клановыми именами, которые они до тех пор употребляли редко, и таким образом появились тысячи и тысячи Мак-Грегоров, Мак-Дональдсов и Мак-Леодов. После раздела Польши польские евреи в России обычно получали фамилии по своим родным городам или по именам их благородных нанимателей. В Пруссии и Австрии им были даны немецкие фамилии государственными чиновниками. С 1795 по 1806гг. еврейская община Варшавы оказалась во власти Э. Т. А. Гофмана, бывшего тогда прусским администратором города. Он наделял фамилиями, следуя прихоти своей фантазии, так что счастливые оказались Апфельбаумами [Яблоневыми], Химмельфарбами [Райскими] или Фогельзангерами [сладкоголосыми], менее счастливые — Фишенбайнами [Рыбьекостными], Хозендурфами [Вонючими] или Каценелленбогенами [Кошколапыми].

обществе. Именно благодаря патронажу римское правление приобрело это свойственное ему смешение демократических форм и олигархического контроля.

Система собраний, ротация официальных лиц и потребность в частых собраниях — все это породило у римлян развитое чувство социальной принадлежности. Каждый римлянин ясно понимал свое положение в обществе в отношении своих трибы, рода, фамилии, центурии и патрона. Основными гражданскими ценностями римлян было активное участие в общественной жизни и несение военной службы. Формально народные собрания назначали высших должностных лиц, а высшие должностные лица назначали членов Сената. На самом же деле сенаторы приводили в действие все общественные институты и притом к своей выгоде. Кто главенствовал в Сенате, тот и правил Республикой.

Сенат, остававшийся в центре общественной жизни и при Республике, и во время Империи, насчитывал в разное время от 300 до 600 членов. Они назначались консулами, и Сенат созывался для помощи консулам. Но, поскольку от консулов требовалось отдавать предпочтение «опытным мужам» и поскольку сенаторы-патроны контролировали все значительные посты в государстве, Сенат мог без помех контролировать всю государственную машину. Это было ядро самовоспроизводящейся элиты. В любой момент доминирующая в Сенате группа зависела от тонкого баланса сил между конкурирующими личностями, кланами и *клиентеллами* — группами клиентов того или иного патрона. Но на протяжении веков мы вновь и вновь встречаем одни и те же патрицианские имена — пока они не оказались смыты волной выскочек.

С течением времени эффективность контроля со стороны сенаторов уменьшалась пропорционально росту фракционности. Когда общественная борьба парализовала деятельность Сената, то вся система могла дальше функционировать или путем назначения диктатора с общего согласия, или если какая-то фракция силой оружия навязывала всем свою волю. Этим и объясняется появление череды диктаторов в I веке до н. э. В конце концов, фракция под водительством Октавиана Цезаря, будущего Августа, навязала свою волю остальным. Октавиан стал патроном патронов и взял всех сенаторов в свои руки.

Два консула (как коллективный орган высшей исполнительной власти) совместно осуществляли управление Римом в течение одного года с 1 января. Этот орган был по своему происхождению военным, поскольку консулы предлагались Сенатом и утверждались центуриатными комициями, получая *империй* — право командовать армией для достижения определенных целей. Однако постепенно за консулами закрепились дополнительные функции: председательство в Сенате и (вместе с Сенатом) ответственность за внешнюю политику Рима. Они также контролировали внутренние дела Рима, где верховная власть принадлежала *преторам* — высшим судьям, управлявшим судебной системой, *цензорам*, контролировавшим сбор налогов и регистрацию граждан, *квесторам*, управлявшим общественными финансами, *эдилам*, поддерживавшим порядок в городе и проводившим Игры, и *понтифику* — первосвященнику. От них (вместе с трибунами) ждали поддержания мира между Сенатом и народом. О роли консулов можно судить по тому, что римляне вели историческую хронологию не простым счетом, а по годам правления консулов. [AUC]

Позднее благодаря реформам Мария и Суллы власть консулов претерпела изменения. Исключительно возросло значение практики управления провинциями через *проконсулов*, то есть бывших консулов. Но, с другой стороны, консулы утратили непосредственный контроль над армией.

Многие неверно понимали характер римского правительства. Оно постоянно менялось в течение долгого времени и не было гомогенным, кроме, может быть, короткого периода династии Антонинов. Что же касается несомненного успеха римского правительства, то он обеспечивался четко поставленными целями. Правительство добивалось, чтобы магистраты улаживали споры и взыскивали налоги. Чтобы армия обеспечивала защиту от вторжений извне, порядок и безопасность внутри. Оно поддерживало власть угодных ему местных и региональных элит, часто привлекая их к участию в религиозных и гражданских церемониях. Для достижения такого идеального эффекта требовались и большая бдительность (вплоть до посягательства государства на законные права и привилегии оппонентов) и абсолютная беспощадность в защите законной власти. По словам Вергилия:

Tu regere imperio populos, Romane, memento (hae tibi erunt artes), pacisque imponere morem parcere subiectis et debellare superbos.

(Ты же народами править властительно, римлянин, помни! Се — твои будут искусства: условия устанавливать мир, ниспроверженных щадить и ниспровергать горделивых)[6].

Тем не менее мы заблуждаемся, рассматривая римские институты через призму современных понятий. В царский период монархия не была наследственной, она была ограничена Сенатом, где заседали патриции, которые со временем ее и свергли. Республика поначалу дала двум консулам (избиравшимся ежегодно Сенатом патрициев) полную «власть командовать». Но они были су-

щественно ограничены в осуществлении своей власти и парным характером своей должности, и правом вето, установленным в 494 г. для трибунов плебса. Так появилась формула SPQR — *Senatus Populusque Romanus* [Сенат и народ Римский] — от имени которых осуществлялась власть в Риме. В основном, традиционные судебные должностные лица и законодательные органы сохранялись и в последние годы Республики, и при Империи; однако они подчинялись все возраставшим диктаторским претензиям исполнительной власти.

Реально деятельность постоянно менявшихся институтов определялась политической культурой Рима. Политическая и религиозная жизнь Рима были тесно связаны. Принятие всякого решения сопровождалось гаданием (чтением авгуров). Большим почетом были окружены власть семьи и местные власти, в результате гражданская ответственность, непременное требование служить в армии и уважение к закону крепко укоренились в римском обществе. Ротация основных должностей требовала и лоббирования, и инициативы. Во времена Республики искали консенсуса через *consilium* (консультации). Во времена Принципата (и на заре Империи) значение приобрело послушание.

Римское право называют самым важным вкладом римлян в мировую историю[7]. Начало римскому законодательству было положено Двенадцатью таблицами 451 — 450 гг. до н. э., где впервые появляется идея равенства перед законом, то есть идея равнообязательности закона для всех граждан. В римском законе были две составляющие: *ius civile* (государственное право), регулирующее отношения граждан между собой, и *ius gentium* (международное право). Римское законодательство развилось из конгломерата обычаев и установившейся практики, как их определяли *prudentia* — правила юридической процедуры. С годами каждый юридический вопрос проверялся, исправлялся и расширялся, причем главным источником такого рода законотворчества были преторы вплоть до *вечного эдикта* императора Адриана, который положил конец дальнейшим юридическим поправкам. Законы, предложенные магистратами — *leges rogatae*, отличались от *plebiscita* [народных суждений], которые предлагались тем или иным собранием.

Сложность юридической практики, которая со временем только увеличивалась, породила науку юриспруденции, и появилось множество римских юристов, начиная с Г. Муция Сцеволы (консул в 95 г. до н. э.). Когда же были казнены величайшие юристы грек Эмилий Папиниан (в 213) и Домиций Ульпиан (в 223) — это уже было сигналом вырождения и упадка. [ЗАКОН]

Римская армия была продуктом общества, жившего постоянной войной. Римская армия отличалась замечательными техническими навыками и, в неменьшей степени, системой тыловой поддержки и корпоративным духом. В продолжении полутысячи лет (от Второй пунической войны до бедствий III в.) она оставалась практически непобедимой. Ее победы были без числа, и каждая

отмечалась помпезным триумфом и множеством памятников, вроде Арки Тита или Колонны Траяна. Ее поражения были тем более поразительными, что были исключением. Так, уничтожение трех римских легионов в лесах Германии в 9 г. н. э. не с чем было сравнить, пока в 251 г. в битве с готами не пал император Деций или пока не был захвачен персами в 260 г. император Валериан. Так что латинская поговорка *si vis pacem, para bellum* — если хочешь мира, готовься к войне — была не просто пословицей, а кратким описанием образа жизни.

Во времена Pax Romana в крепостях и вдоль границ Империи находилось около 30 легионов. Многие легионы устанавливали крепкие связи с теми провинциями, где постоянно располагались

ЗАКОН

Часто говорят, что римское право — это один из столпов европейской цивилизации. И это действительно так. Латинское слово *lex* означает «крепление, соединение», «то, что связывает». То же понятие лежит в основе и другого важнейшего представления римской законности — *pactum*, или контракт, соглашение. Свободно заключенный двумя сторонам контракт (ради коммерческих, матримониальных или политических целей) предписывает затем этим сторонам его соблюдать. Римляне знали, что власть закона обеспечивает надежность правительства, доверие в коммерческих делах и порядок в обществе.

Не следует, однако, думать, что современная Европа унаследовала римские правовые традиции прямой передачей их по наследству. В основном кодексы законов Империи вышли из употребления с ее распадом и были открыты вновь уже в Средние века (см. глава V). Дольше всего они были в упот-

реблении в Византии, но на современное законодательство римское право повлияло не через Византию. Хотя, возможно, и послужило прямым примером при создании католического канонического права.

Более того: даже в светской сфере римские традиции возрождались в условиях функционирования иных, неримских (часто противоположных им) правовых систем. Рим был только одним из источников европейской юриспруденции. Обычное право при всей его противоречивости было так же важно. В некоторых странах, например во Франции, удалось достичь баланса между римским и обычным правом. На большей территории Германии римское право появилось в XV веке, то есть очень поздно. В Англии, в отличие от всех других стран, обычное право, умеренное правом справедливости [право справедливости — система права, действующая наряду с общим правом и писаным, статутным правом; допол-

няет обычное право — **перев.**] получило исключительную монополию.

Но даже и в этих обстоятельствах римский принцип разделения общественной и личной сфер оказался чрезвычайно полезным для развивавшихся государств Европы. А гражданское право в большинстве европейских стран строилось на принципах, кодифицированных на римский манер (в отличие от англо-американского понятия правового прецедента). В этом отношении особое влияние оказал французский *Кодекс Наполеона* (1804 г.).

При этом все образованные юристы Европы (несмотря на принадлежность той или иной школе) признают свой долг перед Цицероном и его последователями. Ведь именно Цицерон написал в *De legibus*: «*Salus populi suprema lex*» — «безопасность людей есть высший закон». С полным основанием можно также сказать, что верховенство закона обеспечивает людям наибольшую безопасность.

в течение нескольких поколений или даже столетий: *II Augusta* и *XX Valeria Victrix* — В Британии, *XV Apollinaris* — в Паннонии или *V Macedonica* — в Мезии.

В каждом легионе было около 5000–6000 человек, и командовал легионом сенатор. В нем было три линии пехоты — *гастаты* (*hastati*), *принципы* (*principes*) и триарии (*triarii*), каждая состояла из десяти манипул под командованием «первого» и «последнего» центурионов; *velites* (стрелков) и *iustus equitatus* — подразделения всадников, состоящего из 10 *турм* — эскадронов, и инженерного обоза. Кроме того, легиону придавались многочисленные вспомогательные соединения, собранные из союзников римлян или наемников, причем каждое было организовано в отдельную когорту под командованием собственного префекта.

Со временем число солдат со статусом гражданина катастрофически уменьшалось; хотя, конечно, костяк всей системы составляла каста римских офицеров среднего звена, обычно служивших центурионами. Наградой за особые заслуги были медали или венки для полководцев; и преданный служака мог надеяться на вознаграждение земельным наделом в одной из военных колоний Рима. Дисциплина поддерживалась суровыми наказаниями, включая бичевание и распятие на кресте (для перебежчиков). Впоследствии с упадком гражданских институтов военные получили шанс выдвинуться на первые места в Империи. *Gladius* — короткий меч, приспособленный для колющих ударов, заимствованный у иберийцев во время Второй Пунической войны, стал — в руках гладиаторов — символом удовольствий Рима, а также и символом его непобедимости.

Римская архитектура была в высшей степени приспособлена для практических целей, и ее достижения относятся, скорее, к инженерному делу, чем искусству. Хотя Рим и продолжил греческую традицию строительства храмов, но настоящее новаторство проявилось в строительстве дорог, мостов, планировке городов и в строительстве функциональных гражданских зданий. В отличие от греков, римляне весьма преуспели в строительстве арочных и сводчатых конструкций, которые широко использовали для возведения мостов и поддержки сводов зданий. Таким образом, триум-

фальная арка, которую можно было найти почти во всяком римском городе, соединила в себе не только техническое мастерство строителей, но и дух римского строительства. Так в Пантеоне, который возвел Агриппа в 27 г. до н. э. в честь «всех богов» и в память о битве при Акции, сводчатый купол на 1,5 м шире, чем в соборе Св. Петра (теперь это церковь Санта Мария Ротунда ад Мартирес). Колизей (80 г. н. э.) или, точнее, *Амфитеатр Флавиев* являет собой изумительное соединение греческого и римского стилей: здесь 4 арочных яруса с вкрапленными туда колоннами. В нем могло разместиться 87000 зрителей. Громадные кирпичные Бани Каракаллы или Термы Антонинов (217 г. н. э.), где Шелли сочинил *Освобожденного Прометея* — превосходный памятник римскому стилю жизни, — занимает площадь в 330 м. кв. Здесь были обычные отделения, различавшиеся температурой — *frigidarium*, *tepidarium* и *caldarium* и *piscina*, или бассейн на 1600 человек, стадион, греческая и латинская библиотеки, картинная галерея и множество комнат. Бани Диоклетиана (306 г. н. э.) были не так роскошны. Грандиозный Circus Maximus [Большой Цирк] предназначался для состязаний на колесницах; его расширяли до тех пор, пока не приспособили на 385 000 зрителей.

Римская литература особенно привлекает тем, что она бросала вызов господствовавшему в обществе милитаристскому и, в значительной степени, филистерскому духу. Очевидно, римские литераторы имели свою аудиторию и свое окружение, в особенности среди праздной аристократии конца Республики и начала Империи. Но как-то они не смешивались с окружением настолько, насколько смешивались их греческие собратья. Между миром изысканной литературы и жестоким миром Рима вообще всегда сохранялась напряженность.

Эта напряженность вполне может объяснить, почему римская литература развилась сравнительно поздно и почему она встретила такое враждебное отношение со стороны людей, которые, подобно Катону, видели в ней лишь подражание упадочным нравам греков. Этим же объясняется тот факт, что первым перенесенным на римскую почву жанром была драматическая комедия, и то, что единственным реальным вкладом Рима в об-

НАДПИСИ

Эпиграфика, то есть изучение надписей, представляет собой важную вспомогательную дисциплину в изучении Древнего мира. Поскольку огромное количество материальных и культурных свидетельств исчезло навсегда, то оставшиеся надписи на камне и металле оказываются важным источником сведений. Тщательное изучение надгробных камней, памятных таблиц, статуй, общественных зданий и тому подобного доставляет нам массу сведений личного характера о тех людях, которые в этих надписях упоминаются: мы узнаем об их семейной жизни, их имена и звания, об их писаниях, жизненном пути, воинских соединениях, законах, чтимых ими божествах, их морали. Громадные собрания эпиграфики, также как *Corpus Inscriptionum Latinarum (CIL)* и *Corpus Inscriptionum Graecarum (CIG)*, оба созданные в XIX веке в Берлине, представляют собой такие же величественные и вечные творения, как и описанные в них памятники.

Самая знаменитая надпись (эпиграф) — *Двенадцать таблиц*, веками пребывавшая на Форуме, — не сохранилась; но в нашем распоряжении имеется огромное разнообразие других надписей.

На римских надгробных памятниках часто встречались поэтические описания жизни и деятельности почившего. Так надгробие из Могунтиума (Майнц) содержит протест против того, как умер тот, кому посвящена надпись:

Jucundus M Terenti l(ibertus) pecuarius
Praeteriens quicumque legis consiste viator
Et vide quam indigne raptus inane queror.
Vivere non potui plures XXX per annos
Nam erupuit servus mihi vitam et ipse
Praecipitem sese dejecit in amnem:
Apstulit huic Moenus quod domino eripuit.
Patronus de suo posuit.

[Юкундус, пастух, отпущенник Марка Теренция. Прохожий, кто бы ты ни был, остановись и прочти со вниманием эти строки. Узнай, как моя жизнь была у меня по ошибке отнята, и послушай мои напрасные сетования. Мне не пришлось прожить больше 30 лет. Раб отнял у меня жизнь, а затем сам бросился в реку. Человек отнял у себя жизнь, какой его хозяин лишился. (Мой) патрон воздвиг (этот камень) на свои собственные средства.]

Посвящения богам встречаются обычно на общественных зданиях. Так, надпись, обнаруженная на Circus Maximus (а теперь находящаяся на обелиске на Пьяцца дель Поло), первоначально была заказана в 10-9 г. до н. э. императором Августом в связи с покорением Египта:

«Император Цезарь Август, сын божественного (Юлия), великий понтифик, двенадцать раз бывший командующим, одиннадцать раз — консулом, четырнадцать раз — трибуном, передавший Египет под власть римского народа, предлагает этот дар Солнцу.» (*CIL* vi. 701; цитируется по: Bloch, *L'Epigraphie latine,* 83). Но и гораздо более скромные предметы часто имеют очень интересные надписи. На вазах и посуде указывали изготовителя. В широком обращении были металлические печати для нанесения (на глине) имени или объявления. Так, в Реймсе было найдено много таких печатей с бутылок аптекарей:

D CALLISESt FRAGIS
ADASPRITVDI
D(ecimi) Gall Sest(i) [s] frag(is)
ad aspritudi(nem)
«Вода для промывания глаз от Децима Галлия Сеста для (лечения) *aspritudo* [то есть трахомы]» .

ласти литературных жанров была сатира, которую римляне с полным основанием называли своим созданием. Из примерно тридцати римских литературных знаменитостей всемирное признание получили Вергилий, Гораций, Овидий и Цицерон. Но всякий, кому ненавистны роскошь, обжорство и жестокость, отличавшие Рим, почувствуют, конечно, наибольшее духовное родство с теми чувствительными душами, которые особенно резко восставали против своего окружения: с изысканной лирикой Катулла, острым умом Ювенала и эпиграммами Марциала.

Первые римские писатели писали по-гречески. Ливий Андроник (ок. 284–204 гг. до н. э.), переведший Гомера на латинский, был образованным греческим рабом, которого привезли в Рим после разграбления Тарента в 272 г. до н. э. Серьезная литература на латинском языке появляется во второй половине III века до н. э., когда появляются пьесы Гнея Невия (ум. ок. 200 г.

до н. э.), Тита Макция Плавта (ок. 254–184 г. до н. э.) и Публия Теренция Афра (род 185 г. до н. э.). Все трое с большим искусством адаптировали греческие комедии, и благодаря их трудам театр стал центральным явлением римской культуры. Начало поэзии на латинском языке положил Квинт Энний (239–169 г. до н. э.), явивший пример замечательного новаторства в литературе. Он ввел трагедию, положил начало искусству сатиры и создал тот латинский гекзаметр, который затем стал основным метром многих позднейших поэтов.

Ораторское искусство занимало в жизни римлян, как и в жизни греков, ведущее положение. Величайший оратор Марк Туллий Цицерон (106–43 г. до н. э.) говорил и писал столь совершенным стилем, что стал образцом для всей латинской прозы. Начав свою карьеру как *homo novus* (неизвестный человек), Цицерон достиг высшего положения консула в 63 г. до н. э., но был изгнан, а затем (после второго периода политической активности) объявлен вне закона и приговорен к обезглавливанию. Его творения, включающие, наряду с речами, работы по нравственной философии и политической теории, оказали чрезвычайное влияние и на христианских мыслителей, и на рационалистов. Он выступал в защиту власти закона и республиканского правления. Его последователь Сенека Старший (ок. 55 г. до н. э. — ок. 37 г. н. э.), ритор, преподаватель риторики, профессиональный оратор из Кордовы составил антологию ораторского искусства.

Труды историков находили в Риме богатую питательную среду. Тит Ливий (59 г. до н. э. — 17 г. н. э.) написал историю Рима в 149 книгах, из которых 35 утрачены. Ливий идеализировал Римскую республику и поражает нас больше стилем, чем глубиной анализа. «Но как бы то ни было, начинает свой труд Ливий, я найду радость в том, что и я в меру своих сил постараюсь увековечить подвиги первенствующего на земле народа; и если в столь великой толпе писателей моя слава не будет заметна, утешением мне будет знатность и величие тех, в чьей тени окажется мое имя» [Тит Ливий. История Рима от основания города. Т.1. – М.,1989. — С.9]. Гай Юлий Цезарь (100–44 г. до н. э.) был и величайшим творцом истории Рима, и ее хронистом. Его повествования о Галльской войне и гражданской войне против Помпея явля-

ют образцы простоты, и некогда с ними был знаком каждый европейский школьник. Гай Саллюстий Крисп (86–34 г. до н. э.) был последователем Цезаря и в его политических, и в его исторических интересах. Корнелий Тацит (55–120 гг. н. э.) продолжил анналы Ливия. Он описал первое столетие Империи, причем изобразил императоров весьма скептически. Его неподражаемо критичный стиль обнаруживается и в таких его трудах, как *Германия*. «Круговращение времен может принести вновь такие же бедствия, — пишет Гиббон в комментариях к одной из своих книг по истории древнего Рима, — но не принесут нового Тацита, чтобы их описать»[8].

Процветало в Риме также искусство биографии. Ярчайшим представителем племени биографов был Г. Светоний Транквилл (ок. 69–140 гг. н. э.), бывший одно время секретарем императора Адриана. Его блестящая *Жизнь двенадцати цезарей* является просто кладезем разнообразных сведений и, одновременно, занимательнейшим чтением и уступает лишь Тацитову описанию жизни его тестя Агриколы, наместника Британии.

Своего расцвета латинская литература достигает, без всякого сомнения, при поэтах времени Августа — Вергилии, Горации и Овидии, Гае Валерии Катулле (ок. 84–54) и элегическом поэте Альбии Тибулле (ок. 55–19 г. до н. э.), а также и Апте Проперции (ок. 50–15 г. до н. э.), чьи любовные послания к несносной Цинтии сравнимы с посланиями Катулла к Лесбии. «Ведь обнаженный, Амур, — писал Проперций, — хитрых не любит прикрас».

Публий Вергилий Марон (70–19 г. до н. э.) создал язык, которым не устаешь наслаждаться, даже тогда, когда поэт обращается к самым приземленным темам. Его *Эклоги* (Избранные стихотворения) — пасторали; в *Георгиках* он восславил земледелие; *Энеидой*, этой огромной аллегорической поэмой, он воздал должное Гомеру и вообще Греции. Вергилий в этой поэме рассказал о странствиях Энея, уцелевшего участника битвы за Трою, предка Ромула и рода Юлиев — gens Iulia, то есть выстроил такое мифическое родословие, какого желал себе всякий образованный римлянин. Его бесконечно точные гекзаметры с трудом поддаются переводу; они писались по одной строке в день в течение 10 лет и петь их следовало ясно, протяжно, нежно и печально:

Felix, qui potuit rerum cognoscere causas,
(Счастлив тот, кто мог познать причины вещей)
Felix qui potuit cognoscere causas,
Sed fugit interea, fugit irreparabile tempus.
(Меж тем бежит, бежит безвозвратное время)

Omnia vincit amor; et nos cedamus amori
(Любовь побеждает всё, так давайте отдадимся любви.)
Et penitus toto divisos orbe britannos
(И британцы, полностью отделенные от всего мира.)
Sunt lacrimae rerum et mentem mortalia tangunt
(Есть слезы, проливаемые о вещах...[9])

Для Данте Вергилий был учителем, хранителем драгоценного знания и «источником, из которого проистекает широчайшая река слов». Для христиан первых веков он был языческим поэтом, который, как полагали, в Четвертой эклоге предсказал рождение Христа. Для людей нашего времени он является «господином языка... поэтом из поэтов-сатириков... мастером такого величественного масштаба, какой когда-либо был создан устами людей». Возможно, он сам написал себе эпитафию, увиденную на Паццуоли Петраркой:

Mantua me genuit: calabri rapuere: tenet nunc
Parthenope. cecini pascua, rura, duces.
(Мантуя — родина мне, Калабры похитили.
В Партенопее живу.
Я пел пастбища, нивы, вождей.)[10]

Квинт Гораций Флакк (65–8 г. до н. э.), друг и современник Вергилия является автором сборника Оды, Сатиры, Эподы и Послания. Он учился в Афинах, затем командовал легионом и сражался при Филиппах, а затем удалился на покой в деревню в Сабине под покровительством своего патрона Мецената. Это был человек тонкий, мягкий и терпимый. Позднейшие поэты очень высоко ценили его Послание к Пизонам (иначе Ars poetica — «Искусство поэзии»). Его Сатиры были направлены не против зла, а против человеческой глупости. Его Оды сияют прозрачной ясностью и curiosa felicitas — удивительной меткостью выражения:

Dulce et decorum est pro patria mori
(Красно и сладостно пасть за отчизну!)

Parturient montes, nascetur ridiculus mus
(Будет рожать гора, а родится смешная на свет мышь.)

Atque inter silvas academi quaerere verum.
(Истину-правду искать среди рощ Академа-героя)

Exegi monimentum aere perennius... non omnis moriar.
(Создал памятник я бронзы литой прочней...
Нет, не весь я умру...)[11]

Позднейшие поэты особенно часто подражали Горацию и переводили его.

Публий Овидий Назон (43 г. до н. э. — 17 г. н. э.) был одним из самых заметных людей в римском обществе, пока не был при императоре Августе сослан на берег Черного моря. Причиной ссылки, по его собственному выражению, стали «стихи и ошибка». Стихи — это, без сомнения, Ars amatoria [Искусство любви]; ошибка была связана, по-видимому, с дочерью императора Юлией, которая также претерпела изгнание. Поэма Овидия Метаморфозы, где он переработал около двухсот греческих и римских мифов и легенд, имела огромный успех в Древнем мире. Эта книга стала излюбленным чтением не только римлян, но и столь различных людей, как Чосер, Монтень и Гете. Под влиянием Метаморфоз родились многие произведения от Петрарки до Пикассо. Si vis amari, — писал Овидий, — ama [Если хочешь, чтобы тебя любили, люби сам.][12]....

Сознательная жестокость римской жизни вошла в поговорку. Кровавая бойня тех войн, которые Рим вел за своими границами, повторялась и в гражданской войне в самом Риме. Меткая фраза Ливия Vae victis! (Горе побежденным!) была полна смысла. Во время так называемой Эфесской вечерни в 88 г. до н. э. по приказу царя Митридата VI Евпатора в течение одного дня было зарезано 100 000 римских граждан [Римлян и италиков, проживавших в городах Малой Азии]. Сулла, предводитель аристократической партии оптиматов, пошел на Рим и объявил вне закона (внес в проскрипции) соперничавших с ним сторонников Мария. Голова трибуна П. Сульпиция Руфа была выставлена на обозрение на Форуме. Городской претор, готовившийся совершить жертвоприношение перед Храмом Согласия, был принесен в жертву сам. В 87 г. до н. э., когда Рим

открыл свои ворота Марию, пришла очередь оптиматов. Состоящие из рабов легионы Мария при
поддержке его далматинской гвардии перебили
одного за другим всех сенаторов, которых их вождь
обошел приветствием. Среди преследуемых оказались прославившиеся позднее правящий консул
Октавий, бывшие консулы Марк Красс, Марк
Антоний и Луций Цезарь. В 86 г. после внезапной
смерти Мария, соратник полководца К. Серторий
вызвал к себе палачей под предлогом раздачи им
платы и перебил их *en masse* — всего около 4000
человек. В 82 г., после окончательной победы оптиматов, они также стали истреблять своих тю-
ремщиков: «Звон оружия и стоны умирающих
явственно слышались в Храме Беллоны, где Сулла проводил собрание Сената»[13].

Позднее, во избежание подобного развития событий, процедура объявления вне закона была
формализована. Победившая партия вывешивала
на Форуме список попавших в проскрипции, призывая лидеров побежденной партии явиться на суд
во избежание конфискации. Упомянутые в этом
списке, если они успевали покончить с собой
(обычно вскрыв себе вены в ванне с теплой водой), спасали от разорения свои семьи. Те же, кто
упускал такую возможность, оказывались в новом списке, высеченном в мраморе, где они сами
объявлялись лишенными жизни, а их родственники — имущества. В 43 г., например, объявление вне закона (проскрипции) второго триумвирата повлекли за собой смерть по крайней мере
300 сенаторов и 2000 всадников. Среди них был
и Цицерон, голова и рука которого, отделенные
от тела, были выставлены на рострах Форума.
И население следовало примеру, который подавал ему правящий класс. [LUDI]

В древности не прибегали к термину *римская
революция*. Но все историки считали, что переход от Республики к Принципату был следствием
глубоких социальных перемен. Другими словами,
это не установленный исторический факт,
а, скорее, предмет современного теоретизирования на общественные темы. «В этот период происходит насильственное перемещение власти и собственности, — писал главный специалист по данному вопросу, британский историк Рональд Сайм,
— и Принципат Августа следует рассматривать как
революционный процесс в его самом концентрированном виде»[14]. По этому сценарию главной

жертвой становилась старая римская аристократия. Главным революционером был наследник
Цезаря юный Октавиан — «холодный и зрелый
террорист», бандит, «хамелеон», который являл-
ся попеременно то кровожадным мстителем, то
умеренным миротворцем. В результате этих перемен произошло уничтожение существовавшего
правящего класса, приход новых общественных
сил, выдвижение на главные должности в Риме
амбициозных итальянских аутсайдеров и с их помощью появление de facto монархии. Ключом
к римской политике стал патронат соперничавших
правителей — в особенности Цезаря, Помпея,
Марка Антония и Октавиана. Ключом к пониманию основных механизмов служит искусство про-
сопографии, которая детально анализирует карьеры представителей какого-то класса или группы,
чтобы выявить побудительные мотивы, их вдох-
новлявшие (Сайм, во многом исходя из трудов
Мюнцера, сделал для истории Рима то, что Льюис Намайер сделал для георгианской Англии).
«Политическая жизнь… — писал он, формировалась и раскачивалась не партиями и программами
в духе современного парламентаризма и не мнимым противостоянием Сената и народа…, но борьбой за власть, богатство и славу»[15]. В эпоху гражданских войн для политика особенно важно было
контролировать армию и раздавать солдатам землю, деньги и отличия. Можно подумать, что война для политически удачливых полководцев была
занятием второстепенным.

В целом складывается циничная картина. Пе-
ременчивые союзы по соображениям сиюминут-
ного удобства преобладали над партиями, созда-
ющимися по принципиальным соображениям.
Политические концепции — Цицероновы *libertas
populi, auctoritas Senatus, concordia ordinum,
consensus Italiae* — были всего лишь лозунгами,
словесной приманкой. Римская конституция была
«ширмой и трюком, всего лишь фасадом для глубинных инстинктов человека». Старую аристократию можно было купить. Новыми людьми дви-
гали тщеславие и алчность. Они были «карман-
ными сенаторами», «омерзительной и отвратительной толпой» провинциальных нахлебников Цезаря, «тысячью креатур», введенных в Сенат вторым триумвиратом, раболепными апологетами и
пропагандистами, которых Октавиан нанимал для
завоевания общественного мнения и нарушения

LUDI

«Народ, который покорил мир — писал Ювенал,— теперь хочет только двух вещей: хлеба и зрелищ». «Искусство разговора умерло! — воскликнул Сенека. — Неужели теперь можно говорить только о состязаниях на колесницах?» *Ludi*, или игры, стали главной приметой жизни Рима. Первоначально проводившиеся в четыре определенные недели в течение года: в апреле, июле, сентябре и ноябре, затем они разрослись настолько, что проводились почти беспрерывно в Большом цирке и Колизее. Первые игры, о которых сохранились письменные свидетельства, проводились в 264 г. до н. э.; тогда бились насмерть три пары рабов. Четыре столетия спустя император Траян устроил празднества, во время которых погибло 10000 человек и 11000 животных.

Для смертельных представлений служили гладиаторы. Вступая торжественной процессией на арену через Ворота жизни, они обращались к императорскому подиуму с традиционным приветствием: *Ave, caesar! Morituri salutamus* (Радуйся, цезарь, идущие на смерть приветствуют тебя!) Проворные ретиарии с сетью и трезубцем бились лицом к лицу с тяжеловооруженными секуторами, вооруженными мечом и щитом. Иногда они объединялись против группы пленников или экзотических варваров. Тела проигравших оттаскивали крюками для мяса через Ворота смерти. Если гладиатор падал раненым, император или другой председательствовав-

ший на играх жестом определял его судьбу. Поднятие большого пальца вверх означало «оставить его в живых», повернутый вниз большой палец означал смерть. Организаторы использовали соперничество гладиаторских школ и рекламировали подвиги знаменитых гладиаторов.

Так, из одной сохранившейся программы гладиаторских боев мы узнаем, что состоялся бой между *T. v Pugnax Ner III и M. p Murranus Ner III*, то есть двумя бойцами из школы Нерона в Капуе, за каждым было по три победы; один бился (T) фракийским оружием — маленький щит и изогнутый меч, а другой галльским (M) мирмиллонским стилем. Пугнакс вышел победителем — V(ictor), а Мурранус пал мертвым — p(eritus).

Жажда грандиозных зрелищ привела к тому, что гладиаторские бои стали перемежаться (в одном представлении) с *venationes* (охотой на диких зверей). Затем стали устраивать настоящие военные битвы и даже морские сражения на арене, наполненной водой. Наконец, народ стал требовать зрелищ беспримерной непристойности, массовой жестокости и зверства. Диких быков направливали на юных девушек, христиан жарили заживо, распинали, зажигали как факелы или бросали на съедение львам, несчастных заставляли плыть на протекающих лодчонках по водам, где кишели крокодилы. И эти пытки беспрерывно и беспрестанно сменялись новыми изобретениями в области мучи-

тельства и зверства. Все это продолжалось до тех пор, пока в 404 г. н. э. император-христианин Гонорий не взял верх над Сенатом и не запретил игры.

Но ничто так не возбуждало эмоций, как состязания колесниц, которые начались в Риме и продолжились в Византии. Традиционно шесть запряженных в четыре лошади колесниц мчались карьером семь раз по арене, состязаясь за громадные призы. В порядке вещей были страшные падения с колесницы и столкновения. Делались огромные ставки. Победители в состязаниях колесниц становились идолами толпы и богатыми, как сенаторы. Лошади, победившие в состязаниях, увековечивались в каменных изваяниях: «Туск, которым правил Фортунат из Синих, победил 386 раз».

Скачки были в руках четырех корпораций — Белых, Красных, Зеленых и Синих; эти корпорации обеспечивали лошадей, упряжь и наездников. *Фракции* цирковых болельщиков нередко становились зачинщиками бунтов. В византийские времена они получили легальный статус, и когда-то считали, что от них пошли политические партии. Теперь от этой теории отказались, но известно, что фракции-союзы принимали участие в торжествах периода поздней византийской империи. Христианская церковь всегда смотрела на это неодобрительно. «Иные колесницами, иные конями, а мы именем Господа Бога нашего хвалимся» (Пс 19, 8).

хода истории. За кулисами же прятались просто богачи, те, кто способен был платить миллионы, искатели приключений — Г. Меценат, Л. Корнелий Бальб из Гадеса, Г. Рабирий Постум, казначей Александрии.

По этому сценарию поворотный момент наступил только в 43 г. до н. э. во время проскрипций второго триумвирата после смерти Цезаря, который возглавил (не к его чести) Октавиан:

Республика была упразднена... правил деспотизм при поддержке насилия и конфискаций. Лучшие люди были мертвы или попали в проскрипционные списки. Сенат заполнили головорезы. Консульство, которое раньше получали за гражданские добродетели, теперь становилось наградой за интриги или преступления. *Non mos, non ius*... цезаристы заявляли, что имеют право и обязаны отомстить за Цезаря... Из крови Цезаря родилась монархия.[16]

Остальное было лишь эпилогом. Все кричали «Свобода» и все желали мира. «Когда же наступил мир, это был мир деспотизма».

Тем не менее, невозможно отбросить все совершенное Августом (правил 31 г. до н. э. — 14 г. н. э.) как простой результат пропаганды. Без сомнения, была и другая сторона медали, но что важно для римлян — за Августа были все знаки на земле и небе. Светоний рассказывает, что за девять месяцев до его рождения в храме Аполлона во время полуночной службы в будущую мать императора вошел змей. Затем, когда он впервые празднует *Ludi Victoriae Caesaris,* на небе появляется комета. А накануне битвы при Акции, судьбу которой он предоставил своим подчиненным, вроде Агриппы, ему повстречался греческий крестьянин, погонявший вдоль берега осла. «Меня зовут Евтихий [Удачник]», сказал крестьянин, «а это мой осел Никон [Победитель]».[17] **[CONDOM]**

Природа ранней империи, или принципата, особенно обманчива. Император Август надолго упрочил свою (и своих преемников) власть не упразднением республиканских институтов, но тем, что собрал под свою руку все должности, контролировавшие эти институты. Он стал *Imperator* — Верховным командующим, консулом, трибуном,

цензором, Pontifex Maximus — верховным первосвященником и проконсулом Испании, Галлии, Сирии, Киликии и т.д. В результате он приобрел власть такую же обширную, как у других автократических правителей. Но осуществлял он ее не по централизованным автократическим каналам. Он заменил псевдореспублику сенаторской олигархии квази-империей, старые институты которой должны были теперь действовать по-новому. В качестве *принцепса Сената* (нововведенной должности) он председательствовал в Сенате, а членами Сената стали или бывшие магистраты, которых он некогда назначил, или иные императорские ставленники. В управление Сенату он отдал примерно половину провинций из тех, на которые была отныне разделена Империя, одновременно подчинив его решения императорскому вето. Некогда муниципальные органы стали теперь инструментами императорской власти, как префект Города, под контроль которого перешло уголовное судопроизводство, или *praefectus Annonnae*, ответственный за торговлю, базары и распределение зерна. Также и бесчисленные *кураторы*, или комиссары, надзиравшие буквально за всем (от дорог и рек до ремонта общественных зданий), были ответственны только перед императором. Развитие более формализованного типа автократии относится уже ко времени христианства, в особенности, в Восточной империи, где было сильно персидское влияние.

Процедура законотворчества времен Республики постепенно отменялась, но многие статуты остались. Иногда созывались трибутные комиции для утверждения законов, принятых другими органами власти; и все еще издавались *senatus consulta* — постановления Сената. Однако со II века н. э. император становится единственным законодателем — через его эдикты, или указы, через рескрипты — письменные решения на петиции, его *decreta*, или постановления по прошениям в суд. А также через его мандаты, или административные инструкции. К этому времени Сенат перестает быть высшей инстанцией по рассмотрению прошений и заменяется в этом качестве префектом императорского претория.

По прошествии долгого времени возникла необходимость вновь кодифицировать громадный свод римских законов. Трижды предпринимались попытки решить эту проблему в *Codex Gregorianus*

КОНДОМ

В 18 г. до н. э. и затем снова в 9 г. н. э. император Август делал попытки повысить рождаемость в Империи, издав декреты о запрете абортов и убийств новорожденных. Из этого (а также и по другим источникам) следует, что римлянам были известны многие методы контрацепции, включая использование лекарственных растений: спермицидное спринцевание с кедровой смолой, уксусом или оливковым маслом, маточные кольца, пропитанные медом, и кондомы из мочевого пузыря козы. Один римский писатель советовал следующее: «Носи кошачью печенку в трубочке на левой ноге... или частицу матки львицы в трубочке из слоновой кости». О средневековой практике некогда думали, что тогда просто отсутствовала самая ментальность, «искажающая природу». Однако позднее эти воззрения изменились. Исследование церковных епитимий показывает, что данный вопрос часто бывал предметом обсуждений, особенно если считать (не без оснований), что «грех Онана» есть вариант *coitus interruptus*. Данте в *Рае XV* (106–9) упоминает «пустые семейные дома» Флоренции и говорит, что «возможное в спальнях» мало что оставляет современному воображению. Развитие городской проституции усилило интерес к противозачаточным средствам. Об-

щеизвестно, что катары также не возражали против абортов. В 1320-е годы инквизиторы сумели убедить любовницу катарского священника открыть тайны техники катаров: «Когда [священник] желал плотски познать меня, он, бывало, надевал зелье, завернутое в кусочек полотна... величиной примерно с первую фалангу моего мизинца. И у него была длинная веревка, которую он обвязывал вокруг моей шеи, когда мы занимались любовью; и эта вещь или зелье на конце веревки свисало до отверстия моего живота... Бывало, он желал соединиться со мной плотски дважды или больше за одну ночь. Тогда священник прежде, чем соединиться со мной, спрашивал, где зелье?.. я вкладывала ему зелье в руку, а уже он сам полагал его на меня, а веревка была у меня между грудей». Единственное чего мы не знаем, так это название травы (или зелья).

Специалисты по исторической демографии, изучавшие семьи итальянских купцов и английской деревни, приходят к выводу, что рождаемость искусственно сдерживалась и в средневековый и в новый периоды. В XVIII веке распутники, вроде Джеймса Босуэлла [автор *Жизни Сэмюэля Джонсона*], не делали секрета из употребления *доспехов*, на Континенте

называли такую защиту *Английское пальто,* или *зонтик.* Героем этих неутомимых любовников был загадочный капитан Кондом, о котором говорили, что он был то ли лекарем, то ли начальником стражи при дворе английского короля Карла II. Первым папой, осудившим применение контрацептивов, полагают, был Климент XII в 1731.

Современные пропагандисты контроля над рождаемостью призывают к употреблению контрацептивов не во имя вседозволенности. Мари Стопес, хотя ее и связывают с ростом нимфомании, была все-таки старомодным романтиком. В своей книге *Супружеская жизнь и мудрое материнство* она выступала за то, чтобы дать женщинам шанс освободиться от чадородия и наслаждаться плотскими отношениями в супружестве. Военные чины, распространявшие *французские письма* (как тогда называли кондом) на Западном фронте, были озабочены не только здоровьем солдат, но и отношениями в гражданском мире. В коммунистическом мире, как и в Римской империи, аборт оставался главным средством контроля над рождаемостью. На Западе контрацепция вызывала изменения половой морали, пока не появились противозачаточные таблетки и бесплатные медицинские консультации для подростков в 1960-ые годы.

(ок. 295 г. н. э.), *Codex Hermogenianus* (ок. 324), и в *Codex Theodosianus* (438). В Эдикте Теодориха (до 515), в так называемом Бревиарии Алариха (506) и Бургундском кодексе (516 г.) варварские правители также делали попытки суммировать те законы, которые они застали в провинциях, захваченных у Рима. Но главная работа по

такой систематизации была проделана при императоре Юстиниане. Тогда 50 Решений (*Consultae*, 531 г.), систематический обзор действующего права, или *Институции* (*Institutiones*, 533), фрагменты трудов римских юристов, или *Дигесты*, *Пандекты* (*Pandectae*, 534), модифицированный кодекс (*Codex*, 534) и *Новеллы* (*Novellae*, 565) покрыли собой все аспекты общественного, частного, уголовного и гражданского, светского и церковного права. Именно в виде сводов законов Юстиниана все громадное наследие римского права дошло до современности. [**lex**]

Понятием *provincia* — сфера действия — первоначально обозначалась юрисдикция магистратов, посланных управлять завоеванными землями. Во времена Империи так стали называть сами эти земли. Каждой провинции была дана хартия — *lex provincialis*, которой определялись границы провинции, административное деление и ее привилегии. Каждая провинция вручалась губернатору — проконсулу или пропретору, которому вменялось собирать войска, налоги и через *эдикты* осуществлять законную власть. У каждого губернатора был штат легатов, назначенных Сенатом, военная гвардия и армия чиновников. Существовало различие между императорскими провинциями, остававшимися под прямым управлением императора, и сенатскими провинциями, управление которыми предоставлялось Сенату. Создание провинций имело далеко идущие последствия как для Рима, так и для судьбы всей Империи. В скором времени Рим достиг исключительного процветания благодаря громадному притоку податей, а также благодаря постоянному движению людей и товаров. Но в дальнейшем внутренняя консолидация провинций привела к тому, что столица была отрезана от источников обогащения и власти. И через четыре столетия «Мать-Рим» была постепенно брошена собственными детьми.

По мере того как Рим слабел, провинции крепли. На первом этапе провинциальная элита поставляла в большом количестве новых всадников и сенаторов, по традиции преобладавших среди олигархии и управлявших Империей. На втором этапе, когда произошла консолидация военных сил на периферии, которая постепенно становилась самодостаточной, стали процветать (соревнуясь с Римом) провинциальные города, такие, как Лугдунум (Лион) или Медиолан (Милан). Громадный ущерб политической жизни наносило соперничество провинциальных полководцев из которых многие становились императорами. На третьем этапе связи периферии с Римом ослабли до такой степени, что провинции начали требовать автономии. В особенности на Западе ситуация созрела для разрешения. Это центробежное дви-

жение власти и ресурсов стало одной из причин последовавших затем несчастий Империи. [**ил-лирия**]

Финансы Империи, как и ее провинции, делились на два сектора. Сенатский *эрарий* был наследником республиканского казначейства в храме Сатурна и богини Опс. В то же время *фиск* времен Империи был изобретением Августа. Теоретически он был отделен от личных средств императора — *patrimonium Caesaris*, практически же это разделение не принималось во внимание. Главные статьи дохода составляли рента за аренду государственных земель в Италии, подати из провинций, *portaria* (въездная пошлина), государственная монополия на добычу и продажу соли, чеканка монеты, прямые налоги на рабов, налоги на освобождение рабов и на наследство и чрезвычайные займы. Помимо армии главные статьи расходов составляли религиозные церемонии, содержание администрации, производство публичных работ, пособия бедным и раздачи зерна, содержание императорского двора. Иногда представители императора забирали в его пользу весь сбор налогов за пределами Рима.

Армия постепенно росла в численности и боевой мощи, и в 31 г. до н. э. она достигла максимального размера в 60 легионов. После битвы при Акции постоянные силы обороны составляли 28 легионов, каждый примерно по 6000 профессиональных воинов. Что касается флота, то поддерживались эскадры на Рейне и Данувии (Дунае), а также в Средиземном море. Во 2 г. до н. э. Октавиан Август формирует 9 когорт элитной преторианской гвардии, располагавшейся в Риме. Здесь солдатам платили по 720 денарий в год — преторианцам, 300 денарий — всадникам, 225 денарий — легионерам, и служили они 20 лет.

У легионов были личные номера и имена. Август сохранил последовательную нумерацию, существовавшую в его собственной армии и в армии Марка Антония, а легионам с одинаковыми номерами дал отличительные имена. Так что в армии были Legio III *Augusta* и Legio III *Cyrenaica*, Legio VI *Victrix* и Legio VI *Verrata*. У нескольких легионов был номер I, так как императоры любили давать предпочтение тем соединениям, которые сами создавали. Легионы, которые были в бою разбиты, такие, как XVII, XVIII и XIX, легионы, погибшие в Германии, или легион Legio IX

ИЛЛИРИЯ

Римская провинция Иллирия располагалась на восточном побережье Адриатики между итальянской Истрией и греческим Эпиром. На севере она граничила с Паннонией за рекой Дравой, а на востоке — с Мёзией и Македонией. Грекам она была известна как *Illyris Barbara*, часть древней Иллирии, которую не смог завоевать Филипп Македонский. Во времена империи Иллирия была разделена на две префектуры — Либурнию и Далмацию на побережье и Лапидию в центральном районе. Помимо Сисции (современный Загреб) и Нароны (Мостар), главные города Иллирии были портовыми городами: Тартатика, Адер (Задар), Салона (Сплит), Эпидавр. Самая южная крепость (город Лисса) была основана сиракузскими колонистами в 385 г. до н. э.

Иллирия была завоевана поэтапно. Сначала она заплатила Риму дань в 229 г. до н. э. и через ее территорию дважды прошли вражеские войска во время Македонских войн во II веке. При Августе она была полностью включена в Римскую империю в 23 г. до н. э. и, несмотря на свое участие в великом Паннонском восстании в 6-9 гг. н. э., оставалась в составе Империи вплоть до византийских времен.

О древней Иллирии известно очень мало. Жители ее говорили на индоевропейском языке, который, возможно, лежит в основе современного албанского. В материальной культуре древней Иллирии особенно выделялись искусные изделия из металла. Начиная с VI века, умельцы создавали свои *Situlae* — замечательные барельефы на бронзовых винных ковшах, изображавшие сценки пира, состязаний в скачках или погони. В III веке здесь чеканили серебряную монету. Иллирийские воины сражались в кольчугах, как скифы, а не в колесницах, как кельты.

В Иллирии родились два императора Рима и бл. Иероним. Император Диоклетиан в свое время удалился на покой в свой громадный дворец у моря в его родном городе Салоне. Его мавзолей (восьмиугольной формы) был приспособлен со временем под христианскую церковь — странная судьба для места упокоения величайшего гонителя христиан. Бл. Иероним родился в близлежащем Стридоне в 347 г. н. э., больше чем за 200 лет до того, как здесь появились славяне и заложили основание будущих Хорватии, Боснии и Черногории.

Иллирия, как и другая римская провинция Британия, претерпела кардинальное изменение своих культурных и этнических связей из-за громадных миграций (см. Глава IV). Но все будущие поколения хранили память об иллирийцах, и их наследие резко отличается от других частей Европы, которые никогда не знали Рима.

Hispana, уничтоженный в Британии в 120 г. до н. э. – никогда не восстанавливали.

Limes — линия пограничных укреплений — была главной чертой обороны Империи. Иногда неверно представляют себе, будто это был непроходимый барьер. С военной точки зрения, это был скорее кордон или несколько параллельных кордонов, которые отражали случайные набеги, но могли также и предпринять активные контрмеры в случае серьезной опасности. Эту заградительную военную линию можно было пройти, только заплатив *portaria*, или по повелению императора. Кроме того, эта линия показывала совершенно недвусмысленно, какие земли подпадали под юрисдикцию Рима, а какие — нет. Особенно замечательна протяженность этой линии: нигде не прерываясь, она взбиралась на холмы, спускалась в долины и шла вдоль всех пограничных рек и прибрежий. Местами она принимала вид (как в Британии) великой стены вроде китайской. В других местах это мог быть деревянный частокол на земляном валу или цепь прибрежных укреплений или, как в Африке, блоков укрепленных сельских домов, повернутых лицом к пустыне. Охраняемые перекрестки на этой линии были четко обозначены воротами и дорогами. Естественно, со временем они превратились в большие и малые города, выросшие вокруг военных лагерей и базаров, необходимых для поддержания границы.

Благодаря *limes* Рим мог поддерживать организованные отношения с варварами. По всей Империи офицеры-варвары и целые варварские соединения служили в римской армии, племена варваров оседали по соглашению в некоторых провинциях Империи. Так что два процесса — романизация варваров и варваризация римлян — шли

ЛУГДУНУМ

В 43 г. до н. э. проконсул Муний Планк обозначил линией центр нового города на слиянии Роны и Соны. Лугдунум должен был стать главным городом Римской Галлии, средоточием расходившихся оттуда мощеных дорог. Его амфитеатры до сих пор виднеются на холмах Фурвьера (Fourvieres). Он господствует не только над водным коридором Рона-Рейн, но и над путем из Италии на северо-запад к Ла-Маншу.

Рона хотя и была судоходной, но отличалась бурным характером и быстрым течением. Шедшие вниз по ней суда рисковали быть разбитыми о бесчисленные подводные камни и острова; шедшие по течению вверх — могли двигаться только при дополнительной помощи лошадей. До появления пароходов в 1821 г. 6000 лошадей протоптали дорожку вдоль реки, подтягивая грузы к Лиону, которые дальше сплавляли вниз на плотах.

В 1271–1483 гг. Рона в своем нижнем течение служила государственной границей. Левый ее берег, известный как *l'Empi,* принадлежал Священной Римской империи. Правый ее берег, *le Riaume* и острова принадлежали Французскому королевству. Пятнадцать каменных мостов были перекинуты через реку между Арлем и

Женевой и несколько городов-двойняшек, вроде Валанса и Бокера, возвышались на противоположных берегах.

Именно в это время Лион возвращает себе то ведущее экономическое положение, которое он когда-то занимал в древней Галлии. Он был аннексирован Францией при Филиппе Красивом, вступившем в город 3 марта 1311 г., после чего Лион стал главным на *французском перешейке*, который связал северные и южные владения Франции. Начиная с 1420 г., здесь проходили четыре раза в год международные ярмарки; в 1464 г. он получает такие привилегии, которые должны были подорвать торговлю Женевы; в 1494–1559 гг. он служил тыловой базой французских войск во время итальянских войн. Торговая элита этого города гордилась многими итальянскими родами, включая Медичи, Гвиди и бесчисленными генуэзцами. Этот «живой, решительный и таинственный город», «с его очень своеобразными ритмами и водоворотами», стал «ведущим центром европейской экономики».

Старый Лион, древние кварталы возле Соны помнят золотые времена. Переплетение разбросанных по холмам узких улочек, соединенных туннелеобразными *traboules* [сеть пе-

реходных ворот], много готических и ренессансных домов, дворов, площадей и церквей. Их названия от *Manecanterie* [Собор хоровой школы] до *Hotel de Gadagne на Rue Juiverie* [Еврейской улице] вызывают в памяти живших здесь некогда людей самого разного толка. Площадь Белькур была заложена при Людовике XIV на равнине между двух рек. Стоящий здесь памятник Королю-Солнцу некогда привезли морем из Парижа, но по дороге он попал в беду, и его пришлось вылавливать из реки.

Если принять во внимание стратегическое положение Лиона и его развитую промышленность (в основе которой лежало производство шелка) [ЖАККАРД], то поневоле задумаешься, как это Лион не стал столицей вместо Парижа. Но эта возможность никогда не была реализована, и с 1311 г. Лион довольствуется положением второго города Франции. Потому что географическое положение обеспечивает лишь возможность, но не определяет, какая из нескольких возможностей возобладает. «Страна — это склад дремлющих сил, — писал один специалист, — семена которых посеяны природой, но использование которых зависит от человека».

параллельно и непрерывно начиная со времени первых завоеваний Республики в Италии. В конце концов, «сенаторы в юбках» Цезаря были римлянами кельтского происхождения, которые все еще любили носить под тогами свои национальные леггинзы (рейтузы).

Общества, как часто отмечалось, гниют обычно с головы, как рыба. Конечно, в списке ранних

императоров было непропорционально много выродков.

Император Тиберий (правил с 14 по 37 гг.), приемный сын Августа, уехал из Рима на Капри, предавшись неумеренной жестокости и извращениям. При нем снова вошли в моду массовые проскрипции, которые без устали разжигали доносчики (*delatores*). Калигула (правил с 37–41 гг.) приказал еще при жизни считать его богом, а свою лошадь назначил консулом. Светоний пишет, что «со всеми своими сестрами жил он в преступной связи» и «на всех званных обедах они попеременно возлежали на ложе ниже его / на первом месте /, а законная жена — выше /на последнейшем месте /». У него были «волосы на голове редкие, с плешью на темени, а по телу — густые. Поэтому считалось смертным преступлением посмотреть на него сверху, когда он проходил мимо, или произнести ненароком слово «коза»[18]. Он умер от руки убийцы, который, очень точно, угодил ему в гениталии. Клавдий (правил 41–54 гг.), имевший женами по очереди двух убийц — Мессалину и Агриппину, был отравлен соусом из поганок, подмешанным ему в грибы[19].

Император Нерон (54–68 гг.), неумеренно эстетствовавший сибарит, расправился с собственной матерью, приказав заколоть ее (после того, как ей не удалось ее утопить). Он убил свою тетку, дав ей смертельно сильного слабительного, и приказал казнить жену по ложному обвинению в измене; вторую жену он забил насмерть, когда она была беременна. «Мало того, что жил он и со свободными мальчиками, и с замужними женщинами, — писал Светоний, — он изнасиловал даже весталку Рубрию». Затем далее: «Мальчика Спора он сделал евнухом и даже пытался сделать женщиной: он справил с ним свадьбу со всеми обрядами, с приданым и с факелом… и жил с ним как с женой. — Еще памятна чья-то удачная шутка: счастливы были бы люди, будь у Неронова отца такая жена!»[20] В конце концов, он совершил самоубийство со словами *Qualis artifex pereo — Какой великий артист погибает!*»

Император Гальба был военным (правил в 68–69 гг.) и был убит восставшими военными в «год четырех императоров» так же, как и его преемники Оттон и Виттелий. Веспасиан (правил в 69–79 гг.), сын провинциального сборщика налогов, смог осуществить свою главную цель — «умереть на ногах». Умирая, он произнес: «Увы, кажется, я становлюсь богом»[21]. Тит (правил в 79–81 гг.) был, предположительно, отравлен братом после удивительно счастливого правления, омраченного только извержением Везувия. Его предполагаемый отравитель император Домициан (правил в 81–96 гг.) был заколот женой с сообщниками. Восемь из десяти императоров, преемников Августа, умерли ужасной смертью. [ПАНТА]

Однако бабье лето Рима было еще далеко. «Если бы надо было указать период в мировой истории, когда положение человечества было особенно счастливым и цветущим, — писал Гиббон, — то без колебаний бы надо назвать период от смерти Домициана до восшествия на престол Коммода»[22]. При императорах Нерве (правил 96–98 гг.), Траяне (98–117 гг.), Адриане (117–138 гг.), Антонине Пие (138–161 гг.) и Марке Аврелии (161–180 гг.) Империя не только достигла наибольших географических размеров, но и наслаждалась временем несравненного покоя и стабильности. Нерва ввел помощь бедным, которая становится после него постоянной; Траян был честным неутомимым солдатом; Адриан был строителем и покровителем искусств. Об Антонине Пие Гиббон писал: «Его царствование имело особое преимущество: оно дало удивительно мало материала для истории, которая есть ни что иное, как список преступлений, глупостей и несчастий человечества»[23].

Мелкие детали, касающиеся управления Империей в ее лучший период, мы обнаружим в обширной переписке императора Траяна с Плинием Младшим, администратором провинции Вифиния:

Плиний: Театр в Никее, владыка, выстроенный уже в большей части своей, но не законченный, поглотил, как я слышу (я в отчете еще не разобрался), больше 10 миллионов сестерций, и боюсь, что напрасно. … Те же никейцы начали, еще до моего прибытия, восстанавливать уничтоженный пожаром гимнасий …

Клавдиополиты в низине, под самой горою, не столько строят, сколько выкапывают огромную баню… Не стоит, желая не погубить затраченного, зря истратить и дополнительные средства.

Траян: Что следует сделать с театром, который начали никейцы, ты лучше всего обсудишь и постановишь на месте сам. Не может быть, чтобы тебе не хватало архитекторов. В каждой провинции есть и опытные и талантливые люди: не думай, что их ближе прислать тебе из Рима, когда даже к нам они обычно приезжают из Греции.

Плиний: Общественные деньги, владыка, твоей предусмотрительностью и моим усердием уже или истребованы или истребуются… Случаев приобрести недвижимую собственность очень мало или нет вовсе; людей, которые хотели бы сделать заем

ПАНТА

Когда 24 августа 79 г. н. э. город Колония Корнелиа Венериа Помпеяна был погребен под пятью метрами вулканического пепла, исчезли все формы человеческой жизни — пепел покрыл все: изысканное, простое и изнанку жизни. Когда же (после 1869 г.) раскопки вновь открыли людям Помпеи, один аспект местной жизни был намеренно скрыт от общественности — этот город был посвящен Венере. Громадное собрание предметов, которые оскорбляли нравственность XIX в., хранится в *stanze proibiti* — «закрытых отделах» Национального музея в Неаполе.

В самих же Помпеях сексуальная коммерция процветала бесстыдно и широко. Бордели, или *lupinari*, встречались повсюду в городе и открыто рекламировали и свои услуги, и тарифы. Самые дешевые девушки, как Саксесса или Оптата, ценились в 2 аса, Сперанца — 8, Аттика −16. Снаружи стены этих домов украшали довольно грубые надписи, предостерегающие подслушивающих: «Здесь не место бездельникам. Катись». Внутри же картинки должны были вдохновлять посети-телей. Картины и скульптуры любовной тематики (даже в частных домах) носили слишком откровенный характер, а предметом настенных росписей были «таинства» городского культа, которые здесь приняли полусакральный характер. Жители могли часто видеть фаллосы: то непомерных размеров, то как ручки светильников, то в комических изображениях и даже как носик чашки для питья. Повсюду встречались во множество украшения, изображавшие мужчин-богов с их божественным снаряжением или Пана, покрывающего козу.

Блудницы были широко известны в городе по именам или, как актрисы, по «сценическим псевдонимам»: Панта (Что пожелаете), (Толстушка), Каллитремия («Суперпромежность»), Лакса («Просторная»), Ландикоза, Эксталиоза («Задний проход»). Их посетители также были известны по именам или прозвищам: Эноклион («Отважный пьяница») или Скордопордоник («Воняющий чесноком»). Главный сутенер самого большого в Помпеях борделя умер незадолго до извержения вулкана. Его слуга на-цара пал на воротах некролог: «Для всех скорбящих. Африкан умер. Рустик написал это». Городское ремесло было не только двуполым, но и двуязычным: мальчики предоставлялись клиентам и клиенткам, а языком общения при этом был или греческий, или латинский. Необходимый словарь включал такие понятия, как *futuere, lingere, fellare; phallus, mentula, verpa; cunnus/connos, lupa.*

Среди граффити осталось множество таких, которые запечатлели на века самые интимные переживания жителей этого древнего города.

FILIUS SALAX QUOT MULIERUM DIFUTUISTI *Corpus Inscriptionum Latinarum (CIL)* vol. iv, no. 5213.

Ampliate, Icarus te pedicat ibid. no. 2375.

Restituta pone tunicam rogo redes pilosa co, ibid. no. 3951. Dolete puellae pedi — ... cunne superbe vale... Ampliatus toties... hoc quoque fututui..., ibid. no. 3932.

IMPELLE LENTE (с рисунком), ibid. no. 794.

MESSIUS HIC NIHIL FUTUIT, ibid (из дома Амандо).

у города, не находится, тем более что город дает деньги, как и частные лица, под 12% Посмотри, владыка, не сочтешь ли нужным уменьшить проценты и тем самым склонить к займам подходящих людей...

Траян: И я сам, мой дорогой Секунд, не вижу другого средства для более легкого размещения городских денег, кроме уменьшения процентов... Принуждать к займам людей, у которых деньги будут, возможно, тоже лежать втуне, не соответствует нашему времени с его духом справедливости.

Плиний: Ты поступил чрезвычайно предусмотрительно, владыка, приказав послать в Византий легионного центуриона. Посмотри, не сочтешь ли нужным таким же образом позаботиться о юлиополитах, чей город, очень маленький, несет на себе очень большие тяготы и терпит по своей слабости тяжкие обиды.

Траян: Положение города Византия, куда стекается со всех сторон множество путешественников, таково, что в согласии с обычаем предшествующих времен мы сочли необходимым почтить город, поставив для охраны легионного центуриона.

Если бы мы решили оказать такое же содействие юлиополитам, то пример их лег бы на нас тяжким бременем. Очень многие города, чем будут слабее, тем настоятельнее будут просить о том же.

Плиний: Я никогда не присутствовал на следствиях о христианах: поэтому я не знаю, о чем принято допрашивать и в какой мере наказывать. Не мало я и колебался, есть ли тут какое различие по возрасту, или же ничем не отличать малолеток от людей взрослых…прощать ли раскаявшихся или же человеку, который был христианином, отречение не поможет и следует наказывать само имя, даже при отсутствии преступления, или же преступления, связанные с именем.

Траян: Ты поступил вполне правильно, мой Секунд, произведя следствие о тех, на кого тебе донесли как на христиан… Выискивать их незачем… если на них поступит донос и они будут изобличены, их следует наказать… Безымянный донос о любом преступлении не должно принимать во внимание. Это было бы дурным примером и не соответствует духу нашего времени.»[24]

В лице Марка Аврелия Рим получил настоящего царя-философа. Ученик Эпиктета, он приучил себя переносить тяготы постоянных военных кампаний, груз должностной ответственности и требования расточительной семьи. Его записки «К самому себе», известные как *Размышления*, полны самых высоких чувств: «свойством собственно достойного человека остается любить и принимать судьбу и то, что ему отмерено, а гения, поселившегося у него внутри, не марать и не оглушать надоедливыми представлениями, а беречь его милостивым, мирно следующим богу, ничего не произносящим против правды и не делающим против справедливости. И если даже не верят ему все люди, что он живет просто, почтительно и благоспокойно, он ни на кого из них не досадует и не сворачивает с дороги, ведущей к назначению его жизни, куда надо прийти чистым, спокойным, легким, приладившимся неприневоленно к своей судьбе»[25]. Марк Аврелий прекрасно понимал, кто он и на каком месте: «Город и отечество мне, Антонину, — Рим, а мне, человеку, — мир… Азия, Европа — закоулки мира. Целое море — для мира капля. Афон — комочек в нем. Всякое настоящее во времени — точка для вечности. Малое все, непостоянное, исчезающее. Все оттуда идет… из общего ведущего»[26].

К середине III века Римская империя являла все признаки далеко зашедшей внутренней болезни. Политический упадок проявлялся в отсутствии решимости в центре и беспорядках — на периферии. За 90 лет, начиная с 180 г. н. э., не менее 80 кратковременных императоров претендовали на монаршую власть по праву или путем узурпации. «Правление Галлиена, писал Гиббон, принесло только 19 претендентов на трон… быстрый и постоянный переход из хижины на трон и с трона — в могилу мог бы позабавить стороннего наблюдателя»[27]. Армия безнаказанно повелевала своими гражданскими повелителями. Варвары массами переходили *limes*, часто беспрепятственно. Набеги готов были постоянными. В 268 г. они захватили и разграбили Афины. Одна отколовшаяся «империя» при некоем Постуме появилась в центральной Галлии, а другая — в Пальмире. Поскольку власти было все труднее навязывать культ никудышных или часто сменявших друг друга императоров, то все чаще обращались к преследованиям постоянно возраставшей христианской секты. В 250–265 гг. во многих районах свирепствовала чума: некоторое время даже в Риме умирало по 5000 человек в день. За чумой последовал голод. Началась жестокая инфляция, сопровождаемая серьезным обесцениванием денег. Марк Аврелий выпустил серебряную монету, содержащую 75% серебра. При Галлиене (правил в 260–268 гг.) сто лет спустя, в ней было уже 95% примесей. Поступления в казну от налогов резко упали; имперские власти сосредоточили ресурсы в пограничных провинциях; в других местах многие провинциальные города пришли в упадок; амфитеатры разбирали на камни, чтобы строить укрепления.

Даже при Диоклетиане (правил в 284–305 гг.), двадцать один год правления которого казался «основанием новой империи», далеко не все было так хорошо. Тетрархия, или правление четырех, которое разделило Империю на две части, каждая со своим собственным августом и своим собственным заместителем цезарем, облегчило администрирование и защиту границ. Очень выросла армия, — но также и бюрократия. Рост цен был взят под контроль, — но не сокращение населения. Продолжались преследования христиан. В 304 г. в Риме был организован большой триумф, но он был последним. Год спустя Диоклетиан отрекся от власти и удалился в родную Далмацию.

Флавий Валерий Константин (правил в 306–337 гг.), позднее названный Константином Великим, родился в Нэссе в Мёзии Верхней (то есть в Нише в современной Сербии, а не в Дакии, как утверждает Гиббон). Его отец Констанций Хлор, бывший цезарем Запада при Диоклетиане, умер в Эбораке (Йорке) вскоре после вступления на престол. Его мать Елена (из бриттов) была христианкой, предание чтит ее как нашедшую Истинный Крест. Константин воссоединил две половины империи и Миланским эдиктом провозгласил общую религиозную терпимость. Он утверждал, что имел два видения в решительные моменты его жизни. Первоначально говорили, что ему явился Аполлон, а позднее — Крест со словами «Сим победишь». Он поссорился с жителями Рима и решил перенести столицу на берега Босфора. На смертном ложе он крестился, и, таким образом, в момент христианского обращения императора Рим перестал быть центром Империи, которую создал.

Христианство

По происхождению христианство — не европейская религия. Подобно родственным ему иудаизму и исламу, оно пришло из Западной Азии, и лишь по прошествии нескольких столетий Европа стала главной сферой его влияния.

Иисус из Назарета (ок. 5 г. до н. э. — 33 г. н. э.), странствующий проповедник, родился в римской провинции Иудее в правление императора Августа. В Иерусалиме он был осужден на смерть через распятие на кресте. Случилось это в правление Тиберия (14 — 37 гг. н. э.) и во времена прокуратора Понтия Пилата, римского всадника, первое имя которого неизвестно; позднее он, возможно, служил во Вьенне (Vienne) в Галлии. Как говорит предание, хотя никакой вины за Иисусом не было обнаружено, прокуратор уступил требованию еврейского синедриона и осудил его на смерть. [КРЕСТ]

Кроме фактов, содержащихся в четырех кратких Евангелиях, которые сообщают сведения, местами повторяющиеся, а местами отличающиеся, о жизни Иисуса известно немного. О нем не упоминают никакие исторические документы, и нет о нем даже малейшего упоминания в римских литературных источниках. Не обратил он на себя внимания даже таких еврейских писателей того периода, как Иосиф[28] или Филон[29]. Его собственное

учение известно лишь по нескольким притчам, нескольким его высказываниям по разным случаям и в связи с совершенными им чудесами, из его бесед с апостолами и немногим ключевым высказываниям: Нагорной проповеди, из его ответов на вопросы в Храме и потом во время процесса над ним, из бесед с учениками на Тайной Вечере, из слов, которые произнес умирая на Кресте. Он заявлял о себе как о мессии, давно ожидаемом Спасителе из еврейской истории; но сам свел весь массив священного Писания до двух простых заповедей:

«Возлюби Господа Бога твоего всем сердцем твоим, и всею душою твоею, и всем разумением твоим»: Сия есть первая и наибольшая заповедь; Вторая же подобная ей: «возлюби ближнего твоего, как самого себя » (Мф 22, 37-39).

Иисус не бросал вызова светским властям, постоянно подчеркивая, что «Его Царство не от мира сего». Он не оставил после себя никакой организации, никакой Церкви, никакого священства, никакого политического завещания и, собственно, никакого Евангелия — только загадочные поучения для своих учеников: «Если кто хочет идти за Мною, отвергнись себя и возьми крест свой и следуй за Мною. Ибо, кто хочет душу свою сберечь, тот потеряет ее; а кто потеряет душу свою ради Меня, тот обретет ее» (Мф 16, 24-25).

Трудно было предвидеть, что придет время, и христианство станет официальной религией Римской империи. Последующие поколения христиан, не сомневаясь и не анализируя, считали торжество христианства попросту проявлением воли Божией. Но для многих римлян, живших в более ранние столетия, случившееся, должно быть было подлинной загадкой. Иисуса долгое время воспринимали как непонятное явление локального характера. Его ученики — их веру сторонние наблюдатели часто смешивали с иудаизмом — не годились на то, чтобы стать основателями новой всепобеждающей религии. Вера рабов и простых рыбаков не могла послужить ни чьим-то классовым, ни социальным интересам. Их Евангелие, в котором духовное «царство Божие» старательно отделялось от власти кесаря, уже по определению отказывалось от всех мирских амбиций. И даже

КРЕСТ

Крест, наряду с квадратом, кругом, треугольником, стрелкой, *или галочкой*, принадлежит к простым основным знакам, проходящим через всю историю человечества. Временами его называют «знаком знаков»: в науке он означает «сложение», «прибавление», «положительную величину». Однако в связи с распятием Христа его очень рано превратили в символ христианства. В христианском мире крест присутствует повсюду: на церквах, на могилах, на памятниках, на гербовых щитах, на государственных флагах. Христиан крестят, начертав знак креста на челе; священники крестом благословляют их; осеняя крестным знамением, прощают; католики, в отличие от православных, осеняют себя крестным знамением слева направо и когда они молят Бога о помощи, и когда они слушают Евангелие. Средневековые крестоносцы носили знак креста на плащах. Существуют различные варианты христианского креста, каждый из которых несет особый смысл и как символ, и как украшение. **[ДАННЕНБРОГ]**

В Европе, однако, наряду с христианскими крестами, издавна существовали их дохристианские эквиваленты. Лучше всего известна древнейшая свастика, или «ломаный крест», название которого восходит к санскритскому слову *svasti* [благополучие]. Согласно китайским верованиям, свастика означала «несчастье», если была повернута влево и вниз, и «счастье», когда была повернута вправо и вверх. Скандинавский вариант представлял две скрещенные молнии или две скрещенных горящие палочки. Кельтский закругленный вариант, повсюду встречающийся в Ирландии, символизировал солнце. Свастика имела уже тысячелетнюю историю, когда гитлеровские неоязычники сделали современный вариант *свастики* эмблемой своей партии.

Другим примером переноса восточных и нехристианских знаков являются *tamga* (геральдические) фигуры древних сарматов. Тамги, которые временами напоминают наиболее простые китайские иероглифы, вновь появляются как племенные значки у тюрков, которые в раннем средневековье пришли на Ближний Восток. Полагают, что они затем отразились и в исламской геральдике, с которой крестоносцы встретились в Святой Земле. Но они также поразительно похожи на те знаки, которые в несколько более поздний период появились в неповторимой геральдической системе Польши. Это наводит ученых на мысль, что притязания польской шляхты на происхождение от древних сарматов не лишены основания. Так называемую «сарматскую идеологию» шляхты, ее гербы и традицию прекрасной верховой езды связывают с наездниками восточных степей прошлых эпох. Согласно одной из гипотез, сарматские черты в Польше можно считать наследием сарматских аланов, исчезнувших в диких лесах восточной Европы в IV в. н. э.

Символы способны вызывать самые сильные чувства. Когда в 1863 г. основан был Красный Крест, немногие из европейцев отдавали себе отчет в том, что эмблема этой организации может и не быть всеобщим символом сочувствия. Но со временем необходимо было его дополнить Красным Полумесяцем, Красным Львом и Красной Звездой [шестиконечной, для Израиля — **перев.**]. Вот почему, когда на территории бывшего гитлеровского концентрационного лагеря в Освенциме был поставлен в память о жертвах христианский крест, начались горячие споры, поскольку некоторые не знали, что жертвами нацистов здесь оказались не только евреи, но и множество христиан. В 1993 г. девятилетний период взаимных оскорблений и сорванных соглашений завершился созданием экуменического Центра диалога и молитвы. **[ОСВЕНЦИМ]**

Сарматские тамги

Польские родовые гербы

| Abdank | Leliwa | Nałęcz | Radwan | Bogorija |

АПОКАЛИПСИС

Расположенный вдали от Европы остров Патмос находится у азиатского побережья Эгейского моря. В I в. н. э. жители близлежащего римского города Эфеса использовали его как место заключения преступников. Он был подходящим местом для написания последней книги христианского канона Священного Писания.

Автор *Откровения* или *Апокалипсиса* звался Иоанном. Он никогда не утверждал, что является св. Апостолом Иоанном, как это принято позднейшим преданием; и ни его стиль, ни его способ видения вещей не напоминают стиля и воззрений автора Четвертого Евангелия. Иоанн был сослан на Патмос за религиозные преступления, а писал он, по всей вероятности, между 81 и 96 гг. н. э. *Апокалипсис* св. Иоанна описывает ряд мистических видений, которые — подобно еврейской апокалиптической литературе этого периода — предсказывают конец существующего порядка вещей. Необычная символика Апокалипсиса — Агнец, Семь печатей, Четыре зверя и Четыре всадника, Великая Вавилонская блудница, Огненный дракон и другие — и по сегодняшний день изумляют и озадачивают христиан. Цент-

ральные разделы рассказывают о борьбе с Антихристом и являются богатым материалом по демонологии **[дьявол]**. В заключительных главах — 21 и 22 — являются «новое небо и новая земля» (Ап 21, 1), где: «отрет Бог всякую слезу с очей их, и смерти не будет уже; ни плача, ни вопля, ни болезни уже не будет, ибо прежнее прошло. И сказал Сидящий на престоле: се, творю все новое. И говорит мне: напиши; ибо слова сии истинны и верны. И сказал мне: совершилось! Я есмь Альфа и Омега, начало и конец» (Ап 21, 4-6).

тогда, когда численность христиан возросла и когда их стали преследовать за отказ участвовать в отправлении императорского культа, их все-таки нельзя было признать социально опасными (**АПОКАЛИПСИС**)

Теперь, по прошествии долгого времени, конечно можно видеть, что христианство с его упором на внутреннюю жизнь человека способно было заполнить духовную пустоту, чего не сумел заполнить образ жизни Рима; видно также, что христианская доктрина искупления и преодоления смерти должна была казаться очень привлекательной. Однако понятно также изумление императорских чиновников — например, Плиния Младшего в Вифинии (см. с.191 выше). Но, одно дело — решить, что старый мир созрел для новой «спасительной» религии, и другое — объяснить, почему возникшую лакуну заполнило христианство, а не какая-нибудь из иных религий, способных с успехом претендовать на эту роль.

Из всех, писавших о рождении христианской Церкви, самым большим скептиком был Эдвард Гиббон. Его *Decline and Fall of the Roman Empire* (Закат и падение Римской империи), будучи примером прекраснейшей исторической прозы на английском языке, содержит также особенно яростные нападки на Церковь за ее отступления от хри-

стианских принципов. По его собственному признанию, Гиббон осуществил «бесстрастное, рациональное исследование развития и институциализации… чистой и скромной религии, которая в конце концов развернула победное знамя Креста на развалинах Капитолия»[30].

Распространению христианства способствовал *Pax Romana*. В течение трех столетий после распятия Христа христианские общины возникли в большинстве крупных городов восточной части средиземноморского бассейна. Святого апостола Павла, послания которого составляют значительную часть Нового Завета, а многочисленные поездки были первой в истории христианства серией пастырских визитов, интересовали главным образом говорящие по-гречески жители городов Востока. Как говорит предание, св. апостол Петр, ближайший ученик Христа, поплыл в Рим, где ок. 68 г. н. э. погиб мученической смертью. Из Рима Евангелие распространилось по всем провинциям Империи — от Иберии до Армении.

Ключевой фигурой был, несомненно, Савл из Тарса (ум. ок. 65 г. н. э.), известный как св. апостол Павел. Еврей по рождению, он был воспитан как фарисей и участвовал в ранних преследованиях евреями христиан. Присутствовал при смерти первого христианского мученика Стефана, побитого камнями в Иерусалиме ок. 35 г. н. э. Но позднее, после обращения, происшедшего на пути в Дамаск, принял крещение и стал самым влиятельным прозелитом «нового пути». Три его миссионерских путешествия стали мощнейшим стимулом развития христианства. Его встречали по-разному. В 53 г. н. э. в Афинах, где он обнаружил алтарь с надписью «Неведомому Богу», евреи встретили его подозрительно.

«Некоторые из эпикурейских и стоических философов стали спорить с ним. И одни говорили: «что хочет сказать этот суеслов?», а другие: кажется, он проповедует о чужих божествах», потому что он благовествовал им Иисуса и воскресение. И, взявши его, привели в ареопаг и говорили: можем ли мы знать, что это за новое учение, проповедуемое тобою? «Ибо что-то странное ты влагаешь в уши наши. Посему хотим знать, что это такое?» Афиняне же все и живущие у них иностранцы ни в чем охотнее не проводили время, как в том, чтобы говорить или слушать что-нибудь новое» (Дн 17, 18-21).

Дважды он подолгу задерживался среди расположенных к нему жителей Коринфа, где, по всей вероятности, написал свое *Послание к римлянам*. Когда он вернулся в Иерусалим, то был обвинен в нарушении еврейского закона, но как римский гражданин апеллировал к суду, настаивая на процессе в Риме. По преданию, он погиб во время гонений Нерона на христиан.

Вклад св. апостола Павла в распространение христианства был решающим в двух отношениях. Во-первых, как апостол не исповедующих иудаизм, он определил принцип, согласно которому «новый путь» не был родовой собственностью евреев, но был открыт для всех, стремящихся им следовать. «Нет уже ни еврея, ни язычника, нет ни раба, ни свободного» (Кол 3, 11). Во-вторых, он заложил основы всего будущего христианского богословия. Согрешившее человечество по милости Божьей было спасено во Христе, Воскресение которого лишило силы Старый Завет, открывая новую эру Духа. Христос больше, чем Мессия: Он Сын Божий, и Церковь Его мистическое тело — состоит из всех верующих, через покаяние и приобщение участвующих в Нем до Второго пришествия. Иисус был единственным в своем роде источником вдохновения, но именно св. апостол Павел создал христианство как последовательную религиозную доктрину [ЦЕЛОМУДРИЕ].

Иудейские корни христианства имели далекоидущие последствия, особенно в смысле отношений между христианами и евреями. После Иудейского восстания 70 г. еврейская диаспора начала распространяться по всей Империи. Иудаизм больше не был сконцентрирован в Иудее, и «Народ Книги» становился религиозным меньшинством во многих районах Европы и Азии. Евреи считали Иисуса Христа ложным мессией, узурпатором и отступником. Христиане были для евреев угрозой и позором: они рассматривали христиан как опасных бунтарей, которые похитили Писание и нарушили священные запреты, отделявшие евреев от неевреев (язычников). Но и евреи казались христианам угрозой и вызовом: они были собственным народом Христа, отвергнувшим Его Божественность, их вожди предали Его на распятие. По народному верованию, а со временем и для официального богословия евреи стали «христоубийцами».

Разделение иудео-христианской традиции было произведено обеими сторонами, причем каждая сторона остро ощущала предательство другой. Естественно, что и чувство отчуждения было в данном случае больше, чем в конфликтах христиан с другими религиями. Здесь мы имеем дело с неразрешенной и неразрешимой семейной ссорой. С точки зрения бескомпромиссного еврея, у христианства антисемитская природа, и антисемитизм им представляется христианским явлением par excellence. С точки зрения последовательного христианина, иудаизм по природе своей — «седалище Антихриста», иудаизм потерпел поражение, он — источник постоянной клеветы, богохульства и оскорблений. И, несмотря на учение о всепрощении, христианам и евреям труднее всего увидеть друг в друге наследников единой традиции. И только «самые-самые» из христиан могут подумать о том, чтобы назвать евреев «нашими старшими братьями».

Христианство основывалось, однако, не на одном иудаизме: на него оказали влияние различные восточные религиозные течения в Империи и, в особенности, греческая философия. Евангелие от Иоанна, которое начинается словами «В начале было Слово, и Слово было у Бога, и Слово было Бог», решительно отличается от трех

ЦЕЛОМУДРИЕ

Девственность — в смысле полного отказа от сексуальной жизни — была принята в раннем христианстве как основной элемент морального кодекса. Такой тип поведения был известен и древним, хотя Ювенал намекает, что такого никогда не видывали с тех пор, как «Сатурн занял трон». Целомудрие было обязательным для языческих жриц, таких как римские весталки, которым за утрату этой добродетели грозила смерть; в еврейском мире целомудрие соблюдали в некоторых мужских сектах. Но никогда целомудрие не становилось всеобщим идеалом.

По сути массовое стремление к жизни в чистоте имело серьезные социальные последствия. Оно угрожало существованию семьи — наиболее уважаемого института древнего Рима, умаляло значение супружества. В мире, где высокой было младенческая смертность, а средняя продолжительность человеческой жизни не превышала 25 лет, для поддержания демографического равновесия каждая взрослая женщина среднестатистической семьи должна была забеременеть пять раз. Целибат угрожал сохранению вида. Несмотря на это христиане с неослабевающим рвением защищали невинность. Начиная с ап. Павла, они все острее осуждали «рабство плоти». «Ибо по внутреннему человеку нахожу удовольствие в Законе Божьем, — писал ап. Павел, — Но в членах моих вижу иной закон, противоборствующий закону ума моего и делающий меня пленником закона греховного, находящегося в членах моих... Ибо, если живете по плоти, то умрете, а

если духом умерщвляете дела плотские, то живы будете» (Рим 7, 22-23; 8, 13).

Отчасти привлекательность этих поучений апостола Павла объясняется тем, что духовная жизнь требовала освобождения от всех мирских дел. Вера в близость Второго пришествия также могла сыграть некоторую роль, поскольку становилось бессмысленным продолжение рода. Сексуальное удовольствие осуждалось также и потому, что порабощало свободную волю. Многие верили, что характер ребенка зависит от настроения родителей в момент его зачатия. Убежденность в этом вела к дальнейшей сдержанности, поскольку любовники опасались, что их грешные чувства могут повредить потомству.

Гален приводит господствующее в медицине ошибочное убеждение, что семя возникает из создаваемой возбужденной кровью пены. Для мужчин секс связывали как с физическими, так и психическими расстройствами. А для женщин хранение девства считалось лучшим способом освобождения от тирании мужей и традиционных домашних обязанностей. Так что секс считался тем механизмом, при помощи которого «грехи отцов» передавались из поколения в поколение.

В августе 386 г. в Милане произошло, может быть, самое знаменитое обращение раскаявшегося распутника на путь добродетели: *Исповедь* бл. Августина дает возможность взглянуть на все аспекты проблемы. Но к моменту раскаяния бл. Августина прошло уже триста лет со времени ап. Павла. Уже обретшие стабильность

христианские общины ощущали потребность в численном росте. Тогда вернулись к другому идеалу: идеалу христианского супружества, которое приравнивали к идеалу христианской чистоты.

Несмотря на это, супружество официально оставалось чем-то вроде суррогата — защитой от греха обладания и распутства — для тех, кто был слишком слаб, чтобы воздерживаться. «Но если не *могут* воздержаться, пусть вступают в брак, — писал ап. Павел христианам Коринфа: — ...Лучше вступить в брак, нежели разжигаться» (1 Кор 7, 9). Война с телесностью велась затем и в Средние века. Духовенство Западной Церкви переняло от монахов целибат. Повсеместно господствовал культ «святых отроков». Культ Пресвятой Девы, сохранившей девство, несмотря на зачатие и рождение Сына, был приравнен к догмату о Пресвятой Троице. Христианские аскеты следовали всем возможным формам телесного и духовного ограничения, не исключая самооскопления.

История девственности — это та тема из поднятых в *Mentalites*, что позволяет современным исследователям лучше понять образ мысли древних. Мы здесь вступаем в «давно утраченный и очень неразговорчивый мир». Этот морализаторский труд Питера Брауна, излагающий споры по данному вопросу греческих и латинских Отцов Церкви, ничего не говорит о современных воззрениях на сексуальность, которую христиане первых веков считали препятствием на пути к свободе. Автор поставил перед собой задачу, стоящую перед каждым хорошим историком:

выявить различие между прошлым и настоящим, когда девственность стали считать сексуальным извращением, в высшей степени противоречащим природе. «На современного человека веет холодом, — заключает П. Браун, — от воздержания, отречения (от плотских утех), целибата (обета безбрачия) и девственной жизни первохристиан... И может ли их жизнь быть примером или утешением современному человеку, читатели должны решать сами».

других Евангелий именно явным присутствием здесь греческого учения о Логосе. Современные ученые особенно выделяют в этом Евангелии не только иудейский, но и эллинистический контекст. Особое место в этом отношении занимает Филон Александрийский, эллинизированный еврей, стремившийся примирить Писание с платонизмом. **[дьявол]**

Новейшие исследования показывают, что христианство и иудаизм не порывали еще связи, возможно, в течение двух веков. Долгое время эти два частично совпадавших сообщества лелеяли общие мессианские мечты. Иудаистские тексты, относящиеся к 200 г. до н. э. — 50 г. н. э. (из недавно открытых *Рукописей Мертвого моря*) поразительно напоминают евангельские тексты. Некоторые утверждают, что окончательный разрыв между христианством и иудаизмом произошел в 131 г. н. э., когда руководитель второго Иудейского восстания против Рима Симон Бар-Кохба провозгласил себя Мессией[31]. **[пасха]**

Но что бы ни считать датой окончательного разрыва, иудаизм всегда оставался рядом с христианством. Так, каждую неделю (вот уже 2000 лет) всегда за наступлением священного дня отдохновения для евреев в пятницу вечером, в субботу вечером наступал священный день отдохновения для христиан. После того как возжигаются свечи и совершается молитва о мире, затем открывается Ковчег Завета и читают из Торы, святой книги Закона: Ковчег открывается

Тора — древо жизни для тех
Кто держит ее крепко и те,
Кто приникают к ней, благословенны.
Ее пути приятны, и все дороги мирны.

עֵץ־חַיִּים הִיא לַמַּחֲזִיקִים
בָּהּ וְתֹמְכֶיהָ מְאֻשָּׁר:
דְּרָכֶיהָ דַרְכֵי־נֹעַם וְכָל־
נְתִיבוֹתֶיהָ שָׁלוֹם:

Ковчег закрывается.
Конгрегация садится[32].

Поначалу у христианства было много соперников. В первые два века Империи процветали мистические культы Изиды, Кибелы и персидского бога-солнца Митры. У них было несколько очень важных черт, общих с ранним христианством, включая восторженное единение с божеством, представление о личном Спасителе, или Господе, а также обряды инициации, похожие на крещение. Эти общие черты составляют предмет исследования антропологии религии.

Много общего с христианством имел и гностицизм. Поначалу гностики были философами, «искателями знания», но они привлекали к себе более религиозно настроенных последователей. Гностики многое заимствовали и из иудаизма, и из христианства, причем у христианства они заимствовали все больше, так что со временем их стали считать христианской сектой. Гностики различали Создателя, или *Демиурга*, создавшего мир зла, и верховное Божество; так же и в природе человека они различали его греховную, физическую экзистенцию и божественную сущность, дающую человеку возможность достичь высших небесных сфер. В Новом Завете упоминается Симон-волхв. В Риме был известен Валентин (ок. 136–165 гг.), Василид — в Александрии. Маркион (ум. 160 г.) основал секту гностиков, которая просуществовала до V века. По учению Маркиона, тело Христа не было реальностью, так что не было и Воскресения в физическом смысле; кроме того, он отвергал Ветхий Завет, поскольку считал, что Иегова иудеев не обладал полнотой Любви без Бога, как он открылся в Иисусе. Докетизм [еретическое учение в христологии, утверждающее призрачность Богочеловека] положил начало надолго затянувшимся спорам о подлинной природе Христа.

Разногласия гностиков с христианами выявили необходимость признанного канона Писания. Какие из священные тексты были Богоданными, а какие — только творением человека? Вот какой вопрос занимал христиан на рубеже II и

ПАСХА

Пасха — главный христианский праздник. На Пасху празднуют Воскресение Христа из мертвых. Празднику Пасхи предшествует сорокадневный Великий пост и следующая за ним Страстная седмица (неделя), которая начинается Вербным воскресением. Страстная седмица достигает кульминации в Страстную пятницу, в страшный час Распятия и заканчивается бесконечной радостью, когда на третий день (на рассвете воскресения) Гроб был найден пустым.

В европейских языках в основном Пасха называется одним из вариантов лат. слова *Pascha*, которое, в свою очередь, восходит к древнеевр. *песах* (дословно переход). В испанском это *Pascua*, во французском *Paques*, в валлийском *Pasg*, в шведском *Pask*, в русском и греческом *Paskha*. В немецком, однако, Пасха называется *Ostern* — словом, которое, как и английское *Easter*, восходит к имени германской богини весны *Eostro* (*Ostara*); из этих последних названий следует, что христиане превратили в свой главный праздник древний праздник весны, посвященный возрождению жизни после зимы. Они также переняли и символизм иудейской Пасхи, и распятый Господь стал *Пасхальным агнцем*.

Помимо различия в наименованиях праздника были также разногласия по поводу времени его проведения. Первохристиане, следуя практике празднования еврейской Пасхи, считали, что Пасха приходится на четырнадцатый день лунного месяца, следующего после весеннего равноденствия. В 325 году на Никейском соборе постановили праздновать Пасху в первое воскресение после полнолуния, следующего за весенним равноденствием.

Но вопрос все-таки еще не был решен окончательно, поскольку существовало несколько астрономических циклов, по которым рассчитывались солнечные и лунные месяцы. Первоначально расчеты были возложены на великую Александрийскую обсерваторию, но вскоре между греческой и латинской Церквами возникли разногласия; разногласия возникли также и между провинциями внутри латинской церкви. В 387 году Пасха праздновалась в Галлии 21 марта, в Италии — 18 апреля, а в Египте 25 апреля. Попытки последующей стандартизации имели успех лишь отчасти, хотя в целом время празднования Пасхи ограничивалось 21 марта — 25 апреля. Православные и католики никогда не соглашались в том, как определять дату Пасхи. Поскольку же Пасха — переходящий праздник, то и все другие переходящие праздники отсчитывались от нее: от Пятидесятницы до Вознесения. Христианская Пасха (Easter) нигде не упоминается в Писании, кроме одного случая, когда в английский перевод (1613 года) закралась ошибка: в Деян. 12:4 Easter появляется вместо Passover (еврейской пасхи).

Вот уже в течение двух тысячелетий христианский мир на Пасху наполняется гимнами и песнопениями, прославляющими «победу Христа над смертью». Для нехристиан эти гимны звучат угрожающе. Для верных же они стали выражением глубочайшего смысла их существования. В древности пели гимны IV-го века: Aurora Lucis rutilat (День приходит с золотым светом), Finita iam sunt proelia (Вот конец борьбы), или Victimae Paschali Laudes. Самые знаменитые пасхальные песнопения, включая Salve festa dies, Vexilla regis и Pange lingua gloriosi proelium certaminis, сочинил Венанций Фортунат (ок. 530–610 гг.), бывший одно время епископом Пуатье. Лучший греческий пасхальный гимн Anastaseos Imera (День Воскресения), который иногда поют на мелодию «Lancashire», сочинил Иоанн Дамаскин (ок. 675–749 гг.). Немцы поют *Jesus lebt!* Фурхтеготта Геллерта; французы *A Toi la gloire, O résuscité!*; поляки *Chrystus zmartwychstan jest*; греки *Hristos Anesti*! В англоговорящем мире поют «Христос Господь воскрес сегодня» на слова Чарльза Весли:

Напрасны камень, стража, печать;
Христос испепелил врата ада.
Напрасно смерть запрещает
                              Ему восстать,
Христос открывает врата в Рай.
Снова жив наш Славный Царь;
Где, о Смерть, твое жало?
Некогда Он умер,
              чтобы спасти наши души;
Где, Гроб, твоя победа?
Аллилуйя.

ДЬЯВОЛ

Во всех традициях, на которых возросла впоследствии европейская цивилизация, остро осознавалось существование злого начала. В религии доисторических народов и в фольклоре язычников оно часто принимает форму рогатого животного — дракона, змея, человека-козы на шабашах ведьм, Соблазнителя, который не может вполне скрыть свои рога, хвост и копыта. В мифологии классического мира он был господином подземного царства, а его родословие можно проследить до встречи Гильгамеша с Хумбаба. [**эпос**] В манихейской традиции [**богомилы**] это был Князь тьмы. Для Аристотеля он был только отсутствием Добра. Но уже для платоников он был diabolos, противник, Старый Враг. В Ветхом Завете, в особенности в Книге Иова, он был проводником греха и неописуемых страданий. В христианской традиции искушавший Христа в пустыне — это Сатана и падший Люцифер. Этот персонаж становится центральной фигурой средневековой демонологии и рассуждений Бл. Августина о свободной воле Бога и допущении зла, а также центральной фигурой шедевров Мильтона и Гете. Теперь же европейцы потеряли осторожность. Но история Европы без Дьявола — это то же, что история христианства без Христа.

III веков, но определенное заявление по этому вопросу было сделано только в *Праздничном послании* Афанасия Великого в 367 г. Основной корпус Нового Завета — четыре Евангелия и 13 посланий ап. Павла — был утвержден ок. 130 года, а Ветхого Завета — то есть древнееврейский канон без апокрифов — ок. 220 года. О других книга, в особенности об *Апокалипсисе* или *Откровении* Иоанна Богослова, спорили еще долго. [**апокалипсис**]

Богословские споры показали, что для их разрешения нужен какой-то церковный авторитет. Одно решение этого затруднения предложил Климент Римский (ум. ок. 90 г.), выдвинувший учение об апостольской преемственности. Предстоятели христианской Церкви имели достаточный авторитет, если могли проследить свое посвящение вплоть до одного из двенадцати апостолов или до признанного их преемника. Сам Климент, бывший третьим от ап. Петра епископом Рима, свое право на наследие этого престола выводит из слов «Ты —Петр, и на сем камне Я создам Церковь Мою» (Мф 16:18). То же с еще большей силой заявлял Ириней епископ Лионский (ок. 130−200 гг.), в своих посланиях против гностиков:

«Величайшая и древнейшая из церквей, известная всем, [есть та] которая была основана в Риме апостолами Петром и Павлом... Всякая другая церковь, то есть верная во всем остальном, должна быть приведена в гармонию [с Римом] авторитетностью своего происхождения. И именно там

Предание, восходящее к апостолам, сохраняется...» [33]. В этих словах было изложено существо католической традиции.

До сих пор остается несколько соперничавших источников власти и авторитета, а апостольская преемственность, как ее понимают в Риме, никогда не стала общепризнанной. Но прямое соприкосновение с апостолами очевидным образом доставляло славу. Помимо Климента Римского к апостольским мужам принадлежали еще Игнатий Антиохийский, Папий Иерапольский и Поликарп из Смирны (ок. 69−155 гг.), который пострадал в Смирне, где был сожжен.

Гонения на первых христиан представляют собой спорный вопрос, а реальные размеры этих преследований трудно определить по мартирологам заинтересованной стороны. «Церковные писатели IV и V веков, пишет Гиббон, приписывали римским магистратам такую же непреклонную и непримиримую горячность, какая наполняла их собственные сердца» [34]. Однако время от времени гонения действительно возникали. Нерон, например, сделал христиан «козлом отпущения» после пожара в Риме в 64 году. Это было не характерно для обычной терпимости римлян к национальным религиозным культам, как иудаизм, к которому поначалу относили и христианство. Домициан, потребовавший, чтобы его почитали как *Dominus et Deus*, казнил христиан, отказывавшихся это делать, как «атеистов». Марк Аврелий санкционировал жестокое гонение в Лионе в 177 году. Но лишь император Деций (249—251 гг.) в 250 г. приказал всем поданным приносить жертвы признанным (государством) божествам под страхом смертной казни. По прошествии некоторого времени Диоклетиан в 303 году приказал разрушить все христианские церкви и сжечь все Библии. Это Великое гонение продолжалось 13 лет и стало прелюдией к установившемуся в следующее правление режиму общей терпимости. Особенно сильные гонения вызывали обратный эффект, так что капитуляция Римской империи перед христианством была завоевана кровью мучеников. [**КАТАКОМБЫ**]

Священство как отдельное от мирян сословие формировалось постепенно. Епископское служение как служение руководителя общины и диаконское служение оформились раньше, чем *пресвитерское*, т.е. священническое, с которым было связано исключительное право на отправление священнических функций. Титул патриарха, «отца» епископов в провинции или отдельной стране, долгое время употреблялся очень непоследовательно. Причем епископ Рима не имел особого статуса, а особая роль главы христианской общины в столице исчезла, поскольку сама столица была перенесена. В этих условиях христиане Рима подвергались даже особенно ожесточенным преследованиям. В ранние века христианства целая вереница епископов сменяет друг друга на «престоле Св. Петра», но ведущую роль в делах Церкви они начинают играть только с V или, как некоторые считают, с VII века.

Начиная с IV в., Отцами Церкви стали называть всех тех, кто играл особенно важную роль в

КАТАКОМБЫ

Вера в воскресение из мертвых придавала в общинах первохристиан особый смысл погребению; в двух милях за римскими стенами Аврелия, рядом с Аппиевой дорогой, находится район *Ad Catacumbas*, где, опасаясь своих врагов, первохристиане хоронили почивших в подземных галереях. С XVI века обнаружено 42 катакомбы. Они представляют собой сложное переплетение туннелей на пяти-шести уровнях, соединяющих множество камер и фамильных *loculi* (ниш), (собственно, могил). Самые древние погребения, такие, как гробница Флавии Домициллы, жены консула 95 г., относятся к концу I века. Но большинство появилось во время гонений на христиан в III веке. В катакомбах никогда не жили; но при христианских правителях они стали излюбленным местом встреч, где проводились празднования и строились часовни в память святых и пап. Большинство надписей было сделано именно в это время. Например, в катакомбах Претекста имеется надпись, связанная с одним из пострадавших дьяконов папы Сикста, св. Януарием, который был арестован вместе с Сикстом 6 августа 258 г.: BEATISSIMO MARTYRI IANUARIO DAMASUS EPISCOP FECIT (епископ Дамас [этот монумент посвятил] блаженному мученику Януарию).

Самый большой такой комплекс — Катакомбы Св. Каллиста был сооружен бывшим рабом, который стал папой в 217—222 гг. Здесь имелась папская комната (и в ней погребения совершались до папы Мильтиада (ум. 314 г.), крипта св. Цецилии и крипта Таинств, где сохранилась настенная живопись исключительной ценности. Катакомбные изображения, посвященные духовным предметам и будущей жизни, были чрезвычайно символическими. Излюбленными здесь были изображения голубя, якоря, дельфина, рыбака, Доброго Пастыря, Ионы — предтечи Воскресения.

В V веке катакомбы подвергались ограблению готами и вандалами, вот почему многие реликвии были перенесены в городские церкви, поскольку же Второе пришествие, по видимости, откладывалось, то постепенно стали отказываться от погребения в подземельях. И христиане продолжали посещать лишь немногие места в катакомбах, в том числе крипту Св. Себастьяна, как об этом узнали горожане уже в Средние века, когда стали прятаться в катакомбах от чумы.

У катакомб Св. Василия находится церковь, которая связана с самой знаменитой христианской легендой Рима. Спасаясь от гонений, на Аппиевой дороге апостол Петр встретил Христа и спросил Его: Domine, quo vadis? (Камо грядеши, Господи?). Христос ответил: «Иду в Рим снова пострадать». Петр вернулся назад и стяжал мученический венец.

Три из сорока двух катакомб — у Виллы Торлонии, у Винья Рандатини и у Монте Верде — еврейские.

делах Церкви в предшествующий период. Апологеты — от Аристида Афинского до Тертуллиана (155–255 гг.) — постепенно сформулировали, в чем состоят верования православных. Другие, включая Ипполита (165–236), Климента Александрийского (ок. 150–215 гг.), Оригена (185–250 гг.) и Киприана Карфагенского (умер в 258 г.), почитались как защитники веры против язычников и еретиков. Патристика, или писания Отцов Церкви, заканчивается лишь с Иоанном Златоустом (347–407 гг.).

Ересь — понятие, конечно, тенденциозное. Такое обвинение одна группа верующих выдвигала обычно против другой группы верующих, и оно могло существовать только потому, что обвинители претендовали на монопольное обладание догматической истиной. В истории христианства оно появляется только во II–III вв., когда начинает вырисовываться общий консенсус. Большинство Отцов Церкви были в той или иной степени еретиками. Главные ереси, как они определялись позднее, — это докетизм, монтанизм, новатианизм, аполлинарианизм, несторианство, евтихианство, арианство, пелагианство, донатизм, монофизитство и монофелитство. Из них особенно важно было арианство, поскольку у него оказалось множество последователей в самой Империи и вне ее. Арий (ок. 250–336 гг.), пресвитер в Александрии, считал, что Христос как Сын Бога не мог во всей полноте обладать божественностью Бога Отца. В связи с этим учением собрался Первый вселенский собор, который арианство осудил. Но при поддержке императора Констанция II арианство вновь возродилось, причем его переняли некоторые варварские народы, в первую очередь готы. Арианство не было изжито до VI в. и даже разделилось на три под-ереси: аномоинство, хомоинство и полуарианство. [БРИТО]

Христианское монашество по происхождению было восточным явлением. Св. Антоний Великий (ок. 251–356), выступавший против Ария и основавший первую монашескую общину, был родом также из Александрии.

Таким образом, христианские понятия и практика, которые со временем получили название католической (всеобщей) и православной (правильной), сложились лишь по прошествии долгого времени и в результате жарких споров. В окончательном виде они были определены четырьмя Отцами (Учителями) Церкви IV века: свв. Мартином, Иеронимом, Амвросием и Августином. Помимо споров о *Логосе*, которые вскоре отступили на второй план перед христологическими спорами, они также занимались учением о Благодати, Искуплении и Церкви, Таинствами, Крещением и Евхаристией, и в первую очередь — учением о Св. Троице. В 325 г., когда император Константин созвал Первый Вселенский собор в Никее в Малой Азии, 300 делегатам было предложено подытожить основные положения христианской веры. Среди делегатов возобладали александрийцы, в особенности анти-ариане, или тринитарии, во главе с Афанасием (ок. 296–373). Среди собравшихся было очень мало западных епископов — только из Кордовы и Лиона. Отсутствовавший епископ Рима Сильвестр I был представлен двумя легатами. Выработанный собравшимися текст, представлял собой комбинацию формулы крещения, как она употреблялась в Иерусалиме, и известной идеи *гомоусии*, или единосущности. Никейский Символ веры с тех пор объединяет всех христиан:

Верую во единаго Бога Отца, Вседержителя, Творца небу и
　　земли, видимым же всем и невидимым.
И во единаго Господа Иисуса Христа, Сына Божия, Единороднаго,
Иже от Отца рожденного прежде всех век; Света от Света,
　　Бога истинна от Бога истинна, рожденна, несотворенна,
　　единосущна Отцу, Имже вся быша.
Нас ради человек и нашего ради спасения сшедшаго с небес и
　　воплотившагося от Духа Свята и Марии Девы, и вочеловечшася.
Распятаго же за ны при Понтийстем Пилате, и страдавша, и
　　погребенна.
И воскресшаго в третий день по Писанием.
И возшедшаго на небеса, и седяща одесную Отца.
И паки грядущаго со славою судити живым и мертвым, Егоже
　　Царствию не будет конца.
И в Духа Святаго, Господа, Животворящаго, Иже от Отца
　　исходящаго, Иже со Отцем и Сыном споклоняема и сславима, глаголавшаго пророки.
Во едину Святую, Соборную и Апостольскую Церковь.
Исповедую едино крещение во оставление грехов.
Чаю воскресения мертвых и жизни будущаго века. Аминь.[35]

Прошло 300 лет с тех пор, как Христос ходил по Галилее.

Босфор, 4 ноября 1079 г. от основания Рима.

Вскоре после того, как император Константин отдал приказ казнить своего законного наследника, он провел торжественную церемонию в честь основания новой столицы. Он заложил первый камень в западную стену в том месте, где она подходит к морю. Помогавший ему философ-неоплатоник Сопатр выступал в роли *telestes* (волхва) и произвел некоторые волхования, дабы обеспечить процветание города. Присутствовал также Претестат, понтифик максимус из Рима, который, как говорят, привез с собой самый священный римский талисман — *Палладиум*, чтобы заложить его у подножия статуи основателя города на новом форуме. «Солнце было в знаке Стрельца, но правит этим часом Рак»[36].

Четыре года спустя, 11 мая 1083 г. (330 г. н. э.), новыми церемониями торжественно отмечали начало жизни вновь заложенного города. После недавней казни Сопатра и еще одного языческого философа Канонариса, который выкрикнул: «Не восставай на наших предков!», — Константин теперь возглавлял грандиозное торжество инаугурации города. Город официально назвали Константинополь, или *Nova Roma*. Молитвы богине *Тюхе* (Счастье) — гению-покровительнице города смешивались с христианскими (Господи помилуй). В Цирке у Храма Кастора и Поллукса проводились пышные игры, но без гладиаторских боев. На Форуме сняли покрывало с огромной статуи императора, для которой скульптурную голову Константина водрузили на древний колосс Аполлона; статуя высилась на гигантской порфировой колонне. По всей вероятности, другую небольшую позолоченную статую Константина с крошечной Тюхе на вытянутой руке торжественно пронесли в процессии с факелами. Такая процессия вскоре стала традиционной на ежегодном Дне основателя в Константинополе. У Тюхе был приваренный ко лбу крест. Все императоры впоследствии должны были простираться перед ней ниц. Были отчеканены новые монеты и медали с изображением Константина и надписью TOTIUS ORBIS IMPERATOR.

Нелегко было выбрать место для нового города. Императору нужен был город, который бы мог использовать преимущества водных путей через Босфор и Геллеспонт. Поначалу он присматривался к Халкидону на азиатском берегу Средиземноморья. Потом направился к древнему Илиону (Трое), легендарную связь которого с основанием Рима он мог использовать как символическую. Он посетил поля Трои и наметил границы нового города на месте, которое почиталось как гробница Гектора. Уже возвели ворота (их можно видеть и сегодня), но император вновь изменил решение и по морю прибыл в небольшой город Византий на европейском берегу, где он совсем недавно провел победоносную осаду. Здесь, наконец, совпали и практические нужды, и предзнаменования. Позднее говорили, будто Константин сам обозначил линию стен. Выступая широким и размашистым шагом с копьем в руке, он оставил далеко позади своих спутников. Когда один из них крикнул: «Сколько еще идти, Василевс?» — Он, говорят, ответил загадочно: «Пока не остановится Тот, Кто шагает впереди меня».

Чтобы превратить маленький Византий в великий Константинополь, нужны были великие и скорые труды. Стена Константина прошла через весь полуостров от залива Золотой Рог до Мраморного моря, к которому выходила примерно в двух милях западнее древнего акрополя. Форум Константина был построен прямо у старой стены Византия. Районы Сикее (Галата) и Влахерна по разные стороны Золотого Рога были обнесены собственными отдельными укреплениями; в основном же старый город был снесен и разрушен. Изысканная гранитная колонна Клавдия Готика (*Claudius Gothicus*), возведенная в 269 г., после знаменитой победы, была сохранена на мысе и смотрела через море на Азию. Константинополь, как и Рим, стоял на семи холмах, которые уже вскоре покрылись частными и общественными зданиями. Сделанное 80 лет спустя описание упоминает Капитолий, или школу, Цирк, два театра, 8 общественных и 153 частные бани, 52 портика, 5 зернохранилищ, 8 акведуков, 4 зала собраний, 14 церквей, 14 дворцов и 4388 жилых зданий, представляющих исключительную архитектурную ценность. Для украшения этого мегаполиса из Греции привезли множество произведений искусства: пифийского Аполлона, самосскую Геру, олимпийского Зевса [зевс], Палладу из города Линд с острова Родос. Только перед одной Св. Софией было уста-

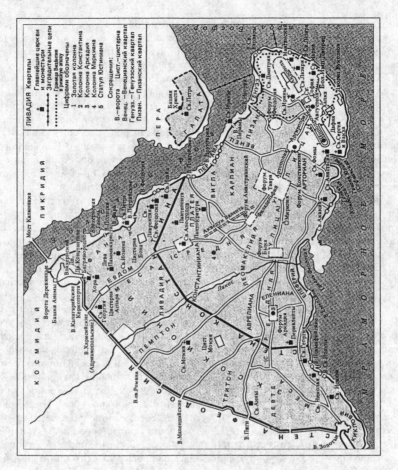

Карта 9

новлено 427 статуй. Из окрестных поселений насильно свозили колонистов. Для их прокормления и ежегодных раздач из Египта, Сирии и Малой Азии в Константинополь направлялись флоты с зерном. Константинополь следовало возвести в рекордно короткое время, поэтому его соседей разоряли, опустошали, обрекали на голод.

О личности Константина ходило множество домыслов. Как первый христианский император,

он был предметом беззастенчивой агиографии. «Речь и мысль смолкают, — писал Евсевий Кесарийский, первый его биограф, — когда я в духе взирал на эту трижды благословенную душу, соединенную с Богом, свободную от всего смертного, в одеждах, сияющих как молнии и в еще более сияющей диадеме»[37]. Для хулителей же он был одиозным лицемером, тираном и убийцей, репутация которого только несколько улучшена обращением на смертном ложе и подделками последующего времени. Гиббон, который очень не любил христианские легенды, тем не менее склоняется к более великодушной оценке и подчеркивает таланты, на которые бросали тень только экстравагантности старости. Константин был «высок ростом и величав, сообразителен… неустрашим в бою, приветлив в мирное время… воздержан по присущему ему благоразумию… Он заслужил право называться первым императором, который открыто исповедал христианство»[38].

Несмотря на известное благочестие его матери, трудно сказать, насколько можно признать Константина христианином по существу. Он публично исповедовал свой долг по отношению к Единому Богу; но большинство его действий, включая *Эдикт о веротерпимости*, можно легко объяснить и как политические приемы языческого владыки. На празднованиях в Константинополе его особенно заботили доказательства поклонения ему самому. В то же время он усердно строил церкви даже в Риме, где им были заложены и собор Св. Петра, и Латеранская базелика Св. Иоанна. В 321 г. он ввел всеобщее соблюдение воскресного дня как дня отдыха. Как это было тогда принято, он долго откладывал принятие крещения и был окрещен только на смертном ложе епископом Евсевием Никомедийским, арианином. Епископу Рима он не предоставил никаких преимуществ. Константину весьма нравилась все возраставшая театральность культа поздней Империи. Как *Sol Invictus* (Непобедимое Солнце) он унаследовал от Диоклетиана практику *adoratio purpurae* (поклонение порфире), а его окружение изъяснялось льстивым языком восточного деспотизма. Публичное искусство принимало все более застывшие формы, становилось формальным, как это видно по фризам на Арке Константина. Интеллектуальная жизнь двора Константина подчинялась главному стремлению: примирить подъем христианства с традиционной культурой. Константин поручил обратившемуся в христианство ритору Лактанию (которого он знал еще раньше в Тревире) не только обучение сына Криспа, но и систематическое изложение христианского мировоззрения, что и было сделано в *Divinae Institutiones*.

Описание положения христианской религии в правление Константина было, должно быть, старательно выверено. После Миланского эдикта (313 г.)

Церковь пользовалась преимуществами терпимого отношения к ней властей, получала постоянный доход, а Никейский Символ веры знаменовал оформление последовательного учения. А между тем Церковь была еще чем-то вроде небольшой секты на ранних стадиях своего институционального развития. Еще отсутствовали высшие церковные власти, не установился канон Священного Писания, не родились еще великие Отцы Церкви: от Иоанна Златоуста до Блаженного Августина. Величайший ересиарх Арий пользовался значительным влиянием при императорском дворе с тех пор, как был возвращен из ссылки в 334 г. (Арианству предстояло стать господствующей доктриной в следующее правление.) В Африке только что удалось одолеть донатистов. За пределами Империи христианство росло только в Армении и Абиссинии. Время отдельных преследований миновало, но «разделение христианского мира препятствовало уничтожению язычества».

В 330 г. Империя была в лучшем состоянии, чем за многие десятилетия до того. Восток и Запад воссоединились. Установился всеобщий мир. О Константиновых реформах пренебрежительно отзываются как о «робкой политике разделения того, что едино, сглаживания всего, что выдается, страха перед любой активностью, расчета, что слабейшая воля будет самой послушной». Но эти реформы дали в свое время Империи возможность отдышаться. Армию удалось взять под контроль, разделив юрисдикцию префектов претория на соперничавшие кавалерию и пехоту, выделив отборные дворцовые войска в противовес второсортным силам на границах и набрав множество офицеров и вспомогательные наемные войска из варваров. Грандиозные строительные проекты императора и его немалые усилия по восстановлению дорог и почтовой системы оплачивались за счет очень высоких налогов на землю. Организованные в широкую сеть императорские посланцы, которые выполняли роль государственных шпионов, держали в страхе потенциально недовольных.

У Константина не было плана, как избежать вечной проблемы передачи власти наследнику. Когда-то он убил старшего сына по доносу об участии в заговоре, но у него оставались еще три сына — Константин, Констанций и Констант, любимый племянник и три брата. За два года до смерти он разделил между ними Империю, наделив сыновей статусом цезарей. Однако они не оценили его щедрости: Константин II погиб во время вторжения на территорию Константа. Констант погиб от руки узурпатора Максенция. Констанций II истребил оставшихся родственников и унаследовал от Максенция Империю.

После хаоса, царившего в предшествующем столетии, экономика империи вновь пережила некоторый подъем и стабильность. Щедрость к населению уменьшилась по сравнению с предшествующим периодом, но провинциальные города, особенно в пограничных районах Центральной Европы, по-прежнему проводили общественные работы, которыми весьма гордились. Налоговые реформы Диоклетиана, основанные на оценке рабочей силы в сельском хозяйстве, заложили основу для регулярного планирования бюджета. Но они же привели и к росту бюрократии. Слышались нарекания на то, что число сборщиков налогов становилось чуть ли не больше, чем налогоплательщиков. Чеканка золотой монеты (при соотношении 60 монет на золотой слиток весом в фунт) остановила обесценивание медных денег и заложила основание стабильной валюты Византии.

Границы Империи оставались неприкосновенными; они даже на какое-то время слегка расширились. В 297 г. у Персии удалось отнять ценную провинцию Армению, где романизация и христианство стали основой устойчивой и развитой культуры. Для более эффективного управления Империя была разделена на четыре префектуры: Восток (Константинополь), Иллирик (Сирмий), Италия и Африка (Медиолан) и Галлия (Трир). На Западе, в Британии опустошительные набеги пиктов и скоттов были остановлены экспедицией отца Константина. Настроенных сепаратистски *императоров Британии* Караузия и Аллекта заставили подчиниться. На юге мавританские племена наступали на романскую Африку.

Но самые важные перемены на политической и этнической карте Европы происходили за пределами Империи и никак не отразились в документах. Громадный ареал господства кельтов стремительно сокращался. Западные форпосты кельтов в Британии и Галлии уже были значительно романизированы. Исконно кельтские районы в центре Европы были или опустошены, или завоеваны, или разорены в ходе продвижения герман-

ских и славянских племен (см. *Глава IV*). По обе стороны границы на Рейне уже осели франки. Готы уже завершили свой продолжительный переход от Вислы до Днепра. Славяне продвигались на запад в центр Европы, где кельтская Богемия шла по пути славянизации. Балты уже дошли до Балтики и расселились там. Финно-угры, разделившись, продвигались к своим будущим территориям: финны остановились на переходе от Волги к Балтике, мадьяры осели на одном из промежуточных пунктов вдоль южных степей. Кочевники и морские разбойники пока оставались вне Империи по ее границам. Скифы были только далеким воспоминанием, гунны все еще пребывали в Центральной Азии. Скандинавы уже достигли Норвегии, как это видно по их древнейшим руническим надписям.

Представления Константина о внешнем мире определялись, по-видимому, состоянием внешних сношений Римской империи. Китай, который все еще находился в состоянии раздробленности после хаоса недавно завершившегося *Троецарствия*, был известен по хрупким контактам вдоль шелкового пути. В 284 г. его посетили послы Диоклетиана. Номинально Китай находился под властью династии Хань, влияние которой медленно распространялось с севера на юг. Он в значительной степени отказался от конфуцианства и благодаря расцветавшему здесь буддизму устанавливал крепкие культурные связи с Индией. Индия, северные районы которой только что перешли под власть императоров династии Гупт, величайших покровителей индийской культуры и искусства, была больше известна Риму и ближе ему. Известия о том, что Чандрагупта I был коронован в государстве Магадха в 320 г., дошли до Константинополя, конечно, через Египет. Египет был также источником сведений об Абиссинии, ставшей целью христианских миссионеров из Сирии и Александрии. Особый интерес был у Рима к сасанидской Персии, с которой у него была протяженная и ненадежная граница. Персия отвергла эллинизм предшествовавшей эпохи и перешла к воинствующему зороастризму. За 60 лет до этого здесь был казнен Мани, проповедник дуалистического манихейства, стремившийся соединить принципы зороастризма с христианством. Мальчик-царь Шапур II (310–379) все еще находился во власти своих священников и могущественных опекунов, которые не только завершали работу по определению корпуса священного писания *Авесты*, но и без устали и пощады истребляли всех диссидентов. Мир между Римом и Персией продержался 33 года до смерти Константина.

Основание Константинополя в 330 г. как событие чрезвычайное весьма способствовало развитию представления, что правление Константина было как бы линией раздела между древним и средневековым периодами. За такую границу, однако, могут быть приняты и другие соперничающие даты: в 392 г. на престол взошел Феодосий I, первый император полностью христианской империи; в 476 г. пала Западная Римская империя (см. с. 240); в 622 г. поднимается ислам, разделивший бывшую Римскую империю на мусульманскую и христианскую сферы (см. с. 251–58); в 800 г. Карл Великий восстанавливает Христианскую Западную империю (см. сс. 298–306). Если мы займемся со всей серьезностью поисками такой границы, то окажется, что юный Константин принадлежал античному миру, а в старости — миру средневековому.

Гораздо важнее оценивать для каждого периода, как соотносились тогда наследие прошлого и совокупность новшеств — то есть то, что профессиональные историки иногда называют «непрерывностью» и «прерывностью». В этом смысле можно с уверенностью сказать, что никакого существенного нарушения указанного баланса в Константинополе в 330 г. не произошло.

Конечно, город Рим терял свое значение, тем более что Константин упразднил преторианскую гвардию и сравнял с землей их римскую штаб-квартиру. Но значимость Рима давно уже уменьшилась. И если посмотреть на все в перспективе позднейшего времени, Рим только выиграл, утратив контроль над обреченной на распад Империей, поскольку не был больше так тесно связан с ее судьбой. Ему предстояло найти себя в новом качестве как местопребывание самого могущественного христианского иерарха. Однако пока епископ Рима ничего не решал. Сильвестр I (314–335 гг.) не присутствовал на Арльском соборе, который был созван Константином в 314 г. для того, чтобы покончить с донатистами, не присутствовал он и на Вселенском соборе в Никее.

Большинство историков были бы склонны признать, что ядро греко-римской цивилизации, как она оформилась на последних этапах существования античного мира, следует искать прежде всего и больше всего в Империи, а во вторых, в сложном культурном плюрализме, которому Империя потворствовала и к которому была терпима. Сущность же средневековой цивилизации заключалось, напротив, в общности христианского мира и в его исключительно христианской культуре. Эта цивилизация развилась в смешении народов бывшей Римской империи и тех народов, которые никогда в Римскую империю не входили, на территории, которая только отчасти совпадала с территорией Империи. В 330 г. из многих процессов, которые привели к переходу от одной цивилизации к другой, начались еще очень немногие. Сам Константин не был европейцем.

Не следует также забывать и последовательности событий. Константина от Карла Великого отделяло гораздо больше времени, чем от Цезаря и Августа. В действительности, их разделял такой отрезок времени, который понадобился всей современной истории, чтобы пройти путь от Ренессанса до сегодняшнего дня.

Но Константин действительно насадил одно историческое представление: а именно, что христианство совместимо с политикой. Сам Иисус Христос решительно отвергал какое-нибудь участие в политике, и до Константина христиане не стремились к власти как средству достижения своих целей. После Константина христианство и политика шли уже рука об руку. И в этом, на взгляд пуристов, был момент разложения.

Поэтому вполне логично, что именно в Константинополе вскоре зародилась христианская власть. Официально Константинополь стал столицей Римской империи в 331 г., в первую годовщину его инаугурации, и оставался таковой более тысячи лет. Уже в течение жизни первых двух поколений он стал преимущественно христианским, и количество церквей превзошло количество языческих храмов, пока наконец эти храмы не были запрещены. Константинополь стал сначала источником, а потом сердцем Византийского государства — этого старшего брата средневекового христианского мира и, несмотря на пристрастия приверженцев *западной цивилизации*, важнейшей составляющей европейской истории.

IV

ORIGO

Рождение Европы, 330–800 гг. н.э.

Во всех попытках описать позднюю Римскую империю присутствует какой-то дух обреченности. Практически всякий знает наперед, что Империя в конце концов погибла, так что теперь уже невозможно взглянуть на события с точки зрения современников, из времени, когда окончательный итог оставался тайной. Вольтер вообще считал, что история поздней Империи была «смешна»; Гиббон был убежден, что описывает «торжество варварства и религии».

Но современники вряд ли разделили взгляды Просвещения на этот счет. Конечно, они вполне осознавали, что живут в тяжелые времена. Ничто не передает атмосферу той эпохи лучше, чем меланхолические размышления римского философа времен поздней империи Боэция (ок. 480–525 гг.). «Самое большое несчастье, — писал он в *Утешении философией*, — это быть в прошлом счастливым». Но даже если они и наблюдали, как Империя приходит в упадок, они все-таки не обязательно предвидели ее крах. Для многих христиан конец Империи означал Второе пришествие Христа и ожидаемый Страшный суд. Но Страшный суд откладывался столько раз, что, наконец, перестал играть какую бы то ни было роль в практических соображениях. Больше того, вряд ли сами варвары, чьи вторжения были видимыми проявлениями слабости Империи, имели намерение ее разрушить. Напротив, они хотели приобщиться к ее благ. Потрясшее всех разграбление Рима в 410 г. н. э. произошло потому, что император не позволил готам Алариха осесть на территории Империи. И, взирая теперь на Империю из наших дней,

следует удивляться ее долговечности и все возраставшему взаимопроникновению бывшего Римского мира и бывшего варварского. В конечном счете именно это взаимодействие породило то, что принято называть *Христианским миром*, христианскими странами, то есть само основание европейской цивилизации.

Ко времени смерти Константина действенным оставалось деление видимого мира на две простые части: Римский мир и варвары. По одну сторону твердо стояла воссоединенная Римская империя; по другую — массы беспокойных народов (в основном на родоплеменной стадии) возделывали отвоеванные у леса участки земли или скитались по равнинам. Не удивительно, что большинство римлян видели такое разделение в черно-белом цвете. Для них Империя была *цивилизована*, то есть управлялась упорядоченно; а варвары были по определению *нецивилизованными*. И хотя, конечно, существовало понятие *благородный дикарь* — достаточно вспомнить проведенного в триумфе по Риму пленного вождя бриттов Карактакуса, — но выехать из пределов Империи в неизвестные края вне ее, без сомнения, означало перейти из области солнечного света в тень.

В жизни, впрочем, деление на римский и неримский мир было не таким уж жестким. Римские армии часто сражались под командованием варваров, были среди них и целые части наемников-варваров, отбивая врагов Империи — тоже варваров. Пограничные страны испытывали влияние Империи на протяжении целых столетий. Римские купцы, как и произведения римского ремесла и искусства, расходились далеко за пределы Империи. Римские монеты находят в раскопках по всей Германии и Восточной Европе. В кладах и захоронениях находили удивительные римские золотые, бронзовые и серебряные изделия и в Гильдесхейме около Ганновера, и в Любсове в Померании, и в Тронхейме в Норвегии, и в Клайпеде в Литве, даже в Афганистане. Сеть римских факторий достигала даже южной Индии[1].

Трудно сказать что-то определенное и о том, насколько быстрым был упадок Империи. Уже во времена Константина наметились три мощных исторических процесса, которые со временем стали главными и продолжались много столетий. Первый — это непрекращающийся поток варварских народов из Азии в Европу (см. сс. 215–238). Второй — постоянно углублявшийся разрыв между Западной и Восточной половинами Римского мира (см. сс. 239–251). Третий — непрерывное распространение христианства среди языческих народов (см. сс. 275–282). Эти три процесса стали определяющими в период, который позднее назвали *Темными веками*. Четвертый процесс — подъем ислама (см. сс. 251–258), бурно вынеснувшегося в VII веке из далекой Аравии, быстро обозначил южную и восточную границы первых трех.

Для современных читателей главную трудность представляют *романоцентризм* и *христианофилия* европейских историков. В их отношении к «Темным векам» сказывается и их классическое образование, и их религиозные убеждения. Конечно, почему бы нам не попытаться почувствовать себя Боэцием или Григорием Турским и сопереживать их мрачным суждениям; тогда ощущение неотвратимости судьбы только усилится? Но, с другой стороны, нет и особых оснований принимать одну какую-то перспективу и отвергать все остальные. Если бы у нас было больше источников, мы бы могли сопереживать и продвигавшимся с Востока варварам и язычникам, и мусульманским воинам. Тогда нами владело бы возбужденное ожидание будущего и надежда. Как утверждал Сальвиан из Массилии, многие благородные и образованные римляне нашли прибежище у готов и франков, «ища у варваров романскую человечность, потому что они не могли больше мириться с варварской бесчеловечностью римлян»[2].

Миграция и расселение

В первые века первого тысячелетия мало где на полуострове жили те народы, которым позднее предстояло поселиться здесь окончательно в четко определенных границах своих родных земель. В основном за пределами Римской империи население находилось в непрерывном движении. Племена и племенные союзы, большие и малые, все время искали себе лучшие земли. Время от времени скорость их передвижения увеличивалась из-за голода или нападений кочевников, так что, пробыв несколько десятилетий или даже веков в одном месте, они вдруг быстро снимались с этого места и перемещались в другое.

Нерегулярный ритм миграции зависел от целого комплекса причин: перемены климата, наличия продовольствия, демографического роста, локальных конфликтов и далеких кризисов. Римлянам, которые с тревогой наблюдали за этим движением вдоль своих границ, оно представлялось совершенно непредсказуемым. Давление росло незаметно, пока, наконец, какое-нибудь непредвиденное событие не разряжало накопившееся напряжение. Долгие периоды покоя вдруг сменялись короткими, но интенсивными всплесками активности. Как всегда, сама миграция зависела от тонкого соотношения сил инерции, «толчка» местных трудностей и «притягательности» более зеленой травы за горизонтом. Исходная причина какого-нибудь переселения могла лежать далеко в степях Центральной Азии, а непосредственному наблюдателю был виден только результат — передвижение на новое место. Перемены на одном конце цепи народов передавались по всем ее звеньям. И как последний вагон поезда на маневровом дворе, последнее племя на западном конце всей цепи вдруг стремительно срывалось со своего насиженного места.

Так от гуннов на Западе «пошли круги» задолго до того, как они сами появились здесь. Империя гуннов была уничтожена китайцами ок. 36/35 г. до н. э. С того времени орды гуннов и кормившие их стада жили там, где теперь расположен Туркестан. Во время своих рейдов массы всадников легко могли за месяц преодолеть пару тысяч миль. Верхом на проворных монгольских малорослых лошадках, вооруженные луком и стрелами, они в течение одного лета проникали далеко вглубь Европы или на Дальний Восток и

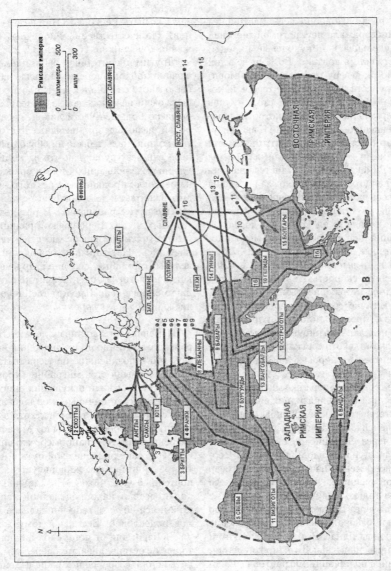

Карта 10

возвращались назад. Подобно всем настоящим кочевникам, они заражали неукротимой энергией простых земледельцев и полукочевые народы, с которыми вступали в контакт. Во II в. н. э. их базой стал район к северу от Каспийского моря; в IV в. они переместились туда, где теперь находится Украина. Там в 375 г. они столкнулись с остготами, германским народом, который, вопреки общей тенденции, двигался им навстречу. В результате этого столкновения остготы вместе с соседними с ними вестготами были вытеснены на территорию Римской империи. И в течение следующих 50 лет другое племя их союза — аланы — уже находилось на территории современной южной Португалии, то есть почти в 5 000 км, откуда сами гунны не нападали на Империю до 441 г. Обычно миграция шла исключительно медленно. Так аланы, которые пересекли Днепр ок. 375 г., Рейн — в 406 г., и вышли к Атлантике в 420-е годы, двигались со скоростью примерно 7,5 км в год. «Внезапное вторжение» вандалов, маршрут которых частично совпал с маршрутом аланов (см. ниже), происходило со скоростью в среднем 2 км в неделю. Мигрирующее племя, отягощенное повозками, скотом и скарбом, не могло, конечно, сравниться в скорости движения с кочевниками.

Физическая география играла в миграции центральную роль: для·свободного движения людей главным препятствием были не границы Империи, а горы. Все племена, двигавшиеся по доисторическому пути через евразийские степи, если не поворачивали сразу на юг вдоль побережья Черного моря, то непременно направлялись на север по Европейской равнине. Дальше можно было повернуть на юг только в двух пунктах: или через Моравский, или через Баварский проход. Выбор движения на юг означал военное столкновение с силами Империи на Дунае. Выбор северного пути был выбором пути наименьшего сопротивления, где в конце концов по инерции мигрантов выносило прямо к Рейну. По этой причине постоянно нарастало давление на рейнский барьер, пока, наконец, в III—IV вв. на пути мигрирующих племен не образовалась настоящая транспортная пробка. Проход через горы в бассейн Дуная не подходил для передвижения больших масс людей, но для кочевников он стал излюбленным путем, и цветущие долины Паннонии[3], которые стали за-

тем называть Венгрией (Hungaria — в честь гуннов), стали естественным конечным пунктом движения кочевников. (См. сс. 232, 296, 316.) [ЧАБА]

Другим препятствием были племена, блокировавшие проход впереди. Правда, на полуострове было много свободных мест: плотность населения была очень невелика даже в Империи. Но эти места были по большей части дикой, девственной природой: лесные дебри, песчаные пустоши, болотистые долины нельзя было ни обрабатывать, ни даже пересечь без труда. Так что за немногие районы удобных земель приходилось сражаться. Племена не могли продвигаться без того, чтобы не входить в контакт и даже конфликт с теми, кто прошел тем же путем раньше их. В результате на более удобных местах Европейской равнины многочисленные племена неизбежно сталкивались и смешивались. Нет никаких оснований думать, что кельты, германцы, славяне и другие племена никогда не встречались и что им не случалось иногда смешиваться. Представление об этнически чистой *родимой сторонушке* — современная выдумка.

Изменчивость состава племенных групп мигрантов и хаотичность их движения не устраивают тех, кто в позднейшие времена пытался придать какой-то смысл этой миграции. Хроникеры и историки не избежали искушения описывать их как определенно устойчивые и обладающие неизменным самосознанием племена, хотя в действительности таких вообще не было. У нас нет никакой уверенности в том, например, что англы, саксы и юты (все закончившие свой путь в Англии) были так различимы, как живописует их Беда Достопочтенный (см. ниже). Но как только народ наконец оседал на определенной территории, он стремился создать себе уникальное и неповторимое родословие. Все мы к тому же пострадали уже в наши дни от историков-националистов, которые не останавливаются перед тем, чтобы находить истоки современных национальных сообществ в далекой праистории. В отсутствие, однако, других альтернатив трудно придумать, как еще описывать миграции, как не в терминах традиционных племен. Необходимо лишь сознавать недостатки этого подхода.

Таковы были декорации того массированного исторического процесса, который, с точки зрения Римской империи, назывался *вторжением варва-*

ЧАБА

На бескрайних просторах Азии, — начал он свой рассказ, — жили два диких и храбрых племени. Звали их гунны и мадьяры. Когда люди их стали очень многочисленны, они отправились искать новые места, где бы поселиться. После многих испытаний пришли они на землю, зеленую от пастбищ, синюю от быстрых рек, с великолепными лесистыми горами. Но земля эта не была свободна. Она принадлежала римлянам, и они называли ее Паннония.

Самым смелым гунном был молодой князь Аттила, и гунны сделали его царем. Он захватывал все новые и новые земли и правил своим народом железной рукой. Когда у него умерла жена, оставив ему двух сыновей Чабу и Аладара, он не побоялся потребовать в жены дочь римского императора и пол-Империи в приданое.

Наконец они сошлись с римлянами в бою на Каталаунских полях. Легкая конница гуннов налетела на римских воинов как вихрь, но разбилась об их ощетинившиеся железом ряды... Реки потекли кровью. Аттила — «Бич Божий» — был разбит... Сокрушенный, он вскоре умер.

Тогда Чаба решил, взявши самых сильных мужей, вернуться в далекую Азию... к мадьярам. Он созвал свой народ. «Мертвые или живые, — поклялся он, — мы всегда придем вам на помощь в опасности».

Не успели они отправиться в путь, как громадное войско врагов выступило против гуннов. Нескончаемыми колоннами беспощадные воины шли на штурм их укреплений. Гунны тогда пали на колени и молились Чабе. Им ответил гром, долгий, раскатистый, все усиливавшийся... что-то белое блеснуло среди звезд и изогнулось аркой, как радуга. Обнаженные блеснувшие мечи, тысячи всадников с боевым криком и тысячи лошадей, стуча подковами, неслись с небес под водительством Чабы. Они разметали пораженных страхом римлян.

Чаба с его воинами-призраками в последний раз вернулся и встал во главе мадьяр, чтобы они соединились с братьями на этой прекрасной нашей земле. С тех пор его больше не видели. Но мерцающий в небе путь, «небесный путь воинов», остался навсегда.

Народные сказания — сокровищница народной памяти — были призваны не только занимать слушателей, но и укреплять их верность племени или роду. Пять столетий разделяют подвиги гуннов и мадьяр в Венгрии, но мадьяры продолжали чувствовать близость к своим предшественникам — таким же, как они, кочевникам. В наше время только в мадьярской семье может прийти в голову назвать мальчика Аттилой.

ров, а с узко местной точки зрения Западной Европы, часто сводился к вторжению германцев. Германцы знают это явление как *Völkerwanderung — великое переселение народов* — вполне подходящий термин, равно приложимый и к германским, и к негерманским его участникам. В действительности оно охватило большую часть полуострова, Восток и Запад, и продолжалось все первое тысячелетие н. э. и позднее вплоть до того момента, пока все странствовавшие народы не нашли наконец постоянного пристанища. Главные события этого процесса известны нам по римским источникам, поскольку неграмотные его участники оставили мало собственных свидетельств. Все же большинство позднейших национальных образований восходят именно к этому явлению. Переиначивая более позднее выражение, мы могли бы назвать его *Drang nach Westen* [Натиском на Запад] или походом к территориям постоянного поселения. Без этого не было бы ни *Европы*, ни *европейцев*. Антропологи полагают, что в процессе участвовали три главных типа завоевателей: оседлые жители Империи (городов и сельских поместий); племена варваров, живших примитивным земледелием или пастбищным скотоводством, и настоящие кочевники. Следует прибавить также морских разбойников, которые, как и кочевники, жили в основном грабежом и совершали далекие путешествия по северным морям.

С точки зрения технологии, важно отметить, что земледелие Железного века достигло такого уровня, когда выгоднее было обрабатывать один и тот же участок земли, чем постоянно переходить с места на место. Варвары не были просто искателями приключений — они искали, где бы пустить корни.

С этнической точки зрения, народы полуострова имели самые разнообразные связи. С некоторыми оговорками можно сказать, что к середине I тысячелетия индоевропейский элемент был уже преобладающим. Большинство жителей Империи, не будучи даже сами латинянами или греками, были, тем не менее, латинизированы на Западе и эллинизированы на Востоке. И мигранты, за некоторыми важными исключениями, принадлежали к одной или другой из главных индоевропейских семей.

К неиндоевропейцам (помимо кочевников) принадлежали представители урало-финской группы; анклавы (этнические вкрапления) первоначальных иберийских племен Испании; остатки долатинского населения в отдаленных районах Италии; а также неассимилированные элементы среди иллирийцев, даков и фракийцев на Балканах. Евреи распространились по всем крупнейшим городам Средиземноморья. Урало-финская группа народов уже раскололась на несколько составляющих. Финны, или *suomalainen,* совершили переход через субарктическую тайгу из места их первоначального обитания в Сибири. Они расселились между Балтикой и верховьями Волги по землям, которые позднее стали сердцем России. Этнически они были родственны гуннам и мадьярам и некоторым другим народностям поменьше — черемисам, мордве, пермякам, вогулам и остякам, — оставшимся за Уралом. Более отдаленное родство у них было также с алтайской группой, включающей тюрков, монголов и татар. Их соседи — лопари к тому времени уже втянулись в бесконечные путешествия с северными оленями. Лопари называли себя *саами;* но ради неразберихи северные народы называют их обычно финнами, почему и шведская провинция получила позднее название *Finnmark.*

На Кавказе две другие группы народов имеют мало установленных связей. Жители Северного Кавказа — абхазцы, чеченцы и аварцы; южного Кавказа — лазы, мингрелы и грузины. В 20-х годах XX в. лингвист-дилетант, шотландец по происхождению, принявший русифицированное имя Николая Яковлевича Марра (1864–1934), придумал теорию, при помощи которой связал все кавказские языки с баскским, этрусским и древнееврейским — то есть завязал все болтающиеся концы европейской этнической картины. К сожалению, несмотря на покровительство величайшего из грузин, теория Марра был разгромлена по всем пунктам.

В историческое время азиатские кочевники проникали на полуостров несколькими волнами. Гуннам, которые появились в V в. н.э., предшествовали орды других кочевников, пришедшие из тех же степей, преимущественно древние скифы и ирано-сарматы, которых Птолемей называл властителями степей во II в. н.э. Они были предшественниками авар, мадьяр и монголов, которые все дошли до Европы. Другие кочевники ограничились передвижением в Причерноморье. Одна ветвь тюркских булгар создала свое царство в среднем течении Волги. Другая осела в устье Дуная в VII в. н. э. Хазары шли по следам булгар и создали свое царство на территориях от Северного Кавказа до Днестра. Печенеги вторглись на Балканы вслед за хазарами. После них в степях Причерноморья возникло другое недолговечное царство куманов. Цыгане (Romany) пришли из Индии в XI веке. Приблизительно в то же время на Кавказ прибыло одно из турецких племен, главные силы которого захватили Балканы в XIV веке.

Только некоторые из этих неиндоевропейских племен оставили заметный след. Так, баски и мальтийцы прожили в Европе много веков, сохраняя языки, непохожие на языки их соседей. Также и евреи всегда сохраняли свою национальную самобытность. Финны и эстонцы на Балтике и мадьяры в Венгрии сумели даже создать нации в современном смысле этого слова. Лопари до сих пор следуют за оленями. Татары (последние из монголов) уцелели в своем Татарстане на Волге и, несмотря на депортацию, в Крыму. Цыгане до сих пор живут по всей Европе. Турки, которые некогда создали громадную империю (а потом ее потеряли), сохранили слабую зацепку в Европе в окрестностях Стамбула. Балканские булгары настолько слились со славянами, что при коммунистах тюркские меньшинства подверглись преследованиям в 1980-е годы под тем предлогом, что они — не настоящие тюрки, а «отуреченные славяне». Если бы болгарские власти были последовательны, им бы надо было провести массовое выселение всех болгар на том основании, что они — не настоящие славяне, но «ославяненные тюрки». [ГАГАУЗЫ]

Термин *индоевропейцы* несет в основном языковой смысл (*см. Глава I, сс.49–50*) и только расширительно употребляется для обозначения народов — носителей индоевропейских языков.

Все языки, принадлежащие к этой группе, восходят к общему протоиндоевропейскому языку, на котором говорили в одном из районов Евразии 5000 лет назад. Затем эта языковая группа, покрыв громадные расстояния, распространилась от Исландии до Цейлона, а посредством колонизации в новейшие времена — и на все континенты. Говорилось уже, что «язык — единственное ценное, что есть у человечества»; и, без сомнения, индоевропейцы составляют одно из ценнейших языковых сообществ в истории человечества[4], что доказывают последние исследования.

Проблема состоит в том, чтобы установить, что еще (кроме языка) объединяет индоевропейцев. Старая идея, будто язык обязательно связан с определенной народностью, давно уже опровергнута: языки с легкостью передаются от одной этнической группы к другой. Со временем может потерять всякий смысл соотношение определенного народа с его *родным языком* и поиск их истоков. (Этот тезис легко подтвердить, обратившись к англоговорящим, поскольку английский язык был воспринят миллионами афро-американцев и афро-карибов.) А в Евразии вообще не ясно, то ли темнокожие индийские племена передали свой язык бледнокожим «европейским» соседям, то ли наоборот, а может быть, и те и другие переняли язык от какого-то третьего участника процесса. В Афганистане живет поверье, что все индоевропейцы вышли из Афганистана. Но даже если индоевропейский язык — реальность, то границы расселения так называемых *европейцев*, *представителей кавказской расы* и *арийцев* не совпадают с границами индоевропейских языков. Кажется, что, например, большинство турецких племен относятся к кавказской расе, в то время как их язык, очевидно, не индоевропейский. [КАВКАЗ]

Конечно, бессмысленно искать национальную чистоту у европейских народов в исторические времена. Население Римской империи имело большую примесь африканских негроидов и азиатских семитов. Племена варваров постоянно пополняли свой генофонд за счет пленных женщин и военнопленных. И хотя простая поездка в Ирландию или Скандинавию покажет вам, что национальные типы это не фикция, но все-таки язык, культура, религия и политика в большей степени определяли этнос, чем раса. Несомненно лишь, что всякая племенная или социальная группа, которая проживает совместно достаточно долгое время, нуждается в общем языке. Так же, защищая свою идентичность, эта группа часто ставит формальные (или неформальные) барьеры скрещиванию между представителями разных групп. В некоторых случаях, когда принадлежность к определенной группе определяется не только кровным родством, но и подкрепляется религиозными табу, смешанные браки (между белыми и неграми) наказываются изгнанием. Вот так становятся взаимосвязанными язык и родство.

Кельты, бывшие авангардом индоевропейцев на северной равнине, ко времени Рима распространились далеко на запад. Они были создателями самых продвинутых археологических культур (см. с. 84). С ними связывают распространение металлообработки, а тот факт, что они имели железное оружие, может быть объяснением их решительной экспансии. В 390 г. до н. э. кельты напали на Рим, а в 279 г. до н. э. — на Грецию. Они устрашали врага своим громадным ростом, рыжими волосами и свирепостью, а также отвратительной привычкой охотиться за головами. В течение 20 лет в конце II в. до н. э. кельты-кимвры, которые вместе с тевтонами пришли из Ютландии, производили значительные беспорядки в Галлии и Испании, пока с ними не справился консул Марий. Уничтожив тевтонов у Кампи Путриди, Марий затем разбил кимвров у Кампи Раудии, около Вероны в 101 г. до н. э. Но одно-два поражения не остановили потока. Кельты-бойи были известны в *Богемии*. Другие кельты силой завоевывали себе пространство для жизни в северной Италии и создали Цизальпинскую Галлию. Они заняли также все пространство на запад и северо-запад от Альп и создали Трансальпийскую Галлию. Они перешли Пиренеи, попутно основав Галисию, а затем двинулись в глубь долины Рейна. И еще в VIII в. до н. э. они заняли острова у побережья, дав начало «Британским» островам.

Так что, когда в конце республиканского периода римские легионы покорили большую часть Западной Европы, именно кельты оказывали им сопротивление на местах. Во времена Империи кельты составили демографическую основу кельтиберов в Испании, галлоримлян в Галлии, романобритонов в Британии. Мы и теперь встречаем их племенные названия в некоторых современных топонимах, утративших уже свои кельтские связи: *Boii* (Богемия), *Belgae* (Бельгия), *Helvetii* (Гельвеция — Швейцария), *Treveri* (Трир), *Parisi* (Париж), *Redones* (Рен), *Dumnonii* (Девон), *Cantiaci* (Кент), *Brigantes* (Бригстир). Со временем, под влиянием очередной волны германских народов, они создали во многих местах далеко на северо-западе собственные постоянные укрепления: на кельтской оконечности Британии — в Ирландии, западной Шотландии, Уэльсе и Корнуолле. В IV в. н. э., теснимые англосаксами, — кельты мигрировали из Корнуолла (через море) на мыс Финистерре, и там появилась Бретань. Из шести доживших до наших дней кельтских языков три принадлежат *Goidelic* [ветвь кельтских языков, охватывающая ирландский и гэльский язык острова Мэн] или Q-кельтской группе, а три — галло-бриттской (из Уэльса, Корнуолла или Кумбрии) или P-кельтской группе. *Cymru am byth*! Одна ветвь кельтов отправилась в Малую Азию. «О несмысленные галаты!» — воскликнул ап. Павел, когда посетил этих *галлов Востока* в 52 г. (Гал 3:1). Триста лет спустя Св. Иероним, прибывший сюда из Трира, справедливо заметил, что галаты говорят на том же в основном языке, что и галлы его родного Рейнланда. [**ТРИСТАН**]

Самую многочисленную группу варваров в римский период составляли германские племена. Впервые идентифицированные как германцы в южной Скандинавии, они были названы *Germani* Посидонием в 90 г. до н. э. К тому времени они уже весьма преуспели в деле заселения тех земель, которые с тех пор носили их имя. На западе они пересекались с кельтами, так что даже племена кимвров и тевтонов иногда рассматривают как кельтские, иногда как германские, а иногда как германизированных кельтов. На востоке они делили территории со славянами. Соответственно, возникали споры, были ли *Venedi*, которых упоминает Тацит, славянскими вендами, германскими вандалами или германизированными славянами.

Обычно германские народы делят на три группы. К скандинавской группе восходят датчане, шведы, норвежцы и общины Исландии. Западногерманская группа с центром у побережья Северного моря включает батавов, фризов, франков, алеманов, ютов, англов и саксов. От них главным образом произошли современные голландцы, фламандцы, англичане и равнинные шотландцы, а

также отчасти французы. Восточногерманская группа (к востоку от Эльбы) включает швабов, лангобардов, бургундов, вандалов, гепидов, аланов и готов. Это они устроили пробку на северной равнине и спровоцировали кризис Западной империи. [**ФУТАРК**]

В *Германии* Тацит подробно описал обычаи, общественный строй и религию германских племен. Они вели торговлю со Средиземноморьем еще со времен бронзового века, переняли у римлян методы ведения сельского хозяйства, включая виноградарство. Германские кланы объединялись по признаку родства и управлялись демократическим собранием воинов — *тингом* [тинг]. Центральными в их религиозных представлениях были боги плодородия Ньордр (Нертус) и Фрейя, а также Водин (Один), волшебник и бог войны, Тор (Донар), защитник землепашцев от великанов, фей и всякой нечисти. У них не было священства, поскольку их вожди-воины, которые часто принимали титул короля, исполняли военные и религиозные обязанности. Они долго сопротивлялись христианству, хотя готы восприняли арианство довольно рано (см. ниже).

Во времена Империи германские народы постоянно мигрировали. Федерация готов покинула обжитые ею территории (по нижней Висле) во II в. н.э. и, вопреки общему направлению племенных миграций, направилась на юго-восток. Через два столетия вестготы осели на берегу Черного моря к северу от дельты Дуная. Остготы же — еще дальше на восток, в Крыму и днепровских степях, в опасной близости от перемещавшихся гуннов. Тогда в IV веке некоторые племена франков, кажется, были приглашены в *foederati* (союзники) Империи, им было поручено оборонять Рейн.

Славяне буквально наступали на пятки германцам. История славян не так хорошо документирована, как история германцев, поскольку у них было меньше контактов с Империей — вот почему история славян рождает теперь множество спекуляций. Многие думают, что древняя *прародина славян* была местом их продолжительного обитания с фиксированными границами. Ученые, принадлежащие польской «аборигенной школе» приистории, считают, что эта территория находилась между Одером и Вислой *ab origine*[5], хотя

ТРИСТАН

У дороги вблизи Менабилли в двух милях от Фовей в Корнуолле стоит каменная колонна примерно в 7 футов высотой. На ней еще можно различить латинские письмена VI века: DRUSTANS HIC IACET CUNOMORI FILIUS — «Здесь лежит Тристан [или Тристрам] сын Квониморуса». Невдалеке виднеются земляные валы — укрепления железного века — Касл Дор. Раскопки показали, что в раннем Средневековье им стали пользоваться вновь. Расположенная поблизости ферма Лантиан указывает, что здесь когда-то стоял древний Лансиен — дворец «короля Марка, прозванного *Квониморуус*». В окрестностях можно найти также Лес Мореск, или Морруа, Плохой Брод *Малпаса*, манор Тир Гвин, или Ла Бланш Ланд, и монастырь Сент-Сампсон-ин-Голант — все названия, встречающиеся в позднейших текстах *Тристана*. Так что, без сомнения, у дороги стоит надгробие исторического Тристана.

Согласно легенде, Тристан, принц неизвестной нам земли Лионесс, страстно влюбился в Изольду, принцессу Ирландии, которую он сопровождал в морской поездке, доставляя ее в жены своему родичу королю Марку. Их страсть, разбуженная любовным зельем, которое они выпили, обрекла их на беспокойную (и несчастливую) жизнь, полную тайных встреч и побегов. Эта череда суровых испытаний кончилась лишь тогда, когда Тристан был ранен отравленным копьем короля, а Изольда погибла вместе с ним, последний раз бросившись ему в объятья.

Несколько столетий спустя эта кельтская история трагической любви была положена на стихи и превратилась в придворный роман, известный повсюду в Европе. Самые ранние известные нам отрывки — написанные по-французски Эйльхардом в Рейнской Германии — относятся к 1170 г. Наиболее полная немецкая версия Готфрида Страсбургского (ок. 1200) послужила основой либретто для оперы Вагнера (1859). Были также и древние провансальские и древние английские версии. В XV веке в книге *Смерть Артура* сэра Томаса Мэлори, как и во французском *Романе о Тристане*, история о Тристане соединилась с историей короля Артура. Французский список с изумительными миниатюрами хранится в австрийской Национальной библиотеке под именем Vienna MS Codex 2537. Белорусский *Тристан*, написанный в XVI веке и теперь хранящийся в Познани, представляет собой самый ранний образчик белорусской светской литературы. Ко времени его создания легенде было уже 1000 лет: «И тогда тотчас сэр Тристан вышел в море и прекрасная Изольда... И вот в их каюте случилось, что им захотелось пить, и они увидели маленький золотой сосуд, и им показалось, что там благородное вино... Тогда они рассмеялись и угощались (питьем), поднимая чашу за здоровье друг друга... Но с этим напитком вошла в их тела такая любовь друг к другу, что никогда уже она их не покидала — ни в счастье, ни в беде...»

Центральная фигура Артурова цикла, как и Тристан, — загадка для исторической науки. Большинство историков соглашаются, что «Артур — бывший и будущий король», был, должно быть, христианином и вождем бриттов, который прославился в битвах с вторгшимися англо-саксами, но идентифицировать его пока никому не удалось. Хроникер XVIII века Ненний называет Артура *dux bellorum*, который разбил саксов при горе Бадон. Валлийские [уэльские] источники называют его *atheradarw*, или «император». В XII веке Джеффри Монмутский заявлял, что Артур родился в громадной островной крепости Тинтагель на побережье Корнуолла и умер в Гластонбери возле святилища Св. Грааля. Археологи, уже в наши дни открывшие позднюю римскую монашескую общину в Тинтагеле, подтверждают корнуоллские связи. Но в другом труде Артура связывают с уэльсским вождем Овайном Ддантгвайном, королем Гвинедда и Повиса, сыном Главного Дракона (Head Dragon), известным также как Медведь, который умер в 520-м. В Сомерсетшире утверждают, что двор короля Артура в Камелоте располагался в Кэтбери Касл, а Гластонбери — это тот *Авалон*, где он умер. В 1278 г. король Эдуард I приказал вскрыть гробницу в Гластонбери и там обнаружили гроб с останками воина и леди. Посчитали, что это были Артур и Гвиневера. Крест на гробнице (впоследствии утраченный), говорят, имел надпись HIC IACET SEPULTUS INCLITUS REX ARTURIUS IN INSULA AVALONIAE — «Здесь лежит погребенным знаменитый король Артур в острове Авалон».

Древние легенды оказываются снова нужны (и для тех же

целей). Как средневековые англо-норманские короли Англии любили связывать себя с досаксонскими правителями этой покоренной земли, так и викторианские романтики желали укрепить чувство единства современных им британцев, обращаясь к древним бриттам. Альфред лорд Теннисон (1809–1892) был сорок лет поэтом-лауреатом [почётное звание придворного поэта] и 55 лет работал над Артуровым эпосом *Идиллии короля*, служившим для современ

«...их страхи
Эти утренние тени, которые размерами превосходят предметы,
Отбросившие эти тени, но не мрачнее они тех, что предшествовали
Тьме великой битвы на западе,
В которой погибает все высокое и святое».

ников и потомков и предметом восхищения, и мишенью для насмешек. Этот была пространная аллегория борьбы духовного с материальным:

больше оснований относить прародину славян восточнее, к лесистым склонам Карпат. По каким-то необъяснимым причинам западные историки предпочитают думать, что протославяне жили посреди Припятских болот, что гораздо менее вероятно и гораздо менее удобно. Но каковы бы ни были границы прародины славян, через нее проходил главный путь доисторического движения племен. Должно быть, через нее прошли (и даже покорили ее) все главные племена кочевников. Вождь скифов был захоронен (со всеми своими богатствами) у Виташково на Нейсе. В течение 2000 лет хранилась память о сарматах, так что польские аристократы даже претендовали на происхождение от сарматов [КРЕСТ]. Здесь медленно прошли готы и гепиды, направляясь к неизвестной нам цели, что имело к тому же пагубные последствия. Прошедшие здесь в V в. н. э. гунны оставили мало следов, если не считать провокационную фразу в англосаксонской поэме *Widsith*: «*Hraede* (хреды) с их острыми мечами должны защищать свои древние поселения от народа Aetla у лесов на Висле»[6]. Авары, следовавшие за гуннами, создали недолговечную конфедерацию со славянами, впервые упомянутую в исторических свидетельствах и византийских источниках в VI веке.

Кажется, что протославянский язык распался на диалекты уже к началу главных миграций в середине первого тысячелетия. Он нам известен только по реконструкциям ученых. Как греческий и латинский, протославянский имел очень сложное склонение и спряжение и свободный порядок слов. Многие считают, что у славян сложился специфический социальный институт, или «семейная община» [ЗАДРУГА], где все родственники вождя жили вместе, подчиняясь суровой воинской дисциплине. Они поклонялись множеству

божеств, таким как трехглавый бог Триглав, «Творец солнца» Сварог и Перун-громовержец. Примечательно, что среди их слов религиозного содержания многие имеют сармато-иранское происхождение, такие как *бог* и *рай*, например. В то же время многие слова, относящиеся к примитивным технологиям, как *dach* — крыша (по-польски) или русское *плуг*, — германские. Так что, несмотря на свою изоляцию, славяне с успехом перенимали у соседей их достижения, пользуясь их опытами и знаниями.

Ненадежность источников, которыми пользовались западные историки, и меру их скептицизма легко почувствовать, например, из следующего описания славян, составленного (с некоторой поэтической вольностью) «по свидетельствам Прокопия и императора Маврикия»:

«Их многочисленные племена, как бы ни была сильна между ними вражда, говорили на одном языке (который был груб и не обработан) и распознавались по своему сходству; они не были так смуглы, как татары, и, как по своему росту, так и цвету лица, имели некоторое сходство с германцами. 4 600 их деревень были разбросаны по теперешним провинциям России и Польши, и их хижины были наспех построены из сырого леса... С известной долей похвалы их можно сравнить с архитектурой бобров...

Плодородие земли, а не труд туземцев — обеспечивали примитивное изобилие славян... поля, которые они засевали просом и иным зерном, доставляли им вместо хлеба грубую и менее питательную еду... Как высшее божество они почитали невидимого громовержца...

Славяне не желали подчиняться деспоту... Порой искреннее уважение вызывали возраст и доблесть; но каждое племя и деревня существовали как отдельная республика, где приходилось ско-

ФУТАРК

Руны, или значки «из спичек», лежали в основе того алфавита, которым пользовались викинги и который по первым шести буквам назывался «футарк». Руны наносились острым резцом на дерево или камень, образуя длинные вьющиеся надписи. Было два главных варианты рун: общий, или датский «футарк», и шведско-норвежский, каждый из 16 основных знаков:

На сегодняшний день обнаружено множество рунических надписей, особенно в центральной Швеции и в Дании. Рунами записаны рассказы о путешествиях, правовые соглашения, списки умерших. Иногда тексты написаны скальдическим стихом. Серебряное шейное кольцо из Троона в северной Норвегии рассказывает, например, как было завоевано серебро, из которого оно изготовлено:

Мы отправились в земли Фризии
И мы разделили между собой военную добычу .

Надпись из Грипшольм в Зодерманланде — оплакивание матерью сыновей Ингмара и Харальда, которые погибли во время экспедиции в Средиземноморье:

Как мужчины, они отправились за золотом,
И на востоке они угощали орла,
И на юге они умерли в Серкланде.

Руническое граффити осталось в галерее храма Св. Со-

фии (Айа София) в Стамбуле, а другое можно обнаружить на одном из львов в соборе Св. Марка, привезенных в Венецию из Афин.

Руны использовались, однако, не просто для письма. Состоящий из 16 знаков футарк викингов, который восходит примерно к 350 г. н. э., — «выжимка» или сокращенный вариант гораздо более обширного *Hallristningar* — «собрания рун», которым пользовались начиная с бронзового века для целей культового прорицания:

В *Германии* Тацита описано чтение рун: «Срубленную с плодового дерева ветку они нарезают плашками и, нанеся на них особые знаки, высыпают затем как придется на белоснежную ткань. После этого... жрец племени или... глава семьи, помолившись богам... трижды вынимает по одной плашке и толкует пророчество в соответствии с выскобленными на них заранее знаками».

Относительно более поздних явлений (германоговорящего ареала), таких, например, как серия из 33 знаков

англо-саксонской Англии, или Арманенские руны, следует сказать, что между ними много общего. Руны служат нам дверью в таинственный мир своеобразной эстетики викингов.

Кельтским аналогом скандинавских рун был *огам* [огам — древний ирландский], также использовавшийся и для письма, и для гадания, в особенности в Ирландии. Каждый знак огам состоит из простых вертикальных планок, высеченных относительно горизонтальной или наклонной базовой линии. Каждый знак первоначально ассоциировался с деревом и буквой, соответствующей названию дерева, но также (через аллитерацию) с птицами и животными, цветами спектра, временами года и днями недели.

Таким образом, туземные европейские системы письма были неотъемлемой составляющей языческой религии. Огам и руны, так же как северо-итальянский и этрусский — восходят к тем временам, когда поклонение природе было основой всякого знания, причем многое из этих законов и магии пережило классическую и христианскую цивилизации.

рее убеждать, так как ничего нельзя было достичь принуждением... Они сражались в пешем строю почти голыми... Они плавали, ныряли, могли долго оставаться под водой, дыша через тростинку. Этим пользовались разведчики и отставшие воины. Славяне не были знакомы с военным искусством. Ни их имена, ни их победы не известны»[7].

Балтийские народы жили в еще большей изоляции. Пруссы к востоку от дельты Вислы, литовцы в долине Немана и летты на Западной Двине, говорили на языках, которые ученые считают наименее эволюционировавшими из индоевропейских языков. Одно время ошибочно полагали, что они принадлежат к славянской группе, но теперь считают, что они еще ближе к прото-индоевропейскому, чем даже санскрит. Подобно другим индоевропейцам, балты, несомненно, мигрировали с востока еще в доисторические времена, но об этом их продвижении в Европу ничего не известно. Они осели на территориях, покрытых моренами от последнего ледникового периода, оставшись там навсегда среди темных сосновых лесов и зеркальных озер. Они, как финны и эстонцы, были предоставлены себе до тех пор, пока в первой половине II тысячелетия не началось движение народов в обратном направлении.

[LIETUVA]

Вопреки западной традиции, миграции варваров нужно видеть в целом. Ведь эти миграции не ограничивались только германскими народами или исключительно границами Римской империи на западе. То, что на Западе в конце IV в. казалось внезапным потопом, было лишь одним актом драмы, охватившей куда большее географическое пространство и историческое время.

Первый признак надвигающегося потопа появился в 376 г., когда остготы под натиском гуннов обратились к императору Валенту с просьбой позволить им поселиться в Мёзии. Некоторым из них было позволено перейти Дунай, но при условии сдачи оружия и детей. Двумя годами позже в августе 378 г. они участвовали в решающей битве у Адрианополя (Эдирне), где был убит император. Благодаря тяжелой кавалерии союзных готам сарматоязычных аланов непобедимые римские легионы были наголову разбиты. (Для военной истории это был важный момент демонстрации боевой мощи сарматского копья и их громадных боевых лошадей — первое появление характерного средневекового вооружения.) Четыре года спустя настала очередь вестготов. Их король и военный предводитель Аларих не смог остаться равнодушным к успеху остготов. Как взятка ему был дан титул *magister militum illyricum*. Но за три десятилетия на военном поприще высокая имперская должность не помешала ему разграбить сперва Афины (396), а потом и Рим (410). Причиной гнева Алариха стал отказ императора разрешить вестготам поселиться в Норике[8]. Тогда у него созрел план отвести их в Африку, однако после его смерти в Козенце направление их движения снова переменилось. Наследник Алариха Атаульф женился на захваченной сводной сестре императора Гонория, в то время как его брат Валлиа дал вестготам передышку, расселивши их в Аквитании. Созданное вестготами Толозское королевство (Тулуза) просуществовало недолго, но стало трамплином, с которого в 507 г. вестготы отправились создавать свое самое стойкое образование в Испании.

Буйство вестготов открыло путь еще трем большим вторжениям. Когда галльские легионы были отведены для защиты Константинополя от Алариха, гарнизон на Рейне оказался опасно ослаблен. Где-то около 400 г. бургунды воспользовались открывшейся им возможностью и выдвинулись на территорию у слияния Рейна и Майна. Тридцать лет спустя им бросил вызов римский полководец Аэций, и его наемники-гунны вытеснили бургундов. Но уже в 443 г. они вновь оказались на этих территориях и навсегда осели в окрестностях Лиона. С того времени на равнинах Роны и Соны стало складываться и развиваться Бургундское королевство, контролировавшее главные альпийские проходы. [НИБЕЛУНГИ]

На Рождество в 406 г. огромная орда варваров перешла через замерзший Рейн у Кобленца. Вандалы, свевы и аланы устремились в Галлию. Вандалы пошли кружным путем, направляясь в Африку, как когда-то хотел Аларих. Они прошли Пиренеи в 409 г., Гибралтарский пролив в 429 г. и в 439 г. вошли в ворота Карфагена. Иными словами, им понадобилось 33 года, чтобы покрыть расстояние почти в 4 000 км (от Рейна). Превратив Карфаген в свою базу, они занялись морскими завоеваниями, захватив Балеарские острова и Сардинию. В 455 г. при Гензейрихе они,

LIETUVA

Множество ученых подтверждают, что литовский язык — «самый архаический (древний) из индоевропейских языков» или «что он лучше сохранил архаические формы... чем другие современные индоевропейские языки». С тех пор, как Карл Бругманн в *Grundriss* (1897) набросал сравнительную грамматику индо-германских языков, литовский язык оставался любимым у этимологов романтического склада.

Действительно, в литовском языке имеется пласт слов, которые узнает всякий классицист: *vyra* — «человек, мужчина», *saule* — «солнце», *menuo* — «месяц», *ugnis* — «огонь», *kalba* — «язык». В литовском, наряду с множественным числом, сохранилось двойственное число, долгие носовые гласные, семь падежей склонения и глагольная система, которая своей системой времен, спряжений и залогов не отличается от латинской. Но, с другой стороны, в литовском имеется также большой пласт славянских корней: *galva* — «голова» (рус. голова), *ranka* — «рука» (польск. ręka), *paukstis* —»птица», *ziema* — «зима», *sniegas* — «снег» (польск. ptaszek, zima, snieg). Причем польский язык также имеет множественное число, носовые гласные и семь падежей. Но, в отличие от литовского (или французского), большинство славянских языков не утратили среднего рода для имен. Так что в действительности литовский язык обнаруживает черты, которые роднят его и с балтийскими, и со славянскими языками. Тот же, кто думает, что литовский очень близок санскриту, будет разочарован.

Тем не менее замечателен сам факт сохранения литовского языка. В течение многих столетий он оставался разговорным языком крестьян Великого княжества Литовского (см. с. 392) и никогда не употреблялся как язык высокой культуры или бюрократии. Литовские статуты, написанные на русском или рутенском, были переведены на латинский (1530) и польский (1531), но не на литовский. Впрочем, начиная с *Катехизиса* (1547) М. Маздивас, литовский становится языком религии. В XIX в. русские просветители пытались печатать литовские тексты кириллицей. А польские епископы в Вильно (Вильнюсе) постоянно противились этому и поддерживали иное направление: пользоваться для начального образования литовцев латинским алфавитом. Это цементировало глубокую привязанность Литвы к католицизму. И если какому-нибудь лингвисту–любителю хочется оттачивать свои знания литовского языка, посоветуем ему читать по-литовски Священное Писание:

Ir angēlas
tare jiems:
«Nesibijokties!
Štay!»
Apsakau jums didj dźaugsmą
kurs nusidůs
vissiems źmonems. (Лк.2:10)

подражая Алариху, разграбили Рим. Государство вандалов в Африке оставалось внушительной силой вплоть до восстановления императорской власти в следующем веке. В Испании вандалы расстались со своими первоначальными спутниками — свевами и аланами. Свевы создали государство далеко на северо-западе, в Галиции; западные аланы направились в долину реки Тахо (Тежу).

В Британии уход римских легионов в 410 г. стал сигналом к нападению морских разбойников. Более столетия римские правители стремились удерживать укрепления «Саксонского берега». Теперь романо-британцы были предоставлены самим себе. Возможно, после 418 г. какие-то римские части возвратились на одно или два десятилетия, но в 446 г. романо-британцы безуспешно просили о помощи Аэция. Вскоре после этого регулярные контакты Британии с Империей были прерваны. С этого времени англосаксонские «длинные корабли» привозили уже не только морских разбойников, но и купцов и колонистов. В 457 г. Кент был сдан ютам Хенгиста, племени, которое проделало громадный путь из *Ютландии* (в Дании) через Фризию[9]. Англы, оставившие след своего пребывания в виде района *Ангельна* в Шлезвиге, захватили восточное побережье Британии. Они вошли в залив Хамбер, основывая поселения, позднее ставшие большим королевством Мерсия от слова *марч*, «граница». Саксы (при Аэлле) впервые высадились на южном побережье и положили основание царству южных саксов (Сассекс). Другие — срединные саксы (Мидлсекс) и восточные саксы (Эссекс) — продвинулись дальше вверх по Темзе.

Так началось долгое завоевание и освоение восточной Британии, в результате чего появилась

НИБЕЛУНГИ

В течение нескольких десятилетий в начале V в. бургундский двор располагался в Вормсе на Рейне, в древнем Civitas Vanguionum [городе вангионов; вангионы — германская народность на Рейне]. Известные как нибелунги (по имени одного из вождей), бургунды были переведены сюда для службы во вспомогательных войсках, охраняющих границы Империи. Отсюда они были вытеснены в 435–436 гг. в боях с римским военачальником Аэцием и наступавшими гуннами. Имена трех братьев-королей Гундхария (Гюнтера), Гислахария (Гизельхера) и Годомара (Гемота) известны по позднейшему *Lex Burgundiorum*. Задержавшись на некоторое время в Женеве, они пошли затем дальше к Лиону, где в 461 г. основали первое королевство Бургундия. [LUGDUNUM] Мемориальная доска на месте бывшего дворца в Вормсе рассказывает, чем было это место:

Здесь был
Священный храм римлян
Королевский замок
нибелунгов
Императорская резиденция
Карла Великого
Двор князя-епископа Вормса
Разрушенный французами в
1689 и в 1745
Более ста императорских и
княжеских парламентов
Было проведено здесь
Здесь перед императором и
Империей
Стоял Мартин Лютер

Дальше на север, около нынешней границы с Нидерландами, стоит собор Санкт Виктор у Ксантен (Ad Sanctos). Считается, что св. Виктор, христианский мученик времени поздней Империи, стал прототипом воина Зигфрида [Победа-Мир].

Во времена бургундских правителей Вормса гунны Аттилы все еще стояли лагерем на равнинах среднего Дуная. Они также были одним из множества исторических элементов, которые, переплетаясь с фантазиями мифа и саги, легли в основу самых известных германских легенд.

Песнь о Нибелунгах — это эпическая поэма, насчитывающая около 2300 рифмованных строф, записанная в Австрии в начале XIII века. Из 34 дошедших до нашего времени манускриптов MS A хранится в Мюнхене, MS B — в Сен-Галлене, MS C — в Донауэшингене. Во всех вариантах повествуется о приключениях бургундского двора по прибытии туда непобедимого принца Зигфрида — убийцы дракона, стража клада Нибелунгов и обладателя волшебной шапки-невидимки. Зигфрид спасает страну от саксонской армии, одолевает исландскую принцессу Брунгильду, которая могла покориться только такому мужу, который одолеет ее в схватке, и, уступивши Брунгильду королю Гюнтеру, завоевывает руку сестры Гюнтера Кримгильды. Безмятежная жизнь двух пар кончается, когда Брунгильда узнает тайну своего поражения. Слуга Гюнтера Хаген открывает слабое место Зигфрида, убивает его копьем, когда он пьет из ручья и бросает его сокровище в Рейн.

Как неизвестный автор *Песни о Нибелунгах* переложил языческие сказания на язык придворной лирики и христианских представлений, так и Рихард Вагнер транспонировал их языком романтической оперы в *Золоте Рейна* (1869), *Валькирии* (1870), *Зигфриде* (1872) и *Гибели богов* (1876). Первое полное исполнение всей тетралогии *Кольцо Нибелунга* состоялось в Фестшпильхаузе в Байрете в августе 1876 года.

Во второй части *Песни о Нибелунгах* овдовевшая Кримгильда покидает Германию и выходит замуж за язычника Этцеля (Аттилу). По прошествии некоторого времени она приглашает своих бургундских родственников посетить ее в Этцельбурге/Гране (современный Эстергом). Она хотела отомстить за своего любимого Зигфрида. Отрезав голову Хагену мечом Зигфрида, она затем устраивает кровавую баню всем главным героям поэмы. Современные «литературные паломники» могут пройти путем этих бургундских гостей от Вормса до «Гунландии». Они идут от «Епархии трех рек» в Пассау, где епископом был брат Кримгильды, затем до резиденции графа Рудигера в Бехларен (Похлерн) и дальше к форту Мелька, к римским воротам Трайсмауера, к Тюллну, где Этцель поджидал свою невесту, и в Вену, где семнадцать дней продолжался брачный пир. В конце, однако, все окутывает печаль: «Здесь кончается сказание. Это конец Нибелунгов».

Англия. В течение трех столетий (и даже больше) сотни местных вождей управляли своими крошечными государствами, пока после многих слияний и аннексий не возникли образования большего размера. Лишь в 940 г., пять столетий спустя после начала англосаксонских набегов, самое могущественное, из позднейших англосаксонских княжеств — княжество Западных саксов (Уэссекс), сумело покончить со своими соперниками. Все это время бритты старались сдержать этот страшный натиск и остановить продвижение новых племен. Их победа при полулегендарном короле Артуре у *Mons Badonicus* ок. 500 г. остановила англосаксов, и таким образом сохранились кельты Запада. [ТРИСТАН]

Пока германские племена опустошали западные провинции Империи, спровоцировавшие эти катаклизмы гунны наконец появились в Паннонии. Они построили свою палаточную столицу на равнинах Тисы (Тейсс) в 420 г. В 443 г. здесь стал править Аттила (ок. 404–453). Его имя стало синонимом бессмысленного опустошения: «Трава никогда не вырастет там, где прошел его конь». Некоторое время этот «бич Божий» разорял дунайские провинции Империи. В 451 г. он отправился на север и запад, собирая себе союзников из варваров, включая гепидов и бургундов. Париж, защищенный молитвами св. Женевьевы, он пощадил. Но на каталаунских полях около Шалона, на лугах, которые так подходили его коннице, он потерпел жестокое поражение от созданных и возглавлявшихся Аэцием объединенных сил вестготов Теодориха и салических франков под водительством «рожденного на море» — Меровея. «Изгнание Аттилы за Рейн было последней победой, одержанной от имени Западной империи»[10]. Затем Аттила обратился к Италии. Турин, Падуя и Аквилея подверглись той же участи, какая раньше постигла Мец. «Грядущие поколения вряд ли найдут даже руины Аквилеи». В Милане Аттилу оскорбило настенное изображение, на котором скифские князья простирались ниц перед императорским троном. Он приказал художнику поменять ролями изображенных. В 452 г. епископу Рима Льву I удалось убедить его отойти, когда он уже достиг берегов оз. Болсена. Он отошел к Тисе, прихватив с собой пленницу по имени Ильдико, но внезапно скончался прямо в брачную ночь от разорвавшегося сосуда, «задохнувшись потоком крови... хлынувшей ему в желудок и легкие». Вскоре гуннские наездники исчезли так же быстро, как когда-то появились. Получив удар в спину от бывших союзников, они были вынуждены сдать свои укрепления в Паннонии гепидам и остготам. [ЧАБА] [ЭПИДЕМИИ]

Смерть Аттилы окончательно развязала руки остготам. Двигаясь из Паннонии, они прошли по Восточной империи грабительским походом, который завершился лишь тогда, когда Теодорих получил обычный выкуп вместе с титулами *magister militim* и *патриций* Италии. Но, на его несчастье, в Италии уже действовал другой варварский полководец. Одоакр, сместив «между делом» последнего императора Западной империи, встал во главе наемных войск, действовавших на Сицилии, в Далмации и даже за Альпами. Два этих грозных соперника не могли разойтись без решительной схватки, и конец их соперничеству действительно пришел после трехлетней осады Равенны и смерти Одоакра, убитого Теодорихом. Это произошло в 493 г. Тогда остготы получили возможность основать в Италии свое королевство.

Внук Меровея Хлодвиг, или Кловис (ок. 466–511), король салических франков, также смог воспользоваться своим положением римского *федерата* (союзника) и умножить свои владения за счет спорных территорий Галлии. Начав поход из древней салической столицы Тура, Кловис нанес поражение последнему «римскому» полководцу Галлии Сиагрию, а затем по очереди разгромил своих соперников: рипуарских франков (населяющих современную Франконию), аламаннов, бургундов и в 507 г. визиготов Аквитании. После того как он казнил всех меньших князей франков и взял себе жену-христианку Клотильду, он был окрещен в Реймсе, возможно, на Пасху 496 г. В результате возникло громадное королевство Меровингов от Пиренеев до Баварии. Говорят, что Хлодвиг получил от императора в Константинополе диадему и почетный титул консула. Он умер в своей новой столице Париже — после тридцатилетнего царствования. Сам того не зная, он положил начало тому, что Ловисс назвал «не столько народом, сколько исторической силой» — из которой родились позднее и Франция, и Германская империя.

В VI в. завоевания варваров консолидировались, несмотря на то, что при Юстиниане Импе-

EPIDEMIA

По всей вероятности, многие воины Аттилы уже были тяжело больны накануне их поражения от воинов Аэция в 451 г. Некоторые историки даже приходят к выводу, что именно гунны принесли оспу в Европу. Другие же считают, что моровая язва, свирепствовавшая в Римской империи в 165–180, уже и была оспой. Без сомнения, оспа поражала огромное количество людей даже в XVIII веке. В 1719 г. (за пару лет до открытия вакцины) в Париже от оспы погибло 14000 человек. Но и после того от оспы умер Людовик XV в 1774 г. и, возможно, Иосиф II — в 1790 г.

С незапамятных времен люди страшились моровых поветрий. В русском фольклоре имеется даже мор-дева, которую поцеловали крестьяне себе на погибель. В *Книге Откровений* имеется Четвертый всадник на «Бледном коне»: «и на нем всадник, которому имя *смерть*».

Историку, как и эпидемиологу, важно ответить на вопрос, почему болезни, которые в течение жизни нескольких поколений проявляются только в умеренной форме, вдруг вспыхивают с огромной силой и производят страшные опустошения. Здесь важными были, конечно, и изменения окружающей среды, и перегрузки мутаций, и появление свежего «человеческого материала». Так, оспа была хорошо известна в средневековой Европе, но не была здесь самым страшным бедствием. Когда же оспа попала в Америку, она там произвела ни с чем не сравнимое опустошение, практически уничтожив цивилизацию ацтеков, сократив численность туземного населения Америки (с 20% до 3%), она «без всякой посторонней помощи утвердила и поддерживала рабство». Сифилис — «месть американцев» — совершил то же самое, но в обратном направлении. В Америке он вызывал небольшое раздражение кожи, в Европе — убивал и калечил миллионы. [**сифилис**]

Особняком стоит малярия. Будучи с древности эндемичной болезнью (в частности, от нее погиб Александр Македонский), она никогда не вызывала эпидемий. Впрочем, малярия убивала постоянно и непрерывно, в особенности в таких районах, как болота Кампаньи около Рима, где соответствующий паразит-плазмодий прекрасно размножался в теплых стоячих водах. Совокупный же эффект этого заболевания был таков, что малярия «нанесла самый большой ущерб самому большому числу людей».

У каждой смертельной болезни был свой взлет, и у каждой эпохи была своя чума. Проказа (лепра) особенно процветала в XIII веке. Черная смерть собирала самый большой урожай в XIV (см. Глава VI) и несколько раз после того. Сифилис свирепствовал во времена Возрождения и Реформации вплоть даже до Просвещения. Туберкулез собрал свою жатву среди романтиков, унеся Шопена, Словацкого, Китса и многих других. Холера была язвой европейских городов на заре индустриализации, а инфлюэнца — в начале XX века. СПИД, эта проказа XX века, появился, чтобы поколебать самодовольство века науки и показать, что моровые поветрия не остались в прошлом. [**проказа**] [**санитария**]

рия ненадолго утвердилась вновь (см. ниже). В Испании королевство вестготов процветало, в отличие от положения своего предшественника в южной Галлии. При Леовигильде, который сделал столицей этого королевства Толедо, было завоевано царство свевов. Королевство остготов, в которое, помимо Италии, вошли несколько дунайских провинций, было завоевано последним мигрировавшим германским племенем — лангобардами. *Лангобарды* (длинные бороды) в течение ста лет после рассеяния гуннов оставались за Дунаем, покоряя аваров и гепидов. Но в 568 г. они повернули на юг и основали новую гегемонию с центром в Павии. С этих пор Итальянский полуостров становится предметом соперничества между лангобардами, византийцами на юге и все возраставшими силами франков. Хотя франки вообще-то распространялись во всех возможных направлениях. Они вытеснили группу саксов, обосновавшихся на северном побережье Галлии. На своих восточных границах они теснили главные силы саксов и тюрингов. Именно франки задержали аваров в Баварском проходе, а затем они направили германских колонистов в их *Ostaland — Австрию* на среднем течении Дуная. Падение аваров в бассейне Дуная проложило дорогу славянам.

Западные славяне прошли через долину вверх по Эльбе и Дунаю. Венды, или лужицкие сербы, до сегодняшнего дня проживают к западу от Одера, а кашубы в Поморье. Чешские племена захватили Богемию, словаки — западные склоны Карпат. Здесь они основали Великую моравскую империю, взлет которой приходится на VIII–IX века. Поляки, или поляне, «люди открытых равнин», впервые появились на Варте, восточном притоке Одера. Родственные им племена заняли практически весь бассейн Вислы.

Течет Висла, течет
Через Польскую землю
Через Польскую землю.
И пока она течет,
Будет стоять Польша,
Будет стоять Польша.

Восточные славяне постепенно распространились на север и восток от Днепра — на балтийские и финские территории, а также в леса верхней Волги. В результате этого центробежного движения возникли те различия, которые позднее разделили восточных славян на рутенов и русских. И если поляки пели о Висле, то русские должны были петь про Волгу, которой было предопределено стать их «родной матерью».

Южные славяне вторглись на территорию Империи в VI веке, перейдя Дунай сразу в нескольких местах. В 540 г. они осадили Константинополь; славянизировали Иллирию, Болгарию, Македонию [МАКЕДОНИЯ] и большую часть материковой Греции. Хорваты, появление которых впервые упоминается в связи с той территорией, которая теперь является югом Польши, расселились по верхнему течению Савы и побережью Далмации. Другая группа, осевшая в верхнем течении Дравы, стала известна под именем словенов. Сербы заняли район при слиянии Дравы, Савы и Дуная.

Эти славянские племена, динамично распространявшиеся на новые территории, оказали большое влияние на соседние народности. Там, где местное население не было поглощено или захвачено, оно часто само приходило в движение. На западе кельты были поглощены в Галлии и оттеснены в Британии; только ирландцы избежали вторжения на их территорию. Ирландские кельты и скотты мигрировали на высокогорья Каледонии и, покорив местных пиктов, положили основание Гэльской Шотландии. В тот же период миграция кельтов из Корнуолла положила основание кельтской Бретани. Из других районов кельты-бриты были оттеснены англосаксами в Уэльс.

На Востоке в один из самых мрачных периодов «темных веков» смута в бассейне Дуная не прекращалась три столетия. Однако славяне не попали в литературные источники, и их борьба с аварами и передовыми отрядами германцев плохо документирована. Самый последний кусочек этой географической головоломки встал на свое место лишь с вторжением кочевников-мадьяр в IX веке (см. с. 296). В Понтийских степях смешение народов подпало под власть еще одного из племен азиатских искателей приключений — хазар, которые в свою очередь в начале VII в. попали под власть тюркской династии с Северного Кавказа. Индоевропейцы-славяне постоянно присутствовали в этом котле, но доминировать стали только с основанием в IX веке Киевского государства. [ХАЗАРЫ]

Миграция сильно изменила этническую и языковую палитру полуострова: существенно изменились пропорции в этническом составе населения, появлялись совершенно новые элементы. Если в 400 г. н. э. население Европы отчетливо делилось на *римлян* и *варваров*, то к 600–700 гг. оно представляло собой гораздо более сложное соединение наполовину варваризированных бывших римлян и полуроманизированных бывших варваров.

В Испании, например, к романизированным кельтиберам прибавилось множество германцев — а впереди были еще этнические напластования мавров и евреев. В Галлии к галло-римлянам прибавились значительные, но неравномерно распределенные германские напластования — очень большие на северо-востоке и незначительные на юго-западе. В Италии также латинизированные кельты-италийцы и греки впитали значительный германский элемент, преобладавший на севере. В Британии романо-британское население было или поглощено, или изгнано, так что остались только две общины: кельты на западе и германцы на востоке, в центре и на юге. Каледония (Шотландия) была поделена между германскими племенами, поселившимися в низинных районах, и кельтами-горцами. На территории Германии соотношение между восточногерманскими и западногерманскими племенами решительно изменилось в пользу западногерманских, поскольку восточногерманские племена мигрировали. Сла-

ХАЗАРЫ

Из всех государств, недолго просуществовавших на Европейской равнине, ни одно не вызывает таких споров, как Хазарское. А между тем примерно с 630 года, когда оно было захвачено тюркской династией Ашина, по 970 г., когда его покорил киевский князь Святослав, Хазарское государство играло решающую роль в контактах между Востоком и Западом.

Административное устройство Хазарии отражало разнообразие составлявших его народов. В подчинении хазарского кагана, или хана, находились три главные провинции, семь зависимых царств и семь плативших дань племен. Центром главной провинции Квалл (Kwalis) был двойной город Амол-Атил (Итиль) в низовьях Волги (на месте будущего Царицына). Семендер на реке Терек был некогда прибежищем этой династии после их изгнания из Туркестана. Саркел был расположен на Дону, западнее излучины Волги. Центром управления был город из камня с таким же названием, построенный в IX веке византийскими строителями.

Из зависимых царств самым важным был Хотцир (Akkatzir) в Крыму, в дальнейшем новая ставка хазар. Оно образовалось на месте царства готов, а они когда-то завоевали здесь эллинистическое Боспорское царство. [ХЕРСОНЕС] Административным центром этого царства был Фуллай, современное Планер-

ское на побережье; здесь жила большая еврейская община, занимавшаяся торговлей на Черном море. Из других подчиненных образований следует упомянуть Гун на реке Сулак (где жили потомки Аттилы), Оногур на Каме, Туркой или Леведия на Донце (в будущем земля мадьяр) и три группы волжских булгар. Из плативших дань племен северной лесной зоны три были славянскими, три — финскими, а одно — не установлено.

Хазария прославилась своей торговлей и своей веротерпимостью. Она традиционно поставляла рабов-славян в Средиземноморье (см. с. 257); а в X веке начинает складываться наземный торговый путь Регенсбург — Вена — Краков — Киев — Итиль.

Мусульманство, христианство, иудаизм и язычество — все эти религии процветали здесь под юрисдикцией собственных судей. Армия хазар обычно набиралась из ираноязычных мусульман в восточных провинциях, а в 737 г. и сам хан принял ислам. Однако вскоре его наследники обратились в иудаизм и сделали иудаизм государственной религией. Удивительно, но это обращение не нашло никакого отражения в современных ему византийских, арабских или еврейских источниках; однако о нем знал монах Друтмар Аквитанский, писавший в 864 году в Корбей в Вестфалии: «Потому что в землях

Гога и Магога, которые из расы гуннов и называют себя хазарами, есть одно племя, очень воинственное... и все они исповедуют еврейскую веру».

Во время арабской экспансии в VII—IX вв. Хазария обычно выступала в союзе с Византией против арабов. В эпоху викингов скандинавы открыли путь Балтика—Днепр, правили в Киеве и, возможно, завоевали весь каганат. [РУСЬ]

Еврейские историки по вполне понятным причинам проявляют исключительный интерес к факту обращения Хазарии в иудаизм. Иегуда Галеви (1075—1141), создававший свои труды в Толедо, изображает хазарского хана подвижником веры. Крымские караимы называли хазар «мамзеры», что значит «ублюдки», «ложные евреи»*. Но караимский ученый Абраам Фиркович (1785—1874) заявлял, что хазары — это караимы. Артур Кёстлер в 1970-е годы писал, что переселившиеся хазары-иудаисты стали родоначальниками евреев ашкенази в Центральной Европе. Загадка хазар до сих пор не разрешена.

Но Хазария не умерла совсем: в Греции на Рождество дети ждут не Санта Клауса из Лапландии, а Св. Василия из Хазарии.

---

* См.: Кёстлер А. Тринадцатое колено. Крушение империи хазар и ее наследие. — СПб.: Евразия, 2001.

вянские народы контролировали теперь не только большую часть северной равнины, но и Балканы. Однако внутри ареала, где обитали теперь славянские народы, оставались еще многочисленные неславянские анклавы, включая влахов[11].

Этнические перемены неизбежно отражались на языке. *Вульгарная*, или *кухонная*, латынь — язык общения поздней Западной империи, постепенно раскололась на несколько выхолощенных романских языков: от португальского до румынского. Так лат. *pater* стало в испанском и итальянском *padre*, *père* — во французском, и *tata* — в румынском.

Языковые изменения происходили очень медленно. Так в случае с французским вульгарная латынь галлов *romanz* прошла три отчетливые стадии развития — VIII век, старофранцузский (XI), среднефранцузский (XIV), — прежде чем сложился современный вариант французского. Вместо латинских склонений, спряжений и флексий появлялись новая грамматика и новые словоформы. *Bonum, bonam, bonas* превратилось в *bon, bonne, bonnes. Rex* стало *le roi*; *amat* изменилось в *aime, regina* в *la reine*. Древнейший текст, написанный на романском языке, *Страсбургские присяги*, датируется 843 годом — к этому времени короли Франции перестали говорить на германском франкском. Британия была одной из немногих бывших римских провинций, где латынь совершенно исчезла.

Греческий оставался в употреблении в Восточной империи как официальный язык и во многих местах (в особенности в Малой Азии) как народный разговорный язык. Отдельные районы, включая Пелопоннес, в течение некоторого времени были частично или полностью славянизированы. Однако заслуживает внимания тезис, выдвинутый баварским ученым Якобом Фолмерайером (1790–1861) в его книге *Über die Entstehung der Neugriechen* (1835). Фолмерайер в своей работе, которая чрезвычайно травмировала греков, утверждал, что современные греки в большей степени эллинизированные албанцы и славяне и у них едва ли найдется «хоть капля действительно греческой крови в жилах». Несмотря на некоторое преувеличение, это утверждение гораздо менее абсурдно, чем представление, будто каждый современный грек — прямой этнический потомок жителей античной Греции. Ни одна современная европейская нация не может претендовать на безусловную *этническую чистоту*. [МАКЕДОНИЯ]

Расселение славян привело к формированию трех главных славянских языковых групп и породило дюжину славянских языков, близких по строю, но своеобразных по сути.

Таким образом, к VIII веку этническая карта Европы начинает приобретать современный вид. Также именно в VIII в. произошли некоторые важные общественные сдвиги. Впрочем, впереди было еще пять крупных миграций до завершения расселения в Европе, как мы его видим в наши дни. Одна миграционная группа из этих пяти — викинги — были морскими разбойниками (см. с. 293). Две другие — мадьяры и монголы — кочевниками (см. сс. 296—298). Еще две — мавры и турки — были воинами новой религии (см. с. 253). Европа была зачата от самых разных элементов, и рождение ее было долгим и мучительным.

Империя:
от Рима до Византии, 330–867 гг.

Римская империя, которая с 330 г. управлялась с Босфора, сильно изменилась. *Romanitas*[12], «латинство» Империи поневоле сокращались. Но менялись и политические приоритеты; например, сердце государства теперь помещалось не в Италии, а на Балканах и в Малой Азии. Для императора самыми важными из провинций были не Галлия, Испания или Африка, но Египет, Сирия и даже Армения. Граница, которую следовало защищать во что бы то ни стало, проходила теперь не по Рейну, а по Дунаю и Понтийскому побережью. И регистрируя эти перемены, многие историки отказываются от понятия Римская империя, заменяя его Византийской империей. Но императоры и их подданные по-прежнему считали себя *ромеями*. Основание Константинополя было лишь перенесением столицы на новое место, а не отказом от обычаев и установлений Империи. Отличие Востока от Запада развивалось так медленно, что современники его вообще не ощущали. Для них это отличие было вовсе не важно, поскольку не шло ни в какое сравнение с очевидной и устойчивой преемственностью.

Больше того, нет общего согласия и относительно того, в какой же момент *Рим* стал *Византией*. Начало раскола можно возводить ко временам Октавиана и Марка Антония, чье соперничество впервые ненадолго разделило Римский мир. В этом случае постепенное возвышение Византии и растущее превосходство Востока можно рассматривать как расплату за трагедию Антония и Клеопатры. Диоклетиана, сознательно выбравшего для себя восточную половину Империи, принято считать «первым византийским императором». Очевидно, что на это звание могут претендовать также Константин, Юстиниан и Ираклий. Другие историки, напротив, считают, что о *Византии* нельзя говорить до того времени, пока сохранялись связи между Восточной и Западной частями Империи. В этом случае речь пойдет о IX веке или даже об XI в., когда греческая Церковь порвала связи с римской; тогда *Византию* следует рассматривать в контрасте не с Римом поздней античности, а со *Священной Римской империей* Средневековья.

Переходный период длился полтысячелетия. В IV–V вв. связи Империи с западными провинциями ослабли настолько, что император вполне утратил власть над Западом. Были подавлены последние проявления античного язычества. В VI веке при Юстиниане (правил 527–565) предпринимались чрезвычайные усилия, чтобы восстановить связи с Западом, но они окончились неудачей. Позднее, с наплывом славян и германцев, латиноговорящее население Империи оказалось в меньшинстве. Византия стала полностью грекоговорящей. В VII в. ценные и важные восточные провинции захватили арабы, и во власти Империи осталась территория, очень похожая на греческий мир до завоеваний Александра (см. Карта 5). В VIII веке натиск арабов ослабевает, но Империю начинают сотрясать исключительно долгие и яростные религиозные распри относительно икон, что и стало одной из причин схизмы между восточным и западным христианством. Долго шли войны со свирепыми булгарами, пока, наконец, булгарский хан не выпил вина из черепа императора. Иконоборчество окончилось в 842–843 гг. Отношения с булгарами претерпели решительные изменения в 865 г., когда их военный предводитель был крещен константинопольским патриархом. Пятисотлетний период смятения и распрей подходил к концу. В это время Римскую империю отделяли всего два года от основания великой Македонской династии, императорам которой предстояло привести ее к новой славе. Пять столетий внешних и внутренних кризисов до неузнаваемости изменили политическую, социальную, религиозную и культурную жизнь Империи. К этому времени (или даже раньше) Византия, действительно, сменила и вытеснила Римский мир во всех отношениях.

Крушение западных провинций Империи в V веке стало результатом их продолжительного упадка. В этом далеко зашедшем процессе вторжения

варваров стали лишь катализатором. Некоторые историки, такие как Гиббон, подчеркивали декадентскую роскошь правящего класса. Другие делали упор на социально-экономические факторы — монетарная и ценовая инфляция, налоговое бремя, бюрократия, упадок сельского хозяйства, в результате чего сложилось то, что Фердинанд Лот называл «кастовым режимом». Окостенение социальной стратификации происходило на фоне «полного изменения психологии людей»[13]. И наконец, «географическая протяженность Империи сверх меры»: Империя не могла бесконечно выдерживать военное напряжение. К тому же в армиях Империи было так много солдат и военачальников-варваров, что различие между римлянами и неримлянами все больше теряло всякий смысл.

Но момент истины все не наступал. В IV веке наследники Константина были напуганы персами не меньше, чем варварами на Западе. Юлиан (правил в 361–363 гг.), который провел много лет в Галлии, восстанавливая гарнизоны на Рейне, был убит в Месопотамии. Валентиниан I (правил в 364–375 гг.) снова разделил Империю, чтобы продолжить дело Юлиана в Галлии. Феодосий I (правил в 378–396 гг.), сын военачальника, справился с кризисом, вызванным вторжением остготов (см. с. 229) и в последний раз воссоединил Империю. После его смерти разделение Империи на Восточную и Западную стало постоянным, и западные провинции смогли постепенно отделиться совсем. О Гонории (правил в 395–423 гг.), который правил из Милана [причем, сначала с вандалом Стилихоном в качестве регента], говорили, что все, что он знает о Риме, — это то, что так зовут его любимого петуха.

Очень показателен последний акт истории Империи на Западе. Мальчик-император с многозначительным именем Ромул Августул был последней марионеткой, которую возвысили до императорского трона соперничающие группировки в армии. Однако делегация римского сената, отправившаяся в Константинополь для получения обычного согласия Восточного императора, не просила об утверждении Ромула Августула. Вместо этого она просила императора Зенона (474–491) самому принять управление Западом, а полководцу варвару Одоакру, который в это время реально управлял Италией, даровать титул *патриция Рима*. Таким образом, хотя теоретически власть императора сохранялась, на деле император ничем не управлял; вот почему после 476 года императоры Константинополя могли веками претендовать на высшую власть на Западе, а правители-варвары в бывших римских провинциях не обращали никакого внимания на эти претензии. Хотя такое положение дел может быть причиной, почему очень долго не появлялся альтернативный источник высшей власти.

[ПАЛЕОГРАФИЯ]

В целом стратегия Империи состояла в том, чтобы скорее поглощать бросавших ей вызов варваров, чем искать каких-либо способов радикального решения. Слишком велика была задача, чтобы ее можно было разрешить без осложнений. Императоры добивались от вторгавшихся на их территорию варваров дани — деньгами и признанием (их власти). При возможности они расселяли варваров на землях, на которые те претендовали, иногда уступая эти земли с большой неохотой. Они во множестве нанимали варваров-военачальников

— от вандала Стилихона до герула Одоакра — и рекрутировали из варваров массы воинов, которые неуклонно подрывали политическую жизнь в западных провинциях. В конце концов не имело значения, кто именно получал императорское благословение: марионеточный цезарь, которого избрали варварские войска, или варварский король. Но все же важно понять, что Римская империя не была разрушена вторжениями варваров. Она сотрясалась под их ударами и несла громадные потери (территориальные и во влиянии), но продержалась еще почти тысячу лет после 476 года и во многих важных случаях еще смогла авторитетно заявить о себе. Те же, кто думает иначе, просто находятся под влиянием предрассудков Запада.

Юстиниана (правил в 527–565 гг.) помнят главным образом за то, что он кодифицировал римские законы, а также за его решительную попытку вновь утвердить власть императора над утраченными западными провинциями. Его юридические рефор-

---

ПАЛЕОГРАФИЯ

В IV веке в письме поздней Римской империи появляются *uncialis*, то есть «буквы в дюйм (2,54 см) высотой». Они были поменьше, покруглее и лучше приспособлены для писания пером, чем предшествующие формы. Долгое время они употреблялись наравне с традиционным латинским письмом с его «квадратными» заглавными буквами, при которых слова не разделялись ни пробелами, ни знаками пунктуации. Однако это было только начало того длительного процесса, который привел к эволюции латинского письма от унциалов и полуунциалов через каролингские минускулы и готику к гуманистическим минускулам и италике эпохи Возрождения. [КАДМ]

Палеография — изучение древнего письма — одна из важнейших вспомогательных дисциплин как для историка, так и

для архивиста. Иногда только палеография позволяет установить, где и кем был написан документ. У каждого периода, места и переписчика были свои особенности. Греческое, кириллическое и арабское письмо прошли те же стадии развития, что и латинское. Все они постепенно отходили от раннего, строгого и симметричного, стиля к скорописи позднейших времен. Особенно трудными для прочтения считаются документы Оттоманских канцелярий, написанные экстравагантным вариантом арабского письма.

И хотя с изобретением сначала печатного станка, а потом пишущей машинки прочтение документов становится гораздо проще, но сама палеография не теряет смысла. От руки продолжают писать письма и дневники. В 1990-е годы группа мошенников почти убедила целый мир, что они нашли давно утраченные дневники Адольфа Гитлера. Палеографические навыки фальсификатора в этом случае превзошли соответствующие познания выдающегося английского профессора, который проводил экспертизу.

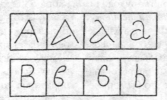

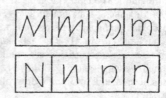

TEICHOS

Надпись на Порта Региум рассказывает о реконструкции Длинных стен Константинополя в 447 г. н.э. Недавнее землетрясение сильно повредило третью линию укреплений города, возведенную регентом Артемием за 30 лет до того; срочно требовалось провести ремонт и обновить эти укрепления. Гунны были на границе по Дунаю и уже предприняли успешную вылазку на Босфор. В ответ на эту угрозу в последние годы правления Феодосия II была возведена изумительная многоуровневая оборонительная система — она протянулась от Золотых ворот до мыса Золотого рога. Главный крепостной вал Артемиевой стены возвышался на 100 футов над окружающей его местностью; перед нею была возведена массивная стена с бойницами, которая служила также и высотным переходом, расположенным террасами; внешняя эспланада, охраняемая третьей стеной с бойницами, отделяла

первые две стены от широкого облицованного кирпичом рва. Все это сооружение имело 96 больших бастионов, множество дозорных башен и массу ловушек, дамб, пунктов, оборудованных для вылазок, и ложных подходов. И хотя множество ответвлений и изменений было произведено в оборонительных сооружениях города в других уязвимых местах, но именно главные Феодосиевы стены, великая TEICHOS позволяла в течение тысячи лет отражать бесчисленные атаки варваров (см. Карта 9).

Нет другого места, которое бы так выразительно повествовало о ранней поре христианства, как это великое укрепление христианской империи, неприступное для жалких атак врагов. В 378 году к нему подошли и ушли ни с чем вестготы, в 441 г. — готы, в 476 г. — остготы. Его безуспешно пытались взять славяне в 540 г., персы в 609–610 гг., 617–626 гг. и снова в 781 г., авары в 625 г.

Арабы держали здесь напрасно осаду в 673–678 гг. и 717–718 гг., булгары в 813 и 913 гг., русы в 865 и 904 гг., печенеги в 1087 г. и венеты в 1203 г. Крестоносцы ворвались в Константинополь в апреле 1204 года со стороны моря (см. с. 360). Но Стены Феодосия оставались неприступными вплоть до осады оттоманских войск в 1453 г. Их падение знаменовало не только конец Римской империи, но и начало новейшей военной истории. Порох существенно изменил искусство фортификации.

Для всякого историка особенно волнующее переживание — постоять на закате у Золотых ворот. Построенные вначале Феодосием I как тройная триумфальная арка за городом, Porta Aurea стали частью стен в 417 году. Однако и тогда они оставались местом, откуда начинались императорские процессии. Для их защитников варвары, как и лучи заходящего солнца, всегда приходили с запада.

мы имели большое значение, но его одержимость проблемами Запада, с точки зрения интересов всей Империи, была уходом от более неотложных проблем. В правление Юстиниана на Адриатике появились славяне, а на средиземноморском побережье Леванта — персы. Константинополь был опустошен сначала чумой, а потом борьбой ипподромных партий: Синих и Зеленых. Его осаждали славяне в 540 г. и авары в 562 г. Сам Юстиниан вызвал скандал, женившись на так называемой танцовщице Феодоре, дочери киприота-руководителя Зеленых. Как повествует *Тайная история*, которую приписывают Прокопию, Феодора однажды пожалела, что «Бог не даровал ей больше возможностей доставлять наслаждения большему числу людей одновременно». Впрочем, Феодора оказалась деятельной и умной супругой; это был знаменитый союз.

Новое завоевание Юстинианом Запада было обеспечено подвигами его военачальника Велизария, отправившегося в свой первый поход в Африку в 533 году. Одержав удивительную победу над вандалами, царство которых он уничтожил одним ударом, он затем нападет на вестготов в Сицилии и в Италии. Небольшая армия в 7500 человек наступала на королевство, у которого было 100000 германских воинов. В 535 г. Велизарий захватил Палермо как правящий консул, а 9 декабря 536 г. вошел в Рим по просьбе исполненного страхом епископа Рима. Там в 537–538 гг. Велизарий пережил тяжелую осаду, но стены Аврелиана сдержали орды варваров. В решающий момент защитники города стали разбивать головы готов, бросая в них мраморные статуи богов и императоров, которые снимали с мавзолея Адриана. В 540 г. Велизарий захватил столицу готов Равенну. Но впереди было еще 30 лет войны. Рим еще дважды подвергали в отместку осаде, а оккупация Тотилы в 546 г. оказалась более разрушительной, чем опустошения, причиненные Аларихом или Гензейрихом. Войска готов проломили стены, сожгли ворота и увели жителей в плен. Еще страшнее было то, что они разрушили арки акведуков. «В течение сорока дней город был отдан волку и сове»[14]. Но судьба вновь переменилась. В 553 г. престарелый дворцовый евнух Нарсес завершил то, что начал Велизарий: Италия вновь стала имперской провинцией с правителем в Равенне; остготы были рассеяны. В 554 г. императорские войска напали на Испанию, оттесняя вестготов на центральное нагорье и восстанавливая на юге провинцию Империи.

Внешне все выглядело так, будто Юстиниан вернул Империи многое из ее прошлого великолепия. Средиземное море снова стало Римским озером. Однако эта новая слава Империи была весьма непрочной: «Оставшееся величие было дряхлым, даже гибельным»[15]. В особенности Италия была настолько разорена войнами Юстиниана, настолько угнетена его правителями и сборщиками налогов, что жители вскоре пожалели об этой реставрации. Патриарх Рима, недовольный покушением на церковную свободу, стал подумывать об окончательном отделении. Больше того, с истреблением полчищ готов Италия лишилась своих защитников и стала легкой добычей других пришедших следом варваров — лангобардов. За исключением Равеннского экзархата[16], в руках императора остались только земли на юге и на Сицилии. А тем временем на горизонте уже маячили во множестве новые враги. В V, VI, VII веках Константинополь подвергался нападениям гуннов, остготов, аваров, славян, персов и арабов — все стремились к этой добыче. При Аттиле гунны отправились к Босфору и достигли стен Константинополя в 441 г. При Теодорихе остготы, одержав сначала победу при Адрианополе, подошли к стенам Константинополя в 476 г.

Славяне в отношении Константинополя были тем же, чем были когда-то кельтские и германские племена для Рима. Хотя и не так хорошо документированный, их переход через Дунай в 551 г. очень напоминал переход германцев через Рейн. Последствия также были схожими: целые провинции Империи — Иллирия, Далмация, Македония и Фракия — превратились в одну громадную *Sclavinia* [славянскую землю]. Повсюду они стали преобладающим этническим элементом, численно превосходя латиноговорящие народы, которые сохранились при них только в небольших изолированных районах: дако-романцы (румыны) на север от Дуная или разбросанные поселения *влахов* на юге. Славяне стали этнической основой трех позднейших княжеств на бывших территориях Империи: Хорватии, Сербии и превосходящей их размерами Болгарии. На своих примитивных лодчонках они доплыли даже до греческих островов. В 540 г. славяне подошли к стенам Константинополя.

Со времен наследников Александра судьба Персии вновь круто изменилась в лучшую сторону. Во время правления Сасанидов восточные границы Рима беспрерывно подвергались нападениям. При Арташире I (правил 227–241), а потом при двух Хосру, известных также как Хосровы, — Хосрове I (правил 531–579) и Хосрове II (правил 590–628), — возрождение Персии зашло так далеко, что она стала претендовать на господство на Средиземном море, что отразилось в *церемонии моря* близ Антиохии. Персы доходили до стен Константинополя в 609–610 гг. и в 625–626 гг., авары двинулись к Босфору, теснимые вниз по Дунаю франками. Они встретились под стенами Константинополя с персами в 625 г. Как песчаная буря налетали с Востока арабы (см. с. 253), они подходили к стенам Константинополя в 673 г., а затем в 717 г.

Ираклий (575–641), имевший больше всех прав на звание *первого из византийцев*, нисколько не сочувствовал «западным устремлениям» Юстиниана и придал государству отчетливо восточную ориентацию. Все свое правление он посвятил борьбе с грозным врагом и в конце концов натолкнулся на еще более грозного. В 617 г. персидское войско Хосрова II выступило маршем к Геллеспонту и потребовало сдачи Константинополя. Персы уже захватили Дамаск и Иерусалим (614), где им в руки попал Крест Господень. Оккупировав Египет, они положили конец раздачам зерна в Империи — еще одному реликту Римских времен. Эта конфронтация Европы и Азии поистине была достойна пера Геродота: «Хосров, величайший из богов и властелин земли, своему подлому и неразумному рабу Ираклию. Почему ты все еще… называешь себя *царем*? Но я прощу твои ошибки, если ты подчинишься... Не обманывайся напрасной надеждой на этого Христа, который не смог сам спастись от евреев, убивших его, пригвоздив ко кресту. Даже если ты найдешь убежище в глубинах моря, я протяну руку и вытащу тебя...»[17]. В это время надвинулись авары и, устроив засаду на императора у стен, потребовали выкупа.

Тем не менее в 622 г. Ираклий смог начать серию искусных военных кампаний, которые называют *первым крестовым походом*. Громадная христианская армия выступила к Иерусалиму. Покинув Константинополь, осажденный персами и аварами, он повел войска в самое сердце Персии, разграбил дворец Хосровов в Дастжере около Ктесифона и, по венчающему условию мирного договора 628 г., вернул назад Крест Господень. В Константинополе его приветствовали как «нового Сципиона», и, умри он прямо тогда, он мог бы войти в историю как величайший римский полководец со времен Цезаря.

На самом же деле Ираклий лишь ослабил и Римскую, и Персидскую империи перед натиском мусульман, и когда в 630-е годы появились исламские армии, он не смог их сдержать. Иерусалим, спасенный от персов, попал в руки арабов в 638 г. Три года спустя, когда Ираклий был на смертном одре, готова была пасть самая богатая провинция Империи — Египет. Первый этап восьмисотлетней войны Византии с исламским миром был проигран.

Тем не менее Византия не перестала существовать. Территория Империи очень сократилась и ограничивалась теперь ее греческим центром. Греческий язык был единственным языком культуры. А Константинопольский патриарх теперь, после того как патриархи Иерусалимский, Антиохийский и Александрийский оказались на завоеванных территориях, остался непререкаемым главой греческой Церкви. Конфликт с арабами бушевал еще десятилетия. Константинополь пережил еще две осады, каждая была снята благодаря превосходству императорского флота и *греческому огню*[18]. Еще происходили многочисленные стычки на греческих островах и в провинциях. Римская Армения была утрачена в 636 г., Кипр в 643 г., Родос в 655 г., Карфаген в 698 г. Сарацинские войны Юстиниана II (правил 685—695 и 705—711) вполне отражали общий хаос того времени. По

окончании одного сражения Юстиниан приказал уничтожить единственное оставшееся ему верным соединение, чтобы эти воины не покинули его в следующий раз. После падения Родоса остатки павшего Колосса были за гроши проданы одному еврею. Это было приметой времени.

В VIII — начале IX вв. Империю охватило движение *иконоборцев*. В некотором смысле оно представляло собой сочувственную реакцию на пуританские ценности ислама. На одном уровне это был чисто религиозный спор о месте изображений в христианстве. Иконоборцы, следуя примеру мусульман, стремились запретить всякое изобразительное искусство, обвиняя своих противников в идолопоклонстве. Эдикт Льва I Исавра в 726 г. повелевал заменить все распятия простым Крестом. Со временем последовал приказ закрасить все изображения святых и в особенности Девы Марии. Но на другом уровне шла жестокая социальная и политическая борьба. Нападая на повинные в идолопоклонстве монастыри и секвестрируя их громадную собственность, императоры-иконоборцы усиливали власть государства над Церковью. Так же можно было заметить, что они укрепляли контроль Константинополя над непокорными провинциями, в особенности в Европе. Главный иконоборец Константин Копроним (правил в 740—775 г.), прозванный *молотом монахов*, получил поддержку своей позиции в 754 г. со стороны тенденциозно подобранного собора (более 300 епископов), каковой собор Рим решительно анафематствовал. Был момент, когда собрали всех монахов и монахинь Фракии и предложили им или немедленно вступить в брак, или отправиться в изгнание на Кипр. Император преодолел открытое восстание, развернув победоносные военные кампании в Месопотамии и масштабные общественные работы. **[ИКОНА]**

Однако иконоборческие войны на этом отнюдь не закончились. Императрица Ирина (правила в 797—802 гг.) и Феодора, жена Феофила (правил 829—842), были горячими иконопочитательницами. Сын Феодоры Михаил III (правил в 842—867 гг.) среди других скандальных деяний эксгумировал и сжег тело Константина Копронима. Иконоборчество было запрещено. Религиозный мир наступил после убийства Михаила и воцарения Македонской династии в 867 году. Но к тому вре-

ИКОНА

Иконы составляют особенно устойчивый жанр европейского искусства, хотя они никогда не создавались как предметы искусства: иконы служили молитве. Они — «врата тайны», «двери познания» духовного мира за видимыми образами. Восприятие иконы требовало от зрителя богословских познаний и тонкости чувств. Долгое время ведущие центры иконописания находились исключительно в Византийской империи, но позднее известные школы иконописи были созданы и на Западе.

Почитатель иконы должен пребывать в состоянии, которое хорошо описывается греческим словом *исихия* — «спокойное созерцание». При этом нужны терпение, отрешенность, смирение и молитвенное сосредоточение. *Добротолюбие* — византийский трактат и антология V века — сравнивает это состояние с состоянием кошки, полностью поглощенной задачей — поймать мышь.

По преданию, первым иконописцем был евангелист Лука, написавший образ Божьей Матери с Младенцем. (См. Илл. 22.) Эта иконография вместе с иконографией *Христос Пантократор* всегда были излюбленными. Изображение Божьей Матери имело три извода: Елевсия, где Дева прижимает Младенца к лицу; Одигитрия, где Она держит Младенца на вытянутых руках; и Оранта, где несущая в своей утробе Младенца Дева воздымает руки в молитвенном жесте.

Во время продолжительного иконоборчества величайшим из «иконофилов» или «иконопочитателей» был св. Иоанн Дамаскин (675–749). Но и он проводил различие между почитанием икон и более глубоким поклонением Богу, которое только облегчается иконами. Он определил три уровня богословия образа: Христос стал Человеком; человек был сотворен по образу Божью; иконы поэтому — истинные образы Бога и святых.

Иконы всегда занимали главное место в православных церквах. Церковный иконостас отделяет церковное собрание от алтаря, где может находиться только священнику. По традиции, в иконостасе четыре яруса икон, которые представляют, соответственно, святых, двенадцать праздников Церкви, двенадцать апостолов и двенадцать пророков. Расположенные в центре иконостаса двойные двери несут шесть изображений: архангела Гавриила, Богоматерь и четырех евангелистов. В Греции их называют Врата Красоты, в России — Царские врата. Сверху располагаются три большие иконы *Господь-Вседержитель*, *Троица* и *Распятие*. Во время богослужения в православной церкви икона (праздника или святого) часто выносится на середину храма, где к ней прикладываются верующие.

Иконы пишут на деревянных досках темперой по белой или золотой поверхности. Устоявшиеся стилизованные позы, жесты и лики — все передает состояние благоговения. Для иконы характерно также отсутствие пространственной перспективы.

Православная иконопись прошла несколько отчетливо определяемых периодов. Первый «Золотой век» иконописи кончился вместе с ересью иконоборчества. От него осталось очень мало. Второй период окончился с латинским завоеванием Византии в 1204 году. В поздний византийский период начинают развиваться иконописные школы в Болгарии, Сербии, России. Новгородская, Белорусская и Псковская школы имели собственный стиль до тех пор, пока в позднейшую эпоху Русская православная церковь не ввела обязательность Московского стиля. С тех пор православная иконография также значительно пострадала от католических влияний. Имелись, однако, и примеры продуктивного «скрещивания». Уникальный сложный «венето-византийский стиль» сложился на Крите. Смешение католической и православной образности обнаруживается также и в украинском искусстве униатов. [ГРЕКО]

Несмотря на Схизму (см. сс. 328–332) православные иконы по-прежнему высоко ценятся на Западе. Все знаменитые «Черные Мадонны» католической Европы пришли из Византии. [МАДОННА] Таково же происхождение *Святого лика* из Лаона в Пикардии, другой исключительно темной иконы, на этот раз Христа. Благодаря сильнейшему сходству с Туринской плащаницей *Святой лик* (Sainte-Face) классифицируют как *mandylion*, что значит «нерукотворный образ». Этот образ, хотя он и написан на сосновой доске, имеет неподходящую (к данному случаю) славянскую надпись: «OBRAS GOSPODEN NA UBRUS», то есть «образ Господа на полотне» — возможно, сербского происхождения. Это, может быть, список со Святой Плащаницы после ее пребывания в Византии. Во всяком случае, этот образ был приобретен Жаком де Труа, архидиаконом Лаона и будущим папой Урбаном IV, у «неких благочестивых людей» в сербском монастыре в Бари, южная Италия. Как сообщается в сохранившемся письме от 3 июля 1249 года, архидиакон послал этот образ в дар сестре Сибилле, абатиссе Цистерцианского монастыря в Монтре, откуда, очевидно, он и попал в Лаон.

Во всяком благочестивом православном доме иконы ставят на почетное место. Максим Горький так вспоминает о доме деда в Нижнем Новгороде в 1870-е годы:

«Интересно и приятно было видеть, как бабушка отирала пыль с икон, чистила ризы; иконы были богатые, в жемчугах, в серебре и цветных каменьях по венчикам; она брала ловкими руками икону, улыбаясь смотрела на нее и говорила умиленно: "Это милое личико!.." Перекрестясь, целовала. Иногда мне казалось, что она тоже задушевно и серьезно играет в иконы, как пришибленная сестра Катерина — в куклы» (М. Горький. Детство. В людях. Мои университеты. — М., 1975, с. 51).

мени Империи был уже нанесен большой ущерб. Кроме того, иконоборчество следует считать одним из ключевых обстоятельств, предопределивших разрыв связей патриарха Константинопольского и патриарха Рима и подтолкнувших латинскую Церковь в объятия франков.

В те же времена большое могущество на Балканах обретают болгары. Их вождь-родоначальник Курат когда-то был союзником Ираклия, а некоторое время спустя они осели на побережье Черного моря к югу от Дуная. В 717–718 гг. они помогли Империи отразить натиск арабов. Покорив шесть соседних с ними славянских племен, они, однако, переняли язык и обычаи покоренных. В IX в. воинственный Крум объявляет войну Империи и христианству. Именно он пил за свою победу из черепа убитого им в 811 г. императора Никифора. Он вынудил византийцев построить *Великий забор* — новый римский *limes* [межа, рубеж]. Его наследник Борис хотя и принял крещение в Константинополе, но в своей политике постоянно балансировал между греческой и римской церквами, не отдавая предпочтение ни одной.

Византийская цивилизация, как она установилась в IX в., обладала некоторыми специфическими чертами, каких не было ни у современных ей государств Запада, ни у Римской империи прошлого. Государство и Церковь в Византии были слиты в некое невидимое целое. Божественная власть в Византии покоилась на двух столпах: мирской власти императора (автократора) и церковной власти патриарха. Империя защищала Православную церковь, а Церковь восхваляла Империю. Такого *цезаропапизма* не было на Западе, где мирская власть и власть папы никогда не смешивались. [ЦЕРЕМОНИАЛ]

Императорский двор был центром громадной централизованной системы управления, которая приводилась в движение целой армией бюрократов. Уже Ираклий принял персидский титул *василевса*, и деспотическая природа византийского государства явствовала из принятых здесь восточных церемоний. *Византийство* стало означать раболепие, скрытность и интриганство. Оболочка некоторых институтов прежней Римской империи сохранилась, но суть полностью изменилась. Сенат был собранием чиновников, строго соблюдавших табель о рангах. Главные государственные министры, подчинявшиеся *епарху* (префекту Константинополя), *симпону* (канцлеру), *логофету* (главному судье), были вытеснены главными чиновниками двора (они все были евнухами), которые теперь подчинялись *паракомену* (главному гофмейстеру). Кастрация самых важных придворных была средством исключить наследственную власть при дворе, как это часто происходило на Западе. Задача военной обороны была возложена на главный императорский резерв и гвардию иностранных наемников под командованием *доместика*, а также на систему *фем* — военных округов, во главе которых стояли их *стратеги*.

Однако в первую очередь Византия была морской державой. Ее флот из 300 двухрядных галер, оснащенных таранами и вооруженных *греческим огнем*, мог дать отпор любому пришельцу. Несмотря на жестокое сражение с арабами у Феникса в Ликии в 655 г., византийский флот продолжал контролировать Эгейское и Черное моря.

ЦЕРЕМОНИАЛ

В сентябре 641 года патриарх Константинопольский короновал Констанция II на амвоне собора Св. Софии. Так была оставлена прежняя римская практика провозглашения нового императора на Ипподроме. Коронация стала важнейшей политико-религиозной церемонией в Византии и приобрела законченную форму. Теперь на голову императора возлагали корону взамен прежнего обычая возложения на шею императора крученого металлического ожерелья. Раздавались щедрые дары, чеканились монеты. Императоры-соправители короновались императорами, императрицы — своими мужьями. В закрепленной каноном иконографии императора короновал Сам Христос.

Политические ритуалы вообще играли исключительную роль в жизни Византии. Они предназначались для того, чтобы укреплять идеальный *taxis*, то есть неизменный, гармоничный, иерархически организованный «порядок вещей». Эти ритуалы имели сложную разработанную сценографию с особым вниманием к символизму деталей. По малейшему поводу организовывались процессии и народные шествия, но прежде всего в дни христианских праздников. В таких случаях ектеньи с возглашением здравия императору перемежались религиозными песнопениями и политическими лозунгами, а также декламацией поэтов, панегириками и громкими возгласами, что находилось в разительном контрасте с обычным торжественным молчанием в присутствии императора. Императорские смотрины (невесты), свадьбы и похороны сопровождались выражениями соответственно громкой радости или скорби. Протокол императорской аудиенции разрабатывался в строгом соответствии со статусом гостя. Строго определялось даже расстояние, на каком гость должен был простираться ниц перед императорским троном. Императорский *Adventus* [прибытие] предписывал точный ранг высылаемых навстречу делегатов, место и форму приветствия, путь следования при въезде в город, церковь для благодарственного молебна и меню для торжественной трапезы. Этикет *Profectio* [отбытия] императора, в особенности на войну, предусматривал раздачу милостыни, поклонение штандарту Креста Господня, освящение войска и кораблей. Унаследованный от Рима *Triambus* триумф предусматривал парад войск, демонстрацию пленников и добычи, а также игры и скачки в Цирке и на Ипподроме и *trachelismos*, то есть ритуал попрания поверженного врага или узурпатора. Повышение в должности сановников обставлялось таким образом, что не оставалось никаких сомнений относительно источника их успеха.

Во всех случаях уделялось огромное внимание одеждам, знакам отличия соответствующего учреждения, цвету и жесту. Церемонии торжественного облачения (и разоблачения) были началом (и концом) всех процессий. Особенно выделялись императорская корона, скипетр и держава, а также *акакиа* сумка праха, призванная напоминать о смертности всего живущего. Пурпурный цвет принадлежал исключительно императору, а в иконографии — Христу и Божьей Матери. В языке телодвижений византийцы особенно почитали идеал *agalma* — «спокойствие как у статуи». Самый полный компендиум византийских ритуалов — манускрипт X века *De Ceremoniis aulae byzantinae* (Книга церемоний византийского двора). 153 главы этой книги содержат инструкции на все случаи торжественных событий за 600 лет. Предписаниями снабжено все: от танцев и формы обращения до длины волос императора. Императорские церемонии перенимали и воспроизводили патриархи, затем управляющие провинций, военачальники, епископы и, наконец, другие правители по всему христианскому миру. Со временем они легли в основу всего символизма монархической и церковной власти далеко за пределами Империи. Так Карл Великий многое взял у Византии, а последующие монархи Запада — у Карла Великого.

Не исключались и заимствования у варваров. Так обычай поднимать императора на щитах воинов был заимствован у германских племен. Впервые такое действие было совершено с императором Юлианом в Париже в 361 г., и продержался этот обычай (с перерывами) до VIII века. Миропомазание — chrisma — приняли сначала, кажется, франки, затем оно было занесено крестоносцами в Константинополь в XIII веке. К тому времени в Европе монархические ритуалы существуют уже повсюду и полностью.

В социальных и экономических вопросах византийское государство практиковало повсеместный патернализм. Торговля контролировалась государственными чиновниками, неизменно взимавшими 10% налогов со всего экспорта и импорта. Государство регулировало также все аспекты ремесленной и иной производственной деятельности. Государственные предприятия, как *гинакеи* (производство шелка, где работали женщины), обеспечивали полную занятость населения в городах. Золотая монета Империи 1 *номисма* = 12 милиарессий = 144 фола — служила основным платежным средством в международной торговле на всем Востоке. На Черном море, например, было так много государственных рыбных промыслов, что рабочие Константинополя регулярно ели икру.

Под покровом греческой культуры в Византии сохранялись многочисленные национальные сообщества, причем самого разного этнического происхождения. Невесты императоров бывали из хазар, франков, русских. На Балканах жило греко-славянское население, в азиатских провинциях — пост-эллинистическое и армянское. Исключая крепостное сельское население, византийцы были людьми высокообразованными и с утонченными вкусами. Было развито школьное образование, государственные университеты, академии права и образование для женщин. О *Дигенисе Акрите* отзывались даже как о «самой замечательной из когда-либо написанных *chanson de geste* героических поэм», а византийские историки от Прокопия до Анны Порфирородной (1083–1154) составили «лучшую школу историков… в промежутке между историками Древнего Рима и современной Европы». Византийское искусство и архитектура развили собственные стили, которым нет равных. Несмотря на ограничения эпохи иконоборчества (а возможно, и благодаря им) византийская икона внесла неоценимый вклад в европейское искусство. Византия оставалась высокоцивилизованной страной в то время, когда большинство стран Запада пребывали в культурной тьме[19].

Подъем ислама, 622–778 гг.

20 сентября 622 г. никому не известный мистически настроенный араб по имени Мухаммед добрался до города Медины. (Он был изгнан из родного города Мекки.) Он попросил своих преданных учеников, приветствовавших его, построить на этом месте храм. Так, в Первый день Первого года новой религии была возведена первая мечеть.

После откровения от архангела Гавриила в пещере на горе аль-Хира: «Мухаммед, истинно, истинно ты Пророк Господа» — бывший погонщик верблюдов целых десять лет без всякого успеха проповедовал свои радикальные идеи. Позднее, после этой Ночи Судьбы, он пережил другое мистическое видение — Ночное путешествие на небо. Верхом на таинственном коне он был перенесен в храм Соломона в Иерусалиме, а затем сквозь небесные сферы к порогу Невидимого Бесконечного. В 624 г. Мухаммед вооружил 300 своих последователей и разгромил армию, посланную на их подавление. В 628 г. он беспрепятственно въехал в Мекку на своем любимом верблюде во главе 10 000 верных. Он ниспроверг языческие идолы в святилище Кааба и обратил ее в главное святилище своих собственных последователей. Затем, после четырех лет проповеди в Медине, где основной корпус учения Пророка был собран в Святую книгу *Коран*, он еще раз отправился в прощальное путешествие в Мекку. В долине Арафат он обратился с последним посланием: «Послушайте меня, мои люди, потому что через год меня не будет с вами…»

Когда он пал на землю, Бог сказал: «Сегодня Я завершил для тебя твою религию и исполнил на тебе Мое благоволение и избрал для тебя твою религию — ислам»[20].

Когда он вернулся в Медину, Ангел смерти вошел в комнату Пророка, и Пророк сказал: «О Смерть, выполняй свои приказы». По христианскому календарю было 7 июня 632 г.

Пустынные земли Аравии лежат между материками Африки и Азии. Аравия всегда яростно боролась за свою независимость от окружавших ее империй. На западе она обращена к Абиссинии и Египту, на севере — к Месопотамии и Персии, на востоке — к Индии. Несмотря на свои бесплодные просторы и племена бедуинов, Аравия была частью всех великих цивилизаций этого региона. Кааба в Мекке отмечала то место, куда Адам пришел по изгнании его из Эдема и где Авраам восстановил древнее святилище. Сама Мекка была богатым городом, крупным пунктом на караванном пути из Средиземноморья в Восточную Африку и Индию. В начале VII в. она поддерживала тесные контакты с Римской империей в Египте и с империей Сасанидов в Персии. Трудно было ожидать, что именно здесь возникнет новая мировая религия. Но у Аравии было много преимуществ как у надежной базы пропаганды ислама.

Ислам, что значит «покорность», с самого начала был универсальной религией. Хотя священным языком для ислама всегда был арабский, но он привлекал и другие народы. Ислам отвечал потребностям разных классов, мужчин и женщин. Одна из первейших заповедей ислама состоит в том, что все мусульмане — братья. Еще при жизни Мухаммед осуждал экономические привилегии правящего класса, подчинение женщин и *кровный закон* семитских племен. Призыв ислама к социальному, экономическому и политическому равенству подрывал основы традиционных обществ. Признание прав угнетенных и женщин, обязанности человека творить милостыню и проявлять милосердие — все это сулило массам освобождение. В исламе содержалось революционное кредо, его почти мгновенно развернувшаяся военная мощь проистекала из горячей преданности верных. Он повелевал, чтобы солдаты были наравне с генералами, подданные — со своими правителями, жены — с мужьями. «Лучше справедливость без религии, чем тирания благочестивого правителя». Как и христианство, ислам исповедовал идеалы, которые часто выходили за пределы исторического опыта их приверженцев, однако сила и чистота этих идеалов были очевидны. «Во имя Аллаха Всемилостивого и Милосердного» он распространялся все шире и шире, как пожар по сухостою на дне вади[21].

Говорят, что ислам покоится на пяти столпах. Первый, исповедание веры, состоит в повторении формулы «Нет Бога, кроме Аллаха, и Мухаммед — Пророк Его». Всякий, кто произнесет эти слова перед свидетелями, — мусульманин. Второй — ритуальная молитва — требует от верных, чтобы они умывались и делали земной поклон, обратясь в сторону Мекки, на заре, в полдень, на закате и вечером. Третий, *Zakat*, предписывает раздавать милостыню бедным. Четвертый — пост. Всякий здоровый телом и умом взрослый мусульманин должен отказываться от еды, питья и супружеских отношений от рассвета до сумерек во все дни месяца Рамадана. Пятый — хадж — предписывает каждому мусульманину хотя бы один раз в

жизни совершить паломничество в Мекку. Кроме того, от мусульманина требуется уважать учение Корана, 114 сур которого являются источником права, учебником практических знаний и философии, собранием мифов и рассказов, а также учебником этики.

Халифы, то есть «преемники» Пророка, быстро превратили объединенную Аравию в плацдарм для наступления с целью создать теократическую мировую империю. В свое время они обладали ни с чем не сравнимым могуществом, неисчислимыми богатствами, вдохновляющей наукой, высокой литературой и искусством. При Абу Бакре (правил в 632–634 гг.), Омаре (правил в 634–644 гг.) и Османе (правил в 644–656 гг.) арабские армии молниеносно покорили Сирию, Палестину, Персию и Египет. Для защиты Александрии был построен флот, и скоро уже арабы стали ведущей морской державой Средиземноморья. При Али (правил в 656–661 гг.), кузене и зяте самого Пророка, начались гражданские и религиозные распри. Но при правителях династии Омайядов единство было восстановлено. Моавийя (правил в 661–680 гг.) учредил столицу в Дамаске. Язид I (правил в 680–683 гг.) победил мятежного сына Али Хуссейна — основополагающее событие в истории шиитской секты. Халиф Абдульмалик (правил в 685–705 гг.) подавил антихалифа в Мекке. На правление Валида I (правил в 705–715 гг.) приходится пик власти Омайядов, долгое соперничество которых с династией Аббасидов закончилось кровавой бойней на Забе в 750 г. Затем при Аль-Мансуре (в Победительном, правил в 754–775 гг.) началось долгое (500 лет) правление Аббасидов. На время их столица в Багдаде становится центром мира.

Исключительное значение имел переход Иерусалима из рук христиан в руки мусульман. Этот город был (и остается по сей день) священным городом трех монотеистических религий. Но в течение нескольких веков после изгнания евреев римлянами в Святом граде жили лишь христиане:

«В февральский день 638 г. халиф Омар въехал в Иерусалим на белом верблюде. Он был одет в поношенную, грязную одежду, а следовавшая за ним армия была потрепана и груба, но в войске был исключительный порядок. Сбоку от него ехал патриарх Софроний как главный магистрат сданного врагу города. Омар поехал прямо к месту, где стоял храм Соломона, откуда его друг Мухаммед был взят на Небо. Наблюдая за ним, стоял там Патриарх и вспоминал слова Спасителя, бормоча сквозь слезу: «Вот мерзость запустения, реченная Даниилом пророком»[22].

С этого времени Святой град переходит к мусульманским властям. Патриарх становится заложником судьбы. Христиане-пилигримы не могут добраться до мест своего поклонения и постепенно заменяют паломничество в Святую землю паломничеством в Рим. Центр тяжести христианской жизни самым драматическим образом смещается на Запад.

В течение столетия после смерти Пророка армии ислама непрерывно продвигались вперед. Византий был осажден дважды в 673–678 гг. и в 717–718 гг. Были захвачены Кабул, Бухара и Самарканд на востоке, Карфаген и Танжер — на западе. В 711 г. Аль-Тарик, пройдя Геркулесовы столпы, которые потому и стали называться Джебель Аль-Тарик, или Гибралтар, привел мусульман в Европу, где завладел Испанией визиготов и преодолел Пиренеи. В 732 году, в столетие смерти Мухаммеда, они достигают Тура на Луаре, всего в нескольких днях перехода от Парижа, сердца королевства франков.

В результате этих дальних завоевательных походов возникли новые самостоятельные исламские государства (лишь номинально подчинявшиеся халифам) в Испании, Марокко, Тунисе, Египте, Персии и в Трансоксании — Средней Азии, «Землях за Оксом (Аму-Дарьей). Ислам за одно столетие завоевал столько, сколько христианство — за семь. В Иберии мусульманские завоеватели, вспоминая прошлое, назвали страну Эль-Андалуз [земля вандалов] и создали много новых княжеств. Эмират Кордова, основанный вскоре после прибытия Аль-Тарика, просуществовал дольше всех из мусульманских образований в Европе. Вместе со своими преемниками — империей Альморавидов и эмиратом Гранада — он продержался здесь почти восемь столетий. В период своего расцвета при Абд-аль-Рахмане (правил 912–961) он занимал большую часть Иберийского полуострова и претендовал на то, чтобы быть халифатом всего исламского мира. Он принес сюда более высокую, чем местная, цивилизацию и массы новых народов: арабов, мавров, берберов и евреев. В VIII–XII вв. Испания пережила также наплыв народов из Северной Африки. [MEZQUITA]

После этих завоеваний ислам остался в Европе навсегда: сначала — на юго-западе, в Иберии, а позднее — на юго-востоке, на Балканах и у Черного моря (см. Глава VII). Взаимоотношения христианства с мусульманами навсегда становятся важнейшей стороной политической и культурной жизни Европы. Начиная с VIII в. в Европе не проходило и дня, чтобы где-нибудь утром и вечером не раздавался *adhan* — призыв муэдзина верных на молитву:

Текст молитвы на арабском

Во время первого призыва к утренней молитве муэдзин включает в свою песнь (после четвертой формулы) дополнительный стих: *al-salat khair min al-naшm* (*Молитва лучше сна*). Все мусульмане, заслышав этот призыв, должны повторять ритуальные слова, за исключением четвертой и пятой формул, когда они произносят: «Нет ни власти, ни силы, кроме как в Аллахе» и «Ты сказал верно и праведно». Каждый взрослый здоровый мусульманин обязан совершать Salat, или простираться ниц пять раз каждый день»[23].

Тем временем франки, поняв, что арабы уже на Луаре, собрались с силами для отражения мусульман. Карл Мартелл (ок. 688–741), майордом дворца Меровингов, собрал армию, которая оста-

новила, наконец, наступательное движение ислама. Слава победы в битве при Пуатье в 732 г.,
возможно, несколько преувеличена у христианских апологетов: может быть, арабам пришлось отступить из-за слишком растянутых линий
коммуникаций, ведь они находились уже в 1000
миль от Гибралтара. Но это событие вдохновило
изумительные строки:

«Пройди они еще такое же расстояние, и сара-
цины вышли бы к границам Польши и высокого-
рьям Шотландии; ведь Рейн пройти не труднее,
чем пройти Нил или Евфрат, и арабский флот
мог бы войти без боя в устье Темзы. Тогда бы и
теперь в колледжах Оксфорда изучали Коран, и
с церковных кафедр теперь бы рассказывали об-
резанным о святых истинных откровениях Мухаммеда»[24].

С этих пор мусульмане удерживаются на Западе по Пиренеям, и из поколения в поколение
мусульмане и франки ведут борьбу за горные
проходы. Одна такая битва в Ронсевальском
ущелье породила самую знаменитую средневековую легенду, как она воспета в *chansons de
geste* героическом эпосе. Двух франкских рыцарей, известных под именами Роланда и Оливьера (или Орландо и Ринальдо), сильно теснила
армия мусульман, когда они пытались отвести
свои силы в безопасные места на северной стороне гор. Граф Оливьер убеждает своего соратника затрубить в рог и тем послать сигнал, чтобы
к ним подошло подкрепление. Роланд же, отважный, но неблагоразумный, отказывался это
сделать, пока битва уже не была окончательно
проиграна. Когда же наконец он начинает тру-
бить в рог, так что вены лопаются у него на
голове, этот рог слышат по всей земле франков.
Роланда, который теряет сознание, но остается
в седле, по ошибке поражает мечом в рукопашной схватке ослепший Оливьер:

Спросил у побратима кротко он:
«Намеренно ль вы подняли клинок?
Ведь я Роланд, что к вам любовью полн.
За что же вы мне платите враждой?»
А тот в ответ: «Не видит вас мой взор,
Хоть я и слышу звуки ваших слов.
Прошу простить, коль рану вам нанес».
Роланд к нему: «Я цел, свидетель бог,
И вас простить я перед ним готов».

Они друг другу отдали поклон,
Любовно распростились пред концом.

Ах, край французский, милая отчизна,
Тебя утрата горькая постигнет.
Потерпит наш король ущерб великий»[25].

На Востоке границы христианского мира охраняли византийские войска. Но мусульманское
присутствие ощущалось и глубоко на материке
в славянском мире. Для мусульман, у которых
постоянно рос аппетит на рабов, тощие славяне
были самым удобным товаром. Посредниками
были и доставляли груз торговцы-евреи и викинги [ХАЗАРЫ] [РУСЬ], совершавшие свои операции
главным образом через Крым, а позднее — на
Балтике и в Центральной Европе [ДИРХЕМ]. Причем славяне так прочно связывались с работорговлей, что эти два слова часто считали
синонимами. Так же и арабское слово *sakaliba*
евнух возводят к слову *славянин*. Не случайно
поэтому первые сведения о славянских землях
обнаруживаются в записках побывавшего там мав-
ританского еврея, купца из Тортозы (см. с. 454).

Воздействие ислама на жизнь христианского
мира невозможно преувеличить. Исламские завоевания превратили Европу в главный оплот
христианства, причем завоеванные мусульманами территории отрезали христиан от других религий и цивилизаций. Барьер, возведенный
воинственным исламом, заставил население полуострова сосредоточиться на себе самом, поскольку прежние линии коммерческого,
интеллектуального и политического взаимодействия с другими, неевропейскими странами и народами были затруднены или совершенно
преобразились. Что же касается религии, то теперь перед христианством Европы стояли две
задачи: бороться с исламом и обратить
в христианство оставшихся язычников. Вот что
вынудило Византийскую империю впредь отдавать приоритет защите восточных границ и, следовательно, пренебречь своей имперской миссией
на Западе. В этих условиях другие, отдаленные
христианские государства должны были заботиться о себе сами, так что они все с большим рвением обеспечивали себе автономию и экономическую
независимость. Другими словами, сложились условия, которые стимулировали развитие феода-

MEZQUITA

Ни одно здание в Европе не демонстрирует с большей наглядностью цикличность цивилизаций, как *Mezquita Aljama* (Великая мечеть, а ныне кафедральный собор) в Кордове. Древнейшая ее часть относится ко времени правления Абдаль-Рахмана (правил в 755–788 гг.). Как сокровищница испано-исламского искусства, она стоит наравне с Альказаром в Севилье или сказочным дворцом Альгамбра в Гранаде. Но особенность этого памятника в том, что в качестве строительного материала для нее использовалось то, что осталось от разрушенной латино-византийской базилики Св. Винсента, которая стояла на том же месте до 714 г. и которой некогда пользовались совместно христианская и мусульманская религии. Больше того, и базилика и мечеть покоятся на фундаменте большого римского храма, а тот, в свою очередь, был воздвигнут на месте греческого или, может быть, финикийского сооружения. Еще только у Св. Софии в Стамбуле обнаруживается столько же исторических пластов.

Размеры Mezquita были вполне достойны города Кордовы, который был во много раз больше средневекового Рима. Вместе с внутренним Апельсиновым двором она занимает площадь 130 м х 180 м и окружена стенами с башней. Особенно сильное впечатление производят многочисленные элементы, в которых сочетаются христианские и мусульманские мотивы. Громадный неф заполнен настоящим лесом пестрых мраморных колонн, поддерживающих два яруса арок. Колонны с разными капителями остались от старой базилики. В нижних арках «подковами» использованы чередующиеся сегменты белого известняка и красного кирпича. Верхние круглые арки — чисто романские. Главные северные врата покрыты металлическими пластинами, в центре которых слово DEUS чередуется с AL-MULK LILAH (Империя и власть принадлежат одному Богу). Изысканная Голубиная дверь украшена арабской аркой со средневековым стрельчатым сводом. Miharab, то есть «ниша направления», указывающая в сторону Мекки, была сооружена сирийскими архитекторами, которые сориентировали ее на юг. Это маленькая восьмиугольная комната с монолитным потолком в форме раковины. Туда входят через арку в полихромной мозаике, которая расположена за преддверием под тремя византийскими куполами. Повсюду куфические надписи в персидском стиле, даже в таких местах, как Королевская капелла, которую в XIV веке украсили готическим орнаментом и феодальной геральдикой. Христианское барокко вдохновило оформление алтаря и антаблемент внутри мечети, а также Капеллу инков.

В Испании есть несколько мест, которые, как La Mezquita в Кордове или старый город Толедо, дают почувствовать непрерывность истории. Нынешние туристы приходят в восторг, когда им говорят, что мусульманская Испания познакомила европейцев с апельсинами, лимонами, шпинатом, спаржей, баклажанами, артишоками, макаронами и зубной пастой, а также с математикой, греческой философией и бумагой.

Однако исторический процесс повсюду шел прерывисто. У мусульманской культуры в Испании не было наследников; где только возможно, она была уничтожена (см. с. 345). Чтобы лучше понять, что такое история, надо посетить одинокий мусульманский замок Трухильо в Эстремадуре или покинутый обнесенный стенами город Васкос в Кастилии. Или в Кордове пройти из Mezquita во дворец Madinat al-Zahra (Медина Азахара) за городом. Здесь когда-то была резиденция халифа, который за 24 часа мог связаться с Египтом посредством сети станций гелиографа. Этот халиф требовал от иностранных послов приближаться к его тронному залу под балдахином длиной в три мили, который поддерживали его солдаты-берберы, выстроенные в два ряда. Когда-то во дворце проживало 20000 насельников, включая шеститысячный гарем. Он был разрушен в 1010 г. восставшими берберами, и его развалины были обнаружены археологами только в 1911 году.

И теперь беззаботные испанцы, когда кричат *Оле*, уже не знают, что они повторяют призыв к Аллаху.

лизма. И, может быть, главное, отобрав господство на Средиземном море, ислам покончил с прежним превосходством средиземноморских территорий над остальными землями полуострова. До наступления ислама постклассический мир Греции и Рима, преображенный христианством, оставался в основном не тронутым. С наступлением ислама он исчез навсегда. Силой обстоятельств в основном политическая инициатива перешла от государств Средиземноморья к складывавшимся северным государствам и в особенности самому сильному из них — королевству франков.

Итак, в VIII веке, пока христиане в Европе переваривали последствия исламских завоеваний, были посеяны семена нового порядка. Епископ Рима, лишившийся поддержки Византии, был принужден обратиться к франкам и установить *папство*. Франки не упустили своего шанса и поддержали папу. Так что некоторым образом Карла Великого породил Мухаммед.

Как говорит Анри Пиренн, чья теория потрясла прежние представления не меньше, чем ислам потряс древний мир, «империи франков никогда бы не было без ислама, как и Карл Великий немыслим без Мухаммеда»[26]. Доводы Пиренна слабоваты по отдельным пунктам, в особенности в том, что касается мнимого разрушения коммерческих связей. Но в целом они решительно сломали прежние представления о переходе от Древнего мира к средневековому.

Воздействие ислама, однако, не ограничилось Карлом Великим: на Восточную Европу ислам оказал более прямое воздействие, чем на Западную. Появление ислама определило границы того нового и компактного образования, которое называется *Христианский мир*, и на какое-то время главным центром этого мира становится Константинополь. Этот мир бросал вызов язычникам по восточным границам области христианско-мусульманской борьбы, и перед ними вставала задача выбора между этими двумя религиями. Но сверх того, этот мир был тем оплотом, который позволял Европе самоопределиться. Вся Европа — не только Карл Великий — немыслима без Мухаммеда.

Соперничество христианства с исламом поднимало не менее важные моральные и психологические проблемы, чем прежнее соперничество христианства с иудаизмом. И христиане, и мусульмане были обучены считать других неверными. Их взаимное непонимание, антагонизм и возникавшие негативные стереотипы были просто бесконечны. И никогда не было популярно (в особенности среди духовенства) подчеркивать, что у трех этих религий много общего. В результате развивается сильнейшее противопоставление христианского *Запада* и исламского *Востока*. Европейцы Средневековья обычно называли мусульман *сарацинами*, от арабского слова *sharakyoun*, житель Востока. И среди жителей Запада, считавших себя носителями более высокой цивилизации, установилась традиция смотреть на мусульманский Восток с глупым пренебрежением.

Христианская церковь в эпоху вселенских соборов, 325–787 гг.

Ко времени Первого вселенского собора в Никее в 325 г. (см. с. 205) христианская Церковь возглавляла самую большую религиозную общину Империи. После Миланского эдикта установилась политика веротерпимости и Церковь пользовалась поддержкой правящего императора. Но положение ее все же не было вполне безопасным, поскольку она еще не стала государственной религией и имела множество врагов в высших сферах. С точки зрения христиан и в особенности с точки зрения *православной* партии во главе с Афанасием, продвижение вперед шло очень неровно. [ИКОНА]

При Констанции II (правил в 337–361 гг.) ненадолго возродилось арианство. Афанасий вновь (и не в последний раз) был изгнан. В 340 г. готы, которые все еще жили севернее дельты Дуная, были обращены в христианство в его арианской форме. Так что когда остготы и вестготы вторглись в пределы Империи и основали свои государства в Италии, Галлии, Испании и в Африке, они принесли с собой и арианство. Именно они стали главным препятствием в распространении христианства среди язычников. [БИБЛИЯ] При императоре Юлиане (правил в 361–363 гг.) политика в отношении религии вновь меняется, этот монарх-философ остался в христианской традиции под именем Отступника. Наставленный в христианстве теми самыми людьми, которые истребили его семью, он «всегда заявлял о себе как о поборнике язычества». В результате явился эдикт о всеобщей веротерпимости и последнее возвращение к почитанию римских богов. «Единственное, в чем он ограничил христиан, так это в том, что лишил их власти мучить своих соподданных». Нет достоверных свидетельств, что его последними словами действительно были слова *Vicisti Galilaee* «Ты победил, Галилеянин»[27].

Все это поколебало позиции партии тринитариев. За Афанасием на Востоке и Илларием из Пуатье (315–367) на Западе, возглавлявшими оппозицию Констанцию и Юлиану, пришло поколение самых выдающихся и влиятельных Отцов Церкви. Иоанн Златоуст (347–407), епископ Константинопольский, был величайшим проповедником своего времени и в своих проповедях не щадил представителей высшего общества. Василий Великий (330–379), епископ Кесарийский, вышел из замечательной семьи, в роду у него насчитывалось восемь святых. Его обычно считают основателем общежительного монашества. Брат Василия Великого — Григорий Нисский (335–395) и друг — Григорий Назианзин (329–389), — оба были выдающимися богословами, приблизившими время Второго вселенского собора в Константинополе (381). На Западе Мартин Турский из Паннонии (315–397) завершил евангелизацию Галлии. Амвросий Медиоланский (ок. 334–397) был ведущим церковным политиком того времени. Иероним Далматинский (ок. 345–420) — виднейшим ученым-библеистом ранней Церкви. Но из всех отцов Церкви, возможно, наибольшее влияние на Запад оказал африканец Августин из Гиппона (Блаженный Агустин).

Труды этих деятелей Церкви принесли плоды в правление Феодосия (правил в 378–395 гг.), последнего императора, правившего и Востоком, и Западом; в религиозных вопросах он поддержал партию тринитариев. Феодосий был испанцем, сыном военачальника и человеком свирепым. К тринитариям он обратился по той простой причине, что его предшественник Валент был убит готами-арианами. Под его покровительством Второй вселенский собор утвердил *Никейский Символ веры*, так что позиция тринитариев получила силу закона; арианство было запрещено законом; язычество неумолимо преследовалось. Вот когда тринитарии начали претендовать на ортодоксальность и проклинать настоящих и будущих оппонентов как еретиков. [ИНДЕКС] [РУФИН] [ЗЕВС]

В последующие века многие верующие восхваляли это «торжество христианства» как великое достижение, и Феодосия наградили титулом «Великий». Но в учении Христа мало что указывает на необходимость такой тесной связи духовной и политической власти. Да и сам Феодосий не был примером христианских добродетелей. В 388 г. он убивает своего соправителя Магна Максима; в 390 г. он обрушивается с ужасной местью на город Фессалоники за то, что его жители осмелились на бунт. Он приказал пригласить все население в цирк якобы на игры и там совершенно хладнокровно перебил 7000 человек. За это преступление Амвросий приказал ему принести публичное покаяние, и, когда он умирал в Милане, он знал несколько больше о той религии, которой оказал столь важные услуги.

Епископ и богослов бл. Августин (354–430) получил образование ритора и некогда выступал в поддержку манихейства. Он обратился в христианство в Милане в 386 г. Как писатель он особенно привлекает своей готовностью признать человеческие слабости. В своей *Исповеди* бл. Августин вспоминает о чувствах молодого человека, призванного отвергнуть удобства и удовольствия мирской жизни. Эта книга совсем не похожа на полемику Августина с донатистами, манихеями и пелагианами. Все тонкости этих учений Августин рассмотрел и систематизировал так дотошно, что еще 800 лет, вплоть до Фомы Аквинского, к его словам ничего не могли добавить. Августин настаивал на примате любви так сильно, что это едва ли не походило на вольнодумство (либертинизм): «Люби и делай, что хочешь» и «Возлюби грешника и возненавидь грех» — вот его максимы. В то же время Августин ратовал за институциализацию Церкви: без Церкви нет спасения, писал он. И затем: *Roma locuta est; causa finita* (Рим высказался; дело закрыто). Самая известная из 113 его книг — *О Граде Божьем* — была написана под впечатлением от разграбления Рима Аларихом. В ней Августин описал духовный град, возведенный на руинах материального мира, и нигде взгляды его времени лучше не выразились, как в этой книге. Августин пробыл на епископской кафедре г. Гиппона в своей родной Африке 30 лет, ведя аскетическую жизнь, правила которой вдохновили целый ряд орденов, включая августинцев, доминиканцев (черных братьев), премонстрантов

ИНДЕКС

[Index Expurgatorius — список книг, запрещённых Католической церковью до их переработки.]

Традиция приписывает папе Иннокентию I (на престоле 401–417) составление первого списка запрещенных книг, а папе Геласию (492–496) — первое постановление по этому вопросу. К декрету Геласия прилагались списки рекомендованного и дополнительного чтения помимо содержавшегося в том же декрете суждения о действительном составе (каноне) Св. Писания. Однако современные ученые сомневаются, чтобы этот декрет как-то был связан с Геласием. Действительный факт состоит лишь в том, что Церковь всегда оставляла за собой право судить о пристойности (или непристойности) печатных текстов. С V по XV век Церковь устанавливала запреты на произведения отдельных авторов от Ария и Фотия до Гуса и Пико делла Мирандолы (1468). С развитием книгопечатания был сделан следующий шаг в этом направлении. Хотя и здесь имеются разногласия в отношении того, кто был первым, но, по-видимому, папа Иннокентий VIII или инициировал, или окончательно установил правило, согласно которому на всякую публикацию требовалось получить разрешение епископа. [PRESS]

Когда же в эпоху Возрождения и Реформации чрезвычайно вырос поток книг, церковные иерархи стали искать указаний Ватикана. Соответствующее требование выдвинул Тридентский собор. В результате появился *Index Librorum Prohibitorum* (Список запрещенных книг), составленный Павлом IV в 1557 г. Однако этот первый вариант в Ватикане не удалось согласовать, и лишь в 1559 г. был опубликован второй вариант. После нового пересмотра (по требованию Собора) лишь Тридентский список 1564 г. был принят как образец на будущие времена. Помимо списка авторов и произведений, заслуживших неодобрение Церкви, в нем были указаны десять критериев для вынесения суждения о той или иной книге. Впоследствии (то есть после 1564) «черный список» Рима неоднократно дополнялся: а именно в 1596, 1664, 1758, 1900 и 1948 годах он подвергался пересмотру.

Список этот неоднократно подвергался строгой критике. Причем он никогда не достигал своей цели, поскольку запрещенные книги всегда можно было опубликовать в протес-тантской стране, где Ватикан не был властен. Больше того, поскольку запретный плод всегда кажется сладким, то этот список с успехом продвигал (и пропагандировал) то, что должен был подавлять. Враги же Церкви всегда видели в нем доказательство нетерпимости Церкви. Начиная с эпохи Просвещения свободомыслящие интеллектуалы без устали высмеивали не только отдельные указания Списка, но и самое его существование. И это потому, что часто Список боролся с лучшим в мировой литературе.

Но мы должны взглянуть на Список в его историческом контексте. И в Европе Нового времени всякая власть — мирская или церковная, протестантская, католическая или православная — вполне разделяла желание Ватикана контролировать издание книг. Во всех европейских странах трудились цензоры вплоть до второй половины XX века. Многие их тех, кто особенно громко осуждал папский Список, сами часто выступали против разных книг. Приведем лишь краткий перечень тех случаев, когда не Ватикан, а другая власть запрещала классические произведения европейской литературы.

35 г. до н. э.	Гомер	Сочинения	Римская империя
1497 год	Данте	Сочинения	город Флоренция
1555 год	Эразм	Сочинения	Шотландия
1660 год	Мильтон	*Иконоборцы*	Англия
1701 год	Локк	эссе *О человеческом восприятии*	Оксфордский ун-т
1776 год	Гете	*Страдания юного Вертера*	Дания
1788–1820 гг.	Шекспир	*Король Лир*	Великобритания
1835 год	Гейне	Сочинения	Пруссия
1880 год	Толстой	*Анна Каренина* и др.	Россия
1931 год	Мари Стопе	Сочинения	Республ. Ирландия
1939 год	Гете	Сочинения	Испания
1928–1960 гг.	Д.Х. Лоуренс	*Любовник леди Чаттерлей*	Великобритания

Конечно, либералы считают, что все публикации должны быть разрешены, даже если в них содержатся явное богохульство, подстрекательство к разрушительным действиям, провокация, непристойность или ложь. От людей в таком случае ждут, чтобы они относились терпимо к тому, что вызывает у них отвращение. Такая позиция подверглась сильнейшему испытанию в 1980-е годы со стороны так называемой «ревизионистской истории», которая отрицала самый факт Холокоста, а также от лица исламской «фетвы», объявленной *Сатанинским стихам* Салмана Рушди. На деле многие либералы решительно не желают применять на практике свои же собственные абсолютные принципы. Каждое общество, каждое поколение вынуждено снова определять постоянно меняющиеся границы между приемлемым и неприемлемым. Нельзя даже сравнить папский Список с цензурой новейших тоталитарных режимов. В нацистской Германии 1933–1945 гг. и в Советском лагере в 1917–1991 гг. все считалось официально запрещенным до специального разрешения. В этом смысле принцип епископ-ского разрешения представляется более репрессивным, чем *Список*.

В 1966 г. глава ватиканской конгрегации вероучения объявил, что отменяется запрещение публикаций. К этому времени в *Списке* было 4000 названий.

[Приведенные здесь сведения почерпнуты из безупречного источника, каждый из 18 томов которого содержит свидетельство о благоприятном епископском решении — NIHIL OBSTAT (никаких препятствий) и IMPRIMATUR (пусть печатают).]

РУФИН

Руфин Тиранний из Аквилеи (ок. 340–410), которого когда-то связывали с бл. Иеронимом, памятен по двум причинам: во-первых, как переводчик на латинский греческих богословских трудов, в особенности Оригена, и как автор самой ранней книги, изданной Oxford University Press. Его комментарии к апостольскому Символу веры Expositio Sancti Hieronymi in symbolum apostolorum были изданы в Оксфорде Теодориком Рудом из Кельна 17 декабря 1478 г. Увы, уже на фронтисписе закралась ошибка: потерялось X и дата публикации обозначена неверно: M CCCC LXVIII.

С тех пор список публикаций издательства Охфордского университета знал и взлеты, и падения:

Свой самый выдающийся подвиг Оксфорд Юнивёрсити Пресс совершило, как считается, в 1914 году. Тогда группа оксфордских историков решила поддержать пером военные усилия Британии. Рукопись «Почему мы воюем» была сдана в издательство 26 августа, спустя всего лишь три недели после начала войны. Уже к 14 сентября том в 206 страниц был подготовлен к печати, набран вручную, отпечатан, переплетен и подготовлен к распространению. Теперь иные времена.

ЗЕВС

Статуя Зевса была привезена в Константинополь из святилища в Олимпии после последней Олимпиады в 396 г. К тому времени ей было уже восемьсот лет, и за ней уже давно закрепилась слава «одного из чудес света». Гигантская фигура из слоновой кости в венке и на троне, высотой примерно в 13 м, она была закончена около 432 г. до н. э. высланным из Афин Фидием, чья статуя Афины украшала Парфенон. Отчасти покрытая золотыми пластинами, фигура изображает Отца богов с фигуркой крылатой Победы в правой руке и инкрустированным скипетром в левой, причем скипетр увенчан фигурой орла. Эта статуя описывается и у Павсания, и у Страбона, который заметил, что, если бог встанет, то пробьет головой крышу. Светоний рассказывает, что посланные императором Калигулой рабочие попытались сдвинуть ее в I веке, но «бог загоготал так громко», что леса рухнули и рабочие убежали. Так что статуя осталась на месте еще на три столетия. Когда же в конце концов она сгорела в случайном пожаре в 462 г. в столице христианского императора Льва I, Олимпия уже обезлюдела. В 1958 г. немецкие археологи, проводившие раскопки на месте храмовых мастерских в Олимпии, нашли терракотовую чашку с надписью: «Я принадлежала Фидию».

(белые каноники) и бригитинцев. Он умер во время осады Гиппона вандалами.

Волнения в самом сердце Империи ослабляли ее связи с периферией. В V в. важные события происходят, с одной стороны, на кельтской окраине, а с другой стороны — на Кавказе. Кельтская церковь приняла христианство от галльских монахов-анахоретов. Их епископы были отшельниками перипатетиками и, благодаря практике единоличного посвящения (в сан), их было очень много. Ирландия, никогда не входившая в Империю, была обращена в христианство св. Патриком (ок. 389–461), римским гражданином из западной Британии, который высадился на берег в Ольстере в 432 году. Так что, когда англосаксонское язычество накрыло остальную часть Британских островов, в Ирландии дело христианства было уже обеспечено. В свое время ирландцы вернут свой долг. [БРИТО]

Армянская церковь возникла еще тогда, когда сама провинция входила в состав Империи. Подобно кельтской, армянская провинция утратила все прямые контакты с центром и стала *экс-центричной* во всех отношениях. Когда кельты обратились к пелагианству, армяне обратились к монофизитству. В Грузию христианство пришло в 330 г., когда правящий дом был обращен рабыней из Каппадокии. Грузия хотя и находилась близко от Армении, но меньше подвергалась опасностям азиатской политики Империи и поддерживала более тесные контакты с Константинополем. (Грузинская церковь имела продолжительную и самостоятельную историю, пока не была принудительно инкорпорирована в русское православие в 1811 г.) В 431 г. состоялся Третий вселенский собор в Эфесе, так что соборы уже не были единичным явлением. Семь вселенских соборов признаются и Востоком, и Западом: Никея I (325), Константинополь I (381), Эфес (431), Халкидон (451), Константинополь II (553), Константинополь III (680–681), Никея II (787). Эфесский собор осудил несторианство, что Гиббон назвал «эклезиастическим восстанием». Подобно предшествующим (и последующим) соборам, Эфесский собор был созван константинопольским императором, всегда претендовавшим на высший авторитет в церковных делах. Ведущую роль на Соборе играли восточные епископы; западные епископы приняли решения Собора, но с уже растущим недовольством.

Доктринальные расхождения продолжались по частным вопросам христологии: о природе Христа, о воле Христа, о роли Христа в исхождении Святого Духа. Имел ли Христос одну природу (Божественную) или двойную: человеческую и Божественную. Ортодоксальные авторитеты поддержали диофизитизм, и в определениях Халкидонского собора (451) была установлена формула: «одного и того же Христа... в двух естествах, неслиянно, неизменно, нераздельно, неразлучно познаваемого, — так что соединением нисколько не нарушается различие двух естеств...» Монофизитство Собор осудил; однако монофизиты продолжали процветать на Востоке. Монофизитства придерживалась императрица Феодора и большинство христиан в Армении, Сирии и Египте. Имел ли Христос одну волю или две? Папа Гонорий неосторожно употребил выражение «одна воля» в письме в Константинополь в 634 г. Однако главы Церкви поддержали диофелитизм, который и утвердили на Шестом Вселенском соборе в 681 г. Монофелитство осудили, и легатам папы Агато поневоле пришлось согласиться с руководством Собора. Другой вопрос состоял в том, исходит ли Святой Дух от Отца как единственного источника Божественности и, следовательно, *через Сына* или Он исходит от Отца и Сына совместно? Константинополь придерживался толкования *per Filium* (через Сына); Рим придерживался *filioque* (и от Сына). Впервые этот вопрос был поднят в Испании в 589 г., а к IX в. в связи с этим вопросом уже разгорелись нешуточные споры. Он так никогда и не был разрешен.

Привлекательность монашества росла соответственно тому, как росли политические и общественные неустройства. Практика восточного монашества — отшельничество и совместное послушание — распространялась на Запад. Самые ранние общежительные монастыри появились здесь еще до падения Западной империи. В 360 г. св. Мартин основал Лигюже. Но самое большое влияние оказал Бенедикт Нурсийский (ок. 480–550 гг.), поскольку выработанные им правила монашеской жизни получили наибольшее распространение. По мере того как императорская власть сдавала свои позиции, монастыри все больше превращались в оазисы классического образования

БРИТО

Пелагий (ок. 360–420) был валлийцем или по крайней мере кельтом с Британских островов (когда-то считали, что *Пелагий* — это греко-романская калька его имени Морган). Друзья называли его Брито. Он был христианским богословом и одним из немногих уроженцев Западной Европы, кто принимал участие в учительных спорах своего времени. Он жил в то время, когда начинало формироваться ортодоксальное учение греческого образца. И хотя его взгляды признали еретическими, Брито внес в это учение существенный вклад: современник бл. Августина Гиппонского, именно он спровоцировал Августина сформулировать то, что затем стало окончательным суждением по таким важнейшим вопросам, как Божественная Благодать, Грехопадение, Первородный грех, Свободная воля и Предопределение. Как и другой британец, Целестин, которого он встретил в Риме, он придавал особое значение способности человека к добродетельным поступкам через усилие воли или, другими словами, к ответственному поведению. Центральное понятие его системы, известное как «сила противоположного выбора» содержится в формуле: «Если грех есть дело необходимости, то это не грех; но если грех есть дело воли, тогда грех возможен». Он утверждает также, что первый шаг на пути к спасению должен быть сделан усилием воли.

Эти взгляды не были приняты отчасти потому, что в них недооценивалась Божья благодать, а отчасти, потому что грех приписывался личным ошибкам, а не природе человека вообще. Пелагианством обычно называют такие богословские воззрения, которые отрицают или ограниченно толкуют Первородный грех. Эти взгляды играли важную роль в дебатах XVII века вокруг Арминия и Янсения (см. сс. 492, 502).

В 410 г., вырвавшись из осажденного готами Рима, Пелагий и Целестин нашли приют в Северной Африке, где против них были выдвинуты новые обвинения. На одном из Карфагенских соборов были осуждены шесть главных заблуждений (Пелагия):

Что Адам умер бы, если бы и не согрешил;

Что его (Адама) грех есть его собственное дело и не может быть вменяем всему человечеству;

Что младенцы рождаются в том состоянии, в каком Адам был до падения, и не нуждаются в крещении для вечного блаженства;

Что до Христа и после Него бывали люди безгрешные;

Что Закон так же ведет к Царствию Небесному, как и Евангелие;

Что как грехопадение Адама не было причиной смерти, так Воскресение Христа не есть причина нашего воскресения.

Пелагий отправился в Палестину и там уже обнаружил, что Августин в труде *О заслугах грешников* избрал своей мишенью именно его. Он уже пережил одну «инквизицию», но, когда на сторону африканских епископов склонились симпатии папы Зосимы, с ним было покончено. Эдиктом от 30 апреля 418 г. император Гонорий приговорил его к конфискации имущества и изгнанию. Беда Достопочтенный не проявил никакой симпатии к его «пагубному и омерзительному учению»: «Посмотрите, как он ползает перед великим Августином, этот жалкий писака с пером из желчи». В связи с трудами епископа Арелатского Гонората (ок. 350–429) развилось движение с целью примирить Пелагия с Августином. Сподвижники Гонората утверждали, что Божественная Благодать и воля человека — два фактора, содействующие спасению. Это «полупелагианство» осудил собор в Оронте (529), но родина этого учения — монастырь св. Гонората на Леринских островах у Лазурного берега — остался существовать. Св. Винсент Леринский (ум. 450) придумал знаменитый «канон Винсента», согласно которому все богословские положения могут быть испытаны по трем критериям: экуменизм, древность и общее согласие. В 1977 г. монахи Лерина опубликовали полное издание Жития св. Гонората (составленное св. Илларием).

в пустыне варварства. Соединение христианского учения с сочувственным изучением греческой философии и латинских авторов давно уже процветало на Востоке, особенно в Александрии. На Западе это еще предстояло насадить. В этом отношении центральной фигурой был Флавий Магнус Аврелий Сенатор (ок. 485–580), известный как Кассиодор, бывший некогда губернатором при Теодорихе Остготе. Удалившись по прибытии Велизария в монастырь, он стал основателем такой системы обучения, в рамках которой священные, духовные и сугубо светские предметы рассматривались как взаимодополняющие. Он также начал собирать древние документы. [ANNO DOMINI] [БОМ]

Ислам, хлынувший лавиной в VII в., навсегда изменил очертания Христианского мира. Пришел конец культурному единству средиземноморских земель, а также их превосходству над удаленными северными землями. Поскольку мусульмане завоевали Персию, Сирию и Египет, три из пяти признанных патриархов — Антиохийский, Иерусалимский и Александрийский — с этих пор принуждены были действовать *in partibus infidelium*[28]. Политика христианской Церкви развивалась теперь не в здоровом пространстве, так сказать, пятисторонних отношений, а свелась к ожесточенной двусторонней борьбе между греческим патриархом в Константинополе и латинским патриархом в Риме. До наступления ислама патриарх Рима один выступал по-латински против четырех греков; теперь они остались один на один, но у Римской церкви было больше свободы для маневра. Причем на Востоке еще не разрешился спор с монофизитами. Здесь, впрочем, новые правители-мусульмане оказались более терпимыми к ереси, чем православные христиане, так что монофизиты армяне, сирийцы и копты так никогда и не вернулись в лоно Единой Церкви.

Еще важнее то, что ислам отрезал христианство от остального мира: до завоеваний ислама проповедь Евангелия достигла даже Цейлона и Абиссинии; после же не удавалось продвинуться даже в Азии и Африке. И хотя большинство христиан за всю свою жизнь так никогда и не видели живого мусульманина, но все они жили в тени ислама. В то же время ислам оказался также и надежным, большим щитом, за которым Христианский мир смог консолидироваться и самоопределиться. Именно в этом смысле ислам стал тем единственным и сильнейшим стимулом, который в конце концов породил *Европу*.

Завоевание папством полной самостоятельности нельзя отнести к какой-то определенной дате: у епископов Рима было много свободы и до того, как они начали претендовать на первенство. Растущие противоречия между латинской и греческой частями Церкви приводили к частым, но временным схизмам, а не к непоправимому разрыву. Примечательно, что в первые четыре века, когда Рим еще оставался сердцем Римской империи, во главе Римской церкви часто стояли греки или носители греческой культуры. И лишь Лев I (440—461) впервые подчеркнуто заявил о своем латинстве. В то же время латинские патриархи уходят от непосредственного политического контроля, прикрываясь городом Римом в постоянных конфликтах с гражданской властью. С этого времени фактом становится разделение церковной и светской властей, столь характерное для Запада и

ANNO DOMINI

Шесть веков после Рождества Христова люди не сознавали, что живут в христианскую эру. Хронология истории после того времени, когда «Христос ходил по Галилее», была разработана только в трудах Дионисия Экзигууса, грекоговорящего монаха из Малой Скифии, друга Кассиодора, который умер в Риме ок. 550 г. Идея Дионисия состояла в том, чтобы начать летоисчисление от Воплощении Христа со дня Благовещения, когда Дева Мария

зачала Его. Он определил эту дату как Первый день Первого года и закрепил его за 25 марта, то есть за 9 месяцев до Рождества 25 декабря. Все предыдущие годы, считая в обратном порядке, следовало обозначать *ante Christum* (AC), то есть «до Христа». Все последующие годы должны были обозначаться как «Годы после Воплощения» или *Anno Domini* (AD). Нулевого года не было. Прошло, однако, еще немало лет, прежде чем понятие Христианская

эра, или *наша эра,* постепенно вошло в употребление сначала в Латинской церкви, а позднее — на Востоке. Беда Достопочтенный, написавший также книгу по хронологии De Temporibus, уже полностью перешел на новую систему в своей *Истории церкви и английского народа* в начале VIII века.

Тем временем процветали во множестве всякие местные хронологии. Самой обычной системой счета был счет по правлениям. Историческое время мерили правлениями и поколениями. Дату определяли относительно времени правления определенного императора, папы или князя. Таково летоисчисление в Ветхом Завете: «В двенадцатый год Ахаза, царя Иудейского, воцарился Осия, сын Илы в Самарии над Израилем и царствовал девять лет... против него выступил Салманасар царь ассирийский...» (4 Цар 17:1,3)

Новая система летоисчисления — *Христианская эра,* должна была выдержать борьбу с бесчисленными другими конкурирующими системами. Счет по греческим олимпиадам, то есть четырехлетним циклам, который начался с олимпиады Короэба 1 июля 776 г. до н. э., продолжался до конца IV в. н.э. Вавилонское летоисчисление «эра Набонассара», которое было в употреблении у греков Александрии, встречается во времена средневековья как заимствование из работ Птолемея. Здесь отсчет начинался 26 февраля 747 г. до н. э. Македонское летоисчисление «эра Селевкидов», отсчет которой начинается от захвата Вавилона Селевком Никатором в 312 г. до н. э., широко употреблялась в странах Леванта. Евреи до XV века пользовались этим же летоисчислением, называя его «эра договоров». Римское летоисчисление основывалось на дате «основания Города» [*от основания Рима*]. В Испании «эра цезарей» прослеживается до покорения Иберии Октавианом в 39 г. до н. э. Перенятая вестготами, эта система была в употреблении в Каталонии до 1180 г., в Кастилии до 1382 г., в Португалии до 1415 г. Мусульманское летоисчисление хиджра (бегство Пророка из Мекки в Медину) начинается 16 июля 622 г. н.э. Эта система употребляется повсюду в мусульманском мире.

Не удивительно, что, ввиду их особой сложности, расчеты Дионисием Экзигуусом даты Рождества Христова оказались неверными. Дионисий посчитал первым годом — 195 год Олимпиады, то есть 754 от основания Рима и (ошибочно!) год «консульства К. Цезаря, сына Августа, и Л. Эмилия Павла, сына Павла». На самом же деле у нас нет никаких свидетельств, что Христос родился в 1 году н.э. Соответственно тому, чье свидетельство мы принимаем: евангелиста Луки или евангелиста Матфея, — Христианская эра началась или в последний год правления Ирода Великого (4 г. до н. э.), или в год первой римской переписи в Иудее (6–7 гг. н.э.).

Для христиан, как и для иудеев, исходной исторической датой был год сотворения мира, или *Annus Mundi.* В Византийской церкви считали, что это был 5509 г. до н. э., и из этой даты исходят церковные календари в некоторых странах православного мира, например, до сегодняшнего дня в Греции и России. Ученые-иудаисты отдавали предпочтение 3760 г. до н. э. — что и взяли за точку отсчета современного еврейского календаря. Коптская церковь, как и александрийцы, определяет этот год как 5500 г. до н. э. Англиканская церковь при архиепископе Ушере в 1650 г. избрала 4004 г. до н. э.

Критический пересмотр и соотнесение восточной, классической и христианской хронологий был осуществлен великим ученым эпохи Возрождения Иосифом Скалигером (1540–1609). Его труд *De Emendatione Temporum* (Реформа дат, 1583), написанный человеком с протестантскими идеями, появился одновременно с реформированием Юлианского календаря папой Григорием XIII. С этого времени начинаются и хронология как наука, и новейшие попытки стандартизировать измерение исторического времени.

Григорианский календарь, известный как «новый стиль» (NS) и введенный в католических странах Европы в 1585 г., принят не везде. Большинство протестантских и православных стран еще долго придерживались юлианского «старого стиля». Новый стиль они принимали по настроению: Шотландия в 1700 г., Англия в 1752 г., Россия в 1918 г. Пока два календаря сосуществовали, вся международная корреспонденция должна была иметь две даты: например, 1/12 марта 1734 г. или 24 октября/7 ноября 1917 г.

В результате то и дело случаются казусы. Поскольку разрыв календарных дат в XVII в. составлял 10–11 дней, то можно было, отплыв из Дувра через Ла-Манш, прибыть в Кале только в середине следующего месяца. Поскольку же, по старому стилю, год начинается 25 марта, а по-новому — 1 января, то можно было, отплыв из Кале в один год, прибыть в Дувр в предыдущий год. И Европа не могла полностью синхронизировать свою деятельность до тех пор, пока большевики не упразднили старый стиль. Так что в России ничего не происходило в период с 31 января 1918 года (по старому стилю) по 14 февраля (по новому). С 1918 по 1940 гг. советские коммунисты в подражание деятелям Французской революции отменили семидневную неделю, названия дней недели заменили номерами и считали «года революции», начиная с 1917-го.

БОМ

Аббатство Бом, как сообщает *Путеводитель Мишле*, было основано в VI в. ирландским монахом св. Колумбаном. Его имя, кельтское по происхождению, означает «грот» и встречается нам в одном из самых драматических мест Европы — на дне громадного известнякового ущелья Сёрк де Бом в глубине сосновых лесов Юры. Говорят, что оно, как и монастырь с таким же названием в 50 милях оттуда по реке Ду, где прозрела слепая св. Оттилия, восходит к временам, когда галло-римская цивилизация пала под натиском язычников-бургундов и когда христианство возрождалось вновь усилиями отшельников, живших в пустыне. Постепенно аббатство приобрело громадное богатство и власть, владея несколькими сотнями деревень и бенефициями. Со временем капитул превратился в секуляризованную общину с аристократическими канонами. Она просуществовала до 1790 г., когда революционеры разгромили аббатство, разрушили почти все его памятники и изменили название «Бом-ле-Муан» на «Бом-ле-Мессьерс». В истории христианского монашества бургундские общины,

вроде Бома, были важным связующим звеном между отшельничеством древности (как оно сохранилось в Ирландии) и великими средневековыми учреждениями, которые начинают появляться с X века. В конце концов именно из Бома аскет Бернон с единомышленниками отправился в 910 г., чтобы основать великое аббатство Клюни.

Для читателей *Путеводителя*, однако, будет разочарованием узнать, что многие эти детали прошлого Бома — в лучшем случае ни чем не подтвержденные легенды. Нет доказательств связи Бома со св. Колумбаном и нет оснований полагать, что оно было основано в VI веке. В действительности, первое определенное упоминание *cellula* в Бальме относится к 869 г. — так что оно становится моложе монастыря св. Оттилии в Бом-ле-Дам. И, по всей вероятности, клюнийские монахи придумали связать Бом со св. Колумбаном, чтобы обогатить родословие своего отчего дома.

Столь же сомнительны сведения о самой яркой личности Бома — Жане, сеньоре де Ваттевиле (1618–1702), который

в течение 40 лет был здесь аббатом при Людовике XIV. Де Ваттевиль, солдат, убийца и монах, бежал от правосудия в Константинополь, где даже стал пашой и правителем Мореи, пока не получил папского отпущения. Сен-Симон пишет, что он был примером грешника, очистившегося истинным покаянием. Но факты свидетельствуют, что он был неисправимым изменником, чье предательство облегчило французам безжалостный захват его родной провинции Франш-Конте.

На его могильном камне можно прочитать: ITALUS ET BURGUNDUS IN ARMIS GALLIUS IN ALBIS IN CURIA RECTUS PRESBYTERUS ABBAS ADEST (Здесь лежит солдат Италии и Бургундии, француз, когда же принял монашество, то был честным в своем служении. Священник и аббат).

В Боме мы найдем и легенды, и историю. У людей всегда была потребность использовать прошлое в своих целях. Так что авторы научных монографий остаются в проигрыше: последующие поколения смотрят на прошлое как на смесь фактов, легенд и откровенной лжи.

чуждое Востоку. В VI в. патриархам Рима пришлось пережить первое восстановление императорской власти при Юстиниане и потом при лангобардах. Двое из них — Сильвестр (536–537) и Вигилий (537–555) — даже оказались под арестом у императора, причем последнего посланцы императора грубо принудили подчиниться монофизитству.

Считают, что Григорий I (540–604), первый монах на троне Петра, стал настоящим «архитектором» папской власти как по его административным навыкам, так и по занятой им принципиальной позиции. Покорный созданному им собственному образу «раба рабов Божьих», он управлял и гражданскими делами города Рима, вел переговоры о расселении с лангобардскими королями, реорганизовал земли и финансы Церкви и восстановил контакты Рима с Африкой, Испанией, Галлией и Британией. Его *Regula pastoralis* (Пастырское правило) стало настольной книгой средневековых епископов. Он несколько раз высказывался против того, чтобы его собрат в Константинополе пользовался титулом *вселенского патриарха*. Ко времени его смерти баланс сил начал склоняться в пользу Рима. Занятые отражением натиска мусульман, императоры потеряли почти все влияние на дела в Италии, хотя несколько раз и предпринимали попытки продемонстрировать здесь императорскую власть. В результате спора о монофелитстве Мартин I (ум. 655 г.), последний папа-мученик, умер в ссылке в Крыму: экзарх Равенны его похитил, подверг бичеванию, после чего

он был приговорен двором в Константинополе к ссылке. [КАНТ]

В VIII в. император не мог уже даже продемонстрировать силу на Западе. В 710 г. император Юстиниан II вызывает римского патриарха в Константинополь, и папа Константин (708–715 гг.), сириец, покорно повинуется. При их встрече — как оказалось, последней встрече епископа Рима

КАНТУС ПЛАНУС

Кантус планус («плавное пение») [хорал; напев в унисон] латинской церкви часто называют григорианским распевом, или григорианским пением, в честь папы Григория VI, который определил 8 его ладов и собрал около 3000 мелодий. Считают, что он вместе с родственной ему византийской традицией пения восходит к греческой и в особенности еврейской традиции песнопения. Со временем он стал основой европейской музыки. Его употребляли для пения псалмов, гимнов и антифонов *а капелла* [без инструментального сопровождения] — обычно в унисон и в свободном ритме. У григорианского хорала четыре основных напева — «диалекта»: амвросианский, римский, галльский и мосарабский, хотя постепенно господствующей стала римская школа. Первоначально напевы не записывали, так что они не могут быть точно реконструированы. [MUSIKE]

Нотация для григорианского хорала прошла несколько стадий развития. Византийцы, подобно грекам, для обозначения нот пользовались буквами, к которым добавлялись невмы, или акценты для передачи движения мелодии. Славянское православие сохраняло эту систему даже тогда, когда она уже повсюду была вытеснена:

a. Система Куфизма XI века без нотного стана
b. русская нотация XII–XIII веков с использованием греко-византийской буквенной системы обозначения
c. знаки для записи музыки в русской православной литургической нотации (по Мачаби)

На Западе, как это разъясняет Хукбальд из Сен-Аманда (ок. 840–930) в своем трактате *De harmonica institutione*, невмы, похоже, ставились над слогами в латинском тексте. Ноткер Бальбулус из Сен-Голл исследовал *tropes*, то есть мелодии, которые добавляются к основному напеву, хоралу. В XI веке исследователь музыки Гвидо д'Ареццо (ок. 995–1050) придумал нотную систему, предшественницу тоники соль—фа.

Взявши первые слоги стихов Гимна к Иоанну Крестителю «Ut queant laxis», он установил восходящий гексахорд: UT-

RE–MI–FA–SOL–LA. Седьмой слог SI по *(S)ancte (I)ihannis* был добавлен позднее. Он также придумал довольно большой нотный стан в десять строк, из которого развился позднее современный пятистрочный нотный стан. На нем располагался (без закрепленного места) нотный ключ, а сами невмы приобрели вид квадратных точек и акцентов. Не ясно, имели ли ноты определенную длительность и акцентуацию.

«Пусть твой пример, о святой Иоанн, напомнит нам,

Прежде чем мы сможем достойно воспеть твои чудесные

подвиги, [что] Сердца должны быть очищены, а узы,

что нас сковывают,

Отброшены прочь»

С конца XII века григорианский хорал начинает обогащаться полифонией, когда параллельно пелись две (или даже более) мелодии. Эта практика способствовала введению инструментального сопровождения. Ухо средневекового человека различало гармонии в октаву, в кварту и квинту. Но введение фиксированных размеров (возможно, из народной песни и танца) и потребность в контрапункте, где бы мелодии пересекались, подвигло к разработке ритма и гармоний. Все это вместе с мелодией — главные элементы современной музыкальной формы. Музыкальный канон ведет свою историю с XIII века. С его введением стандартный словарь музыкальной фразы уже может передать широкую гамму переживаний и смыслов. Европейский «язык музыки», таким образом, развивался непрерывно от григорианского хорала до Стравинского.

В XIX веке так называемое Кеселийское движение считало григорианский хорал истинным источником всей европейской музыки. Монахи-бенедиктинцы Сольсмена около Ле Манс взялись воссоздать его теорию и практику. Их труды, вдохновившие, кстати, Листа на ораторию *Christus*, являются самыми авторитетными на сегодня в этом вопросе.

с правящим императором — император целует (в соответствии с этикетом) «римские ноги» и получает отпущение грехов и допускается к причастию. Но так как вскоре после этого Константин был убит, их соглашение по поводу Равенны ни к чему не привело. В 732 г. император Лев снаряжает флот для того, чтобы вернуть Константинополю захваченную лангобардами Равенну и арестовать Григория III (731–741), который открыто пренебрегал эдиктом по иконоборчеству. Но флот императора потонул в Адриатике. С этих пор римские патриархи стали практически совершенно независимы; ни один епископ Рима больше никогда не нуждался в императорском мандате на свое избрание. Никто из императорских посланцев из Константинополя больше не мог проявить свою власть в Риме.

Во всяком случае у епископов Рима уже были средства поддержать свою независимость. Поскольку с тех пор, как мусульмане закрыли дорогу в Иерусалим, год от года росло паломничество в Рим, Рим получил не только высокий престиж, но и значительные доходы. В *Декреталиях* был собран корпус правовых решений, обслуживающих широкую юрисдикцию Рима, в особенности после кодификации Канонического права (см. с. 349). Наследие (патримония) св. Петра, как назывались землевладения Церкви (которые вскоре очень выросли), служило надежным основанием земной, преходящей власти римских епископов. Заключив союз сперва с лангобардами, а потом с соперниками лангобардов — франками, папа получил международную защиту. В теории христианская Церковь оставалась

REVERENTIA

Однажды (дело было в VI веке) на пути между Бургундией и Авиньоном юного Георгия Флоренция (будущего Григория Турского) с матерью застала буря. Его мать помахала мешочком со святыми мощами (*реликвиями*) в сторону нависшего грозового неба, и тучи рассеялись, а путешественники продолжили свой путь невредимыми. Поначалу тщеславный мальчик приписал чудо собственному доброму поведению. Но при этом его лошадь споткнулась, и он упал на землю. Это было наказание за гордыню. В другой раз во время посещения базилики св. Юлиана в Бриуде у Григория разыгралась невыносимая головная боль. Опустивши голову в тот фонтан, где когда-то омыли отрубленную главу потерпевшего мученика, он обнаружил, что боль прошла. Это было уроком reverentia — почитания святых предметов и мест и обращения к их целительной силе. С окончанием гонений на христиан культ мучеников и собирание святых мощей и других связанных со святыми реликвий постепенно заняло центральное место в жизни христианина. Первоначально мощами считались останки главных персонажей Евангелий. Но допускалось почитание останков и тех святых, которые имели более опосредованную связь с евангельскими событиями. Главным центром собирания и (распространения) святых останков стал Константинополь. Там хранились такие бесценные святыни, как два фрагмента Истинного Креста, Терновый венец, Священное копье, Пояс Божьей Матери и несколько глав Иоанна Крестителя. После постановления Второго никейского собора, чтобы все новые церкви освящались на мощах святых, интерес к мощам возрос еще больше. Тело ап. Марка было привезено из Александрии в 823 г. и отвезено в Венецию. В 1087 г. тело святителя Николая прибыло в Бари. Но самыми ретивыми охотниками за святынями стали крестоносцы.

Почитание (reverentia) мощей (и святынь), такое очевидное у Григория Турского, часто принимали за простое суеверие. Однако при ближайшем рассмотрении оно оказывается не только средством выявления этического кодекса личности, но и средством для более тонких игр, связанных с общественным положением и политикой. Почитание мощей было характерно для настоящего верующего; отсутствие ее — для язычника, для человека необразованного или самодовольного. Духовенство, совершавшее богослужение при перенесении мощей, очень выигрывало, укрепляя согласие среди своей паствы и приобретая ее одобрение. Те церкви и города, которые владели особенно важными святынями, очень повышали свой престиж, стяжали Божественную защиту и, без сомнения, доход от паломников. В том, что душа, чающая вечной жизни, окружает себя атрибутами смерти и особенно почитает кости и гробницы, можно видеть парадокс. И требовалась просто барочная чувствительность, чтобы ощущать, как святые останки благоухают ароматом лилий и роз, видеть сияющий вокруг них свет и слышать ангельское пение.

Со временем, однако, мощи ценили все меньше. Когда уже все апостолы, мученики и отцы Церкви были востребованы, появилась опасность, что святым станет объявлять каждого епископа. Епископ Приск Лионский, ставший им в 573 г., вовсе не собирался этого делать. Он похоронил своего предшественника Ницетия в обычной могиле и позволил его дьякону носить облачения Ницетия как халат. Случилось, однако, что и Приск, и Ницетий были канонизированы, но только в 1308 г.

Протестантская Реформация повела настоящую войну со святыми реликвиями, и многие святыни были разорены. Но протестантский гнев не затронул ни православный, ни католический мир. Мощи многих замечательных почивших до сих пор можно увидеть в итальянских церквах, как и в пещерах Печерской лавры в Киеве. Совершенно особое собрание мощей, Сокровищница монастыря в Oignies XII в., сохраняется в полной неприкосновенности в Намюре. Дважды погребенные, чтобы избежать охотников за сокровищами времен Французской революции и нацистской оккупации, эти мощи включают такие бесценные сокровища, как ребро ап. Петра, ногу ап. Иакова и молоко Пресвятой Девы. Все заключено в великолепные реликварии (ковчежцы, раки), каждый из которых формой напоминает (к ужасу паломников) анатомию содержимого. Каждый исполнен из золота и серебряной филиграни, украшен драгоценными камнями и серебряной по черному чернью (niello). Причисленные к «Семи чудесам Бельгии», они хранятся сестрами монастыря Божьей Матери на ул. Жюли Билльяр, 17 в Намюре.

единой; в реальности — уже нет. *Папой* некогда с любовью называли всякого епископа; теперь так стали называть только епископа Рима. Родилось папство. [REVERENTIA]

Седьмой вселенский собор (787) — второй собор в Никее — был посвящен иконоборчеству. Собор поддержал мнение, присланное из Рима Адрианом I: изображения следует почитать, но не так, как Бога. В последний раз Рим и Константинополь предприняли согласные действия в вопросах вероучения.

Распространение христианства, 395–785 гг.

С того дня как Спаситель сказал «Следуй за мной», христиане считали своим долгом проповедовать Евангелие. А когда св. ап. Павел подтвердил, что христианство открыто для всех, не было уже никаких ограничений для того, чтобы к нему присоединиться. Но, как только Империя сделала христианство государственной религией, обращение стало вопросом политики. Стратегией христианских правителей становится стремление обратить не только души отдельных людей, но и целые народы. Однако и перед будущими обращенными вставали политические вопросы. При обращении в христианство они многое приобретали в отношении образования или торговли; политический выбор приходилось делать и при решении важнейшего вопроса: откуда импортировать христианство: из Рима, из Константинополя — или не из Рима и не из Константинополя.

Ирландия очень рано привлекла к себе внимание из-за распространения там пелагианства. Германий Авксерский, галло-римский епископ, очень интересовался Британскими островами и Британией. Первая миссия во главе с Палладием, «первым епископом верующих ирландцев», высадившаяся в Уиклоу (в Ирландии) в 432 г., не принесла успеха. Но вторая миссия со св. Патриком (ок. 386–461), британским учеником св. Германия, дала хороший результат. У Тара в Мите (графство Ирландии) он встретился с высшим королем Лаогером, зажег пасхальный огонь на горе Слейн и заставил умолкнуть друидов. Первая епархия была учреждена в Армахе (графство Сев. Ирландии) в 444 году.

Завоевание франками Галлии было тесно связано с религиозными делениями провинции.

К пятому веку галло-романское население давно уже было обращено в романское христианство. Но вестготы, бургунды и алеманы были арианами, а франки на севере оставались язычниками. Хлодвиг крестился от руки св. Реми, епископа Реймского, только где-то между 496–506 гг. Обратившись к римскому епископу, он сделал свою Меровингскую династию союзником галло-романского населения против их бывших языческих правителей. Говорят, что он использовал католических епископов Аквитании как «пятую колонну». Таким образом, католические связи франков, без сомнения, облегчили им консолидацию власти и заложили основание их особых отношений с Римом. То, что нам известно о раннем христианстве франков, почерпнуто в основном из *Historia Francorum* Григория Турского (540–594). Но даже панегирики Григория Меровингам не могут скрыть того факта, что Хлодвиг, этот «новый Константин», был все-таки дикарем. Так, Григорий рассказывает о захваченной в Суассоне чаше, которую воин-франк разбил вдребезги, не желая поделиться добычей. Хлодвиг дождался ежегодного парада на Марсовом поле (*Champ de Mars*) следующей весной, где стал бранить этого воина за состояние его вооружения. Когда же воин наклонился, потянувшись за оружием, Хлодвиг разбил ему череп боевым топором со словами: «Так ты поступил с суассонской чашей»[29].

В VI в. Христианский мир все еще содрогался от посягательств варваров. Целую серию контрмер предприняли ирландские миссионеры. Также и император Юстиниан, вновь покорив Африку, Италию и Испанию, преследовал, в частности, цель искоренить арианство. Третье подобное усилие — труды Григория I. Ирландские миссии, начавшиеся в 563 г. прибытием св. Колумбана (ок. 521–597) на Айону, были направлены сначала в северную Британию, а затем во владения франков. 20 лет спустя св. Колумбан (ок. 540–615) выступил из громадного монастыря в Бангоре с группой спутников и направился в Бургундию. Он основал несколько монастырей, включая Люксей; жил некоторое время в Браганце на озере Констанс; оскорбил Меровингских королей, понося их за распущенную жизнь, и умер в Боббио около Генуи. Св. Галл (ум. 640 г.) миссионерствовал там, где теперь Швейцария, и дал свое имя большому религиозному центру в Сен-Галлене. Св. Айдан (ум. 651 г.) ок. 635 г. двинулся с

Айоны к Святому острову (Линдисфарену), способствуя таким образом просвещению Англии. Во всех этих случаях ирландские монахи действовали вполне независимо от Рима, и главные проблемы в последующем состояли в том, чтобы примирить кельтскую и латинскую традиции. [АЙОНА]

Иберийское христианство пережило вторжение императорских войск в 554 г. Вестготы-ариане жили отдельно от своих подданных, которые вступали в постоянные сговоры с Империей на юге. После продолжительных потрясений, во время которых королевство вестготов едва устояло против внутренних возмущений и внешних нападений, Реккаред (правил 586–601) — причем отец его был арианин, а мать исповедовала христианство римского образца — мирно принял католичество из политических соображений. Это решение получило одобрение второго Толедского собора (589). [КОМПОСТЕЛА]

Практически в то же время в связи с браком их короля Агилулфа с Феоделиндой из франков-католиков ариане-лангобарды в Италии приняли католичество. В базилике Монда около Милана, которую они основали, до сих пор можно видеть железную корону Ломбардии с надписью: AGILULF GRATIA DEI VIR GLORIOSUS REX TOTIUS ITALIAE OFFERT SANCTO IOHANNI BAPTISTAE IN ECCLESIA MODICAE. Соперничество католиков с арианами продолжалось вплоть до победы католиков в Коронате в 689 г. [ПРОКАЗА]

Говорят, что римские епископы впервые обратили внимание на Англию, когда Григорий I увидел на невольничьем рынке белокурых детей: "*Non Angli, sed angeli* [Не англы, а ангелы]", — заметил он. Вскоре уже он отправляет одного монаха, св. Августина Кентерберийского (ум. 605 г.) обратить языческую Англию. И весьма незамедлительно был крещен Эдельберт, король Кентский, а в Кентербери, Рочестере и Лондоне учреждены епархии. Подробно историю христианства в Англии описал в своем труде, занявшем целую жизнь, Беда Достопочтенный (673–735), монах из Джерроу в Нортумбрии, в своей *Истории английской Церкви и народа*. Особенно Беду интересовали разногласия между северной и южной миссиями с их соперничавшими центрами в Йорке и Кентербери, а также последующее их примирение на Синоде в Уитби (664). Он также приводит пространные отрывки из переписки папы Григория с Августином:

«Восьмой вопрос Августина. Можно ли крестить женщину, ожидающую ребенка? Как скоро

АЙОНА

Майским вечером 597 г. состарившийся св. Колумбан скончался на ступенях алтаря своей церкви в аббатстве на крошечном, совершенно голом островке Айона — одном из Гебридских островов. Этим вечером он переписывал псалмы и только что вывел строчку псалма 34 «Ищущие Господа не терпят нужды ни в каком благе» (33:11). Уроженец Донегола (графство Ирландии), он основал много церквей в Ирландии начиная с Дерри, прежде чем высадился с 12 братьями на Innis Druinidh (Острове друидов) в 563 г. «Апостол Каледонии», короновавший короля Дальриада (Айдана) в его церкви на острове, он способствовал распространению кельтского христианства и гэльской культуры в западной Шотландии. А миссией в Линдисфарн в Нортумбрии он принес христианство и в северную Англию. Он умер в тот год, когда св. Августин Кентерберийский открыл римскую миссию в Кенте.

Очень поучительна судьба кельтской церкви на Айона. Она пережила страшное вторжение викингов в 806 г., когда были убиты аббат и 68 монахов. Монахи, придерживавшиеся традиции св. Колумбана, были изгнаны ок. 1200, когда Реджинальд, Господин Островов, основал здесь два монастыря: бенедиктинцев и августинцев. Эти монастыри практически перестали существовать, когда в 1560 г. реформированная церковь Шотландии упразднила монашество вообще. Сам остров перешел в руки Кэмпбеллов, герцогов Аргайльских, которые в 1899 г. вернули его Церкви Шотландии для восстановления. Реконструированный собор был снова освящен в 1905 г. А восстановленная община острова Айона, занятая экуменическими трудами и молитвой, была основана здесь д-ром Джорджем Маклеодом в 1938 г. У каждой эпохи свой род христианства.

КОМПОСТЕЛА [САНТЬЯГО-ДЕ-КОМПОСТЕЛА]

Легенда повествует, что тело св. апостола Иакова (Sant-Jago) и его голова были привезены из Палестины в каменной лодке где-то в IV веке. В маленькой портовой церкви в Падрон у Корунна до сих пор сохраняется столб, к которому привязали приплывшую лодку. Рассказы об этом расходились все шире, и через двести лет место погребения святого в Либредоне, или Сантьяго, привлекало уже толпы паломников. В 859 г. обращение к помощи св. апостола Иакова доставило христианам Леона чудесную победу над маврами, после чего св. апостола стали называть Matamoros (Истребитель мавров), а Леон стал суверенным королевством. В 899 г. над могилой апостола воздвигли новый собор, который и стал главным местом паломничества. Его эмблемами стали посох паломника и морская звезда из Атлантики — la compostella.

Причины, почему люди отправлялись в паломничество, были не просты. Одни отправлялись в путь, веря, что святые в силах вымолить им спасение души. Некоторые надеялись на исцеление. Многие в компании веселых спутников отправлялись на поиски приключений или просто из похоти, стремления к обогащению или из желания вырваться из скуки жизни. Сантьяго был особенно привлекателен и потому что был очень далеко, и потому что Церковь избрала его местом формального покаяния.

Четыре длинных пути паломников пролегали через Западную Европу в Сантьяго, четыре надо было одолеть. Один начинался у церкви св. Жака (Иакова) в Париже и шел на юг через Тур, Пуатье, Сент и Бордо. Второй начинался у св. Марии Магдалины у Везелей в Бургундии, ведя на юго-запад через Бург и Лимож. Третий начинался у собора Нотр Дам у Ле Пейан-Велей в Оверни. Все три сходились у Пасс Ронсеваль (Ронсевальского прохода) в Пиренеях. Четвертый путь вел из церкви св. Трофима в Арле, дальше на запад до Тулузы, пересекал Пиренеи у Коль де Сомпорт и встречал три остальных у Пуенте ла Рейна на р. Арга. Последние 250 миль по диким ландшафтам Астурии, Бургосу и Леону все пилигримы шли по одной Camino de Santiago (дороге Сантьяго), пока не оказывались наконец перед воротами de la Gloria.

Особенно популярное в XIV—XV веках, это паломничество было самым длинным путешествием через континент. Английские и ирландские паломники сначала добирались до Тура или плыли до Талмонта на Жиронде. Немцы и швейцарцы спускались по Роне до Лиона, а затем уже двигались на Везелей или Ле Пуй. Итальянцы плыли до Марселя или прямо до Арля. Были написаны путеводители. Аббатства и другие святые места по пути, такие как аббатство Св. Фоя в Конке, богатели от пожертвований паломников. Приют в Ронсевале подавал 30 000 обедов в год. Погосты принимали тех, у кого не хватило сил.

Историки часто спорят, что способствовало единству христианского мира. Одним из таких факторов был Сантьяго де Компостела.

после родов ей разрешается входить в церковь? И по прошествии какого времени может быть крещен новорожденный? В течение какого времени после родов муж не может иметь общения с женой? И может ли женщина входить в церковь в определенные дни? И может ли она в эти дни причащаться? И может ли мужчина после отношений с женой входить в церковь, не помывшись прежде? Принимать Святые Тайны? Во всех этих вопросах следует наставлять неотесанных англичан»[30].

Григорий особенно заботился о том, чтобы приспособить языческие обряды к христианским:

«Мы пришли к заключению, что идольские храмы... не следует ни в коем случае уничтожать. Следует уничтожить идолов, но сами храмы надо кропить святой водой, возвести алтари с мощами в них... Таким образом, мы надеемся, люди оставят идолослужение... и вновь станут приходить на это место, как раньше... А так как у них был обычай приносить в жертву дьяволам множество быков, то пусть вместо этого установят другие торжественные церемонии... Им не следует отныне приносить животных дьяволу, но они могут убивать их ради трапезы во славу Божью... Если людям позволить некоторые земные радости... то они с большей готовностью станут искать радостей духовных... Потому что невозможно одним махом уничтожить все ошибочные представления в упрямых головах, и тот,

ПРОКАЗА

В 643 г. король Ломбардии Ротарь издал указ: «Если человек заболеет проказой... и будет изгнан из города или поселения, да не отдает он свое имение никому. Потому что в тот самый день, когда он будет изгнан, он считается умершим». Уже одного этого достаточно, чтобы развеять миф, будто проказу принесли в Европу крестоносцы.

Все Средневековье прокаженных изгоняли. В Византии, где в V веке был по крайней мере один лепрозорий, к прокаженным относились так же. Множество сведений о проказе можно было найти в Библии (Левит гл. 13). Прокаженных заставляли жить вне города; носить длинное платье яркого цвета с нашитой на нем буквой L; они должны были предупреждать о своем приближении звоном колокольчика, хлопаньем в ладоши, горном или криком «Нечист, нечист!». Лионский собор VI века формально передал их под опеку епископа, на деле же они жили подаянием. В 1179 г. III Латеранский собор упорядочил всю процедуру. Человека с подозрением на проказу должен был осмотреть священник или магистрат, и в случае, если он оказывался зараженным, он подвергался процедуре отделения от общины через символическое погребение.

Эту церемонию — separatio leprosorum — описал св. Алжин в Анжере. Кающийся (находящийся под епитимьей) прокаженный вставал на край отрытой могилы, покрыв голову черной тряпкой. Священник говорил: «Умри для мира, чтобы родиться в Боге». Прокаженный отвечал: «Иисус, мой Искупитель... дай мне возродиться в Тебе». Затем священник читал проскрипцию:

«Я запрещаю тебе входить в церковь, монастырь, на ярмарку, мельницу, базарную площадь или таверну... Я запрещаю тебе выходить из дома без одежды прокаженного или босиком... Я запрещаю тебе мыться или пить в ручье или фонтане... Я запрещаю тебе жить с какой-нибудь женщиной, кроме твоей собственной. Если ты встретишь какого-нибудь человека на дороге и он заговорит с тобой, я запрещаю тебе отвечать ему прежде, чем ты не станешь с подветренной стороны... Я запрещаю тебе трогать колодец или колодезную веревку без перчаток. Я навсегда запрещаю тебе трогать детей или что-нибудь им давать... Я запрещаю тебе есть и пить с кем-нибудь, кроме прокаженных».

Затем процессия отводила прокаженного на место изгнания.

Некоторые правила предусматривали и более суровые меры. В 1318 г. Филипп V Французский обвинил прокаженных в том, что они в союзе «с сарацинами» отравляют колодцы. Он приказал их всех сжечь вместе с евреями, которые давали им советы и утешение. В 1371, 1388, 1394, 1402 и 1404 гг. муниципалитет Парижа безуспешно призывал исполнять законы о прокаженных. Суровость этих законов проистекала из убеждения, что проказа — это наказание за сексуальные извращения. На этой болезни лежали стигматы глубокого морального падения, отчего риск заразиться безмерно преувеличивался.

Но и без того проказа поражала людей и наверху и внизу: проказой заболел Болдуин IV король Иерусалима и Хью д'Оривалья, епископ Лондона (ум. 1085). Врачи даже не догадывались о ее бактериальной природе и не имели никаких средств облегчить страдания больного. Вслед за Авиценной они в основном приписывали ее психологическим причинам, таким как коварство и похоть. Лепрозорий возле стен города был обычным зрелищем. В Англии поселение прокаженных в Хэмблдауне возле Кентербери выросло до внушительных размеров. В Бэртон Лазар лепрозорий располагался на целебных водах, которые позднее использовали в пивоварении [сорт пива burton].

С большим искусством проказу использовала средневековая литература. В нескольких вариантах легенды о Тристане и Изольде героиню, едва избежавшую сожжения, бросают к прокаженным:

И сказал герцог: «Я отведу ее к моим больным. Они будут ее любить, и она умрет в бесчестии».

По всем сведениям, в XVI в. проказа в Европе стала встречаться значительно реже. Ее место занял сифилис [**сифилис**], но предрассудки, связанные с ней, остались. В 1933 г. Оксфордский словарь описывает проказу как «позорную болезнь», elephantiasis graecorum. И еще даже в 1959 г. один американский романист был во власти старых унизительных стереотипов. Проказа была СПИДом средневековья.

кто хочет взобраться на вершину, поднимается шаг за шагом…»[31]

Конечная победа миссий объясняется, без сомнения, осторожностью: при этом обычно в течение долгого времени лишь слегка прикрытые языческие ритуалы сосуществовали с медленно набиравшим силу христианством. Вообще-то говоря, Церковь преуспела в своей миссии евангелизации потому, что сумела использовать *языческое* мировоззрение. Она смогла внушить тем, кто искал обращения, что только через Крещение они смогут присоединиться к цивилизованному миру. С другой стороны, разработка христианскими авторами языческих тем, как, например, в англосаксонской поэме *Беовульф*, долгое время была главной чертой культурной жизни Европы.

На Востоке императоры были слишком заняты натиском ислама, чтобы проявлять особую заботу о душах своих еще не обратившихся подданных или соседей, так что до времени великая *Склавиния* и болгары были предоставлены самим себе. В VII–VIII вв. Константинополь удовлетворялся реэллинизацией и рехристианизацией Пелопоннеса и островов. На этом эпизоде не особенно останавливаются в современных историях Греции. Крит оставался в руках мусульман до X в.

В отличие от франков, германские племена к востоку от Рейна еще целых два столетия не подпускали к себе христианство. Задача обращения германцев была предоставлена английским миссионерам с севера и франкским воинам с запада. Св. Вильфрид Йоркский (634–710), чье католическое родословие прослеживается в Уитби, начал свою проповедь во Фрисланде в 678–679 гг. Но центральной фигурой в этом деле был, конечно, св. Бонифаций из Кредитона (ок. 675–755), основавший первую германскую епархию в Майнце и большое аббатство в Фульде (744), претерпевший мученичество за веру в Доккуме во Фрисланде. У Бонифация было много сподвижников, среди них святые с замечательными именами Штурм и Лулл (то есть *Буря* и *Затишье*), которые спорили между собой за Фульду, св. Виллибальд Баварский (ок. 700–786), первый известный нам паломник в Святую Землю, его брат св. Вунибальд Тюрингский (ум. 761) и его сестра св.

Вальпурга (ум. 779), аббатисса Хейденхейма. Мирный труд английских миссионеров дополняли (или, лучше сказать, бесчестили) безжалостные походы франков в Саксонию в период 772–785 гг. Христианизация была, безусловно, следствием франкского завоевания, во время которого и наступавшие, и оборонявшиеся без устали прибегали к резне и предательству. Священная роща Ирминсуля была вырублена уже в самом начале этих кампаний; массовые крещения были совершены у близкого Падерборна, а также в Окере и Эльбе. Саксонские повстанцы, из которых примерно 4500 погибло во время резни в Вердене (782), были наконец сломлены, когда их предводитель Видукинд решился вступить в освященную воду. Открываются миссионерские епархии в Бремене, Вердене, Миндене, Мюнстере, Падерборне и Оснабрюке.

С приходом христианства в центральную Германию вступает в силу новая стратегия. До того времени христианство в значительной степени ограничивалось Римской империей или теми землями, где важную роль «общественной закваски» играли бывшие римляне — христиане. Христианство все еще было в значительной степени «имперской религией» даже там, где давно уже порвались связи с Империей. Теперь же христианство начинает продвигаться туда, где никогда никаких связей с Империей не было. Рейнланд некогда был провинцией Рима; Саксония — нет. И хотя еще несколько бывших римских провинций, в особенности Балканы, ожидали возврата христианства, оно начинало продвигаться на нетронутые языческие территории. После Германии своей очереди ждал славянский мир, а затем Скандинавия и балты.

Если первая фаза христианизации — обращение Империи — заняла 400 лет, то вторая стадия повторного обращения бывших римских провинций завершилась по прошествии еще 400 лет. Третьей фазе обращения нетронутого языческого мира предстояло продлиться еще долгих шесть веков. [БИБЛИЯ]

На первый взгляд может показаться, что основные процессы «темных веков» не были тесно связаны между собой. Больше того, ни один из них не завершился в этот исторический период. Длительный период варварских вторжений

БИБЛИЯ

Codex Argenteus VI в. (Cod. DG 1 fol. 118v) хранится в библиотеке университета в Упсале. Он был привезен в Швецию из Праги. Текст написан серебряными буквами на пурпурном пергаменте. Это, возможно, лучшая ранняя копия готического перевода Библии, сделанного Ульфилой (Вульфилой ок. 311–383). Вульфила, то есть «волчонок», арианин, потомок пленных христиан, был рукоположен «епископом готов» во время недолгого пребывания тех на границе по Дунаю. Сделанный им перевод Библии на готский язык открыл череду переводов Священного писания на народные языки и положил начало немецкой литературе.

Codex Amiatinus, который теперь находится в библиотеке Лауренциана во Флоренции, не такой древний. Он был записан в Джерроу в Нортумбрии ок. 690–700 г., во времена аббата Кеольфрида. Это древнейший сохранившийся список Вульгаты — перевода Священного Писания на латынь, выполненного бл. Иеронимом. Он основан на более старом списке Вульгаты Кассиодора (см. с. 266) и был подарен аббатом Кеольфридом папе, а затем был помещен в аббатство Амиата. На особенно тонкий пергамент для этого Кодекса (vellum) пошли шкуры 1500 животных.

Надо заметить, что Вульфила завершил свой перевод на готский раньше перевода бл. Иеронима на латынь. Оба они переводили с греческих текстов, среди которых не было единого принятого за канонический. Современные реконструкции ранних греческих рукописей Священного Писания основываются на Codex Vaticanus IV века из Александрии; на Codex Sinaiticus IV века, который был продан русским царем Британскому музею; на Codex Alexandrinus V века (также в Британском музее) из Константинополя; и на Codex Ephraemi V века из Национальной библиотеки в Париже.

Никогда не удавалось установить раз и навсегда совершенно точный и надежный текст Священного Писания, который бы подходил сменявшим друг друга поколениям. Но попытки исполнить эту задачу предпринимались непрерывно. Ветхий Завет был написан на древнееврейском и арамейском, Новый Завет — греческом эпохи эллинизма. Ветхий Завет был переведен на греческий (Септуагинта) для грекоговорящих евреев Александрии. Так что теоретически можно думать, что уже с I века существовал полный греческий текст Ветхого и Нового Заветов.

Современная Библия в католическом и протестантском вариантах состоит из почти 100 книг. Их нельзя было собрать в один корпус обоих Заветов, пока в IV веке не был установлен основной канон. Тем временем в ходу были бесчисленные варианты каждой книги Библии и апокрифы. До нас эти варианты дошли только в фрагментах на древних папирусах, в цитатах у отцов Церкви, в различных предшествовавших Вульгате текстах «старой веры» и в работах древних иудейских и христианских критиков. Среди последних особенно важна знаменитая Hexapla Оригена, записавшего шесть древнееврейских и греческих вариантов Ветхого Завета в шесть колонок рядом. [ПАПИРУС]

Даже Вульгата не систематизирована. По мере того как бл. Иероним заканчивал какие-нибудь значительные части своей работы, он отсылал их разным адресатам. Позднее их также пришлось собирать по разным библейским компиляциям, куда эти отрывки были вставлены. Больше того, работа средневековых переписчиков была буквально игрой в «испорченный телефон», где ошибки накапливались на каждом этапе переписки. Легко понять, почему греческое слово «biblia» — «священные книги» — первоначально употреблялось только во множественном числе. Унификация библейских текстов стала возможна только с изобретением книгопечатания. [ПЕЧАТНЫЙ СТАНОК]

К тому времени, однако, христианство уже стояло на пороге Реформации и близилось время, когда протестанты подвергнут сомнению всю прежнюю библейскую ученость. Протестантские библеисты были больше всего заинтересованы в переводе Библии на национальные языки, для чего нужны были аутентичные тексты древнееврейских и греческих оригиналов. Вся новая эпоха в библеистике, таким образом, прошла под знаком соперничества между католицизмом и протестантизмом.

В 1907 г. Ватиканская комиссия поручила бенедиктинцам подготовить установленный текст Вульгаты. Работа продолжается на протяжении всего XX века. Как заметил один стоически настроенный бенедиктинец, когда она может быть закончена, «знает только Бог».

продолжался вплоть до последних набегов монголов в 1287 г. Разрыв между Востоком и Западом перешел из имперской сферы в церковную, но оформился только в 1054 г. Обращение в христианство язычников в Европе завершилось только в 1417 г. Воины ислама все еще были на марше, когда в 1354 г. в Европе появились турки-османы. Только тогда Римская империя начала угасать.

Причем все эти процессы взаимодействовали, и совокупный результат этого взаимодействия был уже вполне различим к тому времени, когда большая часть Средиземноморья была завоевана армиями Пророка. В течение четырех веков после Константина родилась Европа. В это время различные народы полуострова наконец окончательно осели. В этот период остатки Римской империи стали одним из суверенных государств христианского мира, консолидировавшего свои силы в тени ислама. Пока еще никто не употреблял для обозначения этой общности названия *Европа*, но без сомнения, она уже существовала.

Монс Йовис, Пеннинские горы (Пеннинские Альпы), ок. 25 ноября 753 г.н.э. Была уже поздняя осень, и скоро должен был выпасть снег. Стефан II, епископ и патриарх Рима, спешил проехать через Альпы, пока дороги еще были открыты. Он поехал из Павии на реке По, столицы королевства лангобардов, в королевство франков. Папа направлялся вначале в монастырь св. Мориса в верховьях Роны. Оттуда он продолжит путь на королевскую виллу Понтион на Марне — всего примерно 700 км. Если проезжать по 15–18 км в день, то все путешествие займет у него шесть недель[32].

По Монс Йовис (горе Юпитера) проходила одна из двух римских дорог, построенная за 700 лет до того и соединявшая провинции Цизальпинской и Трансальпийской Галлии. Известная также как *Альпис Пенина* (Пеннинский проход), эта дорога некогда вела в земли Гельвеции. Она проходила на высоте 2476 м. Дорога с каменным мощением 4 м шириной предназначалась для колесного транспорта, и в прежние времена повозка преодолела бы 80 км от Августы Претории (Аосты) до Октодороса (Мартиньи) за день. В VIII веке двигаться стало труднее. Местные называли ее таким именем, которое еще находилось

на полпути от лат. *Mons Jovis* к современному Монте Иов или Монжу[33].

Стефан II был возведен на трон св. Петра за 20 месяцев до того при неожиданных обстоятельствах. Осиротевший сын римских аристократов, он вырос и воспитывался во дворце при базилике св. Иоанна на Латеране и был дьяконом при папе Захарии (правил в 741–752 гг.). Умелый администратор, он достиг достаточно высокого положения, чтобы поставить свою подпись под актами Римского синода 743 года. Так что десять лет спустя он, по-видимому, был в средних летах. После смерти Захарии он присутствовал, наверное, при том, как следующим папой был избран старейший пресвитер, также по имени Стефан. И для него, наверное, стала потрясением неожиданная смерть Стефана от удара спустя всего лишь четыре дня, еще до возведения в сан. Очевидно, он был совершенно не готов к тому, что в тот же день была одобрена его собственная кандидатура на этот пост. Из-за неопределенности положения предшественника дьякона Стефана называют то Стефаном II, то Стефаном III, а то и Стефаном II (III)[34].

Захария, ученый грек из Калабрии, проводил политику, намеченную до него Григорием II (715–731) и Григорием III (731–741), и, сопротивляясь требованиям иконоборческого императора Константина Копронима, тем не менее не порывал с Империей. В то же время он проявлял большой интерес ко всему происходящему на севере. Захария находился в постоянном контакте со св. Бонифацием, которого послал легатом для романизации обрядов франкской Церкви. Однако важнее, что по просьбе франков он издал формальное постановление о том, что королевский титул желательно носить тем, кто реально осуществляет власть. Фактически он санкционировал таким образом смещение последнего короля из династии Меровингов. От имени города Рима он подписал двадцатилетнее перемирие с лангобардами и попытался выступать посредником в спорах лангобардов с византийским экзархом Равенны. Но в последние годы жизни он не имел сил сдерживать агрессивного нового короля лангобардов Айстульфа. В 751 г. Айстульф захватывает Равенну и устремляется на юг. Когда же посланцы лангобардов стали взимать ежегодный налог с Рима, ясно определилась угроза давним свободам этого города и его епископу. Такие вот

Карта 11

события заставили отправиться в путь преемника Захарии.

Францией, или «Страной франков» — самым большим государством из возникших на территории западной Римской империи, — уже 300 лет (к тому времени) управляли потомки Меровея (ум. 458 г.), деда Хлодвига I. Тогдашняя Франция занимала территорию от Пиренеев до Везера. Из трех составлявших Францию частей Нейстрия (с центром в Париже) и Бургундия на Роне оставались по преимуществу галло-романскими, но Австразия на востоке (с центром в Реймсе), бывшая первоначальной территорией франков, была в основном германской. При этом государство на протяжении истории часто дробилось, а потом объединялось. В VIII в. Меровинги сохранили лишь номинальный контроль над наследственными *мажордомами дворца* в Австразии, Арнульфингам, которые фактически правили страной. В 751 г. именно майордом Австразии Пипин III, внук Карла Мартелла, отправил послов к папе Захарии спросить, неужели «один должен царствовать, а другой — править». Получив желательный для него ответ, он сверг своего короля Хильдерика III и захватил трон, при этом получив всю власть.

Когда путешественники поднялись с большим трудом на самую высокую точку пути, их потрясло состояние дороги, шедшей среди суровых гор. Некогда гладко вымощенная, она потрескалась, покрылась впадинами и кочками, а местами была и полностью смыта. Уже никто не помнил, когда в последний раз ремонтировали громадные каменные плиты на ней. Дорожные станции времен Империи давно уже не действовали. В ложбине под голой, окутанной туманом вершиной у скованного льдом озера виднелись забытые развалины храма Юпитера Пеннинского.

Проживший всю жизнь у развалин Колизея, Стефан не нуждался в напоминаниях о том, что слава Рима миновала, но вид забытой, всеми заброшенной дороги, должно быть, отвечал его собственному настроению. Здесь он ясно увидел, что вступает на путь, по которому не рисковал пойти никто из его предшественников. Хотя Григорий II однажды приготовлялся отправиться в подобное путешествие, но тогда поездка не состоялась. Ни один епископ Рима никогда не перебирался через Альпы. И когда Стефан начал спуск к Сен-Морису, он, должно быть, стал думать о последствиях. Его поступки не были импульсивными. Он посылал за поддержкой в Константинополь, но напрасно. Он посетил Павию и лично обращался к Айстульфу, но без результата. Теперь Стефан обращался к франкам в последнем рассчитанном усилии предотвратить катастрофу. Если допустить анахронизм, он «взывал к Новому Свету ради восстановления равновесия в Старом».

Христианский мир, в котором епископ Римский хотел занять центральное положение, был теперь меньше, чем был в прошлом (или чем ему предстояло быть в будущем). В предшествующее столетие его постоянно сокращали арабские завоевания, и он еще не распространился на земли в центре и на востоке полуострова. Византийская империя хотя и устояла против арабов в 718 г., но была окружена ими на Балканах и в Малой Азии. Мусульмане только что покорили все западное Средиземноморье и большую часть Иберии. Хотя за 20 лет до того они были отброшены от Луары, но все еще удерживали большую часть южной Галлии, где в состоянии мятежа находились готские города Ним и Безье. Если бы Стефану вздумалось преодолевать Альпы двадцатью милями западнее, то, спустившись, он попал бы на мусульманскую территорию.

В это время латинское христианство удерживало узкий коридор от Британских островов до центральной Италии. Здесь (на полпути от *Евангелий из Линдисфарна* и *Книги из Келль*) исключительно расцвело кельтское искусство книжной иллюстрации. В Англии 18 лет назад умер Беда Достопочтенный, и мантия англосаксонской учености перешла от него к Алкуину, которому предстояло прославиться во Франции. Центральная Германия только что была обращена в христианство, а патрон этих мест св. Бонифаций умер всего два года назад, оставив еще совсем юными аббатство Фульду и хоровую школу при нем. Лангобардские правители Италии были католиками еще с прошлого века, но и они с опаской поглядывали на свободы Рима и видели измену всякий раз, когда папы поддерживали граждан Рима против Павии. При помощи герцогств Тосканы, Сполетто и Беневенто они осуществляли контроль над центральной и южной Италией, против чего протестовала Византия, до сих пор сохранявшая здесь свои провинции — Сицилию, Калабрию и Неаполь.

Но наибольшая часть европейского полуострова удерживалась языческими племенами. Скандинавия быстро шла к взрыву, уже вскоре дикие морские разбойники-викинги покинут ее, устремившись по северным морям к другим берегам. Территорию язычников-фризов и саксов то и дело опустошали франки, но не могли их все-таки покорить. Именно в это время правитель франков Пипин Короткий (правил 751–768), которого ехал повидать Стефан, как раз отдыхал в Бонне после очередного набега на Саксонию. На востоке язычники-славяне удерживали все земли от устья Эльбы до Эгейского моря. Помимо Эльбы, в их власти были почти все крупнейшие реки: Одер, Висла, среднее течение Дуная и Днепр. В это время хроники зафиксировали сведения о Киеве как о важном пункте на речном пути с Балтики в Черное море и Месопотамию.

К счастью для христиан, мусульманский мир и сам был в состоянии перемен. Абассидский халифат в это время начал переносить центр тяжести своей политической жизни из Аравии в Персию. Аль-Мансур был в походе. Его сын Гарун аль-Рашид, который останется в истории как главный герой *Тысячи и одной ночи*, был еще маленьким мальчиком. Последний из побежденных Омейядов был на пути в Испанию, где ему предстояло основать эмират Кордова.

События путешествия папы Стефана можно теперь восстановить по двум главным источникам: романскому (римскому) и франкскому. *Vita Stephani* составляет часть обширнейшей компиляции, известной как *Liber Pontificalis*, и представляющей собой череду биографий и декреталий пап с VI по XIX век[35]. Vita Stephani стремится представить весь эпизод с точки зрения папы. Напротив, третье продолжение *Хроники Псевдо-Фредегара* представляет собой приложение к главному франкскому собранию сведений об эпохе Меровингов[36]. Оно описывает события времени правления Пипина III и было составлено по распоряжению родственника Пипина Нибелунга. В этом тексте изложен взгляд на события с точки зрения Каролингов. То, что недосказывают два источника (или, наоборот, что они подчеркивают), породило разнообразные толкования позднейших историков.

Наши источники мало что сообщают о политической сделке, вдохновившей Стефана на путешествие, но в общих чертах она ясна. Хотя Пипин предусмотрительно посоветовался с папой, прежде чем пойти на *coup d'état* и, возможно, его даже благословил св. Бонифаций, но все-таки его права на власть были сомнительными. Хотя Стефан II предварительно посоветовался и с императором, и с королем лангобардов, его обращение к франкам не могло их не беспокоить. Суть предстоящей сделки заключалась в том, что Рим доставит Пипину то, чего ему недостает по части легитимности, если франки помогут Риму силой оружия. Стефан II горячо желал освятить и санкционировать правление Пипина, а Пипин должен за это был восстановить порядок в Италии.

Позднейшая традиция поддерживает мнение, что римские папы имели полное право действовать без оглядки на Византийскую империю, но это означает читать историю в обратном направлении. Формально патриарх Рима обязан был соотносить свои действия с Империей. Он завоевал себе фактическую самостоятельность в Вечном городе, не имея на это никакого законного права. Хотя нет никаких причин думать, что он намеренно старался задеть интересы Империи. Ведь в конце концов он отправился в это путешествие в сопровождении императорского посла, который доехал с ним до Павии и участвовал в беседах с Айстульфом. И предлагая свой план Пипину, он должен был употребить фразу «для дела св. Петра и Римской республики», что до создания папского государства *respublica romanorum* означало только «Византийская империя». Вообще, призывать одного вождя варваров для отражения другого варвара было древнейшей тактикой Империи. Так что само по себе призвание франков не было актом измены. И Стефан II оставался верным Империи... до конца этой истории.

Начало путешествия папы описано в *Liber Pontificalis*. Он выехал из Рима 15 октября и направился в Павию. *Злокозненный властитель лангобардов* выслушал его, но не смог отговорить. Он выезжает из Павии 15 ноября:

«Из Павии с Божьей помощью он доехал до ворот королевства франков исключительно быстро. После того как он пересек (проход) со своей свитой, он с радостью вознес хвалу Всемогущему

Богу. В начале путешествия дорога шла круто в гору, но благословенный понтифик [преодолел этот путь] и невредимым добрался до древнего монастыря св. Мориса, мученика за Господа»[37].

Стефан путешествовал в сопровождении 12 прелатов высокого ранга, а также посланника франков герцога Айтчара (Огиера) и канцлера, епископа Хродеганга из Метца.

В Сен-Морисе при въезде в королевство франков папу приветствовал личный представитель Пипина аббат Фулрад из Сен-Дени. Монастырь был построен на склоне Агаунума, где за 500 лет до того встретил свою смерть римский центурион Маврикий, призвавший солдат Фиванского легиона лучше не исполнить приказа, чем сражаться с братьями-христианами. Оттуда отправили Пипину послание, чтобы приготовили встречу (этих двоих) в Понтионе. Посланец разыскал короля в Арденнах на пути из Бонна. Пипин тут же послал инструкции своему двенадцатилетнему младшему сыну Карлу встретить почетного гостя на дороге. Покинув Сен-Морис, Стефан обогнул озеро Леман и пересек Юру. Его встреча с сыном короля произошла где-то в Бургундии в конце декабря. Чтобы встретить папу, двенадцатилетний Карл проехал 150 км на юг от Понтиона.

Стефан доехал до Понтиона 6 января 754 г. Римский источник сообщает, что король выехал за городские ворота, чтобы встретить Стефана, спешился, простерся перед ним ниц и лично подержал под уздцы коня папы. Именно тогда со слезами папа стал молить короля о помощи:

«Благословенный папа в слезах молил величайшего и христианнейшего короля придти к согласию в деле мира. Для дела св. Петра и Римской республики»[38].

По франкскому источнику, «папа Рима предстал перед королем... принес ему и его франкам богатые дары и попросил его помощи против лангобардов и их короля в связи с их обманом»[39]. Пипин затем предоставил Стефана заботам аббата Фулрада, чтобы он перезимовал в Сен-Дени.

В следующие затем недели Пипин обменялся посольствами с Айстульфом. Посланник франков отправился в Павию и призвал лангобардов воздержаться от захвата территорий и от своих «еретических требований». Айстульф же послал с

миссией к Пипину его младшего брата Карломана. (Карломан когда-то удалился в монастырь в Риме и потому был жителем королевства лангобардов.) 1 марта франки проводили ежегодный парад на Марсовом поле в Бернакусе (Берни-Ривьер, Айсн). Потом на Пасху 14 апреля они собрались в Кариаскуме (Кьерси), чтобы обсудить новую кампанию. Не без колебаний они решили выступить против лангобардов.

Здесь источники опять расходятся. Продолжение к Хронике Фредегарда рассказывает, что франки перешли Альпы у Монт Ценис и нанесли решительное поражение лангобардам в Валь де Суза. Напротив, Liber Pontificalis рассказывает, как в середине лета Стефан вновь короновал Пипина и его королеву Бертраду в Сен-Дени, помазав их освященным маслом и даровав им титул *патрициев Рима*, а сыновей и наследников Пипина благословил вечно править государством франков после Пипина. Историческая достоверность этих событий подтверждена и другим источником, по-видимому, очевидцем, в *Clausula de Unctione Peppini*. Можно сделать вывод, что франкские комментаторы смущались тем, что повторное венчание на царство Пипина заставляет усомниться в законности его более раннего коронования.

Последствия всего происшедшего стали ясны через два года. После первой победы франков Айстульф подчинился Пипину и епископ вернулся в Рим. Однако затем уже через несколько месяцев лангобарды нарушили клятву и возобновили свои атаки. Поэтому в 756 г. Пипин организует новую кампанию против лангобардов, захватывает Павию и подавляет всякое их сопротивление. В этот раз, если не раньше, франки отбирают у лангобардов экзархат Равенны и дарят его папе; этим они создали территориальные предпосылки для создания папского государства. Приняв этот дар как часть наследия св. Петра (вопреки притязаниям Византии), епископ Римский очевидным образом обнаружил, что отрекается от верности императору.

Но кое-что остается неясным. Кажется, что некоторые важные детали были вписаны в источники гораздо позже. В такого рода делах особенно преуспела папская канцелярия. Liber Pontificalis утверждает, например, что *Пипинов дар* был совершен не в 756 г., а в 753 г. в Кьерси.

Больше того, здесь же заявлено, что Пипин всего лишь вернул то, что издревле принадлежало Риму. Как мы теперь знаем, в это же время папская канцелярия состряпала документы о несуществовавшем *Даре Константина*. И пока в XV веке не был открыт этот подлог, верные католики придерживались ложного представления, будто Римская церковь получила экзархат Равенны из рук первого христианского императора за 400 лет до Пипина. Поэтому можно предположить, что «Константинов дар» был придуман для убедительности «Пипинова дара». Кажется, что в ходе борьбы с лангобардами Пипин установил дружеские отношения с византийцами. Франкский автор говорит, что не знает, что случилось с этой дружбой, но только она не расцвела[40]. Случилось же то, что византийцы потребовали возврата своего экзархата и получили ответ, что он только что был отдан папе. Преданные Римом и бессильные перед франками, византийцы постарались объединиться с лангобардами.

Как это часто случается в истории, никто не мог предвидеть далеких последствий произошедшего. Франки увязли в Италии. Епископ Рима завоевал такое положение, что его стали признавать верховным из патриархов — папой; папство заложило территориальную основу для создания государства; а союз франков с папами надолго стал определяющей чертой международной политики. Решившись преодолеть Альпы, Стефан II лично установил ту связь, которая обеспечила северу возможность постоянно участвовать в делах юга. Но, главное, был чрезвычайно подорван авторитет Империи на Западе. У мальчика, выехавшего навстречу епископу Стефану, зародилась мысль, что он может основать собственную империю.

V

MEDIUM
Средние века, ок. 750–1270 гг.

Есть какая-то неподвижность во многих описаниях средневекового мира. Это впечатление еще усиливается неспешностью технологических перемен (на чем часто делают акцент), закрытостью феодального общества и неизменными, теократическими представлениями о человеческой жизни. Главные символы этого времени — рыцарь в доспехах на массивном коне; серв (крепостной крестьянин), привязанный к земле своего господина; монахи и монахини за молитвой. И все они — воплощение неподвижности: физической, общественной, интеллектуальной.

Термин Medium Aevum (Средний век) впервые стали употреблять благочестивые христиане, которые полагали, что живут между Первым и Вторым пришествием Христа. Позднее этим термином стали пользоваться для иных целей. Ученые Возрождения в XV веке заговорили о *Средних веках* как о периоде от упадка античности до возрождения классической культуры в их собственную эпоху. Для них античный мир был высокой цивилизацией; средневековье же представлялось падением в варварство, узостью, религиозным фанатизмом. В эпоху Просвещения, когда достоинства человеческого рассудка открыто возобладали над религиозной верой, средневековье стало синонимом обскурантизма и отсталости. Позже, когда сменившее средневековье *Новое время* само стало уходить в прошлое, понадобились новые термины, чтобы размечать течение времени. Средневековый период стал одним из четырех периодов, на которые теперь условно делят европейскую историю: древность, средневековье, Новое и теперешнее, Новейшее время (оно же «современ-

ность»). Также условно средневековье в свой черед подразделяют на раннее, высокое и позднее, создавая как бы несколько последовательно сменявших друг друга *Средних веков*. Конечно, люди, которых позднейшие историки назовут людьми средневековья, не имели ни малейшего представления о подобной периодизации.

К сожалению, нет никаких четких границ, которыми можно было бы обозначить конец античного мира или же начало Нового времени. Также и начало средневековья относили к самым разным моментам после обращения Константина. Концом же средневековья считали или 1453 г., или 1493 г., или 1517 г., а те, кто видят важнейший признак средневековья в феодализме, которому дают свое собственное определение, — так даже 1917 г. Почти все медиевисты согласятся, что предмет их исследований обозначен крайне неудовлетворительно. Многие, кто занимается исключительно Западной Европой, при этом подчеркнут решительный контраст между деструктивными тенденциями ранней фазы средневековья и конструктивными тенденциями его поздней фазы. В этой схеме *темные века* (V–XI) характеризуются все большим расчленением Римского мира; поворотным пунктом в этом процессе стал так называемый *ренессанс XII века*; а пик *Высокого средневековья* приходится на XIII–XIV вв. Все сказанное не относится к Востоку, где Римская империя просуществовала до 1453 года и где не было никакого «ренессанса», похожего на западный.

Большинство ученых, конечно, согласны с тем, что объединяющая сила средневекового мира заключалась в организованном христианстве. И в этом их взгляды совпадают со взглядами людей средневековой Европы, которые, если бы у них спросили, сказали бы, что считают себя христианами, живущими в христианское время в христианской части света. Сам же *христианский мир* не был неизменным: благодаря войнам с мусульманами и кампаниям против язычников он то сокращался, то расширялся. Это понятие никогда не было тождественно понятию «полуостров Европа». Христианский мир, который знал папа Стефан II, когда он пересекал Альпы в 753 г., был отличен от христианского мира 1453 г., когда турки штурмовали стены Константинополя.

Вакуум, образовавшийся после падения Римской империи, был заполнен осознававшим себя христианским миром, который был не только религиозным сообществом, но и политическим объединением с крепкими внутренними связями. Римская империя полностью исчезла, но ее религия восторжествовала, и духовные и мирские вожди христианского мира постепенно приняли мантию цезарей. На Западе, где Империя разрушилась раньше всего, епископ Рима породил представление о новом порядке, основанном на соединенном авторитете латинской Церкви и католического императора. «Папство, — писал Томас Гоббс, — это не что иное, как призрак умершей Римской империи, сидящий в короне на собственной могиле»[1]. Образцовым инструментом папства стали новые кесари — германские кайзеры. Но на Востоке, где Римская империя просуществовала гораздо дольше, идея заместительного порядка, основанного на власти греческой Церкви и новых православных императоров, смогла быть реализована лишь с появлением московских цезарей, или *царей.*

Если же мы, таким образом, посчитаем центральной темой средневековья реорганизацию христианского мира в новые имперские системы, то ясно определяются и границы средневековья. Первым шагом тогда следует считать коронацию Карла Великого на Рождество 800 г., а последним — принятие Иваном III, Великим князем Московским, титула *царя* в 1493 г.

Однако с самого начала растущее сообщество христианского мира переживало внутреннее разделение. Хотя у латинской и греческой Церквей была общая вера, они часто считали друг друга врагами. И если сторонний наблюдатель увидит в них лишь два варианта одной веры (как у суннитов и шиитов мусульманского мира), сами они больше замечали различия, чем общность. В первое тысячелетие они хотя бы поддерживали видимость единства; во втором тысячелетии исчезла даже видимость. Старая трещина после схизмы 1054 г. превратилась в пропасть, и стало ясно, что даже самые основания Христианского мира подвержены изменению.

750–1054 гг.

С VIII века неясные мысли о новом политическом порядке подстегивались беспрерывными нападениями на христианский мир извне, так что основание империи Карла Великого в 800 г., Священной Римской империи в 962 г. или, наконец, Царства Московского можно понять лишь в связи с активностью викингов, мадьяр, монголов и турок. Более 200 лет викинги или норманы (люди Севера) опустошали северные побережья. Сами они были продуктом перенаселенности отдаленных фьордов Скандинавии, откуда «люди весла» уплывали на своих галерах для разбоя, торговли, для военной службы в наемных отрядах или просто в поисках приключений. Начиная примерно с 700 г. группы викингов нападали и грабили отдаленные поселения на Британских островах и во Фризии, а в конце сезона уплывали домой. Они опустошили Линдисфарне в 793 г. и Айону в 795 г. (**АЙОНА**). С середины IX в. викинги начинают обустраивать громадные лагеря, которые были базой для более масштабных разбойных кампаний. Несколько таких лагерей превратились в постоянные поселения. Так викинги из Дании собрали громадную армию в устье Сены и оттуда то и дело отправлялись грабить беззащитные города северной Франции. Они захватили такие порты, как Руан и Нант, откуда поплыли в Португалию (844), на Балеарские острова и даже в Прованс и Тоскану (859–862). В 851 г. они вторглись в Англию, прошли насквозь восточную половину страны. С 866 г. Денло (*Датское правление, Датский закон* и *Земли,* где правят датчане) установилось от Нортумбрии до Восточной Англии, и в последующие 150 лет борьба англосаксов с датчанами была главным фактором английской истории. В 911 г., по преданию, норманы из устья Сены осели под водительством Роллона на севере Франции, положив начало *Нормандии.*

Норвежские викинги обратились к островам. В VIII в. они заняли Оркнейские и Шетлендские острова, Фарерские острова и Гебриды, а в IX в. — восточную Ирландию. В 874 г. была заселена их самая большая колония Исландия, в 988 г. основан Дублин. Они открыли Гренландию и, по всей вероятности, при Эрике Рыжем доплыли до Северной Америки, которую называли Винландом (**эрик**). Шведские викинги действовали по всей Балтике. Они основали укрепления в Волине на

Одере, в Трусо на Висле и в Новгороде, откуда дальше проникли на реки Рижского и Финского заливов. В IX в. они контролировали сухопутный путь между Балтикой и Черным морем. Под именем варягов они контролировали Днепр и появлялись даже в Константинополе. [**ФУТАРК**] [**ДИРХЕМ**]

Впоследствии искатели приключений — викинги по происхождению, слегка овладевшие культурой местного населения, создали ряд новых государств. Варяг Рюрик и его сыновья создали пер-

Карта 12

ДИРХЕМ

12 мая 922 г. н.э. в булгарский город Сувар на Волге вошел караван. Он шел уже больше трех месяцев из порта Джурджан на Каспийском море. Вел его арабский купец Ибн Фадлан, который и описал свои путешествия. Впрочем, это был всего лишь эпизод в истории торговых связей Восточной Европы с арабскими государствами Центральной Азии за 500 лет. Ибн Фадлан прибыл, чтобы купить меха, и, несомненно, привез с собой для покупок много дирхемов.

Дирхем, или диргем, — это серебряная монета весом в 2,97 г, стоившая 1/10 динара. Ее чеканили и в Северной Африке, и в Центральной Азии при самых разных династиях. Она была обычным платежным средством в Восточной Европе до того, как здесь начали чеканить свою монету. Клады дирхемов находят по всей европейской России, Украине, Белоруссии, в странах Балтии, в Швеции и в северной Польше. Самый большой клад состоял из 50000 дирхемов. Зарытые в смутные времена, эти монеты иногда так и не были никогда вновь выкопаны законными владельцами и достались современным археологам и кладоискателям. Датировка кладов производится с большой точностью по времени чеканки самой поздней из находящихся в нем монет.

Клады дирхемов можно классифицировать по четырем отчетливым периодам. Клады первого периода (ок. 800–825) состоят в основном из аббасидских дирхемов, преимущественно из Северной Африки. Вполне возможно, что они указывают на хазаро-арабские торговые связи через Средиземноморье (**ХАЗАРЫ**). В кладах второго периода (825–905) вместо монет из Северной Африки появляются среднеазиатские. В кладах третьего периода (905–960) наряду с монетами среднеазиатского, саманидского, происхождения появляются в больших количествах бувайхидские и зийаридские.

В эпоху викингов, когда викинги-шведы контролировали путь Балтика–Днепр, дирхемы появляются по всему северу. (**ФУТАРК**) (**РУСЬ**) Важные находки были сделаны в Швеции и в особенности на острове Готланд в 1947 г. В самом деле, как отметил Ибн Фадлан, встретившись с группой шведов, наличие дирхемов стало признаком общественного положения и предметом для хвастовства: «Я видел (шведов), когда они высадились на берег и стали лагерем на Волге. Никогда не видел я более величавых людей. Они ростом высоки, как пальмы, краснощеки и с рыжими волосами. Они не носят ни камзола, ни кафтана, но грубый плащ, который набрасывают

сбоку, оставляя руки свободными... На груди женщин пристегнуты фибулы из железа, меди, серебра или золота соответственно достатку мужа. В капсуле кольцо, и к нему пристегнут нож... На шеях они носят золотые и серебряные цепи: когда у мужчины есть 10000 дирхемов, он делает жене одну цепь; когда 20000 — две. Так что (новая) цепь прибавляется (на шею жене) при каждых 10000 дирхемов у ее мужа». (По I. Andersson, *History of Sweden*. — London, 1962). Андерсоновский перевод «руси» как «шведов» для этого периода вполне правомерен.

В конце X в. в импорте арабского серебра в Восточную Европу наступают перебои, а в начале XI в. он совсем прекращается. Самый поздний саманидский дирхем, найденный в Швеции, относится к 969 г., в России — к 1015 г. Раньше это приписывали *серебряному кризису* в Средней Азии. Но действовали и другие факторы. Окончание реэкспорта арабского серебра из Руси в Швецию совпадает с появлением серебряных денье (мелкая французская монета) из Западной Европы. К концу XI в. арабские монеты окончательно вытесняются. Детали не известны, но данные нумизматики подтверждаются из других источников: переориентацией балтийской торговли и возвышением Новгорода.

вые долговременные образования (княжества) восточных славян в Новгороде и Киеве, ок. 860–880 гг. Кнут Датский, или *Канут Великий* (правил в 1016–1035 гг.) стоял во главе громадной империи Северного моря, объединявшей Англию и Данию (см. с. 308). Норманн Роберт Гвискар

доплыл до южной Италии в 1059 г. (см. с. 336). Вильгельм Незаконнорожденный (Завоеватель), герцог Нормандии, покорил в 1066 г. Англию (см. с. 339). И в Англии и Сицилии норманнское правление продержалось дольше, чем в самой Нормандии. (**ТИНГ**)

ТИНГ

Обычай германских племен проводить народные собрания описан Тацитом, и можно не сомневаться, что обычай этот существовал еще с доисторических времен. Самое раннее историческое свидетельство о таком собрании содержится в *Легенде об Ансгаре* (IX в.), где описывается тинг (ding) у Бирки на острове Бьёркё в Швеции. Похожее собрание имело место в то же время и в Дании.

Национальное собрание Исландии — *альтинг* — ведет свою историю от собрания в 930 г. н. э. у Скалы Закона на озере Тингвадлаватн (Тингведлир). С этого времени альтинг собирается ежегодно «через десять недель после лета». На собрание сходились 36 вождей кланов, а также избранные ими делегаты, или тингманы, которые затем избирали лоспикера. Альтинг назначал судей, издавал законы и принимал решения в области исполнительной власти, причем с 1130 г. решение принималось большинством через голосование. Ежегодно альтингу предше-

ствовали майские фартинги (местные собрания) четырех районов острова, а после альтинга проводился лейд — встреча с населением, где сообщалось о принятых решениях. Таково было устройство «свободного государства» Исландии вплоть до «Старого Соглашения» 1264 г. и норвежского завоевания.

Ассамблея жителей острова Мэн — тинфальд, как и ассамблея жителей Фарерских островов, восходят к тому же раннему периоду. **(ФАРЕРСКИЕ ОСТРОВА)** Демократия скандинавов делала особый упор на местные ассамблеи. Каждая провинция Швеции имела свой тинг, вроде исландского фартинга, в каждой из 12 ее округов. Дания имела три ландлинга, в Норвегии были лёгтинги. В Исландии нижний уровень этой системы образовывали собрания хиеппаров (фермеров), которые действовали с XI по XIX век. Эти традиции значительно умеряли аппетиты скандинавских монархов, они же помешали созданию политического союза сканди-

навских государств. Когда же наконец скандинавские страны вошли в Кальмарскую унию (см. с. 431), то это произошло по причинам династического порядка. Хартия прав, навязанная датскому королю Эрику Глиппингу в 1282 г., и ее шведский эквивалент 1319 г. были гораздо шире английской *Magna Carta* (Великой хартии вольностей). Все они берут начало в древней политической культуре.

Влияние этой *скандинавской демократии* не ограничивалось Скандинавией. Оно проявлялось повсюду, где появлялись викинги: в Англии, Шотландии, русском Новгороде, очень возможно, что и в Польше, где также укоренилось представление о праве на протест как о законном праве (см. с. 555). И хотя скандинавские страны затем пережили эпоху абсолютной монархии, но сильный конституционный образ правления и представительный парламент новейшего времени объясняются, возможно, именно этой традицией демократизма местного управления.

Мадьяры были последними кочевниками, участвовавшими в колонизации Центральной Европы. Они принадлежали к угорской ветви финно-угорских народов, а их древнейшая известная родина располагалась на восток от Урала в долинах Иртыша и Оби. С родственными им финскими племенами они разошлись в третьем тысячелетии до н. э. Затем они двинулись по южным степям, делая периодически продолжительные остановки, постепенно приспосабливаясь к кочевой жизни. Первая их стоянка известна как *Magna Hungaria* — *Великая Венгрия* — в междуречье Камы и Урала, затем *Лебедия* на север от Азовского моря и, наконец, в земле *Etelköz* (междуречье) между Днепром и Днестром.

В степях в первом тысячелетии мадьяры соседствовали со скифами, сарматами, аланами, булгарами, хазарами, узами и печенегами. Уже тогда они делились на семь родов: Nyök, Kértgyarmat, Tarjén, Jenü, Kár, Keszi и Magyar — последнее имя распространилось на них всех. Византийские источники сообщают, что они торговали славянами через черноморские порты.

Решительное продвижение мадьяр относится к концу IX в. К тому времени степные народы уже несколько десятилетий пребывали в волнении. Арабы разметали (по степям) огузов и похитили их скот; огузы сделали то же самое с печенегами. В 894 г. печенеги объединились с царем булгар и они вместе напали на мадьяр. Пришло время того, что сами мадьяры называют *honfoglolás* (окупация отчизны). Теснимые соседями, они решают отправиться на запад. Впервые их всадники, которые к тому времени служили и франкам, и византийцам, не вернулись в Etelköz. Вместо этого они во главе с Арпадом повели длинные караваны своих людей через проход Верецки в Карпатах. Это произошло не позднее 895 года. Около 20 000 воинов и 400 000 простых людей пришли, чтобы создать на равнинах Венгрии страну мадьяр. [**ЧАБА**] [**ШАМАН**]

Монголы, или *татары*, создали величайшую из кочевых империй. Постепенно сила и богатство их империи в засушливых степях Центральной Азии исчезли, но дважды они оказали большое влияние на историю Запада. Чингисхан (правил в 1206–1227 гг.), двинувшись от Каракорума, покорил громадные территории от Тихого океана до Черного моря, от Кореи до Крыма. Восстановивший Монгольскую империю Тимур, или Тамерлан (1336–1405), начавший свой путь от Самарканда, правил южнее землями, раскинувшимися от Дели до Эгейского моря. Именно монголы опосредованно привели в движение еще один народ Средней Азии, а именно турок, происходивших из Туркестана, откуда они были вытеснены в VIII в. и где до сих пор живут родственные им народы. Им предстояло появиться на Западе сначала как туркам-сельджукам в XI в., а потом, в XIII в., как Оттоманским туркам. Их поистине эпические переселения продолжались все то время, которое на Западе отделяет время Карла Великого от конца Крестовых походов.

Империя Карла Великого стала венцом союза римских пап с растущим государством франков. В целом это было эфемерное создание, едва пережившее своего создателя и полностью исчезнувшее за какие-то 100 лет. Тем не менее ее влияние было значительным. *Шарлемань*, или Карл Великий (правил в 768–814 гг.), внук Карла Мартелла, объединил две половины державы его предшественников: Нейстрию и Австразию на громадной территории от Атлантики до Дуная, от Нидерландов до Прованса. Проведя 53 военных кампании и всю жизнь не сходя с седла, Карл Великий смог раздвинуть границы своего царства во всех направлениях: до царства лангобардов к югу от Альп (773–774); до Саксонии (775–804), Баварии (788) и Каринтии (799); до г. Марча в

Британии (786) и до испанского Марча за Пиренеями (795–797). Приняв титул *Короля франков и лангобардов* и подарив экзархат Равенны Папскому престолу, он решительно опередил соперничающих вождей и правителей и ждал соответствующего признания. Со своей стороны папы порвали связи с Константинополем и искали нового надежного защитника. Папа Лев III (795–816) был склонен считать титул императора свободным после того, как страстная императрица Ирина захватила единоличную власть в Константинополе. Более того, когда в Риме на него напал отряд родственников его предшественника, пытавшихся его изувечить, он вынужден был искать убежища у Карла Великого в королевстве франков, куда еще раньше выслал ключи св. Петра и знамя Рима. [**БРИ**]

В зрелые годы Карла Великого западные границы королевства франков уже никто серьезно не тревожил. Пиренеи удерживали мусульман от серьезных набегов (см. ниже), а Халифат, хотя и процветал, но был слишком занят внутренней борьбой составлявших его государств. Государство франков усилило свои позиции, заключив союз с христианскими князьями, упрямо удерживавшими свои земли вдоль побережья северной Испании сначала в королевстве Астурия, а позднее во вновь возникших королевствах Леона, Кастилии и Наварры. С юга франков защищали буферные христианские государства, возникшие в Арагоне и в графстве Барселона. Относительная безопасность западных границ позволила Карлу Великому и его преемникам обращать больше внимания на другие направления, и в особенности на Восток и на Италию. [**МАДОННА**]

Союз франков с папами был окончательно закреплен в 800 г., во время пятого путешествия Карла в Италию. Совет нотаблей простил Льву III все преступления. Во время Рождественской мессы, когда Карл поднялся, помолившись у гробницы ап. Петра, папа возложил ему на главу императорскую корону. Собравшиеся провозгласили его *кесарем* и *августом*, а папа почтительно преклонил перед ним колени. Эйнхард, биограф Карла Великого, заявляет, что коронация совершилась спонтанно; но, по всей вероятности, она была тщательно отрепетирована. С точки зрения традиции, она была совершенно незаконной: папа Лев не имел никакого права жаловать императорским титулом, как и Карл Великий не имел права его прини-

БРИ

Возвращаясь из похода против лангобардов в 774 г., Карл Великий остановился на Плато де Бри около аббатства Мо. Монахи подали ему постную пищу — тарелку сыра — и настояли, чтобы он съел все до последней крошки. Карл пришел в восторг и тут же приказал, чтобы ему ежегодно доставляли в Аахен две партии такого сыра. Секретарь Карла Великого Эйнхард сообщает о таком же происшествии спустя четыре года, во время сарацинских войн. Остановившемуся в районе Руерга в Миди королю исключительно понравился местный синий овечий сыр, который был известен со времен римлян и вызревал в известковых пещерах в Рокфоре.

Прекрасным сырам Карла Великого подстать были и прекрасные вина. У него было множество *ouvrées* (закладок, делянок) в бургундском винограднике в Алокс-Кортон, а выделываемое там *Grand Cru* белое, «пахнущее корицей и на вкус как ружейный кремень», до сих пор называется *Кортон Шарлемань*. (*Кортон,* или «Куртис Оттонис» получил свое современ-

ное название в честь более позднего императора Оттона I.)

Бри де Мо, один из 500 зарегистрированных сыров Франции, восходит ко времени раннего монастырского земледелия. Проветренная в сетках сырная масса отбрасывается на плоскую, выстланную соломой форму и остается стекать на наклонной каменной полке. После того как ее отцедят через 24 часа, посолят и высушат, ее оставляют созревать (часто переворачивая) в подвале на 4–7 недель. Окончательный продукт обычно имеет размер 37×3,5 см и весит 3 кг, и на него уходит 23 литра неснятого молока, предпочтительно от нормандских коров. У него золотисто-розовая корочка. Твердая масса соломенного цвета и сочная, янтарная *âte,* или сердцевина — это буквально «душа». Его следует есть, положив между двумя тонкими подсушенными кусочками хлеба.

Веками бри доставляли по реке Марне в Париж, где уличные торговцы громко выкликали «Fromage de Brye». Это был любимый сыр Карла VIII и Генриха IV, но он стоил жизни Лю-

довику XVI, которого захватили в таверне в Варенне, где он задержался, чтобы доесть сыр. Бри приобрел широчайшую славу на Венском конгрессе, где Меттерних назвал его «князем среди сыров» (le prince des fromages). Говорили, что это «единственный князь, которого Талейран никогда бы не предал».

Сельскохозяйственная политика ЕС едва не покончила с традиционным деревенским сыром. В 1985 г. было произведено 6000 тонн бри ANOC (Appelation Nationale d'Origine Controllée) — и 18000 тонн «ужасного» промышленного бри.

В августе 1792 г., когда множество монахов Мо было убито во время революционного террора, один брат — аббат Гобер — прибыл в Нормандию по дороге в Англию. Он задержался там в деревне около Вимуртье (Орн) ровно настолько, сколько времени потребовалось, чтобы рассказать жене одного фермера все, что он знал о сыроделании. Деревушка называлась Камамбер.

МАДОННА

Мадонна Монсеррат — древняя статуя, возраст которой не известен, хотя известно, что монастырь, где она находится на «распиленной горе» в Каталонии, был основан в 975 году. Это небольшая деревянная фигурка сидящей Божьей матери, (возможно, византийского происхождения), увенчанная короной, с Младенцем на одной руке и сферой — в другой. Младенец, также увенчанный коро-

ной, поднял благословляющую руку, в левой же руке Он держит сосновую шишку. Лицо Мадонны, продолговатые черты которого абсолютно безмятежны, черно.

Икона *Пресвятой Девы Марии* с Младенцем была принесена в 1384 г. в монастырь *паулинов на Ясной Гуре* (Светлой горе) около Ченстохова в западной Польше. Это был дар опольского князя Владислава,

привезшего ее из православной Руси. Предание говорит, что этот образ был написан евангелистом Лукой на столешнице из дома Святого Семейства в Назарете. Но, скорее, это была копия с византийского оригинала. Голова Божьей Матери покрыта темным покрывалом с золотой каймой, осыпанным лилиями, и увенчана (ниже нимба) короной. Глаза полузакрыты, как будто в слезах, выражение глубочайшей печали усиливается двумя длинными порезами (как от удара саблей) на правой щеке. Лицо Божьей Матери, как и у Моренетты (*la Moreneta* «смуглянка»), черно (см. Илл. 20). Есть Черная Мадонна (в русской литературе эта иконография носит название «Черная Богоматерь) в Нотр Дам де Рокамадур, центре целого ансамбля, построенного в XII в. на утесах Горж д'Алзу в центральной Франции. Говорят, что эта фигурка была вырезана св. Амадором (или Аматером), которого легенда связывает с мытарем Закхеем, учеником Спасителя. Другая крошечная икона Черной Мадонны (византийского происхождения) украшает алтарь крипты в Нотр Дам дю Порт в Клермоне.

В России Черной Богоматери Казанской издавна приписывали чудодейственную силу. Найденная в 1579 г. в земле на поле, эта икона была затем перенесена в Богородицкий монастырь в Казани вскоре после завоевания Казани Иваном Грозным. Одна копия была принесена в 1612 г. в Москву в ознаменование изгнания поляков из Кремля; другая — в 1710 г. в Санкт-Петербург как благословение новой столицы России. Там для этой иконы (о которой немногие знают, что она — копия) был возведен грандиозный собор в стиле неоклассицизма (достроенный Александром I). В 1904 г. оригинал был украден в Казани. В свое время он появился на Западе и был приобретен Православной церковью США, избежав таким образом участи многих других икон, которые или были уничтожены большевиками во время революции или помещены в картинные галереи.

Монсеррат, Ченстохов, Рокамадур, Казань — это лишь некоторые из бесчисленных мест поклонения образу Богоматери в Европе. На континенте, где лица людей белы, Черные Мадонны кажутся особенно таинственными. *Моренетта* — покровительница Каталонии — видела обращение Игнатия Лойолы. К ней было приковано внимание множества людей во время наполеоновских войн, когда монастырь был разрушен. Она хорошо известна на Сицилии, в Мексике и в Богемии. Валленштейн (полководец Империи) как раз строил часовню в ее честь, когда его убили. К Божьей Матери (Matka Boska) Ченстоховской, этой «Королеве Польши», впервые потекли паломники во время Гуситских войн, а в XVII в. она становится покровительницей всего народа (см. с. 556). Вместе с ее литовским аналогом — Божьей Матерью Остробрамской в Вильнюсе — она почитается поляками повсюду в мире: от Иркутска в Сибири до Дойлстауна в Пенсильвании. На поклонение Божьей Матери Рокамадур приходил св. Людовик в 1245 г., Карл Прекрасный (1324 г.) и Людовик XI (1463 г.). Она вдохновила Франсиса Пуленка в 1936 г. на *Litanie de la Vierge Noire* (Литанию Черной Богоматери). Божья Матерь Казанская была главной хранительницей династии Романовых — роль, которую в Константинополе играла Божья Матерь Влахернская. Праздник ей установлен 8 июля (по старому стилю), в отличие от ее католических аналогов, которые празднуются на Успение.

В Библии нет указаний на культ Девы Марии. Впервые этот культ появляется на исторической сцене с учением *Theotokos* — Богородицы на соборе в Эфесе, инспирируя торжества освящения церкви Санта Мария Маджоре (432 г.) в Риме, собора в Реймсе и примерно в то же время переименования в церковь Парфенона в Афинах. Затем в Византии VI века устанавливаются праздники Благовещения (25 марта) и Успения и Вознесения на небо (15 августа), которые сразу же становятся излюбленными темами иконографии. Оттуда они распространились повсюду в мире латинского христианства. В Деве Марии явился божественный образ женственности, *Mater Misericordiae* (Милосердная Мать), *Magna Mater* (Великая мать), беспорочная Царица Небесная, Матерь Божья — идеальный фон для тех образов, которые почитали христиане до того: согрешившей Евы и покаявшейся грешницы Марии Магдалины. Против этого с неистовой силой восстали сначала протестанты, а теперь и феминистки. Однако поклонение Деве Марии получило формальное одобрение лишь с принятием догмата о Непорочном Зачатии (самой Девы ее родителями) в 1854 г. Но требование признать Ее «Соискупительницей» было отвергнуто Вторым Ватиканским собором.

Однако Преблагословенная Дева по-прежнему вдохновляет. Ее образ остается излюбленным в христианском искусстве, она — постоянный источник видений [БЕРНАДЕТТА] [ФАТИМА], к ней непрерывно возносятся молитвы [ANGELUS]. 150 молитв *Розария* (по четкам) обращены к ней. С 1568 г. молитва *Ave Maria* прочно заняла место в католическом требнике: «Богородице, Дево, радуйся, Благодатная Марие, Господь с Тобою, Благословенна ты в женах и благословен Плод Чрева Твоего». «Пресвятая Марие, Матерь Божья! Моли о нас, грешных, ныне и в смертной час».

мать. Однако это произошло; отныне на Западе был император-католик, независимый от Византийской империи. Статус варварского государства франков очень поднялся, и своим новым положением это государство было обязано папе. **[ПАПЕССА]**

Королевство и империя Карла Великого управлялись *странствующим* двором, который непрестанно переезжал из одного владения в другое, а также рядом подчиненных дворов в Нейстрии, Аквитании и Ломбардии и сетью из примерно 300 *комитатов*, или графств, во главе которых обычно стоял *граф*, или лейтенант Империи. При императорском дворе был штат клириков, первоначально во главе с архикапелланом Фульрадом, а позднее — любимым советником императора монахом из Нортумбрии Алкуином. Часто местные епископы осуществляли надзор за графами, а *missi dominici* — королевские легаты — колесили по выделенным им регионам королевства. Поддержание закона и порядка и все назначения производились от имени короля. Была введена централизованная чеканка серебряной монеты из расчета 240 *динариев* на фунт. Постепенно стал формироваться международный правящий класс, который связывала монаршия милость, а часто и брачные узы. Собрания капитуляриев (королевских указов или кодексов) и эдиктов были призваны унифицировать законы для Церкви и государства. Введена была обязательная десятина. За убийство священника теперь полагалась смертная казнь. Клир подлежал только такому суду, где председательствовали одновременно граф и епископ. Языческая кремация была запрещена. Могло показаться, что создавался новый, централизованный политический строй. На деле же в основном сохраняли силу местные обычаи и власть.

Двор Карла Великого, без сомнения, был центром власти и влияния на Континенте. Запись в королевских анналах за 798 г. сообщает об обширных контактах двора:

ПАПЕССА

Существует упорное средневековое предание, что трон апостола Петра однажды занимала женщина. В самом общем виде рассказ сводится к тому, что папе Льву IV, который умер в 855 г., наследовал некто Иоанн Англикус. Этот преемник Льва произвел огромное впечатление на Курию своими учеными лекциями (он обучался в Афинах), но два года спустя разразился страшный скандал, когда этот папа умер родами на улице Рима. Этот рассказ находим в хронике доминиканского монаха Мартина Поляка из Троппау (ок. 1200–1278 гг.), который излагает описанные события как достоверный факт. Его *Chronicon summorum pontificum imperatorumque* всюду используют как важный источник информации. По другой версии, папесса Иоанна была преемником Виктора III, умершего в 1087 г. В этом случае пол папессы открылся, когда, взбираясь на лошадь, она родила ребенка. Немедленно ее привязали к хвосту лошади и забили насмерть камнями. Это изложение появляется во *Всеобщей хронике Майнца*, написанной другим изобретательным доминиканцем — Жаном де Майи (тоже в середине XIII в.)

Не удивительно, что средневековые летописцы рассказывали странные истории; но удивительно, что их россказни сохранялись веками. Им верили и Петрарка, и Боккаччо. В соборе в Сиенне стоит статуя папессы Иоанны рядом со статуями других пап. Когда на Соборе в Констанце Ян Гус упомянул о ней в качестве примера злоупотреблений Церкви, его никто не поправил. И говорят, что до 1560-х гг. около церкви Сан Клементе в Риме, где предположительно папесса родила, стоял загадочный памятник. Ни один ученый не высказывал сомнений в подлинности этого рассказа до появления Хроники Авентинуса Баварского в 1554 г. И только в трактатах французского протестанта Давида Блонделя (в 1647 и 1657 гг.) это событие было разоблачено как вымышленное.

В учебниках по истории средневековья папесса Иоанна если и упоминается, то как маловажный курьез. На самом же деле она являет собой такого рода образ, какого уже не могло быть в позднейшие времена. В этой истории было что-то столь достоверное, что долго не давало ей умереть. Сама папесса Иоанна, может быть, не исторична, но рассказ о ней — историчен.

«Легат прибыл от Альфонсо — короля Галисии и Астурии — по имени Фройя и передал шатер изумительной красоты. Но на Пасху *северные люди* из-за Эльбы подняли мятеж и схватили королевских легатов, которые жили среди них, чтобы вершить правосудие…Король собрал армию и разбил их в бою и захватил заложников. Когда он направлялся в свой дворец в Аахене, то принял греческую делегацию из Константинополя. В этом году на небе не видна была звезда Марс от июля до июля. Балеарские острова были опустошены маврами и сарацинами. Король Альфонсо, который разграбил Лиссабон, послал своих легатов Фройю и Базилискуса зимой к господину королю с кирасами, мулами и пленными маврами как свидетельство своей победы. Затем король отпраздновал у себя во дворце Рождество и Пасху»[2].

Именно при дворе Карла Великого возродилось старое понятие *Европа*. Каролингам нужно было как-то назвать ту часть мира, где они господствовали, в отличие от языческих земель, от Византии и от христианского мира в целом. Так что первая *Европа* была мимолетным западным понятием, и оно не пережило Шарлеманя.

Карл Великий был энергичным строителем. Он построил дворцы в Нимвегене, Ингельгейме и Аахене. Он перекинул мост через Рейн в Майнце и соединил притоки Рейна и Дуная каналом, известным как Кайзерграб. Он первым на севере от Альп стал возводить постройки в романском стиле. За ним сохранилась также слава горячего покровителя учености. Сам же он хотя и был превосходным оратором, но оставался неграмотным. Но он смог привлечь выдающихся ученых: Алкуина Йоркского, Питера Пизанского, Агобарда Лионского. Он собирал рукописи, пересмотрел текст Библии, способствовал изданиям грамматик, историй и баллад. Его жизнеописание *Vita Karoli*, составленное аббатом Эйнхардом, было первой светской биографией. Впрочем, далеко не все восторгались его свершениями: один историк упрекал Карла Великого в том, что он «навьючил на нас литературную традицию вторичной книжности, которая сегодня висит как жернов на шее нашей образовательной системы»[3]. [АГОБАРД] [ПФАЛЬЦ]

В наше время императорская часовня в Аахене считается лучшим образцом романского искусства. Но она — нечто большее: она преподает всякому вошедшему урок истории нагляднее, чем это сделал бы самый лучший учебник. Туристы входят в нее через *Волчью Дверь* — названную так по легенде о волке, который обманул дьявола в споре за владение часовней. Даже самого равнодушного посетителя охватит здесь ощущение мощного движения духа и времени, столь сильно смешались здесь варварское и классическое, христи-

---

АГОБАРД

По всем приметам год 810 должен был стать для Карла Великого наихудшим. Было два затмения солнца и два затмения луны, — все можно было наблюдать во Франкланде. Да к тому же умер любимец императора — слон, подаренный халифом; случился большой падеж скота и взбунтовался герцог Беневенто.

Все это (и даже больше того) тщательно записал Агобард, епископ Лионский (ок. 779–840 гг.). И, кроме того, Агобард заметил, что простые люди приходили к суеверным выводам. Они верили, что скот умирал из-за отравленной пыли, которую разбрасывали шпионы герцога Беневенто. Они также верили, что во Франкланд вторгся «рожденный из облаков» флот, которым управляют «бесплотные моряки». Говорили, что эти захватчики побивают урожай франков градом с неба, чтобы затем отнести его в далекую страну Магонию. Агобард не верил бездумно таким рассказам и, исследовав их, отвергал. Но он верил, что на Католическую Церковь нападают евреи. Когда в 1605 г. обнаружили его труды, то оказалось, что не менее пяти трактатов он посвятил еврейской напасти.

Но особенно отличился Агобард тем, что потребовал установить всеобщий христианский закон для содружества всех христиан. «Если Господь пострадал, чтобы все были едины в Его Теле, — писал он, — то не является ли невероятное разнообразие законов… противным этому Божественному труду объединения?» Агобард был первым сторонником централизации в Европе.

ПФАЛЬЦ (РЕЗИДЕНЦИЯ)

Аахен назван по римским минеральным источникам *Aquisgranium* (Воды Аполлона Грануса). Из-за местных термальных вод Карл Великий выбрал это место для своей любимой резиденции *Keiserpfalz*. Во французском названии *Aix-la-Chapelle* упоминается знаменитая часовня, теперь являющаяся частью Аахенского собора, который Карл Великий пристроил к своему дворцу.

Часовня Карла Великого была завершена в 805 г. Это трехъярусный восьмигранник, построенный в византийском стиле Сан Витале в Равенне, который когда-то очень понравился Карлу. Говорят, что его пропорции соотносятся с таинственными числами апокалиптических видений св. Иоанна. В свое время это было самое большое каменное строение к северу от Альп. Внутри по всему восьмиграннику над первым ярусом римских арок выбита надпись, по преданию, сочиненная Алкуином:

CUM LAPIDES VIVI PACIS CONPAGE LIGANTUR INQUE PARES NUMEROS OMNIA CONVENIUNT CLARET OPUS DOMINI, TOTAM QUI CONSTRUIT AULAM EFFECTUSQUE PIIS DAT STUDIIS HOMINUM QUORUM PERPETUI DECORIS STRUCTURA MANEBIT SI PERFECTA AUCTOR PROTEGAT ATQUE REGAT. SIC DEUS HOC TUTUM STABILI FUNDAMINE TEMPLUM QUOD KAROLUS PRINCEPS CONDIDIT, ESSE VELIT.

С тех пор, как живые камни были соединены в мирной гармонии
И все числа и размеры (приведены) в согласие,
Труд Господа, построившего этот чертог, будет сиять.
Совершенное сооружение венчает благочестивые усилия людей,
Чей труд навсегда останется памятником красоты,
Если Автор Всего сущего сохранит и управит его.
Да сохранит Бог этот храм,
Который Карл князь основал на твердом фундаменте.

В украшении собора поражает богатство символики Империи, которую Карл Великий и его наследники вернули к жизни в новом и наивном христианском контексте. Мозаика в куполе изображает Поклонение Агнцу. *Ambo* (кафедра) инкрустирована римским стеклом, керамикой и камеей с изображением орла. Египетские колонны зеленого и розового порфира поддерживают второй ярус арок. *Pala d'oro* (алтарная преграда) изображает Страсти Господни в технике классического римского рельефа и в чистом золоте. *Lotharkreuz* (Крест Лотаря) — это изумительное украшение из чеканного золота, инкрустированное античными геммами. Он возвы-шается на расположенной в центре камее с портретом императора Августа. Трон императора, высеченный прямо из глыбы белого мрамора, смотрит на нас сверху с галереи второго этажа, свидетель всех 32 коронаций за 700 лет. Общий смысл совершенно ясен: Империя, созданная Карлом, считала себя столь же Римской, сколь и Священной.

В XII в. по приказанию Фридриха Барбароссы часовню превратили в усыпальницу Карла. В 1165 г. тело новоканонизированного святого перенесли в гробницу из чистого золота. Вокруг расположили соответствующие святыни: набедренную повязку Господа, пояс Божьей Матери, часть черепа Карла Великого — все в драгоценных реликвариях. Сам Барбаросса пожертвовал громадное круглое железное паникадило — «Корону Света», — которое подняли в центре восьмигранника и которое символизировало стены Нового Иерусалима. На нем пространная надпись: «О Иерусалиме, небесный Сион; Иоанн, вестник спасения, видел Тебя... Фридрих, католический император Римской империи, приносит эту корону света как княжеский дар... Теперь, о Пресвятая Дева, он посвящает его Тебе. O Stella Maris (Морская Звезда) призри на смиренного Фридриха.... И защити жену императора Беатрис».

анское и языческое. Это величайший памятник тому времени, когда романское искусство еще только появилось, а центр цивилизации все еще был на Востоке.

Без всяких сомнений, Карл Великий управлял Церковью как неотъемлемой частью своих владений. На соборе во Франкфурте 794-го года он отверг постановления Никейского собора (VII Вселенского собора). Епископства и аббатства стали рассматриваться как феодальные бенефиции и подпадали под *закон об измене*. Хотя он запретил епископам участвовать в сражениях, но Евангелие он проповедовал огнем и мечом. Понял ли он

Нагорную проповедь — спорный вопрос. Его заслуги перед христианством наконец были вознаграждены канонизацией, хотя процессу не давали хода в течение 351 года, указывая, что его любовные завоевания были так же обширны, как и территориальные.

Карл Великий умер 28 января 814 г. На его могиле в Аахене, которая позднее была потеряна, поместили его портрет и надпись: «Под этим надгробием лежит Карл, великий и правоверный император, который благородно увеличил королевство франков и правил успешно 47 лет. Он умер в семьдесят лет в год Господень 814, в седьмой индикт, на пятые календы февраля»[4].

Цементом новой Империи была жизненная сила самого Карла Великого. Сыновья и внуки начали немедленно оспаривать его наследие, и всё новые и новые переделы следовали друг за другом. Раздел Аахена в 817 г. спровоцировал гражданскую войну; в 843 г., после длительной внутрисемейной резни, *Верденский мир* привел к разделу на три части между оставшимися внуками. Карл Лысый получил западную, романскую часть: Нейстрию, Аквитанию, западную Бургундию и испанский Марч. Лотарь I, король Италии, получил титул императора вместе со *Срединным королевством*, состоявшим из Австразии, восточной Бургундии, Прованса и Италии. Людовик Германский получил большую часть восточных, по преимуществу германских, земель (см. Карта 12). Верденский мир заложил основы и будущей Франции, и будущей Германии, а Срединное королевство долго оставалось для них яблоком раздора. Наследие Карла Великого не только оказалось очень хрупким, но и стало предметом бесконечных раздоров. [КРАЛЬ]

Распри *Каролингов*, или *Карлингов*, открыли возможности, которыми сразу же воспользовались викинги. Уже в 841 г. можно было видеть, как они плывут по Сене разорять Руан. В 843–844 гг. (после Верденского мира) они перезимовали на острове Нуармутье. В 854 г. был сожжен новый город Гамбург, а Париж разграблен, пока Карл Лысый скрывался на Монмартре. В 847 г. надолго взяли в заложники древний город Бордо. В 852 г. был создан злосчастный прецедент, ког-

да Карл Лысый, загнавши викингов в ловушку в их лагере у Жофосс около притока Сены, склонил их к прекращению борьбы, откупившись от них золотом и дарованием земель. Они отблагодарили его новыми набегами, в ходе которых устоял только Орлеан.

В 864 г. в эдикте из Питре Карл Лысый отдал наконец всем провинциям приказ начать строительство фортификационных сооружений и привел в боевую готовность специальные отряды кавалерии. Но до конца войны было еще далеко. Из года в год жестокая борьба между Каролингами несла с собой смерть очередных правителей, новые разделы и все более дерзкие нападения викингов. В 885–886 гг. 40-тысячная армия викингов вытащила свои 700 кораблей на берег в том месте, где сегодня находится Марсово поле, и 11 месяцев осаждала Париж. Граф Одо (Эд) Парижский возглавил героическую защиту города, однако император Карл Толстый откупился от викингов за 700 фунтов серебра и направил их вглубь Бургундии.

Британским островам, удачно избежавшим внимания Карла Великого, викинги нанесли наибольший урон. Датское вторжение привело к разделению, которое сохранялось 200 лет. В 828 г. *Bertwalda*, то есть верховным правителем Британии, был признан Экберт, король Уэссекса. Но долго еще датчане оспаривали первенство Уэссекса. Альфред Великий, король Уэссекса (правил в 849–899 гг.) сдерживал их всю жизнь. Однажды в 878 г. он даже вынужден был скрываться от датчан в болотах Сомерсета. Но сражения того же года позволили ему разделить страну. По соглашению в Ведморе была создана *Денло* (страна датского закона) — громадная территория в подчинении у Дании. С этого времени до судьбоносного 1066 года за Англию спорили английский дом Уэссекса и датчане. В X веке после изгнания последнего датского короля Йорка Эрика Кровавая Секира набеги викингов возобновились с удвоенной силой. В 994 году Лондон осадили соединенные силы датчан и норвежцев. В 1017–1035 гг. громадной империей Северного моря правил Кнут Датский, или Канут Великий, связавший Англию и Скандинавию. Англосаксы получили короткую передышку только при Эдуарде Исповеднике (правил 1042–1066), основателе Вестминстерского аббатства. Смерть Эдуарда в 1066 году привела

КРАЛЬ

Карл Великий разорил земли славян по крайней мере на четырех фронтах. Он урезал владения ободритов и сербов на востоке от Эльбы в 789 г. В 805–806 гг. он принудил платить дань чехов Богемии, а также каринтийских славян Савы и Дравы. Отдавая должное этому великому завоевателю, славяне стали его именем обозначать понятие «монарх, повелитель, царь». Так, в чешском Кароль стал *kral*, в польском — *król*, в русском — *король*. Франки дали славянам первый пример христианского монарха. (Даже по-турецки kral означает монарх, король.)

На Западе Карл Великий стал героем-монархом бесчисленных средневековых легенд, главным героем *chansons de geste* (героических поэм в старофранцузском эпосе). Уже в IX в. монах из Сен-Галлен сочинил в основном выдуманную хронику *De Gestis Karoli Magni*. Сразу затем трубадуры начинают изображать Карла Великого как вездесущего поборника христианства, размахивающего своим священным мечом «joyeuse», разящего неверных, мчащегося во главе других отважных рыцарей: Роланда, Ганелона, Немона Баварского, Ожье Датчанина, Гильома Тулузского, архиепископа-воина Реймского Турпина.

Во французской традиции двенадцать пэров Карла Великого составляли три герцога Нормандии, Бургундии и Аквитании, три графа Шампани, Тулузы и Фландрии и шесть духовных пэров: епископы Реймса, Лана, Шалона, Бове, Лангра и Нуайона.

В немецких легендах часто повествуется о том, что Карл Великий спит в ожидании призыва проснуться и спасти своих дорогих подданных от их несчастий. В баварском сказании он сидит на стуле в Унтерсберге, как на троне в его часовне в Аахене. Миру настанет конец, когда его борода вырастет настолько, чтобы трижды обвиться вокруг стоящего перед ним стола. В германских языках именем Карла Великого названо созвездие Большой Медведицы — *Karlswagen*. Также и в древнеанглийском Большая Медведица называлась *Charles's Wain* (Повозка Карла).

Позднее и во Франции, и в Германии Карла Великого стали почитать как прародителя национальной монархии. Шарлемань французов и *Karl der Grosse* немцев был не франком, но национальным героем Франции или Германии. На него ссылались на коронации Наполеона в 1804 г. Его портрет занимает первое место в галерее германских императоров, созданной в 1838–1852 гг. в *Keisersaal* во Франкфурте.

В XX в. Карла Великого стали чаще рассматривать как символ франко-германского примирения. В 1943 г., когда нацисты сформировали дивизию французских добровольцев для Ваффен СС, или в 1955 г., когда Совет Европы учредил премию за «вклад в дело европейского единства», вспомнили все то же имя: Карла Великого, императора франков.

к войне трех соперников-претендентов: Гарольда Хардрада Норвежского, Гарольда Годвинсона Уэссекского и Вильгельма Незаконнорожденного, герцога Нормандского.

В то время как англичане сражались с датчанами, остальные Британские острова были свидетелями долгой и сложной борьбы викингов с кельтами. Разные объединения северных народов сражались против разных союзов кельтских князей. В Ирландии кельты удерживали внутренние районы против укреплений викингов на побережье. После столетней борьбы они наконец отвоевали себе нагорную часть при воспетом в фольклоре *Bhriain Boroimhe* (Бороиме Бриан, правил в 1002–1014 гг.), после которого на королевство стали претендовать О'Брайены, О'Нилы и О'Конноры. Затем в течение 150 лет ирландцы опять спокой-но правили Ирландией. *Ard Rih* (Высокий король) Эрина правил меньшими королями *Пятерки* Мита, Манстера, Лейнстера, Ольстера и Коннаута. Древние Бриэнские законы, установленные еще в доисторические времена, были теперь записаны и стали надежной основой административного управления и общественного порядка; процветала традиционная жизнь *файнов* (ирландских кланов) с ее ассамблеями, судьями и растущим влиянием все более оформлявшейся Церкви. В Уэльсе кельтские княжества были зажаты между викингами на побережье и англичанами, давившими изнутри. С VIII века они оставались за Великим валом, возведенным Оффой, королем Мерсии, и в основном были отрезаны от сородичей в Стратклайде и Корнуолле. Их великими героями и временными правителями были воспетые *Rhodri Mawr*

(Редерик Великий, ум. 877) и *Gruffydd ap Llywelyn* Ллевеллин-ап-Гриффид, ум. 1063).

[ЛЛАНФЕА]

На севере Британии гаэльский король Кинтира Кеннет Мак Альпин (ум. ок. 860) впервые объединил пиктов и скотов, когда и родилось понятие объединенной *Шотландии*. После чего начинается трёхстороннее соперничество между горными гаэлами (шотландские или ирландские кельты), англичанами долин и людьми севера с островов. И тогда в 1040 году Макбет, лорд Мори, о котором говорили, что он совершил паломничество в Рим, решился убить Дункана, короля скотов:

Завтра, и завтра, и завтра,—
А дни ползут, и вот уж в книге жизни
Читаем мы последний слог и видим,
Что все «вчера» лишь озаряли путь
К могиле пыльной. Дотлевай, огарок!
Жизнь — это только тень, комедиант,
Паясничавший полчаса на сцене
И тут же позабытый; это повесть,
Которую пересказал дурак:
В ней много слов и страсти, нет лишь смысла[5].

История британских кельтов осталась в сочинения их бардов и у хроникеров, таких как Мариан Скот (ок. 1028–1083). Англичане, такие как Вильям Шекспир, заинтересуются ею только много позже.

Среди всего этого хаоса пять франкских монархий медленно расходились, поскольку каждая была предоставлена самой себе. В Нейстрии авторитет королевской власти упал настолько, что в

ЛЛАНФЕА

Помимо того, что они изумительно выразительны, топонимы средневекового Уэльса еще позволяют заглянуть, например, в историю заселения этих земель, которое происходило еще в доисторические времена. Они не только забавны, но и полны смысла.

До английского завоевания (см. главу V) владения в Уэльсе подпадали под юрисдикцию местных князей, англо-норманнских сеньоров с англо-валлийского пограничного и церковной иерархов. Князья, принадлежавшие исключительно валлийской культуре, правили пятью княжествами: Гвинедд, Повис, Дехейберт, Морганвг, Гвент. Сеньоры с английскими и французскими связями преобладали в основном на востоке и на юге. Епископы, получившие образование на церковной латыни, пребывали в четырех епархиях: Бангора, Сент Асафа, Сент Дэвида и Лландаффа. Выделяя валлийские и неваллийские названия в сплетении светской и церковной власти,

историки могут восстановить картину того, как, когда, кем и с какой целью было основано (или расширено) то или иное поселение.

Некоторые места в Уэльсе, например, имеют только валлийское название и обнаруживают определенно церковное происхождение. Самое распространенное из них Лланфеа, что значит (принадлежащее) св. Марии, или Элгвис Феа (Церковь св. Марии). Распространены также названия церковные по происхождению, но двуязычные по форме. Таковы Llanbedr/Лампетер (св. Петра), Caergybi/Святая голова в Англси или Llanbedr Fynydd/Петерсон-супер-Монтем в Гламорган. Затем имеются двуязычные названия светского происхождения. Таковы Abertawe/Лебединое озеро, Gas Gwent/Чепстау и Y Gelli Gandryll/Ограда-на-повороте в Брекнокшире. Современное Hay (ограда) восходит к средневековому норманнскому *La Haie Taillée* «подстриженная ограда».

И, наконец, есть названия, где помимо двуязычных корней обнаруживается и смешанное (светско-церковное) происхождение. Таковы Llanfihangel Troddi/Митчелл Трой в Монмаутшире и Llansanffraid-ar-Ogwr/Сент Брадс Меньший в Гламоргане.

Однако самое знаменитое название местечка в Уэльсе — не средневековое. Когда была открыта в 1850 г. железная дорога Лондон—Холихед, то первой станцией в Англии была станция у деревушки Лланфеа. Но, желая стяжать себе славу (и привлечь туристов), начальник станции сделал табличку с названием станции длиннее самой платформы. То, что Британское министерство почт именует Лланфеа P.G. «Джоунз Станция», он назвал Llanfairpwllgwyngyllgogerychwerndrobwllllantysiliogogogoch. Туристам говорят, что название следует читать: «Святая Мария в долине белого орешника у быстрого водопада и церкви Сент Тисило у красной пещеры».

каждом более или менее крупном графстве стали появляться наследственные ленные владения: в Тулузе (862), Фландрии (862), Пуату (867), Анжу (870), в Гаскони, Бургундии и Оверне. Они стали в дальнейшем ядром французских провинций. В 911 г. Карл Простоватый, король Франции, очень способствовавший росту угрозы со стороны викингов, подписав в Сент-Клер-сюр-Эпте соглашение с Хрольфом (или Роллоном). Начало *Нормандии* кроется, кажется, в своего рода французском варианте английского *Денло*. В восточном королевстве Арнульф Каринтский очистил Германию от норманов, но ценой привлечения мадьяр. Королевство Верхней Бургундии сформировалось вокруг двора графа Рудольфа в Сен-Мориц, а королевство Нижней Бургундии при графе Босо в Арле. В Италии, где роль местных викингов играли мавры-сарацины с Сицилии, последовательные вторжения византийцев в 874–895 гг., нейстрийцев в 877 г. и австразийцев в 894–896 гг. полностью покончили с местной политической властью. И к 900 г. граф Беренгар Фриульский в результате кровопролитной борьбы с соперниками остался единственным владетельным лицом. Западные историки часто называют конец IX века «самым темным часом» «темных веков».

На этих западных землях беспорядок породил феодализм. Здесь трудно отделить причины от следствий; но дробление (и ослабление) политической власти и беззащитность населения на местах привели к таким политическим, правовым, общественным, экономическим и военным последствиям, которые все вместе сформировали то, что позднее теоретики назовут *феодализмом*. На деле феодализм не был единообразной системой: он существовал во множестве вариантов и поэтому требует самых разных определений. Одно из самых влиятельных изложений данной проблемы так отвечает на вопрос *qu'est-ce que la feodalite?* «Феодализм (технически) может быть представлен как система институтов, которые порождают и регулируют обязательства подчинения и службы... со стороны одного свободного человека (вассала) по отношению к другому свободному человеку (господину), а также обязательства защиты и поддержки со стороны господина по отношению к его вассалу»[6].

В этой системе ключевыми стали лошади, вассальная зависимость, пожалование леном (помес-

тьем), (юридическая) неприкосновенность, личные замки и рыцарство.

Тяжелая кавалерия такого рода, когда для нее требовались катафракты, то есть громадные кони, способные нести на себе всадника в доспехах, пришла на Запад из Персии и Византии. Карл Мартелл не только ввел в употребление такую кавалерию, но и секуляризировал множество церковных земель для ее содержания. Вот почему его называют «основателем европейского феодализма»[7]. Примерно в то же время изобрели стремена**. Благодаря стременам всадник крепко держался в седле, налегая на копье всей тяжестью собственного тела и мощью коня; стремена превратили конницу из легкого и мобильного формирования, предназначенного для скоротечных столкновений, в мощную наступательную силу[8]. Главной проблемой тогда стало создание такой социальной структуры, которая постоянно позволяла бы значительному по размерам классу рыцарей удовлетворять свои психологические потребности и поддерживать моральный дух, необходимый для обучения воинскому искусству и несения рыцарской службы, и давала бы им возможность покрывать огромные затраты на коней, снаряжение и свиту. В основе феодального общества лежало требование содержать касту *кабалариев*, *шевалье*, *рыцарей*, *шляхты*, связывавшее в неразрывное целое землевладение и кавалерийскую традицию.

Вассальная зависимость выросла из римской практики *коммендации*, когда патрон скреплял предложение о защите пожатием рук с клиентом. Во времена Каролингов складывается система связи вассалов с сюзереном через клятву верности и принесение *омажа* — особого выражения почтения, — скрепленное поцелуем. После этого двое мужчин обнимались; затем вассал преклонял колена и наделялся символами его нового положения — знаменем, копьем, соглашением, участком земли. С этого момента они были связаны на всю жизнь обоюдным соглашением о взаимных обязанностях. Вассал клялся служить, сюзерен — защищать и поддерживать: «Берард из Мондидье пришел к Карлу Великому, преклонил перед ним колена и стал его вассалом. Император поцеловал его, когда поднял его с колен; и силой белого знамени дал ему свое слово»[9].

Feodum (то есть ленное поместье), давший имя феодализму, вырос из практики *бенефи-*

ций (благодеяний), когда патрон даровал землю в неясном ожидании будущих выгод от этого. Во времена Каролингов такие земельные наделы давались прямо как награда за военную службу. Со временем выработался сложный феодальный тариф. Первоначально он исчислялся в терминах рыцарской службы, то есть в количестве рыцарей, выставляемых за определенный земельный надел. Затем прибавились службы по охране замка и сопровождению, службы в суде у господина, *consilium* (совет), подаваемый на совете сюзерена и разные формы *auxilium* (помощи). Затем господа стали рассматривать «помощь» и как «чрезвычайную денежную помощь», включая выплату в размере годового дохода плюс *помощь четырех родов*: на выкуп сюзерена из плена, на посвящение в рыцари его старшего сына, на приданое старшей дочери или на крестовый поход. Они также оставляли за собой право *custodia* (опеки несовершеннолетних), *gite* (разрешение на проживание), *marriage* (разрешение на вступление в брак) и *retrait* (выкуп контракта). В обмен вассал получал и доход с земли, и судебную власть над всеми ее обитателями. В случае невыполнения обязательств земля и доход с нее возвращались владельцу.

В принципе, ленное владение было безраздельным и неотъемлемым. Контракт автоматически терял силу в случае смерти одной из сторон. На практике же вассалы шли на все, чтобы обеспечить наследственную передачу земель своим детям, право делить землю и распоряжаться ею. Со своей стороны сюзерены изо всех сил старались противодействовать наследованию женщинами, малолетними и немощными. В изобилии появляются особые условия и оговорки. Главные вассалы епископа Парижского по договору должны были нести епископа на своих плечах во время посвящения в сан. Некоторые ленные владения в Кенте отдавались на том условии, что арендатор станет «держать голову короля в лодке» во время переправы по Ла-Маншу. Возможности для финансовых поборов были огромны. Когда Ферранд Португальский заключил договор с королем Франции об отдаче Фландрии в ленное владение в 1212 г., он заплатил отступное[10] в 50 000 фунтов только за право жениться на наследнице.

Не удивительно, что процветали ожесточенные правовые споры. Сначала обычной практикой было на каждой суверенной территории создавать свои кодексы феодального права (Lehnrecht) и свои системы судов (Lehnsgericht) для разбора феодальных споров. Обычно князь или герцог председательствовали в суде, а первые его вассалы — были заседателями. Принято считать, что феодализм начинается, когда пожалование ленным поместьем становится наследственным и эта практика сливается с вассальной зависимостью в единое целое. «Нерушимая связь между положением вассала и владением поместьем — вот из чего сформировалась феодальная система»[11]. Однако в конечном итоге вассальная зависимость и владение ленным поместьем были взаимно несовместимы. В качестве вассалов члены семьи рыцаря клялись соблюдать интересы сюзерена. Но в качестве владельцев поместья они преследовали собственные интересы. Отсюда характерные разногласия и нарушения клятв в феодальном обществе.

Феодальное общество состояло из целой сети договорных отношений, связывавших самые его верхи с самым низом. На высшем уровне пожалование поместьем предполагало договор между монархом и его *главными держателями земель*, то есть баронами, в руках которых находились главные провинции королевства. Но посредством пожалования поместий эти главные держатели заводили собственных держателей, а эти последние могли наделять поместьями дальше, и так до самого низа. В большинстве своем люди, которые были по отношению к кому-то вассалами, были в то же время для кого-то (ниже себя) сюзеренами.

Феодальные договоры остались для потомства в виде хартий, грамот и двусторонних договоров, хотя от ранних времен сохранилось очень мало:

«Во имя Святой Троицы... Аминь. Я, Людовик, милостью Божьей король французов, этим объявляю всем присутствующим и тем, кто еще придет, что в нашем присутствии граф Анри Шампанский уступил поместье Савиньи Бартоломью, епископу Бове и его преемникам. И за это поместье вышеназванный епископ дал обещание и обязательство выставлять одного рыцаря, а также осуществлять суд и службу графу Анри... и согласился с тем, чтобы и следующие епископы делали то же. Совершено в Манте, в год от Рождества Христова 1167... и при поручительстве Гуго, канцлера»[12].

На местном уровне система ленных пожалований у баронов и князей находила отражение в описаниях манориальных (вотчинных) поместий. В этом случае владелец вотчины давал участок земли каждой из семей своих сервов (слуг) в обмен на службу в форме неоплачиваемого труда на его земельных владениях, не сдаваемых в аренду. Закрепощение, будучи сделкой между свободным и несвободным, не имело таких взаимных обязательств, какие имело наделение ленным поместьем. Но поскольку оно предполагало заключение контракта, где земля предлагалась за службу и защита — за преданность, то и этот вид договора был основан на схожих (феодальных) принципах. Его не следует путать с обычным порабощением. В некоторых частях Европы — в северной Италии, например, — крепостные приносили своим хозяевам клятву совершенно так же, как рыцари своему сеньору.

При такой сетке контрактных отношений феодальное общество было в высшей степени иерархическим. Верденский договор 843 года выдвинул принцип, что «каждый человек должен иметь господина». Теоретически по крайней мере единственными абсолютно независимыми людьми должны были быть папа и император, но и они были вассалами Бога. В попытках описать это устройство были предложены такие понятия, как *феодальная лестница* и *феодальная пирамида*. Зрительно это представляется таким образом, что наверху сидит беззаботный правитель страны, а под ним ровными расширяющимися рядами располагаются его держатели, суб-держатели, суб-суб-держатели... вплоть до крепостных в самом низу. Однако такие модели обманчивы именно в силу своей аккуратности и симметричности. На деле же феодальное общество представляло собой трудно определяемую массу противоречащих друг другу зависимостей (подчинения и подчиненности), которые еще больше осложнялись исключениями, изъятиями и привилегиями. Некогда ясные (служебные) отношения искажались, поскольку с поколениями накапливались оспариваемые привилегии, сомнительные права и полузабытые обязательства. Конечно, это общество было иерархическим, но оно не было ни аккуратно устроенным, ни регулярным.

Также по-разному удерживался по местам *аллод*, то есть земля, свободная от ленных повинностей. В некоторых районах, таких как будущая Швейцария, аллод был делом обычным. В других, как северная Франция, он практически исчез. Но чаще всего можно было встретить ужасное сплетение феодальных поместий и аллодов, так что семьи могли иметь часть своих земель как ленное владение, а часть — в полной собственности. Феодальному сознанию аллод представлялся искажением. Иногда его называли *feodum solis* (феодом солнца). Психологически феодальная система обеспечивала людям сознание полной ясности положения. Поведение всякого человека определялось его местом в общественном порядке, где это место очерчивалось его правовыми и эмоциональными узами зависимости. Эти узы доставляли человеку определенную степень надежности и позволяли ему самоопределяться в очевидной сетке отношений; но они же открывали возможности эксплуатировать, подавлять или невольно игнорировать этого человека. «Средневековое общество отличается от современного отсутствием индивидуальной свободы»[13].

К чувству бессилия в отношении своей личной жизни у людей средневековья добавлялась чрезвычайная религиозность — в особенности же сильная вера в будущую жизнь и мрачный культ смерти.

Иммунитеты (освобождение от выплат) заключалось в предоставлении освобождения от налогов или других обязанностей, исходившим от центральной власти. Поначалу этими привилегиями пользовалась главным образом Церковь, но постепенно разного рода изъятия и освобождения были дарованы множеству лиц, институтов и корпораций. Это было вызвано тем, что правитель уже не мог справляться с разного рода обязанностями. Таким образом ускорялось дробление политической, юридической и экономической власти. В результате образовалось лоскутное одеяло властных полномочий, в рамках которых каждая местность управлялась не по единообразным правилам, а по специальным условиям хартий, *свобод*, дарованных определенным аббатствам, районам и городам. Партикуляризм был одним из наиболее характерных признаков феодального общества.

Каменные замки в сочетании с тяжелой кавалерией в конечном счете должны было воспрепятствовать опустошениям, наносимым викингами, сарацинами и мадьярами. Неприступные крепости, возведенные на утесе или на высоком берегу, были убежищем для их обитателей и господствовали над местностью, куда время от времени делал вылазки крепостной гарнизон. Строительство замков началось в IX – X веках, когда значение королевской или княжеской власти было наименьшим; а замки позволяли открыто не подчиняться королю или князю и после того, как участники набега отступали. В этом смысле частные замки стали бастионами местной и феодальной власти, постоянной помехой на пути создания централизованного государства. Много веков спустя, когда такие государственные деятели, как кардинал Ришелье, выступили на борьбу с феодальной знатью, их первой задачей стало разрушение замков. [МИРСКИЙ ЗАМОК]

Рыцарство в узком смысле означает «кодекс чести», которым был связан каждый рыцарь. Оно предполагает такие достоинства, как честность, преданность, скромность, галантность, сила духа и стойкость. Оно предписывает рыцарю защищать Церковь, слабых, оказывать почтение женщинам, любить свою страну, повиноваться своему сюзерену, биться с неверными, утверждать истину и справедливость и держать свое слово. Расширительно рыцарство относится и ко всем обычаям и установлениям, связанным с рыцарями, то есть к титулам, орденам, церемониям, геральдике, словарю. В самом же широком смысле рыцарство было главным этическим принципом феодального общества в целом, в котором, безусловно, доминирующее положение занимали рыцари и все, что за ними стояло. Христианство и рыцарство — два столпа *средневекового сознания*.

Хотя многие элементы зарождавшегося феодализма присутствовали уже во времена Каролингов, но в связное социальное устройство они сплавились несколько позже. Обычно понятие *классический феодализм* относят к X–XIII векам. Ведущий исследователь этого времени различает две эпохи феодализма: первую (от IX до середины XI в.), когда в основном встречаются маломасштабные договоры, основанные на родовой принадлежности, между военачальниками и крестьянами; и *вторую феодальную эпоху* (с середины XI до середины XIII в.), когда расцветает феодальная культура и развивается наследственная знать[14]. В особенности не торопится появиться на исторической сцене рыцарство: его признаки полностью раскрываются только в эпоху ренессанса XII века.

Феодализм, корни которого лежали в крахе Каролингов, остался в основном западным явлением. Византийская империя обеспечивала наделение солдат землей (которая затем передавалась по наследству); сходные черты имела и практика *поместий* у восточных славян. Но у государственного феодализма Востока (если это и был феодализм) не было многих основных составляющих. Что касается стран Центральной Европы, историки подвергают сильному сомнению важность феодальных институтов для этого региона. Марксисты полагают, что феодализм был непременной основой общественного порядка; другие в целом полагают, что это не так[15]. Все зависит от того, как определять феодализм.

Феодализм оказал глубокое влияние на жизнь Церкви. Он очень ослабил центральные церковные власти, дал большую власть местным правителям и отдал духовенство им на милость. Графы и князья начинают по собственному усмотрению поставлять и снимать епископов. Господа поменьше управляли клириками рангом поменьше. «Была опасность, что епископы станут баронами в митрах; короли смотрели на прелатов как на чиновников, обязанных им служить; патроны продавали (церковные) бенефиции тем, кто даст больше»[16]. Даже папа не составлял исключения. При своих ограниченных средствах папы должны были превратиться в марионеток римской знати или итальянских князей или позднее возрождавшейся Империи.

Благодаря монастырю бенедиктинцев в Клюни в Бургундии, западное монашество приспособилось к изменившимся обстоятельствам. Уединенные аббатства и монастыри особенно страдали от набегов захватчиков и местных баронов. Монастырь Клюни, основанный в 910 г. герцогом Аквитанским Гийомом Благочестивым, графом Оверни, инициировал реформы, нужда в которых остро ощущалась. Клюнийцы модифицировали правила бенедиктинцев, очень их ужесточив и непомерно продлив службы. Но еще важнее то, что они придали настоятелю своего монастыря чрезвычайный авторитет и власть над всеми дочерними структурами, которые они основали или приняли в свои ряды. Они фактически основали первый монашеский орден. Железная дисциплина и независимость от местных интересов придали их голосу большую силу в вопросах церковной политики. Сверх того, они заручились поддержкой своих реформ со стороны пап и стали неколебимыми поборниками верховенства папы. В 910–1157 гг. семеро аббатов-долгожителей Клюни — Бернон, Одон, Аймард, Майол, Одилон, св. Гуго и Петр Достопочтенный — создали сеть из 314 монастырей от Испании до Польши. Не случайно главный создатель *папской монархии* Урбан II сам был клюнийцем (см. ниже).

Феодализм оставил глубокий след в культуре Запада. Он сформировал речь и манеры; он определил отношение к собственности, к авторитету права и отношения государства с индивидуумом. Делая упор на контракте, договоре, на балансе прав и обязанностей, он породил заботу о взаимном доверии и о верности своему слову. Все это имело гораздо более широкие последствия, далеко выходившие за рамки военной службы или землевладения.

Военное устройство феодального общества подверглось испытанию, когда в конце IX века на сцену выходят грозные в битвах мадьяры. Мадьяры хотя и не были родичами гуннов, но жили по тем же грабительским обычаям и осели на тех же равнинах *Венгрии*. В течение 60 лет (895–955) они ежегодно бурей проносились по бывшей империи Каролингов и нещадно грабили жителей. Они не уступали викингам в кровожадности, но были гораздо мобильнее. Они были искусными вымогателями и получали громадные суммы в виде выкупа или дани. В 899 г. они на голову разбили итальянское войско на реке Брента. В 904 г. нахлынули (а потом отошли) на Моравию, в 907 г. — на Баварию, в 922 г. — на Саксонию. К 940-м годам они могли свободно рыскать на всем пространстве до Апулии, Арагона и Аквитании. Однако в 955 г., когда князья и знать Германии объединились для отражения их нового вторжения в Баварию, они встретили достойного противника. Здесь на Лехфельде у Аугсбурга 10–12 августа Оттон Саксонский привел германцев к знаменитой победе в результате трехдневной кровавой бойни. Мадьяр наконец укротили. Остатки воинственных полчищ поплелись домой и там занялись скотоводством и земледелием. **[БУДА]**

По неизвестной причине историки склонны преуменьшать вклад мадьяр, которые, по их мнению, «не были созидательным фактором на Западе»[17]. (Это может означать лишь то, что мадьяры не дошли до Кембриджа). Они, действительно, были фактором деструктивным. Но они послужили стимулом для развития некоторых важных глубинных процессов. Разрушив Великую Моравию (см. с. 321), они совершенно преобразили этническую и политическую картину в бассейне Дуная и определили профиль будущей Центральной Европы. Мадьяры сыграли решающую роль в формировании не только Венгрии, но также Богемии, Польши, Хорватии и Сербии, Австрии и Германской империи. Они стали живым барьером между славянами севера и славянами юга. Они открыли германским колонистам путь вниз по Дунаю, создав возможность для консолидации власти в *Австрии*. Они побудили германских князей объединиться и принять победителя при Лехфельде как своего императора. Один источник рассказывает нам, что по окончании битвы германские войска подняли Оттона Саксонского на щит и тут же провозгласили его императором. Это, возможно, вовсе не было целью мадьяр. Но в течение жизни одного поколения преодолеть Карпаты и вызвать появление на карте Европы шести или семи устойчивых образований — неплохой результат для племен кочевников-изгнанников. Посчитать это чем-то незначительным способен лишь кабинетный ученый, поглядывающий из удобного кресла на спокойные воды вокруг своего оторванного от мира острова.

Конечно, возвышение Оттона I Саксонского (правил в 936–973 гг.), формально коронованного императором в Риме в 962 г., нельзя приписать исключительно его победе на Лехфельде. Уже его отец, Генрих Птицелов (правил в 919–936 гг.), превратил Саксонию в грозную силу. Из своего дворца в Мамлебене (в горах Гарца) он умело правил восточными пограничными графствами, строя укрепленные города и поселяя в них немецких колонистов для защиты от вторжений датчан, славян и мадьяр. В его правление появились Кведлинбург, Майсен и Мерзебург. Так что Оттон возводил свой дом на прочном фундаменте. Его походы получили поддержку Церкви. Теперь можно было без страха открывать архиепископство в Магдебурге (968), епархии в Бранденбурге и Хафельберге, а также новый порт в Гамбурге. Три похода в Италию в 951–952 гг., 961–965 гг. и 966–972 гг. восстановили связи Германии с Италией. А несколько гражданских войн и союзов на основе продуманных браков обеспечили присоединение герцогств Франконии, Лотарингии, Швабии и Баварии.

С этого времени восстановленная Империя просуществовала то тех, пор пока не была разрушена Наполеоном. Главенствующая роль Саксонского дома, естественно, способствовала перемещению центра тяжести на восток, хотя в экономической жизни по-прежнему доминировали Рейнские области. Королей короновали в Аахене; а обладание Лотарингией, этим древним *Срединным королевством Лотаря,* придавало рейнским землям вес в делах Запада. Салическая династия, сменившая Саксонскую в период 1024–1125 гг., была по происхождению франкской. Однако теперь ее представители правили не империей франков. Они правили тем, что вырастет в Священную Римскую империю германской нации, то есть станет трамплином к созданию Германии.

В 972 г. в конце последней Итальянской кампании Оттон I предпринял неожиданный шаг. Завоевав итальянские территории Византии, он прсдложил вернуть их в обмен на взаимное признание титулов. За взаимное признание императорских титулов он должен был склониться перед *Империей ромеев.* Соглашение скрепили браком сына Оттона с Феофано, дочерью предыдущего византийского императора Романа II. С этого времени империй было две; навсегда исчезла мечта о единой империи. Правда, сын Феофано Оттон III (правил в 983–1002 гг.) подумывал об империи большего размера. Он совершил паломничество в Аахен (и открыл могилу Карла Великого), нанес официальный визит своим восточным польским соседям. Но его идеи не были поддержаны ни в Германии, ни в Константинополе, и у него не было наследников. Его преемник Генрих II (правил в 1002–1024 гг.), последний из саксонской династии, скоро уже был вынужден решать все обычные для Империи проблемы: гражданская война в Германии, войны на границах со славянами, экс-

педиции в Италию, случайные конфликты с Францией.

Оттон I смотрел на папство с презрением автократического правителя. Он приказал, чтобы пап не поставляли, пока они не присягнут на верность Империи. Повесив трибунов и префекта Рима, он в качестве прелюдии к собственной коронации посадил на папский престол Иоанна XIII (965–972). Пока что римские папы были не более свободны, чем греческие патриархи. В целом саксонские императоры предоставили феодальных правителей Западных франков самим себе. В X веке наследники Каролингов запутались в сложной борьбе соперничества и взаимозависимости с потомками Роберта, графа Парижского, из которых особенно выделялся Гуго Великий — *герцог французов,* «делатель» королей. Тем временем они потеряли Лотарингию и, следовательно, самое сердце древней Франкландии. В 987 г., когда последний из Каролингов умер, не оставив наследника, борьба разрешилась в пользу сына герцога Гуго, Гуго Капета (правил в 987–996 гг.), который и основал династию, правившую 400 лет.

Теперь королевству Франции предстояла долгая жизнь. Главенство дома Капета вызвало перенос центра тяжести на Запад. Конечно, сохранялась память о Карле Великом и притязаниях на Лотарингию; но в целом королевство утратило свой характер государства франков. Вопреки позднейшим утверждениям, оно вовсе не вело непрерывные войны с германскими соседями, но, решительно отмежевавшись от восстановленной Империи, стало мощной силой в создании новой идентичности: оно стало трамплином для формирования французской нации.

В то время когда империя франков исчезала, а Саксонская империя набирала силу, Византийская империя достигла зенита при Македонской династии. Василий I (правил в 867–886 гг.), бывший объездчик лошадей, при помощи убийства захвативший трон, оказался искусным правителем, положившим начало «эпохе возрождения и консолидации». Долгое правление его преемников Льва VI Мудрого (правил в 886–912 гг.) и Константина VII Порфирородного (правил в 913–959 гг.) — оба были учеными — совпало с торговым расцветом Константинополя. Императоры-воины Иоанн Цимисхий (правил в 969–976 гг.) и Василий II *Бол-*

гаробойца (правил в 976–1025 гг.) предприняли наступление на всех фронтах. Императрица Зоя (ок. 978–1050) удерживала власть полвека, манипулируя тремя мужьями-императорами. Сохранился ее мозаичный портрет в Св. Софии: она стоит рядом с Господом, а с другой от нее стороны стоит ее муж, имя которого (очень уместно) исчезло. Ее сестра-интриганка Феодора правила (1055–1056) очень недолго, но единолично. [АФОН]

При Македонской династии Империя смогла упрочить свои позиции внутри страны и за ее пределами. Патриархи оставались в униженном положении. Императорский двор непосредственно управлял бюрократией, которая вводила унифицированные правила по всей Империи. Армия была реорганизована и укреплена профессиональными военными вроде рыцарей. Аристократию связали государственной службой. Торговля и цены регулировались государством, которое стремилось получить максимальный доход. Константинополь, население которого исчислялось уже шестизначной цифрой, естественным образом играл роль перевалочного пункта в связях Востока с Западом и в своем росте далеко обогнал все другие европейские города того времени. Исключительно усилилось влияние Византии на других территориях. Василий I вновь обеспечил византийское присутствие в Италии, вернув себе Тарент (880). Два византийских экзархата были в Калабрии и Ломбардии, а также *Catapenatus* в Бари. На Востоке военные кампании, которые в X веке предпринимались ежегодно, завершились возвращением Сирии, Кипра, Крита, Киликии и части Месопотамии. Продвижение арабов было остановлено. Армения, где в IX веке правила собственная династия Багратидов, вновь стала вассалом Византии. Булгары (болгары), в 924 г. осадившие Константинополь, хотя и распространили свое господство на запад, но были постепенно укрощены крестом и мечом.

Политическая стабильность обеспечила культурное возрождение. Василий I и Лев VI *Философ* кодифицировали имперские декреты последних веков. В византийской церковной архитектуре сложился гармоничный и единообразный стиль. При императорском дворе было множество литераторов. Фотий (ок. 810–893), патриарх и профессор, возродил изучение античности. Симеон Метафраст (ум. ок. 1000) составил *Monologion*

— жития христианских святых. Его современник Иоанн Геометр писал гимны, эпиграммы и стихи, свидетельствующие об огромной впечатлительности этого гуманиста. Михаил Пселл (ок. 1018–1081) придворный философ, человек исключительной учености, опубликовал множество исторических, богословских и литературных трудов. Однако критики *Македонского ренессанса* иногда говорят, что это было время скорее энциклопедической учености, чем творческого гения.

Вдали от потрясений, выпавших на долю Запада, Византия искала свой стиль. Когда Лиутпранд Кремонский, историк Оттона Великого и посол короля Италии, посетил в 949 г. Константинополь, он пришел в несказанное удивление. Прием у Константина Порфирородного произвел на него огромное впечатление, но и оскорбил его: «Перед троном императора стояло железное позолоченное дерево, на ветвях которого сидели разнообразнейшие птички, также из позолоченного железа. И все они распевали на разные голоса. Сам трон был сконструирован так хитроумно, что он то казался (находящимся) внизу… то взмывал на невероятную высоту. По обеим сторонам от него стояли позолоченные львы (железные и деревянные) и стучали хвостами по полу и громко рычали, разинув пасти и двигая языками.

В этот зал меня ввели два евнуха. При моем входе львы зарычали, а птицы запели… Когда же я простерся ниц в третий раз, то, приподняв голову, я увидел, что император, которого я прежде видел сидящим немного выше меня, теперь вознесся почти под самый потолок и был уже одет в другую одежду. Как это делалось, я не знаю…»[18]

Понятное в Лиутпранде чувство неполноценности было именно тем, что ощущал тогда Запад по отношению к Востоку.

Главным врагом Византии был ислам, которому Византия и противостояла как передовой бастион христианского мира. Но на Балканах Византии противостояло другое сильное государство, бывшее главным ее соперником уже более 200 лет. Первая Болгарская империя возникла из племенных столкновений Тербеля, Крума и Омуртага (см. дальше) и захватила множество бывших византийских провинций на Дунае. Принятие болгарами христианства [АФОН] [БОГОМИЛЫ] ввело их в мир византийской цивилизации, но не

АФОН

В хрисовуле (торжественная грамота византийского императора) 885 г. император Василий I формально признал «святую гору» Афон территорией, предназначенной (исключительно) для монахов и отшельников. С того времени миряне и существа женского пола (люди и животные) не допускались в этот «Сад Девы» (площадью 360 км²) на восточной оконечности с трех сторон окруженного морем мыса Халкидики. Первый постоянный монастырь — Великая Лавра — был основан в 936 г. *Основной типикон* (то есть устав) восходит к 972 г. Полуостров горы Афон (достигающий здесь высоты 2033 м) должен был управляться протосом (или примасом) и советом настоятелей, собиравшимся в главном городе Карея.

С самого начала на Афоне пришлось искать компромисс между общежительным монашеством и отшельничеством. Тринадцать (из 20) великих монастырей, построенных в X–XVI вв., были просто киновиями, осуществлявшими во всем общую деятельность. Семь были *idiorrhythmic*, то есть монахи в них питались и работали «от себя» (самостоятельно). К ним принадлежали и старейшие: Великая Лавра, Ватопедский мона-

стырь и основанный грузинами Иверский. Монастыри связаны сетью ферм, часовен и отшельнических скитов. Эти скиты располагаются даже на головокружительной высоте Карулии, на обрывистом краю полуострова, куда можно добраться только по скалистым тропинкам и с помощью веревочных лестниц.

Веками Афон подвергался нападениям разбойников: от арабских пиратов и лакских пастухов до каталанских корсаров. Во времена Латинской империи (1204–1261 гг.) предпринимались отчаянные попытки обратить монахов в католицизм — отсюда пошло их упорное сопротивление всякому объединению Востока и Запада. Затем они находят себе решительных защитников в лице сербских, болгарских и валашских правителей. Когда в 1430 г. турки захватили Салоники, монахи смогли обеспечить свои привилегии у султана.

В XVIII в. Афон стал центром важного всеправославного движения, связанного с патриархом Константинопольским. В это время Ватопедская академия была центром международной учености.

В XIX в. Санкт-Петербург превращает Афон в проводни-

ка русского влияния. Около 5000 русских монахов поселяются здесь тогда, в особенности на Руссике (в русском Свято-Пантелеймонове монастыре), а также в Андреевском ските. Также и другие монашеские поселения, основанные греками, сербами, румынами и болгарами, обращались в инструменты влияния соответствующих национальных церквей. Афон потерял своего последнего великого благотворителя в Русскую революцию 1917 года. Нынешняя конституция Афона введена соглашением с Грецией в 1926 г.

После долгих лет упадка приток новых монахов в 1980-е годы довел численность насельников до 1500, и стала ощущаться необходимость реформ. Реставрируются монастыри, ведется коммерческая разработка леса, строятся дороги, развивается (мужской) туризм. Обсуждается возобновление контактов с Римом. Один афонский монах обратился даже с жалобами к международной общественности: «Афонские монахи, — заявил один комментатор, — известные фракционеры и сплетники. В конце концов, они — воплощение дошедшего до нас византийства».

остановило острые конфликты. При Симеоне (правил 893–927), который сам себя именовал *Василевсом и автократором* (императором и самодержцем) болгар и греков, а также *царем* (то есть кесарем), болгары хотели играть роль Византии на Балканах, но потерпели неудачу под стенами Константинополя в 924 г. В X веке византийцы отвоевали восточную Болгарию. В этом им помогли борьба вокруг ереси богомилов, а также мадьярские и киевские наемники. В 966–967 гг. Святослав Киевский за 1800 фунтов ви-

зантийского золота взял штурмом и занял древнюю болгарскую столицу Преслав.

При царе Самуиле (правил в 976–1014 гг.) болгары переживают новый всплеск жизненной энергии. Новая столица Охрид становится центром сильного монашеского движения и автокефальной Болгарской церкви, которая была вновь захвачена византийцами. Политический конец наступил в 1014 г. после победы византийцев в Серрес (у горы Беласица) в Македонии. Василий II ослепил 14000 болгарских пленников, прежде чем вернуть их болгарскому царю, который вскоре умер от позора. А великий кризис Византии настал в 1071 г., когда норманны на Сицилии, сельджуки в Малой Азии и печенеги под стенами Константинополя совместными действиями предопределили неминуемое падение Византии. **[богомилы]**

За три века после смерти Карла Великого границы христианского мира очень раздвинулись. Были обращены следующие страны (в порядке их обращения): Моравия, Болгария, Богемия, Польша, Венгрия и Киевская Русь. На севере упорное продвижение саксонских воинов сопровождалось насильственной христианизацией, но лишь в XI веке удалось добиться в Скандинавии значительного прорыва. Несмотря на значительные разногласия, главы латинской и греческой церкви все еще считали миссионерство своим общим делом.

Моравия — название которой родственно герм. *Mähren* (граница) — лежит на северном берегу Дуная на востоке империи Карла Великого. Она первой из славянских земель стала организованным княжеством. В VII веке при Само она упоминается в хрониках Фредегара как территория, которая отказалась покориться франкам. В VIII в. она была просвещена Евангелием из Баварии ирландским миссионером (среди прочих) Виргилием Зальцбургским. В IX в. правящий князь, кажется, был крещен германским епископом, и в Нитре была освящена церковь.

В 862 г. по просьбе из Моравии патриарх Константинополя посылает миссию под руководством двух братьев Михаила и Константина, известных также как святые Мефодий (815–885) и Кирилл (826–867). Мефодий управлял одной славянской провинцией Византии, а Кирилл был дипломатом и до того совершил путешествие в мусульманские земли и в Хазарию. Они были приглашены в Моравию, по-видимому, чтобы сдержать влияние германских священников и помочь верующим этой страны славить Бога на родном языке. Для этой цели Кирилл создает глаголический алфавит, литургию на славянском языке и переводит Библию.

Важно отметить, что, учредив миссию в Моравии, братья отправляются в Рим, где Кирилл умирает. Он был погребен в крипте Сан Клементе. Но Мефодий, повинуясь своему призванию, возвращается епископом Паннонии и Моравии. Он умер в 885 г., возможно, в Велеграде, недалеко от современной Братиславы. В Моравии, по всей видимости, шла нешуточная борьба между латинским и греческим клиром; но Кирилл и Мефодий, *апостолы славян*, пользовались покровительством и римского папы, и византийского патриарха, явив миру редкий пример экуменизма. Их почитают чехи, хорваты и сербы, и в особенности болгары, среди которых в свое время нашли убежище остатки Моравской миссии. Через 20 лет после смерти Мефодия Моравию разгромили мадьяры, но память об этих *защитниках Европы* не умерла.

В Болгарии соперничество латинской и греческой церквей разрешилось в пользу греков. В середине IX в. правитель Болгарии Борис I (правил в 852–888 гг.) обдумывал возможность союза с франками, и в 862 г. он встретился с Людовиком Германцем в Тулле на Дунае. Но план не удался, и заключение мира с Византией в 865 г. побудило Бориса принять крещение от Константинопольского патриарха. Борис, однако, не перестал заигрывать с Римом, и его длинное письмо, содержащее 106 вопросов касательно римского богослужения и богословия, породило знаменитые *Responsa (Ответы)* папы Николая II. Укрепление позиций Византии привело к Болгарской миссии св. Климента Словенского (в Болгарии знаменит как Климент Охридский) (840–916) и окончательно привело Болгарию в лоно Православной Церкви. Климент, сам македонец, в свое время сопровождал Кирилла и Мефодия в Моравию и стал затем главным продолжателем трудов св. Кирилла по разработке литургии на славянском языке. Возможно, именно он систематизировал и старославянский литургический язык, и кириллический алфавит. Он был первым епископом Болгарской церкви и похоронен в монастыре Св. Пантелеимона в Охриде. После 893 года, когда была подавлена языческая оппозиция христианству, при дворе царя Симеона в Преславе происходит настоящий взрыв церковной учености, которая заговорила теперь на старославянском языке. У автокефальной Болгарской церкви открывается семь епархий в Охриде, Плиске, Преспе, Несебре, Сердике (София), Белграде и Преславе.

Чехия, как и Болгария, множество лет колебалась между латинским и греческим влиянием. В IX веке богемские владетельные князья стояли

БОГОМИЛЫ

В 975 г. император Иоанн Цимисхий переселил общину армянских еретиков в район Филиппополиса (Пловдива) в болгарской Фракии. Это были павликиане, оставшиеся от разгромленного ранее византийцами значительного движения. В то же время Православная Церковь начала высказывать озабоченность в связи с последователями неизвестного болгарского священника Богомила, заблуждения которого подозрительно напоминали павликианство. Они тоже были дуалистами, то есть придерживались традиции, которая восходила еще к гностикам и манихейцам. Соединившись, эти две группы заложили основы верований, поборники которых распространились по всей Европе: от Черного моря до Бискайского залива.

Богомильство оказалось близко угнетенным славянским крестьянам на Балканах, которые были недовольны своими греческими и болгарскими господами. Оно развивалось в двух формах: главной, *болгарской,* и меньшей, *драговицкой,* названной так по имени деревушки на границе Македонии, где решительно возобладало абсолютно дуалистское учение, павликианское по происхождению. В Константинополь богомильство было занесено монахом по имени Василий Болгарин, многочисленные не покаявшиеся последователи которого были преданы сожжению. Это учение вновь всплыло в середине XII в., когда было отлучено несколько ложных епископов и даже один патриарх проникся симпатией к богомильству.

Богомильство расходится с учением Православной церкви по вопросу о природе зла. Богомилы отвергают ветхозаветный рассказ о Сотворении мира и считают, что мир был сотворен старшим сыном Бога — Сатаной. Они также отвергают чудеса Христа, считая эти рассказы аллегориями; они отвергают таинства, иконы, праздники и всю литургию и православное богослужение. В особенности они презирают Крест как орудие смерти Христа. По одному изложению, они верят, что Бог удержал Свой гнев, позволив Сатане оставить все, что уже было сотворено, и что Он послал Иисуса, Своего второго Сына, чтобы исправить получившееся зло. Иисус, Воплощенное Слово, «вошел в Деву через уши, воплотился и вышел той же дверью. Дева не заметила этого, а просто нашла Младенца в Вифлеемской пещере. Он жил и учил, и (посредством кажущейся смерти) смог сойти в ад и связать Сатану».

Обряды богомилов современникам казались странными. Богомилы читали только избранные места из Библии, в особенности псалмы, пророков, Евангелия, Послания и Откровение. Единственной их молитвой была «Отче наш», которую они повторяли 120 раз в день. Они много постились, не приветствовали брак и воспитывали касту избранных. Одна ветвь богомилов, последователи Кирилла Босого, практиковали нудизм как попытку возвращения в Эдем. Другая ветвь, последователи проповедника Феодосия, предавалась оргиям, намеренно впадая в грех для того, чтобы каяться. Политически богомилы были пассивными, хотя и упорными, нонконформистами.

Хотя богомильство было истреблено в Византии и Болгарии в XIII в., оно к тому времени уже распространилось на Запад (см. сс. 361–363), а также в незатронутые до того районы Балкан. В XIV в. оно проникло даже на святую гору Афон. Но особый успех ждал его в княжествах Боснии и Хума (Герцеговины), где местные правители прибегли к пропаганде богомильства в противовес притязаниям их венгерских (католических) и сербских (православных) соседей. В 1199 г. бан Боснийский и его двор объявляют себя *патаренами,* как назывались боснийские богомилы; и несмотря на дальнейшие изгибы религиозного пути, Босния оставалась патаренской вплоть до Османского завоевания 1463 г. Тогда боснийская знать быстро обратилась в ислам, вновь уклонившись и от католичества, и от православия.
(САРАЕВО)

Когда-то ученые считали, что славяне оказались предрасположенными к богомильству в силу дуализма их языческих верований. Хельмольд Любекский в XII в. сообщал, что славяне на севере Германии поклоняются хорошему Богу и плохому Богу. Если это и так, то явление носило локальный характер. Скорее уж язычники-славяне могли подпасть под влияние богомильства, чем наоборот. То же самое можно сказать и о балканском фольклоре.

Дуалистов богомильского типа называли по-разному. Таковыми были, кроме богомилов, драговичан и патаренов, еще *фундаиты* (носящие Писание), babuni (в Сербии), рункарии, или Runkeler (в Германии), кудугеры (в Македонии XV в.), попликаны (на севере Франции) и ткачи, альбигойцы и катары в Лангедоке.

Богомильство называли «верой без надежды». Если это правда, то богомилы являли вместо веры упорство.

перед выбором: связать себя с франками или моравами. Боживой (правил в 855–891 гг.) и его королева-супруга Людмила, заложившие часовню Градчаны на замковом холме в Праге, были крещены по моравскому (славянскому) чину. Преемник Боживоя Спитигнев (правил в 893–915 гг.) был крещен в Регенсбурге в Баварии по латинскому чину. Вацлав (правил в 900–929 гг.), более известный как св. Венцеслав, деяния и мученическая смерть которого достойно отражены и в латинских, и в славянских источниках, правил недолгое время на пике натиска мадьяр. Его убил брат Болеслав I (правил в 929–967 гг.), искавший сближения с Саксонией. Со временем как мученик, пострадавший от растущего немецкого влияния, он также стал чешским национальным святым. Когда была открыта епархия в Праге в 967 г., она была подчинена митрополии в Майнце, отразив таким образом рост власти новой империи Оттонов. Вторым епископом здесь был св. Войцех или Адальберт (956–997).

Однако в течение целого столетия под покровительством династии Пшемысловичей славянское богослужение уживалось в Чехии наравне с латинским. В это время отмечается расцвет славянской учености, особенно в Сазавском монастыре, который поддерживал связи с Киевом и Хорватией. В 1091 г. король Вратислав II вызывающе коронуется (во второй раз) по славянскому чину рукой последнего настоятеля Сазавы. После этого латинизация церкви здесь была практически полной. Из всех славянских стран Чехия, этот феод Империи и провинция-клиент германской церкви, была особенно сильно втянута в орбиту немцев.

Так же долго и сложно вступала в христианский мир Польша, восточный сосед Чехии. В IX веке, когда *висляне* (то есть племена, жившие на Висле) находились в зависимости от Моравии, поляки впервые вступают в контакт с христианством в лице миссии Кирилла и Мефодия. Кажется, вождь вислян принял крещение по славянскому чину в 875 г.; к этому времени относятся остатки нескольких обнаруженных славянских церквей. Район верхней Вислы, включая Краков, входил в состав Чехии до 990 г. и не порывал связей с чехами до 1086 г. Ранним связям поляков со славянским богослужением никогда не придавали большого значения, и сомнительно, чтобы они сохранились до XII века[19].

Большинство же польских племен на севере, которые впоследствии образовали ядро первого Польского королевства, пошли по другому пути. Эти племена оставались языческими до середины X века, а затем были прямо втянуты в сферу влияния Латинской церкви. Самое подробное описание жизни славян можно найти у арабского еврея Ибрагима ибн-Якуба, которого халиф Кордовы послал с посольством в Центральную Европу ок. 965 г. Ибрагим посетил Прагу и, возможно, Краков: «Земли славян простерлись от Сирийского моря до океана на севере… Сейчас там четыре короля: царь болгар; Бойесслав, царь Фараги, Боэмии и Карако; Меско, царь севера; и Након на западной границе».

Вообще славяне воинственны и склонны к агрессии … Если бы не их раздоры между собой… то никакой народ с ними не сравнился бы по силе… В особенности они энергичны в сельском хозяйстве… Их торговые связи простираются до рутенов и Константинополя…

Их женщины не изменяют мужьям. Но девушка, если влюбится в кого-нибудь, то идет к нему и удовлетворяет свое желание. Если новобрачный обнаружит, что его избранница девица… то он говорит ей: «Если бы в тебе было что-то хорошее… то нашелся бы человек, чтобы лишить тебя девства». Тогда он отсылает ее обратно.

Земли славян самые холодные. В лунные ночи и безоблачные дни случаются самые сильные морозы… От дыхания людей на бородах у них делаются сосульки и бороды как будто покрыты стеклом…

У них нет бань как таковых, но… они складывают каменную плиту и, разогрев ее, поливают водой. В руках они держат пучок травы и размахивают пар вокруг. Тогда у них открываются поры и ненужное уходит из тела. Такая хижина называется *аль-изба*…

Их цари путешествуют в огромных повозках на четырех колесах. По углам повозка подвешена на цепях, чтобы уберечь пассажира от тряски…

Славяне воюют с византийцами, франками, лангобардами и другими народами…»[20]

Интересно, что Ибрагим не посчитал русов славянами, по-видимому, потому что их все еще считали *людьми севера*. Нет сомнения, что этот дипломат из мусульманской Испании смотрел на экзотические народы центра Европы, как современные антропологи смотрят на племена папуасов.

В 965 г., то есть в год приезда Ибрагима ибн-Якуба, Мешко I, князь Полонии, или полян, живший на реке Варта, объединился в союзе с чехами. В подтверждение этого союза он женился на чешской принцессе (княжне) Дубравке и принял крещение. Этими действиями Мешко отвечал на возвышение Саксонской империи после поражения мадьяр, а также на настойчивое требование Германии о принятии христианства. Первая (латинская) епархия была учреждена в Познани вместо существовавшей до того епархии по славянскому образцу, возможно в Сандомире. Как видим, поляки всячески избегали зависимости от Германской империи. Церковная провинция *Полония* появилась, однако, спустя еще 30 лет в связи с быстро складывавшимся польским государством. Когда в 1000 г. император Оттон III посетил вновь созданную митрополию в Гнезно и обнял польского князя как своего «друга и союзника», *Великая Польша* (Wielkopolska) уже была объединена с лежащей на юге *Малой Польшей* (Malopolska). В Менджижече и Тынце были основаны монастыри бенедиктинцев. Папа впервые увенчал польской королевской короной Болеслава Храброго (правил в 992–1025 гг.), который в 1003 г. штурмовал Прагу и сделал своим мечом зарубку на Золотых воротах Киева в 1018 г. В 1037 г. огромным бунтом язычников началась агония старого порядка. С этого времени столица королевства переносится в Краков и сильная династия Пястов постепенно превращает Польшу в первейший бастион католицизма в Восточной Европе.

Венгрия шла той же дорогой, что и Польша. Первыми христианскими контактами Венгрии были контакты с Византией. Пленный греческий монах Гиеротус был рукоположен *епископом Туркии* ок. 950 г. Однако после битвы при Лехфельде возобладало германское влияние. Венгерский (мадьярский) князь Геза (правил в 972–997 гг.) был крещен со всей семьей по латинскому чину в 975 г. Его сын Иштван (Св. Стефан, правил в 997–1038 гг.) укрепил связи с Империей, женившись на баварской принцессе и приняв королевскую корону от Рима. Коронация Стефана в новоучрежденной епархии Эстергома (Грана) совершилась в 1001 г., то есть спустя всего год после приезда Оттона в Гнезно. В том же году открылось аббатство в Паннольхалме, ближайший аналог аббатства в Менджижече. [БУДА]

Все эти примитивные королевства были родовыми государствами, где все права и собственность удерживались в руках правящего князя. Принятие христианства, которое открыло доступ сюда образованному духовенству, стало способом укрепить нарождавшиеся монархии.

Киевская Русь приняла христианство от Византии как часть всеобъемлющего политического урегулирования. До того в течение целого столетия Русь сближалась с Византией. Торговля по Днепру, набеги варягов и войны со степными кочевниками — все это приводило к разного рода контактам. Киевский князь Володимир, или Владимир (правил в 980–1015 гг.), был «отважным язычником», братоубийцей и многоженцем. Но принятие православия, женитьба на Анне, сестре императора Василия II, стали платой с его стороны за согласие императора нанять 6000 воинов из знаменитой варяжской дружины. Хотя бабушка князя св. Ольга уже была христианкой, он все же рассматривал разные альтернативные предложения, прежде чем также обратиться в христианство. За границу были посланы посольства, чтобы рассказать ему о достоинствах иудаизма, ислама и христианства. Как сообщают, выиграли те посланцы, которые рассказали князю о своих впечатлениях от собора Св. Софии в Константинополе (их удостоили такого же приема у императора, как и Лиутпранда). Только тогда киевский князь крестился. Он приказал своему народу прийти на берег Днепра, где все они были также крещены *en masse* скопом. Князь приказал забрать детей знати и воспитать их в новой вере. Затем вглубь страны были посланы миссионеры, которые несли в народ православие (как оно распространялось в Болгарии св. Климентом), литургию на старославянском языке, кириллический алфавит и преданность патриарху Константинопольскому. Строились церкви, ниспровергались языческие идолы. Уже в начале XI в. христианство достигает Новгорода, Минска и Полоцка. С этого времени Русь навсегда и неколебимо вступает в христианский мир. [НОВГОРОД]

Владимира Киевского часто сравнивают с Карлом Великим, считая и его создателем громадно-

НОВГОРОД

Древний Новгород стоял среди лесов. Именно поэтому и сам город был полностью деревянным: люди жили в деревянных домах, молились в деревянных церквах, ходили по деревянным мостовым, пользовались деревянной канализационной системой и даже писали на берестяных грамотах. Новгород возник в первую очередь как торговый центр на берегу реки Волхов, в северном конце великого пути из Балтийского в Черное и из Балтийского в Каспийское море. Древесина всегда была основой новгородского хозяйства.

Когда в 1951—1962 гг. были проведены основательные раскопки города, «пробил час испытания» для одного из наиболее интересных методов средневековой археологии: метода *дендрохронологии*, или определения времени по годичным кольцам на древесине. Затопленная земля прекрасно сохранила деревянные сооружения. За 13 сезонов раскопок группе, возглавляемой А.В. Арциховским и Б.А. Колчиным, удалось вскрыть более 9000 квадратных метров древнего Новгорода. На вскрытой площадке находилось 1150 бревенчатых зданий. Археологи обнаружили не менее 28 слоев деревянной мостовой на бывшей главной улице города. Последний слой (N 1) датировался 1462 г., а первый (N 28) — 953 годом. В среднем, дорожное покрытие обновлялось раз в 18 лет на протяжении 5 веков. Поверх старой мостовой, поврежденной колесами телег и полозьями саней, накладывался новый слой сосновых бревен. Два обширных клада с монетами из Средней Азии VIII в., найденных археологами, убедительно доказывали, что активная торговля Новгорода с дальними странами не прерывалась никогда, даже во время монгольского нашествия. [ДИРХЕМ]

Из 400 берестяных грамот практически все (кроме одной, написанной на финском) были написаны на древнерусском языке. В грамоте №17, которая была найдена в 5-м культурном слое (1409—1427) управляющий имением пишет своему господину в город:

«Поклон от Михаила осподину своему Тимофию. Земля готова, надобе семена. Пришли, осподине, целовек спроста, а мы не смием имати ржи без твоего слова».

В другой грамоте (№37), найденной между 12-м и 13-м уровнями (1268—1299), мы читаем о предложении руки и сердца.

«От Никиты к Ульянице. Иди за меня замуж. Я тебя хочу, а ты меня, а на то свидетель Игнат Моисеев...»

Бродя по улицам древнего Новгорода, невольно задумываешься, какой была бы Россия, если бы московские наемники не перебили жителей этого древнего города. Какой была бы Россия, если бы развивалась под руководством мирной новгородской республики? Новгородская Россия, безусловно, отличалась бы от России московской, которая в конце концов победила. Но в любом случае это совершенно не исторические мысли, да и раскопки не дают нам ответа на эти вопросы.

го, но недолговечного царства[21]. Эта параллель тем более уместна, что оба стали героями позднейших национальных легенд. Конечно, Владимир был не больше русским, чем Карл Великий — французом. В его время не было *России*, как не было Франции во времена Карла Великого. К сожалению, Русская Православная церковь (когда она вышла на историческую сцену 500 лет спустя) предъявила монопольные права на Киевскую метрополию; а современная русская пропаганда сделала все, что в ее силах, для подавления претензий и опровержения традиции других соперников, в особенности украинцев. В то время как Карл Великий стал национальным героем рыцарского эпоса, *князь Владимир* стал центральной фигурой средневековых русских былин. Вместо Роланда, Оливьера и епископа Турпина в былинах действуют Алеша Попович, Добрыня Никитич и отважный крестьянин Илья Муромец — боевые товарищи *князя Красное Солнышко*. Никто бы не посмеялся больше над этим эпитетом, чем сам сомнительный святой.

Скандинавия стала христианской не без борьбы. Миссионерская епархия, перед которой стояла задача обращения Скандинавии, действовала в Бремене с 780-х годов. Однако образ жизни викингов был не совместим с Евангелием, и в каждом из трех скандинавских королевств при дворе была своя партия убежденных язычников. В Дании Харальд Синезубый (правил в 940—986 гг.) принял христианство ок. 960 г., но был все-таки изгнан после того, как основал епархии в Аархузе

(Орхузе) и Шлезвиге. Его сын Свен Вилобородый (правил в 985–1014 гг.), бывший некогда вождем языческого сопротивления, стал ярым проповедником христианства среди датчан. При Кнуте Великом (правил в 1016–1035 гг.), который правил не только Данией, но и Англией, в Скандинавию отправилось несколько англосаксонских миссий.

Своего рода «драма в двух действиях» разыгралась и в Норвегии. Первая попытка Олафа Трюггвессона (правил в 995–1000 гг.) провалилась, но вторая — Олафа Харальдссона (правил в 1016–1028 гг.) — достигла цели, хотя и посредством подкупа, принуждения и фанатизма. Этот второй Олаф, убитый при защите родины от датчан, похоронен в соборе в Нидаросе (Тронхейме) и со временем был канонизирован как национальный святой (св. Олаф). В Швеции Олаф Скётконунг (правил в 995–1022 гг.) был крещен в 1008 г., но возникшая вследствие этого гражданская война между христианской и языческой партиями продолжалась больше 100 лет. Подобно св. Олафу, св. Эрик Шведский (ум. 1160 г.), погибший в битве, и св. Кнут IV Датский (ум. 1085 г.), погибший от руки убийц, стали затем почитаться как мученики за веру. В 1140-х годах тогдашним кардиналом легатом Николаем Брейкспиром, впоследствии единственным папой-англичанином, были основаны архиепископства в Тронхейме, Упсале и Лунде. [ЭЙРИК]

Сомнительная святость всех национальных королей-святых (от Венцеслава до Эрика) вполне может свидетельствовать об условности обращения. Но она свидетельствует также о том, что христианство использовали как важный фактор укрепления чувства общности внутри национального государства. Только в одной Польше (из всех наций-неофитов) на этом этапе не было ни царственного святого, ни мученика-короля. Однако здесь появился мученик-епископ. Мятежный епископ Кракова Станислав Шчепановский (1030–1079) был буквально разрублен на куски перед алтарем рыцарями короля, которому он открыто не повиновался. Его смерть, ставшая жутким предвестником мученичества св. Фомы Бекета в Англии, свидетельствовала об усилении латинской церкви, а также предвосхищала будущие конфликты церкви и государства. Позднее убийство епископа Шчепановского стали интерпретировать как символ расчленения греховного Польского королевства на враждующие феодальные вотчины.

На протяжении всего этого долгого второго этапа обращения греческая и Латинская церкви сосуществовали в напряженном разделении. Между ними было мало сотрудничества, но не было и формального раскола. В середине XI века, однако, эти две церкви подошли к полному разделению. В Константинополе патриарх Михаил Керуларий (избран в 1043 г.) вступил в спор с византийским правителем южной Италии. По ходу дела он закрыл все латинские церкви в столице и направил послания латинским епископам с осуждением их раскольнической практики, в особенности употребления в Евхаристии опресноков (то есть незаквашенного хлеба). В это время в Риме папский престол переходит на пять драматических лет в руки самоуверенного Льва IX (1049–1054), в прошлом Бруно из Эгисхейма, епископа Туля и кузена германского императора. Папа Лев руководствовался в своих действиях крепкой верой в свое предназначение и не собирался терпеть ни мелочности греческого патриарха, ни злоупотреблений епископов и королей Запада. В январе 1054 г. он отправляет в Константинополь легатов во главе с Гумбертом Мурмутьерским и приказывает им добиться подтверждения его претензий на главенство папы над другими патриархами. Не удивительно, что разразилась катастрофа. Патриарх отказался признать полномочия легатов и, несмотря на получение известия о смерти папы Льва, настоял на публикации очень агрессивного манифеста. 16 июля легаты в ответ объявили об отлучении патриарха в булле, которую они возложили не куда-нибудь, а на святой алтарь в соборе Св. Софии. Такое оскорбление простить было невозможно. Был созван Синод греческой церкви, который осудил латинские ереси (в доктрине и практике) и отлучил папских легатов. С этого момента поворота назад уже быть не могло. [МЕССА]

Схизма Востока с Западом — главный скандал в христианском мире — так никогда и не была преодолена. С 1054 г. было уже не только две якобы вселенские христианские империи, но и две якобы вселенские и ортодоксальные христианские Церкви. За 300 лет до того Европа делилась на южные (христианские) и северные (языческие) земли. Теперь водораздел проходил между католическими землями Запада и православными землями Востока (см. *Карта 3*).

ЭЙРИК

Незадолго до 1075 г. король Свен Ульфссон, племянник Кнута Великого, принял человека по имени Аудун, который приплыл из Гренландии в Данию, чтобы подарить ему белого медведя. Об этом событии рассказывается в саге *История Аудуна*. Вскоре после этого король принимает германского священника Адама Бременского, собиравшего сведения для своей монументальной истории архиепископов Гамбургских, под чью юрисдикцию в то время подпала Скандинавия. Адам сообщает, что король сказал ему, будто «есть другой остров в этом океане, открытый многими и называвшийся *Винланд*, потому что там рос виноград и вырабатывалось прекрасное вино и, больше того, там было в изобилии зерна, выросшего само собой». Это самое раннее упоминание в Европе о Северной Америке. Археологические свидетельства, в особенности с Северного Ньюфаундленда, подтверждают, что скандинавы основали поселения за океаном.

Географическое открытие и освоение «Ледникового моря» растянулось на несколько веков. Ирландцы знали Исландию в VIII веке. Скандинавские поселения появляются там ок. 870 г. Гренландия была известна еще за 80 лет до того, как там появились первые поселенцы ок. 985/896 г., или когда, по мнению историков, впервые увидели Винланд.

Центральной фигурой этого освоения был смелый путешественник и авантюрист Эйрик Рыжий (ок. 940–1002). Эйрик покинул свой дом в Джедерене (Норвегия) после того, как совершил несколько убийств; затем он развязал бойню в Исландии, когда его рабы спровоцировали оползень (обвал), чтобы разрушить соседскую ферму. Объявленный вне закона исландским альтингом в Торнессе, он уплывает оттуда, чтобы основать колонию на Западном побережье острова, «которую он назвал Гренландией, так чтобы и другим захотелось туда приплыть». Это случилось за 15 лет до того, как Исландия официально приняла христианство в 1000 году. Младший сын Эйрика Лейв Эриксон (Счастливчик) уплыл из Гренландии ок. 1001 г., чтобы самому проверить рассказы о землях, лежавших западнее, и вернулся с описанием Хеллуландии (возможно, Баффиновой Земли), Маркландии (Лесной земли, возможно Лабрадора) и неуловимого Винланда (Страны винограда). Лозы нашел Тыркир Германец, член команды Лейва; а Торфинн Карлсефни, богатый второй муж невестки Эрика Гутриды, дважды снаряжал экспедиции для основания постоянных поселений на американском берегу. Незаконная дочь Эйрика Фрейдис также дважды посетила Винланд. В первый раз, по ее рассказам, ей удалось отразить нападение индейцев, напугав их обнаженной грудью. Во второй раз она убила всех своих спутников. Осенью 1009 г. Гутрида, жена Карлсефни и вдова старшего сына Эйрика Торстейна, родила в Винланде сына и назвала его Снорри. Это был первый евроамериканец (американец европейского происхождения).

Установить, где же точно находился Винланд, было головной болью множества ученых. Теперь большинство склоняется к тому, что это Ньюфаундленд и место у Л'Анс-о-Медоуз. *Vinber* (винные ягоды), обнаруженные Тыркиром, вполне могли быть дикой клюквой, а «самосеющаяся пшеница» — песчаным колоском (Elymus arenarius). Этот предмет породил бесконечные *Skandiknavery* (игра слов: *Skandiknavian* и *knavery* — «мошенничество, подделка»). Среди других сенсаций следует упомянуть руническую надпись m1 (или 1001-го года), выцарапанную каким-то шутником на валуне у Виноградника Марты в 1920 г., а также Йельскую карту Винланда, созданную в 1965 г.

Главными нашими источниками остаются исландские саги, и в особенности *Graenlandinga Saga* (ок. 1190), *Eirik Saga* (ок. 1260) и *Islandingabok* (ок. 1127) — история исландцев, направленных епископом, который был правнуком Снорри Карсефниссона *The Vinland Sagas*.

За исключением Исландии скандинавские колонии не удержались. Винланд поселенцы покинули спустя несколько десятилетий. Гренландия, некогда процветавшая благодаря торговле моржовыми бивнями, мехом и белыми соколами, в XIV веке приходит в упадок: рахит и тяжелый климат сделали свое дело. Последний корабль приплыл в Исландию из Гренландии в 1410 г. «Спустя несколько лет последний исландец на Гренландии умер «без погребального звона, без гроба и без имени»» (Morison, *The European Discovery of America*.) Его останки или, может быть, кого-то из его последних спутников были найдены в мерзлоте на побережье Гренландии в 1586 г. путешественником Елизаветинского времени Джоном Дэвисом (1550–1605). Подобно Эйрику Рыжему и Лейву Эриксону за 600 лет до него, Дэвис тогда плыл далеко на северо-запад в поисках счастья в загадочных землях за *Великим Проходом*.

МЕССА

Христианская литургия постоянно изменялась. Божественная служба, состоящая из гимнов, псалмов, поучений, проповедей, ектений, духовных песен (кантов) и коллектов (кратких молитв), начинает складываться с V века. Уставные молитвы, предписывавшие монаху, как именно прочитывать 150 псалмов (которые когда-то вычитывались каждый день), были введены св. Бенедиктом. Епископу Труа Пруденцию (ум. 861) приписывают составление первого *бревиария*, или сборника одобренных литургических текстов.

Самое важное из христианских таинств — *месса* (missa) сложилась позднее. Известная также как Евхаристия (Благодарение), или Причащение, или воспоминание Тайной вечери Господней, она обычно совершается отдельно от остальных богослужений. Самый ранний католический Служебник (или Последование мессы) восходит к X веку. Центральное действие Причащения состоит в том, что (претворенные из хлеба и вина) Кровь и Плоть Господа подаются причащающимся (причастникам). С XIII в. до 1965 г. по постановлению Католической Церкви Кровью могли причащаться только служащие священники. Ныне же, как и с самого начала, предлагается Причастие Телом и Кровью. Богословие Евхаристии, в особенности томистская доктрина пресуществления, породили бесконечные споры во время Реформации.

Обычай перелагать ключевые части мессы на музыку имел далеко идущие последствия. Изменяемая часть литургии, стихи которой варьировались соответственно дню, обычно читалась или пелась. Сюда входили *Introit* — входное (церковная песнь, начинающая литургию), *Gradual* — церковный гимн, офферторий и Евхаристический канон. Но Служебники, тексты которых были неизменны, открывали возможности изысканных музыкальных разработок. Служебники включали Kyrie Eleison («Господи, помилуй!»), древняя мольба, заимствованная из солнечного культа; Gloria in Excelsis Deo («Слава в Вышних Богу»), песнопение, обычно опускаемое во время Великого поста; *Credo* («Верую»), или Никейский Символ веры; *Sanctus* («Свят, Свят, Свят»), хвалительный гимн, предваряющий Причастие; *Agnus Dei* («Агнец Божий, берущий грехи мира») и, наконец, *Ite, missa est (ecclesia)* («С миром идите, месса окончена»).

Эти песнопения, представленные в Служебниках для одного или более голосов, а затем для хора с инструментальным сопровождением, в Средние века были разработаны как полифонические произведения. Полный состав мессы был сочинен Гильомом де Машо (ум. 1377), подобные сочинения появлялись и во времена Возрождения. Высочайшего мастерства здесь достиг, без сомнения, Палестрина (ум. 1594) и его современник Вильям Бёрд (1543–1623), католик на службе у англикан. В высшей степени оригинальная *Missa Papae Marcellae* Палестрины (1555) отвечала требованию Тридентского собора: сделать слова максимально понятными. (КАНТ)

Невозможно переоценить влияние мессы в музыкальной истории. Как пение совершенно преобразило духовное и эстетическое воздействие литургии, так и хоралы и инструментальное сопровождение мессы оказали исключительное влияние на европейскую музыкальную традицию. «Литургический текст — это тот портал, которым музыка входит в историю культуры христианского мира Запада».

Колоссальная Месса B-минор (Си-бемоль-минор) И.С. Баха (1738) ознаменовала этап, когда музыкальное исполнение мессы отделилось от религиозного действия. Гайдн написал 14 таких месс, среди них *Missa in tempore belli C-dur* (Месса для барабанов, 1796) и *Missa Harmoniemesse B-dur* (Месса для духовых, 1802). Моцарт написал 18, включая и вершину этого искусства — неоконченный *Реквием* (1791). *Missa solemnis* Торжественная месса *D-dur* Бетховена (1823) может считаться высшей точкой в ряду подобных произведений. За ней последовали произведения в романтическом стиле Листа, Гуно, Брукнера и Яначека. В XX в. месса пережила и оскудение веры, и распад традиционной музыкальной формы. Фридерик Делиус сочинил хоральную *Mass of Life* (1909) на антирелигиозные тексты Ницше. Месса Стравинского для хора и духовых (1948) — эксперимент в новой полифонии по образцу Машо.

Но поют их или не поют, богослужения звучат ежедневно в католических и православных храмах по всему миру. Благодаря их существованию религиозная традиция и музыкальные жанры доказали свою жизненную силу.

1054–1268 гг.

Если во времена викингов и воинственных мадьяр все «заварушки» исходили с Запада и из
центра Европы, то с появлением на исторической
сцене турок-сельджуков и монголов опустошение
надвигается с Востока. В самом деле, во второй
половине XI в. латинское христианство оживает и
вступает в пору реформ. В то же время Восточная
империя начинает неуклонно клониться к концу.
Крестовые походы показывают, что эти два процесса не были изолированы друг от друга.

Во время Схизмы между Востоком и Западом
Византийская империя была занята серией мелких возмущений, спровоцированных войнами на
ее границах, и дворцовой борьбой. Мятежи полководцев, амбиции патриарха и интриги императрицы нанесли Византии не меньший урон, чем,
например, норманны — Италии, печенеги на Дунае или турки-сельджуки в Армении. Смерть пре-
старелой Феодоры (с которой закончилась Маке-
донская династия) случилась тогда, когда Империи предстояло величайшее испытание.

Турки-сельджуки в 1031 г. перешли Окс (Аму-
Дарью); в 1040-х гг. захватили всю Персию,
в 1060-х гг. — Армению и в 1070 г. Иерусалим.
Они едва не захватили Багдад. Их султаны Тугрил
(Торгул-бек) Бек Возродитель Ислама (правил в
1038–1063 гг.) и Алп Арслан (правил в 1063–
1072 гг.) смогли возбудить боевой дух, мобилизо-
вав огромную и разнородную массу. Им служили и
персидские администраторы, и греческие советники, и множество философов, математиков и поэтов:

1

Вот снова день исчез, как ветра легкий стон,
Из нашей жизни, друг, навеки выпал он.
Но я, покуда жив, тревожиться не стану
О дне, что отошел, и дне, что не рожден.

11

О, если б, захватив с собой стихов диван
Да в кувшине вина и сунув хлеб в карман,
Мне провести с тобой денек среди развалин, —
Мне позавидовать бы мог любой султан.

49

Небесный свод жесток и скуп на благодать,
Так пей же и на трон веселия воссядь.
Пред Господом равны и грех и послушанье,
Бери ж от жизни все, что только можешь взять[22].

Омар Хайям, четверостишия которого (в переводах) со временем превратились в любимые произведения читающей публики в Англии, был аст-
рономом и составителем календаря при дворе величайшего вдохновителя побед сельджуков Алп
Арслана. 19 августа 1071 г. при Манцикерте около оз. Ван сельджуки превратили пограничную
стычку в разгром Империи. Византийская армия
была наголову разбита. Император Роман IV Диоген — захвачен в плен. Самое сердце Империи
в Малой Азии перешло к завоевателям и стало
основой Турецкой империи Рум. Драматически сократилось и население Империи, и ее экономические ресурсы.

Византия так никогда и не оправилась от удара: с этого времени императоры лишь пытались
защищать рушившиеся укрепления Константинополя. Но и сельджуки ослабили давление: вскоре
они потеряли контроль над Иерусалимом, уступив
его шиитским фатимидам Египта; а войны соперничавших между собой эмиров дали Империи некоторую передышку. Энергичный молодой император Алексей I Комнин (правил 1081–1118 гг.)
упорно оборонялся, прибегая не только к отваге и
мужеству, но и к сомнительным финансовым пред-
приятиям, как, например, захвату церковных сокровищ. Он изгнал норманнов из Греции и вернул в значительной степени Понтийское и Эгейское побережье. Но нельзя было уже вернуться к
«довоенному положению». При Мануиле I (правил 1143–1180 гг.) происходит своеобразный *ренессанс Комнинов*, в особенности в науке, богословии и архитектуре. Однако грандиозные планы воссоединения с Римом или покорения Египта
ни к чему не приводят. Растущее влияние представителей латинской культуры, которых Мануи-
ил во множестве приглашал к своему двору, вызвало острые столкновения — особенно с венецианцами. Дегенеративный Андроник Комнин (правил 1183–1185 гг.) был замучен до смерти толпой, которая последовала в этом его же примере.
По видимости, Империя еще выглядела грандиозной. Константинополь все еще был самым богатым и самым культурным городом христианского
мира: там все еще процветала торговля, торжественные церемонии, религия. Но почва уже уходила из-под ног: вскоре, в 1204 г., государству
был нанесен сильнейший удар, который с ним и
покончил.

Несчастья Византии эхом отозвались в землях православных славян. Теперь у греческого патриарха не было ни средств, ни желания контролировать болгар, сербов, киевлян, подобно тому как папы начинали контролировать Запад. Через 100 лет после битвы при Манцикарте Балканы снова погружаются в смуту. Печенеги, которые дошли до стен Константинополя во второй раз в 1090 г., были отражены только в 1122 г. Продолжительные военные кампании велись на северо-западе, чтобы защитить Сербию от натиска мадьяр. В 1186 г. снова взрываются болгары и создают свое *Второе царство*.

Киевская Русь была в значительной степени предоставлена самой себе. Ярослав Мудрый (правил 1019–1054 гг.), преемник св. князя Владимира, отнял у поляков Червоную Русь, одолел печенегов и даже посылал большую морскую экспедицию к Константинополю. Но с его смертью государство распалось на враждующие княжества — Галич и Волынь на западе; Киев, Туров, Чернигов — на юге; Новгород, Полоцк и Смоленск на севере; Тверь, Владимиро-Суздаль и Рязань в верховьях Волги. Междоусобицы на Руси умело направлялись Византией и вполне могли бы быть использованы соседями-поляками, если бы само Польское королевство также не вступило в 1138 г. в продолжительный период раздробленности. Так что первоначальные славянские государства пребывали в большом неустройстве задолго до появления монгол.

Теперь становятся очевидными разногласия среди восточных славян. Киев остается торговым и религиозным центром; но он был открыт степным печенегам (патзинакам) и половцам (куманам) и едва не утратил политический контроль. В XII веке впервые именем *Украина*, то есть «пограничье», называют земли вокруг Киева. Галич (Галиция) и Волынь переходят к династии Романовичей. Даниил Романович (правил 1235–1265 гг.) получил корону от папского легата, но позднее разорвал связи с католиками. Согласно одной летописи, он был вынужден встать на сторону народа против бояр. «Нельзя есть мед, — сказали ему, — пока не убьешь пчел».

В северо-восточных княжествах Руси происходит значительная миграция крестьян в лесные зоны верхней Волги, что вызвало рост городов. Поселение Москва на реке Москва впервые упоминается в 1147 году. В 1169 г. Андрей Боголюбский князь Владимирский, был настолько силен, что напал на Киев. В 1185 г. князь Игорь Северский выступил в свой знаменитый поход на половцев. Город Новгород становится независимой республикой в 1126 г. Новгородское *вече*, собрание свободных граждан, выбирало не только правителей, но и архиепископа. Оно также устанавливало границы власти князя. Новгороду подчинялись громадные территории на севере вплоть до монастыря Св. архангела Михаила на Белом море. Александр Невский (правил 1220–1263 гг.), князь Владимирский и Новгородский, сумел отразить и шведов на Неве (1240 г.) и тевтонских рыцарей на льду Чудского озера. [**НОВГОРОД**]

Благодаря упадку Византии оперилось и королевство Венгрия. Защищенная с севера Карпатами, находившаяся в безопасной дали от Константинополя и от Германской империи, Венгрия смогла консолидироваться в бассейне Дуная, не встречая значительного сопротивления. В 1004 г. Венгрия получает контроль над Трансильванией, а после 1089 г. над Хорватией и Далмацией, так что ей открылся безопасный выход к морю. В XII в. к ней отходит изумительная по красоте окруженная горами провинция Босния. Мадьярские князья латинского вероисповедания установили свое господство по всем периферийным территориям, включая Верхнюю Венгрию (Словакия), то есть на громадных территориях, заселенных славянами, германцами и румынами. По восточным границам растянутая военная линия была заселена покоренными куманами. Язычество было истреблено. При *солдатском короле* св. Ладиславе (Ласло) (правил в 1077–1095 гг.) и его племяннике Коломане I (Кальмане) (правил в 1095–1116 гг.) — оба имели родственные связи с Константинополем — задачи св. Стефана наконец были выполнены. Уже в 1222 г. в *Золотой булле* Андреа II, венгерский король, подтвердил иммунитеты знати и высшего духовенства, и те составили национальное собрание, наделенное формальным правом на сопротивление.

Перемены в Византии отразились и на Закавказье. Государство Багратидов — Великая Армения с центром в Ани около Карса, — процветавшее с IX века, было покорено сельджуками. Значительная часть населения бежала, некоторые достигли Польши. *Остаточное* государство — Малая Армения — возникло на юге, в бывшей провинции Киликии, и просуществовало три столетия[23]. Но Грузия получила свободу: при Давиде Возобновителе (Строителе) (правил в 1089–1125 гг.), сельджуков удалось отогнать от Тбилиси. При царице Тамаре (правила 1184–1213 гг.) расцвела богатая придворная культура, а национальные христианские черты смешались с турецким, персидским и арабским влиянием. Поэт Шота Руставели, получивший образование в Греции, завоевал признание и за пределами своей родины. Его эпос *Витязь в тигровой шкуре*, посвященный царице Тамаре, даже называли «первым дуновением Ренессанса»[24].

Средневековое общество оставалось в основном сельскохозяйственным. Жизнь была сосредоточена вокруг феодальных поместий и строилась на неизменности отношений между господином и крепостным (сервом). Возникновение зачаточных городов не меняло общей картины, но эти города имели большое значение не только для будущего, но и для развития торговли и распространения культуры.

Обнесенные стенами города, как и стены замков, свидетельствовали о небезопасности окружающей местности. Рвы, ворота и башни предназначались для защиты этих оазисов безопасности. Но они же и усиливали ощущение общности находящихся внутри людей, а те, в свою очередь, стремились самоопределиться политически и юридически. Такие объединения людей возникали вокруг портов, перепутий дорог, ярмарок, а также у резиденций князя или епископа. Многие нарождавшиеся города канули в неизвестность, но к XII в. уже в нескольких регионах Европы начинается оживленная урбанизация. Начало положили итальянские портовые города Венеция, Пиза и Генуя. С ними уже скоро стали соперничать города Ломбардии и Рейнской области, а также текстильные центры: Флоренция и Сиена в Тоскане, Ипр, Брюгге и Гент во Фландрии. Для роста Лондона и Парижа были не только политические, но и экономические причины. Самые большие города насчитывали в это время уже до 50000 населения и больше и продолжали расти.

В городах формировался класс буржуа, которые организовывались, противопоставляя себя гораздо более многочисленным ремесленникам и

тем, кто еще не нашел своего места в городе. Очень важно, что эти городские жители Запада в основном освободились от феодальных отношений, которые пока еще господствовали за городскими стенами. «Свобода стала легальным статусом буржуазии... будучи уже не личной, но территориальной привилегией, которую на территории города можно было наследовать»[25]. Однако и рабство (в его, так сказать, мусульманской форме) еще оставалось обычным делом, особенно в Италии. Особые хартии были призваны справиться с наплывом евреев в связи с торговлей в Средиземноморье. [ГЕТТО]

Торговые связи определялись установившимися торговыми путями. Венеция и Генуя переняли у Константинополя его роль организатора торговли в Леванте. Торговые пути по Северному морю были проложены исходя из потребностей в английской шерсти. Трансальпийский коридор пролег от Ломбардии до Рейнской области. С 1180 г. графы Шампани образовали своего рода зону свободной торговли, и местные ярмарки стали своего рода расчетными центрами международной торговли. [ГОТТАРД] [ГАНЗА]

Во второй половине XI в. во многих частях Западной Европы происходят, по видимости, не связанные между собой события, которые имели далекоидущие последствия: институты стабилизируются и сиюминутные меры превращаются в долгосрочные планы.

14 апреля 1059 г. папа Николай II издал декрет об избрании папы в дальнейшем Коллегией кардиналов. Этот шаг был предпринят, чтобы подтвердить независимость папы и избежать таких ситуаций, как в предыдущий год, когда две соперничавшие партии избрали двух соперничающих между собой пап. Веками до того традиция назначения папы «народом и духовенством Рима» предоставляла выбор на милость местных политиков. Незадолго перед тем германские императоры перешли к практике номинации (выдвижения) кандидатов на папский престол. Теперь папство предпринимало меры, чтобы освободиться от внешнего контроля. Вскоре после того впервые упоминается *Римская курия*, ставшая папским двором и правительством. [КОНКЛАВ]

В августе 1059 г. в Мельфи (в Апулии) папа наделил Роберта Гвискара, четвертого из 12 сы-

ПРАЗДНИКИ

В 1000 году, захватив базы пиратов на Адриатике в Курзоле и Лагосте, венецианский дож принял титул герцога Далмации: Венеция сделала первый шаг на пути к своему морскому владычеству. Тогда же учредили церемонию *Sposalizio del Mar* (Венчания дожа с морем) с регатой на разукрашенных гондолах по Большому каналу. Это стало центральным событием язычества. Французский *fetes des vignerons* виноградарей соответствует праздникам сбора урожая.

Многие другие связаны с религиозными событиями. *Carnaval* (заговенье на мясо), который приходится на *Mardi Gras* (вторник Масленицы), особенно известен в Ницце. Это последний день перед Великим постом (*Lent,* которой начинается на Западе в среду — *Пепельную среду*). На Пасху в Севилье проводятся игры в горной Шотландии и *course a la cocarde* в римских цирках Арля и Нима, скачки быков в Памплоне и изумительные скачки на лошадях *Corso del Palio* в Сиене.

Но чаще всего европейцы устанавливают празднования в воспоминание драматических событий истории своих городов, вроде *Sposalizio del Mar.*

Moros y Cristianos	Алкой (Аликанте)	завоевание христианами в 1227 г.
Lajkonik	Краков (Польша)	набеги монголов (XIII)
Giostra del Saracino	Ареццо (Италия)	(турнир): сарацинские войны
Жанна д'Арк	Орлеан (Франция)	осада 1428 г.
Fürstenhochzeit	Ландшут (Бавария)	баварско-польские торжества в 1475 г. по поводу бракосочетания
Escalade	Женева (Швейцария)	осада савойцами в 1602 г.
Гай Фокс	Англия	Пороховой заговор 1605 г.
Up Helly Aa	Лервик (графство Шотландия)	правление викингов 751 г.
Meistertrunk	Ротенберг (Германия)	осада 1631 г.
Vikingspillene	Фредерикссунд (Дания)	обнаружение в 1950 г. корабля викингов

ежегодной ярмарки на Вознесение — *Sensa*, хотя теперь входит в августовскую *Regata Storica*.

В европейском календаре есть множество праздников, которые отмечались разнообразными процессиями, маскарадами, танцами, ярмарками и играми. Многие из них, как *Bloemen Curso* в Гарлеме, *Midsommer* в Швеции или пивной праздник *Oktoberfest* в Мюнхене, отмечают конец какого-то времени года или сезона. Дни *Fasching*, которые отмечают по всей Германии и Австрии, как и *Dozynki* с их кострами в Польше — остались от парадом кающиеся грешники (находящиеся под епитимьей) в черных острых шляпах — *Semana Santa. Corpus Christi* (праздник Тела Христова), *Троица* и *Праздник Успения Богородицы* (15 августа) — христианские праздники. В Сент-Мари де ла Мер близ Арля цыгане, собравшиеся из многих стран, переносят икону Божьей Матери в море. Процессия Святой Крови в Брюгге и *Ommegang* в Брюсселе — празднования в честь почитаемых здесь святых мощей.

Многие празднества принимают форму состязаний. Так Старые или новые, эти ежегодные праздники укрепляют гордость местных жителей и оживляют чувство непрерывности времени и истории.

Впрочем, ничто не сравнится по размаху, с праздниками и парадами в ознаменование военных побед. В июне 1940 г. войска Вермахта прошли парадом через Триумфальную арку в Париже. Пять лет спустя на Красной площади знамена Вермахта бросали в кучу к ногам Сталина. В странах союзников (но не в Германии) 11 ноября торжественно отмечается как *День памяти* (погибших во второй мировой войне).

ГЕТТО

Во многих итальянских городах, по крайней мере с XI в., были обнесенные стенами с воротами кварталы для евреев. Они возникли в результате совпадения пожеланий муниципальных магистратов, требовавших сегрегации евреев, и собственных религиозных законов евреев, запрещавших им проживать вместе с иноверцами. В Венеции еврейский квартал назывался *Il Ghetto,* как сокращенная форма от итал. borghetto (городок) или как искаженное итал. Gietto (литейная). Это название вошло в употребление по всей Европе. Самые большие гетто были в Праге, Франкфурте, Триесте и Риме, где гетто просуществовало с 1536 до 1870 года.

Однако в главном приюте евреев, Польско-Литовском государстве, гетто формально отсутствовали, поскольку там с 1265 г. действовали охранные королевские грамоты. Некоторые польские города, включая Варшаву, подчинялись статутам *de non tolerandis Judaeis,* которые запрещали евреям селиться в районах муниципальной юрисдикции. (Там не позволялось селиться знати, крестьянам и чиновникам Короны.) В результате евреи были вытеснены на земли знатных лиц в непосредственной близости от городских ворот. Маленькие еврейские *shtetln* — местечки — выросли под покровительством знати и на вотчинах землях в сельской местности. Евреи Польско-Литовского государства имели и местную автономию и собственный парламент, или Совет четырех земель.

До разделов Польши евреям не позволялось селиться в России. После разделов Екатерина II превратила бывшие польские земли, ставшие провинциями России, в обширную еврейскую *черту оседлости.* Но закрытых гетто западного типа и образца в Восточной Европе не было до начала нацистских завоеваний 1939–1941 гг.

Бежать из гетто было нелегко. Возможные беглецы бросали вызов законам и обычаям и евреев, и неевреев и подвергали себя опасности самых суровых наказаний. До самых недавних времен единственным выходом оставалось формальное обращение в христианство.

новей Танкреда д'Отвиля герцогством Апулия и Калабрия, а также «будущим» герцогством Сицилия. В ответ, если он сможет захватить указанные земли, герцог Роберт должен был платить папе 12 пенсов за *запашку*[26]. В то время данное соглашение было только еще одним поворотом в непростой дипломатии пап. С того самого времени как они прибыли в Калабрию в 1017 г., норманны встречались с противодействием Рима; в самый разгар схизмы с Византией в 1054 г. пришедший ранее с германской армией папа Лев IX оказался даже пленником норманнов. Но теперь Николай II решил вступить с ними в деловые отношения. Он не мог, конечно, предвидеть, что д'Отевили так быстро воплотят свои планы в жизнь. Они переплыли Мессинский пролив в 1060 г. и начали систематически отвоевывать Сицилию у сарацинов. В течение 10 лет они захватили Палермо и вытеснили византийцев из их последнего итальянского оплота в Бари. Затем норманнские завоевания на юге были объединены в *Королевство Обеих Сицилий,* которое просуществовало до Гарибальди.

Еще до того, как покорение Сицилии было завершено, папа решает поддержать другого норманнского авантюриста. В 1066 г. Вильгельм Незаконнорожденный, герцог Нормандии, получил от папы знамя апостола Петра в благословение его экспедиции против Англии. С точки зрения Рима, это был еще один шаг по приобретению сторонников, независимых от Империи. С точки зрения Вильгельма, это был способ заставить солдат воевать. (Позднее он отклонил претензии папы вроде тех, что были удовлетворены в связи с Сицилией.) И снова судьба оказалась на стороне предприимчивых. Прождав много недель у Ла-Манша, норманны атаковали англосаксонскую армию, которая поджидала их у Гастингса. Гарольд Английский, который успел вернуться из своего похода на север (где одолел другого соперника — Гарольда Норвежского), был уверен в победе. Но 28 сентября он погиб в бою, пронзенный в глаз норманнской стрелой. Вильгельм, который теперь стал Вильгельмом Завоевателем, был коронован в Вестминстерском аббатстве на Рождество. Англия, как и Сицилия, была поделена между

ГАНЗА

По мере того как германские колонисты и крестоносцы продвигались по берегам Балтийского моря, они, естественно, распространяли на эти районы и свои коммерческие интересы. И в регионе, где до того хозяйничали викинги, естественно было ожидать, что купцы (на Балтике и Северном море) будут стараться объединяться для общей взаимной защиты. Первая такая *hansa* (торговый союз) была создана в Висбю на острове Готланд в 1161 г. под именем *Объединения готландских путешественников Священной Римской империи*. В течение всего лишь столетия сложилась громадная конфедерация *am-see staten* (свободных морских городов) от Атлантики до Финского залива. *Bund van der dudeschen hanse* (Ганзейская лига) обрела наибольшее влияние в XIV веке. В нее вошли несколько меньших союзов, чьи делегаты регулярно собирались для выработки скоординированной политики. Из них самым важным был *Вендско-саксонский квартет*, объединивший Гамбург, Бремен, Любек, Висмар и Росток. Во главе Вестфальской группы стоял Кельн, во главе Ливонской — Висбю, а позднее Ревель (Таллинн). Три главные группы составляли *Drittel* (Треугольник), бывший сердцевиной всей организации. Каждый из входивших в Лигу городов имел зависимые города, известные как *vororte* (пригороды), а сама Лига основала цепь *kontore* (иностранных представительств), с которых получали доход все члены. Пять главнейших таких представительств были в Брюге — главном терминале трансальпийского торгового пути в Венецию, в Петерхофе в Новгороде (с 1229-го), в Стилярде в Лондоне (1237), у Немецкого моста в Бергене (1343) и на ежегодной селедочной ярмарке в Фальстербо в Скании.

Членами Ганзы были не только государства Германии и побережья: в разное время в нее входили свыше 200 городов на территории от Динанта на Западе до Осло на севере и Нарвы на Востоке. Из городов в глубине материка следует упомянуть Брауншвейг, Магдебург, Бреслау и Краков.

У Ганзейской лиги не было ни формальной конституции, ни правительства. Однако со временем сформировался корпус законов и обычаев; с 1373 г. имперский вольный город Любек был признан местом пребывания апелляционного суда, здесь же чаще всего проводились проходившие раз в три года генеральные ассамблеи Лиги. *Любекский закон* был принят многими городами-членами Лиги.

Поначалу Лига должна была держать в одних руках законные права на якорную стоянку, складирование, постой и неприкосновенность (на месте) — словом, все то, что требовалось членам Лиги для ведения дел. На Лигу возлагалась обязанность следить за стабильностью валютного обмена и облегчать расчеты. (Английское слово стерлинг происходит из *Easterling*, или «восточники», как часто называли ганзейских купцов.)

Однако, помимо меркантильных, вскоре появились и политические цели. Первоначально Лига пользовалась таким оружием, как *Verhansung* (коммерческий бойкот) противников. Но постепенно ей пришлось облагать налогами и даже собирать военные морские силы сначала для борьбы с пиратами, а позднее и для борьбы с государствами, в особенности с Данией. После того как датчане напали и разграбили Висбю в 1361 г., был заключен союз Норвегии, Швеции и Ганзы. В этой первой датской войне Ганза потерпела жестокое поражение. Но во второй войне 1368–1369 гг. войска Лиги захватили Хельсинборг, разрушили Копенгаген и оккупировали Зунд. По Соглашению в Штральзунде (1370), Дания была вынуждена согласиться, чтобы ни один датский король не короновался без одобрения Лиги и подтверждения ее (Лиги) привилегий. (**зунд**)

Затем, вследствие экономических и политических причин, Ганзейская лига начинает постепенно слабеть. В XV в. косяки балтийской сельди загадочным образом уходят в Северное море. В то же время центр тяжести коммерции в Северной Европе перемещается в Нидерланды. Ганзе становится все труднее утверждать свои права перед лицом таких агрессивных новых государств, как Англия, Пруссия и Московия. Как примета нового времени закрылись Петерхоф в Новгороде (1494) и Стилярд в Лондоне (1598). Ганзе теперь уже мало помогает Священная Римская империя. Во время Тридцатилетней войны активных членов остается всего три: Любек, Гамбург и Бремен, они провели последнюю ассамблею в 1669 году. С того времени с Ганзой ассоциируется лишь независимость этих трех городов, которые оставались в стороне от Германского таможенного союза до 1889 года.

Наследие Ганзы оказалось долговечным. За столетия она сформировала особый образ жизни, неколебимые добродетели которого сцементировались с каждым камнем ее великолепных и элегантных городов. Быть ганзейцем — значит принадлежать к неподражаемой культуре международных отношений, в основе которых лежат общие ценности и приоритеты. Великие города Гамбург, Данциг (Гданьск) и Рига не разделили общей участи европейских городов. Они сохранили сильное чувство общности. Граждане Гамбурга, регистрируя свои машины, до сих пор ставят впереди гордое и древнее обозначение *HH* — Hansestadt Hamburg; в Бремене — *HB*; в Любеке — *HL*; в Ростоке — *HRO*.

Нацизм, конечно, попытался приспособить ганзейские традиции для своих целей. На знаменитой картине Гротемейера (1942) колонна средневековых купеческих повозок отправляется из Гамбурга по Эльбе как бы для того, чтобы захватить для немцев *Lebensraum* (жизненное пространство) на Востоке. Но это было страшным искажением исторической правды. В истории Германии ганзейские традиции были решительно противоположны пруссачеству, национализму и империализму, которые их позднее вытеснили. В европейской истории Ганза светит как маяк всем тем, кто желает, чтобы будущее было основано на местной автономии, международном сотрудничестве и всеобщем процветании.

норманнскими рыцарями и превратилась в настоящее феодальное царство. (Англичане гордятся тем, что после этого Англия больше никогда не была завоевана.)

В марте 1075 г. новый папа Григорий VII (1073–1085 гг.) сформулировал 27 положений его *Dictatus Papae*[27]. Он претендовал на верховную законодательную и судебную власть в христианском мире, а также на право низлагать всех князей (и мирских, и духовных). Вскоре после этого на синоде он формально повелел отлучить от Церкви всех светских правителей, кто выдвигал кандидатов на занятие церковных должностей без согласования с церковными властями. Папа Гильдебранд, в прошлом тосканский монах и главный советник предшествовавших пап, был избран кардиналами уже по новому образцу. Императора Генриха IV (правил в 1056–1106 гг.) даже не известили об избрании, не говоря уж о том, что его спросили. Назревал большой конфликт между Империей и папским престолом. Начиналась борьба за инвеституру.

Несмотря на высокий язык богословия и права, в который облекались последующие выступления участников этой борьбы, борьба за инвеституру была борьбой за власть. Должен ли император контролировать папу или папа — императора? Порешили так: латинский христианский мир держался на двух столпах власти — мирской власти во главе с императором и духовной во главе с папой. Однако их взаимоотношения можно было толковать по-разному. С точки зрения императора, папа должен был ограничиваться сферой духовного. С точки зрения папы, как земля была под небом, так и император должен был быть под папой. Положения *Dictatus'а* Гильдебранда были бескомпромиссны:

2. Только Римский епископ по праву зовется Вселенским.

3. Только он один может низлагать епископов и восставлять их.

12. Он может низлагать императоров.

16. Только понтифик может созывать Общий Синод.

17. Ни один Собор без его соизволения не может называться *всеобщим* (generalis).

20. Никто ему не судья.

22. Римская Церковь никогда не заблуждалась и впредь, по свидетельству Писания, не будет заблуждаться.

23. Не считается католиком тот, кто не согласен с Римской Церковью.

27. Подданных он может освобождать от присяги негодным владыкам[28].

На первый взгляд позиция императора была сильнее, так как у папы не было рычагов для проведения в жизнь своих распоряжений. На практике же в пользу папы действовали центробежные силы феодализма, поскольку епископы не желали зависеть от светских властителей (князей), а многие бароны не желали зависеть от князя или императора. В конечном счете, однако, борьба зашла в тупик и кончилась компромиссом; но не раньше, чем на первом этапе император пережил большое унижение.

Вызов Гильдебранда привел к ужасному скандалу. По приказанию императора епископы Империи отлучили папу. Папа быстро отлучил императора, освободив одновременно его подданных от их обязательств. Германские бароны немедленно взбунтовались и избрали Рудольфа Швабского *антицезарем*. Генрих решил покаяться. Перейдя зимой через гору Ценис с женой и ребенком, он разыскал Гильдебранда в уединенном горном замке Каносса. Там он простоял три дня босиком на снегу, в рубище, испрашивая у папы прощения. На четвертый день Гильдебранд смягчился, и Генрих бросился к его ногам с криком «Святой отец, пощади меня!» Но вся эта драма в Каноссе ни к чему не привела: Генрих вскоре вновь вернулся к практике мирской инвеституры. После продолжительной гражданской войны в Германии и второго отлучения Генриха в Бриксене собрался Синод епископов и избрал *антипапу* Климента III. Теперь Запад имел двух императоров и двух пап. В 1083—1084 гг. имперская партия захватила Рим, а Гильдебранд укрылся в Замке Святого Ангела. Роберт Гвискар изгнал имперские силы при помощи армии сарацин, разграбившей Рим. Гильдебранд умер в изгнании. Генрих умер в 1106 г., но до этого его вторая жена Аделаида (Адельгейда) выступила против него с обвинениями перед Церковью. Конкордат в Вормсе в 1122 г. покончил с этими спорами миром, наделив и папу, и императора правом участия в инвеституре. [МАРСТОН]

В 1075 г. город Пиза обратился к папе с просьбой о признании его муниципальных прав. Шесть лет спустя они были утверждены императорским патентом. По достигнутому соглашению местный герцог Тосканский отказался от всей юрисдикции внутри города и обязался не назначать никаких новых маркграфов в районе Пизы без согласия ее граждан. В то время Пиза всего лишь пыталась обезопасить себя перед лицом разгоравшегося конфликта между папой и императором, но этим был создан прецедент, начался процесс установления независимости городских общин главных городов. Пиза разбогатела за счет награбленного во время кампаний против сарацин на Сицилии и Сардинии, и это отразилось в роскоши мраморной отделки ее собора с наклонившейся башней баптистерия (ок. 1089 г.). Со временем она была покорена ее морским соперником — Генуей и поглощена соседней Флоренцией. Однако рост богатых городских общин, имеющих и конституцию, и войско, и гражданское самосознание, стало характерной чертой следующих веков. Во Франции к концу XI века самоуправляющимися городами были Ле Ман, Сен-Кантен и Бове. Во Фландрии Сент-Омерская хартия (1127 г.) проложила путь Брюге и Генту. В Германии за самоуправляемым Любеком (1143 г.) последовал Гамбург (1189 г.). Внутри этих общин начинают складываться объединения купцов и гильдии ремесленников.

В мае 1082 г. Венеция получила хартию вольностей от Византийского императора: хартия гарантировала свободный транзит и освобождала от налогов и повинностей по всей Империи на запад от Босфора. На мысе Золотой рог для Венеции резервировалось три причала. В то время все эти концессии казались разумной платой за помощь Венеции в войнах императора с норманнами. Торговля между Италией и Левантом была очень ограничена со времени мусульманских завоеваний VII века, и венецианские купцы, бывшие подданными императора и его союзниками, едва ли представляли собой большую силу. Как оказалось, *Золотая булла* 1082 г. стала важной вехой. Данная накануне крестовых походов и вновь открывавшая восточное Средиземноморье, она превратила Венецианский залив в главный центр торговли между Востоком и Западом: здесь выросло то рожденное морем богатство, которое стало соперничать с самим Константинополем. Ранее этот город св. апостола Марка, чьи мощи были принесены в Риальто в 828 г., оставался в тени близлежащего острова Торчелло. Набеги мадьяр, а прежде вторжения лангобардов, первоначально и вызвавшие приток людей к берегам залива, нарушили связи с Германией. Теперь должна была расцвести трансальпийская торговля. Цепь укреплений, торговых пунктов и позднейших колоний в Рагузе (Дубровнике), на Корфу, в Коринтии, на Крите и Кипре защищали венецианские галеры, перевозившие шелк, специи, серебро и рабов, лес, зерно и соль. Отношения Венецианской республики с Византией складывались не просто (в 1182 г. венецианские купцы были перерезаны в Константинополе), но Венецианская республика пережила Империю и

МАРСТОН

Старый Марстон оказался ближайшим средневековым приходом от того места, где писалась эта книга. История Марстона насчитывает почти 900 лет. Расположенная здесь часовня была отдана небольшому монастырю августинцев св. Фридесвайда в Оксфорде в 1122 г., и в следующее столетие она выросла до положения прихода. В 1451 г. папская булла присоединила новый приход к соседнему приходу Гедингтон, и такое положение сохранялось до 1637 г. А в новейшее время его содержание зависело по большей части от лорда Гедингтона.

За свою долгую историю Марстон видел всего лишь несколько запоминающихся событий. Эта «деревенька на болоте» в 3 милях от Оксфорда не имеет иных достопримечательностей, кроме Марстонского перевоза (парома), который усердно трудился с 1279 до 1960-х гг. В ее лучшие времена (до того как разрослись современные пригороды Оксфорда) в деревушке было 40–50 хозяйств, которые обрабатывали примерно 600 акров земли и держали около 200 лошадей и голов скота и 800 овец. После 1655 г., когда два главных поля были огорожены (и превращены в выпас), население сократилось. Во время Английской гражданской войны Марстон был оккупирован войсками Парламента, осадившими королевский штаб в Оксфорде. Их командующий сэр Томас Ферфакс квартировал в 1643 г. у Кроуков в помещичьем доме в Марстоне, где его посетил однажды Оливер Кромвель. В деревне не было школы до 1816 г., когда здесь построили платный пансион. Начальная школа открылась в 1851 г. Единственное благотворительное учреждение в этом приходе было открыто в 1671 г. по завещанию Мэри Бретт, которая оставила дом и клочок земли стоимостью 22 шиллинга 6 пенсов на хлеб бедным. Единственный обитатель этого прихода, который приобрел национальную известность, была сучка фокстерьера Трамп, купленная в деревушке Элсфилд в 1815 г. Новый хозяин Трамп — интересовавшийся спортом пастор, его преподобие Джек Рассел, использовал ее в выведении новой породы собак, носивших его имя.

Приходская церковь Св. Николая построена в стиле поздней *Прямой* готики, ее называют «непритязательной». С западной стороны стоит невысокая башня с частоколом вокруг парапета. От первоначального строения сохранились лишь крохи. В основном кладка относится к XV в. и восстановлена в 1883 г. Внутри простая отделка из дуба, главным образом елизаветинского периода или эпохи короля Якова I.

В нефе можно увидеть на стене доску, где выбиты имена всех служивших здесь священников с 1210 по 1991 год. За исключением периода 1529–1637 гг., когда в Марстоне служили не жившие здесь вторые священники, список оставляет ощущение долгой и непрерывной традиции. Самое ранее упоминаемое имя священника Осберт, сын Хеерварда (ок. 1210). Джон де Бредли (1349) умер от Черной смерти. Роберт Кин (1397–1398) первым упоминается с фамилией. Томас Филлдар (1529), доминиканец, был последним католическим священником до Реформации. Джон Аллен (1637–1685), назначенный архиепископом Лауда, прослужил здесь 48 лет, как и его далекий преемник (уже во времена Эдварда) Джон Гамильтон Мортимер (1904–1952).

По всей Европе десятки тысяч приходов представляют собой местную власть, которая гораздо старше и реже прерывалась, чем власть гражданская. Они подчиняются епископу, а не Короне. В Англии они старше графств. В значительной степени они — то же, что и деревенские общины, где священник был самой уважаемой и влиятельной персоной, не зависящей от перемен в политике и смены землевладельца. В наше время приходской совет представляет собой элемент местной демократии и (вместе с водокачкой и административным зданием) является средоточием общественной жизни.

Приходские книги с регистрацией рождений, браков и смертей, которые в Англии ведутся со времен Елизаветы I, — важнейший источник сведений по генеалогии и демографии. Они естественный выход в историю данного места.

Сверх всего приход — это краеугольный камень деревенской жизни в Европе. Беспрестанный труд деревенских жителей преодолел и крепостное право, и чуму, и голод, войны, бедность и «общую сельскохозяйственную политику» ЕЭС:

Вдали от безумной толпы с ее низкой борьбой
Они никогда не ошибались в своих трезвых желаниях;
В прохладной жизненной долине
Они тихо идут своим путем.

(Из *Элегии на церковном дворе* (1750) Томаса Грея, написанной в Стоук Подж, Букингемшир.)

пала только в 1797 г., когда была уничтожена Наполеоном. [ГЕТТО] [НРАВЫ]

В 1084 г. в монастыре Шартрез около Гренобля св. Бруно Кельнский (1033–1101 гг.) основал орден картезианцев. Строгие правила созерцательной жизни предписывали монахам этого ордена жить в молчании (в затворе) в своих кельях. В то время могло показаться, что возник лишь вариант более старой модели монашеской жизни — клюнийской; на самом же деле это было свидетельство того, что Латинская Церковь вступает в эпоху систематической институализации. В 1098 г. в Сито в Бургундии начинается долгая жизнь ордена цистерцианцев. В основном этот орден обязан своим развитием св. Бернару Клервоскому (1090–1153 гг.). Повсюду клирики, служащие в миру, или *регулярные каноники*, вступали в организованные общины, которые давали три монашеских обета: воздержания, бедности и послушания. Многие принимали также *Правило бл. Августина* и потому были известны под именем *августинцев*. Одна подобная группа премонстратов, или норбертинцев, основанная св. Норбертом в Премонтре около Лана в 1120 г., широко распространилась не только по Западной, но и по Восточной Европе. В те же годы монахи в Клюни строили романскую базилику, которая в течение 500 лет оставалась самой большой в христианском мире Запада.

Летом 1085 г. Альфонсо VI, король Кастилии и Леона, захватил мусульманский город Толедо.

В то время могло показаться, что это всего лишь еще одно мелкое столкновение на христианско-мусульманской границе: Альфонсо состоял в союзе с эмиром Севильи и дочь эмира была его наложницей. На самом же деле это было начало христианской *реконкисты* — 400-летней борьбы за Иберийский полуостров. Толедо был самым большим и центральным *taifa* (то есть «частичным» царством) из 25 *союзных княжеств*, на которые был разделен древний эмират Кордова. Именно раздробленность и давала шанс христианским правителям. Уже в течение следующих десяти лет отважный воин Альфонсо — Родриго Диас де Вивар (Сид) — вступил в Валенсию. В течение следующего столетия войны христиан с мусульманами превратились уже в «войну на истощение» по всем фактически направлениям. Мавры потерпели решающее поражение у прохода Лас Навас де Тулуза в 1212 г. А с захватом Кордовы (1236 г.), Севильи (1248 г.) и Мурсии (1266 г.) большая часть полуострова перешла в руки христиан. [СИД]

27 ноября 1095 г. папа Урбан II на Соборе в Клермоне (Овернь) призвал всех христиан освободить Иерусалим. Со своего высокого трона на холме под Нотр Дам дю Порт папа обратился ко множеству собравшихся епископов в митрах, рыцарей и простых людей. Он проповедовал так называемый «Божий мир»[29], призывал остановить распространение заразы феодальных войн. Он также хотел проводить политику примирения с

НРАВЫ

Когда в конце XI века византийская принцесса прибыла в Венецию, чтобы вступить в брак с дожем, оказалось, что она ест золотой вилкой. Епископ укорил ее за поведение, противоречащее правилам: средневековые люди на Западе брали еду пальцами из общей тарелки. Вилка вошла в обиход только во времена Возрождения, и то для того, чтобы переносить кусочки с общей тарелки на свою. А столовый прибор из ножа, вилки и ложки — это изобретение XVIII века.

Манеры европейцев можно изучить в подробностях по множеству трактатов, написанных специально с целью научить людей правильному поведению. Самые ранние из этих трактатов, как *De institutione novitarum* Гуго Сен-Викторского (умер в 1141), были адресованы клирикам. Баварский трактат *Hofzucht* (Придворные манеры), который приписывают Тангейзеру, предназначался невоспитанным придворным, как и книга Джона Расcела XV века *Book of Courtesye*.

Наибольшее же влияние оказала (в этом жанре) книга Эразма Роттердамского *De Civilitate Morum Puerilium* (1530), которая выдержала 130 изданий. В России она была издана при Петре Великом, когда царь стремился цивилизовать свой двор. Долгой международной славой пользовались *Il Cortegiano* (Придворный, 1528) Балтасара Кастильоне и подобный же латинский трактат (1566) Лукаса Гурницки. Позднее уже бесчисленные руководства по правилам поведения в *высшем обществе* (особенно на французский манер) появляются с целью культивировать *хорошие* манеры во все более расширяющихся социальных кругах.

Одно время историки считали, что манеры зависят лишь от меняющейся моды. Однако позднее серьезные исследования обнаружили, что манеры суть внешние проявления глубинных общественных и психологических явлений. Отношение ко всякому поведенческому проявлению может быть прослежено во времени и соотнесено с определенными долговременными направлениями.

Таковы, например, предписания по поводу плевания:

Не плюй (далеко от себя) или на стол (Англия, ок. 1463).

Не плюй через весь стол, как это делают охотники (Германия, XV).

Отвернись, когда плюешь, чтобы слюна не попала на кого-нибудь. Если что-нибудь гнилое упало на пол, наступи на него (Эразм, 1530).

Если возможно, удерживайся от того, чтобы плевать за столом (Италия, 1558).

Раньше дозволялось плевать на землю перед высокородными людьми... Теперь это считает неприличным (Франция, 1572).

Непозволительно часто плевать. В домах важных господ следует плевать в свой носовой платок... Не плюй далеко от себя, и тебе не придется следить за слюной, чтобы притоптать ее (Льеж, 1714).

Считается плохой манерой проглатывать то, что следует сплюнуть... После того как сплюнешь в свой носовой платок, сверни его (один раз) и, не рассматривая, положи себе в карман (Ля Салль, 1729).

Непростительная грубость со стороны детей — плевать в лицо товарищам по играм (Ля Салль, 1774).

Плевать — при всех обстоятельствах — мерзкая привычка. Кроме того, что это грубо и противно, это еще вредно для здоровья (Англия, 1859).

Не заметили ли вы, что теперь мы скрываем то, что наши отцы, без колебаний делали открыто?... Плевательницу, этот предмет обстановки, не найдешь в современных домах (Кабанес, 1910).

Оказывается, до XVIII в. не ставили под сомнение необходимость сплюнуть, хотя ограничения относительно того, где, когда и как плевать постепенно нарастали. В XIX в. плевание попадает в немилость, возможно, из-за боязни туберкулеза. И тем не менее можно заметить определенное ханжество в запрете плевания при одновременном широком употреблении плевательниц, потребность в которых была вызвана привычкой жевать табак. И только в XX в. налагается абсолютный запрет. Таблички *Не плевать* исчезли из лондонских автобусов только в 1960-х гг. Но к этому времени появились такие рок-группы, которые побуждали своих поклонников плевать в знак социального протеста. Так что плевание еще может вновь стать признаком респектабельности.

Как *цивилизационный процесс* постепенно формировал в обществе в целом самоограничение, так и воспитание детей, формирует самоограничение у взрослых: «Этот вековой социально-исторический процесс, вырабатывавший постепенно стандарты относительно того, что постыдно и оскорбительно, воспроизводится в миниатюре в

жизни каждого индивидуума... Можно даже вывести некоторый фундаментальный закон социо- и психогенеза, параллельный законам биогенеза».

Те, кто не согласен с теорией «цивилизования» могут возразить, что цивилизация в этом случае понимается очень узко. Можно подумать, что перед нами специфически немецкая теория: аккуратные манеры и пустые головы. Многие возразят, что искусство *savoir vivre* (житейская мудрость; умение держать себя, выдержка, такт) — это нечто большее, чем контроль плевков, сфинктера и употребление столовых приборов. *Цивилизационные изгибы* Норберта Элиаса и его теория не прямолинейного прогресса убедят не всякого. Но все признают, что так называемого *цивилизованного человека Запада* отделяет пропасть от человека средневековья с его манерами поведения, в которых вообще отсутствовали представления о гигиене, уважении к личности, праве на уединение и частную жизнь и о *личном пространстве*. Стоит только поразмыслить над некоторыми предписаниями средневековья:

«Это плохие манеры... не снимать шлем, когда прислуживаешь даме.

Не сморкайся в пальцы, которыми ты берешь еду.

Если тебе надо почесать горло, сделай это вежливо при помощи воротника своего плаща.

Непристойные звуки можно скрыть покашливанием.

Прежде чем сесть, убедись, что на этом месте нет грязи.

Невежливо здороваться с человеком, когда он мочится или испражняется.

Когда ешь, не забывай бедных. Господь вознаградит тебя».

СИД

Рыцарь Родриго Диас умер в Валенсии, в 1099 г. В действительности он в своей жизни сражался и за мавров, и против них. Но легенда наделяет его высоким арабским эпитетом *al-sayyid* (El Cid) «господин, мастер, великий» и превращает в безупречного борца за христианскую веру, в национального героя Кастилии. Уже столетие спустя, легенда расцвела в рыцарском романе *El Canto del mio Cid* известная как (Песнь о моем Сиде).

Превращение исторических личностей в национальных героев — это не просто прославление знаменитых мужчин (или женщин), а гораздо более сложный процесс. Это составная часть процесса самоопределения коллектива в противопоставлении себя враждебно настроенным соседям или угнетателям. В Англии, где недоставало захватчиков, единственным кандидатом в национальные герои стал Робин Гуд, неуловимый изгой, защищающий простых людей от англо-норманнских баронов. Национальные герои соседних с англичанами народов, как Лливелин ап Груффидд, Уильям Уоллес «Храброе сердце», Хью О'Нил или Жанна д'Арк, могли только бороться с англичанами. В позднейшей истории Британии национальными героями могли стать только полководцы, как адмирал Нельсон или герцог Веллингтон, спасавшие Империю от ее врагов. В Албании Георг Кастриоти (известный под именем Скандербега, 1403–1467), как и Сид, стал символом сопротивления Оттоманской империи, хотя и в свое время выступал на стороне турок и боролся за дело ислама.

Культ национальных героев становится обязательной чертой национальной культуры, когда в XIX в. романтизм соединяется с национализмом (см. с. 815). Те народы, у кого не было древних героев, обращаются к героям новейшего времени: Костюшко, Кошут и Шамиль — все враги русских; Андреас Хофер в Тироле борется с французами; Яношик, этот «Робин Гуд Татр», — с австрийцами. На севере от Татр Яношик — герой горной Польши, на юге — национальный герой Словакии. О самоопределении европейцев красноречиво говорит тот факт, что до сих пор нет героя или героини Европы.

византийским патриархом и желал разделить тяготы Византии перед лицом турецкого натиска. Его призыв вызвал симпатии людей, затронув в них чувствительные струны: толпа взревела *Dios lo volt* (Так хочет Бог!); один из кардиналов упал на колени и от имени всего множества собравшихся, дрожа всем телом, стал громко читать *Confiteor*[30]. Тогда мужчины стали теснить друг друга, желая присоединиться к нему. Призыв к Крестовому походу, к *Войне Креста*, был подхвачен повсюду в Латинской Церкви. Такие проповедники, как Петр Отшельник, понесли эту весть дальше. С этого времени в течение жизни шести или семи поколений графы, короли, рыцари, простолюдины и даже дети стремились *взять Крест* и идти сражаться с неверными в Святой Земле.

Все это составило то, что ученые назвали *Ренессансом XII века* — время, когда в обстановке уверенности в будущем, в эпоху и процветания, христианство Запада сознательно стремилось претворить свои идеалы в жизнь. Такие события, как борьба за инвеституру или крестовые походы, были не просто явлением новых сил: это были события *идеологические*. Новая ментальность несла с собой жажду знаний. В признанных центрах интеллектуальной жизни отмечается значительный рост изготовления книг и основания библиотек. Все носились с латинской классикой; латынь очищалась и оттачивалась; входила в моду латинская поэзия, высокая и низкая.

Я решился умереть в таверне.
Пусть вино будет у моих немеющих губ.
И тогда ангельский хор весело споет:
«Да помилует Господь Бог этого пьяницу»[31].

Историю писали решительно во всех жанрах: от простых анналов (летописей) и житий святых до высоконаучных трактатов, вроде трудов Гвиберта Ножанского *De pignoribus sanctorum* (ок. 1119), Вильгельма Мальмсберийского *Gesta regum* (1120 г.) или Оттона Фрейзингского *Gesta* (ок. 1156 г.), где рассказывалось о подвигах императора Фридриха I. В своей фантастической *Historia Regnum Britanniae* (ок. 1136 г.) Гальфрид Монмаутский собрал выразительные истории и легенды древних кельтов, которые затем были множество раз обработаны и разукрашены поэтами и трубадурами. Систематизация канонического права, в особенности в *Decretum* (1141 г.) Грациана Болонского, сопровождалась изучением Римского права множеством толкователей и комментаторов, начиная с Ирнерия (расцвет ок. 1130 г.). В изобилии появлялись латинские переводы с арабского и греческого, как, например, переводы Абеляра из Бата или Бургундио из Пизы. В Салерно, Монпелье и, главное, в Болонье расцвели школы права, медицины и общеобразовательные школы. К северу от Альп кафедральные школы, как в Шартре или Париже, начинают соперничать с прежними монастырскими центрами науки, где знаковой фигурой был св. Ансельм из Аосты (1033–1109 гг.), аббат Бека и архиепископ Кентерберийский. В Палермо на Сицилии и в Толедо в Испании христианские ученые, наконец, начинают интересоваться мудростью древних в передаче арабские ученые. Аверроэс из Кордовы (Ибн Рушд, 1126–1198 гг.) своими комментариями делает Аристотеля философом средневековья. Мусульманская Испания дала Европе десятичные числа и математические знания.

Куртуазная литература была реакцией на мужицкие манеры баронов и строгости Церкви. Первоначально существовали два главных центра рыцарского романа — дворы северной Франции, где процветали *chansons de geste*, воспевавшие подвиги франкских рыцарей и рыцарей короля Артура, и двор Аквитании в Пуатье, где процветали *chansons d'amor*, воспевавшие придворную любовь. Жанр chansons de geste, особенно популярный после 1120 г., был основан на культе Карла Великого. Особенно это относится к таким эпосам, как *Песнь о Роланде*, и производных по отношению к нему: *Pelerinage de Charlemagne* или *La Prise d'Orange*. Второй жанр, расцветший после 1170 г., создал своеобразный кодекс поведения, изложенный в 31-й статье *Искусства Истинной любви*, начертанных Андреем Капелланом. Эти правила, отдававшие предпочтение *dompna* (возлюбленной госпоже рыцаря) совершенно преображали принятые в то время правила отношений между полами и насмехались над условностями брака. «Брак, — писал Андрей, — не препятствие для Любви». Вполне возможно, что истоки этого жанра следует искать в мусульманской Испании, но он был подхвачен трубадурами юга, откуда дальше был разнесен труверами фран-

КСАТИВА

Искусство и ремесло бумагоделания впервые появилось в Европе в 1144 г. в маленьком городке Xativah (теперь Сан Фелипе) около Валенсии. Понадобилось 1000 лет, чтобы оно добралось из Китая в Евразию, минуя Самарканд и Каир. Важнейшие технологии, как прессы и водяные знаки, появились лишь столетие спустя в Италии, скорее всего в Фабриано у Анконы. Первый известный нам водяной знак был *F* (обозначавший Фабриано).

Оттуда бумага распространяется повсеместно, вытесняя более старые материалы: папирус и разного рода пергаменты. Первые бумажные фабрики были построены в Амберте в

Оверни (1326), Тройе (1338), Нюрнберге (1390), в Лейре в Португалии (1411), Хартфорде в Англии (середина XIV), Константинополе (1453), Кракове (1491) и Москве (1565). С изобретением книгопечатания потребность в бумаге еще возросла. [печатный станок]

Стандартный размер бумаги был введен в Болонье в 1389 г.: *imperial* (23x31 д), *royal* (20x25 д.); *medium* (23x18 д или 22x17 1/2 д) и *chancery*. Для страниц книги листки складывали вдвое (фолио), дважды вдвое (кварто) и трижды вдвое, т.е. в восемь раз (октаво). В 1783 г. братья Монгольфье, владельцы бумагоделательных предприятий в Аннонай, пост-

роили из бумаги воздушный шар с горячим воздухом. Но главное, что принесла бумага, — это распространение знаний. «Слава изобретателю бумаги! — написал Гердер, — Он сделал для литературы больше, чем все монархи на свете».

У бумаги ручного производства до сих пор есть свои почитатели. Есть и Международная ассоциация историков бумаги, которая издает в Германии журнал. Старинные фабрики бумаги до сих действуют в Фабриано, в Мулен Рикар-ан-Ба во Франции, в Кууг аан де Заан в Нидерландах, в Нидерзвонице в Германии, в Сен Альбан в Базеле в Швейцарии и в Душники Здруй в Силезии.

цузского севера и миннезингерами Германии. «Любовь, — писал один из авторов *Тристана*, — сильнее, чем законы». Признанным мастером придворного романа был Кретьен де Труа (ок. 1135–1190 гг.), уроженец Шампани, автор цикла романов о рыцарях Круглого стола: *Ивейн, Ланселот, Эрек и Энида, Персеваль, или роман о Граале*. [**ТРИСТАН**]

Борьба Германской империи с папами всегда осложнялась итальянской политикой. Но в XII–XIII вв. эти проблемы безнадежно переплелись, а все участники борьбы серьезно ослабели. Помимо идеологии папства, выдвинутой Гильдебрандом, германским императорам приходилось бороться с центробежными наклонностями наследственных герцогов, в особенности Саксонских, с династическими спорами внутри самой Германии, в особенности Гвельфов и Гогенштауфенов; с неколебимой независимостью городов Ломбардии; со своевольным городом Римом; а также с далеким королевством обеих Сицилий. Таким образом, на пути к императорской власти было множество препятствий. Претендентам следовало, прежде всего, заручиться поддержкой германской знати и епископов и победить на выборах короля Германии. Затем предстояло также выиграть корону Италии. Только тогда они входили в эндшпиль[32] — были коронованы в императоры папой. В течение столетия на преодоление трудностей этого пути ушли силы трех поколений могущественного дома Гогенштауфен фон Вейблингенов: Фридриха I Барбароссы, Генриха VI и несравненного Фридриха II.

Барбаросса (правил в 1155–1190 гг.), сын Гогенштауфена герцога Швабского и принцессы из дома Гвельфов (из Баварии), женился на наследнице Франш-Конте и Арля, где и был коронован. Оттуда, имея собственную надежную базу власти, он мог способствовать примирению враждующих германских герцогов. Его главный соперник из дома Гвельфов Генрих Лев, герцог Саксонский и Баварский, был постепенно разорен судебным процессом, в ходе которого он лишился своих главнейших владений. Но столкновение на Безансонском парламенте в 1157 г., где папский легат назвал императорскую корону церковным *бенефицием*, возродило борьбу за инвеституру. Второе столкновение на съезде в Ронкалье в 1158 г., где императорская партия настаивала на старшинстве *подес-*

та (имперского правителя) над всеми другими должностными лицами в городах Империи, вызвало бесконечные войны ломбардских лиг. Барбароссе выпало снова пройти испытания, некогда пройденные его предшественниками: быть отлученным папой, избрать антипапу, пережить феодальные бунты в Германии, конфликт в Риме и шесть изнурительных итальянских экспедиций. 24 июля 1177 г. в портике собора Св. Марка в Венеции (в сотую годовщину Каноссы) он пал на колени перед папой Александром III и получил отпущение грехов. Но, как и в Каноссе, это был всего лишь жест. Он наносит новый удар: женит своего сына и наследника Генриха (правил в 1190–1197 гг.) на норманнской наследнице Сицилии Константце ди Апулиа. В 1186 г. он присутствует на венчании этой пары в Милане, которому он за 18 лет до того нанес страшный урон тяжелой осадой. Уверенный, что оторвал от пап их сицилийских союзников, он отправился в Третий крестовый поход, из которого не вернулся.

Внук Барбароссы Фридрих II (правил в 1211–1250 гг.) был отпрыском сицилийской ветви. От родителей он унаследовал личную унию Империи с Сицилией и так дорожил своим сицилийским владением, что едва ли не пренебрегал остальными. Крестоносец, лингвист, философ, орнитолог, покровитель искусств, защитник евреев, обладатель гарема, Фридрих был дважды отлучен папой за неповиновение и осужден Собором как еретик. Он правил на юге как деспот, осуществляя жесткое, централизованное управление Церковью и государством. Он даже навязал Империи собственный культ. У него был великолепный, высококультурный двор в Палермо — изумительное смешение латинского, германского, еврейского, греческого и сарацинского начал. Для современников он был просто *stupor mundi* (диковина). Однако править несоизмеримо большей феодальной империей автократическими методами было невозможно, и за пределами Неаполя и Сицилии Фридрих II часто был вынужден идти на уступки ради сохранения целостности Империи. В Германии, даровав хартию вольностей Церкви (1220 г.), он отказался от прямого управления церковными землями в надежде управлять ими через прелатов, таких как архиепископ Энгельберт Кёльнский. В результате он преуспел настолько, что его сын Генрих VII был избран Римским королем. На

ТАЙНО СГОВАРИВАТЬСЯ

Лига Святого суда, или *Heilige Fehme,* считается главным тайным обществом Европы — исключая те, которые остаются действительно тайными. Она возвысилась в Германии во время беспорядков, последовавших за императорским запрещением, наложенным на Генриха Льва, главу партии Вельфов, в конце XII в. Это общество ставило своей целью наводить справедливость там, где была слаба императорская власть, посредством лесных судов, проводимым Freischoffen или francs-juges, и держать население в страхе. В Лиге была элита посвященных — *Wissenden,* (мудрецы) — а также сложная система клятв, знаков, ритуалов и иерархическая структура во главе с *Oberstuhlherr* — первоначально епископом Кёльнским. К XIV в. общество насчитывало 100000 членов. В Вестфалии его дея-

тельность была признана официально. В XV в. его влияние не ослабевает (причем в общество был рекрутирован даже сам император Сигизмунд) вплоть до реформ 1490-х годов. Последнее собрание общества было проведено в 1568 г.

Fermgerichte (лесные суды) следовали процедурам регулярных судов с заслушиванием свидетелей обвинения и защиты, но единственным наказанием здесь была смерть. Осужденного оставляли повешенным на дереве, в которое втыкали нож с таинственными буквами *SSGG* (*Stein, Strick, Grass, Grun* — «камень, веревка, трава, зелень»).

Тайные общества бывают политическими, религиозными, социальными и криминальными, хотя границы между ними не четкие. В начале XVII в. заявило о себе таинственное *Братство розенкрейцеров.* Его ок-

культная философия была систематически изложена англичанином Робертом Фладдом (1574–1637). Оно привлекло к себе исключительное внимание по всей Европе (включая Бэкона и Декарта) и оказало большое влияние на ранних этапах на франкмасонство. [МАСОНЫ]

В 1776–1785 гг. недолго существовавший *Орден луминариев* Адама Вайсхаупта предлагал весьма радикальные социальные реформы в Баварии. Члены этого общества были тесно связаны с франкмасонами и даже с якобинцами. В начале XIX в. поднимаются карбонарии (см. с. 823), Мафия, тайные общества Ирландии. Некоторые существуют до сих пор . [ORANGE]

Теории заговоров не в моде в европейской истории. Но в европейской истории всегда было множество конспиративных обществ и конспираторов.

Рейхстаге в Вормсе в 1231 г. он приказал Генриху промульгировать *Statutum in favorem principum,* в соответствие с которым князьям даровались такие же огромные свободы, как и епископам. На востоке он даровал поистине безграничные права своему старому товарищу по крестовым походам Герману фон Зальцу, первому гросмейстеру Тевтонских рыцарей, который несколько раз пытался выступать от его лица в Риме. В Северной Италии его попытки консолидировать преобладающую партию Гибеллинов постоянно срывались из-за разрушительных действий пап, в особенности Григория IX (1227–1241 гг.), а также лиги городов Ломбардии.

Фридрих жил в вихре событий, которые не все были вызваны им самим. В юности подопечный папы, он получил Сицилию только во владение от папы и дорос до Империи лишь в конце двадцатилетней войны баронов в Германии, в которой папа выступил против бывшего бенефицианта и

папского клиента Оттона Брауншвейгского. Он не участвовал в судьбоносной битве при Бувинь во Фландрии, когда французы разбили антипапскую коалицию Оттона. Так что только по иронии судьбы, благодаря политической карусели, папа выступил против него. В 1235 г. он восстановил в Германии порядок силой, лишив наследства старшего сына Генриха в пользу младшего Конрада. В 1236–1237 гг. он разгромил коалицию городов Ломбардии при Кортенуова и маршем прошел через Кремону, ведя с собой слонов. В 1241 г., потопив у Генуи папский флот, он захватил в заложники целую толпу враждебных ему архиепископов и аббатов. Но в 1248 г. после неудачной осады Пармы он потерял свой гарем. Казалось, никакая сила на земле не может сдержать взаимной ненависти гвельфов и гибеллинов.

После смерти Фридриха его сын Конрад IV (правил в 1250–1254 гг.) и внук Конрадин (ум. в 1268 г.) не смогли закрепить наследство за

Гогенштауфенами, и Империи снова пришлось страдать от продолжительного междуцарствия (1254–1273 гг.). Папы поторопились заявить снова права на Сицилию, которая была отдана французской Анжуйской династии. Папы, по видимости независимые, все больше подпадали в зависимость от Франции. При Григории X (Тебальдо Висконти, 1271–1276 гг.) были, наконец, установлены эффективные правила избрания папы. [КОНКЛАВ]

От несчастий Империи больше всего выигрывала Франция. В XI в. Капетинги владели только крошечным королевским доменом в Иль де Франс вокруг Парижа, на остальных же составлявших Францию феодах королевской власти фактически не было. Но начиная с Людовика VI (правил 1108–1137 гг.) несколько монархов-долгожителей весьма укрепили Францию. В этом им помог демографический бум, особенно в северных провинциях, рост и процветание коммун[33] и значительные территориальные приобретения, особенно на юге. У Людовика VII (правил 1137–1180 гг.) уже было достаточно сил, чтобы отправить всю знать Франции во Второй крестовый поход, а также позднее спокойно покидать королевство, совершая паломничества в Компостелу и Кентербери. Разведясь с королевой Элеонорой Аквитанской, которая немедленно вышла замуж за его вассала Генриха II Английского, он затем, терзаясь, наблюдал, как его соперники Плантагенеты собирают владения от границ Шотландии до Пиренеев. Однако кризис миновал, и Капетинги снова стали первенствовать. [ГОТИКА]

В этот период дела Англии и Франции были тесно переплетены. Анжуйская династия (или династия Плантагенетов) появилась в результате брака внучки Вильгельма Завоевателя Матильды и Жоффруа Плантагенета, графа Анжуйского. Их сын Генрих II (правил 1154–1189 гг.) сумел покончить с анархией правления Стефана и в долгом браке с Элеонорой произвел на свет достаточно монархов, чтобы положить начало династии, которая занимала английский трон до 1399 г. Его правление ознаменовалось юридической реформой, вторжением Англии в Ирландию, бесконечными путешествиями во все концы между Нортумберлендом и Гасконью и конфликтом Церкви с государством, достигшим кульминации в убийстве архиепископа Томаса Бекета (1170 г.). Его старший

сын Ричард Львиное Сердце (правил 1189–1199 гг.) был занят исключительно крестовыми походами. Брат Ричарда Иоанн Безземельный (правил 1199–1216 гг.) многое потерял: во-первых, доверие своих подданных, поскольку вел себя как тиран; во-вторых, герцогство Нормандию в результате поражения в битве при Бувинь (1214 г.); и наконец, политическую инициативу в связи с уступками *Великой хартии вольностей* (Magna Carta, 1215 г.). Сын Иоанна Генрих III (правил 1216–1272 гг.) жил долго и был помещен Данте в «чистилище для бесплодных душ» его гениальной «Божественной комедии».

В это время (первое десятилетие эпохи Плантагенетов) начинаются вылазки Англии в Ирландию. Шайка англо-норманнских авантюристов под водительством Ричарда *Крепкий лук*, графа Пембрука, сговорились оказать поддержку свергнутому королю Ленстера. Эти закованные в доспехи рыцари настолько углубились внутрь Ирландии (высадившись в Вексфорде в 1169 г.), что Генрих II посчитал необходимым последовать за ними и был принят как сеньор всеми почти ирландскими королями. С тех пор Англия не уходила из Ирландии. Иоанн Безземельный получил титул *Dominus Hiberniae* (Лорд Ирландии) еще при жизни отца. В 1210 г. он основал постоянное поселение англичан в Дублине, объединив несколько графств, которые стали управляться по английским законам и английскими юстициариями (верховными судьями норманнской династии). При Генрихе III уже начинается дискриминация, когда пришельцев стали юридически отделять от местных и вытеснять ирландцев с властных позиций.

Элеонора Аквитанская (1122–1204 гг.) была замечательной личностью своего времени. Она оставила след не только как сильная духом женщина, но и как лицо, исключительно влиятельное в политике и культуре. Наследница большого герцогства, неукротимая духом, она вышла замуж в 15 лет и была привезена из Второго крестового похода под арестом, поскольку отвергла своего царственного супруга. В 28 лет она развелась и вышла снова замуж через 2 месяца, предварительно запланировав династический переворот столетия. Оставленная вторым мужем в преклонном возрасте (из-за его связи с прекрасной Розамундой Годстоу), она возвращается в родное Пуатье, чтобы править там в высоком стиле. Она дожила до того, что видела среди своих детей и внуков одного императора, трех английских королей, короля Иерусалима и короля Кастилии, герцога Бретани и еще одну королеву Франции. В Пуатье, собрав вокруг себя кружок аристократок-единомышленниц, она становится *Королевой трубадуров*:

> Донна, я ваш и вашим останусь,
> Поклявшись вам вечно служить.
> Эту клятву верности
> Я приношу вам после долгого времени.
> Как вся моя радость была в вас сначала,
> Так будет и в конце,
> Пока продлится моя жизнь[34].

Некоторые недоброжелатели пытались очернить память Элеоноры рассказами об отравлениях и инцесте. Но она остается центральной фигурой в истории культуры той страны, которую ее враги вскоре уничтожат.

Аквитания была центром культурного и языкового региона с четкими границами, который теперь известен как *Occitania. Langue d'oc* — язык, где жители говорили *ос* — «да», решительно отличался от *langue d'oil* (французского языка северной Галлии с *oil* для «да»). На *langue d'oc* говорили повсюду на юге: от Каталонии до Прованса. Он пересекал несколько политических границ от королевства Арагон до Арелата (королевства Бургундии и Арля), еще принадлежавшего Империи. В XII в. и в начале XIII вв. (накануне французской экспансии) здесь расцвела одна из самых блестящих европейских культур.

Филипп-Август (правил в 1180–1223 гг.) дал французской монархии решительный толчок. Втрое увеличив королевский домен, он также многого добился, играя на соперничестве Империи с папами. Он заложил основы национальной армии и через систему *бейлифов* (судебных приставов) также и основы централизованной администрации. Благодаря этому он устоял, несмотря на бесконечные интриги могущественных вассалов, и отразил притязания Плантагенетов. Лишив Иоанна Безземельного его законных прав во Франции (через обвинения в нарушении феодальных обязательств), он добился исполнения судебного решения мечом. Начиная с 1202 г. он постепенно аннексирует Нормандию, Анжу, Турень и большую часть Пуату. В 1214 г. при Бувине (где он лишился коня и был спасен вассалами) он на одном поле битвы разбил врагов Франции — войска Империи и Плантагенетов.

Его внук Людовик IX (правил в 1226–1270 гг.) доставил Франции моральный престиж, которого не могли доставить ни военные, ни экономические успехи. Наследовав громадное королевство, которое его отец Людовик VIII только что обезопасил в Аквитании и Лангедоке, он теперь не нуждался в войнах. Он стал воплощением высоких представлений о христианском монархе, и его жизнь, описанная Жаном де Жанвилем, рисует портрет удивительного человека. «Мой дорогой сын, — сказал он своему старшему сыну. — Молю тебя, люби свой народ... Потому что, по правде говоря, я бы предпочел, чтобы шотландец... правил народом преданно и хорошо, чем видеть, как ты правишь королевством плохо»[35]. Свою молодость он провел под регентством своей матери Бланки Кастильской (внучки Элеоноры), а в начале царствования столкнулся с опасной реакцией феодалов.

Но благодаря своей неподкупной прямоте и поддержке многочисленных родственников, он смог обеспечить короне партнерство великих вассалов. В эпоху непрестанных и ожесточенных споров его не раз приглашали в качестве арбитра в феодальных спорах между королями и крупными феодалами, и он не раз выносил свое решение под дубом в Венсене.

Лишь по отношению к евреям и в делах Юга он не проявил святости. К концу своего долгого правления св. Людовик был, бесспорно, первым князем христианского мира.

В Англии обычная война баронов привела к необычному результату. Сын Иоанна Безземельного Генрих III Плантагенет (правил 1216–1272 гг.) из-за своих предпочтений родственникам из Пуату, Савойи и Лузиньяна, а также в результате неудачной войны с Францией и экстравагантных строительных планов, вроде обновления Вестминстерского аббатства, стал очень непопулярен у баронов. В 1258 г. появляется партия реформаторов во главе с Симоном де Монфором, графом Ланкастерским, сыном крестоносца, боровшегося с альбигойцами (см. ниже). Отказав королю в денежной поддержке для разрешения его финан-

ГОТИКА

Туристам в Сен-Дени близ Парижа показывают стрельчатые арки в апсиде, которые аббат Сюжер закончил в 1143 или 1144 гг. и с которых, как говорят, начался готический стиль в архитектуре. Однако нельзя утверждать с уверенностью, что эти арки появились раньше, чем своды собора в Сансе, который строился в тот же год. Просто главная базилика Франции, место бесчисленных коронаций и погребений королей, место, откуда пошла *орифламма,* — больше подходит для такого выдающегося события, как зарождение стиля. И, уж конечно, это предшественник Нотр Дам де Пари, этого шедевра «переходного стиля», и знаменитых Шартрского, Реймского и Амьенского соборов.

Начиная с Франции готический стиль очень широко распространился в католическом мире и стал главным стилем средневекового церковного зодчества к северу от Альп. Множество готических соборов было построено от Севильи на западе до Дорпа на востоке, от Лунда на севере до Милана на юге. В подражание им строились затем тысячи приходских церквей.

Но многие знатоки согласятся, что наибольшего эстетического эффекта этот стиль достиг в Сен-Шапель, строительство которого (по приказу св. Людовика) завершилось в Париже 25 апреля 1248 г. Этот собор гораздо меньше других, но он — шедевр изящества и света с высокими, узкими окнами и изумительными витражами.

Далеко от него замковая часовня Св. Троицы в Люблине (между Вислой и Бугом) представляет собой один из тех ориентиров, который позволяют говорить о культурном единстве Европы. Она построена исключительно в готическом стиле королем Владиславом Ягелло (умер в 1434 г.) для столицы Польско-Литовского государства, которая так никогда и не появилась. Эта часовня — «далекий отзвук» Сен-Шапель в провинции. В то же время, что и в готическом соборе в соседнем Сандомире, стены этого строения были расписаны в византийском стиле со всей его роскошью мастерами, привезенными из Руси или, может быть, из занятой турками Македонии. Здесь архитектура Запада встречалась с декоративным стилем Востока. Дату окончания строительства можно узнать из длинной благодарственной записи, сделанной кириллицей по-старославянски в день освящения храма на св. Лаврентия, 1418 г.

Однако готика не ограничивается средневековым церковным зодчеством и оживает вновь как излюбленный архитектурный стиль романтиков, которые хотели возродить эстетику готики и распространить ее на светские постройки. Городская ратуша в Манчестере, фантастический замок короля Людвига в Нейшвайнштейн в Баварии и австрийский водопровод в Кракове — это все потомки апсиды аббата Сюжера, которую теперь можно найти, если выйти на станции 13-й линии парижского метро.

Все современные перепевы готического стиля окрашены энтузиазмом XIX в. Теории Шлегеля, Рёскина и Виолетт-ле-Дюк были так же грубы, как и их склонности «подправлять» средневековые оригиналы, включая Сен-Дени. И если в начале Рёскин клеймил готику как «явное презрение к варварству», то кончилось тем, что она стала предметом безудержного поклонения. Эссе Гете *О немецкой архитектуре,* где мифологизируются и Страсбургский собор, и его создатель Эрвин фон Штайбах, вдохновили многих. Со временем немецкие ученые даже заявили, что готика принадлежит только немцам. На самом же деле, готика, может быть, самый интернациональный стиль, у которого есть множество местных вариантов. Это — одно из многих направлений, на которых может строиться теория культурного единства Европы.

совых проблем, реформаторы сумели провести *Оксфордские определения (провизии),* согласно которым королевская администрация подпадала под контроль назначенных ими людей. Когда же король изменил данному обещанию и взбунтовался, Симон развязал войну и в битве при Льюисе захватил в плен короля, а также старшего сына короля и брата Ричарда Корнуэльского, короля Германии. В следующем году королевская партия сплотилась, и Симон был убит при Ившеме (1265). Однако в промежутке (в январе 1265 г.) был созван Парламент нового рода, в котором были представлены не только магнаты и прелаты, но также рыцари земель и бюргеры из некоторых городов. Для конституционалистов это был важный прецедент, решительный шаг на пути к ограничению монархии — первое появление Палаты Общин.

Сомнительно, впрочем, чтобы в то время в Англии или Франции было нечто подобное позднейшему национальному самосознанию. В XIII в. Англия все еще была крепко связана со своими владениями на Континенте. Ее правящий класс все еще был связан с культурой и амбициями своих французских родственников. Франция сама только что заложила территориальную основу (от Ла-Манша до Средиземноморья), на которой будет строиться ее будущее. Многое в Англии было более «французским», чем во многих провинциях Франции.

Одержимость идеей вернуть Святую Землю продолжалась 200 лет и кончилась крахом. В 1096–1291 гг. было семь крупных крестовых походов и множество мелких. Первый крестовый поход (1096–1099 гг.), во главе которого стояли бароны Годфрид Бульонский, Раймунд де Сен-Жиль, граф Тулузский и Гуго де Вермандуа, брат короля Франции, закончился взятием Иерусалима, уничтожением его населения и установлением в Палестине латинского государства. Второй крестовый поход (1147–1149 гг.), вдохновленный св. Бернардом, которым руководили Людовик VII Французский и Конрад III Германский, лишь на время отнял у мавров Лиссабон. В результате Третьего крестового похода, к которому призвали император Фридрих Барбаросса, Филипп-Август и Ричард Львиное Сердце Английский, не удалось вернуть Иерусалим. Четвертый крестовый поход (1202–1204 гг.) из-за амбиций дожа Венеции отклонился от его прямой цели, завершился взятием Константинополя, истреблением его жителей и установлением латинской империи в Византии. Пятый (1218–1221 гг.), Шестой (1248–1254 гг.) и Седьмой (1270 г.) крестовые походы кончались в Египте или Тунисе, где св. Людовик Французский умер от чумы. Когда в 1291 г. пал последний оплот христианства в Святой Земле — Акра, согласованного ответа на это не последовало.

Крестовые походы проходили ужасно — и не только на вкус новейшей чувствительности, но и по мнению современников. Даже св. Бернард был вынужден осудить крестоносцев. Крестоносцы разорили страны, через которые прошли: Богемию, Венгрию, Болгарию и Византию. В 1096 г., проходя Рейнские земли, они убили 8000 евреев — это были первые *погромы* в Европе. Морские экспедиции крестоносцев привели в жалкое состояние порты Средиземноморья. Между собой они сражались столь же неистово, как и с неверными. Они обирали до нитки подданных, чтобы наполнить свои сундуки деньгами. «Я бы продал город Лондон, — заявил Ричард Львиное Сердце, — если бы нашелся покупатель». Невозможно подсчитать, сколько было напрасно загублено жизней, сколько было бесплодных усилий. Один германский император был потоплен в реке в Киликии; второй пленил короля Англии, требуя выкупа; третий был отлучен, когда отправился в Палестину. Убийство и резня «во имя Евангелия» было делом обычным. Говорят, что при первом опустошении Иерусалима крестоносцы хладнокровно зарезали 70 000 жителей. «Только подумать о жизнях и трудах, погребенных на Востоке, которые могли бы принести большую пользу у себя на родине!»[36] «Можно сказать, что единственным плодом крестовых походов был… абрикос»[37].

А между тем из-за ужасов, которыми окружен путь крестоносцев, мы часто не видим глубочайшие их побудительные мотивы. Религиозный пыл часто смешивался у них с неприятием общества, где люди страдали от голода, чумы и перенаселения. В крестовом походе они заглушали боль нищенского существования. Здесь сытых рыцарей с хорошо обутой свитой было гораздо меньше, чем бедняков, которые толпами за ними следовали. *Народные* и *пастушьи* крестовые походы организовывались еще долгое время после окончания главных. Для народа Иерусалим был призрачным городом Откровения, куда влек Христос. Крестовые походы были *вооруженным паломничеством*, коллективным *imitatio Christi*[38], массовым жертвоприношением, которое должно было получить вознаграждение в массовом апофеозе в Иерусалиме, крестовые походы вдохновляли «мессианство бедных»[39]. От удачливых крестоносцев-рыцарей часто оставались портреты (в камне) в их приходских церквах, у них благочестиво скрещены руки. Большинство их спутников так и не вернулось домой — их считали павшими в бою. Конечно, идея крестовых походов не ограничивалась Святой Землей: Латинская Церковь придавала такое же большое значение северным крестовым походам на Балтике (см. сс. 362–364) и *третьему флангу* — испанской реконкисте.

Влияние крестовых походов было огромным. Латинское королевство в Иерусалиме (1099–1187 гг.) было первым «заморским владением Европы»[40]. Восточное Средиземноморье снова было открыто для безопасного мореплавания и торговли. Расцвели итальянские города, в особенности Венеция и Генуя. Латинская Церковь пережила период консолидации и самоопределения во главе с папой. Крестовые походы стали кладезем не только подвигов, но и разного рода диковинок, на которых взросли средневековый рыцарский роман, философия и литература. Но, с другой стороны, крестовые походы укрепили связь западного христианства с феодализмом и милитаризмом. Они породили военные ордена. Безобразное поведение латинян и отвращение, которое испытывали наблюдавшие это греки, полностью исключили возможность воссоединения христианского мира. И, сверх всего, они еще больше укрепили вражду между христианством и исламом, надолго отравив их взаимоотношения, причем люди Запада представали одновременно и агрессорами и проигравшими. Короче, крестовые походы принесли христианам дурную славу.

Рассуждая об этике крестовых походов, важно остановиться на военных орденах, в особенности орденах госпитальеров и тамплиеров. *Рыцари Ордена Госпиталя св. Иоанна Иерусалимского* появились в 1099 г. после Первого крестового похода. Братья ордена несли военное, медицинское и пастырское послушания. После падения Акры они бежали на Кипр, правили Родосом (1309–1522 гг.) и, наконец, Мальтой (1530–1801 гг.). *Бедные рыцари Христа и Храма Соломона* появились в 1118 г. с целью охранять паломников на пути в Иерусалим. Однако со временем они ударились в денежные операции и скупку земель и постепенно приобрели невероятные богатства по всему христианскому миру. В 1312 г. орден был распущен по ложным обвинениям в чародействе, содомии и ереси, которые выдвинул против него король Франции. Эмблема ордена — два рыцаря на одном коне — восходит в первому магистру Гуго де Пейну, который был настолько беден, что имел одного коня на двоих со своим другом. Средневековое мышление смогло удивительным образом примирить монашеские обеты с военной службой.

Ордена госпитальеров и тамплиеров были международными организациями и имели отделения во всех странах Запада. А тевтонские рыцари уже на ранней стадии своего существования ограничивались районом Балтики (см. ниже). Военизированные ордена Сантьяго, Калатрава и Алькантара не вышли за пределы Испании.

Захват Константинополя дважды в 1203–1204 гг. наглядно продемонстрировал сомнительные добродетели крестоносцев. Армия Четвертого крестового похода, собравшаяся в Венеции, стала орудием интриг престарелого дожа Энрико Дандоло и германского короля Филиппа Швабского, женатого на Ирине Византийской. Дож видел в предприятии крестоносцев возможность увеличить владения своей республики в Леванте, король же — шанс вернуть своему сосланному племяннику трон в Византии. И крестоносцы за предоставленный им флот согласились поделиться военной добычей с венецианцами и поддержать восстановление на царство Алексея IV. Кроме того, когда им не удалось заплатить за корабли, они были вынуждены захватить венгерский порт Задар в Далмации как своего рода дополнительную гарантию. В июле 1203 г. они без помех прошли Дарданеллы и начали штурмовать стены города. Но дворцовый переворот в Константинополе, во время которого Алексей IV был задушен, отнял у них победу; в апреле им пришлось начать все сначала. На этот раз город Константина был основательно разграблен, церкви обобраны, жители вырезаны, иконы расколоты. В соборе Св. Софии венецианский патриарх короновал графа Болдуина Фландрского как *базилевса* — властителя латинской империи. Империю разделили на венецианские колонии и латинские лены. И в этот самый момент армию крестоносцев в апреле 1205 года разнесли в пух и прах в битве под Андрианополем болгары. Они не приблизились к Иерусалиму и на тысячу миль, совершив *Великую измену*[41].

Четвертый крестовый поход оставил после себя на Востоке две римские империи: латинскую *Империю проливов* в Константинополе и усеченную Византийскую империю со столицей в Никее, в Малой Азии. Первая из них просуществовала 60 лет — до 1261 г., когда — воспользовавшись временным отсутствием венецианского флота — вторая восстановила свои позиции. В длительной перспективе выиграла только Венеция.

Провал Четвертого крестового похода совпал с тем, что можно считать политическим взлетом латинской Церкви — понтификатом Иннокентия III (1198–1216 гг.). Урожденный Лотарио Конти, граф Сеньи (родился в Ананьи) Иннокентий был прирожденным политиком, сведущим в интригах и закулисной борьбе. Ему в наибольшей степени удалось достигнуть идеала: подчинения всех правителей *теократическому правительству*. В Германии он сумел сначала короновать одного из претендентов — Оттона Брауншвейгского — и позднее его низложить. Во Франции он отказался одобрить один из матримониальных проектов Филиппа-Августа и отлучением всей страны от Церкви (интердиктом) принудил короля вернуться к его королеве после двадцатилетнего разрыва. Также и в Англии после продолжительной борьбы с королем Иоанном Безземельным он прибег к интердикту и этим добился подчинения короля. Англия, как и Арагон, Сицилия, Дания и даже Болгария стали вассалами Святейшего Престола. На XII Вселенском соборе Католической Церкви в Латеране (ноябрь 1215 г.) 1500 прелатов со всего христианского мира смиренно приняли предложения папы.

В действительности Латинская Церковь имела больше влияния в высоких политических сферах, чем в жизни простых людей. Церковные иерархи часто совершенно не интересовались церковным народом. Отсюда ереси, возврат к язычеству, фантастические предрассудки и, главное, возмущение богатством Церкви. Перед лицом этого кризиса Иннокентий III благословил создание двух новых орденов нищенствующей братии, которые должны были, живя среди людей, нести высокое и примерное общественное служение. Орден проповедников — Черных братьев, или *доминиканцев*, — был основан св. Домиником Гузманом из Кастилии (1170–1221 гг.). Св. Доминик составил двухчастный устав этого ордена в 1220–1221 гг. С тех пор доминиканцы были особенно заняты проповедью Евангелия и наукой. Орден меньших братьев (минориты, или серые братья), был основан св. Франциском Ассизским (ок. 1181–1226 гг.); формальное утверждение от папы и устав они получили в 1223 г. С этих пор и до наших дней они особенно привержены проповеди морали. И францисканцы, и доминиканцы принимали мужчин и женщин и давали обет нищеты (общей и индивидуальной). До 1274 г. (когда этот процесс был остановлен) успели возникнуть другие нищенствующие ордена: кларисс, белых братьев, или кармелитов, августинцев. В отличие от монахов других орденов, чье благочестие часто вызывало сомнения, *живые монахи* были столь же популярны у народа, сколь они были непопулярны у высшего священства.

Св. Франциск, без сомнения, является самой привлекательной фигурой средневекового христианства. По рождению он был сыном богатого ассизского купца из Умбрии. Он сменил свои великолепные одежды на рубище нищего и отказался от наследства, повенчавшись с *Дамой Нищетой*. Некоторое время он жил отшельником в пещере недалеко от Ассизи, но в 1219 г. присоединился к экспедиции крестоносцев в Египет. Он был связан в большей степени с основанием ордена *кларисс*, чем *францисканцев*. В 1224 г. во время молитвы на Монте Верна у Франциска на теле появились *стигматы* — шрамы на месте ран распятого Господа. Его удивительная способность общаться с Природой отразилась в его *Гимне Солнцу* и позднее в *Fioretti* (*Цветочки св. Франциска и его Спутников*). Он был автором гимнов и молитв, отразивших самый дух христианства:

Господи, соделай меня орудием Твоего мира;
Там, где царит ненависть, дай мне посеять любовь,
Где рана — прощение,
Где сомнение — веру,
Где отчаяние — надежду,
Где тьма — свет,
Где печаль — радость.
О Господи Боже, даруй мне, чтобы я не так искал
Быть утешенным, как утешать,
Не столько быть понятым, как понимать,
Не быть любимым, но любить;
Потому что мы получаем, когда даем;
Прощая, мы сами прощены;
И умирая, рождаемся в жизнь вечную[42].

Монахи способствовали и другому достижению того времени — возникновению университетов. Ренессанс XII в. выдвинул принцип ценности светского знания, независимого от теологии. Однако на открытие образовательного учреждения требовалась санкция Церкви. Так возникает идея *Studium Generale,* то есть университета, который обычно имеет четыре-пять факультетов — Богословия (Теологии), Права, Медицины, Гуманитарных наук или Философии и Музыки. Эти факультеты самоуправлявшихся университетов имели общий устав и общих преподавателей. В Европе открылись университеты Болонский (1088 г., восстановлен в 1215 г.), Парижский (ок. 1150 г.), Оксфордский (1167 г.). К 1300 г. открывается уже множество подобных учреждений в Италии, Франции, Англии и Испании, и еще больше откроется в будущем.

Альбигойский Крестовый поход (1209–1229 гг.) продемонстрировал новый аспект средневекового христианства. В 1199 г. Иннокентий III объявил, что ересь есть «измена Богу». Его инвективы были направлены против *катаров* и альбигойцев Лангедока. Катары — эти духовные наследники древних гностиков, манихейцев и богомилов — оставили свой след (уже на ранних этапах своего существования) в Боснии, и против них был возбужден судебный процесс по обвинению в ереси в Милане. Затем они быстро распространились в городах ткачей: Альби, Агене, Памьере, Каркасонне и Тулузе, где пользовались покровительством местных графов. Они верили, что торжество зла несовместимо с существованием милосердного Создателя, так что добро и зло должно считать сотворенными раздельно. Они были вегетарианцами, аскетами, соблюдали воздержание; почитали женщин равными мужчинам и имели в своей среде касту *perfecti* (совершенных), которые одни могли совершать обряд *consolamentum* (рукоположения). В 1167 г. они провели сектантский собор в Сен-Феликс де Караман около Тулузы и установили связи с родственными им сектантами того же направления в Малой Азии. XI Вселенский собор Церкви, созванный в 1179 г. для обсуждения этой проблемы, не принес никаких результатов. Как не помогла и проповедь св. Доминика. В 1209 г. убийство папского легата послужило поводом для организации общего наступления на этих раскольников. **[БОГОМИЛЫ]**

Иннокентий III объявил новый крестовый поход на тех же условиях, что и походы против ислама: отпущение грехов и неограниченная военная добыча. На первом этапе этого похода (1209–1218 гг.) 12000 рыцарей Франции и Бургундии под командованием Симона де Монфора Старшего сражались с еретиками под командованием Рай-

мунда VI и VII, графов Тулузских. На втором этапе в сражение вступили армии короля Франции. Катары встали перед выбором: оставить свои идеи или погибнуть. Многие предпочли умереть. Святейшая Инквизиция во главе с катаром-отступником Робертом Мерзавцем (Bugger)[43] начала жесточайший террор. В 1244 г. в Монсегюре, который *совершенные* почитали святым городом, 200 непокорных катаров было заживо сожжены на одном громадном костре. И так из года в год, деревня за деревней, огнем и мечом шло истребление отступников. Замок Кверибус пал в 1255 г. К XIV в. уцелевшие бывшие катары были уже в лоне Католической Церкви, а их провинция Лангедок — в составе Франции. Таким образом, единство Франции покоилось на бедствиях Юга[44].

Практика крестовых походов, однако, нашла себе иное применение. Если крестовые походы можно было использовать против неверных, то их можно было направить и против язычников поблизости от дома. В 1147 г. во Франкфурте св. Бернард обнаружил, что саксонская знать с большей готовностью вооружается против своих соседей-славян, чем на поход в Святую Землю. Была получена папская булла *Divina dispensatione*, и св. Бернард призвал крестоносцев с севера «биться с язычниками, пока с Божьей помощью они не будут или обращены, или стерты с лица земли»[45]. Результатом венедского крестового похода (1147–1185 гг.) было то, что саксонцы, датчане и поляки привели под крыло католицизма непокорные племена Мекленбурга и Лужице.

В 1198 г. Хартвиг II, архиепископ Бременский, положил начало новому «продолжительному крестовому походу» в Ливонию. При поддержке ордена вооруженных германских монахов-меченосцев, имевших свой центр в Риге, он создал организацию, которая постепенно привела под контроль католицизма весь северо-восток Балтики. Ливония была покорена Орденом, Эстония — датчанами, а Финляндия — шведами. Эти деяния были описаны ок. 1295 г. неизвестным автором *Livlandische Reimchronik*, который прославил стремление жечь и убивать во имя Господне:

Первый костер, который загорелся в тот день,
Был зажжен рукой брата-францисканца,
А за ним последовал брат-доминиканец[46]. **[ДАНЕБРОГ]**

ДАНЕБРОГ

15 июня 1219 г. датская экспедиция в Эстонии попала в крайне затруднительное положение. Местное население показало датчанам все свое двуличие. Несмотря на то, что эстонцы вроде бы согласились подчиниться королю Вольдемару Победоносному и принять христианство, ночью на датский лагерь было совершено нападение. Эстонцы убили епископа, а самих крестоносцев стали теснить к морю. Согласно легенде, перелом в битве наступил тогда, когда с неба снизошел образ красного флага с белым крестом и голос повелел крестоносцам занять оборону вокруг этого чудесного флага. Дабы увековечить свою знаменательную победу, Вольдемар повелел основать новый город — Таллинн, что означает Датский замок, а Дания закрепила в качестве своего национального флага *данеброг* — красное знамя.

С этого времени все независимые государства получают тот или иной национальный флаг. На многих из них, также как и на данеброге, были кресты: красный крест святого Георгия на флаге Великобритании, голубой крест святого Андрея на флаге Шотландии, желтый крест на синем фоне на флаге Швеции. Швейцария, вслед за Данией, избрала для себя белый крест на красном фоне, однако на швейцарском флаге крест несколько иной формы. Известный нам флаг Великобритании *Юнион Джек*, который совмещает крест святого Андрея, святого Георгия и святого Патрика, появился только в после объединения с Ирландией 1 января 1801 г.

Все европейские монархии в дополнение к национальному флагу также имели и королевский штандарт. На королевском штандарте Дании, например, изображены три льва с красными сердцами, стоящие на задних лапах на золотом фоне. Королевский штандарт у датчан появился задолго до данеброга.

Позднее многие республики по примеру Нидерландов в качестве национальных флагов взяли простые триколоры или биколоры. Некоторые триколоры были вертикальными, как, например, французский (1792), итальянский (1805) или ирландский (1922). Некоторые же страны, например Россия (1917) или Германия (1918), использовали горизонтальные триколоры. Между крупными державами разгорались настоящие войны, основным оружием в которых было расположение и цвет полос на триколорах. Национальный флаг — это концентрированный патриотизм, это жизненно важный символ самоидентичности. Последовательность и расположение полос на национальных флагах соответствовала неравномерному и неравному развитию европейских государств.

Прусский крестовый поход начался в 1230 году. Пруссы были независимы еще со времен св. Войтеха и постоянно беспокоили набегами польских князей. Один из них — Конрад Мазовецкий, взялся разрешить эту проблему, призвав на помощь небольшой военный орден тевтонских рыцарей, у которых не было занятия с тех пор, как их незадолго перед этим изгнали из Святой Земли. Своими действиями Конрад поистине сеял зубы дракона: вместо того чтобы, исполнив поставленную задачу, удалиться, эти рыцари получили хартии на постоянные крестовые походы от императора и от папы и остались надолго. Отметая одного за другим своих спонсоров, они, наконец, избавились от всякого контроля. Булла *Pietati proximit* (1234 г.), в которой Пруссия объявлялась феодальным наделом папы, осталась на бумаге. Такая же судьба постигла и императорский декрет (1245 г.), заявлявший о правах Империи на Курляндию, Земгалию и Литву. Братья-рыцари в белых плащах с черными крестами продолжали натиск на соседей, возводя попутно крепости и торговые пункты: Торн (Торунь, 1231 г.), Мариенведер (Квидзынь, 1233 г.), Эльбинг (Эльблонг, 1237 г.). К 1295 г., после последнего языческого мятежа, Пруссия стала Тевтонским государством, независимым образованием крестоносцев в самом сердце Европы.

Образ действий и мотивы тевтонских рыцарей давно уже являются предметом оживленных дискуссий. Их соседи в Польше и Поморье, с которыми они непрерывно сражались, приносили на них жалобы папе, а папа передал дело на обсуждение Собору в Констанце. Некоторые, впрочем, проявляют к тевтонцам симпатию и не замечают никаких противоречий:

«Главным мотивом деятельности тевтонского ордена, как и всех крестоносцев, было получение искупления через жертву. Избранный ими способ действий может показаться странным, особенно при сравнении их поведения с миссией любви, как она осуществлялась францисканцами... но тевтонские рыцари и монахи нищенствующих орденов имели то общее, что равно стремились стяжать искупление и святость, не отрываясь от реального мира... Их объединяло монашеское усердие к немонашескому образу жизни»[47].

Так прокладывала себе путь цивилизация.

В XIII в. на Восточную Европу обрушились такие свирепые захватчики, перед которыми тевтонские рыцари казались ленивыми мародерами. Монголы Чингисхана пронеслись из степей Азии, как ураган, сначала в 1207 г., когда Джучи, сын Чингиза, овладел южной Сибирью, а затем в 1223 г., когда они опустошили Закавказье и разбили армию Киевского княжества на реке Калке. В 1236–1237 гг. хан Батый, внук Чингисхана, перешел Уральские горы, опустошил Рязанское и Владимирское княжества и разрушил Москву. Он взял осадой Киев в 1240 г. и двинулся дальше на запад. В 1241 г. монголы опустошили Галицию и разрушили Краков. 9 апреля 1241 г. польские князья под командованием Генриха Набожного были наголову разбиты на поле под Лигницем в Силезии. Говорят, что в доказательство своей победы монголы набрали 9 мешков правых ушей, срезанных с убитых рыцарей. Другой поток монгольских орд устремился на Венгрию, где в битве на реке Тисса такая же судьба ожидала мадьярских князей во главе с Белой IV. Затем Батый повернул на восток и встал лагерем в Сарае в устье Волги. Новые разрушительные походы монголы предприняли в 1259 и 1287 годах. [HEJNAL]

Монгольское вторжение совершенно изменило лицо нескольких стран. Всадники Батыя осели на Волге. Государство Золотая Орда, образовавшееся между Волгой и Доном, вытеснило государство волжских булгар, а прекрасную столицу булгар монголы разрушили. Казанское и Астраханское ханства, впоследствии аннексированные Москвой (1552–1556 гг.), обеспечили заселение азиатами тех мест, которые стали основой современного Татарстана. Крымские татары создали цветущее государство с центром в Бахчисарае, это

государство веками жило за счет czambuls’ов, то есть набегов. Присутствие здесь татар вызвало в дальнейшем к жизни казачьи поселения на Днепре и Дону и надолго задержало заселение соседней Украины.

Польше и Венгрии после того, как они лишились значительной части населения, предстояло восстанавливаться собственными силами. Но в обоих случаях, поскольку внутри Германской империи всегда было наготове достаточно колонистов, монгольское вторжение ускорило естественные процессы миграции и колонизации. В это время германские и фламандские поселенцы перебираются в Силезию и Поморье, а также в Трансильванию. Княжеские *вербовщики* предлагали землю на выгодных условиях в наем и убеждали крестьян-мигрантов двигаться на восток. В то же время города отстраивались заново и получали хартии вроде Магдебурской или (реже) Любекской. В это время появляются Бреслау (1242 г.), Буда (1244 г.), Краков (1257 г.) и другие города — которые управлялись по германским законам и были полны немецких купцов. Все это вместе с деятельностью на Балтике Ганзейского союза и Тевтонского ордена весьма усилило здесь германское влияние. [БУДА] [ГАНЗА]

Монголы положили конец всему, что хотя бы внешне было похоже на единство восточных славян, земли которых монголы покорили. Некоторые русские князья в конце концов смогли избежать монгольского ига, обратившись к своим литовским соседям (см. с. 392). Но те, кто жил восточнее, вынуждены были буквально «склонить шею под ярмо». Князей вызывали одного за другим в лагерь хана, где они должны были, пройдя между пылающими кострами, склониться под ярмо и пасть ниц перед своими хозяевами. Это был ритуал унижения, и смысл его не забывался. Народ облагался данью, которую собирали монгольские *баскаки*, то есть находящиеся на местах монгольские наместники хана. Но Православную церковь не притесняли. Таков был период татарского ига.

Осталось описание русской провинции того времени, сделанное венецианским купцом Марко Поло, отец которого посетил Крым по делам торговли в 1260 г.: «Эта провинция... громадного размера... а с севера с ней граничит то, что называют Областью Тьмы. Ее обитатели — хри

HEJNAL

HEJNAL, восходящий к венгерскому слову, означающему «восход», а также специально *воен.* «утренняя заря», в польском языке употребляется как термин, обозначающий звук трубы как сигнал тревоги при приближении врага.

В наше время *hejnal mariacki* (горн собора Девы Марии) — одна из достопримечательностей древнего Кракова. Он раздается с башни старинного собора, выходящего на городскую площадь. Он звучит каждый час, днем и ночью, летом и зимой; и каждый раз он повторяется четырежды: на север, юг, восток и запад. Эта простая мелодия открытых аккордов, которая всегда неожиданно обрывается в середине последней каденции. Весь ритуал совершается в память о горнисте, который был застрелен монгольской стрелой (попавшей ему в горло), когда он трубил тревогу в 1241 г. или, может быть, в 1259 г. Трубач, хотя его и прервали, поднял горожан, и они смогли бежать. Уцелевшие горожане решили навечно сохранить должность городского трубача.

Ритуал поддерживался 700 лет с коротким перерывом в XIX в. и на время немецкой оккупации в 1939—1945 гг. Он старше даже той церкви, где он совершается. Мелодия окончательно оформилась в XVII в. После 1945 г. польское радио сделало эту мелодию прелюдией к сигналу времени в полдень. Теперь она напоминает миллионам слушателей и о древности польской культуры, и об уязвимости территории Польши. Это — редкое живое воспоминание о Чингисхане и его всадниках, проникших в сердце Европы. (С благодарностью проф. Яцеку Возняковскому, историку искусств, бывшему в 1991 г. мэром города Кракова.)

25 октября 1405 г. швейцарский город Лозанна был разрушен пожаром. Епископ немедленно издал эдикт (из 11 пунктов) о противопожарных мерах. Пункт 5 гласил, что «каждый час ночью один из стражников на башне собора должен прокричать час и позвать других городских стражников... под страхом уплаты 6 денье за каждый пропущенный час». И теперь, шесть столетий спустя, с 10 часов вечера крик стражника разносится эхом на четыре стороны света.

В Рипон в Йоркшире говорят, что городской трубач трубит каждый вечер непрерывно с 886 г.

Европейская ассоциация стражников на земле и на башнях была основана в 1987 г. в Эбельтофте в Дании. Большинство ее членов — это местные объединения, являющиеся современными реконструкциями. Но Краков, Лозанна и Рипон, а также Аннаберг, Целле и Нордлинген в Германии и Истад в Швеции составляют группу избранных, которые могут сказать о себе, что несут дозор «от века».

стиане и совершают богослужение по греческому канону. У них есть несколько королей и собственный язык. Это люди очень неотесанные. Но очень красивые, как мужчины, так и женщины; имеют исключительно хороший характер, высокие, хорошего сложения; женщины тоже... статные со светлыми волосами, которые они обычно носят длинными. Эта страна платит дань западным татарам... Здесь собирают в огромных количествах меха соболей, куницы, лис... а также много воска. Здесь имеется несколько серебряных рудников... Это исключительно холодный район, и меня уверяли, что он протянулся даже до Северного океана, где... ловят в больших количествах соколов»[48].

Несмотря на бытовавшие раньше среди историков мнения, экономическая жизнь в Средние века вовсе не переживала застой. Историки одной школы даже считают, что происходившая в то время «сельскохозяйственная революция имела не менее важные последствия, чем так называемая промышленная революция» XIX века[49]. Сторонники этой точки зрения указывают на появление новых энергетических источников, как водяные и ветряные мельницы, на расширение разработки минералов, на огромное значение железного плуга и лошадиной силы, введение севооборота и улучшение питания. Новым технологиям иногда требовались столетия для того, чтобы они прижились, но в долгосрочной перспективе решающее значе-

БУДА

В 1244 г. король Венгрии Бела IV даровал хартию прав «свободному городу Пешту» на Дунае. Это его решение было частью широкой программы восстановления после татарского вторжения. Отныне город подлежал самоуправлению по Магдебургскому праву, за королем сохранялись лишь номинальная власть. Со временем такой же статус получил и замковый пригород Буда на противоположном берегу реки, так что на одной городской территории появилось две единицы, каждая со своей юрисдикцией. (Martyn Rady, *Mediaeval Buda: a study of municipal Government and Jurisdiction* (Bou!der, 1985).)

Буда (по-немецки Often) стала королевской столицей Венгрии после Эстергома в 1361 г.

Будущность города обычно зависела от того, кто предоставил ему права на основание. Хотя обычно муниципальные хартии даровались королями или князьями, но в этом участвовали и епископы, особенно в Германии. Там же, где была сильна местная знать, как в Венгрии или в Польше, возникали частные города, образуя своего рода островки иммунитета, куда не могли дотянуться руки государства или Церкви. Рост городов исключительно усилил центробежные тенденции позднего средневековья. В Венгрии они дополнялись системой территориальных графств и свобод знати.

Принятие каким-то городом Магдебургского права не обязательно означало, что это было германское поселение. Магдебургское право широко применялось в Восточной и Центральной Европе и германскими, и негерманскими городами. Тем не менее и в Пеште, и в Буде всегда, даже во времена Оттоманского господства, существовала сильная немецкая община. Города-близнецы объединились в единое муниципальное образование только в 1872 г., то есть когда Венгрия подтвердила свой статус отдельного государства в границах двуединой монархии Габсбургов. В 1896 г. Буда и Пешт стали местом экстравагантных празднеств по поводу тысячелетия основания Венгрии.

Венгерский «миллениум», естественно, сосредоточился на личности св. Стефана и на подаренной папой короне. Это событие, как и основание Пешта, послужило укреплению связей с Западом. Супруга Стефана Гизелла была сестрой Генриха Баварского (будущего германского императора, который также был канонизирован). Коронация в 1001 г. помогла Стефану вытеснить болгарских и других православных претендентов на трон. С тех пор Венгрия (как и Польша) прочно связала себя с западным, католическим миром.

Корона, на которой виднеется имя св. Стефана и которая является самым ценным экспонатом Венгерского национального музея, стала символом исключительной жизнестойкости венгерского государства. Полагают, что ее носили все венгерские короли от Арпадов до Габсбургов, она была неотъемлемой участницей всех сколько-нибудь значимых коронаций. Ее много раз теряли и находили, но никогда не уничтожали. В 1405 г. она упала незаметно в болото в Австрии, когда ее незаконно вывозил Сигизмунд Люксембургский, но была счастливо обретена вновь, поскольку на болото стали сходить лучи небесного света. В 1945 г. ее вновь тайно вывезли из страны в США и положили на хранение в Форт Нокс. Ее вернули в Будапешт в 1978 г., хотя в Венгрии тогда еще правили коммунисты.

Интересно, что имеются сомнения, принадлежала ли «корона св. Стефана» когда-нибудь св. Стефану. И возможно ли (невзирая на позднейшие атрибуции), чтобы она вела свое происхождение из Рима. Сейчас ученые придерживаются мнения, что главная золотая часть короны — *corona graeca* — была создана в Византии в XI в. для Синадены, супруги Гезы I (правил 1074–1077 гг.). Традиционно считали, что греческая корона была приварена к более старой короне — *corona latina*, сделанной для Стефана I. Сейчас считают, что единственное, что связывает ее со св. Стефаном, — это крест, остаток Истинного Креста (ныне утраченного), некогда венчавшего Латинскую корону.

Но каково бы ни было действительное происхождение короны, две ее составляющие — греческая и латинская — как нельзя лучше напоминают нам о том месте, которое занимала средневековая Венгрия в сердце христианского мира. Греческая корона обрамлена различными драгоценными камнями и маленькими пластинками клуазоне (перегородчатой эмали). Спереди надо лбом располагается приподнятая пластинка с изображением Христа Пантократора; сзади (симметрично) пластинка с изображением императора Михаила VII Дуки (правил в 1071–1078 гг.) с зеленым нимбом. По бокам от императора портреты его сына Константина и короля Гезы. Пластинка с изображением Гезы имеет греческую надпись: GEOBITZ PISTOS KRALES TURIAS «Геза верный, король Турции». По ободку византийские изображения архангелов и святых. Латинская корона украшена восемью пластинами с изображением апостолов и Христа на троне. Наклонный золотой крест, который заменил первоначальный крест, исчезнувший в 1551 г., перед первой коронаций Габсбургов, хрупко венчает все целое.

Несомненно лишь то качество, которое весьма уместно приписывают короне, — *inamissibilis* — неспособность потеряться. (Inamissible. Now rare, 1649— . Not liable to be lost. *SOED*. [Henry Bogdan, *Histoire de Hongrie* (Paris, 1966), 14.] Lovag Zsuzsa, *The Hungarian Crown and other regalia* (Hungarian National Museum), Budapest, 1986.)

ние имела вызванная ими цепная реакция. Сельское хозяйство распространялось на более тяжелые, но и более плодородные почвы долин. В связи с ростом производства продуктов питания происходит демографический взрыв, особенно на севере Франции и в Нидерландах. Растущее население наполняло новые города и становилось новой рабочей силой. Рабочая сила могла быть применена в новых предприятиях, таких как разработка полезных ископаемых или ткачество: расцвели новые текстильные города. Непрерывно росла морская торговля. [МУРАНО]

Другие историки идут еще дальше. Сравнительно с предшествующим состоянием впечатляет бурный рост городов, а деятельность (в этих городах) рассматривается учеными как начало европейской экономики[50]. Нам это кажется преувеличением. Гигантские ежегодные ярмарки, которые проводились с 1180 г. на равнинах Шампани, у Ланьи, Прованса, Труа или Вар-сюр-Оби уже представляли собой огромное достижение. Они располагались на полпути между городами в Ломбардии, в Рейнланде, в Нидерландах и на севере Франции; здесь собирались купцы и финансисты с широкими международными связями. Можно даже сказать, что эти ярмарки стали центром европейской, если не всеевропейской, экономической системы.

Богатство городов породило множество политических проблем. Городские корпорации постепенно накапливали средства, бросая вызов власти местного епископа или графа, а гильдии и купеческие союзы в свою очередь оказывали давление на городские власти. (Первая засвидетельствованная забастовка была организована ткачами Дуай в 1245 г.[51]) Феодальные порядки слабели изнутри. В Германии по причине исключительной независимости городов, таких как Кельн или Нюрн-

берг, ни Церковь, ни бароны не смогли восстановить авторитет Гогенштауфенов. В Италии именно по причине колоссального богатства Милана, Генуи, Венеции и Флоренции невозможно было остановить войны Гвельфов и Гибеллинов, причем и папа, и император не хотели уступить. Перенаселенные города Фландрии стали важным источником миграции на Восток. Восточная Европа уже тогда обнаруживала сильные отличия от Западной, хотя тем не менее было и много общих признаков, и сильная взаимозависимость. Европа развивалась.

Схидам, графство Голландии, 5 декабря 1262 г. «Хендрик, епископ Утрехта, в навечерие памяти св. Николая освятил новую церковь, стоящую «на новой земле» в Схидаме, построенную и оборудованную графиней Алейдой ван Геннегауег, правительницей Голландии и Зеландии»[52].

Два года спустя графиня Алейда повелела, чтобы через ручей Схи построили дамбу и шлюз в том месте, где он вливался в воды морских приливов в дельте Рейна. Все это должно было обеспечить водой канал, который соединял близлежащий город Дельфт с крошечным речным портом Дельфсхавен. Постройки следовало произвести в соединении с другой дамбой и плотиной через еще меньшую речку Ротте двумя милями выше по течению. Три года спустя 11 августа 1270 г. молодой граф Флорис V даровал привилегии бюргерам Роттердама[53]. Примерно в то же время начинается возведение дамбы на реке Амстель в 35 милях к северу. Так шаг за шагом начинается укрощение дельты Рейна.

Эти дамбы не были самыми ранними рукотворными сооружениями в этом районе, и предназначались они для облегчения торговой навигации

МУРАНО

Мурано — это остров в Венецианском заливе. Здесь стоит построенная в 999 году церковь в романском стиле Санта Мария э Донато, и здесь же находится стекольный завод времен Венецианской республики.

Производством стекла в Европе занимались с древности, но греческое и римское стекло было шероховатым и мутным. И только в Мурано примерно в конце XIII в. мастера создали стекло, которое было прочным и прозрачным. Пару столетий рецепт держали в секрете, но затем он каким-то образом проник в Нюрнберг, а оттуда распространился по всему континенту.

Прозрачное стекло сделало возможным развитие оптики и было важнейшим шагом в производстве точных приборов. К 1260 г., когда Роджер Бэкон, как полагают, сконструировал первую пару очков, уже были известны линзы и рефракция света. (На одном портрете (в витражах Страсбургского собора) император Генрих VII — умер 1313 г. — изображен в очках.) В XIV–XVI вв. постепенно в моду входит оконное стекло: сначала в церквах и дворцах, а затем и в более скромных жилищах. Стеклянные колбы, реторты и трубочки облегчали эксперименты алхимиков, а затем

химиков. Стеклянные колпаки для защиты растений и теплицы совершенно преобразили товарное садоводство. Микроскоп (1590), телескоп (1608), барометр (1644) и термометр (1593) — все приборы с использованием стекла — совершенно изменили наши представления о мире. Зеркало с посеребренной поверхностью, впервые произведенное в Мурано, революционизировало наш взгляд на самих себя.

Общественные последствия производства стекла были еще более далеко идущими. Употребление очков дало новые возможности чтения монахам и ученым и ускорило распространение образования. Стеклянные окна доставляли большие возможности для работы дома, особенно в северной Европе. Рабочее место теперь было лучше освещено и теплее. Теплицы безмерно способствовали разведению цветов, фруктов, овощей, доставляя более здоровую пищу и в больших количествах, иногда такую, которая до того была известна только в Средиземноморье. Защищенные от дождя и ветра фонари, закрытые коляски и часы появились повсюду, а прецизионные инструменты позволили развиваться многим областям знаний: от астрономии до медицины.

Появление зеркала вызвало значительные психологические перемены. У людей, которые смогли четко увидеть собственное изображение, развивалось совершенно новое сознание. Они теперь лучше представляли себя не только собственный внешний вид, но и одежду, прически и косметику. Они задумались о связи между внешностью, чертами лица и внутренней жизнью, короче, начали изучать личность и индивидуальность. У них появилась склонность к портретам, биографиям и моде. Совершенно несредневековая привычка интроспекции хорошо отразилась в творчестве Рембрандта, например, а предельно — в жанре романа. «Зеркальный зал» во дворце Версаля открылся 15 ноября 1684 г. и стал чудом своего времени. Расположенные по всему фасаду центрального павильона (выходящего окнами в парк), его колоссальные зеркала отражали свет семнадцати громадных окон и семнадцати колоссальных люстр. Это был светский вариант средневековых витражей собора в Шартре.

Древние смотрели через мутное стекло. Людям нового времени стекло позволило видеть ясно, и потоки яркого света, потрясая, стали проникать в сокровенную глубину их существа.

в грозных водах, которые изогнулись здесь громадной аркой на более чем 25 000 км² между Шельдой и Эмсом (см. Карта 13). Глядя на все это в ретроспективе, ясно, что это были важнейшие действия, с которых началось развитие самого густонаселенного района Европы, крупнейшего мирового порта и одной из самых характерных наций Европы. Но в описываемое время этого, кажется, никто не понимал.

Графство Голландия принадлежало к числу самых отдаленных и наименее развитых территорий Священной Римской империи. Само название Holt-land (Болотная страна) говорило о том, что она состояла почти целиком из заболоченных пространств. Это была самая низинная из Низинных стран — Нидерландов. Между островами, расположившимися кольцом со стороны моря, и самыми удаленными частями ее суши, по крайней мере,

ПЛУГ

Тяжелый, железный, трехчастный плуг был инструментом во много раз более совершенным, чем его предшественница, простая деревянная соха — *aratrum*. Плуг был оснащен отвесным ножом, поперечным лемехом и косым (пологим) отвалом; очень часто имел колесики и мог справиться даже с тяжелейшей почвой. Однако он требовал такой тягловой силы, какой редко располагали в Древнем мире. Через тысячу лет после того, как Плиний впервые увидел плуг в долине По, только в XI–XII столетиях он вошел в повседневное пользование в северной Европе. И все время главной проблемой было, как его сдвинуть с места.

На раннем этапе средневековья нормой было запрягать в него волов. Мерой земли были воловьи шкуры и воловья упряжь — единица пахотной земли, составляющая столько, сколько можно было обработать одной упряжкой. Но волы были слишком медлительны, а полная упряжь из восьми животных стоила очень дорого, не только при покупке, но и в содержании. Коней, конечно, тоже разводили, но только быстрой породы, то есть не больших и не таких сильных.

Для окончательной победы плуга необходимы были пять условий: следовало начать разводить тягловых лошадей — разновидность каролингских боевых коней. Во-вторых, должен был появиться хомут, — до 800 г. не известный, — благодаря которому конь мог тянуть максимальный груз и одновременно не задохнуться. В-третьих, следовало изобрести подкову, которая появилась около 900 года. Затем следовало начать культивировать овес — основу корма для лошадей. Но самым важным было введение севооборота, или трехпольной системы. Переход от двух- к трехпольной обработке значительно повысил продуктивность крестьянского хозяйства: по меньшей мере, на 50%. С введением севооборота не только стали выращивать четыре зерновые культуры, но также крестьянский труд стало возможным разделить на весенний и осенний сев. Все эти нововведения требовали и повышения производительности труда во время пахоты (см. илл. 29).

Не позднее XII века все элементы этой революции в северном сельском хозяйстве регистрировались на всей территории от Франции до Польши. Историки могут по-разному представлять некоторые простые уравнения, связанные с данной темой (уравнение Мельтцена: «соха + перекрестная вспашка = квадратное поле» или известное уравнение Марка Блоха: «трехчастный плуг + колесики = полоса = открытые поля = коммунальное сельское хозяйство»). Но повсеместно принимаются общие принципы. Квадратные поля, лежащие на горных склонах, которые требовали перекрестной обработки, часто бросали, в то время как на тяжелых, но урожайных почвах в долинах появлялись поля в форме длинных полос. Европейский пейзаж решительно изменился. Поля украсил известный узор из пластов земли и борозд. Сэкономленное на пахоте время можно было использовать для расширения запашки. Корчевали леса, осушали болота, у моря вырывали польдеры. В долинах росли деревни, а обработка полос строилась в новых формах общинного хозяйствования. Сельский совет и управители помещичьих усадеб принялись за дело. В результате европейцы начали получать все больше качественного продовольствия, которое вплоть до начала Промышленной революции могло обеспечить пропитание пропорционально растущей численности населения.

две трети территории Голландии находились ниже уровня моря. По большей части она состояла из грязевых отмелей, соляных болот, берегов различных протоков, коварных заводей и предательских отмелей. Путешествовали здесь обычно на лодке, а зимой, когда воды на отмелях сильно промерзали, устанавливалась надежная дорога по льду.

Дельта Рейна была самой молодой и самой подвижной поверхностью в Европе. Появившись через несколько тысяч лет после последнего ледникового периода, она оформилась под воздействием соединенных сил трех текущих на север рек: Шельды (Эскаута), Мааса (Мейса) и Риджна (Рейна), западных ветров, морских приливов и отливов. В результате она была, видимо, легко подвержена изменениям. Нанесенный морем песок образовал здесь массивные дюны до 70 м высотой и 4–5 км шириной. За дюнами наносимые рекой отложения высились подвижными нагромождениями, и потоки пресной воды рвались и в непрестанной борьбе искали новые выходы в море. Во времена Рима здесь было несколько береговых укреплений на песочном барьере за большой вдававшейся в сушу лагуной Флео Лакус. *Старый Рейн* здесь выходил в море по каналу, который существует до сих пор в современном Лейдене, а *Старый Маас*, извиваясь, проложил себе отдельный выход в 20 милях к югу.

Однако прошедшее тысячелетие принесло несколько драматических перемен. В 839 г. большое наводнение направило главный поток Рейна в Маас, и появилось несколько связующих каналов: Лек, Ваал и *Новый Маас*. Пресноводная лагуна на севере, обмелев, отчасти заилилась. Затем, когда в XII–XIII вв. наступила более теплая климатическая фаза, уровень моря постепенно повысился. Барьер дюн несколько раз прорывался, устье Шельды разделилось на несколько каналов, подведя морские пути к самому Антверпену, и появилось множество островов. Соленые морские воды устремились в северную лагуну и превратили ее в широкий морской залив Зейдер–Зе, разделивший Фризию пополам. При высоких приливах волны заливали протоки главных каналов, угрожая городам, расположившимся по их берегам. Это и вызвало строительство дамб.

До середины XIII в. поселения людей в дельте были трех типов. По краю суши протянулась цепочка древних городов. Арнем (Arenacum — «Песочный город»), рядом Ниджмеген (Noviomagum — «Новый базар») и Утрехт (Trajectum ad Rhenam — «Рейнский брод») были римскими городами. Антверпен (Aen de Werpen — «Якорная стоянка») вырос вокруг церкви Св. Аманда VII в. на берегах Шельды. Несколько изолированных поселений находилось в дюнах, вроде аббатства Миддлбург на Вальхерен (с 1120 г.) или охотничьего поместья, построенного у с'Гравенхааге — «Графской изгороди» (1242 г.). С подветренной стороны в дюнах удобно расположились рыбачьи деревни. Некоторые, как Дордрехт (1220 г.), Гаарлем (1245 г.), Дельфт (1246 г.) и Алькмар (1254 г.), выросли даже в города и получили хартии. Но ни один и в малой степени не мог сравниться многочисленностью населения с большими текстильными городами соседней Фландрии. Столетиями религиозная и светская власть была здесь в руках епископа Утрехта. А порты в дельте с незапамятных времен были торговыми центрами побережья.

Мелиорация — это древнее искусство, которое все время совершенствуется. С незапамятных времен в Голландии строили дома на характерных для этой страны *terpen* — искусственных насыпях выше уровня паводковых вод. Их упоминает Плиний. Самые ранние плотины *zeewering* – «защита от моря» — появляются в VIII–IX вв. Речные же плотины начинают распространяться только после усовершенствования шлюзовых ворот в XI в. Устройство *польдеров*, огороженных дамбами полей, зависело от хитроумной системы дренажа, которая достигла достаточного уровня лишь ок. 1150 года. Вокруг рядов свай, загнанных глубоко в мягкую землю, приходилось строить плотины (и при том очень тяжелым трудом). Затем сооруженные основания заполняли галькой, камнями и сажали траву, укрепляющую почву. Однажды устроенное, такое поле приходилось в течение 10—15 лет буквально заливать пресной водой и постоянно дренировать, удаляя соль. Только после этого богатая наносная почва начинала вознаграждать немалые усилия тружеников. Впрочем, плодородие этих полей вошло в пословицу: они давали не только мясо, шерсть и шкуры овец и другого скота, который пасся на прибрежных пастбищах, но обеспечивали интенсивную колонизацию этих мест и производили в избытке продукты для экспорта в близлежащие города.

В XIII в. в Голландии только начинали создавать польдеры, и то только по краям болот. До того, как в дело пошли приводимые в движение ветром откачивающие воду помпы, не было эффективных средств дренирования больших пространств. Громадный ущерб нанесло страшное Елизаветинское наводнение 1421 г., когда затопило 72 деревни и 10000 человек и были сведены на нет усилия двух столетий. Большую часть земли, лежавшей ниже уровня моря, невозможно было постоянно и эффективно осушать до изобретения в 1550 г. ветряных мельниц с вращающимися башнями, которые могли работать беспрерывно и независимо от направления ветра. Но общий план культивации земель по всей Голландии в целом появился только в 1918 г., когда был издан *Акт о мелиорации земель*. И понадобилось еще одно катастрофическое наводнение 1953 г., чтобы появился грандиозный *План обустройства Дельты* (1957–1986 гг.), который должен был зарегулировать реки и наполнить каналы. Восемьсот лет изнурительной борьбы со стихиями не могли не оставить отпечатка на людях, которые эту борьбу вели. Некоторые историки склонны видеть здесь главное, что определило характер голландцев.

Карта 13

Возведение дамб было особым этапом в этой долгой истории. Оно положило начало созданию системы водных путей внутрь страны, вглубь материка, функционирование которой контролировали смотрители шлюзов. Поскольку морским судам нелегко было проходить через узкие шлюзы, вокруг дамб возникали причалы, где привезенный морем груз перегружался на маленькие речные баржи. Схидам-Роттердам и Амстердам возникли в таких пунктах встречи морских путей с речными. Однако для того, чтобы они начали выполнять свою исключительно важную роль, потребовалось еще немало усилий, и все в целом привело к решительной победе над главными соперниками. Среди прочего, может быть, самым главным было (хотя и гораздо позднее) насильственное сокрушение Антверпена после навязанного закрытия движения по Шельде в 1648–1863 гг.

Стратегическое положение Голландии на западной границе Империи было причиной ее большой вовлеченности в политику. Некогда она была северной частью срединного королевства Лотарингии. В начале X в. несколько лет она была в сфере влияния западнофранкского королевства, пока не перешла окончательно в восточную, имперскую сферу в 925 г. Затем в течение 300 лет как часть *герцогства Нижней Лотарингии* она была втянута в бесконечные конфликты князей-феодалов, а также в их интриги с Империей и возвышавшимся королевством Франции.

Графы Голландии вели свою родословную от Дирка I (Дитрих, Тьерри, или Теодорик), потомка викингов, который обосновался в дельте в IX в. Дирку I были пожалованы земли около гарлема в 922 г., в районе, который тогда назывался Кеннемерланд, там он основал монастырь бенедиктинцев в Эгмонте. Однако наследственные богатства были обеспечены лишь тогда, когда граф Дирк III, самовольно установив пошлины за проход в низовьях Рейна, победил герцога Лотарингского в знаменитой битве на плотинах. Дирк III впервые употребляет имя *Голландия* со своим титулом. С этого времени, обеспечив свою безопасность в замке в харлеме, графы вступают в череду бесконечных феодальных распрей. Голландия была одной из той дюжины стран, чьи интересы выходили за границы Империи. Ни император, ни король Франции не могли на нее влиять постоянно, кроме как через разные меняющиеся союзы своих вассалов. Для сугубо практических целей феодалы Нидерландов — неясно определявшейся территории от Рейнской области до Пикардии — определяли, что такое Нидерланды, между собой. Таким образом, они постепенно формировали регион, имевший собственное лицо и собственную судьбу, которая не была ни германской, ни французской.

В Нидерландах Голландия, должно быть, считалась небольшим светилом. Могущественные епископы Утрехта и Льежа, герцоги Лотарингские и Брабантские, а также соседнее графство Фландрия были гораздо значительнее. Удачное соперничество Голландии с Фландрией за контроль над островами Зеландии продолжалось столетиями до Брюссельского мира 1253 г. А покорение ею свирепых обитателей Фризии и Фрисландии (которые оставались язычниками до времени Карла Великого) следует приписать, скорее, морской стихии, чем собственно завоеванию. Эти несчастные фрисландцы (вместе с избыточным населением городов Фландрии) стали главным контингентом эмигрантов на земли восточных болот Германии.

И тем не менее графы Голландии обладали значительным политическим влиянием. Вильгельм I (правил 1205–1222 гг.) сражался при Бувине на стороне императора и был захвачен в плен французами. Подобно своему предшественнику, который отобрал у сарацин Лиссабон, он стал вдохновенным крестоносцем. Он умер в Египте после того, как принимал участие в осаде Дамиетты. Вильгельм II (правил 1234–1256 гг.) претендовал на высшее (императорское) положение. Будучи младшим сыном, он был выращен верным Церкви своим опекуном — епископом Утрехтским и оказался вознесен в высшие сферы, когда папа Иннокентий IV пытался сместить Гогенштауфенов. (см. с. 353.) В 1247 г. он был коронован в Аахене при содействии Церкви королем (или антикоролем) Римским (Романским). Женатый на герцогине из рода Гвельфов и в союзе с сильной конфедерацией Рейнских городов, он ненадолго занимает решающее положение в междоусобной борьбе в Германии. В январе 1256 г. он отправляется в Голландию, чтобы до своей коронации императором Рима разрешить возникшую там местную проблему. Но трещина во льду, в которую провалились тяжеловооруженный всадник и его тяжеловооруженная лошадь, мгновенно положила конец многообещающей карьере. Если бы не несчастный случай, то этот голландец стал бы императором Священной Римской империи.

Флорису V (правил 1256–1296 гг.), правящему графу и внуку Вильгельма II, предстояло стать предпоследним в первой голландской династии. Этот правитель покончил, наконец, с неприятностями во Фризии и завоевал признание даже самых скромных своих подданных. Столкнувшись с восстанием крестьян, которые присоединились к восставшей черни Утрехта, он решился на то, чтобы ограничить произвол своих бейлифов и ввести писаный правовой кодекс. Легенды помнят о нем как о *der keerlen God* (Крестьянском боге). Многие годы он был в союзе с Эдуардом I Английским и даже отправил к английскому двору своего сына и наследника. Там этот последний получил образование и женился. Это был граф Флорис, герой «Рифмованных хроник» Голландии (Rijmkronik van Melis Stoke): «Так окончилось правление этого молодого человека (который) был чудом истории»[54].

Алейда ван Генегувен была теткой и опекуном молодого Флориса V. В качестве регентши в младенчество графа она стала одной из нескольких облеченных властью женщин, какие когда-либо держали бразды правления в Нидерландах. Из этих женщин самой выдающейся была удивительная Маргарита Фландрская. Известная под именем Zwarte Griet (Черной Мег) графиня Маргарита (ум. 1280 г.) оказалась в центре таких феодальных удач и несчастий, какие только можно вообразить. Она была младшей дочерью графа Болдуина IX, возглавившего Четвертый крестовый поход и захватившего Латинскую империю на Востоке. Она родилась в Константинополе, как и ее сестра Иоанна, и была привезена оттуда уже после смерти отца, после чего (вместе с сестрой) стала заложницей политики Иннокентия III. Ребенком она наблюдала, как ее молоденькая сестра была выдана замуж за Фернандо Португальского, племянника короля Франции, сама же она стала ребенком-невестой Бухарда д'Авезне, лорда Хайнаулта. После битвы при Бувине, в результате которой Фернандо был отправлен в луврские подземелья, ее сестра вышла замуж во второй раз за Тома Савойского, а она сама (по настоянию папы) развелась с мужем и вышла замуж за французского рыцаря Ги де Дамье. К 1244 г., когда она стала (после Иоанны) графиней Хайнаултской и Фландрской, у нее было пять сыновей от двух браков и она была уже в преклонных для своего времени летах. Она не могла помешать двум своим сыновьям вступить в борьбу друг с другом за ее наследство и вынуждена была принять посредничество св. Людовика, который отдал Хайнаулт Жану д'Авезне, а Фландрию — Гийому де Дамье. Она пережила обоих.

Фландрия, которую раздирало соперничество Брюгге и Гента, была тем не менее главным призом политической борьбы в Нидерландах. Ее судьба не была безразлична для Голландии. В прошлом графы Фландрии балансировали между Империей и Францией и принимали феодальные наделы от обеих сторон, в результате чего сложи-

лись территории, известные как Kroon-Vlaanderen и Rijks-Vlaanderen. После Бувине, однако, влияние Франции сильно возросло и привело, наконец, к полномасштабной французской оккупации.

В 1265 г. борьба папы с императором быстро приближалась к своей кульминации. После смерти Фридриха II папский престол заблокировал Гогенштауфенам возможность наследования; а междуцарствие в самой Империи, так и не разрешившееся из-за несчастного случая с графом Вильгельмом, вызывало еще большие осложнения. В 1257 г. состоялись двойные выборы: первое собрание имперских выборщиков решило в пользу Ричарда, графа Корнуэльского, младшего брата Генриха III Английского; второе — в пользу Альфонсо, короля Кастилии. В отличие от Альфонсо, который оставался дома в Толедо, граф Ричард отправился на свою коронацию королем Римлян. Но ни один из соперничавших кандидатов не смог осуществить свою власть над всей Германией.

Ричард Корнуэльский (1209–1272 гг.) был одним из богатейших людей своего времени и имел множество важных связей[55]. Помимо графства, он владел еще корнуэльскими оловянными шахтами, что можно было приравнять ко второму графству; а то, что он был управляющим монетным двором и реформированной денежной системой в Англии, принесло ему сказочный доход в наличных. Через своего советника по финансам Абрахама Беркхамстедского он был в состоянии давать в долг королям и кардиналам; так что ему не составило труда выделить 28 000 марок для смазки выборной машины в Германии. Будучи лордом Корфе, Веллигфорда и Беркхамстеда, он в свое время ненадолго заинтересовался оппозицией баронов в Англии и был известен как один из очень немногих баронов, кто действительно говорил по-английски. Как титулярный граф Пуату, он имел интересы в Гаскони, где выполнял обязанности королевского управителя. Он в свое время возглавил крестовый поход на Акру, но использовал эту экспедицию для того, чтобы лично познакомиться с двумя своими зятьями: сначала — со св. Людовиком в Париже, а потом — с Фридрихом II на Сицилии. У него были крепкие родственные связи в Нидерландах. К тому времени, когда Флорис V поспешил в Лондон, чтобы лично засвидетельствовать ему свое почтение, он как раз собирался жениться в третий раз (после Изабеллы Маршальской и Сантии Прованской) на Беатрисе, графине Фалкенбургской в Брабанте.

Но в течение 1265 г. графу Ричарду в основном не везло. Три поездки в Германию ничего ему не принесли. Больше того, вовлеченный в борьбу с баронами своего брата и захваченный людьми де Монфора, он теперь томился в заключении в замке Кенилворс. Бесславные его приключения после битвы при Льюисе, где он прятался на мельнице, породили одну из самых ранних английских политических сатир (написанной на комическом волапюке из немецких и английских слов)[56].

В указанное время королевская партия в Англии стяжала себе громадную и искреннюю ненависть. Симон де Монфор, *protector gentis Angliae*, считался тогда главой борьбы с угнетателями:

> Его зовут Монфор.
> Он наш защитник и так силен,
> И такой великий рыцарь.
> Послушай, я вполне согласен:
> Он любит правду и ненавидит ложь.
> И так он победит[57].

Когда Симон был убит у Ившема 4 августа 1265 г., его товарищи все до единого погибли на поле боя на Грин Хилл; его оплакивали как святого и мученика.

В тот же год состоялись выборы папы. Клемент IV был французом; некогда, еще как Ги Фулькоди Ле Гро, он имел жену и детей и служил советником права у св. Людовика. Рим и Северная Италия в то время симпатизировали Гогенштауфенам так сильно, что Клемент IV вынужден был, возвращаясь из Англии, где он был легатом, путешествовать, переодевшись монахом, и поселиться в Перудже. Оттуда он устроил передачу Карлу Анжуйскому королевства Сицилии и Неаполя; а также изыскал средства для жестоких кампаний, которые должны были покончить сначала с незаконным сыном императора Манфредом, а затем с племянником Манфреда — юным Конрадином. Из Перуджи он также посылает в аббатство Эгмонт в Голландии буллу, подтверждающую его древние права и привилегии[58].

Как и гражданская война в Англии, междуцарствие в Германии повергло страну в хаос: «Открылись все шлюзы анархии; прелаты и бароны силой расширяли свои владения; рыцари-разбойники во множестве орудовали на дорогах и реках; нищета и угнетение слабых и тирания и насилия сильных были таковы, каких не видали веками... Римской империи теперь предстояло исчезнуть»[59].

Но нетрадиционно мыслящие историки смотрят на несчастия Империи не так трагически. В отсутствие императора вырастают несколько региональных и городских государств, которые затем сыграли важную роль в истории Европы. Среди прочих в тени слабой Империи расцвели Нидерланды.

Однако Голландия не была фокусом ни политики Нидерландов, ни голландского языка. Различные варианты протосреднеголландского языка были в употреблении повсюду в Нидерландах вплоть до Кортрийка (Куртрай) и Рийселя (Лилль) на западе. В Хайнаулте и Намюре, а также среди знати вообще преобладал французский. Нижненемецкий заходил за восточные границы Германии на восточных границах в Гвельдерсе. Но больше всего носителей голландского языка было в городах Фландрии. Диалектных различий между Vlaams (фламандским) и Hollandish (голландским) не отмечалось. Голландия все еще не завершила ассимиляцию фризского, франкского и саксонского элементов. В особенности фризский, который из германских наречий ближе всего стоял к английскому, был широко распространен на севере Голландии и на островах. И лишь гораздо позже Голландия стала страной «стандарта» голландцев — *Нидерландами*.

Также и голландская литература создавалась в основном на языке, на котором говорили во Фландрии. Голландия XIII в. была родиной нескольких значительных произведений, таких как *Эгмонтские хроники* или фантастического произведения о зверях *Van den Vos Reinarde* (ок. 1270 г.) некоего Виллема. Но наиболее значительные авторы, такие как Якоб ван Маерлент (ок. 1235–1271 гг.), автор *Героических подвигов Александра* (1258 г.), родившийся в Брюгге, были фламандцами (Flemings).

Торговля с другими странами все еще была слаба. Дордрехт, где был построен замок для устрашения кораблей, промышлявших между Рейном и Северным морем, был единственным крупным портом. Он поддерживал связи с Англией и надеялся отобрать прибыльную английскую торговлю у более богатых фламандских портов на этом же побережье. Регулярных же связей с Балтикой или Русью не было вовсе[60]. Общественные порядки в Голландии не походили на то, что принято считать обычным устройством «века феодализма». На самом деле, феодальные институты были слабы. Крепостное состояние отмечается только на землях Церкви, а обычными были поселения свободных крестьян и независимых рыбаков. Знать, хотя она и была глубоко интегрирована в рыцарские и землевладельческие структуры, не имела никакой систематической феодальной иерархии. Города, несмотря на свои маленькие размеры, брали пример с близлежащей Рейнской области и готовились сыграть существенную роль. Нетипична была и религиозная жизнь Голландии. Епископ Утрехта все больше терял власть и вовсе не мог осуществлять светскую и правовую власть в таком объеме, как епископ соседнего Льежа. Несмотря на то, что появлялись новые религиозные организации и монахи, ни новые монастыри, ни новые монашеские ордена не сумели явно проявиться в стране. Фризия была известным прибежищем уцелевших язычников, и существование здесь мистически настроенных непокорных сект было признанным фактом.

Всякий рассказ о ранней истории Голландии предполагает то общее заблуждение, будто в средневековую эпоху уже имелись в зачатке национальные образования поздней Европы. На самом деле, XIII в. — это середина того отрезка времени, который отделяет наше Новое время от так называемого Зарождения Европы на обломках классического мира. Можно было бы предположить, что национальные образования, которые станут играть главную роль в конце нашего рассказа, могли быть в то время, если уж не полуоформлены, то, по крайней мере, различимы. Но это не так. Поскольку же речь идет о Нидерландах, то известные обозначения *Голландия, голландский* и *Нидерланды* в то время означали вовсе не то, что они стали означать позднее. Современный наш миф о неизменном *единстве* нации и ее *исконной территории* тогда просто не имел смысла. В XIII в. Голландия не была сердцем голландского народа. А большая часть той территории, которая спустя 300—400 лет стала территориаль-

ной основой голландского национального самосознания, еще не была даже отвоевана.

Да и на большей части Европы в 1265 г. также не были различимы национальные образования. В разгар христианской *реконкисты* такие государства Иберии, как Португалия, Кастилия и Арагон, вовсе не считали, что принадлежат к общей всем им Испании. В год рождения Данте поражение Гогенштауфенов покончило с мечтой о единстве Италии. Тогда, во время монгольского нашествия и раздробленности, единая Польша была всего лишь воспоминанием. Не было уже Руси, что уж говорить о понятии *Россия!* Правда, существовало построенное на развалинах империи Плантагенетов королевство Англия, но его связи с континентом в Гаскони и Аквитании были крепче, чем связи с Уэльсом и Ирландией.

Культура франкоговорящей английской знати была иной, чем у всего народа Англии, а сопротивление баронов в Англии возглавляли авантюристы с континента вроде де Монфора. И уж конечно не было никакого чувства принадлежности к Британии. Шотландия все еще спорила за территории с норвежцами, только что вторгшимися на северные острова. При св. Людовике королевство Франции простерлось от Ла-Манша до Средиземноморья. Но это было лишь собрание самых разнородных элементов, которым еще предстояло распасться, прежде чем они будут собраны во второй раз в более однородное целое. Междуцарствие показало, что Германская империя существовала уже только по названию. Ее безнадежно раздирали непримиримые интересы германских и итальянских территорий по разные стороны Альп. Не было такой страны, как Швейцария, а еще Габсбургам предстояло переместиться в Австрию. Пруссия Тевтонского ордена стояла в самом начале своего пути, но она вовсе не походила на Пруссию Гогенцолернов, которые в 1265 г. оставались еще в своем родном замке в Швабии. В Скандинавии Норвегия ушла из-под опеки Дании, но не надолго. Шведы, как и литовцы, были втянуты в международные завоевания на Востоке. На вершине своей славы была Богемия при Оттокаре II (правил 1253—1278 гг.), только что аннексировавшая Австрию и Штирию. Венгрия была в полном упадке после двух монгольских вторжений и накануне падения Арпадской династии. Старейшая в Европе Византийская империя за четыре года до того вернула себе Константинополь и вытеснила латинских узурпаторов из их укрепления (pied-à-terre) в Греции. Но ни одно из перечисленные образований не дожило до новейших времен.

Так что не приходится говорить о национальных государствах в XIII в. Но если бы нам пришлось сказать, что какие-то национальные образования успешно развивались в это время, так ими бы оказались маленькие страны, которые сумели отделиться от соседей. Кандидатами в таковые оказались бы Португалия, Дания и (на Балканах) Сербия и Болгария. В 1180-е гг. и Сербия, и Болгария вновь завоевывают независимость от Византии. Но еще важнее то, что в это время они создают собственные православные церкви с собственными патриархами — Болгария в 1235 г., Сербия в 1346 г. У них в руках оказывается мощный инструмент утверждения национального самосознания, воспитания и образования собственной национальной элиты, политического воздействия на народ и освящения национальных институтов. Это был шаг, который христианские страны смогли совершить только во время Реформации, а Московская Русь только в 1589 г. Эти два славянских народа к тому же укрепили и собственные братские связи, которым предстояло пройти проверку 500-летним турецким гнетом. Потому что Европа доживала последние десятилетия перед приходом эпохи турок-османов и вторым наступлением Ислама. Все еще был открыт шелковый путь на Восток. Путешественники-христиане рассказывали о поездках в страну татар. В тот год, когда над рекой Амстел была основана «Венеция Севера», Марко Поло отправился из Риальто в Китай.

Голландские историки (как вообще все историки) поддаются искушению читать историю задом наперед. Когда в XIX в. впервые создавались национальные истории, Нидерланды только что разделились на два королевства: Бельгию и Голландию; тогда стали придерживаться мнения, что фламандцы и голландцы существовали как отдельные общины от века. Много трудов пришлось положить, чтобы доказать, что, например, средневековые церкви Слуиса (с одной стороны Шельда) были жемчужинами голландского стиля, а церкви Дамме (на другом берегу) — сокровища-

ми фламандского наследия. И историкам потребовалось немало воображения, чтобы продемонстрировать, что разделения на голландскую и бельгийскую традиции не было до самой Нидерландской революции 1566–1648 гг. (см. сс. 534–539). Это восстание произвольно остановило начавшийся раньше него рост общего, так сказать, «нидерландского» самосознания. Труднее было предположить, что на ранних этапах истории не было вообще чувства принадлежности к некоторой (национальной) общности, и еще труднее, что не Голландия вообще лежала в основе голландскости (чувства принадлежности к голландцам). Понадобится еще много поворотов при бургундском и габсбургском правлении и много перемен в экономике и демографии, прежде чем Страна дамб определится в своем теперешнем виде и роли. В конце концов, только в 1593 г. Кароль Клусиус (1526–1609 гг.), профессор медицины из Лейдена, привез из Турции первую луковицу тюльпана и посадил ее в плодородную почву между Лейденом и Харлемом.

Во всех этих вопросах о национальности главное — это самосознание. Голландский историк пишет, что национальность заключена не в крови и не в родной земле, и даже не в языке:

«Национальность существует только в умах людей... только сознание человека — среда обитания национальности. Помимо человеческого сознания национальности не существует, потому что национальность — это способ рассматривать себя, а не сущность an sich (в себе). Обнаружить ее способен здравый смысл, а единственная наука, которая может ее описать, — это психология... Это самосознание, это чувство национальной принадлежности, это национальное чувство вообще — нечто большее, чем национальная черта. Это сама нация»[61].

Сомнительно чтобы В XIII в., посреди феодальных распрей, местный голландский патриотизм начал сплавляться в некую общую солидарность с Нидерландами в целом. За три столетия до волнующих и определивших будущее событий Нидерландской революции полусформировавшиеся северные провинции вроде Голландии вряд ли имели какое-то общее самосознание, противопоставлявшее их южным провинциям. Можно заключить, что голландской нации тогда не было. И это наглядный урок для всей средневековой Европы.

Тогда невольно встает вопрос, а где же, если не в национальном, обитало самосознание людей XIII в. Оно обитало только в том, что имелось в действительности. Средневековые европейцы сознавали свою принадлежность родному городу, деревне, некоторой группе людей, общавшихся между собой на местном наречии, не прибегая к латинскому или греческому. Они сознавали свою принадлежность к группе людей, у которых был общий господин; к некото-

рому общественному институту с его привилегиями; и больше всего — к общему христианскому миру. За пределами этого, как напишет позднее величайший сын шестидесятых годов XIII века, можно ждать лишь Смерти и Страшного Суда. Тогда, наконец, всякий узнает, к какой действительно социальной группе он принадлежит: к пассажирам на плоту Проклятых, к кающимся, плывущим в Чистилище, или, может быть, к славящим Бога в Раю.

PESTIS

Христианский мир в кризисе, ок. 1250—1493 гг.

В жизни позднего средневековья присутствует какой-то фатализм. Люди знали, что христианский мир болен, видели, что реальность неизмеримо далека от идеалов Евангелия Любви, но не представляли, что же можно сделать. От величайшего и старейшего христианского государства — Византийской империи — остался жалкий обрубок, «охвостье». Священная Римская империя не могла справиться даже с собственными могущественными подданными, не говоря уже о том, чтобы повести за собой другие государства. Феодальный партикуляризм дошел до того, что каждый город, каждое крошечное княжество должны были беспрерывно бороться за выживание. Миром правили разбой, суеверия и эпидемии. Когда обрушилась Черная смерть, было ясно, что Бог разгневался на христиан за их грехи. «Многие верили, что со времени Великой схизмы ни один христианин не вошел в Рай»[1].

В то же время «жестокость» средневековой жизни, ее неистовый пафос усиливали и страдания, и наслаждения до степени, просто не доступной нашей современной чувствительности. «Разительные контрасты и внушительные формы делали повседневную жизнь исключительно волнующей и полной страстей, заставляли все время колебаться между отчаянием и беспричинной радостью, жестокостью и благочестивой нежностью, — вот что было характерно для средних веков»[2].

Йохан Хейзинга, чьи работы так много дали нам для понимания этого времени, отмечал не только незащищенность перед лицом постоянных потрясений, но и «гордую и безжалостную публичность», которая окружала всех и вся — прокаженных с бубенчиками, нищих на папертях, казни, проповедников, живописавших адские муки, грешников, крестные ходы, карликов и фокусников, торжественные церемонии, неистовые цвета геральдики, колокола на колокольнях и уличных глашатаев, вонь и аромат: «Когда была в полном разгаре резня Арманьяков... [в 1418 г.] парижане основали братство св. Андрея в церкви Св. Евстахия: каждый — священнослужитель или мирянин — надевал венок из красных роз, наполняя церковь таким ароматом... как если бы ее вымыли розовой водой»[3].

Эти «крайности и волнения средневековых душ», возможно, объясняют, почему поздние романтики были одержимы готикой. Вот то главное, что следует все время иметь в виду, взявшись за невозможную задачу восстановить жизнь средневековья.

Однако именно яркость тезиса Хейзинги заставляет подойти к нему с осторожностью. Подобно другим историкам Запада, он занимается в своих исследованиях одной только частью Западной Европы. В его случае это Франция и Нидерланды. И можно лишь с большой осторожностью распространять его положения на христианский мир в целом. Кроме того, живописуя так ярко дух клонившегося к закату средневековья, мы, может быть, опасно не замечаем уже появившиеся в то время семена перемен и Возрождения. Исследователи эпохи Возрождения без труда прослеживали истоки предметов своих исследований до начала XIV в. (см. Глава VII). И следует признать, что очень долго старое сосуществовало с новым. Историки подчеркивают то одно, то дру-

Карта 14

гое, сообразно задачам изложения. Хейзинга предполагает, что гуманистические формы, действительно, появляются в позднем средневековье, но у них еще нет смысловой нагрузки Возрождения. И заканчивает излюбленной метафорой всех историков, которые сталкиваются с ритмом перемен: «отлив сменился приливом»[4].

Здесь, пожалуй, не стоит прибегать к избитой метафоре «начавших рассеиваться сумерек средневековья». Правильнее говорить об этом периоде в терминах затянувшегося кризиса, который не знали, как разрешить. Тогда вовсе не чувствовали, что приближается рассвет. Люди позднего средневековья были во многих отношениях детьми чумы.

⬧⬧⬧

Византийская империя, как она была восстановлена после изгнания латинских императоров, была всего лишь тенью тени. На европейском берегу ее владения были очень невелики: город Константинополь и прилегавшая провинция Румелия. В Малой Азии Византия удерживала несколько городов на Черном море и большую часть Эгейского побережья. Другие ее бывшие провинции были теперь в руках независимых Болгарского и Сербского царств, разных франкских князей, изгнанных крестоносцев и венецианских правителей; а в Анатолии — в руках турецкого Конийского султаната [по названию Коньи — столицы султаната турок-сельджуков в Центральной Анатолии], так называемой Трапезундской империи и царства Малой Армении. С 1261 г. до окончательного падения Византии в 1453 г. там правила династия Палеологов, потомков Михаила VIII Палеолога (1258–1282 гг.), который и вдохновил захват и возвращение Константинополя в отсутствие там флота Венеции. Об этой Империи, когда она уже впала в старческий маразм, один из историков сказал: «Греки находили славу в имени римлян; они были склонны к имперским формам правления без имперской военной мощи; они держались за римское право без систематического правосудия и гордились своей православной Церковью, где священство… находилось в положении вассалов Двора. Такое общество могло только увядать, хотя увядать оно могло долго»[5].

Палеологи в отчаянии обращались за помощью ко всем подряд. В борьбе с Венецией они обращались к генуэзцам, которые в разное время владели Амастрией, Перой и Смирной, островами Лесбос, Хиос и Самос. Они вступили в союз с Арагоном; несколько раз они призывали папский престол покончить со схизмой. В эпоху гражданских войн (1321–1354 гг.) они ненадолго восстановили свое правление вплоть до самого Эпира. До 1382 г. антиимператор держал двор в Мистре в Морее. Но к тому времени Иоанн V (1341–1391 гг.) стал уже и католиком, и вассалом турок. В 1399 г. его преемник Мануил II (1391–1425 гг.) отправился в путешествие (без всякого, впрочем, успеха) за поддержкой в Рим, Париж и Лондон. [MOUSIKE]

Самым впечатляющим в это время стало появление нового воинственного турецкого племени, которому предстояло вытеснить византийцев. Турки-османы, или оттоманы, заняли место побежденных монголами сельджуков. Они называются так по Осману I (правил 1281–1326 гг.), сыну основателя династии Эртугрула, который осел на границах Анатолии. Оттуда они совершали повсюду набеги, покусывая Византию по ее границам, отправляя пиратские флоты в Эгею и добираясь до Балкан. Впервые они появляются в Европе в 1308 г., когда отряд наемников на византийской службе (Большой Каталонский Отряд) взбунтовался против своих работодателей и призвал на помощь отряд турецких наемников. В том году они заняли Эфес; в 1326 г. — Бурсу, ставшую их первой столицей; в 1329 г. — Никею; в 1337 г. — Никомедию. Сын Османа Орхан (правил 1326–1362 гг.) создал себе плацдарм на Дарданеллах и назвал себя султаном. Его внук Мурад I (правил 1362–1389 гг.), основав вторую Оттоманскую столицу в Адрианополе (Эдирне), осмеливается уже принять древний титул сельджуков Султан-и-Рум (Султан Рима). Султан Баязид (правил 1389–1403 гг.), хотя его позднее одолел Тамерлан, осуществил главные завоевания в Малой Азии и наводнил греческие поселения мусульманами, причем одновременно он нападал и на Пелопоннес, и на Валахию. Когда он умер, территория Оттоманов была в сорок раз больше, чем за 100 лет до того, и Константинополь оказался в окружении турок.

В это столетие новых завоеваний граница между христианским и исламским миром перемещается. Бывшие подданные Византии — Греция, Болгария, Сербия и Босния — после недолгого периода свободы и смуты были покорены непобедимыми турками. Оттоманы возглавляли нацию *воинов Ислама* (ghazis) — и при том сознательно. В старой мечети в Бурсе сохранилась надпись Орхану: «Султану, сыну Султана гази, гази-сыну гази, маркграфу горизонтов, герою мира»[6].

Средневековая Греция в период между латинским и оттоманским завоеваниями распалась на местные княжества. Деспотия Эпира, герцогство Афин и южный принципат Ахейи, а также островное герцогство Наксоса — все они исчезли за пару веков, канули в Лету. Коммерция здесь оказалась в руках итальянских городов, правили латиняне, население было православным. [ЦЫГАНЕ]

Болгария также вышла из сферы влияния Византии. Второе Болгарское царство возникло в конце XII в. и стало быстро развиваться как многонациональное государство. Из своей столицы в Тырново Иван Асен (правил 1186–1218 гг.), «царь болгар и греков», распространил влияние даже

ЦЫГАНЕ (ROMANY)

В 1378 г. венецианский правитель Навплиона на Пелопоннесе подтвердил привилегии, ранее дарованные местной общине *atsingani* — таково первое документальное упоминание о цыганах в Европе. В 1416 г. город Брашов (Кронштадт) в Трансильвании одарил серебром, зерном и птицей некоего «Эмауса из Египта и 120 его спутников». В 1418 г. та же группа добирается до Гамбурга. В августе 1427 г. группа примерно в 100 человек представляются жертвами преследований в Нижнем Египте, но им отказывают во въезде в Париж, и они обосновываются в Сен-Дени. Безымянный летописец *Journal d'un bourgoise de Paris* описывает их как грязных, смуглых, бедно одетых людей с женщинами в вязаных шалях и детьми с серьгами. Их отсылают дальше, после того как церковные власти выступают против их гаданий по руке и предсказаний судьбы. Сообщается о францисканце, который видел группу обитателей пещер, возможно цыган, около Кандии на Крите в 1322 г.

Нет сомнения, что *рома* — цыгане — эмигрировали в Европу из Индии, хотя ранние этапы их пути теперь можно восстановить только на основании лингвистических данных. Язык рома — индоевропейский язык, родственный хинди, и на нем говорят на протяжении всего пути из Индии через Ближний Восток в Европу. Тот факт, что в его европейских диалектах имеется значительный пласт славянских и греческих корней, свидетельствует о долгом пребывании его носителей на Балканах.

Множество имен, которыми награждали цыган, вносит еще больше неясности в представления людей об их корнях. Греч. *atsingani*, откуда произошло *gitans* (франц.), *zingari* (итал.), *gitanos* (исп.), *zigeuner* (нем.) и рус. *цыгане*, — все восходят к средневековому названию манихейской секты из Малой Азии, и совершенно определенно это было названием неправильным. Очень распространены также *богемцы*, или *египтяне* — откуда *gyfti* (греч.), *gypsy* (англ.), *faraoni* (венг.). *Романи* происходит, по-видимому, из их связи с Византийской империей, а не с Румынией. Сами они называют себя *Rom* (ед.ч.) *Roma* (мн.ч.).

Попытки как-то законным порядком регулировать присутствие кочевых цыган принимали самые различные формы. Английский статут 1596 г. проводит тщательное различие между цыганами и обыкновенными бродягами. [PICARO] Группа цыган была арестована в Йоркшире, и некоторые из них были казнены за колдовство. Но статут дозволяет законопослушным цыганам путешествовать, заниматься своим делом (лудильным) и получать в уплату необходимое для жизни. Аналогичные меры были приняты и во Франции в 1683 г. В Австрии статуты 1761 г. были направлены на то, чтобы способствовать оседлости цыган, но бесполезно. В России Екатерина II пыталась защитить цыган, предоставив им статус «рабов Короны», каким они до того были наделены в Молдавии и Валахии. Но, как и евреям, им был запрещен въезд в Санкт-Петербург. В Нидерландах и некоторых других германских

государствах проводилась политика полного изгнания цыган. На протяжении XIX—XX вв. европейские рома-цыгане пытались сохранить свою кочевую жизнь, свое особое ремесло, язык и музыку. [ФЛАМЕНКО] В их культуре очень силен оккультный элемент, в их социальной организации важны большие семьи, и во главе племени у них обычно *короли* или судьи. Их общинная деятельность связана обычно с ежегодными собраниями, которые регулярно проходят в означенных местах встреч. Сен-Мари-де-ла-Мер в Камарге, например, место цыганских празднеств и паломничеств, которые совершаются каждый год в мае к могиле их патронессы Сары. Легенда гласит, что Сара — спутница Марии Магдалины — спасла родственников и учеников Христа от преследователей, привезя их в Прованс.

Цыгане привлекали к себе исключительное внимание художников и поэтов-романтиков. На цыганские темы писали Гюго, Мериме и Борроу. Исключительным успехом пользовалась *Сцены из жизни богемы [цыган]* (1849 г.) Анри Мюрже. Лист написал исследование о цыганской музыке и ввел цыганщину в моду, что проявилось и в классической музыке, и в увеселительной. *Кармен* Бизе (1875 г.) по повести Мериме и *Богема* Пуччини (1895 г.) на сюжет *Сцен* Мюрже живут на оперной сцене и в наши дни.

Цыган всегда подвергали преследованиям, и время от времени с исключительной жестокостью. Но истребление цыган нацистами (повторявшее нацистскую политику в отношении евреев) поистине не имеет прецедента в истории. Коммунистические режимы в целом не обращали на цыган внимания. Послевоенные демократические государства пытались совместить правовое регулирование с гуманистической терпимостью. Но тем не менее в обществах то и дело вновь оживает стереотип отношения к цыганам как к чуждым и не имеющим корней изгоям. Совсем недавно это прояви-

лось в безобразной кампании против тех, кто искал прибежища в Германии в 1993 г. Может быть, традиционные и устоявшиеся европейские обще-

ства будут всегда испытывать и фобию, и очарование по отношению к тем, кто ведет совершенно чуждый им образ жизни.

Ну, давай прочтем старую сказку вновь:
Историю о бедном ученом из Оксфорда
С живым и быстрым умом,
Который, устав стучать в двери сильных мира,
Однажды летним утром бросил
Своих друзей и отправился изучать закон цыган
И бродить по миру с этим диким племенем...
(Matthew Arnold, «The Scholar-Gipsy» [Книжник-цыган])

на Белград и Скопье. Его преемник Иван Асен II (правил 1218–1241 гг.) присоединил Албанию, Эпир, Македонию и Фракию. Две следующие династии были по происхождению куманскими. Но 28 июня 1330 г. царь Михаил Шишман был убит сербами, которые затем устанавливают свою гегемонию. В последующие десятилетия турки начинают опустошать долины Марицы. К 1366 г. последний болгарский царь Иван Шишман III уже вынужден отослать сестру в гарем султана и объявить себя султанским вассалом. Тырново сравняли с землей. А Болгария на 500 лет становится провинцией Оттоманской империи.

Схожая судьба была и у Сербии. Теснимые соседним королевством Венгрии, где их южные родичи-славяне приняли католицизм, сербы балансировали между Римом и православным миром. Впервые страна объединилась при Стефане I Немани (1114–1200 гг.), который вынудил Византию считаться с независимостью сербов. Младший сын Немани св. Савва (1175–1235 гг.), афонский монах, освободил сербскую церковь от власти греческого митрополита в Охриде. Он убедил своего брата Стефана II принять от папы королевскую корону. Средневековая Сербия достигла высшей точки развития при неистовом Стефане IV Душане (1308–1355 гг.). В 1346 г., когда Душан венчался на царство, под контролем Сербии уже было несколько бывших болгарских и византийских провинций на юге; в Пеке (Ипеке) сидел сербский патриарх; а управление осуществлялось по имперскому Законнику, или Кодексу. Душан был сюзереном нескольких молодых валашских княжеств и даже собирался завоевать Константинополь. Но Сербия не могла мериться силами с

надвигавшимися турками. 15 июня 1389 г. в Косово на Дроздовом поле сербы потерпели жестокое поражение. Последнего сербского царя зарезали, но и оттоманский султан был предательски убит. Сербия присоединилась к Болгарии как оттоманская провинция. [ЗАДРУГА]

К северу от Дуная романоязычные валахи, поддержанные мигрантами с гор Трансильвании, сумели создать свои собственные независимые княжества. Трудное положение балканских христиан вновь пробудило на Западе традиции крестовых походов. В 1344 г. руководимый Венецией и госпитальерами морской союз на некоторое время отобрал у турок Смирну. В 1365 г. граф Амадей VI Савойский ненадолго снова захватил Галлиполи и освободил императора, которого удерживали болгары. В 1396 г. армия крестоносцев под водительством Сигизмунда Венгерского потерпела сокрушительное поражение под Никополем на Дунае. В 1402 г. крестоносцы во главе с французским рыцарем Буцико буквально усыпали стены Константинополя, ожидая немедленной атаки султана. А далеко оттуда, за Черным морем, православные христиане бывшей Руси начали постепенно освобождаться от татарского ига. В этом им помогали два новых поднимавшихся на северо-востоке центра власти: Великое княжество Московское и Великое княжество Литовское. [НИКОПОЛЬ].

В течение двух столетий после монгольского нашествия московские князья выходят на историческую сцену и занимают постепенно ведущее положение. Сначала подкупом и предательством они одолевают бесчисленных Рюриковичей во Влади-

ЗАДРУГА

Ст. 70 кодекса Стефана Душана (опубликованного ок. 1349—1354 гг.) определенно свидетельствует о наличии больших семей и соединенных (по линии отца) хозяйств. «Отец и сын или братья, которые живут в одном доме и имеют один очаг, — говорится в ней, — но которые питаются отдельно и имеют раздельное имущество, должны работать как все крестьяне». Совершенно очевидно, что сербский царь стремился обеспечить обложение равным налогом каждое крестьянское хозяйство.

Однако на эту статью стали ссылаться как на свидетельство, что задруга, или «совместное хозяйство нескольких семей, связанных родством по линии отца», было обычной формой общественной организации балканских славян с незапамятных времен. Теперь уже множество охваченных энтузиазмом ученых указывают на значение задруги в системе родственных связей славян на всех исторических этапах: от праистории до наших дней. Однако недавно компетентное толкование этого вопроса буквально взорвало все расширявшиеся обобщения. Оказалось, что термин задруга — это академический неологизм, впервые появившийся в сербском языке в 1818 г. Этим словом никогда не пользовались люди, о которых заявляли, что они живут по этой модели. Больше того, этого слова не было и в кодексе Стефана Душана. И хотя, действительно, можно предположить (исходя из ст. 70), что какая-то форма общего хозяйства бытовала в средневековой Сербии, нет никаких причин полагать, что задруга была нормой или даже преобладала повсюду в сербском царстве.

В новейшие времена распространение задруги на Балканах очень фрагментарно. Она обычна в горных районах, где занимаются скотоводством, — от Боснии и Герцеговины до Черногории, Македонии и Центральной Албании. Она часто встречается в Родопах и на Балканском хребте. Но она совершенно не известна на Адриатическом побережье и на большей части Болгарии. Она отмечается на участках Военной Границы (или *Краины*), где осели сербские иммигранты в Хорватии в XVI в., а также среди неславян валахов. Но в основном отсутствует в Греции и Румынии.

Современные исследования, особенно на Западе, показали, что термин задруга употребляется для самых разных целей. Причем к нему прибегают без достаточных фактических оснований и детального исследования, ради того, чтобы поддержать ложные утверждения то ли о коллективистских наклонностях славян, то ли о регулярной организации (никогда не существовавшего) панславянского общества, то ли об отсталости Балкан, этого *Volksmuseum* [этнографического музея] Европы. Короче, есть большая опасность, что задруга становится своего рода расистским мифом наряду с другой фикцией Запада — *славянской душой*.

миро-Суздальском регионе. Они завоевывают право на наследственный титул Великого князя Владимирского с 1364 г. Затем, заискивая перед ханом Золотой Орды, получают ярлык как главные сборщики (в пользу монголов) дани и отныне ответственны за уплату и взимание задолженностей со всех других князей. Иван I (правил 1301—1340 гг.), известный как Калита — Денежная Сума, за время своего княжения больше провел времени на дорогах в Сарай и обратно, чем в самой Москве. Карл Маркс писал, что он в своем характере сочетал черты «татарского палача, сикофанта и вождя рабов»[7]. В-третьих, широко поддерживая Православную церковь, московские князья придали религиозный характер своему политическому возвышению. В 1300 г. митрополит Киевский переезжает во Владимир, а с 1308 г. обосновывается в Москве. Повсюду в лесной глуши появляются монастыри, превращаясь в новые центры торговой и территориальной экспансии. Несмотря на монгольскую блокаду и трудности долгого путешествия по реке и морю, поддерживаются тесные контакты с патриархом Константинопольским. Московия была патримониальным государством *par excellence*, где с полным пренебрежением относились как к княжеским подданным, так и к их собственности.

Обладание над ресурсами младших княжеств исключительно усиливало гегемонию Москвы. В 1327 г. Иван Калита помог монголам подавить восстание города Твери на Волге — главного соперника Москвы. Но в 1380—1382 гг. князь Дмит-

НИКОПОЛЬ

Вечером 25 сентября 1396 г. великого французского воина сира де Куси протащили перед одержавшим победу султаном Баязидом по полю Никополя. Вместе с другими богатыми крестоносцами, которых оставили ради выкупа, в том числе Жаном де Невер, будущим герцогом Бургундским, он наблюдал, как ятаганы воинов султана обезглавили несколько тысяч крестоносцев меньшего ранга. (Крестоносцы совсем недавно так же обошлись с пленниками-мусульманами.) Затем его провели в цепях 350 миль до Галлиполи, оттуда отвезли в Бурсу в Азии, где он написал завещание и умер без наследников (1419 г.).

С тех пор Никополь всегда связывался с этой последней катастрофой крестоносцев. Этот город — главный порт Болгарии — господствовал на нижнем Дунае, и захват его турками заставил короля Венгрии организовать военную экспедицию. Армия католических рыцарей собралась в Буде, готовясь отомстить султану, который смеялся, что «накормит своих коней овсом на престоле собора Св. Петра». Рыцари привезли с собой вина и шелка, но не привезли катапульт. Так что осада Никополя провалилась, и им пришлось встретиться с турками в открытом бою. Воспользовавшись преждевременным нападением французов, подобно тому, как это было в битве при Креси, союзники султана — сербы окружили главные силы крестоносцев. Сигизмунд Венгерский бежал, а один польский рыцарь прославился тем, что переплыл Дунай в полном вооружении. Большинство же воинов было захвачено в плен. В результате этого поражения христиан Болгария попала в руки турок на 500 лет, латиняне перестали бросать вызов Востоку и открылся путь к падению Константинополя.

В биографии Ангерана де Куси VII (1340–1397 гг.), графа Суассонского, кризис христианского мира отразился в полной мере. Владелец самого большого в Европе замка Куси в Пикардии, покровитель и Фруассара, и Чосера, он сам был участником почти всех катастроф этого катастрофического века. Его отец, по-видимому, был убит при Креси. Его мать (из рода Габсбургов) умерла от свирепствовавшей в Европе Черной смерти. После Пуатье он пять лет оставался заложником в Англии, где и женился на дочери короля. Он бился плечом к плечу с известным кондотьером Хоксвудом, сражался против терзавших Францию *grandes compagnies* в Савойе, принимал участие в швейцарской кампании 1375–1376 гг. Он первым высадился на берег в Тунисе (1390 г.). Он преданно служил прогнившей французской монархии, участвуя во всех событиях, связанных с соперничеством в Империи и Схизмой. Когда из Венгрии прибыли послы, призывая к крестовому походу «во имя родства и из любви к Богу», он с готовностью встал в ряды крестоносцев.

рий Донской (правил 1350–1389 гг.) впервые бросает вызов военной мощи монголов. 8 сентября 1380 года он одерживает замечательную победу на Куликовом поле над несметными полчищами монголов, чтобы уже через два года увидеть, как горит сожженная в отместку Москва. В 1408 г. сын Дмитрия Василий I (правил 1389–1425 гг.) собирался было удержать для себя собранную дань, но, узнав об осаде Москвы, отказывается от этого. Московиты набирали силы, но пока еще оставались вассалами.

В этот период московиты начинают называть свое государство греческим названием Руси — *Россия*, а себя — *русскими*. Эти московиты-русские никогда не правили Киевом, что не мешало им считать Москву единственным законным наследником Киева. В основу современного русского языка легло наречие восточных славян. Но созданную ими тенденциозную историю, которая продолжала смешивать Московию-Россию со всей Русью, так никогда и не приняли те восточные славяне, которые в следующие столетия останутся вне власти Москвы.

Литовцы в это время оставались последними язычниками Европы. Надежно защищенные своими лесами, они избежали и первоначального натиска тевтонских рыцарей, и монгольского завоевания. Литовцами правили балтийские князья-воины, которые в свое время воспользовались исторической возможностью и раздробили Киевское государство. Поэтому пока Москва собирала северные и восточные остатки Руси, Литва начала захватывать то, что от нее осталось на западе и на юге. В этом процессе государственного строительства выделяются три великих деятеля, которые в тот период превзошли даже московитов: Великий князь Гедиминас (ок. 1275–1341 гг.), его сын Альгирдас (Ольгерд, правил 1345–1377 гг.) и Ягелла (Ягайло, правил 1377–1434 гг.), положивший начало историческому объединению с Польшей. Столетие набегов, строительства замков и сбора дани дали замечательные результаты на просторах бассейна Днепра. Белая Рутения (теперь Беларусь) была полностью поглощена. Красная Рутения (или Галиция) была разделена в 1349 г. с поляками. Киев был захвачен в 1362 г., после того как Альгирдас одолел монголов в битве у *Синей воды* в излучине Днепра. В 1375 г. он берет Полоцк. Литовцы не получали никакого отпора, пока в 1399 г. их не победили татары на дальнем юге, на реке Ворскле. К тому времени Литва раскинулась уже практически «от моря до моря», то есть от Балтики до Черного моря. С 1386 г. начинается обращение литовского правящего слоя в католичество (см. с 430) и дальнейшая полонизация. Но масса населения в Белой Рутении и на Украине были православными славянами. Они называли себя *русинами*, то есть «рутенами». Рутенские наречия восточных славян Великого княжества Литовского легли в основу современного белорусского и украинского языков. До 1700 г. официальным языком Великого княжества (которым управляли грамотные славяне-христиане) был не литовский, а рутенский.

На первый взгляд Православная церковь была более пассивной, чем католическая. Глава Православной церкви — патриарх Константинопольский был крепко связан с Византийской империей и ее судьбой. Его роль была немалой. Именно стойкость и упорство Православной церкви Востока, где христианство постоянно подвергалось натиску монголов и турок, заложили основу национального самосознания сербов, болгар и румын на Балканах, русских в Московии и рутенов в Литве.

На другом конце полуострова — в Испании — *Реконкиста* практически приостановлена.

После 1249 г. армии мавров отходят к горам Сьерра Невады, в тени которых эмират Гранада смог безбедно просуществовать еще два века. От-

ныне это было единственное государство в Иберии, где правили мусульмане. За границами Гранады местные мусульманские правители (в особенности Ибн-Худ) сбросили своих повелителей, африканских мавров, и обосновались в «Аль-Андалуз» как зависимые от Кастилии. В результате сложился громадный пограничный регион, где в сельской местности преобладали земли рыцарских орденов, а в городах изобиловали мусульманские и еврейские мигранты. При этом большинство населения говорило по-испански вне зависимости от религии. Королевство Португалия (независимое с 1179 г.) контролировало Атлантическое побережье, где им был захвачен в 1250 г. Альгарв. Королевством Наварра, расположившимся в баскских районах на севере Пиренеев с 1234 г., правили французы, и оно оставалось независимым до 1516 г.

Победившее королевство Леона и Кастилии, раскинувшись от северного до южного побережья, где оно со всех сторон окружало Гранаду, находилось в состоянии непрерывной анархии. Первые конквистадоры обогатились грабежом на юге, захватом земель и основанием огромных латифундий. Преемников Фердинанда III Святого (правил 1217–1252 гг.), канонизированного за его роль в Реконкисте, постоянно раздирали споры о наследстве, расколы среди непокорной знати и капризы кортесов (испанских провинциальных собраний), а также *эрмандады* — вооруженные лиги городов. Альфонс X (правил 1252–1284 гг.) безуспешно претендовал на германскую корону. В 1340 г. у Саладо Альфонс XI одержал первую за сто лет победу кастильцев над маврами и пересек пролив Альгесирас. Педро Жестокий (правил 1350–1369 гг.) вполне заслужил свое прозвище. Генрих III (правил 1390–1406 гг.) не только проявил талант мудрого правителя, но и вступил в союз с Ланкастерами в Англии. Но он умер молодым, и Кастилия перешла под руку Констебля и Мастера Ордена св. Иакова Альваро де Луна. Благодаря африканской мериносной овце, которая мирно паслась на горных пастбищах Плато, Кастилья стала главным поставщиком шерсти в Европе, которую везли из Бильбао и Сантандера во Фландрию.

Арагон же обратился к морю, чтобы, объединить устремления. Образовавшись из союза Пиренейской области Арагон с Каталонией и

Валенсией, он рано утвердился на побережье. Иаков I Покоритель-(правил 1213–1276 гг.) занял во время войны с маврами Минорку и Майорку, а Мурсию великодушно отдал Кастилии. Педро III (правил 1276–1285 гг.) получил сицилийский трон в 1282 г. после изгнания французов. Сардиния была отнята у генуэзцев в 1326 г. Альфонс V (правил 1416–1458 гг.) отнял южную Италию у Анжуйской династии в 1442 г.

Господство Арагона в западном Средиземноморье породило уникальное морское сообщество, объединившее Барселону, Палермо и Неаполь, с общим каталонским языком, где дворянство пользовалось необыкновенными свободами. Разногласия между монархами и их подданными разрешались *верховным судьей* (Justiciar) кортесов; обычно на этот пост высшего арбитра выдвигали рыцарей низшего ранга. В 1287 г. на основании *привилегии союза* дворяне получили право поднимать оружие против любого короля, покусившегося на их права, — такого права не существовало больше нигде, кроме Польши. В результате нация сплотилась в удивительном единстве. «Поссорить дворян Арагона, — сказал Фердинанд V (правил 1479–1516 гг.), — так же трудно, как объединить дворян Кастилии». В XV в. Арагон контролировал не только крупнейший город Иберии Барселону, но и крупнейший город Европы — Неаполь.

Культурный сплав средневековой Испании представлял собой явление неповторимое. В пяти королевствах было три главных религии: христианство, ислам и иудаизм и шесть разговорных языков: кастильский, галлего, каталонский, португальский, арабский и баскский. Христианское население, состоявшее в основном из *ranchers* и солдат из центрального Плато, отличалось большей грубостью нравов, чем урбанизированные и цивилизованные мавры плодородного юга. Но теперь христиане Иберии выходили из изоляции и вступали в полноценные торговые и интеллектуальные контакты с остальным христианским миром. Испанские евреи, которые благодаря терпимости мусульманских правителей завоевали здесь прочное положение, распространились по всему полуострову и играли важную роль в административных структурах власти, медицине, образовании, торговле и финансах. Их роль была многообразной. Философ Маймонид из Кордовы

(1135–1204 гг.), эмигрировавший в Египет, запомнился надолго как автор *Путеводителя колеблющихся*. Самуил Галеви (ум. в 1361 г.), главный сборщик налогов при Педро Жестоком, замучившем его до смерти, был известным покровителем искусств. Крещеный еврей Пабло де Санта Мари (Соломон Галеви, род. 1350 г.) прославился как дипломат, епископ Бургоса и известный антисемит (религиозные споры начались раньше). Позднее и, в особенности в 1348–1351 гг. и 1391 г., произошли безобразные погромы. В XV в. обширная каста *conversos* (новообращенных христиан) — Луны, Гузманы, Мендозы, Энрике — занимает все высшие должности Церкви и государства. Однако нигде культурный симбиоз не проявился так ярко, как в испанской архитектуре, в этом удивительном сплаве романского стиля Средиземноморья, готики и восточного орнамента[8]. [КАББАЛА]

А в сердце католического мира политика по-прежнему вращалась в известном треугольнике соперничества между Империей, папским престолом и Французским королевством. В течение XIV в. каждая из сторон переживала такие сильные внутренние потрясения, что ни одна из них не стала победителем на международном уровне. После междуцарствия 1254–1273 гг. императоры, поглощенные внутренними делами Германии, потеряли Италию. Измученное итальянскими войнами папство даже укрылось на 70 лет на юге Франции, а затем впало в долгий период расколов — т.н. *Великую западную схизму*. Изнуренное столетней войной с Англией, Французское королевство оправилось только к середине XV в. Так что к 1410 г., когда в Европе были одновременно три императора, три папы и два короля Франции, руководители католической части христианского мира пребывали в отчаянии. Этот беспримерный хаос в самом сердце Европы позволил появиться новым мощным государствам. На исторической сцене, помимо Арагона, появились: Швейцария, Бургундия, Польша с Литвой.

Падение Гогенштауфенов надолго ослабило Священную Римскую империю. Междуцарствие, достигшее своего апогея с казнью в Неаполе Конрадина, породило целые десятилетия хаоса (см. с. 353). Но хуже всего было то, что у императорской власти не было даже и перспективы утвердиться вновь. Гогенштауфены очень долго

КАББАЛА

Вскоре после 1264 г., но до 1290 г. среди испанских евреев получила хождение книга *Sepher ha-Zohar al ha-Torah* [Книга Премудрости Торы]. Считалось, что это труд почтенного рабби II в. — Симона бен Джохай. На самом деле ее сочинил местный ученый, вполне возможно, Моисей из Леона (1250–1305 гг.). Книга представляла собой сложный и пространный комментарий на Пятикнижие и уже скоро стала известна и христианским, и иудейским библеистам. Окончательный вариант в трех томах был напечатан в Мантуе в Италии в 1558–1560 гг. Он и стал общим учебником Каббалы.

Слово *Каббала* означает «предание». Так называли веками те мистические теории и методы, к которым прибегали ради обнаружения тайного смысла текста Писания. Основные положения Каббалы были заимствованы, возможно, у неоплатоников и манихеев позднего классического периода. Эти положения исходят из идеи соперничества царства Света и царства Тьмы, которыми правят, соответственно, Бог и Дьявол. Бог, как и Дьявол, мыслился как имеющий отцовскую и материнскую составляющие. Мужское начало представляется белым по цвету и активным, женское — красным и пассивным (воспринимающим). Формами Бога могут быть *abba* (отец/царь) или *imma* (мать/царица); Дьявол является как *Shamael* — Семаил — ядовитый ангел Смерти или *Aholah* — Великая Блудница. Совокупление этих пар рождает гармонию или беспорядок.

Поскольку Верховный Бог и Дьявол мыслились как не имеющие границ и невидимые, то, соответственно, и воспринять их можно только через их 10 эманаций. Каждая эманация соответствует одному из десяти главных членов Адама Кадмона (или изначального человека) и Адама Велиала [Ничтожного]. Десять божественных эманаций суть *Kether* (корона, или голова), *Chochma* (мудрость, или мозг), *Bina* (понимание, или сердце) — эти вместе образуют «мир интеллекта»; двое рук, *Chased* (Милосердие) и *Din* (Справедливость), а также *Tiphereth* (красота, или лоно) — образуют мир морали; ноги, *Nezach* (роскошь) и *Hod* (величие) и *Jesod* (основание, или гениталии) — образуют материальный мир. И, наконец, *Malchuth* (царство). Все они могут быть расположены как три ветви. Ilan «кабаллистического древа» или Три Столпа:

Понятие	Корона	Мудрость
Справедливость	Красота	Милосердие
Роскошь	Основание	Величие
	Царство	

Каббалисты верили, что Бог создал мир после нескольких неудачных попыток; что все реальное неистребимо; что души переселяются из тела в тело. Они ждали Мессию, который придет тогда, когда будут отвергнуты искушения Дьявола.

Методы расшифровки Писания включали *notarikon* (атрибуцию слов к начальным буквам других слов), *gamatria* (цифровые значения слов) и *temurah*, или «шифры перестановок».

Примером *notarikon* может быть толкование слова AdaM как Adam, David, Messiah (Мессия) или знаменитое греч. слово ICHTHUS «рыба», что прочитывалось как *Иисус Христос, Сын Божий*.

Применение *gamatria* предполагало подсчет сумм, получен- ных при разложении имен и дат. Так была установлена сумма в XIX в. для императора Вильгельма I, родившегося 22 марта 1797: 22+3+1797+7 (количество букв в его имени)+1829 (год женитьбы).

1829 +1+8+2+9= 1849 (подавление Революции)
1849 +1+8+4+9= 1871 (коронация в императоры)
1871 +1+8+7+1= 1888 (год смерти)

Temurah использовало 24 перестановочные последовательности еврейского алфавита. Приложение этого метода к имени Бога YaHVeH, например, давало 2112 вариантов божественного имени.

Каббала оказала большое влияние на иудейскую философию, придав исключительное значение мистическим аспектам религии и отодвинув на задний план рациональное изучение Торы. В особенности были увлечены Каббалой хасиды позднейшего времени; они даже пели и танцевали под каббалистические заклинания. Хасиды также приписывали полную непогрешимость устным загадкам и предсказаниям своих *цадиков*.

Но и христианские ученые от Раймонда Лулия до Пико и Рейхлина подпали под очарование Каббалы; Каббала стала неотъемлемой частью европейской магии. Латинский перевод *Книги Очарований*, изданный бароном Розенротом в Зальцбурге в Германии в 1667–1668 гг., открыл тайны Каббалы многочисленным читателям. Идеи Каббалы, ее образы и ее язык пропитали и европейские языки, и европейскую литературу, часто незаметно и без указания источника.

занимались удовлетворением своих амбиций в Италии и обрекли своих преемников в Германии на постоянное подчиненное положение: при пустых кошельках императоров и раздробленном императорском домене иначе и не могло быть. Германские князья укрепили свои привилегии, и в Германии прочно закрепилась выборная система. В 1338 г. коллегия выборщиков отвергла притязания папы на утверждение императоров, а в *Золотой булле* 1356 г. была окончательно закреплена процедура действия избирательной машины. С этого времени Франкфурт-на-Майне становится местом выборов императора. Решение должно было приниматься большинством голосов в коллегии из семи провозглашенных выборщиков. Выборщиками стали архиепископы Майнца, Кёльна и Трира, князья Богемии, Рейнского Палатината, Саксонии и Бранденбурга[9]. Император Карл IV, сформулировавший положения Золотой буллы, поступил так под давлением обстоятельств. Как сказал Брайс, «он узаконил анархию и назвал это конституцией»[10].

С 1273 года ослабленная Империя пыталась восстановить свои силы. Из девяти императоров с Рудольфа фон Габсбурга (правил 1273–1291 гг.) до Сигизмунда Люксембургского (правил 1410–1437 гг.) только трое удостоились настоящей коронации. Два — Адольф Нассауский в 1298 г. и Венцель Люксембургский в 1400 г. — были смещены курфюрстами. Генрих VII (правил 1308–1313 гг.), последняя надежда Данте, в подражание своим предкам прошел по Италии; его не допустили в Рим, и он умер от лихорадки в Пизе. Наследовавший ему Людвиг Баварский (правил 1314–1347 гг.) поссорился с папой, штурмом взял Рим в 1328 г., но его действия только спровоцировали появление новых антипап и антикоролей. Карл IV Люксембургский (правил 1346–1378 гг.) принес некоторую стабильность. Поднявшись от положения антикороля до императора, он использовал средства Империи на благо своей любезной Богемии. Некоторое время Германией правили из замка Карлштейн. В вопросах высокой политики соперниками выступали четыре ведущих рода — Виттельсбахи из Баварии, которым принадлежали также Хайнаульт и Голландия; Люксембурги, которые владели Люксембургом, Брабантом и Богемией с 1310 г., Силезией с 1333 г. и Лаузицем (Лужицей) и Бранденбургом до 1415 г.; Веттины Саксонские и Габсбурги Австрийские, владения которых простерлись на юге от Зундгау до Крайны. Вопросы местной политики были в руках вездесущих хищных прелатов, богатых городов Империи и бесчисленных мелких рыцарей. Это было время *Raubritter* (рыцарей-разбойников) и *Faustrecht* (права сильного). В Германии позднего средневековья не было таких твердых национальных монархий, как во Франции или в Польше. И до того, как в 1438 г., 1440 г. и 1486 г. императорами трижды подряд были избраны Габсбурги, Германия не начала даже по видимости превращаться в наследственную монархию. Впрочем, и потом у императоров не было особой свободы действий. Если партикуляризм вообще является мерилом феодального строя, то Германия была самой феодальной страной.

Гогенштауфены оставили по себе дурную память и в Италии. На севере воюющие общины заменили немецкий гнет местным. Все города Ломбардии и Тосканы подпали под власть того или другого из главных соперников: Милана, Флоренции и Венеции. Это было время безудержного обогащения в коммерции и время культурного расцвета, но и время бесконечной борьбы. В цене были как художники и поэты, так и умелые фехтовальщики и отравители. В центральной Италии конкордат, подписанный в 1275 г. между Империей и папским престолом, положил конец претензиями Империи на подчинение *наследия св. Петра*. Папская область, которая помимо Рима включала Романью, Пентаполис и мархи (графства) Аркона и Кампанья, оказалась свободной, но беззащитной. И ее без конца тревожили склонные к беспорядкам граждане Рима. На юге папские клиенты из Анжуйского дома, которых призвали, чтобы заменить Гогенштауфенов, становились просто невыносимыми. *Сицилийская вечеря* 30 марта 1282 г., когда мятежные жители Палермо перерезали около 4 000 своих французских угнетателей, привела к введению арагонского правления на Сицилии, к окружению анжуйцев в Неаполе и к двадцатилетней войне. [КОНКЛАВ]

Флоренция находилась в самом центре грозовых туч и солнечных лучей Италии позднего средневековья. Благодаря шерсти изумительного Аппенинского *contado*, Флоренция в XIII в. становится цветущим городом, где обитало примерно 100000 душ очень бурного темперамента. Золотая монета Флоренции *флорин* получает хож-

КОНКЛАВ

Католическая церковь не демократия. Но процедура избрания папы разработана католиками на основе горького опыта. Система конклава была урегулирована папой Григорием X, чтобы справиться со скандальными задержками его собственного избрания. Собравшись в Витебро в конце 1268 г., кардиналы спорили три года. Их уловки так возмутили городские власти, что двери кардинальской резиденции были заперты снаружи, затем сняли крышу, а количество отпускаемой пищи сократили чуть ли не до голодного пайка.

С тех пор Коллегия кардиналов должна была собираться во дворце Ватикана в Риме в течение 15 дней после смерти предыдущего папы. (До изобретения телеграфа и строительства железных дорог это правило автоматически исключало тех кардиналов, которые находились вне Италии.) Папскому дворецкому затем приказывали запереть их высокопреосвященства в подходящих апартаментах, обычно в Сикстинской капелле, и держать их там *con chiave* — «под ключом», пока они не придут к какому-нибудь решению. Выбор осуществляли путем либо единодушного одобрения (провозглашения), либо согласования; позднее укрепился обычай тайного голосования. Голосования происходили утром и в полдень. Во время голосования каждый кардинал писал на бюллетене имя предпочтительного для него кандидата и опускал в сосуд на алтаре. Каждый день папский камергер сжигал бюллетени голосований, которые ни к чему не привели, так что над трубой от них вился черный дымок. Голосование продолжается, пока не достигнут большинства в две трети плюс один голос. Тогда камергер подавал сигнал белым дымком, а кардиналы скрепляли избрание нового понтифика принесением священной присяги на верность.

Система Григория X остается практически неизменной и модифицировалась только конституцией *Vacantis apostolicae sedis* (1945 г.). В XX в. процедуры конклавов нарушались, когда император Франц-Иосиф наложил вето (1903 г.) и когда в 1939 г. конклав прошел рекордно быстро (один день). Папа Иоанн Павел II был избран в октябре 1978 г., как известно, при восьмом голосовании, причем при окончательном голосовании в его поддержку высказались 103 из 109 кардиналов.

дение далеко за пределами Италии. Амбициозная буржуазия, называвшая себя *пополо*, составляла организованную оппозицию традиционной *коммуне* благородных владельцев замков — всем этим Донати, Уберти, Черчи, Альберти. Большие и малые *arti*, или гильдии, требовали для себя места в выборных городских советах и магистратах, состав которых подлежал ротации; в борьбе участвовала и жадная чернь. *Podesta*, или губернатор, некогда назначавшийся императором, стал подчиняться муниципальной власти. Но конституции 1266 г., 1295 г. и 1343 г. не смогли удовлетворить всех недовольных.

Традиционно Флоренция была гвельфским городом и противилась императорской власти. Но в отсутствие императора городское общество повело борьбу в иных направлениях. Напряженными были отношения с папским престолом, да и сами флорентийские гвельфы находились в междоусобной борьбе. Флоренция стала господствующей в этом районе Италии после битвы при Кампальдино, где 11 июня 1289 г. войска гиббелинов Ареццо потерпели поражение вслед за поражением от сиенцев при Монтаперти (1260 г.). Затем разгорается борьба между «черными» и «белыми» гвельфами. В 1301 г. после того, как папский арбитр в лице Карла де Валуа ничего не добился, белые гвельфы были изгнаны, как гиббелины до них. Эта борьба партий неизбежно открывала путь деспотическому правлению, которое и стали вскоре осуществлять Медичи. Флоренция так была переполнена ядом зависти, говорит один из обитателей Дантова Ада, «зависти ужасной... что уже трещит квашня...». Здесь три адских икры: «гордыня, зависть, алчность — в сердцах... вовек не дремлют»[11].

Впрочем, общественная и политическая борьба стимулировали культурную жизнь. Три величайших писателя этой эпохи — Данте Алигьери, Петрарка и Боккаччо — все были флорентийцами. И в городских постройках отразилась вызывающая роскошь Флоренции: Барджелло (начат в 1254 г.), новые городские стены (1284–1310 гг.), Палаццо Веккьо (начато в 1298 г.), перестроенный Понте Веккьо (1345 г.) и Лоджия дела Синьория (1381 г.); дворцы Арте дела Лана, или Суконной гильдии (1300), дворцы сторонников Гвельфов, дворцы Пацци, Питти, Строцци, Антинори и Медичи-Риккарди (1444 г.); но, прежде всего, религиозное искусство — романская церковь Сан Миньято (Миниато) аль Монте, готическая Санта Кроче (1294 г.), облицованный мрамором восьмигранник Баптистерия св. Иоанна (1296 г.), Дуомо (начат в 1294 г.), Кампаниле Джотто (1339 г.), купол собора Брунеллески (1436 г.), двери баптистерия Лоренцо Гиберти (1452 г.) и фрески Фра Анжелико в доминиканском монастыре Сан Марко.

Данте Алигьери (1265–1321 гг.) был величайшим из поэтов христианского мира. Он был глубоко втянут в политику Флоренции; изо дня в день проходил он по городским улицам, когда там возводились величайшие памятники. В юности он был в первых рядах в битве при Кампальдино, служил муниципальным приором белых гвельфов и был навечно изгнан из города "черными". Испытавший горечь двадцатилетней ссылки, он умер в Равенне при дворе Кан-Гранде да Полента, который увенчал его лавровым венком. Его *Vita Nuova* [Новая жизнь] — редкий для средневековья экскурс во внутренний мир человека. В своей *De Monarchia* [О монархии] Данте страстно требует возврата имперского правления. А написав *De Vulgari Eloquenta* [О народной речи], Данте стал отцом современной европейской литературы. Шедевр Данте — *Commedia* — поэма, состоящая из 100 кантов, получила от восторженных читателей постоянный эпитет *Божественная*. В ней автор описал свое путешествие по трем царствам загробного мира — по бездне Ада в *Inferno*, по горе Чистилища в *Purgatorio* и по залитым солнечным светом небесным сферам в *Paradiso*. На первом уровне, как и в *Одиссее* и *Энеиде*, это воображаемое путешествие, где проводником Данте оказывается Вергилий. В этом путешествии автор встречает тени умерших и еще живущих людей. На более же глубоком уровне это путешествие не что иное, как развернутая аллегория духовного восхождения души христианина от греха ко спасению, и наградой становится ослепляющее видение Бога. Но еще на одном уровне это искусное построение из области моральной архитектуры, где множество обитателей обретают свое место в полном соответствии своим грехам или добродетелям среди Проклятых, Надеющихся и Благословенных. Блестящий язык автора к тому же изумительно экономен. Читатель покорен не только необычайными деталями встреч поэта, но и грандиозностью морального ландшафта, на фоне которого эти встречи происходят. Естественно, что самое глубокое падение человека — это утрата Любви, и низшая точка падения в ледяных глубинах ада — вокруг замерзшей фигуры Иуды. Земного Рая достигают в благоухающей роще на вершине горы Чистилища, «где боль уступает место надежде». Но предельная высота располагается за *Primum Mobile* [Первый Двигатель — последняя сфера мира, сообщающая движение всем остальным, понятие Аристотелевой философии, широко использовавшееся в средневековой картине мира], в сердце небесной Розы Света, в экстазе, который невозможно выразить в словах. Здесь источник Любви, которая «движет солнцем и звездами»: *«L'amor che move il sole e l'altre stelle»*.

Данте и сам был источником живой легенды. Одна история повествует, что Данте услышал, как погонщик осла, распевая одну из песен его поэмы, все время вставлял громкое *«Arri, arri!»* [*Крутись!*]. Взбешенный поэт стал колотить погонщика, крича: «Cotesto *arri* non vi misi io» [Вот это *Крутись!* вставил не я!][12].

Лучшие годы Данте совпали с юностью Франческо Петрарки (1304–1374 гг.). Изысканная любовная лирика Петрарки *Canzonieri*, перекликается с Дантовой *Vita Nuova*, как и его преданность Лауре есть отражение Дантовой преданности Беатриче. Творчество обоих поэтов восходит к творчеству поэтов *dolce stil nuovo*, таких как поэт Гвидо Гвиничелли (1230–1276 гг.) из Болоньи, которого Данте считал своим «отцом в литературе»; и их *сладостный новый стиль* был всего в одном шаге от поэзии трубадуров. Так что нужен особый педантизм учености, чтобы Данте считать «глубоко средневековым поэтом», а Петрарку — «предвестником Ренессанса»:

Коль не любовь сей жар, какой недуг
Меня знобит? Коль он — любовь, то что же
Любовь? Добро ль?.. Но эти муки, Боже!..
Так злой огонь?.. А сладость этих мук!..
На что ропщу, коль сам вступил в сей круг?
Коль им пленен, напрасны стоны. То же,

Что в жизни смерть, — любовь. На боль похоже.
«Блаженство», «Страсть», «Страданье» — тот же звук.
Призвал ли я иль принял поневоле
Чужую власть?... Блуждает разум мой.
Я — утлый челн в стихийном произволе,
И кормщика над праздной нет кормой.
Чего хочу, — с самим собой в расколе,–
Не знаю. В зной — дрожу; горю — зимой[13].

Италия XIV в. оказалась благоприятной почвой не только для кровавых распрей городов, но и для создания первой в Европе касты торговых банкиров. Распри между городами способствовали беспрерывным грабежам и разбою со стороны *Compagnie di ventura*, в основном состоящих из иностранных наемников (кондотьеров), вроде солдат Конрада фон Вольворта или бывшего госпитальера Фра Мориале, странствующего рыцаря Иоанна Богемского или англичанина сэра Джона Хоквуда. Венеция и Генуя непрерывно вели войну на море за торговые пути с Левантом. Рим, лишившись пап, страдал от тирании аристократических партий и народных мятежей, в особенности в 1347–1354 гг., когда мистик и диктатор Кола ди Риенцо возглавил восстание пополанов. Анжуйский Неаполь метался в вихре анархии, которой предводительствовала Иоанна I (правила 1343–1382 гг.) и четверо ее мужей.

Итальянские банкиры научились извлекать из этих усобиц прибыль. Они изобрели все возможные современные финансовые технологии от векселей до страхования и бухгалтерского учета; используя созданную церковной иерархией сеть, они распространили свою деятельность на всю территорию латинского христианства. В 1339–1349 гг. Флоренцию потрясает серия банкротств ведущих домов, которые были погублены кредитом, предоставленным на чрезмерно длительный срок; впрочем, они сумели возродиться. Где-то здесь, между богатством и бедностью, родился мир капитализма. [COMPUTATIO]

Папство позднего средневековья после недолгого самоутверждения при Бонифации VIII снова погрузилось в зависимость и даже пребывало в изгнании. Бонифация VIII (1294–1303 гг.) называли «последним средневековым папой». Он был избран после несчастного отшельника Пьетро дель Мурроне (Целестина V), которому Бонифаций посоветовал отречься, а затем заключил его до конца жизни в тюрьму. У Бонифация было несколько личных целей: обогащение собственной семьи Гаэтани, разорение соперников — Колонна, восстановление власти представителя Анжуйской династии, для чего в Сицилии им устраивались бесконечные *сицилийские вечерни*. Тем не менее благодаря именно ему появился *Sextus* (1298 г.), третья часть корпуса канонического права; в 1300 г. он объявил Юбилейный Год с неограниченным отпущением грехов для миллионов паломников, хлынувших в Рим. Его булла *Unam Sanctam* (1302 г.) содержала категорическое утверждение верховной власти папы, заявив, что никто не может спастись помимо этой власти. Однако, затеяв ссору с Францией, в связи с которой создавалась *Unam Sanctum*, он перехитрил самого себя. Папа умер от шока, когда его похитил агент французского короля в родном городе Бонифация Ананье. Данте, который, по-видимому, лично встречался с Бонифацием (во время посольства в Рим), не имел к нему никакого снисхождения и назвал его «князем новых фарисеев». В *Inferno* Бонифаций помещен в ад за грех симонии. В *Paradiso* суд над Бонифацием произносит сам апостол Петр:

Тот, кто, как вор, воссел на мой престол,
На мой престол, на мой престол, который
Пуст перед Сыном Божиим, возвел.

На кладбище моем сплошные горы
Кровавой грязи; сверженный с высот,
Любуясь этим утешает взоры...

В одежде пастырей волково грызливых
На всех лугах мы видим здесь ягнят.
О Божий суд! Восстань на нечестивых!

Гасконцы с корсиканцами хотят
Пить нашу кровь; о доброе начало,
В какой конечный впало ты разврат![14]

«Конечный разврат» (или «Безобразный конец») папства — это долгое изгнание пап в Авиньоне, начавшееся с гасконца Бертрана де Го, который правил как Климент V (1305–1314 гг.). Вавилонское пленение пап в Авиньоне продолжалось с 1309 г. до 1377 г. Оно началось по наущению Филиппа Красивого, немилосердно

COMPUTATIO (СЧЕТ И УЧЕТ)

В 1494 г. была напечатана и вышла в свет в Венеции *Summa de Arithmetica* Луки Пачоли. Он же был автором *Particularis de Compatis et Scripturis* [Об особенностях счета и учета]. Так появился первый учебник бухгалтерского учета. Пачоли (1447–1517 гг.), известный также под своим монашеским именем *Fra Luca di Borgo San Sepolcro*, был монахом-францисканцем и известным флорентийским странствующим преподавателем. Самый известный его трактат De *Divina Proportione* (1509 г.) иллюстрировал Леонардо да Винчи; современные авторы называют его «отцом бухгалтерского учета».

Венецианский метод двойной записи при бухгалтерском учете сложился в итальянских городах задолго до того, как его описал Пачоли. Для ведения такой бухгалтерии требовались три книги: *мемориал,* или мемориальный ордер — книга для ежедневных записей торговых операций; *журнал-регистр* — и главная книга — *гроссбух*. В мемориале записывали все операции, как они были произведены. Регистр составлялся по мемориалу и подытоживал дневные операции в хронологическом порядке. В нем слева имелась колонка для долгов: in dare, и справа для кредитов: in habere. В гроссбухе отводилась двойная страница для каждого счета: с левой стороны вписывались долги, с правой стороны — кредиты. Здесь же содержатся текущие балансы, «разрез» торговых активов и списки различных категорий доходов и расходов. При закрытии каждого счета окончательный доход или убыток регистрируется, и можно увидеть стоимость имущества за вычетом обязательств, или собственный капитал, владельца книг в окончательном и полном основном балансе. Методы систематического ведения бухгалтерских книг часто считают главным условием развития капитализма. Эти методы широко распространились по Европе, когда после книги Пачоли появились многочисленные аналогичные публикации: Jan Ympyn Christoffel, *Nieuwe instructie ende biwijs de der loofelijcker consten des rekenboecks* (Antwerp, 1543 г.); Valentin Mennher, *Practique brifue pour cyfreret tenir livres de coupte* (Antwerp, 1550 г.); James Peele, *The manerand fourme how to kepe a perfect reconying...* (London, 1553 г.); Claes Pietersz, *Boeckhouwen op die Italienische maniere* (Amsterdam, 1576 г.); и книга Симона Стевина *Vorsteliche Bouckhouding...* (Leyden, 1607 г.), написанная для принца Морица Нассауского.

Историки часто забывают, что даже у самых земных профессий есть собственная история. И эти земные профессии начинают постепенно управлять капиталистическим миром, включая и его академическую жизнь.

притеснявшего Климента V; а окончилось по инициативе св. Катерины Сиенской, поддержавшей Григория IX (1370–1378 гг.) в его намерении вернуться в Рим. В промежутке все семь пап были французами и были избраны коллегией кардиналов, состоявшей преимущественно из французов. Правда, Авиньон-на-Роне находился вне французской территории: он был расположен в анклаве *Венассин,* который папам отдали их анжуйские клиенты, в 1348 г. он был полностью выкуплен за 80000 золотых крон. Однако французское влияние было в этот период решающим, и многие политические решения, такие как роспуск ордена тамплиеров, были обусловлены этим влиянием. Авторитет Авиньона не был признан во многих странах, так что латинское христианство разделилось само в себе самым вульгарным образом.

Открытое злоупотребление церковной властью неминуемо вызывало сильнейшее противодействие. В частности, это проявилось в уходе в мистицизм с упором на религиозный экстаз и опыт прямого общения с Богом без посредников. Кроме того, чрезвычайно расплодились народные секты с более или менее нетрадиционным богословием. Их общей чертой было то, что они все считали себя преданными официальной Церкови. Таковы были *фратичелли* [меньшие братья], или францисканские спиритуалисты, считавшие, что собственность несовместима со спасением; бродячие нищенствующие монахи, известные под именем *бегарды и бегинки, братья свободного духа*, немецкие *люциферины*, бывшие пантеистами, мистическая секта *Gottesfreude* [друзей Божьих] и *лолларды* в Англии. Всех их жестоко преследовала инквизиция.

В этих условиях политического хаоса и страха перед инквизицией не могло быть и речи о реформе Церкви. Такая реформа предполагала богословский и организационный аспекты. Англичанин Джон Уиклиф (ок. 1330–1384 гг.), некогда глава колледжа *Ballici*, выступал против церковных богатств, отвергал папство и отрицал учение о пресуществлении в таинстве Евхаристии. Его сожгли как еретика — но посмертно. Чех Ян Гус (ок. 1372–1415 гг.), некогда ректор Пражского университета, находился под большим влиянием Уиклифа. Он придавал особое значение понятию *предопределения* и проповедовал *Церковь Избранных*. Он стал в Богемии центром чешского сопротивления преимущественно немецкой церковной иерархии. Будучи отлученным, Гус апеллировал к Вселенскому собору. И Уиклиф, и Гус, хотя их так и не называют, стали первыми протестантами. [MAGIC]

Швейцария, или *die Schweiz*, называется так по району Швиц на оз. Люцерн, одному из трех кантонов, которые начали свое политическое самоопределение относительно Германской империи с конца XIII в. В 1291 г. Швиц, Ури и Унтервальден (первоначальные кантоны) подписали Вечный союз самообороны, поклявшись помогать друг другу против внешней опасности. Таким образом они стремились освободиться от местных графов Габсбургов, попытавшихся навязать свободным жителям долин приговоры услужливых судей. В 1315 г. в битве при Моргартене армия Габсбургов была наголову разбита и Союз (Лига) стал ядром объединения и других недовольных районов. Первым из них стал Люцерн (1331 г.), приходом которого сложился *Vierwaldstaette* [союз Четырех лесных кантонов]. Затем к ним присоединяются имперский город Цюрих (1351 г.), Гларус (1351 г.), Цуг (1352 г.) и мощный городгосударство Берн (1353 г.). Новое поражение Габсбургов при Земпахе в 1386 г., где швейцарские алебардщики изрубили спешившихся рыцарей, практически обеспечило независимость кантонов и свободу их жителей.

В середине XV века Габсбурги инициировали гражданскую войну, поддержав Цюрих против его соседей. Однако сокрушительная победа швейцарцев над Бургундией в 1474–1476 гг., когда впервые был вынесен красный флаг с белым крестом, доставила Швейцарии новых членов Фрибург и Со-

лотурн (1481 г.), Базель и Шаффхаузен (1501 г.), и Аппенцель (1513 г.). К этому времени Швейцария уже занимает территорию от Юры на западе до Тироля на востоке.

У Швейцарии были обширные зависимые территории и протектораты, включая Во у Женевского озера, Вале на верхней Роне, Тисино, тянущееся далеко на юг до озера Лугано, Граубунден [Серые лиги], или *Grisons*, на востоке. Там говорили по-немецки, по-французски, по-итальянски и на ретороманском языке. И тем не менее, кроме заключенного на союзном парламенте соглашения в Станс (1481 г.), установившего систему взаимных обязательств, в Швейцарии не было общих институтов. Хотя Империя признала существование Лиги по Соглашению 1499 г., но независимость официально не была провозглашена. Швейцарцы оказались лучшими солдатами в Европе, и их повсюду охотно брали в наемники. Наёмные солдаты-швейцарцы, или Швейцарская гвардия Ватикана, одетая в костюмы по эскизам Микеланджело, ведет свою историю с 1516 г.

На юге и западе Швейцарии старинный Савойский дом тоже собирал себе земли в Альпах. Амадей V (правил 1285–1323 гг.) вновь объединил Савойское графство вокруг Шамбери с герцогством Пьемонт в Турине. Амадей VI (правил 1343–1383 гг.), известный как *Conte Verde,* Зеленый Граф, крестоносец, ввел систему государственной поддержки бедных. Амадей VIII (правил 1391–1440 гг.) жил в уединении в Рипай на Женевском озере. Император сделал его герцогом, а Базельский собор избрал последним антипапой под именем Феликса V (1439–1449 гг.).

Покуда Империя и папство пребывали в замешательстве и расстройстве, перед Францией открылась первая (из нескольких) историческая возможность стать главной политической силой Европы. В качестве наследников св. Людовика последние три поколения Капетингов — Филипп III Смелый (правил 1270–1285 гг.), Филипп IV Красивый (правил 1285–1314 гг.) и три сына последнего: Людовик X (правил 1314–1316 гг.), Филипп V (правил 1316–1322 гг.) и Карл IV (правил 1322–1328 гг.) — правили народом, который рос числом, процветал и обладал неплохой администрацией. Они не смогли полностью использовать эти преимущества отчасти из-за споров о престолонаследии, отчасти из-за ги-

МАГИЯ

Изданная лоллардами в 1395 г. книга *Двенадцать выводов* содержала прямые нападки на роль магии в средневековой Церкви. Движение протестантов вообще имело выраженную направленность на исключение магии из религии, и первое проявление протестантизма также заявило об этом довольно прямо: «Чтобы экзорцизмы и освящения, совершаемые в Церкви над вином, хлебом и воском, водой, солью и маслом и ладаном, камнем алтаря, облачениями, митрой, крестом и посохами пилигримов, были (признаны) колдовством, а не священнодействием. Потому что... мы не видим, чтобы что-то менялось в этих предметах, когда над ними таким образом чародействуют, но видим лишь ложное убеждение (верующих), а это — главное оружие ремесла дьявола». Но и в XV, XVI и XVII веках Европа продолжает предаваться разнообразным проявлениям магии. Это время полно алхимиков, астрологов, прорицателей, целителей, заклинателей и ведьм. [АЛХИМИЯ], [HEXEN], [НОСТРАДАМУС] Леса и поля заселены духами, феями, гоблинами, домовыми и эльфами. Уиклиф, этот гуру лоллардов, перевел Библию на английский язык, чтобы сделать ее понятной всем. И все же 300 лет спустя в пуританской Англии Кромвеля наибольшим спросом пользовался астрологический альманах Уильяма Лилли *Merlinus Anglicus* и его же *Собрание древних и новейших предсказаний*. Магия и религия часто были неотделимы друг от друга. Люди, почитавшие христианских святых, верили также в Пака (злого духа-проказника), царицу Маб и волшебника Мерлина. Магия прекрасно пережила Реформацию.

В этом отношении наступление протестантизма на магию имело довольно относительный успех даже в тех странах, где протестантизм в конце концов восторжествовал. Хотя намерения этих радикалов были совершенно ясными. После Уиклифа началась атака Лютера на индульгенции (см. с. 484) и отрицание Кальвином пресуществления как магии. Любой аспект религиозной жизни, где чувствовалось хоть что-то сверхъестественное, становился подозрительным. Протестанты возненавидели клятвы, чудеса, посвящения, символы, образы и иконы, святую воду, дни памяти святых, крестные ходы и паломничества. Больше того, поскольку протестанты, как провозглашалось, были свободны от магии, то и главный враг протестантов — папство — приравнивалось к черной магии; папа для них был чародеем, а католическая месса — чем-то вроде поклонения дьяволу.

В действительности же в этих воззрениях было много ханжества и лицемерия: ведь несмотря на все статуты и реформы, протестантские священники не обошлись без того, чтобы найти свой *modus vivendi* с магией. Англикане и лютеране, правда, стоят ближе к христианской Церкви таинств, чем кальвинисты, анабаптисты и другие евангелики. Но никто из них не может обойтись без Креста, клятвы в суде или *очищения* женщины после родов. Оказалось невозможным отказаться от освящения церковных зданий, боевых знамен, еды, кораблей и места погребения. Протестантизм породил новую форму христианства с упором на сознательную веру, но он так и не смог полностью изгнать сверхъестественное.

Падение магии начинается только в конце XVII века в связи с научной революцией (см. сс. 507-10), развитием, соответственно, рационализма, современной медицины, математики и лучшим пониманием вероятности, то есть с тем общественным климатом, который таил меньше угрозы для человека. [ЛЛОЙД]

И тем не менее вера в сверхъестественное, связь его с религией никогда не умирали. В XX в. повсюду мы встречаем гороскопы. В стране лоллардов возродились магические таинства в виде новомодных ритуалов британской монархии, апогеем чего стали коронационные торжества 1953 г. В католических странах, как Польша или Италия, священники благословляют все: от автомобилей до талисманов футболистов. Ватикан и сейчас не отказывается от исцелений и предсказаний. [БЕРНАДЕТТА] [ФАТИМА] Даже в России, где коммунисты буквально истребляли православие, не удалось истребить веру в астрологию и ворожбу.

Изучение магии и религии поневоле окрашивается предрассудками и преференциями. Со времен *Золотой ветви* Фрезера научная антропология стремилась быть беспристрастной, но ученые не всегда могут устоять перед искушением чернить веру других людей в сверхъестественное. Может быть, это само по себе — суеверие. [ARICIA] бельного соперничества с Англией, отчасти же из-за смертоносной чумы.

Филипп Красивый был импозантен наружностью и безобразен по натуре. Он прославился тем, что чеканил обесцененную монету и очень изобретательно придумывал все новые способы вымогать налоги. Его единственное территориальное приобретение — инкорпорация города Лиона в 1312 г. — совершилось украдкой, в отсутствие императора. Конфронтация Филиппа с папами, приведшая к скандалу в Ананьи, началась из-за денег. Когда папа Бонифаций издал буллу *Clericis laicos*, посредством которой хотел воспрепятствовать обложению священников налогами, Филипп просто-напросто запретил какой бы то ни было вывоз денег из страны. Его похожая на вендетту борьба с тамплиерами, закончившаяся проскрипцией тамплиеров, проистекала из зависти, и вел он ее с бешеной злобой. На судебном процессе над тамплиерами (1307—1312 гг.) выдвигались жуткие обвинения в связях с дьяволом, с неверными, признания добывались пытками, и все кончилось узаконенным убийством и государственным грабежом. Смерть последнего гроссмейстера Жака де Моле, которого сожгли после того, как он отказался от всех своих признаний, так и осталась несмываемым позорным пятном. [**ANGELUS**]

Однако Филипп Красивый учредил важные институты. С помощью своих юридических советников *легистов* он придумывал всевозможные предлоги, чтобы обирать подданных, узаконить свою грабительскую политику, прикрываясь национальным согласием. Он руководствовался римским правилом: *quod principi placuit legis habet vigorem* [Что угодно повелителю, имеет силу закона]. Старинный королевский двор был разделен на три ветви власти: королевский совет управлял королевством; *chambre des comptes,* или казначейство, — финансами; *parlement* отправлял правосудие и регистрировал королевские указы (эдикты). (Это был не настоящий парламент.) Генеральные Штаты, впервые созванные в 1302 г., собирали знать, священнослужителей и простолюдинов для утверждения политики короля. Филипп вовремя умер и таким образом избежал народного возмущения; но созданная им административная машина дожила в основных чертах до 1789 г.

В 1316 г. у Капетингов возникла династическая неразбериха. У трех сыновей Филиппа Красивого было шесть дочерей и ни одного сына. Когда Людовик X Сварливый неожиданно умер, он оставил дочь, беременную королеву и не родившегося еще сына, который под именем Жана I Посмертного жил и правил меньше недели. В ре-

---

ANGELUS

Призывая к Первому крестовому походу, папа Урбан II побуждал верных трижды в день читать *Ангелюс*. Пресвятая Богородица была покровительницей крестоносцев, и молитва *Angelus Domini nuntiavit Mariae* (Ангел вопияше Благодатней «Чистая Дева, радуйся») стала обычным призыванием Девы. Это предложение папы в основном проигнорировали все, но кафедральный собор Сен-Пьер у Святых в Пуату был исключением. Не только священнослужители в соборе регулярно читали *Ангелюс*; они установили также практику звонить в коло-

кол на восходе, в полдень и на закате, призывая к началу молитвы.

В согласии с местной традицией папа Иоанн XXII снова (1318 г.) обратился к верующим с призывом своего предшественника, предлагая, чтобы обычай этот был принят всей вселенской Церковью. [Об этом сообщает мемориальная доска в соборе.]

Другие указывают на понтификат Каллиста III в 1456 г. Но в любом случае звук колокола, призывающий к чтению молитвы *Ангелюс*, слышен во всех городах и весях католического

мира, как призыв муэдзина в исламском мире. Средние века были лишены звукового фона. Не было фабрик, машин, большого движения, радио, никакой ... музыки. Так что звук тогда еще не обесценился. В тесных улочках крошечных городов только крики торговцев смешивались с шумом, долетавшим из ремесленных мастерских. А на громадных просторах сельской местности ничто вообще не тревожило природу. Единственное, что могло поспорить с колоколом, — так это шум ветра в деревьях, мычание коров и звуки, долетавшие из кузницы. [**звук**]

зультате явился на свет *Салический закон*, придуманный юристами братьев Людовика, чтобы исключить из числа претендентов на престол его сестру (и всех последующих женщин королевского дома Франции). Но в 1328 г., когда трон перешел к основателю новой династии Филиппу Валуа, престолонаследие вновь оказалось под вопросом. Вызов Валуа бросил единственный оставшийся в живых внук Филиппа Красивого Эдуард III, английский король. [МОНТЕЛЛУ]

Англия при трех Эдуардах Плантагенетах — Эдуарде I (правил 1272–1307 гг.), Эдуарде II (правил 1307–1327 гг.) и Эдуарде III (правил 1327–1377 гг.) — пережила только три правления за столетие. Не было, однако, недостатка в недовольстве баронов и войнах, а так как Плантагенеты продолжали удерживать Гасконь и Гиень как свои ленные владения во Франции, то территориальная база монархии оставалась зыбкой. Впрочем, процветала торговля шерстью с Фландрией и росли города. Правление Эдуарда I особенно отличалось решительными усилиями по консолидации правительственных учреждений и обеспечению ведущего положения Англии на Британских островах.

Образцовый парламент 1295 г., который следовал созданному де Монфором за 30 лет до того образцу, собрал не только лордов и рыцарей графств, но также и бюргеров (полноправных жителей городов, пользующихся самоуправлением), чем были заложены основы палаты общин. Вновь была подтверждена Великая хартия вольностей. Но в поправке, принятой во время сессии парламента на Stepney Green в 1297 г., был утвержден принцип «нет налогов без представительства». С этого времени английский парламент будет всегда пребывать в Вестминстере. Указ Эдуарда *Quo Warrante* (1278 г.) стал угрозой землевладению баронов, но Второй Вестминстерский статут (1285 г.), закреплявший родовые имения за наследниками, был на руку и монархии, и главным держателям ленно. Конфликт с Церковью в связи с *Clericis laicos* был разрешен очень просто: священнослужителей объявляли вне закона. В это время, в 1277–1301 гг., был покорен Уэльс, который стали держать в подчинении при помощи цепи изумительных замков от Харлеха до Конви. Однако вторжение Эдуарда в Шотландию спровоцировало скоттов на требование полной независимости. Эдуард II, который плохо понимал смысл девиза своего отца *Pactum servare* [Храни верность], был убит в замке Беркли по приказу королевы. Эдуард III ввязался в бесконечную Столетнюю войну с Францией.

Шотландия стала национальным государством раньше, чем Англия. Скотты не были прямо завоеваны норманнами и сумели найти *modus vivendi* с гэльскими кланами задолго до того, как англичане договорились с валлийцами. Монархи и знать Шотландии давно уже были вовлечены в дела Англии, как англичане были вовлечены в дела Франции, но они смогли освободиться почти на два столетия раньше. Решающий момент для их освободительной борьбы наступил вскоре после вмешательства Эдуарда I в дело о престолонаследии. Один претендент на престол — Джон Баллини (ум. 1313 г.) — был заключен в тюрьму в Англии, а затем выслан во Францию. Другой — Роберт Брюс (правил 1306–1329 гг.), победитель под Банокбурном в июне 1314 г., — начинал как вассал Англии, а закончил спасителем Шотландии. Но никто не оказал такого решающего влияния на дела Шотландии, как Уильям Уоллес (1270–1305 гг.), поднявший свой народ на борьбу за независимость. Преданный, он был повешен в Лондоне как простой разбойник, но остался героем-мучеником Шотландии:

> Вы, кого водили в бой
> Брюс, Уоллес за собой, –
> Вы врага ценой любой
> Отразить готовы[15].

«Мы полны решимости никогда не подчиняться господству англичан, — сообщали папе шотландские лорды в Арброутской Декларации (1320 г.), — мы боремся за свободу и только за свободу»[16]. Их дело в конце концов восторжествовало в 1328 г.

Войны Англии с Шотландией отразились и на делах Ирландии. В 1297 г., наместник Эдуарда I в Дублине сэр Джон Уоган созвал ирландский парламент в подражание Образцовому парламенту в Лондоне. Однако поражение англичан при Банокбурне дало ирландским лордам возможность восстать, и в течение трех лет, 1315–1318 гг., они считали своим королем скотта Роберта I Брюса. Затем последовали годы беспорядков, которые закончились только *Статутом Килкени* (1366 г.),

МОНТЕЛЛУ

В 1318–1325 гг. Жак Фурнье, епископ Памьера в пиренейском графстве Фуа, проводил инквизиционное расследование по поводу ереси в его епархии. За 370 сессий он допросил 114 подозреваемых, из которых 48 были женщинами, а 25 происходили из деревеньки Монтеллу. Все вопросы и ответы были тщательно записаны в Журнале епископа.

В Монтеллу проживало около 250 душ из 26 разных кланов, известных как *ostal* или *domus*, составлявших примерно 50 отдельных хозяйств. Деревушка расположилась на склоне холма, на вершине которого стоял замок, а у подножия — церковь. Ее обитатели были в основном крестьянами или ремесленниками. Было там также немало пастухов, занимавшихся отгонным скотоводством, они объединялись в *cabanes,* то есть «паствы», занимавшиеся пастбищами и тропами, ведущими в Каталонию. Хотя жители этой деревушки официально числились католиками, но на самом деле были тайными катарами, и часто они прятали у себя в погребах и амбарах странствующих *совершенных.* Обычные страхи и тревоги жителей теперь еще больше выросли перед лицом инквизиции, предыдущее посещение которой в 1308 г. уже превращало их деревню в «пустыню, где остались лишь овцы да дети». Упомянутый Журнал может послужить для нас своего рода историческим микроскопом, обнаруживая мельчайшие детали жизни Монтеллу. Один выдающийся историк писал: «Монтеллу только капля в океане, но мы можем наблюдать, как в этой капле плавают простейшие организмы».

Двадцать два *ostal'a* из Клергов были особенно влиятельны в деревушке. Старый Понс Крег, закоренелый еретик, имел четырех сыновей и двух дочерей. Один сын, Пьер, священник Монтеллу, был таким ужасным распутником, что умер в тюрьме. Другого сына, Бернарда, *bayle,* то есть управляющего имением, постигла та же участь после его тщательно продуманных попыток спасти брата, подкупив свидетелей. Вдова Понса Менгард, мать всех еретиков Монтеллу, была, однако же, похоронена под алтарем местной церкви. Одна из многочисленных любовниц священника, Беатрис де Планисоль, женщина благородная, была сначала замужем за Беранжером де Рокфором, смотрителем замка и агентом графа Фуа. Дважды овдовев, она стала открыто наложницей кузена священника Пато, который когда-то над ней надругался. У нее было множество любовников даже в старости, она родила четырех дочерей и все открыла инквизиции. В 1322 г. ее приговорили к ношению двойного желтого креста как покаявшегося еретика. [кондом]

Религиозная практика катаров обсуждалась в подробностях у жарко пылавших каминов зимними вечерами и на долгих, личных разоблачающих допросах инквизиторов. Открылось, что у катаров было два уровня морали: исключительно строгая мораль — для *совершенных* и исключительно свободная — для простых людей. В конце жизни первые подвергались *endura,* ритуальному голоду с целью самоубийства. Простые же люди стремились быть «причислены к еретикам», то есть получить ритуальное *consolamentum* [отпущение грехов].

В этой общине, которая была полукатарской, полукатолической, перед людьми иногда вставали сложные дилеммы; вот что случилось с Сибиллой — маленькой дочерью Пьера, над которой совершили *consolamentum.* Один из «совершенных» запретил больному ребенку принимать молоко или мясо. «Когда они ушли из дома, — повествует мать, — я больше не могла вытерпеть, я не могла позволить дочери умереть у меня на глазах. Поэтому я поднесла ее к груди. Когда муж вернулся домой... он был очень опечален».

Повседневная жизнь в средневековом Провансе (Окситании) создавала особый психологический климат. Люди могли открыто рыдать. Они не видели греха в чувственности, старались доставить друг другу как можно больше удовольствия. У них не было сколько-нибудь развитой трудовой этики, и они открыто недолюбливали заметное богатство. У них было много детей в компенсацию высокой детской смертности; но они страдали, когда теряли детей. Они жили в мире сложной системы верований, где магия и фольклор смешивались с католицизмом и ересью. И к ним часто наведывалась смерть.

Усердие епископа Фурнье в Памьере не помешало его карьере; он стал кардиналом в 1327 г. и папой с именем Бенедикта XII в 1334 г. Его Журнал теперь в библиотеке Ватикана. После него остался такой памятник, как Дворец пап в Авиньоне.

который ограничил английское правление и употребление английского языка Дублином и окружающей его чертой оседлости.

Конец всем мелким бедам Европы положила в 1347—1350 гг. *Черная смерть*. Началась пандемия чумы, какой мир не знал с VI в. и не узнает вплоть до 1890-х гг. Свирепствовала страшная комбинация трех близкородственных болезней: бубонной чумы, септической чумы и легочной чумы. Первые два вида чумы переносятся блохами, которые живут на черных крысах; третий вариант, который переносится по воздуху, был особенно быстрым и фатальным. В своей самой распространенной бубонной форме бактерия *pasteurella pestis* вызывает появление узелка (бубона) в паху или подмышками больного, а также темные пятнышки на коже от внутреннего кровотечения. После трех-четырех дней невыносимой боли неминуемо наступает смерть, если бубон не разорвется раньше.

Средневековая медицина, хотя и сознавала в общем, что болезнь имеет инфекционную природу и заразна, но плохо представляла себе реальный механизм распространения чумы. Врачи в ужасе наблюдали за распространением болезни. Переполненные жилища и плохие санитарные условия, особенно в городах, были исключительно благоприятной средой для крыс. Результатом стала массовая смертность. Боккаччо писал, что только во Флоренции умерло 100 000 человек. В Париже хоронили по 800 трупов в день. «В Марселе, — писал циничный английский хронист Генри Найтон, — ни один из 150 францисканцев не выжил, чтобы рассказать нам об этом. Ну и ладно»[17]. Пандемия, начавшаяся в Центральной Азии, распространялась с ужасающей быстротой. Сначала она повернула на восток — в Китай и Индию; но уже летом 1346 г. она отмечается в Европе, в генуэзской колонии Каффа в Крыму, которую в это время осаждали татары. Осаждавшие стреляли по городу, зарядив катапульты трупами чумных больных; тогда жители города бросились на галеры, спасаясь бегством. В октябре 1347 г. чума уже в Мессине на Сицилии. В январе 1348 г. — в Генуе, куда она прибыла на галере из Каффы. Изгнанная жителями Генуи из родного города, эта зараженная галера плывет дальше в Марсель и Валенсию. В ту же зиму чума поражает Венецию

и другие города Адриатики, а затем распространяется на Пизу, Флоренцию и центральную Италию. К лету она была уже в Париже, а к концу года пересекла Ла Манш.

В 1349 г. чума шествует по Британским островам, затем на восток через Германию и на юг и юго-восток на Балканы. В 1350 г. она вступает в Шотландию, Данию и Швецию и через ганзейские города Балтики — в Россию. Очень немногие районы не были поражены чумой: Польша, графство Беарн в Пиренеях, Льеж.

Одно из лучших описаний чумы оставил нам валлийский поэт *Ieuan Gethin*, видевший вспышку чумы в марте или апреле 1349 г.: «Мы видим, как к нам приходит смерть, подобно черному дыму, чума, которая косит молодых, неприкаянный призрак, не имеющий сочувствия к красоте тела. Горе мне, подмышкой у меня нарыв с шиллинг… Он похож на яблоко, на луковицу, маленький фурункул, который никого не щадит. Он кипит и жарит, как уголья, мой ужас пепельного цвета… Они похожи видом на черные горошины, ломкие кусочки битума… угольные струпья ломких стеблей, все вместе, черная чума, как полупенсы, как ягодки…»[18]

Люди реагировали на чуму по-разному: от паники и дикого буйства до покорности и стойкости. Многие, кто мог бежать, бежали. Действие знаменитого *Декамерона* Боккаччо разворачивается в компании мужчин и женщин, затворившихся в сельском замке, чтобы переждать чуму. Некоторые, потеряв над собой контроль, погружались в пьянство и распутство. Священники часто страдали больше всех, поскольку должны были «пасти своих овец». Но иногда они бросали больных, предоставляя им самим позаботиться о душе, и над покинутой приходской церковью тогда развевался черный флаг. Повсюду утвердилась мысль, что Бог наказывает человечество за грехи.

Трудная задача — оценить потери от Черной смерти. Современники часто (и очевидно) их преувеличивали. Число умерших во Флоренции, о котором сообщает нам Боккаччо, — 100000 — превосходит общую численность населения этого города. Ближе к истине была цифра 50000. В целом следует сказать, что в городах потери были намного больше, чем в сельской местности, среди бедных — больше, чем среди богатых, среди молодых и сильных — больше, чем среди старых и немощных. Не заболел ни один папа, ни один король. В отсутствие чего-либо похожего на переписи населения историку приходится полагаться на разрозненные свидетельства. В Англии для этого можно использовать помещичьи архивы, списки повинностей по десятине, посмертные протоколы, протоколы манориальных судов, церковные реестры. Специальные исследования обнаруживают очень высокий уровень смертности: так манор Каксхэм в Оксфордшире потерял две трети жителей[19]; количество приходских священников в Англии сократилось на 45%. Однако по этим данным трудно сделать обобщения. С осторожностью можно предположить, что потери составили одну треть населения. «Пожалуй, недалеко от истины сказать, что один из трех европейцев умер во время Черной смерти»[20]. Это составит 1,4 — 2 млн. человек в Англии, 8 млн. — во Франции и 30 млн. — в Европе в целом.

Социальные и экономические последствия этих колоссальных потерь были, должно быть, громадными. И в самом деле, историки обычно считают Черную смерть решающим моментом в падении феодальной системы в Западной Европе. Во второй половине XIV в. разрушается манориальная система, угасает торговля, решительно не хватает рабочей силы, нищают города. Однако в наши дни специалисты склоняются к тому, что многие важные процессы начинаются раньше 1347 г. Даже основной демографический спад начался, по крайней мере, за тридцать лет до того. Так что Черная смерть ускорила уже начавшиеся процессы, а не положила им начало. Во всяком случае, крепостные постепенно начинают обменивать свои обязательства по барщине на денежные, превращаясь таким образом в более мобильную и независимую рабочую силу. Вассалы все больше обменивают свои военные и правовые обязательства на выплату наличными, в результате чего возникает явление, которое в Англии называли *ублюдочный феодализм*. Но главное, на рынке труда, который буквально одним ударом был лишен рабочей силы, росла плата за труд. Расширялась сфера действия денег в экономике, росла угроза социальным барьерам. [**ПРОСТИТУЦИЯ**]

Глубокой была психологическая травма. Хотя Церковь как институт ослабла, но религиозность народа выросла. Множились благотворительные учреждения. В моду вошло исключительное благочестие: люди чувствовали, что следует смягчить гнев Божий. В Германии расцвели общества флагеллантов, пока их деятельность не запретили по приказу из Авиньона. Искали козлов отпущения. В некоторых местах таковыми стали прокаженные; в других — евреи, которые обвинялись в отравлении колодцев. В сентябре 1348 г. суд над евреями в Шильоне пользовался показаниями, добытыми под пыткой. Этот суд стал сигналом к полномасштабным погромам: в Базеле всех евреев сгоняли в деревянные дома и заживо сжигали; похожие сцены имели место в Штутгарте, Ульме, Шпейере и Дрездене. 2000 евреев были истреблены в Страсбурге, в Майнце — 12000 человек. Оставшиеся в живых немецкие евреи бежали в Польшу, которая с этого времени становится четвертым прибежищем евреев в Европе. [**ALTMARKT**] [**РОСТОВЩИЧЕСТВО**]

PROSTIBULA (ПРОСТИТУЦИЯ)

Последний период средневековья в Европе (1350 – 1480 гг.) был «золотым веком» проституции.

Prostibula publics, то есть «публичные дома», имели право на деятельность в большинстве городов. Маленькое местечко вроде Тараскона, где было 500–600 хозяйств, содержало 10 городских проституток.

Церковь не возражала: ведь если зло существует, то его следует направлять в известное русло. Узаконенная проституция удаляла порок с улицы, удерживала молодых людей от содомии или чего-нибудь похуже, обкатывала их для супружества. Но после 1480 г. положение меняется. Дорогие куртизанки по-прежнему обслуживали богатых, но многие публичные дома были закрыты. В протестантских странах падших женщин перевоспитывали.

На протяжении истории человечества проституция проходит разные этапы лицензирования и контроля, безуспешных попыток запрета и неофициальной снисходительности.

ALTMARKT (СТАРАЯ ПЛОЩАДЬ)

В *Shrove Tuesday* [вторник на Масленой неделе] 1349 г. Альтмаркт Дрездена (Старая городская площадь) был полон дыма и огня от горевших там костров: маркграф Мейсенский приказал сжечь всех евреев в городе, возможно, по обвинению в распространении чумы. Это подлинное аутодафе описано в Chronicum Parvum Dresdense. 600 лет спустя в 10 часов вечера другого Shrove Tuesday, 13 февраля 1945 г., Старый город Дрездена осветился первой фосфоресцирующей бомбой, сброшенной самолётом наведения 83-й эскадрильи ВВС Великобритании. Альтмаркт был выбран основным ориентиром бомбометания во время самой разрушительной бомбардировки в истории Европы.

Несмотря на публичные заверения, будто цели избираются только военные или промышленные, Королевские Военно-воздушные силы Великобритании и ВВС США следовали той же стратегии, что и немецкая люфтваффе: сплошная (ковровая) бомбардировка. В ожесточённых спорах о приоритетных целях союзнических бомбардировок одержали верх сторонники сплошной бомбардировки во главе с вице-маршалом ВВС Артуром Хэррисом. Тактика состояла в том, чтобы посылать массированные отряды тяжелых бомбардировщиков многократно на один и тот же город, мстительно наращивая разрушительный эффект. Сам Хэррис хвастался: «Мы будем разрушать один немецкий город за другим, как выдёргивают зубы». Первый авианалёт силами 1000 самолётов был совершён на Кёльн 31 мая 1942 г. Однако желательный эффект был достигнут лишь тогда, когда в результате ночного рейда на Гамбург 27/28 июля 1943 г. погибло более 40000 человек.

Дрезден, столица Саксонии, в 1945 г. оставался практически целым. Средневековый Альтштадт в окружении элегантных площадей и бульваров был полон памятников ренессанса и барокко. Королевский дворец Георгеншлосс восходил к 1535 г. Католическая Хофкирхе (1751 г.) была построена в память об обращении саксонских курфюрстов в католичество. Протестантская Фрауенкирхе (1742 г.) была построена как знак сожаления об этом.

Теперь Дрезден был выбран для массированного налёта в ответ на требование Советов поддержать их с воздуха. Это был город, где скопилось множество беженцев, которых вытесняло продвижение советских войск, а также вспомогательных команд, состоявших, главным образом, из молодых женщин.

Через десять минут после первой бомбы наведения, с юго-запада по воздушному пути 68° на город надвинулась первая волна из 529 *Ланкастеров*. Не встретив ни зенитной артиллерии, ни истребителей, они сбросили жуткую смесь фугасных бомб большого калибра и зажигательных пучков. Уже в течение первых 45 минут в городе бушевал все истребляющий огонь; он поглотил и древнее сердце Дрездена, и всех, кто там был живой.

Утром, когда по земле к городу подтянулась помощь, начался второй налёт из 450 *Летающих крепостей* 1-й Воздушной дивизии стратегических ВВС США. Истребители сопровождения в это время стреляли по всему, что двигалось.

Относительно потерь в свидетельствах имеются большие расхождения. В отчёте англичан о бомбардировке говорилось, что полностью было разрушено 1681 акров. Дрезденская компания городского планирования сообщала, что 3140 акров разрушено на 75%. Местная *Abteilung Tote* [Бюро смертей] сообщало, что к маю 1945 г. было опознано 39773 трупа. То есть без учёта пропавших и неопознанных, неучтённых погребённых, а также без учёта лиц в большом количестве общих могил. Эта цифра, таким образом, представляет собой абсолютный минимум. Начальник Бюро позднее высказывал предположение, что погибло в целом 135000 человек. Один английский историк полагает, что погибших было 120000-150000. Никто не знает, сколько именно трупов было сожжено за кордонами СС, поскольку бесконечной вереницей тянулись повозки, доставляя трупы на Альтмаркт, где снова пылали костры.

В стратегическом отношении эти рейды принесли минимальную пользу: уже через два дня через Дрезден пошли железнодорожные составы; важные военные заводы, как, например, завод электроники в Дрезден-Нойзедлиц, уцелели. Красная армия подошла только 8 мая.

Затем началась информационная война. *Ассошиэйтед Пресс* сообщила (а затем отказалась от этого), что «Командование союзных ВВС наконец приняло давно ожидаемое решение о сознательной устрашающей бомбардировке главных населенных пунктов Германии». С этим вполне были согласны нацисты: «Военные преступники из ВВС союзников хладнокровно отдали приказ истреблять ни в чем не повинное население Германии». В палате общин 6 марта 1945 г. член парламента Ричард Строук сделал запрос, не является ли отныне устрашающая бомбардировка официальной политикой правительства. Последовал официальный ответ: «Мы не тратим ни времени, ни бомб на простое устрашение».

В 10 часов вечера 13 февраля 1946 г. по всей советской зоне Германии звонили церков-

ные колокола в воспоминание о бомбардировке. В Дрездене из всех церквей уцелел только одинокий остов Фрауенкирхе с разбитым куполом. В этот самый день экс-маршал Хэррис взошел на борт корабля в Саутгемптоне, уволившись с военной службы и приступая к гражданской службе за границей. Хотя он и был произведен (с большим опозданием) в рыцари в 1953 г., но его не почитали, как других его товарищей-командиров, до тех пор, пока 31 мая 1992 г. не был открыт соответствующий памятник на лондонском Стрэнде. Это произошло в пятидесятую годовщину бомбардировки Кельна. Обербурго-

мистр Кельна выступил с протестом: «Мне кажется, не стоит чтить память таких героев войны, как Артур Хэррис, — писал он, — пусть он и сражался на нужной стороне и за правое дело». В преддверии годовщины бомбардировки самого Дрездена (в 1995 г.) президент Германии Роман Герцог заявил: «Бомбардировка Дрездена была примером того, как человек становится варваром на войне... нельзя позволить, чтобы и дальше историю писали отдельные нации, из которых каждая оставляет лишь лучшее из сделанного ею. Если мы действительно хотим объединения Европы, тогда и историю надо объединить».

Народные восстания вообще стали отличительной чертой периода после Черной смерти. Выжившие в этом бедствии крестьяне теперь испытывали возросшие нагрузки, а сократившиеся численно рабочие не соглашались с попытками урезать им плату за труд, как, например, в английском Статуте о работниках (1351 г.). Крестьянская Жакерия обрушилась на замки и знатные семьи в Иль-де-Франс и Шампани, пока ее жестоко не подавили. Этот подъем народных восстаний в 1378–1382 гг., то есть поколение спустя после Черной смерти, представляется отчетливым симптомом общей болезни общества. Марксистские историки считают эти события вневременным проявлением классовой борьбы. Другие же презрительно считают их «взрывами гнева, не имевшими будущего»[21].

Однако у современников были все основания для страха, когда к беспорядкам в городах присоединились еще более широкие возмущения в деревне. В 1378 г. во время восстания *чомпи* (чесальщиков шерсти) Флоренция была на несколько месяцев захвачена бунтовщиками. В 1379 г. ткачи Гента и Брюге поднялись против графа Фландрии в таком жестоком возмущении, какое напоминало более ранний эпизод 1320-х гг. В обоих случаях дело закончилось генеральным сражением с королевской армией, и снова Гент продер-

жался шесть лет. В 1381 г. несколько графств Англии были втянуты в крестьянское восстание; в 1382 г. пришел черед Парижа.

Последствия этого движения так описал бывший при французском дворе флорентийский купец Буонокорсо Питти: «Народ Гента восстал против своего господина — графа Фландрии, отца герцогини Бургундской. Громадными толпами они отправились в Брюге, захватили город, свергли графа, ограбили и убили всех его присных... Предводителем у них был Филипп ван Артевельде. С ростом числа восставших [фламандцев] от них отправлялись тайные посольства к городскому населению (черни) Парижа и Руана... Так что затем против короля Франции восстали и эти два города. Первый мятеж парижской черни был спровоцирован уличным торговцем, который начал кричать, когда некий чиновник попытался обложить налогом продаваемые им овощи и фрукты: «Бей *gabelle* [ярыжек]!». По этому крику вся чернь Парижа бросилась к домам сборщиков налогов, ограбила и перебила их... *popolo grasso* [жирный народ], то есть состоятельные люди, которых во Франции называются *bourgeois*, опасаясь, что чернь ограбит и их, взялись за оружие и смогли усмирить бунтовщиков[22].

Крестьянское восстание в Англии не было проявлением слепой ярости бедняков. Известный хро-

РОСТОВЩИЧЕСТВО

В начале 1317 г. в Марселе некий Бондавид де Драгуинан был обвинен в суде в том, что продолжал требовать платы и после того, как основная сумма, которую должен был ему некий Лорентиусу Жирарди, уже была выплачена. Бондавид был евреем и давал деньги в долг; его подозревали в том, что он нарушает законы против ростовщичества. Этот хорошо документированный случай (из великого множества) весьма укрепил средневековый стереотип еврея — бессердечного обманщика. Бондавид был настоящим предтечей литературного Шейлока, которому Шекспир обеспечил бессмертие в «Венецианском купце».

Ростовщичество — взимание процента или даже исключительно большого процента при даче денег взаймы — в христианской Европе считалось и грехом, и преступлением. Священники ссылались на слова Евангелия: «благотворите и взаймы давайте, не ожидая ничего...

Итак, будьте милосерды, как и Отец ваш милосерд» (Лк 6:35-6). Постоянно делались попытки запретить взимать процент, а позднее — ограничить его 10% годовых.

Иудаизм же, хотя и запрещал ростовщичество между евреями, но позволял евреям взимать проценты с неевреев: «иноземцу отдавай в рост, а брату твоему не отдавай в рост» (Втор. 23:20). Это давало евреям преимущество на средневековом рынке денег в деле займов и ссуд. Здесь был корень острейшего антагонизма христиан и евреев, отразившегося в провокационных замечаниях Шейлока по поводу его соперника Антонио:

В действительности законы о ростовщичестве часто нарушались. Банкиры-христиане могли, например, скрывать получение процента от должника, регистрируя лишь уплаченную сумму и никак не фиксируя выданную в долг. И заимодавцы-евреи, возможно, стяжали больший позор потому, что занимались мелкими суммами, охватывая самые широкие массы населения. Лицемерия и определенной враждебности, по-видимому, нельзя было избежать, а одна из фундаментальных капиталистических операций оказалась замороженной на века. Впрочем, особая роль евреев в банковском деле и кредитах Европы остается непреложным фактом истории.

Он ненавистен мне как христианин,
Но больше тем, что в жалкой простоте
Взаймы дает он деньги без процентов
И курса рост в Венеции снижает...
Он ненавидит наш народ священный
И в сборищах купеческих поносит
Меня, мои дела, барыш мой честный
Зовет лихвой. Будь проклят весь мой род,
Коль я ему прощу! (Венецианский купец, i. iii. 37-47)

нист Фруассар пишет, что во главе его стояли люди, жившие в довольстве и богатстве. Их требование покончить с барщиной (сервитутом) сложилось в условиях, когда материальное положение постоянно улучшалось. В особенности они были недовольны третьим подушным налогом за четыре года; кроме того, в их протестах была выраженная моральная направленность, что вполне соответствовало эпохе лоллардов. Они выступали не только против джентри (дворянства), но и против духовенства. Народные проповедники, вроде мятежного священника Джона Болла, выступали с идеями эгалитаризма: «Когда Адам пахал, а Ева пряла, кто тогда был джентльменом?»

В течение нескольких дней в июне 1381 г. казалось, что под угрозой вся структура общества. Из Кента в Лондон прибыли Уот Тайлер со своими отрядами. Из Эссекса пришел походным маршем Джек Стро. Они сожгли дом герцога Джона Гонта из Савойского дома, затем *Highbury Manor* и фламандский бордель у Лондонского моста. Затем они повесили архиепископа и обезглавили несколько жителей. У Смитфилда (лондонский мясной рынок) они столкнулись лицом к лицу с юным королем и его свитой; в схватке Уот Тайлер был убит, после чего восставшие стали просто толпой. Зачинщики были схвачены и казнены. Остальные мятежники рассеялись, но в графствах им пришлось пройти через *ассизы*, выездные сессии суда присяжных. Никому из них уже не хотелось похваляться своими подвигами. Этого вопроса никогда не касался Чосер, который был свидетелем событий; о нем не упоминает Шекспир в *Ричарде II*. Только в XIX в. о восстании стали говорить сочувственно[23]. [ТАБАРД]

ТАБАРД

По указу Ричарда II от 1393 г. каждая гостиница в Англии обязана была иметь вывеску. В результате под открытым небом появилась галерея живописных вывесок и названий.

Средневековые гостиницы часто были неотделимы от практики паломничества. Кентерберийские паломники Чосера начали свой путь от харчевни «Табард», в Соуерке. TRYPPE TO JERUSALEM, получившую свое название «Путешествие в Иерусалим» в 1189 г., и сегодня можно увидеть в Ноттингеме. Лондонские гостиницы погибли в огне Великого пожара 1666 г. Из тех, что уцелели, самой старой считается HOOP AND GRAPES — «Обруч и виноград» в Альдгейте (XIII в.).

Названия многих гостиниц — это геральдический герб патрона. Так, WHITE HART — «Белый олень» — напоминает о Ричарде II. RISING SUN — «Восходящее солнце» — об Эдуарде III; BLUE BOAR — «Синий кабан» — о доме Йорков; GREEN DRAGON — «Зеленый дракон» — об графе Пембруке; GREYHOUND — «Гончая» — о Генрихе VII. Многие гостиницы были открыты цехами или гильдиями, вот откуда BLACKSMIRHS' ARMS — «Герб кузнецов» или WEAVERS' ARMS — «Герб ткачей». BEETLE AND WEDGE — «Молот и клин» или MAN AND SCYTHE — «Человек с серпом» — указывает на инструменты ремесленников. Огромное количество названий связано с транспортом: PACK HORSE — «Вьючная лошадь», COACH AND HORSES «Экипаж и лошади» или RAILWAY TAVERN — «Железно-

дорожный кабачок» — рассказывают об этапах совершенствования транспорта. BLUE POSTS — «Синие столбы» в Сент-Джеймс (Лондон) — о местах остановок дорожных носилок в XVIII. Бесчисленны также связи с охотой: HARE AND HOUNDS — «Заяц и собаки» и FALCON — «Сокол» — связаны с охотой; DOG AND DUCK — «Собака и утка», FIGHTING COCKS — «Дерущиеся петухи» и BULL — «Бык» — с жестокими забавами, которые уже давно запрещены. Названия современных гостиниц часто посвящены популярным героям или литературным персонажам. Среди них встречаются все: от «Лили Ленгтри» и «Леди Гамильтон» (Лондон) до «ARTFUL DODGER» (из Оливера Твиста Диккенса), «Элиза Дулитл», и в районе Бромли — BUNTER. Многие названия вдохновлены историческими битвами, как «Трафальгар», или замечательными эпизодами истории, как ROYAL OAK — «Королевский дуб» на месте, где скрывался в 1651 г. Карл II. Отразились в названиях и менее драматические события, как CARDINAL'S ERROR — «Ошибка кардинала» (закрытие Тонбриджского монастыря в 1540 г.), WORLD TURNED UPSIDE DOWN — «Мир вверх тормашками» (открытие Австралии в 1683 г.) или THE TORCH — «Факел» — в Вембли (Олимпийские игры 1948 г.).

Многие названия — всего лишь ошибка чтения: CAT 'N' FIDDLE — «Кошка со скрипкой», говорят, — искаженное франц. Caton le Fidéle: в память о славном защитнике города Кале (он

стал французским лишь к середине XVI века) рыцаре Катоне Верном. BAG O'NAILS — «Мешок гвоздей» — получилось из лат. *Bacchanales* [пьяницы], GOAT AND COMPASSES — «Коза с компасами» — из девиза пуритан God Encompasses Us («Бог ведет нас»). Множество названий дышат патриотизмом: ALBION — «Альбион», ANCIENT BRITO — «Древний бритт», BRITANNIA и VICTORIAT. ANTIGALLICAN — «Антигалльский, антифранцузский» — название, появившееся в эпоху наполеоновских войн.

Не забыты и другие страны: KING OF DENMARK — «Датский король» (N1) напоминает о визите Христиана IV в 1606 г. HERO OF SWITZERLAND — «герой Швейцарии» имеет в виду Вильгельма Телля; в ANGERSTEIN прославлен балтийский немец Юлиус Ангерштейн, после смерти Ллойда возглавивший организацию и ставший, по существу, истинным создателем теперешнего *Ллойдс* (страховое общество преим. морского страхования); а INDEPENDENT — вождь восстания венгров Кошута. SPANISH PATRIOT — «Испанский патриот» в Ламбете был основан ветеранами Интернациональных бригад 1930-х гг. [ADELANTE]

После всех изысканий у нас остается некая толика нерасшифрованных названий: пусть всякий для себя решает, что делать с MAGPIE AND STUMP — «Сорокой и пнем» (Олд Бейли), WIG AND FIDGET — «Париком и непоседой» в Бокстед или GOAT IN BOOTS — «Козой в сапогах».

Великая западная схизма, продлившаяся с 1378 г. по 1417 г., началась сразу же по возвращении пап из Авиньона. Правда, антипапы бывали и до того; но теперь два человека бывали избраны на папский престол одним и тем же конклавом кардиналов, и при этом каждый призывал к борьбе с соперником и анафематствовал его. Это стало шокирующим скандалом и источником соблазна. К тому же двое первых претендентов были далеко не святые: Урбан VI оказался душевнобольным садистом, который мог, не отрываясь, молиться в саду Ватикана и наблюдать, как пытают его кардиналов. Климент VII — Роберт Женевский — некогда приказал потопить в крови Цесену. В 1409 г., когда обе партии — урбанитов и климентинцев — отказались участвовать в Соборе, который должен был их примирить, коллегия избрала третьего папу. Со схизмой удалось покончить только на Соборе в Констанце: все три понтифика были отстранены, и на их место был единодушно избран папой кардинал Отон Колонна под именем Мартина V (1417–1431 гг.).

Собор в Констанце (1414–1417 гг.) стал кульминацией движения примирения. Профессора Парижского университета к тому времени уже в течение полувека призывали созвать такой Собор. Наконец Собор был созван германским королем Сигизмундом Люксембургским, разославшим приглашения всем кардиналам, епископам, аббатам, князьям, монахам и учителям. 18000 клириков, одушевленные своей объединительной миссией, со всех сторон устремились в крошечный городок на берегу озера. Они должны были, среди прочего, ограничить власть папы. Со схизмой было покончено утверждением избрания Мартина V единственным папой.

Но собравшиеся сожгли Яна Гуса на том основании, что данная императором гарантия безопасной поездки не действительна в отношении столь явного еретика. Собравшиеся также ничего не сделали для ограничения злоупотреблений Церкви. Следующее заседание, запланированное в Констанце, состоялось наконец в Базеле под покровительством герцога Савойского в 1431 г.; оно продолжалась много лет. Однако со временем у этого собрания возник конфликт с папой Евгением IV, и дело кончилось тем, что герцог сам был утвержден антипапой. По иронии судьбы, окончательным результатом примирительного движе-

ния стало убеждение в необходимости для Церкви сильного папства.

Италия сумела избежать опеки чужеземцев. В XV в. Италия процветала, была полна бурной жизни и чрезвычайной культурной энергии. На это время приходится зенит славы итальянских городов-государств, городских деспотов, солдат-наемников *condottieri* и пик раннего Ренессанса (см. Глава VII). Бесконечные муниципальные конфликты разрушили олигархические общины, открыв дорогу местным тиранам. Милан при двенадцати Висконти (1277 — 1447 гг.) и пяти Сфорца (1450–1535 гг.) и Флоренция при Козимо и Лоренцо ди Медичи (1434–1494 гг.) жили в атмосфере политической низости и высокого искусства. В это время Венеция достигает вершин власти и богатства и сильно расширяет свои владения на материке, включая Падую. Неаполь вновь втянут во тьму гражданской борьбы. Но Рим, оказавшись в руках честолюбивых и культурных пап, вроде флорентийца Николая V (1447–1455 гг.), выходит на яркий солнечный свет. Италия могла наслаждаться собственной политической борьбой и великолепием, пока в 1494 г. на сцену снова не вышла Франция.

Столетняя война, которая обычно датируется 1337–1453 гг., не была объявленной непрерывной войной Франции и Англии. Это всего лишь исторический ярлык, впервые появившийся в 1823 г., для обозначения продолжительного периода всевозможных разрух (*le temps des malheurs*), которыми пользовались англичане как предлогами для набегов, увеселительных поездок и военных экспедиций. (Иногда этот период называют также Второй Столетней войной — последовавшей после англо-французского конфликта 1152–1259 гг.) Но, прежде всего, это была оргия того, что позднейшие поколения находили особенно презренным в средневековье: бесконечные убийства, бессмысленные предрассудки, рыцарская неверность, погоня за партикулярными интересами в ущерб общему благу. Это время полно колоритных персонажей. Были там великие рыцари, как Бертран Дюгеклен из Бретани (ок. 1320–1380 гг.), конетабль Франции, и его противник Эдвард Вудсток (1330–1376 гг.), принц Уэльса и Аквитании, Черный Принц. Были там бароны-предатели вроде Карла Злого из Наварры, беспутные гуляки, как сэр Джон Фастольф, и бесконечное множество продажных прелатов вроде Пьера Кошона, епископа Бове, который без труда мог дать богословское оправдание убийства и устроить по заказу показательный церковный процесс.

Не удивительно, что самым влиятельным персонажем этой войны был епископ Кошон — главный враг Жанны д'Арк, безупречно чистой крестьянской девушки, которая услышала таинственные голоса, бросилась в бой в полном вооружении и была сожжена на костре по ложному обвинению в ереси и колдовстве. К тому времени, а именно в 1430 г., уже не помнили об истоках и причинах войны. Недаром Шарль Орлеанский (1394–1465 гг.), поэт королевского рода, пробывший 35 лет в заключении в Англии, плакал о своей родине:

> Мир — это сокровище, которое нельзя переоценить.
> Я ненавижу войну: не следует ее любить.
> Давно уж я хочу, не знаю прав я иль не прав,
> Увидеть Францию, которую мне суждено любить[24].

Неприятности Франции коренились отчасти в династических проблемах династии Валуа, отчасти в непокорности больших ленных владений, в особенности Фландрии, Бретани, Гиенни (Аквитании) и Бургундии, отчасти же в непостоянстве Парижа. Интересы Англии заключались в неотступных притязаниях Плантагенетов на французский трон; в их территориальных владениях — особенно в Гиенни; в торговых связях с Фландрией и сверх всего, в убеждении уже четырех или пяти поколений англичан, что слава и богатства ждут их за проливом. Потенциально Франция всегда была сильнее, но благодаря морскому превосходству остров оставался в безопасности ото всех, кроме союзников Франции — шотландцев. В то же время техническое превосходство английских армий не раз оттягивало окончательное разрешение соперничества. В результате почти все сражения происходили на французской земле и англичане продолжали испытывать судьбу и играть своей силой. Так что и в 1450-х гг., после столетия военных приключений, англичане, возможно, не престали бы сражаться с французами, если бы у них самих дома не разгорелась большая гражданская война.

Рассматривая события этой войны в целом, следует особенно подчеркнуть, что шесть главных королевских экспедиций из Англии (которые начались высадкой Эдуарда II в Антверпене в июле 1338 г. и окончились смертью Генриха V в Венсенне в августе 1422 г.) не так типичны, как меньшие и более частые провинциальные кампании, а также вылазки независимых участников военных действий. Блистательные победы Англии в битвах при Креси (1346 г.), Пуатье (1356 г.) или Азенкуре (1415 г.) были событиями масштабными, но меньше говорят о целом, чем непрерывные схватки и атаки на замки. Кроме того, эти виктории следует рассматривать на фоне безобразной бойни в Лиможе, учиненной Черным Принцем в 1370 г., бессмысленной *chevauchée* (конная прогулка) из Кале в Бордо его брата Джона Гонта, герцога Ланкастерского в 1373 г. Они были, конечно, не столь решающими, как морская битва у *L'Écluse* (Слейс), где в 1340 г. погибло 20000 французов. Недолговечные королевские армии нанесли, наверное, меньше ущерба, чем боевые соединения наемников, дворянские *Grandes Compagnies* или жестокий разбой *routiers* и *ecorcheurs*. Главные дипломатические события, как мир, заключенный в Бретиньи (1360 г.), или конгресс в Аррасе (1435 г.) принесли мало пользы, как и бесчисленные малые пакты или нарушенные соглашения.

К военным и дипломатическим неудачам прибавились собственные несчастия Франции. Важным фактором была чума 1347–1349 гг., ускорившая заключение третьего перемирия. Ту же роль сыграли Жакерия 1358 г.; подвиги Этьенна Марселя, парижского суконщика, который захватил власть в Генеральных штатах; восстание *maillotins* 1382 г., которые своими молотами забили насмерть королевских сборщиков налогов; бунт живодеров во главе с Жаном Кабошем или вражда партий *бургундцев* и *арманьяков*. Жестокие убийства были тогда делом обычным: Марсель, убивший королевских маршалов в присутствии их господина в Лувре, затем был сам убит. Людовик Орлеанский, основатель партии арманьяков, был убит в 1407 г., как и конетабль Арманьяк и их главный соперник — бывший крестоносец Жан Бесстрашный герцог Бургундский — на мосту в Монтеро. Несчастным Валуа было неуютно на троне. За исключением Карла V Мудрого (правил 1364–1380 гг.), умелого тирана, они не знали покоя. Иоанн Добрый (правил 1350–1364 гг.), взятый в плен в Пуатье, умер в английском плену. Карл VI Безумный (правил 1380–1422 гг.) провел тридцать лет в невменяемом состоянии. Карл VII (правил 1422–1461 гг.) множество лет оставался дофином и злополучным «королем бургов», десятилетиями жил в тени арманьяков и бургундцев, пока не стал в качестве *Bien Servi* [Хорошего Поданного] во главе возрожденной французской администрации.

Конфликт достиг наибольшего накала в 1420-е гг., в то десятилетие, которое началось буйством Англии, а окончилось *французским возрождением*.

После Азенкура молодой Генрих V занялся созданием нового англо-французского королевства. По Соглашению в Труа (1420 г.) он получал контроль практически над всей Францией к северу от Луары, а как зять французского короля он был формально признан законным наследником Валуа. После неожиданной смерти Генриха V в Весене королем был провозглашен его несовершеннолетний сын Генрих VI, а регентом Джон, герцог Бедфордский. Париж оставался в руках англо-бургундцев в 1418–1436 гг., а в Бастилии находился английский гарнизон. В 1428 г. Бедфорд осадил

ОХОТА

La Livre de la chasse [Книга охоты] Гастона Феба, с ее полным названием *Les Deduits de la chasse des bestes sauvages et des oiseaulx de proye* (1381 г.), — важный документ социальной жизни, *вдохновивший* немало других изумительно иллюстрированных манускриптов. Она больше известна в версии MS 616 Français Национальной библиотеки Парижа. Автор этой книги Гастон III, называвшийся Фебом, граф Фуа и сеньор Бема (1331–1391 гг.), был колоритным искателем приключений из Гаскони, который сражался за Францию при Креси и за тевтонских рыцарей в Пруссии. Он часто фигурирует в хрониках Фруассара как владелец замка в Пиренеях в Ортезе. В книге дан обзор всех родов дичи и способов охоты на них: волк, олень-самец, медведь, кабан и барсук; английская кровяная гончая, борзая, мастифф и спаниель: облава, охота на зайца с гончими «по зрячему», захват добычи, ловля тенётами и силками, охота с ружьём (на дичь), ловля в западню, даже браконьерство; каждый шаг охотника от момента, когда взят след до *mort* [сигнал на рожке, оповещающий о смерти преследуемого зверя], описан

со знанием дела и великолепно иллюстрирован.

В XIV в. охота все еще была частью экономики Европы. Дичь была существенной составляющей пищи людей, особенно зимой. Орудия охоты — лук, меч и пика, умение ездить верхом, психология преследования и добычи — все это было важным элементом военного обучения. Лесные заповедники, находившиеся под защитой суровых законов, были важными привилегиями королей и знати.

На Востоке, где лесов и дичи было больше, а занятие сельским хозяйством — дороже, искусство охоты было еще важнее. Историк Марчин Кроме в 1577 г. описал охоту на зубров в Подолии на Днестре очень похоже на испанскую корриду: «Тем временем один из охотников при поддержке сильных собак приближается и водит, и водит зубра вокруг дерева, играя с ним и дразня, пока тот не упадет от ран или просто от изнеможения. Если же охотнику грозит опасность, его спутники отвлекают зубра, размахивая большими красными плащами, потому что красный цвет приводит зубра в ярость. Тогда зубр отпускает первого человека и нападает на другого, кото-

рый к тому времени уже готов его прикончить».

С развитием огнестрельного оружия и ростом сельскохозяйственного производства меняются приемы охоты и ее социальная функция. Так, в Англии, где последнего волка убили в XVIII в., охота сосредоточилась на лисах, этих главных врагах фермеров. Здесь сохраняются старинные обычаи с камзолами красного цвета охотников на лисиц, рожками и криками *Tally-ho* (ату!). Но охота утратила здесь свое прикладное значение. Вот как Оскар Уайлд описывает в 1893 г. английского джентльмена, несущегося галопом за лисой: «невыразимое в погоне за несъедобным». Охота с ружьем стала всего лишь развлечением. С точки зрения фундаменталистов, противников убийства, даже прицеливаться — это уже пережиток варварства.

В Восточной Европе охота сохраняет социальные характеристики несколько дольше: она стала символом общественного статуса коммунистических сановников. Для них, как для рейхсмаршала Геринга в 1930-е гг., поохотиться на зубра было высшей наградой и подражанием феодальной аристократии.

Орлеан — последний оплот королевско-арманьякских сил на севере, и будущность Валуа представлялась почти безнадежной. До тех пор никто не считался с молодой крестьянкой Жанной д'Арк [*la Pucelle*] девой-рыцарем; но она, пристыдив его, заставила дофина действовать. 8 мая 1429 г. атакой конницы на мост в Орлеане Жанна прорвала осаду Орлеана. Проведя своего вялого дофина через всю англо-бургундскую территорию, Жанна доставила его на коронацию в Реймс. Ко времени ее смерти в 1431 г. (от рук англичан на костре на площади в Руане) натиск англичан уже стремительно спадал. [РЕНТА]

Затем конфликт постепенно идет на убыль и после Конгресса в Аррасе в 1435 г., когда Бургундию отняли у англичан, не представлялось возможным, чтобы удача вернулась к англичанам. С *Ордонансом об армии* (1439 г.) у французского королевства появилась наконец сильная регулярная армия кавалеристов и лучников. Подавление восстания Прагерии покончило с арманьяками и сопротивлением аристократии; последние события этой борьбы имели место в 1449–1453 гг. Когда войска графа Шрусбери были подавлены артиллерийским огнем в Кастильоне в июле 1453 г. и ворота Бордо открылись французской власти, в руках англичан оставался только Кале. В 1475 г. развертывается своего рода эпилог: английская армия высадилась во Франции, ожидая от бургундцев поддержки, но от англичан удалось откупиться назначением выплат по 50000 крон в год, 75000 крон единовременно и обещанием, что дофин женится на дочери Эдуарда IV.

Для Франции Столетняя война оказалась событием, заставившим ее посмотреть правде в глаза: население сократилось почти на 50%, и возрождение нации началось, можно сказать, с нуля. При Людовике XI (правил 1461–1483 гг.), этом «терпеливо плетущем свою сеть пауке» и великом дипломате, национальное возрождение быстро набирает темп, в особенности после того, как он покончил с бургундской угрозой.

Для Англии Столетняя война стала решающим временем формирования нации. В начале войны Англия Плантагенетов была династическим королевством, которое в культурном и политическом отношениях было всего лишь форпостом Франции. К концу войны, лишившись владений на континенте, Англия Ланкастеров становится островным государством, которое благодаря своему географическому положению надежно защищено и уверенно смотрит в будущее, обретя национальное самосознание. В это время творчеством Джефри Чосера (ок. 1340–1400 гг.) начинается богатая история английской литературы. При Ричарде II (правил 1377–1399 гг.) и трех Ланкастерах — Генрихе IV (правил 1399–1413 гг.), Генрихе V (правил 1413–1422 гг.) и Генрихе VI (правил 1422–1461 гг.) — войны с Францией были местом приложения избыточных сил, не растраченных в жестокой борьбе монархии с баронами. Ричарда II принудили отречься от престола и позднее убили в Понтефракте. Генрих IV, сын узурпатора Джона Гонта, захватил трон с помощью фальшивой генеалогии. Генриху V не удались его попытки покорить Францию. Генрих VI, еще один несовершеннолетний король, был со временем свергнут. И если на поверхности нам видна кровавая политическая борьба, то в глубине в это время растет и крепнет чувство патриотизма и национальной гордости. Так что со стороны Вильяма Шекспира (200 лет спустя) было несомненным анахронизмом вложить лучший патриотический панегирик в уста Джона Гонта, который так много сил и времени отдал борьбе во Франции. Однако Шекспир в его речи выразил те чувства, которые родились в конфликтах этого ушедшего времени:

> Подумать лишь, что царственный сей остров,
> Страна величия, обитель Марса,
> Трон королевский, сей второй Эдем,
> Противу зол и ужасов войны
> Самой природой сложенная крепость,
> Счастливейшего племени отчизна,
> Сей мир особый, дивный сей алмаз
> В серебряной оправе океана,
> Который, словно замковой стеной
> Иль рвом защитным ограждает остров
> От зависти не столь счастливых стран,
> Что Англия, священная земля[25].

Именно во Франции англичане совершили все те подвиги, которые сцементировали их патриотические чувства. Что еще, кроме *Harfleur*, накануне Азенкура, могло стать декорацией того шекспировского монолога, который будет призы-

РЕНТА

Клиометрия — измеряющая историография, или количественные методы в истории, — заняла достойное место среди других наук благодаря компьютерам. До того историков удерживали необъятность подлежащих изучению данных и отсутствие адекватных средств исследования. Статистических выборок было мало, временные отрезки короткие, а выводы неуверенные. С появлением же исследований, перемалывавших цифровые показатели в истории, многие подобные препятствия были устранены.

Одним из пионеров новой науки была «секция 6» в École Pratique des Hautes Études (Париж), основанная в 1947 г. Одно из предпринятых там исследований было посвящено росту земельной ренты в Париже от позднего средневековья до Революции. На первом этапе исследования по 23000 комплектам официальных и частных свидетельств надо было вычислить среднюю годовую ренту в ливрах. На втором этапе для учета инфляции следовало обратить монетарные показатели в иные, представляющие реальную покупательную способность. Для этого ренты соотнесли со средними за три года ценами на пшеницу, выраженными в *setiers*, то есть гектолитрах пшеницы. На третьем этапе надо было сопоставить полученную кривую ренты с показаниями другого, независимого источника — в данном слу-

чае за таковой был принят *Minutier, Central*, или «Основной нотариальный журнал», который ведется с 1550 г. Обнаружилось близкое соответствие показателей в сопоставлении исчисленной ренты:

Средние вычисленные ренты			Ренты по Minutier Central		
	Livres	Setiers		Livres	Setiers
1549-51	64.24	16.77	1550	63.72	16.64
1603-5	168.39	17.81	1604	229.00	24.23
1696-8	481.96	23.41	1697	531.00	25.79
1732-4	835.55	55.70	1734	818.35	54.55
1786-8	1281.04	58.63	1788	1697.65	77.69

(69.78 *setiers*) и в 1777–1782 гг. (65.26 *setiers*). Согласно *Minutier*, самая высокая рента была в 1788 г. (77.69 *setiers*).

Оценку полученных данных нельзя считать окончательной. Кривая ренты, очевидно, ниче-

В кривой ренты Парижа отразились и политические события, и экономические факторы. Нижние точки падения ренты отмечаются (как тому и следовало быть) во время «Застоя Жанны д'Арк» в 1420–1423 гг., «Котловины св. Варфоломея» в 1564–1575, «Спада Осады» в 1591–1593 гг. и «Кювета Фронды» в 1650–1656 гг. Периоды восстановления оказываются гораздо более продолжительными — это «Ренессанс» 1445–1500 гг., затем десятилетия Ценовой революции после 1500 г., когда подъем «реальной ренты» намного перекрывает резкий подъем номинальной ренты, период стабилизации во время правления Людовика XIV до 1690 г. и затем непрерывный подъем ренты в середине XVIII века. Компьютерные вычисление показали, что выше всего рента поднималась в 1759–1761 гг.

го нам не говорит о многих важнейших факторах, определявших рынок недвижимости в Париже и уж тем более об экономике Франции в целом. Она ничего не говорит о перенаселении, размере и качестве жилищ или о строительстве новых зданий. И тем не менее она предоставляет нам скромные данные о том времени, для которого у историков нет полномасштабной статистики цен, заработков, стоимости и доходов; с этими показателями мы можем сопоставлять другие источники информации. Кроме того, наша кривая отражает надежды структуралистов в экономике, которые уповают на установление *conjoncture*, то есть модели основных направлений развития. По их мнению, все исторические факты должны соответствовать этой установленной *conjoncture*.

вать «благородных англичан» противостоять стремительному удару врага.

В островном королевстве Англии валлийцы оставались единственной неассимилированной общиной. В 1400–1414 гг., в разгар войн с Франци-

ей, они подняли опасное восстание, установив связи с другими противниками английского короля в Нортумбрии, Ирландии, Шотландии и Франции. Под руководством *Owain ap Gruffydd* (Оуайн), лорда *Glyndyvrdwy* (Глен Дур) (ок. 1359–1416 гг.), известного англичанам как Оуэн Глендоуэр, они возродили идею свободного Уэльса и быстро восоздали независимое княжество[26]. В 1404–1405 гг. независимый парламент Уэльса собрался в *Machynlleth*. Однако уже скоро все это дело начало рушиться после победы англичан при Азенкуре. Затем постепенно были возвращены королевские замки в Уэльсе, и сын Глендауэра был вынужден сдаться. С этих пор Уэльс хотя и сохраняет культурную и языковую самобытность, но является составной частью английского королевства.

С 1450 г. Англию раздирает братоубийственная война, походившая на войну бургундцев и арманьяков. Душевнобольной король и споры о престолонаследии сделали Ланкастерцев и Йоркистов непримиримыми врагами. Войны Алой и Белой розы не давали Англии возможности воспользоваться ее растущим экономическим процветанием, пока трех соперников — Эдуарда IV, Ричарда III и Генриха VII — не похоронили восторжествовавшие Тюдоры.

И опять-таки не историчны слова Шекспира, который писал, что «край наш будет зваться Голгофой и страною мертвецов». В действительности же, если доверять современным ученым, борьба велась довольно благородно[27]. За исключением битвы при Тюксбери в 1471 г., военнопленных вообще не убивали. В основном действия развертывались по кельтским окраинам: при горе св. Михаила в Корнуэле и в Уэльсе в Денби, Harlech, Carreg Cennen и под Пембруком, местом рождения Генриха Тюдора, в конце концов оказавшегося победителем. Сцена на Босвортском поле 22 августа 1485 г., где горбун Ричард III кричал в отчаянии «Полцарства за коня», а его свалившаяся корона повисла на терновом кусте, стала теперь общеизвестной. В свое время именно эта сцена стала подходящей концовкой для средневековой истории Англии.

Одним из побочных результатов Столетней войны стало появление псевдонезависимого государства Бургундия во всем его великолепии. Упадок Франции и Империи давал особые возможности *срединному королевству*, сыгравшему выдающуюся роль в европейской политике, но в отсутствие сплоченности сошедшему на нет так же быстро, как некогда возникло. Хотя четверо великих Валуа, герцогов Бургундских, не имели

королевского титула — Филипп Храбрый (1342–1404 гг.), Жан Бесстрашный (1371–1419 гг.), Филипп Добрый (1396–1467 гг.) и Карл Смелый (1433–1477 гг.), — но богатством и престижем они превосходили многих королей. Их первоначальное владение, древнее герцогство Бургундия вокруг Дижона, было даровано Филиппу Смелому его отцом — королем Франции в 1361 г. С того времени оно постоянно расширялось, присоединяя бесчисленные владения по франко-имперским границам.

Филипп оставался по преимуществу одним из французских *принцев лилии*[28], как и его братья: герцог Беррийский и герцог Анжуйский. Но благодаря союзу с Англией его сын и внук смогли освободиться от этих семейных уз. Правнук Филиппа Карл Смелый слишком уж просчитался в попытке перехитрить соседей. Их богатство происходило в основном из процветавших северных городов: Брюге, Арраса, Ипра, Гента и Антверпена. Бургундский двор все еще не имел постоянного места пребывания, однако помимо Отель д'Артуа в Париже и герцогского дворца в Дижоне у властителей Бургундии были великолепные резиденции в Лилле, Принценхоф в Брюге, Куденберг в Брюсселе и замок Гестин в Артуа.

Бургундский двор стал центром развития экстравагантного культа рыцарства: здесь выработались ритуалы ордена Золотого руна и здесь с энтузиазмом финансировали крестовые походы. Двор был буквально помешан на турнирах, поединках, банкетах, зрелищах, всякого рода процессиях. Бургундские герцоги щедро поддерживали искусства: такого скульптора, как Клаус Шлютер, художников, как Ян ван Эйк и Роджер ван дер Вейден, поэтов, музыкантов, романсеро [сочинители средневековых романов в стихах] и знаменитых ткачей гобеленов. Сами герцоги и их придворные одевались в затканные золотом одежды, украшенные горностаями и драгоценными камнями — все с целью поразить и вызвать восхищение. Они были мастерами дипломатии и, главное, мастерами устраивать браки по расчету. Филипп Добрый однажды предложил приют своему кузену, будущему Людовику XI, но этот беглец превратился со временем в грозного противника. Герцог Карл был постепенно втянут в сети политических интриг Людовика, потерпел поражение от шведских союзников Людовика при Моро и наконец пал в бою с лотарингцами при Нанси. *Burgunderbeute* [бургундскими трофеями] и поныне полны музеи Швейцарии[29]. **[гульфик]**

Смерть Карла в 1477 г. ускорила падение и раздел Бургундии. Людовик XI вернул себе герцогство (в его первоначальных размерах), но львиная доля отошла к Марии, дочери Людовика, а затем к ее мужу Максимилиану фон Габсбургу. Их часть бургундского наследства — Фландрия, Брабант, Зеландия, Голландия и Гельдерс — стала основой будущих Нидерландов и перешли к их внуку Карлу V — последнему из бургундцев. От государства Бургундия не осталось ничего; не уцелел даже изумительный мавзолей герцогов в картезианском монастыре в Шампмоле около Дижона[30].

Много лет спустя один монах показывал через череп Жана Бесстрашного Франциску I, королю Франции, и, как передают, сказал при этом: «Вот отверстие, через которое англичане проникли во Францию». Но с равным основанием можно указать и на бездумные притязания Карла Смелого: вот провал, через который Габсбурги проникли в Западную Европу.

Пока же могущество дома Габсбургов только зарождается. Они, хотя и наследовали непрерыв-

но с 1438 г. императорский титул — Фридрих III фон Габсбург (1440–1493 гг.) был последним императором, коронованным в Риме, — но еще не были способны превзойти соперников. В самом деле, в XIV–XV вв. еще ничто не выделяет их из других сильных династий этого региона. И в конце концов только случай дал Габсбургам возможность преуспеть, а Ягеллонам — проиграть.

В течение двух веков шумливая знать Богемии, Венгрии и Польши (из тех, кто имел право подтверждать порядок престолонаследия у себя в стране) отплясывала затейливый гавот с четырьмя главными династиями Европы. Больше всего они напоминали своими действиями акционеров старинных компаний, которые ищут союзников среди могущественных транснациональных концернов, пытаясь таким образом укрепить контроль над собственными предприятиями, обеспечить искусный менеджмент и эффективно защитить свои компании от посягавших на них соперников. Во всех трех странах толчком к началу этого процесса послужила ликвидация национальных правящих династий. В Венгрии Арпады пресеклись в 1301 г., Пржемысловичи в Богемии — в 1306 г., Пясты в Польше — в 1370 г.

В результате Центрально-Восточная Европа вступила в долгий период постоянно менявшихся

ГУЛЬФИК

После победы при Мора в 1476 г. шведские солдаты разграбили лагерь бургундцев. Они захватили там громадные сундуки элегантной одежды, изрезали ее и устроили шутовской парад в изорванной одежде своих врагов. Это происшествие не только породило моду на камзолы с разрезами в XVI веке, но и подтверждает, что во времена средневековья мужская мода вообще формировалась под влиянием одежды воинов.

В описываемое время отмечаются еще две детали мужской одежды — обе с очевидными эротическими обертонами.

Poulaineor cornadu — «длинный острый носок башмака». Некогда он был изобретен для того, чтобы наезднику было легче вставать в стремена, позднее же, говорят, эти загнутые мыски приняли иную смысловую нагрузку. В это время, когда poulaine отживал свой век, *braguette* — гульфик — только входил в обиход. Рабле сообщает нам, что *braguette* был изобретен для защиты гениталий в бою, но, скорее, он должен был облегчить отправление естественных потребностей закованному в броню рыцарю. Говорят также, что он защищал

одежду от могущих ее испачкать противосифилисных мазей. Но ничто из указанного не объясняет, почему в течение целого столетия эта деталь имела такой вызывающий вид. В *«Как вам это понравится»* Шекспир упоминает, что у Геркулеса braguette «был величиной с дубинку».

До недавнего времени многие интимные детали одежды, и в особенности белья, не упоминались в разговорах, их деликатно обходили также историки. В наши дни все это стало предметом научных трудов и скандальных выставок.

династических союзов между Габсбургами, Люксембургами, Анжуйцами и Ягеллонами. Поначалу казалось, что одолеют Люксембурги: они правили Империей в 1308–1313 гг., 1347–1437 гг., Богемией — в 1310–1437 гг. и Венгрией — в 1387–1437 гг. В середине XV в. Габсбурги также набрали большую силу, но в Богемии и Венгрии к власти пришли национальные правители. К 1490 г. Ягеллоны господствовали в объединенном королевстве Польши и Литвы, в Богемии и Венгрии, но не в Империи. Невозможно излагать историю Империи или национальные истории соответствующих стран без упоминания этих более широких связей.

Богемия была особенно лакомым кусочком, поскольку ее короли становились наследственными курфюрстами Империи. В конце своего правления Пржемысловичи захватили Австрию-Штирию-Каринтию, но потеряли их в пользу Габсбургов в битве при Дюрнкруте в 1278 г. Позднее Вацлав II (правил 1278–1305 гг.) получил и корону Польши, и корону Венгрии. После Пржемысловичей Богемией поочередно правили Люксембурги, Габсбурги и Ягеллоны. В XV в. королевский дом Богемии оказался втянутым в продолжительные войны с дворянством и с гуситами. Последний национальный король Юрий из Подебрад (правил 1458–1471 гг.) обеспечил своей стране два десятилетия временной независимости.

Гуситы, основавшие национальную церковь Чехии, устояли против неоднократных попыток их подавить. Они появились в тот исторический момент, когда Великая схизма была в самом разгаре, а Богемию раздирала жестокая борьба чехов с немцами, королей с дворянами, священства с папой, Университета с архиепископом Пражским. Вскоре гуситы в своих требованиях вышли за рамки тех богословских и политических предложений, с которыми первоначально выступил Ян Гус. При известии о смерти Гуса и отлучении всего чешского народа на соборе в Констанце гуситы пришли в такое возмущение, что начали по существу национальное восстание и *первую реформацию*. Гуситы делились на две главные группы: утраквистов (чашников), которые принимали прежнюю церковь и лишь заменили ее прежнюю, в основном немецкую, католическую иерархию, и радикальных таборитов, основавших отдельные

евангелические общины, центром которых стал укрепленный лагерь — Табор.

Критический момент настал 30 июля 1419 г. в Праге. Процессию гуситов забросали камнями в Новом городе, а немецкий бургомистр был выброшен на головы толпе из окна ратуши. В ответ папа объявил всеобщий крестовый поход на еретиков. С этого времени утраквисты [считавшие, что хлеб и вино за Причастием должны преподаваться *sub untraque specie* (под обоими видами)] быстро сформулировали свое учение и изложили его в *Пражских статьях* (1420 г.). В это время табориты начали военные действия под водительством своего любимца — одноглазого Яна Жижки из Троцнова (1376–1424 гг.). Из года в год громадные армии немецких крестоносцев вторгались в Чехию, но терпели поражение. Гуситы, перенесшие свои действия в Саксонию, страдали больше всего от внутренних разногласий. Решительная победа в 1434 г. утраквистов над таборитами у Липан позволила победителям договориться с католической церковью. По Базельским соглашениям церковные установления утраквистов сохранялись в Богемии до 1620 г. В существующей расстановке политических сил чешские дворяне попытались взять в свои руки управление страной, избрав наследником Люксембургов инфанта из династии Габсбургов, а двадцать лет спустя — избрав королем могущественного вождя из лагеря утраквистов Юрия из Подебрад. После смерти Юрия собрание остановило свой выбор на Владиславе Ягеллоне (правил 1471–1490 гг.), что спасло их и от Габсбургов, и от венгров.

История Венгрии развивалась по той же схеме, что и история Богемии: после краткого правления баварских Виттельсбахов, Венгрией стала править Анжуйская династия из Неаполя. Карл Роберт, или Кароберт (правил 1310–1342 гг.), и Людовик (правил 1342–1382 гг.), известный как Лайош Великий, сосредоточили в своих руках огромную власть только для того, чтобы уступить ее Люксембургам и Габсбургам. Последним выдающимся национальным королем был Матеуш Корвин (правил 1458–1490 гг.). Первый из Ягеллонов, приглашенный править Венгрией, Ладислав из Варны (правил 1440–1444 гг.) был убит в бою с турками. Третий, Людовик II (правил 1516–1526 гг.), также закончил свою жизнь в бою под Мохачем.

Более славная и более независимая судьба ждала Польшу. После 182 лет феодальной раздробленности Польшу объединил в жизнеспособное государство Владислав Локетек [Локоток] (правил 1320–1333 гг.), получивший корону от папы в Риме, куда он приехал в юбилейный год. Сын Локетка Казимир Великий (правил 1333–1370 гг.), последний король из династии Пястов, преуспел как в создании действенной администрации, составлении кодекса законов, так и в последовательной внешней политике. Отказавшись от западных областей Польши, в особенности от Силезии, в пользу Люксембургов, он освободил себе руки для экспансии на Восток. Захват Казимиром Галиции и города Львова в 1349 г. стал первым существенным шагом Польши на пути, ведущем в земли восточных славян. В том же году он принял бежавших из Германии евреев и положил начало крупнейшей в Европе еврейской общине. Правление Людовика Венгерского ознаменовалось принятием *Кошицкого привилея* (1374 г.), согласно которому польские дворяне получили такие же права, как и их венгерские собратья. С этого времени власть шляхты беспрерывно растет. Исключительно важным был, однако, брак дочери Людовика Ядвиги, уже получившей титул *rex Polonae*, с великим князем Литовским Ягайлой.

[ШЛЯХТА]

Объединение Польши с Литвой имело большие международные последствия. Соединение двух могучих государств, когда они оба находились на подъеме, произвело грандиозный эффект, породив чуть ли не новую цивилизацию. Непосредственной причиной создания этого союза была угроза со стороны Тевтонского ордена, деятельность которого вызывала протест не только в Кракове, но и в Вильнюсе. Но были и другие причины. Польша, оправившаяся от монгольского нашествия и избежавшая Черной смерти, с вожделением поглядывала на пространства Востока. Литва, где все еще правили языческие владыки, была обеспокоена подъемом соседней Московии и стремилась войти в христианский мир. Обе страны искали поддержки друг у друга, так что брак Ядвиги с Ягайло затрагивал интересы гораздо более широкие, чем интересы этих двух лиц. Ядвига — двенадцатилетняя девочка, уже потерявшая отца, — подчинилась долгу. Ягайло — сорокалетний воин-холостяк, которого поляки называли Ягелло, по-

чувствовал здесь историческую возможность, которую нельзя было упустить.

Литва крестилась после десятилетий колебаний между православием и католичеством. Отец Ягайло, великий князь Ольгерд (правил 1341–1377 гг.), следовал политике «динамического равновесия». На протяжении всех лет своего правления он дразнил и Авиньон, и Константинополь обещаниями креститься. В 1370-х гг. казалось, что он выберет православие и вытеснит Москву с ее положения главы православных славян. В 1375 г. он убедил Константинопольского патриарха открыть отдельную митрополию «Киевской Руси и Литвы» в противовес более старой митрополии «Киевской и всея Руси», которой в то время управляла Москва. В свое время и Ягайло склонялся к восточному христианству. В 1382 г. к Москве его подтолкнули действия нелояльного братца, начавшего заигрывать с тевтонскими рыцарями. Уже в 1384 г. по инициативе матери-христианки Ягайло Юлиании Тверской было заключено временное соглашение, по которому Ягайло обручался с московской княжной, а Литва — с православием. Эти планы нарушили, по-видимому, татары, разграбившие Москву и обратившие ее в независимого союзника. Так что, когда жребий был брошен в пользу союза с католической Польшей, это было неожиданным решением. Ягайло пришел к соглашению с поляками и посланниками венгерских Анжуйцев в Креве в августе 1385 г. 15 февраля 1386 г. он был крещен в Кракове и получил христианское имя Владислав. Через три дня он женился на Ядвиге, а 4 марта был коронован соправителем Польши[31].

Как ни странно, но в 1387 г. Вильнюс, где рубили священные дубы, был не последним прибежищем язычества в Европе. В то время район Самогитии, или *Нижней Литвы,* был оккупирован Тевтонским орденом, который вовсе не собирался насаждать здесь христианство; так что этот район был обращен только после того, как Литва вернула его себе в 1417 г.[32] Только спустя 11 веков после обращения Константина, в Европе наконец покончили было с язычеством.

Ягеллоны быстро набрали силу. Их будущее было обеспечено, как только тевтонские рыцари были наголову разбиты в битве при Грюнвальде в 1410 г. При том, что одна ветвь Ягеллонов правила в Кракове, а другая — в Вильно, они в целом держали в своей власти самое большое государство в христианском мире. И хотя в этом государстве доминирующей культурной силой было католичество, а языком правящего класса все больше становился польский язык, но вообще они правили многонациональным сообществом, где были представлены интересы поляков, рутенов и евреев. (Литовская культура была оттеснена на обочину и стала преимущественно крестьянской культурой северо-востока.) Сын Ягайло Ладислав/Владислав III (ум. 1444 г.) правил не только Польшей, но и Венгрией и умер во время крестового похода в далекой Варне. Его внук Казимир Ягеллончик (правил 1445–1492 гг.), женатый на габсбургской принцессе, известен как *дедушка Европы*. И в самом деле, когда Казимир умер в 1492 г., его наследники имели все шансы получить громадные земли, но вмешалась судьба под видом турок. Когда Людовик Ягеллончик, король Богемии и Венгрии, погиб бездетным на поле боя в Мохаче в 1562 г., его владения отошли Габсбургам. Так что именно Габсбурги наследовали Центральную Европу. И тем не менее Ягеллоны породили цивилизацию, которая намного пережила их самих. [**МИКРОБ**]

В Скандинавии позднего средневековья над тремя монархиями нависла тень частных интересов буйных дворян и коммерческой активности Ганзы. Оставив свой разбойничий промысел к XIII в. и осев на земле, викинги занялись сельским хозяйством на низменных землях, обработкой леса и добычей железа, поисками богатых рыбных угодий вроде знаменитых сельдяных пойм у Скании. Ганза с ее центрами в Любеке и Висби соединила Скандинавию и с Западной Европой, и с Россией.

В 1397 г. знаменитая королева Маргарита, которая правила в Дании по праву наследства, в Норвегии — благодаря своему замужеству, а в Швеции — в результате избрания, сумела в какой-то степени объединить эти три страны. Но эта Кальмарская уния была лишь формальным объединением, и союз был обречен распасться на свои национальные составляющие. Как любил говорить отец Маргариты Вальдемар IV *Аттердаг* [Другой день]: «Завтра — это другой день».

Средневековую цивилизацию часто называют теократической — имея в виду, что она была во власти всепроникающей идеи христианского Бога, что Божья воля была достаточным объяснением любого явления, а служение Богу — единственной законной целью любого людского предприятия. Размышления о Боге были высшей формой интеллектуальной и творческой жизни.

Поэтому важно отдавать себе отчет, что наши знания о средневековье в основном окрашены религиозной точкой зрения служителей Церкви, которые и оставили сведения о нем в своих хрониках. До некоторой степени современные ученые заблуждаются, «полагая цивилизацию средневековья более христианской, чем она была на самом деле»[33]. Хотя и нельзя отрицать, что христианская вера в это время занимала центральное место. В этом смысле усиливавшееся разделение латинства и православия не имело значения. Если За-

МИКРОБ

Казимир Ягеллончик, король Польши и Великий князь Литовский, был похоронен в часовне Святого Креста Вавельского собора в Кракове в июле 1492 г. В мае 1973 г., 481 год спустя, кардинал-архиепископ Кракова Кароль Войтыла дал разрешение группе реставраторов открыть гробницу, где Казимир был погребен вместе со своей королевой Елизаветой Австрийской. Этот случай не был единственным: гробница Казимира Великого (ум. в 1370 г.) также была вскрыта в 1869 г., а последовавшее затем новое захоронение стало поводом громадных демонстраций польского патриотизма. Гробница св. Ядвиги (ум. в 1399 г.) была вскрыта в 1949 г.

И тем не менее эксгумация 1973 г. во всех отношениях вызывала беспокойство. В течение короткого периода не менее 16 человек, непосредственно в ней участвовавших, умерли по неизвестной причине. Мировая пресса вспоминала «проклятие фараонов» и предполагала наличие какой-то пятисотлетней бациллы. Журналист из Кракова написал бестселлер *Проклятия, микробы и ученые*, где он (вполне в духе средневековья) предлагал читателям задуматься о том, что человек смертен.

пад выглядел преимущественно теократическим, то и Восток ему в этом не уступал. Причем православный мир избежал многих новых влияний, так что по отношению к периоду начиная с XIV в. можно усомниться в справедливости некоторых обобщений (см. Глава VII).

Следует различать, однако, *высокую культуру* образованной элиты и *низкую культуру* простых людей; в наше время ученые также выделяют *клерикальную культуру* и *фольклорную традицию*. Поскольку образованное меньшинство формировалось из клириков или их учеников, то можно было ожидать, что формальная культура грамотных слоев общества будет находиться целиком в рамках принятого религиозного учения. Однако большие группы населения, включая женщин и аристократию, были неграмотны, так что не удивительно, что мы находим в средневековом обществе множество языческих пережитков, еретических воззрений и даже идеи и взгляды, решительно противоречащие религии. Традиционная средневековая ученость ограничивалась в основном областью высокой культуры. Народная же культура является предметом *нового средневековья*, как его представляет последнее поколение медиевистов.

Нам довольно трудно вообразить жизнь средневековья. Историки обязаны не только показывать, что могло существовать тогда в реальности, но и подчеркивать, чего в той реальности не было. Физически в панораме средневековья отсутствовали многие картины, звуки и запахи, которые позднее стали обычными. Не было фабричных труб, постоянного шума дорожного движения, загрязнителей воздуха и дезодорантов. Крошечные изолированные поселения людей были вкраплены в абсолютно дикую природу, леса или пустоши. Они пребывали в такой тишине, что колокольный звон или мычание коровы разносились на много миль вокруг среди различных естественных, но резких запахов — например, от навозных куч или горящих дров. В своем восприятии внешнего мира люди средневековья мало различали естественное и сверхъестественное, реальное и вымышленное, настоящее и прошлое. У людей были очень скудные средства проверки своих ощущений, так что всяким ощущениям доверяли. Ангелы, демоны и духи были для них такой же реальностью, как соседи. Герои недавнего прошлого или библейские герои были для них такими же современниками (а не принадлежали прошлому), как король или королева их страны. Ничего не могло быть естественнее и понятнее для них, чем путешествие живого человека по небу и аду (как у Данте) или встречи с тенями людей всех времен: для средневекового человека все люди были живы, едины и равны.

В средние века время и пространство воспринимались совсем не так, как в наше время. Время измерялось сменой дня и ночи, сезонами, посевом и сбором урожая. Точно выверенные часы и календари находились в ведении Церкви и были предметами священными. Люди передвигались так медленно, что не имели возможности проверить достоверность географических знаний. Иерусалим лежал в центре трех континентов: Азии, Африки и Европы — уделов трех сыновей Ноя: Сима, Хама и Иафета. За континентами мыслился опоясывающий все океан, а за ним — линия, где небо и земля сливались в одно. [TEMPUS]

Человеческим телом люди средневековья интересовались так же мало, как и мало его понимали. Они не различали внутренние органы и уж, конечно не вычленяли нервную систему, скелет, кровообращение, пищеварение или систему репродукции. Тело считали комбинацией четырех элементов, четырех видов телесной жидкости и четырех характеров. Земля, огонь, воздух и вода сопоставлялись с черной и желтой желчью, кровью и флегмой, а каждому определенному сочетанию приписывали меланхолический, холерический, сангвинический и флегматический темперамент человека. Специальные знания развивались очень медленно. В начале XIV в. доктора стали производить вскрытие трупа (аутопсию), соответственно вносились коррективы в учебники, особенно в *Анатомию* Мондини ди Луцци (1316 г.) и Гвидо да Вигевано (1345 г.). Появились и новые учебники по хирургии, как *Chirurgica Magna* Гай де Холиака (1363 г.). После ужасов Черной смерти начали вводить карантины на зараженные корабли: сначала в Рагузе (Дубровник) в 1377 г., а затем в Марселе в 1383 г.

Кроме того, полагают, что люди в средние века жили в неблагоприятном психологическом климате страха и неуверенности, что мешало смелости и независимости мысли. Человек был беззащитен

TEMPUS (ВРЕМЯ, ТЕМП)

Джованни да Донни (1318–1389 г.), профессор астрономии в Падуе, не был ни в коем случае первым, кто сделал механические часы. Данте упоминает часы в *Рае*; есть упоминания о часах в лондонском соборе Св. Павла в 1286 г. и в Милане в 1309 г. Но Донди первым описал работу часов в трактате II Tractus Astarii (1364 г.). Там описаны астрономические часы с семью циферблатами, которые работают от анкерного механизма с коронной шестерней. (С этих часов было сделано в наше время несколько современных копий: одна находится в экспозиции Музея науки в Кенсингтоне, другая — в Смитсоновском Институте в Вашингтоне до сих пор привлекает внимание экскурсантов.)

Изобретение механических часов обычно приписывают китайцу, жившему в VIII в., Лян Лин-сону. Но это изобретение вошло в практику в Европе только в конце XIII века. На первых часах каждый час просто отбивался колокольчиком. Такого рода механизм (1386 г.) до сих пор работает в соборе Солсбери. Позднейшие модели имели циферблаты, на которых отмечались не только часы дня, но и фазы луны, планет, даже дни памяти святых и праздники. Лучшие экземпляры находятся в Милане (1335 г.), Страсбурге (1354 г.), Лунде (1380 г.), Руане (1389 г.), Уэлсе (1392 г.) и Праге (1462 г.). Механические часы постепенно вытесняли более ранние приборы измерения времени: теневые часы, солнечные, песочные и водяные часы (клепсидру). Механические часы были особенно привлекательны для жителей северных стран, где нельзя было полагаться на солнечный свет. Часы сооружали на всех больших соборах, городских площадях и воротах и, конечно, в монастырях.

Часы, разбивавшие сутки на 24 часа, с часами одинаковой и определенной продолжительности буквально преобразили течение дня людей. По большей части люди жили соответственно восходу и закату, что не было точным мерилом. Там же, где в употреблении была система часов, часы имели разную продолжительность в разных странах и в разное время года. *Мирские часы* дня отличались от измерения ночного времени *стражами* и от *уставных* часов Церкви, где различали утреню, часы (перед обедней): первый час, третий, шестой, девятый, вечерню и вечернее богослужение. Простые люди переняли представление о постоянном делении дня (рутине времени) на равные временные у средневековых монахов. В позднейшие времена отсюда развилось нормирование городской жизни и искусственное установления индустриального общества. Часы — это «надсмотрщик-тиран», имеющий громадное социализирующее влияние. Ньютонова физика зиждилась на представлении, что вселенная — это громадные «небесные часы»; так что понадобились величайшие умы, как Эйнштейн или Пруст, чтобы показать всю искусственность и механистичность восприятия времени людьми. [КОМБРЕ] [e=mc²]

Следующей вехой в эволюции часов стало их уменьшение. Появились домашние часы в XV в. и личные часы в XVI в.; часы с маятником (1657 г.), обеспечивавшие бо́льшую точность; морской хронометр (1761 г.), разрешивший давнюю проблему измерения долготы в море; и заводящиеся без ключа часы, позволившие создать карманные и наручные часы. Самые точные часы — атомные, которые дают ошибку в одну секунду за 3000 лет, были созданы в Британской национальной физической лаборатории в 1955 г.

С течением веков создание часов превратилось из высокого мастерства в массовое производство. Сначала центрами часового производства были Нюрнберг и Аугсбург, Париж и Блуа. Множество мастеровых-гугенотов бежало в Швейцарию. В XVII–XVIII вв. на первое место выходит Англия. Франция особенно славилась дизайном корпусов и украшением часов. В Шварцвальде специализировались на деревянных часах с кукушкой. В XIX в. на первое место в мире в машинном производстве часов высокого качества выходит промышленность Швейцарии (с центрами в Женеве и в Ла Шо-де-Фон в Юре).

Ремесло часовщиков выросло внутри гильдий, объединяющих слесарей и ювелиров. Среди знаменитых часовщиков следует упомянуть Жака де ла Гарда из Блуа, создателя первых карманных часов (1551 г.); Кристиана Гюйгенса (1629–1695 гг.) из Гааги — изобретателя часов с маятником и волосковой пружины; Джона Арнольда, Томаса Эрншо и Джона Харрисона (1693–1776 гг.) — мастеров морских хронометров. А также Жюльена Леруа (1686–1759 гг.) — создателя часов в Версале; Авраама Луи Брегета (1747–1823 гг.) —

изобретателя самозаводящих-ся *montre perpetuelle* [вечных часов] и Эдварда Джона Дента (1790–1853 гг.), создателя Биг Бена. Антоний Патек из Варшавы и Адриан Филипп из Берна основали в 1832 г. фирму "Па-тек-Филипп" — ведущую швейцарскую фирму наших дней.

Но к этому времени часы уже стали всеобщим признаком урбанизованного западного общества. Крестьяне Восточной Европы привыкали к часам медленнее. Для миллионов же советских солдат вступление Красной Армии в Европу в 1944–1945 гг. стало возможностью вкусить свободы и заполучить в собственность часы.

перед лицом природных стихий, постоянных войн, повсеместного бандитизма, набегов викингов, кочевников и неверных, перед чумой, голодом и социальным хаосом — все являло человека ничтожным в руках великого Бога. И лишь укрытый в стенах монастыря неординарный разум мог предаться своему гению.

Таким образом, средневековая философия оставалась в основном отраслью богословия. Главной задачей было приспособить идеи Аристотеля к религиозным догмам, то есть примирить разум с верой. Величайший философ средневековья доминиканец св. Фома Аквинский (ок. 1225–1274 гг.) достиг этой цели, постулировав, что человеческий разум есть Божественное установление, что вера разумна и что, при правильном понимании, разум и вера не противоречат друг другу. Сходные проблемы стали предметом рассмотрения трех францисканцев (причем все они из Британии): Роджера Бэкона (1214–1292 гг.), Дунса Скота (1265–1308 гг.) и Уильяма Оккама (ок. 1285–1349 гг.). Бэкон, *doctor mirabilis*, провел четырнадцать лет в тюрьме за «подозрительные новшества». Дунс Скот[34], в отличие от Аквината, полагал, что пищей разума может быть только то, что доступно в непосредственном восприятии. Он был поборником идеи непорочного зачатия [имеется в виду непорочное зачатие Божьей матери ее родителями]. Оккам, *venerabilis inceptor*, отлученный от Церкви за его труды, был главой так называемых *номиналистов*. Он отверг господствовавшие тогда в философии платоновские понятия *универсалий* — абстрактных сущностей, о которых полагали, что они существуют независимо от предметов, что было покушением на философские основания многих неизменных условностей средневековья, включая социальные порядки. *Бритва Оккама* — принцип гласящий, что факты следует интерпретировать на основе необходимого минимума разъясняющих их причин, —

оказался замечательным инструментом логического мышления. Он полностью отделил мышление от веры и открыл дорогу научному, светскому познанию. У него был замечательный лозунг: «Не следует без надобности умножать сущности». Когда его представили германскому императору Людовику Баварскому, он, говорят, произнес: «Защищай меня мечом, сир, а я буду защищать тебя пером».

Также и средневековая наука была неразрывно связана с богословием. Не было ясного сознания раздельности физических и духовных явлений, и часто считали, что тот, кто исследует «тайны природы», беззастенчиво заглядывает «в чрево Матери Церкви». Так, в средневековом немецком языке не различались понятия «газ» и «дух». Оба понятия передавались одним словом *Geist*, современным эквивалентом англ. *ghost* «привидение, призрак, дух». Тот, кто проводил научные эксперименты, рисковал быть обвиненным в колдовстве. Алхимия вытеснила физику и химию, а астрология — астрономию. Оксфорд Роберта Гроссетеста (ок. 1170–1253 гг.), ректора университета и епископа Линкольна, часто считают местом рождения науки.

Однако больше всего важных открытий совершали одиночки. Эксперименты Роджера Бэкона по оптике и механике были частью его борьбы против предрассудков и превратных представлений. Он пытался проверить знание так же, как, настаивая — наперекор духу времени — на изучении греческого, он пытался выверить точность латинского перевода Священного Писания. Учитель Бэкона Пьер де Марикур (Питер Иностранец) написал фундаментальное исследование по магнетизму, по-видимому, в то самое время, когда Анжуйцы осадили Люцеру ди Калабрию в 1269 г. Вителло, или Вителлон (1230–1280 гг.), из Силезии написал фундаментальный трактат по оптике *Perspectiva*, в котором автор, отделив механические действия глаза от координирующей функции мозга, открыл дорогу современной психологии. Николай Орезм (ок. 1320–1382 гг.), епископ Лизье, был автором оказавшего большое влияние труда по денежной экономике, а также другого труда по астрономии *De Coelo et Mundo*, в котором он поддерживал теорию вращения Земли. Страстно защищая Разум и разоблачая астрологов и чародеев, он предвосхитил идеи Просвещения. «Все в Евангелиях, — писал он, — в высшей степени разумно: *rationabilissima*». Столетие спустя кардинал Николай Кузанский (ок. 1401–1464 гг.) из Кюе на Мозеле, повторил мысль о вращении Земли, предсказал реформирование календаря и конец света в 1734 г. Все они без труда отличали *mirabilia* природы от *miracula* Церкви.

В этих условиях, когда шло постепенное накопление знаний, возникла потребность в энциклопедических компендиумах. Из таковых наибольшее распространение получили *Speculum Maius* (1264 г.) Винсента Бове и *Opus Maius* (1268 г.) Роджера Бэкона.

Религиозные верования, однако, были по-прежнему окружены иррациональным и предрассудками. В конце Средних веков догматы Церкви все еще находились в процессе формулирования и систематизации. Область веры, которую люди должны были принимать, не рассуждая, расширялась. Латеранский собор 1215 г. объявил исповедь и покаяние обязательными. В 1439 г. оформилось учение о семи таинствах: от крещения до соборования. Учение о пресуществлении (хлеба и вина за Евхаристией в Тело и Кровь Христа) теперь позволяло только священнику потреблять евхаристическое вино из потира. Миряне приобщались только хлебом. Таким образом, люди еще более отдалялись от священнической касты. По всякому поводу служились мессы. Официально был принят культ Пресвятой Девы Марии как божественного посредника между людьми и Иисусом Христом; в состав мессы была введена молитва *Ave Maria* сразу же после *Pater Noster*. Всякая организация: от гильдий до рыцарских орденов — имела своего святого покровителя. Повсеместно поклонялись святым мощам. Паломничества были самым обычным делом всякого — не только истовых верующих. Вера в сверхъестественное еще более укрепилась с оформлением официального учения об иерархии небесных чинов и всеобщим страхом перед дьяволом. Люцифер, падший архангел, некогда восседавший рядом с Гавриилом на небесах, теперь отдал мир силам тьмы. Страх ада был любимой темой проповедников и художников.

Традиция мистицизма, которая признавала за религиозной интуицией первенство по отношению к рациональной вере, получила первое последовательное выражение в XII в. в монастыре августинцев Св. Виктора в Париже. Позднее мистицизм широко распространился в народе. Среди представителей этой традиции особенно выделялись св. Бонавентура (ок. 1217–1274 гг.), некогда генерал ордена францисканцев и автор известного *Itinerarium Mentis in Deum*; *Мейстер* [Мастер] Иоанн Экхарт (1260–1327 гг.) из Страсбурга, генеральный викарий ордена в Богемии (он, говорят, похвалялся, что мир создан его мизинцем); Фleming Ян ван Райсбрук (1294–1381 гг.), «экстатический учитель», автор *De Septem Gradibus Amoris*; англичанин Вальтер Хильтон (ум. в 1396 г.), автор такой же книги на родном языке *The Ladder of Perfection*; но главное — Томас Хемеркен из Кемпена близ Кельна, известный как Фома Кемпийский (ок. 1380–1471 гг.), автор книги *Imitatio Christi* [О подражании Христу]. Представителем этого жанра был и анонимный английский автор книги *The Cloud of Unknowing*. Многие мистики были представителями спекулятивной философии; но они учили христиан развивать свою внутреннюю жизнь и бежать мира зла, с которым им невозможно справиться. Их труды разжигали угольки, из которых позднее разгорелась Реформация.

Колдовство развилось параллельно христианскому мистицизму и отчасти по сходным причинам. Колдуны и колдуньи — черные и белые — остались, без сомнения, от свойственного язычеству анимизма дохристианского местного населения, как и вера в эльфов, фей, духов, леших и домовых (гоблинов). Однако систематические занятия колдовством появились, кажется, только в позднее средневековье. Церковь же, вступив в открытую борьбу с колдовством, неосторожно развязала настоящую истерию, так что стали бесконечно множиться мнимые колдуны и чародеи. Решающая в данном отношении булла *Summis Desiderantes*, с которой началось официальное контрнаступление Церкви, была выпущена Иннокентием VIII в 1484 г. Распространенный учебник охотников на ведьм *Malleus Maleficarum* был издан доминиканцами в 1486 г. И если до того ведьмовство было покрыто некоторой тайной, то теперь все обсуждалось открыто. Теперь весь христианский мир узнал, что легионы дьявола идут за злокозненными женщинами, которые мазали жиром, вытопленным из тел некрещеных младенцев, которые ездили голыми на метлах или на спинах баранов и коз, которые устраивали ночные шабаши, где занимались колдовством и совокуплялись с демонами. Женщины рассматривались как слабые, низшие существа, которые не могли противостоять искушениям. Как только Церковь публично поверила таким вещам, действенность колдовства очень выросла. Люди, бравшиеся погубить урожай соседа или вызвать выкидыш у жены врага, получали за это большие деньги. Еще больше стирались границы между фактами и иллюзиями, между шарлатанством и галлюцинациями.

«Дошло недавно до наших ушей, — писал Иннокентий VIII, — что… многие люди обоего пола предали себя дьяволам, *incubi et succubi*[35], и по их заклинаниям, магическим формулам, чарам и заговорам… убивались дети в утробе матери… погибали плоды земли, виноградные лозы, фрукты… эти бесстыдники, далее, кощунственно отрицались Веры, в которой были крещены, и по наущению Врага рода Человеческого не остановились даже перед тем, чтобы грязнейшими преступлениями погубить свои души»[36].

После этого в течение 300 лет почти повсюду в Европе свирепствовала эпидемия колдовства и охоты на ведьм. [HEXEN — ВЕДЬМЫ]

Средневековая этика, как ее излагала Церковь, определялась иерархией представлений как о социальном устройстве, так и о моральных ценностях. Все и вся, кто был по рождению низшим, должны были подчиниться высшим: сервы господам; женщины — мужчинам. Простительные грехи следовало отличать от семи смертных грехов. В тех странах, где сохранялась древняя практика *виры*, денежного штрафа за убийство или иное преступление, убийство или насилие над благородным человеком считалось более серьезным (и, соответственно, более дорогим) преступлением, чем такое же преступле-

ние по отношению к незнатному человеку. Искупительные тарифы подчеркивали тот факт, что мелкие проступки должны наказываться не так, как большие. Несмотря на репрессивное учение бл. Августина по вопросам пола, сексуальные грешки судили не очень строго. *Неверно направленная любовь (любовь к неверно выбранному объекту)*, как называл такие проступки Данте, не шла ни в какое сравнение с грехами ненависти и предательства. Прелюбодеи находились в верхних кругах Ада; предатели — томились в преисподней. Самым большим грехом было предательство Бога. Богохульство и ересь приносили наибольшее бесчестие. Собор в Констанце 1414–1417 гг., который приговорил к сожжению Яна Гуса, привлек в город примерно 700 проституток. [PROSTIBULA]

Иерархия ценностей царила и в средневековом правосудии. В теории, по крайней мере, человеческие законы подчинялись законам божеским, как их определяла Церковь; на практике же обычным было большое разнообразие. К неразберихе конкурирующих юрисдикций — каноническое право в церковных судах, местные обычаи в городских и манориальных судах, королевские декреты в королевских судах — прибавлялось множественность источников права, практик и наказаний. На юге Европы главным источником оставалось римское право; на севере и востоке — германские и славянские племенные обычаи.

Не следует, однако, считать обычное право только пережитком примитивной практики. Оно складывалось очень долго, по мере того, как князья тщательно разрабатывали свои отношения с подданными, а результаты часто записывали в детальных кодексах. Так, *Weistumer* (общинные постановления) распространились по всей Австрии и западной Германии. В Австрии они были известны как *Banntaidingen*, в Швейцарии — как *Offnungen*. Около 600 осталось от Эльзаса, где они были известны как *Dingofrodeln*. Наличие этих законов очень поддерживало представление о *Gutherrschaft* в противоположность преобладающему к востоку от Эльбы *Grundherrschaft*, в то же время закрепляя положение крестьянских *Gemeinde*, или сельских общин. Именно этим объясняется, почему в западной Германии не произошло вторичного закрепощения», как это было на Востоке (см. сс. 583–584).

В некоторых районах восточной Европы, как Богемия и Силезия, приток германских поселенцев привел к смешению германских и местных правовых обычаев.

Позднее возрождение классической учености способствовало распространению римского права за счет обычного права. В 1495 г., например, оно было признано *Reichskammergericht*, то есть Верховным Судом Германской империи. Влияние его было огромным. В условиях растущей раздробленности Империи оно побуждало отдельных князей считать себя единственным источником законотворчества и издавать множество постановлений, регулирующих все стороны жизни. Германское *Rechtsstaat*, то есть «государство, управляемое по закону», превратилось наконец в страну, где можно было встретить, например, такое знаменитое дорожное объявление (Баден): «Разрешается путешествовать по этой дороге»[37].

Только Англия сохраняла приверженность исключительно обычному праву. В Англии, как и в других странах к западу от Рейна, считалось, что если по какому-то вопросу закон молчит, то гражданин свободен поступать как ему вздумается. Франция, за исключением набиравших силу королевских ордонансов и центрального парламента, оставалась разделенной на сферы действия обычного права на севере и римского права — на юге (Миди).

Многие страны предприняли развернутую кодификацию уже на ранних этапах своего развития. В Кастилии *Leyes de las Siete Partidas* (1264-1266 гг.), составившие впоследствии основу испанского права, служили той же цели, что и, скажем, *Статуты* Казимира Великого (1364 г.) и *Дигесты* (1488 г.) в Польше или *Судебник* Казимира Ягеллона в Литве. Но в отсутствие политических сил исполнение законов было слабым. Повсюду было множество тех, кому удавалось избежать правосудия. Наказания же для задержанных были суровыми и показательными: так, повешение часто сопровождалось протаскиванием и четвертованием; такие казни, как клеймение или лишение ног/рук, служили общественному устрашению. Тюремное заключение и штрафы, распространявшиеся вместе со статутным правом, ставили бедных в немыслимое положение, поскольку на поддержание жизни заключенных практически ничего не отпускалось.

Образование в Средние века покоилось на основаниях, которые были заложены в XII—XIII вв. Начальное образование — обучение счету и письму — оставалось делом семейным или обязанностью сельского священника. Среднее образование поддерживалось соборами и все в большей степени городскими советами. Содержание образования (хотя все в меньшей степени состав учащихся) еще сохраняло черты обучения клириков. Основными были три дисциплины (т. н. *тривий*): грамматика, риторика и логика. Хорошо поставленные образовательные учреждения, как Винчестерский колледж (1382) или Латинская школа в Девентере, пользовались не только популярностью у себя в стране, но и международной славой. Некоторые крупные города в Италии и Германии открыли коммерческие училища. Во Флоренции XIV в. таких школ было шесть, там обучалось свыше 1200 учащихся. В XV в. университеты открылись во всех католических странах: Лейпцигский (1409 г.), ун-т Св. Андрея (1413 г.) и Лувенский (1425 г.).

Средневековая литература оставалась в основном религиозной, хотя продолжала развиваться и светская литература, в частности, *chansons de geste* и *былины*. Книги писали в основном на латыни и греческом. Такие произведения часто не выходили за рамки того узкого сообщества, для которого предназначались. Например, в XV в. обнаружили труды Хротсвиты Гандерсгеймской, немецкой монахини, писавшей пятью столетиями раньше латинские комедии, — эта находка заставляет думать, что большая часть средневековой литературы оставалась малоизвестной. Обширная народная литература, как баллады и жития святых, создавалась на родных наречиях, отчасти потому, что женщины не получали формального образования. Зарождался, сначала в виде церковных действ, народный театр. Мы видим, таким образом, ростки нового, которые принесут в будущем богатые плоды, но поначалу эти явления ограничивались узким кругом (см. Глава VII).

Средневековая историография по-прежнему оставалась царством хронистов и анналистов — это были в основном монахи, и они ставили себе задачу рассказать о прошлом, но не разъяснять его, поскольку достаточным объяснением была ссылка на Божественное провидение. Корпус средневековых хроник велик, и самые значительные из них: ранняя *Англосаксонская хроника* и *По-*

весть временных лет Нестора из Киева — обе написаны на родном наречии, как и великие французские хроники: Жоффруа Виллардуэн (ок. 1150–1212 гг.), Жуанвиль (ок. 1224–1317 гг.), Фруассар (1337–1400 гг.), Комин (1447–1511 гг.). Однако преобладали хроники на латинском или греческом языках. Обычно хронисты склонялись к точке зрения Церкви на описываемые события или на княжеское правление. «Кому хочет помочь Бог, — заключает Виллардуэн, — тому человек не может повредить». Политическая мысль занималась в основном вечной проблемой определения власти Государства и Церкви. При Каролингах решение этой проблемы было близко цезаропапизму Византии. При феодализме акцент стали делать на понятии договора. Споры об инвеституре (и связанные с ними) породили горячих приверженцев, с одной стороны, первенства пап, а с другой стороны (как Данте в его труде *О монархии*) — доминирующей роли императора. Изучение римского права повлекло за собой возрождение римских идей о суверенной монархии, в особенности распространившихся во Франции. Однако самым революционным оказался трактат Марсилия Падуанского (1270–1342 гг.) *Защитник мира*. Марсилий, бывший одно время ректором университета в Париже, решился предложить, чтобы высшую власть осуществлял суверенный народ, получавший полный контроль в светском государстве.

Проблемы отношений между народами решались в свете идеи бл. Августина о справедливой войне. Теоретически справедливая война должна удовлетворять нескольким условиям. По определению Рамона ди Пинафора, таковые условия: получить возмещение за нанесенный ущерб, состояние, когда все иные средства уладить конфликт исчерпаны, использование в войне наемных солдат, честные намерения зачинщика и одобрение суверена. На практике же войны распространялись как чума. Всегда можно было найти податливых клириков, чтобы они подтвердили справедливость чьих-нибудь притязаний: личных или общественных. Так что вспышки мирной жизни лишь изредка отмечались на фоне непрерывных войн, ставших нормальным состоянием. Войны множили число наемников. Средневековая же логистика и технология войны не способствовали быстрому решению боевых задач.

Армии были крошечными, а театры военных действий — громадными. Потерпевший поражение всегда имел возможность отступить и отыграться. В основном военные действия направлялись против замков и других укреплений. При этом осады были более распространенным военным приемом, чем битвы. Военных трофеев жаждали больше, чем победы. В XIV–XV вв. военные соединения из наемников, впервые собранные итальянскими городами, постепенно вытесняли громоздкие и неповоротливые феодальные войска. Большие луки (в рост стрелка) и арбалеты, впервые появившиеся в XII в., увеличивали силу поражения. В XIV в. впервые применяют порох, и он становится решающим фактором в руках, например, гуситов или турок. Однако костяком крупных военных соединений остается тяжелая кавалерия.

В средневековой архитектуре преобладали два типа каменных сооружений: церкви и замки. Стиль церковных зданий позднего средневековья, который XIX в. назвал *готическим*, отличается высокой и вдохновенной эстетикой — в нем запечатлелась устремленность к Небу. И как таковой он часто противоположен функциональности таких военных сооружений, как замковые башенки, барбаканы (вынесенная за пределы укреплений башня, обычно обороняющая подъёмный мост) и навесные бойницы. На самом деле и все основные черты готики [от арочных сводов до летящих контрфорсов (опор)] были столь же функциональны, сколь и эстетичны: назначение этих конструкций состояло в том, чтобы поддерживать своды и создавать большие пространства для окон. Готика как нововведение аббата Сюгера из Сен-Дени быстро распространилась по всему латинскому христианскому миру. Готические соборы строились повсюду — от Севильи до Дерпта. Что же касается православного мира, то он оставался верным романско-византийской традиции. За границей, отделявшей православный мир от католического, не было ни готических соборов, ни замков. Под влиянием нового для феодального общества гражданского сознания рождались такие сооружения, как городские башни, ратуши и суконные ряды. Замечательные образцы такого жанра мы найдем в Брюсселе (1402 г.), Аррасе, Генте, Ипре (1302 г.) и Кракове (1392 г.). [ГОТИКА]

Средневековое искусство развивалось в основном в связи с необходимостью украшать церкви и соборы. Живопись была представлена, главным образом, иконами, запрестольными образами и религиозными сценами из росписи стен храмов. Книжная иллюстрация занималась иллюстрированием библий и псалтырей. Каменная скульптура этого времени прославилась статуями и скульптурными группами храмовых фронтонов, а также портретными изображениями на гробницах и в часовнях. Деревянная скульптура украшала хоры для певчих в церквах. Витражи заполняли огромные пространства готических окон в церквах. «Все искусство было более или менее прикладным»[38].

Однако светский элемент, который никогда полностью не исключался в средневековом искусстве, постепенно возрастал. Князья, а затем и богатые буржуа начинают заказывать свои портреты и статуи. Иллюстрации начинают украшать также и *chansons de geste*, и входившие в моду часословы, гербарии и бестиарии (собрания басен, сказок, аллегорий о животных). Одежда позднего средневековья приобретает экстравагантную пышность, когда дорогие материалы, фантастические фасоны и яркие цвета — все направлено на создание яркого впечатления. Зеленый цвет символизировал любовь, синий и голубой — верность, желтый — неприязнь, белый — невинность. Геральдика теряет свою первоначально военную направленность и становится показателем общественного положения.

Также и в средневековой музыке плодотворно соединялись сакральное и профанное. Звуки, впрочем, по-прежнему доносились, главным образом, из церквей, но и там растет патронаж музыки светскими богачами, особенно в Бургундии и фламандских городах. Стиль XIV в. *ars nova*[39] в музыке получил такое же международное влияние, как готика в архитектуре. Джон Данстейбл (ок.1390–1453 гг.), придворный музыкант герцога Бедфордского во Франции, привнес много нового и оказал на музыкантов большое влияние, как и Гильом Дюфе (ок. 1400–1474 гг.). Развивалась хоральная полифония и инструментальная музыка. Упоминание цимбал появляется в 1400 г., клавикорда — в 1404 г., органной клавиатуры в 1450 г., цитры или тромбона — в 1495 г.

Человек средневековья — это абстракция, и потому это понятие не историческое. Индивидуумы уникальны по определению, и ни один человек не может отражать все главные социальные, интеллектуальные и художественные течения времени. Все же следует попытаться справиться с анонимностью многих творений средневековья. Индивидуальность не была в моде. Художники, как Ван Эйк, могли иногда подписывать свои произведения JVE FECIT, но столь же часто ведущие художники оставались анонимными. Вот почему так важны попытки современных исследователей восстановить жизнь простых людей в подробностях. [**MERCANTE**]

В Средние века не было человека, более принадлежащего своему времени по абсолютной убежденности в миссии христианства и в то же время по абсолютной открытости всем важнейшим течениям своего времени, чем знаменитый каталонский доктор, философ, лингвист, поэт, неутомимый путешественник и мученик Рамон Ллулл (в средневековой традиции Раймунд Луллий) (ок. 1235–1315 гг.). Он родился в Пальма-де-Майорка вскоре после Арагонского завоевания. Арабский он знал не хуже латинского; он был воспитан на трудах мавританских и еврейских философов. Много лет он трудился в францисканском монастыре в Мирамар-на-Маунт Ранда, а затем стал без конца ездить к папам и принцам, убеждая их в необходимости преподавать восточные языки. В разное время он преподавал в Монпелье, Париже, Падуе, Генуе, Неаполе и Мессине и доезжал даже до Грузии и Абиссинии. На Соборе в Виенне в 1311 г. он собственными ушами услышал формальное принятие дорогих ему предложений. Несколько раз он отправлялся в миссионерские поездки в мусульманскую Северную Африку, где и погиб как мученик, забитый насмерть камнями. Его *Libro del Gentil* (1272 г.) [Книга язычников и трех мудрецов], впервые вышедшая в свет по-арабски, содержала пространные споры трех религий. Его книги *Ars Major* и *Ars generalis* содержит массу спекулятивной философии, которая производила впечатление на Джордано Бруно и Лейбница, но в целом получила мало признания. Ллулл так представлял себе универсальное знание: «Его можно описать только как вычислительный механизм (компьютер), соединенный с главными принципами или «основными словами» всех знаний посредством механизма, состоящего из кон-

MERCANTE (КУПЕЦ)

Прато.
Завещано в год 1410 г.

В 1348 или 1349 году молодой мессир Франческо Датини получил в наследство небольшой клочок земли в городе Прато недалеко от Флоренции. Родители его умерли от чумы. Он продал землю и на вырученные деньги открыл свое дело в папском городе Авиньоне. Там он разбогател на импорте из Италии шелка, пряностей, оружия и доспехов. Со временем он смог перенести свое дело также во Флоренцию, а затем и в Пизу, Геную, Барселону, Валенсию, на Майорку и Ибизу. Особенно силен он был в торговле шерстью и покупал овечью шерсть прямо у скотоводов в Англии, Испании и на Балеарских островах. Сидя за конторкой во Флоренции, он контролировал также возведение изумительного палаццо в Prato и управлял своим поместьем у подножья Аппенин. Палаццо, сохранившийся до сих пор, имел внутренний дворик с аркадами и был украшен мраморным фронтоном. Там всем управляли его жена Мона Маргарита, которой помогала его незаконнорожденная дочь Джиневра. В доме был огромный штат прислуги, включая и рабов. Его оживляла непрерывная череда посыльных и обозов на мулах. Когда же 16 августа 1410 г. мессир Франческо умер от желчных камней, не оставив наследника, его имение, бумаги и громадное состояние в 70000 золотых флоринов отошло по завещанию бедным людям города Прато. Над дверью была сделана надпись:

Дом призрения Франческо,
сына Марко
Купца Христовых нищих
За которых отвечает коммуна

В завещании Франческо предусматривалось также отпустить на свободу рабов, простить всем долги и выплатить суммы в возмещение доходов от ростовщичества. В архиве Датини осталось 150 000 писем, 500 гроссбухов, 400 страховых полисов и 300 актов о партнерстве. Все это наглядно демонстрирует нам, как именно мессир Франческо, обращая пристальное внимание на детали, держал руку на пульсе многонациональных операций по всему миру. Эти документы — единственное в своем роде изображение деятельности средневековой компании и домашнего хозяйства. Вот, например, типичный переводный вексель (тратта):

«Во имя Бога, 12 февраля 1399 г. Заплатить при *usance* [usance (фин.) — установленный торговым обычаем срок между доставкой товара и оплатой. Между Флоренцией и Барселоной он составлял 20 дней.] по этому первому векселю Джованни Аспарадо (306 фунтов 13 шиллингов 4 пенса) *Barcelonesi* за 400 флоринов, полученных здесь от Бартоломео Гарцони по 15 шиллингов 4 пенса за флорин. Заплатить и записать на наш счет там и ответить письмом. Да хранит вас Бог. Франческо и Андреа приветствуют вас из Барселоны. Получено марта 13. Записано в Красной книге B, f 97».

При помощи таких операций по Европе беспрепятственно передвигались деньги и кредиты. И все-таки мессир Франческо был очень озабочен: «Вчера я видел во сне, как дом разваливается на куски... и это заставило меня задуматься. Потому что до сих пор нет известий о галере, вышедшей из Венеции более двух месяцев назад в Каталонию. Я застраховал ее на 300 флоринов... но я так измучен... Чем больше я разыскиваю, тем меньше я нахожу. Одному Богу ведомо, что будет». [Франческо Марагрите 9 апреля 1395].

Как утверждает Бродель, мир *Mercante a taglio,* или *Fernhandler,* «богатого и влиятельного купца с широкими торговыми связями», следует восстанавливать по самым маленьким сделкам и напряженной конкуренции, по экономике местного рынка. Именно они были пионерами капитализма. Благодаря их необыкновенной смекалке и имевшимся у них на руках наличным деньгам они могли избежать действия законов рыночной конкуренции. Занимаясь исключительно сделками, обещавшими большую выгоду, эта «маленькая группа больших купцов» получала громадные доходы: «С самого начала [они] перешагнули национальные границы... [Они] знали тысячи способов повернуть все в свою пользу: манипуляции кредитом и выгодный обмен хороших денег на плохие... Они хватали все, что стоило схватить: землю, недвижимость, ренту».

В общем, капиталисты не специализировались и не финансировали мануфактуру. Они быстро вкладывали свои деньги туда, где были наибольшие возможности их увеличить. Ростовщичество было одной из сфер, в которой они концентрировали свое внимание. «Но их успех никогда не бывал продолжительным, казалось, будто экономическая система не могла предоставить достаточно «пищи» для столь высокой точки развития экономики». С XIV века и далее все сливки с экономики Европы снимали видные капиталисты из древних семей Барди, Медичи, Фуггеров, Неккеров и Ротшильдов.

Любой успех, так же как и любая неудача капиталистов, целиком и полностью зависел от европейской экономики. В XV веке основой для возрождения экономической жизни была городская торговля. В XVI веке, с развитием трансатлантической торговли, финансово-экономические центры переместились в международные ярмарки в Антверпене, Франкфурте, Лионе и Пьяченца. XVII век, хотя его часто описывают как время стагнации, был свидетелем «фантастического расцвета Амстердама». В общем экономическом ускорении XVIII века, когда на место Амстердама встает Лондон, неконтролируемый частный рынок действует эффективнее, чем регулируемый государственный рынок. Наконец «только финансовый капитализм преуспевает... после 1830–1860 гг., когда банки захватывают и промышленность и торговлю, и когда общая экономика может уже постоянно поддерживать эту систему».

Примерно в это время, в 1870 г., книги мессира Франческо были найдены в куче под лестницей в его доме в Прато. Внутри каждой книги можно было увидеть его девиз: «Во имя Бога и Дохода».

центрических сегментированных кругов и из геометрических символов. Кажется, что это могло бы быть нечто вроде кибернетической машины, готовой разрешить любую проблему, в любой науке, даже разгадать тайну самой веры...»[40]

На его *Blanquerna* (1283 г.) указывают иногда как на первый в мире роман или первую утопию. Его стихи в *El Desconort* или *Lo Cant de Ramon,* прекрасны своей простотой и искренностью. Луллу называют «великим европейцем».

XV век обычно считают веком перехода от средних веков к Новому времени. В некоторых областях набиравшие скорость перемены привели к решительному разрыву с традицией средневековья. Так было в науке, в искусствах и, до некоторой степени, благодаря развитию национальных монархий — в политике (см. глава VII). В большинстве же других областей старый порядок сохранялся. При наличии, впрочем, громадного количества вариантов. Если в некоторых городах позднего средневековья, особенно в Италии и Нидерландах, жизнь ушла далеко вперед, то в деревне она оставалась почти без изменений. Старое и новое жили бок о бок. При этом неуклонно ширился разрыв между латинским христианским миром на Западе и православием на Востоке.

В XV в. на время обостряется стратегическое противостояние христианства и ислама. В 1400 г., как и в предшествующие 700 лет, европейский полуостров все еще оставался в клещах мусульманства. В одну сторону эти клещи протянулись (впрочем, постепенно ослабевая) до Гранады; в другую (все более крепко) — до Константинополя. К 1500 г., однако, клещи разомкнулись, и ось противостояния переместилась в совершенно новое место. Ислам, который окончательно потерпел поражение на Западе, побеждал на Востоке: мавров наконец удалось одолеть, но оттоманские тюрки победили. Именно в то время, когда Западная Европа освободилась от мусульманской блокады, натиск мусульман на Восточную Европу усилился. В 1400 г. мусульманский мир обрушился всей своей тяжестью на южные границы Европы. Хотя в 1500 г. зеленые знамена Пророка все еще развевались вдоль всего африканского побережья, но особенная концентрация отмечалась на Востоке. Христиане латинского Запада могли радоваться, христианам православного Востока было не до веселья.

[MATRIMONIO]

Два эпохальных события стали провозвестниками стратегических перемен: сдача Константинополя туркам в 1453 г. и Гранады — испанцам в 1492 г. Последствия их были громадными. В сфере религии это привело к последней (и тщетной) попытке воссоединить две половины христианского мира; в сфере экономики начали искать новые торговые пути. В геополитике возникшее королевство Испании оказалось окруженным победоносным католицизмом, в то время как возникшее княжество Московское утопало в горечи от поражения православия.

ПЕЧАТНЫЙ СТАНОК

Печатный станок Иоанна Генсфлейш цум Гутенберга, который начал работать ок. 1450 г. в г. Майнце-на-Рейне, не был началом искусства книгопечатания. Он был потомком древних китайских ксилографических клише, металлических гравировальных клише и каменных литографских оттисков. И тем не менее он стал революционным событием в информационных технологиях. Как и в других изобретениях, новый оригинальный процесс родился из комбинации нескольких уже существовавших техник, включая технику римского винного пресса, пробойник ювелира и производство пригодной для печатания бумаги. Впрочем, использование в работе печатного станка одинаковых металлических отливок в одинаковых матрицах стало первым применением *теории взаимозаменяемости частей* — этого основного принципа позднейшего века машин. Стало очень легко набирать, редактировать и исправлять книгу до того, как она будет воспроизведена в тысячах одинаковых копий.

Гутенберга помнят прежде всего по его знаменитым Библиям в 43 и 36 строк. Но в некоторых отношениях напечатанный им *Catholicon* [Книга универсального знания] является даже более важной вехой. Эта энциклопедия была составлена генуэзцем Джованни Бальбо в XIII веке. Напечатанная Гутенбергом, она стала первой массовой книгой светского содержания. В книге имеется короткое предисловие издателя: «С помощью Всевышнего, отверзающего уста младенцев... эта благородная книга была напечатана и завершена без помощи тростника, стила или пера, но посредством удивительного согласия, пропорции и гармонии пуансонов и литер в год Воплощения Господня 1460 г., в славном городе Майнце прославленной Германии».

За время инкунабул (*incunabula*) [первопечатных книг] до 1500 г., пока искусство печати еще было в пеленках, появились главные стили шрифтов: латинский шрифт (прямой светлый шрифт), курсивный и готический шрифт. Печатные станки быстро распространялись и достигли Базеля (1466 г.), Рима (1467 г.), Пильзена в Богемии (1468 г.), Парижа (1470 г.), Буды (1473 г.), Кракова (1474 г.), Вестминстера (1476 г.), Цетинье в Черногории (1493 г.). В 1555 г. печатание книг начинается в Москве.

Понятно, что сила печатного слова возбудила опасения религиозных властей. Вот почему Майнц, эта колыбель печати, стал также и родиной цензуры. В 1485 г. местный архиепископ-курфюрст попросил городской совет близлежащего Франкфурта-на-Майне обследовать те книги, которые будут выставлены на Великопостной ярмарке, чтобы не допустить опасных изданий. В результате уже в следующем году было организовано первое в Европе отделение цензуры совместно курфюршеством Майнца и городом Франкфуртом. Своим первым указом цензор во Франкфурте запретил распространение печатных переводов Библии на народные языки. [INDEX]

В исламском мире печатание книг было полностью запрещено вообще до XIX в. Ущерб — как для проповеди самого ислама, так и для процесса распространения знаний вообще — трудно себе представить.

Освободившийся Запад с Испанией во главе готовился открывать новые миры. Осажденный и защищавшийся православный Восток (с Москвой во главе) окопался за психологическими укреплениями. И каждый на свой манер готовился к новому раунду средневековой по сути борьбы за образование за христианской империи.

В условиях, когда турки окружили со всех сторон Константинополь (см. с. 386), христианские правители вынуждены были подумать о преодолении схизмы между греческой и латинской Церквями. Результатом стала весьма несвоевременная *Флорентийская уния* 1439 г., один из самых впечатляющих эпизодов во всей истории христианского разделения. Греки уже давно обращались к папам с петициями, пока наконец папа-венецианец Евгений IV (1431–1447 гг.) осознал необходимость действия. В самом деле, находясь под невыносимым давлением реформаторского Базельского собора, он посчитал, что укрепит свои позиции, восстановив нормальные отношения с православием. Переговоры начались в Ферраре в январе 1438 г., а затем во Флоренции велись между самим папой, византийским императором Иоанном VIII Палеологом (правил 1425–1448 гг.) и его патриархом, а также двадцатью двумя епископа-

MATRIMONIO [БРАК]

У Сигизмунда де Зорци и его жены, аристократов из Рагузы XV века, было двенадцать детей — шесть мальчиков и шесть девочек. В порядке старшинства Иоганнес, Франциск, Веккия, Юний, Маргарита, Мария, Марин, Антоний, Элизабет, Алоизий, Артулина и Клара родились в период ок. 1427—1249 гг.

Три сына и одна дочь не имели супругов. Но и без того проблема найти мужа или жену для остальных восьми должна была занимать их родителей в течение, по крайней мере, двадцати лет. Первой обручилась Маргарита (N 5) в 1453 г., затем вскоре Мария (N 6, в 1455 г.) и старшая дочь Веккия (1455 г.). Старший сын Иоганнес женился только в 1459 г., когда ему было уже 32 года. В следующем году вышла замуж его сестра Элизабет (N 9), бывшая на 16 лет его моложе. Франциск (N 2) женился только в 1465 г. уже в возрасте 36 лет, а в 1471 г. обручились Артулина (N 11), 24-х лет, и Юний (No. 4) 38-ми лет.

Примерно так же обстояли дела и в других, причем не только в аристократических семьях Рагузы, но, как показывают исследования, в Италии эпохи Возрождения вообще. Описанная картина браков в семье де Зорци соответствует тому, что демографы назвали *Брачной схемой Средиземноморья* (ММР), для которой характерны и высокий процент оставшихся безбрачными, и большое различие брачного возраста сыновей и дочерей.

Рагуза была городом-республикой и жила перевозкой грузов по Адриатике и торговлей на Балканах. (К названию этого города восходит англ. слово *argosy* — большое торговое судно; караван торговых судов.) Население Рагузы составляло ок. 20000 человек, среди которых выделялись положением и богатством десятка два аристократических родов, связанных между собой браками и занимавших все главные посты в городе. Брак в средневековой Рагузе был делом серьезным. Отец невесты и будущий зять детально обговаривали *pacta matrimonialia*. Приданое невесты составляло 2600 *hyperi* (866 золотых дукатов). В случае, если брак не заключался по истечении установленного периода от обручения, обычно взимался штраф в 1000 золотых дукатов. Девушки, как правило, обручались в возрасте 18 лет, а мужчины в возрасте 33,2 лет, и время от обручения до свадьбы обычно составляло 2–3 года. Как видно по семье де Зорци, сыновьям обычно приходилось ждать, когда устроится судьба их сестер.

Матримониальная культура Рагузы зависела от экономических, биологических, математических факторов и обычаев. Мужчины не женились, пока не смогут содержать семью, а также в ожидании того времени, когда они смогут присоединить свою часть наследства к приданому жены. Некоторые ждали так долго, что не женились вовсе. Женщины вступали в брак гораздо раньше, но не потому только, чтобы быть в наиболее благоприятном возрасте для деторождения, но и потому что они участвовали в серьезном состязании за женихов, не торопившихся с браком. Семья предпочитала, чтобы будущий зять мог стать партнером в деле, был бы зрелым и пораньше бы взял на себя заботы содержать их дочь «с честью».

В истории мы находим бесчисленное количество матримониальных стратегий, так что невозможно построить общих теорий по этому вопросу и приходится удовлетворяться локальными эмпирическими наблюдениями. Имеется теория, которая делит всю Европу на две зоны: схема позднего *европейского [sic] брака* и схема раннего *восточноевропейского брака*. Но эта теория гораздо менее убедительна, чем микроисследования матримониальных схем, например, в средневековой Флоренции или Рагузе эпохи Возрождения. [ЗАДРУГА]

Рагуза оставалась независимой до 1805 г., когда она была оккупирована Францией. После столетнего правления Габсбургов она была присоединена в 1918 г. к Югославии под именем Дубровник, а затем в Хорватской республике в 1992 г. Средневековый город, в котором жили де Зорци, был дважды полностью разрушен — землетрясением в 1667 г. и сербскими бомбардировками в 1991—1992 гг. Прямым попаданием было разрушено множество ренессансных зданий в Старом городе, в том числе и дворец Спонца, где хранились городские архивы и книги регистрации браков.

ми, которые ради этого покинули Базель. Не удивительно, что греки (в их отчаянном положении) во всем шли на уступки, с готовностью принимая римские учения о главенстве папы, чистилище, Евхаристии и *Filioque*. Открылся путь для восстановления единства Церкви на условиях Рима. Декретом *Laetantur coeli* от 6 июля 1439 г. эта уния была формально скреплена. Текст унии был прочитан с кафедры Санта Кроче (по-латински кардиналом Юлианом и по-гречески архиепископом Виссарионом Никейским); затем два епископа обнялись. К несчастью, ни одна из договаривавшихся сторон не имела средств исполнить принятые решения. Папа был позорно денонсирован «охвостьем» Базельского собора, который немедленно избрал последнего антипапу Феликса V (1439–1449 гг.). Немецкие епископы решили держаться в стороне. Французские епископы, с восторгом встретившие недавно принятую антипапскую прагматическую санкцию в Бурже, склонились в поддержку Собора. Попытка прекратить схизму с Константинополем спровоцировала схизму внутри самой Римской церкви. Не вызвали энтузиазма эти решения и в Православной церкви. В Константинополе священники, подписавшие унию, были отвергнуты. Толпа кричала: «Нам не нужны латиняне. Бог и Богоматерь спасли нас от персов и арабов — спасут нас и от Магомета». В Александрии синод, созванный восточными патриархами, прямо осудил унию. В Москве митрополит Исидор вернулся из Флоренции с латинским крестом на груди и был немедленно заключен в тюрьму. Подчиненные ему епископы восстали на *предательство греков* и приступили к избранию нового митрополита, не обращаясь к Константинопольскому патриарху. Было положено начало отдельной русской православной традиции.

Между тем оттоманские турки наседали. В Варне на Черноморском побережье в 1444 г. их султан Мурад II разбил последних крестоносцев из тех, что были снаряжены против него на папские средства. В 1448 г. он разгромил последнюю венгерскую экспедицию за Дунай. И только Албания при Скандербеге с успехом сопротивлялась султану. Слабый, беспомощный, но еще не сломленный Константинополь ждал решения своей участи. [ВЛАД]

Решающая осада Константинополя началась 2 апреля 1453 г., в Светлый понедельник и про-

должалась 8 недель. Двадцатилетний султан Мехмед II (правил 1451–1481 гг.), прекрасный и замкнутый юноша, горел нетерпением начать атаку, поскольку мальчиком он пережил глубокое разочарование, когда его план военной кампании против укреплений Константинополя был отвергнут. Старый холостяк император Константин XI Палеолог (правил 1448–1453 гг.), еще не оставивший надежды найти невесту, ждал султана без всяких иллюзий. Он был свидетелем очень тщательных приготовлений. Так, города Фракии и Черноморского побережья были опустошены, чтобы они не могли оказать Константинополю поддержки. В Галлиполи собрался немалый флот трирем и транспортных судов. В самом узком месте Босфора (у Румели Хисар) была построена крепость. Бронзовая пушка 26 футов (7,9 м), стрелявшая камнями по 12 английских центнеров (609 кг) каждые семь минут, была специально отлита венгерским инженером султана и привезена из Адрианополя 60 быками. Внутри самого города собрали оружие и деньги для уплаты войскам. Снаружи — углубили рвы и залили водой крепостной ров у Влахернских ворот. Были отправлены послы в Венецию, Ватикан, Францию и Арагон. Прибыло соединение в 700 воинов под командованием Джованни Джустиниани Лонго, генуэзского капитана, которому поручили оборону городских стен на суше. В тот день, когда в поле зрения константинопольцев появились первые турецкие отряды, аисты, вытянувшись в длинную ленту, улетели через пролив. Городские ворота были закрыты. Громадная железная цепь была протянута через Золотой Рог. Но лишь 7000 защитников противостояло 80000 наступавших.

Поначалу ход осады оставлял защитникам надежду, хотя турки и посадили на кол христианских пленников прямо перед укреплениями для устрашения защитников города. 12 апреля турки предприняли неудачную атаку с моря. Великая пушка начала стрелять каждые семь минут от рассвета до заката изо дня в день и превращала постепенно крепостные стены в руины. Но по ночам пробоины заделывали бревнами. 20 апреля прорвалась в порт транспортная флотилия императора. Подкопы турок были раскрыты.

Тогда султан употребил чрезвычайную хитрость, приказав протащить флот по суше за Перой в залив Золотой Рог. Город лишился порта. С

ВЛАД

Имя Влада IIi, князя Валахии (1431–1476 гг.), известного также как *Дракула* и *Влад-Колосажатель*, быстро вошло в легенду и стало синонимом жестокости. [В наши дни уделяют слишком много внимания сексуальной окраске его извращений.] Тем не менее это историческая личность, и до сих пор можно посетить в Румынии место его рождения в Сигишоаре и его замки в Поэнари и в Бране. Принадлежавшее ему княжество Валахия было расположено на левом берегу Дуная в нижнем его течении, зажатое между великим королевством Венгрии (которая считала Влада своим вассалом) и набиравшей все больше сил Оттоманской империей (которой он платил дань). Во время крестового похода в Варну в 1443–1444 гг., когда он был еще мальчиком, его послали заложником ко двору Оттоманского султана Мурада II. Там его принуждали к содомии, из этой психической травмы развились, возможно, позднее его навязчивые идеи.

Турки часто использовали *pala* [заостренный кол] как орудие казни, но в руках Влада III кол стал орудием массового террора. В самом своем изощренном виде пытка состояла в том, что тонким, как игла, колом пронзали человека насквозь (от заднего прохода до рта) так что мучительная смерть наступала лишь через несколько дней. Влад III пришел к власти в 1456 г., всего лишь три года спустя после того, как турки захватили Константинополь, и сам он считал себя христианским борцом с неверными. Одна лишь экспедиция за Дунай доставила ему, говорят, только 23883 пленников, посаженных на кол, не считая тех, кого милосердно обезглавили или сожгли заживо. Дома он ознаменовал начало своего правления массовыми убийствами местной знати, когда 20000 мужчин, женщин и детей были посажены на целый лес кольев прямо под окнами его замка.

Венгерский король Матиаш Корвин арестовал Дракулу и заключил в тюрьму; затем в 1463 г. Вене было опубликовано изложение его преступлений *Geschichte Dracole Way*. На этой книге основывались в дальнейшем все рассказы о Дракуле. Русская версия, вышедшая в 1488 г., конечно, была известна Ивану Грозному, который, кажется, кое-чем воспользовался. Этот текст может послужить нам напоминанием о том, что религиозный фанатизм часто связан с патологической жестокостью как на Востоке, так и на Западе. Анналы испанской инквизиции и рассказы о преследованиях, развязанных католиками в Англии в период правления королевы Марии [Марии Стюарт], как о них повествует Джон Фокс в *Книге мучеников* (1563 г.), принадлежат к тому же вызывающему у нас отвращение литературному жанру, что и страшные рассказы о князе-вампире из Валахии. [LUDI] [TORMENTA]

этого момента у защитников оставалось только три возможности: победа, смерть или обращение в ислам. 27 апреля отслужили общую (экуменическую) литургию в Св. Софии для греков и итальянцев, православных и католиков. «В этот момент церковь Константинополя была единà»⁴¹.

Решающая атака началась примерно в половине второго ночи во вторник 29 мая, на пятьдесят третий день осады. Первыми выступили *башибузуки*⁴², за ними турки-анатолийцы и затем янычары: «Янычары наступали бегом, но они не рвались бездумно вперед и сохраняли свои ряды в идеальном порядке, не позволяя вражеским снарядам их разорвать. Их поддерживала военная музыка, и она звучала так громко, что была слышна, несмотря на грохот пушек даже за Босфором. Сам Мехмед вел их вплоть до рва, а потом остался там стоять, выкрикивая одобрения солдатам... ряд за рядом

эти свежие, великолепные тяжеловооруженные воины устремлялись вверх на частокол, бросались на бочонки с землей, которые его поддерживали, и на бревна, его подпиравшие, приставляли лестницы... каждый ряд уверенно и спокойно прокладывал путь следующему за ним»⁴³.

Как раз перед рассветом пуля попала в нагрудник кирасы Джустиниани, и он упал, обливаясь кровью. Гигант-янычар Хасан был убит после того, как взобрался на частокол, но он продемонстрировал, что это возможно. Отступившие греки оставили открытыми маленькие ворота для вылазок (проход через гласис) Керкопорте, и турки туда устремились. Император спешился со своего белоснежного арабского скакуна, бросился в драку и исчез.

Константинополь был разграблен. Затем начались невероятные убийства и насилия. Св. София была превращена в мечеть: «Муэдзин поднялся на самую высокую башню, провозгласил оттуда *ezan*, или общее приглашение... имам произнес молитву, и Мехмед II совершил намаз благодарения на великом алтаре, где еще недавно совершались христианские таинства в присутствии последнего из кесарей. Затем он прошел в покинутые царские покои, где жили сотни потомков великого Константина... полные меланхолии мысли о превратностях человеческого величия пришли ему на ум, и он произнес элегантное персидское двустишие: «Во дворце Цезарей вьет свою паутину паук, в башнях Афрасиаба дозор несет сова»[44].

Римская империя ромеев перестала существовать.

По мере покорения восточного Средиземноморья оттоманские турки постепенно определяли условия торговых отношений в этом районе, контролируя торговые пути, которые связывали Европу с Левантом и Индией. На практике турки были терпимы к купцам-христианам, так что нежелание Генуи и Венеции поддержать Константинополь можно объяснить только их успешной торговлей уже осуществлявшейся с государствами турок-османов. Но тем, кто стоял ближе к событиям, ситуация могла видеться в ином свете, и расцвет оттоманов обычно связывают с попытками христианских владык Запада (под руководством Португалии) найти новый путь в Индию. Вполне возможно, что португальцы были также не нужны венецианцам, как и туркам, или же их притягивало обилие африканских рабов и великолепные острова.

Как бы то ни было, но в течение 40 лет принц Энрике Португальский (1394–1460 гг.), известный как Мореплаватель, посылал одну за другой экспедиции вдоль западного побережья Африки, то есть по следам прошедших здесь раньше арабов. Его корабли открыли Пуэрто — Санто (1419 г.), Мадейру (1420 г.), Канарские острова (1421 г.), которые позднее он уступил Кастилии, Азорские острова (1431 г.), мыс Бранко (1441 г.) и Кабо-Верде, или острова Зеленого Мыса (1446 г.). Судьба Канарских островов, где испанцы истребили местное население гуанчей, показала, что будут в дальнейшем делать европейские колонисты. В 1437 г. был основан Колониальный и Морской институт в Сагреш — первый из такого рода институ-

тов. К 1471 г. у португальцев уже было достаточно сил, чтобы отвоевать Танжер у мавров. В 1486 г., плывя из португальских поселений на Золотом Берегу (побережье Гвинейского залива), Бартоломео Диас обогнул *Cabo Tormentoso*, впоследствии переименованный в мыс Доброй Надежды. В 1497 г. Васко да Гама проплыл от Лиссабона до Калькутты, обогнув таким образом сферу турецкого влияния. **[GONCALVEZ]**

В соседней Испании эта эпоха ознаменовалась замечательным политическим союзом. Между давними соперниками — Кастилией и Арагоном — соперничество всегда перемежалось династическими союзами и браками. И теперь брачный союз Хуана I Трастамарского, короля Кастилии (правил 1379–1390 гг.), с Элеонорой Арагонской породил основателей и Кастильской и Арагонской династии следующего века. Один сын — Генри III — правил (1390–1406 гг.) в Кастилии, а второй — Фердинанд I — был неожиданно избран в 1412 г. на Арагонский престол в Барселоне. Брак между внучкой Генри III Изабеллой, принцессой Кастильской (1451–1504 гг.), прозванной *La Catolica*, и внуком Фердинанда I Фердинандом, принцем Арагонским (1452–1516 гг.), известным как *Фердинанд Католик*, заключенный в 1469 г. в Вальядолиде, был похож на прежде заключенные браки, но его будущие последствия оказались беспрецедентными.

И жених, и невеста были наследниками безнадежно озабоченных семейств и спорных королевств. Они были двоюродными и хорошо знали, чего ждать, буде их родственники или знать получат власть. Изабеллу, прямую и набожную, усиленно пытались просватать уже и в Англии, и в Португалии, и во Франции, пока она была ребенком, и она избежала венца с нежеланным претендентом только потому, что он умер по дороге на свадьбу. Она стала претенденткой на трон Кастилии только благодаря незаконному удалению из престолонаследия ее племянницы; а ее вступление на престол в 1474 г. развязало и гражданскую войну, и войну с Францией и Португалией. Фердинанд, хитрый и набожный, в браке с ней искал разрешения собственных несчастий. Его детство прошло среди ужасов не прекращавшихся волнений в Каталонии. Он стал претендентом на арагонский престол только потому что из пре-

GONCALVEZ

В 1441 г. Антан Гонсалвиш, отплыв на крошечном корабле из Лиссабона, поплыл на юг вдоль Атлантического побережья Марокко, мимо Канарских островов и обогнул мыс Бохадор. Так как здесь ветры дули преимущественно на север от побережья Африки, то только за семь лет до него португальскому кораблю впервые удалось обогнуть этот страшный для моряков мыс и благополучно вернуться в Европу.

Гонсалвиш отправился в плавание за ворванью и тюленьими шкурами. Но, когда он высадился на берег Рио-де-Оро, ему пришла в голову мысль захватить несколько туземцев в подарок его господину принцу Генриху. Вот почему следующим вечером группа в десять моряков отправилась вглубь материка. На закате они возвращались ни с чем через песчаные дюны и заметили голого бербера, бредущего рядом с верблюдом и несущего два копья. Бербер храбро защищался, но все же был ранен и захвачен. Его вместе с несчастной чернокожей женщиной, возможно местной рабыней, также появившейся здесь, связали и увезли. Это были первые рабы, захваченные европейцами к югу от Сахары, о которых у нас имеются письменные сведения.

Вскоре после этого экспедиция Гонсалвиша соединилась с другим кораблем под командой Ниньо Тристана. Команды обоих кораблей предприняли ночное нападение на местное поселение. С дикими криками «Португалия!» и «Сантьяго!» они напали на спящих туземцев, троих убили, а десятерых захватили. Всего они привезли в Лиссабон 12 пленников. Их «деяния» описаны составителем хроники Азурарой, а принц Генрих отправил в Рим посольство, испрашивая папского благословения на этот новый тип крестового похода. Папа даровал «полное отпущение грехов... всем, участвовавшим в указанной войне».

Захват рабов и работорговля в Африке были известны с незапамятных времен, но европейцы впервые занялись этим ремеслом, которым до того занимались африканские и мусульманские купцы. Это случилось за пятьдесят лет до открытия Америк, и европейские предприниматели получили преимущества в использовании открывшихся новых возможностей. В 1501 г. Испания декретом ограничила экспорт христианок в гарнизонные бордели по ту сторону Атлантики. В 1515 г. Испания впервые отправляет черных рабов прямо из Африки в Америку и одновременно принимает первый корабль, груженый сахаром, который вырастили и произвели американские рабы.

Через сто лет после предприятия Гонсалвиша начинается новый этап работорговли по Атлантике, когда англичане вторгаются в эту монопольную сферу испанцев и португальцев. В октябре 1562 г. Джон Хокинс отплыл из Плимута к побережью Гвинеи на трех кораблях: *Salomon, Swallow,* и *Jonas.* Хокинс, которого называют то пиратом, то адмиралом, установил *Великий круговой маршрут,* доставлявший тройную выгоду: английские товары продавались в Африке, африканские рабы — в Вест-Индии, и американские продукты — в Англии. В своем первом плавании он сократил путь, снявши груз рабов с португальского корабля прямо в море. В его втором плавании в 1564 г. он уже заручился финансовой поддержкой самой английской королевы; королева впоследствии отличила его произведением в рыцари и дарованием ему герба с «полумавром в цепях». В своем третьем плавании в 1567 г. он получил 470 рабов в качестве военной добычи после того, как предоставил свою команду царям Сьерра-Леоне и Кастро в качестве наемников в их войне против Зачина и Затекама.

Таким образом европейские купцы приобрели себе надолго завидных партнеров в лице их африканских поставщиков. «Зло коренилось, — пишет один историк, — в том, что, с одной стороны, была потребность в рабах, а с другой, африканские племенные вожди были заинтересованы в европейских товарах». Работорговля прекратилась только в XIX в., но до тех пор из Африки вывезли 15 млн рабов для работы в Западном полушарии. Из них только 11–12 млн живыми сошли на новый берег.

столонаследия был незаконно удален его незаконнорожденный кузен Ферранте Неаполитанский, а его сводный брат Карл Вианский, принц Наваррский, был отравлен. Брата Изабеллы Генри IV (правил 1454–1474) называли «несчастным, ненормальным ничтожеством». Отец Фердинанда Иоанн II (правил 1458–1479 гг.) был ненавистным всем отравителем собственного сына и дочери. Не удивительно, что Фердинанд и Изабелла, эти «католические монархи», были сторонниками сильного и устроенного правления.

Пока, впрочем, союз Кастилии и Арагона оставался только личным; оба королевства сохраняли собственные отдельные законы и правительства. Изабелле не оставалось ничего иного, как атаковать аристократию Кастилии; Фердинанду не оставалось ничего иного, как сотрудничать с Кортесами Арагона. Даже тогда, когда он просил закрыть окно в комнате, он был вынужден добавлять «если *fueros* позволят». Ощущение общности целей достигалось отчасти введением общей валюты и отменой торговых барьеров, отчасти же навязанной общей ультракатолической идеологией. В 1476 г. Изабелла учреждает зловещий, но эффективный правоохранительный орган, который первоначально был нацелен против благородных кастильских разбойников — *Santa Hermandad,* или Святое Братство. В 1483 г. от Кастилии, как и от Арагона, потребовали, чтобы они приняли у себя первый институт объединенной Испании, реорганизованную королевскую версию Святой инквизиции под председательством духовника королевы доминиканца Фомы Торквемады (1420–1498 гг.). С этих пор стало трудно провести различие между предательством и ересью. Нонконформисты, евреи

и отступники подвергались жесточайшему преследованию. И больше уже нельзя было терпеть существование эмирата Гранады. [**DEVIATIO**]

Окончательное покорение Гранады началось в 1481 г. и продолжалось десять лет. Богатством и плотностью населения Гранада так же превосходила другие провинции Испании, как Константинополь превосходил другие города Востока. Семьдесят обнесенных крепостными стенами городов, снабжавшихся самыми плодородными сельскими угодьями, могли, казалось, сопротивляться бесконечно долго. Однако разногласия среди мавританских правителей позволили соединенным испанским силам вступить в Гранаду. При осаде самой Гранады для осаждавших был построен деревянный город Санта Фе (Святой город); 2 января 1492 г. Гранада капитулировала. Особенно пылким христианам казалось, что Константинополь был отомщен.

Покорение Гранады совершилось с удивительным вероломством; обещания веротерпимости постоянно нарушались. Когда королева Изабелла колебалась, Великий инквизитор Торквемада, говорят, вытягивал в руке крест со словами: «Иуда продал своего Господа за 30 серебряников. Сколько ты возьмешь за этот крест?» Относительно евреев был издан указ, который предписывал им обращение или изгнание[45]. Около 20000 семей сефардов выбрали изгнание — причем, достаточно парадоксально, они отправились в Смирну и в Стамбул, откуда за ними султан выслал корабли[46]. Весьма пополнился класс *conversas,* многие из которых по-прежнему были тайно преданы иудаизму. Декрет 1502 г. поставил и мусульман перед таким же выбором. Тогда многие эмигриро-

---

DEVIATIO (ДИССИДЕНТСТВО)

Из институтов средневековья потомки особенно осуждают Святую инквизицию. Современные люди просто не могут понять той свирепости, с какой инквизиция преследовала еретиков, евреев или ведьм [**HEXEN**]: инквизиторы представляются нам ненормальными. Между тем, поразмыслив немного, легко понять, что явление это принадлежит не только средневековью. Определение *нормы* и *отклонения* всегда субъективно. Людей, которые своим необычным поведением задевают глубинные интересы других, всегда легко объявить *сумасшедшими* или *опасными.* Вот почему часто сравнивают инквизицию с противодействием современного медицинского истеблишмента, например, Движению за психическое здоровье. Можно сравнить с инквизицией и то, как советский режим обходился в 80-е годы с диссидентами: несогласных быстро объявляли *шизофрениками,* насильственно помещали в психиатрические лечебницы и там «лечили» сильнодействующими препаратами.

вали в Северную Африку; оставшиеся составили вторую группу сомнительных обращенных — *морисков*. И только в Арагоне Кортесы не позволили королю вынуждать местных сервов-мусульман *mudejares* к перемене религии. В создавшемся климате религиозной ненависти и подозрительности инквизиторы едва справлялись с работой. По всей Испании пылали костры *autos-da-fe* [актов веры]. Испанцы были одержимы идеей *limpieza de sangre* [чистоты крови].

По стечению обстоятельств, свидетелем падения Гранады в 1492 г. стал моряк из Генуи, который пришел в лагерь Санта-Фе, чтобы заручиться поддержкой католических монархов. Христофор Колумб (ок. 1446–1506 гг.), известный как Кристобаль Колон, давно уже мечтал получить королевскую поддержку своему проекту переплыть Атлантику в поисках пути в Азию. И там (в Санта-Фе) после падения Гранады он заключил эту сделку. 3 августа в качестве Адмирала Океана он отплыл из порта Палос на трех крошечных кораблях — *Santa Maria, Pinto* и *Nina*. Через десять недель плавания в 2 часа ночи 12 (21) октября один матрос из его команды увидел впереди землю. На рассвете Колумб высадился на берег, назвал его Сан-Сальвадором и заявил на него права от имени Кастилии и Леона. Он вернулся через Азоры и Лиссабон 15 марта 1493 г., убежденный, что он открыл путь к (Восточным) Индиям[47].

В том же году, удовлетворяя настойчивым требованиям Испании и Португалии, папа Александр VI согласился установить границу между *заморскими* сферами влияния этих двух государств. Все земли на запад от линии, лежащей в 100 лигах [льё [мера расстояния; = 4,83 км]] за Азорскими островами, принадлежали Испании, все на восток — было португальским. На основе исключительного авторитета папы мир был аккуратно разделен на две части. В 1494 г. по Тордесильскому соглашению эту линию передвинули на 250 миль на запад. Это было совершенно средневековое по своей сути событие. И все же оно едва ли совершилось бы и уж, тем более не имело бы последствий, если бы государства Иберии не освободились от ислама. В конце концов Фердинанд и Изабелла не желали ничего обсуждать с Колумбом, пока не пала Гранада. [ГОСУДАРСТВА]

В трех тысячах миль к востоку, на другом конце христианского мира сдвиг границы между христианством и мусульманством также принес много тревожных перемен. К 1452 г. почти весь православный христианский мир находился под властью чужеземцев. Православие греческого обряда (за исключением крошечной Византии и зависимых от нее территорий) подпало под власть оттоманских турков. В свою очередь, православие славянского обряда, за малым исключением, находилось под властью татар, венгров и королевства Польши и Литвы. Так что, когда Константинополь сдался, казалось, православие Европы попадет теперь в тот же бесконечный плен, в каком пребывало православие в Азии и Африке с VII века. И только в одном месте — в Москве — будущее виделось иным.

Москва в середине XV в. хотя номинально и оставалась под властью татарского хана, но на деле пользовалась большой независимостью. Там правил великий князь Василий II (правил 1425–1462 гг.), который из-за потери зрения должен был во всем полагаться на своего сына и наследника. Так что Иван III (правил 1462–1505 гг.), когда взошел на престол, был уже умудрен опытом. Некогда могущественная татарская Орда теперь сильно ослабела, и Москва не платила ежегодной дани уже с 1452 г., у Ивана появилась надежда избавиться от татарского ига навсегда. Очевидно было, что для достижения этой цели он должен был выступить в роли поборника православия против мусульман на юге и против Польши и Литвы на западе. Если бы ему удалось завоевать признание своей независимости, он мог стать единственным независимым православным князем на земле.

Неожиданно планы Ивана нашли поддержку Римского папы. После трагедии 1453-го г. папы взяли на себя опеку Зои Палеолог (родилась в 1445 г.), племянницы последнего византийского императора. Зоя, дочь Фомы, деспота Мореи, родилась в Греции, но получила прекрасное образование в Риме. В 1469 г. эта умная молодая женщина 24-х лет мечтала избавиться от своих опекунов. Папа Павел II, венецианец, подумывал о том, чтобы влить новую жизнь в Флорентийскую унию и навязать московитам союз против турок. Поэтому, когда он услышал, что Иван III недавно овдовел, он тут же нашел ему подходящую невесту. Папские эмиссары появились в

ГОСУДАРСТВО

В 1493 г., когда Колумб вернулся в королевство Кастилия, на карте Европы (от Португалии до Астраханского ханства) было, по крайней мере, 30 суверенных государств. А 500 лет спустя (если не учитывать Андорру и Монако, Кальмарскую унию и Шведскую федерацию, бывших независимыми только *de facto*) ни одно из указанных на той карте 30 государств не сохранилось как отдельное независимое государство. Из суверенных государств Европы на карте 1993 г. четыре образовались в XVI в., четыре — в XVII в., два — в XVIII в., семь — в XIX в. и не меньше чем 36 — в XX в. Возникновение и разрушение государств — это самое важное явление современной Европы и нынешнего мира.

Образование государств в Европе уже было предметом разнообразных исследований. Традиционно этот процесс рассматривают с точки зрения конституционного и международного права. Описывают ту правовую структуру, в рамках которой империи, монархии и республики создают свои правительства, осуществляют контроль над зависимыми субъектами и добиваются признания. С недавних пор больше внимания стали уделять долгосрочным факторам, например продолжительности существования государств. Так, Норберт Элиас считает образование государств частью цивилизационного процесса, развивающегося со времени феодальной раздробленности через постепенное расширение (и укрепление) княжеской власти.

Другие больше заняты взаимодействием внутренних структур с внешними отношениями. Согласно одной точке зрения, в основном имеется три типа государств: империи, собирающие дань, системы раздробленной независимой власти и национальные государства. Их жизнеспособность зависела или от концентрации у государства капитала, как в Венеции и Соединенных провинциях, или от концентрации средств принуждения, как в России, или различных сочетаний первого и второго, как в Великобритании, Франции или Пруссии. Но главными факторами повсюду были деньги и насилие. Влияние государства на международные дела зависело от участия этих государств в сложных многосторонних властных объединениях, которые постоянно создавались и распадались в ходе более 100 больших войн, которые Европа пережила со времени Возрождения. Так что следует, прежде всего, ответить на вопросы: «Как государства производят войны?» и «Как войны производят государства?». Примерно такие вопросы исследованы на большом фактическом материале Полем Кеннеди.

В создании государств главной целью считается создание национального государства, и эта цель достигалась многократно. Но к ней вели самые разные пути. Впрочем, в конечном счете все зависело от силы. Так, Ришелье писал: *Qui a la force a souvent la raison en matiere d'État.* [В делах государственных сила всегда права]. Так что задумаешься, действительно ли национальное государство является конечной целью.

Москве, и брак был устроен. Зоя отправилась в путь вслед за послами через балтийский порт Ревель. Она перешла в православие и обвенчалась с Иваном 12 ноября 1472 г. Трудно переоценить, как был почетен для князя Ивана брак с византийской принцессой. До тех пор Москва была самой далекой провинцией самой незначительной ветви христианства. Тамошние княжества даже не попадали на карты. А теперь они касались порфиры кесарей. Они и сами были всего в одном шаге от того, чтобы подогнать ее под себя.

В 1477–1478 гг. Иван выступил против Новгорода Великого, пять провинций которого территорией превосходили Московское княжество. В то время Новгород только что признал светскую власть Литвы и церковную власть митрополита Киевского. Иван увидел в этом вызов себе, и его армия довольно быстро принудила плохо защищенный город сдаться и присягнуть на верность. Во второй раз московский князь посетил Новгород, чтобы подавить мятеж, за чем последовали массовые расправы и высылки. Та же участь постигла Псков и Вятку. Летом 1480 г. золотоордынский хан Ахмад начал третий поход с целью принудить Москву платить дань. Он рассчитывал на помощь Польско-Литовского княжества, но таковая помощь не последовала. Иван проявил твердость, Ахмад отправился восвояси с пустыми руками, и зависимость Москвы от Орды наконец прекратилась. Москва освободилась. К этому времени Иван уже называл себя *царем* и *самодержцем* — русскими вариантами *кесаря* и *автократора*. Как и Карл Великий за 700 лет до него, князь полуварварского народа являл себя не основателем нового государства, но, скорее, возродителем старой, ушедшей и оплакиваемой империи ромеев.

Праздник Крещения (Богоявления), 6 января 1493, Кремль, Москва. Шла торжественная праздничная служба в великолепной домовой церкви Великого князя — Благовещенском соборе. Был двенадцатый день по Рождестве, конец Святок. Звонкие голоса певчих, участвовавших в этой службе по византийскому

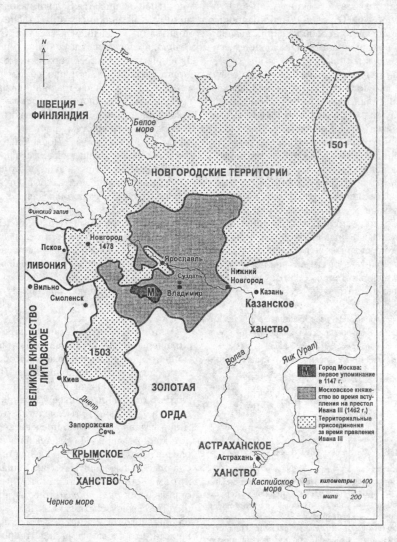

Карта 15

кануну и на древнем церковнославянском языке, отдавались эхом под куполом собора и разносились по всему храму, украшенному замечательными фресками. Иконостас, отделявший алтарь, был намного древнее, чем сам храм. В нескольких ярусах иконостаса разместились иконы, написанные величайшими мастерами средневековья: Феофаном Греком, Андреем Рублевым, Прохором из Городца. Длиннобородые священники в праздничных облачениях неспешно двигались вокруг престола с каждением, совершали утреню и готовили Дары.

По случаю праздника Крещения вместо обычной литургии св. Иоанна Златоуста совершалась литургия св. Василия Великого[48]. Славянский вариант этой службы совпадал в основном с тем, как она служится православными на Балканах. Народ в храме, хотя и хорошо знал службу, но понимал древний ее язык не лучше, чем итальянцы и испанцы понимают церковную латынь. Литургия (*Synaxis*) началась входом служащих священников, затем дьякон провозгласил Мирную ектенью «О свышнем мире и о спасении душ наших миром Господу помолимся. О мире всего мира...». Затем последовали стихиры, тропари, псалмы, апостольское чтение и чтение из дневного Евангелия, молитвы, опять ектеньи и *Херувимская*. Евангельское чтение на этот день было *Зачало 2* главы от Матфея:

Священник, поклонившись, взял Евангелие с престола, и дьякон с Евангелием, вышел Царскими вратами, в то время как священник возглашает, обратясь на Запад:

«Премудрость, прости! Услышим Святого Евангелия чтение. Мир всем».

Дьякон: «И духови твоему. От Матфея Евангелия, чтение».
Хор: «Слава Тебе, Господи, слава Тебе».
Священник: «Вонмем!»

ГЛАВА̀ В̈.	ГЛАВА 2.
Гн҃ѹ же рождшꙋсѧ въ виѳлеемѣ їꙋдейстемъ во дни ирода царѧ, се́, волсви ѿ востокъ прїидоша во іерⷭ҇лимъ, глаголюще:	Когда же Іисусъ родился въ Виѳлеемѣ Іудейскомъ во дни царя Ирода, пришли въ Іерусалимъ волхвы * съ востока и говорятъ:
в҃. где есть рождейсѧ цр҃ь їꙋдейскїй, видехомъ бо ѕвѣздꙋ его на востоцѣ и прїидохомъ поклонитисѧ емꙋ.	2. где родившійся Царь Іудейскій? ибо мы видѣли звѣзду Его на востокѣ и пришли поклониться Ему.

Затем дьякон читает: «Когда же Иисус родился в Вифлееме Иудейском во дни царя Ирода, пришли в Иерусалим волхвы с востока и говорят: где родившийся Царь Иудейский? Ибо мы видели звезду Его на востоке и пришли поклониться Ему...» (Мф. 2, 1–2)

Вторая часть службы *Анафора*, или Предложение Даров, начинается Великим входом, когда священники и дьяконы торжественно выходят с молитвами, каждением и свечами. Затем следует *Верую*, преложение хлеба и вина, молитва Господня и причастие. Во время причастия хор поет: «Тело Христово примите, источника бессмертного вкусите». По православной традиции священник называет по имени каждого причастника: «Раб Божий Иван причащается Святого Славного тела и крови Господа нашего Иисуса Христа во оставление грехов и в жизнь вечную». После благодарения священник раздает освященный хлеб и преподает крест для целования, затем входит в алтарь Царскими вратами, и они за ним закрываются. Последние слова Отпуста: «С миром изыдем» сопровождаются пением Кондака Четвертого гласа: «Явился еси основание неколебимое Церкве, подая всем некрадомое господство человеком, запечатлея твоими веленьми, необъявленне Василие преподобне».

А далеко от Москвы неизвестный русским *Адмирал Океана* именно в это время боролся с яростными зимними ветрами на обратном пути в Испанию. Через неделю он выйдет на берег в Палосе.

В этом году Рождество и Святки в Москве были окрашены особенными переживаниями. Ученые монахи предсказывали уже некоторое время, что никто не доживет до конца года. По православным подсчетам, август 1492 г. — тот месяц, когда Колумб отправился в свое плавание, — знаменовал конец седьмого тысячелетия от Сотворения мира, и давно уже было предсказано, что это будет концом мира. На следующие годы даже не рассчитывали церковные календари. Хотя православные пользовались тем же юлианским календарем, что и латинская Церковь, но для определения *anni mundi* (то есть лет творения) у них была своя система, как и византийцы, они начинали год 1 сентября. Итак, поскольку они верили, что слова «семь дней творения» метафорически означают семь тысячелетий творения, а само Творение они относили к 5509 г. до РХ, сле-

1. Прогулка Европы

2. Собиратели и охотники

3. Рыбак минойской эпохи

4. Кноссский принц

5. Пир

6. Этрускерия

7. Аркадская идиллия

8. Похищение сабинянок

9. Смерть Зигфрида

10. Аттила захватывает Рим, 452

11. Православие

12. Западное монашество

13. Подношения Константину

14. Славянское литургия

15. Католическое благочестие

16. Св. Августин

17. Св. Карл Великий

18. Св. Матфей

19. Св. Иоанн Крести-
тель и блаж. Иероним

20. Божья Матерь

21. Св. Иоанн Богослов диктует Евангелие Прохору

22. Св. Лука-иконописец

23. Богородица

24. Приношение Оттона III

25. Завоевание Англии

26. Северный крестовый поход

27. Перемирие в Реконквисте

28. Последняя песнь Тристана

29. Железный плуг

30. Охота на оленя

31. Влюбленный Данте

32. Раздумье Бартоломеи

33. Св. Франциск благословляет птиц

34. Король Казимир принимает евреев

35. Picaro

36. Марко Поло

37. Человек Запада на Востоке

довательно, в 1492 г. по РХ исполнялось 7000 лет, то есть пришло время Судного дня. Сначала критической датой полагали 31 августа; когда миновал этот день, стали думать, что трубный глас раздастся 31 декабря, в последний день светского года и в середине празднеств Рождества. Наконец и Крещение подошло без всяких происшествий, так что Москва вздохнула с облегчением[49].

Москва в это время стояла на пороге новой судьбы. Великий князь Иван III вовсе не рассчитывал на близкий Судный день. Он был близок к завершению грандиозного плана перестройки кремля (укрепленного города) своей столицы и собирался запустить в символах и учении мощный русский миф, который бы соответствующим образом поддержал растущую политическую мощь Москвы.

Большинство русских городов имело свой кремль. Но Московский Кремль, каким он стал после перестройки его Иваном III, затмил все, что было до него. В январе 1493 г. прошло только несколько месяцев, как достроили его стены из красного кирпича и его высокие круглые башни. Московский Кремль занял площадь громадного (неравностороннего) треугольника с периметром в 2,5 км, и здесь можно бы было уместить половину лондонского Сити. Сердце Кремля — это воздушное пространство открытой площади, вокруг которой высятся четыре собора и великокняжеские палаты. Благовещенский собор был закончен только за три года до того. Расположенному рядом с ним Успенскому собору — митрополичьему — было тринадцать лет. Он был построен архитектором из Болоньи Аристотелем Фиорованти, который должен был приспособить для новых нужд стиль древнего Владимира. Успенский собор стал затем образцом для церковной архитектуры Москвы.

Внутри собора открывалось большое открытое пространство (без галерей) под куполом и с боковыми приделами. Его еще расписывали в то время фресками, на которых чистыми и яркими красками сияли удлиненные фигуры грека Дионисия. Собору Ризоположенья на другой стороне было семь лет, Архангельский же собор был пока еще только в проекте. В Грановитую палату, творение итальянцев Марко Руффо и Пьетро Антонио Солари, названную так по особой (граненой) отделке камней на ее фасаде, только что вселилась семья великого князя. Князь переехал сюда после того, как прожил несколько лет в доме своего любимого министра. Грановитую палату построили на месте деревянного чертога, не один век служившего предшественникам Ивана III. Мало нашлось бы христианских столиц (исключая только Рим и Константинополь), которые бы сравнились с Москвой в этом ее великолепии.

Внутри Грановитой палаты семью Ивана раздирало соперничество двух сильных женщин: его второй жены Зои Палеолог и его невестки Елены Степановны. Зоя, племянница византийского императора, стала женой Ивана после смерти его первой жены Марии Тверской. Теперь ее главной заботой было защитить интересы семерых своих детей, из которых старшему Василию было тринадцать лет. Елена была дочерью Стефана IV, господаря Молдавии, вдовой наследника и преемника Ивана — Ивана Младшего, который недавно умер. Елена стремилась соблюсти интересы своего девятилетнего сына Дмитрия. В 1493 г. Иван еще не решил, кого назначить своим наследником: Василия или Дмитрия и попеременно выделял то одного, то другого. Так что атмосфера в Кремле, должно быть, была наэлектризована[50].

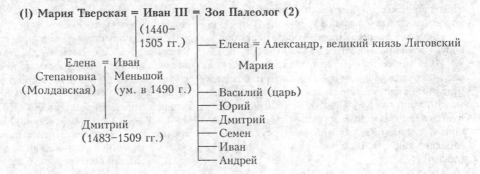

(1) Мария Тверская = Иван III = Зоя Палеолог (2)

(1440–1505 гг.)

Елена = Иван
Степановна   Меньшой
(Молдавская) (ум. в 1490 г.)

Дмитрий
(1483–1509 гг.)

— Елена = Александр, великий князь Литовский
    Мария
— Василий (царь)
— Юрий
— Дмитрий
— Семен
— Иван
— Андрей

В России помнят, что Иван III освободил страну от татарского ига. И мало кто вспоминает, что в финансовых вопросах, военных и политических делах он без колебаний пользовался методами татар, что он заменил татарское иго московским, постоянно меняя союзников из ханов и князей. В борьбе с Золотой Ордой, главенство которой он отверг еще в 1480 г., ближайшим союзником ему был Крымский хан, и хан помогал ему покорять братские христианские княжества так усердно, как татары никогда не решались. С точки зрения Москвы, и это мнение стало господствующим, Иван Великий восстановил гегемонию русских. С точки зрения новгородцев и псковитян, он был антихристом, который разрушил древние русские обычаи. Когда пришло ему время писать завещание, он назвал себя (как, впрочем, до него сделал и его отец) «многогрешным рабом Божьим»[51].

Иван III первым начал называться *царем*, то есть кесарем: за двадцать лет до описываемых событий он прибег к этому титулу в договоре с псковской республикой, по-видимому, чтобы подчеркнуть свое превосходство над другими поместными князьями. И он повторяет это несколько раз в 1480-е годы. Но царь, хотя и стоял выше князя, не был эквивалентом византийского василевса. Этот титул невозможно истолковывать в смысле императорского достоинства в отсутствие других атрибутов империи. В конце концов, кесарями (цезарями) называли также и соправителей императора и наместников верховного августа.

В 1489 г. Иван III рассматривал и другую возможность. В сношениях его с Габсбургами ему сказали, что он мог бы получить от папы королевскую корону. Его положение на Западе, конечно, тогда укрепилось бы. Но титул *rex*, или король, имел такие смысловые оттенки, которые были оскорбительны для московитов. [КРАЛЬ] И принять титул короля значило бы снова предать истинную веру, как ее предали греки во Флоренции; поэтому Иван отказался. «Мои предки, — объяснил он, — некогда дружили с императорами, которые отдали Рим папе»[52]. Что он действительно сделал, так это заимствовал у Габсбургов их императорскую эмблему. И с 1490-х гг. двуглавый орел начинает появляться как эмблема государства в Москве, как и в Вене, и в Константинополе. [AQUILA]

Помимо страха перед приближающимся концом света, московская церковь переживала также и в то время период неопределенности. Она уже порвала с Константинопольским патриархом (см. сс. 446–447), но не получила полной самостоятельности. В отличие от митрополита Киевского, который в то время жил в Литве, Московский митрополит избирался епископами и возглавлял церковную организацию, которая не признавала над собой никакого главы. В течение уже сорока лет невозможно было примирить такое положение дел с отсутствием императора, а потому и с византийской традицией нераздельности Церкви и Государства. Как не могло быть императора без правой веры, так не могло быть и правой веры без императора. Некоторые возлагали надежды на то, что православные вернут себе Константинополь и христианского императора (так называемая великая идея). Другие надеялись как-то договориться с германским императором латинян. Но это было отвергнуто. Москве оставался только один путь: сделать то, что в прошлом сделали Сербия и Болгария — обрести собственного императора.

Пока же ближайшей задачей было составить новые пасхалии на восьмое тысячелетие. За эту задачу взялся митрополит Зосима осенью 1492 г. «Мы сознаем, что Господь близок, — писал он в Предисловии, — но время Его прихода не известно». Затем он дает краткое историческое обозрение. Константин основал Новый Рим, св. Владимир крестил Русь. Теперь Иван III должен стать «новым императором Константином в новом Константинополе — Москве»[53]. Так впервые появляется то родословие, которое теперь Москва будет на себя примеривать.

В том же 1492 г. впервые «новый Константинополь — Москва» получает и другое, более знакомое нам наименование: *Третий Рим*. В том году Новгородский архиепископ Геннадий, предположительно, получил перевод римской легенды о Белом клобуке, а с ним и предваряющий рассказ, как рукопись этой легенды была некогда найдена в Риме. Между учеными нет единого мнения о возрасте этого текста, части которого могут быть позднейшими интерполяциями. Но не случайно Предисловие ясно намекает на Москву как на Третий Рим. Автором Предисловия некоторые считают известного переводчика, который тогда трудился над *Апокалипсисом Ездры*. А этот труд был частью проекта архиепископа Геннадия снабдить московскую Церковь полной версией Библии вроде латинской Вульгаты[54].

Как только удастся подчинить русские княжества, имперские амбиции Москвы обязательно обратятся против Великого княжества Литовского — западного соседа Москвы. Литва, как и Москва, выиграла от монгольского нашествия, сумев аннексировать территории, некогда принадлежавшие Руси. К концу XV в. Литва, как и Московия, контролировала огромную территорию — в основном в бассейне Днепра, — которая протянулась от Балтики до Черного моря.

Но, в отличие от Москвы, Литва была открыта западным влияниям. Уже более века Великое княжество процветало в условиях личной унии с Польшей (см. сс. 429–430). К 1490-м гг. литовский двор в Вильно и католические иерархи были в значительной степени полонизированы по языку и культуре. Литовская династия владела не только Польшей, но и Богемией и Венгрией. В отличие от Москвы, Литва допускала довольно широкое религиозное многообразие. Католические иерархи мирились и с численным превосходством православных, и с постоянным ростом еврейского элемента. В отличие от Москвы, Православная церковь Литвы не порвала с Константинополем, сохранив старинную преданность Византии. И митрополит Киевский имел все основания сопротивляться сепаратизму Москвы, разделявшему православных славян и направлявшему события к отделению Русской православной церкви.

В январе 1493 г. отношения Москвы с Литвой начали принимать новый оборот. За шесть месяцев до того умер Казимир Ягеллончик, польский король и великий князь Литовский, разделив свои владения между вторым и третьим сыном. Польское королевство отошло к Яну Ольбрахту, Литва — к неженатому Александру. (Старший сын к тому времени был уже королем Богемии и Венгрии.) Иван III увидел в происшедшем новые для себя возможности. С одной стороны, он готовил посольство в Вильно для переговоров о заключении политического брака Великого князя Александра и дочери Ивана Елены. Но в то же время он уже готовился подорвать *modus vivendi* этих двух государств. Впервые в истории Москвы он снабдил посла инструкциями потребовать от литовцев признания доселе не известного никому титула *государя всея Руси*[55]. Эта была настоящая «двойная игра» дипломатии: одно направление деятельности — определенно дружественное, а другое — открыто враждебное. Литва намеренно втягивалась в такой сговор, который ставил под вопрос будущее всех восточных славян.

Для достижения заветной цели Иван прибег к прямой демонстрации: незадолго до Рождества он арестовал двух литовцев, работавших в Московском Кремле. Их обвинили в том, что они замышляли отравить Ивана. Обвинения против Яна Лукомского и Мачея Поляка звучали не очень правдоподобно, но их вина или невиновность не имели большого значения. Арестованных выставили в клетке на замерзшей Москве-реке на всеобщее обозрение; накануне отбытия посольства в Литву их там же заживо сожгли[56]. Когда в пламени жаркого костра таял лед и тяжелая металлическая клеть шла под воду, увлекая в клубах пара обуглившиеся останки узников, проницательный зритель мог понять: сценарист что-то хотел сказать этим о политическом будущем Литвы.

Для присвоения титула *государь всея Руси* не было достаточных оснований ни в историческом прошлом, ни в реалиях того времени. Претензии на этот титул были из разряда претензий, например, Англии на Францию. В 1490-х гг., по прошествии двух с половиной веков с тех пор, как исчезли все следы некогда единой Киевской Руси, у русского князя было не больше прав на этот титул, чем у короля Франции, если бы он в борьбе с Германией претендовал на титул *государя всех франков*. К тому времени этот титул противоречил отдельной идентичности *рутенов* Литвы, обретенной ими относительно *русских* Москвы. И в самом деле, казалось невероятным, чтобы литовцы согласились заплатить такую цену из желания угодить Ивану. В то время они, конечно, не знали, что позволили заложить краеугольный камень территориальных притязаний, на удовлетворение которых уйдут следующие 500 лет.

Таким образом, к 1493 г. уже имелись в наличии все элементы идеологии *Третьего Рима*: сложившаяся автономная ветвь православия ждала своего императора, князь, связанный родственными узами с последним византийским императором, уже назывался царем и претендовал на то, чтобы быть «государем всея Руси». Единственное, чего не хватало, так это подходящего идеолога, который бы создал из этих составляющих некое мистическое построение, необходимое в высшей степени теократическому государству. Такой человек был под рукой.

Филофей Псковский (ок. 1450–1525 гг.) был ученым монахом псковского Елеазарова монастыря. Ему были известны пророчества библейского Ездры и Даниила, исторические прецеденты (в Сербии и втором Болгарском царстве), писания псевдо-Мефодия и хроники Манассии, а также легенда о Белом клобуке. Впрочем, все это было известно и другим, но только у Филофея было горячее желание воспользоваться этим знанием на благо московских князей. Псков, как и Новгород, жил в вечном страхе и трепете перед Москвой, и большинство псковских монахов были настроены решительно против Москвы. В своих летописях они упоминают сон Навуходоносора и четырех зверей из видения Даниила в таком ключе, что Москва предстает как новый Навуходоносор. Не известно почему, но Филофей был готов обратить все на пользу Москве. В 1493 г. ему было за сорок, и он еще не приобрел никакого положения в монастыре, где позднее он стал игуменом (то есть аббатом), и не написал еще ни одного из тех посланий, которые прославили его впоследствии. Но в Церкви уже бродили дрожжи, которые заквасили его взгляды. Со временем он должен был выдвинуть идею полного подчинения христиан царю и решительного противостояния латинской Церкви. В послании преемнику Ивана III он призывает царя править по справедливости, потому что мир теперь вступает в последний этап истории: «Блюди же и внемли, благочестивыи царю, яко вся христианская царства снидошася в твое едино царствие. Два убо Рима падоша, а третии стоит, а четвертому не быти. И уже твое христианское царство инем, по великому Богослову, не останет, а христианьстии Церкви исполнися блаженнаго Давида глагол: «Се покои мои в век века, зде вселюся, яко же изволих»[57].

Позднее в Послании к Мунехину Филофей метал громы и молнии «против астрологов и латинян»: «И едина ныне святаа соборнаа апостольскаа Церковь восточнаа паче солнца во всеи поднебеснеи светится, и един православныи великии русскии царь во всеи поднебеснои, якоже Нои в ковчезе спасены от потопа, правя и окормляа Христову Церковь и утверждаа православную веру»[58].

Так через двадцать лет после смерти Ивана III (но, несомненно, в русле его политики) была сформулирована такая идеология отношений церкви и государства, которая не оставляла места никакому компромиссу.

Позднее сложилась русская традиция утверждать, что Москва просто наследовала порфиру Византии. На деле же русские сохранили лишь формы византинизма, но утратили его дух: московитов нисколько не интересовали универсальные и экуменические идеалы Восточной Римской империи. Самый выдающийся исследователь данного вопроса называл идеологию Третьего Рима «фальшивой подменой». «Христианский универсализм Византии преображался и искажался в узких рамках московского национализма»[59].

Последовательность теологии Москвы была несколько потревожена в последние годы правления Ивана III дискуссиями, которые разрешились в пользу самых бескомпромиссных идеологов. Одна дискуссия разгорелась вокруг воззрений секты жидовствующих. Другая — вокруг предполагаемого обогащения монастырей через землевладение. Иосиф, игумен Волоколамский, возглавил и антижидовствующих, и стяжателей.

Землевладение было неотделимо от силы московской Церкви. Но против него выступали монахи-нестяжатели, во главе которых стояли «заволжские старцы», придерживавшиеся более древней традиции монахов-отшельников. Кажется, Иван III был уже готов к секуляризации монастырских земель, но его уговорили воздержаться от этого. Проблема достигла критической стадии после его смерти, когда бывший его фаворит Патрикеев, теперь ставший монахом, опубликовал новое издание *Номоканона* — Собрания православных канонов. Один из сотрудников Патрикеева Максим Грек, который выступал за «нестяжание» по отношению к церковным землям, едва уцелел.

Еще большие страсти разожгли жидовствующие. Они появились в 1470-х гг. в Новгороде, где, как говорят, объединились в антимосковскую партию. Взгляды жидовствующих сформировались, предположительно, под влиянием польских и литовских евреев, а их самих считали скрытыми приверженцами иудаизма. Кажется, их деятельность не смущала царя, который даже назначил подозревавшегося в жидовствовании новгородца настоятелем Успенского собора; возможно, их даже поддерживала Елена Степановна. Несмотря на созыв Собора 1490 г. для рассмотрения обвинений в иконоборстве и отпадении от учения о Троице, эти идеи продолжали циркулировать в высших слоях общества. Но игумен Иосиф не сдавался. В 1497 г. в своем «Просветителе» он обвиняет, ни больше ни меньше, самого митрополита Зосиму как главу жидовствующих и содомита, «мерзкого, злого волка»[60]. Игумен Иосиф вместе с архиепископом Геннадием были большими почитателями испанской инквизиции, и их усердие вскоре было вознаграждено большим *auto-da-fe*. Они смогли убедить соотечественников в том, что зло исходит от Запада — идея, которая то и дело появляется затем и позднее в русской истории. В их времена «Запад» означало в первую очередь Новгород, а затем королевство Польши и Литвы.

В том же направлении развивалась и дипломатия Ивана III[61]. Дипломатия в то время была медлительной. Московским посольствам обычно требовалось от 6 месяцев до 4 лет, чтобы отправиться за границу и вернуться с докладом, и, вернувшись, послы подчас обнаруживали, что ситуация дома больше не соответствует их инструкциям. Но и в таких условиях к 1490-м гг. было ясно, что Москва стремится в первую очередь окружить Литву. Отец Ивана не нарушал мира с Литвой, а по его смерти Иван с матерью были вручены заботам «моего брата — короля Польской и Великого князя Литовского Казимира»[62]. Теперь все это подвергалось ревизии.

В 1493 г. подходили к концу 20 лет интенсивной дипломатической деятельности Ивана III. Общее направление этой деятельности было в том, чтобы ограничить и окружить Ягеллонов. Договор со Стефаном IV, господарем Молдавии, был скреплен женитьбой сына, хотя Молдавия продолжала воздавать почтение польскому королю. Планы Ивана объединиться с Венгрией против Ягеллонов разрушились с внезапной смертью Маттиаша Корвина и последующим избранием Владислава Ягеллона королем Венгрии. Царь даже установил контакты с независимыми князьями Мазовии. С 1486 г. Иван III постоянно обменивается посольствами с Габсбургами, которые до тех пор ошибочно полагали, что московиты — ленники Литвы. В 1491 г. австрийский посланник Йорг фон Тум развертывает перед царем планы громадной антиягеллонской коалиции из Империи, Тевтонского ордена, Молдавии и татар. В январе 1493 г. посланник Ивана Юрий Траханиот следует за Максимилианом до самого Кольмара и обнаруживает, что император уже заключил мир с Ягеллонами и теперь больше занят новым крестовым походом.

В отношениях Ивана III с Крымским ханством присутствовал важный антилитовский компонент. Он использовал крымских татар главным образом для борьбы с Золотой Ордой, и в июне 1491 г. послал три армии, чтобы разгромить лагерь Золотой Орды в устье Днепра. В то же время Иван не мог не заметить, что, когда отношения с Москвой налаживаются, татары начинают совершать набеги на Польшу и Литву. Зимой 1492–1493 гг. Московия была втянута в эпизодическую пограничную войну с Литвой. Несколько пограничных княжеств тогда то и дело переходили с одной воюющей стороны на другую. Рязанский князь готовился дать отпор карательному вторжению, предпринятому литовским воеводой Смоленска. Московское войско, которому было приказано захватить Вязьму в верховьях Днепра, оправилось в поход всего лишь на несколько дней позже Московской миссии мира в Вильно. Оставалось только гадать, мир или война были на уме у Ивана.

В этот век великих открытий Москва, несмотря на свою удаленность, не была полностью изолирована. Каждое Московское посольство возвращалось с иностранными инженерами, архитекторами, пушкарями в обозе; немецкие и польские купцы приезжали в Московию каждый год закупать меха. Правда, не было прямых контактов с Англией Тюдоров, Францией Валуа или Испанией Фердинанда и Изабеллы. Торговля по Балтике с Нидерландами заканчивалась в Ливонии, а обходной путь вокруг Северного мыса еще не был открыт. Но тем не менее у Москвы были надежные связи с остальной Европой. На севере «немецкий путь» пролегал через Новгород в Ревель и Ригу, а оттуда морем в Любек. По суше лесные дороги протянулись на запад до границ перед Смоленском, а оттуда до Вильно и Варшавы. Иван III ввел в действие почты и почтовых лошадей, поддерживать которые он заповедал в своем завещании[63]. На юге старинные речные пути быстро могли домчать путешественников до Каспийского или Черного моря, а оттуда кораблем в любой порт Средиземноморья. Несмотря на продвижение турок, Московия поддерживала тесные связи с древним византийским миром — то есть с Балканами, Грецией, и в особенности с Афоном, и через Грецию — с Италией.

К тому же Московия делала и собственные открытия. В 1466–1472 гг. тверской купец Афанасий Никитин (ум. 1472 г.) совершил шестилетнее путешествие в Персию и Индию. Он уехал через Баку и Ормуз, а вернулся через Трапезунд и Каффу. Его приключения были описаны в одной из первых книг путешествий *Хождение за три моря*. Десять лет спустя военная экспедиция Салтыка Травина и Курбского перевалила через Урал и вышла на Обь (что по масштабам сравнимо с путешествием Льюиса и Кларка в Америку 300 годами позже). В 1491 г. два венгерских старателя проникли в арктические районы Печоры, где были обнаружены серебро и медь. Это открытие, возможно, было причиной появления в Москве в январе 1493 г. австрийского старателя Снупса с письмами от императора Максимилиана, в которых содержалась просьба разрешить произвести разведку на Оби. Поскольку Ивану IV сейчас связи с Габсбургами не были нужны, Снупсу отказали.

Что же касается Адмирала Океана, то известия о его открытиях достигли Москвы четверть века спустя при посредничестве Максима Грека. Максим Грек (Михаил Триволис, ок. 1470–1560 гг.) принадлежал тому угасавшему византийскому миру, части которого еще образовывали единый культурный регион. Он родился в Арте в Эпире при турецком правлении. Оттуда его семья переехала в венецианский город Корфу. В 1493 г. он оказывается во Флоренции, где изучает Платона и сочувственно внемлет проповедям Савонаролы. Поучившись затем в Венеции и в Мирандоле, где он занимался экзегезой греческих текстов, он постригается в доминиканском монастыре самого Савонаролы Сан-Марко. Позднее, уже монахом с именем Максим, он десять лет трудится в Ватопедском монастыре на Афоне переводчиком в той панправославной и греко-славянской среде, где раскол православной и католической традиций не имел значения. Затем его приглашают в Москву для работы с греческими и византийскими рукописями в царской библиотеке, с чем не могли справиться московские ученые. Он вскоре поссорился с радикальной фракцией московской Церкви, и те обвинили его в колдовстве, шпионаже и приверженности константинопольскому патриарху. Максим, однако, пережил продолжительное тюремное заключение, имел личную встречу с Иваном IV и стал затем пользоваться его покровительством. Он был «последним в своем роде»[64].

В писаниях Максима Грека, появившихся в 1550-е гг., упоминается «большой остров Куба»[65]. И нет сомнения, что к тому времени он хорошо знал о плавании Колумба в Карибском море. Но здесь важна хронология его жизни. Так как Максим провел тридцать лет в тюрьме, то можно предположить, что эти сведения он привез с собой во время своего появления в Москве в 1518 г., то есть через 25 лет после путешествия Колумба.

Это одно из замечательных совпадений: современная *Россия* и современная *Америка* начинают свой исторический путь примерно в один год — 1493 г. по РХ. Европейцы узнали о существовании *Нового Света* почти в тот момент, когда московиты узнали, что их *Старый Свет* еще не клонится к закату.

RENATIO

Ренессанс и Реформация, ок. 1450-1670 гг.

Есть в Ренессансе что-то нереальное. Тот образ мыслей, который отличает новейшую европейскую цивилизацию и от средневекового христианского мира, и от других неевропейских цивилизаций, например ислама, не имеет ни определенного начала, ни конца. Долгое время он был прибежищем немногочисленной интеллектуальной элиты и противостоял другим интеллектуальным направлениям — старым и новым. И в так называемую эпоху *Ренессанса и Реформации*, которая условно начинается ок. 1450 г., он является достоянием меньшинства. Целые слои европейского общества и обширные регионы Европы вообще не испытали его влияния. Как-то так случилось, что эта самая яркая черта времени Возрождения в основном никак не была связана с повседневной политической, общественной и культурной жизнью. Так что он был нетипичен и нехарактерен, но все-таки исключительно важен. Подобно удивительным фигурам Сандро Боттичелли, которые выразили идеи Возрождения особенно властно — будь то изысканная *Весна* (1478 г.) или *Венера, встающая из волн* (ок. 1485 г.), он в каком-то смысле прошел, не касаясь земли. Он проплыл над миром, из которого возник, — бесплотная абстракция, новый дух, зовущий к творчеству.

Из-за этой-то особенности многие историки Возрождения оставили прежние свои предметы: сейчас уже редко пишут в подробностях об этих интересах избранных. Вместо гуманистических идей, теологии Реформации, научных открытий и великих путешествий теперь изучают материальные условия, идеи, унаследованные от средневе-

ковья, народные верования (или неверия) — в их противостоянии высокой культуре. Историки теперь заняты магией, заблуждениями, болезнями или истреблением населения колоний. Может быть, этот корректив и оправдан, но как-то странно сразу забыть Леонардо или Лютера, как раньше не замечали Нострадамуса или Миллера из Фриули. Если мы хотим узнать, почему Европа XVII века так отличалась от Европы XV века, мы не можем обходить эти традиционные вопросы. Впрочем, следует еще раз напомнить читателю: мир Ренессанса и Реформации был также миром гаданий, астрологии, чудес, заклинаний, чародейства, черной магии, народных заговоров, призраков, знамений и фей. Магия продолжала соперничать с религией и наукой. В самом деле, среди простых людей магия господствовала еще долгое время, сосуществуя с новыми идеями в течение двух или больше веков[1]. Из сказанного можно сделать вывод: *раннее Новое время* было вовсе не таким уж новым. Несмотря на семена нового, у него, возможно, было больше общего с предшествовавшим средневековьем, чем с последовавшим Просвещением.

Не просто, таким образом, дать определение Ренессанса, легче определить, чем Ренессанс не был. Один американский историк жалуется: «С тех пор, как около 600 лет назад Ренессанс сам себя придумал, никогда не было общего согласия относительно того, что же он такое»[2]. Ренессанс, например, не означает только растущий интерес к классическому искусству и науке, поскольку возрождение этого интереса непрерывно набирало темп

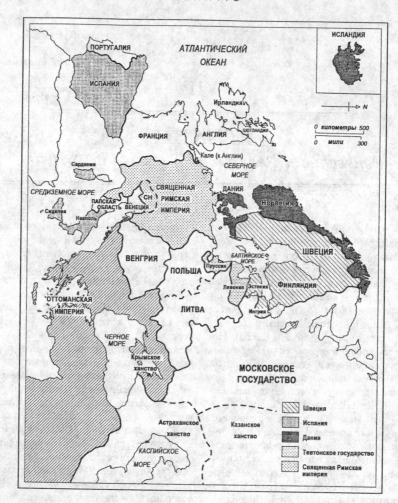

Карта 16

начиная с XII в. Ренессанс не подразумевает и полного отрицания ценностей средневековья или внезапного возврата к мировоззрению Греции и Рима. И уж меньше всего Ренессанс означает сознательный отказ от христианской веры. Термин *renatio* [возрождение] — это латинская калька греческого богословского термина *palingenesis,* который употреблялся в значении «духовное возрождение» или «воскресение». Существо Ренессанса состояло не в том, что внезапно была вновь открыта классическая цивилизация, но в том, что классическими моделями стали поверять основополагающие понятия искусства и науки. Этот процесс не может быть понят без упоминания, что средневековая Церковь, бывшая до того главным авторитетом во всех вопросах, стяжала себе к этому времени дурную славу. В этом отношении Ренессанс принадлежит тому же движению, которое вылилось в религиозные реформы. В далекой перспективе Ренессанс оказался первым этапом эволюции, приведшей — через Реформацию и научную революцию — к Просвещению. Он был той духовной силой, которая разрушила средневековую цивилизацию и привела в движение длительный процесс дезинтеграции, в результате которого родилась современная Европа. [БАЛЕТ]

В рамках указанного процесса христианство не перестало существовать, но власть Церкви постепенно ограничивалась религиозной сферой: влияние религии все больше ограничивалось областью совести отдельного человека. В результате же размышления теологов, ученых и философов, произведения художников и писателей, политика князей освобождались от контроля Церкви, которая до того пользовалась монопольной властью и имела тоталитарные претензии. Вот почему главное качество Ренессанса определяется как *независимость мышления*. Идеалом Ренессанса был человек, который, совершенствуясь во всех областях искусства и мысли, в своих знаниях, художественных вкусах и верованиях, не зависит ни от каких внешних авторитетов. Такой человек был совершенным: *l'uomo universale*[3].

Главным достижением нового мышления было все растущее убеждение, что человечество (*humanity*) способно усовершенствовать мир, в котором живет. Великие деятели Ренессанса были полны уверенности в себе. Они чувствовали, что данная им Богом способность к творчеству может и должна быть использована для раскрытия тайн Божьей вселенной; что можно изменять судьбу человека на земле, что жизнь можно улучшать.

БАЛЕТ

Танец, игравший центральную роль в языческих религиозных культах, в Средние века оказался в небрежении, исключая деревенские народные увеселения. Принято считать, что самым ранним документированным примером этого нового жанра было светское танцевальное представление, исполненное Бергонцио ди Ботта на свадьбе миланского герцога в Тортоне в 1489 г. Из Италии *baletto* был во времена Екатерины де Медичи перенесен ко французскому двору, где при Людовике XIV занял место главного жанра искусства. Опера с танцами Люлли *Триумф Амура* (1681 г.) положила начало жанру оперы-балета, просуществовавшему долгое время.

Современная теория и практика балета были разработаны в основном в Париже в XVIII в., прежде всего королевским балетмейстером Жан-Жоржем Новерром (1727–1810 гг.). Ведущие танцовщики, как Мари Камарго или Гаэтано Вестрис (скромно называвший себя богом танца — *le dieu de la danse*), строили свой танец на грамматике пяти классических позиций. Позднее соединение классической танцевальной техники с романтической музыкой породило такие шедевры, как *Копелия* (1870 г.) Лео Делиба или фантазии Роя Дугласа на темы Шопена *Сильфиды* (1909 г.).

В Россию французский и итальянский балеты были впервые завезены при Петре I, но в XIX в. русский балет от подражательности быстро устремляется к творческим высотам. Основу превосходства русского балета заложила музыка Чайковского к *Лебединому озеру* (1876 г.), *Спящей красавице* (1890 г.) и *Щелкунчику* (1892 г.). В последние мирные годы перед Первой мировой войной в Европе с беспримерным триумфом шли *Русские балеты* Сергея Дягилева (1872—1929 гг.). Вершиной этого времени становится *Жар-птица* (1910 г.), *Петрушка* (1911 г.) и *Весна священная* (1913 г.) с хореографией Фокина, с Нижинским и Кар-

савиной в главных ролях, но, главное, с музыкой Стравинского. После двух революций 1917 года *Русские балеты* остались за границей, а на родине балеты советских Большого и Кировского театров неизменно поражали потрясающим техническим совершенством и исключительным художественным консерватизмом.

Новый, современный танец (в его противопоставлении балету) на самом деле гораздо старше, чем можно было бы предположить. Главный его принцип: преобразование музыкального ритма в движение тела — был выдвинут учителем музыки Франсуа Дельсартом (1811–1871 гг.). Идеи Дельсарта вдохновляли главных танцоров такого жанра: швейцарца Жака Далькроза (1865–1950 гг.), пионера ритмической гимнастики, и венгра Рудольфа Лабана (1879–1958 гг.). После того, как в Центральной Европе современный танец стал жертвой нацистов, он стал развиваться дальше на севере.

В этом Ренессанс решительно порывал со средневековьем, религиозность и мистицизм которого питались прямо противоположным убеждением: что люди — беспомощные пешки в руках Провидения, игралище непостижимых проявлений внешней (по отношению к человеку) среды и собственной природы. В Средние века преобладали такие настроения, как парализующее и тревожное сознание человеческих недостатков, незнание, бессилие — короче, сознание всеобщего греха. Напротив, Ренессанс был вскормлен чувством освобождения и восстановления сил благодаря все возраставшему осознанию больших возможностей человека.

Напряженная работа мысли, предприимчивость, эксперимент и стремление к познанию, конечно, должны были привести к великим достижениям. Историки интеллектуальных течений описывают Ренессанс в терминах новых идей и новых форм; психологи же считают важнейшим — победу над теми страхами и запретами, которые мешали так долго притоку новых идей и новых веяний.

Время Ренессанса трудно втиснуть в простую хронологическую схему. Историки литературы видят начало Ренессанса в XIV веке в песнях и сонетах Петрарки, впервые обратившегося к исследованию человеческих чувств ради них самих (см. Глава VI). Историки изобразительного искусства относят начало Ренессанса к произведениям Джотто и Мазаччо (1401–1428 гг.), архитектуре Филиппо Брунелески (1379–1446 гг.), измерившего купол Пантеона в Риме, чтобы превзойти его смелостью купола собора во Флоренции, к скульптурам Гиберти (1378–1455) и Донателло (ок. 1386–1466 гг.). Историки политических течений указывают на Николло Макиавелли (1469–1527 гг.), впервые объяснившего механизм политики как власти ради власти. Все эти пионеры были флорентийцами. И Флоренция, как родина Ренессанса, вполне может претендовать на имя *матери современной новой Европы.*

[БИЧЕВАНИЕ]

Но из всех неподражаемых и многосторонних флорентийцев никто не превзошел Леонардо да Винчи (1452–1519 гг.). Художник, создавший, наверное, самую знаменитую в мире картину *Джоконда* (1506 г.), он обладал поистине неисчерпаемыми талантами, которые поставил на службу своей также несчерпаемой любознательности. Все можно найти в его блокнотах: от анатомических этюдов до чертежей вертолета, подводной лодки и пулемета. (Подобные изобретения были повальным увлечением в Германии еще до Леонардо[4].) Славное имя Леонардо окружено тайной в связи с его утраченными работами, а также в связи с его репутацией колдуна. Говорят, что мальчиком он, бывало, покупал на рынках Флоренции птиц в клетках только для того, чтобы выпустить их на волю. Позднее он стал выпускать на волю секреты науки и искусства. Последние годы жизни он провел во Франции на службе у Франциска I. Он умер в Шато де Клу недалеко от Амбуаза на Луаре — этот уголок называли «Италией, более итальянской, чем сама Италия»[5].

[ЛЕОНАРДО]

Ренессанс не ограничивался Италией или итальянскими моделями, его завоевания постепенно распространялись по всем странам латинского христианства. Современные ученые иногда не замечают этого факта. Под влиянием труда шведского ученого Якоба Буркхарда *Культура Италии в эпоху Возрождения* (1860 г.) многие люди так никогда и не осознали, что Ренессанс не ограничивался Италией. На самом же деле интеллектуальные дрожжи Ренессанса очень рано обнаруживаются в северной Европе, в особенности, в городах Бургундии и Германии. Во Франции помимо импортированных из Италии течений развились во множестве собственных направлений. Ренессанс обнаруживается и в тех странах, которые непосредственно не граничили с Италией: но в Венгрии и в Польше, например, он проявил себя ярче, чем в Испании; и только граница с православием стала непреодолимой преградой для Ренессанса. В странах, оккупированных Оттоманской империей, Ренессанс проявился слабо, а в Московии ограничился несколькими подражательными творениями. Так что, даровав новую жизненность латинскому Западу, Ренессанс в то же время еще больше углубил разрыв между Востоком и Западом.

Причины Ренессанса столь же глубоки, сколь и многочисленны. Таковыми можно считать рост городов и торговли в позднем средневековье, формирование класса богатых и сильных покровителей-капиталистов, технический прогресс, оказавший воздействие на экономическую и куль-

БИЧЕВАНИЕ

Пьетро делла Франческа (ок.1415–1492) написал небольшой этюд, известный как *Бичевание*, где-то между 1447 и 1460 годами. Эта картина, которая теперь находится в Национальном музее в Урбино, замечательна своим построением в виде диптиха, архитектурными деталями, запечатленными на ней, потрясающей перспективой и, прежде всего, загадочностью аллегории.

Картина эта состоит из двух отчетливо определяемых частей. Слева мы видим ночную сцену бичевания, которое происходит на жемчужном фоне в античном дворике. Справа трое мужчин ведут беседу в саду. Бледный лунный свет левой части смешивается с дневным светом, который потоком льется справа.

На картине видны архитектурные детали принципиально разных стилей. Двор претории выдержан в строго классическом стиле. Тяжелые панели крыши поддерживаются двумя рядами коринфских колонн с каннелюрами, которые поднимаются из мраморного пола. В центре узник привязан к колонне *Элия Капитолина* — символу Иерусалима, она же, в свою очередь, увенчана золотой статуей. Между тем тут же мы видим два средневековых дома с нависающим бельведером. Дальше кусочек зелени и голубого неба. Таким образом, одна часть картины погружена в прошлое, другая — в настоящее.

Между двумя группами людей нет очевидной связи. За бичеванием во дворе наблюдает должностное лицо в заостренной шляпе эпохи Палеологов, а также араб или турок и помощник в короткой римской тоге. Группа же на переднем плане в саду состоит из бородатого грека в круглой шляпе, темно-бордовой одежде и мягких сапогах, босоногого юноши в красной блузе и лавровом венке и богатого купца, одетого по-фламандски в отороченную мехом парчу.

Пьетро использует перспективу, чтобы маленькая фигурка узника оставалась центральной в картине. Сходящиеся линии потолочных балок, панелей крыши и колонн, изображенных в перспективе мраморных плит — все это хрестоматийно представленное архитектурное оформление, призвано подчеркнуть значение происходящего внутри него действия.

Что же до аллегории, то выдающийся исследователь искусства Пьетро делла Франческа заметил: интерпретации слишком многочисленны, чтобы их перечислить. Принято считать, что перед нами Бичевание Иисуса Христа перед Пилатом. Многие считают, что босоногий юноша — это Оддантонио ди Монтефельтро. Но на картине очень сильны византийские мотивы; поэтому исследователи предлагают такие интерпретации, которые связаны с осадой и покорением турками Константинополя, что в тот период было главной новостью. В таком случае перед нами не Иисус Христос, а св. Мартин, римский папа VII века, принявший мученическую смерть от рук византийцев. В этом случае официальное лицо не Пилат, а византийский император. Три фигуры на переднем плане могут быть участниками Собора в Мантуе (1459 г.), где греческий эмиссар умолял князей Запада предпринять крестовый поход для спасения Восточной империи.

Но ведущий специалист из Великобритании твердо стоит на третьем толковании: перед нами *Сон Бл. Иеронима*. Иерониму однажды приснилось, что он подвергся бичеванию за чтение язычника Цицерона. Тогда становится понятным и диссонанс двух частей. Три фигуры на переднем плане — два человека и ангел с босыми ногами — «обсуждают отношение между классической и патристической литературой, как это отразилось в истории сна Иеронима».

Линейная перспектива стала сенсацией в живописи того времени. Один из современников Пьетро — Паоло Учелло — пришел в такой восторг и волнение, что среди ночи даже разбудил спавшую жену, чтобы с ней это немедленно обсудить. Эта система рисования позволяла воспроизвести реалистический образ трехмерного мира на плоской, двухмерной поверхности. Она позволила начать изображать мир так, как его видел человек, отвергая иерархические построения средневекового искусства. Впервые линейная перспектива была открыта Брунеллески, когда он изучал и исследовал классическую архитектуру; затем ее принципы были разработаны во множестве теоретических трактатов, из которых главные принадлежат Альберти: *De Picture* (1435 г.), самому Пьетро делла Франческе *De Prospettiva Pingendi* (до 1475 г.) и Дюреру *Трактат о пропорциях* (1525 г.). Правила линейной перспективы предусматривали, в частности, сведение параллельных линий в некую воображаемую «точку схода» и «линию горизонта», уменьшение размеров предметов соответственно их удаленности от «точки наблюдения», а также изображение в перспективе того, что лежит вдоль центральной линии обзора. Первооткрытием этой системы стали бронзовые панели *Врата рая* Жиберти (1401–1424 гг.) в баптистерии во Флоренции и фреска *Троицы* Мазаччо (ок. 1427 г.) в нефе церкви Санта Мария Новелла. Другими замечательными образчиками линейной перспективы являются *Битва при Сан-Романо* Учелло (ок. 1450 г.), *Оплакивание Иисуса Христа* Мантаньи (ок. 1480 г.) и *Тайная вечеря* Леонардо да Винчи (1497 г.)

С тех пор перспектива царила в изобразительном искусстве в течение 400 лет. Леонардо называл ее «вожжами и рулем живописи». Современный критик называет ее «специфически европейским способом видения мира». Естественно, что, когда современные художники наконец начали разрушать традиционные методы письма, они

обратились и против линейной перспективы. Джорджо де Кирико (1888–1978 гг.) и художники его «метафизической школы» экспериментировали с нарушением перспективы в таких работах, как *Тревожащие музы* (1917 г.), или как это сделал Пауль Клее в его *Фантоме перспективы* (1920 г.). И наконец, голландец М. К. Эшер (1898–1970 гг.) придумал такие визуальные возможности, когда все существующие на бумаге линии всего лишь иллюзии. [IMPRESSION]

турную жизнь. Но источник духовного развития следует искать прежде всего в сфере духовности. В этой области главным оказалось нездоровье Церкви и упадок ее традиционного учения. Не случайно корни Ренессанса и Реформации следует искать в мире идей.

У *новой учености* XV века было три черты новизны. Одна заключалась в обращении к классическим авторам, которыми долгое время пренебрегали, в особенности это касалось Цицерона и Гомера, которые не интересовали средневековых ученых. Другая заключалась в обращении к древнегреческому языку (наряду с латинским). Третья черта состояла в больших успехах библеистики на базе критического изучения оригинальных древнееврейских и греческих текстов. Эта деятельность обеспечила связь светского Ренессанса с религиозной Реформацией, особенно подчеркивавшей важность Писания. Научная критика классических текстов быстро развивалась еще до изобретения печатного станка. И в этой области первым был Петрарка; с ним соперничали Боккаччо, Гуарино, Филельфо, Бруни, Ауриспа и неутомимый собиратель папский секретарь Г. Ф. Поджио Браччолини (1380–1459 гг.). Соперник Поджио Лоренцо Валла (ок. 1406–1457 гг.) написал трактат *De Elegantiis Latinae Linguae*, где доказывал безусловное превосходство латинского языка Цицерона и разоблачал *Константинов Дар* как фальшивку. Греческая традиция, насаждавшаяся византийцем Мануилом Хризоларом (1355–1415 гг.), некогда профессо-

ром греческого языка во Флоренции, и Анджело Полициано (1454–1494 гг.), поэтом и переводчиком Гомера, получила дополнительный стимул с наплывом греческих эмигрантов после 1453 г., тем более что они везли с собой и манускрипты. В следующем поколении ученых выделяется эллинист и ориенталист Г. Пико делла Мирандола (1463–1494 гг.), исследовавший *Каббалу*, и Марсилио Фичино (1433–1499 гг.). Во Франции особое место заняли Жак Лефевр д'Этапль (1455–1537 гг.) и Г. Бюде (1467–1540 гг.); в Германии — гебраист Иоганн Рейхлин (1455–1522 гг.) и странствующий рыцарь Ульрих фон Гуттен (1488–1523 гг.), а также Филипп Меланхтон (1497–1560 гг.). Особенно важным для будущего науки стал перевод Фичиной александрийского Гермеса Трисмегиста. Печатный станок выпустил этот перевод в обращение, когда движение уже миновало начальную стадию. [КАББАЛА] [ПЕЧАТНЫЙ СТАНОК]

Кружки таких энтузиастов-*гуманистов* возникали повсюду от Оксфорда и Саламанки до Кракова и Львова. У них были высокие покровители часто из церковных иерархов, как кардинал Бофор и кардинал Олесьницкий. Все они в своей преданности античности отзывались на *вопль души* одного из своих меньших братьев — Кириака из Анконы: «Я иду разбудить мертвых». Все отдавали должное величайшему среди них — Эразму Роттердамскому.

Герхард Герхардс (ок. 1466–1536 гг.), голландец из Роттердама, более известный под своим латинским и греческими псевдонимами *Дезидерий*

ЛЕОНАРДО

Леонардо да Винчи (1452–1519 гг.), левша и гомосексуалист, был инженером, но больше всего он прославился своим побочным занятием — живописью. Он был «дитя любви» флорентийского адвоката и крестьянской девушки из селения Винчи. Леонардо прославился как самый разносторонне одаренный гений Европы. До нас дошло не более дюжины его полотен, причем некоторые из них не закончены. Однако среди них

такие непревзойденные шедевры, как *Мона Лиза* (теперь в Париже), *Тайная вечеря* (в Милане) и *Дама с горностаем* (в Кракове). Будучи левшой, он писал справа налево, так что его рукописи можно читать только в зеркале. Из-за своего полового извращения он содержал компаньона, которого звали Андреа Салаи, и жил в постоянном страхе разоблачения. Самое замечательное из его наследия заключается, возможно, в его многочисленных блокнотах с рисунками, набросками и разъяснениями к тысячам устройств и изобретений, которые так никогда и не были осуществлены. Не удивительно, что к нему постоянно было приковано внимание тех, кто пытался определить и количественно оценить компоненты, предопределяющие гениальность. Его имя фигурирует в разных списках выдающихся европейцев, предположительно имевших общие с ним качества:

Левша	Уровень мозгового излучения[2]	Гомосексуальность
Тиберий	(по Шкале Брюнлера,	Сапфо
Микеланджело	где 500 = гений)	Александр Великий
С.Р.Е. Бах	Леонардо, 720	Юлий Цезарь
Георг II	Микеланджело, 688	Имп. Адриан
Нельсон	Чейро (хиромант), 675	Ричард Львиное Сердце
Карлейль	Елена Блаватская, 660	А. Полициано
	Тициан, 660	Ботичелли
Приблизительный IQ	Фридрих Великий, 657	Юлий III, папа
Дж.С. Милль, 190	Рафаэль, 649	Кардинал Карафа
Гете, 185	Фрэнсис Бэкон, 640	Генрих III
Т. Чаттертон, 170	Рембрандт, 638	Фрэнсис Бэкон
Вольтер, 170	Гете, 608	Яков VI (I)
Жорж Санд, 150	Наполеон, 598	Ж.Б. Люлли
Моцарт, 150	Шопен, 550	Христина Шведская
Лорд Байрон, 150	Эль Греко, 550	Фридрих Великий
Диккенс, 145	Распутин, 526	Александр фон Гумбольд
Галилей,145	Пикассо, 515	Ханс Кристиан Андерсен
Наполеон, 140	Муссолини, 470	Петр Чайковский
Вагнер, 135	Эйнштейн, 469	Оскар Уайльд
Дарвин, 135	Фрейд, 420	Марсель Пруст
Бетховен,135		Джон Кейнс
Леонардо,135		

После смерти Леонардо был поставлен своеобразный эксперимент по воспроизведению его гения: сводный брат Леонардо, Бартоломео, нашел девушку из того же селения Винчи, признал родившегося от нее сына и обеспечил мальчику образование в одной из лучших студий Флоренции. Пьерино да Винчи обнаружил незаурядный талант: его ранние работы были так хороши, что их даже приписывали Микеланджело. Но он умер раньше, чем возмужал его гений.

и *Эразм*, сознательно был христианским гуманистом. Ученик в Девентере, певчий в Утрехте, секретарь епископа Камбрейского, он часто наведывался в Лондон и Кембридж и долго жил в Базеле. Эразм «превратился в центр научного изучения Божества… стал мерилом классической эрудиции и литературного вкуса»[6]. Он был одним из первых действительно популярных авторов своего времени — времени печати: его *Похвала глупости* (1511 г.) претерпела 43 издания только при его жизни; он сделал больше, чем кто бы то ни было, для соединения нового гуманизма с католической традицией. Его *Оружие христианского воина* (1503 г.) также пользовалось беспримерной популярностью. Подобно своему другу Томасу Мору, он был поклонник не только ап. Павла, но и Платона. Изданный им греческий Новый Завет (1516 г.) стал заметным событием. Именно в предисловии к этому труду стояли знаменитые слова: «Я хочу, чтобы каждая женщина могла прочитать Евангелие и Послания апостола Павла. Чтобы они были переведены на все языки... и поняты не только шотландцами и ирландцами, но и турками и сарацинами. Чтобы крестьянин мог напевать отрывки из Писания, идя за плугом, чтобы пряха мурлыкала фразы из Писания под пение прялки...»[7]

Но, может быть, особенно привлекателен был его нрав, полный парадоксов. Он был священником с сильной наклонностью к антиклерикализму; ученый, ненавидевший педантство; будучи на содержании у королей и императоров, он ранил словом королей и князей; настоящий протестант в своем протесте против злоупотреблений Церкви, он не участвовал в Реформации; он был убежденным гуманистом и убежденным христианином. Его книги веками оставались под запретом Церкви (в Индексе), но свободно печатались в Англии, Швейцарии и Нидерландах. У него было и тонкое чувство меры, и неистовый ум. «Какое произойдет несчастье, — спрашивал он у папы Римского Юлия II, — если когда-нибудь верховный понтифик, викарий Христа, попытается подражать Его жизни, полной бедности и трудов?» И отвечал: «Тысячи писцов, сикофантов... погонщиков мулов... и сводников» останутся без работы[8]. «И Христос, — писал он, вызывая ярость инквизиции, — несколько делался глупцом, чтобы помочь дурости человечества»[9].

Эразм оказал огромное влияние на язык своего времени. Его аннотированное собрание *Adagia* (1508 г.) стало первым мировым бестселлером, через эту книгу в употребление вошли свыше 3000 классических фраз и поговорок:

oleum camino — лить масло в огонь

ululas Athenas — посылать сов в Афины

iugulare mortuo — перерезать горло трупам

mortuum flagellas — подстегивать мертвых

(лошадей)

arare litus — пахать песок

asinus ad lyram — посадить осла за арфу

de filo pendet — висит на волоске

festina lente — поспешай медленно

equi dentes inspicere donati — заглядывать дареному коню в зубы[10].

Гуманизмом называют широкое интеллектуальное движение, предшественником и катализатором которого была *Новая ученость*. Это движение было ознаменовано решительным переходом от теократического, Богоцентричного мировоззрения Средних веков к антропоцентричному, или человекоцентричному мировоззрению Ренессанса. Манифестом этого движения можно считать трактат Пико *О достоинстве человека;* и со временем оно распространилось на все области знания и искусства. Ему приписывают понятие *человеческой личности,* возникшее благодаря тому, что стали приписывать особое значение уникальности и особенно ценить индивидуальность. Ему приписывают рождение истории как науки о процессах перемен, а отсюда и понятие прогресса; оно связано с понятием научности — то есть принципа ничего не принимать на веру без испытания и демонстрации. В религиозной мысли гуманизм породил основной принцип протестантизма (который усиленно подчеркивают его адепты) — личное суждение/индивидуальная совесть. В искусстве в связи с идеями гуманизма возродился интерес к человеческому телу и неповторимости человеческих лиц. В политике он проложил путь идее суверенного государства в противоположность христианскому сообществу, так что были заложены основания современного национализма. Суверенное национальное государство — это коллективный аналог автономной человеческой личности. [ГОСУДАРСТВО]

Гуманизм Ренессанса и в своей любви к языческой античности, и в желании ко всему приложить критические способности человека вступил в противоречие с основными христианскими моделями поведения и картиной мира. Безотносительно к намерениям гуманистов, традиционалисты считали такой путь разрушительным для религии, подлежащим, следовательно, ограничению. Пятьсот лет спустя, когда христианский мир зашел уже очень далеко по пути дезинтеграции, христианские богословы именно в этом увидели источник разложения. Вот что писал один католический философ: «Отличаясь от средневековья, Ренессанс предлагал не приращение, но уменьшение, изъятие. Ренессанс — это не Средние века плюс Человек; это Средние века минус Бог».

Так же критичен и американский протестант: «Именно Ренессанс стал колыбелью совершенно нехристианского понятия: независимый человек». Особую непримиримость выказал один православный русский: «Гуманизм Ренессанса утверждал независимость, самостоятельность человека, его свободу в культурном творчестве, в науке и искусстве. В этом было его оправдание, потому что для творческих сил человечества необходимо было устранить те препятствия и запреты, которые воздвигло на его пути средневековое христианство. К несчастью, однако, Ренессанс одновременно утверждал самодостаточность человека, возводил преграду между человеком и вечными истинами христианства... В этом истоки трагедии новейшей истории... Бог стал врагом Человека, а человек врагом Бога»[11].

Вот почему те, кто в наше время не скрывает своего презрения к христианству, — марксисты, сторонники сциентизма в понимании общества и, среди прочих, атеисты — приветствуют Ренессанс как начало европейского освобождения. Ничто не могло бы испугать в большей степени гигантов Ренессанса: очень немногие из них (как и наши современники-христиане) усматривали какое-то противоречие между гуманизмом и христианством. Все, что развилось из Ренессанса, от картезианского рационализма до дарвинизма, фундаменталисты считали враждебным религии; но христианство приняло и переварило эти теории. Гуманизм сам по себе всегда логически приводит к атеизму. Но столбовая дорога европейской цивилизации не пошла по пути крайностей. Через множество последовавших за тем конфликтов удалось прийти к новому и открытому для перемен синтезу между верой и разумом, традицией и инновацией, преданием и убеждением. Несмотря на утверждение и расширение светской тематики, основной массив европейского искусства был по-прежнему посвящен религиозным темам, и все великие мастера были верующими. Показатель-

но, что в конце долгого жизненного пути Микеланджело Буанаротти (1474–1564 гг.) — создатель великого флорентийского *Давида* (1504 г.), расписавший Сикстинскую капеллу и создавший собор Св. Петра, — находил утешение в религиозной поэзии.

Уж дни мои теченье донесло
В худой ладье, сквозь непогоды моря,
В ту гавань, где свой груз добра и горя
Сдает к подсчету каждое весло.
В тираны, в боги, вымысел дало
Искусство мне, — и я внимал не споря;
А ныне познаю, что он, позоря
Мои дела, лишь сеет в людях зло.
И жалки мне любовных дум волненья:
Две смерти, близясь, леденят мне кровь,
Одна уж тут, другую должен ждать я;
Ни кисти, ни резцу не дать забвенья
Душе, молящей за себя Любовь,
Нам со креста простершую объятия[12].

Важнейшую роль для Ренессанса сыграло образование. Гуманисты знали, что Нового Человека надо формировать с детства, с юности. Во множестве появляются трактаты по образованию, множатся эксперименты: от Витторино да Фелтре (1378–1446 гг.) до Эразмова *Наставления князю*. Новые предложения состояли в том, чтобы, не отказываясь от основных принципов христианства, развивать у молодых людей интеллектуальные и физические способности. Вот почему наряду с греческим и латинским преподавали гимнастику. Академию Витторино в Мантуе многие считают первой школой нового типа. К позднейшим примерам относится восстановленная (1512 г.) школа при соборе Св. Павла в Лондоне.

В музыке в это время наряду с полифоническими произведениями для богослужения появляется светская хоральная музыка. Ведущие мастера этого времени, как Жоскен де Пре (ок. 1445–1521 гг.) и Клеман Жанекен (ок. 1485–1558 гг.), произведения которых пользовались в Италии не меньшим успехом, чем во Франции, создавали целые громады картин в звуках. Жанекеновы *Птицы*, *Крики Парижа* или *Битва под Мариньяно* полны радости и движения. Широко распространяется искусство мадригала, множатся школы лютнистов.

Часто в учебниках искусство Ренессанса представляют в виде трех периодов. Ранний Ренессанс *новаций* сменяется гармоническим Высоким Ренессансом середины XVI века, за которым последовал подражательный маньеризм. К великим новаторам принадлежали Паоло Учелло (1397–1475 гг.), покоривший перспективу, Андреа Мантенья (1431–1506 гг.), мастер реализма, и Сандро Боттичелли (1446–1510 гг.), волшебно сочетавший на своих полотнах цейзаж и человеческие фигуры. Тремя гигантами все признают Леонардо да Винчи, Рафаэля Санти (1483–1520 гг.) и неистового Микеланджело. И легион подражателей. Но подражатели обычно льстецы, так что их трактовкам человеческого лица и тела, пейзажа и света нельзя доверять. А между Рафаэлевыми Мадоннами и средневековыми иконами — целая духовная вселенная.

Следует, однако, возразить против слишком аккуратной периодизации, потому что новации никогда не прекращались. Ничто не может быть более новаторским по форме и цвету, чем дерзкие полотна Антонио Аллегри (Корреджо, 1489–1534 гг.), венецианца Тициано Вечеллио (Тициан, 1477–1576 гг.), Джокопо Робусти (Тинторетто, 1518–1594 гг.) или критянина Доменико Теотокопули (Эль Греко, ок. 1541–1614 гг.), приехавшего в Толедо через Венецию. Кроме того, искусство северной Европы, сначала расцветшее в Бургундии, развивалось независимо и энергично. Германская школа сложилась вокруг Альбрехта Дюрера (1471–1528 гг.), Лукаса Кранаха из Нюрнберга (1472–1553 гг.), пейзажиста Альбрехта Альтдорфера из Регенсбурга (1480–1538 гг.) и портретиста Ганса Гольбейна из Аугсбурга (1497–1543 гг.). Эта школа, несмотря на контакты с югом, была самостоятельна. Наконец, нельзя забывать, что многим замечательным и оригинальным художникам ближе было продолжение средневековых традиций. К таковым относился изумительный резчик Вейт Штосс, или Вит Ствош (ок. 1447–1533 гг.), который творил в Германии и в Польше, загадочный Мастер из Грюневальда (ок. 1460–1528 гг.), фантастический голландец Иероним Босх (ум. 1516 г.) с его видениями Ада, а также фламандский художник *мужицкого стиля* Питер Брейгель Старший (ок. 1525–1569 гг.).

В архитектуре Ренессанс стал реакцией на готику. Много почитателей у флорентийского *классического стиля*, ранним образцом которого была капелла Пацци (1430 г.). Европейская же знать без ума от классических вилл Андреа Палладио (1518–1580 гг.). Все респектабельные библиотеки имеют его богато иллюстрированный трактат *Четыре книги об архитектуре* (1570 г.), изданный в Венеции. Когда порох превратил замки в бесполезное излишество, стали тратить деньги на изумительные дворцы, в особенности на аристократические резиденции над Луарой; на памятники бюргеского тщеславия в виде каменных домов и окруженных аркадами площадей в городах Германии и Голландии и ратуши в итальянском стиле от Амстердама до Аугсбурга, Лейпцига и Замостья.

В литературе Ренессанса бурно расцветали народные языки, и через эту призму все стороны жизни рассматривались заново. Эксперименты гуманистов XVI века проложили путь полноценным национальным литературам. И в самом деле, наличие литературной традиции на народных языках стало главным признаком национального самосознания современных наций. Во Франции эту традицию заложили поэты *Плеяды*, в Португалии — Луис де Камоенс (1524–1580 гг.), в Испании — Мигель Сервантес (1547–1616 гг.), в Голландии — Анна Бэйнс (ок. 1494–1575 гг.) и Йост Ван ден Вондел (род. 1587 г.), в Польше — Ян Кохановский (1530–1584 гг.), в Англии поэты и драматурги елизаветинской поры Спенсер, Марло и Шекспир. В Италии же, где эта традиция была старше и сильнее, она была обобщена Людовиком Ариосто (1474–1533 гг.) и Торквато Тасо (1544–1595 гг.). [**SINGULARIS**]

Не все языковые сообщества (народы) Европы создали серьезную литературу. Те, которые еще запаздывали, в основном в Германии, России и на Балканах, все еще преследовали религиозные цели. Помимо Лютера и сатиры *Корабля дураков* (1494 г.) Себастьяна Бранта (1457–1527 гг.), силезского поэта Андреаса Грифиуса (1616–1669 гг.) и польского историографа Мартина Опица (1597–1639 гг.), а также плутовского романа *Симплициссимус* Кристоффеля фон Гриммельсгаузена (ок. 1625–1676 гг.) — в остальном в Германии публиковались религиозные трактаты и популярные *Volksbucher* [народные книжки], вроде *Доктора Фаустуса* (1657 г.). [**ФАУСТ**] В то же время в Центральной Европе не умерла еще литература на ла-

SINGULARIS [ЕДИНСТВЕННОЕ ЧИСЛО]

Индивидуализм всеми рассматривается как отличительная черта западной цивилизации, а Мишеля де Монтеня почитают его родоначальником. «Величайшее благо на земле — знать, как принадлежать себе самому. Все смотрят перед собой. Но я смотрю внутрь себя. Ничто меня не касается, кроме моего собственного. Я постоянно раздумываю о себе; я контролирую себя; я пробую себя на вкус... Кое-чем мы обязаны обществу, но по большей части мы обязаны себе. Можно давать себя в долг другим, но отдаваться только себе самому».

Основы индивидуализма усматривают в платонизме, в христианской теологии души, в номинализме средневековой философии. Но в основном он развился с наступлением Ренессанса, который Буркхардт описывает через замечательные личности того времени. Культура с ее интересом к человеческим существам, религия с ее интересом к совести каждого, экономика с ее интересом к частному предпринимательству — во всех этих системах индивидуум занимает центральное положение. Эту тему детально разработало Просвещение (начиная с Локка и Спинозы), и наконец положения о личной свободе и правах человека стали общим достоянием европейцев.

В XIX в. развитие теории индивидуализма шло по нескольким расходящимся направлениям. Кант считал, что безудержное преследование только личных интересов аморально; и только Джон Стюарт Милль в своей книге О свободе (1850 г.) примирил противоположные интересы индивидуумов и общества.

Жан Жорес в Социализме и свободе (1898 г.) сделал то же в социалистических терминах. Но всегда были люди, готовые на крайности. В книге Единственный и его собственность (1844 г.) Макс Штирнер осудил все формы коллективизма, будь то «нация», «государство» или «общество». Оскар Уайльд в Душе человека при социализме (1891 г.) защищал абсолютные права творческой личности, художника: «Искусство — это самое энергичное проявление индивидуализма, какое когда-либо знал мир».

В XX в. фашизм и коммунизм относились к личности с презрением. Но и в демократических государствах раздутый правительственный аппарат бюрократов часто подавляет тех, кому они призваны служить. Ответом стало неолиберальное движение, набравшее силы в Венской школе 1920-х годов. Все лидеры этого движения — Карл Поппер (род. 1902 г.), Людвиг фон Мизес (1881–1973 гг.) и Фридрих фон Хайек (род. 1899 г.) — эмигрировали. На трудах Хайека Дорога к рабству (1944 г.) и Индивидуализм и экономический порядок (1949 г.) воспиталось поколение послевоенных неоконсерваторов. Одна горячая последовательница этого направления однажды сказала: «Такой вещи, как общество, вообще не существует».

Эти экстремистские направления представляли гражданина как простого потребителя товаров, услуг и прав, и была опасность, что политика превратится со временем всего лишь в «культуру жалоб». Со временем развилась контртенденция, которой предстояло превратиться в столь же уязвимую традицию Долга.

тинском языке. Из неолатинской поэзии можно упомянуть немца Конрада Пикеля, известного как *Celtis* (1459–1508 гг.), первого поэта-лауреата[13] Священной Римской империи, венгра Яноша Паннония (1434–1472 гг.), итальянцев Фракасторо (1483–1553 гг.) и Альчиати (1492–1550 гг.), и поляков Дантишка (1485–1548 гг.) и Клеменса Яницкого (1516–1543 гг.)

Очевидно, что у Ренессанса было нечто общее с более старым движением за реформу Церкви. И гуманисты, и будущие реформаторы выступали против окаменелого клерикализма; и те и другие были под подозрением у церковных иерархов.

Больше того, поощряя критическое изучение Нового Завета, и те и другие растили поколения, мечтавшие об утраченных ценностях первоначального христианства, как другие мечтали о прошедшем времени классической античности. Именно поэтому возникла не очень-то удачная метафора: «Эразм снес яйцо, а Лютер его высидел».

Реформация. И тем не менее нельзя рассматривать Реформацию просто как продолжение Ренессанса. В отличие от гуманизма, Реформация была обращена к глубочайшим религиозным традициям Средних веков и взросла на волне религиозного возрождения, которое охватило не только ученых, но и народные массы. Начало этому возрождению веры положили люди, целью которых было сохранить в целости католическую церковь, и когда началось отпадение первой ветви реформаторского течения, люди эти с удвоенной энергией бросились в борьбу за очищенную и единую религию. В этой сфере совершенно отсутствовал дух гуманистической терпимости. Так что наличие общих истоков у Ренессанса и Реформации не должно заслонять от нас того факта, что в своем движении они устремились в разных направлениях. Похожее разделение произошло и внутри движения за реформу Церкви. Широкое в своем начале религиозное возрождение затем распалось на два отдельных и враждебных друг другу движения, позднее получивших наименование католической Реформации [известной еще как *Контрреформация*] и протестантской Реформации.

Религиозное возрождение, ясно различимое уже в конце XV века, воодушевлялось в основном народным недовольством, в связи с вырождением духовенства. Церковь, заявлявшая о своем намерении созывать Собор каждые десять лет, на самом деле не созывала соборов с 1430-х годов. Канонизация множества святых, от св. Винченцио Феррера (1455 г.) и св. Бернардина Сиенского (1450 г.) до св. Казимира Польского (1458—1484 гг.), не могла скрыть того факта, что в Церкви в целом святость истощилась. Европа была полна рассказов о епископах, предававшихся симонии, о папах, погрязших в кумовстве, о развратных священниках и негодных монахах, но главное — о мирском богатстве Церкви.

И снова предвестники перемен появились во Флоренции. Грозящие адским пламенем проповеди фанатичного монаха Фра Джироламо Савонаролы (1452—1498 гг.) возбудили народ в 1490-е гг. на бунт, в результате которого были временно изгнаны Медичи, но который закончился, однако, сожжением самого проповедника. В Испании при кардинале Гарсии Чиснеросе, религиозной дисциплине сопутствовала энергичная ученость. В новой школе теологии при Университете Алкалы, основанной в 1498 г., родилась *Библия Полиглота* (1510—1520 гг.). В Италии при кардинале Джанпьетро Карафе (1476—1559 гг.), будущем папе Павле IV и соучредителе (ок. 1511 г.) *Часовни Божественной любви*, сложился кружок влиятельных церковных деятелей Рима, которые предавались усиленным духовным упражнениям и делам благочестия. От них затем пошли некоторые новые католические (белые — не монашеские и не священнические) конгрегации и среди них *театинцы* (1523 г.), *барнабиты* (1528 г.), *иезуиты* (1540 г.) и *ораторианцы* (1575 г.).

Признаки религиозного возрождения отмечаются именно тогда, когда репутация Церкви пала особенно низко, а именно: при папах Родриго де Борджиа (Александре VI, 1492—1503 гг.) и Джулиано делла Ровере (Юлий II, 1503—1513 гг.). Александр был одержим страстями: к золоту, к женщинам, к устройству своих незаконнорожденных детей. Юлий питал от рождения ненасытную «любовь к войне и победам»: этот папа запомнился выступающим на поле брани в полном вооружении; он перестроил собор Св. Петра, восстановил папское государство. В 1509 г., когда он планировал оплатить войны и перестройку собора продажей в Германии индульгенций — папский документ, гарантирующий освобождение от наказания в Чистилище, — в Рим прибыл молодой монах-августинец из Виттенберга в Саксонии. Мартин Лютер был потрясен увиденным до глубины души. «Даже испорченность, — писал Ранке, — может быть совершенной»[14].

Уже через десять лет Лютер (1483—1546 гг.) оказался во главе первого *протестантского* восстания. Его лекции в качестве профессора теологии в Виттенберге показали, что учение об «оправдании одной лишь верой» вынашивалось им уже несколько лет, и, как человек, пребывавший в борьбе с собственными внутренними убеждениями, он не обнаруживал никакой терпимости по отношению к изнеженным гуманистам своего времени. Он был исключительно груб и имел несносный характер. Его язык подчас просто невоспроизводим. Рим был для него гнездом содомского разврата, апокалиптическим зверем.

Гнев Лютера достиг предела, когда в Германии появился монах Иоанн Тетцель, продавший индульгенции. Тетцель был изгнан с территории курфюрста Саксонского, которому вовсе не хотелось, чтобы его подданные перекладывали большие суммы в папские сундуки. Так что, подвергая сомнению, так сказать, «богословскую аккредитацию» Тетцеля, Лютер тем самым поддерживал политику своего князя. 31 октября 1517 г. в канун Праздника всех святых он предпринял решительный шаг и прибил листок с 95 Тезисами, или аргументами, против индульгенций к дверям Виттенбергской крепостной церкви. Так доносит предание.

Из этого знаменитого акта неповиновения проистекло несколько последствий. Во-первых, Лютер был вовлечен в серию публичных диспутов, в том числе в знаменитый диспут в Лейпциге с доктором фон Эком, за чем последовало отлучение Лютера от Церкви (июнь 1520 г.). Готовясь к этим диспутам, Лютер набросал первые тезисы лютеранства: *Резолюция, О свободе христианина, К христианскому дворянству немецкой нации, О вавилонском пленении Церкви Божьей*; затем он публично сжег папскую буллу о своем отлучении *Exsurge Domine*. Вторым следствием явилось разделение Германии на сторонников и противников наказания Лютера. В 1521 г. император Карл V вызвал Лютера явиться под охраной на императорский рейхстаг в Вормсе. Подобно Гусу, Лютер стойко защищался: «Я покорен Писанием, которое только что привел; мое сознание в плену Слова Божья. Я не могу ничего взять назад и не буду, потому что поступать против совести небезопасно и нечестно… Если не докажут мне из Священного Писания, что я заблуждаюсь, то совесть моя Словом Божьим останется связанной… Нет, я не могу и не хочу отречься ни от чего, потому что небезопасно и нехорошо делать что-либо против совести.

Hier stehe ich. Ich kann nicht unders. [На том я стою. Я не могу иначе]».

После этого его поспешно увели люди Саксонского курфюрста и спрятали в замке Вартбург. Изгнание, к которому рейхстаг присудил Лютера, было невозможно осуществить: религиозный протест грозил обратиться в политическое восстание.

В 1522–1525 гг. Германию потрясли две вспышки волнений: вражда имперских рыцарей (1522–1523 гг.) в Трире и бурные социальные волнения Крестьянской войны (1524–1525 гг.), которая началась в Вальдсхуте в Баварии. Возможно, неповиновение Лютера Церкви способствовало тому, что появилось неповиновение политической власти; но сам он нисколько не сочувствовал *двенад-* *цати артикулам* крестьян, как их сформулировал и в Швабии Кристофер Шаппелер, и Себастьян Лотцер из Меммингена. Когда в Тюрингии появились новые группы восставших, Лютер опубликовал воззвание *Против шаек крестьян, сеющих убийства и разбой*, резко выступая за общественный порядок и права князей. Восстание было потоплено в крови.

Лютеранский бунт окончательно оформился во время следующих трех сессий имперского рейхстага. Оппоненты императора воспользовались возможностью консолидировать свои силы, пока император был занят войнами с французами и турками. В 1526 г. в Шпайере рейхстаг к принятому постановлению добавил пункт о религиозной свободе князей, предвосхищавший знаменитую формулу: *Cuius regio, eius religio* [чья власть, того и религия]. На втором рейхстаге в Шпайере в 1529 г. они формально заявили протест (откуда и пошло наименование протестантов) в связи с аннулированием постановлений предшествующего рейхстага. В Аугсбурге в 1530 г. они представили взвешенное изложение своих убеждений. Это *Аугсбургское Исповедание*, сочиненное Меланхтоном, было манифестом протестантов, после чего неколебимый император назначил им крайний срок для покаяния — апрель 1531 г. В ответ князья-протестанты создали вооруженную Шмалькальденскую лигу. Вот когда окончательно оформились лагеря католиков и протестантов. [GESANG]

Тем временем лютеранское протестное движение разрасталось за счет параллельных событий, из которых каждое расширяло основу протестантизма. В 1522 г. в Швейцарии Ульрих Цвингли (1484–1531 гг.), эллинист, корреспондент Эразма и *народный священник* в Цюрихе, бросил вызов католической церкви как по вопросам церковной организации, так и по вопросам учения. Как и Лютер, он начал с протеста против индульгенций, и он разделял представление Лютера об оправдании верой. Цвингли также отвергал авторитет епископов; он заявлял, что Евхаристия — это не более чем просто символическая церемония. Его убили под Каппелем в 1531 г., когда он нес знамя протестантов в войне против пяти католических лесных кантонов, которая расколола Швейцарскую конфедерацию. К Цвингли восходит важное направление протестантства

GESANG

Парафраза Мартина Лютера 46-го псалма — «Господь — моя сила и крепость» — была впервые положена на музыку в *Gesangbuch*'е Дж. Клюга 1529 года. Стало ясно, что *виттенбергский соловей* — поэт и композитор, а не только реформатор Церкви и богослов. Этот гимн стал, наверное, величайшим во всей христианской гимнографии

в мире печатный станок для печатания нот. Затем появляется его *Deutsche Messe und Ordnung Gottesdienst* (1526 г.) — своего рода народная месса. Она заканчивалась стихом гуситского гимна *Jesus Christus, unser Heiland*. Энхиридион Генриха Люффта (также 1526 г.) стал первым сборником церковных гимнов для прихожан. Так что уже через пять лет пос-

ных успехов немцев лежат немецкий язык и его ритмы. Это может быть так, а может быть — и не так. Во всяком случае, следует помнить, что в 1525 г. Лютер сказал: «как текст, так и ноты, ритм, мелодия и стиль исполнения должны вырастать из чистого родного языка и его отражения». Употребление народного языка, на чем так настаивал Лютер, повлияло на образование в Германии. Есть прямая связь между гимнами и мессами Лютера, Вальтера, Рау и Генриха Шютца (1585–1672) и позднейшими творениями Баха, Гайдна, Моцарта, Бетховена, Шуберта и Брамса.

Твердыня наша — наш Господь,

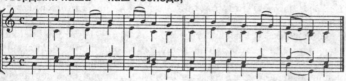

Все с Богом превозможем.
Врагу же нас не превозмочь,
Мы под покровом Божьим.
Нам в спину дышит злобный враг,
И всем погибель прочит.
Высоко поднял он свой стяг,
И близко время к ночи.

Давно бы нам пришёл конец,
Когда бы не подмога,
Послал нам Сына Бог Отец
Из горнего чертога.

Спаситель Бог наш Саваоф,
Его сильнее нету,
И нет для нас иных богов,
Господь нам даст победу.

Лютер, как монах, был знаком с церковной музыкой; у него был хороший тенор, и он хотел, чтобы все люди разделили с ним радость церковного пения. Участие всех в пении стало литургическим аналогом его богословской доктрины о всеобщем священстве. Он придавал большое значение пению всей конгрегацией. Его *Формула мессы* (1523 г.) преобразовала латинскую мессу и заложила основы будущей *шведской мессы*. Ученик Лютера Дж. Вальтер издал *Geystliche Gesangk Buchlein* (1524 г.) — антологию полифонических хоровых переложений. В 1525 г. он привез в Виттенберг первый

ле рейхстага в Вормсе последователи Лютера были музыкально «полностью снаряжены».
У лютеранской музыкальной традиции были далеко идущие последствия: теперь каждому приходу требовалось держать своего регента, органиста, хоровую школу и хор собственных певцов и инструменталистов. В результате Германия превратилась в самую музыкально образованную нацию Европы — и стала богатейшим источником светской музыки в Европе. Для гения И.-С. Баха нельзя было найти более плодородной почвы, чем лютеранство.
Согласно одной гипотезе, в основе выдающихся музыкаль-

Впрочем, изолированно рассматривая лютеранскую музыкальную традицию, мы, без сомнения, недооцениваем католическую музыку, а также плодотворное взаимодействие разных христианских традиций. Но стоит лишь сравнить стерильную музыку кальвинизма, в рамках которой запрет *папской полифонии* свел Женевскую Псалтырь (1562 г.) к собранию метрических унисонных песнопений, чтобы увидеть музыкальные преимущества лютеранства.
Церковь Англии в отношении музыки имеет много общего с лютеранством: здесь развилась изумительная музыкальная традиция, у истоков которой стояли Томас Таллис, У. Бёрд и О. Гиббонс. Знаменитый *Канон Таллиса* в его потрясающей простоте (сочиненный монахом из аббатства Вальтама, который стал одним из джентельменов Королевской часовни) — это англиканский вариант гимна немецких протестантов *Ein' feste Burg*, к тому же восьмичастный канон:

Канон Таллиса (LM)

Этой ночью да вознесется Тебе
Хвала за блеск дня, о Господи!
Заслони меня, о Царь царей
Твоими всемогущими крылами.

Не следует также пренебрегать и великолепной музыкальной традицией православной церкви, которая, так же, как и Лютер, с готовностью переняла полифонию. В православной традиции запрет инструментальной музыки привел к особенно высокому искусству хорового пения. (Католическая церковь всегда разрешала инструментальное сопровождение). Из дошедших до нас органов самый ранний восходит к 1320 г., причем он все еще действует в Сионе в швейцарском кантоне Вале (Валлис). Но в России и на Украине полифония достигалась исключительно посредством человеческого голоса, что много способствовало росту музыкальной культуры поющих и слушающих. В этом контексте появление Чайковского, как и появление Баха, не случайность.

— признание за конгрегациями и общинами права самим управлять своими делами. [**холизм**]

В 1520-е гг. в Германии было множество радикальных проповедников и сект. Андреас Карлштадт (1480–1541 гг.), поссорившись с Лютером, отправился в Базель. «Пророки Цвикау» — Шторх, Штейбнер и Тома — были всего лишь старомодными миллленаристами[15]. У мистика Томаса Мюнцера (1490–1525 гг.) можно найти и коммунистические, и анархистские взгляды, а секта его была организована наподобие чешских таборитов. После долгих скитаний он возглавил банду экспроприаторов во время Крестьянской войны в Тюрингии, был схвачен и казнен в Мюльхаузене. Анабаптисты [Вторично крещеные] появились из среды недовольных швейцарских цвинглианцев. Отвергая всякую власть, они объявляли недействительным и прежнее свое Крещение. Они также стремились к идеальной христианской республике, построенной на евангельских принципах, отвергали клятвы, собственность и (теоретически) всякое насилие. В 1534–1535 гг. в Мюнстере в Вестфалии под руководством двух голландцев — Яна Маттийса из Гарлема и Яна Бейкельца из Лейдена — они установили *Царство избранных*, которое просуществовало недолго и было разгромлено с большой жестокостью.

До сих пор можно увидеть, как в церкви Св. Ламберта со шпиля свешиваются клетки, в которых некогда содержались останки их руководителей. Анабаптисты были первыми христианскими фундаменталистами, их преследовали и протестанты, и католики. Они возродились как *меннониты* под руководством Менно Симонса (1496–1561 гг.), их духовными наследниками впоследствии стали баптисты, унитарии и квакеры. Что же касается христианского спиритуализма, то он черпал поддержку у баварских сторонников Ганса Денка, швабских учеников Себастьяна Франка и силезских швенкфельдиан.

В 1529 г. король Генрих VIII Английский начал проводить политику, в результате которой Церковь Англии отделилась от Рима. Первопричиной этого процесса стало настойчивое желание Генриха иметь наследника и отказ папы разрешить ему развод. Генрих, до того получивший прозвание *Defensor Fidei* [Защитник веры] за осуждение Лютера, на самом деле религией вовсе не интересовался; при этом за свои нападки на привилегии и собственность Церкви он получил решительную поддержку парламента и громадные материальные блага. В результате отмены *аннат* (1532 г.) прекратились выплаты Риму от церковной собственности. *Акт апелляций* (1533 г.) поло-

ХОЛИЗМ [ЦЕЛОСТНЫЙ ПОДХОД К ЧЕЛОВЕКУ]

В феврале 1528 г. удивительный *д-р Парацельс* потерял должность городского врача Базеля, на которой он и пробыл недолго. Ему было запрещено появляться в университете, он оскорбил гильдию аптекарей и подал в суд на некоего прелата, отказавшегося заплатить ему полностью гонорар за оказанные профессиональные услуги. Когда он публично обвинил судей в предубежденном к нему отношении, он уже рисковал быть арестованным и бежал. Его идеи были столь же неприемлемы для схоластической медицины его времени, сколь они неприемлемы для якобы научной медицины позднейшего времени.

Филипп Ауреол Теофраст Бомбаст фон Гогенхайм (1493–1541 гг.), известный как Парацельс, родился в Эйнзидельне в кантоне Швиц. Он был современником Лютера, Эразма и Микеланджело. В 1524 г. он окончил медицинский факультет в Ферраре. Но, впрочем, на время оставил занятия наукой и семь лет путешествовал, изучая науку травников, цыган и знахарей; в это время он зарабатывал на жизнь как невысокого ранга врач-цирюльник, отворяющий кровь. Он побывал в Испании и Португалии, в России и Польше, Скандинавии и Константинополе, Крыму и, кажется, в Египте. Будучи формально католиком, он тем не менее имел связи с радикальными сектами вроде анабаптистов или братьев свободного духа. В 1525 г. его арестовали в Зальцбурге за поддержку восставших крестьян, и он едва не был казнен. Помимо Базеля он живал также в Страсбурге, Нюрнберге, Сен-Галлене, в Меране в Тироле, Сен-Морице, Бад-Пфайферсе, Аугсбурге, в Кромау в Моравии, Братиславе, Вене и Виллахе. Он очень много писал на разные темы, от богословия до магии, но его главным трудом стал *Opus Paramirium*, (1531 г.), его *Свершение, превосходящее всякое чудо.*

Парацельс отвергал господствовавшее мнение, будто медицинские знания надо черпать в древних текстах. В Базеле он присоединился к группе студентов, сжигавших труды Авиценны. Взамен он предлагал учиться, с одной стороны, путем практических наблюдений, а с другой — от «четырех столпов»: натурфилософии, астрологии, алхимии и *Добродетели* (под каковой он понимал внутренние силы людей, планет и минералов). Его склонности к опыту позволили ему разработать замечательные приемы ампутации конечностей, антисептики, гомеопатии и бальне-ологии. Что же касается его второй линии, то здесь он разработал альтернативную биохимию, основанную на сере, соли и ртути, в результате чего он снискал себе сомнительную славу колдуна. Еще 400 лет никто в медицине Европы не мог оценить его холистический подход: хороший врач должен стремиться привести в гармонию все факторы, из которых слагается здоровье пациента, включая внешнюю среду, психосоматику и сверхъестественное начало.

Во времена Парацельса никто еще не понимал работы пищеварительной, нервной или репродуктивной систем, не знал о кровообращении, не говоря уж о генах и хромосомах. Но его прозрения отдаются эхом в веках: «В мужчине и в женщине содержится полусемя, а вместе они составляют семя... В матке [чреве] имеется притягательная сила (вроде янтаря или магнита)... Как только желание определится, матка притягивает к себе семя женщины и мужчины, исторгая их из жидкости сердца, печени, селезенки, кости, крови... и всего, что есть в теле. В каждой части тела есть свое собственное особенное семя, но когда все эти семена сходятся вместе, они составляют только одно семя».

жил конец юрисдикции Рима в Англии. *Акт Превосходства* (1534 г.) совершенно упразднил власть папы, даровав королю звание верховного главы Церкви Англии. Те подданные, которые, подобно Томасу Мору и кардиналу Джону Фишеру, отказались подчиниться, были казнены по обвинению в измене. *Десять статей* (1536 г.) и *Шесть статей* (1539 г.) утверждали неприкосновенность римской мессы и традиционного учения. Прямое сотрудничество Церкви и государства — позднее названное эрастианизмом — сближает англиканство, скорее, с православием, чем с католичеством. [утопия]

В 1541 г. со второй попытки удалось убедить Жана Кальвина (1509–1564 гг.) возглавить церковь в Женеве. Беглый француз, более радикальный, чем Лютер, Кальвин основал самое влиятельное течение протестантизма. Как ученый,

УТОПИЯ

Придуманным словом *утопия*, что значит «место, которого нет», назвал в 1516 г. сэр Томас Мор свою книгу, где описал поиски идеальной формы правления. Уже после мученической смерти автора она была переведена в 1551 г. на английский язык как «полезная, приятная и умная книга о лучшем состоянии общественного блага и новом острове по имени Утопия». Затем ее перевели на французский, немецкий, испанский, итальянский, и книга стала бестселлером. Мор в ней описал землю с общей собственностью, где мужчины и женщины пользуются благом всеобщего образования и господствует полная религиозная терпимость.

Утопизм отвечает глубинной потребности человека в мечте о лучшем мире. Многие обращались к этому жанру — от Платона с его *Республикой* до *Новой Атлантиды* Бэкона и *Содружество Океании* Дж. Херрингтона (XVII в.). Но вместо мечты о прекрасном можно воображать себе ужасы *Дистопии* «Плохого места» [В русскоязычной литературе этот жанр обычно называют не *дистопией*, а *антиутопией*]. Таков был замысел Хаксли в *Прекрасном Новом мире* (1932 г.) и Джорджа Оруэлла в *1984* (1949 г.). В XX в. утопизм был обычно связан с философией левых. Многие поклонники Советской России считали ее новой утопией, лишенной ужасов капиталистических демократий. «Я повидал будущее — заявил один американский путешественник в 1919 г., — и это будущее реальность». Позднее, правда, пришло разоблачение, когда стало известно о массовых убийствах во имя «социализма» и «прогресса». Так что современные либералы ставят более банальную цель — улучшить жизнь индивидуумов. [ЖАТВА] [ВОРКУТА]

Труднее смириться с тем, что и у фашистов были свои утопии. Многие нацисты мечтали о прекрасном и гармоничном будущем после первой фазы жестокого завоевания. Французский писатель Веркор, например, вспоминает, как немецкий офицер во Франции мечтал о будущем славном союзе Франции и Германии: «Мы снова разыграем *Красавицу и Чудовище*». После войны в коммунистической Восточной Европе заключенным демократам приходилось выслушивать в тюрьме рассказы их сокамерников-нацистов о несбывшихся мечтах. Утопия фашистов, как и утопия коммунистов, оказалась ложной и принесла невероятные страдания. При этом некоторые были в своих мечтах искренни.

возросший на идеях Лефевра д'Этапля, бывший некогда католическим правоведом, он находился под защитой кружка Маргариты Ангулемской. К новому образу мыслей он обратился под влиянием проповеди о первенствующем значении Писания ректора Сорбонны Николо Копа. Опасаясь преследования, Кальвин оставил свой бенефиций в родном Нуайоне и бежал в Базель. Там в 1535 г. он опубликовал свой основополагающий труд *Institutione de la religion chretienn»* [Наставления в христианской вере].

У Кальвина были оригинальные идеи и в богословии, и в вопросе о взаимоотношениях Церкви и государства, но в особенности в вопросе об индивидуальной морали. По взглядам на Евхаристию он был ближе к Лютеру, чем к Цвингли; но возрожденное им учение о предопределении было достаточно шокирующим. Человечество для него делилось на *проклятых* и *избранных*. Он призывал своих учеников считать себя готовыми к бою, группой праведных братьев в окружении враждебного мира, «странниками среди грешников»: «Обитатели града Небесного не любят мир, ни того, что в мире... Они восклицают вместе с пророком «Суета сует; все — не более, чем суета, и погоня за ветром»[16].

Также и по вопросам церковной организации Кальвин был радикальнее Цвингли. Он настаивал не только на отделении Церкви от государства, но и на правомочности местных конгрегаций. Но, с другой стороны, он хотел, чтобы временная (земная) власть вдохновлялась религиозными заповедями и желанием проводить в жизнь все предписания церковных органов. Так что терпимости в нем было не больше, чем в инквизиции или в Генрихе VIII. [СИРОП]

По вопросам этики Кальвин разработал такой новый и неподражаемый кодекс поведения, который позволяет сразу же узнать его последователей. Семья добрых кальвинистов воздерживается от любых удовольствий и вольностей: танцев, песен, выпивки, азартных игр, флирта,

СИРОП

В субботу 12 августа 1553 г. беглец, спасавшийся от инквизиции, въехал в селение Луизет на французской стороне Женевы. За четыре месяца до того его арестовали в Лионе по обвинению в ереси и после допроса у генерального инквизитора приговорили к смерти. Он сумел бежать из тюрьмы и с тех пор скитался. Теперь он хотел нанять лодку, чтобы переправиться через Женевское озеро и отправиться в Цюрих. Женева была опорным пунктом Кальвина, Цюрих — цвинглиан.

До ареста беглец служил врачом у архиепископа Виенны. Уроженец Наварры, он учился в Тулузе, Париже, Лувене и Монпелье. Он был автором нескольких трудов по медицине, исследования о Птолемеевой географии и двух антитринитарианских богословских трудов: De Trinitatis Erroribus (1521 г.) и анонимного Christianismi restitutio (1553 г.). Последние восемь лет он вел полемическую переписку с Кальвином, которого когда-то встречал.

В воскресенье, продав лошадь, он вошел в Женеву, нашел комнату в Ла Розе и отправился в церковь на службу. Там его кто-то узнал и выдал городским властям. На следующий день его уже допрашивал кальвинист и задавал те же вопросы, что и католический инквизитор. Это был брат Мигель Сервето де Вилланова, или Servetus (1511–1553 гг.).

Поведение Кальвина по отношению к Сервету было, мягко говоря, не христианским. Однажды он уже предостерегал его — не приезжать в Женеву. Кальвин даже предоставил лионской инквизиции образчики его почерка. Теперь же, отбросив женевские законы о веротерпимости, он приказал казнить Сервета. По приговору суда он был сожжен заживо на площади Шампель 27 октября.

По-настоящему нигде в Европе радикалы не чувствовали себя в безопасности. Русская православная церковь сжигала своих жидовствующих. В Византии также была своя инквизиция. Джордано Бруно (1548–

1600 гг.), философ и ренегат-доминиканец, которого сожгли в Риме, был, кажется, к тому же английским шпионом. Речь Посполита была единственным прибежищем, где с 1565 г. епископальные суды не имели возможности приводить в исполнение свои приговоры. Антитринитарии медлили в Трансильвании прежде, чем двинуться дальше в Польшу. Их руководитель Фаусто Соццини (1539–1604 гг.), с которым иногда сравнивают Сервета, также жил в Лионе и Женеве, где, однако, он сидел смирно и принадлежал итальянской церкви.

Долго еще будут вспоминать судьбу Сервета, в отношении которого католические и протестантские фанатики действовали заодно. Ему поставлены памятники в Мадриде (1876 г.), Париже (1907 г.) и даже в Виенне (1910 г.). И проживи он подольше, он бы вкусил от успеха четырех изданий его труда о медицинских сиропах: Syroporum universa ratio (1537 г.)

яркой одежды, легкомысленного чтения, громкой речи, даже от выразительных жестов. Они должны проводить жизнь в суровом самоотвержении, упорном труде, бережливости, но главное, в набожности. Их принадлежность к избранным должна проявляться во внешности, поведении, церковности и в их жизненном успехе. К старому грузу католиков — воздерживаться от греха — они добавили новый: поддерживать внешний вид [людей, сторонящихся греха]. В искусстве они избегали прямого изображения Бога, всяческих мистических символов и аллегорий. Единственным удовольствием и наставлением для них было ежедневно читать Библию. В англоязычном мире это явление известно под именем пуритан.

Впрочем, в полноте принципы кальвинизма были сформулированы только после окончательной публикации в 1559 г. Наставлений и в форме второго Гельветического исповедания, записанного в 1566 г. Буллингером (1504–1575 гг.), преемником Цвингли в Цюрихе.

Преемник Кальвина в Женеве Теодор Беза (1519–1605 гг.), греческий ученый и богослов, разработал еще более суровый, детерминистский взгляд на предопределение, против которого решительно восставали последователи Якова Херманса (известного как Арминий, 1560–1609 гг.), голландского профессора в Лейдене. Арминианцы делали упор на свободной воле, на том, что Иисус Христос умер за всех верующих, а не только за избранных.

Распространение протестантизма следует описывать не только в социально-политических, но и в географических терминах.

Лютеранство было прямо обращено к независимо мыслящим князьям; оно подтверждало законность их власти и поддерживало существующий общественный порядок. Оно было немедленно принято в нескольких государствах, и в первую очередь в Вюртемберге, Гессене, Ангальте, курфюрстве и герцогстве Саксонском, Неймарке и Померании, а также в большинстве северогерманских городов от Бремена до Риги. В 1540 г. лютеранство вступает в длительный кризис, когда Лютер закрыл глаза на двоеженство Филиппа Гессенского, посоветовав главному патрону новой веры «придумать убедительную ложь». Вплоть до прокламации *формулы Согласия* (1580 г.) десятилетиями продолжался раскол между более фундаменталистской ветвью (*Gnesiolutheraner*) и более либеральными «меланхтониями». В Дании и Норвегии проповедь «датского Лютера» Ганса Таузена привела к тому, что лютеранство стало государственной религией в 1537 г. Со временем из-за этого Дания потеряла Швецию, где лютеранство победило лишь в 1593 г.; это ускорило также падение государств крестоносцев в Пруссии (1525 г.) и в Ливонии (1561 г.).

Кальвинизм же сочетался не столько с государственной политикой, сколько со склонностями определенных общественных групп. В Западной Европе он часто был созвучен настроению нарождавшейся городской буржуазии, а во Франции — очень широкого слоя дворянства и знати. Также и в Восточной Европе кальвинизм оказался привлекательным как для помещиков-землевладельцев, так и для вельмож. В Англии кальвинизм начал оказывать влияние после смерти Генриха VIII (1547 г.). В правление короля-мальчика Эдуарда VI в Англии началось брожение, а в промежуток правления ультракатолички королевы Марии смерть собрала богатый урожай протестантов-мучеников, в особенности в Оксфорде. Затем в правление Елизаветы I установлением Национальной церкви на основе закона о единстве веры (1559 г.) и 39 статьями (1571 г.) был достигнут разумный синтез эрастианизма, лютеранства, цвинглианства, кальвинизма и традиционного католицизма. С этого времени англиканство всегда объединяло под одной крышей два главных политических и богословских направления: *Высокую церковь* англокатолицизма и *Низкую церковь* протестантов-кальвинистов. Несмотря на безжалостные преследования при Елизавете, нонконформисты (католики и пуритане), хотя и «в подполье», но уцелели. Пуритане вновь выходят на историческую сцену в XVII в., на короткое время оказавшись у власти во времена Республики Кромвеля (1649–1658 гг.).

В Шотландии благодаря усилиям Джона Нокса (1513–1572 гг.) кальвинизм стал в 1560 г. единственной признанной религией, где он известен как *пресвитерианство*. Несмотря на ощутимое влияние англиканства, шотландской церкви (Kirk) удалось сохранить свою обособленность.

Во Франции кальвинистов называли *гугенотами*; это направление быстро распространилось на бывшие земли альбигойцев на юге и западе и в среде городского населения всех провинций. Гугеноты составляли большинство в партии Бурбонов во время религиозных войн и были решающей силой в религиозной жизни во Франции до окончательного их изгнания в 1685 г.

В Нидерландах подъем кальвинизма (среди бюргеров Амстердама, Роттердама и Лейдена) стал главным фактором разделения на католические провинции на западе и Соединенные провинции на востоке. Голландская реформированная церковь стала играть в стране ведущую роль с тех пор, как кальвинизм был признан государственной религией в 1622 г.

В Германии кальвинизму долго сопротивлялись лютеране и католики. Наибольшую поддержку кальвинизм получил в 1563 г. со стороны курфюрста-пфальцграфа Фридриха III, навязавшего всем своим подданным гейдельбергский катехизис; Христиан I Саксонский (ум. в 1591 г.) и Гогенцолерны Бранденбургские обратились к кальвинизму в 1613 г. Бранденбург-Пруссия вообще отличалась необычной терпимостью и к кальвинизму, и к лютеранству. **[ФАУСТ]**

В Польско-Литовском королевстве, Богемии и Венгрии к кальвинизму склонялись во множестве мелкопоместные дворяне. В некоторых районах, например в Трансильвании или в княжестве Тешинском, кальвинизм утвердился надолго. Венгерский город Дебрецен стал с тех пор навсегда «Римом кальвинистов». В Литве к кальвинизму

ФАУСТ

Реальный д-р Фаустус был бродячим лекарем-шарлатаном и ярмарочным фокусником, который умер в Штауфене в Брайсгау в 1541 г. Предположительно он, как и Коперник, окончил Краковский университет и часто наведывался в разные университеты Германии, представляясь магистром Георгием Сабелликусом Фаустом Младшим. Он прославился своим богохульством, ложными чудесами, вроде обращения воды в вино, и заявлением, что он заключил союз с дьяволом. Его похождения вдохновили целый поток так называемых *Faustbuchs* [книг о Фаусте]. Первая из этих книг, составленная во Франкфурте в 1587 г., была переведена на датский в 1588 г., на французский и голландский в 1592 г., на английский до 1594 г. и на чешский в 1602 г.

Как литературный герой Фауст появляется впервые в пьесе Кристофера Марло в 1594 г., где он предстает человеком исключительных притязаний, желающим стать «великим Императором мира». Он пользуется большой властью, пока дьявол не заявляет на него свои права. В Германии он стал также героем утраченной драмы Лессинга и романа Ф.М. Клингера (1791 г.) до того, как стал главным героем стихотворной трагедии Гете в двух частях (1808, 1832 гг.). Ферруччи Бузони написал оперу *Доктор Фауст* (1916 г.), но не закончил ее.

Сюжет *Фауста* Гете легко изложить: договор Фауста с Мефистофелем обещает ему возврат молодости, так что он живет до ста лет. *Gib meine Jugend mir zurück!* [*Верни мне мою молодость!*] В первой части, где описываются дела *малого мира*, Фауст разрывается между своим долгом дьяволу и любовью к Маргарите. Во второй части, где описаны дела *grosse Welt* общества и политики, он выступает как министр расточительного императора. Когда он умирает, вмешивается Маргарита, и дьявол оказывается посрамлен; хоры ангелов приветствуют искупленную душу, а Любовь торжествует:

Давно любимый,
Невозвратимый
Вернулся, горем больше
не томим.
(Гете. *Фауст.* Ч.II. акт V.
Пер. Б. Пастернака)

Шедевр Гете вдохновил на написание оперы двух композиторов: Гуно и Берлиоза, а также симфонии *Фауст* Листа (1857 г.). В новейшие времена Томас Манн обратился к этой древней легенде в романе *Доктор Фаустус* (1947 г.), чтобы произнести свой суд над современной ему Германией. Музыкант Адриан Леверкюн, соблазненный произведениями Вагнера и Ницше, получает дьявольское проклятие (сифилис) от *femme fatale*, он умирает, после того, как пишет нигилистическую кантату *Плач Доктора Фаустуса*. В конце ее длительное диминуендо солирующей скрипки напоминает о «свете в ночи», намекая на то, что для немецкой цивилизации в конце концов, может быть, тоже не все потеряно.

обратились многие магнаты, включая крупнейших землевладельцев Европы — Радзивиллов.

Протестантизм повлиял на все стороны жизни Европы. Утверждая необходимость постоянного чтения Библии, он повлиял на систему образования в протестантских странах и, следовательно, на народную грамотность. В экономике он внес огромный вклад в культуру предпринимательства и, следовательно, повлиял на развитие капитализма. В политике он стал яблоком раздора между государствами и соперничающими группировками внутри государств. Он разделил надвое католический мир и таким образом ускорил реформирование Римской церкви, которое до того постоянно откладывалось. Но главное, он нанес окончательный удар по идее единства христианского мира. До 1530-х гг., христианский мир был разделен на две части: православие и католичество. С 1530-х гг. он уже делится натрое: православие, католичество и протестантизм. Сами же протестанты были разделены между собой на еще более непримиримые фракции. Скандальное разделение так разрослось, что люди вообще перестали говорить о христианском мире и стали вместо этого говорить о *Европе*.

Контрреформация получила свое название от историков-протестантов, которые посчитали, что она возникла в оппозиции протестантской Реформации. Иначе смотрят на это явление историки-католики: они видят здесь второй этап движения за реформу Церкви, движения, которое растянулось от соборного движения конца XIV века до Тридентского собора. Следует подчеркнуть, однако, что Контрреформация не была каким-то самодостаточным историческим мотором, который действовал в изоляции. Подобно Ренессансу и Реформации, она взаимодействовала со всеми другими масштабными явлениями своего времени.

Паралич, поразивший самое сердце католической церкви, несколько отступил в понтификат Павла III (Алессандро Фарнезе 1534–1549 гг.). Под именем Кардинала-рясы, Павел III был известен безудержным кумовством; он был братом наложницы папы и щедрым патроном Микеланджело и Тициана. Но он видел настоятельную необходимость быстрых перемен. Он вдохнул жизнь в Священную коллегию, инициировал исследование проблемы реформы Церкви, созывая с этой целью *Консилиум об обновлении Церкви* (1537); он покровительствовал иезуитам, основал *Священную канцелярию* и собрал Тридентский собор. До 1530-х гг. Священная коллегия кардиналов, которая избирала обычно папу, была самым слабым местом в организации Церкви. Но когда ее бюджет урезали, а состав укрепили и расширили введением блестящих деятелей, она стала мощным двигателем перемен в Ватикане. Среди ее членов были такие выдающиеся люди, как кардиналы Карафа (позднее Павел IV, 1555–1559 гг.), Чернини (позднее Марцелл II, 1555 г.) и англичанин Реджинальд Поул, который не был избран папой в 1550 г. за нехваткой одного голоса. Следующее поколение пап было другого рода: Пий IV (1559–1565 гг.) без колебаний осудил на смерть преступных племянников своего предшественника. Суровый и фанатичный Пий V (1566–1572 гг.), некогда Великий инквизитор, однажды босиком пришедший в Рим, был в свое время канонизирован. Григорий XIII (1572–1585 гг.), приветствовавший резню Варфоломеевской ночи, был в высшей степени и прежде всего политиком.

Орден иезуитов позднее назвали *corps d'élite* [элитой] католической реформы. В иезуитах сочеталось горячее благочестие с военным образом жизни их основателя баска Иниго Лопес де Реальде (св. Игнатия Лойоллы 1491–1556 г.), автора *Духовных упражнений* (1523 г.). Получив в 1540 г. одобрение папы Павла III (в его булле *Regimini Militantis Ecclesiae)*, иезуиты действовали по прямым приказаниям папы. Они имели

военную организацию во главе с генералом; их учили считать себя *товарищами Христовыми*. Они должны были обращать язычников, возвращать заблудших, но, прежде всего, давать образование. В течение первых же десятилетий существования ордена иезуиты появились повсюду: от Мексики до Японии. В каждом уголке католической Европы появился иезуитский колледж: от Браганцы до Киева. «Я так никогда и не покидал армии, — сказал св. Игнатий. — Я только был откомандирован на службу Богу». И в другом месте: «Дайте мне мальчика семи лет, и он будет моим навсегда»; при его канонизации было сказано: «У Игнатия было такое сердце, что вмещало всю вселенную»[17].

Впрочем, несмотря на эти успехи, иезуиты, как и протестанты, вызывали страх и неприятие. Они были известны как казуисты в спорах, и все считали, что они придерживаются тактики «цель оправдывает средства». Наконец их стали считать никому не подотчетной тайной полицией Церкви. Уже в 1612 г. фальшивка *Monita Secreta*, опубликованная в Кракове, претендовала на разоблачение инструкций мировой тайной сети иезуитов под руководством грозного генерала Аквавивы, *Черного папы*. Орден был закрыт в 1773 г., но восстановлен в 1814 г.

Священная канцелярия была организована в 1542 г. как высший апелляционный суд по делам, связанным с ересью. Укомплектованная известными кардиналами, она осуществляла надзор за инквизицией и в 1557 г. издала первый *Index* — список книг, запрещённых католической церковью. В 1588 г. она стала одной из девяти реорганизованных конгрегаций, то есть исполнительных органов, римской курии. Священная канцелярия действовала вместе с *Конгрегацией Пропаганды Веры*, которой надлежало обращать язычников и еретиков. [ИНДЕКС], [ИНКВИЗИЦИЯ], [ПРОПАГАНДА]

Тридентский собор, проходивший тремя сессиями в 1545–1547, 1551–1552 и 1562–1563 гг., был тем Вселенским собором, о созыве которого давно уже молились церковные реформаторы. Собор выработал учительные определения и организационные структуры, позволившие католической церкви выжить в условиях вызова, брошенного ей протестантами. Постановления Собора по вопросам доктрины были в основном консервативными: Собор подтвердил, что толь-

ИНКВИЗИЦИЯ

Севилья, XVI век. Иисус Христос снова пришел на землю и творит чудеса. Его арестовывают. Великий инквизитор лично допрашивает узника: «Почему Ты пришел нам мешать?» Ответа он не получает.

Среди других обвинений Инквизитор говорит Христу, что тот увлек людей по ложному пути, даровав им свободную волю. Человек по природе — бунтарь, и при возможности выбора он всегда выберет путь в ад. Ради их же блага, убеждает Инквизитор, людей надо лишить свободы и спасти их души. «Разве Ты забыл, что безмятежный разум и безмятежная смерть дороже Человеку, чем свобода познания Добра и Зла?»

Инквизитор утверждает, что на его стороне и факты истории. Люди слишком слабы, чтобы противостоять искушениям. Они не в состоянии исполнить заветы Христа и за 1500 лет погрязли в грехах и страданиях. «Ты обещал им хлеб небесный, но в глазах слабых, порочных и темных людей разве может он сравниться с хлебом земным? Мы гуманнее Тебя».

Инквизитор обвиняет Христа, что Он не ответил на вызов дьявола и не доказал свою Божественность, не смог выдержать испытания Тайны, Чуда и Власти. Папы, на деле, тайно встали на сторону дьявола: «Мы были с ним, а не с Тобой в течение восьми столетий», — признается Инквизитор, имея в виду схизму православия и католичества.

С горечью предсказывает Инквизитор победу неверующих материалистов. «Знаешь ли Ты, что пройдут века, и человечество провозгласит... что нет преступления и, следовательно, нет греха — есть лишь голодные люди? «Сначала накорми их, а потом требуй добродетели!» Вот что будет написано на их знаменах, под которыми они разрушат Твои храмы».

Теперь, в застенках инквизиции, развязка представляется неизбежной: «Тебя изверг ад. Ты — еретик. Завтра я сожгу Тебя!»

Но в последний момент торжествует христианское всепрощение. Христос целует Инквизитора в щеку. Весь во власти любви, Инквизитор смягчается, и двери темницы отворяются...

Так кратко мог бы изложить студент «Легенду о Великом Инквизиторе». Создателем Легенды был молодой русский литератор Иван Карамазов, живший с отцом и братьями в 1860-х годах. Собственная сага Карамазовых, как и Легенда (составляющая один из центральных эпизодов романа), ставит вечные вопросы Добра и Зла. Отец Карамазов — грязный сладострастник, и против него восстает его старший сын Дмитрий. Иван и Алеша — сводные братья Дмитрия являют, соответственно, образы атеиста-скептика и легковерного оптимиста. Но есть еще четвертый, незаконный сын Смердяков [смердящий] — он убивает сначала отца, а потом себя. На судебном процессе Иван терзается виной: он был подстрекателем в этом страшном деле — и пытается взять вину на себя. Однако в результате ужасной судебной ошибки невиновному Дмитрию выносят приговор. В финале дети показывают старшим пример, как жить в согласии и гармонии.

Создателем *Братьев Карамазовых* (1880 г.) был Федор Достоевский. В этом романе Достоевский перерабатывает многие темы своего творчества, возвращается к своим более ранним прозрениям. Зигмунд Фрейд считал *Братьев Карамазовых* «самым замечательным романом из всех, когда-либо написанных». У самого же Достоевского не было сомнений, Кто является его (Достоевского) Создателем.

Легенда о Великом Инквизиторе Достоевского стала самой острой критикой Церкви в европейской литературе. Автор в этой *Легенде* выдвигает моральные аргументы против тоталитаризма. Художественный вымысел автора демонстрирует его предубеждение против католицизма, но также и его веру в фундаментальное единство христианского по существу мира.

На поверхности Достоевский был русским шовинистом. Он не любил «бессердечных» евреев, презирал католиков, и особенно поляков, которых он часто изображает преступниками; наконец, он ненавидел социалистов. Русскую православную церковь он принимал за то, что провозглашает ее имя — за единственно Истинно Верную. «На Западе больше нет христианства, — заявляет он довольно безосновательно. Католицизм превращается в идолопоклонство, а протестантизм быстро становится атеизмом и этической терпимостью». Кажется, что его формула гласит: «Католицизм = Единство без Свободы. Протестантизм = Свобода без Единства. Православие = Свобода в Единстве, Единство в Свободе».

Многие критики находят, что у Достоевского аргументы Инквизитора сильнее аргументов Христа и в противостоянии Церкви и Веры Вера, по видимости, проигрывает. Возможно, таков и был замысел автора, считавшего логику много слабее веры. «Даже если мне докажут, что Христос вне Истины, — написал он однажды, — я останусь со Христом».

Достоевский без устали критиковал Запад (может быть, поэтому его так высоко ценят западные интеллектуалы). Но он считал разделение христианского мира проявлением Зла, которое будет наконец преодолено. Он горячо верил, что зло будет побеждено. Грех и страдание предшествуют искуплению. Церковные раздоры — необходимая прелюдия к церковной гармонии. Если следовать этой логике, то испанская инквизиция предвещала окончательную победу христианства. В глубине души этот старый реакционер — христианин мира — по духу был искренним европейцем.

Больше всего Достоевский верил в целительную силу веры. Эпиграфом к Братьям Карамазовым стал евангельский стих «Истинно, истинно говорю вам, если пшеничное зерно, пав в землю не умрет, то останется одно; а если умрет, то принесет много плода» (Ин 12;24). Эти же слова написаны на могильном камне Достоевского.

ко Церковь может толковать Писание, а также то, что источником истины в вопросах веры является не только Писание, но и Церковное предание. Собор поддержал традиционные взгляды на первородный грех, оправдание и заслуги, отверг различные протестантские толкования в связи с пресуществлением во время Евхаристии. Постановления Собора по организационным вопросам реформировали церковные ордена, упорядочили назначение епископов и установили семинарии во всех епархиях. Постановления Собора о форме Мессы содержали новый Катехизис и пересмотренный Бревиарий (католический требник), что непосредственно затронуло жизнь простых католиков. После 1563 г. в большинстве католических церквей по всему миру служилась единая латинская Тридентская месса.

Критики деяний Собора указывают, что Собор пренебрег практически-этическими вопросами, не смог вооружить католиков таким моральным кодексом, который бы мог поспорить с моральным кодексом протестантов. «Он наложил на Церковь печать нетерпимости, — писал один английский католик, — сохраняя… дух суровой безнравственности»[18]. Протестантский историк Ранке указывает на некий парадокс Собора, который намеревался ограничить папство: взамен ввел присягу на верность, детализировал правила и систему наказаний, то есть подчинил папе всю католическую иерархию. «Дисциплина была восстановлена, но все каналы осуществления церковной дисциплины сходились в одном центре — в Риме»[19]. Некоторые католические монархи, включая Филиппа II Испанского, так испугались тридентских декретов, что свели на нет публикацию их в своих странах.

Особенная религиозная этика, которую насаждала Контрреформация, подчеркивала важность дисциплины и коллективной жизни верующих. Она отражала те широкие полномочия в принуждении к исполнению требований веры, которыми отныне обладал иерарх, а также внешний конформизм, которому должны были теперь подчиняться верующие. Она требовала регулярной исповеди как знака подчинения. Помимо участия в богослужении и регулярной церковной жизни имелись другие способы продемонстрировать свою лояльность: участие в паломничествах, церемониях и процессиях, а в обрамлявшем все искусстве, архитектуре, музыке появились черты расчетливой театральности. Католическая пропаганда этого времени была сильна рациональными аргументами и способами воздействия на чувства. Барочные церкви этого периода полны алтарей, колонн, статуй, херувимов, позолоты, икон, дароносиц, подсвечников и канделябров, ладана — так что не оставалось места для сокровенных мыслей прихожан. В отличие от проповедников-протестантов, которые взывали к личной совести и честности каждого, католические священники, кажется, все чаще призывают паству к слепой покорности.

Контрреформация собрала богатый урожай католических святых. Среди них были испанские мистики: св. Тереза Авильская (1515–1582 гг.) и св. Иоанн Креста (1542–1591 гг.); множество тех, кто служил больным и бедным: св. Филипп Нерийский (1515–1595 гг.), св. Камилл из Лелли (1550–1614 гг.), св. Винсент де Поль (1576–1660 гг.),

ПРОПАГАНДА

Пропаганда порождена конфликтом убеждений и стремлением людей распространять исповедуемое ими учение в ущерб учениям всех других людей. Без сомнения, пропаганду породила религия. По самой своей природе пропаганда пристрастна и наибольших успехов достигает тогда, когда обращается к ненависти и предрассудкам. Она — полная противоположность честной информации и просвещению.

Для большей эффективности пропаганде нужна цензура. В ограниченном информационном пространстве она мобилизует все средства коммуникации — печатное и устное слово, искусство и наглядность — и использует эти средства максимально в свою пользу. Этому служила Римская *Officium de Propaganda Fidei* [Канцелярия продвижения веры] (откуда и пошел термин *пропаганда*), которая действовала совместно с инквизицией. *Officium de Propaganda Fidei* стала постоянной конгрегацией Ватикана в 1622 г.

Пропаганда столь же часто встречается в протестантских и православных странах, где церкви подчиняются государственным властям. Всегда существовала и политическая пропаганда, хотя и не всегда так называлась. Политическая пропаганда осуществлялась через книги, а позднее через газеты и плакаты. Она становилась особенно заметной во времена войн, в особенности во время гражданских или религиозных войн. В 1790-е годы французские солдаты, засланные в лагерь противника, были вооружены подчас одними листовками.

В XX веке масштабы пропаганды безмерно разрослись благодаря таким новым средствам информации, как кино, радио и телевидение, новым методам маркетинга, воздействия на массы, коммерческой рекламе и PR'у; благодаря возникшим вновь утопическим идеологиям; а также благодаря абсолютной беспринципности тоталитарных государств. Тотальная пропаганда и искусство *Большой Лжи* были впервые пущены в ход большевиками. Вслед за Плехановым Ленин проводил различие между облеченным властью пропагандистом, который разрабатывает общую стратегию, и мелким агитатором, ее осуществляющим на практике. Фашисты быстро переняли методы советского «агитпропа». Теоретики пропаганды разработали пять главных правил:

1. Правило упрощения: все факты сводить к простому противопоставлению Хорошего и Плохого, Друга и Врага.
2. Правило искажения: дискредитировать оппонента клеветой и пародией.
3. Правило смешения: манипулировать принятыми ценностями аудитории ради достижения собственных целей.
4. Правило единодушия: представлять собственные воззрения как общее мнение всех правильно мыслящих людей; привлекать на свою сторону сомневающихся участием «звезд», общественным давлением и «психологическим заражением».
5. Правило инструментовки: повторять без конца одно и то же, но в разных вариациях и комбинациях.

Так, один из величайших мастеров пропаганды признавал заслуги прошлого: «Католическая церковь, — заявлял д-р Геббельс,–продолжает жить, потому что уже 2000 лет повторяет одно и то же. Национал-социалисты должны делать то же самое».

Особенно вероломна пропаганда в условиях, когда объекты пропаганды, да и сами пропагандисты отрезаны от источников неискаженной информации. Этот жанр так называемой тайно направляемой пропаганды ставит своей целью создать целую сеть ничего не подозревающих *агентов влияния*, которые затем будут передавать желаемое дальше, как будто спонтанно. Изображая мнимое совпадение мнений с объектами пропаганды, которых эта последняя стремится сагитировать, потворствуя наклонностям самым важных из них, пропаганда может потихоньку подкупить элиту, формирующую общественное мнение.

Кажется, именно такими методами действовали мастера сталинской пропаганды, которые плели свои сети в культурных кругах ведущих стран Запада начиная с 1920-х годов. Всю эту деятельность направлял безобидный на вид немецкий коммунист, в прошлом сотрудник Ленина по Швейцарии, а в будущем знакомый д-ра Геббельса по рейхстагу Вилли Мюнценберг (1889–1940 гг.). Трудясь рядом с советскими шпионами, он достиг вершин в искусстве делать тайные дела открыто. Он ставил на повестку дня такие кампании, как антивоенная, антиимпериалистическая, а главное, антифашистская, действуя в восприимчивой среде в Берлине, Париже и Лондоне. Главные его жертвы, которых скептики окрестили попутчиками, редко вступали в коммунистическую партию и с негодованием отвергали предположения, что ими манипулируют. Среди них были писатели, художники, артисты, издатели, публицисты левого направления и тщательно отобранные знаменитости: Ромен Роллан, Луи Арагон, Андре Мальро, Генрих Манн, Бертольд Брехт, Энтони Блант, Гарольд Ласки, Клод Кокберн, Сидней и Беатрис Вебб и половина блум-бергского общества [район в Лондоне, где в начале XX в. проживали писатели и деятели культуры]. Поскольку же у каждого были свои новички послушники, которых назвали клубами невинных, то воздействие эффективно распространялось дальше, и распропагандированные плодились как кролики. Исключительно ясно формировалась конечная цель: «добиться, чтобы у правильно мыслящих некоммунистов Запада сложилось главное политическое убеждение нашего времени: вера в то, что все те точки зрения, которые содействуют целям Советского Союза, вытекают из основных элементов человеческой порядочности».

Этот цинизм не имеет ни аналога, ни прецедента. О нем можно судить по тому, какую судьбу уготовил Великий Вождь своим самым преданным пропагандистам, как Карл Радек или даже сам Мюнценберг, его нашли повешенным в горах во Франции. Шуточное замечание Брехта о жертвах Сталина звучит отнюдь не шуткой: «Чем меньше они виновны, тем больше заслуживают расстрела».

в. Луис де Мариллак (1591—1660 гг.); среди них были святые и мученики иезуиты: св. Франсис Ксавье (1506—1552 гг.), св. Станислав Костка (1550—1568 гг.), св. Алоизий Гонзага (1568—1591 гг.), св. Петр Канизий (1521—1597 гг.), св. Иоанн Берхманс (1599—1621 гг.) и св. Роберт Беллармин (1542—1621 гг.). Им удалось вернуть Церкви многое из утраченного.

Контрреформация чувствовалась повсюду в Европе. Традиционно Церковь имела наибольшую поддержку в Италии и Испании, но и там приходилось кое-где выкуривать нонконформизм. Испанские Нидерланды, зажатые между Францией и Соединенными провинциями, превратились в настоящий рассадник воинственного католицизма, причем ведущую роль здесь играли университет Лувена и иезуитский колледж в Дуэ. Реакцией на это основное движение ревностных католиков стала деятельность Корнелия Янсена 1585—1638 гг.), епископа Ипра, — решительного критика иезуитов. В своем кратком изложении трудов бл. Августина под названием Augustinus (1640 г.) Янсен горячо нападает на то, что ему представлялось богословской казуистикой и излишним морализаторством его времени; он подчеркивает особое значение для верующего Божественной Благодати и духовного обновления. И хотя сам он никогда не поколебался в своей преданности Риму и отвергал учение протестантов об оправдании верой, но все-таки некоторые его положения по вопросу о Божественной Благодати сближаются с точкой зрения протестантов; поэтому они были отвергнуты (см. Глава VIII.).

Швейцарию раздирала вражда католических кантонов с протестантскими. Доктрина Цюриха и Женевы проникла во многие горные деревни прилегающих районов. Вдоль итальянской границы эти новые взгляды были решительно уничтожены св. Карлом Барромео, кардиналом-архиепископом Миланским (1538—1584 гг.), в Савойе с ними сражался (не столь жесткими методами) св. Франциск де Саль (1567—1622 гг.), автор весьма популярного труда *Введение в благочестивую жизнь* (1609 г.). [МЕНОККИО]

Во Франции многие католики оставались в стороне от новой воинственности католичества, отчасти следуя галликанской традиции и конкордату 1516 г., отчасти же в связи с враждебностью французов к Габсбургам. Но вокруг семьи Гизов крепла проримская партия *ультрамонтанов*. Их самым мрачным деянием стала резня в навечерие дня Св. Варфоломея 23 августа 1572 г., когда 2000 гугенотов были зарезаны в Париже — после чего папа отслужил благодарственный молебен (*Te Deum*), а король Испании «засмеялся». Янсенизм XVII века предлагал средний путь в противовес экстремизму враждующих истовых католиков и гугенотов.

При попытке нового обращения Англии появилось Сорок католических святых мучеников во главе с иезуитом св. Эдмундом Кампионом (1540—1581 гг.) и множество других пострадавших. Ирландия утвердилась еще больше в католичестве, в

МЕНОККИО

В 1599 г. простой мельник из Монтереаль во Фриули Комени-ко Сканделла был сожжен на костре инквизиции за ересь, за два года до того, как такая же участь постигла Джордано Бруно в Риме. Сохранившиеся в Удине документы по его делу раскрыли миру нетрадиционное учение, которое историки могут понять с трудом. После двух судебных процессов над ним, продолжительных допросов, заключения в тюрьму и пыток Святая инквизиция настаивала, что этот еретик отрицал «девство Приснодевы, Божественность Христа и Божий промысел».

Известный как *Mennocchio*, мельник из Монтереаль, бывший некогда деревенским голо-вою, имел одиннадцать детей, был неукротимым сплетником и болтуном, откровенным анти-клерикалом и жадным читателем. При аресте в его доме нашли:

Итальянскую Библию на народном языке;
Il Fioretto della Bibbia (каталонскую библейскую антологию в переводе);
Il Rosario della Madonna Альберто да Кастелло;
Перевод *Legenda Aurea* («Золотой легенды»);
Historia del Guidicio в стихах XV века;
Кавалер Зуанне де Мандавилла (итальянский перевод знаменитой книги *Путешествия* Джона Мандевиля);
Il Sogno di Caravia (Венеция, 1541);
Il Supplemento delle Cronache (версия хроник Фоэсти);
Lunario al Modo di Italia (альманах);
Декамерон Боккаччо (без сокращений);
и книгу без названия, которую свидетель признал за *Коран*.
Меноккио имел продолжительные беседы с неким Симоном-евреем, интересовался лютеранством и не признавал библейской истории Творения. Вторя Данте и некоторым древним мифам, он настаивал, что ангелы были рождены природой так же, «как сыр порождает червей».

особенности, после жестокостей елизаветинской экспедиции 1598 года. Впрочем, религиозное единство Ирландии разрушилось в связи с основанием в Ольстере в 1611 г. шотландской пресвитерианской колонии, а также склонностью англо-ирландского дворянства к англиканству.

В австрийских землях Габсбургов Контрреформация оказалась неразрывно связанной с династическими и политическими проблемами. И в самом деле, это особое течение католицизма — *pietas austriaca*, которое возникло на рубеже XVII в., стало главной составляющей той широкой культурной общности, которая пережила Габсбургов. Некогда его называли *конфессиональным абсолютизмом*. Германская коллегия [Collegium Germanicum] играла в Риме особую роль. Благодаря усилиям датчанина Канизия, иезуиты безраздельно царили в системе образования в Вене и Праге. Также и Западная Венгрия, Словакия, Хорватия, Силезия, Богемия и позднее Западная Галиция — все принадлежали к этой сфере влияния. Некоторые утверждают, что культура барокко была плющем, который не только покрыл ветхое сооружение Габсбургов, но и удерживал его от полного разрушения.

В других частях Германии в 1555 г. посредством Аугсбургского мира установился ненадежный *modus vivendi* между католиками и протестантами: решения о вере подданных принимал каждый князь отдельно; из протестантских деноминаций разрешено было тольк лютеранство; в католических странах терпели проживавших там лютеран. Германия в религиозно отношении превратилась в лоскутное одеяло, н католические князья и монархи боялись дальнейшего продвижения протестантства. С 1550-х гг испанские священники открывают иезуитские центры в Кельне, Майнце, Ингольдштадте и Мюнхе не — эти центры надолго стали бастионам католицизма на Рейне и в Баварии. Анклавы каль винистов в Пфальце, в Саксонии и в других мес тах подвергались опасностям до второй половин этого века. В декабре 1607 г. герцог Баварски провокационно захватил швабский город Донаун вёрт, чтобы остановить протестантов, мешавши католикам устраивать религиозные процессии. этого времени десять князей-протестантов созы вают Евангелический союз для защиты своих ин тересов, однако наталкиваются на встречну активность Католической лиги. Вот почему труд но сказать, началась ли Тридцатилетняя война в 1618 г. или раньше.

В этом мире все возраставшей религиозной нетерпимости особое место занимало королевство Польши и Литвы. На его громадной территории с большим разнообразием населения можно было обнаружить настоящую мозаику католиков, православных, иудеев и мусульман еще до того, как лютеранство охватило польскую Пруссию, а кальвинизм — значительную часть знати. Положение стоявшей у власти шляхты было таково, что каждый помещик в религиозных делах пользовался такой же свободой, как германский князь. С 1565 г. вердикты церковных судов уже нельзя было проводить в собственных поместьях дворян. В то самое время, как кардинал Хозий, председатель Тридентского собора и епископ Вармии, вводил в страну иезуитов, в Польшу хлынули всякого рода еретики и беженцы по религиозным убеждениям: английские и шотландские католики, Чешские Братья, голландские анабаптисты или подобные Фаусту Соццини (Социнию) итальянские унитарии. В 1573 г., когда в Сенате у кальвинистов было подавляющее большинство, Польский сейм провел решение о вечной и всеобъемлющей веротерпимости, из которого исключались только *социниане*. При Сигизмунде III Вазе (правил 1587-1632 гг.), пылком ученике иезуитов, партия ультрамонтанов (сторонников абсолютного авторитета римского папы) вновь утверждает первенствующую роль католицизма. Но продвижение по этому пути было медленным, и употреблялись только ненасильственные методы. В этот период Польша с полным правом могла заявить, что является одновременно и защитой христиан от турок и татар, и первейшим европейским прибежищем веротерпимости.

В остальных частях Восточной Европы вовсю полыхала Контрреформация. При Григории XIII (1572-1585 гг.) Ватикан лелеял надежду уловить в свои сети не только Швецию и Польшу, но даже Московию. В Швеции эти планы долго не умирали, пока победа протестантов в гражданской войне 1590-х гг. не покончила с ними навсегда. В Москве Иван Грозный принял папского нунция Поссевино, который, впрочем, обнаружил, что интерес царя к католицизму ограничивается устройством папских носилок. Неловкое давление католиков, возможно, подтолкнуло сына

Ивана, Федора, установить в 1589 г. Московский патриархат, и таким образом окончательно сложились условия отделения Русской православной церкви.

Московский демарш спровоцировал кризис православия в соседнем Польско-Литовском королевстве, где православные с тех пор уже относились к патриарху Константинопольскому. Когда же новый Московский патриархат заявил свои права на православных и за границами Московии, многие из них начали искать защиты Рима. В 1596 г. во время Брестской унии большинство православных епископов решило создать новую униатскую общину — греко-католическую Церковь славянского обряда. Здесь при сохранении славянского богослужения и женатого священства признавалось первенство папы. Большинство православных храмов в Белоруссии и на Украине, включая Софийский собор в Киеве, перешли в руки униатов. Остатки православных приходов [dyzuniate] на некоторое время были официально запрещены.

Москва, однако, никогда так и не смирилась с этими переменами, и на протяжении всей современной истории Русская православная церковь всеми силами стремилась наказать униатов и насильно вернуть в православие. Нигде не был столь живуч образ трусливого и подлого иезуита-интригана, как в Русской церкви. Русско-польские войны, когда в 1610-1612 гг. поляки ненадолго заняли Кремль, еще больше усилили эту ненависть. В величайшем русском монастыре в Сергиевом Посаде под Москвой до сих пор можно видеть мемориальную доску, где отразились взгляды русских на Контрреформацию: «Тиф — татарин — поляк: три чумы».

В Венгрии похожая униатская община возникла в результате Ужгородской унии (1646 г.). В этом случае православные рутены Прикарпатья решили искать унии с Римом примерно так же, как на соседней Украине. (Это их решение еще и в 1920-е гг. было причиной трений между рутенами-католиками и рутенами-униатами в США.)

Повсюду в Европе горячая религиозность способствовала развитию искусства, и это при том, что суровый протестантизм ставил под вопрос самое существование художественного творчества. Пластические искусства теперь часто обращались к светским темам, поскольку религиозное искусство становилось подозрительным. В некоторых странах, как в Голландии или Шотландии, музыкальное искусство было сведено исключительно к гимнографии и псалмопению. В Англии же, напротив, Фома Талии (ок. 1505–1585 гг.) и другие положили начало изумительной традиции англиканской церковной музыки. В католических странах все виды искусства служили требованию роскошно и театрально представлять славу и власть Церкви. Это направление известно под именем барокко. В музыке его связывают с именами Яна Петерзоона Свеелинка (1562–1621 гг.), Генриха Шютца (1585–1672 гг.), но главное, с именем Джованни Палестрины (1526–1594 гг.), магистра капеллы собора Св. Петра; его 94 пространные мессы полны исключительного разнообразия и изобретательности. Клаудио Монтеверди (1567–1643 гг.), пионер монодии, возникшей в противопоставление полифонии, вновь открыл диссонансы и создал теорию итальянской *Новой музыки*; Монтеверди занял особое место в развитии европейской светской музыки. Он в основном трудился в Венеции, которая в искусстве всегда была соперником Рима. В живописи барокко особенно выделялись Микеланджело Караваджо (1573–1610 гг.), помилованный убийца; фламандец Пауль Рубенс (1577–1640 гг.) и испанец Диего Веласкес (1599–1660 гг.). В архитектуре барочные церкви часто строились по образцу иезуитской церкви (1575 г.) в Риме.

Религиозные распри вышли на первый план в войнах XVI–XVII вв. С той же страстью и ненавистью, с какой христиане некогда боролись с исламом, они теперь спорили с братьями-христианами. Страх протестантов перед засильем католиков проявился в войнах Шмалькальденской лиги в Германии 1531–1548 гг., которые закончились Аугсбургским миром; а также во французских религиозных войнах 1562–1598 гг.; в гражданской войне в Швеции 1598–1604 гг.; в Тридцатилетней войне 1618–1648 гг. Страх католиков перед засильем протестантов стоит за другими важными событиями, как паломничество милости (1536 г.) в Англии, ирландское сопротивление Маунтджою и Кромвелю, польское сопротивление шведам в 1655–1660 гг. На Востоке продолжительные войны русских с поляками — 1561–1565, 1578–1582, 1610–1619, 1632–1634, 1654–1667 гг. — имели все признаки священной войны между католицизмом

и православием. Целые армии вдохновлялись религиозным фанатизмом. В XVI в. непобедимым испанцам удалось внушить, что они сражаются за единственно правую веру. В XVII в. то же внушили и распевавшим псалмы кавалеристам Густава Адольфа, и солдатам удивительной армии нового образца Кромвеля.

Французские религиозные войны по своей сущности никак не были связаны с христианством. Преследование гугенотов началось с *chambre ardente* при Генрихе II. Но две смерти (неожиданная смерть короля в 1559 г. и герцога Анжуйского) привели к долгим спорам о престолонаследии. [НОСТРАДАМУС] Снова воспламенились честолюбивые замыслы католической партии под водительством Гизов и Бурбоно-гугенотской партии под водительством короля Наваррского. Неудачной попытке религиозного примирения на конференции в Пасси (1561 г.) предшествовала жестокая провокация протестантов в Амбуа в 1560 г. — и за ней последовала не менее жестокая провокация католиков в Васси в 1562 г. С этого времени две враждующие партии вцепляются друг другу в горло с новой силой, распаляемые к тому же постоянными интригами королевы-матери Екатерины Медичи. Варфоломеевская ночь была лишь самой крупной в череде кровавых расправ. Возникавшие ожесточенные схватки напоминали английские войны: собственно позиционных битв было немного, но обстановка исключительно благоприятствовала дерзким авантюристам, вроде протестанта барона де Адретс или католика Блеза де Монтелука. Восемь войн за тридцать лет, полные нарушенных перемирий и подлых убийств. В 1580-е гг. власть *Священной лиги* Гизов (которая стремилась не только подавить всякую терпимость, но и обуздать короля-содомита) была столь велика, что этот последний приказал убить герцога и кардинала де Гизов (1588 г.). (Их отец Франсуа де Гиз, знаменитый военачальник, был убит при Орлеане в 1563 г.) В ответ 1 августа 1589 г. сам король был убит в Сен-Клу неким неистовым монахом Жаком Клеманом. В результате единственным претендентом на престол остался Генрих Наваррский. Когда католическое духовенство отказалось помазать его как отступника и еретика, он цинично вновь обратился к католической церкви и был коронован в Шартре в 1594 г., а затем с триумфом вошел в Париж.

Знаменитое *Paris vaut bien une messe* [Париж стоит мессы] — очень точно отражает моральный климат этого события. Так что и новый Нантский эдикт (1598 г.) был не намного лучше. Посвятив всю жизнь борьбе за религиозную свободу, Генрих IV теперь предписывает ввести ограничения в отношении гугенотов: допускается принадлежность к гугенотам только в аристократических родах, только в двух церквях на провинцию и в 120 точно указанных крепостях. Такие решения не смогли уменьшить ни страхи, ни подозрительность.

И хотя религиозный плюрализм завоевал твердые позиции в Британии, Франции, Нидерландах и Польско-Литовском королевстве, но в целом было бы неправильным делить Европу данного периода просто на «протестантский Север» и «католический Юг». На севере помимо протестантов были еще ирландцы, бельгийцы и поляки. На юге католическое единообразие нарушали православные христиане и мусульмане. Деление на протестантов и католиков было важным для Центральной Европы и в особенности для Германии, но оно не могло быть последовательной характеристикой всего континента в целом. Предпринятые Марксом и Вебером попытки соотнести такое деление с позднейшими классификациями по социальным или экономическим критериям следует считать чересчур германоцентричными. Следуя таким рассуждениям, можно было докатиться до вопроса, почему Бог даровал каменноугольные бассейны только протестантам.

Одно было ясно: бессмысленное кровопролитие во имя религии неизбежно вызывает реакцию думающих людей. Религиозные войны оставили по себе плодородную почву для всхода семян науки и здравого смысла.

Научную революцию принято относить к периоду с середины XVI в. до середины XVII в., и ее называют «важнейшим событием истории Европы со времени принятия христианства»[20]. Научная революция стала естественным развитием гуманизма Ренессанса, во многом способствовала ей и позиция протестантов. Сильной стороной этой революции была астрономия, а также такие науки, как математика, оптика и физика, необходимые для сбора и интерпретации данных астрономии. Однако в результате изменились взгляды на природу человека и его предназначение. Научная революция началась с наблюдений

на башне церкви капитула во Фромборге в Польской Пруссии во второй половине XVI в., а ее высшей точкой стало собрание Королевского общества в Грешем-колледже в Лондоне 28 апреля 1686 г.

Трудность с научной революцией — та же, что и со всяким иным фундаментальным изменением в человеческой мысли: ее манифесты не отражают ни господствовавших в ее время идей, ни господствовавшей практики. То, что принято называть *веком Коперника, Бэкона и Галилея*, на самом деле все еще было веком алхимиков, астрологов и колдунов. Но не следует теперь смеяться над теми открытиями, которые позднее оказались ошибочными: правильнее будет сказать, что алхимики не поняли природы материи. Не следует говорить, что ученые, усматривавшие в алхимии конструктивные аспекты, «были так же безумны, как и то, что они описывали», — это *виговская интерпретация* истории науки[21].

Николай Коперник (1473–1543 гг.), учившийся в Кракове и в Падуе, установил, что центром Солнечной системы является Солнце, а не Земля. Гелиоцентрические идеи Коперника напоминали, по видимости, манеру астрологов использовать знак солнца в качестве знака единства. Но ученый доказал гелиоцентричность экспериментально и путем вычислений. Сын немецкого купца из Торна (Торуня) и верный слуга короля Польши, за которого он сражался против тевтонских рыцарей, он тридцать лет жил во Фромборке, будучи каноником (священником) провинции Вармии. Король призвал его на службу для проведения денежной реформы, и в трактате *Monetae cudendae ratio* (1526 г.), о том, что «плохие деньги вытесняют хорошие», он выдвинул идеи закона Грешема за тридцать лет до самого Грешема. Впервые он выдвинул идею гелиоцентризма в 1510 г., но полностью обоснована статистическими данными она была в работе *Об обращении небесных сфер* (1543 г.). Работа была опубликована по инициативе коллеги-математика из лютеранского Виттенберга Г. Дж. фон Лаухена (Ретик). Коперник посвятил этот труд папе Павлу III; но когда вышедшую в свет книгу принесли автору, он был уже на смертном одре. Одним ударом новая теория опрокинула господствовавшие на то время представления о Вселенной, отбросив аристотелевскую идею о расположенной в центре, неподвижной и не являющейся планетой Земле. Впрочем, непосредственное воздействие труда Коперника было значительно ослаблено тем, что трусливый издатель заменил предисловие Коперника собственным, вводящим в заблуждение относительно смысла всего труда.

Теория Коперника вызревала еще целое столетие. Датчанин Тихо Браге (1546–1601 гг.) отверг идею гелиоцентризма, а затем собственные наблюдения за ходом комет привели его к опровержению другого ложного (и древнего) представления, будто космос представляет собой своего рода луковицу, состоящую из хрустальных сфер. Сотрудник Браге по Праге Иоганн Кеплер (1571–1630 гг.) установил, что орбиты планет имеют эллиптическую форму; он также сформулировал законы движения, на которых основаны построения Коперника. Но лишь флорентиец Галилео Галилей (1564–1642 гг.) впервые воспользовался незадолго до того изобретенным телескопом и познакомил широкую публику с идеями Коперника. К счастью для потомства, Галилей был не только смел, но и восприимчив к новым идеям. Обнаружив, что «Луна не является гладкой и однородной, но имеет неровную поверхность и полна впадин, как Земля», он взорвал господствующие представления о «совершенных сферах». Больше того, защищая свои идеи, он едко и зло комментировал библейские ссылки своих оппонентов. «Астрономический язык Библии, — писал он вдовствующей герцогине Тосканской, — был придуман для неучей». Вот почему в 1616

г. он был вызван в Рим и получил от папы выговор и предупреждение. Поскольку же Галилей хвалил Коперника, труд этого ученого поместили в Индекс. Галилей, однако, не изменил своей позиции и опубликовал *Беседы и математические доказательства, касающиеся двух новых отраслей науки* (1632 г.), где доказывал превосходство идей Коперника над идеями Птолемея. Он попал под суд инквизиции и был вынужден отречься от своих взглядов.

Ему приписывают фразу, якобы сказанную на прощание инквизиторам: *Eppur si muove* [И все-таки она вертится], — но это апокриф. [ЛЕСБИЯ]

В то время, когда обсуждалась теория Коперника, практическая наука пребывала в пеленках. Впрочем, некоторые важные утверждения были сделаны бывшим канцлером Англии Фрэнсисом Бэконом (1561–1626 гг.), который стал отцом научного метода. В своих работах *О преуспевании знания* (1605 г.), *Новый органон* (1620 г.) и *Новая Атлантида* (1627 г.) Бэкон утверждал, что познание какого бы то ни было предмета должно осуществляться посредством последовательных и систематических экспериментов, а затем посредством умозаключений, основанных на данных этих экспериментов. Он, таким образом, смело выступил против традиционного дедуктивного метода, когда познание осуществлялось привязкой к некоторым принятым аксиомам, утвержденным Церковью. Замечательно, что Бэкон считал необходимым сочетать научное исследование с изучением

ЛЕСБИЯ

В 1622 г. на неприметном церковном процессе флорентийской абатиссы по имени Бенедетта Карлини была признана виновной в безнравственных поступках. Она сама заявляла, что имела видения; что у нее священные стигматы; ее заподозрили в сексуальном преступлении. В результате процесса ее лишили сана и осудили на 45 лет заключения.

В 1985 г. с гораздо большей оглаской ведущий американский публицист публикует отчет

об этом процессе под заголовком *Итальянская монахиня-лесбиянка эпохи Ренессанса*. К сожалению, материалы процесса не совсем соответствуют предположениям, вынесенным в название публикации. Инквизиторы в свое время сосредоточились на религиозных воззрениях подсудимой; они прошли мимо отвратительных деталей «стиля жизни» лесбиянок — им было просто не интересно. Один разочарованный критик заметил, что раньше (до

нашего столетия) люди вообще не могли понять лесбийскую любовь. Но в то же время броское название «монахиня-лесбиянка» дразнит любопытство современных читателей... и гарантирует успешные продажи.

Историк обязан постоянно подчеркивать разницу нравственных стандартов людей прошлого и настоящего. Некоторые из них выполняют эту обязанность сознательно, другие — случайно.

Библии, то есть науку следовало совмещать с христианским богословием. «Ученый — это священнослужитель Книги Природы Бога». Один из пламенных сторонников Бэкона Джон Уилкинс (1614–1672 гг.), бывший некогда епископом Честерским и одним из основателей Королевского общества, написал забавную книгу *Discovery of a World on the Moon* [Открытие мира на Луне, 1638 г.], где содержалась идея путешествия на Луну: «Обитатели иных миров искуплены той же ценой, что и мы, — кровью Иисуса Христа»[22].

Важные открытия были сделаны в это время философами с математическим уклоном, в особенности двумя блистательными французами Рене Декартом (1596–1650 гг.) и Блезом Паскалем (1623–1662 гг.), а также их последователем Бенедиктом Спинозой (1632–1677 гг.). Декарт, воин-авантюрист, бывший очевидцем битвы под Белой горой (см.с. 564), прожил большую часть своей жизни в изгнании в Голландии. Его обычно связывают с системой самого бескомпромиссного рационализма, получившего его имя — *картезианство*; эту систему взглядов он развил в *Рассуждении о методе* (1637 г.). Он отвергал все, что нами получено посредством органов чувств или авторитетом других; из того факта, что мы способны мыслить, Декарт выводит, что мы, по крайней мере, существуем: из Декартова *Cogito, ergo sum* [Я мыслю, следовательно, существую] выросла современная теория познания (гносеология, эпистемология).

В то же время в философии, которая отделяла материю от духа и вникала во все: от медицины до морали, — Декарт утверждал уже начинавший приобретать значение механистический взгляд на мир: животные рассматривались им как сложные машины, так же рассматривались люди.

Паскаль, рожденный в Клермон-Ферране и обитатель янсенистского Пор-Рояля в Париже, настолько овладел механистической системой мышления, что смог даже создать первый «компьютер». В своих трудах иезуиты до сих пор цитируют его *Письма к провинциалу* (1656 г.), считая их бокалом с ядом. Впрочем, его *Мысли* (1670 г.) представляют собой восхитительную смесь модного рационализма и просто здравого смысла. Le coeur a ses raisons que la Raison ne connaît point' [У сердца есть свои резоны, о которых резон знать не может], — писал он. Или: «Люди — это не

ангелы и не звери. Но любой, кто пытается стать ангелом, в случае неудачи может стать зверем». В многоголосии тех, кто обращал внимание на противоречие религии и науки, он предлагает доводы в пользу Веры: если Бог христиан существует, то верующие наследуют вечную жизнь; если же нет — то им будет не хуже, чем неверующим; во всяком случае следует рискнуть обратиться к вере христиан.

Спиноза, еврей-сефард, шлифовальщик стекол по профессии, был изгнан из еврейской общины Амстердама за ересь. Он, как и Декарт, придерживался математически точных и логических воззрений на мироздание и идеи общественного договора Гоббса. Он был пантеистом и полагал, что Бог и природа нераздельны. Высшей добродетелью он считал исходящую из познания самого себя и мира *умеренность*. Зло проистекает из *недостатка* понимания. Слепая вера достойна презрения. *Воля Божия* — прибежище невежественных.

В Англии сторонники *экспериментальной философии* начали объединяться в 1640-е годы. Тесно связанная между собой, группа этих ученых, во главе с д-ром Уилкинсом и д-ром Робертом Бойлем (1627–1691 гг.), объединилась во время гражданской войны в так называемый *Невидимый колледж* в Оксфорде. В 1660 г. они приступили к основанию *Королевского общества за улучшение естественного знания*. На первом заседании Общества к собравшимся обратился архитектор Кристофер Рен. Вначале среди членов Общества были колдуны, у которых еще в течение 20 лет ученые новой школы (вроде Исаака Ньютона) не могли отнять их влияния. С приходом Ньютона современная наука достигла совершеннолетия (см. Глава VIII); пример Королевского общества быстро распространился по Европе.

Как всегда, старые идеи соединялись с новыми. Ко второй половине XVII в. ведущие мыслители Европы соглашались в основном в их механистических воззрениях на Вселенную, действующую по тем же принципам, что и часы. Галилей обожествлял закон силы — основной элемент механики; а сила, приложенная к чему угодно (от закона Бойля о газах до Ньютоновых законов движения), может быть вычислена с точностью. Наконец-то, казалось, Вселенная со всем ее содержимым может быть разъяснена и измерена. Больше того, естественные законы, открывавшие теперь секреты ученым, можно было принять за проявление Божьей воли. Бог христиан, которого Фома Аквинский приравнял когда-то к *первопричине* Аристотеля, теперь становился «Великим Часовщиком». Почти на двести лет вперед были исчерпаны разногласия между наукой и религией. [МАГИЯ] [ОБЕЗЬЯНА]

Заморские владения Европы начались не с Колумба и завоеваний в Карибском море. Один эксперимент с королевствами крестоносцев в Святой Земле уже давно завершился. Другой — на Канарских островах — продолжался уже 70 лет. Но как только установился контакт с далекими островами, европейцы стали отправляться «за море» во все больших количествах. Они отплывали по торговым делам, за разбойничьей добычей, для захвата земель и, все чаще, с религиозной целью. Многие в этих путешествиях впервые встретились с людьми разных рас и племен. Чтобы утвердиться в своих правах на жителей покоренных земель, испанские монархи должны были сначала признать, что неевропейцы — тоже люди. Проблему регулировал Акт от 1512 г., который конквистадоры были обязаны читать вслух всем туземцам: «Господь Наш Бог, Живой и Вечный, создал небо и землю, мужчину и женщину, от которых и вы и я, и все люди на земле были и есть их потомки. . .»[23] В утверждение этого положения папа Павел III издал в 1537 г. декрет, что «все индейцы — действительно люди, которые не только могут понять истины католической веры, но... весьма желают их усвоить»[24]. [GONCALVEZ]

Ранее открытые пути в далекие страны теперь удлинялись и множились. Существование четвертого континента на Западе было постепенно подтверждено путем «проб и ошибок» где-то через двадцать лет после первого возвращения Колумба на Палос. Разгорелось соперничество из-за того, кому принадлежит честь первооткрывателя. Сам Колумб предпринял еще три плавания, так и не зная, где он до того побывал. Другой генуэзец, Джованни Кабото (John Cabot, 1450–1498 гг.), отплыл из Бристоля на «Св. Матфее» в мае 1497 г. по лицензии от Генриха VII. Он высадился на остров Кейп-Бретон, который он принял за часть Китая. Флорентиец Америго Веспуччи (1451–1512 гг.),

бывший одно время агентом Медичи в Севилье, совершил три или четыре трансатлантических плавания между 1497 и 1504 годами. Затем он получил пост *piloto mayor*, то есть *Главного лоцмана* Испании. Именно благодаря этому факту — правильно или нет — четвертый континент назвали его именем. В 1513 г. тайком прокравшийся на борт судна Васко Нуньес де Бальбоа (ум. в 1519 г.), пересек Панамский перешеек и вышел к Тихому океану. В 1519–1522 гг. испанская экспедиция под командованием португальца Фердинанда Магеллана (ок. 1480–1521 гг.) совершила кругосветное плавание. С несомненностью было доказано, что Земля круглая, что Тихий и Атлантический океаны — это два отдельных океана и что Америка лежит между ними. [СИФИЛИС]

Наличие пятого континента в противоположном полушарии заподозрили еще только через столетие. В 1605 г. испанский корабль из Перу и голландский корабль из Явы поплыли в залив Карпентария. Основные очертания громадной *Zuidland*, то есть «Южной земли» (Австралии и Новой Зеландии) были установлены голландским мореплавателем Абелем Тасманом (1603–1659 гг.) в 1642–1643 гг.

Однако португальцы первыми воспользовались богатствами новых земель. Они предъявили права на Бразилию в 1500 г., на Маврикий в 1505 г., Суматру в 1509 г., на Малакку и *острова пряностей* [Индонезию] в 1511 г. Для обеспечения безопасной торговли они создали цепь укрепленных поселений от Гоа в Индии до Макао в Китае. Что касается испанцев, то они не преминули использовать в тех же целях военную силу. Под властью своей мечты об Эльдорадо конквистадоры, которые еще только недавно покорили Иберию, теперь устремились на покорение Америки. Они заселили в 1511 г. Кубу и превратили ее в базу для дальнейших кампаний. В 1519–1520 гг. Эрнандо Кортес (1485–1547 гг.) захватил империю ацтеков в Мексике и потопил сопротивление туземцев в море крови. В 1520–1530-е годы создаются постоянные поселения в Коста-Рике, Гондурасе, Гватемале и Новой Гранаде (Колумбия и Венесуэла). Начиная с 1532 г. Франсиско Писарро (ок.1476–1541 гг.) постепенно захватывает империю инков в Перу.

Европейская колонизация Северной Америки начинается в 1536 г. основанием Монреаля в Ка-

СИФИЛИС

Сотни лет эта болезнь не имела названия: итальянцы, немцы, поляки и англичане называли ее «французской болезнью»; французы — «неаполитанской»; неаполитанцы — «испанской»; португальцы — «кастильской», а турки — христианской. Испанский доктор, первым взявшийся ее лечить, — д-р Рай Диас де Исла — называл ее «ядовитой змеей Испании».

Полагают, что сифилис появился в Европе в Барселоне в 1493 г. Позднее Диас де Исла говорил, что лечил капитана Ниньо Венсента Пинзона, и считали, что она пересекла Атлантику с командой Колумба. Но, привезли ли ее моряки, рабы или и те и другие, — в 1494 г. она добралась до Неаполя, где встречала вторгшуюся армию французов. Когда на следующий год французский король распустил наемников, те развезли ее почти по всем странам Европы. В 1495 г. император Максимилиан издал декрет против «Оспы грешников», которую считали Божьей карой. В 1496 г. город Женева пытался уничтожить зараженные сифилисом бордели. В 1497 г. в далеком Эдинбурге заболевшим предписывалось выселяться на остров Инхкайт под страхом клеймения. Вольтер позднее напишет о кампании Карла VIII в Италии: «Франция потеряла не все, что захватила: она удержала сифилис».

По неизвестным причинам бледная спирохета, вызывающая сифилис, *Treponeta pallidum,* приобрела особенно вирулентную (заразную) форму, как только попала в Европу. Она прокладывала себе путь в гениталии благодаря трещинам, которые обычно образовывались под грязной, редко стиравшейся одеждой, и появлялись исключительно заразные *шанкры.* В течение нескольких недель тело покрывалось гнойниками, микроб поражал центральную нервную систему, разрушались волосы. Уже через несколько месяцев человек погибал в мучениях. Врачи стали обрабатывать гнойники ртутью, таким образом, невольно отравляя своих пациентов. Через 60–70 дней спирохета вырабатывала в организме сопротивляемость и утихала. Вот почему в результате обычно трехэтапного венерического заболевания изуродованные и стерильные носители болезни могли остаться жить. Среди миллионов жертв этой болезни были папа Юлий II, кардинал Уолси, Генрих VIII и Иван Грозный. Болезнь удалось победить только с открытием пенициллина, однако сифилис имел далекоидущие последствия. Благодаря этой болезни половое пуританство охватило все слои общества, кроме аристократии; были запрещены до того популярные (и развратные) бани; целование заменили рукопожатием; из-за сифилиса с 1570-х годов входят в моду парики.

В 1530 г. итальянский поэт Джироламо Фракасторо сочинил поэму о пастухе, пораженном «французской болезнью». Со временем к ней стали прибегать образованные люди, желая назвать эту болезнь иносказательно: имя пастуха было Сифилис.

наде бретонским моряком Жаком Картье (1491–1557 гг.) и основанием города Св. Августин во Флориде в 1565 г. Менендезом. Непосредственно перед тем Менендез уничтожил близлежащее поселение гугенотов (на территории будущей Южной Каролины), где он повесил первых религиозных беженцев в Америке «как лютеран». Тремя годами позже земляк гугенотов Доминик де Гургес прибыл туда и перевешал испанский гарнизон «как грабителей и убийц». Западная цивилизация распространялась.

Голландцы и англичане занялись колонизацией сравнительно поздно, но в конце XVI в. и те и другие начали извлекать из колоний выгоду. Основав в 1597 г. на Яве Батавию (позднее Джакарта), голландцы начали постепенно отнимать Ост-Индию у португальцев. Английская колония Виргиния, основанная в 1598 г., заполучила своих первых постоянных жителей в Джеймстауне в 1607 г. Корабль *Мейфлауэр,* везший на борту 120 пуритан (отцов-пилигримов) с семьями, пристал 11 (21) декабря 1620 г. к берегу будущей колонии в Плимуте. Через десять лет появилась колония в заливе Массачусетс. Переселенцы, хотя и были беженцами по религиозным мотивам, но сами никакой религиозной терпимости не проявляли. Колония в Род-Айленде (1636 г.) была основана теми, кого изгнали из Массачусетса. К тому времени уже по всему миру распространилась сеть европейских колоний, связанных морскими путями сообщения.

Стремительно развивалась международная морская торговля. На западе трансатлантический путь давно уже был под контролем Испании. К 1600 г. 200 судов в год приходили в Севилью из Нового Света. В рекордное десятилетие (1591–1600 гг.) они ввезли 19 млн граммов золота (19 т) и почти 3 млрд граммов серебра (3000 т). Южный путь вокруг мыса Доброй надежды был первоначально пройден португальцами, а затем голландцами, которые осуществляли также коммерческую связь Северного моря со Средиземным. На востоке голландцы оказались также первыми в торговле зерном по Балтике. На растущую потребность в продовольствии западноевропейских городов польские производители ответили ростом поставок. Эта торговля зерном по Балтике достигла пика в 1618 г., когда из Данцига в Амстердам было отправлено 11000 *ластов* [мор. уст. единица грузоподъёмности = ок. 2 т]. Английская торговля текстилем с Нидерландами достигла рекордных показателей несколько раньше — в 1550 г. Английские купцы [занимавшиеся перевозкой по морю торговых грузов и имевшие фактории в других странах] создали Московскую компанию (1565), Левантийскую компанию (1581 г.) и Ост-Индскую компанию (1600 г.).

Связующий центр всей этой деятельности находился в Нидерландах. Антверпен, бывший главным пакгаузом как испанских, так и английских судов, царил здесь безраздельно до краха 1557–1560 гг.; затем центр переместился в Амстердам. 1602 г., когда была основана голландская Ост-Индская компания и первая в мире биржа в Амстердаме, можно считать началом новой эры в истории торговли. [ИНФАНТА]

С развитием международной морской торговли Европа начинает получать все более широкий набор новых основных продуктов питания, а также экзотические *колониальные* продукты, включая перец, кофе, какао, сахар и табак. Навсегда и безвозвратно изменились и питание в Европе, и кухня, и вкус. Фасоль, которую впервые отмечают во Франции в 1542 г., томаты, распространявшиеся повсюду через Италию в то же время, и красный (испанский) перец, который стали выращивать повсюду на Балканах, — все это продукты американского происхождения.

Взаимодействие Европы с Америкой, которая до того времени оставалась большой, но довольно отъединенной зоной, привело к широкомасштабному обмену людьми, болезнями, растениями и животными. Этот «Колумбов обмен» принес решительную пользу Европе. Европейские колонисты мужественно шли на трудности и лишения в Америке и иногда сталкивались с враждебными индейцами, однако их потери были ничтожны в сравнении с тем геноцидом, которые принесли с собой они (и их огнестрельное оружие). Доставленные ими отдельные преимущества цивилизации шли бок о бок с беспримерным ограблением и истреблением местного населения. Взамен Европа получила сифилис; впрочем, вызванные им потери также не могли сравниться с потерями среди аборигенов Америки от обрушившихся на них оспы, плеврита и тифа. Европейцы наладили в Америке разведение лошадей; взамен они получили два важнейших продукта питания: картофель и кукурузу, а также индеек — самый питательный из домашней птицы. Уже очень рано картофель был адаптирован в Ирландии и начал оттуда распространяться по северной Европе, превратившись в главный продукт питания в Германии, Польше и России. Кукуруза, которую называли также *американской пшеницей (зерном),* обогащала истощенные почвы и чрезвычайно способствовала севообороту, а также увеличивала производительность животноводства. В XVI в. эта культура уже хорошо утвердилась в долине реки По, и, хотя ей не удавалось перешагнуть через Альпы, пока примерно столетие спустя не улучшились климатические условия, в долгосрочной перспективе вклад этой культуры был огромен. Есть все основания считать, что именно американские добавки в питание европейцев стали одним из важнейших факторов исключительного роста народонаселения в Европе уже в конце раннего периода Нового времени[25]. [СИФИЛИС]

Совсем недавно подверглись решительному пересмотру описания прибытия европейцев в Америку: они были «деколумбизованы». То, что раньше называли «открытие», теперь называют «встреча» или «встреча культур»[26]. Было бы лучше называть это честно: завоеванием. Так же был «понижен в чине» Колумб: первенство было передано викингам или ирландцам и даже некоему валлийцу в коракле [рыбачья лодка, сплетённая из ивняка и обтянутая кожей (в Ирландии и Уэльсе)]. Его высадку в Сан-Сальвадоре

ИНФАНТА

В 1572 г. Мартин де Воос написал семейный портрет для антверпенского магистрата Антуана Ансельма. Он изобразил супругов сидящими за столом и держащими на руках сына и дочь. Вверху была сделана надпись, которая гласила, что хозяин дома родился 9 февраля 1536 г., его жена Иоанна Хофтсманс — 16 декабря 1545 г., их сын Эгидий — 21 августа 1565 г. а их дочь Иоанна — 26 сентября 1566 г. Эта картина свидетельствовала, что родилось современное понятие семьи, состоящей из отдельных индивидуумов: родителей и детей.

В 1579 г. Санчес Коэлло написал портрет инфанты Изабеллы, дочери Филиппа II Испанского, которой в то время было 13 лет. С портрета на нас смотрит маленькая дама в великолепном, с драгоценными камнями, головном уборе, с завитыми волосами, высоким плоёным воротником, в парадном одеянии и с кольцами на пальцах. Эта традиция сохранялась при испанском дворе до 1650-х годов, когда появилась знаменитая серия портретов работы Веласкеса другой инфанты — Маргариты Австрийской, дочери Филиппа IV. Снова необычный объект живописи — семи-восьмилетняя девочка была изображена как дама в миниатюре, одетая в корсет и кринолин и украшенная сложной прической взрослой женщины. Дети в то время считались людьми поменьше, еще не выросшими, но по существу ничем не отличающимися от своих родителей. (См. илл. 51.)

До Возрождения ни малая семья (то есть родители с детьми), ни детский возраст не считались заслуживающими внимания сами по себе. Все поколения жили вместе большим домашним хозяйством. Дети прямо из пеленок переходили в платье взрослых. Они участвовали во всех домашних делах и забавах. За исключением класса богатых, они вообще не обучались в школе или обучались недолго; если же их учили в школе, то всех вместе. Обычно они начинали работать прислугой или подмастерьями в возрасте семи-восьми лет. Дети умирали в больших количествах, и у всех было сильнейшее желание, чтобы они поскорее выросли. Семьи существовали, но «скрыто». Существовало и детство, но оно не имело никакого статуса, и с ним старались покончить как можно скорее.

«Открытие детства» произошло между XVI и XVIII вв; этот процесс прослеживается в платье и иконографии того времени, в появлении игрушек, игр, собственно детского времяпрепровождения, в изменении морали и правил приличия, но, главное, в совершенно новом подходе к образованию.

Средневековые дети обучались, в основном наблюдая непосредственно, как живут, едят, спят взрослые. Дети не изолировались и не ограждались от мира взрослых. Только мальчики высших слоев общества посещали школу, где они занимались в нерасчлененных по возрасту или предмету группах. Одно из самых ранних свидетельств деления школы на классы относится к Школе св. Павла в Лондоне в 1519 г. Вместе с разбиением школьных групп по возрастам и расширением перечня школьных дисциплин весьма усиливается дисциплинарная строгость.

Школьное начальство насаждает христианскую мораль, правила поведения и унизительные наказания; именно мальчики-школьники впервые сталкиваются с трудностями долгого и постепенного взросления. Девочки, которых выдавали замуж иногда в 13 лет, имели больше возможностей этого избежать.

Детство предполагает чистоту. Между тем нескромность детей и нескромность в отношении детей издавна считалась естественной. Поведение Людовика XIII (род. в 1601 г.), когда он был мальчиком, подробно описано придворным врачом д-ром Эроаром. Никто не бранил дофина ни когда он домогался своей воспитательницы, ни когда он демонстрировал первые признаки эрекции. В 14 его женили, причем мать сама положила его в брачную постель, и к ней же он явился «примерно через час» со свидетельствами своей победы.

Ко времени Шекспира возрастные периоды жизни человека уже сложились в четкую схему, как это видно из монолога в *Как вам это понравится*. Но каждое новое столетие приносило что-то свое в понятие возрастного деления. Если детство было открытием Нового времени, то юность обнаружили романтики (после гетевского Вертера), а *пожилых людей* открыла постиндустриальная эпоха.

(Watling Island) теперь относят к Samana Cay на Багамах[27]. Некогда «несравненного морелавателя» теперь называют безжалостным грабителем и «пиратом-колонизатором» или, напротив, бескорыстным донкихотствующим евреем, плывущим в поисках потерянных племен Израиля[28]. Теперь даже говорят, будто он услышал о другом континенте от американских женщин, которые уже побывали в Европе[29]. Источников, рассказывающих о деятельности Колумба, очень мало, но мифов — предостаточно[30]. Действительными открывателями Америки были и те, кто шел вслед за конквистадорами, часто это были монахи, как *Bernardino de Sahagún*, «первый в мире антрополог», пытавшийся понять, что же происходит[31].

Связи с Америкой оказали сильное влияние на европейскую культуру. Пропасть теперь разделяла те страны, которые имели легкий доступ к Новому свету, и те, которые такового не имели. «Философию породил купец. Науку родила торговля. Вот почему Европа почти что разделилась надвое. Запад занят морем. Восток занят собой»[32].

Зарождавшееся современное общество мыслило себя не в терминах классов — это позднейшее изобретение, — но в терминах общественных «рядов», или «сословий» (по-латински *status*, по-немецки *Stände*, по-французски *état*). Эти основные общественные группы определялись своей ролью, функцией, правовыми ограничениями и привилегиями, которые способствовали осуществлению соответствующей общественной функции, а также своими корпоративными институтами. Богатство, доход имели значение лишь во вторую очередь. Наследственность — вот что было главным критерием принадлежности к определенному сословию (исключая клир).

Так, дворянство объединяло потомков средневековых рыцарских родов и определялось на основе той функции, которую они выполняли в войске, а также на основе предоставленных дворянству особых прав, касающихся землевладения и способа управлять своим имуществом. С развитием регулярных армий исключительная роль дворян в исполнении военных обязанностей постепенно уменьшалась, но положение костяка правящего класса сохранялось. Через региональные ассамблеи дворяне правили на местах, в сельской местности, причем обычно они пользовались полной юрисдикцией в отношении обитателей их земель. В большинстве стран дворяне имели некий стоявший во главе их высший слой, как пэры в Англии или гранды в Испании; или же, как в Германии, они делились на бесчисленные разряды. Бюргерское сословие, выросшее на свободах самоуправляемых городов и городских гильдий, также было стратифицировано и делилось на полноправных патрициев, свободных горожан и не имеющий собственности плебс. Обычно это сословие было защищено королевскими хартиями и имело полную юрисдикцию внутри городских стен. Крестьянство состояло из закрепощенного большинства и некоторого свободного или освобождающегося от крепостной зависимости меньшинства. Положение крестьянина зависело от того, живет ли он на церковных, королевских или помещичьих землях.

Наличие множества фрагментарных юрисдикций было не сравнимо с государственным деспотизмом, подобным московскому царизму или оттоманскому правлению. Имелась социальная база, которая определила отличие западного абсолютизма от восточной автократии. Он возрос из реальных практик, унаследованных от прошлого и остававшихся, несмотря на все инновации, в основном средневековым. На Западе, как и на Востоке, общественные ограничения индивидуума по-прежнему были очень тягостными (по современным стандартам). Не только крепостной крестьянин, но всякий должен был принадлежать к какому-нибудь корпоративному объединению и жить по его правилам. И когда историки (вроде Буркхардта) прославляют индивидуализм Ренессанса, они приветствуют именно эти слабые попытки освободиться от господствующих общественных уз и связей. Например, когда для кого-нибудь делалось исключение (например, когда Микеланджело был освобожден из гильдии ремесленников)[33].

Ценовая революция, эта первая встреча Европы с инфляцией, приписывалась поначалу злокозненности ростовщиков. С 1550-х годов благодаря исследованиям университета Саламанки, ее стали связывать с притоком испанского золота и серебра. «Что делает Испанию бедной, — писал один комментатор, — так это ее богатство»[34].

Хотя современники находились под влиянием диких перепадов цен и постоянных попыток правительства справиться с ситуацией путем девальвации собственных денег, но все-таки совершенно очевидно, что общее направление на протяжении XVI века — постоянный рост цен. Цены на зерно во Франции, например, где денег было сравнительно мало, были в 1600 г. в семь раз выше, чем в 1500 г.

Страшно выросла стоимость жизни, особенно во многих областях Западной Европы. Объясняя это явление, современные ученые не так упирают на золото, как на рост населения, нехватку земли, рост цен на жилье и налогов. В XVI в. пяти самых больших городов Европы с населением свыше 100 000 появилось уже их 14: Константинополь, Неаполь, Венеция, Милан, Париж, Рим, Палермо, Мессина, Марсель, Лиссабон, Севилья, Антверпен, Амстердам и Москва. Крестьяне устремились в растущие города, заработки отставали от цен, появилось множество нищих. Землевладельцы стремились получить максимальный доход, правительства при постоянном снижении доходов увеличивали налоги. Не было никакого облегчения до начала XVII века.

Исключительно сложны и запутаны социальные последствия ценовой революции. Экспансия монетарной экономики способствовала социальной мобильности, в особенности в Англии и Голландии. Исключительно усилилась торговая буржуазия. Вполне созрели условия для капитализма. Между тем параллельно с ростом городов на Западе развивалось неокрепостничество на Востоке. Дворянство Германии, Польши и Венгрии укрепилось, а дворяне дальше на запад пребывали в смятении. Английские историки, описывая этот период, не могут договориться, было ли дворянство на подъеме, или приходило в упадок. Так и Английскую гражданскую войну приписывают то самоутверждению уверенного в себе джентри относительно потерпевшей крах аристократии, то отчаянию джентри, обедневшего из-за ценовой революции[35].

Особенно интересно проследить связь между экономикой и религией. Протестантскую Реформацию всегда толкуют в религиозных и политических терминах. Но не только марксисты заметили связь протестантской этики с предпринимательством. Труд Макса Вебера *Протестантская этика и дух капитализма* (1904 г.) и Ричарда Тони *Религия и развитие капитализма* (1926 г.), хотя и раскритикованные в частностях, породили целую научную школу. В конце концов капитализму нужны не только специалисты, но и идеологи. И здесь протестантские писатели сыграли важную роль, разрушая предвзятое представление о ростовщичестве. Но они сделали это гораздо позже, чем полагали некогда историки. Тони черпает аргументацию у английского пуританина Ричарда Бакстера; Вебер же, довольно анахронически, у американца XVIII в. Бенжамина Франклина. Ведь только в 1658 г. государство Голландия запретило отлучать банкиров от причастия за занятия ростовщичеством. Так что теория отставала от практики. [**РОСТОВЩИЧЕСТВО**]

В действительности же капитализм не меньше расцветал в католических странах, чем в протестантских. Фуггер Аугсбургский не был пуританином. Он процветал, потому что расширял торговлю и развивал промышленность и потому, что война, несмотря на все разрушения, стимулирует спрос на товары и на финансовые услуги. Адвокатами капитализма были не столько протестантские богословы, сколько бесчисленные беженцы-предприниматели, наводнившие протестантские страны.

Именно с их миграцией семена средневекового капитализма были разнесены по всей Европе. Крупнейший бизнесмен Женевы Франческо Турреттини (1547–1628 гг.) был беженцем из Лукки. Луи де Геер (1587–1652 гг.), финансист и промышленник при Густав Адольфе в Швеции, приехал из Льежа. Маркус Перес (1527–1572 гг.), некогда финансировавший Вильгельма Молчаливого, был крещеным евреем из Испании[36].

Изменения в военном деле той эпохи — которые, как и многое другое, теперь называют революционными — имели далекоидущие последствия. По существу, было введено новое оружие, в основном пика и мушкет, усовершенствованные артиллерийские орудия; также вводилось систематическое обучение пехотинцев, для чего были нужны профессиональные кадры и инструкторы; армии все больше становились регулярными, что, впрочем, могли позволить себе только самые богатые князья.

Одно новшество сменяло другое. Шестнадцатифутовая швейцарская пика наконец доставила пехотинцам давно ожидаемое средство противодействия кавалерийской атаке. Однако эффективно она могла применяться только мобильными отрядами, которым была необходима точность взаимодействия и маневренность против изменяющейся линии атаки. Как уже вскоре обнаружили испанцы, пику было лучше применять в сочетании с мушкетом, реально подавлявшим атакующих огнем. Однако точность стрельбы мушкетов и скорость перезарядки еще оставляли желать лучшего; на самом деле, мушкеты были эффективны только тогда, когда употреблялись слаженными группами мушкетеров, обученных стрелять одновременно, легко передвигавшихся в любом направлении относительно отряда копейщиков между залпами. Мушкет, хотя и появился уже в 1512 г. в Равенне, нашел широкое применение только в 1560-е годы в войнах Нидерландов. Комбинация в бою преимуществ пики и мушкета требовала тщательной и долгой подготовки, а также стойкости воина и того *esprit de corps* [честь мундира; кастовый дух], которые характерны для дисциплинированных профессиональных военных.

Ответом на новые возможности отряда копейщиков стали усовершенствования артиллерийских орудий, которые вели массированный огонь. Пушка, которая до того свела на нет значение средневековых укреплений, теперь широко употреблялась на поле боя для прорыва строя противника. Однако для того, чтобы произвести мощный артиллерийский залп, нужна была также сложная техническая поддержка, развитая черная металлургия, порох высокого качества и профессиональные канониры.

Что касается войны на море, то здесь в связи с увеличением калибра пушек быстро выросли размеры, тоннаж и маневренность кораблей. Военные корабли надо было превратить в плавающие платформы для пушек; с развитием кораблестроения развивалась наука навигации, а та, в свою очередь, влияла на производство точных инструментов, получение надежных знаний по астрономии, продвигала математику.

На суше много сил отдавали тому, чтобы обезопасить укрепления от артиллерийской бомбардировки. *Trace italienne*, появившаяся в середине XVI в., представляла собой сложную систему рвов, ловушек и низких, построенных под углом бастионов, в результате чего артиллеристы противника не могли надежно прицелиться или даже добраться до цели, а сами становились мишенью жесточайшего ответного огня. С Антверпена, который таким образом укрепили итальянские инженеры в 1568 г., началось движение назад к ведению военных действий осадой. Ко времени прославленного Себастьяна ле Престр де Вобана (1633–1707 гг.), инженеры уже вышли вперед в соревновании с артиллеристами (см. с. 619). Кавалерия оставалась в употреблении, но должна была приспосабливаться к новым условиям. Кавалеристы все чаще подразделялись на роды: легкая кавалерия для разведки и перестрелки; уланы для атак на поле боя; драгуны для мобильного огня.

Перед военными командирами встало множество новых технических и организационных проблем. Теперь уже не годились воины-дворяне, служившие лишь в случае военной нужды. Появились офицеры, для которых военное дело было главным занятием и которые жили на жалование; соответственно, консолидировалась каста профессиональных военных и моряков. Не только для сыновей старого дворянства, но для талантливых людей вообще открывалась возможность военной карьеры. Для обучения таких офицеров правителям пришлось задуматься о создании военных академий.

Правителям приходилось также думать об изыскании денежных ресурсов для своих армий и о новой бюрократии для управления этими ресурсами. Но как только они с этим справились, у них появился ни с чем не сравнимый политический инструмент ограничения прав дворянства и принуждения подданных к повиновению. Невозможно представить себе современное государство без революции в военном деле. Прямая дорога вела от аркебузы — к абсолютизму и от морской мортиры — к системе меркантилизма.

Между тем революция в военном деле стала еще одной областью, где не в меру самонадеянные историки смело распространяют на весь континент результаты своих локальных, имеющих значение лишь для отдельных частей Западной Европы, исследований. Так часто заявляют, что методы ведения войны в Восточной Европе, где кавалерия все еще не уступала первенства пехоте, были отсталыми. Они не были отсталыми. Армиям Польши и Московии не было нужды учиться у Запада: технические и организационные новинки доходили до них достаточно быстро. Но им приходилось действовать на громадных открытых пространствах с суровым климатом, где они сталкивались с такими проблемами логистики, о которых в Северной Италии или, скажем, Нидерландах и думать не приходилось. Когда в битве против шведов при Кирхкольме в 1605 г. изумительные польские крылатые гусары столкнулись с пехотой западного образца, поляки нанесли ей сокрушительное поражение. То же произошло и при столкновении с массами легкой конницы восточного типа при Клушино в 1610 г. и при Хотине в 1621 г. (см. ниже). В то же время подвижность и ячеистая структура подразделений *towarzysze* [гусарских товариществ] давала им возможность прокормиться самим и обеспечить фуражем лошадей на вражеской территории, где менее приспособленные армии погибали. Московиты долгое время терпели поражения в столкновениях с поляками, часто из-за недостаточного представления о западных нововведениях. Но у московитов издавна была прекрасная артиллерия, которая и обеспечила разгром шведской военной мощи под Полтавой[37].

Национальное государство, национализм — эти термины часто применяют (может быть, ошибочно) по отношению к XVI в. Они больше подходят к XIX в., когда они и были придуманы историками, исследовавшими происхождение современных им национальных государств. Их, конечно, не следует употреблять в смысле стремления к этнической идентичности населения — до этого было еще далеко. Но эти понятия вполне могли бы передать то острое чувство независимости, которое испытывали и монархи, и их подданные в период распада средневековой общности. Господствовавшие тогда *raison d'état* [государственные соображения] имели, наряду с политическим, и чисто экономическое измерение и были связаны с системой меркантилизма.

Il Principe [Князь или Государь], написанный в 1513 г., стал учебником для всех тех правителей, которые стремились к неограниченной власти. Часто считают, что с этой книги началась

современная политическая наука. Ее автор, Никколо Макиавелли (1469–1527 гг.), историк, драматург, флорентийский дипломат, близко наблюдавший деятельность и Цезаря Борджиа, и папы Александра VI, «великого обманщика», написал свою книгу с надеждой, что она вдохновит князя исполнить старинную мечту Данте о единой Италии. Но оказалось, что книга обращена ко всем правителям; отделяя политику от моральных соображений, она проповедовала искусство *Machtpolitik* [политика силы] или неограниченную силу политики. Этот *макиавеллизм* стал событием скандальным, а понятия вроде *frodi onorevoli* [достойный, честный обман] или *scelleratezze gloriose* [славное плутовство] приобрели печальную славу. Но на более серьезном уровне *Князя* читают в одном ряду с *Размышлениями на I декаду* Тита Ливия, и Макиавелли предстает последовательным сторонником ограниченной власти, власти закона, защитником свободы. Он плохо думал о природе человека, и считал, что конституционные структуры надо строить на этом реальном основании. Но больше всего люди запоминали его цинические высказывания: «Чем ближе стоят люди к Римской церкви, тем они менее религиозны». «Князь, который желает сохранить свое положение, должен быть по обстоятельствам то добрым, то нет». «Князь должен изучать только войну. Он должен смотреть на мирное состояние как на передышку... которая дает ему возможность разрабатывать военные планы». И Макиавелли не испытывал недостатка в учениках.

В поисках идеального князя Ренессанса историки обращаются по большей части к итальянским деспотам, вроде Лоренцо Великолепного или Лодовико Сфорца. Затем они могут предложить страшных соседей и соперников итальянцев: Франциска I и Генриха VIII, чья встреча на «Поле золотой парчи» (1520 г.) была полна каламбуров и других примет своего времени. Однако никто не заслужил этого звания больше, чем венгерский король Маттиас Хунияди Корвин [Ворон] (правил 1458–1490 гг.)

Корвин, получивший это прозвище из-за изображенного на его гербе ворона, был в социальном плане выскочкой, сыном барона-крестоносца из Трансильвании, Iancu из Hunedoara (Janos Hunyadi), который прославился, сражаясь с турками. Воспользовавшись своей базой в Трансильвании и сильной армией наемников, он разбил венгерских магнатов и положил начало такому правлению, при котором итальянская культура стала политически престижна и свидетельствовала о высоком положении в обществе. Он получил образование под руководством гуманиста архиепископа Витеза; был женат на неаполитанской принцесс Беатрисе Арагонской и сделал карьеру при королевском дворе, который культивировал свои итальянские связи со времени Анжуйской династии. При дворе в Буде было множество книг, картин, философов, этот двор имел связи со всеми выдающимися учеными своего времени: от Полициано до Фичино. Громадная библиотека с замечательной коллекцией инкунабул и манускриптов могла поспорить с библиотекой Медичи во Флоренции. В 1485 г., когда Корвин захватил Вену, он, кажется, собирался основать Австро-Венгерскую монархию, которая вполне смогла бы претендовать на контроль в Империи. Но его планы не осуществились из-за его неожиданной смерти. Затем венгерские дворяне отвергли его ученого сына в пользу Ягеллона. И уже скоро объедки государства Корвина достались Габсбургам и туркам. Все, что осталось от разграбленной королевской библиотеки и от ренессансной Венгрии вообще, — разлетелось по ветру. [КОРВИН]

Конечно, усиление королевской власти в одних странах не означало общего наступления абсолютизма, который оставался лишь одной из возможностей развития. Во Франции власть короля все еще была ограничена так сильно, что ученые могут теперь без конца спорить, было ли, например, при Франциске I, французское правительство «более консультативным» или «менее децентрализованным»[38]. В Англии после того, как утвердились Тюдоры, пришлось утверждаться затем парламенту при Стюартах. В Священной Римской империи парламент отвоевывал себе власть у императора. В королевстве Польши и Литвы республиканизм одерживал верх над монархией.

Правда, некоторые ученые Ренессанса, как Буде, заимствовали свои взгляды на монархию у Римской империи; но другие, как епископ Ваввжинец Гослицки, брали пример с Римской республики. Из двух самых влиятельных политических трактатов того времени один — *Республика* (1576 г.) Жана Бодена — отдавал предпочтение конституционной монархии, а второй — *Левиафан* (1651 г.) Томаса Гоббса — довольно причудливо использовал теорию договора в пользу абсолютизма. Не приводя особых доказательств, Гоббс утверждал, что короли пользовались безграничными правами потому, что некогда в прошлом их подданные передали им свои права. Получившийся в результате Левиафан, «Монстр из людей» — как метафорически он обозначал современное ему общество — был достойной сожаления реальностью и единственной альтернативой нескончаемого конфликта: «Когда люди живут без общей власти, которая бы держала их в страхе, они находятся в состоянии, которое называется войной... когда каждый оказывается врагом каждому. В таком состоянии не остается места для промышленности... навигации... искусств, литературы, общества и... остается лишь страх насильственной смерти; и жизнь человека — в одиночестве, бедности, гадкая, жестокая и короткая жизнь»[39].

В эпоху Ренессанса возрастают стимулы к изучению римского права; но также укрепляются и сличаются отдельные своды национального права и в трактате *О праве войны и мира* (1625 г.) Гуго де Гроота, или Гроциуса (Grotius, 1583–1645 гг.), появляются принципы международного права.

Обозначение *меркантилизм*, или система меркантилизма, было малоупотребительным, пока не стало популярным в конце XVIII в. [РЫНОК] Однако этот набор понятий (который потом раскритикует Адам Смит) был главным достижением экономической мысли в начале Нового времени. Система меркантилизма означала разное для разных людей, но суть ее состоит в убеждении, что для успеха и процветания современное государство должно использовать всякую правовую, административную, военную или управленческую возможность. В этом смысле система меркантилизма противопоставляется системе *laissez-faire* [свободного предпринимательства, невмешательства государства в дела рынка], за которую будет позднее ратовать Смит. Одна популярная форма системы меркантилизма — *бульонизм* [система металлического денежного обращения] — представление, что богатства и сила государства зави-

КОРВИН

Где-то в 1460-х годах Матиаш Корвин, король Венгрии, начал собирать книги. Эту страсть внушили ему его старый наставник Янош Витез, епископ Варада, и племянник епископа Янош Чезмичей. Они оба были ученые-античники, оба получили образование в Италии и оба были страстные библиофилы. Первый из них со временем стал примасом Венгрии, последний — Яношем Паннонием, ведущим латинским поэтом своего времени. Когда в результате политического заговора оба были обесчещены, примас удалился на покой, поэт застрелился, а король присоединил их библиотеки к своей. В 1476 г. Матиаш женится на Беатрисе Арагонской, которая привезла с собой из Неаполя богатое собрание книг. В 1485 г. он захватил Вену и уже строил планы создания Австро-Венгерской монархии, культурным центром которой должна была стать, конечно, королевская библиотека, которая тогда как раз строилась в Буде. Имевшая в своем распоряжении целую армию архивариусов, переписчиков, переводчиков, переплетчиков, иллюстраторов, *Biblioteca Corviniana* с помощью сети агентов на всех континентах должна была стать лучшей в Европе в эту эпоху *Ренессанса литературы*. Она превосходила даже прекрасную библиотеку Лоренцо Великолепного во Флоренции.

Но этим мечтам короля Матиаша не было суждено осуществиться. Когда в 1490 г. он умер, его сын не стал наследником. Габсбурги вернули себе Вену, а венгерские дворяне взбунтовались против обременительных налогов. Работы по созданию библиотеки прекратились. Когда же в 1526 г. оттоманская армия захватила Буду, то библиотека и вовсе была разграблена, ее собрание, включая 650 древних манускриптов уникальной ценности, исчезло.

Не все, однако, было потеряно, и Венгерская национальная библиотека в пятисотлетний юбилей смерти короля Матиаша устроила выставку уцелевших сокровищ из библиотеки короля. Оказалось, что королева Беатриса тайно отправила некоторые самые ценные экземпляры обратно в Неаполь. Некоторые другие увезла в Германию ее невестка. Еще кое-что привезла в Брюссель сестра Карла V Мария, одно время бывшая королевой Венгрии. Но главное, оказалось, что захваченные в Константинополе книги веками были подарочным фондом для награждения иностранных послов. Бесценный каталог-описание *Corviniana*, составленный флорентийским агентом короля Нальдо Нальди, был отдан турецким султаном польскому послу и сохранился в Торуни. *Трагедии* Сенеки, подаренные английскому послу, сохранились в Оксфорде. Византийская *Книга церемоний* сохранилась в Лейпциге. [TAXIS] 26 манускриптов, посланные Францу-Иосифу, хранились в Вене. Еще больше названий попало в библиотеку герцога Августа в Вольфенбюттеле. В Упсале хранилось то, что армия королевы Христины захватила в Праге... Кое-что сохранили также Мадрид, Безансон, Рим и Вольтерра.

Выставка 1990 г. располагала лишь фрагментами утраченной коллекции; но она ясно продемонстрировала, что библиофилия была стержнем ренессансного духа. Размерами и разнообразием *Biblioteca Corviniana* уступала только библиотеке Ватикана. Поскольку она широко разошлась по миру, распространяя знание, то в этой же роли сеятеля знаний ей нет равных.

сят от количества накопленного золота. Другая заключается в стремлении постоянно улучшать торговый баланс, способствуя экспорту, затрудняя импорт и поддерживая собственных производителей. Во всех своих формах система меркантилизма стремится к усилению и укреплению источников экономической власти — колоний, производств, флота, пошлин — и открыто направлена против экономических соперников своей страны. В голландской версии — где даже флот управлялся пятью отдельными адмиралтействами — экономи-ческая политика отдавалась частной и местной инициативе. Во французской версии системы меркантилизма (а затем и в прусской) эту политику крепко держали в руках министры короля. В Англии частная и королевская инициативы сочетались. Эти идеи (меркантилизма) были изложены довольно рано в труде *The Discourse of the Common Weal of this Realm of England* [Рассуждение об общественном богатстве Английской державы] (1549 г.). Несколько позднее мы читаем у Томаса Муна: «Простым средством увеличения нашего богатства и сокровищ является торговля с другими странами, но мы должны постоянно соблюдать одно правило: каждый год продавать иностранцам больше, чем мы потребляем купленного у них (в ценовом выражении)»[40].

Дипломатия, как и теория меркантилизма, развилась в ответ на усиление государственной власти. Прежде монархов вполне устраивала возможность отозвать посла по исполнении им определенной миссии. В XV в. только Венеция имела целую сеть постоянных посольств за границей. Потом примеру Венеции последовали другие итальянские города и папские нунциатуры. Примерно с 1500 г. правители начинают рассматривать назначение постоянных послов как признак высокого статуса и независимости их суверенного государства. Они также ценили возможность получать коммерческие и политические сведения. Одним из первых стал Фердинанд Католик, отправивший посольство к английскому двору (*Сент-Джеймсский двор*, или *Двор св. Иакова*) еще в 1487 г.; во главе этого посольства стоял сначала д-р Родриго Гондесальви де Пуэбла, затем женщина — Екатерина Арагонская, принцесса Уэльсская, дочь короля. Принято считать, что Франциск I Французский первым создал основательную дипломатическую службу, включая посольство в Оттоманской Порте начиная с 1526 г.

Скоро дипломатический корпус имелся при всяком большом дворе и столице. Проводя свою жизнь в условиях относительной опасности, дипломаты быстро выработали правила неприкосновенности, взаимной любезности, экстерриториальности, доверия и старшинства. В 1515 г. папа распорядился, чтобы нунций действовал как дуайен дипломатического корпуса, чтобы посол императора считался старшим относительно других послов и чтобы иерархия послов определялась соответственно времени обращения их стран в христианство. На практике это не проводилось, потому что Карл V имперским дипломатам предпочитал испанских и потому что, будучи «самым католическим» [официальный титул испанских королей] королем Испании, он отказывался уступить старшинство Франции. Разгорелся спор, в ходе которого французские и испанские послы не сдавали своих позиций целых 200 лет. Однажды в Гааге в 1661 г., когда свиты французского и испанского послов встретились в узком месте, дипломаты простояли, не двигаясь с места, целый день, пока городской совет не приказал снять перила, что позволило дипломатам разойтись как равным. Так же педантично блюли формальности московиты. Царские послы были склонны требовать себе старшинства даже относительно придворных самого императора. В Варшаве один московский посол прибыл в двух шапках — одну он намеревался приподнять для традиционного приветствия короля Польши, а другую не снимать в это время с головы согласно инструкциям Кремля.

В этот век Макиавелли дипломаты уже скоро снискали себе славу отъявленных лжецов. Им приходилось прибегать также и к кодам, шифрам и невидимым чернилам. «Посол, — язвительно заметил сэр Генри Вуттон, — это честный человек, которого посылают за границу лгать ради блага его родины». И тем не менее развитие постоянной дипломатии стало важным этапом формирования сообщества наций. В 1643–1648 гг., когда в Мюнстере и Оснабрюке собралась великая дипломатическая конференция для прекращения Тридцатилетней войны, уже начало вырисовываться *европейское согласие*.

К концу XVI века главной сенсацией на карте Европы стал стремительный подъем дома Габсбургов к беспредельному величию. Успех Габсбургам был обеспечен не победой, но поражением в соперничестве династий, далекоидущими матримониальными планами и просто удачей. Они победили под девизом *Fortes bella gérant. Tu felix Austria nube* [Пусть сильные развязывают войны. Ты, удачливая Австрия, женись. Приписывается Матиашу Корвину, королю Венгрии], причем с ударением на *felix* «удачливая» и *nube* «женись».

В 1490 г. Максимилиан I Габсбург, король римлян, все еще был беглецом, спасшимся из оккупированной венграми Вены. Его влияние на Империю выглядело сомнительным, и он был вынужден инициировать серию реформ с позиции не обладающего сильной властью короля. Он следил за организацией в 1495 г. *Reichskammergericht* [Имперского верховного суда], в 1500 г. — *Reichsregiment* [постоянного правительства] и в 1512 г. — *Reichsschlüsse* [мандатов] имперского парламента. С созданием трех коллегий парламента — курфюрстов, князей и городов — и разделением Империи на десять округов, каждый под управлением *directorium*'а из двух князей, наделенного правом вершить суд, облагать налогами и решать военные вопросы, король фактически отказался от всякой непосредственной власти в Империи. Дав германским князьям все, чего они всегда желали, Дом Габсбургов стал для них необходим.

Одновременно Максимилиан исключительно укрепил *Hausmacht* Габсбургов, то есть собственно власть династии. Ранняя смерть первой жены Марии доставила ему сказочную герцогиню Бургундскую; в 1490 г. он получил в наследство Тироль, что дало ему возможность устроить любимую резиденцию в Инсбруке. По одному соглашению о наследстве в 1491 г. (с Ягеллонами) он вернул Богемию, по другому в 1515 г. — Венгрию. Этот успех был развит еще больше со смертью Людовика Ягеллона в 1526 г., так что династия заложила основы *Дунайской монархии*[41]. Большое значение имела также женитьба его сына на наследнице Фердинанда Изабелле, поскольку она давала возможность наложить руку на испанские владения. В 1497 г. его собственный второй брак с Бьянкой Сфорца Миланской увеличил приток наличных денег и помог ему утвердиться императором в 1508 г. Но к тому времени этот главный идеолог Габсбургов, должно быть, уже чувствовал свою миссию исполненной. Вскоре он не постеснялся предложить свою кандидатуру в папы!

Когда Максимилиан умер, его внук Карл Гентский получил такое количество земель, что «в них никогда не садилось солнце». В довершение всего Карл (с помощью фуггеровских дукатов) смог преодолеть сопротивление Франции и папы и был избран императором Священной Римской империи в рекордно короткий срок и непосредственно после деда. **[ДОЛЛАР]**

Карла V (император 1519–1556 гг.), владения которого простирались от Филиппин до Перу, все больше одолевали разнообразные и многочисленные проблемы. Физически он совершенно не выглядел императором: из-за больных аденоидов у него был хныкающий голос и постоянно приоткрытый рот, так что один испанский гранд-грубиян однажды посоветовал ему закрыть рот, чтобы мухи не залетели. Тем не менее, у него было множество талантов, чтобы управлять своими громадными владениями, где он говорил со своими чиновниками то по-фламандски, то по-испански, то по-французски, итальянски и «по-немецки со своей лошадью». Он не был лишен силы духа: «Назовите мне императора, которого бы когда-нибудь поразило ядро», — заявил он, отказываясь оставаться вдали во время битвы при Мюльберге. Как признанный лидер католических государей, он возглавил самое сильное дело, какое когда-либо сплачивало христиан. Однако просто размеры и сложность внутренних и внешних кризисов не позволяли координировать действия.

В том, что касалось Церкви, он, правда, сумел созвать Вселенский собор, но понимал, что дискуссия в Триденте еще больше обострила противоречия. У него были планы восстановить религиозное единство в Империи, но они катастрофически откладывались. Несмотря на победу при Мюльберге, войны Шмалькальдской лиги окончились тупиковым Аугсбургским миром (1555 г.). В Испании, где он был соправителем при психически больной матери, он сражался сначала с восстанием *comuneros*, а потом с противоположными друг другу интересами Кастилии и Арагона. В Новом Свете он пытался отстаивать интересы американских индейцев, но потерпел поражение. В Нидерландах, которые он оставил на попечение тетушки Маргариты, ему пришлось скрепя сердце подавлять мятеж своего родного Гента силой (1540 г.). В землях, составлявших главное наследство Габсбургов: Австрии, Богемии, Венгрии — которые он вверил заботам брата Фердинанда, он постоянно сталкивался с неослабевающей оппозицией местных вождей, как Ян Заполи в Трансильвании, а в 1546–1547 гг. и с первым чешским восстанием. Повсюду ему приходилось бороться с провинциальными парламентами, мятежным дворянством, местными интересами. Стратегически ему приходилось противостоять враждебности Франции, экспансии турок и угрозе франко-оттоманского союза.

Соперничество с Францией спровоцировало пять войн, которые велись во всех точках соприкосновения территорий соперников: в Нидерландах, в Лотарингии, в Савойе, на Пиренеях и в Италии. Опосредованно эти конфликты спровоцировали (величайший позор его жизни!) разграбление Рима (1527 г.). Боясь турок, Габсбурги сменили власть в Венгрии и Богемии; но в долгосрочной перспективе это привело к нескончаемым

ДОЛЛАР

Яхимов — маленький город в Богемии, в долине Иоахимсталь примерно в 80 км к северу от Пльзеня. В 1518 г. граф фон Шлик получил королевский патент на добычу серебра и чеканку серебряной монеты. Он производил свои серебряные монеты на *Walzenwerke*, то есть «прокатом», формально они классифицировались как *большие гроуты* [*гроут* — серебряная монета в 4 пенса]. Название этих популярных монет *иахимсталер* вскоре сократилось до *талера*.

К XVII в. талер стал расхожей монетой во всех странах Центральной Европы. Его также копировали в Испании Габсбургов, и произведенные там *taleros*, то есть «восьмерки», имели хождение повсюду в

Америках. В Англии они были известны под именем *долларов*. Серебряная монета Якова VI Шотландского в 30 шиллингов называлась «доллар с мечом». В XVIII в. серебряные талеры повсюду вытесняются медными штампованными монетами, которые завозились из Швеции и назывались шведским словом *daler*. Медный *daler* 1720 года был равноценен серебряному талеру, хотя и весил в 250 раз больше, и перевозить его можно было только в повозке с лошадью.

Признанным шедевром в этой серии, однако, был талер Марии Терезии 1751 года. На этой великолепной монете было изображение императрицы, а на реверсе двуглавый орел и надпись: R[omae] IMP[eratrix] *

HU[ngariae et] BO[hemiae] REG[ina] * M[aria] THERESIA * D[ei] G[ratia] ARCHID[ux] AUST[riae] · DUX BURG[undiae] *COM[es]TUR[olis]*

Доллар продолжали чеканить на протяжении всего XIX в. в громадных количествах, посмертные экземпляры помечались датой смерти императрицы в 1780 г. Его чеканил даже Муссолини в 1936 г., чтобы финансировать вторжение в Абиссинию; его чеканили англичане в Бомбее. Двести лет спустя он все еще употребляется в некоторых районах Азии как международная торговая валюта.

Доллар стал валютой США в 1787 г. и Канады — в 1871 г. Но он больше не является валютой в странах Европы.

и изматывающим осложнениям как на Балканах, так и на Средиземном море. [ORANGE]

В последнее десятилетие жизни у Карла V могли быть некоторые основания для оптимизма. Но Аугсбургский мир оказался большим разочарованием, и, бесконечно разочарованный, он отрекся от престола. Испанию и Нидерланды он оставил сыну Филиппу, остальное же — брату. Он умер вдалеке, в Юсте. Он был последним императором, лелеявшим мечту о всеобщем единстве, и некоторые (уже в наше время) считают его патроном объединенной Европы. «Карл V, которого когда-то считали последним бойцом арьергарда, — пишет одна заинтересованная сторона, — вдруг предстал предтечей будущих перемен»[42].

После отречения Карла V австрийские Габсбурги забыли его обширные планы. Максимилиан II (правил 1564–1576 гг.), внук Ягеллонов, ничего не приобрел от того, что был номинально избран королем Польско-Литовского государства. Два его сына, Рудольф II (правил 1576–1612 гг.), эксцентричный пражский затворник, и Маттиаш (правил 1612–1619 гг.), были заняты только взаимными подозрениями и религиозными спорами.

Всего лишь за одно десятилетие после беспорядков в Дунайвароше в 1607 г. [вооруженные беспорядки, спровоцированные попыткой сторонников Контрреформации обратить население в католицизм] произошло свыше 200 религиозных восстаний и бунтов. Фердинанд II (правил 1619–1637 гг.), Фердинанд III (правил 1637–1657 гг.) и Леопольд I (правил 1658–1705 гг.) занимались исключительно Тридцатилетней войной и ее последствиями. С появлением постоянного и отдельного ведомства австрийского канцлера в Вене они решительно переносят свои действия на Восток, притом что Империя сама, казалось, постоянно балансировала на грани неминуемого распада. Как пели гуляки у Гете в *Фаусте*:

> Всей Римскою империей Священной
> Мы долго устоим ли во вселенной?

[Дословный перевод: *Милая старая Священная Римская империя, как ты еще не распадаешься?*]

По мнению одного известного британского историка, ответ лежит не столько в сфере полити-

ORANGE

В 1544 г. в самый разгар войны между Францией и Империей офицер императорской армии Рене фон Нассау был сражен при Сен-Дизье французской пулей. Его смерть отозвалась последствиями не только на истории его родного Нассау, но и на истории Прованса, Нидерландов и Ирландии.

Маленькое германское герцогство Нассау лежало на правом берегу Рейна, в его среднем течении. Расположенное между лесами Вестервальд и суровыми горами Таунус к северу от Висбадена, Нассау с его плодородными землями было страной лучших в Германии виноградников, включая сорта Йоханесберг и Рудесгейм. Отец Рене, Генрих фон Нассау, жил в Сегене, владея герцогством вместе с младшей ветвью семьи в Диллинберге. Мать Рене, Клаудиа, была сестрой и наследницей имперского военачальника Филиберта де Шалона, который некогда возглавил разгром Рима и был щедро вознагражден Карлом V землями в Брабанте. Мать Рене взяла себе и титул Филиберта — титул князей Оранских (*Оранж*). Когда Рене, не имевший наследников, был убит, все его земли и титулы перешли к его одиннадцатилетнему кузену Вильгельму Нассау-Диллленберг.

Оранж был небольшим самостоятельным княжеством на левом берегу Роны к северу от Авиньона в живописной долине. Защищенный с востока вершинами Монт Венту, это был район богатых виноградников, а несколько винодельческих деревень здесь, как Жигонда и Шатонеф-Дю-Пап, даже прославились. В крошечной столице княжества, древнем Араузионе высилась громадная римская арка, возведенная Тиберием. С XII в. Оранж становится владением графов Прованса и, следовательно, Империи. Но в 1393 г. наследница княжества Мари де Бо была выдана замуж за Жана де Шалона из Бургундии; именно их потомки стали затем правителями этого княжества, однако никогда там не жили. В 1431 г., когда графу Прованса срочно понадобился выкуп, он согласился продать вассальные обязательства Шалонов, так что те приобрели статус владетельных князей Оранских. Как независимый анклав внутри королевства Франции княжество привлекало итальянских и еврейских купцов, а в середине XVI в. оно быстро становится бастионом протестантов[1]. Со временем Людовик XIV разгромит это гнездо гугенотов (1703 г.).

Получив наследство в Германии, Провансе и Брабанте, Вильгельм Нассау-Диллленбургский (1533–1584 гг.) стал одним из самых богатых людей Европы. Он даже предъявлял права на уже не существовавшее королевство Арля. Лютеранин по рождению, он был воспитан как католик при императорском дворе в Брюсселе, где называл правительницу Маргариту матерью, затем он с роскошью обосновывается в Бреде к северу от Брабанта. В 1555 г. он поддерживает за руку больного Карла V во время церемонии отречения, а в 1559 г. выступает как полномочный представитель императора при подписании договора Шато-Камбре. Затем он отправляется в Париж в качестве одного из трех гарантов исполнения Договора. По всему он был столпом католичества и Империи. В Париже, однако, он услышал об испанских планах покорения Нидерландов; с этого времени всю жизнь он испытывал непреодолимое отвращение к испанским интригам. В истории он остался под именем Вильгельма Молчаливого. Таким образом, династия Оранских-Нассау, основанная Вильгельмом, несмотря на свои голландские связи, не была голландской по происхождению. Это был типичный династический сплав, возникший случайно и по счастливой случайности сохранявшийся. Из трех сыновей Вильгельма только один продолжил род. Этот ребенок был зачат четвертой женой Вильгельма между двумя покушениями испанских агентов на его жизнь. (Однажды Вильгельм помиловал возлюбленного изменившей ему второй жены, и тот стал отцом Питера Пауля Рубенса.) Правнук Вильгельма, также Вильгельм Оранский (1650–1702 гг.), ставший королем Англии Вильгельмом III, родился во время революции в Нидерландах через восемь дней после того, как его отец умер от оспы.

Орден оранжистов был основан в Арма (графство Сев. Ирландии) в 1795 г. Как и *Peep o' Day Boys*, он ставил своей целью сохранить в Ирландии господствующее положение протестантов (епископальной церкви). Героем оранжистов был «Король Билли» (Вильгельм III), девизом — «Не сдаваться!». В то время, когда британскими законами дискриминировались и католики, и пресвитериане, Орден рассматривал себя как защиту немногочисленной элиты в условиях растущей популярности *«Объединенных ирландцев»* Уолфа Тона. Тон (1763–1798 гг.), умеренный протестант, преследовал двойную цель: всеобщую веротерпимость и независимость Ирландской республики, причем стремился получить военную помощь от Франции.

В жестоких сражениях 1795–1796 гг. Британия делала ставку на Орден оранжистов, стремясь отразить вторжение и подавить бунт. Слабость противника доставила оранжистам победу. Экспедиция генерала Гоша, отплывшая из Бреста в 1796 г., потерпела неудачу в заливе Бантри. Удачная высадка генерала Хамберта в Киллале (графство Мейо) не принесла продолжительного успеха. Вооруженное восстание в Уиклоу и Уэксфорде было подавлено после битвы при Ви-

негар-Хилл (в июне 1798 г.). Тон, захваченный в форме французского моряка, покончил с собой.

В этих и всех последующих событиях оранжисты преследовали исключительно собственные цели и сами ставили себе задачи. Они были противниками и Англо-ирландской унии (1801 г.), и Даниела О' Коннела. Они не соглашались с Унией до того времени, как после 1829 г. появилась перспектива автономной Ирландии, управляемой католиками, уравненными в правах с протестантами. И все же они отвергали главное течение британского юнионизма. В 1912–1914 гг. они были костяком Ольстерских волонтеров, которые готовились сопротивляться и Вестминстеру, и *Биллю об Ирландском самоуправлении* [гомруле] (см. с. 831). Наибольшим влиянием они

пользовались в годы самоуправления Северной Ирландии внутри Соединенного Королевства с 1920 по 1976 год.

В течение 200 лет Орден оранжистов ежегодно проводит парад в годовщину битвы на Бойне.

Оранжисты в котелках и оранжевых шарфах проходят торжественным маршем через католические кварталы под звуки дудки и барабана. И поднимается старый тост: «За славную, благочестивую и вечную память великого и доброго короля Вильгельма, который спас нас от папства, рабства, мошенничества, медных денег и деревянных башмаков. И фиг-епископу Корка!»

---

[1] Протестантская организация в Северной Ирландии (члены которой совершали налёты на дома католиков в поисках оружия)

ческой, сколько в сфере «цивилизации»: наборе общих позиций и общей впечатлительности[43].

Император Рудольф II собрал в Праге действительно удивительный двор. Его избранными спутниками стали самые яркие художники и ученые его времени, которые ежедневно предавались изучению не только естественных явлений, но и сверхъестественных. Помимо Келера, Браге, Кампиона и Бруно, среди них был также Джузеппе Арчимбольдо (1537–1593 гг.) стяжавший славу основателя сюрреалистической живописи (см. илл. 54), и Корнелиус Дреббер (1572–1633 гг.), иллюзионист и оперный декоратор, изобретатель вечного двигателя. Дреббер, когда он был в Лондоне, пообещал Якову I построить такой телескоп, который бы на расстоянии в милю позволял читать книгу. Полагают, что он был прототипом Просперо, «увлеченного тайными знаниями» в *Буре* Шекспира, а сам Рудольф, возможно, вдохновил образ герцога в *Мере за меру*[44]. Фантастическое собрание произведений искусства Рудольфа стало стратегической целью шведской армии на последних этапах Тридцатилетней войны. [АЛХИМИЯ] [ОПЕРА]

Испания немногим больше чем за сто лет прошла путь от величия до упадка. «В течение нескольких сказочных десятилетий Испании было суждено оставаться величайшей силой на земле» и «едва ли не хозяйкой Европы»[45]. При Карле V Карлосе I (правил 1516–1556 гг.) она прошла эпохи *crucerm, conquistadores* и *tercio,* в условиях, когда поддержание лучшей в Европе армии жестко зависело от поставок американского золота. При Филиппе II (правил 1556–1598 гг.) она пребывала на вершине своей политической и культурной власти, пока с этим не покончили внутреннее сопротивление, враждебность Франции и Англии и восстание в Нидерландах. При преемниках Филиппа — Филиппе III (правил 1598–1621 гг.), Филиппе IV (правил 1621–1665 гг.) и недоумке Карлосе II (правил 1665–1700 гг.) — она уже так и не оправилась от вырождения династии, противодействия дворян и истощавшего ее участия в Тридцатилетней войне. Упадок был таким неожиданным, что испанцы сами недоумевали: «а может быть, достижения были всего лишь *erigano* — иллюзией?»[46] [ФЛАМЕНКО]

АЛХИМИЯ

В 1606 г. эрцгерцоги из династии Габсбургов заявили формальную жалобу на императора Рудольфа II. «Его Величество, — писали они,—интересуется только магами, алхимиками, каббалистами и им подобными». И в самом деле, двор Рудольфа в Праге стал прибежищем всего, что было важного в европейском оккультизме.

В том же году венгерский алхимик Янош Бенффы-Хунянди (1576–1641 гг.) покинул свою родную Трансильванию. Он остановился на некоторое время при дворе Мориса Гессенского в Касселе, этом главном протестантском центре оккультизма, прежде чем двинуться дальше в Лондон. Его прибытие совпало со смертью ученого валлийца д-ра Джона Ди (1527–1608 гг.), бывшего одно время астрологом королевы Елизаветы I, который однажды, чтобы угодить своей королеве, придумал название *Великобритания*; позднее он провел несколько лет в Праге и в Польше. Подобные ему, как их называли, *космополиты* делали карьеру в поистине международной среде алхимиков, предвосхищавшей будущее научное сообщество.

Европа в это время переживала настоящий Ренессанс оккультных наук, и алхимия была важнейшей среди родственных друг другу тайных искусств. «Алхимия, — пишет один исследователь эпохи Рудольфа, — была главной страстью того времени в Центральной Европе». Она совмещала поиски философского камня, который бы превращал простые металлы в золото, и поиски путей духовного возрождения человечества. «То, что внизу, подобно тому, что наверху».

Алхимику требовались самые широкие знания. Для экспериментов с металлами и другими веществами они должны были хорошо знать последние достижения технических и прикладных наук. А чтобы интерпретировать полученные результаты, они нуждались в серьезных знаниях по астрологии, каббалистической теории чисел, драгоценным камням, растениям и по *ятрохимии* [лечебной химии], которую разработал Парацельс [холизм]. И, что было особенно важно в ту религиозную эпоху, они стремились представить свои открытия языком мистического христианского символизма. Не случайно именно в то время выходит на свет в Касселе тайное общество розенкрейцеров, адептов «Розы и Креста»; не случайно и то, что главный систематизатор теософии розенкрейцеров Роберт Флудд был одновременно и маститым алхимиком. [conspiro]

В позднейшие, научные времена алхимиков стали считать заблуждавшимися учеными, которые надолго задержали развитие положительной науки. И в самом деле, в так называемую эпоху научной революции они часто представлялись оппозицией. Самые милосердные историки науки называют их практиками, владевшими «технологией без науки». А между тем, на их собственный взгляд и на взгляд их могущественных покровителей, такого противопоставления не было. Они занимались *белой магией* во имя Добра; они были преобразователями; они были заняты раскрытием тайных сил сознания и материи. Ученые в современном значении этого слова смог-

ли превзойти их только в конце следующего века, а химия утвердилась (в противовес алхимии) еще позже. [eldluft]

Алхимики-космополиты часто занимали важные посты при дворе императора Рудольфа. Некоторые, как Михаэль Майер, который работал также в Лондоне, или сочувствовавший гугенотам Николас Барнард, занимали положение *Leibarzt*, то есть придворного врача. Другие, как Себальд Шваертцер, служили инспекторами императорских шахт и рудников в Рудольфе и в Иоахимстале. [доллар] Хаинрих Кунрат (1560–1605 гг.), автор грандиозного труда *Amphitheatrum Sapientiae Aeternae Christiano-kabalisticum*, приехал из Лейпцига. Михал Сендзивой, или, как его называли, *Sendivogius* (1566–1636 гг.), чей *Novum Lumen Chymicum* (1604 г.) издавался 54 раза (и был проштудирован позднее Исааком Ньютоном), приехал из Варшавы. Он был связан с влиятельной группой польских магнатов — сторонников Габсбургской династии, которые поддерживали связи с Оксфордом и способствовали переезду Джона Ди в Краков.

Обладающий сомнительной репутацией помощник Джона Ди Эдвард Келли, которого называли Cacochimicus, возможно, умер в тюрьме в Праге. В эту компанию попал и несчастный Джордано Бруно [сироп], астрономы Кеплер и Браге и английская поэтесса Элизабет Джейн Уэстон.

Среди алхимиков было немало евреев. Главный раввин Праги Иуда Лоев бен Бецалель (ум. в 1609 г.) поощрял возрождение каббалы [каббала]. Возрождение подпитывалось трудами писателей-сефардов, как Исаак Луриа или Мозес Кордоверо, чей *Pardes Rimmonim* был издан в Кракове в 1591 г. Один из ближайших сподвижников импера-

тора еврей Мардохай был специалистом по изготовлению эликсиров плодовитости.

Само слово алхимия долгое время не имело отрицательного

оттенка: в 33-м сонете Шекспир упоминает *heavenly alchemy* — «небесную алхимию, магическую силу», которая «золотит поверхность бледных вод».

Филипп II был воплощением «кабинетного» монарха, правящего из-за письменного стола (см. илл. 43). Суровый аскет, кающийся, неутомимый, затворившийся в одиночестве в своем кабинете в Эскуриале на пустынном плато недалеко от Мадрида, он стремился ввести духовное и административное единообразие, невозможное при разнообразии его громадных владений. Он правил при помощи двух действовавших параллельно советов — один совет занимался главными областями политики, другой — управлением шестью основными территориальными образованиями. Потому что он, в дополнение к унаследованным от отца кастильским, арагонским, итальянским, бургундским и американским землям, получил по наследству от матери громадные португальские владения. Не признавая права различных местных парламентов, он дошел до того, что повесил арагонского *хустизара*. Но мечта об «одном монархе, одной империи и одном мече» никогда не умирала, под тем предлогом, что король лучше знает как *trabajar para el pueblo* [трудиться для своего народа][47]. Тем временем он довел до смерти своего больного, заключенного в тюрьму сына; он побуждал инквизицию все к новым и новым аутодафе; преследованиями он довел морисков Гранады до восстания в 1568−1569 гг., оскорблениями он довел до восстания голландцев в 1566 г.,

---

ОПЕРА

Сам композитор назвал ее *favola in musica* [повествование, положенное на музыку]. Она была задумана как подражание греческой драме и была поставлена в феврале 1607 г. перед *Accademia degli Invaghiti* в Мантуе, возможно, в Галерее рек во дворце герцога Гонзаго. Пять актов этого представления состояли из мадригалов и танцев, связанных между собой инструментальными интерлюдиями и речитативами. Либретто было написано поэтом Алессандро Стриджио. Музыка к инфернальным сценам исполнялась на тромбонах, к пасторальным — на флейтах и блок-флейтах. Кульминацией стала большая ария для тенора *Possente spirto* в конце третьего акта. Это был *Орфей* Клаудио Монтеверди — «первая жизнеспособная опера в репертуаре».

Со времени своего зарождения из придворных представлений в Италии позднего Ренессанса жанр оперы, который соединяет в себе музыку, драму на светские темы и зрелище, прошел несколько этапов развития. *Opera seria,* представленная творениями особенно плодовитого Пьетро Метастазио (1698−1782 гг.), автора 800 либретто, посвящалась классическим и историческим темам. Параллельно с ней *opera buffa* [опера-буфф] положила начало плодотворной традиции беззаботного представления, где развитие шло от *opéra comique* [комической оперы] к оперетте и музыкальной комедии. *Grand Opera*, родившаяся в конце XVIII в., достигает своих вершин в венской, итальянской, французской, немецкой и русской школах. Ее главной составляющей становится романтический национализм. Кому отдать пальму первенства — спорят поклонники Верди и Пуччини и фанатические приверженцы Рихарда Вагнера. Новейшая опера берет начало в *Пелиасе и Мелисанде* Дебюсси (1902 г.), за которой последовали многие другие того же рода, включая *Воццек* Берга (1925 г.), *Питер Граймс* Бриттена (1945 г.) и *Карьера повесы* Стравинского (1951 г.), совершившие переворот. [СУСАНИН] [ТРИСТАН]

Создатели опер постоянно возвращаются к теме Орфея: флорентийское представление *Эвридики* Джакопо Пери (1600 г.) опередило постановку Монтеверди в Мантуе. С *Орфея и Эвридики* Глюка (1762 г.) начался классический репертуар. *Орфей в аду* Оффенбаха (1858 г.) — одна из самых веселых оперетт. А с *Оперой* Лучиано Берио (1971 г.) этот миф стал вообще сериалом.

ФЛАМЕНКО

Музыка цыган Андалузии, которая нам теперь известна под именем *фламенко*, звучала и вызывала восхищение уже с XVI в. Печальные мелодии *cante* [пения] в соединении с выразительными позами и ритмическим притопыванием *baile* [танца] создают неповторимый художественный сплав. Диссонансы интервалов в четверть тона, великолепно пронзительный вокал и пульсирующая гитара и кастаньеты еще больше обогащают звучание мелодий, которые не имеют параллелей в европейском музыкальном фольклоре.

В истории фламенко важны три отдельных компонента — имя, цыгане и музыка. По поводу каждого до сих пор нет согласия в мнениях ученых.

Фламенко означает всего лишь «фламандский»; в словаре искусств это слово означает также «экзотический», «изысканно украшенный». По одной из теорий, еврейские песни, запрещенные инквизицией, вернулись в Испанию через Фландрию, где нашли убежище многие испанские евреи. Согласно другой теории, *flamenco* восходит к араб. *fellah-mangu* — «поющий крестьянин».

Цыгане пришли в Испанию уже после того, как оттуда были изгнаны евреи и мавры, и были здесь известны под именами *gitanos,* или *egipcianos*. В 1840-х годах английский путешественник и писатель Джордж Борроу впервые отмечает, что люди называют себя *flamencos*. [ЦЫГАНЕ]

Долгая традиция мавританской музыки в Андалузии восходит к VIII–IX вв. Так, Омейядов в Кордове развлекали восточные певцы под аккомпанемент лютни. Замечательного расцвета эта музыка достигла в правление Абдаррахмана II (правил 821–852 гг.) с прибытием из Багдада певца, известного как Зориаб. Другой вершиной было мастерство музыкантов при дворе короля-поэта Севильи Аль-Моравида (правил 1040–1095 гг.), где размеры оркестров, состоящих из лютнистов и флейтистов, доходили до 100 человек. В XII в. философ Аверроэс заметил: «Когда в Севилье умирает ученый, его книги продаются в Кордове; когда в Кордове умирает музыкант, его инструменты продаются в Севилье».

Но было бы опрометчиво связывать фламенко с ранней мавританской музыкой Андалузии: у европейских цыган была богатая собственная музыкальная традиция, которая повсюду, в особенности же в Румынии и Венгрии, дала удивительные результаты. Как именно музыка соединилась с музыкантами в Андалузии — остается тайной, но несомненно, что все происходило на фоне «психологической травмы» Андалузии. Древнее *flamenco jondo* [глубокое фламенко], в особенности его *tonas* [мелодии без аккомпанемента] принадлежат области слез и печали. Подобно блюзам американского Юга, они передают настроение отчаявшихся людей: это песни обездоленных. *Flamenco jondo* решительно отличаются от вычурного стиля *flamenco chico* [быстрого фламенко], захлестнувшего испанские кафе в 1860-е годы, что весьма способствовало новому, романтическому открытию Андалузии. «*Flamenco Jondo,* — писал Федерико Гарсиа Лорка, — это удивительное заикание, это волнообразное движение бьет в звучные камеры нашей темперированной гаммы, избегает холодной размеренности современной музыки и заставляет раскрыться тысячью лепестков плотные бутоны полутонов».

унижениями он довел до восстания арагонцев в 1591–1592 гг. Некоторые его противники, вроде Вильгельма Молчаливого, считали его просто «убийцей и лжецом». Никогда еще по видимости чувствительный человек не пренебрегал до такой степени чувствами других. Абсолютный властитель церкви Испании, он стремился истреблять врагов Церкви повсюду в Европе. Он поклялся отомстить Англии за свою вторую жену, организовал вторжение против гугенотов во Францию. Он ошибочно считал голландских протестантов источником волнений в Нидерландах. Но Бог, как и Филипп II, не улыбнулся Испании. К 1590-м гг. разразился общий кризис. Великая Армада была разбита штормом в 1588 г. Голландцы устояли. Чума опустошила испанские города. Начали безлюдеть и деревни под тяжестью налогов и сельскохозяйственных бедствий. Опустели самые полные сундуки в мире. В 1596 г. Филипп II формально обанкротился в четвертый раз. Среди роскоши воцарились нищета и самое полное разочарование. Филипп, как Дон-Кихот, сражался с ветряными мельницами. Другие составляющие Испанию королевства оспаривали теперь превосходство Кастилии: «Кастилия создала Испанию, Кастилия ее и разрушила», — гласила эпитафия[48]. [ИНКВИЗИЦИЯ]

После смерти Филиппа испанские Габсбурги напрасно пытались вернуть наследство; они не оставляли попыток соединить свои силы с силами австрийских родственников. Каспар де Гузман, граф Оливарес и герцог Сан Лукар, широко известный как *El Conde Duque* [граф-герцог], державший бразды правления с 1621 по 1643 гг., прибег к принципам действия прежних кастильских реформаторов. Но у него ничего не получилось из-за опасного по своим последствиям решения проблемы наследования Португалии (1640 г.) и восстания в Каталонии (1640–1648 гг.). Вовлеченная в Тридцатилетнюю войну, Испания потеряла Соединенные провинции — свои богатейшие владения. Непрерывные войны с Францией продолжались до Пиренейского мира (1659 г.). Но под тяжестью все возраставших расходов на войну, в условиях множества фронтов и не имея никакой передышки, Испания и сама не спаслась, и своим австрийским партнерам не помогла. В результате ни с чем не сравнимых проблем с «испанской дорогой» не удалось разрешить проблемы тыловой поддержки армии в Нидерландах. Доставить копейщика во Фландрию (*una pica en Flandres*) стало означать по-испански «попытаться сделать невозможное»[49]. «Габсбургский блок, — пишет один историк политической логистики, — это самый лучший в истории пример чрезмерно растянутых стратегических коммуникаций»[50]. [PICARO] [ВАЛЬТЕЛИНА]

Восстание в Нидерландах, начавшееся в 1566 г. и окончившееся в 1648 г., представляет собой продолжительную драму, растянувшуюся на период от господства Габсбургов до господства Франции. Вначале семнадцать провинций Бургундского кольца Империи, которые в 1551 г. были переданы под власть Испании, были настоящей мозаикой местных привилегий и социальных и культурных границ. Сельская феодальная аристократия резко отличалась от богатой буржуазии и рыболовов прибрежных городов. Франкоязычные и, в основном, католические валлоны Хинаульта, Намюра и Льежа совершенно не были похожи на говорящее по-голландски и все в большей степени переходящее в кальвинизм население Голландии, Зеландии и Утрехта. Главные религиозные и языковые границы проходили по центральным провинциям Фландрии и Брабанта. Примерно 200 городов сосредоточили в своих руках 50% торговли Европы и приносили Испании налогами в семь раз больше, чем золото Индий (Америки). Конечно, в начале испанского правления население гораздо больше заботила угроза свободам этих провинций и контролю дворян над церковными бенефициями, чем угроза приведения в движение громадной машины инквизиции, преследований и казней.

В регентство Маргариты Пармской (1559–1667 гг.), недовольство особенно усилилось в связи с планами церковной реформы. Тогда Вильгельм Молчаливый, принц Оранский (1533–1584 гг.), Ламораль, граф Эгмонт и Филипп Монморанси, граф Горн с согласия наместника обратились к королю с петицией. Они были высмеяны как *Geuzen, les Gueux, гёзы* — нищие, и в 1565 г. изданным в Сеговии эдиктом Филипп отказался разрешить перемены. После последующих петиций о реформах и встречи в 1566 г. дворян-конфедератов в Сен-Тронде, где было заявлено требование веротерпимости, начинаются серьезные волнения и случаи религиозных осквернений. И хотя конфедераты помогали Маргарите подавить беспорядки, это не помешало Филиппу начать повсеместные репрессии. Во время правления герцога Альбы (1567-1573 гг.) был учрежден Совет по делам мятежей, знаменитый *Bloedraad*, то есть «Кровавый Совет», для следствия над противниками короля. Эгмонт и Горн были обезглавлены на площади в Брюсселе, а их головы отосланы в Мадрид. Вильгельм Оранский избежал этой участи и возглавил дальнейшую борьбу. Когда же все население Нидерландов было приговорено Церковью к смерти как еретики, восстал и юг. *Морские гёзы* начали наносить удары по морским перевозкам. Осажденный Гарлем капитулировал, испанцы сеяли кругом огонь и разорение. Тысячи людей погибли в результате случайных арестов, издевательских процессов и разгула насилия.

За время правления Дона Луиса де Реквесенса, великого командора Кастилии (1573–1576 гг.), и Дона Хуана Австрийского (1576–1578 гг.) были предприняты неудачные попытки примирения. Осажденный Лейден устоял. Разграбление Антверпена во время яростного штурма испанцев в 1576

PICARO

Picaro — так называли по-испански бродягу или плута, то есть живущего вне устойчивого и уважаемого общества.

Так называли также жанр популярной литературы — плутовской роман, процветавший повсюду в Европе в XVI–XVIII вв. до появления собственно романа. Архетипом этого жанра явилось *Жизнеописание плута Гусмана* (1599 г.) Матео Алемана, книга о приключениях Гусмана в компании с сомнительной подружкой на дороге из Севильи в Рим. Книга выдержала 26 изданий. Гусман рассказывает о братстве попрошаек, защищавших друг друга и с большой выдумкой обманывавших облеченных властью богачей.

Но Гусман был только одним из многих. В Испании некий Ласарильо появился еще за полвека до Гусмана. В Германии мастер розыгрыша Тиль Уленшпигель был уже хорошо всем известен до появления книг о нем. В 1523 г. Лютер написал предисловие к часто перепечатывавшейся *Liber Vagatorum*, содержавшей описание 28 категорий бродяжничества. *Симплициссимус*, бывший солдат, участник Тридцатилетней войны, был созданием Х.Я.К. фон Гриммельсгаузена (1669 г.). Во Франции долгое время были известны похождения Жиля Блаза, пока наконец в 1715 г. не появился *Жиль Блаз* Лесажа. В Италии появился *Il vagabondo* (1621 г.). В Англии было множество повестей о разных проказах, начиная с Чосера, и, наконец, кульминацией стала поразительно популярная *Опера нищих* Джона Гея в 1728 г.

Плутовской роман, несомненно, отвечал сложившимся социальным условиям. Мошенники и попрошайки заполнили социальную брешь, образовавшуюся между средневековыми лесными братьями и сложившимся в XIX в. классом городской бедноты. Это явление было вызвано распадом иерархического сельского общества, а также социальной политикой, для которой были характерны жестокие наказания и некомпетентность управления. Мужчины и женщины толпами отправлялись в путь потому, что не находили себе занятия, бежали от правосудия, но главное — стремились уйти от подневольной доли крепостного или слуги. *Picaro* хотя и был необузданным, но он был свободным.

Защитой этих бродяг была, во-первых, их численность, а во-вторых, собственная общественная иерархия. Они путешествовали бандами с семьями и детьми, некоторые из них были покалечены, чтобы вызывать жалость. Среди них были гильдии карманников, воров, грабителей, разносчиков товаров, нищих, калек настоящих и мнимых, жонглеров, артистов, гадалок и предсказателей судьбы, лудильщиков, проституток, прачек, капелланов и музыкантов. У каждой гильдии были свои правила (уставы) и свои небесные покровители. Они даже создали собственный тайный язык, известный как *rotwelsch* [жаргон]. Время от времени они собирались на встречи или «парламенты», где избирали «королей» и «королев»; они делили дороги с цыганами и группами солдат, не получивших жалованья:

Гав! Гав! Лают собаки
Нищие пришли в город:
Некоторые в лохмотьях,
Некоторые в рванье,
А некоторые в бархате.

Общество минимально заботилось о бродягах; только в богатых городах были благотворительные приюты — как приют в Брюгге с 1565 г, в Милане с 1578 г. и в Лионе с 1613 г. Во всяком случае, «благотворительность» в первую очередь успокаивала совесть богатых. В 1612 г., когда власти города Парижа попросили своих 8000–10000 бродяг собраться на площади Сент-Жермен за помощью, пришел только 91. [**глупость**]

Жестокость законов против бродяжничества отражала бессилие властей. В елизаветинской Англии, например, каждый приход имел право клеймить «закоренелых попрошаек» буквой *R* [*rogue* — отщепенец] на плече, бичевать бездомных и отсылать их «домой» — в результате же они были обречены «скитаться от прихода к приходу под ударами бичей». Георгианская Англия сделала попытку выделить [достойных бедняков]. Но в то же время по акту *Black Waltham Act* (1713 г.) подозрительные бродяги и их сообщники могли быть повешены без суда. На практике же во многих странах с бродяжничеством справлялись лишь регулярно посылая военные экспедиции вглубь страны с непременными показательными повешениями и насильственной вербовкой в армию. В Восточной Европе климатические условия были более суровыми для бродяжничества, а крепостное право — крепче. Тем не менее беглые крепостные были распространенным явлением. В России народ традиционно привечал и одаривал юродивых — бездомных «дураков во славу Божью»: возможно это свидетельствовало о более мягких христианских общественных отношениях.

ВАЛЬТЕЛИНА

В июле 1620 г. в далекой альпийской долине Вальтелина, или Велтлин, произошла резня: местные католики напали на соседей-протестантов и с помощью испанского отряда из Милана убили всех, кого смогли схватить. Это *Veltlinermord* в начале Тридцатилетней войны привлекла внимание держав к стратегическому потенциалу Вальтелины.

Вальтелина расположена на южной стороне Бернинского сектора главного горного хребта. Это долина реки Адда, протянувшаяся примерно на 74 мили на восток от оз. Комо, а затем на северо-восток к старому (Римскому) водному курорту в Бормио. Рядом расположена другая важная долина *Val di Poschiavo* [Поскиаво], протянувшаяся на север через перевал Берния до Сан-Морица. Главная долина проходит через перевал Стельвио, или *Stilfserjoch* (9,055 feet), на юг к Тиролю. В 1520 г. было построено святилище Божией Матери Тиранской там, где главная дорога пересекает тракт, протянувшийся с севера на юг и ведущий вниз по *Val di Poschiavo* и дальше в *Val Camonica*. В 1603 г. здесь была построена испанская крепость, охранявшая вход в долину над оз. Комо. Деревни на солнечных северных террасах Адды славятся каштанами, инжиром, медом и душистым вином *retico*, густым и с чудесным ароматом.

Но для этих мест важнейшей оказалась политическая география. К 1600 годам почти все трансальпийские пути оказались под контролем или герцога Савойского, или Швейцарской конфедерации, или Венецианской республики. Когда австрийские Габсбурги обращались за помощью к своим испанским родственникам в Италии, Вальтелина была единственным доступным коридором, связывающим два главных блока принадлежащих Габсбургам территорий. И в самом деле, поскольку морским перевозкам между Испанией и Нидерландами все больше угрожали голландские и английские военные корабли, Вальтелина стала последним надежным путем посылки золота и войск из Испании и Испанской Италии в Империю. Это была яремная вена в теле государства Габсбургов.

И тем не менее и колонны копейщиков, и вьючные караваны, нагруженные испанскими песо, подвергались чрезвычайной опасности. Их неприветливо встречали местные жители, многие из которых обратились в кальвинизм; по *Val di Poschiavo* на них нападали швейцарский кантон Граубунден; они были жертвами сложных споров о собственности. Споры Габсбургов и Граубунде-на восходили еще к средневековым спорам Висконти, герцогов Миланских и епископов Кура, главного города Граубундена. Стремясь не отстать, и французы заявляли, что Карл Великий даровал Вальтелину в вечную собственность аббатству Сен-Дени.

После 1620 г. эта долина становится фокусом дипломатии Ришелье в его отношениях с Венецией, Швейцарией и Савойей. Затем пять раз за 20 лет французские и испанские гарнизоны сменяли друг друга. В 1623 и в 1627 годах она была передана на время разрешения спора папским войскам. В 1623—1625 гг. Вальтелину захватил Граубунден. В 1633 г. и 1635—1637 годах она была захвачена французскими войсками под водительством гугенота герцога Анри де Рогана. Но французы так сильно оскорбили своих союзников-протестантов, что местный пастор Георг Йенатч переметнулся на другую сторону, призвал испанцев и обратился в католичество. К тому времени Франция, наложившая руку на Рейн, вполне могла предоставить Вальтелину ее католическому и, следовательно, итальянскому будущему. И долина после долгого нестроения вновь занялась своими виноградниками, выделывая Sassella, Grumello, Valgella, Montagna и оранжевого десертного вина *Sfurzat*.

г. только усилило сопротивление. В правление герцога Пармского (1578—1592 гг.) произошел окончательный раскол. По Аррасской унии (1578 г.) 10 южных провинций приняли условия испанцев и вернули себе свои свободы. По Утрехтской унии (1579 г.) семь северных провинций решили бороться за независимость. С этой минуты началась бесконечная война. Однако военной мощи Испании не удалось справиться с голландскими плотинами, деньгами, военными кораблями и союзниками. В 1581—1585 гг. и 1595—1598 гг. голландцам помогали французы, в 1585—1587 гг. — англичане. В 1609 г. они добились одиннадцатилетнего перемирия, но были вынуждены сражаться вновь с 1621 до 1648 гг. в рядах антиимперской коалиции. И их упорство победило. Дух новой нации выразил себя в надписи на фронтоне дома бюргера при Зийстраат в Гарлеме: «INT SOET NEDERLAND; ICK BLYF GETROU; ICK WYCT NYET AF» [Дорогим Нидерландам я буду верен. Я не дрогну.][51]

Голландская республика, или Соединенные провинции Нидерландов, которые в Англии неверно называют Голландией, была настоящим чудом Европы XVII века. Она преуспела именно по той причине, по какой ее несостоявшиеся испанские хозяева проиграли: на протяжении всех 80 лет ее мучительного рождения ее реальные ресурсы возрастали. Оказав сопротивление величайшей военной силе своего времени, она затем сама стала крупнейшей военно-морской силой. Стабильное бюргерское общество этой страны широко пользовалось такими добродетелями граждан, как благоразумная хозяйственность, демократичность и веротерпимость. Здесь по праву почитались профессии инженера, банкира и моряка. А конституция (1584 г.) закрепляла положение, когда правительства семи провинций оставались отдельными от федерального совета государства в Гааге. Во главе этого последнего стоял носитель исполнительной власти — штатгальтер, должность которого обычно занимал кто-то из Оранского Дома, так же, как и должности генерал-капитана и адмирал-генерала. [ORANGE]

Голландская республика быстро превратилась в прибежище религиозных диссидентов, капиталистов, философов и художников. За ранними фламандскими школами Рубенса (1577–1640 гг.) и Ван Дейка (1599–1641 гг.) последовали голландские школы Хальса, Рейсдаля, Вермеера и, главное, Рембрандта (Харменса ван Рейна, 1609–1666 гг.). Обошел Нидерланды и бич буржуазной тупости. Религиозную жизнь здесь оживила арминианская ересь, военную — громкий голос пацифистов, политическую — партия республиканцев-экстремистов, которые в 1651–1672 гг. при Яне де Витте (1625–1672 гг.) смогли добиться, что пост штатгальтера остался незанятым. Политическая сила Нидерландов поколебалась после трех английских войн: 1651–1654 гг., 1665–1667 гг. и 1672–1674 гг. Но и после этого, несмотря на особенности своей децентрализованной конституции, Нидерланды вполне могли считаться первым государством Нового времени[52]. [БАТАВИЯ]

Франция также вступала в период возрождения и расцвета. Не обремененная заморскими колониями и более компактная территориально, она вполне могла потягаться с Габсбургами. Но Франция находилась в стратегическом окружении: Империя с одной стороны, Испания — с другой, испанские Нидерланды — на севере и испанское средиземноморье на юге. И не раз уже французы переживали неудачу в попытках занять главенствующее положение, к которому, они чувствовали, были призваны.

За полтора столетия, которые отделяют Францию Ренессанса от Людовика XIV, французские короли неоднократно сталкивались с большими трудностями как дома, так и за границей. Карл VIII начал в 1494 г. итальянские войны из-за романтической претензии Анжуйцев на Неаполь, но в результате только вверг свою страну в серию грандиозных вооруженных конфликтов, которые продолжались 65 лет. Людовик XII (правил 1498–1515 гг.), *Père de son Peuple* [отец народа] и наследник Висконти, последовал его примеру, претендуя на Милан. Франциск I (правил 1515–1547 гг.), родившийся в Коньяке, великолепный рыцарь, утонченный сибарит, князь эпохи Возрождения *par excellence*, встретился с первой своей неудачей на выборах императора в 1519 г. и со второй — когда был захвачен в плен в Павии в 1525 г. «Tout est perdu, — писал он матери, — fors l'honneur et la vie». [Все потеряно, кроме чести и жизни]. Освобождение из плена и последующая женитьба на сестре императора не удержали его от продолжения франко-немецкой вражды, которая с тех пор не прекращается в Европе уже никогда. У этого князя были широкие горизонты: он был патроном экспедиции Жака Картье в Канаду, поддерживал Рабле, Леонардо и Челлини; он основал Гавр и Коллеж де Франс; построил Шамбор, Сен-Жермен, Фонтенбло. [АЛЬКОФРИБАС] [NEZ] [TORMENTA]

В правление последних четырех Валуа — Генриха II (правил 1547–1559 гг.), Франциска II (правил 1559–1560 гг.), молодого Карла IX (правил 1560–1574) и прославившегося скандалами Генриха III (правил 1574–1589 гг.) — Франция получила передышку в конфликте с Габсбургами по мирному договору Като-Камбрези (1559 г.). Однако затем Франция погружается в ужасающую трясину религиозных войн (см. выше). Ци-

БАТАВИЯ

В середине XVII в. некоторые побывавшие в Амстердаме с удивлением упоминают о «камере утопленника», о которой они там слышали или которую видели в исправительном доме. Для того чтобы научить праздных молодых людей трудиться, кандидатов на исправление бросали в запечатанную камеру, где был только кран с постоянно текущей водой и ручной насос. Как только заключенный здесь переставал работать насосом, перед ним являлась перспектива утонуть. Вся эта установка была прекрасной метафорой особенностей физического положения Голландской республики с ее плотинами и дамбами. Эта камера также иллюстрировала «нравственность географии» Нидерландов — то, что назвали *батавским характером*.

Голландская республика в пору своего расцвета славилась торговлей, городами, своим морским могуществом, каналами, мельницами, тюльпанами, искусством, религиозной терпимостью, черно-белым крупным рогатым скотом, а также пуританской культурой ее бюргерской элиты. В целом эта картина верна, но встают два вопроса. Первый связан с неопределенностью взаимодействия составляющих компонентов, второй вопрос касается самого чуда происшедшего — «каким образом скромное собрание сельскохозяйственных, рыбачьих и судоходных общин без общего языка, религии и правительства превратилось в мировую империю». Один ведущий историк подчеркивает, что чудо состояло не в трудах одного класса, а в рано оформившейся «общности народа».

Основной парадокс голландской культуры состоит в странном противоречии этики скромности, бережливости, трудолюбия и богобоязненности — и потрясающей сокровищницы ее богатства. Трезвые, облаченные в темное голландские бюргеры обожали праздники, табак, строили роскошные дома, богато их обставляли, собирали живопись, давали волю своему тщеславию в портретной живописи и копили деньги. Отношения полов были раскованными. Семейные отношения были скорее дружескими, чем патриархальными. По стандартам своего времени женщины были свободны, а дети избалованы. Принятой практикой сбора денег на бедных были городские лотереи или аукционы золотых и серебряных драгоценностей и столового серебра.

И надо всем царила неповторимая свобода духа. Общепринятым было представление, что богатства и безопасности может достичь только тот, кто готов рисковать: «Здесь лежит Исаак ле Мэр, торговец, который в своих делах по всему миру по милости Божьей узнал изобилие и потерял за 30 лет более 150000 гульденов (но не честь). Умер христианином 30 сентября 1624 г.»

Все это было известно в основном голландским ученым, но задачу раскрыть миру особенности голландского менталитета выполнил британский ученый голландско-еврейского происхождения. Вновь встал вечный вопрос, существует ли национальный характер.

ничный Бурбон Генрих IV (правил 1589–1610 гг.) спас Францию от религиозных нестроений и вместе со своим министром-мечтателем герцогом де Сюлли (1560—1641 гг.) разработал планы восстановления, процветания и мира. «В моем королевстве, — пообещал он, — отныне у каждого работника будет курица в горшке». Но, как и предшественника, его сразил убийца.

Долгое правление Людовика XIII (правил 1610–1643 гг.) и длительное несовершеннолетие его сына Людовика XIV (1643–1651 гг.) стоят несколько в тени продолжительной деятельности двух грозных священнослужителей — Армана дю Плесси, кардинала Ришелье (1585–1642 гг.) и Джулио Мазарини, кардинала Мазарини (1602–1661 гг.). В это время во внешних сношениях все ограничилось проблемами, связанными с Тридцатилетней войной, а во внутренней политике — утверждением централизованной королевской власти за счет ограничения привилегий отдельных провинций и дворянства. Созыв Генеральных штатов был приостановлен после сессии 1614 г. Беспощадные атаки Ришелье на источники власти и богатства аристократии в провинциях вызвали отчаянные восстания и войны Фронды в 1648–1653 гг. Так что солнце зрелых лет Людовика XIV взошло на очень сумрачном небосклоне.

Итальянские войны часто считают началом истории Нового времени и классическим примером того локального конфликта, который затем был интер-

АЛЬКОФРИБАС

Произведения Франсуа Рабле, бывшего монаха, бывшего юриста и врача, составляют богатейшую кладовую литературного и исторического наследия, какое только может предложить ранний период европейского Нового времени. Однако эксцентричность его творений возбуждала подозрения в ту эпоху нетерпимости, так что Рабле начал публиковаться под псевдонимом Алькофрибас Назье, составленным из букв его имени, произвольно представленных в виде анаграммы. На сегодня трудами Люсьена Февра и Михаила Бахтина доказано что эти произведения до сих пор представляют широчайший научный интерес.

Февр, один из издателей *Анналов*, увлекся Рабле, когда узнал, что специалисты склонны видеть в создателе Гаргантюа и Пантагрюэля скрытого воинствующего атеиста. Того, кто придумал коммуну Телем с ее единственным законом *Fais ce que voudras* [Делай, что хочешь], никто не мог считать традиционалистом в религии. Но, с другой стороны, обвинение его в подрыве христианских взглядов было делом серьезным. В ответ Февр создал один из величайших обзоров *коллективного разума*: *Le Problème de l'incroyance au XVIe siècle* [Проблема неверия в XVI веке] (1942 г.). Тщательно исследовав все обвинения в возбуждении скандалов и все возможные источники нонконформистских верований (в радикальном протестантизме, науке, философии и оккультизме), Февр пришел к выводу, что для Рабле была характерна «глубокая религиозность» того века, «который жаждал веры».

Бахтин, выдающийся русский ученый, исследователь творчества Достоевского, обратился к Рабле в связи со своим интересом к психологии. У Рабле была слава выдающегося мастера вызывать своим грубым юмором безудержный смех [нос] . Но он также затрагивал и ту глубинную область, где смех смешивается со слезами. Бахтин начинает с гипотезы, которая основывается на утверждении Рабле, что «смех — признак человечности». «Смеяться — значит быть человеком, быть человеком — значит смеяться». *Mieux est de rire que de larmes écrire. Pour ce que rire est le propre de l'homme.* [Лучше смеяться, чем писать слезами, потому что смеяться свойственно человеку.]

Но Бахтин считает, что современная цивилизация серьезно повредила это главное из человеческих качеств. Со времен Рабле европейцы стали настолько скованными и заторможенными, что смеются только над пустяками. На деле они больше не знают, что такое священное, чтобы смеяться над ним. Это в высшей степени пессимистическое мнение совпадает с социальными выводами Мишеля Фуко. Поневоле задумаешься, а не был ли Рабле последним по-настоящему человечным европейцем.

национализирован. (На самом деле, они не были ни тем, ни другим.) Когда в сентябре 1494 г. французские войска перешли проход Монженевр, направляясь в Неаполь, они сделали это по соглашению с Империей, которая заранее получила компенсацию в виде Франш-Конте, и Арагоном, от которого откупились подарком Руссийона. Так что конфликт «интернационализировался» с самого начала. В результате три французских похода каждый раз порождали сильную противодействовавшую им коалицию. Карл VIII в 1494—1495 гг. пронесшийся с триумфом через Милан, Флоренцию и Рим и захвативший Неаполь, с такой же скоростью был отброшен назад. Людовик XII в 1499—1515 гг. в том же стиле покорил Милан, причем французы воспользовались конной статуей Леонардо как мишенью для стрельбы; однако этот удачный, казалось, поход вызвал противодействие Священного союза во главе с папой Юлием II. Поход Франциска I 1515—1526 гг. начался с потрясающей победы при Мариньяно, что, между прочим, обратило швейцарцев к постоянному нейтралитету и убедило папу подписать Конкордат 1516 г. Затем он был прерван из-за несогласий во время выборов императора, превративших Франциска I и Карла V в смертельных врагов. В 1525 г. при Павии Мариньяно было отомщено, а Франциск I взят в плен. Войска Империи не остановились и, пройдя Прованс, дошли до Марселя. После освобождения Франциск убедил папу создать новый Священный союз против обретшего слишком большую силу Императора. Последовало страшное разграбление Рима императорскими войсками в 1527 г., на этот раз был захвачен папа. К тому времени Итальянские войны были, однако, только одним из фронтов общей борьбы Империи с Францией.

NEZ (НОС)

В 1532 Рабле описал воображаемую дуэль жестов между своим вымышленным героем Панургом и жителем Альбиона: «...Англичанин ответил жестом. Он поднял левую ладонь к лицу... затем быстро сжал четыре пальца, а большой палец оттянул и приставил к кончику носа. Потом он поднес к носу растопыренную правую руку, соединил большой палец с мизинцем левой руки, выставленными веером перед лицом пальцами правой руки он неспешно двигал. Он повторил те же движения, но уже пальцами левой руки и продолжал жестикулировать, попеременно меняя руки – с левой на правую.»

Современные исследования показали, что «показать нос» или «состроить рожу» – самые распространенные из общеевропейских жестов.

Это жесты издевки, насмешки. Во Франции подобные гримасы - le pied de nez - называют 'нос дурака', в Италии – *marameo*, в Германии – *die lange Nase*, в Португалии– *tocar tromfete* , что означает «дуть в трубу», в сербохорватском – *sviri ti svode* «сыграть на дудке». Этот жест очень популярен и значение его более четкое и определенное в сравнении с такими, как *воздушный поцелуй, покручивание пальцем у виска, закатывание глаз, кольцо из пальцев, фига* или *V-знак*. Но все эти жесты имеют важные местные или ситуационные варианты.

Не ясно, является ли известная нам жестикуляционная культура исключительно европейской или общехристианской. Но нет сомнения в том, что жесты со временем меняются. Англичане, которые решительно отказались делать глубокий поклон в Китае, и дома у себя заменили в конце XVIII поклоны более нейтральным (в отношении пола и класса) рукопожатием. *A l'anglaise donc*, - произнесла в 1857 мадам Бовари, когда джентльмен протянул ей руку. Однако в XX веке англичане стали жестче и сдержаннее, зачастую отказываясь обмениваться рукопожатием. А другие континентальные народы продолжали здороваться подобным образом. В этом отношении англичане прямо противоположны полякам, чья всегдашняя готовность публично поклониться, обнять и мужчину, и женщину, поцеловать даме ручки пережила две мировые войны, модернизацию, фашизм и даже коммунизм.

Франко-имперские (германские) войны приобрели масштабы общеконтинентальных. Франциск I в его попытках прорвать организованное императором окружение не остановился перед тем, чтобы набирать наемников где только возможно. В 1519 г. он лично выдвинул свою кандидатуру на трон императора. Несмотря на неудачу встречи на великолепнейшем «Поле золотой парчи», он со временем завоевал симпатии Генриха VIII Английского. Он строил скандальные планы с германскими князьями-протестантами, а в 1536 г. знаменитыми *Капитуляциями* скрепил союз с неверными — Сулейманом Великолепным и с вассалами султана в Северной Африке, включая пиратского правителя Каир-эль-Дина Барбароссу. В постоянных переменах судьбы Италии он пользовался поддержкой и папы, и главного противника Ватикана — Венецианской республики.

Следствием стали еще четыре войны. В 1521–1526 гг. войска Империи вначале напали на французскую Бургундию, прежде чем сосредоточиться на итальянском походе, закончившемся Павией и Мадридским договором (1526 г.). В 1526–1529 гг., однако, император перестарался и обесчестил себя подписанием Дамского мира в Камбре (1529 г.). Втянутый в 1536–1538 гг. и 1542–1544 гг. в борьбу с турками и с немецкими протестантами, помимо французов, он был вынужден подписать Договор Крепи-ан-Валуа (1544 г.), и полученная передышка позволила открыть Тридентский собор, а также осуществить долго откладывавшийся удар по Шмалькальденской лиге. В 1551–1559 гг. при Генрихе II французы вступают в сговор с немецкими протестантами в попытках занять три архиепископии: Лотарингию–Метц, Туль и Верден, что послужило началом *марша на Рейн*, и

TORMENTA (ПЫТКИ)

В середине XVI в. на летней ярмарке в Париже обычным аттракционом было сожжение кошек. На костер опускали огромную сеть с несколькими дюжинами кошек в ней. Зрители, включая королевских особ, визжали от восторга, наблюдая, как воющие от боли животные покрывались копотью, поджаривались и, наконец, обугливались. Несомненно, жестокость тогда казалась забавой. Жестокость можно обнаружить и в других европейских традиционных забавах, как петушиные бои, травля медведей, коррида и охота на лис. [LUDI]

Двести лет спустя, 2 марта 1757 г., Роберта Франсуа Дамьена приговорили «достойно загладить вину»: «В повозке для осужденных на казнь его привезли нагого (прикрытого лишь рубашкой) с пылающим факелом в руке. Эшафот стоял на Гревской площади. Пронзенный в грудь, руки, бедра и икры, держа в правой руке нож, которым он совершил преступление, он должен был подвергнуться сожжению руки серой, затем его должны были погрузить в кипящее масло, расплавленный свинец и кипящую смолу; затем разорвать четырьмя лошадьми, прежде чем сжечь его тело и прах развеять по ветру.

Когда разожгли огонь, жар был небольшим и лишь слегка повредил кожу на одной руке. Но тогда один из палачей, сильный и здоровый мужчина, схватил огромные металлические щипцы (в полтора фута длиной) и, немилосердно их вращая, стал вырывать громадные куски плоти у несчастного, а на образовавшиеся зияющие раны поливали маслом из раскаленной добела ложки.

Дамьен беспрерывно кричал, перемежая крики мольбой «Боже, помилуй меня!» и «Иисусе Христе, помоги мне!» Для зрителей было весьма поучительно сочувствие пожилого кюре, который без устали утешал несчастного.

Судья, сьер де Бретон, несколько раз подходил к страдальцу и спрашивал, не хочет ли он что-нибудь сказать. Тот отвечал: «Нет»...

Разрывание лошадьми продолжалось очень долго, поскольку животные не привыкли к такому труду. Потребовалось шесть лошадей, но и их не было достаточно...

Палач спросил, должен ли он расчленить страдальца на куски, но судья приказал попробовать еще раз. Священники приблизились вновь, и он сказал им: «Поцелуйте меня, сиры»; один поцеловал его в лоб.

Сделали еще две или три попытки, после чего палачи достали свои орудия и отрезали ему ноги... Они сказали, что он уже мертв, но, когда тело уже было разорвано на куски, нижняя челюсть еще двигалась и как будто что-то говорила... Во исполнение постановления последние куски тела продолжали сжигать еще и после 10.30 вечера...»

Дамьена казнили за попытку цареубийства. Жена и дети его были изгнаны из Франции; братьям и сестрам приказали переменить имена; его дом был снесен. Дамьен осмелился приблизиться к Людовику XV, когда король садился в карету, и нанес ему маленьким ножом маленькую ранку. Он произнес какую-то жалобу на парламент, но не сделал ни малейшей попытки бежать и заявил, что хотел лишь напугать короля. В наши дни его бы признали сумасшедшим.

Пытки были устоявшейся нормой судопроизводства и казни со времен Рима. Блаженный Августин признавал и их ошибочность, и их необходимость. Считалось, что пытки во время казни поучительны. Смерть была лишь последней составляющей казни, во время которой осужденного сажали на кол, вынимали внутренности, сжигали или колесовали. [ВЛАД]

Смерть Дамьена была последней в этом роде во Франции — век Просвещения воспротивился жестокой практике. Вскоре после описанной казни миланец маркиз Чезаре Беккариа (1735–1794 гг.) опубликовал трактат *Dei delitti i delle pene* [О преступлениях и наказаниях] (1764 г.). Автор заявлял, что пытки предосудительны и не приносят результатов. Эта книга, переведенная на многие языки и снабженная предисловием Вольтера, стала катализатором реформ по всей Европе. Многие считают, что именно с нее началось длительное прогрессивное движение сначала за гуманные казни, а со временем и за отмену смертной казни. «Кривая жестокости» неизменно шла вниз. Либералы вообще считали, что пытка развращает не того, кого пытают, но того, кто пытает или дает приказ пытать. Впрочем, на этом история еще не кончилась и не кончились пытки в Европе. [АЛЬКОФРИБАС] пограничные стычки не прекращались здесь до почти середины XX столетия. В ответ Габсбурги оккупировали в Нидерландах Артуа и заключили союз с англичанами, что немедленно побудило французов забыть все религиозные разделения и захватить Кале (7 января 1558 г.). Мария Тюдор (чей заключенный по доверенности брак с Филиппом II был платой за это короткое *rapprochement* [сближение] Габсбургов с Тюдорами) воскликнула даже: «Когда я умру, вы увидите, что на сердце у меня написано «Кале». По общему мирному соглашению Като-Камбрези Франция оставляла за собой Лотарингию и Кале, Габсбурги — Артуа, Милан и Неаполь. Так что Англия навсегда была отрезана от континента. Главный же вопрос так и не был разрешен, но лишь отложен. [НОСТРАДАМУС]

Британские острова, где все больше доминировала Англия, все ближе подходили к объединению, которое уже раз или два помаячило на горизонте. Утратив свои плацдармы на континенте, Английское королевство со всей энергией обратилось к делам своих ближайших соседей и к заморским территориям. Типичное неоднородное государственное объединение своей эпохи, состоящее из Англии, Уэльса и Ирландии, Английское королевство было лишено той национальной сплоченности, которая уже наличествовала в Шотландии. При Тюдорах, однако, оно обнаружило большую жизнеспособность. Несмотря на религиозные распри своего времени, Генрих VIII (правил 1509–1547 гг.) и трое его детей — Эдуард VI (правил 1547–1553 гг.), Мария I (правила 1553–1558 гг.) и Елизавета (правила 1558–1603 гг.) — создали англиканскую церковь, устойчивый симбиоз монархии и парламента и королевский флот. [БАРД]

Стюарты, которые правили в Шотландии с 1371 г., заключили личную унию Шотландии и Англии (1603 г.) после того, как стало ясно, что у Тюдоров не будет наследников. Они многое приобретали. Обманутая своими континентальными союзниками, Шотландия до того жила в тени Англии со времен кровавой трагедии на Флоден Филд (1513 г.). Англо-шотландским отношениям сильно повредили интриги свергнутой с престола Марии, королевы шотландцев (1542–1587 гг.), которая умерла на английском эшафоте. Но

сын Марии Яков VI и I (правил 1567(1603)– 1625 гг.), по общему согласию получил то наследство, которое не досталось его матери. Он сам, его сын Карл I (правил 1625–1649 гг.) и его внук Карл II (правил 1649(60)–1685 гг.) правили из Холируда и Уайтхолла параллельно. И Яков I говорил своему первому парламенту в Вестминстере об «Англии и Шотландии, которые теперь в полноте времен объединились в моем лице, будучи в равной степени прямыми наследниками обеих Корон, так что теперь это как бы маленький Мир сам в себе, защищенный вокруг хотя и естественным, но восхитительным нашим прудом или рвом — морем...»

Интеграция зависимых княжеств проходила не очень гладко. Уэльс, разделенный на графства Генрихом VIII, вошел в сообщество без протестов. Англо-уэльсское дворянство смирилось со своей участью. Но Ирландия, парламент которой фактически освободился от Англии со времени войн Белой и Алой роз, была обуздана с трудом. В 1541 г., после того, как в 1534 г. появились и графства Уэльса и церковь Англии, Генрих VIII провозгласил себя *королем Ирландии*, таким образом оставляя своим преемникам много будущих бед. Политика обращения ирландских властителей в графов и баронов была не более чем полумерой в условиях одновременного наступления на язык и обычаи Ирландии. Уже скоро сопротивление Короне соединилось с сопротивлением протестантской Реформации и вылилось в серию восстаний. Девятилетняя война 1592–1601 гг. была связана с Ольстерским восстанием Хью О'Нила, эрла Тирона. С ним было покончено посредством опустошительных репрессий лорда-наместника Маунтжоя. Маунтжой уничтожил различия между территориями в Ирландии под английской юрисдикцией (*Pale*) и собственно ирландскими землями, упразднил ирландское право и начал систематическую колонизацию. Позднее десятилетний период расцвета и примирения в 1630-е годы (при графе Страффорде) сменился десятилетием новых мятежей в 1640-е годы, когда Ирландия, воспользовавшись трудностями Англии, добилась проведения в отношении себя политики религиозной терпимости и независимого парламента. Позднее Ирландия была жестоко завоевана Кромвелем в 1649–1651 гг. и фактически аннексирована.

НОСТРАДАМУС

Вызов к королевскому двору был получен в Салоне в Провансе в начале июля 1556 г.: французская королева Екатерина Медичи желала поговорить с автором книги пророчеств, опубликованной за год до того. Один из стихов, по видимости, предсказывал смерть мужа королевы:

Le lion jeune le vieux surmontera
(Молодой лев одолеет старого)
En champ bellique par singulier duelle.
(На поле боя, в единоборстве.)
Dans caige d'or les yeux lui crevera.
(Он пронзит ему глаза в их золотой клетке.)
Deux classes une, puis mourir, mort cruelle.
(Две раны в одном, и потом он умрет мучительной смертью.)

Не прошло и месяца, как на быстрых королевских лошадях автор был доставлен перед очи королевы в Сент-Жермен-ан-Лэ. Он успокоил королеву, сказав, что видит четырех ее сыновей королями.

Однако три года спустя Генрих II был убит на турнире. Щепка от древка копья его соперника Монтгомери, капитана шотландской гвардии, пробила забрало позолоченного шлема короля, пронзила глаз и горло и вызвала воспаление ран, от чего король умер после десяти дней мучительной агонии.

Мишель де Нотр-Дам (1503–1566 гг.), которого называли Ностра́дамус, был хорошо известен на юге Франции как умелый лекарь. Он происходил из семьи евреев-выкрестов — *converses* — в Сан-Реми-ан-Прованс и обучался медицине в Монпелье. Он умел составлять микстуры и снадобья, со-

ставил эликсир жизни для епископа Каркасонского и посоветовал папскому легату есть айвовое желе. Он трудился как врач в Марселе и Авиньоне во время бушевавшей там чумы, когда другие врачи оттуда бежали, но при этом отказывался пускать больным кровь, как это было в обычае, а настаивал на свежем воздухе и чистой воде. Не раз он привлекал к себе внимание инквизиции, подозревавшей в нем колдуна, и тогда его высылали за границу. В одном из таких путешествий в 1540-е годы он, говорят, встретил молодого итальянца-монаха Феличе Перетти, бывшего в прошлом пастухом, и без колебаний обратился к нему «Ваше святейшество». Через сорок лет, много времени спустя после смерти Ностра́дамуса, Перетти был избран папой с именем Сикст V.

Свои предсказания Ностра́дамус сделал уже в конце жизни, с помощью книг по магии, астрологии и каббалистике. Они были записаны катренами и систематизированы по столетиям; они были опубликованы в двух частях в 1555 г. и 1568 г. и немедленно стали сенсацией. Через год после того, как они были опубликованы полностью, старший сын Екатерины Медичи король Франциск II, муж Марии, королевы Шотландии неожиданно·умер в возрасте 17 лет, 10 месяцев и 15 дней:

Premier fils, veuve, malheureux mariage
(Первый сын, вдова, несчастный брак)
Sans nul enfant; deux isles en discorde,
(Без детей; два острова во вражде,)

Avant dixhuit incompetant eage
(Восемнадцати лет не достигший)
De l'autre près plus bas sera l'accord.
(Все же младше, чем другой будет обручен.)

В том же году младший брат Франциска, ставший впоследствии Карлом IX, в возрасте 11 лет был обручен с австрийской принцессой.

Успех этих предсказаний уже после смерти их автора обеспечил им высокую репутацию уже навсегда; они без конца перепечатывались и прилагались почти ко всякому важному событию: от подводных лодок и межконтинентальных ракет до смерти мужчин из рода Кеннеди и высадки человека на Луну. Ностра́дамус правильно назвал семейство Сос, где Людовик XVI жил во время своего бегства в Варенну. Ностра́дамус убедил и Наполеона, и Гитлера, который фигурирует у него под именем Hister, в том, что по звездам давно уже определил их судьбы. Его катрены очень многозначны и неясны, так что легко подходят к любым обстоятельствам:

Quand la licture du tourbillon versée
(Когда носилки будут опрокинуты бурей)
Et seront faces de leurs manteaux couvers
(И лица закроются плащами)
La République pars gens nouveaux vexée
(Республику потревожат новые люди.)
Lors blancs et rouges jugeront à l'envers.
(В то время Белые и Красные станут судить/править навыворот.)

В 1792 г. Республика действительно добралась до Франции, и Красные опрокинули Белых. А вот и краткое, но зловещее описание жизни в XX в.:

Les fléaux passées diminue le monde.
(Когда с чумой справятся, мир станет меньше.)
Long temps la paix terres inhabitées:
(Долго царит мир в пустынях.)

Seur marchera par ciel, terre, mer et onde;
(Люди будут легко ходить по воздуху, по земле, морю, волнам.)
Puis de nouveau les guerres suscitées.
(Потом опять разгорятся войны.)[4]

Власть и богатство Англии заметно возрастали, не в последнюю очередь благодаря ее заморским авантюрам. Новая колония в Ольстере была заселена в основном шотландскими пресвитерианами, которые искали там прибежища так же, как и в заокеанских колониях Англии — в Виргинии и Новой Англии. В Новом свете были основаны Мэриленд (1632 г.), затем Ямайка, отнятая у Испании в 1655 г., обе Каролины (1663 г.), Нью-Йорк (первоначально голландский Новый Амстердам) (1664 г.) и Нью-Джерси (1665 г.). Навигационный акт от 1651 г., принятый кромвелевским охвостьем Долгого парламента — после получения Нидерландами независимости, — предусматривал среди прочего, что голландские корабли должны салютовать английскому флагу, что было проявлением растущего высокомерия Англии.

Шотландия была ареной ожесточенных религиозных и политических конфликтов, которые в конце концов спровоцировали *британские гражданские войны* середины XVII в. Пресвитерианская шотландская церковь Джона Нокса была в свое время основана по модели женевской и задумывалась ее основателями-кальвинистами как теократия. Однако дворцовая партия постоянно ограничивала ее притязания. В 1572 г., в год смерти Нокса, регент принудил шотландскую церковь (Кирку) принять епископов, что стало причиной бесконечной борьбы Церкви и государства. В 1610 г., в поддержание апостольской преемственности, по приказу Якова VI три шотландских епископа были посвящены английскими епископами. В 1618 г. он добивается принятия своих пяти статей, которые навязывали некоторые особенности отправления службы, как, например, преклонение колен во время причастия. Причем на каждом этапе этого наступления король приостанавливал деятельность Генеральной Ассамблеи Кирки (шотландской церкви), что вызывало гнев народа. В 1637 г. Карл I навязывает модифицированную версию англикан-

ской литургии и молитвенника. Это было проведено личным указом без обращения к Генеральной Ассамблее и стало поводом для восстания. Когда новая литургия была впервые отслужена в соборе Св. Джайлса в Эдинбурге 23 июля, начался бунт. Впоследствии все это привело к созданию *Tables* — революционного комитета всех сословий — и к подписанию в феврале 1638 г. *Ковенанта*. Сторонники «Ковенанта» собрали вокруг себя вооруженный союз, члены которого клялись (как это было в Польше) защищать статуты до смерти. Они должны были защищать пресвитерианскую Кирку от короля и епископов, а Шотландию — от Англии. Вскоре они уже провозглашали, что рассчитывают на верность всех истинных шотландцев и собирают собственный парламент, без разрешения на то короля. В августе 1640 г. первая из армий сторонников *Ковенанта* перешла Твид и вторглась в Англию.

Таким образом, религиозные войны Шотландии вплелись в столь же длительную конституционную борьбу короля с парламентом. При Тюдорах партнёрство монарха и выборных представителей графств и городов-графств не могло скрыть того факта, что английский парламент был инструментом проведения политики монарха. «Никогда не возносимся мы так высоко в нашем королевском достоинстве, как во времена сессий парламента, — заявил Генрих VIII делегации парламентариев, — когда мы как глава государства и вы как его члены были связаны и соединены в единое тело политики». В то время все понимали, кто именно является главой, поскольку у парламентариев не было иммунитета и они имели все основания бояться гнева короля.

Когда же при Якове I палата Общин захватила инициативу, подчиненному положению парламента был положен конец. В длительной перспективе контроль парламента за налогами оказался решающим. В 1629–1640 гг., когда Карл I решил править без парламента, не было

БАРД

Шекспир написал свои драмы в тот краткий промежуток времени, когда пережившая Реформацию Англия уже утратила прямые связи с континентом, но еще не приобрела свои заморские территории. Главные драмы Шекспира были написаны именно в те десятилетия, когда в Америке появились первые английские колонии. Его голос звучал, главным образом, в англоязычном мире и, насколько известно, он никогда не покидал пределов Англии. Его универсальный гений получил всеобщее признание в Европе только в эпоху романтизма.

А между тем места действия его пьес наводят на мысль, что *лебедь с Эйвона* вовсе не был сторонником *Малой Англии* (прозвище противников колониальных захватов). Возможно даже, что он был тайным католиком. Цензура Тюдоров вполне могла запрещать щепетильные в политическом отношении тексты. Из 37 пьес только в десяти действие происходит в Англии или в какой-нибудь ее части; даже в исторических драмах встречается много французских географических названий. Действие *Виндзорских насмешниц* происходит в Виндзоре, *Как вам это понравится* — в Арденском лесу. Три мрачные трагедии *Макбет, Король Лир* и *Цимбелин* — в древней кельтской Британии; а восемь классических пьес — в Афинах, Риме, Тире и Трое. Фантастические сказки *Двенадцатая ночь, Зимняя сказка* и *Буря* развертываются в мифической Иллирии, в омываемой морем Богемии и на необитаемом острове. Но все остальные драмы — определенно континентальные по месту действия:

Много шума из ничего	Мессина
Венецианский купец	Венеция
Укрощение строптивой	Падуя
Мера за меру	Вена
Бесплодные усилия любви	Наварра
Сон в летнюю ночь	Афины
Ромео и Джульетта	Верона
Гамлет	Дания
Отелло	Венеция
Все хорошо, что хорошо кончается	Руссильон, Париж, Марсель, Флоренция

Шекспир избегал лишь Ирландии и России, которая была едва известна, Польши (упоминаемой лишь мимоходом в *Гамлете*), Германии и главного врага Англии его времени — Испании и Испанских Нидерландов.

Что же касается того, где в действительности находились эти страны, у Шекспира были неясности: так, сэр Джон Фальстаф хотел назвать себя «Самым деятельным малым в Европе». Но Петруччо, ухаживая за строптивой, называет ее «Самой хорошенькой Кэт в христианском мире». Понятия *христианский мир* и *Европа* еще оставалась в то время взаимозаменяемыми.

средства помешать ему. Но в апреле 1640 г., когда издержки шотландских войн принудили короля созвать парламент и просить денег, разразилась буря. Придворным рассуждениям о божественном праве монархов противостояли парламентские адвокаты с их цитатами из Великой хартии вольностей. Согласно популярному заявлению бывшего верховного судьи сэра Эдварда Кука, «Закон королевства не может быть изменен, кроме как парламентом». Разработанная парламентом Великая Ремонстрация (1641 г.) содержала длинный список королевских вин. Его главный министр — граф Страффорд — был обвинен парламентом в государственной измене и, несмотря на сопротивление короля, принесен в жертву.

На сцену борьбы выходит теперь Ирландия. Страффорд обращался с пресвитерианами Ольстера так же сурово, как его предшественники — с ирландскими католиками. Он начал создавать ирландскую армию для борьбы с мятежными подданными в Англии и Шотландии; но, покидая в июне 1641 г. Ирландию и не заплатив войскам, он оставил страну в состоянии открытого мятежа. Шотландская армия прибыла в Ирландию для поддержки своих братьев-протестантов, и начались неконтролируемые многосторонние враждебные

БЛАРНИ

В 1602 г. Кормик Мак-Карти, лорд Бларни (графство Корк) без конца оттягивал сдачу своего замка англичанам, ведя длинные переговоры, давая обещания, уточняя — то есть тратя время на пустые речи. За год до того, несмотря на поддержку испанских войск, ирландские лорды потерпели сокрушительное поражение при Кинсейле; так что покорение всей Ирландии английской армией Маунтжоя было только делом времени. Но необычное сопротивление Мак-Карти рассмешило его современников, так что и само имя «Бларни» перешло в народный язык, означая, сладкие речи, лесть.

И если побежденные ирландцы прославились своей музыкой и литературой, то замок Бларни стал символом всего ирландского вообще и ирландской гордости в частности. Прославленный популярной песней *Рощи Бларни* (ок.1798 г.), он стал местом паломничества. Закладной камень замка, на котором написано Cormac McCarthy fortis me fieri fecit AD 1446, стали считать магическим, и опасный ритуал «целования Камня Бларни» под нависающими крепостными стенами, говорят, награждает паломника даром убедительности. Замечательно для историка то, что язык, который ирландцы заставили звучать так красноречиво и убедительно, — не родной им язык.

действия. Тогда теснимый со всех сторон Карл I (вполне в стиле Тюдоров) пытается арестовать упрямых членов палаты Общин. Но безуспешно: «Я вижу, что птички улетели», — пробормотал он. Карлу не остается ничего иного, как бежать из Лондона и призвать своих подданных к оружию. Отвергнутый парламентом, который он когда-то не хотел созывать, он отступает от традиции королей полагаться на своих советников и поднимает штандарт в Ноттингеме. Стояло лето 1642 г. Этот конфликт стоил королю жизни, и вплоть до 1689 г. в стране не было конституционного равновесия.

Таким образом, название *гражданская война в Англии* совершенно неверно передает природу этого очень сложного конфликта, который начался не в Англии и Англией не ограничивался. Здесь соединились три отдельные гражданские войны в Шотландии, Ирландии и Англии, а также взаимосвязанные события во всех частях королевства Стюартов. Кризис в Англии в августе 1642 г. нельзя рассматривать изолированно. Вызывающее поведение короля по отношению к парламенту в Вестминстере было, несомненно, спровоцировано несчастиями в Эдинбурге. Воинственность английских парламентариев возрастала от их осведомленности о деспотической политике короля в Шотландии и Ирландии, о доказанных религиозных налогообложениях и от самого развивавшегося военного конфликта. И, сверх всего, это был конфликт политического и религиозного принципов.

Попытки разъяснить события в терминах экономических факторов и интересов социальных групп хотя и очень полезны в некоторых отношениях, но не заменяют прежнего анализа, исходящего из комплекса конституционных и религиозных убеждений. Католики и члены Высокой англиканской церкви были особенно преданы королю, который переживал атаку на свои прерогативы монарха. Английские пуритане и кальвинисты-шотландцы составляли главный источник поддержки парламента, который они рассматривали как бастион в борьбе с абсолютизмом. Джентри (дворянство) раскололось на два лагеря.

Англичан учили, что их гражданская война не имела ничего общего с бессмысленным фанатизмом современных ей войн на континенте. Одна из любимых цитат взята из письма генерал-майора армии парламента сэра Уильяма Уоллера, которое он адресовал командиру западной армии роялистов сэру Ральфу Хоптону накануне битвы при Раундвэй Даун в 1643 г.: «Моя привязанность к Вам столь неизменна, что и сама враждебность не может повредить моей дружбе к Вам, но я должен быть верен тому делу, которому служу. Великий Бог, ведающий мое сердце, знает… с какой ненавистью я взираю на эту войну, где нет неприятеля. Мы с Вами оба на сцене и должны сыграть назначенные нам в этой трагедии роли. Так давайте исполним это с честью и без личной вражды»[53].

Если бы восторжествовала такая терпимость, то войн бы вообще не было.

Но было несколько ключевых вопросов, по которым ни одна партия не обнаруживала и намека на терпимость. Парламентская *философия низких налогов* лишала короля средств для эффективного правления. Английский истеблишмент был озабочен только интересами Англии и проявлял полное безразличие к особым интересам Ирландии или Шотландии. И сверх всего того, в религиозных вопросах обе стороны горели решимостью преследовать своих оппонентов в надежде навязать единую религию. Война велась «не за религиозную свободу, а между гонителями»[54]. Роялисты поддержали *Акт о единообразии*. Парламент же, когда пришел момент его военного триумфа, попытался навязать пресвитерианский ковенант. Обе стороны обнаружили невозможность насадить абсолютное единообразие.

Были в этой войне и свои ужасы. Такие хорошо засвидетельствованные жестокости, как всеобщее избиение в Болтоне (июнь 1644 г.), произведенное вступившими туда войсками принца Руперта Рейнского, или ужасное разграбление Дрогеды (1649 г.), где Кромвель истребил все население ирландского города, сопровождались также практикой убийства пленных и уничтожения деревень, о чем осталось меньше свидетельств.

За четыре года борьбы заключалось множество соглашений с участием как местных, так и центральных властей. Роялисты с их главным штабом в *церкви во имя Христово* в Оксфорде первоначально имели перевес в большинстве английских графств. Но силы парламента при поддержке Шотландской Лиги сторонников Ковенанта укрепились в Лондоне и, следовательно, в органах центрального правительства. Со временем они смогли собрать профессиональную армию — Армию нового типа, создатель которой, грозный Оливер Кромвель, (1599–1658 гг.), постепенно приобрел ведущую роль как в военных, так и в политических делах. Часто получалось так, что парламент контролировал города, а король — деревню. Ни одна сторона не имела решающего перевеса до тех пор, пока парламент постепенно не воспользовался преимуществами лучшей организации, непобедимого генерала и поддержки шотландцев. После первоначального столкновения у Эджхилла (24 сентября 1642 г.) севернее Оксфорда, важнейшие сражения происходили в Марстонских болотах в Йоркшире (2 июля 1644 г.) и в Незби (14 июня 1645 г.).

Как только король сдался шотландцам в Ньюарке в 1646 г., всякое открытое сопротивление со стороны роялистов прекратилось.

По мере того как военные действия замедлялись, политическая ситуация набирала революционную скорость. Парламентский лагерь быстро радикализировался как в своей приверженности республике, так и в своих связях с экстремистскими сектантами-евангелистами (протестантами), включая *левеллеров* [уравнителей] и *диггеров*. Не имея возможности принудить короля к соглашению, Кромвель решил его казнить — что и было приведено в исполнение перед дворцом в Уайтхолле 31 января 1649 г. и положило начало Английской республике. Не будучи в состоянии контролировать *Долгий парламент*, Кромвель подверг его чистке. Не имея возможности справиться с Ирландией и Шотландией уговорами, он вторгся сначала в Ирландию, а затем в Шотландию. Победа Кромвеля над шотландцами при Вурстере (1651 г.) была абсолютной. Тем не менее он так и не смог осуществить такое политическое урегулирование, которое бы соответствовало его военным победам. Не сумев руководить даже *Охвостьем* парламента из отобранных сторонников, он его распустил. «Необходимость, — сказал он им, — не имеет закона над собой». Кромвель стал править как лорд-протектор через полковников 11 военных округов. Дело парламента фактически потерпело политический крах, поскольку парламентарное правление было отменено.

Великий Оливер был человеком исключительной целеустремленности. «Мистер Лили, — сказал он как-то портретисту, — я желаю, чтобы вы написали картину, во всем похожую на меня, отметив все шероховатости, прыщи и бородавки; иначе я не заплачу вам ни фартинга». Но он не предложил никаких устойчивых решений и был склонен приписывать все (даже резню в Дрогеде) воле Божьей. После его смерти дело роялистов возродилось. Не было иной альтернативы, кроме как вернуться к *status quo ante bellum*. Следовало восстановить и монархию, и парламент. Карл II вернулся из изгнания 29 мая 1660 г., на условиях, которые были предложены *Актом компенсации и забвения*. Королю и парламенту предстояло вновь научиться сосуществовать.

В некоторых отношениях гражданские войны в Англии обнаруживали характерные приметы становления современного государства во множестве стран Европы. Но у них не было последователей на континенте, и их следует считать трагедией исключительно местного значения.

За Северным морем скандинавские страны двигались в противоположном направлении — уходя от объединения. В особенности Швеция давно уже тяготилась датским господством. У Швеции был собственный *Riksdag,* или парламент четырех сословий, с 1460-х гг. и собственный университет в Упсале с 1479 г. В 1520 г. на Рождество в Далекарлии вспыхнуло восстание против коронации нового датского короля. Кровавая бойня на городской площади Стокгольма, когда сотня сторонников восстания были казнены за измену, только подлила масла в огонь. Под предводительством юного аристократа Густава Эриксона Вазы восставшие изгнали датскую армию. В 1523 г. Кальмарская уния распалась. Швеция в правление Густава Вазы (правил 1523–1560 гг.) пошла своим путем. Дания и Норвегия при Фридрихе I (правил 1523–1533 гг.) и его преемниках в числе первых обратились к лютеранству. Возникшее в результате соперничество, не в малой степени и в связи со спорной территорией Халланд, не ослабевало в течение более столетия.

Судьба Швеции была отныне связана с Вазами, борьбой за первенство на Балтике и (позднее) с протестантизмом. В 1527 г. на заседании парламента в Вастерасе, Густав создал Эрастианскую церковь, предвосхищая деяния Генриха VIII в Англии. Он отменил католическое богослужение; однако, передавая земли Церкви своим сторонникам, он заложил социальное основание могущественной монархии. Второй его сын, Иоанн III (правил 1568–1592 гг.), женился на наследнице польских Ягеллонов, и его внук Сигизмунд Ваза (правил 1592–1604 гг.) был избран королем Польским. Сигизмунда считали последней надеждой терявшей силу католической партии Швеции; и гражданская война, которая последовала за его восшествием на престол, побудила большинство аристократов связать национальную независимость с протестантизмом. В 1593 г. синод в Упсале признал Аугсбургское исповедание государственной религией. Сигизмунд был низложен в пользу его дяди Карла IX Зудерманландского (правил 1604–1611 гг.), который стал родоначальником династии монархов-протестантов. Отныне в постоянных

войнах с Польшей Швеция преследует, помимо стратегических интересов на Балтике, также и династические и религиозные цели.

Молодой монарх Густав Адольф (правил 1611–1632 гг.) решил, что нападение — это лучшая форма защиты. Имея в запасе исключительные таланты, надежную политическую базу, флот, национальную армию, которая должна была в будущем превзойти даже испанцев, он постоянно совершенствовался в искусстве ведения *самоокупаемых* военных действий. В 1613 г. он отнял у Дании Кальмар; в 1614–1617 гг. он вмешался в события Смутного времени в Московии, заполучив Ингрию и Карелию; в 1617–1629 гг. он нападает на Польско-Литовское государство, берет Ригу (1621 г.) и осаждает Данциг (1626–1629 гг.). Однажды он едва не попался польским гусарам, но, взимая пошлины на Висле, он получает такое количество доходов, что может делать еще большие ставки. В 1630 г., поддерживаемый французами, он вторгается в Германию. Многообещающая жизнь Густава Адольфа прервалась в битве у Лютцена (см. ниже).

Королева Христина (правила 1632–1654 гг.), выросшая в регентство канцлера Оксенстьерна, стала свидетельницей того, как Швеция достигла большого подъема после захвата Халланда (1645 г.) и заключения Вестфальского мира. Но она тайно приняла католичество, отреклась от престола и удалилась в Рим. Ее кузен Карл X (правил 1654–1660 гг.), обеспокоенный притязаниями Москвы и необходимостью содержать ничем не занятую армию, обратился к старой политике вторжений в Польско-Литовское княжество. Его преждевременная смерть стала причиной всеобъемлющего Оливского мира (1660 г.) (см. ниже).

Швеция так никогда и не добилась решающего контроля на Балтике — много обещавшего *dominium maris Balticae.* Но в течение полустолетия она играла непропорционально большую роль в европейских делах, была грозой Севера, военным чудом своего времени и самой действенной протестантской державой.

Польско-Литовское государство было еще одним государством, которое в XVI — начале XVII вв. переживало «золотой век». Владения последних Ягеллонов были самым большим государством

Европы; здесь не было ни религиозных войн, ни Оттоманского нашествия — чему подверглись многие современные ему государства. При Сигизмунде I (правил 1506–1548 гг.) и Сигизмунде-Августе (правил 1548–1572 гг.), муже и сыне еще одной королевы Сфорца, очень окрепли связи с Италией, в особенности с Венецией; а двор в Кракове был одним из самых блестящих дворов Европы эпохи Возрождения.

Речь Посполита (*Rzeczpospolita*) — республика, или федерация — возникшая после Люблинской унии (1569 г.), обязана своим появлением отчасти отсутствию наследника, отчасти угрозе экспансии Москвы. Речь Посполита была ранней формой *Ausgleich* [соглашения] между Польшей и Литвой. *Корона*, или Королевство Польское, приняло Великое Княжество Литовское как равного партнера, хотя при этом и захватило в виде компенсации громадные территории на Украине. Великое Княжество сохраняло свои законы, администрацию и собственную армию. Новое двойственное государство должно было управляться выборным монархом и общим сеймом, то есть парламентом. Правящая шляхта, которой и принадлежала идея создать подобную систему дворянской демократии, сохраняла за собой ведущую роль. Посредством региональных сеймов, контролировавших центральный сейм, шляхта держала в руках налогообложение и военные вопросы. К коронационной клятве они добавили *pacta conventa* [соглашения], посредством которых шляхта «нанимала» короля как своего рода управляющего на контракте. Причем шляхта сохраняла законные права на сопротивление, которые воплощались в ее вооруженных союзах, или конфедерациях, так что было надежное средство отстаивать свои позиции против махинаций короля. Проводя принцип единогласия во всех решениях, шляхтичи исключали самую возможность, чтобы король или какая-нибудь фракция возобладали над их общими интересами. Это еще не было той всеобщей анархией, которая сложилась в XVIII в. Несмотря на определенные недостатки, Речь Посполита стала смелым демократическим экспериментом в эпоху абсолютизма и религиозных войн, свежей альтернативой, и при оценке этого устройства (среди других демократических институтов) не следует полагаться на желчную пропаганду ее позднейших убийц.

В течение 80 лет, которые отделяют Люблинскую унию от общего кризиса 1648 г., Речь Посполита, в отличие от соседей, процветала. Балтийская торговля принесла несметные богатства многим аристократам. Имея королевские хартии, города, и в особенности Данциг, необыкновенно расцвели. Контрреформация, несмотря на активное ее продвижение, не провоцировала открытой вражды. Шляхта, хотя и полностью парализовала правительство во время *рокоша — законного восстания* 1606–1609 гг., обычно не мешала осуществлению власти, как она это регулярно делала в следующем столетии. Обычно шляхтичи выбирали такого короля, который сопротивлялся епископам и прогабсбургской партии ультрамонтанов. Войны в то время Речь Посполита вела или на периферии, или на чужой территории.

Монархия в целом сохраняла свой авторитет, несмотря на то, что правящие монархи различались талантами. Несомненно, что первый избранный король Генрих Валуа (правил 1574–1575 гг.) был настоящим несчастьем, но он бежал по прошествии четырех месяцев, стремясь «осчастливить» собой родную Францию, и о нем никогда не сожалели. Следующий король — деятельный трансильванец Стефан Баторий (правил 1576–1586 гг.) — вернул престолу уважение и наладил механизм государственной машины. Его удачные войны против Ивана Грозного в 1578–1582 гг. доставили Речи Посполитой Ливонию. Третий король, швед Сигизмунд III Ваза (правил 1587–1632 гг.), несмотря на множество злоключений, пережил и *рокош*, и польскую интервенцию в Московию в 1610–1619 гг. Два его сына, Владислав IV (правил 1632–1648 гг.), бывший одно время царем, и Иоанн Казимир (правил 1648–1668 гг.), бывший одно время кардиналом, пережили каждый период покоя и время хаоса.

Череда катастроф, которыми отмечено правление Яна Казимира, обрушилась практически с безоблачного неба. В 1648–1654 гг. разразилось восстание казаков на Днепре под предводительством Богдана Хмельницкого, доведшего страшную армию казаков и татар до самой Вислы, оставив за собой на Украине кровавый след истребленных ими католиков и евреев. Таким образом, к весьма реальному политическому, социальному и религиозному недовольству восточных провинций добавилось еще и недовольство крестьян. Восстание было подавлено к тому времени, когда Хмельницкий, отчаявшись, обратился за помощью к царю. Вторжение Москвы 1654–1667 гг., несшее смерть и разрушение и Литве, и Украине, насторожило шведов, угрожая их стратегическим интересам. Двукратное вторжение шведов 1655–1660 гг., известное в Польше под названием *Потоп*, захлестнуло и Польское королевство, и Великое княжество и принудило короля отправиться в изгнание, а магнатов — пойти на предательство. Устоять смог только монастырь в Ясной Гуре в Ченстохове, где Черная Богоматерь с удивительной легкостью отводила шведские снаряды. Одновременное со шведским вторжение трансильванцев и бранденбургцев подвело страну к грани полного уничтожения. Но Польша чудесным образом возродилась. Московиты были остановлены; шведы окружены; от пруссаков откупились. В 1658 г. гетман Чарнецкий смог даже выступить походом против шведов в Ютландии. Оливский мир (1660 г.), удовлетворивший требования западных соседей Республики, покончил с войнами Вазов, подтвердил независимость Прусского герцогства и давал надежду на лучшее.

Теперь, казалось, Республика получила передышку и возможность заняться своими сложными и многочисленными проблемами. В ежегодных военных кампаниях 1660-х гг. польская кавалерия постоянно вытесняла московитов обратно в Россию. Затем, когда всеобщее возрождение виделось уже на горизонте, королевская программа конституционной реформы вызвала несоразмерно бурную реакцию дворянской демократии. В 1665–1667 гг. братоубийственный *рокош* гетмана Любомирского положил конец прогрессу на всех направлениях. На политической сцене король и его оппоненты зашли в тупик в своих взаимоотношениях. Это подтолкнуло Республику к роковому Андрусовскому перемирию (1667 г.), по которому Киев и левобережная Украина отходили к русским теоретически на 20 лет, практически — навсегда. Король отрекся и удалился во Францию, где он похоронен в церкви Сен Жермен-де-Пре. На обесценившихся монетах его правления можно увидеть его инициалы ICR: Iohannes Casimirus Rex. Теперь их прочитывали как *Initium Calamitatum Reipublicae* (начало катастроф Республики).

Начало польских бед совпало со временем укрепления политической власти двух ее соседей — Пруссии и Москвы.

Пруссия, где в начале XVI в. еще сохранялись остатки государства крестоносцев, теперь уже несколько десятилетий чахла и нуждалась в радикальных переменах. С крещением Литвы уменьшилась ее роль в деле обращения язычников, она утратила свое военное превосходство в результате поражения при Грюнвальде (1410 г.) и свою ведущую роль в торговле в результате того, что Эльблонг, Торунь и Данциг отошли к Польше (1466 г.). Самому существованию Пруссии угрожала немецкая Реформация, так что она была срочно преобразована последним гроссмейстером Альбрехтом фон Гогенцоллерном в светское ленное владение Польского королевства. Обратившись в лютеранство, он распустил Тевтонский орден и в 1525 г. присягнул от имени нового герцогства на рыночной площади Кракова. Из своей столицы Кенигсберг он проводил политику, которая в конечном итоге соединила его владения с владениями его родственников в Бранденбурге. Приобретя право *реверсии* [обратный переход имущественных прав к первоначальному собственнику или его наследнику] своего герцогства, он обеспечил такое будущее, при котором в случае отсутствия у него прямых наследников герцогство автоматически переходило к Гогенцоллернам из Берлина. Эта политика принесла плоды уже в 1618 г.: в дальнейшем правящие Гогенцоллерны всегда носили двойной титул курфюрста Бранденбурга и герцога Пруссии и родилось Бранденбургско-Прусское государство.

Фридрих-Вильгельм (правил 1640–1688 гг.) великий курфюрст, говоривший по-польски и претендовавший на титул *первого князя Польши*, принес присягу от имени своего герцогства в 1641 г. Пятнадцать лет спустя его войска на волне шведского Потопа заняли столицу его сюзерена — Варшаву. На историческую сцену выходит прусская армия. При помощи двойной игры дипломатии Пруссия добилась признания независимости сначала у Швеции, а затем у Польши. В Оливе Пруссия была формально признана. Прусский дух начал свое историческое шествие.

Московия, чья стратегия превращения в великое государство была заложена Иваном III, придерживалась этого курса с удивительным упорством. Иван IV (правил 1533–1584 гг.) известный под именем Грозным, окончательно завершил подготовленное его предшественниками создание патримониального государства. «Все люди считают себя *холопами*, — писал один западный путешественник, — то есть рабами князя»[55]. Учредив *опричнину* — прототип всех последующих русских органов государственной безопасности — Иван IV сумел прибрать к своим рукам целые княжества и развязать ничем не сдерживаемый террор. Он разграбил Новгород и перерезал почти все его население, устроив на несколько недель беспримерную кровавую бойню, — в результате Москва утвердилась как первый город России. Он лишил власти кланы старинных бояр и их Земский Собор и полностью подчинил себе общество, придав ему строго иерархический вид. Назначением первого патриарха Московского он придал Русской православной церкви ее отдельный и независимый характер, изолировав ее от всех внешних влияний. Захватом Казанского ханства, где он воздвиг величественный православный Благовещенский собор (1562 г.) как памятник победы христиан на земле мусульман, он возвестил о своих безграничных имперских амбициях. Через *разряды* [послужные списки] и *поместный приказ* [отдел кадров] он вел учет всех государственных служащих и их должностей — прототип *номенклатуры*. Не удивительно, что после таких всеобъемлющих общественно-политических пересадок и ампутаций органов пациент сильно разболелся.

Смутным временем называются годы от смерти сына Ивана, Федора, в 1598 г. до восшествия на престол Романовых 15 годами позже. В это время от центральной власти ничего не осталось, враждующие группировки бояр ставили последовательно пять обреченных на крах царей; страна была охвачена крестьянскими восстаниями и страдала от набегов казаков; кроме того, вторглись шведы, поляки, татары. Первого министра Федора Бориса Годунова (правил 1598–1605 гг.), боярина-татарина, открыто обвиняли в убийстве законного наследника. Лжедмитрий I (правил 1605–1606 гг.), самозванец, объявил себя выжившим сыном Ивана. Заручившись поддержкой польского магната Ежи Мнишека и друзей Мнишека иезуитов, он женился на Марине Мнишек и выступил походом на Москву. Его короткое

реформаторское правление кончилось печально, когда им выстрелили из пушки на Красной площади те, кто поддержали следующего претендента Василия Шуйского (правил 1605–1611 гг.). Шуйского, в свою очередь, сверг следующий самозванец Лжедмитрий II по прозвищу *Тушинский вор*; этот последний как-то сумел убедить Марину, что он — ее воскресший супруг. Шуйский умер в плену у поляков. Следующим за Шуйским был польский королевич Владислав Ваза, на кандидатуре которого настаивала другая партия бояр.

Хотя множество польских аристократов, подобно Мнишеку, давно уже были лично втянуты в события Смутного времени, официальная политика Речи Посполитой состояла в том, чтобы держаться в стороне. Король отказался поддержать план Мнишека, несмотря на слухи среди русских об обратном, и Сейм предостерегал короля против того, чтобы давать средства или войска на что-либо иное, кроме ограниченной задачи возвращения Смоленска. Вот почему, когда польская армия выступила к Смоленску в 1610 г., при том, что шведы были уже в Новгороде, у нее не было приказа идти дальше. Однако, как объяснял позднее командир поляков разгневанному сейму, поляки требовали идти дальше, несмотря на инструкции. Когда русская армия потерпела поражения при Клушино и дорога на Москву оказалась открыта, поляки без сопротивления заняли Кремль. Там гарнизон стоял в течение года, пока не был принужден сдаться. Они подожгли Москву перед тем, как быть убитыми русскими патриотами, которые стали во множестве стекаться к мяснику Минину, князю Пожарскому и новому царю Михаилу Романову (правил 1613–1645 гг.). Русские обрели свою династию и национальное самосознание. Это было готовое оперное либретто. [**СУСАНИН**]

Возрождение Москвы было хотя и медленным, но непрерывным. К 1619 г. поляки были изгнаны; королевич Владислав отказался от своих притязаний; Смоленск вернули себе русские (1654 г.). При Алексее Михайловиче (правил 1645–1676 гг.) глубокие реформы вызвали внутреннее брожение, которое только отчасти удалось успокоить новыми территориальными приобретениями. Законодательная реформа, в результате которой явилось *Уложение*, то есть Свод законов (1649 г.), содержавшее более 1000 статей, закрепляло и систематизировало крепостное право, чем создавались условия для таких громадных крестьянских восстаний, как восстание Стеньки Разина. Церковная реформа патриарха Никона (1605—1681 гг.), целью которой было не только приблизить богослужение к языковым нормам своего времени, но и умерить государственный контроль, вызвала и отделение от Церкви старообрядцев, и гнев царя. Военные реформы на западных рубежах предшествовали не слишком успешным кампаниям против Польши. В свете всех этих событий громадные территориальные приобретения по Андрусовскому перемирию (1667 г.) стали неожиданным подарком.

Впрочем, факт овладения Украиной, отнятой у Польши, невозможно переоценить. Это дало Московии и экономический ресурс, и геополитическое положение, необходимые для того, чтобы стать великой державой. Больше того, это произошло при жизни именно того поколения, которое стало свидетелем открытия и освоения Сибири до самого океана[56]. В собственной версии истории России отсутствует формула Московия+Украина= Россия, но эта формула важнейшая. Так что истинным основателем Российской империи был Алексей Михайлович, а не его больше прославившийся сын Петр. [ТЕРЕМ]

Продолжительная борьба России, Польши и Швеции решала судьбу Восточной Европы. Рассматривая эти события ретроспективно, можно увидеть, что Андрусовское перемирие 1667 года свидетельствовало о сложившемся в то время равновесии сил. Россия незаметно вытеснила Речь Посполитую и стала ведущим государством региона. У Польши и России была, впрочем, общая черта: обе не дали себя втянуть в Тридцатилетнюю войну.

Оттоманская империя, южный сосед Польши и России, достигла высшего могущества одновременно с государством Габсбургов. С точки зрения мусульманства, ключевым в развитии Оттоманской империи было решение возглавить главное направление ислама — суннитское против шиитов. Когда султан Селим I (правил 1512— 1520 гг.) выступил против Персии, он положил конец шестидесятилетней паузе, наступившей после падения Константинополя. Затем осуществляются одно за другим завоевания бывших

халифатов Дамаска, Каира и Багдада (1534 г.). Сулейман I Великолепный (правил 1520—1566 гг.), присоединивший к своим владениям и гробницу Пророка в Мекке, имел все основания именовать себя *Padishah-i-Islam* [Император ислама]. Множество памятников, включая Мечеть Сулеймана в Стамбуле, свидетельствуют о действительном его величии.

С точки зрения христиан, признаки опасности появились тогда, когда турки начали употреблять свою вновь обретенную силу для продвижения на запад. Они продвинулись вверх по Дунаю до Венгрии и выступили против пиратских государств на побережье Северной Африки. Дунайские кампании начались в 1512 г. захватом Молдавии. Затем с падением Белграда (1521 г.) перед турками открылась широкая Венгерская долина. После 1526 г., когда последний король независимых Богемии и Венгрии Лайош (Людовик) II Ягеллон был убит в битве при Мохаче, турки стали угрожать и самой Австрии. Впервые турки неудачно осадили Вену в 1529 г., затем три года спустя, при непрерывных набегах вглубь альпийских долин. Перемирие 1533 года было получено лишь ценой раздела Венгрии. Западная Венгрия оставалась в руках ее новых правителей из Габсбургов; центральная (включая Будапешт) становилась провинцией Оттоманской империи; Трансильвания становилась отдельным княжеством под протекторатом Оттоманской империи. Однако столкновения не прекращались на всем протяжении новых границ вплоть до Адрианопольского мира (1568 г.), по которому Габсбурги обязывались платить ежегодную дань. В 1620—1621 гг. турки, двигаясь вверх по Днестру, выходят за границы Молдавии, но здесь их останавливают польские гусары при Хотине. [УСКОКИ]

На Средиземном море новая экспансия турок ознаменовалась нападением на Родос и капитуляцией рыцарей-госпитальеров (1522 г.). Алжир был захвачен в 1529 г., Триполи — в 1551 г., Кипр — в 1571 г., Тунис — со второй попытки в 1574 г. Мальта перенесла тяжелую осаду (1565 г.). Перед турками открылся католический мир, и здесь центральным событием становится морская битва при Лепанто (1571 г.), где Дон Хуан Австрийский, сводный брат Филиппа II, сумел объединить флоты Венеции, Генуи и Испании и разбить турецкий флот. Это был последний крестовый по-

ТЕРЕМ

Софья Алексеевна, шестой ребенок царя Алексея Михайловича, родилась в Московском кремле 17 сентября 1657 г. Для нее, как для младшей царевны в семье, где никогда не признавали наследницами женщин, возможность получить политическую власть была почти исключена.

В Московии высокородные женщины жили в строгом затворе. Они, подобно мусульманкам, жили в отдельных помещениях для женщин — теремах — и прогуливались только под покрывалом или в закрытой повозке. Специально для женщин к Кремлю в 1630-е годы был пристроен Теремной дворец. Больше того, сестры и дочери царей обычно оставались незамужними: их нельзя было выдать просто за вельможу, поскольку стыдно «отдавать царевну за раба». Их трудно было выдать и за иностранных принцев из-за боязни принести ко двору ересь или раздор. «Женский пол в Москве не в почете,

— сообщал австрийский посланник, — как у большинства народов Европы. В этой стране женщины — рабыни мужчин, мало их уважающих».

Тем не менее в союзе с главным царским министром князем Голицыным Софья приобрела большое влияние в правление ее брата Федора (1676–1682 гг.) Затем, приняв участие в военном бунте, она совсем вырвалась из терема и стала регентшей при несовершеннолетних Иване и Петре и, следовательно, первой женщиной-правителем в России. Она лично руководила иностранной политикой, в особенности установлением «вечного мира» с Польшей, что выдвинуло Москву на первое место в делах Восточной Европы.

Репутации Софьи повредили те, кто поддерживал Петра Великого, отстранившего Софью от власти в 1689 г. Ее описывали, причем в вызывающих сомнения выражениях, как амбициозную интриганку, имев-

шую «чудовищные размеры, голову, как бочка, с волосами на лице и растительностью на ногах». Последние 14 лет она провела в Новодевичьем монастыре под именем сестры Сусанны — этот монастырь в стиле «московского барокко» она же раньше и выстроила.

Биографии женщин часто вдохновляются желанием компенсации по отношению к раздутым свидетельствам достижений великих мужчин. Эта древнейшая форма «женской историографии» с успехом использовалась для жизнеописаний множества героинь от Сапфо и Боудикки до Элеоноры Аквитанской и Елизаветы Английской. Но в одном отношении они вводят в заблуждение. Описания жизни выдающихся женщин еще больше подчеркивают ту пропасть, которая отделяла их от обычных женщин. Так и правительница России Софья Алексеевна была исключением из правил.

ход, последний бой гребных судов, последнее значительное продвижение Оттоманской империи на многие десятилетия. [**эль греко**]

Оттоманский натиск имел несколько последствий: во-первых, он возродил старый дух крестоносцев, особенно, в католических странах. Вопрос Эразма Роттердамского — «Разве турок не человек и не брат?» — был всего лишь эксцентричным ответом на бытовавшие настроения. Во-вторых, он способствовал и сохранению, и, в дальнейшем, разделению христианского мира, отвлекая на себя главные католические силы в момент высшего всплеска протестантской Реформации: султан стал лучшим из союзников Лютера. В-третьих, в области дипломатии турки сплотили западные страны, заставив их задуматься о Восточной Европе и положив начало первым

осторожным контактам с Востоком. Именно натиск турок был основной причиной обращения Франции к Порте и Речи Посполитой, посольств Империи в Москву. Наконец, началась одержимость турецким стилем и предметами — первый приступ *ориентализма* в Европе.

Тридцатилетнюю войну (1618–1648 гг.) можно рассматривать просто как эпизод векового германского конфликта между императорами и князьями. На другом уровне ее можно представить как перенесение на международную сцену религиозных войн католиков и протестантов; еще на следующем уровне как важный этап борьбы за власть на континенте, втянувший большинство стран и правителей Европы. Она началась с конфликта в Богемии между сторонниками и противниками эрцгерцога Фердинанда, но затем

УСКОКИ

В 1615–1617 годах Венецианская республика вела «ускокскую войну» на Адриатике против Габсбургов. Целью войны, с позиции Венеции, было подавить поддерживаемое Габсбургами пиратство. С позиции Габсбургов, *ускоки,* или «корсары Сенджа», были необходимой составляющей обороны Империи, так что венецианцы своими действиями подрывали государственную безопасность Габсбургов.

Сендж, теперь в Хорватии, был портом на Адриатике, там, где сходились территории Венеции, Габсбургов и Оттоманской империи. Расположенный здесь замок был береговым опорным пунктом в системе *Militärgrenze* или *vojna krajina,* то есть «военного округа Военная Граница» Габсбургов, каковая граница была установлена в 1520-е годы с укрепленными поселениями вдоль нее. Находившийся рядом порт был базой пиратов-патриотов, которые жили отчасти рыбачьим промыслом, но главным образом грабежом венецианских судов на море и оттоманских городов на суше.

Эти *ускоки* — имя которых восходит к хорватскому глаголу *uskociti* [впрыгнуть или взять на абордаж] — жили по своему суровому кодексу чести. Они были на море тем же, чем на суше были пограничные военные поселенцы, или *grenzer,* из которых многие были сербами-беженцами или беглыми крепостными крестьянами. Гренцеры охраняли границу на суше, но пришел день, и они взбунтовались против хорватских властей. Подобно их братьям по ремеслу на границах Оттоманской империи в Польше и Венгрии или украинским казакам, они считали себя бойцами за веру, защитниками *antemurale christianitatis,* героями Священной войны. Такими они предстают и в произведениях южнославянского эпоса. До середины XVIII в. Габсбурги одобряли их деятельность и платили им, и историческая область Крайна официально просуществовала до 1881 г.

Пиратство, как и бандитизм, — понятие относительное. В начале нового времени в Европе было множество *клефтов, гайдуков, корсаров* и морских разбойников, деятельность которых одна власть могла одобрять, при том, что другая ее осуждала.

Таковы были "морские волки" Англии и Франции. Когда Фрэнсис Дрейк (1545–1595 гг.) отплыл из Плимута, намереваясь разграбить «испанский материк» [территорию Южной Америки и прилегающие к ней моря, захваченные испанскими завоевателями] или «подпалить бороду испанскому королю» в Кадиксе, он имел на это лицензию от английской королевы и за свою службу был позднее пожалован в рыцари, но когда подобным образом вели себя другие, то их в Англии почитали дикарями. В течение некоторого времени в XVII в., например, корсары-мусульмане с берберийского побережья имели базу на острове Ланди, откуда они совершали набеги на портовые города Девон и Корнуэл и продавали пленников в рабство. Когда Жан Барт Дюнкеркский (1650–1702 гг.) терроризировал корабли в Ла Манше и Бискайском заливе с разрешения Людовика XIV, то его принимали в Версале и наградили дворянским титулом. Современники называли Барта и Дрейка *адмиралами.* Испанцы — международными преступниками. Кто для одного был *пиратом,* для другого — *корсаром.*

быстро разрослась, причем в этой войне можно выделить четыре фазы. «Почти всеми [воюющими], — писал один выдающийся историк, — двигал скорее страх, чем жажда завоеваний или религиозная ревность. Им нужен был мир, и в течение тридцати лет они сражались за его обеспечение. Им было невдомек тогда (и люди не поняли этого до сих пор), что война порождает только новую войну»[57].

Богемская фаза войны 1618–1623 гг. началась 23 мая 1618 г., когда делегация чешских дворян вошла в замок Градчаны в Праге, где они сбросили наместников Габсбургов — Ярослава фон Мартиница и Вильгельма фон Салвата — из окна на кучу навоза (каковая куча смягчила последствия их падения). Это был протест против новых нападок на протестантские церкви, против претензий эрцгерцога Фердинанда на богемский трон и против приписываемых властям нарушений Королевской Хартии Веротерпимости (или *Majestätsbrief*) 1609 г. (Эта пражская *defenestration* [казнь путём выбрасывания из окна] была преднамеренным повторением инцидента, вызвавшего Гуситские войны двумястами годами ранее.) В это время Фердинанд боролся

ЭЛЬ ГРЕКО

Два выдающихся критских мастера были известны современникам под именем *El* или *Il Greco*, то есть грек. Одним был художник Доминико Теотокопули, осевший в Толедо. Другой, музыкант и композитор Франгиско Леондарити (ок. 1518–1572 гг.), был одно время органистом в католическом соборе в Кастро, певчим в соборе Св. Марка в Венеции и придворным музыкантом герцога Баварского. Оба были порождением критского Ренессанса.

Крит, находившийся под властью Венеции с 1221 г. до 1669 г., был местом пересечения греческой и латинской (романской) культур. Столицей Крита стал Эль Хандак, основанный и укрепленный в предыдущую оккупацию острова арабами в 827–961 гг.; под именем Кандия, или Хандакс, он стал резиденцией герцога Венеции. На городской площади Кандии были выстроены дворец герцога, собор Св. Марка с *campanile* и лоджия [крытая галерея], бывшая любимым местом сбора венецианско-критской знати. С 1648 г. до окончательной капитуляции 16 сентября 1669 г. этот город был нервным центром сопротивления, которое герцог Морозини в течение 21 года оказывал осадившим остров туркам.

После падения Константинополя Крит приютил многих византийских ученых на их пути в Италию. Это стало большим вкладом в греческое Возрождение, которое в свою очередь стимулировало Возрождение на Западе. Главный вклад Крита в грекоговорящем мире, однако, заключался во влияниях, двигавшихся в обратном направлении. Значительная критская колония в Венеции с центром в церкви Сан-Джорджио сыграла выдающуюся роль в истории греческого книгопечатания и издательства. Венецианец с Крита Захария Каллерги, соперничая с *альдинами* [книги, изданные Мануцием Альдом Старшим] Мануция, выпустил первую книгу на греческой демотике в 1509 г. Однако в последнее столетие венецианского правления сам Крит стал местом такого творческого взрыва, который оставил след далеко за пределами острова. Здесь помимо живописи, музыки и архитектуры расцвела литература на народном греческом языке (демотике). Целая школа драматургов создала на критском диалекте корпус сочинений рифмованными куплетами, обнимавших широкий спектр религиозных, комических, трагических и пасторальных тем. Так, действие трагедии Георгия Хортаци (1545–1610 гг.) *Эрофили* происходит в Египте. *Эротокритос* Вицендзоса Корнароса (ок. 1553–1614 гг.) — роман в стиле Ариосто. *Критская война* Мариноса Буниалиса — эпическое произведение о событиях турецкой осады:

> Ω Κάστρο μου περίδοξο, τάχατες όσοι ζούνε, τάχατες να σε κλαίσινε και να σ' αναζητούνε; Έπρεπε όλ' οι Καστρινοί μαύρα για να βαστούσι, να κλαίγουνε καθημερνό κι όχι να τραγουδούσι· άντρες, γυναίκες και παιδιά και πάσα κορασίδα, να δείχνου πως εχάσανε τέτοιας λογής πατρίδα.

«О мой прекрасный Кастро, плачут ли еще о тебе / те, кто живут сейчас и спрашивают ли они о тебе? / все люди Кастро должны одеться в черное / и стенать день за днем, и оставить песни; / мужчины, женщины, дети и каждая дева / должны показывать, какую родину они потеряли».

Театрам и академиям Кандии, Кастро и Ретимно неожиданно пришел конец в 1669 г. Как и всему этому плодотворному симбиозу венецианско-критской культуры, которая лишь краткое время была «самостоятельной, новаторской силой». Но критские изгнанники увезли с собой свою литературу на континент, где она вскоре стала популярным чтением. И хотя афинские интеллектуалы ею пренебрегали, но книжные каталоги XVIII в. показывают, что эти произведения широко читались. И в самом деле, еще до произведений Дионисиоса Соломоса (1798–1857 гг.) и ионийской школы критская драма создала значительный репертуар произведений на демотике. Именно Критский Ренессанс дал толчок к становлению современной нации греков с их богатой литературой.

за избрание на императорский престол и религиозный мир в Германии был шаток. Лютеранские князья с беспокойством наблюдали, как Евангелический союз во главе с Фридрихом, курфюрстом Пфальца, мерялся силами с Католической лигой во главе с Максимилианом, курфюрстом Баварским. Богемские бунтовщики совершили набег на Вену и подняли восстание в Австрии. В 1619 г., когда Фердинанд был избран императором, они формально низложили его как короля Богемии и избрали вместо него курфюрста Пфальца — лютеранина. Это означало уже открытую войну.

В великой битве у Белой Горы около Праги 7 ноября 1620 г. чешская армия была разбита войсками Империи. Последовало страшное истребление чешского дворянства и конфискация его имущества. Чешское общество было буквально обезглавлено. Страну начали систематически «окатоличивать» и «онемечивать». Кальвинисты были изгнаны. *Зимний король* бежал. Началось вторжение на его земли в Пфальце из испанских Нидерландов, а захвачены они были баварцами. Командовавший силами католиков граф Тилли (1559–1632 гг.), победитель при Праге, штурмовал Гейдельберг (1622 г.), а затем перешел границы Германии на севере, преследуя силы протестантов под водительством графа фон Мансфельда (1580–1626 гг.). Лишенные продовольствия армии начали опустошать эти земли, как саранча.

Датская фаза войны, 1625–1629 гг., началась, когда Христиан IV Датский, глава князей Нижней Саксонии, вступил в борьбу в попытке защитить своих братьев-протестантов. Поддерживаемый субсидиями Англии, Франции и Дании, он вынужден был теперь воевать с новой армией Империи, которую собрал католический дворянин из Богемии Альбрехт фон Вальдштейн, или Валленштейн (1583–1634 гг.). Потерпев поражение при мосте Бассау на Лабе (1626 г.), силы протестантов сделали попытку соединиться со своим союзником в Трансильвании Бетленом Габором. Мансфельд дошел до самого Дуная через Силезию. Теперь наступила очередь имперских сил, которые, «разобравшись» с Мансфельдом при Нойхаузеле (возле Братиславы), выдвинули большие силы против протестантского Севера. Тилли напал на Нидерланды при поддержке испанцев. Валленштейн занял Брауншвейг, Нижнюю Сак-

сонию, Мекленбург, Шлезвиг, Гольштейн, Ютландию и балтийское побережье до предместий Штральзунда, провозгласив себя «генералиссимусом Балтийского моря и Океана». По Любекскому миру (1629 г.) датчане были принуждены отступить взамен возвращения им утраченных территорий. Указом о реституции император приказал протестантам вернуть все бывшие церковные земли, полученные со времени Аугсбургского мира. Валленштейн, в армии которого было много некатоликов, отказался и был отстранен.

Шведская фаза, 1630–1635 гг., началась, когда Густав Адольф послал войска для удержания Штральзунда. В 1631 г., окрепший после заключения с Францией Бервальдского мира, он высадился с главными силами шведской армии и принялся с большим рвением возвращать имущество протестантов. В 1631 г. он, однако, не сумел освободить Магдебург раньше, чем его разграбили войска императора; но при Брейтенфельде он разгромил Тилли и пошел на Палатин. В это время к нему присоединился Иоанн Георг, курфюрст Саксонии, лютеранин, поддерживавший до того императора. В 1632 г. он вступает в Баварию. Мюнхен и Нюрнберг открывают ему ворота. Теперь, когда шведы готовятся наступать на Вену, а саксонцы уже в Праге, император, отчаявшись, опять призывает Валленштейна. В кровопролитной битве у Лютцена (недалеко от Лейпцига) 16 ноября 1632 г. шведы одерживают победу. Но Густав пал на поле боя; его обнаженное тело было найдено в груде мертвецов с пулей в голове и кинжалом в боку; еще одна пуля, как зловещий знак, была в спине. Позиции протестантов слабели вплоть до того времени, пока не были восстановлены Хейльброннской Лигой. В 1634 г. Валленштейн начал переговоры, но в награду за все его труды дождался приговора об изгнании из империи и подосланных убийц. После успеха императорских войск при Нордлингене заболевший император заключает мир с лютеранскими князьями в Праге. Действие Указа о реституции приостанавливается.

Однажды в 1631 г. армия императора начала окружать баварский город Ротенбург-об-дер-Тойбер. По преданию, генерал Тилли обещал не разграблять город, если один из его граждан выпьет громадную флягу вина. Тогда бургомистр Генрих Топплер осушил флягу, спас город и тут же пал бездыханным. Это событие вспоминается в пьесе *Der Meistertrunk,* которую и посегодня дают каждый год в Духов День в Кайзерзале городской ратуши.

То, что произошло в одном местечке, случалось и в тысячах других. Так, в январе 1634 г. двадцать шведских солдат въехали верхом в Линден во Франконии и потребовали у жителей вина и еды. Они ворвались в один из тринадцати домов, принадлежавших Георгу Рёшу, надругались над его женой и забрали все, что хотели. Вскоре, однако, жители этого местечка, устроив засаду, напали на них, сорвали с них одежду, забрали их добычу и коней. На следующий день солдаты вернулись с полицейским, арестовавшим четверых жителей за нападение на шведов. Затем он послал доклад генералу Горну, в котором назвал одного из солдат (финна) обидчиком фрау Рёш. Что случилось потом, не совсем ясно, но уже скоро после этих событий местечко числилось необитаемым. И количество его жителей достигло довоенной численности лишь в 1690 г[58]. [HEXEN]

Французская фаза, 1635–1648 гг., началась, когда Франция стала протектором Хейльброннской Лиги, чьи оставшиеся члены-кальвинисты были исключены из Пражского мира. Теперь вступает в действие стратегия Ришелье. Франция объявляет войну Испании, берет на содержание шведов и вторгается в Эльзас. Война теперь пойдет на трех фронтах: в Нидерландах, на Рейне и в Саксонии. В 1636 г. испанцы подступают к Парижу, но вынуждены отойти из-за угрозы с флангов. В 1637 г. умирает император Фердинанд и появляется наконец надежда на мир. Начиная с 1638 г., когда немецкие союзники Ришелье даруют ему громадную крепость Брейзах на Рейне, шансы Франции постоянно растут. С появленем на сцене герцога Энгиенского, принца Конде (1621–1686 гг.) Франция получила лучшего полководца Европы. Одержанная им потрясающая победа при Рокруа в Арденнах (1643 г.) покончила с военным превосходством испанцев, которым они обладали со времен битвы при Павии (1525 г.). В 1644 г. горячо берутся за дело дипломаты, беспрерывно путешествуя между Оснабрюком (где располагались делегаты-протестанты) и Мюнстером (где осели делегаты-католики). Но пока дипломаты спорили, французы и шведы опустошили Баварию.

Вестфальский мир, заключенный одновременно в обоих пунктах, стал более чем на столетие основой международного порядка в Центральной Европе. Он утверждал и превосходство Франции, и подчинение Габсбургов немецким князьям. В области религии Вестфальский мир покончил с религиозной борьбой в Германии, и кальвинисты получили равные права с католиками и лютеранами. 1624 год был определен как дата, с которой начинает отсчитываться действие экклесиастической реституции; обеспечивалось право на смену вероисповедания, кроме как в Верхнем Палатине и наследственных землях Австрийского дома, каковые закреплялись за католиками. В конституционной области этот мир очень расширил права удельных князей, даровав им право подписывать международные соглашения, а императорские законы принимать лишь с согласия собственного парламента. Теперь предлагалось перевести и Палатин, и Баварию в разряд курфюршеств. По многочисленным территориальным вопросам договор удовлетворил всех главных претендентов. Швейцария и Соединенные провинции получили независимость. В соответствии с желанием Голландии, Шельда становилась закрытой для судоходства других стран. Франция получила львиную долю — власть в Метце, Туле, Вердене, Пинероло, Зундгау в южном Эльзасе, Врайзах; право держать гарнизон в Филиппсбурге; *ландфогтсва* [наместничества] еще в десяти городах Эльзаса. Швеция получила Бремен и Верден, и западную Померанию, включая Штеттин. Бавария взяла Верхний Палатин; Саксония — Лузитанию; Бранденбург — большую часть восточной Померании вплоть до границы Польши, то есть бывшие епископства Хальберштадт, Минден и Каммин и *кандидатуру* Магдебурга. Мекленбург — Шверину, Брауншвейг — Люнебургу и Гессен — Касселю — всем бросили кусок. Последние подписи были поставлены 24 октября 1648 г.

Окончание войны давалось трудно и медленно. В Праге, где она началась в свое время, все еще сражались. Монахи, студенты и горожане собрались на Карловом мосту в ожидании атаки шведов. Но по прошествии девяти дней ожидания пришло известие о заключении мира. «Колокольный звон заглушил последние кононады»[59]. Однако войска не отправились по домам. Пришлось проводить второй конгресс в Нюрнберге в 1650 г.

HEXEN (ВЕДЬМЫ)

В 1635 г. д-р Бенедикт Карпцов (1595–1666 гг.), профессор из Лейпцига и брат самых знаменитых юристов Саксонии, опубликовал свой труд *Practica rerum criminalium* о проведении процессов над ведьмами. Он хотя и признавал, что под пытками часто дают ложные показания, но выступал за их применение. «Он доживет до глубокой старости, с удовлетворением оглядываясь на заслуженную жизнь, за время которой он 53 раза прочитал Библию, причащался каждую неделю… и стал причиной смерти 20000 человек». Карпцов был протестантом и самым известным в Европе охотником на ведьм. В наши дни, впрочем, историки сомневаются в точности цифр.

Несколькими годами раньше Йоханн Юлий, бургомистр Бамберга во Франконии, лежал в городской темнице, осужденный на смерть за посещение шабаша ведьм. Его выдал канцлер этого княжества, который к тому времени уже был сожжен за «подозрительную снисходительность» на процессах ведьм. Но он сумел тайно передать подробный рассказ о происходящем своей дочери. «Мое драгоценнейшее дитя… это все ложь и измышления, так что помогай мне Бог… Они не прекратят пыток, пока чего-нибудь не скажешь… Если Господь не пошлет средства обнаружить истину, все наши родственники будут сожжены». Католический принц-епископ Бамберга Иохан Георг II Фукс фон Дорнхейм имел специальный Дом ведьм, где пыточная комната была украшена библейскими текстами. За десять лет своего правления (1623–1533 гг.) он, говорят, сжег 600 ведьм.

Одержимость поиском ведьм в Европе достигла тогда одного из своих периодических пиков. В Англии в 1612 г. прошел процесс над пенделевскими ведьмами из Ланкашира. В Польше отчет о процессе в Калише того же года подробно все описывает:

«Обнаженная, обритая сверху и снизу, и, чтобы избежать дьявольского вмешательства, облитая освященным маслом, подвешенная к потолку, чтобы не касаться земли, связанная по рукам и ногам, она не желала сказать ничего, кроме того, что иногда купала больных людей в травах. Когда ее вздернули на дыбу, она говорила, что, Бог свидетель, не виновна. Когда ее жгли свечами, она не говорила ничего, только то, что не виновна. Когда ее опустили, она сказала, что невиновна перед Всемогущим Господом, в Троице славимым. Когда ее снова вздернули и снова жгли свечами, она сказала: *Ах! Ах! Ах! Ради Бога;* она ходила с Доротой и женой мельника… С этого места признания совпадали».

В деревне крестьяне часто брали дело в свои руки. Если подозреваемая в колдовстве тонула, когда ее погружали в пруд на «позорном стуле» [укрепленный на подвижном бревне стул], то она, конечно, была не виновна. Если она не тонула, то — виновна.

Много ученых трактатов было написано о черной магии и колдовстве.

К ним относились *De la démonomanie des sorciers* (1580 г.) Жана Бодена, *Daemonolatreia* (1595 г.) Никола Реми в Лотарингии, обширная энциклопедия Мартина дель Рио, опубли-

кованная в Лувене в 1600 г., и *Demonologie* (1597 г.) короля Якова в Шотландии. В этих трудах рассказывалось о механике ночных полетов на метле, о природе и действии заговоров и проклятий, о меню ведьминых котлов, а главное, об оргиях на шабашах. Говорилось, что дьявол появляется или в виде черного мужчины с бородой, или в виде «вонючего козла», который любит, чтобы его целовали под хвостом, или в виде жабы. Он может явиться или *инкубом* [злым духом в образе мужчины] ради ведьм женского пола, или *суккубом* [злым духом в образе женщины] ради колдунов-мужчин. Он иногда собирал преданную ему пятую колонну на многочисленные общие собрания в таких печально известных местах, как Блакула Луг в Швеции, вершина Блоксберг в Гарце или на *Aquelarre* в *La Hendaye* в Наварре.

Это помешательство на ведьмах ставит много вопросов. Историкам следует разъяснить, почему время Возрождения и Реформации оказалось в указанном отношении гораздо хуже так называемых темных веков, почему суеверие достигло предельного развития именно тогда, когда гуманизм и научная революция должны были бы действовать в обратном направлении. Часто это объясняют патологическим действием религиозного конфликта. Историки должны объяснить, почему некоторые страны, в особенности Германия и Альпы, были подвержены этому в большей мере, чем другие; и почему самые яростные охотники на ведьм, как король Яков VI (I), принадлежали к самым образованным и к самым сознательно верующим христианам своего времени. Можно отметить важное сходство: коллективная истерия и ложные обвинения охотников на ведьм имеют много общего с такими явлениями, как преследования евреев и коммунистические чистки.

[DEVIATIO] [ЖАТВА] [ПОГРОМ]

Начиная с папской буллы (1484 г.) и до своего затуха-

ния в XVIII в. эта одержимость просуществовала непрерывно в течение 300 лет и поглотила громадное количество невинных. Впервые признаки критики и протеста отмечаются среди иезуитов Баварии, где преследования были наиболее свирепыми, особенно с появлением *Cautio criminalis* (1631 г.) Фридриха Шпее. Последнее

в Европе сожжение ведьм произошло в Шотландии в 1722 г., в Швейцарии и Испании в 1782 г., а в оккупированной Пруссией Познани в 1793 г. Но к тому времени такие действия уже повсюду были незаконными. Последняя из *Ланкаширских ведьм* Мэри Наттер умерла своей смертью в 1828 г.

для удовлетворения материальных требований армий. Испанцы держали свой гарнизон в Франкентале в Палатине до 1653 г., когда император предложил им взамен Безансон. Последние шведские солдаты ушли только в 1654 г. И в то время, как делегаты в Вестфалии называли эти события Тридцатилетней войной, на самом деле минуло уже 47 лет со времени первого акта насилия в Донауворте [Дунайвароше, см. выше].

Папа Иннокентий X был вне себя. Всю жизнь враждовавший с кардиналом Мазарини, который некогда попытался наложить вето на его избрание, папа был глубоко оскорблен уступками Франции и протестантам и приказал нунцию в Мюнстере денонсировать договор. В своей короткой энциклике *Zelus domus Dei* (1650 г.) он называет Договор «ничтожным, пустым, неплодотворным, несправедливым, нечестным, проклятым, безнравственным, пустым и лишенным смысла на все времена». Папский гнев отражал также его понимание того, что надежды на воссоединение христианского мира исчезли навсегда. После Вестфальского мира те, кто больше не мог говорить о *христианском мире*, стали говорить о *Европе*.

Германия после войны лежала в запустении. Численность населения упала с 21 млн до 13 млн: погибло более трети людей. Целые города, как Магдебург, были разрушены. Были округи, где не осталось ни обитателей, ни скота, ни съестных припасов. Практически прекратилась торговля. В течение жизни целого поколения страна знала только грабежи, голод, болезни, общественные беспорядки — и все это произвело такое разрушение, что князья были вынуждены восстановить крепостное право, лишить города их вольностей и вообще остановить всякое прогрессивное движение своего времени. Сложные и многообразные передвижения

солдат — испанцев, шведов, итальянцев, хорватов, голландцев и французов — изменили национальный состав европейских народов. Германское искусство и литература потерпели такой урон, что оказались полностью под влиянием иностранных, в особенности французских, веяний.

Было сильно подорвано стратегическое положение Германии. Среднее течение Рейна находилось теперь в руках французов; устье трех великих рек Германии — Рейна, Эльбы и Одера — перешли, соответственно, к голландцам, датчанам и шведам. Интересы Империи теперь подчинялись интересам крупнейших германских государств: Австрии, Баварии, Саксонии и Бранденбург-Пруссии. Разорение сопровождалось глубоким унижением; некоторые историки считают, что именно тогда была подготовлена почва национального отчаяния, которое одно могло взрастить семена опасной германской гордости, давшей ростки в последующие века, когда Германия обратилась к политике силы. Австрия, бывшая в начале этого периода чудом своего времени, теперь была низведена до положения всего лишь одного из многих германских государств.

Однако не только Германия переживала период упадка после 1648 года. Испанию потрясали восстания в Португалии и Каталонии, причем она продолжала вести войну с Францией. Англия еще не оправилась от потрясений гражданских войн. Во Франции был разгул Фронды. Польско-Литовское княжество раздирали восстание казаков, шведский Потоп и войны с Россией. Такая концентрация катастроф заставила говорить об общем *кризисе XVII века*. Те, кто полагает, что существовала общеевропейская феодальная система, склонны считать, что в XVII веке Европу охватила общественно-политическая революция, вызванная потребностями нарождавшегося общеевропейского капитализма.

Другие же, напротив, считают, что имел место *кризис современного государства* и окраины силой противостояли растущим требованиям и претензиям центра. Есть и такие, кто видит в происшедшем только совпадения.

Рим, 19 февраля 1667. Джанлоренцо Бернини (1598–1680 гг.), папский архитектор представил свои эскизы третьей и последней большой колоннады вокруг площади Св. Петра. Он предлагал, чтобы *terzo braccio*, или *третий рукав* его колоннады, имел форму отстоявшей пропилеи, или входа с девятью нишами, увенчанными часовыми башнями. Пропилеи предлагалось расположить у входа на площадь прямо напротив фасада собора Св. Петра (см. карту 17, с. 419).

В своем *giustificazione* [обосновании проекта], представленном вместе с эскизами еще за 12 лет до того, Бернини разъяснил строение и символизм площади Св. Петра. Площадь должна была стать преддверием церкви, местом сбора множества людей, пришедших за папским благословением, местом торжественных процессий и в то же время границей святыни. Он хотел видеть колоннаду прозрачной, проницаемой, планировал сделать пространство между колоннами шире самих колонн для облегчения прохода людей и для того, чтобы у них не возникало ощущения физической преграды. Колоннаду предполагалось покрыть лентой антаблемента, что позволило бы людям укрыться в плохую погоду; антаблемент должны были венчать статуи, которые бы являли народу собрание святых. Два идущих полукругом крыла колоннады, выступающих далеко за пределы церковного двора, Бернини выразительно сравнивал с «обнимающими руками Матери Церкви», привлекающими к себе всех людей. Пропилеи же должны были занять место рук, соединенных в горячей молитве, здесь должны был соединиться широкие объятия протянутых навстречу людям рук Церкви.

Однако кардиналы из *Congregazione delta Reverenda Fabbrica*, которые ведали строительными работами, думали иначе. Они повелели не построить пропилеи, а замостить площадь и соорудить второй фонтан. Вскоре затем умер папа-покровитель Бернини, так что решение о строительстве *terzo braccio* так никогда и не было принято. *Амфитеатр христианской вселенной* так никогда и не был замкнут[60].

Согласно размеру собора площадь перед ним была грандиозной. Ее общая длина от главного портика до западного входа составляет 339 м (370 ярдов), а ширина — 220 м (240 ярдов). Здесь без труда помещается 100000 человек. Очертания соединенных здесь пространств, несмотря на всю сложность, изумительно совершенны. Трапеция перед фасадом переходит в эллипс между руками колоннады. В целом колоннада состоит из 284 дорических колонн и ромбовидных пилястров, расположенных четырьмя рядами. На ионическом антаблементе 96 статуй святых и еще 44 над галереями церковного двора. В 1586 году в фокусе овала (колоннады) был поставлен на площади обелиск из Гелиополя высотой 41 м. По бокам его появились два круглых фонтана: один Мадерны (1614 г.), другой был добавлен Бернини в 1667 г.

Строительством колоннады Бернини завершилась реконструкция собора и площади Св. Петра, продолжавшаяся 161 год. Этим завершились работы, растянувшиеся на целую Контрреформацию. В целом эти работы начались в 1506 г., но большая часть грандиозного плана Браманте, первого архитектора собора, оставалась только на бумаге на протяжении всего XVI в. Купол Микеланджело был завершен в 1590 г.; впрочем, и тогда нефа еще не было и развалины церкви Константина IV века все еще загромождали старую площадь. Только в 1605 г. Карло Мадерна получил разрешение снести старую церковь и возвести новый портик и фасад, которые были торжественно открыты в Вербное воскресение 1615 г. В 1620-е гг. молодой Бернини добавил к фасаду Мадерны две величественные *campanili* [колокольни], но двадцать лет спустя их снесли. Назначенный главным архитектором в 1628 г., он получил широкие полномочия только в 1655 г. За следующие 12 лет Бернини возводит *Scala Regia* — главную лестницу Ватиканского дворца, *Кафедру*, или *Трон святого Петра*, и новую Piazza с колоннадой[61].

Рим во времена Бернини был настоящим ульем, полным интриг и кипучей деятельности; искусство и политика Церкви здесь соединялись с амбициями могучих аристократических кланов, суетливого процветания торговцев и ремесленников и мучительного ничтожества простого народа. Бернини должен был слышать о том, как сожгли Джордано Бруно и, возможно, даже присутство-

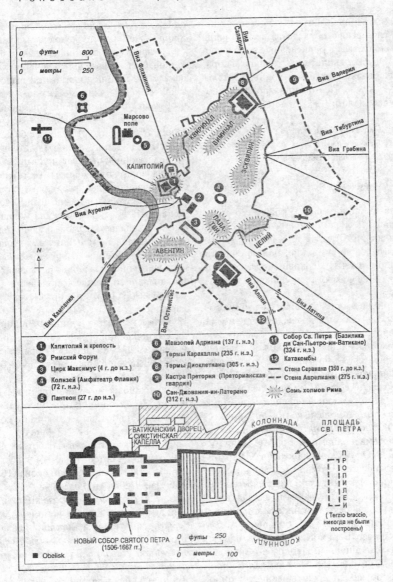

Карта 17

вал на процессах Галилея. Он наблюдал при жизни, как рушатся папские государства, а сами папы не имеют сил вмешаться в религиозные войны своего времени. Он был свидетелем разлива Тибра, вдохновившего его на один из самых выразительных образов — чумы, и сетований народа на постоянно растущие налоги:

Han' fatto piu danno
Urbano e nepoti
Che Vandali e Gothi,
A Roma mia bella,
O Papa Gabella!

(Этот «папа налога на соль», Урбан и его «племянники» больше повредили моему прекрасному Риму, чем вандалы и готы.)[62]

Принимая все это во внимание, можно считать настоящим чудом то, что Церковь могла создать такую роскошь среди невероятных лишений и трудностей народа.

В 68 лет Бернини был на вершине своего многогранного гения, перед ним открывалось еще целое десятилетие творческой жизни. Он был сыном инженера-архитектора на папской службе Пьетро Бернини, который среди прочего был создателем «фонтана-кораблика» на площади Испании. С того дня, когда в возрасте восьми лет он с отцом приехал в Рим, он постоянно видел перед собой великие памятники этого города и водил дружбу и с кардиналами, и с богатыми патронами. Он лично был знаком с восьмью папами от Боргезе Павла V (1605–1621 гг.) до Одалески Иннокентия XI (1676–1689 гг.). Павел V сказал его отцу: «Мы надеемся, что этот мальчик станет Микеланджело своего времени». Урбан VIII (1623–1644 гг.) сказал ему: «Великое счастье, кавалер, нам видеть кардинала Маттео Барберини папой. Но еще большее счастье для нас, что кавалер Бернини живет при нашем понтификате». Уже в первый день своего правления Александр VII (1655–1667 гг.) вызвал Бернини в Ватикан и поручил завершить реконструкцию собора Св. Петра.

Бернини умел отвечать на комплименты. Довольный тем, как терпеливо Людовик XIV ему позировал, он сказал своей модели: «Сир, я всегда знал, что вы велики в великом. Теперь я знаю, что вы велики также в малом». Он умел польстить и дамам. «Все женщины прекрасны, — заявил он

однажды. Но под кожей итальянок струится кровь, а под кожей француженок — молоко».

По профессии Бернини был скульптором. С юных лет он был создателем величайших произведений искусства. Еще подростком он выполнил большой заказ «Эней, Анхиз и Асканио» (1618–1619 гг.), изобразив бредущего героя с немощным старцем на плечах. Его последний заказ — изумительное надгробие Александра VII, где он с большой смелостью представил Истину в виде обнаженной женщины, не был закончен и 60 лет спустя. Его работы полны напряжения, возникавшего от столкновения двух соперничавших идей: реализма и фантазии. Созданные им портреты в камне были очень живыми и похожими: на открытии бюста монсиньора Мантуа папа, обращаясь к самой скульптуре, сказал: «Да это действительно монсиньор», — и добавил: «Удивительное сходство». Выразительные позы, динамика движений тела и лица и, главное, изумительная оригинальность замысла придавали большую силу любому избранному им предмету, пусть и самому банальному[63].

Знаток искусства Бернини Филиппо Бальдинуччи, его первый биограф, считал, что маэстро имел два важнейших качества: изобретательность и смелость. «Его самой большой заслугой было умение… создавать прекрасное из неподходящего». Ко всему, у него вовсе не было страха перед нетрадиционным. «Те, кто никогда не преступают правил, — заметил он однажды, — никогда и не пойдут дальше их»[64].

Список скульптурных работ Бернини доходит до нескольких сотен. К самым известным относятся портреты Карла I Английского (1638 г.) по картине Ван Дейка и Людовика XIV Французского (1665 г.), *Похищение Прозерпины* и *Давид*. Бернини изобразил Давида в момент, когда юноша, целясь в противника, наклонился и откинулся в сторону. Затем это *Экстаз святой Терезы*, *Смерть блаженной Альбертони*, *Истина, открываемая временем* и надгробие Урбана VIII, где ангел смерти пишет книгу истории.

Однако скульптура была только началом творческого пути Бернини. Она позволила ему овладеть искусством художественной композиции, которая, в свою очередь, требовала обращения к другим искусствам. Бернини стал мастером также и в живописи, архитектуре и внутреннем убранстве зданий. В соборе Св. Петра мы встречаемся с его творениями на каждом шагу: в фантастических витых бронзовых колоннах *Балдахина* над *Троном Св. Петра* (1632 г.), в украшении контрфорсов, поддерживающих купол, в барельефах над входом и в многокрасочном мраморном покрытии пола аркады, в украшенной бронзой и ляпис-лазурью дароносице в алтаре – «Святая Святых величайшего храма христианского мира».

Велики были приношения Бернини Риму – не менее 45 крупных сооружений. Он возводит колоссальный *Фонтан Тритона* (1643 г.), где мощная струя воды бьет из витой морской раковины – атрибута Тритона, и сам он сидит на раковине, которую держат три дельфина; он был также соавтором *Фонтана четырех рек* на площади Навона, этого аллегорического изображения четырех величайших рек мира – Нила, Ганга, Дуная и Ла Платы. Бернини – автор фасада Колледжа пропаганды веры, церкви иезуитов Сант Андреа ди Монте Кавалло и городской церкви в Кастель Гондольфо. Он восстановил дворцы Квиринала и Киджи и Арсенал в Чивитавеккиа.

Что касается современников, то они больше всего ценили сценографию Бернини. Последующие поколения много потеряли от того, что громадная энергия этого художника была брошена на постановку пьес, маскарадов, карнавалов, шествий, которые ставились с размахом героической эпохи, но от которых ничего не осталось. В 1661 г. Бернини занимался декорацией холма Сан Тринита дель Монте для фейерверка по случаю рождения французского дофина. В 1669 г. он был организатором знаменитого праздника в честь обороны Крита. В театре Тор ди Нона (1670–1676 гг.) он работал с такими драматургами, постановщиками, актерами и композиторами, как Скарлатти и Корелли. Часто говорят, что театральность была самым духом барокко; в этом смысле Бернини следует считать самым вдохновенным художником барокко.

Неудачи Бернини были редкими, но очень болезненными. Снос построенных им колоколен собора Св. Петра следует приписать злокозненности ревнивых советчиков Иннокентия X. Труднее объяснить его фиаско во Франции в 1665 г. Он был приглашен во Францию самим Кольбером, который в своем письме писал, что «им восхищается весь мир». Бернини выехал в Париж, захватив с собой планы амфитеатровой постройки, в основе которых лежал Колизей и которую он намеревал-

ся возвести между Лувром и Тюильри. Эти планы были отвергнуты, и Бернини вернулся шесть месяцев спустя домой в большом огорчении, которое смягчалось лишь воспоминанием о веселых часах, когда ему позировал Людовик XIV. В самом конце его карьеры на Бернини возложили вину за то, что на каменных контрфорсах Св. Петра появились трещины. Тогда Бальдинуччи написал свою книгу, чтобы снять эти обвинения.

В 1667 г. папа Александр VII был почти что ровесником Бернини. В качестве кардинала Киджи он до того проявил себя как честолюбивый дипломат. В качестве нунция в Кельне в 1640-е гг. он был главным представителем Ватикана на переговорах по окончании Тридцатилетней войны. Тогда он прославился тем, что противодействовал любым уступкам протестантам. Он полностью поддерживал саркастическое высказывание Бернини: «Лучше плохой католик, чем хороший еретик». Он почитал св. Франциска Сальского, которого и канонизировал; дружил с иезуитами и придерживался твердой линии в борьбе с янсенистами. Короче, он был настоящим папой эпохи Контрреформации. В то же время он был утонченным художником и литератором: опубликовал собственную латинскую поэму, был выдающимся собирателем книг и покровителем искусств. Бернини он уже поручал работу над резиденциями Киджи (еще в качестве государственного секретаря) до того, как вызвал его к себе в первый же день своего понтификата.

Главным соперником Александра как покровителя искусств в Риме была, конечно, бывшая королева Христина Шведская. Христина прибыла в Рим в декабре (уже после избрания Александра) и стала самой знаменитой в то время персоной, перешедшей в католичество. Будучи незаурядной личностью, интеллектуалкой, она быстро превратила палаццо Риарио в салон, славившийся утонченным вкусом и остроумием, и через посредство *squadro volante* [группы захвата] кардинала Адзелино – в рассадник церковных интриг. При ее противоестественных наклонностях и склонности к интеллектуальному обновлению католицизма (ею раньше был покорен Декарт) она была, конечно, неподходящей фигурой в пуританском Риме папы Александра.

Из Рима христианский мир виделся в печальном положении. К 1660-м гг. продолжительная борьба с протестантизмом зашла в тупик. Исчезла надежда на воссоединение с православным миром.

Во всех ведущих католических государствах (за исключением Франции) царил беспорядок; а Франция, как и Португалия, пребывала в молчаливом неповиновении авторитету папы. При Леопольде I Священная Римская империя была разграблена и обезлюдела; в таком же состоянии были Польша и Литва; Испания была банкротом.

На севере Европы происходили разного рода конфликты, но они никак не были связаны с Римом. Как только Англия установила мир с Нидерландами (Договор в Бреде), Франция вступила в войну с испанской Фландрией. Англия эпохи Реставрации только что пережила чуму и Великий пожар, прославленный в *Annus Mirabilis* Драйдена. На востоке в Андрусово православные московиты принудили Польшу уступить Украину и угрожали навсегда нарушить здесь равновесие сил. Бранденбург–Пруссия, только что ставшая независимой, стремилась вытеснить Швецию и занять ее место ведущей в военном отношении протестантской державы.

На Балканах и в Средиземноморье господствовали турки. Венеция мрачно удерживала свой последний критский бастион в Кандии (Гераклион). Папская область — как и вся Италия — переживала экономический упадок. Невозможно объяснить, как еще находились деньги на экстравагантные постройки Бернини и на субсидии для Венеции. Несмотря на все его великолепие, папский Рим ощутимо приближался к концу своего величия.

Распря Ватикана с Францией произошла из-за жалоб покойного к тому времени кардинала Мазарини. Мазарини не мог простить Риму, что тот дал приют ненавистному ему кардиналу де Ретцу, архиепископу Парижа. Мазарини отомстил, поддержав Фарнезе и д'Эсте в их имущественных спорах с Папской областью. За это он не был включен в Конклав 1655 г., избравший Александра VII, на том основании, что кардиналы могут постоянно проживать за границей только с разрешения. Людовик XIV решил продолжать эту вражду и после смерти Мазарини. Под предлогом того, что была нарушена неприкосновенность французского посольства в Риме, он высылает из Парижа нунция и занимает Авиньон. Не имея выбора, папа Александр был вынужден принести унизительные извинения и воздвигнуть в Риме пирамиду, с выбитыми на ней признаниями проступков собственных слуг папы. Этим отношениям не помогло и

следующее унижение Ватикана в 1665 г. в связи с неудачной поездкой Бернини в Версаль. Впрочем, Бернини имел громадный успех у Людовика XIV, которому однажды во время сеанса позирования он разделил парик пробором, чем положил начало новой моде, известной под именем *la modification Bernin*. Для всех было очевидно, что Франция — в моде ли, в политике или религии — собиралась идти собственным путем. Версаль не станет замечать и возражения Ватикана в связи с преследованиями гугенотов.

В литературе 1667 г. ознаменовался появлением *Андромахи* Расина и *Потерянного рая* Мильтона. Произведение Расина, действие которого происходит в античной Трое, свидетельствовало о непрерывности классической традиции, а также… о превосходстве французской литературы. В несравненных ритмах Мильтона христианские темы оставались творчески плодотворными:

> О первом преслушанье, о плоде
> Запретном, пагубном, что смерть принес
> И все невзгоды наши в этот мир,
> Людей лишил Эдема до поры,
> Когда нас Величайший Человек
> Восставил, Рай блаженный нам вернул…
> Пой, Муза горняя. Сойди с вершин
> Таинственных Синая и Хорива,
> Где был тобою пастырь вдохновлен…[65]

Выдающиеся современники Бернини находились в то время на разных этапах своей жизни и карьеры. В Амстердаме Рембрандт в это время создавал свое последнее великое полотно *Еврейская невеста*. В Мадриде Мурильо был занят циклом из 22 картин для Церкви капуцинов. В Париже Клод Лоррен создал уже *Европу*. В Лондоне (после Великого пожара) Кристофер Рен задумывал свои изумительные церкви и Ричард Лоуэр произвел первое переливание крови. В Кембридже молодой Исаак Ньютон только что открыл хроматическую аберрацию и теорию солнечного спектра. В Оксфорде Гук предлагал вести систематические метереологические наблюдения. В Мюнхене строилась Театинеркирхе. В феврале 1667 г. только что умер Франц Хальс, портретист, и был зачат сатирик Джонатан Свифт.

Несомненно, что затянувшаяся реконструкция собора Св. Петра была центральным событием века церковных реформ. Собор Св. Петра был не просто зданием; он был главным храмом и символом веры, против которой восстал Лютер и за которую сражались «военные соединения» папы. Несомненно также, что возведение колоннады Бернини знаменовало важный этап в этом процессе. Ради удобства историки могут соблазниться и сказать, что оно знаменовало окончание Контрреформации. В некотором смысле это действительно так.

И все же в действительности Контрреформация не кончилась, как никогда не была достроена колоннада. В истории цивилизации мало найдется определенных окончаний определенных этапов. Уже поднимавшиеся светские силы начинали заслонять Римскую церковь; но она вовсе не перестала быть существенной приметой европейской жизни. Понадобились еще века, чтобы провести в жизнь идеалы Контрреформации. А институты Римской церкви живы и сейчас, 400 лет спустя. Поистине Римская церковь будет жить, пока толпы паломников приходят на площадь Св. Петра, молятся перед Троном Св. Петра и смешиваются в толпе с туристами под сводами колоннады Бернини.

Карта 18

VIII

LUMEN
Просвещение и абсолютизм, ок. 1650–1789 гг.

Есть какая-то наивность в том, что принято называть «Веком разума». Оглядываясь назад, кажется невероятным, чтобы почти все ведущие интеллектуалы Европы стали придавать такое громадное значение одной из многих способностей человека — Разуму, Мышлению — в ущерб всему остальному. Можно было предположить, что наивность такого масштаба в конце концов приведет к катастрофе; катастрофа в виде страшных революционных лет и постигла в конце концов Век разума.

До и после эпохи Просвещения достоинства Разума ценились гораздо меньше. Увидев тень своего отца, шекспировский Гамлет сказал своему охваченному сомнением спутнику: «Есть в мире тьма, Гораций, кой-чего, что вашей философии не снилось». Не был рационализм в моде и в XIX веке. Вот что можно прочитать в одном словаре: «ПРОСВЕЩЕНИЕ (...) 2. Пустой и с претензией интеллектуализм, необоснованное презрение к авторитету и традиции и т.д.; употребителен в особенности по отношению к духу и задачам французских философов XVIII века. 1865»[1].

С другой стороны, оценивая период, который последовал за Реформацией в разных странах, мы должны помнить, с чем именно сражались европейцы так долго. Согласие Разума с Верой, обещанное гуманистами Возрождения, не одолело мира религиозной догмы, магии и предрассудков. После эпохи религиозных войн естественно и необходимо было обратиться к противоядию — «Свету милого Разума». Но даже в период полноводья поток Просвещения пробежал, лишь слегка омыв поверхность не умирающего фанатизма.

Не меньше проблем и с другим ярлыком историков — *Век абсолютизма* — который применяют к тому же историческому пароиду. Легко вообразить, что большинство европейских правителей указанного времени или пользовались неограниченной властью, или, по крайней мере, стремились к ней. Этого, увы!, не было. Не все поголовно европейцы в Век абсолютизма были его превержденцами, как не все они были рационалистами.

В то столетие, которое отделяет Вестфальский мир от Французской революции, на карте Европы произошло мало радикальных изменений. Каждая война этого периода заканчивалась каким-нибудь территориальным переделом. Особенные потрясения вызвал Утрехтский мир (1713 г.); первый раздел Польско-Литовского государства (1773 г.) был предвестником обвала. В результате объединения Британских островов появилось новое важное образование. Но в основном крупные территориальные блоки оставались нетронутыми. Продвижение Франции к Рейну удалось лишь отчасти; Пруссия должна была довольствоваться сравнительно небольшими завоеваниями, последнее великое наступление турок было остановлено и обращено вспять. Одна лишь Россия продолжала бурно расти. Ни один из европейских слабаков не скончался: Испания, Священная Римская империя, Швеция и Польско-Литовское государство — все они болели, но оставались в живых.

В Европе Века абсолютизма было гораздо больше политических систем, чем упоминают учебники, популярные издания и даже энциклопедии. В Век абсолютизма абсолютистские государства на самом деле составляли меньшинство. Между абсолютно децентрализованной, конституционной и республиканской конфедерацией Швейцарии, стоявшей на одном краю шкалы и крайней автократией России, Оттоманской империи или Папской области — на другом мы видим целый спектр промежуточных вариантов. Республики были представлены в Европе Венецией, Польско-Литовским государством и Соединенными провинциями; конституционными монархиями были в разное время Англия, Шотландия и Швеция; абсолютистскими монархиями — Франция, Испания и Австрия. Священная Римская империя с ее монархией, которая была и выборной, и наследственной, находилась где-то посередине между республиками и конституционными монархиями; Пруссия, где конституционные структуры функционировали по законам авторитарного государства, находилась между конституционализмом и абсолютизмом. Еще большим разнообразием отличались европейские *Kleinstaaterei* — сотни крошечных государств, которые Питт Младший однажды в отчаянии назвал «тучей комаров». Среди них были и города-республики в миниатюре, вроде Рагузы (Дубровника), Генуи или Женевы; маленькие княжества, как Курляндия; клерикальные государства, как Авиньон, и забавные гибриды, вроде Андорры.

Больше того, многие европейские страны оставались конгломератами, и правителю приходилось править в рамках различных систем на разных территориях своих государств. Прусские короли вели себя в Берлине, где они подчинялись Империи, иначе, чем в Кенигсберге, где они были абсолютно независимы, или чем в Миндене или Невшателе. Габсбурги были номинально главами Империи, самодержцами в Праге или Вене и конституционными монархами (после 1713) в Брюсселе. Британские короли были конституционными монархами дома и самодержцами — в колониях.

С течением времени появлялись новые варианты известных государственных устройств. Англия, например, развивалась в направлении республики при Кромвеле, в направлении монархии в период реставрации Стюартов и назад к своему излюбленному промежуточному устройству после *Славной революции* 1688–1689 гг. В конце XVII в. и шведская, и датская монархии быстро шли к абсолютизму. Шведские «шляпы» и «колпаки» в XVIII в. устремились в противоположном направлении. При Яне Собеском (правил 1674–1696 гг.) Речь Посполита жила по правилам аристократической демократии. После 1717 года она стала русским протекторатом. В России цари были безграничными самодержцами, в Польше они же были поборниками «золотой свободы». Но внешние проявления, как и простые определения, обманчивы.

Абсолютизм в особенности надо рассматривать с осторожностью. Это нечто меньшее, чем цари и султаны, не имевшие никаких институциональных преград в реализации своей власти. Но абсолютизм и больше, чем просто дух авторитаризма, побуждавший некоторых монархов, в подражание Пруссии, оказывать силовое давление на те институты, с которыми они должны бы сотрудничать. Несомненно, корни абсолютизма следует искать в позднем феодальном периоде, когда укреплявшиеся монархии боролись с вековыми привилегиями провинций и дворянства, а также — и в католическом мире, где католическая церковь не подчинялась прямому политическому контролю. Абсолютизм невозможен ни в условиях протестантизма, ни в условиях православия. В разное время и на разных этапах своей истории Франция, Испания, Австрия и Португалия определенно прошли стадию абсолютизма. В Британии, Пруссии, Польско-Литовском государстве и России абсолютизма не было никогда по весьма различным причинам.

Следует подчеркнуть, что абсолютизм есть понятие идеальное, а не определение реальной формы правления. Абсолютизм включает набор политических идей и положений, которые возникли в связи с необходимостью покончить с исключительно децентрализованными институтами, оставшимися от средневековья. Часто абсолютизм означает всего лишь личную власть некоторых монархов в ее противопоставлении ограниченной власти других, власть которых ограничивалась местными сеймами, автономией провинций, муниципальными хартиями, свободными от налогообложения дворянством и духовенством. Абсолютизму нелегко было дать определение, а обоснование он зачастую получал не в детальных аргументах философов, а в панегириках придворных: у него много Боссюэ и Буало и лишь один Гоббс. Может быть, отчетливее всего его черты проявились на примере не великих держав, а второстепенных государств вроде Тосканы. Нигде, однако, он не добился полного успеха: не породил абсолютное государство. Тем не менее в XVI—XVII вв. абсолютизм был орудием радикальных перемен. В XVIII в., когда влияние абсолютизма уменьшается, идеи абсолютизма уступают место новым тенденциям демократизма, свободы и *общей воли*. А эпоха *просвещенных монархов* была также эпохой британского и американского конституционализма.

Следует иметь в виду, что абсолютизмом часто пугали и совершенно не к месту: когда английские джентри жаловались на абсолютизм Стюартов, то их волновал вовсе не баланс власти короля и парламента, а страх перед французским и испанским его вариантом. Когда польская шляхта принялась кричать об абсолютизме их саксонских королей, чье положение в Польско-Литовском государстве было ограничено гораздо больше, чем в любой ограниченной монархии, то они просто возражали против перемен.

За точку отсчета следует взять французский абсолютизм. При Людовике XIV (правил 1643—1715 гг.), чье правление было самым продолжительным в Европе, Франция во всех отношениях была величайшим государством Европы, и у многих вызывала восхищенное удивление. И тем не менее величайший из абсолютных монархов умер разочарованным, в полной уверенности, что идеал недостижим.

Так что абсолютизм потерпел мрачное поражение. *Ancien Régime* [старый порядок] Людовика XIV — окончился катастрофой Революции, которая, превратив Францию в апостола республиканской формы правления, одновременно покончила и с ее величием. Самые же бесстрашные противники абсолютизма, напротив, восторжествовали. Приверженность конституционной форме правления Британии не только сформировала ведущее государство XIX в., но и (через конституции мятежных колоний Британии) породила главную сверхдержаву XX века.

После 1650 г. продолжали множиться европейские колонии и заморские владения; в некоторых случаях они получили самостоятельность. Испания и Португалия были полностью заняты эксплуатацией тех владений, которые у них уже имелись. В Северной Америке испанцы продолжали продвигаться вглубь на материк из Новой Испании (Мексики) в Калифорнию, Аризону и Колорадо. В Южной Америке, поддерживаемые систематической колонизацией иезуитов, они сосредоточили свои усилия на Венесуэле, Новой Гранаде (Боготе), Перу, Парагвае и Ла-Плате (Кордова). Они пытались запретить торговлю для кораблей, но договор в Асиенто (1713 г.) принудил их допустить иностранцев. Португальцы выдержали долгую военную кампанию с голландцами, пытавшимися захватить бразильское побережье. По соглашению от 1662 г. они продвинулись на юг от Сан Паоло до р. Плато (1680 г.) и на запад в богатые золотом районы у Минас-Жераис (1693 г.) и Мату Гросу. Голландцам, помимо островов Ост-Индии, оставили колонии в Гвиане и Кюрасао. Русские, которые к этому времени открыли то, что в 1648 г. назвали Беринговым проливом, захватили Камчатку (1679 г.) и подписали соглашение с Китаем по поводу границы на Амуре (1689 г.). Столетие спустя, после открытий датчанина Витуса Беринга (1680—1741 гг.), они построили форт на острове Кадьяк (Павловская Гавань) (1783 г.) и предъявили права на Аляску (1791 г.), откуда протянулась русская территория до форта Росс в северной Калифорнии (1812 г.).

Но большинство новых колониальных завоеваний осуществлялось французами и британцами. В 1664 г. Франция основала *Compagnie des Indes* с базами вдоль восточного побережья Индии в Пондишери и Карикал, а также с промежуточными пунктами на островах Мадагаскар и Реюньон. В 1682 г. на Миссисипи была основана Луизиана, названная в честь Людовика XIV, со столицей в Новом Орлеане (1718 г.). Англия консолидировала свои американские колонии, основав Делавэр (1682 г.), квакерскую колонию Пенсильвания (1683 г.) и Джорджию (1733 г.). В Индии Ост-Индская компания, которой теперь помимо Мадраса принадлежали также Бомбей и Калькутта, испытывала сильнейшую конкуренцию со стороны французов. Торговые интересы шли рука об руку с морскими открытиями. В 1766—1768 гг. французский адмирал Бугенвиль обошел на корабле вокруг света, как и капитан Джеймс Кук в 1768–1780 гг. В этих обстоятельствах французско-английские конфликты были неизбежны. В конфликтах одерживала верх Британия, благодаря своему превосходству на море. Великобритания захватила Ньюфаундленд в 1713 г., французскую Индию в 1757 г. и французскую Канаду в 1759–1760 гг., подтвердив свой статус главной колониальной державы.

Колониализм в значительной степени ограничивался теми морскими державами, которые в свое время начали колониальные захваты. В этих захватах не принимали участия Германия, Австрия или итальянские государства. В этом они отставали от польского владения Курляндии, чей герцог купил Тобаго в 1645 г. и некоторое время владел торговой базой в Гамбии; а также от Дании, чья Вест-Индская компания заполучила Сен-Тома и Сент-Джон (1671 г.) и Сен-Круа (1733 г.).

Развитие связей Европы с далекими континентами и культурами невозможно переоценить. Европа, долгое время замкнутая на себе, имела весьма скудные сведения о неевропейских цивилизациях, что порождало массу фантастических рассказов, вроде рассказов об Эльдорадо. Теперь же постоянный приток достоверных сведений об Индии, Китае и американском Фронтире провоцировал на более серьезные размышления. *Шесть путешествий* (1676 г.) Дж. Б. Тавернье (1605–1689 гг.), сказочно обогатившегося в Персии, положили начало новому жанру, к которому принадлежат знаменитое *Новое путешествие вокруг света* (1697 г.) пирата Уильяма Дампира (1652–1715 гг.), *История Японии* (1727 г.) немецкого хирурга Энгельберда Кемпфера (1651–1716 гг.) и более позднее *Путешествия в Аравию* швейцарца И. Л. Буркхардта (1784–1817 гг.), первого европейца, побывавшего в Мекке. *Необыкновенные и удивительные приключения Робинзона Крузо* (1719 г.), первый в мире популярный роман, был написан английским сатириком Даниелем Дефо (1659–1731 гг.) на основании действительных приключений шотландского моряка, которого Дампир высадил на необитаемом острове Хуан Фернандес недалеко от Вальпараисо. Эти книги часто открывали перед европейскими читателями перспективу иных мировых религий, культур и фольклора; они стали для философов эпохи Просвещения самым действенным инструментом критического пересмотра фундаментальных европейских и христианских принципов.

Для европейцев было шоком узнать, что сиамцы могут быть счастливее их, брахманы — проницательнее, а ирокезы не так кровожадны, как они сами. Забавно, что авторы-иезуиты, особенно часто обращавшиеся к жанру путевых записок этнографического типа, тем самым заложили разрушительную бомбу в основание собственного интеллектуального мира. Упомянем здесь описание жизни американских индейцев в Канаде, составленное братом Иосифом-Франсуа Лафито (1670–1740 гг.) или переведенные на множество языков записки о Персии иезуита Тадеуша Крусиньского (1675–1756 гг.), опубликованные в 1733 г.

Колониализм оказывал очевидное и большое воздействие на международные отношения. Почти все войны этого периода имели свой морской или колониальный фронт, шли параллельно основным военным действиям на Континенте. Ведущие сухопутные державы — Франция, Испания, Австрия и все в большей мере Пруссия и Россия — должны были считаться с богатейшими морскими державами, в особенности с Британией и Голландией, которые при небольших собственных войсках играли решающую роль, оплачивая, обеспечивая и сплетая дипломатические коалиции.

Дипломатия все больше руководствовалась доктриной *равновесия сил*, согласно которой всякая перемена соотношения сил в одной части Европы рассматривалась как потенциальная угроза для Европы в целом. Это определенно свидетельствовало о зарождении *европейской системы*. Колониальные ресурсы при этом были интегральной частью равновесия. Такая система особенно устраивала британцев, инстинктивно противодействовавших всякой имеющей перевес на Континенте державе, причем они овладели искусством поддерживать *равновесие сил* с наименьшими затратами. Сложившийся новый тип международных отношений был начисто лишен морального или религиозного пыла прежних времен. Теперь эти отношения сводились чуть ли не к ритуалу, когда текущее *равновесие сил* проверялось в нескольких детально спланированных битвах небольших профессиональных армий, чьи элегантные офицеры с обеих сторон принадлежали к общему интернациональному братству военных, а успехи тщательно исчислялись в количестве уступаемых или приобретаемых территорий. Территории стали чем-то вроде фишек в казино, и правители теряли или собирали их в соответствии с капризами военной удачи, нисколько не задумываясь об интересах населявших эти территории людей. Как и Вестфальский конгресс, все последующие великие конгрессы — Утрехтский (1713 г.), Венский (1738 г.), Ахенский (1748 г.) и Парижский (1763 г.) — проходили в духе веселого цинизма.

Экономическая жизнь также находилась под громадным влиянием колоний. Европейские страны все больше делились на страны, которые пользуются преимуществами колониальной торговли, и страны, которые ими не пользуются. Больше всех выигрывала Британия, в особенности после Утрехта, добившись ведущей роли в трансатлантической торговле сахаром, табаком и рабами — отчего в свое время разбогатели Ливерпуль, Глазго и Бристоль. Британская политика блокады вражеских портов во время войны привела к постоянным трениям Британии не только с Францией и Испанией, но и с нейтральными голландцами, датчанами и шведами, которые давно уже специализировались на контрабанде, морском разбое и блокадах. В Великобритании — как и в Голландии — в это время развивается система институтов кредитования: Английский банк (1694 г.), Королевская биржа и Национальный кредит. Таким образом, 1760-е годы были первым этапом промышленной революции. [КАПИТАЛИСТИЧЕСКОЕ СЕЛЬСКОЕ ХОЗЯЙСТВО]

Британия породила Джона Ло (1671–1729 гг.), энергичного шотландского финансиста, который придумал первый опыт привязки колониальной торговли к народному капитализму. Его грандиозный *План* и *Banque royale* [Королевский банк] (1716–1720 гг.) в Париже, который находился под покровительством регента, совпали по времени со столь же сокрушительной неудачей Компанией южных морей в Лондоне; это предприятие произвело настоящую спекулятивную лихорадку продаж акций, связанных с будущим Луизианы. Затем это дутое предприятие лопнуло; тысячи, если не миллионы, вкладчиков разорились. Ло бежал, а Франция на долгое время получила прививку против кредитных операций. До того, однако, коммерческие дела компании Ло процветали, и

международная торговля Франции за период 1716–1743 гг. выросла в четыре раза.

В Центральной и Восточной Европе подобных явлений было мало. Там главным источником богатства оставалась земля; крепостное право повсюду преобладало; торговля по сухопутным путям была несравнима по масштабам с морской. Германия медленно восстанавливала силы, Чехия — несколько быстрее; Польско-Литовское государство после 1648 г. переживало абсолютный упадок экономики, от которого оно так никогда и не оправилось. Балтийская торговля все больше ориентировалась на Россию, где после основания Санкт-Петербурга открылось «окно на Запад».

В социальных отношениях, несмотря на отдельные вспышки недовольства, в целом все текло по привычному руслу до тех пор, пока в 1789 году не открылись все шлюзы. Исключительное богатство аристократии было такой же нормой, как и исключительная бедность крестьян. Различия между Западной и Восточной Европой росли, но не слишком. Даже в Великобритании, где влияние коммерции было особенно сильным, земельная аристократия сохраняла первенствующее положение. Поскольку же английские лорды не чурались такой деятельности, как строительство каналов или добыча угля, то и первенствующее положение аристократии сохранялось дольше. Это был век вельмож и магнатов — таких родов, как Медина Сидония и Осунья в Испании, Брах и Бонде в Швеции, Шварценберги в Австрии, Эстергази в Венгрии, Лобковицы в Чехии, Радзивилы и Замойские в Польше; каждый род имел громадные латифундии, вел княжескую жизнь в своих майоратах и пользовался огромной властью, выступая в роли могучего патрона. [ШЛЯХТА]

Во многих странах теперь аристократия призывалась на государственную службу. Во Франции и России этот процесс принял официальный, систематический вид. Людовик XIV установил иерархию чинов и титулов (каждый с соответствующим содержанием), начиная с *enfants de France* (королевская семья) и *pairs* (куда входили принцы крови, 50 герцогов и 7 епископов) и кончая кадрами *noblesse d'pe* «аристократия шпаги» — старинные военные роды и *noblesse de robe* (аристократия мантии — высшие гражданские чины). Петр Великий ввел служилое дворянство, разделенное на 14 чинов, бывшее в большой зависимости от госу-

КАПИТАЛИСТИЧЕСКОЕ СЕЛЬСКОЕ ХОЗЯЙСТВО

В томе 70 журнала *Past and Present* [Прошлое и настоящее] (1976) один американский историк выдвинул гипотезу относительно «аграрной классовой структуры и экономического развития в доиндустриальной Европе». Он подверг сомнению устоявшееся мнение, будто экономические перемены происходили в связи с ростом народонаселения. Исходя из особенностей экономического развития Франции и Англии, он делает вывод, что раннее развитие капитализма в Англии и отсталость в этом отношении Франции были предопределены различиями в их классовой структуре. В то время как в Англии класс землевладельцев-лендлордов создал процветавшую систему аграрного капитализма, во Франции «полнейшая свобода и право собственности сельского населения приводили к бедности и бесконечному циклу самоподдерживающейся отсталости».

На страницах журнала развернулась дискуссия с обилием аргументов, которая заняла 17 следующих номеров. В 78-м томе помещены материалы симпозиума *Народонаселение и классовые отношения в феодальном обществе* — еще одно коллективное опровержение выдвинутой гипотезы — и статья «Классовая организация и структура крестьянства в восточной и западной Германии». В томе 79 появляются еще более резкие публикации: в одной из них указывается на «совершенно неверное представление о феодальном землевладении»; во второй знаток французской аграрной истории «расстреливает» гипотезу Бреннера залпом из 18 «ответов». В томе 85 дискуссия распространяется на

«доиндустриальную Богемию». Наконец, в томе 97 проф. Бреннер выступает с долгожданным ответом, расширяя круг затронутых вопросов до «аграрных корней капитализма в Европе».

Такого рода дискуссии — излюбленный способ историков заполнить пробелы в существующих на данный момент знаниях. Но у них есть два недостатка: они пользуются ограниченным материалом для больших выводов, и они бесстыдно неубедительны. Если бы инженеры решали свои проблемы в таком же духе, у нас до сих пор не было бы ни одного моста через реку.

Тем не менее определенное решение все же предложили. Одновременно с тем как развернулись дебаты вокруг статьи проф. Бреннера, другой американский ученый обратился к тому же предмету «капиталистического земледелия» и воспользовался им для выявления «истоков мировой экономики». Применяя системный анализ, Иммануил Валлерстайн сумел выявить «ядро» европейской экономики на Западе и ее зависимую «периферию» на Востоке. Он считает, что ядром, центральным регионом были Англия, Нидерланды, северная Франция и западная Германия. В XV в. у них были лишь «небольшие преимущества», но они смогли воспользоваться выгодами в торговле и создать такие условия, которые превратили феодальное дворянство Восточной Европы в класс капиталистических землевладельцев. Свою растущую экономическую власть они сумели распространить и Новый Свет. В результате они сформировали известную нам структуру, и в колониальном и восточноевропейском сельс-

ком хозяйстве воцарился «принудительный капитализм, навязывавший товарное сельскохозяйственное производство». И в то время, как передовые страны процветали, крепостные крестьяне Пруссии, Богемии, Польши и Венгрии находились на положении негров на плантациях. Этот уклад, как только он установился, дальше шел лишь по пути все большей несбалансированности. «Небольшое преимущество XV в. стало в XVII в. большим расхождением, а в XIX в. — колоссальным различием».

Эта гипотеза вскоре подверглась яростной критике. Валлерстайна обвинили в упрощении, преувеличении роли торговли, даже в «неосмитианстве». «Польская модель», на которой главным образом построена аргументация Валлерстайна, оказывается несостоятельной даже применительно к Польше как целому и является по большей части искусственной. Так венгерская мясная торговля находилась в руках не аристократии и не капиталистического среднего класса, а в руках свободных вольнонаемных крестьян. Автор также не принял во внимание русскую и оттоманскую составляющие европейской торговли. Так что вместо микротеории, которая не выдерживает обобщения, возникла макротеория, которая не справляется с особенностями.

Впрочем, самым интересным аспектом работы Валлерстайна стало описание отношений Восточной и Западной Европы. И хотя теория ядра и периферии не получила подтверждения, но было наглядно продемонстрировано, что все части Европы взаимозависимы.

ШЛЯХТА

Как можно прочитать в описи 1739 г., Станислав Любомирский (1719–1783) получил в наследство латифундию размером в 1071 земельных имений. Они протянулись громадным массивом через девять южных польских воеводств, от их родового гнезда в Висниче близ Кракова до Тетива под Киевом на Украине, и на них работал почти миллион крестьян. Будучи с 1766 г. великим коронным гетманом, Любомирский мог претендовать на то, чтобы считаться крупнейшим землевладельцем Европы. Связанный родственными узами и политическими интересами с Чарторыйскими, Понятовскими и Замойскими, он определенно принадлежал к самым могущественным польским магнатам. Каждый из этих магнатов имел громадные земельные владения, собственную армию, и доходы их превышали доходы короля. Они занимали высшее положение в той социальной системе, где благородное сословие — шляхта — было самым многочисленным в Европе.

Магнаты, однако, были совершенно нетипичными представителями этого благородного сословия в целом. К середине XVIII в. абсолютное большинство польских дворян не имело земли. Они арендовали имения, поступали на службу к магнатам или даже сами обрабатывали землю, занимаясь крестьянским трудом. Но никакой экономический упадок не мог лишить их того, чем они особенно гордились — благородства крови, герба, их правового статуса и их права передать все это по наследству детям. [КРЕСТ]

Польскую мелкую шляхту совершенно не с чем сравнить. В некоторых районах, например в Мазовии, они составляли четверть всего населения. Иногда они обносили свои деревни стенами, чтобы отделиться от крестьян, и эти zaścianki [дворяне за стенами] составляли подчас все население. С горячей и твердой решимостью они сохраняли свой образ жизни, обращаясь друг к другу не иначе как пан [господин] или пани [госпожа], а к крестьянам — на ты. Всех дворян они считали братьями, а остальных — стоящими определенно ниже их самих. Самые строгие наказания были уготованы тому, кто выдавал себя за дворянина, не имея на то права, и ревностно сохранялась процедура возведения в дворянское достоинство. Они не занимались никаким ремеслом или торговлей, но могли лишь поступать на военную службу или управлять поместьем. В город они всегда приезжали верхом, пусть и на кляче, носили карминовые плащи и оружие, пусть часто и символическое (деревянные мечи). Они могли ютиться в лачуге, но у этой лачуги было парадное крыльцо, а на нем — фамильный герб. Но главное, они утверждали, что князь Любомирский и другие такие, как он, — им ровня.

Так что отличительной чертой шляхты был этот резкий контраст между их реальным экономическим положением и их солидарностью в правовых, культурных или политических вопросах. В отличие от своих братьев-дворян в других странах Европы, польские шляхтичи не перенимали чужестранных титулов. Не было польских баронов, маркизов или графов. Самое большее, на что они пошли, — это признание за некоторыми из них титулов, полученных в Литве до унии 1569 года, или тех, которыми их — как Любомирского — пожаловали папа или император.

В правовом смысле польская шляхта перестала существовать, когда разделы Польши упразднили законы, определявшие их статус. Некоторые, как Любомирские, смогли подтвердить свое дворянство в Пруссии или Австрии. Некоторые сделали это в России, хотя в России 80% шляхты утратили свой статус и составили тот массив деклассированных людей, который был главным резервуаром антирусских настроений, бушевавших на протяжении всего XIX века. В 1921 году, когда Польская республика была восстановлена, демократический польский сейм формально подтвердил упразднение дворянских привилегий. И тем не менее самосознание шляхты, ощущение ею своей самобытности пережило все катастрофы. Еще и в 1950-е годы социологи обнаруживали в Мазовии такие госсельхозы, члены которых сторонились своих соседей-«крестьян»: иначе одевались, иначе говорили и соблюдали сложные обычаи помолвки, чтобы оградить детей от недостойного брака. В 1990 г., когда коммунистический режим в Польше пал, можно было встретить молодых поляков с перстнями-печатками, на которых красовался герб, показывающий, кто они такие. К тому времени в Польше уже все обращались друг к другу на вы — *пан* или *пани*. Дворянская культура стала важным элементом общенациональной культуры.

Дворянство играло главную роль в общественной и политической жизни повсюду в Европе в начале Нового времени. Но нечто, похожее на польский опыт, можно встретить (и то лишь отчасти) только в Испании, так что *гранды* и *идальго* Запада очень похожи на магнатов и мелкую шляхту Востока.

дарственной службы. В Пруссии утвердился союз короны с юнкерами — менее формальный, но не менее действенный. Мелкопоместное дворянство, особенно многочисленное в Испании и Польше, было вынуждено идти в свиты магнатов, на военную или заграничную службу. В Англии, где крепостного права не было, наиболее эффективным способом капитализации земли оказалось *огораживание*. Социальный слой сельскохозяйственных йоменов и джентльменов развивался здесь за счет согнанных с земли крестьян.

Во всех больших городах Европы имелся богатый класс купцов и представителей свободных профессий, а также ремесленников, в двух-трех местах можно было заметить появление первых промышленных рабочих. Однако в целом сохранились старые сословные институты: дворянство имело свои парламенты и сеймы, города — свои хартии и гильдии, крестьянство — свою барщину и голод. Социальное развитие, конечно, происходило, но до поры в устоявшихся социальных рамках. Когда же скорлупа, наконец, треснула, как в 1789 г. во Франции, результатом был беспримерный социальный взрыв. [ПУГАЧЕВ]

Культурная жизнь развивалась под патронажем монархов, Церкви или аристократов. Искусство Европы вступило в период классицизма, и в моду вошли строгие правила и ограничения, что было реакцией на художественные установки барокко. Архитектура вернулась к греческому и романскому стилям периода Возрождения, с легким налетом витиеватости и украшений *рококо*. Выдающимися созданиями архитекторов того времени были дворцы и государственные или муниципальные учреждения. Особое внимание теперь уделяется городской планировке, строго геометрическим садам и ландшафтам. Искусство было одержимо желанием привести хаос естественной природы в гармонический порядок. Показательны в этом отношении, кроме Парижа, Дрезден, Вена и Санкт-Петербург.

Живопись к этому времени уже прошла этап своего раннего взлета. Во Франции на смену классицистическому пейзажу и мифологическим картинам Никола Пуссена (1594–1665), Клода Лоррена (1600–1682) и Шарля Ле Брена (1619–1690) пришел А. Ватто (1684–1721) и о. Фрагонар (1732–1806). Английская школа психологического портрета, с их фривольными идиллиями, начало которой положил Годфри Кнеллер (1646–1723) достигла изумительных высот в произведениях Джошуа Рейнольдса (1723–1792) и Томаса Гейнсборо (1727–1788). Оба Каналетто (1697–1768, 1724–1780) оставили нам реалистические панорамы Венеции, Лондона и Варшавы. Религиозная живопись в целом переживала период упадка, если не считать выдающихся произведений Дж.-Б. Тьеполо (1693–1770 гг.) в Венеции. Внутреннее убранство зданий, и в особенности мебель, отвечали запросам аристократии. Столяры-краснодеревщики Парижа во главе с А. Ш. Булем (1642–1732) обратились к экзотическим породам дерева, таким как чёрное, или эбеновое, красное и атласное дерево. Сам Буль особенно прославился *мозаичными работами* и фанеровкой черным деревом. Создания этих мастеров, которые теперь легко узнаются как стили *Луи XIV, Луи XV* и *Луи XVI*, со временем нашли достойных соперников в произведениях Гринлинга Гиббонса (1648–1721) и Томаса Чиппендейла (ум. в 1779 г.). Изысканный фарфор в основном импортировался из Китая. Но работали королевские фабрики в Сен-Клу (1696 г.) и, позднее, в Севре (1756 г.), с которыми могли поспорить фабрики в Мейсене (1710 г.) в Саксонии, в Санкт-Петербурге (1744 г.), в Вочестере (1751 г.) и на мануфактуре «Этрурия» (1769 г.) Джозайи Веджвуда (1730–1795). Салоны того времени полны шелка, серебра и роскошных безделушек.

В европейской литературе народные разговорные языки решительно возобладали над латынью. Французские придворные драматурги Пьер Кор-

ПУГАЧЕВ

Поскольку крестьянство было самым большим социальным классом в новой Европе, а Российская империя — самым большим государством, неудивительно, что крупнейшие крестьянские восстания происходили в России. Таких восстаний было четыре: Болотникова (1606–1607 гг.), Стеньки Разина (1670–1671 гг.), Булавина (1707–1708 гг.) и Пугачева (1773–1774 гг.). Также и в гражданской войне в Советской России 1917–1921 гг. главной составляющей было крестьянское восстание.

Емельян Иванович Пугачев (1726–1775) был небогатым землевладельцем-казаком и отставным военным. Долгие годы он провел, странствуя по монастырям старообрядцев и взращивая в себе чувство возмущения. В 1773 г. он поднял знамя восстания на Яике (ныне река Урал), на самой границе Европы, объявив себя спасшимся от смерти императором Петром III и обещая крестьянам освобождение. Сотни тысяч присоединились к нему в заволжских губерниях. Он был признан крестьянами, казаками, даже кочевыми башкирами и казахами. Однако, поскольку у его сторонников отсутствовала координация действий, они скоро выродились в разрозненные банды.

Сначала императрица недооценила «l'affaire du Marquis de Pugachev» [проблему маркиза Пугачева], назначив за его голову скромное вознаграждение в 500 рублей; но уже скоро цена возросла до 28000. В какой-то момент в руках Пугачева оказались все волжские крепости; он полностью сжег Казань, перебив ее жителей. Он содержал шутовской двор, изображая двор убитого мужа Екатерины. Все кончилось после двух лет громадных волнений, когда главные силы Пугачева были загнаны в угол у Царицына. Самого Пугачева привезли в Москву и там четвертовали.

До середины XX в. численное преобладание крестьянства в обществе никак не отражалось в трудах историографов. Крестьяне попадали в учебники только тогда, когда их периодические восстания тревожили политическую сцену. Такие события, как восстание крестьян в Англии (1381 г.) или крестьянская война в Германии (1524–1525 гг.), были излюбленной темой историков-марксистов, поскольку их можно было использовать, чтобы показать революционный потенциал народных масс. На самом же деле ни одно крестьянское восстание не закончилось победой. Давно уже установлено, что крестьяне — самая консервативная сила в обществе: они глубоко религиозны, привязаны к земле, семье и вековому жизненному укладу. Их периодические fureurs [вспышки ярости] были лишь вспышками отчаяния. Для крестьян представление о постоянном цикле горя–удачи было гораздо важнее, чем мысль о социальной революции.

Сейчас исторические исследования о крестьянах — одна из процветающих областей академической науки. Здесь открываются богатые возможности исследовать взаимосвязи социальных, экономических, антропологических и культурных аспектов. Эта тема особенно удобна для сравнительного анализа — как для сравнения регионов Европы, так и для сравнения континентов. A Journal of Peasant Studies (1973–) вырос на основе семинара в Лондонской школе восточных и африканских исследований. В редакционной статье в этом журнале подчеркивается громадность крестьянства и его проблем: «Из всех непривилегированных классов человечества крестьяне — самые непривилегированные... ни один класс не имеет столь долгой истории борьбы с тяжелыми условиями... До сих пор академические журналы рассматривали крестьянство как периферийную тему. Мы представляем наш журнал как поставивший крестьянство в центр исследований...»

Франция, как и Россия, вдохновляет историков на изучение ее мощного класса крестьян. Многотомная Экономическая и социальная история Франции должна была вдохновить новое поколение историков школы «Анналов». Главный том был написан Ле Руа Ладюри, который в своем анализе учитывает территориальные, демографические и экономические факторы и проводит хронологическую периодизацию четырех веков. Сельский ренессанс конца XV в. у него пришел на смену «разрушению сытого мира», а ему на смену приходит «травма гражданских войн» и «дрейф, реконструкция и кризис» экосистемы XVII в., которой предстояло пережить революцию.

Было проведено множество исследований восстаний во французской деревне — «десятинных бунтов» XVI века, восстаний pitauts против солевого налога в Гиени (1548 г.), кроканов (croquants) и новых кроканов в Лимузене и Перигоре (1594, 1636–1637 гг.), готьеров (gautiers) и «босоногих» (nu-pieds) в Нормандии (1594, 1639 гг.), загадок «сельской Фронды» (1648–1649 гг.) и частых волнений в Провансе (1596–1715 гг.). Ученые даже пытались связать ритм крестьянских восстаний во Франции с ритмом крестьянских восстаний в России и Китае.

Исследователь волнений в Провансе показывает, что крестьянские восстания связаны с другими формами общественных волнений. Он предлагает выделять пять типичных категорий восстаний:

1) фракционная борьба внутри дворянства или буржуазии,

2) борьба *menu peuple* [маленьких людей] с богачами,

3) общее выступление крестьян против какой-нибудь политической фракции,

4) борьба между разными группами даже крестьян,

5) соединенные действия всего крестьянства против каких-то внешних сил.

Особенно плодотворными оказались антропологические исследования, посредством которых удалось установить универсальные, вневременные признаки крестьянской жизни. Сицилийские жнецы поют то же, что веками поют все крестьяне от Голуэя (Ирландия) до Галиции:

Порхай, порхай, острый серп!
Вся округа полна,
Вся полна всякого добра
На радость нашему хозяину. [bis]
Как прекрасна эта счастливая жизнь!
Тутрутру, тутрутру,
Поросенок стоит четыре скудо. [bis]
Богатый или бедный, все мы — рогоносцы.

нель (1606–1684), Жан-Батист Поклен (Мольер, 1622–1673) и Жан Расин (1639–1699) достигают таких вершин словесной формы и композиции, что становятся признанными образцами на целое столетие вперед. Традиция социально значимой и поучительной комедии была продолжена в Англии комедиографами периода Реставрации и Ричардом Бринсли Шериданом (1751–1816); во Франции — Пьером Огюстеном Бомарше (1732–1799); в Италии — Карло Гольдони (1707–1793).

Поэзия особенно чутко отозвалась на строгости стиля и формы. В Англии воцарилась триада поэтов: Джон Мильтон (1608–1674), Джон Драйден (1631–1700) и Александр Поп (1688–1744). Стихотворные трактаты Попа, написанные героическими двустишиями, как *Опыт о критике* (1711 г.) и *Опыт о человеке* (1733 г.) особенно ярко передавали умонастроения и заботы его поколения:

All nature is but art, unknown to Thee;
All chance, direction which thou canst not see;
All discord, harmony not understood;
All partial evil, universal good.
And, spite of pride, in erring reason's spite,
One truth is clear, Whatever is, is right[2].

Позднее, для восстановления равновесия, наступает перевес в сторону лирической поэзии — в произведениях шотландского поэта Роберта Бернса (1759–1796), немцев Кристиана фон Клейста (1715–1759), Фридриха Готлиба Клопштока (1724–1803) и молодого Гете, а также французов Жана Руше (1745–1794) и Андре Шенье (1762–1794). В прозе хотя и преобладают нелитературные жанры, но уже заметен рост художественной литературы. Пионерами художественной прозы стали англичане. Помимо *Робинзона Крузо*, следует упомянуть такие выдающиеся произведения, как *Путешествия Гулливера* Джонатана Свифта (1726 г.), *Памела* Семьюела Ричардсона (1740 г.), *Тома Джонса* Генри Фильдинга (1749 г.) и *Тристрама Шенди* Лоренса Стерна (1767 г.). Во Франции замечательными романистами были Вольтер и Руссо, прославившиеся, впрочем, и другими своими многочисленными талантами (см. ниже).

Хотя главные произведения этого времени были написаны на французском, английском и немецком языках, но читателей они находили и за пределами тех стран, откуда вышли. Впрочем, в это время все образованные люди в Европе читали по-французски, но широко распространились также переводы на другие языки. В Польше, например, которую многие ошибочно считают культурной провинцией, на польский были переведены *Робинзон Крузо* (1769 г.), *Манон Леско* (1769 г.), *Кандид* (1780 г.), *Гулливер* (1784 г.), *Приключения Амелии* (1788 г.), *История Тома Джонса* (1793 г.) Некоторые польские авторы, как ориенталист Ян Потоцкий (1761–1825), писали по-французски для читателей и у себя на родине, и за границей.

Европейские музыканты от И.-С. Баха (1685–1750) до В.-А. Моцарта (1756–1791) и Людвига ван Бетховена (1770–1827) закладывают в это время основы классического репертуара. Они работают во всех музыкальных жанрах: инструментальном, камерном, оркестровом и хоральном; они создали стиль, который, хотя его часто и путали с предшествующим барочным стилем, отличался особенно энергичным ритмом, что придало ему такую стойкую привлекательность. [SONATA] Для их творчества также характерен баланс религиозного и светского искусства. От них остались не только *Кантаты* Баха, *Реквием* Моцарта (1791 г.) и бетховенская *Торжественная месса* (1823 г.), но и *Концерты* Баха, *41 симфония* Моцарта и *9 симфоний* Бетховена. В музыке Европы особенно велика роль австро-немецких композиторов. Помимо Баха, Моцарта и Бетховена, к первоклассным композиторам принадлежали Иоганн Пахельбель (1653–1706), Георг-Филипп Телеман (1681–1767), Георг-Фридрих Гендель (1685–1759) и Франц-Йозеф Гайдн (1732–1809). Музыка остается интернациональной по своему характеру. В свое время итальянцы Жан-Батист Люлли (Джовани Баттисто Лулли) (1632–1687), Арканджело Корелли (1653–1713), Алессандро Скарлатти (1660–1725), Томазо Альбинони (1671–1751) и Антонио Вивальди (1675–1741) пользовались не меньшим влиянием, чем немецкие композиторы. Как, впрочем, и датчанин Дитрих Букстехуде (1637–1707), французы Франсуа Куперен (1668–1733) и Жан-Филипп Рамо (1683–1764), а также органист Вестминстерского аббатства Генри Пёрселл (ок.1659–1695). Скрипка, первый по значению инструмент европейской музыки, получает своего непревзойденного мастера Антонио Страдивари (1644–1737) из Кремоны. Фортепьяно было сконструировано в 1709 г. Бартоломео Кристофори из Падуи. В творчестве Кристофа Виллибальда Глюка (1714–1787) опера переходит от своей ранней формы диалога с музыкой к полномасштабной музыкальной драме. [КАНТАТА] [MOUSIKE] [ОПЕРА] [СТРАДИВАРИ]

Институциональная религия продолжала существовать в своей прежней форме, и религиозная карта Европы мало изменилась. Отдельные церкви продолжали жить по строгим законам соответствующих государств, проводившим политику терпимости или нетерпимости. Адепты официальной религии пользовались предпочтением (если приносили клятву верности и проходили испытания на конформизм), те же, кто не принадлежал к официальной церкви и не приносил клятву верности, если и не преследовались активно, то влачили жалкое существование в чистилище юридического бесправия. В католических странах протестанты обычно были лишены гражданских прав. В протестантских странах той же участи подвергались католики. В Великобритании и англиканская церковь, и реформатская церковь Шотландии не признавали официально католиков, равно как и протестантских диссидентов. В Швеции, Дании и Голландии действовали такие же проскрипции. В России единственно признанной была Русская православная церковь; в России не было официально зарегистрированных жителей-евреев. В Польско-Литовском государстве с его исключительным религиозным разнообразием ограничения тем не менее все время усиливались. В 1658 г. оттуда выслали социниан, обвинив их в коллаборационизме со шведами. В 1718 г. вышло запрещение некатоликам заседать в сейме. В 1764 г. евреи утратили свой парламент, сохранив лишь кагалы, или местные общины. Русская пропаганда много говорила о преследовании православных в Польше, но положение этих последних было гораздо лучше положения католиков в России. Прусская пропаганда с таким же пылом выступала против мнимых преследований лютеран.

Католическая церковь придерживалась политики сохранения status quo, то есть больше не стремилась вернуть протестантские страны. Теперь много сил направлялось за пределы Европы, в особенности в иезуитские миссии в Южной Америке, Южной Индии, до 1715 г. в Японии, в Китае и Северной Америке.

Протянувшись цепью от Сан-Диего до Сан-Франциско, более двадцати прекрасных францисканских миссий в Калифорнии, основанных братом Джуниперо Серра (1713–1784), и сегодня являют собой духовное утешение посреди окружающих их пустынь.

В Европе Ватикан не мог оправиться от роста центробежных тенденций своих провинций. Один из пап, Иннокентий XI (1676–1689 гг.), даже тайно отлучил Людовика XIV в 1688 г. за то, что тот занял Авиньон во время спора о *regalia*. Другой папа, Климент IX (1700–1721 гг.), был принуж-

СОНАТА

Первоначально *соната* означала вообще музыку, которую «играли», а не пели. Но в XVIII в. сонатой стали называть особую форму музыкального произведения, которая решительно преобладала среди других видов инструментальной музыки. Сонатная форма занимает центральное место в творчестве классических композиторов от Моцарта до Малера. Соната противостоит полифоническому стилю предшествующей эпохи — она стала воплощением тех условностей, против которых выступили позднее новые стили. Здесь надо выделить два аспекта: деление композиции на отдельные части в разных темпах и разработанную гомофонную гармонию. [тон]

У сонатной формы не было одного конкретного начала. Ранним примером является *Sonata pian e forte* (1597 г.) Габриели. Но закрепление за сонатной формой постоянного набора из четырех разнохарактерных частей появляется только в произведениях Арканджело Корелли (1653–1713) из Болоньи. Дальнейшее развитие соната получает в клавирных композициях К.-Ф.-Э. Баха (1714–1788), и, наконец, Гайдн и Моцарт доводят сонату до

совершенства. Теоретические обоснования этой формы просматриваются уже в *Трактате о гармонии, сведенной к ее естественным принципам* (1722 г.) Ж.-Ф. Рамо, но окончательно оформляются в *Школе практической композиции* (1848 г.) Карла Черни, то есть через 20 лет после смерти величайшего мастера сонаты Бетховена.

Обычно сонатная форма делится на четыре контрастных части. Сначала аллегро в быстром темпе, что можно сравнить с увертюрой оперы. Медленная вторая часть выросла из барочной *aria da capo*. Третья часть — обычно менуэт и трио — основывалась на танцевальной сюите. Финал обычно имеет тональность и темп, напоминающие о начале. Каждая из четырех частей следует обычной схеме: экспозиция мелодической темы, гармоническая разработка и в конце реприза, а иногда еще и кода, своеобразное «размышление».

Гомофония является антиподом полифонии. Для нее характерна музыка, которая, как и хоралы, основана на последовательности аккордов, состоящих из мелодически и гармонически связанных нот. Классическая гармония, таким образом, противоположна полифо-

ническому контрапункту. И теперь, когда мы представляем себе, как И.-С. Бах в пустой церкви Лейпцига сочиняет свое *Искусство фуги* (1750 г.), мы понимаем, что эта картина символизирует уход эры полифонии. А встающая перед глазами картина слабеющего, но по-прежнему одухотворенного Бетховена, который, преодолевая себя, завершает последние пять квартетов, — это вершина гомофонии.

Бетховен считал своим лучшим произведением *Квартет до диез минор, опус 131* (1826 г.). В нем он развил каждый из тех элементов, на которых выросла соната, — начальную фугу, скерцо с одной темой, центральную арию с вариациями и «сонату в сонате» на «обращенной» фуге. Это произведение называют «жизненным циклом человека» и «микрокосмом европейской музыки».

За период 1750–1827 гг. Гайдн, Моцарт и Бетховен сочинили вместе свыше 150 симфоний, свыше 100 сонат для фортепиано, свыше 50 струнных квартетов и бесконечно много концертов — все это в сонатной форме. Эти произведения являются основой классического репертуара.

ден вопреки собственному мнению издать буллу *Unigenitus Dei filius* (1713 г.) с осуждением янсенизма. Булла, которая была специально направлена против трактата *Réflexions morales* [Моральные размышления] Пасхазия Кенеля, ораторианца [ораторианцы — итальянская духовная конгрегация], сочувствовавшего янсенистам, вызвала бурю протестов и на десятилетия расколола французское общественное мнение. В Нидерландах в 1724 г. она привела к расколу среди католиков и созданию архиепископом Утрехтским Старокатоличес-

кой церкви Голландии. В Германии движение, начатое в 1763 г. трактатом Й.-Н. фон Гонтхейма (Febronius), ставило своей целью примирить католиков и протестантов, радикально ограничив центральную власть Рима. В Польше Ватикан утратил эффективный контроль над страной из-за политического давления России на церковных иерархов.

Во всех этих спорах иезуиты, всегда бывшие папистами в большей степени, чем сами папы, стали представлять собой большую проблему. Бене-

СТРАДИВАРИ

На скрипке *Мессия* стоит самое прославленное клеймо: *Antonius Stradivarius Cremonensis Faciebat Anno 1716*. Эта скрипка одна из десяти все еще остававшихся в мастерской Антонио Страдивари (ок. 1644–1737) и через 40 лет после его смерти, была продана уже его сыновьями графу Кодио ди Салабуе в 1775 г. После пребывания около 12 лет у французского учителя музыки Дельфена Аляра (1815–1888) *Il Salabue* принадлежал затем исключительно торговцам — Таризио, Вийому и У.-Е. Хиллсу. Таризио постоянно обещал своим друзьям показать скрипку, но так и не сделал этого. «Это как с *Мессией*, — сказал один из его друзей, — всегда обещается и никогда не показывается».

Мессия, на которой играют редко, хранится в идеальных условиях, в футляре, где поддерживается нужная влажность, в Ашмолеанском музее в Оксфорде. С виду в ней нет ничего особенного. В отличие от *длинных Страдов* более раннего периода, ее корпус имеет стандартную длину — 356 мм. Верхняя дека с простой лакировкой, несглаженные углы, простая инкрустация, наклонные резонансные прорези и двухслойная нижняя дека красновато-коричневого оттенка. О происхождении говорит только уникальный оранжево-коричневый лак Страдивари. Йозеф Йоахим, который однажды на ней играл, сказал, что в этом инструменте «соединились сладкозвучность

и величие». Часто прежде думали, что для качества тона струнного инструмента самым главным является лак. Слишком твердый лак придает звучанию инструмента неприятный металлический оттенок, слишком мягкий — глушит резонанс. Страдивари, бывший мастером во всем, что касалось его ремесла, изобрел очень эластичный и стойкий лак. И стяжал несравненную славу.

Скрипка появляется в эпоху позднего Возрождения в Италии. Она восходит к семейству шестиструнных виол, а именно к ребеку и лире *da braccio*. Скрипка была исключительно универсальным инструментом. Ее прекрасные мелодические свойства подходили для партий соло и в то же время она была естественным ведущим инструментом в группе струнных: скрипка, альт, виолончель и контрабас. В виде простенькой скрипки она хорошо подходила для исполнения танцевальной музыки. Маленькая, портативная и относительно недорогая, она скоро стала *рабочей лошадкой* европейской популярной и классической музыки. За исключением Якоба Штайнера (1617–1678) из Тироля, все скрипичные мастера от Маджини из Брешии до Амати и Страдивари из Кремоны и Гварнери из Венеции были итальянцами.

Искусство игры на скрипке значительно продвинулось благодаря развитию системы обучения, например, Леопольда Моцарта и Дж.-Б. Виотти.

Парижская консерватория с 1795 г. стала первой в ряду других музыкальных учебных заведений в Праге (1811), Брюсселе (1813), Вене (1817), Варшаве (1822), Лондоне (1822), Санкт-Петербурге (1862) и Берлине (1869).

Удивительной особенностью выдающихся скрипачей с середины XIX до середины XX вв. было то, что они были преимущественно из Восточной Европы. Здесь, возможно, нашла отражение народная традиция игры на скрипке евреев и цыган, но, скорее всего, особое положение музыкального искусства в политически угнетенных культурах. Но как бы то ни было, Никколо Паганини (1782–1840) долгое время оставался первым и последним из «великих скрипачей», кто не был ни восточноевропейцем, ни евреем. Иозеф Йоахим (1831–1907) из Вены и Генрик Венявский (1835–1880), поляк из Люблина, много сделавший для основания консерватории в Санкт-Петербурге, стоят в начале списка изумительных скрипачей, который через Крейслера, Исайю и Сигети тянется до Хейфица, Мильштейна, Ойстраха, Шеринга и Исаака Штерна. У каждого из них был свой *Страдивари*. *Мессия* — один из очень немногих Страдивари, который, как это ни печально, можно увидеть, но — нельзя услышать. Современные скрипичные мастера обращают особое внимание на выбор породы дерева, изменение толщины доски, линию изгиба и эффект возраста.

дикт XIV (1740–1758 гг.), который своей умеренностью стяжал необычайные похвалы самого Вольтера, инициировал расследование их дел. Иезуитов обвинили в широкомасштабных финансовых операциях, в принятии местных культов ради обращения неверных любой ценой. В 1759 г. их изгнали из Португалии, в 1764 г. — из Франции, а в 1767 г. — из Испании и Неаполя. Климент XIII (1758–1769 гг.) обратился к обществу со словами *Sint ut sunt, aut non sint* [пусть будут, как есть, или не будут вовсе]. Но Климент XIV (1769–1774 гг.), избранный в обстановке, когда католические государства официально требовали упразднить орден, наконец пошел на уступки. Его бреве *Dominus ac Redemptor noster* от 16 августа 1773 г. упраздняло Орден иезуитов на том основании, что он больше не соответствовал тем целям, которые ставили его основатели. Папское бреве было проведено в жизнь во всех странах Европы, кроме России. Фактически было разрушено католическое образование и миссионерство и открылись большие возможности для создания светских школ и университетов.

Самое страшное событие этой эпохи произошло в 1685 г., когда Людовик XIV отменил Нантский эдикт, и все французские гугеноты были осуждены на изгнание (см. ниже). В целом же преследования ослабевали. Во многих странах законы, провоцировавшие религиозную нетерпимость, не соблюдались. Всюду, где нонконформисты уцелели, они выходили из тени. В Англии был придуман новый ярлык — латитудинарии [от latitude — широта] — для названия сильного течения в общественном мнении, стоящего за веротерпимость по отношению к протестантам всех исповеданий. Конгрегационалисты, или *индепенденты*, появились в 1662 г., сначала при условии, что их часовни будут располагаться не ближе, чем за 5 миль от приходской церкви.

После необычайной карьеры Джорджа Фокса (1624–1691) *Общество друзей*, или *квакеры*, претерпели бесчисленные страдания и приняли мученичество, прежде чем добились, как и другие сектанты, права на собственный культ по Закону о веротерпимости 1689 г. В 1727 г. в Лондоне было организовано общее собрание религиозных диссидентов-индепендентов, пресвитериан и баптистов. Церковь моравских братьев вновь появилась в Голландии, в Англии и в экспериментальной коммуне в Гернгуте (1722 г.) в Саксонии. Надо сказать, что обычаи XVIII в. — в отличие от многих законов того же времени — способствовали веротерпимости. Климат был подходящим для деистов, диссидентов, даже для балагуров на религиозные темы. «Говорят, — писал Вольтер, — что Бог всегда на стороне больших батальонов». [МАСОНСТВО]

Как реакция на растущую инерцию государственных церквей появлялись различные течения. Квиетизм Мигеля де Молиноса (ок.1640–1697) серьезно встревожил католический мир. Основатель квиетизма, по учению которого греха можно избежать, только находясь в состоянии полной духовной пассивности, умер в Риме в тюрьме, а его главное сочинение *Духовный руководитель* (1675 г.) было осуждено иезуитами как еретическое. Такую же реакцию в лютеранском мире вызвал пиетизм Ф.-Я. Шпенера (1635–1705). Основатель этого движения, провозгласивший священство всех верных, ввел практику чтения Библии в кружках благочестивых, а его книга *Pia Desideria* (1675 г.) стала краеугольным камнем продолжительного религиозного движения. Центром пиетистов стал университет в Галле.

В англиканском мире единство Церкви Англии грозили нарушить методисты Джона Уэсли (1703–1791). Уэсли изобрел духовный *метод* для своего «Святого клуба» студентов в Оксфорде и посетил Гернгут. Он проводил жизнь в трудах евангелизации, посещая самые отдаленные районы Британских островов, и умел пробудить у людей религиозный энтузиазм. Однако его отрицание епископства неизбежно вело к расколу. Первая конференция методистов собралась в Лондоне в 1785 г. Брат Джона Чарльз Уэсли был гениальным гимнографом англиканской церкви, и его изумительные каденции прекрасно передавали изменчивый ритм того времени.

Методисты особенно укрепились в Уэльсе, и считается, что там они вдохновили не только религиозный подъем, но и национальное возрождение[3]. Первая валлийская ассоциация методистов собралась в январе 1743 г. — даже раньше аналогичной ассоциации в Англии. Богословие методистов в духе кальвинизма должно было привести к сближению с пресвитерианами. В то же время созданные преподобным Гриффитом Джоунсом, ректором в Лландоурор, передвижные школы, изумительные валлийские гимны Уильяма Уильямса (1717–1791), по прозвищу *Pant y Celyn*, и традиция вдохновенной проповеди, заложенная Даниэлем Роуландом (1713–1790) из Ллангейто, своего рода «валлийского Иерусалима», — все это обеспечило сохранение валлийского языка и культуры до наших времен. Всякий, кто только услышит валлийский хор, гармонически взмывающий ввысь с напевами *Llanfair*, *Cwm Rhondda* или *Blaenwern*, сможет уяснить для себя значение национальной гордости и духовного подъема. Излишне говорить, что *hwyl*, или энтузиазм валлийских методистов, был полной противоположностью духу Просвещения, который к тому времени стал главным течением среди интеллектуальных кругов Европы.

В еврейском мире *хасидизм* Бааль Шем Това (Израэль Бен Элиезера, 1700–1760), мистика из местечка Мендзыбуж в Подолии, подрывал позиции польских раввинов так же, как Уэсли подрывал основы англиканских епископов. *Хасиды* [благочестивые] отвергали сухой формализм синагоги и селились общинами во главе с цадиком [святым мужем], причем это звание передавалось по наследству. Географически и в культурном отношении они были очень далеки от христиан-методистов, но они были с ними близки по душевному складу. Хасиды строго соблюдали предписания ортодоксального иудаизма относительно одежды и пищи, но, как и методисты, это течение воодушевляло народ, порождало радостную музыку и возрождало духовность.

Сильно изменились также европейские нравы. На строгости прошлых времен люди реагировали не столько изменением правил, сколько игнорируя нормы вкуса и поведения, которые некогда сумели им навязать религиозные авторитеты. В полном контрасте с пуританством кальвинистов и иезуитов, которое преобладало еще ок. 1660 г., в следующем столетии резко возрастает художественное чувство и ослабевают моральные ограничения. «Галантный век» был и веком, который жил без угрызений совести. Высшие классы общества (и их подражатели) как никогда раньше отдались искусствам и изящному образу жизни: изысканная роскошь видна была везде — в платье, дворцах, мебели, музыке, собраниях предметов искусства. В то же время, во всех классах общества было заметно смягчение нравов, в особенности сексуальных. Сексуальная распущенность постепенно не только становилась приемлемой, но выставлялась напоказ. После долгого периода Реформации все почувствовали свободу, желание вести себя разгульно. Для тех, кому позволяли кошелек и здоровье, обычным стало предаваться без меры роскоши в одежде, пьянству, обжорству и распутству. Люди гордились пудреными завитыми париками и нижними юбками с буфами, живописными парками, расписным фарфором и пудрили интимные части тела. Таким был тот социальный климат, который, без сомнения, приближал религиозное возрождение. Но он также расширял границы интеллектуальной терпимости, каковой воспользовались философы Просвещения. [**ЭРОС**]

ЭРОС

Говорили, что он «все опрокинул». Говорили также, что Фридрих Август, курфюрст Саксонский, был отцом примерно 300 детей, включая Морица Саксонского, маршала Франции (1696–1750). Его удивительные амурные приключения свидетельствуют и о разнообразии его вкусов, и о его необыкновенной жизненной силе. Кроме жены Эбердины Байрейтской, он пользовался благосклонностью целой стаи любовниц — официальных, конфиденциальных и особо секретных. Мориц Саксонский был сыном шведской графини Авроры Кёнигсмарк; сводный брат Морица граф Ротовский был рожден Фатимой, турчанкой, захваченной в плен под Будой; а сводная сестра Морица графиня Ожельская родилась у Генриетты Дюваль, дочери виноторговца из Варшавы. В официальном списке за графиней д'Эстерль идут мадам Тешену, мадам Хойм, мадам Козель, Мария, графиня Денхофф, хотя в нем и нет бывшей любовницы посла Британии в Дрездене. И Фридрих Август был бы замечательным королем, если бы его политические авантюры достигали цели хотя вполовину так же удачно, как его сперматозоиды. (Тот, кто отравляет жизнь другим, у того большое потомство.)

Просвещение было, по Канту, тем периодом европейской цивилизации, когда «человечество вырастало из добровольной незрелости». Проще можно сказать, что европейцы достигли «возраста рассудительности». Эта метафора очень выразительна, если считать средневековый христианский мир родителем, а европейскую светскую культуру ребенком, зачатым в эпоху Возрождения. Детство этого дитяти было отягощено багажом родительских и религиозных традиций и семейными ссорами. Главным его достижением стало автономное мышление, то есть способность самостоятельно думать и действовать. Но дитя и в дальнейшем не утратило выраженных фамильных черт.

Однако просвещение можно лучше понять, обратившись к той тьме, которую пытался развеять свет разума. Тьма была рождена не религией как таковой — философы считали, что религия отвечает главной потребности человека; тьма была порождением всего того неразумного, иррационального и догматического, чего так много было в европейском христианстве. Все перечисленное с добавлением фанатизма, предрассудков и монашества составляло смысл самого бранного слова того времени — *энтузиазм*. Просветители призваны были пролить свет на многое: философию, естественные науки и религию, экономику, политику, историю и образование.

Впрочем, особую интеллектуальную среду обитания, где произрастал рационализм, найти можно было не везде. Требовалось, с одной стороны, наличие и католиков, и протестантов, чье догматическое соперничество было подходящим столкновением идей, а с другой, известная доля терпимости, чтобы начать разумный их диалог. В XVII в. такие условия сложились только в трех-четырех местах: в Речи Посполитой, где иезуиты действовали рядом с православными, евреями и некоторыми радикальными сектами. Подходящие условия были в Швейцарии, где всегда существовала возможность идейного обмена между католическими и протестантскими кантонами. Затем в Шотландии и Англии, где широко утвердившаяся традиция англиканской церкви давала защиту противоположным воззрениям. Подходящие условия сложились и в Нидерландах, где местные интеллектуальные ресурсы пополнялись постоянным притоком изгнанников-интеллектуалов

от Ж.-С. Скалигера и Рене Декарта до Спинозы, А.-Э. Шефтсбери, Ле Клерка и Бейля. Главными лабораториями Просвещения стали «Батавские Афины» — Лейден, Амстердам — «Космополис Европы» и Гаага. Хотя французы играли выдающуюся роль с самого начала, а французский язык был принят как общий — *lingua franca*, сама Франция стала ареной важных событий только в середине XVIII в., когда здесь созрели для этого условия. Вольтер — эта центральная фигура эпохи Просвещения — вынужден был жить в Швейцарии или на самой границе со Швейцарией.

Центральное понятие эпохи — *lumen naturale*, [естественный свет разума] появляется впервые в работе Меланхтона *De lege naturae* (1559 г.), а через труды Меланхтона его можно возвести к Цицерону и стоикам. Вот почему важной вехой стал перевод стоиков, выполненный Йостом Липсом (1547–1606) в Лейдене. Вместе с плодами научной революции и рациональным методом Декарта это понятие стало основой идеологии, воцарившейся на целых сто лет (с 1670-х до 1770-х гг.). Эта идеология породила убеждение, что посредством разума можно познать те законы, которые лежат в основе кажущегося хаоса мира людей и мира природы, а также законы естественной религии, естественной морали и естественного права. В искусстве сложилось представление, что только строгие правила и симметрия могут выразить тот порядок, с которым ассоциировалась всякая красота. Красота — это порядок, а порядок прекрасен — вот дух классицизма.

Философия Просвещения занималась прежде всего эпистемологией — то есть теорией познания, тем, как мы знаем и что мы знаем. Основные вопросы были поставлены тремя британцами: англичанином Джоном Локком (1632–1704), ирландцем епископом Дж. Беркли (1685–1753) и шотландцем Давидом Юмом (1711–1776), некогда бывшим секретарем Британского посольства в Париже. Будучи эмпириками, они считали, что научный метод наблюдения и дедукции следует распространить и на дела людей, вот почему их современник Александр Поп писал:

Познай себя, не гонись за изучением Бога,
подлинная наука человека — сам человек[4].

В знаменитом *Опыте о человеческом разуме* (1690 г.) Локк выдвинул предположение, что при рождении ум человека — это чистый лист [*tabula rasa*]. Все человеческое знание проистекает из опыта: внешнего (ощущения) и внутреннего (рефлексия). Мысль Локка развили во Франции аббат Этьен Кондильяк (1715–1780), воспользовавшись в труде *Трактат об ощущениях* (1754 г.) аналогией с бесчувственной статуей, которую оживляет дар чувств; а также Жюльен Оффре де Ламетри (1709–1751), чей последовательный материализм в его *Человеке-машине* (1748 г.) стал полным отрицанием духовности вообще. Епископ Беркли впал в другую крайность, заявляя, что существуют только ум и образы мысли. Юм, предпринявший в своем *Трактате о человеческой природе* (1739–1740 гг.) рациональное исследование понимания, страстей и морали, приходит к полному отрицанию возможности рациональной веры. В конце концов, рационализм XVIII века делает вывод, что даже иррациональное не может быть чем-то совсем нерациональным.

В области нравственной философии несколько направлений религиозной и отвлеченной мысли достигают одной цели — утверждения утилитаризма. Рационалисты склоняются к тому, чтобы оценивать моральные принципы по их полезности для улучшения положения человека. Эта тенденция отмечается уже у Локка. Барон Гольбах (1723–1789), в некоторых отношениях самый радикальный из философов, выступал защитником гедонистической морали, называя добродетелью то, что доставляет наибольшее удовольствие. Позднее счастье стали усматривать скорее в общем, чем в индивидуальном. Целью становится социальная гармония, а не частное благополучие. В 1776 г. молодой Иеремия Бентам (1748–1832) сформулировал главный принцип: «Мерой правильного и неправильного является наибольшее счастье для наибольшего числа людей».

Просвещение не сочувствовало европейским евреям. Евреев считали религиозной общиной, а их религия представлялась бессмысленным обскурантизмом. Так Драйден не пожалел сарказма в отношении евреев:

Евреи, упрямые, своевольные и вечно недовольные люди,
Богом избалованный народ, который легко бунтует

И которого не управит никакой король и не удовлетворит никакой бог»[5].

Со временем и некоторые еврейские руководители стали так же критичны по отношению к себе: они изо всех сил стремились вырваться из круга ограничений традиционного иудаизма. Результатом стало еврейское Просвещение — Хаскала, ставшее своей целью реформировать еврейскую общину изнутри (см. с. 843).

Тем временем научное знание шло вперед большими шагами. Главная фигура этого времени — сэр Исаак Ньютон (1642–1727) был президентом Лондонского королевского общества. В 1687 г. он опубликовал свои «*Principia*» [*Математические начала натуральной философии*]. Его законы механики и всемирного тяготения более чем на двести лет стали основой физики, а, следовательно, и общей картины мира. Он разработал дифференциальное счисление, которое он назвал *флюкиями*. Как это и подобало отцу Просвещения, свои первые эксперименты в 1666 г. он поставил, изучая природу света. Ньютон поместил стеклянную призму позади дыры в ставнях своего окна в колледже Св. Троицы в Кембридже: «И я увидел… что свет, стремящийся к одной стороне Образа, образует рефракцию гораздо большую, чем свет, стремящийся к другой [стороне]. Так что истинная причина длины этого отражения была определена не иначе, как то, что свет состоит из лучей, по-разному отражающихся, которые … соответственно их степени рефракции направлялись к разным частям стены»[6].

Заметим, что именно свойства света в свое время дали Эйнштейну ключ к тому открытию, которое опрокинуло систему Ньютона [**e = mc²**]. Ньютон как унитарий был лишен многих формальных почестей, но ему достало и славы, и успеха. Он даже баловался алхимией. Говоря о себе, он нашел удивительный образ «мальчика, играющего на морском берегу… а перед ним лежит до времени непознанный великий океан истины»[7]. Поп написал эпитафию для гробницы Ньютона в Вестминстерском аббатстве:

Законы вечные скрывала ночи тень:
«Да будет Ньютон»,
— Бог сказал. И создал день.
И прояснил все день.

Применению ньютоновых законов способствовали и усовершенствования технологий, и параллельные успехи в других науках. Королевская обсерватория (1675 г.) в Гринвиче разработала мощные телескопы; Британское Адмиралтейство, предложив награду в 20000 фунтов стерлингов, получило хронометр. В математике Готфрид Лейбниц из Лейпцига (1646–1716) сумел открыть дифференциалы независимо от Ньютона и раньше него. В биологии, а точнее, в ботанике швед Карл Линней (1707–1778) из хаоса вывел порядок своей системой классификации растений, изложенной в *Системе природы* (1735 г.) и *Философии ботаники* (1736 г.). В химии фундаментальные открытия совершил Джозеф Пристли (1733–1804), открывший сложную природу воздуха, Генри Кэвендиш (1731–1810), продемонстрировавший сложную природу воды, и, главное, Антуан-Лорн Лавуазье (1743–1794), открывший наконец химические реакции. [ELDLUFT] [ЭЙЛЕР]

Естественным следствием интереса к теории познания при все увеличивавшемся объеме знаний стала мания составления энциклопедий. Компендиумы универсальных знаний были достаточно распространены в Средние века, но затем вышли из моды. Первыми, кто попытался возродить этот жанр, были Й.-Г. Альстед в Голландии (1630 г.) и Луи Морери в Лионе (1674 г.). Однако отцом современных энциклопедий считают Пьера Бейля (1647–1706). Первый том его *Исторического и критического словаря* появился в Роттердаме в 1697 г. В Англии этот жанр был представлен трудом члена Королевского общества Джона Харриса *Lexicon technicum* (1704 г.) и *Cyclopaedia* (1728 г.) Эфраима Чемберса; в Германии — *Словарем печатной и разговорной лексики* Иоганна Хюбнера (Лейпциг, 1704 г.) и *Всеобщим лексиконом* Яблоньского (Лейпциг, 1721 г.); в Италии — *Универсальным словарем* Г. Пивати (Венеция, 1744 г.); и в Польше — *Новыми Адинами* (1745–1746) Б. Хмелёвского. Громадный иллюстрированный *Универсальный словарь* в 64 томах с 4 томами приложений издал в Лейпциге Й.-Г. Цедлер (1732 — 1754). Во Франции грандиозный проект *Энциклопедии, или Толкового словаря наук, искусств и ремесел*, предпринятый Дени Дидро (1713–1784) и Жаном Д'Аламбером (1717–1783 гг.), был вдохновлен французским переводом труда Чемберса.

Он вышел в Париже в 17 томах (на 16 288 страницах) в период 1751 — 1765 гг., затем последовали приложения, иллюстрации и указатели, издание которых растянулось до 1782 г. Труд этот отличался исключительным прагматизмом, субъективностью, антиклерикализмом и решительной критикой современного режима, так что его издатели постоянно подвергались преследованиям. Но он стал памятником своему времени. Целью Энциклопедии было (ни больше ни меньше!) суммировать все знания человечества. Первое издание *Британской энциклопедии*, не столь амбициозной, но гораздо более долговечной, появилось в Эдинбурге (1768 г.). Тем временем *Lexicon* Хюбнера пережил уже множество изданий и переводов; в 1808 г. авторское право на него приобрел издатель Ф.-А. Брокгауз (1772–1823 гг.), который использовал его для своей самой знаменитой немецкой энциклопедии.

Религиозная мысль этого времени находилась под большим влиянием рационализма, особенно в сфере библеистики. Прежде всего важно было разрешить вопрос, кто же прав: католики или протестанты, поскольку и те и другие опирались в своих воззрениях на Священное Писание. Первым на этом пути был Уильям Чиллингворс с его *Религией протестантов* (1637 г.), преподаватель университета в Оксфорде, который учился у иезуитов в Дуэ и которого — что весьма типично — ложно обвиняли в социнианстве. Значительно продвинулся по этому пути французский ораторианин Ришар Симон (1638–1712), применивший в своей *Критической истории Ветхого Завета* классические правила французской литературной критики. Книгу Симона решительно раскритиковал Боссюэ, она была помещена в *Индекс запрещенных книг*, все экземпляры уничтожены, но метод Симона применялся и дальше.

Размышления о религии породили в свое время интеллектуальную моду на деизм. Деизм — это сведенное к минимуму религиозное верование: вера в Высшее существо, в Бога-Творца, в Провидение. В своих ранних проявлениях деизм впервые отмечается в Англии и в различных шатких системах, таких как *Трактат об истине* (1624 г.) лорда Херберта Чербери (1583–1648) и труд Джона Толанда *Христианство без тайн* (1696 г.). Деизм особенно пышно расцвел в 1770-е годы, когда Вольтер был в Англии, однако это направ-

ЭЙЛЕР

В 1765 г. русскому послу в Берлине было приказано пригласить в Санкт-Петербург одного одноглазого человека и не жалеть никаких расходов. Леонард Эйлер (1707–1783) принимает это приглашение при условии, что станет директором русской Императорской академии с громадным жалованием в 3000 рублей, пенсией для жены и высокими постами для его четырех сыновей. Все условия были приняты безропотно. За пять лет до того русская армия разорила ферму Эйлера в Шарлоттенбурге — тогда царь приказал щедро возместить убытки хозяина. Ведь Эйлер был самым выдающимся математиком своего времени. Все согласны в том, что с ним мог бы сравниться еще разве что К.-Ф. Гаусс (1777–1855), родившийся в Брауншвейге через 10 лет после того, как Эйлер покинул Берлин.

Говорили, что «Эйлер считает так, как другие дышат или как орел парит». Он был сыном швейцарского пастора, получил образование в Базеле и имел феноменальную память. Он знал на память *Энеиду* Вергилия, причем мог указать и номер строки, и страницу. Впервые он поехал в Россию в компании братьев Бернулли, еще до того, как за его головой начали «охотиться» агенты Фридриха Великого. Его труды были столь же оригинальны, сколь и многочисленны. Эйлер написал 886 научных работ, около 4000 писем, то есть он писал примерно по две печатных страницы в день в течение 50 лет. Русский журнал *Commentarii Academiae Scientiarum Imperialis Petropolitanae* печатал его неизданные труды еще 45 лет после смерти Эйлера. Он сформулировал и доказал множество теорем, нашел новый метод вычисления синуса, уточнил цифровое значение числа «пи», ввел гипотезу о существовании трансцендентальных чисел. «Теорема Эйлера» продемонстрировала связь между показательной и тригонометрической функциями:

$$e^{ix} = \cos x + i \sin x$$

Благодаря Эйлеру русская академия вошла в число передовых научных учреждений Европы, а блестящая Санкт-Петербургская математическая школа надолго пережила самого Эйлера. Но он неохотно говорил о России. Когда же мать Фридриха Великого принудила его высказаться, он ей ответил: «Мадам, в этой стране тех, кто говорит, вешают». Авторитет Эйлера был так высок, что избранные им для учебника *Introductio in analysis infinitorum* (1748) символы стали основой стандартной математической нотации. Он очень способствовал тому, чтобы у математиков появилось универсальное средство общения, которого у европейцев до того не было.

ление значительно ослабло после выхода в свет *Аналогии религии* (1736 г.) епископа Джозефа Батлера; о стойком влиянии Батлера королеве Каролине однажды сказали: «Нет, мадам, он не умер, он только похоронен». Во Франции к деизму пришли в попытках найти нечто среднее между традиционным христианством и крайним свободомыслием, например, барона Гольбаха (1723–1789) и Клода Гельвеция (1715–1771), начавших открыто высказывать свои атеистические воззрения. Дидро в своих статьях в *Энциклопедии Христианство*, *Вера* и *Провидение* придерживается деизма. Вольтер, неутомимый в своих нападках на традиционную религию, вынужден был, однако, защищать существование Бога в противовес Гольбаху с его *Системой природы* (1770 г.). Размышляя о ночном небе, он написал: «Надо быть слепым, чтобы не удивляться его виду; надо быть глупцом, чтобы не признать его творца; надо быть сумасшедшим, чтобы не поклониться ему». И, наконец, заключает: «Если бы Бога не было, Его следовало бы выдумать» («*Si Dieu n'existait pas, il faudrait l'inventer*»)[8].

Борьба философов с авторитетом Церкви и государства поневоле создавала впечатление, будто католицизм и абсолютная монархия были едины в каком-то слепом сопротивлении разуму и переменам. Дидро приписывают жестокое замечание, что спасение наступит тогда, когда «последнего короля задушат кишками последнего священника». Он находился всего в одном шаге от упрощенного представления революционеров о вечной борьбе прогресса с реакцией. В свое время такую же крайнюю позицию занял католический публицист Жозеф де Местр (1754–1821), но он подошел к этому с другой стороны, утверждая в *Рас-

суждениях о Франции (1796 г.), что восстание и неверие — синонимы.

Среди приоритетов Просвещения важное место занимала рациональная экономика. Общее представление этой эпохи о прогрессе нашло специальное выражение в идее экономического прогресса. На микроуровне дворяне (джентри) были заняты научным усовершенствованием ведения хозяйства, убежденные, что их владения следует не просто приводить в порядок, но превращать в цветущие предприятия. Освоение земли голландцами или по голландской модели совершенно изменило лицо нескольких низменных районов: от болот в Кембриджшире и Линкольншире на востоке Англии до дельты Вислы. Набирало темп огораживание, особенно в Англии; оно угрожало крестьянским хозяйствам, но было залогом образования более крупных аграрных единиц, подходящих уже для коммерческих целей. Систематическое выращивание племенного скота, селекция в растениеводстве, удобрение почвы, севооборот и осушение, как их практиковали «фермер Джордж» в Виндзоре в 1770-е годы или Томас Кок из Холькхэма в Норфолке, давали потрясающее увеличение урожаев (или поголовья). В тех странах, где преобладало крепостное право, просвещенные землевладельцы убеждались, что их крепостные, освободившись, будут работать эффективнее. Случаи добровольного освобождения крестьян отмечаются в разных местах от Франции до Польши.

На макроуровне долго царил меркантилизм в его автократической разновидности. Известным его поборником был министр Людовика XIV Жан-Батист Кольбер (1619–1683). Появились государственные мануфактуры. В колониях закладывались плантации, упорядочивалось налогообложение, строились порты, дороги и каналы, развивался транспорт. У огромного Лангедокского канала (1681 г.) появились собратья в Европе: от превращенного в канал Гвадалквивира в Испании до канала Эскульстуна в Швеции, Августовского канала в Литве и сети каналов Волго-Балтийской системы в России.

Вместе с тем росло убеждение, что для решительного развития экономики ее надо освободить от искусственных ограничений. Это направление нашло свое выражение в трудах ирландского банкира Ричарда Кантиллона (ум. в 1734 г.), кото-

рого цитирует Мирабо Старший в своем исключительно популярном труде *Друг людей* [*L'Ami des hommes* 1756 г.]. Но утвердилось оно только благодаря экономистам — *физиократам*, связанным с энциклопедистами: Француа Кене (1694–1774), Жану де Гурне (1712–1759) и П. Дюпону де Немур (1739–1817). Известный тезис «Бедные крестьяне — бедное королевство» был кратким изложением представлений революции: национального процветания можно достичь только через личное процветание при общей свободе. Ученик Кене Жак Тюрго (1727–1781) [министр Людовика XVI] не смог, однако, применить эти принципы на практике. Но шотландский профессор Адам Смит (1723–1790) свел близкое знакомство с кружком Кене, когда жил в Париже (1765–1766). Это стало решающим обстоятельством в формировании взглядов основателя современной экономической теории. [РЫНОК]

Рационалистическая политическая теория давно уже связывалась с поддержкой абсолютной монархии, что вполне отвечало духу классицизма — духу порядка и гармонии. На практике это означало поиск наиболее действенных средств, чтобы выбраться из путаницы местных и феодальных привилегий. Выводы Гоббса, если не его аргументация, не слишком отличались от взглядов таких французских теологов, как Жак-Бенинь Боссюэ, епископ Мо (1627–1704), главный защитник божественного права королей. Однако в XVIII в. аргументация изменилась. В двух *Трактатах о правлении* (1690 г.) Локк утверждал, что правительство должно подчиняться естественному праву, и возражал против принципа наследственной власти. Он утверждал необходимость определенного нейтрального авторитета для разрешения противоречий правителя с управляемыми. Но, главное, подчеркивая право собственности, он разрабатывал одновременно идею правления через общественный договор, а следовательно, принцип согласия как краеугольный камень либерализма. Он не имел специальных идей о судебной власти, но выступал за разделение властей и необходимость сдержек и противовесов между исполнительной и законодательной властями. Эти два последних принципа были четко сформулированы в труде *Дух законов* (1748 г.), принадлежащем Шарлю-Луи де Секонда, барону де Мон-

РЫНОК

Доктор Адам Смит (1723–1790) был самым рассеянным профессором. Однажды он заварил хлеб с маслом, после чего заявил, что чай очень плох. Он стал настоящей достопримечательностью Эдинбурга, где часами бродил по улицам, глубоко задумавшись, полуодетый, дергающийся всем телом, ведя с самим собой горячий спор взволнованным голосом, причем он при этом мчался во весь опор своей неподражаемой «походкой червяка». Однажды он в пылу спора с собой вступил прямо в дубильный чан. Он совершенно не подходил для брака и прожил всю жизнь со своей матерью. Замечательно, что этот изумительно беспорядочный человек изобрел процесс разумного наведения порядка в механизмах нашей повседневной жизни.

Смит и его друг Дэвид Юм были светилами шотландского Просвещения в тот период, когда академическая жизнь Англии замерла. Он был в контакте с Джонсоном, Вольтером, Франклином, Кене, Бёрком. Когда он (уже престарелым профессором) был на приеме у королевских министров, они все встали, приветствуя его: «Мы все стоим, мистер Смит, — сказал Уильям Питт, — потому что мы все — ваши ученики».

Смит начал свою ученую карьеру в 28 лет на кафедре моральной философии в университете Глазго, где он опубликовал свою *Теорию нравственных чувств* (1759 г.). Это было исследование происхождения одобрения и неодобрения. Смит вступил в область экономики, когда задался вопросом приложения такого человеческого чувства, как алчность, а также тем, как частный интерес может послужить общему благу, и его *Исследование о природе и причине богатства народов* (объемом в 900 страниц, 1776 г.) было, по существу, пространным эссе на ту же тему. Этот труд подорвал протекционистскую философию меркантилизма, который господствовал в экономической науке к тому времени уже в течение 200 лет. Смит пришел к выводу о существовании общества, в функционировании которого участвуют все люди, а также сформулировал законы рынка. Он описал механизмы производства, конкуренции, предложения и спроса и ценообразования. Особое внимание он уделил организации труда, продемонстрировав основные положения в знаменитом описании фабрики шпилек: посредством рационализации труда и спецификации заданий рабочие могли производить 48000 шпилек в день, при том, что каждый рабочий в отдельности мог произвести только 2–3. Он особенно подчеркивал, что в природе рынка заложена способность саморегуляции, которая (если ей не мешать) благоприятствует социальной гармонии. Он установил два основных закона рынка: закон накопления и закон народонаселения. «Потребность в людях, — писал он с шокирующей прямотой, — по необходимости регулирует производство людей». Он любил приговаривать: «Оставьте рынок в покое».

Со времени Адама Смита экономическая наука непрерывно исследует поднятые им темы. Начало положили Рикардо, Мальтус и Маркс, затем Гобсон, Бастиа и Маршалл и, наконец, Веблен, Шумпетер и Кейнс. Для Смита экономическая наука была частью спекулятивной философии, и величайшие практики этой науки признавали хрупкость своих построений. В глазах профанов, однако, экономика значит гораздо больше: она заняла место, освободившееся с упадком религии и отсутствием общественного консенсуса в вопросах морали; теперь она все больше занимает политиков, представляется панацеей от всех зол, даже залогом личного удовлетворения. Из предмета специального, технического, разъяснявшего устройство общества так же, как медицина разъясняет устройство человеческого тела, она все более превращается в самоцель, формулирует цели общества, мотивы действий, побуждения. Моралист Смит ужаснулся бы, увидев это.

тескье (1689–1755), вдохновлявшемуся отчасти греческой и римской республиканскими формами правления, а отчасти английскими конституционными установлениями 1689 г.: «В каждом государстве есть три вида власти: законодательная, исполнительная власть над теми вещами, которые зависят от прав народа, и исполнительная власть, связанная с гражданским правом... Но ничего не получится, если один и тот же человек будет осуществлять все три власти: создание законов, исполнение общественных постановлений и власть судить за преступления»[9].

Теории Локка и Монтескье широко распространялись энциклопедистами, особенно в таких статьях, как *Политическая власть* или *Естественная свобода*. Они способствовали не только демократизации, но, можно сказать, и революции.

В это время расцветает рационалистическая историография. История отходит от простого повествования о событиях, от хроник и временников, служивших защите правящей церкви и монарха; она становится наукой о причинах исторических событий и перемен. Так называемая *Всемирная история* (1681 г.) Боссюэ или *История великого восстания* (1704 г.) графа Кларендона пока еще принадлежали древней традиции историографов, так же как и многочисленные протестантские и католические хроники религиозных войн. Но в XVIII в. некоторые занялись историей нового рода. Так, *Словарь* Бейля (1702 г.) состоял из расположенных в алфавитном порядке статей обо всех великих людях истории и литературы; в них с безжалостным скепсисом рассматривалось все достоверное и недостоверное, что было известно о каждом. Словарь демонстрировал, что ни один исторический факт не может быть принят без достаточных свидетельств. Джамбаттиста Вико в своей *Новой науке* (1725 г.) предлагает теорию цикличности истории. Монтескье в *Размышлениях* (1734 г.) вводит понятие определяющей роли условий окружающей среды, в то время как Вольтер в своих работах о Карле XII и Людовике XIV подчеркивает роль фактора случайности в формировании характера выдающейся личности. Трактат Юма *Естественная история религии* (1757 г.) подрывал святые основы истории религии. Эти авторы отвергали роль Провидения как объяснение событий прошлого, то есть возвращались к такому стилю мышления, который не был в ходу со времен Н. Маккиавелли и Ф. Гвиччардини. Все они находились под влиянием новомодного понятия общественного *прогресса*, которое получило классическое определение в Сорбонне 3 июля и 11 декабря 1750 г., когда молодой Тюрго прочитал длиннейший, написанный по-латыни доклад в двух частях:

«Природа наделила всех людей правом на счастье... Все поколения связаны друг с другом последовательностью причин и следствий, что соединяет современное состояние мира со всеми теми, которые ему предшествовали... весь человеческий род, от самого его начала, представляется философу единым огромным целым, у которого (как у всякого индивидуума) есть собственное детство и собственный прогресс... Все человечество, переходя от спокойных времен к беспокойным и от хороших лет к плохим, постоянно, хотя и медленно, движется ко все большему совершенству»[10].

Историки все чаще применяли социальные, экономические и культурные понятия своего времени для анализа прошлого. Теперь уже было недостаточно ограничиваться деяниями королей и их дворов. Двумя величайшими памятниками этой эпохи стали *История Америки* Уильяма Робертсона (1777 г.) и несравненная книга *Закат и падение Римской империи* Эдуарда Гиббона (1788 г.). Только один том *Истории польского народа* (1780–1786 гг.) епископа Адама Нарушевича вышел в свет — издание прекратилось из-за возражений посла императрицы Екатерины в связи с тем, что в истории древних славян (как она была здесь представлена) поляки играли большую роль, чем русские.

Поневоле задумаешься, а были ли историки эпохи Просвещения более объективны, чем придворные и церковные историки, которых они так безжалостно высмеивали. Нападки Гиббона на монашество или необоснованные нападки Вольтера на Польшу, которая становилась в его трудах мальчиком для битья, когда Вольтер выступал против религиозного фанатизма, — все это свидетельствует, что одни предубеждения сменились другими. Между тем объем и репутация историографии значительно выросли. На деле, впрочем, Просвещение было полно противоречий. Ведущие деятели этой эпохи были согласны друг с другом в целях и средствах, но никогда не имели согласия во взглядах и мнениях. Так, самые влиятельные фигуры Просвещения — Вольтер и Руссо — не имели между собой ничего общего.

Франсуа-Мари Аруэ (1694–1778), который взял псевдоним Вольтер во время своего заточения в Бастилии, был не просто поэтом. Вольтер был поэтом, драматургом, писателем, историком, философом, памфлетистом, другом королей и дерзким острословом. Вольтер родился и получил образование в Париже, но бо́льшую часть своей долгой жизни он провел во всевозможных изгнаниях. Государство преследовало не только книги Вольтера, но даже его издателей и типографов. Вольтер балансировал на самой границе политической и социальной респектабельности и наконец символично осел на самом краю Франции в городке Ферне, неподалеку от Женевы. Вольтер покинул Париж опозоренным, когда ему было 32. До своего 84-летия, кроме тех лет, когда он работал придворным историографом в Версале в 1744–1747 гг., он не возвращался более в Париж.

Вольтер прожил 6 плодотворных лет в Англии, потом 3 года при гостеприимном дворе Станислава Лещинского в Люневиле в Лотарингии. Еще 3 года поэт провел в Пруссии у короля Фридриха Великого, большого его почитателя. Из Швейцарии Вольтер был изгнан за «неподобающие высказывания» о Кальвине. В конце концов Вольтер вернулся домой, в Ферне. Дом Вольтера в 1760–1778 гг. был больше похож на двор коронованной особы. В его имение приезжало столько гостей, что Вольтера стали называть «трактирщиком Европы», «королем Вольтером» и «сельским сеньором». Здесь, в Ферне, Вольтер попытался на практике осуществить все свои идеи: он осушил болота, завел образцовую ферму, построил церковь, театр, шелкопрядильную и часовую фабрики.

«Убежище 40 изгнанников превратилось в богатый город с населением в 1200 человек», — с гордостью замечал Вольтер.

В трудах Вольтера, которые составляют более 100 томов, обсуждаются вопросы терпимости в религии, свободы и мира в политике, частной инициативы в экономике и интеллектуального лидерства в искусстве. *Английские письма*, в которых Вольтер восхищается всем, от квакеров, парламента и духа предпринимательства до Бэкона, Локка и Шекспира, дали новую пищу для размышлений консервативным католическим кругам на континенте. *Век Людовика XIV* (1751 г.) представил французам богатую, но весьма критическую картину их недавнего прошлого. Философская новелла *Кандид* (1759 г.) была написана как ответ Руссо. Вольтер рассказывает историю о молодом, исполненном энтузиазма Кандиде и его просвещенном наставнике Панглосе с его девизом — «все к лучшему в этом лучшем из миров». Кандид и Панглосс на своем пути встречают всевозможные несчастья и стихийные бедствия: войну, резню, болезнь, арест, пытки, предательство, землетрясение, кораблекрушение, инквизицию и рабство. По завершении своего путешествия они приходят к выводу, что, поскольку зло преобладает в мире, то единственное, что им остается делать, — это приводить в порядок собственные дела. Вольтер завершает новеллу словами Кандида: «Будем возделывать наш сад».

Трактат о терпимости (1763 г.) — это крик души Вольтера. Причиной для его написания стало тулузское «дело Каласа». Кальвинист-отец был колесован по обвинению в том, что препятствовал своему сыну принять католичество. *Карманный философский словарь* (1764 г.), малый соперник великой *Энциклопедии*, — это неподражаемый образчик иронии и сатиры. В дополнение Вольтер написал пару десятков трагедий, множество политических памфлетов и около 1500 писем. Он умер в Париже после того, как был коронован (в виде бюста на сцене) на представлении его последней пьесы. «Они бы пришли такой же толпой и на мою казнь», — сказал он. И он все еще писал стихи:

> Мы родились, мы живем, моя пастушка,
> Как и почему мы умираем, не понять;
> Каждый отплывает из ничего,
> Куда?.. Бог знает, моя дорогая[11].

«Я умираю, обожая Бога, — сказал он, — любя моих друзей, не имея ненависти к врагам, но презирая предрассудки»[12].

Жан-Жак Руссо (1712–1778), родившийся в протестантской Женеве, был еще большим скитальцем, чем Вольтер. У него было почти столько же талантов: музыкант, писатель и философ, он приобрел почти такую же громадную известность. Мальчиком он сбежал и провел почти десять лет на дорогах Савойи и Швейцарии, затем (при обещании обратиться) был взят одной католичкой, жившей в Анси. Получивший, в основном, образование самостоятельно, он вынужден был пробиваться, служа домашним учителем, композитором, балетмейстером, слугой в Париже и секретарем французского посольства в Венеции. Его связь с простой и необразованной девушкой Терезой Левассер и судьба пятерых их детей, отданных в приют для подкидышей, были для него источником глубоких переживаний, размышлений и, возможно повторявшегося психического расстройства. В зрелые годы он неожиданно прославился как лауреат премии Дижонской академии за *Рассуждения о науках и искусствах* [«Рассуждение… по вопросу, предложенному… Академией: "Способствовало ли возрождение наук и искусств очищению нравов"»] (1750 г.), а также в связи с популярностью его оперы *Сельский колдун* (1752 г.). Он подружился с Дидро и стал сначала звездой парижских салонов, а потом — их жертвой, так что в конце концов он снова отправляется скитаться. Одержимый страхом перед мнимым заговором против себя, он постоянно переезжал, боясь сторонников Вольтера и собственной внутренней неустроенности, — то в Женеву, то в прусский Невшатель, то на остров на озере Лак-де-Бьен, то в Англию, то в Бургуан или Монкен в Дофине. Последние годы он провел в Париже, занимаясь изданием мемуаров и *Прогулок одинокого мечтателя* (1782 г.). Умер в замке Эрменонвиль.

Руссо воспользовался методами Просвещения для ниспровержения достижений Просвещения. В прославивших его *Рассуждениях* Руссо заявил, что цивилизация портит человеческую натуру. В своем следующем труде, *Рассуждение о происхождении и основаниях неравенства между людьми* (1755 г.), он нарисовал идиллическую картину жизни первобытного человека и возложил на процветание всю вину за зло в политических и общественных отношениях. Против этого труда ополчились и радикалы, и консерваторы. Роман *Юлия, или Новая Элоиза* (1761 г.) — это история любви в родных для Руссо Альпах. Перед читателем является никогда до того не виданная панорама чувств: страсть, моральные переживания и неукротимая натура. *Эмиль, или о воспитании* (1762 г.) — следующий невероятный успех — рисовал, как воспитывать ребенка, чтобы уберечь его от того искусственного разложения, которое несет с собой цивилизация. Это дитя природы должно учиться от Богом данного опыта, а не по созданным людьми книгам; чтобы быть счастливым, он должен иметь практические навыки и быть свободным.

Политический трактат *Об общественном договоре* (1762 г.) был поистине революционным. Уже в первой фразе Руссо сетует на несправедливости существующего порядка: «Человек рожда-

ется свободным, а между тем он всюду в оковах». Главные идеи Руссо, высказанные в этом труде (общая воля, независимость народа и сам *Договор*), предлагали такие решения, которые касаются не какого-то идеального правителя, но соотносятся с интересами самих управляемых. И если Вольтер обращался к просвещенной элите, то Руссо обращался к народам.

В *Исповеди*, опубликованной в 1782—1789 гг., Руссо с большим обаянием и искренностью анализирует исключительно непривлекательную личность автора. Он выставляет напоказ свою вину и сомнения. «Он изо всех сил бьет себя в грудь, — писал один критик, — прекрасно зная, что читатель его простит». Эта поглощенность автора своей искаженной психикой похожа на то, что появилось в литературе позднее. Руссо презирал других философов и в особенности Вольтера. Он был полон решимости сказать Высшему Судии в день Страшного суда: «Я был лучше, чем вон тот человек!»[13]

Образование оказалось той сферой, где были особенно приложимы идеи Просвещения. Фактически Церковь удерживала монополию в учебных планах школ и университетов. Влияние Возрождения уже давно ослабло. В католическом мире иезуитские и пиаристские [принадлежавшие Ордену… благочестивых школ — *«Ordo clericorum… scholarum piarum»*, основанному в начале XVII века с целью создания школ для бедных] школы для мальчиков и школы урсулинок для девочек придерживались старых традиций. Во Франции педагогика закоснела после закрытия как гугенотских, так и янсенистских школ. Также и в протестантском мире, если верить воспоминаниям Гиббона об Оксфорде, царила апатия. «Пять лет, проведенных в Колледже Магдалины, — вспоминал Гиббон, — были самыми праздными и бесплодными годами моей жизни». Гораздо лучше были школы и университеты в Шотландии и Пруссии. Воспитательные учреждения Августа Германа Франке (1664—1727) в Галле и *Realschule* [реальное училище] в Берлине закладывали основания и народного языка и технического обучения. Тем не менее Просвещение почти повсюду наталкивалось на укоренившуюся религиозную традицию обучения. Так, статья д'Аламбера *Колледж* в *Энциклопедии* полна негодования: «Все это означает, что молодой человек… после десяти лет обучения покидает колледж с плохим знанием мертвого языка, с основами риторики и философии, которые он постарается забыть; часто с испорченным здоровьем... и еще чаще с таким поверхностным знанием религии, что он сдается в первом же богохульном разговоре...»[14]

В конечном счете под влиянием Просвещения религиозное обучение было отделено от общего образования; в дополнение к классическим в программы были включены современные предметы; и, как это произошло в результате долгой борьбы Бентама за Лондонский университет, высшее образование освободилось от патронажа Церкви.

[COMENIUS]

Впрочем, ничто не сравнится по оказанному на молодежь влиянию с *Эмилем*; Руссо не подпал под влияние своих коллег-философов. «Величайшей максимой Локка, — писал он, — было убеждать детей, и это вошло в моду; ... но я больше не вижу таких глупых детей, которых бы надо было убеждать» (*Эмиль*, кн. II). Взамен Руссо предлагал *естественное образование* от рождения до зрелости, причем обучение по книгам запрещалось до отроческих лет. Руссо буквально взорвал современные ему представления о развитии ребенка. Первым руководством по воспитанию в духе Руссо стала книга Иоганна-Бернарда Базедова *Elementarwerk*, которая появилась в 1770–1772 гг.; два года спустя открыла свои двери первая школа этого педагога *Philanthropinim* в Дессау.

Однако один из самых смелых образовательных проектов того времени осуществился в Польше, где в 1772–1773 гг. благодаря сложившимся там весьма необычным обстоятельствам родилась Национальная образовательная комиссия, ставшая первым в Европе министерством государственного образования. Это нововведение совпало с политическим кризисом первого раздела Польши (что обеспечило мотивацию проекта) и с роспуском ордена иезуитов (что обеспечило основной интеллектуальный потенциал его). Несколькими годами ранее польские реформаторы в своих отчаянных попытках вырваться из тисков России обратились к идеям Руссо. В его сочувственном труде *Размышления об образе правления в Польше* (1769 г.) содержалась и крайне важная глава об образовании. Руссо предлагал взамен всех существующих институтов создать единую унифицированную систему образования. Его послушали, и последний король Польши Станислав Август Понятовский представил осуществление его советов как условие своего согласия на раздел страны. Политические перспективы Польши были не блестящими, но она еще могла выжить в культурном отношении. В течение последующих двадцати лет Образовательная комиссия создала около 200 светских школ, многие из которых пережили и самое Республику. Были подготовлены учителя нового типа. Учебники польского языка и польской литературы, а также по естественнонаучным предметам и современным языкам были написаны бывшими иезуитами. «Если спустя 200 лет, — писал король в своем дневнике, — еще останутся люди, называющие себя поляками, то я трудился не напрасно». И в самом деле, Польша как государство была разрушена (см. сс. 661–4, 719, 721–2), но ее культура не погибла. Со временем была упразднена Национальная образовательная комиссия; однако ее идеи были восприняты департаментом учебного округа того, что стало западным регионом Российской империи. И под просвещенным руководством князя Чарторыйского просуществовало до 1825 г. Воспитанное в этих условиях поколение польских патриотов и интеллигенции стало самым блестящим из всех, кто когда-либо обращался к поэзии или трудился на государственной службе[15].

Мы, таким образом, видим, что идеи Просвещения служили в разных странах разным целям. В Нидерландах и Великобритании под влиянием этих идей сформировалось либеральное крыло истэблишмента. В британском парламенте либерализм нашел свое выражение в речах Ч.-Дж. Фокса и Эдмунда Бёрка. В американских колониях к этим идеям обращались бунтари против британского правления. Во Франции и, в меньшей степени, в Испании и Италии Просвещение вдохновляло интеллектуалов, бывших в оппозиции ancien régime [старому режиму], но не имевших законных средств борьбы с ним. Во многих странах Центральной и Восточной Европы к идеям Просвещения часто обращались «просвещенные деспоты», которые стремились улучшить порядки в своих империях, что в меньшем масштабе происходило и с отдельными дворянами, стремившимися улучшить положение в своих поместьях, где использовался труд крепостных. Фридрих II

COMENIUS

Когда Ян Амос Коменский умер в Амстердаме 15 ноября 1670 г., его повсюду считали безумцем, занятым совершенно безнадежным делом. Он был последним епископом общины *Чешских братьев*; более пятидесяти лет он прожил в изгнании, а труд его жизни, представлявший пансофический взгляд на универсальный мир и культуру, остался незавершенным. Его предсказания — что папа будет низвержен и в 1672 году наступит конец света — вызывали лишь насмешки.

Коменский родился в 1592 г. в Моравии и всю жизнь шел против течения. Он много путешествовал, получил хорошее образование в Гейдельбергском университете и надеялся остаться директором школы Чешских братьев в Фульнеке. Однако после победы Габсбургов в Богемии был вынужден отправиться в 1621 г. в Польшу; затем преследование прошведски настроенных протестантов в Польше в 1657–1658 гг. гонит его дальше в Голландию. Больше всего сил он потратил на то, чтобы рассказать о судьбе Богемии; он писал о педагогике, он был бродячим консультантом по вопросам образования. В этом своем последнем качестве он подолгу жил в Англии, Швеции и Трансильвании. Его даже приглашали стать ректором Гарвардского университета.

Между тем система взглядов Коменского была гораздо более последовательной, чем можно заключить из разборов его критиков. Его страсть к реформированию образования проистекала непосредственно из взглядов Чешских братьев, которые взросли на гуситской традиции чтения Библии на народном языке. Необходимость обучения языку была очевидна для того, кто происходил из многоязычной Моравии и побывал во многих других странах; одержимость же идеями пацифизма была естественным следствием жизни человека, много пострадавшего от войн и религиозных распрей.

Как автор-полиглот Комениус (он был больше известен под этим именем) приобрел международную известность. Его ранний труд *Лабиринт мира и райская обитель сердца* был своего рода паломничеством в сферы духовного, этот труд был написан по-чешски. Его *Врата языков* — труд, начавшийся как трехъязычный учебник латинского, чешского и немецкого, — затем дошел до сотни версий, включая персидскую и турецкую. Также популярен был и его *Мир в картинках* (1658 г.), положивший начало визуальному обучению. Однако самым значительным вкладом Коменского стали его педагогические труды *Opera didactica omnia* (1658 г.). Весомость наследия Коменского со временем росла и привлекала к себе четыре категории почитателей.

В вопросах религии его имя почитали те, кто в следующем веке возродили старую общину Чешских братьев в новой форме Чешской Моравской церкви.

В эпоху чешского возрождения Коменский занял место национального святого. Палацкий составил его биографию; граф Лютцов популяризировал по всему миру его *Лабиринт*; Томаш Масарик считал его ключевой фигурой чешской демократии и гуманизма. Первая часть мемуаров Масарика называлась *Завет Коменского*.

Современные теоретики педагогики считают Коменского отцом-основателем этой дисциплины. Его учебники, ориентированные на ученика, вдохновили такие прогрессивные методы обучения (с ориентацией на ребенка), как методы Фребеля, Песталоцци и Монтессори.

А защитники всеобщего образования приводят тексты Коменского как образцы:

«Не только дети богатых и сильных, но мальчики и девочки, богатые и бедные во всех городах... и селениях [...] должны ходить в школу. [...] Если кто-нибудь спросит: "Для чего ремесленникам, крестьянам, привратникам и даже женщинам учиться грамоте?" — я отвечу: Все они получат пищу для того, чтобы думать, выбирать, следовать и совершать доброе. [...] Не беда, что некоторые кажутся от природы тупыми и глупыми... Чем меньше и слабее склонности человека, тем больше он нуждается в помощи и поддержке...”»

И в наше время всякий ребенок, который читает комикс, учится по учебнику с иллюстрациями или смотрит учебный фильм или учебную передачу по телевизору или на видео, должен благодарить за это Коменского.

Прусский или императрица Екатерина II в России, конечно же, считали себя разумными и просвещенными монархами, как и Карл III в Испании, или Леопольд, великий герцог Тосканский, или его брат Иосиф II Австрийский. Однако свои отношения с *философами-консультантами* они обычно строили по модели «безусловный хозяин — почтительный клиент [плебей, пользовавшийся покровительством патрона-патриция — *ред.*].». Великий Вольтер проявил себя не меньшим сикофантом, чем мудрецом: он редко высказывался о милитаризме Фридриха или расправах Екатерины. И только Руссо открыто высказывал Фридриху свои мысли. **[ГУСИНЫЙ ШАГ]**

Отметим также, что идеалы Просвещения устояли во всех перипетиях революционного кризиса. Просвещенные реформаторы предреволюционного времени — барон фон Штейн (1757–1831) в Пруссии, еврей-выкрест барон фон Зонненфельс (1732–1817) в Австрии, Станислав Сташиц (1755–1828) в Польше или граф Монелаж (1759–1838) в Баварии — были все еще у дел в 1815 г. Между тем лишь немногие деятели революционного времени, игравшие выдающуюся роль после 1789 г. — Мирабо, Дантон, Кондорсе, Робеспьер, Сен-Жюст, — имели сколько-нибудь заметное влияние до событий революции. В этом отношении (как и вообще во многом) исключением был Томас Пейн (см. главу IX).

Тем не менее к 1778 г., когда умерли оба — Вольтер и Руссо, Просвещение начало выдыхаться. Впрочем, значительное влияние Просвещения сохранится еще надолго, так что, можно сказать, оно стало неотъемлемым компонентом того фундамента, на котором взросла современная европейская мысль. В то же время рационализм, давший первоначальный толчок Просвещению, постепенно терял влияние. *Чистый разум* оказался недостаточным средством не только для понимания мира, но и для того, чтобы понять предсказания о грядущих потрясениях.

Романтизм — ярлык, которым принято прикрывать множество грехов. Для теоретиков культуры эта проблема оказалась столь сложной, что они предлагают наличие не одного, а нескольких романтизмов. В целом же романтизм обозначает грандиозное явление культуры, которое зародилось в конце XVIII в. в ответ на угасание Просве-

щения. Романтизм никоим образом не был связан с официальной религией; более того, в нем были черты, которые представляются (самое малое!) нехристианскими, если не прямо антихристианскими. И все же романтизм апеллировал больше всего именно к тому духовному опыту человека в сфере сверхъестественного, к которому, собственно, обращена религия и которым пренебрегало Просвещение. В этом отношении романтизм стал реакцией на избыточную реакцию Просвещения против преобладавших настроений Реформации и Контрреформации. Но, возможно, лучше считать романтизм естественным развитием и продолжением некоторых настроений и идей, которые всегда присутствовали, но не имели ничего общего с идеалами Просвещения. Эти течения часто объединяют под общим названием *анти-Просвещения* и *предромантизма*.

Анти-Просвещение обычно усматривают в тех философских темах, которые восходят к неаполитанцу Джамбаттисте Вико (1668–1744), а также к трем философам из Восточной Пруссии: Гаману, Канту и Гердеру. Вико в своей Scienza nuova (Новая наука) (1725 г.) не только предложил циклическую теорию истории, но и уделил большое внимание мифологии и символическим формам выражения примитивных обществ. Такие предметы большинство философов Просвещения отвергло бы сразу как наивные и непросвещенные. Вико же и Гердер вплотную занялись проблемой работы человеческого ума, посредством которой человек просеивает и истолковывает колоссальный объем данных, необходимых для формирования знания о прошлом и настоящем. Оба подчеркивали особую роль исторической перспективы; оба «понимали... что задача синтеза столь разнородного материала в последовательную (и непротиворечивую) картину требует особого дарования, совершенно отличного от методов рационального исследования... и, главное, дара... творческого воображения»[16].

И. Г. Гаманом (1730–1788), который провел свою жизнь в Кенигсберге и Риге, часто пренебрегают как философом неясным, легковесным, написавшим несколько тяжелых, бессвязных (и непереведенных) немецких книжонок. Однако его критика Просвещения, из которой развилась и направленность Юма на иррациональное, была хорошо известна современникам и высоко ценит-

ГУСИНЫЙ ШАГ

Paradeschritt — парадный шаг прусской армии — это, может быть, самое неестественное и в то же время самое выразительное движение, какое когда-либо было придумано для человеческого тела. Недружелюбные иностранцы назвали его *гусиным шагом*. Построенные рядами и обутые в сапоги солдаты были обучены оттягивать носок при каждом взмахе ноги вверх, причем ногу подымали как можно выше — практически горизонтально. Чтобы удержать равновесие, марширующим приходилось наклоняться вперед, выбрасывать руки как кронштейны и характерным образом поднимать подбородок вверх. Поскольку каждый шаг требовал неимоверных усилий, темп сопровождающей музыки был медленным, и солдаты маршировали с угрюмым и нарочитым видом как бы скрытой угрозы: умение придать лицу свирепое выражение входило в набор солдатских навыков.

Между тем язык телодвижений при гусином шаге нес определенную смысловую нагрузку. Прусским генералам он го-ворил, что их дисциплинированные и жилистые солдаты выполнят любой приказ, как бы он ни был нелеп или труден. Гражданскому населению Пруссии он давал понять, что нарушение субординации будет жестоко пресекаться. Врагам Пруссии — что прусская армия состоит не из мальчиков в форме, а из обученных и организованных сильных мужчин. Всему миру вообще этот шаг сообщал, что Пруссия не просто сильна, но высокомерна и надменна. Этот шаг буквально *воплощал* прусский милитаризм.

Смысловая нагрузка гусиного шага решительно отличалась от парадных традиций других армий. Так, французская армия гордилась ускоренным темпом парадного марша ее легкой пехоты, которая, маршируя под звуки рожков, вся дышала духом *élan* (порыва, натиска), насаждавшегося во французской армии. Галоп польской кавалерии, которая буквально в шаге от своего командира останавливалась, чтобы салютовать ему, демонстрировал пьянящую радость прекрасной выездки. В Лондо-не восхитительно медленный *Медленный марш* королевской гвардейской пехоты, с присущим ей умением замереть на секунду в середине шага, дышал спокойствием, уверенностью и самообладанием — этими типично британскими качествами.

Гусиный шаг просуществовал долго: о нем есть свидетельства в XVII в., и он все еще был в ходу в конце XX в. Он был отличительной чертой всех военных парадов Пруссии и Германии до 1945 г. Этот шаг был экспортирован во все армии мира, которые обучались у прусских офицеров или которые хотели походить на прусскую армию. В Европе его переняла русская армия, а затем и Красная Армия и все армии советских сателлитов. Западногерманский бундесвер от него отказался, но его сохранила армия ГДР, где он был отменен только за месяц до падения ГДР в ноябре 1990 г. Но и в 1994 г. спецчасти КГБ в Москве все еще ходили у мавзолея Ленина, медленно и высоко поднимая ногу, как делали это в течение 70 лет до того.

ся специалистами. Говорят даже, что именно Гаман «открыл шлюз, давший волю бурному потоку романтического бунта». «Гаман выступает от имени тех, кто слышит, как вскрикивает в борозде жаба, хотя, может быть, следует пренебрегать ею на пахоте; и все же, если люди не будут слышать этого вскрика, если жабу просто спишут как «обреченную историей»... тогда и добытые такой ценой победы станут оправданием их позднейшего развенчания»[17].

Конечно, новые идеи не сразу охватывают весь культурный ландшафт. Некоторые фигуры, начавшие активную деятельность уже в 1770-х и 1780-х годах, приобрели влияние лишь позднее.

Это в особенности относится к Канту и Гердеру (см. главу IX).

Многие относят сюда и Руссо, поскольку Руссо вообще чаще считают первым романтиком, а не последним из *philosophes* (непонятно, почему он не может принадлежать к обеим категориям). Так, в отличие от большинства своих современников, которые смотрели на природу как на враждебную сущность, которую надо укрощать и исправлять, Руссо считал природу благодатной. Обращение Руссо к *sensibilité* [чувствительности — *ред.*], культ чувства вообще произвели еще одну перемену в нравах европейцев: «Имея вкусы бродяги, он находил тяжелыми ограничения парижского общества. От него романтики переняли презрение к сковывающим условностям — сначала это проявилось в платье и манерах... и, наконец, распространилось на всю сферу традиционной морали»[18]. Особая любовь Руссо к природе Швейцарских Альп изменила отношение к окружающей среде вообще: раньше от стихий лишь в ужасе отшатывались. Свойственный же Руссо культ простых людей, при искренней его приверженности демократии, иногда считают тем не менее одним из корней тоталитаризма.

Определение *предромантизм* обычно распространяют на литературные темы, которые связаны с направлением *Sturm und Drang* [Буря и натиск — *ред*], получившим название по пьесе Ф.М. Клингера, поставленной в 1777 г., а также на теорию символизма. С *Бурей и натиском* 1770-х годов Германия, долго бывшая пассивной, ставила себя в оппозицию французскому рационализму, а европейская культура вступала в новую эпоху. Главным в этом течении стала первая повесть Гете *Страдания юного Вертера* (1774 г.), где впечатлительный юный герой совершает самоубийство. Гете говорил, что, работая над этой книгой, он решил «подчиниться своему внутреннему я» — это было решение, совершенно не свойственное классицизму.

Но еще более сильное влияние на свое время оказал школьный учитель из шотландского города Кингьюсси по имени Джеймс Макферсон (1736–1796). Ему принадлежит величайшая литературная мистификация. Собственные сочинения *Отрывки из старинной поэзии* (1760 г.), *Фингэл* (1761 г.) и *Темора* (1763 г.) он представил публике как переводы сочинений легендарного гэльского барда Оссиана. Доктор Джонсон[19] понял, что это не так, но меланхолические стихи, эти «песни Оссиана», которые выдавались за сказания древних шотландцев, приобрели исключительную популярность даже в Германии, где ими особенно восхищался Гердер. Говорят, что «песни Оссиана» в итальянском переводе были любимым чтением Наполеона.

Условности в искусстве классицизма стали подвергаться нападкам. В 1771 г. на летней выставке Королевской академии в Лондоне придворный художник Бенджамен Уэст (1738–1820) выставил картину, изображавшую смерть генерала Вольфа, убитого в Квебеке за 12 лет до того. Эпатируя зрителей, художник изобразил всю сцену в современных костюмах. Умирающий генерал был одет в свой обычный армейский красный мундир. Джошуа Рейнольдс, пользовавшийся в то время наибольшим авторитетом, отвел Уэста в сторону и объяснил ему, что в исторических и моралистических жанровых картинах принято одевать героев в античные тоги и лавровые венки. И только следуя этой условности, можно придать картине ту вневременную, нейтральную атмосферу, которая одна может донести до зрителя замысел художника. Не помогло: реализм уже был на пороге. Появился ли вместе с ним романтизм — это уже предмет для дальнейших размышлений[20].

Доминирующее положение Франции в Европе длилось больше полутораста лет: от вступления на трон юного Людовика XIV в 1661 г. до падения Наполеона в 1815 г. Впрочем, даже поражение в наполеоновских войнах не лишило Францию окончательно ее положения самой могущественной державы континентальной Европы. Это положение она окончательно утратила лишь после капитуляции перед Германией Бисмарка в 1871 г.[21] И почти все это время Париж оставался безусловной столицей европейской политики, культуры и моды. [CRAVATE]

Столь длительное превосходство отчасти объясняется естественными преимуществами Франции — большой территорией и населением, а также систематическим развитием ее экономических и военных ресурсов. Это превосходство можно объяснить и различными неустройствами у главных соперников Франции: упадком Испании, разорением Германии, разделами Италии, тем, что Австрия была занята борьбой с турками. При этом Франция очень выиграла от исключительной продолжительности жизни нескольких Бурбонов: Людовика XIV (правил в 1643–1715 гг.), Людовика XV (правил в 1715–1774 гг.) и Людовика XVI (правил в 1774–1792 гг.), — поскольку эти короли были центром единения и стабильности. В конце этого периода, однако, усилились трения внутри самого французского общества и появились новые сильные государства в особенности Великобритания[22], Прусское королевство и Российская империя, которых еще просто не существовало в момент вступления Людовика XIV на трон.

Подобно всем политическим организмам, Франция *старого режима* (ancien régime) прошла три

CRAVATE

Французское слово *cravate* (галстук) было заимствовано почти всеми европейскими языками. По-немецки *krawatte*, по-испански *corbata*, по-гречески *gravata*, по-румынски *cravata*, в польском — *krawat*, но в Кракове — эксцентрически *krawatka*. По-английски *cravat* означает «льняной или шелковый платок, который обвязывают вокруг шеи поверх воротника рубашки». Во французском языке у этого слова два значения: «1. Хорватская лошадь. 2. Кусок легкой ткани, который мужчины, а иногда и женщины обвязывают вокруг шеи». Все источники единогласно производят *cravate* от старой формы прилагательного «хорватский», что по-хорватски звучало бы *hrvati*.

Как и почему восточноевропейское прилагательное стало постоянным названием самого обычного предмета европейского костюма, можно только гадать. Согласно одной теории, Наполеон восхищался шарфами, которые носили пленные солдаты Габсбургов. Без сомнения, это не так, поскольку это слово встречается у Вольтера, то есть задолго до рождения Наполеона:

Вы видите этого дьявола, одетого в алое? ... У него змея вместо галстука.

Скорее уж надо связывать *cravate* с Людовиком XIV. По-видимому, эта распространившаяся по всему миру мода пошла от наемных хорватских солдат, служивших в Версале. Во всяком случае, те, кто отрицает влияние *малых народов*, не должны забывать, что хорваты держат нас всех за горло.

В самой же Хорватии мужчины могут выбирать, чем украсить себе шею: своим родным *masna* или реимпортированным *kravata*.

отчетливые стадии: роста, зрелости и упадка. Первая динамичная стадия роста совпала с теми десятилетиями правления Людовика XIV, когда он достиг своих самых выдающихся успехов: от 1661 г. до конца XVII в. Во второй фазе Францию сдерживала коалиция ее противников, и этот период растянулся от последних лет правления Людовика XIV, лет его разочарования, до смерти Людовика XV. Наконец, завершающая стадия совпадает с правлением Людовика XVI. В это время король и его министры теряют контроль над все обостряющимися проблемами, приведшими в 1789 г. к величайшей революции, какую только знала Европа. Для самих французов это было время славы (*la gloire*). «Возвеличивать себя, — писал Людовик XIV маркизу де Виллару 8 января 1688 г., — вот самое достойное и подходящее занятие монархов»[23].

Людовик XIV больше, чем кто-либо из европейских монархов, был главным символом своего времени. Правивший 72 года самой могущественной страной Европы, этот Король-Солнце (*Roi Soleil*) стал, наконец, объектом поклонения, что отразилось на мнении его придворных и на мнении позднейших историков. Он правил Францией из великолепного Версальского дворца, как некогда Филипп Испанский правил миром из Эскориала, и был наделен едва ли не сверхъестественным могуществом. Можно сказать, он был воплощением самой монархии, совершеннейшей формы абсолютизма; он создал и вдохновлял идеальную и монолитную систему власти; он был движущей силой экономического развития и колонизации, законодателем в художественной и интеллектуальной жизни, «христианнейшим королем» католической нации, которая не знала отступлений от религии, дуайеном европейской дипломатии, повелителем самой грозной на континенте армии. У этого мифа были реальные основания. *Le Grand Roi*, без сомнения, был монархом, которому стремились подражать князья и принцы. Он наложил отпечаток на свое окружение, и достижения его были велики. И все же человек не может соответствовать столь преувеличенному образу, так что, размышляя о его величии, следует постараться увидеть за королевским облачением — человека, за блеском Версаля — страдающую Францию.

Личность Людовика XIV трудно отделить от окружавшей его театральности, которую он считал главной в своем деле. Он вырос среди ужасов Фронды, когда колебались самые основания французской монархии, и инстинктивно почувствовал себя главой нации, страстно желавшей порядка и сильного правительства. Вот почему двор в Версале (им же задуманном и построенном) стал не просто великолепным фасадом монархии: он объединил дворянство на службе королю и государству. Изумительные балы, балеты, концерты, спектакли и охоты, празднества и фейерверки в *Grand Parc* — все это служило воспитанию верноподданнических чувств у первых вельмож королевства и формированию чувства национальной общности. С того дня, когда после смерти Мазарини Людовик взял бразды правления в свои руки, он, играя свою роль, всегда имел в виду некоторые высшие цели. Не просто для развлечения является он главным действующим лицом на первом грандиозном празднике его царствования — *Les Plaisirs de l'Île Enchanté* (Наслаждения заколдованного острова) (см. илл. 47). От своей матери Людовик унаследовал любовь к церемониям; от Мазарини — научился искусству скрытности и сохранения таинственности. Наделенный от природы красотой и силой, он соединял замечательную энергию и бурные желания с темпераментом, который бросал его от рыцарственного великодушия к низкой злобе и мстительности. Во всем — как наездник, охотник, гурман и неутомимый любовник — он превосходил свое окружение, как бы оно ни желало ему подражать. Но даже упиваясь вином или женщинами, он не переставал строить планы изничтожения своих же соратников и даже, как в случае с выдающимся Николя Фуке в 1661 г., необоснованного ареста своего главного министра. *Le Grand Roi* мог быть и мелок, и низок.

Ученик Ришелье и Мазарини, Людовик крепко держал в руках те рычаги, которые могли укрепить его власть. Он получил в наследство гигантский бюрократический аппарат, большую регулярную армию, громадную казну и покорное дворянство. Он еще больше распространил свою власть над галликанской церковью, которая и без того была ему покорна, он разрушил гугенотское государство в государстве, подчинил провинции своим *интендантам* и правил, не имея никакого центрального законодательного органа. У него был один ни с чем не сравнимый талант — к саморекламированию. Идеалы, которые воплотил Версаль, затмевали французскую действительность: как сами французы, так и иностранцы под впечатлением великолепия Версаля и его церемоний утверждались в мысли, что *Roi Soleil* стоит в центре совершенной системы власти. Когда, как

говорят, Людовик, придя во Дворец правосудия, прервал судью словами *L'État, c'est moi* (Государство — это я), он мог и не верить в истинность своего остроумного замечания, но нет сомнения, что поступал он в соответствии с ним. Длинной чередой своих экстравагантных связей — от Луизы де Лавальер до мадам де Ментенон — он ниспровергал моральный кодекс старинного *cabale de dévots*[24] и создал при дворе такой климат, когда законом становилось удовольствие короля. И все же, несмотря на великолепие фасада, у грандиозного опыта абсолютизма было множество провалов. Версаль был еще не вся Франция, и воля короля часто встречала сопротивление. В этой большой стране было больше возможностей неподчинения, чем возможностей принуждения, и как бы ни было велико стремление к единообразию, оно все же не разгладило всех морщинок. Постоянно протестовали парламент и провинции, и войны Людовика принесли больше долгов и унижений, чем действительных приобретений.

Так что систему правления Франции не понять посредством формального анализа ее институтов. Долгий процесс нового утверждения королевской власти из центра не ликвидировал многих важных региональных и муниципальных особенностей. По-прежнему большие провинции Франции делились на *pays d'élection*, где значительной была прямая власть королевских чиновников, и на *pays d'état*, пользовавшиеся немалой автономией. На севере Франции действовало обычное право, на юге — кодифицированное римское право. Внутри провинций по-прежнему сохранялось много местных *libertés* [свобод], *parlements* [парламентов], *franchises* [льгот] и *priviléges* [привилегий]; аристократия же сохранила в значительной степени свою традиционную власть отправлять правосудие в собственных владениях. Чрезвычайно важно было то, что законодательное собрание — Генеральные штаты — сохранялись как институт в условиях перманентной приостановки их деятельности, а центральный парламент в Париже приучился утверждать королевские указы без обсуждения. Гигантская армия из примерно 50000 королевских чиновников, пронизанная коррупцией, тяжелым бременем ложилась на страну и была исключительно неповоротлива как в проведении королевских указов, так и в соблюдении интересов подданных на местах.

У короля было одно главное преимущество — отсутствие сколько-нибудь значительных институтов, которые могли бы стать альтернативными центрами власти. И, не сталкиваясь с последовательной оппозицией, он смог создать небольшую, но исключительно сильную систему централизованных структур, которой сам и руководил, наряду с новой системой в провинциях, способной подавлять протесты на местах. На самой вершине пирамиды власти находился созываемый королем *Conseil en Haut* (Высший совет), где 2–3 раза в неделю король обсуждал высокую политику в узком кругу советников. Людовик сумел воплотить то, чем похвалялся еще в начале своего правления: он сам был себе первым министром. В течение важного для становления всей системы десятилетия после 1661 г. он тесно сотрудничал с тройкой любимцев: Ле Телье, Лионом и Кольбером. Задача формулировать предложения и проводить политику в жизнь была возложена на *секретариаты* — первоначально *иностранный, военный, морской* и *дворцовый*, а также на второстепенные комитеты; финансами занимался *Conseil Royal* (Королевский совет), судебными приговорами — *Conseil Privé* (Тайный совет), религиозными делами — *Conseil de Conscience* (Совет совести), кодификацией законов — *Conseil de Justice* (Совет правосудия).

В начале правления Людовика проводили в жизнь решения короля специальные комиссии, которые посылались для урегулирования отдельных вопросов. Однако со временем он все больше полагался на своих интендантов, которые затем получили статус постоянных наместников, каждый с правом разрешать финансовые и правовые вопросы в своих *généralités*, то есть в районах своей компетенции. Наконец, король перешел к военным реформам, упразднив древний обычай созыва дворянского ополчения и создав регулярную армию, подчиненную исключительно королю. Армия была инструментом проведения как внутренней, так и внешней политики.

Реалии французского общества были мало связаны с освященными традицией тремя сословиями. Теоретически сословия должны были быть автономными, самоуправляемыми общинами. На практике они были очень раздроблены, не имели сколько-нибудь серьезной автономии и все больше подпадали под контроль короля. Только духо-

венство (первое сословие) имело собственную организацию — собирающуюся раз в пять лет *ассамблею*. Но у него не было никакой корпоративной инициативы, поскольку король контролировал более 600 главных назначений аббатов и епископов; большим препятствием был и вопиющий разрыв между интересами и воззрениями высшего и низшего духовенства.

Дворянство (Второе сословие) было укрощено еще кардиналом Ришелье, а позже скомпрометировано неудачей Фронды. Дворянство также не было едино. Вельможи превратились в королевских пансионеров и имели больше титулов, чем влияния. Древние дворянские фамилии все больше зависели от королевской службы, будь то *noblesse de robe* (дворянство мантии), занимающее высшее положение в юридическом аппарате или в администрации, или *noblesse d'épée* (дворянство шпаги) в армии. Влияние того и другого сильно страдало от наплыва массы выскочек, быстро продвигавшихся по службе, — тех самых *bourgeois gentilshommes* («мещан во дворянстве»), которых без устали высмеивал Мольер. Нарушителей спокойствия, вроде мелких дворян или «благородных разбойников» из отдаленных районов, как Овернь, быстро усмиряли королевские комиссии, приговаривая к смерти через повешение.

Что же касается Третьего сословия, куда относились все, кто не попал в первые два, то у него не было никакой возможности почувствовать свою значимость. Лучшее, на что могли надеяться люди из Третьего сословия (в смысле продвижения в обществе), — это купить себе должность на королевской службе или патент на дворянство. Меньше всего власть беспокоилась о крестьянах — абсолютном большинстве населения, которое оставалось в тяжелейшем положении тройного налогообложения и угнетения: со стороны сеньора, священника и королевских чиновников. Они жили на грани голодной смерти. Член Академии Лабрюйер называл их *animaux farouches* (дикими животными). Они сами описывали свое положение в терминах «la Peur», то есть первобытного страха вымирания. Частые, отчаянные и бесполезные бунты этих крестьян были просто частью сельского пейзажа.

Важным компонентом «Великого эксперимента» была экономическая политика. При Жане-Батисте Кольбере (1619–1683), этом первом *homme de marbre* (человеке из мрамора) и *bourgeois gentilhomme* в наиболее полном своем воплощении, был разработан систематический план, как поставить финансы, налоги и коммерцию на здоровое основание. Этот *кольбертизм* представлял собой особую форму меркантилизма — *дирижизм*, и часто, особенно впоследствии, считался неудачей. Но это был тот мотор, который сделал возможным осуществление всех остальных проектов Людовика XIV; его можно оценить только в его отношении к колоссальным потребностям поистине ненасытного финансового аппетита короля.

В области финансов Кольбер создал *Contrôle Général* (ведомство генерального контролера финансов) (1665 г.), через которое осуществлялся надзор за всеми остальными подчиненными финансовыми институтами — *Trésor de l'Épargne* (Казна), *Conseil Royal* (Королевский совет), *État de Prévoyance* и *État au Vrai* (годовые бюджетные предположения и балансовый отчет) и *Grand Livre* (главный реестр выплат из государственного бюджета). С 1666 г. Монетный двор начинает чеканить изумительные золотые *луидоры* и серебряные *экю*, которые в течение почти 30 лет сохраняли стабильную ценность.

В фискальном секторе была создана *Caisse des Emprunts* [Касса займов] (1674 г.) для сбора средств путем проведения государственных займов. Задачей системы *Ferme Générale* (генеральных откупов и генеральных откупщиков) (1680 г.) была координация сбора всех налогов, за исключением печально известной *тальи*, или налога на землю (сбор этого налога был обязанностью интендантов). После смерти Кольбера дефицит бюджета непомерно вырос, и были испробованы разные средства, включая *capitation* (подушный налог) в 1695 г., *billets de monnaie* (бумажные деньги) в 1701 г. и *dixiéme* (государственная десятина) в 1710 г.

В коммерческом секторе Кольбер создал систему, посредством которой пытался ввести всю частную деятельность в рамки государственного регулирования и дать преимущества государственному предпринимательству, особенно в мануфактурном производстве и торговле с другими странами. *Суконный кодекс* (1669 г.) был примером его болезненной склонности к детальному регулированию. Громадная текстильная мануфактура Ванробе в Абвиле или государственная мануфактура гобеленов, переведенная из Брюсселя в Париж, стали памятниками его пристрастия к промышленности. Различные государственные торговые компании: *des Indes Orientales* (Ост-Индийская) (1664 г.), *des Indes Occidentales* (Вест-Индийская) (1664 г.), *du Nord* (Северная) (1669 г.), *du Levant* (Левантская), (1670 г.) — стали памятниками его веры в то, что импорт только увеличивает совокупное богатство страны. Увлечение Кольбера флотом и строительством морских портов и государственных арсеналов было продиктовано общим для сторонников меркантилизма убеждением, что внешняя торговля порождает борьбу между странами за ограниченные ресурсы. Успех в конкуренции обеспечивается военной силой. Примечательно, что главному производству Франции — сельскому хозяйству — уделялось мало внимания, и то лишь как объекту регулирования цен и источнику дешевого продовольствия.

Мобилизация военных ресурсов Франции потребовала от нее больших усилий в течение нескольких десятилетий. Сам Кольбер настаивал на необходимости создать такой флот, который бы мог устоять перед голландским и английским. Помимо традиционных *chiourmes* (каторжных команд), которыми были укомплектованы галеры, базировавшиеся в Тулоне, он составил реестр всех имеющихся в стране моряков и кораблей как подлежащих мобилизации. За двадцать лет он увеличил количество линейных кораблей с 30 до 107, включая гордость и красу французского флота — четырехмачтовый 118-пушечный *Ройяль-Луи*. Он заложил морские крепости в Рошфоре, укрепил северные порты Брест, Гавр, Кале и Дюнкерк, построил доки для строительства военных кораблей и открыл морские академии.

Однако по очевидным причинам сухопутные границы интересовали Францию больше, чем морские. Людовик XIV взошел на борт военного корабля только однажды. В рамках деятельности Bureau de guerre главный соперник Кольбера — безжалостный военный министр Франсуа-Мишель Ле Телье, маркиз де Лувуа (1641–1691), — занимался, главным образом, армией; от его бюрократов ничто не могло укрыться. Старое доброе дворянское ополчение было упразднено, совершенно изменилась структура полков. Были созданы новые войсковые соединения: гренадер (1667 г.), фузилёров (1667 г.) и бомбардиров (1684 г.). Главенствующая роль в армии перешла от кавалерии к пехоте. В новый XVIII век вступали новые войсковые соединения, прошедшие суровую школу обучения, вооруженные кремневыми ружьями и штыками, одетые в красивую форму. Артиллеристы и инженеры, которые раньше были гражданскими лицами, теперь также перешли под общее военное командование. Профессиональные офицеры получали специальное образование в академиях, продвигались по службе соответственно личным заслугам, и имели таких славных командиров, как старый Тюренн, а потом молодой Конде и отважный маршал де Виллар. Во всех больших городах были построены просторные казармы и оружейные склады. По предложению прославленного мастера осады, *ingénieur du roi* (королевского инженера) и *commissaire-général des fortifications* (генерального комиссара фортификации) маршала Себастьяна Ле Претра де Вобана (1633–1707) были возведены 160 укреплений, протянувшихся цепью вдоль северных и восточных границ. Крепости Саарлуи, Ландау, Нойбрейзах и Страсбург стоили Франции даже больше, чем Версаль. В результате этих преобразований Франция создала такую мощную военную машину, которую могли остановить только соединенные усилия ее соседей. Девизом армии стали слова *Nec pluribus impar* (Силой равен целому множеству). [**ЭЛЬЗАС**]

Религия по необходимости была близка к центру событий. Людовик XIV сам обнаруживал лишь показное католическое благочестие, но он стремился как *христианнейший король* быть хозяином в доме, тем более что религиозные отступники угрожали единству нации. После второго тайного брака с мадам де Ментенон в 1685 г. король подпал под сильное влияние иезуитов; поведение короля стало очень непоследовательным, и, как и в других отношениях, последние годы его правления решительно отличались от его молодых лет. В 1669 г., когда была, наконец, поставлена на сцене долго откладывавшаяся антиклерикальная сатира Мольера *Тартюф*, король приветствовал это событие; в 1680 г. пьеса была запрещена.

В течение тридцати лет Людовик был последовательным галликанином — он назначал епископами своих родственников, утвердил *Декларацию четырех статей* (1682 г.) и даже спровоцировал в 1687–1688 гг. открытый разрыв с Римом. Во всех семинариях и университетах Франции было приказано изучать *Четыре статьи* — это простейшее изложение галликанского учения:

1. Власть папского престола ограничивается чисто религиозными вопросами.

2. Постановления церковных соборов стоят выше папских постановлений.

3. Галликанские обряды независимы от Рима.

4. Папа считается непогрешимым лишь с согласия Вселенской Церкви.

Однако позднее в связи с изоляцией Франции от других католических стран Людовик повернул вспять. В 1693 г. он отказывается от *Четырех статей* и до конца своей жизни оказывает поддержку ультрамонтанам. Его декрет от 1695 г., передающий епископату полный контроль над доходами и имуществом приходского духовенства, вызвал непреклонную оппозицию со стороны радикалов. В споре о квиетизме Людовик решается встать на сторону напыщенного епископа Боссюэ, «орла из Мо», против поборника квиетизма епископа Фенелона, «лебедя из Камбре», чем оскорбил как аристократов, так и тех, кто жил духовными испансиями. И в конце концов, именно епископу Боссюэ приписывают слова о том, что Людовик был «богом для своего народа».

В отношении протестантов Людовик последовательно переходил от пассивной дискриминации к мелким притеснениям и, наконец, к жестоким гонениям. Сначала, еще при регентстве Мазарини, он не хотел наносить ущерб общине, которая продемонстрировала свою лояльность во время войн Фронды. От ткачей Абвиля до самого великого Тюренна — все гугеноты были трудолюбивы и влиятельны. К несчастью, несоблюдение Нантского эдикта и протест против якобы существовавшего предпочтения по отношению к *religion prétendue réformée* («так называемой реформатской религии») стало объединяющим пунктом для всех групп католиков. Так что с 1666 г. всякая деятельность гугенотов, если она не была специально предусмотрена Эдиктом, считалась незаконной. Были снесены первые протестантские часовни; был сформирован *caisse des conversions* (фонд обращенных), предназначенный для вознаграждения новообращенных из расчета шесть

ЭЛЬЗАС

В один из дней 1670 г. французская армия захватила мост через Рейн в Страсбурге и сожгла его, демонстрируя этим, что Франция не удовлетворена той частью Эльзаса, которую приобрела по Вестфальскому миру, и что французы не успокоятся, пока и Страсбург не перейдет в их руки. В то время Страсбург, второй по величине город Священной Римской империи, был совершенно немецким, и говорили здесь на аламаннском диалекте, как и на другой стороне Рейна. Но Людовик XIV был неумолим, и благодаря сомнительной уловке réunions (воссоединение) Strassburg, или Strasbourg, вскоре отошел к Франции, как и весь Эльзас. И хотя местный диалект уцелел, сама провинция стала пробным камнем для единства Франции. Правда, Эльзас переходил в руки Германии в 1870–1918 гг. и в 1940–1945 гг., но это продлилось недолго.

А на противоположном, восточном краю Империи, в Силезии, большой город Бреслау управлялся (от имени австрийских Габсбургов) последним из силезских Пястов. По происхождению Силезия была не более австрийской, чем Эльзас — французским. В раннее средневековье Силезия была связана с Польшей, а до 1526 г. — с Богемией. И точно так же, как родной язык и культура Эльзаса со-

противлялись всяким попыткам их офранцузить, и силезские славяне устояли при сменявших друг друга правителях, каковыми были и богемские немцы, и австрийцы, и пруссаки.

А на противоположном, восточном краю Польши, в области Червоной Руси (Рутении) большой город Львов был под властью поляков более 300 лет. Впрочем, он был гораздо более польским, чем Страсбург — французским или Бреслау — австрийским. Долгой была и история жившей здесь еврейской общины. Но по происхождению Lwów, или Львов, был не польским, а рутенским. В 1670 г. еще только начиналась его история как главного центра униатства и украинской культуры. [лычаков]

А на противоположном, восточном краю Рутении, на Днепре только что был покорен Москвой большой город Киев. Русская православная церковь устанавливала свое господство над центральной Украиной, формируя миф, что Киев был колыбелью русской культуры.

У Страсбурга, Бреслау, Львова и Киева больше общего, чем может показаться. Все они — космополитические столицы многонациональных областей или стран, для которых особенно разрушительными оказались притязания на нацио-

нальную исключительность. К 1945 г. каждый из них уже много раз переходил из рук в руки. Эльзас переходил от Франции к Германии и обратно четыре раза. За Силезию (иначе Śląsk или Schlesien) регулярно сражались Австрия, Пруссия, Германия и Польша. Червоная Русь (иначе Восточная Галиция, Западная Украина или восточная Małopolska — Малая Польша) была предметом спора между австрийцами, поляками и украинцами по крайней мере шесть раз. Центральную Украину раздирали русские и немцы, украинцы и поляки, красные и белые, нацисты и Советы — по крайней мере двадцать раз.

Когда Страсбург стал в 1949 г. столицей Совета Европы, железный занавес отрезал подобные ему города на Востоке. Поскольку же немецкое население Бреслау было вынуждено покинуть город и Бреслау стал Вроцлавом благодаря массовому переселению сюда поляков из Львова, а также поскольку Львов наводнили русские, взаимные обиды все росли. Границы внутри советского блока были также непреодолимы, как и железный занавес. И процесс объединения, начавшийся на Западе, в течение пятидесяти лет не мог распространиться на всю Европу.

ливров на человека. С 1679 г. предпринимаются юридические и военные меры с целью полного искоренения протестантизма силой. Были произведены не только жестокие *драгонады* в Пуату, Беарне и Лангедоке, где во всех семьях, отказывающихся обратиться, размещались солдаты[25], но и другие неслыханные зверства. Наконец, в ок-

тябре 1685 г. под давлением маркиза Лувуа (Ле Телье) и растленного архиепископа парижского Арле де Шамвалона король отменил эдикт о веротерпимости. Епископ Боссюэ назвал его *новым Константином*. До миллиона достойных французских граждан должны были подчиниться или бежать в разгар настоящего террора. Однако в

Дофине и Севеннах сопротивление не ослабевало еще в течение 30 лет.

И в отношении янсенистов политика короля претерпела изменение от компромисса до репрессий. Одно крыло французской церкви горячо приняло идеи янсенистов, которые широко распространились через труды аббата де Сен-Сирана (1581–1643), Антуана Арно (1612–1694) и, главное, Блеза Паскаля. Центром активности янсенистов был цистерцианский монастырь Пор-Рояль в Париже, а также вездесущий клан Арно с их большими связями при королевском дворе: кузина короля мадам де Лонгвиль, министр иностранных дел Симон Арно, маркиз де Помпонн (1616–1699), Расин — воспитанник школы в Пор-Рояль, и даже Боссюэ. Но с 1650-х гг., когда *Пять Предложений*, взятых из *Августина* Янсения, были официально признаны еретическими, янсенистов стали считать опасными. Паскаль и остальные были вынуждены печататься тайно. В 1661 г. *Формула повиновения*, осуждающая *Положения*, вызвала открытый разрыв, и сестры Пор-Рояля, «чистые, как ангелы, гордые, как демоны», были отосланы в Пор-Рояль-ле-Шан близ Версаля. Первый этап преследований янсенистов завершился странным *Paix de l'Église* (церковным миром) (1668 г.), позволившим янсенистам подписать *Формулу*, не отказываясь от своего принципиального несогласия, но содержа его в «почтительном молчании». Затем вместе с кампанией против гугенотов начались и новые нападки на янсенистов, и в 1679 г. «Великий» Арно был отправлен в ссылку в Брюссель.

Решающий этап наступил после публикации в 1693 г. *Размышлений* ораторианца Пакье (Пасхазия) Кенеля (1634–1719). Когда же вслед за поднятым вокруг этого шумом началась новая распря епископа Боссюэ с Фенелоном по поводу квиетизма, король решился действовать. В 1705 г. папу убедили отказаться от компромиссного предложения «почтительного молчания», и в 1713 г. булла *Unigenitus* открыто осудила янсенистов и все их труды; был закрыт монастырь Пор-Рояль, тамошняя церковь разрушена, а кладбище разорено. Останки Паскаля и Расина пришлось спасать ночью. Одним ударом Людовик превратил доктринальный спор в долгую конфронтацию верхушки Церкви и государства с интеллектуальными кругами страны. Тогда-то и началось на самом деле французское Просвещение.

Особенно схематично принято описывать в исторических сочинениях политику Людовика XIV по отношению к искусствам. Этот интеллектуальный абсолютизм иногда даже представляют таким образом, как будто вкус и покровительство короля были определяющими в культурной жизни той эпохи. «Классицизм тогда представляют своего рода официальной доктриной, которая на литературном уровне соответствовала доктрине монархического устройства и религиозного единства, каковые доминировали в политической и духовной сферах»[26]. Выражаясь словами ведущего литературного критика того времени Николя Буало, «Август легко может создать Вергилия».

Верно, конечно, что щедрость короля оказалась сильным стимулом для развития наук и искусств в направлении институциализированного единообразия. *Французская академия* [*Académie Française*] (1635 г.), издавшая в 1694 г. грандиозный *Словарь*, выступала официальным хранителем и защитником французского языка. *Академия живописи и скульптуры* (позднее *Академия изящных искусств*) наделила невероятной властью королевского художника Шарля Ле Брена (1619–1690). *Академия наук* (1666 г.) преследовала примерно те же цели, что и Королевское общество в Лондоне. *Академия музыки* (1669 г.) стала такой же платформой для деятельности королевского композитора Жана-Батиста Люли (1633–1687), написавшего множество опер. В *Академии изящных искусств*, которая соединила художественный диктат Ле Брена с организаторским гением Кольбера, архитекторы, декораторы, граверы были задействованы в таких проектах, где главенствующим началом были гармония и порядок. К тому же королевский двор собрал беспримерно громадные творческие силы. В литературе «Четыре друга короля» — Буало, Мольер, Расин и Лафонтен — имели в период расцвета такое громадное влияние, каким могли похвастаться не многие литераторы в истории. Comédie-Française (1680 г.) соединила несколько трупп в единое целое.

Впрочем, при ближайшем рассмотрении монополия классицизма оказывается скорее иллюзорной. Во-первых, потому что вкус самого короля отличался большим эклектизмом. Конечно, нельзя отрицать маниакального стремления классицизма к формулировке художественных принципов, но вовсе не все этим принципам и правилам следовали. Во-вторых, «Классический Парнас» стал постепенно разрушаться после 20 лет господства. С 1687 г. культурная жизнь Франции проходила в тени жестокой схватки *Anciens* (Древних) с *Modernes* (Современными). Фасад художественного единства дал трещину, и обнажился весьма разнообразный и даже пестрый культурный ландшафт, от которого публику долго отвлекал беспримерный парад гениев.

Лучшим показателем власти и престижа Людовика XIV была его внешняя политика. Она покоилась на самой совершенной дипломатической службе, какую когда-либо знала Европа — ею лично руководил король из Версаля, — а также после долгого и тщательного приготовления. Эта политика ввергла Европу в военный конфликт. Так что Людовика XIV даже кое-где считали первым из тиранов, пытавшихся покорить Европу силой, предшественником Наполеона и Гитлера. Создававшиеся против него коалиции, в таком случае, можно считать предками *Союзных держав* позднейшей эпохи.

На самом деле горизонт Людовика был довольно ограниченным. Несмотря на позднейшие комментарии, у него не было сколько-нибудь ясного плана достичь «естественных границ» Франции, не говоря уже о покорении всего континента. Хотя позднее он стал более дерзким, но все-таки его цели оставались сугубо династическими и собирательными. Связанный, благодаря усилиям Мазарини, с испанской инфантой Марией Терезией, на которой он женился в Сен-Жан-де-Люз в 1660 г. во исполнение одного из пунктов пиренейского договора, он не избежал проблем, порожденных разрушением системы престолонаследия в Испании. Его постоянное внимание к Нидерландам и Рейну было оправдано тем, что он искренне боялся оказаться в окружении. Но вся его жажда войны и завоеваний едва ли сравнится с таковой у других монархов, скажем, в Швеции или России. Да и его любовь к *la gloire* могла бы показаться сугубой условностью, если бы не подкреплялась устрашающей военной машиной. Из четырех главных войн, которые вел Людовик, две ограничивались территорией Нидерландов; третья была вызвана *réunions* — кампанией по

приобретению германских территорий посредством юридической уловки. Четвертая прямо явилась следствием пресечения правящей испанской династии. Но за всеми ими стояло соперничество государств за колонии и рынки.

[GROTE MARKT]

Деволюционная война (1667–1668 гг.) была вызвана династической претензией Людовика на Брабант. Она началась с вторжения французов в испанские Нидерланды, затем вдохновила *тройственный союз* Англии, Голландии и Швеции и закончилась заключенным в Ахене миром, причем у Людовика остались 12 бельгийских крепостей.

Франко-голландскую войну (1672–1679 гг.) породило желание Людовика наказать голландцев за то, что они вмешались в его предыдущую кампанию. Эта война была тщательно подготовлена дипломатически: морских соперников Голландии — Англию и Швецию — склонили изменить своим обязательствам, а Польшу привлекли в лагерь Франции. В результате Вильгельм III Оранский, штатгальтер Соединенных провинций, стал координатором сопротивления. Как и раньше, сначала французы вступили в испанские Нидерланды; но когда Конде перешел Рейн, поднялась Империя; Людовик не упустил случая отнять у Испании Франш-Конте. На конгрессе в Нимвегене (1678–1679 гг.) дипломаты Людовика уверенно руководили игрой, успокаивая голландцев обещаниями торговых уступок, склоняя испанцев уступить территории и навязывая решения более слабым государствам.

Благодаря политике *réunions* Людовик отказался от прямых военных действий в пользу аннексий, которые организовывались путем сложных и сомнительных судебных процессов. Организовывались суды для рассмотрения королевских претензий на множество городов и юрисдикций на восточной границе. Каждый положительный вердикт приводил к немедленной оккупации соответствующего района. Таким образом было организовано не менее 160 аннексий в 1680-е годы, включая Страсбург (1681 г.) и Люксембург (168_ г.). Действия Людовика были очень точно рассчитаны по времени, поскольку Империя была озабочена наступлением турок на Вену.

Девятилетняя война (1689–1697 гг.) явилась результатом демонстративного неповиновени_

GROTE MARKT

В 1695 г. *Grote Markt* (Главная площадь) Брюсселя была сожжена дотла, когда один из самых бездарных маршалов Франции герцог Вильруа обстрелял город раскаленными докрасна ядрами. Только в одну эту кампанию армии Людовика XIV, войдя в испанские Нидерланды, разрушили 16 церквей, 4000 домов и площадь, которую называли «совершенным воплощением в камне нашей европейской политической культуры в ее лучших образцах». Заложенная после 1312 г. (когда Брюссель получил свою хартию), просторная Grote Markt видела рыцарские турниры герцогов Брабанта и Бургундии. На ее южной стороне готическая ратуша поддерживала изящную, устремленную ввысь колокольню высотой в 60 футов, на вершине которой стояла позолоченная статуя Михаила-Архангела. Расположенный напротив ренессансный *Maison du Roi* (Королевский дом) часто служил приютом герцогам и никогда — королям. По обе стороны площади высились высокие дома гильдий «девяти наций», среди них *Купол пекарей* в здании *le Roi d'Espagne* (испанского короля), украшенный статуями фасад *Дома лучников*, *La Louve* (Волчица), и *Дом корабелов* с верхним этажом в форме кормы. Брусчатка площади была свидетельницей казни Эгмонта и Горна. В 1795 г. она слышала, как Дюмурье провозглашал Французскую республику, а в 1830 г. здесь происходили стычки с голландскими войсками. В наши дни площадь служит местом ежегодных *Ommegaug* — процессий, во главе которых идут актеры, представляющие двор Карла V. В другое время здесь располагаются продавцы цветов, воскресные птичьи базары, а до недавнего времени здесь парковались машины.

В период австрийского правления Брюссель был изумительно восстановлен, затем его еще значительно подновляют в 1830 г., когда он становится столицей Бельгии. В XIX в. соединенные пятиугольником бульваров новые районы разбегаются по близлежащим холмам. На Coudenberg'e расположили королевский дворец, министерства и парламент. На Koerelberge, в подражание Монмартру, — грандиозная базилика Сакре-Кёр (Сердца Иисусова), окончательно достроенная только в 1970 г. Сверкающая металлическая молекула *Атомиума* напоминает о Всемирной выставке 1958 г. В современном *Cite' de Berlaymont* (1967 г.) расположились штаб-квартира Европейской комиссии, а в Завентеме — НАТО. С 1971 г. Брюссель стал двуязычным регионом, лежащим между тремя образованными по языковому признаку кантонами Бельгии, и получил такой же правовой статус, как фламандскоязычный, франкоязычный и германоязычный регионы. Первоначально фламандский город, Брюссель теперь имеет сложную лингвистическую карту, где имеются французский, турецкий и даже английский секторы.

Сентиментально настроенные наблюдатели увидели в Брюсселе подходящую столицу будущей Европы: он, кажется, преодолел собственный национализм и национализм своих соседей. Его называли устьем в «тоннеле истории», который, проходя под темной громадой современного национализма, достигает «изумительной модели мультикультурной, полифоничной Бургундии». Может быть и так. Но экстравагантные интеллектуальные претензии не подходят местным вкусам. Со своего пьедестала недалеко от Grote Markt статуя *Manneken Pis* (Малыш, делающий пи-пи) (1619 г.), пережившая обстрел Вильруа, выражает гораздо более здравое отношение к подобным причудливым сравнениям.

Людовику со стороны Аугсбургской лиги (1686 г.), созданной по совету Вильгельма Оранского для того, чтобы остановить дальнейшее продвижение французов. За вторжением французов в испанские Нидерланды и Палатинат, где был разорен Гейдельберг, последовала целая цепь изнурительных осад и морских битв. По Рисвикскому договору (1697 г.) Людовик должен был отказаться от большинства своих *réunions*, но не от Страсбурга. [эльзас][GROTE MARKT]

Война за испанское наследство (1701–1713 гг.) может быть названа *первой мировой войной*. Она шла в Германии, в Нидерландах, в Италии, Испании, в колониях и на морях. Дрожжи для нее были разведены в 1700 г., когда Карл II Испанский умер бездетным, и Людовик XIV решил пренебречь своими собственными делами и выполнить волю покойного короля. Война стала неизбежной, как только Людовик представил двору своего юного внука Филиппа Анжуйского словами: «Вот король Испании». Эта война породила самую большую и могущественную антифранцузскую коалицию, которой на военном поле заправлял триумвират: принц Евгений Савойский, герцог Мальборо и великий пенсионарий Голландии Гейнзиус. Военные действия начались, когда Людовик из предосторожности снова оккупировал удерживаемые голландцами приграничные крепости в испанских Нидерландах. Затем последовали осады и контр-осады на суше и на море, пока все участники не обессилили вконец. В 1709 г. после очень жестокой, но ничего не решившей битвы при Мальплаке, битвы, спасшей Францию от вторжения врага, маршал Виллар, говорят, сказал своему монарху: «Еще одна такая победа у ваших врагов, сир, и с ними будет покончено».

Конечный результат французских войн, закрепленный в двух договорах — Утрехтском (1713 г.) и Раштаттском (1714 г.), нисколько не соответствовал ожиданиям их главных участников. Франция умерила свои притязания, но не отказалась от них вовсе. Она удержала многие завоевания, включая Лилль, Франш-Конте и Эльзас, а Филипп Анжуйский остался на испанском престоле. Голландцы, как и французы, были истощены, но уцелели и сохранили контроль над приграничными крепостями. Испания, терпевшая неудачи, когда входила в антифранцузские коалиции, потерпела неудачу вновь, теперь уже в коалиции с Францией. Главной целью испанцев было сохранить свою империю единой. Теперь же они обнаружили, что сами спровоцировали ту катастрофу, которой стремились избежать. Австрийцы, стремившиеся помешать Франции получить «испанское наследство», довольствовались лишь его осколками, получив испанские Нидерланды, Милан, Неаполь и Сардинию. Наиболее очевидные выгоды выпали периферийным государствам. И Гогенцоллерны в Пруссии, и Савойский дом получили подтверждение своего королевского статуса. Первым достался Верхний Гельдерланд на Рейне и, позднее, шведская Померания; Савойский дом получил Сицилию. Незадолго до того образованное Соединенное Королевство Великобритании (см. ниже) значительно повысила свой статус, получив контроль над Гибралтаром и

о-вами Минорка и Ньюфаундленд, другими американскими землями и испанской колониальной торговлей. Соединенное Королевство — уже не просто Англия — теперь стало первой морской державой, главным посредником в дипломатии и главным препятствием к установлению французского превосходства.

«Великий эксперимент» Людовика XIV достигает в начале 1680-х высшей точки и затем уже идет на убыль. К войнам, религиозным преследованиям, смерти всех выдающихся людей добавились и неудачи более глубокого характера. И во французском государстве, и во французском обществе видны были признаки давнего и изнурительного недуга. Например, в полный беспорядок пришли государственные финансы. К 1715 г. совокупный доход правительства составлял 69 млн ливров, а расход — 132 млн; государственный долг оценивался между 830 и 2 800 млн[27]. И самое важное — массы населения Франции ничего не выигрывали от все больших лишений: дворянство по-прежнему пользовалось беспримерными привилегиями; средние классы, тяжко пострадавшие от изгнания гугенотов, вели непрерывную борьбу за облегчение тягот государственного управления; крестьяне проводили жизнь в тяжелом труде на грани голода без малейших надежд на облегчение их участи. Сообщения современников об их устрашающе тяжелом положении в голодные годы — когда босые и измождённые люди пытались пропитаться корой, ягодами и свеклой — теперь подтверждаются современными статистическими исследованиями смертности среди населения и цен на продовольствие. Начинается череда кровавых восстаний в провинциях — Беарне (1664 г.), Виваре (1670 г.), Бордо (1674 г.), Бретани (1675 г.), Лангедие (1703–1709 гг.), Кагоре (1709 г.). Крестьянские восстания и взрывы народного негодования с поджогом замков беспощадно подавлялись военной силой и массовыми повешениями. Фасад еще сверкал, но фундамент уже пошатывался. Когда же, наконец, Людовик XIV умер 1 сентября 1715 г., занавес упал под выразительные слова, которыми начал речь на панихиде епископ Массильон: «Единый Бог, мои братья, единый Бог велик».

Франция XVIII века была целиком дитя великого (но с изъянами) эксперимента Людовика XIV. А интеллектуальный фермент французского Просвещения содержал в себе естественную реакцию на политический и общественный застой созданного Людовиком XIV *старого режима*. И внешняя, и внутренняя политика были направлены лишь на поддержание во всех областях *status quo*. Присущий этой системе природный консерватизм еще больше окреп с крахом рискованных проектов Джона Лоу, которые дискредитировали самое идею перемен и реформ. Система еще более закоснела в период несовершеннолетия Людовика XV (1715–1723 гг.), когда бразды правления перешли сначала к регенту — изысканному, но развратному герцогу Орлеанскому, а затем наступил период долгого подчинения молодого короля его зрелому наставнику кардиналу де Флери (1653–1743). Регент поспешно восстановил для парламента право ремонстрации притив королевских указов — классический рецепт для того, чтобы ставить палки в колеса власти без всякой ответственности за последствия. При кардинале наступило время компетентной стабильности, отмеченной только дипломатическими срывами и бурным спором с янсенизмом. Время правления самого Людовика XV (1723–1774 гг.), больше занятого охотой на женщин и оленей, чем управлением страной, было временем изнурительного застоя. Это время непрерывного финансового кризиса, который усугублялся войнами, постоянными стали стычки двора с парламентом. Религиозная вражда между ультрамонтанами, галликанами и янсенистами зыродилась в прямо-таки ритуальный обскурантизм и ненависть. Все больше увеличивался тра-

гический разрыв между двором и народом. Самой заметной фигурой этого времени была, без сомнения, Жанна Пуассон, мадам де Помпадур (1721–1764) — умная, влиятельная и совершенно беспомощная. Она старалась изо всех сил скрасить жизнь невыразимо скучавшего короля, и ей приписывают красноречивое замечание: «После нас хоть потоп». **[КОРСИКА]**

Людовик XVI, без сомнения, мечтал сделать свое царствование таким же продолжительным и скучным, как царствование деда[28]. Он даже не исключал реформ. Но он оказался первым узником *старого режима*. На тот день, когда действительно начался Потоп, — 14 июля 1789 г. — в его дневнике приходится единственная и короткая запись: *Rien* — «Ничего» (так, бывало, отзывался его дед о тех днях, когда не было охоты).

На Британских островах самым значительным событием было создание Соединенного Королевства (1707 г.), что явилось завершением сложных религиозных, династических, конституционных и международных противоречий. С реставрацией Стюартов после гражданской войны дела зашли в тупик, полный тревожного ожидания. На правление Карла II (ум. в 1685 г.) пришлись две голландские войны, клеветническое обвинение папистов в заговоре в 1679 г. и два восстания шотландских пресвитериан. Как и отец, король нехотя подчинился необходимости править через парламенты и изо всех сил старал-

---

КОРСИКА

До сих пор спорят, родился ли Наполеон подданным короля Франции. О его старшем брате Жозефе совершенно точно известно, что он не родился подданным короля Франции. Остров Корсика был продан Генуэзской республикой Людовику XV, но ассамблея острова не утверждала эту сделку до сентября 1770 г., когда Наполеону исполнился год. Отец Наполеона служил секретарем у Паскуале Паоли, который возглавил восстание против Генуи, а по-

зднее — восстание против правления якобинского Конвента; он умер в Англии.

Корсика имела давнюю историю самоуправления как *terra di commune* с XI в. Она пережила своих сюзеренов — Пизу, Геную и короля Франции, пока не была покорена Французской республикой.

С 1793 г. Корсика становится частью Франции как ее 90-й департамент, но она сохранила и свою исключительность, и сепаратистские настроения. Реги-

ональный закон от 1982 г. вернул Корсике относительную автономию, которой, однако, недостаточно, чтобы покончить с антифранцузским терроризмом. Нелегальный Корсиканский национальный фронт освобождения можно сравнить с ЭТА басков в Испании или с ИРА в Северной Ирландии. Несмотря на широко распространенное представление, национализм террористического типа встречается не только в странах Восточной Европы или на Балканах.

ся их затем провести. В религиозной политике он избрал средний курс между крайними протестантами и католиками. Но с возвратом первенствующей роли англиканской церкви с терпимостью было покончено. В Англии это выразилось в кодексе Кларендона и в *Тест-акте* [т.е. законе о присяге с отречением от признания папской власти и догмата пресуществления. — *ред.*], а в Ирландии и Шотландии — в восстановлении епископата. Во внешней политике следует отметить глубокий разрыв между враждой по отношению к голландцам на почве торговли и одновременной их поддержкой в религиозных и стратегических вопросах. [**ллойд**]

Все эти вопросы исключительно обострились после 1685 г., когда Карла сменил на троне его брат Иаков (Джеймс) II (правил в 1685–1688 (1701) гг.) — воинствующий католик, сторонник абсолютной власти и клиент Людовика XIV. Его вступление на престол ознаменовалось двумя неудачными восстаниями — герцога Аргайла в Шотландии и герцога Монмаута в Англии. Когда король попытался расширить акты о веротерпимости, чтобы включить в сферу их действия и католиков, то господствовавшая партия протестантов и сторонников парламента, с этого момента известная как *виги*, заставила своих оппонентов-роялистов, с тех пор известных как *тори*, раскрыть карты. Замаячил призрак гражданского и религиозного конфликта, хотя всякого рода приспособленцы вроде вошедшего в поговорку викария в Брее готовы были на все ради сохранения своих выгод:

> Когда король Иаков сел на трон,
> Папство стало модным.
> Пренебрегая уголовным наказанием,
> Я подписал соглашение.
> Римская Церковь прекрасно подходит
> Моей конституции.
> Ведь был бы иезуитом я,
> Если бы не революция.
> Буду держаться таких правил,
> Пока меня не положат на катафалк.
> Мне все равно, кто будет королем, –
> Я буду викарием в Брее![29]

Иаков возложил свое упование на поддержку Франции и со второй попытки сумел бежать за границу.

Победу протестантам обеспечили бескомпромиссные действия голландского штатгальтера Вильгельма Оранского, мужа дочери короля Иакова Марии: он решил воспрепятствовать тому, чтобы Англия попала в сети Людовика. Высадившись в Торбее 5 ноября 1688 г. с армией наемников, он очистил Лондон от английских отрядов, которые не оказали сопротивления, и завоевал себе исключительно сильные позиции. Только после этого он созвал парламент-конвент для того, чтобы тот завершил «славную» и «бескровную» революцию и предложил ему (и жене) английский трон[30]. Это решение удовлетворило всех главных участников борьбы. Генеральные штаты Соединенных провинций, которые оплачивали всю операцию, с удовлетворением обнаружили, что позиции штатгальтера за границей сильнее, чем в Нидерландах. Вильгельм же был весьма доволен тем, что еще больше укрепил свои силы для борьбы с Францией. Английские виги были рады заполучить иностранного короля, которого можно было контролировать в большей степени, чем Стюартов.

В Англии подтверждением «революции» стали Декларация и Билль о правах, а также очередной Акт о терпимости (который предоставлял право на занятие государственных должностей некоторым группам диссидентов-протестантов, но не католикам). Все это поддерживало те конституционные изменения, которые меняли баланс сил в пользу парламента. В Ирландии тех же целей удалось достичь лишь кровавым завоеванием и победой «короля Билли» и его оранжистов в битве на р. Бойн 1 (11 по новому стилю) июля 1690 г. [Из-за путаницы с календарями или, возможно, благодаря еще одной победе протестантов в июле 1690 г. при Аугриме, *«Бойн»* традиционно отмечается как национальный праздник Северной Ирландии 12 июля.] Таким образом навсегда закрепилось первенство протестантов в этой преимущественно католической стране. В Шотландии оно было скреплено еще и предательским избиением в Гленко (1692 г.), когда истребление католического клана Мак-Доналдов Кемпбеллами, за которыми стояла Англия, развязало жестокую войну между горной частью и равнинной Шотландией. На международной арене ту же направленность имело вхождение Англии и Шотландии в Аугсбургскую лигу и все последовавшие затем коалиции против Людовика XIV.

ЛЛОЙД

В номере от 18 февраля 1688 г. *London Gazette* впервые упоминает кофейню Эдуарда Ллойда на Тауэр-стрит. Вскоре после этого Ллойд начинает издавать еженедельник — предшественник *Регистра Ллойда*, в котором сообщались новости в области коммерции и транспортировки грузов. Таким образом Ллойд обеспечил одновременно и место встреч, и информационную службу для всех, кто интересовался страховым бизнесом. Бизнес самого Ллойда со временем вырастет в крупнейшее в мире страховое общество. Переведенное на Королевскую биржу, общество Ллойда выпускает в 1774 г. свой первый стандартизированный страховой полис. В 1811 г. оно было реорганизовано [ТАБАРД], а в 1888 г. его привилегии были подтверждены статутом. Под именем Ллойда соединились синдикаты «имен», вложивших капитал, и тех фирм — андеррайтеров (гарантов размещения), которые покрывали каждый выдаваемый полис.

В страховом бизнесе товаром являются гарантия и обеспечение. Начало страхования можно проследить в торговых городах средневековой Италии в виде принципов «взаимности» и участия в риске, что стало необходимым условием дальнейшего развития торговли. Быстрое развитие торговли в XVIII в. связано с тем, что жизнь становится безопаснее и во многих других сферах.

Поначалу культура страхования затрагивала лишь узкий круг коммерческой элиты [MERCANTE]. Но постепенно страхование расширяло границы своего действия — сначала на другие сферы риска, такие как пожары, угрозы жизни, несчастные случаи и здоровье, затем на более широкие общественные слои и, наконец, на новые, менее коммерциализованные регионы Европы. К середине XIX в. правительства начали рассматривать выгоду от программ всеобщего страхования жизни, и в 1888 г. германское правительство ввело страхование здоровья и пенсионные схемы для всех категорий государственных служащих. К концу XX в. понятие всеобщего *социального страхования* повсеместно утвердилось в качестве широко одобряемого и основанного на законе идеала.

Страхование имело далеко идущие последствия для общественной психологии. Если постоянная уязвимость укрепляла традиционную веру в религию и магию [МАГИЯ], то распространение материальных гарантий от рисков должно было повлиять на отношение людей к таким непредсказуемым явлениям, как удача или смерть. В 1693 г. Королевское общество поручило математику и астроному Эдмунду Холли приготовить статистический отчет о *Степенях смертности человечества*: оно было обеспокоено недавней финансовой катастрофой, вызванной тем, что пожизненная рента продавалась без учета возраста. Холли обнаружил, что статистика по этому вопросу велась только в Бреслау (теперь Вроцлав) в австрийской Силезии, где регистрация смертей включала сведения о возрасте почившего. Проанализировав 6193 рождения и 5869 смертей в Бреслау, Холли смог составить таблицу, показывающую возрастные когорты населения, примерную оценку численности каждой когорты и ежегодную смертность для каждой из них. Из этих данных он сумел вывести принцип ожидаемой продолжительности жизни и вероятности смерти. *Бреслауская таблица* Холли положила начало статистическим страховым расчетам, отняв у Провидения монополию на знание о человеческой смерти.

Таким образом, *Славная революция* 1688–1689 гг. не была ни «славной», ни «революцией». Она была затеяна ради того, чтобы уберечь политический и религиозный истэблишмент от радикальных намерений Иакова II, и осуществилась лишь благодаря единственному с 1066 г. удачному иностранному вторжению в Англию. Между тем в последующих поколениях о ней сложился красочный миф. Она же легла в основание той конституционной доктрины, которая стала известна под именем *английской идеологии* и которая постулирует абсолютную независимость парламента. Согласно этой доктрине, «абсолютная деспотическая власть», по словам юриста Блэкстоуна, перешла от монарха к выборному парламенту. По крайней мере, теоретически парламент получал власть править с той же высокомерной авторитарностью, какую прежде являли английские короли. В этом ее коренное отличие от доктрины народного суверенитета, к которой обратились другие европейские страны по примеру США или революционной Франции: она предполагает, что управление государством осуществляется посредством конституции, определяющей все ветви государственного устройства. *Английская идеология* стала инструментом не только протестантизма, но и поддержания превосходства англичан в Великобритании вообще, поскольку у англичан всегда было большинство в парламенте. Она переживет все перемены грядущих веков и 300 лет спустя будет оставаться главным препятствием на пути вхождения Британии в Европейское сообщество[31].

Благодаря осложнениям династического порядка конечный результат оставался неясным еще 25 лет. С 1701 г. Людовик XIV формально признавал притязания Иакова Эдуарда Стюарта (сына Иакова II, так называемого *Старого претендента*, или Иакова III (1688–1766), в то же время смерть Марии (1694 г.), Вильгельма III (1702 г.) и всех 17 детей королевы Анны (правила в 1702–1714) оставили Стюартов-протестантов без наследника. В разгар Войны за испанское наследство не требовалось специально указывать, чем грозит отсутствие наследника, и англо-шотландская уния (1707 г.) была, в первую очередь, проявлением того всеобщего уныния в Лондоне и Эдинбурге, которое проистекало из неразберихи династических притязаний. Ценой самороспуска шотландский парламент добился открытия свободной торговли между Англией и Шотландией; англичане раскошелились на уплату гигантских долгов Шотландии; шотландцы отстояли собственные законы и самостоятельную пресвитерианскую церковь; было дано также устное заверение, что английская армия будет помогать справляться с мятежными горцами.

Отныне Соединенным Королевством Великобритании будет править объединенный парламент из Вестминстера, и новая *британская* нация будет навязана всем более древним нациям этих островов. С этого времени начинается самоидентификация современных британцев. Теперь следовало чтить английские традиции. Память об отдельной истории Шотландии следовало стереть из памяти. Свободная от внутренних разделений, Великобритания вступала в эру своего величайшего самоутверждения. Наследниками Стюартов после горячих споров были признаны представители Ганноверской династии. С этих пор краеугольным камнем, на котором стояло здание Великобритании, становится монархия, которая не была ни английской, ни шотландской[32]. [ГОТА] [МАСОНЫ]

Борьба приверженцев Иакова — якобитов, продолжавшаяся на протяжении всего XVIII в., шла за все то, что было утрачено в событиях 1688–1714 гг. Помимо собственно участи Старого претендента и его сына, которого называли не только Молодым претендентом, но и «Милым принцем Чарли» или «Карлом III» (1720–1788), речь шла обо всех уязвленных чувствах, связанных с утраченным порядком вещей. Якобиты скорбели о прежних монархиях, об английском католицизме и европейских связях, о праве шотландцев и ирландцев самим распоряжаться своей судьбой. В Англии к ним склонялись симпатии многих высокородных тори, а также всех тех, кто оплакивал бежавших и высланных. Эти чувства породили два восстания: восстание якобитов в 1715 г., когда армии якобитов дошли на юге до Ланкашира, и восстание 1745 г., когда они достигли Дерби.

Последний поход спровоцировал начало кампании, которая в конце концов покончила с цивилизацией горной (северной и северо-западной) Шотландии. После страшного разгрома при Куллоден-Моор 16 апреля 1746 г., когда последнюю массированную атаку представителей шотландских кланов остановили огневые залпы «красных мундиров» (среди которых были не только англичане, но и шотландцы юга), с жизнью кланов было покончено навсегда. Их гэльский язык был запрещен к употреблению, как и их национальное платье, организации их распущены, их лидеры изгнаны. Ужасные «чистки», позволявшие лояльным землевладельцам сгонять настоящих хозяев с земли в пользу овец, привели к тому, что в Северной Америке гэлов [то есть шотландских (и ирландских) кельтов. — *ред.*] оказалось больше, чем в Шотландии. Вот почему так незабываемо пустынны эти места, чем не устают с тех пор восхищаться ничего не подозревающие туристы.

Вместе с огораживанием, на протяжении не менее чем двух столетий изгонявшим мелких землевладельцев, «чистки» завершили тот процесс, который наделил Британское общество самой его устойчивой характеристикой: в Великобритании не стало крестьян — этого станового хребта боль-

МАСОНЫ

На Иванов день 1717 г. представители четырех существовавших тогда масонских лож встретились в пивной *Гусь и рашпер*, чтобы основать Великую материнскую ложу мира и избрать своего первого великого магистра. Историки франкмасонства хотя и расходятся несколько в датировке, но в целом согласны, что такое собрание было и что с тех пор Великая лондонская ложа была руководящим центром международного масонства.

История франкмасонства до этого события весьма туманна, поскольку рассказ о папской булле XIII века, создававшей общество строителей церквей (храмоздателей), — это выдумка. Связи масонов со средневековыми commecines, или steinmetzen (немецкими каменщиками), и тем более с тайной организацией бывших тамплиеров ничем не подтверждаются. В отчете 1723 г. находим простенький стишок:

> Если только история не является старой сказкой,
> Из Вавилонской башни масоны выводят свою историю.

Самые ранние надежные упоминания о масонах относятся к Шотландии XVII в. и к контактам с Англией во время гражданской войны. Элиас Эшмол (1617–1692), собиратель древностей, астролог и основатель Оксфордского музея, упоминает в дневнике свое посвящение: «1646 год, октября 16, 4 ч. 30 мин. меня сделал франкмасоном в Ланкашире полковник Генри Мейнверинг из Чешира. Вот имена тех, кто присутствовал при этом из Ложи: мистер [далее список из 8 имен. — *ред.*]».

Атмосфера таинственности вокруг франкмасонов намеренно культивировалась, она привлекала сочувствовавших и отталкивала противников. Непосвященным оставалось только гадать о ритуалах масонов, их иерархии, псевдовосточной лексике, знаках, символах и задачах. Циркуль и угольник, фартук и перчатки, круг на полу — все это должно было поддерживать уверенность, что истоки движения лежат в средневековом цехе. Но больше всего споров вызывала предполагаемая клятва хранить тайну. По одному из рассказов, посвящаемому завязывали глаза и спрашивали его: «В кого ты веруешь?» Он отвечал: «В Бога». — «Куда ты идешь?» «С Запада на Восток, к Свету». Затем он должен был поклясться на Библии не открывать секретов общества, иначе «мне перережут горло, вырвут мой язык, а мое тело погребут в зыбучих морских песках...».

Общество франкмасонов всегда оставалось по преимуществу обществом взаимопомощи, хотя эти обязанности нигде не определены. Враги масонства часто говорят, что масоны были настроены антифеминистски, поскольку не принимали в свои ряды женщин, и антисоциально и антихристиански, поскольку, как полагают, помогали друг другу в политических, социальных и коммерческих контактах в ущерб другим. Сами франкмасоны всегда подчеркивали, что они противники атеизма, религиозно терпимы, политически нейтральны и преданы благотворительности.

Франкмасонство очень распространилось в XVIII в. В Анг-

лии ряды масонов пополнялись членами высшей британской аристократии, так что масонство надолго стало опорой монархии. В Париже ложа была создана в 1725 г. эмигрантом из Шотландии; затем она распространилась во все страны Европы. В 1726 г. открывается ложа в Праге, в 1755 г. — в Варшаве, даже в Санкт-Петербурге. Ко времени наполеоновских войн масонская сеть распространилась так широко, что появились рассказы, будто при Бородино и Ватерлоо офицеры по разные стороны линии фронта подавали друг другу тайные знаки и не стреляли один в другого.

В католических странах франкмасонство приобрело антиклерикальный характер и сыграло важную роль в радикальном Просвещении. Масоны часто выступали как деисты, философы, критики Церкви и государства. В Австрии, например, где не публиковалась папская булла, осуждавшая масонство, масоны принимали деятельное участие в пропаганде гуманистических наук вплоть до роспуска ложи в 1795 г. Во Франции они много способствовали революционному брожению. Начиная с XIX в. масоны были тесно связаны с либеральным движением.

Католическая церковь реагировала на масонство совершенно недвусмысленно. Ватикан рассматривал франкмасонство как зло: начиная с буллы *In Eminenti* (1738 г.) до *Ab Apostolici* (1890 г.) папы шесть раз выступали с осуждением масонства. Оно осуждалось как заговорщицкое, порочное и разрушительное дело. Верные католики не могли быть масонами, которых в ультракатолических кругах часто считали такими же врагами общества, как якобинцев, карбонариев и евреев. Еще более враждебны масонству были тоталитарные режимы XX в.: масонов ссылали в концлагеря и фашисты, и коммунисты. Во многих частях Европы деятельность масонов возобновилась лишь с падением фашизма и советского блока.

Во взглядах на франкмасонство до сих пор нет согласия.

Однако самым впечатляющим документом истории франкмасонства является список его членов. Утверждают, что этот список включает Франца I Австрийского, Фридриха II Прусского, Густава IV Шведского, Станислава Августа Польского и Павла I в России; а также Рена, Свифта, Вольтера, Монтескье, Гиббона, Гёте, Бёрнса, Уилкиса, Бёрка; Гайдна, Моцарта, Гильотена и Марата; генерала Лафайета, Кутузова, Суворова и Веллингтона; маршала Макдональда и Понятовского; Талейрана, Каннинга, Скотта, Троллопа, О'Коннелла, Пушкина, Листа, Мадзини, Гарибальди и Кошута; Леопольда I Бельгийского, Вильгельма I Германского; Эйфеля, Тирпица, Шарнхорста, Масарика, Керенского, Штреземана и Черчилля; и всех британских королей, кроме одного, начиная с Георга IV до Георга VI. Так что можно заключить, что громаднейшее интернациональное тайное общество не было таким уж тайным.

шинства других наций Европы. Вместе с ними ушла из общества сплоченность, низовой демократизм и то национальное сознание, которое совершенно естественно вырастает в обществе, чью основу составляет крестьянство. Отныне чувство принадлежности и британской нации могло насаждаться только сверху — как нечто такое, что исходит от государства, в особенности от короны и империи, и уже не может вырастать снизу — из традиционной привязанности крестьянской семьи к земле. Отныне земля становилась собственностью в основном небольшого класса фермеров и землевладельцев. Британское общество разделилось на обеспеченное лояльное меньшинство и ограбленное большинство, которое теперь будет хранить и передавать потомкам это едва осознаваемое чувство обездоленности, сохранившееся в самых недрах классовой системы Британии.

Отдельной страной на Британских островах была Ирландия. И хотя ее судьба несравнима с опустошением горной Шотландии, но сам конфликт еще глубже и острее. И протестанты, и католики здесь подверглись жестоким преследованиям во время религиозных войн. После 1691 г. господство протестантов обеспечивалось здесь драконовскими законами, лишавшими католиков права занимать официальные должности, владеть недвижимостью и заключать смешанные браки. Ирландия не вошла в Унию 1707 г.; у нее был собственный парламент, но по-прежнему там действовал старый Закон Пойнинга, передававший контроль над законодательством министрам короля в Лондоне. В отличие от Шотландии, Ирландия не пользовалась выгодами сво-

бодной торговли с Англией. В отличие от Уэльса, она не пережила ни национального, ни культурного возрождения. За единственным исключением протестантского Ольстера, где бежавшие туда гугеноты организовали процветавшее производство полотна, Ирландия в целом оказалась в стороне от промышленной революции Британии. Рост численности населения вел к всеобщей нужде в деревне. Страшный голод 1726–1729 гг. и 1739–1741 гг. стал предвестником катастрофы 1840-х гг. Члены свирепой тайной крестьянской организации *Whiteboy* (белые молодцы) впервые появляются в деревне в 1761 г. Реформаторские движения под руководством Генри Флуда (1732–1791) и Генри Грэттэна (1746–1820) были со временем сметены неудавшимся восстанием Уолфа Тоуна и его *Соединенных ирландцев* (1798 г.), а также насильственным включением Ирландии в Соединенное Королевство при помощи второго *акта об унии* (1801 г.).

Британия оставалась под властью Ганноверской династии 123 года. В правление четырех Георгов — I (1714–1727 гг.), II (1727–1760 гг.), III (1760–1820 гг.) и IV (1820–1830 гг.) эта поистине не конституционная монархия пережила создание и утрату империи, первую мировую промышленную революцию, а также складывание беспримерно сильной морской державы, что обеспечило Британии уникальную независимость от континента и его дел. Отличие Британии от ее соседей на континенте, развившееся в этот период, было столь велико, что британские историки часто вообще рассматривали историю Британии и европейскую историю как отдельные предметы.

PHILIBEG

В 1727 г. глава клана Макдоннеллов из Гленгэрри занялся выплавкой железа. Он взял в аренду лес в Инвергэрри у хозяина кузницы квакера из Бэрроу в Ланкашире Томаса Ролинсона и нанял рабочих, чтобы валить лес и обслуживать печь. Ролинсон, который наведывался туда регулярно, заметил, что традиционное одеяние сородичей Макдоннелла — длинный *breacon*, то есть юбка из шотландки на ремне, — мешал им в работе. Тогда, обсудив это дело с гарнизонным портным в Инвернессе, он придумал одежду поудобнее: доходящую до колен юбку из шотландки в складку, которая скоро станет называться филиберг, или *маленький килт*. Таким образом, англичанин придумал то, что считается старинным костюмом шотландцев.

Вскоре после этого было подавлено второе восстание якобитов, и парламент запретил шотландскую одежду. В течение сорока лет нельзя было появиться в килте в общественном месте никому, кроме солдат шотландских полков, которых британская армия по-прежнему охотно рекрутировала: *Черная стража* (1739 г.), *Шотландская легкая пехота* (1777 г.), *Морские шотландцы* (1778 г.), *Камероны* (1793 г.), *Аргайлы, Сатерлендцы и Гордоны* (1794 г.). Впрочем, в то время как Шотландское общество в Лондоне вело борьбу за возвращение килта, мужское население Шотландии все больше переходило к брюкам. [nomen]

В 1822 г. Георг IV нанес первый королевский визит в Эдинбург со времени Унии.

Церемониймейстером был сэр Вальтер Скотт, романист. Полки шотландских горцев, покрывшие себя славой при Ватерлоо, маршировали перед монархом во всем великолепии их формы с килтом. Главам всех шотландских кланов было рекомендовано явиться в традиционном костюме. Они явились в килтах, каждый с собственным клетчатым рисунком; шотландка веками производилась соответствующей преуспевающей отраслью для *trews* (клетчатых штанов) состоятельных шотландцев. Но особенности окраски клеточек были связаны с регионами, а не с кланами, и не употреблялись простыми людьми. Самая знаменитая раскраска — черно-зеленая шотландка Кэмпбеллов, которая будет дана позднее Черной страже — на профессиональном языке называлась *Kidd No.155* (по имени карибского плантатора, заказавшего эту ткань для своих рабов). Тем не менее шотландские полки и собрание 1822 г. постановили закрепить определенный вид шотландки за определенным кланом. В этом им очень помогла позднейшая публикация изумительно иллюстрированной, но совершенно недостоверной книги *Vestiarium Scoticum* (1842 г.), которую написали два брата-шарлатана — самозваные Собеские-Стюарты, державшие романтический двор на острове *Eileann Aigas* недалеко от Инвернесса.

Закрепление видов шотландки завершило весь замечательный двухсотлетний процесс культурного вымысла. На первом этапе, после создания пресвитерианской колонии в Ольстере, совершенно пренебрегали очевидными ирландскими корнями цивилизации горной Шотландии; затем их вообще отвергли. Были написаны новые, исключительно шотландские история и литература. В немалой степени этому способствовала первоклассная (но антиисторическая) поэзия Макферсонова *Оссиана*. То, что почиталось «древними и подлинными» обычаями шотландцев, вроде килта, оказалось очень привлекательным для публики, настоятельно требовавшей национального родословия. На последнем этапе, который начался с Акта об амнистии 1786 г., массы беглецов из горной Шотландии собрались в низинной Южной Шотландии, и новые традиции были восприняты шотландцами разного происхождения как примета их не-английскости. Эту в высшей степени романтическую игру поощряла королева Виктория, которая даже приобрела поместье Балморал в 1848 г. и придумала шерстяную ткань балморал для своего совершенно не-шотландского окружения и семьи.

Макдоннеллы из Гленгэрри не дождались окончания этой революции. Первоначально они были ветвью ирландского клана Макдональдов из Ская, некогда «Господ островов», и их гэльское имя означало «сыновья Домхнулла (правителя мира)». Если они не были заняты борьбой с Маккензи, они всегда были активными участниками католического или якобитского дела. Один Макдоннелл нес штандарт Иакова II в

1689 г. при Киликранки, а потом участвовал в бою при Шериффмуире в 1715 г. Его потомок участвовал в сражениях Сорок пятого (восстания 1745 г.) во главе 600 своих сородичей и был заключен в Тауэр в Лондоне. Но шестнадцатый глава рода продал земли своих предков и эмигрировал в Новую Зеландию. Их красно-черно-зелено-белая шотландка имеет все признаки простого и древнего раскраса. Так ли был раскрашен этот килт в 1727 г., неизвестно.

В конце XIX в. придуманные традиции встречались уже по всей Европе. Когда немецкие социалисты придумали Первое мая (1890 г.), когда греки возобновили Олимпийские игры (1896 г.), когда русские праздновали юбилей основания династии Романовых (1913 г.), а шотландцы установили *ночь Бёрнса* — этот ответ обитателей южной Шотландии на килт, волынку и хаггис* горцев, — тогда все участники этих действий стремились наделить принадлежащих единому сообществу людей какой-то общей чертой самоидентификации.

---

* Шотландское блюдо; бараний рубец, начинённый потрохами со специями. — *прим. перев.*

В ретроспективе самым значительным событием конца *ганноверской эпохи* следует считать потерю Британией ее 13 колоний во время так называемой *Американской революции 1776–1783 гг.* Конечно, в 1776 г. никто не мог определить действительный потенциал США. Тринадцать колоний, окруженных неуправляемыми природными силами неизученного континента, представлялись очень ненадежным предприятием. И тем не менее перспективы Британской империи накануне Войны за независимость были исключительно благоприятны по любым стандартам. Благодаря исключительной морской мощи Британии уже существовала реальная перспектива отнять у Испании и Франции их громадные территории на Западе и Среднем Западе Америки, не встречая сколько-нибудь серьезного сопротивления. (И в самом деле, в 1803 г. французы были вынуждены продать Луизиану — а на самом деле, весь Средний Запад — за сущий пустяк.) Когда же Британия лишилась своих самых привлекательных владений, она стала пытать имперского счастья в других местах, в особенности в Индии и Африке.

Но в то время правительство Британии не поняло даже самого очевидного, и Джон Хэнкок поступил правильно, подписав Декларацию независимости (1776 г.) большими буквами, чтобы король Георг мог прочитать ее без очков. Соперники Британии на континенте воспользовались американским восстанием, чтобы вмешаться в эти дела. Франция и Испания оказали помощь борьбе, какую они ни в коем случае не потерпели бы в своих собственных колониях. При этом перед всеми сознательными европейцами встали принципиально важные политические вопросы, угрожавшие подрывом основ тем монархиям, которые были у власти практически во всех этих странах. Семь статей возникшей в результате войны за независимость *Конституции* содержат совершенно ясно и прагматически сформулированные идеи Просвещения. Это кратко изложенные светские, демократические, республиканские, рациональные принципы; они имеют своим твердым основанием общественный договор Локка, английскую приверженность букве закона, теорию Монтескье о разделении властей и понятие всеобщей воли Руссо. Конституция была написана от имени «народа Соединенных Штатов» и оказалась исключительно долговечной. Ирония же происходившего заключалась в том, что главные авторы Конституции, включая Томаса Джефферсона, Мэдисона и Джоржа Вашингтона, были рабовладельцами, причем преследовалась цель отделиться от самой свободной и наилучшим образом управляемой страны своего времени.

До XVIII в. Савойя была приграничной провинцией Священной Римской империи. Она была расположена по обеим сторонам цепи западных Альп между королевством Францией и равнинами Ломбардии. Правящая династия, претендовавшая на то, что является старейший в Европе, восходит к жившему в XI в. графу Гумберту (Умберто) Белая Рука, семья которого владела территорией по обоим склонам перевалов Мон-Сенис и Большой Сен-Бернар. Западная часть — франкоязычное графство Савойя, включавшее Шамбери, Анси и горный массив Монблан, — достигало Женевского озера. Восточная часть — италоязычное княжество Пьемонт, включавшее Аосту, Сузу и Турин, — протянулось до солнечного побережья Лигурии. После создания Швейцарской Конфедерации эта провинция была отрезана от основных территорий Империи, и ее правители в Турине, получив высокий статус имперских герцогов, смогли реально претендовать на независимость. Подобно своим предшественникам, герцог Виктор Амадей II (правил в 1675–1730 гг.) постоянно балансировал между своими могущественными французскими соседями и Габсбургами. Однако выйдя из союза с Людовиком XIV в решающий момент Войны за испанское наследство, он был вознагражден императором, даровавшим ему статус короля и остров Сицилию в придачу. В 1720 г. австрийцы вынудили его обменять Сицилию на Сардинию, так что он окончил свое правление на троне Королевства Сардинии, куда входили Савойя, Пьемонт и сама Сардиния. Этот странный конгломерат — типичный продукт династических интриг, своего рода «южная Пруссия» — столетие спустя стал самым невероятным образом во главу движения за объединение Италии (см. глава X).

Испания была первой из тех стран, которые быстро теряли свое былое политическое и экономическое положение. При Бурбонах — Филиппе V (правил в 1700–1746 гг.), Фердинанде VI (правил в 1746–1759 гг.), Карле III (правил в 1759–1788 гг.) и Карле IV (правил в 1788–1808 гг.) —

она простилась со своими претензиями на статус великой державы. Лишенная своих владений на континенте, за исключением, впрочем, Пармы и Пьяченцы, тесно связанная с громадной американской империей (с ее сомнительной ценностью), она оставалась под властью своих грандов, Церкви и инквизиции. Только в правление Филиппа было совершено 700 аутодафе. Некоторых успехов удалось достичь в реорганизации управления по французскому образцу, в украшении Мадрида, да еще в оживлении культурной жизни при помощи Академии (1713 г.). [BASERRIA] [ПРАДО]

Португалия также прозябала под властью равнодушных монархов и воинственной Церкви. Иоанн V (правил в 1706–1750 гг.), известный под именем *Верный*, был монархом-священником, а «один из его сыновей от аббатисы стал великим инквизитором». При его преемнике Иосифе I (правил 1750–1777 гг.) Португалия содрогнулась от Лиссабонского землетрясения, а затем была восстановлена энергичными, но недолговечными реформами *португальского Кольбера* маркиза Себастьяна Помбала (1699–1782). Помбал, возможно, никогда не произносил часто приписываемых ему слов: «Погребите мертвецов и накормите живых», — но с 1750 г. в течение четверти века он играл главную роль в стране, реорганизуя ее финансы, образование, флот, торговлю и колонии. Мария I (правила в 1777–1816 гг.), подобно своей современнице в Британии, сошла с ума; так что Португалия, как и Брита-

BASERRIA

То, что басеррия (общинное хозяйство) было основой уникального типа общественной организации в стране басков, подтверждается данными переписи Наварры от 1786 г. Чтобы справиться с чередой кризисов, часто опустошавших единоличные крестьянские хозяйства [ГРИЛЛЕНШТЕЙН], наваррский парламент подтвердил право каждого хозяйства находиться в ведении двух совместно проживающих супружеских пар. Все взрослые члены

такого хозяйства, будь они хозяева или только проживающие, могли избирать наследника или наследницу в каждом поколении, которое придет вслед за тем, как одна из управляющих пар умрет или отойдет от дел. Заключение брака и определение приданого самих управляющих или их потомков также подлежали одобрению общины. Такая басеррия оказалась удивительно стабильной в смысле собственности и управления, а

также экономически самодостаточной. Это было «настоящее хранилище культуры басков» в условиях все большей урбанизации и индустриализации, прочное основание самоопределения басков до того, как уже в наше время началась депопуляция сельских районов. В этой системе, которую сохранил древнейший доиндоевропейский народ Европы, культура, экономика и общественная организация были неразрывно слиты.

ния, прошла весь период революций под властью регента. [**ЗЕМЛЕТРЯСЕНИЕ**]

Италия XVIII века была все еще разделена, хотя собственно линия разделения несколько изменилась. Главными соперниками теперь были Савойский дом в Турине, австрийские Габсбурги, удерживавшие Милан, и герцоги Тосканские. Несколько уравновесились силы с восстановлением в 1738 г. независимого королевства Бурбонов в Неаполе. Все эти территории много выигрывали от умелого управления их просвещенных деспотов. На остальных же территориях главными были старинные противоречия между городами-республиками, вроде Венеции, и божественной автократией Папской области. Папство в значительной степени теряло простор для политического маневра, поскольку католические государства ни в чем не имели между собой согласия, кроме всеобщего требования распустить орден иезуитов. Три долгих правления пап Климента XI (1700–1721 гг.), Бенедикта XIV (1740–1758 гг.) и Пия VI (1775–1799 гг.) не сумели предотвратить политического падения папства. Светская культура переживала заметное возрождение; пропагандой итальянского языка и литературы занимались академии во Флоренции и Риме. Процветали науки и ученость вообще. Такие имена, как архивариус Л. Муратори (1672–1750) в Ферраре, экономист Антонио Дженовези (1712–1769) в Неаполе, криминалист Чезаре Беккариа (1738–1794) в Милане, или физик Алессандро Вольта (1745–1821) в Павии, прославились на всю Европу. Без сомнения, великие ученые укрепляли связи международного культурного сообщества. [**TORMENTA**]

Соединенные провинции некогда, как и Португалия, бывшие украшением испанской короны, еще удерживали свои заморские владения, но имели мало влияния поблизости от дома. На море они уступили первенство Британии; на суше их со всех сторон окружали Габсбурги. Давнее соперничество между республиканской олигархией и Оранским домом продолжалось до 1815 г., пока, наконец, не установилась наследственная монархия. [**БАТАВИЯ**]

Скандинавия в XVIII веке выходит на авансцену только однажды. Последнее притязание Швеции на величие при Карле XII (правил в 1697–1718 гг.) было уже анахронизмом, который закончился провалом (см. ниже). За этим одним исключением остальные скандинавские страны успокоились и вели неагрессивное, незаметное существование. В Дании — Норвегии четыре короля из Ольденбургской династии — Фредерик IV (правил в 1699–1730 гг.), Христиан VI (правил в 1730–1746 гг.), Фредерик V (правил в 1746–1766 гг.) и Христиан VII (правил в 1766–1808 гг.) — несколько модернизировали страну в соот-

ЗЕМЛЕТРЯСЕНИЕ

1 ноября 1755 года в столице Португалии Лиссабоне случилось землетрясение. Волна прилива уничтожила побережье и корабли на реке Тахо (Тежу). Две трети городских построек сгорело, а те, что остались, лежали в руинах. Во время землетрясения погибло от 30 до 40 тысяч жителей. Толчки можно было почувствовать от Шотландии до Константинополя.

Землетрясение в Лиссабоне не было ни первым, ни последним из великих европейских катаклизмов. Подобные катастрофы произошли в 1421 году, когда вода обрушилась на польдеры над Маасом и затопила десятки расположенных в низине голландских деревень; в декабре 1631 года, когда извержение Везувия в Италии привело к смерти 18 тысяч человек; или в 1669 году, когда горячая лава из Этны залила сицилийский порт Катанья. Землетрясение 1356 г. уничтожило Базель, а то, которое произошло 28 декабря 1908 г. в Италии, сравняло с землей Мессину и Реджо-ди-Калабрия, унеся с собой жизни 77000 человек. Огромный пожар Лондона (1666 г.) также не был исключением. Эпидемии оспы и холеры отступили только в конце XIX века. [**САНИТАРИЯ**]

Но землетрясение 1755 г. принесло с собой не только физические разрушения: оно покончило с любимой мечтой эпохи Просвещения. Оно потрясло веру *философов* в существование упорядоченного и предвидимого мира и доброго и справедливого Бога, неся гибель равно *справедливым*, как и *несправедливым;* должен был признать сам Вольтер, «в мире, однако, существует зло».

ветствии с принципами Просвещения. Особенно деятельный эксперимент в этом направлении, когда за 2 года было принято 2000 указов, окончился неожиданно в 1772 г. тем, что главному министру короля Иоганну Фридриху Струэнзе (пруссаку и, как поговаривали, отцу ребенка королевы) отрубили голову за «оскорбление величества». В Швеции продолжительная, упорная борьба против абсолютизма короля привела к упрочению роли риксдага, бурная деятельность которого протекала в виде упорной работы четырех сословий и соперничества «шляп» и «колпаков». Монархию очень подорвало отречение сестры Карла XII Ульрики Леоноры в пользу ее беспомощного немецкого мужа Фредерика I (правил в 1720–1751 гг.), а затем в 1756 г. вдохновляемые Пруссией интриги его наследника Адольфа Фредерика (правил в 1751–1771 гг.) Гольштейн-Готторпского. С восшествием на престол после неудачной попытки государственного переворота (1772 г.) Густава III (правил в 1771–1792 гг.) монархия окрепла, и Швеция все больше втягивалась в основной поток политической и культурной жизни своего времени. Этот образованный король-патриот, который некогда пронесся по салонам Парижа, погиб от руки убийцы в 1792 г., когда пытался организовать лигу князей против Французской революции. ELDLUFT]

Пока в Западной Европе безусловно главенствовала Франция, страны Центральной и Восточной Европы были заняты собственными проблемами. За время жизни короля Людовика XIV в Центральной Европе произошло два совершенно неожиданных события, серьезно повлиявших на историю немецких государств. Во-первых, на Европу нахлынула новая волна оттоманского завоевания. В 1683 году турки осадили Вену. Вторым событием, раз и навсегда изменившим карту Европы, стал стремительный рост Пруссии, чьи амбиции теперь мутили весь регион. А на Востоке Европы медленно, но решительно формировалась Российская империя — военная и политическая сверхдержава.

Старое Польско-Литовское государство оказалось, таким образом, просто зажато между двумя гигантами. Сначала Польско-Литовское государство кинулось на защиту Вены от турок, но потом постепенно сдало свои позиции и полностью «потонуло» под ударами своих соседей. Еще до конца XVIII века традиционный баланс сил в Центральной и Восточной Европе изменился до неузнаваемости.

Нашествие турок-османов в конце XVII в. связывали с продолжительным политическим кризисом, который на 30 лет отдал великое визирство в руки албанского рода Кёпрюлю. Оно началось в 1650-е гг. во время взаимных обвинений по поводу Крита и венецианской блокады Дарданелл и особенно разгорелось после 1660 г. в связи с претензиями на наследство в Трансильвании, за которое спорили Порта и Габсбурги. Кёпрюлю считали войну средством подавить интриги и недовольство в армии, особенно среди янычар, против которых они приняли суровые меры. В 1672 г. они нападают на польскую область Подолия, захватывают крепость Каменец на Днестре. Но в 1681–1682 гг. их остановил коронный гетман Ян Собеский у Хотина. В Венгрии они встают на сторону повстанцев под руководством графа Тёкёли и после провозглашения Венгрии вассалом Оттоманской империи продвигаются по Дунаю до Вены.

Осада Вены продолжалась 2 месяца, с июля по сентябрь 1683 г. Во время осады оказалось, что австрийская столица была плохо обеспечена, а враг подступил с громадной армией в 200000 человек, с большим обозом тяжелой осадной артиллерии. Немецкие князья были связаны действиями Людовика XIV на Рейне, и императору было очень трудно сдерживать вторжение турок на Дунае. Как ни странно, но действенная помощь пришла из Польши, где Ян Собеский, ставший уже королем, оставил союз с Францией и стал рассматривать войну с турками и австрийские субсидии как способ решить собственные внутренние проблемы. Приняв на себя в начале сентября командование силами, призванными снять осаду, он помолился в часовне на холме Каленберг в Венском лесу. Затем, в середине дня 12 сентября он приказал атаковать: его крылатые гусары помчались вниз по холму и ворвались прямо в середину турецкого лагеря. Уже в половине шестого он пронесся галопом через ряды противника, видя повсюду вокруг панику, смятение и убийство. В следующий вечер он нашел время написать жене, королеве Марии-Луизе из шатра великого визиря:

«Единственное утешение моей души и сердца, моя возлюбленная Марысенька!

ELDLUFT

В 1773 г. шведский фармацевт Карл Шееле (1742–1786) обнаружил, что воздух — это смесь «нескольких видов воздухов», один из которых, названный им *eldluft* (огненный воздух), отвечал за тайну горения. В октябре следующего года он отсылает отчет о своих открытиях Антуану Лорану Лавуазье (1743–1794), директору французской Монополии по производству оружейного пороха и селитры. В этот же месяц Лавуазье приглашает на завтрак английского диссидента и экспериментатора Джозефа Пристли (1733–1804) и узнает также и от него, что «лишенный флогистона» воздух заставляет пылать подожженный фитиль.

У Лавуазье, возглавлявшего *Ferme Générale*, то есть систему королевских налоговых откупов, а также *Régie de Poudre*, то есть ведомство по производству пороха, было время и средства предаваться своей страсти к экспериментированию. Он уже заметил, что многие вещества увеличивают свой вес при горении, и знал, что это несовместимо с господствовавшей теорией флогистона — невидимой (и воображаемой) формы материи, в которую верили почти все ученые, включая Пристли.

Тогда Лавуазье придумал опыт, который позволял бы измерить количество «огненного воздуха», поглощенного при сгорании ртути в замкнутой емкости. Он обнаружил, что не только нагретая ртуть соединяется с «огненным воздухом», но и то, что при дальнейшем нагревании эта новая смесь снова распадается на свои составные элементы. В современной записи находка Лавуазье может быть представлена следующим образом:

$$Hg + O = HgO$$ (окись ртути):
$$HgO = Hg + O$$

Наука подошла, наконец, к пониманию природы химических реакций, а именно к пониманию того, что вещества могут соединяться с другими (или распадаться на другие вещества) в материальном мире, состоящем из простых элементов и сложных соединений.

Тогда Лавуазье задался задачей дать простые имена простым элементам и сложные имена — сложным соединениям. «Огненный воздух» Шееле, или «лишенный флогистона воздух» Пристли, стал называться кислородом, а «дурной воздух» Шееле — водородом. Соединение ртути и кислорода — окисью, или оксидом ртути. В 1787 г. с помощью Лавуазье был опубликован список 33 элементов с их новой системой имен. В 1789 г. он издает свое *Предварительное рассмотрение химии* — первый в мире учебник по химии.

Шееле уже умер, по всей вероятности отравившись парами во время опытов. Пристли в 1791 г. был «выкурен» из своего дома разгневанными жителями Бирмингема, поскольку он приветствовал Французскую революцию. Он бежал в США. Лавуазье умер на гильотине 8 мая 1794 г. вместе с другими 26 королевскими откупщиками. Говорят, судья, которому была направлена апелляция, заметил: «Республика не нуждается в ученых». Революция в химии почти точно совпала по времени со своей политической сестрой. И обе «пожрали своих детей».

Наш Бог и Господь, Благословенный на все времена, дал неслыханную победу и славу народу нашему. Все пушки, весь лагерь, несказанная добыча — все попало нам в руки… Неприятель одного пороха и амуниции пробросал больше, чем на миллион… Визирь бежал так поспешно, что едва на одном коне… Его лагерь так просторен, как города Варшава или Львов в их крепостных стенах… Достались мне теперь шатры и все повозки, *et mille autres galanteries fort jolies et fort riches, mais fort riches[33]*… Они бросили во рвах своих янычар, которых истребили сегодня ночью… Они бросили множество невинных австрияков, в особенности женщин; но и зарезали, сколько могли… У визиря был замечательно красивый страус… но и его приказал он убить… У него были ванны; у него были сад и фонтаны; кролики и кошки, и даже попугай был, который все время летал, так что мы не могли его поймать…»[34].

Когда Собеский отослал зеленое знамя пророка папе, он присовокупил к посылке замечание Карла V после битвы под Мюльбергом: *Veni, vidi, Deus vicit* («Пришел, увидел, Бог победил»).

Отступление турок началось в тот же день под Веной и продолжалось этапами следующие 200 лет. В краткосрочной перспективе отступление турок вдохновило глав Священной лиги, созданной папой, продвинуться дальше вниз по Дунаю в те земли, которые не оспаривались со времен крестоносцев. По Карловицкому миру (1699 г.) Венгрия была возвращена Австрии, Подолия — Польше, Азов — Московии и Морея — Венеции. В дальней перспективе такое устройство поставило турецкие провинции в Европе в ловушку. Они оказались зажаты в клещи: Габсбурги держали оборону вдоль своей военной границы на западном фланге, а русские непрерывно продвигались вперед в обход Черного моря на восточном. В этом отношении долгое время стратегически важным оставался австро-русский договор, заключенный в 1726 г.

В турецких войнах удача то и дело переходила от одних к другим. В 1739 г. Австрия была принуждена вернуть все приобретения, включая Белград, полученные по Пожаревацкому миру (1718 г.).

Однако в результате трех продолжительных русско-турецких войн (в 1735–1739, 1768–1774 и 1787–1792 гг.) все северное побережье Черного моря оказалось в руках русских. Окончательный Кючук-Кайнарджийский договор (1774 г.) предоставил также русскому царю протекторат над всеми христианскими подданными султана и такие коммерческие права внутри Оттоманской империи, какими раньше пользовались только французы. Было положено начало бесконечному *Восточному вопросу*. Впрочем, Балканы по-прежнему оставались в основном под властью турок. Так XVIII век стал временем медленного подъема национального сознания, часто среди именно тех людей, чьим первым инстинктивным побуждением было поддержать турецкие власти.

Греция была выведена на политическую арену отчасти в связи с ее все большей автономией, отчасти же благодаря русскому вмешательству. Рос класс греческих чиновников вместе с развитием школ, где они обучались. После 1676 г. был приостановлен обычай дани *детьми*, или *кровью* (принудительное включение мужской христианской молодежи в корпус янычаров). Греческое общество все больше сознавало себя греками. Присутствие Венеции на Корфу, а с 1699 г. — и в Морее укрепляло связи с Западом. В 1769 г. против турок был послан русский флот, что сулило Греции освобождение. Важным шагом на этом пути было

предоставление русскими торговых привилегий греческим купцам.

Так же развивались события и в Сербии. Битвы за Белград и австрийская оккупация 1711–1718 гг., когда множество сербов-добровольцев встало под знамена Габсбургов, показали, что и турок можно победить. Связи православных сербов с Россией были даже крепче, чем у Греции. Деятельность Карагеоргия, или *Черного Георгия* (Георгия Петровича) (1767–1817 гг.), который служил и в отрядах турецких бандитов, и в полку у Габсбургов, завершилась его участием в восстании 1804–1813 гг., которое впервые принесло вкус свободы. Второе восстание в 1815–1817 гг. под руководством убийцы Карагеоргия Милоша Обреновича (1780–1860) открыло путь к международному признанию Сербии.

Два румынских княжества, Молдавия и Валахия, находились под властью Порты, которая управляла ими через посредство греков-фанариотов, называвшихся так по названию греческого квартала в Константинополе Фанар. Угнетавший местное население фанариотский режим был к тому же насквозь коррумпирован, но он способствовал тем не менее иммиграции и развитию культурных связей с Западом. Катализаторами дальнейших перемен стал захват австрийцами Буковины (1774 г.) и, в гораздо большей степени, русские оккупации 1769–1774 гг. и 1806–1812 гг. Мысль об освобождении впервые утвердилась среди влиятельного греческого меньшинства.

Болгария очень страдала от того, что через нее проходили турецкие армии, и от банд дезертиров, известных как *краджли*, десятилетиями опустошавших болгарские деревни. В 1794 г. один из предводителей краджли Пасван-оглу захватил плацдарм в Видине на Дунае и создал там практически независимую разбойничью республику. Как и сербы, православные болгары с надеждой смотрели на Россию.

Албания попала в руки местных племенных вождей. Один из таких вождей Мехмет из Бушата стал основателем династии, в течение нескольких поколений правившей северной Албанией со столицей в Скутари. Другой такой вождь, Али-паша Тепелена, создал собственное княжество с центром в Янине, простершееся от Адриатики до Эгейского моря. [ШКИПЕРИЯ]

Черногория, более известная миру под ее венецианским именем Монтенегро, единственная на

ШКИПЕРИЯ*

Албания (Земля орлов) по праву может считаться самой неизвестной страной Европы. Проплыв вдоль побережья Албании в 1780-е, Эдуард Гиббон упомянул «страну, которую видно из Италии, но которая известна даже меньше, чем внутренние районы Америки». А между тем нет другой страны, которая бы пострадала с такой силой от международной политики.

Восстание 1911 г., которое должно было освободить Албанию от владычества турок, способствовало созданию Балканского союза, объединившего христианских соседей Албании. Все члены союза, кроме Болгарии, имели территории со значительным албанским населением, и ни одна не желала создания Великой Албании, которая бы объединила всех албанцев. Лондонское соглашение (май 1913 г.), покончившее с войной Балканского союза, признало суверенитет Албании. Однако границы были определены международной комиссией, и в Албании была введена монархия западного образца.

Общество Албании было сильно раздроблено как социальными, так и религиозными противоречиями. Кланы горного севера — геги, которые жили по законам кровной мести, — имели очень мало общего с жителями низменных районов юга — тосками. Две трети жителей были мусульманами. Оставшаяся треть состояла поровну из католиков и православных. Важными меньшинствами были говорящие по-валашски скотоводы на востоке, итальянцы в городах побережья и греки, привыкшие считать южную Албанию «северным Эпиром». [ГАГАУЗЫ]

Во время Первой мировой войны Албания была оккупирована Сербией и Грецией. По второму Лондонскому договору (1915 г.) с Италией союзники дали секретное обещание превратить Албанию в протекторат Италии. Судьба албанской монархии была очень переменчива. Первый *мпрет*, или король, Вильгельм фон Вид (правил в 1914 г.) высадился в Албании в марте, а уже в сентябре бежал. После войны генерал Ахмед Зогу стал президентом Албанской республики, а уже в 1926 г. он был провозглашен королем.

Во время Второй мировой войны Муссолини установил итальянский протекторат, обещанный Италии за четверть века до того. Территория Албании была расширена настолько, что включила и Косово, и Виктор Эммануил III был объявлен королем. Затем последовала недолгая немецкая оккупация в 1944–1945 гг.

В 1946 г. группа коммунистических партизан-тосков, добившаяся преобладания во время войны благодаря западной поддержке, установила Народную республику Албанию. Их лидер Энвер Ходжа отказался от поддержки интересов албанцев, живших в Черногории, Косово и Македонии, и практически полностью изолировал страну внутри довоенных границ. И двести лет спустя после путешествия Гиббона туристы проплывали на Адриатике мимо Албании или пролетали над ней все с теми же чувствами недоумения и непонимания.

---

* От самоназвания албанцев *шкиптар*, shqiptar.

Балканском полуострове не была под властью турок. По легенде, когда Бог создавал землю, осталось много скал, из которых Он и создал *Черногорию*. Турки, хотя ненадолго и захватывали столицу Цетинье, но не сумели там удержаться. «Маленькую армию бьют, — говорили они, — а большая страдает от голода». С 1516 по 1696 гг. Черногория была теократическим государством, во главе которого стоял епископ-монах. С 1696 по 1918 гг. здесь правили наследные князья из династии Петровичей-Негошей.

К концу XVIII в., когда национальные элиты на Балканах начали мечтать о независимости, они находились под турецким игом по 400–500 лет.

Это оставило свой след. Православная церковь здесь давно уже приспособилась, насаждая среди своей паствы сугубо консервативные, антизападные настроения. Еще со времени крестоносцев православие считало Запад источником порабощения похуже, чем порабощение неверными. В результате ни одно из великих цивилизационных движений, которые потрясали Запад, — Возрождение, Реформация, научная революция, Просвещение, романтизм — никогда так и не проникли на Балканы. Также и местные политические традиции ничем не были связаны с рационализмом, абсолютизмом, конституционализмом; политика всех уровней строилась на принципах родства:

семейственность, щедро смазанная взятками, — таков был здесь образ жизни. «Власть — это кормушка, — гласит турецкая пословица, — и тот, кто от нее не кормится, — свинья». Границы этого постепенно уменьшавшегося анклава, то, что называлось европейской Турцией, — образовали один из самых глубоких культурных разломов на карте Европы.

Как только было покончено с турецкой угрозой, Габсбурги воспрянули. Леопольд I (правил в 1658–1705 гг.) так и не увидел при жизни унижения Людовика XIV; но наследство его сыновей Иосифа I (правил в 1705–1711 гг.) и Карла VI (правил в 1711–1740 гг.) значительно увеличилось за счет присоединенных территорий в Венгрии, Италии и Нидерландах. Главный политический кризис и здесь был связан с проблемой наследования. Карл VI, как и его испанский тезка, наследником которого он некогда номинально был, не имел потомка мужского пола. Узколобый ханжа, он большую часть жизни посвятил насаждению религиозного конформизма и обеспечению при помощи Прагматической санкции, то есть специального указа, прав наследования для своей дочери Марии Терезии. На деле же после его смерти трон в тайном сговоре с Францией захватил Карл Альберт, курфюрст Баварии, который недолго царствовал под именем Карла VII (правил в 1742–1745 гг.), будучи единственным не-Габсбургом за 400 лет. Затем трон перешел к мужу Марии Терезии Францу I (правил в 1745–1765 гг.), великому герцогу Тосканскому, и их старшему сыну Иосифу II (правил 1765–1790 гг.). Но в действительности в разных своих качествах — как королева-супруга, как королева-мать или королева Богемии и Венгрии — Мария Терезия (1717–1780) стояла у власти в Вене в течение 40 лет. Это была женщина спокойная, совестливая, преданная, среди прочего, делу аграрной реформы и особенно облегчению положения крепостных крестьян. Иосиф II, напротив, был беспокойным радикалом, «коронованным революционером», убежденным антиклерикалом и противником дворянских привилегий. Его политика — *йозефинизм*, то есть утверждение государственной власти на иных, отличных от традиционных (как Церковь и дворянство) основаниях, — была одним из наиболее деспотических вариантов просвещенного абсолютизма.

В это время в Австрии складывается бюрократическая система, которую иногда называют *камерализм*, то есть система, в основе которой находится каста чиновничьей элиты, профессиональных государственных служащих. В сочетании с реорганизованной военной машиной такой порядок обеспечил устойчивость Габсбургской монархии, так что она просуществовала еще долго после того, как пала Священная Римская империя в Германии. В Венском университете был даже специальный факультет, где готовили этих государственных служащих, выходивших из университета прямо на высшие посты в финансовой, правовой или образовательной сферах (университет в Галле делал то же самое для Пруссии). Эти высокообразованные, высокооплачиваемые, говорящие по-немецки и лояльные бюрократы целиком зависели от монарших милостей. Они стали полновесным буфером в борьбе с различными интересами дворянства, Церкви и национальностей и направляли развитие по пути беспристрастного рационализма и реформ.

В этот, как позднее оказалось, последний период своего существования сплоченность Священной Римской империи оказалась сильно подорванной сепаратистской династической политикой ее князей. Императоры Габсбурги все больше полагались на свои земли и владения за пределами Империи — но такую же возможность имели и курфюрсты. С 1697 по 1763 гг. Веттины, курфюрсты Саксонии, были королями в Польско-Литовском государстве (см. ниже). С 1701 г. Гогенцоллерны, курфюрсты Бранденбургские, правили как короли в Пруссии (см. ниже). С 1714 г. курфюрсты Ганноверские правили как короли в Великобритании (см. выше). На протяжении всего XVII в. курфюрсты Баварские Виттельсбахи стремились улучшить свои позиции посредством традиционных связей с Францией. Столичные города «Германии» — Вена, Дрезден, Берлин, Ганновер и Мюнхен — приобрели со временем разный колорит именно благодаря разнице своих исторических связей. Два последних императора — Леопольд II (правил в 1790–1792 гг.), великий герцог Тосканский, и Франц II (правил в 1792–1806 гг.) — не смогли остановить тот революционный поток, который разрушил Империю. [FREUDE]

Венгрия после освобождения от турок стала жертвой деспотических замыслов своих освободителей-Габсбургов. В 1687 г. 700-летняя выборная монархия была упразднена. Габсбурги ввели наследственную монархию, и дворянским сеймам оставалось лишь утверждать королевские указы. Было упразднено древнее *право сопротивления* венгерских дворян. С 1704 по 1711 гг., пока Габсбурги были заняты Испанией и турками, вспыхнуло широкое восстание под руководством Ференца Ракоци II. Многие древние свободы были возвращены сначала по Сатмарскому договору (1711 г.), а позднее в уплату за то, что венгры согласились признать Прагматическую санкцию. Они и стали основными законами вплоть до 1848 г. Венгрия избежала судьбы соседней Богемии, хотя компромисс был не из легких. Мария Терезия правила после 1764 г., не обращаясь к венгерскому сейму, а Иосиф II обошелся крайне деспотически со всеми конституционными формальностями и пренебрег даже собственной коронацией. В 1784 г., считая Австрию и Венгрию единым государством, он ввел немецкий как официальный язык страны. Буря протестов была остановлена Леопольдом II, который в 1791 г. подтвердил отдельный статус Венгерского государства, а также допустил употребление латинского и венгерского. Глубокий консерватизм жизни в Венгрии, которая концентрировалась вокруг магнатов и окружных сеймов, еще более усугубился после нескольких турецких войн, а также в связи с этническим и религиозным разделением. Закреплению этого образа жизни, возможно, способствовали аграрные реформы Марии Терезии, которые в виде так называемого *Urbarium* от 1767 г. закончили эпоху прикрепления крестьян к земле, что весьма ограничило их революционность. Проведенные ею реформы образования, а также основание университета в Буде, венгерское литературное возрождение в конце века — все это стало основой современного национального самосознания венгров. В свое время массовый венгерский национализм вызвал ответную реакцию словацкого, хорватского и еврейского меньшинств.

В XVIII в. подъем Пруссии набрал критическую скорость. Обычно этот факт рассматривают в свете позднейшей роли Пруссии в объединении Германии. На самом же деле это произошло вследствие неутомимости Пруссии в проведении династической политики, в результате которой германский мир постоянно делился и которая создала королевство, лишенное всех необходимых черт для его превращения в национальное государство. Мощь Пруссии возрастала благодаря удивительно эффективной административной машине, позволявшей правителям иметь непропорционально большую регулярную армию. (Так, соотношение между количеством профессиональных военных и общей численностью населения в Пруссии было в 30 раз больше, чем в соседней Речи Посполитой.) Акцизное управление Пруссии (1680 г.) позволяло содержать прусскую армию. Основой же самой армии стал аристократический офицерский корпус и (после 1733 г.) кантональная система призыва крестьян на службу в армию. [**ГУСИНЫЙ ШАГ**]

При Фридрихе III (правил в 1688–1713 гг.) и Фридрихе Вильгельме I (правил в 1713–1740 гг.), «фельдфебеле Европы», Гогенцоллерны продолжали идти по тому пути беспринципности и неразборчивости, который проложил «Великий курфюрст» (см. главу VII). В 1700 г. на выборах императора они продали свой голос Габсбургам за признание их права на статус королевской династии. В 1728 г. их согласие на Прагматическую санкцию было куплено уступкой Берга и Равенштейна. Ловкое маневрирование при заключении союзов в период Войны за испанское наследство и Великой северной войны закончилось важными новыми приобретениями: Штеттина и Западной Померании. Швеция последней поняла, что Пруссию так же опасно иметь союзником, как противником. Неподражаемый *прусский дух* вырос из преданности династии, высокомерия, основанного на воинской доблести, и вполне оправданной гордости за культурный и образовательный прогресс Пруссии. В 1694 г. открывается первый в Пруссии университет в Галле; Берлин, оживший с наплывом множества французских гугенотов и австрийских протестантов, получает Королевскую академию искусств (1696 г.) и Королевскую академию наук (1700 г.). Указ 1717 г. способствовал улучшению системы государственного образования.

При Фридрихе Великом (правил в 1740–1786 гг.) Пруссия, наконец, пускает в ход те силы, которые тщательно собирали предшественники Фридриха. Начиная с первой сенсации правления Фридриха — захвата австрийской Силезии в 1740 г. война становится на четверть века главным политическим инструментом. Затем, доведя свою страну до грани уничтожения, он обращается к стратегии дипломатического разбоя, которая при первом разделе Польши доставляет ему, наконец, значительные территориальные приобретения (см. ниже). [ГРОССЕНМЕЕР]

Сама личность Фридриха была одной из диковинок этого века. Она сложилась под давлением жестокого отца, который в свое время даже принудил восемнадцатилетнего сына присутствовать при казни его друга Катте, а затем заключил его на годы в крепости Кюстрин на Одере. Все его царствование прошло под грохот пушек и стоны раненых на поле битвы, но также и под летящие звуки флейты и болтовню *philosophes*. «Я родился слишком рано, — сказал Фридрих, — но я повидал Вольтера». Не только немецкие историки восхваляли его; лорд Актон называл его «самым виртуозно-практическим гением», какой когда-либо восходил на трон.

Описание войн и битв Фридриха Великого составляет многие тома. Это классика истории войн. После двух силезских войн (1740–1742 и 1744–1745 гг.), которые стали частью Войны за австрийское наследство и обеспечили ему неистребимую ненависть Марии Терезии, он сумел удержать принесенные агрессией плоды. Затем он одерживает победу при Мольвитце, Хотузице, Хохенфридберге. В 1745 г. он оккупирует Прагу. Во время Семилетней войны он попеременно восходит к вершинам славы и падает в бездну отчаяния. Война началась нападением на Саксонию. В битвах при Лобозице, Россбахе, Цорндорфе, Лейтене, Колине, Кунерсдорфе, Лигнице и Торгау он с большим искусством использует линии внутренней коммуникации и не дает неприятелю использовать его превосходящие силы. При Россбахе он одержал победу с минимальными потерями. При Кунерсдорфе он уцелел в устрашающей резне. В 1762 г., когда его казна была пуста, помощь Британии прекратилась, а русские стояли под Берлином, его спасла смерть императрицы и неожиданный мир. По Губертсбургскому договору (1763 г.) он еще раз сохранил свои завоевания. «*Hunde*, — сказал он однажды своей растерявшейся в какой-то момент гвардии, — *wollt ihr ewig leben*?» [Собаки, вы что, хотите жить вечно?]

При Фридрихе-Вильгельме II (правил в 1786–1797 гг.) Пруссия берет иной курс; новый король даже рискнул вступить в союз с Речью Посполитой. Но логика революционной эпохи и сила России заставляют его смириться. При втором и третьем разделе Польши Пруссия получила Данциг и Варшаву. Так что к 1795 г. Берлин правил страной, которая на 40% состояла из славян и католиков и имела большую еврейскую общину. Это был один из самых бурно кипевших плавильных котлов Европы. Если бы это положение не изменилось, трудно даже представить, как пошла бы дальше история Германии и Центральной Европы. Но старую Пруссию одолел Наполеон, а новая Пруссия, появившаяся в 1815 г., была уже совсем другим зверем.

Если история Пруссии нам показывает удачный путь к могуществу маленькой страны, то история России демонстрирует нам то же явление в героическом масштабе самой большой страны Европы. Сам Фридрих Великий был поражен: «Чтобы удержать в рамках этих господ, — заметил он однажды о русских, — понадобится вся Европа».

За 149 лет, которые отделяют смерть Алексея Михайловича в 1676 г. от смерти Александра I в 1825 г., Романовы подняли свою страну из едва нарождавшейся региональной силы до непобедимого «жандарма Европы». Алексей, вступивший на престол в том же году, что и Людовик XIV, был никому не известным московским князем, о котором в Версале вообще слыхом не слыхали; Александр триумфатором вошел в Париж. За протекшие полтора века русские провели множество военных кампаний, в основном успешных; великий князь Московский стал *императором всея Руси*; его государство поглотило множество соседних стран; общество и администрация подверглись радикальному преобразованию; перестроилось самосознание этого государства и его господствующей нации. Теперь все, кто участвовал в этом проявлении могущества, всякая личность и всякая политика, которые этому способствовали, казались уже по определению хорошими или, как писал Ключевский о Петре Великом, «необходимыми».

При автократических режимах личность самодержца — не второстепенная проблема; в России выделялись две личности — Петр I (правил в 1682–1725 гг.) и Екатерина II (правила в 1762–1796 гг.). Оба удостоились именоваться *Великими*; у обоих было нечто большее, чем просто неис-

ГРОССЕНМЕЕР

В 1785 г. Гроссенмеер был деревушкой во владениях герцога Ольденбургского на северо-западе Германии, недалеко от границы с Нидерландами и вновь приобретенной прусской провинцией Восточная Фрисландия. В то время население его было всего 885 человек из 142 домохозяйств плюс 77 «нищих» или других случайных присельников. При исследовании домохозяйств этой деревни выделяются следующие категории:

Тип хозяйства-семьи	количество	%%
1. Одинокие (например, вдовы)	2	1,4
2. Несупружеские связи (живущие вместе братья или сестры)	1	0,7
3. Хозяйство, состоящее из одной семьи (родители и дети)	97	68,3
4. Расширенная семья (несколько поколений и родственники)	28	19,7
5. Хозяйство, состоящее из нескольких семей (живущие вместе 2 или несколько супружеских пар)	14	9,9
Всего	**142**	**100**

Ясно, что хозяйства, состоящие из одной семьи, безусловно, преобладали (68%), хотя немало было и «больших» семей или многосемейных хозяйств (30%).

Один видный ученый в этой области выбрал именно этот пример для демонстрации «плохо определяемого ареала, где хозяйства имели в основном указанные характеристики, который мы называем «серединным». Вся «гипотеза четырех регионов» была построена на подобных примерах. Если Гроссенмеер принимался за типичное поселение западно-центрального региона, или *Центра*, то деревня Элмдон (1861 г.) в Эссексе рассматривалась как типичная для *Запада*, Фаганья (1870 г.) вблизи Болоньи — для *Средиземноморья*, а Красное Собакино (1849 г.) в России — для *Востока*. География здесь столь же сомнительна, сколь грандиозны обобщения.

Данная гипотеза была предложена как уточнение более старой, «всеми принятой» схемы, согласно которой традиционная европейская семья разделялась на два более простых типа: западный и восточный. Гроссенмеер при этом рассматривался как вариант Элмдона, где 73% хозяйств состояли из простых семей, а Фаганья — как вариант Красного Собакина, где 86% хозяйств состояли из «больших» семей или были многосемейными.

Сравнительная социальная история — предмет исключительно плодотворный, но абсолютным ее принципом должно быть сравнение подобного с подобным. Сравнивать же деревню доиндустриальной Германии с деревней в высокоиндустриальной викторианской Англии — занятие сомнительной ценности. Делать же выводы о другом «плохо определяемом» ареале, Восточной Европе, на примере одной крепостной деревеньки в российской глубинке — к сожалению, очень типично для «западного» ученого. Схематизация разнообразия вообще это разнообразие отвергает. [ЗАДРУГА]

Семейная история складывается как научная отрасль только в 1970-е годы. Англоязычный журнал *Journal of Family History* выходит с 1976 г. До тех пор социологи, изучавшие проблемы семьи, демонстрировали очевидное «безразличие к историческим измерениям», в то время как социоисторики занимались лишь проблемами классов. Многие ученые полагали, что в Европе с незапамятных времен существовала большая, традиционная, патриархальная форма хозяйства, так что здесь нечего было изучать вплоть до начала модернизации. Работы пионеров в этой области исторической науки, таких как Фредерик Ле Пле (1806–1882), который в *Организации семьи* (1871 г.) обратился к типологии семьи, были малоизвестны. Ле Пле установил три типа семьи: патриархальная большая семья; *famille souche* («стволовая семья») с тремя поколениями; и неустойчивая хозяйственная ячейка, существовавшая только до тех пор, пока родители растили детей. За исключением генеалогии (которая имеет очень длинную историю), систематическое изучение проблем семьи в истории не начиналось еще 100 лет.

тощимая жизненная энергия или решимость; и обоих воспевали за их несомненный вклад в дело возвеличения России. Когда мы произносим обобщающее суждение, будь то о правителе или о его владениях, следует задаться вопросом: неужели размер и грубая сила сами по себе могут свидетельствовать о величии? Критики без труда найдут такие черты, которых бы надо стыдиться, а не гордиться ими. В особенности Петр был моральным чудовищем. Можно даже не обращать внимание на его вечные дебоши, *всешутейший собор* — непристойный и кощунственный русский вариант английского *Hell-fire Club* [в Англии XVIII века эти клубы объединяли молодых растленных и распутных людей. — *прим. перев.*], — списав это на дурной вкус и эксцентричность. Но его личное участие в массовых и жестоких пытках, первый раз — после восстания стрельцов в 1697 г., нельзя считать простым недостатком даже по меркам его времени. Он мог восторгаться моделями кораблей и игрушечными солдатиками и абсолютно не замечал немыслимых страданий, которые приносили людям его проекты, вроде строительства Санкт-Петербурга. Царь, который утром мог наблюдать, как его ни в чем не повинного сына и наследника замучили на дыбе до смерти, а вечером отправиться на непристойную придворную забаву, — такой царь недалеко ушел от Нерона, даже если он и в самом деле привел Россию «из небытия в бытие».

Также и Екатерина доставляет историкам «картины, в которых дух величия соперничает с призраком скандала»[35]. Немецкая принцесса, урожденная София Августа Фредерика Ангальт-Цербстская, не имеет себе равных в истории по масштабу ее амбиций. Если ее невероятная сексуальная распущенность еще не кажется сама по себе чем-то необычным, то в сочетании с грязными интригами она вызывает отвращение. Сплетни о какой-то особой сексуальной машине или других самых невероятных (но совершенно непристойных) причинах ее смерти замечательны лишь тем, что люди хотели в это верить. Для нас важнее то, что она завладела троном посредством дворцового переворота, подговорив гвардейцев императора убить ее мужа Петра III (правил в 1761–1762 гг.). Затем она правит при помощи длинной череды своих помощников, состоящей из десяти ее официальных любовников — от Григория Орлова и Григория Потемкина до Платона Зубова, который

был на 38 лет моложе ее. К чести Екатерины можно сказать, что ее чиновники прибегали чаще к уговорам, чем к угрозам. Снисходительный биограф может в заключение сказать: «она сделала для России то, что Людовик XIV сделал для Франции, пока не стал «узником Версаля»... самодержавие было очищено от пятен тирании... деспотизм превратился в монархию»[36].

Преторианские революции вообще вошли в обычай у Романовых, как и у римлян. Редко власть переходила к законному династическому наследнику. Екатерина I (правила в 1725—1727 гг.), она же Марта Скавронская, латвийская крестьянка и вторая супруга Петра, перехватила власть, когда ее муж был на смертном ложе. Петр II (правил в 1727–1730 гг.) вступил на престол благодаря подложному завещанию; императрица Анна (правила в 1730–1740 гг.), герцогиня Курляндская, — благодаря заговору Тайного совета; Иван VI (правил в 1740–1741 гг.), наследственный принц Брауншвейгский, — по интригам Бирона; императрица Елизавета (правила в 1741–1761 гг.), некогда невеста Любекского епископа и постоянная посетительница гвардейских казарм, — прямо через военный мятеж; Александр I (правил в 1801–1825 гг.) — после убийства своего отца. Павел I (правил в 1796–1801 гг.), неудавшийся реформатор, долго почитался официальными историографами за ненормального, очевидно, как раз потому, что был в здравом уме. Когда Павел настоял на эксгумации тела своего убитого отца Петра III и на перезахоронении родителей в соборе Петра и Павла, составивший граф Орлов должен был нести императорскую корону перед гробом того, кого он убил 35 лет назад. В этом омерзительном акте примирения ярко проявила себя атмосфера обмана, страха и насилия, царившая при Санкт-Петербургском дворе и пропитывавшая все его дела.

Московия сделала этот гигантский прыжок из исторической тени во время второй, или великой, Северной войны 1700—1721 гг. Это двадцатилетнее состязание было вызвано соперничеством Петра Великого, который с завистью смотрел на владения Швеции на Балтике, и юного Карла XII Шведского, который рвался в бой со всеми своими соседями сразу. Все началось в августе 1700 г. с авантюрной высадки Карла около Копенгагена и неудачного нападения Петра на Нарву, шведскую крепость на Финском заливе. Но в основном битвы велись на лежащей посередине территории Речи Посполитой, король которой (Август, курфюрст Саксонии) находился в тайном союзе с Петром. В конце концов для нее война стала еще большей катастрофой, чем для Швеции (см. ниже).

После первых стычек Карл XII захватывает инициативу на суше. Сначала он намеревался наказать саксонского союзника Петра и в 1704 г. сумел посадить на польский престол вместо Августа главу прошведской партии Станислава Лещинского. Тем самым он дал Петру шанс захватить шведские провинции Ливонию и Ингрию, где в 1703 г. немедленно объявили о закладке нового города — Санкт-Петербурга. В 1707 г. Карл поворачивает на восток, рассчитывая на поддержку Ливонии и украинского гетмана Мазепы. Он был обманут и в том, и в другом. Зимой 1708–1709 гг., изнуренный крестьянскими партизанскими нападениями, он был вынужден отказаться от марша на Москву и повернуть на юг. 27 июля 1709 г. под Полтавой на Украине он был полностью разбит и бежал к туркам. Победоносные армии Московии двигались на запад. Была занята Варшава и восстановлена власть Августа II. Балтийские области остались в руках Московии. Среди немецких князей нашлось немало стервятников, которые вместе с Данией и Пруссией бросились грабить западные владения Швеции. Карл XII был убит в бою в ноябре 1718 г., когда он осаждал крепость Фридрихсгалл на норвежско-шведской границе. Подписанию русско-шведского мира в Ништадте (1721 г.) предшествовал дипломатический конгресс на Аландских островах. Швеция пережила большое унижение. Петр стал *стражем Севера*, гордо владея «окном на Запад». В 1721 г. он, отступив от древнего наименования *царь*, принимает титул *императора* — что, впрочем, не все признавали при его жизни. [ПЕТРОГРАД]

По мере того как Москва примеряла императорскую мантию, начались далеко идущие реформы с тем, чтобы превратить ее в современное западное государство. В глазах Петра I реформы означали европеизацию. Царь лично предпринял продолжительные поездки в Западную Европу в 1696–1698 гг. и в 1717 г.; в Европе он специально примечал технические приемы всего: от строитель-

ства кораблей до бритья лица. Но лишь Северная война стала давать России сложные задания. Главной и первоочередной стала потребность в постоянной армии, а также в финансовых и общественных институтах, необходимых для ее содержания. Старое Московское государство было крайне неэффективно. Собранная «с бору да с сосенки» армия, которая обычно таяла в зимнее время, поглощала продукт, производимый двумя третями населения, а в плохие годы, как 1705 г., — и до 96% государственных доходов. К концу царствования у Петра была регулярная армия в 300000 обученных солдат, на содержание которой собирался подушный налог, что утроило государственный доход; армия поддерживалась воинской повинностью крестьян и реорганизованным дворянством.

Мало что в России оставалось по-старому. Ключевой Преображенский приказ (1701 г.) заведовал системой политической полиции. Важным было новое разделение страны на *губернии* (1705 г.); учреждение Сената и административных коллегий, в целом составивших органы центрального управления (1711 г.); введение муниципального управления (1718–1724 гг.); энергичная поддержка государством торговли, промышленности, образования, литературы, науки и искусств. В 1721 г. было упразднено патриаршество, и Русская православная церковь была подчинена государственному органу — Святейшему Синоду. Священникам приказывали открывать тайну исповеди. Введением в 1722 г. Табели о рангах разросшееся дворянство было организовано в строго иерархическую кастовую систему, привязанную к государственной службе и привилегиям во владении землей. Для создания такого количества новых институтов потребовалось то, что один из знатоков предмета назвал «частичным демонтажем патриархального государства». Сверх того, в России впервые осознали разницу между государством и обществом[37]. Эти перемены были произведены без существенных изменений в политической сфере и при том, что сами дворяне оставались в жалком и зависимом состоянии. Их можно было публично выпороть и подвергнуть *шельмованию* за отказ, например, получать образование или служить. Теперь большинство историков согласны, что реформы Петра были не совсем тем, чем они представлялись современникам. Они не стали мощной объединяющей силой; напротив, они разделили подданных царя, особенно по вопросам религии и национальности. К тому же они насаждали европейские институты, игнорируя их существо. Петр не мог превратить московитов в европейцев тем, что брил бороды и надевал на них пудреные парики.

Екатерина II больше заботилась о существе дела. Но и при ней, несмотря на риторику Просвещения, никто не покушался на основы самодержавия и крепостничества. Но ее знаменитый *Наказ* законодательной комиссии 1766-1768 гг., направлявший эту деятельность к выработке нового правового кодекса, ее централизаторские и русификаторские тенденции в управлении провинциями, а главное, принципы «вольности дворянства» — все это существенно и надолго изменило систему. Жалованная грамота дворянству (1785 г.), которая подтверждала ранее дарованные ограниченные права дворянских собраний и самоуправлений в провинциях, была дополнением Табели о рангах; были ослаблены прежние ограничения на продажу крепостных как части имущества. Конечный продукт представлял собой гибрид старого и нового, посредством которого самодержавная монархия становилась постепенно зависимой от службы дворян, каковых она и произвела; в то же время дворяне не собирались уступать центральному правительству ту власть, которую имели над массой населения на местах. «Парадоксально, но, настаивая на монополии политической власти, русские самодержцы ослабляли действенность своей власти по сравнению с конституционными монархами Запада»[38]. Старая московская тирания была, по крайней мере, последовательна. Новая же Российская империя несла в себе семена собственного разрушения. **[ЭЙЛЕР]**

Как бы то ни было, но беспощадная экспансия России продолжалась и еще на протяжении ряда лет. Страна уже имела больше земли, чем она могла освоить, учитывая даже ее волчий аппетит. На западе Россия отгрызла большую часть Шведско-Финляндского королевства, а также Речи Посполитой. На юге, начав с Азова (1696 г.), она проглотила все владения Оттоманской империи на Черном море и Крым (1783 г.), а затем устремилась в Персию, на Кавказ и в Среднюю Азию. На востоке, пройдя Сибирь и выйдя к океану, она теперь начала освоение побережья Аляски, где

было основано постоянное поселение на острове Кодьяк в 1784 г.

Русские историки представляют рациональное обоснование этой экспансии в терминах *национальных целей* и *собирания земель*. На самом деле у русских правителей была наркотическая зависимость от территориальных захватов. Их голод на землю был патологическим симптомом потрясающей неэффективности системы и традиционной воинственности. Особая же ирония заключалась в том, что величайшая страна мира нуждалась в постоянном притоке новых земель и населения, чтобы заглушить чувство уязвимости, чтобы осуществить то, что другие осуществляли гораздо меньшими средствами, чтобы вознаграждать раздутую махину, стоящую на страже трона Романовых. Здесь мы встречаемся с редким случаем *bulimia politica* (политической булимии), того, что англичане называют *canine hunger*, а русские — *волчьим голодом*; случай жуткой одержимости территориями у организма, который может существовать, только поглощая все больше и больше плоти и крови своих соседей. Каждому сумевшему сделать карьеру российскому чиновнику для обеспечения ему и его семье принятого стиля жизни требовалось предоставить поместье с сотнями и тысячами крепостных. Из 800000 таких вновь приобретенных «душ», которые Екатерина II щедро раздавала в награду за службу, не менее 500000 происходили из одной Речи Посполитой. Примечательно, что если немецким дворянам из бывшего шведского *Baltikum* были сохранены их привилегии, то у дворян бывшей Польши и Рутении (Белоруссии и Украины) их отнимали.

Внутри этой разраставшейся Российской империи Украине удавалось сохранять свое национальное своеобразие в течение ста лет. С 1654 по 1783 гг. «гетманское государство» Украина управлялась под контролем царя потомками казаков с Днепра, впервые заключивших союз с царем против Польши. Их попытка освободиться от надзора при гетмане Мазепе во время шведской интервенции 1708-1709 гг. (см. выше) окончилась ничем. Подавление этого движения совпало с русской аннексией Крыма, так что казаки больше не были нужны в качестве буфера против турок и татар. **[РУСЬ]**

С этого времени официально больше не различают Рутению и Россию. Украину теперь называют Малороссией, и всякие проявления ее особых

РУСЬ

6 сентября 1749 г. в Санкт-Петербурге придворный историк доктор Герхард Мюллер поднялся на кафедру, чтобы прочитать написанный им по-латыни доклад *Название и происхождение России*. Он собирался развить свою теорию о том, что Киевское государство было создано варягами. Но его выступление слушатели сорвали криками: патриотически настроенные слушатели не принимали теории, будто Россия была основана не славянами. После назначенного властями расследования доктору Мюллеру было приказано оставить этот предмет, а существующие публикации на данную тему — уничтожить. (По крайней мере, он избежал участи французского ученого Николя Фрере (умершего в тот самый год), некогда брошенного в Бастилию за то, что он отказывался считать франков потомками троянцев.)

До сих пор историки России не перестают спорить по поводу норманнской теории. В условиях цензуры со стороны государства русская история подвергалась в определенной степени политическому вмешательству и была полем приложения телеологических принципов. История Киевского государства служила интересам русского национализма нового времени, а позднее — как реакция на русский вариант — интересам украинского национализма. До сих пор оказалось невозможным доказательно отрицать участие варягов. Само название *Русь* возводили к «рыжеволосым» викингам, к финскому *ruotsi* — наименованию шведов, к неизвестному в истории скандинавскому племени *рос* и даже к названию многонационального торгового сообщества в *Родезе* в Лангедоке.

По этой последней остроумной (и невероятной) гипотезе, *«Rodez Inc»* воспользовалась услугами варягов, чтобы проникнуть на рынок работорговли в Хазарии по водному пути Балтика–Днепр ок. 830 г., вытеснить оттуда конкурирующий еврейский Раданийский «консорциум», который из своей базы в Арле контролировал работорговлю на территории от Черного моря до Северной Африки. Основав «русский каганат» в Хазарии, *родезьяне* якобы превратились из правящей иностранной элиты (с центром в Тмутаракани/Тамаратхе на Волге) в национальных князей преимущественно славянского сообщества с центром в Киеве. [ХАЗАРИЯ]

Там, где невозможны доказательные утверждения, важно еще раз критически оценить источники. Между тем самое трудное в случае Киевской Руси состоит именно в исключительном разнообразии источников. Помимо славянских и византийских хроник, ученый должен исследовать древнескандинавскую литературу, сравнительную германскую и тюркскую (хазарскую) мифологию, рунические надписи, скандинавские и фризские кодексы, датские и исландские хроники, арабские компендиумы по географии, еврейские документы, даже тюркские надписи из Монголии. Очень важна также археология. Элементом исключительной доказательности в этой головоломке являются арабские монеты, которые во множестве находят по всей Восточной Европе. [ДИРХЕМ] Самое раннее упоминание Киева — в форме QYYWB (Куяба) — встречается в письме на иврите, написанном хазарским евреем в синагогу Фустат-Миср около Каира (сейчас оно находится в библиотеке Кембриджского университета).

Тем не менее со времен доктора Мюллера до 1991 г. главным препятствием для научных штудий был тот факт, что никто ни в России, ни на Украине не мог заниматься исследованиями свободно. Возможно, возникновение свободной, независимой Украины и свободной России улучшит климат академических исследований. А возможно — и нет. [СМОЛЕНСК]

традиций пресекаются. Украинским казакам отказали в той степени автономии, какой пользовались казаки на Дону и Кубани. Богатые земли Украины русифицируются и колонизируются. «Бескрайние просторы» юга, на самом краю Европы, заселяются крестьянами-иммигрантами, в основном русскими и немцами.

Укрепилась монополия Русской православной церкви среди славянского населения Российской империи и поддерживался принцип использования русского языка как официального. Оттесняют всех оставшихся униатов. Русские иммигранты начинают менять уклад городов, в особенности Киева, который теперь представляют как древнерусский город. Непрерывно, хотя и постепенно, теряют свои позиции украинская, польская и еврейская культуры. Рутенский (украинский) язык, который оставался в употреблении в деревне, официально теперь рассматривается как диалект русского языка. Изумительный новый порт Одесса, заложенный в 1794 г. как столица Новороссии, открыл пути импорта, развивающейся торговли зерном, стал окном на юг. [**ПОТЕМКИН**]

Главной потерей Европы, которую она понесла в ходе русской экспансии, была Речь Посполитая. Гибель этой республики была условием *sine qua non* успехов Российской империи. Как и ее бывшая провинция (Украина), Речь Посполитая стала сначала объектом заселения выходцами из Московии, а затем попеременно предметом ее прямого и непрямого правления. Влияние Московии возрастало непрерывно после смерти Собеского в 1696 г.

В ходе Северной войны наступило время, когда протекторат России мог быть установлен над Польшей, без того, впрочем, чтобы его так называть. Затем после долгой борьбы будущих польских реформаторов с защитниками status quo, которых поддерживала Россия, дело дошло до логического завершения в виде разделов. В промежутке 1772–1795 гг. Россия неизменно сидела во главе пиршественного стола, за которым полностью съели Польскую республику.

Ян Собеский (правил в 1674–1696 гг.) завоевывал себе славу в Европе, пренебрегая внутренними проблемами. Осада Вены показала, что Речь Посполитая все еще была мощной военной державой, но это был уже ее последний рывок. Литва

ПОТЕМКИН

В 1787 г. генерал-фельдмаршал князь Григорий Потемкин (1739–1791), губернатор Новороссии, организовал для императрицы Екатерины и ее двора поездку по Днепру. Он хотел продемонстрировать свои успехи в колонизации этой провинции, которая только недавно была отвоевана у турок. Для этой цели он поставил передвижные деревни, расположив их во всех важных местах вдоль реки. Как только люди Потемкина видели судно, на котором плыла императрица, все они, одетые беспечными поселянами, начинали громко приветствовать императрицу и иностранных послов. Но когда судно исчезало за поворотом реки, они стаскивали с себя одежду, разбирали деревню и переносили ее на новое место вниз по течению. Поскольку в то время Потемкин был любовником императрицы, невозможно представить себе, будто она не знала об этой уловке, так что дурачили в первую очередь иностранных послов. Выражением *потемкинские деревни* стали с тех пор передавать давнюю

традицию русских обманывать и дезинформировать. Насилие и обман — это основной инвентарь всех диктаторов, и в России потемкинщина появляется то и дело.

Небезынтересны в этой связи взгляды профессиональных обманщиков. Как сообщил известный перебежчик из КГБ, общественное мнение Запада искусно и систематически дурачили со времени ленинского НЭПа. Государственный контроль над всеми средствами информации в сочетании с изобретательными утечками информации и подставными лицами — все это позволяло советским органам безопасности скармливать Западу бесконечный поток ложных представлений. Так, десталинизация 1950-х годов была лишь модифицированной формой сталинизма. Китайско-советский разрыв 1960-го был организован совместно КПСС и КПК. Независимость Румынии — это миф, придуманный в интересах Москвы и Бухареста. Демократизация Чехословакии в 1968 г. направлялась прогрессивными

элементами в КГБ. Другая фальшивка — еврокоммунизм. Даже польской *Солидарностью* руководили агенты Москвы. Опубликованное в 1984 г., до прихода к власти Горбачева, это разоблачение КГБ изнутри должно быть прочитано всяким, кто задумается над неоднозначностью гласности, перестройки или путча 1991 г. Вопрос в том, когда же профессиональные обманщики перестанут обманывать.

Помимо своих деревень, князь Потемкин еще вспоминается в связи с мятежным военным крейсером (названным в честь Потемкина), отплывшим из Одессы в революцию 1905 г. Нет, однако, уверенности, что и этот мятеж не был фальшивкой. [**СОВКИНО**]

Сторонники теории заговоров считают, что все исторические события лишь маскируют сложные построения обманщиков, интриганов и неустанных злых сил. Их противники же, напротив, считают, что нет ни заговоров, ни обманов. Ошибаются и те, и другие. [**ПРОПАГАНДА**] задыхалась в гражданской войне; сейм то и дело распускался посредством *liberum veto;* магнаты были безнаказанными; машина централизованного законодательства и податной системы со скрежетом остановилась. По нератифицированному «Вечному миру» с Москвой в 1686 г. Польша отдала Украину. Король тратил свои силы, сражаясь за Священную лигу, надеясь таким образом выкроить для сына территорию в Молдавии. Много лет спустя русский царь сказал, глядя на статую Собеского в Варшаве: «Еще один, который [как я] растратил свою жизнь, сражаясь с турками»[39].

Выборы короля в 1697 г. разрушили все планы Собеских. Якуба Собеского выборщики не поддержали; от австрийского кандидата откупились; французский кандидат де Конти повернул из Данцига во Францию. Благодаря русскому золоту и своевременному обращению в католичество, выборы выиграл Фридрих Август, курфюрст Саксонии, который взошел на трон под именем Августа II. Изгнанным Собеским оставалось лишь выдать свою дочь за отпрыска изгнанных Стюартов, которые также в это время потерпели неудачу. Так что у *Милого принца Чарли* мать была полькой.

Саксонский период в правление Августа II (1697–1704, 1710–1733 гг.) и Августа III (1733–1763 гг.) обычно считается самым бесславным в польской истории. Северная война, в которой польский король в качестве курфюрста Саксонского был одним из главных участников, принесла неисчислимые бедствия и раздоры. Речь Посполитая стала главным театром военных действий между шведами и русскими, причем каждая сторона получала поддержку одной из соперничавших друг с другом группировок польской шляхты (см. выше). Саксонский двор рассматривал Речь Посполитую как противовес соседней Пруссии, но также и как источник поживы. Саксонская армия, разместившись в Польше, не реагировала на протесты сейма. Грабежи, которыми она занималась, привели к конфликту короля со шляхтой, как это было и в соседней Венгрии. Таким образом, открылся путь для прямого вторжения России.

После победы русских под Полтавой в 1709 г. Август II смог вернуть себе трон только с помощью русских войск. С тех пор в нем стали видеть двойную угрозу: пешку в руках русского царя и

«абсолютистского» монарха самого по себе. В 1715–1716 гг. начинается открытая война короля с его противниками. Для царя это была Богом посланная возможность. Выступая в роли посредника, Петр Великий смог не только оградить польское дворянство от саксонского короля, но и навязать условия, которые поставили республику в зависимое положение. Рядом с *Безмолвным сеймом*, собравшимся в Варшаве в январе 1717 г., стояла русская армия. Без обсуждения были приняты следующие заранее выработанные решения:

1. Войска *саксонского короля должны покинуть Республику.* (Другими словами, король утратил даже видимость самостоятельности.)

2. *Золотые свободы* шляхты сохраняются. (Другими словами, посредством этого сохранявшегося *liberum veto* правительство республики могло быть в любой момент парализовано.)

3. *Вооруженные силы Республики сокращаются до 24000.* (Другими словами, Речь Посполита остается фактически беззащитной.)

4. *Вооруженные силы* финансируются за счет отчислений от королевских, церковных и дворянских поместий. (Другими словами, выводятся из-под контроля короля и сейма.)

5. *Гарантом этого соглашения должен быть царь.* (Другими словами, царь получает право вторгаться на территорию Речи Посполитой в любое время и на законном основании подавлять всякое движение за реформы.)

С этих пор фактически Речь Посполитая становится русским протекторатом, простым довеском к Российской империи, громадным буферным государством, закрывавшим Россию с Запада, содержание которого ничего не стоило. [ЭРОС]

При Августе III система центральной власти совершенно развалилась. Короля теперь возводила на престол русская армия, которая воспрепятствовала переизбранию Станислава Лещинского, что, в свою очередь, разожгло Войну за польское наследство. Но король обычно жил в Дрездене. И хотя сейм созывался регулярно, он также регулярно и блокировался при помощи *liberum veto* еще до того, как успевал собраться. За 30 лет только одна сессия сумела принять некоторые законы. Здесь принцип субсидиарной власти проявился в наибольшей степени, и управление страной было предоставлено магнатам и местным сеймикам. У республики больше не было ни дипломатии, ни казны, ни обороны. Она не могла проводить никаких реформ. Она стала мишенью для насмешек со стороны *philosophes*. Когда в 1751 г. вышел первый том французской Энциклопедии, обширная статья этого тома об *анархии* была целиком посвящена Польше. [КАНТАНА] [ШЛЯХТА]

Партия реформаторов бежала за границу, положив начало непрерывной польской традиции политической эмиграции. Дважды избранный королем Станислав Лещинский дважды изгонялся русскими и находил прибежище во Франции. Выдав свою дочь за Людовика XV, он получил герцогство Лотарингское, где в Нанси в качестве *le bon roi Stanislas* («доброго короля Станислава») он мог практиковаться в том просвещенном правлении, которое было запрещено у него дома.

Станислав Август Понятовский (правил в 1764–1795 гг.), последний король Польши, был трагической и (в некоторых отношениях) благородной фигурой. Один из любовников молодой Екатерины Великой, он был поставлен перед необходимостью совершить невозможное: реформировать республику, сохранив господство России. В действительности, стесненный конституцией 1717 г., он спровоцировал именно те потрясения, от которых должна была уберечь реформа. Как вообще можно было урезать священное право шляхты на сопротивление без того, чтобы эта шляхта сопротивлялась? Как можно было ограничить право русских на интервенцию без интервенции русских? Как можно было отменить *liberum veto* без того, чтобы кто-нибудь это *liberum veto* применил? Трижды король попытался разорвать этот пороч-

ный круг и трижды не сумел. Каждый раз русская армия восстанавливала порядок, и каждый раз республику наказывали новым разделом. В 1760-е гг. предложенные королем реформы привели к войне с Барской конфедерацией (1768–1772 гг.) и к первому разделу. В 1787–1792 гг. поддержка королем реформ Великого сейма и Конституции 3 мая (1791 г.) привела к созданию тарговицкой конфедерации и второму разделу (см. главу IX). В 1794–1795 гг. поддержка королем восстания Тадеуша Костюшко привела к окончательной развязке. После третьего раздела больше уже нечем было управлять. Понятовский отрекся в день св. Екатерины 1795 г. и умер в России.

Во все время этой смертельной агонии республики Великое княжество Литовское сохраняло свой особый статус. Политическая слабость Литвы не препятствовала бурной жизни, положившей начало целому ряду устойчивых традиций. Столичный литовский город Вильно (Вильна–Вильнюс) был настоящим перекрестком разных культур. Первенствующая польская элита получила двойную поддержку: сначала через Национальную комиссию по образованию после 1773 г., а позднее — поддержку руководства учебного округа с базой в Виленском университете, который процветал при царе вплоть до 1825 г. Еврейская культура Литвы укрепилась, когда Великое княжество стало основой русской «черты оседлости» для евреев. Литовское и рутенское (белорусское) крестьянство, избежавшее полонизации, было достаточно многочисленным и сохранило свою национальную самобытность, что позволило крес-

---

КАНТАТА

В октябре 1734 г., когда недавно коронованный польский король поспешно вернулся домой, его придворный музыкант должен был сочинить целую девятичастную *Cantata Gratulatoria* всего за 3 дня. В этой кантате были слова в стиле барокко и возвышенная музыка:

1. Хор: Восславь свое счастье, благословенная Саксония!

4. Речитатив: Что растревожило тебя, Сарматия...?

5. Ария: Бушуй же, дерзкая толпа..!

7. Ария: Наказать врагов оружием, воспламененным рвением...

8. Речитатив: Дозволь же, Отец своего народа, музам восславить день, когда Сарматия выбрала себе короля.

9. Хор: Основатель империй, Господин королей...

Давно уже изгладились из памяти события, вдохновившие эту кантату, но музыка использовалась в позднейших композициях и стала бессмертной. № 7 стал № 47 в *Christmas Oratorio*. № 1 является теперь *Hosannah* в *Мессе си-минор*. Ведь польский король был также курфюрстом Саксонии, а придворным музыкантом был Иоганн Себастьян Бах.

тьянам устоять во всех будущих попытках русификации после поглощения Российской империей. Великое княжество так больше и не вернуло себе административной самостоятельности. Но население не забывало своих корней и в свое время активно участвовало во всех польских восстаниях XIX в. Польская и еврейская культурные традиции удерживались вплоть до людоедской эры Сталина и Гитлера. Пройдя через тяжкие испытания, литовская и белорусская традиции дожили до независимости в 1990-х гг. [**LIETUVA**]

В международных отношениях в XVIII в. европейские страны стремились поддерживать равновесие сил. Все общие войны велись именно ради этой цели и для достижения паритета сил. Ни одно государство в отдельности не имело достаточных сил для попытки военным путем завоевать весь континент, но относительно небольшое региональное нарушение равновесия легко вызывало цепную реакцию коалиций и союзов, возникавших, чтобы справиться с новоявленной угрозой. При этом не имели значения вопросы идеологии или национальной гордости. Быстро образовывались новые союзы, и небольшие профессиональные армии быстро выступали в поход и улаживали возникшие разногласия посредством аккуратных, детально спланированных битв. Теперь, когда понятие *Европа* уже было действительным, дипломатические конгрессы взвешивали последствия военных действий и подводили баланс в виде выигранных (или утраченных) колоний, крепостей и территорий. Так что в целом эти войны отвечали своему назначению. В Европе не происходило больших перераспределений территорий или политической власти вследствие военных завоеваний. Те корректировки, которые были произведены в результате войн — в первую очередь уступки испанских территорий в Утрехте или захват Силезии Пруссией, — не шли ни в какое сравнение с величайшим перераспределением территорий в XVIII в. — разделами Польши, которые были произведены без войны. [**ВЕЛИКИЙ ПРОЕКТ**]

Три раздела Польши являются самыми яркими примерами мирной агрессии в европейской истории. Завершенные в три стадии — в 1773, 1793, 1795 гг. — они покончили со страной размером с Францию. Осуществлены они были с применением бандитских методов, когда в основе всех формальных соглашений лежала не фиксируемая

в документах угроза насилия и когда сами жертвы были вынуждены закрывать глаза на то, как калечат их страну. Многие наблюдатели-современники, довольные, что удалось избежать войны, приняли объяснения захватчиков. Многие историки согласились с тем, будто поляки сами навлекли на себя это несчастье. Понадобились перья Бёрка, Мишле и Маколея, чтобы назвать преступление преступлением.

Механизм этих разделов был основан на двух простых соображениях: во-первых, что для подавления реформаторского движения в Польше необходимо применить русскую армию и, во-вторых, что продвижение русских вглубь республики будет угрозой для других соседей Польши: Пруссии и Австрии. После опустошений Семилетней войны Пруссия не имела возможности в очередной раз воевать против России. Взамен предлагалось соблюсти интересы Пруссии и Австрии ценой их согласия на действия России в Польше, предоставив им территориальную компенсацию. Итак, на основе общего соглашения соседей беззащитная республика должны была подчиниться разгрому своих реформаторов силами России и к тому же заплатить за эту операцию громадными участками собственной территории. Но тяжелее всего было полякам молча слушать, как их мучители разглагольствовали перед всем миром о своем великодушии и мирных намерениях.

На первом этапе ситуация достигли пика в конце 1760-х гг., когда смуту в Речи Посполитой уже нельзя было дальше сдерживать. Предложение короля провести ограниченные реформы вызвало оппозицию со всех сторон. Пруссаки перед этим подвергли артиллерийскому обстрелу польские таможенные посты на Висле, покончив таким образом со всеми приготовлениями к новой фискальной системе. Русские подстегивали кампанию против мнимых притеснений религиозных меньшинств в Польше и вывезли в ссылку польских епископов, выступивших с протестом. Барская конфедерация под руководством Казимира Пулаского (1747–1779) выступила в роли оппозиции как против короля, так и против русских. В 1769 г. австрийцы, воспользовавшись волнениями, захватили тринадцать городов в округе Спиш. Санкт-Петербург почувствовал необходимость действовать решительно, как только позволят дела на фронте войны с турками. Берлин увидел в этом

ВЕЛИКИЙ ПРОЕКТ

Когда в 1742 г. готовилось второе издание мемуаров герцога де Сюлли, было внесено множество исправлений. В особенности это касалось многочисленных и разбросанных (часто противоречивых) замечаний герцога по поводу внешних сношений Франции: эти заметки были упрощены и сведены в одну главу под названием *Политическая схема, обычно называемая Великий проект Генриха Великого*. Таким образом, Великий проект де Сюлли был восстановлен, чтобы не сказать придуман, более чем через столетие после смерти самого Сюлли. Критики затем утверждали, что это был продукт скорее XVIII, чем XVII века.

Следует сказать, что Максимилиан де Бетюн (1560–1641), барон де Рони, герцог де Сюлли вообще имел мало отношения к внешней политике Франции в бытность его первым министром Генриха IV. Он был суперинтендантом королевских финансов, *Grand Voyer* (начальником дорог) Франции, начальником артиллерии, а затем и фортификации и комендантом Бастилии. И его мысли о внешней политике Франции относятся к первым его годам в отставке после 1610 г., а затем (с большими оговорками) ко времени Тридцатилетней войны. Впоследствии он опубликовал все эти свои заметки, не сортируя их, в двух томах *Записи о разумной государственной экономике* (1638).

Непосредственной целью Сюлли было приуменьшить влияние Габсбургов. Однако ради этой, в общем-то, чисто прагматической задачи он наметил план, в котором впервые явились и новая карта Европы, и механизм поддержания вечного мира. На этой карте должны были явиться пятнадцать равноправных государств, которые следовало образовать, ограничив границы Испании Иберийским полуостровом, отделив владения Австрийского дома от Империи и перераспределив их. Так испанские Нидерланды предлагалось или поделить между Англией и Францией, или передать Соединенным провинциям. Венгрию предлагалось восстановить как независимую выборную монархию. Предлагалось проводить свободные выборы на императорский трон Германии, оградив их от монопольного влияния какой-нибудь одной династии. В интересах вечного мира Сюлли планировал создать Европейскую лигу монархов. Лигой должен был управлять Федеральный совет, где более сильные государства имели бы по 4 места, а остальные — по 2 и где бы проводилась ротация председателя, начиная с курфюрста Баварии. Соединенные силы Лиги могли быть использованы для улаживания конфликтов и осуществления определенной политики.

Ключевым понятием и этой новой карты Европы, и Лиги было понятие *равновесия сил*. Не допускалось усиление какой бы то ни было державы до такой степени, чтобы она могла навязывать свою волю другим. Европа должна была стать *une république très chrétienne* (все-христианнейшей республикой) и одной большой семьей. Внутри ее границ должна была установиться свобода торговли. За ее пределами следовало разбить турок и предпринять «удобные» завоевания в Азии и Северной Африке.

В Великом проекте, который был задуман государственным мужем в отставке в то время, когда от него уже ничего не зависело, и подправлен издателем XVIII века, мы обнаруживаем, однако, не только привкус абстрактного теоретизирования. Возможно, в нем сказалось влияние Эмерика Крюсе и его *Nouveau Cynée* (*Нового Кинея*) (1623 г.), где автор выдвигает идею всеобщего мирного конгресса в Венеции под председательством папы. На Крюсе же, возможно, повлияло предложенная королем Богемии еще в 1458 г. (см. с. 428) *Лига Вечного союза*. Несомненно, мы здесь имеем дело с долгой традицией сочинений на отвлеченные темы от Дантовой *Монархии* до Эразма Роттердамского и Кампанеллы. Однако Великий проект Сюлли, популяризированный в эпоху *равновесия сил*, привлек к себе большое внимание. И два столетия спустя после его появления, в эпоху Лиги Наций и Европейского сообщества, остаются актуальными основные положения Великого проекта: о международной стабильности, свободе торговли, о суверенитете в рамках своих границ и объединенных миротворческих силах. Кроме всего прочего, Великий проект подчеркивает то, что упускают многие: мир есть функция силы.

шанс: Пруссия не станет препятствовать русской интервенции, если королевство Пруссия получит польскую провинцию. Австрия согласится в обмен на кусочек южной Польши: «Чем больше она рыдала, — смеялся Фридрих II над Марией Терезией, — тем больше брала». России должна была достаться бо́льшая часть Белой Руссии.

Первый договор о разделе был подписан в Санкт-Петербурге 5 августа 1772 г. Все юридические формальности были тщательно соблюдены. Воздух дрожал от хвалы польской *золотой свободе*. Затем жертве посоветовали взять в руки нож. Король выступил с предложением перед сеймом в пользу раздела. Единственный член сейма, высказавшийся против, Тадеуш Рейтан, лег на пороге палаты сейма, чтобы не дать королю войти; он был затем объявлен сумасшедшим. Три договора о разделе между Республикой и каждой из участвовавших в разделе сторон были готовы 7/18 сентября 1773 г. Единственным монархом, который выразил свой протест, был король Испании. «Я причастился тела Польши, — заявил Фридрих, — но не знаю, как королева-императрица уладила дело со своим духовником».

Первый раздел принес семь лет относительного мира. Речь Посполитая занималась созданием Национальной комиссиии по образованию (см. выше), а в 1775 г. королю позволили обрисовать контуры будущего правительства. Все участники Барской конфедерации были к тому времени сосланы в Сибирь или бежали за границу. Пулаский уехал в Америку, где создал американскую кавалерию. Россия, Пруссия и Австрия переваривали свою неправедную добычу.

Век Просвещения завершался заключительным спектаклем, в котором трое просвещенных монархов, действуя сообща, подавляли реформаторское просветительское движение. Давление на польское государство сопровождалось обширной просветительской риторикой; последовавшая «рационализация карты Европы» встретила широкое оправдание; а у Вольтера был предмет явить еще раз свое остроумие: *Un polonais c'est un charmeur; deux polonais — une bagarre; trois polonais, eh bien, c'est la question polonaise* [«Один поляк — это очарование, два поляка — заварушка, три поляка — ох, это уже польский вопрос»][40]. [МЕТРИКА]

Главная проблема, однако, так и не разрешилась. Речь Посполитая оставалась пленницей России, и реформаторов держали на поводке. Если бы король утратил контроль, за него бы действовали другие. И как только они начали бы движение вперед, весь цикл реформ и репрессий начался бы сначала. Так и случилось в 1787 г.

Вечер понедельника, 29 октября 1787 г., Прага. В Национальном театре графа Ностица в Старом городе (теперь Tylovo Divadlo) итальянская оперная труппа Бондини давала премьеру оперы *Il dissoluto punito* (*Воздаяние распутнику*). Поначалу представление назначили на вечер 14-го; под названием *Каменный гость* его планировали показать принцессе Тосканской, которая направлялась в Дрезден, чтобы там венчаться. Но, как оказалось, партитура оперы еще не была готова. По сообщению некоего Вацлава Свободы, игравшего в оркестре на контрабасе, композитор просидел всю ночь 28-го с маленькой армией переписчиков, и партитура увертюры была доставлена в театр с еще не просохшими чернилами[41]. Музыкантов нельзя было удержать. Аплодисменты загремели, когда композитор появился, кланяясь, в освещенном канделябрами зале в 7 вечера.

Два продолжительных аккорда *forte* в ре минор заставили всех затихнуть; потекла, журча, музыка (*molto allegro*) первых тактов увертюры.

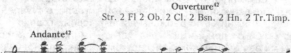

Ouverture[42]
Str. 2 Fl 2 Ob. 2 Cl. 2 Bsn. 2 Hn. 2 Tr.Timp.

Когда увертюра кончилась, маэстро обратился к оркестру, выражая восхищение их умением играть с листа: «Браво, браво, господа, это было восхитительно».

Либретто, напечатанное заранее для двора, можно было купить в кассе, но только по-итальянски (40 крон в золотом переплете и 20 крон — в простом). Вот что стояло на титуле:

IL DISSOLUTO PUNITO. O sia Il D. Giovanni. Dramma giocoso in due atti. Da representarsi nel Teatro di Praga l'anno 1787. In Praga di Schoenfeld … La Poesia е dell'Ab Da Ponte, Poeta de' Teatri Imperiali di Vienna. La Musica и del Sig Wolfgango Mozzart, Maestro di Cap, dadesco.

Исполнители: Джованни — Луиджи Басси, Анна — Тереза Сапорити, Оттавио — Антонио Бальони, Эльвира — Катерина Мичелли, Лепорелло — Феличе Понзиани, Зерлина — Катерина Бондини (жена импресарио), Командор — Джузеппе Лолли[43].

Дон Жуан Моцарта — под таким названием стала известна эта опера — был в то время самой последней версией популярного сюжета об обольщении, уже ставшего европейским мифом. Дон Жуана, обманщика из Севильи, представляли уже больше двух столетий и на карнавалах в Неаполе, и в пантомимах на ярмарках во Франции. Сюжет получил литературную обработку Тирсо де Молины (1630 г.), Чиконьини (ок. 1650 г.), Мольера (1665 г.), Корнеля (1677 г.), Гольдони (1736 г.) и Шадвеля (1776 г.). Он был положен на музыку, поставлен как балет и как пьеса в Риме в 1669 г., в Париже в

1746 г., в Турине в 1767 г., в Касселе в 1770 г. Прежде чем им занялся Моцарт, из него уже сделали четыре полноценных оперы — Ригини в Вене (1777 г.), Альбертини в Варшаве (1783 г.), Фоппа/Гварди и Берлати/Гадзанига в Венеции (1787 г.). Либреттист Моцарта аббат да Понте много позаимствовал у Берлати, а тенор, исполнявший Оттавио в Праге, поспешно прибыл туда из Венеции, где он пел того же Оттавио на музыку Гадзаниги[44].

Основной сюжет обезоруживающе прост. Опера начинается с того, что Дон Жуан убивает Командора, разгневанного отца Анны, последней любовной победы Дон Жуана. После многочисленных перипетий он (в заключительной сцене) оказывается лицом к лицу со статуей умершего Командора, которая взывает к отмщению, и повесу поглощает адский огонь. Да Понте разложил всю историю на два симметрично построенных акта:

ACT I NN. 1-7	ACT II NN 14-18
РАЗДЕЛЬНАЯ ЭКСПОЗИЦИЯ *[Жуан и 3 женщины]*	РАЗДЕЛЕНИЕ АНТАГОНИСТОВ *[Жуан переодетый или отсутствующий]*
(Ария) Жуан — Анна	Жуан — Лепорелло
(Трио) Смерть Commendatore	(Трио) Обман Эльвиры
(Дуэт) Анна — Оттавио	
Эльвира, по ошибке направленная	Эльвира по ошибке направленная
(направляется) к Лепорелло	(направляется) к Лепорелло
(N 4)	
Церлина — Жуан — Мазетто	Жуан — Мазетто
Жуан –Церлино	Церлина — Мазетто
NN 8-10	NN 19-21
СМЕШЕНИЕ ЛЮДЕЙ & СТРАСТЕЙ	СМЕШЕНИЕ ЛЮДЕЙ & СТРАСТЕЙ
Коллективный (Общий) антагонизм	Антагонизм, направленный на Лепорелло
Квартет	Секстет
[Жуан на заднем плане]	*[Лепорелло убегает]*
Анна видит вину Жуана	Оттавио видит вину Жуана
Ария (N 10)	Ария (N 21)
	[Сцена на кладбище]
Рассказ Лепорелло	Рассказ Жуана
Ария (N 11)	Дуэт (N 22)
[Сад Жуана]	*[Дом Анны]*
Ария(N 12)	
ФИНАЛ Входит Маска	Ария (N 23)
ФИНАЛ Входит Эльвира	
Покушение на Церлину	Возмездие: статуя
Общий антагонизм	Общее заключение[45]

Никакое изложение не может передать, однако, как дивно сочетаются партитура и либретто, запоминающиеся моменты которого ничего не теряют при любом количестве повторений и пародирований. В Арии № 4 (*Madamina, il catalogo ë questo*) слуга Жуана хвалится Эльвире галантными успехами своего хозяина:

В Италии шестьсот сорок,
В Германии двести тридцать один,
сто — во Франции, в Турции —
девяносто один,
А в Испании, уже тысяча три![46]

В очаровательной № 7 (*Là ci darem la mano*) — в этом «самом совершенном дуэте обольщения, какой только можно вообразить», — Жуан завоевывает ничего не подозревающую Зерлину даже без намека на принуждение или обман. Энергичную и уверенную мелодию подхватывает сопрано и играет с ней, пока оба не уходят рука об руку в порыве общего восторга[47]:

В мелодраматической сцене на кладбище (действие II, сцена 11) участники дрожат, когда Каменный гость произносит свое мрачное предсказание под трепещущие звуки тромбонов: «Еще до рассвета ты посмеешься в последний раз»[48]:

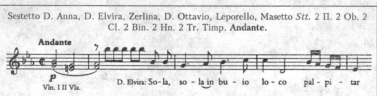

Когда уже все кончилось и судьба Жуана свершилась, все участники задерживаются, чтобы пропеть хором не очень убедительную мораль под искрящуюся двойную фугу: «Вот и пришел конец игре этого грешника, его жизнь и смерть — одно и то же»[49].

Для второго исполнения оперы (в Вене семь месяцев спустя) Моцарт и Да Понте сделали кое-какие изменения, приноравливаясь к новому составу певцов и новому театру. Они опустили Арию Оттавио, № 21(22) (*mio tesoro intanto*)[50]:

Но вскоре этот номер был восстановлен, и уже навсегда остался важной частью стандартного репертуара.

Моцарт дважды приезжал в Прагу в 1787 г., и оба раза с женой Констанцией. Он был на вершине своей музыкальной карьеры. Во время первого визита в январе — феврале он представил свою Симфонию № 38, *Пражскую* (К. 504), а позднее дирижировал с громадным успехом *Le nozze di Figaro*. Прием был столь благосклонным, что он немедленно подписал с Бондини контракт на новую оперу, которую планировали поставить в начале следующего сезона. По возвращении в Вену Моцарт дал несколько уроков семнадцатилетнему пианисту из Бонна, которого звали Бетховен. В мае его постигло глубокое горе — смерть горячо любимого отца, и у него было много хлопот по имущественным делам. Между тем даже тени печали не слышится ни в *Divertimento* (К. 522), ни в восхитительной *Маленькой ночной серенаде* (К. 525), сочиненных в то лето.

О шестинедельном путешествии Моцарта в Прагу с *Дон Жуаном* мы можем почерпнуть сведения не только из переписки Моцарта, но и из местных газет. Он выехал из Вены 1 октября, только что получив скудную сумму, вырученную от продажи имущества отца в Зальцбурге. Он опять отправился в поездку с Констанцией, которая была на шестом месяце. Поездка длиной примерно в 150 миль заняла три дня, поскольку сообщение о его прибытии является в *Praeger Oberpostamtszeitung* уже 4 октября: «Пронесся слух, что опера, только что написанная [нашим прославленным герром Моцартом], *Das steinerne Gastmahl* («Каменный гость») будет дана впервые в Национальном театре»[51]. Он занял комнаты в *Трех львах* на Кольмаркт, 20, а через три дня приехал его либреттист да Понте и остановился на другой стороне улицы в *Глаттайс*. 13-, 14- и 15- были заняты визитом к принцессе Тосканской и неожиданным решением поставить в ее честь немецкую версию *Свадьбы Фигаро*. Моцарт смотрел на это, впрочем, довольно мрачно: «Здесь все бездельничают, — писал он другу, — певцы ленивы и отказываются репетировать, если вечером поют в спектакле, а директор хотя и беспокоится, но робок и не заставляет их»[52]. В последнюю неделю этого месяца болели певцы и еще не было увертюры. Но, наконец, премьера к общему восторгу все же состоялась. *Oberpostamtszeitung* буквально захлебывалась от восторга: «В понедельник... труппа Итальянской оперы давала столь жадно ожидаемую оперу маэстро Моцарда [sic] *Don Giovanni*... Сами музыканты и знатоки говорят, что Прага такого еще не слыхала никогда... Каждый, кто был занят на сцене или в оркестре, старался до последней степени, чтобы отблагодарить Моцарда хорошим исполнением. Были большие дополнительные расходы, так как понадобилось несколько хоров и несколько изменений в сценарии, — со всем блестяще справился Герр Гуардозони. Зал был заполнен как никогда, свидетельствуя об общем одобрении»[53].

Оперу снова давали 3 ноября, теперь в честь самого Моцарта. Чета Моцартов уехала из Праги 13-го, но не раньше, чем несколько почтенных пражан записали в альбом композитора свои щедрые комплименты:

Когда звучит волшебная лютня Орфея,
Амфион поет под его лиру,
Тогда кроткими становятся львы и замирают реки,
Слушают тигры, двигаются скалы.
Когда маэстро Моцарт обращается к музыке
И собирает единодушную хвалу,
Тогда замирают, чтобы послушать, музы,
Сам Аполлон обращается в слух.
Твой почитатель и друг
Йозеф Хурдалек
Прага, 12 ноября 1787, ректор Генеральной семинарии[54].

Во время второго путешествия в Прагу Моцарты прожили бо́льшую часть времени у своих друзей Душеков на их вилле «Бетрамка» в Смихове; там им дописаны последние номера *Дон Жуана*.

Франц Душек был концертирующим пианистом, его жена Жозефа — сопрано и давний друг, с ними Моцарту было особенно легко. Еще до отъезда Моцарта рекомендовали на должность, которая была настоящей синекурой — имперского *Kammermusikus* (придворного музыканта).

Когда он вернулся в Вену, то обнаружил, что ему положили жалованья всего 800 гульденов, хотя занимавший это место до него Глюк получал в конце уже 2000. Как обычно, его слава была намного больше его доходов. 27 декабря Констанция родила их четвертого ребенка, девочку, которая прожила только шесть месяцев. Подходило к концу золотое десятилетие Моцарта.

Совместное творчество Моцарта и аббата да Понте — это важнейшая веха в музыкальном развитии Европы. Три созданных ими произведения — *Женитьба Фигаро* (1786 г.), *Дон Жуан* (1787 г.), *Так поступают все женщины* (1790 г.) — принадлежат к жанру оперы-буфф, одному из самых легких и, следовало бы думать, самых недолговечных жанров; но эти произведения не умирают. Вместе с немецкими операми Моцарта *Похищение из сераля* (1782 г.) и *Волшебная флейта* (1791 г.) они первыми вошли в репертуар «Гранд-опера». Во всем же репертуаре (примерно из 30 названий) с ними по количеству исполнений и популярности могут соперничать только оперы Вагнера и Верди. Да Понте был идеальным партнером. Беглец из своей родной Венеции, где он родился в гетто, да Понте не особенно серьезно относился к своему обращению и рукоположению. Текст *Дон Жуана* у него вылился из сердца[55], был плодом вдохновения.

В отсутствие звукозаписи [ЗВУК] делалось несколько попыток отразить на письме необыкновенное музицирование Моцарта. Так, через 60 лет после смерти Моцарта поэт Эдуард Морике (1804–1875) сделал такую попытку в короткой новелле *Моцарт в Праге* (1851 г.). Он рассказывает о воображаемых встречах, которые вполне могли быть у композитора с утонченными людьми — его самыми восторженными слушателями. Вольфганг и Констанция едут в Прагу по заросшим соснами холмам Богемии и неожиданно застили замок графов фон Шинцберг. Вольфганга застигли, когда он беззаботно сорвал апельсин в парке замка. Однако за это... его приглашают к обеду. После обеда он садится за пианино и рассказывает (одновременно

Карта 19

наигрывая мелодии), как он сочинял финал *Дон Жуана*:

«Недолго думая, он задувает свечи в канделябрах, стоящих возле него, и пугающая мело-

дия — *Di rider finirai pria dell'aurora* — звучит в полной тишине и темноте комнаты... Из надзвездных сфер раздается голос серебряной трубы, которая, пронзая нотами синюю ночь, проникает в самую душу, заставляет ее трепетать перед роком.

Chi va lá. — Кто идет? Дай ответ, — слышится вопрос Дон Жуана.

Раздается голос, заунывный, как и прежде, который просит нечестивого юношу оставить мертвых в покое...»[56].

Чехи не забыли недолгого пребывания Моцарта в их стране. Один современный поэт именно с вечера на вилле Бетрамка начинает свои раздумья о недосягаемом райском блаженстве:

(А когда он начал играть / и косичка заплясала у него на спине, / даже морские раковины перестали шуметь / и стали прислушиваться своими нежными ушками. / Почему тогда они не заперли двери? / Почему не распрягли лошадей? / Он уехал так скоро.)[57]

Прага, которую Моцарт любил, жила в такой роскоши, с какой могли поспорить лишь немногие европейские города. Это был второй город во владениях Габсбургов, и всего лишь за 5–6 десятилетий до описываемых событий Прага была великолепно перестроена. Элегантный театр «Тылово» в стиле неоклассицизма, которому исполнилось всего 4 года, был лишь одним их многих изумительных по красоте новых общественных зданий. Дворец Тун (1727 г.) — теперь это Британское посольство, — где Моцарты останавливались в их первый приезд в 1787 г., был одним из двух десятков роскошных резиденций аристократов, вроде Коллередо-Мансфельд, Гольц-Кински, Клам-Галлас, Каретто-Миллезимо и Лобковиц-Шварценберг. Базилика Св. Николая (1755 г.), где исполнялась *Месса* Моцарта незадолго до его отъезда, была одной из дюжины барочных церквей архитекторов отца и сына Дизенхоферов. В *Каролинум* (завершенном в 1718 г.) расположился университетский комплекс, в *Клементинум* (законченном в 1715 г.) — церковь иезуитов и библиотека.

Но, главное, четыре исторических центра города недавно были объединены в единое гармоническое целое, обнесены стеной и украшены. Градчаны, древний крепостной холм Праги на левом берегу Влтавы, где находились Собор Святого Вита (1344 г.) и Зал Владислава (1502 г.) Эпохи Ягеллонов, в 1753–1775 гг. был обнесен высокой стеной строений по проектам Пакассии. *Mala strana* (Малый град) у подножия Градчан украсился новым дворцом архиепископа (1765 г.). Древний Карлов мост (1357 г.), который соединяет две части города, по всей длине (660 м) был украшен потрясающими религиозными и историческими скульптурами. Улицы Старого города, где на правом берегу все еще царил *Tynsky chram* (Успенский собор на Тыне), и старую городскую Ратушу значительно обновили. И каждый час на городских часах Христос и Апостолы выступали в торжественной процессии, а за ними под звуки курантов Лоретто шли Смерть, Турок, Скряга, Глупец и в конце Петух (1694 г.). Хартия объединенной Праге была дарована императором Иосифом II совсем недавно — в 1784 г.

Аристократы, украсившие город своими резиденциями и покровительствовавшие музыке, особенно выиграли от правления Габсбургов. В основном они были из немецких семей, поживившихся на конфискации владений чешской знати в ходе Тридцатилетней войны. Богатые поместья в сельских районах Богемии были основой блеска городской жизни. Ко времени Моцарта чехи преимущественно были низведены на уровень крестьянской нации, не имевшей лидеров, хотя еще оставались представители среднего класса, вроде Душеков, занимавшие пограничное положение между чешским и немецким обществом.

Велик был контраст между жизнью богатых и бедных. Император Иосиф II был просто шокирован во время своего первого посещения Праги в 1771 г., когда каждый шестой в Праге умер от голода: «Как позорно то, что случилось во время голода этого года. Люди действительно умирали, и их соборовали прямо на улице... В этом городе, где есть богатый архиепископ, большой кафедральный капитул, так много монастырей и три иезуитских дворца... не было ни одного случая, чтобы кто-нибудь из них принял участие хотя в одном из несчастных, лежащих перед их дверями»[58].

Иосиф II не потерпел закоснелого самодовольства католической церкви. Иезуитский орден был распущен еще до того; и когда с 1780 г. он стал править единолично, он разразился буквально потоком указов, грозивших подточить самые священные устои общественного порядка. Крестьяне были освобождены от крепостной зависимости. Религиозная терпимость была распространена на униатов, православных, протестантов и евреев. Было запрещено работать детям младше 9 лет. Были разрешены гражданский брак и развод. Отменена смертная казнь. Расцвело франкмасонство. А богатства, полученные от секуляризации церковного имущества, пошли на бесчисленные роскошные архитектурные проекты императора и аристократии.

Большая еврейская община Праги также участвовала в этом всплеске роскоши. Последние большие изгнания имели место в 1744—1745 гг., а в 1780-е гг. евреи стали пользоваться плодами имперского *Toleranzpatent* («Патента о веротерпимости»). Еврейский квартал, который переименовали в Юзефув в честь императора, был обновлен так же значительно, как и остальной город. Средневековые Старая-Новая синагога и синагога Клауса — обе были перестроены. На Еврейской ратуше время отмеряли современные часы с латинскими цифрами и другие (под ними) — с древнееврейскими цифрами. Именно пражским евреям предстояло в дальнейшем составить самый динамичный элемент венского еврейства.

Терпимостью императора пользовались и пражские франкмасоны. Они радушно приняли Моцарта, который был членом Великой ложи Австрии в Вене. Пражские масоны в это время представляли собой сильную оппозицию католической церкви, душившей все интеллектуальные и культурные предприятия.

Моцарт процветал в благоприятном общественном климате 1780-х годов, что и вылилось в развитие *opera buffa*. Он был нейтрален к морали своего времени, и *Воздаяние распутнику* было слишком мелодраматичным, чтобы воспринимать его всерьез; так что и замысел их следующей совместной с да Понте работы — *Так поступают все женщины* — некоторым представлялся скандальным и не строгим в вопросах морали. Некоторые строчки звучали просто неприлично, поскольку, несмотря на иносказательность, легко истолковывались слушателями. Сам Лоренцо Да Понте (обращенный еврей) заслужил себе славу вроде той, какая была у его друга венецианца Джованни Казановы (1725—1798). После жизни, полной шпионства, блуда и вечного бега от правосудия, Казанова проводил свои последние годы библиотекарем у графа Вальдштейна в Дуксе в северной Богемии. Известно, что он посетил из-

дателя в Праге 24 октября 1787 г., и вполне возможно, что он задержался на премьеру *Дон Жуана*. Некоторые критики предположили, что он и был прототипом Дон Жуана.

Вульгарная распущенность была сильнейшей подспудной тенденцией на протяжении всего XVIII века[59]. Однако в условиях официального пуританизма католической Австрии было дерзостью выбрать темой публичного представления сексуальное обольщение. Для попечителей-моралистов Праги времен Иосифа II это было не меньшим оскорблением, чем для сегодняшних феминисток. Дон Жуан, в конце концов, как и Казанова, был циничным соблазнителем, для которого женщины представляли собой лишь предмет вожделения. Примечательны слова самого Казановы: «Мужчина, который любит… ценит удовольствие, которое он доставляет предмету любви, гораздо выше, чем то удовольствие, которое ему может доставить предмет его любви по достижении желанной цели. Вот почему он стремится удовлетворить ее. Женщина, которая занята больше всего самой собой, не может не ценить свое удовольствие выше, чем то удовольствие, которое она доставит. Вот почему она медлит…»[60].

Одной из прекраснейших черт характера Моцарта была его способность стать выше мирских страстей, которые бурлили вокруг него. Его композиции были радостными и благородными даже тогда, когда он особенно страдал от болезней, бедности или неудач. И его музыка, хотя и написана в мире, но не от мира сего. Хотя он много путешествовал и провел 20 лет при разных дворах Европы, у него мы не найдем и самого слабого отзвука современной ему политики.

В 1787 г. Европа приближалась к критическому периоду своего развития за последние два века. В этот год (к ужасу европейских монархов) была подписана Конституция США и вошел в обращение американский доллар. В Британии в это время при Питте Младшем предметом дискуссии стали проблемы мировой империи. Они были спровоцированы готовящимся процессом над Уорреном Гастингсом, первым генерал-губернатором Британской Индии, и созданием Ассоциация по уничтожению рабства. В России императрица Екатерина только что начала последнюю кампанию против турок, для успеха которой она в своей новой провинции — Крыму — радушно принимала своего союзника императора Иосифа — покровителя Моцарта. В Нидерландах был выслан штатгальтер Вильгельм V, а его жена была взята в заложники республиканской партией «патриотов». Как раз когда Моцарт готовился отправиться в Прагу, прусская армия вступала в Голландию, чтобы восстановить в должности штатгальтера.

Ватикан пытался противостоять поднимающейся светской волне: Пию VI (правил в 1775–1799 гг.) не позволили послать нунция в Мюнхен, и король Неаполитанский отказал ему в принесении обычной феодальной присяги. Во Флоренции он должен был противодействовать намерению герцога Тосканского ввести в тосканской церкви галликанские правила. Во Франции к тому времени, когда состоялось представление *Дон Жуана*, были уже созваны и распущены и Ассамблея нотаблей, и парламент Парижа. Короля Франции убедили, что надвигается банкротство государства, и он решился созвать Генеральные штаты, полагая первоначально сделать это в июле 1792 г. Было продемонстрировано первое паровое судно. Другие события, важные для будущего, прошли фактически незамеченными. В августе Гораций Соссюр впервые взошел на Монблан. Человек покорял природу.

Сегодня, оглядываясь назад, историк может увидеть, что музыка Моцарта отпевала самые дряхлые и обреченные проявления Старого порядка. Тогда этого еще никто не знал, но Иосиф II был предпоследним императором Священной Римской империи. Дож Паоло Ренье (правил в 1779–1789 гг.) был 125-м из 126 дожей Венеции. Соседка Богемии Польша уже вступила в последнее десятилетие правления последнего из своих 50 суверенных королей и князей. Папа Пий VI был обречен умереть в темнице французских революционеров.

В искусствах, как обычно, традиционное соперничало с новаторским. В 1787 г. появляются *Защита ростовщичества* Иеремии Бентама, *Ифигения в Тавриде* Гете и *Дон Карлос* Шиллера. В это время Фрагонар, Давид и Гойя стояли у мольбертов, как и Рейнольдс, Гейнсборо, Стаббс и Ромни. Современниками Моцарта были Гайдн, Керубини и Карл Филипп Бах.

Конечно, можно сказать, что *Дон Жуан* был задуман как блестящая, тонкая аллегория суда, который предстоял развращенному и распутнейшему континенту. Пусть и так, но на это нет и намека ни в переписке Моцарта, ни в самой опере. Люди не сознавали надвигающейся катастрофы, и менее всего — во Франции. Маркиз де Кондорсе, например, один из самых радикальных философов того времени, был уверен только в одном: монархия непоколебима[61]. Образованная француженка со склонностью к музыке оставила такие воспоминания о Париже того времени: «Музыкальные собрания [в Отель-де-Рошешуар] были замечательны. Они проводились раз в неделю... но были и репетиции. Мадам Монжеру, знаменитая пианистка, играла; итальянский певец из Оперы пел теноровые партии; еще один итальянец, Мандини, пел басовые партии; мадам де Ришелье была примадонной; я пела контральто, месье де Дюра — баритоном; хоровые партии исполнялись хорошими любителями. Виотти аккомпанировал нам на скрипке. Таким образом мы исполнили самые трудные финалы. Все очень старались, а Виотти был весьма строг... Сомневаюсь, чтобы где-нибудь еще царили такая легкость, гармония, хорошие манеры и отсутствие всяких претензий, какие можно было найти во всех больших домах Парижа...

И вот посреди этих удовольствий мы приближались к маю 1789 г., смеясь и танцуя по дороге к пропасти. Думающие люди говорили о том, чтобы покончить со всеми злоупотреблениями. Франция, говорили они, должна родиться заново. Слово *революция* никогда не произносилось»[62].

IX

REVOLUTIO
Буря на Континенте, ок. 1770-1815 гг.

Есть во Французской революции нечто всемирно-историческое, чего не было ни в каких других политических потрясениях Европы. И в самом деле, именно события во Франции в полной мере наделили слово *революция* тем значением, которое мы ему придаем теперь: не просто политического переворота, но полного ниспровержения всей прежней системы правления — ее политических, экономических и социальных оснований. В наши дни книги по истории полны революций. Была, например, попытка рассматривать Гражданскую войну в Англии как *Английскую революцию*, еще чаще пытались возвести революцию в России в ранг третьего раунда серии мировых революций. Есть также *римская революция, научная революция, революция в военном деле, промышленная революция, американская революция* (и даже в последнее время) — *сексуальная революция*. Но не все они заслуживают такого титула.

В 1789 г., однако, были основания думать, что происходят события, которые повлияют на жизнь народов далеко за пределами Франции и далеко за пределами собственно политики. Париж был столицей ведущей державы и центром интернациональной культуры. Революционеры унаследовали от эпохи Просвещения веру в универсальную абстракцию — человека. Они считали, что, выступая против универсальной тирании, действуют от имени всех людей вообще. Самым благородным памятником им стала Декларация *прав человека* (см. ниже) — а не только прав французов. «Раньше или позже, — заявил Мирабо Национальному собранию, — влияние нации, которая... свела искусство жить к простым понятиям

равенства и свободы — понятиям, имеющим великую притягательную силу для человеческого сердца и распространившимся по всему миру, — влияние такой нации, без сомнения, покорит всю Европу идеалами правды, умеренности и справедливости, хотя, возможно, и не сразу, не в один день...».

Благодаря именно таким убеждениям события во Франции вошли в историю не как нечто исключительно французское, но как *первая европейская революция*[1].

Это чувство причастности событиям мирового значения разделяли даже иностранцы. Молодой энтузиаст-англичанин, позднее покаявшийся, в то время писал в экстазе: «Это была заря, и благословенны жившие тогда». Немолодой государственный муж сокрушался: «Эпоха рыцарства прошла. Ей на смену пришла эпоха софистов и подсчитывающих все экономистов. Слава Европы закатилась навсегда». «С этого места и с этого дня, — заметил ведущий писатель той эпохи после битвы при Вальми, — начинается новая эпоха всемирной истории»[2]. Историки, независимо от того, были ли они за или против, неизменно прибегали к высокопарным выражениям. Томас Карлейль, ужаснувшийся тем, что он назвал *санкюлотством*, говорил о Французской революции как о «самом ужасном из того, что когда-нибудь породило время»[3]. Жюль Мишле, испытывавший противоположные чувства, начинает так: «Суть Революции я вижу в стремлении воскресить Закон, вернуть человеку его Права и утвердить Справедливость»[4].

Французская революция погрузила Европу в самый глубокий и продолжительный кризис, ка-

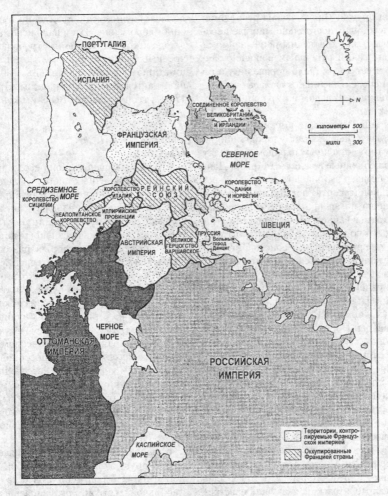

Карта 20

кой та когда-либо знала. Эта революция своими бунтами, войнами, нововведениями поглотила целое поколение. Из своего эпицентра в Париже она посылала волны потрясений, достигавшие самых отдаленных уголков Континента. От берегов Португалии до внутренних районов России, от Скандинавии до Италии вслед за первоначальным шоком приходили солдаты в ярких мундирах с сине-бело-красными кокардами на головных убо-

рах и словами *Свобода, Равенство, Братство* на устах. Своим борцам Революция обещала освобождение от вековой монархии, дворянства и институциональной Церкви. Для ее противников гнет самой Революция означал правление темных сил толпы и террор. Для Франции Революция стала началом национального самоопределения Нового времени. Для Европы в целом она стала наглядным уроком того, как опасно заменять одну форму тирании другой. Французская революция началась с надежд на относительно мирные перемены; «она окончилась клятвенными обещаниями сопротивляться всяким переменам вообще». Непосредственным ее итогом было поражение, но в долгосрочной перспективе она оказалась важнейшим и непреходящим вкладом в мир социальных и политических идей.

В мистерии этой Революции имеются персонажи и клише, известные каждому школьнику в Европе. Здесь торжественным парадом проходят и главные революционные вожди — Мирабо, Дантон, Марат, Робеспьер и Бонапарт, и долгая череда их противников и жертв: вот Людовик XVI и Мария Антуанетта на эшафоте, вот крестьянка, убивающая Марата в ванне[5], чтобы «спасти сотни тысяч людей»; вот по приказу Бонапарта хватают за границей и казнят эмигранта герцога Энгиенского. Вокруг главной процессии толпами кружат тени второстепенных по колоритности и размаху деяний фигур: радикальный Томас Пейн, высланный английский философ, который «видел революцию на двух континентах», неподражаемый Шарль де Талейран-Перигор, «Его непреподобное преподобие» *ci-devant* [бывший] епископ Отенский — «самый блестящий из тех, кто уцелел во всех передрягах»; Антуан Фукье-Тенвиль — абсолютно хладнокровный генеральный прокурор. В каждой европейской стране нашлись во множестве собственные герои и злодеи, бывшие за или против революции. В Британии это Нельсон, умирающий на борту «Виктории», корабля флота Его королевского величества, Германии Г. Шарнхорст и А. Гнейзенау, в Австрии патриот-мученик Андреас Хофер, в Польше благородный маршал Понятовский, скачущий навстречу смерти верхом на своем белом коне, в России неукротимый Кутузов, упрямо бредущий по заснеженным просторам. В европейских искусстве и литературе Революция оставалась в незабываемых словесных и живописных картинах: от *Бедствий войны* Гойи или портрета Наполеона работы Давида до *Пармской обители* Стендаля, *Повести о двух городах* Диккенса, *Пана Тадеуша* Мицкевича и *Войны и мира* Толстого.

Описывая революционную эру, следует взглянуть сначала на причины, затем на сами революционные события и, наконец, на следствия. Рассказ, придерживающийся хронологии событий,

должен начинаться с прелюдии, с предреволюционного брожения. Затем надо исследовать процесс, в ходе которого умеренные требования привели к чрезвычайным переменам, а конфликт во Франции привел к континентальным войнам. Кризис начинается вместе с упадком Просвещения в 1770-х гг. и кончается Венским конгрессом, который открылся в 1814 г.

Прелюдия.

Причины Французской революции составляют предмет бесконечных споров. Следует различать обстановку накануне (каковая иногда превращается в *историю до... вообще*), глубинные причины или скрытые источники нестабильности и события, послужившие непосредственным толчком, или *искры*, из которых разгорелось пламя. Обстановку в последней четверти XVIII в. можно вкратце охарактеризовать как состояние общего, непрерывно растущего беспокойства по всей Европе. Не все причины этого неспокойствия сосредоточились во Франции, но Франция была и его участником, и его свидетелем. В условиях политического паралича и финансового напряжения Франция оказалась менее способной выдерживать стрессы, чем ее соседи. «Революция была неизбежна почти по всей Европе. Она разразилась во Франции, потому что там *Ancien Regime* [Старый порядок] особенно износился, его там особенно презирали и легче разрушили, чем где-нибудь еще»[6].

Мощное политическое землетрясение произошло и по другую сторону Атлантики. Великобритания, которую *les philosophes* всегда считали самой стабильной из стран, погрузилась в пучину войны со своими американскими колониями, которые (при помощи Франции) вознамерились освободиться от британского правления. Но американская Война за независимость (1776–1783 гг.) имела важные последствия в Европе. Во-первых, она подтолкнула к пропасти переживавшую финансовый кризис Францию. Она также заставила французов и другие народы задуматься о собственном положении: если считать тираном несчастного безумного старика Георга III, то кем же считать других монархов Европы? Если американцы взбунтовались против обложения чая пошлиной в 3 пенса, то как же оправдать страшные налоги и пошлины, под тяжестью которых стонали европейцы? Если американцы, не получив представительства в британском парламенте, вынуждены были создать США, что же тогда думать всем тем европейцам, которые и парламента-то не имели? Конституционные воззрения американцев были удивительно простыми и общезначимыми: «Мы считаем самоочевидными следующие истины: что все люди созданы равными, что они наделены Создателем определенными неотъемлемыми правами, среди которых право на жизнь, свободу и на стремление к счастью»[7].

Участие Европы в Американской революции получило формальное признание в виде статуй и других памятников. С меньшей готовностью признают наличие американского фактора в Европейской революции. Но за те немногие годы, которые отделяют Декларацию независимости (4 июля 1776 г.) от инаугурации первого президента США Джорджа Вашингтона (29 апреля 1789 г.) именно создание США до крайности обострило споры о правлении.

Томас Пейн (1737–1809 гг.), норфолкский квакер из Тетфорда, стал живой связью Америки с Европой. Известный как «Радикальный Том», он посвятил себя делу Америки после того, как был объявлен вне закона в Англии. Его *Здравый смысл* (1776 г.) был самым лучшим и точным разбором Американской революции; его *Правам человека* (1791 г.) предстояло стать самой радикальной реакцией на Французскую революцию. Ему предстояло также заседать во французском Конвенте, он едва избежал гильотины. Его *Век разума* (1793 г.), деистский трактат в жанре зажигательной прозы, вызвал большой скандал. «Моя страна, — писал он, — мир, моя религия — делать добро».

В Восточной Европе в это время три великие державы осваивали результаты первого раздела Польши (см. глава VIII). Было чувство облегчения, что удалось избежать войны, но весь пропагандистский дым не мог скрыть факта беспримерного насилия. Больше того, в самом Польско-Литовском государстве раздел только разжег сопротивление русской гегемонии. Дух польского Просвещения неумолимо вел к конфронтации с царицей. Таким образом, русская сфера влияния, двигаясь параллельно с влиянием французским, неотвратимо вела к столкновению тиранов с *друзьями свободы*. Не случайно именно

эра революций, наконец, привела к столкновению гигантов: Франции и России.

Многое происходившее внутри общества или за пределами повседневной политической жизни свидетельствовало, что какие-то глубинные силы, скрытые за фасадом упорядоченной жизни Европы конца XVIII в., выходят из-под контроля. Одним из источников напряжения была техника: появление машин на механической тяге с громадным разрушительным или созидательным потенциалом. Вторым был источник социальный: постепенное осознание существования *масс*, понимание, что неисчислимые миллионы, в основном не допускаемые в благородное общество, могут взять свою судьбу в собственные руки. Третий источник был интеллектуальным: растущая озабоченность литературы и философии иррациональным в человеческих действиях. Историкам **необходимо** ответить на вопрос, были ли эти новые явления связаны между собой: были ли так называемая *промышленная революция, коллективистское направление* в социальной мысли и зарождавшийся *романтизм* элементами единого процесса; были ли они причинами революционного взрыва или только сопутствующими и благоприятствующими ему факторами?

Промышленная революция — очень широкий и общий термин, который обычно употребляется для описания целого ряда технологических и организационных изменений, отнюдь не сводящихся к одному наиболее известному — изобретению машин на паровой тяге. Больше того, после долгих споров историки стали понимать этот термин как обозначение лишь одной стадии в целой цепи сложных изменений, теперь называемых *Модернизацией* — изменений, результат которых начал проявляться в полную силу только в следующем столетии.

К тому же следует еще принять во внимание немалое число элементов *прото-индустриализации*: это появление рационального сельского хозяйства фермерского типа, мобильной рабочей силы, парового двигателя, машины, развитие рудников, металлургии, фабрик, городов, коммуникаций, финансов, демографические изменения.

Деятели Просвещения, в особенности физиократы, были буквально одержимы научным ведением сельского хозяйства. Начав с рационализации, сельское хозяйство дошло по пути прогрессивного развития до такого положения, когда механизмы на конной тяге (но еще не использующие топливо) значительно увеличили производства. Английский фермер из Хангефорда Джетро Талл (1674–1741 гг.) рекламировал применение конной сеялки в своем хозяйстве еще в 1703 г.; обитый сталью ротерхамский плужный лемех выходит на рынок в 1803 г. В течение столетия, разделявшего эти два события, в сельском хозяйстве шло бурное экспериментирование, а прогресс шел медленно и болезненно: средний уровень сельскохозяйственного производства определялся не темпами изобретений, но тем, как их использовал средний крестьянин. [КАПИТАЛИСТИЧЕСКОЕ СЕЛЬСКОЕ ХОЗЯЙСТВО]

По мере того, как в деревне производилось больше продуктов, увеличивалось количество людей, которых можно было прокормить этой продукцией. Люди, которые раньше были нужны, чтобы обрабатывать поля, теперь высвобождались для других работ. Рост производительности труда в сельском хозяйстве сопровождался ростом рождаемости, складывалось избыточное предложение рабочей силы, по крайней мере, в тех странах, где крестьяне не были прикреплены к земле. Однако наличие необученных ремеслу свободных крестьян решало проблему только наполовину. Промышленности были нужны квалифицированные рабочие. Поэтому предпочитали рабочих из тех районов, где были больше развиты традиции ремесел.

Энергия пара была известна уже в античности. Но она никогда не находила практического использования, пока ее не укротил в 1711 г. Томас Ньюкомен (1663–1729 гг.), умело применив ее в неуклюжем и громоздком паровом насосе, отка-

чивавшем воду из шахты в Девоншире. Паровой двигатель существенно усовершенствовал Джеймс Уатт (1736–1819 гг.), шотландский мастер по изготовлению инструментов из Глазго, которого в 1763 г. пригласили починить образчик ньюкоменовского монстра; он также усовершенствовал конденсатор пара. С этого времени паровой двигатель уже можно установить на самых разных машинах.

Машины вообще были в ходу с тех пор, как придумали водяную мельницу и печатный станок. В руках часовщиков XVIII в. они достигают высочайшей точности. Однако с появлением источника энергии, гораздо более мощного, чем руки человека, вода или пружина, изобретения полились безудержным потоком. Все они первоначально появились в текстильной промышленности. Три ланкаширца — Джеймс Харгривс (1720–1778 гг.) из Блэкберна, Ричард Аркрайт (1732–1792 гг.) из Престона и Сэмюэл Кромптон (1753–1827 гг.) из Фервуда, Болтон — создали, соответственно, прядильную машину «Дженни» (1767 г.), прядильно-ткацкий станок (1768 г.) и мюль-машину (1779 г.). «Дженни» годилась только для работы вручную дома; ткацкий станок и мюль подходили для паровой тяги на фабриках. Нового уровня механизации достигли во Франции в шелкоткачестве (1804 г.) [ЖАККАРД].

Однако в широкое употребление паровая тяга и машины вошли только тогда, когда стали широко использовать бесполезный прежде уголь — самое эффективное топливо для образования пара, чрезвычайно увеличив его добычу. Этого удалось достичь посредством целого ряда изобретений, включая подземные помпы, шахтерскую лампу англичанина Хэмфри Деви (1816 г.) и использо-

ЖАККАРД

В 1804 г. Жозеф-Мари Жаккард (1752–1834), инженер по текстилю из Лиона, усовершенствовал ткацкий станок, так что можно было производить ткань любого заранее заданного узора, используя перфорированные карточки, которые контролировали уток и челнок. В истории текстильной промышленности ткацкий станок Жаккарда стал новым крупным усовершенствованием после изобретений Аркрайта, Харгривса и Кромптона. В истории техники вообще это был важный шаг в направлении автоматизированных машин — предшественник всякого рода хитроумных штучек от пианолы и шарманки до систем хранения данных на перфокартах. Но самое главное, устанавливался тот принцип двоичного кода, на основе которого позднее будут работать компьютеры. Каркас и другие рабочие части жаккардова станка — это своего рода *жесткий диск* протокомпьютера, наборы перфокарт — *программное обеспечение*.

зание пороха для подрыва породы. В свою очередь, для производства машин требовалась прочная сталь, и рост производства машин был невозможен без соответствующего роста выплавки железа и стали. Потребовались значительные усовершенствования, как введение в строй Карроновского металлургического завода в Шотландии (1760 г.) и придуманные Генри Кортом пудлингование и прокат стали (1783–1784 гг.).

Сосредоточение промышленных рабочих под одной крышей на фабрике началось намного раньше, чем появились приводные машины[8]. Шелковые фабрики, ковровые фабрики и фарфоровые фабрики были совершенно обычным явлением на протяжении всего XVIII в. Но с появлением заводов, требовавших постоянного обслуживания и регулярных поставок горючего и сырья, фабричная организация труда превратилась из возможности в необходимость. Вид этих *«чертовых мельниц»* — громадных, жутких строений величиной с королевский дворец, возведенных совершенно несообразно на берегу какого-нибудь ручья, воду которого они потребляли, и выбрасывающих едкий черный дым, который поднимался из труб столбом величиной с колонну Траяна — впервые утвердился в текстильных поселках Ланкашира и Йоркшира. Появление фабрик вызвало неожиданный рост новых городских центров. Первым из них стал Манчестер — столица хлопчатобумажной промышленности Ланкашира. Первая перепись населения в Великобритании (1801) показала, что за четверть века Манчестер вырос в десять раз, превратившись из населенного пункта размером с один приход в город с населением в 75275 зарегистрированных жителей. И если население устремлялось в новые фабричные города, то верно также и то, что фабрики тяготели к немногим большим центрам со значительным населением. Лондон и Париж, где было множество ремесленников и бедноты, привлекали к себе предпринимателей, искавших рабочую силу.

Решающую роль играло состояние внутренних сухопутных коммуникаций: их следовало сделать столь же дешевыми и эффективными, как морская торговля. Громадные грузы угля, железа и других товаров, как хлопок, шерсть или глина, надо было перевозить из шахт и портов к фабрикам. Произведенные товары следовало перевезти к отдаленным местам сбыта. Речной транспорт, дорожный и железнодорожный — все участвовали в этом. И снова в Великобритании появляются величайшие нововведения. В 1760 г. инженер герцога Бриджуотера Д. Бриндлей (1716–1772 гг.) улучшил систему каналов, построив замечательный водный путь, который пересек реку Ирвелл (Ланкашир) вблизи акведука в Бартоне (1760 г.). В 1804 г. в Мертир-Тидвиле (Южный Уэльс) корнуэльский инженер Ричард Тревитик (1771–1833 гг.) добился того, чтобы локомотив на паровой тяге под высоким давлением протащил несколько вагонов с углем по коротенькой чугунной дороге. Это оказалось дороже лошадей. В 1815 г. шотландец Дж. Л. Мак-Адам (1756–1836 гг.) дал свое имя (которое повсеместно пишется и произносится с ошибкой) системе строительства дорог с использованием основания из отесанных камней с гудронированным покрытием — *макадамов*.

Для всего этого нужны были деньги. Колоссальные суммы вкладывали инвесторы, принимавшие на себя громадный риск для получения громадных же, хотя и не гарантированных и неопределенных, доходов. Такие деньги можно было найти только в тех странах, где другие формы доиндустриального предпринимательства позволили накопить достаточный капитал, который можно было пустить на рискованное предприятие, то есть инвестиционный капитал.

Важны были и демографические факторы. Не трудно понять, как именно работал демографический мотор там, где процессы индустриальной революции обеспечивали прирост населения, а растущее население шло к революции. Трудно увидеть, как этот мотор был установлен и пущен в ход. Конечно, во Франции долго продолжался период демографического бессилия, когда эта *la grande nation* [огромная нация] Европы с населением в 20 млн. не увеличивала численность населения в течение трех столетий. Великобритания, напротив, имела множество преимуществ: процветающих фермеров, подвижную рабочую силу, умелых ремесленников, запасы угля и железа, развитую торговую сеть, небольшие расстояния, облегчавшие перевозки внутри страны, предпринимателей, растущее население и политическую стабильность. Пройдут еще десятилетия, прежде чем у нее появятся соперники.

Понятие *коллективизм* — убеждение, что у общества в целом тоже могут быть свои права и интересы — в то время еще не было сформулировано. Коллективизм выступает противником индивидуализма, которому придавалось особое значение со времени Ренессанса и протестантской Реформации. Но это был важный шаг. Имплицитно он содержался и в идее современного государства, которая подчеркивала единство всех его подданных, и в новых идеях физиократов и экономистов о деятельности общественно-политического организма. Впервые в явном виде он был сформулирован в идее Руссо об общей воле и был главным принципом утилитаристов. Вполне возможно, что идея коллективизма рождалась у черни растущих городов Европы при виде огромного потока рабочих, поглощаемых воротами фабрик. Как бы то ни было, но сила коллектива, управляемого или неуправляемого, могла восхищать не только философов, но и военачальников, демагогов и поэтов.

Романтизм же питался растущим напряжением. Вслед за его первоначальными набегами на Германию романтизм в следующем поколении уже изобиловал поэтами и публицистами в Англии — здесь особенно прославилась троица из Озерного края: Сэмюэл Тейлор Кольридж (1772–1834 гг.), Уильям Водсворт (1770–1850 гг.) и Роберт Саути (1774–1843 гг.), а также удивительный Уильям Блейк — поэт, гравёр, иллюстратор. Все еще плодотворен в эту пору и немецкий романтизм. Друг Гете Фридрих фон Шиллер (1759–1805 гг.) публикует исторические драмы *Валленштейн* (1799 г.), *Мария Стюарт* (1800 г.) и *Вильгельм Телль* (1804 г.), в то время, когда Гете уже идет в ином направлении. И к тому времени, когда Водсворт одолел утесы в окрестностях Тинтерна в 1798 г., ведущее положение занимает английский романтизм. Европа уже погрузилась в ужасы войны и Революции. Казалось, человечество утратило разум настолько, что готовится уничтожить себя. Никогда еще мир не представлялся столь непостижимым. Окончилось время безграничного владычества логики и разума:

> И каждый взгляд меня клянет,
> Хотя молчат уста.
> И мертвый Альбатрос на мне
> Висит взамен креста.[9]

> О роза, ты больна!
> Во мраке ночи бурной
> Разведал червь тайник
> Любви твоей пурпурной
> И он туда проник,
> Незримый, ненасытный,
> И жизнь твою сгубил
> Своей любовью скрытной.[10]

Если вообще возможны фрейдистские стихи, то вот они — за сто лет до Фрейда. [FREUDE]. Дерзкая, бунтарская молодежь все больше раздвигала границы романтизма. В 1797 г. в Германии Фридрих фон Харденберг (Новалис, 1772–1801 гг.) сочиняет мистические *Гимны ночи*, в которые он подобно Данте, обращавшемуся к Беатриче, сублимировал свою давно утраченную любовь. В 1799 г. Фридрих Шлегель (1772–1829 гг.), младший брат известного переводчика Шекспира, Данте и Кальдерона, пишет скандальный роман *Люцинда,* где называет высшим идеалом любовь к прекрасному. Во Франции Франсуа Рене Шатобриан (1768–1843 гг.) публикует *Эссе о революциях* (1797 г.) и книгу *Гений христианства* (1801 г.) — обе в протесте против господствующих обычаев. В 1812 г. в Англии неистовый лорд Джордж Гордон Байрон (1788–1824 гг.) издал *Паломничество Чайльд-Гарольда*, положив начало всеевропейскому культу своего героя.

Важную роль играли салоны и другие центры распространения новых идей. В Германии выдающуюся роль играл Йенский кружок братьев Шлегелей. Однако самое почетное место следует отдать Жермене Неккер (мадам де Сталь, 1766–1817 гг.), дочери главного министра Людовика XVI — этой, может быть, самой усердной распространительнице идей романтизма. Будучи и сама писательницей, мадам де Сталь имела при себе двор, сначала на Рю дю Бак в Париже, а затем — в ссылке, в которой перебывали все literati ее времени. Ее роман *Дельфина* (1803 г.) полон феминистских идей; *Коринна* (1807 г.) была истинным манифестом страсти; трактат *О Германии* (1810 г.) открыл французам мир немецких романтиков.

Впрочем, разум был укрощен только тогда, когда против него восстали сами философы. Иммануил Кант (1724–1804 гг.) в малоподходящих условиях Восточной Пруссии развил более ранние отступления Дж. Вико от Просвещения. Кант, без

FREUDE (РАДОСТЬ)

В 1785 г. в деревушке Гохлис недалеко от Лейпцига Фридрих Шиллер сочинил *Оду к Радости* [An die Freude]. В этом пеане он восхвалил духовное освобождение, пришедшее к нему после несчастной любви и зимы, проведенной в нужде в Мангейме. Стихи были полны политических и личных намеков: ходят упорные слухи, что первоначально Ода назвалась *Гимн Свободе*:

Радость, чудный отблеск рая,
Дочерь милая богам,
Мы вступаем, неземная,
Огнехмельные, в твой храм.
Власть твоя связует свято
Все, что в мире врозь живет:
Каждый в каждом видит брата
Там, где веет твой полет.
　Обнимитесь, миллионы!
　В поцелуе слейся, свет!
　Братья, над шатром планет
　Есть Отец,
　　к сынам склоненный!

Спустя семь лет Бетховен объявил о своем намерении положить *Оду* на музыку. Он обдумывал этот замысел более тридцати лет.

Бетховен задумал грандиозную *Немецкую симфонию* где-то в 1817 г. Ему казалось, что она должна заканчиваться хоральной кульминацией. В его ранних записях упоминается *Adagio Cantique* — «религиозная песня в симфонии в старых ладах ... в *Adagio* текстом будет какой-нибудь греческий миф (или) *Cantique Ecclesiastique* (кант)». В *Allegro* — «Карнавал Бахуса». Только в июне-июле 1823 г. он окончательно принимается за Оду, одержимый мрачными предчувствиями. В эти годы, горькие и мрачные годы надвигавшейся глухоты,

Бетховен сумел одолеть свои несчастья в *Missa Solemnis* и изумительных сонатах для фортепьяно, Op. 109-11.

Однако Симфония No. 9 (с хором) в D minor (Op. 125) должна была подняться на новые высоты композиционной изобретательности и эмоциональной дерзости. После короткого (шепотом) пролога первая часть *allegro ma non troppo*, приводится в движение необычным звуком целого оркестра, исполняющего нисходящее арпеджио D minor в унисон. Во второй части *molto vivace*, «самом божественном из всех скерцо», музыка то и дело совсем прекращается, а затем возобновляется с удвоенной силой. Третья часть *adagio* строится вокруг двух переплетающихся благороднейших мелодий.

При переходе к финалу звучавшие дотоле в разных предшествующих частях темы соединятся между двумя вспышками знаменитой какофонии или *хаоса*. Причем хаос, в свою очередь, прерывается звонким и призывным басом: *O Freunde, nicht diese Toene!* [О друзья, не надо больше этих звуков! Давайте споем что-нибудь полное радости!] Вскоре новый мотив возникает в партии духовых. Повторенный в торжествующем ре мажоре тональности труб, он образует простейшую и в то же время самую мощную из всех симфоническую мелодию. В строчке из 56 нот почти все удвоены последовательно в партии труб. Для этой именно мелодии были перегруппированы строфы Шиллера.

Невероятная сложность, возникшая в итоге, требует от исполнителей и слушателей чрезвычайных усилий и воображения. Помимо расширенного оркестра необходим большой хор и четыре солиста. Этот квартет певцов развивает тему в двух вариациях. Тенор поет: «Рад, рад, что солнца сквозь эфир идут» под военный марш с турецкими ударными инструментами. Оркестровая интерлюдия в форме двойной фуги подводит к гремящему хору «О, миллионы, я обнимаю вас!» Солисты беседуют с хором в начале шиллеровых строф, а затем еще одна двойная фуга подводит к моменту, когда сопрано берут верхнее ля и держат его бесконечные 12 тактов. В коде солисты сливаются в своего рода *универсальный круг*, клубок пышной полифонии, а затем пропевают уменьшенную версию главной темы. В конце слова «Дочь Элизия, Радость, о Радость, сошедший Бог» повторяются *maestoso*, пока в заключение не происходит утвердительного перехода из ля мажора в ре мажор.

Девятая, хотя и написана по заказу Лондонского филармонического общества, была впервые исполнена в Вене 7 мая 1824 г. Дирижировал сам композитор. Поскольку он не слышал, то совершенно потерял контроль над оркестром и продолжал дирижировать, когда музыка уже кончилась. Один из оркестрантов повернул его лицом в зал, чтобы он мог увидеть рукоплескания.

Гений Бетховена неизменно служил всем народам. Во вре-

мя WWII начальные аккорды *Пятой симфонии* стали позывными радиостанции ВВС в ее передачах на оккупированную нацистами Европу. Через 150 лет после смерти гения его переложение *An der Freude* становится официальным гимном Европейского сообщества. Слова, прославляющие братство людей, связали век донационалистический с веком постнационалистическим. А музыка, казалось, отвечала упованиям жителей целого континента, только что вышедшего из какофонии двух мировых войн.

сомнения, величайший из философов, как бы перебросил мост через пропасть, отделявшую Разум от романтизма. Набожный человек, холостяк, педант, он был особенно шокирован бурными событиями своего времени. Ни разу не покинул он свой Кенигсберг и еще более укрепил стену вокруг себя тем стилем плотной, сугубо академической, предназначенной не для всех прозы, каким он писал свои труды. («Кантианский период в творчестве Кольриджа, — писал один критик, — не сделал его поэзию лучше»[11].) Тем не менее три *Критики* Канта представили систему идей, которая потом была усвоена почти всеми последующими философами.

В *Критике чистого разума* (1781 г.) он отрицал возможность считать рационалистическую метафизику такой же наукой, как, например, математика. Всякий феномен, существующий вне времени и пространства, имеет собственный непостижимый источник бытия. Каждый такой источник был назван *das Ding-an-sich* [вещью в себе]. «Я должен упразднить знание, — писал он, оправдываясь, — для того, чтобы освободить место вере». Размышление следовало дополнить верой и воображением. *Критика практического разума* (1788 г.) — это трактат о нравственной философии, развивающий теорию *категорического императива* Канта. В этом труде, сочувственном по отношению к традиционной христианской этике, подчеркивалось, что долг является высшим критерием нравственного поведения. *Критика способности к суждению* (1790 г.) — это трактат по эстетике; именно здесь Кант проводит знаменитое различие между *Verstand* [умом, рассудком] и *Vernunft* [разумом] как инструментами суждения. Кант заявлял, что искусство должно служить морали и избегать изображения отвратительных предметов. «У красоты нет иной ценности, кроме как служить человеку».

Кант очень интересовался философией истории; как и на его современника Гиббона, на него производили глубокое впечатление та «*сплошная ткань глупости*», «*ребячливое тщеславие*» и «*страсть к разрушению*», которыми полна история. Но в то же время он стремился найти среди хаоса смысл. Он нашел его в идее, что конфликт является учителем, который извлекает рациональное зерно из опыта немногих благородных личностей, распространяя его на поведение всех людей. Он писал в своей *Концепции всемирной истории* (1784 г.): «Человек, может быть, и хочет согласия, но Природа знает лучше, что хорошо для вида. [Природа] желает несогласия». В политике Кант выступал за республиканскую форму правления. Он приветствовал Французскую революцию, но не террор; отвергал патерналистское правление и наследственные привилегии. В книге *О вечном мире* (1795 г.) он призывал к созданию *Weltbürgertum*, [Мирового сообщества], которое займется разоружением в мире и покончит с принципом «равновесия сил». Все эти взгляды мало подходили подданному Его величества Прусского короля. [**GENUG**]

Иоганн Готфрид Гердер (1744–1803 гг.), который родился в Морунгене (Восточная Пруссия), в начале своей деятельности был восторженным почитателем Руссо и даже оставил службу в Риге, чтобы побывать во Франции. Позднее он осел в Веймаре под покровительством Гете.

Его плодотворный ум породил великое множество оригинальных идей о культуре, истории и искусстве. В гносеологию он внес антирационалистское представление, что восприятие является функцией всей личности как целого. В своей книге *Идеи к философии истории* (1784–1791 гг.) он развивает представление Вико о циклическом развитии цивилизации от рождения через зрелость к смерти; но он считал прогресс чем-то большим, чем простое линейное движение вперед. Сам, впрочем, он считал своей самой большой заслугой дело, которым он занимался всю жизнь: собирание и изучение фольклора, как

«GENUG» («ДОВОЛЬНО»)

Когда Иммануил Кант умер в Кенигсберге 12 февраля 1804 г., его последним словом было *Genug* [довольно]. Самые важные и точные слова, вообще, говорятся перед смертью.

Агриппина, мать Нерона	AD 59	«Рази мое чрево»
Пьер Абеляр, философ	1142	«Не знаю»
Папа Александр VI Борджиа	1503	«Погодите минуточку»
Шевалье де Байяр	1524	«Бог и родина»
Мартин Лютер	1546	«Да»
Король Генрих VIII	1547	«Монахи, монахи, монахи!»
Франсуа Рабле	1553	«Ухожу в великое *может быть*»
Вальтер Ралей	1618	(палачу) «Руби, человек!»
Король Карл I	1649	«Помните»
Томас Гоббс	1679	«Громадный прыжок в темноту»
Юлия де Леспинас	1776	«Я еще жива?»
Вольтер	1778	«Ради Бога, дайте мне умереть в мире»
Император Иосиф II	1790	«Здесь покоится Иосиф, которому не везло во всех его предприятиях»
В. А. Моцарт	1791	«Я писал это для себя»
Наполеон Бонапарт	1821	«Жозефина!»
Людвиг ван Бетховен	1827	«Комедия окончена»
Георг Вильгельм Гегель	1831	«И он не понял меня»
И. В. фон Гете	1832	«Света!»
Натан Ротшильд	1836	«И все из-за моих денег»
В. Тернер, художник	1851	«Солнце — Бог»
Генрих Гейне	1856	«Бог простит меня. Это его ремесло»
Чарльз Дарвин	1882	«Я нисколько не боюсь умирать»
Карл Маркс (когда его попросили сказать последнее слово)	1883	«Пошли вон!»
Ференц Лист	1886	«Тристан»
Император Франц Иосиф	1916	(напевая) «Боже, спаси императора!»
Жорж Клемансо	1929	«Пусть меня похоронят стоя — лицом к Германии»
Генрих Гиммлер	1945	«Я Генрих Гиммлер»
Герберт Уэллс	1946	«Со мной все в порядке»

немецкого, так и иностранного. Вот чему предстояло сыграть главную роль не только в литературе романтизма, но и в национальном самосознании вообще.

Все искусства отозвались на изменение климата. В музыке Моцарт и Гайдн сохраняли преданность классическому канону строгой формы, изящества и гармонии. Бетховен, быстро овладев классическими условностями, непрерывно шел впе-

ред к некоему музыкальному эквиваленту революционной бури и напряжения. Он достиг его уже ко времени Симфонии N 3, *Героической* (1805 г.), первоначально посвященной Наполеону. Но самым типичным деятелем романтизма стал Карл Мария фон Вебер (1786-1826 гг.), некогда руководивший оперой в Дрездене. В его первой имевшей успех опере *Немая лесная девушка* (1800 г.) рассказывается трогательная история немой девушки, которая общается с загадочными лесными существами. Мелодический гений Франца Шуберта (1797-1828 гг.) угас до времени, как не была завершена из-за болезни и преждевременной смерти и его *Незаконченная симфония*, впрочем, он успел завершить не имеющее себе равных собрание песен — более 600. Рядом с признанными мастерами трудились во множестве другие, ныне почти забытые, как Я. Дуссек (1761–1812 гг.), Муцио Клементи (1752–1832 гг.), М.К. Огинский (1765–1833 гг.), И. Н. Хуммель (1778–1837 гг.), Джон Фильд (1782–1837 гг.), Мария Шимановска (1789–1831 гг.), бывшая в то время одной из очень немногих женщин-исполнительниц и композиторов.

В живописи неоклассицизм оставался привлекательным для художников течением и лишь отчасти уступил место романтизму. Самым влиятельным французским художником был Жак-Луи Давид (1748–1825), постоянно обращавшийся к классическим темам. Романтические настроения, впрочем, видны даже в его очень ранних полотнах, как *Св. Рох молит Богоматерь о прекращении чумы* (1780 г.), написанном под впечатлением чумы в Марселе. Романтизм был важной составляющей и его героических портретов *Наполеоновской саги*. Однако повсюду происходят самые радикальные перемены. В Германии портретист Филипп Отто Рунге (1777–1810 гг.) занят поисками «символов вечного ритма вселенной». В Англии животные Дж. Стаббса (1724–1806 гг.) больше не пребывают в безмятежном покое на пастбищах классицизма, но становятся участниками очень волнующих сцен, как, например, всеми любимая *Лошадь, на которую нападает лев*. Дж. М.В. Тернер (1775–1851 гг.) вступает на тот путь, который приведет его вплотную к импрессионизму. В 1802 г. он впервые посетил Швейцарию и написал *Райхенбахские водопады*. С самого начала его увлекали бурные проявления сил Природы, в особенности, моря. Его современник Джон Констебль (1776–1837гг.) с не меньшим талантом исследовал нрав Природы, хотя имел более спокойный темперамент. Уильям Блейк, иллюстратор, был погружен в мир фантастического и сверхъестественного. В его иллюстрациях к Данте ясно чувствуется та мода на романтизм, которая распространилась по всей Европе. В Испании Франсиско Гойя (1746–1828 гг.),

придворный художник с 1789 г., сделал своим *metier* [ремеслом] изображение ночных кошмаров и ужасов войны и народных бедствий. «Сон Разума, — сказал он об одной из своих картин, — рождает чудовищ»[12].

Долгое время историки искали корни Революции прежде всего в интеллектуальных и политических конфликтах предшествующей эпохи. Считалось, что *les philosophes* подорвали идеологические основания *Ancien Regime*, а министры Людовика XVI — Тюрго (1774–1776 гг.), Неккер (1776–1781 и 1788–1789 гг.), Каллон (1783–1787 гг.) вместе с архиепископом Ломени де Бриеном, (1787–1788 гг.) довели Францию до национального банкротства. Историки считали, что созыв Генеральных штатов и последовавший затем штурм Бастилии стали следствием народных бедствий, злоупотреблений и излишеств двора, Церкви и аристократии, а также реформ, которыми занялись «слишком мало и слишком поздно». Бёрк подозревал заговор со стороны «толпы хамов»; Тьер, который писал, когда еще были свежи воспоминания о Революции, подчеркивал злоупотребления абсолютизма; Мишле делал упор на горестях «народа».

Все мастерски подытожил Алексис де Токвиль (1805–1859 гг.). В книге *Старый порядок и Революция* (1856 г.) он показывает, что динамика реформ и революция — не простые линейные процессы. При Людовике XVI, который всегда был искренне предан реформам, правление во многом улучшилось. «Общественный порядок, который разрушает Революция, — писал он, — почти всегда лучше того, который ему предшествовал; и опыт показывает, что самый опасный момент для плохого правительства — тот, когда оно вступает на путь реформ…»[14] Малейшие проявления своевластия Людовика XVI было перенести тяжелее, чем «весь деспотизм Людовика XIV»[15].

Новейшие исследования уточнили многие из этих утверждений. Выявлена была роль парижского Парламента в препятствии реформам короля и роль парламентских памфлетистов в распространении идей *les philosophes*, а также идеи об идеологии как о полноценной и полноправной силе. Одно исследование даже утверждает, что Неккер в первый срок своего министерства сумел сбалансировать бюджет. Из этого следует, что финансозый кризис, последовавший за американской Войной за независимость (собственно, и ускоривший созыв Генеральных штатов), был результатом не столько коллапса системы, сколько обычных ошибок в управлении[16].

На одном этапе этих ученых споров особенно заостряли внимание на экономических и социальных проблемах, которые, как считалось, лежали в основе политического переворота. Маркс был одним из тех историков-социологов, для кого Французская революция была фокусом всех исторических споров; в этом за ним следовали многие марксисты и квазимарксисты. В 1930-х гг. Э.К. Лабрус опубликовал статистическое доказательство и цикличности аграрных депрессий во Франции в конце XVIII в., и острой нехватки продовольствия и ценовой катастрофы в 1787–1789 гг[17]. В 1950-х гг. длительная полемика по поводу интерпретации этих данных между Лефевром и Коббаном послужила только тому, что преимущественное значение стали уделять социологическим исследованиям[18]. Согласие, кажется, было достигнуто только в том, что главенствовали интересы *буржуа*. «Это была их революция, — заключает Коббан, — и, по крайней мере, для них это была успешная революция»[19]. «Французская революция, — пишет другой историк, — есть высшая точка длительного социально-экономического развития, вследствие которого буржуазия стала хозяйкой мира»[20]. Затем «буржуазная теория» ставится под сомнение, и исследователи начинают заниматься больше ремесленниками и санкюлотами. Многое в таком классовом анализе сильно отдает марксизмом, особенно, у тех, кто отрицает всякую связь с марксизмом. Есть даже мнение, что война профессионалов по поводу Французской революции стала настоящей Божественной Комедией современного секулярного мира[21].

Но, как всегда при кризисе, самыми главными были психологические факторы. Королю и его министрам не надо было говорить, что приближается катастрофа; просто у них, в отличие от историков, не было в запасе 200 лет для изучения обстановки. За неимением же народного представительства у них не было возможности оценить народные настроения. Аналогично ни в глубинке — в крепостной деревне — ни в пролетарском Париже не было средств регулировать волны страха перед нуждой и слепого гнева. Это сочетание

нерешительности в центре и паники среди громадных слоев населения — вот точный рецепт катастрофы. Сверх же всего, насилие рождало насилие. «С самого начала… насилие было двигателем Революции»[22].

Многое можно сказать о международных измерениях Революции, причем с самого ее начала[23]. Когда размышляешь о том, как же фермент превратился в революционную взрывчатку, следует принимать во внимание и политическую и военную логистику. В погребе Европы в то время было несколько бочек, у которых вот-вот должна была вылететь пробка. Так и случилось. Если бочка была невелика, то и пробку вставить на место было легче. И лишь когда какая-то большая бочка была готова взорваться, весь погреб оказывался в опасности. Вот почему историки занимаются почти исключительно событиями в Париже. А ведь, отдавая дань действительной последовательности событий, следовало бы обратиться к некоторым другим центрам брожения. Чрезвычайно важными были события в Нидерландах (которые не всегда и упоминают): сначала в Соединенных провинциях, а позднее в австрийских Нидерландах. Также важно было растущее недовольство в нескольких французских провинциях, особенно в Дофине. Решающим для всей Восточной Европы был Великий сейм Польско-Литовского государства, принявший курс на реформы любой ценой. Каждая из этих «точек напряжения», в свою очередь, влияла на другие; все вместе они указывают на то, что революционный фермент приобрел трансконтинентальные размеры еще до взрыва.

В Соединенных провинциях старинный конфликт штатгальтера с его противниками достиг новой точки кипения в октябре 1787 г., когда для поддержания *status quo* была приглашена прусская армия. Голландцы очень страдали от своей приверженности вооруженному нейтралитету во время американской Войны за независимость и разразившейся затем войны с Великобританией на море. К концу 1780-х гг. старинные деловые и республиканские круги восстали против штатгальтера Вильгельма V (пр. 1766-1794 гг.) и его британских и прусских союзников. Они начали называть себя на американский манер «патриотами» и претендовали на то, что защищают народ от князей. Однако, когда в борьбе с правительством они похитили супругу штатгальтера Вильгельмину, они спровоцировали широкий международный протест. Именно несчастная судьба Вильгельмины подвигла Пруссию к действиям и стала предлогом для последовавших карательных действий в Амстердаме и других местах. Впрочем, это обращение к силе не осталось незамеченным сторонними наблюдателями. Без сомнения, оно усилило решимость патриотов в австрийских Нидерландах, которые и сами в это время мерялись силами, и привлекло внимание французов именно в то время, когда тщательному анализу подвергались отношения монарха с его подданными. Со времен Декарта французские диссиденты вообще смотрели на Голландию как на прибежище свободы. С 1787 г. уже голландские диссиденты начинают рассматривать Францию как единственный источник спасения.

Штаты Дофине собрались в Зале для игры в мяч Шато де Визилль близ Гренобля 21 июля 1788 г. Это незаконное собрание было созвано местными тузами как средство защиты парламента этой провинции от королевских декретов, которые парламенту было приказано зарегистрировать. Это была первая ассамблея такого рода с 1628 г., когда Ришелье упразднил многие институты провинций; идею этого собрания дала проходившая в Гренобле 7 июня воинственная демонстрации в поддержку парламента. Начинался процесс эскалации требований, предвосхищавший многие события в Париже год спустя. Парламент Дофине уже более 20 лет бунтовал против власти короля. Отказываясь легализовать королевские требования увеличения налогов, он приобрел большую популярность. Декреты от мая 1788 г., направленные на то, чтобы прекратить сопротивление бунтарских парламентов, и предусматривавшие изгнание непокорных магистратов, грозили покончить с удобной позицией отстраненности, сохранявшейся в течение жизни целого поколения.

Во второй раз Штаты Дофине собрались в Романе в сентябре 1788 г., что было вполне легально, поскольку совпадало с разрешенными властью приготовлениями к Генеральным Штатам. На этот раз дошло до утверждения настоящей провинциальной конституции. Помимо выборов депутатов в Генеральные Штаты (и среди них Лефрана де Помпиньяна, архиепископа Вьенского), присутствующие услышали страстные речи о

гражданских правах председателя собрания судьи Жаном Жозефом Мунье (1758–1806 гг.), будущего Председателя Учредительного собрания, а также Антуана Барнава (1761–1793 гг.), которому вскоре предстояло стать автором якобинского манифеста. Собрание утвердило удвоение представительства третьего сословия (*Tiers Etat*), общие дебаты трех сословий и индивидуальное голосование. Каждой из этих мер, когда они были воспроизведены на Генеральных Штатах, предстояло превратить созываемое королем и подконтрольное королю учреждение в независимое собрание, желающее ввести собственный порядок заседаний. Как гордо заявляет автор одного местного туристического путеводителя, «1788 год — год революции в Дофине»[24].

Мини-революция в Дофине вызвала беспорядки при королевском дворе; она спровоцировала отставку главного королевского министра архиепископа Ломени де Бриена, который, хотя и привел в движение созыв Генеральных Штатов, теперь не получил позволения подавить бунтарскую провинцию силой. Был, таким образом, открыт путь для возвращения Жака Неккера, швейцарского банкира, призванного для спасения финансов короля. События в Дофине стали предметом обсуждения на второй ассамблее нотаблей, собравшейся в Версале в ноябре 1788 г. для подготовки к Генеральным Штатам. Предложения представителей Дофине относительно роли третьего сословия, без сомнения, оказали влияние на самый радикальный памфлет того времени. «Что такое Третье сословие? — вопрошал автор аббат Сийес. — Все! — Чем оно было до сих пор? — Ничем! — Чего оно желает? — Стать чем-то!»[2]

В Варшаве собрание Великого, или Четырехлетнего сейма в октябре 1788 г. было задумано как часть королевского плана получить одобрение России на восстановление независимости Республики. Этот сейм начинал процесс реформ в Польско-Литовском государстве, которые шли параллельно с тем, что происходило во Франции, пока оба процесса не были остановлены насильственно. Многое изменилось в предшествующие сейму годы. Фридриха Великого уже не было, а новый король Пруссии был очень расположен к своим польским соседям. Россия была накрепко завязана в кампании против шведов и турок. Австрия при Иосифе II была занята Нидерландами. В 1787 г. Станислав-Август посчитал, что наступил удобный момент, чтобы обратиться к императрице Екатерине. Если императрица позволит Республике создать дееспособную армию, а также финансовые и административные структуры для ее поддержания, то король немедленно подпишет договор о союзе с Россией для совместных действий против турок. Тогда Россия и Республика смогут осуществлять каждая свои планы в гармонии. В мае король встретился с российской императрицей на Днепре у Канева. Но при этой своей последней встрече с бывшей любовницей он мало что узнал от Екатерины. Постепенно стало ясно, что императрица, которая также советовалась с Иосифом II, была не так уж благодушна. На деле она была полна решимости любой ценой сохранить *status quo*. Польские пожелания никто не собирался учитывать.

Польский сейм продолжал настаивать, несмотря на планы короля. В октябре 1788 г. он объявил конфедерацию и голосование большинством, обходя таким образом *liberum veto* русофилов в сейме. Затем сейм проголосовал за создание национальной армии численностью в 100000 человек, что блокировалось со времени конституции 1717 года. Сейм также поддержал дипломатическое сближение с прусским королем Фридрихом Вильгельмом II. Вокруг короля-англофила, мечтавшего о монархии британского типа, собралась внушительная интеллектуальная группа, в которую входили преподобный Гуго Коллонтай (1750–1812 гг.), ректор Ягеллонского университета, а также большой почитатель «американского опыта» преподобный Станислав Сташиц (1736–1809 гг.) и спикер сейма Станислав Малаховски (1736–1809 гг.), все они были поклонниками американской демократии. После трех лет активной законодательной деятельности для них, наконец, настал час славы в мае 1791 г., когда они смогли протолкнуть Конституцию Третьего мая (см. ниже).

В ноябре 1788 г. штаты Брабанта и Хайнаута также предприняли важные шаги. Взбешенные целым потоком реформ, навязанных им их сюзереном, императором Иосифом II, они проголосовали за приостановку взимания налога с провинций. Они давно уже чувствовали себя оскорбленными и в религиозном плане, и в политическом. Как католики испанской школы, они не могли принять декреты императора, которые зак-

рывали семинарии, не разрешали паломничества и созерцательные монашеские ордена, заменили цензуру епископов государственной и подвели Церковь под прямое налогообложение. Также, пользуясь привилегиями с 1354 года, они не могли вынести того, что император с ними не посоветовался. Брюссель, Антверпен и Лувен были очень привержены своему традиционному праву вето в ходе заседания Штатов. Но, определяя свою позицию в ноябре, они ускорили конституционный кризис в австрийских Нидерландах и на шаг опережал другой, параллельно дозревающий кризис во Франции. Действия бельгийских «патриотов» обсуждалось парижанами в ту же неделю, когда французские нотабли направлялись в Версаль совещаться по поводу распорядка дня Генеральных штатов. Император попробовал навязать новую конституцию бельгийским Штатам 29 апреля 1789 г. — ровно за 6 дней до открытия Генеральных Штатов. Когда предложения императора были отвергнуты Государственным советом австрийских Нидерландов, император решил употребить силу. Австрийская армия вошла в Брюссель, разогнала Государственный совет и 20 июня 1789 г. упразднила *Joyeuse Entrée*[26]. Именно в этот день Генеральные Штаты, перейдя к неповиновению, принесли *Клятву в Зале для игры в мяч* и запустили во Франции революционный процесс (см. ниже).

Брюссель и Париж говорили на одном языке. Новости между ними курсировали быстро. *Бельгийская революция*, которая не остановилась после совершенного императором государственного переворота, была важным элементом *Французской революции*. Впереди шел не Париж, а Брюссель.

В последние недели апреля на улицы Парижа пришла смерть. Очень суровая зима еще добавила трудностей при несостоятельности правительства, росте цен и нехватке работы. В беднейших районах начался голод, участились нападения на лавки. Когда богатый мануфактурщик Ревейон осмелился публично заявить, что его рабочим должно хватать на жизнь тех 30 су в день, что он им платит, его дом в предместье Сент-Антуан был окружен. С криками «Да здравствует Неккер!» «Да здравствует третье сословие!» разгневанная толпа снесла в первый день несколько зданий. На второй день были подтянуты солдаты полка *Royal-Cravatte*, но их забросали камнями, и даже раздался выстрел. Солдаты в ответ произвели залп из мушкетов, и упало около 300 убитых. Такие новости ожидали членов Генеральных Штатов, когда в конце недели они съехались со всей Франции в столицу.

Революция

Во Франции, как и в Англии за 149 лет до того, общий кризис достиг вершины в тот момент, когда несостоятельный король призвал на помощь давно не созываемый им парламент. Все ожидали, что королевское правительство получит финансовое облегчение в обмен на рассмотрение и удовлетворение жалоб. Как было заранее согласовано, все избранные делегации от провинций и городов прибыли на Генеральные Штаты вооруженные *cahiers de doléances* — «списками жалоб». Эти *cahiers* были задуманы королевскими министрами, и историки широко обращаются к ним как к главным показателям существа и размаха народного недовольства. Некоторые жалобы были вовсе не революционными: «чтобы главному мастеру париков из Нанта не докучали заботой о новых членах гильдии, поскольку их сегодня насчитывается уже 92, и этого более, чем достаточно»[27].

День открытия Генеральных Штатов в Париже (воскресенье 4 мая 1789 г.) ярко описан у Карлейля:

«Взгляните! … Двери церкви св. Людовика широко раскрываются и процессия из процессий направляется к церкви Богоматери! …. Вот избранники Франции, и дальше — двор Франции; они выстроены и идут, каждый на указанном ему месте и в указанном костюме. Коммонеры в простых черных плащах и белых галстухах; дворянство — в вышитых золотом, яркого цвета бархатных камзолах, сияющих шуршащими кружевами, с развевающимися перьями; духовенство — в мантиях, стихарях и других облачениях *pontificabilus*. Последним идет король и королевская семья в блестящих парадных одеждах… Около четырехсот человек сошлось со всех сторон для исполнения важнейшего поручения.

Да, эта безмолвно идущая толпа несет будущность. Над нею не символический ковчег, как у древних евреев, но у нее есть свой Завет и она

также открывает новую эру в истории человечества. Здесь все — будущее, здесь мрачно задумавшаяся над ним судьба. Она — в сердцах, в смутных мыслях этих людей…»[28].

Как только Генеральные Штаты были созваны, оказалось, что их невозможно контролировать. Предполагалось, что три сословия — духовенство, дворяне и третье сословие — будут собираться на заседания отдельно, следуя повестке дня, предложенной королевскими менеджерами. Но депутаты от третьего сословия, получившие двойное представительство, как в Дофине, вскоре поняли, что они могут повернуть заседания к своей пользе, если трем палатам позволят голосовать как одной. Духовенство и дворянство, среди которых многие им симпатизировали, не представляли организованной оппозиции. Тогда 17 июня, пригласив два других сословия присоединиться к ним, третье сословие покончило с прежними порядками и объявило себя единственным Национальным собранием. Это был решительный прорыв. Тремя днями позднее, когда депутатов не пустили в зал заседаний, они собрались поблизости в зале для игры в мяч (*le jeu de paume*) и поклялись не распускать своего собрания, пока Франция не получит Конституцию. «Скажите вашему господину, — гремел граф Мирабо, обращаясь к присланным (чтобы их разогнать) войскам, — что мы находимся здесь по воле народа и не разойдемся даже под угрозой штыков». [GAUCHE]

Затем начался кромешный ад. При дворе примиренчески настроенные министры рассорились со своими более воинственными коллегами. 11 июля Жак Неккер, которого восторженно встретили при открытии Генеральные Штаты, получил отставку. Париж взорвался. Революционный штаб организовался вокруг герцога Орлеанского в Пале-Рояль. Сады Пале-Рояля стали знаменитой площадкой, где расцвела свобода слова и свободная же любовь. Рядом со всякого рода политическими публичными выступлениями шли эротические представления. «Изгнание Неккера, — вопил, опасаясь репрессивных мер, пламенный оратор Камил Демулен, — это сигнал к тому, чтобы устроить Варфоломеевскую ночь патриотам». Королевский гарнизон был побежден. 13-го был создан Комитет Общественного спасения, и 48000 человек вступили в Национальную гвардию под командованием генерала Лафайета. Банды мятеж-

GAUCHE (ЛЕВЫЕ)

С первых дней заседаний Генеральных штатов во Франции аристократы партии двора инстинктивно выбрали себе место по правую сторону от короля, а третье сословие расположилось по левую. Сидеть справа от власть предержащих, как *одесную Господа*, было признанной привилегией. Вот почему *правые* стало означать 'принадлежность политическому истеблишменту', а *левыми* назвали их оппонентов. Это разделение стало еще более значимым после 1793 г. в Национальном собрании, где якобинцы с союзниками занимали скамьи слева и верхние ряды в палате. Они составили революционный блок депутатов на *Горе*, которые физически возвышались над умеренным *Болотом* внизу. С этого времени противопоставление *левых — правым* навсегда становится главной метафорой при характеристике политического спектра.

Однако в применении этой метафоры есть свои трудности. Она работает только тогда, когда спектр политических оттенков рассматривается как организованный по прямой линии, где *левых* от *правых* отделяет *центр*:

не линейно, но биполярно. По их представлениям, политика представляет собой борьбу двух противостоящих друг другу сил, обреченных на соперничество, из которых одна по необходимости устанавливает первенство. В длительной перспективе, как в игре по перетягиванию каната или как на чашах весов, *центр* не может долго удерживать равновесие и должен поддаться *левым* или *правым*. Идея же политического порядка, основанного на консенсусе, терпимости, компромиссе и сдержанности, а также взаимном уважении к закону, есть, по мнению марксистов, «буржуазная иллюзия».

Левые	правые
Регресс	прогресс

Эти прямолинейная и биполярная схемы объединены общим сомнительным положением, будто *левые* и *правые* суть простые противоположности.

Введя некоторые другие важные положения, мы можем представить политические собрания более объемно. Так в британской Палате общин, например, скамьи для правительства находятся справа от спикера и буквально напротив оппозиции, которая занимает скамьи слева от спикера. Такое расположение хорошо передает суть политики двухпартийной системы как основанной на принципах состязательности и дискуссионности; члены правительства и члены теневого кабинета оказываются

лицом друг к другу, когда обмениваются мнениями через своего рода *вализу*. Это тоже диалектическое понятие, активно противостоящее деятельности третьей партии и духу коалиций, который лежит в основе большинства собраний на Континенте. Оно не может применяться, если ассамблея избрана по принципу пропорционального представительства. Палата лордов, напротив, призванная обеспечить достаточное представительство независимых членов на *поперечных скамьях*, располагается по трем сторонам открытого четырехугольника. В Верховном Совете СССР множество рядов в никак не разделенном зале указывали на обязательное единодушие всех собравшихся.

Опыт XX века, тем не менее, показал, что правые в политике вполне могут быть такими же радикальными, как левые. Кроме того, оппонируя друг другу, радикалы *левых* и *правых* — одинаково стремятся опрокинуть демократический консенсус. С учетом этого политические силы, может быть, лучше располагать по окружности. Тогда не только *левые* окажутся напротив *правых*, но тоталитаризм будет оппонентом демократии:

РЕФОРМА	СТАТУС-КВО	РЕАКЦИЯ
крайне левые-левые-левоцентристы	ЦЕНТР	правый центр-правые-крайне

При такой схеме самыми удачливыми политиками оказываются те, которые могут целиком опираться на *центр* при поддержке или умеренных *левых* или умеренных *правых*.

Марксисты и другие диалектики, однако, рассматривают спектр политических воззрений

В свете этих соображений представляется, что для защиты многочисленных различных и конфликтных интересов наилучшим образом можно разместить политиков в полукруглом или подковообразном зале (демократической ассамблеи). Именно такой вид имеют не только большинство национальных ассамблей Европы от Варшавы до Парижа, но и полукруг Европейского парламента в Страсбурге.

ников сносили ненавистные *barrieres,* то есть внутренние таможенные посты в городе, и разгромили монастырь Сан-Лазар в поисках оружия. 14-го, добыв 30000 мушкетов в Доме инвалидов, восставшие осадили королевскую крепость Бастилию. После короткой перестрелки комендант капитулировал. Король потерял свою столицу.

В этот момент в центре событий еще была надежда покончить дело миром. Но 17-го (ко всеобщему удивлению) Людовик XVI отправился из Версаля в Париж и публично надел на себя трехцветную кокарду. В провинциях же, напротив, известие о падении Бастилии послужило знаком для бесчисленных нападений на «сорок тысяч других бастилий». Сжигались замки и аббатства; голодные крестьяне без разбору нападали на все подряд дворянские семьи; дворяне начинают эмигрировать; города провозглашают самоуправление; всюду царит разбой. Франция стала распадаться на вооруженные лагеря. Это было время Большого Страха (*la Grande Peur*) — лето общественной истерики по всей стране, подогреваемой слухами о заговорах аристократов и жестокостях крестьян[29].

С этого момента Революция развивается по собственной инерции, ритм ее приливов и отливов определяется неподконтрольными событиями. Революция миновала три главные фазы.

В первую пятилетнюю фазу 1789-1794 годов Французская революция непрерывно набирает темп, наращивая радикализм, пока, наконец, не были сметены все институты прежнего общественного и политического порядка. В течение двух лет Национальное собрание (Учредительное собрание) работало над проектом конституционной монархии. Всего за одну ночь 4-5 августа 1789 г. тридцатью отдельными декретами был полностью разрушен аппарат закрепощения крестьян и система дворянских привилегий. За Декларацией Прав Человека (26 августа 1789 г.) последовали упразднение провинций (декабрь 1789 г.) и гражданское устроение духовенства (июнь 1790 г.).

Казалось, что близки стабильность и общественное согласие, когда в годовщину падения Бастилии (14 июля 1790 г.) вся Франция соединилась в грандиозном празднике Федерации. В Париже король присутствовал на мессе вместе с лидерами Собрания, и командир Национальной гвардии генерал Лафайет принес присягу верности, предложенную епископом Отенским Талейраном.

В Австрийских Нидерландах революция развивалась еще быстрее. В августе 1789 г. всесильный епископ Льежа был захвачен «патриотами» в ходе бескровного восстания. В августе же генерал Ван дер Мерш собрал патриотическую армию для отражения австрийцев. В ноябре демонстрации в Генте закончились кровавой резней; и наконец, в декабре Брюссель изгоняет австрийский гарнизон. К концу года были провозглашены независимые Соединенные штаты Бельгии. Они просуществовал 13 месяцев до того, как австрийцы снова вошли в Бельгию в феврале 1791 г.

Во Франции с принятием Конституции (сентябрь 1791 г.) были объявлены выборы, в результате которых умеренные лидеры начального периода были оттеснены. Новое Законодательное Собрание уже не так сочувствовало монархии, как прежде. В течение 12 месяцев оно продолжало бороться за власть, но также было сметено провозглашением Республики и открытием Национального Конвента. Затем летом 1792 г., когда Франция уже находилась в состоянии войны, главное течение революционного развития возглавили старые и новые радикалы, которые до того захватили контроль в муниципальной Коммуне Парижа. Так что, если в Генеральных штатах и Национальном собрании (1789–1791 гг.) преобладали конституционалисты Мирабо, а в Законодательном собрании (1791–1792 гг.) — республиканцы-жирондисты, то Конвент (1792–1795 гг.) подчинялся приказам экстремистов-якобинцев Робеспьера.

Два ужасных года пребывания якобинцев у власти начались в обстановке страха перед вторжением (в 1792 г.), когда считали, что прусская армия находится уже на расстоянии пушечного выстрела от Парижа (см. ниже). В ожидании спасения извне король распустил своих министров-жирондистов, и в народе поднялось возмущение. В июле был объявлен манифест герцога Брауншвейгского с обещанием освободить короля и перевешать всех в Париже, если кто-нибудь дотронется до королевского дворца, возмущение уже невозможно было сдержать. Именно такого предлога только и ждали якобинцы, чтобы объявить «отечество в опасности» и призвать к свержению монархии. 500 пылких марсельцев отправились маршем в Париж на поддержку Революции. 10 августа под командованием марсельцев восставшие нанесли удар по Тюильри и перерезали королевскую швейцарскую гвардию. В сентябре, когда власть в столице была в руках Коммуны, в парижских тюрьмах были хладнокровно истреблены тысячи заключенных; король был низложен; Франция была провозглашена республикой.

20-го сентября открытие Конвента происходило под звуки канонады в Вальми, возвестившей спасение Революции от угрозы извне. День провозглашения Республики 22-го сентября позднее стал точкой отсчета Революционного календаря. [ВАНДЕМЬЕР]

Со временем исполнительная власть сосредоточилась в двух (последовательно) Комитетах Общественной безопасности — первом (апрель-июнь 1793 г.), где царил Дантон, и втором (июль 1793 — июль 1794 гг.) — с Робеспьером в той же роли. Прекратились независимые инициативы Конвента. С энтузиазмом вели войну. Контрреволюцию в Вандее и повсюду безжалостно подавляли. Новая сверхдемократическая Конституция обеспечивала всеобщее избирательное право, референдумы и выборное правительство, но осталась лишь куском бумаги. Через сеть подкомитетов коммунах и департаментах Франции парижские Комитеты Общественной безопасности удерживали в своих руках всю страну. Эти Комитеты, сформированные по закону от 21 марта 1793 г. для регулирования положения иностранцев, стали инструментом беспредельного диктаторского контроля.

Революция начала пожирать своих детей. Свирепствовал Террор, все увеличивая число жертв. Дантон с его сподвижниками был свергнут и казнен в апреле 1794 г. по обвинению в том, что усомнился в целях, которые ставило правительство Террора. Робеспьер, этот главный террорист, был ниспровергнут и казнен 28 июля 1794 г., 10 термидора II года. [ГИЛЬОТЕН]

Эти события отразились на судьбе монархии. В октябре 1789 г. после марша женщин на Версаль Людовик XVI с семьей были перевезены во дворец Тюильри в Париже. Король уже стал предметом непристойных шуточек:

> Луи, если хочешь увидеть
> Ублюдка, рогоносца и шлюху,
> Взгляни в зеркало,
> на королеву и на сына.[30]

В июне 1791 г., отвергнув все уступки, сделанные после Клятвы в зале для игры в мяч, он бежал, переодевшись, к восточной границе, но был схвачен в Варенне в Шампани. Возвращенный с позором в Париж, король подписывает первую Конституцию, подготовленную Национальным собранием, и становится *наследственным представителем* своего народа. В августе 1792 г. в результате штурма Тюильри король был арестован и «отстранен». В сентябре он был низложен, 21 января 1793 г. предстал перед судом, а затем был осужден и казнен как предатель. 16 октября той же участи подверглась Мария Антуанетта. Десятилетний дофин Людовик XVII был отдан приемным родителям (из плебеев) и позднее умер от туберкулеза и отсутствия ухода.

В Польско-Литовском государстве события развивались так же: от конституционных реформ до революционного террора. Конституция от 3 мая 1791 г. (этот короткий документ в 11 статей) покончила со всеми очевидными злоупотреблениями старого режима, включая *liberum veto*. Было провозглашено новое конституционное государство *Rzeczpospolita obouga narodow* [Республика двух наций]. Была провозглашена наследственная монархия (и это при том, что король был пожилым холостяком). Буржуазия получила те гражданские права, которые принадлежали раньше исключительно дворянам. На крестьян теперь распространялось публичное право, чего раньше не было. Это был первый случай завоевания мирных реформ мирным путем, первая такого рода конституция в Европе,

VENDEMIAIRE (ВАНДЕМЬЕР)

В октябре—ноябре 1793 г. Конвент Франции проголосовал за введение Республиканского календаря, основанного на принципах революции. Было издано несколько декретов, согласно которым отныне год начинался в полночь осеннего равноденствия 22 сентября; первый год Республиканской эры будет считаться наступившим в день Провозглашения Республики, 22 сентября 1792 г. Год делится на 12 равных месяцев по 30 дней, а каждый месяц на 3 декады (больше не будет ни недель, ни воскресений).

Вандемьер — месяц сбора винограда; Брюмер — месяц тумана; Фример — месяц заморозков; Нивоз — месяц снега; Плювиоз — месяц дождя; Вантоз — месяц ветра; Жерминаль — месяц прорастания; Флореаль — месяц цветения; Прериаль — месяц лугов; Мессидор — месяц жатвы; Термидор — месяц жары; Фрюктидор — месяц плодов.

Дни: 1, 11, 21, примиди; 2, 12, 22, дуоди; 3, 13, 23, триди; 4, 14, 24, квартиди; 5, 15, 25, квинтиди; 6, 16, 26, секстиди; 1, 17, 27, септиди; 8, 18, 28, октиди; 9, 19, 29, нониди; 10, 20, 30, декади.

Когда эта новая система вошла в силу, то 1 января 1794 стало официально именоваться Duodi 2-й Декады, 12 Нивоза, год II.

Для приведения в соответствие с обычным годом из 365 дней, календарные годы сгруппировали по четыре, такое четырехлетие назвали франсиадой, а каждый год получил 5 дополнительных дней — санкюлотиды. Четвертый год каждой франсиады получал дополнительный високосный день — Jour de la Revolution [день Революции].

Республиканский календарь официально продержался 14 лет; но в действительности от него отказались через 6 лет. В Консульство снова повсюду стали пользоваться григорианским календарем, задолго до того, как он был формально введен вновь 1 января 1806 г. / 11 Нивоза XIV г.

Чтобы заморочить голову народу, нельзя было придумать ничего лучшего, чем изменение календаря. Контрреволюционеры пытались придерживаться старого календаря. Революционеры настаивали на новом. А историкам приходится разбираться и с тем, и с другим.

подготовленная, принятая и опубликованная за 4 месяца до такой же конституции во Франции. Именно такого развития событий желали либеральные реформаторы повсюду. В Лондоне ликовал Эдмунд Бёрк: «Польская конституция от 3 мая, — писал он, — есть, возможно, чистейшее общественное благо, какое когда-либо сходило на человечество... Средства насколько поражали воображение, настолько же удовлетворяли ум и моральное чувство... Все осталось на своих местах и в том же порядке, но... все стало лучше. Вдобавок, при этом неслыханном сочетании мудрости и удачи, при этом счастливом чуде не было пролито ни одной капли крови, не было предательства, всплеска гнева... Счастливые люди, если они знают, как и дальше продолжать в том же духе»[31].

Должно быть, все знают, что насколько Бёрк приветствовал Польскую революцию, настолько же он порицал и отвергал события во Франции. В Голландии Leyden Gazette писала: «Если в этом веке возможны вообще чудеса, то одно только что случилось в Польше».

Счастливое чудо продолжалось не дольше года. Россия не была готова терпеть у самого своего порога конституционную Польшу, не говоря уж о Польше независимой. И Польско-Литовское государство, пережившее первый этап революционного реформирования, должно было теперь пережить и первый этап революционной войны. Как и во Франции, польских реформаторов вынудили перейти от умеренных к отчаянным действиям. После того, как Конституция 1791 года была подавлена русской интервенцией и вторым разделом (см. ниже), национальное восстание 1794 года выдвинуло гораздо более радикальные требования, а затем потерпело поражение среди насилия и террора. Во Франции революционный процесс сдерживался внутренней реакцией; в Польше его уничтожила внешняя сила.

Во вторую фазу, 1794-1804 гг., которая началась Термидором II года, Французская революция замедлила темп — чтобы перевести дыхание и оценить свое положение. Нестабильность правительства сохранялась, но по крайней мере, жажда крови поутихла. Прекратилось также маниа-

ГИЛЬОТЕН

Д-р Жозеф-Игнац Гильотен (Гийотен) (1738–1814) не изобретал гильотины. Он лишь убедил Национальную ассамблею Франции употреблять для казни контрреволюционеров «гуманную» машину, которую придумал его коллега Антуан Луи. Предложение Гильотена было принято в апреле 1792 г., как раз во время якобинского террора, а Гильотен поднялся до положения *eponym*'а — человека, в честь которого что-то названо (или считается что названо).

Революционные годы породили много таких эпонимов. Среди них был Жан Биго де Преамено [англ. *bigot* 'фанатик, изувер'], наполеоновский министр по делам культов, и ультрапатриотически настроенный солдат Николя Шовен, часто распевавший «Je suis francais, je suis Chauvin» [Я — француз, я — Шовен], от которого пошли все *шовинисты*.

Много эпонимов можно найти в интернациональной лексике. В этом смысле особенно богата ботаника, так как десятки экзотических растений были названы в честь тех, кто их на-

шел. *Бегония*, названная в честь ботаника Мишеля Бегона (ум. 1710), самый ранний такой пример, затем идут *камелия*, *далия* (георгин), *фуксия* и *магнолия*. Замечательное цветущее наскальное растение *обриетта* названа в честь французского художника Клода Обрие (1665–1742).

Физика увековечивает имена своих первооткрывателей, называя в их честь универсальные единицы измерения: *ампер*, метрическая единица силы тока, напоминает об Андре Ампере (1775–1836). Сюда же относятся и многие другие от *ангстрема* до *ома*, *вольта* и *ватта*.

Источником эпонимов являются также предметы одежды. *Кардиган* и *реглан* оба восходят к английским генералам в Крыму. *Леотард* (трико акробата или танцовщика) — к акробату Жюлю Леотарду (1842–1870). Все, кто носит *панталоны*, *pants амер.* 'брюки', и panties 'детские штанишки' должны помнить отца штанов *Pantalone Di Bisognosi*, который фигурировал в *Commedia dell'Arte* [комедия масок (XVI—XVIII вв.)].

Много примеров в названиях блюд и еды. Соус *бешамель* восходит к мажордому Людовика XIV. Изобретение XVIII века *сэндвич* — к Джону Монтегю, 4-му ярлу Сэндвичу (1718–1792). В XIX родились *стейк шатобриан*, кекс *мадлен* и *pavlova* [австрал. торт со взбитыми сливками и фруктами] напоминают соответственно о маркизе, кондитерше и приме-балерине. Сигара после обеда напоминает о французском после в Португалии Жане Никотине (1530–1600).

Технические новшества часто носят имена своих изобретателей; отсюда *спинет*, *мансарда*, *дизель*, *шрапнель* и *biro* англ. 'шариковая ручка'.

Многие эпонимы, однако, отвергаются: не все ученые согласны, что художник Fedengo Barocci (ум. 1612) придумал *барокко*, или что ирландец-сорвиголова викторианского Лондона Patrick Houlihan был первым *хулиганом*. Но одно неоспоримо: Европа полна теней прошлого.

кальное законотворчество. (Национальное собрание провело за 3 года 11250 декретов.) В революционерах открылся талант воевать, и они занялись борьбой с врагами. Политиками, которых объединяло лишь желание поддержать порядок и прекратить эксцессы, была испробована серия политических приемов. После падения Робеспьера термидорианцы правили в течение 16 месяцев. В ноябре 1795 г. благодаря новой конституции и двухпалатному Собранию родился пятичленный Директорат. В сентябре 1797 г. (18 фруктидора V года) Директория подчинила себе Собрание. В ноябре 1799 г., благодаря *coup d'état* (перевороту) 18 Брюмера VIII года, совершенному самым

популярным генералом Директории, установилось Консульство из трех человек, правомочность которого была подтверждена национальным плебисцитом. В мае 1802 г. этот самый удачливый генерал повышает свой статус до ранга пожизненного консула; а в мае 1804 г. — до императора.

В третью, имперскую фазу, 1804–1815 гг., Революция обрела стабильность, ограничив себя культом этого генерала, создателя Империи Наполеона Бонапарта. Сомнения и разногласия, которые до сих пор все еще раздирали Францию, были погребены масштабными военными действиями, которые он вел во исполнение своей цели — покорить мир. Бонапартизм превратил революционные войны и завоевания в самоцель, а требования милитаризма — в абсолютный приоритет. Псевдомонархия стала во главе псевдодемократических институтов; и оперативное централизованное управление осуществлялось при помощи странного коктейля из законодательных объедков и смелых новаций. Успех или неудача были вручены богам войны. «Успех, — сказал Наполеон, — величайший в мире оратор».

Если мы проведем периодизацию по типу исполнительной власти, то получим несколько иной результат. Тогда фаза конституционной монархии займет период с июня 1789 г. до сентября 1792 г.; *Первая республика* — с 1792 г. до ноября 1799 г.; диктатура Наполеона с 18 брюмера до 1815 г.

Широкий диапазон революционных воззрений проявился уже в начале 1790-х годов в дебатах Национального Собрания и в формировании политических клубов.

Конституционалисты начального периода во главе с графом Оноре де Мирабо (1749–1791 гг.) и другими либеральными аристократами вроде генерала Лафайета покончили с абсолютной монархией и привилегиями дворянства и духовенства. Ко времени (естественной) смерти Мирабо в апреле 1791 г. они уже были теснимым меньшинством. Они собирались в *Клубе фельянов*, а после бегства короля в Варенн задались невыполнимой задачей — отсрочить гибель непопулярной монархии. В какой-то момент у Мирабо даже была мысль возвести Людовику XVI памятник как «основоположнику французской свободы».

Жирондисты именовались так по группе депутатов из Бордо, столицы Жиронды; их главой был красноречивый адвокат Пьер Верньо (1753–1793); они объединились в Законодательном собрании. В начале Революции они были центристами и были готовы сотрудничать с правительством короля, но все более явно давали импульс республиканским настроениям в стране. Их деятельность была связана с салоном мадам Ролан, и они достигли пика влияния в 1792 г., когда стояли во главе последнего правительства короля и проложили путь к Республике.

Якобинцы (*la Societe des Amis de la Liberte et l'Egalite* — «Общество друзей свободы и равенства»), напротив, выступали за ничем не ограниченную демократию, за революционную диктатуру и насилие. Они назывались якобинцами потому, что их клуб располагался в бывшем монастыре доминиканцев на Рю Сен-Оноре. (Парижские доминиканцы прозывались «якобинцами», поскольку раньше помещались на Рю Сен-Жак — улице св. Иакова.) Якобинцы представляли собой небольшую, но несокрушимую, как железо, клику — может быть, 3000 человек, в совершенстве овладевших искусством держать за горло 20 млн. Члены клуба якобинцев занимали самые разные места на социальной лестнице: от герцога де Бройьи и пары других герцогов — герцога д'Эгийьона и юного герцога Шартрского (будущий король Луи-Филипп) — до неотесанного бретонского крестьянина «папаши» Жерара. Этот папаша Жерар однажды им сказал: «Я чувствовал бы себя среди вас, как в раю, если бы здесь не было так много юристов». Лидерами якобинцев были Жорж Дантон (1759–1794), о котором Карлейль сказал, что это «Человек, пришедший из жаркого чрева самой Природы»; Камилл Демулен (1760–1794 гг.), подстрекатель-журналист, умерший рядом с ним; Жан Марат (1743–1793 гг.), «больной врач» и издатель газеты *Друг Народа;* Жером Петион де Вильнев (1756–1794 гг.), некогда мэр Парижа; Антуан Сен-Жюст (1767–1794 гг.), прозванный *архангелом Террора* и *Св. Иоанном* за его рабскую покорность Робеспьеру; и наконец, Робеспьер.

Максимилиан Робеспьер (1758–1794 гг.), суровый пуританин, неподкупный адвокат из Арраса, говорят, до Революции пожертвовал карьерой судьи, лишь бы не осудить человека на смерть. Его власть и его влияние на людей приобрели невероятные масштабы во время второго Комитета общественного спасения. Он был героем народной толпы в Париже и воплощением дьявола для своих противников.

Впервые якобинцы появляются в 1791 г., благодаря рискованной *politique du pire* (политик «чем хуже, тем лучше») короля, состоявшей в продвижении своих самых яростных противников в надежде обуздать остальных. После того, как Петион был назначен мэром Парижа с согласия короля, якобинцы крепко взяли в свои руки муниципальное правительство столицы — Коммуну.

С этого времени, систематически уничтожая соперников и обуздывая Конвент, они истребили и себя самих, пока в живых не остался один Робеспьер. Девизом Дантона были слова «Смелость, смелость и еще раз смелость»... Сен-Жюст, нападая на монархию, провозгласил лозунг «Нельзя править без жертв». Предлагая же перераспределить богатства врагов, он сказал: «Счастье — новая идея в Европе». Робеспьер однажды спросил Конвент: «Citoyens, voulez-vous une Revolution sans revolution?» [Граждане, вы хотите Революцию без революции?]

Объединенный клуб *Общество прав человека и гражданина,* члены которого отчасти состояли в якобинском клубе, собирался в бывшем монастыре франсисканцев в районе Кордильер в Париже. Позднейшие их лидеры, настоящие *бешеные* вроде Жака-Рене Эбера (1757–1794 гг.), отличались воинственным атеизмом и культом разума. Эбера казнили по приказанию Робеспьера за экстремизм.

[GAUCHE]

Если большинство якобинцев были адвокатами и журналистами, то их активные сторонники были, в основном, безвестные пролетарии с парижских окраин. В этих санкюлотах было нечто еще более радикальное, чем в какой-либо группе или человеке, обладавших реальной властью. Среди них были и самые первые коммунисты Европы, и первые социалисты, и феминисты. В каждом из парижских кварталов существовали места для собраний, где собирались такие удивительные объединения, как *Societe Patriotique de la Section du Luxemburg* [Патриотическое общество Секции Люксембург] или *Societe Fraternelle des Deux Sexes du Pantheon-Francais* [Братское общество обоих полов]. Они обладали громадным влиянием, которое не всегда использовали как надо. В самом деле, как движущая сила Революции они были, может быть, гораздо более эффективны, чем буржуазия, которую обычно считают главной движущей силой. Они во множестве поставляли революционных комиссаров якобинского периода. От них пошла традиция бросать вызов власти в каждой из «революций» XIX века[32].

Сопротивление Революции выступало во множестве форм и со стороны всех кругов — политических, социальных, идеологических или региональных. Поначалу оно сосредоточилось при королевском дворе, где *ультра* во главе с графом Прованским (позднее Людовик XVIII) намеревались восстановить status *quo ante*[33]. К ним присо-

единились, в основном, ограбленное дворянство и громадная армия *emigres* — эмигрантов высокого и не очень высокого происхождения. Они были в оппозиции не только к республиканцам и якобинцам, но также и к конституционалистам: например, презрение двора к генералу Лафайету поистине не знало границ. Духовенство после 1790 г., когда папа запретил приносить присягу на верность гражданской власти, было вынуждено сделать выбор: подчиниться или бунтовать. После же 1792 г., когда Революция приняла не только антиклерикальное, но прямо атеистическое направление, все католики, то есть большинство населения, почувствовали себя оскорбленными. Это оставалось главным источником контрреволюционных настроений вплоть до Конкордата Наполеона, заключенного с папским престолом в 1801 г. Долгое время считалось, что крестьянство, получившее свободу в 1789 г., больше всего выиграло от Революции. Теперь же можно считать общепризнанным, что крестьянство с его системой ценностей было отделено от революционных лидеров в Париже буквально пропастью непонимания. Уже скоро крестьяне выступили против притеснений со стороны республиканского режима, который им представлялся даже худшим, чем предыдущий.

Интеллектуальная оппозиция революционным идеям получила окончательное оформление только после Реставрации. Хотя, впрочем, нельзя и представить себе чего-нибудь более враждебного Революции, чем *Соображения о Франции* (1796 г.) сардинского магистрата Жозефа де Местра (1753–1821 гг.), который считал революционеров прямо слугами Сатаны. Он выступил также и против того мотива просвещенного универсализма, который проник в революционное учение. Он писал, что часто встречал французов, итальянцев, немцев, русских — «Что же касается Человека, то я не встретил ни одного за всю жизнь». Его современник Антуан Ривароль (1753–1801 гг.), известный как *le Comte de Rivarol* [граф де Ривароль], написавший знаменитый трактат в похвалу французского языка, вынужден был бежать, когда обратился к жанру контрреволюционного памфлета. «По идеям не бьют из пушек», — писал он.

Несколько французских провинций упорно оставались роялистскими, там то и дело вспыхивали бунты. Роялистские восстания приходилось подавлять даже в Париже; особенно заметным было восстание 13 вандемьера IV года (1795 г.). В некоторых отдаленных департаментах, таких как Ле Гар, сопротивление продолжалось вплоть до 1815 г[34]. Но самое упорное сопротивление революция встретила, без сомнения, на западе. Вспышки народного гнева не прекращались там несколько лет после того, как народ поначалу сочувственно отреагировал на падение *Ancien Regime*. В 1792 г. многие приходы поддержали своих священников, отказавшихся приносить присягу гражданским властям. Ответом им были регулярные вылазки республиканцев-горожан в деревни, где они разрушали церкви и нападали на *refractories* [строптивцев]. В 1793 г. эти же деревни подверглись еще более тяжелому испытанию с введением всеобщей воинской повинности. Здесь никогда не освобождали от воинской службы, как это часто случалось с сыновьями чиновников Республики и профессионалов: казалось, только крестьяне-католики должны были умирать за атеистическую Республику, к которой они вовсе не стремились. В мае 1792 г. Дантону сообщили, что предположительно маркиз де ля Руайран в Бретани готовит заговор. Заговор был расстроен еще в зародыше, но он спровоцировал два связанных между собой массовых восстания: восстание в Вандее и войну шуанов, охватившие запад Франции более чем на десятилетие.

В результате восстания в Вандее началась гражданская война, которая полыхала три года. Оно началось в марте 1793 г. в Сен Флорен-сюр-Луар, но скоро охватило все деревни *bocage* [подлеска]. Некоторые крестьяне, к примеру Ж. Кателино, сокольник из Пен-ан-Мож, и Жан Стоффле, егерь из Монлеврие, отказались подчиниться призыву в армию; восстание ширилось и вскоре перешло под командование местных помещиков — маркиза де Боншан, маркиза де Лескюр, *месье Анри*, или де Ларошжаклена, генерала Жиго д'Эльбе. *Королевская и католическая Армия Святых* была вооружена серпами, вилами и охотничьими ружьями. Она выступала под белым штандартом с лилиями и девизом: «Да здравствует Людовик XVII». Воины этой армии носили монашеский наплечник и изображение Божественного сердца и креста в пламени. Они участвовали в 21 жестокой битве, победили на залитом кровью поле боя при Шоле,

захватили Анж, осадили Нант и вступили в провинции Мэн и Анжу. Их отчаянное мужество запечатлелось в приказах *месье Анри*: «Если я пойду вперед, идите за мной! Если я стану отступать, убейте меня! Если я умру, отомстите за меня!»

В октябре 1793 г. вандейцы предприняли свой самый амбициозный и, как оказалось, самый отчаянный гамбит. Около 30000 вооруженных мужчин, за которыми следовали сотни тысяч гражданских лиц всех возрастов, перешли Луару и направились к побережью Нормандии. Их целью был небольшой порт Гранвиль, где, как они верили, их будет ждать британский флот и армия *эмигрантов*. Но они жестоко обманулись: Гранвиль был отрезан. Атаки Ларошжаклена были отбиты; нигде не было и признака британских кораблей. Началось отступление. На зимних дорогах длиной в 120 миль колонны отступавших становились жертвами всякого рода испытаний и насилия. Перед ними закрывались города, и они боролись за каждый дюйм пути. 15000 умерло на улицах Ле Мана. Они погибали от голода и холода. Их без жалости грабили, насиловали и выслеживали рыскавшие повсюду республиканцы. Те, кто добрался до Луары, обнаружили, что мосты блокированы, а лодки сожжены. Их соединения дробились и уничтожались, после чего беззащитных людей убивали жестоко и безнаказанно. Конец наступил у Саване недалеко от Нанта за два дня до Рождества. Генерал Вестерман, приспешник Дантона, рапортовал Конвенту:

«Вандея больше не существует... я похоронил ее в лесах и болотах Саване... По вашему приказу я давил их детей копытами лошадей; я резал их женщин, чтобы они больше не могли родить бандитов. Меня нельзя упрекнуть в том, что я взял хоть одного пленного. Я истребил их всех. Дороги усыпаны трупами. Под Саване бандиты подходили без остановки, сдаваясь, а мы их без остановки расстреливали... Милосердие — не революционное чувство»[35].

Отступление вандейцев, известное под именем *la Viree de Galerne* [Отступление от Галерна], — по количеству потерянных жизней можно сравнить с отступлением Наполеона из Москвы.

К тому времени самое Вандею без устали опустошали генерал Клебер и республиканская армия, переведенная сюда с Рейна. На протяжении всего 1794 г. *адские колонны* Республики жестоко мстили бунтарским деревням. Десятки тысяч были застрелены, гильотинированы, сожжены в своих амбарах или церквях. В порту Рошфор несколько тысяч священников, отказавшихся присягнуть новой власти (*неприсягнувших*), были замучены голодом на баржах, где их содержали в заключении. В Анже несколько тысяч заключенных были расстреляны прямо на месте. В Нанте — тысячи утоплены более систематически. Позднее в центре этого неспокойного региона была возведена громадная военная крепость с гарнизоном в 20000 человек. (Сразу же по окончании строительства в 1808 г. ее назвали Наполеон-Вандея; она была переименованы в Бурбон-Вандею в 1815 г., а теперь называется Ла Рош-сюр-Йон. Неподалеку, в открытом поле, виден крест в память о том, что здесь перед расстрельной командой стоял последний командир вандейцев шевалье де ля Шаретт де ля Контри, и здесь он умер с криком *Vive le Roi!*) [NOYADES]

Пропаганда победившей Республики без устали объясняла *вандейство* необразованностью крестьян, их религиозными предрассудками и тираническим правлением священников. Это несправедливо. Правда, что вандейцы дошли до экстремизма в своем мученичестве за идеи и других эксцессах. Но их восстание вовсе не было иррациональным. Они подвергались множеству вполне реальных притеснений и унижений, включая вошедшее в моду высмеивание религии. В любой другой стране Европы их приверженность традиционному образу жизни вызывала бы всеобщее восхищение. Их нравственность и цельность проявилась, например, когда умиравший Бошан помиловал 5000 своих пленников. Трагедия их была в том, что они взялись за оружие в страшное время якобинского экстремизма и фанатизма. Их враги без колебаний обратились к геноциду, а потом покрыли свои жертвы клеветой. Наполеон их назвал гигантами, и потребовалось почти 200 лет, чтобы Франция как-то справилась с этой ужасной историей *populidde* [геноцида французов французами][36].

Движение *шуанов* 1793-1801 гг. во многом было вызвано теми же причинами, что и восстание в Вандее; даже географически они отчасти накладываются друг на друга. Но, с другой стороны, движение шуанов было гораздо шире, захватив большую часть Бретани, Нормандии и Анжу; а поскольку шуаны прибегли к методам партизанской войны, то они и продержались дольше. Название *шуаны* восходит к *chat-huant* [свист], что было излюбленным способом общения крестьянских детей в лесу. Первый признанный лидер шуанов Жан Коттеро, егерь из Сен Кан-де-Туа около Ле Мана, взял себе прозвище *Жан Шуан*. Для властей Республики шуаны были просто бандитами, но они продержались в трех кампаниях против всех сил, какие только смогла собрать Республика.

Первая кампания (октябрь 1793 — апрель 1795 гг.) началась в результате прохода вандейцев через западную Нормандию, где около 5000 человек влилось в их ряды. Со временем она была остановлена подписанием мирного договора, которым Директория приказывала прекратить дальнейшее преследование неприсягнувших священников. Вторая кампания (июнь 1795 — апрель 1797 гг.) началась дерзким нападением на республиканский арсенал в Пон-дю-Буи в Бретани. Она обещала перерасти в войну регулярных армий, когда силы роялистов высадились с британских кораблей на близлежащем полуострове Киберон. Но генерал Гош справился с задачей: уничтожив силы высадившихся, он затем постепенно усмирил и всю местность, применяя религиозную терпимость наряду с беспощадными военными мерами. Третья кампания (сентябрь 1797 — июль 1801 гг.) была спровоцирована решением Директории аннулировать результаты выборов во всех департаментах на севере и западе Франции, где победили кандидаты-роялисты. Снова начались преследования неприсягнувших священников, прокатилась серия кровопролитных местных конфликтов шуанов с «синими». В 1799 г. под командованием Жоржа Кадудаля (1771-1804 гг.), мятежники сумели скоординировать свои действия и даже захватить на время несколько городов, включая Редон, Ле Ман, Нант и Сен-Брие. Но с началом консульства Наполеона (который придерживался сходной с Гошем стратегии) их успехам пришел конец. Всеобщие волнения прекратились, когда Конкордат 1801 г. разрешил религиозные противоречия; впрочем, отдельные местные отряды мятежников продолжали рыскать по лесам, пока в 1804 г. не был схвачен и казнен Кадудаль[37]. [ШУАНЫ]

NOYADES

Весной 1794 г. офицерам Французской республики в Нанте предстояло убить множество повстанцев из Вандеи, и они не знали, как это сделать. Они выпустили на захваченных *адские колонны*; они их морили голодом и зверски убивали; они расстреливали их тысячами. Но этого было недостаточно. Тогда им пришла в голову мысль — топить. Нант был атлантическим портом работорговли; и здесь под рукой был целый флот огромных плавучих тюрем. Придумали ночью топить груженую людьми баржу в реке, а потом снова поднимать ее на поверхность — получилось замечательное и не привлекающее внимания многоразовое устройство для казни. Это были ужасные *noyades* — порождение изобретателей по части технологии смерти.

Спустя полтора столетия такая же проблема возникла у нацистов в Польше. Им предстояло убить так много евреев, что невозможно было с этим справиться. Они выпустили на несчастных *Einsatzgruppen;* они морили их голодом в переполненных гетто; в Собиборе они загружали несчастных в вагоны с негашеной известью и везли — все равно было недостаточно. Тогда пришла счастливая мысль: травить газом. Первоначальные опыты с использованием окиси углерода в передвижных вагончиках оказались неудовлетворительными. Но в начале 1941 г. стали экспериментировать с капсулами Циклона-Б в закрытых помещениях, воспользовались советами ведущих в Германии строителей крематориев — и выявилась перспектива громадного увеличения пропускной способности. В течение года нацистская СС перешла на программу индустриализованного геноцида в специально для этого оборудованных местах.

Вот как свидетель из лагеря смерти в Треблинке описывал позднее эту процедуру на допросе во время процесса в Нюрнберге: «эшелоны прибывали каждый день; иногда три, четыре, пять эшелонов, заполненных исключительно евреями. Сразу же по прибытии люди должны были построиться на платформе — мужчины, женщины и дети отдельно. Подгоняемые плетками, они должны были немедленно раздеться догола. Затем они голые шли по улице к газовым камерам. *Как немцы называли эту улицу?* Himmelfahrtstrasse [дорога на небо]. *Скажите нам, пожалуйста, как долго жил человек после прибытия?* Весь процесс — раздеться и дойти до газовой камеры — занимал у мужчин 8–10 минут, а у женщин где-то 15 минут, потому что женщинам надо было еще сбрить волосы... *Пожалуйста, расскажите нам, что еще было особенного на станции Треблинка?* Начальник лагеря Курт Франц построил первоклассную железнодорожную станцию. На бараках, где складывалась одежда, висели вывески *Ресторан, Касса, Телеграф* и т.д.... *Своего рода станция-декорация?... Расскажите нам, как вели себя немцы, убивая свои жертвы?* Они привели пожилую женщину с ее [беременной] дочерью в помещение. Несколько других немцев пришли просто посмотреть на роды... бабушка умоляла, чтобы ее убили. Но, конечно, сначала убили новорожденное дитя, потом его мать и в конце бабушку... *Скажите нам, свидетель, сколько в среднем в день уничтожали людей в лагере?* В среднем от 10000 до 12000 человек в день.

Не следует забывать, что газовые камеры нацистов строились в соответствии с их *гуманным подходом*, какой применяется на хорошей скотобойне. Если недочеловекам предстояло умереть, лучше им умереть быстро. Впрочем, у нас нет доказательств, что нацисты так рассуждали. Просто нацистские лагеря смерти функционировали с абсолютно бессердечной эффективностью и даровым зверством.

Фабрикой смерти в Ясеноваче (Хорватия) заправляли фашисты-усташи с 1942 до 1945 гг. В послевоенной Югославии об этом много говорилось в пропаганде; официальное количество погибших там — 700000 человек, в основном, сербов — теперь ставится под сомнение. Но нет никаких сомнений в том, что в Ясеноваче не было в помине милосердия и современных технологий. Рассказывают совершенно невероятные истории: быть расстрелянным или отравленным газом казалось там милостью по сравнению с перспективой умереть от удара по голове дубинкой, в кипящем котле или от ручной пилы, срезавшей головы жертвам.

ШУАНЫ

В XIX–XX веках местная политика западного региона департамента Сарт была сугубо правого направления с долгой антиреспубликанской традицией. А к востоку политика была сугубо левого направления и формировалась антиклерикальным и прореспубликанским блоком (la zone rouge — красная зона); этот район Франции и в 1960-е годы голосовал за коммунистов. Указанные особенности невозможно объяснить только социальными или религиозными факторами или наличием/отсутствием у голосующих земли. Как утверждает ведущий аграрный историк Франции, это распределение политических пристрастий можно объяснить только непроходящей травмой, какую нанесло восстание *шуанов* 1793–1799 гг. Это тем более примечательно, что cahiers de doleances [тетради жалоб] 1789-го года свидетельствуют, что самые ожесточенные протесты против десятины и священства отмечались именно на западе, а не на востоке. Но очевидный экстремизм революционной Республики достиг таких размеров, что первоначальные сторонники превратились в заклятых врагов. На поведение избирателей Пятой республики все еще влияли ошибки Первой. «Невозможно, — пишет Ле Рой Ладюри, — объяснить настоящее настоящим». Но если выявленная закономерность верна для одного департамента Франции, насколько она приложима ко Франции в целом?

---

[1] Наказы депутатам Генеральных штатов 1789 г. от избирателей, в которых содержались различные социально-политические требования.

Желая быть точным в изложении событий контрреволюции, нельзя не отметить быстрой смены норм и критериев. Конституционалисты, возглавлявшие революцию в 1789 г., к 1792 г. числились уже среди «реакционеров». Одна из самых решительных волн сопротивления, прокатившаяся восстаниями в Лионе, Марселе, Бордо и других местах в июне 1793 г., была организована в поддержку жирондистов, которые до той поры были ближайшими союзниками якобинцев. Даже санкюлоты, завоевав право голоса и утвердив низкие цены на хлеб, обратились со временем против покровительствовавших им якобинцев. Бонапарт, в котором видели предателя и Бурбонов, и Республики, вызвал ненависть и «белых», и «красных». Взрыв «адской машины» в Париже 24 декабря 1800 г. при покушении на Бонапарта (когда он ехал в оперу) был делом рук эмигрантов, но послужил для расправы с якобинцами и республиканцами. Всякий оппозиционер, если ему не повезет, мог быть объявлен «реакционером». [ROUGE]

Критикам Революции особенно ненавистно в ней насилие. Оно принимает разные формы. Расправы толпы начались сразу же, еще 14 июля 1789 г., когда головы коменданта Бастилии де Лонэ и других жертв пронесли на пиках по Парижу. Произвольные нападения на людей и на собственность духовенства и дворян были делом обычным. То и дело случалась большая резня, вроде убийства в парижских тюрьмах в сентябре 1792 г.; было множество политических убийств, как убийство Марата, а также страшные убийства из мести, вроде тех, что происходили в Марселе после падения якобинцев. Все это случалось и раньше. Но два аспекта революционного насилия не имеют прецедентов: первый состоит в том, что благодаря всеобщей воинской повинности военные потери были просто беспримерными; второй — это хладнокровный политический террор, который установили якобинцы. На уровне массовой психологии, оба явления были вызваны громадной вырвавшейся на свободу энергией, которая затем вылилась в двадцатилетие завоевательных войн, в которые с энтузиазмом ушла подавленная и обанкротившаяся нация. И то, и другое было неизбежно.

Террор был задуман вторым Комитетом общественного спасения и применялся как специальное орудие проведения политики. Террор не ограничивался расправой над активными противниками Революции. Он был придуман, чтобы создать атмосферу страха и неуверенности, которая бы парализовала даже мысль о сопротивлении. Свое обоюдоострое оружие Террор находил, с одной стороны, в *Законе о подозрительных* от прериаля (9-й месяц календаря), а с другой стороны, в Революционном трибунале. В соответствии с упомянутым законом все граждане были обязаны доносить на любого подозреваемого в худших

ROUGE [КРАСНОЕ]

Триколор 1789 года сложился из белого королевского штандарта и красно-синего знамени Парижа. Ему предстояло стать флагом Французской республики. Те же цвета, расположенные горизонтально, были приняты Батавской республикой в 1794 г., по преемству от похожего, но более старого флага Соединенных провинций.

Однако революционеры приняли вскоре красный флаг. В Риме красный флаг означал войну. Красное было цветом крови, огня и магии. Традиционно считается, что победное шествие красного флага началось в 1791 г., когда толпа, атаковавшая Тюильри, подняла пропитанный кровью королевский штандарт. С тех пор красное и белое стали принятыми цветовыми обозначениями революции и контрреволюции.

Стендаль использовал *Красное и черное* для описания борьбы радикалов с клерикальной реакцией при Реставрации.

Цветовые коды политических движений имеют множество коннотаций. Красное было принято *Тысячей* Гарибальди, социалистами, но особенно горячо — коммунистами. Зеленое, цвет природы (а некогда и Меровингов) брали крестьянские партии, ирландские патриоты и (гораздо позднее) сторонники защиты окружающей среды. Истинно синее (голубое), бывшее некогда испанским эпитетом аристократизма, подошло британским тори и другим консерваторам. Юнионисты предпочитали оранжевое [оранж], а либералы — желтое. Нацисты по униформе штурмовых отрядов (SA) стали известны как *коричневые*. Позднее (по форме CC) они ассоциировались с

черным цветом, что вообще является традиционным для Европы цветом зла, смерти и пиратства. В концлагерях эсэсовцы заставляли заключенных носить цветные нашивки: красные — политические заключенные; зеленые — уголовники; черные — асоциальные; розовые — гомосексуалисты; фиолетовые — свидетели Иеговы; коричневые — цыгане; желтые — евреи.

Но есть и много смешений: в католичестве красное символизирует мученичество и епископство, белое — чистоту и целомудрие, синее — цвет надежды и цвет Божьей матери, черное — скорбь, а также цвет доминиканцев и иезуитов. В наши времена антирасизма и политкорректности «черное прекрасно», *белые* — неприятны как мертвые, а *краснокожие* должны означать кардиналов; излюбленная же метафора — радуга.

замыслах против власти. Вместе с *Законом о максимальных ценах*, который обращал всю сферу экономической деятельности в потенциально преступную, каждая французская семья постоянно находилась на грани внезапной и беспричинной катастрофы. Последний же закон, по которому редко назначалось что-нибудь, кроме смертной казни, непрерывно поставлял невинных прожорливой гильотине. Количество жертв в Париже дошло до десятков тысяч. В провинции за законом стояла армия. Впрочем, особенно страшно знать, что на каждую жертву Террора в Париже приходилось не меньше десяти убитых в Вандее.

И все же этика Террора не перестает изумлять: он установил атмосферу шпионства, доносительства и бесконечной подозрительности. Он породил страшные картины: вот осужденных на казнь везут в повозках по улицам, которые кипят ненавистью; мужчины и женщины беззащитны перед лицом смерти, кто безмятежно спокоен, а кто — несчастен, жалок и сломлен; под гильотиной без

устали вяжут мерзкие *tricoteuses* [вязальщицы Робеспьера], пока со стуком падают в корзину отрубленные головы. Благодаря исключительности этих ужасных обстоятельств рекой текло мрачное остроумие. Когда Дантона спросили, как его имя и где он обитает, он ответил: «Я Дантон, имя довольно известное. Моим жилищем вскоре станет небытие [Le Neant], а мое имя будет жить в Пантеоне Истории». Когда Демулена спросили о его возрасте, он сказал: «Мой возраст такой же, как у санкюлота Иисуса — роковой возраст революционера». Ему было 38. Людовик XVI на эшафоте начал речь, которую так и не закончил: «Я умираю невинным и прощаю моих врагов, — начал он, — Я хочу, чтобы моя кровь...». Дантон в таких же обстоятельствах произнес: «Ну, что же, Дантон, никакой слабости». И потом добавил: «Палач, покажи им мою голову — она того заслуживает». Робеспьер, которому перед гильотинированием прострелили челюсть, мог только бессвязно визжать.

Многие из тех, кто был проповедником революционного насилия, как Робеспьер, сами умерли насильственной смертью. Вестерман — *Мясник Вандеи* умер на том же эшафоте, что и Дантон. Директория организовала серию судебных процессов над некоторыми из самых известных садистов.

Законодательная реформа шла теми же путями, что и сама Революция, и прошла конституционную, республиканскую и имперскую фазы. В результате возникла немыслимая путаница. Институты старого порядка были распущены и заменены другими, недолговечным и нежизнеспособными, которые в свое время Империя упразднила или приспособила для своих нужд. То, что получилось в результате, часто представляло собой странный гибрид: ни старая рыба, ни революционное мясо. Например, наследственное дворянство было упразднено в 1789 г. вместе с другими общественными сословиями. Во времена Республики все люди были одного ранга: *citoyen* или *citoyenne* [гражданин или гражданка]. Бонапарт ввел понятие *продвижения по заслугам* (*la carriere ouverte aux talents* — «карьера открыта талантам»); и в Империи появилась новая иерархическая система рангов и титулов, аристократия принцев, герцогов и графов в зависимости от их службы государству. В *Почетном легионе* (1802 г.) Наполеон воплотил свою мысль об иерархии заслуг.

В религии установление гражданского состояния духовенства (1790) превратило всех священников в государственных служащих на зарплате: вся собственность Церкви была секвестрирована. Республика преследовала не присягавших священников, отделила конституциональную Церковь от государства; введением собственного светского календаря, светских культов (как почитание Высшего существа в 1794 г. или Теофилантропии в 1796 г.) она расхристианила общественную жизнь. Бонапарт после того, как унизил папский престол, вновь формально восстановил католичество. Конкордат от июля 1801 г. признавал католичество «религией большинства французов», но государство сохраняло за собой собственность Церкви, право назначения на должности в Церкви и установление зарплаты. Папа Пий VII присутствовал на коронации императора в Нотр Дам 2 декабря 1804 г., но был слишком медлителен, и Бонапарт сам возложил корону себе на голову. Заслуженно

или нет, но религиозную нетерпимость стали вообще называть по имени наполеоновского министра культов Жана Биго де Преамено (1747–1825 гг.) *bigotry* [фанатизм]. [ГИЛЬОТЕН]

В образовании была разрушена монополия Церкви. Во времена Империи система централизованного школьного образования, основанная на министерстве в Париже и *lycees* во всех главных городах, дала Франции один из самым характерных ее институтов.

В местном управлении старые провинции были упразднены вместе с их историческими привилегиями и ассамблеями. 83 малых департамента, или округа, которые были образованы в 1790 г. и обычно назывались по реке или горному хребту, сохранились и при Империи, но увеличились в числе. Наполеон их преобразовал и учредил должность префекта департамента.

В сфере экономики революционный режим прокладывал себе дорогу длинной чередой экспериментов. В 1790 г. Учредительное собрание, уничтожив старую систему доходных статей, было вынуждено придумать несколько новых налогов на землю, доходы и имущество. Национализированное имущество Церкви стало основой для издания знаменитых *ассигнаций,* то есть государственных облигаций, со временем совершенно обесценившихся бумажных денег. В 1793 г. якобинцы приняли экономическую программу с целью обеспечить нужды огромной армии, а также аппарата Террора и собственной социальной идеологии. Якобинская доктрина о *единой воле* была приложима к экономике не меньше, чем к политике. В результате появились военная промышленность под управлением государства, жесткий контроль цен (посредством Закона о максимуме), и были аннулированы все долги крестьян. После 1795 г. Директория взамен экономической политики все больше обращается к грабежу и всякого рода обложениям. Наполеон, со своей стороны, привнес старомодный меркантилизм в духе Кольбера. Осуществление грандиозных общественных проектов стало возможным благодаря тому, что регулярное поступление наличных денег оставалось приоритетной задачей.

И Республика, и Империя были против свободной торговли, и продолжительная борьба с Британией за контроль над торговым судоходством началась еще во время первой коалиции. В ноябре 1806 г. берлинский декрет Наполеона формально провозгласил блокаду Британских островов. «Я хочу, — заявил он, — покорить море властью суши». Ответ Британии пришел в форме королевского распоряжения, изданного в 1807 г. по рекомендации Королевского Совета: на его основании корабли всех нейтральных государств должны были заходить в британские порты для получения разрешения на торговлю с Францией. Это спровоцировало миланский декрет Наполеона от декабря 1807 г., грозивший страшными карами тем, кто подчинится распоряжениям британцев. Так что всем странам, оккупированным Францией, была навязана *континентальная блокада*, которая рассматривалась как предварительное условие сотрудничества Наполеона, например, с Данией, Швецией и Россией. Таким образом Европа впервые почувствовала вкус экономического единства; но оно вызвало и немалое сопротивление, чем подрывались позиции Франции.

Многие превратности выпали на долю налогов. Исчезли ненавистные старые налоги и льготы. Конституционный режим ставил своей целью ввести равное и всеобщее налогообложение; якобинцы отменили избирательный ценз, ограничивающий право голоса группой налогоплательщиков. Директория же вернулась к демократии владельцев частной собственности. Во времена Империи, хотя централизованное налогообложение земельной собственности проводилось более эффективно, бремя налогов и, в особенности, налогов на крестьян было чрезвычайно тяжелым.

Поток новых установлений в 1790-е годы XVIII века произвел такой завал в законодательстве, который можно было разобрать только систематическим пересмотром и кодификацией. Такая работа была начата Конвентом в 1792 г. и завершилась Гражданским кодексом (1804), который уже вскоре был назван *Кодексом Наполеона*. Этот Кодекс заменил 360 местных кодексов, действовавших в 1789 г., и был чем-то средним между римским правом Юга и обычным правом Севера, между принципами всеобщего равенства 1789 года и авторитарной реакцией имущих классов времен Директории. (Обычное право утратило свое положение в гражданской сфере.) Всеобщие права граждан и равенство перед законом были подтверждены. В семейном праве сохранялись гражданский брак и развод; однако равное деление собственности распространялось только на наследников мужского пола. Посчитали также, что замужние женщины «не в состоянии» заключать контракты. Этот Кодекс оказал исключительное воздействие на общественную жизнь, по крайней мере, 30-ти стран.

Но в дальней перспективе особый вклад Революция внесла в сокровищницу идей. Так детальное законодательство или подверглось пересмотру после 1815 г., или применялось только во Франции. Но многие основополагающие идеи и идеалы Революции продолжали жить, пусть даже они не находили немедленного практического приложения. Так, республиканская форма правления потерпела поражение во Франции задолго до реставрации монархии в 1814—1815 годах. Но она продолжала жить и питала традицию, пока не утвердилась вновь в 1848—1851 годах и осталась во Франции навсегда после 1871 г. Поскольку же монархия оставалась преимущественной формой правления в Европе в XIX веке, то память о событиях во Франции, а потом и пример Французской республики 1792-1799 годов, обладали для европейцев большой притягательной силой.

Перед идеей Революции невозможно было устоять даже тогда, когда сами революционные движения были подавлены. До 1789 г. у европейцев были исключительно статичные воззрения на политическое и общественное устройство, перемены допускались только ограниченные и постепенные. После 1789 г. все узнали, что мир можно перевернуть с ног на голову, что решительные люди могут мобилизовать те общественные силы и психологические мотивы, которые скрыты даже в самом сонном обществе. Понимание этого посеяло широчайшую панику, а в некоторых кругах — надежду. Появился также мощный стимул для развития общественных наук. Теперь Революцию всегда будут отличать от других, меньшего масштаба форм восстания, таких как *jacquerie* [крестьянская война] или *путч*.

Поскольку контрреволюция бежала, революционные взгляды взвешивались в спорах с оппозиционными же революционерами. *Размышления* (1790) Бёрка в англоязычном мире и Гете в германском мире оказывали долгое время большое влияние. Теоцентричные *Соображения* (1796 г.)

де Местра, который видел в Революции гнев Божий, породили немало последователей в грядущих поколениях вплоть до Александра Солженицына. Все они разделяли с Бёрком инстинктивное неприятие «враждебного мира безумия, несогласия, порока, смятения и бесплодной печали».

Понятие прав человека, если не было придумано французскими революционерами, то, по крайней мере, получило от них сильнейший толчок к развитию. *Декларация Прав Человека и Гражданина* развивала те конструкты, которые содержались в английском *Билле о правах* от 1689 г., а также в основополагающих документах, утверждавших независимость США. Как бы с ней ни обходилась сама Революция, но она выжила и осталась памятником идеализму ранней поры Революции. Принятая 26 августа 1789 г. «в присутствии и под наблюдением авгуров Высшего Существа», она состояла из Преамбулы (в стиле ее американской предшественницы) и 17-ти Статей, перечисляющих «естественные, неотъемлемые и священные права» Человечества.

I. Люди рождаются и остаются свободными и равными в правах. Социальные различия могут основываться лишь на соображениях общей пользы.

II. Цель каждого государственного союза составляет обеспечение естественных и неотъемлемых прав человека. Таковы свобода, собственность, безопасность и сопротивление угнетению.

III. Источник суверенитета зиждется, по существу, в нации. Никакая корпорация, ни один индивид не могут располагать властью, которая не исходит явно из этого источника.

IV. Свобода состоит в возможности делать все, что не приносит вреда другому...

V. Закон может воспрещать лишь деяния, вредные для общества...

VI. Закон есть выражение общей воли... Он должен быть равным для всех как в тех случаях, когда он оказывает свое покровительство, так и в тех, когда он карает...

VII. Никто не может подвергнуться обвинению, задержанию или заключению иначе, как в случаях, предусмотренных законом ...

VIII. Закон может устанавливать наказания, лишь строго и бесспорно необходимые. Никто не может быть наказан иначе, как в силу закона, надлежаще примененного, изданного и обнародованного до совершения правонарушения.

IX. Так как каждый предполагается невиновным, пока не установлено обратное...

X. Никто не должен испытывать стеснений в выражении своих мнений, даже религиозных, поскольку это выражение не нарушает общественного порядка, установленного законом.

XI. Свободное выражение мыслей и мнений есть одно из драгоценнейших прав человека; каждый гражданин поэтому может высказываться, писать и печатать свободно, под угрозою ответственности лишь за злоупотребление этой свободой в случаях, предусмотренных законом.

XII. Обеспечение прав человека и гражданина влечет необходимость применения вооруженной силы, эта сила, следовательно, установлена в интересах всех, а не в частных интересах тех, кому она вверена.

XIII. На содержание вооруженной силы и на расходы по содержанию администрации необходимы общие взносы, они должны распределяться равномерно между всеми гражданами сообразно их состоянию.

XIV. Все граждане имеют право устанавливать сами или через своих представителей необходимость государственного обложения, свободно давать согласие на его взимание, следить за его расходованием и определять его долевой размер, основание, порядок и продолжительность взимания.

XV. Общество имеет право требовать отчета у каждого должностного лица по вверенной ему части управления.

XVI. Общество, в котором не обеспечено пользование правами и не проведено разделение властей, не имеет конституции.

XVII. Так как собственность есть право неприкосновенное и священное, то никто не может быть лишен ее иначе, как в случае установленной законом несомненной общественной необходимости и при условии справедливого и предварительного возмещения.[38]

Общественный договор подразумевал, что *права человека* автоматически включают и права женщин. Однако некоторые отважные люди, в том числе Кондорсе, с этим не соглашались и считали, что правами женщин пренебрегли. Так что со временем к первоначальной Декларации добавили новые идеи, особенно в связи с правами в социальной и экономической сферах. Так, статья XXI пересмотренной Декларации от июня 1793 г. гласила:

«Помощь общества является священной обязанностью [dette]. Общество должно поддерживать обездоленных граждан, находя им работу или обеспечивая им средства существования, если они не могут работать.»[39]

В 1794 г. незаконным объявили рабство. Гарантировалась религиозная терпимость. [FEMME]

Разумеется, права человека в их французской версии были существенно ограничены сначала диктатом Республики, а потом Империи. И после 1815 г. они должны были продолжать борьбу против сильного, централизованного бюрократического государства. В отношение прав человека французы оказали большее влияние на Европу, чем англосаксы, отчасти потому что французская культура вообще была более влиятельной, отчасти же потому, что французские солдаты пронесли эти идеи по всему Континенту в своих ранцах. Не впервые агенты угнетения сеяли семена нового освобождения.

Часто не замечают, что у революции были, так сказать, *географические варианты*. Ведь Париж, хотя и первенствовал, но не был Францией вообще. В Тулоне, который в 1793 г. заняли британский и испанский флоты, порт и город стали ареной жестокой борьбу между роялистами и республиканцами. Продолжительные гражданские войны велись и в Марселе, Бордо и Лионе, где «красному террору» якобинцев противостоял «белый террор» в 1794—1795 годах. Во многих районах роялистские настроения могли бы снискать поддержку большинства, будь все лучше организовано. В этом случае революционеры одержали победу отчасти благодаря превосходящей и централизованной военной силе, отчасти же благодаря тому, что развязали войну, которая успешно соединила поражение Революции с поражением Франции. И это сочетание патриотического и революционного пыла отчетливо видно особенно в *Боевой песне Рейнской армии* (1792 г.) — *Марсельезе*, которой предстояло 80 лет спустя стать национальным гимном Французской республики. [СТРАСБУРГ]

В это время с исключительной силой утверждается идея национального государства, то есть централизованной администрации, которая управляет посредством общих законов, распространяющихся равно на всех граждан и по всей (определенной) территории. Элементы такого устройства вызревали веками и не только во Франции. Однако неистовое стремление якобинцев к равенству вместе с энергичным диктатом Империи за 20 лет нанесли по французскому партикуляризму больше ударов, чем абсолютизм за 200 лет. Больше того, сметя все вообще музейные, устаревшие государственные структуры в Европе — от Священной Римской империи до Венецианской республики — революционные армии расчистили площадку для административных реформ XIX века. И снова заметим, что не Французская республика изобрела национализм (см. Глава X); однако национальная идеология и самосознание нации исключительно окрепли во всех тех странах, где был свергнут старый порядок.

С неизбежностью распространялся милитаризм — убеждение, что военная сила является подходящим и эффективным инструментом достижения политических целей. В XVIII в. война преследовала ограниченные цели, и многие из тех, кто прибегал к войне, захватывали территории скорее дипломатией, чем в битве. Напротив, французские революционные армии собрались (после 1792 г.) в такое время, когда массовая армия, созданная на основе закона о всеобщей воинской повинности, военная экономика и воодушевление нации были способны обеспечить результаты принципиально иного масштаба. И хотя их поражение, в конечном счете, продемонстрировало ограниченность милитаризма, но их победное шествие в течение четверти века показало, как многого можно достичь посредством войны. Это было наследие Лазара Карно (1753-1823 гг.), военного инженера и администратора, которого прославляли как организатора побед при Комитетах Общественной безопасности, во времена Директории Империи и, особенно, при Бонапарте. «Война — это жестокое состояние, — писал Карно, — или ведите ее *a l'outrance* [со всем напряжением сил] или идите по домам».

FEMME

Олимпия де Гуж (1748–1793), дочь мясника из Монтобана, приехала в Париж молодой вдовой. Урожденная Мари Гоз, она отказалась поменять фамилию в замужестве, а занявшись литературой, придумала себе псевдоним. С первых же дней революции она сочиняла пьесы и политические памфлеты. Разгневанная тем, что женщины не были допущены в Учредительное собрание, она опубликовала в знак протеста против неполноты Прав Человека свои *Les Droits de la Femme et du Citoyen* [Права женщины и гражданина] (1791):

I. Женщина рождается свободной и остается равной мужчине в правах. . .

II. Цель всех политических ассоциаций — хранить естественные и неотчуждаемые права Женщины и Мужчины. Таковые: свобода, право собственности, безопасность и сопротивление угнетению.

III. Принцип суверенности заложен, по существу, в Нации, которая есть не что иное, как соединение Женщины и Мужчины.

IV. ... Наличие у Женщины естественных прав не имеет никакого иного ограничения, кроме как тирания Мужчины, противостоящего им.

V. Законы природы и разума запрещают всякие действия, наносящие обществу ущерб...

VI. Закон должен выражать Общественную волю; все граждане — женского и мужского пола — должны формировать ее в согласии. Все граждане, равные в его глазах, должны наравне избираться на все почетные посты и должности.... Без всякого различия, кроме как по их достоинству и талантам.

VII. . . . Женщины должны так же строго подчиняться законам, как и мужчины.

VIII. Никто не может быть наказан, кроме как по закону, обнародованному до совершения преступления и приложимому также и к женщинам.

IX. Со всякой женщиной следует поступить строго по закону, если ее признают виновной.

X. Никого нельзя преследовать за его принципиальные взгляды. Женщина имеет право взойти на эшафот, она должна также иметь право взойти на кафедру.

XI. ... Всякая гражданка может свободно заявить «Я мать твоего ребенка» без варварского предрассудка, что это надо скрывать.

XII. Гарантия прав женщин подразумевает всеобщую воинскую повинность.

XIII. Вклад Женщины и Мужчины в несение государственной службы и общественных обязанностей должен быть равным.

XIV. Женщина и мужчина имеют равные права устанавливать налоги.

XV. Все женщины, объединенные их вкладом со всеми мужчинами, имеют права требовать отчета о ведении дел у официальных лиц.

XVI. Всякое общество, где права не гарантированы, а законодательная [исполнительная, судебная] власти не определены, — не имеет конституции.

XVII. Собственность делится поровну между обоими полами, и они наравне ею владеют...

Этот текст основополагающей хартии феминизма был не более чем забавным недоразумением; и автор погибла на гильотине после открытого выступления против Террора Робеспьера.

Анн-Жозеф Теруань де Мерикур (1758–1817), эта «амазонка свободы», пришла в Париж из Льежа, чтобы возглавить более воинственное направление феминизма. Она считала, что женщины должны бороться за революцию, для чего и организовала дикий легион женской милиции. «Из оружия, — писала она в *Les Françaises devenues libres* [Французы становятся свободными] (1791), — мы владеем не только спицами и иголками».

Мэри Волстоункрафт (1757–1797) прибыла в Париж из Лондона. В работе *Защита прав Человека* (1791) она в свое время нападала на *Размышления* Бёрка. Затем в *Защите прав женщины* (1792) она развила рационалистические положения Олимпии де Гуж. Мэри была замужем за политическим писателем Вильямом Годвином и умерла родами, ее выжившая дочь со временем стала женой Шелли.

Воззрения этих пионерок феминизма не вызывали никакого сочувствия у революционеров. Тон в этом вопросе задавал Руссо, предлагая женщинам соединить самоотверженный героизм римских матрон с феминизмом, способным пробудить в мужчинах еще большую мужественность. Взгляды де Гуж, Теруань де Мерикур, мадам Ролан, Шарлотты Корде или Сесиль Рено так же не оказали на Робеспьера никакого влияния, как король не отреагировал на *Марш женщин на Версаль*. В июне 1793 г. женщин вообще лишили гражданских прав.

Революционная война 1792—1815

Перспектива, что революция спровоцирует сначала гражданскую, а потом и международную войну, присутствовала с самого начала. Несмотря на то, что французское Учредительное собрание в мае 1790 г. формально отказалось от завоевательных войн, ни один монарх не мог спать спокойно под крики *Mort aux tyrans* [Смерть тиранам!], доносившиеся с парижских улиц. Не могли спать спокойно и революционеры среди коварных замыслов эмигрантов и монархистов. Решительный вызов власти создавал обстановку всеобщего беспокойства.

В 1791 г. папа открыто проклял Революцию. Вызов был принят, с одной стороны, жирондистом Жаком Бриссо, который призвал народ к крестовому походу против тиранов, а с другой, — императором Леопольдом, братом Марии Антуанетты, который после встречи с прусским и саксонским монархами в Пильнице призвал к созданию союза монархов с целью «восстановить честь Его христианнейшего величества».

Правители России, Австрии, Швеции, Пруссии, Саксонии и Испании — все стояли за интервенцию. Эти планы решительно поддерживала Екатерина Великая, утверждая, что «дела Франции касаются всех коронованных голов». Глава этого союза Густав III выдумал неудачное бегство в Варенн. Он уже получал субсидии от России, когда 16 марта 1792 г. его убили на маскараде в Стокгольме. Однако главным препятствием осуществления этих планов была неопределенная позиция самого Людовика XVI, чьи публичные заявления не согласовывались с его секретной перепиской и который одновременно противостоял Революции и сотрудничал с ней. Таким образом, отсутствие единомыслия среди неудачливых будущих спасителей Людовика достаточно оттянуло решительные действия, чтобы революционеры смогли взять инициативу в свои руки. В апреле 1792 г. при молчаливом согласии короля они объявили войну Австрии и Пруссии. [СТРАСБУРГ]

Начало этого втягивания в войну следует видеть в одном из самых ужасных решений *politique du pire* [«чем хуже, тем лучше» — см. выше] Людовика XVI. Весной 1792 г. случилось так, что короля склоняли к войне и партия двора, и крайние радикалы. Королева желала войны, полагая, что соединенные силы под руководством

ее брата смогут нанести поражение Революции. Радикалы стремились к войне, чтобы фракция бриссотистов смогла воспользоваться военной победой. Итак, Людовик поймал их на слове, с презрением отвергнув советы и своих умеренных министров-жирондистов, и якобинцев. 20 апреля 1792 г. плохо подготовленные французские войска получили приказ перейти границу и вступить в Австрийские Нидерланды. Результатом игры Людовика стало вовсе не то, на что надеялись подстрекатели войны. Непосредственной и немедленной военной конфронтации не произошло. Спасители королевы не спешили. Фракция Бриссо не получила сколько-нибудь существенного преимущества, поскольку летом была сметена якобинцами. Европа же постепенно теряла всякую надежду на мирное урегулирование. Сам король утратил всякое к нему доверие: свержение его с престола началось еще до первой серьезной битвы в Вальми в сентябре.

Только Россия не колебалась. У императрицы Екатерины руки были связаны войной с Турцией, которая закончилась только в январе 1792 г. миром в Яссах. Затем Екатерина немедленно обращает свой взор на Запад. Ее вклад в борьбу с Революцией выразился в борьбе против Польской конституции, которую она «не могла принять ни на минуту»: «Польская конституция вовсе не была якобинской. Но для Екатерины весной 1791 г. не было большой разницы между революционной Польшей и революционной Францией... [Она] чувствовала подводные революционные течения в Польше... и сокрушала Революцию там, где ей было ее легче достать»[40].

Созвав фиктивную конфедерацию польских аристократов-предателей в Санкт-Петербурге и принудив прусского короля оставить его польские симпатии, она приказала русской армии выступить походом именно в то время, когда такой же приказ отдавал своей армии Людовик XVI. Таким образом, революционные войны начались одновременно на Востоке и на Западе. Оставалось еще 20 лет до того времени, когда ее зачинщики — Франция и Россия — сойдутся в последнем бою.

Так что русско-польская война 1792—1793 годов была составной частью революционной панорамы. Она в значительной степени определила тот баланс сил, которому позднее предстояло дож-

СТРАСБУРГ

24 апреля 1792 г. французская армия, стоявшая в Страсбурге, получила известие, что объявлена война против Первой коалиции. Той же ночью на пирушке в доме мэра Страсбурга капитан инженеров Клод-Жозеф Руже де Лиль (1760—1836) сочинил стихи и музыку знаменитой *Боевой песни Рейнской армии* (Le Chant de Guerre pour l'Armee du Rhin). Эту воодушевляющую на бой песню уже скоро распевали всюду, где дело революции было в опасности:

Allons, enfants de la Patrie!
Le jour de gloire est arrive.

Вперед, сыны отчизны милой,
Мгновенье славы настает!
К нам тирания черной силой
С кровавым знаменем идет!
Вы слышите, уже в равнинах
Солдаты злобные ревут.
Они и к нам, и к вам придут,
Чтоб задушить детей невинных.
К оружью, граждане!
Вас батальон зовет.
Вперед! Вперед! Пускай земля кро-

вищу гадов пьет!
Что означает сговор гнусный
Предателей и королей?
Где замышляется искусно
Позор для родины твоей?
Французы! Что за оскорбленье!
Ужели дрогнет ваш отпор?
Пусть рабства долгого позор
Младые смоют поколенья!
Как! Интервенции доступно
Хозяйничать в чужом краю?
Или наемники преступно
Над нами верх возьмут в бою?
Мы никогда не склоним выи
Под чужестранное ярмо!
Пускай предательство само
Ожесточит сердца живые!

Чтобы петь ее в Страсбурге, песню перевели на немецкий (*Strassburgerlied*) и в виде *La Strasbourgeoise* к лету она уже достигла южной Франции (Midi). Вечером 22 июня ее пропел на банкете в Марселе студент-медик из Монпелье Франсуа Мируар. Она изумительно звучала, сопровождая батальон добровольцев на его пути из Марселя в Париж. Когда же, громко распевая ее, марсельцы вступили в столицу 30 июля, то она была немедленно названа *Гимном мар-*

сельцев или просто *Марсельезой* (*La Marseillaise*). Легко себе представить, какая ее ждала судьба, но остаются некоторые сомнения: неужели действительно добровольцы из южной Франции (Midi) говорили по-французски?

Под Марсельезу революционные армии веселее шагали по Европе. Она была переведена на множество языков: от итальянского до польского. Формально ее статус был закреплен декретом Конвента от 26 мессидора III (14 июля 1795), чем было положено начало традиции национальных (а не царских или королевских, вроде *Боже, царя храни*) гимнов. Наполеон любил говорить, что *Марсельеза* — его лучший генерал.

Что же до Руже де Лиля, то он был арестован в 1793 г. за роялистские симпатии, впрочем, остался жив и умер в бедности. В Лон ле Солье (где родился Руже де Лиль) стоит ему памятник.

даться Наполеона на Востоке. Пока же исход не был известен. Под командованием племянника короля Юзефа Понятовского и ветерана американских войн Тадеуша Костюшко (основателя академии в Вест-Пойнте) еще не оперившаяся польская армия вела себя с достоинством. Замечательная победа была одержана при Зеленце на Подолии 18 июня 1792 г., всего лишь месяц спустя после того, как силы русских вторглись в польскую Украину. Позиция поляков казалась выгодной, пока с тыла их не окружили пруссаки. В конце концов дело разрешилось капитуляцией короля, а не силой оружия. Присоединившись к Тарговицкой конфедерации (которую поддерживала Россия), Станислав Август принял условия второго раздела, подписанные в Санкт-Петербурге 4 января 1793 г., и начал их осуществлять. Шесть месяцев спустя последний в истории Республики сейм собрался в Гродно в Литве в тени

русских штыков. Представители дворянства под угрозой секвестра легализовали унижение своей страны. Конституция Третьего мая после необходимой брани была отменена. Россия отхватила себе кусок территории размером в пол-Франции. Пруссия взяла Данциг (который немедленно восстал). [TOR]

На Западе революционные войны переросли в гигантский сложный конфликт, охвативший почти весь Континент. Кампания 1792 г. так основательно перепугала Францию, что подхлестнула революционных лидеров сначала низложить короля, а затем начать бесконечную войну. Первоначальное вторжение Франции на австрийскую территорию вскоре уже сменилось маршем прусских и австрийских колонн на Париж. Однако за энергичным политическим манифестом герцога Брауншвейгского не последовали столь же энергичные военные усилия. Пруссаки продвигались

TOR [БРАНДЕНБУРГСКИЕ ВОРОТА]

Бранденбургские ворота (Brandenburger Tor) были построены как одни из 19 ворот в стене, опоясывавшей Берлин, в 1793 г., в том году, когда королевство Пруссия вступило в революционные войны. Элегантные дорические колонны ворот воспроизводили афинские пропилеи. Увенчанные Авригой — группой гигантских бронзовых фигур Колесницы Победы — эти ворота взирали на трагедии и триумфы Германии в Новое время. Они видели вход Наполеона в Берлин в 1806 г. и все другие военные парады, которые прогремели по Унтер-ден-Линден перед королем, кайзером, президентом и фюрером. В 1871 г. они приветствовали войска, с победой возвращавшиеся с франко-прусской войны в этот город, который еще называли *антисанитарным* и *безрелигиозным* — что подстегнуло первую перестройку Берлина в имперскую столицу Германии. В 1933 г. здесь расположился канцлер Гитлер. Во время Битвы за Берлин в апреле-мае

1945 г. Бранденбургские ворота стали разделительной линией между соперничавшими друг с другом Белорусским и Украинским фронтами под командованием маршалов Жукова и Конева. В день, когда два русских сержанта армии Жукова водрузили красное знамя над Рейхстагом, над развалинами Бранденбургских ворот взвился красно-белый флажок, водруженный солдатами Первой армии Войска Польского под командованием Конева. В 1953 г. здесь прошли в марше протеста рабочие Восточной Германии. С августа 1961 г. до ноября 1989 г. Бранденбургские ворота были центральной частью Берлинской стены.

Аврига за прошедшие века часто оказывалась флюгером политического климата. В 1807 г. ее увезли в Париж. Она была восстановлена в 1814 г., но колесница теперь обращена была на запад. В 1945 г. ворота были разрушены, но в 1953 г. на восстановленных воротах установили новые скульптуры, отлитые по старым (оригинальным)

формам. На этот раз коммунисты якобы развернули колесницу на восток. Во всяком случае, когда в третий раз Берлин стали перестраивать под столицу 1991 г., в предвидении переезда правительства объединенной Германии, авригу решительно повернули на запад. Так что положение колесницы относительно сторон света определяет отношения не только между двумя половинами Германии, но и между двумя половинами Европы.

Символизм бронзовых или каменных изваяний можно обнаружить во множестве мест. В Загребе, например, в конце XIX в. была воздвигнута статуя хорватского воина генерала Елачича; причем его палец был, несомненно, направлен в обвинительном жесте в сторону Будапешта. В 1991 г. его развернули так, чтобы он грозил Белграду. В 1993 г. появились сообщения, что он снова повернут и теперь он указывает в сторону Книна, столицы самопровозглашенной Сербской республики Краина.

так медленно, что Гете, двигавшийся с военным отрядом из Веймара, имел достаточно времени, чтобы ставить эксперименты о психологическом воздействии пушечных ядер. Они все еще были в Аргоннском лесу в 30 милях от границы, когда в битве при Вальми 20 сентября 1792 г. им дала отпор знаменитая *революционная канонада*. Затем война стала питать Революцию, а Революция вскармливала успешную войну. Не прошло и года, как революционные армии вернулись в Нидерланды и захватили Савойю. И пошли вперед и вперед и вперед — и так в течение 20 лет.

Поступь революционных войн часто описывают в связи с тремя коалициями против Франции, сложившимися, соответственно, в 1793—1796, 1799—1801 и 1805—1814 годах. Это

нельзя признать верным не только потому, что каждая коалиция быстро распадалась, но и потому, что военные действия часто шли и между коалициями. Интересы тех держав Континента, которые представляли собой костяк сил коалиции — Австрии, Пруссии, России — не всегда совпадали с интересами принципиального организатора этих коалиций — Британии и ее великого военного министра Уильяма Питта Младшего (1759-1806 гг.)[41]. Стоит ввести иные критерии — и у нас уже будет не три, но четыре, пять, шесть и даже семь коалиций. Партнеры Британии по коалиции часто подвергались вторжению и оккупации, а британцы на своих недоступных для врага островах — никогда. У конфликта были и важные экономические, а не только военные измерения. В нескольких случаях он выходил за пределы Европы и приобретал характер глобальный или межконтинентальный.

Первая коалиция (1793-1796 гг.) показала, как трудно было союзникам держаться вместе. Россия внесла незначительный вклад, поскольку она тогда переваривала Польшу. По той же причине в 1795 г. отпала Пруссия. Австрия осталась в одиночестве перед лицом сокрушительных ударов французов в Нидерландах и Северной Италии. В 1795-1796 гг. Испания перешла на другую сторону, и теперь Британия осталась одна, имея для отражения врага лишь флот. Французы же, побеждая контрреволюцию дома, начали устанавливать революционные режимы заграницей. Батавская Республика (1794 г.) в голландских Нидерландах была лишь первой из числа многих. У французов также появились молодые генералы исключительного мастерства и исключительной же энергии. Первым таким генералом был генерал Лазар Гош (1769 — 1797 гг.), покоривший Рейнскую область и разбивший шуанов; однажды он направлялся даже для захвата Ирландии.

На Востоке, несмотря на второй раздел, Польско-Литовское государство все еще не сдавалось. В начале 1794 г. вернувшийся из ссылки Тадеуш Костюшко 24 марта прочитал акт о восстании на рыночной площади Кракова: «для защиты целостности границ ... и всеобщей свободы». В мае он выпускает манифест об освобождении крестьян. Победа его крестьян-косарей над профессиональной русской армией (4 апреля) сопоставима с на победой вандейцев при Шоле. Однако в Варшаве и Вильно толпа вышла из-под контроля. Народные суды выносили смертные приговоры епископам, русским агентам и конфедератам. Здесь уже была открытая революция, и монархам пора было действовать. Варшаву с запада осадили пруссаки. Две русские армии подошли с востока. 10 октября в Мачеёвице раненый Костюшко упал с лошади (хотя и не воскликнул при этом, как утверждают, *Finis Poloniae*). Суворов штурмовал восточный пригород Варшавы Прагу и предал его огню и мечу. Он отослал в Санкт-Петербург доклад в три слова «Ура, Прага, Суворов» и получил ответ также в три слова: «Браво, фельдмаршал, Екатерина. [METRYKA]

В этот раз третий раздел совершился на основании предположения, что ни поляков, ни их республики больше вообще не существует, так что никакого согласия не требуется. Пруссия отхватила Мазовию и Варшаву и назвала все это *Новой Восточной Пруссией*. Австрийцы захватили дополнительно изрядную территорию и назвали ее *Новая Галиция*. Русские удовлетворились территорией примерно с Англию. Окончательное соглашение, подписанное в Санкт-Петербурге, сопровождалось кроме того секретным протоколом: «В виду необходимости уничтожить все, что еще может напоминать о существовании королевства Польша... Высокие договаривающиеся стороны соглашаются... никогда не включать в свои титулы имя или обозначение королевства Польши, которое отныне и навсегда останется в подчиненном положении.»[42]

К тому времени Бонапарт был уже на марше, и во всей Западной Европе никому не было дела до несправедливости в отношении Польши. За Россией утвердилась слава самого непреклонного противника Революции, поборника монархии. За поляками закрепилась роль самых упрямых противников здоровой формы правления. Им предстояло поставлять самый многочисленный иностранный контингент, который сражался в рядах французской армии на протяжении всех революционных войн.

Итальянская кампания 1796 — 1797 гг. была начата Директорией, выступившей против тех владений Австрии, которые уже были изолированы падением партнеров Австрии по коалиции. Эта кампания замечательна дебютом генерала Бонапарта, который был на год моложе Гоша. В течение нескольких недель оборванная французская армия с границы в Приморских Альпах превратилась в непобедимую силу. «Солдаты! — сказал им юнец — Я поведу вас в страны, плодороднейшие из всех освещаемых солнцем. Богатые области, великолепные города, честь, слава и богатство — все это будет в вашей власти. ... При таких заманчивых надеждах неужто у вас не хватит храбрости и постоянства?» За 12 месяцев была завоевана вся северная Италия. Тактическое искусство Бонапарта, впервые продемонстрированное им 10 мая 1796 г. на мосту Лоди, доставило ему и стратегическое превосходство. Был освобожден Милан; Мантуя — сломлена осадой; в Риволи сдались австрийцы. Открылась дорога на Каринтию, и в самой Вене ждали нападения. [ГРИЛЛЕНШТЕЙН]

METRYKA

В 1795 г. русская армия после ликвидации Речи Посполитой увезла с собой государственные архивы покоренных стран в Санкт-Петербург. Среди документов была и *Metryka Koronna* [Метрическая книга Короны королевства Польши], где были собраны копии всех актов, статутов и хартий королевского архива со времен Средневековья и аналогичное собрание документов Великого княжества Литовского и княжества Мазовецкого. Поскольку захватчики забрали с собой также указатели и каталоги, то никто в Варшаве не знал точно, что было утрачено. На протяжении XIX в. польские историки не могли изучать историю своей страны так же, как изучали собственную историю пруссаки или русские. В результате складывалось впечатление, будто место Польши в истории Европы было таким же маргинальным, как ее роль в настоящем.

В течение 200 лет непрерывно прилагались большие усилия, чтобы установить перечень документов, воссоздать их или, если возможно, вернуть. Некоторая их часть вернулась в 1815 г. и позднее, после Рижского мира в 1921 г. Кое-что удалось собрать воедино по отдельным кусочкам, разбросанным тут и там. В 1945 г. Советская армия вновь присвоила все, что представляло хоть какой-то интерес, и в 1960-е годы вернуло лишь выбранное. Ни одному независимому исследователю никогда не было дано разрешения на свободное исследование царских или советских архивов. [ТРОФЕИ]

Детальный реестр судьбы *Metryki Litewskiej*, датируемой с 1440 г., удалось сделать одной американской исследовательнице в 1980-е годы. Воспользовавшись созданным для западных исследователей реестром советских архивов и частичной копией каталогов, сделанных в Варшаве вторгшимися туда шведами в XVII в., она тщательно проследила судьбу большинства составлявших Метрику коллекций, которые русские архивисты неоднократно переименовывали и перемещали с места на место. Но и два столетия спустя после того, как документы были украдены, главная часть Метрики хранится в Санкт-Петербурге. Запросы правительств Литвы и Беларуси остаются без внимания, и Российская Федерация заявляет формальную претензию на все документы, относящиеся к «истории России», в архивах бывшего РСФСР, «независимо от места их хранения или формы владения».

Между тем западные ученые воспитаны на принципе обязательности обращения к документальным источникам. Это здравый подход, при условии, что документальные источники доступны. Но западные ученые упускают из виду другой более важный принцип, который хорошо поняли власти в России за прошедшие века: у кого документы, тот и контролирует их использование и интерпретацию.

Бонапарт проявлял интерес ко всему, что касалось войны. Восстания и мятежи подавлялись быстро и намеренно жестоко. Войдя на территорию герцогства Пармского, он потребовал немедленно сдать ему все произведения искусства. Эта политика превратила Лувр в наилучшее из художественных собраний. Вступая в переговоры перед заключением мира в Кампо Формио (октябрь 1797 г.), он настоял на том, чтобы диктовать условия без оглядки на Париж. Такое поведение обеспечило ему победу над политиками дома.

Египетская кампания 1798—1799 гг. была задумана Директорией для того, чтобы покончить с колониальным и торговым превосходством Британии. Установив свое присутствие на Ближнем Востоке, Франция ослабила бы британские связи с Индией и подготовила путь к французскому превосходству во всем Средиземноморье. Франция начала с захвата Мальты, затем 40000 войск высадились в Александрии. Несмотря на военное поражение правивших мамелюков, кампания была сорвана тем, что адмирал Нельсон разгромил французский флот в заливе Абукир (1799 г.); а турки вступили в стратегический союз с русскими. Это был один из обреченных на неудачу планов, подобных позднейшему плану окружения британцев в Карибском море (1802), в Америке — продажей по бросовой цене Луизианы (1803 г.) и даже в Австралии (1804). Ничто не принесло плодов, поскольку Королевский флот оказался так же непобедим на море, как Наполеон был непобедим на суше. Бонапарт покинул Египет в августе 1799 г., чтобы осуществить переворот 18 брюмера и взять власть во Франции в свои руки.

ГРИЛЛЕНШТЕЙН

В 1797 г. в семье крестьян-ткачей в деревне Гриллен-штейн, в приходе Гмунд, в районе Вальдфиртель в Австрии родился сын. Фамилия семьи не известна, но жизненный цикл членов семейства может быть восстановлен по приходским записям. В 1817 г., в возрасте 20 лет сын женился на женщине, которая была его на шесть лет старше, и к декабрю уже новобрачные имели собственного сына. В это время, кажется, семья представляла собой ту типичную *нуклеарную семью*, которую постулирует Ле Пле: патриархальная единица, объединявшая три поколения, во главе которой был дед ребенка (51 год). [ГРОССЕНМЕЕР]

Однако уже очень скоро картина изменилась. На следующий год (1818) дед отошел от дел, забрал с собой жену, двух незамужних дочерей-подростков, а руководство хозяйством передал сыну. Он продолжал жить где-то на ферме еще в течение 12 лет, пока (после смерти жены) не женился вторично и не уехал оттуда.

Начиная с 1818 г. поэтому хозяйство уже не было образчиком нуклеарной семьи. В течение дюжины лет сын взвалил на себя все заботы по хозяйству, не имея над собой родительского авторитета и отошедших от дел родителей в придачу. Собственная его семья еще увеличилась с рождением трех сыновей, однако, его постигла смерть старшего сына (1821), матери (1826) и новорожденной дочери (1827). После того, как отец и незамужние сестры уехали (1830), он мог восполнить потери, только нанимая ткачей (с их семьями) и нескольких слуг. К 1841 г., когда его оставшемуся старшему сыну было 21, хозяйство состояло уже из трех отдельных, не связанных родством семей: из семьи главы и двух семей старших ткачей, которые только что сменили двух одиноких женщин с их незаконными сыновьями. Можно себе представить, какие тут случились неприятности.

Этот отдельный пример был выбран историками, чтобы продемонстрировать, как опасно делать обобщения, исходя из стандартной социологической модели, если наблюдаешь динамические изменения во времени. Жизненный цикл семьи, в котором отразились приливы и отливы удачи, — вот важнейшее понятие для описания жизни крестьян в Европе в разные эпохи.

Набулионе Буонапарте (1769—1821 гг.) — как Гитлер и Сталин — был иностранцем в той стране, где он правил. Он родился в Аяччо на Корсике через год после того, как Людовик XV купил этот остров у Генуи. Когда как младшего сына его послали во Францию, чтобы получить военное образование, у него не было ни личного имущества, ни связей в обществе, не владел он и французским языком. Он вырос невысоким, угрюмым, напористым молодым человеком, и под его оливкового цвета кожей проглядывало не глубоко спрятанное родное чувство *vendetta*. Но Франция, эта «мятежная кобылица», ждала, чтобы ее укротили:

О, корсиканский зверь с прямыми волосами,
Ты помнишь мессидора ясь:
Без бронзовой узды с златыми удилами
Кобылой Франция неслась[43].

Корсиканец «с прямыми волосами» всем был обязан революции, сделавшей его в 24 года генералом артиллерии. Он видел бойню при штурме Тюильри. Но затем он покидает Францию, чтобы помочь братьям на Корсике, и вполне мог там и остаться, если бы семье не пришлось уехать из-за местных неприятностей. В 1794 г., послужив в Тулоне с братом Робеспьера, он ненадолго был арестован термидорианцами, затем он попытался (безуспешно) устроиться у турецкого султана. В 1795 г. он оказался под рукой в Париже во время мятежа роялистов в октябре, когда спас Конвент своевременным *залпом картечи*.

После этого некогда вызывавшему подозрения артиллеристу все удается. В 1796 г. ему передают командование потрепанной итальянской армией. С характерной для него скоростью он быстро встает над своими политическими покровителями, уловив, что судьба правительства в Париже зависит от хороших донесений с фронта. Зашатавшиеся члены Директории открыто ищут его поддержки, а его пребывание в Египте в течение 1798—1799 гг. пошло ему только на пользу. Переворот 18 брюмера превратил его в реального диктатора Франции.

Такое мог осуществить только совершенно посторонний человек, не принадлежащий ни к одной из партий. Теперь он устремляется вперед через Консульство и Империю, через море крови и сорок битв, о которых Наполеон говорил, что они были самозащитой, — он никогда не оглядывался назад. Окруженный такими же, как и он, маршалами-выскочками — Бертье, Массена, Макдональд, Мюрат, Сульт и Ней — и столь же блестящими министрами — Талейран, Годэн, Фуше и Кларк — он только пришпоривает кобылицу-Францию, как умелый наездник.

Когда корсиканский наездник взнуздал Францию, он — по корсиканским семейным правилам — усадил на нее целое племя Бонапартов: Жозеф, король неаполитанский и испанский; Люсьен, принц Канино; Людовик, король голландский; Жером, король вестфальский; Элиза, Полина и Каролина — герцогиня, принцесса и королева. Споткнулся он только на собственной династической тропе. Его брак с Жозефиной де Богарне, креолкой с Мартиники и вдовой казненного аристократа, оказался бездетным и закончился разводом. Его польская любовница Мария Валевская родила сына, который никогда не был признан. Его вторая жена Мария Луиза Австрийская родила в 1811 г. Наполеона II, короля Римского. Но к тому времени над головой «солнца мессидора» уже сгущались тучи. Первый правитель всей Европы уже обдумывал вторжение в Россию. По определению де Токвиля, Наполеон был «так велик, как только может быть велик человек, не имеющий добродетелей». [КОРСИКА]

Вторая коалиция 1799—1801 гг. стала возможной только потому, что сменился царь, и теперь на троне был Павел I, которому не терпелось играть более заметную роль. Русская армия под командованием Суворова отвоевала большую часть австрийской Италии, пока не явился Наполеон и не восстановил нарушенное равновесие. Но Павла I убили заговорщики; союзники на Континенте потеряли самое сердце своего союза; и снова Британия осталась один на один с Францией. Подписанному союзниками мирному договору в Люневиле (1801 г.) соответствовал британский мирный договор в Амьене (1802 г.).

После распада второй коалиции Наполеон смог оценить свое положение с позиции силы. Он продолжает завоевывать Италию, включая Пьемонт, Парму и Пьяченту. Он посылает (безуспешно) экспедицию на Гаити для подавления там восстания; вторгается в Германию, провоцируя распад Священной Римской империи; и начинает собирать *Armee de l'Angleterre* [Английскую армию] в Булони. Он даже снова начинает думать о том, чтобы окружить своих главных противников. 30 марта 1805 г. он пишет персидскому шаху:

«Бонапарт, император Франции — Фетху Али, шаху персов, Здравствуй!

У меня есть основания думать, что джины, держащие в своих руках судьбы государств, желают, чтобы я поддержал те усилия, которые Ваше Величество прилагаете, чтобы укреплять свою империю.

Персия — благороднейшая страна в Азии, а Франция — первая империя на Западе...

Но существуют на земле империи... [где] люди от рождения беспокойны, жадны и завистливы. Устав от своей глуши, русские посягают на лучшие части Оттоманского царства. Англичане, заброшенные на остров, который не стоит и самой маленькой провинции Вашей империи... устанавливают власть в Индии, крепнущую с каждым днем. Этих государств следует опасаться и наблюдать за ними...»[44]

Высокое мнения Наполеона об азиатских странах было отчасти искренним. Во время Египетской кампании он однажды сказал: «Европа — это кротовая нора. Все великие империи и революции были на Востоке»[45]. Однако пришлось снова обратиться к европейским делам.

Третья коалиция 1805—1814 гг., этот последний дипломатический шедевр Питта, была создана, чтобы решительно помериться силами. Однако этот решающий момент все медлил наступить. Победа британского флота в битве при мысе Трафальгар (21 октября 1805 г.) обеспечила полное превосходство Британии на море, так что у Франции не оставалось ни малейшего шанса на вторжение в Британию. На суше же, напротив, Наполеон полностью разгромил каждого из своих противников по очереди. В 1805 г. Аустерлиц означал полное поражение Австрии, и Россия отступила; в 1806 г. в Иене и Ауэрштадте окончательно разгромлена Пруссия; в 1807 г. Эйлау и Фридланд заставили русских отвести все свои войска. В течение 18 месяцев были оккупированы Вена, Берлин и Варшава. И после того, как Наполеон заключил мир с Россией и Пруссией (на плоту на реке Неман у Тильзита в июле 1807 г.), Британия уже в третий раз осталась один на один с Францией. [СЛАВКОВ]

Британской активности было, однако, больше, чем достаточно, чтобы поддерживать военные действия. Путем блокады королевским флотом Британия развязала торговую войну против всех стран, принявших континентальную блокаду Наполеона (см. ниже). Больше того, отправив в 1808 г. войска в Северную Испанию, англичане тем самым противодействовали недавнему захвату Наполеоном как Испании, так и Португалии, они превратили гражданские войны на Иберийском полуострове в международный конфликт, создали из юного Артура Уэлсли *Железного герцога* и предприняли отвлекающий маневр, на подавление которого у Наполеона так и не нашлось времени и сил.

Один за другим (хотя и с отсрочкой) члены умиравшей коалиции начали оживать. В 1808 г. некоторые части Италии присоединились к Испании в восстании против французского правления. В 1809 г. Австрия расторгла соглашение с Наполеоном, но немедленно потерпела еще более сокрушительное поражение под Ваграмом (1809 г.) в виду Вены. В 1810—1812 гг. начинает подниматься Пруссия, сначала — в форме тайного, подспудного сопротивления. К тому времени Россия устала от связей с Францией, опасалась польско-литовских планов Наполеона и страдала, как и другие, от континентальной системы. Наполеон же приближался к пику своей власти. [ФИАЛКИ]

За двадцать лет (1792 —1812 гг.) карта Европы и система государств совершенно изменились. Французские революционные армии принесли перемены трех родов.

Во-первых, они чрезвычайно увеличили территорию самой Франции прямой аннексией больших частей Нидерландов, Германии, Швейцарии и Италии. К 1810 г. взамен прежних 83 департаментов Республики Империя имела 130 департаментов с населением в 44 млн. человек. Помимо Эн, Айе, Од появились такие новшества, как *Bouches de l'Elbe* [Устье Эльбы] (Гамбург),

СЛАВКОВ

СЛАВКОВ [славное место] — это маленький город в 15 милях на восток от Брно в Моравии. 2 декабря 1805 г. это место (под его немецким названием Аустерлиц) стало полем *Битвы трех императоров*, самой драматичной из побед Наполеона.

Наполеон, до того подавшийся назад под натиском соединенных сил Австрии и России, теперь сам их потеснил. Три колонны союзников выступили против правого фланга французов в утреннем тумане. «Пока они огибают мой правый фланг, — заявил Наполеон, — они подставляют мне свой фланг».

Маршал Даву и его люди, которые перед тем прошли 90 миль от Вены за 48 часов, целый день отражали главную атаку вчетверо их сильнейшего противника. В 10 часов туман рассеялся, и засветило известное *солнце Аустерлица*. Французы захватили командные Праценские высоты, откуда они могли поражать артиллерией все поле, и затем рассекли силы врага надвое. После того, как императорская гвардия французов отразила атаку русских, началось отступление. Артиллерия французов проломила лед на озерах в долине и таким образом отрезала противнику главный путь к отступлению. Посреди 20000 убитых и такого же числа пленных Наполеон торжествовал в свой самый звездный час. «Вам будет достаточно сказать, — сказал он тем, кто уцелел, — я был под Аустерлицем».

Эту битву запечатлели художники — Грос, Верне, Калле, Жерар, — ее воспели поэты. Но лучшее описание находим в 3 части I книги *Война и мир* Льва Толстого: «Когда солнце совершенно вышло из тумана и ослепляющим блеском брызнуло по полям и туману...он снял перчатку с красивой, белой руки, сделал ею знак маршалам и отдал приказание начинать дело». (Л. Н. Толстой. Война и мир, т.1, ч.3. гл. XIV)

Теперь Аустерлиц, как и Ватерлоо, — железнодорожная станция, откуда идут поезда на юго-запад Франции. Военных историков занимают не столько планы генералов, сколько переживания и опыт солдат. Тем не менее, это была великая битва, решившая, кто же хозяин всего того, что и составляет прошлое.

ФИАЛКИ

За один (1810) год Наполеон заказал 162 бутылочки любимого своего одеколона на основе *нероли* [эфирное масло из цветов апельсинного дерева] у парфюмера Шардена. В одном знаменитом письме он однажды просил Жозефину две недели не мыться перед их встречей, чтобы ему насладиться ее естественными ароматами. Когда она умерла, он приказал посадить на могиле фиалки и до конца своих дней носил фермуар из них. Он был беззастенчивым *одоманом*.

Запах, это *немое чувство*, это *обонятельное измерение*, всегда присутствует в истории, хотя в основном историки его игнорируют. Согласно одной теории, мужчин привлекает в женщинах запах селедки, побуждающий их окунаться в первобытный океан. Естественные ароматы, как амбра, бобровая струя (кастореум), цибетин (ароматическое вещество из желёз виверры или циветты) и мускус, — с древности были самой большой роскошью и предметом торговли. Средние века полны надушенных свечей и кадил, здесь 165 лепестков *розария* — цветка Пресвятой Девы. Французская революция пропахла запахом открытых сточных канав Парижа, а двадцатый век — запахом разлагающихся трупов во рвах и лагерях, современность пахнет промышленными выбросами и первым (с 1922) искусственным альдегидом, известным как *Chanel No. 5*.

Simplon и *Tibre*. И с каждой новой аннексией Франция становилась менее французской.

Во-вторых, появилось множество новых государств, тесно связанных с Францией, каждое со своей основной конституцией и администрацией на французский манер. Сюда относились Батавская республика (1795—1804 гг.), преобразованная в королевство Голландия (1804—1810 гг.), королевство Этрурия (1801—1805 гг.), Рейнский союз (1806—1813 гг.), Великое герцогство Берга (1806—1813 гг.), Вестфальское королевство (1807—1813 гг.), Великое герцогство Варшавское (1806—1813 гг.), пять итальянских республик и так называемое Королевство (северной) Италии (1805—1814 гг.). [ILLYRIA]

В-третьих, после позднейших завоеваний Наполеона было позволено остаться некоторому числу старых государств, но со значительно измененными границами и внутренним устройством и под строгим контролем. К ним относятся Австрия, Пруссия, Испания, Неаполь и Португалия.

И только некоторые части Европы избежали революционных преобразований просвещенного деспотизма Наполеона — Британские острова, Скандинавия и Россия, а также Оттоманские владения. За этими исключениями вся остальная Европа подверглась радикальным изменениям, которые смели традиционный порядок и дали населявшим их народам (пусть и на краткое время) почувствовать вкус чего-то совершенно иного. [БУБУЛИНА]

Вопрос, насколько местное население приветствовало перемены или даже инициировало их, довольно труден. В некоторых местах — определенно радовались. Глубокие корни республиканства были, например, в Голландии и Швейцарии, где даже добивались французской интервенции. Так что не без причины некоторые города, такие как Брюссель, Милан или Варшава, выказали большой энтузиазм. В других местах французам оказали прием от смешанного до враждебного. Наполеон был силен в риторике освобождения, но слаб — в практическом ее применении. Приходилось взвешивать: преимущества освобождения крестьян или республиканского правления, с одной стороны, и груз увеличенных налогов и беспощадной мобилизации, — с другой. В некоторых странах, в особенности в Испании, вступление французов спровоцировало жестокую междоусобицу. Многие в Европе, кто теоретически приветствовал революцию, обнаружили, что в действительности она бесконечно деспотична.

Наполеоновские Нидерланды оказались первыми в ряду иностранных экспериментов Франции. На смену Батавской республике (1794 г.) пришло королевство Голландия (1806 г.) с Луи Бонапартом во главе, затем Нидерланды целиком были аннексированы Французской империей. Революционные идеи о правах наций равно затронули валлонов, фламандцев и голландцев. Они еще всплывут позднее.

ИЛЛИРИЯ

Как и другие эфемерные создания наполеоновского времени, Иллирийские провинции 1809–1813 гг. продолжали оказывать свое влияние и долгое время спустя после их расформирования. Присоединенные к Итальянскому королевству, находившиеся под управлением Франции, Иллирийские провинции включали большой участок Адриатического побережья от Триеста до Дубровника, а также такие важные земли, как Каринтия, Карниола, Истрия, Словения, Славония и Краина. Французский губернатор имел пребывание в столичном городе Любляне (Laibach). Недолгая свобода от Габсбургов оказалась достаточной, чтобы разгорелся пожар и Иллирийского движения среди словенцев и хорватов и итальянская кампания ирредентистов за возвращение Триеста и Фиуме (Риека).

После 1815 г. особый характер этого региона проявился в том, что правление Габсбургов было восстановлено на территории отдельного *королевства Хорватия–Славония*. И этот эксперимент, в свою очередь, закончился среди волнений 1848–1849 гг., когда бан Хорватии, генерал Елачич, повел свою армию в бой против сил Венгерского национального восстания. С некоторым промедлением Хорватии была дарована широкая автономия в рамках Венгерского королевства Габсбургов.

Иллиризм впервые набрал силу в 1830-е годы как движение защиты всех южных славян во владениях Габсбургов от возраставшего иностранного культурного господства. Это движение еще больше укрепилось после попытки навязать венгерский язык в качестве официального языка Хорватии–Славонии. С середины XIX-го века, однако, национальное возрождение словен (с базой в Любляне) неуклонно отходит от движения хорватов (с центром в Загребе-Аграме). Словенцы, оказавшиеся после 1867 г. в австрийском секторе Двуединой монархии, культивировали и систематизировали свой отдельный словенский язык, который существовал и в письменной форме со времен Реформации. Лидеры хорватов же присоединились к сербской группе культурных активистов и вместе с ними создали литературный *сербохорватский* язык. За основание был принят так называемый штокавский диалект, где слово *что* имеет форму *sto*, а не *ca* или *kaj*. Одновременно они поддержали свой национальный сепаратизм тем, что присоединились к римскому католичеству (в противоположность сербскому православию), а

также тем, что на письме употребляли латинский алфавит. К 1918 г. словенцы и хорваты сложились как отдельные и враждебные друг другу национальности внутри движения южных славян; обе национальные группы сыграли важную роль в формировании государства Югославия (см. с. 979). [CRAVATE] [МАКЕДОНИЯ] [САРАЕВО]

После 1945 г., когда восстановленная федерация Югославии целиком подчинилась коммунистическому режиму Тито, Словения и Хорватия добились статуса автономного государства внутри федерации наравне с Сербией, Черногорией, Боснией и Македонией. Словения была не только самой маленькой, но и самой богатой, и ВНП на душу населения здесь был сравним с ВНП Австрии. В 1992 г. она первой завоевала независимость. Хорватии повезло меньше. Несмотря на поддержку Европейского Союза, объявление о суверенитете вызвало сначала войну с усеченной федерацией во главе с Сербией, а затем насильственный распад Боснии (см. ниже). Только время покажет, не будут ли неоперившиеся республики Словения и Хорватия столь же недолговечными, как и Иллирийские провинции, к которым они когда-то принадлежали.

Наполеоновская Италия оформилась в течение нескольких лет после сложных поворотов судьбы. Первоначальное ее устройство Бонапартом (1797 г.) было сметено второй коалицией, но в последующие кампании было восстановлено и даже расширено. Сложившиеся здесь в 1797–1799 гг. пять республик — Цезальпинская в Ломбардии, Лигурийская в Генуе, Партенопейская в Неаполе и республики Лукки и Рима — стали флагманами революционного порядка. Затем к ним добавились переходные устройства, вроде княжества Пьомбино и королевства Этрурия, которые слились после 1805 г. или с Французской империей, или с Неаполитанским королевством, или с Королевством (северной) Италии, созданным для приемного сына Наполеона Евгения де Богарне.

БУБУЛИНА

В 1801 г. молодая вдова с острова Гидра возле Афин вышла замуж за Деметриоса Бубулиса, судовладельца с близлежащего острова Спецес. Ее отец был схвачен турками после поддержанного русскими восстания графа Орлова, а сама она была связана с тайным обществом *Philiki Etaireia* [Собрание друзей], которое базировалось в греческом пригороде Фанар в Истамбуле. Она происходила с тех островов, где говорили по-албански, но Православная церковь не давала забыть о греческом происхождении. Когда Бубулиса убили пираты, Ласкарина Бубулина (1771–1825) стала богатой и независимой деловой женщиной, главным патроном греческого национального движения.

Во время войны за независимость Бубулина приняла личное участие в столкновениях. Она построила военный корабль *Агамемнон*, участвовавший во многих боях. Прозванная Капитаном, она бесстрашно выезжала на белом коне на поле боя, раздавая патроны, еду или просто со словами ободрения. Во время осады Нафилиона она была во главе тех сил, которые блокировали замок и перебили турецкий гарнизон. Но и она не избежала критики. Предубежденные против нее историки полагают, что Бубулина, этот идол буржуазного национализма, приказывала убивать турчанок и евреек ради их драгоценностей, что она переплавила для выгоды пушки Нафилиона.

История национального движения Греции полна рассказов о патриотизме женщин. Особенно почитают деревушку Сули в Эпире. После того, как мужчины этой деревушки были захвачены турками в 1801 г., женщины и дети собрались на краю утеса, чтобы станцевать *zallongos*. Каждая женщина, покружившись в танце, бросалась с утеса, пока не осталось ни одной. Современные греческие школьницы тоже исполняют этот танец, бросаясь со сцены на кучу матрасов и распевая песню *zallongos*:

Рыба не может жить на суше
И цветы не цветут на песке;
Женщины Сули не могут принять
Жизнь без свободы.

Можно найти немало национальных героинь, как Бубулина: в Польше это Эмилия Платер (1806–1831), благородная женщина, которая сражалась с русскими, переодевшись мужчиной, и умерла за свободу поляков. У этих героических женщин были иные идеалы, иные заботы, чем у нынешних феминисток.

Бубулина не дожила до независимости Греции. Ее убили, но не турки, а разгневанный сосед, который во время ссоры высунул в окно мушкет и выстрелил ей прямо в сердце.

Упразднение Папской области и дурное обхождение с папами особенно шокировали современников, тем более в католических странах. Пий VI (1775–1799 гг.), проклявший Декларацию Прав Человека, был лишен (недолгой) власти и умер под надзором французов в Валансе. Пий VII (1800–1823 гг.), который некогда заявил, что христианство не удастся согласовать с демократией, кончил тем, что пять лет содержался французами под арестом за то, что отлучил всех (не называя) «расхитителей наследия Св. Петра». Эксперименты Наполеона подогревали национальные чувства в Италии; готовилось жестокое противостояние испуганных консерваторов и нового поколения либералов.

Германия, как и Италия, за время революционных войн несколько раз складывалась и разрушалась. В 1790-х годах большие перемены затевались в связи с приобретениями Пруссии в результате двух разделов Польши. При Фридрихе-Вильгельме II (пр. 1786–1797 гг.) Пруссия даже решилась на союз с Польско-Литовским государством. Но русские скоро призвали Пруссию к порядку. К 1795 г. Берлин приобрел Данциг и Варшаву и оказалось, что среди его подданных 40 % славян и католиков, а также очень много евреев. Пятая часть населения Пруссии была по происхождению иммигрантами. Недолгое правление Э. Т. А Гофмана (1776–1822) в Варшаве оставило свой след. Автор *Phantasiestucke* [Фантастических повестей] как главный правитель Новой Восточной Пруссии лично придумал множество совершенно фантастических немецких фамилий для самой большой в Европе общины евреев. И если бы Пруссии позволили развиваться и дальше, неизвестно, каким путем бы пошла история Германии. Но как бы то ни было, старую Пруссию завоевал Наполеон, а новая, которая появилась в 1815 г. на реконструированной территориальной основе, была явлением другого порядка.

Наполеоновская Германия возникла в соответствии с решительными усилиями Франции покончить со Священной Римской империей в период после второй коалиции. Этот процесс начался в 1803 г., когда были секуляризованы церковные княжества, 112 других городов и княжеств Империи были перераспределены в пользу Бадена, Пруссии, Вюртемберга и Баварии. В 1804 г. 350 сеньоров Империи утратили свой независимый статус, а несколько больших князей еще повысили свой титул. Франц Габсбургский получил титул императора Австрийского, а его коллеги из Баварии и Вюртемберга стали называться королями. В 1806 г. шестнадцать князей южной и западной Германии объединились в Рейнский союз, который был обязан оказывать Наполеону военную поддержку. Лидером (*Furstenprimas*) здесь стал Карл Теодор фон Дальберг (1744 — 1817 гг.), архиепископ Майнца и великий герцог Франкфуртский. Поскольку же все эти изменения противоречили конституции Священной Римской империи, то ее положение оказалось безнадежно подорванным. Наполеону теперь было нетрудно окончательно ее ликвидировать в августе 1806 г. В том же году (после Иены) пала Пруссия, а король удалился в Кенигсберг. Саксония присоединилась к Рейнскому союзу. В 1807 г. после Тильзитского мира из западных владений Пруссии для брата Наполеона Жерома было скроено королевство Вестфалия; Данциг был превращен в вольный город. Остальная Пруссия, включая Берлин, оставалась под оккупацией французов. Помимо нюрнбергского книготорговца И. Ф. Пальма, которого французы расстреляли за распространение памфлета *О глубочайшем унижении Германии*, и прусского гусарского майора Фердинанда фон Шилля, который возглавил довольно скороспелое восстание в 1809 г., мучеников здесь было мало.

Уничтожив в ходе своих экспериментов так много старинных местных изоляционистских режимов, Наполеон подготовил почву для формирования общегерманского национального самосознания. Довольно цинично он говорил: Германия всегда находится в процессе — она все время «становится, а не является». Но он многое

изменил. Основанный во время французской оккупации (1810 г.) Берлинский университет воспитывал новое мышление. Его первым ректором был философ И.Г. Фихте (1762—1814 гг.), автор патриотических *Речей к немецкой нации* (1808 г.). Война за освобождение 1813-1814 гг. взбодрила немцев. У всех на устах были слова песни «*Was ist das deutsche Vaterland?*» [Что такое немецкое отечество?], написанной поэтом и историком Эрнстом Морицом Арндтом (1769—1860 гг.). Арндт, чья *Geist der Zeit* (1806 г.) впервые призвала к сопротивлению, так, говорят, отвечал на собственный вопрос: «Германия всюду, где звучит немецкий язык, на котором славят Бога в небесах». В те же годы живший в изгнании прусский барон фон Штейн, некогда посетивший Санкт-Петербург и называвший Наполеона *врагом человечества*, придумывал (преждевременно) схемы объединения немцев в федерацию. «Германия, — писал он, — должна утвердиться между Францией и Россией». Вот зародыш понятий *Gross Deutschland* [Великая Германия] и *Mitteleuropa* [Центральная Европа]. [**КАВКАЗСКАЯ РАСА**]

Наполеоновская Испания погрузилась в болото и хаос. Первоначальная экспедиция французов в 1807 г. преследовала лишь цель наказать Португалию за связи с Британией. Однако в Испании нарастало возмущение в связи с присутствием французских гарнизонов, а также потому, что брата Наполеона Жозефа посадили на испанский трон. С этого времени французской партии приходится плохо. Теперь, когда португальцы закрепились за оборонительными укреплениями Торрес Ведраса, а британцы нападали с их базы в Корунне, когда Мадрид и многие провинциальные центры оказались в руках оппозиции, а большая часть сельской местности была охвачена партизанской войной, Франция обнаружила, что держать Испанию становится все дороже. В 1808—1809 гг. убывающие шансы Франции ненадолго поправил личным вмешательством сам Наполеон. Но ему пришлось уехать, а каждая победа его заместителей — Сульта и Массены — только все осложняла. В 1812 г. осажденные в Кадусе и настроенные против французов либералы сумели провести либеральную конституцию, предполагавшую восстановление ограниченной монархии. В 1813 г. профранцузская партия сумела вернуть к власти давнего монарха Фердинанда VII. Но все

КАВКАЗСКАЯ РАСА

Представление, что все народы Европы принадлежат к одной белой расе, а их родина была на Кавказе, выдвинуто впервые ученейшим профессором из Гетингена Иоганном Фридрихом Блюменбахом (1752–1840). Мысль, без сомнения, не верна, но ей была уготована долгая жизнь.

Европейцы воспитаны на Библии, так что ученые-классики издавна искали корни людского рода на Кавказе. В рассказе о Потопе в Библии говорится, что «ковчег остановился... на горах Арарат» (Быт 8: 4), причем, Арарат — это библейское название Армении. Легенды о Золотом руне и о Прометее — обе связаны с Кавказом. Между тем, этнический и национально-расовый состав кавказских народов исключительно сложен. Так что вовсе нет причин искать на Кавказе источник национально-расовой чистоты. Ни один из самых важных подтипов с Кавказа (как, например, так называемая арменоидная группа) больше нигде в Европе не представлен.

Блюменбаха, пионера сравнительной анатомии и, специально, краниометрии [измерение черепа], считают создателем *пятирасовой* схемы [кавказская, эфиопская, американская, монгольская и малайская расы]. Эта схема была основана на изучении им огромного собрания черепов, результаты которого публиковались в течение 30 лет, начиная с 1798 г. Это исследование давно уже стало общепринятым. По схеме Блюменбаха, кавказцы представляют европейскую (европеоидную) и при том высшую расу среди людей. Когда профессор занимался этнологией,

ему доставили череп из кавказского региона, который он посчитал лучшим образцом человеческого типа. Учитывая все это, странно видеть, как некоторые правительства все еще оперируют *кавказской* категорией в своей социальной политике и статистике. В Южной Африке ложное понятие белой расы лежало в основе дискриминационного права апартеида до 1991.

Помимо белой кавказской расы, Блюменбах идентифицировал коричневую — малайскую, желтую — монгольскую, черную — эфиопскую и красную — американскую расы. Его пятичастная классификация получила более широкое распространение, чем трехчастная схема (белые, коричневые, желтые) барона Жоржа Кювье (1769–1852), другого специалиста по сравнительной анатомии из Коллеж де Франс.

Позднее классификация рас по цвету была дополнена понятием безусловной расовой иерархии, в соответствии с которой люди с белой кожей европейского происхождения занимали высшую позицию. Это началось с работы Виктора Курте (1813–1867), хотя особенно влиятельное изложение этой теории было сделано в труде *О неравенстве человеческих рас* (1855) Жозефа-Артюра графа де Гобино (1816–1882). «История показывает, — писал он, — что любая цивилизация исходит от белой расы и что общество может достичь величия и вершин интеллекта лишь постольку, поскольку оно хранит кровь той благородной расы, от которой пошло». Межрасовые брачные связи означали вырождение. «Народы вырождаются

только в связи с примесями крови, которым они подвергаются».

Гобино, написавший историю Пруссии, также неверно связывал белую расу, которую он возводил к древним арийцам или иранцам, с индоевропейской лингвистической семьей. Таким образом, ложным ярлыком *арийства* он обозначил партнера (и соперника) более старого и также ложного *кавказского* типа.

Белые, *кавказоиды*, *арийцы* и *европеоиды* — все это этапы долгого поиска исключительного и, следовательно, не существующего, общего обозначения расового состава населения Европы. Впрочем, эти названия — лишь часть словаря сомнительных терминов, куда входят также *черные*, *азиаты*, *семиты* и *латиноамериканцы* — в них безнадежно смешаны физические, географические и культурные критерии.

Среди населения Европы обнаруживается большое разнообразие физических типов, вот почему не прекращаются попытки установить границы расселения их носителей, выделить географические подгруппы. *Светловолосый нордический* тип (нацистов), *иберо-кельтский*, *атлантическо-балтийский* (где англичане смешаны в кучу с голландцами и немцами), *центрально-европейский* (включающий и большинство немцев, и большинство русских) и *смуглый индо-средиземноморский* — все встречается в современных справочниках. И все они почти так же нереальны, как модная некогда практика устанавливать для каждой современной национальности собственную национально-расовую группу (см. с. 817). Но фразы вроде *островная раса*, *немецкие гены*, *польская кровь* — не уходят из речи народа, не говоря уж о *Daneskin* [с кожей датчан] или *рыжеволосых ирландцах*, или *черных псах* и *белых леди*, которыми изобилует европейский фольклор.

Современная генетика ушла далеко вперед по сравнению с выводами пионеров XIX века. Решительный шаг был сделан, когда в 1953 г. продемонстрировали, как работает ДНК. Обобщенно говоря, эти открытия показали, что преобладающая масса генетического материала является общей для всего человечества, причем в генах закодировано невероятно много характеристик. Несколькими декларациями (1956–1964) ЮНЕСКО осудил главные расистские мифы, которые были в ходу со времен Блюменбаха и Гобино. Впрочем, расовые различия не отметаются вовсе; просто было расчищено место для преимущественного изучения культурных, религиозных и социально-экономических факторов, для тонкого генетического анализа на основе доказанных научных принципов, для того, чтобы наконец покончить с «кожей и черепами».

было уже лишним: к тому времени Веллингтон был уже на пути к завоеванию всего полуострова.

[GUERRILLA]

В наполеоновской Польше царили и горячий энтузиазм и глубокое разочарование. Прибытие в декабре 1806 г. Наполеона и создание самоуправляемого Великого герцогства Варшавского вызвали большой подъем; однако перемены вовсе не привели, как надеялись поляки, к восстановлению бывшей Республики. В 1809 г. в результате второго поражения австрийцев Краков отошел к герцогству; но не последовало никакой помощи для возвращения Данцига или Литвы и провинций, поглощенных Россией. Польские добровольцы служили на всех этапах революционных войн, начиная с легионов в Италии в 1796 г. Однако жестокие поборы, символом которых были, в первую очередь, так называемые *Байоннские суммы*, и постоянно увеличивавшиеся потери мертвыми и изувеченными раздували народное недовольство. Наполеон никогда не раскрывал своих замыслов относительно Польши даже в 1812 г., когда у него ненадолго оказалась в руках вся историческая польская территория. Легенда о нем лучше по-

GUERRILA (ПАРТИЗАНЫ)

В июне 1808 г. нагруженный добычей (после разграбления Кордовы) французский генерал Дюпон отступил к Андухару и проходам Сьерра-Морены. Но здесь его окружили не только регулярная армия Андалузии, но и вооруженные отряды андалузских крестьян, преграждавшие ему отход с тыла. Он сдался с 22-тысячной армией, и стало понятно, что Испанию удержать труднее, чем завоевать.

На протяжение всей войны на полуострове французская армия участвовала в двух видах борьбы: во-первых, в основных военных кампаниях против испанских, португальских и британских полков, а во-вторых, в партизанской, *малой* войне с отрядами крестьян. Второй вид борьбы был особенно труден. Партизанские отряды избегали прямого столкновения, а вместо этого специализировались на засадах, ночных вылазках и внезапных нападениях на отдельные форпосты. Они провоцировали французов на коллективные истребления гражданских лиц в целях устрашения. Свое имя *guerilla* они оставили всем, кто стал позднее прибегать к их методам. Они показали, как небольшие группы решительных борцов могут противостоять превосходящим силам регулярной армии.

У *guerrillas* наполеоновской Испании много наследников, и это не только народные герои колониальных войн или прятавшиеся в лесах революционеры Латинской Америки. У них были ученики и в Европе: русские анархисты, партизаны, маки (*maquisards)* французского Сопротивления, ИРА, ЭТА, *городские партизаны* (современного политического терроризма).

Вопрос лишь в том, кто же был первым. Французские историки ставят на это почетное (первое) место не испанских *guerrillas*, а Жана Шуана и его последователей, то есть тех французов, которые бросили вызов Республике еще за десятилетие до того, как французские войска вошли в Испанию.

служила ему позднее, в эпоху романтиков, чем при жизни. Когда его самый преданный маршал Понятовский, пришпорив, послал своего боевого коня в воды Эльстера (в конце *Битвы народов*), то в этом выразилось отчаяние бесконечно усталого и обманутого народа.

Великобритания, хотя и избежала французской оккупации, но была потрясена до основания революционными войнами. И в самом деле, хотя внешнего врага удалось отразить, но по временам расцветала внутренняя революция. Особенно тяжелым было время 1797—1798 годов, когда мятеж на флоте у Спидхеда и Нора совпал с восстанием *Объединенных ирландцев* Вулфа Тона. Конечно, состояние практически постоянной войны с Францией не позволяло осуществлять политические реформы. Союз Великобритании с Ирландией, например, заключенный в 1801 г. вследствие поражения Тона, был омрачен тем, что обещанную свободу католикам пришлось отложить еще на 30 лет. В то же время развитию чувства британской солидарности очень способствовали морские победы, угроза французского вторжения, которая даже в одном случае материализовалась (в 1798 г. в самой отдаленной части Ирландии). Престиж парламента вырос благодаря изумительной схватке Питта Младшего и его искусного в речах противника Карла Джеймса Фокса (1749—1806 гг.). И все это время возрастала коммерческая, колониальная и экономическая мощь Британии. Число захваченных французских, испанских и голландских колоний все росло и росло. Внутри страны Закон об огораживании (1801) весьма ускорил темп социальных преобразований. Несмотря на войну, был построен Каледонский канал (1803—1822 гг.). А в 1811 г. происходит первое нападение луддитов на машины в Ноттингеме. В том же году старый король был объявлен безнадежным душевнобольным и его сменил сын — принц-регент. Регентство 1811—1820 годов оказалось особенно благотворным для британской архитектуры, жизни высшего общества и покровительства искусствам.

Так же и в Скандинавии обошлось без революции, хотя там и происходили волнения. Швеция дважды была вовлечена в войны с Россией. В 1788—1790 гг. после победы при Свенскунде она вышла из войны без потерь. В 1808—1809 гг. она потеряла Финляндию, а затем своего короля Гус-

тава IV Адольфа (пр. 1792—1809 гг.). Конституция 1809 г. вводила ограниченную монархию, и один из наполеоновских экс-маршалов Жан-Батист Бернадот (1763—1844 гг.) был приглашен на трон под именем Карла XIV. Он вступил в антифранцузскую коалицию, участвовал в войне за освобождение Германии и отделил Норвегию от Дании. [NORGE]

Что же касается Дании, то она отчаянно старалась придерживаться политики нейтралитета, за что ей дважды жестоко отомстила Британия. При великом реформаторе Христиане Ревентлове (1748—1827 гг.) датское Просвещение достигло многого, включая освобождение крестьян, гражданские права для евреев, свободу торговли и прессы. Но нейтралитет не спас страну от соседей. В апреле 1801 г. датский флот был потоплен в Копенгагене, причем Нельсон без конца подносил подзорную трубу к своему пустому глазу и отказывался дать сигнал, чтобы остановить атаку. В сентябре 1807 г. Копенгаген был блокирован британцами и капитулировал. После этого датчане с готовностью согласились на союз с французами, за что и были в свое время наказаны Бернадотом и Венским конгрессом.

Балканы находились вне сферы прямого влияния Франции. Французы удерживали только так называемые Иллирийские провинции, главным образом, современные Словению и Хорватию. (ILLYRIA) Однако ветер революционных и национальных идей носился по всему полуострову, задувая во все уголки. Наибольшим влияние этих идей было в Греции. В 1799 г. с помощью русских была установлена *Республика семи островов* [HEPTANESOS]; а когда большая часть фриза Парфенона была увезена из Афин, в народе немедленно всколыхнулись национальные чувства. В Сербии два восстания против турецкого владычества в 1804—1813 и 1815—1817 годах также получили поддержку России. В Румынских княжествах русская оккупация 1806—1812 гг. и последующее отделение Бесарабии вызывали протест, который только усиливал национальные чувства. [БУБУЛИНА]

Русская империя при Александре I (пр. 1801-1925), внуке Екатерины Великой, переживала, может быть, самое либеральное время своей истории. Отец Александра Павел I (пр. 1796—1801 гг.) постоянно находился на грани безумия: во внут-

NORGE (НОРВЕГИЯ)

В конце Наполеоновских войн, когда Дания совершенно определенно поддерживала проигрывавшую сторону, лидеры Норвегии покончили с четырехсотлетним датским правлением. 17 мая 1814 г. в Эйдсволле, недалеко от Христиании (Осло), была созвана ассамблея, чтобы провозгласить Норвегию суверенной, конституционной монархией. Конституция была списана, в основном, с испанской (1812). Датский правитель Норвегии принц Христиан Фредерик был единогласно провозглашен первым королем Норвегии с 1389 г.

Ассамблея в Эйдсволле, однако, не посчиталась ни со шведами, ни с королем Дании. Еще со времен утраты Финляндии в 1809 г. шведы стремились получить в компенсацию Норвегию; и датский король в одно-

стороннем порядке удовлетворил их притязания. Больше того, шведская армия под водительством наследника трона Бернадотта, уже выступила в поход, чтобы силой навязать это соглашение. После военных действий (продолжавшихся две недели) норвежцы были вынуждены согласиться с тем, что они сохраняют свою конституцию и свой отдельный *стортинг*, то есть парламент, (но не короля) в рамках соединенного щведско-норвежского королевства. Такое соглашение было запечатлено в Акте об Унии и подтверждено Венским конгрессом.

С этого времени национальное движение Норвегии в культурной сфере было направлено против засилья датчан, а в политической — против союза со шведами. Никакое давление

не могло заставить норвежцев отказаться от собственной конституции; и 90 лет ожесточенных стычек по поводу внешней политики, национальных флагов и, главное, по поводу власти шведского короля добавили горечи в союз. Однажды весь норвежский кабинет был обвинен конституционным судом страны, а премьер оштрафован за превышение их полномочий. Наконец шведское правительство ушло в отставку в связи со вторым объявлением Норвегией своей независимости. Датский принц Карл был единогласно избран королем и вступил в свою столицу 25 ноября 1905 г. Король взял имя Хакона VI, а столица вернула себе древнее название Осло. Хоть и с опозданием, но постановление ассамблеи в Эйдсволле наконец вступило в силу.

ренней политике он руководствовался злобными капризами, вроде введения телесных наказаний для дворян и чиновников; во внешней политике — полетами собственной фантазии. Он вышел из второй коалиции в 1799 г. из-за желания получить Мальтийский орден; в 1801 г. он порвал с Великобританией без каких-нибудь веских причин. Наконец, его убили пьяные офицеры. Затем Александр вступает в продолжительную борьбу с Наполеоном. Под руководством своего друга детства и главного министра князя Адама Чарторыйского (1770—1861), польского дворянина, однажды взятого в заложники Екатериной, он проявляет серьезный и разумный интерес к политическим и социальным проблемам своего времени. У него были большие планы по преобразованию Европы, а также искреннее желание использовать преимущества конституционной монархии[46]. Он присоединил Финляндию как автономное Великое княжество; освободил безземельных крестьян в балтийских провинциях; и на 20 лет превратил западный район, аннексированный у Польско-

Литовского государства, в полигон для либерального культурного эксперимента, центром которого стали университет и виленский учебный округ[47]. Благодаря ему были заложены основы системы государственного образования и совещательного Государственного совета, который с тех пор остается навсегда центральным органом царского правительства. Россия едва ли была готова к восприятию радикальных идей, но целое поколение русских солдат, близко познакомившихся с Польшей, Италией и, наконец, с Парижем, стали, так сказать, общественной закваской.

Наполеоновские войны не помешали экспансии России на восток. С 1801 г. с Грузии начинается шестилетнее покорение Кавказа. В 1812 г., в то самое время, когда Наполеон подходит к Москве, русская экспедиция основала на побережье северной Калифорнии крошечную колонию Форт Росс, больше чем на 30 лет опередив в этом районе американских пионеров[48]. [ГАГАУЗЫ]

Со временем начинают сказываться как напряжение французской континентальной блокады, так

HEPTANESOS

В марте 1799 г. французский гарнизон на Корфу сдался соединенному русско-турецкому экспедиционному корпусу под командованием адмирала Ушакова. Корфу был крупнейшим из семи ионийских островов, которые по Кампоформийскому договору отошли к Франции (до этого они принадлежали Венецианской республике). (Захват Корфу был редчайшим примером русско-турецкого сотрудничества, сложившегося в результате вторжения Наполеона в Египет.) Утвердившись, русские освободились от своих турецких союзников и создали образцовую *Ионическую республику семи островов* с собственным парламентом и конституцией (1803), написанной министром Александра I — князем А. Чарторыйским. Щедрость русских была вызвана тем, что они хотели перещеголять революционную Францию и заложить основу будущего греческого государства. Новое устройство продержалось только четыре года. По Тильзитскому миру Ионийские острова снова отошли к Франции, но уже в 1809 г. их один за другим захватывает британский флот.

Британский режим оказался гораздо менее либеральным, чем русский. Навязанная конституция предоставляла исключительную власть наместнику. Горстка богатых землевладельцев управляла и консультативной ассамблеей, и деспотической колониальной системой землевладения. Во время греческой войны за независимость главной целью англичан было не дать местному населению присоединиться к Греции. В 1848 и 1849 годах о. Кефалония становится ареной восстаний с требованием проведения аграрной реформы, которые губернатор сэр Генри Вард подавлял, прибегая к массовым арестам, порке и казням. Именно в это время лорд Пальмерстон клеймил австрийцев как «самых жестоких людей из тех, кто когда-нибудь назывался незаслуженно цивилизованными людьми», и когда генерал Хайнау был бесцеремонно брошен в лошадиную поилку в Лондоне, то наместника Варда назвали в палате общин «кровавым Хайнау Ионийских островов». Но напрасно. Это было подходящей прелюдией к тому, как грубо разрешил Пальмерстон дело Дона Пацифико. От союза с Грецией отказались только в 1859 г. по совету британского представителя У. Гладстона. Но на него согласились в 1864 г. как на спасающий престиж жест в ходе общего урегулирования с Грецией. Во время этого кризиса Альфреду, герцогу Эдинбургскому был предложен греческий трон, и он от него отказался. По иронии судьбы английская монархия в свое время согласилась дать титул несуществующего герцога Эдинбургского греческому принцу-изгнаннику, родившемуся на Корфу. [ГОТА]

и последствия британской блокады. Именно это было подоплекой союза царя (в марте 1812) со Швецией и размещения Наполеоном у западной границы Империи шестисоттысячной *Grande Armee* [Великой Армии]. Эти же блокады стали яблоком раздора, вызвавшим позорную войну 1812—1814 гг. между Британией и Соединенными Штатами. Американский флот долго был в ловушке несоответствий между британскими и французскими ограничениями; и в 1807 г. взятие на абордаж американского корабля «Чезапик» отрядом корабля Ее величества «Леопард» нанесло Штатам большое оскорбление. Президент Мэдисон ввел правила мирного сдерживания и невмешательства, но потом уступил требованиям *ястребов* в Конгрессе. Американцы не сумели отвоевать себе сколько-нибудь значительных территорий в Канаде, как и британцы не сумели вернуть себе контроль над бывшими колониями. Рассматривая происшедшее в обратной перспективе, интересно отметить, что из-за континентальной блокады сгорели как резиденция президента [Executive Mansion] в Вашингтоне, которую с 1814 г. называют Белым домом, так и Москва.

Русская кампания 1812 г. стала величайшей, как сам он признавал позднее, ошибкой Наполеона. Он называл ее своей «польской войной», так как военные действия происходили по большей части на традиционно польской территории и потому что в случае удачи обязательно бы встал вопрос о восстановлении Польско-Литовского государства. Граница, которую *Grande Armee* перешла 22 июня 1812 г., лишь незадолго перед тем стала границей Российской империи. Для местных жителей это была историческая граница, связывавшая Польшу с Литвой. [MIR] Наполеон

ТРОФЕИ

В 1799 году британский посол в Оттоманской Порте лорд Элгин посетил Афины и приобрел там лучшие части фриза Парфенона. Парфенон использовался как арсенал, и большая его часть была разрушена взрывом. Никто не собирался восстанавливать здание. Вот почему лорд Элгин мог утверждать, что его сделка с турецкими властями была абсолютно легальна и совершена на благо народа. Однако греки отнюдь не разделяли его убеждения. Один из лидеров греческого антитурецкого сопротивления предостерегал сограждан не продавать греческие сокровища европейцам, позднее он писал: «В конце концов, мы за них сражались!»

«Мрамор Элгина» до сих пор остается одной из наиболее ценных экспозиций Британского музея. Многие считают его «национальным английским достоянием». Их можно понять. Если бы, предположим, камни Стоунхенджа были бы легально перевезены в Грецию, греки имели бы все права называть их «национальным греческим достоянием».

Многие европейские галереи и музеи основаны на трофейных коллекциях. Не важно, чьи это были трофеи: государственные или частные. Рано или поздно они попадали в музейные собрания. В XVII веке шведы вывезли многочисленные культурные ценности из Германии, Богемии и Польши. Наполеон был одним из самых активных «спонсоров» Лувра. Многие из его археологических трофеев, приобретенных в египетских походах, стали, в свою очередь, трофеями англичан. В то время как лорд Элгин находился в Афинах, армия генерала Суворова в Италии активно занималась приобретением трофейного искусства, в чем ей помогали команды специально обученных «культурных снабженцев». Политических тяжеловесов вообще, как правило, за границей сопровождали люди с «легкой рукой».

В XX веке пальма первенства в области похищения культурных ценностей перешла к нацистам. Геринг, который считал себя настоящим ценителем, Гитлер — бывший студент-искусствовед — планировали создать крупнейшие культурные центры в родном городе фюрера Линце. Для этой цели разграблению подверглись Париж, Краков, Флоренция, Гент и Амстердам, а также множество городов поменьше. Железнодорожные составы везли трофеи в Рейх с Востока. По завершении войны в заброшенной соляной шахте Альт Аусс в Австрии были найдены тысячи бесценных произведений искусства, собранные по всей Европе.

Однако нацистский грабеж — это всего лишь первая и меньшая часть истории трофеев. Нацисты не могли ничему «научить» советские войска по части добычи трофеев. Через 50 лет сотни работ старых мастеров и других «трофеев», экспроприированных Советской армией у нацистских экспроприаторов, стали вдруг «находиться» в России. Так называемая золотая *Маска Агамемнона* из Микен и еще около 16000 предметов из *клада Приама*, были «обнаружены» в 1991 году в Москве. Сокровища, которые нашел Шлиман в Трое, были привезены им в Берлин, откуда они и попали в Москву. Неизвестные никому, кроме КГБ и нескольких музейных работников, эти трофеи и «специальные приобретения» были спрятаны в Пушкинском музее, в Эрмитаже и в Троице-Сергиевой лавре на протяжении полувека. По большей части они были изъяты из частных коллекций, например Херцога и Хатвани в Будапеште или Франца Кенинга в Амстердаме, или из собраний Фонда Креба в Мангейме. Говорят о миллионах ценных произведений искусства. Проблема состоит в том, что так же, как и в случае с Британским музеем, практически невозможно убедить русских в том, что есть большая разница между «найти» и «оставить себе найденное».

В вопросе о трофеях союзники также оказались далеко не «выше подозрений». Берлинская коллекция Моцартины, которая во время войны была перевезена на сохранение в Польшу, так домой и не вернулась. Она до сих пор находится в университетской библиотеке города Кракова. В 1990 году, в Техасе, в гараже, принадлежавшем отставному американскому лейтенанту, были найдены бесценные культурные ценности из *Кедлинбургской сокровищницы*. В частности, Библия IX века с цветными рисунками.

Стоит ли говорить о том, что понятие *культурная ценность*, определенное Гаагской конвенцией в 1954 году, — это слишком позднее дополнение.

ГАГАУЗЫ

Вскоре после завоевания Россией Бессарабии в 1812 г. в новую царскую провинцию устремились иммигранты. Среди других прибыла группа балканских христиан, известных под именем *гагаузов*. Они прибыли из того района, который является теперь северной Болгарией, и осели в районе Комрата, то есть в теперешней Молдавии. Язык гагаузов принадлежит к юго-западной (огузской) ветви тюркских языков и распространен также в Средней Азии. По вероисповеданию гагаузы относятся к славянскому обряду болгарского православия. До сих пор не ясно, покинули ли они свою родину в поисках лучшего или из страха. Некоторые (мусульманские) гагаузские общины остались в Оттоманской империи в Болгарии.

Существует два взгляда на раннюю историю гагаузов. Согласно одному, они были средневековыми турками, отчасти болгаризованными. Согласно другому, они были отуреченными болгарами, сохранившими веру, хотя и потерявшими язык. Ни тот, ни другой подход не удовлетворяет всему своду фактов.

Просто гагаузы были одним из нескольких меньшинств Восточной Европы, по телу которых прошло разделение на христиан и мусульман. Среди поволжских татар-мусульман также имеется крещеное меньшинство, принявшее религию русских завоевателей. Среди чеченцев Северного Кавказа, которые по большей части являются мусульманами, есть и некоторое количество христиан. В подобном же положении оказались и абхазы [АБХАЗИЯ]. Албанцы-мусульмане, хотя и составляют большинство и в Албании и в сербской провинции Косово, но они же составляют важное меньшинство в Македонии. [МАКЕДОНИЯ] [ШКИПЕРИЯ]

По обе стороны Родопских гор, по границам Болгарии и Греции живет внушительная община болгароязычных мусульман, известных как *помаки*. У них есть родственные связи в Македонии и Албании. Их существование в Греции не признается официально. В 1876 г., возможно, именно местная милиция помаков, а не профессиональная турецкая армия совершала то, что м-р Гладстон назвал «болгарскими ужасами». Если это так, то они получили по заслугам в виде ужасов Балканских войн. Помаки никогда не покидали этих мест.

В Боснии только религия разделяет боснийских мусульман и христиан-«сербов» и католиков-«хорватов». Все они говорят на одном сербохорватском языке и все они — славяне. Боснийские мусульмане (44 % населения в 1991) часто рассматриваются их националистически настроенными соседями как ренегаты, изменившие католичеству или православию и принявшие религию правивших турок. На деле же вполне вероятно, что до принятия ислама многие такие боснийские семьи были патаренами. [БОГОМИЛЫ]

В конце XX века эти малоизвестные народы то и дело стали появляться на первых полосах европейских газет. В середине 1980-х годов терявший силы коммунистический режим в Болгарии сделал последнюю отчаянную попытку сохранить контроль, развернув ультранационалистическую кампанию *Процесс возрождения*. Разрушались мечети; мусульманские меньшинства Болгарии — гагаузы, помаки и турки — были поставлены перед выбором: сменить свои имена или эмигрировать. Многие выбрали эмиграцию. В 1991 г., когда Молдавия провозгласила независимость, гагаузы Комрата, которых на то время было 200000 человек, не спешили принять в этом участие. Чеченцы вызывающе поднимают знамя независимости от России, провозглашая собственную национальную республику, а поволжские татары в Казани намеревались провозгласить *Татарстан*.

В 1992 г., во время быстрого распада Югославии, правительство Боснии заявило о своей независимости в надежде сохранить целостность многонациональной республики. Оно получило мировое признание, но не получило сколько-нибудь существенной помощи или защиты из-за границы. Западная гуманитарная помощь и символические миротворческие силы ООН никак не повлияли на последовавшую затем оргию разграбления земель, межнациональной резни и *этнических чисток*. Самопровозглашенная сербская республика Боснии (в Пале) является зеркальным отражением самопровозглашенной сербской республики Краина (в Книне), которая была создана на землях старой габсбургской Военной границы в Хорватии. В течение года сербы, составлявшие 31% населения, захватили 11% территории. Сараево, как и некоторые другие анклавы, оказалось в осаде. Под натиском хорватов мусульмане ушли со смешанных территорий, таких как Мостар, а сербы бежали из центральных районов, где преобладали мусульмане. Погибло, может быть, четверть миллиона человек. Мировые лидеры ничего не делали, пока Босния горела в огне. В отсутствие сильной государственности распад коммунизма производил тот же эффект, что и отступление турок за 200 лет до того. [САРАЕВО]

встал перед выбором: вести ли политическую кампанию, используя армию для освобождения крестьян и мобилизации антирусских настроений населения, или начать исключительно военную кампанию, исход которой будет зависеть лишь от военной удачи. Он заметил, что поляки Литвы вовсе не походили на поляков Варшавы. Тогда, как Карл XII до него и Гитлер после него, он решил игнорировать местные условия и поплатился за это. Оставив все мысли о будущем политическом устройстве, он быстро прошел Литву и устремился в самое сердце Московии. При Бородине, у ворот Москвы, он одержал самую тяжелую из своих побед. Французы заняли Москву, но Москва сгорела вместе со всем, что здесь хранилось. Царь просто отказался вести переговоры

МИРСКИЙ ЗАМОК

В июле 1812 г., когда генерал Платов отступал в Белоруссию перед Великой армией, его казаки заложили бочки с порохом под стены *Мирского замка* и разнесли его в прах. Джером Наполеон, король Вестфалии, использовал это место как свою штаб-квартиру несколько дней по пути в Москву. Но 10–11 ноября, когда вернулась русская армия, отчаянное сражение с отступавшими французами довершило разрушение.

Долгое время Мирский замок был самой большой крепостью на польско-литовской границе, одним из самых восточных феодальных замков Европы. Некогда военная крепость великих герцогов литовских, он перешел в 1434 г. в частное владение. Строительство мощных укреплений было закончено ок.1500 г. при Ежи I Иллиниче, маршале Литвы, и его сыне Ежи II, графе Священной Римской империи. Пять высоких бастионов из красного кирпича соединялись зубчатой крепостной стеной. Их защищал барбакан в форме лошадиной подковы и ров. С 1569 г. центральная, хорошо укреплённая часть

замка была превращена князем М.К. Радзивиллом в роскошный ренессансный дворец из обработанного камня. До 1812 г. он был (вместе с соседним Несвижем) одним из двух главных резиденций Радзивиллов.

За свою долгую жизнь Замок повидал много войн. Его осаждали тевтонские рыцари в 1395 г., дважды его брали и опустошали татары в XV веке, захватывали шведы в 1655 г., сжигал Карл XII в 1706 г. и штурмовали русские в 1794 г. Славные дни Мирского замка настали, когда здесь поселился князь Кароль Радзивилл, *Panie Kochanku* [господине возлюбленный!] (1734–1790), который восстановил дворец после хищнических разграблений во время войн со шведами. Это было главное владение в громадном комплексе поместий, которые обрабатывались тысячами белорусских крепостных. Рядом с католической и греко-католической (униатской) церквами стояла еврейская синагога и татарская мечеть. Большая община местных цыган проводила ежегодно лошадиную ярмарку, и *цыганского короля* традиционно увенчивал короной князь. В 1761 г. дворец стал местом колоссальной оргии во время сессии Коронного трибунала Речи Посполитой. В 1785 г. здесь состоялся громадный прием в честь последнего короля Польши. Русское правление началось со вторым разделом в 1793 г. Цыгане сразу же громадными массами эмигрировали в Молдавию. Радзивиллы отправились в свои владения в Пруссии. После 1812 г. остались только руины.

Но Мирский замок продолжает жить, его обессмертила эпическая поэма *Пан Тадеуш* Адама Мицкевича. Поэт имел в виду именно Мир, когда описывал «Тайную вечерю» Литвы. Полная надежды и благорасположения в предвидении освобождения Наполеоном, местная знать собирается на великолепный пир. Господа с госпожами танцуют полонез. Их забавляет еврей Янкель, «который любил свою страну, как поляк». В конце они поднимают чаши в древнем польском тосте: *Kochajmy Sie*! [Давайте любить друг друга!]

и приказал армии не втягиваться в большие сражения. В ноябре из-за угрозы голода был дан сигнал к отступлению. *Grande Armée* растянулась колонной больше чем на 700 км и пала жертвой суровой русской зимы, набегов казаков и неожиданного разлива Березины. Наполеон бежал на санях в Варшаву, а оттуда в Париж. Что же касается его солдат, то из 600000, которые перешли в июне Неман, едва ли каждый двадцатый остался в живых, чтобы рассказать страшную правду. Как заметил однажды император, «все империи умирают от несварения». [МАЛЕ] [ХРАМ ХРИСТА СПАСИТЕЛЯ]

В последних кампаниях 1813 г. и 1814 г. решающее значение имели логистика и боевой дух солдат. Хотя Наполеон потерпел поражение в трехдневной *Битве народов* под Лейпцигом в октябре 1813 г., он продолжал одерживать победы в последовавших сражениях. Но теперь ему противостояли коллективная воля многих народов, чье национальное чувство он же и помог взрастить, и решимость наследников династий вернуть себе утраченное положение. Продвижение русских, пруссаков и австрийцев с востока, Веллингтона с юга нельзя было остановить. Непреклонные цифры говорили, что

МАЛЕ

В 3 часа ночи 23 октября 1812 г. человек в полной форме генерала Империи прибыл в казармы Попинкурт в Париже и потребовал немедленной встречи с командующим Национальной гвардии. Он представился генералом Ламоттом, новым военным губернатором и объявил, что Наполеон был убит в Москве, что чрезвычайное заседание Сената провозгласило Временную республику и что Национальная гвардия должна собраться на Вандомской площади. Передав командующему свидетельство о присвоении тому нового звания, он приказал ему принять командование над другими частями, а потом отпустить на свободу двух политических заключенных: генералов Гидаля и Лагори. Свои распоряжения он подкрепил солидной пачкой приказов.

В течение нескольких часов план осуществлялся без помех. «Генерал Ламотт» обходил парижский гарнизон, не встречая сопротивления. Так же и генерал Лагори. Генерал Гидаль устроился как следует поесть в ресторане. Но не меньше, чем 13 старших офицеров перешли в подчинение не существующей

Временной республики. Офицер, отвечающий за охрану Люксембургского дворца, где предположительно проходило чрезвычайное заседание Сената, ничего неладного не заметил.

И только тогда, когда большая часть Национальной гвардии уже собралась на Вандомской площади, дело расстроилось. На встрече с генералом Гюленом, кого Ламотт должен был заменить, «Ламотта» попросили представить приказы о его собственном назначении. Вместо этого он выстрелил Гюлену в голову. Вскоре после этого на встрече с другими офицерами его узнал бывший товарищ и закричал: «Это не Ламотт, это Мале». Главный заговорщик был схвачен, разоружен и разоблачен.

Клод-Франсуа Мале (1754–1812), уроженец Юры, был бригадным генералом с сильнейшими якобинскими убеждениями. Давно уже отстраненный от активной деятельности, он содержался под стражей за плохо скрываемую неприязнь к Наполеону. Он все спланировал с помощью другого союзника аббата Лафона, роялиста и ультрамонтана, который подделал документы. Его жена взяла напрокат мундиры у театрального портного. Настоящий Ламотт был генералом-республиканцем, жившим в изгнании в США.

В полночь Мале и Лафон вскарабкались на стену своей тюрьмы. Мале пошел домой переодеться, а потом направился в Попинкурт. Лафон же исчез и появился только после Реставрации. На заседании военного суда Мале взял всю вину на себя, но не смог спасти тех, кто поддался на его обман. Последнее, о чем он попросил, — разрешить ему самому отдать команду взводу, который его расстреливал.

Инцидент с Мале раскрыл правду об империи Наполеона. Мале правильно вычислил, что судьба Империи зависела от жизни одного человека. Как только появилось (ложное) известие о смерти Наполеона, никто уже не думал о короле Рима или наследниках Наполеона. Так что Франция едва не стала вновь республикой ценой всего одного выстрела. *Мелкие инциденты* могут произвести большие перемены в ходе истории.

ХРАМ ХРИСТА СПАСИТЕЛЯ

В 1812 г., чтобы отпраздновать освобождение России от Наполеона, Александр I издал указ о возведении в Москве храма Христа Спасителя. Проект был осуществлен комитетом, который учредил Николай I. В 1837 г. начались работы на берегу р. Москвы недалеко от Кремля. Архитектор Константин Тон, проектировавший железнодорожные станции, задумал построить колоссальную базилику (крестообразную в основании), которую бы венчали пять куполов, громадный бронзовый купол и взмывающий ввысь крест. На внутреннее убранство храма пошло 422 кг чистого золота. На колокольне были установлены самые большие в России колокола. Снаружи храм был украшен мрамором с Подолья и финским гранитом. По завершении (через 45 лет) строительства Храм Христа Спасителя был освящен в присутствии Александра II 26 мая 1883 г.

18 июля 1931 г. московская *Правда* объявила, что возглавляемая Молотовым комиссия постановила построить *Дворец Советов* у Москвы-реки. Через 5 месяцев был взорван Храм Христа Спасителя. В 1933 г. Сталин утвердил проект Иофана и Щусева, согласно которому предполагалось построить величественное здание высотой в 415 м, в 6 раз более просторное, чем *Empire State Building*. Здание должна была венчать гигантская фигура Ленина, в три раза больше, чем Статуя Свободы, с указательным пальцем в 6 м длиной.

Дворец так и не был построен. Мрамор, снятый с разрушенного храма, пошел на украшение станций метрополитена в Москве. После тридцатилетнего промедления Никита Хрущев приказал заполнить водой котлован у реки и превратить его в открытый плавательный бассейн. С падением же коммунизма, понятно, появились новые планы относительно этого места: решили восстановить Храм Христа Спасителя в его прежнем великолепии.

Франция потеряла слишком много молодых жизней. В эти последние два года Наполеон потерял больше миллиона человек, и это при том, что ему так и не удалось заманить кого-нибудь из врагов в ловушку очередного скоординированного сражения. Наступил момент, когда императору сказали, что солдаты больше сражаться не будут. В апреле 1814 г., когда англичане, русские и пруссаки стояли в Париже, Наполеон отрекся. Революционные войны, да и сама Революция окончились. Или так казалось.

На первый взгляд результат Революции достаточно ясен. Но историк, который изучал этот предмет весьма тщательно, говорит, что союзники не одержали безусловной победы. «Действительно, в конце Европейская коалиция одержала верх над французскими армиями, — пишет он, — и все же нельзя сказать, что Франция в результате этой борьбы потерпела поражение»[49]. Без сомнения, он имел в виду то, что Франция сохранила в неприкосновенности свою территорию, что революционные идеи не потеряли своей силы и что впереди еще были сюрпризы.

Все понимали, что на карту была поставлена судьба всего Континента. Наполеон любил говорить о *Европе*. Когда он упомянул Европу в Тильзите, царь подхватил: «Европа? Что это?» а потом дал собственный ответ: «Европа — это мы (имея, по-видимому, в виду правящих монархов)». Весной 1814 г. на пути в Париж он сказал: «Я прибыл помирить Францию с Европой». Чтобы осуществить это примирение, потребовалось значительно больше времени, чем думали тогда.

Среда, 20 апреля 1814 г., Фонтенбло. Наполеон Бонапарт, король Эльбы, перед тем, как покинуть Францию и отправиться в свои новые владения, прощался с императорской гвардией. В вестибюле замка он приветствовал членов оставленной ему свиты и шумную компанию комиссаров правительств союзных стран. Оттуда он прошел по подковой поднимавшейся наверх широкой лестнице к двери мраморного балкона, выходившего на просторный двор *Белой лошади*. Около 5000 солдат Старой гвардии собрались внизу. Старшие офицеры стояли полукругом впереди со знаменосцами и оркестром. У ворот уже ждали экипажи. Как только Наполеон появился у перил, кавалерийские трубачи заиграли *Fanfare de l'Empereur:*[50]

Знамя, которое тогда реяло над собравшимися, теперь можно увидеть в Musee de Le Armée. Это прямоугольный триколор с вертикальными полосами синего, белого и красного, расшитый золотом. Спереди полотнище украшено эмблемами императора: две короны в верхних углах, два кружка с монограммой 'N' по бокам, два орла в нижних углах, сноп, окруженный пчелами, наверху и посередине. Надпись гласила: GARDE IMPERIALE — L'EMPEREUR NAPOLEON AU 1er REGIMENT DES GRENADIERS A PIED. [ИМПЕРАТОРСКАЯ ГВАРДИЯ. ИМПЕРАТОР НАПОЛЕОН — ПЕРВОМУ ПЕХОТНОМУ ГРЕНАДЕРСКОМУ ПОЛКУ] С обратной стороны на полотнище перечень мест, где полк отличился в боях: Маренго, Ульм, Аустерлиц, Иена, Эйлау, Фридланд, Экмюль, Эслинг, Ваграм, Смоленск, Москва, Вена, Берлин, Мадрид. Следовало добавить еще битвы 1813 — 1814 гг.: Лютцен, Баутцен, Дрезден, Лейпциг, Ханау, Шампобер, Монмираль, Вошамп.

В собственной свите Наполеона теперь было меньше 20 человек. Среди них генерал Друо, «Мудрец Великой армии», который, придет время, произнесет речь над гробом императора, генерал Бертран — он доставит прах императора во Францию, и герцог Боссано, его министр иностранных дел. Из гражданских здесь были адъютанты Бельяр, Бюсси и Монтескье, а также секретари — бароны Файн и Дидевиль и шевалье Жуанн. Штат военных включал графа Коссаковского, командира *maison militaire* [штата офицеров для поручений при особе императора], графа д'Орнано, командира драгун, двух артиллерийских полковников, Гурго и Ла Пласа, полковника топографической службы Атталена и полковника Васовича, польского переводчика. Командир Старой гвардии маршал Лефевр-Дену-

эт, герцог Данцигский, ждал верхом во главе отряда кавалеристов, чтобы сопровождать карету императора в Бриар. Кроме него здесь не было ни одного маршала Империи, ни одного члена семьи императора.

Генерал Пети, возглавлявший команду знаменосцев, приказал взять на караул — торжественный марш. Барабаны пробили *Aux Champs* [В поход]. Наполеон спустился по лестнице и бросился в гущу собравшихся воинов. Точные слова императора не известны, но генерал Пети, который мог хорошо все слышать со своего места, кое-что запомнил:

«Офицеры, подофицеры, солдаты моей Старой гвардии! Я прощаюсь с вами. В течение 20 лет я был вами доволен. Я всегда видел вас на дороге славы.

Союзные державы вооружили против меня целую Европу. Часть армии забыла не только свои обязанности, но и самое Францию… С вами и с другими смельчаками, которые остались верны, я мог бы сражаться еще три года. Но это принесет несчастие Франции и будет противоречить провозглашенным мною целям. Итак, будьте верны новому правителю, которого изберет Франция. Не бросайте эту дорогую родину, которая так долго была несчастна.

Не сожалейте о моей участи. Я всегда буду доволен, если буду знать, что и вы довольны. Я мог бы умереть… Но нет. Я выбираю благородный путь чести. Я напишу обо всем, что мы совершили»[51].

В этот момент генерал Пети выхватил саблю и прокричал *Vive l'Empereur*, ему ответило громовое эхо.

«Я не могу всех вас обнять, поэтому я обнимаю вашего генерала. *Approchez, General Petit*… [*Генерал Пети, подойдите*]

Затем он сказал: «Принесите мне Орла». Он трижды поцеловал край знамени со словами: «Дорогой орел, пусть эти поцелуи отзовутся в сердцах всех смельчаков». Наконец, *Adieu, mes enfants* [Прощайте, дети мои]. «И эти убеленные сединами воины, которые всегда оставались спокойными, когда лилась их собственная кровь, теперь не

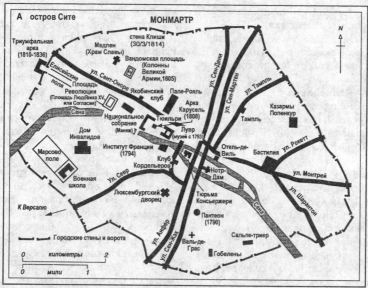

A   остров Сите

МОНМАРТР

N

Триумфальная
арка
(1810-1836)

Мадлен
(Храм Славы)

стена Клиши
(30/3/1814)

Вандомская площадь
(Колонны
Великой
Армии, 1805)

Елисейские
поля

ул. Сент-Оноре

Якобинский
клуб

Площадь
Революции
(Площадь Людовика XV,
или Согласия)

Пале-Рояль

Арка
Карусель
(1808)

ул. Сен-Дени

ул. Сен-Дени

ул. Сен-Мартен

ул. Тампль

Тампль

Казармы
Попенкур

Сена

Национальное
собрание
(Манеж)

Тюильри

Лувр
(музей с 1793)

Отель-де-
Виль

Бастилия

ул. Рокетт

Дом
Инвалидов

Институт Франции
(1794)

Нотр-
Дам

ул. Монтрей

Марсово
поле

Военная
школа

Клуб
Кордельеров

ул. Севр

Тюрьма
Консьержери

Сена

ул. Шарантон

К Версалю

Люксембургский
дворец

Пантеон
(1790)

Сальпе-триер

Городские стены и ворота

ул. Анфер

Валь-де-
Грас

Гобелены

ул. Сен-Жак

0   километры   2

0   мили   1

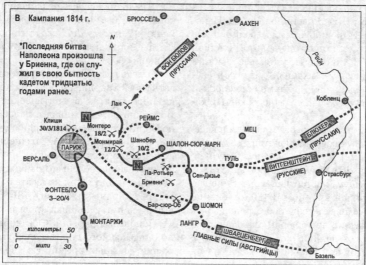

B   Кампания 1814 г.

БРЮССЕЛЬ

ААХЕН

ФОН БЮЛОВ
(ПРУССАКИ)

Рейн

*Последняя битва
Наполеона произошла
у Бриенна, где он слу-
жил в свою бытность
кадетом тридцатью
годами ранее.

N

Лан

Кобленц

Клиши
30/3/1814

N

Монтеро
18/2

РЕЙМС

МЕЦ

БЛЮХЕР
(ПРУССАКИ)

ПАРИЖ

Монмирай
12/2

Шанобер
10/2

ШАЛОН-СЮР-МАРН

ВЕРСАЛЬ

ТУЛЬ

ВИТГЕНШТЕЙН
(РУССКИЕ)

Страсбург

N

Ла-Ротьер
Бриенн*

Сен-Дизье

ФОНТЕБЛО
3-20/4

Бар-сюр-Об

ШОМОН

МОНТАРЖИ

ЛАНГР

ШВАРЦЕНБЕРГ
ГЛАВНЫЕ СИЛЫ (АВСТРИЙЦЫ)

Базель

0   километры   50

0   мили   30

Карта 21

могли удержать слез»[52]. Наполеон направился к экипажу, быстро в него сел и уехал.

Замок Фонтенбло в 37 милях на юго-восток от Парижа был любимой резиденцией Наполеона. Его построил Франциск I вокруг башни средневекового охотничьего домика в 1528 г., и он был первым веянием Ренессанса во Франции. Окруженный дубами и соснами густого леса Фонтенбло, замок предлагал настоящее уединение и отдых. Более приветливый, чем Версаль, он не напоминал ни о чьей славе. Постройки замка Фонтенбло располагались вокруг нескольких дворов — Овального (la Cour Ovale), Княжеского (la Cour des Princes), Фонтанного (la Cour de la Fontaine), Сада Дианы (le Jardin de Diane). Двор *Белой лошади* (La Cour du Cheval Blanc), который с апреля 1814 г. стал называться *Двором прощания* (La Cour des Adieux), был продан при Людовике XIII. Интерьеры с такими сокровищами искусства, как фрески Россо в галерее Франциска I, были спроектированы с роскошью, но без грандиозности. Украшения и вся обстановка (в основном XVI–XVII вв.) были дополнены Наполеоном собственными собраниями мебели в стиле ампир. Замок служил однажды золотой клеткой для папы Пия VII, но он видел и самые счастливые дни Наполеона и Жозефины. «Лес Фонтенбло, — сказал он однажды, — это мой английский сад. Я не хочу другого»[53]. Ему было тяжело покидать Фонтенбло.

Императорская гвардия была живым воплощением самой сути двух военных понятий — *элитная часть* [*corps d'elite*] и *честь мундира* [*esprit de corps*]. Она была сформирована в ноябре 1798 г. как *Гвардия консула* и затем непрерывно росла, пока не стала армией в армии. В 1805 г. она насчитывала 5000 человек всех четырех родов войск — пехоты, кавалерии, артиллерии, инженеров. В 1809 г. Гвардию разделили на Старую гвардию (элита из ветеранов внутри элитной части) и Молодую гвардию, которая пополнялась набором и переводом из других частей. К 1813 г., пику своей истории, в Гвардии было 60 различных полков и почти 50000 человек.

В Гвардию набирали лишь лучших: гвардеец не мог быть моложе 25 лет, ростом не ниже 178 см, должен быть грамотным и участвовать в трех кампаниях. Гвардейцам выдавалась великолепная форма, щедрое содержание, они проходили специальное обучение, а командиры имели свободный доступ к императору. Другие солдаты должны были обращаться к ним *monsieur*. Каждую неделю, если удавалось, их *Tondit* [Стриженый] инспектировал своих *moustaches*, *grognards* [«усачей» и «ворчунов»] своих «непобедимых» и «бессмертных». Со временем ядро ветеранов составили те, кто прослужил 17, 20 лет и даже 22 года. У них было принято обмениваться шутками с императором. Один гвардеец однажды громко спросил императора, почему у него до сих пор нет ордена Почетного легиона. «А за что?» «За то, что я однажды дал Вам дыню в Египетской пустыне!» «Дыню, *non, non...*» «Да, дыню, и прошел 11 кампаний, и семь раз ранен — при Арколе, Лоди, Кастильоне, у пирамид, Акры, Аустерлица, Фридланда...» Еще до того, как он кончил перечислять, он был уже кавалером Империи и получил 1200 франков жалованья. Среди гвардейцев было много иностранцев из экзотических стран. Два из четырех полков *непобедимых* были голландскими. Были целые подразделения итальянцев. В кавалерии был полк мамелюков с ятаганами, немецких *Lanciers de Berg*, татарская конница из Литвы и три полка польских улан, «вернейших из верных».

Долгие годы Наполеон не соглашался жертвовать своей Гвардией в боях, за исключением молниеносных атак в критические моменты. Под Бородино он удерживал их словами: «Я не могу позволить, чтобы мою Гвардию уничтожили в 300 лье от Парижа!» Но в позднейших кампаниях, когда стало мало обученных новобранцев и шли потоком лишь зеленые новички, он использовал Гвардию всюду. При замечательном отступлении (с арьергардными боями) 1814 г. Гвардия прошла весь путь, поливая кровью каждый шаг.[54]

Наполеон прибыл в Фонтенбло за три недели до описываемого дня, все еще уверенный в поражении союзных армий. Из своих укреплений в Шампани он намеревался, вернувшись по собственным следам, врезаться глубоко в линии коммуникаций противника. Однако шайка казаков-мародеров перехватила его курьера и раскрыла намерение «выгнать врага из Парижа»[55]. Вот почему в последнюю неделю марта он обнаружил, что русские, пруссаки и австрийцы вместо того, чтобы выдвинуться для сражения с ним, неожиданно и согласно двинулись к плохо защищенной столице. Русские продвинулись к Роменвилю. Пруссаки установили батареи на Монмартре. Австрийцы дошли по Сене до Шарантона. 200000 неприятельских войск окружили линию обороны столицы. Защитники под командованием маршала Мармона, герцога Рагузского, стояли крепко. Отважный Дюрок, потерявший в России ногу, отказался сдаться: «Я сдам вам свои позиции тогда, когда вы вернете мне ногу». Но политики струсили, боясь осады. Граждане не хотели разделить участь Москвы. Талейран послал к царю прощупать почву. 30-го брат Наполеона Жозеф с императрицей покинули город.

Пустившись из Сен-Дезье назад, Наполеон так торопился, что покрыл в своем ландо 120 миль за день. И как за два года до того, когда он летел в санях из Москвы, с ним был министр иностранных дел, верный Коленкур. В 11 часов дня 31-го он менял лошадей в гостинице *Cour de France* в Жювизи-сюр-Орж, что всего в 8 милях от Нотр Дам; там он встретил офицера и узнал, что Париж капитулировал. Новость была преждевременной. Император пешком отправился в сторону Парижа; но, встречая все больше отступающих, он понял, что опоздал. Тогда он повернул в Фонтенбло, чтобы там произвести перегруппировку, и прибыл туда измученный в 6 часов вечера. Через 3 дня, 3 апреля (в Вербное воскресение) он произвел смотр Гвардии в Фонтенбло. 10000 пехотинцев и 4600 кавалеристов услышали, как он сказал: «Через несколько дней я пойду на Париж. Я прав?» В ответ они загремели одобрением: «A Paris! Vive l'Empereur».

Но император дрогнул и вскоре отказался от планов дальнейших действий. Первым ударом стало для него известие о том, что сенат империи утвердил без него временное правительство, одновременно предлагая восстановить династию Бурбонов. Потом пришло известие об измене войск под командованием Мармона, так что дальнейшее сопротивление становилось почти невозможным. Во французском языке появилось новое слово *raguser* [предавать]. Третьим ударом стал совет его маршалов — отречься в пользу несовершеннолетнего сына. Маршал Макдональд сказал ему, что немыслимо обнажить меч против братьев-французов. Маршал Ней объявил: «Армия не двинется. Армия подчинится своим командирам»[56]. «Храбрейшие из храбрых» больше не хотели сражаться. Наконец, император обнаружил, что союзники больше не соглашаются на условия первого отречения от 4 апреля. В течение страшной недели он корчился от мысли, что теперь возможно только изгнание. Завершился *degringolade* [распад].

Впрочем, самую горькую чашу он принял от жены Марии-Луизы: не обращая внимания на его нежные и мужественные письма, императрица с лихвой отплатила ему за пренебрежение и неверность. Сначала она отвечала нерешительностью, а потом и собственным полным пренебрежением. Первоначально предполагалось, что она присоединится к нему в Фонтенбло или где-то на пути, чтобы разделить с ним ссылку. Потом, однако, решили, что она поедет к отцу императору Францу, чтобы защищать мужа. Но выяснилось, что намерения ее были иными: она отправляется в Вену лишь для того, чтобы навсегда порвать с мужем...

Теперь следовало освободить армию от воинской присяги. Маршал Ожеро избрал особенно болезненную формулу. «Солдаты, — заявил он, — вы освобождаетесь от вашей присяги отречением того, кто пожертвовал миллионами ради собственных амбиций и не имел мужества умереть, как солдат»[57]. Трехцветная кокарда была заменена белой.

Среди этих зыбучих песков был участок твердой почвы — императорская Гвардия. В ночь после первого отречения она собралась на улицах Фонтенбло с факелами в руках и криками *Vive l'Empereur!* Наполеону пришлось приказать им вернуться в казармы. Он также получил согревшее его душу письмо от графа Винцента Красинского, старшего командира польских полков. «Маршалы дезертируют. Политики предают Вас... Но поляки остаются...»[58] Впрочем, и польские полки не были едины: одна треть уланов-шеволежеров [*chevau-legers lancier* — легкие кавалеристы-пикинеры] осталась с императором. Но другая треть, в основном французы — отпали. Оставшиеся верными уланы (численностью 1384) выступили в Польшу под командованием героя Сомосьеры. Блистательный, надушенный Козетульский на своем черном арабском скакуне простился с императором: «Сир, мы слагаем к Вашим ногам оружие, которое у нас никто не мог взять силой... Мы, поляки, служили самому удивительному человеку этого столетия... Примите, сир, от нас уверение в вечной верности... несчастному принцу»[59].

Во главе политиканов Парижа оказался Талейран, председатель Сената; он стал председателем Временного правительства. Именно от Талейрана исходили анонимные сигналы, побудившие союзные армии перейти в наступление. Теперь он принимал в собственном доме царя. Устремились назад роялисты-эмигранты, акции Бурбонов росли в цене день ото дня. Возвращался домой граф Прованский (Людовик XVIII), которому тогда было 59 лет. Он провел 23 года в изгнании: в Кобленце, Вероне, Блакенберге, Кальмаре, Митаве в Курляндии, Варшаве, а последние пять лет — в Англии. В то время, как Наполеон паковал свои вещи в Фонтенбло, Людовик укладывался в Хартвеле, графство Бэкингемшир. Он был полон решимости настоять на своих правах наследования, отвергал приготовленную Сенатом конституцию, но собирался также даровать подданным собственную либеральную конституцию. Прозванный за свои наклонности гурмана *Louis des Huitres* [Людовик Пожиратель устриц], он был готов со многим мириться и сохранить весь истеблишмент Империи. Наполеоновские маршалы и министры ждали реставрации спокойно. Русские квартировали на Елисейских полях. Император Франц был в Рамбуйе, Фридрих-Вильгельм Прусский — в Тюильри. Парижане были свидетелями самых экзотических зрелищ: прусский гренадер с косичкой, живописные хорваты и венгры, черкесы в кольчугах, лучники-башкиры верхами.

В то время, как Франция боролась со своим экс-императором, остальная Европа приспосабливалась к последствиям его падения. В 1814 г. новости распространялись медленно. Ни Веллингтон, ни Сульт не знали, что Наполеон отрекся, когда участвовали в последней битве кампании на полуострове у Тулузы 10 апреля. Императорский гарнизон на Корфу узнал об этом только тогда, когда к ним в июне прибыл британский фрегат и призвал сдаться. Но наполеоновская империя уже развалилась: на востоке герцогство Варшавское уже больше года было оккупировано русскими. Возродились прусская и австрийская монархии. Был распущен Рейнский союз. В Швейцарии вернулись к старой конституции. В Испании только что был восстановлен на престоле Фердинанд VII. В Нидерланды вернулся Вильгельм Оранский. В

Скандинавии Норвегия только что взбунтовалась против передачи ее от Дании Швеции. В Италии наполеоновские государства были захвачены австрийцами. Папа Пий возвращался в Рим, где он вскоре возродит и Индекс, и инквизицию.

Британия, остававшаяся в безопасности от войн на континенте, купалась в лучах славного регентства. Нэш перестраивал в Брайтоне Павильон в псевдо-восточном стиле. Премьер-министр лорд Ливерпуль сказал о Наполеоне: «Его скоро забудут». Сэр Вальтер Скотт опубликовал первый из романов *Уэверли*. Джордж Стефенсон усовершенствовал первый паровой локомотив в Кмиллингворт Кольерри около Ньюкасла. Чуть позднее английский язык обогатился (при помощи Маргарет Зангер) понятием «регулирование рождаемости». Марилебонский крикетный клуб (МКК) в Лондоне открыл свой первый сезон на *Лордз* Росло, однако, общее недовольство послевоенной рецессией. Война с Соединенными Штатами уже затихала, хотя еще и не была окончена.

В области искусства год 1814 был годом, когда Классицизм еще соперничал с поднимавшимся Романтизмом. В этом году появились [Фантастические повести] Э.Т.А. Гофмана, еще творили живописцы Гойя, Энгр и Тернер. Юный Шуберт написал *Лесного царя*, Бетховен закончил оперу *Фиделио*. Умер И.Г. Фихте; родился Михаил Лермонтов.

Политический кризис во Франции достиг пика на Страстной неделе. Союзные комиссары прибыли в Фонтенбло 6 апреля, чтобы представить отредактированный акт отречения, который Наполеон подписал.

Союзные державы заявили, что император Наполеон остается единственным препятствием на пути к миру в Европе. И император Наполеон, верный своей клятве, объявил, что отрекается за себя и своих наследников от престолов Франции и Италии, что нет такой жертвы, включая саму жизнь, которую бы он не принес с радостью ради Франции[60].

Дальнейшие переговоры привели к подписанию в Фонтенбло договора, который был заключен 11 апреля: Наполеон сохранял свой титул и пенсию в 2 млн. франков, получал в собственное владение остров Эльбу, личный штат и эскорт.

Британский комиссар сэр Нейл Кемпбелл провел тогда много времени в разговорах с низвергженным императором: «Я видел перед собой деятельного человека-коротышку, который, как какое-нибудь дикое животное, быстрыми шагами мерял апартаменты, в эполетах, синих панталонах и высоких сапогах с красными отворотами, небритый, нечесаный, весь обсыпанный крошками нюхательного табака…»[61]

Когда они обсуждали кампанию Веллингтона на Полуострове, император много раз повторял: «Ваша нация самая великая из всех… Я пытался поднять французскую нацию, но мои планы провалились. Это судьба».[62]

Психологический кризис у бывшего императора наступил, когда закончились переговоры. Он пребывал в убеждении, что покинут семьей и маршалами. Когда он передавал командование Гвардией маршалу Нею, его заверили: «Мы все — Ваши друзья». На что он отвечал с горечью: «Да. И убийцы Цезаря тоже были его друзьями». Его посланцам к императрице стоило больших трудов пересечь линии союзников. В Орлеане, где Молодая гвардия была на ее стороне, казначей императора прятал остатки его сокровищ под кучей конского навоза в конюшнях епископа. 11-го Наполеон съел незапланированный ужин с Коленкуром, бывшим его посредником в сношениях с сенаторами в Париже, и обнаружил, что слуга вытряс порох из пистолетов, всегда лежавших у его кровати. Но у него еще оставался пузырек опия, который он всегда носил при себе с тех пор, как два года назад его едва не захватили казаки в России. Он ушел к себе в комнату и проглотил содержимое пузырька. Впрочем, яд потерял свою силу: он был достаточно силен, чтобы заставить его кричать в судорогах и конвульсиях, но не мог убить. Коленкур привел доктора. К утру император оправился. «Как трудно умереть в собственной постели!» — сказал он. (Это событие оставалось в тайне до публикации в 1933 г. мемуаров Коленкура.)[63]

13-го Наполеон попрощался с Джеймсом Макдональдом, герцогом Таранто, последним из остававшихся около него маршалов. Преданный шотландец, сын высланного яковита, он присоединился к Коленкуру в недавних переговорах с союзниками об отречении. Он не мог не заметить, что Кэмпбелл прибыл, когда Макдональд собирался уехать. Но его задача была исполнена. Наполеон подарил ему парадную шпагу *Murad Bey*,

память о египетской кампании 1799 г.: «Примите это в память обо мне и моей дружбе»[64].

Как только был подписан договор, начались приготовления к отъезду на Эльбу. Императора должны были сопровождать четыре комиссара союзников — полковник Кэмпбелл, граф Шувалов, барон фон Коллер и граф Трачсесс фон Вальдбург. Путь лежал через Лион и Авиньон к побережью, где их будет ждать фрегат, чтобы за пять дней доставить Наполеона на Эльбу. Множество грумов и возчиков трудилось в Ронье, в лесу Фонтенбло. Они чистили и смазывали 8 экипажей конвоя, рисовали императорские гербы, паковали багаж в двадцать повозок, готовили 101 лошадь для экипажей и под седло. 100 возов мебели и личных вещей императора должны были последовать позже. Самое громоздкое собирались послать вперед в Бриар на юге, куда император и его эскорт прибудут в конце первого дня путешествия. Первая группа выехала утром 14-го по дороге Монтаржи.

Свиту выбирал сам император. Ему оставляли 30 офицеров и 600 солдат. Кавалерийский отряд был сформирован под руководством генерала Жермановского из эскадрона польских улан с прибавлением нескольких французов и мамелюков. Был морской отряд, артиллерийская батарея с 100 артиллеристами и один пехотный батальон из 3 рот гренадеров и 3 — стрелков. Людей в этот батальон императору предстояло выбрать лично.

В последнюю субботу Наполеон решил уладить дела со своими женщинами. Жозефине он написал: «В изгнании я сменю шпагу на перо. Все до единого меня предали. *Adieu, ma bonne Josephine*. Покорно откажись от всего, как я отказался, и никогда не изгоняй из своей памяти того, кто никогда тебя не забывал и никогда не забудет»[65].

К Марии-Луизе, императрице, он обращается формально на *Вы*:

«Моя дорогая жена, Провидение… произнесло свой приговор надо мной. Поздравляю Вас с избранным Вами путем… Едва ли, думаю я, Судьба когда-нибудь сведет нас вместе снова… Из всех наказаний разлука с Вами — для меня самое жестокое. Упрекну лишь в одном. Почему вам не царить в моем сердце, как это дало Вам материнство? Вы боялись меня и Вы любили меня…»[66]

Письма не были отправлены — через несколько дней после отъезда императора их нашли на столе неподписанными.

Карта 22

Теперь оставалось лишь ждать отъезда, назначенного на среду. Наполеон постепенно оправлялся. Он доставлял окружению столько неприятностей, сколько мог. Раз или два им овладевал присущий ему гнев. Кроме того, он испортил комиссарам обед, приказав лакею объявить о его приходе (так что они все встали), а сам не вышел к столу.

Как солдат Наполеон думал много раз о смерти и о забвении. Однажды он спросил у маршала Сегюра, что люди станут о нем говорить, когда его не будет. Министр разразился скорбным гимном и восхвалением. «Нет, — сказал Наполеон, крепко сжимая ладонь в характерном галльском жесте, — они скажут *Ух!*»[67]

Утром в среду Наполеон оделся очень просто для прощальной церемонии — он был великим мастером театральных эффектов. Некогда он заметил, что история сделана из времени и пространства: «Всегда можно вернуть потерянный плацдарм, но потерянное время — никогда». Не упуская случая, он ставил то, что историки назовут «Тайной вечерей» иконографии Наполеона. Свидетели несколько расходятся в том, как именно он был одет: то ли в повседневную форму гренадера [Chasseurs de la Garde], — зеленый сюртук поверх белого жилета и бриджей, то ли в синий мундир с белыми панталонами. Но, во всяком случае, на нем были высокие сапоги, шпага на боку и на груди только орден Почетного легиона; на голове знаменитая черная треуголка. Точно в 11 (по другим свидетельствам, когда часы били 1 час) он направился в холл и вышел на мраморную лестницу.

История знает немало моментов, когда казалось, что кончается эра, режим или система. Эти моменты опасны как для непосредственных участников, так и, в не меньшей степени, для историков, которым бы хотелось разделить могучий ее поток на крошечные периоды. Потому что режимы, общества или экономические системы не умирают в одночасье, как люди. Даже тогда, когда налицо полное крушение, силы инерции, непрерывности и преемственности продолжают противостоять переменам. Наполеон был еще жив. Он еще не стал легендой. И, хотя он сказал Старой гвардии *Adieu*, это было не последнее *Adieu*.

DYNAMO
Мировой двигатель, 1815-1914 гг.

В истории Европы XIX века есть динамизм, какого никогда не было раньше. Как никогда раньше Европа источала энергию — в технике, экономике, культуре, во власти над другими континентами. Первейшими символами этого времени были двигатели: локомотив, газовый завод, электродвигатель. Грубая сила, казалось, стала добродетелью сама по себе — будь то популярный взгляд на эволюцию как на «выживание наиболее приспособленных» или философия исторического материализма, утверждавшая победу сильнейшего класса, или культ сверхчеловека, или теория и практика империализма.

На самом деле европейцы стали чувствовать себя не только сильными, но исключительными. Они находились под глубоким впечатлением от неизвестных ранее сил и энергий, обнаружившихся вокруг. Люди узнали новые физические силы: от электрического тока до динамита, новые демографические силы, проявлявшие себя в беспрецедентном росте населения, новые социальные силы, сделавшие массы главным предметом заботы общества, новую энергию торговли и промышленности, расцветавших в условиях беспримерно широкого рынка и мощного развития техники, новые военные силы, которые ставили под ружье миллионы людей и приводили в движение миллионы единиц военной техники, новые силы в культурной сфере, породившие разнообразные «течения», апеллировавшие к массам, новые политические силы, благодаря которым можно было приобретать безраздельную власть по всему миру.

В Европе одержал победу «век силы», «век власти», «век энергий». Его лидерами были прежде всего «всемирная мастерская» Великобритания и, в последние десятилетия, Германия, которая не сумела найти себе место под солнцем, что и разрушило все величественное здание. Проигравшими и потерпевшими стали те люди и народы, которые не смогли приспособиться, не выдерживали конкуренции — крестьяне, кустари, городская беднота, колониальные народы, ирландцы, сицилийцы, поляки, вынужденные миллионами эмигрировать, а также три великие империи — Турция, Австро-Венгрия и Россия. Эта эпоха начиналась при последних судорогах одной революции (французской) и закончилась в преддверии другой революции (русской). Она началась при Наполеоне, мечтавшем о власти над всей Европой, говаривавшем, что его любовница — власть. Она закончилась Лениным, провозгласившим, что «коммунизм есть Советская власть плюс электрификация всей страны».

Можно, конечно, возразить, что в XX веке явились еще бо́льшие силы и энергии: ведь энергия пара и электричества никак не может сравниться с невиданной энергией, возникающей при делении атомных ядер. Как и удивительная скорость поезда не сравнится со скоростью самолета или межконтинентальной ракеты. И сила империалистического гнета и колониализма, как бы ни была велика, едва ли сравнится с тоталитарным гнетом фашизма и коммунизма. Но дело том, что для человека XIX века мощь был предметом удивления, источником надежды; в XX веке она становится подозрительной. В период промышленной революции до движения в защиту окружающей среды отношение к силе, энер гии, власти совершенно изменилось. Никто не сомневался в пользе электричества, когда оно было открыто в 1805 г.; но о пользе ядерной энергии идут ожесточенные споры. Индустриализация и колониализм некогда представлялись большим шагом вперед для всех. Теперь представляется, что их дары были, по меньшей мере, не безусловно положительными.

Кардинально изменилась психология восприятия мощи и скорости. В 1830 г., когда был пущен первый в мире пассажирский поезд Ливерпуль — Манчестер, видный политический деятель Англии был сбит и погиб под колесами «Ракеты», ехавшей со скоростью 24 мили в час: он не понял, что такое скорость. В 1898 г., когда автомобилям впервые было разрешено двигаться по дорогам Великобритании, их скорость была ограничена четырьмя милями в час, так что впереди автомобиля мог идти человек с красным флажком в руках. Сегодня миллионы ездят по немецким автобанам со скоростью 100 миль в час; по французскому ТЖВ — 240 миль в час, а скорость *Конкорда* — 1000 миль в час. С мощью и скоростью познакомились все, а от близкого знакомства может родиться и неприязнь.

Естественно, большинство европейцев даже не подозревали, сколь большая сила была дана им в руки. Гордые и опрометчивые поспешили использовать ее без ограничений; мудрые считали, что здесь надо проявить осторожность. Британцам, которые поначалу лидировали, не оставалось ничего иного, как со всей ответственностью включиться в дела Континента. Так же поступил и Отто фон Бисмарк, создатель самой мощной военно-промышленной системы своего времени. "Железный канцлер" сделал Германию могучей, но не превратил ее в угрозу миру. Его знаменитые слова «железом и кровью» (1849 г.), а потом «кровью и железом» (1886 г.) относились не к войне, а к бюджету, к социальным проблемам. Как величайший государственный деятель своего времени, он даже сумел понять, что и сама эта государственная деятельность имеет границы; он не претендовал на то, чтобы «контролировать поток событий, но лишь время от времени изменять его направление. И Гёте говорил: «Хозяином положения будешь, если вовремя уклонишься, и гений заключается в знании, где остановиться»[1]. Последователи Бисмарка не знали такой воздержанности.

Вопреки ожиданиям схватка Европы с новейшими силами возродила христианскую культуру. «Век железных дорог» стал также веком напористого христианства. Вместе с инженерами в дальние страны отправлялись миссионеры. Люди, которые ощутили свою уязвимость в этом быстро менявшемся мире, тосковали по прежнему благочестию и дисциплине. Вопреки бездушным машинам и на волне поднимавшегося романтизма они стремились теперь к Божественному утверждению, с большей готовностью принимали сверхъестественное, ими владело страстное желание познать «глубины бытия». Умирая, они даже могли представлять собственную жизнь как «железную дорогу духа»:

Колею на небо проложил Христос,
И Божественная истина положила рельсы -
От Земли до Неба протянулась колея,
В Жизнь Вечную уходит она...
Божья Любовь — огонь, Истина — пар,
Вот от чего работает Машина и двигает Поезд.
Все вы, кто едет в Рай,
Придите ко Христу, в Нем пребывайте,
Занимая места в Первом, Втором и Третьем классе —
Каясь, Веруя, Святясь...
Скорее, бедные и грешные, уже пора
На всякой Станции,
Покаявшись и отвратившись от греха,
Садиться на Поезд в Вечную Жизнь.[2]

XIX век начинался в критических условиях. Движущие силы перемен могли тогда проявить себя только в рамках политических и международных систем, сложившихся в конце революционных войн. Причем вся эта структура была специфически модифицирована в результате чрезвычайных событий 1815 года.

В феврале того года, когда Венский конгресс безуспешно стремился выработать соглашение, джинн революции снова вырвался из бутылки. Наполеон бежал с Эльбы. Последовали *Сто дней*, когда Европа вновь погрузилась в пучину революционной войны со всеми ее особенностями. Это был шок исключительной силы. И если в 1814 г. победители действовали осторожно, то в 1815 г. они превратились в открытых реакционеров. Сложился тот климат наступавших десятилетий, когда всякий признак перемен немедленно подавлялся.

Сто дней наэлектризовали Европу. В течение трех недель с момента, когда Наполеон один высадился у мыса Антиб (1 марта), он пересек Дофине, победил маршала Нея, которого послали «загнать зверя обратно в клетку», и с триумфом вошел в Париж, заставив Людовика XVIII бежать. В течение трех месяцев он реорганизовал армию и оставил Париж, чтобы атаковать силы коалиции на северной границе. У него была простая стратегия — разгромить союзников поодиночке, пока они еще не соединили свои силы. 16 июня при Линьи он разгромил пруссаков, впрочем, они смогли отступить в порядке. 18 июня он уверенно атаковал англичан при Ватерлоо недалеко от Брюсселя. Но в этот день невиданной бойни «тонкая красная линия» герцога Веллингтона выстояла против всех яростных атак французов, а прусская кавалерия Блюхера, появившаяся в конце дня на горизонте, смела французов и очистила поле боя. Как и сам Наполеон был сметен с поля истории после этой его 16-ой битвы. 22 июня он вновь отрекается; 15 июля он, бежавший в Рошфор, сдается Метленду, капитану королевского военного судна «Беллерофон». Его отвозят в Плимут, а оттуда — на далекий о. Св. Елены. Больше он не смог бежать, и в своих мемуарах он написал о будущем Европы, что через 10 лет она «станет казацкой или будет республикой». О смерти Наполеона Талейран теперь скажет: «это уже не событие, это только известие». [экология]

После Ватерлоо Венский конгресс собирается вновь уже отрезвленный, и больше представителей победивших держав уже нельзя обвинять в том, что они вместо того, чтобы работать, танцуют. Теперь они не хотят рисковать. Они полны решимости прежде всего восстановить права монархии — те священные институты, против которых в особенности была направлена Революция, и пренебрегают требованиями демократии или национальными интересами и самоопределением наций. Проблемы решались просто: недовольных удовлетворяют за счет побежденных. На место Рейнского союза и Священной Римской империи приходит Германский союз 39 государств. Пруссия, которая требовала Эльзас, Лотарингию и Варшаву, взамен получила половину Саксонии. Австрия, утратившая свои позиции в Нидерландах, получила северную Италию. Соединенные провинции, потерявшие мыс Доброй Надежды,

получили австрийские Нидерланды. Швеция, потеряв Финляндию, получила Норвегию. Были подтверждены права России на Финляндию, Литву и восточную Польшу; кроме того Россия получила отдельное Царство Польское с центром в Варшаве, причем монархом здесь становился русский царь. Великобритания удовлетворилась целой кучей островов от Гельголанда до Цейлона. Вновь появляется на исторической сцене шумная компания древних монархий в Неаполе, Мадриде и Турине — причем ни одной старой республике возродиться не позволили. Как заметил Александр I: «Республики не в моде». Исключение было сделано для Краковской республики, причем на Краков претендовали Пруссия, Россия и Австрия, а не получил никто.

Так что соглашение было достигнуто при более чем консервативном настроении: фактически время пошло вспять. Задумывалось такое устройство, которое бы препятствовало переменам в мире, где силы перемен едва можно было сдержать. Герцог Веллингтон так отзывался о Ватерлоо: «Чертовски великолепно: во всю жизнь не был так близко от погибели». Таково было чувство и по всей Европе. Грань между переменами и устоями была так тонка, что победители страшились малейших уступок. С подозрением смотрели даже на ограниченные и постепенные реформы. «Начинать реформы, — писал Веллингтон в 1830 г., — значит начинать революцию». К тому же не удалось укротить норов Франции — этого не-исчерпаемого источника революционных потрясений. И Париж поднимается снова — в 1830 г., 1848 г., 1851 г., 1870 г. «Когда Париж чихает, — замечал австрийский канцлер Меттерних, — Европа хватает простуду». Демократия по-французски — угроза монархии, Церкви и соб-ственности, то есть всему, за что он сам выступал. Это, писал он, «болезнь, которую следует вы-лечить, вулкан, который надо погасить, гангрена, которую надо выжигать каленым железом, гидра с пастью, отверстой, чтобы поглотить об-щественный порядок»[3].

Дух реакции 1815 года в его крайней форме, воплощенной в Меттернихе, противился любым переменам без предварительного одобрения. Этот дух проявил себя в Четырехстороннем союзе России, Пруссии, Австрии и Британии, которые договорились собирать в будущем конгрессы в случае нужды, а также в более широком Священном союзе, созданном царем. Результатом первого союза стал Ахенский конгресс (1818 г.), вновь допустивший Францию в сообщество уважаемых наций. Второй союз внес предложение, чтобы державы обеспечивали незыблемость границ и несменяемость правительств.

Для британского правительства это было чересчур, но, восстанавливая принца-регента против Священного союза, оно оказалось в одной компании с султаном и папой. По британским меркам правительство лорда Ливерпуля было необычно консервативным: во внутренней политике оно сопротивлялось реформам во всем. Однако во внешней политике британцы не могли позволить европейским реакционерам создать некий международный аналог парового двигателя без предохранительного клапана. На всех последующих конгрессах: в Троппау (1820 г.), Лайбахе (1821 г.) и Вероне (1822 г.) британцы изо всех сил противились экспедициям против революции последовательно в Неаполе, Греции и Испании. По принципиальному вопросу о восстании в испанских колониях Южной Америки британский министр иностранных дел Джордж Каннинг поддержал президента США Джеймса Монро, предлагая запретить всякую европейскую интервенцию в Америке. «Я вызвал к жизни Новый свет, — сказал он Палате общин в 1826 г., — чтобы восстановить баланс сил в Старом». На самом деле он нанес смертельный удар по системе Венского конгресса. «Все идет к тому, что вернется здоровое состояние, — заметил он незадолго до смерти. — Каждая нация за себя, а Бог — за нас всех».

Тем не менее, «система Венского конгресса», как ни кратковременно было ее существование, определила историческую обстановку, в которой Европа XIX века начала свою бурную жизнь. Эта система не сумела установить сколько-нибудь жизнеспособные институты, обещавшие стать чем-то вроде ранней Лиги наций, — но она установила тот климат консервативного континентального порядка, с которым пришлось затем бороться всем последующим реформаторам и революционерам. Она определила расстановку сил на международной арене, где пять признанных держав — четырехсторонний союз плюс вновь допущенная Франция — выступали

против всех наглых выскочек и новичков следующего века. И, несмотря на существенные изменения, эта система (в своих основных чертах) оставалась определяющей на карте Европы вплоть до 1914–1918 гг.

С 1815 г. девятнадцатый век прошел три четко различимые стадии: реакции (1815–1848 гг.), реформ (1848–1871 гг.) и соперничества (1871–1914 гг.). На первом этапе консерваторы держались еще крепко, хотя и бывали провалы, но они пали при общем революционном всплеске 1848 года. На втором этапе державы (не без сопротивления) согласились, что реформы под контролем предпочтительнее, чем бесконечное им сопротивление. Были сделаны значительные уступки по всем направлениям. Были дарованы конституции, освобождены последние крепостные. Двум из трех главных борцов за национальную независимость было разрешено ее получить. На третьем и последнем этапе Европа вступает в период яростного соперничества, которое подхлестывалось переоформлением дипломатических союзов, перевооружением и борьбой за колонии. Долгое как никогда сорокалетнее мирное существование не ослабило, однако, роста напряженности, которая вылилась в открытый конфликт в августе 1914 г. Современные и модернизировавшиеся общества Европы, имевшие современное вооружение, безрассудно бросились в пучину современной войны, принесшей беспримерные по массовости потери, по сравнению с которыми битвы Наполеона казались уже только перестрелками.

Модернизация, которую не следует смешивать с *модернизмом*,[4] стала теперь принятым социологическим термином для описания сложных трансформаций, какие претерпевали общества на своем пути от «отсталости» к «современности». Исходной точкой этого процесса является традиционное аграрное общество, основанное на крестьянском хозяйстве, где большинство населения занято землепашеством и само обеспечивает себя пропитанием; конечным пунктом этого процесса является современное урбанизированное и индустриализированное общество, где большинство населения зарабатывает себе на жизнь в городах и на фабриках. Весь процесс состоит из 30–40 обязательных и связанных друг с другом преобразований. В их число, конечно, входят индустриализация и промышленная революция, которую теперь принято считать лишь одной, хотя и важнейшей, частью или стадией общего процесса. «Ни одно изменение в жизни человека с тех пор, как в эпоху неолита появляются сельское хозяйство, металлургия и города, не было таким глубоким и всеобъемлющим, как приход индустриализации»[5].

Все согласны, что первой модернизации подверглась Великобритания или, скорее, такие ее районы, как Ланкашир, Йоркшир, Чёрная страна [промышленные районы средней Англии - *перев.*], Тайнсайд [конурбация с центром в г. Ньюкасл - *перев.*], Клайдбанк и Южный Уэльс. Вскоре модернизацию почувствовали и на континенте, особенно в районах угледобычи и прилегающих к ним в Бельгии, в Руре и Силезии. Отсюда, из районов индустриальной концентрации, модернизация распространяется концентрическими кругами - сначала в порты, потом в столицы и постепенно по всей стране, получившей стимул к индустриализации. Этот процесс никогда не был всеохватывающим, но в разной степени чувствовался повсюду в Европе. Аналогичные явления в «заморских странах», будь они результатом империалистической экономики или местной инициативой, считались проявлением европеизации. Таким образом, модернизация становится не только фокусом развития всемирной экономической системы, но также и критерием различия между *развитыми* и *развивающимися* странами.

Модернизацию следует рассматривать в первую очередь как двигатель перемен, а не как статическую сумму составляющих ее частей. Этот двигатель, этот мотор развития надо было сначала запустить, потом разогнать и наконец довести до той критической точки «старта», когда вся машина переходит в принципиально иной вид движения. (Нагляднее было бы представить этот процесс как взлет самолета в XX веке, но исторически более оправдано сравнивать его с локомотивом начала XIX века.) В этом процессе можно выделить долгий период подготовки, когда котел уже разожжен и набирает достаточный уровень давления пара; затем наступает драматический переломный момент начала движения, когда сила пара, действуя на поршень, приводит в движение колеса; затем фаза консолидации движения, когда локомотив, сотрясаясь, набирает скорость среди

грохота, похожего на стоны; и, наконец, великолепный этап равномерного движения, когда локомотив летит по рельсам на пределе своей скорости и возможностей.

На протяжении XIX века большинство европейских правительств настойчиво стремились создать такие условия, когда их страны перешли бы от экономического «зажигания», «запуска» к «старту» всего общества. Некоторым это удалось, другим не удалось; у некоторых просто не было условий для успеха. После того одиночного старта Британии большинство стран северо-западной Европы последовали за ней лишь в середине века: сначала Бельгия и Голландия, потом Пруссия, Пьемонт и Франция. К концу века Британия постепенно уступает свое ведущее положение объединенной Германии, не только имевшей бо́льшие ресурсы, но и обладавшей бо́льшим динамизмом.

В большинстве стран развился существенный контраст между модернизированными регионами метрополии и далекими провинциями. Так, в Великобритании Англия очень отличалась от отдаленных горных районов и островов. Высокоразвитые районы появляются вдоль оси Париж-Лион-Марсель во Франции; вдоль оси Лиль-Льеж-Роттердам в Нидерландах; по оси Рейнская область-Рур-Берлин-Саксония-Силезия в Германии; в районах Богемия-Вена-Будапешт в Австро-Венгрии; в Ломбардии в Италии. Очень неразвитыми остаются такие провинции, как Ирландия, Бретань, Галиция и Сицилия. Российская империя, несмотря на исключительный контраст между отдельными регионами, быстро развивалась в направлении модернизации в десятилетие перед 1914 г.

Из-за неравномерности развития между государствами и внутри самих государств исключительно обострились внутриевропейские контрасты. Фактически в XIX веке складываются две экономические зоны: передовая, преимущественно индустриализированная и модернизированная зона на севере и западе, и отсталая, находящаяся в процессе индустриализации, но в основном не модернизированная зона юга и востока. Две первые зоны принадлежали мировой морской экономике, где первенство все еще принадлежало Великобритании, причем, подобно ей, страны этих зон имели преимущества благодаря колониям. Две вторые зоны все еще оставались источником сельскохозяйственных продуктов, сырья и дешевой рабочей силы, а также, поневоле, — рынком для промышленных товаров.

Важнейшее несоответствие касалось Германии, которая, хотя и развивалась особенно быстро среди стран промышленной зоны, но по некоторым политическим причинам, а также в силу опоздания, не приобрела соответствующего количества колоний. В результате, как только Германия объединилась в 1871 г., она установила прочные экономические связи со странами Восточной Европы как своего рода компенсацию за недостаток колоний. И если прежде отличие Западной Европы от Восточной лежало, в основном, в области религии и политики, то теперь отличие все больше становится экономическим.

Индустриализация в Восточной Европе ограничивалась отдельными районами, которые, как острова, выделялись в море сельскохозяйственной отсталости. Такими островами стали северная Богемия, треугольник Лодзь—Варшава—Домброва, хлопчатобумажные производства Нижнего Новгорода и Санкт-Петербурга, Донбасс и нефтяные месторождения Галиции, Румынии и Каспия. Причем эти острова были изолированными районами не только в географическом смысле: они даже в конце XIX века не стали двигателем экономического развития всей соответствующей национальной экономики, не приближали ее к положению «старта». Социальные и стратегические последствия такого развития были велики. Ухудшалось положение массы крестьянского населения: крестьяне не были теперь прикреплены к земле, но не получили возможности преуспеть в городах. Они оставались в стороне от преимуществ современного земледелия и не были сколько-нибудь серьезно заняты в промышленности. Более того, в бедных обществах государство вынуждено было безжалостно увеличивать налогообложение своих задавленных бедностью подданных. Вызревало общественное и политическое возмущение. Вот почему (а также и из страха перед динамично развивавшейся Германией) западные державы стали подстегивать политическое сближение с Россией посредством массированных инвестиций в ее экономику. В 1890–1914 гг. грандиозные инвестиции Франции, Британии и Бельгии в Россию подхлестнули беспримерный рост протяженности железных дорог, промышленного производства и внешней торговли.

На вопрос, существовала ли всеевропейская экономика, следует, однако, ответить: наверное, *нет*. Если бы таковая существовала — а массированные инвестиции Запада в Россию предвосхищали развитие экономической интеграции — тогда, без сомнения, на ключевую позицию выдвигалась Германия. К 1900 г. не только возрос вклад Германии в промышленность и торговлю Запада, но она также заняла доминирующее положение в экономике Востока.

Не удивительно, что в условиях, когда Германия была передовой в экономическом развитии и отсталой в политическом, именно в Германии появились главные теоретики модернизации. Впрочем, Фридрих Лист (1789–1846), чья «Национальная система политэкономии» была опубликована в 1841 г., пришел к выводам, которые разительно отличались от выводов Карла Маркса и других ученых. Маркс считал двигателем перемен классовую борьбу; Лист — экономическую политику государства, которое может способствовать развитию протекционистскими тарифами, инвестициями и образованием. Лист был последовательным сторонником того, что некоторые называли «прусским путем развития капитализма», — а пример Пруссии вдохновлял многих, особенно в Восточной Европе[6].

В то время немногие европейцы задавались вопросом, почему модернизация происходит именно в Европе, а не где-нибудь еще. Кажется, ответ следует искать в особом *сочетании* экологических, экономических, социальных, культурных и политических обстоятельств, каковых не было в иных древних и высокоразвитых цивилизациях. Следует особенно подчеркнуть это *сочетание* — другими словами, «европейское чудо»[7].

Если рассматривать процесс модернизации в деталях, то его можно разделить, кажется, на бесконечное множество подпроцессов и новшеств, причем все они друг с другом взаимодействуют. Помимо дюжины факторов, способствовавших началу промышленной революции, следует принять во внимание еще примерно 30 других, которые возникали, когда какое-то изменение провоцировало перемены в экономической, социальной, культурной, психологической, политической и военной сферах.

Сельскохозяйственное производство получало значительные преимущества с введением все новых машин: от жаток Мак-Кормика на лошадиной тяге (1832 г.) до паровых молотилок и, наконец, тракторов на бензине (1905 г.). Экспорт сельскохозяйственных орудий составлял значительную часть торговли между промышленно развитыми и неиндустриализированными районами. Чем больше становилось машин, тем больше высвобождалось рабочих рук, тем больше людей могло переселиться из деревни в город.

Движению трудовых ресурсов очень способствовали революционные войны, когда во Франции, Италии и Испании была ликвидирована крепостная зависимость, когда миллионы солдат ушли из деревни и больше туда не вернулись. В Восточной Европе освобождение крепостных крестьян происходило в течение нескольких десятилетий. Оно принесло много горя в Пруссии в 1811 – 1848, где жестоко осуществляемая замена трудовых повинностей в сельском хозяйстве арендной платой зачастую вела к изгнанию крестьян с земли. В Австрии освобождение крестьян произошло очень быстро в 1848 г., так и не разрешив многих противоречий. В России оно было проведено указом 1861 г., в Царстве Польском — указом от апреля 1864 г.

Появились новые источники энергии, пришедшие на смену его величеству углю: сначала газ, потом нефть и, наконец, электричество. Пэл-Мэл [улица, где расположены клубы - перев.] в Лондоне освещалась газом с 1813 г., и в Англии каменноугольный газ вошел в употребление для домашних и городских нужд с 1820-х гг. Нефть становится доступной с 1860-х гг. Месторождения нефти были обнаружены в Европе в Бориславе (Галиция) и Плоешти (Румыния), а также в Баку на Каспии. Со временем двигатель внутреннего сгорания (1889 г.) стал таким же революционным новшеством, как и паровой двигатель. Электричество получает широкое распространение только в 1880 годы, после того, как З. Грамм усовершенствовал динамо-машину (1869 г.), а М. Депре создал провода высокого напряжения (1881 г.). Электричество давало тепло, свет и тягу. Дебют *la Fée Électricit* ("Феи электричества") состоялся на Всемирной выставке в Париже в 1900 г. В это время еще 92 % энергии в мире получали из угля.

Паровые машины и двигатели применялись все шире: от конвейеров до пароходов. Но важнейшим было применение их в станках — машинах, производящих машины, и в автоматических инструментах, таких как паровой молот или копёр, что позволяло убрать людей с тяжелых операций. Отцом этого направления часто считают Генри Модслея (1771–1831) из Вулиджа [часть Большого Лондона - перев.], изобретателя токарного станка (1797 г.).

Добыча полезных ископаемых в шахтах, несмотря на все усовершенствования помповых насосов и усилия по обеспечению безопасности труда, оставалась, однако, самым трудоемким производством. И в 1900 г., как в 1800 г., миллионы шахтеров в Европе, согнувшись в забоях с киркой в руках, отдавали свое здоровье за высокую зарплату и силикоз. Центрами добычи железной руды были богатые залежи в Люксембурге-Лотарингии, в северной Испании, в северной Швеции и в Кривом Роге на Украине. Значительный прогресс был достигнут в металлургии. Последовательные улучшения в конструкции домен завершились шеффилдским конвертером сэра Генри Бессемера (1856 г.) и мартеновской печью с открытой топкой в Сиреле (1864 г.) В век железных дорог производили дешевую, высококачественную сталь, которая шла не только на рельсы, но и на строительство мостов, кораблей, каркасов, вооружения и боеприпасов. В 1880-е гг. успехи в теории и практике аллотропии [изменение физических свойств без изменения химического состава - перев.] доставляли широкий спектр сплавов, в том числе специально для производства станков и артиллерии. Электрометаллургия обеспечила производство алюминия. И если князьями первой промышленной революции были производители железа, то их законными наследниками были сталепромышленники конца XIX века, такие как Шнейдер из Ле-Крезо или Крупп из Эссена. Сталелитейная промышленность была ключевым показателем индустриального развития.

Транспорт существенно изменился, став быстрее, надежнее и комфортнее. Новая эпоха в истории дорог началась, когда Джон Мак-Адам предложил покрывать их камнем и гудроном (1815 г.), впрочем, использовать такие дороги в полную силу стали лишь с появлением автомобилей. Мостостроительство получило принципиально новое измерение после того, как Телфорд впервые перекинул висячий мост через Менейский пролив (1819 г.). Железные дороги перевозили все больше пассажиров и грузов и становились все дешевле и быстрее. В 1900 г. путешествие из Парижа в Санкт-Петербург занимало всего 30 часов — в 1800 г. оно длилось 20 дней. Европейцев объединили романтика и полезность их железных дорог. К началу нового XX века самая густая сеть железных дорог была создана в Бельгии (42,8 км путей на 100 км²; в Соединенном королевстве — 19 км, и 17,2 км — в Германии). Наиболее развито было железнодорожное сообщение в Швеции (27 км на 10 000 жителей при 12,2 км в Бельгии на то же количество жителей). Наименее развито оно было в Сербии (2,5 км на 10 000 жителей при 5,7 км в Европейской России). [БЕНЦ]

В авиации наполненный нагретым воздухом воздушный шар — аэростат Монгольфье был впервые испытан 5 июня 1783 г. в Анноне около Лиона, и аэростаты стали важным элементом военного дела в XIX веке. На смену им пришел дирижабль графа Цеппелина (1900 г.), а вскоре и аэроплан. В 1890-е гг. Отто Лилиенталь впервые поднял аэроплан в Германии, а в 1903 г. в Дайтоне (Огайо) братья Райт совершили управляемый полет на

БЕНЦ

В 1885 г. Карл Бенц из Мангейма (1844–1929) построил трехколесную самоходную машину, работающую на бензине — *motorwagen*. Ее часто называют первым автомобилем, но она — всего лишь верстотлетний столб на полпути в двухсотлетней истории автомобилей. Движимое паром транспортное средство Никола Кюньо (1725–1804) было названо *автомобилем* еще в 1769 г. Уже к 1850 г. в широкое употребление вошли паровые экипажи. Испытывались также газовые машины. Но лишь четырехтактные двигатели внутреннего сгорания Николауса Отто (1876 г.), Готлиба Даймлера (1885 г.) и Рудольфа Дизеля (1897 г.) действительно открыли перед автомобильным транспортом будущее.

Первая трехколесная машина Бенца теперь находится в экспозиции *Deutsches Museum* (Немецкого музея) в Мюнхене. У нее два ведущих ободных колеса с 80 спицами соединяются с дифференциалом, и одно переднее ведущее колесо приводится в движение вертикальной ручкой. Двигатель, который находился под приподнятым сиденьем, имел электрозажигание. У него была мощность менее 1 лошадиной силы, но он развивал скорость до 16 километров в час. Кузова не было.

Моторизации Европы очень способствовала пневматическая шина Андре Мишлена (1888 г.), а также американские методы массового производства (1908 г.). Появилось также множество мотоциклов, грузовиков и автобусов. К концу века открываются такие крупные коммерческие компании, как *Fabbrica Italian di Auto-mobilismo di Torino* ("ФИАТ", 1899 г.) и *Рено* в Париже (1901 г.). Даймлер-Бенц *Мерседес (*1901 г.) и Роллс-Ройс *Серебряный призрак* (1906 г.) установили новые стандарты роскоши и надежности. (У Ленина был *Роллс-Ройс*.) Две мировые войны замедлили автомобилизацию населения, но увеличили количество транспортных автомобилей и обученных шоферов. При Гитлере появляется народный автомобиль "Фольксваген" Жук в 1938 г. У истоков автомобильного дела в Скандинавии был *Вольво* из Гётеборга, а в Чехословакии — *Шкода* из Пльзеня. Польский "Фиат" был построен по лицензии между двумя войнами. Эпоха всеобщей моторизации наступает в Западной Европе после 1950 г., а в странах советского блока — в конце 1960-х годов.

Для истории технологий вредны всякие *первые*, поскольку поиск первого искажает природу технологического прогресса, который является, главным образом, кумулятивным и общим делом. Впрочем, в этом процессе можно выделить моменты качественных изменений. Вопрос только в том, чтобы их определить. Например, когда был осуществлен первый полет? Можно выбирать между моделями геликоптеров (вертолетов) «на шнурке» Лонуа и Бенвеню (1784 г.), паровым воздухоплавательным аппаратом Анри Жифара (1852 г.) и работавшим на бензине аэропланом Клемана Адера (1890 г.), который перенес своего создателя в полете на 50 метров, а также экспериментальными ракетами К.Э. Циолковского. Большинство же предпочтет считать первым полет 17 декабря 1903 г. (в Килл-Девил-Хилл в Северной Каролине). Но это был полет другой категории: *управляемый* полет самолета на механической тяге.

работающем на бензине аппарате. 25 июля 1909 г. Луи Блерио совершил сенсационный полет на моноплане через Ла-Манш за 31 минуту.

Параллельно развивались системы связи. Были созданы объединенные почтовые службы, что сделало переписку быстрой и доступной всем. Почтовые марки начали свое существование с британского "черного пенни" 1 мая 1840 г. Они затем вводятся в Цюрихе и Женеве (1843 г.), во Франции и Баварии (1849 г.), в Пруссии, Австрии, Испании (1850 г.), в Швеции (1855 г.), в России и Румынии (1858 г.), в Польше (1860 г.), в Исландии (1873 г.). С изобретением электрического телеграфа (1835 г.), телефона (1877 г.) и радио (1896 г.) дальняя связь становится мгновенной. Особенно знаменит один случай, продемонстрировавший значение хорошей связи: 19 июня 1815 г. Натан Ротшильд сорвал невиданный куш на Лондонской бирже, использовав особую яхту, которая доставила ему новости из Ватерлоо на много часов раньше, чем его соперникам. Развитию и усовершенствованию международных коммуникаций весьма способствовали Международный почтовый союз (1874 г.), Международный телеграфный союз (1875 г.), Международное бюро мер и весов (1875 г.) и Центральное бюро железнодорожного сообщения (1890 г.). [ФОТО]

Капиталовложения увеличивались пропорционально росту доходов. Растущие доходы частные предприятия вновь инвестировали; все в больших пропорциях правительства инвестировали собранные в виде налогов средства (причем налоги все время росли). Безграничная потребность в капитале исчерпала возможности частных займов и вызвала к жизни потенциал акционерных обществ (которые в Англии и Франции, но не в Шотландии, резко сократились после финансовой катастрофы «лопнувших мыльных пузырей» 1720 г.). С 1820-х гг. акционерные общества с ограниченной ответственностью появляются повсюду в Европе. Эти *sociétés anonymes* (SA), или *Aktiengesellschaft* (AG), или *Company Limited* (C° Ltd), со своими держателями акций и их общими ежегодными со-

---

ФОТО

Старый амбар в Шалон-сюр-Сон (в Бургундии) очень прославился, потому что его можно видеть на первой в мире фотографии. Однажды в 1826 г. Жозеф Нисефор Ньепс сумел запечатлеть изображение на пластинке со сплавом олова после того, как она подвергалась экспозиции в течение 8 часов. 13 лет спустя партнер Ньепса Луи Дагер (1789 – 1851) смог разработать практически пригодный способ фотографирования, когда медные пластинки, покрытые светочувствительным хлористым серебром, подвергались экспозиции 30 мин. С дагеротипии началась долгая эволюция, приведшая к популярному ящичному фотоаппарату, цветной пленке, кино, звуковому кино, рентгену, микрофотографии и фотографии в инфракрасных лучах и (совсем недавно) к электронным портативным видеокамерам.

Вклад фотографии в войну и мир невозможно переоценить. Она способствовала тому, что разрушился *raison d'être*[*] предметно-изобразительного искусства. [ИМПРЕССИОНИЗМ] Она изменила визуальные представления людей о себе и окружающем мире. Она была мощным средством развития всех отраслей науки и техники. Фотографии с полей Крымской войны донесли до сознания людей реалии военного конфликта, а семейные фотографии были революционным фактором осознания общественной жизни. Фотография наделила исторические свидетельства новым, документальным, измерением. За 50 лет до того, как появилась звукозапись [ЗВУК], собрания фотографий начали накопление реальных представлений обо всех аспектах прошлого. [ОСВЕНЦИМ]

Но реализм фотографии был обманчив. Например, для официальной советской фотографии было важно искусство ретушера. Так Сталин приказал убрать со всех фотографий даже следы присутствия Троцкого, а неприятное на вид родимое пятно Горбачева стирали еще в 1985 г. Но даже и на правдивых фотографиях произвольный выбор угла зрения, самого момента фотографирования, света, предмета и текстуры, но главное, предмета — столько же обнаруживает, сколько скрывает. Фотоаппарат, как историки, всегда лжет.

---

[*] Смысл существования

браниями, выплачивали своим инвесторам дивиденды, имея лишь ограниченную ответственность перед кредиторами. Вскоре посредством «горизонтальных» слияний и «вертикальных» контрактов они начали соединяться во все большие конгломераты — объединенные концерны, тресты или конфедерации картелей. В Англии, где силен был страх перед монополией, концерны, тресты и картели развивались медленно. Многие крупные британские компании, такие как пароходные линии *П. & О.* или *Кунард*, появились в 1840-е гг. Но во Франции картели были распространены. В объединенной Германии никто не возражал против создававшихся по американскому образцу гигантских трестов, или концернов, которые доминировали в каждом секторе рынка.

Внутренний рынок непомерно вырос благодаря росту населения, благодаря тому, что все легче было добраться до населенных центров, благодаря растущему изобилию, а также в связи с развитием абсолютно новых потребностей. Среди новейших производств важнейшей была химическая промышленность, которая выросла из обособившегося производства анилиновых красителей (1856 г.), из разработки метода производства соды Э. Сольве (1863 г.) и из производства искусственных удобрений. Затем обрушился поток волнующих воображение искусственных материалов, включая пластики, бетон, целлофан, целлулоид, искусственный шелк (трикотаж из целлюлозного химического волокна), вискозу, аспирин. Среди имен пионеров химии особенно много немецких, как Либих, Хофманн, Бунзен и Байер. [МОВЕИН]

Развитие международной торговли подстегивалось открытием для торговли новых континентов, в особенности Америки и Африки, погоней за колониями, потребностью в сырье и во все новых и разнообразных промышленных товарах. Внешний и внутренний рынки стали взаимозависимы. [ДЖИНСЫ]

Политика правительств относительно модернизации была различной соответственно политическому режиму данной страны, ее ресурсам и положению среди других стран. Преимущества модернизации были видны всем; но правительства бедных стран, таких как Россия или Испания, колебались между стыдом за свою отсталость и страхом попасть в зависимость от других стран. Такие автократические режимы, как российский, могли по-

зволить себе существовать изолированно до тех пор, пока не было решено допустить инвестиции из-за границы. Более либеральные или более нерешительные режимы, например Австро-Венгрия, этого себе позволить не могли.

Как только начиналась промышленная революция, являлись и ее многочисленные последствия. В сфере собственно экономической развитие денежной экономики превращало самостоятельных крестьян в намных работников, потребителей и налогоплательщиков, причем у них появлялись новые потребности и притязания. Во всеобщее употребление вошли бумажные банкноты. Появлялась потребность во множестве новых навыков и умений в области маркетинга, рекламирования товаров и их доставки. При лавинообразном развитии науки и техники изобретения перестали быть делом отдельных лиц и стали систематическими, заказными научно-исследовательскими работами и работами по внедрению. Потребность в разного рода банковских услугах породила множество кредитных ассоциаций, сберегательных банков и страховых компаний. Многократно преумноженные торговые сделки побудили провести стандартизацию весов, мер и денежных единиц.

В социальной сфере массовая урбанизация породила массу новых проблем, новые социальные классы, а также преумножила набор общественных услуг. К последним относились мощение улиц, городской транспорт, уличное освещение, пожарные бригады, водо- и газоснабжение, канализация, городская планировка, больницы, парки и полиция. На смену патриархальному делению на дворян и крестьян пришло новое урбанистическое деление на средний класс и рабочий класс. Подобно тому, как средние классы осознавали наличие стратификации в своей среде, чувствуя, что профессиональные юристы и врачи стоят выше, чем торговцы и владельцы магазинов, так и работники физического труда группировались согласно собственной иерархии. Наемные рабочие составляли существенную часть занятых на фермах и заводах, а также строительных рабочих. Важным источником занятости для женщин и мужчин было оказание услуг в домах множества разбогатевших семей среднего класса. Поступить работать на новый завод было более престижно, чем заниматься каким-нибудь известным ремес-

МОВЕИН

Как-то в 1856 г. некий 18-летний студент занялся экспериментами в задней комнате своего дома в зеленом пригороде Лондона Харроу. Юноша, которого впоследствии называли сэр Вильям Генри Перкин (1838–1907), работал над искусственным синтезом лекарства от малярии — хинина. Вместо этого он, однако, случайно синтезировал новый осадок путем окисления сульфата анилина бихроматом натрия. Когда он его отцедил и приготовил спиртовой экстракт, он увидел яркую краску, которой никто до того не видел. Это был первый в мире синтетический краситель. Он назвал его *тирский пурпур*. Французские химики назвали его позднее *мовеин* по аналогии с розовато-лиловым цветок мальвы *(mauve)*.

Мовеин

Два года спустя, когда Перкин уже производил мовеин в коммерческих масштабах, другой юноша из Королвского химического колледжа Иоганн Петер Грисс проанализировал реакцию, давшую такие поразительные результаты. Он установил, что первичные ароматические амины, такие как анилин, при обработке их смесью соляной кислоты и нитрита натрия дают диазосоединения. Те, в свою очередь, при реакции с фенольными соединениями или ароматическими аминами дают интенсивно окрашенные продукты, известные как нитрокрасители. Анилин, например, если его обработать смесью соляной кислоты и нитрита натрия, дает бензоил хлорид диазония. Главное качество этих реакций диазотирования состоит в том, что в молекуле присутствуют так называемые хромофоры, то есть группы атомов, которые поглощают свет строго определенной длины волны, вследствие чего конечный продукт имеет уникальный цвет.

Мовеин открыл дорогу другим многочисленным искусственным красителям: magenta (фуксин) и *императорский фиолетовый* (1860 г.), лионский синий (1862 г.), *анилиновый желтый* и *анилиновый черный* (1863 г.), *георгиново-розовый, зеленый* Перкина и бисмарк-браун (1864 г.), *ализарин синий* (1871 г.) и *лондонский оранжевый* (1875 г.). Когда британское министерство почт (1881 г.) выбрало мовеин, чтобы напечатать знаменитые сиреневые однопенсовики, этот цвет уже вышел из моды. Однако эстетика цвета изменилась навсегда.

Цвет — это одно из основных качеств материи, а следовательно, и реакции человека на окружающую среду. В Европе желтый цвет традиционно ассоциировался с трусостью, красный — с гневом, черный — с печалью. Считается, что зеленый и коричневый успокаивают, синий и красный возбуждают. На севере Европы предпочитают нежные, приглушенные тона; Средиземноморские народы предпочитают яркие, сочные цвета.

Когда в повседневную жизнь хлынуло бесконечное разнообразие цвета, все кардинально переменилось. До мовеина все цвета и пигменты были экстрактами природных материалов. Корень марены (Rubia tinctorum) служил для производства красных красок. Тысячи тонн этого растения приходилось доставлять во все города, где было текстильное производство. Индиго, которое римляне добывали из моллюска для производства *императорского пурпура*, было главным источником голубых цветов. Фустик (Chloro-phora tinctoria), или annatto, — желтого. Некоторые цвета и оттенки, в особенности, зеленые получались лишь двойным окрашиванием. Полунатуральный красный, который называли *мурексид*, производился во Франции ок. 1850 г. посредством обработки птичьего помета азотной кислотой.

После мовеина, однако, разнообразие самых потрясающих цветов не знало границ. К концу XX в. в Европе производилось свыше 4000 синтетических красителей. Ослепительно яркие афиши и плакаты, кричащая одежда и эффектные обои — не говоря уже о цветных фильмах, цветных фотографиях и цветном телевидении, — восторг или падение постиндустриального общества, каких доиндустриальное время не могло и вообразить себе.

Первенство вскоре перешло от Англии к Германии, где Фридрих Байер (1825–1880) открыл свою первую фабрику анилиновых красителей в прачечной Вупперталь-Бармен в 1863 г. Байер, "БАСФ" (*Badische Anilin und Soda Fabrik*) и Хёхст превратили Германию в мировую столицу химикатов. К 1890 г. химическая промышленность Германии была в 10 раз больше, чем химическая промышленность Англии. Промышленный конгломерат *"И.Г. Фарбениндустри"*, как и британский *"Ай-си-ай"*, был основан после Первой мировой войны.

Синтетические красители вскоре открыли перед учеными совершенно новые области. Производя все больше разных синтетических и полусинтетических материалов, современная химия расшатывает убеждение, что только природа или Бог ответственны за внутреннюю структуру материи.

За син-тетическими красителями последовали полусинтетические материалы — *парксеин*, или *целлулоид* (1862 г.), и полусинтетическое ("искусственное") волокно — *вискоза* (1891 г.). Затем были изобретены синтетические лекарства, такие как *фенацетин* (1888 г.), *аспирин* (1899 г.), *сальварсан* (1910 г.), *акрифлавин* (1916 г.) и *героин*; затем были выделены гормоны, такие как *инсулин* (1921 г.) или *тироксин* [гормон щитовидной железы — *перев.*] (1926 г.), которые позднее синтезировали; затем начали производить *хлорамфеникол* (1950 г.), первый синтетический антибиотик.

Химия перешагивала грань между наукой и искусством. Химические продукты, количество которых стало разрастаться с невиданной скоростью после *бакелита* (или *резола*) Бэйкленда (1907 г.), *аминопластика* Рашига (1909 г.), и *поливинилхлорида* (*ПВХ*) Остромысленского (1912 г.), стали необходимой составляющей материальной жизни. Но с того дня, когда в 1864 г. французская императрица Евгения надела зеленое парадное платье, окрашенное трифенилметаном, синтетические продукты имеют не только практическое применение, но и несут эстетическую нагрузку.

лом в собственной мастерской. Обученные, хорошо оплачиваемые специалисты, мастера и прорабы чувствовали себя аристократами среди пролетариата, противопоставляли себя необученным поденным рабочим и городской бедноте. Понятие класса, основанное на экономических критериях, противостояло теперь старинному делению по признакам рождения и привилегий. Это понятие стало главной отличительной чертой современного общества.

Традиционное европейское семейное домохозяйство всегда представлялось большим, сложным, стабильным и патриархальным. Современные исследования подвергают сомнению некоторые представления об этой «классической семье, по которой тоскует Запад». Эти исследования показали, что малое простое домохозяйство и нуклеарная семья не являются принадлежностью исключительно Нового времени. И все-таки модернизация оказала решающее влияние на структуру семьи. Представление, что современная жизнь разрушает стабильность семьи, было источником вдохновения для Фредерика Ле Пле (1806–1882), пионера истории семьи как отрасли знаний, обосновавшего понятие *«la famille souche»*, то есть «стволовой семьи»[8].

ДЖИНСЫ

Gênes - это французское название Генуи, которое распространилось на традиционную одежду генуэзских моряков. *Serge de Nimes* (нимской саржей) называлась плотная голубая парусина (теперь это название сократилось в английском языке до *denim*), которую традиционно ткали в этом французском городе. Леви-Строс (1829–1902) — уроженец Баварии, эмигрировавший в Нью-Йорк в возрасте 14 лет, занялся вместе с братьями поставками для золотоискателей и колонистов на Западе во время калифорнийской *золотой лихорадки*. Где-то в 1860-е годы компания Леви придумывает соединить ткань *denim* с генуэзскими брюками и укрепить карманы и швы медными заклепками с лошадиной сбруи Так получился самый ноский и универсальный предмет одежды во всей истории моды: немецкий иммигрант из французского материала и итальянского покроя создал классический американский продукт.

Blue jeans (джинсы из синей ткани) оставались рабочей одеждой в Северной Америке почти сто лет, а потом в 1960-е годы штурмом покорили Европу и весь остальной мир, став главным символом *американизации*.

Радикально изменилось положение женщин. Традиционная крестьянская жизнь внедрила в сознание женщин представление о справедливом разделении труда, а также о наличии в большой семье других родственников, облегчавших труды деторождения и материнства. Современная городская жизнь превратила мужчину в главного *кормильца*, так что женщина становилась единственной хранительницей дома и домоправительницей, а в рабочей среде она несла тройной груз: работницы вне дома, хозяйки дома и родительницы. Неудивительно, что за чопорными гостиными изысканного общества прятался перенаселенный мир общественного «дна» с проституцией, отчаянием и преждевременной смертью.

Индустриализация сопровождалась все новыми и новыми волнами миграций: сначала локальной или сезонной миграцией из деревни на фабрику, затем на региональном уровне — из сельской местности в города, а с 1850-х гг. уже и на международном и межконтинентальном уровне - во все индустриальные центры Европы и США. Неуправляемая миграция порождала перенаселение в городах, бродяжничество, недостаток жилья, бездомность, эпидемии тифа и холеры, безработицу посреди процветания, постоянную и неизлечимую бедность. Охватившие всю Европу эпидемии холеры 1830−1835 гг., 1847−1848 гг., 1853−1856 гг., 1865−1867 гг., 1869−1874 гг., 1883−1887 гг. и 1893−1895 гг. привели, пусть и с запозданием, к революции в общественной и личной гигиене, а также к организации общественного здравоохранения. [САНИТАРИЯ] Прогресс медицины привел к решительному сокращению взрослой и детской смертности.

Рост населения при одновременном аграрном перенаселении порождал ужасы потогонной системы, детского труда, бесчеловечно долгого рабочего дня, эксплуатации женщин и невыразимого уныния в трущобах. На нищете и отчаянии городской жизни расцвела организованная преступность. Появился многочисленный новый подкласс профессиональных преступников, новое представление о профессиональной полиции, организованной по модели Скотланд-Ярда, новая профессия детектива, всплеск тюремного строительства, а с «Записками о Шерлоке Холмсе» (1894 г.) — и новый литературный жанр, криминальный (детективный) триллер.

Устрашающий контраст богатства и бедности особенно хорошо был описан Бенджамином Дизраэли (1804−1881), романистом и премьер-министром. В «Сибилле» (1845 г.) Дизраэли пишет прямо о «двух нациях, между которыми нет ни общения, ни сочувствия, которые ничего не знают о привычках, мыслях и чувствах друг друга... обитателях разных планет»[9]. Описание было точным, но содержащееся в нем обвинение — не вполне справедливым, поскольку XIX век был свидетелем также громадной вспышки частной благотворительности. [БЛАГОТВОРИТЕЛЬНОСТЬ]

В культурной сфере образование исключительно расширило свои границы. Городские жители больше не могли обходиться без элементарной грамотности и умения считать — всеобщее начальное образование для детей обоего пола стало необходимостью. Профессиональное обучение требовалось армии монтёров, слесарей, механиков, техников, подмастерьев, а множество инженеров и научно-исследовательских работников нуждались в высшем образовании. Правительство и лидеры бизнеса призывали открывать средние школы ново-го типа, которые бы готовили чиновников для пра-вительственных учреждений, управления ко- лониями и промышленности. Появилось женское образование. Массовая грамотность, при этом, открыла путь новым формам массовой культуры: популярным журналам, бульварным и любовным романам, детективам, комиксам, альманахам самообразования, справочникам по вопросам семьи. Регулярность доходов давала возможность по-новому проводить свободное время и досуг: появились музыкальные вечера, семейные выходные, пеший и горный туризм и спорт — футбол для рабочих и гольф — для их хозяев. [ДОСУГ] ["ТУР ДЕ ФРАНС"]

Тяга к физическим упражнениям, вызванная жизнью в перенаселенных городах, вместе с тягой к образованию породили молодежные движения, такие как известные ассоциации «соколов» в Центральной Европе или скаутские движения для мальчиков и для девочек (1908 г.). Реагировала на новое и религиозная культура. От грамотных детей теперь требовалось нечто большее, чем зубрежка катехизиса. Церкви городских приходов стали средоточием общественной и благотворительной деятельности, здесь организовывались общества трезвости. В протестантских странах возникали во множестве воскрес-

САНИТАРИЯ

В 1829 г. на уральский город Оренбург обрушилась невиданная эпидемия холеры. В 1830 г. такая же холера поразила Москву. В 1831 г. русская армия принесла ее в Польшу, откуда холера распространилась в Венгрию, Пруссию и Австрию. В феврале 1832 г. она достигла Лондона, в марте - Парижа, в июне - Амстердама, оттуда холера растеклась по Скандинавии. Испанцы попытались оградить себя, и появилось постановление о том, что не прошедшие карантин иммигранты будут казнены. Но в январе 1833 г. холера пришла в Порту и пробралась в Испанию через Португалию. Хотя никто этого еще не знал, но Европа была на переднем крае второй (из шести) пандемий холеры, которые пронеслись по миру в следующие 90 лет; Россия стала «бактериальными воротами» Европы. [эпидемии]

Последствия пандемий были тем более ужасными, что непонятен был их механизм. *Cholera* — древнегреческое слово, означающее "сточная канава". Такое название хорошо описывает неукротимый понос, который буквально опустошает страдальца за пару дней. Медицина не имеет определенного мнения, являются ли ранние случаи этой дизентерие-подобной болезни (которым давали разные названия) в действительности одними и теми же. Но возбудитель был, наконец, установлен в 1883 г.: это вибрион *vibrio cholerae 01*, поражающий тонкую кишку, впитываясь с зараженной водой. Британские врачи впервые наблюдали его в Индии, этой стартовой площадке всех пандемий, и, наконец, поняли, что избежать холеры можно организацией хорошего водоснабжения, а лечить ее лучше регидрацией.

Первоначальная вспышка 1817–1823 гг. двинулась на восток по Азии. Но все последующие пандемии — в 1829–1851, 1852–1859, 1863–1879, 1881–1896 и 1899–1923 годах — неизменно и с удвоенной силой посещали Европу. Вторая пандемия, бушевавшая в США 15 лет, вернулась в последнем броске в Европу в 1847–1851 гг. В Британии в 1848 г. умерло 53000 человек, столько же умерло во Франции в 1849 г. В 1851 г. в Париже была воздвигнута статуя, призывавшая Божью милость на беспомощных жертв холеры.

Но помощь уже была близка: именно в борьбе с холерой были предприняты первые в Европе скоординированные усилия по обеспечению общественного здравоохранения как на национальном, так и на международном уровне. В 1848 г. в Лондоне был создан Генеральный совет по здравоохранению, который занялся проблемами ужасных условий и высокой смертности в быстрорастущих городах Британии. Его деятельность, подкрепленная затем великим *Законом об общественном здравоохранении* (1875 г.) Дизраэли (согласно которому местные власти были ответственны за канализацию и водоснабжение), надежно защитила Соединенное королевство. Во время четвертой пандемии потери Британии составили около 15000, то есть в десять раз меньше, чем в России, Германии, Италии или Австро-Венгрии. После пятой пандемии, когда Гамбург (1893 г.) потерял больше 8000 граждан, а Москва и Санкт-Петербург (1893–1894 гг.) — больше 800000, Великобритания уже могла похвалиться, что она не допустила у себя холеры.

В 1851 г. Наполеон III выступил с инициативой созвать Международную конференцию по здравоохранению в Париже для обмена сведениями о распространении и предупреждении болезней, в особенности, холеры. Тогда еще не были сделаны великие открытия Пастера и Листера, но было положено начало регулярным конференциям по гигиене, а в 1907 г. в Париже появилась Международная организация по здравоохранению, ставшая прототипом — Всемирной организации здравоохранения (ВОЗ). К тому времени восклицание «холера!» стало излюбленным ругательством европейцев, в особенности поляков.

Однако не успела Европа приструнить холеру, как аберрантный (отклоняющийся от нормального типа) штамм гриппа превзошел все победы холеры. Пандемия гриппа (инфлюэнцы) 1918–1919 гг., которую возводят к вспышке чумы свиней в Айове в январе 1918 г., была завезена в Европу военными из США. Известная как *Blitzkatarrh*, или *фландрский грипп*, а позднее (после того, как заразился король Испании) как *испанка*, эта пандемия косила в первую очередь молодых, и особенно женщин. В последний месяц Первой мировой войны она опустошила Германию, где инфлюэнца до тех пор едва встречалась: она парализовала работающее население больших городов, прервала поставки и передвижения войск. За три ее смертоносные вспышки — июль 1918 г., октябрь 1918 г. и февраль 1919 г. — она унесла с собой миллионы европейцев и, возможно, 40 млн. человек по всему миру. «За пару месяцев [эта пандемия] убила больше людей, чем какое-нибудь другое известное истории бедствие».

БЛАГОТВОРИТЕЛЬНОСТЬ

В 1818 году в Нидерландах Благотворительное общество открыло сеть колоний, призванных помочь безработным. Этим своим поступком оно как бы продолжало старую традицию возвращения ленивых на путь истинный. [БАТАВИЯ]. В одной из колоний, например, трудились 4000 человек, осужденных за попрошайничество. В другой колонии, в Лейдене, жили нуждающиеся женщины. Три «свободные колонии» в Фредериксорде, Виллемсорде и Вильгельминасорде были предназначены для обучения желающих сельскохозяйственным наукам. Со временем аналогичные колонии стало основывать государство. Подобные институты существовали и в Германии, Швейцарии и Бельгии. Часто в таких колониях вводилась суровая воинская дисциплина. Это примеры как роста программ по социальному обеспечению в Европе XIX века, так и растущей регламентации. В Великобритании после принятия поправки к *Закону о бедных* в 1834 году стали появляться "работные дома". По логике их хозяев, те постояльцы, которые были физически способны работать, непременно должны были это делать.

Благотворительность во многих ее проявлениях практиковалась еще с древнейших времен. Однако настоящую основу помощи бедным заложил св. Фома Аквинский, который дал определение «духовной помощи» и семи «добрым делам». К первой группе относились *consule* (совет), *carpe* (поддержка), *doce* (обучение), *soare* (утешение), *remitte* (избавление), *fer* (прощение) и *ora* (молитва). Ко второй — *vestio* (одеть), *poto* (напоить), *cibo* (накормить), *redimo* (выкупить из заточения), *tego* (укрыть), *colligo* (ухаживать) и *condo* (погребать). Этот список давал христианину представление не только о том, что он должен сделать, но и о том, кто достоин его помощи: сбившиеся с пути, слабые, неграмотные, сироты, притесняемые, преступники, грешники, странники, одетые в лохмотья, голодные, заключенные в темницах, бездомные, больные, сумасшедшие и мертвые. Священное Писание учит христиан, что вера, надежда и любовь суть три духовные опоры. "Но любовь из них больше", — пишет Св. Апостол Павел, а любовь к ближнему предполагает щедрое даяние.

Во времена средневековья бремя заботы об убогих лежало на Церкви и финансировалось из церковной десятины. Св. Бернард принес благотворительные традиции в монастыри. Св. Франциск стал основателем *социальной помощи* внутри общин. У обоих были последователи. Члены королевских семей, аристократы и муниципальные власти стали основателями обширных сетей *Домов Божьих* для больных и убогих, гостиниц для пилигримов и странников, богаделен и лепрозориев. В крупных городах, например, в Лондоне, существовали и более специализированные учреждения: госпиталь Св. Варфоломея, Св. Марии из Вифлеема (*Бедлам*) для умалишенных, "гостиница Св. Марии для обращенных", в которой жили выкресты из евреев, изгнанные из своих общин. Как и везде, щедрые пожертвования для подобных благотворительных институтов оставляли преуспевающие торговцы, вроде сэра Ричарда Виттингтона (ум. в 1423 г.), бывшего лорда-мэра. [ПРОКАЗА] [MERCANTE]

ные школы, классы изучения Библии — развивался евангелический фундаментализм. В католических странах Церковь организовала первые индустриальные приходы, появились рабочие-священники и частные католические начальные школы. В университетах, где ученые пытались постичь меняющийся мир, появился ряд новых общественных наук: экономика, этнография, антропология, лингвистика, социология. Причем каждая новая дисциплина внесла также неоценимый вклад в традиционные области знаний: философию, естественные науки, историю, литературу.

В области психологии городская жизнь способствовала появлению таких особенностей личности, которые были совершенно чужды сельским жителям. Фабричный гудок, расписание поездов, необходимость быть собранным и пунктуальным — все это показалось бы деревенскому жителю чуждым и утомительным. Система защиты интересов потребителя и вынужденная бережливость в тратах помогали осторожному потребителю не растеряться в условиях широкого рынка товаров. Сознание классовой принадлежности родилось у людей озабоченных и неуверенных в своем положении в новом, на редкость мобильном обществе. Национальное самосознание сложилось у только что "просвещенных" поколений, которые раньше, в деревне, и на минуту не задумывались о своей национальной принадлежности или национальном языке. Политическое сознание вызревало у тех, кто перестал быть беспомощным крепостным и мог теперь культивировать собственное мнение о том, что верно и не верно в политических событиях. Национальное и политическое самосознание особенно яростно поднималось на щит там, где угнетенное население было лишено свободы слова и права голоса. Наконец, появилась империалистическая психология конца XIX в., когда целое поколение выскочек-европейцев привыкло смотреть свысока на другие нации, расы и культуры, что обычно не приветствуется в устоявшихся обществах.

В политике правительства столкнулись с новой трудностью. Теперь они обращались не к узкой элите, к которой принадлежали сами, но к массам налогоплательщиков, которые имели самые разнообразные взгляды, причем выражали их все более уверенно и изощренно. Больше невозможно было ограничивать политическую жизнь кастой мужчин — владельцев собственности, и политики все чаще сталкивались с организованными кампаниями за всеобщее избирательное право (*suffrage*) для мужчин, а позднее — за избирательное право для женщин. Большинство европейцев получило избирательное право в период между 1848 г. и 1914 г. В результате возникло множество партий, и у каждой, выражавшей интересы либералов, консерваторов, католиков, крестьян, рабочих или кого-нибудь еще, было множество последователей. Правительствам приходилось вводить множество специализированных министерств, управлять непрерывно растущей бюрократией, которая имела собственное разумение и волю. Правительства становились работодателями, причем крупными, и должны были заботиться о благополучии служащих, работающих у них по найму. Они делали это через национальное страхование и пенсии. Приходилось реорганизовывать местное управление с учетом интересов городов с их возросшим значением и недавно заселенных регионов. Затем пришлось вообще пересмотреть отношения столицы с

периферией. Правительствам приходилось сотрудничать со множеством профессиональных, коммерческих и промышленных объединений, а в конце века — и с профсоюзами, которые заявляли о своих правах, действовали как группы давления задолго до того, как были интегрированы в политическую жизнь.

Наконец, в военной сфере генералы и политики вынуждены были теперь считаться с возможностью таких конфликтов, в ходе которых к участию в военных усилиях страны приходилось бы привлекать гражданское население и женщин, а также ставить под ружье неслыханных размеров армии; а штабные офицеры, вооруженные расписаниями поездов, должны были отправлять войска, вооруженные пулеметами, на позиции, подвергавшиеся интенсивнейшему обстрелу, когда за час на квадратный фут площади могло обрушиться 20 т начиненных взрывчаткой снарядов. В 1914 г. из всех проблем к этой они оказались готовы меньше всего. Но размышляя о страшных последствиях войны, европейцы, однако, не сокращали вооруженных сил. Еще в 1797 г. Кант определенно осудил войну. «Войне, — писал он в «Метафизике нравов", — не должно быть здесь места». Но более распространенным было мнение де Местра, что война — это "обычное состояние человеческого рода". Трактат «О войне» (1832 г.) прусского генерала Карла фон Клаузевица (1780–1831) стал и самой откровенной, и самой влиятельной книгой века. «Война, — писал он, — есть продолжение политики другими средствами».

Рассказывая о поступательном ходе модернизации, легко ввести в заблуждение, представляя будто путь модернизации был легким, а направление — очевидным. Это не так. Путь часто пролегал по враждебной территории, препятствия были громадными, а аварии — беспрерывными. На каждого предпринимателя находился аристократ, который не желал, чтобы железная дорога прошла по его земле. На каждую машину находился обездоленный ремесленник, желавший эту машину уничтожить. На каждую вновь построенную фабрику приходилось несколько опустевших деревень; на каждую великолепную мэрию — трущобы. Из каждых 10 детей, родившихся в Европе в этот век гордого прогресса, умирало 3–4. Экономический прогресс не шел непрерывно в гору: новый капитализм был капризен. Невероятный подъем сменялся неожиданным кризисом; первое мирное десятилетие после 1815 г. ознаменовалось продолжительной рецессией по всей Европе. Затем рецессия наступала после 1848 г. и после 1871 г. В каждом периоде были свои короткие циклы прогресса и отступления. Заработки и цены судорожно менялись. В прошлом экономические кризисы были следствием каких-то видимых вещей вроде чумы или голода. Теперь же констатировали, что они — следствие таких необъяснимых вещей, как перепроизводство, особенности рынка или крах платежеспособности. В целом материальные условия определенно улучшались, но для каждой отдельной семьи это означало или невиданную роскошь, или отчаянную нищету. Материально европейское общество преуспевало, психологически европейцы были весьма обеспокоены.

Тем не менее, мир, созданный европейской модернизацией, предоставлял невероятные богатства среднему классу, который и выигрывал от него в первую очередь: богатства материальные, богатство разнообразия, культуры и стиля, богатство нового опыта. Университетский профессор в Шотландии в 1880-е гг. мог заработать 600 фунтов в год, что было в 10 раз больше, чем самый высокий заработок рабочего, и на эти деньги можно было купить дом с 6 спальнями. В 1890–1891 гг. 17 национальностей, официально входивших в состав Австро-Венгрии, делили между собой 215 зарегистрированных курортов и 1801 газету и периодическое издание. Это была «прекрасная эпоха» (*La Belle Époque*) — время, когда люди валь-сировали, обедали в "Кафе-Руайяль", покупали кар- тины импрессионистов и жили в роскоши стиля *Art Nouveau* ("новое искусство"). «Французский политик вроде Эдуара Эррио, мэра Лиона, прекрасно говорил по-немецки и мог постоять за себя в споре о Вагнере и Канте.» В 1895 г. у американского писателя Генри Джеймса, жившего в Европе, появился электрический свет; в 1896 г. он ездил на велосипеде; в 1897 г. он уже пользовался пишущей машинкой. Все это происходило в то время, которое британская королевская комиссия назвала «великой депрессией». По мере того, как цены падали, увеличивалась реальная стоимость денег. И бедные могли, по крайней мере, по купать дешевую еду. Пищала лишь землевладельческая аристократия, в ужасе наблюдавшая, как сокращаются ее богатства. Свыше сорока лет не было больших войн. «Казалось, такой жизни не будет конца»[10].

Рост народонаселения был вернейшим показателем динамичного развития Европы. На сухом языке цифр население выросло с примерно 150 млн. в 1800 г. до более 400 млн. к 1914 г. Ускоряющийся прирост более чем в два раза превышал прирост за предыдущие три столетия. О последствиях европейцев предупреждали с самого начала. В 1816 г. английский экономист Томас Мальтус (1766–1834) опубликовал последнее издание своего неутешительного *Essey on the Principle of Population* («Опыт о законе народонаселения»). Он предсказывал, что, если производство продуктов питания будет возрастать в арифметической прогрессии, то население будет расти в геометрической прогрессии. Если бы это предсказание сбылось, то европейцы начали бы умирать от голода всего через несколько десятков лет. И в самом деле, некоторые полагали, что "картофельный голод" в Ирландии в 1840-е гг. был предвестником еще худшего бедствия. **[голод]**

Особенно уязвимыми представлялись Британские острова с их ограниченным запасом пахотной земли и стремительно растущим населением. Но предсказанное всеобщее бедствие так никогда и не наступило. Если наступал голод, как в Ирландии, то только в самых отсталых сельскохозяйственных районах Европы (Галиция, Поволжье), а не в перенаселенных городах. Перелом наступил в 1870-е гг., когда громадное количество зерна стало импортироваться из Северной Америки. Однако некоторые европейские страны имели и собственные большие излишки (Украина, Франция), и в 1870–1900 гг. цены на продукты питания начали повсеместно падать. Никогда общая ситуация не была критической.

Динамику европейской демографии понять легче, если проследить ее на протяжении XIX столетия. Швеция провела всеобщую перепись еще в 1686 г.; теперь же все европейские правительства проводили регулярные переписи: Франция и Великобритания — с 1801 г., Таможенный союз в Германии — с 1818 г., Австро-Венгрия — с 1857 г., Италия — с 1861 г., Россия — с 1897 г. К концу века имелась разработанная статистика по всем странам. (В Восточной Европе она превосходила почти все, что было сделано в XX веке.)

Прирост населения в Европе был вызван естественными причинами. Ежегодная рождаемость была самой высокой в начале века, когда смертность также была высокой; и в 1900-е гг. рождаемость была все еще высокой — во многих странах до 40 на 1000 человек населения. Однако в это время благодаря прогрессу в медицине смертность упала с 40 до 20 человек на тысячу. За любопытным исключением Франции, рождаемость и энтузиазм воспроизводства были гораздо выше, чем когда-нибудь до того или после. Невероятно выросли города: к 1914 г. в Европе было около дюжины конурбаций, население которых перевалило за миллион. Лондон, Париж, Берлин, Вена, Санкт-Петербург и Стамбул имели этот статус и раньше; теперь к ним присоединились Глазго, Манчестер, Лидс, Ливерпуль, Бирмингем, Рур, Гамбург и Москва. Еще около 20 городов (от Мадрида до Одессы) перешагнули полумиллионный рубеж. Количество сельских жителей оставалось неизменным в развитых странах, хотя пропорционально оно сокращалось. В Великобритании в 1900 г. сельские жители составляли 8%, в Германии — 40% (сократившись с 75% за 30 лет). В слаборазвитых странах, где сельские жители составляли до 80 %, как в России, количество их, как это ни удивительно, росло. 25 млн. европейцев эмигрировало в США в последней четверти века. Четверть населения Галиции эмигрировало всего за два десятилетия до 1914 г.

Некоторые историки считают, что поразительные социально-экономические перемены XIX века были всего лишь *фоном* культурной жизни того времени; другие считают, что именно эти перемены обусловили культуру. Маркс, например, был в этом смысле детерминистом: «он считал, что все формы мысли и сознания обусловлены классовой борьбой, которая, в свою очередь, обусловлена экономическими отношениями». (Если это так, то Маркс и сам был не оригинальным мыслителем, но лишь продуктом своего времени.) Противоположную крайнюю позицию занимают те, кто считает, что культура живет собственной жизнью. В наши дни люди склонны придерживаться срединного мнения, считая, что культуру невозможно правильно понять вне политического, социального и экономического контекста.

Романтизм, который стал преобладающим интеллектуальным течением во многих странах Европы во второй четверти XIX века, многими

учеными рассматривается как реакция на Просвещение. Другие считают романтизм эманацией тех воззрений, которые были порождены промышленной революцией и наполеоновскими войнами. На самом деле все имело значение. Условия, в которых зарождался романтизм в 1770-е гг., были тесно связаны с тем, что Просвещение теряло свою привлекательность (см. главу IX). В то же время особая привлекательность романтизма в 1820-е гг. и 1830-е гг. связана с тем, что пришлось пережить поколению, прошедшему через испытания революции, почувствовавшему новое влияние машин и фабрик, тому поколению, которое кипело от злобы под давлением реакционных режимов после 1815 г. Романтизм появляется повсюду, даже в России, невзирая на разделения католиков и протестантов, католиков и православных. Романтизм проявил себя во всех искусствах, но особенно в поэзии, живописи и музыке, а также во всех гуманитарных науках. Очень силен был романтизм в Германии. Он был хорошо представлен в Англии, хотя первые британ-ские романтики, вроде лорда Байрона, получили бо́льшее признание на континенте, чем у себя дома. С некоторым опозданием романтизм обретает силу во Франции и Италии и становится здесь своего рода противовесом глубоко укоренившейся традиции классицизма и рационализма. Романтизм становится преобладающим стилем мышления в Польше и Венгрии, где он был окрашен горечью национального поражения.

Основные принципы романтизма были противоположны всему, за что ратовало Просвещение. Если Просвещение опиралось на силу разума, то романтиков привлекало все иррациональное, с чем сталкивается человек: страсти, сверхъестественное и паранормальное, суеверие, боль, безумие и смерть. Если для Просвещения была важна власть человека над природой, то романтики преклонялись перед неукротимой силой природы, испытывали восторг и трепет перед ревущим штормом и низвергающимся водопадом, могучими вершинами и бескрайними пустынями, перед безлюдным морским простором. Если Просвещение придерживалось классического вкуса — гармонии и сдержанности, а также тех правил, на которых держатся все условности цивилизации, то романтиков привлекало любое отрицание условностей: дикое, странное, экзотическое, чуждое, безумное. Если Просвещение стремилось найти порядок в основаниях кажущегося хаотическим мира, то романтики взывали к тайному *духовному началу* всего, что живет и движется. Если Просвещение было нерелигиозным или антирелигиозным, то романтики были глубоко религиозны по своему душевному складу даже тогда, когда выказывали презрение к условностям христианского культа. Если Просвещение угождало интеллектуальной элите, то романтики угождали новым освободившимся и образованным массам. [ПАРНАС] [ДОСУГ]

Привлекательность Романтизма можно продемонстрировать по-разному, но лучше всего — в поэзии. Вот Джон Китс (1795–1821) томится, как встарь, очарованный средневековой девой:

> Зачем, о рыцарь, бродишь ты,
> Печален, бледен, одинок?
> Поник тростник, не слышно птиц,
> И поздний лист поблек.[11]

В то же время Альфонс де Ламартин (1790–1869) наслаждается красотой озера Бурже и предается мыслям о вечности:

> О Время, не лети! Куда, куда стремится
> Часов твоих побег?
> О дай, о дай ты нам подоле насладиться
> Днем счастья, днем утех![12]

Джакомо Леопарди (1798–1837) поет «Ночную песнь пастуха-кочевника в Азии»:

> Что делаешь на небе ты, Луна?
> Безмолвная, ответь.
> Восходишь вечером, бредешь одна,
> Пустыни созерцая, — и заходишь.
> Ужель ты не пресытилась опять
> Извечною тропою
> Идти и вновь долины узнавать
> Все те же пред собою?[13]

Йозеф фон Эйхендорф (1788–1857) писал у себя в Силезии на такие излюбленные темы как: *Lust* (желание), *Heimat* (родина) и *Waldeinsamkeit* (лесное уединение):

> Кому Господь дает благословенье,
> Тому свои откроет чудеса:
> Луга, поля и горы, и леса,
> И чистых рек спокойное теченье.
> Того Он в свой далекий мир пошлет,
> Где нет заботы о насущном хлебе,
> Где луч зари сверкает в синем небе,
> Где мысли вольной радостен полет.
> Меж светлых тучек жаворонок вьется,
> Ручьи, звеня, бегут с высоких гор,
> Слезой затмился мой печальный взор,
> Моя душа напрасно к небу рвется.[14]

А Юлиуш Словацкий (1809–1849) возвышенно и выразительно воспевает напряженную внутреннюю жизнь:

ПАРНАС

Летом 1835 г. группа путешественников, среди которых были венгерский пианист Ференц Лист и французская писательница Жорж Санд, остановились в *"Отель де л`Юньон"* в Женеве. То, что они записали о себе в книге регистрации, говорит не только об их чувстве юмора, но и об их принадлежности к поколению романтиков:

	Лист	Санд
Место рождения	Парнас	Европа
Место жительства	–	Природа
Занятие	Музыкант-философ	–
Происхождение	Сомнение	Бог
Пункт назначения	Истина	Небеса
Время выдачи паспорта	–	Бесконечность
Кем выдан паспорт	–	Общественное мнение[1]

[1] В 1835 г. понятие *Европа* было так же фантастично, как *Парнас*.

ДОСУГ

14 июля 1865 г. молодой англичанин, художник-иллюстратор и альпинист, Эдвард Уаймпер, с седьмой попытки взошел на Монте-Червино. При спуске с этой горы, высящейся над Церматтом, с высоты 4 440 м четверо из группы Уаймпера упали и разбились насмерть. Это, конечно же, было не первое большое восхождение альпинистов. В 1799 г. Фердинан де Соссюр поднялся на Монблан. Но трагедия группы Уаймпера широко распространила знание о таком новом виде спорта, как альпинизм; эти события подчеркнули новое отношение к отдыху. Спорт теперь принадлежал не только праздной элите. Спорт не ограничивался теперь охотой, стрельбой, рыбной ловлей, верховой ездой, поездкой на воды и *"Гран-туром"* [поездка по Европе для завершения образования - *перев.*]. Европейцы разных слоев и классов теперь искали новых спортивных развлечений, новых испытаний и новых источников физического здоровья.

Примерно за два года до этого на встрече в лондонской "Таверне франкмасонов"(26 октября 1863 г.) была основана *Футбольная ассоциация (ФА)* Англии. Ассоциация задалась целью стандартизировать правила футбола и разработать условия организованных соревнований. (Представители, которые не были согласны с Футбольной ассоциацией, откололись и основали *Союз регби*.) Вскоре появились профессиональные клубы, а в 1888 г. — Английская футбольная лига.

Футбол по правилам ФА (*soccer*) быстро распространился на континент. К концу столетия он стал самым популярным спортом и самым посещаемым зрелищем. Международная федерация футбольных ассоциаций (ФИФА) была основана в Париже в мае 1904 г. представителями Австрии, Бельгии, Дании, Англии, Финляндии, Франции, Германии, Венгрии, Италии, Нидерландов, Норвегии, Швеции и Швейцарии. Эта игра уравнивала всех, как ничто другое. Как гласит старая пословица: «На футболе все — приятели».

Кто, выбирая, выбрал вместо дома
Орлиное гнездо на скалах, пусть умеет
Спать и тогда, когда красны зеницы от раскатов,
И слушать в шуме сосен стон чертей.[15]

Со временем внутри самого романтизма развилась реакция на собственный головокружительный успех. Эта реакция приняла форму возрождения идей классицизма: наступил неоклассицизм. И до самого конца XIX века в искусстве продолжалось соперничество этих направлений. Конкуренция стилей была особенно заметна в архитектуре: соперничающие железнодорожные компании строили станции противоположных стилей. Так, Лондонская и Северо-Западная компаниии построили Юстонский вокзал в стиле элегантной классики; а "Мидланд Рейлуэй" соорудила прилегающий вокзал Сент-Пэнирас в стиле пышной неоготики.

Соединение классицизма с романтизмом принесло удивительные плоды в литературе. Три литературных гиганта этого века: Александр Пушкин (1799–1837), Адам Мицкевич (1798–1855) и Иоганн Вольфганг Гёте не поддаются, с позволения сказать, «классификации» именно потому, что в их произведениях классицизм и романтизм слились в единое органическое целое. Такие шедевры, как «Евгений Онегин» (1832 г.), «Пан Тадеуш» (1834 г.) и «Фауст» (1808–1832 гг.), не только имеют стихотворную форму, но и закончены почти в одно время. Все трое мастерски владели родным языком и вступили на литературную сцену в то время, когда быстро распространялась грамотность, так что эти поэты получили статус национальных, а строки их произведений быстро входили в речь и становились неотъемлемой частью народного языка. Каждый поляк знает наизусть: «О Литва, моя родина, ты — сама жизнь …». Каждый немец буквально заворожен «землей, где цветут лимоны». А каждый школьник в России знает знаменитые строки о Санкт-Петербурге из *Медного всадника*:

Природой здесь нам суждено
В Европу прорубить окно,
Ногою твёрдой стать при море.

Люблю тебя, Петра творенье,
Люблю твой строгий, стройный вид,

Невы державное теченье,
Береговой её гранит,
Красуйся, град Петров, и стой
Неколебимо, как Россия!
Да умирится же с тобой
И побеждённая стихия...[16]

Иоганн Вольфганг фон Гёте (1749–1832) не был, впрочем, только национальным поэтом. Это был олимпиец, который царил буквально во всех областях интеллектуальной жизни. Поскольку ему были подвластны всевозможные жанры, поскольку он понимал быстро меняющийся мир своего времени, а его творчество прошло громадный путь развития, — он стяжал славу последнего универсалиста. Гёте родился во Франкфурте-на-Майне, получил образование в Лейпциге и Страсбурге, больше полувека прожил в Веймаре; он был поэтом, драматургом, писателем, философом, ученым, путешественником, юристом, администратором. К 1780-м гг. его юношеский романтизм постепенно угасает; классический период его творчества (при сильном влиянии Шиллера) продлился примерно до 1820 г. Широкая психологическая панорама, какую он представил в *Фаусте*, стала результатом его жизненных размышлений над состоянием души человека. Ко времени своей смерти он был величайшей личностью величайшей культурной эпохи Европы, без конца устремлявшейся за недостижимым:

Все быстротечное –
Символ, сравненье.
Цель бесконечная
Здесь – в достиженьи.
Здесь – заповеданность
Истины всей.
Вечная женственность
Тянет нас к ней.[17]

В своей последней фазе романтизм приобретает особенно мрачный оттенок. Он был в то время сродни туберкулезу, которым страдали многие поэты и художники, а также опиуму, который обычно прописывали для лечения этой болезни. Показательна в этом отношении фигура Томаса Де Куинси (1785–1859): он в свое время убежал их школы в Манчестере, жил бездомным бродя-

гой, а потом стал наркоманом в Оксфорде. Его *Confessions of an English Opium Eater* («Признания англичанина-опиомана") (1822 г.) оказали решающее влияние на американского мастера гротеска поэта и писателя Эдгара Алана По и на Бодлера. Странные, мистические потоки слов последнего периода творчества Словацкого принадлежат к этому же самому мотиву подобно стихам Жерара де Нерваля (настоящая фамилия — Ла Брюни) (1808–1855) — шизофреника, «суперромантика», «наиболее романтичного из всех»[18]:

Где же наши любимые?
Лежат под сенью гробов.[19]

В этой очевидной запутанности, интересе к видениям и галлюцинациям нетрудно заметить семена будущего символизма, фрейдизма и декаданса — все важнейшие элементы модернизма (см. ниже).

"Братство прерафаэлитов" было основано в 1848 г. в доме на Гауэр-Стрит в Лондоне кружком поэтов и художников, собравшихся вокруг Данте Габриэля Россетти (1828–1882), сына беженца из Неаполя. Это движение, которое черпало вдохновение на континенте, осталось, тем не менее, исключительно английским, хотя и было архетипическим для своего времени. Помимо братьев Россетти оно включало Ж. Э. Милле (1829–1896), У.Х. Ханта (1827–1910), Ф. Мэдокса Брауна (1821–1893) и Эдварда Бёрн-Джонса (1833–1898); теоретиком этого направления стал критик Джон Рескин (1819–1900). Члены этой группы стали называться прерафаэлитами, поскольку они были полны восторга и преклонения перед итальянским кватроченто («до Рафаэля») и под этим знаменем выступали против современной им академической живописи. Прерафаэлиты как художники находились в тесной связи с литературой — Д.Г. Россетти сам был переводчиком Данте и Вийона; они прилагали свои художественные принципы буквально ко всему: от архитектуры и мебели до мозаики, декоративных тканей, витражей и интерьеров. Во всем они обращались к технике и, главное, к духу искусства позднего средневековья. Они стремились к ясности форм и яркости красок иконографии; их образы дышали нравственностью и серьезностью, часто облеченны-ми в мистическую религиозность. Особенно знамениты такие образы, как *Офелия* Милле (1851 г.) и *Свет мира* Ханта (1854 г.). Позднее других к прерафаэлитам примкнул Уильям Моррис (1834 −1896), поэт, наивный социалист, искусный ремесленник, печатник и декоратор. Кельмскоттское поместье Морриса видело, может быть, самые вдохновенные дни "братства" уже много времени спустя после того, как группа как единое целое распалась.

В эту эпоху на континенте расцветает роман. Оноре де Бальзак (1799−1850) и Чарльз Диккенс (1812−1870), родившиеся, соответственно, в Руане и Портсмуте, первыми прочно завладели вниманием современников. Со временем крупнейшие романы были переведены на все главные языки Европы. Критики могут расходиться в оценке конкретных произведений, но главнейшими из них были «Обрученные» (1825 г.) Алессандро Мандзони, «Отец Горио» (1834 г.) Бальзака, «Оливер Твист» (1838 г.) Диккенса, «Герой нашего времени» (1840 г.) М. Ю. Лермонтова, «Джен Эйр» (1847 г.) Шарлотты Бронте, «Ярмарка тщеславия» (1848 г.) У.М. Теккерея, «Мадам Бовари» (1857 г.) Гюстава Флобера, «Отверженные» (1862 г.) Виктора Гюго, «Анна Каренина» (1877 г.) Льва Толстого, «Преступление и наказание» (1866 г.) и «Братья Карамазовы» (1880 г.) Федора Достоевского и «Кукла» (1890 г.) Болеслава Пруса. Художественная литература становится главным явлением в культурной жизни Европы благодаря тому, что она занялась анализом общественных и психологических проблем. Авторы часто наделяют свои персонажи собственными глубоко интимными мыслями и наблюдениями: говорят, что Флобер сказал: «Мадам Бовари — это я».

В музыке, как и в литературе, в XIX веке было создано множество разнообразных произведений, которые весьма расширили репертуар композиторов-классиков и ранних романтиков. Центральной фигурой в музыке следует признать Иоганна Брамса (1833−1897), родившегося в Гамбурге. Он соединил в своем творчестве классическую форму со склонностью романтиков к лиризму и эмоциональному напряжению и стяжал себе славу «истинного наследника Баха и Бетховена». Более последовательно романтизм проявил себя в оркестровых произведениях Гектора Берлиоза (1803−1869); его «Фантастическая симфония» (1831 г.) разрушала все сложившиеся к тому времени правила. Берлиоз черпал вдохновение в литературе романтиков; говорили: «Виктор Гюго — романтик, но Берлиоз — это сам романтизм». К композиторам-романтикам принадлежали и томный польский эмигрант Фредерик Шопен (1810−1849), бывший в свое время непревзойденным виртуозом-пианистом, и неутомимый венгр Ференц Лист (1811−1886), также превосходный виртуоз, и Роберт Шуман (1810−1856), и Феликс Мендельсон-Бартольди (1809−1847). Множество композиторов в этом списке романтиков стали основоположниками национальных школ. Сюда же следует отнести изумительных русских композиторов: Антона Рубинштейна (1830−1894), Петра Чайковского (1840-1893) и Сергея Рахманинова (1873 −1943), а также немецкого протестанта Макса Бруха (1838-1920) и швейцарского еврея Эрнста Блоха (1880-1959) вместе с австро-германскими неоромантиками во главе с Антоном Брюкнером (1824-1896), Густавом Малером (1860-1911), Рихардом Штраусом (1864-1949) и автором песен Хуго Вольфом (1860-1903). В XIX в. французская школа дала миру немало превосходных талантов, отмеченных непревзойденной утонченностью и оригинальностью: от Сезара Франка (1822-1890) и Камиля Сен-Санса (1835-1921) до Габриэля Форе (1845-1924), Клода Дебюсси (1862-1918) и Мориса Равеля (1875−1937).

Опера, которая сочетала музыку с исторической и литературной драмой, была очень подходящим для романтизма жанром. Успешное развитие оперы обеспечивалось плодотворным соперничеством трех ведущих центров: французской оперы с Шарлем Гуно (1818−1893), Джакомо Мейербером (1791−1864), Жоржем Бизе (1838−1875) и Жюлем Массне (1842−1912); немецкой оперы, начало которой было положено Моцартом и Вебером и которая теперь достигла высшей точки в грандиозных творениях Рихарда Вагнера (1813−1883); и итальянской оперы, где развивалась традиция несравненного мелодизма такими композиторами, как Джоакино Россини (1792−1868), Гаэтано Доницетти (1797−1848), Джузеппе Верди (1813−1901) и Джакомо Пуччини (1855−1924). Расцвел также жанр, который называют по-разному: комическая опера, оперетта или музыкальная комедия. Здесь выделялось творчество Жака Оффенбаха (1819−1880) в Париже, Иоганна Штрауса-сына (1825−1899) и

Франца Легара (1870 –1948) в Вене и У.Ш.Гильберта и А.С.Салливана в Лондоне.

В XIX в. появляются новые институты и учреждения, превратившие искусство музыки в важнейшее государственное предприятие: консерватории, оркестровые и хоральные общества, концертные залы, музыкальные издатели и кафедры музыковедения и истории музыки.

В философии периода романтизма важнейшими были колоссальные спекуляции Г.В.Ф. Гегеля (1770–1831), последователя Фихте из Берлина. Гегель был подчеркнуто неромантиком во многих своих воззрениях и в философии считал себя приверженцем рационализма. Путешествие в швейцарские Альпы склонило его к следующему суждению: «Зрелище этих бесконечно мертвых глыб льда не пробуждает во мне ничего, кроме скучного *"es ist so"* (*вот оно как...*)». Но с другой стороны, его оригинальные идеи настойчиво привлекали к себе внимание в эту эпоху интеллектуального брожения, так что он основательно вооружил множество своих выдающихся учеников и критиков (настроенных более революционно, чем он сам). Оказавшись рядом с Наполеоном в Йене в октябре 1806 г., в тот день, когда он закончил свою «Феноменологию духа», он восторженно писал о «всемирной душе» этого императора.

Две излюбленные идеи Гегеля оказались особенно плодотворными: *«диалектика»*, продуктивное столкновение противоположностей, и *«Geist»* — «дух», квинтэссенция самобытности; в своей «Философии истории" он приписывает некий особый «дух» каждому политическому государству, каждой стадии развития цивилизации. Диалектика, которая у Гегеля не выходит за границы чистых идей, затем нашла себе множество приложений, наделяя понятие прогресса динамическим и универсальным обоснованием. Казалось, что она придала смысл, общественному беспорядку, показала, что из конфликта может явиться нечто положительное. Что же касается духа истории, который у Гегеля служил прославлению государства, то это понятие стало орудием в борьбе национально-освободительных движений его времени. Взгляды Гегеля были в высшей степени германоцентричны, они, казалось, рационализировали то протестантско-прусское превосходство, которое все больше проявлялось при жизни Гегеля. Он восхвалял войну и героев войны и отдавал немцам пре-

восходство в современной цивилизации: «Немецкий дух — это дух нового мира. Его цель — воплощение абсолютной истины как беспредельного самоопределения свободы». Для американцев может быть лестно (или нелестно), что этот самодовольный распространитель мистической метафизики считал Америку «окончательным воплощением Абсолютной Идеи, за пределами которого уже невозможно никакое развитие»[20]. Может быть, именно этим вызваны давние германофильские традиции американских ученых.

Научная мысль была одной из тех сфер, которые следовали традициям Просвещения, а не романтизма. Однако доведенные в работах Огюста Конта (1798–1857) до крайности, они привели не к «позитивизму» (философскому направлению, созданному Контом), а к новой псевдорелигии со своими обрядами, догматами и священством. Конт считал, что всякое знание проходит три этапа развития и систематизируется в согласии, соответственно, с теологическим, метафизическим и «позитивным», или научным, принципом. Этот *«закон трех этапов»*, впервые изложенный в «Системе позитивной политики» (1842 г.), является ключом к его сложной классификации наук и к его наброску новой «науки об обществе», представленном в «Позитивной философии» (1850–1854 гг.) Новая дисциплина — «социальная физика» должна была пересмотреть человеческое общество и реорганизовать его научно. Целый корпус «социальных инженеров» взял на вооружение лозунг: *"Знать, чтобы предвидеть, предвидеть, чтобы предотвратить"* (*"Savoir pour prévoir, prévoir pour prévenir")*[21]. Конта следует считать одним из отцов современной социологии, которую он полагал высшей в иерархии наук. Однако, настаивая на институциализации духовной власти и положив начало тому, что было, в сущности, научной Церковью, он кончил тем, что парадоксально превратил науку в предмет мистического культа. Как сказал один из его критиков Т. Г. Гексли, позитивизм Конта — это «католицизм минус христианство».

Наука и техника устремляются вперед, как никогда раньше. Хотя в это время, возможно, и не было таких фундаментальных открытий, как открытия Коперника, Ньютона или Эйнштейна, однако появились подробные карты целых громадных континентов знаний. Наука начинает занимать общество в первую очередь. В физике, химии, медицине и биологии появляются такие выдающиеся ученые, как Фарадей, Менделеев, Пастер, Мендель, Герц и Дарвин. Список великих открытий и изобретений теперь насчитывает не десятки и сотни, а тысячи уникальных озаре-

ний и прорывов ума и духа. За исключением одного-двух американских гениев, в этом списке решительно преобладали европейцы. Грандиозная *Всемирная выставка* 1851 г., которая прошла в Лондоне под патронажем принца Альберта и доходы от которой поступили в Музей естественных

ЭЛЕМЕНТЫ

1 марта 1869 г. профессор химии Санкт-Петербургского университета Дмитрий Иванович Менделеев собирался отправиться в Тверь. Хотя он был очень занят подготовкой учебника *Основы химии*, но, уделяя много времени неформальным проектам приложения науки к российской повседневности, он взялся изучить производство сыра крестьянами. Он искал для своего учебника систему классификации химических элементов и в тот день неожиданно увидел преимущества расположения элементов в таблице по их атомному весу, что соответствовало также их основным характеристикам.

За девять лет до этого Менделеев побывал на Международном химическом конгрессе в Карлсруэ, где итальянец Станислао Канниццаро привлек его внимание к списку элементов, расположенных по атомным весам. С того времени он постоянно раскладывал «мысленный пасьянс», располагая элементы по атомным весам и по их характеристикам. Теперь он соединил список Канниццаро с собственной классификацией по типологии. В результате появилась первая, примитивная версия *Периодической таблицы* и был предварительно сформулирован *периодический закон*: «Элементы, расположенные в соответствии с их атомным весом, обнаруживают ясную периодичность свойств».

Вскоре он прочитал доклад в Русском химическом обществе, названный *Опыт систематизации элементов по их атомному весу и химическому сродству*. Работа была опубликована в немецком журнале в марте 1871 г.

До Менделеева элементы понимались только как изолированные сущности, вне всякой связи друг с другом. Древние признавали десять реальных элементов, однако картина искажалась, поскольку параллельно господствовало представление об «элементарных», или «стихийных», силах земли, воды, огня и воздуха. Лавуазье было известно 23 элемента. Гемфри Деви электролизом выделил натрий и калий. К 1860 г. в Карлсруэ Канниццаро в своем списке имел уже 60 элементов — что составляло ровно две трети встречающихся в природе элементов (90).

Открытие Менделеева не встретило большого признания у современников. Его не приняли британские и немецкие химики, включая Бунзена, с которым Менделеев некогда работал в Гейдельберге. Прорыв произошел в 1875 г., когда один француз обнаружил новый элемент, названный *галлий*. Менделеев смог доказать, что это был один из шести неоткрытых элементов, чье существование, а также атомный вес и свойства он предсказал. Ко всеобщему

удивлению, русский теоретик оказался впереди эмпирических исследований. Последовало не только международное признание, но и богатство. В России, однако, косо смотрели на либеральные убеждения Менделеева. В 1880 г. он не смог пройти в действительные члены Императорской академии, а в 1890 г. его принудили покинуть университет. В конце жизни он был консультантом буквально по всем вопросам: пороху и ледоколам, весам и мерам, аэронавтике и нефтяной промышленности.

Как ни странно, но, узнав о структуре атома, Менделеев счел, будто теория радиоактивности несовместима с его периодическим законом. На деле же она стала окончательным подтверждением его великого открытия. Количество электронов в атоме каждого элемента точно соответствует его весу и свойствам. [электрон]

Когда Менделеев умер, студенты несли за его гробом изображение Периодической таблицы. К тому времени Таблица стала признанным основанием химической классификации материи, точкой, где встретились современные физика с современной химией. В 1955 г. один из 19 искусственных радиоактивных элементов, полученный в результате облучения *эйнштейния*-253 ионами гелия, был назван в честь Менделеева — *менделевий* (Me^{101}).

наук и в Имперский колледж науки и техники, привлекла миллионы посетителей со всего мира. [ГЕНЫ] [ЭЛЕМЕНТЫ] [ГЕНЫ]

Наука все больше бросала вызов традиционным религиозным представлениям, что вылилось в грандиозную дискуссию по поводу «Происхождения видов» (1859 г.) Дарвина и связанной с этой книгой *теорией эволюции*. Христианские фундаменталисты, воспитанные на буквальном понимании истин Книги Бытия (где Бог создает мир за 6 дней и 6 ночей), не могли примириться с теорией, что человечество медленно эволюционировало через миллионы поколений. Странно, что этот спор науки с религией не начался гораздо раньше. В конце концов, первый трактат по палеонтологии, касающийся древности ископаемых останков, был написан датчанином Нильсом Стено еще в 1669 г. Первый научный подсчет возраста Земли был произведен в труде Ж. Бюффона «Естественная история» (1778 г.), где автор устанавливал цифру примерно 75000 лет; и небулярная космогоническая теория Лапласа, согласно которой вселенная произошла из расширявшегося облака газа, рассматривалась уже с 1796 г. В 1809 г. французский натуралист Ж.Б.Ламарк (1744—1829) выдвинул теорию эволюции в связи с наследованием приобретенных черт. Со времени Стено ученые-геологи постоянно дискутировали с так называемыми делювианистами[22], которые приписывали облик всех физических форм Земли последствиям Всемирного потопа. [ОБЕЗЬЯНА]

Особенное влияние Дарвина можно объяснить отчасти тем фактом, что в его время гораздо шире стала аудитория научных дебатов, но прежде всего, человеческим фактором — сенсационностью новости, что люди произошли не от Адама, а от обезьяны: от «волосатого четвероногого млекопитающего, имевшего хвост и заостренные уши, возможно, обитавшего на деревьях». Дарвин собирал сведения о происхождении видов со времени своего путешествия на корабле Ее величества «Бигл» в Южную Америку и Галапагосские острова в 1831—1836 гг.; но озарение посетило его после прочтения Мальтуса в 1838 г. Прошло больше 20 лет прежде чем он был подвигнут опубликовать свои аргументы в «Происхождении видов», и больше 30 лет, прежде чем он полностью изложил их в «Происхождении человека и половом отборе» (1871 г.). Многие положения дарви-новского естественного отбора, известного также как «выживание наиболее приспособленных», были оспорены его позднейшими критиками. Но главное положение эволюционизма, что все существующие виды растительного и животного мира развивались постепенно в процессе постоянного взаимодействия с окружающей средой и соперничества друг с другом, — эта главная идея быстро получила почти всеобщее признание. Со временем даже христианство смогло найти место эволюции человека как части Божьего замысла. Общественные науки применили идею эволюции ко множеству дисциплин: на сцену вышел долго затем просуществовавший «социальный дарвинизм» — представление, что общество людей — это джунгли, где выживают только наиболее приспособленные нации, классы или индивидуумы.

Всеобщее убеждение, что научные методы могут и должны применяться в изучении человека так же, как они применяются в изучении естественных явлений, было характерным достижением данной эпохи. Теперь помимо экономики и этнографии появляются социология, антропология, социальная география, политология, а затем психология и психиатрия. По мере того как множились естественные и общественные науки, сокращалась область «чистой» философии, пока, наконец, философия не осталась с небольшим набором традиционных дисциплин, таких как эпистемология (теория познания), логика, этика, эстетика и политическая теория.

Религия переживала возрождение: значительно вырос корпус богословских трудов, народные массы проявляли религиозное рвение, укрепились организация Церкви и ее догматы. Появление этого нового духовного климата следует приписать отчасти реакции на издержки революционной эпохи, а отчасти и тому факту, что во многом прекратились все проявления религиозной дискриминации. Эпоха Просвещения подходила к концу, но завершилась вполне только с принятием принципа религиозной терпимости. В большинстве протестантских стран были отменены дискриминационные по отношению к католикам законы, восходившие еще к XVII в. Протестанты получили равные права в большинстве католических стран. Во многих регионах вновь допускался иудаизм, изгнанный оттуда в Средние века. В Пруссии, например, была создана новая национальная

ОБЕЗЬЯНА

В субботу 30 июня 1860 г. 700 человек набились в лекционный зал в Оксфорде на заседание Британской ассоциации содействия развитию науки. Официально они пришли послушать доклад американского ученого д-ра Драйпера об *Интеллектуальном развитии Европы в связи с взглядами мистера Дарвина*. На самом же деле они пришли послушать диспут двух главных оппонентов. С одной стороны сидел Сэмьюэл Уилберфорс, епископ Оксфордский, пылкий противник эволюционной теории, известный также как «*Soapy Sam*» ("Елейный Сэм"). С другой стороны в отсутствие Дарвина сидел профессор Т.Г. Гексли, палеонтолог, которого вскоре станут называть «Бульдогом Дарвина».

Никто уже не вспоминал работу д-ра Драйпера. Но епископ Уилберфорс, взошедший на кафедру в приподнятом настроении, закончил свое выступление вопросом к мистеру Гексли, состоит ли он в родстве с обезьяной "через дедушку или через бабушку". Гексли, сохраняя спокойствие, объяснил, что теория Дарвина не больше, чем гипотеза. «Я бы не постыдился родства с обезьяной, — заключил он, — но я бы постыдился родства с человеком, который использует свои великие дарования, чтобы затемнять истину». В зале поднялся шум, одна женщина упала в обморок.

Это собрание стало переломным моментом в отношении общества к современной науке. Оно происходило всего лишь через год после выхода в свет *Происхождения видов* и через два года после того,

как Дарвин прочитал написанный в соавторстве доклад *О тенденции видов к разнообразию и о сохранении разнообразия видов через естественные пути отбора*. Четыре года спустя во время «ответного матча» в Шелдоновском театре Бенджамин Дизраэли также не удержался от колкости в стиле «Елейного Сэма»: «Вопрос стоит так: человек — обезьяна или ангел? Господи, я за ангелов!»*

Последующая история теории эволюции хорошо известна. Одно из направлений, которому споспешествовал сам Дарвин, известно как *социальный дарвинизм*. Его сторонники выдвинули зловещее положение, что не просто выживают самые приспособленные, но что только они имеют право на выживание. Другое направление занялось практическим «улучшением расовых и национальных показателей», то есть "выведением человеков". Пионерами в этом стали английские ученые во главе с профессором сэром Фрэнсисом Гальтоном (1822–1911); эти ученые занимались *евгеникой*. Среди позднейших ее приверженцев был ученик и биограф Гальтона Карл Пирсон (1857–1936), статистик и марксист, основатель теории *социального империализма*, а также Х.С. Чемберлен, занимавшийся распространением этих идей в Германии.

Фрэнсису Гальтону принадлежат некоторые самые влиятельные исследования и псевдоисследования его времени. Его *Искусство путешествия* (1855 г.) было описанием первооткрывательской экс-

педиции во внутренние районы Юго-Западной Африки и ввело моду на такие путешествия на Черный континент. Его *Метеорографика* (1863 г.) положила начало новой науке — метеорологии. Он был одним из первых психологов в мире и в качестве такового первым провел исследование поведения близнецов и открыл первую в мире психиатрическую клинику. Он также страстно увлечен евгеникой и был автором нескольких работ, таких, как *Стадность у скота и у людей* (1871 г.), *Исследования способностей человека* (1883 г.) и *Естественная наследственность* (1889 г.)

Перед этим он окончил другую, чрезвычайно популярную работу *Наследственность гениев: ее законы и последствия* (1869 г.). Применяя статистический метод при анализе генеалогии выдающихся людей (от борцов до судей), он пытался доказать, что «талант, гений и моральные особенности передаются по наследству». Гальтон также написал работу *Сравнительная ценность рас*. В этой работе он анализировал все расы, ставя им оценки по шкале от 1 до 10. В результате он пришел к выводу, что древние греки - это «самая способная раса в истории человечества», что африканские негры, несмотря на отдельных своих талантливых представителей, никогда не смогут подняться до уровня англосаксов, а австралийские аборигены, согласно Гальтону, стоят на одну ступень ниже,чем негры. Дарвин по поводу этой работы сказал, что ничего оригинальнее и интереснее в своей жизни не читал. Однако сам Дарвин отвергал евгенику, называя ее «утопической наукой». На похоронах Дарвина в Вестминстерском аббатстве Гальтон публично обратился к епископу с требованием убрать из

окна церкви витраж, изображающий Сотворение мира, и заменить его чем-нибудь, более отражающим теорию эволюции. Интересно, что Гальтон, этот адвокат «наследственной гениальности»,

был двоюродным братом Дарвина.

---

* С тех пор англ. выражение *to be on the side of the angels* означает 'стоять на правильной, традиционной точке зрения'- *перев.*

Церковь после слияния в 1817 г. части лютеран и кальвинистов; институциализация Католической церкви завершилась с принятием Конституции 1850 г. В Австро-Венгрии *Преобразование* 1867 г. гарантировало полную религиозную терпимость. В Великобритании католики получили в основном религиозное равноправие по парламентскому закону в 1829 г., а евреи — в 1888 г.; хотя и те, и другие по-прежнему не имели права быть монархами. В Нидерландах аналогичные меры были приняты в 1853 г. Во Франции наполеоновский конкордат сохранял силу до 1905 г., несмотря на трения между католиками и республиканцами. Крайности французского рационализма породили собственных фанатиков: в Лиможе они провели фестиваль математики во время праздника Успения Богородицы.

В России же, напротив, господствующая православная церковь навязывала другим вероисповеданиям строгие ограничения. И хотя протестанты в бывших раньше шведскими районах Прибалтики, неправославные христиане Кавказа и мусульмане Средней Азии имели значительную автономию, но евреи, католики и униаты бывших польских провинций подвергались строгому государственному контролю, преследованиям и дискриминации. Евреи, главным образом, могли жить в так называемой "черте оседлости", за ее пределами требовалось специальное разрешение. Католическая церковь находилась под управлением так называемого Святейшего Синода и не имела никаких прямых контактов с Ватиканом. Санкт-Петербург отказывался от каких бы то ни было официальных отношений с Римом до тех пор, пока не добился конкордата 1849 г. на собственных условиях. Униатов принудительно обращали в православие в 1839 г. в Российской империи и в 1875 г. — в Царстве Польском.

По всей Европе шли оживленные богословские споры, вызванные тремя причинами: тем, что покончив со своей изоляцией, начали обмен идеями протестанты и католики; тем, что для романтизма был характерен интерес к экзотическим религиям, в особенности к буддизму и индуизму; тем, что развивался научный взгляд на мир. В этом столетии многие богословы стяжали себе славу не только у разных народов, но и в разных вероисповеданиях. Такова была слава Фридриха Шлейермахера из Силезии (1768–1834), кальвиниста, берлинского профессора; радикального бретонца аббата Юга Ламенне (1782–1854); баварского католика Иоганна фон Доллингера (1799–1890), ректора из Мюнхена; перешедшего из англиканства в католичество Джона Генри Ньюмена (1801–1890) и мрачного датчанина Серена Кьеркегора (1813–1855), труды которого были поняты лишь спустя много лет после его смерти.

Шлейермахер, игравший видную роль в Прусском объединении церквей, привнес суровость теолога в суждения об искусстве и культуре. Его сочинение «О религии» (1799 г.) научило поколение романтиков скрывать за наружным пренебрежением глубокую симпатию; главный же труд Шлейермахера «Христианская вера» (1821–1822 гг.) является классическим изложением протестантской догматики. Его «Краткое изложение богословия» (1811 г.) цитируют и в 1989 г. как лучшее введение в предмет[23].

Аббат Ламенне решил примирить Церковь с тем в революционной традиции, что, по его суждению, было совместимо с христианством. Под девизом «Бог и Свобода» (*Dieu et Liberté*) он неотвратимо повел дело к разрыву с Римом. Возмущенный исходом революции 1830 года, предательством Ватикана по отношению к Польше и равнодушием церкви к социальной справедливости, он стал суровым критиком господствующей церкви. Веру не следует путать с верностью церкви, как патриотизм не есть преданность государству. Названия его книг говорят сами за себя: «Слова верующего» (1833 г.) [рус. перевод 1906 г.- *перев.*],

«Дела Рима» (1836 г.), «Книга народов» (1837 г.), «Современное рабство» (1840 г.). Труды Ламенне оказали большое влияние на образование диссидентского течения в европейском католицизме, где общий критический настрой мыслей уживался с глубокой верой.

Доллингер возглавил борьбу с доктриной о непогрешимости папы (см. ниже). Его «Папство и собор» (1869 г.) называли «самым жестоким нападением на Папский престол за 1000 лет». Ньюман, некогда бывший викарием Университетской церкви Св. Девы Марии в Оксфорде, представляет особый интерес, поскольку в его жизни отразились взаимоотношения протестантов и католиков. Он возвышается в 1830-е гг. как лидер *трактариев*, или *Оксфордского движения* англиканской церкви. Серия полемических *Tracts for the Times* («Памфлетов на злобу дня»), которые были им подготовлены совместно с Эдвардом Пьюзи (1800–1882) и Джоном Киблом (1792–1866), ставили целью примирить традиции англиканской и католической церквей. Однако последовавшие нападки на его *Tract 90* (1841 г.), в котором он соотносил *Тридцать девять статей* [свод догматов англиканской церкви — *перев.*] с воззрениями ранних Отцов Церкви, разрушили его веру в англиканство и склонили к отставке. Затем в *Apologia pro Vita Sua* ("Апология своей жизни") (1864 г.) он с большой искренностью исследовал свою духовную борьбу. Как он вспоминает, вступление его в католическую паству «вызвало много блеяния». Позднее он вступил в горячий спор с кардиналом X. Э. Маннингом (1808–1892), как и он, новообращенным, по вопросу о непогрешимости папы, однако в своих разногласиях не дошел до неповиновения.

Труды Сёрена Кьеркегора были нацелены прежде всего против философии Гегеля, а во вторую очередь — против безмятежности и уюта Церкви Дании. Однако Кьеркегор пошел гораздо дальше и вторгся в неисследованные области духа и мысли. Его «Страх и трепет» (1843 г.), «О понятии страха» (1844 г.) и «Смертельная болезнь» (1849 г.) вступали в область психологии подсознательного. Его «Ненаучное послесловие к «Философским крохам» (1846 г.) многие считают главным текстом экзистенциализма. Все его работы были глубоко оскорбительны для рационализма. По Кьеркегору, субъективность — это истина. «История христианства, — писал он, — есть история тонких

отступлений от христианства». В пассаже, который странным образом предвосхищает трагедию «Титаника», он сравнивает европейцев с пассажирами большого корабля, которые проводят ночь в буйном веселье, плывя навстречу айсбергу судьбы.

В ходе этих дебатов теология и библеистика начинают перенимать многие методы и оценки у литературной и исторической критики. Самой большой дерзостью такого рода стала «Жизнь Иисуса» (1863 г.) Эрнеста Ренана (1823–1892), за что автор был временно уволен из Коллеж де Франс. И все же религиозный модернизм прокладывал себе путь, в особенности когда его торжественно осудили церковные иерархи.

Измерить религиозный пыл не легко, но, без сомнения, христианская вера пробуждала искреннее рвение у большего числа людей, чем в предшествующее столетие. Общее движение к грамотности усиливало религиозное, как и светское, образование, и усилия миссионеров направлялись в той же мере на бедных и обездоленных в новых промышленных центрах, как и на язычников на далеких континентах. Особенно в протестантских странах Церковь обеспечивала социальное лидерство и социальную дисциплину, какие раньше не были известны. Движения религиозного возрождения, как немецкий пиетизм или английский методизм, теперь охватывали целые районы, целые социальные группы. В других странах, например, в Ирландии и отчасти в Польше, благочестие в народе связывалось с национальным сопротивлением. Повсюду расцветало религиозное искусство, которое часто вдохновлялось средневековыми моделями. Прокатилась волна строительства готических церквей, писались гимны, возникали такие религиозные движения в искусстве, как прерафаэлиты в Англии или назарейцы в Германии, наконец, религиозный подъем выразился в богатстве произведений церковной музыки. К. Ф. Шинкель (1781–1841), архитектор неоготического стиля, писал: «Искусство само по себе религия». Композиторы от Берлиоза до Франка создавали все новые "мессы". [МЕССА]

Католическая церковь, конечно, не была ограждена от перемен, хотя ее сопротивление движению в ногу со временем было очевидно. Такие католические страны, как Испания, Италия, Австрия, Польша и южная Германия, в меньшей степени подверглись индустриализации и модернизации. Более того, высшие католические иерархи были глубоко потрясены событиями революционной эпохи, так, что они застыли в своем исключительном консерватизме вплоть до 1960-х гг. Ватикан кроме того был напуган боями в Италии за Папскую область, которые были окончательно проиграны в 1870 г. В моду опять вошло ультрамонтанство не без влияния приведенных в боевую готовность французских епископов и ордена иезуитов, который был возрожден в 1814 г. [БЕРНАДЕТТА]

В понтификат Пия IX (1846–1878 гг.), которого Меттерних поначалу принял за либерала, были утверждены догматы, превосходившие требования даже самых настойчивых пап средневековья. В 1854 г. была обнародована доктрина о непорочном зачатии Девы Марии. В энциклике *Quanta Cura* (1864 г.) было заявлено о превосходстве Церкви над всеми формами гражданской власти, а в *"Силлабусе"* был представлен удивительный список «современных заблуждений», включивший почти все: от гражданского брака до религиозной терпимости. Вероучительная конституция *Pastor Aeternus* (1870 г.), принятая Ватиканским собором, провозгласила догмат о непогрешимости папы в вопросах веры и морали. Крайность этих положений подорвала уважение к папству как вне Церкви, так и внутри нее. Главный конфликт — «Культуркампф» — был спровоцирован в Германии, и некоторые швейцарские, немецкие и голландские клирики отпали от Рима и создали старокатолическую церковь. Пий IX умер в Ватиканском дворце, где, лишенный всякой земной власти, провозгласил себя «моральным узником». Его верные слуги — иезуиты, были изгнаны из Германии в 1872 г., из Франции — в 1880 г. [СИЛЛАБУС]

При Льве XIII (правил в 1878–1903 гг.), называемом «папой мира», Церковь ближе подошла к современным воззрениям по политическим и особенно по социальным вопросам. В энциклике *Либертас* (1888 г.) была сделана попытка утвердить положительные стороны либерализма, демократии и свободы совести. Другая энциклика, *Рерум Новарум* (1891 г.) выступала в защиту социальной справедливости, осуждала крайности безудержного капитализма и призывала все государства содействовать благосостоянию своих граж-

дан. Однако при Пии Х (правил в 1903 – 1914 гг.) в энциклике *Pascendi Dominid Gregis* (1907 г.) религиозный модернизм прямо осуждался как «свод всех ересей»; казалось, вновь поднимается знамя реакции.

Православный мир увидел перемены в области национальной политики. По мере того как на Балканах отступали турки, устанавливались автокефальные церкви в Греции, Сербии, Румынии, Черногории и Болгарии, каждая со своим синодом или патриархом. Эти церкви были важным средоточием растущего самосознания балканских народов. Вселенские Константинопольские патриархи постепенно утрачивали свой былой престиж и влияние. Они не только много раз низлагались Портой, но и чувствовали давление со стороны Русской православной церкви, которая высказывала претензии на то, чтобы защищать и патронировать всех бывших под властью султана православных подданных. Разделения между христианами оказались трудно преодолимыми, тем более, что отсутствовало стремление к единству или тесному общению. Русское православие обнаружило некоторый интерес к старокатоликам, а на царской коронации в 1895 г. было положено начало контактам с Церковью Англии. И все же ранние проявления экуменизма ограничивались связями в протестантском мире. Церковная уния (1817 г.) в Пруссии объединила кальвинистов и лютеран. Британское и зарубежное библейское общество (1804 г.), Христианская ассоциация молодых людей (ИМКА)(1844 г.) и Христианская молодежная женская ассоциация (ИМКА) (1855 г.) стали пионерами сотрудничества не только между народами, но и между деноминациями. В этом процессе католические иерархи стояли в стороне до тех пор, пока скандал, каким стало соперничество миссионерских организаций в Африке и Азии, не заставил их действовать. На Всемирной миссионерской конференции в Эдинбурге в 1910 г. был создан Международный миссионерский совет, который и стал одним из двух признанных центров развернувшегося затем экуменического движения.

Политика в XIX в. сосредоточилась главным образом на судьбе монархий, которые, хотя и были восстановлены, но постепенно подтачивались тремя важными движениями своего времени: либерализмом, национализмом и социализмом. В целом

БЕРНАДЕТТА

С 11 февраля по 16 июля 1858 г. в гроте недалеко от города Лурд в Бигоре бездомная девочка — голодная, страдающая астмой Мари-Бернард Субиру, стала свидетельницей 18 замечательных явлений. Она слышала порыв ветра, потом видела прекрасную Деву в белом одеянии с голубым поясом и золотыми розами у ног. Явившаяся в видении Дева повелела Бернадетте молиться, каяться, построить часовню и пить из фонтана. Один раз Дева объявила на местном наречии, что она — *immaculada concepciou* (непорочное зачатие). Она позволила обрызгать себя святой водой в доказательство, что видение не от дьявола; она также дала понять, что может наказывать и вознаграждать. Те жители, которые высказывались о ней кощунственно, заболели. Другие, которые топтали розы перед гротом, обнаружили, что их собственности был причинен ущерб. Вода из фонтана явила целебные свойства.

Поначалу и гражданские, и церковные власти высказывали сомнения. Подолгу допрашивали Бернадетту, собирали свидетельства и даже поставили ограждение вокруг грота. Когда стало уже невозможно сдерживать натиск местных жителей и приезжих, Бернадетту помес-

тили в монастырь в Невере. Со временем власти решили принять участие в том, чего нельзя было подавить, построив большую базилику для пилигримов, а также католический медицинский центр для проверки заявлений о чудесных исцелениях. Лурд стал величайшим центром христианства в Европе, где совершались исцеления по вере.

В истории Церкви Святая Бернадетта (1844–1879) стала одной из тех, кто сподобился явления Приснодевы, а также одной из тех благочестивых католических женщин, которые защищали традиционную религию от наступавшего секуляризма. Вместе с больной туберкулезом Св. Терезой Мартен (1873–1897), этим «цветочком из Лизье» (чья автобиографическая *История души* стала настоящим бестселлером), она демонстрировала миру святость верующих страдальцев. Она была призвана французской церковью на борьбу с врагами Церкви. Бернадетта была канонизирована в 1933 г., через 8 лет после святой Терезы.

Кроме того, история Бернадетты Субиру показала, что время модернизации, когда она жила, было вовсе не таким простым, как его обычно изображают. Историки уже описали процесс, в ходе которого крестьяне через государственные

школы и службу в армии постепенно и неуклонно становились единой французской нацией. Но события 1858 г. показывают, что действовали и другие факторы. В Лурде все (даже епископ) говорили на местном наречии. Никто не предположил, что Бернадетта — сумасшедшая или, может быть, одержима дьяволом. Она описывала не просто Мадонну и не младенца-Христа. Она принадлежала к тому вневременному сообществу, где почитают святую воду и где обряды очищения, будь то стирка одежды, омовение умершей или новорожденного, совершались только женщинами. Она жила в регионе, где пещеры и гроты Пиренеев все еще оставались приютом фей, а епископ заботился о местах поклонения деве Марии. Она даже назвала видение *petito demoisella* — выражение, которым иногда называли фею. Ее облик — босоногой, покрытой вшами, ее упорство, но главное - ее продолжительные коленопреклоненные моления в позе экстаза — все это было очень убедительно. Предложили даже считать язык ее тела «невербальным средством передачи социальной памяти». То, что говорила и рассказывала Бернадетта, было доподлинно и понятно для ее соседей.

пусть и со значительными потерями, монархии уцелели, и в 1914 г. на священных тронах было больше коронованных особ, чем за столетие до того. Однако эти монархи уцелели только потому, что существенно изменили самую суть отношений правителей и подданных.

Либерализм развивался параллельно и одновременно в двух разных областях: как политическое и экономическое течение. В политическом

либерализме главным был вопрос о создании правительств на основе общего согласия. Название «либерализм» восходит к испанским «либералам», которые составили свою конституцию 1812 г. в противовес деспотизму испанской монархии. Однако корни либерализма следует искать дальше во времени — в политических теориях Просвещения и даже еще глубже. И в самом деле, первоначально либерализм был неотличим от борьбы за

СИЛЛАБУС

8 декабря 1864 г. папа Пий IX опубликовал энциклику *Quanta cura* и *Перечень важнейших заблуждений нашего времени [Syllabus]*. С этими документами Ватикан медлил 15 лет, и они несколько раз пересматривались. Ко времени публикации они уже успели вызвать фурор, когда в 1862 г. антиклерикальный туринский журнал *Mediatore* поместил подборку полученных благодаря утечке информации отрывков.

Силлабус делится на десять тематических разделов, каждый из которых содержит несколько пунктов. Поскольку назначение *Силлабуса* состояло в том, чтобы указывать ошибки, то позицию католической церкви по каждому вопросу можно определить, если предварить соответствующий пункт словами: «Неверно считать, что...».

Атеизм и абсолютный рационализм
1. Бога нет.
2. Божественное Откровение можно использовать, чтобы оспорить любой вывод науки или философии.

Об умеренном рационализме. Индифферентизм
15. Все религии и религиозные деноминации равны.

О политических обществах
18. Все социалистические, коммунистические, тайные общества, библейские общества, общества клерикально-либеральные допустимы.

Права Церкви
24. У Церкви нет никакой светской власти.
26. Церковь не имеет законного права владения собственностью.
28. Епископы могут обнародовать папские послания только с разрешения правительства.
30. Права Церкви проистекают только из гражданского права.
32. Освобождение духовенства от воинской повинности может быть отменено.
33. Церкви может быть отказано в праве преподавать закон Божий и богословские предметы.
37. Национальные церкви могут находиться за пределами папской юрисдикции.

Права государства
39. Государство - единственный источник власти в обществе.
43. Государство может в одностороннем порядке расторгнуть конкордат.
44. Гражданское право выше канонического права.
45. Государство обладает абсолютной властью определять образовательную политику.
46. Государству принадлежит право на осуществление высшего контроля над духовными семинариями.
49. Государство может запретить церковной иерархии свободное общение с Римом.
50. Светские власти сами по себе могут поставлять и низлагать епископов.
54. Короли и князья могут быть освобождены от обязанности соблюдать церковные законы.
55. Отделение Церкви от государства необходимо.

Этика
56. Человеческие законы не нуждаются в том, чтобы согласовываться с естественным или Божественным законом.
58. Следует признавать только силы, заложенные в материальном мире.
63. Позволительно восставать против законных государей.

Христианский брак
66. Брак по природе своей не является таинством.
67. Брачный союз расторжим и, следовательно, развод *sensu stricto* (формальный) может быть разрешен государством.
68. Только государство может определять, что является препятствием к браку.

Светская власть римского понтифика
75. Верующим католикам позволено оспаривать светскую или духовную власть папы.
76. Уничтожение светской власти Церкви пошло бы ей на пользу.

Либерализм
77. Не следует более считать католицизм единственной деноминацией.
78. Иммигрантам в католических странах должно быть позволено публично отправлять любые религиозные культы.
80. Римский первосвященник может и должен примириться и сообразовываться с "прогрессом", "либерализмом" и "современной цивилизацией".

Своим происхождением *Syllabus* обязан возникшей у итальянских епископов потребности в руководстве в возникших спорах в связи с созданием Итальянского королевства. Папский престол в то время был активным участником политической борьбы, так что многие пункты *Силлабуса* были сформулированы в общем виде, но касались вполне конкретной местной ситуации. Этот недостаток породил множество недоразумений. Например, слова, звучавшие как осуждение всех клерикально-либеральных обществ, восприняли как нападки на всех просвещенных клириков, начиная с Монталамбера. На самом же деле этим пунктом Ватикан намеревался сдержать ту часть духовенства в Пьемонте, которая поддерживала планы правительства распустить монастыри.

Если внимательно читать текст документа, то становится ясно, что по многим позициям Ватикан просто *подтвердил* свою позицию. Так, в определении «неверно, что понтифик должен сообразовываться с современной цивилизацией» *Syllabus* всего лишь фиксировал очевидное: что Церковь руководствуется вневременными принципами своей религии и не склонится перед модными лозунгами.

Но документ произвел совершенно иное впечатление. Некоторые из ключевых положений были, к сожалению, сформулированы так плохо, что их вовсе не следовало бы включать. Как только эти отрицания стали обсуждать во враждебно настроенных печатных изданиях, у многих людей сложилось мнение, что католическая церковь настроена решительно против всякой терпимости, рационального мышления, всех форм разделения супругов, всякого национального самоопределения, а также против любой формы общественной благотворительности.

В области политической ватиканские правоведы на удивление неловко смешали в одну кучу социалистов, коммунистов, тайные общества, независимые библейские общества и либеральных клириков, поместив их в один круг ада. Но это было знаком времени. Другие высокоинтеллектуальные консерваторы в Европе думали так же. Федор Достоевский - возможно, величайший ум своего времени, мог бы одобрить пункт 18. Только со своей специфически русской точки зрения он бы добавил: «и все римско-католические[2]». [О политических взглядах Достоевского, который считал, что социализм, анархизм, терроризм и католицизм тесно связаны друг с другом, см. **[инквизиция]** - *перев.*]

представительное правление. Первой большой победой либерализма можно считать Американскую революцию, хотя она обильно черпала из опыта английского парламентаризма и конституционной фазы Французской революции. В своей самой радикальной форме либерализм включает республиканскую форму правления, хотя большинство либералов готовы приветствовать и народную, ограниченную и благонамеренную монархию как фактор стабильности. Для либералов важнее всего власть закона, гражданские и личные свободы, конституционные процедуры, веротерпимость и универсальные права человека. Либералы выступали против унаследованных привилегий, где бы они ни сохранились: у короны, Церкви или аристократии. В XIX в. либералы также придавали большое значение собственности, считая собственность главным источником ответственных решений и действий в гражданской сфере. В результате, хотя они и стали первыми, кто подрезал крылья абсолютизму и заложил основы современных демократий, они не были готовы к радикализму будущего всеобщего избирательного права и эгалитаризму.

Экономический либерализм опирался на концепции свободы торговли и свободного предпринимательства (*laissez-faire*[24]) — учение, которое было направлено против привычного вмешательства правительств в экономическую жизнь через протекционистские тарифы. Экономический либерализм выступал за право собственников заниматься торговлей и производством без лишних ограничений. Таким образом либерализм, с одной стороны, боролся за снятие экономических барьеров, которых было множество внутри стран и между ними, а с другой — выступал против всяких форм коллективизма, будь то старинные цехи и гильдии или новые тред-юнионы.

Либерализм часто считают идеологией новых средних классов. Он действительно обращался к этому широкому и растущему социальному слою, который занимал место между старой привилегированной аристократией и неимущими рабочими массами. И, тем не менее, либерализм был привлекателен для более широкого круга людей. Он отвечал интересам гораздо более широких масс населения, причем интересы эти не были обусловлены социально или экономически. Таковы были интересы *Burschenschaften*, или студенческих союзов, 1820-х гг., франкмасонов, свободномыслящей интеллигенции, сторонников реформ в образовании и пенитенциарной системе, аристократических британских вигов и польских магнатов, даже русских офицеров-*декабристов*, которые в 1825 г. осмелились составить заговор против самодержавия.

Поскольку Англия развивалась быстрее других, неудивительно, что самые последовательные изложения идей либерализма мы находим в трудах англичан. В области экономики «Принципы политической экономии» (1817 г.) Давида Рикардо (1771–1823) стали завершением трудов класси-ческих экономистов, начало которым положил Адам Смит. Ученики Рикардо приняли практическое участие в деятельности Лиги противников ввозных пошлин на хлеб и в акциях "манчестерской школы", отстаивавшей свободу торговли, под руководством Ричарда Кобдена (1804–1865) и Джона Брайта (1811–1889). В политической философии труды Джона Стюарта Милля (1806–1873) стали главным памятником умеренного либерализма. В его трудах некоторые из крайних принципов либералов предыдущей эпохи были очищены и модифицированы в свете новейшего опыта и дискуссий. Так, Милль был сторонником экономики свободного предпринимательства, но требовал, чтобы власть работодателей-капиталистов была уравновешена правами тред-юнионов наемных работников. Он подписывался под утилитаристским принципом «наибольшего счастья» — в том виде, как его выдвинул его отец — философ Джеймс Милль (1773–1836), но с оговоркой, что счастье не будет пониматься как удовольствие. В эссе «О свободе» (1859 г.) Милль разработал образцовый манифест прав личности, которые должны быть ограничены только там, где они затрагивают права других. «Единственная цель, ради которой человечество правомочно вмешиваться в свободу действий любого количества людей, — писал он, — это самозащита». В трактате «О подчиненном положении женщины» (1869 г.) он сформулировал аргументы в пользу феминизма, заявив, что во множестве различий между мужчинами и женщинами нет ничего, что бы оправдывало различие в правах.

Однако главная драма, связанная с либерализмом, должна была разыграться во Франции, родине побежденной революции и арене самых продвинутых, отточенных и диаметрально противоположных политических воззрений. Для политической жизни Франции было характерно не только укрепление позиций консервативных католических монархистов и радикальных антиклерикальных республиканцев. Картина усложнялась наличием таких парадоксальных фигур, как бывший якобинец-республиканец и «король-гражданин» Луи-Филипп (правил в 1830–1848 гг.) или несостоявшийся либерал и революционер, оказавшийся на императорском троне, Луи-Наполеон (Наполеон III, правил в 1848–1870 гг.).

Результатом стала серия сменявших друг друга консервативных и либеральных режимов, в промежутках между которыми разражались вспышки неистовой революционности. Реставрация Бурбонов с правлением Людовика XVIII (1815–1824 гг.) и Карла X (правил в 1824–1830 гг.) была сметена Июльской революцией 1830 г. Июльская монархия Луи-Филиппа была свергнута революцией 23 февраля 1848 г. Недолго просуществовавшая Вторая республика была сметена тем, кто вначале был ее должником, а потом провозгласил себя императором. Вторая империя (1851–1870 гг.) пала среди общего унижения франко-прусской войны и кровавых битв Парижской коммуны. Третья республика, провозглашенная в 1870 г., просуществовала 70 лет, однако это время было отмечено чрезвычайной нестабильностью правительств, исключительно оживленными и столь же бесплодными дебатами и невероятной враждой противоборствующих лагерей. Известное дело капитана Дрейфуса, захватившее Францию в 1894–1906 гг., показало, что либеральные и антилиберальные настроения во Франции так и не нашли своего *modus vivendi*.

Похожие приступы насилия бушевали и в Испании, которая была своего рода лабораторией либерализма. Непроходимая пропасть разделяла испанских *exaltados* — крайних радикалов, *apostolicos* – поддерживаемых Церковью крайних монархистов. С 1829 г. многие из этих монархистов начинают поддерживать претензии на престол Дона Карлоса (ум. в 1855 г.) и его наследников, получивших поддержку также среди басков и каталонцев. Последовала вереница оскудевших беспутных монархов: Фердинанд VII (правил в 1814–1833 гг.), Изабелла (правила в 1833–1868 гг.), Альфонс XII (правил в 1874–1885 гг.), которые склонялись как флажки от любого ветерка. В результате либеральные конституции отменялись так же часто, как и вводились: в 1812 г., 1820 г., 1837 г., 1852 г., 1855 г., 1869 г., 1876 г. Повседневностью стали интриги клерикалов, злоупотребления и гражданская война. После краткого правления Амадея, герцога Аосты (правил в 1870–1873 гг.), ненадолго установилась республика. После 1876 г. при Альфонсе XIII (правил в 1885–1931 гг.) либеральный центр наконец окреп настолько, что смог поддерживать конституционную монар-хию до 1920-х гг. [ПРАДО]

В Португалии 80 лет шла конституционная борьба, которая закончилась упразднением монархии. Конституция была дарована в 1826 г., вскоре после провозглашения Бразилией независимости, и король Педро решил остаться императором Бразилии. Однако против введения конституции были употреблены все возможные средства. До 1853 г. оставался у власти абсолютистский двор Марии II и двух ее сыновей. При Карле (правил в 1889–1908 гг.) в кортесах царили *rotativos* (сменяющиеся министерства) Прогрессивной партии и Партии возрождения, которые объединялись для противодействия растущему республиканскому движению. Кульминацией этого правления стала недолгая королевская диктатура, после чего король и кронпринц пали от рук убийц. Последний король Португалии Мануэл II (правил в 1908–1910 гг.) удалился в Англию, когда армия поддержала революцию 5 октября 1910 г., и была провозглашена Республика.

Каждая французская революция эхом разносилась по Европе. В 1830 г. *июльские дни* Парижа разожгли *августовское* восстание в Брюсселе и *ноябрьское* — в Варшаве (см. ниже). В Париже вид Лафайета во главе восставших заставил отречься реакционера Карл X и его *parti prêtre* («партию священиков»), и палата депутатов избрала королем Луи-Филиппа. В Брюсселе после захвата *Hotel de Ville* (ратуши) и провала попыток голландской армии восстановить порядок герцог Немурский (сын Луи-Филиппа) был избран будущим королем бельгийцев. Бельгийские провинции Соединенного Королевства Нидерландов с 1815 г. неустанно отказывались я подчиняться

интересам Голландии. Независимость Бельгии была приемлема для великих держав, и они одобряют установление здесь идеальной конституционной монархии. Однако королем становится не герцог Немурский, а Леопольд I Саксен-Кобургский (правил в 1831–1865 гг.). [ГОТА]

В феврале 1848 г. давление революционного пара было гораздо сильнее, чем в 1830 г., так что свирепые взрывы прокатываются по всем главным государствам Европы, кроме Великобритании и России. Тучи сгущались над Швейцарией с 1845 г., над Краковской республикой — с 1846 г., над Сицилией — с 1847 г. Свержение Луи-Филиппа стало сигналом, по которому поднялись почти все крупнейшие города Германии, Италии, Австрии и Венгрии. События 1848–1849 гг. называют «революцией интеллектуалов», в основном из-за оказавших большое воздействие жарких дебатов в предпарламенте во Франкфурте и на Славянском конгрессе в Праге, а также в связи с публикацией эпохального «Коммунистического Манифеста» (см. ниже). На деле же в это время кровавые стычки были звучнее, чем слова. Не только интеллектуалы пошли в это время на баррикады, хотя в драку ввязались такие поэты, как Ламартин, Мицкевич и Шандор Петефи. Ламартин становится министром иностранных дел Франции. Мицкевич собрал легион польских изгнанников на борьбу за Римскую республику. Петефи погиб в битве с австрийцами. В Париже погибло больше 10 000 человек в «июньские дни», когда войска генерала Кавеньяка сломили сопротивление рабочих, положив конец недолго просуществовавшим «национальным мастерским». В Берлине и других местах монархи предпочитали сначала стрелять, а конституции обсуждали после. В Италии Сардиния объявляет *Guerra Santa* ("Священную войну") против правления Австрии в Ломбардии. В Венгрии, где были свергнуты Габсбурги и Кошут провозглашен регентом и диктатором, для реставрации понадобились две русские армии и военные действия в течение целого года. В Италии пришлось призвать французские, австрийские и неаполитанские войска, чтобы сломить самопровозглашенные республики в Риме и Венеции.

На первый взгляд кажется, что 1848 г. стал катастрофой для либерализма. Была сметена только одна единственная монархия — во Франции,

ПРАДО

Испанский королевский художественный музей был открыт для публики на проспекте Прадо в Мадриде 19 ноября 1819 г. Своим существованием он обязан энтузиазму короля Фердинанда VII, которому был недавно возвращен престол, и его второй жене королеве Изабелле Браганской. Первым директором музея стал принц Англона, надзор над его работой осуществлялся Советом грандов. Музей располагался в новом, с коринфскими фасадами здании, которое за 30 лет до того было построено архитектором доном Хуаном Вильянуэвой как Музей естественной истории. Первоначально экспозиция состояла из 311 картин. Отсутствовало множество шедевров, которые шестью годами раньше захватил с обозом Жозефа Бонапарта герцог Веллингтон, да так и не вернул.

Первый каталог музея был издан в 1823 г. по-французски, поскольку незадолго до того в Испанию вошел герцог Ангулемский с очередной французской оккупационной армией (сыновья Людовика Святого), чтобы вызволить короля из рук его подданных. В 1838 г. музей стал называться Национальным музеем после объединения с Коллекцией св. Троицы — собранием произведений живописи, отобранных у закрытых монастырей. Свое имя Музей Прадо он получил в 1873 г. после либеральной революции. Во время гражданской войны в Испании в 1936–1939 гг. музей был закрыт, а многие его сокровища перевезены и выставлялись в Женеве.

Королевская коллекция произведений искусства зароди-

лась во времена Хуана II Кастильского (ум. в 1445 г.), о котором известно, что он покупал картины Рожера ван дер Вейдена. Но самый большой вклад в эту коллекцию внесли Карл V и Филипп II, покровительствовавшие Тициану, Филипп IV, для которого работал Веласкес, и Карл III, который в 1774 г. секвестровал всю собственность иезуитов. Несмотря на большие потери в связи с пожарами и французской оккупацией, собрание музея выросло в одну из первых коллекций мира и благодаря сухому воздуху Кастильского плато сохранялась в идеальных условиях.

Среди жемчужин Прадо все великие имена итальянской, фламандской, немецкой, датской и французской школ. Но, кроме того, это родина испанской школы: здесь произведения Эль Греко (1541–1614) — критянина, осевшего в Толедо; Диего де Веласкеса (1599–1660) и Бартоломео Мурильо (1618–1682) из Севильи; Хосе де Риберы (1591–1652) из Валенсии и несравненного Франсиско де Гойи (1746–1828), который в момент открытия Прадо был самым прославленным испанским художником своего времени.

«Художественные галереи сохраняют квинтэссенцию творческого гения человека.» Они являют собой, может быть, самый простой путь в прошлое Европы, обостряя чувства и возбуждая воображение, как этого не сделает ни одна книга по истории. Прадо среди лучших национальных галерей первого класса, как Лувр в Париже, Рийксмузеум в Амстердаме, Музей истории искусств в Вене,

Национальная галерея в Лондоне, Эрмитаж в Санкт-Петербурге, галерея Уффици во Флоренции и собрания Ватикана. Ко второму разряду относятся «провинциальные» галереи и музеи в Минске, Манчестере или Мюнхене, в Кракове или Оксфорде — часто эти музеи просто великолепны, а также галереи современного искусства. На второстепенных ролях выступают малоизвестные, но являющие необыкновенную преданность делу учреждения культуры, такие, как художественно-исторический музей в Шоле (Cholet), музей в бывшем цистерианском монастыре Енджеюва или музей Далвичского колледжа (Лондон).

В 1784 г., когда родился Фердинанд VII и началось строительство Прадо, другой европейский монарх планировал другую картинную галерею. Король Станислав Август Польский отправил в Лондон торговца картинами, чтобы собрать коллекцию старых мастеров для пополнения его частной коллекции в Варшаве. Затем наступила русско-польская война и разделы Польши. Короля депортировали в Россию вместе с его картинами (численностью 2 900), которым теперь предстояло украшать не польские, а русские галереи. Он так и не увидел собранных для него в Лондоне картин, за которые уже не мог заплатить. Эти картины стали основой коллекции Картинной галереи Далвичского колледжа (Лондон), одной из тех небольших сокровищниц, которые заслуживают большей известности.

ГОТА

Тюрингское герцогство Саксен-Кобург-Гота было учреждено в 1826 г., когда герцогу Саксен-Кобург-Заальфельдскому пришлось в связи с разводом обменять Заальфельд на Готу. В конце концов, восемь его крошечных анклавов вместе с Саксен-Альтенбургом, Саксен-Мейненгеном и Саксен-Веймар-Эйзенахом были вынуждены присоединиться к Германской империи.

Герцог имел двух сыновей — Эрнста (1818–1893) и Альберта (1819–1861). Его брат Леопольд (1790–1865) был некогда женат на наследнице Ганноверского дома (королевская династия Великобритании - ред.) Шарлотте Августе. Его сестра Луиза (также замужем за представителем Ганноверской династии) была матерью принцессы Виктории (1819–1901), которая была зачата в Аморбахе во Франконии. Перспективы семьи значительно улучшились в 1830 г., когда, подобно своей покойной тетке, Виктория неожиданно стала возможной престолонаследницей Ганноверской династии, а Леопольд был избран королем Бельгии.

Дядя Лео был главным королевским сватом. Альберт Саксен-Кобург-Готский приходился ему племянником, а Виктория Ганноверская — племянницей. В мае 1836 г. он устроил их брак. Обоим было по 17 лет. Им предстояло стать *отцом и матерью Европы.*

Ганноверская династия, которая некогда носила также титулы герцогов Люнебург-Целльских и Брауншвейг-Люнебургских, правила одновременно с 1714 г. в качестве курфюрстов, а потом королей Ганновера и королей Соединенного Коро-

левства. Живя в Великобритании, они, однако, всегда брали себе немецких невест, в то время как их наследными землями от их имени управлял штатгальтер, или наместник. Поскольку закон Ганноверской династии не допускал женщин на престол, то, когда Виктория взошла на британский трон в 1837 г., Ганновер перешел в руки ее дяди, а потом - к Пруссии. Альберт и Виктория сочетались браком 10 февраля 1840 г. Господь дал им девятерых детей. После 1858 г. трое старших сочетались браком: дочь - с Фридрихом Вильгельмом Гогенцоллерном, будущим германским императором; сын — с принцессой датской Александрой; а вторая дочь — с будущим великим герцогом Людовиком Гессен-Дармштадским.

Великий герцог Гессен-Дармштадский занимал весьма скромное положение, пока дочь великого герцога Мария не вышла в 1841 г. замуж за Александра Романова, будущего русского царя Александра II. Двое из сыновей Марии взяли в жены принцесс из семейства Шлезвиг-Гольштейн-Зондербург-Глюксбургов. Ее дочь (тоже Мария) вышла замуж за принца Альфреда (1844–1900), герцога Эдинбургского, адмирала Королевского флота и будущего герцога Саксен-Кобург-Готского. Дармштадтско-Петербургский альянс укрепился сначала браком Елизаветы Гессенской с русским великим князем, а потом браком младшей сестры Елизаветы Аликс с будущим Николаем II, последним русским царем.

Немецкий дом Шлезвиг-Гольштейн-Зондербург-Глюксбургских получил датский трон в

1853 г. Но вскоре они пошли еще дальше. Старший сын Христиана IX Фредерик (1843–1912) стал основателем рода и датских, и норвежских монархов. Его второму сыну, Вильгельму (1845–1913), предстояло жениться на русской великой княжне и под именем Георга I основать греческую королевскую династию. Его дочь Александра (1844–1925), жена Эдуарда, принца Уэльсского, стала королевой Англии. Его вторая дочь Мария (1847–1928), жена Александра III Романова, стала русской царицей.

В эту вереницу немецких кузенов и кузин вошли и совершившие невероятный взлет к вершинам власти Баттенберги. Гессенские графы Баттенберги вымерли еще в XIV веке. Однако их титул послужил в 1858 г. одному морганатическому браку. Принц Александр Гессенский (1823–1888) сопровождал свою сестру Марию в Россию и служил там в царской кавалерии, но после бегства из России с фрейлиной двора Юлией Гауке (1825–1895), дочерью убитого польского генерала, он получил офицерский чин в Вене. Его морганатическая жена, получившая титул графини фон Баттенберг, наделила своих отпрысков красивой внешностью и этим забытым титулом. Ее сестра была детской писательницей. А брат служил в 1848 г. командиром польского легиона в Тоскане.

У Александра и Юлии было 4 сына. Второй из них женился на черногорской княжне. Третий взошел на трон в Болгарии, но был низложен. Четвертый, Генри, женился на младшей дочери Альберта и Виктории Беатрис. Но их старший сын действительно сорвал банк. Женатый на любимой внучке королевы Виктории — Виктории Гессенской, граф Льюис Баттенбергский (1854–1921) был кузеном и Альфреда, герцога Эдинбургского, и царя Александа III, а также зятем (мужем сестры) императрицы Аликс (Александры Федоровны). Вступив в Королевский флот кадетом, он дослужился до адмирала, начальника военно-морской разведки и, когда в 1914 г. началась мировая война, был первым лордом адмиралтейства, то есть начальником Главного морского штаба Великобритании. К несчастью, он был немцем, и ему пришлось выйти в отставку. К тому времени его старшая дочь стала королевой Швеции, а его младшая дочь Элис — греческой принцессой. Его племянница была королевой Испании. Его младшему сыну Льюису (1900–1979), известному как *Дики*, ставшему впоследствии графом Бирманским, предстояло пойти по следам отца в британское адмиралтейство. В июле 1917 г. фамильное имя снова изменили, на этот раз на Маунтбэттенов. Их родственники — Романовы - были арестованы, а их родственники из дома Саксен-Кобург-Гота-Ганновер-Теков спешно назвали себя *Виндзорами*.

В свое время адмирал Льюис Маунтбэттен обнаружил у себя такие же таланты свата, какими обладал дядя королевы Виктории Лео. У него был любимый племянник — высланный из Греции юный принц Филипп. Неожиданно в 1937 г. юная принцесса Елизавета Виндзорская стала предполагаемой наследницей британского трона. "Дядя Дики" устроил их брак. Принц Филипп Шлезвиг-Гольштейн-Зондербург-Глюксбургский (род. 1921) и принцесса Елизавета Виндзорская (род. 1926) поженились в 1947 г. Оба были потомками Саксен-Кобурга и Готы, Ганновера, Гессена и Дании. За исключением шотландских родственников матери Елизаветы, ни один не имел каких-либо английских предков. Оба дважды меняли имена. Филипп взял новое имя дяди - Маунтбэттен. После коронации Елизаветы II в 1953 г. на основании постановления Королевского Совета он и его семья приняли девичье имя королевы — Виндзор. Умелые специалисты по генеалогии установили, что они - потомки Плантагенетов, Тюдоров и Стюартов, даже Карла Великого, Эгберта и короля Альфреда.

Когда в 1917 г. в результате одностороннего правового акта был создан *дом Виндзоров*, республиканец Г. Уэллс назвал его представителей «чужими и неинтересными» людьми. Их кузен — германский кайзер, не был столь критичен. В редкую минуту проблеска чувства юмора он сказал, что отправляется в театр на представление «проказниц Саксен-Кобург-Готских» [намек на знаменитую комедию Шекспира *Виндзорские проказницы - перев.*].

где президент Луи-Наполеон вскоре начал борьбу с теми самыми республиканскими институтами, которые привели его к власти. Не прошло и трех лет, и французы, сбросившие своего короля, оказались снова под авторитарной властью императора. Не выжила ни одна из новых республик. Меттерних, этот символ прошедшей эпохи, вернулся в Вену из лондонской ссылки. С ним вернулись новые репрессии, теперь уже при новых лидерах.

Однако очень скоро 1848 г. стали рассматривать как водораздел в европейских делах. Реакционные режимы хотя и победили, но такой высокой ценой, что не могли надеяться на вторичную победу. Конституции, которые были дарованы, навязаны, а в некоторых случаях отняты, постепенно вводились вновь и расширялись. И если отвергались насильственные методы революционеров, то предлагаемые ими политические и социальные реформы рассматривались все более пристально.

С некоторым опозданием монархи поняли, что разумные уступки народным требованиям предпочтительнее бесконечных репрессий. Постепенно получал всеобщее одобрение основной принцип либерализма — правительство, формируемое на основе свободной игры политических сил. Один за другим победители 1848 г. в последующие 20 лет оставили свои неколебимые позиции. На передний план снова выходили национальные и конституционные притязания. Начинали гнуться даже самодержавные империи востока. В 1855 г. с вступлением на престол Александра II (правил в 1855–1881 гг.) Романовы начинают либерализацию *à la russe* (по-русски). В 1867 г. посредством *Ausgleich* — «Соглашения об уравнении в правах», Габсбурги наконец откликаются на давние чаяния венгров и устанавливают двуединую Австро-венгерскую монархию, *Kaiserliche und Königliche* [«императорскую и королевскую» — с этого времени — официальный эпитет всех государственных австро-венгерских учреждений - *перев.*], с которой они и доживут до конца своего правления.

Экономический либерализм, конечно, не был крепко связан с политическим. Германский *Zollverein*, или Таможенный союз, например, был создан по инициативе Фридриха Вильгельма III Прусского в 1818 г., в то время, когда политический либерализм переживал поражение. Первоначально задуманный исключительно для прусских территорий, он постепенно распространился на все государства Германского союза за исключением Австрии. Упразднение здесь всех внутренних пошлин сформировало зону свободной торговли, внутри которой могла развиваться нарождавшаяся германская промышленность. В 1828 г. создаются еще два таможенных союза-соперника: один, включавший Баварию и Вюртемберг, другой — Саксонию, однако в течение 4 следующих лет они были поглощены первым. В 1852 г. Австрия пытается прорвать свою изоляцию предложением распространить таможенный союз на всю Центральную Европу и северную Италию, однако Пруссия воспротивилась этому плану. Со вступлением в союз Ганновера в 1854 г. победа Пруссии стала окончательной, если не считать непокорные города Бремен и Гамбург. Таким образом были заложены основания общей экономики Германии (исключая Австрию) в то время, когда политическое объединение казалось весьма далекой перспективой.

Если принимать континентальные мерки либерализма, то Великобритания была и более либеральной, и менее либеральной, чем ее главные соперники. С одной стороны, она могла с полным правом претендовать на то, чтобы считаться «матерью парламентов», родиной верховенства права, Билля о правах и свободной торговли. Британское общество намного опередило Европу по части модернизации и индустриализации и считалось наиболее открытым для либеральных идей. С другой стороны, британские институты сложились и развивались в условиях исключительных, не зная ни революций, ни оккупации. В политике здесь по-прежнему господствовал исключительный прагматизм. Монархия продолжала править по законам и обычаям, установленным в конце XVII века, еще до Французской революции. В королеве Виктории (правила в 1837–1901 гг.) и ее большой семье Великобритания нашла идеальное об-

рамление для парламентской формы правления, гарантию стабильности и инструмент разумного влияния на другие страны. В Великобритании тоже имелись республиканские симпатии, но не было никаких серьезных попыток уничтожить монархию или ввести конституцию. [ГОТА]

Старинные английские институты не торопились реформироваться. Радикалы-реформаторы часто десятилетиями бились головами в стену. Нереформированный парламент, доживший в таком виде до 1832 г., был таким же скандальным анахронизмом, как и его французский собрат при Июльской монархии. Хлебные законы удерживали свои позиции против свободной торговли до 1846 г. Гражданский брак и развод стали возможны только в 1836 г. и 1857 г., соответственно. Требование всеобщего избирательного права, впервые выдвинутое чартистами в 1838–1848 гг., так и не было удовлетворено полностью. Англиканская церковь была отделена от государства только в Ирландии (1869 г.) и Уэльсе (1914 г.). Феодальные привилегии Палаты лордов не были даже ограничены до 1911 г. Никогда не было полной веротерпимости. Двухпартийная система, видевшая еще времена вигов и тори, которые теперь переоделись в либералов и консерваторов, сдерживала развитие сильного социалистического движения и затрудняла во многом социальное законодательство. При Уильяме Гладстоне (1809–1898) и Бенджамине Дизраэли (1804–1881), которые были главными фигурами на политической сцене третьей четверти века и отличались оба либеральными склонностями, внутренние реформы отходили на второй план перед заботами об империи. Уэльс оставался административной единицей Англии. Шотландия получила собственного государственного секретаря-министра в 1885 г. Ирландия так и не добилась гомруля (автономии) (см. ниже). Хотя политика по отношению к англоязычным доминионам была вполне либеральной, но не обнаруживалось никакого желания распространять ее на колонии в целом. Англичане любили похваляться толерантностью и либерализмом, но в значительной степени им уже нечем было гордиться. В последние десятилетия XIX века они отставали от Франции в отношении внутреннего демократизма, от Германии — в социальном законодательстве и от Австро-Венгрии — в национальной политике. [ДОСУГ]

Историки часто ставят либеральную политику в зависимость от укрепления власти буржуазии, ссылаясь, в частности, на различия в этом отношении между Англией и Германией. Особое внимание обычно уделяется успехам Англии и провалу Германии в построении стабильной парламентской системы, а затем и различиям в структуре и духе средних классов этих стран. Считается, что, в отличие от британских, немецкие капиталисты, «повернувшись к государству», якобы уклонялись от своего "демократического долга" и поддавались руководству со стороны просвещенных, но принципиально нелиберальных министров и государственных чиновников императорской Пруссии. Тезис о *Sonderweg* (особом пути) Германии появился гораздо позднее в связи с приходом к власти Гитлера, а также в связи со слабостью немецкого либерализма, вылившегося в «коллаборационизм капиталистов» в 1930-е гг.[25] Пруссия, конечно, была примером *Rechtsstaat* (правового государства), где почитали законные формы, но сами конституции подчинялись авторитарным традициям двора, армии и бюрократии. Вот почему германское имперское правительство стали называть после 1871 г. «государством с демократическим фасадом». Но, с другой стороны, не следует забывать, что Германская империя была федеративным государством, где не все королевства были так же авторитарны, как Пруссия.

Во всяком случае, слегка расширив сравнение, мы увидим, что германский путь не был таким уж особенным. Швеция, например, соединяла расширяющуюся парламентскую систему британского образца с просвещенной бюрократией и не таким уж либеральным капиталистическим классом германского типа. Шведский двухпалатный парламент был организован по инициативе либерально настроенной бюрократии в 1866 г. Капиталистическая буржуазия, которая росла вместе с быстрой индустриализацией в последние десятилетия века, выступала против расширения избирательного права и не участвовала в Либеральной партии, поднявшей факел либерализма на пороге нового века. Шведские капиталисты интересовались либерализмом не больше своих германских собратьев. Шведский либерализм родился из коалиции государственных министров, некапиталистического *Bildungsbürgertum* — «просвещенного среднего класса», и даже крестьянства, и они вместе обеспечили сохранность и развитие демократии в Швеции[26]. **[НОБЕЛЬ]**

Из всех великих держав особенно сопротивлялась либерализму Россия. Неоднократные приступы реформаторства — после 1815 г., 1855 г. и 1906 г. — дали внушительные результаты в некоторых, очень ограниченных, областях. После учреждения Государственного совета и создания государственной системы образования при Александре I, а также освобождения крепостных крестьян (1861 г.) при Александре II, существенная автономия была дарована «миру» (то есть крестьянскому сходу) и земству (местному самоуправлению), университетам и уголовным судам. Со второй попытки было наконец организовано законодательное собрание — Государственная дума, с консультативными полномочиями. Государственная дума очень нестабильно функционировала в период с 1906 г. по 1917 г. и сулила России выход на путь конституционализма. Но прогресс был скорее видимым, чем действительным. Ни один царь-реформатор не мог долго придерживаться либерального курса. Кажется, и Александра II, и Николая II на путь либерализма толкали военные поражения: один потерпел поражение в Крыму, другой — в русско-японской войне и последовавшей затем «революции» 1905 г., и оба были вынуждены изменить направление. Каждый раунд реформизма заканчивался «форс-мажорными обстоятельствами»: восстанием декабристов в 1825 г., польским восстанием 1863–1864 гг. и началом первой мировой войны. Во всех случаях за реформами следовали периоды жестокой реакции с подавлением либеральных сил. И через 100 лет после Венского конгресса российское самодержавие и его полицейский режим оставались в основном без изменений. Ничего не было сделано, чтобы лишить самодержавие права отнимать любые сделанные уступки. Более того, Россия часто прибегала к интервенции с целью остановить продвижение либерализма за границей. И хотя Александр III отказался от прямых интервенций, Россия сохраняла давнюю привычку действовать как «жандарм Европы». Когда Николай I услышал во время придворного бала в феврале 1848 г., что Луи-Филипп свергнут, он провозгласил: «Господа, седлайте коней! Во Франции — республика».

Так или иначе, но ветер либерализма проносился над всеми европейскими монархиями. Однако порывы этого ветра были непостоянными, а производимый обычно эффект — в лучшем случае частичным. Европейский либерализм накапливал силы в реакционные десятилетия после 1815 г., а наибольшее действие произвел на волне революций 1848 г. В последний отрезок века либерализм, хотя и продолжал борьбу, но неразрешенные им задачи теперь по необходимости соперничали с требованиями консерватизма, национализма, социализма и империализма.

Консерватизм начал складываться в последовательную идеологию в борьбе с либеральными течениями. Консерватизм не противостоял демократии или переменам как таковым, и его не следует смешивать с просто реакционными взглядами. Консерватизм лишь требовал направлять и управлять всеми изменениями таким образом, чтобы не было угрозы согласованному развитию существующих институтов государства и общества: монархии, Церкви, общественной иерархии, собственности и семье. Отсюда и его название, от лат. *conservare* — «сохранять». Характерно, что отец консерватизма Эдмунд Бёрк (см. выше) сначала приветствовал Французскую революцию, а потом решительно обратился против ее крайностей. Подобно либералам, консерваторы ценили личность, были против все-могущества государства и стремились ограничить центральную исполнительную власть. Вот почему они нередко становились самыми удачными реформаторами, отвергая предложения крайних радикалов и выступая в роли посредников в связях с правящим двором. Ведущим деятелем искусства консерватизма в Англии были сэр Роберт Пиль (1788–1850) и его ученик Дизраэли. На континенте у них было много поклонников. Демаркационная линия между либеральными консерваторами и умеренными либералами очень тонка. Во многих демократических обществах широкое поле согласия между ними определяли как «политику центра».

Национализм, то есть совокупность представлений о народе, нации, чьи интересы представлялись главными, стал буквально стихийной силой Нового времени. Национализм был вынесен на поверхность Французской революцией, а затем сформировался благодаря социальным и политическим переменам в Европе XIX века. С тех пор он путешествует по всем континентам. Национализм приходит обычно в двух своих разновидностях. Один — государственный, или гражданский, национализм — есть порождение учреждений государственной власти. Другой — народный, или этнический, национализм возникает в ответ на требования сообществ, живущих внутри государств, и вопреки политике правительств этих государств. Вот почему некоторые историки различают процесс «строительства, создания государства» и процесс «строительства или создания нации». Главное различие этих двух процессов заключается в том, что именно является источником идей и деятельности. Государственный национализм инициируется «сверху» политической элитой, которая стремится насадить свои ценности внизу, в обществе в целом. Народный национализм зарождается «внизу», в широких массах простых людей, он стремится привлечь на свою сторону широкие массы прежде, чем пытаться повлиять на существующий порядок или его изменить[27]. Другое важное различие — это выделение мирного культурного национализма (типа национализма по Гердеру), который ограничивается пропагандой или сохранением культуры национальной общности, и агрессивного политического национализма, претендующего на право самоутверждения путем создания национального государства[28]. Национальное государство (государство-нация) — это государство, где преобладающее большинство граждан сознают свою общую принадлежность к одной нации и имеют общую культуру.

Теорий о существе нации так же много, как теоретиков. Однако главные черты нации — черты духовные. «Нация — это душа, — писал Ренан, — духовный принцип. [Он] состоит из двух вещей. Одна — это богатое наследие воспоминаний прошлого. Другая — согласие, единодушие настоящего, желание жить вместе...» Чтобы достичь такого согласия, многие члены нации должны забыть прежние притеснения и несправедливости, некогда их разделявшие. *L'oubli* — акт забвения и даже, можно сказать, исторической фальсификации — необходим для создания нации»[29].

Государственный национализм, подстегиваемый интересами правящей элиты, лучше всего продемонстрировать на примере Великобритании, но еще лучше — на примере США. В 1707 г., когда появилось Соединенное Королевство, не было британской нации. Население Британских островов мыслило себя как англичане, валлийцы, шотландцы или ирландцы. С годами, однако, через пропаганду господствовавшей культуры англичан, через поощрение протестантской лояльности и лояльности англоговорящих подданных постепенно консолидировалось сильное чувство все перекрывающей британской идентичности. В XIX в., когда либеральные учреждения стали поощрять массовое образование, неанглийские культуры начали быстро глохнуть. Так, если валлийские дети осмеливались говорить по-валлийски, то их наказывали. Также и все *британцы* должны были выказывать преданность символам новой британской национальности — говорить на общепринятом английском языке, вставать при звуках королевского гимна и подпевать *God Save Our Noble King* ("Боже, храни нашего короля") (1745 г.), равно как и почитать «Юнион Джек» (государственный флаг Великобритании с 1801 г.). Так постепенно отливалась новая британская нация. Составлявшие ее прежде национальности, хотя и не были уничтожены, но перешли на положение младших и подчиненных партнеров. (См. главу VIII.)

Аналогичным образом правительство США вынуждено было принять официальную национальную культуру взамен разных культур своих иммигрантов. Во время Гражданской войны конгресс, говорят, проголосовал за объявление обязательным государственным языком английского, а не немецкого с перевесом всего в один голос (хотя источники расходятся в количестве). С тех пор, прежде чем новым гражданам позволяли присягнуть на верность «звездам и полосам», от них требовалось знание английского языка, которое было так же важно, как знание конституции. Новая англоговорящая американская нация ковалась на деньги правительства, особенно на вложения в просвещение. Овладение американским вариантом английской культуры стало главным на пути иммигрантов к успеху.

Разные варианты государственного национализма имеют общую характерную черту: понятие *гражданства* приравнивается к понятию *национальности*. В официальном использовании этих понятий *«nationality»* стало означать «гражданство, подданство», то есть нечто, что дается на основе британского права. В американском словоупотреблении *«nation»* означает «страна, государство». Такая терминология только путает понятия, возможно, намеренно. Отсюда постоянные ошибки, например, когда всех жителей Российской империи или Советского Союза мы называем русскими. Гораздо лучше дело обстоит в тех странах, где гражданство определяется более точно[30]. Государственный национализм доверяет правительствам определять национальность и в то же время не допускает мысли, будто нации образуют государства. Лорд Актон писал: «Государство может иногда создать нацию, но противно природе, чтобы нация создавала государство».

Большинство европейских правительств стремилось укрепить национальную сплоченность своих граждан церемониями, символами, интерпретацией истории, но главное — через образование и насаждение общей культуры. Всякое правительство в XIX в., которое планировало введение всеобщего начального образования, прежде всего, решало вопрос выбора языка или языков преподавания детям.

Своеобразным исключением была Османская империя, которая неизменно предоставляла своим меньшинствам автономию, одновременно отказываясь от попыток навязывания общей государственной культуры. Она единственная никогда не пыталась навязывать гражданам общую государственную культуру. Австро-Венгрия оставила такие попытки после 1867 г., поскольку здесь восторжествовали противоположные течения народного национализма.

Проявления народного национализма, зарождавшегося в широких массах, напоминали россыпи желудей у подножия династических государств и многонациональных империй того времени. Получивший глубокое обоснование в доктрине о народном суверенитете Руссо, народный национализм видел свой истинный форум, область приложения общей воли, в национальной и этнической общности, а не в государстве с его искусственными границами. У народного национализма была богатая мифология, где *кровь* нации неизменно смешивалась с *почвой* национальной территории. Таким образом, если итальянцы жили на территории полудюжины государств от Швейцарии до Сицилии, то считалось, что итальянская нация справедливо борется за уничтожение этих государств и замену их на одно итальянское государство. Конечно, самые трезво мыслящие националисты понимали, что существование вполне развившейся нации во всеоружии единой национальной культуры — это из области мечты. Как только итальянское государство было создано, многие итальянские лидеры поняли, что должны последовать примеру других правительств и, используя силу государства, консолидировать культуру и сознание своих граждан. Как заметил Массимо д`Азельо на открытии парламента объединенной Италии в 1861 г.: «Теперь, когда мы создали Италию, мы должны начать создавать итальянцев».

В дискуссиях XIX века о национальности преобладало убеждение, что народы Европы можно поделить на «исторические» и «неисторические» нации. Впервые это представление появляется у Гегеля. Затем его переняли социальные дарвинисты, считавшие соревнование наций процессом эволюции, где есть те, что приспособлены для выживания в виде самостоятельных наций, и другие — обреченные на уничтожение. С Марксом на первый план в понимании государства выходит экономический фактор. Однако критерии и цифры были разными, так что и список потенциальных государств-наций широко варьировался. Впрочем, к середине века удалось достичь некоторого согласия. В основном всеми признавалось, что существующие великие державы — Франция, Британия, Пруссия, Австрия и Россия — имеют свое историческое предназначение, так же, как и уже признанные Испания, Португалия, Бельгия, Нидерланды, Швеция, Дания и Греция, а также претендующие на создание национального государства итальянцы, немцы и поляки. Мадзини нарисовал карту будущей Европы с 12 государствами-нациями.

На самом деле понятие историчности абсолютно субъективно, если не ложно вообще. Три из пяти великих держав, которые тогда казались самыми надежными твердынями европейского пейзажа, исчезнут еще до конца столетия. Несколько стран, таких как Дания или Великобритания, считавших себя крепкими национальными государствами, вскоре обнаружат, что это не так. Многие

нации, считавшие, что имеют безусловное право на самоопределение, вскоре утратят эти иллюзии. И здесь решающими факторами окажутся не размеры, не жизнеспособность экономики, не основательность исторических претензий, но политические обстоятельства. Немецкие националисты, имевшие мало шансов перед лицом оппозиции со стороны могущественной Пруссии, стали надеяться на успех, как только настроения в Пруссии переменились. Надежды итальянцев питались активной поддержкой Франции. Поляки, историческая государственность которых до 1860-х гг. была еще живым воспоминанием, не имели поддержки извне и потому не имели успеха. Только политики решали успех национальной борьбы греков, бельгийцев, румын и норвежцев и не увенчали успехом до поры до времени борьбу ирландцев, чехов или поляков. Поначалу крушение Оттоманской империи, казалось, давало простор переменам. А национальности царской и габсбургской империй, которые со временем дадут множество национальных государств, до конца века еще не проснулись. [АБХАЗИЯ]

Тем не менее, национализм процветал не только там, где у него были наибольшие шансы на успех. Напротив, он расцветал и в условиях лишений и гнета. Можно сказать, что горячая приверженность национальной идее увеличивалась пропорционально невозможности ее победы. И на протяжении всего столетия преданные национальной идее деятели боролись за то, чтобы пробудить сознание народа, который они хотели поднять на борьбу за эту идею. Поэты, художники, ученые, политики обращались к шести основным источникам идей, стремясь создать такой образ, который бы вдохновил на поддержку национальной идеи.

Историю прочесывали в поисках доказательств, что нация веками вела борьбу за свои права и за свою землю. Излюбленным предметом была доисторическая эпоха, поскольку там черпались доказательства в поддержку притязаний на исконное владение территорией. Где не было фактов, там обращались к мифам или прямо к выдумкам. Национальные герои и героини, далекие национальные победы — все выкапывалось и прославлялось. То, что представляло универсальный интерес, игнорировали. Все, что дискредитировало нацию или прославляло врагов, не замечали.

АБХАЗИЯ

Абхазы — маленькая народность, не больше четверти миллиона человек, живущая на черноморском побережье примерно в 300 милях восточнее Крыма. Главный их город — Сухум, или Сухуми. Их язык и мусульманская культура, напоминающие черкесские, имеют мало общего с русскими соседями с севера или с грузинами на востоке. Они говорят о себе, что «живут на краю Европы».

Занимаю территорию средневекового царства, процветавшего под византийско-греческим влиянием, Абхазия всегда располагалась в жизненно важном месте, где юг России встречается с Кавказом. В 1810 - 1864 годах русские цари завоевали Абхазию, и множество жителей бежало. С 1931 г. она становится номинально автономной республикой в составе Грузинской ССР, а большой наплыв русских и грузин-менгрелов превращает местное население в абсолютное меньшинство на их собственной земле. Берия, начальник тайной полиции при Сталине, бывший сам менгрелом, депортировал всю общину понтийских греков и инициировал жестокую политику «огрузинивания».

Вот почему, когда Грузия отделилась от Москвы в 1991 г., абхазы надеялись получить от Грузии некую долю подлинной автономии. Однако их конфликт с Тбилиси во время опустошительной грузинской гражданской войны (1992–1993 гг.) только открыл путь к новой оккупации Абхазии российской армией. Как сказал один каза-чий атаман иностранному репортеру, судьба окраинных территорий вроде Абхазии или Курильских островов станет подлинной проверкой величия России. «Они наши — вот в чем правда».

Распри между народами бывшего Советского Союза становились очагом опасной разновидности русского национализма. В Москве раздавались голоса, призывающие к новому завоеванию «ближнего зарубежья» Россией. И после Абхазии новых интервенций России ожидали и другие нерусские районы внутри Российской Федерации, включая Татарстан и Чечню. Рано или поздно России придется выбирать между демократией в новом стиле и старым империализмом.

Язык реформировался и стандартизировался в доказательство исключительности и неповторимости нации. Составлялись словари и грамматики, собирались библиотеки там, где их никогда не было. Разрабатывались учебники для национальных школ и университетов. Лингвисты изо всех сил старались показать, что народные наречия, которыми раньше пренебрегали, были не менее богаты, чем греческий и латынь; что чешский, каталонский, гэльский или норвежский — такие же действенные средства общения, как другие государственные языки. Особенно интересен случай с норвежским. В противовес существовавшему в Дании и Норвегии *риксмоль*, или *болмоль* («государственный язык», "книжный язык") было придумано ложное сооружение из крестьянских диалектов *нюношк*, или *ланнсмоль* («новонорвежский», «деревенский язык").

Движение за новонорвежский достигло пика в 1899 г., причем эта борьба за язык была естественным союзником движения за политическую независимость. Но новонорвежский, как и гэльский в Ирландии, завоевал лишь относительный успех. [NORGE]

Из фольклора извлекли все, что могло послужить национальной идее. Во-первых, считалось, что фольклор связывает современный народ, нацию с их древнейшими культурными корнями; во-вторых, нелегко было проверить аутентичность фольклора. В отличие от Гердера, включавшего в свои собрания песни от Гренландии до Греции (1778 г.), националистически настроенные ученые ограничивались только национальным фольклором. Новаторскими в этом отношении оказались труды братьев Якоба (1785–1863) и Вильгельма Гриммов (1786–1859). Их огромное наследие включает такие труды, как «*О поэзии старонемецких мейтерзингеров*», «*Немецкие сказания*», «*Немецкая грамматика*», но главное — всемирно известные «Сказки братьев Гримм» (1812–1815 гг.). Сербский современник братьев Гримм Вук Караджич (1787–1864) издал не только широко известное собрание сербско-славянских сказок, но также грамматику и словарь, и реформировал кириллический алфавит. [КАЛЕВАЛА]

Религия также была привлечена к освящению национальных чувств, а во многих случаях религия

КАЛЕВАЛА

Калевала ("Земля богатырей") повсеместно считается финским национальным эпосом. Эта поэма, состоящая из 50 рун (песен), или 22795 стихов, была впервые издана в 1835 г.; второе издание окончательной версии датировано 1849 годом. Однако ее следует признать не настоящим эпосом, а литературной компиляцией из народного фольклора. Главным компилятором стал Элиас Лённрот (1802–1884), который использовал классические образцы, преобразуя и улучшая суровые устные сказания, собранные среди крестьян восточной Финляндии и российской Карелии. Сама по себе эта поэма принадлежит не только языческому фольклору Европы, но и является достижением деятелей XIX в., которые использовали полузабытые народные сказания для формирования национального самосознания.

Иоганн Готфрид Гердер (1744–1803) придерживался убеждения, что для процветания современных народов необходима отдельная культурная тождественность, основанная на родном языке и народной традиции. *Калевала* является опытом в стиле Гердера *par excellence*[*].

Во времена Лённрота финны перешли из-под власти Швеции под власть царской России и чувствовали жгучую потребность в отрыве от культуры своих шведских и российских владык. Рассказ строится вокруг фигуры Вяйнямёйнена (Вечного Мудреца), который владеет землей Калева, возглавляя борьбу против заселенной богами, великанами и невидимыми духами Похьолы.

Все народы Европы прошли через фазу компиляции, романтизации и сочинения своего фольклора. Переиздание сказа-

ний о короле Артуре Кретьена де Труа и сэра Томаса Мэлори были элементом той же тенденции. Даже американцы хотели принять в этом участие; труд Лённрота оказал сильное влияние на *Песнь о Гайавате* (1855 г.) Генри Лонгфелло, который был знаком с изданным в 1851 г. одним из членов Императорской Академии наук в Санкт-Петербурге немецким переводом *Калевалы*.

Народные эпосы типа финской *Калевалы* или валлийского *Мабиногиона* имели особое значение для тех народов, стремление которых к культурной самобытности замедлялось отсутствием политической независимости. Неудивительно, что уже в 60-е годы XIX века как *Песнь о Гайавате*, так и *Калевалу* перевели на польский язык.

---

[*] по преимуществу - ред.

воздвигла барьеры между этнически однородными группами. Религиозный сепаратизм издавна был характерен для протестантских и православных церквей. Но даже католицизм мог быть использован, вопреки своей универсальной миссии, для разделения, например, хорватов и сербов, для сопротивления литовцев русификации или поляков — германизации. В некоторых странах христиане с удивлением обнаруживали, что возрождаются языческие ритуалы и поклонение национальным идолам. В Уэльсе на ежегодном празднике *Eisteddfod* (состязание бардов) баптистские проповедники одевались друидами; боги древних германцев появлялись на страницах книг и театральных подмостках в имперской Германии. [ШАМАН]

Становились очень привлекательными расовые теории. В конце XIX в. было придумано понятие «кавказская раса». Связанное с ней понятие «арийская раса» впервые появилось в 1848 г. и было произнесено немецким профессором в Оксфорде Максом Мюллером. Каждая европейская национальность поддалась искушению считать себя уникальной в расовом отношении родственной группой с отчетливо определенной общей и отличной от других кровной наследственностью. Исключительный интерес вызывала этнография, изучение «расовых типов», которые, как предполагалось, соотносились с каждым из современных народов. Королевское историческое общество в Лондоне финансировало исследования, которые

ШАМАН

Шаман, или племенной врачеватель, — хорошо известная фигура у туземных народов Сибири, и дальше на восток у эскимосов (самоназвание — инуиты) и у американских индейцев. Врачеватель, колдун и мудрец, он является представителем древней профессии, и его снадобья, заклинания и высказывания дают ему уникальный в своем роде авторитет. Часто одетый в маску с рогами и с характерным инструментом своего ремесла — барабаном, посредством которого он общается с духами деревьев, камней и воздуха, он может быть проводником как добрых, так и злых сил. Он пу-

тешествует невидимо для остальных в верхний и подземный миры и доставляет оттуда людям мудрость Великого Духа. Шаманизм уцелел до наших дней во многих отдаленных районах России, но не следует слишком удивляться, обнаружив его в Центральной Европе. Женщины также могут быть шаманками.

В Венгрии на протяжении всего XIX века шли споры о происхождении мадьяр. В народе их считали потомками гуннов. [ЧАБА] Но ученые придерживались другой точки зрения. Одно академическое направление искало истоки среди иранских и хазарских предков. Другое,

основанное Яношем Сайновичем (1733–1785), устремляло свои взгляды еще дальше на восток. С тех пор финно-угорские связи были не только выявлены, но и обоснованы филологами, археологами и антропологами. Доказано, например, что могильник около села Большие Тиганы на р. Каме, открытый в 1974 г., был одной из больших стоянок мадьяр на их пути на запад. Кроме того, современные исследования венгерского фольклора обнаруживают в нем многочисленные следы шаманизма, что также указывает на связи с Сибирью, о которых ранее никто не подозревал.

должны были продемонстрировать, что строение черепа носителей кельтских имен уступает строению черепа тех, кто носит англосаксонские имена[31]. (Никакой надежды для Дэвисов!). К аналогичным результатам в Германии пришла евгеника. Хьюстон Стюарт Чемберлен (1855–1927), англичанин, живший в Германии, сузил понятие творческой расы с «арийской» до «тевтонской». «Настоящая история, — писал он, — начинается с того момента, когда германец взял наследие античности в свою крепкую руку.» И дальше: «Всякий, кто считает, что Христос был евреем, — или невежда, или обманщик»[32]. [КАВКАЗСКАЯ РАСА]

Панславянское движение в России также было полно расовых обертонов. Выступая за объединение всех славян под эгидой царя, панслависты часто полагали, что политическое единство возникнет на почве некоего (несуществующего) национального родства славян. Панславизм не находил отклика у католиков-поляков и хорватов, у которых были собственные, более ранние версии панславизма и которые теперь выдвигали теорию, что русские — это славянизированные финны[33]. Панславизм особенно популярен был у сербов, чехов и болгар, смотревших на Россию как на освободительницу. Русский национализм, слившийся с панславизмом, проявлял черты бес-

примерного мессианства. Достоевскому удавалось извлечь нотку оптимизма из самого неподходящего материала: «Великий народ наш был взращен, как зверь, претерпел мучения еще с самого начала своего, за всю свою тысячу лет, такие, каких ни один народ в мире не вытерпел бы… , а наш только окреп и сплотился в этих мучениях… Россия вкупе со славянством и во главе его скажет величайшее слово всему миру, которое тот когда-либо слышал; и это слово будет заветом общечеловеческого единения… У нас, несмотря на всю разноголосицу, все же сходятся и сводятся к этой одной окончательной общей мысли общечеловеческого единения»[34].

Писатель принимал желаемое за действительное в грандиозном масштабе, как грандиозна и сама страна, о которой он говорил.

Все виды литературы и искусства по всей Европе были призваны в то время иллюстрировать и расцвечивать национальные темы. Поэты стремились быть посвященными в национальные барды. У прозаиков обнаружилась склонность писать исторические или псевдоисторические романы о национальных героях и национальных обычаях. Романы сэра Вальтера Скотта (1771–1832) были признаны образцовыми в этом жанре, хотя Вальтер Скотт не был первым. Широкое признание получил роман «Тадеуш из Варшавы» (1803 г.) Джейн Портер (1776–1850) о жизни Костюшко. Той же романтической тяге к национальному колориту следовали художники и скульпторы. Многими гранями сиял беспримерный талант главного романтика Франции Виктора Гюго (1802–1885).

Музыканты, обращаясь к национальным фольклорным мелодиям и ритмам, создавали своеобразные и проработанные национальные стили, которым предстояло в будущем стать особыми приметами многочисленных *национальных школ*. От изысканных мазурок и полонезов Шопена и «Венгерских рапсодий» Листа начинается череда великолепных достижений чехов Бедриха Сметаны (1824–1884), Антонина Дворжака (1841–

1904) и Леоша Яначека (1854–1928); норвежца Эдварда Грига (1843–1907), финна Яна Сибелиуса (1865–1957) и датчанина Карла Нильсена (1865–1931); испанцев Исаака Альбениса (1860–1909), Энрике Гранадоса (1867–1916) и Мануэля де Фальи (1876–1946); венгров Белы Бартока (1881–1945) и Золтана Кодаи (1882–1967); англичан Эдварда Элгара (1857–1934), Фредерика Делиуса (1862–1934) и Ралфа Воанил-Вильямса (1872–1958); знаменитой русской «Могучей кучки»: Цезаря Кюи (1835–1916), Милия Балакирева (1836–1910), Александра Бородина (1833–1887), Николая Римского-Корсакова (1844–1909) и Модеста Мусоргского (1839–1881). Все эти национальные школы расширили социальную почву музыки как искусства. Более того, те народы, которые не могли обратиться ко всей Европе из-за языковых барьеров, обрели свой голос в концертных залах.

Примечательно, что абстрактная природа музыки пробуждала самую разную реакцию на одни и те же созвучия. Такой композитор, как Шопен, привлекал не только тех слушателей, которые разделяли его политические взгляды, но и тех, кто был к ним совершенно безразличен. Не было никакого противоречия между национальным и универсальным аспектами его гения. Изумительная двойственность настроя горько-сладких польских мелодий сплеталась у него то с растущим протестом, то с томной грустью. Одним казалось, что он положил на ноты польскую историю; у других он пробуждал острые чувства исключительно личного, интимного свойства. Как сказал Роберт Шуман о, может быть, самом знаменитом произведении Шопена «Революционном этюде», оп. 10 № 12, он рассказывает о «ружьях, спрятанных в цветах».

В мире оперы национальные мифы, соединяясь с грандиозной музыкой, породили музыкальные драмы невиданной силы. Публика буквально не могла пошевелиться, слушая «Бориса Годунова» Мусоргского или «Кольцо Нибелунгов» Вагнера, и ей были уже безразличны исторические ошибки и смысл. Национальные оперы оказались тем поприщем, где волшебство музыки было тем пронзительнее, чем невероятнее было либретто. [НИБЕЛУНГИ] [ОПЕРА] [СУСАНИН] [ТРИСТАН]

Несомненно, что рост национализма был тесно связан с модернизацией европейского общества. И некоторые историки марксистского толка заходят так далеко, что считают эту зависимость полной. «Главная черта современной нации и всего, что с ней связано, — пишет один из них, — это модернизированность»[35]. В этом утверждении неверна его чрезмерность, крайность. Политическое притеснение совершенно так же порождало национализм, как и социально-экономическая модернизация, и нам известны примеры, когда национальные движения развивались задолго до модернизации. Чего нельзя отнять у модернизации, так это изменения природы национализма — исключительного, дотоле неизвестного расширения его социальной базы. «Перерождение, трансформация национализма» в начале периода модернизации после 1870 г. — вот реальность, которую нельзя отрицать.

Национализм составляет также важное отличие *цивилизации* от *культуры*. Цивилизация —

это сумма всех идей и традиций, которые были унаследованы от древнего мира и христианства; цивилизация наложилась на национальные культуры народов Европы извне, составляя в то же время их общее наследие. *Культура*[36], напротив, выросла из повседневной жизни людей. Она образовалась из всего, что было особенного у определенной нации: родного языка, фольклора, религиозных особенностей, своеобразных обычаев. И если раньше цивилизация превозносилась, а культура презиралась, то теперь национализм произвел обратное действие. Теперь превозносились национальные культуры, и принижалась общая цивилизация. Утратила свое значение образованная, многоязыкая, космополитичная элита Европы; окрепли полуобразованные национальные народные массы, считавшие себя только французами, немцами, англичанами или русскими.

Теоретизирование по поводу национализма со временем не ослабевало. И среди идей, которые были в ходу в конце XX в., надо рассмотреть как упомянутую уже социологическую связь «национализма» с «модернизацией», так и психологическое понятие «нации» как воображаемого сообщества, к которому лишенный корней или недавно получивший образование индивидуум себя сознательно относит, а также понятие «придуманной традиции» — механизм, которым пользовались складывающиеся нации для создания собственной мифологии. Интересно, что все эти очень современные идеи можно обнаружить в работах малоизвестного польского социалиста и социолога Казимежа Келлес-Крауза (1872–1905)[37].

Националистические страсти неотвратимо порождали конфликты. Почти повсюду в Европе имелись этнические меньшинства, чей народный, популярный национализм неизбежно приходил в столкновение с государственным национализмом власти. В Великобритании было три потенциальных сепаратистских движения; в Российской империи — семьдесят. Даже в Германской империи, которая этнически была замечательно гомогенной, проявились давние конфликты в бывших польских провинциях, на датской границе в Шлезвиг-Гольштейне и в Эльзас-Лотарингии. [эльзас] [шлезвиг] Немалые конфликты возникали также между лидерами национальных движений и лидерами социалистов или либералов, которые или отверга-

ли национализм как таковой, или возражали против приоритета национальных целей.

В этом отношении хорошим примером может быть Россия, где создание империи династией Романовых пришло в противоречие не только с интересами нерусских народов, но и с народным национализмом самих русских. На исторической территории старого Московского государства «империи» было нелегко уживаться с «нацией». Имперские институты, создававшиеся на основе двора, дворянства и бюрократии, были чем-то вроде иностранных оккупантов среди преимущественно крестьянского общества и имели с ним мало общего. Промедление с освобождением крестьян только откладывало освобождение этой крестьянской нации, жизнь которой была организована вокруг крестьянских общин и Русской православной церкви. Решающее значение имел провал попытки в начале XIX в. ввести в употребление Библию на народном языке, которая могла бы стать краеугольным камнем в строительстве здания современной национальной культуры[38].

С течением времени национализм часто принимал все более воинственные формы. Национальные движения, которые поначалу были частью либеральной борьбы с реакционными династическими режимами, переживали разочарование, когда их цели оказывались нереализованными. Вот почему в последней четверти XIX в. «старый освободительный и объединяющий национализм» часто уступал место крайним формам «абсолютного национализма». Начинались разговоры об изгнании меньшинств, о мнимом «предательстве» тех, кто не отвечал догматическим определениям самих националистов. (Именно в этом отрицательном смысле термин национализм начинает употребляться в 1890-е гг.) Германия теперь должна быть только для немцев, Румыния — для румын, а Руритания[39] — для руританцев.

Возможно, именно в империалистической Германии особенно привились понятия *Blut und Boden* то есть "кровь и почва"'. Но своих самых пылких адвокатов «интегральный национализм» нашел во Франции, в писаниях Мориса Барреса (1862–1923) и Шарля Морраса (1868–1952), ставших в 1899 г. соучредителями движения «Аксьон франсез». Они выступали за Францию только для французов, причем для лояльных, коренных французов-католиков. Баррес, депутат от Мозеля, всю жизнь боролся за возвращение Эльзас-Лотарингии. Его книга *Les Déracinés* ("Беспочвенники", 1897 г.) породила самоё представление о не имевших корней и потому бесполезных членах общества. Вскоре эта идея была обращена и против евреев. В книге *«La Colline inspiree»* («Вдохновенный холм», 1913 г.) отстаивалась идея, что быть французом — значит быть католиком. Моррас сыграл ведущую роль в движении антидрейфусаров, а позднее поддерживал Петена в вишистской Франции. Постепенно язык его работ приобретает такой экстремизм, что в 1926 г. они помещаются в католический «Индекс запрещенных книг».

"Абсолютный национализм" повлиял на все национальные движения периода *«fin de siécle»* — конца XIX в. Помимо Германии и Франции он оказал сильное воздействие на Польшу, где характерным в этом отношении было Национальное демократическое движение Романа Дмовского (1864–1939). В Италии им страдали ирредентисты, такие, как Габриэль д'Аннунцио (1863–1938), стремившиеся отобрать у Австрии Триест и Южный Тироль. В России "абсолютный национализм" отвергал всех, кто не соглашался, что быть русским — значит быть православным. В Великобритании он наблюдался у тех, кто приравнивал британское к английскому. В Ирландии он был представлен как протестантами Ольстера, утверждавшими, что Ольстер — не место для католиков, так и экстремистами среди ирландских католиков, которые рассматривали всех протестантов и англо-ирландцев как агентов иноземного владычества. Среди евреев оно представлено тем крылом сионизма, которое считает Палестину не только убежищем для угнетаемых евреев, но и землей для «еврейского государства», где неевреев будут только терпеть.

Многое зависело от того политического окружения, в котором существовали различные политические движения. Некоторые политологи даже поддались искушению приписывать Западной Европе «умеренные, гуманные и либеральные» формы национализма, а национализм в Восточной Европе характеризовать как «нетерпимый, этнический»[40]. Эта классификация явно несправедлива. В Западной Европе достаточно нетерпимого, этнического национализма: от ИРА до фламандского Отечественного фронта. Многие же национальные движения в Восточной Европе равно включают и «незападные», и «западные» элементы. Просто эти ярлыки не работают. Однако действительно, автократические режимы Восточной Европы подавляли национализм либерального толка, провоцируя яростное сопротивление отовсюду. И если почти повсюду в Европе народный национализм получил свободу действия (спустя 50 лет после 1870 г.), то многие народы, находившиеся в составе Российской империи, должны были отложить надежды на освобождение еще почти на столетие. Эту задержку следует приписать, скорее, сменявшим друг друга политическим режимам, а не особым свойствам порабощенных ими народов.

Национально-освободительное движение Италии достигло своих целей лишь после долгой борьбы в 1871 г. Это движение стало называться *Рисорджименто* («Возрождение»), по названию газеты, основанной в 1847 г. в Турине самым выдающимся лидером этой борьбы графом Камилло ди Кавуром (1810–1861), премьер-министром Сардинии. Зародилось это движение еще в тайных обществах, среди знаменитых карбонариев, поднявших неудавшиеся восстания в Неаполе (1820 г.), Турине (1821 г.) и Риме (1830 г.), а также в недрах «Молодой Италии» Джузеппе Мадзини (1805–1872). Мадзини, этот революционер и пророк, провел большую часть жизни в ссылке в Марселе, Берне и Лондоне. Он создал национальную идеологию, пробудил своих соотечественников ото сна, привлек на свою сторону некоторых симпатизировавших этой борьбе правителей, таких, как Карл Альберт Сардинский. «Нация, — провозгласил он, — это сообщество граждан, говорящих на одном языке.» В 1834 г. он создал международное общество «Молодая Европа», где обучали заговорщиков, подготавливая их к созданию демократических конституций по всей Европе.

1848 г., год революций, выдвинул Италию на передний край борьбы, прокатившейся по Европе. Независимые республики были провозглашены в Венеции и Риме. Сицилия и Неаполь выступили против своего монарха Фердинанда II Бурбона. Карл Альберт начинает "Священную войну" против Австрии, надеясь воспользоваться восстанием в Милане. Но все было раздавлено контрударами генерала Радецкого и безжалостными бомбардировками *Короля-Бомбы*. Неверным оказался лозунг Мадзини *Italia fara da se* ("Италия справится сама"). Его романтический соратник Джузеппе Гарибальди (1807–1882), сражавшийся и в Риме, и в Венеции, бежал в Южную Америку.

Десятилетие спустя условия уже стали лучше, когда Сардиния Кавура примкнула к делу Италии, увидев в этом лучше средство для свержения австрийцев. После успехов сардинских войск в Крыму Наполеон III лично поинтересовался: «Что я могу сделать для Италии?», — и был заключен франко-сардинский пакт. Франция поддержала Сардинию против Австрии на севере, однако продолжала защищать Папскую область в центре. И лишь три года спустя завершилась эта борьба. В 1859–1860 гг. победы при Мадженте и Сольферино обеспечили успех франко-сардинского натиска на австрийскую Италию, в то время как потрясающая частная экспедиция «тысячи» краснорубашечников Гарибальди обеспечила падение Сицилии и Неаполя. Плебисциты в Парме, Модене и Тоскане дали результаты в пользу Италии; Франция взяла себе Савойю и Ниццу; Австрия продолжала удерживать Венецию; а с помощью Франции папа продолжал править в Риме. Но в мае 1861 г. общеитальянский парламент в Турине провозгласил Виктора Эммануила II (правил в 1849–1878 гг.) королем Италии. В 1866 г., когда Австрия воевала с Пруссией, Италия сумела присоединить Венецию. В 1870 г., когда с Пруссией воевала Франция, Италия захватила то, что оставалось от Церковного государства, и ограничила владения папы Ватиканом. За исключением Трентино (Южного Тироля) и Истрии королевство Италия теперь было единым. Кавур уже умер; Гарибальди удалился на остров Капри; республиканец Мадзини, все еще пребывавший в ссылке, пребывал в отчаянии. [ЛЕОПАРД]

Национальное движение в Германии во всех своих главных чертах напоминало национальное движение Италии. Оно зародилось на волне энтузиазма «Войны за независимость» 1813–1814 гг. и из тайных обществ времен Реставрации. Это движение пережило громадную неудачу в 1848 г., когда была созвана, но затем сразу же распущена всегерманская ассамблея. Своей цели оно достигло в 1871 г., когда к нему присоединяется король Пруссии.

За период до марта 1848 г., который назвали *Vormarz*, бесплодность Германского Союза стала очевидна. Ее Бундестаг (Союзный сейм) выродился в простой апелляционный суд и все еще был занят улаживанием последствий Тридцатилетней войны. Та статья его конституции, которая требовала от каждого германского монарха созывать парламент, соблюдалась или не соблюдалась по желанию. Либеральные инициативы душились правом монархов отменять законы и призывать на помощь внешние силы. В 1848–1849 гг. в Германии, как и во Франции и Италии, бушевали восстания: в Вене, Берлине, Кельне, Праге, Дрездене, Бадене и других местах. Национальный Предпарламент, собравшийся в соборе Св. Петра во Франкфурте, разработал конституцию будущей Германской империи, однако не мог провести в жизнь ни одного постановлений. К тому же он был глубоко расколот по вопросу о Шлезвиг-Гольштейне. Предпарламент не мог решить, следует ли ограничить Германию исключительно немецкими этническими территориями или включать также Австрийскую империю, бывшую в основном не немецкой. Парламент предложил корону Фридриху Вильгельму IV Прусскому, но тот отклонил эту честь, от которой «пахло сточной канавой». Предпарламент разошелся в июле 1849 г. среди взаимных упреков и сожалений.

Пруссия обратилась к объединению Германии в 1860-е гг., в основном как к средству вырваться из Германского Союза и покончить с постоянным впутыванием в дела Австрии. В начале правления Вильгельма I (правил в 1861–1888 гг.) Пруссия вступила в сложный период. Авторитарная система правления к тому времени укрепилась благодаря военным реформам фон Роона; в то же время благодаря выборам в ландтаге появилось либеральное большинство, во главе которого встала Прогрессивная партия Вальдека. В 1862 г. Отто фон Бисмарк (1815–1898) был назначен премьером, чтобы разрешить назревший кризис — если понадобится, то и неконституционными методами. Бисмарк ставил себе целью поставить Пруссию во главе Германии, а Германию — во главе Европы. Невероятное напряжение вызвало решение о создании совместной прусско-австрийской администрации Шлезвиг-Гольштейна. Вильгельм I не мог решить, то ли

ЛЕОПАРД (GATTOPARDO)

"Май 1860 г. *Nunc et in hora mortis nostrae*. Amen. [Даже и в час смерти нашей. Аминь. — окончание молитвы *Ave, Maria - перев.*] закончилась ежевечерняя молитва по четкам. В течение получаса твердым голосом князь вспоминал Святые Таинства; другие голоса сплетались в мелодическом журчании, из которого то и дело вырывались такие слова, как *любовь, чистота, смерть*. Под эту мелодию и при этих словах, казалось, изменился самый вид той комнаты в стиле рококо, где все происходило. Даже попугаи, разметавшие свои радужные крылья по шелковым стенам, были сконфужены. Даже Магдалина между двух окон выглядела кающейся...

Но вот все вновь пришло в обычный порядок или беспорядок. Бендиго, громадный датский дог, вошел, виляя хвостом, в ту дверь, через которую вышли слуги. Женщины медленно встали с колен, и из-под их колышущихся юбок показались обнаженные мифологические фигуры, повсюду изображенные на мраморном полу. Только Андромеда еще была закрыта сутаной отца Пирроне, погруженного в глубокую молитву".

Дон Фабрицио Корбера, принц Салинский, совершал древнейший семейный ритуал на своей вилле недалеко от Палермо. Сицилия переживала тревожное время между неудавшимся восстанием в Мессине в апреле и высадкой Гарибальди в Марсале 11 мая. Принц, известный как «Леопард» (по изображению на его гербе), стоял на пороге упадка монархии Бурбонов, феодальных привилегий и худшего периода собственной личной жизни.

Есть много типов исторических романов. Дешевые романы крадут у прошлого, чтобы только создать экзотический фон для не связанных с этим прошлым россказней. Некоторые используют прошлое как нейтральную эпоху, чтобы придать убедительности своим рассуждениям о вечных вопросах. Некоторые могут обогатить наше понимание истории и человечества. *Gattopardo* ("Леопард"), опубликованный в 1958 г., был посмертным произведением Джузеппе Томази ди Лампедуза (1896–1957), герцога Пальмы и принца Лампедузы. Редкий романист сумел так проникнуться описываемым историческим временем, так его почувствовать, как сумел он.

"Май 1910 г. Три незамужние дочери дона Фабрицио все еще живут на вилле Салина. Мощи из фамильной часовни должны быть выкинуты, так как кардинал-архиепископ объявил их фальшивыми. Случайно вместе с ними выкидывают и шкуру Бендиго, долго сохранявшуюся как коврик. Когда тащили звериное чучело, стеклянные глаза смотрели на них с кротким укором вещи, которую хотят уничтожить. Все, что осталось от Бендиго, кидают в угол двора. Но пока жалкие останки летят в окно, собака на мгновение переоплощается: кажется, в воздухе появляется танцующий леопард с длинными усами и угрожающе приподнятой передней лапой. Затем все обретает покой в небольшой кучке серовато-синей пыли. — *Poi tutto trovo pace in un mucchietto di polvere livida.*"

встать во главе сил Союза, то ли предоставить это Францу Иосифу, как он это сделал в случае с франкфуртским Съездом князей в 1863 г. Все эти вопросы были улажены решением Бисмарка о создании нового Северогерманского союза без Австрии, а также его беспримерным искусством прибегать к ограниченной войне. В 1864 г. Пруссия напала на Данию и добилась аннексии Шлезвига. В 1866 г., когда Австрия поставила вопрос о Шлезвиге перед союзным парламентом, Пруссия немедленно выступает, атакует и наносит поражение Австрии и ее немецким союзникам. Молниеносная победа при Садовой, недалеко от Кениггреца, подтвердила превосходство Пруссии и обеспечила создание Северогерманского союза.

В 1870—1871 гг. Пруссия напала на Францию и нанесла ей поражение. В наступившей затем эйфории Бисмарк осуществил принятие в Союз государств Южной Германии и провозглашение Вильгельма I германским императором. Германия вновь объединилась; цитадель консерватизма восторжествовала, а надежды либералов рассыпались в прах. [АРМИНИЙ]

Польское национальное движение имело самую долгую историю, самые надежные верительные грамоты, особое упорство, самый жесткий пресс и наименьший успех. Оно вело свое начало от антирусских конфедераций XVIII в. И каждому поколению поляков, от разделов Польши до второй мировой войны, сопутствовало восстание: в

АРМИНИЙ

Hermannsdenkmal — памятник Арминию стоит на возвышенности над лесистым склоном Тевтобургского леса возле Детмольда в Вестфалии. Он поставлен в память победы в 9 г. н. э. вождя германского племени херусков Германа, или Арминия, который где-то поблизости уничтожил вторгшиеся римские легионы. Гигантская статуя из кованой меди высотой почти в 30 м стоит на пьедестале с колоннами. Медный Герман (вдесятеро больше живого) хмурится из-под своего шлема с крылышками и угрожает громадным карающим мечом лежащей внизу долине.

Потребовалось почти 40 лет, чтобы построить этот памятник. Как и классический *Храм Валгаллы* (1830–1842 гг.), сооруженный королем Баварии на дунайском утесе возле Регенсбурга, этот памятник германскому вождю был задуман людьми, которые еще помнили Наполеона и освободительные войны. Однако завершен он был лишь тогда, когда Германия объединилась и немецкий национализм стал наращивать мускулы. Спроектировавший памятник Эрнст фон Бандель, взявший на себя и главные труды по его осуществлению,

долгое время не мог найти денег. Наконец ему удалось устроить подписку по всем школам империи. Памятник Арминию был открыт в 1875 г. и стал подходящим выражением вновь обретенной национальной гордости империи.

В эпоху расцвета национализма каждая уважавшая себя нация стремилась отыскать героев, достойных увековечения, так что общественные памятники служили не только определенным общественным, но и просветительским целям. *Hermannsdenkmal* был первым в этом особом псевдоисторическом жанре, который захлестнул Европу[1]. В Германии с ним соперничали и другие памятники такого рода, в том числе *Niederwaldsdenkmal* на берегах Рейна, конная статуя императора Вильгельма I на горе Куфхаузер в Тюрингии, и *Volkerschlachtdenkmal* (1913 г.), воздвигнутый союзом патриотов в Лейпциге в ознаменование столетия "Битвы народов". По времени и духу он очень напоминает памятник одному из самых враждебных парламентаризму королей — Ричарду Львиное Сердце, статуя которого стоит возле здания парламента в

Лондоне, а также Грюнвальдский памятник (1910 г.) в Кракове и памятник Верцингеториксу в Клермон-Ферране.

И, возможно, крайним выражением этой политизированной эстетики национализма стал памятник собаке принца Ллевелина Гелерту, который был поставлен у *Beddgelert* (Могилы Гелерта) в Северном Уэльсе в 1790-е годы. Чем больше сентиментальности, чем древнее время, тем больше вдохновляется поколение романтиков этими напоминаниями об их исторических корнях.

---

[1] Профессор Рис Дэвис из Абериступта пишет: «История и памятник [Beddgelert] относится к 1790-м годам... Все это придумал иммигрант Дэвид Причард — без сомнения, ради привлечения посетителей в эту часть «Дикого Уэльса». Он был, я думаю, трактирщиком. Очень типично. Романтик, Оссиан, история в духе Iolo Moranwg`a [Iolo Morganwg, урожденный Edward Williams (1747–1826), начитанный и образованный валлиец, не чуждый, впрочем, фальсификации, посвятивший себя изучению языка, литературы, истории... фольклора и традиций Уэльса]...»(из письма от 16 мая 1994 г.)

1733 г., 1768 г., 1794 г., 1830 г., 1848 г., 1863 г., 1905 г., 1919 г., 1944 г. У поляков национализм развился особенно рано и созрел во времена Наполеона. В польском национализме было мало экономических соображений, но только желание сохранить культуру, самобытность и честь.

Польские восстания начала XIX в. ставили своей целью восстановить распятую Речь Посполитую Польши и Литвы. Эти восстания вдохновлялись мистическими образами романтической поэзии, убеждением, что у Польши — этого «Христа народов» будет свой *Третий день*:

Хвала Тебе, Христе Господи!
Народ, который шел по Твоим путям,
Страдал по Твоему примеру,
С Тобой отпразднует Воскресение.[41]

Главные действия исходили из Царств Польского и были направлены против России, хотя поляки Австрии и Пруссии также принимали участие в этой борьбе. Выступления в поддержку борьбы поляков имели место в Литве, Белоруссии и на Украине. В ноябре 1830 г. заговор, спровоцированный слухами о планах царя направить его польскую армию против Бельгии, вызвал русско-польскую войну. Царь отвергал все предложения правительства в Варшаве (которое было в руках консервативно настроенного князя Чарторыйского) и отказывался от каких бы то ни было переговоров. В этой ситуации разрешение вопросов было предоставлено тем, кто не шел на компромиссы. В сложившейся ситуации профессиональная польская армия могла бы победить, но постепенно ее обошли с флангов и одолели. В сентябре 1831 г., когда русские штурмовали последние огневые позиции под Варшавой, они обнаружили труп генерала Совинского, который даже не лежал, а стоял посреди моря мертвых и умиравших. Старый наполеоновский офицер приказал своим солдатам крепко вбить его деревянную ногу «в польскую землю», чтобы не кланяться тиранам. Конституция Царства Польского была отменена. Все мятежники были лишены не только имущества, но и свободы. 10 000 эмигрировали во Францию; но еще больше — десятки тысяч — отправились в кандалах в Сибирь.

События в Польше в 1848 г. были обусловлены неудачей попытки всеобщего восстания двумя годами раньше, когда Краковская республика решила свою участь тем, что не смогла взять под контроль революционеров. Тысячи дворян в прилегающих сельских районах Галиции были перерезаны крестьянами по наущению австрийских властей. Вклад Польши в «весну народов» ограничился небольшими волнениями в Познани, двумя выступлениями в Кракове и Львове и значительным контингентом польских эмигрантов во главе с генералом Юзефом Бемом, которые сражались в Венгрии.

В январе 1863 г. в провозглашенном Венским Конгрессом Царстве Польском снова начались волнения из-за непоследовательного поведения «царя-освободителя» Александра II, который, освободив крепостных собственной империи, тем не менее, не был готов даровать конституцию полякам. В течение двух лет в Варшаве проходили патриотические демонстрации, во главе которых стояли священники, пасторы и раввины, и в результате было сформировано тайное Национальное правительство. Шестнадцать месяцев ожесточенной партизанской войны завершились казнью лидеров инсургентов на стенах цитадели. Теперь уже и само Царство Польское было ликвидировано. 80 000

поляков отправились в страшный путь в Сибирь — что стало самой большой группой политических ссыльных в истории царизма.

В 1905 г. факел патриотического восстания подняла Польская социалистическая партия. В Варшаве и Лодзи забастовки и уличные бои продолжались гораздо дольше, чем синхронные выступления русских рабочих в Санкт-Петербурге. Угрюмые молодые люди из польских провинций, во множестве призванные в русскую армию, очень неохотно сражались против японцев в Маньчжурии.

Два важных явления стали следствием постоянных поражений польского национализма. Следующие поколения польских патриотов выбирали труд на благо родины, а не вооруженную борьбу. Они выдвинули понятие «органического труда» и стремились увеличивать экономические и культурные ресурсы, а политические требования ограничили требованием местной автономии. Эту стратегию переняли и все другие национальные движения, не имевшие достаточных военных и дипломатических ресурсов. В это время «абсолютный национализм» проявляется у всех национальностей бывших польских земель. Возникли литовский, белорусский, украинский и еврейский сионистский национализм, который решительно парализовывал всякое представление об общей борьбе. Польские националисты Дмовского ожесточенно боролись с движением Пилсудского. Их лозунги с требованием «Польша для поляков» выявляли глубинные антинемецкие, антиукраинские и антисемитские настроения.

Внутри самой Российской империи было несколько типов официальной позиции относительно нараставшего национализма. Белорусам и украинцам особое самосознание просто запрещалось. Полякам до 1906 г. не дозволялось политическое выражение национализма ни в какой форме. Однако в Великом княжестве Финляндском финны пользовались автономией, каковой были лишены многие их соседи. Религиозная и культурная терпимость проявлялась в отношении балтийских немцев (в основном лютеран), но не в отношении других жителей Балтийских провинций. «Тюрьма народов» имела не только решетки, но и проломы в стенах.

В Австро-Венгрии национальный вопрос был особенно запутанным. *Уравнивание* 1867 г. было направлено на то, чтобы смягчить проблему; на деле же оно сделало ее неразрешимой. Не оставалось ни малейшего шанса на то, чтобы германоговорящая элита смогла навязать свою культуру по всей Австрии, и уж конечно это было невозможно во всей Австро-Венгрии. В конце концов, Австрия была «славянским зданием с немецким фасадом». На деле же представителей трех «господствовавших народов»: немцев, венгров и галицийских поляков — поощряли командовать другими. Административные структуры были скроены так, чтобы немецкое меньшинство в Богемии могло держать в подчинении чехов, мадьяры в Венгрии держали в подчинении словаков, румын и хорватов, а поляки в Галиции — русинов (украинцев). Социальное давление постоянно росло по мере того, как все новые притесняемые национальности подпадали под влияние идей национализма. Более того, когда политика Габсбургов еще больше осложнилась введением сначала *Рейхсрата*, или «Имперского Совета», а потом, в 1896 г., всеобщего избирательного права, три правящие группы могли дальше поддерживать свое главенствующее положение только бесконечными сделками и компромиссами. Австрийские немцы, бывшие в большинстве при дворе и в армии, отбивались от притязаний пылких мадьяр только тем, что поддерживали интересы ультраконсервативной польской аристократии Галиции. Вот почему поляки до конца оставались наиболее лояльным элементом среди поданных императора — *kaisertreu*. Мадьяры были постоянно неудовлетворены; немцы в Австрии все больше обращались к старой идее Великой Германии; а чехи в особенности чувствовали себя в западне. Франц Иосиф I (правил в 1848–1916 гг.), называвший себя «последним монархом в старом стиле», правил поистине многонациональным государством, где гимн мог исполняться на любом из семнадцати официальных языков, включая идиш. Этот монарх был популярен именно в силу своей политической неподвижности. Но внутренние язвы, которые не лечили вовремя, начинали гноиться. Как вынужден был признать один из премьер-министров: «Моя политика состоит в том, чтобы держать все национальности монархии в состоянии регулируемой неудовлетворенности"[42]. [ГЕНЫ]

В Европе того времени было множество и других национальных движений, которые не нашли отражения в учебниках. Небольшие национальные сообщества сознательно ставили перед собой только культурные задачи. В Провансе Фредерик Мистраль (1830–1914) сумел не только возродить провансальский язык и культуру, но и был избран во Французскую академию. В Уэльсе в 1819 г. спустя несколько столетий возродился обычай ежегодных состязаний бардов — *Eisteddfod*. Характерным для этого движения стало введение псевдодруидических обрядов в Лланголлене в 1858 г. В Германии полабские славяне, сербы и кашубы возрождали свои древние славянские культуры. Полабские славяне сумели выжить в крошечном анклаве вокруг Люхова недалеко от Ганновера; собрание литературных текстов на их языке и грамматика были опубликованы с помощью русских ученых в 1871 г. Сербы в Лаузице, численность которых составляла, возможно, 200 000, в 1847 г. организовали Матицу, то есть «культурное общество» в Будишине (Баутцене) То же самое сделали кашубы Померании (Поморья).

И самодержавные, и конституционные системы были настроены весьма враждебно к национальным притязаниям. В этом отношении показательно, что произошло с ирландцами и с украинцами: в обоих случаях политическая арифметика была решительно не в их пользу.

Ирландцы принадлежали мощной «западной демократии». С 1801 г., когда была установлена уния Ирландии и Великобритании, больше 20 ирландцев заседали в британском парламенте в Вестминстере. Это давало ирландцам всякого рода преимущества за исключением одного единственного, которого они действительно желали, — возможности самим решать свои проблемы. Однако они не прекращали свою политическую активность. Католическая ассоциация Дэниэла О'Коннелла (1775–1847), в течение многих лет организовывавшая «чудовищные» митинги, добилась в 1829 г. установления веротерпимости. Позднее общественное неудовольствие подогревалось страданиями голодных лет, несправедливыми земельными актами и отсутствием реального политического прогресса. Самодовольство английских консерваторов, упрямое сопротивление протестантов Ольстера и вспышки насилия со стороны ирландских радикалов, которые были представлены фениями (членами тайного Ирландского республиканского братства — с 1858 г.) и партией «Шинн фейн» (с

ГЕНЫ

В 1866 г. отец Грегор Мендель (1811–1884), аббат монастыря августинцев в Брно в Моравии, опубликовал результаты своих опытов по разведению обычного зеленого горошка *(Pisum sativum)*. Несколько лет аббат наблюдал за горошком в монастырском саду. Путем тщательного перекрестного опыления, а также выделением только нескольких характеристик (высота растения и цвет) он смог продемонстрировать определенные модели наследования в последовательных поколениях растений. Он установил наличие доминантных и рецессивных черт, воспроизведение которых в гибридах он мог предопределять опытным путем. На результаты его исследований никто не обратил внимания, так что *законы наследования Менделя* были вновь открыты в 1900 г. независимо тремя разными биологами.

Впрочем, еще много десятилетий менделизм оставался на стадии экспериментов. И хотя наличие в клетках живых организмов хромосом было установлено в начале XX века, но исследователям еще не удавалось установить, как действуют *гены* или «элементарные, неделимые признаки», как называл их Мендель. Значение дезоксирибонуклеиновой кислоты (ДНК) было установлено только в 1944 г., а двойная спираль молекулы ДНК продемонстрирована в 1953 г. Таким образом, биология намного отставала в развитии от современной физики и химии.

Тем временем советские ученые заявили, что разрешили многие фундаментальные проблемы. Т. Д. Лысенко (1898–1976) отвергал хромосомную природу наследования и выдвигал в противовес теорию, будто наследуемые признаки могут формироваться в растениях под влиянием окружающей среды и прививки. Он опубликовал данные, что всхожесть пшеницы значительно повышается под влиянием низких температур. Он даже пытался получить от растений пшеницы зерна ржи. Все это были мошеннические проделки: результаты были фальсифицированы. Однако ему удалось убедить Сталина, что его «теории» помогут справиться с трудностями в советском сельском хозяйстве, так что перед Лысенко открылась поистине невероятная научная карьера, продолжавшаяся 30 лет. Став в 1938 г. президентом Академии сельскохозяйственных наук им. Ленина, он приказал засеять миллионы гектаров зерном, которое было подготовлено по его методам. Когда зерно не взошло, арестовали за саботаж простых исполнителей. Несогласные с Лысенко ученые и, в первую очередь, ведущий русский генетик Н. И. Вавилов, были отправлены в ГУЛАГ. Учителям предписывалась лысенковщина как своего рода Священное Писание. Советской биологии был нанесен почти непоправимый ущерб. Лысенко же получил две Сталинские премии, орден Ленина и звание Героя Советского союза.

Западные ученые считали Лысенко попросту неграмотным. В ответ Лысенко высмеивал правоверных генетиков как «реакционных декадентов, пресмыкающихся перед западным капитализмом». Больше всех от него доставалось отцу Грегору Менделю.

---

905 г.), — все это привело к политическому тупику. Ирландская деревня была во власти непрекращавшейся борьбы землевладельцев (которых поддерживало правительство) и мятежных арендаторов из Земельной лиги (1879 г.), результатом его стала атмосфера всепроникающего страха. Даже когда Ч.С. Парнелл (1846–1891) и ирландская партия в Вестминстере заручились поддержкой правящих либералов Гладстона, три последовательно вносимых билля об ирландском гомруле были заблокированы палатой лордов. Настоящее культурное пробуждение Ирландии произошло позднее, в 1890-е годы, когда в связи с необходимостью деанглизации ирландского народа» были основаны Ирландский литературный театр, Гэльская атлетическая ассоциация и Гэльская лига. В 1900 г. королева Виктория впервые за сорок лет посетила Дублин, отменила запрет «носить зеленое» и поддержала инициативу проведения массовых парадов по всей империи в День Св. Патрика. Но было уже поздно для этих символических жестов. В 1912 г., когда был подготовлен четвертый билль о гомруле, ольстерские волонтеры в Белфасте и ирландские волонтеры в Дублине сумели собрать громадные армии. В это время, когда Европа приближалась к Великой войне, Ирландия стояла на грани гражданской войны. В Ирландии решительно не было единства.

Непокорный Ольстер не имел и понятия об «ирландскости». «Ирландцы — не нация, — сказал будущий премьер-министр, — а два народа, разделенные гораздо глубже, чем разделены Ирландия и Великобритания»[43]. «Шинн фейн», всегда искавшая поддержки у США, теперь нашла поддержку у Германии. **[голод] [оранж]**

Украинцы жили под властью двух «восточных автократий». Некогда они были подданными Польши, теперь они были подданными России и Австрии. Этот преимущественно крестьянский народ имел сравнительно низкий уровень национального самосознания до тех пор, пока не было покончено с крепостничеством в середине века. Традиционно известные как «русины», или «рутены», они теперь склонялись к самоназванию *украинцы*, уклоняясь от вводящего в заблуждение и оскорбительного «малороссы», придуманного для них царскими чиновниками. (Фактически «украинец» означало «политически сознательный рутен».) Культурному возрождению украинцев исключительно способствовало поэтическое творчество Тараса Шевченко (1814—1861); а в последние десятилетия века набирает силу и политическое пробуждение. Россия представляла для них режим, который отказывался признавать самое их существование, считая украинцев региональным русским меньшинством, ограничивая их религию только русским православием. В Австрии, где они пользовались большей культурной и политической свободой, они сохраняли униатский обряд и не спешили именоваться «украинцами». В конце века они здесь организовали широкую сеть русинских школ. Однако здесь им противостояла польская община, имевшая в Галиции, включая и Львов (Лемберг), численное превосходство. **[украина]**

В обеих империях украинцам приходилось мириться с тем фактом, что их родина была населена и несколькими другими национальностями — поляками, евреями, русскими — причем все они были враждебны украинцам. Это было, по меньшей мере, невесело. Потенциально украинцев было столько же, сколько французов или англичан. Однако этот потенциал они нигде не могли реализовать. У них, как и у ирландцев, не было государства. Их деятели, как и ирландцы, начинали поглядывать на Германию.

Очень бурно развивался национализм на Балканах. Для Оттоманской империи всегда была характерна значительная терпимость в отношении религиозной и культурной автономии при одновременном полном искоренении политического диссидентства. Так что балканские народы, за исключением Боснии, Албании и отчасти Болгарии, мало ассимилировались правящей мусульманской культурой. В результате при первом же ослаблении власти турок явились уже готовые христианские нации. Как правило, они проходили довольно долгий период практической автономии, пока еще оставались на местах Оттоманские гарнизоны, а потом уже получали полный суверенитет. Самостоятельное существование начиналось с минимальной территориальной базы, что не только не могло удовлетворить их аппетиты, но и приводило к частым конфликтам с соседями. Нигде не было даже чего-то похожего на этническую однородность. Греция получила формально независимость в 1832 г., Румынские княжества (Валахия и Молдавия) — в 1856 г. Черногория — в 1860 г., Сербия и Болгария — в 1878 г. Албанцы, единственная преимущественно мусульманская нация, не имели поддержки христианских государств и ждали своей независимости до 1913 г. **[шкиперия]**

Тяжело пришлось грекам, особенно с их монархами. Из семи правивших монархов с 1833 г. по 1973 г. пятеро отреклись. Первый греческий король Оттон I Баварский (правил в 1833—1862 гг.), католик и большой энтузиаст идеи превосходства немцев, превзошел непопулярностью даже турок. Второй, Георг I (правил в 1864—1913 гг.) основатель многострадальной династии, прибыл из Дании. Национализм не сочетается с иностранными королями. Ненамного счастливее была судьба сербов: из-за кровной вражды двух соперничавших династий Карагеоргиевичей и Обреновичей, были убиты десять августейших особ. Поддержка, которую оказывала Сербии Россия, вызывала возмущение Австрии, в особенности после того, как славяне самой Австро-Венгрии стали вдохновляться примером Сербии. Успех Сербии в Балканских войнах подтолкнул Вену к тому, чтобы раскрыть карты.

К несчастью, этническая мозаика на Балканах препятствовала созданию стабильных национальных государств. Поэтому термином «балканизация» стали обозначать политическую раздроб

ГОЛОД

В 1845–1849 гг. Ирландия страдала от одного из тяжелейших природных бедствий в истории Европы. *Картофельный голод* в Ирландии унес миллионы жизней, заставил более миллиона человек покинуть родину и на четверть уменьшил численность населения острова (в 1845 г. в Ирландии было 8,2 млн. жителей). И хотя Ирландия входила в состав Великобритании, самого могущественного государства того времени, это ей мало помогло. Многим происходившее казалось настоящим «Апокалипсисом по Мальтусу»; другие считали это результатом столетий неэффективного правления.

Непосредственной причиной бедствия стал грибок фитофторы картофеля *(phytophthora infestans),* поражавший урожай три года подряд. Это заболевание было сначала замечено на острове Уайт, а через год, в 1845 г., оно пересекло Ирландское море. Но если в Англии оно не принесло больших несчастий, то в Ирландии оно стало самой смертью.

К началу XIX в. огромная часть сельского населения Ирландии находилась в полной зависимости от культуры картофеля. Этот богатый витаминами и протеином овощ хорошо рос на влажной почве Ирландии. Он поддерживал жизнь громадного числа бедняков, так что у них еще оставалось достаточно свободного времени для песен, танцев, ирландского самогона (*poteen*) и рассказывания историй. У ирландцев столько же названий картофеля, сколько у англичан — названий розы. Они называют его *murphy, spud, tater, pratie* и ненадежный экзот.

Зависимость от картофеля сложилась в результате многочисленных аномалий. В течение 60 лет после 1780 г. Ирландия переживала демографический взрыв — прирост населения составил почти 300% по сравнению с 88% в Англии и Уэльсе. При этом Ирландия (за исключением Ольстера) практически не подвергалась индустриализации, которая могла бы поглотить прирост населения, хотя после наполеоновских войн началась эмиграция в США и Австралию. Важнее то, что Ирландия была сильно стеснена репрессивным законодательством, препятствовавшим разрешению некоторых местных проблем. Условия жизни здесь давно уже были ужасными. До 1829 г. ирландским католикам даже не разрешалось покупать землю, впрочем, мало у кого были и средства для этого. Англо-ирландские землевладельцы, которые к тому же обычно жили в другом месте, взимали высокую плату за пользование землей — деньгами или в натуральной форме, под угрозой немедленного выселения. Такие выселения обычно проводились с привлечением солдат, которые сносили, «обрушивали» дома неплательщиков. У ирландских крестьян не было ни защиты, ни стимулов для работы. Часто они расправлялись со своими угнетателями или вступали в британскую армию. По словам герцога Веллингтона, «Ирландия была неистощимым питомником прекрасных солдат». Но она была также страной страшной нищеты, где громадные оборванные семьи жили в земляных хижинах без какой-либо мебели вместе со свиньями. Как писал один немецкий путешественник: «По сравнению с ними беднейшие из латышей, эстонцев и финнов живут сравнительно комфортно».

Великодушный ирландский историк пишет, что поначалу политика правительства сэра Роберта Пиля «была более эффективна, чем это иногда признается». В 1846 г. цены были под контролем, раздавался кукурузный хлеб и были начаты общественные работы, чтобы обеспечить занятость. Но поражение Пиля по вопросу об отмене *хлебных законов* привело к власти правительство вигов, которые не считали нужным вмешиваться. «Все из-за проклятого картофеля!» — воскликнул "Железный герцог". Ирландцы платили ренту и ели крапиву.

В 1847 г. было роздано 3 млн. порций супа. Но этим нельзя было остановить ни тифа, ни бегства людей из деревни. В округе Скиббберин в графстве Корк, где дюжина землевладельцев получала 50000 ренты, поля были усеяны трупами, и дети умирали в работных домах; но зерно по-прежнему вывозилось (под вооруженной охраной) в Англию. Города Ирландии страдали от банд грабителей. «С чем нам приходится мириться, — заявлял министр финансов, ответственный за помощь голодающим, — так это не с физическим злом голода, но с моральным злом людского эгоизма, испорченности и беспокойного характера».

В 1848 г. снова был неурожай картофеля, и поток бегущих из деревни превратился в потоп. Оборванные люди напрягали последние силы, чтобы добраться до портов. Землевладельцы часто давали им деньги на дорогу. Они падали замертво на дорогах, погибали в переполненных трюмах и толпами умирали на причалах Нью-Йорка и Монреаля. Они высаживались на берег в лихорадке, с голодными спазмами желудка и англофобией.

Великий голод остановил кампанию Даниэла О'Коннелла, направленную против унии. Но голод покончил и с надеждой на примирение. А исход продолжался:

Миллион за десять лет!
                    Спокойно и холодно
Читают эти цифры наши политики.
Они не думают о древней нации,
Которая исчезает
                    со страниц истории:
Водоросли, выброшенные морем
                    на унылый берег,
Опавшие листья
                    с древа человечества!

Это был не последний в Европе голод. За ним последовали катастрофы 1867—1868 гг. в Финляндии и Бельгии. Масштабы голода в Ирландии нельзя было сравнить ни с тем, который разразился в 1921 г. в Поволжье, ни с голодом-устрашением на Украине в 1932—1933 гг. [ЖАТВА] Однако следует признать, что голод в Ирландии представляется беспримерным позором, если принять во внимание, где и как он разразился. Последней мерой помощи британского правительства стало решение послать королеву Викторию и принца Альберта с государственным визитом в августе 1849 г. в Дублин.

ленность, узколобый национализм и жестокую вражду. В трех Балканских войнах начала XX в. вновь создавшиеся христианские государства воевали между собой с не меньшим остервенением, чем с отступавшими турками (см. ниже).

Историки должны также задаться вопросом, почему на континенте, где было так много народного национализма, некоторые страны остались в стороне от этого течения. Например, почему не появилось значительного национального движения в Шотландии в XIX в.? Ведь шотландцы рано вступили в фазу интенсивной модернизации, и в качестве младших партнеров внутри Соединенного Королевства они вполне могли бы возмутиться английским господством. Но они этого не сделали. Отчасти это было вызвано тем, что культура скоттов была не единой, но разделенной на горную гаэльскую и равнинную составляющие, что препятствовало развитию чувства общего национального самосознания. Отчасти же феномен Шотландии объясняется исключительной привлекательностью британского государственного национализма. Подобно Кардиффу или Белфасту, главный город Шотландии Глазго процветал благодаря Британской империи. Так что привязанность Шотландии к удачливому и процветавшему Союзу начала ослабевать только тогда, когда стала тускнеть сама империя. Первый бард шотландского национализма Хью Мак-Дермид (1892—1978) начинает свою деятельность в 1920-е гг. А главное политическое произведение этого течения — «Распад Великобритании», Тома Нэйрна появилось лишь в 1977[44].

А между тем один из самых прозорливых наблюдателей заметил, что национализм — это не больше, чем этап. Эрнест Ренан в 1882 г. высказал потрясающее предположение, что ни одно государство, ни одна нация — не вечны. Рано или поздно все будут чем-нибудь заменены, возможно, «европейской конфедерацией». Меттерних однажды заметил: «Для меня уже давно Европа составляет самую суть понятия «родина»[45]. Тогда зародилась надежда, что эти высказанные настроения некогда обретут практическую форму.

Социализм, как и национализм, был коллективистским убеждением. Противостоя эксплуататорам и угнетателям, социализм становился на защиту не только индивидуума, но и общества в целом. Само название социализма восходит к понятию товарищества (в современных выражениях «солидарности») — лат. *socius* означает «товарищ». Социализм исходил из того, что бедные, слабые или угнетенные не могут добиться сносной жизни, кроме как объединением ресурсов в общий фонд, справедливым распределением материальных благ и подчинением прав личности общему благу. В отличие от либерализма социализм не боялся современного государства — напротив, он рассматривал государство не только как третейского судью, но часто и как главного проводника соответствующих мер. Социализм должен был бороться с угнетателями и на родине, и за границей. Присущее ему чувство международной солидарности естественно ставило социализм в оппозицию национализму. Принято считать, что социализм XIX века питался из четырех основных источников: христианского социализма, тредюнионистского движения, кооперативного движения и теоретиков утопического социализма.

Христианский социализм, хотя никогда и не выступал под таким названием, но имел вековую традицию. Христианское учение всегда призывало человека служить обществу и отказываться от личных материальных благ. "Нагорная проповедь" служила оправданием многих коллективистских экономических построений: от устройства монашеских орденов до утопий Мора, Кампанеллы, Харрингтона и Морелли. В XIX в. обычно самыми инициативными и свободными проявляли себя протестанты, такие как Ж.Ф.Д. Морис (1805–1872), первый директор Колледжа для трудящихся (1854 г.), Ч. Кингсли (1819–1875), Адольф Вагнер (1835–1917) и проповедник Адольф Штеккер (1835–1899). "Оксфордское движение" также имело социалистический оттенок, который проявился в «миссиях» в городские трущобы. Католики в этом смысле отставали до публикации буллы *Rerum novarum* в 1891 г. В России учение православной церкви, коллективистские традиции крестьянских общин и существование всесильного государства — все вместе создало благоприятную почву для восприятия социалистических идей.

Профсоюзное (тредюнионистское) движение возникло в связи с тем, что наемные работники были уязвимыми и незащищенными в условиях экономики свободного рынка. Со времен «Толпаддльских мучеников» из Дорсета[46] работающие мужчины и женщины с большим трудом завоевывали право на создание союзов, которые позволяли бы коллективно обсуждать уровень оплаты и условия труда, а также устраивать забастовки. В Великобритании перелом начинается в 1834 г., во Франции — в 1864 г., в Германии — в 1869 г. К 1900 г. в большинстве европейских стран уже сложилось активное рабочее движение. С самого начала профсоюзы (тред-юнионы) имели разные структуры и идеологии. Помимо неидеологичных профсоюзов британского типа (тред-юнионы), были «горизонтальные» цеховые профсоюзы, выраставшие из старых гильдий, «вертикальные» промышленные профсоюзы[47], анархо-синдикалистские союзы по французской или испанской модели, либеральные рабочие ассоциации, «желтые»

пацифистские союзы, которые выступали не только против войны, но и против забастовок, и связанные с Церковью христианские союзы. Во многих странах, например, в Бельгии, несколько разных типов профсоюзов существовали бок о бок. В России инициативу взяла на себя царская полиция, решив обойти нелегальные организации, создав собственные официальные профсоюзы. Этот опыт «полицейского социализма» окончился весьма печально 5 января 1905 г., когда демонстрация рабочих, которую возглавил агент полиции отец Георгий (Гапон), была встречена ружейным огнем. «Кровавое воскресенье» положило начало революционному взрыву в 1905 г.; позднее Гапон был убит. Русские тред-юнионы пережили едва ли одно десятилетие свободы и были распущены большевиками.

Создание кооперативов, призванных защитить своих членов от издержек большого бизнеса, происходило в трех основных секторах: промышленное производство, потребление и сельское хозяйство. В 1800 г. мечтателем Робертом Оуэном (1771–1858) было создано в Шотландии в Нью-Ланарке экспериментальное поселение текстильщиков. Здесь был установлен фиксированный рабочий день (10 с половиной часов), страховка на случай болезни, но само предприятие не пережило своего основателя. В 1844 г. первые кооперативы потребителей, "рочдельские пионеры", появились в Ланкашире. Перед сельскохозяйственными кооперативами, впервые появившимися в Германии по инициативе Ф. В. Райфайзена (1818–1888), открывалось широкое будущее там, где у крестьян и фермеров была возможность свободной организации, в особенности в Восточной Европе.

Теория социализма непрерывно развивалась со времени, когда в 1796 г. Франсуа-Ноэль Бабёф (1760–1797) организовал в Париже «заговор равных». Бабёф, которого казнили во времена Директории, и все первые теоретики социализма были французскими утопистами. Это Клод Анри де Рувруа, граф де Сен-Симон (1760–1825), Шарль Фурье (1772–1837), Этьен Кабе (1788–1856), Луи Огюст Бланки (1805–1881), Луи Блан (1811–1882) и Пьер Жозеф Прудон (1809–1865). Сен-Симон, христианский социалист, который некогда был близок к Конту, считал, что наука и техники должны быть поставлены на службу идеальной общине, которой руководили бы наиболее опытные. Его «Новое христианство» (1825 г.) положило начало сектантской церкви, образцовым коммунам и судебным процессам по обвинению в безнравственности. И Фурье, и Кабе организовали показательные кооперативные поселения в США. В своей «Теории четырех движений» (1808 г.) Фурье изобразил научно организованное общество, свободное от всякого правительства, которое, пройдя несколько стадий совершенствования, вступит на путь «гармонии». (Именно этот труд часто считают источником представлений Маркса о стадиях истории и отмирании государства.)

Бланки, известный как «l'Enfermé» («Затворник»), был бабувистом[48] и замечательным конспиратором, он провел целых 33 года в тюрьме за организацию повстанческих ячеек как при монархии, так и при республике. В 1839 г. он на два дня захватил ратушу в Париже, однако это заканчивается катастрофой; впрочем, его последователи сыграли ведущую роль в Парижской коммуне 1871 г. (самому Бланки не пришлось в ней участвовать, поскольку он был арестован буквально за день до восстания). Его лозунгом были слова *Ni Dieu, ni maitre* («Ни Бога, ни хозяина»). Луи Блан, напротив, призывал к созданию на уравнительных принципах общественных мастерских, финансируемых государством и контролируемых рабочими, где вклад рабочих зависел бы от их возможностей и оплачивался в соответствии с их потребностями. Эта схема, описанная в «Организация труда» (1839 г.), [рус. пер. 1926 г. — перев.], была ненадолго воплощена в жизнь во время революции 1848 г., прежде чем автор ее был выслан в Англию. В некоторых отношениях самым влиятельным из всех был Прудон. Его нападки на излишки частной собственности в «Что такое собственность?» (1840 г.) стали сенсацией, особенно когда крылатым сделалось вырванное из контекста выражение «всякая собственность есть кража». Его «Философия нищеты» (1846 г.) вызвала, пожалуй, самую резкую отповедь Маркса в «Нищете философии», в то время как его «Общая идея революции» (1851 г.) описывала будущее Европы без границ, центральных правительств и государственных законов. Прудон стал основоположником современного анархизма, что вскоре привело его последователей к острому конфликту с представителями основного направления социа-

лизма; однако его убеждение в необходимости прямых действий рабочих против государства стало краеугольным камнем французского синдикализма.

Поначалу немецкие социалисты находились под сильным влиянием французских. Фердинанд Лассаль (1825−1864), еврей из Силезии, романтически погибший на дуэли после того, как основал первую германскую социалистическую партию, провел период своего становления в Париже. Два неразлучных изгнанника — Фридрих Энгельс (1820 −1895) и Карл Маркс (1818−1883), встретившиеся в Париже, многие свои воззрения обосновывали опытом Французской революции. Их «Коммунистический манифест» (1848 г.) был очень своевременной книгой. «Призрак бродит по Европе, — провозглашал "Манифест", — призрак коммунизма. Пусть трепещут правящие классы... Пролетариату нечего терять, кроме своих цепей... Пролетарии всех стран, соединяйтесь!»

Странной парой были Маркс и Энгельс. Высланные из Пруссии за их радикализм в журналистике, они осели в Англии. Энгельс вскоре стал вполне преуспевающим капиталистом и управлял хлопчатобумажной фабрикой в Манчестере. Маркс кое-как перебивался в Лондоне, получая от Энгельса регулярное денежное содержание, как независимый ученый. Труд его жизни «Капитал» (3 тт., 1867−1894 гг.) — это плод 30 лет его единоличных исследований в читальном зале Британского музея. Это результат последовательного исследования материала через призму спекулятивной социальной философии, полный хаотических блестящих прозрений и напыщенного педантизма. Маркс взял отдельные, противоречащие друг другу идеи своего времени и организовал их в оригинальную комбинацию, которую он назвал «диалектическим материализмом». Маркс стремился построить столь же универсальную теорию человеческого общества, какую предложил Дарвин для естествознания; он даже намеревался посвятить первый том Дарвину. Материалистический взгляд на историю он взял у Фейербаха, идею классовой борьбы — у Сен-Симона, концепцию диктатуры пролетариата (которую он, впрочем, позднее отверг) — у Бабёфа, трудовую теорию стоимости — у Адама Смита, теорию прибавочной стоимости — у Брея и Томпсона, принцип диалектического развития — у Гегеля. Из все тих компонентов сложилось некое мессианское учение, психологические корни которого усматривают в иудаизме, от которого семья отреклась, когда Маркс был еще ребенком. В рамках этого нового учения Маркс стал пророком; пролетариат — "Народом избранным"; социалистическое движение — "церковью"; революция — "вторым пришествием", а коммунизм — "землей обетованной"[49].

Маркс мало занимался практической политикой. Он помог основать Международное товарищество рабочих, нечто призрачное, позднее восславленное как «Первый Интернационал». Для него Маркс написал устав и несколько пламенных речей. К концу жизни у него было достаточно последователей среди немецких социалистов и их русских учеников, но не в Великобритании. Его похоронили на Хайгетском кладбище, напротив могилы Герберта Спенсера; на надгробии поместили слова: «Философы лишь различным образом *объясняли* мир; но дело заключается в том, чтобы *изменить* его». Энгельс дописал два последних тома «Капитала» по запискам Маркса, завершив таким образом этот совместный труд, так что не всегда возможно выделить реальное авторство того или другого. Но у Энгельса были и собственные идеи. Он лучше, чем Маркс, знал социально-бытовые условия, он был больше озабочен практическим приложением их теорий. Вот почему теория Энгельса об «угасании государственной власти», а также его «Анти-Дюринг» (1878 г.) и «Происхождение семьи, частной собственности и государства» (1884 г.) вдохновляли революционных деятелей.

Нынешние комментаторы склонны недооценивать марксизм. Маркс, говорят они, был «характерен для либеральной Европы», он был типичным социальным теоретиком середины XIX века».[50] Если они и правы, то все же упускают из виду следующее: интеллектуальная строгость марксизма, несомненно, уступала его вдохновляющей силе. Большинство из тех, кто принял марксизм за научное обоснование мечты о социальной справедливости, никогда не подходили к писаниям Маркса критически. Сам того не желая, Маркс снабдил их очередным суррогатом религии.

Бесспорной социальной базой социализма был новый рабочий класс. На деле многие рабочие держались в стороне, и во главе почти всех социалистических организаций стояли интеллектуалы из среднего класса. Типичным примером было «Фабианское общество» в Англии. В Восточной Европе, где нарождавшийся рабочий класс был еще невелик, идеи социализма подхватили или конспираторы-интернационалисты, как в России, или, как в Польше, та часть движения за независимость, которая стремилась преодолеть этнические распри, насаждаемые националистами.

Попытки создания массовых социалистических движений, как правило, разбивались о рифы локальных интересов, репрессии со стороны властей и строительство интеллектуальных воздушных замков.

Во многих странах возникали социалистические партии того или иного типа, часто после десятилетий неудач и разочарований. Но лишь в 1890-е годы появилось значительное количество партий. Важнейшая из них, Социал-демократическая партия Германии (СДПГ), окончательно оформилась в 1890 г., после того как была запрещена в течение 12 лет по антисоциалистическому закону Бисмарка. Эта партия, восходящая к Готской программе 1875 г., возникла из слияния объединения Лассаля с различными марксистскими группами. Эрфуртская программа (1891 г.), в основном сформулированная Карлом Каутским (1854–1938), была откровенно марксистской. Но вскоре в нее были внесены изменения под влиянием как ревизионистской критики Эдуарда Бернштейна (1850–1932), отвергавшего апокалиптическое визионерство социалистов, так и прагматизма партийных лидеров в рейхстаге.

Такие же трудности стояли и перед интернационалистским крылом этого движения. Первый Интернационал развалился среди взаимных упреков марксистов и анархистов. Второй Интернационал, который сумел в 1889 г. создать постоянный секретариат в Брюсселе, вскоре попал под контроль представителей СДПГ. Он созывал конгрессы, организовывал движения в защиту мира и рассыпался в 1914 г., когда ни одно из его национальных отделений не выступило против войны. С его кончиной поле деятельности оказалось расчищенным, поскольку дезертировали все, кроме революционной русской партии, во главе которой стояли эмигранты вроде В.И. Ульянова (Ленина, 1870–1924) и другие подобно ему мыслящие конспираторы.

Русская революционная традиция была так же стара, как и самодержавие, вызвавшее ее к жизни. В своем первом воплощении в XIX в. она проявилась в 1825 г. восстанием декабристов — братства офицеров, находившихся под влиянием французских и польских идей. Однако затем, под руководством Александра Герцена (1812–1870) и Николая Чернышевского (1828–1889), русское революционное движение все больше приобретает социалистический, популистский и анархистский оттенки. В 1860-е и 1870-е гг. русские популисты — *народники*, идеалисты с лучезарным взглядом, отправились в деревню, чтобы обращать крестьянство, но были встречены непониманием. В 1879 г. это движение распадается на два течения: одно было озабочено аграрной и образовательной реформами, а другое — «Народная воля» — проповедовало насилие. Один из народовольцев убил в 1881 г. царя Александра II.

Западные историки часто недооценивают роль ключевой фигуры в этом движении — П. Н. Ткачева (1844–1885). Позднее его не включили и в большевистский пантеон. А между тем Ткачев был истинным предтечей большевизма. Якобинец среди популистов и материалист в вопросах экономики, он стал связующим звеном между Чернышевским и Лениным. Он отвергал с презрением просвещение масс и призывал взамен к созданию обученной революционной элиты. Мы не должны больше задаваться вопросом «Что делать?», — писал он в 1870-е гг. — Этот вопрос давно уже решен. Делайте революцию!» Последние годы он провел в изгнании в Швейцарии. Ленин жадно читал его работы, хотя публично их критиковал. Никаких «сыновних чувств» не было, но определенное чувство товарищества существовало.[51]

История ленинской группы является иллюстрацией неразрешимых дилемм, встававших перед социалистами во враждебном окружении. Будучи эмигрантами и нелегалами, они не имели возможности прибегать к демократическим методам немецкой социал-демократии, которая была поначалу их вдохновителем. Как революционеры они могли привлечь на свою сторону определенную часть русского общества, готовую приветствовать всякого, кто обещал бороться с царем. Но как социалисты они поневоле вступили в конфликт с другими направлениями этого революционного движения, а именно с социалистами-револю-ционерами, или эсерами. Эти последние лучше понимали две главные составляющие рус-

ского общества: крестьян и инородцев. Как марксисты они были вынуждены признать, что у настоящей пролетарской революции было мало шансов на победу в такой стране, как Россия, где рабочий класс был невелик; и, наконец, как группа, особенно приверженная конспиративным методам борьбы, они не торопились открыто привлекать на свою сторону массы. (Несмотря на имя *большевики*, которое в подходящий момент предложил Ленин, они обычно составляли меньшинство даже в российской социал-демократии. Не без оснований Ленин, как и Ткачев, полагал, что дисциплинированное меньшинство может захватить власть и без поддержки народа. Однако, пытаясь оправдать такую стратегию, как не противоречащую социалистическим принципам, он был вынужден с самого начала рядить ее в фантастические одежды. «Ложь — это душа большевизма»[52]. Иначе говоря, ленинизм был «карго-культом» в социализме [53] — искаженной и весьма отдаленной имитацией оригинала. «Марксизм Русской революции, — писал автор, которого очень почитают в посткоммунистической России, — так же относится к своему оригиналу, как «христианство» тайпинов к христианству Фомы Аквинского»[54]. Для признания этого факта понадобилось почти столетие.

Анархизм, хотя и был в свои детские годы близок к социализму, но с возрастом потерял с ним всякую связь. Суть представлений анархистов состоит в ненависти ко всем формам господства и власти, в убеждении, что правительство не просто нужно, но вредно. Одно раннее течение анархизма, восходящее к анабаптистам и диггерам XVII в., нашло отражение в «Исследовании о политической справедливости и ее влиянии на всеобщую добродетель и счастье» (1793 г.) англичанина Уильяма Годвина (1756–1836), а также в возвышенных видениях *Освобожденного Прометея*, который был написан зятем Годвина — Перси Биши Шелли[56]:

> И вскоре все людские выраженья,
> Пугавшие меня, проплыли мимо
> По воздуху бледнеющей толпой,
> Развеялись, растаяли, исчезли…
> Увидел я, что больше нет насилий,
> Тиранов нет, и нет их тронов больше.

Как духи, люди были меж собой
Свободные. Презрение и ужас,
И ненависть, и самоуниженье
Во взорах человеческих погасли...
... Женщины глядели
Открыто, кротко, с нежной красотою,..
Свободные от сех обычных зол,..
... Беседуя о мудрости, что прежде
Им даже и не снилась, — видя чувства,
Которых раньше так они боялись,
Сливаясь с тем, на что дерзнуть не смели,
И землю обращая в небеса...[37]

Второе течение (во Франции) воплотилось в деятельности и трудах Прудона и его ученика Ансельма Бельгариго, которые были посвящены доктрине мютюализма (*mutualité*). Согласно этой доктрине рабочие должны избегать участия в парламентской политике, они должны бороться за свою свободу прямыми действиями на улицах и на фабриках.

Третье течение развилось из обостренной реакции на крайности самодержавного режима Российской империи. Оно было взращено двумя русскими аристократами в изгнании: Михаилом Бакуниным (1814–1876) и князем Петром Кропоткиным (1842–1921). Бакунин, некогда провозгласивший, что «страсть к разрушению есть страсть творческая», разрушил Первый Интернационал Маркса. «Коммунисты убеждены, что они должны организовывать рабочий класс для захвата власти в государстве, — писал он. — Революционные социалисты [читай: анархисты] организовываются, чтобы покончить с государствами.» Он вдохновил тот коллективистский анархизм, который затем закрепился в романских странах. Кропоткин, выдающийся писатель и географ, воодушевляемый идеей коммунистического общества, свободного от всякого центрального правительства, написал «Завоевание хлеба» (1892 г.), «Поля, фабрики и мастерские» (1899 г.), и «Взаимная помощь как фактор эволюции» (1902 г.).

Четвертое направление, первоначально изложенное в «Индивидуалист и его собственность» 1845 г.), было основано берлинским журналистом Максом Штирнером (1806–1856). Здесь утверждались абсолютные права индивидуума на свободу от всякого институциализированного контроля. Эти идеи привлекли множество писателей

и художников-авангардистов: от Курбе и Писсарро до Оскара Уайльда. Но это направление также показало, что их же собственные принципы исключали для анархистов всякую возможность действенной организации.

Практически анархизм принес плоды в нескольких областях. Революционные анархо-синдикалисты преобладали в рабочем движении Франции, Италии и особенно Испании, где *Confederación Nacional del Trabajo* (Национальная Конфедерация труда - НКТ) стала крупнейшим народным движением. Их излюбленным оружием была всеобщая забастовка с целью парализовать все действующие институты. В отдельных районах от Андалузии до Украины имели влияние также крестьянские анархисты. Анархизм вдохновил и породил современный терроризм — то, что один из итальянских воинствующих деятелей Эрико Малатеста, называл «пропаганда делом». Идея состояла в том, что потрясающие воображение убийства или разрушения привлекут всеобщее внимание к несправедливости, помешают правительству проводить решительную политику, да и просто будут бить по нервам правящей элиты. В списке их жертв оказались царь Александр II (1881 г.), президент Сади Карно во Франции (1894 г.), императрица Елизавета Австрийская (1896 г.), премьер Кановас дель Кастильо в Испании (1897 г.) и король Умберто I в Италии (1900 г.). Но нигде эти жестокие акты насилия не стали прелюдией к миру и гармонии, которые были конечной целью анархистов.

Наконец, и совершенно в противоположном смысле, анархизм лежит в основе важной традиции морального протеста против всех форм принуждения. Начиная со Льва Толстого, который считал брак не меньшим принуждением, чем царизм, новое евангелие ненасилия собрало множество последователей от Махатмы Ганди в Индии или движения «Солидарность» в Польше до современного движения в защиту окружающей среды[58]. Знаменитый боевой клич Бельгарегю: «Анархия — это порядок», теперь отвергается как исключительно негативный. Но в нем содержится важный моральный компонент, составляющий подоплеку современных настроений протеста против бессмысленности и безжалостной, неумолимой силы политической и технологической власти. В этом смысле некоторые считают анархизм «самым привлекательным политическим кредо»[59]. Анархизм находился на противополож-ной стороне политического спектра от такого политика, как Бисмарк, причем Бисмарк был центральной фигурой европейской политики в той же степени, в какой анархисты были маргиналами.

Отто фон Бисмарк (1815–1898) буквально оседлал Германию конца XIX в., как созданная по его проекту Германия оседлала остальную Европу. Он больше, чем кто бы то ни было, был архитектором того европейского порядка, который сложился после бурь 1848 г.: он вошел в политику именно в этом году, но революции этого года он презирал. Это был человек исключительных противоречий, как в личности, так и в политике. Грозный "Железный канцлер" в рейхстаге или на дипломатической встрече, он был в быту истериком, страдал бессонницей и, как стало известно недавно, морфинистом. По происхождению владетельный юнкер, буквально обрученный со своими поместьями в Шенгаузене и Варцине, он возглавил мощнейшую в Европе программу индустриализации. Старейший прусский консерватор и монархист, он презирал своего суверена, принял национализм либеральной оппозиции и дал Германии и всеобщее избирательное право, и социальное страхование. Победоносный милитарист, он очень подозрительно относился к плодам этих побед. Он стал героем так называемого объединения Германии, но предпочел сохранить Великую Германию разделенной. Секрет его успеха заключался в удивительном сочетании силы и сдержанности. Он выстраивал позицию силы, но обезоруживал противников тщательно продуманными уступками, так что они чувствовали облегчение и считали себя в безопасности. «Штыками можно добиться всего, — сказал он однажды, — но на них нельзя усидеть».

Тем не менее репутация Бисмарка небезупречна. Нельзя отрицать, что он был искусным политиком, но встает много вопросов о его морали и его намерениях. Германские патриоты и апологеты консерватизма считают, что он дал своей стране и своему континенту время беспримерной стабильности: стоит лишь посмотреть, какие конфликты вспыхнули после его падения, когда Вильгельм II «отверг верного советчика». Но для либералов он был и остается, по словам Исайи

Берлина, «великим и злобным человеком». Они считают его агрессором, который сознательно использовал войну как инструмент политики (и, что еще хуже, в этом преуспел), а также обманщиком, который вводил демократические формы только для того, чтобы сохранить недемократический истэблишмент Пруссии; он дубасил своих противников грубыми орудиями государственной власти: католиков — «культуркампфом», поляков — Комиссией по колонизации, социал-демократов — проскрипциями (объявлением вне закона). Он не стал бы этого отрицать. Он, без сомнения, верил, что небольшое хирургическое вмешательство или горькое лекарство в малых дозах вполне оправданы, если таким образом можно предупредить опасное заболевание. Редкий его поклонник левацких убеждений сказал так: «Историю современной Европы можно надписать именами трех титанов: Наполеона, Бисмарка и Ленина. Из этих трех… Бисмарк, возможно, сделал меньше зла»[60].

Европейское еврейство сыграло в Ново[е] время столь важную роль, что его история оказалась предметом всякого рода мифов [и] недоразумений, как сочувственных, так [и] враждебных. Впрочем, в основных чертах все ясно[.] После развала Польско-Литовского государства[,] единственного государства, которое было дл[я] евреев безопасным прибежищем в предыдущи[е] века, развитие пошло по трем близки[м] направлениям. Во-первых, евреи начали нову[ю] эпоху миграции. Во-вторых, они получили во все[й] полноте гражданские права в большинстве стра[н] Европы. И в-третьих, все больше евреев бунтовал[о] против традиционных ограничений, исходивши[х] от их собственного сообщества[61].

Еврейская миграция получила импульс, глав[ным] образом, после 1773 г. в результате раздел[ов] Польши. Евреи западных районов Польш[и] в Познани или Данциге, оказались гражданам[и] Пруссии и могли беспрепятственно ездить в Бер[лин], Бреслау и другие немецкие города. Евре[и] из Галиции, ставшие гражданами Австрии, нача[ли] потихоньку перебираться в другие провинци[и] Габсбургов, особенно в Буковину, Венгрию, Бо[гемию] и Моравию, а на следующем этапе — и [в] Вену. Евреи, жившие в бывшем Великом княже[стве] Литовском, или в восточной Польше, оказа[лись]

ись подданными Российской империи, где они
ыли обязаны законом селиться лишь в "черте
седлости". Но законы часто нарушаются; и в
ольших русских городах, особенно в Санкт-Пе-
ербурге, Москве, Киеве и Одессе, начали скла-
ываться новые, динамичные еврейские общины.
вреи-мигранты, покидая свои ультраконсерва-
ивные религиозные общины в исторической
ольше, подпадали под действие новых тенден-
ий: *даскалы*, или «еврейского просвещения»,
тремления к ассимиляции и светской еврейской
олитики.

Размах и темп еврейской миграции особенно
озрастают во второй половине XIX в. До некото-
ой степени эту миграцию можно объяснить воз-
осшим демографическим давлением, а также
ормальными процессами модернизации и индус-
риализации. Еврейское население Европы резко
величилось: с примерно 2 млн. в 1800 г. до при-
ерно 9 млн. в 1900 г. Но реальностью были и
реследования и, в еще большей степени, страх
реследований. При Александре III (правил в
881–1894 гг.) царское правительство стремилось
рого проводить законы "черты оседлости". В пос-
едовавшем затем бегстве евреев трудно уже было
личить мигрантов от беженцев. Сотни тысяч
вреев покинули Россию навсегда и отправились
Западную Европу и США. **[ПОГРОМ]**

Миграции евреев очень способствовало то, что
величилось количество европейских государств,
е евреи пользовались всеми гражданскими пра-
ми. Первым среди этих государств была рево-
юционная Франция, где 27 сентября 1791 г.
онвент предоставил гражданство всем евреям,
рисягнувшим в лояльности. Инициатива принад-
жала председателю Конвента аббату Грегуару
750–1831), который считал, что относиться к
реям как к равным есть христианский долг. Во
емя дебатов по этому вопросу маркиз де Клер-
н-Тоннер провел знаменитое различие: «Сле-
ет во всем отказать евреям как отдельному
роду, но предоставить им все как частным ли-
м»[62]. С этого времени законная эмансипация
реев становится неотъемлемой составляющей
ропейского либерализма и постепенно вводит-
повсюду, кроме Российской империи, еще на-
го сохранившей черту оседлости.

И все-таки эмансипация евреев была двусторон-
м процессом. Требовалось в корне изменить поведение и взгляды как общества, куда они вступали, так и самих евреев. Требовалось не только отказаться от тех ограничений, которые налагались
на евреев извне, но и от «внутреннего гетто» в головах самих евреев. Современные исследователи
антисемитизма часто упускают из вида собственные суровые изоляционистские законы евреев.
Соблюдающий все установления еврей не мог исправно исполнять 613 правил одежды, питания,
гигиены и богослужения, если он выбирал жизнь
вне собственной замкнутой общины; также были
строго запрещены браки с неевреями. Поскольку,
согласно законам иудаизма, евреем считается лишь
родившийся от матери-еврейки, то община ревни-
во охраняла своих женщин. От девушки, которая
решалась на брак с неевреем, обычно отрекалась
ее семья, и она объявлялась ритуально умершей.
Требовалась исключительная решимость, чтобы
выдержать это невероятное общественное давление.
И неудивительно, что евреи, отвергшие собственную религию, часто бросались в другую крайность,
включая атеизм и коммунизм.

Культурное движение гаскала, зародившееся
в Берлине, обычно связывается с именем Мозеса
(Моше) Мендельсона (1729–1786), ставшего
прототипом Натана Мудрого у Лессинга. Гаскала, естественно выросшая из Просвещения, которое в христианском мире уже прошло к тому
времени немалый путь, была направлена на то,
чтобы образование евреев не ограничивалось исключительно религиозным содержанием, на то,
чтобы дать евреям возможность жить в мире главных достижений общеевропейской культуры. Приверженцы гаскалы, которых называли «маскилим», то есть «понимающими людьми», обрели
последователей в штетлах (еврейских местечках)
на востоке, особенно в Галиции, где начали появляться еврейские светские школы с преподавани-
ем на немецком языке. Однако в 1816 г. раввин
из Львова наложил запрет на "маскилим", что об-
наруживало беспокойство ортодоксальных еврейских лидеров.

Со временем идеалы гаскалы выходят за рамки исключительно вопросов образования. Некоторые еврейские лидеры начинают высказываться
в пользу полномасштабной ассимиляции, чтобы
евреи могли в полной мере участвовать в общественной жизни. Представители этого направления ограничивали соблюдение иудейских обычаев

ПОГРОМ

В апреле 1881 г. в городе Елизаветграде на Украине произошел первый организованный погром. Это было первое открытое проявление ненависти в той волне насилия, которая накрыла в последующие три года еврейские общины Киева, Одессы, Варшавы и Нижнего Новгорода. Напуганные убийством Александра II, российские власти ничего не делали, чтобы удержать реакционные организации и городскую чернь от превращения евреев в козла отпущения. *Погром* — это старое русское слово, означающее облаву или расправу. Этим словом обозначали согласованное нападение одной этнической группы на другую. Жертвами погромов были самые разные группы населения, включая армян и татар. После 1881 г. этим словом стали называть только нападения на евреев.

Вторая волна погромов прокатилась в 1903–1906 гг. Официальная пропаганда старательно связывала евреев с революционерами. 45 человек погибло в Кишиневе (1903 г.), 300 — в Одессе (1905 г.) и 80 — в Белостоке. В целом по Империи в таких инцидентах погибло более 800 человек.

Третья волна в 1917–1921 гг. превзошла все ужасы предыдущих. Первая резня в Новгороде Северском была организована Красной Армией, которая бросила лозунг: «Бей буржуазию и евреев». Еще большую безжалостность обнаружили украинские националисты и русские белые части. В армии Деникина открыто выдвигался лозунг: «Бей жидов — спасай Россию!» 1700 человек было убито в Проскурове (1919 г.), 1500 — в Фастове (сентябрь 1919 г.) и 4000 — в Тетиеве. Количество жертв превышало 60000. Другой вопрос — в какой степени они стали жертвами гражданской войны в целом, а в какой — исключительно антисемитизма.

В ночь 22 октября/3 ноября 1918 г., сразу же после того, как польская армия отвоевала Львов (Лемберг) у украинцев, в нескольких районах города вспыхнули волнения: польские солдаты заявляли, что там в них стреляли. Последовала кровавая баня, и погибли 374 человека, из них 55 были евреями. Три миссии союзников не могли прийти к согласию относительно причин случившегося. Если большинство жертв были христианами, то мог ли быть в основе всего антисемитизм? Тем не менее, о *Лембергском погроме* много писали в прессе, а в послевоенных газетах частым становится заголовок *Погромы в Польше*. Ужаснейшие зверства совершались повсюду. И не последний раз Польша принимала на себя основной удар не доброй славы. [лычаков]

семьей и синагогой, так что в остальном евреи были неотличимы от своих сограждан-неевреев. Таким образом стремились к разрушению многочисленных традиционных запретов, создавая одновременно необходимость введения реформированного иудаизма — новой деноминации, которая и появилась в Германии в 1825 г. Этот реформированный иудаизм был призван примирить принципы еврейской религии с требованиями жизни в современном обществе; от его адептов не требовалось уже соблюдать правила и запреты во всей прежней полноте. Он стал нормой для большинства евреев Западной Европы и США, но не затронул громадное число традиционных еврейских общин Центральной и Восточной Европы.

В Западной Европе и в некоторых крупных центрах Восточной это сочетание послабления в законах и возраставшей ассимиляции евреев породило беспримерные возможности. Еврейские имена все чаще появляются в списках финансистов, юристов, врачей, писателей, ученых, деятелей культуры и политиков того времени. Это было время, когда, по словам одного из воспользовавшихся новыми возможностями, Зигмунда Фрейда «каждый прилежный еврейский школьник носит в своем ранце портфель министра». Важные этапы были пройдены в Великобритании, например, когда в 1841 г. Лондонский Сити избрал барона Лионеля де Ротшильда своим членом Парламента, а в 1868 г. Дизраэли стал первым евреем — премьер-министром в Европе.

Точнее, сам Бенжамин Дизраэли, граф Биконсфилд (1804–1881), внук иммигранта-сефарда Венеции, отнес бы себя к категории «бывших евреев». Крестившись со всей семьей в англиканской церкви, он навсегда порвал с иудаизмом, который, как сказал его отец, «отделяет евреев от великой семьи человечества в целом». Сам Д раэли признавался своим друзьям: «Да, я вскарабкался на верхушку натертого салом столба».

Карьера Дизраэли — яркая иллюстрация того, что ассимиляция ставила под угрозу самое существование еврейской общины. Если бы все евреи последовали его примеру, то вскоре бы они все стали "бывшими евреями". Так что с усилением миграции и ассимиляции возникает и серьезная реакция против них. При своем зарождении движение еврейских националистов (сионизм), принявшее сначала культурную форму, а позднее — политическую, было составной частью общеевропейского националистического движения; позднее сионизм стали подхлестывать особые проблемы собственно евреев. Культурный сионизм проявился прежде всего в движении за возрождение иврита, в результате которого иврит превратился из мертвого литургического языка в живой язык современной литературы и политического общения. У истоков этого движения стояли сатирик из Галиции Иосиф Перл (1774–1839), филолог Ицхак Бер Левинзон (1788–1860) из Кременца, историк Нахман Крохмаль (1785–1840) из Тарнополя и поэт Лейб Гордон (1831–1892) из Вильно, автор «Народ мой, пробудись». Таким образом были заложены основы течения светской еврейской культуры, которая столетие спустя была воспринята в Израиле; но в Европе она не пользовалась сколько-нибудь заметным влиянием.

Оппозиционное возрождение языка идиш началось несколько позднее. В 1897 г. 90% евреев в «черте оседлости» и Галиции все еще говорили на идиш как на своем родном языке. Хасиды широко пользовались также и письменным идишем, но только для религиозных целей. В начале следующего века за идиш с древнееврейским алфавитом выступали деятели, которые противостояли и сионизму, и ассимиляционному образованию на польском, русском или немецком языках. В течение 40–50 лет этот язык служил быстро росшей публицистике и яркой беллетристике, а также развитию светского школьного образования, которое в особенности поддерживалось Бундом. Этот язык прославили Ицхак Лейб Перец (1852–1915) из Замостья и Ицхак Башевис-Зингер (1904–1992); оба начали свою деятельность как польские писатели.

Политический сионизм отличался от других проявлений национализма в Европе, главным образом тем, что священная земля народа располагалась вне Европы. В остальном сионизму были присущи все главные черты других национальных движений его времени: у него была преданная элита лидеров-мечтателей, сложная идеология, основанная на националистическом толковании истории и культуры, широкий спектр политических воззрений, основная масса ведомых, которых еще требовалось убеждать, полный набор врагов и, при зарождении, никаких видимых шансов на успех. Сионизм начинается в 1860-е гг. с первых попыток послать еврейских колонистов в Палестину. Одна из первых ассоциаций колонистов «Хововей-Цион» («Любящие Сион») получила в 1882 г. финансовую поддержку от барона Эдмунда де Ротшильда. Первый съезд прошел два года спустя в прусском городке Катовице в Силезии; объединенная Всемирная сионистская организация (ВСО) была создана на конгрессе в Базеле в Швейцарии в 1897 г. Отцы-основатели этого движения были в основном независимо мыслящими польскими раввинами, как Рабби Цви-Гирш Калишер (1795–1874) из Торуня или Рабби Шмуэль Могилевер (1824–1898) из Белостока. Однако руководство ВСО принадлежало светским деятелям во главе с журналистом из Будапешта Теодором Герцлем (1860–1904), а позднее — Давидом Вольфсоном (1856–1914), банкиром из Кёльна и Хаимом Вейцманом (1874–1952), ученым-химиком, который работал в Манчестере. Идеология сионизма появляется впервые в книге Крохмаля «Путеводитель для заблудших в наше время» (1851 г.), но убедительное обоснование она получила в трактате «Самоэмансипация» (1882 г.) Льва Пинскера, врача из Одессы, и в книге Герцля «Еврейское государство» (1896 г.).

С самого начала глубокие различия отделяли религиозное направление сионизма — мицрахи («духовный центр»), от преобладавших светски настроенных националистов. Кардинальные различия отделяли также социалистическое крыло, опиравшееся на «Поалей-Цион» («Работники Сиона») — партию Давида Грюна, или Бен-Гуриона (1886–1973), который родился в Плоцке на Висле, от радикальных еврейских националистов, которые затем оформились в сионистско-ревизионистскую группу Владимира Жаботинского (1880–1940). Лишь одна общая идея связывала эти два крыла: жизнь в Европе становилась для евреев все более и более невыносимой. Впрочем, до времени будущее сионизма зависело от трех весьма неопределенных факторов: менявшегося уровня антисемитизма, радикализации еврейских масс Восточной Европы и переговоров о подходящем участке земли. Ни один сионист еще не мечтал о скором разрешении вопроса возвращения евреев. Переговоры о приобретении "родной земли" сионистами пока не давали никаких результатов. Ничего не дали встречи Герцля с турецким султаном в 1901−1902 гг.; а предложение, сделанное в 1903 г. Британией, о предоставлении евреям земли в кенийских горах Восточной Африки вообще раскололо Всемирную сионистскую организацию сверху донизу. В связи с этими последними событиями усилилось убеждение, что сионистская мечта неотделима от исторической *Земли Израиля* в Палестине. Впрочем, на этом направлении не было никакого прогресса до завоевания британцами Иерусалима в 1916 г. и последовавшей затем декларации Бальфура.

Антисемитизм в смысле «ненависти к евреям» был эндемическим заболеванием Европы на протяжении всей ее истории. Считается, что у антисемитизма есть религиозные, экономические, социальные и культурные причины. Но по преимуществу это порочный психологический синдром, при котором стереотипирование евреев предшествует обвинениям их в заговорах и изменах. Антисемитизм превратил сообщество евреев в главного козла отпущения за всякого рода неприятности. Угольки антисемитизма всегда тлели, то разгораясь ярким пламенем, то затухая, причем закономерность этих перемен трудно определима. В конце XIX в., однако, они не на шутку разгорелись вследствие усилившейся миграции населения, когда множество европейцев впервые вступили в непосредственный контакт с евреями; вследствие общего ухудшения социальных условий, особенно в разраставшихся городах; а также в связи с общим подъемом националистических настроений, что делало людей менее терпимыми к этническим и культурным различиям. Антисемитизм вышел на поверхность в русских погромах, в деле Дрейфуса во Франции и в омерзительной фальшивке — "Протоколах сионских мудрецов»[63].

Либералы, однако, считали, что терпимость и образование уничтожат эти трения. Хорошо интегрировавшиеся еврейские общины вроде Англо-еврейской ассоциации в Лондоне осуждали то, что им представлялось желанием сионистов преувеличивать антисемитизм для достижения собственных политических целей. В 1911 г. в «*Британской энциклопедии*», например, была выражена точка зрения, что «по мере того как будет исчезать антисемитизм, исчезнет и еврейский национализм»[64]. Нельзя было ошибиться сильнее. И антисемитизму, и еврейскому национализму предстояло только возрастать. Причем до такой степени, что они друг другом питались. Чего нельзя было предсказать, так это того, что антисемитизм, широко распространенный в России, Польше и Украине, где евреи были многочисленны, примет особенно жуткую форму в Германии и Австрии, где евреев было сравнительно немного.

Радикальная еврейская политика процветала, главным образом, среди еврейства на востоке. Сионизм был лишь одним из течений. Множество последователей из евреев или, скорее, из «бывших евреев» рекрутировал себе революционный коммунизм, отрицавший все формы национализма, включая сионизм. Эти люди составили важный сегмент революционного движения, будучи теми, кого один из них же называл «нееврейскими евреями»[65]. Всеобщий еврейский рабочий союз, или Бунд, ставивший своей целью улучшить условия жизни евреев в тех обществах, где они реально жили, противостоял и сионистам, и коммунистам.

Остается неразрешимой загадка, почему же европейское еврейство внесло такой громадный вклад во все направления европейской культуры и в другие достижения. Такая особенность рассматриваемого периода вызывает и зависть, и восхищение, она породила множество разнообразных спекуляций. Удаль евреев, без сомнения, задевает за живое последних защитников христианской европейской цивилизации, а также тех, кто в успехе «безродных космополитов» и «чужаков» видит себе угрозу. В ретроспективе, однако, мы имеем основания связать этот успех евреев с особым их психологическим складом, поскольку им приходилось упорно преодолевать и отторжение со стороны заминутых еврейских общин, оставленных ими, и подозрительность в основном христианского общества, где они стремились быть принятыми. Несомненно, здесь имела значение и особая тяга, страсть евреев к образованию, коренившаяся в традиции изучения Торы, но с лег-

...остью направляемая также на изучение иностранных языков, на получение юридической квалификации или на научную карьеру. Это связано также с расширением границ знаний и совершенствованием коммуникаций, так что люди с интернациональными связями имели преимущества перед своими доморощенными конкурентами. Для талантливых личностей некоторая незащищенность могла даже оказаться преимуществом. [E=MC²]

[ВЕНСКОЕ ЕВРЕЙСТВО]

Большинство евреев, конечно, не процветало и не прославилось. Статистически большая часть европейского еврейства в начале XX в. оставалась тем же, чем была и за сто лет до этого — рассеянной массой бедных, ультрарелигиозных сельских общин, живших друг к другу в вековом застое бывших польских провинций. Во многих отношениях внешне они были больше похожи на таких же бедных и религиозных местных крестьян, среди которых они обитали, чем на своих детей, уехавших на Запад. В отношении этих подавленных и притесняемых *Ostjuden* («евреев с востока») существовало множество предубеждений не только у местных жителей, но и у их же собратьев-евреев, которые добились успеха в Германии или Австрии и совершенно забыли старый еврейский мир[66].

Европейский империализм в конце XIX в. по нескольким параметрам отличался от своей более ранней формы. Он участвовал во всемирной драке за последние оставшиеся страны, подходящие для эксплуатации. Уже стало очевидным, что мировые ресурсы ограничены: государства, создавшие колониальные империи, быстро заняли стабильное и преимущественное положение; те же государства, которые задержались, могли быть навсегда исключены из «высшей лиги». В течение двух десятилетий после 1875 г. свыше четверти поверхности суши было захвачено полудюжиной европейских держав. Колонии представлялись неотъемлемой частью передовой индустриальной экономики. Поставка из колоний сырья, дешевой рабочей силы и полуфабрикатов рассматривались как способ увеличивать доходы метрополии. Произошел не только количественный, но и качественный скачок в интенсивности эксплуатации. На взгляд некоторых аналитиков, в том числе марксистов, растущая борьба за ресурсы колоний должна была привести к международному конфликту.

Труд Ленина «Империализм как высшая и последняя стадия капитализма» (1916 г.) был типичным образчиком этого образа мыслей.

Политический и экономический империализм сопровождался целенаправленной культурной миссией — *европеизировать* колонии по образцу метрополий. В этом движении важную часть составляли христианские миссионеры, хотя они редко были прямо связаны с политическими или коммерческими структурами. В отличие от своих предшественников, например, испанских миссионеров в Америке, новые миссионеры ставили перед собой более широкие задачи, неся с собой в колонии медицинскую помощь, светское образование, административные реформы и технические новшества.

Империалистические державы стремились эксплуатировать также и военные ресурсы колоний. Появлявшиеся в Европе колониальные полки представляли собой такое же диковинное зрелище, какое некогда представляли европейские наемники в заморских странах.

К тому времени карта мира уже в значительной степени определилась, так что у европейских империалистов сильно сократились возможные цели. Америка уже успела миновать колониальную стадию, большая часть Азии была покорена еще раньше, так что к 1880-м гг. оставались только Африка, Индокитай, Китай и тихоокеанские острова.

Между различными типами колоний были важные различия. Великобритания удерживала величайшую из империй при помощи минимальной военной силы. Она по-прежнему полагалась на местных правителей и местные войска. В Дели было меньше британских чиновников, которые управляли населением Индии в 400 млн. чел., чем в Праге — австрийских чиновников. Все крупные территории, где в больших количествах осели британские иммигранты, получили статус самоуправляющихся доминионов: Канада — в 1867 г., Австралия — в 1901 г., Новая Зеландия и Ньюфаундленд — в 1907 г., Южная Африка — в 1910 г. Франция же проводила политику большей интеграции. Алжирский и тунисский департаменты были административно объединены с французской метрополией. Официально поощрялась французская эмиграция в Северную Африку, особенно жителей Эльзас-Лотарингии, перемещенных в ре-

ВЕНСКОЕ ЕВРЕЙСТВО

С 1848 г. по 1914 г. население Вены увеличилось в пять раз и достигло почти 2 млн., а еврейское население Вены увеличилось в 35 раз (с 5000 до 175000). Если в 1848 г. евреи составляли 1% населения Вены, то в 1914 г. — уже 9%.

Евреи бежали в свое время в Вену преимущественно из Богемии и Галиции, желая порвать с традиционным образом жизни евреев и получить современное светское образование. Вот почему было так много евреев в школах, университетах и профессиональных корпорациях Вены. Это явление достигло высшей точки в 1881–1886 гг., когда евреи составляли 33% всех учащихся. В 1914 г. евреев было 26% среди студентов-юристов и 41% — среди студентов-медиков. Их было 43% (1910 г.) среди педагогов. К 1936 г. 62% юристов и 47% врачей Вены составляли евреи.

Впрочем, дело не в только количестве. Благодаря этим особым обстоятельствам, то есть росту их доли и положения в свободных профессиях, венские евреи стали оплотом буржуазии. Именно они были главными патронами и активными деятелями в таких сферах благотворительности, как образовательная, культурная и художественная. Будучи преимущественно иммигрантским меньшинством, они боролись за равные права, так что стали становым хребтом либеральной политики и социалистического движения. Как люди, которые в той или иной степени отказались от собственной культуры, они были особенно расположены ко всему новейшему, новаторскому в мире культуры. Их опыт пригодился при последующей волне эмиграции евреев в Америку. «Около 1900 года венские евреи были только одной из ведущих сил европейского авангарда. Но именно евреи превратили Вену в то, чем она стала в новейшей культуре».

Вот имена, которые наглядно дают понять всю глубину и разнообразие талантов евреев:

Музыка: Малер, Шёнберг, Корнгольд — композиторы; австрийский историк музыки Гвидо Адлер; С. Зульцер — композитор, автор духовной музыки; Эдуард Ганслик — музыкальный критик; скрипач И. Иоахим.

Философия: Теодор Гомперц, Л. Витгенштейн и *Венский кружок:* Ф. Франк, О. Нейрат, Х. Хан.

Право: И. Глазер, Иосиф Унгер — юристы; Э. Штейнбах и И. Офнер — специалисты в области социального законодательства; А. Лёффлер, С. Тюркель — криминологи.

Медицина: Цукерхандль - анатом; Шенк - эмбриолог; Штейнох — физиолог; Грубер — гигиенист; Ландштейнер — гематолог; фон Баш — патолог; Пик — фармаколог; Бенедикт — невропатолог; Карплюс — невролог; Фрейд и Адлер — психотерапевты; Кассовиц — педиатр; Клейн — офтальмолог; Мендель — хирург; Гальбан — гинеколог; Нойбургер — историк медицины.

Литература: А. Шницлер, Й. Рот, Стефан Цвейг, Р. Беер-Гофман, М. Герцфельд — писатели; М. Сцепс, М. Бенедикт, Т. Герцль, Ф. Аустерлиц — издатели и журналисты; Карл Краус — критик.

Политика: Н. Бирнбаум — борец за еврейскую автономию; Т. Герцль — сионист; Жозефина фон Вертхеймштейн - хозяйка либерального салона; Евгения Шварцбах — реформатор образования.

Отношение венских евреев к иудаизму было непростым. Сильная религиозная группа поддерживала синагоги города с их прямым и честным главным раввином Морицем Гюдеманном (1835–1918). Были также сефардские и хасидские общины. И, тем не менее, многие, кого считали евреями, на самом деле считали себя скорее *бывшими евреями*. Малер был одним из многих, кто обратился в католичество. Фрейд принадлежал к тем, кто отвергал всякую религию. «Я с радостью и гордостью признаю себя евреем, — писал он, — хотя мое отношение к любой религии — критическое и негативное».

Напомним, что евреи не были ни единственной, ни самой многочисленной группой иммигрантов в Вене. Вена приняла больше славян и венгров, чем евреев, причем многие из них стояли на низшей ступени общественной лестницы. Не следует отделять австрийский антисемитизм от ксенофобии вообще, поскольку он был ее частью. Как это продемонстрировал самый известный антисемит из Вены Адольф Гитлер, ненависть к евреям сопровождалась, а часто и смешивалась с презрением к славянам. Параноидальная идея *еврейского большевизма* имеет глубокие венские корни.

Впрочем, предрассудки были и у евреев. Так, евреи Запада были склонны смотреть свысока на евреев Востока: «Евреи из Франкфурта презирают евреев из Берлина; берлинские евреи презирают венских; а венские — варшавских». Все же они вместе склонны смотреть свысока на галицийских евреев, — «стоящих ниже всех».

Даже главный раввин мог высказывать сомнительные вещи. Отвечая на письмо некой католической дамы, которая просила прочесть ее брошюру об антисемитизме, он писал в духе психоаналитиков. Между прочим, он утверждал, что «христианство оказывается в незавидной роли гермафродита»: «Христианин склоняет колена перед образом еврея, за-

ламывает руки перед образом еврейки, христианские апостолы, праздники и псалмы — все еврейские. Большинство освобождается от [этого противоречия] посредством антисемитизма. Вынужденные почитать евреев как Бога, они в отместку считают всех остальных евреев дьяволами... Вы можете сказать, мадам, что арийцы освободили, эмансипировали евреев. Это не так. Арийцы сами освободились от средневековья. Таково спокойное и постепенное влияние еврейской Библии на человечество».

Главный раввин заявлял: «Иудаизм велит мне любить и уважать всех людей».

Горько-сладкий климат Вены смешал желчную злобу с весельем. Императору приходилось поддерживать равновесие. Когда откровенно антиеврейский политик Карл Люгер был избран бургомистром в 1897 г., Франц Иосиф отказался утвердить его. Уступив после двух дней раздумий, он все же принял кандидатуру Люгера - и одновременно наградил медалью главного раввина Гюдеманна.

зультате франко-прусской войны. Эта традиция централизации была ближе к русской, чем к английской. Это породило величайшие трудности, когда пришло время рвать эти связи.

Африка — «Черный континент» — на удивление долго хранила географические тайны. На северном побережье европейские колонии располагались с древности. Но истоки Нила, который орошал земли фараонов, не были точно установлены вплоть до 1888 г. Исследователи-миссионеры вроде Давида Ливингстона еще в 1870-е годы могли теряться на годы. Вопреки убеждению европейцев, в Африке хватало и организованных правительств и упорядоченных религий; громадное разнообразие бытовавших здесь языков и культур опровергало представление, будто все африканцы — дикари из каменного века. Однако схватка за Африку происходила именно в соответствии с убеждением, что тамошняя земля и люди только и ждут того, чтобы быть завоеванными. Причем разница военной техники европейцев и африканцев была столь велика, что даже сильные царства Западной Африки сопротивлялись не больше, чем ацтеки или инки. Из местных империй только Абиссиния сохранила свою независимость, возможно, потому, что придерживалась коптского христианства.

В Китае была не только древнейшая в мире цивилизация, но также император, которого признавали европейски правительства. Формальная колонизация африканского типа была здесь не-

возможна; поэтому здесь практиковались аренда территорий и торговля концессиями. Европейцы так ценили китайское имперское правительство, что в 1901 г. оно стало объектом соединенного европейского протектората. Этот унизительный эпизод стал тем толчком, который через 10 лет привел к созданию националистической Китайской республики и началу новой истории Китая. [БОКСЕРЫ]

Соседняя с Китаем Япония до 1855 г. была совершенно закрыта для влияния извне. Несмотря на это, Япония настолько изучила самую суть европейских методов, что за короткое время создала собственную колониальную систему сначала в Корее, а затем в китайской Маньчжурии. Полное поражение, которое Япония нанесла России в войне 1904−1905 гг. на суше и на море, стало в свое время сенсацией и покончило со многими излюбленными заблуждениями Европы.

Тихоокеанские острова оставались нетронутыми дольше всех, но на последнем этапе истории империализма Германия захватила Западное Самоа (1898 г.), США — Гавайи (1900 г.), а на Новых Гибридах был установлен англо-французский кондоминиум (1906 г.).

Однако при том, что европейский империализм — через «европеизацию» снабдил современный мир мощнейшим механизмом созидания, он оказал на саму Европу многообразное влияние и стал для нее источником многих потрясений. Он

БОКСЕРЫ

Около двух часов пополудни 14 августа 1900 г. части международных вооруженных сил пробились в Пекин после десятидневного перехода из Тяньцзиня. Они сняли осаду с обнесенного баррикадами квартала для иностранцев в Пекине, который был в течение 8 недель отрезан от мира.

Китай в сумеречные годы вдовствующей императрицы был охвачен боксерским восстанием — ксенофобным движением, стремившимся изгнать из страны всех «заморских дьяволов» и их дьявольские дела. Боксеры, получившие свое имя по китайской их эмблеме — «кулак добродетельной гармонии», приходили в гнев от всего европейского, будь то железные дороги или христианство. Они считали, что иностранные посланники оказывают очень плохое влияние на их собственное правительство. В своих попытках изгнать иностранцев боксеры не останавливались перед убийством европейских миссионеров и дипломатов,

массовым истреблением китайских христиан; они даже сожгли дотла большую часть старого города. Боксерам помогала, по крайней мере, часть императорских чиновников, бывших с ними в тайном сговоре, а затем к ним присоединились и регулярные войска.

Китайская экспедиция 1900-го года была уникальным событием европейской истории, потому что она ненадолго соединила в общем предприятии все державы. Войска Германии, Японии, Англии, США, Франции, Италии, Австро-Венгрии и России прилагали совместные усилия, чтобы справиться с общей угрозой. Оборона иностранного квартала была организована морскими пехотинцами разных национальностей под руководством британского посла сэра Клода Макдональда. Группу освобождения численностью в 20000 человек возглавил генерал сэр Альфред Гейзли; она состояла из русских, американцев, японцев и бригады индийской армии. В конце

сентября прибыло регулярное экспедиционное соединение немецких войск (20000) под командованием фельдмаршала графа фон Вальдзее, но очень быстро оно было отозвано.

Но солидарность европейцев исчезла, как только исчезла непосредственная опасность. Германия и Италия настаивали на таких репарациях, которые значительно превосходили требования их партнеров. Россия отказалась принимать участие в преследованиях тех китайцев, которые были ответственны за массовую резню, тем более, что русские войска, захватившие контроль над Маньчжурией, сами осуществляли широкомасштабные расправы. Великобритания и Германия интерпретировали окончательную конвенцию совершенно по-разному. Не в первый и не в последний раз все участники продемонстрировали, что европейское единство, — если оно вообще существует, — не более чем мимолетный эпизод.

разделил европейские народы на те, которые оказались «imperiumgültig» («заслуживающими статуса империи»), и те, которые этого не заслуживали. Таким образом, прибавился новый показатель в старой классификации «исторических» и «неисторических» народов. Империализм заметно подстегнул экономику, а следовательно, и военный потенциал тех стран, которые приобрели империи; стратегический баланс нарушился в пользу Западной Европы. Европа лучше и ближе узнала не только неевропейские культуры, но и экзотические «колониальные товары». В не-которых случаях, как в Великобритании, например, благодаря империализму Тибет или Бечуаналенд стали известны людям лучше, чем их европейские соседи. Однако одновременно усилились европейские религиозные, националь-

ные и расовые предрассудки, возникали новые барьеры, которые сохранялись, пока сохранялись сами империи. Такие предрассудки заходили иногда очень далеко: так, в 1904 г. город Гамбург выставил группу женщин Самоа в вольере местного зоопарка[67].

Как и предсказывали пессимисты, на рубеже веков начались колониальные конфликты. В 1898 г. Англия и Франция чуть не перешли к рукопашной, когда их экспедиционные силы столкнулись лицом к лицу в Фашоде в Судане. В 1899−1902 гг. война Британии против двух бурских республик в Южной Африке осложнилась тем, что Германия поддерживала буров. В 1906 г. и затем в 1911 г. французы пытаются захватить контроль над Марокко и этим провоцируют немцев на активные протесты. Впрочем, ни в одном случае колонильное соперничество не переросло в тотальную войну. Хотя, конечно, общая масса обид и недовольств возрастала; но обычно их можно было разрешить той или иной формой «политики открытых дверей» для коммерческих интересов, какая была принята и в Китае, и в Марокко.

Морская мощь была ключом к успеху империалистической политики. Военные корабли контролировали коммерческие интересы по всему миру в такой степени, в какой никогда не могли этого сделать сухопутные армии. (Классический труд «Влияние морской мощи на историю в 1660-1783 гг.» (1890 г.) был написан адмиралом США Альфредом Тайером Мэхэном.) Этот вопрос вышел на первый план в 1898 г. В этом году во время испано-американской войны флот США лишил Испанию еще остававшихся у нее колоний от Кубы до Филиппин. В то же самое время военный министр Германии фон Тирпиц принимает стратегическое решение — целую программу строительства кораблей, с тем чтобы бросить вызов британскому флоту суперлинкоров. Началась гонка вооружений.

Великолепным "зверем" была Российская империя последнего периода. Явные ее слабости компенсировались, по видимости, неистощимыми запасами сил и энергии. Давно уже о ней было сказано (Алексисом де Токвилем и другими), что только Россия сможет в будущем бросить вызов США. У России была самая большая на планете консолидированная территория государства, самое многочисленное население в Европе и крупнейшая в мире армия. Для Европы она была главным экспортером сельскохозяйственной продукции и, при ее сказочных ресурсах полезных ископаемых, главным реципиентом внешних инвестиций. В культурном отношении Россия только что взошла сияющей звездой на небосводе Европы. Русский язык, прежде имевший ограниченную литературную традицию, неожиданно возмужал и расцвел. Пушкин, Лермонтов, Толстой, Достоевский и Чехов должны быть причислены к гигантам мировой литературы. Благодаря творчеству Мусоргского, Чайковского, Римского-Корсакова, русская музыка стала непревзойденной. *Русский балет* и театральная школа Станиславского стали ведущими в своих областях. Социальной основой России, однако, по-прежнему было отсталое крестьянское общество бывших крепостных. Но многие из этих крестьян, впрочем, делали успехи; ни в одной другой стране крестьянский вопрос не приобретал такой остроты. Аграрные реформы П А. Столыпина (1906–1911 гг.) предоставили крестьянам мобильность и средства для покупки земли. В глазах европейцев российская отсталость маскировалась блеском царского двора, а также громадным потоком русских аристократов, купцов, артистов и профессоров, которые полностью интегрировались в жизнь Европы во всех ее аспектах. Считалось, что политически Россия сделала серьезный шаг вперед по пути либерального прогресса после 1905 г.; национальная проблема была не так заметна широкой публике. Больше всего недоставало стабильности, и побочные эффекты внешних войн постоянно провоцировали внутренние кризисы. Для того, чтобы Россия могла реализовать свой громадный потенциал, ей нужен был бесконечно долгий мир в Европе. [ЧЕРНОБЫЛЬ]

Германская империя в конце своего существования чувствовала себя особенно обманутой в ее империалистических ожиданиях. Во многих отношениях это было образцовое государство XIX в. — современное, научное, национальное, преуспевающее и сильное. Но его сравнивали с великолепной машиной с одной расшатанной деталью — машиной, которая начала вибрировать, перегреваться и, наконец, взорвавшись, разрушила и всю фабрику. При Вильгельме II (правил в 1888–1918 гг.), сухая рука которого, казалось, характерным образом указывала на недостатки его государства, Германия приобрела надменный и заносчивый облик. Индустриализация в Германии осуществилась позднее, чем в Великобритании и Франции. Политическое объединение произошло лишь около 1871 года. В результате Германская колониальная империя не имела тех масштабов, на которые претендовала гордая Германия. Германские идеи *Lebensräum* — «жизненного пространства», впервые оформились в связи с ее скромными колониальными владениями. Объективно же, обиды Германии были скорее воображаемыми, чем реальными: она настолько глубоко проникла в экономику прилегающих к ней районов Восточной Европы, что это с лихвой возмещало недостаток колоний. И, тем не менее, психологически чувство обиды было глубоким. Кайзер же и его двор не считали, что Германия сможет занять до-

ЧЕРНОБЫЛЬ

«ЧЕРНОБЫЛЬ. Маленький город на реке Припять на Украине, примерно в 20 верстах от слияния ее с Днепром и в 120 верстах от Киева. Население — 6483; православных — 2160; старообрядцев — 566; католиков — 84; евреев 3683. Местный феодальный замок, собственность графа Владислава Ходкевича, стоит в живописном месте на холме с видом на три реки. Городское население живет речной торговлей, рыболовством и выращивает лук».

Приведенный отрывок взят из польского *Географического словаря,* опубликованного в 1880 г., название которого должно было обмануть царских цензоров. В словаре были указаны все города и деревни, когда-либо входившие в Речь Посполитую. Чернобыль был типичным городом на громадных территориях, некогда принадлежавших Польше, но ставших позднее частью Российской империи и Советского Союза. Еврейское население называло такие городки своими *shtetl* — *местечками.* Веками там жили рядом польские землевладельцы, еврейское городское население и крестьяне-рутены.

Впервые Чернобыль появляется в документе 1193 г., где он представлен как охотничье угодье князя [Рюрика II - *перев.*] Ростиславича. Через некоторое время он входит в состав Великого княжества Литовского, где становится деревней, принадлежавшей короне. Замок был построен для защиты от набегов татар. В 1566 г., за три года до того, как украинские провинции Великого княжества были переданы Польскому королевству, Чернобыль был отдан вечное владение ротмистру королевской кавалерии Филону Кмите, который впоследствии

именовал себя Кмита Чернобыльский. Со временем Чернобыль в результате заключенных браков перешел к Сапегам , а в 1703 г. — к роду Ходкевичей. После второго раздела Польши в 1793 г. был аннексирован Российской империей.

У Чернобыля очень богатая религиозная история. Еврейская община, которая со временем стала составлять там абсолютное большинство, была, возможно, завезена Филоном Кмитой в качестве арендаторов во время польской колонизации. Позднее среди них были не только ортодоксальные евреи, но и хасиды. Местные крестьяне-рутены после 1596 г. в массе своей обратились в греко-католическое вероисповедание (униатство), но позднее царские чиновники стали принуждать их переходить в православие. На взлете контрреформации Лукаш Сапега основал здесь в 1626 г. доминиканскую церковь и монастырь. В те времена Чернобыль был настоящим прибежищем веротерпимости. Здесь имелась группа старокатоликов, не принявших постановлений Тридентского собора, а в XVII в. появляются раскольники, или староверы, из России. Все они избежали ужасов восстания Хмельницкого в 1648-1654 гг. и очередного бунта в 1768-1769 гг., когда один из предводителей восставших, Бондаренко, был схвачен и жестоко казнен гусарами Ходкевича. Царские чиновники секвестровали доминиканский монастырь в 1832 г. и церковь раскольников — в 1852 г.

С 1880 г. Чернобыль пережил многие повороты судьбы. В 1915 г. он был оккупирован немцами, а в последовавшей затем гражданской войне пере-

ходил то к большевикам, то к белым, то к украинским националистам. В польско-советской войне 1919-1920 гг. он был сначала занят польской армией, а потом красной конницей. С 1921 г. он входит в состав Украинской ССР и переживает массовые истребления сталинской коллективизации и искусственно вызванного голода. Польское население было депортировано во время пограничных чисток в 1936 г. Евреи были истреблены нацистами во время немецкой оккупации 1941-1944 гг. Спустя 20 лет после окончания войны здесь определили место для строительства одной из первых советских атомных станций. С 1991 г. Чернобыль относится к Республике Украина. [ЖАТВА] [КОНАРМИЯ]

Ни одного из этих фактов не найти в *Большой советской энциклопедии.* В шести строках в ней упоминается лишь районный центр Украинской ССР, где имеется литейное производство, сыроваренный завод, судоремонтная верфь, художественная мастерская и медицинское училище.

Название *Чернобыль* восходит к славянскому названию полыни *(artemisia),* которой много в окрестностях. В Библии *полынь* выступает как синоним *гнева Божия*: «...и упала с неба большая звезда, горящая подобно светильнику, и пала на третью часть рек и на источники вод. Имя сей звезде полынь; и третья часть вод сделалась полынью, и многие из людей умерли от вод, потому что они стали горьки».

Для всякого, кто безоговорочно принимает слова Откровения, взрыв в Чернобыле 26 апреля 1986 г., без сомнения, был проявлением гнева Божьего.

нирующее положение в политике и экономике .вропы мирным путем. [**Е=мс²**]

Модернизм. Беспокойной политической жиз- и Европы соответствовали разные культурные ечения *«fin de siécle»* — «конца века», которые асто обобщенно называют термином «модернизм». Модернизм целой серией фундаментальных изме- ений порывал с традицией в масштабах, кото- ые не укладывались в обычные приливы и отливы нтеллектуальной моды. Как напишет один кри- ик: «Открыто отвергается цель, к которой Евро-

па шла пять столетий»[68]. Это течение затронуло все виды искусства, и теоретики часто сопостав- ляют его с другими фундаментальными измене- ниями того периода, в особенности с психологией Фрейда, теорией относительности Эйнштейна, антропологией Фрэзера и даже с политикой анар- хистов. Было ли искусство этого времени пря- мым отражением политической и социальной напряженности или нет, но, без сомнения, оно было пронизано глубоким ощущением *malaise* (дурнота, тревога, скверное предчувствие) [**АРИ- ЦИЯ**] [**ЗВУК**]

$E=MC^2$

28 января 1896 г. герман- ское министерство внутренних дел удовлетворило необычное прошение об отказе от граж- данства. Прошение было пода- но жителем Швейцарии, кото- рому было всего 16 лет. Он про- валился на вступительных экза- менах в Политехникум в Цюри- хе и учился в кантональной шко- ле Аргау. Родившийся в Ульме и проведший детство в Мюнхе- не, этот студент-эмигрант не- навидел строгие порядки не- мецких школ. Он невзлюбил начальную католическую школу, куда его отдали, и рано поки- нул гимназию. Он чувствовал себя неуверенно, когда его се- мья переехала в Милан. Подоб- но другим молодым *бывшим евреям*, он был настроен анти- религиозно, пацифистски, и его привлекал радикальный социа- лизм. Его единственным талан- том был талант математика.

Принятый, наконец, в Поли- техникум, Альберт Эйнштейн (1879–1955) прогуливал лек- ции, но ставил в лаборатории собственные опыты по электро- динамике. Он был дружен с Фридрихом Адлером, который позднее совершил покушение на австрийского премьер-мини- стра в Вене. Затем он работа- ет в швейцарском патентном

бюро в Берне (1901¬1905 гг.), продолжая ломать голову над теоретическими выводами, следующими из работ Максвел- ла, Герца и Маха.

Говоря, что одержимость Эйнштейна относительностью времени и пространства подо- гревалась его ежедневными поездками в трамвае вдоль ули- цы Крамгассе в Берне, во вре- мя которых он воображал, что мчится к башне с часами со скоростью света. Допуская, что световые волны, отражающие его образ, мчатся с той же ско- ростью, он годами мучился воп- росом, мог ли он увидеть себя в зеркальце вожатого. Во вся- ком случае, в принципе *отно- сительности понятия одновре- менности* выражается его понимание того, что природа не знает мгновенных взаимодей- ствий на расстоянии. И если скорость света абсолютна (около 300 000 км/с), то отрез- ки времени и пространства — относительны. В 1905 г. в *Anna- len der Physik* он опубликовал статью «Зависит ли инерция тела от содержащейся в нем энергии?». В этой статье впер- вые появилась формула, которой предстояло перевер- нуть мир классической физики и заложить основания ядерного

века. В этой формуле (e = mc²) *e* = энергия, *m* = масса, а с = скорость света.

Позднее в дополнение к этой *частной теории относи- тельности* Эйнштейн разработал *общую теорию относительнос- ти* (1916 г.), которая дополнила теорию гравитации Ньютона.

Сам Эйнштейн в 1914 г. пе- решел в *Институт кайзера Ви- льгельма* в Берлине, а в 1921 г. получил Нобелевскую премию.

До того как его теории были признаны, Эйнштейн, бывало, говорил: «Если общая теория относительности окажется вер- ной, то немцы будут называть меня немцем, швейцарцы — швейцарцем, а французы — ве- ликим ученым. Если общая те- ория относительности окажет- ся неверной, то французы ста- нут называть меня швейцарцем, швейцарцы назовут меня нем- цем, а немцы назовут меня ев- реем» [эти слова приводятся в разных вариантах - перев.].

В 1933 г., когда Эйнштейн пытался укрыться от нацистов в Париже, *Коллеж де Франс* отказался принять его на рабо- ту на том основании, что у него было германское гражданство, в результате он уехал в США. Европа потеряла свой самый блестящий ум.

Блистательный и неуравновешенный немец Фридрих Вильгельм Ницше (1844–1900), профессор университета в Базеле, сформулировал многие наиболее шокирующие идеи своей эпохи. Однажды он сравнил философа с «динамитной шашкой», а в своих трудах «Так говорил Заратустра» (1883–1884 гг.), «Генеалогия морали» (1887 г.), «Сумерки идолов» (1889 г.) и «Воля к власти» (1901 г.) он поносил христианство, демократию и принятые формы морали. «Мораль — объяснял он, — есть стадный инстинкт в индивидууме», а «религия — это мир чистой фикции»

ЗВУК

В конце 1888 г. или в начале 1889 г. стареющего поэта Роберта Браунинга попросили для придания блеска открытию *усовершенствованного фонографа* Эдисона прочитать что-нибудь из своих произведений. Поэт начал со своих самых популярных стихов:

Я – в стремя, а Йорис и Дирк уж в седле.
Хлестнули, взвились и помчались во мгле.
«Дай Бог!» — крикнул страж у подъемных ворот,
Бог! — гулом ответили стены и свод.
Ворота упали, погасли огни,
И в ночь унеслись мы галопом одни,
Безмолвны, бок о бок, седло у седла,
Пригнувшись к луке, натянув удила.
К подруге склонившись, я ослабил ее...
(Как привезли добрую весть из Гента в Ахен. Пер.В.В. Левика)

Прочтя несколько строк, поэт спутался и признался, что забыл стихи, написанные более 40 лет назад. Затем он вновь собрался и под аплодисменты сказал, что не забудет день, когда он говорил в знаменитую машину мистера Эдисона. Это выступление-экспромт, точная дата которого неизвестна, стало одной из самых ранних сохранившихся звукозаписей.

В том же году немец Эмиль Берлинер продемонстрировал изобретенный им граммофон, где вместо восковых цилиндров использовались диски, которые было легче копировать. Производимый фирмой по выпуску игрушек *"Каммерер и Рейнгарт"* в Вальтерсхаузене в Тюрингии, граммофон быстро стал основой звукозаписи для массового рынка — главной приметой современности.

Звукозапись совершенно преобразила мир создателей и любителей музыки. К двухсотлетию Моцарта в 1991 г., например, стало возможным представить на выставке, как изменялось качество и разнообразие звучания исполняемой музыки за последние 200 лет. Посетители венского Нойе-Бурга снабжались стереонаушниками, реагировавшими на инфракрасные сигналы при переходе от одной «звуковой зоны» к другой. Благодаря этому они могли услышать скрипку самого Леопольда Моцарта, исполняющую отрывки из его знаменитого *"Букваря"*, который был опубликован в год рождения Вольфганга, или сравнить звучание рогов без клапанов со звучанием современных духовых инструментов. Они могли послушать исключительно медленный темп одной из ранних оперных записей (1900 г.), на которой Вильгельм Герш исполняет арию *O Isis und Osiris*, или понаблюдать, как компьютеризованный сонограф выводит на экран и анализирует голос Эдиты Груберовой, исполняющей арию *Царицы ночи*. Увы, нельзя услышать самого Моцарта. Но и самый неискушенный слушатель может сказать, что исполнение партитур Моцарта с течением времени чрезвычайно изменилось. Здесь оживал меняющийся мир звуков Моцарта.

Звукозапись революционизировала восприятие людей во многих отношениях. До 1888 г. исторические свидетельства не имели важнейшего своего измерения: они молчали. Документы и артефакты — глухонемые. В истории не осталось следа от рева наполеоновских битв, темпа бетховеновских концертов, интонаций речей Кавура. После 1888 г. у истории появился "саундтрек", что ее очень обогатило.

Национальный архив звукозаписи Британской библиотеки, где сохраняется неровное чтение Браунинга, — всего лишь одно из множества таких собраний, теперь имеющихся в каждой стране Европы. Первая *фонотека* открылась в Париже в 1910 г. Среди членов Международной ассоциации звуковых архивов есть как громадные коллекции национальных радиовещательных корпораций, так и местные или частные собрания. Помимо музыки, в фонотеках есть фольклор, литература, радио, устная история и материалы диалектологии.

В Восточной Европе одним из первых был записан для потомства голос графа Толстого. В 1910 г. мартовский выпуск *Talking Machine News* ("Новости говорящей машины") писал: «Только что вышло постановление, запрещающее продажу записи Толстого на территории России. Когда же славяне поднимутся и покончат с этой узколобостью?»

Современное человечество достойно презрения. «Я преподам вам сверхчеловека». Правящие элиты всегда добивались успеха насилием. «Великолепную белокурую бестию, алчно жаждущую добычи и побед... нельзя ни с чем перепутать.» Особенно дерзко он заявил: «Gott ist tot» ("Бог умер"), — добавив: «Может быть, остались пещеры, где его тень еще видна». По его мнению, смерть Бога следовало признать освобождающим событием.

Казалось, Ницше проповедовал, что жизнь не имеет иного смысла, кроме как господство сильных. Враги считали его пророком злобы и утонченного иррационализма. В философии он стал тем, чем Кьеркегор был в теологии, — оба были пионерами экзистенциализма. «Христианство решило считать мир дурным и безобразным, — заявлял Ницше, — и действительно сделало его дурным и безобразным»[69]. [БЕЗРАС-СУДСТВО]

Не менее влиятельной, чем сам Ницше, стала *баудлеризированная*[70] версия его философии, которую разносила по миру его сестра Элизабет Ницше-Фёрстер (1846—1935), возглавившая группу поселенцев-«арийцев» в колонии Новая Германия в Парагвае в 1886 г. Она ухаживала за умирающим братом и присвоила себе его идеи. Элизабет дружила и с Вагнером, и с Муссолини, идеализировала нацистов и связала имя Ницше с расизмом и антисемитизмом. Фюрер проронил слезу на ее похоронах[71].

С точки зрения социологии взгляды Ницше можно считать отвращением интеллектуала к развитию массовой грамотности и массовой культуры вообще. Избранный круг художников и писателей разных стран с готовностью поддержал эти взгляды, желая получше отгородить так называемую «высокую культуру» от культуры «низкой», чтобы сохранить за собой присвоенную себе роль аристократов мысли. В этом смысле они стали подходящим партнером модернизму в искусстве, главная привлекательность которого состояла именно в его непонятности человеку из толпы. «Массовая культура создала Ницше вопреки себе самой, — пишет один критик, — создала его как своего антагониста. Невероятная популярность его идей среди интеллектуалов начала XX в. есть свидетельство той паники, которая возникала перед угрозой массовой культуры»[72].

В ретроспективе особенно поражает ядовитое и злобное презрение, которое Ницше и его почитатели изливали на «массы». «Много, слишком много родилось, — говорит у Ницше Заратустра, — и слишком долго они висят на своих ветках.» В «Воле к власти» Ницше призывал «людей высшего типа объявить войну массам... Преобладающее большинство людей не имеет никакого права на существование». В частном письме от 1908 г. Д. Х. Лоуренс, только что открывший для себя Ницше в публичной библиотеке Кройдона, на самом деле воображал газовую камеру для безболезненного уничтожения излишков людей:

БЕЗРАССУДСТВО

Ницше однажды пожаловался, что историки никогда не пишут о том, что делает историю действительно интересной — о гневе, страсти, неведении, безрассудстве. Он мог иметь в виду только немецкую историческую школу. В Польше, например, издавна существовала традиция описывать прошлое в терминах пороков и добродетелей. Классический труд Бохенского *История глупости в Польше* был опубликован в 1842 г. В 1985 г. историк-дис-

сидент Адам Михник описал польское сопротивление коммунизму как *Историю чести.*

В наши дни уже все узнали, что изучение ментальности является главным в ремесле историка. Один американский историк продемонстрировал, что *безрассудство* проходит через всю европейскую историю от начала до конца. Троянцы впустили деревянного коня; папы эпохи Возрождения спровоцировали отделение протестантов; британское правительство

подтолкнуло американских колонистов к восстанию... Тем не менее, все могли бы учиться на ошибках. Есть старая польская пословица: "Поляк крепок задним умом". Нечто похожее говорил и Блейк в *Адских притчах.* «Если бы дурак был настойчив и последователен в своей глупости, он стал бы мудрым». Настоящая глупость — это совершить одну ошибку дважды. Можно было бы написать историю Европы и в этих понятиях. ["АННАЛЫ"]

«Если бы я мог, я бы построил смертную камеру, громадную, как лондонский Хрустальный дворец, где бы тихонько играл военный оркестр и работал бы кинематограф; потом бы я пошел на главные и боковые улицы и привел их: всех больных, хромых, убогих; я бы повел их нежно, а они бы улыбались, утомленно благодаря; оркестр бы играл мелодию хора из «Аллилуйя»[73].

Этот перл явился на свет в викторианской Англии за 33 года до Освенцима (Аушвица). Там же родились и глубокие мысли Г. Уэллса (1866–1946), провидца, социалиста, автора «Машины времени» (1895 г.) и «Войны миров» (1898 г.), одного из самых популярных и плодовитых писателей своего времени. В своих «Предвиденьях» (1902 г.) он выступил как энтузиаст и проповедник евгеники, науки об улучшении человеческого потомства, для чего необходимо уничтожать слабых, недоразвитых и нежелательных. «А как Новая Республика обойдется с низшими расами, — задавался он вопросом, — с черными... с желтыми... с теми, в ком видят термитов цивилизованного мира, — евреями?»[74]

Важно помнить, что «массы», которые так поносили их ненавистники, на самом деле никогда не существовали и не существуют. «Толпу можно увидеть; но масса — сумма всех возможных толп, [это] та же толпа, но в ее метафизическом аспекте... метафора... [которая] превращает других людей в какое-то беспорядочное соединение... [и] отказывает им в той индивидуальности, которую мы приписываем себе и тем людям, которых знаем»[75].

В ту же эпоху марксизм провоцирует интеллектуальные споры, которые выходят далеко за рамки политики. Например, первые публичные выступления с изложением идей исторического материализма дали толчок «философии духа» в том виде, как ее развивал профессор из Неаполя Бенедетто Кроче (1866–1952). Труды Кроче по «Эстетике» (1902 г.), «Логике» (1905 г.) и «Теории историографии» (1917 г.) сопровождались также исследованиями по истории Неаполя, современной Европы и современной Италии. Отвергая и метафизику, и религию, он подчеркивал роль человеческой интуиции и важность истории как науки об эволюции духа. Его журнал «Критика», основанный в 1903 г., стал рассадником его идей на целые полстолетия. В конце жизни Кроче станет интеллектуальным лидером оппозиции итальянскому фашизму.

Зигмунд Фрейд (1856–1939), австрийский врач, стал основателем теории и практики психоанализа. Его труды оказали глубочайшее влияние не только на зарождавшиеся медицинские психологию и психиатрию, но на все вообще отрасли гуманитарного знания, которые исследуют сознание и личность. Начав с гипноза, он исследовал бессознательные процессы, посредством которых человеческий мозг защищает себя от внешнего и внутреннего прессинга. Особенное внимание он уделил сексуальности в жизни бессознательного, а также вытеснению из сознания как фактору формирования неврозов. Публикация «Толкование сновидений» (1900 г.) доставила ему множество последователей, которые позднее объединились в Международную ассоциацию психоанализа. Вскоре начались разногласия, особенно когда один из ранних соратников Фрейда Карл Юнг (1875–1961) в «Психологии бессознательного» (1912 г.) ввел понятие «коллективного психоанализа», а также деление личностей на интровертов и экстравертов. В «Цивилизации и ее неудовлетворенности" (1930 г.) Фрейд утверждал, что подавление естественных желаний, которого требует жизнь в развитом обществе, делает счастье практически невозможным. С появлением нацистов он был вынужден бежать в Англию в 1938 г. К тому времени психоанализ, который уже разделился на многие направления и имел множество критиков, надежно утвердился как новое и тревожное измерение самовосприятия человека: «Эго — не хозяин в собственном доме»[76].

Декадентство как движение в искусстве можно считать поздним побегом романтизма. Оно родилось из желания художников исследовать самые крайние проявления чувственности. По ходу дела, несмотря на множество скандалов, декадентство подарило европейской культуре несколько совершеннейших шедевров. Связи этого направления с предшественниками-романтиками можно проследить на творчестве Шарля Бодлера (1821–1867), который переводил на французский и Де Куинси, и По. Стихотворный сборник Бодлера «Цветы зла» (1857 г.) позднее стал манифестом поэтов-символистов, последователей стиля, который стремился найти скрытую «гармонию» поядка и красоты среди полного безобразия реальности:

> Природа — некий храм, где от живых колонн
> Отрывки смутных фраз исходят временами.
> Как в чаще символов мы бродим в этом храме,
> И взглядом родственным глядит на смертных он.[77]

В своем «Приглашении к путешествию» он отправляется в воображаемый рай, «где все - порядок и красота, наслаждение, покой и блаженство». Последователи Бодлера, в особенности Поль Верлен (1844–1896) и Артюр Рембо (1854–1891), создали словесные образы, которые соответствовали зрительным образам художников-импрессионистов, кем они раньше других начали восхищаться:

> Издалека
> Льется тоска
> Скрипки осенней —
> И, не дыша,
> Стынет душа
> В оцепененьи.[78]

> А — черный, белый — Е. И — красный,
>   У — зеленый,
>   О — синий... Гласные .... [79]

Декаденты дорого заплатили за свой бунт. Верлен считал, что «декадентство предполагает... самые утонченно-возвышенные мысли исключительной культуры». Но с ним соглашались немногие из его современников. Бодлера немилосердно штрафовали и унижали за «оскорбление общественной морали», которое якобы содержалось в его стихах. Верлен был заключен в тюрьму после того, как выстрелил в Рембо во время ссоры. В 1893 г. немецкий писатель порицал в Париже наркотики, гомосексуализм, порнографию, истерию и «конец того устоявшегося порядка, который соответствовал логике и удерживал от разложения тысячи лет». «Преобладает чувство, — писал Макс Нордау, — неотвратимой гибели и вырождения»[80]. В Англии Оскар Финал О'Флаэрти Уиллс Уайльд (1854–1900), автор нескольких блестящих комедий, из которых наиболее известна «Как важно быть серьезным» 1895 г.), провел два года в Редингской тюрьме

за гомосексуальные домогательства. Многие произведения его сотрудника, автора эротических иллюстраций Обри Бердслея (1872–1898) не дождались публикации; подобная судьба была и у произведений склонного к сексуальным извращениям Алджернона Суинберна (1837–1909), поэта, критика, воспитанника элитного Итона. Настроения этих эстетов решительно не совпадали с тем, что занимало бо́льшую часть общества, где в то время господствовали благочестие, социальные реформы и умеренность. [ДЕТИ] [“ТУР ДЕ ФРАНС”]

Живопись модернизма покончила с репрезентативностью («изобразительностью»), которая была характерна для живописи со времени Возрождения, — теперь эти задачи прекрасно решала фотография. Поворотный момент наступил в 1863 г., когда Эдуард Мане (1832–1883) в приступе эксгибиционизма решился выставить свою картину «Завтрак на траве» в «Salon des Refuses» («Салон непринятых») в Париже. С этого времени приходилось все время придумывать все новые и новые названия течений и групп, которые без устали экспериментировали с жанрами, техникой, цветом и формой. За импрессионистами Моне, Писсарро, Сислеем, Ренуаром, Сезанном и Дега (они и получили это наименование по картине Моне «Впечатление (Impression), восход солнца», 1874 г.), последовали пуантилисты (1884 г.) во главе с Сёра, нео-импрессионисты (1885 г.), набисты (1888 г.) из школы Серюзье и Боннара, синтетисты (1888 г.), вдохновляемые Гогеном, и экспрессионисты (1905 г.), родоначальниками которых были Энсор, Ван Гог и немецкая группа Брюке. Затем пришли орфисты, фовисты (1905 г.) во главе с Матиссом, Дюфи и Вламинком, кубисты (1908 г.) — Брак и Пикассо, футуристы, “Черная кошка” и “Синий всадник” (1912 г.). К 1910–1911 гг. в работах Василия Кандинского (1866–1944), русского, осевшего в Германии, живопись приходит к чистому абстракционизму. [IMPRESSION]

В архитектуре и дизайне по континенту прокатилась волна «модерна» (Art Nouveau), объявившего «сецессию», то есть отделение, от преобладавших норм и правил. Самым ранним проявлением этого стиля был построенный по проекту Виктора Орты (1893 г.) особняк Тасселя в Брюсселе. Однако образчики этого стиля можно найти повсюду: от Школы искусств в Глазго

ДЕТИ

6 января 1907 г. в беднейшем пригороде Рима Сан-Лоренцо открыл свои двери детский сад в одну комнату. Комната была обставлена мебелью по размерам ребенка, в шкафчике было полно головоломок и детских игр, но не было квалифицированного воспитателя. Сад был устроен для детей работающих родителей, которые иначе бы оставались целый день на улице. Его назвали *La Casa dei Bambini* (Дом для детей).

Основатель этого детского заведения, доктор Мария Монтессори (1870–1952), была для своего времени женщиной передовой. Она была феминисткой, выступала за равноправие с мужчинами в оплате труда, была квалифицированным врачом и директором учреждения для умственно отсталых детей. У нее была своя тайна: незаконнорожденный сын Марио Монтессори, который позже возглавил Международную ассоциацию Монтессори в Амстердаме.

Метод Монтессори, который получил известность в 1910 г., предлагал строить образование, ставя в центр всей системы ребенка. Дети хотят учиться, дети сами могут учить. У детей есть пять органов чувств, и они должны пользоваться ими всеми. Детям надо предоставить свободу выбирать, чему учиться и когда. Все, что им нужно — это место, где бы их не запугивали, подходящее оборудование и ободрение. Такие идеи были анафемой для большинства педагогов того времени, когда предпочитали «мел и рассказ», наставления в религии, строжайшую дисциплину и неукоснительное следование программам и расписанию. «Образование получают не от слушания слов, — отвечала им Монтессори, — а приобретая опыт действий в окружающей обстановке».

Некоторые идеи Монтессори до сих пор вызывают недоумение и возражение. Она считала, что дети ненавидят конфеты и любят молчать. Она настаивала, что сначала надо учить писать, а потом — читать. Но главное в ее системе — ставить превыше всего потребности ребенка — стало краеугольным камнем современной, прогрессивной педагогики. Сотни школ Монтессори были открыты по всей Европе и в США. В фашистской Италии и нацистской Германии их закрывали.

Во многих отношениях Монтессори шла по стопам двух своих предшественников: швейцарца И. Г. Песталоцци (1746–1827) и Фридриха Фрёбеля из Тюрингии (1782–1852). Первый детский сад *Kindergarten* Фрёбеля в Бургдорфе недалеко от Берна, открытый в 1837 г., был настоящим прототипом *Дома для детей* Монтессори. Идеи Монтессори относительно детской психологии были затем развиты швейцарским педагогом-теоретиком Жаном Пиаже (1896–1980).

(1898 г.), построенной Ч. Р. Макинтошем, до фабрик Петера Беренса в Германии и нити австро-венгерских железнодорожных станций от Карлсбада (Карловых Вар) до Черновоц. В Вене И. М. Ольбрих построил *Secessionshaus* (1898 г.) («Дом сецессии») в стиле, который назвали *«Jugendstil»* («Молодежный стиль»), поскольку в нем были представлены работы художников, отошедших от старых форм. На здании надпись: "DER ZEIT IHRE KUNST: DER KUNST IHRE FREIHEIT" ("Времени - его искусство; искусству — его свободу").

Импрессионистами в музыке были Дебюсси и Равель. Затем в творчестве Шёнберга, Хиндемита и Веберна авангард отказывается от основных аккордов и ритмов, которые царили еще со средневековья. [ТОН]

В литературе на смену отвергавшему общественную и половую мораль декадентству пришел еще более глубокий интеллектуальный радикализм. Сначала француз Марсель Пруст (1871–1922) и ирландец Джеймс Джойс (1882–1941), затем Франц Кафка (1883–1924), немецкий еврей из Праги, отвергли все общепринятые представления о реалиях окружающего мира, а также и способы восприятия этого мира людьми. Их творчество стало литературным аналогом открытиям Фрейда и Эйнштейна. [КОМБРЕ]

В 1913 г. появляется первый том «В поисках утраченного времени» Пруста и первые рассказы Кафки. В Париже произвела фурор «Весна священная» Стравинского. Один издатель в Дублине порвал рукопись Джойса из страха, что его привлекут к суду, но в это время другие, более храбрые, печатают «Сыновья и любовники» Д. Г. Лоуренса и «Алкоголи» Аполлинера. Увидел свет в это время «Пейзаж (город и животные)» Макса Эрнста и «Автопортрет» Кокошки. Боль-

ТУР ДЕ ФРАНС

1 июля 1903 г. в 2.15 дня примерно 60 велосипедистов стартовали возле кафе *Ревей-Матен* в парижском пригороде Монжерон. Они направлялись в Лион, намереваясь покрыть 467 км плохих дорог в первом из шести этапов первого *Tour de France*. Ожидалось, что они будут ехать день и ночь. Через 19 дней Морис Гарен был объявлен победителем, когда он въехал *Парк-де-Пренс*, покрыв в сумме 2430 км при средней скорости около 26,5 км/ч. Он ехал на велосипеде с опущенными вниз ручками, одетый в чулки до колен, брюки гольф, рубашку *поло* и плоскую кепку с наушниками. Его приз составил 6125 французских франков, то есть 242 фунта стерлингов. С тех пор, за исключением военных лет, каждый год в июле проходят эти соревнования.

Самое длительное и самое популярное в Европе спортивное событие сложилось из нескольких явлений новейшего времени: из понятия о досуге и отдыхе, организации массового спорта (для мужчин), целевой разработки технологий — в этом случае тросового тормоза, механизма переключения передач и резиновых шин; конкуренции многотиражных газет.

Непосредственным толчком стало соперничество двух парижских еженедельников: *L'Auto* ("Автомобиль") и *Le Velo* ("Велосипед"). Издатель *L'Auto* Анри Дегранж, пытавшийся пробиться на рынок велосипедов, проиграл дело в суде, возбужденное за то, что он изменил название газеты на *L'Auto-Vélo*. *Тур* стал ответным шагом. Он никогда не оглядывался назад. Он видел, что тираж *L'Auto* потрясающе растет, а тираж *Le Vélo* столь же быстро падает. Он оставался патроном и спонсором *Тура* до своего ухода в отставку в 1936 году.

Окончательная форма *Тура* сложилась не сразу; в особенности менялся маршрут. В течение 5 лет с 1906 г. он также включал Эльзас, однако немецкое правительство отозвало свое разрешение, когда собравшаяся вдоль дороги толпа стала петь *Марсельезу*. В горах маршрут проходил через перевал Коль-де-Турмале (2122 м) в Пиренеях и устрашающий Коль-дю-Галибье (3242 м) в Савойе, где участникам приходилось тащить свои машины на себе по бездорожью. Максимальная длина маршрута — свыше 5000 км, в 1930-е годы уменьшается и составляет отныне около 3700 км, разделенных на 30 дневных этапов. Идея одевать лидера гонки в майку яркого цвета была принята в июле 1913 г., когда Дегранж бросился к придорожному магазинчику и купил первую *maillot jaune* (желтую майку).

После первой мировой войны *Тур* стал международным соревнованием. Лавры удавалось стяжать бельгийским, итальянским и испанским велосипедистам. У таких чемпионов, как Эдди Меркс или Жак Анкетиль, столько же поклонни-ков, сколько у других звезд спорта. В июле 1991 г. на глазах 22 млн. зрителей 79-е соревнования выиграл баск из Испании Мигель Индурайн, ехавший со средней скоростью 39,5 км/ч. В 1994 г. Индурайн выигрывает 82-й *Тур* и таким образом, становится чемпионом четвертый раз подряд (чему не было прецедентов). В этом *Туре* маршрут пролегал через Ла-Манш в Англию. И это еще не предел.

шинство европейских художников, как и вообще европейское общество, в основном еще придерживались испытанных и традиционных форм, но в мире модернизма модно было разрушать самые основания традиционной культуры.

Международные отношения на протяжении XIX в. оставались на удивление стабильными. В Европе по прежнему доминировали пять великих держав, организовавших Венский конгресс; с 1815 г. между ними не было больших конфликтов: вспыхивавшие войны были ограниченными как по времени, так и по масштабам. Происходили, однако, международные полицейские акции, во время которых одна из великих держав вторгалась в другое государство с целью подавить революционные выступления, выходившие из-под контроля местных властей. Таковы были вторжения Франции в Испанию и в Италию, или русские интервенции в Польшу и Венгрию. Отмечались также региональные конфликты, в особенности в Италии, Германии и на Балканах. Вне континента происходили колониальные войны. Но ничто не могло сравниться по масштабам с наполеоновскими войнами, бушевавшими до 1815 г., или с Великой войной, которая

IMPRESSION

В 1860-х годах Клод Моне и Огюст Ренуар любили рисовать вместе. Им хотелось увидеть, как каждый из них по-своему воспринимает одну и ту же сцену, чтобы затем сравнить результаты. Одно из излюбленных ими мест находилось на берегу реки в предместье Буживаль за Сен-Клу недалеко от Парижа.

Сена в Буживале Моне относится к 1869 году (см. илл. 67). Поначалу кажется, что он выбрал приземленную, чтобы не сказать банальную, сценку: люди прогуливаются по мосту в лучах заходящего солнца. Однако художник постарался достичь совершенно нового эффекта: не изображал мир так, как он представляется или должен нам представляться, то есть реалистически или идеалистически, — он старался передать свое впечатление от этого мира. Другое его полотно *Впечатление (Impression): восход солнца* (1874 г.) дало имя целому направлению в живописи, ставшему намеренно и бесстыдно субъективным. Моне заплатил высокую цену за то, что упрямо шел собственным путем. Годами ему не удавалось продать ни одной картины. Современникам его произведения казались ничего не стоящими или возмутительными. Однажды, когда он уехал из Парижа, чтобы навестить новорожденного сына, кредиторы завладели его мастерской и распродали все за гроши. Он совершает попытку самоубийства.

Импрессионистов интересовали три вещи. Во-первых, им хотелось исследовать недостатки человеческого глаза: почему глаз видит одно и не видит другого. По этой причине они создавали неточный, избирательный образ. Намеренно смазанными мазками Моне пишет пятнистые волны, перекошенные окна, туманные листья и беспорядочные облака.

Во-вторых, их завораживала изумительная игра света. Моне в свое время прослужил пару лет в Африке и видел потрясающую игру света в Сахаре. Позднее он систематически экспериментировал со светом, много раз переписывая один и тот же объект. Он написал фасад Руанского собора двенадцать раз в разное время дня и при разном освещении, так что сумел убедить публику, что в его безумстве есть определенный метод.

В-третьих, они были погружены в сложную и чрезвычайно изменчивую чувствительность и восприимчивость самого художника. И это было ключевым в том открывающем новую эпоху импульсе, который они дали современному искусству.

Иногда думают, что современное искусство, и импрессионизм в особенности, стал реакцией на реализм изображения, каким обладала фотография. [Фото] На самом деле нет ничего более причудливого и преходящего, чем образ, созданный пучком света, проходящим через линзы за долю секунды при особой экспозиции и под особым ракурсом. Импрессионисты очень интересовались фотографией. Часто они даже пользовались снимками для предварительного изучения предмета. Например, Сезанн использовал фотографии и для своих пейзажей, и для своих автопортретов. Однако камера, пусть и обладавшая избирательностью человеческого глаза и зависящая от игры света, не имела ума. А ведь только благодаря разуму современные художники стали тем, чем они являются. Вот почему они в конце концов достигли своей цели, состоявшей, по словам Сезанна, в том, чтобы «затмить славу старых мастеров».

началась в 1914 г. В течение долгого времени силы Европы были направлены или внутрь, на проблемы внутренних перемен, или вовне — на новые империалистические завоевания по всему миру. Оставались лишь две труднейшие проблемы, которые угрожали сложившемуся международному порядку. Одна — это все возраставшее соперничество Франции и Германии. Вторая — так называемый «восточный вопрос».

Франко-германское соперничество восходит еще к разделу империи Карла Великого, но новейшие его проявления коренились в революционных войнах. Французы не забыли, что два немецких государства — Пруссия и Австрия — вторгались во Францию в 1793 г. и 1814–1815 гг. Пруссаки и австрийцы не забыли, что 1805–1813 гг. Франция была оккупантом, в борьбе с которым они и добились современного существования и самосознания. В течение нескольких десятилетий после 1815 г. побежденная Франция и разделенная Германия не имели желания драться. Однако старая вражда не угасла, оставаясь

КОМБРЕ

В Европе множество мест, которые дышат прошлым. Но нет ни одного такого, как деревушка Илье недалеко от Шартра. Потому что в Илье Пруст проводил в детстве каникулы, и его он потом воссоздал как Комбре.

Из всех мастеров слова Пруст был самым искусным работником в кузнице, где ковалось время — вот почему он особенно интересен для историков. Он был убежден, что прошлое никогда не умирает, что его можно извлечь вновь при помощи искусства из глубочайших слоев памяти и подсознания. Вот почему самое банальное действие — покрошить пирожное в чашку чая — действует как спусковой крючок, вызывающий из памяти места и события, которые казались потерянными навсегда. Точнее,

оно пробуждает в памяти не такие же банальности прошлого, но слова, чувства и переживания, с которыми они были неразрывно связаны.

Вот почему Пруст затворился на 19 лет (с 1903 по 1922 гг.) в прокуренной, обитой пробкой комнате в Париже, изолировав себя от всего мира в попытке вернуть прошлое к жизни. И многое из того, что он воскресил, а также мириады мыслей и волнений его юности можно найти в Илье: улица Уазо-Флеш, дом тетушки Леони, парк Танеовиль и др.:

"Это вовсе не такого сорта места, где родился или умер великий человек, и куда мы отправляемся, чтобы засвидетельствовать наше почтение. Это места, приводившие его в восторг, места, к которым он обращался в поисках новой

мысли и которые до сих пор эту мысль стерегут..."

Вообще говоря, дух прошлого лучше всего сохраняется в маленьких интимных музейчиках. До сих пор можно почувствовать, как бродит тень Чарльза Диккенса в его доме на Даути-стрит, 48 в Лондоне; можно навестить молодого Карла Маркса в Марксхаузе, который СДПГ, несмотря на сильное сопротивление, сумело сохранить в Трире; можно вообразить себя растянувшимся на красной бархатной кушетке Фрейда в его доме на Бергштрассе, 19 в Вене. Но самое главное путешествие в поисках утраченного времени имеет лишь одно направление — к этой очень простенькой деревушке в департаменте Эр и Луар, которая теперь переименована в честь Пруста в Илье-Комбре.

до поры спрятанной в глубине. К 1840 г. Франция вновь требовала границы по Рейну и вызвала неистовый протест немцев, что отразилось в патриотических песнях того времени: *Die Wacht am Rhein* ("Стража на Рейне") и *Deutschlandlied* ("Германская песня"). В 1848 г. Францию в который раз признали причиной внутренних волнений в Германии. К 1860-м гг., когда Франция, полная доверия к собственным силам, пустилась в самонадеянные приключения Второй империи, а Пруссия утверждала свои позиции в Германии, каждая из держав была напугана агрессивностью другой. Бисмарк создал замечательный повод для войны, подредактировав знаменитую "Эмскую депешу". Позднее оказалось, что он вызвал событие, последствия которого нарушили равновесие сил.

Франко-Прусская война 1870–1871 гг., третья из молниеносных войн Бисмарка, произвела еще большее впечатление, чем битва при Садовой. На самом деле Франция ее желала, французам не терпелось преподать пруссакам урок. Но они оказались перед лицом коалиции всех германских

государств, чьи армии были лучше вооружены, лучше организованы и имели лучших полководцев. Военное превосходство Франции в Европе, продержавшееся еще с битвы при Рокруа в 1643 г., было развеяно за два месяца. Первый пушечный залп был торжественно произведен 1 августа 1870 г. сыном императора Наполеона под крики «На Берлин!». После этого был предпринят мощный германский бросок через границу и окружение главной французской армии в Меце. Другая французская армия, выступившая на помощь Мецу под предводительством самого императора, угодила прямо в искусно расставленную ловушку возле Седана. Нельзя не вспомнить бессмертные слова генерала Базена накануне неминуемого поражения: "Nous sommes dans le pot de chambre, et demain nous serons emmerdés"[81] ("Мы в ночном горшке, и утром нас зальют"). Окруженные со всех сторон, они подвергались ударам врага на расстоянии вытянутой руки, причем противник избегал фронтального нападения. Французы сопротивлялись стальным пушкам Круппа в течение нескольких часов и затем капитулировали. Император был взят в плен, отрекся и позднее нашел убежище в Англии. Франция продолжала сражаться еще 8 месяцев; но в ситуации, когда Париж был окружен, голодал и постоянно обстреливался прусской артиллерией, правительство Третьей республики было принуждено просить унизительного мира. В мае 1871 г. оно покорилось, согласившись уступить Эльзас-Лотарингию, заплатить громадные репарации и согласиться на двухлетнюю германскую оккупацию.

Победа Пруссии имела несколько долговременных последствий. Она способствовала провозглашению объединенной Германской империи, чьим первым императором немецкие князья, собравшиеся в Версале, объявили короля Пруссии Вильгельма I (правил в 1871–1888 гг.). Нелишне заметить, что эта новая Германия не имела себе равных по военной доблести и не хотела никому уступать. Во Франции она спровоцировала горестные события Парижской коммуны и разожгла ненависть к немцам, которая все настойчивее призывала к отмщению.

«Восточный вопрос», как его называли, вырос из двух связанных между собой и, по-видимому, необратимых процессов — продолжающейся экспансии Российской империи и неуклонного отступления турок. Из него произросли независимость балканских народов, Крымская война (1854–1856 гг.) и целая цепь осложнений, которые в конце концов привели к фатальному кризису 1914 г. Перспектива падения Оттоманской империи усиливалась на протяжении всего столетия. Для русских она была весьма желательна. С тех пор как была сформулирована идея "Третьего Рима", царское правительство ставило своей конечной целью возрождение христианского государства на Босфоре. Овладеть проливами значило для России исполнение мечты о беспрепятственном доступе в теплые моря. Достоевский торжествующе заметил в 1871 г.: «Константинополь будет наш!». Для остальных великих держав «больной человек Европы» сулил массу опасностей. Великобритания боялась за свои пути сообщения с Индией. Австрия чувствовала угрозу со стороны опекаемой Россией стаи беспокойных, шумных, соседей на ее юго-восточных границах. Германия видела угрозу в подъеме той единственной страны, военная мощь которой могла со временем превзойти ее собственную.

Стремительная экспансия России продолжалась со скоростью, которая за период 1683–1914 гг. составляла в среднем по меньшй мере 80 квадратных км в день[82]. Но не всегда это была прямая угроза Европе. После завоеваний наполеоновского периода главные удары теперь были направлены в сторону того, что русские иногда называли «Средним Югом»: на Кавказ, на Среднюю Азию, на Китай и Японию. Европа, однако, не была в безопасности от медведя, который постоянно испытывал ее терпение. Первые тревожные сигналы раздались, когда Россия приняла участие в греческой войне за независимость, и ее завоевания по Адрианопольскому договору (1829 г.) ограничились небольшим участком в дельте Дуная. И в 1831 г., и в 1863 г. нарушение Россией номинальной самостоятельности Польши вызвало бурные протесты со стороны Англии и Франции. Берлин же и Вена не особенно протестовали, поскольку сами имели территории в Польше, которые надо было держать в подчинении. Так что в этих условиях ничего не было сделано. Продвижение России в Дунайские княжества в 1853 г. вызвало немедленный военный отпор и начало Крымской войны (см. ниже). После этого Санкт-Петербург понял, что прямые аннексии в Европе могут оказаться слишком дорогими, а также то, что некоторые части империи были уязвимы для атак неприятеля, имеющего преимущество на море. Было принято решение уйти из Северной Америки: в 1867 г. Аляска была продана США за сущий пустяк — 8 млн. долларов. Территории легко приобретались в других районах. В 1859 г. после 50 лет жестокостей и опустошений было завершено покорение горных племен Кавказа, и чеченский герой Шамиль взят в плен. В 1860 г. у Китая приобретены Приамурье и Приморье, в 1864 г. - Туркестан у Персии, в 1875 г. — Сахалин и Курилы у Японии. Все проигравшие хозяева этих земель позднее заявляли, что эти приобретения были результатами «неравноправных договоров». В 1900 г. русская оккупация Маньчжурии вызвала конфликт, а затем и поражение в русско-японской войне (1904–1905 гг.). В 1907 г. раздел Персии на британскую и русскую сферы влияния завершил долгий период опасений Великобритании по поводу Центральной Азии, одновременно возбуждая подозрения относительно устремлений России в Персидском заливе.

Крымская война (1853–1856 гг.) началась, когда Великобритания и Франция решили помочь Порте отстоять Дунайские княжества и оказать сопротивление русским притязаниями на защиту христианских подданных Оттоманской империи. Австрия немедленно оккупировала эти княжества, а государства Запада при поддержке Сардинии послали карательную экспедицию в Крым. Несмотря на весь ужас окопной войны, холеру и невероятные потери, осада союзниками Севастополя наконец завершилась успехом. Парижский мир (1856 г.) придал Черному морю статус нейтрального, навязал общий европейский протекторат над христианами в Оттоманской империи и гарантировал неделимость как Оттоманской империи, так и Дунайским княжествам. [АБХАЗИЯ]

Тем не менее, не прошло и 20 лет, как русские вернулись на Балканы. На этот раз двери были открыты одновременными восстаниями в трех Оттоманских провинциях: Боснии, Герцеговине и Болгарии. Военная интервенция Сербии и Черногории, дипломатическое вмешательство Австрии и убийство 136 турецких чиновников в Болгарии вызвали беспощадный ответ турок. В мае 1876 г. более 20 000 крестьян было зарезано во время облетевших весь мир «Болгарских ужасов». В Лондоне негодовал Гладстон: «Пусть теперь турки прекратят свои зверства единственно возможным образом — уберутся сами». В Константинополе были свергнуты один за другим два султана. В Санкт-Петербурге царь почувствовал себя обязанным защитить балканских христиан. Были созваны две международные конференции, чтобы навязать условия новому султану Абдул-Гамиду II Кровавому (правил в 1876–1909 гг.), который поразил всех обещаниями парламентской конституции. В апреле 1877 г. русские армии вступили на территорию Оттоманской империи на Дунае и в Армении. Продвижение этих армий долго сдерживалось упорным сопротивлением турок на балканских перевалах, но к январю 1878 г. казаки уже угрожали стенам Константинополя. По Сан-Стефанскому миру (1878 г.) Порта была обязана принять суровые условия царя, включая создание независимой Великой Болгарии в поразительных размерах.

Берлинский конгресс 13 июня–13 июля 1878 г. был созван, чтобы удовлетворить требования Великобритании и Австрии по пересмотру Сан-Стефанского договора, а также для ограничения притязаний России. Это было грандиозное дипломатическое событие, последнее, когда великие европейские державы собрались вместе, чтобы уладить свои разногласия на условиях равенства. Проходивший под председательством Бисмарка, который сам себе определил роль «честного маклера», конгресс свидетельствовал о превосходстве в Европе объединенной Германии и прекратил военную лихорадку, которой были полны лондонские мюзик-холлы:

Мы не хотим сражаться, но ей-Богу, если нужно –
У нас есть корабли, солдаты и деньги.
Мы побивали медведя и раньше, и пока британцы верны,
У русских не будет Константинополя![83]

Во многих отношениях, однако, конгресс стал самой циничной игрой европейских держав. Ни один из балканских народов не был на нем как следует представлен. Ни с одним не обошлись по справедливости: Босния и Герцеговина были отданы в оккупацию Австрии; Болгария была разделена надвое и лишилась доступа к Эгейскому морю; независимость Сербии, Черногории и Румынии была покровительственно ограничена; всем им отказали в тех частях территорий, которые они считали особенно важными. Великие же державы, напротив, лакомились вовсю: Россия, не получив проливов, отняла у своего румынского союзника Бесарабию; Англия взяла у своего оттоманского клиента Кипр; Австрия получила Нови-Пазарский Санджак; Дизраэли уехал из Берлина с «почетным миром». Неудивительно, что уже вскоре балканские страны начали самостоятельно решать свои проблемы, часто насильственным путем. Великие державы перестали действовать сообща и дальше обеспечивали свою безопасность двусторонними соглашениями и союзами. Все бросились отстаивать свои национальные интересы, буквально сорвавшись с тормозов.

Ключом в политике на континенте по-прежнему были сухопутные войска. И пока это было так, ясно было, что Германия и Россия будут вынуждены играть главные роли в общих конфликтах. Из пяти великий европейских держав у трех военные силы страдали существенными недостатками. У Англии был могучий флот, но не было регулярной (на основе призыва) армии. Франция переживала катастрофическое падение рождаемости и, следовательно, недостаток призывников. Австро-венгерская армия технически и психологически зависела от Германии.

Формирование двух противостоящих друг другу дипломатических и военных блоков заняло 30 лет. Сначала Англия и Франция не сближались из-за своего колониального соперничества, Англия и Россия — из-за взаимных подозрений относительно Центральной Азии, Россия и Франция - по причинам политического устройства (как монархия и республика). Так что до поры до времени Бисмарк свободно создавал систему, которая бы защитила Германию от французского реванша. В 1879 г. он добился двустороннего соглашения с Австрией, в 1881–1887 гг. — «Союза трех императоров» — Германии, Австрии и России, в 1882 г. - Тройственного союза Германии, Австрии и Италии, в 1884–1887 гг. и 1887–1890 гг. — двух «перестраховочных договоров» с Россией. Однако логика двух самых сильных политических страстей Европы — ненависти Франции к Германии и страстного желания России овладеть проливами — не могла не сказаться. Франция должна была искать выхода из той сети, которую искусно сплел Бисмарк, а России надо было найти пути осуществления своих балканских притязаний. Вот почему после отставки Бисмарка отношения России с Германией охладевают: царь начинает поиск новых партнеров. В 1893 г., когда французские банки сделали уже немалые инвестиции в русские предприятия, подписывается франко-русский союз между Парижем и Санкт-Петербургом. Одним ударом Франция покончила с изоляцией, обрела уверенность в себе и стала угрожать Германии с обеих сторон. В 1904 г. Франция урегулировала свои разногласия с Англией и вошла в *Entente Cordiale* («Сердечное согласие» — Антанта). В 1907 г. после заключения англо-русского соглашения по Персии открылся наконец путь к заключению Тройственного согласия Франции, Англии и России.

В то время могло казаться, что в дипломатическом калейдоскопе Европы просто сложился новый временный узор. И Тройственный союз, и Тройственное согласие (Антанта) были по сути оборонительными; причем оставались еще нерешенные вопросы. Например, Англия и Германия, несмотря на все разногласия, еще надеялись на компромисс. На самом деле, объединив запад и восток против центра, великие державы сложились в такую стратегическую конфигурацию, напряженность которой сказывалась затем в течение всего XX столетия. Сама того не заметив, Европа разделилась на два громадных вооруженных лагеря, а «честного маклера» уже не было.

Развитие военной техники в течение почти всего столетия шло довольно вяло, хотя и произошли важные изменения в организации войск и снабжении. Железные дороги стали революционным фактором в транспортировке армий, мобилизации и обеспечении. Работа генеральных штабов была реорганизована по прусскому образцу так, чтобы справляться с непрерывным прибытием новобранцев. Однако за исключением нарезных ружей армии Крымской войны были вооружены почти так же, как армии при Аустерлице. Преимущества нарезного оружия начали осваиваться только постепенно, сначала в прусском игольчатом ружье *Дрейзе*[84] (1866 г.), потом — в улучшенной французской винтовке *шаспо* и, наконец, в крупповских пушках, которые заряжались с казенной части (1870 г.). В военно-морских силах в моду вошли бронированные военные корабли с паровыми двигателями. Однако настоящее применение современных машин и новых химикатов началось только в 1880-е гг., когда появились бризантные взрывчатые вещества, пулемет и дальнобойная артиллерия. **[НОБЕЛЬ]**

После 1871 г. теоретики военного дела, хотя и не придумали чего-то важного, все же размышляли над ролью нового оружия. Один из авторов, польский железнодорожный магнат Ян Блох, доказывал в *La Guerre future* ("Будущей войне", 1898 г.), что наступательная война уже не имела теперь решающего значения. Большинство генералов отреагировало требованием поставлять все больше войск[85]. По мере того как количество войск умножалось, что сулило на поле боя лишь патовую ситуацию, пришло понимание, что ключом к победе может стать быстрая мобилизация. Всеобщая мобилизация считалась более грозной, чем объявление войны. Однако не было особых причин торопиться. В эту лучшую пору империализма европейские армии имели больше шансов столкнуться с вооруженными копьями дикарями, чем друг с другом.

НОБЕЛЬ

Какая величайшая ирония в том, что самая престижная в мире премия за достижения в физике, химии, литературе, медицине и, главное, в борьбе за мир была учреждена на доходы от производства вооружений! Альфред Бернард Нобель (1833–1896) был шведом, который вырос в Санкт-Петербурге, где его отец основал завод по производству торпед. Получив образование химика, он вернулся в Швецию и начал работать над усовершенствованием взрывчатых веществ. Сначала он произвел нитроглицерин, затем он изобрел динамит (1867 г.), гелигнит (1876 г.) и балистит (1889 г.), предшественник бездымного пороха кордита. Семейное дело невероятно обогатилось за счет производства взрывчатых веществ и добычи нефти в Баку. Нобель всегда был пацифистом; по завещанию он учреждает пять премий своего имени. В первые 90 лет существования Нобелевской премии мира (потому, очевидно, что Европа особенно нуждалась в

миротворцах) премию получали главным образом европейцы:

1901	Жан-Анри Дюнан и Фредерик Пасси
1902	Эли Дюкоммен и Шарль Альбер Гоба
1903	Уильям Рэнделл Кример
1905	Берта фон Зуттнер
1907	Эрнесто Монета
1908	К. П. Арнольдсон и Фредрик Байер
1909	Август Беернаерт и барон П. д'Эстурнель
1911	Тобиас Ассер и Альфред Фрид
1913	Анри Фонтен
1920	Леон Виктор Огюст Буржуа
1921	Карл Яльмар Брантинг и Кристиан Лоус Ланге
1922	Фритьоф Нансен
1925	Джозеф Остин Чемберлен
1926	Аристид Бриан и Густав Штреземан
1927	Фердинанд Эдуард Бюиссон и Людвиг Квидде
1930	архиепископ Натан Сёдерблом
1933	Карл фон Осецкий
1937	сэр Эдгар Сесил

1946	Эмили Грин Болч и Джон Мотт
1949	лорд Джон Бойд Орр
1951	Леон Жуо
1952	Альберт Швейцер
1958	отец Доминик Пир
1959	Филип Джон Ноэль-Бейкер
1961	Даг Хаммаршельд
1962	Лайнус Карл Полинг (США)
1968	Рене-Самюэль Кассен
1971	Вилли Брандт
1974	Шон Макбрайд
1976	Элизабет Уильямс и Мейрид Корриган
1979	мать Тереза
1982	Альва Мюрдаль
1983	Лех Валенса
1986	Эли Визель
1990	Михаил Горбачев

Из всех только двое (и оба немцы) пострадали за то, что боролись за мир. Людвиг Квидде (1858–1941) был заключен в тюрьму за то, что противодействовал перевооружению Германии. Карл фон Осецкий (1889–1939), лидер движения за мир в Германии, умер в нацистском концлагере.

Тем не менее, все более ощутимая возможность широкомасштабного конфликта породила науку геополитику. Щупальца империализма охватывали теперь земной шар, пересеченный вдоль и поперек всемирными коммуникациями. Естественно, что военные и политические стратеги начали мыслить глобально. В своей важной лекции «Географическая ось истории» (1904 г.) Гальфорд Макиндер (1861–1947), ведущий профессор географии в Оксфорде, заметил, что не осталось девственных земель, на коотрые бы еще могли расширяться империи. Так что должна была усилиться борьба за существующие источники. Причем эту конкуренцию будут сдерживать распределение населения и конфигурация континентов. На сенсационной карте «Естественные

очаги власти» он отметил евразийскую Россию как важнейшую "естественную крепость". Эта «сердцевина континента» окружена «внутренним полумесяцем» полуконтинентальных держав от Англии до Китая и внешним полумесяцем океана, связывающим обе Америки с Африкой, Австралией и Японией. Поначалу Макиндер стремился предостеречь западные страны от возможности союза России с Германией. Позднее он выдвинул идею создания пояса сильных государств, которые бы не дали соединиться России с Германией, и предложил знаменитую формулу:

Кто правит Восточной Европой, владеет центром;
Кто правит центром, владеет "мировым островом";
Кто правит "мировым островом", владеет миром[86].

Идеи Макиндера были серьезно восприняты в Германии, а в последующую эпоху воздушной мощи — в США.

В первые годы XX в. мир в Европе еще сохранялся. Однако уже появились опасения, что этот мир хрупок. Соперничество Франции и Германии, то и дело вспыхивавшие кризисы на Балканах, антагонистические дипломатические блоки, империалистические противоречия и гонка вооружений на море — все это значительно повысило температуру международных отношений. Один тревожный сигнал раздался в Боснии в 1908 г., другой — в Агадире в 1911 г. Так что, хотя все великие державы заявляли о желании мира, но все готовились к войне. [ЭЙЛЕНБУРГ]

Боснийский кризис показал самую вероятную точку воспламенения Европы. Австро-Венгрия аннексировала Боснию в 1908 г., не имея на это ни малейшего права; в течение 30 лет до этого она оккупировала эту страну и управляла ею по международному мандату. Но кайзер Вильгельм заявил, что будет сражаться на стороне Австрии, как «рыцарь в сияющих доспехах», и великие державы не решились вмешаться. Австрийский *демарш* разрушил мечту Белграда о Великой Сербии, а также послужил предостережением России против дальнейшего вмешательства. Он стал также фактором восстания *младотурков*, которые в 1908–1909 гг. захватили власть в Оттоманской империи, бросившись осуществлять программу национализма и модернизации. Но главное, этот демарш Австрии убедил балканские государства, что они могут уладить собственные разногласия только между собой и только силой.

В 1912–1913 гг. на Балканах шли три локальные войны. В мае 1912 г. Италия напала на Оттоманскую империю, захватив Родос, Триполи и Киренаику. В октябре 1912 г., когда Порта была отвлечена восстанием в Албании, Балканский союз — лига Черногории, Сербии, Болгарии и Греции, предпринял нападение на турок в Македонии. В июне 1913 г. Болгария напала на Сербию, начав вторую Балканскую войну за передел добычи. В каждом из этих случаев созывались международные конференции и заключались соглашения. Албания стала суверенным государством, но Македония — нет. Азартная игра Австрии принесла плоды. Существенно увеличи-

лось влияние Германии на Турцию. Амбиции России оставались неудовлетворенными. Восточный вопрос так и не разрешился. [МАКЕДОНИЯ]-[ШКИПЕРИЯ]

В обстановке нараставшего напряжения начали серьезно задумываться о том, чтобы свести к минимуму международные конфликты. Поскольку отсутствовало правительственное руководство в этом деле, то возникали по частной инициативе агентства, такие как Институт международного права (1873 г.), Межпарламентский союз (1887 г.) и Нобелевский комитет. После долгого периода вызревания, который начался в 1843 г., когда был проведен первый мирный конгресс в Лондоне, с 1891 г. в Берне в Швейцарии начало на постоянной основе функционировать международное бюро мира, координировавшее национальные подразделения и организовавшее встречи. Пацифистские взгляды проповедовались разными деятелями разных стран, такими как швейцарский юрист Й. К. Блюнчли (1808–1881), немка Берта фон Зуттнер (1843–1914), австриец Альфред Герман Фрид (1864–1921), французский социалист Жан Жорес и английский экономист Норман Анджелл (1873–1967). В своей книге «Великая иллюзия» (1910 г.) Эйнджелл отстаивал мнение, что интересы экономики нации делают войну излишней. [НОБЕЛЬ]

Однако наибольший отклик получил призыв к разоружению русского царя. После его вмешательства были проведены две представительные мирные конференции в Гааге в 1899 г. и 1907 г., где обсуждались разоружение, способы разрешения международных конфликтов и правила ведения войны на суше. Появились немалые практические результаты. В 1900 г. начал функционировать Международный суд, в 1907 г. — Гаагская конвенция. Конференция по ведению войны на море собралась в Лондоне в 1908–1909 гг.

Однако пацифизм не приобрел большой поддержки ни у граждан, ни у политиков, ни у ведущих государств. Идея неограниченной государственной власти укоренилась слишком глубоко. Как писал фельдмаршал фон Мольтке в ответе Блюнчли: «Вечный мир — это мечта, и не очень-то красивая мечта. Война — это часть Божьего замысла. Без войны мир будет стагнировать и пропадет в материализме. На войне проявляются самые благородные добродетсли человека — му-

ЭЙЛЕНБУРГ

23 октября 1907 г. в берлинском суде начали слушать дело *Мольтке против Гардена*. Это было первое из получивших широчайшую огласку процессов, известных как *дело Эйленбурга*. Этим делом обнаруживалась обширная гомосексуальная сеть в непосредственном окружении кайзера.

В Германии, как и везде, мужская содомия была вне закона. Параграф 175 уголовного кодекса определял наказание за «противоестественный порок» между мужчинами заключением на 1–5 лет. Генерал Куно фон Мольтке подал в суд на редактора *Die Zukunft* ("Будущее") Максимилиана Гардена за публикацию материалов, в которых высмеивались двое высокопоставленных придворных, фигурировавших под именами *Дорогуша* и *Арфист*. Мольтке заявил, что были оклеветаны он и его друг Филипп, князь фон Эйленбург. Омерзительные детали оглашались в открытом судебном заседании, в особенности бывшей женой Эйленбурга и неким солдатом по фамилии Боллльгардт. Но главное свидетельство представил доктор Магнус Гиршфельд, профессиональный сексолог. Он объяснил, что латентная гомосексуальность не является противозаконной, хотя практика содомии — является. Суд согласился с аргументами защиты Гардена, что гомосексуальность истца имела место, но постановил, что из этого не вытекает никакого нарушения параграфа 175.

Политические последствия были печальными. Мольтке был военным комендантом Берлина. Эйленбург, некогда посол в Вене, был очень близок к кайзеру и открыто претендовал на должность канцлера. Гарден и Гиршфельд придерживались либеральных взглядов и не были согласны с внешней политикой кайзера. Они оба выступали за отмену параграфа 175 и оба были евреями. Влиятельные круги империи посчитали, что на них нападают предательские элементы.

На очередных стадиях скандала канцлер фон Бюлов подал в суд на другого либерального редактора — Адольфа Брандта; глава военного секретариата кайзера граф фон Гюльзен-Гезелер упал замертво в присутствии кайзера, одетый в балетную пачку; рассмотрение дела Мольтке — Гарден дважды откладывалось. Гарнизон Потсдама был потрясен целой серией приговоров военного трибунала за содомию и последовавшими затем самоубийствами. (Обтягивающие белые лосины и высокие до бедра сапоги кирасиров на суде были названы особенно вызывающими.) Судебные издержки Гардена тайно оплачивались императорской канцелярией. Эйленбург был погублен. Несмотря на распутный образ жизни, он заявлял о своей невиновности. Но он был осужден по обвинению в даче ложных показаний под присягой и избежал ареста только потому, что без конца притворялся больным и пользовался всякими легальными отсрочками вплоть до 1918 года.

Германия не была одинокой в этих непристойных скандалах с политическим душком. В это же самое время Британию сотрясает процесс над Оскаром Уайльдом и трагедия сэра Роджера Кейсмента, которого казнили за предательство. Однако в 1920-е годы, когда Германия переживала национальное унижение после поражения, раны от прежних сексуальных скандалов опять стали кровоточить. В сознании народа формировалась связь: гомосексуальность — предательство — евреи; эти ассоциации еще больше окрепли в народном сознании после убийства в 1922 г. министра финансов Вальтера Ратенау*, гомосексуалиста и еврея. В своих воспоминаниях сам кайзер связывает катастрофу Великой войны с заговором *международного еврейства*, который впервые обнаружил себя в обвинениях Гардена. Историки связывают события 1907–1909 гг. с тем, что кайзер все больше полагался на своих генералов, и с их политикой упреждающего удара.

Нацисты, которые черпали в таких делах материал для своей пропаганды, были особенно настроены против гомосексуализма. Институт сексологии доктора Гиршфельда был уничтожен нацистской толпой еще в мае 1933 г. Гестапо истребило значительную часть многочисленной общины гомосексуалистов Берлина непосредственно перед Олимпийскими играми в 1936 г. Участь *розовых треугольников* (такие нашивки носили гомосексуалисты) в концлагерях — одно из преступлений нацистов. Параграф 175 был отменен в 1969 году.

---

* Неточность: к моменту убийства Ратенау был министром восстановления экономики и министром иностранных дел. - *прим. перев.*

жество и самоотверженность, преданность долгу, стремление пожертвовать собой, рискнуть самой своей жизнью»[87].

Похожие чувства высказывались во Франции и Англии. Жореса вскоре убьют (31 июля 1914 г.) именно на том основание, что пацифизм — это предательство.

В то же время генералы начинали понимать, что разрушительность будущей войны превзойдет все до того известное, и что великие державы, втянувшись в войну, много потеряют. В своем последнем обращении к рейхстагу в мае 1890 г., стареющий Мольтке высказал мрачное предупреждение: «Если этой войне суждено когда-нибудь разразиться, никто не сможет предсказать, когда она кончится и как... Господа, это может быть Семилетняя война, это может быть Тридцатилетняя война, и горе тому человеку, который... первым бросит спичку в пороховую бочку»[88].

В результате военные штабы Европы разрывались между преобладавшим там духом милитаризма и нараставшими соображениями благоразумия. Вскоре они выбрали самый опасный из всех путей. Они начали ускоренно готовиться к войне, собирая громадные арсеналы, мобилизуя и обучая множество призывников, но в то же время десятилетиями старательно избегали малейшего конфликта. И в этом бурлящем котле соперничества, страхов и ненависти постепенно повышалось давление.

Крышка с котла была внезапно сорвана другим политическим убийством (за месяц до убийства Жореса). 28 июня 1914 г. наследник престола Австро-Венгрии эрцгерцог Франц Фердинанд Австрийский, находился с официальным визитом в столице Боснии Сараево. Его сопровождали его морганатическая жена чешка Софи, герцогиня Гогенберг, причем он совершенно пренебрег серьезными предупреждениями и намеренно приурочил свой визит ко времени сербского национального праздника *Vidovdan* (день Св. Вита), когда празднуется годовщина битвы на Косовом поле (см. главу VI). Для сербов это было намеренным оскорблением. Так что, когда вдоль улиц Сараево собрались толпы народа, среди них спрятались молодые убийцы, посланные одной из тайных сербских организаций, боровшихся с правлением Габсбургов, «Черной рукой».

Утром автомобиль эрцгерцога марки «Грэф унд Штифт» (1910 г.) в 28 лошадиных сил поехал неожиданным маршрутом; высокие гости благополучно прибыли на завтрак в городскую ратушу, где София приняла делегацию мусульманок. По дороге в машину бросили бомбу, но взрыв не причинил ущерба, а сам террорист был схвачен. После завтрака, однако, шофер эрц-герцога сделал неверный поворот. В попытках вернуться на правильное направление он подвез открытый автомобиль с пассажирами прямо к тому месту, где находился еще один заговорщик, болезненного вида девятнадцатилетний студент Гаврило Принцип. Он стрелял в упор, и пули из его револьвера смертельно ранили королевскую чету. Франц Фердинанд шептал, умирая: «Софи, Софи, не умирай! Живи ради наших детей!». Но Софи была уже мертва. Через час умер и ее муж. Глухой полночью их похоронят в часовне их дома в Арштеттен на Дунае. Машина же и пропитанная кровью одежда хранятся в Военном музее в Вене[89]. [КОНОПИШТЕ]

В течение четырех недель после выстрелов в Сараево рухнула вся дипломатическая и военная сдержанность в Европе. Ультиматумы, мобилизационные предписания и объявления войны рикошетом летали по канцеляриям посольств. Вена стремилась к решительным действиям против Сербии, и Берлин предоставил ей карт-бланш. 23 июля в Белград был доставлен ультиматум с требованием участия Австрии в преследовании террористов. Сербское правительство отвечало уклончиво и объявило частичную мобилизацию. 25-го императорский совет в России решил поддержать Сербию, не сумев проконсультироваться с Англией или Францией. 28-го Австро-Венгрия официально объявила Сербии войну. Тогда Россия начинает мобилизацию, подталкивая Германию объявить ультиматум сначала России, а затем Франции. По военному плану генерала Шлиффена, германский генеральный штаб должен был предотвратить возможность того, что Германия подвергнется нападению одновременно на двух фронтах. Жребий был брошен.

Когда не было получено ответа на два ультиматума, кайзер последовал совету своих генералов, утверждавших что безопасность Рейха не терпит дальнейшего промедления. 1 августа Германия объявила войну России, а 3-го — Франции. Несколько позднее — поскольку немецкие отряды, передвигаясь в направлении Франции,

КОНОПИШТЕ

Замок Конопиште (ранее известный как Конопишт) стоит посреди густых сосновых лесов центральной Богемии (Чехии). В 1890-х годах этот замок был любимой охотничьей резиденцией эрцгерцога Франца Фердинанда. В его время замок был роскошно отделан кожей и красным деревом; по стенам висели охотничьи трофеи эрцгерцога. Замок был, да и остается по сей день, элегантным могильником, до верху набитым всевозможными костями: от бивней слона до рогов северных оленей. Позднее замок приглянулся руководству войск СС нацистской Германии, которые также использовали его как резиденцию, а заодно перекрасили в черный цвет.

Об эрцгерцоге Франце Фердинанде вспоминают в связи с четырьмя фактами. Во-первых, он заключил морганатический брак с чешской графиней Софисй фон Хотек и тем самым лишил своих детей права на престол. Во-вторых, с благословения своей супруги он "весьма преуспел в том узколобом католическом фанатизме, который в Австрии называют религией". Третье, эрцгерцог Фердинанд намеревался превратить двуединую монархию Австро-Венгрии в федерацию равноправных наций. И, наконец, четвертое: пренебрегши советом не влезать в дела Боснии летом 1914 года, эрцгерцог запалил тот бикфордов шнур, который взорвал пороховую бочку под Европой и привел к Первой мировой войне.

Франц Фердинанд сам стал третьей жертвой в императорской семье. Он стал наследником императорского престола за двадцать пять лет до того дня, после смерти своего кузена Рудольфа. Рудольф был психически неуравновешенным молодым человеком. Он был в ужасе как от крайнего традиционализма отца-императора Франца Иосифа, так и от своенравия и капризов матери — императрицы Елизаветы. Страстный антиклерикал, он однажды записал в своем дневнике: «Высшие ли мы существа или животные? Животные...». Рудольф застрелился и застрелил свою любовницу (их роман продолжался всего семнадцать дней) в другом охотничьем поместье Габсбургов, Майерлинге (в Австрии) в 1889 году. Императрица Елизавета была заколота анархистом в Женеве в 1898 г.

Лишь немногие источники уделяют внимание страсти эрцгерцога к охоте. Однако на самом деле эта страсть имеет очень мало общего с охотой в нашем понимании. Франц Фердинанд буквально рыскал по земному шару в поисках очередного животного, которое он мог бы застрелить. Эта его страсть заметно превосходила все тогдашние привычки коронованных охотников. Франц Фердинанд рано увлекся пулеметом как оружием охоты. От него не было спасения ни одному из обитателей леса. Всего двух его визитов в Польшу хватило, чтобы поставить европейских бизонов (зубров) на грань уничтожения. По его приказу останки жертв эрцгерцогской охоты должны были тщательно сохраняться. В замке Конопиште из тел тысячи животных делались чучела и ставились под стекло. Головы своих трофеев Франц Фердинанд вешал на стены для устрашения посетителей. Для этих же целей придворный дантист придавал звериным клыкам еще более угрожающий оскал.

Эрцгерцог с женой выехали из своей резиденции в замке Конопиште в Сараево 23 июня 1914 года. Когда императору сообщили о смерти эрцгерцога, Франц Иосиф вздохнул с облегчением. «Бог не терпит оскорбления. Он восстановил тот порядок, который мне восстановить и поддерживать было уже не под силу», — прошептал император своему адъютанту. Считается, что эту эпитафию Франц Фердинанд заслужил за свой морганатический брак, однако она может быть отнесена к хладнокровному истреблению беззащитных тварей.

пересекли границу Бельгии, — правительство Великобритании направило ультиматум Берлину. Пять великих европейских держав вступали в большую войну, которой они старательно избегали в течение 99 лет.

Понедельник, 3 августа 1914 г., министерство иностранных дел, Уайтхолл, Лондон. Министр иностранных дел Англии смотрел из окна своего кабинета на картину мирного летнего вечера. Сэр Эдуард Грей отвечал за международные отношения величайшей в истории империи. Австрия сражалась с Сербией. Два дня назад Германия объявила войну России и Франция провела мобилизацию; германские войска оккупировали Люксембург и готовились напасть на Бельгию; русские войска вошли в Восточную Пруссию. Но Англия пока не воевала. После длинной речи в Палате общин сэр Эдуард только что вместе с премьер-министром Генри Асквитом набросали ультиматум, который следовало бы послать в Берлин, если немцы войдут в Бельгию. Было, должно быть, около 8–9 часов вечера, потому что он помнил, как зажглись газовые лампы внизу во дворе. Он обернулся к стоявшему здесь же другу, тот позднее припомнил слова: «Лампы гаснут по всей Европе. Боюсь, мы на нашем веку уже не увидим, как они зажигаются». Это одна из знаменитейших сцен английской истории, описанная во множестве учебников. Эти слова приводятся почти во всех антологиях знаменитых изречений[90]. К сожалению, собственные воспоминания сэра Эдуарда не вполне подтверждают эту историю: «Я вспоминаю об этих трех днях (1, 2 и 3 августа) как о почти бесконечных заседаниях и невероятном напряжении; но о чем именно спорили — я почти не помню... Я почти ничего не мог сделать; обстоятельства и события бросали вызов решениям...

Один мой друг пришел меня навестить как-то вечером — он утверждает, что это был понедельник, 3 августа. Мы стояли у окна моей комнаты в министерстве. Наступали сумерки, внизу зажигали лампы... Мой друг вспоминает, будто я заметил в связи с этим: «Лампы гаснут по всей Европе: мы уже не увидим, как они зажигаются»[91].

Не очень понятно, что же было в действительности. Странно, чтобы метафора «гаснущие лампы» пришла в голову человеку, наблюдающему, как их зажигают. Самый тщательный биограф Грея вообще не упоминает этой сцены[92]. Более того, накануне войны, когда дипломатия должна была бы быть особенно активна, человек, находящийся в самом жерле вулкана, говорит, что у него «было мало дел», и имеет время встретиться с другом и поговорить настолько ни о чем, что даже не помнит деталей разговора.

В тот же вечер Берлин осознал, что именно дипломаты поставили его перед необходимостью воевать на два фронта и без надежных союзников. В рейхстаге канцлер Бетман-Гольвег во всем винил Россию: «Россия бросила в наш дом зажженный факел», — заявил он. В Санкт-Петербурге, где только за два дня до этого узнали об объявлении Германией войны, царь и его генералы уже сумели запустить военную машину в действие. В Париже французы были озадачены нелепым обвинением Бетмана, будто французский самолет бомбил Нюрнберг. В Вене, где австрийское правительство уже неделю вело войну против Сербии, император-король и его министры не торопились вступать еще в одну войну с Россией. В Риме третий участник Тройственного союза сидел тихо. И только в Белграде действительно слышалась стрельба.

В бесконечных спорах о причинах Великой войны часто первейшим виновником признают сложившуюся систему дипломатических союзов начала XX века. Часто утверждают, что все шло к войне согласно логике двух враждебных блоков: Тройственного союза и Антанты. Громадные политические и экономические силы, как полагают, сформировали геополитический консенсус, где обе стороны были согласны с необходимостью поддерживать своих союзников и с тем, что последствия бездействия могут быть ужасны. Утверждают, что этот консенсус якобы связывал руки дипломатам, неумолимо толкая их на страшный путь, ведущий от небольшого балканского инцидента к глобальному пожару. Возникающие здесь противоречия следует рассмотреть подробно. Центральные державы были уже заранее связаны Тройственным союзом. Так что Германия была обязана поддерживать своего австрийского союзника в случае, если будет совершено нападение на Австрию. Но на Австрию никто не нападал, и Вена не имела причин апеллировать к условиям существовавших договоров. Убийство в Сараево не может рассматриваться как военное действие против Австрии, в особенности после примирительного ответа Белграда на австрийский ультиматум. Более того, Германия вполне сознавала, что ее третий союзник, Италия, никогда не вступит в войну в поддержку Австрии, если только не будет принуждена к этому исключительными обстоятельствами. Так что решимость Австрии наказать Сербию и ее требование к Германии одобрить такие действия никак не вытекали из условий Тройственного союза.

У Тройственного согласия обязательства были еще неопределеннее. Антанта не была союзом.

Карта 23

Россия и Франция действительно были обязаны по договору помогать друг другу в случае нападения на них; но они ясно сознавали, что третий член Антанты — Великобритания, формально не была обязана браться за оружие в их защиту. Кроме того, поскольку ни одно из государств Антанты не было связано союзническими отношениями с Белградом, то и нападение Австрии на Сербию не могло рассматриваться как *casus belli*

(повод к войне). В частности, не было никакого действующего русско-сербского договора[93]. По соглашению от 1839 г. Англия обязывалась поддерживать независимость Бельгии. Однако это было старинное обязательство, принятое задолго до создания Антанты. Так что, несмотря на видимую связанность обязательствами, дипломатическая система 1914 г. предоставляла правительствам значительные возможности маневра. Она не обязывала Германию в любых обстоятельствах поддерживать Австрию, Россию — поддерживать Сербию, или Великобританию — поддерживать Россию и Францию. Почти все ключевые вопросы решались в терминах «чести», «дружбы» или «опасений» и «целесообразности», а не статьям договоров. В таком случае уместнее взглянуть на дипломатов, а не на дипломатические союзы.

Сэр Эдуард Грей (1862–1933), позднее граф Грей оф Фаллодон, был настоящим английским джентльменом. Красивой внешности, скромный и склонный к уединению, он был воспитан в духе любви к родине и полон решимости ей послужить. Б. Шоу ехидно называл его «типичным британским юнкером» [в англ. яз. немецкое «*Junker*» ассоциируется с «*junk*» — «барахло» — *перев.*]. Он был потомком знатной семьи из Нортумберленда, которая прославилась сначала подвигами своего предка на поле боя в Миндене в 1759 г., а позднее — деятельностью второго графа, одного из инициаторов великой избирательной реформы (1832 г.). Впрочем, эта фамилия больше известна индийским чаем с отдушкой, который был назван в честь второго графа: *Earl Grey*. Сам сэр Эдуард был так стар, что еще помнил франко-прусскую войну. Когда в возрасте 8 лет он спросил отца, на чьей стороне симпатии Великобритании, то получил ответ: «Германцев». Со своими двумя братьями он был послан в школу-интернат в Винчестере, затем в колледж Баллиол в Оксфорде, после чего начал безупречную карьеру члена парламента от Либеральной партии, заместителя министра иностранных дел (1892–1895 гг.), и наконец министра иностранных дел в либеральном правительстве Асквита с 1906 г. по 1916 г.[94]

Образ жизни Грея был сама простота. Он был глубоко предан своей жене Дороти, с которой он разделял страсть к природе и которой он писал письма (если бывал в разлуке) каждый день. Вместе с женой он перестроил Фаллодон, устроив в своем поместье громадный заповедник для диких птиц. Он был заядлым рыболовом, любителем наблюдать за птицами и замечательным знатоком поэзии. Работая в Лондоне, он неизменно соблюдал священную традицию отправляться каждое воскресное утро шестичасовым поездом с вокзала Ватерлоо, чтобы половить рыбу у своего сельского домика в деревушке Итчен-Эббас в Гэм-

пшире. «Для него было важнее поймать трехфунтовую форель на мушку, чем произнести выдающуюся речь в палате общин»[95].

Грей сумел, не скупясь на слова, описать эти простые радости. Он издал книгу о ловле рыбы на мушку, о водоплавающих птицах в Фаллодоне и о *Прелюдии* Вордсворта, а также о птицах, цветах, синеве небес и сиянии звезд.

Приглашенный прочитать лекции в Америке, он однажды выбрал своей темой «активный отдых». По ходу дела он вспомнил историю о том, как, будучи министром иностранных дел, развлекал бывшего президента Теодора Рузвельта, взяв его в двадцатичетырехчасовое путешествие по просторам Гэмпшира. Его гость также был заядлым любителем птиц и прекрасно различал их пение. Грей был потрясен, когда Рузвельт без колебаний расслышал крик крапивника с золотистым хохолком — единственного представителя этого вида, который встречается и в Англии, и в Америке. «Сегодня мы слушаем пение, — сказал он однажды, — которое было известно еще тем поколениям людей, о которых история ничего нам не донесла»[96].

Грей не был типичным империалистом или разъезжающим по всему миру дипломатом. В отличие от двух своих братьев, из которых один был убит львом в Африке, а другой — бизоном, он мало где побывал в Британской империи. Он читал по-французски, но не говорил на иностранных языках и, за исключением каникул на континенте, не узнал как следует ни одной зарубежной страны. Он был всецело предан духу «блестящей изоляции» 1890-х гг., когда он впервые занялся международными отношениями. Он не видел причин, по которым бы Англия должна была чрезмерно вмешиваться в европейские дела. Он руководствовался такими максимами: «Никаких обязательств» и «У нас руки должны быть свободными». В 1914 г. ему было 52 года; личная жизнь Грея кончилась: его жена погибла в дорожном происшествии за 8 лет до этого. Теперь он общался только с природой, смотря на нее слабеющим взором: он терял зрение. При катаракте и прогрессирующем разрушении сетчатки ему уже было непросто прочитать газету. И если бы не поток профессиональных дел, он отправился бы летом 1914 г. на консультацию к окулисту в Германию.

Грей не относился к Германии враждебно. Он вообще ни к кому не относился враждебно. Он чувствовал некоторую неловкость в связи с притязаниями Германии. Невзирая на все разговоры о войне за колонии и о желании Германии «занять свое место под солнцем», он полагал, что устремления кайзера имеют другое направление. «Чего действительно хотела Германия, — писал он уже после войны, — так это места в умеренном климате с плодородной землей, которое можно было бы заселить своим собственным белым населением... и под германским флагом. Мы такого места предложить не можем»[97]. С другой стороны, однако, он считал, что планы Германии относительно Восточной Европы угрожают Британской империи.

В течение месяца после событий в Сараево приходившие новости мало были связаны с европейским кризисом. В тот день, когда был застрелен эрцгерцог, Сарданапал барона де Ротшильда едва не завоевал "Гран-при" в Париже (отстав всего на голову). Британский календарь в июле 1914 г. был заполнен обычными летними объявлениями:

2 Скончался Джозеф Чемберлен.
3 На аукционе Кристи картина Коро *Le Rond des Nymphes* («Хоровод нимф») продана за 6 600 гиней.
4 Гарвард завоевал Большой кубок на регате в Хенли.
7 Открыт памятник Виктору Гюго в Кандид-парке, Гернси.
9 Англиканская церковь допустила женщин в состав приходских советов.
11 Победа в соревновании самолетов в перелете Лондон–Париж–Лондон была достигнута с рекордным временем 7 часов 13 минут 6 секунд.
12 Диванти, Швейцария: 1 300 лет Св. Сигизберта.
16 Грейвсенд, приходская церковь: посол США открывает витраж, созданный в память индейской принцессы Покахонтас.
   Жорж Карпантье (Франция) наносит поражение «Канонерке» Смиту (Америка) на мировом чемпионате по боксу среди белых тяжеловесов.
24 Провал конференции о законах в Ирландии.
26 Шотландский полк пограничных войск открыл огонь по толпе в местечке Хаут после инцидента с контрабандой оружия в Ирландию.

31 Убийство Жана Жореса, лидера французских социалистов.
1 августа экспедиция сэра Шэклтона отплыла в Антарктику[98].

Первые признаки большой беды дошли до Лондона 31 июля, когда закрылась Лондонская фондовая биржа, и банковская ставка поднялась до 8%. В воскресенье 2 августа во всех церквях и часовнях Соединенного королевства возносили молитву о нации. Была отменена 3 августа традиционная регата в Каусе.

Действия Грея во время кризиса 1914 г. и хвалят, и презрительно осуждают. Уинстон Черчилль, первый лорд Адмиралтейства, восхищался: «[Грей] бросился в немыслимую двойную борьбу, чтобы а) предотвратить войну и б) не оставить Францию без поддержки, если война начнется. Я наблюдал... за его искусством и хладнокровием... с восхищением. Ему надо было заставить немцев понять, что с нами надо считаться, и в то же время не дать почувствовать России и Франции, будто мы у них в кармане»[99].

«Манчестер гардиан», ведущая газета британских либералов, была решительно с этим не согласна и надеялась, что Великобритания сохранит нейтралитет. «Годами, — возмущалась газета, — [Грей] не говорил нам всей правды»[100].

Дэвид Ллойд Джордж, министр финансов Англии, также был настроен критически. В начале 1914 г. он выступал за сокращение расходов на вооружения, полагая, что англо-германские отношения были "гораздо более дружескими, чем в былые годы". «Грей был самым недальновидным из наших государственных деятелей, — писал он позднее, — с него вполне хватило бы и Нортумберленда...» Причем самой роковой ошибкой Ллойд Джордж считал следующее: «Если бы он [Грей] вовремя предупредил Германию, по какому пункту Британия объявит войну... все бы пошло иначе»[101].

В Германии подобная же критика облекалась в более острую форму. Многие считали, что Грей был «головотяп», «хитрый лицемер», «главный архитектор войны, доведшей Германию до гибели». Даже те немцы, которые отдавали должное добрым намерениям Грея, все же сурово его осуждали: «[Сэр Эдуард] воображал, что твердой рукой ведет свой корабль, и не заметил, что на руле уже были другие руки». Его называли «человеком двойной морали, двойных стандартов»[102].

После войны Грей не говорил об общей вине, тем более об ошибках дипломатов. Вместо этого он рассказал анекдот о Японии. «Мы были творческой нацией художников, — сказал ему однажды японский дипломат, — но только теперь, когда мы научились убивать, вы стали считать нас цивилизованными»[103].

Сэр Эдуард встал на путь, ведущий к войне, очень поздно — в последнюю неделю июля. 25-го, как обычно в воскресенье, он поехал на рыбалку в Итчен-Эббас «с невозмутимым хладнокровием… или с преступным пренебрежением обязанностями»[104]. На этом этапе «он совершенно не думал о войне». Поначалу он сочувствовал Австрии и только тогда заметил, что дела вышли из-под контроля, когда Австрия с презрением отвергла примирительную ноту Сербии. Он был убежден, что великие державы «остановятся перед пропастью», что Великобритания должна поддержать Францию, если война начнется, что Великобритания, однако, не примет никаких обязательств, которые бы она не смогла выполнить, и, следовательно, что мы (правительство Великобритании) «должны обращаться к Германии». 26-го, после обеда с виконтом Холдейном, он разговаривает с неофициальным эмиссаром Германии Баллином, и тот сообщает в Берлин, что Великобритания останется нейтральной, если Бельгия не будет полностью «проглочена». 27-го он предлагает созвать международную конференцию, но обнаруживает, что его предложение никто не поддерживает.

31-го, когда в России и Германии уже шла мобилизация, Грей еще не дает никому никаких положительных обязательств, хотя он уже отверг к тому времени предложенный Германией договор о ненападении (см. ниже). В воскресенье 1 августа, отменив обычную поездку в Гэмпшир, он обедает в клубе «Брукс», где его видели позднее за игрой в бильярд. 2-го он присутствует на воскресном заседании кабинета министров (неслыханное доселе событие!), однако министры не пришли ни к какому определенному мнению относительно последствий германского вторжения в Бельгию. Несколько министров, включая Морли, лорда-председателя Тайного совета, и Джона Бёрнса, министра торговли, объявили, что уйдут в отставку, если Великобритания нарушит нейтралитет.

Расписание сэра Эдуарда на 3 августа начиналось снова с утреннего заседания кабинета. В 2 часа дня, после ланча, он отправился в министерство иностранных дел, чтобы встретиться с немецким послом, князем Лихновским, и тот проинформировал его, что вторжение в Бельгию неминуемо, а взамен попросил ознакомиться с черновиком предстоящего через час выступления сэра Эдуарда. Грей отказался разглашать содержание своей речи заранее, перешел через улицу к Вестминстерскому дворцу и в 3 пополудни поднялся со своего места для выступления: «На прошлой неделе я утверждал, что мы работаем… над тем, чтобы сохранить мир в Европе. Сегодня… ясно, что мир в Европе сохранить невозможно. По крайней мере — Россия и Германия объявили войну».

Сэр Эдуард дальше разъяснил, что Великобритания все еще свободна выбрать свой путь. Великобритания не участвовала во франко-русском альянсе и «даже не знала его условий». Обрисовывая, однако, факторы, которые будут предопределять действия Великобритании, он начал с того, что выразил сочувствие французам в их затруднительном положении. «Нет другой страны или правительства, которые бы меньше, чем Франция, желали быть втянутыми в войну из-за спора Австрии и Сербии. Французы втянуты в это по обязательствам чести… как союзники России». Перечисляя интересы Великобритании, он специально отметил Ла-Манш и англо-бельгийский договор 1839 г. Из этого сэр Эдуард заключал, что «безусловный нейтралитет» Великобритании — неприемлемая позиция. Благодаря своему флоту она пострадает от вступления в войну не больше, чем если останется в стороне. Но престиж Великобритании сильно пострадает, если она пожертвует «обязательствами чести и своими интересами». Он был уверен, что Великобритания не уклонится от своего долга: «Если же, что вполне возможно, нас принудят занять определенную позицию по этим вопросам, тогда, я полагаю… мы сможем опереться на твердость, решительность, мужество и выдержку всей нашей страны»[105].

Хотя выражения были весьма неопределенными, сэр Эдуард все же сумел сообщить миру, что для сохранения дальнейшего нейтралитета Великобритании необходимо, чтобы Германия перестала угрожать Бельгии и Ла-Маншу.

После этой речи к сэру Эдуарду подошел Уинстон Черчилль и спросил: «Что же дальше?» - «Теперь мы пошлем им ультиматум с предложением остановить вторжение в Бельгию в течение 24 часов»[106]. В офисе премьер-министра в палате общин Асквита посетила его жена. «Итак, все пропало? — спросила она. — Да, все пропало.» «Генри сидел за своим письменным столом, откинувшись назад с пером в руке… Я встала, прислонилась к нему головой. Слезы не давали нам говорить»[107].

В 1914 г. защита Великобритании целиком зависела от флота. Ни первый лорд адмиралтейства (военно-морской министр), ни первый морской лорд (начальник главного морского штаба) принц Льюис Баттенберг не хотели войны. Принц Льюис издал приказ, запрещающий рассредоточивать флот после летних маневров, и 2 августа рекомендовал всеобщую флотскую мобилизацию[108]. Черчилль согласился. Утром 3-его за своим столом в адмиралтействе Черчилль получил письмо от жены, которая написала ему: «Это будет страшная война». Он ей отвечал: «Дорогая Кошечка, все кончено. Германия покончила с последними надеждами на мир, объявив войну России, и с минуты на минуту ожидают объявление войны Франции. Я вполне тебя понимаю. Но мир сошел с ума, и нам надо позаботиться о себе и своих друзьях… Дорогая Кошечка, моя нежно любимая. Преданный тебе У. Поцелуй котяток»[109].

Поговорив с Греем, Черчилль послал записку премьер-министру: «Если нет прямого запрещения, то я привожу в действие англо-французскую диспозицию для защиты Ла-Манша»[110].

Вторник 4 августа был в Лондоне днем ожидания. Утром пришли новости, что германские войска перешли бельгийскую границу. Британский ультиматум Германии был отправлен в 2 часа дня, причем с требованием ответа еще до конца того же дня. Асквит писал своему близкому другу и наперснице Венеции Стэнли: «Уинстон, раскрасившийся во все краски войны, выступает за борьбу на море».[111] Два немецких корабля, «Гёебен» и «Бреслау», на всех парах неслись через Средиземное море в Турцию. Британцы были уверены, что перехватят их.

Ультиматум истек в 11 часов (полночь в Берлине), так и оставшись без ответа. Через 15 минут кабинет собрался на Даунинг-стрит, 10.

Позднее Ллойд Джордж в частном письме к миссис Асквит описал происходившее так: «Уинстон ворвался в комнату сияющий, лицо его светилось, движения были резкими, рекой лились слова о том, как он пошлет телеграммы на Средиземное море, на Северное море и Бог знает еще куда. Всякий бы увидел, что он счастлив»[112].

Именно в этот момент адмиралтейство послало сигнал на все корабли: «Немедленно начинайте военные действия против Германии». Вопреки настроению ведущих политиков Великобритания отказалась от мирного нейтралитета. Это решение превратило войну на континенте в мировую.

Объявление Великобританией войны как бы оформило величайшее дипломатическое поражение Нового времени. Оно давало завершение самому дерзкому из тех сценариев, которые рассматривались дипломатами в течение последнего месяца. В порядке следования это было четвертое объявление войны: первое — Австрией, второе и третье — Германией. Из всех стран Антанты только Великобритания проявила инициативу вступления в войну.

За четыре недели до этого, когда Вена потребовала удовлетворения от Белграда в связи с покушением в Сараево, аналитики могли представить себе разрешение европейского кризиса как одну из четырех возможностей. Можно было представить себе, что он будет улажен без войны, как это случилось ранее, в 1908 г. после Боснийского кризиса. С другой стороны, события могли привести к локальной войне, которая бы ограничилась Австрией и Сербией. В-третьих, если бы великие державы не проявили сдержанности, могла вспыхнуть континентальная война, для которой уже были готовы союзы и планы генеральных штабов. В этом случае Германия и Австрия действовали бы против России и Франции, и Великобритания осталась бы нейтральной. И, наконец, упаси Боже, могло случиться так, что Великобритания прямо была бы втянута в войну, и контролируемая континентальная война расширилась бы и превратилась в неконтролируемый мировой конфликт. По этой причине дипломатические отношения между Лондоном и Берлином были важнее, чем отношения между другими европейскими столицами. Вена была ключевой для локальной войны, Берлин — для континентальной войны, а Лондон — для мировой.

Всякий компетентный исследователь без труда назовет те причины, по которым втягивание Великобритании в войну вызывало весьма специфические осложнения. Со стратегической точки зрения британские владения были разбросаны по всему миру и их судьба повлияла бы не только на европейские государства. С политической точки зрения Британская империя в 1914 г. все еще была величайшей мировой державой, и война против нее рассматривалась бы как война за мировое превосходство. С экономической точки зрения Великобритания оставалась мировой финансовой столицей. Хотя ее технология и промышленность уже не могли сравниться с германскими, она все же могла мобилизовать колоссальные ресурсы. С дипломатической точки зрения высокородные *лорды Альбиона* никогда не знали поражения. Они были знамениты своей неописуемой самоуверенностью, упрямым чувством собственной правоты и своим вероломством.

Но что гораздо важнее, с военной точки зрения Великобритания была непредсказуема, она поку-шалась на победу, отнимая ее у явного лидера, она была тем участником, чей вклад был абсолютно непрогнозируемым. Благодаря британскому превосходству на море невозможно было устрашить Британские острова даже самыми решительными действиями с континента. В то же время у Великобритании было лишь то, что кайзер назвал «презренно маленькой армией»[113], которая не могла играть важной роли на континенте, если только она не будет постепенно усилена призывом. Британское правительство до поры до времени не принимало в расчет возможности неожиданного поражения и полагало, что длительная война приведет к постепенному наращиванию военной мощи страны в течение двух-трех лет.

Последствия этого были ясны. Если военные действия на континенте на ранних этапах войны пойдут удачно для Франции и России, то участие Великобритании обеспечит перевес сил для решительной их победы. Если же дела пойдут хорошо для центральных держав, Берлин и Вена не смогут рассчитывать на такой уж благоприятный выход. Если даже французская и русская армии сначала потерпят поражение, центральные государства, как наполеоновская Франция, все же будут иметь перед собой непокоренную и недоступную Великобританию, которая использует все свои средства, чтобы собрать против них новые коалиции. Если же первоначальные сражения не станут решающими, она окажется в лучшем положении, чем кто бы то ни было, чтобы накопить силы на позднейших стадиях войны. В отличие от Германии Великобритания не могла выиграть кампанию на континенте, но ее и нельзя было легко победить. Короче, что бы ни случилось, у нее были возможности помешать перспективе быстрой «ограниченной войны», о которой мечтали германские генералы.

В то время велось много разговоров о милитаризме. Полковник Хаус, американец, посетивший Берлин в 1914 г., был потрясен помпезной демонстрацией силы. А между тем все великие державы демонстрировали в это время помпезность и самодовольство, различия были, самое большее, в стиле. Во всех странах в 1914 г., в отличие от 1939 г., военная этика была неотделима от кодекса чести. Немецкий наблюдатель с горечью замечает: «Милитаризм в Соединенном королевстве считается [британцами] почти что Богом, а милитаризм в Германии — дьяволом»[114]. Обсуждались также технические вопросы войны. Один вопрос касался контроля над Ла-Маншем. Британский и французский военно-морские штабы договорились заранее, что французский флот будет сконцентрирован в Средиземном море, а Ла-Манш будут патрулировать военно-морские силы Великобритании. Это означало, что нейтралитет Великобритании во время франко-германской кампании в Бельгии автоматически предоставлял германским кораблям свободный проход вдоль французского и английского берегов. Другой важный момент составляла процедура мобилизации. Согласно германскому уставу предполагалось наличие некоторого подготовительного периода под названием «состояние военной опасности», за которым следовал второй период, когда полная мобилизация могла быть проведена практически немедленно. На деле объявление Германией этой *Kriegsbereitschaft* (готовности к войне) было равнозначно объявлению всеобщей мобилизации в других странах.

Так представлялись вопросы, которые необходимо было разрешить германским дипломатам во главе с их канцлером Бетман-Гольвегом до того как они вынудили своих противников открыть карты.

Теобальд фон Бетман-Гольвег (1856–1920) был настоящим прусским чиновником. Образованный, воспитанный и серьезный, он провел всю свою жизнь в высших эшелонах государственной бюрократии. Он происходил из семьи банкиров из Франкфурта, которые перебрались в Берлин и были пожалованы дворянством еще за два поколения до канцлера. Их прославил дедушка Теобальда Мориц Август, профессор права, отличившийся тем, что находился в либеральной оппозиции режиму Бисмарка. Сам Теобальд был еще слишком юн, чтобы лично участвовать в франко-прусской войне, которую возненавидел его дед. Его с братом Максом отослали в школу-интернат Furstenschule Pforta (Фюрстеншуле Пфорта), затем последовало изучение права в Страсбурге и Лейпциге и успех на труднейших экзаменах на право поступления на государственную службу. *Primus omnium* (первый ученик) в школе, ставший доктором юриспруденции не достигнув еще 30 лет, Теобальд был вполне готов к быстрому шествию наверх по лестнице бюрократической карьеры: *оберпрезидент* (советник) в Потсдаме, *регирунгс-президент* (начальник округа) в Бромберге (Быдгоще), *оберпрезидент* (губернатор провинции) Бранденбург, имперский министр внутренних дел в 1905 г., заместитель рейхсканцлера в 1907 г., с 1909 г. — рейхсканцлер и премьер-министр Пруссии. С этого времени и до июля 1917 г. он отвечал за всю внутреннюю и внешнюю политику самого могущественного государства Европы[115].

Бетман-Гольвег не был типичным юнкером. Он получил в наследство прекрасное поместье в Гогенфинове, к востоку от Берлина, но *Rittergut* (дворянское поместье), купленное дедом, не имело корней в семейной традиции. Он служил в местном полку (15-м уланском), но всего лишь один год после школы. Он постепенно глубоко привязался к Гогенфинову — огромному трехэтажному зданию из красного кирпича в конце длинной липовой аллеи, стоявшему посреди 7 500 акров земли на отвесном берегу Одера. Своим девизом он взял слова *Ego et domus mea serviemus domino* ("Я и мой дом станем служить Господу"). Но в молодости он пережил годы беспокойной, романтической страсти и много бродил, читая стихи, по горам Эйфель и Зибенгебирге со своими друзьями из мира богемы. Он стыдился за брата, бежавшего в Техас, чтобы там торговать

недвижимостью, вместо того, чтобы сдавать государственные экзамены. Однажды он выставлялся на выборах в рейхстаг от местного избирательного округа, однако даже те немногие голоса, которые он собрал, были отвергнуты избирательной комиссией в связи с какой-то формальностью, и он больше никогда не пытался участвовать в избирательной кампании. Он женился на несколько необычной девушке Марте Пфуэль-Вилькендорф, которая, когда ему предложили высший пост в Рейхе, воскликнула: «Тео, дорогой, ты не можешь этого сделать!»[116]

Бетман был очень непростым человеком. Он жил строго по заведенному порядку, даже в Берлине начиная утро в 7 часов с долгой верховой прогулки. Но непреклонность его привычек не делала его работу эффективнее, а его самого решительнее. Он исключительно хорошо выражал свои мысли и был хорошо информирован; но у него была несчастная привычка вечно медлить и совершать промашки, которых более разумный политик избежал бы. Ему было исключительно не по себе в военном окружении кайзера; пугали его и социал-демократы, очень влиятельные в демократическом секторе германской политики. Много информации о времени его канцлерства почерпнуто из дневников его личного помощника Курта Рицлера, который проработал с ним бок о бок все время кризиса 1914 г. Рицлер пишет: «Он столь же хитроумен, сколь и неумел в работе»[117]. Биограф Бетмана упоминает его «агрессивно-защитную заносчивость»[118].

Бетман занял свой пост отчасти по старшинству на государственной службе, отчасти же благодаря убеждению его сторонников, что он может держаться между радикалами и консерваторами. По германским стандартам он был очень умеренный консерватор: во внешней политике много раз демонстрировал свою приверженность миру, много раз предостерегал против милитаризма. В этом отношении он был для Пангерманского союза настоящим *bete noire* (жупелом), и оттого члены союза жаждали его смещения.

По-видимому, он руководствовался принципом *Weltmacht und kein Krieg* («Власть над миром, но никакой войны»). Еще в ноябре предыдущего года он упрекал кронпринца за недостаток сдержанности: «Позвякивать саблей при всяком затруднении... это не только ошибка, это преступление»[119]. Размышляя о перспективах вскоре после Сараево, он делился с Рицлером: «Любой всеобщий конфликт [приведет] к революционному изменению всего существующего»[120]. Двумя неделями позже он лично выразил протест кайзеру по поводу грозных заявлений кронпринца и некоторых печатных изданий.

В июле 1914 г. Бетману было 58 лет, всего за два месяца до этого умерла его жена. Он постоянно совершал поездки между Гогенфиновом и Берлином, один или в сопровождении Рицлера. По отношению к Англии Бетман был настроен дружественно. Его сын Эрнст, который будет убит на войне, учился в Оксфорде в 1908 г. Все, что он писал или говорил до кризиса, свидетельствовало о его желании и надежде восстановить *rappro-chement* («дружеские отношения») Англии и Германии.

Но поведение Бетмана не вызывало восхищения ни у кого, кроме его ближайших соратников. Рицлер восхищался его стойкостью в условиях, когда на него оказывали давление, и сравнивал его «угрызения совести» с «холодным лицемерием» Грея. «Канцлер — дитя первой половины XIX в., — писал он, — и наследник более идеалистической культуры»[121]. Но кайзер был резок: когда в середине июля дела пошли плохо и Бетман предложил уйти в отставку, кайзер, предположительно, сказал: «Вы заварили эту кашу, теперь ешьте ее»[122]. Не больше симпатии высказал и Альберт Баллин, президент пароходной компании *Гамбург–Америка* и неофициальный посредник в сношениях с Лондоном. Друг предшественника Бетмана на посту канцлера, он называл Бетмана «местью Бюлова», говорил о его «апатии», «пассивности», «недостатке инициативы», о его «чудовищной некомпетентности». «Бетман, — отзывался он, — был человеком, который обладал даром изумительно говорить... но не отдавал себе отчета в том, что политика — грязное дело»[123]. Фон Бюлов, бывший канцлер, указывал как на фатальную ошибку на то, что «было бы вполне достаточно сказать Вене [после Сараево] что мы определенно не санкционируем никакого разрыва между Сербией и Австро-Венгрией»[124].

В Англии Бетмана критиковали еще беспощаднее. В печати ему припоминали не только его «нерешительность» и «половинчатость», но также и «прусское по преимуществу представление о морали». Все полагали, что Бетман, проводя внешнюю политику Германии, не понимал, что государственным кораблем Германии правят военные[125]. После войны Бетман сделает своим коньком разговоры о коллективной вине. «Все нации виновны, — настаивает он в своих мемуарах. – И на Германии тоже лежит большая вина»[126].

Бетман встал на путь, ведущий к войне, в первую неделю июля. Поскольку министр иностранных дел отсутствовал (у него был медовый месяц), Бетман с самого начала взял руководство дипломатией Германии в свои руки. Он постоянно торжественно заявлял о решимости избежать международного конфликта. Утром 5 июля его вызвал кайзер, чтобы узнать его мнение в связи с требованием Австрии о помощи в ее конфликте с Сербией. Было принято два противоречивых решения: воздержаться от прямого ответа и уверить Франца Иосифа, что Германия его не покинет. Днем Бетман присутствовал на совещании военных советников кайзера, где преобладало мнение, что Россия не вмешается, так что Сербию следует наказать, «и чем скорее, тем лучше». Это побудило Бетмана заявить послу Австро-Венгрии: «Вене придется принять решение, о том, что сделать для прояснения отношений Австрии с Сербией. [Тем не менее,] в этом она вполне может полагаться на поддержку Германией [австро-венгерской] монархии как союзника и друга — какое бы ни было принято решение»[127].

Это был знаменитый карт-бланш на войну Австрии с Сербией.

Вернувшись в Гогенфинов, вечером 8-го Бетман разговаривал с Рицлером «на веранде под звездным небом». Он объяснил опасности всеобщего конфликта. Затем он сказал, что бездействие — это худшая политика. Он был одержим страхом перед Россией: «Будущее принадлежит России, которая растет и растет, нависая над нами, как ночной кошмар»[128]. В глубине души канцлер, таким образом, был согласен с теми более откровенными генералами, которые говорили, что позиция Германии только пострадает от промедления. Шесть дней спустя, 14-го, хотя ничего особенного не произошло, Рицлер сообщает, что канцлер сказал: «Наше положение отчаянное... Это просто прыжок во тьму и как таковой он является нашей суровой обязанностью». Казалось, что Бетман уже смирился с «просчитанным риском» континентальной войны[129].

На третьей неделе июля Бетман начал подозревать, что его игра плохо продумана. Ни одно решение не подходило к развернувшейся перед ним головоломке. Он посоветовал кайзеру продолжить круиз по Балтике, чтобы все выглядело, как обычно. Когда его совет был отвергнут, он предложил уйти в отставку; отставка тоже была отвергнута. Рицлер пишет, что канцлер чувствовал себя обреченно, и ему казалось, что общественное мнение склоняется к войне: он улавливал в людях «чрезвычайное и неопределенное стремление к действию».[130] С таким расположением духа он предпринимает два практических действия. Он не разрешает министру внутренних дел арестовать социалистов, поляков и других, кто был в списке *Reichsfeinde* («враждебных элементов»), и на секретной встрече с лидером социал-демократов информирует оппозицию о серьезности сложившегося положения. Оба этих шага обезоружили оппозицию войне.

29-го, когда Россия в ответ на нападение Австрии на Белград объявила частичную мобилизацию, Бетман, наконец, всерьез задумался о возможности всеобщего конфликта. Он предложил заключить с Великобританией договор о нейтралитете, гарантируя целостность территории французской метрополии. Ночью же, в противоположность своей первоначальной линии, стал бомбардировать Вену телеграммами: «Мир в огне», — и предлагать переговоры. Ни то, ни другое не принесло никаких плодов. В результате Германия стояла накануне войны с Россией без гарантированной поддержки Австрии. Берлин чувствовал себя обязанным помогать Вене, но Вена могла и не помогать Берлину. Тройственный союз был в полнейшем беспорядке.

Время принятия решения наступило 30 июля. Кайзер очень испугался телеграмм из Санкт-Петербурга. На полях одной из них он написал: «Война на уничтожение против нас»[131]. Берлин был убежден, что его «окружают». В 9 вечера Бетман встретился с военными руководителями, фон Мольтке и фон Фалькенгайном. Они приняли решение объявить «состояние военной опасности». Таким образом, в первые дни августа автоматически начался отсчет времени начала всеобщей войны на континенте. Причем они не знали даже ни об объявлении в России всеобщей мобилизации, ни о намерениях Бельгии или Великобритании, но жребий был брошен.

В этих двух ключевых решениях (5 и 30 июля) ничто не указывает, будто генералы подталкивали страну к войне вопреки мнению Бетмана. Правда, как последним средством, кайзер все еще обладал истинно прусским *Kommandogewalt*, то есть «силой власти», и над генералами, и над министрами. Но канцлер всегда старался избежать положений, когда эта сила могла бы быть использована против него. Он не попал в войну случайно — он разделял ответственность за те решения, которые войну вызвали[132]. Было лишь одно смягчающее обстоятельство, которым часто пренебрегают историки союзников: Россия провела мобилизацию с той же поспешностью, что и Германия.

С этого времени канцлер заботился лишь о том, чтобы всю вину возложить на Антанту. В 11 вечера 30-го он узнал, что в России проводится всеобщая мобилизация, и воспользовался этой информацией, чтобы оправдать принятое им ранее в полном неведении этого факта решение. 1-го Бетман объявляет России войну, требуя в то же время от Парижа нереальных заверений в том, что Франция разорвет союз с Россией. Баллин присутствовал при том, как в выходящей в сад комнате канцлерского дворца Бетман изо всех сил подгонял клерков закончить текст объявления войны. «Зачем так торопиться объявлять войну России, Ваше превосходительство?» — спросил он. «Если мы этого не сделаем, мы не заставим социалистов воевать»[133]. 2-го августа германскому послу в Брюсселе было приказано вынуть письмо из запечатанного конверта, который за семь дней до этого приготовил фон Мольтке. В письме от Бельгии требовалось принять защиту Германии против несуществующего нападения французов. 3-го Германия объявила войну Франции.

Днем 3-го августа, в то же время, когда Грей обратился к палате общин, Бетман обратился к рейхстагу со своей речью о русской «головешке». «Война с Россией и Францией была нам навязана», — заявил он. И, повторяя за Греем слова о бесконечной решимости, сказал: «Вся немецкая нация... объединилась до последнего человека»[134].

4-го германские войска вторглись в Бельгию. В полдень Бетману сообщили с Вильгельмштрассе, что пришел британский ультиматум. В своей тронной речи кайзер спокойно говорил о том, чтобы вынуть меч «с чистой совестью и чистыми руками»[135]. Но Бетман был в ярости. Когда британский посол заехал перед отбытием, стены дворца канцлера буквально дрожали от беспрецедентной тирады обвинений. Крича по-французски, канцлер разносил посла добрых 20 минут: «Эта война превратится в беспримерную мировую катастрофу только из-за участия в ней Великобритании. Лондон вполне мог усмирить французский реваншизм и панславянский шовинизм. Но Уйатхолл не сделал этого, а наоборот их провоцировал... Все мои попытки удержать мир были неправильно истолкованы. И кем? Англией. И почему? Ради нейтралитета Бельгии. А может ли этот нейтралитет, который мы по необходимости нарушаем, борясь за само наше существование, в самом деле стать причиной войны?... В сравнении с ужасом подобной катастрофы не кажется ли этот нейтралитет клочком бумаги? Германия, император и правительство — миролюбивы. И посол знает это так же хорошо, как и я. Мы вступаем в войну с чистой совестью. Но ответственность Англии невероятно велика»[136].

Посол расплакался. Дипломатия себя исчерпала.

Как ни странно, слова Бетмана о клочке бумаги (un chiffon de papier) отсутствовали в первоначальном изложении послом этой горячей тирады. В них так же можно сомневаться, как и в словах Грея о «гаснущих лампах»: были ли они произнесены на этой судьбоносной встрече?[137]

Настроения этих летних дней особенно ярко проявлялись вдалеке от дипломатических корпусов.

В Париже 3 августа Марсель Пруст провожал своего брата, медицинского офицера, отправлявшегося с Восточного вокзала в Верден, потом он вернулся на бульвар Осман и написал ночью своему агенту: «Миллионы людей будут истреблены в этой "Войне миров", как у Уэллса»[138].

В Англии Вирджиния Вульф проводила Bank Holiday (банковский выходной) в Родмелле, около Льюиса в Сассексе. В 4 часа 3-го она написала Ванессе Белл: «Дорогая моя, не могли бы Вы отдать нам половину ренты — 15 фунтов — до нашего отъезда?... Почтальон принес слухи, что два наших военных корабля потоплены — однако, мы считаем... что пока еще мир не нарушен... Я тебя обожаю»[139].

Молодой поэт Руперт Брук, который неделе[й] раньше обедал на Даунинг-стрит, 10 с Асквитом [и] Черчиллем, спешно отправляет письмо Гвен Дар[-]вин, теперь миссис Рейврат: «Все идет совершен[-]но не так. Я хочу, чтобы Германия разбила Росси[ю] на мелкие кусочки, а потом бы Франция разбил[а] Германию. Вместо этого, я боюсь, Германия раз[-]громит Францию, а потом будет сама сметена Рос[-]сией. Франция и Англия — единственные стран[ы] достойной власти. Пруссия — дьявол. А Росси[я] означает конец Европы и всего пристойного. Я предвижу в будущем славянскую империю, все[-]мирную, деспотическую и безумную»[140].

Д. Г. Лоуренс отдыхал с тремя друзьями [в] Озерном крае:

"Я гулял в Уэстморленд, довольно счастливый[,] с водяными лилиями на шляпе... и выделыва[л] всякие фокусы под дождем, [а] Котильянский на[-]певал еврейский мотив, похожий на стон, — Ranani Sadekim Badanoi... Потом мы пришли [в] Бэрроу-ин-Фернесс и узнали, что объявлена война[.] Мы совершенно обезумели. Я помню, как солда[-]ты целовались на станции в Бэрроу, и одна жен[-]щина кричала своему возлюбленному: «Когда т[ы] до них доберешься, Клем, задай им как следу[-]ет»... — и во всех трамваях: «Война — "Викер[с] Максим" вызывает своих рабочих»...

Потом я прошелся по берегу несколько миль[.] И я думаю об удивительных закатах над песком [и] дымным морем... и поразительно живой, фантас[-]тической красоте всего, что возникло от немысли[-]мой боли..."[141]

Возбуждение было чрезвычайным также и [в] Германии и Австрии. Томас Манн был в Бад[-]Тёльце в Баварии, ожидая, когда будет созва[н] Landsturm (ландштурм) (части местного опол[-]чения). Отказавшись быть свидетелем на свадь[-]бе брата Генриха, он так описывает свои чув[-]ства: «Не должны ли мы чувствовать благодар[-]ность за совершенно неожиданный шанс пере[-]жить такие великие события? Мое главное чув[-]ство — чрезвычайное любопытство и, я признаю[,] глубочайшая симпатия к этой проклинаемой, [не] поддающейся пониманию, роковой Германии, к[о-]торая — даже если до сих пор не признавал[а] безоговорочно цивилизацию как величайше[е] благо — во всяком случае готовится разбит[ь] самое презренное полицейское государство [в] мире»[142].

Вена была полна слухов, и папскому нунцию отказали в доступе к императору. Говорили, что Пий X был совершенно сражен тем, что не сумел сохранить мир (он умер 20 августа). Из обнародованных позднее документов Ватикана следует, что слухи были ложными: папский государственный секретарь одобрял имперскую политику.

Вена находилась в агрессивном настроении. Начальник штаба генерал фон Гётцендорф спрашивал своего германского коллегу за шесть месяцев до кризиса: «Почему мы медлим?». Теперь он вдвойне негодовал на промедление. Даже скептически настроенный венгерский премьер-министр граф Тиса был побежден. «Мой дорогой друг, — сказал он бельгийскому послу 31 июля, — Германия непобедима»[143].

Стефан Цвейг, позднее проклинавший войну, был взволнован видом тысяч патриотов-демонстрантов. Он только что прервал отдых на морском побережье в Ле-Кок, неподалеку от Остенде в Бельгии и вернулся домой на последнем Восточном экспрессе. «Можете повесить меня на фонарном столбе, — сказал он своему бельгийскому другу, — если немцы когда-нибудь войдут в Бельгию». Потом он увидел, как немецкие военные эшелоны подкатывались к границам у Хербешталя: «Как никогда прежде тысячи и сотни тысяч чувствовали то, что они должны чувствовать в мирное время: что они составляют единое целое [перед лицом] неведомой силы, которая вырвала их из их повседневного существования»[144].

Цвейг боялся попасть на Восточный фронт. «Я очень стремлюсь... победить во Франции, — признавался он, — во Франции, которую следует хорошенько выпороть из любви к ней». Вскоре появилось его публичное «прощай», обращенное к друзьям во вражеском лагере: «Я не стану стараться смягчить эту [всеобщую] ненависть к вам, которой сам я не чувствую, [но которая] приносит победы и дает силы героям»[145].

3 августа, когда Цвейг прибыл на вокзал Вестбанхоф в Вене, Лев Давидович Бронштейн (Троцкий) оттуда отбыл. И он видел те же демонстрации, видел замешательство коллег-социалистов в комнатах *Arbeiterzeitung* («Рабочей газеты») и был предупрежден, что может быть интернирован. Он премедленно садится на поезд в Цюрих, где начинает свою «Войну и Интернационал» — работу, в которой он при помощи знаменитых фраз, вроде

«самоопределение наций» и «Соединенные штаты Европы» обрисовал свое видение социалистического будущего[146].

Ленин, наоборот, затаился в эмиграции в Поронине возле Закопане в Галиции, уверенный, что германские социал-демократы не допустят большой войны. Когда он узнал, что его немецкие товарищи проголосовали за военные кредиты, он, говорят, воскликнул: «С этого дня я больше не социалист, я — коммунист»[147]. В близлежащем Кракове только что закончился университетский год. Студенты, многие из которых были офицерами-резервистами, отъезжали в свои части — одни воевать за императора-короля, другие — за кайзера, а третьи — за царя.

В Санкт-Петербурге двор Николая II пытался смириться с роковыми решениями последних дней. Царь объявил всеобщую мобилизацию в четверг **17(30) июля**, по-видимому, не посоветовавшись с военным министром. Вызванный этим германский ультиматум был оставлен без ответа. Санкт-Петербург услышал об объявлении Германией войны в субботу и сделал то же самое в воскресенье. Так что понедельник 21 июля (3 августа) был первым днем войны. В 7 вечера была введена военная цензура. Газеты объявили, что «страна должна смириться с недостаточностью информации, зная, что эта жертва продиктована военной необходимостью»[148]. В этот день царь посетил Москву и произнес речь в Большом Кремлевском дворце. Их императорские величества отправились помолиться в часовне Иверской Божьей матери перед древней иконой с Афона.

Оптимисты в России верили в «большую военную программу», которая была выдвинута в начале 1914 г. Согласно этой программе, среди прочего, время мобилизации армии сокращалось до 18 дней. Как докладывал британский атташе, они надеялись, что «русские будут в Берлине раньше, чем немцы в Париже». Пессимисты во главе с Петром Дурново, министром внутренних дел и начальником полиции, предчувствовали большую беду. Дурново в феврале докладывал царю, что, если война пойдет плохо, «социалистическая революция в самой ужасной ее форме будет неизбежна»[149].

В Веве (Швейцария) Ромен Роллан, музыковед, романист и светило международного сообщества литераторов, с отвращением наблюдал, как его друзья заболевают военной горячкой. В бешенстве от позиции Ватикана он заявил, что Европа утратила всякую мораль с тех пор, как умер Толстой (биографию которого он только что перед тем закончил): *«3-4 августа. Я опустошен. Лучше бы мне умереть. Ужасно жить посреди этого слабоумного человечества и быть бессильным зрителем крушения цивилизации. Эта европейская война — величайшая катастрофа в истории за столетия. [Это] крах наших святых упований на человеческое братство... Я почти один в Европе»*[150].

Начало войны 1914 г. породило больше размышлений о причинно-следственных связях в истории, чем какое-нибудь другое событие. Многим людям казалось, что катастрофа столь титанических размеров вызвана столь же титаническими причинами. Очень немногие могли представить себе, что виноваты только отдельные личности. Громадные труды были написаны о «глубинных причинах» войны. Историки еще продолжали спорить об этом, когда вторая мировая война дала им новую пищу для размышления.

Слово «титанический» здесь, может быть, не так уж неуместно. Незадолго до первой мировой войны Европу потрясло громадное кораблекрушение, которое все специалисты считали решительно невозможным. 15 апреля 1912 г. самый большой в мире пароход — лайнер «Титаник», принадлежавший *Уайт Стар лайн*, водоизмещением 43 500 тонн в своем первом же плавании наткнулся в Атлантике на айсберг и потонул, унеся с собой 1 513 жизней. Принимая во внимание исключительные размеры лайнера, было ясно, что это событие повлечет за собой исключительные последствия. С другой стороны, не было никаких оснований считать, что причина несчастья была так же громадна, как сам лайнер. Два особых комитета, занимавшиеся расследованием, указали на специфические черты этого конкретного парохода и этого морского плавания. Сюда были включены проект корпуса корабля, количество спасательных шлюпок, особенности состояния арктического льда, чрезвычайно высокая скорость корабля, курс на север, заданный капитаном Смитом, и нескоординированность действий в течение одного часа сорока пяти минут после столкновения с айсбергом. Историки кораблекрушения, конечно, должны

были задаться вопросом, почему «Титаник» потонул, но также и почему так много других громадных кораблей пересекли Атлантику совершенно спокойно[151].

Отчасти то же и с войнами: историки войн должны не только задаваться вопросом, почему мир не устоял в 1914 г., но также и почему он сохранился в 1908 г. или в 1912 г. и в 1913 г. Недавний опыт «холодной войны» показал, несмотря на колоссальный разрушительный потенциал, что Армагеддон не обязательно происходит от противостояния двух соперничающих военно-политических блоков.

В наибольшей степени дискуссию по этим вопросам спровоцировал умник из колледжа Магдалины А.Дж.П.Тейлор. Участвовавшие в обсуждениях люди принадлежали к тем поколениям, для которых история войн была окрашена сильными эмоциями и моральными соображениями в связи с гибелью миллионов людей, так что понадобился человек без всякого почтения к этим соображениям, чтобы оспорить общепринятое. Имея в виду события 1914 года, Тейлор называет поименно тех, кто, как кажется, единолично развязал войну: «Трое принявших решение, хотя они, конечно, тоже были жертвами обстоятельств, — это Бертхольд [австрийский министр иностранных дел], Бетман-Гольвег и умерший к тому времени Шлиффен». Будучи неисправимым германофобом, он не упоминает сэра Эдуарда Грея[152].

В другом великолепном эссе о военной логистике (материально-техническом обеспечении) 1914 г. Тейлор встает на такую крайнюю точку зрения, когда уже само понятие причинной связи становится избыточным: «Теперь модно искать глубинные причины великих событий. Но, возможно, война, которая началась в 1914 г., не имела глубинных причин... В июле 1914 г. дела пошли не так. Единственное надежное объяснение состоит в том, что все случилось, потому что случилось»[153].

В другом месте он возвращается к более убедительному мнению, которое толкует великие исторические катастрофы в терминах рокового сочетания общих и конкретных причин. «Глубинные причины», которым другие историки уделяют так много внимания, составляли главный элемент и предвоенного мирного бытия, и нарушения мира. Без «конкретных, специфических причин» они бы не вызвали никаких последствий:

«Именно то, что обычно считают причиной войны 1914 г., — секретная дипломатия, равновесие сил великих держав, громадные континентальные армии — именно это обеспечило Европе период невиданного дотоле мира... Нет смысла спрашивать: «Отчего началась война?» Вопрос, скорее, состоит в другом: «Почему те факторы, которые так долго поддерживали в Европе мир, оказались недостаточными в 1914 г.?»[154].

Другими словами, чтобы бочка с порохом взорвалась, нужна искра. Без искры порох не взрывается. Точно так же, если бочка закрыта, то искры не вызовут взрыва.

Для наглядного представления этой точки зрения Тейлор вполне мог обратиться к случаю с «Титаником». Но он проводит аналогию не с кораблями, а с автомобилями. Таким образом он подчеркивает динамический элемент, общий для всех вариантов теории катастроф, во время которых события, кажется, неудержимо движутся к критической точке: «Войны похожи на дорожные происшествия: у них есть общая и конкретная причина. Каждое дорожное происшествие обусловлено, в конечном счете, изобретением двигателя внутреннего сгорания... Но полиция и суд не принимают во внимание глубинные причины. Они ищут конкретную причину каждого происшествия — ошибка водителя, превышение скорости, пьянство, сломанные тормоза, плохая дорога. Так и войны»[155].

XI

TENEBRAE
Затмение в Европе, 1914–1945 гг.

Варварство в Европе XX в. настолько мрачно, что могло бы потрясти и самых темных дикарей. В то время, когда возможности конструктивного развития превзошли всё известное ранее, европейцы втянулись в череду войн, загубивших больше людей, чем все прошлые потрясения, взятые вместе. Две мировые войны 1914–1918 и 1939–1945 годов были особенно разрушительны сверх всякой меры. Они растеклись по всему земному шару, но эпицентр их находился, без сомнения, в Европе. Больше того, при жизни двух истекавших кровью поколений две самые густонаселенные европейские страны подпали под такие чудовищные политические режимы, которые в своей ненависти истребили на десятки миллионов больше собственного народа, чем войны, в которых они участвовали. Один редкий голос совести очень рано заметил, что происходит нечто чудовищное:

Чем хуже этот век предшествующих? Разве
Тем, что в чаду печали и тревог
Он к самой черной прикоснулся язве,
Но исцелить ее не мог.

Еще на западе земное солнце светит,
И кровли городов в его лучах блестят,
А здесь уж белая дома крестами метит
И кличет воронов, и вороны — летят. (Анна Ахматова.)[2]

Будущие историки, конечно, должны пристально взглянуть на три десятилетия от августа 1914 до мая 1945 гг., на время, когда был сильно помрачен европейский разум. Ужасы фашистского и коммунистического тоталитаризма в дополнени к кошмару мировых войн принесли невиданны урожай смертей, нищеты и деградации. И поисках того, что наилучшим образом рассказал бы о жизни людей в те годы, конечно, предпочи таешь чему-либо то, что служит в XX в. напоми нанием о смерти: танк, бомбу, канистру с газом окопы, могилы неизвестных солдат, лагеря смер ти и массовые захоронения.

Мысли об этих ужасах настолько затмевают вс жизненно важные достижения эпохи, что прихо дишь к некоторым общим выводам. Среди всех эти ужасов европейцы отказались от своего положени ние мирового лидера: закат Европы совершилс из-за европейского безрассудства. В 1914 г. сил и престиж Европы были безусловными: какую б область ни взять — европейцы повсюду были впе реди: наука, культура, экономика, мода. Благо даря созданным ими колониальным империям торговым компаниям европейцы правили всем ми ром. К 1945 г. почти все это было утрачено: евро пейцы слишком долго сражались друг с другом — до полного истощения. Непомерно сократилас политическая власть европейцев; свое военное экономическое первенство Европа отдала другим Европа уже не была в состоянии поддерживать свое господство в колониях. Европейская культу ра потеряла свою убедительность; престиж евро пейцев, их моральные устои — все испарилось За одним единственным исключением каждое ев ропейское государство, которое вступило в конф ликт 1914 года, было обречено пережить военно поражение и политическое уничтожение к 194 году. Единственная страна, избежавшая полног

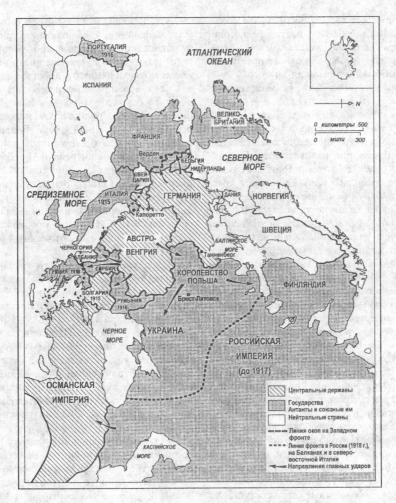

Карта 24

ничтожения, смогла выжить, только отказавшись
от своей политической и финансовой независимости. Когда осела пыль войны, на руинах Европы
царили две неевропейские державы: США и
СССР, причем в начале их вообще не было среди
действующих лиц.

Что касается морали, то следует особенно отметить разительный контраст между материаль-
ными достижениями европейской цивилизации и
ужасной деградацией политических и интеллек-

туальных ценностей. Милитаризм, фашизм и коммунизм находили своих приверженцев не только
в поддающихся манипуляциям массах угнетенных
народов, но среди самой образованной элиты Европы, в самых демократических странах. Благородные идеалы исказились настолько, что
множество умных мужчин и женщин *сражались*
за то, «чтобы покончить с войной», присоединялись к "крестовым походам" фашистов ради «спасения европейской цивилизации», борьбой за

коммунизм и прогресс пытались оправдать массовые убийства. Когда в 1941 г. настал решающий момент, союзники в борьбе за свободу и демократию не сомневаясь завербовали одного преступника для того, чтобы он уничтожил другого.

Что касается историографии, то не следует забывать, что все эти ужасы в Европе вызывают воспоминания у живых еще людей; вот почему память о них субъективна и политически не беспристрастна, потому убеждения преобладают над массовыми отчетами или изложениями. Победители склонны переписывать истории всех великих войн, при этом они преувеличивают преступления и ошибки побежденных, а свои — преуменьшают. Такова человеческая натура. В обеих мировых войнах победу одержали похожие коалиции, в которых главное место занимали *западные страны* и в которые входил их стратегический восточный союзник; так что обычно мы имеем дело с этой версией событий, причем она остается господствующей и в послевоенном образовании, и в средствах массовой информации, и в книгах по истории. Эта *интерпретация* исторических событий, предложенная союзниками, впервые оформилась после 1918 г., когда представители побежденных держав вынуждены были признать свою исключительную ответственность за войну. Эта версия окончательно была "зацементирована" после 1945 г., когда союзнический трибунал рассматривал исключительно преступления врага. Политически исключалась любая попытка судить и союзные державы по тем же меркам и стандартам. Официальные военные музеи от Ламбета (Лондон) до Москвы и Вашингтона предъявляют однобокую картину преступлений и героизма. Захваченные архивы побежденных были доступны во всех их устрашающих подробностях; главные архивы победившей стороны оставались за семью печатями. Оказалось, что и 50 лет спустя все еще было слишком рано для создания справедливой и объективной картины трагического недалекого прошлого.

Что же касается интерпретации фактов, то много лет прошло, прежде чем некоторые историки начали называть происшедшее единой *европейской гражданской войной*. Люди, пережившие две мировые войны, часто удивлялись непоследовательности: считалось, что *война солдат* 1914–1918 гг. решительно отличалась от *войны народов* 1939–

1945 гг. Всякий, вовлеченный в битву коммунизма с фашизмом, поневоле представлял себе эти два движения как прямо противоположные. Теперь, находясь в преимущественном положении, когда можно оценивать прошлое в перспективе, мы все с большей ясностью видим, что последовавшие одна за другой войны были частью одного динамического процесса: две мировые войны — всего лишь акты одной драмы. Больше того, главные проблемы Второй мировой явились на свет потому, что не были решены проблемы Первой. Вступив в военный конфликт в 1914 г., европейские государства высвободили страшные разрушительные силы, из которых родилось не одно, а два революционных движения — одно было разгромлено в 1945 г., другое продержалось дольше и погибло в ходе драматических событий 1989–1991 гг. (см. главу XII).

Перед лицом германского экспансионизма, а позднее — перед двухголовой гидрой коммунизма и фашизма — демократические государства Запада могли устоять, только призвав на помощь США — сначала в 1917–1918 гг., а потом в 1941–1945 годах. И после 1945 г. они во многом полагались на американские мускулы, противостоя вызову раздувшейся Советской империи. И только в 1990-м году, после объединения Германии и распада Советской империи, народ Европы смог вернуться на тот путь естественного развития, который был грубо прерван прекрасным летом 1914 г.

По такому сценарию годы между 1914 и 1945 г. оказываются бедственным временем Европы, промежутком между долгим мирным периодом XIX в. и еще более долгим периодом *холодной войны*. Их можно уподобить сползанию континентальной плиты с последующим периодом землетрясений. Этот период охватывает первоначальные военные потрясения 1914–1918 гг., падение четырех империй, взрыв коммунистической революции в России, появление около дюжины новых суверенных государств, десятилетия вооруженного межвоенного перемирия, фашистские перевороты в Италии, Германии и Испании и потом второй всеобщий военный пожар 1939–1945 гг.

В основе всех проблем была Германия, самое новое, самое динамичное и самое националистическое государство Европы. Граница "зоны землетрясения" проходила вдоль восточной границы Германии. У Германии было мало планов относительно Западной Европы. Но в Восточной Европе она стояла одновременно перед искушением войны с относительно слабыми и бедными соседями и имела в лице России единственную европейскую страну, достаточно большую, чтобы бросить вызов военной мощи Германии. Вот почему с самого начала схватка за будущее Европы шла между Германией и Россией. Эта дуэль, поскольку в ней участвовали революционеры-тоталитаристы, неизбежно должна была превратиться в смертельную битву. С самого начала западные демократии выступали в роли сторонних наблюдателей (готовых отнять победу у победителя), в основном безразличных к судьбе народов Восточной Европы, но в то же время полных решимости воспрепятствовать росту любой уверенной в своих силах континентальной державы, которая могла бы со временем выступить против Запада. Таким оставалось распределение сил до конца XX века. Оно лежало в основе двух мировых войн и, если бы не изобретение атомного оружия и участие американцев, могло бы привести и к Третьей мировой.

Как оказалось, эпоха открытой и всеобщей войны свелась к 30 кровавым годам. Она началась и кончилась, как ей и подобало, в столице Германии — Берлине. Она началась 1 августа 1914 г. в канцелярии императора с объявления кайзером войны России. Она окончилась 8 мая 1945 г. в главном штабе советского командования в берлинском пригороде Карлсхорст, где был подписан третий акт, которым завершилась окончательная капитуляция Германии.

Первая мировая война в Европе, 1914–1921

Полагали, что Великая война, которая началась в августе 1914 г., продлится три - четыре месяца. К Рождеству ждали, что все уже кончится. Здравый смысл подсказывал, что современная война будет интенсивнее, чем в прошлом, и решительнее. Какая сторона одолеет на ранних стадиях конфликта, та и будет иметь средства для быстрой победы. На деле же война продлилась не четыре месяца, а более четырех лет. Но и тогда не все разрешилось: "Большой Треугольник" военно-политических блоков распался только в 1945 г., а

в некоторых отношениях даже только после 1991 года.

Первоначально конфигурация геополитической структуры "Большого" Треугольника была достаточно неустойчивой. Западные союзники (Британия и Франция) были в исключительно невыгодном положении, так как только у Франции была регулярная армия. Целых два года прошло в этом рискованном положении, прежде чем союзники смогли вполне реализовать свой военный потенциал. Тем временем они, во-первых, прельстили Италию присоединиться к союзному лагерю в мае 1915 г; во-вторых, они неуклонно наращивали военный потенциал в самой Британии и в Британской империи; в-третьих, в апреле 1917 г. к ним присоединились США. Азиатский союзник Британии — Япония, объявившая Германии войну 23 августа 1914 г., не сыграла в европейском конфликте никакой роли. Главному партнеру союзников имперской России — большой помехой стали затянутый процесс мобилизации, неразвитая сеть внутренних коммуникаций, сомнительный промышленный потенциал и, наконец, отсутствие общего согласия относительно стратегических целей. Однако именно Россия довольно скоро организовала наступление. И если затем Россия потерпела поражение, то не из-за недостатка солдат или снарядов, а в связи с моральным и политическим разложением[3].

Центральные государства (Германия и Австро-Венгрия) имели большие преимущества в связи с их консолидированной политикой и развитыми внутренними линиями коммуникаций. После выхода Италии из коалиции они неожиданно приобрели другого надежного союзника в лице Оттоманской империи, которая из страха перед Россией была вынуждена четко определить свою позицию в ноябре 1914 г. В 1914 г. страны Центральной Европы боялись войны на два фронта. Эти страхи были напрасными: они смогли вести развернутые действия на восьми направлениях — на Западном фронте — в Бельгии и Франции; на Восточном фронте — против России; на Балканах, в Леванте, на Кавказе, в Италии, в колониях и на море.

В начале войны ее участники еще не определили своих военных задач. Центральноевропейские державы вступили в войну, имея в виду оборонительные и превентивные цели. Они намеревались воспрепятствовать действиям, направленным против Австрии, разорвать то, что они воспринимали как окружение Германии, и обуздать притязания России и Франции. Однако очень скоро они сформулировали целый список требований: передать восточные провинции Бельгии (Льеж и Антверпен) Германии, а части Сербии и Румынии — Австрии; увеличить количество колоний Германии и тем самым ослабить Британскую и Российскую империи; установить политическую и экономическую гегемонию Германии над *Mitteleuropa* (Центральной Европой), включая Польшу. И лишь Турция хотела только уцелеть.

Поскольку страны Антанты взялись за оружие, когда на них напали, они ощущали свое безусловное моральное превосходство. Тем не менее Сербия планировала вытеснить Австрию из Боснии, Франция мечтала вернуть Эльзас-Лотарингию, Британия быстро начала искать компенсацию колониями и деньгами, и, наконец, Россия строила дерзкие планы расширения своей территории. В сентябре 1914 г. русский Генеральный штаб опубликовал *Карту будущей Европы*, которая удивительно напоминает ту, что стала действительностью в 1945 г.[4] Вдобавок, Россия заручилась секретным обещанием союзников предоставить ей контроль над Проливами. Целью Италии была *irredenta* [присоединение пограничных земель, населенных преимущественно итальянцами].

Некоторые страны, такие как Испания, Швейцария, Нидерланды и три скандинавские страны, сумели себе на пользу твердо сохранять нейтралитет. Болгария была втянута в войну в сентябре 1915 г., Румыния в августе 1916 г, Греция в июне 1917 г. Атакованный Японией Китай, несмотря на то, что Япония захватила сданные в аренду Германии китайские анклавы, вступил в войну на стороне союзников в 1917 г. Другие вступали в войну еще охотнее. Несколько сот бойцов Польского легиона Пилсудского открыли Восточный фронт, перейдя российскую границу возле Кракова 6 августа 1914 г. В надежде найти верховых лошадей на месте они несли с собой седла. Им хотелось показать, что и через 100 лет после *разделов* Польша еще жива. Впрочем, как только появились казаки, они благоразумно отошли и были включены в состав австрийской армии.

Военная стратегия и тактика, как всегда, исходили из уроков недавней войны. Франко-прусская и англо-бурская войны продемонстрировали уязвимость атакующей пехоты. Считалось, что решение проблемы следует искать в трех областях: в массированном артиллерийском огне, как главном наступательном оружии против позиций противника, в использовании железнодорожного транспорта для быстрой переброски атакующих сил и, наконец, в использовании кавалерии для окружения и преследования противника. Эти предложения оказались полезными на Восточном фронте. Но на Западе, где уже появились укрепленные траншеи, только после тысячи неудач стали, наконец, догадываться, что снаряды бессильны перед блокгаузами из цемента. Несмотря на очевидные преимущества обороны по сравнению с наступлением, генералы не спешили менять свои убеждения. Самолеты с их слабыми моторами и очень ненадежные, использовались только для разведки, наведения артиллерийских орудий и воздушного боя. Почти повсюду, где не было хороших дорог с покрытием из гравия, незаменимым оказался гужевой транспорт. На море торпеды подводных лодок оказались страшнее 15-дюймовых пушек дредноутов.

На Западном фронте германской армии почти удалось нанести сокрушительный удар прежде, чем началась война на выживание. В то время как в центре удар германцев был направлен в сердце Шампани, их правый фланг растянулся гигантской дугой по северной Франции. Намереваясь повторить триумф 1870 г., они пошли на Париж по трем направлениям. Они были ненадолго задержаны бельгийцами у Льежа и Британским экспедиционным корпусом у Ипра. **[ЛАНГЕМАРК]** Центральные силы германцев задержались в погребах Эперней. Но уже к началу сентября 1914 г. французская столица была на краю беды. В самый последний момент генерал Жоффр убедил 600 таксистов перевезти на линию Марны все доступные французские резервы. Центру германской армии не хватило капельки разбега; германский правый фланг был чуть дальше. В результате линия фронта отступила. В октябре и ноябре фронт стабилизировался по всей линии двойных окопов от Швейцарии до Ла Манша (см. карту 24).

В течение следующих трех лет линия фронта едва ли сдвинулась. Обе воюющие стороны, чтобы выпрямить тот или иной образовавшийся выступ или чтобы организовать локальный прорыв,

ЛАНГЕМАРК

Лангемарк — маленькая деревушка в пяти милях к северу от Ипра в Бельгии. В Лангемарке, как во всех деревушках в этом районе, есть военное кладбище, где покоятся воины, погибшие в следовавших одна за другой битвах англичан с немцами за Ипрский плацдарм в 1914-1917 гг. Внешне оно мало чем отличается от множества других военных кладбищ. Давно заросшая общая могила, где лежат 25000 неопознанных немецких солдат, не идет ни в какое сравнение с торжественным мемориалом *Menin Gate*, где выбиты имена 40000 неопознанных погибших англичан. И тем не менее, на взгляд одного ведущего военного историка, «это в буквальном смысле — место рождения Второй мировой войны». Потому что неизвестный теперь многим Лангемарк стал последним приютом для товарищей молодого волонтера из Австрии, которого Провидение сохранило тогда для более грандиозных дел.

Гитлер, неудавшийся художник, уклонившийся в свое время от призыва в австрийскую армию, теперь, 1 августа 1914 г., с восторгом слушал посреди толпы в Мюнхене известие об объявлении войны и немедленно поступил на службу в немецкую армию. Он был приписан к резерву 16-го Баварского пехотного полка и прибыл на Западный фронт в октябре, как раз вовремя, чтобы участвовать в битве на Ипре. Таким образом, он стал свидетелем ужасного «избиения младенцев», когда английские солдаты-профессионалы искрошили планомерным обстрелом десятки тысяч полуобученных немецких добровольцев, в основном пылких студентов. Это было первое великое избиение немцев, за которое они отомстили на реке Сомме и у Пасхендаля. Гитлер никогда этого не забывал.

«Исключительный окопный опыт» Гитлера, проведшего там четыре года захватывающей жизни отважного *Meldeganger* (полкового курьера), без сомнения, определил патологическую напористость его последующей карьеры. Его мучила судьба погибших и искалеченных товарищей, как и сознание великих жертв немцев, приведших их, тем не менее, к поражению, и он решил отомстить за их гибель; посрамить тех, кто победил немцев; заставить немцев снова почувствовать себя гордыми, высшими, полными ненависти, беспощадными. Он поклялся отомстить и тем задел чувствительные струны в миллионах израненных немецких сердец.

Вот почему Лангемарк стал символом, психологически связавшим Первую и Вторую мировые войны, избиение немцев у Ипра и Вердена с лондонским блицем, Варшавой и Сталинградом.

расходовали людей и материалы в невероятных масштабах. Но каждая такая попытка была безрезультатна. Никогда еще кровь европейцев не проливалась в таких количествах и так безрассудно. У хребта Вими, в трех битвах у Ипра, на Сомме и, главное, под Верденом потери иногда доходили до десятков тысяч человек в час или сотен на м². Это была бессмысленная трагедия, которой никто не предвидел заранее и теперь никто не знал, как ее остановить. Запланированное германское отступление на заранее приготовленные позиции между Аррасом и Суасоном в феврале 1917 г. было редким благоразумным действием. Естественно, что общественность винила бессильных что-либо изменить генералов. О британской армии некто сказал: «Это львы, которых ведут обезьяны».
[ДУОМОН]

На восточном фронте, который проходил через самое сердце Польши, Центральные державы имели гораздо больше успеха; там удалось избежать невыносимого ада бесконечной окопной войны. В августе 1914 г. две группы российских войск пересекли фронт и вошли одна (на севере) в Восточную Пруссию, другая (на юге) глубоко внутрь Галиции. Исходя из того что «русский паровой каток» должен был по определению двигаться медленно, это было большое достижение. Но затем судьба переменилась: в битве на Мазурских озерах в сентябре Гинденбург и Людендорф наголову разбили северные русские армии, отомстив, таким образом, за неудачу немцев на Марне. Южная русская группировка была остановлена на окраинах Кракова. Зимой 1914-1915 гг. незначительные сражения имели место и на германо-русском фронте около Лодзи и на венгерской границе в Карпатах. Но затем в мае 1915 г. у Горлице в Галиции германские войска сумели совершить то, что казалось невозможным на Западном фронте: они прорвали

ДУОМОН

25 февраля 1916, на четвертый день наступления немцев на Верден, войска кронпринца захватили выстроенную из бетона и камня крепость Дуомон. Этот форт находился в 6 км от их исходного рубежа на периферии образовавшегося выступа линии фронта и на полпути к центру города. В течение следующих 18-ти месяцев он будет средоточием битвы, которая по своей продолжительности и интенсивности не знала равных. Прикрытый с запада фортом де Во, Дуомон господствовал над правым берегом р. Мёз и смотрел на холмы левого берега, особенно на высоту 304 и на Le Mort-Homme (Ле Морт-Ом). Для атакующих немцев он был как бы вершиной громадной операции, которая сходилась здесь клещами и которую питали 14 железнодорожных линий, расположенных вдоль 130-мильной дуги. Для обороняющихся французов он представлял собой конец *voie sacrée* (священной дороги) — узкого коридора, по которому подходили подкрепления через эвакуированный город *Bar-le-Duc*. Обстреливаемые день и ночь снарядами, с постоянными взрывами мин под ногами, развалины и тоннели Дуомона стали местом рукопашных схваток и кладбищем, где целые подразделения были погребены заживо. Снаряды непрерывно месили безжизненный лунный ландшафт, превращая его в холодный гуляш из грязи, обломков зданий и человеческих останков. Французы вернули себе крепость 24 октября; немцы продолжали сражаться за нее до августа 1917 г., но окончательно освобождение пришло только с началом американского наступления из Сен-Мишель в сентябре 1918 г. Петэн оказался прав: *«Courage,* — обещал он своим солдатам, — *On les aura»* [Смелее, мы их...]

Верден поглотил 800 тыс. жизней — в 40 раз больше, чем было в этом городе населения. В памяти французов Верден то же, что Сомма и Ипр — для англичан, Капоретто — для итальянцев или Сталинград — для русских. Для немцев он — воплощение всех их военных неудач: гигантские и напрасные жертвы.

В семидесятую годовщину битвы (в 1986) президент Франции и германский канцлер приняли участие в церемонии примирения в Вердене. Их руки соединились в жесте, которым обменялись очень немногие лидеры воевавших между собой народов Европы.

К тому времени в разоренной местности появилась жизнь. Но гигантский склеп в Дуомоне, над которым высится башня с четырьмя крестами, сторожит останки 130 тыс. неизвестных солдат обеих армий, теперь покоящихся под гранитом в общих могилах. Мемориальный центр с его экспонатами, путеводителями и кинофильмами тщится передать то, что один ветеран назвал *непередаваемым*. На месте исчезнувшей деревушки Флеридеван-Дуомон стоит часовня-памятник с Мадонной на фасаде. Это *Notre Dame de l'Europe*.

оборонительную линию врага и развернулись на открывшейся перед ними равнине. В августе они оккупировали Варшаву и вернули себе Львов. Осенью они вошли в Литву и готовились перейти горы и войти в Румынию. **[ПЕТРОГРАД]**

В это время, когда враг вторгается в пределы Российской империи на всем протяжении тысячемильного фронта, царь принимает на себя командование войсками. В январе 1916 г. контрнаступление Брусилова устремляется далеко вглубь Галиции и начинается 18-месячная осада Пшемышля (Перемышля). Но плата оказалась слишком велика; и контрнаступление останавливается. В Румынии германские войска в декабре берут Бухарест. В 1917 г. возобновляется главное наступление немецких и австрийских войск, неуклонно продвигавшихся в Прибалтику, Белоруссию и на Украину. В то время когда внутренняя революция усугубляла военные неудачи России, речь шла о том, сумеют ли Центральные державы разрушить царскую империю раньше, чем она сама рухнет. Часто говорят, что русская армия несла колоссальные потери; в действительности (в процентном отношении) потери русских были меньше, чем у других воюющих сторон. Статистика определяет потери в отношении к пленным. На каждых 100 русских солдат, павших на поле боя, приходилось 300 сдавшихся в плен. Сравнительные показатели для Британской армии — 20, для французской — 24, для германской — 26. У русских солдат не было желания воевать[5].

ПЕТРОГРАД

В 1914 г. российская столица Санкт-Петербург была переименована в Петроград, что звучало патриотичнее. Как и с британской королевской семьей Гановер-Сакс-Кобургских, сменившей имя на *Виндзоры*, немецкое по происхождению название *Санкт-Петербург* казалось неуместным во время войны с Германией. Но название *Петроград* продержалось всего десятилетие и уступило в свою очередь место Ленинграду. [ГОТА]

Санкт-Петербург стал одним из великолепнейших городов Европы: помимо классических дворцов и правительственных зданий, на берегах Невы разместился большой порт и коммерческий центр; в городе собрались во множестве блестящие деятели культуры, это был постоянно разраставшийся промышленный район и громадный гарнизон. Дух двух миллионов его жителей хорошо воплощен в *Медном всаднике* — скульптуре, которую Екатерина Великая подарила городу в честь своего предшественника Петра.

Во время первого переименования тот, в честь кого затем город назвали еще раз, жил в изгнании в Швейцарии без особых надежд на скорое возвращение. Он не был пацифистом и в своей работе *Задачи революционной социал-демократии* призывал к «всемирной гражданской войне», чтобы использовать конфликт, предвидя поражение царизма. Все его главные сторонники в России были арестованы по подозрению в измене. На процессе их защищал адвокат-либерал Александр Керенский, который позднее, вероятно, сожалел, что выбрал таких клиентов.

При советской власти Петрограду/Ленинграду пришлось пережить тяжелейшие испытания. Отвергнутый большевиками, которые перенесли столицу в Москву, он постоянно казался Сталину гнездом заговоров и несуществующей оппозиции; город потерял значительную часть своего населения сначала в революцию, а потом во время *чисток*. В 1941–1944 гг. он пережил 1000-дневную осаду на самом острие германо-советского фронта; тогда, в условиях неописуемого холода и голода, погибло до миллиона его обитателей. Руководители государства и военные находили средства продолжать там военные действия в течение трех лет, но не могли или не хотели эвакуировать гражданское население или поддерживать его снабжение. В результате повседневная жизнь горожан представляла собой сочетание ужасов Ковентри и *Варшавского гетто*. О невероятной бесчеловечности рассказывается в воспоминаниях, где кутежи в Доме партии соседствуют с мертвыми телами на улицах и трупами ученых, умерших на своих рабочих местах в лабораториях.

После каждого пережитого испытания Ленинград пополнялся притоком новых жителей. Этот *город-герой* стал символом человеческой способности к возрождению. Однако в 1991 г., накануне падения Советов, вновь (в третий раз) встает вопрос о его переименовании. К ужасу ветеранов-коммунистов, граждане на референдуме высказываются не за Ленинград или Петроград, но за Санкт-Петербург.

Тем временем в театре военных действий на Балканах превосходящие силы австрийцев неуклонно одерживали верх. Они оккупировали Белград (октябрь 1915 г.), Черногорию и Албанию (1916 г.). Героическое отступление сербов через горы на побережье Далмации стало легендой. В 1915 г. сербов загнали в Македонию, где натиск австрийцев поддержали болгары. Но Македонский фронт еще держался благодаря французской помощи (через Фессалоники). Беспощадное давление Запада на Грецию привело к падению греческого правительства, и с греческим нейтралитетом было покончено. [ФЛОРА]

На Средиземном море у Западных держав было превосходство на море, и было предпринято несколько попыток компенсировать тупиковую ситуацию во Франции. 25 апреля 1915 г. британцы высадились в Галлиполи на Дарданеллах с целью захватить Константинополь и установить непосредственную связь с Россией, так чтобы, по словам Первого лорда адмиралтейства Уинстона Черчилля, атаковать «мягкое подбрюшье» Центральных держав. План был задуман блестяще, но окончился трагедией. Маршруты продвижения экспедиционных сил, куда входили героическая дивизия ANZAS (сокр. от "Австралийский и Новозеландский армейские

ФЛОРА

В конце августа 1914 г. 35-летняя дочь священника из Саффолка Флора Сандес приехала с семью спутниками в сербский город Крагуевач. Лежавший в 50 милях от Белграда, Крагуевач был главной базой сербских войск, сражавшихся за свою столицу против австро-венгерских захватчиков. За группой Флоры последовали несколько британских, французских, русских и американских медицинских бригад, направленных фондом помощи Сербии (Serbian Relief Fund). В середине апреля 1915 г. к ним присоединилась миссис Майбл Сен-Клер Стобарт, грозная дама, которая во время недавних балканских войн организовала «женские отряды для ухода за больными и ранеными». Теперь она прибыла в Салоники во главе состоящего из 70-ти человек полевого госпиталя, укомплектованного исключительно женщинами — правда, там работал ее муж Джон Гринхей, бывший у них квартирмейстером. Раненых подбирала особая *летучая колонна*, во главе которой выезжала она сама верхом на коне. В Сербии работали примерно 600 добровольцев из Англии.

Из всех женских военных организаций британские медицинские военные службы, без сомнения, относились к числу самых профессиональных. Известные как *Шотландские женские госпитали* (SWH), названные так в честь их основателя — женщины-хирурга из Эдинбурга Элси Инглис, они должны были доказать, что женщины в состоянии справиться с самыми тяжелыми и ответственными заданиями. В свое время они отправили 14 полностью оснащенных госпиталей на все фронты союзников за исключением тех, которые контролировались британской армией. До того как отправиться в Сербию, миссис Сен-Клер Стобарт работала в Шербуре и Антверпене. Д-р Инглис умерла в ноябре 1917 г., проведя год в России. В те годы женщины-хирурги еще были редкостью, тем более в военных госпиталях. Французский журналист, которого однажды попросили понаблюдать, как работает доктор Инглис, вышел позеленевший с криком: «Это правда! Она действительно режет!»

В октябре 1915 г., когда австрийцы и болгары прорвали фронт, у сербской армии оставался один путь спасения — по заснеженному переходу через горы на албанское побережье. За этот жуткий переход по грязи, снегу, в мороз, от голода, тифа и гангрены погибло 40 тыс. человек. Подразделение Стобарт совершило этот переход вместе с сербами.

Из всех добровольцев Флора Сандес (1879–1961) пошла дальше всех, проявляя активность в тех областях, которые до того были недоступны женщинам: она вступила в сербскую пехоту, совершила переход в Албанию, участвовала в сражении, была тяжело ранена и затем награждена за храбрость. Она закончила войну в звании офицера, затем вышла замуж за русского эмигранта, осела в Белграде, боролась против гестапо и вернулась в Англию, только овдовев. В своей жизни она следовала известной восточноевропейской традиции, которой следуют повсюду от Польши и России до Албании: в тяжелые времена женщины заменяют погибших мужчин.

Отчасти британские женщины демонстрировали такую решимость из-за отношения к ним собственного правительства. Когда Элси Инглис предложила услуги своих отрядов британскому военному министерству в августе 1914 г., ей ответили: «Дорогая, отправляйтесь домой и сидите тихо».

корпуса"), были заранее предательски сообщены врагу. На вершинах береговых обрывов их ждали турки под командованием энергичного молодого офицера Кемаль Паши. После этого западные державы ограничивались военной активностью на периферии Оттоманской империи. Молодой английский энтузиаст и провидец Т.Э. Лоуренс в одиночку поднял восстание племен Аравийского полуострова. Французы укрепили свои позиции в Ливане. В 1916 г. генерал Алленби продвинулся вглубь Палестины; его отряды с британской базы в Египте вошли в Иерусалим на Рождество. Британцы вошли также в Месопотамию. Они захватили Багдад, отыгрываясь за унижение в марте 1917 г., и стали продвигаться дальше в Персию. Победы англичан вселяли надежду как арабам, так и евреям-сионистам. 2 ноября 1917 г. британский министр иностранных дел Артур Бальфур не без давления на него выступает с декларацией, поддер-

ГЕНОЦИД

27 мая 1915 г. правительство Оттоманской империи издало указ о насильственной депортации армянского населения восточной Анатолии. Армян, бывших христианами, подозревали в симпатиях к врагам турок — русским на Кавказском фронте, а также в планах создания объединенной Армении под покровительством России. Пострадали примерно два-три миллиона человек. Хотя цифры расходятся, но считают, что треть жертв были просто вырезаны, треть — умерли во время депортации и треть — выжили. Этот исторический эпизод часто приводят как первый случай массового геноцида. По Севрскому договору (1920 г.) Союзные державы признавали объединенную Армению суверенной республикой. На деле же они позволили разделить страну между Советской Россией и Турцией.

Адольф Гитлер был хорошо знаком с армянским прецедентом. Когда он инструктировал своих генералов в Оберзальцбурге накануне вторжения в Польшу, он рассказал о своих планах относительно польского народа: «Чингиз-хан с легким сердцем приказывал убивать миллионы женщин и мужчин. А для истории он остался только великим создателем государства... Я послал свои подразделения *Мертвая голова* на Восток с приказом безжалостно убивать мужчин, женщин, детей — тех, кто принадлежит к польскому народу или говорит по-польски. Только так мы можем завоевать необходимое нам *жизненное пространство*. В конце концов, кто сегодня вспоминает об уничтожении армян?»

Термин *геноцид*, однако, не употреблялся до 1944 г., когда его придумал работавший в США польский юрист еврейского происхождения Рафал Лемкин (1901–1959). Кампания, развернутая Лемкиным, сделать практические выводы из судьбы Польши и польских евреев, увенчалась в 1948 г. принятием в ООН *Конвенции о предупреждении преступления геноцида и наказании за него*. К сожалению, как показали войны в бывшей Югославии, Конвенция сама по себе не может ни предотвратить преступления, ни наказать осуществивших геноцид.

живавшей идею восстановления национального образования еврейского народа в Палестине. На Кавказе русские и турки сражались с переменным успехом в приграничном горном районе Армении. Турецкое правительство использовало эти военные действия для оправдания репрессий против своих армянских подданных. [геноцид]

В Италии в военные действия на трудных альпийских террасах по обочине тех земель, которые итальянцы считали собственными, вступили австрийцы. Одиннадцать колоссальных сражений на реке Изонцо принесли не меньше жертв, чем битвы на западе. Полмиллиона человек погибло у Капоретто (сентябрь - декабрь 1917). Потери у Италии были почти такими же, как у Великобритании. Но на краю, казалось, полного разгрома, удивительным образом сумев восстановить силы, Италия значительно ослабила Центральные державы: австрийская армия была разбита в Италии. Однако союзники почти не заметили этой самоотверженности итальянцев, чем нанесли глубокую рану их гордости.

В колониях каждый аванпост воюющей стороны считал своей обязанностью поддерживать дело своей родной страны. Вдали от Европы шла битва между французским и немецким Камерунами. Британцы захватили немецкую Восточную Африку (Танганьика) и немецкую Юго-Западную Африку. В этой неравной борьбе более слабая немецкая сторона оказалась гораздо находчивее. Германские силы в Восточной Африке под командованием генерала Пауля фон Леттов-Форбека (1870–1964) сохраняли боеспособность вплоть до перемирия.

На море теоретически война должна была вылиться в серию мощных сражений между флотами ощетинившихся орудиями броненосцев. На практике же французский флот укрылся в Средиземном море, а германский флот после малозначительной битвы с королевским английским флотом у Ютландии (31 мая 1916), отправился в порт. Британцы, которые обычно претендовали на власть на морях, не могли справиться с немецкими субмаринами, которые базировались в Киле и Бремерхавене и потопили немало союзных судов с общим тоннажем свыше 12 млн. тонн. Британская блокада, во время которой шла беспрерывная война подводных лодок на Северном море, серьезно повлияла на нехватку продуктов питания в

Германии. Но в Британии также возникли значительные трудности и лишения. После того как подводная лодка U20 7 мая 1915 г. потопила гражданский лайнер *Лузитания* и немцы начали ничем не сдерживаемую подводную войну в Атлантике (1917 г.), было покончено с нейтралитетом Америки.

На третий год войны напряжение начало проявляться и в политике. В Дублине пришлось подавить силой ирландское Пасхальное восстание (1916). В Лондоне обычное партийное правительство было смещено созданной Ллойд Джорджем коалицией Военного кабинета (декабрь1916). Со смертью Франца-Иосифа у многих в Австро-Венгрии появилось предчувствие большой беды. Первое с начала войны заседание рейхсрата (май 1917) было прервано под аккомпанемент требований автономии чехами и слухов о сепаратном мире. Во Франции разразилась буквально эпидемия бунтов, вызвавшая длительный кризис, с которым справились постепенно только объединенные силы нового командующего маршала Петэна и нового премьера Жоржа Клемансо. В Германии кайзер в своем Пасхальном послании в 1917 г. предлагал провести демократические реформы; а в июле все партии рейхстага, которые

в 1914 г. голосовали за военные кредиты, теперь проголосовали за мир и примирение. На Восточном фронте после нескольких неудачных попыток установить сепаратный мир с Россией Центральные державы восстановили марионеточное Польское королевство со столицей в Варшаве. Это королевство, не имевшее короля, имело регентский совет без регента. У него не было связи с польскими провинциями в Пруссии, Австрии или восточнее Буга. Вскоре после образования этого королевства польские легионы Пилсудского были распущены, поскольку Пилсудский отказался присягнуть немецкому кайзеру. В России происходила революция. В США была военная горячка. [ТРУС] [лили]

В Австрии молодой *Friedenskaiser* (Император мира) лично возглавил один из нескольких раундов секретных переговоров с союзными державами. Весной 1917 г. в Швейцарии он дважды встречался со своим зятем принцем Сикстом фон Бурбон-Парма, бельгийским кадровым офицером, который был посредником на переговорах с Парижем и Лондоном. Он был готов пойти на территориальные уступки Италии и принимал притязания французов на Эльзас-Лотарингию. Но он не убедил ни итальянцев, ни французов, что сумеет

ТРУС

В 6 часов утра 18 октября 1916 г. у Карной на Западном фронте был расстрелян рядовой Херри Фарр из западно-йоркширкского полка. Он поступил в армию волонтером и прослужил 6 лет, причем дважды был вынесен с поля боя с контузией. В третий раз в медпункте его отказались лечить, так как он не был ранен, и когда он стал сопротивляться сержанту, посылавшему его назад в окопы, его арестовали. Он все время повторял: «Я не могу этого вынести». На заседании военного суда генерал, командовавший 14-м корпусом, сказал, что обвинение в трусости представляется «вполне дока-

занным». Решение подтвердил главнокомандующий Дуглас Хейг.

В свое время вдова Фарра Гертруда получила письмо из военного министерства: «Мадам, с сожалением сообщаем, что ваш муж умер. Он был осужден за трусость и расстрелян на восходе 16 октября». Она не получила ни пенсии вдовы погибшего на войне, ни содержания для дочери. Что она получила, так это сообщение (через местного викария) от полкового капеллана: «Скажи его жене: Никогда еще не бывало солдата лучше, чем он». Гертруда Фарр дожила до 99 лет и смогла еще прочитать документы

военного суда, которые были рассекречены в 1992 году.

Рядовой Фарр был одним из 3080-ти английских солдат, приговоренных к смерти военным судом в 1914–1918 гг., в основном за дезертирство, и одним из 307-ми, кто не был помилован. Отказывая в помиловании в подобном же случае, Дуглас Хейг заметил: «Как же мы сможем победить, если такие прошения о помиловании будут удовлетворяться?»

Во время Второй мировой войны около 100000 английских солдат дезертировали, но никто не был расстрелян. Схваченным дезертирам из Красной армии или Вермахта повезло гораздо меньше.

ЛИЛИ

1. Lili Marleen

Как-то в 1915 г., где-то на Восточном фронте в Польше молодой немецкий часовой загрустил о доме. Ханс Леп вообразил, что две его девушки — Лили и Марлен — стоят вместе с ним под лампой у входа в барак. Он стал насвистывать что-то себе на радость, придумал две сентиментальные строчки, а потом их сразу же забыл. Через 20 лет в Берлине он вспомнил эти пришедшие на ум стихи, прибавил еще несколько куплетов и соединил имена двух девушек в одно. Стихи были положены на музыку Норбертом Шульцем, и песня увидела свет в 1937 г. В межвоенные годы в Берлине было множество кабаре, здесь было много популярных песенок, но *Песня одинокого часового* не имела никакого успеха.

В 1941 г., когда германская армия оккупировала Югославию, мощные радиопередатчики Белграда были реквизированы военными. Среди других второразрядных довоенных пластинок отыскалась песенка Ханса Лепа. Так случилось, что ночные музыкальные программы Белграда были слышны и в Северной Африке, причем там их слушали и солдаты Роммеля, и «крысы пустыни» из 8-й британской армии. На этот раз голос Лале Андерсон, раздававшийся в эфире под звездным небом Средиземного моря, очаровал слушавших солдат. Слова быстро перевели на английский, и песню записала Энн Шелтон. После осады Тобрука, когда колонна военнопленных англичан проходила мимо выстроившихся частей Африканского корпуса Роммеля, и те, и другие пели одну песенку:

Около казармы,
  У закрытых наглухо ворот,
Где фонарь качается
  Уж который год,
Будешь меня исправно ждать,
  Под этим фонарем стоять,
  Wie einst Lili Marleen.
  [Как когда-то Лили Марлен]

Когда США вступили в войну, *Лили Марлен* запела Марлен Дитрих, и эта песня перешла все границы.

Во время войны в Париже (1943 г.), где у всех на устах была *Лили Марлен*, появилась *Les Feuilles mortes* ("Опавшие листья"). Горестно-сладостные слова этой песни написал Жак Превер, а незабываемую мелодию — Жозеф Косма.

Тема разлуки влюбленных, должно быть, снова была близка настроению многих. Но фильм Жана Габена, для которого она была написана, так и не появился, как не появилась и песня. К тому времени, когда ее обнаружили снова, общественный и политический климат уже сильно изменились, и английские слова потеряли свой первоначальный оттенок:

Листья падают за окном,
Осенние красные и желтые листья.
Я вижу твои губы, летние поцелуи,
Загорелые руки, которые я держал.
После того как ты ушла,
         дни стали длиннее,
И скоро я услышу песню
         холодной зимы.
Но больше всего я тоскую
       о тебе, моя дорогая,
Когда начинают падать листья.

Где они были теперь — эти волны и следы влюбленных на песке? Но в 1950-е годы *Осенние листья* исполнялись безостановочно.

После войны популярные песенки, принесенные на гребне волны американской культуры, — хорошие, плохие, никакие — захлестнули Европу. Трансатлантический напев англо-американских песенок царил повсюду. Между тем во многих частях Европы: в Неаполе, Варшаве, Париже, Москве — не теряло своего очарования и местное наречие:

2. Feuilles Mortes

C'est une chan-son, Qui nous res-sem-ble, Toi tu m'ai

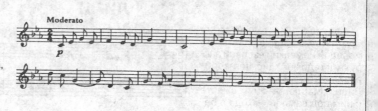

Не слышны в саду даже шорохи,
Все здесь замерло до утра.
Если б знали вы, как мне дороги
Подмосковные вечера.

Что ж ты, милая, смотришь искоса,
Низко голову наклоня?
Трудно высказать и не высказать
Всё, что на сердце у меня.

повлиять на Берлин, и был вынужден унижаться перед германским императором, когда Клемансо открыл тайну этих контактов. С этого момента судьба Габсбургской монархии была связана с военными успехами или поражением) Германии; не оставалось больше надежд и на мирное развитие государств Австро-Венгрии[6].

После многочисленных попыток установить мир США наконец вступили в войну 6 апреля 1917 г. 28-й президент Томас Вудро Вильсон (1856–1924), либерал с Восточного побережья и профессор Принстонского университета, был переизбран в ноябре 1916 г. сторонниками нейтралитета; его посланник полковник Хаус посетил все европейские столицы. Еще в январе 1917 г. Вильсон в своей новогодней речи перед Конгрессом призывал к «миру без победы». Но морской экономике Америки очень угрожали германские подводные лодки; а грубый план немцев перетянуть на свою сторону Мексику, как он был изложен в телеграмме Циммермана в феврале 1917 г., покончил с последними сомнениями. Идеализм президента Вильсона открыто противостоял секретной дипломатии англичан и французов. Его *четырнадцать пунктов* (январь 1918) придавали ясность и определенность военным целям союзников. Он был ярым сторонником принципа национального самоопределения и распрост-ранения этого принципа на всех в равной степени. Поскольку же в Белом Доме устраивал музыкаль-ные вечера Игнаций Пендерецкий, то президент включает в повестку дня также и независимость Польши.

Однако в итоге общие перемены 1917-го года вызвали в лагере союзников большое беспокойство. В то время преимущества вступления США в войну с лихвой восполнили ущерб от хаоса в России. Антанта приобретала партнера с огром-

ным потенциалом, но в то же время теряла могучего партнера непосредственно на поле боя. Лишь по прошествии 12-ти месяцев можно было почувствовать вклад Америки как человеческими ресурсами, так и промышленной продукцией. Тем временем, по мере того, как сопротивление русских ослабевало, Центральные государства получали возможность перемещать (во все больших количествах) свои ресурсы с востока на запад. Результат войны теперь, казалось, зависел от того, что скажется быстрее: мобилизация в США или последствия революции в России.

Русская революция 1917 года состояла из цепи связанных между собой крушений. Два политических восстания — Февральская революция, которая свергла царскую монархию, и Октябрьская революция, или переворот, установивший диктатуру большевиков, — сопровождались беспорядками, потрясшими все социальные, экономические и культурные основы Империи. Одновременно лавиной шли национальные восстания на всех включенных ранее в Империю нероссийских территориях, которые теперь воспользовались возможностью завоевать независимость.

Последствия войны были катастрофическими. В середине февраля 1917 г. последний царь из династии Романовых все еще оставался главой самого большого в Европе военного аппарата. Затем в течение 12-ти месяцев Романовы были уничтожены. Их Империя распалась на самоуправляемые государства; и большевистские правители центральной территории (представлявшей собой всего лишь обрубок Империи) совсем вышли из войны.

С момента начала мирных переговоров в Брест-Литовске (с 6 декабря 1917) Россия прекратила всякое участие в войне. Германская политика, которая до того времени поддерживала и притязания сепаратистов, и махинации большевиков, торжествовала небывалую победу.

Распад Российской империи следует считать не просто следствием революции, но также и одной и ее причин. Русский царь давно уже терял преданность своих нерусских подданных, задолго до того, как большевистская диктатура определенно подтвердила желание национальных районов существовать самостоятельно. Когда в связи с продвижением немцев в 1915 г. были утрачены польские провинции, ведущий польский политик Империи Роман Дмовский раз и навсегда отвернулся от России; теперь он будет трудиться ради независимости Польши под покровительством Западных государств. Под его председательством был создан Польский национальный комитет в Париже в августе 1916 г. В Литве *Taryba* (Национальный совет) был создан под покровительством немцев в сентябре 1917 г. В Финляндии независимая республика была вынуждена бороться за свое существование с помощью немцев с середины 1917 по май 1918 гг. На Украине национальное движение выходит на первый план, как только ослабевает власть в центре. В ноябре 1917 г. была создана Украинская республика в Киеве. По так называемому *Хлебному договору* от 9 февраля 1918 г. она смогла получить признание от Центральных государств в обмен на зерно. В то же время на Кавказе возникает независимая Закавказская федерация.

Ввиду этого спонтанного сепаратизма сменявшим друг друга правительствам в Петрограде не оставалось ничего иного, как склоняться перед этой бурей. Временное правительство заявило в апреле 1917 г., что поддерживает независимость отдельных народов. Так же поступали большевики и другие. На самом же деле, несмотря на громогласные заявления, большевики вовсе не собирались предоставлять национальностям независимость. Как только они захватили власть в Петрограде, главный комиссар большевиков по национальному вопросу, никому не известный грузинский революционер И.В. Сталин, начал создавать отделения большевистской партии в каждой из появлявшихся республик, чем подрывал позиции только формировавшихся национальных правительств. Политика большевиков была нацелена на то, чтобы восстановить рухнувшую Российскую империю в новом коммунистическом

обличье. За фасадом культурной автономии и чисто номинальных государственных структур они с самого начала стремились навязать диктат партии. Это стало одним из главных источников так называемой русской *гражданской войны* (см. ниже).

Революция в Петрограде была направлена против правительства центра, которое уже и без того находилось в состоянии глубокого разложения. Непосредственная причина заключалась в кризисе системы управления при царском дворе. Сам царь был на фронте, совершая все новые ошибки в своей несчастной решимости лично вести войну. Думу не принимали во внимание; так что царские министры были оставлены на милость неуравновешенной царицы-немки и ее наперсника-шарлатана, «безумного монаха» Григория Распутина (1872–1916). Когда стали пренебрегать самыми насущными связанными с войной делами — инфляцией, недостатком продовольствия и вооружения, — тогда взбунтовалось и ближайшее окружение царя. Распутина убил выпускник Оксфорда князь Феликс Юсупов, сын самой богатой женщины в России и муж племянницы царя. При иных обстоятельствах это событие могло войти в историю как небольшая придворная интрига. Но в то время оно стало последней каплей, переполнившей чашу терпения: поднялась волна возмущения, снося опоры всей системы. Ибо за границами придворной политики оставались десятки миллионов безгласных царских подданных: недовольная интеллигенция, разочарованные конституционалисты, сбитые с толку чиновники, бесправные рабочие, безземельные крестьяне, солдаты, у которых не было надежды ни выжить, ни победить. Сияющая оболочка царизма держалась долго, но потом распалась как карточный домик.

Цепь событий — от убийства Распутина 17 декабря 1916 г. до захвата власти большевиками десять месяцев спустя — не имела ни плана, ни последовательности. В конце февраля лютый холод, кроме прочего препятствовавший доставке продовольствия, неожиданно сменился ранним весенним теплом. Тысячи забастовщиков и демонстрантов вышли на улицы Петрограда, требуя мира, хлеба, земли и свободы. 26 февраля на Знаменской площади рота гвардейцев произвела первый роковой залп. На следующий день 160000 новобранцев из крестьян, составлявших гарнизон столицы, взбунтовались и присоединились к гражданским бунтовщикам. Царские генералы пытались выиграть время. В отсутствие царя Дума взяла на себя смелость назначить Временное правительство, в то время как представители различных социалистических фракций создали *Петроградский совет,* или *Совет рабочих и солдатских депутатов.*

Таким образом, возникло *двоевластие* и Дума должна была сотрудничать с Петроградским советом. Каждая сторона принимала судьбоносные решения. 1 марта Совет издал свой односторонний Приказ №1, которым предписывалось каждому военному соединению избрать собственный совет. Одним ударом была разрушена власть офицерского корпуса по всей армии. 2 марта Временное правительство издает программу из 8-ми пунктов, призывая вводить выборные должности в местном правительстве и заменять государственную полицию народной милицией. Одним ударом было покончено с авторитетом полиции и официальных лиц на местах по всей России. Российская империя распалась с «телеграфной» скоростью. В эту ночь царь Николай II отрекся от престола.

Некоторое время натянутое сотрудничество конституционных либералов в Думе и умеренных социалистов в Совете, — в основном меньшевиков и эсеров (и те и другие были в оппозиции к большевикам) — удерживало двоевластие в равновесии. Центральной фигурой в это время становится Александр Керенский (1881–1970), социалист, юрист, бывший одновременно членом Временного правительства и Совета. Однако проводившаяся политика продолжения войны была исключительно непопулярна и только разжигала чрезвычайное недовольство, которое было весьма на руку радикальным элементам. Временное правительство объявило о своем намерении провести всеобщие выборы в Учредительное собрание, что стало бы в будущем твердым основанием русской демократии. Это определило выбор времени большевиками: чтобы не упустить шанса править Россией, они должны были захватить контроль в Советах и свергнуть Временное правительство до того, как соберется Учредительное собрание. [**ФАТИМА**]

ФАТИМА

3 мая 1917 г., в самый разгар Первой мировой войны, папа Бенедикт XV воззвал к Преблагословенной Деве Марии даровать знамение в деле мира. Десять дней спустя трое неграмотных детишек рассказали, что им явилась Дева Мария у села Фатима в Португалии. Они слышали, как она назвала себя Госпожой Розария [для правоверного католика очень важно молиться по Розарию — по четкам], она также сказала, что Антихрист близко и что на месте видения следует построить часовню. Некоторое время спустя одна из девочек, наблюдавших видение, Лучия дон Сантос, открыла, что предсказания Девы касались России: «Я приду и попрошу посвятить Россию моему Пречистому Сердцу. Если мое требо-вание будет услышано,

Россия изменится и там воцарится мир. Если же нет, то она распространит свои заблуждения на весь мир, вызывая войны и преследование Церкви… Но в конце мое Пречистое Сердце победит».

Культ Девы Марии часто связывали с антикоммунизмом, особенно во время гражданской войны в Испании. В 1942 г. Пий XII инициировал празднование, посвященное Пречистому Сердцу Девы Марии. 13 мая 1981 г. на папу Иоанна Павла II, лично сыгравшего выдающуюся роль в борьбе с коммунизмом, было совершено покушение в Риме, где в него стрелял фанатик-мусульманин. Папа молился Госпоже Розария, а после выздоровления совершил паломничество в Фатиму.

Для верующих христиан не кончилось время явлений и предсказаний, которые приходится разгадывать. Явления Божией Матери, из которых впервые засвидетельствованным было видение *Елизавете* из *Шонау,* (1164 г), не прекращались и в новейшие времена. Следует упомянуть Ля Салетт (1846), Лурд (1854), Понме (1871), деревушку Кнок графства Майо на западе Ирландии. (1879), Банно в Бельгии (1933), и Меджугорье в Боснии (1981). Явления Божьей Матери в Меджугорье у Мостара, которые привлекли тысячи паломников, не были признаны католическими иерархами. А между тем они совершались на месте будущей войны и кровавой бойни, они предвещали боснийские ужасы 1992–1993 годов. [**БЕРНАДЕТТА**] [**МАДОННА**]

До возвращения Ленина в апреле в Петроград роль большевиков в революционных событиях была незначительной. Но ухудшение ситуации весной и летом подготовило почву для действия организованных разрушителей. Трижды: в апреле, июне и в июле — большевики пытались воспользоваться своим возросшим авторитетом в петроградском гарнизоне, стремясь превратить уличные демонстрации в вооруженное восстание. В последнем случае, когда стало известно об их контактах с немцами, Временное правительство распорядилось даже арестовать лидеров большевиков по обвинению в государственной измене. Ленин спрятался в деревне. Однако в августе и сентябре правительство было парализовано разыгравшимся конфликтом с армией под командованием генерала Лавра Корнилова. Неудачный *путч* Корнилова подсказал Ленину план переворота.

Когда в начале октября Ленин пробрался обратно в Петроград, правительство Керенского было в изоляции и полностью себя дискредитировало. Армия была деморализована; в Советах не было единства. План большевиков состоял в том, чтобы нейтрализовать Петроградский совет, созвав параллельный Съезд советов и обеспечив там численное превосходство большевиков за счет большевистских делегатов из губерний. Одновременно главный Военно-революционный комитет Совета получил приказ выделить нужное количество солдат, матросов и вооруженных рабочих для целей, которые этот Совет не одобрял. Командование взял на себя Троцкий. [СОВКИНО]

В ночь на 25 октября этот план был приведен в исполнение. Большевистские пикеты окружили все правительственные здания. Реакции не было. Утром 26-го в 10 часов Ленин распространил обращение:

К гражданам России

Временное правительство низложено. Государственная власть перешла в руки органа Петроградского Совета Рабочих и Солдатских Депутатов Военно-Революционного Комитета, стоящего во главе Петроградского пролетариата и гарнизона.

Дело, за которое боролся народ: немедленное предложение демократического мира, отмена помещичьей собственности на землю, рабочий контроль над производством, создание Советского правительства, — это дело обеспечено.

Да здравствует революция рабочих, солдат и крестьян![7]

Практически каждое слово этого воззвания было вводящей в заблуждение ложью. Но это не имело значения. Как верно просчитали Ленин и Троцкий, в столице не было никого, кто бы имел волю им противостоять. Министры Временного правительства все еще ютились в Зимнем дворце, ожидая помощи (и освобождения), которые так никогда и не подоспели. Армии Империи просто не существовало. В 9 часов вечера матросы-большевики на крейсере *Аврора* выстрелили один раз холостым зарядом по Зимнему дворцу. Примерно 30 снарядов было выпущено с Петропавловской крепости, из них два попали в цель в 11 часов ночи. Охрана правительства по большей части просто ушла; и толпа с улицы ворвалась во дворец, не встречая никакого сопротивления. Штурм Зимнего дворца — это позднейшая литературная выдумка. 2.30 ночи, когда министры сдались, следует считать временем, когда большевики захватили власть в Петрограде. Но они не собирались останавливаться на этом. Ненадолго появившись утром на Съезде Советов, Ленин приветствовал наступление *мировой социалистической революции*. На самом деле, это была вовсе не социалистическая революция. Даже не восстание петроградских социалистов. В черновике *Воззвание 26-го* Ленин сначала хотел окончить его словами: «Да здравствует социализм!», но потом эти слова вычеркнул.

Ленин и руководимые им большевики были революционерами самого радикального толка. Как только они захватили власть, то немедленно принялись вырывать с корнем все исконно русское. При Ленине в 1917–1921 гг. и еще больше при Сталине после 1929 г. они перестроили жизнь в России буквально во всем. Они делали это при помощи принуждения сверху; вопреки другим русским радикальным и социалистическим движениям. Их методы имели очень мало общего с той спонтанной революцией снизу, о которой они писали в своих книгах.

Действия большевиков непосредственно после переворота суммарно изложены в трех знаменитых *декретах*, которые Ленин представил Съез-

СОВКИНО

24 октября 1917 г. в кинотеатрах Санкт-Петербурга шел фильм «Тихие узоры жизни» — психологическая драма о сложных отношениях князя Оболенского с нежной Клавдией и интриганкой Нелли. На следующий день большевики захватили власть, а у них был совершенно иной (и очень определенный) взгляд на кинематографию. «Из всех искусств, — писал Ленин — для нас важнейшим является кино». Кино для них было не развлечением, а средством массовой пропаганды. В 1919 г. Ленин подписывает декрет, передающий фотографическое и кинематографическое производство Народному Комиссариату образования. В свое время создается *Общество друзей советского кино*, основанное ни кем иным, как Феликсом Дзержинским, главой политической полиции (Чрезвычайной комиссии по борьбе с бандитизмом (ЧК) - *ред.*).

Русское кино появилось на свет уже вскоре после того, как Луи Люмьер продемонстрировал свои немые фильмы в Гранд кафе в Париже 28 декабря 1895 г. Были русские кинорежиссеры, русская кинохроника, русские студии и русские кинозвезды, такие, как "ледяная" Вера Холодная. Первым русским художественным фильмом была историческая драма Дранкова *Стенька Разин* (1908). После Февральской революции 1917 г. появляется несколько сенсационных фильмов на современные политические темы, например, *Амурные похождения Гриши Распутина*. При большевиках такие фривольности были невозможны.

Большевики не делали секрета из своих планов превратить кино в партийное оружие. Но для этого нужно было сначала разрушить существовавшие институты. В 1922 г. поэт Маяковский написал следующие строки, как будто по приказу Агитпропа:

Для вас кино — зрелище,
Для меня — почти миросозерцание.
Кино — проводник движения.
Кино — новатор литератур.
Кино — разрушитель эстетики.
Кино — бесстрашность.
Кино — спортсмен.
Кино — рассеиватель идей.
Но — кино болен,
Капитализм засыпал ему
Глаза
Золотом...
Коммунизм должен отобрать кино
У спекулятивных поводырей...

После хаоса гражданской войны Государственное управление кино — *Совкино* — начинает свою деятельность только в середине двадцатых годов. Но даже и тогда еще не добивается успеха, пока в тридцатые годы не включается в сплошное сталинское планирование.

В основном в истории советского кино преобладали или произведения соцреализма, или героические фильмы о Второй мировой войне. Но были и проблески света среди мрачного засилья таких картин — это великолепные творения времени *оттепели* в 1960-е годы, когда появляются *Война и мир* Бондарчука, *Летят журавли* Калатозова, а также произведения гениальных режиссеров, в особенности Эйзенштейна.

Сергей Эйзенштейн (1898–1948), сын главного архитектора города Риги, принадлежал к той части золотой молодежи прежнего царского времени, которая связала свою судьбу с большевиками. Помимо того что он был исключительно одарен, так сказать, технически, Эйзенштейн имел перед собой ясные цели, важнейшей из которых было передать неудержимый ход истории. Он закончил только шесть фильмов, но в каждом на переднем плане коллектив, собрание людей.

В своем первом фильме *Стачка* (1925 г.) Эйзенштейн изобразил взрыв чувств рабочих как силу, которая, просыпаясь, осознает себя. Он также делал карикатурные портреты фабрикантов в стиле журнала *Крокодил*. В фильме *Броненосец Потёмкин* (1926 г.), который был приукрашенной версией действительных событий революции 1905 года, предметом художественного исследования Эйзенштейна становятся переживания корабельной команды и угнетенное положение простых людей. Кадры одесской лестницы, где казаки расстреливают невинных демонстрантов, стали, может быть, самым знаменитым эпизодом в истории кинематографа. Фильмом *Октябрь* (1927 г.) он отметил 10-ю годовщину большевистского переворота, снова сосредоточившись на роли масс в таких потрясающих, хотя и выдуманных, сценах, как штурм Зимнего дворца. В *Старом и новом* (1929 г.) он исследует коллективную жизнь крестьянства.

Возвратившись в Россию после нескольких лет, проведенных за границей, Эйзенштейн обращается к более далекой истории. Его *Александр Невский* (1938 г.) был пророческим в отношении приближавшегося конфликта с Германией. Сцена средневековой битвы на льду, где гротескно изображенные тевтонские рыцари тонут под тяжестью своего собственного вооружения, стала жуткой аллегорией Сталинграда (за пять лет до Сталинградской битвы). Появление *Ивана Грозного* (1945 г.) при живом еще Стали-

не, страстно любившем кино, указывало на особое положение Эйзенштейна.

Фильмы Эйзенштейна доказывают, что великое искусство вполне совместимо с неприкрытой пропагандой. Как и в религиозном искусстве, когда

смысл ясен, зрители могут сосредоточиться на искусстве передачи этого смысла. На кинофестивале в Брюсселе в 1958 г., *Броненосец Потемкин* был признан лучшим фильмом среди 12-ти лучших фильмов мирового кино. [**ПОТЕМКИН**]

ду Советов вечером 26 октября. Ни один из них не был тем, на что претендовал: *Декрет о мире* был, на самом деле, частным обращением к великим державам о трехмесячном перемирии. *Декрет о земле* постановлял передать частную земельную собственность — крестьянским общинам. Он был взят из программы эсеров и совершенно не соответствовал предшествующей (и последующей) большевистской линии, которая предполагала передачу земли в государственное владение. *Декрет о правительстве*, которым создавался Совнарком (Совет народных комиссаров) во главе с Лениным, следовало в будущем утвердить на Учредительном собрании. И по частным и по общим вопросам Ленин прибегал к софизмам. Мир между народами, который осуществился через декабрьское перемирие и Договор с Германией в Брест-Литовске 3 марта 1918, — был использован для развязывания тотальной войны с противниками большевиков внутри страны. Передача земли крестьянам была очень своевременной тактикой, погасившей гнев самого многочисленного класса России в этот критический момент. Вскоре последовала всеобщая «война с деревней», когда большевики навязали государственную монополию цен и торговли продовольствием.

Жест в сторону Учредительного собрания был чистейшим оппортунизмом. Большевики не препятствовали проходившим по всей стране выборам в Учредительное собрание, как планировало Временное правительство. Эти выборы состоялись во второй половине ноября; и большевики собрали 24% голосов. На этих первых и единственных в Советской истории свободных выборах победа досталась эсерам, которые собрали 40,4%. Но такая малость не могла остановить Ленина: он позволил собраться Учредительному собранию 5 января 1918 г., а потом просто его закрыл. Между 3 и 4 часами 6-го января председатель Собрания и лидер эсеров Виктор Чернов (1873–1952)

пытался провести закон об отмене собственности на землю, когда неожиданно его похлопал по плечу матрос, командир большевистской охраны. «Я получил инструкцию довести до вашего сведения, чтобы все присутствующие покинули зал заседаний, — объявил матрос, — потому что караул устал»[8]. С этого момента в России начинается жестокая борьба, в ходе которой погибло русских больше, чем на фронтах активных боевых действий.

Последний год Великой войны (1918) начался планами победоносного наступления Центральных держав для окончательной победы, а закончился их всеобщим отступлением. Восточный фронт исчез; горный итальянский фронт оказался в безвыходном положении. Так что все сосредоточилось на Западном фронте. С марта по июль немецкое командование отправляло туда все оставшиеся резервы. И не без успеха. На британском участке они продвинулись где-то на 35 миль южнее Амьена. В центре они снова выдвинулись к Марне. Но им не удавалось ни прорвать линию обороны союзников, ни сломить их волю. В июле, во время второй битвы на Марне, «эластичная оборона» Петэна показала, что атакующим решительно недостает превосходства в силе. Потом, 8 августа, в *Черную пятницу германской армии*, прорвались 456 английских танков и за один день вернули 8 из 35 захваченных немцами миль. Неделю спустя германские и австрийские генералы посоветовали своим императорам кончать войну. В сентябре и октябре в восточном секторе наконец показали свою силу американцы: сначала при Сен-Мишеле, где они уничтожили самый большой выступ на всем фронте, а затем в Аргонне. Немецкая линия фронта так и не была прорвана; и немцы не считали себя побежденными. Но 3 октября они уже находились под таким большим давлением, что передали президенту Вильсону предложения о перемирии. [**НЕНАВИСТЬ**]

НЕНАВИСТЬ

3 августа 1918 г. на проповеди архиепископа Кентерберийского Рендэлла Дэвидсона в Сент Маргаретс в Вестминстере присутствовали король и королева, министры, и члены обеих палат парламента. Многие из собравшихся знали, что архиепископ неоднократно в личных беседах критиковал военную политику правительства с точки зрения морали. Многие, должно быть, были в замешательстве от того, что архиепископ теперь говорил публично. «Бывает такой гнев, который может выродиться в ядовитую ненависть, совершенно противоположную принципам христианской веры», — сказал он мягким голосом шотландца. «Как верные ученики Бога и Господа Живого, который умер на Кресте за всех Его ненавидящих, мы должны остерегаться, чтобы ненависть не нашла себе пищу в наших сердцах». Сбоку от архиепископа находился капеллан архиепископа и в будущем его биограф, преподобный Георг Белл (1883–1958), будущий епископ Чичестерский. Под влиянием идей архиепископа этот капеллан становится затем ведущим представителем идеи *христианского интернационализма* в протестантской Европе.

Уж кто-кто, а епископ Белл вовсе не имел задатков интернационалиста. Он не знал ни одного слова на иностранном языке, но твердо знал христианские принципы и имел мужество их высказывать. В послевоенные годы он подпал под большое влияние архиепископа Натана Зодерблома из Упсалы, шведского лютеранина, бывшего некогда профессором в Лейпциге. В 1919 г. он присутствовал на конференции в Вассенааре в Голландии, где обсуждалась проблема виновности в войне; в 1925 г., он помог созвать в Стокгольме Конференцию практического христианства, посеявшую семя, из которого позднее вырос Всемирный Совет церквей.

В начале 1930-х гг., будучи председателем Экуменического Совета практического христианства (UCCLW), Белл противодействовал давлению, оказываемому нацистам на немецкие церкви. В 1935 г. он настаивает на издании публичной резолюции протеста; пишет резкое письмо имперскому епископу Мюллеру от имени «Исповедальной церкви» и в ответ лично в Чичестере принимает разгневанного фон Риббентропа. Проводимые Беллом встречи Экуменического Совета (UCCLW) в Новы Саде (1933 г.) и Фано (1934 г.) проложили дорогу *Оксфордской конференции* (1937 г.), которая объединила несколько экуменических групп и, признавая опасность тоталитаризма как со стороны нацистов, так и со стороны коммунистов, основала *Оксфордскую группу морального перевооружения*.

В атмосфере угрозы войны епископ Белл бесстрашно высказывал свои взгляды. В июне 1939 г. в Оксфордском университете он говорил о том, что «Бог выше нации», осуждая «скандальную» настойчивость в вопросе о государственном суверенитете, а также «опустошение, произведенное коллективным эгоизмом». В ноябре он опубликовал свою книгу *Церковь в годы войны*: «Церковь перестает быть Церковью, если забывает, что ее членов, принадлежащих одному народу, связывает братство с членами принадлежащими другим народам. [Церковь] должна... строго осудить акты возмездия или бомбардировки, осуществляемые вооруженными силами его собственного народа. Она должна выступить против пропаганды лжи и ненависти. Она должна быть готова всячески способствовать восстановлению дружеских отношений с враждебным народом. Она должна выступить против всякой войны на уничтожение или с целью порабощения, а также против всего, что направлено на разрушение морали людей...»

Эти принципы не были популярны ни у правительства Его Величества, ни у прихожан его епархии. Но эти принципы появлялись в речах в Палате лордов против интернирования иностранцев (август 1940), против «бомбардировки на уничтожение» (9 февраля 1944) и против применения атомной бомбы. [ALTMARKT] Относительно бомбардировок союзников он высказывался без обиняков: «Теперь уже целью бомбардировок являются не оборона и не военные или промышленные цели. Но уничтожен... целый город. Какие можно провести различия в таких случаях, когда гражданское население, памятники, военные и промышленные объекты — все вместе представляют собой цель?»

В июле 1942 г. епископ предпринял опасное путешествие на самолете в Стокгольм, чтобы встретиться с христианскими деятелями немецкого Движения Сопротивления. Его проект воззвания к союзникам от имени немецких христиан будет ими отвергнут. Но именно Джорджу

Беллу адресует пастор Бонхёффер свое последнее послание из камеры смертников в нацистской тюрьме. «Скажите ему, — писал он, — что... с ним вместе я верю в наше всеобщее христианское братство и в то, что мы обязательно победим».

Христианская Европа всегда оставалась главной ценностью в мыслях Белла о будущем. Он спрашивал о тех, кто задумал позорные бомбардировки: «Сознают ли они [живые], какую

жатву они готовят в будущих отношениях людей в Европе?» В послевоенном послании к немцам в 1945 г. он взывал к *духу Европы*: «Сегодня одной из важнейших задач... должно быть возрождение христианского мира (Европы). Мы хотим видеть Европу — христианским миром... Нет ни безгрешных народов, ни безгрешной Церкви, ни безгрешного человека. Без покаяния и прощения не будет возрождения».

Эти идеи составляли основу раннего этапа послевоенного движения за объединение Европы, до того, как оно было перехвачено экономистами. Георг Белл сыграл важную и роль в основании Всемирного Совета Церквей, что произошло в Концертгебоу в Амстердаме 22 августа 1948 г., то есть спустя ровно 30 лет после проповеди архиепископа Девидсона в Вестминстере.

Октябрь 1918 г. был примечательным месяцем. Близился мир, и это нанесло большее поражение Центральным державам, чем четыре года войны. Новости с малых фронтов были печальными. Атака союзников в Македонии была успешной, Болгария не выдержала. В Палестине англичане наконец одержали умелую победу на поле боя у Мегиддо около г. Кармель; и турки просили мира. В Италии после неудачного натиска на Пьяве австро-венгерская армия прекратила сопротивление. Все в Европе знали, что преимущества у Антанты, что дипломатическое зондирование в отношении мирных переговоров уже началось и что дальнейшее сопротивление только продлит агонию. Повсюду, где это было возможно, войска брали дела в свои руки. Скучающие германские и австрийские гарнизоны завели у себя во множестве *Soldatenräte* — что-то вроде русских *советов*. Австрийская армия распалась из-за дезертирства чехов, поляков, хорватов, венгров и собственно германских полков, которые решили просто отправиться домой. Все провозглашали свою национальную независимость. 20 октября, когда германо-австрийская ассамблея собралась в Вене для приготовления республики, было очевидно уже, что игра окончена. Император Карл и 500-летнее правление Габсбургов за одну ночь стали никому ненужными. Была провозглашена независимость нескольких неизвестных до тех пор государств: Чехословакии (28 октября), Югославии (29 октября), Венгрии (1 ноября) и во Львове (Лемберге) Западно-Украинской народной республики (1 ноября). [ЛЫЧАКОВ]

«Заболевание миром» быстро распространилось и в Германии; причем уже вскоре требовали не просто мира, а головы кайзера. Императорский флот взбунтовался в порту Вильгельмсхафена. Разразилась социалистическая революция: 7 ноября в Мюнхене и 9-го в Берлине, где было провозглашено создание Германской республики. 10-го, отрекшись несколькими днями раньше от престола, кайзер Вильгельм и кронпринц отправились в изгнание в Нидерланды. В последнем порыве германская военная разведка выпустила своего самого опасного польского заключенного Йозефа Пилсудского и посадила его на поезд в Варшаву. Он прибыл туда утром 11-го, руководил разоружением немецкого гарнизона и к великой досаде западных союзников взял в свои руки управление независимой Польшей.

В конечном итоге Центральные державы, подобно России, были сломлены политическим крахом, а не собственно военным поражением. Германская армия, одерживавшая победы на востоке и на западе, не имела поражений; ее так и не удалось вытеснить на германскую территорию. Но политическая власть в Германии, отдававшая приказы, сменилась. Переговоры о мире происходили с 8 ноября на станции Ретонд, недалеко от Компьена (Суассона). Вскоре уже достигли соглашения на базе 14 пунктов Вильсона и 18 дополнительных требований союзников. Последние касались эвакуации оккупированной территории, создания нейтральной зоны в Рейнской области, сдачи германского флота, тяжелого вооружения и транспорта, выплаты репараций и аннулирования Брест-Литовского и Бухарестского договоров.

ЛЫЧАКОВ

24 ноября 1918 г. трое молодых людей были похоронены на отдельном военном участке католического кладбища в Лычакове в пригороде Львова: Зигмунт Менцель, 23-х лет, Йозеф Курдыбан (19-ти) и Фелиция Сулимирска (21 год). Они были убиты в сражении поляков с украинцами за бывшую столицу австрийской Галиции. Это было первое из нескольких тысяч погребений, когда тела погибших поляков переносились из временных могил в парках и скверах; это было начало Кладбища защитников Львова, *Campo Santo Орлят*. Самому юному из погребенных — Антошу Петрыкевичу, убитому в бою, — было 13 лет.

Подобно всем великим городским кладбищам Европы XIX века, Лычаков представлял к тому времени немалый исторический и художественный интерес. Как на Пер Лашез в Париже или на кладбище Хайгейт в Лондоне, заросли зелени охраняли искусно украшенные фамильные погребения тех, кто наполнял жизнью и способствовал росту большого города. На двух отдельных участках стояли лишь ряды простых крестов над могилами участников польских восстаний 1830 и 1863 гг.

Военные кладбища, подобные Лычакову, появились после Великой войны и в сотнях других мест, особенно в Бельгии и северной Франции. Над Лычаковом, который создавался в 1919–1934 годах, во время польского правления, высится триумфальная арка, по сторонам стоят каменные львы, за аркой полукруглая колоннада. На арке надпись: MORTUI SUNT UT LIBERI VIVAMUS (Они умерли, чтобы мы могли жить свободными); львы держат щиты с девизом города SEMPER FIDELIS (всегда верный) и надписью TOBIE POLSKO (Тебе, Польша). Позади могил расположился украшенный аркой склеп, обрамленный ступеньками, ведущими к часовне в форме ротонды. Весь этот ансамбль украшали вечнозеленые кустарники и освещали лампы на бронзовых постаментах. Отдельные памятники были возведены в честь познанских волонтеров, французских пехотинцев и американских летчиков, погибших, защищая город от большевиков в 1919–1920 гг. [ДУОМОН] [ЛАНГЕМАРК]

Если в происхождении Лычакова нет ничего особенного, то этого не скажешь о его дальнейшей судьбе. После присоединения Львова к Советской России в 1945 г. кладбище подверглось вандализму и было разорено: кресты вырваны, надписи осквернены, памятники изуродованы, часовню превратили в мастерскую каменотеса. Заросшее кладбище, которое охраняли свирепые псы, можно было посетить, лишь рискуя быть арестованным. Разгром и запустение его держались в секрете; посетителям невозможно было заглянуть за все закрывавший громадный советский военный мемориал. Реставрационные работы (по просьбе польского правительства) начались только в 1989 году.

В Западной Европе Вторая мировая война в основном не тронула уже существовавшие кладбища. Но по всей Восточной Европе немецкие, еврейские, польские, литовские и украинские кладбища были разорены в рамках общей коммунистической кампании по вытравливанию памяти. Они мешали переписывать историю. В сражениях 1918–1919 гг. побежденные украинцы понесли такие же потери, как и их польские враги. Но в годы польского правления украинское военное кладбище во Львове не было оставлено без внимания и почета. При советском правлении оно было уничтожено.

В 1991 году Львів становится вторым по значению городом независимой Украинской республики как крупнейший город Западной Украины. После поражения 1918–1919 гг. ожили угасшие было мечты. И было навсегда покончено с мечтами молодых поляков, похороненных в Лычакове. [ЭЛЬ-ЗАС]

Союзники настаивали на суровых условиях капитуляции, потому что могли диктовать условия мира. Соглашение было подписано в железнодорожном вагоне на запасных путях в 3 часа утра 11-го ноября и входило в силу через 6 часов. В одиннадцатом часу одиннадцатого числа одиннадцатого месяца пушки замолчали.

Свыше 10 млн. солдат было убито — преимущественно молодых мужчин, женатых и неженатых а также людей среднего возраста. Особенно велики были потери среди младших офицеров. Их назвали *потерянным поколением, les sacrifiés*. Груз этой войны, в которой они были активными участниками, потери, разруха, — теперь легли на плечи членов их семей, особенно женщин. Женщины во время войны привлекались для работ, которые не могли уже выполнять мужчины, ставшие солдатами. Они работали на фабриках вооружения и занимали также многие рабочие места, которые раньше были для них закрыты: вожатые трамваев, управляющие или журналисты. Так для многих девушек открылась дорога к социальному освобождению, зримыми признаками которого становились короткие стриженые волосы и курение на людях.

В особенности в индустриальных странах европейские женщины все больше вырывались из-под защиты домашних стен и семей. Эта перемена отразилась в широком распространении избирательного права (*suffrage*) для женщин. Однако за это была заплачена высокая социальная и психологическая цена. *Потерянное поколение* мужчин шло по жизни рядом с *покинутым поколением* молодых вдов и одиноких старых дев: их шанс иметь семью исчез вместе с их возлюбленными в грязи окопов. Демографический урон и несбалансированность полов еще долго оставались сильнейшим неблагоприятным фактором.

Статистика не может показать того, что становится ясным из пережитого отдельной семьей. 5 сентября 1918 г. второй лейтенант Норман Девис 18 лет из Болтона, графство Ланкашир, приписанный к 11 дивизиону 48 эскадрона истребителей Королевских ВВС, погиб в катастрофе во время учебного полета из Бристоля вблизи Сент-Омер на второй день после того, как его часть перебросили во Францию. Из рапорта командира, однако, следует, что он больше скорбит о потере машины, чем о гибели пилота[9]. 11 ноября 1918 г. семья Болтонов, тоже родом из Болтона, праздновала окончание войны. 12-го они получили «телеграмму от короля» (King's telegram), сообщающую с прискорбием, что их старший сын рядовой Джеймс Болтон 19-ти лет из 11 батальона, из Восточного Ланкаширского полка, умер за несколько минут до заключения мира. Так же пострадали миллионы французских, немецких, итальянских, австрийских и русских семей.

В Европе было множество военных беженцев — в основном из Бельгии, Галиции и Сербии. К тому же Европу поразила величайшая пандемия со времен "Черной смерти". "Испанка" убила больше людей, чем война, среди них и рядового Бол-

тона. [**ЭПИДЕМИИ**] Европа стала объектом масштабной гуманитарной помощи извне. Перед Международным Красным Крестом и Администрацией Американской Помощи (АРА) встала беспримерная по масштабам задача оказания помощи, особенно Восточной Европе.

Но сказать, что в Европе воцарился мир, было бы преувеличением. Западная Европа действительно получила некоторую передышку; но на громадных территориях Центральной и Восточной Европы был разрушен всякий устоявшийся порядок. Появилось немало независимых государств, и каждое было не в ладах со своими соседями (см. Карта 25). Величайшее из этих новых государств — Советская Россия, воевала с большей частью своих граждан, со всеми своими соседями, а также выступала провокатором всякого рода революционных событий за пределами своей страны. Таким образом, пока победившие союзники стремились установить мир, где только возможно, большая часть континента по-прежнему была охвачена жестоким конфликтом. «Война гигантов окончилась, — писал Черчилль, — началась война пигмеев». Геополитически в Большом Треугольнике только Западные страны остались незатронутыми. Россия была нокаутирована Центральными державами, а Центральные державы — Западом. И все же и Россия, и Германия сумели выжить; в отличие от Австро-Венгрии и Оттоманской империи, они не погибли на поле брани. В ноябре 1918 г. западные государства получили всего лишь необходимое жизненное пространство, где мог бы установиться устойчивый европейский порядок, «пока спали Россия и Германия». К несчастью, мирные усилия западных государств с самого начала имели серьезные недостатки.

Мирная конференция, которая не спеша проходила в Париже на протяжении всего 1919 г., была организована как конгресс победителей, а не как генеральная ассамблея всех европейских государств. Не были представлены ни Советская Россия, ни Германская республика; другие государства-наследники были допущены только в роли клиентов и просителей. Все главные решения принимались *Советом десяти*, а потом его наследником — *Советом четырех*: Клемансо, Ллойд Джорджем, Вильсоном и иногда премьер-министром Италии Орландо; а с января 1920 г.

постоянной Конференцией (Союзных) послов. Одного этого было достаточно, чтобы сложилось впечатление диктата, или «навязанного решения». Несмотря на все претензии организаторов, Мирная конференция не взялась за самые неотложные проблемы Европы. Она ограничилась подготовкой договоров к подписанию государствами-участниками военных действий. Нежелание признавать распад Российской империи, интересы которой Конференция стремилась соблюсти, имело особенно печальные последствия. Незрелая политика интервенции союзников в Россию, которая проводилась полумерами в течение 1919 года, играла прямо на руку большевикам и их сподвижникам.

Хотя предложенный Вильсоном идеал самоопределения широко признавался всеми, тем не менее, проведение его в жизнь не было ни последовательным, ни справедливым. Страны-победительницы не видели причин обсуждать притязания своих собственных национальных субъектов (как ирландцы), тем более они не занимались интересами колониальных народов. Они поощряли значительные территориальные изменения за счет своих бывших врагов и в то же время никак не одобряли требований к себе самим. Чехи, например, вторгавшиеся в своих требованиях на территории Австрии и Венгрии, получили полную поддержку в их притязаниях на средневековые *земли Св. Вацлава*. Польшу же, чьи требования восстановления в границах 1772 г. были несовместимы с намерением восстановить Российскую империю, открыто обвинили в «малодержавном империализме». На каждого удовлетворенного клиента приходилось несколько недовольных.

Да и сами западные государства были не очень солидарны. Американцы подозревали британцев и французов в империалистических планах. Британцы подозревали французов в наполеоновских наклонностях. Англичане и французы с подозрением относились к тому, что Америка все больше втягивалась в европейские дела. Их страхи вполне подтвердились, когда Конгресс США отказался ратифицировать Версальский договор и не дал согласия на участие Америки в Лиге Наций, в этом любимом детище Вильсона (см. ниже). Дипломаты союзников серьезно недооценили проблему принудительного проведения в жизнь принятых

решений. Одно дело было политикам принимать грандиозные решения в Париже, а совсем другое дело — осуществлять эти решения в отдаленных частях Европы, где западные державы имели мало влияния и у них не было никакой власти. Некоторые межсоюзнические комиссии приносили лишь временное разрешение отдельных проблем в очагах напряженности. А Лига Наций родилась беззубой. США не стали участвовать в послевоенном устройстве Европы, Англия самоустранилась, Франция страшилась единолично исполнять в Европе функции полицейского. И скоро уже обиженные этим урегулированием начали догадываться, что они могут безнаказанно ставить под сомнение послевоенное устройство Европы.

Конечно, у Мирной конференции было множество задач: реализация пяти больших договоров. Дюжина новых государств получили международное признание. Было произведено немало территориальных возмещений. Было организовано и проведено несколько плебисцитов. Большая часть Европы получила возможность начать все с начала, как этого многие желали. Несправедливо было бы утверждать, что в Париже царила лишь жажда возмездия. По ходу конференции настроения смягчались. Ллойд Джордж, самый податливый из «Большой Тройки», прибыл в январе в Париж под крики «Повесить кайзера!» Но позднее он же возглавил поиски соглашения. Создание свободного города Данцига (Гданьска), за что его даже не поблагодарили, было одним из примеров его смягчающего влияния. В то же время нельзя отрицать, что в основе пунктов о вине в развязывании войны лежало чувство мщения; принцип репарации возложил на Германию выплаты всей стоимости войны. Наконец, планы разоружения были односторонними. И хотя Клемансо оставался непримиримым, росло ощущение, что требования союзников можно сделать приемлемыми для Германии. [ШЛЕЗВИГ]

Сложившийся международный климат был далеко не здоровым. Смешанные чувства мщения и цинизма, как их проявляли победившие союзники, не предвещали ничего хорошего. Восточная Европа, которая с самого начала была источником конфликта, так и не прошла послевоенного переустройства. И не успели высохнуть чернила в договорах, как самые разные люди принялись их пересматривать.

ШЛЕЗВИГ

10 июля 1920 г. король Кристиан X пересек на белом коне границу Дании, чтобы предъявить права на район *Sonderjylland* [Южную Ютландию, или Северный Шлезвиг], который только недавно был отдан Дании по результатам плебисцита. Так завершился один из самых жестоких и долгих территориальных споров в современной Европе.

Соседние провинции Шлезвиг и Гольштейн на Ютландском полуострове давно уже были пограничными территориями между Германией и Данией. Исторически Шлезвиг — или Слезвиг по-датски — был феодальным поместьем Дании, а Гольштейн принадлежал Священной Римской империи. Древний Эйдерский камень (р. Эйдер), врезанный в городские ворота Ренсбурга, издавна обозначал традиционную границу Империи. Хотя население было этнически смешанным, говорящие на датском языке преобладали на севере, а говорящие по-немецки — в центре и на юге.

Вопрос о Шлезвиг-Гольштейне впервые возник в 1806 г., когда французы передали обе провинции Дании. Эту передачу затем подтвердил Венский конгресс, но она была поставлена под сомнение с того момента, когда Гольштейн стал членом Германского союза. По этому рецепту обычно и готовят конфликты. В эпоху растущего национализма «автохтонные германцы северных пределов» потре-

бовали отделения от Дании. Патриотические «датчане на Эйдере» оказали им сопротивление. С требованиями националистов быстро соединилось движение за конституционное правительство. В 1848 г. прусские войска оккупировали Шлезвиг-Гольштейн в ответ на призыв провинциальных ассамблей, где преобладали германцы. Они были вынуждены затем отойти, когда и Британия, и Россия — обе пригрозили контрмерами. Пруссия при этом не отрывала глаз от морского порта в Киле.

Развитие кризиса ускорили события ноября 1863 г.: Фридрих VII Датский умер, не оставив наследника, успев только одобрить общую конституцию для «Дании-Шлезвига». Саксонские и ганноверские войска немедленно вошли, чтобы защитить Гольштейн. В 1864 г. на волне всеобщего недовольства Пруссия и Австрия договорились предпринять совместные действия, установив шестилетний период совместной оккупации обеих провинций для того, чтобы изучить таможенные проблемы. Эти постановления были аннулированы с началом австро-прусской войны 1866 г. Победа Пруссии позволила ей установить единоличный контроль над оккупированными землями, а потом и прямо их аннексировать. Требования провести плебисцит и облегчить положение тех, кто выступал за датское гражданство, не были удовлетворены.

Национальная гордость датчан значительно возросла во время войн 1848–1851 и 1863–1964 годов. Укрепления линии Даннвирке выдержали тяжелейшие битвы, а места сопротивления, вроде мельницы *Dybbol*, стали национальными святынями. Однако еще сильнее оказались негативные чувства тех, кто выбрал датское гражданство, и грубой политикой онемечивания, как в прусской Польше в 1880-х и 1890-х годах.

Плебисциты в Шлезвиге 1920 г. были проведены под покровительством союзников в соответствии с Версальским договором. В северных районах большинство до 92% высказалось за присоединение к Дании; во Фленсбурге и центральном Шлезвиге 75% проголосовало за Германию. Была установлена граница, которая существует до нашего времени.

Лорд Пальмерстон однажды сказал, что только три человека понимали проблему Шлезвиг-Гольштейна: «принц-консорт, который умер, некий немецкий профессор, который сошел с ума, и он сам, который совершенно не может вспомнить, о чем идет речь». После 1920 г. вся Европа могла последовать примеру лорда Пальмерстона, хотя в других частях Европы еще оставались столь же трудноразрешимые территориальные споры. Потому что на месте каждого разрешенного старого территориального конфликта возникало несколько новых.

Большинство войн, вспыхнувших в 1918–1921 гг., выросли из локальных конфликтов. Целые энциклопедии наполнены верными и ошибочными сведениями о каких-то никому неведомых местностях, которые в одночасье появлялись в заголовках га-

зет: от Алленштейна (Ольштына) до Зипса (Списша). Однако четыре войны этого времени имели далеко идущие последствия: гражданская война в России, гражданская война в Венгрии, польско-советская и греко-турецкая войны. Причем в каждом случае было очевидно, что западные страны не оказывали благоприятного влияния на восточную часть Европы.

Можно доказать, что *Гражданская война в России* 1918–1921 гг. называется так неправильно. В действительности целая серия гражданских и международных войн слились здесь в единое целое. Эта война состоит, так сказать, из двух главных направлений. Одним направлением была борьба за контроль над центральным правительством России, и эта борьба шла между большевистскими, или *красными,* и разного рода их *белыми* противниками. Все участники событий желали воссоздания Российской империи в той или иной форме. Второе направление состояло из следовавших одно за другим столкновений между *красными* или *белыми,* с одной стороны, и независимыми республиками, лежавшими на границах старой Империи, с другой. Все республики боролись за сохранение своего новообретенного суверенитета. Но это еще не все. В этой борьбе на стороне *красных* участвовали, помимо резервов из Москвы, свои местные формирования в каждой из республик. Также и *белые* выставили несколько армий. К тому же вмешивались немалые силы извне. Правительствам национальных республик часто угрожали местные соперники; а кроме того, были еще и *пушки, сорвавшиеся с лафета,* вроде чешского легиона бывших военнопленных, которые в 1918 г. захватили Транссибирскую железную дорогу. В результате столкновения принимали форму многосторонней всеобщей свалки. [БНР]

На Украине, например, которая была особенно лакомым кусочком, боевые действия велись одиннадцатью вооруженными формированиями. Силы Украинской республики, которая была образована в январе 1918 г., состояли из тех, кто поддерживал созданную на первых порах Раду (Национальный совет), и тех, кто поддерживал сменившую ее Директорию. Немецкая оккупационная армия оставалась здесь до февраля 1919 г., чтобы помочь укрепить независимость Украины. Красная армия Украины не только пользовалась сильной поддержкой русских рабочих Донбасса, но и пополнялась соединениями из большевистского центра в Москве. В Одессе вместе с французами высадилась *Русская добровольческая армия* генерала Деникина; ее наслед-

ница *Белая армия* барона Врангеля расположилась в Крыму. Польская армия Пилсудского нанесла поражение силам Западноукраинской республики в начале 1919 г., а в апреле 1920 г. пошла на Киев, предварительно заключив союз с украинской Директорией. Крестьяне-партизаны анархиста Нестора Махно контролировали большой район центральной Украины. Украинская столица Киев в течение 2-х лет переходила из рук в руки 15 раз. Так что сводить этот многоцветный калейдоскоп сил и интересов к двусторонней борьбе *красных* с *белыми* — упрощение, граничащее с абсурдом.

Последовательность событий была не менее сложна, чем *ordre de bataille* (боевой порядок). Но, на взгляд большевиков из центра, было две фазы, каждая имела свои приоритеты. Первая фаза, занявшая весь 1918 и 1919 годы, знаменовалась двумя наступлениями белых на Советскую Россию со всех сторон: генерал Юденич с Запада в Эстонии, адмирал Колчак с Востока в Сибири, генерал Деникин с Юга на Украине. Большевики отчаянно боролись за то, чтобы удержать центральные районы страны во главе с Москвой и отразить по очереди все наступавшие армии. Вторая фаза, начавшаяся зимой 1919–1920 гг., ознаменовалась тем, что Красная Армия перешла в наступление, преследуя одну за другой отступавшие армии *белых,* а затем круша по очереди все национальные республики.

Критический момент наступил в ноябре 1919 г., когда Деникин дошел до Тулы, всего в 100 милях к югу от Москвы, а поляки стояли (не намного дальше) к западу, у Смоленска. Один согласованный удар мог навсегда положить конец режиму большевиков. Но эмиссары Пилсудского не получили удовлетворительного ответа от Деникина относительно независимости Польши. Так что поляки не двинулись с места и начали переговоры с Лениным. Деникин продолжал, к несчастью, колебаться, пока его не смела с позиций красная кавалерия, разгоряченная победой при осаде Царицына. В своих мемуарах Деникин обвиняет Пилсудского в окончательной победе большевиков[10].

Затем, обеспечив себе центр, бесчисленные армии *красных* веером двинулись во всех направлениях, сметая все на своем пути. В европейской части бывшей Империи они завершили

БНР

До недавнего времени историки даже не подозревали, что существовала Белорусская национальная республика (БНР), которая была провозглашена в Менске (Минске) 25 марта 1918 г. В самом деле, на Западе никто не считает Белоруссию или Беларусь чем-то иным, кроме района России. До 1918 года, зажатая между Польшей и Россией, Беларусь никогда не знала самостоятельного политического существования. Некогда известная внешнему миру как Белая Рутения, она составляла большую часть Великого княжества Литовского, после разделов она была включена в состав царской Империи, где ее переименовали в Белую Россию (см. с. 655, 663).

Поддержка немцев во время Первой мировой войны очень укрепила национальное самосознание белорусов. В 1914–1915 гг. в Вильно и Минске открываются белорусские школы, книжные магазины, газеты, издательства. 1 января 1916 г. декрет, подписанный фельдмаршалом фон Гинденбургом, объявлял белорусский язык официальным на территориях, оккупированных германской армией. В 1916–1917 гг. начинают свободно создаваться белорусские театры, семинарии, педагогические институты и (постепенно) политические партии.

Инициативу переняла демократическая социалистическая группировка *Хромада*. Однако не успел в декабре 1917 г. в Минске собраться Белорусский национальный съезд, как он был уже распущен большевиками. Впрочем, с продвижением германских частей в феврале 1918 г. *красные* отступили и власть перешла к местным лидерам. БНР, взявшая на себя обязательство служить благоденствию всех национальностей — рутенов, поляков, евреев, литовцев и татар — просуществовала до конца года. Она была силой подавлена в 1919 г. с возвращением Красной армии, которая создала первое объединение — Литовско-Белорусскую ССР, а затем Белорусскую ССР.

Во время польско-советской войны 1919–1920 гг.

Белоруссия была почти полностью оккупирована поляками. Рижский договор (1921 г.) разделил страну, никак не учитывая пожелания населения. При советской власти восточный сектор подвергся репрессиям, которые рассматривались их жертвами как геноцид. Эти ужасы имели продолжение в 1939–1945 гг.: убийства белорусов нацистами, а потом сталинские депортации. Но память о БНР продолжает жить. В 1992 г., когда была восстановлена Республика Беларусь, приехавший туда представитель Европейского парламента выразил свое твердое убеждение, что Беларусь несомненно имеет право стать кандидатом на членство в ЕС. В этом он проявил больше оптимизма, чем местное население, вся администрация и управление которого были почти полностью советизированы и русифицированы. Ужасная современная история Беларуси подтвердила, что Беларусь гораздо больше зависит от России, чем какая-нибудь иная бывшая советская республика.

завоевание республик в 1921 г., когда силы большевиков сломили меньшевистский режим в Грузии.

Победу большевиков, которая изумляет военных экспертов, следует приписать несогласованности действий их противников, таланту Льва Троцкого — военного комиссара и русского Карно, стратегическому преимуществу удержания внутренних линий коммуникаций и, наконец, беспощадности политики *военного коммунизма*. Все главные классы русского общества не принимали большевистский режим включая крестьян; он был неприемлем для всех главных политических группировок от монархистов до либералов и социалистов, а также и для всех нерусских национальностей. Но развязанная гражданская война — которую Ленин сам спровоцировал — стала предлогом для прекращения деятельности всех существующих институтов и для полного уничтожения всякой общественной и политической оппозиции. Деятельность ЧК (Чрезвычайная комиссия) — революционной полиции, предшественника ОГПУ, НКВД и КГБ, была организована польским дворянином Феликсом Дзержинским (1877–1926) с такой жестокостью, по сравнению с которой Робеспьер выглядел нерешительным. Она разила всех *классовых врагов* (действительных и мнимых): от бывшего царя и его семьи, убитых по приказу Ленина в Екатеринбурге в июле 1918 г., до неисчислимого множества безымянных жертв. Милитаризация всех отраслей экономики, включая рабочую силу, транспорт и производство, позволила большевикам установить контроль над всеми предприятиями и профсоюзами; они получали также право расстреливать всех уклонистов за «контрреволюционный саботаж». Большевики редко принимали во внимание народную поддержку, но они взывали к патриотическим чувствам русских людей, когда нужно было дать отпор *интервентам*. В апреле 1920 г., когда поляки помогли украинцам отвоевать Киев, новая идеология была отброшена: Ленин звал защитить Святую Русь, а Троцкий призвал на военную службу бывших царских офицеров. Чрезвычайные обстоятельства порождали чрезвычайную изобретательность.

Масштабы и роль иностранной интервенции в России преувеличиваются. На поверхности все выглядело так, будто ужасное множество злонамеренных посторонних совали свой нос в несчастья России. Регулярная немецкая армия была оставлена после Первой мировой войны в *Ober-Ost*. Добровольческая немецкая армия *Балтикум* маршировала по Латвии и Литве, польские волонтеры генерала Булак-Балаховича — по Белоруссии; регулярные польские войска появились в *Ober-Ost,* как только отошли немцы. Британский экспедиционный корпус высадился в Мурманске и в Батуми (Грузия); французы оккупировали Одессу, американцы и японцы контролировали Владивосток и Дальний Восток. Советская пропаганда с легкостью превращала этих иностранцев в солидарный заговор злобных капиталистов, стремящихся погубить Россию. Такого заговора не было. Правительства союзников были озабочены главным образом тем, чтобы удержать Российскую империю от распада; они не имели никакого отношения к присутствию немцев и особенно — поляков, которые решительно отвергали совет союзников держаться в стороне. Экспедиции союзников посылались для охраны оружия, которое еще раньше прибыло в русские порты для Временного правительства. Их симпатии совершенно определенно были на стороне их бывших русских союзников, которые были свергнуты большевистским переворотом и теперь взывали о помощи. Но они никогда не посылали ни войск, ни денег для проведения более или менее серьезных военных операций. Они ушли, когда поняли, что их присутствие на руку большевистской пропаганде. Но

к тому времени ущерб уже был нанесен; советские учебники истории десятилетиями били в связи с этим в барабан национализма.

Западные учебники истории имеют свои особенности. В них падение Российской империи редко рассматривается в тех же категориях, что падение Австро-Венгрии или Оттоманской империи. За исключением Польши, Финляндии и трех прибалтийских государств (эти были сразу же признаны Мирной конференцией), другим национальным республикам, вышедшим из-под контроля России, не был предоставлен тот статус, который получили те, кто отпал от Центральных держав. Мало найдется историков, которые бы не считали «внутренним» делом России возвращение под власть Советской России Украины или Кавказа. Достойно еще большего сожаления то, что создание Советского Союза, начавшееся в декабре 1922 г., часто представляется лишь простой переменой названия (государства). Таким образом, замалчиваются длительные процессы распада Империи и пятилетние усилия большевиков по ее восстановлению. Решительное различие между Россией, Российской империей, Советской Россией (РСФСР) и Советским Союзом (СССР) стало предметом общего обсуждения историков лишь тогда, когда это кустарное изделие большевиков, просуществовав 70 лет, начало распадаться. [БНР]

Также неверно оцениваются масштабы гражданской войны в России. А между тем, если сложить количество погибших при военных действиях, количество жертв Красного и Белого террора и ужасного голода на Волге, общие потери будут не меньше, чем количество погибших на всех фронтах Великой войны[11].

Падение Габсбургской империи сопровождалось целой серией серьезных конфликтов, но самым серьезным был конфликт в Венгрии. Венгерская Советская республика просуществовала всего пять месяцев: с марта по август 1919 г. В это время вообще было основано множество европейских коммунистических партий; но за пределами России только в Будапеште коммунистический режим сумел взять власть на сколько-нибудь продолжительное время. Недолгая история *Венгерской революции* очень поучительна. Эта революция смогла осуществиться, когда первоначальное либеральное правительство независимой Венгрии ушло в оттавку в знак протеста против карательных статей мирного договора. Большинство венгров было возмущено перспективой потерять Словакию и Трансильванию, поскольку считали эти районы колыбелью своей культуры. Коммунистический вождь Бела Кун (1886–1939), бывший военнопленный еврей, недавно вернувшийся из России, сумел сыграть на этих националистических чувствах. Венгерские коммунисты захватили власть при поддержке и социал-демократов, и старого офицерского корпуса, обещая вытеснить словаков и румын со спорных территорий. В июне 1919 г. венгерская армия вторглась в Словакию. В то же время делегатами рабочих и солдатских советов, созданных по советской модели, была принята новая Конституция и постановления по проведению радикальных реформ. Вся промышленность была национализирована, церковная собственность — конфискована; священников и крестьян объединили всеобщей трудовой повинностью.

В этот момент Венгрия поняла, какое она вскормила чудовище. На забастовки отвечали пулями. На вооруженные крестьянские восстания ответили жестокими массовыми репрессиями. В оккупированном французами Сегеде сформировалась группа непокорных офицеров. К ним присоединился Миклош Хорти (1868–1957), бывший адмирал Габсбургов. Было сформировано правительство. Ситуацией воспользовались румыны; именно румынская армия вошла в августе в Будапешт и покончила с Венгерской советской республикой.

В ответ на красный террор начался белый террор. Жестокая месть обрушилась на всех без разбора сторонников Куна и, особенно, на коммунистов и евреев. В 1920 г. Хорти был провозглашен регентом, установилась диктатура, которая продержалась 24 года. Две попытки бывшего императора Карла вернуть себе венгерский трон были отбиты, равно как и попытки парламента сбросить власть военных. Хотя еще не употребляли понятие *фашист*, да оно было бы и не вполне уместно, но адмирала Хорти часто считают «первым в Европе фашистом». Не в последний раз, однако, авантюрный экстремизм коммунистов спровоцировал сильнейшую антикоммунистическую реакцию[12].

Польско-советская война 1919–1920 гг. имела последствия для всей Европы. Вопреки тому, как представляли события большевики, она не была организована Антантой и не была частью интервенции союзников в Россию; она также *не* началась с нападения Пилсудского на Киев в апреле 1920 г. Конечно, имелись территориальные споры. Но главной причиной военного конфликта было намерение большевиков связать революцию в России с революцией в Германии, а для этого пройти по Польше. Такое развитие событий определенно выражено в ранней идеологии большевиков, и оно было необходимым этапом, если увязывать советский эксперимент в России с требованиями марксистской доктрины.

Поначалу большевики планировали пройти по «красному мосту» в Германию зимой 1918–1919 гг. В это время они приказывают частям Красной армии на западе «штыком пощупать» польские границы. Однако в условиях гражданской войны необходимые для этого огромные наступательные силы не удавалось собрать еще целый год. Троцкий постоянно демонстрировал осторожность; а Ленин, несмотря на публичные высказывания по поводу «детской болезни левизны», с энтузиазмом подталкивал к революционной войне[13]. Регулярные военные действия между поляками и Советами начались в феврале 1919 г. почти случайно и продолжались 20 месяцев. Они начались, когда немецкая армия эвакуировалась из района оккупации *Ober-Ost*. Польские и советские войска хлынули с обеих сторон в образовавшийся вакуум. Первое столкновение произошло в Белоруссии в 6 утра 14 февраля, когда патруль польской кавалерии потревожил лагерь большевиков за завтраком. В это время Пилсудский еще надеялся организовать федерацию всех приграничных республик от Финляндии до Грузии. Его план постоянно проваливался из-за споров Польши с Литвой. Но к августу 1919 г., заняв Вильно и Минск, он вышел на исторические границы Польши. У него было искушение помочь Деникину (см. выше), но он начал переговоры с большевиками.

Лозунги большевиков в отношении поляков и Польши постоянно расходились с их делами. Все время, пока Ленин произносил потрясающие речи о мире с Польшей, ударные силы Красной армии на Березине неуклонно росли.

Итак, поляки ждали. В январе 1920 г. Пилсудский совершает набег через замерзшую Двину с целью укрепить независимость Латвии. Затем он получает известие, которого особенно боялся: командование советскими войсками на польском фронте было передано самому победоносному красному генералу — молодому Михаилу Тухачевскому (1893–1937), победителю из Сибири и теоретику революционной войны. Убежденный, что долго откладывавшееся наступление большевиков теперь вот-вот начнется, Пилсудский спешно заключает союз с одной из украинских фракций и наносит большевикам удар в их самом слабом месте — на юге. Поляки и украинцы вступают в Киев, где их приветствуют как освободителей. Приготовления Тухачевского были, таким образом, прерваны. На Западе люди, которые ничего не понимали ни в политике, ни в географии, подхватывают клич большевиков «Руки прочь от России!»

Кампании 1920 г. не была приграничным столкновением. Это была мощная проба сил в открытом бою, которая вдохновила молодого советника французской военной миссии в Варшаве полковника Шарля де Голля на формулирование совершенно новых идей о современном военном искусстве. До миллиона солдат с каждой стороны прошли почти тысячу миль туда и обратно в течение 6 месяцев. В мае-июне красная кавалерия вытеснила поляков с Украины, а ее командующий хвалился, что «процокает по улицам Парижа еще до конца лета». 4 июля Тухачевский наконец отдает приказ о наступлении: «На Запад! По трупу Белой Польши пролегает дорога ко всемирному революционному пожару». Он продвигается вперед с феноменальной скоростью. В середине августа кавалерия Тухачевского выходит к изгибу Вислы у Торуня, всего в пяти днях марша от Берлина. Дзержинский с *Польским революционным комитетом* в тылу стоит наготове, чтобы принять власть в Польше. Ленин по телеграфу отдает ему приказ продолжать расстрелы помещиков. В Варшаве папский легат, будущий Пий XI, готовился лично противостоять «ордам Антихриста». Волонтеры, включая множество евреев, в массе идут на защиту родины. Западные правительства посылают несколько генералов, но не подкрепления. [КОНАРМИЯ]

Чудо на Висле произошло в ночь с 15 на 16 августа. Пилсудский тайно подготовил контратаку с южного фланга. Тухачевский не смог защитить свои растянутые линии коммуникации. Когда

Пилсудский ударил, пять советских армий были наголову разбиты. Три из них были уничтожены, остальные укрылись в Восточной Пруссии. Это был полный разгром. 31 августа на юге, в замойском округе, красная кавалерия встретилась с достойным противником. В последней великой кавалерийской битве европейской истории 20000 всадников бросались в атаку и контратаковали в полном боевом порядке, пока польские уланы не одержали победу. Красная армия проиграла свою первую войну. Ленин запросил мира. Перемирие было подписано 10 октября, Рижский договор — 18 марта 1921 г.

Большое значение польской победы до сих пор не было оценено. Была обеспечена независимость Польши, а с ней — и Версальское урегулирование. Британский посол в Берлине, который наблюдал сражение около Варшавы из своего ролс-ройса, подвел итоги в духе Гиббона: «Если бы Карл Мартел не остановил сарацинов у Пуатье на пути к Туру… в школах Оксфорда преподавали бы Коран.... Если бы Пилсудский и Вейганд не остановили триумфальное шествие Красной армии в битве у Варшавы, не только христианство было бы обращено вспять, но самое существование западной цивилизации находилось бы под угрозой»[14].

Велико было и воздействие на большевиков. Поражение 1920 г. покончило с их стратегической надеждой соединиться с революционной Германией. Они были вынуждены отступиться от интернационализма. У Советской России не оставалось иной возможности, как только превратиться в то, что Сталин вскоре назовет *социализмом в одной стране*. Ленин быстро оставил свой левацкий задор. С военным коммунизмом было покончено. В ту же мартовскую неделю (1921), когда был подписан мир с Польшей, Ленин предлагает тактический компромисс с капитализмом — Новую экономическую политику (НЭП).

Больше того, как только Белоруссию и Украину еще раз поделили с Польшей, большевики получили возможность реорганизовать свое государство как федерацию. Создание СССР — который первоначально состоял только из Советской России, Советской Белоруссии, Советской Украины и Советского Кавказа, не могло быть осуществлено до урегулирования границ в результате войны

КОНАРМИЯ

Летом 1920 г. Исаак Бабель (1894–1941) служил на Первом Польском фронте военным корреспондентом *Юг-РОСТА*, Южно-Российского агентства печати. Он был приписан к Первой Конной армии Буденного. Позднее Бабель описал пережитое в *Конармии* (1926 г.) в своем собрании рассказов, которые буквально дышат непосредственно-историческими реалиями: «*Переход через Збруч*. Начдив шесть донес о том, что Новоград-Волынск взят сегодня на рассвете. Штаб выступил из Крапивино, и наш обоз шумливым арьергардом растянулся по шоссе, идущему от Бреста до Варшавы и построенному на мужичьих костях Николаем Первым».

Так начинается первый рассказ, и у читателя есть основания думать, что автор рассказывает о реальных событиях, как они на самом деле происходили.

Но всякий, кто знает польско-советскую войну, очень скоро почует неладное. Конечно, был город Новоград-

Волынский. В 1920 г. здесь располагалась штаб-квартира украинской Директории Семена Петлюры. Однако этот город находился не на реке Збруч, а на реке Случ; и он был взят не Первой Конной Красной армией, но 14-й Советской армией. Существовала, в самом деле, дорога из Варшавы в Брест, построенная крепостными крестьянами при Николае I. Но она пролегала в 200 милях дальше Новограда, так что никаким образом шумливый арьергард не мог растянуться по ней...

Множество подобных примеров показывают, что Бабель не просто ошибался. Он намеренно перепутал даты, имена, места и события, стремясь создать точно просчитанный эффект. Он создавал своего рода литературный коллаж, который часто более историчен, чем сама история. «Он с удовольствием совершает кражу со взломом в истории, если только эта добыча оказывается художественно выразительной». То же можно сказать и о его культе насилия. Конармия выступает

как пример особой формы *смутьянства*, что исторически не верно.

И все же, взятые по отдельности, некоторые факты могут быть верифицированы. Под именем начальника эскадрона Трунова Бабель рассказывает о настоящем мачо — командире казаков, который однажды отправился подстрелить американского пилота-волонтера, сражавшегося за поляков. Дневники американского Эскадрона имени Костюшко под командованием полковника С.Фаунтлероя точно совпадают с изложением Бабеля. Там рассказывается, как безрассудно-храбрый пулеметчик без перерыва стрелял по американским самолетам прямо с открытой лесной поляны и как один из пилотов отделился от эскадрильи, снизился и с малой высоты разнес смельчака на кусочки.

В конце концов Бабель кончил не лучше. Автор, который сделал, может быть, больше всех для славы Красной армии, погиб в сталинском ГУЛАГе.

с Польшей. В действительности поляки выиграли всего лишь передышку: продвижение Советов в Европу было на время приостановлено, но не прекращено.

Окончательное падение Оттоманской империи едва ли было неожиданностью. А между тем у западных держав не было планов на этот случай. Некогда они подумывали о том, чтобы допустить Россию к проливам; но они вовсе не собирались допускать туда большевиков. Тогда Греция с одобрения союзников заполнила образовавшийся вакуум.

В августе 1920 г. мирный договор в Севре был подписан тем, что еще оставалось от турецкого правительства. Флот союзников занял Стамбул. Итальянцы оккупировали южное побережье; фран-

цузы — Киликию; сепаратистски настроенные курды и армяне удерживали большие районы на востоке, греки — Фракию и Смирну (Измир). Они все еще не забыли Константинополя, оторванного от христианского мира в 1453 г.; кроме того греков сильно беспокоила судьба значительного греческого населения Малой Азии. Вот почему, когда последний турецкий парламент отказался ратифицировать договор, Высший Совет Антанты в Париже предложил грекам «восстановить порядок в Анатолии». Они не приняли в расчет Кемаль Пашу.

В предшествующие два года Кемаль уже возглавил турецкое национальное движение, которое ставило своей целью создание национальной республики на основе современного светского общества. Его штаб был в Анкаре, в сердце туркоговорящей области. Герой галиполийского сражения, он был объявлен врагом султана, мечети и паранджи. Война против иностранного вторжения была именно тем, в чем он нуждался. В этом ракурсе исход греко-турецкой войны (1920–1922 гг.) был вполне предсказуем. Никем не поддерживаемые греческие войска взошли на Анатолийское плато и закрепились на реке Сакарья. Кемаль же сумел поднять турок на защиту своей родной земли. В 1922 г. отступление греков превратилось в беспорядочное бегство: Смирна пала; греческие войска были сброшены в море.

Подавляющее большинство греков в Малой Азии, где их предки жили в течение трех тысячелетий, а также понтийские греки с побережья Черного моря были изгнаны. Для них это была *Великая Катастофа* (Холокост). Большинство понтийских греков обменяли на турецкое население северной Греции, которое было выслано в то же время. В ходе этих событий Кемаль получил почетный титул *гази-паша* (“победоносный”), а затем и фамилию Ататюрк (“отец турок”); султан был смещен, а султанат упразднен.

Интервенция союзников в Турцию была примером более откровенного иностранного вмешательства, чем в России, но результат был тот же: она лишь стимулировала то, что собиралась подавить. Турецкая республика получила неограниченный контроль на своей национальной территории. Навязанный союзниками договор в Севре пришлось заменить (после переговоров) договором в Лозанне (1923). Греция и Турция предприняли масштабный обмен населения; а демилитаризованные проливы были переданы еще одной международной комиссии[15]. На этом временно исчерпала себя череда конфликтов, породивших Великую войну. [СОЦИАЛИСТЫ]

Период между войнами

В межвоенный период, который, как считается, начался в День заключения перемирия (11 ноября 1918 г.) и закончился 1 сентября 1939 г., Европа постоянно жила в тени войны. В 1920-е годы Европа оправлялась от шока. В 1930-е росло убеждение, что зреет второе потрясение. В то время некоторые государственные деятели и историки, включая Черчилля, утверждали, что недостаточно решительные действия против тех, кто угрожал

миру, неизбежно приведут к новой войне. Теоретически эти предостережения оказались правильными; но в них не учитывались ни политические, ни военные реалии. Западные демократии, в смертельном ужасе от потерь 1914–1918 гг., оставались в бездействии даже при угрозах миру. Также не внушал им оптимизма их опыт ведения войны посредством ограниченных операций, силами, так сказать, «пожарных команд». Интервенция союзников в Россию показала, что у Запада не было ни сил, ни решимости обуздать большевиков. Французская оккупация Рура должна была продемонстрировать, что Германию нельзя остановить ограниченными мерами. С этого момента большинство военных штабов было уверено, что в случае чего следует рассчитывать на полномасштабную войну или не предпринимать ничего. А полномасштабную войну за день не приготовишь.

Больше того, если Россию и Германию нельзя было обуздать поодиночке, то тем более не было возможности их обуздать, если они решат сотрудничать. Признаки этого кошмара впервые промелькнули в апреле 1922 г., когда делегации Германии и Советской России на межсоюзнической экономической конференции в Генуе решили совершить незапланированную поездку на поезде вдоль побережья Ривьеры, после чего отправились в Рапалло, где подписали советско-германский торговый договор, совершенно не обращая внимания на своих разгневанных хозяев. Сам по себе инцидент в Рапалло не имел большого значения; но обнаружилась главная слабость победы союзников: этот инцидент показал, что Москва и Берлин вместе могут безнаказанно игнорировать Запад. И хотя об этом мало говорили, инцидент этот лежал в основе всех европейских рассуждений в мирный период, пока рожденный в воображении политиков кошмар не стал реальностью.

Ограниченность возможностей западных государств стала очевидной и за пределами Европы. Важнейшие проблемы: проблему Тихого океана, Китая и мирового господства на морях планировалось урегулировать на Вашингтонской конференции 1921–1922 гг., а не на Парижской мирной конференции. Вашингтонское морское соглашение (1921) ограничило тоннаж в следующих отношениях США 5 : Британия 5 : Япония 3 : Франция 1,5 : Италия 1,5. По *Договору Гондра* (Договор о

ЛАНДИЯ

АТЛАНТИЧЕСКИЙ
ОКЕАН

ПОРТУГАЛИЯ

ИСПАНИЯ

ИРЛАНДСКОЕ
СВОБОДНОЕ ГОСУДАРСТВО
1922

Северная Ирландия
1920

N

0   километры 500

0   мили   300

ФРАНЦИЯ

ВЕЛИКОБРИТАНИЯ

ЛЮКСЕМБУРГ   БЕЛЬГИЯ
НИДЕРЛАНДЫ

СЕВЕРНОЕ
МОРЕ

ШВЕЙ-
ЦАРИЯ

СРЕДИЗЕМНОЕ
МОРЕ

ГОСУДАРСТВО
ВАТИКАН
1929

ИТАЛИЯ

ГЕРМАНСКАЯ
РЕСПУБЛИКА
1919–1934

НРБ

ДАНИЯ

НОРВЕГИЯ

АВСТРИЯ
1918

ЧЕХОСЛО-
ВАКИЯ
1918

ЮГО-
СЛАВИЯ
1918

ВЕНГЕР-
СКАЯ
РЕСП.
1919–1920

АЛБАНИЯ

СВОБОДНЫЙ ГОРОД
ДАНЦИГ 1920

ВОСТ. ПРУССИЯ

БАЛТИЙСКОЕ
МОРЕ

ШВЕЦИЯ

ГРЕЦИЯ

БОЛГАРИЯ

РУМЫНИЯ

ПОЛЬША
1918

ЛИТВА
1917

ЛАТВИЯ
1918

ЭСТОНИЯ
1918

ФИНЛЯНДИЯ
1917

БЕЛОРУССИЯ
1918

ЧЕРНОЕ
МОРЕ

УКРАИНА
1918–1921

СОВЕТСКАЯ РОССИЯ

1917–1922 (с 1923 СССР)

ТУРЦИЯ
1920

Новые государства

НРБ   Народная Республика
       Бавария (1919 г.)

Территории, на которых
проводились плебисциты

① Шлезвиг (февраль 1920 г.)
② Алленштейн (июль 1920 г.)
③ Цешин/Тешин
    (июль 1920 г.)
④ Верхняя Силезия (1921 г.)
⑤ Саарская область (1935 г.)

АРМЕНИЯ
1918–1921

ГРУЗИЯ
1918–1921

АЗЕРБАЙДЖАН
1918

КАСПИЙСКОЕ
МОРЕ

**Карта 25.
The New Europe, 1917–1922**

предотвращении конфликтов между американскими государствами, вошедший в дипломатическую историю как *договор Гондра* — по имени министра иностранных дел Парагвая) от 1923 г., США получили в Латинской Америке право принятия решений вообще без участия своих бывших партнеров. Центр тяжести в мире постепенно смещался; Европа не была уже единственным вершителем судеб мира.

Наследие Мирной конференции оказалось вовсе не таким, как хотели ее устроители. Германия была глубоко уязвлена и не смирилась. Новорожденная Германская республика была исключительно хрупким созданием. Во главе ее Национальной ассамблеи, которая регулярно собиралась на свои сессии в Веймаре в течение 1919 г., стояла коалиция, где преобладали социал-демократы. Ее представители подписали Версальский договор только

СОЦИАЛИСТЫ

Весной 1920 г. результаты прошедших выборов вынудили шведского короля предложить социалисту возглавить правительство, что он и сделал, правда, очень неохотно. Он вызвал лидера Социал-демократической рабочей партии (СДРПШ) Карла Яльмара Брантинга (1860–1925) и предложил ему стать премьер-министром, если только не будет «никакого социализма, никакого разоружения и никаких изменений конституции». Для социалистической партии, которая требовала снижения расходов на вооружение в пользу выделения дополнительных средств на социальное обеспечение и выступала за республику, — эти условия были суровым требованием. Но сделка состоялась, и Брантинг сформировал коалиционный кабинет. Был сделан первый шаг в правительственной карьере партии, послужной список которой не имел себе равных в демократическом мире.

Социал-демократическая рабочая партия Швеции (СДРПШ) была основана за 30 лет до того, в 1889 году. Созданная по образцу Германской СДП, она оставила всякие заигрывания с марксизмом и прочно встала на путь парламентаризма, социальных реформ, перераспределения доходов и государственного вмешательства в экономику. Как и британская лейбористская партия, шведские социал-демократы имели тесные связи с профсоюзами, вплоть до образования с ними блоков; у нее были хорошие местные организации, особенно в рабочих округах. Ее избирательный потенциал в основном создавался новым классом промышленных рабочих Шве-

ции при существенной поддержке со стороны среднего класса и интеллектуалов. Она вошла в Риксдаг в 1896 г. и одержала полную победу на выборах в 1914 г. К 1920 г. Брантинг возглавлял самую большую партию в обеих палатах парламента.

Одной партии трудно было собрать безусловное большинство при шведской системе пропорционального представительства, введенной в 1909 г. одновременно с всеобщим избирательным правом (для мужчин). В работе высшей ассамблеи принимали участие четыре демократические партии: консерваторов, либералов, крестьян и социалистов; часто создавались коалиции или обязанности министров поручали исполнять людям, не входившим в коалиции. Имелась также маленькая коммунистическая партия. До конституционной реформы 1952 г. партии часто прибегали к созданию картелей (единых избирательных блоков) в целях увеличения своего представительства.

На пути к власти СДРПШ прошла несколько стадий. В 1920-е гг. Брантинг возглавил три коалиции: в 1920, 1921–1923 и 1924–1925(6) гг. Однажды он проиграл в связи с биллем о безработице, и однажды — из-за своего стремления к сокращению расходов на вооружение. Он никогда не смог создать правительства большинства.

С 1932 г. преемник Брантинга Пер Альбин Ханссон стал создавать образ СДРПШ как постоянной правящей партии. За одним коротким исключением он возглавлял шведское правительство в течение 14 лет. Правительство 1936–1939 гг.

было «красно-зеленой коалицией» с крестьянским движением, а правительство 1939–1945 гг. — многопартийной коалицией национального единства военного времени.

После войны социал-демократы завоевали такую власть, что смогли преобразовать Швецию согласно собственным идеям. Начиная с 1946 г. Таге Эрландер удерживал свой пост 23 года. Процветание Швеции можно было сравнить по размаху только с ее налогами и размахом государственного финансирования здравоохранения, образования и социального обеспечения. Консерваторы правили короткое время между двумя социалистическими правительствами Улафа Пальме (1969–1976 гг., 1982–1986 гг.). Эта непобедимая крепость СДРПШ продержалась у власти более полувека, до 1988 года. Но, вопреки страхам шведского короля, высказанным в 1920 г., шведская монархия пережила социалистов.

Что же до того, как неспокойно было сидеть социалистам в министерских креслах одной из самых богатых стран Европы, то парадокс был, скорее, видимостью, чем реальностью. Социалистические идеи могут с успехом воплощаться в жизнь только там, где имеется достаточный излишек продуктов производства для справедливого перераспределения и демократическое правительство для осуществления этого справедливого распределения. И действительно, по мере того, как сокращался разрыв между ресурсами для распределения и ожиданиями населения (тот самый излишек), влияние социалистов в Швеции снижалось.

> Что же касается стран, где излишек невелик или правительство диктаторское — или и то и другое одновременно, — то там рабочие, занятые в системе социалистической экономики, подвергаются беспощадной эксплуатации, а правящая элита забирает всю прибыль себе. Таким было положение в Советском Союзе, «первом в мире социалистическом государстве», которое на самом деле не было социалистическим ни по духу, ни на практике.

под угрозой применения насилия. Прошли сентиментальные прощальные церемонии с пожеланием всего хорошего немцам, оставшимся за пределами Рейха. Берлин, уже переживший восстание левых в январе 1919 г., когда была убита Роза Люксембург, теперь переживал восстание правых — *Капповский путч* в марте 1920 г., а в августе — приближение Красной армии. Невозможно сказать, что бы случилось, если бы Тухачевский дошел до намеченной цели. Но, вытесняя поляков из оспариваемых городов и передавая там власть местным немцам, он обнаружил свои намерения: разыграть немецкую карту и опрокинуть версальское урегулирование. 300000 вооруженных членов *Freikorps* (Правые группировки солдат и офицеров армии кайзера - *перев.*) все были на свободе. Красная Саксония удерживалась коммунистами, Бавария — ультра-консерваторами, поговаривавшими об отделении. Германия была всего в одном шаге от полного хаоса.

Призрак социальных потрясений шествовал по этой земле. Жестокая вражда немцев-левых и немцев-правых нарастала. В 1922 г. было совершено покушение на министра по восстановлению экономики страны еврея Вальтера Ратенау. Питательной средой радикал-социалистов были массовая безработица и ужасные последствия гиперинфляции. Питательной средой радикал-националистов были унижение, которое принесла клаузула о вине немцев в развязывании войны, сопротивление необходимости платить репарации и оккупация союзниками Рейнской области. Однако после 1920 года появился новый тип головорезов, стремившихся соединить недовольство левых и недовольство правых, в виде Национал-социалистической немецкой рабочей партии (НСДАП). Имя лидера национал-социалистов, Адольфа Гитлера, попало в заголовки газет 8–9 ноября 1923 г. после неудачного *Пивного путча* в Мюнхене.

Ненадолго, однако, некоторую толику доверия вернул немцам Густав Штреземан (1878–1929), который одно время был рейхсканцлером, а с 1923 г.

— министром иностранных дел. Благодаря Штреземану германские военные не выполняли решения о разоружении посредством секретного сотрудничества с Советами. Одновременно он завоевал одобрение Запада, подавив коммунистические правительства в Саксонии и Тюрингии, и восстановив выплаты военных репарации. Затем он убедил союзников, что битва за репарации наносит ущерб экономике Европы. В 1924 г. по плану Дауэса, он договорился о займе у США 800 млн. марок, обеспеченных золотом, что гарантировало восстановление немецкой промышленности. В 1925 г. в Локарно в обмен на гарантию франко-германской границы он добился реабилитации Германии как члена международного сообщества, а в 1926 г. ее принятия в Лигу Наций. В 1927 г. последние межсоюзные комиссии были распущены. В ярком свете улучшения отношений с Западом мало кто замечал, что восточные границы Германии, как и восточная политика Германии, в любую минуту могли стать предметом ревизии.

В международных финансах долгие годы царила полная неразбериха. Согласно соглашениям военной Антанты, Великобритании и Франции причитались колоссальные суммы; их главным должником была Россия, а они сами задолжали еще большие суммы, главным образом — США. План репараций, включенный в Версальский договор, предполагал заставить Германию заплатить полную стоимость войны, так чтобы правительства союзников затем могли выплатить свои военные долги. Но этот план оказался неисполнимым: невозможно было точно подсчитать эти суммы; Германия отказывалась платить за все; Советское правительство отказалось признать царские долги; а США отказывались пересматривать график выплат. Поэтому пришлось рассматривать альтернативные планы. Уже во время Мирной конференции британский делегат Д.М. Кейнс опубликовал суровую критику сложившегося подхода к этим делам. В своей работе *Экономические послед-*

ствия мира (1919) он утверждал, что поддержка экономического возрождения Германии есть необходимое условие возрождения Европы в целом, а также что карательные репарации ударят по тем, кто их навязывает. Его идеи встретили сильнейшее противодействие политиков, отчасти потому, что, казалось, он заботился о Германии больше, чем о ее жертвах. Однако постепенно его мысль, что возрождение следует считать приоритетной задачей, начала находить понимание.

Первоначальная сумма репараций в 269 млн. немецких золотых марок, которые следовало выплатить в течение 42 лет, то есть до 1962 г., последовательно сокращалась. В 1921 г. англичане покончили с бойкотом большевиков, продвигая англо-советский торговый договор. Добиваясь сокращения германских репараций до 132 миллиардов золотых марок, они положительно отнеслись к угрозе французов оккупировать Рур, если немцы задержатся с их выплатами. В 1922 г. они предложили отменить все военные долги взамен сокращения британских выплат Соединенным Штатам до 33 млн. фунтов стерлингов в год в течение 63 лет, то есть до 1985 года. В 1923 г., раздув своими требованиями гиперинфляцию в Германии, французы оккупировали Рур — и совершенно напрасно. В 1924 г. согласно плану Дауэса наконец-то возобладала умеренность. Германия теперь должна была выплачивать умеренные репарации до 1929 г. (по 2500 млн. рейхсмарок в год). Заем союзников в 800 млн. рейхсмарок должен был облегчить следующую выплату. Но даже это оказалось невозможным. В 1929 г. по плану Юнга Германию обязали выплачивать по 34500 млн. рейхсмарок в год в течение 58 лет, то есть до 1988 г., в форме ипотечного долга под залог немецких государственных железных дорог. В 1932 г. на Лозанской конференции Германии было предложено сделать последнюю выплату в 3000 млн. рейхсмарок — но и это не удалось. К тому времени все это уже не имело значения; Германия получала больше в виде займов от США, чем выплачивала в виде репараций. Как бы то ни было, но с 24 октября 1929 г., когда произошло падение нью-йоркской фондовой биржи, мировая экономика начала двигаться к депрессии; и все займы, которые США предоставляли Европе, прекратились.

Политика в период между войнами характеризовалась главным образом тем, что то и дело либеральные демократии становились жертвами побеждавших диктатур. Западные государства надеялись, что вслед за их победой наступит время режимов, смоделированных по их демократическому образу и подобию. Ведь Европа вступила в Великую войну, имея 19 монархий и 3 республики; а в конце войны Европа состояла из 14 монархий и 16 республик. Тем не менее, «демократическая революция» вскоре оказалась иллюзией. Едва ли хоть один год проходил без того, чтобы то в одной стране, то в другой не была отменена демократическая конституция тем или другим диктатором. И единственной причиной была неспособность западных держав защитить ими же вдохновленные режимы. Появились диктаторы всех видов и размеров: коммунисты, фашисты, радикалы и реакционеры, авторитарные правители левого толка (вроде Пилсудского), милитаристы правого толка (вроде Франко), монархи, антимонархисты и даже клирики, такие как мон-сеньор Тисо в Словакии. Единственное, что их объединяло, так это убеждение, что западная демократия им не подходит. [**ЭСТОНИЯ**]

Из двух новых государств, возникших между войнами, одно (Ирландия) было национальной республикой, другое (Ватикан) — апостольской диктатурой. Ирландское независимое государство появилось в 1922 г. сначала как суверенный доминион Британской империи. Миллионы ирландцев честно служили в Британской армии во время Великой войны. Но в 1918 г. общественное мнение было поражено перспективой достижения автономии. Ольстер снова готовился защищать унию силой, и в 1920 г. он был превращен в автономную провинцию Соединенного королевства. Южане, бывшие преимущественно католиками, готовились получить независимость. И им это удалось, правда, после двух жестоких войн: одна - против британских полувоенных полицейских сил, *Black and Tans*[16], другая — гражданская. Выдающаяся личность этого периода, многократно бывший премьером Хуан де Валера (1882–1975), был наполовину кубинец, католик, родился у матери ирландки в Нью-Йорке. Независимое государство провозгласило себя Республикой Эйре в 1937 г., порвав все формальные связи с Великобританией в 1949 г.

ЭСТОНИЯ

В 1923 г. в столице Эстонии Таллинне был открыт один из первых офисов Панъевропейской лиги графа Куденхофа–Калерги. На дверях была медная табличка с надписью *Paneuropa Union Estonia*. Через 17 лет, когда Советская армия вошла в Эстонию, члены Лиги припрятали табличку. В 1992 г. во время визита в Эстонии дуайена Европейского парламента д-ра Отто фон Габсбурга ее вынули из тайника и подарили визитеру. Это был символ тайных устремлений Эстонии, о которых мир ничего не знал целые полвека. «Не забывайте эстонцев! сказал д-р фон Габсбург. — Они — лучшие европейцы».

В то время приверженцы Советского Союза говорили, что прибалтийские государства слишком малы, чтобы быть жизнеспособными суверенными государствами. То же говорили и о новорожденных республиках Югославии. Считали, что Эстония или Латвия — или Хорватия или Словения — будут слишком уязвимы, если их отделить. Но в качестве членов Европейского сообщества они будут способны к жизни ничуть не меньше, чем Великое герцогство Люксембург или независимые Уэльс или Шотландия. В конце концов, Эстония почти в 20 раз больше Люксембурга и превосходит его по количеству населения в 4 раза. В объединенной Европе каждое маленькое государство может найти свое место наравне с бывшими великими державами.

Государство Ватикан, которое было почти таким же папистским, как Эйре, было создано в 1929 г. в соответствии с Латеранским договором, который подписали Италия во главе с Муссолини и папа Пий XI. Ватикан занимает 44 гектара на правом берегу Тибра в центре Рима. Население Ватикана, составляет примерно 1000 жителей, правление — абсолютная власть папы. Создание Ватикана положило конец 60-ти годам *пленения* пап, с тех пор как в 1870 году пала Папская область.

Несмотря на победу западных демократий, самым динамичным политическим продуктом Великой войны стал антизападный, антилиберальный и антидемократический монстр *тоталитаризма*. Это название было придумано итальянскими фашистами для выражения собственных притязаний. Но с 1928 г., его употребляли для характеристики и фашизма, и коммунизма. После подавления советской власти в Венгрии Советская Россия (1917–1922 гг.) и ее наследник СССР (с 1922 г.) долго оставались единственным коммунистическим государством. Пример СССР имел исключительную силу влияния. Мощные фашистские режимы появились в Италии (1922 г.), Германии (1933 г.) и Испании (1936 г.)[17].

Концепция тоталитаризма отвергалась и коммунистами, и фашистами, то есть самими тоталитаристами. В эпоху *холодной войны* это понятие стало чем-то вроде политического пинг-понга, и оно принимается отнюдь не всеми западными учеными и политологами.[18] Оно не привлекает тех, кому важны аккуратные, крепко сколоченные модели, а также тех, кто отождествляет политические явления с общественными силами. Это проклятие и преступный *релятивизм* для тех, кто считает единственным злом исключительно коммунизм или исключительно фашизм. Но те европейцы, которые на собственном опыте узнали, что такое фашизм и коммунизм, энергично поддерживают эту концепцию. Коммунизм и фашизм никогда не были идентичны: каждый со временем эволюционировал и каждый оставил собственное потомство. Однако между ними гораздо больше общего, чем готовы признать их адепты. Общие для них черты составляют довольно длинный список. В одном из важных исследований предлагается обсуждать наш предмет в терминах «синдрома из шести пунктов»[19]. Но шести пунктов мало:

Национал-социалистическая идеология. И коммунизм, и фашизм были радикальными движениями с идеологией, в которой были смешаны элементы национализма и социализма. В 1920-е гг. большевики начинают отходить от интернациональных принципов, постепенно вооружаясь характерными постулатами экстремистского русского национализма. При Сталине эта идеологическая смесь классифицировалась как *национальный большевизм*. Немецкие нацисты модифицировали в тот же период социалистические элементы своей идеологии. В обоих случаях социал-националистическая и национал-социалистическая идеологии окончательно сформировались одновременно: в 1934 году.

На уровне формирования самосознания коммунисты и фашисты были приучены сознательно подчеркивать свои различия. С другой стороны, когда их принуждали суммировать свои убеждения, они давали поразительно похожие ответы. Один сказал: «Для нас, советских патриотов, родина и коммунизм соединяются в одно неразделимое целое». Другой сформулировал это так: «Наше движение крепко ухватило трусливый марксизм и извлекло из него [настоящий] смысл социализма. Оно отобрало также национализм у трусливых буржуазных партий. Бросив и то, и другое в кипящий котел нашей жизни, мы получили ясный, как хрусталь, синтез — германский национал-со-циализм»[20]. Недаром люди, которых угощали такой риторикой, склонны были считать коммунистов *красными фашистами*, а фашистов — *коричневыми коммунистами*.

Псевдонаучность. И коммунисты, и фашисты заявляли, что основали свою идеологию на фундаментальных научных законах, которые якобы определяют развитие человеческого общества. Коммунисты при этом ссылались на собственный вариант «научного марксизма» или исторический материализм, нацисты — на евгенику и науку о расах. Ни у коммунистов, ни у фашистов научные методы и открытия не получили широкого и независимого подтверждения.

Утопические цели. Все тоталитаристы-диктаторы лелеяли мечту о Новом Человеке, который создаст Новый Порядок, очищенный от всех нынешних несовершенств. Природа этого видения могла варьироваться. Это мог быть окончательный, бесклассовый этап чистейшего коммунизма, как его представлял марксизм-ленинизм; или расистский, свободный от евреев, арийский рай нацистов; или восстановление псевдоисторической Римской империи в Италии. Построение Нового Строя (порядка) было такой задачей, которая оправдывала все жертвы и жестокости настоящего времени. [УТОПИЯ]

Дуализм партии-государства. Придя к власти, тоталитарная партия создавала органы, которые дублировали все существующие институты и надзирали за ними. Государственные структуры были низведены до положения ленточного конвейера, который передавал желания партии исполнителям. Эта дуалистская диктаторская система была гораздо более всепроникающей, чем предполагает более знакомый, но обманчивый термин *однопартийное государство*.

Fuhrerprinzip, или *Принцип вождизма*. Деятельность тоталитарных партий строилась на принципе строгой иерархии. Они требовали *рабской покорности* от своих слуг, насаждая непререкаемый культ партийного вождя, источника всей и всяческой мудрости и благодеяний — фюрера, вождя, дуче, каудильо или "великого кормчего". Ленин отказался от такого культа: но он стал средоточием всей системы сталинизма и гитлеризма.

Гангстеризм. Многие наблюдатели заметили, что поведение тоталитарной элиты очень похоже на поведение профессиональных криминальных сообществ. Гангстеры обретают паразитическую власть над обществом под предлогом «защиты» этого общества от насилия, которое от гагстеров же и исходит. Они обычно терроризируют и членов своей шайки, и свои жертвы, уничтожая в то же время соперников. Манипулируя законом, они поддерживают при этом видимость всяческой респектабельности, прибегают к шантажу и вымогательству, чтобы взять под свой контроль другие организации своего региона.

Бюрократия. Для раздутых и дублирующих друг друга органов партии-государства все тоталитарные режимы нуждаются в громадной армии бюрократов. Эта новая бюрократия предоставляет возможность быстрого продвижения толпам, в которых каждый отдельно взятый индивидуум —оппортунист самого разного социального происхождения. Полностью зависимая от партии, она, можно сказать, представляет собой единственный общественный слой, чьи интересы режим вынужден принимать во внимание. В то же время среди них есть некоторое количество конкурирующих «центров власти», скрытое соперничество которых есть единственная существующая форма действительной политической жизни.

Пропаганда. Тоталитарная пропаганда многим обязана технике подсознательного воздействия на массы, которую применяет современная реклама. Она прибегает к волнующим символам, *son et lumière* (свету и звуку), политизированному искусству и внушительной архитектуре, а также пользуется принципом *Большой лжи*. Ее бесстыдная демагогия была адресована ущемленным и мстительным элементам общества, потерявшим свои корни в результате войн и модернизации.

[ПРОПАГАНДА]

Эстетика власти. Тоталитарные режимы навязывают подлинную монополию в искусстве. В искусстве тоталитарные режимы поощряют прославление правящей партии, всяческое приукрашивание связи партии с народом, обращение к героическим образам национальных мифов и погружение в мегаломанию и фантазии. Итальянские фашисты, немецкие нацисты и советские коммунисты — все имели вкус к напыщенным портретам вождя, громадным скульптурам мускулистых рабочих, вычурным общественным зданиям грандиозных размеров.

Диалектический враг. Ни один тоталитарный режим не мог бы узаконить свои жуткие замыслы без противостоящего ему зла, с которым надо было ему бороться. Подъем фашизма в Европе был словно Богом посланной удачей для коммунистов, которые иначе могли бы оправдывать свое существование только ссылкой на более отдаленное зло либерализма, империализма и колониализма. Фашисты всегда формулировали свое самооправдание в терминах *крестового похода против большевизма*, коммунисты — через *борьбу с фашизмом*. Противоречия внутри тоталитаризма разжигали ненависть и конфликты, которые он поддерживал.

Психология ненависти. Тоталитарные режимы разжигали в обществе эмоции, постоянно возбуждая ненависть к внутреннему и внешнему *врагу*. Не существовало честных противников или достойных оппонентов. У фашистов во главе списка стояли евреи и коммунисты; у коммунистов — фашисты, прихвостни капиталистов, кулаки и мнимые саботажники, которых безжалостно поносили.

Превентивная цензура. Тоталитарная идеология была бы бессильна без контролирующей все источники информации цензуры, которую нельзя обойти. При этом недостаточно было задавить нежелательное мнение или факты, необходимо было также фабриковать и тот материал, который затем пускался в обращение.

Геноцид и принуждение. Тоталитарные режимы довели политическое насилие до неслыханных дотоле размеров. Мощная машина политической полиции и служб безопасности занималась сначала уничтожением любой оппозиции и всех нежелательных лиц, а затем (для поддержания всей этой махины в движении) — выдуманных противников. Человеконенавистнические кампании против (мнимых) расовых или социальных *врагов* должны были поддерживать идеологические притязания правящей партии и держать население в постоянном страхе.

Коллективизм. Особый упор тоталитарные режимы делали на те виды деятельности, которые усиливали коллективные связи и ослабляли чувство индивидуальности и семейные узы. Государственные детские учреждения, *общественное искусство*, молодежные движения, партийные ритуалы, военные парады и форменная одежда для разных категорий населения — все служило тому, чтобы укреплять дисциплину в обществе и формировать конформистское поведение его членов. В фашистской Италии была под контролем партии создана корпоративная система, которая заменила все предшествующие формы профсоюзов и союзов предпринимателей, а в 1939 г. захватила также и нижнюю палату Национального собрания.

Милитаризм. Тоталитарные режимы всегда преувеличивали *внешнюю угрозу* (или придумывали таковую), чтобы сплотить своих граждан на защиту отечества. Перевооружение было их главным экономическим приоритетом. Под контролем партии вооруженные силы государства пользовались не только монополией на оружие, но и высоким общественным статусом. Все военные наступательные планы представлялись как планы оборонительные.

Универсализм. Тоталитарные режимы исходили из положения, что их система тем или иным способом постепенно охватит весь мир. Коммунистические идеологи придерживались мнения, что марксизм-ленинизм — это «наука» и потому имеет универсальное приложение. Нацисты маршировали под рефрен: *"Denn heute gehört uns Deutschland, Und morgen die ganze Welt"* ("Сегодня нам принадлежит Германия, а завтра — весь мир.") [ЛАТВИЯ]

Презрение к либеральной демократии. Все диктаторы презирали либеральную демократию за ее гуманизм, за ее веру в компромисс и сосуществование, за ее торгашеский дух и приверженность закону и традиции.

Моральный нигилизм. Все диктаторы согласно считали, что их цель оправдывает средства. «Моральный нигилизм, — писал один англичанин, — есть не только основная черта национал-социализма, но также и то главное, что связывает национал-социалистов с большевиками».[21]

Такова концепция тоталитаризма, которая опирается на эти положения, общие для главных тоталитарных режимов. Эта концепция сохранила свою значимость, несмотря на разнообразие политических и интеллектуальных целей, для которых ее впоследствии использовали.

Что же касается различий, то у коммунизма и фашизма были различными источники самоотождествления. Коммунисты шагу не могли ступить без классовой борьбы, нацисты — без борьбы за расовую чистоту. Важные различия обнаруживаются также в социальной и экономической сферах. Фашисты старались не трогать частную собственность; крупных промышленников они привлекали к своему делу. Коммунисты уничтожили большинство видов частной собственности. Они национализировали промышленность, провели коллективизацию в сельском хозяйстве и насадили централизованное командное планирование. По этим параметрам коммунизм можно считать более тоталитарной разновидностью тоталитаризма. [GAUCHE]

Между тем следует настоятельно подчеркнуть, что *тотальный контроль за людьми*, который иногда приписывают тоталитаризму, — это досужий вымысел. Утопические воззрения тоталитаризма и его реалии сильно различались. Грандиозные замыслы тоталитаризма зачастую грандиозно проваливались. Тоталитаризм оперирует не достижениями своего режима, но притязаниями на таковые. Больше того, при заболевании тоталитаризмом возникают и антитела. Чудовищное угнетение часто вдохновляло на героическое сопротивление. От необходимости жить с ложной философией порой рождались люди высочайших моральных принципов, и самые рьяные *антикоммунисты* — это бывшие коммунисты. Лучшими же *антифашистами* были искренние немецкие, итальянские и испанские патриоты.

С исторической точки зрения самое интересное — выяснить насколько коммунизм и фашизм

подпитывали друг друга. До 1914 г. главные составляющие этих двух движений — социализм, марксизм, национализм, расизм и автократия — распространились в разных формах по всей Европе. Но коммунизм выкристаллизовался первым: появившись в 1917 г., он намного опередил сколько-нибудь последовательные проявления фашизма. Таким образом, коммунистов следует считать лидерами, а фашистов — хорошими учениками. Вопрос состоит в том, можно ли рассматривать хронологическую последовательность как причинно-следственную связь? Был ли фашизм всего лишь походом против большевиков, как утверждают многие его приверженцы? Чему конкретно фашисты научились от большевиков? Нельзя отрицать, что Бела Кун дал режиму Хорти его *raison d'etre*. Всеобщая забастовка в Италии под руководством коммунистов стала предлогом для Муссолини совершить *Поход на Рим*. И усиление коммунистов на улицах и в кабинах для голосования напугала немецких консерваторов настолько, что они передали власть Гитлеру.

Но это далеко не все. Фашисты, как и коммунисты, были отъявленными обманщиками, и не следует принимать их заявления слишком уж всерьез.

Бенито Муссолини (1883–1945), бывший издатель социалистической газеты *Avanti* ("Вперед"), автор псевдомарксистской работы о классовой борьбе (1912 г.), мошенник и авантюрист, не имел особых политических принципов. Он без колебаний пускал в ход свои подразделения фашистов; сначала чтобы помочь жестокому захвату националистами г. Фиуме (Риека в Югославии) в 1920 г., затем чтобы поддержать либеральный блок Джолитти на всеобщих выборах в 1921 г., а позднее для убийства лидера социалистов Маттеотти. Он, например, заявлял, что выступает за конституционную монархию, а затем вскоре сверг ее. Не приходится искать какой-то последовательной идеологии в такой тактике: он просто стремился воспользоваться тем беспорядком, который он сам же и произвел.

То же самое можно сказать об исключительном (и исключительно успешном) поведении Муссолини в октябре 1922 г. Сначала немало посодействовав тому хаосу, ответом на который была всеобщая забастовка, он затем телеграфирует королю, ультимативно требуя себе пост премьер-министра. Королю следовало бы проигнорировать эту телеграмму; но он этого не сделал. Так что Муссолини не захватывал власть, он лишь пригрозил этим, и, страшась разрастания хаоса, итальянские демократы сдались. «Поход на Рим, — пишет ведущий итальянский историк, — был поездкой в комфортабельном поезде, затем - небольшой демонстрацией, и все это - в ответ на ясно выраженное приглашение монарха»[22]. Много лет спустя, когда режиму Муссолини угрожала серьезная опасность, Адольф Гитлер настоял на том, чтобы его спасти. «В конце концов, — говорят, заявил фюрер, — именно дуче показал нам, что все возможно»[23]. Муссолини показал, что можно свергнуть либеральную демократию и начать второй ужасный раунд *тотальной войны* в Европе.

В международных отношениях в это время установился почти всеобщий страх перед войной вообще; *ненападение* было обязательным принципом, по крайней мере, для видимости. За 20 лет было подписано огромное количество договоров о ненападении между рядом стран Европы. Впрочем, для тех стран, которые не собирались нападать, эти пакты не имели значения. А для тех стран, которые готовились к агрессии, они стали прекрасным прикрытием: и Гитлер, и Сталин были просто в восторге от них.

Создание Лиги Наций следует считать одним из достижений Мирной конференции. Конвенция о Лиге вошла в силу 10 января 1920 г., в тот же день, что и Версальский договор, в который она была довольно неуместно включена. Конвенция гарантировала не только разрешение спорных вопросов при помощи арбитража и соглашения, но и коллективный отпор агрессору. Предполагалось ежегодно созывать Генеральную Ассамблею, где каждое государство-член имело бы равный другим голос; кроме того, создавались Совет Лиги Наций и Постоянный секретариат во главе с генеральным секретарем — все в Женеве. Лига приняла в свой состав также Международный трибунал в Гааге и Международную организацию труда (МОТ). Генеральная ассамблея впервые собралась в ноябре 1920 г. и собиралась регулярно каждый год до 1941 г. Она самораспустилась в апреле 1946 г., когда все незавершенные операции были переданы в ООН в Нью-Йорке.

Деятельность Лиги началась слишком поздно для того, чтобы повлиять непосредственно на расстановку сил после Великой войны, кроме того, от участия в ней устранились государства, которые могли бы обеспечить ее эффективную работу. Ни разу за 21 год ее деятельности не были достойно представлены все три центра власти в Европе. Из западных государств только одна Франция играла заметную роль. США, являвшиеся первоначальным спонсором Лиги, оставались в стороне; Великобритания так и не подписала основной Женевский протокол (1924) о мирном урегулировании конфликтов. Германия принимала участие в работе Лиги только в 1926–1933 гг., Италия в 1920–1937 гг. Советский Союз был допущен в 1934 г. и исключен в 1940 году. В 1928 г. Франция и США выступили с важной инициативой исправить некоторые очевидные промахи Лиги. Пакт Бриана-Келлога, осуждающий войну как средство разрешения споров, был, наконец, подписан 64-мя государствами, включая СССР. Но он никогда так и не был включен в список собственных постановлений Лиги. И хотя Лига выступала за военные и экономические санкции против государств-агрессоров, она не имела никаких средств привести собственные санкции в исполнение. В результате она играла большую роль в мелких делах и не играла никакой роли — в больших.

Из-за двойственности позиции западных государств Лига не имела полномочий оспаривать общее послевоенное устройство Европы, как, казалось, его определили эти западные государства в 1919–1920 годы. Роковые решения привели к тому, что, по условиям Женевского протокола, требования пересмотра Версальского договора не могли быть признаны *спором*. Принцип единогласия при голосовании на Ассамблее и в Совете, исключал принятие какого бы то ни было решения вопреки желанию великих держав. Важнейшая конференция по разоружению собралась только в 1932 г., а к этому времени перевооружение уже далеко зашло в СССР и вот-вот должно было начаться в Германии.

Так что в целом спонсоры Лиги лишили ее средств проводить в жизнь ее высокие идеалы. Она руководила комиссией по делам мандатных территорий Палестины и Сирии. Она управляла свободным городом Данциг, Саарской областью и Комиссией по проливам. Она была посредником между Турцией и Ираком по поводу Мосула, между Грецией и Болгарией по поводу Македонии (1925 г.) и — неудачно — между Польшей и Литвой по поводу Вильно (1925–1927 гг.). Она не смогла справиться с японским вторжением в Маньчжурию (1931 г.) или итальянским вторжением в Абиссинию (1936 г.). Ей было совершенно не по силам что-либо предпринять, когда крупнейшие державы Европы начали выпускать когти в конце 1930-х гг.

Самым активным государственным деятелем, выступавшим за мир и сотрудничество в Европе, без сомнения, был Аристид Бриан (1862–1932). Родившийся в Нанте социалист-реформатор Бриан 10 раз был премьер-министром Франции; но особенного размаха его деятельность достигла в 1925–1932 гг., когда он был министром иностранных дел. Он энергично боролся за примирение Франции и Германии, он был главным создателем пакта Локарно, он придумал пакт Келлога–Бриана об отказе от использования войны как средства для разрешения конфликтов, он предлагал создать Европейский Союз. Его благородные идеи, как и их полный неуспех, были очень характерны для своего времени.

Предложения Бриана по созданию Европейского Союза не имели в свое время сколько-нибудь заметных последствий. Но они могут рассматриваться как зародыш той политики, которая принесла плоды 20 лет спустя. Впервые эти вопросы были подняты им в речи на Ассамблее Лиги 5 сентября 1929 г.: «Я полагаю, что народы, сгруппированные на основе географического сообщества — как, например, народы Европы, должна объединять своего рода федеральная связь… Такие объединения будут, без сомнения, в первую очередь экономическими, поскольку это самое необходимое… При этом я убежден, что такие федеральные связи станут полезными и политически и социально, не затрагивая при этом суверенитета ни одного из народов, входящих в такую ассоциацию…»[24]. В этой речи ключевыми были выражения «географическое сообщество», «в первую очередь экономические», «суверенитет».

Более детальный меморандум был представлен в мае 1930 г. В нем говорилось о «нравственном союзе Европы» и в общих чертах были намечены принципы и действия, посредством которых этого можно было достичь. Документ настаивал на «об-

щем подчинении экономических проблем — политическим». Предполагалось создание Постоянного политического комитета как исполнительного органа для принятия решений, а также представительский орган — Европейская конференция — для обсуждения возникающих вопросов. Меморандум призывал 27 европейских членов Лиги уже в ближайшее время провести серию встреч для изучения широкого круга вопросов, включая финансы, занятость и межпарламентские отношения. С января 1931 г. Бриан становится председателем того подкомитета Лиги, который изучал ответы и замечания членов Лиги на Меморандум. Из всех только голландцы были готовы принять Европейский Союз с неизбежным ограничением суверенитета.

Как оказалось, 1931 год стал последним и для Бриана, и для его идей. Вскоре после его речи о Европейском Союзе произошел крах на Уолл-стрите. Обсуждения его Меморандума происходили в то время, когда немецкие нацисты одержали свою первую победу на выборах. Европейские планы Бриана стали второстепенными после его назначения председателем Комитета по делам Манчжурии, который после некоторого промедления выступил с устным осуждением японского вторжения в Китай. В Азии Япония ни в грош не ставила Лигу и с успехом пользовалась плодами своей агрессии. В Европе дух Локарно угасал. Штреземан умер; сам Бриан был болен и вышел в отставку. Позднее, когда Бриан умер, министр иностранных дел Великобритании Остин Чемберлен высказался с большой пылкостью о почившем: Бриан «гордился своей страной и ревновал о ее прерогативах, — сказал Чемберлен. — И его гордость могла быть удовлетворена только тогда, когда бы Франция, подобно некоей богине, сошла бы с вершин, чтобы повести за собой другие народы по пути мира и цивилизации. Теперь уже не осталось людей такой стати»[25]. Это был редкий случай англо-французской солидарности.

В такой-то атмосфере фашистская Италия выдвинула другой план европейской безопасности. Муссолини предложил заключить четырехсторонний пакт между Британией, Францией, Германией и Италией. Это был циничный возврат к печальному опыту европейского согласия, причем без всякой претензии даже на равноправие государств. Это была бесстыдная попытка мобилизовать *Запад* против *угрозы Востока* — то есть против мелких препирательств государств-наследников и возможной экспансии коммунизма. Предложение Муссолини встретило определенный положительный отклик в британском Министерстве иностранных дел; но его вовсе не приняли на *Quai d'Orsay*[26], где предпочитали придерживаться уже сложившихся отношений. И — за исключением Мюнхенской конференции — эти предложения остались только на бумаге.

Культурная жизнь Европы находилась под сильнейшим воздействием последствий войны: подвергались сомнению традиционные ценности и усиливались центробежные течения. Тревогу и пессимизм навязал Освальд Шпенглер своей книгой *Закат Европы* (1918 г.), которая была специфически немецким взглядом на *западную цивилизацию*. Наступление коммунизма подействовало на многих западных интеллектуалов, которым казались необыкновенно волнующими дерзкие утопические установки большевиков в России. Не многие были (политически) активными коммунистами; но позиция *marxisant* (марксизана, марксиствующего) была в большой моде. В Москву потянулись бесконечным потоком пилигримы, убежденные, что этот — самый кровожадный во всей европейской истории — режим не сделает никому ничего дурного, — самый странный случай массового самообмана[27].

Так же и фашизм рекрутировал коллаборационистов в среде представителей науки и культуры. Некоторые, такие, как Бернард Шоу, умудрились подлащиваться перед диктаторами самых разных окрасов. Будучи в СССР в 1931 г., он заметил: «Я хотел бы, чтобы у нас в Англии ввели принудительный труд, тогда бы не было двух миллионов безработных». О Сталине (после личной встречи) он высказал такое мнение: «О нем говорят, что он — идеал семьянина, доброде-тели и невинности»[28]. Теперь, когда оглядываясь назад мы смотрим на такие книги, как *Советский коммунизм: новая цивилизация* (1935 г.) и подобные им они нам кажутся лишенными смысла. Но в свое время они соответствовали вкусам послевоенного поколения с его искренним беспокойством и держали мир в неведении относительно советской действительности. Отсутствие морального стержня у интеллектуалов, на которых оказывалось полити-

ческое давление, стало постоянной темой после того, как оно было описано в *Измена клерков* (1927 г.) Жюльена Бенда. Книга выиграла бы в убедительности, если бы сам Бенда не пытался оправдывать показательные процессы Сталина. Испанский социальный философ Хосе Ортега и Гассет считал тоталитаризм проявлением угрозы, которая исходила от массовой культуры. В своей книге *Восстание масс* (1930 г.) он предостерегал, что демократия несет в себе семена тирании большинства.

В религиозной мысли консервативная католическая иерархия заняла гораздо более непримиримую позицию по отношению к коммунизму, чем протестантские церкви. Но в 1937 г. в двух энцикликах-близнецах: *Mit brennender Sorge* and *Divini Redemptoris* папа Пий XI определил, что и нацизм, и коммунизм несовместимы с христианством. В то же время католические философы, вроде неотомиста Жака Маритэна (1882–1973), стремились приблизить к современности социальное учение Церкви. К религиозным дискуссиям между разными деноминациями призывали еврейский теолог Мартин Бубер (1875–1965), бывший одно время профессором во Франкфурте, и швейцарец Карл Барт (1886–1968), труд которого *О догматике Церкви* (1932 г.) был направлен на восстановление основ протестантизма.

В литературе послевоенные настроения опустошенности и потери ориентиров нашли прекрасное выражение в поэме Т.С. Элиота *Бесплодная земля*, в пьесе Пиранделло *Шестеро в поисках автора* (1920 г.) и в текстах *потока сознания* Джеймса Джойса: романе *Улисс* (1923 г.) и *Поминки по Финнегану* (1939 г.). В 1928 году появляется невозможный для опубликования *Любовник леди Четтерли* Д. Лоуренса, автор которого отважно восстал против английских сексуальных нравов. Появляется *Трехгрошовая опера* Бертольда Брехта, самого известного произведения политически левой и демонстративно не соблюдающей приличий берлинской артистической *milieu* (среды) перед приходом нацистов. В это же время Томас Манн (1875–1955), ставший известным еще до войны с его *Будденброками* (1900 г.) и *Смертью в Венеции* (1911 г.), всячески старается защитить немецкую культуру от дурной репутации, которую снискала немецкая политика. Появляются его новые романы, такие, как *Волшебная гора* (1924 г.), где автор исследует сомнительное наследие Вагнера и Ницше; затем он эмигрировал и заслужил имя *доброго немца* в изгнании. В России недолгая литературная свобода в 1920-е г. позволила развернуться таким могучим талантам, как революционные поэты Александр Блок (1880–1921) и Владимир Маяковский (1893–1930). Наступление сталинизма разделило советских писателей на тех, кто обслуживал партию, подобно М. Горькому и М. Шолохову, и преследуемых диссидентов, таких как Осип Мандельштам (1891–1938) и Анна Ахматова (1889–1966). Мемуары вдовы Мандельштама Надежды были опубликованы только в 1960-е годы, но они особенно ярко и правдиво описывают жизнь русской культуры в катакомбах. В Центральной Европе предчувствие тоталитаризма пронизывало *Замок* (1925 г.) и *Процесс* (1926 г.) Ф. Кафки, аллегорическую драму Карела Чапека *Из жизни насекомых* (1921 г.), роман Виткевича *Ненасытность*. То же ощущается и в произведениях румына Луциана Блага (1895–1961) и хорвата Мирослава Крлежа (1893–1975). Антигероя Кафки "К", которого арестовывают по какой-то причине, о которой он так никогда и не узнает, в конце убивают двое в чудаковатых шляпах, приговаривая: «как собаку». Станислав Виткевич (1885–1939), известный под псевдонимом Виткацы (Witkacy), не только писатель, но также художник и философ, теперь признается родоначальником *театра абсурда*. Едва известный в свое время за пределами родной Польши, он совершает самоубийство в день, когда Красная армия присоединяется к вторжению нацистского Вермахта в Польшу. Однако самую большую популярность завоевали мемуары шведского врача Акселя Мунте. Его *Легенда о Сан-Микеле* (1929 г.) была переведена на 41 язык. [ИНДЕКС] [БЕСПЛОДНАЯ ЗЕМЛЯ]

В социальных науках в короткий срок исключительно популярной стала так называемая *Франкфуртская школа*. Открытый в 1923 г. и закрытый нацистами в 1934 г. *Институт социальных исследований* во Франкфурте собрал под своей крышей кружок интеллектуалов, работавших в области философии, психологии и социологии. Такие фигуры, как Макс Хоркхеймер (1895–1973), Теодор Адорно (1903–1969) и Карл Манхейм (1893–1947) считали, что современной науке еще предстояло найти эффективные методы для анализа и совершенствования человеческих действий и ситуаций. Они были левыми и радикалами и противостояли всем идеологиям, включая марксизм; они отвергали традиционную логику и эпистемологию, но опасались зла, которое могли бы с собой принести техника, индустриализация и постепенная реформа. Они были в поиске «свободного потока критической теории», которая бы была обусловлена временем, но не зависела от него, и оказали большое влияние на целое поколение ученых, занятых социальными проблемами, как в США, так и в Европе после Второй мировой войны. Самым известным плодом их исследований стал совместный труд Хоркхеймера и Адорно *Диалектика просвещения* (1947 г.).[29.] [АННАЛЫ]

В искусстве продолжалось разложение традиционных стилей. После символизма, кубизма и экспрессионизма последовали примитивизм, супрематизм, дадаизм, абстракционизм, сюрреализм и конструктивизм. Ведущими экспериментаторами были русский эмигрант Василий Кандинский (1866–1944) и еврей-эмигрант из России Марк Шагал (1889–1985), "левак", эмигрант из Каталонии Пабло Пикассо (1881–1973), итальянский эмигрант Амедео Модильяни (1884–1920), швейцарец Пауль Клее (1879–1940), австриец Оскар Кокошка (1886–1980), француз Жан (Ганс) Арп (1887–1966) и испанец Сальвадор Дали (1904–1989). Франция стала их Меккой. Их эклектичность и изобретательность были под стать их долговечности. Клее рисовал абстракции чистыми красками, Дали создавал тревожные фрейдистские фантазийные пейзажи, Арп ронял клочки бумаги на пол.

В музыке возникшие еще перед войной неоромантический и модернистский стили нашли себе новых приверженцев в лице русских композиторов: Игоря Стравинского (1882-1971), Сергея Прокофьева (1891-1953), Дмитрия Шостаковича (1906-1975), и Сергея Рахманинова (1873-1943); поляка Кароля Шимановского (1882–1937) и венгра Белы Бартока (1881–1945). Громадный вклад музыкантов из Восточной Европы — как композиторов, так и инструменталистов — подчеркивал наличие культурных связей, которые с успехом преодолевали все углубляющуюся политическую пропасть. [СТРАДЫ] Немец Карл Орф (1895–1982) проявил себя и как композитор, и в области

БЕСПЛОДНАЯ ЗЕМЛЯ

Поэма *Бесплодная земля* Т.С. Элиота, американца, осевшего в Европе, появилась в 1922 г. Первоначально она начиналась словами: *First we had a couple of feelers down at Tom's place.* Опубликованная же версия начиналась словами:

Апрель, жесточайший месяц, гонит
Фиалки из мертвой земли, тянет
Память к желанью, женит
Дряблые корни с весенним дождем.

Поэма Элиота в 433 строчки была написана в основном в Швейцарии, вдохновленная легендой о Св. Граале, и состояла из фрагментов и неясных литературных аллюзий. В целом поэт добился впечатления, будто кто-то бродит на развалинах разрушенной цивилизации.

Последняя часть (среди прочего) посвящена упадку Восточной Европы:

Что там за орды несутся
По иссохшей безводной равнине,
Коей нет ни конца и ни краю... .

Здесь поэт находится под впечатлением высказывания швейцарского романиста Германа Гессе: «Прекрасна по крайней мере эта восточная половина Европы — которая бродит пьяная за Св. Граалем по дорогам хаоса, напевая, как Дмитрий Карамазов». Поэма заключается словами:

Лондонский мост падает, падает, падает.
Poi s'ascose nel foco che gli affina[1]

Quando fiam ceu chelidon.[2] –
Ласточка, ласточка
Le Prince d'Aquitaine a la tour abolie.[3]
Обломками сими подпер я руины мои
Будет вам зрелище! Иероним вновь безумен.
Datta. Dayadhvam. Damyata.[4]
Shantih shantih shantih.[5]

«Разные критики, — разъяснял позднее Элиот в своей Гарвардской лекции, — оказали мне большую честь, интерпретируя поэму как критику современного мира... Для меня же... это было просто ритмическое ворчание».

---

[1] И скрылся там, где скверну жжет пучина
[2] ...когда же я стану, как ласточка
[3] Аквитанский принц у разрушенной башни
[4] Давай, сострадай, властвуй собой
[5] заключительные слова *Упанишад*. Элиот переводит их как «Мир (покой), превосходящий всякое понимание».

музыкального образования. Его популярная светская оратория *Кармина Бурана* (1937 г.) соединила средневековую поэзию с сильными, намеренно примитивными ритмами. [ТОН]

В архитектуре и дизайне следует отметить немецкий *Bauchaus* (Баухауз) [школы прикладного и изобразительного искусства в Веймаре, объединенные под названием «Государственный Баухауз в Веймаре» — *перев.*], учрежденный в Веймаре Вальтером Гропиусом (1883–1969) и закрытый гитлеровцами. Баухауз черпал вдохновение попеременно то у экспрессионизма, то у конструктивизма; был пионером функциональной методики. Среди его звезд следует упомянуть Иттена, Ласло Мохой-Надя, Кандинского и Клее.

За исключением музыки, которая, в общем-то, не имеет границ, вклад Восточной Европы в культурный авангард долгое время был почти неизвестен. Отдельные художники или группы из Восточной Европы получали известность только тогда, когда эмигрировали на Запад — так было,

например, с румынским скульптором Константином Бранкуси (1876–1957). Другой путь известности на Западе — оплаченные советским государством выставки живописи в 20-х годах. Так получили известность Казимир Малевич (1878–1935), Павел Филонов (1882–1946), Владимир Татлин (1885–1953) и Александр Родченко (1891–1956). Разумеется, нигде авангардное искусство полностью не принималось, но в Восточной Европе приход фашизма и долгое господство коммунизма на целых полвека отодвинули нонконформистскую культуру в тень. Например, группа ранних чешских кубистов *Osma (Осма)*, объединенных вокруг таких художников, как Антонин Прохазка (1882–1945) или Богумил Кубишта (1884–1918), была известна только в узких кругах специалистов. Работы пионера символизма литовца Миколаюса Чюрлёниса (1875–1911) или теоретика и практика конструктивизма Владислава Стшеминьского (1893–1952), или вклад еврейских художников стало возможным оценить

"АННАЛЫ"

Первый номер журнала *Annales d'histoire economique et sociale* ("Анналы экономической и социальной истории") датирован 15 января 1929 г. (Париж). Короткое предисловие «Нашим читателям» было подписано двумя директорами - Люсьеном Февром (1878–1956) и Марком Блоком (1886–1944). Они выражали надежду, что новый периодический журнал «займет свое место под солнцем». В этом номере были опубликованы четыре главные статьи: Гюстава Глотца о цене на папирус в древней Греции; Анри Пиренна об образовании купцов в Средние века; М. Бомона о промышленности в Германии после последней войны; и Г. Меке (Женева) о проблеме народонаселения в СССР. Во втором разделе, «Научная жизнь», содержались различные новости, а также техническое описание *plans parcellaires* (планов парцелизации земельных участков), составленное Блоком, а также очерк карьеры Макса Вебера, написанный Морисом Халбвахсом. В разделе рецензий около дюжины различных эссе были посвящены целому ряду тем, начиная от рабства на Сицилии и заканчивая экономической историей Уэльса. На последней странице размещалась реклама «Коллекции Арманда Колина» —

главного спонсора журнала, и 22-х томов *Всемирной географии* Поля Видаля де ла Блаша и Л. Галуа.

Анналы задумывались не просто как журнал. Они должны были стать новой авторитетнейшей исторической школой. *Анналы* были призваны покончить с засильем общепризнанных авторитетов и расширить горизонты истории, введя в оборот и новые подходы, и новые темы, взятые из социальных наук. Речь идет не просто об экономике и социологии, но и о психологии, демографии, статистике, географии, климатологии, антропологии, лингвистике и медицинских науках. Особенно подчеркивалось авторами стремление изучать вопросы на междисциплинарном уровне.

Замечательна интеллектуальная родословная *Анналов*. Февр встретился с Блоком в Страсбургском университете. Он стал известен работами о Франш-Конте. Блок работал над историей сельского хозяйства во Франции. Ни один не питал особого почтения к светилам исторической науки того времени вроде Ренувена, историка дипломатии, или Фюстеля де Куланжа, специалиста по изучению документов. На них оказали влияние совсем другие ученые. Одним таким авторитетным ученым стал Эмиль Дю-

ркгейм (ум. в 1917 г.), пионер социологии. Вторым был бельгиец Анри Пиренн (1862–1935), автор исследований о средневековой демократии и социальной истории капитализма. Третьим был Поль Видаль де ля Блаш (1845–1918), основатель географии человека. Именно Видаль посоветовал Февру и Блоку отправиться путешествовать по стране и там подумать о новых источниках и взглядах на прошлое.

Замечательно, что авторы собирались объявить войну профессиональному греху всех ученых: греху специализации. Историки все более и более сосредотачивались на своих узких темах, как бы запирая себя в перегородках. Призыв к ним был вполне ясным.

«Не было бы ничего лучше, чем если бы достопочтенные специалисты, которые так заботливо возделывают свои сады, взяли бы на себя труд поинтересоваться и работой своих соседей. К сожалению перегородки, их разделяющие, столь высоки, что увидеть ничего уже невозможно. Именно против этого постыдного разделения мы и будем бороться».

Угроза, таящаяся в этом призыве, была вполне ощутимой еще в 1929 г., а с годами она только росла.

только в 90-е годы[30]. Культурное единство политически расколотой Европы было намного глубже, чем тогда казалось.

Сильнейшее влияние на культуру Европы между двумя войнами оказывали развитие техники и Америка. Громаднейшим было влияние на сознание масс радио, фотокамеры Кодака, доступных граммофонов, но, главное, кинематографа. Благодаря Голливуду Чарли Чаплин (1889–1977),

бедный сирота, комик из лондонского Ист-Энда, стал, наверное, самым известным человеком в мире. Многие его фильмы, такие, как *Огни большого города* (1931 г.), *Новые времена* (1935 г.) или *Диктатор* (1939 г.), несли определенную социальную и политическую направленность. Среди других европейцев, реэкспортированных в Европу посредством серебристого экрана, следует упомянуть шведку Грету Гарбо, немку Марлен Дитрих

ТОН

В 1923 г. Арнольд Шёнберг закончил свою *Серенаду*. Это было первое сочинение, целиком завершенное по правилам додекафонии, то есть двенадцатитоновой музыки. Додекафония стала излюбленным средством авангардной школы атональной музыки.

Со времени Средних веков двенадцать тональностей в мажоре и миноре стали основным элементом европейской музыкальной грамматики; и восемь нот каждой тональности составляли тот резервуар, из которого композиторы брали звуки для построения мелодий, аккордов и гармоний. В додекафонии, напротив, традиционные ступени были оставлены в пользу основного набора, или *ряда* нот, с использованием всех ступеней двенадцатиступенной хроматической гаммы, которые могут располагаться и в инверсии и в регрессии, давая 48 возможных последовательностей в каждой серии. В результате новая музыка была полна до того неизвестных звукосочетаний и комбинаций и для непривыкшего к

этому уха была мучительно неблагозвучной. Это был разрыв с прошлым такой же радикальный, как абстрактное нерепрезентативное (то есть не изображающее реальные предметы) искусство или как не грамматический *поток сознания* прозы. После Шёнберга успешно обращались к додекафонии Берг, Веберн, Даллапиккола, Лутьенс и Стравинский.

Атональность, однако, была не единственным способом деконструкции музыкальной формы. *Парижская шестерка*, где ведущим был Эрик Сати (1866–1925) и куда входили Артур Онеггер (1892–1955), Дариус Мийо (1892–1974) и Франсис Пуленк (1899–1963), экспериментировала с политональностью, то есть использовала одновременно два или более ключа. Поль Хиндемит (1895–1963) расширил тональную гармонию, прибегая к гармоническим сериям. Оливье Мессиан (1898–1993), органист церкви Сан-Сюльпис, разрабатывал сложные ритмы, навеянные восточной музыкой, мелодии на

основе птичьего пения и музыкальные краски в связи с видимыми цветами. Генрик Горецкий (род. 1933) искал вдохновения в средневековых гармониях и в свободном размере. Сэр Харрисон Бёртуисл (род. в 1934 г.) нашел новое применение ренессансной монодии. Энтони Бёрджес (1917–1993) писал *послетональную* музыку, а также занимался критикой и художественной прозой.

Мессиан и Горецкий были ревностными католиками и стремились найти такие новые приемы, которые бы были сопоставимы по производимому впечатлению с прежними. *Квартет на конец времен* (1941 г.) Мессиана, написанный им в лагере в Силезии во время войны, и его же феноменально популярная Симфония № 3 (1976 г.), также вдохновленная переживаниями военного времени, отражали особую восприимчивость их создателей ко времени и ладу, тональности. Они обращались к аудитории более широкой, чем аудитория умствующих додекафонистов.

и поляка Пола Негри. Из Америки в это время импортируются модные автомашины, мультипликация Уолта Диснея (1928 г.), джаз и легкая танцевальная музыка. Многие молодые европейцы так и протанцевали от войны до войны под мелодии рэгтайма, чарльстона и танго.

В социально-экономической сфере модернизация европейского общества шла все дальше вперед, однако, чрезвычайно нерегулярными волнами. Военные потребности дали сильнейший стимул для развития тяжелой промышленности и широчайшего развития техники и технологий. В то же время мирная жизнь начиналась среди всеобщего развала рынков, торговли и кредитов. Несмотря на громадный потенциал развития, особенно в таких новых отраслях, как нефтяная и автомобильная,

индустриальным странам угрожала послевоенная рецессия, массовая безработица и нараставший социальный протест.

Борьба за права женщин едва началась, не говоря уж о каких-нибудь победах. В Великобритании, например, Констанс Гор-Бут (графиня Маркевич, 1868–1927), некогда получившая смертный приговор за участие в Пасхальном восстании, стала теперь и первой женщиной в британском парламенте и первой женщиной-членом кабинета министров Ирландии[31]. Что же касается движения за избирательные права женщин (суфражисток) — возникшего тогда, когда его самая выдающаяся активистка Эммелин Панкхерст (1858–1928) была еще ребенком, то его первые успехи отмечаются только уже после ее смерти. Первый борец за контроль над рождаемостью Мэри Стоупс (1880–1958), открывшая первую специализированную клинику в Соединенном королевстве в 1921 г., была также профессиональным палеонтологом и работала в Манчестерском университете. [**кондом**]

Перед крестьянскими обществами Восточной Европы стояли труднейшие проблемы: перенаселение сельских районов, сокращение возможностей миграции, катастрофическое падение цен на сельхозпродукты, недостаток инвестиций, как местных, так и иностранных. При этом экономический паралич Германии и противоестественная изоляция Советского Союза вызвали немыслимый ущерб за их границами. И в момент, когда удалось восстановить хоть какую-то стабильность, наступила Великая депрессия.

Страны Восточной и Центральной Европы, зажатые между Германией и СССР, столкнулись со своими специфическими трудностями. Прилагая громадные усилия по установлению стабильных политических режимов, Польша, Чехословакия, Венгрия и прибалтийские государства в то же время несли на себе бремя экономических последствий падения империй. Эти страны были еще только отчасти индустриальными, а в основном оставались аграрными странами. Причем их экономика проходила период становления в тяжелейших условиях гиперинфляции, послевоенной рецессии в промышленности и упадка сельского хозяйства. Так, например, в Лодзи — крупнейшем текстильном центре производство упало на 75% между 1918 и 1939 годами, когда оказался закрытым традиционный рынок сбыта — Россия. Крестьянские общества все более поляризовались в результате непримиримых противоречий между консервативными землевладельцами и радикальными крестьянскими партиями, под грузом требований новых бюрократических систем и предприятий с иностранным капиталом, а также в результате классовых и этнических протестов. В свете этих особых трудностей следует отдать должное таким достижениям, как распространение образования, борьба с неграмотностью, дробление больших поместий и развитие городов. Заметим, что пришедшие затем позднейшие режимы не признавали за этим периодом никакого прогресса.

Величайший эксперимент плановой модернизации проходил в Советском Союзе с 1929 г.[32] Он

был столь радикальным и бескомпромиссным, что многие аналитики считают именно его, а не события 1917 г. — подлинной Русской революцией[33]. Этот эксперимент стал возможным с приходом к власти Иосифа Сталина, с 1922 г. — генерального секретаря ЦК ВКП(6).

Иосиф Виссарионович Джугашвили (1879–1953), прозвище *Коба*, псевдоним *Сталин*, представляет собой уникальный и последовательный пример в истории того, как патологический преступник достигает высшей власти, используя свои криминальные таланты. В *Книге рекордов Гиннесса* он занимает первое место как *массовый убийца*. Он родился в горном селе Диди Лило, недалеко от Гори в Грузии, и был сыном пьяницы-отца и благочестивой, покинутой матери. Грузины говорят, что он — осетин. Во всяком случае, он не русский, хотя и был послан учиться в русскую православную семинарию. Оттуда он был исключен, впрочем, прежде впитав маниакальный национализм Русской церкви, который был не характерен для грузин. Затем он пускается в революционную политическую деятельность, найдя себе применение в той ее части, где политическое и криминальное подполье сливаются. Он сделал себе имя в партии большевиков в 1908 г., когда подготовил и осуществил беспримерное в истории царской России вооруженное ограбление, устроив в Тбилиси (Тифлисе) засаду на почтовую карету, после чего скрылся из виду, унеся с собой груз золота. Его арестовывали и ссылали в Сибирь, откуда он неоднократно бежал. Это обстоятельство впоследствии породило подозрение, впервые высказанное Троцким, самым враждебным его биографом, что он был агентом секретной полиции — *Охранки*. Сталин прибыл в Петроград в начале 1917 г. после своего последнего побега и, не имея опыта ни в журналистике, ни в марксизме, стал редактором *Правды*. В годы революции Ленин назначает его комиссаром по делам национальностей, причем Сталин собирает вокруг себя преданных помощников (особенно в Царицыне, который был позднее переименован в Сталинград), которые с тех пор разделяли его судьбу. Самый опасный для него момент наступает в Польше в августе 1920 г., когда в качестве политического руководителя Юго-Западного фронта он не выполнил приказ о соединении с Тухачевским и партийный трибунал возложил на него ответственность за последовавший военный разгром. Как обычно, он выкрутился; но не забыл. (17 лет спустя смертный приговор Тухачевскому и четырем его соратникам по 1920-му году был подписан тремя генералами, которые служили со Сталиным на Юго-Западном фронте.)

Сталин становится Генеральным секретарем партии во время первой болезни Ленина и остается им, несмотря на запоздалый совет Ленина отстранить Сталина от власти. Если верить Троцкому, он отравил Ленина, чтобы избежать дальнейших расследований. С этого времени, имея в своих опытных руках ЧК и контролируя партийные съезды, он уже не знает удержу. Он действовал, мастерски сочетая хитрость и цинизм. Он переиграл всех своих (стоявших выше него в партийной иерархии) соперников, поручая им дела, результаты которых потом спокойно приписывал себе или обращал против них. Ему потребовалось 5 лет, чтобы расправиться с Каменевым, Зиновьевым и Бухариным и 7 лет — на расправу с Троцким. Затем он принимается их убивать. У него не было семейной жизни. Свою вторую жену он довел до самоубийства. Он жил отшельником в одной из комнат в Кремле, где его навещала дочь Светлана Алилуева, чьи мемуары стали позднее главным источником сведений о Сталине. Весь день он спал и работал по ночам, бесконечно крутя граммофон или смотря немые фильмы; для отдыха он отправлялся на дачу. Он редко появлялся на людях и мало произнес речей. Совершая ежегодную поездку в Грузию, он обычно путешествовал в одном из пяти совершенно одинаковых поездов, причем в каждом поезде был его двойник во избежание покушения. Ему не надо было беспокоиться: он прожил сколько ему положено от природы. Не говоря ни на одном из иностранных языков, кроме русского, он оказался искусным как в дипломатии, так и в тираническом правлении, а также и в ведении войны. Ко времени, когда он, наконец, был сражен ударом, он был не имевшим соперников владыкой сверхдержавы.

Описывая главного соперника Сталина — Троцкого, один американский офицер в Петрограде однажды сказал о нем: «Он четырежды сукин сын, но величайший еврей со времени Иисуса Христа»[34]. Сталин же преуспел в том, чтобы представить достижения Троцкого как незначительные для истории. Троцкий предвидел главное: уже в 1924 г. он правильно предсказывал, что «могильщик партии революции» захватит власть: «Историческая диалектика уже подхватила его своим крючком и будет его поднимать вверх. Он нужен им всем: бюрократам, нэпманам, кулакам, выскочкам, пройдохам, всем тем, которые прут из почвы унавоженной революцией... Он способен возглавить их... Сталин автоматически станет диктатором». (Троцкий Л. Сталин. Т.2. М., 1990. С.167).

У Сталина есть все основания считаться величайшим деятелем XX века по части использования политической власти. Однажды он скромно сказал: «Вожди приходят и уходят, но народ остается»[35]. На деле же, под его руководством народом, людям пришлось приходить и уходить, а вождь оставался. Единственный, с кем он может сравниться громадностью причиненного зла, был другой коротышка, с усами иной формы, которого он никогда не встречал и которому повезло меньше.

Как только Сталин почувствовал себя крепко сидящим в седле, советская жизнь понеслась вперед "со свистом". Ленинский НЭП многое сделал для восстановления социального и экономического равновесия; но он ничего не сделал для пропаганды коммунистических идеалов и для оснащения Советского Союза современным оружием. Тогда уверенный, что у него имеются неограниченные возможности подавления населения, Сталин сломя голову бросается проводить опасную программу, согласно которой за одно десятилетие должны были возникнуть первоклассная промышленная и военная держава. Такие амбиции захватывали дух; однако в масштабах и в отношении человеческой жизни их разрушительная сила превзошла все другие бедствия европейской истории, даже Вторую мировую войну. Апологеты этих планов, до сих пор процветающие в провинциальных университетах, повторяют: «нельзя изжарить яичницу, не разбив яиц»[36]. Но Сталин разбивал не яйца, а людей, жизнь которых он, якобы, улучшал; к тому же в конце концов яичница оказалась несъедобной. В его политике можно выделить переплетение шести главных взаимосвязанных элементов: централизованное планирование, быстрые темпы индустриализации, перевооружение, коллективизация сельского хозяйства, идеологическая борьба и политический террор.

Методы сталинского планирования превзошли все, что когда-либо делалось в этом смысле. Госплан был наделен властью намечать пятилетние планы, которые предопределяли каждую деталь каждой отрасли экономической жизни: производство, торговлю, услуги в сфере обслуживания, цены, заработную плату, стоимость. Каждое предприятие и каждый рабочий получали *нормы*, которые надлежало выполнять без рассуждений. Поскольку Советское государство было монопольным работодателем, все рабочие становились *рабами Плана*. Поскольку же партия настойчиво внедряла дух *социалистического соревнования*, то есть принуждала рабочих перевыполнять их нормы, таких, как легендарного шахтера Алексея Стаханова, то нормой становилось требование перевыполнения Плана. Пятилетние планы 1928–1932, 1933–1937 и 1938–1942 гг. ставили беспримерные цели в экономическом росте и производительности труда. Индустриализацию проводили за счет заметного снижения потребления. На практике это значило: «работай больше, ешь меньше». Рост промышленного производства планировался свыше 20% в год. Валовой национальный продукт возрастал астрономическими темпами: в 1928 этот показатель составлял 111% от уровня 1913 года, в 1933 г. — 281%, в 1938 г. — 658%. Абсолютный приоритет отдавался тяжелой промышленности: производству стали, добыче угля, выработке энергии и производству химикатов. Количество, безусловно, главенствовало над качеством. Фальсифицированная статистика стала объектом официального культа, главный храм которого находился на Выставке достижений народного хозяйства в Москве.

Перевооружение не провозглашалось, хотя очевидно было, что в первую очередь от происходивших перемен выигрывала промышленность, работающая на военное производство. Отдельный засекреченный военно-промышленный сектор имел собственные привилегированные заводы, персонал и собственный бюджет. (Самое существование этого отдельного бюджета отрицалось вплоть до 1989 г.) Начиная с 1932 г. Красная армия уже имеет возможность приглашать немецких партнеров для обучения и участия в маневрах с использованием самого современного вооружения, включая танки, военные самолеты и парашютные части.

Коллективизация сельского хозяйства, которую в 1917 году отложили, теперь проводилась полным ходом, невзирая ни на какие человеческие потери. Преследовалась цель обеспечить абсолютный контроль государства над поставками продовольствия в то время, когда большая часть сельской рабочей силы рекрутировалась для работы в новых промышленных городах. За 10 лет (1929–1938) 94% из 26 млн. крестьянских хозяйств были переплавлены в четверть миллиона *колхозов*, то есть коллективных хозяйств, принадлежащих государству. Через 70 лет после освобождения русский крестьянин снова был закрепощен государством. Все сопротивлявшиеся были расстреляны или сосланы. Для оправдания этих убийств был выдуман несуществующий социальный враг — *кулак*. В ходе раскулачивания погибло примерно 15 млн. мужчин, женщин и детей. Сельскохозяйственное производство упало на 30 %. Страну поразил голод: и естественно возникший, и искусственно вызванный.

Сталинская идеология, оформившаяся в 1930-е гг., включала множество официально принятых фикций, которые навязывались как абсолютная и неопровержимая истина. Эти фикции не имели никакого отношения к серьезной политической философии и были радикальным поворотом от интернационалистского марксизма Ленина. К ним относились: роль Сталина как «лучшего ученика Ленина»; роль коммунистов как передовых руководителей народа; роль *великороссов* как «старших братьев» других советских национальностей; положение Советского Союза как величайшего завоевания «всех патриотических и прогрессивных сил»; роль Конституции как источника демократической власти; единство советских людей и их любовь к коммунизму; «капиталистическое окружение» СССР; равенство в распределении материальных благ; свобода науки и искусства; освобождение женщины; союз рабочих и крестьян; праведный «народный гнев» на врагов. Многие из этих фикций были увековечены в *Кратком курсе истории ВКП(б)* Сталина (1939 г.), содержащей историю Коммунистической партии в Советской России и в СССР. Этот *Краткий курс* стал буквально библией верных. Советские ученые, работники просвещения и правоведы были обязаны пропагандировать эти идеи под страхом смерти; в то время, как ученых на Западе никто ни к чему не принуждал.

Культ личности Сталина просто не знал границ. Все выдающиеся поэты и художники воспевали его согласным хором:

> Ты, ясное солнце народов,
> Беззакатное солнце современности,
> И больше, чем солнце, ибо в солнце нет мудрости[37].

В вопросах религии Сталин продолжал проводить линию на атеизм. Государственное образование было воинственно антирелигиозным. В 1920-е и 30-е гг. с Православной церковью расправлялись без всякой жалости: храмы разрушались, а священнослужителей убивали. Позднее методы варьировались: во время Второй мировой войны Сталин призывал защитить Святую Русь и вновь открывал церкви. Для зрелого сталинизма характерно странное смешение государственного атеизма с православным патриотизмом.

Главный инструмент насилия и террора — ЧК (ОГПУ/НКВД/ КГБ), «Гулаг», то есть сеть государственных концлагерей, и зависимое правосудие — выкристаллизовались еще в ранний большевистский период. В 1930-е гг. они разрослись до такой степени, что личный состав органов безопасности можно было сравнить по численности с личным составом Красной армии, а в лагерях находилось до 10% населения. К 1939 г. Гулаг стал крупнейшим работодателем в Европе. Средняя продолжительность жизни в лагере его работников-заключенных (зэков), которых постоянно недокармливали и изнуряли непосильным трудом в арктических районах, составляла одну зиму. На невинных людей устраивали облавы в их домах и в деревнях; других обвиняли в мнимых «саботаже», «измене», «шпионаже» и пытками добивались признания вины. Обычными приговорами были или немедленный расстрел, или заключение с последующей ссылкой на 8, 12 или 25 лет, после чего мало кто возвращался живым. Для возбуждения общественного мнения устраивались показательные процессы самых видных жертв этого террора. Эти процессы должны были также маскировать истинную природу и размах основных операций. Парализующий страх с такой силой держал величайшее государство в течение трех десятилетий, что практически всю конкретную информацию о господствующем терроре удавалось успешно скрывать. [**ВОРКУТА**]

Три фазы сталинского террора шли одна за другой, причем их жестокость и бессмысленность все время возрастали. Поначалу террор был направлен против тщательно определенных целей. Жертвами были в основном деятели второго плана — бывшие меньшевики, работники Госплана до 1929 г., марксистские историки-интернационалисты, белорусская интеллигенция и соратники главных действовавших лиц. Даже вдову Ленина Крупскую предупредили, что ее можно «заменить другой». Затем, после 1932 г., когда крестьяне стали сопротивляться коллективизации и резать скот в знак протеста, разворачивается террор в деревне, или движение против кулаков. Не существовало никакого определения, что такое кулак, но беднейших крестьян подстрекали доносить на их более зажиточных соседей. На Украине волна соединенного с голодом террора 1932–1933 гг., как побочный продукт коллективизации, преследовала двойную цель: одним махом подавить украинский национализм и, что важнее, уничтожить важнейшую область концентрации зажиточных крестьянских хозяйств. [**ЖАТВА**]

Политический террор, или «чистки», по-настоящему развернулись в декабре 1934 г. после убийства С.М. Кирова, партийного лидера Ленинграда. С этого момента политический террор нарастал, расходясь все расширяющимися кругами, пока не захватил руководство ВКП(б), офицеров Красной армии и даже само ОГПУ, а затем, наконец, и все население. Поскольку от каждой жертвы требовали, чтобы она «сдала» 10–20 сообщников с их семьями, то со временем количество пострадавших стали исчислять тысячами, а потом и миллионами. Первоначальная цель состояла в том, чтобы уничтожить всех еще уцелевших большевиков и все, за что они выступали. Но это было только начало. Участники XVII съезда партии в 1934 г., названного «съездом победителей», смиренно приветствовали победу Сталина над «оппозицией», после чего каждого десятого из них обвинили и уничтожили. После трех показательных процессов над Зиновьевым (1936 г.), Пятаковым (1937 г.) и Бухариным (1938 г.) в живых оставался только один больше-

ВОРКУТА

Если бы размеры написанного по истории были пропорциональны описанным в них человеческим страданиям, то Воркута была бы одной из самых длинных глав. С 1932 до 1957 гг. этот шахтерский городок на р. Печоре в арктической России был центром самого большого в Европе комплекса концлагерей. В сталинском *архипелаге Гулаг* Воркуталаг уступал только Колыме (на северо-востоке Сибири), где входные ворота были украшены лозунгом: «Труд [в СССР] есть дело чести, [дело совести], дело доблести и геройства». Во время восстания зеков в 1953 г. в Воркуте содержалось около 300000 человек. За 25 лет в Воркуте погибло больше людей, чем в Освенциме [освенцим], и умирали здесь люди долго и в отчаянии. Но мало найдется книг по истории, где о них вспоминают. Осталось, впрочем, немало свидетельств очевидцев, некоторые опубликованы по-английски. Немногие, однако, их читают.

Один выживший в лагерях еврей написал даже в 1970-е годы путеводитель по «оборудованию» 200 лагерей Советского ГУЛАГА. Его рассказ едва заметили. В дополнение к известным категориям лагерей, тюрем и *психбольниц* [deviatio] в путеводителе можно найти и *лагеря смерти*. Таковые были оборудованы в Палдиски (Эстония), Отмутнинск (Россия) и Хохловке (Украина), где заключенных использовали без всякой защиты на таких работах, как ручная очистка атомных подлодок или добыча урана. Такой работник неизбежно должен был умереть, и речь шла только о времени этой смерти.

В разгар *гласности* местные жители начали копать в лесу возле села Куропаты (недалеко от Минска в Белоруссии). Они знали, что там находятся останки мужчин, женщин и детей, истребленных во время *Большого террора* за 50 лет до того. Было обнаружено несколько карьеров, каждый из которых оказался братской могилой для примерно 3000 тел. Стало ясно, что под соснами таких карьеров ям было множество, едва ли не сотни. Но в 1991 г. дальнейшие раскопки было приказано прекратить. Возле дороги поставили крест и оставили тайны леса нетронутыми. [Личные воспоминания автора о посещении Куропат. Октябрь 1991.]

В 1989 г. российская организация *Мемориал*, посвятившая свою деятельность раскрытию правды о сталинизме, обнаружила яму у Челябинска в Уральских горах, датируемую тридцатыми годами. В яме было 80000 скелетов. Пулевые отверстия в черепах поведали правду о судьбе здесь погребенных. Эти жертвы не были замучены до смерти работой в Гулаге. «Людей просто забирали из дома, — рассказал местный фотограф, — и расстреливали там вместе с детьми».

Невольно задаешься вопросом: сколько еще таких мест в необъятной России?

вистский лидер — Троцкий, которому удавалось оставаться невредимым в своем укрепленном мексиканском убежище до 1940 г. Но впереди была свирепая, ничего не разбиравшая «ежовщина» — террор, руководимый Н.И. Ежовым, главным палачом Сталина.

Адская машина работала на таких высоких оборотах, что в начале 1939 г. только Сталин и Молотов ежедневно подписывали списки по нескольку тысяч жертв, при том что каждое региональное отделение органов сгребало во все больших количествах взятых наугад невинных граждан. Террор шел безостановочно до XVIII съезда в марте 1939 года, когда Сталин спокойно объявил Ежова дегенератом. Но террор так и не прекращался полностью до тех пор, пока не испустил дух сам *вождь*.

Много десятилетий общественное мнение в мире не могло осознать этих фактов. До появления документального произведения Александра Солженицына в 1960-е гг. и публикаций скрупулезных исследований некоторых мужественных ученых, большинство людей на Западе думали, что рассказы о Терроре очень преувеличены. Большинство советологов старались террор свести к минимуму. Советские власти не признавались до конца 1980-х гг. Деяния Сталина (в отличие от деяний Гитлера) так и не были вполне преданы гласности. Общее количество жертв сталинского террора никогда нельзя было точно подсчитать, но вряд ли оно было меньше 50 млн.человек[38].

Без сомнения, сталинизм есть порождение ленинизма, но, с другой стороны, сталинизм приобрел множество специфических черт, которые

ЖАТВА

«Четверть деревенского населения — мужчины, женщины, дети — лежат мертвыми или умирают на громадной территории с населением примерно в 40 млн. жителей... как один громадный Белзен (концлагерь Берген-Белзен) ... Остальные в разных стадиях истощения не имеют сил, чтобы похоронить семьи или соседей... (Как в Белзене), отряды сытых солдат и партийные начальники наблюдают за жертвами».

В 1932–1933 гг. в рамках советской коллективизации сталинский режим организовал искусственный голод-террор на Украине и на соседних казачьих землях. Все запасы продовольствия были насильственно реквизированы; военные кордоны не пропускали подвоза продовольствия извне, а людей оставили умирать. Преследовалась цель покончить с украинским самосознанием, а также и с классовым врагом. Количество умерших достигало 7 млн. Мир знал много случаев страшного голода, часто голод усугублялся гражданской войной. Но голод как акт геноцида в рамках государственной политики следует признать уникальным.

Писатель Василий Гроссман позднее так описывал детей: «Вы видели когда-нибудь газетные снимки детей в немецких концлагерях? Вот они были такими; головы как тяжелые мячи на худых маленьких шеях, как у аистов... и весь скелет покрыт кожей, как желтая марля... И к весне у них вообще не было лиц. Вместо этого у них были птичьи головки с клювом — или лягушачьи — тонкие белые губы — а некоторые напоминали рыб с открытым ртом... Это были советские дети и убивали их советские люди».

А мир ничего не знал. В США дали Пулицеровскую премию корреспонденту *Нью-Йорк Таймс*, который рассказал в частной беседе о миллионах смертей, но ничего не было опубликовано. В Англии Джордж Орвелл скорбел, что голод-террор «избежал внимания большинства английских русофилов».

Историк, который, наконец, собрал неопровержимые доказательства этого события, силился передать его невероятные размеры. Он написал книгу в 412 страниц, по 500 слов на страницу, а потом заявил в Предисловии: «погибло около 20 человек не на каждое слово этой книги, но на каждую букву».

...е были важны при жизни Ленина. Троцкий считал сталинизм «термидорианской реакцией», и ...то очень осложняет всякие споры о советской и ...оммунистической истории. Следует, в первую ...чередь, помнить, что советский коммунизм ста-...илизировался именно в рамках сталинизма, ...беспечив те основания жизни в СССР, кото-...ые позволили ему просуществовать до 1991 г. ...от почему, когда мы хотим оценить коммунис-...ическую систему в целом, мы должны рассмат-...ивать сталинскую версию коммунизма, а не ...енинскую.

Так случилось, что 1929 г. был не только го-...ом сталинской революции в СССР, но также и ...одом кризиса в капиталистическом мире. Исто-...ики задаются вопросом, не были ли связаны эти ...ва события ритмом послевоенных экономических ...реобразований. Как бы то ни было, но 24 октяб-...я 1929 г., в «Черный четверг», цена акций на ...ью-йоркской бирже неожиданно резко упала. ...ачалась паника, банки отзывали свои займы и, ...режде, чем кто-то смог что-нибудь предпринять, ...еликая депрессия уже разлилась по всем стра-нам, с которыми США вели дела. Это было негативное свидетельство масштабов американского влияния на мировую экономику. В США неожиданное прекращение легких кредитов «безумных двадцатых» вызвало мощную волну банкротств, которые в свою очередь вызвали небывалый рост безработицы. В период наибольшего «экономического спада» в 1933 г. третья часть рабочей силы в Америке не имела работы; металлообрабатывающая промышленность работала на 10 % своих возможностей; уничтожались запасы продовольствия, потому что голодные рабочие не имели возможности его покупать; «свирепая бедность охватила множество людей».

Не прошло и года, как последствия экономического спада стали ощутимы в Европе, которая напрягала свои силы для уплаты военных долгов, часто из сокращавшихся золотых запасов. В мае 1931 г. объявил о неплатежеспособности ведущий банк Австрии «*Kreditanstalt*»; в июне США вынуждены были согласиться на мораторий по всем долгам европейских правительств, а в сентябре британский *Bank of England* вынужден был отменить золотой стандарт для фунта стерлингов. Было подорвано «доверие», этот краеугольный камень капитализма. В течение нескольких лет бизнес потерял ориентиры, а 30 млн. рабочих потеряли работу. К 1934 г. в США появился новый энергичный президент Франклин Д. Рузвельт с его «новым курсом» — программой финансируемых правительством работ, что должно было вернуть Америке процветание. «Единственное, чего нам следует бояться, — говорил Рузвельт, — это самого страха». Но в Европе не было ни Рузвельта, ни «нового курса». Здесь возрождение было столь же медленным, сколь быстрым был экономический обвал.

Депрессия имела не только экономические, но и психологические и политические последствия. Растерялись все: от банкира до коридорного. Великая война в свое время принесла смерть и разрушение, но она также давала цель жизни и обеспечивала полную занятость. Мир же, казалось, не принес ни того, ни другого. Были люди, которые утверждали, что лучше жить среди опасностей в обстановке «окопного братства», чем жить на пособие по безработице. Другие говорили, что обоснованными оказались печальные предвидения Шпенглера о возврате Европы в "темные века". Тревога выливалась в насилие на улицах: во многих европейских городах боевые отряды леваков набрасывались на банды правых. Это было время шарлатанов, искателей приключений и экстремистов. [СМЕРТЬ]

Подъем Гитлера и его нацистской партии в Германии были, безусловно, связаны с Великой депрессией. Впрочем, эта связь не была прямолинейной. Нацисты не маршировали во главе армии безработных, шедших на Берлин; они не «захватывали власть». Гитлеру не пришлось ни свергать ослабевшее правительство, как это сделали большевики, ни угрожать главе государства, подобно Муссолини. Он пришел к власти, участвуя в демократическом процессе в Германии и по приглашению законной власти. И здесь не важно, что уж чем-чем, а демократами и конституционалистами он и его головорезы не были.

Германская политика оказалась особенно уязвимой для экономического спада, последствия которого переполнили и без того уже до краев полную чашу нестабильности, уязвимости, неуверенности. Еще не была изжита затаенная горечь поражения. Не прекращаясь шли уличные сражения между

левыми и правыми экстремистами. На демократических лидеров оказывали безжалостное давление, с одной стороны, победители (союзники), с другой, — страхи избирателей. Экономика Германии уже десятилетие жестоко страдала сначала от военных репараций, а потом — от гиперинфляции. К концу 1920-х годов она зависела исключительно от американских займов. Когда в октябре 1929 г. всего за несколько дней до Великого кризиса умер Штреземан, не нужно было оказаться гением, чтобы предсказать большие потрясения впереди. Однако последовавшие затем потрясения 1930-1933 гг. сопровождались некоторыми необычными и непредвиденными обстоятельствами.

В эти годы нацисты впервые принимают участие в пяти подряд парламентских выборах. Трижды увеличивались и количество поданных за них голосов, и список избранных от них депутатов. В четвертый раз, в ноябре 1932 г., поддержка уменьшилась. Кроме того, они никогда не получали абсолютного большинства. Но очень быстро нацисты утвердились как самая большая самостоятельная партия в Рейхстаге. Больше того, подъем уличного насилия, чему весьма способствовали банды нацистов, происходил в сильно изменившейся международной обстановке. В начале 1920-х гг. беспокойство в связи с руководимыми коммунистами забастовками и демонстрациями приглушила, по видимости, безграничная власть Антанты Немецкие промышленники и немецкие демократы точно знали, кого позвать, если коммунисты попытаются захватить власть. Но в начале 1930-х гг. Англия, Франция и США сами находились н в лучшем положении, чем Германия, а Советский Союз, как все видели, очень энергично модернизировался. В ситуации, когда коммунисты получили почти столько же голосов, сколько нацисты у консервативных лидеров Германии оставалось мало средств, чтобы сдерживать «красную опасность».

Где-то в политической культуре Германии пряталось ощущение, что всеобщие выборы можн дополнить национальным плебисцитом по конкретным сложным вопросам. Получив такой шанс Гитлер его не упустил. В хаосе падающих правительств один из проходных министров подня вопрос о полномочиях президента в чрезвычайном положении. В сентябре 1930 г. — в интереса демократии — один из канцлеров меньшинств

СМЕРТЬ

В 1927 г. в Бухаресте Корнелиу Кодряну сформировал *Легион архангела Михаила*. Вместе со своим полувоенным крылом *Железная гвардия* Легион вырос в одно из самых могучих фашистских движений Европы. В 1937 г. он получил значительную часть голосов отнюдь не малочисленных праворадикальных избирателей и в 1940–1941 годах в союзе с армией генерала Антонеску ненадолго возглавил Национальное государство легионеров Румынию. Однако в феврале 1941 г. Легион взбунтовался против своих военных союзников, и его деятельность был прекращена.

Идеология Легиона представляла собой странную вариацию на тему *«Кровь и Почва»* и придавала особое значение «костям предков». Возрождая Румынию, идеологи Легиона заявляли, что создали новое национальное сообщество живых и мертвых, а партийные ритуалы строились на культе мертвых. Собрания начинались перекличкой павших товарищей, причем когда назывались их имена, то собравшиеся отвечали криком «Здесь». Земля с могил святых смешивалась с «пропитанной кровью почвой» с полей битв, на которых сражались члены партии. Грандиозными торжествами становились эксгумация, очищение и пере-

захоронение праха партийных мучеников. Эксгумация Капитанула (так именовался глава Ордена Кодряну), убитого в 1938 г., стала самым большим из таких торжеств за все время, пока Легион был у власти. Над головами проносились самолеты нацистов. Смерть Кодряну была одним из сотен подобных политических убийств конца 1930-х гг., когда эскадроны смерти Легиона вели борьбу с политической полицией короля. Кодряну был задушен, затем ему прострелили голову и обезобразили кислотой, прежде чем тайно похоронить под семью тоннами бетона.

В Румынии, Сербии и Греции православные верят, что душа почившего не может расстаться с телом, пока не разложилась окончательно плоть. По этой причине семья обычно собирается через 3–7 лет после первого погребения и эксгумирует скелет, который с любовью очищают и омывают в вине, а затем предают вечному упокоению. Здесь также верят, что некоторые трупы не могут разложиться. В православной службе отлучения есть такая фраза: «пусть твое тело никогда не истлеет». Когда же покойник убит или покончил жизнь самоубийством, то душа мучается, навсегда заключенная в могиле. Для умиротворения такой души в районе Марамур

совершается ритуал *обручения со смертью*.

В некоторых регионах Румынии, согласно народной традиции, такая томящаяся душа может летать «от захода до пенья петухов». Особенно в день памяти апостола Андрея (30 ноября по ст. ст.) и в навечерие Михайлова дня (8 ноября по ст. ст.) обретшее вновь душу тело тогда бродит по земле, проскальзывает в замочные скважины, совокупляясь со спящими или питаясь их кровью. Чтобы оберечь себя от таких посещений, крестьяне приводят на кладбище черного жеребца. Если же он испугается, наступив на какую-нибудь могилу, то они протыкают громадным колом подозрительный труп, чтобы он не мог сдвинуться. Уже из самых ранних этнографических исследований был известно, что Румыния — страна вампиров.

Политологи пришли к выводу, что румынский фашизм был всего лишь омерзительным вариантом этого верования со склонностью к антисемитизму и некрофилии. Антрополог бы сказал, что фашизм воспользовался глубинными религиозными и народными верованиями. В декабре 1991 г., как только пала коммунистическая диктатура, появилось новое *Движение за Румынию*, а Кодряну стал героем этого движения.

убедил президента Гинденбурга ввести в действие ст. 48 Веймарской конституции. Отныне немецкий президент мог «применять вооруженные силы для восстановления порядка и безопасности» и приостанавливать на время осуществление «основных прав граждан». Это был тот инструмент, которым другие могли воспользоваться для свержения демократии.

Здесь очень важна последовательность событий. Буря бушевала три года: углубление рецессии, рост безработицы, сражения на улицах коммунистов с антикоммунистами, выборы, никому не приносившие окончательного перевеса, и бесконечные правительственные кризисы. В июне 1932 г. другой канцлер меньшинства, Франц фон Папен, получил поддержку Рейхстага благодаря сотрудничеству с депутатами-нацистами. Шесть месяцев спустя он приготовил новую комбинацию: решил сделать Гитлера канцлером, а себя вице-канцлером, включить в правительство из 12 человек троих нацистов. Президент Гинденбург и германские правые вообще посчитали эту идею прекрасной: они думали, что используют Гитлера против коммунистов. На самом деле, когда Гитлер принимал приглашение (одетый, как и подобало случаю, в цилиндр и фрак), это именно он, Гитлер использовал их.

Не прошло и месяца после этого, как за неделю до следующих выборов загадочный пожар разрушил здание Рейхстага. Нацисты заявили, что это Красный заговор, арестовали коммунистических лидеров, завоевали 44% голосов в накаленной атмосфере антикоммунизма, а потом спокойно провели законодательный акт о предоставлении канцлеру чрезвычайных полномочий на четыре года. В октябре Гитлер организовал плебисцит по вопросу выхода Германии из Лиги Наций и из Конференции по разоружению. Он получил поддержку в 96.3%. В августе 1934 г., после смерти президента, он созывает новый плебисцит по вопросу одобрения его выдвижения на новый партийно-государственный пост «фюрера и рейхсканцлера Рейха» со всей полнотой власти и чрезвычайными полномочиями. На этот раз он получает поддержку в 90%. Теперь Гитлер контролирует ситуацию. В своем последнем походе на вершину власти он ни разу не преступил Конституцию. Но легко указать, кто лично отвечал за успех Гитлера. Четыре года спустя Гитлер принимает своего бывшего партнера фон Папена в Берхтесгадене и говорит: «Сделав меня канцлером, герр фон Папен, вы сделали возможной национал-социалистическую революцию в Германии, Я никогда этого не забуду». Фон Папен отвечает: «Конечно, мой фюрер»[39].

Демократический триумф Гитлера выявил природу демократии. У демократии мало собственных достоинств: она настолько хороша или настолько плоха, насколько хороши или плохи принципы людей, которые ее пользуются. В руках либеральных и терпимых людей она производит либеральное и терпимое правительство; в руках людоедов — правительство людоедов. В Германии в 1933–1934 гг. она произвела нацистское пра-

вительство, потому что культура немецких избирателей на тот момент не придавала первостепенного значения тому, чтобы не допустить к власти бандитов.

Адольф Гитлер (1889–1945) был австрийцем и стал хозяином всей Германии как ни один немец до него. Он родился в Браунау на баварской границе и был сыном таможенного чиновника; он вырос, постоянно сознавая позор того, что его отец был внебрачным ребенком (вот почему те, кто хотел его обидеть, называли его иногда прежней фамилией «Шикельгрубер»). Его жизнь была тяжела в ее начале и ничего не сулила в будущем. У него были некоторые художественные способности, но он не смог получить необходимого образования и слонялся по сомнительным ночлежкам Вены, перебиваясь иногда работой декоратора и художника почтовых открыток. Сосредоточенный на себе, обидчивый и одинокий, он был хорошо знаком с патологическими настроениями антиславянского и антисемитского полусвета немецкой Вены. Он бежит из Вены в Мюнхен, где радостно приветствует Первую мировую войну как благословенное избавление от своей личной неустроенности. Служил он храбро и был дважды награжден Железным Крестом (второго класса и первого класса), выжил, когда его товарищи погибали, был отравлен газами. Войну он закончил в госпитале глубоко озлобленным человеком. **[ЛАНГЕМАРК]**

Послевоенная карьера Гитлера возместила ему неудачи молодости. Его партия НСДАП приняла в качестве программы варево из обывательского расизма, германского национализма и вульгарного социализма, что оказалось привлекательным, во-первых, для бродяг вроде него, а потом и для миллионов избирателей. На перевернутых ящиках на перекрестках улиц поверженной Германии он обрел искусство оратора (или демагога), которое вознесло его на самую вершину власти. Он научился управлять голосом и менять темп речи, жестикулировать, натягивать на лицо победную улыбку и неукротимую ярость, и при этом так захватывал слушателей, что существо его слов было уже почти не важно. Это его искусство, преумноженное вскоре прожекторами, громкоговорителями и музыкальными хорами, можно сравнить только с искусством призывающих к религиозному возрождению проповедников или с более по-

ЗЛОЙ ДУХ

Вскоре после того, как германская армия оккупировала Австрию в марте 1938 г., Адольф Гитлер, говорят, приказал командиру XVII военного округа разрушить деревушку Доллерсхейм «учебной стрельбой». Обитатели были эвакуированы, и все сооружения деревни, включая кладбище, были затем превращены в пыль артиллерийским огнем. Вся эта жестокая операция, как кажется, была вызвана тем, что отец Гитлера и его бабушка со стороны отца Мария Анна Шикельгрубер были похоронены в Доллерсхейме, а Гитлер незадолго перед тем узнал некоторые факты о молодости своего отца. По донесению Гестапо, юная фрейлин Шикельгрубер зачала отца Гитлера, когда незамужней девушкой работала служанкой в богатой еврейской семье. Из этого можно было сделать, думал Гитлер, нежелательные выводы.

Множество подобных фактов наводят на мысль, что Гитлер страдал сильным чувством подавленной вины, стыда и ненависти к своему происхождению, родственникам, телу и самой своей личности. Впрочем, нет необходимости верить дословно этим противоречивым свидетельствам, чтобы заставить нас считать Гитлера важнейшим субъектом «психиатрической истории».

Особенно следует отметить свирепую ипохондрию фюрера, которая, возможно, имела решающее значение для состояния его ума во время войны. С 1936 по 1945 годы он полностью доверился сомнительному врачу д-ру Тео Мореллю, который постоянно лечил его громадными дозами

глюкозы, витаминов, стимуляторов, средствами для возбуждения аппетита, слабительным, транквилизаторами и седативами, которые он вводил обычно внутривенно. Поскольку у Гитлера была склонность к вздутию живота, то ему давали огромные дозы лекарств от этого недуга ежедневно. Эти лекарства изготовлялись на основе атропина и стрихнина. Конкуренты Морелля безуспешно докладывали в Гестапо, что Морелль тайком травит фюрера.

У солдат бывает тонкая интуиция. Как-то уже во время Второй мировой войны, маршируя под изумительный ритм *Colonel Bogey* ("Полковник Злой Дух"), кто-то из англичан сочинил бессмертный припев:

У Гитлера только одно яичко.
У Геринга — два, но уж очень
    маленькие,
У Гимлера, видимо, то же самое,
А у Геббельса их нет вовсе.

Дело в том, что когда 20 лет спустя советские власти разрешили опубликовать якобы доклад о вскрытии тела бывшего фюрера, там сообщалось, что «левое яичко отсутствует». Доклад, впрочем, кажется фальшивкой КГБ и не подтверждается другими свидетелями. Но некоторые историки отнеслись к нему серьезно. Поскольку же врождённый *monorchidism* встречается редко, они пришли к выводу, что должно быть, Гитлер сам себя изувечил, оскопив. Даже открытие архивов КГБ в 1990-е годы не прояснило этой тайны.

Однако здесь нельзя ограничиться только физическими свидетельствами. Множество аспектов поведения Гитлера заставляют думать, что за его притворно-скромным видом скрывалось что-то отвратительное и отталкивающее. Он не допускал в своем присутствии ни малейшего намека на вопросы секса. Он страшно боялся инцеста. Он проявлял отвращение к «грязи» во всех ее видах. Хотя эти свидетельства могут быть истолкованы двояко: его сексуальная жизнь или была совершенно сублимирована, или омерзительно извращена.

На всех стадиях блестящие начинания Гитлера парализовались всепроникающим ощущением неудачи. И он все время заигрывал с самоубийством. В своей любви к политическим представлениям он доходил до псевдо-религиозных пародий на католицизм. Но главное, ему все время хотелось сказать, что история, германская нация, Бог или что-то еще — обнаружили, что он *wurdig* (сто́ящий). Можно сделать вывод, что котел ненависти к себе, который в нем постоянно кипел, выплескивался наружу, и эту ненависть он направлял на евреев, славян, коммунистов, гомосексуалистов, цыган и, наконец, на самою Германию.

Излишне говорить, что насмешка над собой лечит лучше, чем самовосхваление. В Первую мировую войну англичане маршировали под другой изумительный припев, который распевали на мотив траурной мелодии гимна *Ледяные горы Гренландии*:

Alla marcia

Мы — армия Фреда Карно,[1] разболтанная пехота.
Мы не можем воевать, мы не можем стрелять;
Никакой, к черту, от нас пользы.
И когда мы придем в Берлин, кайзер скажет:
Hoch! Hoch! Mein Gott!

Что, черт побери, за кошмарная толпа эта
Английская пехота!

[1] Фред Карно был владельцем популярного цирка того времени.

здним искусством поп-звезд, чьи псевдогипнотические выступления возбуждают массовую истерию. Эмоциональная насыщенность его речей как-то утоляла горькие чувства униженной нации. Он играл на страхах людей, разглагольствовал об угрозе «еврейско-большевистского заговора» и «ударе в спину», который нанесли союзники. Его единственная попытка захватить власть потерпела полное фиаско. «Пивной путч» в ноябре 1923 г. научил его придерживаться «легальных методов» — то есть массовых митингов, выборных процедур и политического шантажа. Благодаря судебному процессу над ним, где он выразительно поносил судей, он превратился в национальную фигуру; два года в тюрьме Ландсберг дали ему возможность написать довольно хаотичные мемуары «Майн Кампф» (1925−1926), ставшие бестселлером. *«Ein Volk, ein Reich, ein Fuhrer»* («Народ, Империя, Вождь», или — другой возможный перевод — «Единый народ, единая империя, один вождь») — именно это хотели услышать немцы. Он обещал снова сделать Германию великой и построить Третий рейх, который простоит тысячу лет. Если быть точным, он поддерживал в Третьем рейхе жизнь 12 лет и 3 месяца. «В большой лжи, — писал он, — всегда есть некая сила достоверности».

В личной жизни Гитлер оставался замкнутым человеком и не женился буквально до последних часов своей жизни. Он любил животных и детей и держал дома простую, непритязательную любовницу. В противоположность своим соратникам, многие из которых были чванливыми мужланами, он был хорошо воспитан и вежлив. Никогда он лично не участвовал в насилии, хотя именно он отдавал недокументированные приказы проводить геноцид. Но сердце его было полно

ненависти. Он, бывало, цитировал Фридриха II чей портрет до конца оставался в его кабинете «Теперь, когда я узнал людей, я предпочитаю собак»[40]. Его страстью была архитектура. В 1920-е гг. он строит себе изумительное горное шале Бергхоф, высившееся на одной из вершин у Берхтесгадена. Позднее он занимал себя грандиозными планами воссоздать из руин Берлин или превратить его родной город Линц в культурный центр Европы. Западные комментаторы сделали из Гитлера «злого гения»: «зло» сомнений не вызывает, но трудно считать его «гением». **[злой дух]**

Как только Гитлер пришел к власти, он начал расправляться с соперниками и оппонентами. Ради собственного успеха ему пришлось разгромить социалистическое крыло НСДАП, имевшее большую поддержку у населения и призывавшее к «второй, социалистической революции». В ночь на 30 июня 1934 г., известной в истории как «ночь длинных ножей», он созвал новую элиту партии — гвардию СС, «чернорубашечников», чтобы расправиться с прежними партийными штурмовыми отрядами — «коричневорубашечниками» СА. Одним ударом были убиты все непосредственные соперники фюрера — Эрнст Рём, лидер СА, Грегор Штрассер, ведущий социалист партии, генерал фон Шлейхер, главный союзник нацистов в парламенте. В 1933 г. он запрещает Коммунистическую партию Германии, а потом распускает все другие партии. Заняв место Гинденбурга в качестве главнокомандующего, он завоевывает на свою сторону армию и продолжает дальше освобождаться от ненадежных элементов.

У Гитлера не было какого-нибудь грандиозного плана в экономике. В конце концов, Германия не нуждалась, как Россия, в модернизации. Н вскоре у него развивается склонность к коллективистской экономике, и д-р Ялмар Шахт, президент Рейхсбанка, предлагает ему готовый план. Поддерживавшие его с самого начала промышленники требовали действий, и он понял, что действия приведут к росту доверия и занятости. План Шахта соединял финансовый менеджмент по Кейнсу с государственным управлением промышленностью и сельским хозяйством; профсоюзы были заменены нацистским Трудовым фронтом, забастовки запрещены законом. Этот «новый курс», как и его американский собрат, был направлен на обеспечение полной занятости и полного производства посредством финансируемой государством созидательной программы. Крупнейшие проекты включали постройку системы скоростных автомагистралей (1933–1934 гг.), запуск в производство «народного автомобиля» фольксваген (1938 г.), но, главное, перевооружение.

Отношения между нацизмом и немецкой промышленностью — это самый спорный вопрос. Обычно принято считать установленным (и это особенно нравится коммунистическим ученым) «примат экономики». Если следовать этому взгляду, то интересы большого бизнеса предопределяли не только краткосрочную политику, направленную на уничтожение немецких левых, но и долгосрочную политику. Экспансия Германии на восток тогда интерпретируется в свете требований немецкой промышленности: сырье, нефть и дешевая рабочая сила. Противоположная точка зрения исходит из «примата политики». Согласно ей, Гитлер вскоре отбросил покровительство промышленников и стал развивать государственный сектор в противовес частному. И введение (с 1936 г.) четырехлетнего плана, смещение главного советника по экономике Шахта и экспансия государственной сталелитейной корпорации «*Райхверк Герман Геринг*», — все указывает на движение в этом направлении. Компромиссная интерпретация состоит в утверждении, что развивается «множественный центр власти», состоящий из НСДАП, армии и промышленности[41]. Перевооружение было важно также психологически и политически. Немецкий сектор вооружения, который сдерживался искусственно, смог восстановиться очень быстро; с 1933 г. начали непомерно расти предприятия Круппа. Причем перевооружение также лечило уязвленную немец-

кую гордость и завоевывало на свою сторону армию, которая в 1935–1936 гг. сумела вновь ввести призыв на военную службу. У Гитлера не было определенных планов как использовать свои перевооруженные силы. Но было удобно демонстрировать всем, что пистолет под его плащом заряжен.

Сельское хозяйство нацистов не интересовало. В начале они вышли с планом организации кооперативов. Но главные усилия были направлены на то, чтобы гарантировать стабильность цен и таким образом защитить фермеров.

Идеология нацистов, мягко говоря, была не очень-то изобретательной. В отличие от Сталина, у Гитлера не было партийного наследства, которое он мог бы подгонять под свои цели. Его первая и единственная работа «Майн Кампф» (1925 г.), которая со временем появилась практически в каждой немецкой семье, содержала всего лишь две-три последовательные идеи, да и те не оригинальные. Гораздо важнее проследить цепь аргументов, которые привели от предположения о наличии «*Herrenvolk*», то есть «расы господ», к заявлению о правах немцев на *Lebensraum*, то есть на «жизненное пространство» на Востоке.

Гитлер принимал за доказанное иерархию наций. Он делил народы на «основателей культуры», «носителей культуры» и «разрушителей культуры». «Носителями культурного развития человечества» на тогдашний день для него были «арийцы». «Главный противник арийца — еврей». Евреи рассматривались как *Todfeind*, то есть «смертельный враг». Он не позаботился дать определение «арийца» или установить иерархию наций внутри самой арийской расы. Глава, посвященная этому вопросу в его книге так очевидны, что не нуждаются в объяснении[42]. Гитлер также верил в железную логику «расовой чистоты». «В каждом случае, когда арийская кровь смешивается с кровью более низких людей, — замечает он, — в результате исчезает великий культурный народ». «Все великие культуры прошлого исчезли… из-за смешения кровей»[43]. Гитлер считал, что здоровье нации зависит от качества его национальной территории. «Только достаточно большое пространство на земле обеспечивает свободу существования нации». «Внешняя политика народного государства должна… создать здоровое соотношение между населением нации и количеством и качеством его территории»[44].

Поскольку у соседей Германии территории было уже в избытке — или в колониях, или, как у России, через завоевание степей — Германия могла рассчитывать только на захват прилегающих к ней с востока территорий. «Мы остановим движение Германии на юг и на запад и обратим наши взгляды на восточные земли»[45]. Германская экспансия в Польшу и на Украину дала бы ей силу не только сражаться с Россией, но и сдерживать Францию — другого смертельного врага Германии. Гитлер верил, что Германия в самом невыгодном положении вела борьбу за свое существование. «Германия — не мировая держава, — жалобно стонал он. — Германия или станет мировой державой, или Германии не будет»[46].

Откровенный расизм выступал в сочетании с некоторым коллективистским убеждением, которое часто туманно обозначали как «стадный инстинкт», но у которого отчетливо заметны марксистские обертоны. О своем долге перед марксизмом довоенной СДП, Гитлер однажды сказал:

«Мне пришлось просто логически развить то, в чем социал-демократия потерпела поражение… Национал-социализм — вот чем мог бы стать марксизм, если бы разорвал свои абсурдные связи с демократическим порядком… Зачем нам социализировать банки и фабрики? Мы социализируем людей»[47].

Недавние исследования показали, что в молодости Гитлер читал марксистские работы и на него оказали большое воздействия массовые политические шествия австрийских социал-демократов, размахивавших флагами[48]. Возможно, он впитал больше, чем осознавал: нацисты не были сильны в интеллектуальной области, но их умолчания не означают, что примитивный социализм был за рамками их горизонта. Именно нацисты ввели Первое мая как национальный праздник немецких рабочих.

Политика нацистов была претворением в жизнь этих немногих и сомнительных идей. Расизм и национализм Гитлера немедленно породили антисемитские действия. Евреи были изгнаны с государственных должностей и лишены германского гражданства, еврейских торговцев и коммерсантов официально бойкотировали, брак и любовные связи между евреями и неевреями были запрещены.

Все эти меры были откровенно оформлены в Нюрнбергских законах 1935 года. С самого начала нацисты выступали за эвтаназию (убийство) душевнобольных и людей с генетическими пороками, одновременно поощрялась многодетность героических немецких матерей. В социальном плане нацисты презирали все существующие иерархии: аристократию, офицерский корпус, организации свободных профессий. Ряды нацистской партии-государства были открыты для всякого, кто был готов служить без страха и сомнений. Должности заполнялись выдвинувшимися в каждом немецком городе и деревне самыми вульгарными, неквалифицированными и наглыми элементами. Их идолом был неудавшийся фермер Генрих Гиммлер, стоявший во главе СС, а также бывший пилот толстый рейхсмаршал Герман Геринг, который больше не умещался в кабину пилота[49]. И в этом фашистская Германия сильно напоминала преуспевавшую сталинскую бюрократию в СССР.

У нацизма, как и у сталинизма, было в действии множество фикций. Нацистская пропаганда часто оперировала странными понятиями: Гитлер был новым Фридрихом или новым Бисмарком; сами нацисты были наследниками германских богов или тевтонских рыцарей; Третий рейх был прямым наследником Священной Римской империи или Гогенцоллернов. Немецкий народ, свободный и единый, бесконечно любил свою родину, бесконечно желал учиться и предаваться искусствам, безмерно гордился раскрепощением женщин, как не знал границ и в своем гневе на предателей и врагов… Все это было очень знакомо. Культ личности Гитлера был беспредельным: фюрер был воплощением всего прекрасного, мудрого и доброго.

Нацисты были в основном неверующими (сам Гитлер был в прошлом католиком). Их ритуалы, скорее, пародируют древнегерманское язычество, чем имеют какое-нибудь отношение хоть к одной современной религии. В связи с этим перед ними стояла трудная задача, поскольку германская нация все еще оставалась по преимуществу христианской. Очень часто они игнорировали теоретические вопросы. Но для того, чтобы умиротворить католиков, Гитлер подписал в июле 1933 г. Конкордат с Ватиканом, подтвердив автономию немецкой Церкви в обмен на отказ иерархов вмешиваться в политику. Этот компромисс побудил некоторых католических прелатов вроде австрийского кардинала Иннитцера высказать свою симпатию целям нацистов. Тем не менее он не помешал Ватикану издать распоряжение о чтении по всем немецким церквам энциклики папы Пия XI *Mit brennender Sorge* ("С искренней заботой", 1937 г.), где отвергалась и разоблачалась идеология нацизма. Чтобы справиться с протестантами, Гитлер объявил о создании в 1935 г. Союза Протестантских церквей под контролем государства. Делалась также попытка основать для «немецких христиан» под руководством Рейхсепископа доктора Мюллера новое движение, в котором свастика обнимала крест. В ноябре 1933 г. этот псведохристианский нацистский суррогат устроил в Берлине демонстрацию в честь «Христа-героя». В конце концов, религии и неверию пришлось сосуществовать, как уж они могли.

В деле принуждения и террора нацисты были прилежными учениками. Их коричневорубашечники и чернорубашечники хорошо владели искусством обмана, шантажа и бандитизма. С другой стороны, в качестве лидеров немецкого *Rechtsstaat* (правового государства), они не имели за собой традиции 500 лет опричнины, как жители Московского царства. Структуры общественного контроля не были такими совершенными, как в СССР. Здесь не было также государственной монополии на трудовую занятость, не было коллективизированного сельского хозяйства, до 1944 г. не было партийных ячеек и комиссаров в Вермахте. Все это до некоторой степени объясняет особый нацистский стиль, где намеренная звериная жестокость должна была восполнять структурные недостатки. Широко разрекламированная жестокость требовалась просто потому, что часто не было иного, более хитрого инструмента контроля.

Органы безопасности Рейха никогда не принимали таких чудовищных размеров, как советские. И партийная гвардия (*Schutzstaffein*), и гестапо (тайная государственная полиция) использовались партией в дополнение к существующим войскам и полиции. Но из них никто не был наделен такого размаха полномочиями, как НКВД. Один концлагерь был открыт в Дахау около Мюнхена в 1934 г., но количество заключенных уменьшилось в конце 1930-х годов. Управляемые нацистами Народные суды и народные судьи постепенно брали на себя работу традиционного судопроизводства. Но все-

общий террор не был нормой. В самой Германии насилие нацистов оставалось в рамках предсказуемого. Немцы, которые смогли приспособиться, могли надеяться выжить. Около 500 000 немецких евреев подверглись преследованиям и были высланы. *Kristallnacht* («Хрустальная ночь») 1938 года, когда были разрушены синагоги и еврейские магазины, резко изменила ощущения и породила самые мрачные предчувствия. Но тогда вовсе не казалось, что впереди было еще «окончательное решение». До начала войны у Рейха не было условий и современной технологии умерщвления, которые они применяли в последующем. Остается открытым вопрос, насколько нацисты копировали советскую машину террора, которая была и старше, и мощнее, чем у них.

Политологи очень беспокоятся по поводу теоретической классификации нацизма. Некоторые, вслед за Ханной Арендт считают, что нацизм был из семьи тоталитарных режимов; другие, такие, как Нольте, считают его одним из «трех лиц фашизма». Наконец, есть такие, кто предпочитает считать его движением *sui generis* (единственным в своем роде)[50]. Он был или одним из указанных, или не одним из них, или всеми сразу — в зависимости от исходных понятий исследователя. Прошло уже почти 50 лет после «грехопадения» последнего нациста, но многие еще находятся под сильным влиянием личной вражды, политических предубеждений или синдрома победителя. Достаточно сказать (если позволительны личные мнения), что нацизм был самым отталкивающим движением новейшего времени. Идеалы его утопии были столь же безобразны, как и реалии его Рейха.

Европа, подорванная кризисом, была не готова ответить на вызов Сталина или Гитлера. Западные державы были заняты собственными делами. США не участвовали в делах Европы. Государства Восточной и Центральной Европы были слабы и разделены. И именно в то время, когда начали обсуждать идею коллективной безопасности, внимание Европы было отвлечено гражданской войной в Испании.

Великобритания по окончании Великой войны занялась заботами своего острова и своей империи. Кризисов хватало: в Ирландии, в Индии, в Палестине. Несмотря на то что было сформировано подряд два лейбористских правительства, проблемы с рабочими в стране только умножались. Всеобщая забастовка в мае 1926 г., начало выпуска коммунистической «Daily Worker» ("Дейли Уокер") (1930 г.), исключение лейбористской партией своего собственного лидера Рэмсея Макдональда за формирование Национального [коалиционного] правительства (1931 г.) и создание сэром Освальдом Мосли Британского союза фашистов (1932 г.) — все эти события происходили на фоне роста безработицы до 3 млн. В 1935 г было избрано консервативное правительство во главе сначала со Стэнли Болдуином, а затем Невилом Чемберленом, поскольку консерваторы обещали стабильность и эффективное управление. И вплоть до Мюнхенского кризиса головной болью правительства была любовная связь молодого короля с разведенной американкой и последующее отречение. Тем временем происходили значительные изменения в обществе, совершались технические прорывы: было основано BBC (1922 г.), положено начало планированию семьи (1922 г.), женщинам предоставляется избирательное право без ограничений (1928 г.), появляются книги в бумажной обложке (1935 г.); изобретают телевидение (1926 г.), пенициллин (1928 г.), и реактивный двигатель (1937 г.). Поколение англичан, достигших зрелости после Великой войны, считали, что они уже пережили достаточно; последнее, о чем им хотелось беспокоиться, были тучи на континенте.

Континентальная Франция не могла спрятаться на острове. В 1920-е гг. приоритетом французской политики становится обеспечение безопасности, отчасти проведением твердой линии во взаимоотношениях с Германией, отчасти созданием «Малой Антанты» на Востоке (см. ниже). Но затем приоритеты меняются. 1930-е гг. были периодом расцвета французского Алжира и Французского Сайгона, и это в то время, когда в самой Франции кризис превращает занятость в главный вопрос. Эдуард Даладье (1884–1970), радикальный социалист, дважды был премьером во время, когда менявшиеся правительственные коалиции и нашумевшее дело еврейского афериста Стависского (1934 г.) породили всеобщее разочарование. Политические взгляды поляризовались, и Коммунистическая партия Франции была столь же громкоголосой, как и фашистское *Французское действие* (*Action Francaise*). Привычный стереотип якобы неизменности взглядов французов в полной мере подходит к личности Андре Мажино, военного министра в 1929–1932 гг., создателя громадной линии укреплений вдоль восточной границы Франции. Но это представление не вполне справедливо. Неправда, что французская армия не хотела сражаться, как позднее заявляли англичане, но в отсутствие сколько-нибудь значительных британских сил Франции просто не очень нравилась идея сражаться с немцами в одиночку; кроме того, она была связана организационными схемами, мешавшими быстрым наступательным действиям.

Скандинавским странам в 1930-е годы повезло: она находилась вне сферы стратегической напряженности. Рецессия нанесла тяжелый удар шведской торговле железом, но при социал-демократах она отреагировала на это созданием самой большой в мире системы социального обеспечения. [**SOCIALIS**]

Напротив, Восточно-Центральная Европа находилась в самом центре надвигавшейся грозы. Имея с одной стороны Гитлера, с другой — Сталина, лидеры расположенных здесь государств, конечно, не могли быть спокойны. В системе безопасности, созданной Францией в 1920-е годы, было несколько серьезных просчетов. Принцип «санитарного кордона», то есть пояса государств, сдерживавших Советскую Россию, не проводился сколько-нибудь последовательно. Малая Антанта, объединившая Чехословакию, Румынию и Югославию для сдерживания поднимавшейся Венгрии, не включила Польшу — самую большую страну этого региона; в 1934 г. ее дополняет независимый пакт балканских стран: Румынии, Югославии, Греции и Турции.

У западных стран была плохая репутация: они не умели принимать решения. Когда в 1920 г. Красная армия наступала на Варшаву, они отправляют целый рой военных миссий, но никаких военных подкреплений. В 1934 г., когда маршал Пилсудский зондировал почву в Париже на предмет превентивной войны против нацистской Германии, он не добился никакого ответа. Западные государства так никогда и не смогли решить, основывать ли свою политику в Восточной Европе на реалиях новых государств вроде Польши или на казавшемся им более привлекательном постбольшевистской России (которая так никогда и не появилась). С 1935 г., когда страх перед Гитлером пересилил неприязнь к Сталину, они обратились к гиене, чтобы укротить волка.

В Восточно-Центральной Европе международный кризис 1930-х гг. отразился, конечно, и на внутреннем положении. Коммунистические партии в основном, нелегальные, не имели большой поддержки, кроме как в Чехословакии, но были существенным раздражителем, провоцируя националистические элементы. Гитлер, когда он не подстрекал непосредственно немецкие меньшинства в Польше, Чехословакии и Румынии, побуждал другие националистические элементы подражать ему. В результате диктаторские режимы укреплялись, военные бюджеты непомерно росли, политическая роль военной верхушки увеличивалась. Процветал национализм и усугублялись всякого рода этнические конфликты.

В Польше, например, близость Сталина и Гитлера ощущалась повсюду. Маршал Пилсудский, подписавший пакт о ненападении с СССР в 1932 г. и с Германией в 1934 г., стремился занять взвешенную позицию, как это отразилось в его «доктрине двух врагов». Польская коммунистическая партия, выступавшая против независимости Польши в 1918–1920 гг., приобрела интернационалистский и троцкистский уклон. Находящаяся в изгнании верхушка этой партии (главным образом, евреи) была ликвидирована *en masse* (полностью) во время сталинских чисток. На противоположном конце политического спектра от национально-демократического движения отпочковалась фашистская поросль, Фаланга, которая также была запрещена. Военизированные националистические организации возникали в каждом национальном меньшинстве. Организация украинских националистов (ОУН) — радикальное ответвление бывшего УВО (Украинская военная организация) — занялась обычным терроризмом и провоцировала жестокие подавления крестьян. В еврейской среде быстро развивался сионизм. Там из рядов сионистско-ревизионистских группировок вроде Бетар выходили непреклонные борцы, такие, как Менахем Бегин или Ицхак Шамир, которым еще предстояло просиять в другом месте. Среди немецкого меньшинства была организована нацистская пятая колонна. Деятельность всех этих групп подливала масла в пожар взаимной ненависти и вражды. После смерти Пилсудского в 1935 г. так называемое правительство полков-

ников постаралось взять под контроль центробежные силы, создав Лагерь национального единства (OZON). Однако основные партии оппозиции объединились против них. Генерал Сикорский присоединился к проживавшему в Швейцарии И. Падеревскому, создавая антиправительственный «Фронт Морже». Приоритет отдавался запоздалой военной реформе, а в области государственной экономики — перевооружению. Министр иностранных дел полковник Йозеф Бек пошел взвешенным курсом, чем очень разгневал западные государства, хотевшие, чтобы он сотрудничал со Сталиным. В отношении своих меньших соседей, он выступал, однако, как националист. Он положил глаз на район Заолжья (силой захваченный чехами в 1919 г.), а в начале 1939 г. посылает резкий ультиматум Литве, требуя прекратить необъявленную войну. Собственно случаи насилия были пока немногочисленны, но угроза насилия разлилась повсюду.

Община польских евреев — все еще самая большая в Европе — доживала последнее лето. В конце 1930-х гг. уже появились тяжелые предчувствия, особенно по мере того, как прибывали волнами бежавшие и изгнанные из Германии евреи. Множились различные мелкие притеснения: в образовании, в муниципальном законодательстве и приеме на работу, но ничего подобного неистовой ярости нацистов, не было и в помине. Всякий, кто видел фотографии и документы того времени, мог составить себе представление об энергичной и разнообразной жизни общины. Еврейские *кагалы* пользовались полной автономией. Свободно действовали еврейские партии самых разных оттенков. Были евреи-звезды кино, боксеры-профессионалы, еврейки-члены парламента, евреи-миллионеры. Можно сказать (как это часто и делают), что польское еврейство было «на краю гибели»; но говорить так — значит рассматривать исторические события в обратной перспективе[51].

Мнение о Чехословакии как о демократической стране было сильнее за границей, чем среди собственных немецкого, словацкого, венгерского, польского и рутенского меньшинств. Но этот регион, в отличие от многих других, был высоко индустриализованным, здесь существовало реальное коммунистическое движение и здесь моральную поддержку искали у России. Во время долгого президентства великого Томаша Масарика, который ушел на покой в 1935 г., Чехословакия оставалась сплоченной.

«Королевство сербов, хорватов и словенцев» стало называться в 1929 г. королевством Югославия и не имело ни общей истории, ни общего языка, ни общей религии. Оно появилось по инициативе словенцев и хорватов из Австро-Венгрии. Словенцы и хорваты побуждали сербский истеблишмент принять их, а потом сами стали возмущаться засильем сербов. Сербская монархия и армия играли в стране центральную роль, особенно после установления единоличной королевской диктатуры в 1929 г. В католической Хорватии национальная партия Стефана Радича определенно брала верх в местных делах, что было невозможно при венгерском правлении, но ее голос был заблокирован в Белграде. Словения тихо процветала под руководством священника, отца Корошца, основателя Югославского Национального совета. Македония бурлила. Общий климат насилия еще больше усилился в связи с убийством Радича (1929 г.), а потом — короля Александра (1934 г.). Демократическая сербская оппозиция начала действовать сообща с хорватами. Но время поджимало: «Югославия — это необходимость, — писал один наблюдатель, — а не обдуманное гармоническое образование»[52].

На Средиземном море шторм надвигался главным образом со стороны фашистской Италии. Муссолини, который любил говорить в древнеримском стиле о «Mare Nostro» («нашем море»), всерьез намеревался заполучить власть над регионом. Устранив активную оппозицию, которая вышла из парламента после убийства депутата-социалиста, он развязал себе руки. Его планам способствовал уступчивый король и управляемые «по эшелонам» органы хорошо налаженной машины «корпоративного государства». В 1930-е гг. он устремляется дальше: итальянские войска были посланы в Абиссинию, Испанию, а в марте 1939 г. — в Албанию. Лига Наций рекомендовала санкции, британцы и французы угрожали ответными мерами, но на деле ничего не было предпринято, чтобы его остановить. Муссолини с успехом искушал Австрию Южным Тиролем. До «Стального пакта» (22 мая 1939 г.) и последовавшей оси Рим-Берлин ему нравилось хвастать своей независимостью от Германии.

В Испании гнойник гражданской войны вызревал по крайней мере 20 лет. Испанцам особенно не повезло в том, что они развязали гражданскую войну именно тогда, когда коммунистическо-фашистское соперничество подошло по всей Европе к своей высшей точке. В результате военный мятеж 1936 года привлек внимание и Гитлера, и Сталина. Испания превратилась в лабораторию для испытания самых отвратительных политических приемов Европы. Три года агонии завершились решительным поражением демократии. Корни этого конфликта лежали глубоко в бурной истории Испании, в поляризации ее общества и в трудноразрешимой земельной проблеме. Больше половины земли в Испании принадлежало едва лишь 1% населения. Масса крестьян жила на крошечных наделах или на зарплату, которой с трудом хватало на пропитание. Немногочисленный рабочий класс был тяжело поражен кризисом. Католическая церковь с ее ультрареакционными иерархами была крепко связана с экономикой не только как крупнейший землевладелец, но и как управляющий множества предприятий от *Banco Espiritu Santo* (Банк Св. Духа) до трамвайных путей Мадрида. Армия, где была непропорционально высока численность офицеров, была бастионом ультрамонтанов и монархистов. В результате оформился невероятно сложный и стойкий общественный союз священников, помещиков и офицеров, привычно сопротивлявшийся любым реформам, которые затрагивали их интересы.

Социальный протест носил характер разрушительный, бурный и антиклерикальный. Анархисты заняли видное положение как среди сельских рабочих юга, так и в рабочих союзах Барселоны. Кроме того, сепаратистские настроения господствовали в районах Каталонии, в стране Басков и до некоторой степени — в Галисии. В Марокко, где в 1925 г. закончилась, продолжительная война против рифов (одно из берберских племен), правила армия. В 1930—1931 гг. последний крен политических качелей привел к падению военного диктатора генерала Примо де Риверы, долгому междуцарствию, *«Dictablanca»*, отречению короля Альфонсо и, наконец, провозглашению Второй республики.

За пять лет конституционного правления с 1931 по 1936 год неразбериха превратилась в хаос. В 1931 г. примас архиепископ Толедо был осужден

САРАЕВО

«Если кто-то в нашем городе мучится ночью от бессонницы, то пусть погрузится в ночные голоса. Выразительно и тяжело выбивают время колокола на католическом соборе: два часа ночи. Проходит чуть больше минуты... и только тогда отзывается голосом более слабым, но и более проницательным колокол православной церкви, также оповещая о наступлении двух часов. После недолгой паузы немножко хрипловатый далекий звук часов на мечети, но бьет он одиннадцать часов, тайную турецкую пору подчиненную далекому, чужому, фантастическому часовому отсчету. Евреи не имеют на башне часов, и только Бог ведает, какой у них час... Не засыпает, бдит разделение, не дает соединиться этим спящим людям, которые просыпаются, радуются и скорбят, празднуют и постятся по четырем разным календарям...

Босния — страна ненависти и страха. Но самое ужасное, что боснийцы не сознают этой ненависти, живущей среди них, что они уклончиво ее не замечают — и ненавидят всякого, кто пытается открыть им глаза. А между тем здесь больше, чем в иных странах, людей, готовых в приступе подсознательной ненависти убивать и быть убитыми. Ненависть живет и действует здесь самостоятельно: ненависть, как раковая опухоль, поглощает все вокруг.

А между тем можно также сказать, что мало найдется стран с такой же твердой верой, глубокой нежностью, с такой преданностью и неколебимой привязанностью. Но в тайниках человеческих душ прячутся целые ураганы затаенной, вызревающей ненависти, только ждущей своего часа. Отношение между любовью и ненавистью такое же, как между высокими горами и невидимыми геологическими пластами под ними. Вы осуждены жить на многослойной взрывчатке, которая лишь иногда озаряется искрами любви.

В таких странах, как Босния, сама добродетель часто говорит и проявляет себя ненавистью. Те, кто верят и любят, смертельно ненавидят тех, кто не верит, или тех, кто верит и любит иначе, чем они. (Самые злобные и зловещие лица часто встречаются в религиозных собраниях — в монастырях и братствах дервишей.)

Всякий раз тебе будут говорить: возлюби своего брата, хотя у него иная религия, не крест делает славянина и уважай иные мнения, гордясь собственным. С незапамятных времен здесь было много фальшивой учтивости. Под прикрытием этих максим дремлют древние инстинкты и каиновы планы. Они не умрут, пока совершенно не изменятся самые основания материальной и духовной жизни. А когда придет это время, и кто сумеет это совершить?

В одном рассказе Мопассана дионисийское описание весны прерывается замечанием, что в такие дни следует развешивать предупреждения на каждом углу: ГРАЖДАНЕ! ВЕСНА — БЕРЕГИТЕСЬ ЛЮБВИ!

Может быть, в Боснии тоже надо предостерегать людей...»

(Из Письма 1920 г. Иво Андрича.)

Это отрывки из произведения, которое считается художественным, то есть — вымыслом. В них вымышленные размышления некого эмигранта, который покинул Боснию в 1920 г. Сочинено в 1946 г. Иво Андричем (1892-1975), родившимся в Травнике, учившемся в Загребе, Вене и Кракове, бывшим одно время заключенным Габсбургов, потом (до войны) югославским дипломатом и, наконец, нобелевским лауреатом.

Действительно ли это вымысел? «Большая часть [произведений Андрича] имеют местом действия Боснию, — разъясняет редактор его английского издания, — и они тесно связаны с этим окружением. Его рассказы укоренены в особом географическом и историческом контексте». Другими словами: важная составляющая этих рассказов — *не* вымысел. Андрич изображает психологический ландшафт боснийского общества с такой же точностью, как и звуки сараевской ночи. Эти описания можно использовать как бесценные исторические свидетельства.

В то время (1946 г.) в Сараево работала от имени *UNRRA* одна опытная труженица благотворительных организаций. У нее иные мысли. «Только работая вместе, люди могут преодолеть свою ненависть, — писала она. — Теперь прекрасное время. Все молодо и мыслит верно... Нам безразлично — мусульманин он, католик или православный. Теперь время братства и единения».

на изгнание за измену Республике. В 1932 г. генералы произвели неудачный пронунсиаменто, то есть военный переворот. В 1933 г. землевладельцы юга предпочитали вообще не допускать крестьян к работе на земле, чем согласиться на реформу. Невозможно было провести законы, разрешающие развод, вводящие государственные школы или отделяющие Церковь от государства. Аграрная реформа была отменена и секвестрированная земля возвращена прежним владельцам. В 1934 г. решительная забастовка шахтеров в Астурии переросла в сепаратистское восстание, которое было подавлено только большим кровопролитием. На выборах в феврале 1936 г. одержал победу левый *Irente Popular* (Народный фронт) республиканцев, социалистов, каталонцев и коммунистов. Но к тому времени центральное правительство уже теряло контроль. Непокорные крестьяне захватывали большие поместья. Рабочие организовывали одну всеобщую забастовку за другой. Каталонцы требовали автономии. В стране царил разгул политических убийств, поджигали церкви. «Мы сегодня присутствуем, — сказал уходящий католический премьер-министр, — на отпевании демократии». Страна становилась неуправляемой.

18 июля 1936 г. генералы выступили еще раз. Генерал Франциско Франко (1892–1975) прибыл из своей штаб-квартиры на Канарских островах в Тетуан (Марокко) и выступил с манифестом. Испанию надо было спасать от красной революции; армия в Северной Африке должна без колебаний пустить в ход свои мусульманские соединения. Как сказал один республиканец, «крестовый поход против марксизма должны были совершить мусульмане против католиков»[53].

Поначалу спектр политических взглядов в Испании был исключительно широк и сложен. В Кортесах Народному фронту противостояли правая коалиция, включая *Acción Popular* (Народное действие) и фашистская Фаланга (*Falange Española)*, незадолго перед тем основанная сыном Примо де Риверы. Из левых Коммунистической партии принадлежало только 16 из 277 мест Фронта, социалистам во главе с Ларго Кабальеро — 89 и 84 — Левым республиканцам Мануэля Асаньи. Однако трудности гражданской войны повышали шансы двух самых неистовых и радикальных противоположных движений. Фаланге предстояло стать главным политическим инструментом армии.

Коммунисты будут преобладать в осажденной Республике. Франко заявлял и, возможно, верил, что он сражается, чтобы предотвратить большевизм. Он взял себе девиз *Fe ciega en la victoria* — «Слепая вера в победу». Неважно, что коммунистическая угроза была сильно преувеличена; главное, что многие испанцы ее боялись.

Сложился сложнейший политический и географический узор. Когда военное командование генерала Франко в Марокко объявило о своем неповиновении, то оно бунтовало против возглавляемого Асаньей правительства Испанской республики в Мадриде. Армия могла рассчитывать на поддержку гарнизонов каждого из важнейших городов материковой Испании, на полувоенные соединения *Фаланги* и в некоторых районах на ультра-католические соединения *Requetes* — «требующих», оставшиеся от карлистской эпохи. Вообще говоря, они могли рассчитывать на политическую поддержку католической иерархии, крупных землевладельцев и всех, кто желал в первую очередь восстановления законности и порядка. Уже на ранних стадиях борьбы они получали военную поддержку от Португалии, фашистской Германии и фашистской Италии. Португалия предложила надежные базы. Военные самолеты немецкого «Легиона Кондор» обеспечивали превосходство в воздухе. В начале 1937 г. итальянские войска оккупировали Балеарские острова и южное побережье вокруг Малаги.

У правительства же было очень мало профессиональных частей, которые можно было бы считать своими. Со временем правительству удалось обучить и выставить регулярные силы, но в основном оно полагалось на вооруженные ополчения (милиции) разных левых объединений — Социалистической рабочей партии Испании (ПСОЕ), Федерации анархистов Иберии (ФАИ), марксистской, но антисталинистской ПОУМ, Всеобщего союза трудящихся (UGT) и руководимой коммунистами Национальной конфедерации труда (CNT). В целом оно могло рассчитывать на политическую поддержку крестьян в деревне, рабочих в городах, антиклерикалов повсюду и всех остальных, кто выступал за конституционное правительство. Уже на ранних стадиях борьбы правительство получало поддержку из-за границы: танки, самолеты, оружие и советников из СССР и примерно 50 000

ADELANTE [ВПЕРЕД]

В сентябре 1936 г. начальник пропаганды Коминтерна в Западной Европе посоветовал Москве сформировать интернациональные бригады для участия в борьбе на стороне Испанской республики. Эта идея принадлежала Морису Торезу, французскому коммунисту, который не забыл, что *Интернациональный легион Красной Армии* принимал участие в гражданской войне в России.

Поэтому с самого начала бригады, хотя их и изображали как спонтанные действия добровольцев, были на самом деле строго подчинены коммунистическому движению. Они не подчинялись регулярному командованию Испанской республиканской армии; все их высшие военные и политические руководители назначались коммунистами и все новобранцы утверждались советскими агентами. Они сражались под лозунгами «Испания — могила европейского фашизма», *No pasaran!* [Они не пройдут] и *Adelante!* [Вперед].

Главное управление по набору добровольцев находилось в Париже, и возглавлял его Иосип Броз, или «Тито», будущий диктатор Югославии. Была создана *тайная железная дорога*, по которой, используя фальшивые паспорта, рекруты доезжали до испанской границы, а оттуда — на главную базу бригад в Альбацете в Ламанче.

В Европе в связи с депрессией был избыток людских ресурсов — безработные, беженцы из фашистских стран, мятежные интеллектуалы. Из тех 50000, которые вступили в бригады, самый большой контингент составляли выходцы из французской Конфедерации труда, из польских шахтерских организаций в Бельгии и французского департамента Le Nord и немцы-эмигранты левых взглядов. Восемьдесят процентов из них были рабочими. Ядро составляли иностранные волонтеры, которые уже побывали на фронте и теперь составили немецкие, итальянские, французские и английские *колонны* интернациональных бригад. Среди лидеров этого движения были Карло Россели, социалист, бежавший из фашистской тюрьмы в Италии, и Ганс Беймлер, немец, бежавший из Дахау.

Добровольцев-интеллектуалов было немного, но они были очень голосистыми. Они отзывались на призыв, часто не понимая последствий:

Многие услышали на далеких оконечностях земли,
На сонных равнинах, на затерянных островах, где живут рыбаки,
Или в самом сердце развратных городов;
Услышали и отправились в путь, как чайки, как семена цветов.

Военное руководство бригад не имело опыта войны. Главнокомандующий Андре Марти, каталонский моряк из Перпиньяна, возглавил мятеж на французском флоте, когда тот находился в море у Одессы в 1919 г. Главный военный советник полковник Кароль Сверчевский (*Вальтер*) был польским офицером из советских органов госбезопасности и профессором военной академии в Москве. Генерал-инспектор Луиджи Лонго и главный политический советник Джузеппе де Витторио были итальянскими коммунистами. Единственным офицером, который проявил настоящий талант военачальника, был Лазарь Штерн — *генерал Клебер*, австрийский еврей из Буковины, который перешел к большевикам, будучи военнопленным в России. Он, как и многие его товарищи, будет затем расстрелян по приказу Сталина по возвращении его в Россию.

Нет причин сомневаться в мужестве этих людей. Они жили в нищенских условиях и подчинялись суровой дисциплине, подвергались наказаниям за малейший проступок. Они сражались с отчаянной отвагой. Во время осады Мадрида в 1936 г., например, Британский батальон потерял треть своих бойцов. В Джараме тот же батальон потерял 375 человек из 600. Но хуже всего то, что бригады использовались для грубого подавления бывших союзников коммунистов — социалистов и анархистов.

К концу 1938 г. Кремль согласился отозвать бригады, Около 12000 покинули Испанию, оставляя в стране 6000 немцев, которым некуда было ехать. Прощальный парад в Барселоне состоялся 15 ноября; несли портреты Негрина, Азаньи и Сталина. К уходившим обратилась *La Pasionaria* (Пламенная) Долорес Ибарури:

«Вы — история... Вы — легенда... Мы вас не забудем. И когда снова распустит листочки оливковое дерево мира и смешается с лаврами победившей Испанской республики... возвращайтесь!»

Благодаря тому, что позднее политика западных держав приняла антифашистское направление, деятельность интернациональных бригад привлекла одобрительное внимание многих. Вообще-то на стороне Франко сражалось больше иностранцев: регулярные войска фашистов, добровольцы-идеалисты, некоторые, такие, как Ирландская бригада генерала О'Даффи, — откровенные авантюристы. Чтобы увидеть всю картину в целом, надо сравнить, сколько добровольцев собрали коммунисты в 1936–1937 гг. и сколько привлекли фашисты в Испанию и во время Второй мировой войны.

иностранных добровольцев в составе Интернациональных бригад. Надо сказать, что позднее (в 1938–1939 гг.) действительно материализовался тот кошмар, который рисовала фашистская пропаганда. При докторе Негрине правительство подпало под влияние бескомпромиссных коммунистов, а его агентство безопасности (Военная служба расследования — SIM) — под прямой контроль Советского ГПУ. Золото Испанской республики, которое было вывезено для безопасности в Одессу в сентябре 1936 г., так никогда и не вернулось в Испанию. [ADELANTE]

Эта война была долгой, с перерывами и часто запутанной. Многое было трудно понять. Изнурительные и жестокие локальные столкновения были более обычным делом, чем продолжительные кампании или позиционные сражения. За линиями фронта обе стороны прибегали к кровавым расправам с заключенными и гражданским населением. Не простым был стратегический план. После первоначальных стычек, когда армейские гарнизоны в Мадриде и Барселоне при помощи артиллерийских обстрелов были приведены в повиновение, в руках правительственных войск оставалась большая часть территории, кроме северо-запада у Коруньи и крайнего юга у Севильи. Но как только армия вновь закрепилась вдоль границы с Португалией и захватила центральный укрепленный пункт — Толедо, она могла постепенно окружать опорные пункты правительства на северном побережье и в коридоре между Мадридом и Валенсией. Военная хунта закрепилась в Бургосе (со штабом в Саламанке), правительство — в Валенсии. К чрезвычайным событиям этой войны следует отнести осаду националистами Овьедо в течение года, бомбардировку немцами Герники в апреле 1937 г., стремительные операции по захвату Эбро и опорного пункта Теруэль в 1938 г. и в 1939 г. роковую осаду сначала Барселоны (январь), а затем Мадрида (март). В Барселоне, этом «самом диком городе Европы», где каталонцы и анархисты противостояли любому правительству, будь оно красное или белое, все закончилось чудовищной резней, к которой прибегли сначала потерпевшие поражение коммунисты, а потом их былые союзники — анархисты, устроившие такую же бойню. В Мадриде, где остатки Совета обороны Народного фронта наконец освободились от коммунистов, трагедия закончилось тем, что мятежники триумфально вошли в город 29 марта. На параде победы лозунги Франко: «Порядок в стране» и «*España una, grande, libre*» («Испания единая, великая и свободная») звучали теперь убедительно. Республиканские лидеры бежали. Тысячи беженцев перешли Пиренеи[54]. Франко

ФАРАОН

Мавзолей генерала Франко в *Долине павших* у Мадрида был возведен после его победы в 1939 г. Он состоит из грандиозной подземной базилики, которая величиной превосходит неф Собора Св. Петра. К базилике ведет тоннель, высеченный в граните, вдоль которого расположены могилы жертв гражданской войны. Снаружи мавзолей венчает «величайший христианский символ, когда либо воздвигнутый» — каменный крест высотой 148 метров и весом 181740 тонн. Он был создан рабским трудом бывших военнопленных, одежда которых была помечена буквой *T* (*trabajador* — рабочий). В течение двух десятилетий эти работяги влачили невыносимое существование, ограниченное местом их работы, каменоломнями и принудительными церковными службами в расположенном поблизости Эскориале. Официальным их нанимателем был *Совет по замещению наказаний трудом* — название, сильно напоминающее девизы нацистов. Говорят, что один нацистский офицер, побывавший там в 1940 г., сказал: «Кем он [Франко] себя считает — новым фараоном?»

крепко ухватил Испанию и продержал ее в руках 40 лет. [**ФАРАОН**]

Победу Франко над «народом Испании», как формулируют это оппоненты, часто приписывают лучшему вооружению франкистов и иностранной помощи. Но правда не была так проста и приятна. «Народ Испании» был не на одной стороне, как и испанские «антидемократические силы». Трудно сказать, что именно погубило Испанскую республику: ее националистические элементы или тоталитаристы в ее собственных рядах. Франко смог собрать воедино своих сторонников, а сторонники Республики не смогли организовать единой и действенной демократии.

Гражданская война преподала Испании суровый урок, явив плоды братоубийственной ненависти. Потери насчитывают от 400 000 до миллиона[55]. Европа получила еще один наглядный урок, увидев, посредством каких механизмов дисциплинированное меньшинство захватывает контроль над страной, которая позволила ему появиться на свет. Кроме того, поскольку симпатии Запада были решительно на стороне побежденной Республики, чрезвычайно возрос страх перед общей угрозой фашизма. К тому же уменьшились страхи перед «красным призраком». Из-за нежелательной победы Франко общественное мнение в демократических странах Запада надолго склонилось к антифашизму (отказавшись от антикоммунизма). Франко укрепил решимость Запада устоять перед Гитлером и Муссолини и одновременно понизил чувствительность Запада к режиму Сталина. После марта 1939 г. политикам на Западе стало трудно говорить, что коммунизм так же опасен, как фашизм.

Но по иронии судьбы победа Франко пришла слишком поздно, чтобы остановить ход событий. Если бы фашизм победил в Испании в 1937 г. или 1938 г., вполне можно представить себе, как Запад вовремя бы поднялся и задавил Гитлера в зародыше. Вполне возможно представить себе, что история не знала бы политики «умиротворения». Но на самом деле, пока три года тянулась гражданская война в Испании, диктаторы восходили «от силы в силу» и шанс создать систему коллективной безопасности был упущен.

«Коллективная безопасность» — это недоношенное дитя западных стран, в особенности

англичан, которые всегда были мастерами заставлять других сражаться за себя. Рассуждения на эту тему начались еще в конце 1933 г., когда Гитлер впервые вывел Германию из Лиги Наций. До тех пор Запад не очень беспокоился, поскольку Советский Союз прямо на него не покушался. Но перспектива, что нацистская Германия станет свободно хозяйничать в Центральной Европе, означала непосредственную угрозу западным странам. У Лондона и Парижа была возможность принять очевидное решение — воссоздать стратегический треугольник Великой войны и сделать Советский Союз противовесом Германии. На такое решение в особенности надеялись англичане (еще с 1917 г.). Возникала, конечно, проблема с общественным мнением (ведь западные политики долго поносили коммунизм и Советы); но вполне можно было рассчитывать на изобретательность дипломатов, которые могли бы разъяснить, что теперь советский режим вступает в конструктивную фазу, что Сталин демократичнее Ленина или Троцкого. Вот так погрязший в самых страшных массовых убийствах во всей европейской истории Сталин вдруг стал респектабельным и был принят в сообщество миролюбивых наций. Представитель Гитлера вышел из Лиги 14 октября 1933 г.; представитель Сталина Максим Литвинов вошел в нее 18 сентября 1934 г.

С точки зрения Сталина, *rapprochement* (возобновление дружественных отношений) с Западом сулило ему определенные выгоды. Могла вырасти торговля, а с ней и импорт технологий. Улучшится имидж СССР, а нацисты будут поставлены в тупик. Преданные Москве коммунистические партии за границей получат шанс на признание и, войдя в Народный фронт, — как в Испании — смогут затем проникнуть в демократические парламенты и союзы. Здесь, правда, также возникала дипломатическая по своей природе проблема, поскольку сталинисты обычно называли демократических политиков «буржуазными эксплуататорами» и «лакеями международного империализма»; впрочем, Сталин вовсе не собирался отказываться от тайных сношений с Берлином или даже от возможности заключения в последующем сделки с Гитлером. До поры до времени он оставлял открытыми все возможности.

Нацисты наблюдали за акробатикой Запада с плохо скрываемым презрением. Каждый их шаг сводил на нет версальское урегулирование. В июле 1934 г. им почти удался переворот в Австрии, где они убили канцлера д-ра Энгельберта Дольфуса, который при помощи Национального фронта организовал однопартийное, но антинацистское государство. В 1935 г. они отпразднуют присоединение к Рейху Саарской области через плебисцит, предусмотренный Договором, затем быстро вновь вводят воинскую повинность, возрождают Люфтваффе и отказываются от пунктов договора о разоружении. В марте 1936 г. они открыто бросают вызов Версальскому договору, вновь занимая демилитаризованную зону в Рейнской области. В 1937 г. они выходят из опиравшегося на англичан Комитета по невмешательству, который старался не допускать иностранные войска в Испанию, и подписывают Антикоминтерновский пакт с Италией. В марте 1938 г. Гитлер придумал «*Anschluss*», или «присоединение» Австрии, провозгласил образование Великой Германии и триумфально вошел в Вену.

При этом, хвастаясь размахом немецкого перевооружения, Гитлер преувеличивал его. Он помалкивал, однако, о том, что уже приказал своему штабу готовиться к войне. [ХОССБАХ] Сказанное не означает, что он уже приготовил привязанный ко времени план событий; напротив, главный конфликт, к которому готовились немецкие промышленники и генералы, должен был наступить не ранее 1942 г. Пока же, используя тактику блефа и запугивания, Гитлер проводил политику «мирной агрессии». Он чувствовал, что сможет добиться своего без войны или, самое большее, посредством локального конфликта. В рамках этой политики он начал весной 1938 г. поднимать шум о невыносимом угнетении судетских немцев в Чехословакии. К тому времени лидеры западных стран уже заметили, что нацистская Германия нацелена на экспансию и что политика коллективной безопасности не приносит конкретных результатов. Тогда по наущению нового премьер-министра Англии Невила Чемберлена решились пойти на политику умиротворения. Чемберлен ясно сознавал, что новая война в Европе подорвет хрупкую экономику послевоенной Британии, а также будет угрожать ее заморским империалистическим завоеваниям.

Политика умиротворения, несмотря на закрепившуюся за ней репутацию, не обязательно была

унизительной капитуляцией. Были в ней элементы и реализма, и великодушия, и, уж, конечно, в рамках этой политики, хотя и отдавали предпочтение переговорам с Германией, но ни в коем случае не опускались до того цинизма, который проявлялся в прежних отношениях Франции и Британии с Италией. Как хорошо было известно Чемберлену, Соглашение Хора−Лаваля (декабрь 1935), который подразумевал лишь молчаливое согласие с возможным нападением на Абиссинию, был дезавуирован и в Лондоне, и в Париже, и привел к падению его организаторов. Более того, спустя 20 лет после Великой войны либеральное общественное мнение уже готово было обсуждать жалобы Германии на положение немецких меньшинств в Восточной Европе. Многие также принимали План Макдональда (1933 г.), выдвигавший идею сбалансированного вооружения в Европе вместо поддержания (до бесконечности) превосходства союзников. Генералы заявляли, что у союзников оставалось только два пути результативного вмешательства в случае агрессии Германии на Восток. Однако сотрудничество с Красной армией Сталина грозило многими опасностями, а прямые действия против Германии на Западе могли быть предприняты только с развертыванием полномасштабной войны, которой все желали избежать. Так что, в конечном счете, вовсе не постыдно было Чемберлену отыскивать *Герра Гитлера* в Германии, как и искать разрешения судетского вопроса. Ошибкой были не сами переговоры, а поведение переговорщиков и их приоритеты. Чемберлен отправился, как ягненок в логово льва, прискорбно мало зная о «далекой стране», судьба которой висела на волоске. Не следует также думать, что политика умиротворения западных держав ограничивалась Гитлером. Несколько позднее она стала определяющей в отношениях со Сталиным. Демократические правительства, которые пренебрегают основами морали, ведут переговоры с диктаторами на свой страх и риск[56].

Мюнхенский кризис, как его назвали, разразился в сентябре 1938 г. при условиях, выдвинутых Гитлером, которым никто всерьез не противостоял. Он касался планов Германии в отношении союзника Франции — Чехословакии. Но Франция отступила, а правительство Чехословакии не было допущено к обсуждению главных вопросов; и, ко-

ХОССБАХ

5 ноября 1937 г., с 4.15 до 8.30 дня в рейхсканцелярии в Берлине проходило совещание. Присутствовали все важнейшие лица Германии, включая Геринга, барона фон Нейрата и Редера. К ним обратился Гитлер по вопросу «возможного хода развития и необходимых шагов, вытекающих из нашего внешнеполитического положения». Свои высказывания по этим вопросам фюрер, как в мелодраме, объявил «своего рода завещанием на случай его кончины». Они известны из *Меморандума*, написанного Хоссбахом, который вел протокол:

«Цель германской политики — обеспечение и сохранение *Volksmass*, или расового сообщества, и его дальнейшего развития. Таким образом, речь идет о проблеме жизненного пространства... Германской политике в своих расчетах приходится иметь дело с двумя ненавистными противниками: Англией и Францией, ибо могучий германский колосс в центре Европы для них бельмо на глазу.

Германский вопрос может быть решен только силой, что никогда не бывает без риска... остается еще дать ответ на вопрос: когда и как? Здесь можно различать три варианта.

Вариант 1:
время: 1943-1945 гг. По истечении этого времени можно ожидать изменений только к нашей невыгоде.... Если фюреру суждено дожить до того времени, то его не подлежащее никакому изменению решение таково: не позднее 1943–1945 гг. решить вопрос о германском жизненном пространстве.

Вариант 2.
Если социальная напряженность во Франции превратится в такой внутриполитический кризис, что в результате французская армия окажется втянутой в него и будет отстранена от военного применения против Германии, может наступить момент для действий против Чехии.

Вариант 3.
Если Франция окажется настолько связанной войной с каким-либо другим государством, что не сможет выступить против Германии... целью №1 для нас является одновременный разгром Чехии и Австрии.

Имея у себя за спиной Россию, Польша будет мало склонна вступать в войну...

Вмешательство России весьма сомнительно ввиду позиции Японии [по отношению к России]. Англия, находясь в войне с Италией, не присоединится к действиям против Германии».

Меморандум Хоссбаха больше, чем какой-нибудь другой документ, вызвал расхождения во мнениях об истоках Второй мировой войны. Он был представлен прокурорами союзников на Нюрнбергском процессе, где его использовали для обвинения Геринга и других в участии в разработке планов войны 1939–1945 гг. Однако значение Меморандума было сильно снижено, когда английский историк Тейлор продемонстрировал, что Меморандум противоречит позиции прокуроров на Нюрнбергском процессе. Он показал, что, напротив, в ноябре 1937 г. нацисты не имели конкретных планов войны и что Гитлер неправильно представлял себе ситуацию. Фюрер, как его представляет *Меморандум*, только разглагольствует (и при том очень туманно) о возможности ограниченной войны где-то до 1943–1945 гг.: «Гитлер делился по большей части своими мечтами... Он не раскрывал своих глубинных мыслей... Меморандум рассказывает нам то, что мы и так знаем, а именно, что Гитлер (как и все другие государственные деятели Германии) намеревался стать господствующей силой в Европе. Он также рассказывает, что он размышлял, как именно этого добиться. Его размышления были ошибочными. Они едва ли вообще имели какое-нибудь отношение к развязыванию войны в 1939 г. Если бы жучок на скачках давал такую неясную информацию клиентам, ему бы не поздоровилось»...

Анализ А. Дж. П. Тейлора тем более удивляет, что этот историк известен своей германофобией.

Разгневанные критики осуждали Тейлора за мнимое пренебрежение историческим контекстом и динамикой экспансионизма нацистов. В середине декабря 1937 г., настаивали они, директивы германской армии изменились в предвидении агрессии против Австрии и Чехословакии. Они считали эту перемену аргументом в пользу их интерпретации Меморандума, а само совещание — той точкой, где экспансия Третьего Рейха «перестает быть латентной и становится явной». Они не смогли заметить, что военная агрессия Германии против Австрии и Чехословакии осуществилась на деле не больше, чем другие ошибочные сценарии фюрера.

На самом деле, отвергнувшего «практически всеобщее мнение, что Гитлер планировал

Вторую мировую войну» Тейлора обвинили в том, что он хочет снять с Гитлера ответственность. Что замечательно продемонстрировал Тейлор, так это странное сочетание в характере фюрера общего агрессивного замысла и неумения разрабатывать систематические военные планы.

Почти 30 лет спустя поразительная особенность споров об истоках Второй мировой войны состоит в отсутствии даже упоминания Сталина или активного взаимодействия немецкой и советской политики. Все участники этих споров включая Тейлора ограничиваются обсуждением намерений Германии. Ни один не посчитал нужным остановиться на намерениях СССР. Историки столкнулись с крепко закрытыми дверями советских архивов. Если существует советский эквивалент *Меморандума Хоссбаха*, то он до сих пор не увидел свет. Нет возможности узнать, думал ли Сталин о войне так же, как Гитлер, или иначе. Тогда, в отсутствие документальных подтверждений намерений Сталина, большинство исследователей предпочли считать, что и говорить не о чем.

Долгая традиция документированной истории, таким образом, стимулировала появление двух крайностей. Одна формулируется так: если у нас нет соответствующего документа, то ничего и не произошло. Другая хорошо передается законом Тейлора, как его формулируют те, кто его не любит: документы ничего не значат. Обе крайности одинаково пагубны.

нечно, никто не подумал о том, чтобы сохранить обороноспособность Чехословакии. Предполагалось, что переговоры остановят немецкую экспансию на Восток. А между тем в них не участвовали две главные заинтересованные стороны: Польша и СССР. Предполагалось показать Гитлеру, на какой он идет риск, но, между тем западные державы не выложили на стол свои самые сильные карты. Как Гитлер правильно почувствовал, самые возмутительные аспекты его притязаний не будут рассматриваться. Это в сочетании с беспредельной доверчивостью Чемберлена предопределило исход. «Несмотря на его суровое и жесткое лицо, — писал Чемберлен о Гитлере, — я почувствовал, что на этого человека можно положиться»[57].

Чемберлен трижды приезжал в Германию. В Берхтесгадене 15 сентября Гитлер потребовал у него отделения Судетской области — «окончательное требование фюрера». Он пообещал рассмотреть это требование. В Годесберге 23-го ему был предъявлен неожиданный ультиматум с требованием эвакуации и аннексии Судетской области в течение пяти дней. Британский кабинет и все заинтересованные это требование отклонили. Франция и Германия начали мобилизацию. В Мюнхене 29—30 сентября Чемберлен встречался с Гитлером в последний раз в компании с Даладье и Муссолини, который и предложил эту встречу. Он передал меморандум, принимающий в основных пунктах неприемлемый Годесбергский ультиматум. С помощью своих замечательных коллег он затем передал ультиматум чехам, которые находились в соседней комнате, принуждая их принять неприемлемое или отвечать за последствия. В качестве своего последнего вклада он подчеркнул, что союзники станут гарантами "обрубленной" Чехословакии, которую лишали ее великолепных пограничных укреплений; затем был написан проект декларации об англо-германской дружбе. Выходя из самолета, он размахивал документом, уверяя, что привез «мир нашему поколению». То есть Чемберлен пребывал в том же духе, что и Форин офис, давший в том же году совет английской футбольной команде — перед началом матча с немцами в Берлине поднять руки в нацистском салюте.

Три раунда переговоров Чемберлена с Гитлером следует считать самой позорной в истории капитуляцией. Под давлением Беспощадного, Неумный в компании с Безвольным достигли Жалкого. Чемберлену ни в коем случае нельзя было уступать требованиям фюрера, не оговорив самых жестких условий безопасности Чехословакии, но он уступил. Бенеш, президент Чехословакии, не имел права соглашаться на раздробление своей страны, ограничившись лишь личным протестом; но он это сделал. Итоги подвел Черчилль в Палате общин: «Под угрозой пистолета потребовали один фунт. Когда дали один фунт, под угрозой пистолета потребовали два фунта. Наконец, диктатор согласился принять один фунт 17 шиллингов 6 пенсов, а остальное — в виде благопожеланий на будущее… Мы потерпели поражение без войны»[58].

В другом месте Черчилль писал, что у Британии был выбор «между позором и войной»; «мы выбрали позор, а получим еще и войну». Не прошло и шести месяцев, как остатки Чехословакии распались, а Гитлер вошел в Прагу.

Без сомнения, Мюнхен психологически обозначил критическую точку в довоенной дипломатии. Впрочем, он не сделал войну неизбежной; но он посеял смятение, среди которого родились два фатальных убеждения. Во-первых, он убедил Гитлера (а возможно, и Сталина), что дальнейшая мирная агрессия легко принесет новые дивиденды. Во-вторых, на Западе сложилось впечатление, что переговоры с нацистами были ошибкой. Начался новый раунд, когда карта сама показывала, что теперь под угрозой Польша, а Мюнхен показывал, что Гитлер и Сталин будут вести аг-

лись в столкновения с Красной армией на границах Монголии. В рамках этого конфликта Япония присоединилась к Германии и Италии как одна из держав оси. Так что в 1939 г. Европа стала лишь еще одним из уже открывшихся театров военных действий. Возникло второе, европейское измерение тех кампаний, которые до того можно было суммировать (используя японский лозунг), как «Азия для азиатов». В этом смысле региональный конфликт превратился в глобальный. Многие эту войну называют «войной с Гитлером» — что тоже не вполне точно.

К 1939 г. напряжение сильно возросло в связи с общим перевооружением: перевооружались все

	США	Соединенное королевство	Франция	Германия	СССР
Производство (1938 г.) (валовой продукт в 1932 г. = 100%)	153	143	108	211	258
Относительная производственная мощь (мировое производство) = 100% 1929 г.	43,3	9,4	6,6	11	5
1938 г.	28,7	9,2	4,5	13,2	17,6
Военные расходы (1933–1938 гг.) (млн.фунтов стерлингов)	1175	1201	1088	3540	2808
Относительный военно-промышленный потенциал (1937 г.) (мир в целом = 100%)	41,7	10,2	4,2	14,4	14,0[59]

рессию мирными методами, что Запад захочет их остановить, не вступая в переговоры, что поляки любой ценой постараются избежать судьбы Чехословакии. Это было смертельно опасно.

В любой книге о европейской истории 1939 год назван «годом, когда мир снова пришел к войне» или что-нибудь в этом роде. Во всех хронологиях, кроме тех, которые некогда выходили в свет в СССР, этот год знаменует «начало Второй мировой войны». Это только еще раз показывает, как эгоцентричны европейцы. К тому времени война уже шагала по миру 8 лет. Японцы вторглись в Маньчжурию в 1931 г. и вели войну в центральном Китае с 1937 г.. С августа 1938 г. они втяну-

государства. За два года до этого по настоянию Черчилля Англия приняла решение увеличить и переоснастить свои ВВС. Именно благодаря этому решению Англия в будущем уцелеет. В то же время Франция создала новое Министерство обороны и национализировала большой концерн Шнейдер-Крезо. По всему было видно, что европейские правительства готовились к долгой войне, в которой промышленная мощь страны будет столь же решающим фактором, как и обученные войска. В этом отношении (в последнее десятилетие перед войной) обнаруживались значительные изменения.

Цифры, конечно, варьируются по разным источникам. Но показатели по Великобритании демонстрируют несколько непреложных фактов: тоталитарные государства пострадали от депрессии гораздо меньше, чем демократические. Их военные расходы в два раза превышали совокупные военные расходы всех западных государств. Их *относительный военно-промышленый потенциал* — который вычисляется по способности превратить промышленную мощь в военную (что имеет вид ряда параметров, как, например, количество и производительность парка станков) — был приблизительно одинаковым и у каждой из этих двух стран равнялся суммарному потенциалу Англии и Франции. Италию едва ли можно было принимать во внимание. Относительный военный потенциал Японии был установлен (с некой долей иронии) где-то на уровне 3,5%. Все остальные страны мира вместе едва составляли 10%.

Было ясно: Сталин и Гитлер уже имели военные машины, каких не было ни у кого в Европе. Если бы США остались в стороне, едва ли западные страны сдержали бы Гитлера или Сталина. Если бы Сталин и Гитлер объединились, то Запад бы не смог их остановить. Взгляды всех были прикованы к Сталину и Гитлеру и к тем несчастным странам, которые оказались зажатыми между ними. Все остальное было второстепенным.

Намерения Сталина в 1939 г. определялись такими факторами, которые не всегда обсуждаются. Профессиональные историки, поскольку они никогда не имели доступа к документам, утверждают, что предмет обсуждения вообще отсутствовал. Но мы можем его реконструировать в общих чертах. Вообще говоря, революция внутри СССР подошла к моменту относительной стабилизации, так что Вождь мог больше заниматься активной внешней политикой. Миновали особенно трудные годы первых пятилеток и коллективизации; завершался период большого террора; а перевооруженная Красная армия могла считаться одной из сильнейших в Европе. Оставались, однако, два сдерживающих момента. Еще не завершилась последняя направленная против офицерского корпуса фаза чисток; в 1939 г. расправа со старыми военными кадрами шла полным ходом. А кроме того, Красная Армия все еще вела бои против японцев в Монголии. Сталин, всегда осторожный, расчетливый и скрытный, вряд ли пустился бы в большую авантюру в Европе, не подготовив новых офицерских кадров и не разрешив японского

конфликта. Очевидно, что его первейшей целью было втянуть Германию в войну с западными государствами, пока СССР собирает силы[60].

Положение Гитлера не было таким стесненным. Он только что получил полный контроль над Вермахтом и не ввязывался ни в какие военные конфликты. Теперь он занимал пост военного министра и пост главнокомандующего. Он покончил полностью с оппозицией в Генеральном штабе, а после отставки д-ра Шахта прямо контролировал и немецкую промышленность. Его протеже в Испании должен был вот-вот победить, и Мюнхенский триумф разрушил оборонительные планы его восточных соседей. Его ставленники по всей линии на Востоке непрерывно организовывали провокации — в Клайпеде (Мемеле) в Литве, в Свободном городе Данциге, в немецкой общине в Польше и в Словакии, где местное националистическое движение ждало поддержки от Берлина. На предстоящий сезон у него не было определенных военных планов, но когда он склонялся над развернутой картой у окна из зеркального стекла в Орлином гнезде возле Берхтесгадена, ему, должно быть, казалось, что Европа полна благоприятных возможностей. Кого же выберет своей жертвой Орел?

В начале 1939 г. Гитлер еще был готов заключить сделку с Польшей. Через 3 недели после Мюнхена он вызвал в Берхстегаден польского посла и обрисовал ему такие возможности. Это было заключительным моментом некоторых приготовлений, предпринятых Герингом во время его охотничьих вылазок в польские леса, что заставило коммунистическую пропаганду полагать, будто нацистско-польский альянс уже осуществился[61]. Гитлер предлагал полякам уступить Германии права на Данциг и разрешить строительство автобана Берлин-Кенигсберг по польской территории, а в обмен они могли вступить в полезный для них политико-экономический союз, направленный против СССР. Скрытая угроза была очевидна. Если поляки будут так глупы, что откажутся, то Гитлер и так отберет Данциг, после чего станет искать политико-экономического союза с СССР против Польши. Надо думать, что известные националистические и идеологические предубеждения Гитлера заставляли его думать, что поляки согласятся. В конце концов, поскольку польские полковники должны были иметь дело с самой большой в Европе еврейской общиной и поскольку Польша была истово антикоммунистической, могло казаться, что Польша и нацистская Германия — естественные партнеры.

Увы, ни Гитлер, ни его советники ничего не знали об отчаянной храбрости поляков. Они не знали, что польские националисты были столь же враждебны Германии, сколь и России. Они не знали, что польские полковники станут защищать собственное решение еврейской проблемы, особенно, когда начнут вмешиваться иностранцы. Но главное, они не знали, что наследники Пилсудского дадут ему совершенно иной ответ, чем Чемберлен или Бенеш. Полковники не собирались гнуть спину и шаркать ножкой перед бывшим австрияком и бывшим капралом. Внутреннее чувство требовало от них сражаться и погибнуть сражаясь. Каждый ответственный деятель Польши, кому пришлось в 1939 г. иметь дело с нацистскими и советскими угрозами, исповедовал моральные принципы маршала Пилсудского: «Быть побежденным, но не уступить — это и есть победа»[62].

Итак, фюрер томился в ожидании. Шли недели; Польша намеренно открывает переговоры «о торговых отношениях и добрососедских отношениях» с СССР; предложения Берлина оставлены без ответа. 21 марта 1939 г., через неделю после падения Чехословакии, снова вызывают польского посла, чтобы сообщить ему, что отсутствие прогресса привело фюрера в гнев. 28 марта Германия денонсирует пакт о ненападении на Польшу. Нацистская пропаганда обращается к теме Данцига и невыносимого положения немцев в Польше. 31 марта Англия добровольно предоставляет Польше гарантию ее независимости. В ответ Гитлер 3 апреля дает тайные указания спланировать захват Данцига и возможную войну с Польшей. [СУСАНИН]

Тем временем в руки фюрера сваливаются все новые и новые приобретения. 10 марта объявлено о смещении центральными чехословацкими властями в Праге автономного правительства Словакии; оскорбленный лидер словаков монсеньор Тисо обращается за защитой к фюреру. Президент Чехословакии просит приема в Берхтегадене. После взбучки перед известным окном и одного из самых известных в истории представлений Гитлера (во время которого потерявшего сознание по-

сетителя приводили в чувство уколами) президент Гаха смиренно принимает неизбежность раздробления его страны. Богемия и Моравия будут обращены в протекторат нацистов; Словакия станет суверенной республикой; Прикарпатская Рутения отойдет к Венгрии. Гитлер с триумфом отправляется в Прагу, как он въезжал без единого выстрела и в Вену. 21-го немецкие войска захватывают Мемель в Литве. Чемберлен, наконец, понимает, что Гитлер — *не* человек слова. Британская «гарантия» Польше, этот блеф слабого, как раз и явилась результатом его запоздалого понимания. Сверх всего венгры, никого не спросясь, захватывают Рутению. В Страстную пятницу 2 апреля итальянская армия вторгается в Албанию. Война накрыла Европу.

Имея определенные обязательства перед Польшей, западные государства теперь хотели предпринять какие-то меры. В апреле и мае межсоюзническая миссия посещает Варшаву. Было особенно подчеркнуто, что в случае нападения немцев на Польшу задачей польской армии будет сдерживать войска Вермахта, пока союзники будут готовить контратаку на Западе. Генерал Гамелен заявлял вполне определенно: на 15-й день после начала мобилизации — самое позднее — *le gros de nos forces* (основная масса наших сил) будет переброшена через франко-германскую границу. Еще одна военная миссия была отправлена в Москву, чтобы обсудить совместные действия с Красной армией. Однако задолго до того, как она в счастливом неведении отплыла 5 августа на неспешном корабле в Ленинград, Гитлер и Сталин договорились сами разрешить польский кризис.

Восстановление дружественных отношений между нацистами и Советами произошло где-то в первую неделю мая, когда правая рука Сталина Молотов стал комиссаром по иностранным делам. Предшественник Молотова еврей Литвинов, женатый на англичанке Айви, был тесно связан с Западом и с неустойчивой политикой коллективной безопасности. Его последнее предложение англо-советского оборонительного альянса не встретило никакого сочувствия. Молотов был назначен с надеждой на возобновление связей с Берлином. В июне в Москве начались прямые переговоры с немцами, замаскированные под торговые переговоры.

СУСАНИН

26 февраля 1939 г. в Большом театре в Москве прозвучала с размахом восстановленная самая популярная русская опера. *Жизнь за царя* Глинки (1836 г.) пребывала в забвении со времени большевистской революции, и короткая ее постановка в 1924 г. под названием *За серп и молот* — не удалась. Но теперь, получив новое, политически корректное либретто и еще одно новое название *Иван Сусанин*, она могла вновь снискать популярность, какой пользовалась до революции. Это был несомненный признак того, что партийная линия изменилась и обратилась к традиционному русскому национализму.

Опера Глинки с самого начала была идеологическим произведением. Эта «патриотическая героическая опера-трагедия» была в свое время написана после Польского восстания 1830–1831 гг. и отразила решимость композитора «воплотить государственную идеологию в выразительных звуках». Действие оперы относится к 1613 г., к тому моменту, когда основатель династии Романовых боролся с хаосом Смутного времени. В лучших традициях *оперы о спасении и избавлении* новое произведение рассказывало о добром русском крестьянине Сусанине, который спас царя от когтей подлых польских интервентов. В этом либретто следовало близко за текстами патриотического учебника *Русская история для целей воспитания* (1817 г.), составленного братом композитора.

Эстетика Глинки заключалась в том, чтобы провести противопоставление русских героев — польским злодеям через весь спектакль. В опере два ряда главных действующих лиц, два сменяющих друг друга хора — польский и русский; два контрастирующих стиля сценографии и музыки. Безликие поляки во всем чрезмерны, они поют и танцуют исключительно церемонные массовые танцы под музыку полонеза, мазурки и краковяка. Русские же поют или очаровательные народные песни, или романтические стихи в модном итало-русском стиле. Композитор ничего не упускает, чтобы передать политическую идею.

После убийства Сусанина опера достигает высшей точки в эпилоге, когда Михаил Романов триумфально въезжает на Красную площадь. Здесь музыка переходит в священный *гимн-марш*, а слова становятся сверхпатриотическим гимном:

Славься, славься,
                    наш русский царь,
Господом данный
                    нам царь-государь!
Да будет бессмертным
                    твой царский род!
Да им благоденствует
                    русский народ!

В 1939 г. этот гимн подвергся соответствующим изменениям:

Славься, славься, ты Русь моя!
Славься ты, русская наша земля!
Да будет во веки веков сильна
Любимая наша родная страна.

Часто говорят о силе оперы в связи с национализмом, когда речь идет о Вагнере. Но у Глинки эта связь еще очевиднее. И в самом деле, именно русским национализмом определялось, когда и где ставили эту оперу. В царской России ею открывались оперные сезоны в Москве и Санкт-Петербурге. К 1879 г. она выдержала уже 500 представлений. Ее ставили в Праге в Чехии в 1866 г.; в Риге в Латвии в 1878 г.; и в немецком театре в Познани, в Пруссии в 1899 г. Но никогда — в Варшаве или Кракове. Очень показательно, что перед 1940 г., в первую годовщину ее возрождения в Москве, состоялась ее премьера под покровительством нацистов в Берлине.

Как только Сталин и Гитлер отбросили взаимные подозрения и их представители начали переговоры, они, должно быть, быстро поняли, какие перед ними открываются перспективы. При нерешительности Запада только Польша оставалась серьезным препятствием к тому, чтобы поделить между собой Восточную Европу. В виду столь заманчивой перспективы ни Гитлер, ни Сталин не очень-то беспокоились о том, что в дальнейшем между Россией и Германией может начаться борьба за добычу. Им также была безразлична долговременная реакция Запада. Заручившись благословением Сталина, Гитлер считал, что сможет в одиночку справиться с Англией и Францией, попутно преумножив мощь Германии; а Сталин был более чем согласен позволить ему попытаться. Заручившись благословением Гитлера, Сталин считал, что сможет в одиночку прибрать к рукам государства Восточной Европы, попутно преумножив мощь СССР. Возможно, они оба считали, что лучше разрешить европейские вопросы до того, как, осознав опасность, вмешаются США, чьи военные расходы оставались пока меньшими, чем расходы Англии. Надо было пользоваться возможностью, она могла не повториться. И через неделю после того, как британская миссия не спеша добралась до Москвы, туда проворно прилетел из Берлина Риббентроп.

В те летние дни, когда погода была солнечной, а политические предчувствия — грозовыми, Гитлер был переполнен воодушевлением.

Достигнутый им рекорд в перевооружении — увеличившем в течение едва ли трех лет количество дивизий первой линии Вермахта с 7 до 51 — превысил рекорд кайзера за предшествующее 1914 году десятилетие. Гитлер был уверен, что удастся, как всегда, обмануть Запад, что он накажет неблагодарных поляков, которые останутся в изоляции. Поскольку же и великий Сталин мыслил так же, как он, Гитлер готовился к ограниченной войне и даже сомневался, понадобится ли война вообще. У него не было желания слушать вытье западных дипломатов, как он не слушал и причитаний Геринга и Муссолини, стремившихся сохранить мир. На военном совещании 23 мая он много разглагольствовал о *Lebensraum* на Востоке и о неизбежности войны раньше или позже. 14 июня он установил сроки своим генералам: быть готовыми через 8 недель. 22 августа, когда 8 недель истекли, на другом совещании в Бергхофе он заявил: «Война была бы лучше сейчас». В его записках можно прочитать: «Никакой жалости — жесткая позиция — право силы — величайшая жестокость»[63].

Последние приготовления были произведены буквально на следующий день. 23 августа из Москвы пришло известие, что смертельные враги Запада нацистская Германия и Советский Союз заключили (вслед за торговым соглашением) пакт о ненападении. Больше того (хотя об этом никто не знал, кроме Москвы и Берлина, пока 6 лет спустя не были захвачены архивы нацистов) пакт Молотова-Риббентропа имел дополнение — секретный протокол:

Москва, 23 августа 1939 года
При подписании договора о ненападении между Германией и Союзом Советских Социалисти-

ческих Республик нижеподписавшиеся уполномоченные обеих сторон обсудили в строго конфиденциальном порядке вопрос о разграничении сфер обоюдных интересов в Восточной Европе. Это обсуждение привело к нижеследующему результату:

1. В случае территориально-политического переустройства областей, входящих в состав Прибалтийских государств (Финляндия, Эстония, Латвия, Литва), северная граница Литвы одновременно является границей сфер интересов Германии и СССР. При этом интересы Литвы по отношению Виленской области признаются обеими сторонами.

2. В случае территориально-политического переустройства областей, входящих в состав Польского государства, граница сфер интересов Германии и СССР будет приблизительно проходить по линии рек Нарва, Висла и Сана.

Вопрос, является ли в обоюдных интересах желательным сохранение независимого Польского государства и каковы будут границы этого государства, может быть окончательно выяснен только в течение дальнейшего политического развития.

Во всяком случае, оба правительства будут решать этот вопрос в порядке дружественного обоюдного согласия.

3. Касательно юго-востока Европы с советской стороны подчеркивается интерес СССР к Бессарабии. С германской стороны заявляется о ее полной политической незаинтересованности в этих областях.

4. Этот протокол будет сохраняться обеими сторонами в строгом секрете.

По уполномочию Правительства
СССР *В. Молотов*
За Правительство Германии
И. Риббентроп [64]

Гитлер и Сталин разделили Восточную Европу на сферы влияния. Их, так называемый, *Пакт о ненападении* стал настоящим планом агрессии.

Ни одна из сторон не сказала доброго слова о западных государствах. Риббентроп был уверен, что Германия справится с французской армией. Что же до Великобритании, то «Министр иностранных дел Рейха заявил, что... Англия слаба и хочет, чтобы другие сражались за ее дерзкую претензию на мировое господство. Герр Сталин с готовностью согласился... [но он] затем выразил мнение, что Англия, несмотря на свою слабость, будет вести войну умело и упорно»[65].

О германо-советском пакте часто говорят, что он стал разрешением Гитлеру на войну. Это так, но это только половина дела, потому что пакт был также разрешением на войну Сталину. Как только просохли чернила, каждый из подписавших мог без препятствий со стороны другого нападать на соседей. Именно это оба и сделали.

Вермахт должен был выступить 24 августа, но фюрер из-за одного из своих нервных припадков, не дал окончательного приказа. Ему также было интересно, нельзя ли организовать второй Мюнхен. В нацистских газетах печатались рассказы о том, что поляки кастрируют немцев, а Геринг подталкивал его к контактам с Лондоном. 25 вызвали британского посла и вручили ему список неприемлемых предложений. Шведский друг Геринга был послан для прямых переговоров с английским правительством в Уайтхолл. Но Чемберлен не понял намека и снова гарантировал независимость Польши новым англо-польским договором. Теперь уже дипломаты только зря теряли время: второго Мюнхена не будет. Гитлер издает Директиву № 1 о начале войны против Польши в 1 час ночи 31 августа. [ГЕНОЦИД]

Польская кампания началась вполне в стиле нацистов. Объявления войны не было. Вместо этого штурмбанфюрер СС Альфред Хельмут Науйокс получил приказ собрать отряд осужденных, кодовое имя «Консервы», и выступить с ними к радиостанции в Гляйвице (Гливице) в Силезии, недалеко от польской границы. Затем радиостанция была атакована одетыми в польскую форму людьми и в передаче радиостанции смешались звуки транслируемой музыки с пистолетными выстрелами. Когда же «Консервы» покинули здание радиостанции, их скосил пулеметный огонь присматривавших за ними эсесовцев. Залитые кровью тела «Консервов» были брошены тут же, и здесь их вскоре обнаружила местная полиция. Так что первыми погибшими в этой кампании стали немецкие осужденные, убитые немецкими преступниками. Еще ночь не кончилась, а новостные службы нацистов уже заявляли, что польская армия предприняла ничем не спровоцированное нападение на Третий рейх[66].

Вторая мировая война в Европе, 1939–1945 гг.[67]

Вторжение в Польшу 1 сентября 1939 г. не было началом боев в Европе. До этого немцы напали на Литву в марте 1939 г., а итальянцы вторглись в Албанию в апреле. Но, главным образом, в результате вторжения в Польшу локальные войны стали частью всемирного конфликта. Вовлечение же в конфликт СССР, который уже вел войну против японцев в Маньчжурии, связало европейский и азиатский театры военных действий. Теоретически, Япония входила в систему нацистских союзников даже тогда, когда германо-советский пакт зажал в тиски антикоминтерновский клуб. Но тот факт, что Япония, СССР, Польша, Германия и западные государства — все уже запутались в паутине военного конфликта, показывал, что реально началась Вторая мировая война.

Роль Красной армии в Польше оставалась неопределенной, пока не разрешилась конфронтация с Японией. Решающая победа Советов при Халхин-голе 28 августа, обеспеченная танковыми соединениями неизвестного генерала Жукова, как кажется, стала условием советской активности в Европе. Возможно, не случайно Сталин медлил с вторжением в Польшу до подписания 15 сентября — договора в Монголии, когда дивизии Жукова смогут вернуться из-за Урала[68].

В результате германо-советского пакта в Европе сложилась новая геополитическая обстановка. Большой треугольник теперь стал завершенным: западные державы (Англия, Франция и Канада) противостояли комбинации Центра с Востоком. Впрочем, удалось это, но не вполне. Треугольник не был вполне завершенным, поскольку и западные державы, и СССР избегали прямой конфронтации. Это означало, что Запад будет закрывать глаза на агрессии Сталина, пока Сталин будет ограничивать свою антизападную деятельность одной пропагандой и материально-технической поддержкой Германии[69]. Тем не менее германо-советский пакт трансформировал европейскую сцену, что позволило Германии и СССР уничтожить Польшу и восстановить общую границу, как она существовала в XIX веке. Затем они смогли смести все мелкие государства, которые стояли у

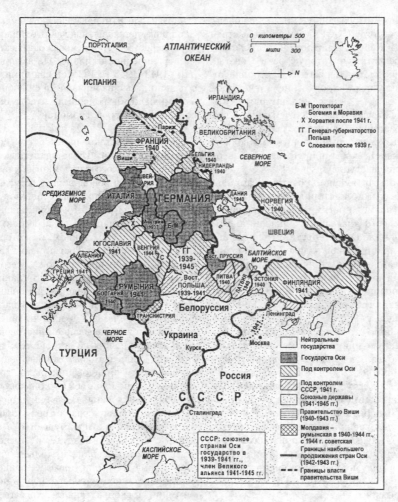

Карта 26.
Европа во время Второй мировой войны, 1939–1945 гг.

их на пути. В несколько более долгой перспективе это позволило Гитлеру напасть на Запад при поддержке и потворстве Сталина.

Позднее пакт Молотова–Риббентропа оправдывали тем, что он дал время Советскому Союзу подготовиться к обороне. Если судить по тому, что случилось двумя годами позже, этот аргумент можно признать правдоподобным; но его также можно считать еще одним классическим примером прочтения истории задним числом. В 1939 г., действительно, существовала возможность, что, победив Запад, Гитлер обратится на СССР; но это был лишь один из нескольких возможных вариантов: не самый вероятный и не самый близкий. Следовало принимать во внимание, по крайней мере, еще три других сценария. Во-первых, Запад мог, как в 1918 г., разгромить Германию. Во-вторых, Запад и Германия, ведя друг с другом кровопролитную войну, могли, наконец, зайти в тупик, и тогда СССР без единого выстрела явился бы в Европе арбитром. Так представлял себе Геббельс игру, которую вели Советы. «Москва намеревается держаться в стороне от войны до тех пор, пока Европа … не истечет кровью, — заметил он. — Тогда Сталин двинется в Европу, чтобы большевизировать ее и навязать свое собственное правление»[70]. Был еще третий вариант: Сталин использует перерыв, данный ему войной Гитлера с Западом, чтобы приготовить и развернуть собственное наступление.

Однако соответствующие советские архивы остаются закрытыми, и историки могут рассуждать об этих возможностях только предположительно. Но есть два важных указания. Во-первых, очень мало свидетельств, что после августа 1939 г. приоритетной задачей Красной армии была подготовка эшелонированной обороны. Красная армия и в это время придерживалась теории революционного наступления. Сталин часто подчеркивал, что коммунизм — это не пацифизм; обращаясь в 1938 г. к курсантам военных училищ, он заявил, что советское государство будет брать военную инициативу на себя всякий раз, когда это будет необходимо. Во-вторых, изучение диспозиции советских войск в начале лета 1941 г. показывает, что предшествующие два года были потрачены на организацию исключительно наступательных порядков[71]. Этот важный момент объясняет последовавший затем разгром советских войск (см. ниже). Так что приходится сделать вывод, что, заключая пакт с нацистами, Сталин имел в виду не выиграть время для укрепления обороны, а переиграть Гитлера в рассчитанной агрессии[72].

Определенно лишь то, что германо-советский пакт втянул Европу в совершенно непредвиденные события. На первой стадии (1939–1941 гг.), пока пакт еще действовал, нацистские и советские авантюры быстро развивались, каждая в своей намеченной сфере. Красной армии несколько раз сильно повезло; но ошеломляющее завоевание Западной Европы Вермахтом шло гораздо быстрее, чем мог себе вообразить какой-либо немецкий генерал в самых дерзких мечтах. На второй стадии (1941–1943 гг.) военная машина нацистов была переброшена на Восток. Война Германии с Советским Союзом становится центром военных дей-

ствий, и здесь будет решаться судьба Европы. Западные державы, сведенные теперь к одному укрепленному острову, могли оказывать лишь весьма ограниченное влияние. На завершающей стадии (1943–1945 гг.) Советская армия на Востоке объединилась с набиравшими силу британскими и американскими войсками, чтобы окончательно обеспечить разгром Германии.

Германо-советское партнерство (сентябрь 1939 – июнь 1941 гг.). Из-за секретных протоколов германо-советского пакта многие участники в начале Второй мировой войны вступали в сражение, исходя из ложных посылок. Западные державы полагали, что заручились союзником перед угрозой нацистской агрессии; на деле же они заручились союзником, на которого нападут и Советский союз, и Третий рейх. Поляки думали, что им надо продержаться всего пятнадцать дней, пока французы перейдут границу с Германией на Западе; на деле же им пришлось в одиночку сдерживать и Вермахт, и Красную армию. Французы не пошли в наступление; англичане ограничились сбрасыванием листовок на Берлин.

В этих условиях на стороне тех, кто вторгся в Польшу, были все возможные преимущества. У германского командования было, грубо говоря, столько же дивизий (60), сколько у Польши; но так как Чехословакия была оккупирована, немцы окружили Польшу сразу с трех сторон. У немцев было решительное преимущество в механизированных частях и в воздухе, и это позволило им устроить сотню Герник в Польше уже в первые дни. Кроме того, они могли уверенно выдвинуть свои бронетанковые войска вглубь польской территории, поскольку знали, что в тылу польские контрмеры будут контролироваться Советами. На руках у советского командования оказались многие козыри. Отвергая согласованный с немцами календарь совместных действий, советские генералы поджидали, пока немцы не вздернут Польшу на дыбу, прежде чем войти в нее самим и нанести *coup de grace* (завершающий, смертельный удар). Таким образом, в польской кампании сентября 1939 г. военные соображения стояли на втором месте, а на первом были политика и предательство. Поляки исполнили свой долг, безнадежно сражаясь в течение 5 недель. Западные державы объявили войну Германии, но отказывались от конфронтации с Советским Союзом даже тогда, когда стало очевидным его соучастие в преступлении. Они также не участвовали в военных действиях. Англичане не могли, а французы не хотели. Проводившаяся во Франции мобилизация была рассчитана на приготовление к долгой войне: она предполагала низведение дивизий первой линии до статуса временных на весь долгий период реорганизации, что исключало возможность немедленного наступления. Тем временем Гитлер и Сталин могли делать все, что хотели.

На рассвете 1 сентября немецкие колонны ворвались в Польшу с севера, запада и юга. Польские оборонительные линии у границы были окружены; уже 9-го была окружена Варшава. Гражданское население подверглось невиданной бомбардировке. За линией фронта действовала немецкая пятая колонна. В тылу появились нацистские *Einsatzgruppen*[73], расстреливавшие сопротивляющихся, отставших солдат и евреев. Пикирующие бомбардировщики с воем бомбили железные и шоссейные дороги, мосты вместе с беженцами, которыми они были забиты. Варшава, превращенная почти в развалины, окапывалась, готовясь к долгой осаде. Польская армия вела перегруппировку для обороны Львова и одновременно решительно готовилась к контратаке в центре на реке Бзура. 15-го нацисты выдали дезинформацию, будто Варшава пала. (Она держалась еще две недели.) Но Сталин, должно быть, подумал, что проигрывает, и 17-го нанес удар: Красная армия перешла восточную границу Польши. Вошедшие советские войска посеяли окончательное смятение, распространяя фальшивые сообщения, будто они спасают Польшу от нацистов. На деле они продвигались прямо к согласованной демаркационной линии по реке Буг и к южной границе с Румынией и Венгрией, имея в виду закрыть ее. Немцы вместе с Советами провели парад победы в Бресте, а затем перешли к уточнению деталей этой их победы.

Германо-советский договор о дружбе и границе между СССР и Германией, подписанный 28 сентября, заходил еще дальше, чем пакт, заключенный за 5 недель до того. Демаркационная линия перемещалась так, что Литва оказывалась в советской сфере в обмен на кусочек центральной Польши. Причем снова был подписан и секретный протокол, предусматривавший совместные действия против польской «агитации». Эти меры были приведены в действие, когда Варшава сдалась. Польское правительство сумело уйти в изгнание. Многочисленные польские отряды или отступали в леса, или бежали за границу. Окончательная капитуляция произошла 4 октября, в день, когда Гитлер прибыл в Варшаву, где его приветствовали полные обожания немецкие части. Все, что находилось к востоку от Буга, было захвачено Советами.

Мысли Гитлера в это время остались в записках его верного министра пропаганды:

«Приговор фюрера полякам убийственный. Они больше животные, чем люди, совершенно примитивные и бесформенные. А правящий класс есть неудовлетворительный результат смешения низших слоев с арийской расой господ. Как грязны поляки — невозможно вообразить. Их способность к здравому суждению практически равна нулю…

Фюрер не собирается ассимилировать поляков. … Если бы Генрих Лев завоевал Восток… результатом была бы сильно славянизированная раса немецких полукровок. Сегодня положение лучше. Теперь мы знаем законы расовой наследственности и можем действовать соответственно»[74].

В результате двойной оккупации Польши две лаборатории тоталитаризма стали действовать бок о бок. Два года нацистские и советские стервятники безнаказанно терзали тело поверженной Польши. В германской зоне западные районы были аннексированы Рейхом и подверглись интенсивному расовому отбору и онемечиванию. Все другие районы были включены в так называемое генерал-губернаторство под управлением СС и военных. Этот «Гестаполенд», где не действовали ни польские, ни немецкие законы, стал испытательным полигоном идеологии нацистов. Только в этой части оккупированной Европы во исполнение своей восточной политики завоевания *Lebensraum* нацистские преобразователи успели применить свою расовую политику со всем пылом и ко всему населению. После первой инспекции Гиммлера пожилые и умственно неполноценные были вырваны из больниц, по детским приютам искали мальчиков и девочек, подходящих для программы улучшения расы на *Lebensraum*[75]; в Освенциме и Майданеке были созданы концлагеря для участников Сопротивления. Проводя хладнокровный геноцид в рамках так называемой *AB-Aktion*, немцы схватили около 15000 польских интеллектуалов, госслужащих, политиков и священников, которых затем расстреляли или отправили в концлагеря. С конца 1939 г. самой большой в Европе общине евреев было приказано переселяться в обозначенные *гетто*, которые затем обносились стеной, наглухо запирались и полностью изолировались от остального мира; было создано еврейское самоуправление, которое при поддержке еврейской полиции управляло этими гетто под присмотром нацистов[76]. **[ОСВЕНЦИМ]**

В прилегающей советской зоне был инсценирован псевдо-референдум, который должен был подтвердить, что Западная Белоруссия и Западная Украина выступили за присоединение к СССР. По этому *ГПУ-ленду*, который оставался отделенным от остального СССР, со всей силой прошелся сталинский террор. Около 40 категорий граждан: от полицейских до филателистов — подлежали немедленному аресту и депортации. К лету 1941 г. где-то 1–2 миллиона человек были высланы в северные лагеря или в принудительную ссылку в Среднюю Азию. Террор был направлен не только на всех бывших польских служащих вплоть до сельских учителей и лесников, но также и на все общинные организации белорусов, украинцев и евреев. Народы, которые только что были «освобождены от польского правления», подвергались немилосердным преследованиям, как и все остальные. Хладнокровно проводя политику геноцида, новые власти изъяли примерно 26000 польских военнопленных — в основном офицеров-резервистов, и, следовательно, интеллигентов, чиновников, политиков и священников — из лагерей и расстреляли их в несколько этапов, что известно теперь под общим именем Катынь. На пограничном мосту через Буг у Бреста люди, идущие в СССР, встречали других, в том числе и евреев, которые искали убежища в Рейхе. «Куда же вы идете? — воскликнул однажды эсэсовец. — Ведь мы вас расстреляем»[77].

Сотрудничество СС и НКВД в эти годы никогда не было оценено в полной мере. Бумаги нацистов исчезли, а советские архивы остаются закрытыми. Но даже и при этих условиях известно, что высокого ранга советский офицер связи был приписан к штабу СС в Кракове вплоть до 1941 г.

Нацистские и советские делегации присутствовали на одних и тех же конференциях, происходил обмен заключенными, нацистские и советские пропагандисты работали в унисон. Так, с 24 августа советская печать круто меняет свою политику и принимается цитировать *Volkischer Beobachter* ("Народный Обозреватель") как надежный источник информации. *Правда* заявляет, что «Советско-германская дружба отныне установилась навсегда»[78]. **[КАТЫНЬ]**

Бессилие западных государств, без сомнения, ободряло Гитлера и Сталина. То, что французский политик назвал *drole de guerre* (странной войной), было странным только для посторонних наблюдателей. Через 20 месяцев после того, как пала Польша, было захвачено 13 европейских стран: восемь — Гитлером, пять — Сталиным. Причем Сталин опередил Гитлера, послав армию в Финляндию 30 ноября 1939 г.

Зимняя война 1939–1940 гг. обнаружила серьезные недостатки Красной армии и одновременно стала проверкой терпения западных держав. В течение пяти месяцев финские войска, которым было что терять, отражали натиск советского захватчика. В самом начале они перебили массу солдат, предпринявших топорные попытки атаковать линию Маннергейма. Советская тактика и вооружение оказались худшими, чем у противника; советскую политику осудили как неприкрытую агрессию. Когда Лига Наций исключила СССР, западные государства больше не могли делать вид, как это было при нападении на Польшу, что грабительские действия Сталина несколько более законные, чем такие же действия Гитлера. Весной, когда Красная армия готовилась к решительному наступлению, британское правительство было вынуждено рассмотреть просьбы финнов о помощи через г. Нарвик и Лапландскую железную дорогу. В отместку за советские поставки в Германию был даже разработан план бомбардировки нефтяных промыслов в Баку. Эскадрильи британских бомбардировщиков со свеженарисованными свастиками, символом финских ВВС, стояла наготове, когда пришло известие о финнско-советском мирном договоре, и Лондон был избавлен от трудного выбора. Финляндия отныне останется независимой и нейтральной, хотя и будет вынуждена уступить большой кусок восточной территории в Карелии. Вряд ли германский Генеральный

КАТЫНЬ

5 марта 1940 г. Сталин подписал приказ, санкционировавший расстрел органами НКВД 26000 военнопленных. Эти пленные, захваченные во время совместных немецко-советских действий в Польше в сентябре 1939 г., содержались в трех лагерях: в Козельске, Осташкове и Старобельске. Почти все они были офицерами-резервистами (то есть юристами, профессорами, инженерами, полицейскими, священниками, среди них одна женщина), и их выделили из общей массы военнопленных в СССР. Небольшими группами их связанными отвозили к месту расстрела, там завязывали глаза и пускали пулю в лоб, после чего хоронили в общей могиле. Вся операция завершилась 6 июня.

В это же самое время СС и НКВД тесно сотрудничали во исполнение одного из пунктов секретного германо-советского договора о дружбе и границах между СССР и Германией. Отгородившись от внешнего мира, обе стороны проводили серии параллельных массовых убийств и департаций. В то время как Запад был заворожен *странной войной*, его польских союзников цинично и планомерно расстреливали.

В 1941 г., когда нацистско-советский пакт был разорван и Сталин подписал договор о сотрудничестве с польским правительством в изгнании, поляки задали вопрос о пропавших офицерах. Во время одного разговора в Кремле Сталин сказал Сикорскому, что они, должно быть, убежали. «Но куда же они могли убежать?» — «Ну, например в Маньчжурию».

В апреле 1943 г., во время восстания в Варшавском гетто, нацисты показали документальный фильм, демонстрировавший тела около 4500 расстрелянных польских офицеров, найденных погребенными в Катынском лесу под Смоленском (немцы нашли тех, кто был привезен из Козельска). Немцы заявили, что это преступление Советов. Советы заявили, что это немецкая провокация. Польское правительство в изгнании обратилось к Красному кресту с просьбой о расследовании. За это Кремль назвал их фашистскими коллаборационистами и отозвал дипломатическое признание. Одна международная комиссия, которая посетила место расстрелов в 1943 г. под покровительством немцев, поддержала их заявления. Вторая комиссия в 1944 г. под покровительством Советов — поддержала советские заявления.

Катыньские массовые убийства создали серьезные проблемы для политики Англии. С одной стороны, Лондон предоставил убежище польскому правительству в изгнании, но с другой стороны, Лондон активно поддерживал союз со Сталиным. Официальный, хотя и не опубликованный, британский отчет содержал заключение, что вина Советов «почти установлена». Однако моральная сторона общей борьбы союзников при этом подвергалась большому испытанию, так что были предприняты большие усилия для замалчивания фактов. Официальные органы укрепляли уверенность в правдивости советской версии. Военная цензура изымала те документы, которые этой версии противоречили. Вся ситуация была суммирована в доверительных актах английского *Бюро правительственной документации* (SOE): «Официальная позиция Соединенного королевства состояла в том, чтобы делать вид, будто все это — фальшивка... Всякая другая точка зрения не понравится общественности, потому что тогда можно сделать вывод, что мы являемся союзниками государства, повинного в таких же зверствах, что и немцы».

Еще удивительнее то, что и в мирное время появлялось мало честной информации. Вопрос о катыньских массовых убийствах был поднят советскими обвинителями на Нюрнбергском процессе, однако обвинения против немцев по этому пункту вскоре были сняты, а сам вопрос был закрыт. Во времена холодной войны польским эмигрантам в Лондоне не разрешали поставить памятник, а британским офицерам запрещалось присутствовать на ежегодных поминальных службах. Несмотря на то, что в 1950-е гг. комиссия Конгресса США пришла к совершенно определенным выводам, министр иностранных дел Великобритании еще и в 1989 г. заявлял, что состояние этого дела не ясно. В 1990-1991 гг., когда частично ответственность Советов была подтверждена президентом Горбачевым, а президент Ельцин признал ее полностью, британский *Акт о военных преступлениях* был тщательно проработан, чтобы исключить союзников из числа преступников. Говорят, что до сих пор живы и благоденствуют в России некоторые палачи из НКВД.

В СССР и в управляемой коммунистами Польше вопроса о Катыни просто не существовало в течение почти 50 лет. Большой мемориал был воздвигнут жертвам нацистов в близкой белорусской деревне Хатынь, сюда приезжали миллионы посетителей в рамках рассчитанной политики дезинформации. *Черная книга польской цензуры* указывала на Катынь как на событие, которое не следует упоминать даже как обвинение в адрес нацистов. Обладание *Lista Katyńska* — поименным списком жертв, опубликованным за границей, считалось преступлением.

И на протяжении этих 50 лет Катынь была лакмусовой бумажкой для проверки профессиональной честности историков и их понимания реалий Большого альянса. Без сомнения, это было самое большое зверство Советов. Но *par excellence* это был вопрос, который заставлял исследователей выбирать между все возраставшими доказательствами и собственными заявлениями победивших правительств Запада и СССР. Те, кто выбирал истину, тут же переводились в разряд «не ученых».

Штаб не заметил этих видимых проявлений слабости СССР.

Финская кампания обнаружила уязвимость интересов Германии в Скандинавии, в особенности в отношении железной руды из Швеции, которая экспортировалась через Нарвик. Гитлер нанес удар 9 апреля 1940 г. Быстро была занята немецкими войсками Дания, и вскоре они вступили в Норвегию. Экспедиционный корпус союзников, посланный в Нарвик, потерпел поражение и понес большие потери. Это был первый случай, когда британская разведка предпочла не поделиться жизненно важной информацией, чтобы не обнаружить своего знания нацистских кодов *Энигма*, секреты которых первыми раскрыли поляки[79]. В результате Скандинавские страны оказалась под крепким контролем Германии. Дания сохранила короля и правительство; Норвегия была передана местному коллаборационисту Видкуну Квислингу; Швеция же должна была сохранять свой нейтралитет, пока не перестанет течь железная руда. Это были однозначные указания на то, что политика Германии на Западе будет несравнимо более мягкой, чем на Востоке.

К началу лета 1940 г. военная машина нацистов была готова к нападению на Западный альянс. Немцам было важно нанести удар, пока был высок моральный дух в Германии, и пока не проявились результаты перевооружения Англии. Вся кампания строилась на трех связанных между собой стратегических планах: операция в Нидерландах для расчистки рубежа, крупная операция на суше против Франции и операция военно-воздушных сил против Британии с целью нейтрализовать королевский флот и не дать союзникам соединиться. Снова успехи немцев превзошли все ожидания. От беспощадных бомбардировок Роттердама 10 мая до капитуляции Бельгии 28 — захват Нидерландов занял 18 дней. От перехода французской границы 14 мая до падения Парижа 16 июня — поражение Франции завершилось меньше чем за 5 недель.

Падение Франции было одним из тех жутких событий, которыми знаменуется конец эпохи. В течение 300 лет Франция считалась крупнейшей военной державой. Победа в 1918 г. рассматривалась как восстановление ее славы после поражения в 1870 г. И, тем не менее, французская армия, поддержанная англичанами и поляками, была разбита Вермахтом за время меньшее, чем Германия и Россия потратили на завоевание Польши. 1940 год показал, что 1870 г. не был случайностью. У немецких захватчиков не было решительного численного превосходства, его не было даже в бронетехнике, но их бронетанковые дивизии провели этот второй *Blitzkrieg* ("быстрая война" - *перев.*) с решительным натиском и мощью. Неприступную Линию Мажино, которая не охватывала границы с Бельгией, немцы просто обошли, и танки прошли стальной колонной между англичанами на севере и главными силами французов в центре. Когда охваченные с флангов французские войска стали отступать, противник начал преследовать их с превосходящей скоростью и огневой мощью. В Аррасе бригадный генерал по имени Шарль де Голль провел единственную решительную танковую контратаку. Но неразбериха царила повсюду. Британский экспедиционный корпус был наголову разбит и выброшен на песчаные дюны Дюнкерка. 51-ая Шотландская пехотная дивизия дорого продала свои жизни в бою на утесах Сент Валери- ан-Ко. Выбор был невелик: умереть, сдаться в плен или эвакуироваться.

К середине июня, когда Париж снова стоял перед перспективой такой же жестокой осады, как 70 лет до того, французские политики дрогнули.

отличие от поляков, которые отказались вести переговоры с захватчиками, французские лидеры выступили с инициативой о начале переговоров. Маршал Петэн, герой Вердена, послал одного из своих подчиненных, чтобы в символическом вагоне в Компьене тот подписал капитуляцию. Франция должна была разоружиться; 2 миллиона французских солдат подлежали интернированию и отправке на работы в Германию; автономное правительство с местонахождением в Виши в Оверни получало право управлять югом Франции при условии, что Эльзас-Лотарингия будут возвращены Германии, а северная Франция будет оккупирована немецкими войсками. Когда Гитлер прибыл в Париж, чтобы принимать парад своих войск на Елисейских полях, он был хозяином Европы от Пиренеев до Припяти. Небольшое количество британских, польских и французских военных формирований удалось переправить через Ла-Манш, и неизвестный до того непокорный голос (это был Черчилль) на отвратительном французском, потрескивая, заявил в эфире: «Не может погибнуть народ, который производит 300 сортов сыра». Генерал де Голь заявил: «Франция проиграла битву, а не войну». [ЕВРОПЕЙСКИЙ ВАЛЮТНЫЙ СОЮЗ]

В сравнении с этим мощным усилием по завоеванию Франции воздушная война против Англии должна была казаться делом второстепенным. Но поражение немцев в этой войне оказалось одной из самых дорогих неудач нацистов. Порученная рейхсмаршалу Герингу война представляла собой цепь все более и более мощных и частых воздушных налетов на порты и заводы (так называемый блиц). Кроме того, велись воздушные бои за превосходство в воздухе над южной Францией и Ла-Маншем. Задействованный громадный воздушный флот состоял из 1 330 бомбардировщиков *Хенкель* и *Юнкерс*, базировавшихся в северной Франции и поддерживавшихся истребителями *Мессершмит* и *Фокке-Вульф*. Планировалось, что война в воздухе станет прелюдией к операции *Морской лев* — вторжению в Англию, детали которой (вплоть до ареста 1 100 выдающихся людей) были тщательно проработаны. Им противостояли эскадрильи истребителей ВВС Великобритании, укомплектованные *Харрикейнами* и *Спитфайрами*, из которых примерно 10% пилотировались польскими, чешскими и французскими летчиками. (Главным ассом оказался пилот-чех, который летал с польской эскад-

рильей 303.) Налет на Ковентри, когда бомбы были сброшены вместо танкового завода на город и сравняли с землей собор и 500 домов, был небольшим событием сравнительно с тем, как впоследствии английские ВВС бомбили Германию. Но для союзников это стало главным символом варварства нацистов. Битва за Англию, которая продолжалась больше 4 месяцев, достигла кульминации 15 сентября: в этот день возможности английских ВВС были почти исчерпаны, но Геринг посчитал, что больше нельзя мириться со все возраставшими потерями Люфтваффе. Наступление в воздухе и вторжение в Англию были отложены *sine die* (на неопределенный срок). «Никогда в человеческих конфликтах людей, — сказал Черчилль в палате общин, — такое множество людей не были обязаны столь многим — столь малому числу людей». Это был звездный час Британии после разгрома в Дюнкерке.

Британская победа в воздухе была решающей в трех отношениях. Во-первых, она обеспечила союзникам недоступную для врага базу, где нельзя было использовать сухопутные силы, в которых у немцев был значительный перевес. Во-вторых, превратив Англию в «самый непотопляемый в мире авианосец», она стала основой для невероятного роста ВВС союзников — этого решающего фактора в войне на Западе. В-третьих, на дипломатическом фронте эта победа принесла передышку, во время которой вызрел альянс англоговорящих стран. Черчилль, ставший премьер-министром 7 мая, то есть в разгар французского кризиса, не только имел крепкие связи с Америкой, но и был полон решимости как можно скорее вовлечь американцев в войну. Но осенью 1940 г. Англия была последним оплотом дела союзников в Европе. Если бы ВВС не уберегли Великобританию, США бы никогда не вмешались в войну в Европе. А так американская помощь поддержала Англию финансами и психологически в ее самые черные дни. В сентябре 1940 г. США предложили свои старые миноносцы в обмен на право строить свои военные базы на принадлежащих Великобритании островах в Карибском море. Это соглашение было пролонгировано в марте 1941 г. на более широких условиях закона о ленд-лизе. У Германии были все основания жаловаться.

Война на море была более затяжной. Германия бросала нешуточный вызов английскому превос-

ЕВРОПЕЙСКИЙ ВАЛЮТНЫЙ СОЮЗ

Летом 1940 г. немецкий Рейхсбанк разработал планы превращения рейхсмарки в общую валюту на всем пространстве оккупированной немцами Европы. Но, поскольку нацисты так и не создали свой устойчивый политический порядок, эти планы остались лишь на бумаге.

Вторая попытка валютного объединения была предпринята, 30 лет спустя под руководством Европейской комиссии. Послевоенные планы, в основе которых лежал американский доллар, оказались нежизненными, а валюты Общего рынка, в особенности немецкая марка, были не к месту влиятельны. Сначала Доклад Барра (1969 г.), потом комитет под руководством Пьера Вернера из Люксембурга представили планы создания Европейского валютного союза (EMU) к 1980 г. Тем временем механизм, получивший название *валютной змеи*, должен был сдерживать колебание курсов валют членов союза относительно друг друга и относительно доллара. Эта система потеряла силу, когда США отменили золотой стандарт доллара в 1971 г., а Общий рынок принял в свои члены Великобританию, которая вскоре отказалась от системы *валютной змеи*. Только пять из девяти возможных валют придерживались сильно модифицированной *змеи* в 1970-е годы.

Третью попытку предпринял британский президент Европейской комиссии Рой Дженкинс в 1977 г. Его инициатива дала результаты два года спустя введением EMS (Европейской валютной системы) вместе с новым механизмом регулирования валютных курсов (ERM) и его собственной денежной единицей *экю*.

Эта система получила значительную поддержку в 1980-е годы благодаря проведению Францией *политики сильного франка*, привязанного к немецкой марке, и при поддержке Единого европейского акта (1986), который вовлекал фунт в ERM. Все, казалось, шло хорошо до объединения Германии в 1990 г. и рокового решения обменивать ничего не стоившую восточногерманскую марку на марку ФРГ в соотношении один к одному. После этого высокие процентные ставки поставили более слабые валюты в невыгодное положение, заставляя их или девальвироваться ниже разрешенных пределов или выходить из системы совсем. К августу 1993 г. только марка ФРГ и голландский гульден оставались в узких рамках ERM, что сторонники Маастрихского договора называли «прямой дорогой к EMU».

В 1940 –1945 гг., несмотря на военные победы Германии, подчиненное положение Рейхсбанка никогда не изменялось настолько, чтобы провести в жизнь его валютные планы. После 1969 г. независимый *Бундесбанк* ФРГ был всегда достаточно силен, чтобы ставить на первое место собственные возникающие приоритеты. Остается только сделать вывод, что экономические планы, разработанные, в отсутствие эффективной политической системы, всегда обречены на провал.

ходству на море серией своих ультрасовременных *карманных линкоров* (тип немецких кораблей, удовлетворяющих ограничениям Версальского договора по водоизмещению) и растущим флотом подводных лодок. На первом этапе ветеран британского флота *Ройал Оук* был потоплен на домашней стоянке в заливе Скапа-Флоу, а немецкий *Граф Шпее* совершал набеги себе на погибель в устье реки Ла-Платы. Затем в море вышли линкоры *Бисмарк* и *Тирпиц*. Первый, потопив своего преследователя — корабль Его Величества *Худ*, одним красивым выстрелом, сам был выведен из строя воздушной торпедой, а затем потоплен группой подводных лодок. Второй же был загнан преследователями в норвежский фьорд. Как и в Первую мировую войну, главные усилия Германия направляла на подводные лодки. После того как французские порты Брест и Нант попали руки нацистов, *Битва за Атлантику* бушевала течение трех лет (см. ниже).

В Средиземном море интересы союзников столкнулись с интересами держав оси по вопросу контроля над Северной Африкой и Суэцким каналом. В мае 1940 г. Муссолини объявил войну и вторгся во французские Альпы. Вокруг итальянской базы в Триполи располагались англичане из Палестины и Египта и французы из Туниса и Алжира, так что вскоре для ее поддержки понадобился *Африканский корпус* немцев. Морской путь в 3000 км между Гибралтаром и Александрией охранялся лишь одной британской базой на Мальте, которая героически выдержала и саму блокаду, и бомбардировку

Однако самые трагические события разыгрались между западными державами. Когда Париж сдался немцам, англичане потребовали сдачи всего французского флота, значительная часть которого располагалась на алжирской базе Мер-ель-Кабир. Французский адмирал отклонил это предложение, и тогда 3 июля 1940 г. англичане отдают безжалостный приказ уничтожить французские корабли вместе с их командами прямо на рейде. Затем внимание англичан перемещается в Ливийскую пустыню. Перед лицом продвижения Африканского корпуса, с одной стороны, и растущего терроризма евреев в Палестине с другой, позиции Британии в Египте оставались шаткими до победы во второй битве при Эль Аламейне 23 октября 1942 г. В следующем месяце англо-американские силы высаживаются в Марокко и Алжире.

Тем временем пока Гитлер был занят на Западе, Сталин возобновил агрессию на Востоке. После фиаско в Финляндии он стал, по меткому выражению *Нью-Йорк Таймс*, «гиеной при льве Гитлере». На этот раз его целью были три прибалтийские государства и отчасти Румыния, что он и захватил без труда, пока весь мир следил за судьбой Франции.

В Прибалтике Советский Союз до того проводил массовую подрывную кампанию. Затем коммунистические ячейки в Эстонии, Латвии и Литве были приведены в действие приказом призвать Советы «на помощь». Москва потребовала, чтобы была допущена Красная Армия под предлогом обеспечения безопасности СССР. В последовавших беспорядках прибалтийские правительства пали. Красная Армия вошла в Прибалтику. Заранее заготовленные плебисциты принесли предсказуемые результаты, и сталинский террор принялся здесь за работу с беспримерной жестокостью. Среди массовых убийств и депортаций был подготовлен проект переселения всех местных немцев Прибалтики в оккупированные немцами районы Польши. На Западе это трудно понять, но с точки зрения Таллинна, Риги или Вильнюса, возможность продвижения сюда нацистов представлялась благословенным освобождением от Освобождения. В случае же с Румынией Сталин больше рассчитывал на прямую помощь Германии. Хрупкая независимость Румынии зависела в основном от постоянного экспорта нефти в Германию. Так что, когда Москва потребовала, а Гитлер посоветовал

уступить, Бухаресту было не легко отказаться. 27 июня 1940 г., через 10 дней после завоевания прибалтийских государств, румынские районы Бессарабии и Буковины были захвачены под громкие лозунги «объединения с Советской родиной». Униженная Румыния осталась страдать и обдумывать месть. [МОЛДОВА] [ЧЕРНОВИЦЫ]

К осени 1940 г. уже можно было оценить преимущества нацистско-советского партнерства и стало очевидным, что Гитлер выигрывает больше, чем Сталин. Промышленное и стратегическое значение Франции, Нидерландов и Скандинавии было гораздо больше, чем значение советских завоеваний. Хотя хитрый Франко пока сдерживал фюрера (они встретились в Андие), но в целом фашистский блок подчинил большую часть континента. К тому же Германия получила эти гигантские приобретения минимальной ценой, избежав длительного противоборства с Западом. Сталину успехи Гитлера начинали казаться опасными. После Франции у Германии оставалось только два направления дальнейшей экспансии: одно — традиционное охотничье угодье русских на Балканах, другое — сам Советский Союз.

Напряженность обнаружилась во время визита Молотова в Берлин в ноябре 1940 г. Там он вел себя подчеркнуто грубо, предъявляя множество вызывающих требований. Можно предположить, что ему приказали исследовать границы терпения немцев. Когда фюрер признался, что Германия ведет с Англией борьбу «не на жизнь, а на смерть», Молотов сказал: «Да, Германия борется за жизнь, а Англия — за смерть Германии». Обе стороны заподозрили, что их партнерство обречено. Не известно, какие директивы были отданы Сталиным Красной Армии, но известно, что 18 декабря Гитлер издает Директиву №21 о подготовке операции *Барбаросса*.

Балканский кризис апреля 1941 г. был вызван просчетами Муссолини. Итальянские войска, которые выдвинулись из Албании в северную Грецию, встретились с решительным отпором бесстрашных греков, и дуче снова нуждался в том, чтобы его спасали немцы. Кроме того, королевское правительство Югославии подвергалась нападкам изнутри и снаружи. После того как принц-регент попытался подписать соглашение с Германией, он был свергнут военными. Когда Вермахт вступил в Югославию, страна распалась. После 11 дней боев

МОЛДОВА

Пятеро молодых жнецов сидят на коврике и обедают на пригорке посреди золотых полей. Девушка в ярко-красном платке на голове развернула на коленях газету и что-то читает своим радостным собеседникам. Перед ними бутыль вина или воды, тарелка с хлебом или кашей и громадный арбуз. Поля стоящей пшеницы и покрытые уже готовыми снопами спускаются в зеленую долину и к поросшим лесом холмам. На переднем плане стоит блестящий зеленый мотоцикл, вдали работает комбайн. Место действия, как можно судить по узору на коврике, — Молдавия (теперь Молдова). Время действия — любой год после 1940 г., когда Молдавия была аннексирована СССР. Картина Алексея Васильева называется *О нас пишут в "Правде"*.

Это не назовешь великим произведением искусства. Но техника художника хороша, и в целом картина приятна для глаза. Не прибегая к грубой политизированности, Васильев сумел применить все главные эле-менты социалистического реализма — или революционного романтизма, как называл этот стиль Жданов — в полном соответствии с Постановлением партии от 1934 г. Он создал картину, которая, если прибегнуть к сталинскому выражению, является «национальной по форме и социалистической по содержанию». *Народность*, или национальный дух этой картины предполагается в связи этих молдавских крестьян с теми, кто их так любит в Москве. Ее *партийность* в восторге изображенных от того, что об их работе пишет партийная газета. Ее *классовость* подчеркнута крестьянскими одеждами и рассказом об их физическом труде. *Идейность* проявилась в оптимистичности и политкорректном подходе к теме. Ее типичность заявляет о себе открыто и громко: счастливые труженики и современная техника повышает производительность ради благосостояния народа. Картина откровенно социалистическая и представляется вполне реалистической.

Дело в том, что все главные реалии жизни в Советском Союзе систематически фальсифицировались. В реальности у молдавских крестьян только что отняли и землю, и их национальную культуру. Их принудили жить и работать в колхозах, а излишки регулярно отнимало советское государство. Тысячи и тысячи были сосланы в Гулаг умирать или были расстреляны как «вредители». Их язык перевели на кириллическую письменность, так что дети, получавшие образование в советских школах, уже не могли читать довоенную молдавскую и румынскую литературу. Были запрещены всякие контакты с западной частью Молдавии, которая входила в состав Румынии, им сказали, что это теперь — заграница. Они были повержены, разорены и запуганы. А миру объявили, что они совершенно довольны.

У непредубежденного зрителя возникает вопрос: сохраняет ли свою эстетическую ценность искусство, когда (с точки зрения человечности и морали) его главная цель — обман?

на руках у немцев осталась оккупированная страна — громадная и враждебная. Правительство Югославии отправилось в изгнание в Лондон. Хорватия провозгласила себя независимой республикой. Венгры, болгары и итальянцы — все отхватили от Югославии по большому куску. Между тем быстро росли армии сопротивления. Ужасные *усташи* (хорватские мятежники) принялись проводить этническую чистку от сербского меньшинства. При этом они использовали весь набор фашистских методов: лагеря смерти и массовые расстрелы. Роялисты-*четники*, возглавившие сопротивление в Югославии, все больше входили в противоречие с коммунистическим движением под руководством Иосипа Броз «Тито» (1892-1980). Горячая решимость югославских партизан покончить с захватчи-ками могла сравниться только с их желанием перебить друг друга.

Дальше на юг, в Греции, немцы сметали все на своем пути. Афины были оккупированы; британские войска, удерживавшие Крит, были к конц[у] мая разбиты превосходящими силами.

В реакции Сталина на Балканский кризис н[е] было никакой солидарности с Гитлером. За ден[ь] до наступления немцев, 5 апреля, он подписа[л] договор о дружбе с Югославией. 13 апреля о[н] подписывает жизненно важный пакт о нейтрали[-] тете с Японией. СССР готовился к масштабны[м] действиям в Европе. Говорят, 15 мая Жуков пред[-] ложил, чтобы Красная Армия опередила Вермах[т,] напала первой и расстроила таким образом приго[-] товления немцев.

ЧЕРНОВЦЫ

Вступление Советской Армии в Северную Буковину в июне 1940 г. было первым шагом в разрушении целой культурной области. Отвоеванная Австрией у Оттоманской империи в 1775 г., эта часть старой Молдавии в течение полутораста лет была самым дальним аванпостом Габсбургов. Затем на 20 лет ее прибрала к рукам Румыния. Главный город Черновицы (*Cernati*) на реке Прут был центром многоязычного, поликонфессионального, иерархического общества, где имперская немецкая культура «Центральной Европы» (*Mitteleuropa*) лежала как прозрачный покров поверх богатых слоев местных культур: еврейской, румынской, польской и рутенской. После 50 лет советского выравнивания Черновцы превратились в скучное провинциальное болото на задворках Украины.

Старая Буковина исчезла. Она еще проглядывает в записках эмигранта, вернувшегося в последние годы советского правления, который покинул эти места в 1920-е годы посреди «тщетных попыток сохранять достоинство германского правящего класса в отступающих отрядах исчезнувшей империи»: «Все вокруг еще помнило о былом». Старые дома, все еще выкрашенные, как в Австрии, в желтый цвет, чередуются с имперскими русскими зелеными. Но буковинское смешение национальностей исчезло... все расстреляны или репатриированы, а на их место пришли невозмутимые, жующие капусту украинцы. Буйная, пестрая, убийственная пестрота... теперь сменилась на сталинское однообразие *Черновцов*. Базар на городской площади, где «окутанные чесночным облаком» евреи, армяне, липоване и немцы торговались за «тулуп, острый сыр, самогон или табак, масло для жарки и коровяк, теперь покрыт асфальтом для парадов и украшен гигантским портретом Ленина; многонациональный приграничный мир Австро-Венгрии и царской России превратился в «громадный приют для бедных». Но настанет день, когда рухнут стены этого «приюта».

Из Югославии боевые соединения немцев переправлялись на восточные границы Рейха. В начале июня 1941 г. лесная глушь и проселочные дороги от Восточной Пруссии до Румынии были полны шума немецких бивуаков и рева танковых моторов. Каждый польский крестьянин (и почти все разведки мира) знали, что Гитлер готовится напасть на Советский Союз. И единственным, кто, казалось, ничего не знал, был Сталин, приказавший ни в коем случае не поддаваться на провокации на границах.

Поскольку мы не имеем необходимых документов, обстоятельства происшедшего так и остались невыясненными. Принято считать, что Сталин то ли не мог постигнуть всей глубины предательства Гитлера, то ли выигрывал время, чтобы завершить приготовления к обороне. И то и другое неправдоподобно. Не надо быть большим знатоком, чтобы понять, что у германской военной машины оставалось лишь одно направление — на Восток. И Гитлер еще в начале предвидел тотальную войну в 1942 или 1943 годах; теперь ему надо было решить: развивать ли успех или остановиться, рискуя потерять инициативу. Для бывшего капрала банды окружавших его авантюристов все было совершенно ясно: они стремились или дальше идти к славе или к *Gotterdammerung* (Сумеркам богов).

Что же касается планов Сталина, этого мастера скрытности, нам остается только строить предположения. Однако, как немцы вскоре обнаружат, Советы не теряли времени даром: громадные войсковые соединения были выдвинуты вперед, где их положение было очень уязвимым; военные самолеты стояли без всякого прикрытия также на выдвинутых вперед летных полях; пограничные заставы были сняты; дороги и мосты приведены в порядок для оживленного движения по ним. Красная Армия заняла позицию для скорого наступления. Все указывает на возможность, что Сталин, изображая непонимание ситуации, желал скрыть приготовления для неожиданного нападения на Рейх[80]. Если это так, то противник его просто опередил: Вермахт ударил на рассвете 22 июня.

Господство нацистов в Европе (июнь 1941– июль 1943 гг.). Операцией *Барбаросса*, заведшей германскую армию вглубь Советского Союза, началась основная военная и политическая игра Второй мировой войны в Европе. На открывшемся фронте Германия понесет 75% своих потерь — вот цена, которую заплатил Гитлер за свое поражение. В ходе операции *Барбаросса* немцы очень близко подошли к полной победе и в течение 2–3 лет значительно увеличили территорию, где победил нацистский *новый порядок*. Наступление 1941 г. привело Вермахт к самым воротам Москвы; наступление 1942 г. вывело их на Волгу и на Кавказ (см. карту 26).

Наступление в июне 1941 г. сразу же принесло впечатляющие результаты. 156 дивизий, состоящих более чем из 3 млн. человек, пересекли линию Риббентропа-Молотова, совершенно ошеломив Красную Армию на ее позициях. За пару дней советские самолеты были выведены из строя прямо на земле. Целые русские армии были окружены и громадные массы военных взяты в плен. Немецкие танковые колонны устремились вперед с невиданной скоростью. В странах Прибалтики, в Белоруссии и на Украине немцев приветствовали как освободителей. Местные крестьяне встречали солдат Вермахта хлебом и солью. Во Львове, где отступающие части НКВД расстреляли многие тысячи политических заключенных, прошла демонстрация с открытым требованием независимости Украины. К декабрю, несмотря на отсутствие зимнего обмундирования, передовые немецкие части вступили в собственно Россию и осадили Ленинград. Перед тем, как в день известных событий в Перл Харбор прибыл секретный резерв Сталина из свежих сибирских частей и начал их теснить назад, немцы видели в бинокль Кремль. [СМОЛЕНСК]

В 1942 г. германское командование решает продвигаться вперед вдоль южных степей. Приоритетной становится задача захвата черноземных районов Украины и нефти Баку. Однако они встретились с гораздо более решительным сопротивлением, а отступающие советские войска оставляли за собой голую землю. Промышленные районы были опустошены; заводы демонтированы и перевезены на восток, рабочее население эвакуировано; великая плотина в Днепропетровске, гордость пятилетки, была взорвана. Немецкие солдаты взобрались на г. Эльбрус. Когда наступила вторая зима, они приближались к Волге у Сталинграда.

Дойдя до Волги, германская армия присоединила к подчиненной Гитлеру территории пространство, равное всем завоеваниям нацистов в Западной Европе. Гитлер получил *жизненное пространство*, о котором мечтал. Захваченная Рейхом территория протянулась теперь более, чем на 1 000 миль. Причем обнаружилось, что нацисты вовсе не имеют намерения учитывать пожелания местного населения. Не должно быть независимых республик — только военное правительство в прифронтовых регионах, а в Остланде и на Украине рейхс-комиссариаты под руководством СС. Национальное движение на Украине, которое немцы всячески поддерживали в 1917–1918 гг., теперь подавлялось. Так упрямством и глупостью нацисты отвергали всякую возможность привлечь население на свою сторону. Простой заносчивостью и высокомерием они превратили свои величайшие приобретения в невыносимый груз. Их варварство не знало границ. Они не оставляли своим новым подданным иной возможности, кроме сопротивления. Сто человек расстреливали за каждого немецкого солдата, убитого «бандитами». В порядке вещей был сметать деревни с лица земли, а жителей убивать. Нацистские власти считали, что могут уничтожать людей по своему желанию. Как и в Польше, население было разделено на категории по национальному признаку и получало продовольственные карточки или разрешение работать соответственно этой классификации. Там, где евреев не убивали сразу, их бросали в гетто. Славяне, элиту которых намечали уничтожить полностью, в целом считались годными лишь для неквалифицированного рабского труда. Несколько миллионов мужчин и женщин были отправлены в Рейх на принудительные работы. Поскольку росли все категории «нежелательных», сеть нацистских концлагерей и лагерей военнопленных значительно расширилась. Поскольку советские военнопленные были лишены всяких прав, около 3–4 млн. человек были оставлены умирать в открытых обнесенных колючей проволокой лагерях. Восток рассматривался как поле для ничем не сдерживаемой человеческой материальной эксплуатации. За три года население Украины уменьшилось на 9 млн.

А между тем самозванный *крестовый поход нацистов в защиту цивилизации* мог получить значительную поддержку. Множество солдат было послано на восточный фронт Румынией, Венгрией и Италией. Румыния взяла под свой контроль Одессу и район Приднестровья. Отборная *Голубая дивизия* генерала Франко прибыла из Испании. В государствах Прибалтики существовавшие арме

СМОЛЕНСК

В июле 1941 г. войска Вермахта захватили Смоленск так быстро, что здание местного комитета партии со всем содержимым попало в руки немцам. В смоленских архивах открылись дела со всеми подробностями по всем направлениям деятельности коммунистов со времени революции, включая сталинские чистки и Большой террор. Архивы были вывезены в Германию, а потом вторично захвачены американцами в 1945 г. и перевезены в США. Они составляли лишь небольшую часть громадного нацистского собрания документов, которые попали в руки американцев и составили ядро руководимого американцами Центра документации в Берлине. Но уникальность события состояла в том, что советские власти никогда не допускали к своим государственным архивам, не говоря уже о секретных партийных материалах. Вот почему упавший в руки плод (в Смоленске) имел невероятную ценность. Исторические исследования, проведенные в свете «смоленского софита», смогли рассеять туман советской пропаганды и западных теоретизирований; в результате появились первые правдивые описания истинной природы коммунистического правления.

Велико было недовольство многих советологов и апологетов Советов. До тех пор они создавали фантастические построения при полном отсутствии достоверных сведений или при их малом количестве, и теперь они не желали взглянуть в лицо суровой правде. Вот почему, когда один ученый, проанализировав Смоленские архивы, сделал вывод, что Сталин в 30-е годы проводил непрерывную чистку, он был немедленно осужден коллегами. «Эта точка зрения, — бойко провозгласил архиаполгет Арч Гетти, — не находит поддержки в доступных и достоверных документах». Подобные софизмы сходили за научные выводы до тех пор, пока не пал Советский Союз.

Архивы всегда были интересны тем, кто хотел манипулировать историей. В 1992 г. официальные лица в России сообщили о существовании так называемого Особого архива, который при советском режиме хранился отдельно от остальных документов. Его полный состав еще не установлен, но вместе с дневниками Геббельса там, конечно, находились документы из французского Sûrete Nationale и из польской военной разведки Dwojka, даже документы Британского экспедиционного корпуса (1940 г.) и Великого герцогства Люксембургского. Говорят, там находятся все исчезнувшие собрания нацистского RSHA (Главное управление безопасности рейха). Очевидно, охотившиеся за архивами наци собирали в захваченной Европе все, что можно, и размещали добычу по замкам и подвалам Польши и Восточной Германии, где она и была затем захвачена Красной Армией. Советы, таким образом, многократно возместили потерю смоленского архива. [МЕТРИКА]

Еще интереснее то, что, по-видимому, часть нацистских архивов была затем сфальсифицирована коммунистами. В Варшаве, например, послевоенное коммунистическое Министерство госбезопасности (UB) получило в наследство все имущество городского гестапо. Вооружившись соответствующими регистрационными журналами, кодами, письменными принадлежностями, чистыми бланками и печатями, можно было просто подправлять документы. UB было не трудно фабриковать, например, документы, подтверждающие, что Польское движение сопротивления (Армия Крайова) руководилось нацистскими коллаборационистами.

В течение 50 лет, таким образом, у историков был односторонний взгляд на события середины XX века, поскольку односторонними были документы. Но в 1990-е, когда начали открываться до того времени потаенные сокровища экс-коммунистического мира, начало восстанавливаться равновесие. Когда в Германии открывали свои секреты документы восточногерманского Штази, одновременно готовили к передаче Федеральному правительству нацистские документы из Берлинского центра документов. В Вашингтоне были проведены сенатские слушания, стоит ли предпринимать такие шаги. Потому что победившие во Второй мировой войне очень хорошо знали, что «власть дает знание, а знание дает власть».

ские и полицейские соединения были переведены на службу Германии. Почти из всех оккупированных стран текли новобранцы и добровольцы. Некоторые из них, в особенности, советские военнопленные были добровольцами только по имени, поскольку у них был небогатый выбор: идти служить или умереть от голода. Но многие другие, в особенности из Западной Европы, присоединялись к немцам охотно. Генерал Власов, бывший советский офицер, возглавил миллионную Русскую Освободительную армию. В Казачью бригаду вступали

многие довоенные эмигранты. Даже в Waffen-SS было много иностранцев.

Холокост. В связи с оккупацией *Lebensrain* на Востоке нацисты начали проводить величайшую в истории, систематическую кампанию расового геноцида. То, что они называли *окончательным решением еврейского вопроса,* теперь называют *Холокостом,* или на иврите *Шоа.* Это была попытка, используя новейшие технологии убить в Европе всех евреев: мужчин, женщин

ЛАТВИЯ

Латыши никогда особенно не любили немцев. Немцы составляли правящий класс в Прибалтийских государствах со средних веков, они верно служили царской России. И, тем не менее, массовые убийства и депортации в советское правление в 1940–1941 гг. привели к тому, что от войск Вермахта ждали облегчения.

Поэтому немцы не встретили большого сопротивления, когда начали создавать латышские военные части, как только вошли в Ригу 1 июля 1941 г. Поначалу бывшие латышские армейские и полицейские части вместе с дезертирами из бывшей советской армии были реорганизованы под немецким командованием. *Вспомогательная полиция безопасности,* позднее переименованная Schutzmannschaft, или *шума-батальоны,* использовалась для обслуживания на линии фронта, для охраны, работы и исполняла обязанности пожарных, а также для *специальных операций.* (Последний эвфемизм, как оказалось, включал убийство евреев под руководством СС.) В 1942 г. постановление о призыве в армию значительно увеличило численность этих отрядов, а также позволило сформировать не только низшие

Hilfswillige (Hiwi) части, но и регулярный *Латвийский легион.* С 1943 г. разбухший от добровольцев Легион поставлял людей в три латышские дивизии Ваффен-СС. Новобранцы латышских дивизий давали клятву «бороться против большевизма» и «подчиняться главнокомандующему вооруженных сил Германии Адольфу Гитлеру». Команды им отдавались на латышском языке, и они носили на рукавах нашивки, на которых было написано *Латвия.* Они сражались под Ленинградом и отступали с немцами до самого Берлина.

На встрече с рейхсфюрером СС в 1944 г., начальник штаба Латвийского легиона записал подновленную версию нацистского порядка, как ее излагал Гиммлер: «В настоящее время требуется, чтобы каждый офицер СС независимо от своей национальности... стремился обеспечить жизненное пространство для всей семьи германских наций. [Затем он перечислил, какие нации принадлежат к германской семье: немцы, датчане, фламандцы, англосаксы, скандинавы и народы Прибалтики.] Соединить все эти нации в одну большую семью — самая важная задача настоящего момента. Естествен-

но, что немцы, как самая большая и сильнейшая нация, играют ведущую роль в этом процессе. [Но] это объединение должно происходить на принципах равенства... [Позднее] эта семья... должна принять на себя миссию включить все романские нации, а затем славянские, потому что они тоже принадлежат к белой расе. Только через объединение белой расы можно уберечь западную культуру от опасности со стороны желтой расы.

В настоящее время Ваффен-СС является лидером в этом отношении, потому что его организация основывается на равенстве. Ваффен-СС включает не только немцев, румын и славян, но даже исламские части. . . которые сражаются в тесной близости. Вот почему так важно, чтобы все офицеры Ваффен-СС проходили подготовку в одних военных колледжах...»

Интернационализм нацистов появляется лишь в финальный период войны, когда Германия уже стояла на грани поражения. Он не очень-то заметен в изложениях фашистской идеологии. Как не ясны и причины, почему так много европейцев за него сражалось. Забываешь, что нацисты издавали журнал «*Nation Europa*» («Нация Европа»).

детей — просто за то, что они евреи. Не ясно, что послужило отправной точкой. Не было обнаружено никакой директивы или приказа фюрера, хотя то, что он ответственен в наибольшей степени, не подлежит сомнению. Есть основания думать, что Гитлер постарался скрыть свое участие и избежать дурной славы, которая уже росла из-за утечек на относительно ранних этапах кампании эвтаназии[81]. Европейские евреи должны были стать первой, хотя и не единственной, целью нацистской программы расовых убийств.

После нескольких лет благоразумной сдержанности Гитлер вернулся в 1938—1939 гг. к экстремистскому языку ранних этапов своей карьеры. Выступая по радио 30 января 1939 г., он сделал «предсказание», что, если евреи организуют следующую войну, то результатом будет *Vernichtung*, то есть уничтожение всех евреев. Однако до июля 1941, несмотря на высокую смертность евреев в устроенных нацистами гетто на территории оккупированной Польши, они все-таки не подвергались еще поголовному истреблению. На деле продолжались неясные разговоры о том, чтобы отправить евреев куда-то подальше и о том, как нейтральные США очень чувствительны к еврейскому вопросу. Но 31 июля 1941 г. Геринг приказал главе RSHA (Главного управления имперской безопасности) подготовить *Окончательное решение*[82]. Незадолго до этого он получил срочные инструкции фюрера. Теперь следовало отбросить всякие колебания. Объявлялась политика уничтожения. *Переселение* становится официальным эвфемизмом геноцида. По мере того, как германские армии продвигались в самое сердце бывшей черты оседлости царской России, снова появились печально известные мобильные отряды СС *Einsatzgruppen*, забирая евреев тысячами, отправляя в шахты и водостоки и поголовно расстреливая их там. Одна такая акция во рву Бабий Яр около Киева унесла жизни 70 000 человек.

В январе 1942 г. руководство СС, включая Адольфа Эйхмана, главу Еврейского отдела (отдела IV-B-4 в RSHA), провело однодневное совещание на вилле Ваннзее под Берлином и там согласовало технические и организационные вопросы. Было принято решение ускорить эксперименты с газом циклон-Б, создать несколько лагерей для умерщвления в Хелмне, Белжце, Собиборе и Треблинке, расширить уже существующие концлагеря в оккупированной Польше, в особенности ла-

герь Освенцим (Аушвиц) II-Биркенау, проконсультироваться с ведущими немецкими фирмами в отношении проектов крематориев и «ликвидации излишков», составить графики по времени и по подвижному составу для международной транспортировки по железным дорогам, набрать вспомогательные соединения. Если не знаешь, о чем идет речь, то вполне можно принять это за ежегодную встречу немецких директоров бойни: было намечено обработать 7—8 млн. «единиц». Проблема состояла в том, чтобы собрать, транспортировать, и ликвидировать как можно более эффективно.

С этого времени программа *Окончательного решения* проводится беспрерывно в течение трех лет — город за городом, гетто за гетто, район за районом, страна за страной. В 1942—1943 гг. нацисты сконцентрировали свое внимание на одной категории — 3 млн. евреев оккупированной Польши. В 1943—1945 гг. *Окончательное решение* распространяется на Балканы, Нидерланды, Францию и Венгрию. В конце оно было исполнено, возможно, на 65% от запланированных цифр. Этот процесс был остановлен только тогда, когда «оборудование» было захвачено армиями союзников.

Впоследствии из массы мемуаров и документов стало известно, каким становится человек *in extremis*[83]. Блестящая еврейская девочка ежедневно записывала в дневник свои мысли, пока она пряталась на Принценграхт *263* в Амстердаме[84]. Глава юденрата, то есть Еврейского совета, в Варшаве пишет, что перед ним стоял труднейший выбор, поскольку он пытался служить и своему собственному народу, и нацистам[85]. Автобиография, написанная в камере смертников бывшим комендантом лагеря смерти, раскрывает нам образ добросовестного и сентиментального человека, абсолютно глухого к моральным соображениям:

«В Освенциме у меня в самом деле не было причин жаловаться на скуку… У меня была только одна цель — продвигать всех и все вперед, так чтобы лучше выполнить поставленные передо мной задачи.

Я должен был холодно наблюдать, как матери с плачущими или смеющимися детьми шли в газовые камеры… Днем и ночью приходилось часами стоять в отвратительном зловонии… Я должен был заглядывать в глазок… и наблюдать самый процесс смерти.

В Освенциме, конечно, моя семья была вполне обеспечена. Когда я видел, как играют мои счастливые дети или видел восторг моей жены по пово-

RESPONSA

3 октября 1943 г. одного мальчика удалось спасти от *Kinderaktion,* в ходе которой было убито множество еврейских детей в устроенном нацистами еврейском гетто Кау␣наса (Ковно) в Литве. Человек, спасший мальчика, спросил своего раввина, можно ли ему вырастить мальчика как собственного сына. Раввин обратился к мужчине с утешительными словами, но ответ был «Нет». Мальчика надо всегда учить почитать его собственных отца и мать.

В огромной литературе еврейского Холокоста мало что сравнится по своему моральному величию с этими ответами (responsa) раввинов из гетто в оккупированной нацистами Европе. Отвечать на религиозные затруднения своей паствы было одной из главных обязанностей раввинов; и у них было в обычае записывать как вопросы, так и ответы. Существует несколько таких записей, но особенно потрясает запись ответов равви Ефраима Ошри из Кау␣наса, пережившего войну и составившего этот сборник после войны. Даже краткая выборка открывает перед нами картину жизни общины, находившейся на грани истребления, которая тем не менее не отступалась от принципов:

· Могут ли евреи пытаться спасти себя фальшивыми свидетельствами о крещении? *Это абсолютно запрещено.*
· Разрешается ли женщине в гетто желать аборта? *Да, потому что без аборта и мать, и дитя будут убиты.*
· Имеет ли право женщина в гетто, чей муж исчез, быть свободной от обычных правил, регулирующих браки? *Нет.*
· Может ли еврей в гетто соверш␣ шить самоубийство? *Лучше быть похороненным после самоубийства, чем кремированным после уничтожения.*
· Может ли еврей-отступник, носящий крест, быть похороненным в Святой земле? *Да, но на некотором расстоянии от других захоронений.*
· Можно ли совершать над ребенком, рожденным от прелюбодеяния, обряд pidyan haben (перворожденного)? *Да.*
· Что следует сделать с одеждой убитого еврея? *По религиозному закону окровавленную одежду следует похоронить; но не имеющую кровавых пятен одежду можно отдать детям жертвы.*

Говорили, что *responsa,* данные в несвободе Холокоста, отличаются неподобающей снисходительностью. Об этом судить знатокам. Но всякий увидит в них желание соединить суровые еврейские законы с долгом сострадания. В августе 1941 г., например, немецкие солдаты нанесли в синагогу слободки дохлых кошек и собак, а потом приказали группе евреев разорвать список Торы над трупами и поджечь синагогу. Когда рабби Ошри спросили, как могут получить отпущение этого греха, те, о ком шла речь, голодали. Он дал ясный, но и полный кротости ответ: «пусть постятся во искупление греха, если могут».

Много обсуждалось обвинение в якобы пассивности обреченных евреев Европы. В некоторых кругах принужденных к сотрудничеству евреев даже заклеймили как *военных преступников.* «Если существует такая вещь, как духовная порнография, то вот она» (Hugo Gryn). Хасиды считали, что «лицо Бога было закрыто» в эти времена массовых преследований и что благочестивый еврей должен принять свою судьбу. Раввины не хасиды придерживались не такого строгого правила, хотя у них и была долгая традиция почитать закон той земли, где они жили. Главный раввин Афин уничтожил список членов его общины, что позволило многим из них выжить. Главный раввин Салоник этого не сделал, и большинство его паствы было истреблено.

Важно то, что решения — сотрудничать или сопротивляться — принимались на основе определенных моральных принципов. Даже там, где ничего не предпринималось, свидетельство не склоняется в сторону моральной пассивности и безразличия. Нельзя отрицать, что отдельные люди могли совершать любые предательства. Но примеров противоположного поведения было множество. Группа еврейских врачей в Варшавском гетто решилась обратить свое несчастье на пользу и провести научное исследование симптомов и течения их собственного голодания. Спрятанное в большом молочном бидоне, их исследование сохранилось и было опубликовано в послевоенной Варшаве.

В нацистском лагере смерти Заксенхаузене еврей-член зондеркомманды, выполнявший физическую работу при истреблении, узнал своего раввина уже на площадке. Единственная просьба раввина была сохранить его *luz,* верхний позвонок позвоночника. (По верованиям евреев, *luz* — это то ядро, вокруг которого создастся новое тело в будущей жизни.) Итак, этот человек отрезал косточку от тела раввина и поклялся похоронить ее в Святой земле в Иерусалиме после войны.

ду самого маленького, я часто задавался вопросом: сколько еще продлится наше счастье?»[86]

Некоторые прибегали к средствам художественной литературы, чтобы понять эти пропасти ада[87]. Но самое впечатляющее свидетельство оставили те, кто просто хотел сохранить свое человеческое лицо. [RESPONSA]

Дискуссии по этим вопросам теперь вращаются вокруг двух моментов: утверждают (необычно голословно), что евреи были пассивны, а неевреи проявляли полное равнодушие. Оба обвинения преувеличены. Имея в виду потрясающий образ Януша Корчака, известного польского писателя, который спокойно сопровождал группу сирот в их последнем пути из гетто, один оставшийся в живых ветеранов сказал: «Быть спокойным — это тоже героизм»[88]. Другой вспоминает, что его собственная еврейская семья ничего не предпринимала, когда их соседей забирали в газовые камеры[89]. Евреи участвовали в партизанском движении, иногда создавая отдельные части; и в нескольких гетто были вооруженные восстания. В Варшаве героическое восстание в гетто началось 19 апреля 1943 г., чтобы не допустить окончательной чистки. Оно продолжалось три недели, пока среди сражавшихся не осталось в живых всего 80 человек. Руководитель восстания Мордехай Анелевич совершил самоубийство с последней группой своих товарищей на последнем редуте на ул. Милой[90]. В Треблинке благодаря решительному прорыву бежало 300 заключенных. [КЛТЫНЬ]

Отношение не евреев тоже было разным. Большинство людей, живших в тени террора, не делали ничего; некоторые помогали проводить геноцид. И все же многие проявляли сострадание. Некий поэт терзается, видя детскую площадку около стены Варшавского гетто, что напомнило ему об одинокой смерти Джордано Бруно (в Риме, на Кампо ди Фьори — на площади Цветов).

> Я вспомнил Кампо ди Фьори
> В Варшаве, у карусели,
> В погожий весенний вечер
> Под звуки польки лихой.
> Залпы за стенами гетто
> Глушила лихая полька,
> И подлетали пары
> В весеннюю теплую синь.

> Мораль извлекая, скажут,
> Что римляне ли, варшавяне
> Торгуют, смеются, любят
> Близ мученического костра.
> Другие, возможно, скажут
> О бренности мира людского,
> О том, что забвенье приходит
> Прежде, чем пламень угас[91].

Размышляя об этом, один интеллектуал-католик написал о моральной ответственности даже тех, кто конкретно не принимал участия в уничтожении[92].

В отношении к Холокосту Европа продемонстрировала как бездны безнравственности, так и высокий героизм. В эпицентре этого урагана — в оккупированной Польше — возможность спасти изолированных ото всех евреев всегда была очень невелика. Критики из других, более счастливых стран не всегда понимают, что тоталитарные режимы подталкивают каждого, кто в их власти, в той или иной степени к соучастию. Не следует судить несвободных по критериям свободных обществ. Впрочем, были отдельные люди, так называемые *szmalcownicy* (смазчики), которые, выдавали гестапо бежавших евреев (и борцов Сопротивления). Но были и другие, которые, рискуя своей жизнью и жизнью своей семьи, прятали и защищали беглецов. В 1943 г. польское Сопротивление создает *Zegota* — организацию по спасению евреев[93]. Возможно, 150000 человек, то есть 5%, спаслись, прячась по амбарам и погребам, в монастырях, по фальшивым документам или в лесах[94]. [БАТАЛЬОН—**101**]

В других районах Европы, не в таких экстремальных обстоятельствах, европейцы демонстрировали все виды поведения: от благородного самопожертвования до полного равнодушия. В Дании, где король Христиан, демонстрируя свое сочувствие евреям, выехал на улицу с нашитой звездой Давида, большинство из 300 датских евреев смогли бежать. В Румынии, где армия и полиция убили сотни тысяч евреев по собственному почину, правительство, тем не менее, сопротивлялось передаче румынских евреев нацистам. Во Франции, где режим Виши имел собственные отвратительные концлагеря, как в Ле Верне, местная *milice* — милиция — возглавила поиск евреев. Они отличали «чужих» еврейских беженцев от «мест-

БАТАЛЬОН −101

Рано утром 13 июля 1942 г. солдаты немецкого резервного полицейского батальона были подняты до рассвета в лагере у польской деревни Юзефуво и отправлены в близлежащий городок Отвоцк. Им не объявили задания на день. По прибытии в городок офицеры СС приказали им хватать всех здоровых евреев-мужчин и расстреливать всех остальных евреев — женщин, детей и стариков. В этот день они убили 1500 человек, сделав «первый взнос» в общую цифру убитых этим батальоном — 83000 человек. В 1962–1972 гг. 210 бывших служащих этого батальона были допрошены западногерманскими прокурорами, которые и приготовили обстоятельные дела на них. Это были беспартийные, среднего возраста, в основном из пролетариев, призывники из Гамбурга, города, где нацисты имели наименьшее влияние в Германии. Они были самыми обыкновенными немцами. Почти все они высказывали отвращение к своим военным обязанностям и многие заявляли, что неповинны в прямых убийствах. Но громадное большинство приняло в них участие. «Стрелять было легче».

Во всяком современном обществе бюрократизация и специализация ослабляют чувство личной ответственности тех, кого употребляет для своих це-

лей официальная политика. Однородная по составу группа оказывает громадное давление на поведение ее членов и их моральные устои. Если солдаты 101-го резервного полицейского батальона смогли стать убийцами в сложившихся обстоятельствах, то какие люди не смогут? [Подобное же свидетельство было предоставлено Якубом Берманом, главой польской послевоенной службы безопасности (UB), в 1981 г.]

По очевидным причинам мало известно о евреях, которые бы оказались перед таким же моральным выбором, как Батальон 101. Очень мало евреев выжило. Однако известно, что обычной практикой СС было делать евреев полицейскими в гетто и брать евреев в *Sonderkommandos* для наиболее тяжелых работ в лагерях смерти. Карел Переходник был одним из таких работников. Он был образованным человеком, который стал еврейским полицейским в гетто Отвоцка в надежде избежать смерти и прокормить семью. Он выполнял приказы нацистов и не бедствовал. С помощью своих друзей — неевреев он бежал в «арийскую зону», где прожил достаточно долго, чтобы оставить свои мемуары. Его мемуары называются *Убийца ли я?*

Всякому, кто не знает Восточной Европы, еще труднее

поверить в то, что делала коммунистическая политическая полиция, наводнившая Польшу в 1944–1945 гг. В Польше бытует мнение, что печально известная коммунистическая служба безопасности (UB) состояла по большей части из евреев (или, скорее, бывших евреев), и что их преступления ужасны. Но никогда не публиковались никакие конкретные факты, так что у этих рассказов не было оснований. Недавние разоблачения, однако, разрушили табу на эту тему. Они тем более убедительны, что были сделаны следователем-евреем на основании показаний евреев и в духе их покаяния. Исследование касается района Верхней Силезии, и в особенности города Гливице. В исследовании утверждается, что в 1945 г. все командиры и три четверти местных агентов UB были евреями; что в лагеря и тюрьмы в посленацистскую эпоху бросали совершенно невинных граждан, особенно немцев; что в порядке вещей были пытки (голодом, садистскими избиениями) и убийства. Коммунистический режим загубил примерно 60–80 тыс. человек из немецкого населения. В свете этих фактов трудно согласиться с обычной практикой, когда убийц, жертв и посторонних определяют по принадлежности к конкретной этнической группе.

ных» французских евреев, из которых погибло только 8%. Французские протестантские церкви заявили формальный протест, а французское Сопротивление предпринимало действия с целью затруднить движение поездов с депортируемыми. В Голландии, несмотря на старания борцов Сопротивления, погибли все евреи. В Венгрии, которая была оккупирована нацистами только в 1944 г.,

решительный шведский дипломат Рауль Валленберг организовал побег множества евреев. За свои труды ему пришлось поплатиться: его задержали советские власти. Местные лидеры-сионисты обвинялись в том, что доносили на других евреев. На оккупированных немцами Нормандских островах были выданы все евреи. Но в фашистской Италии, в оккупированной итальянцами Югославии, в фа-

ТЭЗЕ

Августовским днем 1940-го года, вскоре после падения Франции, двадцатипятилетний студент-богослов из Швейцарии пришел в маленький городок Бургундии Клюни, собирая материал для работы о монашестве периода до основания ордена бенедиктинцев. Он не так интересовался развалинами монастыря, как надеялся сам основать монашескую общину. Он был сыном протестантского пастора из района Невшатель и еще незадолго до того был смущенным агностиком. В городке он увидел объявление «Продается дом в Тэзе», проехал на велосипеде 10 км вверх по долине и купил дом в полупустой деревне. Это был Роже-Луи Шютц-Марсох.

В военное время Тэзе располагалось в двух километрах от демаркационной линии, разделявшей Францию на две части: зону оккупации и зону Виши. Самозванный монах жил там периодически в одиночестве. Два года он укрывал еврейских беженцев, пока Гестапо не забрало его гостей. В сентябре 1944 г., после освобождения, он снова возвращается сюда и теперь дает прибежище немцам. Местные жители были возмущены, и один из немцев (больной католический священник) был убит. В конце войны к Роже присоеди-

няется его сестра Женевьева и вдвоем они дали приют двадцати деревенским сиротам. Затем приезжают еще семь *братьев*. Не будучи католиками, они вынуждены подать прошение о специальном разрешении использовать заброшенную приходскую церковь. В 1948 г. такое разрешение было получено, подписанное папским нунцием кардиналом Ронкалли.

Община Тэзе бросает вызов обычной классификации: она не имеет формального управления и не принадлежит ни к одному вероисповеданию. Исток восхищения — *Блаженства* в их чистом виде — Радость, Простота, Милосердие, воспитание молодых, примирение и служение идее, которой посвящена книга брата Роже *The Dynamic of the Provisional* (1965 г.) Ее сразу же узнаешь по особому *Голосу Тэзе* — звуку энергичных молодых голосов, распевающих простейшие слова и мелодии ритмическими, завораживающими четырехголосными гармониями.

Как только на близлежащем холме была построена в 1962 году Церковь Примирения, Тэзе становится центром всемирного движения, пунктом назначения непрекращающегося движения, посвященного «Совету молодежи и паломничеству до-

верия». Восемьдесят братьев в белых одеждах являют собой духовный генератор, который охватывает своим влиянием все континенты. Отсюда отправляются миссии в Азию, Африку, Латинскую Америку — всюду, где торжествует дух разделения людей, дух Тэзе стремится его победить. И если сначала к Тэзе с недоверием отнеслись и Всемирный Совет церквей, и Ватикан, то теперь они их признали. В Европе Тэзе поддержали православный Константинопольский патриарх, а затем архиепископ Кракова. В 1980-е годы община прорывает железный занавес, расширяя географию встреч от соборов Св. Петра и Св. Павла до Восточного Берлина и Варшавы.

Современное христианство Европы дало миру несколько вдохновенных личностей, которые смогли преодолеть все существующие барьеры. Одна — это Агнес Бояджиу (родилась в 1910 г., Скопье), монахиня-албанка, более известная в мире как мать Тереза из Калькутты. Другой — датчанин отец Веренфрид ван Страатен, основатель *Помощи Церкви в нужде*. Третьим таким человеком простого сердца и непростого имени был, без сомнения, брат Роже. «Через Тэзе проходишь, – сказал папа Иоанн Павел II, — как через родник».

чистской Испании и Португалии евреи были, в основном, в безопасности.[95] [ТЭЗЕ]

Большие споры вызвал в последствии тот факт, что Ватикан не выступил с открытым протестом. Клеветники обвиняют папу Пия XII в его безразличии к трагедии евреев. Его защитники заявляют, что его разрывали страх перед преследованием немецких католиков и желание сохранять беспристрастность посреди злодеяний фашизма и ком-

мунизма[96]. Без сомнения, этот папа мало сделал для спасения миллионов убитых нацистами католиков.

Точное количество уничтоженных евреев мы никогда не узнаем. Нюрнбергский трибунал установил приблизительно 5,85 млн. Похоже, что так и было. Округленно общее количество составило ок. 3 млн. евреев довоенной Польши, ок. 2 млн. из СССР и ок. 1 млн. из других стран. Цифры для Польши и СССР, возможно, перекрывают друг друга, поскольку с 1939 г. восточная часть Польши была аннексирована СССР. Но ни один ответственный источник не дает цифры меньше 5 млн.[97] Эту цифру можно сравнить с цифрами военных потерь: около 8,7 млн. советских и около 3,5 млн. немецких, и с потерями гражданского населения среди украинцев, поляков — неевреев, белорусов и русских, каждая из которых переваливает за несколько миллионов[98]. **[БУЧАЧ]**

В течение многих лет после войны две круглые цифры имели широкое хождение: 6 млн. жертв Холокоста и 4 млн. погибших в Освенциме (Аушвиц). Первую цифру, хотя она и несколько завышена, вполне можно принять. Вторая цифра — нереальна. Двое бывших узников Освенцима позднее были причислены к лику святых. Блаженная Эдит Штейн — еврейка, принявшая католичество, была схвачена нацистами в Голландии. Отец Максимилиан Кольбе был католическим священником, который отдал свою жизнь, чтобы спасти другого заключенного (отца семейства) от смерти. 50 лет спустя все еще предпринимались болезненные попытки найти подходящий способ почтить память этих жертв, имевших многонациональный и многоконфессиональный характер[99].

В то время одна из главных проблем состояла в том, что внешний мир не мог понять масштаб и чудовищность происходящего. Еще в сентябре 1940 г. отважный офицер польского подполья Витольд Пилецкий (1901–1948) сумел проникнуть в Освенцим. Он провел в лагере два года, организуя ячейки сопротивления, а потом бежал[100]. Но собранная им информация была расценена вне Польши как неправдоподобная. Когда польское правительство в изгнании в Лондоне опубликовало доклад о судьбе польских евреев, ведущий член правительства — еврей, совершил самоубийство в отчаянии от того, что эти сообщения не нашли отклика в обществе[101]. Когда польский курьер посетил Вашингтон, чтобы дать отчет о виденном в лагерях смерти, председатель Верховного суда Франкфуртер остановил его холодными словами: «Мы не говорим, что вы лжете, но...» Американские евреи так же не спешили действовать, как и все остальные[102]. Когда же в конце концов было предложено разбомбить подъезды к Освенциму, союзные державы нашли причины, чтобы отказаться от этого[103]. Сталин

убил миллионы своих граждан в 1930-е годы, а мир даже не прореагировал. Гитлер мог делать то же самое в сороковые годы до тех пор, пока западные представители не увидели всего своими глазами. **[ОСВЕНЦИМ]**

Холокосту посвящен громадный корпус литературы. Ведущие историки Холокоста — почти все еврейские ученые, которые горячо верят, что Холокост уникален. Они отвергают «экуменическую природу зла»[104]. Как они отвергают и старый вопрос: «Почему вы выступаете со своими особыми еврейскими печалями?»[105] При этом еще существует многообразие акцентов и оттенков. Введение термина *Холокост* в его нынешнем значении приписывают Эли Визелю[106]. Люси Давидович заявляет о преднамеренности нацистской программы геноцида.[107]. Рауль Хильберг считает, что Холокост — это кульминация двух тысячелетий антисемитизма[108]. У Иегуды Бауэра складывается застывшая картина с распределенными ролями: нацисты-*убийцы*, евреи-*жертвы* и неевреи-*сторонние наблюдатели*.[109] Мартин Гильберт собрал свод душераздирающих судеб[110].

Голоса оппонентов также звучат не в унисон. Свидетелей несионистов, таких, как Марек Эдельман, последний живой руководитель восстания в Варшавском гетто, осуждают за то, что они противоречат господствующей точке зрения сионистов[111]. Один ученый считает, что Холокост возник из непредвиденных обстоятельств в 1941 году[112]. Другой считает, что еврейскую трагедию следует рассматривать в контексте нацистского террора в целом[113]. Группа журналистов, объединившихся вокруг *Journal of Historical Review* пыталась доказать, что или «истории о газовых камерах» — это ложь, или что цифры потерь искусственно завышены. В связи с этими крайностями взглядов возникла дискуссия, могут ли сами авторы высказанных мнений ждать от общества терпимого к ним отношения[114]. Другие критики жалуются, что «индустрия Холокоста» эксплуатирует страдания евреев ради достижения политических целей[115]. Кинорежиссер Клод Ланцман приобрел едва ли не всеобщее признание своим фильмом *Шоа* (1984 г.), который многие принимают за документальный[116]. Поскольку страсти не улеглись, последнее слово еще не сказано.

Ни одна европейская страна не пострадала от Холокоста так, как Польша. Тысячелетняя при-

ОСВЕНЦИМ (АУШВИЦ)

31 мая 1944 г. английский разведывательный самолет *Москит* (60-го фото-эскадрона) взлетел с базы Бриндизи в южной Италии. Перед ним стояла задача пролететь 900 миль до оккупированной немцами территории Польши и сфотографировать фабрику синтетического топлива в городе Освенцим (Аушвиц). Случайно, поскольку южноафриканские пилоты не выключили камеру, на последних кадрах фильма, снятого с высоты 900 метров, получились первые снимки (с высоты птичьего полета) двух близкорасположенных концентрационных лагерей СС — Освенцим I и Освенцим II–Биркенау.

Множество таких фотографий сделали позднее союзные разведывательные самолеты. На одной фотографии Освенцима–Биркенау, сделанной с меньшей высоты 25 августа 1944 г., можно было даже видеть строй новоприбывших, которых вели со станции к открытым воротам Крематория № 2. Все было видно: поезда на запасных путях, вентиляторы на крыше газовой камеры, трубы печей, группа заключенных. Позднее (в декабре) фотографии показывали, что начался демонтаж крематориев.

Аэрофотосъёмка является важным методом в некоторых отраслях исторических исследований. К ней часто прибегают археологи, урбанисты и те, кто занимается анализом ландшафта. В случае с Освенцимом аэрофотоснимки стали убедительным доказательством проведения кампании геноцида, что пытались отрицать послевоенные ревизионисты.

Уже с конца 1942 г., когда польское правительство в изгнании опубликовало информацию, полученную через своих тайных курьеров, на Запад начинают проникать сведения о нацистских лагерях смерти. И все-таки союзные державы не находили нужным предпринять что-нибудь. Сведения, что именно Освенцим был *конечным пунктом неизвестного назначения*, куда депортировались евреи со всей Европы, получили подтверждение только в июле 1944 г. — из рассказов пяти беженцев.

С этого времени постоянно взывают о помощи некоторые сионистские группы, надеявшиеся, что можно прекратить уничтожение евреев бомбовыми ударами по лагерным строениям и железнодорожным путям. Эти мольбы союзники пропускали мимо ушей. Командование ВВС настаивало, что первоочередными являются военные и промышленные объекты. Один ответственный чиновник британского Министерства иностранных дел пишет в своих заметках: «слишком много времени... понапрасну тратят... на этих скулящих евреев».

Судьба этих аэрофотоснимков не менее поучительна, чем их содержание. Пленки отправили из Италии, чтобы их проявить и интерпретировать на базе ВВС Великобритании Медменхем, графство Бэкингемшир. Поскольку руководители операции интересовались только фабрикой синтетического топлива, последние кадры там не стали даже печатать. Исторические фотографии от 31 мая и 25 августа 1944 г. были обнаружены только 30 лет спустя в архивах разведывательного управления министерства обороны США — ненапечатанными.

Освенцим был освобожден Советской Армией 27 января 1945 г. Тем не менее настоятельные просьбы западных правительств предоставить им подробную информацию оставались без ответа, пока 27 апреля не была получена неопределенная телеграмма из Москвы. В ней говорилось о «расследованиях в Освенциме», которые показали, что «там погибли более 4 миллионов граждан разных стран». Эта цифра, если ее распространять только на жертв Освенцима, не согласуется со статистикой, которую предоставили обвинители союзников в Нюрнберге. Но именно она стала общепринятой. И только после падения коммунизма в 1990 г. государственный музей в Освенциме смог опубликовать более достоверную цифру 1,2–1,5 миллионов жертв, из которых, возможно, около 800000–1,1 миллионов были евреи.

Понадобилось 50 лет, чтобы, разрываясь между доверием и недоверием, приблизиться к достоверным сведениям о событии современной истории, которое к тому же принадлежит к числу самых исследуемых. «После Освенцима, — сказал Теодор Адорно, — больше нельзя сочинять стихи». Кажется, что историки тоже утратили свои способности.

стань евреев в Польше практически прекратила существование. Был вырван важный этнический элемент населения и культуры Польши. Будущие поколения поляков должны будут нести не только оскорбительную память о зверствах, совершенных у них на родине, но также и унизительное наследие взаимных обвинений, лжи и морального смятения. Только те, кто был поляком и евреем одновременно, могут в полной мере оценить глубину этой травмы. «Дороги двух самых печальных народов на земле навеки разошлись»[117]. [БУЧАЧ]

Нападение Германии на СССР разительно изменило характер дипломатических союзов во всем мире. С августа 1939 г. центр и восток Европы сотрудничали между собой на основе партнерства. Теперь они стали смертельными врагами. Это открывало оставшейся третьей силе — Великобритании возможность присоединиться к Советскому Союзу и воссоздать в новой версии дипломатическую систему Первой мировой войны. Теперь Запад соединялся с Востоком, чтобы удерживать Центр до вступления США. Воскрес Великий треугольник. Для Черчилля, который всю жизнь был антикоммунистом, это означало «хорошо говорить о самом дьяволе». Для Сталина это был единственный источник помощи. Англо-советский договор о, взаимопомощи был подписан в Москве 12 июля 1941 г. Германо-советский пакт был официально аннулирован. Сталина даже убедили поступиться своей гордостью и подписать договор с другим союзником Британии — польским правительством в Лондоне. За советско-польской военной конвенцией (июль 1941 г.) последовало общее политическое соглашение. Миллионы невинных польских депортированных и заключенных в СССР были «амнистированы»: в глубинах России предполагалось сформировать новую польскую армию. Командовать ею предоставили генералу Андерсу, которого только что перед тем выпустили из застенков Лубянки. Началась знаменитая Одиссея[118].

Но решающий шаг был еще впереди. Без США Союзные державы были не более, чем клубом инвалидов. Черчилль и Рузвельт подписали Атлантическую хартию 11 августа, определив восемь общих принципов. Среди них:

Первое — их страны не будут стремиться к расширению (территориальному или иному)…

Третье — они уважают право всех народов выбирать самим форму своего правительства…

Восьмое — они считают, что все нации в мире (по причинам как реалистическим, так и духовным) должны отказаться от применения силы[119].

Но Конгресс США все еще не хотел вступать в войну. Советское правительство эвакуировалось в Куйбышев на Волге, и в качестве первого взноса в дело союзников Советы, соединившись с Англией, оккупировали Персию. К счастью для Лондона и Москвы, японцы действовали убедительнее, чем союзники. Когда японские бомбардировщики напали на флот США в Тихом океане в Перл-Харбор на Гавайях 7 декабря 1941 г., они «разбудили спящего великана». Их действия не были прямо связаны с войной в Европе, однако они мгновенно изменили поведение американцев. Америка перестала прятаться от войны. Конгресс проголосовал за значительные военные кредиты. Теперь у президента были развязаны руки. Сами того не желая, японцы открыли двери Великому альянсу. *Большая тройка* — победители в этой войне: Черчилль, Сталин и Рузвельт — принялись за дело.

Немцы, конечно, почувствовали себя обманутыми. Они вовсе не искали ссоры с США, пусть только президент перестанет помогать Англии. Во всяком случае они предполагали окончить войну до вмешательства США. И Берлин, напустив на себя браваду, в речи Гитлера в Рейхстаге от 11 декабря 1941 г. объявляет США войну.

По-своему появление Великого альянса вызвало совершенно такой же шок, как за 2 года до того нацистско-советское партнерство. Советская система противоречила абсолютно всем принципам англосаксонской демократии. Но это не было прощением Сталину его прежних преступлений. Западные лидеры закрывали глаза на то, что Сталин убивал до миллиона своих граждан каждый год на протяжении всей войны. Но коль скоро Сталин был слаб, а Гитлер силен, следовало помочь Сталину. По меркам Сталина, западные демократии были такими же омерзительными и антисоциалистическими, как и фюрер. Но когда Вермахт стоял под Москвой, следовало принять руку Запада и его помощь — идеологическая щепетильность не входила тогда в расчеты. И хотя антинацистский альянс будет упакован в разгла-

льствования о свободе, демократии и справед-
ивости, Великий альянс был связан циничными
ображениями выгоды.

Пока, однако, Великий альянс мало что мог
делать в Европе против Гитлера. Тогда были по-
тавлены задачи: обезопасить собственные комму-
икации, остановить продвижение Вермахта,
аносить ущерб военной промышленности Герма-
ии и закладывать основы для наступательных дей-
гвий в будущем. Во исполнение этих задач
нгличане и американцы объединили усилия в
итве за Атлантику, спланировали громадную
ампанию воздушных бомбардировок, взяли на
ебя военные поставки в Советский Союз. Теперь
се зависело от способности Красной Армии усто-
ть, от способности Англии оставаться непристу-

ной крепостью и от способности Америки правильно распорядиться своими колоссальными ресурсами для одновременной войны на Тихом океане
и в Европе. [**ОКСФОРДСКИЙ КОМИТЕТ**]

Битва за Атлантику обезопасила морские пути,
которые обеспечивали Англии жизненно важную
связь с США, а США — выход в Европу. До
полного освобождения Атлантики потери здесь
составили 21 194 000 т груза союзников, 77 000
британских моряков и 70% всех немецких подводных лодок. Базы немецких подводных лодок
были неуязвимы: неудавшийся рейд англичан в
Сен-Назере в марте 1942 г. высветил тот факт,
что союзники были сильнее на море, а немцы —
на суше. Чтобы наладить обеспечение противоло-
дочных мер, включая конвой судов, воздушное

ОКСФОРДСКИЙ КОМИТЕТ

*Оксфордский комитет помо-
щи голодающим* (Famine Relief)
начал работу в университетской
церкви Девы Марии 5 октября
1942 г. Он был создан для борьбы с последствиями войны в
Греции. Этот Комитет отнюдь
не был единственной организацией, которая ставила перед
собой интернациональные гу-
манитарные задачи: в Женеве
располагался Международный
Красный крест, действовавший
с 1863 г., когда его создал Жан
Анри Дюнан, свидетель ужасов
битвы при Сольферино. Во время Первой мировой войны проводились кампании в помощь
жертвам войны в Бельгии, Сербии [**ФЛОРА**] и Галиции. В 1918–
1921 гг. громадную помощь
оказывала *Американская администрация помощи* (АРА), особенно, в Восточной Европе, как
и UNRRA после 1945 г. Почти
во всех воюющих странах,
включая Германию, была какая-
то благотворительная организация. Но у гуманитарной организации *Oxfam* есть перед ними
преимущества. Подобно IRC
(Международный комитет Красного креста), она была незави-

сима от политики правительства. В то же время, базируясь
в одной из стран союзников,
она не прекращала своей деятельности до конца войны. В-
третьих, будучи британской,
она через Империю имела легкий доступ ко всем континентам. Ее расположение оказалось удачным и тогда, когда
центр международной благотворительности переместился
из Европы.

История благотворительных
организаций показательна в
отношении того, как менялось
место Европы в мире. В результате достигнутого после
войны изобилия сложилось
громадное экономическое различие между «Севером» и
«Югом» именно тогда, когда
«Запад» противостоял «Востоку». США теперь больше, чем
раньше, занимались политикой; Советский блок благотво-
рительностью не занимался, а
деятельность ООН в некоторой
степени ограничивалась стра-
нами-членами ООН. Поэтому
важную роль играли частные
организации из пост-импери-
алистической Европы, такие,

как *Oxfam*, *Спасите детей* (Save
the Children), *Католический
фонд по развитию зарубежных
стран* и *Врачи без границ*. Комиссия *Север Юг* (1978–1983 гг.)
и доклад Брандта определили,
что желательно 1% валового
национального продукта богатых стран направлять на помощь странам Третьего мира.
Но в 1992–1993 гг. катастрофы в бывшей Югославии показали, что и в самой Европе остаются нерешенными гумани-
тарные проблемы.

⸰ Агентство по делам перемещенных лиц, созданное в 1943 году
западными союзниками и известное
в первые послевоенные годы как
UNRRA (The United Nations Relief and
Rehabilitation Agency), в основном
тоже занималось репатриацией.

⸰⸰ В конце 70-х годов комиссия,
возглавляемая бывшим канцлером
Германии Вилли Брандтом, опубликовала доклад, в котором утверждалось, что оказание помощи нуж-
дающимся странам — это не только моральный долг более богатых
государств, но и способ укрепления стабильности в мире и развития мировых рынков.

патрулирование и гидролокаторы, нужны были месяцы и еще месяцы, чтобы их развернуть. Особенно тяжелые потери морских судов союзники несли в марте 1943 г. незадолго до того, как случилась катастрофа с самими немецкими подводными лодками. Потопление 41 немецкой подлодки в связи с конвоем ONS-5 вынудило адмирала Денница навсегда убрать подлодки из Атлантики.

Начиная с первого налета на Кельн тысячи бомбардировщиков (31 мая 1942 г.), наступательные действия союзников непрерывно нарастали могучим крещендо. Эти бомбардировки подверглись сильной критике как по причинам практического свойства, так и по моральным соображениям. Точечное бомбометание при знаменитом *Налете на дамбы* (на водохранилища в Руре) или уничтожение нацистского завода по производству тяжелой воды в провинции Телемарк в Норвегии имело ясно определенные цели. Но уничтожение ковровой бомбардировкой целых немецких городов и попытка терроризировать гражданское население не принесли ожидаемых результатов. Во время бесконечных налетов *ланкастеров, галифаксов* и *летающих крепостей* в 1941−1945 гг. на Рейх было сброшено 1,35 млн. т. бризантных взрывчатых веществ. Контрмеры потребовали от немцев мобилизации немалых ресурсов, которые у них уже таяли. Впрочем, нацистская военная промышленность никогда не останавливалась, а германские граждане, как и английские во время *Блицкрига*, теснее объединялись для защиты родины. Один мощнейший рейд на Гамбург в мае 1943 г. вызвал такое буйство огня, что погибло 43 000 невинных граждан. Другой, на Дрезден, нанес столь громадные разрушения, что их можно сравнить с разрушениями от атомной бомбы в Японии. [ALTMARKT]

Значение операций западных союзников по поставкам в Советский Союз, которые с 1941 г. непрерывно нарастали, редко признавалось теми, кому они были нужны. Королевский флот взял на себя рискованную задачу проводить северные конвои в Мурманск. Много моряков и кораблей и даже большая часть одного целого конвоя конвоя PQ17 пропали без следа. США организовали громадные транспорты по суше в Россию из Персидского залива. Американскую помощь СССР по ленд-лизу оценивают как 7% советской военной продукции и 2,8 млрд. долларов невоенных поставок.

Политические планы союзников оформились в *Атлантическую хартию* и *Вашингтонский пакт* от 1 января, по которому 26 государств, находящихся в состоянии войны с государствами оси, обязывались не подписывать сепаратного мира. Эти государства составили ядро, которое в последующие 4 года переросло в ООН, заменившую Лигу Наций.

Как только Великий альянс начал действовать, Сталин начал оказывать давление на англичан и американцев, прося об открытии Второго фронта в Европе. Почти вся военная машина Германии к тому времени концентрировалась на Востоке, и у Сталина были все основания просить союзников разделить с Россией этот груз. У него самого было больше резервов обученных войск, но он об этом никому не говорил — в этом одна из причин, почему Красная Армия постоянно превосходила расчеты немцев о ее боевой силе. И, тем не менее, была невероятная диспропорция между 150 германскими дивизиями, которые вели бой с Красной Армией, и 4 дивизиями, которые в то время действовали на другом фронте, в Северной Африке. Англичанам и американцам не легко было выполнить эту просьбу. Их самолеты оттянули на себя силы Люфтваффе с Волги в самый критический момент, и в свое время они взяли в Африке больше пленных из государств Оси, чем было захвачено в Сталинграде. Но они не могли развернуть свои силы в Европе на суше. Все европейские порты были в руках врага, в северной Франции строился мощный *Атлантический вал* прибрежных оборонительных сооружений. Неудавшийся рейд на Дьепп продемонстрировал, как трудно придется союзникам на суше. Ни у Британии, ни у Америки не было обученных резервов. Сталину сказали, что большое наступление на Западе начнется в 1943 г., но оно началось только в июне 1944 года. До того времени единственное, чем англо-американцы могли облегчить ведение войны на суше, так это военными действиями на южной периферии в Италии.

Итальянская кампания разрасталась по мере того, как союзники наращивали свою мощь по всему Средиземноморью. Вопреки ожиданиям, англичане продолжали удерживать Мальту и морской путь к Суэцу, а высадка англо-американцев на западной оконечности Северной Африки поставила в смертельную опасность *Африканский корпус*. В результате операции *Факел* силы госу-

арств Оси оказались запертыми в Тунисе, откуда в мае 1943 г. были вынуждены полностью уйти.
После этого союзникам было сравнительно легко
пересечь Сицилийские проливы и атаковать носок фашистского сапога.

Вторжение на Сицилию началось 10 июля 1943 г.,
когда британские и американские войска высадились
одновременно на южном и восточном побережьях.
Немецкие подкрепления подошли слишком поздно,
чтобы помешать быстрому захвату всего острова. Из
Сицилии союзники перебрались в Калабрию в сентябре и приступили к трудной задаче продвижения
на север вверх по гористому полуострову. На выпол-
нение этой задачи у них ушло 2 года. Однако то, что
у союзников была точка опоры в южной Италии,
имело важные последствия. Как только они организовали большую базу в Брендизи, самолеты союзников могли значительно расширить радиус полетов,
выбирая цели по всей Центральной и Восточной Европе, включая Польшу и Югославию. Это принудило германское командование послать приберегаемые
до времени дивизии для оккупации южной Франции. Но главное, это спровоцировало падение режима Муссолини. 25 июля 1943 г. маршал Бадольо
убедил короля Италии сместить дуче и согласиться
на предложенные союзниками предварительные переговоры. Дуче был освобожден от ареста на Гран
Сассо немецкими парашютистами в ходе фантастической операции и остался в Милане управлять существовавшей на средства немцев Республикой
Северной Италии. Но первая большая трещина в
крепости Оси была всем видна.

Тем временем на Восточном фронте гигантская война немцев с СССР подходила к своей высшей точке. Пережив катастрофу 1941-го года,
советский режим стал черпать силы из бездонно-
го источника русского патриотизма. Сталин вновь
открыл православные церкви, которые он почти
что уничтожил, и, как Ленин до него, стал призывать защитить Святую Русь. Миллионы людей шли
на верную смерть со словами «За Сталина!» на
устах, что было совершенно невозможно до 1941
года. Беспримерно расточительное отношение к
своим воинам в Красной Армии удивляло и до
некоторой степени деморализовало немецких солдат. Пехота беспрерывно наступала сменявшими
одна другую волнами на какую-нибудь неподвиж-
ную позицию, причем без всяких признаков артиллерийской поддержки. По усеянным трупами

полям полчища плохо одетых и плохо вооруженных *иванов* все шли и шли, пока не перегревались
немецкие пулеметы, а пулеметчики больше не
могли убивать. Предполагалось, что советская сторона могла понести потери в три-четыре раза больше, чем противник, и все же одержать победу.
Самоотверженность Красной Армии подкреплялась диким ландшафтом и суровой погодой, а также танком *Т-34* — лучшим танком той войны.
Команда блестящих военачальников во главе с мар-
шалом Жуковым еще преумножала численные и
географические преимущества.

В 1942 г. Вермахт беспрерывно наступал, и серия локальных успехов немцев скрывала от них
тот факт, что неуловимый враг теперь уже не по-
падал в ловушки или окружения и что протяженные линии коммуникаций становились еще
протяженнее. К началу осени, когда погода испор-
тилась, немцы не вышли ни к Волге, ни к Каспию;
на подступах к Сталинграду линия фронта опасно
выступала клином. Ситуацию могло бы спасти тактическое отступление. Но фюрер был непреклонен.
Только Гитлера следует винить в роковом приказе
генералу фон Паулюсу держаться любой ценой.
Продвигаясь все дальше, немцы, наконец, вступили в правобережные пригороды *города Сталина*,
но попали в капкан. День за днем войска Жукова
сжимали немецкие фланги, пока одним движением
фон Паулюс не был, наконец, окружен. Три месяца отчаянных рукопашных боев среди замерзших
и покинутых всеми руин завершились сдачей фон
Паулюса в плен 2 февраля 1943 г. За Сталинград
было положено больше миллиона жизней. Это была
величайшая битва в истории: непобедимый колосс
нацистов оказался не застрахован от ошибок.

Новость о Сталинграде быстро облетела мир,
вдохновляя все антинацистские движения Сопротивления в Европе. До Сталинграда вожди Сопротивления решались только на мелкий саботаж
или на то, чтобы тайно провезти за линию фронта
летчика союзников или заключенного. После Сталинграда они стали мечтать об освобождении.

В Западной Европе движение Сопротивления
не было особенно сложным. Под влиянием радио-
передач ВВС и дерзких вылазок Британского управления специальных операций (SOE) ячейки
мужественных мужчин и женщин планировали саботаж и диверсии в поддержку продвижения армий союзников. В Дании, где нацисты надеялись

создать образцовый протекторат, Сопротивление вынудило немцев объявить в августе 1943 г. военное положение. Также и в Норвегии нацисты отказались от попыток править через профашистское правительство Видкуна Квислинга. Их первый и единственный транспорт с тяжелой водой с завода Norsk-Hydro Plant был потоплен в фьорде Танцио норвежскими саботажниками. В Нидерландах их беспокоили меньше, поскольку они внедрились в голландское движение Сопротивления, осуществив блестящий проект под названием *Englandspiel* (Английская игра). В Бельгии, Франции, Италии и Греции движение Сопротивления все больше подпадало под влияние коммунистов. Французское Сопротивление родилось после 1942 г., когда немцы оккупировали вишистскую зону, где множество патриотов ушло в *маки́*. В это время активизируются итальянские партизаны, направляя свои силы, главным образом в находящуюся под управлением Муссолини северную Италию. Со временем партизаны схватили Муссолини и казнили.

Но нигде народное сопротивление не было так сильно, как в крошечном Люксембурге. Во время плебисцита в октябре 1941 г. только 3% люксембуржцев высказались за присоединение к Рейху. Позднее люксембуржцы организовали единственную действенную общую забастовку против нацистов, в то же время непрерывно проводя кампанию саботажа и пропаганды.

В Восточной Европе было больше проблем с Сопротивлением. Там немцы проводили несравнимо более грубую и жесткую политику. Несмотря на совершенно различные политические условия, ведущие подпольные организации — демократическая польская *Армия Крайова* (АК), недемократическая *Украинская повстанческая армия* (UPA) и сербские *четники* — все оказались в труднейшем политическом положении, потому что цели национальной свободы диктовали противостояние не только Гитлеру, но и Сталину. Сотрудничество же с продвигающейся вперед Красной Армией или с партизанами-коммунистами, которые не признавали принципа «буржуазной независимости», означало для них в лучшем случае жалкую капитуляцию, но чаще — заключение и смерть. [БУЧАЧ]

В Польше, например, перед самым большим и самым опытным в Европе Движением Сопротивления стояла почти невозможная задача. Это движение оформилось в конце 1939 г. и рассматривало

и нацистов, и советских как оккупационные войска. Его главная сила — Армия Крайова, была децентрализованным объединением весьма разнородных групп. Ее авторитет и власть признавали многочисленные *крестьянские батальоны*, но и полуфашистские (хотя и решительно антинемецкие) *Национальные вооруженные силы* и коммунистическая *Гвардия людова*. У нее были хорошие, хотя и не слишком тесные связи с *Еврейской боевой организацией* в нескольких гетто — и жестокая конфронтация с украинцами, советскими партизанами, шайками дезертиров, беглецов и бандитов, скрывавшихся, как и они, в лесах. АК создала внушительное «подпольное государство», которым в дальнейшем руководила: с подпольными департаментами разведки, диверсий, образования, судопроизводства и политики. Но она не пережила советского «освобождения», и ее демократические лидеры оказались в Москве в качестве обвиняемых на показательных процессах. Достойнейшие люди, такие, как несломленный генерал Окулицкий, последний командир АК, заслужили место среди героев союзнического дела. Вместо этого, окруженные позорным молчанием их товарищей на Западе, они были обречены на забвение, бесчестие и преждевременную смерть[120]

В Югославии проблема была решена сомнительным и, некоторые скажут, бесчестным решением англо-американцев. Югославия, в отличие от Польши, не была в сфере прямого советского влияния. Но в 1943 г. она оказалась в сфере поддержки союзников, направляемой из Италии. Лондон и Вашингтон решили поддерживать титовских коммунистов, а соперники Тито — *четники* [партизаны-монархисты] — были погребены под горами клеветнических обвинений. Лидеры *четников*, включая Михайловича, будут впоследствии казнены титовским режимом за «измену».

Все это демонстрирует, что в англо-американских кругах пользовались весьма упрощенными определениями *Сопротивления* и *коллаборационизма*. Те, кому не пришлось пережить иностранного вторжения, редко понимают возникающие в таких условиях сложности. Конечно, некоторые на континентальной Европе встали на путь службы захватчикам, преследуя прежде всего личную выгоду. Другие, как основатель правого политического католического движения *Рекс* Дегрелль в Бельгии, поступали соответственно собственным

БУЧАЧ

Деканат Бучач. В 1939 г. в этом районе обитало 45314 поляков. 17 его приходов насчитывали: Барыч — 4875 человек, Бучач — 10257, Коропец — 2353, Ковалюка — 3009, Монастежыска — 7175... В Барыче пара польских семей была убита украинцами в 1939 г. ... Одному из Бернацкисов отрезали ногу... Но главное нападение произошло в ночь с 5 на 6 июля 1944 г., когда было убито 126 поляков. Мужчин, женщин, детей расстреливали или зарубали топорами. Городской район *Мазуры* был сожжен дотла. Нападавшие были вооружены пулеметами и кричали *Rizaty, palyty*! ("Режьте, жгите!"). Уцелевшие бежали в Бучач, где они пережили зиму в ужасных условиях — в домах, в которых когда-то жили евреи, но которые теперь стояли без окон и дверей...

Католический приход Новоставце при небольшом числе жителей включал, однако, три греко-католических прихода. Соотношение поляков с украинцами там было 2:3. В 1939 г. они могли сосуществовать, но после немецкой оккупации условия стали гораздо хуже. В 1944 г. немецко-советский фронт оставил здесь одни развалины ...

Викарий Коросчатыня сообщает, что на его деревню напали 28 февраля 1944 г.: 78 человек было застрелено, задушено или зарублено в погребе их дома... Около 90 человек пропало еще раньше при нападении на деревню в 1943 г.... потом тиф унес еще 50. И случилась странная вещь: в деревне было 13 так называемых "(диких) беззаконных браков". Все, кроме одной семьи, погибли.

В Коропце поляков не убивали, но нападения были, сжигали имущество поляков. Но сообщали, что с амвонов греко-католических храмов раздавались далекие от какой-либо этики призывы в отношении польско-украинских смешанных браков: "Мать, ты вскармливаешь врага — задуши его".

Сорок лет спустя после этих событий Католическая церковь в Польше все еще старалась документировать военные *этнические чистки*, проведенные в бывших восточных провинциях — в Галиции и на Волыни. Количество погибших при этом определяется от 60000 до 500000. [Цифру 60000–80000 приводит Jan T. Gross. Польская (коммунистическая) комиссия по исследованию преступлений против польского народа предлагает цифру 300000–400000. Приписываемое президенту Кучме признание, что "украинские шовинисты убили около полумиллиона поляков на Восточных землях" (там же — 70) не было подтверждено доказательствами; возможно, оно является результатом обмана.]

Бучач был одним из десятка районов со схожей судьбой. Он расположен во Львовском архиепископстве, которое покрывает всю Красную Рутению (Восточную Галицию) и выходит за ее пределы. Довоенное население здесь состояло из украинцев, поляков и евреев. Все три общины подверглись репрессиям со стороны Советов в начале войны. Потом нацисты при пособничестве местных коллаборационистов расправились с евреями. После этого украинцы напали на поляков. Наконец, вернувшиеся советские органы покончили со всеми и каждым, кто был связан с независимыми организациями.

Этнические чистки в Польше военного времени начались в 1939–1941 гг. одновременно нацистами, освобождавшими западные земли для заселения их немцами, и Советами с их депортациями на Восток. После 1941 г. этим занимались небольшие фракции польского подполья, стремившиеся вытеснить украинцев из центральной Польши, и в гораздо больших масштабах — терроризировавшая поляков *Украинская Повстанческая армия* (УПА). В 1945 г. коммунисты окончательно "вычистили" поляков с Украины (в результате операции *Висла*) и украинцев из их домов в Народной Польше. В Потсдаме союзники одобрили изгнание всех немцев с земель к востоку от Одера.

УПА была организована в октябре 1942 г., чтобы положить начало исключительно националистической Украине и противостоять группам советских партизан, проникавшим в тыл немцев. (Командир этой армии генерал Роман Шухевич "Чупринка" прекратил борьбу только в 1950 г., когда был взят в плен.) Как бы то ни было, когда нараставший натиск коммунистов не смогли остановить ни Вермахт, ни подразделения *СС Галиция*, украинское подполье принимает отчаянные решения. Западная Украина шла к тому, чтобы присоединиться или к СССР, или к Польше. Наиболее радикальные элементы тогда решают изгнать своих самых уязвимых соперников, то есть поляков. Без всяких угрызений совести они убивают всякого, кто им противится: "11 марта 1943 г. в украинской деревне Литогош (Волынь) украинские националисты убили поляка —

школьного учителя, которого перед тем они похитили. Вместе с поляками они убили несколько украинских семей, которые воспротивились массовым убийствам.»

В ходе конфликта, у которого был сильный религиозный подтекст, невиданные зверства обрушиваются на священников: «Священник Лудвик Влодарчик из Окопы был распят на кресте; священнику Станиславу Добржанскому отрубили топором голову, вместе с ним погибло 967 прихожан из Островки; священника Кароля Бараня из Корытнице распилили пополам в деревянном корыте; священнику Завадскому перерезали горло ножом ...»

После войны все зверства в Восточной Европе официально приписывали нацистам. И жертвы из таких районов, как Бучач, были включены в общий счет «двадцати миллионов русских, погибших во время вой-

ны», или же сведения о них утаивались и замалчивались. Многонациональность трагических событий при этом упускалась из виду. Все национальности виноваты в том, что, публикуя сведения о собственных потерях, игнорировали потери других, хотя иногда и встретишь сообщения об общих страданиях: «В период май-декабрь 1942 г. были истреблены более 140000 волынских евреев. Некоторые укрылись в домах поляков, но затем были расстреляны вместе со своими польскими спасителями весной 1943 г., когда из 300000 поляков, живших на Волыни, 40000 было убито украинскими «бандитами». Во многих деревнях евреи и поляки вместе сражались с общим врагом».

Исчерпывающего, справедливого анализа геноцида военного времени нет и поныне. Попытки определить потери

среди поляков или среди католиков неизменно были лишь второстепенным дополнением к подсчетам еврейских и украинских потерь. В них подчеркивалась роль украинских и еврейских коллаборационистов на советской службе или украинских соединений под германским командованием. Они не занимались ни деятельностью силезских поляков в германских соединениях Schupo, ни сотрудничеством поляков с Красной Армией. В их сводках не указывалось, сколько евреев и украинцев погибло от рук УПА. Но всякое исследование, которое рассматривает только одну сторону, производит искажения.

Кстати, Бучач был родным городом Симона (Шимона) Визенталя [этого самоотверженного охотника за нацистами], который всю свою жизнь после войны посвятил поиску и наказанию нацистов.

принципам, сложившимся еще до войны. Но многие стали коллаборационистами только для того, чтобы оказывать какое-то влияние на ход событий и уменьшить тяготы своего народа. Можно спорить, была ли оправдана политика коллаборационизма во Франции (после роковой встречи Петэна с Гитлером), но диктовалась она соображениями патриотической необходимости.

На широких просторах Европы, которые постепенно захватывали Советы и нацисты, реального выбора обычно не было. Оба тоталитарных режима добивались покорности откровенным террором. Для большинства простых граждан перспектива служить Советам представляла собой ту же моральную проблему, что и перспектива служить фашистам. Единственно принципиальным для патриотов и демократов могло быть только самоубийственное решение пытаться оказать сопротивление Гитлеру и Сталину одновременно.

После Сталинграда с Восточного фронта в Берлин продолжали поступать безрадостные новости. Весной 1943 г. Красная Армия впервые за два

года перешла в общее наступление. Уже на начальных стадиях пяти мощных кампаний, которые приведут их прямо в Берлин, уверенные в себе маршалы Сталина начали теснить противника. В открытой степи у Курска в июле была сломлена стратегическая танковая сила Германии. Была сломлена их способности к широкомасштабному натиску. Прилив, если использовать метафору Черчилля, стал отливом.

Триумф Великого альянса (июль 1943— май 1945 гг.). С середины 1943 г. Великий альянс одерживает победы почти во всех областях. Рейх, хотя и сражался ожесточенно, но был в осаде. У Советов была инициатива на суше. Англо-американцы господствовали на море и в воздухе. Соединенные силы промышленных ресурсов Америки, людской силы России и Британской империи не шли ни в какое сравнение с тем, что было у Гитлера. Но все-таки еще не было Второго фронта вне Италии, а в Германии по-прежнему отсутствовала оппозиция. Всё, кроме *Wunderwaffen* (чудесного

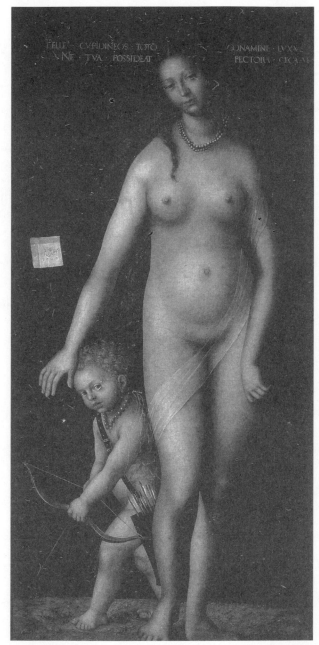

38. Венера

39. Перспектива

40. Аллегория

41. Колумб сходит на землю Сан Доминго, 1493

42. Лютер вступает в Вормс, 1521 г.

43. Мечта об Империи

44. Видение минувшей славы

45. Совет управляющих

46. Праздничный день в Москве

47. Король-Солнце как отец семейства

48. Философ без штанов

49. Хозяин континента

50. Владыки моря

51. Инфанта в розовом

52. Читатель и слушатель

53. Мать

54. Лето

55. Роялист

56. Республиканец

57. Друг детей

58. Рыцарь в сияющих доспехах

59. Вечный странник

60. Динамо

61. Нет капитуляции

62. Свободная Греция

63. Музыкальный вечер

64. Европейское согласие

65. Деревенская бедность

66. Индустриальная грязь

67. Импрессионист

68. Примитивист

69. Сюрреалист

70. Обманутая Европа

71. Разделенная Европа

72. Европа в муках

оружия), которое должно было круто изменить участь фюрера, указывало в будущем на гибель Рейха.

Несмотря на то, что слухи были преувеличенными, интенсивное соперничество в деле усовершенствования оружия было реальностью. Главная гонка шла в сфере реактивных двигателей, ракет и атомного оружия. Немецкие ученые выигрывали, без сомнения, по двум направлениям из трех. Прототип реактивного *Мессершмитта 262* поднялся в воздух в 1942 г. В Пеенемюнде на Балтике разработали ракеты *Vergeltung* (Возмездие), V−1 и V−2, и с июня 1944 г. они были нацелены на Лондон. Но в том, что касалось атомной бомбы, состязание выигрывали союзники с *Манхеттенским проектом* в далеком Нью-Мексико (штат США). Однако применение атомного оружия в июле 1945 г., слишком запоздало, чтобы как-то повлиять на войну в Европе.

Главными проблемами союзников были политическая и стратегическая координация действий. Для этого состоялись три личные встречи Большой тройки — в Тегеране (декабрь 1943 г.), в Ялте (февраль 1945 г.) и в Потсдаме (июнь 1945 г.). На встречах дискуссии велись по трем главным вопросам: определение целей войны, приоритеты войны на Тихом океане и в Европе и планы обустройства послевоенной Европы. В отношении целей войны Великий альянс согласно стремился к полной капитуляции Германии. Это было определено, отчасти принимая во внимание подозрения Сталина относительно Второго фронта, отчасти же учитывая ошибки 1918 г. В результате была не только обеспечена большая сплоченность Альянса, но и была дана лицензия Сталину на исполнение его тоталитаристских планов в Восточной Европе. Исключая возможность своего выхода из конфликта, западные руководители одновременно отказывались от мощнейшего инструмента воздействия, при помощи которого можно было бы ограничить притязания СССР.

Вопрос о приоритетах (между войной с Германией и войной с Японией) особенно был важен для американцев, поскольку только они принимали активное участие в обоих конфликтах. Этот вопрос особенно остро стоял в Ялте. СССР соблюдал по отношению к Японии строгий нейтралитет с 1941 г. и не собирался менять своей позиции до окончания европейской войны. Англичане, на-

против, были сильно втянуты в японскую войну. На Дальнем Востоке у них были растянутые и очень уязвимые коммуникации, так что они во многом полагались на независимые военные усилия своих доминионов, в особенности, Австралии и Новой Зеландии. Драматическое падение Сингапура произошло на раннем этапе. После этого участие Англии ограничивалось Бирмой (где сфера влияния Японии задевала пограничные районы Британской Индии) и вспомогательными действиями в поддержку американцев.

Относительно будущего Европы между союзниками никогда не было полного согласия. Западные союзники исключали Сталина из рассуждений относительно запада Европы (начиная с Италии), а Сталин продолжал настаивать на собственных планах в отношение востока Европы. Важным исключением было только так называемое *Процентное соглашение*, которое Черчилль обсуждал со Сталиным во время своего визита в Москву в октябре 1944 г. Формально оно так и не было принято, но есть все основания считать, что обе стороны руководствовались именно им применительно к Балканам. Вытащив клочок бумаги из кармана, Черчилль, говорят, набросал короткий перечень стран и поставил рядом с ними проценты, представляющие желательный баланс западного и русского влияния. Говорят, Сталин попыхтел трубкой и отметил аккуратными синими галочками следующее

	Россия	Другие
Румыния	90%	10%
Греция	10%	90%
Югославия	50%	50%
Венгрия	50%	50%
Болгария	75%	25% [121]

«Отвратительный документ», как его назвал Черчилль, не сохранился в доступных историкам секторах архивов Великобритании, и его существование ставится под сомнение. На практике это означало, что только в Греции планировалось преобладающее западное влияние. Так и произошло.

Польша была страной, чье будущее невозможно было предрешить даже в общих чертах и неофициальных планах. Ее положение часто рассматривают в дальнейшем как источник холодной войны. Польша, как и Франция, была участником первоначального антигерманского союза 1939 года. Ее Правительство (в Лондоне) было всеми признано, польские солдаты, моряки и летчики отличились и в русских и в английских армиях. В апреле 1943 г. Сталин воспользовался как предлогом публикацией о Катыни, чтобы разорвать отношения с польским правительством. В то же время в Москве он официально признает организацию, которой было дано не имеющее отношения к действительности имя *Союз польских патриотов* — зародыш марионеточного советского режима. В июле польский премьер-министр и главнокомандующий генерал Сикорский, единственный польский политик, который пользовался всеобщим доверием, погиб в авиационной катастрофе в Гибралтаре. С этого момента Польша начинает путь к своей трагедии. Советская пропаганда требовала вернуться к границам, установленным пактом Риббентропа-Молотова, которые теперь называли *линией Керзона*. Не опираясь на какие-нибудь реальные данные, заявлялось, что население восточной Польши требует включения в СССР; утверждалось, что главным является «дружественное» СССР правительство. Эти заявления никто не проверял, и общественное мнение Запада, безгранично восхищавшееся изумительными военными успехами советских войск, было склонно им поверить. Итак, по мере того, как Красная Армия пордвигалась вглубь Польши, Запад все больше давил на своих польских союзников, вынуждая их уступить.

Тегеран находился на середине военного маршрута самолетов из Лондона в Москву; именно там с 28 ноября до 2 декабря 1943 г. Рузвельт, Черчилль и Сталин провели первую встречу. Значительный прогресс на переговорах привел к тому, что гарантировалось дальнейшее ведение войны. Согласовано было немедленное открытие Второго фронта во Франции и послевоенная независимость Ирана. Но относительно Польши союзники решительно не соглашались. Во время яростной перепалки Идена с Молотовым президент Рузвельт «дремал в кресле». Лидеры Запада считали, что польская территория должна быть существенно расширена на Запад за счет Германии, компенсируя притязания Сталина; поляков об этом не информировали. Трудно было бы сказать, что эта встреча сулит светлое будущее, но таким образом восстановили уверенность в перспективе совместного удара союзников по Рейху на следующий год.

В 1943–1945 гг. Красная Армия непрерывно наступала, а Вермахт отступал. Наступления начались в Прибалтике, Белоруссии и на Украине и закончились осадой Берлина. Они были организованы как серия громадных прыжков, во время которых колоссальная масса людей и материальных ресурсов бросалась в бой против растянутых фронтов немцев; неудержимым потоком лилась кровь. Второе такое наступление после Курска, было направлено на Днепр, вокруг которого немцы создали для защиты громадные зоны выжженной земли. Третье наступление началось в январе 1944 г. и было нацелено на далекую Вислу. Четвертое начатое в августе 1944 г., повернулось на юг на Балканы, и было нацелено на Дунай. Пятое в январе 1945 г. было нацелено на Одер и дальше.

В каждой из этих операций главной тактикой было окружение и подавление очагов сопротивления. Как только оборонительные укрепления окружались и изолировались, их уже можно было оставлять «на потом», для полного уничтожения позднее. Таким образом было отрезано несколько немецких армий в Курляндии, где их оставили до самого конца войны. Когда уже пал Берлин, все еще не были сломлены большие германские укрепления на Востоке, в таких городах, как Бреслау. Главным было помешать Вермахту подготовить контрудар, а для этого нужно было непрерывно беспокоить противника, наносить удары, изнурять. Русские умели воевать в степях, где решительный натиск давал хорошие результаты, а укрепленные районы можно было обойти с фланга. Там, где оперативный простор сокращался, решительность обороны Вермахта росла. Три таких задержки случились у Дукельского перевала в Карпатах, в битве за Будапешт и у вала в Померании. Здесь пролилось много и русской, и немецкой крови.

Слава Красной Армии — переименованной в Советскую Армию в 1944 году — опережала ее. Как свидетельствуют воспоминания о 1939–1941 гг., ее часто считали чужеземной враждебной силой даже в Советском Союзе. На Балканах ее встречали в лучшем случае со смешанными чувствами. В Германии, где войскам давали свободу убивать и насиловать, она вызвала панику. Первая же немецкая деревня, освобожденная от нацистов, приняла мученичество. Чтобы укрепить сопротивление, нацисты стали распространять фотографии немецких женщин, распятых на амбарных дверях, но вместо сопротивления зимой 1944–1945 гг. массы немецкого населения бросились бежать.

Советское вступление в Центральной Европе было самой большой и самой страшной военной операцией в современной истории. Один из участников, которого самого арестовали на фронте, пишет о «Коминтерновской колеснице Джагернаута», крушившей все под своими колесами[122]. Помимо освобождения от ненавистных нацистов, это наступление несло с собой ярмо сталинизма. Вместе с ним шли грабеж, насилие и официальный террор в устрашающих размерах. Те, кто это видел, уже не могли забыть. По мере того как откатывались разбитые немецкие формирования, волна за волной накатывались освободители. Сначала шли фронтовые части, дисциплинированные, хорошо обмундированные и до зубов вооруженные. Затем шли подсобные соединения и карательные батальоны, у которых было вдоволь боеприпасов, но не было еды. За ними двигались фронтовой мусор: отставшие солдаты, маркитанты, ходячие раненые, беженцы, зажатые фронтами. Затем катились кордоны НКВД в их необыкновенных формах и на американских джипах, они расстреливали всех, кто останавливался в наступлении. Наконец, шли *азиатские орды*, бесконечные пополнения, ехавшие на чем только можно на запад — на сломанных грузовиках, реквизированных крестьянских телегах, на пони, даже на верблюдах. Контраст между усталыми немецкими солдатами с красными глазами и в бинтах и целыми грузовиками свежих парней со славянскими и азиатскими лицами, был более чем выразителен.

Советское продвижение на Балканы в августе 1944 г. имело важные политические последствия. Румыния переметнулась на другую сторону и стала сражаться со своими бывшими покровителями-нацистами; Венгрия была оккупирована немецкой армией, чтобы Будапешт не последовал примеру Бухареста. В Болгарии царское правительство было свергнуто в сентябре. В Югославии партизаны Тито вместе с советскими войсками в октябре освободили Белград. В Греции и Албании, которые располагались за линией советской оккупации, коммунистическое подполье готовилось захватить власть. В этот момент в декабре Советская Армия натолкнулась на упорное сопротивление Будапешта, и наступление остановилось до Нового года.

На Западе Второй фронт, наконец, открылся 6 июня 1944 г. (*день "Д"*), когда английские, канадские, польские и американские войска высадились на берегах Нормандии. Операция *Оверлорд*, без сомнения, была величайшей по техническому оснащению операцией этой войны. Требовалось обеспечить доставку сотни тысяч людей и вооружения на побережье, где были сильнейшие укрепления и где оборонявшиеся войска готовились к этому событию четыре года. Успех был достигнут только потому, что хорошему планированию сопутствовало большое везение. Отвлекающие маневры, и среди них бомбардировка ложных целей в проливе Па-де-Кале, ввели в заблуждение германский штаб относительно места возможной высадки. Гитлера, который верно догадался, что это будет Нормандия, переубедили. Превосходство в воздухе не только обеспечивало надежную поддержку действий на берегу, но, главное, воспрепятствовало действиям могучего бронетанкового резерва немцев. Среди технических диковинок были громадные плавучие доки *Малбери*, которые поставили на позиции у берегов Нормандии, а также *Плуто* (трубопровод под океаном), обеспечивавший бесперебойную поставку топлива. Перемена погоды с сильнейшим за 25 лет штормом послужила причиной того, что немецкий командующий Роммель отправился домой на этот роковой уикенд.

Противник Роммеля — американский генерал Дуайт Д. Эйзенхауэр — знал, что у него будет только одна попытка. Начало дважды откладывали. Благоприятная луна быстро убывала; 156000 человек, 2000 военных кораблей, 4000 десантных судов и 10000 военных самолетов стояли наготове несколько дней. Затем, однако, несмотря на все опасения, приказ был дан. Посреди ночи, в утихающем шторме, американские десантники 82-й и 101-й воздушно-десантных дивизий выпрыгнули с парашютами на берег в середине немецких окопов. Один из них, канзасец, повис, зацепившись за шпиль церкви Сент-Мер-Эглиз и, чтобы спастись, притворился мертвым. Дальше на запад у «моста Пегаса» первый английский солдат на французской земле, сержант Джим Уолворк, тихо посадил свой планер *Horsa* в 00.16 в неполных 30 метрах от цели, но при этом потерял сознание от удара. Солдаты роты D 2-го полка легкой пехоты из Оксфорда и графства Бэкингэмпшир пробились через мост, захватили шлюз на канале Орне, вошли в кафе семьи Гондре, и тогда были произнесены слова, возвещавшие Освобождение: «Все в порядке, приятель»[123].

Затем в сером сумраке рассвета отворились стальные двери десантных судов и главные силы хлынули на берег на пять пляжей, которым были присвоены кодовые названия. 73000 человек 1-й армии США высадились в *Юте* и *Омахе*; 83000 человек Второй британской и Первой Канадской армий высадились на участках *Гоулд, Джуно* и *Суорд*. Ошеломленные немцы засели в бункерах, где их бомбардировала тяжелая артиллерия с невидимых им судов и яростно атаковали самолеты. Только в «кровавой Омахе» они сумели открыть шквальный огонь и прижать нападавших к земле. Там техасские рейнджеры героически взобрались на утес под сплошным огнем. Но эта неудача была локальной. В целом *день Д* был успешным. В добавление к их итальянским завоеваниям союзники закрепились во Франции. Теперь можно было взять Рейх в клещи со всех сторон.

Операция Оверлорд, однако, развивалась медленно. Когда Вермахт оправился от неожиданности, он начал оказывать яростное сопротивление. Американцы не могли взять Шербург — главный порт на том берегу, где происходило вторжение союзников — в течение 3 недель. Англичане, которые по плану должны были войти в Каэн вечером *дня Д,* пробивались туда с боями 34 дня, то есть до 9 июля. Однако тыловое обеспечение превзошло все, что было до тех пор известно. Подкрепления непрерывно прибывали в плавучие доки *Малбери;* через *Плуто* бесперебойно текло топливо. Когда американцы, наконец, пробились и вышли немцам в тыл, тем не оставалось ничего иного, как бежать. Взятые при Фалезе в тиски, которые все время сжимались, они как бы проходили сквозь строй, подвергаясь жестокому истреблению. Перед союзниками открылся путь на Париж и на Рейн.

После двух лет поражений в самой немецкой армии предприняты действия против Гитлера. 20 июля 1944 г. в восточной ставке фюрера *Волчье логово* около Растенбурга в Восточной Пруссии (теперь Кентжин в Польше), была предпринята попытка покушения на Гитлера. В портфеле участника встречи под тяжелым дубовым столом

в конференц-зале была оставлена бомба, которая взорвалась в присутствии фюрера. Сам он уцелел, хотя и пережил глубокое потрясение и был ранен в руку. Покушение организовал полковник Клаус фон Штауффенберг, член аристократического кружка графа Мольтке — *Kreisauer Kreis* (Силезия). Провал этого заговора, а также ужасная судьба заговорщиков, которых обрекли на медленную смерть, а затем подвесили, как туши животных, на мясных крюках (причем их страдания снимались для удовольствия Гитлера на пленку). И это надолго остановило другие попытки покушений. Громадные тома написаны о немецком Сопротивлении. Не вызывает сомнения деятельность отдельных благородных людей и небольших групп, таких, как группа пастора Дитриха Бонхёффера или *Белая роза*. Но они ничего не достигли[124].

Ко времени этого заговора с бомбой непосредственные соседи Германии — Польша и Франция — с нетерпением ждали освобождения. Советская армия подходила к восточным пригородам Варшавы. Американская армия вступила в западные пригороды Парижа. В обоих городах действовали многочисленные группы Сопротивления, которыми руководили, главным образом, из Лондона; в обоих — рвались в бой против нацистов. В Варшаве во главе стояла подпольная Армия Крайова, в Париже — *Свободная Франция.*

Париж поднялся 19 августа. Несмотря на недостаток разведывательных данных, план состоял в том, чтобы, организовав удар изнутри, помочь завершить удар американцев извне. Часть французского Сопротивления действовала прямо под американским командованием, высоко ценившим военный вклад французов со времени высадки в Нормандии. Под натиском со всех сторон немецкий гарнизон отступил — и американцы нанесли окончательный удар. Честь возглавить прорыв была предоставлена бронетанковой дивизии генерала Леклерка под американским командованием. Немецкий гарнизон сдался, не исполнив приказа фюрера — не оставить от Парижа камня на камне. 25 августа, когда в городе еще действовали снайперы, генерал де Голль торжественно прошел по Елисейским полям во весь свой рост. В соборе Нотр Дам был отслужен благодарственный молебен *Te Deum.* Несмотря на громадные жертвы среди населения, жители ликовали. Была восстановлена до военная Третья республика, Париж был свободен.

Варшава поднялась 1 августа, почти за 3 недели до Парижа. План состоял в том, чтобы согласовать атаки изнутри с окончательным натиском советских войск. Но варшавянам не суждено было разделить успех парижан. У польского Сопротивления была плохая разведка, и они слишком поздно узнали, что советское командование не собирается им помогать. Советское командование постоянно использовало польское подполье во всех сражениях с тех пор, как советские войска перешли польскую границу. Но Сталин не признавал независимых вооруженных сил и вовсе не намеривался позволить Польше вернуть себе свободу. Под натиском со всех сторон немецкий гарнизон начал уже отступать, но неожиданно советские войска остановились прямо на границе города. Совершилось подлое предательство. Московское радио, которое до тех пор призывало Варшаву к восстанию, теперь называло руководителей этого восстания «шайкой преступников». В сторону города выдвинулись две бронетанковые дивизии немцев; гарнизон сумел получить большое подкрепление, состоявшее из самых грозных соединений нацистских резервов. Польская армия генерала Берлинга, сражавшаяся под советским командованием, была отведена за неисполнение приказа и за попытку оказания помощи восставшим. Сам Берлинг был уволен со службы. Попытки западных стран поддерживать Варшаву поставками по воздуху из Италии не могли осуществиться, поскольку Советы не предоставляли самолетам аэродромы. Улица за улицей, дом за домом, сточная труба за сточной трубой — восставшие подвергались бомбардировкам, расстрелу и взрывам на одном берегу Вислы, в то время как советские солдаты загорали на другом берегу. Во время одной из оргий убийства в варшавском Мокотове (район Варшавы) нацисты истребили 40000 безоружных гражданских лиц, что очень напоминало трагические сцены уничтожения варшавского гетто за год до того. Прошли уже недели со времени освобождения Парижа, а восставшие в Варшаве все еще сражались. Они сдались на 64-й день, 2 октября, когда их командир Т. Бур-Комаровский сдался немцам в плен. Единственным утешением для них было получить статус воюющих. Варшава пожертвовала жизнью 250000 своих граждан, однако свободы не получила. Не была

восстановлена довоенная Польская республика. В разрушенном соборе Св. Иоанна не служили *Te Deum*. Оставшееся население было эвакуировано. Гитлер, вне себя от ярости, приказал не оставлять камня на камне в этом городе. Город разрушали три месяца, в то время как Советская армия вместе с ее марионеточным польским комитетом наблюдала с другого берега Вислы. Только 17 января 1945 г. советские войска вошли в пустую, молчаливую, заметенную снегом разрушенную Варшаву.

Несмотря на высадку в Нормандии, западных союзников несколько раз отбрасывали назад. В Италии Рим пал за день до *дня Д*, но перед этим союзные армии несколько месяцев были заперты при Монте Касино. Через неделю после *дня Д* возобновился Лондонский *блиц*. Сначала немецкая бомбардировка велась летающими бомбами V1 (беспилотными самолетами), а в сентябре — V2. Высадка американцев на французской Ривьере была плохо спланирована и развивалась медленно. На севере среди всеобщего ликования 3 сентября был освобожден Брюссель. Однако английский план (операция *Маркет Гарден*) — рывком захватить мосты через Рейн в местности Арнем — потерпел неудачу, к тому же с большими потерями. На центральном фронте в декабре в Битве у Бульже американцам пришлось взять на себя всю силу последней бронетанковой контратаки Вермахта в Арденнах. При Бастони, где 101 воздушно-десантной дивизии предложили сдаться, но все аргументы германского командования и его переводчиков, призывавших американцев капитулировать, были сведены на нет ответом американцев: «Да пошли вы…!» [Nuts]. На Средиземном море в октябре британская армия вновь вошла в Грецию и застала там гражданскую войну. Черчилль без колебаний поддержал правительство в Афинах против коммунистов. Прежде чем Рейх был разгромлен, ему дали еще некоторое время потоптаться на краю могилы.

Окончательная победа над Германией в январе-мае 1945 г. была абсолютно новым и дотоле неизвестным опытом. На Западе американские и английские бомбардировки планомерно стирали с лица земли каждый более или менее крупный немецкий город, превращая его в горы руин и трупов. Напрасно нацисты еще планировали последнее сопротивление на альпийских редутах Австрии и Баварии. На Востоке миллионы отчаявшихся немецких беженцев текли по зимним дорогам на запад. Десятки тысяч погибли на борту затонувшего корабля *Вильгельм Густлофф* и других кораблей, осуществлявших спасательную акцию, и в смертельных переходах через скованные льдом воды лагуны Вислы. Фюрер делает последнее усилие и объявляет набор в народное ополчение *фолькс-штурм*, куда отправляли всех мужчин старше 14 лет. Большинство этих школьников, инвалидов и ветеранов были обречены на смерть, поскольку советские воины убивали всякого, кто был одет в немецкую форму. Насильственная эвакуация городов, таких, как Данциг или Бреслау, и концлагерей, таких, как Освенцим, — все это сопровождалось жуткими маршами смерти. Жизнь немцев в Восточной Европе подходила к концу. [**ДЁНХОФФ**]

Наступление Жукова на Берлин началось 12 января 1945 г. с расстояния примерно в 600 км. Красная Армия очистила Польшу, когда западные союзники еще далеко не дошли до Рейна. Падение Будапешта в середине февраля открыло путь двойному броску на Вену и Берлин. В начале марта американцы совершили удачный прорыв, когда немецкие саперы не смогли взорвать последний оставшийся мост через Рейн у Ремагена. И вскоре уже генерал Патон стал успешно продвигаться с этого плацдарма на западе даже быстрее, чем Жуков с востока; его войска встретятся со временем с советскими в Торгау в Саксонии 23 апреля. Англичане при поддержке поляков и канадцев освободили Нидерланды и продвинулись далеко вглубь Северной равнины. Берлин же был отрезан кольцом русской стали. Из своего бункера глубоко под развалинами от бомбардировок фюрер следил за тем, как рушится оборона Рейха.

Когда Большая Тройка снова встретилась в Ялте в Крыму 4 —11 февраля 1945 г., конец был уже близок. В Германии они согласились установить четыре отдельные оккупационные зоны, разрушить ее военно-промышленные мощности, предать суду военных преступников и гарантировать немцам вообще не более, чем «минимальные средства существования». Относительно Польши было решено провести «свободные выборы», при условии, что Временное правительство будет сформировано как из членов сталинского Люблинского комитета, так и из лондонских поляков. Относительно Японии, которая особенно волновала больного Рузвельта, было решено, что СССР вступит в войну на Тихом океане через два-три месяца после завершения действий в Европе. Секретный протокол давал Советам возможность снова оккупировать Курильские

острова. Все эти решения не имели силы международного договора, они были лишь планами действий для союзных держав. [**КИЛЕВАНИЕ**]

Как нет согласия у докторов, когда именно наступает смерть сердца, мозга, легких или конечностей, так же происходит и с политическими телами. Для Третьего Рейха осада Берлина стала прекращением дыхания; самоубийство фюрера 30 апреля — не оставляло надежды на выздоровление; полная капитуляция 8-9 мая была последней судорогой. Нюрнбергский процесс 1946 года в таком случае стал дознанием для установления причин смерти.

Осада Берлина, как решили в Ялте, была предоставлена Советской Армии. Завершающая фаза (агония) продлилась 3 недели, начиная с 20 апреля. Не считаясь с потерями, Жуков бросал все новые и новые резервы; ему предстояло потерять в одной этой операции больше людей, чем американская армия потеряла за всю войну. По мере того, как петля затягивалась, некоторым высокопоставленным нацистам удавалось из нее выскользнуть. Заместитель Гитлера Мартин Борман исчез — и его больше никогда не видели. Один из последних взлетевших самолетов исчез с архивами нацистов. Берлин продавал свою жизнь дорого: это было Варшавское восстание наоборот. Наконец советские солдаты водрузили красный флаг над поверженным рейхстагом.

Здесь в бункере на пересечении Вильгельмштрассе и Унтер ден Линден находился потерявший всякую связь с реальностью фюрер. «Если война будет проиграна, — сказал он когда-то, — то и нация погибнет»[125]. Его приказы теперь передавались в пустоту, которая ничего не отвечала. 29 апреля он формально заключил брак с Евой Браун, которая отказалась бежать. 30-го новобрачные вместе покончили жизнь самоубийством при помощи яда и пистолета. Так они избежали участи Муссолини и его любовницы, которых накануне повесили за ноги в Милане. Когда Гитлер умер, русские были на расстоянии неполных 70 метров. Фюрер оставил приказ сжечь их тела в яме с бензином и короткое завещание:

«Не верно, что я или кто-нибудь в Германии хотел в 1939 году войны. Ее желали и к ней подстрекали международные деятели, которые или сами были евреями или служили еврейским интересам... Я умираю с легким сердцем, сознавая

ДЁНХОФФ

Марион, графиня Дёнхофф, родилась в 1909 г. в фамильном дворце Фридрихштейн в 20 милях от Кенигсберга в Восточной Пруссии. Седьмой ребенок многочисленного семейства, она жила, как от века жили полуфеодальные аристократы Восточной Европы, нисколько не сознавая, что их время кончается.

В начале XX века Фридрихштейн еще предлагал своим обитателям и красоты природы, и особые привилегии. Расположенный посреди озер и лесов, в области резкой смены времен года, как это бывает на Востоке, он предоставлял своим детям блаженную череду прогулок верхом, пикников и библиотек, заботливых учителей, любящих нянюшек и высокородных гостей. Мать Марион, бывшая некогда фрейлиной императрицы в Потсдаме, и дома сохраняла вкус к строгому этикету и иерархии двора кайзера. Она приучила слуг обращаться к ней с такими словами: «Со всей покорностью, доброе утро, Ваше Превосходительство». Отец Марион Карл Август — легкий на подъем путешественник, бывший некогда дипломатом в германских посольствах в Санкт-Петербурге и Вашингтоне, был членом не только наследственного Прусского сената, но и выборного германского Рейхстага. Их стилем были — роскошь на публике, аскетизм в быту и благочестие лютеран.

Дёнхоффы, как и многие немецкие аристократические семьи, перебрались на Восток в Средние века. Они происходили из Дунехоффа на р. Рур (Вестфалия). Второе их семейное гнездо — тоже Дунехофф — было построено в 1330 г. около Риги в Ливонии, где протекла жизнь 18 поколений. Эта старшая ливонская ветвь семьи, обычно известная как Дёнхоф, дала выдающихся польских магнатов — пфальцграфов, гетманов, старост и кардиналов. Прусские протестанты Дёнхоффы происходили от ливонца Магнуса Эрнста фон Дёнхоффа, бывшего польским послом в Саксонии и Бранденбурге, который осел под Кенигсбергом в 1666 году. Его внук Отто Магнус, губернатор Мемеля и прусский посол при заключении Утрехтского мира, построил всю громаду зданий Фридрихштейна в 1709—1714 гг.

Войны и бедствия легко преодолевали прусскую границу. Во время великой Северной войны 40% населения Восточной Пруссии умерло от чумы. Во время революционных войн были введены майораты (1791 г.), в 1807 г. пришли французы, в 1810 г. были освобождены крестьяне, и в 1813 г. пришли русские войска Кутузова. В Первую мировую войну, избежав вторжения русских в августе 1914 г., Фридрихштейн приветствовал своего спасителя фельдмаршала фон Гинденбурга собственной персоной.

Поначалу новая война (в 1939 г.) выглядела, как и всякая другая. Однако к зиме 1944—1945 гг. стало ясно, что грядет окончательная и полная расплата. В отличие от других своих предшественников, Советская армия собиралась покончить с немцами в Восточной Пруссии раз и навсегда. Когда все мужчины в роду умерли или погибли на Восточном фронте или были казнены после покушения на Гитлера, Марион Дёнхофф одна осталась управлять Фридрихштейном. Однажды ночью в 1945 г. она села на лошадь и, присоединившись к потоку беженцев на Запад, проехала за 2 месяца 1000 миль до самой Вестфалии. (Она останавливалась только однажды, чтобы погостить у невестки Бисмарка в Варзине в Померании.) Шестисотлетнее путешествие Дёнхоффов на Восток завершилось там же, где оно началось. Фридрихштейн был аннексирован русскими.

Судьба Фридрихштейна и Дёнхоффов повторялась многократно по всей Европе. Большевики, которые уничтожили собственную аристократию в 1918—1921 гг., теперь намеревались проделать то же в каждой стране, куда вступала Красная Армия, будь то в 1939—1940 или в 1944—1945 годах. Старинные немецкие роды Пруссии, Богемии и Прибалтики были брошены в ту же бездну, что и польские семьи Литвы, Белоруссии и Украины и венгерские роды Словакии и Хорватии. Уничтожались не только аристократы, но целые классы. Советская чистка истребляла не привилегии, но вековые культуры.

На счастье, Марион Дёнхофф выжила. После войны она была журналисткой в Гамбурге, стала редактором *Ди Цайт* в 1968 г. и ее издателем в 1973 г. В своих мемуарах она размышляет о бесплодности мести: «Я не верю, что ненависть к тем, кто у вас отнял родину и дом... обязательно является проявлением любви к этому дому и родине. Когда я вспоминаю леса и озера Восточной Пруссии, ее широкие луга и старые тенистые аллеи, я верю, что они так же бесконечно прекрасны сейчас, как и тогда, когда они были моим домом. Может быть, высшая форма любви — это любить, не стремясь к обладанию».

ПРОТАСКИВАНИЕ ПОД КИЛЕМ, КИЛЕВАНИЕ

В феврале 1945 г. майор Денис Ниллз, офицер британской армии в Италии, стал командиром лагеря военнопленных в Таранто, где содержались 8000 человек из 162-й туркменской пехотной дивизии, которые числились репатриантами. Его подопечные были в свое время призваны в Красную Армию, взяты в плен на Восточном фронте немцами и, пережив голод и каннибализм, наконец выразили желание служить Вермахту. Отплыв вместе с ними в Одессу, куда они были транспортированы по ялтинским соглашениям, майор не имел сомнения в том, что советских репатриантов привозили домой, чтобы расстрелять.

И на следующих его постах перед Хиллзом вставала старая дилемма солдата, который получает приказы, противоречащие его совести. В случае с пароходом Fede, пытавшимся отплыть из Ла Специи (La Spezia) в Палестину с нелегальными еврейскими эмигрантами, он посоветовал своему начальству нарушить приказ и позволить евреям отплыть — что те и сделали. «Я хотел задуть первую вспышку ненависти, чтобы из нее не разгорелся пожар».

Во время операции Keelhaul (протаскивание под килем) (1946–1947 гг.) Хиллзу поручили просмотреть дела 498 бывших советских заключенных лагеря в Riccione. Ему был дан приказ репатриировать в СССР: 1) всех, кто взят в немецкой форме, 2) всех бывших воинов Советской Армии и 3) всех, кто помогал врагу. Придумав невероятные категории типа «полувоенные» и побуждая частным образом людей бежать, он сократил количество репатриантов до 180. Когда их отправляли, русский руководитель группы сказал им: «Итак, Вы посылаете нас умирать... Демократия нас предала». «Принесите себя в жертву, — ответил ему Хиллз. — Теперь другие будут спасены».

В случае с украинцами из дивизии Ваффен-СС Галиция, которые содержались в Римини, майор Хиллз был одним из тех британских офицеров, которые лично дали отпор Советской комиссии по репатриации. Когда дивизия была спасена, он получил письмо от дивизионного командира с благодарностью «за вашу исключительно гуманную деятельность... в защиту тех принципов, во имя которых была начата Вторая мировая война». По международному праву галичане были поляками, а не советскими гражданами. Хиллз признавал, что он «не подчинился приказам». Вскоре он предстал перед военным трибуналом и был понижен в звании за неподобающее поведение, поскольку его застали на рассвете на городской площади Триеста, где он кувыркался и делал сальто.

Политика союзников, насильственно репатриировавших громадные массы мужчин, женщин и детей, с которыми потом расправлялись Сталин и Тито, была признана военным преступлением. В долине Драу в Австрии в июне 1945 г. войска англичан окружили так называемую Казачью бригаду и тех, кто ее сопровождал, чем вызвали массовые самоубийства. Но все оставалось в тайне, пока в 1973 г. в США не стал известен рапорт майора Хиллза и не были открыты британские архивы. Солженицын назвал это «последней тайной». Широкой общественности все это стало известно при помощи книг, изданных только 30-40 лет спустя.

Позднее в Лондоне был удовлетворен необычный иск о клевете на 1.5 млн. фунтов стерлингов против графа Николая Толстого, автора книги Министр и массовые убийства, в которой он описывал заговор британских офицеров, стремившихся скрыть факты. Истцом был не сам министр, обвиненный в том, что он приказал выдать казаков, но британский офицер, который, как и Хиллз, не подчинился приказу. Он не получил и пенни возмещения, так как обвиняемые перенесли дело в европейские суды.

Личную ответственность всегда трудно доказать. Но моральные принципы совершенно определенны. Если «подчинение приказу» не стало оправданием для Адольфа Эйхмана, то оно не может быть оправданием и для офицеров союзников.

какие великие дела совершили наши солдаты на фронте... Сверх всего я поручаю вождям нации... скрупулезно соблюдать расовые законы и безжалостно противостоять всемирному отравителю всех народов — международному еврейству»[126].

Останки фюрера и его жены были погребены сотрудниками КГБ в Восточной Германии и впоследствии сожжены ими в 1970 г. Два фрагмента черепа, как говорили, черепа Гитлера, были обнаружены в архивах в постсоветскую эпоху в 1993 г.

День победы в Европе пришелся на вторую неделю мая. Для нацистов это означало полное уничтожение, месть их богов, для немецкой нации — полное поражение. Генерал Монтгомери принял немецкую делегацию в своей палатке в Линбурге; генерал Эйзенхауэр принял формальную капитуляцию на базе возле Реймса; маршал Жуков сделал то же в своем штабе в Карлсхорсте. Момент безоговорочной капитуляции был установлен в полночь 8-го (по Гринвичу), то есть 5 утра 9-го (по московскому времени).

Как всегда объявление мира не вполне соответствовало реальному положению дел. Союзные державы все еще вели войну на Тихом океане. В пустыне Нью-Мексико ученые все еще изо всех сил работали, чтобы провести первые испытания атомной бомбы. В Европе во многих местах продолжались сражения. Немецкая армия, загнанная в Праге в угол, была разгромлена власовцами, которые напрасно перешли на другую сторону в надежде на помилование. Вплоть до 1950-х гг. продолжалось сопротивление советским завоеваниям в Восточной Европе и на западных территориях СССР.

Через 6 недель Большая тройка в последний раз встретилась в Потсдаме 17 июля – 2 августа. Из лидеров военного времени в дальнейшем уцелел только Сталин, который жил с подозрением, что капиталистические государства могут обратиться против него. Вопреки всем предсказаниям, Черчилль потерпел поражение на послевоенных выборах в Великобритании и был заменен на социалиста Клемента Эттли. Рузвельт умер еще до падения Германии; ему на смену пришел практически мыслящий человек — вице-президент Гарри Трумэн. Разногласия между участниками были столь велики, что первоначальная идея мирной конференции была сдана в архив. Когда Трумэн сделал драматическое сообщение об удачном испытании американской атомной бомбы, Сталин даже не моргнул.

Итак, в Потсдаме занялись исключительно практическими вопросами. В Германии предполагалось создать Союзный контрольный совет для координации управления четырьмя зонами оккупации. Восстанавливалась независимость Австрии. Франции вернули Эльзас-Лотарингию, а Чехословакии — Судеты. Граница Польши устанавливалась по Одеру и Нейсе, хотели того поляки или не хотели. Все немцы, жившие на восток от этой границы, подлежали выселению. Все лидеры нацистов, которых удалось схватить, должны были предстать перед Международным трибуналом по военным преступлениям. Помимо этого, союзники мало о чем могли договориться, да они и не пытались.

К этому времени восстановление, как и забвение, шло полным ходом:

> После каждой войны
> Кто-то должен все убрать.
> Порядок сам собой не наступит.
>
> Кто-то должен сгрести
> Мусор с дороги,
> Чтобы проехали телеги,
> Доверху груженные трупами.
>
> Это зрелище не для фотокамер;
> И оно займет годы.
> Все камеры ушли
> На другие войны.
>
> Те, кто знал, в чем дело,
> Должны уступить дорогу тем,
> Кто знает мало, или очень мало,
> Или вовсе ничего[127].

Пятница, 19 октября 1945 г., Нюрнберг[128].

Город был оккупирован американцами. Американский полковник принял командование городской тюрьмой, которая находилась сразу же за Дворцом правосудия на Фюртхертштрассе. Из 24-х названных обвиняемых на процессе над главными военными преступниками 21 находился в камерах. В этот день им должны были предъявить обвинение.

Предъявить обвинение должен был молодой майор-англичанин, бывший военнопленный, который свободно говорил по-немецки. Когда он вошел в тюрьму, еще не было 2 часов дня. Он увидел три этажа камер, каждая с маленьким зарешеченным окошком в двери. У каждой двери стоял охранник и смотрел через решетку. На верхнем этаже открытые галереи были под металлической сеткой. Двадцать второй обвиняемый только недавно совершил самоубийство на глазах у дюжины свидетелей. Майора сопровождали комендант тюрьмы и сержант жандармерии, который нес ключи. За ними шел Генеральный секретарь Международного военного трибунала с переводчиком, два американских солдата с документами, офицер американской службы безопасности, тюремный психолог с блокнотом в руке и тюремный капеллан-лютеранин. Несколько *подснежников* — военных полицейских-американцев в характерных белых шлемах, заключали шествие.

Обвинения, только что переведенные с английского на немецкий, были пространными документами. На обложке было написано: «Соединенные Штаты Америки, Французская Республика, Соединенное Королевство Великобритании и Северной Ирландии и Союз Советских Социалистических республик...», затем шел список из 24-х имен, во главе которого стоял Геринг. Пунктов обвинения было четыре: участие в заговоре, преступления против мира, военные преступления, преступления против человечности. Каждый обвиняемый должен был получить две копии, в которых значились общие обвинения против него и частные обвинения, на основе которых он был осужден. Англо-американская практика предусматривала вручение обвинения лично обвиняемому.

Молодой майор хотя и был юристом по образованию, но в таких делах опыта не имел. Когда он увидел металлическую сетку, он вспомнил своего военного товарища — бельгийского летчика, схваченного гестапо и бросившегося точно с такого же балкона в тюрьме в Сюрен (Suresnes). Хотя майор работал в Трибунале уже несколько месяцев, но в Нюрнберг он прибыл только что и еще никогда не встречался ни с одним из заключенных:

«Я взглянул на высокое окно в дальнем конце тюрьмы. На фоне яркого осеннего неба четко выделялись винтовые лестницы, ведущие к верхнему ряду камер. Воцарилась тишина вечности, только жутко позвякивали ключи...

Тишина ничем не нарушалась, пока мы не дошли до камеры почти в самом конце ряда. Охранник отдал нам честь. Я заметил, что он вооружен револьвером и дубинкой... когда камеру открыли, я взял себя в руки, чтобы встретиться лицом к лицу с заключенным, который, пошатываясь, поднялся навстречу....

К большому моему удивлению я заговорил.

"Герман Вильгельм Геринг?"

"Jawohl."

"Я майор Нив, назначен Международным военным трибуналом, чтобы вручить Вам копию постановления, в котором Вы фигурируете в качестве обвиняемого."

Лицо Геринга стало злобным, он выглядел как гангстер в плохой пьесе, когда ему переводили, что я сказал. Я протянул ему копию постановления, которую он взял молча. Затем я сказал: «Меня также просили разъяснить вам ст. 16 Декларации Трибунала.»

Копия по-немецки была вручена ему.

«Взгляните на параграф... Вы имеете право защищаться самостоятельно перед Трибуналом или с помощью адвоката.»

Мои слова были корректными и точными. Геринг выглядел серьезным и подавленным, когда я остановился.

«Итак, вот оно», сказал он ...

«Вы можете взять адвоката по собственному выбору или трибунал его Вам назначит».

Было очевидно, что Геринг не понял... Потом он сказал: «Я не знаю юристов. Никогда не имел с ними дела»...

«Я думаю, вам посоветуют кого-нибудь...»

Он пожал плечами.

«Все это мне представляется безнадежным. Я должен прочитать обвинение очень внимательно, но я не представляю, какое оно может иметь законное основание...»

Несколько часов спустя после того, как я покинул камеру Геринга, тюремный психолог д-р Жильберт попросил его подписать копию обвинения. Геринг написал: «Победитель всегда будет судьей, а побежденный — подсудимым»[129]

Таким образом, главный вопрос Нюрнбергского суда был сформулирован еще до начала процесса.

Европа осенью 1945 г. влачила жалкое существование. Победившие союзники разделили ра-

Карта 27

зоренную Германию на четыре оккупационные зоны и изо всех сил старались действовать сообща. Западные страны, освобожденные англо-американцами — Франция, Италия, Бельгия и Нидерланды – пытались вновь связать оборванные нити своего довоенного существования. Восточные страны, освобожденные Советами, обнаружили, что освобождение принесло новую форму завоевания. Великобритания единственная из воевавших стран избежала оккупации и теперь только что избрала социалистическое правительство, которое все больше понимало, что победа не защищала от падения статуса. В Европе не было ни одной страны, которая, как США, являясь победительницей, не была бы в то же время разорена. Горстка "нейтралов" — от Испании до Швеции – могла пользоваться некоторой независимостью.

В отдельных странах уже прошли процессы, на которых были осуждены действия военного времени, которые теперь признавались преступными. В Осло Квислинг предстал перед судом и в сентябре был казнен; в Париже 9 октября казнили Лаваля. В Москве в июне проходил процесс над лидерами польского подполья, но общественное мнение Запада не вполне понимало, что обвиняемые на этом процесс не были ни фашистами, ни коллаборационистами, — они были героями-союзниками, единственное преступление которых состояло в том, что они боролись за независимость своей страны. Западные правительства предпочли добиваться частным порядком смягчения приговоров, а не протестовать открыто.

Нюрнберг, один из самых старых и самых немецких городов Германии, был превращен в горы обломков после 11-ти массированных бомбардировок. Затем, когда две дивизии СС решили сделать его своим последним оплотом, он нещадно обстреливался американской тяжелой артиллерией. Родину средневековых мейстерзингеров и Тангейзера, Альбрехта Дюрера и Вита Ствоша, его избирают в XIX веке местом расположения Немецкого Музея — изумительной коллекции немецкого национального искусства и истории. В 1930-е годы он становится местом проведения самых шумных съездов нацистов при Гитлере. Он стал местом Процесса отчасти за его символическое значение, отчасти же потому что внушительный Дворец правосудия здесь каким-то чудом уцелел в бомбардировках. Проводя Процесс в Нюрнберге, союзники подчеркивали, что корень германского зла лежал не в прусском милитаризме (как считали в 1918 г.), но в самой природе немцев как нации. Обстановка процесса, казалось, должна была преподать даже более важный урок истории, чем разоблачение преступлений отдельных обвиняемых.

Однако особый вклад Нюрнберга в судебную практику состоял в особенностях личности подсудимого N8 Юлиуса Штрейха (род. в 1885 г.), управлявшего этим городом в качестве нацистского гауляйтера в 1933 — 1940 гг. Теперь он уже отсиживал второй срок в камерах позади Дворца правосудия, поскольку был арестован раньше за приставания к заключенному мальчику во время одного из его официальных посещений. Он был явным сексуальным извращенцем, как могли заметить его охранники, но к тому же всю жизнь преследовал евреев, представляя таким образом отвратительную смесь порока с антисемитизмом. В своем крестовом походе за расовую чистоту он придумал ложную биохимическую теорию, согласно которой семенной белок евреев способен навсегда «заразить» любую женщину, с которой устанавливается контакт. В качестве редактора *Дер Штюрмер* он вел непрерывную кампанию в защиту немецких девушек от евреев-соблазнителей — дело, которому он позднее обеспечивал псевдонаучное прикрытие в журнале *Deutsche Volksgesundheit aus Blut und Boden*. Он был главным вдохновителем Нюрнбергских законов в той их части, которая абсолютно запрещала любые половые отношения евреев с неевереями. В 1938 г. в Хрустальную ночь он произнес речь, подстрекая толпу последовать славному примеру средневековых погромщиков из Нюрнберга. В качестве одного из первых членов НСДАП он был среди тех немногих, кто обращался к фюреру на *ты*. Но он преступил черту, когда во всеуслышание заявил, будто дочь Геринга была зачата посредством искусственного осеменения. Пришедший в бешенство рейхсмаршал инициировал создание комиссии по проверке деятельности гауляйтера, которая обнаружила столь чудовищные злоупотребления, что даже фюрер не смог спасти своего соратника от немедленной отставки.

Союзники не так легко достигли согласного решения провести судебный процесс над военными преступниками. Черчилль был против, как и Генри Моргентау, министр финансов США. В отсутствие юридического прецедента они считали, что было бы лучше всех нацистских лидеров просто расстрелять. Но победило иное мнение: правительства союзников решили следовать принципу суда над военными преступниками согласно Сент-Джеймсской Декларации (январь 1942 г.) и Московской декларации (ноябрь 1943 г.); эта политика получила исключительно широкую поддержку общественности. Из Большой тройки за процесс стояли Рузвельт и Сталин. Так что дело было решено. Процесс был необходим и как «искренняя, но наивная попытка следовать букве закона»[130], и для демонстрации безграничной власти победителей. Сталин уже прибегал к показательным процессам как к инструменту утверждения своей политической власти внутри Советского Союза, и нет причин думать, что он упустил бы случай организовать похожую демонстрацию силы после великой международной победы. Сталин, в конце концов, выигрывал больше всех, во всяком беспристрастном суде он мог бы оказаться на скамье подсудимых.

Международный военный трибунал был создан решением Потсдамской конференции. Статус Трибунала огласили 8 августа 1945 г., спустя два дня после взрыва атомной бомбы в Хиросиме. Нюрнбергские процессы были задуманы как европейский аналог процессов над руководителями Японии, которые планировалось провести в Японии.

Как только обвинения были вручены, открытие процесса было назначено на 20 ноября 1945 г. С этого момента состоялось 403 открытых заседания Трибунала в главном зале суда Дворца правосудия; 10 месяцев спустя были вынесены окончательные приговоры, объявленные 1 октября 1946 г. Четверо судей союзников под председательством сэра Джефри Лоренса сидели по одну сторону вместе со своими заместителями. Присутствовавшие на суде подсудимые (21) все заявили, что не виновны, и заняли места на скамье подсудимых на противоположной стороне, где к ним была приставлена надежная охрана. Четыре прокурора союзников — американский, британский, французский и советский — расположились посередине вместе со своими заместителями и помощниками, с толпой немецких адвокатов и массой клерков и переводчиков. Галерея для публики была сооружена в одном боковом крыле залы заседаний. Процесс проходил и записывался на англий-

ском, немецком, французском и русском языках. Так что большинство участников все время слушали одновременный перевод в наушники.

Помимо присутствовавших лично, проводился также суд и над Мартином Борманом, заместителем Гитлера, *in absentia*. Также были предъявлены обвинения восьми организациям: SS, SD, SA, и Гестапо, корпусу политических руководителей НСДАП, Правительству, Генеральному Штабу и Верховному командованию вооруженных сил Германии. Процесс против Густава Крупа, промышленника, не проводился по причине неправоспособности обвиняемого. Обвинение представило свыше 4000 документов, 1809 письменных показаний под присягой и 33 живых свидетеля. Были показаны фильмы и представлены ужасные вещественные доказательства — лампы из человеческой кожи и головы людей на подставках, как обычно оформляют рога убитых на охоте животных. Защита предъявила 143 свидетеля, а также сотни тысяч письменных показаний, данных под присягой. Материалы процесса, опубликованные в 1946 г., заняли 43 тома[131].

Вступительные речи обвинения представляли собой горячие призывы к соблюдению высоких моральных принципов и обнаруживали некоторую юридическую неопределенность. Судья Роберт Х. Джексон признал, что Трибунал был новым и экспериментальным. Сэр Хартли Шокросс взывал к соблюдению законности, месье де Ментон — «к совести людей». Генерал Руденко говорил о «священной памяти миллионов жертв фашистского террора» и о «совести всех свободолюбивых людей». Джексон построил свое обвинение, может быть, лучше других, говоря о недопустимости бездействия: «Цивилизация задает вопрос: неужели закон так вял и медлителен, что совершенно беспомощен перед столь громадными преступлениями…»[132]

При ограниченной компетенции Процесс проводился с соблюдением строгого этикета и большой предусмотрительностью. Председатель суда судья Лоренс подавал пример другим судьям, относясь со всей возможной любезностью к защите и сурово выговаривая, когда надо, обвинению. Размеренный ход разбирательства был нарушен только однажды, когда Джексон потерял над собой контроль во время перекрестного допроса Геринга. Во время процесса опасность вынесения поспешного приговора оставалась небольшой, а оправдание было всегда возможно.

Особенно потрясающие свидетельства были представлены в связи с военными преступлениями и преступлениями против человечности. В этих случаях свидетельства против нацистов были убийственными, особенно, когда эти свидетельства были взяты из документов самих нацистов. Лагеря истребления, где осуществлялось *Окончательное решение*, невыразимый словами ужас псевдомедицинских экспериментов, массовая жестокости в невиданных масштабах были тщательно документированы, так что не оставалось никакой возможности ошибки. Самые слабые свидетельства были представлены по обвинениям в общем заговоре, а также по пунктам, которые защита с легкостью переводила в разряд обычной практики суверенных государств. Трудно было доказать, что секретные встречи Гитлера с его коллегами имели злой умысел или что само перевооружение вдохновлялось замыслами агрессии. Впрочем, прямые сравнения с поведением союзников не допускались. Защита не имела возможности поставить вопрос о несоблюдении Версальских соглашений, о бомбардировках союзников или о массовых жестокостях Советов. «Мы здесь собрались судить главных военных преступников, — настаивал лорд судья Лоренс, — а не государства-обвинители». Всякие попытки обсудить условия содержания в лагерях интернирования союзников или насильственные высылки немцев (которые как раз проводились в то время) немедленно пресекались. «Защита пытается указать на нарушение Международного права союзниками, — писала *The Times* 8 мая 1946 г., — но [обвинение] считает, что если допустить такую возможность, то ему придется приводить контраргументы, а это без нужды затянет процесс»[133].

Вопрос о массовых убийствах в Катыни был первоначально поднят советским обвинителем. Когда же адвокаты защиты смогли продемонстрировать, что многие факты обвинения фальсифицированы, то советская команда быстро отказалась от обвинения по этому пункту. [КАТЫНЬ]

Присутствовавшие на процессе вспоминают множество трагических и иронических моментов. Так, Гесс с дикими глазами читал на скамье подсудимых *Сказки братьев Гримм*. Маленькой сенсацией было незаявленное присоединение в

ноябре к советской делегации Андрея Вышинского, главы Советской делегации в ООН, который был больше известен как главный обвинитель на процессах во время сталинских чисток 1930-х годов. Многие отмечали жуткий контраст между подавленным настроением в зале суда и развеселыми попойками в баре *Гранд Отеля* по соседству.

Американские службы безопасности обеспечили обвиняемым опеку двух психиатров и психолога. В рамках своих обязанностей психолог провел тесты на определение IQ обвиняемых и получил такие данные:

Шахт — 143; Зейсс-Инкварт — 140; Геринг — 138; Денитц — 138; фон Папен — 134; Редер — 134; Франк — 130; Фритше — 130; фон Ширах — 130; Риббентроп — 129; Кейтель — 129; Шпеер — 128; Йодль — 127; Розенберг — 127; фон Нейрат — 125; Funk — 124; Фрик — 124; Гесс — 120; Заукель — 118; Кальтенбруннер — 113; Страйхер — 106.[134]

Приговоры, когда они стали известны, вызвали удивление. Банкир Шахт, пропагандист Фритше, и бывший некогда вице-канцлером фон Папен были оправданы по всем пунктам. Также оправданы были правительство, Генеральный Штаб и Верховное командование. Денитц, фон Нейрат, фон Ширах, Шпеер и Гесс получили различные сроки заключения в тюрьме: от 10 лет до пожизненного заключения. Геринга посчитали «главным военным агрессором» и признали виновным по всем четырем пунктам. Он вместе еще с десятью другими был приговорен к смерти через повешение. Советский обвинитель выступил с особым мнением по всем оправдательным приговорам и тюремным срокам. Каждый заключенный реагировал по-своему на перспективу быть повешенным. Йодль сказал с горечью: «Я этого не заслужил». Риббентроп сказал: «Я не смогу написать свои великолепные мемуары». Ганс Франк: «Я это заслужил и этого ожидал»[135]. Когда психолог спросил Гесса, какой он получил приговор, Гесс ответил: «Не имею представления. Возможно, смертную казнь. Я не слушал»[136]. Геринг провел палача, совершив самоубийство: он принял цианид, спрятанный в зубной коронке.

Десять казней были произведены в спортивном зале тюрьмы 16 октября 1946 г. Большинство из приговоренных умерли с патриотическими словами на устах. Франк умер со словами: *Deutsch-*

land uber alles! ("Германия превыше всего!"). Штрайхер прокричал, «*Heil Hitler. Пурим 1946. Большевики вас всех повесят*», затем поручил себя памяти жены. Был слух, что американский армейский палач неумело выполнил свою работу, затягивая мучительную смерть, и что тела были кремированы в Дахау. Пятеро оставшихся осужденных были переведены в тюрьму Шпандау в Берлине, где администрация состояла из представителей четырех держав вплоть до странной смерти Гесса в 1987 г.

С самого начала процесса началась критика в его адрес. Собственно политиками высказывались опасения, что обвиняемые превратятся в мучеников. Этого не случилось ни в Германии, ни где-либо еще. Громадное отвращение, вызванное разоблачениями на процессе, было столь велико, что не допускало ни противоречий, ни симпатий. Если в чем-то было общее согласие, так это в том, что преступления нацистов превосходят жестокость правосудия по отношению к отдельным лицам. Однако многие юристы были обеспокоены тем, что обвинения были по своей природе *ex post facto*. *Nulla poena sine lege*[137]. Те, кто заявляли о своем особом мнении (votum separatum), не принимали аргументов Джексона, что Трибунал содействовал развитию международного права[138]. Они также были оскорблены еще и тем, что суд обнаруживал свою зависимость. То, что союзные государства предоставили и судей и обвинителей на собственных условиях и в тех областях, которые сами же и устанавливали, — все это не способствовало ни законности, ни одобрению со стороны общественности. «Пусть и одетый в одежды правосудия, — заявил сенатор Роберт Тафт, — процесс был на деле инструментом правительственной политики, которая была определена задолго до того, еще в Ялте и Тегеране»[139]. Многие, особенно военные, придерживались того мнения, что честных немецких офицеров, таких, как адмирал Денниц, не следовало сажать на скамью подсудимых вместе с такими активными нацистами, как Геринг или Штрайхер. Когда Денница выпустили на свободу в 1956 г., несколько сотен выдающихся ветеранов из стран союзников, во главе с американским адмиралом Нимицем, выразили ему свое сожаление[140].

Для тех, кто умел не поддаваться общему настроению, было возмутительным, что западная пресса и правительственные органы часто способствовали развитию представления о коллективной вине. Все подсудимые сразу же клеймились как *преступники* задолго до определения суда. Но главное в том, что Нюрнбергский процесс ограничился рассмотрением преступлений, совершенных побежденным врагом, и чинил всяческие препятствия беспристрастному рассмотрению военных преступлений и преступлений против человечности вообще. Надолго установилось в обществе мнение, что такие преступления по определению не могут быть совершены теми, кто выступает от имени союзных государств.

Для историков Нюрнбергский процесс представляет большой интерес не только сам по себе, но и как попытка поверить прошлое — законом. Сторонники этого подхода заявляли: «мы открыли правду»[141]. Критики же считали, что было открыто менее половины правды. Точнее сказать, Нюрнбергский процесс установил несомненную реальность преступлений нацистов. Он также документально определил всю роль Германии в развязывании и ведении Второй мировой войны, хотя и не всегда так, как этого хотели обвинители. В то же время, изолировав германский фактор, Нюрнберг провел сомнительный и, в конечном счете, лишенный доказательности анализ, а известными замалчиваниями способствовал созданию ошибочного представления, будто больше искать нечего. Исторический материал, введенный в обвинения, а потом и в преамбулу к окончательному решению, по замыслу, должен был «осветить проблемы, представляющие интерес для Международного военного трибунала». Но этот материал был столь откровенно выборочным, что самые искренние противники нацизма могли придти в отчаяние. Так, нацистско-советский договор был упомянут только как один из договоров, нарушенных Рейхом. «Опубликованный обвинительный акт, — писал ведущий историк в тот день, когда этот документ был предъявлен в камерах обвиняемым, — представляет собой историю, написанную неисториками».[142]

Нюрнбергский процесс не только предоставил в громадных количествах важную историческую информацию, но и повинен в явных исторических искажениях. Его выводы, горячо поддержанные общественным мнением на Западе, а на Востоке обработанные советской цензурой (которая пре-

вратила их в евангелие), были бастионом особой
Союзнической исторической схемы, которая и
стала господствующей на 50 лет (см. Введение).
И только в эпоху Солженицына в шестидесятые
годы и затем Гласности в восьмидесятые общество узнало, что обвинители в Нюрнберге были
не только мастерами разоблачений, но и умелыми
укрывателями истины. Андрей Вышинский продемонстрировал это, когда в редкую минуту честности произнес тост на приеме в Нюрнберге:
«Смерть обвиняемым!»[143] Как обычно, западные
партнеры не поняли русского языка и выпили без
колебаний, и только потом спросили, что это значит.

Карта 28

DIVISA ET INDIVISA
Европа разделенная и нераздельная, 1945–1991 гг.

Очень трудно определить исторические векторы динамики Европы второй половины XX века. Громадные жертвы Второй мировой войны не обеспечили безопасности: континент уже вскоре после войны разделился на соперничающие политические и военные блоки, энергия которых тратилась попусту в течение 50 лет. Колоссальные ресурсы уходили на осуществление непродуктивных задач, особенно на Востоке; лишь немногие страны смогли остаться нейтральными, а объединение Европы постоянно откладывалось.

Это ощущение бесплодности и тщеты хорошо отражено в послевоенном цикле Жана Поля Сартра и у философов экзистенциализма. Сразу после войны оно довольно быстро развеялось в большинстве стран Запада, но в последние десятилетия то и дело всплывало на поверхность вместе с движением за мир или протестами против ядерного оружия. В странах Восточной Европы разоблачали оптимизм официальной пропаганды, но чувство тоски было главным во внутренней жизни людей вплоть до новой *революции* (революции реформ) 1989–1991 гг.

К счастью для тех, кто хотел залечить раны, разделение Европы способствовало развитию сильного европейского движения, зародившегося еще до войны, а теперь набиравшего силу на Западе. Сначала как нравственное движение за реформирование международных отношений, а позднее как движение за экономическую кооперацию, оно способствовало появлению нового чувства общности. В Совете Европы (с 1949) и в ЕЭС и его ассоциированных структурах (с 1956) *движение за единую Европу* произвело на свет целый комплекс

организаций, которым предстояло разрастаться по мере того, как вступали все новые и новые европейские страны. И в течение многих десятилетий альтернативой европейскому движению оставался всеевропейский коммунистический лагерь.

Однако Запад оказался несравнимо более динамичным, чем Восток. С помощью США Западная Европа быстро поднялась после войны из руин и взяла курс на грядущее процветание. Вдохновленные западногерманским *экономическим чудом*, члены Европейского экономического сообщества без труда демонстрировали преимущества своего пути развития. Количество членов увеличилось с шести в 1956 г. до двенадцати в 1983 г., а многие, подав заявки, ждали приема. Пока Кремль боролся (все менее удачно) со своей утратившей гибкость империей, быстрый процесс деколонизации в странах Азии и Африки освободил империалистические державы Западной Европы и открыл им новое будущее в единой Европе. Под руководством НАТО западноевропейская оборона противостояла угрозе со стороны Советов, которым можно было верить все меньше и меньше. К концу 1980-х движение за единую Европу все активнее мужало, а в это же время коммунизм советского толка был уже на грани смерти.

Несмотря, впрочем, на разделения, идея единой Европы была актуальна не только на Западе, но и на Востоке. Здесь советская тирания стала эффективным средством утверждения европейских идеалов через дефолт коммунистических идеалов. Граждан советского блока поражали горы еды в Западной Европе; но у нас есть также все основания думать, что их стремление присоединиться к Европе вдохновлялось не только материалистическими побуждениями, но и духовными. «У Европы пара легких, — заявил папа-славянин, — и она будет дышать легко только тогда, когда задышит обоими»[1].

«Потерянные годы» Европы распадаются на три фазы. Началом были послевоенные годы (1945–1948), когда союзники перестали быть едиными. Затем прошло четыре десятилетия *холодной войны* (1948–1989). И они завершились поразительным периодом правления Михаила Горбачева (1985–1991). В целом можно сказать, что рассматриваемый период начался в День победы 9 мая 1945 г. и закончился с окончательным распадом Советского Союза в декабре 1991 г. К тому времени почти все народы Европы освободились и могли сами определять свою судьбу.

Конец Великого альянса, 1945–1948 гг.

Будущее разделение Европы латентно присутствовало в расстановке сил и отношениях, которые сложились в Европе к концу войны. Как правильно предсказал Сталин, на место оккупационных армий должны были придти социальные и политические системы Востока и Запада. И все-таки разделение Европы выкристаллизовалось не сразу. Поначалу армии победителей были заняты насущными проблемами беженцев, переселений и репараций. И им приходилось сотрудничать в общих органах управления Германии и Австрии. Сталин действовал осторожно и проводил разную политику в разных столицах. Также и американцы не торопились раскрывать свои планы.

В отличие от 1918 г. теперь не требовали немедленной мирной конференции. Не было и немецкого правительства, с которым бы можно было подписать мирный договор. Сталин на этот раз не хотел вновь вести переговоры о тех колоссальных приобретениях, которые он уже получил. Соответственно единственная мирная конференция была проведена в Париже в июле-октябре 1946 г., где решались вопросы относительно пяти меньших побежденных государств: Италии, Румынии, Болгарии, Венгрии и Финляндии. Все было предрешено союзным Советом министров иностранных дел, который буквально продиктовал условия урегулирования. Все побежденные страны были обязаны уступить территорию. Италия потеряла все африканские владения, но сохранила Южный Тироль. Все должны были выплатить громадные компенсации (в целом 1250 млн. долларов), главным образом Советскому Союзу и Югославии. Наперекор советской позиции конференция настояла на том, чтобы сделать Дунай международным водным путем, а Триест — свободным портом под управлением ООН.

Целых семь лет Триест — единственная территория, о которой открыто спорили после Второй мировой войны, оставался в состоянии величайшего напряжения. Зона А, включая порт и деловой центр, была в руках англичан; Зона Б, на востоке, удерживалась югославами. Это разделение было, наконец, узаконено итало-югославским соглашением в октябре 1954 г.

Послевоенную Европу захлестывали волны беженцев. И нацисты, и Советы применяли массовые депортации и использовали рабский труд. Но теперь все, кто выжил, вышли на свободу. В одной Германии было 9 млн. таких перемещенных лиц. Они жили в примитивно устроенных, переполненных лагерях, часто в тех бараках, где до них жили военнопленные. Больше всего беженцев прибывало из стран, занятых Красной армией, куда эти люди боялись возвращаться, страшась преследования. Они поступали в ведение Администрации ООН по делам беженцев и постепенно распределялись по новым местам жительства: сначала как *европейские добровольные рабочие* в разные промышленные центры Западной Европы, а позднее по эмиграционным планам — в Канаду, США, Австралию и Южную Африку. Последние такие эмигранты уехали в 1951–1952 гг.

В трудном положении оказались и большие группы военных. Западные государства с трудом обеспечивали даже тех, кто сражался на стороне союзников. Например, польская армия генерала Андерса, которая пробилась в Северную Италию, насчитывала несколько сот тысяч солдат и прибившихся к ним людей, которым некуда было возвращаться, поскольку их родные места оказались в СССР. В 1946 г. их пришлось отправить в Англию, где они пополнили Польский корпус подготовки к расселению и ассимиляции[2]. По иронии судьбы в Англии их соединили с бывшими членами дивизии СС *Галичина*, которые также добрались до Италии и которые, как граждане довоенной Польши, не были переданы в руки советских властей. Но большинству бывших солдат вермахта повезло гораздо меньше. Немецкие военнопленные, захваченные Советами, отправлялись в ГУЛАГ, где они разделили судьбу бывших советских военнопленных, также доставленных сюда из Германии. (Кто выжил, репатриировался в 1956 г.)

Союзники знали о варварстве коммунистов в отношении людей, вернувшихся из-за границы. И все равно они содействовали политике высылать всех: и гражданских, и военных — возвращения которых требовал Сталин. Первые транспорты с теми, кто был освобожден британской армией в Нормандии из трудовых лагерей, тайно отправились из Ливерпуля в Мурманск в октябре 1944 г. Серьезное сопротивление впервые оказали высылаемые из Австрии весной 1945 г., когда множество советских граждан решили совершить массовое самоубийство, но не репатриироваться. Сотни тысяч, в особенности казачьи части и большое количество хорватов, были переданы на верную смерть до того, как эта практика была прекращена[3]. [КИЛЕВАНИЕ] Впрочем, и англо-американцы не могли похвастаться хорошим обращением с вверенными им военнопленными. В одном исследовании, посвященном американской политике в 1945–1946 гг., говорится, что немецкие заключенные в Западной Европе получили такой статус по воле послевоенной администрации, чтобы можно было не выполнять Женевскую конвенцию. В результате значительное количество людей этой категории просто умерли, лишенные всякой помощи[4].

Перемещения населения, предопределенные в Потсдаме, начались с осени 1945 г. По крайней мере 9 млн. немцев были изгнаны из своих домов в Чехословакии и Польше. Беззащитные изгнанники, они стали здесь жертвами мести. Службы безопасности коммунистов использовали бывшие концлагеря нацистов как центры сбора таких лиц. Отчаянно перегруженный транспорт перевозил их прямо в британскую и американскую зоны в Германии. Возникавшие *Vertriebene verbände*, то есть местные ассоциации перемещенных лиц, станут в будущем мощной антикоммунистической силой в послевоенной политике. А успешная их ассимиляция была первым (и далеко не единственным) чудом Западной Германии[5].

Место выселенных немцев на Востоке Европы занимали другие переселявшиеся сюда люди. Опустевший Кенигсберг, переименованный в Калининград, был заселен советскими военными и стал анклавом РСФСР. Примерно 2–3 млн. поляков получили разрешение мигрировать на Запад из провинций, аннексированных СССР. Опустевший город Бреслау, например, переименованный во Вроцлав, был занят в основном поляками, изгнанными из Львова; причем эти поляки переместились целиком: со своим университетом, мэром и муниципалитетом, а также со своим национальным музеем. И в Польше, и в Чехословакии на бывших немецких территориях предоставляли дома и рабочие места беднейшим внутренним мигрантам.

Принимая во внимания неудачу после первой мировой войны, западные государства решили не оказывать давления на Германию в смысле получения репараций. Советы же, напротив, были настроены получить максимум. Официально Советы требовали 20 млрд. долларов. Не дожидаясь провала межсоюзнических переговоров, с первых же дней оккупации советские репарационные команды приняли демонтировать и увозить заводы, железнодорожные пути, электростанции, домашний скот и подвижные составы. Советские мародеры, как одиночные, так и коллективные, не делали различий между немецкими землями и землями, которые отходили под управление Польши и Чехословакии.

По всей Европе людям хотелось свести счеты с коллаборационистами. В некоторых случаях были проведены показательные судебные процессы. Пьер Лаваль, Видкун Квислинг, Вильям Джойс («лорд Ха-ха») и отец Тисо были осуждены и казнены. Престарелый маршал Петэн, хотя и был приговорен к смерти, но прожил последние годы на острове. Особенно тщательно подобные процессы проводились в Нидерландах, где было задержано по подозрению в коллаборационизме 200 000 человек, и в Бельгии, где было задержано 634 000 и осуждено 57 000. В Австрии прошло 9000 процессов и было вынесено 35 смертных приговоров. Но часто население брало решение этих вопросов в свои руки. В Италии тысячи фашистов были просто казнены самосудом или расстреляны партизанами. Во Франции тогда на волне жестокого возмездия по крайней мере 10 000 было убито, часто по самым незначительным обвинениям.

В Западной Германии после Нюрнбергского процесса, когда покончили с главными военными преступниками, денацификация шла медленно; судебные процессы начались в конце 1950-х гг. Спорадически процессы над офицерами СС, теми, кто использовал рабский труд, и персоналом концлагерей продолжались и в 1960-е годы. Но самая крупная рыба уплыла, поскольку было очень трудно разобраться с 9 млн. бывших нацистов.

В Восточной Европе коммунисты под предлогом охоты за коллаборационистами расправлялись со своими оппонентами. Было проведено несколько показательных процессов: Гесс, комендант Освенцима, подвергся суду и был повешен в Польше в 1946 г., но многие рядовые фашисты смогли уцелеть при условии, что они перейдут на другую сторону. Болеслав Пясецкий, глава польской фашистской Фаланги, например, вышел из советской тюрьмы в 1945 г. как глава спонсированной коммунистами псевдокатолической организации *ПАКС*. Тем временем громадное большинство восточноевропейских политиков, которых целыми группами отправляли в советский ГУЛАГ или в другие коммунистические тюрьмы как *фашистов* или *коллаборационистов*, на самом деле вовсе таковыми не были. Нередко случалось, что нацистские военные преступники оказывались в тюрьме рядом с лучшими представителями антинацистского сопротивления[6]. Нацистские концлагеря (Бухенвальд, например) были вновь открыты КГБ, чтобы принять новое поколение заключенных.

Среди всего этого хаоса надо было как-то управлять бывшим Рейхом. Австрия была немедленно отделена. Германия, обезоруженная, сократившаяся в размерах и демилитаризованная, была разделена на пять частей: четыре оккупационные зоны плюс Берлин, который также был разделен на четыре сектора (см. карту 27). Поскольку в Потсдаме было решено не создавать центрального германского правительства, то несколько министерств, необходимых для возобновления экономической жизни, были организованы под непосредственным контролем Союзной контрольной комиссии (СКК). Местное управление во всех его аспектах осуществлялось комитетами под председательством британских, американских, французских или советских офицеров. В первые две зимы необходимо было просто выжить. Немецкие города были превращены в кучи обломков, дороги,

железнодорожные линии и мосты требовалось восстанавливать. Надо было прокормить и расселить 50 млн. человек, причем пятая часть из них были беженцами.

Немецкая политическая жизнь начала возрождаться, в первую очередь, в советской зоне. Инициативная группа коммунистов во главе с Вальтером Ульбрихтом (1893–1973) прибыла из Москвы еще до того, как закончились бои. Когда по результатам местных выборов в декабре 1945 г. стало ясно, что в советской зоне преимущество за социалистами, коммунисты начали их открыто преследовать, арестовали лидеров и прекратили выдачу социалистам продовольственных карточек. Результаты единственных свободных выборов в советской зоне были откровенно проигнорированы.

Затем было проведено насильственное соединение коммунистов и социалистов. Уже в апреле 1946 г. новая Социалистическая единая партия Германии (СЕПГ) во главе с Ульбрихтом была готова к созданию однопартийного государства. В этих условиях три новообразованные всегерманские партии, начавшие свою деятельность в 1945 г., когда союзники предложили демократически преобразовать Германию, — Социал-демократическая партия Германии (СДПГ) д-ра Курта Шумахера, Христианский демократический союз (ХДС) д-ра Конрада Аденауэра и Свободная демократическая партия (СДП) — могли функционировать только в трех западных зонах.

Коммунистические махинации особенно откровенно осуществлялись в Польше. Еще в 1943 г. западные державы закрыли глаза на то, как распинают их польского союзника [КАТЫНЬ], а в Ялте они просто поднесли Сталину Польшу на блюдечке.

Результаты были катастрофическими. По постановлению московского суда, проведшего процесс в июне 1945 года, участники военного Сопротивления повсеместно арестовывались, некоммунистические партии безжалостно преследовались; была развязана ужасная гражданская война с остатками подполья; «свободные выборы», обещанные в Ялте, все время откладывались. Страной управлял офицер НКВД Болеслав Берут (1892–1953), представляя себя беспартийным. Единственный представитель лондонских поляков в правительстве был бессилен. Результаты сомнительного референдума, проведенного в июне 1946 г., были похоронены среди шумихи в связи с трусливым и подлым погромом, учиненным при попустительстве властей в Кельце. Наконец, состоявшиеся в январе 1947 г. выборы были столь откровенно фальсифицированы, что посол США в Варшаве демонстративно ушел в отставку в знак протеста[7].

Однако общий замысел Сталина в это время был еще далеко не ясен. Если поведение коммунистов было ужасным в Польше и Югославии — где Тито утопил своих оппонентов в крови, — то в Чехословакии (этом любимом детище Запада) оно не было таким уж страшным. Здесь во главе страны все еще оставались Бенеш и его министр иностранных дел Ян Масарик (1886–1948). Чешские коммунисты пользовались поддержкой населения; и они казались ответственными партнерами правящей коалиции. В других частях Восточной Европы политическая ситуация была запутанной. Республиканские конституции были приняты в Венгрии, Болгарии и Албании в 1946 г., а в Румынии — в 1947 г. Исчезновение последних балканских монархий, которые все имели немецкие корни, не вызвало больших сожалений. Общий рост влияния коммунистов, в Италии и Франции, например, воспринимался как естественная реакция на эпоху фашизма. Но не было никаких признаков того, что у Москвы существует какой-либо определенный план.

Осторожность Сталина была вполне объяснима. На удивление всем Советский Союз все еще был в фаворе у общественного мнения Запада, особенно в США, ведь он подвергся страшному разорению и нуждался в передышке. Советский Союз аннексировал 613000 км² территории, население за счет этого выросло на 25 млн. человек, и требовалось время на то, чтобы провести чистку и подготовить новых людей к советскому образу жизни. И главное — у Советского Союза все еще не было атомной бомбы, хотя бы поэтому всякая конфронтация с Америкой была пока преждевременной. Так что самым разумным было подождать и посмотреть, выведут ли американцы свои войска из Европы, как было обещано.

В самой Америке не было единства мнений. В конгрессе было сильное лобби, придерживавшееся того мнения, что советская угроза сильно преувеличена и что европейцев следует оставить в покое и дать им самим разрешить свои проблемы. Противоположное мнение, которого придерживался и президент Трумэн, можно выразить заключительными словами Фултонской речи Черчилля: «На наших русских друзей... ничто так не действует, как сила». В течение двух лет политика США оставалась неопределенной. Те, кто стоял за конфронтацию, должны были с боем отвоевывать каждый дюйм. Но их решимость постепенно все больше крепла, особенно в связи с оскорбительностью советской пропаганды; подрывной деятельностью тех, кто симпатизировал Советам; в связи с препятствиями, которые чинили советские власти в Германии; в связи с отказом Советов принять американские экономические предложения; а также — по наущению Англии. Наконец они победили в тот день, когда в результате кризиса в Греции весной 1947 г. президент Трумэн был вынужден принять новое стратегическое решение. На американцев также подействовали известия о коммунистических завоеваниях в Китае.

В связи с победой над фашизмом коммунистические партии Западной Европы очень окрепли. Особенно активными они стали во Франции, Бельгии и Италии, где всеми признавалась их роль в Сопротивлении и где их поддержала четверть электората. После поражения коммунистического переворота в Брюсселе в ноябре 1944 г. коммунисты стали участвовать в парламентских и правительственных коалициях. Но в 1947 г. прокатившаяся волна управляемых забастовок в Италии и на шахтах во Франции разрушила эту гармонию. Стало ясно, что последователи Сталина на Западе тормозят прогресс демократии и экономическое возрождение. Отношения между западными и советскими оккупационными властями в Германии постепенно из умеренно хороших становились плохими, а из плохих — очень плохими. Они не находили общего языка; Берлин оставался разделенным на враждебные друг другу сектора. В середине 1946 г. западные державы намеревались создать единое экономическое пространство Германии, как это было определено в Потсдаме. Но Советы отказались в этом участвовать. С этого момента три западных зоны пошли собственным путем при поддержке Германского экономического совета, сформированного под покровительством англичан и американцев в июне 1947 г.

До 1947 г. и Персия, и Греция управлялись англичанами. Но вдруг под давлением других серьезных кризисов в Индии, Египте и Палестине ослабевшая Англия решает отступить. В Персии парламент отвергает предложение отвести советские войска из северных районов в обмен на громадные поставки нефти. Перед лицом возможного советского возмездия в Тегеран вызываются американские советники. Складывается новый источник советско-американской конфронтации. В Греции в мае 1946 года возобновляется гражданская война. Коммунистические повстанцы атакуют южные районы со своих баз в Албании, Югославии и Болгарии. Стремительно увеличивается цена, которую нужно заплатить Англии за защиту королевского правительства в Афинах; Лондон обращается к Вашингтону за финансовой поддержкой. Так что речь уже идет не о выводе американских войск из Европы — американцев просят поддержать сопротивление коммунистической экспансии. Центр власти в мире вот-вот переместится.

Ответ президента Трумэна был совершенно определенным. Обращаясь к конгрессу за выделением 400 млн. долларов на экономическую помощь Греции и Турции, он обрисовал принципы новой твердой политики. «Соединенные Штаты должны избрать своей политикой, — заявил он, — помощь свободным народам, которые сопротивляются порабощению их вооруженным меньшинством или давлением извне». Эта *Доктрина Трумэна* от 12 марта 1947 г. знаменовала принятие Америкой на себя роли ведущей силы свободного мира. Она положила конец длительной нерешительности и гарантировала, что американские войска надолго останутся в Европе. Отношение Трумэна к коммунизму стало именоваться политикой *сдерживания* — новая версия довоенного *«санитарного кордона»*. В это время появляется аналитическая статья *Источники советского поведения*, которая была опубликована анонимно в июле 1947 г. опытным дипломатом Джорджем Кеннаном. В ней автор призывал к «искусному и непрестанному противодействию… соответственно изменениям и маневрам советской политики». Так что автор выступал за чисто оборонительную политику, а вовсе не за третью мировую войну, за которую ратовали некоторые горячие головы[8].

В это время США в дополнение к их политике возрастающего политического вмешательства в дела Европы предлагают план широкой экономической помощи. 5 июня 1947 г. во время своего выступления в Гарварде государственный секретарь генерал Джордж Маршалл обнародовал программу восстановления Европы. «Вполне логично, — заявил он, — чтобы США сделали все, что только возможно, чтобы помочь вернуть мир к нормальному экономическому здоровью, без которого не будет ни политической стабильности, ни прочного мира». В отличие от 1920-х годов, США теперь предлагали финансировать возрождение Европы в интересах всеобщего блага. План Маршалла проводился 4 года: с 1948 г. до конца 1951 г. За это время шестнадцати участвовавшим в нем членам было передано 12 500 млн. долларов. Для управления этими фондами была создана Организация экономического сотрудничества и развития (ОЭСР), которая следила за тем, чтобы получившие помощь развивали производство, расширяли торговлю и оказывали со своей стороны необходимое содействие. Хотя четверть помощи Маршалла была ассигнована Англии, а пятая часть — Франции, но эта помощь была также доступна союзникам, нейтральным государствам и бывшим врагам.

В СССР план Маршалла клеймили как капиталистическую хитрость. Москва отказалась в нем участвовать и приказала поступить так же тем странам, на которые она могла оказать давление. В результате к политическому разделению, которое становилось со временем необратимым, прибавилось теперь разделение экономическое. 16 стран Западной Европы, воспользовавшиеся помощью Маршалла, могли устремиться вперед; а СССР и зависимые от него страны ввергли себя в добровольную изоляцию.

Движение за единую Европу зародилось еще в XVII в. (см. введение; главу XI). Однако национальные государства не могли отказаться от своих старинных амбиций, так что не было практически никакого движения в направлении соединения разных стран. Европейцам пришлось испить горечь поражения и унижения, прежде чем удалось воплотить в жизнь мечты старинных идеалистов. Им пришлось потерять империи и расстаться со своими империалистическими надеждами, прежде чем сосуществование с соседями стало первейшей целью европейских правительств.

Иногда упускают из виду моральные аспекты послевоенного движения за единую Европу. Одно направление группировалось вокруг остатков антинацистского движения Сопротивления в Германии, сосредоточившихся на международном примирении. Для них важнейшей стала *Декларация вины*, как ее сформулировал пастор Мартин Нимёллер на конференции Немецкой евангелической церкви в Штутгарте в октябре 1945 г. Другое направление группировалось во Франции вокруг нескольких радикальных католических организаций, находившихся под влиянием идей патриарха пацифизма Марка Санье (1873–1950). Марк Санье стал создателем *Общества Гратри*, которое прямо восходило к аббату Ламенне. Санье 30 лет боролся за «новое интернациональное состояние ума». Он был гуру Робера Шумана и оказывал большое влияние на политику во французской зоне оккупации Германии. Европейский союз федералистов провел учредительную конференцию около полусотни активно действовавших групп в Монтрё в августе 1947 г. Другие англосаксонские направления были представлены довоенной *Оксфордской группой* Лайонела Кёртиса, основателя Королевского института международных отношений, а также деятельным антикоммунистическим *Движением за моральное перевооружение*.

Однако в 1945 г. проблема заключалась в намерениях британского и американского правительств. В политике Западной Европы главными были Лондон и Вашингтон: они могли бы и возглавить создание новых европейских институтов, и противодействовать таковым. Они не делали ни того, ни другого. В области международной кооперации они принципиально полагались на Объединенные Нации; политически они были заняты все возраставшей конфронтацией со Сталиным. У них не было особого видения Европы.

Отсутствие намерения, впрочем, было не очевидно. Личное участие Черчилля в первые послевоенные годы сулило официальную британскую поддержку. И лишь позднее стало ясно, что правящая британская Лейбористская партия не разделяет его взглядов. Самое большее, что она сделала, — это участие в дискуссии, которая привела к созданию Совета Европы (см. ниже). В памфлете Лейбористской партии под названием *Европейское единство* (1950) подчеркивалось, что «ни йоты британского суверенитета» не подлежит обсуждению. Что касается американцев, то ОЭСР, служившая каналом помощи по плану Маршалла, являлась первым шагом в направлении европейской интеграции. Но только в 1949–1950 гг., когда помощь Маршалла уже подходила к концу, определились границы американских и британских интересов.

Первым выдающимся деятелем, определившим в каком направлении развиваться Европе, был Уинстон Черчилль. Отвергнутый британскими избирателями в июле 1945 г., самый популярный европейский лидер времен Второй мировой войны имел время подумать. «Что такое Европа? — писал он. — Куча мусора, склеп, рассадник заразы и ненависти». В 1946 г. в двух знаменитых речах он выступил как пророк, высказав такие взгляды, которые были не очень популярны в то время. 5 марта в Вестминстерском колледже в Фултоне (штат Миссури), стоя рядом с президентом Трумэном, он заговорил о *железном занавесе*: «От Штеттина на Балтике до Триеста на Адриатике на континент опустился *железный занавес*. По ту сторону занавеса — все столицы древних государств Центральной и Восточной Европы: Варшава, Берлин, Прага, Вена, Будапешт, Белград, Бухарест, София… это явно не та освобождённая Европа, за которую мы сражались»[9].

Черчилль отвергал возможность скорого нападения Советского Союза на Запад, но он полагал, что Москва настроена на «неограниченную экспансию». Он призывал к «своевременным действиям», таким, какие не были предприняты в прошлом против нацистской Германии. Реакция США была «повсеместно отрицательной»[10]. В Лондоне *Таймс* неодобрительно ощетинилась, заявив, что «западная демократия и коммунизм могут многому поучиться друг у друга»[11].

19 сентября в Цюрихе Черчилль призвал создать «своего рода Соединенные штаты Европы». Времени, сказал он, может быть мало; распространение атомного оружия будет усиливать уже существующее разделение. Первый шаг — это установление партнерства между Францией и Германией. «Если мы хотим создать Соединенные штаты Европы… — объявил он, — мы должны начинать сейчас»[12]. Будущее *европейской семьи*

зависит от «решимости миллионов избрать верный путь, отвергнув неверный». Так что этот призыв был не экономическим и не политическим, а нравственным. *Таймс* шипела на это «возмутительное предложение». «Даже в Западной Европе, — писала газета, — мало что указывает на близость этого союза, о котором так много говорят». Основатель довоенного движения за объединение Европы граф Коуденхоув-Калерги одним из первых поздравил Черчилля. «Теперь, когда вы подняли европейский вопрос, — писал он, — правительства больше не могут его игнорировать»[13].

В тот период стратегическое видение позволило Черчиллю предложить «братский союз» трех связанных друг с другом кругов: Британского содружества, Европейского союза и Соединенных Штатов. Британия должна была обеспечить «жизненно важную связь между ними всеми». Он правильно выделил конкурирующие интересы, которым предстояло вызвать громадное напряжение в последующие десятилетия, увлекая внешнюю политику Британии в трех разных направлениях одновременно.

Взгляды Черчилля естественно сделали его председателем Конгресса Европы, который был проведен частным образом в Гааге 7—10 мая 1948 г. Около 800 выдающихся людей собрались подумать о проблемах разобщенности в Европе. Германию представляла сильная делегация с Конрадом Аденауэром во главе. Комиссию по культуре возглавил высланный из Испании министр и писатель Сальвадор де Мадариага. Во время дебатов был выдвинут принцип *наднационального*: необходимо государствам поступиться частью суверенитета в интересах общих институтов. Черчилль в своем заявлении исходил из высочайших идеалов: «Мы должны провозгласить своей целью устройство объединенной Европы, моральная концепция которой завоюет себе уважение и благодарность человечества. Она будет обладать такой силой, что никто не посмеет досаждать ее спокойной власти... Я надеюсь увидеть такую Европу, где мужчины и женщины в каждой стране будут думать, что быть европейцем — значит принадлежать своей родной земле, и куда бы они ни отправились в этой большой вотчине, они действительно почувствуют: здесь я дома».

Так же красноречив был и де Мадариага: «Эта Европа должна родиться. И она родится, когда испанцы скажут: «Наш Шартр», англичане — «Наш Краков», итальянцы — «Наш Копенгаген», а немцы — «Наш Брюгге»... Тогда Европа заживет. Потому что тогда дух, который ведет Европу, произнесет слова творения: FIAT[14] EUROPA»[15].

Без сомнения, конгресс проявил чрезмерный энтузиазм, но окончательное коммюнике призывало к таким практическим действиям, как создание Европейской ассамблеи и Европейского суда по правам человека. Был также учрежден Координационный комитет для поддержки целей конгресса. Этому институту предстояло в дальнейшем принять имя «европейского движения», прародителем которого он в действительности стал. Помимо Черчилля его почетными президентами были Шуман (Франция), де Гаспери (Италия) и Спаак (Бельгия). Им предстояло теперь увидеть, примет ли их идеи какое-нибудь ныне действующее правительство. А при воинственности СССР было ясно, что рассчитывать на поддержку можно только со стороны правительств Запада (см. ниже).

К концу 1947 г. железный занавес, о котором говорил Черчилль, стал реальностью. Три события покончили со всякими сомнениями: создание *Коминформа*, февральский переворот в Праге и блокада Берлина.

Собравшись в Польше на горном курорте Шклярска-Поремба в октябре 1947 г., делегаты-коммунисты из СССР, Восточной Европы, Франции и Италии основали *Коммунистическое информационное бюро*. Оно должно было координировать стратегию братских партий. Мир отнесся к этому с подозрением, как к возрождению Коминтерна, инструмента ниспровержения буржуазного строя, и как к предвестнику нового идеологического наступления.

Коммунистический переворот в Праге произошел 25 февраля 1948 г. Чешские коммунисты делили власть с социалистами в течение двух лет; но их пугало, что количество голосующих за социалистов растет, а следовательно, их собственное влияние может вскоре уменьшиться. Участие коммунистов в по-настоящему демократической системе означало, что они не смогли добиться превосходства сомнительными манипуляциями, как в соседней Польше. Тогда они прибегли к силе. На улицах появились вооруженные рабочие и ополченцы. Распространились слухи, что гарнизон Советской армии готовится действовать. Политики-некоммунисты были арестованы, а их партии распущены. Яна Масарика выбросили из окна министерства, и он разбился. Клемент Готвальд, коммунистический босс, сказал: «Все прошло как по маслу». Президент Бенеш, как всегда податливый, не сопротивлялся. Второй раз за 10 лет наиболее многообещающая демократия Восточной Европы была низвергнута без единого выстрела в ее защиту. Общественное мнение Запада было в шоке. Опасаясь нападения Советов, пять западноевропейских стран объединились на 50 лет в экономическом и военном сотрудничестве. Брюссельский договор 17 марта 1948 г., подписанный Великобританией, Францией и странами Бенилюкса, стал предвестником все новых союзов по обеспечению безопасности.

Окончательный удар был нанесен в Германии. Германский экономический совет готовил свой новый план. Ключевые предложения предусматривали радикальную денежную реформу, включая обмен старых *рейхсмарок* на новые *дойчмарки*, а также учреждение нового центрального банка — «Банк Дойчер Лендер» (предшественника Бундесбанка). Советский уполномоченный маршал Соколовский и слышать об этом не хотел. 20 марта 1948 г. он с помощниками торжественно покинул Союзную контрольную комиссию и больше туда не возвращался. С Великим альянсом было покончено.

Сталин достиг той точки, когда сдержанность уже не приносила дивидендов. Советская дипломатия не сумела ни убедить американцев покинуть Европу, ни помешать растущей интеграции западных зон Германии. При активной помощи американцев Западная Европа только набирала силы. Итак, наступило время русскому медведю зарычать. Советская армия не могла прибегнуть к прямому нападению, но она могла продемонстрировать свою хватку на уязвимом и исключительно символическом городе — Берлине. 1 апреля 1948 г. советские патрули начали мешать движению в коридоре Берлин — западные зоны, но ничего не добились. 18 июня вводятся дойчмарки и начинает действовать новый банк. С точки зрения коммунистов это было агрессией и 24-го советские войска полностью перекрывают доступ в Берлин, чтобы уберечь свою зону от вторжения дойчмарки. Немецкая столица оказалась в блокаде, кото-

рая продлилась 15 месяцев. Началась *холодная война*.

Западная Европа, 1945–1985 гг.

Послевоенная Западная Европа определяется легко: она состояла из стран, которые не были оккупированы Советской армией и не попали под контроль коммунистов. Эти страны, впрочем, делились отчетливо на две группы. Одну группу составляли нейтральные страны, не вступавшие в различные военные и экономические союзы того времени; другую большую группу составляли те, кто были членами Организации Североатлантического договора (НАТО) или Европейского экономического сообщества (ЕЭС), или членами обоих.

Западная Европа отличалась также тем, что в 1945 г. она все еще была центром мировых колониальных империй. И в самом деле, за исключением США и СССР, империализм которых не соответствовал традиционному типу, все имперские державы были западноевропейскими. Германию лишили ее заморских колоний в 1919 г. Италию постигла та же участь в 1946 г. Но британская, голландская, французская, бельгийская и португальская империи оставались по большей части нетронутыми. Распад этих империй в первые послевоенные годы составляет важнейшую примету изменений в Европе. Деколонизация была необходимым условием появления нового европейского сообщества равных и демократических партнеров.

Во время Второй мировой войны и сразу же после ее окончания многие европейские империалисты надеялись, что они смогут удержать или перестроить свои империи. «Я стал премьер-министром Его величества, — сказал Черчилль, — не для того, чтобы председательствовать при распаде Британской империи». Однако ему пришлось сыграть эту роль.

Было множество причин, почему к 1945 г. дальнейшее существование европейских империй стало решительно невозможным. Во-первых, и самое главное, элиты колониальных народов, в основном получившие образование в Европе, узнав о национализме и демократизме от своих господ, теперь громко требовали независимости. Связи колоний с метрополиями ослабли за время войны. А резервов для их восстановления силой теперь уже не было; как не было и желания увековечить власть одной нации над другой. США, от которых теперь зависела Западная Европа, решительно противились колониализму в старом стиле, так же, как и Объединенные Нации. Империализм больше не был жизнеспособным и респектабельным. Вопрос теперь состоял лишь в том, смогут ли империалисты склониться под ветром перемен или станут против него. Именно в этом вопросе Западная Европа решительно отличалась от Восточной. В то самое время, когда Советский Союз, включая народы Восточной Европы, расширял и укреплял свою империю, имперские правительства Западной Европы искали средства демонтировать свои империи. По каким-то причинам эти два аспекта европейского империализма редко рассматриваются вместе.

Процесс деколонизации был исключительно сложным, и многие осложнения были внеевропейского происхождения. Каждая империя имела свой характер; каждая владела разнообразными территориями — от самоуправляемых доминионов до колоний и подмандатных территорий; каждой требовалась военная сила определенного масштаба. За исключением Британии и Португалии, все империалистические государства во время войны потерпели поражение и были оккупированы, так что теперь вступали в новый процесс с ослабленными позициями.

Британская империя, управлявшая территорией, которая была в 125 раз больше Великобритании, уже далеко продвинулась по пути преобразования. Все *белые доминионы* получили полную независимость с 1931 г.; и многие другие владения короны готовились к самоуправлению или к установлению национальной администрации. Из 250 000 служащих британского министерства колоний в 1945 г. только 66 000 были англичанами. Прецедентом стала Индия, субконтинент с населением в 400 млн. человек, к которому было привлечено внимание всего мира в связи с кампанией ненасильственного сопротивления Ганди. Послевоенное лейбористское правительство решило даровать Индии безусловную независимость. 15 августа 1947 г. последний вице-король принимал парад в Дели, а раджа смотрел, как в последний раз опускается британский флаг. Индия, Пакистан, Бирма и Цейлон — все стали независимыми

государствами. Мусульмане и индусы погрузились в хаос междоусобицы и беспримерной резни, но враждебность была теперь направлена не на англичан.

Некоторые более мелкие зависимые страны доставили гораздо больше трудностей. В мае 1948 г., после нескольких лет жестоких нападений и со стороны сионистских террористов, и со стороны повстанцев-арабов Британия вернула мандат над Палестиной ООН. В Малайе коммунистическое восстание продолжалось с 1948 г. до 1957 г.; на Кипре война против Организации национального освобождения Кипра (ЭОКА) шла с 1950 г. до 1960 г.; в Кении восстание «Мау-мау» — с 1952 г. до 1957 г.; в Египте кульминацией борьбы стал Суэцкий кризис (1952–1956); в Южной Родезии (Зимбабве) чрезвычайное положение в связи с односторонним провозглашением белыми независимости продолжалось с 1959 г. по 1980 г. В других районах Африки независимость была обретена мирным путем, здесь первыми были Гана в 1957 г. и Нигерия в 1960 г. По завершении этого процесса почти все бывшие британские колонии вступили в *Британское Содружество*, добровольный союз, первоначально созданный для самоуправляемых доминионов. Южная Африка покинула Содружество в 1961 г., Пакистан — в 1973 г. Все оставшиеся функции министерства по делам Содружества к 1968 г. постепенно перешли к Министерству иностранных дел. Разработку льготных тарифов для Содружества завершили в 1973 г. Так что распад величайшей в мире империи за четверть века в основном завершился.

С Голландской империей, бывшей в 55 больше Нидерландов, было покончено одним махом. Голландцы так и не смогли вернуть себе Ост-Индию после того, как ее оккупировали японцы в 1941–1945 гг. Республика Индонезия была провозглашена в 1950 г.

Французская империя (в 19 раз больше Франции) умирала в мучительной агонии. Многие жители колоний имели полноценное гражданство Франции, а несколько северных департаментов Африки, где было много французов, составляли неотъемлемую часть метрополии. Пережив большое унижение во время войны, французское правительство чувствовало настоятельную потребность утвердить свой авторитет и собрало достаточно военной силы, чтобы дорого продать свое окончательное поражение. Тунис и Марокко были отпущены к 1951 г., как и подмандатные территории в Сирии и Ливане. Но в Индокитае в течение 8 лет велась война с Вьетконгом, пока наконец катастрофа при Дьенбьенфу в мае 1954 г. не принудила Париж передать здесь власть опрометчиво его взявшему Вашингтону. В Алжире шла ужасная восьмилетняя война против Фронта национального освобождения; она попутно разрушила Четвертую республику и окончилась драматическим актом предоставления независимости Алжиру генералом де Голлем в мае 1962 г. Всецело поглощенная алжирской войной, Франция к тому времени уже отпустила на свободу другие свои африканские колонии.

Бельгийская империя (в 78 раз больше Бельгии) распалась в 1960 г., когда Конго решило последовать примеру своих соседей — бывших французских владений. Этот шаг был совершенно не подготовлен, и отделение Катанги вызвало гражданскую войну, унесшую жизни тысяч людей, в том числе генерального секретаря ООН Дага Хаммаршельда и бывшего на содержании у Советов Патриса Лумумбы.

Дольше всех продержалась Португальская империя. Ангола, которая сама по себе была в 23 раза больше Португалии, откололась в 1975 г. вместе с Мозамбиком и Гоа.

Все, кроме одной, бывшие колонии в Европе освободились. Острова Додеканес были возвращены Италией Греции в 1945 г. Мальта получила независимость от Британии в 1964 г. Оставалась только горстка малых зависимых территорий: Гибралтар, которому угрожала захватом Испания, Фолклендские острова (британские), вызвавшие англо-аргентинскую войну 1983 г., и Маркизские острова (французские), где Франция проводила ядерные испытания. Гонконг (британский анклав) предстояло вернуть Китаю в 1997 г., а Макао (португальский) — в 1999 г.

Деколонизация привела к серьезным переменам не только в бывших колониях, но и в бывших странах-империалистах, которые теперь находились в таком же положении, как другие суверенные государства Европы, и это облегчало будущее объединение. Бывшие колониальные державы лишились своих экономических преимуществ: дешевого сырья и захваченных ими рынков в колониях. Вместе с тем они все освободились от

необходимости защищать и управлять своими далекими владениями. Все они поддерживали прочные культурные и личные связи с азиатскими и африканскими народами, а те начали поставлять в огромных количествах иммигрантов, вливавшихся теперь в ряды трудящихся на *старой родине*. В послевоенные десятилетия в Англию приехало гораздо больше людей из Карибского бассейна и с Индийского субконтинента, а во Францию — мусульман, чем за все время до этого. Вместе с ними прибыли в Европу и характерные для империй расовые проблемы.

В Восточной Европе с удивлением и завистью наблюдали за деколонизацией Запада. Официальной пропаганде было трудно прославлять национально-освободительные движения на далеких континентах без того, чтобы о том же не задумались и их собственные подданные. Простые люди удивлялись, почему так много внимания уделяется арабам, вьетнамцам и конголезцам. Интеллигенты задавались вопросом, не следует ли заняться и деколонизацией их самих. С этим пришлось подождать до эры Михаила Горбачева (см. ниже).

Как только была провозглашена «доктрина Трумэна», возникла необходимость в создании институтов для координации участия США в обеспечении европейской безопасности. Блокада Берлина еще раз подчеркнула настоятельную в этом необходимость. Министры иностранных дел западноевропейских стран, а также США и Канады заключили договор и учредили союз НАТО (4 апреля 1949).

В некотором смысле НАТО можно считать заменой бывшего Великого альянса; его сердцевиной по-прежнему оставалось англо-американское партнерство, начавшееся в 1941 г. Англичане и американцы подписали Брюссельский договор вместе с Италией, Португалией, Данией, Исландией и Норвегией. Позднее в него вошли также Греция и Турция (1952), Западная Германия (1955) и Испания (1982). Во главе НАТО стоит Политический комитет Североатлантического союза, с штаб-квартирой в Брюсселе и собственным генеральным секретарем. Региональные военные соединения НАТО (воздушные, наземные и морские) защищали пути сообщения по Атлантике между Северной Америкой и Европой и вдоль всего железного занавеса от мыса Нордкап до Черного моря. Это был главный инструмент «сдерживания» СССР, ставшего теперь главной угрозой миру в Европе. НАТО осуществляло свою миссию в течение 40 лет и делало это с бесспорным успехом.

Первой задачей НАТО было прорвать блокаду Берлина — что и было выполнено вполне успешно. Опираясь на преимущество в воздухе, британские и американские транспортные самолеты обеспечили двухмиллионный город топливом, продовольствием и сырьем, в которых он нуждался. Для их доставки потребовалось 277 264 рейса; в самый разгар операции груженые самолеты приземлялись в аэропорту Темпельхоф каждую минуту. Каждый день с неба «сваливалось» 8000 тонн грузов. К концу операции по всей Западной Германии, где чрезвычайно выросла популярность западных стран, было построено множество направленных на восток взлетно-посадочных полос. Советам оставалось только в ярости за этим наблюдать, и наконец 12 мая 1949 г. они сняли блокаду.

К этому времени уже были практически закончены приготовления к образованию отдельной западногерманской республики. До этого (в июле) во Франкфурте командование союзников представило рекомендации премьерам местных земель, призвав к созданию учредительного собрания и разработке федеральной конституции. До тех пор лидеры Германии не торопились с этим в надежде на ее объединение; но блокада Берлина покончила со всеми колебаниями. *Grundgesetz* (Основной закон) был принят за неделю до окончания блокады; в августе прошли выборы. Конрад Аденауэр был избран первым федеральным канцлером с большинством в один голос. Появилась суверенная *Bundesrepublik* (Федеративная Республика Германия) со столицей в Бонне и с наибольшей плотностью населения в Западной Европе.

По-видимому, было неизбежно, что Советы ответят подобными же действиями. Германская Демократическая Республика (ГДР) стала формальным воплощением установившейся диктатуры СЕПГ, она появилась в октябре 1949 г. со столицей в (Восточном) Берлине. Западный Берлин, все еще оккупированный западными союзниками, оставался анклавом с сомнительным статусом, незакрытым проломом, через который проникали на Запад тысячи беженцев в поисках свободы. Вос-

поминание о единой Германии быстро уходило в прошлое.

Политическая жизнь в Западной Европе возобновилась на основе всеобщей приверженности либеральной демократии и при широком убеждении, что национальное государство должно быть абсолютно суверенным. Монархии еще сохранялись в Скандинавии, Нидерландах и Великобритании, но и там они были всего лишь национальными тотемами. При большом интересе к англо-американской демократии в первые послевоенные годы сохранялось также восхищение Советским Союзом. Отвращение к фашизму сдерживало рост националистического крыла партий, способствовало процветанию партий, стоявших за социальные реформы, и пробуждало симпатии к коммунизму. Обычным было пропорциональное представительство и многопартийные коалиции. Довоенный фашизм сохранился только в не затронутых войной Испании и Португалии. В это время обнаруживаются три тенденции развития: подъем христианской демократии, большие трудности социалистического движения и упадок коммунистической партии.

Христианская демократия, которой до войны были свойственны конфессиональные и клерикальные обертоны, теперь начинала свой путь заново, но уже без патронажа церкви, а в руках бывших левоцентристских католиков. У этой партии было «левое крыло», связанное с католическими профсоюзами, и «правое крыло», которое не было с ними связано; партийные функционеры держались центра. В Италии христианские демократы (*Democrazia Cristiana*, ХДП), во главе которых сначала стоял Де Гаспери, разрывались на фракции глубокими противоречиями, но постепенно они смогли сформировать национальный истэблишмент. Во Франции Народно-республиканское движение (МРП), созданное в 1944 г. Жоржем Бидо и братьями Шуманами, соперничало с голлистским Объединением французского народа (РПФ). В Западной Германии ХДС д-ра Аденауэра постепенно становился главной политической силой. Аденауэр был старым консерватором и всегда придерживался политики «никаких экспериментов». Вместе с Людвигом Эрхардом, сторонником социально-рыночной экономики, они стали выигрышной комбинацией. И только голландская Католическая народная партия оставалась конфессиональным образованием. В Великобритании же вообще не было традиции христианской демократии.

Европейские социалисты были особенно склонны к дроблению, при этом они еще страдали от соперничества с коммунистами. Послевоенная социал-демократия уже не делала акцента (как до войны) на классовой борьбе, но боролась за права человека и социальную справедливость внутри капиталистической системы. Итальянские социалисты Пьетро Ненни смогли занять центральное поле политического спектра между ХДП и сильными здесь коммунистами. Во Франции Социалистическая партия Ги Молле отошла от довоенного догматизма, но не пользовалась особенно большой популярностью вплоть до эпохи Франсуа Миттерана в 1970-х и 1980-х годах. Также и в Западной Германии СДПГ в своей *Годесбергской программе* (1959) порвала с пролетарскими традициями и оставалась в оппозиции до конца 1960-х годов. В Англии Лейбористская партия, бывшая своего рода «широкой церковью», объединяла самые разные направления и *была третьим лишним* в политике.

Западноевропейские коммунистические партии, поначалу бывшие влиятельными, после 1948 г. стали быстро приходить в упадок. Обычно они подчинялись Москве и получали от нее финансовую поддержку. Сильное интеллектуальное крыло коммунистических партий, которое было слабо связано с ее пролетарским основанием, постепенно начало распадаться, когда открылись громадные масштабы сталинских преступлений. Коммунисты сохраняли свое влияние только в Италии и Франции, где они регулярно собирали 20–25 % голосов и являлись внушительной силой, причем все остальные партии обычно объединялись против них. В Италии компартия играла немалую роль в местном самоуправлении, с успехом управляя такими буржуазными городами, как, например, Болонья. Во Франции они постепенно пришли к краткому периоду «сосуществования» с социалистами в 1980–1981 гг., а потом окончательно ушли в тень.

Для политики послевоенной Франции характерны фундаментальные противоречия между Четвертой республикой (1946–1958), которая возникла после освобождения, и следующей Пятой республикой. На их политику сильнейшее влияние оказал Шарль де Голль. Грандиозная фигура

на политическом небосклоне Франции, он с триумфом вернулся как премьер в 1944–1946 гг., затем с возмущением ушел из политической жизни на 12 лет, и снова пришел к власти как президент в 1958–1969 гг., оставив потомкам после себя непреходящее наследие. Де Голль, хотя и был демократом, но ратовал за сильную исполнительную власть и был ревностным блюстителем суверенитета Франции — то есть был настроен антианглийски и антиамерикански, а также (поначалу) антинемецки и против ЕЭС. Четвертая республика погибла от *политического паралича*, вызванного нападками коммунистов и крайне правых — *пужадистов,* а также от сменявших друг друга нестойких коалиционных правительств. В среднем новый премьер-министр появлялся здесь каждые 6 месяцев. Республика была временно спасена после 1947 г. успехом голлистской РПФ, которая как сила патриотическая выступала за единство, но была сметена последствиями Индокитая, Суэцкого кризиса и войны в Алжире. Пятая республика возникла в 1958 г., когда де Голль был вызван из Коломбе-ле-дез-Эглиз для подавления мятежа офицеров в Алжире, который был по всем приметам военным переворотом и мог распространиться также и на Париж. С де Голлем установилась мощная власть президента, независимого от Национального собрания и контролировавшего формирование правительства. Серьезный кризис наступил летом 1968 г., когда шли нешуточные уличные бои между полицией и демонстрантами в Париже, но кризис миновал. При последовавших за де Голлем Жорже Помпиду (1969–1974), Валери Жискар д' Эстене (1974–1981) и социалисте Франсуа Миттеране (с 1981) Пятая республика была стабильна и процветала. Неудачи Четвертой республики превратили многих французских политиков в приверженцев европейского федерализма. Категоричность позиции Пятой республики привела к большим трениям с Европейской экономической комиссией (см. ниже), а в 1966 г. — к выходу Франции из военной организации НАТО.

Однако в 1962–1963 гг. генерал принимает важнейшее для будущего решение: он не только делает франко-немецкое примирение краеугольным камнем своей политики, но также придает ему институциональный характер. В поездке по Западной Германии он называет немецкую молодежь «детьми великого народа», противостоящими «великим преступлениям и великим бедствиям» Германии, а также восхваляет немецкие «сокровища мужества, дисциплины и организованности». Де Голль таким образом возвращал немцам самоуважение. По Елисейскому договору (январь 1963 г.), подписанному с канцлером Аденауэром, он устанавливает *особые отношения*, каких не было ни с одной другой нацией Европы. С этого времени обширная программа франко-германского сотрудничества во внешней политике, обороне, образовании и по делам молодежи, скрепленная регулярными встречами глав государств, становится единственным серьезным источником лидерства в Западной Европе[16]. [ДУОМОН]

В политике послевоенной Италии видны те же недостатки, что и у французской Четвертой республики, но здесь не появился свой де Голль. После упразднения монархии в 1946 г. политическая жизнь дальше строилась на основе общественного противодействия возврату фашизма, на укреплении позиций христианских демократов, представленных во всех послевоенных правительствах, на жизнеспособной муниципальной и региональной администрации. Последовательность государственной политики резко контрастировала с нестабильностью кабинетов. Поляризация антикатолических и антиклерикальных левых, среди которых преобладали коммунисты, и консервативных правых породила вспышки насилия. Терроризм *Красных бригад* достиг высшей точки в 1978 г., когда был убит премьер-министр, а затем в 1980 г., когда в результате взрыва бомбы в Болонье погибло множество людей. Сохранялось глубокое различие между процветающим севером Италии, в особенности Турином и Миланом, и отсталым югом, где хозяйничала мафия и где, казалось, невозможны реформы. Итальянская экономика медленно оправлялась от войны, но, войдя в ЕЭС, стала быстро двигаться вперед. Экономические успехи компенсировали политическую слабость. Италия была активным членом НАТО, представляя собой надежный бастион на южном фланге в Средиземном море и служа базой американского Шестого флота (Неаполь). Слабость внутренней политики также усиливала приверженность Италии европейскому федерализму.

Политика Западной Германии после 1949 г., по правде говоря, не была захватывающей — что свидетельствовало, возможно, о ее действенности. В течение 17 лет правящей оставалась ХДС (с Аденауэром и Эрхардом), затем она уступила власть на 3 года (1966) коалиционному правительству, на смену которому пришла СДПГ с Вилли Брандтом (1969—1974) и Гельмутом Шмидтом (1974—1982) во главе, а затем снова (после 1982) ХДС с Гельмутом Колем в качестве канцлера. По конституции Бундесбанк был независим от федерального правительства, в то же время значительная власть предоставлялась региональным правительствам земель (некоторые из которых были старше ФРГ). Вот почему центральная власть в Бонне имела возможность концентрировать свое внимание на координации внутренней политики и внешних сношений. Пропорциональное представительство в федеральном парламенте (по веймарской системе) было изменено, чтобы минимизировать разрушительное влияние второстепенных партий. Профсоюзы, перекроенные по совету англичан, оказались более эффективными, чем сами английские. Хотя Германии предстояло перевооружиться после вступления в НАТО, но ее оборонительная политика оставалась в большой степени зависимой от Америки. *Wirtschaftswunder* (экономическое чудо) 1950-х годов (см. ниже) доставило стране, помимо процветания, стабильность и престиж, что способствовало возрождению Германии. Аденауэр двигался шаг за шагом к тому, чтобы обещанием партнерства Германии добиваться от союзников уступок. Западная Германия получила статус суверенного государства в 1952 г. и стала членом НАТО в 1955 г., членом ЕЭС — в 1956 г., членом ООН — в 1973 г. После этого безмятежный политический ландшафт оживлялся (или нарушался) только деятельностью движения за мир (против атомного оружия), движения защитников окружающей среды — *зеленых*, и на короткое время — террористами из группы Баадера-Майнхофа. Длительная конфронтация с Восточной Германией несколько ослабла после 1970 г. в связи с *остполитик* (новой восточной политикой) (см. ниже), которая наконец увенчалась успехом объединения в 1990 г. Годами Западную Германию считали экономическим гигантом и политическим пигмеем. Это не вполне справедливо; но груз истории, несомненно, удерживал политиков от слишком категорического определения своей позиции по отношению к Германии, и он же предрасполагал немцев к принятию идеи европейского союза. Критики задавались часто вопросом, что произойдет, когда у Германии приостановится период процветания. «Диктатура в Германии потерпела поражение, — писал один историк в 1969 г., — а демократия в Германии еще не окрепла»[17]. О том же беспокоились после объединения Германии.

Политики послевоенной Англии имели дело со страной, которая постепенно теряла свой традиционный образ. Они находились под воздействием колебаний двухпартийной вестминстерской системы, перемежающихся активными и пассивными периодами в экономике, но главное — в условиях постоянного поиска Британией новой для себя роли в постимпериалистической эпохе. В июле 1945 г. драматическая победа на выборах лейбористской партии положила начало *государству всеобщего благосостояния* со смешанной экономикой, где конкурировали хорошо соотносившиеся между собой частный и национализированный сектора. Затем до конца столетия правили три лейбористских правительства (в целом 17 лет) и три правительства консерваторов (в течение 30 лет вплоть до 1992). Поскольку же парламентское большинство в Англии обладает едва ли не диктаторскими полномочиями, то программа каждого правительства обычно пересматривалась правительством-преемником. Так, лейбористские правительства поддерживали исключительно сильную позицию профсоюзов, а пришедшие им на смену в 1980-е гг. правительства консерваторов с ней покончили. Попытки разных «третьих партий» прекратить эту бесполезную дуэль — в этой роли выступали сначала либералы, потом социал-демократы в начале 1980-х гг., а затем уже либеральные демократы — регулярно проваливались. Нестабильное развитие экономики создавало климат неуверенности. Долгое монетаристское правление Маргарет Тэтчер (1979–1990) имело черты авторитарного бухгалтерского стиля, насаждавшего дисциплину всюду, куда могло добраться правительство. В результате (что, возможно, не планировалось) власть была централизована в необычайно высокой степени, так что едва не покончила с местным и региональным самоуправлением. Многие институты Британии существовали с незапамятных времен; вот почему теперь позорные или возмущающие общественное мнение инциденты в лондонском Сити, в полиции, в королевской семье и в англиканской церкви были проявлением того, что власть теряет авторитет. Британское общество все больше поляризовалось: относительное процветание новой *культуры предпринимательства* сопровождалось одновременным упадком *старых городов* и отчаянным положением живших там низших слоев общества, снижением образовательных стандартов и ростом преступности среди молодежи. Также колебалось единство государства: взметнувшийся было национальный сепаратизм Уэльса и Шотландии в 1970-е гг. был остановлен референдумами, поддержавшими *status quo*. В то же время разгорелась настоящая гражданская война в Северной Ирландии, потребовавшая мощного военного присутствия и покончившая с региональным самоуправлением. Шотландский сепаратизм возродился как реакция на англоцентризм правительств консерваторов. И к тому времени, когда миссис Тэтчер сняла свою крепкую руку со штурвала, повсюду утвердилось мнение, что британская демократия — в кризисе.

По мере того, как исчезала империя, Великобритания все яснее осознавала необходимость выбора между *особыми отношениями* с США (которые зависели часто от непредвиденных обстоятельств) и сближением с европейскими соседями Англии. Естественно было бы воспользоваться в своих интересах обеими возможностями: оказать сильную поддержку США и НАТО и вступить также в Европейское экономическое сообщество. Если повезет, Британия могла бы получить максимальные экономические преимущества при минимальной потере суверенитета и сохранении исторических связей. Генерал де Голль подметил эту уловку и заблокировал ее. После его смерти вступление Британии в ЕЭС было одобрено. Но в конце 1980-х гг. прежняя дилемма вновь встала перед Британией; рано или поздно британцам придется сделать выбор. Британские твердолобые политики боялись, что Соединенное Королевство может утратить самую свою сущность; их оппоненты утверждали, что Британия сможет решить свои внутренние проблемы только в европейском контексте[18]. Среди всего этого смятения некоторые задумывались, а доживет ли Соединенное Королевство до своего трехсотлетнего юбилея.

Франция, Италия, Западная Германия и Великобритания — каждая с населением свыше 50 млн. человек — были самыми большими государствами Западной Европы. Страны поменьше могли оказывать влияние, только присоединившись к региональным союзам. Бельгия, Нидерланды и Люксембург в послевоенное время координировали свою политику на неформальном уровне и наконец объединились в экономический союз стран Бенилюкса в 1958 г. Разрываемая этническими противоречиями Бельгия превратилась в 1971 г. в федерализированный союз трех автономных провинций: Фландрии, Брюсселя и Валлонии. В Скандинавии Дания, Норвегия и Исландия (все — члены НАТО) вместе со Швецией и Финляндией (нейтральными странами) создали в 1953 г. Северный совет. В их внутренней политике преобладали разные течения социал-демократии. Обобщая, можно сказать, что чем меньше было государство, тем выше была его ставка на европейский союз.

Европейский фашизм, хотя и был теперь явлением периферийным, но исчезал медленно. Режим Салазара в Португалии был свергнут только в 1974 г. Режим Франко просуществовал в Испании до смерти самого каудильо в 1975 г. В Греции, где не было единства из-за конфликта на Кипре, хунта полковников захватила власть в 1967–1974 гг. Переход Испании от фашизма к демократии осуществился относительно спокойно. Программа экономических преобразований, проводившаяся с начала 1960-х годов, постепенно устраняла многочисленные противоречия. Возрожденная в лице короля Хуана Карлоса монархия послужила ключевым источником политического руководства, а общество было достаточно единым по вопросу вхождения Испании в западноевропейские институты. Существенным фактором стала поддержка со стороны Америки. В результате, хотя переговоры между Брюсселем и Мадридом были продолжительными и часто непредсказуемыми, оказалось достаточно 141 заседания, чтобы Испания была принята в ЕЭС в 1983 г., через год после того, как ее приняли в НАТО. Вопреки мрачным предсказаниям интеграция по видимости отсталой экономики оказалась на самом деле беспроблемной.

Культурная жизнь Европы определялась общим климатом политического либерализма, значительными достижениями в области технологий и средств массовой информации, особенно телевидения, а также мощной волной импорта из Америки. Общий произведенный эффект состоял в снятии традиционных ограничений и, до некоторой степени, в утрате национальных особенностей. Свобода искусств и наук принималась как должное. Плюрализм воззрений был нормой.

В философии после войны вошел в моду экзистенциализм Мартина Хайдеггера (1889–1976) и Жана Поля Сартра (1905–1980), в то время как в англоязычном мире последователи Людвига Витгенштейна (1889–1951), австрийца, обосновавшегося в Великобритании, полагали, что логический позитивизм сделал ненужной остальную философию. Во Франции приверженцы Жака Деррида (род. 1930) и его метода деконструкции воображали, что вся рациональная философия может быть препарирована и окажется в результате бессмысленной. В интеллектуальных кругах в течение 20–30 лет существовала умеренная мода на марксизм, что привело к так называемой *великой конфронтации* марксистски настроенных интеллектуалов, воспитанных на Грамши, Лукаче и Блохе, и их критиков. С самой беспощадной критикой выступил бывший польский марксист Лешек Колаковский (род. 1927), чья книга *Основные течения марксизма* (1978) была одновременно и учебником по марксизму, и его некрологом. Европейский феминизм обрел современный манифест в книге Симоны де Бовуар *Второй пол* (1949). Если некогда Сартр писал: «Ад — это другие люди», — то его спутница Симона де Бовуар теперь пишет: «Вы не родились женщиной, вам надо ею стать». [ЛОССЕЛЬ]

Растущее почтение к науке — типично американская черта — затронуло все области знаний. Социальные науки — психология, экономика, социология, политология — оказывали большое влияние на все более старые дисциплины. Но, возможно, самую плодотворную альтернативу бессодержательным течениям своего времени предложил родившийся в Австрии Карл Поппер (1902–1994). *Логика научного открытия* Поппера (1934) перевернула все устоявшиеся положения относительно научного метода. Вслед за Эйнштейном Поппер доказывал, что нет ни абсолютного, ни перманентного знания и что лучше всего обосновывать гипотезы поиском доказательства их неправильности. Его *Нищета историзма* (1957) покончила с претензиями общественных наук формулировать законы, управляющие историческим развитием. Его *Открытое общество и его враги* (1945) стало обоснованием либеральной демократии, до полного триумфа которой по всей Европе он еще доживет.

В искусствах общее направление было против дезинтеграционных тенденций модернизма; теперь распространялся *постмодернизм* — смесь старого и нового. Международные фестивали, например в Зальцбурге, Байрейте или Эдинбурге, преодолевали национальные границы.

Исключительно разрослись средства информации. В этот век почти поголовной грамотности расцвела свободная пресса. Помимо серьезных газет, таких, как *Таймс, Ле Монд, Коррьере делла сера,* или *Франкфуртер альгемайне* появлялись во множестве популярные журналы, бульварные газетенки и «таблоиды», а с 1960-х гг. — и легализованная порнография. Технологии кино, радио и звукозаписи создавали невиданную до тех массовую аудиторию и новые формы искусства, такие, как *musique concrète*[19]. Однако ничто не могло сравниться по воздействию с телевидением, которое начало вещание во Франции в декабре 1944 г., в Англии — в 1946 г., в Западной Германии — в 1952 г.

Влияние Америки чувствовалось почти во всех сферах, но особенно в голливудских фильмах, танцевальной музыке и одежде на каждый день. Молодежная мода и *поп-культура* с подростками в джинсах *унисекс,* танцующими и говорящими в подражание героям фильмов и рок-звездам, стала полностью трансатлантической и космополитической. В новом мире, где царила и правила ничем не сдерживаемая реклама, стали бояться, «как бы носитель сообщения не стал сообщением», другими словами, чтобы люди не научились автоматически верить во все, что услышат и увидят. При этом, конечно, американский английский — язык НАТО, науки и поп-культуры — становится главным средством интернационального общения. И хотя *Franglais* (смесь французского с английским) был официально осужден во Франции, но обучение и общение на английском постепенно стало образовательным и культурным приоритетом во всех западноевропейских странах. Особенно коварным предметом американского импорта оказался бездумный материализм. Может быть, и несправедливо было обвинять США в том, что ев-

ропейцы были низведены до уровня *экономических животных,* но Вилли Брандт выразил это распространенное убеждение, когда поставил вопрос: «Разве мы все хотим стать американцами?»

Послевоенная социальная жизнь не была такой напряженной, как раньше, и отличалась бо́льшим равноправием. Война очень сильно уравняла людей: прежние иерархические структуры соответственно классу, профессии или происхождению не исчезли совсем, но люди стали более мобильными, а с возрастанием уровня жизни оказалось, что (как в Америке) богатство и доходы стали главными критериями положения человека в обществе. Быстрыми темпами шла механизация и введение разнообразных автоматизированных предметов домашнего обихода. В 1970-х гг. абсолютное большинство западноевропейских семей, включая рабочий класс, имели автомашину, стиральную машину и холодильник; они имели возможность ездить на отдых за границу, проводить летний отпуск на пляжах Средиземноморья. Восточным европейцам оставалось только смотреть и завидовать. В то же время договор об общей сельскохозяйственной (аграрной) политике ЕЭС с ее гигантскими субсидиями способствовал перераспределению доходов из города в деревню, в сельские районы. Начиная с 1960-х гг., несколько миллионов крестьян превратились в относительно преуспевающих фермеров. Некогда примитивные деревни, особенно во Франции, Германии и Северной Италии, быстро модернизировались и оснащались новейшей техникой.

Некоторые структурные изменения существенно повлияли на социальные отношения. *Welfare State* (*государство всеобщего благосостояния*) — которое предоставляло разнообразные услуги, такие, как государственная служба здравоохранения в Британии (1948), образцовая пенсионная система Западной Германии или французские проекты строительства дешевого массового жилья *HLM* (дома с умеренной квартплатой) — покончило с традиционным беспокойством людей в связи с возможной болезнью, потерей работы, бездомностью или старостью. Но одновременно складывалась такая форма психологической зависимости, когда люди в некотором оцепенении ждали, что государство будет с ними нянчиться от колыбели до могилы. Конечно, эти программы не могли покончить с бедностью, которая в этих богатых обществах выглядела особенно горькой. С повышением зарплаты массы превращались в *потребителей*, которые под постоянным прессом агрессивной рекламы и престижного подражания тратили все больше и больше. Потребительство, конечно, подстегивало экономику, но оно превратило материальные приобретения в цель, а не средство; оно грозило и политику превратить в споры о поставке товаров, оно учило молодежь, что одного обладания вещами достаточно для чувства удовлетворения. Поскольку же потребительское общество все время выставляло перед глазами людей умопомрачительный выбор желанных товаров, то оно стало более эффективной формой пропаганды материализма, чем та, которая бытовала на Востоке.

Сексуальная революция 1960-х гг., которую подстегивала общедоступность контрацептивов, быстро покончила с традиционной моралью. В результате перестали быть позорными в глазах общества внебрачные связи, незаконнорожденные дети, гомосексуализм, развод и сожительство. В большинстве стран у этой революции были побочные продукты: начали выставлять напоказ свой образ жизни гомосексуалисты, содомия по согласию перестала считаться преступлением, были ослаблены законы, запрещающие порнографию и непристойности, и во многих местах были легализованы аборты. Впрочем, темпы этих перемен различались по странам: Дания шла впереди всех, а Ирландия была в этом ряду последней. Все это вызвало сильнейшую реакцию, особенно в католических странах, где под угрозой оказались основные ценности: брак, семья и настоящая человеческая любовь.

Серьезный спад переживала религиозная жизнь. Ужасы войны и материализм послевоенного времени разрушили веру многих людей. Посещение церкви перестало быть общественной условностью и стало частным выбором семьи или индивидов. Полупустые церкви, где не было не только прихода, но и постоянного клира, встречались теперь не только в городах и промышленных пригородах, но и в сельских районах. Тяжелый удар был нанесен и по протестантской Англии, и по католической Франции. Впервые за 1500 лет христианство стало верованием меньшинства.

Одним из ответов стал экуменизм. С 1948 г. Всемирный совет церквей со штаб-квартирой в Женеве объединил главные протестантские и православные церкви с целью их добровольного взаимодействия. Но ВСЦ подчас соединял высокие идеалы с приземленной политикой.

Поначалу католическая церковь стояла в стороне. В 1950-е гг. небольшой эксперимент французов с *рабочими-священниками*, действовавшими на промышленных предприятиях, был остановлен Ватиканом. Но с возвышением кардинала Ронкалли, человека исключительных достоинств, ставшего папой Иоанном XXIII (1958–1963), Ватикан вступил на путь всесторонних реформ. Его энциклика *Pacem in Terris* была обращена вопреки обычаю к людям всех верований. В *Mater et Magistra* папа выразил заботу о социальном благе во всем мире. Затем папа созывает вселенский собор католической церкви, известный как *II Ватиканский собор*, положивший начало самым радикальным (со времени Тридентского собора) переменам.

II Ватиканский собор, четыре сессии которого проходили с октября 1962 г. до декабря 1965 г., назвали «концом Контрреформации». В битве между консерваторами и либералами многие предложенные реформы были разбавлены или отвергнуты: декларация, освобождавшая евреев от обвинения в Богоубийстве, прошла в измененной форме; предложения в пользу современных методов контроля рождаемости были блокированы. Но власть Курии была ограничена; обязательная тридентская латинская месса теперь заменялась мессой на местных национальных языках; функции мирян выросли; были сокращены условия, запрещающие смешанные браки; экуменизм получил официальное одобрение. Но самое важное то, что появилась новая атмосфера открытости и гибкости.

Среди нескольких новых католических институтов все большее внимание привлекал *Опус Деи*. Основанный в 1928 г. испанским священником Хосе-Мария Эскрива де Балагером (1902–1975), *Опус Деи* особо занимался новой ролью мирян, какую им определил II Ватиканский собор. Когда же очень вскоре основателя *Опус Деи* захотели в рекордно короткое время канонизировать, то критики увидели в нем грозную и иррациональную силу внутри Церкви. Но приверженцы движения

Опус Деи считали его идеальным движением к духовному возрождению, в особенности молодежи.

Движение, начатое папой Иоанном XXIII, затем продолжили его преемники. Павел VI (кардинал Монтини, 1963-1978) стал первым папой, выехавшим за пределы Италии с тех пор, как Наполеон депортировал папу Пия VII. Его энциклика *Humanae Vitae* (1968), в которой подтверждался запрет на контрацептивы, ужаснула либералов; его паломничество в Константинополь и Иерусалим, где папа обнимал православных иерархов, стало важной вехой в жизни Церкви. Некоторые шаги были сделаны и по сближению с англиканами и лютеранами. Иоанн Павел II (кардинал Кароль Войтыла, избранный в 1978 г.) привнес в папское служение удивительный шарм и энергию. Актер, полиглот и неутомимый путешественник, он вывел папство в широкий мир. В мае 1981 г. на площади Св. Петра на него было совершено покушение террористом-турком, возможно, нанятым КГБ. Относясь с непреклонной неприязнью к *теологии освобождения*, регулированию рождаемости и нарушению дисциплины клириками, он стал в некоторых аспектах самым яростным традиционалистом. Многие католические интеллектуалы были очень взволнованы, когда он временно отстранил от выполнения преподавательских обязанностей швейцарского богослова проф. Ганса Кюнга (род. 1928), сомневавшегося в догмате о непогрешимости папы; а когда в своей энциклике *Veritatis Splendor* (1993) он подтвердил учение Церкви в сфере нравственной философии, то оскорбил *релятивистов* в этой области. И все же это был сострадающий папа с широким кругозором. На Западе он вошел в логово англиканства — Кентербери; а в Ирландии особенно молил о мире. На Востоке он сыграл очень важную роль в своей родной Польше, силой своей личности подрывая основы коммунизма и поддерживая идею прав человека. Он приходил на помощь угнетенным: литовцам и украинцам-униатам; он заявил о своем уважении к православию. Для порабощенных народов советского блока он всегда оставался маяком надежды, посылающим свет с Запада. Несмотря на сопротивление Русской православной церкви, бойкотировавшей его Синод европейских епископов (1991), он сумел сблизить Запад и Восток. Он очень сочувствовал делу объединения Европы, но Европы христианской.

Вопреки ожиданиям население Западной Европы росло после войны быстрее, чем до войны, что становилось очевиднее. Изобилие не сдерживало роста населения. Потери военного времени были быстро восполнены десятилетием послевоенного «*беби-бума*» (всплеска рождаемости). Население 16 стран ОЭСР возросло с 264 млн. в 1940 г. до 320 млн. к 1966 г., и до 355 млн. к 1985 г. Страной с самым большим доходом на душу населения была Швейцария, здесь же был самый высокий уровень рождаемости: в 1950-1985 гг. население Швейцарии почти удвоилось. Поистине удивительным было возрождение Франции: при том что ее население оставалось практически без изменения в течение ста лет (около 40 млн.), теперь оно выросло до 55,2 млн. в 1985 г., догоняя тем самым Британию и Италию. Вскоре Западная Германия стала крупнейшей страной (61,1 млн. в 1985), и у нее же был наибольший прирост ВВП. Уровень рождаемости снизился снова после 1960-х годов, снабдив демографическую кривую *впадинами и выступами* в последующих поколениях. Но и уровень смертности непрерывно снижался. В результате изменилась возрастная структура общества. Существенный прирост населения в Германии, Франции и Британии происходил за счет беженцев и иммигрантов. И если довоенные европейцы были в основном среднего возраста, то среди послевоенных европейцев все больше было людей пожилых и вышедших на пенсию. Драматически сократилось сельское население, снизившись до 17 % во всем ЕЭС к 1965 г.

Но величайший успех Западной Европы лежал в области экономики. Скорость и размах экономического возрождения после 1948 г. не имели прецедента во всей европейской истории; его не с чем сравнить и в мире вообще, кроме, правда, Японии. И странно и неожиданно, что между историками нет согласия в том, что именно считать причинами этого явления. Это явление вообще скорее описывают, чем объясняют. Ясно, что во многом его предопределил тот благоприятный старт, каким стала помощь плана Маршалла, а также продолжение сотрудничества с США и общий климат либеральной демократии, которая так способствует свободному предпринимательству. Его также следует рассматривать в связи с достижениями науки и техники, радикальными изменениями в сельском хозяйстве, источниках энергии, транспорте и производственных отношениях.

План Маршалла был *механизмом подкачивания*, который дал наличные деньги для поддержания европейской торговли и промышленности после того, как первоначальный послевоенный подъем начал слабеть. Причем устройство этого механизма подкачивания не имело значения. Можно употребить и другую метафору: это было переливание крови, давшее экономикам ОЭСР силы для выздоровления. Несколько ведущих американских фирм сделали крупные инвестиции в Западной Европе уже на ранней стадии. *Дюпон, Дженерал Моторс* и позднее *ИБМ* — все способствовали развитию конкуренции по другую сторону Атлантики. В свое время многие крупные европейские многонациональные предприятия — *Роял Датч Шелл, БП, ЭМИ, Юнивелер* — смогли ответить американцам любезностью на любезность.

Современная экономическая теория и практика являются во многом продуктом европейско-американского взаимодействия. *Кейнсианская революция* в макроэкономике уже давно установила, что правительственные интервенции играют решающую роль в поддержании климата бизнеса, в обеспечении полной занятости и управлении текущими кризисами посредством денежной подпитки, регулирования ставки процента, денежного обращения и налогов. В свое время началась монетаристская реакция на Кейнса, которую вдохновлял Мильтон Фридман. Западная Европа с самого начала участвовала в международной валютной системе, соглашение о которой было заключено в июле 1944 г. под англо-американским покровительством на конференции в Бреттон-Вудсе, где британскую делегацию возглавлял Кейнс. В результате появились новые организации — Международный валютный фонд (МВФ) и Всемирный банк (оба под руководством ООН), где велико было участие европейских стран; причем эти организации стали в некоторой степени конкурентами собственно европейских институтов. В Западной Европе, как и в США, считалось само собой разумеющимся, что демократичная политика является необходимым условием эффективной рыночной экономики.

Наука и техника вступили в эпоху, когда их стали поддерживать громадные государственные

и международные фонды. Крупнейшими проектами стали Европейский центр ядерных исследований (1953) и Европейская организация космических исследований (1964). Национальные бюджеты теперь были недостаточны для дорогостоящих работ, таких, как, например, строительство космических кораблей. Современные сельскохозяйственные технологии появились в Европе в 1950-е годы. В 1945 г. только британские фермеры использовали тракторы, но к 1960 г. даже мелкие фермеры на континенте имели этот вид техники. Затем вводилась всякого рода механизация, химические удобрения, интенсивные методы хозяйствования. Британия и Западная Германия оставались импортерами продовольствия, а Дания, Франция и Италия стали мощными экспортерами. С 1960-х годов Западная Европа страдает от колоссального перепроизводства — печально знаменитые «масляные горы», «винные озера» и «зерновые насыпи» — результаты непродуманной программы аграрной политики.

Рост производства электроэнергии постепенно покончил с традиционным видом топлива — углем; хозяйства переходили на нефть, природный газ, электроэнергию, выработанную ГЭС и атомными электростанциями. Особенно значительные инвестиции в области строительства гидро- и ядерных электростанций сделала Франция. Обнаружение нефти в Северном море и газа у побережья Шотландии и Норвегии в 1970-е годы уменьшило зависимость от импорта.

Невероятно разрослась инфраструктура транспорта. Государственные железные дороги были электрифицированы и переоборудованы. С появлением у французского Национального общества железных дорог высокоскоростных электропоездов *TGV (Train de Grande Vitesse)* в 1981 г. Франция вступила в эру суперпоездов, которые могли сравниться только с японскими. Систематически росла система автобанов в Германии — этих изумительных автострад и автомагистралей. Туннели под Альпами и под Ла-Маншем (1993) и великолепные мосты, такие, как «Ойропабрюке» — высочайший мост Европы длиною 777 м, который пересекает долину Вишп в Австрии, — были недостающими звеньями, связавшими сети дорог в единое целое. Международные водные пути гигантской пропускной способности соединили Рейн с Роной, Роттердам с Марселем. Величайший в мире *Европорт* около Роттердама стал центральным пунктом грандиозного плана мелиорации в дельте Рейна и контроля за паводком; он был завершен в 1981 г. Воздушное сообщение развилось до такой степени, что любой бизнесмен в Западной Европе, отправляясь в другой город Европы, не сомневается, что уже к вечеру вернется домой.

Постиндустриальная экономика больше не полагается на количественный прирост продукции тяжелой промышленности. Теперь преобладает сектор оказания услуг, а также такие новые виды розничной торговли, как супермаркеты и универмаги. Производство железа и стали в Европе после знаменитого бума в 1950-е годы уступило место электронике, пластикам и сложным механизмам.

Таковы составляющие мощного экономического подъема, ускорение которого началось сразу же, как только был введен в действие план Маршалла. При двух небольших паузах (первая в 1951–1952 гг. в связи с войной в Корее и вторая в 1957–1958 гг.) все главные экономические показатели постоянно растут. Опубликованный в 1951 г. *Статистический доклад* предсказывал к концу десятилетия рост промышленной продукции на 40—60 %. Но уже за 5 лет эти показатели были превышены. К 1964 г. объем промышленного производства более чем в 2,5 раза превосходил объем промышленного производства в 1938 г. За период 1948–1963 гг. среднегодовой прирост ВНП составил 7,6 % в Западной Германии, 6 % в Италии, 4,6 % во Франции и 2,5 % в Соединенном Королевстве. Западноевропейская торговля продолжала расти быстрее, чем мировая, и составляла 40 % от нее.

Самое сердце возрождения Западной Европы — это, конечно, *Wirtschaftswunder* (экономическое чудо) Западной Германии. Вопреки неверным представлениям в Западной Германии производительность труда была не выше, чем у ее соперников. Итальянское *miracolo* (чудо) было столь же удивительным, а Германия достигла не самого высокого уровня жизни на континенте. Но благодаря самим размерам и центральному положению Западной Германии, ее экономика играла жизненно важную роль в успешном развитии других стран. Особенно сильное психологическое воздействие немецкого экономического чуда объяснялось тем, что исключительно низко располагалась исходная точка начала подъема. Автор этого *чуда* д-р Эрхард отверг с презрением государственное плани-

рование, как во Франции или Италии, хотя некоторые ключевые отрасли и были национализированы. В остальном делалась ставка на эффективную организацию, большие инвестиции, хорошее обучение и усердие в работе. Цифры говорят сами за себя: в 1948–1962 гг. внешняя торговля Западной Германии вырастала на 16 % ежегодно; количество автомашин у населения выросло с 200 000 в 1948 г. до 9 млн. в 1965 г.; в тот же период было построено 8 млн. новых единиц жилья — в них можно было бы расселить целый небольшой народ. Сильно сократилась безработица, что вызвало волну *«гастарбайтеров»* (приезжих рабочих), особенно из Турции и Югославии. Иностранные инвестиции в Западной Германии достигли в 1961 г. такой точки, когда правительство стало предпринимать активные действия по их сокращению. Индекс промышленного производства (1958 г. = 100) показывает, как Западная Германия, пострадавшая от войны больше всех, быстрее всех пошла вперед:

	1938	1948	1959	1967
ФРГ	53	27	107	158
Франция	52	55	101	155
Италия	43	44	112	212
Великобритания	67	74	105	133
США	33	73	113	168
Япония	58	22	120	347[20]

Для сравнения укажем, что ВНП Западной Германии (115 млрд. долл.) был больше, чем у всех стран советского блока, вместе взятых.

Триумфальное возрождение западноевропейской экономики заставляло задуматься: если каждая по отдельности национальная экономика достигла такого расцвета, то как бы они могли преуспеть, объединившись, уничтожив все многочисленные барьеры между национальными государствами? Так возникла идея, которая придала спотыкавшемуся движению к объединению Европы новый импульс. Эта идея была привлекательна не только для тех, для кого экономическое объединение было самоцелью, но и для тех, кто стремился к политическим изменениям.

Неудивительно, что, поскольку англосаксы отказались возглавить это движение, то дело объединения Европы стало, в первую очередь, делом французов. В отличие от немцев и итальянцев, французы вернулись на свое место в коалиции победителей; в то же время они не соглашались на уготованную им второстепенную роль. В этих обстоятельствах перед менее националистическим крылом правящего движения голлистов открылась редкая историческая возможность. 20 июля 1948 г. в пользу объединения Европы выступил уходивший в отставку министр иностранных дел Франции Жорж Бидо. Затем эту идею подхватили Монне, Шуман и Плевен.

Жан Монне (1888–1979), экономист, начал свою деятельность как глава семейного бизнеса по производству коньяка в провинции Коньяк. С 1920 г. по 1923 г. он был заместителем генерального секретаря Лиги Наций; в 1940 г. он подал Черчиллю мысль о создании франко-британского союза. В 1947–1949 гг. он возглавил реализацию *Национального экономического плана* Франции и неотступно следовал этому плану при нескольких министерствах. Он горячо верил во всесторонний европейский союз — политический, военный и экономический. Он ставил своей целью достичь (шаг за шагом) того, что он называл *функционализмом*, то есть постепенно подводить все большее количество *fonctions* (сфер деятельности) под наднациональный контроль. Он был наследником Аристида Бриана, и его называли *Отцом Европы*. Робер Шуман (1886–1963), католик из Лотарингии, был лучшим учеником и Санье, и Монне. До войны он долгое время был депутатом. Во время войны он участвовал в Сопротивлении и пережил заключение. После войны он становится основателем и членом католической МРП, почетным председателем которой был Санье. В период Четвертой республики он дважды занимал кресло премьер-министра. В критический момент в 1948–1950 гг. он встал во главе французского министерства иностранных дел на *Ке-д'Орсе*. Рене Плевен (1901–1993) был во время войны в рядах сил «Свободной Франции», дважды становился премьер-министром. Он был также лидером бывшей голлистской фракции, которая отошла от линии де Голля.

Эта французская группа нашла единомышленников в лице Поля Анри Спаака (1899–1972) и Альчиде Де Гаспери (1881–1954), партнеров Шумана еще по Координационному комитету (см. выше). Из них первый был социалистом, занимавшим в Бельгии посты министра иностранных дел, министра финансов и премьер-министра почти непрерывно с 1938 г. по 1966 г. В 1946 г. он становится первым председателем первой Генеральной ассамблеи ООН. Второй же, христианский демократ из двуязычного Южного Тироля, занимал пост премьера в нескольких итальянских коалиционных правительствах с 1945 г. по 1953 г. Как и Спаак, он был горячим сторонником НАТО. Все вместе они составляли могучее объединение, которое все больше набирало силу.

В августе 1949 г. в Страсбурге начинает свою деятельность Совет Европы. Минимализм его мандата, ставившего целью продвигать идею европейского союза путем дискуссий, публичных кампаний и научных исследований, был предопределен осторожной позицией Англии. Совет Европы не имел никакой исполнительной власти. Количество его первоначальных членов (11), включая Великобританию, скоро выросло до 18. Совет управлялся *комитетом министров*, которые встречались в узком кругу, а в публичной сфере — Консультативной ассамблеей. Его комиссии по делам преступности, правам человека, культурному и правовому сотрудничеству принесли большую пользу, как и руководимый Советом Европейский трибунал. Но пока создание союза откладывалось на неопределенное время в будущем. Не прошло и года со времени начала деятельности Совета в Страсбурге, а в Париже уже был приведен в действие гораздо более амбициозный *план Шумана*.

Стратегия его инициаторов состояла в том, чтобы выдвигать максимальные требования в надежде, что будут приняты хотя бы минимальные. Им приходилось вести свою деятельность в рамках союза западных стран, где все еще доминировали Вашингтон и Лондон, и рассматривать себя только как приложение к существующим НАТО и ОЕЭС (Организации европейского экономического сотрудничества) (позднее ОЭСР), а также к Совету Европы. Тем не менее, *план Шумана* (май 1950 г.) предлагал гораздо более перспективные экономические, военные и политические структуры. Он призывал к экономическому взаимодействию в черной металлургии и сталелитейной промышленности, к созданию европейской армии и закладке таким образом оснований будущих Соединенных штатов Европы. План был подготовлен в тайне, без консультаций с Лондоном. Так что экономические вопросы уже решались, в то время как политические — пока откладывались. С этого момента три направления европейского объединения шли вперед порознь и с разной скоростью.

Сила плана Шумана состояла в том, что он был направлен на франко-германское примирение. Он появился в тот момент, когда ФРГ стояла на пороге невероятного экономического взлета, но политически оставалась в изоляции. Канцлер Аденауэр, выходец с Рейна, всю свою жизнь провел в тени франко-германских войн; кроме того, он был, как и Шуман, либералом, демократом и католиком. Да и вообще перспективе франко-германского согласия никто не мог противиться. Стоило только начать этот процесс, и он все больше набирал скорость.

Европейское объединение угля и стали (ЕОУС, создано в 1951 г.) было первенцем плана Шумана. Оно должно было воспрепятствовать новому появлению военно-промышленных баз у каждой страны-члена; и первым президентом этого сообщества стал Жан Монне. Соглашение, подписанное в мае 1951 г., соединило *Шестерку*: Францию, Германию, Италию и Бенилюкс. Они договорились проводить свободную беспошлинную торговлю углем и сталью, жить по общим правилам, регулирующим производство и конкуренцию, и в случае явного кризиса контролировать цены и производство. Это был уже очевидный успех. Великобритания не участвовала.

Военная часть вопроса встретилась с большими препятствиями. План Плевена (1950) был модифицированной версией военных положений плана Шумана; и все-таки он натолкнулся на немедленное неприятие его де Голлем. Сложные переговоры велись в течение 4 лет. Англичане не собирались ослаблять НАТО; французы выступали против компромиссной организации — Европейского оборонительного сообщества (ЕОС). Наконец выходом стал Западноевропейский союз (ЗЕС) (1955), совещательный орган, у которого было мало независимости и который появился на свет как раз вовремя, чтобы пережить хаос Суэцкого кризиса.

Со времени *конференции в Мессине* в 1955 г. экономическая интеграция становится главной составляющей движения за объединение Европы. В политическом объединении успехов не было; но

бытовало мнение, что при успехах экономического объединения откроется вернейший путь и к достижению долгосрочных политических целей. Этого курса придерживались более чем 30 лет. Два договора, подписанных в Риме (25 марта 1957), стали воплощением решимости Шестерки распространить успех ЕОУС на все области коммерческой и экономической жизни. Появилось Европейское экономическое сообщество (ЕЭС), известное также как *Общий рынок*, который ведет свое начало с 1 января 1958 г., а также *Европейское сообщество по атомной энергии* (Евроатом). При этом преследовались следующие цели: снятие всех внутренних тарифов, установление общей внешнеторговой политики, координация транспорта, сельского хозяйства и налогов, уничтожение барьеров для свободной конкуренции и создание благоприятных условий для движения капитала, трудовых ресурсов и предпринимательства.

Для осуществления этих планов были созданы четыре организации: Совет министров — для контроля и принятия политических решений; подчиненная ему Европейская исполнительная комиссия в Брюсселе с постоянным Секретариатом и многочисленными директоратами, отвечающими за определенную сферу политики ЕЭС; Европейский суд; Европейский парламент, заседающий попеременно то в Страсбурге, то в Люксембурге. На этот раз предприятие оказалось удачным. Внутренние тарифы были уничтожены к 1968 г. Единая аграрная политика (1962), благодаря громадным субсидиям и несмотря на протесты производителей, возродила к жизни миллионы фермеров. Введение налога на добавленную стоимость (НДС) в 1967 г. принесло значительные доходы, которые можно было теперь направить в запущенные секторы общества и в отсталые регионы. Первый председатель Европейской комиссии профессор Вальтер Гальштейн (Западная Германия) направлял ее деятельность с 1958 г. по 1967 г. Среди его преемников надо упомянуть Роя Дженкинса (Великобритания) и, с 1985 г., — Жака Делора (Франция). Невзирая на всю критику — а ее было немало — стало очевидно, что члены Сообщества преуспевали больше, чем те, кто оставался вне его. «Всякий, кто не верит в чудо европейских дел, — заметил проф. Гальштейн, — не реалист».

Европейская ассоциация свободной торговли (ЕАСТ, создана в 1958 г.) была ответом Европейскому экономическому сообществу со стороны так называемой *Внешней семерки* во главе с Великобританией, которые не подписали Римское соглашение. Это объединение ограничивалось задачами торговли, а его будущему все время угрожала возможность, что один из членов перебежит в ЕЭС. Она играла важную роль до 1973 г., когда Великобритания и Дания вышли из ЕАСТ и вступили в ЕЭС.

Членство Великобритании оставалось яблоком раздора в европейском движении за единую Европу в течение более 40 лет. Правительство Великобритании не участвовало в ЕОУС в 1951 г. и покинуло переговоры перед заключением Римского договора. У Великобритании для этого были как психологические, так и практические препятствия. Не пережив отрезвляющего унижения национального поражения, многие британцы все еще имели иллюзии относительно своего суверенитета и самодостаточности. У них были также весьма реальные обязательства по отношению к Британскому содружеству — включая непростой вопрос о коммерческих льготах в Содружестве. В политике Англия отдавала предпочтение отношениям с США и членству в НАТО. В 1961 г. и 1967 г. при Макмиллане и Вильсоне Великобритания дважды просила о вступлении в ЕЭС и каждый раз получала категорический отказ в виде вето де Голля. В течение же десятилетия перед Римским договором де Голль был в отставке, так что европейской политикой Франции занимались более умеренные деятели. Однако возвращение де Голля к власти совпало с началом работы ЕЭС. Теперь конфликт был неизбежен. Генерал все еще не мог забыть мнимого предательства интересов Франции сначала британцами во время войны, а затем — руководителями Четвертой республики. Ему не нравилась ни «Европа отечеств», ни «содружество национальных государств», и он настаивал на восстановлении того, что считал суверенными правами Франции. Результатами такой позиции стали вето де Голля на вступление Великобритании, а затем бесконечная борьба против Европейской комиссии — «император против папы». Французские представители бойкотировали работу в Брюсселе, пока им не удалось добиться в Люксембурге компромисса (1966) — то есть договора, позволяющего государствам-членам обходить установления Римского соглашения о голосовании большинством по вопросам исключительного национального значения.

Первые два десятилетия ЕЭС завершились важными решениями в области финансов. Европейская валютная система (созданная в 1979 году) связала валюту стран-участниц механизмом контроля курса валют ЕЭС, который должен был ослабить бытовавшие до того колебания. Авторы этого проекта считали его первоначальным этапом на длинном пути к Европейскому валютному союзу. Введение европейской валютной единицы *экю* стало залогом того, что движение к единой валюте продолжится. Европейский социальный фонд и Европейский фонд развития — оба были созданы с целью перераспределения средств в пользу нуждающихся (в социальном или региональном смысле) территорий.

Экономические успехи Сообщества обеспечивали непрерывность притока новых претендентов на членство. В 1973 г. при Эдуарде Хите Соединенное Королевство было наконец принято в члены с третьей попытки вместе с Данией и Ирландией. Британский референдум (1975) подтвердил, что Соединенное Королевство навсегда останется членом Сообщества. Шестерка стала Девяткой. В 1981 г. с вступлением Греции Девятка стала Десяткой. В 1986 г. после продолжительных переговоров были приняты Испания и Португалия: Десятка стала Дюжиной. Впервые в Сообщество вошли три *развивающиеся экономики* и, как в случае с Грецией, лежащая на востоке Европы страна, не имеющая общей границы с другими членами Сообщества.

Однако военный и политический аспекты деятельности европейского союза находились в параличе. В начале 1980-х гг. новую жизнь в Североатлантический альянс вдохнул напористый дуэт Рейган—Тэтчер; кроме того, значение НАТО усилилось в связи с советско-американским противостоянием по вопросу ракет. В политической и международной жизни ЕЭС играл периферийную роль. Учреждения ЕЭС были предназначены обслуживать небольшое сообщество Шестерки, и теперь они не выдерживали возросшей нагрузки двенадцати членов. В свое время один из ведущих европейских деятелей назвал Сообщество «взрослым человеком, который все еще ходит в пеленках»[21]. Казалось, у

ЕЭС было мало шансов разорвать тесные рамки экономических вопросов.

Можно было подумать, что с союзом Двенадцати появится нечто качественно новое. Европа и до того знавала союзы богатых и сильных, опиравшиеся на привилегированное членство немногих избранных из числа стран *Запада*. Но теперь, казалось, наступил момент, когда Европейское сообщество превращалось в свободную ассоциацию равноправных наций: богатых и бедных, Востока и Запада, больших и малых. Главным критерием, кроме принадлежности к Европе, стало требование, чтобы претендент отбросил националистические, империалистические и тоталитарные традиции прошлого. Только время могло показать, стали ли эти изменения постоянными.

Нейтральные государства

Нейтральность была характерной чертой европейской политики на протяжении всего XX века. В 1945 г. было 11 нейтральных государств; четыре страны, не участвовавшие ни в первой мировой войне, ни во второй мировой войне, не дали себя втянуть и в послевоенные военные блоки; две страны получили статус нейтральных в первые послевоенные годы. Причем нейтральность была крепко связана с экономическим процветанием, и большинство нейтральных стран не торопились присоединяться к ЕЭС.

Процветала Швейцария, для которой нейтралитет был образом жизни. Она изо всех сил противилась немецкой интервенции во время войны, и после войны здесь значительно выросло население. Она также пользовалась преимуществами своей близости к северной Италии и южной Германии (оба региона отмечены энергичным экономическим ростом после войны) и в то же время продолжала играть особую роль в банковском деле и туризме. Швейцария с радостью приглашала к себе мультинациональные компании и международные агентства от химического концерна *Байер* до ЮНЕСКО. Реторманский поднялся до уровня национального языка наряду с швейцарским, немецким, французским и итальянским, а франкоговорящая Юра стала особым кантоном. Впрочем, оборонный бюджет оставался высоким, и не была отменена воинская повинность для мужчин — обеспечивая тем самым поддержку национальной милиции. Швейцарские женщины получили право голоса после референдума (среди мужчин) в 1980 г. Швейцария не вступала в Совет Европы до 1963 г., а ее связи с ЕЭС ограничивались соглашением о свободной торговле, подписанным в 1972 г.

Благодаря Швейцарии несколько прилегающих территорий начали добиваться статуса свободных таможенных зон. Сюда входили немецкий анклав Бюзинген, итальянские районы Кампионе-д'Италия, Ливиньо и Вале-д'Аоста, а с 1815 г. французский департамент Верхняя Савойя.

Швеция очень выиграла от своего нейтралитета во время войны, она с успехом продолжала им пользоваться и в мирное время. Швеция была главным украшением регионального Балтийского совета, но оставалась в стороне и от НАТО, и от ЕЭС даже тогда, когда к этим союзам присоединились ее скандинавские партнеры. В Швеции долго оставались у власти социал-демократы: до выборов 1989 г. При Улафе Пальме, убитом в 1986 г., Швеция возглавила целый ряд инициатив по Третьему миру, беженцам и охране окружающей среды.

Франкистская Испания оставалась политической парией до смерти *каудильо*. Так что исключительно продолжительные правления Франко и Салазара удерживали иберийскую политику как бы во временном коконе до середины 1970-х гг. Этот фашистский анахронизм в Западной Европе выступал в качестве противовеса коммунизма на Западе, в особенности во Франции. Когда Португалия стала членом НАТО, Испания согласилась на американские базы, но отказалась от дальнейших шагов. Впрочем, от полной изоляции ее спасал массовый туризм. Восстановление же в 1975 г. конституционной монархии открыло Испании путь в ЕЭС, а также стало началом большого экономического подъема в 1980-е гг. Хотя окончательному возрождению Испании мешали еще баскский терроризм, каталонский сепаратизм и тяжелый спор с Великобританией за Гибралтар.

Республика Ирландия пережила угрозу британской оккупации во время войны и в конце войны вышла из Содружества. Но экономическая зависимость от Соединенного Королевства все-таки оставалась реальностью: у Ирландии не оставалось иной возможности, кроме как нехотя следовать за Британией в переговорах с ЕЭС. В политической жизни Ирландии главными были привилегированное положение католической церкви, бесконечные конфликты с Северной Ирландией и соперничество двух главных партий *Фианна Файл* «Солдаты судьбы» и *Фине Гаэл* «Нация гаэлов». По ирландской конституции графства британского Ольстера были интегральной частью республики. Но Ирландская республиканская армия (ИРА) считалась незаконной по обе стороны границы; и отношения между Лондоном и Дублином не были большим препятствием на пути урегулирования.

Финляндия, которая вместе с Германией напала на СССР, тем не менее, избежала советской оккупации, хотя по перемирию 1944 года ей пришлось сделать дальнейшие территориальные уступки, в частности, отдать Виипури (Выборг) и Петсамо (Печенгу). В 1947 г., однако, мирный договор подтвердил формальный суверенитет Финляндии в обмен на аренду Порккалы под военно-морскую базу. С этого времени Финляндия была обязана соблюдать нейтралитет, сократить свои вооруженные силы и проводить внешнюю политику, согласованную с интересами СССР. После войны в Финляндии начинается экономический подъем, а Хельсинки становится одной из самых элегантных и дорогих столиц Европы — последний западный форпост на подступах к Ленинграду. Многие оккупированные советскими войсками страны мечтали о статусе *финляндизации*, но по такому пути удалось пойти только еще Австрии.

Австрии очень помог миф, что она была первой жертвой нацистов. Разделенная, как и Германия, на четыре оккупационные зоны, республика смогла полностью восстановить суверенитет на базе *Staatsvertrag*, то есть Государственного договора (1955), подписанного представителями всех четырех оккупационных властей. Условия этого договора включали строгий нейтралитет и обязательство вечно содержать в порядке обширный советский военный мемориал. За восстановлением независимости Австрии последовал период невиданного расцвета, как в соседней Швейцарии, и относительной политической разрядки. В политике в основном мирно соперничали Социалистическая партия, которая удерживала пост канцлера за Бруно Крайским (1970–1983), и консервативная Народная партия. В 1986 г. даже международная кампания по дискредитации австрийского президента Курта Вальдхайма, бывшего генерального секретаря ООН, ему не повредила; но эта кампания напомнила о прошлом Австрии. В определении границ Австрии были некоторые несуразности. По договору 1868 г. два района — Юнгхольц и Миттельберг — входили в баварскую таможенную зону. Провинции же Форарльберг и Тироль пользовались преимуществами свободной торговли с Альто-Адидж и Трентино в Италии.

Семь европейских княжеств, последних из исторических мини-государств, были слишком малы, чтобы влиять на международные отношения; но каждое пользовалось преимуществом своего положения.

Сан-Марино (основанное в V в. н. э., с территорией 62 км² и населением 23 000 человек) претендовало на звание старейшего в Европе государства. Его независимость была признана в 1631 г. Расположившись на склонах Монте-Титано возле Римини, оно было со всех сторон окружено территорией Италии. После войны Сан-Марино стало *налоговым убежищем* для богатых итальянцев; местное правительство здесь попеременно возглавляли коммунисты и христианские демократы.

Княжество Лихтенштейн (основано в 1719 г., территория 157 км², население 27 000 человек) передоверило свою внешнюю политику Швейцарии. В 1980 г. здесь был самый высокий в Европе валовой национальный продукт на душу населения: 16 440 долл. Это последний уцелевший член Священной Римской империи.

Княжество Монако (территория 150 га, население ок. 30 000 человек) было самоуправляемым протекторатом Франции, занимавшим крошечный анклав на Ривьере к востоку от Ниццы. Его современный статус сложился в 1861 г.; до того времени Монако было владением Испании (с 1542), Франции (с 1641) и Сардинии (с 1815). По конституции Монако управляет семья Гримальди. Доходы княжества находятся в большой зависимости от доходов казино в Монте-Карло.

Андорра (территория 495 км², население ок. 43 000 человек) — в Восточных Пиренеях сохраняет свою автономию с 1278 г., когда Андорра была передана в совместное владение епископа Урхельского и графа де Фуа. В настоящее время его права осуществляются префектом Арьежа от имени президента Французской республики. Андорра живет туризмом, в особенности лыжными курортами, и беспошлинной торговлей.

Остров Мэн (территория 518 км², население 65 000 человек в 1986 г.) и Нормандские острова (Джерси, Олдерни, Гернси и Сарк — территория 194 км², население ок. 134 000 человек в 1981 г.) были под юрисдикцией британской короны со времени нормандского завоевания. Формально они никогда не входили в Соединенное Королевство, но были процветающими *убежищами налогоплательщиков*. Дама с Сарка²² боролась за свои прерогативы с Вестминстером в 1960-е гг. В 1990-е гг. парламент острова Мэн вступил в открытую борьбу, отказавшись последовать примеру Англии и легализовав гомосексуализм.

Гибралтар — единственная подвластная Великобритании территория, присоединившаяся к ЕЭС. Он таким образом последовал примеру французских заморских департаментов: Гваделупы, Мартиники, Реюньона и Гвианы. Все другие британские и французские колонии, как и автономные датские регионы [**ФАРЕРСКИЕ ОСТРОВА**] и Гренландия, не присоединились к ЕЭС.

Государство-город Ватикан (территория 44 га, население ок. 1000 человек в 1981 г.) был последней автократией в Европе, правитель Ватикана — папа, имеет неограниченную власть, как в современном папском государстве, так и в Римской католической церкви, центральные учреждения которой находятся в Ватикане. С Ватиканом можно сравнить только *монашескую республику* Афон [**АФОН**], который имеет автономию в составе Греции с 1926 г.

Эти реликты напоминают о том, что в жизни Европы важную роль играют разнообразие и традиция; и всевластные политики не полностью подчинили Европу.

Восточная Европа, 1945—1985 гг.

Выражение *Восточная Европа* в послевоенные годы имело два значения. Так называли любую часть континента на советской стороне от железного занавеса. В этом смысле Восточную Европу составляли европейские страны, включенные в СССР, и те, которые не были туда включены. Но чаще, однако, Восточная Европа означала страны-сателлиты СССР в Восточной и Юго-Восточной Европе в отличие от самого СССР.

В последних исследованиях эти различия уже не очень важны. Предполагалось, что ни одно из этих государств, организованных по ленинским принципам, — будь то так называемая *народная демократия* или одна из *республик* Советского Союза — не будет иметь сколько-нибудь значительной независимости. Все они были задуманы как фасады диктаторской власти руководимого Советами коммунистического движения. Какое бы мы ни выбрали определение, послевоенная история Восточной Европы может быть изложена, только принимая за отправную точку политику КПСС, и лишь затем можно рассмотреть бездарные переводы желаний Москвы на языки все более отходивших от нее вассалов.

До окончательного падения после 1985 г. послевоенная история Советского Союза распадается на три периода. Первый период (1945—1953) — это последние годы «великого Сталина». Второй период (1953—1964) — это так называемая *десталинизация*: время восхождения и падения Никиты Сергеевича Хрущева. Третий (1964—1985), который позднее назвали *периодом застоя*, начинается и вдохновляется Леонидом Ильичем Брежневым. Все вместе эти четыре десятилетия были свидетелями грандиозных заблуждений новейшей истории. Советский Союз вышел из второй мировой войны величайшей военной державой Европы и начал неуклонно превращаться в одну из двух сверхдержав мира. На взгляд извне он был невероятно силен: неприступная крепость с самым большим в мире арсеналом ядерного оружия. В то же время внутри него с беспримерной скоростью шли процессы разложения; тело Советского Союза было поражено болезнью, которую можно назвать политическим раком. В истории вообще было множество гигантов на глиняных ногах (в первую очередь такой была Российская империя), но теперь на историческую сцену вышел вооруженный динозавр и, стоя на гигантских лапах, он умирал. Никто не видел его страданий: ни западные советологи, ни до самого последнего времени, советские лидеры. За немногими исключениями (которые следует признать тем более достойными) и те, и другие почти 40 лет восхищались Советским Союзом как образчиком здоровья и прогресса, маяком будущего.

Последние годы жизни Сталина не принесли никакого облегчения в той бесконечной ночи страха и страданий, которая опустилась на страну до войны. Те, кто думал, что старость и победа смягчат «великого вождя», ошиблись. По-прежнему у власти теснилась старая, довоенная банда соратников Сталина. Все та же смесь террора, пропаганды и коллективистской рутины не давала распрямиться советскому народу. По-прежнему бесперебойно работал механизм ГУЛАГа, нацеленный на массовые аресты и рабский труд. Есть основания думать, что Сталин, обнаружив так называемый *заговор врачей*, готовил перед смертью новую большую чистку.

В эти годы советская империя достигает наибольших размеров. Эта империя строилась путем военных захватов и создания политических суррогатов, которые по существу представляли собой политические, экономические и социальные клоны советской модели. Вскоре после оккупации Восточной Европы коммунизм одержал следующую величайшую победу в Китае. Мао Цзэдун, который утверждал, что «власть вырастает из дула ружья», одержал полную победу в 1949 г. самостоятельно, без вмешательства Москвы. Он придерживался несколько отличных от советских взглядов и прекрасно помнил, что поначалу Сталин поддерживал его главного врага — Чан Кайши. Но до поры до времени Мао довольствовался положением верного члена советского лагеря. В течение примерно 12 лет Москва возглавляла движение, которое охватило самую населенную страну в мире, а также самое большое в мире государство. В так называемом *лагере социализма* жила половина человечества.

Советский Союз возлагал большие надежды на то, что будет расти его влияние на бывшие колониальные народы. В эпоху деколонизации Москва рассматривала себя как естественного патрона всех национально-освободительных движений и надеялась получить от них экономическую выгоду. Она устанавливает крепкие связи с Вьетнамом, арабским миром и Кубой.

Все возможные ресурсы были брошены на разработку военного направления ядерной физики. В *Маяке* на Урале и в других местах команды обласканных ученых-рабов трудились над советской бомбой. Атомное *изделие* было с успехом ис-

пытано на Новой Земле в Арктике в 1949 г., водородное — в 1953 г. В результате Америка утратила свою монополию на ядерное оружие, и ко времени смерти Сталина Советский Союз утвердился в статусе сверхдержавы.

Сталин умер 5 марта 1953 года в результате удара, который случился с ним на даче в Кунцеве. Всеми брошенный, он пролежал на полу в предсмертной агонии 24 часа. Ни один кремлевский врач, дороживший своей жизнью, не собирался спасать Сталина. Члены Политбюро по очереди дежурили рядом: «Как только Сталин пришел в сознание, Берия бросился перед ним на колени и начал целовать ему руки; когда Сталин снова потерял сознание, Берия встал и с ненавистью плюнул»[23]. Известие о смерти Сталина повергло миллионы людей в глубокое горе.

Десталинизация означает именно то, что и предполагает этот термин. В наступивший новый период уничтожали те черты советского строя, которые были связаны лично со Сталиным: культ личности, единоначалие, массовый и случайный террор. Начался период, который назвали (по роману Эренбурга) *оттепелью*. После того как Берию расстреляли после первого же заседания Политбюро, коллективное руководство его дружков-убийц смогло ограничить власть НКВД — которое теперь называлось КГБ, но вся машина диктатуры оставалась нетронутой. Несколько ослаб всеобщий страх, но никакой демократизации не было проведено ни в малейшей степени. Советская система оставалась тоталитарной. Через три года коллективное правление сменилось единоличным правлением Хрущева.

Полный энтузиазма Хрущев был, возможно, наименее отвратительным из окружения Сталина. Он был типичным пролетарским оппортунистом, из тех, что пришли в партийный аппарат в самые страшные годы террора. У него, как у сталинского выдвиженца, на Украине была плохая репутация; поздно получивший доступ к образованию, он был в культурном отношении настоящий филистер самого грубого толка. И тем не менее, у него был своеобразный мужицкий шарм: стоит лишь вспомнить, как он стучал башмаком по трибуне в ООН. С ним связывали большие надежды. Потрясший всех *секретный доклад* Хрущева на XX съезде партии в марте 1956 года следует рассматривать в историческом контексте.

Этим докладом Хрущев положил начало традиции, когда каждый новый советский лидер разоблачал предыдущего как преступника; что же касается разоблачения преступлений Сталина, то они были тщательно отобраны в соответствии с установками партии. Доклад больше утаивал, чем открывал, и тем не менее, преуменьшавший преступления Советов Хрущев снискал себе репутацию правдолюбца. Этот доклад принадлежит советскому жанру *гласности*, который, начавшись разоблачительными речами о Сталине, доходит через 30 лет до эпохи Горбачева.

Следующие три явления были важнейшими в правление Хрущева: дискуссии о разнообразии *путей к социализму* привели к исключительным трениям по всей Восточной Европе, к открытому конфликту с Венгрией и роковому разрыву с Китаем. Затем достижения в военной науке и запуск первого спутника Земли привели к интенсивному соперничеству с США и Кубинскому кризису в 1963 г. Тот факт, что продукция советской экономики количественно росла, позволил Хрущеву хвастать, будто Советский Союз перегонит Запад в течение 20 лет: «Мы вас закопаем». Авантюризм Хрущева напугал его товарищей, и в октябре 1964 года он был смещен в результате кремлевского переворота и отправлен на пенсию.

Леонид Брежнев, второй выходец с Украины, возглавлял советский блок в течение долгих 20 лет. Ему ставят в вину то, что в этот период Советский Союз возвращается к сталинизму и стагнирует. Со временем, возможно, его станут считать тем лидером, который понимал систему лучше других, который, сколько мог, продлевал ее жизнь. Кроме того, будучи осторожным и хитрым аппаратчиком, он сознавал пагубность экспериментов с этой несовершенной машиной. В короткий период, когда он столкнулся с либерализацией во время «Пражской весны», он убедился (и верно!), что нельзя доверять ближайшим союзникам и необходимо выработать собственную доктрину (см. ниже). Короткий флирт с экономическими реформами в стране, который обычно связывают с именем его главного партнера Алексея Косыгина, убедил его, что потери будут больше, чем выигрыш. Он лично хорошо знал Украину и, возможно, поэтому считал, что малейшее послабление в национальном вопросе принесет только неприятности. Проводя политику *детанта* (разрядки) с

Западом, когда агрессивная милитаристская позиция сопровождалась тщательным разграничением сфер влияния, он достиг такой стабильности, которая, казалось, навсегда обеспечит положение СССР на международной арене.

Брежнев прекрасно понимал, как устроен СССР. Но он также понимал — чего не скажешь о его преемниках — что, убрав ложь и искажения, неизбежно разрушишь самую ткань всего строения. Поэтому Брежнев крепко сидел в седле. То, что его критики назвали стагнацией, *застоем*, можно рассматривать как покой и стабильность, к которым стремился не только он сам, но и все его поколение. Самое большее, что можно было сделать, — это свести насилие и обман к терпимым масштабам. В отличие от Сталина, он не убивал миллионами; в отличие от Хрущева, он не задавался безрассудными планами; в отличие от Горбачева, он не разрушал вверенную ему систему.

По иронии судьбы сменявшие друг друга генеральные секретари страдали различными старческими болезнями, как и сама система. К 1970-м годам стабильность начала превращаться в инертность. Речь Брежнева становилась все более нечленораздельной и замедлилась настолько, что ходили шуточки, будто он был уже трупом, жизнь которого поддерживалась искусственно. С его смертью инерция превратилась в паралич, пока его болезненные и слабеющие преемники спорили о преимуществах реформ или бездействия. Юрий Андропов (1982–1983), представитель реформаторов, умер от рака еще до того, как реформы начались. Константин Черненко (1983–1985), страдавший эмфиземой, не имел и желания что-нибудь затевать.

Советская политическая диктатура, окончательно сформировавшаяся после смерти Сталина, не соответствовала представлению о ней за границей. Она опиралась на величайшую в мире тайную полицию, на ГУЛАГ, на предварительную цензуру (в ее агрессивной разновидности), на громадный арсенал танков и разветвленную систему органов безопасности. Но не они были главными инструментами подавления: диктатура опиралась на двойную структуру партия-государство, то есть на гражданские органы Коммунистической партии и их контроль над всеми параллельными государственными институтами.

Не было такой области человеческой деятельности, у которой бы не было соответствующего государственного органа. Не было такой государственной отрасли, которую бы не курировал соответствующий партийный комитет. Что бы ни происходило, будь то в высочайших кабинетах или в самом захудалом колхозе, фабрике, футбольном клубе, — происходящее было законным только с санкции государства; а государство санкционировало только то, что было одобрено партией.

Положение каждого отдельного гражданина было ужасным. Поскольку и государственный закон, и государственные судьи — все подлежали контролю партии, то и все, что не нравилось партии, быстро и эффективно подавлялось при полной невозможности обжалования решений. Поскольку же все потребности удовлетворялись государственными монополиями, то и всякий человек, кто решался вступить в противоречие с партией, мог быть превращен тут же в нищего, как это называлось на жаргоне: поучить *волчий билет*. Бунтари и члены их семей лишались прописки, продовольственных карточек, паспортов, а следовательно, работы, жилья, образования и здравоохранения. В условиях господства этой партийно-бюрократической диктатуры не нужны были более сильные методы подавления масс; такие методы были нужны только в борьбе с мужественными и изобретательными диссидентами. Теоретически, по крайней мере, не оставалось места личной инициативе, собственному мнению или спонтанной общественной деятельности. В обычных условиях было абсолютно невозможно организовать забастовку, создать общество или опубликовать не одобренную властями информацию. Можно было десятилетиями скрывать факты народных восстаний, как в Новочеркасске в 1962 г., где с восстанием государство расправилось очень жестоко.

Партийный контроль над государственными институтами осуществлялся через изощренные законы, рычаги, структуры и психологические табу. Партийный контроль был прописан в самом законе. Единственно важной статьей советской конституции была та, которая провозглашала руководящую роль партии. Этим простейшим приемом обеспечивалось то, что все остальные статьи конституции и все советские законы подлежали интерпретации партией и ее функционерами. На взгляд постороннего это были вообще не законы. Устав партии был гораздо более действенным инструментом, чем советская конституция. Система номенклатуры гарантировала, что все назначения — от главы правительства до председателя сельсовета — осуществлялись через партию и из числа одобренных ею кандидатов. Каждый партийный комитет имел право не только обозначать подлежащие его контролю посты (на определенном государственном уровне), но и предлагать подходящих кандидатов на эти посты (включая одобренных партией «беспартийных» кандидатов). В результате члены партии обычно занимали один пост в партийном аппарате и второй пост в каком-нибудь государственном учреждении. Номенклатура Центрального Комитета партии оставляла за собой право производить все назначения в министерствах и в высшем командовании армии и КГБ.

Управление всеми государственными институтами находилось под партийным контролем снаружи и изнутри. Номинальные руководители государственных институтов — министры, генералы, послы, главы делегаций, все директора заводов, школ и вузов — были обязаны подчиняться соответствующим партийным комитетам. Ими руководили действующие из-за кулис могущественные партийные секретари вышестоящих партийных комитетов. В то же время их ежедневно контролировали первичные партийные организации (*партийные ячейки*), состоящие из членов партии, работавших в этом учреждении. В результате министры на самом деле не руководили министерствами; армейские военачальники не командовали своими соединениями; директора не руководили своими заводами.

Все строилось на действенной передаче распоряжений партии по всей цепочке вниз. Партийная дисциплина обеспечивала безусловное исполнение решений *вышестоящих органов*. Члены партии клятвенно обещали не только подчиняться, но и соблюдать тайну (в том числе и в отношении Устава партии). Их учили предвосхищать и беспрекословно исполнять распоряжения своих начальников. Открытые дебаты не поощрялись; в дискуссиях дозволялось обсуждать только методы проведения решений вышестоящих органов.

Все эти реалии были абсолютно чужды реалиям демократических обществ, и неудивительно, что политологов Запада было очень легко провести.

Чтобы объяснить что-то постороннему, приходилось его предупреждать, что западные понятия и терминология были здесь просто неприложимы. Так, например, правящая Коммунистическая партия *не* была политической партией; это была политическая армия, трансформировавшаяся в исполнительную власть. Советское государство было всего лишь правительственным учреждением партии. Так называемое советское правительство, то есть Совет Министров, не было правительством, поскольку подчинялось Политбюро и Секретариату партии. Главой исполнительной власти был не председатель Верховного Совета СССР и не премьер-министр, но Генеральный секретарь партии (который, если хотел, мог сам стать президентом или премьер-министром). Верховный Совет (законодательная ассамблея) не был верховным, потому что он только утверждал указы, заранее подготовленные Центральным Комитетом партии. А главное — выборы не были выборами, поскольку не было ни малейшей возможности выбора. Граждане только одобряли список представленных партией кандидатов.

Так что, можно сказать, и Советский Союз никогда не существовал иначе, чем как прикрытие власти партии. Это была величайшая *крыша* в истории. Вот почему, когда наконец КПСС развалилась, то и Советский Союз не смог без нее существовать.

Важное перераспределение власти произошло в брежневскую эпоху почти незаметно. За абсолютную лояльность центру Брежнев позволил партийным боссам 14-ти национальных республик СССР самим вести свои дела, без вмешательства центра. Советские республики превращались незаметно в национальные феодальные владения, где предписания Москвы исполнялись все менее охотно. Брежневские региональные князьки, конечно, не имели такой же свободы действий, как восточноевропейские сателлиты Москвы: они были членами Политбюро и столпами консерватизма. Но самое их появление объясняет, почему центробежное движение пошло так удивительно быстро, лишь только из Москвы начали поступать тревожные сигналы.

Советские вооруженные силы, несмотря на всю свою громадность и тот факт, что профессия военных была престижной, не имели свободы действий: партия все прибрала к рукам. Мало того, что все офицеры получали образования в акаде-

миях, которыми руководила партия, они к тому же не получали повышения, если не были членами партии. Офицер не мог отдать мало-мальски важного приказа без одобрения политрука, работавшего рядом с ним. Вся структура военной иерархии управлялась *Главполитом* — Главным военно-политическим управлением, высшие члены которого включали самых важных маршалов Генштаба, а младшие занимали ключевые посты на всех низших уровнях. Был установлен такой порядок, когда ракетные части не имели контроля над боеголовками, парашютные части — над их собственным транспортом, танковые части не распоряжались боеприпасами и горючим.

Советские вооруженные силы состояли из четырех основных компонентов: стратегические ядерные силы, военно-воздушные силы, армия и военно-морской флот. В период своего расцвета вооруженные силы насчитывали до 10 млн. человек. С созданием в 1953 г. Варшавского пакта (в ответ на создание НАТО) советские военные получили на свою голову еще один уровень бюрократии. Советы имели полный контроль над пактом, штаб которого располагался в Москве, а вовсе не в Варшаве.

По размерам и организации советские органы безопасности ничем не походили на соответствующие органы в других странах. Назвать их *тайной полицией* было бы пародией. КГБ представляло собой ЦРУ, ФБР и береговую охрану вместе и имело еще много других функций. Помимо внешней разведки главные управления КГБ управляли лагерями, Главполитом, милицией и цензурой. Однако главная миссия КГБ заключалась в том, чтобы собирать сведения обо всех и обо всем и искоренять *ненадежные элементы* всеми доступными средствами. Вездесущих офицеров КГБ в небесно-голубых погонах можно было встретить в любом городе СССР. У них в подчинении находились громадные массы информаторов, головорезов и тайных агентов среди населения, а также фактически вторая армия — до 1 млн. первоклассных внутренних войск, которые надзирали за армией, охраняли границы, укомплектовывали кадрами лагеря, подавляли беспорядки и охраняли партийную элиту. Их самой публичной и священной обязанностью было нести караул у Мавзолея Ленина. Главное здание КГБ в центре Москвы на Лубянке выходило окнами на памятник Феликсу Дзержинскому, их создателю. Здесь находились самые страшные в мире застенки.

В советском обществе, которое официально объявлялось бесклассовым, все больше разрасталась пропасть между партийной элитой и остальным населением. Как только прекратились чистки, номенклатура начала укреплять свое положение, присваивать себе государственную собственность, богатеть и через систему патронажа расширять свою власть. Те, кто принадлежал к высшим эшелонам власти, занимали роскошные квартиры и дачи, пользовались дорогими лимузинами, имели доступ к закрытым магазинам, иностранной валюте, они ездили за границу. Они были, как определил Милован Джилас еще в 1957 г., *новым классом* — кастой собственников. Колхозники же имели меньше прав, чем крепостные. До 1970-х годов они не имели ни пенсии, ни паспортов. Рабочим говорили, что они получили в свое распоряжение все богатства страны; а на деле они трудились изо всех сил за самое необходимое: в надежде получить жилье, повысить свою зарплату и обеспечить старость — мечты, которые так и не воплощались в жизнь. Интеллигенция, которая согласно официальному определению представляла собой *работников умственного труда*, имела высокий престиж и низкие доходы. Несмотря на то, что некоторые профессии были преимущественно женскими (например, врачи), положение советских женщин было по-прежнему тяжелым, и они терпели то, чего бы никогда не потерпели их сестры на Западе. Как когда-то в нацистской Германии, официальная пропаганда восхваляла ма-

терей-героинь; аборт был единственным средством планирования семьи. *Развитой социализм* был по западным меркам очень неразвитым.

В рассматриваемое время изменились советские демографические тенденции, особенно в Европейской России. В 1950-х — 1960-х годах население оправилось от ужасных потерь сталинских лет и выросло с 178,5 млн. человек (1950) до 262,4 млн. (1974); значительно выросло число и размеры крупных городов, хотя трудности жизни в советских городах не способствовали беззаботному деторождению. К 1980-м годам и рождаемость, и продолжительность жизни уже падали. А поскольку в среднеазиатских республиках население все время росло, то доминирующие позиции русской национальности начали снижаться. Даже если официальные цифры (52 % в 1979 г.) верны, русские подступили к черте, когда они начнут превращаться в абсолютное меньшинство.

Советская экономика придерживалась методов и приоритетов, заложенных Сталиным: центральное командное планирование, милитаризация, преимущественное развитие тяжелой промышленности. Фундаментальные недостатки этой экономической системы долгое время скрывались фальсифицированной статистикой. Пятилетние планы продолжали создавать иллюзию постоянного роста и успеха в экономике даже тогда, когда темпы снижались, а намеченные цели не достигались. Общий результат, однако, оставался внушительным вплоть до 1980 г.:

И только в начале 1980-х годов стало ясно, что общие показатели производства почти ничего не

СССР: избранные показатели производства

	1945	1950	1960	1970	1980
Сталь (млн. т)	12,3	27,3	65,3	116	148
Уголь (млн. т)	149	261	510	624	716
Нефть (млн. т)	19	40	148	353	603
Электричество (млн. кВт ч)	43	91	292	741	1294
Автомобили (тыс.)	75	363	524	916	2199
Промышленная группа А (средства производства, 1913 = 1)	15	27,5	89,4	213,8	391,4
Промышленная группа Б (потребительские товары, 1913 = 1)	2,7	5,7	15	30	49,8
Зерно (млн. т)	47	81	126	187	189
Коровы (млн. голов)	30	25	34	39	43[24]

показывают; что соперники Советского Союза быстро продвигаются вперед практически во всех областях.

До 30 % валового национального продукта страны приходилось на скрытый от общественности и внешнего мира военный и ядерный сектора — по крайней мере, в 5 раз больше, чем признавалось открыто. В то же время раздутая (согласно коммунистическому предрассудку) тяжелая промышленность продолжала производить ненужное железо, сталь и сырье для химической промышленности. В результате сложилась экономика, которая производила в огромных количествах танки, ракеты и самолеты, но не удовлетворяла насущные потребности населения. Почти все важнейшие элементы гражданской экономики находились в полном пренебрежении. Советское сельское хозяйство производило в больших количествах низкосортные продукты питания, но было не в состоянии доставить их на столы людей. СССР стал крупнейшим импортером зерна, в то время как продукты для жизни семьи поступали главным образом из подсобного хозяйства колхозников (50 % продовольствия производилось на 3 % пахотной земли). Советская наука и техника (при их общих успехах) очень отставали в том, что касалось удовлетворения потребностей населения.

Советские условия жизни оказались совершенно неблагоприятными для компьютеризации и свободного обмена информацией. Производство автомобилей, которое начало было шириться в 1960-е годы с покупкой лицензии *Фиата* на строительство *Лады*, застопорилось из-за отсутствия необходимой инфраструктуры, в особенности современных дорог. Сектор услуг вообще только зарождался. Потребительский сектор страдал от критической нехватки товаров. Дотируемые цены на продовольствие и жилье, хотя и гарантировали минимальный жизненный уровень, но в то же время способствовали появлению и процветанию черного рынка. Инфраструктура оставалась совершенно неадекватной. За 70 лет «неуклонного движения вперед» Советский Союз не построил и одной хорошей дороги (пригодной для движения в любую погоду) с запада на восток. Одноколейная Транссибирская железнодорожная магистраль оставалась единственной жизненно важной коммуникацией с Дальним Востоком. Аэрофлот — самая большая авиакомпания в мире, был отчаянно перегружен. Богатства Сибири не использовались в полной мере. И чем больше командовала Москва, тем меньше ее слушались. При этом СЭВ (Совет экономической взаимопомощи) — организация восточноевропейских сателлитов — из организации взаимопомощи превратился в дополнительное бремя. К началу 1980-х годов неконтролируемые военные расходы в сочетании со снижением производительности отечественной промышленности положили начало системному кризису, который требовал принятия немедленных мер.

В Советском Союзе никогда всерьез не занимались защитой окружающей среды. Примитивное производство и гнет количественного планирования не оставляли никаких возможностей для экологических соображений. Но даже если бы законы по защите окружающей среды и существовали, то не было практических шансов, что бюрократы низших эшелонов смогут настоять на их выполнении вопреки настойчивым требованиям партии все время расширять производство. В тоталитарном партийном государстве не было места ни независимым организациям по защите окружающей среды, ни самодеятельной активности, идущей снизу. Так что Советский Союз систематически давал примеры самого скандального в Европе пренебрежения охраной окружающей среды и постоянного ее загрязнения. Губительный воздух городов, мертвые реки, токсичные выбросы в атмосферу, неконтролируемое радиационное загрязнение и ухудшение здоровья людей — все тонуло в тумане привычной секретности. Только взрыв атомного реактора в Чернобыле на Украине в апреле 1986 г., накрывший радиоактивными выбросами пол-Европы, насторожил мир, хотя к тому времени уже во многих отношениях было поздно.

Советская культура страдала от шизофренического раздвоения из-за государственной цензуры, которая незаметно разделила все виды искусства на официальное и неофициальное. Художник, поэт или исполнитель могли рассчитывать на публикацию или концерт только в том случае, если они принадлежали к какой-нибудь творческой организации под руководством партии. Их произведения можно разделить на откровенно конформистские, полные умолчаний или вызывающе смелые. Официальная культура должна была следовать так называемому принципу *социалис-тического реализма*, сформулированному в 1934 г. и подправленному в 1946 г. Андреем Ждановым. **[МОЛДОВА]** Этот стиль представлял советскую жизнь в идеализированном, обязательно радост-ном и, по существу, лживом виде. В первое деся-тилетие после смерти Сталина партия было позволила несколько отступить от принципа со-циалистического реализма. Хрущев, с одной сто-роны, разрешил публикацию произведения Солженицына *Один день Ивана Денисовича* (1962) — мрачного повествования о жизни в ГУ-ЛАГе. Но с другой стороны, он разгромил пер-вую выставку современного искусства в Москве, назвав увиденное там «мазней ослиным хвостом». *Оттепель* вскоре сменилась новыми заморозка-ми, и только горстка талантливых художников, сохраняя некоторую независимость, испытывала терпение властей. Но большинство крупнейших произведений этого времени — как *Доктор Жи-ваго* Бориса Пастернака (1957), большие романы Зиновьева и Солженицына — могли быть напеча-таны только нелегально и за границей. Многие шедевры так и не были опубликованы еще 20–30 лет.

Парадоксально, но советские репрессии рож-дали настоящую жажду независимой высокой культуры, такую потребность в духовных и эсте-тических ценностях, какая неизвестна свободным странам. Безнравственность официальной поли-тики производила антитела высокой морали. Шло время, и самая решительная оппозиция крепла в наиболее образованных кругах становившегося все более образованным общества. (К 1979 г. 10 % советских граждан имели высшее образование.) «Хочет он того или нет, — сказал однажды Вла-димир Буковский, — но советский человек посто-янно ведет внутренний диалог с официальной пропагандой»[25]. Раньше других вступил на путь оппозиции Андрей Сахаров, отец советской водо-родной бомбы; одной из самых красноречивых была христианская поэтесса и узница Ирина Ра-тушинская (род. 1954):

И печальная повесть России
(А может, нам снится?)
Мышку Машку,
И нас,
И приемник, и свет негасимый –

Умещает на чистой, еще непочатой странице,
Открывая на завтрашний день
Эту долгую зиму[26].

Религиозная жизнь в СССР была сведена сис-тематическими преследованиями буквально к ми-нимуму. Советское государство официально было атеистическим. Хрущев начал особенно воинствен-ную антирелигиозную кампанию. Религиозное образование детей считалось уголовным преступ-лением. Наименее активными (и наименее пресле-дуемыми) были мусульмане Татарстана и Средней (Центральной) Азии. Что же касается Русской православной церкви, то она была связана по ру-кам и ногам. Духовенству назначали государствен-ные пенсии, иерархов держали под неусыпным контролем КГБ. Униатская церковь на Украине, запрещенная в 1946 г., оставалась только в ката-комбах. Католическая церковь уцелела только в Литве, но ее духовенство сильно поредело от реп-рессий и депортаций. Со временем появилось мно-жество протестантских и фундаменталистских сект, особенно баптистов и адвентистов. Иудаизм, как только он начал оживать в 1970-е гг., подвергся преследованиям. Невозможно переоценить роль религиозного фактора (или, точнее, его отсут-ствия) в падении советской морали[27].

Не раз предпринимались попытки описать ос-новные черты советского коммунизма. Многие наблюдатели подчеркивали, что между теорией и практикой была пропасть — как будто теория была истинной, а практика ошибочной. А между тем существует богатейшая литература, показываю-щая, что думающие коммунисты со временем убеж-дались в ошибочности самой теории. Ленинизм, сталинизм и затем постсталинизм всегда отдавали должное Марксу и Энгельсу. Но они так же отно-сятся к интеллектуальному марксизму, как *карго-культ*[28] Южных морей с его поклонением американским президентам относится к американ-ской демократии. С самого начала у коммунизма не было более важной задачи, чем просто уце-леть. Самая суть его — ложь.

В основном восемь восточноевропейских стран, вошедших в советский блок (но не в СССР), по-шли таким же, как СССР, путем развития. Польша, Венгрия, Чехословакия, Восточная Гер-мания, Румыния, Болгария, Югославия и Албания — все прошли фазу *сталинизации* (после 1948 г.) и *десталинизации* (в разное время после 1953 г.). Большинство из них впоследствии прошли также стадию *нормализации*, то есть утверждения вновь брежневских норм после периода открытого неповиновения. Большинство из них входили в военный блок с Советским Союзом — Варшавский пакт — и в параллельную экономическую организацию — СЭВ. Все они были коммунистическими диктатурами, а их правители обучались своему ремеслу у советских наставников; свое существование они оправдывали ссылками на тот же ленинизм и (за исключением двух стран) хранили верность Москве.

Конечно, между странами были и существенные различия, и временные расхождения. Так, к середине 1960-х гг. некоторые страны, например, Чехословакия, еще не подошли к десталинизации, а другие, как Венгрия, уже прошли и десталинизацию, и нормализацию. В целом же, поскольку страны Восточной Европы подвергались советским методам воздействия не так долго, как СССР, то и уровень советизации был гораздо ниже. Историки расходятся в том, что следует подчеркивать: сходства или различия. Неоспорим лишь тот факт, что исторический опыт этих восьми стран в послевоенные 40 лет был крепко связан с историческим опытом Советского Союза и решительно отличался от опыта Западной Европы. Эти страны называли *народными демократиями*, но никаким усилием воображения нельзя их представить ни как «народные», ни как «демократические».

На первой, сталинистской стадии (1945–1953) все страны Восточной Европы были принуждены перенять систему, господствовавшую в СССР. После войны Сталин настаивал на строгом контроле только в советской зоне Германии, в Польше и в Румынии. В других странах, хотя и проводилось коммунистическое влияние, но не делался акцент на жестком копировании советского опыта. С 1948 г., однако, дисциплина ужесточается: в ответ на провозглашение доктрины Трумэна все щели в железном занавесе заделываются. Все главные особенности позднего сталинизма беспощадно насаждаются там, где их еще не было. Целые когорты советских советников и специалистов вводятся в местные аппараты для обеспечения подчинения и стандартизации.

Хотя в этой новой галактике «ярчайшим солнцем» был Сталин, в каждой стране было и свое светило поменьше, свой местный *сталин*. Берут, Готвальдт, Ракоши, Ульбрихт, Георгиу-Деж, Живков, Тито и Энвер Ходжа — это всё выведенные в Москве клоны Сталина. Назвать их марионетками — мало.

Югославия была единственной страной, где отказались от подчинения Москве довольно быстро. Иосип Броз, или Тито (1892–1980), хорват, имел исключительную биографию: во время войны он оставался в родной стране, имел связи с западными державами и установил свой режим без помощи Советского Союза. Он был сталинистом и организатором безобразнейших репрессий. Он создал многонациональную федерацию с Сербией во главе (по модели Советского Союза с Россией во главе) и с теми же национальными проблемами, которые так же не разрешались, а грубо подавлялись. Социалистическая Федеративная Республика Югославия появилась в 1945 г. А ее конституция, устанавливающая власть Союза коммунистов Югославии и шесть составляющих ее республик, действовала с января 1946 г. Тито заложил базу независимого существования и не собирался подчиняться чужим приказам. Он не жаловал коллективизацию сельского хозяйства и интересовался рабочим самоуправлением. И когда его политика подверглась критике со стороны Коминформа, он и не пытался «исправиться». В июне 1948 г. Тито с его партией были исключены и несколько лет жили под угрозой наказания со стороны Москвы. Они оставались тем, что многим казалось невозможным: независимыми коммунистами, доказав, что есть жизнь после... Сталина. Белград помирился с Москвой во время визита Хрущева в 1955 г.; но так никогда и не вступил ни в СЭВ, ни в Варшавский пакт. Покинув советский блок, Белград смог занять руководящую позицию в Движении неприсоединившихся стран.

Восточная Германия вошла в советский блок, когда Югославия его покидала. В советской зоне политика проводилась так, как если бы объединение Германии (причем под руководством коммунистов) было неизбежно. Провал блокады Берлина и провозглашение Федеративной Республики показали, что эти надежды были ложными. 7 октября 1949 г., через пять месяцев после ФРГ, была формально создана Германская Демократическая Республика (ГДР). Как и в Польше, конституция ГДР предусматривала, что коммунистическая партия (СЕПГ) будет сотрудничать с некоторыми другими партиями в рамках *Фронта национального единства*. На первых выборах Фронт собрал 99 % голосов. Советские оккупационные силы, однако, сохранили за собой немалую власть. Коллективизация сельского хозяйства была отложена до 1953 г., поскольку коммунисты ГДР только что провели широкую земельную реформу в пользу крестьянского землевладения. Главная проблема, однако, состояла в том, что ГДР постоянно кровоточила беглецами: в течение 12 лет всякий мог пробраться в Западный Берлин на поезде метро с Фридрихштрассе до Тиргартена. За эти годы (1949—1961) этой возможностью воспользовались тысячи и тысячи людей. ГДР была единственной страной в Европе, где население сокращалось.

Совет экономической взаимопомощи (СЭВ), известный на Западе как *Comecon*, был создан 8 января 1949 г. в Москве, где и поместился его Секретариат. К государствам-основателям присоединились Албания (1949), ГДР (1950), Монголия (1962) и Куба (1972). На этой стадии главной функцией СЭВ была помощь в теории и практике *строительства социализма* советскими методами.

Остается открытым вопрос, насколько были «народные демократии» формально интегрированы в советские структуры. Но было бы странным, если бы их зависимое положение было предоставлено воле случая. Ключ к этой разгадке следует искать в своеобразных механизмах межпартийного контроля. Если *социалистический интернационализм* хоть что-нибудь означает, то он означает, что КПСС могла контролировать деятельность братских партий, а те, в свою очередь, — вверенные им республики. Эта жизненно важная задача была возложена на Международный отдел ЦК КПСС; и каждое его *бюро* присматривало за внутренними делами соответствующей страны. По этим каналам все важные посты в братских партиях могли быть подчинены номенклатурной системе высших органов в Москве, и проводники советского влияния беспрепятственно ставились на все ключевые посты в этом блоке. На деле советское Политбюро могло назначать все другие политбюро. КГБ могло управлять всеми другими коммунистическими службами безопасности, а Главполит

— всеми генеральными штабами создававшихся «народных армий». В течение нескольких лет после 1945 г. Сталин вообще не допускал, чтобы его государства-клиенты имели собственные вооруженные силы, и этот процесс начался только после 1948 г. Советские военные советники так плотно контролировали братские армии, что не было даже надобности в формальном военном союзе в противовес НАТО.

Самыми яркими проявлениями сталинизма были серии чисток и показательных процессов, которые обрушились на руководство братских партий после июня 1948 г. Сталин пропустил товарищей из Восточной Европы через ту же мясорубку, какую прошла его собственная партия. В Варшаве на организационном съезде Польской объединенной рабочей партии в декабре 1948 г. Владислав Гомулка подверг себя подобострастной самокритике перед лицом обвинений в *национальном уклоне*. В Софии Трайчо Костов, заместитель премьер-министра, был предан суду и казнен по обвинению в *титоизме*. В Тиране Кочи Дзодзе был приговорен к смерти за то, что якобы замышлял передать Албанию Югославии. В Будапеште был подвергнут суду и казнен министр иностранных дел Венгрии Ласло Райк. В Праге после нескольких лет клеветнических обвинений и пробных процессов перст указал наконец на самого генерального секретаря Рудольфа Сланского. На процессе Сланского в ноябре 1952 г. 11 из 14 обвиняемых были евреями, так что к обычным обвинениям в титоизме, троцкизме, антисоветской пропаганде и шпионаже в пользу иностранных разведок прибавились обвинения в сионизме.

На втором, постсталинском этапе (1953—1968) страны-сателлиты советского блока прокладывали путь к тому, что можно назвать *национальным коммунизмом* или полицентризмом. Каждая братская коммунистическая партия заявила о своем праве выбирать собственную дорогу к социализму. А КПСС заявила о своем праве на вооруженное вторжение в случае, если социализм будет под угрозой. «Завоевания социализма» — это был пароль, предоставляющий коммунистам монополию на власть, и часть «клятвы верности» Кремлю.

В обстановке неопределенности, когда среди московского коллективного руководства шли внутренние бои, в восточноевропейских странах самые смелые начали брать дела в свои руки. 17 июня 1953 г. рабочие в Восточном Берлине провели демонстрации, угрожая открытым восстанием. На них без жалости бросили советские танки. Такая же вспышка имела место в Пльзене в Чехословакии. Народный протест все еще был за гранью допустимого. В Польше партия потихоньку отказалась от некоторых основных направлений внутренней политики: была остановлена насильственная коллективизация; исчезло ненавистное руководимое из Москвы министерство безопасности; освободили находящихся в заключении партийных лидеров и заключенного в тюрьму примаса. Поэту-коммунисту разрешили опубликовать *Поэму для взрослых*, где поэт прямо высказывал недовольство жизнью:

Прибежали, закричали:

«При социализме

Не болит покалеченный палец».

Почувствовали боль —

Утратили веру.

….

Есть утомленные люди…

Есть яблоки, недоступные детям…

Есть девушки, вынужденные лгать…

Есть люди очерненные и оплеванные,

Есть обдираемые на улицах

Обычными бандитами, не упомянутыми в законах…[29]

Варшавский пакт был заключен 14 мая 1955 г. К тому времени армии народно-демократических стран формировались уже в течение семи лет и подошли к тому, что собственный офицерский корпус должен был взять на себя бо́льшую ответственность. Поскольку политические структуры были объединенными, то Варшавский пакт нельзя считать настоящим альянсом свободных и равных партнеров: ни одна из армий-членов не имела права на самостоятельные действия. Но, без сомнения, члены пакта пользовались такими преимуществами, как стандартизация вооружения и совместные учения; кроме того, это был широкий жест, тешащий национальную гордость. Это было также предостережение НАТО — не принимать Западную Германию.

Критическим стал 1956 год. Речь Хрущева на XX съезде вызвала шок по всей Восточной Европе. Братские партии должны были теперь как-то примириться с преступлениями Сталина против них. Польская делегация, например, организовавшая утечку информации в западную прессу, узнала, что все руководство довоенного польского коммунистического движения было истреблено по ложным обвинениям. Берут прямо там же умер от инфаркта. К лету уже все кипело: росло народное недовольство, а старая гвардия правящих партий настойчиво требовала реформ. В Познани в июне польская армия убила 53 рабочих, открыв огонь по демонстрантам с лозунгами «Хлеба и свободы» и «Русские, убирайтесь домой». В октябре сначала в Варшаве, а потом в Будапеште две братские партии, воспользовавшись моментом, сменили свои политбюро без предварительного согласования с Москвой.

Хрущеву помогли справиться с кризисом в Восточной Европе совпавшие по времени президентские выборы в США и Суэцкий кризис. Западные державы были заняты своими разногласиями на Ближнем Востоке, и у СССР оказались развязаны руки в делах с Варшавой и Будапештом.

В воскресенье 21 октября красный от гнева Хрущев без объявления летит в Варшаву. Он застал город наводненным польскими военными в полном боевом снаряжении, а партийное руководство было единым в безусловной поддержке Владислава Гомулки. (Позднее ходили слухи, что польская армия планировала прорваться через Восточную Германию в НАТО.) Два дня переговоров показали, что *польский путь к социализму* Гомулки не противоречил основным интересам Советов и что поляки не желали открытой конфронтации с их ближайшим и, по-видимому, более сильным союзником. Тогда Хрущев пошел на попятную, согласившись, что Гомулка останется первым секретарем и что маршала Рокоссовского с советниками отзовут из Польши. Некоторое время Гомулка сиял в лучах славы как единственный популярный коммунистический лидер Польши.

В Будапеште дела приняли печальный оборот; подобная судьба легко могла стать и уделом Варшавы. Хрущев боялся, что его снисходительность к Югославии и полякам может быть воспринята как проявление слабости. Подавление Венгрии в военном отношении представляло меньшие трудности, чем действия в Польше.

К тому же венгерские товарищи не были так едины, как польские. Ночью 23–24 октября, именно в тот момент, когда разрядилась кризисная обстановка в Польше, венгерский партийный лидер Эрнё Герё (сталинист, шеф органов безопасности и преемник Ракоши) попросил Советы, чтобы они ввели войска в Венгрию и спасли его от смещения. Венгрия была укрощена менее, чем за месяц. Поначалу казалось, что удастся достичь компромисса. Советская армия оставила столицу. Советский посол Юрий Андропов перестает поддерживать Герё и одобряет его замену Яношем Кадаром — лояльным коммунистом, который, как и Гомулка, был репрессирован при Сталине. Казалось, что таким образом удастся остановить дальнейшее продвижение Имре Надя, лидера партийной фракции реформистов, уже ставшего к тому времени премьер-министром. Сообщают, что идут переговоры о полном выводе советских войск. Хрущев отправляется со вторым визитом к Тито на Бриони. Но в это время Надь вводит в состав правительства нескольких некоммунистов, разрушая таким образом монополию коммунистов на власть. Освобождение примаса католической церкви кардинала Миндсенти вызвало ряд восторженных демонстраций, за которыми последовали безобразные расправы с ненавистной тайной полицией. 2 ноября под давлением народных масс правительство обращается за помощью в ООН, причем одновременно заявляет о выходе Венгрии из Варшавского пакта. На рассвете 4-го советские танковые дивизии без предупреждения снова вошли в Будапешт. В течение 10 дней героическая молодежь голыми руками сражалась против танков. Обильно пролилась кровь. Надь укрылся в посольстве Югославии, откуда он пытался выбраться на советской самоходке, но тут же был арестован. Он затем был заключен в тюрьму в Румынии и расстрелян вместе с 2000 своих последователей. Сотни тысяч беженцев устремились в Австрию. Примерно столько же насчитывалось потерь. Венгрия осталась в руках андроповского «клиента» Кадара и «революционного рабоче-крестьянского правительства».

Венгерское национальное восстание осталось несмываемым пятном в советской истории. Оно показало всему миру, что коммунизм глух к требованиям народа. Оно покончило с затянувшимися симпатиями многих левых. У коммунистических партий Запада не осталось будущего, причем значительно выросла напряженность, характерная для «Холодной войны». Из членов советского блока события в Венгрии оскорбили Мао Цзэдуна, сторонника национального коммунизма, который пытался заступиться за Гомулку и Надя. Венгерские события дали также импульс новой общей экономической стратегии, главными поборниками которой стали будапештские победители Андропов и Кадар. Но не все усвоили уроки венгерских событий. Чехословакии пришлось пройти через те же испытания прежде, чем всем стали ясны правила игры постсталинского периода.

Китайско-советский разрыв, происшедший в 1960 г., оказал прямое воздействие только на одну европейскую страну — Албанию. Как и китайские, албанские товарищи серьезно возражали против десталинизации. Больше того, из-за разрыва Тито со Сталиным Албания не имела общей границы со странами советского блока и была, следовательно, защищена от советской интервенции. Итак, албанские товарищи выбрали *китайский путь*: Тирана теперь предана не Москве, а Пекину. Она остается безусловно верной сталинизму, всеобщей коллективизации и атеизму, она совершенно изолирована и не ладит с соседями. Здесь ничего не меняется до 1990 г. «Единственная религия в Албании, — провозглашает Энвер Ходжа, — это быть албанцем». [ШКИПЕРИЯ]

Новая советская экономическая стратегия 1960-х гг. была принята отчасти в подражание ЕЭС, отчасти же потому, что начали признавать недостатки сталинских методов управления экономикой. Во-первых, решено было поднять значение СЭВ как координатора общего планирования. СЭВ определял специфические задачи для каждой отдельной страны-члена, причем большое значение придавалось распространению достижений современной науки и техники. Это устраивало всех, кроме Румынии. Но главная пробная схема была запущена в Венгрии. Андропов, который тогда был главой Международного отдела ЦК КПСС, и Кадар поняли, что воцарившийся после венгерского восстания террор открыл возможность для разумного экспериментирования в экономике. Экономической реформе не помешают теперь политические волнения. *Гуляшный коммунизм* излечит сытых граждан от мечты о свободе. Главная идея состояла в том, чтобы ввести ограниченные рыночные механизмы в систему, которая будет по-прежнему контролироваться государством; поощрять предпринимательство, особенно в сельском хозяйстве, ослабив контроль за обязательными поставками и землевладением. Результаты обнаружились очень быстро: к середине 1960-х гг. рост благосостояния в Венгрии заставил людей забыть об их политических разочарованиях. В Будапеште процветали рестораны, полки ломились от товаров и не было никакой политики. *Кадаризация*, казалось, нашла приятный компромисс между капитализмом и коммунизмом — так думали западные экономисты, в особенности те, у кого не было политического чутья.

Три страны не отреагировали на эти новые тенденции — каждая в силу собственных причин.

Германская Демократическая Республика была самой противоестественной из всех «народных демократий». Царивший здесь бескомпромиссный идеологический конформизм и чрезмерный просоветизм еще подстегивались *штази*, то есть аппаратом госбезопасности с темной репутацией. Дополнительными отрицательными факторами были продолжающееся разделение Берлина, присутствие почти 40 дивизий советских оккупационных войск и, главное, постоянный исход граждан. 13 августа 1961 г. все сообщение между Восточным и Западным Берлином было прекращено, и на 28 лет Берлинская стена превратила ГДР в клетку, в самый яркий символ коммунистического гнета в Европе. Вместо планов воссоединения Германии теперь пропагандировалось представление, будто Восточную Германию населяет отдельная нация со своими традициями. Руководство прикладывало все силы, чтобы ускорить развитие тяжелой промышленности и завоевать международное признание за счет активно поддерживаемого государством олимпийского спорта. И только к тому времени, когда Ульбрихта в 1971 г. сменил на посту генерального секретаря Эрих Хонеккер, должен был установиться *modus vivendi* с Западной Германией. Так что дух 1950-х гг. задержался в ГДР на 30 лет. «Мы так любим Германию, — сказал один французский министр без тени иронии, — что хотим, чтобы их было две».

Румыния сопротивлялась всяким переменам, но никогда не шла на открытый разрыв. Николае Чаушеску (1918–1989), ставший генеральным секретарем Румынской коммунистической партии в 1965 г., проводил политику столь же эксцентричную, сколь и дискредитирующую. В качестве «кондукатора» он создал неосталинистский культ личности и такой вид деспотизма и кумовства, который можно назвать «социализмом в одной отдельно взятой семье». Он придумал конституцию, провозглашавшую, что Румыния вступила в высшую *социалистическую* стадию развития, хотя народ жил в страхе и нищете. По сравнению с внушавшей ужас «Секуритате» Чаушеску люди из КГБ были просто милыми джентльменами. Поддерживая минимум дипломатического равновесия, балансируя между Москвой и Пекином, он совершенно незаслуженно снискал себе некоторую дозу восхищения со стороны Запада тем, что признал Израиль и оставался на периферии СЭВ и Варшавского пакта. В Букингемский дворец он явился со специальным человеком, который пробовал пищу, но по представлению министерства иностранных дел Великобритании был произведен королевой в рыцари. Румынию заслуженно называли Северной Кореей Восточной Европы — закрытой страной, которая остро чувствует свою неполноценность и слаборазвитость, но безмерно гордится своим сомнительным прошлым, страной, инстинктивно склонной к роли посредника между другими мафиозными бандами.

Болгария могла поспорить с ГДР в борьбе за звание самой мрачной и косной страны. Индустриализация здесь началась поздно, как и государственный туризм и виноделие. Партийный вождь Тодор Живков вел страну ее рабским просоветским курсом с 1954 г. по 1990 г.

Чехословакия сопротивлялась десталинизации до 1968 г. Антонин Новотный, ставший генеральным секретарем после смерти Готвальда в 1953 г., не обращал никакого внимания ни на ослабление политического гнета в Польше (по одну сторону от Чехословакии), ни на экономические реформы в Венгрии (по другую сторону). Наконец, он был свергнут блоком, образовавшимся в Политбюро из недовольных чешским засильем словаков и стремящихся к реформе системы чехов. Новый лидер Александр Дубчек (1927–1993) был мягким словацким коммунистом, единственным генеральным секретарем во всем социалистическом блоке, у которого были смеющиеся глаза. И соответственно своему характеру он выступал за *социализм с человеческим лицом.*

Пражская весна распустилась головокружительно быстро. Дубчек с командой планировали проведение реформ сверху. Они уже на раннем этапе отменили цензуру, и население охватил энтузиазм радостных споров. Они первыми среди коммунистов поняли, что для успеха реформ необходимо мобилизовать и психологические стимулы. В Апрельской программе было предусмотрено повышение роли Государственного национального собрания. 19 лет спустя, когда в эпоху Михаила Горбачева его сторонника спросили, какая разница между Пражской весной и Перестройкой, тот ответил: «Девятнадцать лет». Несмотря ни на что, Чехословацкий эксперимент продолжался не больше семи месяцев. Сначала казалось, что можно будет достичь компромисса. Советские товарищи выражали беспокойство по поводу, как им казалось, крайностей этого процесса, например, свободы слова в средствах массовой информации. Чехословацкое правительство подтвердило свою приверженность социализму, дружбе с СССР и свою решимость остаться в Варшавском пакте. Тем не менее, в июле в Чехословакии были проведены угрожающие маневры Варшавского пакта, состоялась личная встреча Брежнева и Дубчека и членов их Политбюро в приграничном местечке Черна-над-Тисой. После встречи маневры были приостановлены, и войска отведены.

На рассвете 21 августа 1968 г. полмиллиона солдат всех стран Варшавского пакта, кроме Румынии, снова вошли в Чехословакию без предупреждения: поляки рядом с восточными немцами с севера, венгры и болгары с юга. Советские дивизии прошли через Польшу и Украину на восток. При такой внезапности и массированности сопротивление было незначительным. Дубчека привезли самолетом в Москву; реформы были остановлены. Границы Чехословакии теперь охраняли солдаты Варшавского пакта. В свое время Дубчека сменили на Густава Гусака, ветерана коммунистического движения, который, как Гомулка и Кадар, сохранил свою веру в коммунизм, несмотря на личные горькие воспоминания о сталинизме. Когда все было кончено, Брежнев изложил советскую позицию на встрече лидеров стран блока в Варшаве в ноябре 1968 г. Формулируя свою доктрину, Брежнев прямо заявил, что Москва обязана во исполнение социалистического долга осуществлять вооруженную интервенцию для защиты «социалистических завоеваний» своих союзников. Восточный Берлин (1953), Будапешт (1956) и Прага (1968) были явлениями одного порядка. В этом не было ничего нового: члены советского блока никогда и не были суверенными государствами.

Вторжение в Чехословакию было не столь жестоким, как подавление венгерского восстания. Но оно разворачивалось на экранах телевизоров по всему миру, так что и его влияние на мировое общественное мнение было громадным. Несколько коммунистических партий осудили это вторжение. Китай назвал его «неприкрытой фашистской политикой силы», Югославия заявила, что оккупация была незаконной, Румыния говорила о «возмутительном нарушении национального суверенитета». Казалось, теперь ледниковому периоду в Европе не будет конца. Те, кто слышал хриплый голос последней радиопередачи свободного радио Праги, никогда не забудут слова: «Пожалуйста, помните Чехословакию, когда о нас уже не будут говорить в последних известиях»[30].

На третьем, брежневском этапе (1968–1985) в советском блоке сложились нормы брежневской идеологии, но они все больше расшатывались растущим интеллектуальным, социальным и, наконец, политическим протестом. Власть на всех уровнях была в руках коммунистов, так что оппозиция должна была искать новые, ненасильственные пути борьбы. Самым ярким примером *нормализации* была Чехословакия. Самой непокорной была Польша.

Нормализация в Чехословакии выглядела очень грустно. Гусак с помощью мелкой тирании партии над обществом уничтожил самую душу Пражской весны. Не было ни расстрелов, ни показательных процессов, но самосожжение отчаявшегося студента Яна Палаха передало настроение нации.

Бывших министров и академиков посылали на самые низкооплачиваемые работы: так, Дубчек работал лесным инспектором. Полицейское преследование было повсеместным. Прага, самый красивый город Европы, также была подавлена. Только десятилетие спустя одинокая группа диссидентов, сплотившаяся вокруг драматурга Вацлава Гавела, поставила свои подписи под *Хартией 77* — декларацией прав человека.

Дробление и обособление стало главной приметой советского блока на поздних этапах его существования. Несмотря на то что по-прежнему восхваляли социалистический интернационализм, блок разделился на непроницаемые сегменты. Национальный коммунизм способствовал созданию таких условий, когда каждая страна, хотя и была тесно связана с Москвой, но в то же время была изолирована от других. Кордон, отделявший Польшу от Литвы и Украины, или (после 1968 г.) от Чехословакии был не более проницаем, чем злополучный «железный занавес». Арест «татерников» — группы спортсменов-диссидентов, которые переносили на спине запрещенную литературу через заснеженные хребты Татр — является хорошей иллюстрацией положения дел. Люди в Восточной Европе подчас лучше знали Западную Европу или США, чем своих соседей.

Польская Народная Республика (ПНР) имела на удивление много отличительных особенностей. Польша была самой большой страной советского блока, а ее армия — больше, чем армия Великобритании. Как структурно, так и психологически она была наименее советизированной. Польское крестьянство с успехом сопротивлялось коллективизации; польская адвокатура избежала монополии коммунистов, польская интеллигенция в основном не поддавалась марксизму. Псевдоплюрализм Фронта национального единства допускал небольшую толику непартийной политики. Но самое главное — католическая церковь с грозным кардиналом Вышинским (1901–1981) во главе никогда не подчинялась (как в других социалистических странах) политическому контролю. По соглашению от декабря 1956 г. церковным иерархам была предоставлена полная автономия, если они открыто не боролись против власти партии. По-видимому, партийные социологи считали, что быстрая модернизация, превращавшая Польшу в индустриальную державу, так же быстро подорвет религию. На деле же церковь поддерживала новый пролетариат, а тот, в свою очередь, подрывал партию.

Польский цикл взлета оппозиционных движений и последующей нормализации растянулся на четверть столетия. Гомулка быстро превратился из национального героя в раздражительного партийного босса. В середине 1960-х гг. он расправился с марксистами-интеллектуалами, в марте 1968 г. — со студентами, в 1970 г. — пролил кровь во время протестов портовых рабочих на Балтике. В 1968 г. провокация со стороны ультранационалистической фракции партии, которая в борьбе за власть в качестве мишени избрала еврейский элемент в партийном аппарате, переросла во всеобщую и постыдную антисионистскую кампанию, спровоцировав исход почти всех оставшихся евреев Польши. В 1970-е гг. десятилетнее правление Эдварда Герека стало периодом стратегии *коммунизма бигоса*[31] и финансировалось громадными займами на Западе. После недолгого процветания снова вернулась бедность и массовые протесты; сформировалась консолидированная оппозиция рабочих и интеллектуалов в виде Комитета защиты рабочих (КОР), предшественника *Солидарности*. В июне 1979 г. визит папы-поляка создал моральный климат близких перемен.

Профсоюз *Солидарность* вырос из группы решительных забастовщиков на гданьских судоверфях в августе 1980 г. Его возглавил никому не известный безработный электрик с «волчьим билетом» Лех Валенса. *Солидарность* переросла в национальное движение социального протеста с миллионами участников. Придерживаясь тактики ненасилия, *Солидарность* не сражалась с коммунистами; она просто организовалась помимо них. Единственная независимая организация в советском блоке, она отвоевала себе право на забастовку и вербовку новых членов. Члены партии толпами выходили из партии. Всего за год Солидарность заняла такое положение, которое угрожало самому существующему строю, причем совершенно к этому не стремясь. Москва считала, что это движение надо подавить. Всякое некоммунистическое движение предавалось анафеме. Тяжелобольной Брежнев привел Советскую армию в состояние боевой готовности, но осуществление этой задачи оставил польской армии. В ночь на 13 декабря 1981 г. генерал Войцех Ярузельский, которому помогал сильный снегопад, произвел военный переворот, самый безупречный во всей современной истории Европы. За несколько часов было арестовано 40–50 тысяч активистов Солидарности, все коммуникации были перерезаны, и военные комиссары взяли в свои руки все главные учреждения. Военное положение парализовало страну. В 1982 г. в условиях навязанной стабильности Ярузельский приступил к первому этапу экономических реформ. Казалось, что нормализация по-коммунистически одержала полную победу. На деле же это была самая ложная из побед. Всего за семь лет Ярузельский до конца исчерпал свои возможности. История должна отдать должное полякам, которые поставили советский блок на колени.

Как это ни странно, но появление в Польше Ярузельского позднее посчитали началом реформистского движения, которому суждено было вырваться наружу в самой Москве. Это течение, которое вскоре начнут называть русским словом *перестройка*, возникло из понимания того, что система смертельно больна. Показательно, что оно вышло из недр КГБ, единственного института, который обладал всей полнотой информации о положении в стране. В течение 25 лет Ярузельский возглавлял Главное политическое управление Войска польского. По необходимости он должен был быть клиентом того человека, который в 70-е гг. стоял во главе КГБ. Он стал «Иоанном Предтечей» другого протеже Андропова — Михаила Горбачева. В сговоре с Горбачевым он должен был превратить Польшу в *лабораторию перестройки*.

К началу 1980-х гг. внутри советского блока не оставалось уже эффективных рычагов воздействия на ситуацию. Сорок лет коррозии истощили силы системы. С виду все было на месте; на поверку мало что работало, как надо. В эпоху межконтинентальных баллистических ракет территория стран Варшавского пакта больше уже не была надежным буфером между Западом и Востоком. В эпоху высоких цен на нефть СЭВ выкачивал из СССР больше, чем давал ему. В эпоху телевидения пропасть между условиями жизни на Востоке и на Западе была видна каждому прямо у него дома. Как продемонстрировала *Солидарность*, у рабочих больше не было почтения к «государству рабочих». Среди коммунистической элиты многие утратили желание править. Один из ближайших помощников Ярузельского сделал патриотический выбор и за десятилетие передал ЦРУ столько оперативных документов Варшавского пакта, сколько не передал никто за всю историю шпионажа[32].

Ключом к пониманию той чрезвычайной смены курса, которая предшествовала коллапсу советской системы, а потом этот коллапс ускорила, является карьера Юрия Андропова. В качестве посла в Будапеште Андропов стал одним из авторов стратегии подмены политических реформ экономическими. Как глава Международного отдела ЦК КПСС он, должно быть, знал, что восстания, потрясшие Венгрию, Чехословакию и теперь Польшу, и за которые было дорого заплачено, могут распространиться и на Советский Союз. Как глава КГБ и в эпоху *детанта* (разрядки), как и всегда он в особенности хорошо видел вопиющий контраст силы СССР на международной арене и внутреннего упадка. В 1970-е гг. Андропов провел изощренную и многостороннюю кампанию преследования советских диссидентов. Он не стал прибегать к массовому террору; вместо этого он лишил диссидентов доступа к широким народным массам, обрекая на заточение в психиатрических клиниках или на высылку за границу. На растущее недовольство советских евреев он ответил разрешением им эмигрировать, и когда рос поток дел, проходивших через него, он не мог не размышлять, почему лучшие таланты страны не имеют никакой любви к коммунизму. Список был длинным: Солженицын, автор политических романов; Нуриев, танцор; Ростропович, виолончелист; Сахаров, физик; неукротимый Буковский, биолог; Андрей Амальрик, математик, написавший (вослед Оруэллу) *Доживет ли Советский Союз до 1984?* Без сомнения, эти имена фигурировали в разговорах Андропова с ярким молодым партийным секретарем со Ставрополья, который посещал его на близком к Ставрополю курорте, где Андропов лечил почки.

Склонность Андропова к реформам, однако, постоянно наталкивалась на препятствия. Члены Политбюро хотели сохранить *status quo*. Горбачева перевели со Ставрополья в Москву в 1979 г., но поручили ему неблагодарное дело управления сельским хозяйством. Андропов достиг высшей власти только в конце жизни, когда был уже смертельно болен. С его смертью сторонники политики Брежнева опять получили отсрочку, теперь уже последнюю. Несмотря на предсказание Амальрика, 1984 г. наступил и прошел; советская империя оставалась в прежнем нереформированном виде.

Отношения Востока и Запада: «Холодная война» в Европе, 1948-1989 гг.

С самого начала и до конца «холодная война» концентрировалась в Европе. Она развилась из распада Большой тройки европейских держав, когда победившие союзники должны были стать лицом к лицу с победившим Советским Союзом.

Она выросла из невозможности для бывших союзников достичь согласия в вопросах о независимости Польши, о будущем Германии и о разделе Европы в целом. Можно спорить о том, когда конкретно она началась, но она окончательно вызрела в результате того, что Америка втянулась в дела Европы, как это проявилось в доктрине Трумэна и плане Маршалла (1947) и в последовавших затем выражениях протеста со стороны Советского Союза. Она, без сомнения, вступила в новую фазу развития во время блокады Берлина в 1948-1949 гг., что привело к созданию НАТО; и она не прекращалась до тех пор, пока 40 лет спустя не был прорван «железный занавес». Тем не менее важно подчеркнуть, что «Холодная война» вскоре вышла за рамки Европы, где она фокусировалась. У холодной войны всегда был азиатский компонент; у нее была определенная внутренняя логика, логика соперничества Советского Союза с Америкой, приведшая буквально к глобальной конфронтации.

Азиатский компонент развился из противоречий, которые были подобны европейским противоречиям. В этом случае Советский Союз выходит на сцену в августе 1945 г., когда Советская Армия вступила в последнюю военную кампанию — в войну против Японии. Ялтинские соглашения предусматривали, что Советы занимают Курильские острова в благодарность за участие Сталина. Но никто в Ялте не предполагал неожиданного и полного коллапса Японии, который был обеспечен атомной бомбардировкой США японских городов Хиросимы и Нагасаки. В этом случае Советы получали совершенно неожиданную награду. Советская армия быстро занимает Маньчжурию, 600-тысячную Квантунскую армию оттуда отправляют в сибирские лагеря. Помимо Курильской гряды Советы захватывают еще четыре северных японских острова, до тех пор считавшихся частью Хоккайдо, — они теперь становятся Малыми Курилами, а Охотское море стратегически становится внутренним морем Советского Союза. Больше того, Советы открыто выступают в поддержку революционеров в Китае и Корее, к которым теперь у них есть свободный доступ. В Китае они выступают против зависимого от Америки Чан Кайши, бывшего членом Великого альянса в войне против Японии. И к тому времени, когда в Пекин в 1949 г. вступает Мао Цзэдун, на Дальнем Востоке опускается *бамбуковый занавес* — в пару к железному в Европе.

Глобализация холодной войны происходит в 1950-е гг. В геополитическом аспекте это было естественное следствие конфронтации, в ходе которой одна держава, господствовавшая на громадной территории Евразии, противостояла другой, которая была в состоянии послать в любую часть света свои наземные, военно-морские и военно-воздушные войска. В политическом, экономическом и идеологическом аспектах она отражала соперничество одного блока, претендовавшего на опеку всех в мире революционных сил во главе с коммунистами, с другим, преданным демократии, капитализму и свободной торговле. Она подстегивалась одновременно шедшим процессом деколонизации, после которой осталось немало нестабильных экс-колониальных стран, подверженных войнам *по доверенности* (силами наемников), и где, как на богатом нефтью Ближнем Востоке, ценные ресурсы представляли сильнейшие искушения. Все кончилось тем, что в конце 1950-х гг. появились межконтинентальные баллистические ракеты (МБР), которые ставили всю Землю под непрерывное наблюдение и делали возможным немедленный ядерный удар. Так что внутренние города России или Америки были теперь «прифронтовыми» не в меньшей степени, чем Тайвань или Берлин.

В военном отношении холодная война прошла через несколько отчетливо определимых этапов. В 1950-е гг., когда США решительно лидировали и по запасам ядерного оружия, и по средствам доставки, Советы не могли позволить себе большого конфликта. На Московской встрече в январе 1951 г., когда американцы были связаны в Корее, Сталин, очевидно, дал лидерам стран советского блока приказ готовиться к третьей мировой войне. Но эти планы так и не были осуществлены[33]. Сначала Великобритания (1952), а потом Франция (1960) создали собственные ядерные арсеналы, а НАТО разработало доктрину *массированного возмездия*. В то время шли две коммунистические войны *по доверенности*: одна — против сил ООН под руководством США в Корее в 1950–1951 гг., другая — в Индокитае, где потерпевшие поражение французы уступили место американцам в 1954 г. Европа, хотя и ощетинилась оружием в двух вооруженных лагерях, но не воевала.

В конце 1950-х гг. положение изменилось. *Спутник* (1958) и инцидент с самолетом У-2 (1960) показали, что Кремль практически перешагнул пропасть в ракетных технологиях, отделявшую его от Америки. Сверхдержавы начали вливать громадные ресурсы в *космическую гонку*, а также в спутники Земли и межконтинентальные ракеты. Хотя США победили в соревновании с высадкой человека на Луне, но не было никакой уверенности в том, что же является военным преимуществом. СССР, казалось, без всяких угрызений совести наращивал превосходство в ядерных, обычных и военно-морских силах. Но с приходом тактического ядерного оружия, а потом и «оружия поля боя» и вкупе с новой доктриной НАТО — *стратегией гибкого реагирования* собственно количественное превосходство перестало иметь решающее значение. Давление, оказываемое на Европу, несколько ослабло, когда стало ясно, что обмен ударами межконтинентальных ракет (если до этого дойдет) будет осуществляться через Северный полюс. В военных расходах сверхдержавы дошли до максимального уровня и зашли в тупик. Наступательная доктрина Варшавского пакта так и не была осуществлена на практике; исключительно растянутый советский флот не подвергся боевому испытанию; массированное перевооружение шло вместе с то и дело возобновлявшимися слабыми попытками разоружения. Но и на этот раз никакого конфликта в Европе не произошло.

В 1980-х гг. очередное обострение было вызвано развертыванием нового поколения еще более грозного оружия: советских ракет *СС-20С* и американских *Першинг-2* и крылатых ракет. В 1983 г. президент Рейган объявляет о плане начала многомиллиардной Стратегической оборонной инициативы (СОИ), известной как *Звездные войны*. Это была система размещения новых типов оружия в космосе и на Земле для защиты США от советского ядерного нападения. Эта программа открыто бросала вызов Москве и втягивала ее в такую гонку, которую она просто не могла выдержать. Каждая сторона теперь владела килотоннами оружия, которое способно было множество раз разрушить всю нашу планету; ни одна из сторон просто не могла им воспользоваться. Защитники ядерного оружия как средства устрашения были совершенно уверены, что убедили других. Их противники — которые могли выступать открыто только на Западе — с таким же пылом верили, что военные теоретики вроде д-ра Стрейнджлава[34] просто сошли с ума. Войны по-прежнему не было, царил гнетущий *Pax atomica* («атомный мир»).

С легкой задержкой политический ритм «холодной войны» обычно соответствовал ритму военных нововведений. Самое большое напряжение приходится на конец 1950-х гг., когда обе стороны могли следовать своим курсом с большой убежденностью и не думая о провале. Пиком этой напряженности стал Кубинский кризис в октябре 1962 г. В 1960-е гг. обе стороны уже не надеялись на легкую победу. Международный коммунизм было почти парализован китайско-советским конфликтом, который в 1969 г. приблизился уже к принятию решения о превентивном ядерном ударе по Пекину; могущественные США были совершенно обескуражены тем, что никак не могли справиться с крошечным Вьетнамом; а по НАТО сильнейший удар нанес де Голль. Поэтому в 1970-е гг. и Советы, и американцы были уже полны раскаяния и готовы делать больший акцент на ином процессе, который очень удачно назвали *détente* (разрядка). Первые советско-американские переговоры об ограничении стратегических вооружений в Вене сменились политическими дискуссиями, которые привели к Заключительному хельсинскому акту 1975 г. В 1980-е гг. международная напряженность вновь усиливается в связи с советской интервенцией в Афганистане (1979) — это был кремлевский Вьетнам — и введением военного положения в Польше (1981). Впрочем, на всех стадиях можно заметить и угрозы, и разрядку. Были моменты детанта в самые холодные годы конфронтации и периоды заморозков в эпоху детанта. Конечно, в Европе, где уже 40 лет не было явной войны, может быть, точнее было бы говорить, по меткому выражению одного французского журналиста, не о «холодной войне», а о «раскаленном мире». Температура то повышалась, то падала.

Экономические отношения никогда так и не достигли возможного высокого уровня: Запад не продавал продвинутые технологии, которые могли быть использованы в военной промышленности. Список американского *Координационного комитета по контролю за экспортом* разросся до многих тысяч названий, которые запрещалось продавать. Восток же, со своей стороны, твердо верил в экономическую независимость и предпочитал мириться с отсталостью, чем попасть в зависимость от капиталистического импорта. К концу 1970-х гг. постоянные неурожаи заставляли Советы в панике закупать американское зерно в громадных количествах, и при этом 50% советской нефти предназначалось для убыточной торговли внутри СЭВ.

Культурные отношения оставались консервативными как по масштабам, так и по содержанию. Гастроли Большого театра и Хора Советской армии или фольклорного ансамбля «Мазовше» устраивались в обмен на выступления различных западных оркестров или Шекспировского театра. В советском блоке придавали большое значение Олимпийским играм, где прекрасно выступали спортсмены советского блока, которые всегда были на государственном содержании. Спорт использовался как инструмент политики, в особенности когда в 1980 г. США бойкотировали Московскую Олимпиаду, а Советы отомстили в Лос-Анджелесе в 1984 г.

В дипломатических отношениях было множество осложнений. Совет Безопасности ООН был парализован в течение 40 лет, чаще всего — советским вето. Шпионская война достигла невероятных размеров: на самом высоком уровне в западных разведках оказались советские агенты, рекрутированные в Англии, а в Бонне — агенты, завербованные Восточной Германией. В 1950-е гг., в эпоху сенатора Джозефа Маккарти, обоснованные страхи по поводу деятельности коммунистических агентов привели к несообразной «охоте на ведьм». Здания американских посольств в Москве были так переполнены подслушивающими устройствами, что дипломаты были вынуждены их покидать. Всякое доверие было утрачено.

Детант возник еще в начале «холодной войны». Сталин однажды предложил разрешить объединение Германии в обмен на уход американцев.

На встрече в Женеве в 1955 г., когда президент Эйзенхауэр встречался с преемниками Сталина, Запад вновь удивился далеко идущим советским предложениям по разоружению. В 1959 г. Хрущев появляется в Кэмп-Дэвиде, а Гарольд Макмиллан (в казачьей шапке) — в Москве. Однако активный диалог был прерван инцидентом с самолетом, вторым Берлинским кризисом и, главное, обнаружением советских ракет на Кубе.

У-2 был летающим на большой высоте американским самолетом-шпионом, который считали неуязвимым. В 1960 г. самолет, прилетевший из Турции, был сбит над Волгой[35]. Эйзенхауэр сглупил и стал отрицать вообще возможность подобных операций, пока Хрущев не предъявил пилота и убийственные свидетельства его заданий.

Берлинский кризис 1961 г. назревал много лет. Поток беглецов на Запад все время нарастал. Только в одну последнюю неделю июля 1961 г. перебежало 10 000 человек. Кремль все время угрожал подписать односторонний договор с ГДР и положить конец совместной оккупации четырех держав. У Советов здесь было решительное военное превосходство, но Запад ничего не предпринимал. Затем 13 августа 1961 г. была построена Берлинская стена. Молодого президента Кеннеди испытывали на прочность, как никогда ранее. Сам он решил, что стена снижает возможность новой блокады, и не предпринял никаких ответных военных действий; вместо этого он устраивает настоящий пропагандистский выпад: стоя у стены, он вызывающе прокричал со своим неподражаемым бостонским акцентом: *«Ich bin ein Berliner»*[36].

Кубинский кризис в октябре подвел «холодную войну» к самой грани настоящей войны. Кеннеди вышел из Берлинского кризиса (и предшествующей встречи с Хрущевым в Женеве) убежденный, что не смог произвести на Москву большого впечатления достаточной решимости. В следующий раз ему надо продемонстрировать твердость. Он наращивает присутствие американцев в Южном Вьетнаме. Когда фотографии с воздуха обнаружили наличие советских ракет в стартовых шахтах на Кубе всего в 130 км от побережья Флориды, он решает, что надо заставить Кремль уйти с этих позиций. Единственный вопрос был *как*. Вашингтон отказывается от точечного удара с воздуха в пользу блокады («карантина») Кубы. Неделю мир жил, затаив дыхание; потом советские ракеты были убраны. США убирают свои ракеты из Турции и воздерживаются от вторжения на Кубу[37].

Переговоры по разоружению тянулись десятилетиями. Женевские предложения подрывались отказом Советов разрешить инспекцию. В 1963 г. *Московское соглашение* запрещает атомные испытания в атмосфере, но был уже нанесен громадный ущерб окружающей среде в глобальном масштабе. Договор о нераспространении ядерного оружия 1968 г. должен был закрепить монополию пяти существовавших на то время ядерных держав и исключить в первую очередь Китай. Он потерпел неудачу по всем пунктам, обеспечив только временную приостановку. Первый раунд переговоров об ограничении стратегических вооружений (ОСВ-1) после четырех лет привел к заключению в 1972 г. промежуточной договоренности. ОСВ-2 двигался со скрипом, пока конгресс США не заблокировал его в 1980 г. Следующий этап переговоров, начиная с середины 1970-х гг., был направлен на абсолютное сокращение объемов военных арсеналов (а не об ограничении темпов их роста). В течение 15 лет в Вене велись переговоры о взаимном и сбалансированном сокращении обычных вооружений. Переговоры о *сокращении стратегических вооружений*, то есть о ядерном оружии, велись в Мадриде с 1982 г. Тридцать лет межправительственных переговоров принесли так же мало пользы, как и народные движения против ядерного оружия, очень популярные на Западе в начале 1960-х гг., а потом опять в начале 1980-х гг.

Европейские страны, конечно, гораздо меньше участвовали в дипломатии «Холодной войны» сравнительно с масштабами конфронтации США — СССР. Однако с середины 1950-х гг. и они втягиваются в «Холодную войну». В 1957 г. с согласия СССР Польша представляет в ООН План Рапацкого о создании в Центральной Европе зоны, свободной от ядерного оружия, а в 1960 г. — План Гомулки о замораживании (на существующем уровне) в этой зоне ядерного оружия. Из этого ничего не вышло. В 1965 г. польские епископы обращаются с открытым письмом к немецким епископам, заявляя о своей готовности «простить и быть прощенными». Эта смелая инициатива, ко-

торую коммунисты осудили как предательство, показала, как выйти на свет из тумана страха и ненависти.

Советская политика в Восточной Европе все время разыгрывала германскую карту, а коммунистическая пропаганда изо всех сил старалась поддерживать германофобию на таком уровне, как во время войны. В Западной Германии к резкому голосу изгнанных очень прислушивались правительства христианских демократов, а неясная судьба их родных земель на Востоке не давала затихнуть кипению страстей. Этот политический климат начал смягчаться только в конце 1960-х гг., в основном благодаря усилиям германских церквей, которые таким образом прокладывали путь для *новой восточной политики* канцлера Вилли Брандта.

Новая восточная политика, начавшаяся в 1969 г., основывалась на ясно определенных краткосрочных, среднесрочных и долгосрочных целях. В сложившейся тогда ситуации Брандт хотел покончить с тупиком в отношениях Восток—Запад, возникшим после вторжения в Чехословакию. Со времени полного признания в мире Федеративной Республики Западная Германия проводила так называемую доктрину Гальштейна [статс-секретаря по иностранным делам — *перев.*], отказываясь иметь дело с теми правительствами (кроме СССР), которые поддерживали отношения с ГДР. Результатом стала почти полная изоляция от всех восточных соседей Германии. Разбивая лед, Брандт захотел затем установить некий *modus vivendi* с ГДР и другими членами советского блока. Он надеялся, что в течение 10, 20 или, возможно, 30 лет развитие связей Западной и Восточной Германии смягчит режим в Восточном Берлине и приведет постепенно к единству. Если речь идет о первых двух задачах, то восточная политика, без сомнения, достигла своей цели. Что касается третьей цели, то ее результаты были противоположны задуманному. Хотя, впрочем, неизвестно наверняка, что Брандт действительно надеялся на объединение Германии. Уже выйдя в отставку, он признался: «Новое объединение — это ложь, управляющая политической жизнью Германии».

Тем не менее, появление Вилли Брандта на политической сцене имело очень существенное значение. Восточная Европа не была готова к появлению германского канцлера-социалиста и борьца за мир. Брандт (настоящее имя Герберт Карл Фрам, 1913–1992) родился в Любеке и был внебрачным сыном продавщицы, в силу чего был вынужден преодолевать всевозможные социальные препятствия. Во время войны он жил в Норвегии, сражался против нацизма и имел незапятнанное прошлое демократического деятеля. Кроме того, будучи бургомистром Западного Берлина в 1957–1963 гг., он завоевал репутацию последовательного противника коммунизма. Когда в августе 1970 г., через 25 лет после разгрома вермахта, он появился в Москве, то произвел большое впечатление. В том же декабре в Польше он встал на колени перед памятником повстанцам варшавского гетто — этот эмоциональный жест должен был надолго запомниться. В Восточном Берлине также не смогли устоять перед его инициативами. В течение трех лет он довел до подписания германо-советский договор о сотрудничестве (1970), германо-польский договор (1970), который смягчил проблему утраченных Германией земель на востоке, а в 1973 г. — договор о взаимном признании с ГДР. Ни «железный занавес», ни Берлинская стена от этого не исчезли; в них даже вдохнули новую жизнь. Проблема Германии не была разрешена, но она была стабилизирована на уровне минимальных отношений. Консервативные оппоненты Брандта обвиняли его в том, что он добровольно отказался от исконных прав Германии. «Нельзя отдать то, что уже проиграли», — ответил он.

Историки всегда будут спорить о последствиях *новой восточной политики*: продлила ли она разделение Европы или посредством унизительного компромисса направила развитие событий в такое русло, которое привело в конце концов к объединению. Впрочем, эти два вывода не исключают друг друга. Без сомнения, *новая восточная политика* задала тон на следующее десятилетие. Но, покончив с бойкотом ГДР, она втянула федеральное правительство в большие расходы, которые не давали достаточных выгод, и во множество сомнительных операций — как скандальная торговля политическими заключенными, которых Восточный Берлин продавал за просто королевский выкуп. Благодаря этой политике атмосфера в конце 1960-х гг. перестала быть такой угрожающей, как раньше, и открылся путь к «эпохе детанта».

Детант (*Détente*) – это дипломатический термин, причем исключительно многозначный. Кому нравится, для тех он может означать «разрядка» или «потепление». Это слово во французском также же означает «курок». В контексте 1970-х гг. оно, без сомнения, означало «ослабление напряженности»; но будет ли это ослабление благодатным или губительным — это еще оставалось под вопросом.

Помимо восточной политики Бонна и прогресса в переговорах ОСВ-1, другой важный толчок к детанту следует искать в далеком от Европы Китае. В 1972 г. американский президент Никсон посетил стареющего председателя Мао, разыгрывая китайскую карту. Биполярная структура холодной войны трансформировалась таким образом в новую треугольную конфигурацию, которая состояла из стран советского блока, Китая и Запада. Советские лидеры, чьи отношения с Китаем зашли в тупик, чувствовали необходимость стабилизировать свое положение в Европе. Через 30 лет после триумфальной победы под Сталинградом Советский Союз все еще не имел формального урегулирования на западном фланге. В 1970 г. начинаются переговоры, кульминацией которых стало Совещание по безопасности и сотрудничеству в Европе (СБСЕ) в Хельсинки, которое проходило с 1973 г. по 1975 г..

С точки зрения Советского Союза, *Заключительный акт* в Хельсинки заменил мирный договор с Германией, которого никогда не было. С точки зрения Запада, он означал признание того, что с советским господством в Восточной Европе не удалось покончить силой, так что теперь Запад решает заставить Советы купить стабильность по возможно более высокой политической цене. *Первая корзина* переговоров — по вопросам безопасности, завершилась соглашением, которое гарантировало неизменность существующих в Европе границ, за исключением тех случаев, когда границы изменяются мирным путем и по взаимному согласию. *Вторая корзина* заключала в себе меры дальнейшего экономического сотрудничества. *Третья корзина* содержала соглашение по развитию культурных и информационных проектов, а также гарантии контактов между людьми. Это был политический ценник. И с того дня, когда в 1975 г. был подписан Заключительный акт, восточноевропейские режимы должны были выбирать между соблюдением прав человека и нарушением своих торжественно взятых обязательств.

Многие критиковали Заключительный акт как капитуляцию перед лицом советской экспансии в Восточной Европе. В то же время этот документ формально подстегнул движение политического инакомыслия в Советском блоке. В Польше он стимулировал создание КОР, предшественника *Солидарности*; в Чехословакии — *Хартии 77*, группы под руководством Вацлава Гавела; а в Советском Союзе — многочисленных *хельсинкских групп*. Андроповское КГБ все их совершенно игнорировало, но зато к ним очень серьезно относилась американская администрация и президент Картер, которые ввиду того, что Советский Союз постоянно нарушал свои обязательства, посчитали невозможным уменьшать американское присутствие в Европе.

В конце 1970-х гг. на Западе появляются три новых лица. В 1978 г. на престол Святого Петра вступает папа-славянин, мечтающий об объединении христианской Европы. В 1979 г. женщина исключительной силы духа въезжает на Даунинг-стрит, 10. Кремль уже вскоре назовет ее «Железной леди». В 1980 г. бывший актер Голливуда занимает Овальный кабинет Белого дома. *Great Communicator*[38] вскоре назовет Советский Союз «империей зла». Эти трое изменили отношения Восток—Запад. Все трое были противниками коммунизма по моральным убеждениям; все трое были исключительно популярны в Восточной Европе — более популярны, чем на Западе; все трое, казалось, были недовольны компромиссами предыдущих десятилетий. Рейган и Тэтчер оттачивали двустороннюю политику НАТО, которая состояла в том, чтобы протягивать руку миролюбия и укреплять в то же время военный щит.

К 1980-м гг. стало ясно, что Западу придется расплачиваться за длительную приверженность трем своим иллюзиям. Среди политологов было модно говорить о *конвергенции*: будто со временем политические и экономические системы Востока и Запада станут ближе друг другу. Это была чистейшая выдумка. Разрыв между двумя системами с каждым днем только ширился. Считалось также возможным различать коммунистические режимы по степени их подчинения Москве. Эта политика особенно благоволила к самым репрессивным режимам, каким был, например, режим

Чаушеску. Детант выдвинул также «орнитологическую» гипотезу. Согласно ей, поведение коммунистов зависит от примерного поведения Запада «Злобные выпады на Западе только поддержат *ястребов*, в то время как мягкость — *голубей*» На деле же такого противопоставления вообще не было. Ни о ком не говорили таких суровых слов как о Ярузельском, и все же он обратился на пути реформ. Никому не предлагали столько сладких славословий, как Хонеккеру, — и Хонеккер всегда оставался настоящим «ястребом». Дело в том что коммунисты не реагируют на мягкость. Как заметил один из первых критиков детанта в своей работе *Тезисы о надежде и безнадежности*, подчеркивание напряжения между Востоком и Западом было опасным предприятием, но это было единственной стратегией, которая давала надежду на окончательный успех[39].

Среди этих разногласий взошла новая звезда В марте 1985 г. Михаил Сергеевич Горбачев (род. 1931) становится четвертым Генеральным секретарем КПСС за три года. Он был избран партийным аппаратом, так что его было трудно заподозрить в демократических установках. Но как личность он был совершенно другим; он был первым советским лидером, который не запачкался при Сталине. Он был приветлив, умен и говорил без «бумажки». Наконец-то появился человек, как поторопилась объявить миссис Тэтчер, «с которым мы можем иметь дело».

Первые месяцы в новой должности Горбачев занимался перетасовкой Политбюро, ритуальным разоблачением предшествующих лидеров и грозной кампанией против коррупции. Но стиль очевидно изменился. Мир ждал, не изменится ли также и содержание. Внешняя политика предоставляла советскому лидеру особенно много возможностей маневра. Казалось логичным, что, если Горбачев начнет куда-нибудь двигаться, то это будет, в первую очередь, в отношениях Восток—Запад.

Первые встречи Рейгана и Горбачева были не особенно продуктивными. Новичок все еще мыслил категориями *звездных войн*. Но тяжелый груз военных расходов всем был очевиден. Долгие приготовления к Договору о сокращении ракет среднего радиуса действия предшествовали саммиту который должен был состояться в Рейкьявике в

Исландии в декабре 1987 г. Неожиданно посреди переговоров в Рейкьявике Горбачев без предупреждения нанес удар. Он выдвинул сенсационное предложение о 50 %-ном сокращении всех видов ядерного оружия. Рейган заколебался, отказался — и пожалел об этом. Договор был подписан, но время сверхосторожных, сверхподозрительных встреч заканчивалось. Этот генеральный секретарь, казалось, решил остановить «Холодную войну».

Вскоре после этого одно исключительное событие помогло проколоть нарыв напряженности между Востоком и Западом. Система ПВО была важнейшим военным вопросом этого времени: вопрос о ПВО стоял и за проблемой крылатых ракет, за самими «звездными войнами», поглощая многие миллиарды. Каждая сторона до смерти боялась, что ракеты и бомбардировщики противника смогут безнаказанно поражать цели. Советский Союз вызвал всеобщее осуждение, когда вопреки договоренностям построил противоракетную радарную станцию в Красноярске и когда он сбил южнокорейский пассажирский самолет КАЛ-007, который свернул с правильного курса и вторгся в советское воздушное пространство. Однако все военные эксперты и стратеги были посрамлены шуткой немецкого студента. 28 мая 1987 г. девятнадцатилетний Матиас Руст перелетел на маленьком моноплане из Гамбурга через советскую границу в Литве, пролетел низко (на уровне деревьев) над самой мощной системой ПВО в мире и приземлился на брусчатке Красной площади в Москве. Он в одиночку высмеял всю «Холодную войну».

Ко времени саммита на Мальте в декабре 1989 г. президенты Буш и Горбачев почувствовали, что можно объявить об окончании «Холодной войны».

Интеграция и дезинтеграция, 1985–1991 гг.

В течение двух или трех лет после появления Горбачева политический ландшафт Европы оставался без изменений. В Западной Европе по-прежнему определяющим фактором оставалось присутствие американцев, а ЕЭС по-прежнему оставался чисто экономическим союзом. В Восточной же Европе по-прежнему стреляли в тех, кто пытался бежать за «железный занавес». Все старые пни были на месте: Хонеккер, Гусак, Кадар,

Чаушеску, Живков, Ходжа. *Другая Европа* все еще оставалась «последней колониальной империей»[40]. Даже Горбачев внешне старался казаться твердокаменным. В ноябре 1987 г. он вполне в традиционном стиле председательствует во время празднования 70-летия большевистской революции. В мае 1988 г. он поддерживает празднование 1000-летия крещения Руси в духе русского национализма, которым мог бы гордиться и сам Сталин.

И все же Европа — Восточная и Западная — быстро приближалась к невиданным переменам. Понемногу тучи холодной войны начали рассеиваться, и открылись громадные просторы на всех направлениях. В течение неполных двух лет после наступательных инициатив Горбачева в пользу разоружения в Рейкьявике Советский Союз ослабил свою хватку в отношении своих сателлитов.

В течение трех лет в Западной Европе главным становится вопрос о политическом союзе. За 4 года исчез и сам Советский Союз. По мере того как Западная Европа интегрировалась, Восточная Европа дезинтегрировалась или, проще, распадалась.

Отдельный человек или отдельные люди не могут претендовать на то, что такого масштаба перемены совершились по их воле. Но двое людей оказались в самой гуще событий: одним был Горбачев, другим — новый председатель Европейской комиссии Жак Делор. Их враги потом скажут, что обоим не хватало ощущения реальности: реформатору — в отношении нереформируемого, объединителю — в отношении необъединяемого.

Жак Делор, бывший министр финансов Франции (род. 1925), внешне казался типичным технократом. Он родился в Париже и был одновременно и ревностным католиком, и социалистом; он никогда не бывал в США. Но это был человек, сознававший свое предназначение, настоящий ученик Монне и Шумана, чьи широкие взгляды оставались невостребованными в течение 30 лет. Противники называли Делора *еврофундаменталистом*. «Европу не построишь одним махом или по одному только плану, — заметил однажды Шуман. — Она будет построена через конкретные дела». Таков был и подход Делора. Главным инструментом для достижения его целей стал *Акт о единой Европе*. Двух его сроков на посту (1985–1989 и 1989–1992) оказалось достаточно для того, чтобы пройти путь от замысла до его воплощения.

Формально Акт о единой Европе можно считать всего лишь тем, чем он был по содержанию — разработанной программой полнейшего уничтожений барьеров в торговле и передвижении населения внутри ЕЭС. Он был представлен в 1985 г. и принят странами-участницами в 1986 г.; составлявшие его 282 статьи содержали длинный, скучный и однообразный список мер, которые должны быть предприняты для создания единого общего рынка емкостью в 320 млн. потребителей к концу 1992 г. Он предусматривал уничтожение внутренних границ, свободную конкуренцию в бизнесе, стандартизацию системы защиты интересов потребителя, выравнивание жизненного уровня, взаимное признание профессиональной квалификации, координацию налога на добавленную стоимость и косвенных налогов и унификацию параметров телевидения, радиовещания и телекоммуникаций. Статья 148 вводила принцип квалифицированного большинства при голосовании в исполнительном органе — Совете министров. Вес голосов членов Совета подсчитывался в следующей пропорции: Западная Германия, Франция, Италия и Англия (по 10), Испания (8), Бельгия, Нидерланды, Греция, Португалия (по 5), Дания и Ирландия (по 3) и Люксембург (2). Решения должны были приниматься 54 из 72 голосов, то есть большинством в 75%.

Нетрудно было предугадать, что этот закон можно будет использовать как троянского коня для осуществления более обширных планов. Если бы его один раз применили, то не было бы недостатка в утверждениях, что для жизнеспособности единого рынка требуется устранять все новые барьеры. Это и случилось: была запущена цепная реакция дальнейшей финансовой, политической, законодательной и социальной интеграции. После двух десятилетий относительно неспешного существования темп ЕЭС все нарастал: ключевым словечком в Брюсселе теперь стало *ça bouge* (двигается). В 1987 г. — как знамение времени — Сообщество официально принимает флаг Совета Европы. Двенадцать золотых звездочек на темно-голубом фоне перестали быть только символом высоких идеалов Страсбурга. Теперь они символизируют 12 стран-членов в расширяющемся круге полномасштабного союза.

Европейская комиссия производила все новые и новые директивы. Каждая по отдельности они выглядели часто маловажными. Одна директива — об обязательных размерах европейского кондома (к уменьшению которого стремилось итальянское правительство), была не единственной непристойностью. Но все вместе они были лавиной, неуклонно двигающейся в одном направлении. После принятия Советом принципа свободного движения капиталов в июне 1988 г. Комиссия издает указание об оживлении процесса экономического и валютного объединения.

Когда обнаружились установки Комиссии, ее критики стали кричать «Караул!» Маргарет Тэтчер с большой неохотой приняла *Проект 1992*. В речи в Европейском колледже в Брюгге (20 сентября 1988 г.) она яростно напала на проект «создания европейского сверхгосударства и стандартной европейской личности». В другом случае ее шумный протест *«No! No! No!»* прозвучал как эхо выступления де Голля за 20 лет до того. Она завоевала симпатии тех, кто выступал за *Малую Англию* [прозвище противников колониальных захватов — *перев.*], и консервативных американцев, страшившихся возникновения антиамериканской *европейской крепости*. Но она ошиблась в отношении настроения собственной партии, которая сместила ее с должности в результате «кабинетного переворота» в ноябре 1990 г.

В этот момент течение, казалось, быстро поворачивало в благоприятном для Комиссии направлении. Распад советского блока совершенно преобразил политический и экономический ландшафт. Воссоединение Германии привело к беспокойству (в немалой степени и в самой Германии) относительно непропорционального влияния Германии. Была опасность, что, не имея общей политики, Европа будет просто плыть по течению.

В этих условиях по Сообществу пронеслась новая волна инициатив. Бельгийский меморандум (в марте 1990 г.) выдвинул четыре цели: субсидиарности [см. ниже], демократии, эффективности и последовательности. Месяц спустя во франко-немецком меморандуме были подняты вопросы общей внешней, правовой и полицейской политики и обеспечения безопасности. В том же году на Мадридской встрече Делор заявил, что в течение пяти лет появится «зачаточное европейское правительство». Дальнейшее расширение Сообщества, укрепление Европейского парламента и европейской безопасности — все ставится в повестку дня. Расширение членства в ЕЭС предусматривало несколько категорий кандидатов. К 1991 г. Сообщество предлагало принять в Общий рынок остальные страны Европейской ассоциации свободной торговли (ЕАСТ) (хотя и без полного членства), дать статус ассоциированных членов трем посткоммунистическим государствам и завершить принятие Австрии, Швеции, Финляндии и Норвегии в течение трех лет. Заявки на полное или ассоциированное членство рассматривались от некоторых неевропейских стран, таких, как Турция и Израиль. Благодаря хорошей репутации Двенадцать вот-вот должны были стать Двадцатью или даже Тридцатью.

Одна из причин, по которой государства-члены приветствовали инициативу Комиссии, заключалась в том, как они понимали принцип субсидиарности. Этот принцип, заимствованный из католического канонического права, заключался в том, что центральные органы Сообщества занимались только самыми важными сферами политики, а все остальное оставляли «субсидиарным (вспомогательным) уровням управления». Национальные правительства с радостью настаивали на том, что все остальное следует предоставить их компетенции. Но субсидиарность, если этот принцип расширять, могла также быть использована для связи Брюсселя прямо с региональными и местными властями в обход властей национального уровня. Срочно требовалось определиться с этими понятиями.

Самые неумолимые сторонники политического объединения не делали секрета из своей нелюбви к национальным государствам. Помимо всех его исторических грехов национальное государство теперь обвиняли в том, что оно «слишком мало, чтобы справиться с большими проблемами, и слишком велико, чтобы справиться с маленькими». Были, конечно, причины опасаться, что ЕЭС, как ООН, превратится в клуб правительств. Не был лишен логики и аргумент, что европейская демократия не сможет развиваться, если собственный парламент Сообщества не будет повышен в статусе относительно парламентов отдельных государств-членов.

В этом контексте начались дебаты о *регионах* Европы. Всякое укрепление центральных органов ЕЭС автоматически усиливало центробежные тенденции внутри стран-участниц. За повышением статуса Брюсселя должно было последовать соответствующее повышение статуса Эдинбурга, Милана, Барселоны, Антверпена. Региональные интересы проявлялись в равной степени как в границах отдельных государств, так и в отношениях между ними. Внутри децентрализованной ФРГ правительства земель, например, пользовались большой автономией. Также и Франция, некогда бывшая бастионом централизма, теперь значительно расширила компетенцию 22 регионов. (В Великобритании же, где региональной децентрализации дали отпор и местные правительства были ослаблены, развитие шло, главным образом, в противоположном направлении.) Новое понятие *еврорегионов* должно было заполнить пропасть между Сообществом и его восточными соседями. Италия поставила вопрос о создании *Пятиугольника* из пяти государств побережья Адриатики; Германия, Польша и Скандинавские страны обсуждали возможность создания регионов кооперации по обе стороны Балтики.

Политическая неопределенность усиливала центробежное давление среди стран-членов. В Испании давнее недовольство каталонцев и басков было взято под контроль, но не разрешено. В Италии возродилась Ломбардская лига, ставившая своей целью освобождение Севера Италии от бремени *Mezzogiorno* (Юга). В Великобритании второе дыхание обрел шотландский национализм, а независимость Шотландии скорее могла быть обретена внутри Европейского сообщества, чем вне его.

На деле же за все еще надо было бороться. Сообщество еще не решило даже вопроса, следует ли ему расширяться географически прежде, чем оно «углубится» конституционально. Делор предпочитал «сначала углубиться, а потом расширяться». Его критики считали такие установки уловкой для того, чтобы сохранить Сообщество маленьким, западным и контролируемым Комиссией. И все-таки ко времени, когда лидеры Двенадцати должны были собраться в Маастрихте в Лимбурге в декабре 1991 г., события развивались все быстрее. На этой встрече Комиссия готовилась представить объемный договор о создании Европейского Союза с поправками и уточнениями относительно расширения постановлений Римских договоров. 61 351 слов этого проекта должны были обозначить «новый этап в процессе интеграции Европы». Намечались пути к экономическому и валютному союзу, единой и стабильной валюте, единому гражданству и единой внешней политике и политике безопасности[41]. Но в нем ничего не говорилось о расширении или о_превращении Европы в единое целое. Маастрихт был творением Комиссии, которая была занята исключительно проблемами Западной Европы, и совершенно не готовил Европу к той лавине, которая готова была обрушиться на другой половине континента.

Пока Делор процветал, Горбачев вспыхнул, споткнулся и шлепнулся. Как он представлял себе советский кризис, можно заключить из его последующих действий. Многое он прямо объяснил в своей книге *Перестройка* (1989). Это был печальный список. Дальнейшее наращивание советского арсенала не укрепляло больше безопасности. Военные расходы достигли предела, когда уже невозможно было хоть сколько-то повышать уровень жизни граждан. Советская экономика вообще не могла больше поддерживать установленный уровень расходов. Методы планирования коммунистов оказались неэффективными, технологический разрыв с Западом увеличивался с каждым днем. Партия была коррумпирована и потеряла боевой дух, молодежь отворачивалась от коммунистической идеологии, граждане устали от пустых обещаний. Советское общество было поражено апатией. Советская внешняя политика пребывала в замешательстве. Война в Афганистане, как и все другие революционные движения, стала бездонной пропастью. Советская гегемония в Восточной Европе не приносила никаких дивидендов. Стратегия Горбачева заключалась в том, чтобы сначала покончить с климатом холодной войны: со страхом и ненавистью, которыми питалась старая система. А затем, когда воздух станет чище, приступить к гораздо более трудной задаче внутренних реформ. На международной арене он очень преуспел. Во время его визитов в США и Западную Германию его приветствовали как героя-победителя. По миру шествовала *горбимания*. Несмотря на то что он продолжал поддерживать традиционную подрывную деятельность коммунистов в странах Запада, он горячо приветствовал президента Рейгана в Москве.

Внутренняя политика Горбачева выражалась двумя программными словечками, которые облетели мир. *Перестройка* предусматривала введение рыночных элементов в управление экономикой и непартийных интересов — в политическую жизнь. *Гласность* неверно переводили как «открытость». На самом же деле это было общепринятое русское выражение для обозначения «публичности» в противоположность *замалчиванию* и *табуированию*. Поначалу было задумано, что она послужит стимулом для партийных товарищей в поисках решения тех проблем, самое существование которых до того отрицалось. Горбачев начал стимулировать обсуждения; при этом важно было, чтобы за высказанное мнение не наказывали. Итак, партия начала большой разговор, за ней в разговор вступили СМИ, а потом и все общество. Впервые советские люди увидели, что против них не будут применять цензуру и тайную полицию. С некоторым опозданием, но *гласность* превратилась-таки в открытость: в невиданный, непрекращающийся и ничем не сдерживаемый поток дискуссий. В этом потоке сильнейшим течением было почти всеобщее ниспровержение коммунизма.

Очень скоро генеральный секретарь Горбачев оказался в двусмысленном положении. Несмотря на его репутацию либерала на Западе, он оставался убежденным коммунистом, который хотел оживить эту систему, сделать ее более гуманной, а не покончить с ней. Он стоял за *демократизацию*, а не за демократию. Подобно Брежневу, он устроил, чтобы его назначили *президентом* государства — как будто он был таким же, как американский президент. Между тем, он никогда не решался на выборы, никогда не хотел оставить свой главный невыборный пост партийного лидера. Поэтому шесть лет его реформ никогда не выходили за рамки полумер или даже четвертьмер. Он добавил к центральным партийным органам новый Съезд отобранных «народных депутатов», но так и не разрешил свободных выборов. В сфере экономики он то и дело заигрывал с рынком, но отвергал все более радикальные планы. Он отказался провести деколлективизацию сельского хозяйства или отпустить цены, он все время откладывал легализацию частной собственности. В результате плановая экономика начала разрушаться, а рыночная экономика все никак не могла стартовать. По национальному вопросу он предложил республикам выдвинуть свои требования, а потом отказался их удовлетворить.

Горбачев в политике был тактик-виртуоз; он задабривал консерваторов и осаживал радикалов; но он так и не завоевал сколько-нибудь значительного доверия общества. В глазах простых русских людей он был «типичный коммунистический активист». Горбачев и те, кто им на Западе восхищался, так, кажется, и не поняли ни основ советской системы, которой он управлял, ни неизбежных следствий советской истории. Они не учли, к каким последствиям приведет уничтожение принуждения в той машине, которая никогда не знала иной движущей силы. Они отказались от диктаторской власти партии, которая была хребтом всего политического тела, и удивились, когда конечности перестали слушаться мозга. Они недооценили воздействия десятилетий партийной идеологической обработки, благодаря которой большинство управленцев оказались неспособными к самостоятельным решениям. Они всегда считали Советский Союз естественным единством наций — «моя страна», как называл его Горбачев еще и в 1991 г. Больше того, они неверно оценили, как повлияет гласность на угнетенные национальности, для которых свобода слова означала только одно: возможность потребовать независимости. Половинчатость была наихудшим образом действия.

Еще много будет пролито чернил, пока установят причины падения коммунизма. Политологи, естественно, упирают на системные политические причины, экономисты — на неэффективность экономики. Но, может быть, не меньше внимания следует уделить обыденной жизни простых людей. Есть замечательные антропологические исследования, посвященные тому, как люди в Восточной Европе боролись с нелепостями жизни при коммунизме. По-видимому, поколение, которое избавилось от всепроникающего страха эпохи Сталина, решило, что *с них хватит*. По мере того как партийные боссы имели все меньше желания навязывать свою власть, миллионы мужчин и женщин теряли желание повиноваться. Коммунистическое общество прогнило в своих основаниях так же, как и наверху[42]. Важнейшую роль сыграла независимая культура, в особенности религиозная. Писатели, художники и верующие — вот кто вполне мог вообразить жизнь и без коммунистов. Остальные же были подобны обитателям подводного мира из одного научно-фантастического романа (который цензоры просто просмотрели): их с большим трудом научили жить под водой; когда же вода стала убывать, они не смогли вспомнить, как дышать на воздухе[43].

И на этом завершающем этапе первые трещины появились в Польше. Материальные условия жизни все ухудшались; возобновились и приняли угрожающие размеры забастовки. Министры в отчаянии обратились к лидеру запрещенного профсоюза *Солидарность* — Валенсе, признавая таким образом свое политическое банкротство. В начале 1989 г. начались так называемые переговоры за круглым столом. Их целью было обсуждение с нелегальной оппозицией проблемы, как поделить власть; было достигнуто соглашение о том, что Солидарность может бороться за ограниченное количество мест в сейме. Выборы принесли сенсацию: люди Валенсы безусловно победили во всех избирательных округах, где выставляли свои кандидатуры. Многие известные коммунисты не были переизбраны даже там, где они были единственными кандидатами: избиратели просто вычеркивали их имена в бюллетенях. В этой позже всех коммунистических стран «нормализованной» Польше авторитет коммунистов быстро сходил на нет.

В июне 1989 г. Китай показал миру, какими демонами становятся коммунисты, сталкиваясь с народным гневом. Горбачев во время официального визита в Пекин увидел протесты, хотя и не расправу. Он не мог не сделать выводов. Позднее, во время визита в Восточный Берлин по случаю 40-летия ГДР, он дал понять, что ГДР не следует рассчитывать на советские войска. В Европе не будет площади Тяньаньмэнь. Доктрина Брежнева умерла прежде, чем кто-нибудь это заметил.

В августе вконец растерявшиеся польские коммунисты пригласили *Солидарность* в правительство, сохраняя свою конституцию и президентство. Премьером стал Тадеуш Мазовецкий, ревностный католик. Он занял соответствующее место в Совете Варшавского пакта. Советский блок больше не был блоком. Венгрия была занята собственными переговорами за круглым столом. В Восточной Германии протестантские церкви организовывали регулярные демонстрации.

Так что к тому времени, когда осенью этого *annus mirabilis* (чудесного года) начался сход лавины, разложение зашло уже далеко. В Будапеште 23 октября в 33-ю годовщину национального восстания была упразднена Венгерская Народная Республика. Венгерские коммунисты допустили оппозицию в парламент, а сами стали социал-демократической партией. Еще удивительнее было то, что в Берлине 9 ноября 1989 г. восточногерманские пограничники спокойно наблюдали, как собравшиеся толпы людей с обеих сторон Берлинской стены с большим рвением ее сносили. Правительство ГДР потеряло волю к борьбе. 17 ноября в Праге по незапланированному сценарию пошла студенческая демонстрация; сообщали, что полиция убила одного демонстранта. Но неделю спустя Гавел и Дубчек вместе вышли на балкон одного из домов на Вацлавской площади, приветствуемые восторженной толпой, а всеобщая забастовка вскоре покончила с властью коммунистов, которые, впрочем, и не сопротивлялись. *Бархатная революция* совершилась. Один остроумный иностранный наблюдатель сказал тогда то, что потом без устали все повторяли: «В Польше это заняло 10 лет, в Венгрии — 10 месяцев, в ГДР — 10 недель, а в Чехословакии... 10 дней»[44]. Наконец во время Рождества кровавое восстание в Бухаресте, где ненавистная Секуритате стояла насмерть, завершилось ужасной казнью супругов Чаушеску.

Горбачев, конечно, сыграл во всем этом свою роль, но ее обычно преувеличивают. Он не был архитектором восточноевропейской свободы — он лишь стоял при шлюзе и, когда увидел, что плотину вот-вот прорвет, решил открыть шлюзовые затворы и спустить воду. Плотина все равно прорвалась; но без насилия и катастрофы.

В 1990 г. стали проясняться практические последствия совершившегося перед тем краха. Сначала СЭВ, а потом Варшавский пакт прекратили свое существование. Одна за другой уходили со сцены коммунистические партии. Каждое новое правительство выступало за введение демократической политики и рыночной экономики. С разной степенью поспешности намечались соглашения и графики поэтапного вывода советских войск. В Германии набирало силу движение за объединение. Органы ГДР просто испарились. Западногерманские партии начали предвыборные кампании на Востоке, и на общих выборах победил канцлер Коль. В октябре Федеральная Республика при-

соединила граждан, территории и имущество Восточной Германии. Западные ветры далеко разносили пожар свободы. Загорелись Болгария и Албания, а также республики Югославии и Советского Союза. Словения и Хорватия, Эстония, Латвия, Литва и Чечня провозгласили свою независимость, но она не была признана. Босния и Македония, Армения, Грузия, Молдавия и Украина собирались последовать этому примеру.

Особенно жестоким был распад на части югославской федерации. Демократические выборы привели к власти воинствующих националистов и в Сербии, и в Хорватии. В Белграде федеральный Государственный совет планировал установить господство сербов и разжигал страсти идеей *Великой Сербии*. Когда в августе 1990 г. сербы из хорватского города Книн восстали против Загреба, обстановка стала предвоенной, и войны действительно вспыхнули следующей весной. После позорного поражения в Словении югославская армия под руководством сербов набросилась на Хорватию. Паника и насилие в столкновениях на этнической почве быстро охватили несколько частей распадавшегося государства, где были не только этнические меньшинства, но и компактные сообщества большинства. Незадолго перед смертью Тито сказал с грустью: «Я — единственный югослав»[45]. Это было не так. Но в ситуации, когда вырвался на свободу дух межнационального насилия, практически невозможно было утвердиться политике наднациональной Югославии. [CRAVATE] [ИЛЛИРИЯ] [МАКЕДОНИЯ] [САРАЕВО]

И только в Польше темп событий замедлялся. Страна, которая первой ослабила ярмо коммунизма, последней его сбросила. Правительство Мазовецкого занималось преимущественно экономикой. В декабре 1990 г. Валенса пробился на президентское кресло, потеряв четверть голосов электората, отданных за «куклу», подброшенную бывшими органами госбезопасности. Чтобы освободиться от парламента, в котором по-прежнему преобладали коммунисты, потребовалось еще 10 месяцев. Если судить по распространенным стереотипам, польская революция была довольно-таки непольской.

Объединение Германии было проведено стремительно, чтобы не сказать бездумно. Никто не сомневался в настоятельной необходимости воссоединения. «Что принадлежит друг другу, —

сказал Вилли Брандт, — теперь объединяется». Но когда бывшая ГДР стала частью ФРГ, она автоматически вошла и в Европейское сообщество, и вопреки советам Бундесбанка восточную марку меняли на западную по курсу одна к одной. В то время мало думали, чего это будет стоить в экономическом и политическом плане Германии и ее соседям. Боннское правительство считало само собой разумеющимся, что немцы Восточной Германии, поскольку они немцы, с радостью согласятся на институты Федеративной республики, и что немцы Западной Германии, поскольку они немцы, с радостью за это заплатят. Замаячила перспектива, что объединенная Германия не так сильно будет заинтересована в Европе, как была заинтересована разъединенная Германия. По мере того как общественное мнение становилось все озабоченнее и эгоцентричнее, федеральное правительство посчитало необходимым подтвердить свою приверженность интеграции Европы. «Произошло исключительно важное и символичное событие: тогда в статью 23 Основного закона (Конституции), согласно которой произошло объединение Германии, была внесена поправка… согласно которой Федеративная Республика, вместо открытости «другим частям Германии», теперь обязывалась участвовать в «проведении в жизнь объединения Европы»[46].

Декоммунизация оказалась трудной проблемой во всех посткоммунистических странах. Нельзя было сразу отменить основные законы, хотя они и перестали быть вполне законными. Коммунистическую номенклатуру, теперь провозглашавшую свою вечную приверженность демократии, не удалось уволить *en masse* (в массовом порядке). Нелегко было разоблачить всех бывших тайных агентов. Германию потрясло разоблачение тысяч и тысяч информаторов штази; в Польше возобновились процессы по политическим убийствам; в Румынии новый режим открыто противился декоммунизации. И только в одной Чехословакии удалось провести *Закон о люстрации*, который должен был устранить из политической жизни все коррумпированные и запятнанные преступлениями кадры.

Страшным было наследие советского типа экономики. Несмотря на первые успехи, такие, как денежная реформа и обуздание гиперинфляции по польскому *плану Бальцеровича* (1990–1991),

становилось до боли понятно, что быстродействующего лекарства под рукой нет. Перед всеми бывшими членами блока маячили долгие десятилетия тяжелейшего труда по реорганизации на пути к жизнеспособной рыночной экономике[47]. В то же время проблемы этих стран можно было использовать как причину их недопущения в Европейское сообщество.

Повсюду еще оставались живучими порожденные коммунизмом общественные воззрения. Только зарождавшееся гражданское общество не могло заполнить образовавшихся пустот. Царила политическая апатия; процветали мелкие ссоры; симпатии к коммунизму как гарантии против безработицы были гораздо сильнее, чем многие предполагали. Десятилетия, прожитые «под водой» привели к тому, что массы не верили никаким обещаниям и ждали только худшего. Невозможно было избавиться от циничной мысли, что если кто-то теряет, то кто-то, наверное, в это время находит. Никто не мог и догадаться об истинных размерах опустошения.

Тот факт, что коммунизм умер без борьбы, не ослаблял боли, которая после него осталась; катарсиса не было. Один из участников этого процесса жаловался, что «в мирное время невозможно Богоявление». Другой заметил: «Я счастлив, что дожил до конца этого несчастья; но я бы хотел умереть до начала следующего»[48].

Следующий этап схода лавины начался в Советском Союзе в 1991 г. К тому времени экономические реформы не принесли заметного улучшения; материальные условия неуклонно ухудшались. Зимой Горбачев сблизился с партийным аппаратом. Некоторые его коллеги ушли в отставку в знак протеста против укрепляющейся диктатуры. Но самое страшное — это то, что национальные республики одна за другой намеревались последовать примеру прибалтийских государств, где действовали параллельные органы власти: национальные и советские. В самой Москве городской Совет избрал демократического мэра, а правительство РСФСР — демократического президента Бориса Ельцина. Ельцин начал отделять Россию от советского Кремля Горбачева. Армения воевала с Азербайджаном за Нагорный Карабах. В Грузии, где Горбачев распорядился прибегнуть к силе, дело завершилось переворотом против Москвы. В Вильнюсе, где советские части также убили несколько граждан, литовский парламент был в отчаянии от того, что не было помощи извне. Кремль намеревался заменить СССР на более свободный союз суверенных республик. Подписание нового договора намечалось на 20 августа.

Неудавшийся переворот в Москве 19—22 августа 1991 г. был произведен, чтобы остановить подписание Союзного договора и таким образом сохранить остатки власти КПСС. Но он только ускорил катастрофу, которую должен был остановить. Заговорщики не были ни в коей мере сторонниками жесткой линии: они стояли за ограниченные реформы *перестройки*, которой был предан, как они не без оснований думали, и сам Горбачев. На самом деле они, без сомнения, полагали, что Горбачев, пусть и нехотя, но согласится. В результате они не предусмотрели ничего из того, что обычно подготавливают компетентные путчисты. Это вообще был даже не переворот; это был просто последний взмах хвоста умиравшего динозавра. В воскресенье 19 августа несколько нервных аппаратчиков появились рядком на экранах советских телевизоров и заявили, что они создали антикризисный комитет *ГКЧП*. Им подчинились партийные органы и СМИ. Свое выступление они назначили на последний день отпуска Горбачева, который тот проводил в Крыму. Когда он отказался вести переговоры с эмиссаром путчистов, у них не осталось других предложений. Гулявший на свободе Ельцин забирается на танк перед зданием российского парламента и открыто бросает вызов. Не было предпринято никаких усилий, чтобы справиться с его сторонниками; танки были посланы на улицы не только без боеприпасов, но и не имея приказов. Через три дня заговорщики просто сели в свои лимузины и уехали. Попытка переворота с несомненностью доказала, что система уже находилась в состоянии клинической смерти. В руках коммунистов, однако, еще оставался самый грозный в мире аппарат безопасности; но они не могли заставить его совершить и самую простейшую из операций.

Некоторое время Горбачев не понимал, что произошло. Он прилетел из Крыма, все еще твердя о перестройке и будущем партии. Но Ельцин грубо открывает ему глаза и заставляет его прочитать в парламенте список заговорщиков: они все

были людьми Горбачева. Кредит доверия был Горбачевым исчерпан. Перед самым роспуском партии Ленина он покидает пост Генерального секретаря. 5 сентября 1991 г. Съезд народных депутатов принимает последний закон, которым передает свою власть суверенным республикам бывшего Союза. 24 октября 1991 г. Горбачев издает последний указ, разбивая КГБ на составные части. Он остается в незавидном положении как номинальный президент несуществующего государства.

Реалии коллапса советской системы особенно видны в судьбе Сергея Крикалева, советского космонавта, которого запустили на орбиту в мае 1991 г. В конце года он по-прежнему вращается вокруг Земли, поскольку не было решения о его возвращении. Он покинул Землю с территории Советского Союза, бывшего еще сверхдержавой; он вернется в мир, где уже нет Советского Союза. Те, кто управлял его полетом со станции Байконур, окажутся в независимой республике Казахстан.

Декабрь 1991 г. был месяцем важных решений в обеих половинах Европы. Началось 1 декабря с референдума на Украине, где 91% населения, включая громадное большинство русского населения, проголосовало на независимость. Республика Украина стала второй в Европе по занимаемой территории и пятой по количеству населения.

9-го и 10-го в Маастрихте двенадцать лидеров Европейского сообщества собрались для обсуждения схемы всестороннего объединения Европы. Отринув ужасное для английского уха «слово на *f*» (для англичан слово *федерализм* было окрашено в цвета США — в отличие от того, как это слово использовали в Германии или на континенте, — и означало только единые *Соединенные Штаты Европы*), премьер-министр Великобритании вставил клаузулу о праве на отказ от валютного союза, отверг подписание раздела, касающегося социальных проблем, убедил своих партнеров вновь подтвердить роль НАТО и приписал себе блестящую победу. Были высказаны опасения, что создаются «изменяемая геометрия» и «двухскоростная Европа». Тем не менее, по большей части условия договора были приняты. Были парафированы соглашения, которые обеспечивали гражданство в Союзе всем гражданам государств-членов (титул II, 8—8е), соглашение о том, что члены Союза будут проводить общую экономическую политику (II, 102—109m); что к 1999 г. в рамках общей банковской системы будут созданы Европейский валютный союз и Европейский Центральный банк (II, 105—108a); что Европейский парламент получит право принятия решений наравне с Советом министров (II, 137—138a, 158, 189—90); что следует создать совещательный Комитет регионов (II, 198a—с); что будут проводиться общие внешняя политика и политика безопасности (VI) и что, согласно принципу субсидиарности, Сообщество будет действовать, главным образом, через *государства-члены* (II, 3b). Были приняты программы по образованию, культуре, здравоохранению, энергетике, судопроизводству, иммиграции и борьбе с преступностью. Получили признание три прибалтийских государства, но не Хорватия или Словения. Все это было подозрительно легко. Теперь оставалась ратификация. Недалек был уже день, когда профессиональные гадатели начнут предсказывать кончину Договора[49].

В эти же дни в конце недели президент Горбачев предпринял последнюю (напрасную) попытку собрать глав советских республик в Москве. Он не знал, что главы России, Белоруссии и Украины уже собрались для переговоров в охотничьем домике в лесу недалеко от польской границы. В 2.17 дня 8 декабря они подписали декларацию о том, что «СССР прекращает свое существование». На следующий день они объявили о создании *Содружества Независимых Государств* (СНГ). СНГ стал подходящим прикрытием, за которым стратегический арсенал оставался под единым командованием, в то время как большинство советских институтов власти было тихонько похоронено. К концу года последняя в Европе империя мирно скончалась.

Были предприняты некоторые шаги в направлении наведения мостов между Востоком и Западом. НАТО установил общий Совет по сотрудничеству, куда были приглашены бывшие члены Варшавского пакта. Европейское сообщество подписало договоры с Польшей, Венгрией и Чехословакией. В Лондоне открыли общий Европейский банк реконструкции и развития. В бывший Советский Союз начинают отправлять продовольствие и финансовую помощь, а в бывшую Югославию — миротворческие миссии. Од-

нако все это были слишком маленькие шаги. ЕЭС по-прежнему блокировало импорт сельскохозяйственных продуктов с Востока, препятствовало торговле. Помимо инвестиций Западной Германии в Восточную, остальные западные инвестиции на Востоке были минимальными. Не было видно никаких признаков скоординированной внешней политики; не предпринималось никаких действенных мер по предотвращению надвигавшейся войны в Хорватии и Боснии; не появилось динамичного руководства. Все еще зияла бездна между «Белой Европой» и «Черной Европой».

События развивались так быстро, что у наблюдателей не было времени поразмышлять над взаимозависимостью Западной и Восточной Европы. Выработанные самой жизнью привычки заставляли людей полагать, что Запад есть Запад, Восток есть Восток. Государственные деятели Запада возделывали собственный сад; они не сразу заметили, что взрыв, который разрушил дом соседей, снес также их забор и фронтон. «Они беспечно прислонились к Берлинской стене, — написал один венгр, — не зная, что стена сложена из динамита»[50].

В течение 40 лет от наличия «железного занавеса» зависела структура политической и экономической жизни на Западе и на Востоке. «Железный занавес» определял место действия для плана Маршалла, для НАТО, для ЕЭС, для ФРГ, для экономических успехов Западной Европы. Это было в высшей степени удобно не только для коммунистов, но и для западных банкиров, для тех, кто разрабатывал планы, и для предпринимателей, направлявших свои усилия в «легкие» регионы Европы. Это было особенно удобно для протекционистского элемента внутри ЕЭС, а поэтому и для искажений принципов общей сельскохозяйственной политики. Короче, это был один из факторов, который угрожал превратить Западную Европу в клуб богатых, близоруких и довольных собой людей, которым безразлично благосостояние других. Из-за него на Западе развились установки, зеркально отражавшие доктрину Брежнева, когда *завоевания капитализма* следовало защищать любой ценой, когда государственные деятели Запада мечтали продлить свою изоляцию навечно. В конечном итоге европейцы встали бы перед выбором: или перестроить свой дом в согласии друг с другом, или придумать новый «железный занавес».

На самом деле события на Западе и Востоке Европы были между собой тесно связаны. Успех Европейского сообщества, как оно виделось с Востока, стал важным фактором в падении советского блока. Успех (или неудача) посткоммунистических демократий определит и судьбу Евросоюза. Отступление Москвы из Восточной Европы и из других важнейших регионов, например, из богатого нефтью района Баку, освободит новые пространства, где новая Россия, возможно, примет вызов и окажет сопротивление экспансии западных фирм и институтов.

Для некоторых общим знаменателем представляется всеобщая приверженность либеральной демократии и рыночной экономике. Победа Запада казалась столь полной, что один профессор мгновенно прославился своим вопросом: не подошел ли мир к «концу истории»[51]. Уж что-что, но только не это: Европа вступила в период интенсивных исторических перемен, которым не видно конца.

На взгляд одного бывшего государственного деятеля, революция 1989—1991 гг. породила три Европы: «*Европа-1* состоит из устоявшихся демократий Западной Европы. *Европа-2* совпадает с Вышеградским треугольником: Польша, Венгрия, Чехословакия плюс Словения. У этих четырех посткоммунистических стран есть надежда вступить в Европейское сообщество, поскольку у них не больше препятствий, чем было раньше у постфашистских Испании, Португалии и Греции. *Европа-3* состоит из остальных стран бывшего советского блока, чьи европейские притязания должны подождать до XXI века»[52].

И тем не менее, сами по себе декларации о намерениях результатов не приносят. Когда приоритетными считают экономические соображения, сужается кругозор. Если продолжать настаивать на экономической конвергенции, то расширение Сообщества придется отложить, возможно, на неопределенно далекий срок. С другой стороны, значительное расширение повлечет за собой не только большие расходы, но и усилит позиции тех, кто выступает за реформу институтов. Если уж немцы противились расходам на интеграцию 17 млн. своих же немцев, то другие государства-члены могли воспротивиться расходам на интеграцию еще

большего числа вновь вступающих в Союз. Если уж правительства с трудом ратифицировали Маастрихтские соглашения, то у них будет еще больше проблем, когда надо будет их проводить в жизнь.

По мере того как продвигалось дело расширения и интеграции, должно было усиливаться и сопротивление. В этой возможной конфронтации Сообщества и его суверенных членов решающее значение приобретет вопрос о Европейском суде. *Европа шестнадцати* или *Европа двадцати* не может управляться теми же органами, какими управлялась *Европа шести* и *Европа двенадцати*. Европейский Союз начнет скрипеть и остановится, если не будет по мере расширения и углубления реформировать свои институты.

По замечанию одного пессимиста, Европу заставит дальше интегрироваться только чрезвычайная катастрофа: геноцид, массовая миграция или война[53]. Если следовать этой логике, то и валютный союз осуществится только тогда, когда будет существовать угроза развала существующей валютной системы, а политический союз — после явного крушения существующих политических систем. Европа-1 только тогда примет Европу-2, когда снова обретет форму Европа-3.

В декабре 1991 г. ни интеграция Запада, ни дезинтеграция Востока еще не были завершены; и тем не менее, европейцы не вспомнят другое время, когда бы еще пало так много барьеров. Границы были открыты, а с ними открывалось и сознание людей. Уже повзрослели те, кто даже не помнил ни Франко, ни Тито. Те, кто помнил де Голля или Пражскую весну, приближались к тридцати; те, кто помнил венгерское восстание или Римский договор, — к пятидесяти; те, кто помнил вторую мировую войну, — к шестидесяти. Только пенсионеры хорошо помнили довоенную Европу. Те же, кто помнил первую мировую, приближались к девяноста. И только столетние старики знавали золотые денечки начала века до великого европейского кризиса.

К этим немногим принадлежал граф Эдвард Рачинский (1891—1993). Он родился в Закопане, на границе Австрии и Венгрии, в польской семье, которая владела большими поместьями в Пруссии. Их дворец в Берлине в свое время снесли, чтобы освободить место для строительства Рейх-

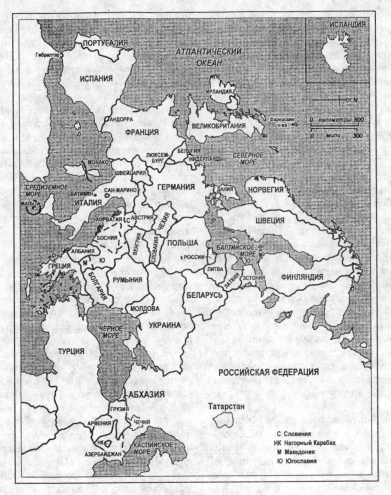

Карта 29

стага. Граф учился в австрийском Кракове, в Лейпциге, а потом в Высшей школе экономики в Лондоне. Он был польским послом в Лиге Наций, а в 1933–1945 гг. — при Сент-Джемсском дворце [короля Великобритании — *перев.*]. Позднее он стал главой польского правительства в изгнании. Он никогда не мог вернуться домой. Но 19 декабря 1991 г. он был с почестями принят в связи с его столетием в том самом посольстве, которое вынужден был покинуть из-за британского альянса со Сталиным за 46 лет до того. Не так давно же-

нившийся, он был одним из очень немногих не унывающих европейцев, кто видел европейский кризис от начала до конца — если только он уже закончился.

14 февраля 1992 г., Саммертаун. Когда-то книги не было. А сейчас последние слова ложатся на последние страницы. Стол у окна в кабинете верхнего этажа неясно освещен рассветными лучами. Ночные заморозки оставили иней на крыше, виднеющейся через стекло. Облака плывут по темному небу к светлеющей бледно-желтой полосе. Яблони старого Торнклиффского сада, сбросившие листья, беспорядочно тянутся в полутьме к соседнему ряду викторианских домов красного кирпича. Одинокая ворона несет стражу на самом высоком суку так же, как она сидела и тысячу ночей до того, как была написана *Легенда о Европе* — вступление к этой книге. Выхлопы Оксфордской фабрики автомобильных запчастей хотя бы сегодня уносятся в другую сторону. Семья дремлет, еще не подошло время собираться в школу.

У этой семьи родственники расселились по доброй половине Европы. С одной стороны, семья крепко привязана к этому острову, к Ланкаширу и дальше к Уэльсу. С другой стороны, она уходит корнями в восточные земли старой Польши, которая бóльшую часть последнего столетия находилась или в австрийской Галиции, или в Советском Союзе. Получив образование в Оксфорде и Кракове, нынешние хозяева дома впервые встретились на бульваре Жерговия в Клермон-Ферране, в городе Блеза Паскаля, которого бы, конечно, очень позабавило осуществление такой бесконечно малой вероятности. Подобные счастливые случаи окрашивают яркими цветами чувство истории у человека. Когда пишется история, правят Время и Место. Историки сами становятся неотъемлемой частью своей Истории.

Сегодня праздник Св. Кирилла и Мефодия, покровителей Европы. Молитвы в церкви иезуитов Св. Алоизия возносятся «в празднование начала славянских народов... Да будет их свет нам светом». Молитвы возносятся о «народах Восточной Европы». Священник несколько эксцентрично объясняет, что Кирилл и Мефодий были апостолами поляков, чехов и венгров (см. главу V).

Время детям идти в школу. На этой неделе в «Сквиреллскул» директриса говорила на собрании о нуждающихся албанских детях.

В утренних газетах ничего не говорится о св. Кирилле и Мефодии. В *Индепендент* передовица о «войсках ООН для Хорватии». В европейском приложении к *Гардиан* развернуто пишется о магазинах в Мурманске. Вчерашняя мадридская *Эль Паис* пишет о создании франко-испанских бригад для борьбы с баскской организацией ЭТА; газета

пишет о своем новом обозревателе — *Микайло Горбачеве* — который будет вести ежемесячную колонку. В *Ле Монд* три страницы посвящены новостям из Северной Африки. В *Де Телеграф* из Гааги на центральном месте статья о полетах натовских истребителей Ф-16. Первая страница издаваемой в Мюнхене *Зюддойче цайтунг* занята рассказом о проблемах федерального министерства финансов. *Газета выборча*, которая шла из Варшавы два дня, много пишет о решении Конституционного суда, в котором он отверг закон о пенсиях, проведенный парламентом, где главенствуют коммунисты. Передовица в *Оксфорд таймс* посвящена собственной колонке писем, которая помещена рядом с сообщением епископа англиканской церкви Оксфорда о рукоположении в духовный сан женщин[54].

Единственное большое сообщение, представляющее интерес для историка, помещено на первой странице *Корриере делла сера*, под заголовком «Приказ Ленина: «Расстрелять их». В Москве сейчас появляется особенно много новых сведений по новейшей истории Европы. Корреспондент в Москве, ссылаясь на *Комсомольскую правду*, приводит до того засекреченные документы из архива Института марксизма-ленинизма. Они разоблачают вождя большевиков как лично настаивавшего на революционных жестокостях. Так, 11 августа 1918 г. Ленин пишет товарищам в Пензе: «Товарищи! Восстание пяти волостей кулачья должно повести к *беспощадному* подавлению. Этого требует интерес *всей* революции, ибо теперь *взят* «последний решительный бой» с кулачьем. Образец революции надо дать. 1) непременно повесить, дабы *народ* видел, не *меньше 100* заведомых кулаков, богатеев, кровопийц. 2) опубликовать их имена. 3) отнять у них *весь* хлеб. 4) назначить заложников — согласно вчерашней телеграмме.

Сделать так, чтобы на сотни верст кругом народ видел, трепетал, знал, кричал: *душат* и задушат кровопийц-кулаков.

PS. Найдите людей потверже, ваш Ленин»[55].

«Эти перлы не из корреспонденции Гитлера», — комментирует газета. Следовательно, варварство большевиков действительно началось не со Сталина.

В новостях о жизни в Англии на этой неделе больше всего рассказов о грязной предвыборной борьбе, главным образом из-за денег. В новостях о делах за границей можно выбирать между заботами французского президента, будущим ядерных арсеналов бывшего СССР, приговором чемпиону мира по боксу или решением ирландского Конституционного суда отказать в праве на аборт четырнадцатилетней жертве насилия. Председатель Европейской комиссии считает необходимым увеличить бюджет, чтобы «соответствовать эпохе Маастрихта». Британские «таблоиды» высмеивают это. Под заголовком «Нет, Жак, это не пойдет» *Дейли мейл* комментирует: «Подобная евро-щедрость легко перекочует в карманы сомнительных подрядчиков или под матрасы ярких, но ленивых личностей, загорающих на средиземноморских пляжах»[56]. *Ле Монд* пишет о том же: «Великобритания мобилизует силы против еврократов»[57].

Но прежде всего идет XVI Зимняя Олимпиада в Альбервиле и скачки в Савойе. Главным событием стали соревнования для мужчин по спуску с горы и слалому — их выиграл итальянец Йозеф Польг.

Юропиан, который претендует на звание единственной всеевропейской газеты, только что потерял и своего изворотливого издателя, и своего героя в Кремле. Главная публикация этой недели — «Италия перед лицом гнева Европы», сообщает о том, что Рим не выполняет директивы ЕС. В разделе «Бизнес» громят противодействие «американских изоляционистов» плану МВФ дать 10 млрд. долларов на стабилизацию российского рубля[58].

Позже, как и предсказывал прогноз погоды, начался дождь. Погодные карты, которые публикуются в газетах, свидетельствуют о широте интересов читателей. В *Таймс* три погодные карты: две карты Британских островов с погодой до полудня и после полудня и одна с центром в Атлантике. В *Ле Монд* две погодные карты Европы и одна — Франции. В *Коррьере* — одна карта Европы (от Атлантики до Крыма) и другая — Италии. В *Зюддойче цайтунг* три огромные карты всей Европы с детальной информацией, полученной от множества метеостанций, связывающих Рейкьявик, Лулео (Швеция), Лиссабон и Афины. В *Газете выборчей* погодной карты нет, но приводится список температур предыдущего дня для некоторых евро-

пейских столиц: Рим и Лиссабон (13 °C), Лондон (10 °C), Афины (9 °C), Вильнюс, Рига, Таллинн и Минск (+1 °C), Киев и Прага (+1 °C), Бухарест (+3 °C). Какая температура была в Москве, варшавяне не знают.

Юропиан предлагает самую большую из всех цветную карту погоды. На ней и новые республики: Словения, Хорватия, Беларусь и Молдова, но нет России, которую ошибочно приравнивают к СНГ. Сопутствующий перечень «дорожных работ на дорогах Европы» не содержит никаких сведений восточнее развязки *A9 — Бад-Дюрренберг* у Лейпцига. Выходит, что правда: в Восточной Европе дороги не ремонтируют.

Вот такой клубок информации, который предстоит распутывать будущим историкам.

Сегодня День Св. Валентина. Считается, что в этот день птицы начинают спариваться; стали в этот день обмениваться подходящими сигналами и человеческие голубки. В *Таймс* страница за страницей загадочных и часто не очень грамотных посланий:

«AGATHA AARDVAARK. All my love Hector Tree....ARTEMIS. Not only Hesperus entreats Thy Love. Algy....CHRISTIANE. Un vraie couscous royale. Je t'aim infiniment. King....MENTEN. Blue Seas in Basalt Rocks....MOONFACE loves Baby Dumpling and Smelly....POOPS. Ich bin deiner, bist du meine? Wirst du sein mein Valentine?»[59]

Несколько газет дают противоречивые сведения о происхождении Дня Св. Валентина. По одной версии, в Средние века переняли римский праздник луперкалий. Луперкал, или «волчье логово», — это та пещера, где Ромул и Рем были вскормлены волчицей и где позднее римляне совершали определенные ритуалы, испрашивая себе потомство: надо было обмазаться козьей кровью. Ни один из римских святых мучеников по имени Валентин не может быть ответственным за языческие шалости.

Сегодня также исполняется 300 лет резни в Гленко. Как оказалось, было убито только 38 человек. «В контексте клановой истории, — говорит лорд Макдональд из Ская, — количество пострадавших было минимальным». Так что до сих пор остается достаточно Макдональдов, чтобы устраивать марши с трубами в Гленко (то есть в «Долине плача»). Во всяком случае, *Таймс* сообщает, что Кэмпбеллы действовали как «агенты правителей из Вестминстера». А вот тема для обсуждения: на прошлой неделе *Цайт* посвятила большую статью корням шотландского сепаратизма; рядом помещена фотография громадного граффити из Глазго: «Бритты — вон»[60].

У меня уже вошло в привычку писать под музыку: *Радио-3 Би-би-си* помогает чернилам ложиться на бумагу. Утром в 7.35 первые строчки текли под концерт Баха для *oboe d'amore*. Чтение утренних газет — под Третий концерт для фортепьяно Рахманинова. Перед Днем Св. Валентина очень уместно прозвучала симфоническая фантазия Чайковского «Франческа да Римини». В 2 часа пополудни пропустил духовой оркестр «Катовице», но Восьмая симфония Бетховена придала силу этому дню. Сегодня в эфире прекрасно соединяются Восток и Запад, хотя против обыкновения на Би-би-си-3 сегодня не было Яначека.

Какая ирония, что историков, которые изучают прошлое, всегда заставляют предсказывать будущее. Для этих целей полезно следить за ходом времени, но не слишком.

Там — гораздо западнее, за океаном, США, без сомнения, достигли пика своей мощи. Но, кажется, у них будут неприятности: из-за их долга, из-за союзников, из-за «многообразия» их собственных граждан. У них особенно неразрешимые противоречия с Японией, чья потрясающая экономика задевает Америку. США отходят от Европы, с которой они больше не связаны цепями недавней «Холодной войны». И вице-президент Д. Куэйл, возражавший против этого мнения на прошлой неделе в Лондоне, возражал слишком горячо.

На севере, в Шотландии, снова ожило движение за независимость. На этой неделе абсолютное большинство шотландцев высказалось за изменение статуса страны. Они могут разрушить Соединенное Королевство и таким образом поставить англичан на место, как не мог бы никто в Брюсселе. Они еще могут сделать из англичан европейцев.

На юге, в самом сердце Европейского сообщества, и немцы, и французы чувствуют напряжение. Франция страдает под наплывом иммигрантов-мусульман из Северной Африки, от националистических выпадов Ле Пена, от социалиста-президента, которого уже не хотят. Германия сгибается под тяжестью объединения. И оба правительства в этих испытаниях обращаются к Евросоюзу за утешением и поддержкой. На этой неделе телевизионная программа «Немцы» показала, как германский канцлер цитирует Томаса Манна, мечтавшего не о «немецкой Европе», а о «европейской Германии». Немцы могут утратить свой энтузиазм, если утратят свою дойчмарку.

На востоке карта Европы все никак не устоится: кажется, каждый месяц появляется новое государство. Много говорят об опасности национализма. Откуда он берется? Было бы куда убедительнее, если бы нападали на крупные и более опасные виды национализма, а не на мелкие. Не то, чтобы такой опасности не было. Три прибалтийских государства плавают в море испытаний. Польша, Венгрия и Чехо-Словакия намереваются стать полноправными членами ЕС к концу десятилетия. Чехи и словаки, кажется, двигаются к разводу. Румынии, Болгарии и Албании вообще некуда двигаться. Югославская федерация, конечно, скоро распадется. Словения и Хорватия, как Беларусь, Украина и Молдавия, будут жизнеспособны, если их оставить в покое. СНГ, однако, вряд ли уцелеет; и Российская республика в ее теперешнем виде выглядит не более здоровой, чем СНГ. Она все еще остается огромным искусственным образованием в два раза больше США, с очень неравномерной экономической структурой и вообще без всякой цементирующей политики. Шанс появится в том случае, если Москва отпустит регионы Дальнего Востока двигаться в направлении автономии и разрешит японские инвестиции; если разрешит Сибири разрабатывать свои ресурсы с помощью иностранцев. У Европейской России, как всегда, слишком много населения и слишком много солдат и мало еды, чтобы их прокормить. Русские с их невероятной стойкостью вынесли два года советского коллапса; но они не могут терпеть без конца. Если в демократической России не начнется рост благосостояния, она будет фрагментироваться дальше. В этом случае автократическая Россия попытается снова утвердиться силой.

Распад советской империи, конечно, — «величайшее и, может быть, ужаснейшее событие» нашего времени. Скорость этого распада превысила скорость всех известных европейской истории обвалов — расчленение испанских владений, разделы Польши, отступление Оттоманской империи, распад Австро-Венгрии. А между тем, это событие не из тех, которые бы звали историка посидеть на развалинах Кремля, как сиживал Гиббон в Колизее, или написать реквием. Потому что Советский Союз не был цивилизацией с великим прошлым. Он был исключительно безобразен и лжив даже в недолгий период своего триумфа. Он принес смерть и бедствия большему числу человеческих существ, чем какое-нибудь иное известное государство. Он не дал хорошей жизни ни преобладающей национальности — русским, ни даже своей правящей элите. Он действовал исключительно разрушительно даже по отношению к русской культуре. Как теперь понимают многие думающие русские, это были глупость и безумие, которые, прежде всего, не надо было совершать. Суверенные нации бывшего Советского Союза вернулись туда, где они были в 1918–1922 гг., когда первый проблеск независимости задула Красная армия Ленина. Почти всякий скажет: «Россия, да. Но какая Россия?»[61]

Самый очевидный факт советского распада — это то, что он совершился по естественным причинам. На Советский Союз не напали варвары, как на Рим, его не разделили хищные соседи, как Польшу, и он не погиб под тяжестью великой войны, как габсбургская империя. Он не потерпел поражение в битве не на жизнь, а на смерть, как нацистская Германия. Он умер, потому что должен был умереть, потому что гротескные механизмы его внутренней структуры не были способны обеспечивать первейшие жизненные потребности. В ядерный век он не мог, как до того цари — его предшественники, решать внутренние проблемы через экспансию. Не мог он больше и доить захваченные народы. Он не смог поддержать партнерство с Китаем, что когда-то сулило всемирное будущее коммунизму; он не вынес приток кислорода в виде реформ; итак, он взорвался. Он был сражен закупоркой политических сосудов, более обширной, чем все известные до того в истории.

Последствия этого громадного шока должны были задеть всю Европу. Еще не ясно, смогут ли народы бывшей советской империи переустроить свою жизнь с минимальной кровью и ненавистью. То, что коллапс прошел мирно, означает, что он вполне назрел; но воинственные националисты, которые начали боевые действия на Кавказе и в Югославии, имеют множество подражателей. Неудивительно, что страны Западной Европы реагировали на советский коллапс с величайшей осторожностью. Правительства не спешили поддерживать борющиеся республики. Некоторые, впрочем, во имя неуместной стабильности были готовы поддержать дальнейшее существование Советского Союза или Югославской федерации. Они были в состоянии смятения, обдумывали полумеры, предлагавшиеся разными конкурирующими учреждениями.

Парадоксально, что угроза анархии на Востоке подстегнула Запад к более тесному союзу. В прошлом году албанские беженцы десятками тысяч переплывали Адриатику и пытались проложить себе силой путь в Италию. Толпы русских, украинских и румынских бродяг и торговцев хлынули в Польшу совершенно так же, как поляки недавно повалили в Германию и Австрию. Невероятная способность Германии абсорбировать подвергается тяжелейшему испытанию не только со стороны миллионов безработных из Восточной Германии, но также со стороны легально просящих политического убежища, чье присутствие не очень-то желательно. Если беспорядки повторятся в большем размере и в Центральной Европе, то в западных столицах почувствуют безотлагательность поиска решений. Пока же консолидация Европейского сообщества шла самым медленным темпом. Порыв холодного ветра с Востока может ускорить процесс.

Многое зависит от Америки. Пока США остаются сильным и сравнительно процветающим государством, status quo в Западной Европе вряд ли неожиданно изменится. Сохранится НАТО, а Евросоюз будет не спеша развиваться. Если же и США начнут входить в кризис, европейские страны сблизятся, чтобы защитить себя. Мягкий западный ветер с Атлантики может произвести такое же действие, как и холодный ветер с Востока.

Европа, как сама природа, не выносит пустоты. Рано или поздно Европейское сообщество на Западе и государства, возникшие на месте прежних на Востоке, должны будут переопределиться, вновь обозначить свои границы и своих союзников. Как-нибудь — по крайней мере, на время — установится новое равновесие, возможно, в некоей многосторонней структуре. Региональные объединения, такие, как Балтийский совет, «Шестиугольник» и какой-то постсоветский клуб или клубы, — все могут сыграть свою роль. Но где-то между глубинной Россией и сердцем Европы нужно будет установить новую разделительную линию — надеюсь, что это будет граница мира.

«Европа, да. Но какая Европа?» Старая Европа, Европа до Затмения — ушла навсегда. Можно только посетовать вместе с поэтом об ее уходе и ее древних стенах:

> Я, прядильщик туманов, бредущий сквозь время,
> О Европе тоскую, о древней моей![62]

Но назад ее не вернешь. Сегодняшняя Европа — порождение «Холодной войны», не отвечает своей задаче. Нравственные и политические установки отцов-основателей Сообщества почти совсем забыты.

В ближайшем будущем Европа полностью не объединится. Но у нее есть шанс не быть такой разделенной, как раньше. Если удача нам улыбнется, физические и психологические расхождения смягчатся по сравнению с теми, что были на нашей памяти. Европа скачет дальше. *Трепещут и реют от ветра одежды. — Tremulae sinuantur flamine vestes.*

ПРИМЕЧАНИЯ

[1] Henryk Batowski, Kryzys dyplomatyczny w Europie, 1938-39 (Warsaw, 1962); Ostatni tydzieci pokoju i pierwsze tygodnie wojny, 2nd edn. (Poznań, 1969); Europa zmierza ku przepasci (Poznań, 1989); см. также: того же автора: Niedoszta «Biala Ksiega» «z roku 1940: rozprawa zrodloznawcza (Cracow, 1993); того же автора: «17 September 1939: Before and After», East European Quarterly, 27/7 (1993), 523-34.

[2] L'Évolution de l'humanitй, ed. Henri Berr (Bibliothéque de Synthése Historique, (Paris). J. Vendryes, Le Langage: introduction linguistique вышла в 1921 году, H. Verin, La Gloire des ingénieurs — в 1993.

[3] Juliusz Slowacki, Podroz do Ziemi Swietej z Neapolu. Pesn 1,85-90. Русский перевод приводится по: Словацкий, Ю. Путешествие из Неаполя по святым местам. Песнь первая. // Словацкий Ю. Избранные сочинения в 2-х томах. Т. 1. М, Худ. лит-ра, 1960. С. 426. Пер. А. Гатова. К сожалению, русский перевод содержит «географические неточности» по отношению к оригиналу: у Словацкого речь идет не о «шипе в теле», а о «шипе в ступне», и, кроме Петербурга, в качестве таких «шипов» названы Севастополь, Азов, Одесса и Митава. — перев.

[4] The Cambridge Mediaeval History, ed. J. B. Bury, H. M. Gwatlin et al. (8 vols., Cambridge, 1936-39).

[5] Handbuch der europдischen Geschichte, ed. T. Schieder (7 vols., Stuttgart, 1968-79).

[6] Periods of European History, ed. Arthur Hassall (9 vols., London, 1897-1936).

[7] Например, The Fontana History of Europe (400-1945), General Editor J. H. Plumb (15 vols., London, 1963-); The Library of European Civilisation, General Editor Geoffrey Barraclough (London, 1965-); A General History of Europe, from the Decline of the Ancient World to 1945, General Editor Denys Hay (11 vols., London, 1968-).

[8] John Bowie, A History of Europe: A Cultural and Political Survey (London, 1979), 589.

[9] См.: Anthony Seldon, Contemporary History: Practice and Method (Oxford, 1988).

[10] Walter Raleigh, A Historie of the World, in his Works (London, 1829). Сам Рэлей благоразумно ограничился историей древних греков и римлян.

[11] H. A. L. Fisher, A History of Europe (London, 1936)

[12] Eugen Weber, A Modern History of Europe: Men, Cultures, and Societies from the Renaissance to the Present (New York, 1971).

[13] Kenneth Clark, Civilisation: A Personal View (London, 1969).

[14] Jacob Bronowski, The Ascent of Man (London, 1973).

[15] Michael Andrews, The Birth of Europe: Colliding Continents and the Destiny of Nations (London, 1991).

[16] Fernand Paul Braudel, La Mediterranée et le monde mediterranéen à l'époque de Philippe II (Paris, 1949), trans. as The Mediterranean and the Mediterranean World (London, 1973); see also William McNeil, The Rise of the West: A History of the Human Community (Chicago, 1963); and Immanuel Wallerstein, The Modern World System (New York, 1974).

[17] сопереживание; умение поставить себя на место другого.

[18] A. Low-Beer, «Empathy in History», Teaching History, 55 (Apr. 1989) 8 ff.; J. Cairns, ibid. 13 ff.; см. ткж.: K. Jenkins and P. Brickley, «Reflections on the Empathy Debate», ibid. 18 ff.

[19] См. David Lehman, Signs of the Times: Deconstruction and the Fall of Paul de Man (New York, 1991). См. рецензию на данную работу работу: Louis Menand, «The Politics of Deconstruction» New York Review of Books, 21 Nov. 1991.

[20] великими упростителями

[21] Апокриф. О моем озорном учителе, см. Adam Sisman, A. J. P. Taylor (London, 1994)

[22] Claude Delmas, Histoire de la civilisation européene (Paris, 1969), 127

[23] Norman Davies, Preface to God's Playground: A History of Poland (Oxford, 1981), vol. i, p. vii.

[24] Лорд Актон, цит. по Geoffrey Parker, The Thirty Years' War (New York, 1984), p. xv.

[25] «Мое кредо состоит в том, что только история — поэзия, если бы мы только рассказывали верно»; T. Карлейль в письме к Ральфу B. Эмерсону, 12 Aug. 1834, в The Correspondence of Emerson and Carlyle, ed. J. Slater (New York, 1964), 105.

[26] См. Gertrude Himmelfarb, «Telling It as You Like It: Post-modernist History and the Flight from Fact», TLS, 16 Oct. 1992,12-15.

[27] В оригинале — непереводимая игра слов: «deride» — высмеивать

[28] Ibid. 15.

[29] Voltaire, Le Siècle de Louis XIV, цит. по Denys Hay, Europe: The Emergence of an Idea (Edinburgh, 1957), 123.

[30] Edmund Burke, из Letters on a Regicide Peace (1796), цитируется по Hay, Europe, 123.

[31] William Blake, «The Ancient of Days» (Urizen Creating the Finite Universe) [«Древнейший день» (Уризен создает завершенную Вселенную)], Фронтиспис книги Europe a Prophecy (1794), British Museum; воспроизведено в William Blake, ed. Vivian de Sola Pinto (London, 1965), pl. 4.

[32] John of Trevisa, translating Bartholomew the Englishman's Latin Encyclopaedia; цит. по: R. Barber, The Penguin Guide to Mediaeval Europe (London, 1984), 30.

[33] George F. Kennan, Siberia and the Exile System (New York, 1891), i. 420-22; цитируется по: Benson Bobrick, East of the Sun: The Epic Conquest and Tragic History of Siberia (New York, 1992), 267-68.

[34] См.: Hay, Europe, 125; см. ткж.: Egbert Jahn, «Wo befindet sich Osteuropa?» Osteuropa, 5 (May 1990), 418-40.

[35] См. W. H. Parker, «Is Russia in Europe? The Geographical Viewpoint», in An Historical Geography of Russia (London, 1968), 27-29.

[36] T. S. Eliot, Die Einheit der Europaeischen Kultur (Berlin, 1946); опубликовано также под заглавием «The Unity of European Culture» в качестве приложения к работе: Notes towards the Definition of Culture (London, 1948), особ. 122-124.

[37] Henri Janne, Europe's Cultural Identity (Strasburg, 1981).

[38] Цит. По: Margaret Shennan, Teaching about Europe (London, 1991), 241.

[39] Цит. По: Anthony Sampson, The New Europeans (London, 1968), 6; см. ткж.: Mia Rodriguez-Salgado, «In Search of Europe», History Today, 42 (Feb. 1992), 11-16.

[40] См.: J. Tazbir, Myśl i Polska w nowożytnej kulturze europejskiej (Warsaw, 1986), 101-05.

[41] L.-P. Ségur, Tableau historique et politique de l'Europe de 1786 à 1806, цит. по: J. Fabre, Stanislas-Auguste Poniatowski et l'Europe des lumieres (Paris, 1952), 8.

[42] Dostoevsky, 8 June 1880. Исчерпывающий обзор мнений по данному вопросу см.: Milan Hauner, What is Asia to Us? Russia's Asian Heartland Yesterday and Today (New York, 1990), особ. ч. i, «Russian Ideology and Asia: Historians and Geographers».

[43] даже не *barbarity* «варварство», а *baboonery* «бабуины»

[44] А. Блок. Скифы

[45] Rene Albrecht-Carrie, «Two Special Cases: England and Russia» in The Unity of Europe: An Historical Survey (London, 1966), 24-7.

[46] Timothy Carton Ash, The Uses of Adversity: Essays on the Fate of Central Europe (New York, 1989; 2nd rev. edn. London, 1991); тж. G. Schopflin and Nancy Wood (eds.), The Search for Central Europe (Oxford, 1989); и J. Le Rider, La Mitteleuropa (Paris, 1994).

[47] «Heart of Europe» [«Сердце Европы»] — под таким названием было опубликовано обращение, посвященное судьбе оккупированной Бельгии (London, 1915); в краткой истории Польши Нормана Дэвиса (Оксфорд, 1984); в путеводителе по Праге Богомира Мраза (Лондон, 1988); на выставке венгерского искусства в Национальной галерее Шотландии (Эдинбург, 1992) и в сборнике эссе о немецкой литературе и идеологии профессора Дж. П. Стерна (Лондон, 1992).

[48] Hugh Seton-Watson, «What Is Europe, Where is Europe? From Mystique to Politique», 11 лекция в честь Мартина Уайта, прочитанная в Королевском Институте международных отношений, 23 апреля 1985 г.; Encounter, 65/2 (July-Aug. 1985), 9-17.

[49] Ibid. 14.

[50] Ibid. 16.

[51] Ibid. 17.

[52] Dimitri Obolensky, «Hugh Seton-Watson, FBA», Proceedings of the British Academy, 78 (1987). 631-41

[53] Douglas Johnson, «What is European History?», UCL History Newsletter, 8 (University College London) (Dec. 1991), 9-10.

[54] F. Guizot, The History of Civilisation in Europe (London, n.d.), 32.

[55] George Burton Adams, European History: An Outline of Its Development (London and New York, 1899), 6.

[56] Terne L. Plunkett and R. B. Mowat, A History of Europe (Oxford, 1927), preface, p. vii.

[57] Русский текст дается по изданию: Киплинг Р. Баллада о Востоке и Западе. Пер. Е. Полонской. // Киплинг Р. Стихотворения. — СПб.: Северо-Запад, 1994. С. 147.

[58] Русский текст дается по изданию: Киплинг Р. Отпустительная молитва. Пер. О. Юрьева. Там же. С. 111

[59] Martin Bernal, Black Athena: The Afroasiatic Roots of Classical Civilization (2 vols., London, 1987-91).

[60] Molefi Kete Asante, Afrocentricity (Trenton, NJ, 1988), 6, 11. Нередко афроцентристы оказываются особенно непримиримы к тем лидерам чернокожих американцев, которые,

подобно У. Дюбуа, стремились к интеграции и ассимиляции чернокожих американцев в американском обществе. «Обучавшийся в Берлинском университете и в Гарварде, этом оплоте западных идей в США, Дюбуа был пропитан традициями европейской науки... Оставаясь на европоцентристской точке зрения, он работал в рамках западноевропейских философских течений и мыслил в том русле, к которому принадлежали дарвинизм, марксизм и фрейдизм. Эти материалистические подходы видели главный двигатель прогресса в конфликте» (ibid. 16—17).

[61] См.: George James, Stolen Legacy (San Francisco, 1976), где утверждается, что европейская философия и творческая мысль берут начало в Африке.

[62] S. Amin, Eurocentrism (London, 1989); V. Lambropoulos, The Rise of Eurocentrism: anatomy of interpretation (London, 1993).

[63] Jacques Ellul, Trahison de l'occident (Paris, 1975), 217.

[64] Edward Said, Orientalism (London, 1978).

1x В своем «Справочнике по истории Западной цивилизации» (см. ниже сн. lxiv) У. Мак-Нейл использует понятия «западная цивилизация», «цивилизация Западной Европы», «наша цивилизация», европейская цивилизация» и «европейская история» как взаимозаменяемые. Он вводит два основных подразделения: «Классическая цивилизация» и, примерно с 900 г. н.э., «европейская цивилизация», отождествляемая с «западным христианством» (v-vii, 243-8).

[65] Maurice Keen, The Pelican History of Mediaeval Europe (London, 1969), 9.

[66] Ibid. 12.

[67] W. H. McNeill, History of Western Civilization: A Handbook, 6th edn. (Chicago, 1986), 672. 1st edn. 1949—a companion to the 9-vol. University of Chicago Readings in Western Civilization.

[68] J. Mortimer Adler, «Great Books, Past and Present», в его Reforming Education: The Opening of the American Mind, ed. G. van Doren (New York, 1988), 318-50; см. тж. Harold Bloom, The Western Canon: The Books and School of the Ages (New York, 1994).

[69] J. Plamenatz, «Two Types of Nationalism», в: E. Kamenka (ed.), Nationalism: The Nature and Evolution of an Idea (New York, 1976), 23-36.

[70] Ibid. 29-30.

[71] Eric Hobsbawm, «The Return of Mitteleuropa» Guardian, 11 Oct. 1991.

[72] Halford Mackinder, Democratic Ideas and Reality (London, 1919), и особенно «The Round World and the Winning of the Peace», Foreign Affairs, 21 (1943), 595-605. См. Глава X, сн. 73.

[73] Д-р Пламенац не был в этом одинок (см. сн. 66 выше). См. Глава X, сн. 23.

[74] Ригоберта Манчу Тум (р. 1959) — всемирно известная гватемальская политическая активистка и общественный деятель, борец за права женщин, за прекращение гражданских войн в латиноамериканских странах, за права индейского населения и признание индейской культуры, особенно культуры индейцев майя, к одному из племен которых она принадлежит сама. Всемирную известность ей принесла переведенная на многие языки автобиографическая книга «Я, Ригоберта». Лауреат Нобелевской премии мира 1992 г.

[75] Франц Фанон — чернокожий психиатр и литератор марксистской ориентации, один из идеологов революционной

борьбы против колониального господства, участник партизанской борьбы против вишистского режима во Франции, активный участник войны в Алжире. Родился на о. Мартиника (Франция). Его работы серьезно повлияли на радикальное движение Европы и Америки начала шестидесятых годов. Отстаивая вооруженную борьбу как основной метод борьбы с колониальным господством, выступал равно против белого и «черного» расизма и полемизировал с теориями негритюда. Умер в 1961 г.

[76] Хуан Руфо (1918–1986) — мексиканский писатель, киносценарист, фотохудожник, лауреат ряда престижных литературных премий, в т.ч. премии Сервантеса.

[77] Сандра Сиснерос (р. 1954) — американская испаноязычная поэтесса и эсеист, лауреат ряда литературных премий.

[78] Зора Нил Херстон (ум. 1960) — американская писательница, антрополог и фольклорист, изучавшая культуру чернокожих жителей карибских островов.

[79] См. «The Stanford Mind», Wall Street Journal, 22 Dec. 1989, и «Stanford's Image», San Jose Mercury News, 17 Mar. 1991; тж. «Travels with Rigoberta: Multiculturalism at Stanford», в Dinesh D'Souza, Illiberal Education: The Politics of Race and Sex on Campus (New York, 1991), 59-93.

[80] См. Allan Bloom, The Closing of the American Mind (New York, 1987).

[81] Stanford University, General European Program, 1987-8: «Europe I» (Prof. J. Brown), «Europe II» (Prof. J. Diefendorf), «Europe III» (Prof. J. J. Sheehan).

[82] Цит. по George Gordon, «The Land Where You Can't Tell Wrong from Rights», Daily Mail, 21 June 1991.

[83] Allan Bloom, The Closing of the American Mind, цит. соч.

[84] D'Souza, Illiberal Education, цит. соч.

[85] Adler, Reforming Education, цит. соч.

[86] Гете, Талисман. Русский текст приводится по изданию: Гете И. В. Талисман. Пер. В. Левика. (из цикла: «Западновосточный диван. Книга певца») // Гете И.В. Собр. Соч. в 10-ти т.т. Т.1. Стихотворения. С. 323. М.: Худ. Лит-ра, 1975.

[87] A. J. P. Taylor, English History, 1914-45 (Oxford, 1965).

[88] Hugh Gaitskell в Палате общин, 1962; цит. по Keith Robbins; см. сн. 98 ниже. Лорд Теббит в Палате лордов в 1962 г. пытался поправить оплошность Гэйтскела, заговорив о «тысячелетней истории британского парламентаризма», — цитируется по тексту выступления проф. Дэвида Кэннадайна на Англо-американской конференции по истории в Лондонском университете 30 июня 1994 г.

[89] University of London: School of History and Institute of Historical Research, Учебный план, 1992-93 (The White Pamphlet) (London, 1992).

[90] Jonathan Israel, «History in the Making», Independent, 28 Dec. 1992. См. тж. Conrad Russell, «John Bull's Other Nations», TLS, 12 Mar. 1993.

[91] David Cannadine, «British History; Past, Present, and Future», Past and Present, 116 (Aug. 1987), 180. Dissenting opinions were published in 119 (May 1989).

[92] См.: BBC Newsnight, 17 Sept. 1991, on «J. R. Tolkien's Heritage»; also H. Carpenter,/. R. R. Tolkien: A Biography (London, 1992).

[93] As of 1992. By 1993-4, the Honours School of English Language and Literature at Oxford was offering two course variants, one of which was the «Special Course in English Language and Early English Literature». «Old English Literature» and «Old English Translation» were still set papers for all candidates for Honour Moderations and Preliminary Examinations in English. University of Oxford Examination Decrees and Regulations, Oxford 1993, 31-3, 71-2, 177-87. «The Examination in the School of Modern History shall always include 1) The History of England ... 2) General History during some period... 3) a special Historical subject...» The requirement for a knowledge of compulsory non-English texts had been dropped (ibid. 49, 257 ff.).

[94] Jean-François Baque, «Car chaque enfant meurt à son rang: le patriotisme en chantant», Historama, 89 (July 1991), 64-66.

[95] V. Ogilvie, «Teaching Without Nationalistic Bias», The Times, 7 June 1947; G. M. Trevelyan, «Bias in History» History, 32/115 (1947), 1-15; Paul Kennedy, «The Decline of Nationalistic History in the West, 1900-70», Journal of Contemporary History (1973), 77-99.

[96] Tadeusz Korzon, Historya Nowozytna, Tom I do 1648 roku (Cracow, 1889), 1-2.

[97] Korzon's volume initiated a series planned to cover four periods of Modern History: I, Renaissance; II, Reformation, 1517-1648; III, Balance of Power, 1648-1789; and IV, Revolution, 1789-1815. In his judgement, historya najnowsza or «Contemporary History» took over from Modern History in 1815. Thereafter, the historian's task was reduced to collecting material for later analysis (pp. 2-4).

[98] Special credit in this field must go to the Eckert Institute in Brunswick, which embodied UNESCO's efforts to revive prewar schemes for eliminating national bias from history-teaching. See Georg Eckert Institute for International Textbook Research: An Outline of the Institute's Development, Tasks and Perspectives (Braunschweig, 1947); also n. 107 below.

[99] К.В. Базилевич и др. История СССР (в 3-х томах). М., 1947-48 .

[100] Например, учебный план в Оксфорде для GCE A-Level History (1992) предусматривает написание студентами двух работ по выбору из семи Обзорных (Outline) и семи Специальных тем. Темы для обзорных работ ограничиваются такими лишь периодами, как 1066-1273, 1603-1715 или 1895-1964 и подразделяются дальше на Британский и Общий разделы (на самом же деле на Английский и Западноевропейский плюс Русский). Каждый раздел содержит следующие определенные вопросы, такие, как «Крестьянские восстания» или «Тридцатилетняя война». Среди специальных тем находим такие, как «Правительство в Англии Тюдоров, 1509-53» или «Нацизм и Третий рейх, 1919-45»; University of Oxford Delegacy of Local Examinations, General Certificate of Education 3992: Regulations and Syllabuses (Oxford, 1990), 49-72.

[101] D. Iredale, Discovering Local History (Aylesbury, 1977); C. Phythian Adams, Rethinking English Local History (Leicester, 1987); тж. E. Hinrichs, Regionalitaet: der «kleine Raum» см. ткж.: Problem der internationaler Schulbuchforschung (Frankfurt, 1990).

[102] See M. G. S. Hodgson and E. Burke (eds.), Re-thinking World History: Essays on Europe, Islam, and World History (Cambridge, 1993).

[103] Élie Halévy, L'Histoire du peuple anglais au XIXème siècle (1913-26); Denis Mack Smith, Italy: A Modern History (1959); Hugh Kearney, The British Isles: a History of four nations (Cambridge, 1989).

[104] Christopher Dawson, The Making of Europe (London, 1932). См. ткж.: C. Scott, A Historian and His World: A Life of Christopher Dawson, 1889-1970 (London, 1984).

[105] Richard Coudenhouve-Kalergi, Pan-Europa (Vienna, 1924; New York, 1926); Pierre Renouvin, L'iée de fédération europétenne dans la pensée politique du XIXe siècle (Oxford, 1949); Salvador de Madariaga, L'Esprit de l'Europe (Brussels, 1952); R. Albrecht-Carrie, The Unity of Europe: a historical survey (London, 1966).

[106] Keith Robbins, «National Identity and History: Past, Present, and Future», History, 75/245 (Oct. 1990), 369-87, обращение к участникам конференции Исторической ассоциации в Челтенхэме в апреле 1990 г.

[107] Jenny Wormald, «The Creation of Britain: Multiple Kingdoms or Core and Colonies?», TRHS, 6th ser., III (1993), 194.

[108] См. Norman Davies, «Stalin's History Lesson», Spectator, 6 Aug. 1988.

[109] Брежнев Л. Выступление в Бад-Годесберге 23 ноября 1981.

[110] M. Gorbachev, Perestroika: New Thinking for Our Country and the World (London, 1987), 191-95: «We are Europeans» (p. 191); «The home is common, but each family has its own apartment, and there are different entrances» (p. 195).

[111] CM.: G. W. Blackburn, Education in the Third Reich (Albany, NY, 1985).

[112] Здесь автор иронизирует: Геббельс отличался очень невысоким ростом, а Геринг — полнотой, служившей в Германии предметом шуток даже во времена господства нацистов.

[113] Такова, по-видимому, была судьба Тини Ройлэнда, который позднее стал председателем совета директоров транснациональной компании «Лорнхо» и владельцем «Обзервер»: в 1941 г. его арестовали и интернировали по пункту 18B Постановления о «Родившихся в Британии персонах, симпати-зирующих фашизму»; «All Well That Ends Well», Observer, 23 May 1993.

[114] Norman Stone, «The Evil Empire: Heroes and Villains», Sunday Times, 1 Sept. 1991.

[115] David Cesarani, Justice Delayed (London, 1992).

[116] Against Bias and Prejudice: The Council of Europe's Work on History Teaching and History Textbooks (Council of Europe Report, Strasbourg, 1986).

[117] Margaret Shennan, op. cit. p. 53, esp. the chapters «Europe and the Time Dimension» and «Europe's Cultural Identity».

[118] Jean-Baptiste Duroselle, Europe: A History of Its Peoples (London, 1991), «Epilogue», 411-15.

[119] no. См.: Adam Zamoyski, «An Historic Case of Eurofudge», Sunday Telegraph, 6 Nov. 1988. J. Nicholas, «Half-truths about Half of Europe», Guardian, 25 Oct. 1991.

[120] «Quand un livre scandalise la Grèce» Libre Belgique, 26 Apr. 1990; «La prima Storia Europea offende tutti i 12», La Stampa, 4 Nov. 1990; C. M. Woodhouse, in Kathimerini (Athens), 3 June 1990.

[121] Academician M. V. Sakellariou, Letter to the Greek Deputies of the European Parliament, 18 Mar. 1990.

[122] Kathimerini, 30 Sept. 1990.

[123] Jacques Montaville et al, Histoire de l'Europe (Paris, 1992). См.: Julian Nundy, «History Leaves Britain Behind», Independent on Sunday, 19 Jan. 1992.

[124] Benedikt Anderson, Imagined Communities: Reflections on the Origin and Spread of Nationalism, 2nd edn. (London, 1991); цит. по: G. Varouxakis in UCL History Newsletter, 8 (Dec. 1991), 22-24.

[125] Prof. Marc Raeff, in «What Is European History?», History Today, 36 (Jan. 1986), 46-50.

[126] Professor Marc Ferro, ibid.

[127] Dr. Eva Haraszti, ibid.

[128] Prof. Immanuel Wallerstein, ibid.

[129] A. J. P. Taylor, ibid.

Глава 1

[1] Charles Louis de Secondat, Baron de Montesquieu. // Considérations sur les causes de la grandeur des Romains (1734); тж. On the Difference of Men in Different Climates // De l'Esprit des lois. 1748 . xiv. 2.

[2] P. Vidal de la Blache, Principes de géographic humaine, ed. E. de Martonne. (Paris, 1921), trans, as Principles of Human Geography (London, 1926); тж. La Personnalite géographique de la France, что представляет собой введение к его Tableau de la géographie de la France, English trans. (Manchester, 1941); F. Braudel, L'Identité de la France (Paris, 1985). Монтескье писал, что Британия — «это нация, настолько обескураженная климатом, что у нее пропал вкус ко всему, даже к самой жизни» (Esprit des lois).

[3] Лат. Alpes «высокие горы»

[4] Luigi Luca Cavalli-Sforza в Scientific American (1991). Цит. по: S. Connor. On the Origin of Speeches // Independent on Sunday. 10 Nov. 1991.

[5] Dr Steve Jones. BBC Reth Lectures 1991, опубликовано как The Languages of the Genes: Biology, History and the Evolutionary Future. London. 1993

[6] См. Введение сн. 42, 43 и 68; тж. J. Szucs. Three Historical Regions of Europe// Tortenelmi Szemle (Budapest), 24. 1981.

313–69, опубликовано как Les Trois Europes. Paris. 1985; H.C. Meyer. Mitteleuropa in German Thought and Action, 1815–45. The Hague. 1955; и O. Halecki. The Borderlands of European Civilization. New York. 1952

[7] густой туман с моросящим дождем

[8] См. Braudel, La Méditerranée (см. Введение, сн.16)

[9] Robert Fox, The Inner Sea: the Mediterranean and Its People (London, 1991)

[10] См. David Kirby, Northern Europe in the Early Modern Period (London, 1990); тж. J. Fitzmaurice, The Baltic: A Regional Future? (London, 1992).

[11] Neil Archerson, Black Sea, p.267 (London and New York, 1995)

[12] Мессина и Сиракузы — города на о. Сицилия

[13] цизальпинский, то есть находящийся с «нашей» стороны Альп (т. е. со стороны Рима)

[14] Ellworth Huntington, Civilization and Climate (1915; 3rd edn., New Haven, Conn., 1924); The Mainsprings of Civilization (new York, 1945).

[15] Arnold J. Toynbee, A Study of History (1934), abridged (London, 1960), 151.

[16] Michael Andrews, *The Birth of Europe*, op. cit. 97.

[17] Дордонь — департамент на юго-западе Франции

[18] C. Stringer and R, Grun, «New Light on Our Shadowy Ancestors» *Independent on Sunday*, 1 Sept. 1991.

[19] W. J. Perry, *The Growth of Civilization* (London, 1925), 34.

[20] См. Barry Cunliffe, «Aegean Civilization and Barbarian Europe», в *The Roots of European Civilization* (Chicago, 1987), 5–15; тж. J. Howell, «The Lake Villages of France», ibid. 42–53

[21] См. Gerald S. Hawkins, *Stonehenge Decoded* (London, 1970)

[22] Colin Renfrew, *Archeology and Language: The Puzzle of Indo-European Origins* (London, 1987).

[23] Maija Gimbutas в G. Gardona et al. (eds.), *Indo-European and Indo-Europeans* (Philadelphia, 1970), 54; цит. по Renfrew, *Archeology and Language*, 17.

[24] Как полагает Jones, *The Languages of the Genes*

[25] О европейской ономастике см. G. Semerano, *Le origini della cultura europea: rivelazioni della lingistica storica* (Florence, 1984).

[26] См. Jacquetta Hawkes, «The Grace of Life», в *The Dawn of the Gods* (London, 1968), 73–156, где «женский дух минойцев» противопоставляется «мужскому духу ахейцев» позднейших времен.

[27] Sir Arthur Evans, *The Palace of Minos: A Comparative Account of the Early Cretan Civilization* (4 vols., London, 1921–36), i.17. См. тж. S. Horwitz, *Find of a Lifetime* (London, 1981), и A.C. Brown, *Arthur Evans and the Palace of Minos* (Oxford, 1981).

[28] О жертвоприношении в Анемоспелии, открытом в 1979, см. Peter Warren, «The Minoans and Their Gods», в Barry Cunliffe, Origins, op.cit.30–41.

[29] Gerald Cadogan, «A Theory that Could Change History», Financial Times, 9 Sept. 1989.

Глава 2

[1] Винкельман И.И. Избранные произведения и письма. М.-Л.,1935.- С.107.

[2] The Isles of Greece. N 608.

[3] Maurice Bowra, *Ancient Greek Literature* (Oxford, 1933), 9; Walter Savage Landor, (quoted ibid.;). C. Stobart, *The Glory That Was Greece: A Survey of Hellenic Culture and Civilization* (1911; rev. edn. London, 1933), introduction.

[4] Gilbert Murray, *The Legacy of Greece* (Oxford, 1922), Introduction.

[5] Эсхил. Персы. Эсхил. Трагедии. М., 1971. С. 92.

[6] George Grote, *History of Greece* (London, 1907), xii. 303

[7] Jules Michelet, *Histoire Romaine* (1834), bk. Ii

[8] Рильке Э.М. *Сонеты к Орфею*. IX. Пер. Г.Ритгауз

[9] Bernard Williams, цит. по: Oliver Taplin, *Greek Fire* (London, 1989), 170.

[10] Сафо. К Анакторин. Пер. Голосовкера В. Поэты лирики Древней Эллады и Рима. М.,1963. - С. 16.

[11] Glycon

[12] Симонид (Simonides).Цит. по: Гаспаров М.Л. Занимательная Греция. М.,1995.- С.136.

[13] Цитируются, соответственно, Оливер Таплин, Георг Штайнер и Ф. Ницше («Рождение трагедии из духа музыки»). Цитируется по: Oliver Taplin, *Greek Fire*. PP. 36-61.

[14] Софокл. Антигона. Пер. С. Шервинского и Позднякова // Античная драма. М., 1970.- С.192.

[15] Sir Ernst Gombrich, *The Story of Art* (Oxford, 1952), 52

[16] Ibid. *passim*

[17] K. J. Dover, *Greek Homosexuality* (London, 1978)

[18] См. David M. Halperin, «Sex Before Sexuality: Pederasty, Politics, and Power in Classical Athens» //M. B. Duberman et al. (eds.), *Hidden from History: Reclaiming the Gay and Lesbian Past* (New York, 1989; London, 1991), 37-53.

[19] См. John Boswell, «Revolutions, Universals, and Sexual Categories», ibid. 17-36.

[20] Фукидид. История. Л.,1981.

[21] Пиндар VII Пифийская ода //Пиндар. Вакхилид. Оды. Фрагменты. Пер. М.Л. Гаспарова. М.,1980.

[22] См. M. Finley, «Five Tyrants» //*Ancient Sicily: To the Arab Conquest*// в *History of Sicily* vol. 1 (в соавторстве с D. Mack Smith). (1968).

[23] Тит Ливий. История Рима, xxiv.34.

[24] ibid.

[25] русск. пер.

[26] ibid. xix. 3.

[27] Ch. M. Danov, «The Celtic Invasion and Rule in Thrace in the Light of Some New Evidence», *Studia Celtica*, 10/11 (1975-6), 29-40.

Глава 3

[1] Cato, *De Re Rustica*, 1.

[2] Это высказывание среди прочих приводит Беда Достопочтенный и Э. Гиббон (Edward Gibbon, *Decline and Fall of the Roman Empire*, ch. 17).

[3] Reginald Blomfield, в R. W. Livingstone (ed.). *The Legacy of Greece* (Oxford, 1924), 406.

[4] «Илиада», VI, 448. Перевод Н. И. Гнедича; Appian, *Romaika*, bk. 132. Цит. по: B. H. Warmington, *Carthage* (London, 1964), 260.

[5] Киплинг Р. Митра (Гимн XXX-го легиона. Ок. 350 г. до н.э).

[6] Вергилий. Энеида. VI, 851-853. Пер.В. Брюсова и С. Соловьева. Л.-М.,1939.

[7] W. De Burgh, *Legacy of the Ancient World* (London, 1936), ch. ii, «The Reception of Roman Law».

[8] Gibbon, *Decline and Fall*, ch. 9.

[9] Virgil, *Georgics*, ii. 490; iii. 284; *Eclogues*, xi. 32; i. 66; *Aeneid*, i. 362.

[10] Вергилий. Энеида. Л.-М., 1939.- С.31.

[11] Гораций. Сочинения. М.,1970. 1. Оды. Кн.3, II, 13 (с. 128); Наука поэзии. (с. 386); Послания (с. 374); 30, 1,6 (с. 176)

[12] Ovid, *Ars Amatoria*, ii. 107.

[13] Theodor Mommsen, *The History of Rome*, English trans (London, 1890), iv. 90.

[14] Ronald Syme, *The Roman Revolution* (Oxford, 1939), p. vii.

[15] Ibid. 11.

[16] Ibid. 201

[17] Гай Светоний Транквилл Жизнь двенадцати цезарей. — М.,1964. С.70-72.

[18] Ibid. 113, 123

[19] Ibid. 147.

[20] Ibid.С. 158.

[21] Ibid. 204.

[22] Gibbon, *Decline and Fall*, ch. 3.

[23] Ibid.

[24] Письма Плиния Младшего. М.,1982. С.188-206.

[25] Марк Аврелий Антонин, Размышления, СПб 1993, iii.16.

[26] Ibid. vi. 44, 36.

[27] Gibbon, *Decline and Fall*, ch. 10.

[28] Речь идет об Иосифе Флавии, авторе Иудейской войны и Иудейских древностей.

[29] Речь идет о Филоне Александрийском.

[30] Ibid. ch. 15.

[31] См. G. Vermes, *Jesus and the «World of Judaism* (London, 1983); D. Flusser, *Judaism and the Origins of Christianity* (Jerusalem, 1988); and M. Baigent and R. Leigh, *The Dead Sea Scrolls Deception* (London, 1991).

[32] С благодарностью к Al-Shalom Reformed Synagogue, Glencoe, 111.

[33] Irenaeus, Adversus Heraeses, Ill. iii. 1-2

[34] Gibbon, *Decline and Fall*, ch. 16.

[35] C. P. S. Clarke, *A Short History of the Christian Church* (London, 1929), 69; или J. F. Bethune-Baker, *An Introduction to the Early History of Christian Doctrine* (London, 1903). There are, in fact, two different formulas of the Nicene Creed—the shorter version issued at Nicaea in 325 and a longer version, also known as the Niceno-Constantinopolitan Creed, possibly drawn up at the General Council of 381. See World Council of Churches, *Confessing One Faith…: the Nicene-Constantinopolitan Creed* (Geneva, 1991).

[36] Jacob Burckhardt, *The Age of Constantine the Great* (1852), trans. M. Hadas (New York, 1949), 343-53.

[37] Eusebius of Caesarea (c. 260-340), *Vita Constantini*, quoted by Burckhardt, *Constantine the Great*, 231. См. *The Essential Eusebius*, trans. Colm Luibhaid (New York, 1966).

[38] Gibbon, *Decline and Fall*, chs. 14, 16.

Глава 4

[1] См. Mortimer Wheeler, *Rome Beyond the Imperial Frontiers* (London, 1954).

[2] Salvian of Marseilles, c. 440, цит. по Jacques Le Goff, *Mediaeval Civilization, 400-1500* (Oxford, 1988).

[3] Земля между Дакией, Нориком и Иллириком. — прим. ред.

[4] Simeon Potter, *Language in the Modern World* (London, 1960), ch. 7, «The Indo-European Family». См. тж. Harold Goad, *Language and History* (London, 1958).

[5] *лат.* с самого начала, от истоков

[6] G. Labuda, *Żródła, sagi, i legendi do najdawniejszych dziejów Polski* (Warsaw, 1961) включает исследования об Альфреде Великом, о войнах готов с гуннами, *Widsith*, и *Chanson de Roland*. См. тж. J. Otto Maenchen-Helfen, *The World of the Huns* (Berkeley, Calif., 1973).

[7] Gibbon, *Decline and Fall*, ch. 42. Упоминание о 4600 деревнях он нашел в «любопытном MS фрагменте за 550 г. в библиотеке в Милане» (сн. 11). По поводу *panicum milium* («итальянское просо») он замечает: «Теперь в хорошем хозяйстве просом откармливают домашнюю птицу, а не героев» (сн. 12).

[8] Провинция в южной Галлии. — прим. ред.

[9] Территория между Рейном и Эмсом. — прим. ред.

[10] Ibid. ch. 30.

[11] Влах или влох — старое славянское слово, обозначающее «латинянина». К нему восходят Валахии — Старая Валахия в Сербии, Валахия Большая в Фессалии, Валахия Меньшая в северной Румынии, Валахия в южной Румынии и Мавровалахия, земля Negrolatini, то есть «черных влахов» в Динарских Альпах. В польском языке до сих пор слово *wlochy* означает «итальянцы». — прим. ред.

[12] Нравы, обычаи, постановления римлян. — прим. ред.

[13] Ferdinand Lot, *La Fin du monde antique et le début du Moyen Âge* (Paris, 1951), 3; тж. «Le Régime des castes», 115 ff.

[14] Charles Oman, *The Dark Ages*, AD 476-918 (6th edn., London, 1919), 29.

[15] Lot, *La Fin du monde antique*, 311.

[16] Экзархата Романьи. — прим. ред.

[17] Oman, *The Dark Ages*, 207.

[18] Зажигательная смесь из смолы, серы, нефти, селитры и др., которую невозможно было потушить водой. — прим. ред.

[19] См. Д. Оболенский, Византийское содружество наций. — М., 1998.

[20] *Коран*, сура 5, сн. 3.

[21] Высохшее русло реки. — прим. ред.

[22] Steven Runciman, *A History of the Crusades* (Cambridge, 1953), i. 3.

[23] *Shorter Encyclopaedia of Islam*, ed. H. A. R. Gibb and J. H. Kramers (London, 1961), 16, 491.

[24] Gibbon, *Decline and Fall*, ch. 35.

[25] *Песнь о Роланде*, cxlix. 2000-9.

[26] Henri Pirenne, *Mediaeval Cities: Their Origins and the*

Revival of Trade (Princeton, NJ, 1925), 27; тж. *Mahomet and Charlemagne* (London, 1939).

[27] Gibbon, *Decline and Fall*, ch. 23.

[28] В землях неверных. — прим. ред.

[29] *Historiae Ecclesiasticae Francorum*, ii. 27, trans. J. H. Robinson в *Readings in European History, i* (Boston, 1904), 51.

[30] Bede, *A History of the English Church and People*, trans. Leo Shirley-Price (London, 1955) i. 27, P. 76.

[31] Ibid. pp. 86-7.

[32] C. Bayet, Remarques sur le caractère et les conséquences du voyage d'Étienne III en France, *Revue historique*, 20 (1882), 88-105.

[33] Название *Большой Сен-Бернар* установилось только после XI в., когда св. Бернар из Монжу († 1008 г.) построил приюты на вершинах Альпис Поенина и Альпис Грайя (Ма-лый Сен-Бернар). В это же время (то есть через 300 лет после путешествия Стефана II) была выведена порода больших собак сенбернаров, обученных спасать людей из-под снега.

[34] J. N. D. Kelly, *The Oxford Dictionary of Popes* (Oxford, 1988), 91-2.

[•] Ошибка у автора. Пипин Короткий — не внук, а сын Карла Мартелла. См. Также Гл. 5. — прим. ред.

[35] Abbé L. Duchesne (ed.), *Le Liber Pontificalis: texte, introduction et commentaire* (Paris, 1884), 440 ff.; *Étude sur le Liber Pontificalis* (Paris, 1877).

[36] J. M. Wallace-Hadrill (ed.), *The Fourth Book of the Chronicle of Fredegar with Continuations* (London, 1960).

[37] *Liber Pontificalis*, 447.

[38] Ibid.

[39] *The Fourth Book of the Chronicle of Fredegar*, 104.

[40] Ibid. 109.

Глава 5

[1] Thomas Hobbes, *Leviathan*, 4, 47.

[2] Цит. по Donald Bullough, *The Age of Charlemagne* (London, 1965), 13.

[3] Ibid. ch. 4, «A Court of Scholars and the Revival of Learning'.

[4] Oman, op. cit. p. 382.

[5] Шекспир У. *Макбет*. Акт V, сцена 5.

[6] F. L. Ganshof, *Qu'est-ce que la féodalité?* (Brussels, 1944); trans. as *Feudalism* (London, 1952), p. xx.

[7] Hugh Trevor-Roper, *The Rise of Christian Europe* (London, 1966), 96.

[••] Неточность. Стремена были известны степным кочевым племенам уже в древности, и использование их для стрельбы из лука на скаку лежало в основе их тактики конного боя («парфянские стрелы»). По мнению большинства историков, они появились еще во втором тысячелетии до н.э. — прим. ред.

[8] Lynn White, Jr. *Mediaeval Technology and Social Change* (Oxford, 1961), 14-28.

[9] Инвеститура IX в., описанная в XII в. *Chanson de Saisnes*, or *Saxenleid, of* Jean Bodel of Arras; цит. по Ganshof, *Feudalism*, 126; см. Jacques Le Goff, «The Symbolic Ritual of Vassalage», в *Time, Work, and Culture in the Middle Ages* (Chicago, 1980),237-87.

[10] Платёж нового арендатора помещику при переходе к нему прав наследственной аренды. — прим. ред.

[11] C. Seignobos, *The Rise of European Civilization* (London, 1939), 128.

[12] N. Brussel, *L'Usage général des fiefs en France* (1727), i. 3; цит. по J. H. Robinson, *Readings in European History* (Boston, 1904), i. 178.

[13] Eric Fromm, *The Fear of Freedom* (London, 1942), 34.

[14] Marc Bloch, «Les Deux âges féodaux», in *La Société féodale: la formation des liens de dépendance* (Paris, 1949), 95-97.

[15] P. Skwarczyński, «The Problem of Feudalism in Poland», *Slavonic and East European Review*, 34 (1956), 292-310.

[16] F. Tout, *The Empire and the Papacy*, 918-1273 (London, 1921).

[•••] По-английски, как и на большинстве европейских языков, Венгрия — Hungary — страна гуннов

[17] C. W. Previté-Orton, *Shorter Cambridge Mediaeval History* (Cambridge, 1952), i. 368.

[18] Из Liutprand, *Antapadoseos, vi*, in *Monumenta Germaniae Historiae*, цит. по. Robinson, *Readings in European History*, i. 340-3.

[19] См. Zbigniew Dobrzyński, *Obrządek Słowiański w dawnej Polsce* (3 vol., Warszawa, 1989).

[20] *Relacja Ibrahim Ibn Jakuba z podróży do krajów słowińskich w przekładzie Al Bekriego*, ed. T. Kowalski (Cracow, 1946); цит. по Davies, *God's Playground, i*. 3-4.

[21] См. Otto Hoetzsch, *The Evolution of Russia* (London, 1966), 17.

[22] Омар Хайям. Рубаи (1, 11, 49). Перевод О. Румер. Ташкент, 1983 .

[23] См. H. F. B. Lynch, *Armenia: travels and studies*, 2 vols. (London, 1901, repr. 1990); тж. M. Chahin, *The Kingdom of Armenia* (London, 1987).

[24] Шота Руставели, trans. M. J. Wardrop as *The Man in the Panther Skin* (London, 1912). О Грузии см. W. E. D. Alien, *A History of the Georgian People... to the Russian Conquest* (London, 1932); D. M. Lang, *The Last Years of the Georgian Monarchy*, 1652-1832 (London, 1957); и R. G. Suny, *The Making of the Georgian Nation* (London, 1988).

[25] Henri Pirenne, *Economic and Social History of Mediaeval Europe* (New York, 1956), 51.

[26] Запашка — мера земельной площади = 120 акрам; служила расчётной единицей при налогообложении. — прим. ред.

[27] Главенства папы. — прим. ред.

[28] Средневековье в его памятниках. Под ред. Д.Н. Егорова. - М., 1913.

[29] Запрещение вооруженной борьбы между христианами начиная с пятницы и по вечер воскресенья той же недели. — прим. ред.

[30] Молитва перед общей исповедью. — прим. ред.

[31] Из *The Confession of Golias* Сочинение Хью, последователя архиепископа Рейнальда Кельнского известного как «архи-поэт»; в M. Manitius, *Die Gedichte des Archpoeta*

(Munich, 1913), 24-9; цит. по Charles Homer Haskins, *The Renaissance of the Twelfth Century* (Cambridge, Mass., 1927), 182.

[32] Завершающую фазу борьбы. — прим. ред.

[33] Низшая территориальная единица самоуправления (во Франции, Бельгии, Италии и других странах). — прим. ред.

[34] Бернарт де Вентадорн. См. Перну Р. Элеонора Аквитанская. М., 2000.

[35] Jean, Sire de Joinville, *Livre des saintes paroles et bons faits de notre roi, Saint Louis*, цит. по A. Lagarde and L. Michard, *Le Moyen Âge* (Paris, 1962), 123-32.

[36] Гиббон гл. 48. — прим. ред.

[37] Ле Гофф Jacques Le Goff, *La Civilisation médiévale de l'Occident* (Paris, 1965), 98.

[38] Подражанием Христу. — прим. ред.

[39] Norman Cohn, *The Pursuit of the Millennium* (London, 1970), 61, 64.

[40] См. Jonathan Riley-Smith, *The Feudal Nobility and the Kingdom of Jerusalem, 1174-1277* (London, 1973).

[41] Ernle Bradford, *The Great Betrayal: Constantinople 1204* (London, 1967).

[42] Св. Франциск Ассизский. Сочинения. — М.,1995.

[43] Из-за связей с богомилами катаров называли также *bougres* — испорченное «болгары». Поскольку же *perfecti* соблюдали строжайшее воздержание, то их часто обвиняли в содомии. Отсюда эволюция значения английского *buggery* «мужеложство, содомия».

[44] Edmund Holmes, *The Albigensian or Catharist Heresy* (London, 1925); переиздано как *The Holy Heretics: The Story of the Albigensian Crusade* (London, 1948). См. тж. J. Madaule, *The Albigensian Crusade* (London, 1967); Z. Oldenbourg, *Massacre at Montségur* (London, 1961).

[45] Eric Christiansen, *The Northern Crusades: The Baltic and the Catholic Frontier, 1100-1525* (London, 1980), 53.

[46] Ibid. 92.

[47] Ibid. 85.

[48] *The Travels of Marco Polo the Venetian*, с вступлением John Masefield (London, 1908), 413.

[49] White, *Mediaeval Technology and Social Change*, 40.

[50] Georges Duby, *The Early Growth of the European Economy: Warriors and Peasants from the Seventh to the Twelfth Century* (London, 1974).

[51] Jean Gimpel, *The Mediaeval Machine: The Industrial Revolution of the Middle Ages* (London, 1977), 100. [При Нероне в Риме был мятеж возничих.

[52] J. G. Kruisheer (ed.), *Oorkondenboek van Holland en Zeeland tot 1299* (Maastricht, 1992), iii. 1305.

[53] Ibid. 1528

[54] W. G. Brill (ed.), *Rijmkronik van Melis Stoke* (Utrecht, 1885), iv. 55-6.

[55] См. N. Denholm-Young, *Richard of Cornwall* (Oxford, 1947).

[56] T. Wright (ed.), *The Political Songs of England from the Reign of King John to that of Edward II* (London, 1839), 69

[57] Ibid. 59-63.

[58] P. A. Meilink (ed.), *Het Archief van de Abdij van Egmond* (The Hague, 1951), ii, «Regestenlijst 889-1436», no. 83 (1265) 13 July.

[59] Lord Bryce, *The Holy Roman Empire* (London, 1875), 213.

[60] См. W.G. Heees et al. (eds.), *From Dunkirk to Danzig: Shipping and Trade in the North Sea and the Baltic, 1350-1850* (Hilversum, 1988).

[61] G. J. Renier, *The Criterion of Dutch Nationhood: An Inaugural Lecture at University College, London, 4 June 1945* (London, 1946), 16-17.

Глава 6

[1] Johan Huizinga, *The Waning of the Middle Ages* (1924; London, 1955), 30.

[2] Ibid. 10.

[3] Ibid. 26.

[4] «The Advent of the New Form», ibid. 334.

[5] R. Lodge, *The Close of the Middle Ages* (London, 1920), 496.

[6] Steven Runciman, «The Rising Sultanate», in *The Fall of Constantinople, 1453* (Cambridge, 1965), 31.

[7] Quoted by Richard Pipes, *Russia under the Old Regime* (London, 1975), 62.

[8] См. Gabriel Jackson, *The Making of Mediaeval Spain* (London, 1972).

[9] Этот порядок оставался неизменным до 1623 г., когда Палатинат был заменен Баварией. В 1648 г. Палатинат восстанавливают наряду с Баварией, а в 1708 г. Гановер становится девятым выборщиком. Пространные поправки Наполеона никогда не были введены в действие. — прим. ред.

[10] Bryce, op. cit., p. 238.

[11] Dante Alighieri, *Inferno*, vi. 49-50,74-5.

[12] Рассказывает Simonde de Sismondi, *Histoire des républiques italiennes du Moyen Âge* (Geneva, 1807-8), iii. 129.

[13] Пер. Вяч. Иванова.

[14] Dante Alighieri, *Paradiso*, xxvii. 22-7, 55-6o.

[15] Роберт Бернс. Брюс-шотландцам. Пер. С. Маршака.

[16] Declaration of Arbroath, 6 Apr. 1320, English translation; см. G. F. Maine, *A Book of Scotland* (London, 1950), 81-2. On Scottish history, J. D. Mackie, *A History of Scotland* (2nd edn., London, 1978); W. Moffat, A. M. Gray, *A History of Scotland* (Oxford, 1989).

[17] Цит. по: Philip Ziegler, *The Black Death* (London, 1970), 66.

[18] W. Rees, «The Black Death as Recorded in English Manorial Documents», in *Proceedings of the Royal Society of Medicine*, xvi. 2, p. 4; Цит. по: Ziegler, *The Black Death*, 197.

[19] P. D. A. Harvey, *A Mediaeval Oxfordshire Village: Cuxham* (Oxford, 1965), 135.

[20] Ziegler, *The Black Death*, 239.

[21] H. Pirenne, *Economic and Social History of Mediaeval Europe* (London, 1936), 200.

[22] Quoted by George Holmes, *Europe: Hierarchy and Revolt, 1320-1450* (London, 1975), 131-2.

²³ См.: R. B. Dobson, *The Peasants», Revolt of 1381* (London, 1983).

²⁴ Charles d'Orléans, 'En regardant vors le pais de France', in Oxford Book of French Verse (Oxford, 1957), 30-1.

²⁵ Шекспир В. Ричард II. Акт 2. 1, 40-50. Пер. М. Донского.

²⁶ Англ. principality «княжество» — Уэльс. — прим. ред.

²⁷ См. D. Keys, «Very Civil War and Unbloody Battles», *Independent,* 23 Dec. 1989.

²⁸ Геральдическая лилия — эмблема французского королевского дома. — прим. ред.

²⁹ See Richard Vaughan, *Valois Burgundy* (London, 1975), 129,175,191-3.

³⁰ Ibid. 169-70. После того, как его разрушили в 1793, здесь разместили местную психиатрическую лечебницу.

³¹ Michal Giedroyć, «The Arrival of Christianity in Lithuania, i: Early Contacts (Thirteenth Century)»; «ii: Baptism and Survival (1341-87)», *Oxford Slavonic Papers,* xviii (1985), 1-30; xix (1986), 34-57.

³² P. Rabikauskas, «La cristianizzione della Samogizia, 1413-17» in *La cristianizzione della Lituania: colloquio internazionale di storia ecclesiastica* (1987) (Rome, 1989). 50. V. H.

³³ V.H.H. Green, *Mediaeval Civilisation in Western Europe* (London, 1971), 4.

³⁴ Которому английский язык парадоксально обязан появлением слова *dunce* «тупица, болван, остолоп».

³⁵ домовым и демонам. — прим. ред.

³⁶ Green, op. cit. 98-9.

³⁷ From H. von Treitschke, *History of Germany* (1879), ii; Цит. по: J. Sheehan, *German Liberalism in the Nineteenth Century* (London, 1982), 37.

³⁸ Huizinga, The Waning of the Middle Ages, 248.

³⁹ Трактат Филиппа де Витри *Ars nova* (ок. 1320 г.) — один из самых знаменитых памятников в истории музыки. Он дал название целой эпохе западноевропейской музыки XIV века.

⁴⁰ Friedrich Heer, Mittelalter (1961), trans. as The Mediaeval World: Europe from 1100-1350 (London, 1962), 251–3.

⁴¹ С. Рансимен, *Падение Константинополя: 1453,* М., 131.

⁴² Башибузук — наёмный солдат, отличавшийся особенно большой жестокостью. — прим. ред.

⁴³ Ibid. 37.

⁴⁴ Gibbon, *Decline and Fall,* ch. 68.

⁴⁵ См. Felipe Fernández-Armesto, «Spain Repays Its Debt to the Jews», *European,* 19-25 Mar.1992.

⁴⁶ Emma Klein, «The Sultan Who saved the Sephardim», ibid.

⁴⁷ Изложение представлений Колумба см. I. H. Parry, *The Age of Reconnaissance:*Discovery, Exploration and Settlement, 1450-1650 (London, 1963).

⁴⁸ См. *The Orthodox Liturgy, being the Divine Liturgy of S. John Chrysostom and S. Basil the Great according to the use of the Church of Russia,* trans. P. Thompson *et al.* (London, 1939), по которой дальше цитировано все, кроме чтений из Евангелия.

⁴⁹ См. Dimitri Strémoooukhoff, «Moscow the Third Rome: Sources of the Doctrine», *Speculum* dan. 1953), 84-101; перепечатано в M. Cherniavsky, *The Structure of Russian History: Interpretative Essays* (New York, 1970), 108-25.

⁵⁰ См. J. L. I. Fennell, *Ivan the Great of Moscow* (London, 1961).

⁵¹ R. G. Howes, *Testaments of the Grand Princes of Moscow* (Ithaca, NY, 1967), 267-98.

⁵² Fennell, *Ivan the Great,* op. cit. 122.

⁵³ Strémoooukhoff, «Moscow the Third Rome», *passim.*

⁵⁴ Ibid. 113, esp. n. 46.

⁵⁵ «Testament of Ivan III», in Howes, *Testaments.* См. тж. G. Vernadsky, *Russia at the Dawn of the Modern Age* (vol. iv of G. Vernadsky and M. Karpovich, *History of Russia),* (New Haven, Conn., 1959), ch. 3.

⁵⁶ Fennell, *Ivan the Great,* 146.

⁵⁷ Цит. по: Синицына Н.В. Третий Рим. Истоки и эволюция русской средневековой концепции. — М.,1998. С. 363

⁵⁸ Там же. С.288.

⁵⁹ Dimitri Obolensky, «Russia's Byzantine Heritage», *Oxford Slavonic Papers, i* (1950), 37-63.

⁶⁰ Fennell, Ivan the Great.

⁶¹ Vernadsky, Russia at the Dawn of the Modern Age, ch. 3.

⁶² Fennell, *Ivan the Great,* preface, pp. v ff.

⁶³ Dimitri Obolensky, «Italy, Mount Athos and Muscovy: The Three Worlds of Maximos the Greek» (Raleigh Lecture, 1981), *Proceedings of the British Academy,* lvii (1981); repr. in Six *Byzantine Portraits* (Oxford, 1988), 201-19.

⁶⁴ Ibid. 160.

⁶⁵ Élie Dennisoff, *Maxime le Grec et l'Occident* (Paris, 1942), 423.

Глава 7

¹ См. Keith Thomas, Religion and the Decline of Magic: Studies in Popular Beliefs in Sixteenth and Seventeenth Century England (London, 1971).

² Herbert Weisinger, The Attack on the Renaissance in Theology Today, Studies in the Renaissance, 2 (1955), 176-89.

³ См. Jacob Burckhardt, The Culture of the Renaissance in Italy (London, 1878).

⁴ Bert S. Hall (ed.), On Pre-modern Technology and Science (Los Angeles, 1976).

⁵ Walter Pater, The Renaissance (1873; repr. New York, 1959), 72.

⁶ Johan Huizinga, Erasmus of Rotterdam: with a selection from his letters (London, 1952).

⁷ Erasmus, Preface to New Testament (1516). Prefaces to the Fathers, the New Testament, and On Study, facsimile edn. (Menton, 1970); H. P. Smith, Erasmus: A Study of His Life and Place in History (New York, 1923).

⁸ Erasmus, In Praise of Folly, trans. and ed. Betty Radice, in Collected Works (Toronto, 1974-), xxvii. 2, 120 ff.

⁹ Ibid. 148.

¹⁰ Adagia, ibid. 31-4; см. тж. Erasmus, Proverbs or Adages... Englished by R. Taverner, facsimile edn. (Gainsville, Fla., 1956).

[11] Étienne Gilson (1937), Reinhold Niebuhr (1941), and Nicholas Berdyaev (1931), цит. по Weisinger, The Attack on the Renaissance, 176 fn. См. тж. W. K. Ferguson, The Renaissance in Historical Thought (Boston, 1948).

[12] Цит. по: Микеланджело. — Титан. М.,1972.

[13] Придворный поэт, сочиняющий стихи на торжественные случаи. — прим. ред.

[14] Leopold von Ranke, The History of the Popes, their Church and State, and especially of their conflicts with Protestantism (1834-6), trans. E. Foster (London, 1847), i. 38.

[15] Члены секты, ожидающие наступления тысячелетнего царства Христа. — прим. ред.

[16] Charles Drelincourt, d. 1669; Цит. по: Albert-Marie Schmidt, Jean Calvin et la tradition calvinienne (Paris, 1957), 169.

[17] Сказано в 1622 г. папой Григорием XV; цит. по: John Padberg, «The Jesuit Question», Tablet, 22 Sept. 1990.

[18] Цит. по Fisher, A History of Europe, 557.

[19] Ranke, History of the Popes, i. 266.

[20] Herbert Butterfield, in The Origins of Modern Science, 1300-1800 (London, 1947).

[21] Ibid. Забавно, что именно тот ученый, который в The Whig Interpretation of History (1931) так блестяще обнаружил теологические склонности политической историографии, призывает обнаружить «стратегическую линию развития науки».

[22] P. M. Harman, The Scientific Revolution (Lancaster, 1983), 17.

[23] Цит. по A. W. Crosby, Jr., The Columbian Exchange: Biological and Cultural Consequences of 1492 (Westport, Conn., 1972), 11.

[24] Ibid.

[25] См. ibid.; тж. Kirkpatrick Sale, The Conquest of Paradise (New York, 1991).

[26] См. J. Lamer, «The Certainty of Columbus», History, 73/237 (1988), 3-23, резюме изменений в историографии; тж. Carry Wills, «Man of the Year», New York Review of Books, 22 Nov. 1991.

[27] «Where Did Columbus Discover America?», National Geographic Magazine, 170/5 (Nov. 1986), 566A с картами.

[28] Yen Chung-ping, в Historical Research (Beijing) (1977), цитировано в Larner, «The Certainty of Columbus'; тж. Simon Wiesenthal, Sails of Hope (New York, 1973).

[29] J. Manzano, Colon y su segreto: el Predescubrimiento (Madrid, 1982).

[30] David Henige, в Search of Columbus: The Sources for the first Voyage (Tucson, Ariz., 1991).

[31] См. J. A. Levensen (ed.). Circa 1492: Art in the Age of Exploration (Catalogue to an Exhibition at the National Gallery, Washington DC) (New Haven, Conn., 1992).

[32] Jacques Attali, 1492 (Paris, 1991), pt. i: «Inventer l'Europe», 15 ff.

[33] См. Eugenio Garin (ed.), Renaissance Characters (Chicago, 1991).

[34] Martin Goncalvez de Cellerigo, Memorial de la politico necessaria (1600); цитировано в H. Kamen, The Iron Century: Social Change in Europe, 1550-1660 (London, 1976), 79.

[35] См. J. H. Hexter, «Storm over the Gentry», в Reappraisals in History (Chicago, 1979), 117-62.

[36] Kamen, The Iron Century, 89-135.

[37] Особая благодарность д-ру Роберту Фросту. См. M. Roberts, «The Military Revolution, 1550-1660» в M. Roberts (ed.), Essays in Swedish History (London, 1967), 195-225; тж. G. Parker, «The Military Revolution: A Myth?», в Spain and the Netherlands, 1559-1659: Ten Studies (London, 1989).

[38] См. I. H. Shennan, Government and Society in France, 1461-1660 (London, 1968).

[39] Hobbes, Leviathan (1651), ed. J. Plamenatz (London, 1962), 143.

[40] Thomas Mun, Englands Treasure by Foreign Trade (1622); цит. по Charles Wilson, Mercantilism (London, 1958), 11-12.

[41] Это выражение H. Wiesflecker, Maximilian I: die Fundamente des habsburgischen Weltrekhes (Vienna, 1991).

[42] Otto von Habsburg, Charles V (Paris, 1967; London, 1970), p. xii.

[43] См. R. J. W. Evans, The Making of the Habsburg Monarchy, 1550-1700; An Interpretation (Oxford, 1979); тж. его «The Imperial Vision», in G. Parker (ed.). The Thirty Years War (New York, 1987), 83 ff.; и «Culture and Anarchy in the Empire, 1540-1680», Central European History, 18 (1985), 14-30.

[44] R. J. W. Evans, Rudolf II and His World: A Study in Intellectual History (Oxford, 1973);тж. Robert Grudin, «Rudolf II of Prague and Cornelius Drebbel: Shakespearean archetypes?» Huntington Library Quarterly, 54/3 (1991), 181-205.

[45] I. H. Elliot, Imperial Spain, 1469-1716 (London, 1963), 13.

[46] Ibid. 14.

[47] Ibid. 249

[48] Ortega y Gasset, цитировано в Elliot, Imperial Spain, 249.

[49] Geoffrey Parker, The Army of Flanders and the Spanish Road, 1567-1659 (Cambridge, 1972).

[50] Paul Kennedy, The Rise and Fall of the Great Powers: Economic Change and Military Conflict, 2500-2000 (New York, 1988), 6i.

[51] Цит. по J. Huizinga, «The Spirit of the Netherlands», in P. Geyl (ed.), Dutch Civilisation in the Seventeenth Century and other essays (London, 1968), loi.

[52] См. Charles Wilson, The Dutch Republic and the Civilisation of the Seventeenth Century (London, 1968).

[53] S. R. Gardiner, History of the Great Civil War, 1642-49 (London, 1886-9), i. 168.

[54] Conrad Russell, «The Slumbering Hatreds of the English», Independent, 18 Aug. 1992. См. тж. его The Causes of the English Civil War (London, 1990).

[55] Sigismund Herberstein (1581), цит. по R. Pipes, Russia under the Old Regime, 85.

[56] На самом деле присоединение к Московскому царству Западной Сибири произошло, как известно, столетием ранее — прим. ред.

[57] C. Veronica Wedgwood, The Thirty Years War (London, 1957), 460.

[58] C. R. Friedrichs, «The War and German Society», in Parker (ed.). The Thirty Years War, 208-15.

[59] Wedgwood, The Thirty Years War, 440.

[60] Timothy Kitao, Circle and Oval in the Square of St Peter's: Bernini's Art of Planning (New York, 1974), «The Last Revision», 49-52; тж. табл. 67-74.

[61] См. Torgil Magnuson, Rome in the Age of Bernini (Stockholm, 1982).

[62] Ibid.1. 360.

[63] См. Oreste Ferrari, *Bernini* (Florence, 1991).

[64] Filippo Baldinucci, *Vita del Cavaliere Gio. Lorenzo Bernino* (Florence, 1682), trans. C. Enggass as *The Life of Bernini* (University Park, Penn., 1966), 80, 74; эта книга была источ-ником всех наших цитат и анекдотов, касающихся жизни Бернини.

[65] Дж. Мильтон. Потерянный Рай, кн. I, II. 1-6. Пер. Арк. Штейнберга., М., 1982.

Глава 8

[1] *Shorter Oxford English Dictionary.* Цит. по: J. Lively, *The Enlightenment* (London, 1966), p. ii.

[2] Alexander Pope, An *Essay on Criticism*, ii. 162-5; *An Essay on Man*, i. x. 9-14; *The Poetical Works*, ed. H. F. Cary (London, n.d.), 53, 224.

[3] См.: Wyn Griffith, «The Growth of Radicalism», в *The Welsh* (London, 1950), 20-43.

[4] *Essay on Man*, ii. 1; Poetical Works, 225.

[5] Dryden, *Absalom and Achitophel* (1681), i. 45-8.

[6] Bronowski, *The Ascent of Man*, 226.

[7] Ibid. 236.

[8] «Voltaire's Deism», в: Lively, *The Enlightenment*, 43-5.

[9] *L'Esprit des Lois*, xi. vi.

[10] Anne Robert Jacques Turgot, «Discours aux Sorbonniques», *Œuvres de Turgot*, ed. G. Schelle (Paris, 1913), i. 205, 215-16. См. тж. D. Dakin, *Turgot and the Ancien Regime in France* (New York, 1972).

[11] Voltaire, «Stances á Mme Lullin, de Genève» (1773), Contes en vers et poésies diverses (Paris, 1936), 163-4.

[12] Voltaire's «Declaration» of 1778, текст в прил. 497, *Complete Works* (Oxford, 1987-), цит. по: R. Pomeau (ред.), *Voltaire en son temps* (Oxford, 1994), см., «La Fin'.

[13] О том, как Руссо порицал Вольтера, см. его письмо от 17 июня 1760, в Voltaire's *Correspondence and Related Documents* (1968-77), cv, no. D8986.

[14] Цит. по: James Bowen, *A History of Western Education* (London, 1981), iii. 182.

[15] См.: Norman Davies, «The Cultural Imperative», в *Heart of Europe*, 262-8; Daniel Beauvois, *Lumières et société en Europe de l'est: l'université de Vilna et les écoles polonaises de l'empire russe* (Paris, 1977); и его же *Szkolnictwo polskie na ziemiach litewsko-ruskich*, 1803-32 (Lublin, 1991); о поколении романтиков см.: C. Mixosz, History of Polish Literature (2e изд., Berkeley, 1969), глава vii, «Romanticism», 195-280.

[16] Isaiah Berlin, *Vico and Herder: Two Studies in the History of Ideas* (London, 1976), p. xxvi.

[17] Berlin, в *The Magus of the North: j. G. Hamann and the Origins of Modern Irrationalism* (London, 1993); цит. по: M. Rosen, «The first Romantic?», *TLS*, 8 Oct. 1993.

[18] Bertrand Russell, *History of Western Philosophy* (London, 1946), 702.

[19] Самюэль Джонсон (1709-1784) — один из самых знаменитых английских филологов, автор классического *Словаря английского языка*, многочисленных биографий писателей и поэтов, филологических сочинений. Считается ведущей фигурой в литературной жизни Англии второй половины XVIII века. — прим. перев.

[20] Simon Schama, *Dead Certainties (Unwarranted Speculations)* (London, 1991).

[21] Неточность автора: Франция в 1871 г. капитулировала не перед *Германией*, а перед *Пруссией* Бисмарка. Германская империя была провозглашена как раз после капитуляции Франции. — прим. ред.

[22] Автор имеет в виду окончательное объединение Англии и Шотландии, выходящее за пределы личной унии королевств. — прим. ред.

[23] Цит. по: H. Méthivier, *Le Siècle de Louis XIV* (Paris, 1950), 63.

[24] «Кабала святош», как перевел это выражение М. Булгаков в названии своей знаменитой пьесы. Более точно — «Клика святош». — прим. ред.

[25] Содержание драгонад состояло не в размещении солдат на постой, а в организованных и поощряемых государством массовых издевательствах и насилиях, которым солдаты (преимущественно драгуны — отсюда и название «драгонады») подвергали гугенотские семьи. — прим. ред.

[26] R. Hubret, цит. по Méthivier, *Louis XIV*, 112.

[27] Ср.: R. Briggs, op. cit. p. 220 с Méthivier, *Louis XIV*, 95.

[28] Людовик XVI приходился внуком Людовику XV. — прим. перев.

[29] Из «The Vicar of Bray» (начало 18 в.), цит. по: Ernest Newton, *The Community Song Book* (London, 1927), 24-5. Говорят, что эта песня появилась под впечатлением деятельности его преподобия Симона Симонса, который оставался у дел от времени Кромвеля до времени Георга I.

[30] См.: Jonathan Israel (ed.), *The Anglo-Dutch Moment: Essays on the Glorious Revolution and Its World Impact* (Cambridge, 1991).

[31] Neal Ascherson, «The Spectre of Popular Sovereignty Looms over Greater England», *Independent on Sunday*, 18 Nov. 1990.

[32] См.: Linda Colley, *Britons: Forging the Nation, 1707-1837* (New Haven, Conn., 1992); а тж. Colin Kidd, *Subverting Scotland's Past: Scottish Whig Historians and the Creation of an Anglo-British Identity, 1689-c.1830* (Cambridge, 1993).

[33] И тысячи других вещиц, прелестных и очень, очень богатых (фр.). — прим. перев.

[34] Sobieski Jan. Listy do Marysieńki, ed. L. Kukulski. - Warszawa, 1962. — S.520-524

[35] J. T. A. Alexander, *Catherine the Great: Life and Legend* (Oxford, 1983), 329.

[36] Isabel de Madariaga, *Russia in the Age of Catherine the Great* (London, 1981), 587-588.

[37] Pipes, *Russia Under the Old Regime*, 112-38.

[38] Ibid. 115.

[39] Цит. по: Davies, Sobieski's Legacy; passim.

[40] См. E. Rzadkowska (ed.), Voltaire et Rousseau en France et en Pologne (Warsaw, 1982).

[41] Из Воспоминаний Вильгельма Кюе (Wilhelm Kühe), приводится в J. Rushton, *W. A. Mozart, Don Giovanni* (Cambridge, 1981), 124-5.

42 Ludwig von Köchel, *Chronologisch-thematisches Verzéeichnis samtlicher Tonwerke Wolfgang Amadé Mozarts* (Salzburg, 1862), 591 [К. 527].

43 Rushton, *Mozart*, 67.

44 См.: Jonathan Miller (ed.), *The Don Giovanni Book: Myths of Seduction and Betrayal* (London, 1990).

45 По Rushton, *Mozart*, 47.

46 Köchel 591, 527/Ouverture.

47 Köchel 592, 527/7.

48 Köchel 593, 527/20.

49 Köchel 594, 527/26.

50 Köchel 593, 527/22.

51 H. C. Robbins (ed.), *The Mozart Compendium* (London, 1990), 299.

52 Emily Anderson (ed.), *The Letters of Mozart and His Family*, rev. edn. (London, 1985), no. 550, Mozart to Baron von Jacquin, pp. 911-12.

53 Robbins, *Mozart Compendium*, 303-4.

54 Ibid. 304.

55 См.: Andrew Steptoe, *The Mozart-Da Ponte Operas: The Cultural and Musical Background to «Le Nozze di Figaro», «Don Giovanni», and «Così fan tutte»* (Oxford, 1983). Позднее Да Понте эмигрировал в Нью-Йорк и стал профессором итальянской литературы в Колумбийском колледже.

56 Eduard Morike, *Mozart auf der Reise nach Prag*, introd. by M. B. Benn (London, 1970); или Mozart's Journey to Prague, trans. L. von Loewenstein-Wertheim (London, 1957).

57 Jaroslav Seifert, «Na Bertramce», из Collection *Halleyova Kometa* (Prague, 1967), 82-7 (trans. R. Pynsent).

58 Joseph II's «Journal of a Journey across Bohemia» (1771) цит. по: E. Wangermann, *The Austrian Achievement 1700-1800* (London, 1973), 93.

59 Roy Porter, «Libertinism and Promiscuity», в Miller, *Don Giovanni Book*, 1-19.

60 Giacomo Casanova, *The History of My Life* (1826), trans. W. R. Trast (London, 1967), 71; цит. по Steptoe, *The Mozart-Da Ponte Operas*, 207.

61 См.: J. Bouissonouse, *Condorcet: le philosophe dans la révolution* (Paris, 1962).

62 *Memoirs of Madame de la Tour du Pin*, ed. abridged, and trans. Felice Harcourt (London, 1985), 94-5.

Глава 9

1 Mirabeau 25 Aug. 1790, цит. по: Сорель А. Европа и Французская революция, СПб, 1892.- Т.2; См. Norman Hampson, *The First European Revolution, 1776-1815* (London, 1969).

2 Wordsworth, Prelude, xi. 108; Эдмунд Бёрк, Размышления о революции во Франции. Лондон, 1992; Эккерман И.П. Разговоры с Гете. — М.,1986.

3 Карлейль Томас, Французская революция, СПб, 1907.

4 Мишле. История Французской революции.

5 Шарлота Корде д'Армон, убившая Марата, была дворянкой, правнучкой Корнеля. — прим. ред.

6 Сорель, Европа и Французская революция.

7 Thomas Jefferson, first draft of the Declaration of Independence, 1775. Ср.: окончательный текст, *In Congress, July 4 1776, the unanimous declaration of the thirteen united states of America* (facsimile, Washington, DC, 1960).

8 Англ. *factory* — 'фабрика' одного корня со словом «мануфактура», то есть «произведенное руками». — прим. перев.

9 Кольридж С.Т. Сказание о старом мореходе. Перевод В.В. Левика. Английская поэзия в русских переводах. М.,1981.

10 Блейк В. Больная роза. Перевод В. Потаповой (В. Блейк. Стихи. М.,1978)

11 Рассел Б. История западной философии. М.,1993.

12 Таково название одного из самых знаменитых офортов Гойи. — прим. перев.

13 F. Claudon, Encyclopédie du romantisme (Paris, 1980), 48.

14 Алексис де Токвиль, Старый порядок и революция. М., 1997; см. также Whitney Pope, *Alexis de Tocqueville: His Social and Political Theory* (London, 1983).

15 Алексис де Токвиль, Старый порядок и революция. М., 1997.

16 R. D. Harris, *Necker: Reform Statesman and the Ancien Regime* (San Francisco, 1979). See Norman Hampson, «Update: The French Revolution», History (1989), 10-12.

17 C. E. Labrousse, *Esquisse du mouvement des prix et des revenus en France au XVIII siècle* (Paris, 1937).

18 G. Lefebvre, *Quatre Vingt-Neuf* (1939), trans. as *The Coming of the French Revolution* (Princeton, NJ, 1947); *La Révolution française* (1958), trans. as *The French Revolution from the Origins to 1793* (London, 1962); Alfred Cobban, *The Social Interpretation of the French Revolution* (Cambridge, 1964).

19 Ibid. 173.

20 Собуль А. Парижские санкюлоты во время якобинской диктатуры. М.,1966.

21 См.: M. Browers, «Can We Stop the French Revolution?» *History*, 76/246 (1991), 56-73; Conor Cruise O'Brien, «The Decline and Fall of the French Revolution», *New York Review of Books*, 15 Feb. 1990, — рецензия на F. Furet and M. Ozouf *A Critical Dictionary of the French Revolution* (Cambridge, Mass., 1990).

22 Simon Schama, *Citizens: A Chronicle of the French Revolution* (London, 1989).

23 См.: T. C. W. Blanning, *The Origins of the French Revolutionary Wars* (London, 1986).

24 R. Avezou, *Petite histoire du Dauphiné* (Grenoble, 1946) 85.

25 Abbé Emmanuel de Sieyès (1748-1836), *Qu'est-ce que le Tiers Etat?* (Jan. 1789).

26 «Радостное вступление» — средневековое собрание привилегий, составлявших основу публичного права Брабанта вводило разделение власти между монархом и представителями городов и дворянства. — прим. ред.

27 Карлейль, Ук.соч.

[28] Карлейль, Ук. соч.

[29] G. Lefebvre, *La Grande Peur de 1789* (1932); trans. as *The Great Fear: 1789: Rural Panic in Revolutionary France* (New York, 1973).

[30] Источник непроверенный.

[31] Edmund Burke, из *An Appeal from the Old to the New Whigs* (London, 1791), 127-8; этот текст был опубликован в качестве приложения к книге Norman Davies, «The Languour of so Remote an *Interest: British Attitudes to Poland, 1772-1832"*, *Oxford Slavonic Papers* (new series), 16 (1983), 79-90.

[32] См.: R. B. Rose, *The Making of the Sans-culottes: Democratic Ideas and Institutions in Paris, 1789-92* (Manchester, 1983).

[33] *Лат.* «положение, существовавшее ранее» — прим. перев.

[34] См. Gwyn Lewis, *The Second Vendée: The Continuity of Counter-Revolution in the Department of the Gard, 1789-1815* (Oxford, 1978).

[35] C. Dufresne, *«La Virée de Galerne», Historama, 20* (1991), 56 ff.

[36] См.: J. de Viguerie, *Christianisme et Revolution* (Paris, 1986); G. Babeuf, *La Guerre de Vendée et le système de dépopulation* (Paris, 1987); S. Reynald, *Le Génocide franco-français* (Paris, 1986), и *Juifs et vendéens: d'un génocide à l'autre: la manipulation de la mémoire* (Paris, 1991); J.-C. Martin, *Les Guerres de Vendée au Musée d'Histoire de Chalet* (Cholet, 1990); тж. *Une guerre interminable: la Vendée deux cents ans après* (Nantes, 1985); Charles Tilly, *The Vendée* (London, 1964).

[37] См.: D. Sutherland, *The Chouans: The Social Origins of Popular Counter-Revolution in Upper Brittany* (Oxford, 1992). [guerrilla]

[38] Конституции и законодательные акты буржуазных государств XVII- XIX вв. Сборник документов, под ред. Л. Н. Галанзы. М., 1936.

[39] Цит. по: в Geoffrey Best, «The French Revolution and Human Rights», в G. Best (éd.), *The Permanent Revolution (London, 1988)*, 105.

[40] de Madariaga, *Russia in the Age of Catherine the Great*, 420-421, 423, 451.

[41] Ошибка автора. Питт Младший был не военным министром, а премьер-министром Великобритании в 1783—1801 и 1804—1806 годах. — прим. перев.

[42] Цит. по Davies, *God's Playground*, i. 542.

[43] Огюст Барбье. Наполеоновская Франция. пер. О. Мандельштама.

[44] См.: J. M. Thompson (éd.), *Napoleon's Letters* (Oxford, 1934), no. 87.

[45] J. C. Herald, *The Mind of Napoleon: a selection from his written and spoken words* (New York, 1955), no. 64

[46] Цит. по: Milan Hauner, «Německá stredni Europa?» (A German Central Europe?) *Lidové noviny (Prague)*, 30 Oct. 1993.

[47] Daniel Beauvois, Société et lumières à l'Europe de l'est: l'université de Vilna et les écoles polonaises de l'empire russe (Paris, 1977), тж. *W. H. Zawadzki, A Man of Honour: Prince Adam Czartoryski as Statesman of Russia and Poland, 1801-30* (Oxford, 1993).

[48] J. Miller, «California's Tsarist Colony», *History Today*, 42 (Jan. 1992), 23-8; K. T. Khlebnikov, *Colonial Russian America: Khlebnikov's Reports*, 1817-32 (Portland, Oreg., 1976); P. A. Tikhmenev, *The History of the Russian American Company* (Seattle, 1978).

[49] Сорель. Ук.соч.

[50] «Fanfare de l'Empereur'; Henri Lachouque, *Napoléon et la Garde Impériale* (1957), trans. A. S. Brown as *Anatomy of Glory* (London, 1978), 795.

[51] Ibid. 712-15

[52] Armand Marquis de Caulaincourt, *Mémoires* (1933) (see n. 53 below); цитата по *D. Chandler, The Campaigns of Napoleon (London, 1967), 1003.*

[53] Herald, *Mind of Napoleon*, no. 176.

[54] Lachouque, op. cit. grognards, («ворчуны») — прозвище солдат 1-го полка пеших гренадеров Императорской гвардии.

[55] R. F. Delderfield, *Imperial Sunset: The Fall of Napoleon, 1813-14* (London, 1969), 219.

[56] Ibid. 245.

[57] Louis Cohen, *Napoleonic Anecdotes* (London, 1925), no. 209.

[58] J. M. Thompson (éd.), *Napoleon's Letters*, op. cit.

[59] Lachouque, *Napoléon et la Garde Impériale*, 415.

[60] *Chandler, The Campaigns of Napoleon, 1002.*

[61] Felix Markham, *Napoleon and the Awakening of Europe* (New York, 1965), 127.

[62] Ibid. 127.

[63] Caulaincourt, *Mémoires*, English trans. (London, 1935).

[64] Delderfield, *Imperial Sunset.*

[65] Charles de la Roncière (ed.), *The Letters of Napoleon to Marie-Louise* (London, 1935), 265.

[66] Ibid. 266.

[67] Louis Cohen, *Napoleonic Anecdotes*, no. 143.

Глава 10

[1] Цит. по: A. J. P. Taylor, «Bismarck: Man of German Destiny», в *Europe: Grandeur and Decline* (London, 1967), 80.

[2] Надпись на надгробии Уильяма Пикеринга и Ричарда Эджера, умерших 24 декабря 1845; Саут Порч, Собор Эли.

[3] A. Palmer, *Metternich* (London, 1972), 15: «Революция стала для него главным наваждением». См тж. L. B. Namier, «Mettermeli», в *Vanished Supremacies: Essays on European History, 1812-1918* (London, 1958).

[4] О модернизме говорят обычно применительно к культурным течениям, а не к общественно-экономическим. В XIX веке этот термин (с осуждением) употреблялся католиками-консерваторами, но позднее он становится общим определением всех авангардных течений в искусстве.

[5] Eric Hobsbawm, *Industry and Empire* (London, 1969), 21-22.

[6] См.: Roman Szporluk, *Communism and Nationalism: Karl Marx versus Friedrich List* (Oxford, 1989).

[7] См.: E. L. Jones, *The European Miracle: Environments, Economies, and Geopolitics in the History of Europe and Asia* (Cambridge, 1981).

[8] См.: Peter Laslett, «The History of the Family», Введение к книге *Household and Family in Past Times* (Cambridge, 1972), 1-89; о Le Play, ibid. 16-23.

[9] B. Disraeli, *Sybil, or the Two Nations* (1845) (London, 1925), 67.

[10] Norman Stone, «The Great Depression», в *Europe Transformed: 1878-1919* (London, 1982), 20-42.

[11] Keats, «La Belle Dame Sans Merci» («Прекрасная дама, не знающая милости»). (перевод В. В. Левика).

[12] Ламартин, «Озеро» (перевод А. Фета).

[13] Леопарди. Ночная песнь пастуха, кочующего в Азии (перевод А. Ахматовой).

[14] Joseph von Eichendorff, «Das Zerbrechenen Ringlein» («Разорванное кольцо»), в L. Reiners (éd.), *Der ewige Brunnen*, Beck Verlag, 1992 (перевод К. Бальмонта).

[15] Ю. Словацкий, из «Бениовский». Эти строки выбиты на надгробии Юзефа Пилсудского на кладбище «Росса» в Вильнюсе, Литва.

[16] А. С. Пушкин. Медный всадник (1833 г.). В строках Пушкина звучит отголосок стихов сосланного Мицкевича, с которым они однажды стояли перед памятником Петру Великому «под одним плащом». См. A. Mickiewicz, «Pomnik Piotra Wielkiego», в «Деды», вступление к ч. III (1832), Wybór Pism (Warsaw, 1950), 308-9.

[17] И. Гете, *Фауст*, ч. II, акт 5, 104-до конца. *Мистический хор*. Перевод Б. Пастернака.

[18] См.: Maria Korzeniewicz, *Od ludowości ironicznej do ludowości mistycznej: przemiany postaw estetycznych Słowackiego* (Wrocław, 1981).

[19] De Nerval, начальные строки «Les Cydalises», *Oxford Book of French Verse*, no. 276. См.: R. Sabatier, *La Poésie du XIXe siècle*, i: *Les Romantismes* (Paris, 1977), 221-52.

[20] Цит. по: Russell, 764-5.

[21] Знать, чтобы предвидеть, предвидеть, чтобы предупредить.

[22] От *лат.* diluvium — «потоп» — прим. перев.

[23] См.: B. A. Gerrish, *A Prince of the Church: Schleiermacher and the beginnings of modern theology* (London, 1984); K. W. Clements, *Friedrich Schleiermacher: Pioneer of Modern Theology* (London, 1987).

[24] Принцип неограниченной свободы предпринимательства и невмешательства государства в экономику.

[25] См.: James Sheehan, *German Liberalism in the Nineteenth Century* (London, 1978).

[26] См.: D. Blackbourn and G. Eley, *The Peculiarities of German History: Bourgeois Society and Politics in Nineteenth Century Germany* (Oxford, 1984); см. тж.: Madeleine Hurd, «Sweden and the German Sonderweg», доклад на 8-м Международном конгрессе по изучению Европы, Чикаго, 27-9 марта. 1992.

[27] Эти определения очень похожи на те, к которым прибегает A. D. Smith в *Theories of Nationalism* (London, 1971), где государственный национализм связывается с «побочным аристократическим этносом». См. тж.: Hans Kohn, *Nationalism: Its Meaning and History* (Princeton, NJ, 1965); Louis Snyder, *The Dynamics of Nationalism* (New York, 1964) и *Varieties of Nationalism: A Comparative Study* (New York, 1976); Elie Kedourie, *Nationalism* (Oxford, 1966); Ernest Gellner, *Nations and Nationalism* (Oxford, 1983); P. Alter, *Nationalism* (London, 1989); A. D. Smith (ed.), *Ethnicity and Nationalism* (Leiden, 1992). (См.сн. 35 ниже.)

[28] N. Gardels, «Two Concepts of Nationalism: An Interview with Isaiah Berlin», *New York Review of Books*, 21 Nov. 1991.

[29] Ernest Renan, в *Qu'est ce qu'une nation? Conférence faite en Sorbonne le 11 mars 1882*, b *Šuvres complutes* (Paris, 1947), i. 887-906.

[30] См.: Hugh Seton-Watson, *States and Nations: An Enquiry into the Origins of Nations and the Politics of Nationalism* (London, 1977).

[31] J. F. Palmer, «The Saxon Invasion and Its Influence on Our Character as a Race», *Transactions of the Royal Historical Society*, N.S., ii (1885), 173-96.

[32] H. S. Chamberlain, *Die Grundlagen des neunzehnten Jahrhunderts* (1899), цит. по W. and A. Durant, «Race and History», в *The Lessons of History* (New York, 1968), 26-7.

[33] См.: H. Paszkiewicz, *The Origins of Russia* (London, 1954); тж. «Are the Russians Really Slavs?» *Antemurale*, 2 (Rome, 1955).

[34] Достоевский Ф.М. *Дневник писателя за 1877*, Полное собр. соч. в 30 т. М., 1983. — Т.25. — С.124, 20.

[35] Eric Hobsbawm, *Nations and Nationalism since 1780* (Cambridge, 1990), 14.

[36] *Kultur* в том смысле, как это понятие употребляют немцы.

[37] Timothy D. Snyder, «Kazimierz Kelles-Krauz: a political and intellectual biography'. D. Phil. thesis, Oxford University, 1995.

[38] Идея, почерпнутая из доклада *Empire and Nation in Russian History*, прочитанного проф. Geoffrey Hosking в St Antony's College, Oxford, 3 May 1992.

[39] Вымышленная страна в романах Э. Хоупа. — прим. перев.

[40] См. Louis L. Snyder, *The New Nationalism* (New York, 1968), 55 (см. тж. Вступление, сн. 66 выше); Yael Tamir, *Liberal Nationalism* (Princeton, NJ, 1993)

[41] Kazimierz Brodziński, цит. по: Norman Davies, *Heart of Europe*, 202.

[42] Граф Эдвард фон Таафе и Баллимот (1833–1895). «Таафе не только не нашел ответа на вопрос, но даже и не искал его»; C. A. Macartney, *The Habsburg Empire, 1790-1918* (London, 1969), 615.

[43] Bonar Law, 1912. *Encyclopaedia Britannica*, 11th edn. (New York, 1911), 554; R. Kee, *The Green Flag: a history of Irish Nationalism* (London, 1972).

[44] C. M. Grieve (Hugh MacDiarmid), «A drunk man looks at the thistle, (1926), «The annals of the five senses» (1930), в *Collected Poems* (London, 1978); T. Nairn, *The Break-up of Britain: crisis and neonationalism*, 2nd edn. (London, 1981); *The Enchanted Glass: Britain and its monarchy* (London, 1988). См. тж.: N. MacCormick (ed.), *The Scottish Debate: essays on Scottish Nationalism* (Oxford, 1970); G. Bryan, *Scottish Nationalism: an annotated bibliography* (Westport, Conn., 1984).

[45] Renan, 1882 (см. сн. 29 выше).

[46] Шесть английских рабочих, организовавших профсоюз в Дорсете, были отправлены на каторгу в Австралию — прим. перев.

[47] Вертикальные профсоюзы организованы по принципу производственной корпорации, членами их являются те люди,

которые работают в этой корпорации (организации) или отрасли. — прим. перев.

⁴⁸ Бабувисты — последователи взглядов Г. Бабёфа. — прим. перев.

⁴⁹ См.: Isaiah Berlin, *Karl Marx: His Life and Environment*, 4th edn. (Oxford, 1978); Angus Walker, *Marx: His Theory and Its Context*, 2nd edn. (London, 1989)..

⁵⁰ A. J. P. Taylor, Предисловие к англ. пер. *The Communist Manifesto*, trans. S. Moore (Harmondsworth, 1967).

⁵¹ Цит.: по Tibor Szamuely, *The Russian Tradition* (London, 1974), 292. См.: Deborah Hardy, *Petr Tkachev: The Critic as Jacobin* (Seattle, 1977).

⁵² Проф. Колаковский говорит, что говорил об этом так часто, что забыл, где именно это утверждение впервые появляется в его трудах. См. его *The Main Currents of Marxism: Its Origins, Growth, and Dissolution* (Oxford, 1978).

⁵³ У папуасов — поклонение грузам, привезенным из цивилизованных стран, основан на представлении о магической силе внешнего подобия — например, о том, что, соорудив подобие самолета из веток и камней, можно получать неограниченное количество грузов, привозившихся настоящими самолетами. — прим. перев.

⁵⁴ Robert Conquest, introduction to Szamuely, *The Russian Tradition*, p. ix.

⁵⁵ См.: G. Woodcock, *Anarchism: A History of Libertarian Ideas and Movements* (London, 1963), «The Family Tree», 35-55.

⁵⁶ Русский перевод приводится по изданию: Шелли. Освобожденный Прометей. Пер. К.Д. Бальмонта. СПб., 1902. С. 95, 96, 97. Впрочем, в данном переводе, как и в переводе К. Чемена (П.Б. Шелли. Избранное. М., 1962) «анархистское» содержание видений Шелли отчасти теряется. В оригинале оно выражено отчетливее: «Человек остался//Без скипетра, свободный, не скованный ничем, равный, без класса, без племени, без нации и государства// Свободный от страха, поклонения, рангов, //Сам себе царь...». — прим. перев.

⁵⁷ Percy Bysshe Shelley, *Prometheus Unbound* (1819), III., iii. 131-5, 154, 157-61. У автора неточность: цитированные строки содержатся не в третьей, а в четвертой сцене третьего акта. — прим. перев.

⁵⁸ Peter Marshall, *Demanding the Impossible: A History of Anarchism* (London, 1991).

⁵⁹ A. J. P. Taylor, «The Wild Ones», *Observer*, 25 Oct. 1964, рецензия на James Joll, *The Anarchists* (London, 1964).

⁶⁰ Taylor, «Bismarck», 90.

⁶¹ См.: F. Malino and D. Sorkin, *Jews in a Changing Europe, 1750-1870* (Oxford, 1990); P. Johnson, *A History of the Jews* (London, 1987).

⁶² Цит. по: C. Jelen, *Le Point* (Paris), 1, 163 (1994), 45.

⁶³ См.: Heinz-Dietrich Loewe, *The Tsars and the Jews: Reform, Reaction, and Antisemitism in Imperial Russia, 1772-1917* (Chur, 1993); F. Raphael, *The Necessity of Antisemitism* (Southampton, 1989); R. Wistrich, *Anti-zionism and Antisemitism in the Contemporary World* (Basingstoke, 1990); Douglas Johnson, *The Dreyfus Affair* (London, 1966); N. Cohn, *Warrant for Genocide: The Myth of the Jewish World-Conspiracy and the Protocols of the Elders of Zion* (London, 1967).

⁶⁴ *Encyclopaedia Britannica*, xxviii. 989.

⁶⁵ Isaac Deutscher, *The Non-Jewish Jew and other essays* (London, 1968).

⁶⁶ J. Wertheimer, *Unwelcome Strangers: East European Jews in Imperial Germany, 1890-1914* (Oxford, 1987); S. E. Aschheim, *Brothers and Strangers: The East European Jew in German and German Jewish consciousness, 1800-1923* (Madison, Wis., 1988).

⁶⁷ *Hundert Jahre Jahrhundertwende* (Berlin, 1988), 155.

⁶⁸ Herbert Read, in *Art Now* (1933), цит. по. *The Oxford Companion to English Literature*, ed. Margaret Drabble (1985), 658

⁶⁹ См.: J. P. Stern, *A Study of Nietzsche* (Cambridge, 1979); S. Aschheim, *The Nietzsche Legacy in Germany* (Oxford, 1992).

⁷⁰ Bowdlerize — англ. «выбрасывать все непристойное, одиозное» (по имени проф. Т. Баудлера, который выпустил в 1818 году особое издание пьес Шекспира, опустив «слова и выражения, которые нельзя произносить вслух при детях»). — прим. перев.

⁷¹ См.: Ben Macintyre, *Forgotten Fatherland: The Search for Elizabeth Nietzsche* (London, 1992).

⁷² John Carey, *The Intellectuals and the Masses* (London, 1992), 4. См.: «Extreme Prejudice», *Sunday Times*, *Books* 28 June 1992, 8-9.

⁷³ Цит. по: Carey, *The Intellectuals and the Masses*, 12.

⁷⁴ Michael Coren, «And the Inferior Swarms Will Have to Die» «Низшие массы должны будут умереть», *Independent*, 2 Jan. 1993: объявление о публикации его же The jurisille Man: the life and liberties of h.g. wells (London, 1993). «Предвидения» не упоминаются в статье об Уэллсе в *The Oxford Companion to English Literature*.

⁷⁵ Carey, *The Intellectuals and the Masses*, 21.

⁷⁶ См.: J. Miller, *Freud: The Man, His World, and His Influence* (London, 1972).

⁷⁷ Ш. Бодлер *Соответствия*. Пер. В. Левика.

⁷⁸ П. Верлен. *Осенняя песня*. Пер. А. Гелескула.

⁷⁹ А. Рембо. *Гласные*. Пер. Е. Бекетовой.

⁸⁰ Max Nordau, *Degeneration* (1892-3), цит. по: R. C. Mowat, *Decline and Renewal: Europe Ancient and Modern* (Oxford, 1991), 12-13.

⁸¹ Цит. по: Michael Howard, *The Franco-Prussian War: The German Invasion of France, 1870-1* (London, 1962), 208. Фон Мольтке предпочитал говорить: «Они у нас в мышеловке»; ibid. 207.

⁸² Ewa M. Thompson, «Russophilia», в *Chronicles* (Oct. 1994), 32-5.

⁸³ Песенка из мюзик-холла Г.У Ханта, популяризованная в 1878 г. Дж. Макдеомоттом; The *Concise Oxford Dictionary of Quotations* (Oxford, 1964), 112.

⁸⁴ В котором при спуске курка игла затвора прокалывала дно патрона и воспламеняла ударный состав капсюля. — прим. перев.

⁸⁵ См.: Michael Howard, *War in European History* (Oxford, 1976), 97-106.

⁸⁶ Из Halford Mackinder, *Democratic Ideas and Reality* (1919), цит. по C. Kruszewski, «The Geographical Pivot of History», *Foreign Affairs* (Apr. 1954), 2-16; «The Geographical Pivot of History» (25 Jan. 1904), *Geographical Journal* (Apr. 1904), 421-44 (repr. London, 1969). См.: B. B. Bluet, *Halford Mackinder: a biography* (College Station, TX, 1987).

⁸⁷ H. von Moltke, *Gesammelte Schriften und Denkwürdigkeiten* (Berlin, 1892), 194.

[88] Цит. по: Michael Howard, «A Thirty Years» War: Two World Wars in Historical Perspective», *Transactions of the Royal Historical Society*, 6th ser., 3 (1993), 171. Ср.: Адольф Гитлер перед рейхстагом 21 мая 1935: «Всякий, кто стремится зажечь факел войны в Европе, желает лишь хаоса».

[89] Joachim Remak, *Sarajevo: The Story of a Political Murder* (London, 1959); L. Popelka, *Heeres-gesichtliches Museum* (Vienna, 1988), 50-1. Два сына Франца Фердинанда — Макс и Эрнст фон Гогенберги — умерли в нацистском лагере Дахау в 1938 г.

[90] D. C. Browning (ed.), *Everyman's Dictionary of Quotations and Proverbs* (London, 1951), no. 1792; *The Concise Oxford Dictionary of Quotations*, 113; A. and V. Palmer, *Quotations in History: A Dictionary of Historical Quotations* (Hassocks, 1976), 97.

[91] Viscount Grey of Fallodon, *Twenty-five Years, 1892-1916* (London, 1925), ii. 10, 20.

[92] Keith Robbins, *Sir Edward Grey: A Biography of Lord Grey of Fallodon* (London, 1971).

[93] См.: B. Jelavich, *Russia's Balkan Entanglements, 1800-1914* (Cambridge, 1991), в частн. 248-75. В царском манифесте от 3 августа не упоминались обязательства России перед Сербией, но только общая «вера», «кровь» и «исторические традиции славянских народов»; ibid. 275.

[94] См.: G. M. Trevelyan, *Grey of Fallodon* (London, 1937).

[95] См.: Sidney Buxton, *Edward Grey: Bird Lover and Fisherman* (London, 1933).

[96] 8 Dec. 1919, Harvard Union; Viscount Grey, *Recreation* (London, 1920).

[97] Grey, *Twenty-five Years*, i. 121.

[98] Из «Chronicle» в *The Annual Register, 1914* (London, 1915).

[99] W. S. Churchill, *World Crisis*, цит. по: Trevelyan, *Grey of Fallodon*, 200-4.

[100] *Manchester Guardian*, 4 Aug. 1914.

[101] David Lloyd George, *War Memoirs*, цит. по: Trevelyan, *Grey of Fallodon*, 69, 254.

[102] См.: Hermann Lutz, *Lord Grey und der Weltkrieg*, trans as *Lord Grey and the World War* (London, 1926), в частн. 193-4.

[103] Grey, *Twenty-five Years*, i. 57.

[104] Robbins, *Sir Edward Grey*, 290.

[105] Grey, *Twenty-five Years*, ii. 10-18.

[106] Martin Gilbert, *Winston S. Churchill*, iii (1914-16) (London, 1971), 3 Aug. 1914.

[107] J. Spender and C. Asquith, *The Life of Lord Asquith and Oxford* (London, 1932), ii. 93.

[108] B. Connell, «Prince Louis of Battenberg», в *Manifest Destiny* (London, 1953), 44-5. [ГОТА]

[109] Gilbert, *Churchill*, iii, ch. 1, «A Really Happy Man», 25-6.

[110] Ibid.

[111] Ibid. 30, 4 Aug. 1914.

[112] Ibid. 31.

[113] Высказывание кайзера в неверном переводе широко публиковалось в Великобритании — «маленькая, презренная армия», откуда пошло прозвище британских экспедиционных войск: The Old Contemptibles «презренные парни».

[114] Lutz, *Lord Grey and the World War*, 156.

[115] См.: K. H. Jarausch, *The Enigmatic Chancellor: Bethmann Hollweg and the Hubris of Imperial Germany* (New Haven, Conn., 1972).

[116] Ibid. 70.

[117] K. H. Jarausch, «The Illusion of Limited War: Bethmann Hollweg's Calculated Risk, July 1914', *Central European History* (Atlanta), 2 (1969), 48-78.

[118] Jarausch, *Enigmatic Chancellor*, 149.

[119] Из письма Бетмана к кронпринцу, от 15 ноября 1913 г. цит. по: Jarausch, «The Illusion of Limited War».

[120] От 8 июля 1914 г., ibid.

[121] Jarausch, *Enigmatic Chancellor*, 149.

[122] Prince Bernhard von Bülow, *Memoirs, iii: 1909-19* (London, 1932), 161 — недружественный свидетель.

[123] L. Cecil, *Albert Ballin: Business and Politics in Imperial Germany, 1888-1918* (Princeton, NJ, 1967), 122 ff.

[124] Von Bülow, *Memoirs*, iii. 159-60.

[125] *Encyclopaedia Britannica*, 12th edn. (London, 1922), xxx. 453-4.

[126] Цит. по: Jarausch, «The Illusion of Limited War'.

[127] Ibid. 54.

[128] Ibid. 58.

[129] Ibid. 75-6.

[130] От 27 июля 1914 г., ibid.

[131] A. and V. Palmer, *Quotations in History*, no. 1751.

[132] Это диссертация Fritz'a Fischer'a, *Griff nach der Weltmacht* (1969), trans. as *War of Illusions: German Policies from 1911 to 1914* (London, 1972). О роковых событиях 29-30 июля, см. 492-8.

[133] Von Bülow, *Memoirs*, iii. 163.

[134] Fischer, *War of Illusions*, 511.

[135] Palmer, *Quotations in History*, no. 1752.

[136] Jarausch, «The Illusion of Limited War», 71 ff.

[137] Эти слова («клочок бумаги») вполне согласуются с тем как Бетман-Говвег высказывался о нейтралитете Бельгии в этот же день в своей речи рейхстагу. Но самое раннее письменное подтверждение именно такой формы выражения встречается в отчете британского посла, написанном четырьмя днями позже. Оттуда уже эту фразу подхватили все, кто ее приводит. Sir E. Goschen to Sir Edward Grey, London, 8 August 1914, HMSO, *Collected Diplomatic Documents Relating to the Outbreak of the European War* (London, 1915), no. 160, p 111; Речь имперского канцлера Германии перед рейхстагом, 4 авг. 1914, ibid. 436-9; Palmer, *Quotations in History*, 18 *Everyman's Dictionary of Quotations* (London, 1951), no. 215.

[138] Marcel Proust, *Correspondence*, ed. P. Kolb, iii (1914) (Paris, 1985), no. 16.

[139] The Letters of Virginia Woolf (London, 1976), ii. no. 708.

[140] C. Hassall, *Rupert Brooke: A Biography* (London, 1964) 454-5.

[141] *The Letters of D. H. Lawrence*, ed. J. T. Boulton (Cambridge, 1981), ii. no. 851, и леди Синтии Асквест, 30 Jan 1915.

[142] *The Letters of Thomas Mann, 1889-1955*, ed. R. and C Winston (London, 1970), i. 69-70, к Генриху Манну, 7 Aug 1914.

[143] Count Carlo Sforza, «Tisza, the Magyar», в *Makers of Modern Europe* (London, 1930), 65.

[144] D. A. Prater, *European of Yesterday: A Biography of Stefan Zweig* (Oxford, 1972).

[145] Ibid.

[146] См. Isaac Deutscher, *The Prophet Armed: Trotsky 1879-1921* (Oxford, 1954).

¹⁴⁷ Robert Service, *Lenin: A Political Life*, 2nd edn. (Basingstoke, 1991), ii, ch. 2, «Storms before the Storm», 34-71.

¹⁴⁸ Цит. по: Солженицын А., *Август 1914*. (London, 1971), 59-65.

¹⁴⁹ F. A. Golder, *Documents of Russian History* (New York, 1927), 3-23; цит. по: R. Pipes, *The Russian Revolution, 1899-1919* (London, 1990), 211.

¹⁵⁰ R. Rolland, *Journal des années de guerre, 1914-19*, ed. M. R. Rolland (Paris, 1952).

¹⁵¹ Michael Davie, *The Titanic: the full story of a disaster* (London, 1986); G. J. Marcus, *The Maiden Voyage: a complete and documentary history of the Titanic disaster* (London, 1988); A. Rostron, *The Loss of the Titanic* (Westbury, 1991).

¹⁵² A. J. P. Taylor, «The Outbreak of the First World War», в *Englishmen and Others* (London, 1956).

¹⁵³ Taylor, цит. по: Paul Kennedy, «Profound Forces in History», в C. J. Wrigley (ed.), *Warfare, Diplomacy and Politics: Essays in Honour of A. J. P. Taylor* (London, 1986).

¹⁵⁴ Taylor, «The Outbreak of the First World War': *Struggle for Mastery in Europe* (Oxford, 1954), chapter xxii.

¹⁵⁵ Taylor, цит. по: Kennedy, «Profound Forces in History» (*History Today*), 12.gb

Глава 11

¹ *Заутреня на Страстной неделе Tenebrae*, or Service of Darkness, in which candles and lights are gradually extinguished until the congregation sits in complete darkness — a representation of the darkness that covered the earth at the death of Jesus (Mark 15:33). Тёмная утреня.

² Анна Ахматова. Чем хуже этот век предшествующих?

³ См. Norman Stone, The Eastern Front (London, 1975); также A/ Clark, Suicide of the Empires: The Battles on the Eastern Front. 1914-18 (London, 1971).

⁴ K. Rosen-Zawadzki, «Karta Buduszczej Jewropy», *Studio z dziejow ZSRR i Srodkowej Europy* (Wroclaw, 1972), viii. 141-5, with map.

⁵ R. Pipes, *The Russian Revolution*, 1899-1919 (London, 1990), 419.

⁶ J. and J. Bogle, A *Heart for Europe: The Lives of Emperor Charles and Empress Zita of Austria-Hungary* (Leominster, 1990), chs. 7, 8.

⁷ Ленин ПСС. Т. 7 С. 520

⁸ Ibid. 553.

⁹ RAF Casualty Reports, 1-10 Sept. 1918, Public Record Office, London — Air 1/858/204/5/418 (opened 1969).

¹⁰ См Adolf Juzwenko, *Polska a «Biala» Rosja*, Wroclaw 1973.

¹¹ См. David Footman, *The Civil War in Russia* (London, 1961). О демографической статистике Советской истории см. сн. 38 ниже.

¹² См. R. L. Tokes, *Bela Kun and the Hungarian Soviet Republic, lyiS-iy* (New York, 1967);
I. Volges, *Hungary in Revolution, 1918-19: Nine Essays* (Lincoln, Nebr., 1971).

¹³ See Norman Davies, «The Missing Revolutionary War», *Soviet Studies*, 27/2 (1975), 178-95; also *White Eagle, Red Star: The Polish-Soviet War*, 1919-20 (London, 1972).

¹⁴ Lord D'Abernon, The Eighteenth Decisive Battle of World History (London, 1931), 8-9.

¹⁵ См. P. B. Kinross, *Ataturk: The Birth of a Nation* (London, 1964); Alan Palmer, *Kemal Ataturk* (London, 1991); M. Llewellyn-Smith, *The Ionian Vision: Greece in Asia Minor, 1919-22* (London, 1973); M. Houspian, *Smyrna 1922: The Destruction of a City* (London, 1972).

¹⁶ Английские карательные отряды в Ирландии. — *прим. ред.*

¹⁷ См. Walter Lacqueur (ed.). *Fascism: A Reader's Guide* (Berkeley, Calif., 1976).

¹⁸ См. Hannah Arendt, *The Origins of Totalitarianism* (London, 1986), впервые опубликовано как *The Burden of our Time* (1951); тж. Leonard Shapiro, *Totalitarianism* (London, 1972).

¹⁹ См. Carl Friedrich, «The Unique Character of Totalitarian Society», в *Totalitarianism* (Cambridge, Mass., 1954); тж. С. Friedrich *et al.*, *Totalitarianism in Perspective: Three Views* (New York, 1969).

²⁰ Vyacheslav Molotov, 6 Nov. 1939, and Hermann Goring, 9 Apr. 1933.

²¹ Hugh Seton-Watson, в *The Imperialist Revolutionaries* (London, 1961).

²² Denis Mack Smith, The March on Rome, *Mussolini* (London, 1981), 52 ff.; см. тж. Adrian Lyttleton, *The Seizure of Power: Fascism in Italy*, 1919-29 (London, 1987).

²³ Mack Smith, «The March on Rome», 240, называет Муссолини «одним из немногих людей, кого [Гитлер] действительно любил».

²⁴ Цитировано по R. Albrecht-Carrie, *The Unity of Europe: An Historical Survey* (London, 1966), 223-24.

²⁵ Перевод с французского; *Dictionnaire Quillet* (Paris, 1935), i. 602.

²⁶ Министерство иностранных дел Франции. — *прим. ред.*

²⁷ P. Hollander, *Political Pilgrims: Travels of Western Intellectuals to the Soviet Union, China and Cuba, 1928-78* (New York, 1981); тж. S. Margulies, *The Pilgrimage to Russia: The Soviet Union and the Treatment of Foreigners, 1924-37* (Madison, 1965).

²⁸ Michael Holroyd, «Fellow Traveller», взято из *George Bernard Shaw: A Biography* (London, 1991); *Sunday Times*, 15 Sept. 1991.

²⁹ См. P. Slater, *The Origin and Influence of the Frankfurt School* (London, 1977).

³⁰ См. *Europa, Europa: das Jahrhundert der avantgarde in Mittel- und Osteuropa*, an exhibition at the Kunst- und Ausstellungshalle der Bundesrepublik Deutschlands, Bonn, 27 May-16 Oct. 1994, directed by Ryszard Stanislawski and Christoph Brockhaus; catalogue (Bonn, 1994), 4 vols.

³¹ S. O'Faolain, *Constance Markievicz* (London, 1934); also Anne Haverty, *Constam Markievicz: An Independent Life* (London, 1988).

³² Sheila Fitzpatrick, *The Russian Revolution, 1917-32* (Oxford, 1982).

³³ Col. Robins, 1918, quoted by Isaac Deutscher, *The Prophet Armed: Trotsky 18/9-192*

(Oxford, 1954); а также A. J. P. Taylor, «Trotsky», in *Englishmen and Others* (London 1956). или: 135.

[34] L. B. Trotsky, *Stalin: An Appraisal of the Man and His Influence* (1941; new edn London, 1968).

[35] В 1936; цитировано по John Maynard, «The Two Disciplines», в *The Russian Peasant ant Other Studies* (London, 1942).

[36] Alec Nove, Was Stalin Really Necessary? Some Problems of Soviet Political Economy (London, 1964); ли. J. Arch Getty, The Origins of the Great Purges: The Soviet Communist Party Reconsidered (Cambridge, 1988).

[37] (Цит. по Троцкий Л. Сталин. Т.2. М., 1990. — С.155)

[38] Десятилетиями многие историки считали сталинские жертвы *сотнями* или *тысячами*, но другие, такие, как Солженицын, говорили о *десятках миллионов*. После падения СССР были преданы гласности самые высокие цифры. См. R. Conquest, *The Great Terror: A Re-assessment* (London, 1992); см. тж. Conquest's review of the semi-repentant «revisionists» (J. Arch Getty and R. T. Manning (eds.), *Stalinist Terror: New Perspectives* (Cambridge, 1993)), в *TLS* Feb. 1994. Тем не менее до сих пор так и не произошло «статистического прорыва». Работы, исходящие из «демографического провала» в 27 млн, который приходится на 1941-45, не делают различия между погибшими от рук нацистов и погибшими от самого Советского режима. Нет и анализа потерь в СССР по национальностям. См. Norman Davies, «Не 20 млн., не русских и не на войне» (Neither Twenty Million, nor Russians, nor War Deaths), *Independent*, 29 Dec. 1987; тж. M. Ellman, «On Sources: A Note», *Soviet Studies*, 44/5 (1992), 913-15.

[39] Цит. по A. J. P. Taylor, «Hitler's «Seizure of Power»», в *Englishmen and Others*, 139-53.

[40] Alan Bullock, *Hitler: A Study in Tyranny*, rev. edn. (London, 1964), 773.

[41] Ian Kershaw, *The Nazi Dictatorship: Problems and Perspectives of Interpretation*, 2nd edn. (London, 1989), 42-60. См. ли. Tim Mason, «The Primacy of Politics: Politics and Economics in National Socialist Germany», в H. A. Turner (ed.), *Nazism and The Third Reich* (New York, 1972), 175-200.

[42] Adolf Hitler, *Mein Kampf*, trans. R. Manheim (London, 1969), introd. by D. C. Watt, ch. 11, «Nation and Race».

[43] Ibid. 260.

[44] Ibid. 587.

[45] Ibid. 598.

[46] Ibid.

[47] Цитировано по D. Thompson, *Europe since Napoleon* (London, 1966), 727.

[48] George Watson, «Hitler's Marxism», в *The Idea of Liberalism: Studies for a New Map of Politics* (London, 1985), 110-25.

[49] См. R. Grunberger, A Social History of the Third Reich (London, 1971); тж. T. Childers, The Nazi Voter: The Social Foundations of Fascism in Germany (London, 1983).

[50] См. Kershaw, *The Nazi Dictatorship*, 18-41.

[51] Ср. Celia Heller, *On the Edge of Destruction* (New York, 1977), с L. Dobroszycki and B. Kirschenblatt-Gimblett (eds.). *Image Before my Eyes: A Photographic History of Jewish Life in Poland, 1864-1939* (New York, 1977-8). Замечательные свидетельства того времени можно найти в Lewi Namier, «The Jews in the Modern World» (1934), в *In the Margin of History* (London, 1940).

[52] From Lewis Namier, «Yugoslavia», in *Facing East* (London, 1947), 66-82, a review of i Rebecca West's wonderful travelogue. *Black Lamb and Grey Falcon* (London, 1942).

[53] Arthur Koestler, *Spanish Testament* (London, 1937); см. also his *Darkness at Noon I* (London, 1968).

[54] См. D. W. Pike, *In the Service of Stalin: The Spanish Communists in Exile, 1939-45* (Oxford, 1993).

[55] Hugh Thomas берет на себя смелость утверждать, что цифра потерь составляла 500 000, включая около 200 000 погибших в бою и около 245 000 жертв политических репрессий; *The Spanish Civil War, 3rd* edn. (London, 1977) 270, 925-7.

[56] Geza Jeszenszky, Foreign Minister of Hungary, «The Lessons of Appeasement: Central Europe between NATO and Russia», lecture at SSEES, University of London, 6 Dec. 1993.

[57] Keith Feiling, A *Life of Neville Chamberlain* (London, 1946), 367.

[58] См. M. Gilbert, *Winston Spencer Churchill, v: 1922-39* (London, 1976), chs. 47, 48, «The Worst of Both Worlds» and «A Defeat without a War».

[59] After H. C. Hillman, *The Comparative Strength of the Great Powers* (London, 1939). См. ли. Paul Kennedy, «The Politics of Appeasement», in *The Realities behind Diplomacy: Background Influences on British External Policy, 1865-1980* (London, 1985).

[60] Весьма информированные и обоснованные рассуждения на этот счет содержатся в работе Ernst Topitsch, *Stalin's War: A Radical New Theory of the Origins of the Second World War* (1985), trans. A. and B. E. Taylor (London, 1987).

[61] Эту дезинформацию можно встретить во многих западных учебниках. См., напр., M. L. R. Isaac, A *History of Europe, 1870-1950* (London, 1960), 241, где о поляках говорится как о «союзниках, которыми немцы немало похвалялись».

[62] См. Norman Davies, *Heart of Europe: A Short History of Poland* (Oxford, 1984), «The Military Tradition», 239-43.

[63] Цит. по Bullock, *Hitler*, 527.

[64] Документ опубликован в книге «Документы внешней политики, 1939 г.», издание МИД РФ. Москва 1992, т. XXII, кн. 1, с. 632.

Nazi-Soviet Relations, 1939-41: Documents from the Archives of the German Foreign Office, ed. R. J. Sonntag and J. S. Beddie (Washington, DC, 1948), 78.

[65] Memorandum of a conversation between Ribbentrop, Molotov, and Stalin, 23-4 Aug. 1939, *Nazi-Soviet Relations*, 74.

[66] Главный обвинитель от США на процессе над военными преступниками, цитировавший письменный показания самого Науйокса Нюренбергскому трибуналу, *Nazi Conspiracy and Aggression*, vi (Washington, DC, 1948), 390-92.

[67] Энциклопедическую информацию о Второй мировой войне на уровне современных знаний можно получить в: Ian Dear and M. R. D. Foot *et al.* (eds.), *The Oxford Companion to the Second World War* (1995).

[68] Alvin D. Coox, *Nomon-han: Japan against Russia, 1939* (Stanford, Calif., 1985).

[69] См. A. Read and D. Fisher, The Deadly Embrace: Hitler, Stalin and the Nazi-Soviet Pact, 1939-41 (London, 1988).

[70] 16 June 1941; *The Goebbels Diaries*, ed. F. Taylor (London, 1982), 414.

[71] См. В. Суворов, Ледокол: кто начал Вторую мировую войну?

[72] R. C. Raack, «Stalin's Plans for World War Two», *Journal of Contemporary History*, 26 (1991), 215-27.

[73] Мобильные отряды СС. — *прим. ред.*

[74] Goebbels Diaries, 16.

[75] J. Wnuk, *Losy dzieci polskich w okresie okupacji hitlerowskiej* (Warsaw, 1980); см. также C. Henry and M. Hillel, Au *nom de la race* (Paris, 1974), trans. as *Children of the SS* (London, 1976); Richard Lukas, *Did the Children Cry? Hitler's War against Jewish and Polish Children, 1939-45* (New York, 1994).

[76] Jan T. Gross, Polish Society under German Occupation, 1939—44 (Princeton, NJ, 1979); Richard Lukas, The Forgotten Holocaust: The Poles under German Occupation (Lexington, Ky., 1986); тж. M. Broszat, Nationalsozialistische Polenpolitik, 2939-45 (Frankfurt, 1965). О созданных в Польше нацистами гетто см. L. Wells, The Janowska Road (London, 1966); L. Dobroszycki (ed.). The Chronicle of the Lodz Ghetto (New Haven, Conn., 1984); A. Lewin, A Cup of Tears: A Diary of the Warsaw Ghetto (Oxford, 1988); A. Tory, Surviving the Holocaust: The Kovno Ghetto Diary (New York, 1990).

[77] 73. Norman Davies and Antony Polonsky, The Jews in Eastern Poland and the Soviet Union, 1939-45 (London, 1991), introd. См. тж. J. T. Gross, Revolution from Abroad: The Soviet Conquest of Poland's Western Ukraine and Western Byelorussia (Princeton, NJ, 1988); Keith Sword, The Soviet Takeover of the Polish Eastern Provinces, 1939-41 (Basingstoke, 1991); Irena and J. T. Gross, War Through Children's Eyes: The Soviet Occupation of Poland and the Deportations, 1939-41 (Stanford, Calif., 1981); и анонимно [Zoe Zajdierowa], The Dark Side of the Moon (с предисловием T. S. Eliot) (London, 1946).

[78] 30 Sept. 1939. См. Ewa M. Thompson, «Nationalist Propaganda in the Soviet Russian Press, 1939-41», *Slavic Review*, 50/2 (1991), 385-99.

[79] J. Garlinski, *Intercept: The Enigma War* (London, 1979); тж. R. Wojtak, «The Origins of the Ultra-secret Code in Poland, 1937-38», *Polish Review*, 23/3 (1978).

[80] См. Суворов, *Ледокол*. Большая часть советских ВВС, например, была выдвинута на уязвимые позиции.

[81] Alan Bullock, «Hitler and the Holocaust», lecture, Logan Hall, University of London, 14 July 1993.

[82]. Goring to Heydrich, 31/7/1941. Text in R. Hilberg, *The Destruction of the European Jews* (London, 1961), 262.

[83] В смертельно трудных обстоятельствах. — *прим. ред.*

[84] The Diary of Anne Frank: The Critical Edition (London, 1989).

[85]. R. Hilberg et al. (eds.), The Diary of Adam Czerniakow, 1939-42 (New York, 1979).

[86] After Rudolf Hoess, Commandant of Auschwitz: The Autobiography of Rudolf Hoess (London, 1959), 144-57.

[87] Здесь надо упомянуть, в первую очередь: Primo Levi, *If This Is a Man* (1956), *The Truce* (1963), *If Not Now, When?*; Jerzy Kosinski, *The Painted Bird* (1966), *The Devil Tree* (1973); Leon Uris, *Mila 18* (1961), QB *VII* (1971).

[88] См. Hanna Krai, *Zdazyc przed Panem Bogiem: rozmowy z Markiem Edelmanem*, trans. as *Shielding the Flame* (New York, 1986); review by Norman Davies, New *York Review of Books*, 20 Nov. 1986; «Poles and Jews: An Exchange», ibid. 9 Apr. 1987.

[89] Isaak Shahak, «The Life of Death: An Exchange», New York Review of Books, 29 Jan. 1987,45-50.

[90] См. M. Edelman, *The Ghetto Fights* (New York, 1946); Y. Zuckerman, A *Surplus of Memory: A Chronicle of the Warsaw Ghetto Rising* (New York, 1993).

[91] From «Campo di Fiori», Warsaw 1943; Czeslaw Milosz, *Collected Poems, 1931-87* (London, 1988). Перевод Ретушинской.

[92] Jan Blonski из Ягеллонского ун-та, Краков, «The Poor Poles look at the Ghetto», in *Polin*, ii (1987), 321 ft., перевод статьи, впервые появившейся в *Tygodnik Powszechny* (Cracow), 11 January 1987.

[93] Irene Tomaszewski and T. Werbowski, *Zegota: the rescue of Jews in wartime Poland* (Montreal, 1994); T. Prekerowa, *Konspiracyjna Rada Pomocy Zydom w Warszawie, 1942-45* (Warsaw, 1983); W. Bartoszewski and Z. Lewin (eds.). *Righteous among Nations: How Poles Helped the Jews, 1939-45* (London, 1959); also K. Iranek-Osmecki, *He Who Saves One Life* (New York, 1971).

[94] См. Bruno Szatyn, A Private War: Surviving in Poland on False Papers, 1941-45 (Detroit, 1985); N. Tec, When Light Pierced the Darkness: Christian Rescue of Jews in Nazi-occupied Poland (New York, 1985); Thomas Keneally, Schindler's Ark (London, 1982); там же приводится подлинная история жизни Соломона Переля, о котором рассказывается в фильме Agnieszka Holland *Europa*, (1990).

[95] См. Istvan Deak в «Who Saved Jews? An Exchange», *New York Review of Books*, 25 Apr. 1991, 60-2, в продолжение дискуссии, начатой работой Deak «The Incomprehensible Holocaust», ibid. 28 Sept. 1985.

[96] S. Friedlander, *Pius XII and the Third Reich* (London, 1966); J. D. Holmes, *Pius XII, Hitler and the Jews* (London, 1982); тж. R. G. Weisbord, *The Chief Rabbi, the Pope, and the Holocaust* (London, 1992).

[97] Большее количество — 5,957 млн. — дает Jakub Lestchinsky, меньшее — 5,1 млн. - Raul Hilberg, *The Destruction of the European Jews*, rev. edn. (New York, 1985), 767, 670. Подробное приложение в *Encyclopaedia of the Holocaust*, ed. I. Gutman (New York, 1990) приводит минимальную цифру 5,596 млн. и максимальную 5,86 млн. (iv. 1797-1802). Среднее арифметическое этих оценок составляет 5,728 млн. Так что, хотя точных цифр и нет, но разные историки при похожих методах приходят к сходным заключениям.

[98] Количество погибших в СССР во время войны сейчас определяется как 26-27 млн. См. S. Maksudov, «Losses Suffered by the Population of the USSR, 1918-58», в R. Medvedyev (ed.). *The Samizdat Register II* (London, 1981). Цифры свыше 27 млн., которые начали появляться в 1990-ые, относятся не столько к военным потерям, сколько являются проекцией демографических потерь, включая не рожденные после войны поколения. Анализ этих цифр, однако, весьма труден. Есть все основания полагать, что наибольшие потери понесли те регионы, где шли самые ожесточенные бои, то есть Украина, Белоруссия и Восточная Польша. См. гл. 38 выше. Следует также с осторожностью относиться к сомнительным определениям территории, хронологии и причин смерти. См. M. Ellmann, S. Maksudov, «Soviet deaths in the Great Patriotic War: a note», *Europe-Asia Studies*, vol. 46, no. 4 (1994), 671-80.

[99] 94. Jean Paul II, *Maximilien Kolbe: Patron de notre siecle difficile* (Paris, 1982); W. Herbstrath and B. Bonowitz, *Edith Stein: A Biography* (London, 1985); W. T. Bartoszewski, *The Convent at Auschwitz* (London, 1990).

[100] См. Jozef Garlinski, *Fighting Auschwitz: The Resistance Movement in the Concentration Camp* (London, 1970); also M. R. D. Foot, Six *Faces of Courage* (London, 1978), 105-19. Pitecki был расстрелян при коммунистах органами госбезопасности 25 мая 1948. Его собственное изложение, которое утаивалось в течение 50 лет, было затем опубликовано как *Raport Witolda*, ed. A. Cyra (Warsaw, 1991). Польская коммунистическая пропаганда ложно утверждала, что сопротивление в Аушвице/Освенциме возглавлял Юзеф Циранкевич, занимавший после войны пост премьер-министра.

[101] Jan Karski, «The Tragedy of Szmul Zygelbojm», *Poland*, May 1987, 43-50, extracts from *Story of a Secret State* (Boston, 1944); see also David Engel, *In the Shadow of Auschwitz:The Polish Government in Exile in London and the Jews, 1939-42* (London, 1987).

[102] См. D. S. Wyman, The Abandonment of the Jews: America and the Holocaust, 1941-45 (New York, 1984); тж. R. Bolchover, British Jewry and the Holocaust (Cambridge, 1993).

[103] 98. M. Gilbert, *Auschwitz and the Allies* (London, 1981).

[104] 99. Lucy S. Dawidowicz, «The fate of the Jews under National Socialism was unique'; «The Jews: A Special Case», in *The Holocaust and the Historians* (Cambridge, Mass., 1981), 11 V. Предметом дискуссии об уникальности Холокоста являются не столько исторические события как таковые, сколько мотивы и аргументы тех, кто отрицает возможность любых сравнений и сопоставлений. Так, по словам сэра Исайи Берлина, «Если мы исследуем уникальность какого-то явления, мы не должны спешить с выводом о его уникальности прежде, чем сравним его с другими в том или ином отношении напоминающими его феноменами. А именно то происходит с вопросом о Холокосте. В этом отчетливо просматриваются политические мотивы.». Цитируется по: G. Thomas (ed.). *The Unresolved Past: a Debate in German History*, chaired and introduced by Ralf Dahrendorf (London, 1990), pp. 18-19.

[105] Роза Люксембург в отношении антисемитизма на заре века: «Почему вы выступаете со своими особыми еврейскими печалями? Я так же сочувствую несчастным индейцам Путамайо». Цит. по Dawidowicz, «The Jews: A Special Case», 4.

[106] См. I. Abrahamson (ed.), *Against Silence: The Voice and Vision of Elie Wiesel* (New York,1985).

[107] Lucy Dawidowicz, *The War Against the Jews, 1933-45* (London, 1975).

[108] R. Hilberg, The Destruction of the European Jews.

[109] Yehudah Bauer, The Holocaust in Historical Perspective (London, 1978). Эту линию развивает Raul Hilberg, *Perpetrators, Victims, Bystanders: The Jewish Catastrophe*, 1939-45 (London, 1992).

[110] Martin Gilbert, *The Holocaust: The Jewish Tragedy* (London, 1986).

[111] L. Dawidowicz, «The Curious Case of Marek Edelman», *Commentary* (New York), 83/3 (March, 1987), 66-9. См. M. Edelman, *The Ghetto Fights* (New York, 1946).

[112] Arnold J. Meyer, Why Did the Heavens Not Darken? The «Final Solution» in History (London, 1988).

[113] Lukas, *The Forgotten Holocaust*: ли. R. C. Lukas (ed.). *Out of the Inferno: Poles Remember the Holocaust* (Lexington, Ky., 1989).

[114] Arthur R. Butz, *The Hoax of the Twentieth Century* (Richmond, Va., 1976), см. тж. P. Rassinier, *The Holocaust Story and the Lies of Ulysses* (Costa Mesa, Calif., 1978); см. тж. Noam Chomsky, «All Denials of Free Speech Undercut a Democratic Society», *Journal of Historical Review*, 7/1 (1986), 123-7; его же: «Thought Control in the USA», *Index on Censorship*, 7 (1986), 2-23, и последующая переписка.

[115] Paul Findley (ed.). They Dare to Speak Out: People and Institutions Confront Israel's Lobby (Westport, Conn., 1985).

[116] C. Lanzmann, *Shoah: An Oral History of the Holocaust (The Complete Text of the Film)* (New York, 1985); многочисленные рецензии включают T. Carton Ash, «The Life of Death», *New York Review of Books*, 19 Dec. 1985; J. Karski, «Shoah (Zaglada)», *Kultura* (Nov. 1985), 121-4; J. Turowicz, «Shoah w polskich oczach», *Tygodnik powszechny* (Cracow), 10 Nov. 1985; P. Coates, «A Ghetto in Babel», *Encounter*, 49/1 (1987); and the collection *Polish Americans Reflect on Shoah* (Chicago, 1986).

[117] Rafat Scharf, «In Anger and in Sorrow», *Polin: A Journal of Polish-Jewish Studies*, i (1986), 270.

[118] Wladystaw Anders, *An Army in Exile: The story of the Polish Second Corps* (London, 1947; repr. Nashville, 1981).

[119] «Declaration of Principles known as the Atlantic Charter, made public 14 August 1941'; J. A. S. Grenville, *The Major International Treaties, 1914-73: A History and Guide with Texts* (London, 1974), 198-99.

[120] 18-21 June 1945. *Trial of the Organisers, Leaders, and Members of the Polish Diversionist Organisation*, Moscow (London, 1945). See Z. Styputkowski, *Invitation to Moscow* (New York, 1962).

Nuremberg, 19 October 1945

[121] Gilbert, *Churchill*, vii: *1941-5* (London, 1986), 991-3.

[122] A. Солженицын, Прусские ночи: *A Narrative Poem*, в особенности, 41-3, 49-53.

[123] 118. S. E. Ambrose, *Pegasus Bridge: 6 June 1944* (London, 1984). В полночь 5/6 июня мост Пегас охраняли два поляка, один из которых, рядовой В. Бонк, как свидетельствует доклад, получил увольнительную для похода в бордель Benouville. Полк «Ox and Bucks» («Быков») сменили на следующий день коммандос лорда Ловата, впереди которых шел волынщик.

[124] Peter Hoffmann, *The History of German Resistance, 1933-45* (London, 1988); см. тж. T. Prittie, *Germans Against Hitler* (London, 1964); F. R. Nicosia (ed.), *Germans against Nazism* (New York, 1990); D. C. Large, *Contending with Hitler: Varieties of German Resistance* (Cambridge, 1991).

[125] To Albert Speer, 19 Mar. 1945; Bullock, *Hitler*, 774.

[126] Ibid. 794-5.

[127] Веслава Шимборска. Конец и начало.

Nuremberg, 19 October 1945

[128] Этот отрывок был первоначально напечатан в Польше в «Газета Выборча» (Варшава), 3-4 апреля 1993, и появился он под прекрасным названием «Правда открытая и правда сокрытая».

[129] Airey Neave, *Nuremberg: A Personal Record* (London, 1978), 73-85. Автор погиб в 1979 от взрыва бомбы, подложенной ирландскими террористами на стоянку автомашин у палаты общин.

[130] Ibid. 26.

[131] International Military Tribunal, Nuremberg, *The Trial of German Major War Criminals: Documents and Proceedings*, ed. L. D. Egbert (Nuremberg, 1947-9), vols. i-xlii.

[132] International Military Tribunal, Nuremberg, *Speeches of the Chief Prosecutors* (London, 1946).

[133] *Manchester Guardian*, 23 Mar. 1946, *The Times*, 8 May 1946; quoted by A. and J. Tusa, *The Nuremberg Trial* (London, 1983), *passim*.

[134] Цитировано по: Neave, *Nuremberg*, 331.

[135] M. Bloch, *Ribbentrop* (London, 1992), 454.

[136] Tusa and Tusa, *The Nuremberg Trial*, 472.

[137] Никакого наказания без закона [т.е. не может быть вынесено наказание, если на момент совершения преступления не существовал закон, объявляющий соответствующее действие преступным].

[138] См. R. K. Woetzel, *The Nuremberg Trials in International Law* (New York, 1962).

[139] См. R. A. Kirk, *The Political Principles of R. A. Taft* (New York, 1967).

[140] H. K. Thompson and H. Strutz (eds.), *Doenitz at Nuremberg: A Reappraisal* (Torrance, Calif., 1983).

[141] Neave, *Nuremberg*, 26.

[142] Lewis Namier, *Manchester Guardian*, 19 Oct. 1945; quoted by Tusa and Tusa, *The Nuremberg Trial*, *passim*.

[143] Ibid. Как сообщает американский переводчик, Вышинский буквально сказал следующее: «Я предлагаю тост за подсудимых. Пусть они пойдут прямо из зала суда в могилу»; Telford Taylor, *Anatomy of the Nuremberg Trials: A Personal Memoir* (London, 1993), 211.

Глава 12

[1] Излюбленная метафора Иоанна Павла I. См., например, его Апостолическое послание *Euntes in mundum* (1988 г.), по случаю тысячелетия крещения Киевской Руси.

[2] См.: Keith Sword et al. *The Formation of the Polish Community in Great Britain, 1939-50* (London, 1989).

[3] Nikolai Tolstoy, *Victims of Yalta* (London, 1977).

[4] James Bacque, *Other Losses: An Investigation into the Mass Deaths of German prisoners...* (New York, 1989), это утверждение решительно опровергается в G. Bischoff and S. Ambrose (eds.), *Eisenhower and the German POWs: Facts Against Falsehood* (Baton Rouge, La., 1993), рецензия в *History*, 79/255 (1994), 186.

[5] Krystyna Kersten, «The Transfer of the German Population from Poland, 1945-7», *Acta Poloniae Historica*, 10 (1964), 27-47; Alfred M. De Zayas, *Nemesis at Potsdam: The Anglo-Americans and the Expulsion of the Germans*, rev. edn. (London, 1979) и *The German Expellees: Victims in War and Peace* (London, 1993); John Sack, *An Eye for an Eye: The Untold Story of Jewish revenge on Germans, 1945* (New York, 1993).

[6] См.: Kazimierz Moczarski, *Rozmowy z katem* (1974), trans as Conversations with an Executioner. (London, 1978).

[7] Arthur Bliss Lane, *I Saw Poland Betrayed* (New York, 1947); Stanisław Mikoiayczyk, *The Rape of Poland: The Pattern of Soviet Domination* (London, 1949); Jan Ciechanowski, *Defeat in Victory* (London, 1968). О погроме в Кельце см.: T. Wiacek, *Kulisy i tajemnice pogromu kieleckiego 1946r* (Krakow, 1992).

[8] George Kennan, *Foreign Affairs* (July 1947), под псевдонимом *Mr X*.

[9] Цит. по: Рассел Б. *Практика и теория большевизма*. Черчилль У. *Вторая мировая война*. Избранные страницы. Пер. с англ. М., 1998.

[10] Ibid.

[11] *Times*, 6 Mar. 1947.

[12] Gilbert, *Churchill*, viii. 265-7.

[13] Ibid. 267.

[14] Fiat! — *лат.* Да будет! — прим. перев.

[15] Ibid. 355. О заявлениях на Гаагском конгрессе см.: Anthony Sampson, *The New Europeans: A Guide to the Workings, Institutions, and Character of Contemporary Western Europe* (London, 1968), 4-5.

[16] Neal Ascherson, «The Special Relationship that will Survive all Tiffs», *Independent on Sunday*, 21 Feb. 1993.

[17] K. D. Bracher, *Die deutscher Diktatur* (1969), trans as (german dictatorship harmonasworth, 1970).

[18] Anthony Sampson, *The Essential Anatomy of Britain: Democracy in Crisis* (London, 1992).

[19] Музыка, основанная на сочетании *найденных* немузыкальных звуков. Используются индустриальные шумы, звуки природы, уличные шумы, случайно записанные разговоры и т.д. — прим. перев.

[20] Walter Laqueur, *Europe since Hitler* (London, 1967), 194.

[21] Dr Otto von Habsburg, *The Economist's* Charles Stransky Memorial Lecture, London 20 Sept. 1993.

[22] *Дама* — титул супруги баронета или рыцаря. На Сарке знатные женщины играли заметную роль в политике

[23] «The Last Testament», в Strobe Talbot (ed.). Krushchev Remembers (Boston, 1974.), 284. — прим. перев.

[24] См.: Laqueur, *Europe since Hitler*, «The Soviet Economy», 231 ff.

[25] Цит. по Geoffrey Hosking, *A History of the Soviet Union* (London, 1985), 405.

[26] Irina Ratushinskaya, Grey is the color of hope, trans. A. Rojevnirov (London, 1989), 229.

[27] Michael Bourdeaux, The Role of Religion in the Fall of Soviet Communism (London, 1992).

[28] См. примечание 53 к главе 10. — прим. перев.

[29] Adam Wazyk, «Poemat dla doroslych», *Nowa Kultura*, (Warsaw) 21 Aug. 1955; цит. по: Davies, god's playground, ii. 582-83.

[30] О Пражской весне см.: H. Gordon Skilling, *Czechoslovakia's Interrupted Revolution*, (Princeton, Nj, 1976).

[31] Бигос — национальное польское блюдо из тушеной капусты с мясом; «коммунизм бигоса» автор называет польский вариант венгерского «гуляшного коммунизма». — прим. перев.

[32] Полковник Рышард Куклиньский, как сообщалось в *Washington Post*, 27 Sept. 1992; *Gazeta Wyborcza*, 28 Sept. 1992.

[33] Как об этом сообщал бывший член Политбюро Чехословакии Карел Каплан в *Panorama* (May 1977): см.: «Stalin's Secret Council of War», *The Times*, 6 May 1977; тж.: «Secrets from the Prague Spring», *Time*, 9 May 1977.

[34] Герой популярного голливудского боевика «Dr. Strangelove». — прим. перев.

[35] Над Уралом. — прим. перев.

[36] Сделав ошибку, так что получилось: «Я — пончик». Ему надо было произнести: «Ich bin Berliner».

[37] George Ball, «JFK's Big Moment», *New York Review of Books*, 13 Feb. 1992.

[38] «Великий мастер общения»: уважительное прозвище президента Р.Рейгана, отметившее его мастерство общения с аудиторией. — прим. перев.

[39] L. Kotakowski, «Tezy o nadzieji i o beznadziejności», *Kultura* (Paris), June 1971, trans as 'Hope aha Hopelessness', *Sarvey*, 17/3(80) (Summer 1971), 37-52.

[40] Jacques Rupnik, *The Other Europe* (London, 1988), p. xv.

[41] *The Treaty on European Union: including the protocols and final act with declarations, Maastricht 7 February 1992* (London, 1992); text published by *Sunday Times*, London, 11 Oct. 1992.

[42] Slavenka Drakulic, *How We Survived Communism and Almost Laughed* (London, 1992); Janine Wedel, *The Private Poland* (New York, 1986).

[43] Stanistaw Lem, *Dzienniki gwiazdowe. Ksiega robotow*. Podruz XIII. — W-wa,1957.

[44] Timothy Garton Ash, *We the People: The Revolutions of '89 witnessed in Warsaw, Budapest, Berlin and Prague* (Cambridge, 1990), 78. См. тж.: David Selbourne, *The Death of the Dark Hero: Eastern Europe, 1987-90* (London, 1990).

[45] Губернатору Штирии; after von Habsburg, Charles Stransky Lecture, *passim*.

[46] Timothy Garton Ash, *In Europe's Name: Germany and the Divided Continent* (London, 1993), 385.

[47] См.: E. and J. Winiecki, *The Structural Legacy of the Soviet-type Economies* (London, 1992).

[48] Arpad Goncz, цит. по: Garton Ash, *op. cit.*, 60.

[49] Conor Cruise O'Brien, «A Grave marked Maastricht», *The Times*, 30 Apr. 1992.

[50] Gyorgi Konrad, в *Antipolitics* (London, 1982).

[51] Francis Fukuyama, «The End of History?» в *The National Interest* (1989); тж.: «The End of History Is Still Nigh», *Independent*, 3 Mar. 1992.

[52] Zbigniew Brzeziński, речь в Болонье, февр. 1992; см.: J. Moskwa, «Brzeziński o trzech Europach», *Nowy swiat*, 3 Mar. 1992.

[53] Prof. Ken Jowitt (UC Berkeley) на Международной конференции по безопасности, Yale University, 2-4 Apr. 1992.

[54] *Independent*, 14 Feb. 1992; *Guardian*, 14 Feb. 1992; *El Pais*, 13 Feb. 1992; *Le Monde*, 13 Feb. 1992; *De Telegraaf*, 13 Feb. 1992; *Suddeutsche Zeitung*, 13 Feb. 1992; *Gazeta Wyborcza*, 12 Feb. 1992; *The Oxford Times*, 14 Feb. 1992.

[55] *Неизвестный Ленин*; *Corricle della Lera, 13 Feb.*

[56] *Daily Mail*, 13 Feb. 1992.

[57] *Le Monde*, 14 Feb. 1992.

[58] *European*, 13-19 Feb. 1992.

[59] *The Times*, 14 Feb. 1992.

[60] Alan Hamilton, «Scots Recall an Ancient Act of Treachery», *The Times*, 14 Feb. 1992, 16; *Die Zeit*, 7 Feb. 1992, Reiner Luyken, «Schotten, erhebt euch! Reisst der Nationalismus nun auch Grossbritannien in Stücke?»

[61] *Polska tak, ale jaka?* («Польша — да, но какая Польша?») — старое присловье, еще из XIX века, когда Польша была уничтожена.

[62] Рембо, *Пьяный корабль*. Пер. П. Антокольского.

Сокращения в картах

Большой .... бол.	Озеро .... оз.
Восточный .... вост.	Около .... ок.
Год .... г.	Остров .... о.
Года .... гг.	Острова .... о-ва
Гора .... г.	Перевал .... пер.
До нашей эры .... до н.э.	республика .... респ.
Западный .... зап.	Святой .... св.
Километров .... км	Северный .... сев.
Малый .... мал.	Улица .... ул.
Миллионов .... млн.	Южный .... южн.
Наша эра .... н.э.	

СПИСОК КАПСУЛ

Список сокращений в тексте

Апостол .... ап.		Озеро .... оз.	
Блаженный .... бл.		Около .... ок.	
Большой .... бол.		Остров .... о.	
Восточный .... вост.		Острова .... о-ва	
Год .... г.		Откровения св. Иоанна .... Ин.	
Годы .... гг.		Перевал .... пер.	
Гора .... г.		Приблизительно .... пр.	
До нашей эры .... до н.э.		Река .... р.	
Доктор .... д-р		Святой .... св.	
Древнееврейский .... древнеевр.		Святыми .... свв.	
Ев. от Матфея .... Мф.		Северный .... сев.	
Западный .... зап.		Смотри .... см.	
Иллюстрации .... илл.		Сноска .... сн.	
Километров .... км.		Страница .... с.	
Латинский .... лат.		Страницы .... сс.	
Малый .... мал.		Улица .... ул.	
Миллион .... млн.		Университет .... ун-т	
Наша эра .... н.э.		Южный .... южн.	

ЗАМЕТКИ К ИЛЛЮСТРАЦИЯМ

Часть 1

1. Прогулка Европы. Эллинистическая фреска из «Дома Ясона», Помпеи. Первая четверть I в. Национальный музей, Неаполь. И греки, и римляне хранили легенду о Европе.
Фото: Андерсон/Алинари 23469.

2. Собиратели и охотники. Рисунок составлен из изображений, найденных в палеолитической пещере Теруел и Когул (Лерида, Испания). Мужские и женские фигуры представляют интересную реконструкцию сложно организованного социального устройства, в котором часто отказывают т.н. «пещерным жителям».
Рисунок Дэньона Рея, 1993.

3. Рыбак минойской эпохи. 2 тыс. до н.э. Национальный Археологический музей, Афины.
Фото: Национальный Археологический музей, Афины.

4. Кносский принц. Поздний минойский период. Минойский Крит не имел укреплений, в нем не было военного сословия. Музей Гераклиона, Крит.
Фото: Коллекция древнего искусства и архитектуры.

5. Пир. Рисунок на греческой вазе художника из Брига (490–480 гг. до н.э.) На пиру ели, пили, занимались любовью и вели серьезные беседы. Мужчины располагались на ложах в восточной манере. Женщины и мальчики могли присутствовать на пиру только для развлечения.
Фото: Британский музей БМ Е 60.

6. Этрускерия. Фреска из гробницы Пир, Тарквиния (около 470 г. до н.э.). См. [ЭТРУСКОСТЕРИЯ]
Фото: Hirmer Fotoarchiv BM E 60.

7. Аркадская идиллия. *Et in Arcadia ego* (лат.: И я в Аркадии бывал) (1639-1643), Никола Пуссен. Картина была куплена Людовиком XIV в 1683 г. В европейском искусстве классицизма Аркадия считалась страной пасторального блаженства. В знаменитой картине Пуссена, который развил идею Гверчино (Guercino), группа задумчивых пастушков и нимф смотрят на гробницу Дафниса, который умер от любви, и они понимают, что «Даже в Аркадии, отыщу вас я, Смерть». Лувр.
Фото: У RMN.

8. Похищение сабинянок. *Les sabines* (1796–1799), Жан-Луи Давида. История, рассказанная Титом Ливием и Овидием, одна из самых популярных в древнем Риме, повествует о том, как царь Ромул устроил праздник на месте нынешнего Circus Maximus, для того, чтобы захватить женщин из соседнего племени сабинян. Героическая картина Давида показывает римских матрон, которые вступают в битву, чтобы остановить кровопролитие, причем строение на заднем плане картины напоминает Бастилию. Это полотно стяжала ему славу «Рафаэля санкюлотов». Лувр.
Фото: Фото: У RMN.

9. Смерть Зигфрида. Эпизод легенды 5 в. о Нибелунгах, картина Джулиуса Шнорр фон Карольсфельда (1794–1872): *Хаген убивает Зигфрида* (1845). Хаген захватил врасплох Зигфрида, который пил воду у источника, и пробил копьем хранившую его волшебную защиту.
Мюнхен был столицей короля Людвига II Баварского, патронировавшего Рихарду Вагнеру, известному популяризацией националистических мотивов германского фольклора языческих времен. Кёнигсбау, Мюнхен. См. Нибелунг.
Фото: АКГ, Лондон.

10. Аттила захватывает Рим, 452. Ульпиано Чека-и-Саус (1860-1916), Падение Рима (1891). Большое число картин этого жанра героизировали варваров, адресуясь к зрителям XIX века и подчеркивая активное неприятие классических пристрастий и античной истории.
© Hulton Deutsch Collection.

11. Православие. Изображение Христа Вседержителя в окружении императора Константина IX Мономаха (годы царствования 1042–1055) и императрицы Зои, мозаика XI в., времени церковной схизмы 1054 г. Византийская традиция подчеркивала единство духовного и мирского начал. Св. София, Стамбул.
Фото: Foto Fabbri.

12. Западное монашество. Св. Бенедикт и аббатство Монте Кассино (основанно ок. 529 г.), миниатюра XI в. Первый знаменитый западный монастырь был основан святым-духовным покровителем Европы и до 1944 г. сохранялся в неприкосновенности.
Фото: Архив фотографий в Ватикане. Vat. Lat. 1702 IIr.

13. Подношения Константину. Средневековая легенда о том, что земная власть Римского папы была дарована ему императором Константином I, воплоще-

на на фреске (1246 г.) Эта легенда была признана папской фальсификацией во времена Ренессанса. Сан Силвестро, Рим.

Фото: Foto Fabbri.

14. Славянское литургия. Альфонс Муха, *Начало славянского богослужения* (1910). Взгляд позднего романтика на события IX в. — приход святых Кирилла и Мефодия в Моравию: первая картина из серии, посвященной художником чешской истории. Городская галерея, Прага.

Фото: Государственная галерея, Прага.

15. Католическое благочестие. Ангерран Картон, *Пиета из Вильнев-лез-Авиньон* (1444–1466). Поразительное по экспрессии изображение Девы Марии, оплакивающей Христа (Прованс, XV в.). Лувр.

Фото: У RMN.

16. Св. Августин. *Св. Августин и духовные покровители ордена* (XII в.), миниатюра. Муниципальная библиотека, Дуэ.

Фото: Giraudon.

17. Св. Карл Великий. А. Дюрер, *Карл Великий* (1512).

Фото: Немецкий Национальный музей, Нуремберг.

18. Св. Матфей. Иллюстрация из Линдисфарнского Евангелия (F. 25), конец VII в., Нортумбрия.

Фото: Британская библиотека. BL Cott. Nero Div. 25 v.

19. Св. Иоанн Креститель и блаж. Иероним. Художник Мазолино (ок.1383). Национальная галерея, Лондон.

Фото: Bridgeman Art Library.

20. Божья Матерь. Темное изображение Божьей Матери из Ченстохова (XIV в.), икона византийского происхождения или, возможно, копия, созданная по приказу короля Владислава Ягелло. См. [МАДОННА].

Фото: Польский Институт культуры, Лондон.

21. Св. Иоанн Богослов диктует Евангелие Прохору (итало-критская школа, начало XVII в.). На Крите, который находился под управлением Венеции до 1699 г., был создан неповторимый стиль, включающий и православные, и католические черты. См. [ГРЕКО]

Фото: Сотби, Лондон.

22. Св. Лука-иконописец. Согласно православной традиции, первая икона была создана св. Лукой, который нарисовал Богородицу при жизни. Икона XVII в. из церкви св. Луки, Псков, отреставрирована.

Фото: церковь св. Луки, Псков, Россия.

23. Богородица. Изображение Божьей Матери «Мореводительницы» (Pelagonitissa): сербская икона Богородицы с Младенцем из Скопье, Македония.

Фото: AKG, London.

24. Приношение Оттона III. Четыре европейских земли — Славония, Германия, Галлия и Италия — приносят присягу императору, который стремился объединить восток и запад. Евангелие Оттона III, Бамберг (ок. 1000 г.).

Фото: Государственная библиотека, Марбург.

25. Завоевание Англии. Смерть короля Гарольда при Гастингсе в 1066 г. Деталь с гобелена королевы Матильды, известного в Европе как гобелен из Байе, XI в. 58 панелей этого замечательного памятника рассказывают норманнскую версию этого события, включая предательство короля Гарольда и последующее притязание герцога Вильяма на английский трон.

Фото: Майкл Холфорд.

26. Северный крестовый поход. Л. Туксен, *Падение Свантевита* (1894). Разрушение славянских языческих идолов во время Северного крестового похода, XII в. Такие сцены сопровождали «продвижение цивилизации» в Европе, начиная с уничтожения рощи друидов около Марселя Цезарем, до окончательного крещения литовцев в 1386 г. Фредериксборг, Копенгаген.

Фото: Фредериксборг, Копенгаген.

27. Перемирие в Реконквисте. Миниатюра XII в. из Книги *Хьюго де Ахедреса*. Христианин и мусульманский воин играют в шахматы. Эскориал, Испания.

Фото: Arxui Mas.

28. Последняя песнь Тристана. Миниатюра (ок. 1410) из *Романа о Тристане*. Со времени своего появления в Корнуолле в VI в. до оперы Вагнера в 1859 г. трагическая история любви Тристана и Изольды пересказывалась бесчисленное количество раз. См. [ТРИСТАН]

Фото: Австрийская Национальная библиотека, Вена. MS 2537.

29. Железный плуг. «Март» из *Богатейшего Часослова герцога Беррийского* (начало XV в.). Тяжелый плуг, которым пахали на лошади, был главным инструментом средневековой «сельскохозяйственной революции». Музей Конде, Париж. См. [ПЛУГ].

Фото: Giraudon.

30. Охота на оленя. «Преследование» из *Книги охоты* Гастона де Фуа, конец XIV в. До недавнего времени искусство охоты занимало важное место в питании и образе жизни жителей Европы. Национальная биб-

лиотека, Париж. MS Francais 616. F. 57 v. См. [ОХОТА]

Фото: Национальная библиотека, Париж.

31. ВЛЮБЛЕННЫЙ ДАНТЕ. Г. Холидей, *Данте и Беатриче* (1883). Известное изображение их встречи на берегу Арно во Флоренции, следствием которой явилось создание величайшей европейской поэмы. Беатриче Портинари, умершая в 1290 г. была избрана Данте духовным проводником по Раю.

Фото: Walker Art Gallery, Liverpool, no. 3125.

32. РАЗДУМЬЕ БАРТОЛОМЕИ. Рассказ Дионео из «Декамерона» Боккаччо, миниатюра XV в. Бартоломея, жена пизанского судьи, который пренебрегал ею, отправляется в паломничество. Пират Паганино да Маре (слева) соблазнил ее. После раздумий Бартоломея решает остаться с пиратом (справа).

Фото: Библиотека Арсенала, Париж. Arsenal 5070. F. 91 v.

33. СВ. ФРАНЦИСК БЛАГОСЛОВЛЯЕТ ПТИЦ. Фреска Джотто (1295–1300). Святой, покровитель любителей животных, был также социальным радикалом, его стремления к бедности и ненасилию воспринимались как вызов устоям Средневековой Европы. Церковь св. Франциска в Ассизи.

Фото: AKG, London.

34. КОРОЛЬ КАЗИМИР ПРИНИМАЕТ ЕВРЕЕВ. Войчич Герсон (1831–1901), *Казимир Великий и евреи* (ок. 1890). Эта романтическая картина прославляет усиление самой большой европейской общины евреев во времена Черной смерти, когда большое количество евреев бежали в Польшу из-за преследований в Германии. Народный музей, Варшава.

Фото: Х. Романовски, Народный музей, Варшава.

35. PICARO. Иероним Босх, «Бродяга». Деревенская бедность, бродяжничество и беглые рабы являлись вечными социальными язвами позднего средневековья и начала Нового времени Европы. См. [PICARO]

Фото: Museum Boymans van Beuningen, Rotterdam.

36. МАРКО ПОЛО. Марко Поло, венецианец, отправился в Китай по Великому каналу в Венеции, ок. 1270 г. Миниатюра, ок. 1400 г. Европейские путешествия-открытия начались задолго до Колумба.

Фото: Бодлейская библиотека, Оксфорд. MS Bod. 264. F. 218.

37. ЧЕЛОВЕК ЗАПАДА НА ВОСТОКЕ. Жан-Этьен Лиотар (Liotard), *Портрет Ричарда Покока* (ок. 1738). Британский посланник в Высокую Порту изображен в турецкой одежде, смотрящим на Босфор.

Фото: У Musйe de l'Art et d'Histoire, Geneva.

Часть 2

38. ВЕНЕРА. Лукас Кранах, *Венера и Купидон* (1509). Изображенная Кранахом обнаженная женская фигура на переднем плане венчала длинный процесс борьбы, начатой Донателло его бронзовой скульптурой Давида (ок.1434). Средневековое табу, запрещающее изображать наготу, было преодолено, вновь вырос интерес к человеческому телу. Эрмитаж, Санкт-Петербург.

Фото: Bridgeman Art Library.

39. ПЕРСПЕКТИВА. Пьетро делла Франческа, *Бичевание, или Сон св. Иеронима* (ок. 1460). Весьма загадочная работа художника, экспериментирующего с техническими новшествами и визуальными символами. Национальная галерея, Урбино. См. [БИЧЕВАНИЕ]

Фото: Bridgeman Art Library.

40. АЛЛЕГОРИЯ. Антуан Карон (1521–1599), *Император Август и Тибрская Сивилла* (ок. 1575). В попытке примирить язычество античного мира и христианство Карон изображает римскую Сивиллу пророчествующей императору Августу о непорочном зачатии и рождении Христа. Лувр, двор Генриха III.

Фото: Giraudon.

41. КОЛУМБ СХОДИТ НА ЗЕМЛЮ САН ДОМИНГО, 1493. Ф. Кеммельмейер, *Первая высадка Христофора Колумба* (1800–1805). Воспоминание о моменте, который сейчас описывают не как «открытие», но как «встречу».

Фото: Национальная Художественная галерея, Вашингтон.

42. ЛЮТЕР ВСТУПАЕТ В ВОРМС, 1521 г. Р. Зигард, *Выступление Мартина Лютера в совете в Вормсе.* Реконструкция того момента, которым была расколота католическая Европа и началась Реформация.

Фото: Городской архив, Вормс.

43. МЕЧТА ОБ ИМПЕРИИ. Эль Греко, *Поклонение Имени Иисуса* (ок. 1578): авторская копия большой картины из Эскориала, Испания, известной как «Сон Филиппа II». Коленопреклоненные фигуры Испанского короля, Римского папы и Венецианского дожа изображают великую католическую миссию Священной Лиги, силы которой нанесли поражение туркам в Лепанто в 1571 г., тем самым избавив Европу от ужасов ада.

Фото: Национальная галерея, Лондон.

44. ВИДЕНИЕ МИНУВШЕЙ СЛАВЫ. Й. Матейко (1838–1893), *Баторий в Пскове* (1872). Ностальгическая картина в романтическом духе, напоминающая о событиях

582 г., когда русские бояре выразили покорность Польскому королю.

Фото: Королевский замок, Варшава.

45. Совет управляющих. Франц Гальс, *Дамы-управительницы дома престарелых* (1664). Коллективный портрет управительниц одного из голландских благотворительных обществ. Параллельный мужской портрет *Управителей* датирован тем же годом.

Фото: © Frans Halsmuseum, Haarlem.

46. Праздничный день в Москве. А.П. Рябушкин (1861–1904), *Московская улица XVII в. в праздничный день*. Эта живая сценка из быта старой Москвы показывает различные слои общества Московии, от высокомерных чернобородых бояр до нищего слепца, которые направляются домой из церкви по залитым грязью дорогам.

Фото: SCR Photo Library.

47. Король-Солнце как отец семейства. Ж. Нокре (1615–1682), *Людовик XIV в окружении семейства* (ок. 1680). Людовик XIV любил участвовать во всех маскарадах и празднествах двора, здесь изображены члены его семьи в античных одеждах. Музей Версаля.

Фото: У RMN.

48. Философ без штанов. Жан Юбер (1721–1786), *Утренний выход Вольтера* (ок. 1770 г.). Вольтер переодевается после ночного сна, одновременно диктуя секретарю. Это одна из серий интимных сценок из Ферней, зарисованных ученым, швейцарским другом Вольтера. Музей Карнавале.

Фото: Giraudon.

49. Хозяин континента. А.Ж. Гро, *Наполеон в Илаве* (1808). Одно из менее льстивых изображений Наполеона на поле битвы в Илаве, в Восточной Пруссии 8 февраля 1807 г. Лувр.

Фото: У RMN.

50. Владыки моря. К. ван Вирмиген, *Взрыв испанского адмиральского флагмана, 25 апреля 1607г.* Голландское морское превосходство, которое обеспечило этой стране победу в восстании против Испании, не имело серьезных соперников до второй половины XVII в., когда численно вырос королевский флот Англии.

Фото: У Rijksmuseum, Amsterdam.

51. Инфанта в розовом. Картина *Инфанта Маргарита* (1664) Диего Веласкеса, иногда приписываемая Мазо. Девочка изображена одетой как маленькая дама. Другие копии этого портрета можно найти в Вене и Киеве. Прадо, Испания.

Фото: Bridgeman Art Library.

52. Читатель и слушатель. Юбер Гравло, *Le Lecteur (Чтец)* (ок. 1740 г.).

Марбл Хилл Хауз.

Фото: Английское Наследие (English Heritage)

53. Мать. Рембрандт, *Мать художника* (1639). Нилтье Виллемсдохтер ван Цуйдхок была нарисована своим сыном в последний год ее жизни.

Фото: Художественно-исторический музей, Вена

54. Лето. Г. Арчимболдо, *Лето* (1573). Одна из четырех в подобной манере выполненных картин была заказана императором Максимилианом II в качестве подарка Саксонскому курфюрсту. Позднее в серии «composed heads» Арчимболдо в качестве модели использовал императора Рудольфа. Лувр, Париж.

Фото: У RMN.

55. Роялист. П.Н. Герен, *Анри де Ла Рошежаклюен* (Henri de La Rochejacquelein). Героический портрет лидера Вандеи, созданный после Реставрации.

Фото: Музей Шоле.

56. Республиканец. А. Камброн, *Республика* (1798). Персонификация республиканской Франции, картина создана за год до переворота Наполеона и за одно поколение до того, как подобные изображения будут носить имя «Марианны».

Фото: Musee de Montaubon.

57. Друг детей. Эта фотография Сталина, обнимающего ребенка во время съезда Коммунистической Партии в 1938 г., вызвало к жизни скульптуру, установленную в Москве. Изображенная на фото девочка, Геля Сергеева, лишь много лет спустя узнала, что ее отец был расстрелян по приказу Сталина, а мать была попала в Гулаг за то, что слишком усердно пыталась выяснить судьбу своего мужа.

Фото: Дэвид Кинг

58. Рыцарь в сияющих доспехах. Х. Ланцингер, *Адольф Гитлер в рыцарских доспехах* (ок. 1939). Стремление нацистов найти «жизненное пространство» на востоке часто изображалось ими как продолжение средневековых операций «Drang nach Osten» (Натиск на восток) и походов тевтонских рыцарей.

Фото: AKG, London.

59. Вечный странник. К.Д. Фридрих, *Скиталец над облаками* (1818). Высшее явление романтического духа.

Фото: У Elke Walford, Hamburger Kunsthalle.

60. Динамо. Дж. М. У. Тернер, *Дождь, пар и скорость* (1844). Один из первых примеров импрессио-

низма и образ, свидетельствующий об увлечениях 19-го века прекрасной природой и силой машин.

Фото: Национальная галерея, Лондон.

61. Нет капитуляции (1831). В. Коссак (1856–1942), *Совиньский на крепостном валу в Воле* (1922). При штурме русскими войсками Варшавы ветеран наполеоновских войн генерал Йозеф Совиньский приказал закопать его деревянную ногу в землю, приняв решение не сдаваться до конца.

Фото: Музей Польского войска, Варшава.

62. Свободная Греция. Ч. Перлберг *Народные гуляния на Олимпе в Афинах* (1838). Эта сцена из жизни королевства, только что получившего независимость, подчеркивает, с одной стороны, греческое античное начало, а с другой - наследие четырех веков турецкого ига.

Фото: Национальный Исторический музей, Афины.

63. Музыкальный вечер. Й. Данхаузер, *Игра на флейте* (1840) Слева направо: Альфред де Мюссе (или Александр Дюма), Виктор Гюго, Жорж Санд, Никола Паганини, Дж. Россини, Мари д'Агул. Национальная галерея, Берлин.

Фото: Bildarchiv Preussischer Kulturbesitz.

64. Европейское согласие. А. фон Вернер, *Берлинский конгресс* (1881). Слева направо: граф Каролый (Австрия), принц Горчаков (Россия), Дизраэли (Британия), граф Андрасси (Венгрия), фон Бисмарк (Германия), граф Шувалов (Россия), Мехмет Али (Оттоманская империя). Государственный музей, Берлин.

Фото: AKG, London/Berlin.

65. Деревенская бедность. Ж.-Ф. Милле *Сборщицы колосьев* (1857). Лето в нормандской деревне, изображенное мастером французского реализма.

Фото: Bridgeman Art Library.

66. Индустриальная грязь. Л.С. Лоури (1887-1976). Хотя картина Лоури была написана в Ланкашире в середине XX в., художник вызвал странное и анахроническое видение индустриального пейзажа начала века, который уже давно исчез.

Фото: Bridgeman Art Library.

67. Импрессионист. Клод Моне (1840–1926), *Река Сена в Буживале* (1869). Экспериментальное изображение предместья Парижа нарисованное юным Моне, который только делал первые осторожные шаги в импрессионизм. См. [IMPRESSION]

Фото: The Currier Gallery of Art, Manchester, New Hampshire.

68. Примитивист. Анри Руссо (1844–1910), *Война* (1894). Одно из ярких, похожих на сон изображений «Таможенника» Руссо, созданное интуитивно художником в пору открытия подсознательного Фрейдом, в период европейского перемирия. Музей д'Орсэ, Париж.

Фото: Bridgeman Art Library.

69. Сюрреалист. П. Блюм, *Вечный город* (1937). Хаотическое изображение Рима тех лет, когда Муссолини стремился построить новую Римскую империю, когда роман Элиота «Бесплодная земля» говорил, что европейская цивилизация разрушена. См. [БЕСПЛОДНАЯ ЗЕМЛЯ].

Фото: Музей современного искусства, Фонд Гугенхайма, Нью-Йорк; У Estate of Peter Blume/DACS, London/ VAGA, New York 1997.

70. Обманутая Европа. А. Васильев, *Они пишут о нас в 'Правде'* (1951). Художник сталинского социалистического реализма изображает идиллическую сцену колхозной жизни в Молдавии. В действительности, население Молдавии пережило чистки и репрессии после советского захвата в 1940 г., и крестьянство было подвергнуто принудительной коллективизации. Частная коллекция. См. [МОЛДОВА].

Фото: Музей современного искусства, Оксфорд.

71. Разделенная Европа. Зигмар Полке, *Сторожевая башня с гусями* (1987-1987). Изображение Железного занавеса, нарисованное за два года до его падения немцем, который сам сбежал из Восточной Германии в 1953 г. Слева, на востоке, - вышка концентрационного лагеря, справа, с западной стороны — в китчевом стиле стилизованной реклама.

Фото: У 1994 The Art Institute of Chicago. All rights reserved.

72. Европа в муках. Марк Шагал (1889–1985), *Белое распятие* (1938).

В центре – распятье как символ христианской Европы, изображенный в духе еврейских представлений о многообразии миров. Картина создана русским евреем в изгнании, живущем в Западной Европе накануне Второй мировой войны.

Фото: У 1993 The Art Institute of Chicago. All rights reserved; У 1994 DACS, London.

ИМЕННОЙ УКАЗАТЕЛЬ

Индекс не охватывает Предисловия, библиографических примечаний и Приложения

В

Д

Е

Й

К

Р

С

X

Ц

Ч

Ш

Э

ГЕОГРАФИЧЕСКИЙ УКАЗАТЕЛЬ

По вопросам оптовой покупки книг
«Издательской группы АСТ» обращаться по адресу:
Звездный бульвар, дом 21, 7-й этаж
Тел. 215-43-38, 215-01-01, 215-55-13

Книги «Издательской группы АСТ» можно заказать по адресу:
107140, Москва, а/я 140, **АСТ – «Книги по почте»**

Научно-популярное издание

Норман Дэвис

ИСТОРИЯ ЕВРОПЫ

Научный редактор *Б.А. Филипов*
Художественный редактор *О.Н. Адаскина*
Компьютерный дизайн: *С.Е. Власов*
Компьютерная верстка и дизайн макета: *А.В. Гришин*

Общероссийский классификатор продукции
ОК-005-93, том 2; 953004 — научная и производственная литература

Санитарно-эпидемиологическое заключение
№ 77.99.02.953.Д.000577.02.04 от 03.02.2004 г.

ООО «Издательство АСТ»
667000, Республика Тыва, г. Кызыл, ул. Кочетова, д. 28
Наши электронные адреса: WWW.AST.RU
E-mail: astpub@aha.ru

ООО «Транзиткнига»
143900, Московская область,
г. Балашиха, шоссе Энтузиастов, д. 7/1

ОАО «Санкт-Петербургская типография № 6».
191144, Санкт-Петербург, ул. Моисеенко, 10.
Телефон отдела маркетинга 271-35-42.